Frankfurter Kommentar
zu EUV, GRC und AEUV

Band II

Frankfurter Kommentar

zu

EUV, GRC und AEUV

herausgegeben von

Matthias Pechstein
Carsten Nowak
Ulrich Häde

Band II
AEUV
Präambel, Artikel 1–100

Mohr Siebeck
2017

Matthias Pechstein, geboren 1958; 1985 1. Jur. Staatsexamen; 1987 Promotion; 1989 2. Jur. Staatsexamen; 1989/90 Tätigkeit im Bundesministerium des Innern (Bonn); 1994 Habilitation; 1993–1995 Richter am Verwaltungsgericht Berlin; seit 1995 Inhaber des Jean-Monnet-Lehrstuhls für Öffentliches Recht mit Schwerpunkt Europarecht an der Europa-Universität Viadrina Frankfurt (Oder).

Carsten Nowak, geboren 1965; 1993 1. Jur. Staatsexamen; 1997 Promotion; 1998 2. Jur. Staatsexamen; 2008 Habilitation; seit 2009 Inhaber des Lehrstuhls für Öffentliches Recht, insbesondere Europarecht an der Europa-Universität Viadrina Frankfurt (Oder).

Ulrich Häde, geboren 1960; 1986 1. Jur. Staatsexamen; 1989 2. Jur. Staatsexamen; 1991 Promotion; 1996 Habilitation; 1991/92 und 1996/97 Tätigkeit im Bayerischen Staatsministerium der Finanzen (München); seit 1997 Inhaber des Lehrstuhls für Öffentliches Recht, insbesondere Verwaltungsrecht, Finanzrecht und Währungsrecht an der Europa-Universität Viadrina Frankfurt (Oder).

Zitiervorschlag: Bearbeiter, in: Pechstein/Nowak/Häde (Hrsg.), Frankfurter Kommentar EUV/GRC/AEUV, Art., Rn.

ISBN 978-3-16-151864-5 (Gesamtwerk)
ISBN 978-3-16-155045-4 (Band II)

Die deutsche Nationalbibliothek verzeichnet diese Publikation in der Deutschen Nationalbibliographie; detaillierte bibliographische Daten sind im Internet über *http://dnb.dnb.de* abrufbar.

© 2017 Mohr Siebeck Tübingen. www.mohr.de

Das Werk einschließlich aller seiner Teile ist urheberrechtlich geschützt. Jede Verwertung außerhalb der engen Grenzen des Urheberrechtsgesetzes ist ohne Zustimmung des Verlags unzulässig und strafbar. Das gilt insbesondere für Vervielfältigungen, Übersetzungen, Mikroverfilmungen und die Einspeicherung und Verarbeitung in elektronischen Systemen.

Das Buch wurde von pagina GmbH in Tübingen aus der Rotation gesetzt, auf alterungsbeständiges Werkdruckpapier gedruckt und von der Buchbinderei Spinner in Ottersweier gebunden. Den Umschlag entwarf Uli Gleis in Tübingen.

Printed in Germany.

Inhaltsübersicht
Band II

Inhaltsverzeichnis	VII
Verzeichnis der Autorinnen und Autoren	XIII
Abkürzungsverzeichnis	XVII
Verzeichnis der abgekürzt zitierten Literatur	XXXIII

Vertrag über die Arbeitsweise der Europäische Union (AEUV)

Präambel		3
Erster Teil	Grundsätze	11
Titel I	Arten und Bereiche der Zuständigkeit der Union	24
Titel II	Allgemein geltende Bestimmungen	69
Zweiter Teil	Nichtdiskriminierung und Unionsbürgerschaft	231
Dritter Teil	Die internen Politiken und Maßnahmen der Union	393
Titel I	Der Binnenmarkt	395
Titel II	Der freie Warenverkehr	418
Titel III	Die Landwirtschaft und die Fischerei	633
Titel IV	Die Freizügigkeit, der freie Dienstleistungs- und Kapitalverkehr	713
Titel V	Der Raum der Freiheit, der Sicherheit und des Rechts	1094
Titel VI	Der Verkehr	1387
Stichwortverzeichnis		1*

Inhaltsverzeichnis
Band II

Verzeichnis der Autorinnen und Autoren	XIII
Abkürzungsverzeichnis	XVII
Verzeichnis der abgekürzt zitierten Literatur	XXXIII

Vertrag über die Arbeitsweise der Europäische Union (AEUV)

Präambel	*(Ulrich Häde)*	3

Erster Teil – Grundsätze ... 11

Artikel 1	Unionsverträge *(Ulrich Häde)*	13

Titel I – Arten und Bereiche der Zuständigkeit der Union ... 24

Artikel 2	Arten von Zuständigkeiten *(Ulrich Häde)*	24
Artikel 3	Ausschließliche Zuständigkeit *(Ulrich Häde)*	47
Artikel 4	Geteilte Zuständigkeit *(Ulrich Häde)*	57
Artikel 5	Koordinierende Zuständigkeit *(Ulrich Häde)*	63
Artikel 6	Zuständigkeit zur Unterstützung, Koordinierung, Ergänzung *(Ulrich Häde)*	67

Titel II – Allgemein geltende Bestimmungen ... 69

Artikel 7	Kohärenz der Politiken *(Rainer Schröder)*	69
Artikel 8	Gleichstellung; Querschnittsklausel *(Eva Kocher)*	73
Artikel 9	Sozialer Schutz; Querschnittsklausel *(Eva Kocher)*	80
Artikel 10	Diskriminierungsschutz, Querschnittsklausel *(Eva Kocher)*	87
Artikel 11	Umweltschutz; Integrationsklausel *(Sebastian Heselhaus)*	90
Artikel 12	Verbraucherschutz; Querschnittsklausel *(Martin Schmidt-Kessel)*	111
Artikel 13	Tierschutz; Querschnittsklausel *(Sebastian Heselhaus)*	136
Artikel 14	Dienste von allgemeinem wirtschaftlichen Interesse *(Markus Krajewski)*	153
Artikel 15	Grundsatz der Offenheit *(Sebastian Heselhaus)*	171
Artikel 16	Datenschutz *(Heinrich Amadeus Wolff)*	204
Artikel 17	Kirchen, Religions- und Weltanschauungsgemeinschaften *(Walther Michl)*	217

Zweiter Teil – Nichtdiskriminierung und Unionsbürgerschaft ... 231

Artikel 18	Verbot der Diskriminierung aufgrund der Staatsangehörigkeit *(Walther Michl)* ...	233
Artikel 19	Antidiskriminierungsmaßnahmen *(Walther Michl)* ...	272
Artikel 20	Unionsbürgerschaft *(Sebastian Heselhaus)* ...	293
Artikel 21	Unionsbürgerliches Freizügigkeitsrecht *(Sebastian Heselhaus)* ...	313
Artikel 22	Wahlrecht *(Sebastian Heselhaus)* ...	333
Artikel 23	Recht auf diplomatischen Schutz *(Sebastian Heselhaus)* ...	348
Artikel 24	Petitionsrecht *(Sebastian Heselhaus)* ...	371
Artikel 25	Fortentwicklung der Unionsbürgerschaft *(Sebastian Heselhaus)* ...	382

Dritter Teil – Die internen Politiken und Maßnahmen der Union ... 393

Titel I – Der Binnenmarkt ... 395

Artikel 26	Binnenmarkt *(Jörg Philipp Terhechte)* ...	395
Artikel 27	Ausnahmen *(Jörg Philipp Terhechte)* ...	412

Titel II – Der freie Warenverkehr ... 418

Artikel 28	Zollunion *(Ulrich Haltern/Nils Jasper Janson)* ...	418
Artikel 29	Freier Verkehr von Waren aus dritten Ländern *(Ulrich Haltern/Nils Jasper Janson)* ...	440

Kapitel 1 – Die Zollunion ... 446

Artikel 30	Verbot von Zöllen *(Ulrich Haltern)* ...	446
Artikel 31	Autonome Änderungen des Gemeinsamen Zolltarifs *(Ulrich Haltern/Nils Jasper Janson)* ...	476
Artikel 32	Zielsetzung der Kommissionsaufgaben *(Ulrich Haltern/Nils Jasper Janson)* ...	482

Kapitel 2 – Die Zusammenarbeit im Zollwesen ... 485

Artikel 33	Ausbau der Zusammenarbeit *(Ulrich Haltern/Nils Jasper Janson)* ...	485

Kapitel 3 – Verbot von mengenmäßigen Beschränkungen zwischen den Mitgliedstaaten ... 491

Artikel 34	Verbot von Einfuhrbeschränkungen *(Ulrich Haltern)* ...	491
Artikel 35	Verbot von Ausfuhrbeschränkungen *(Ulrich Haltern/Nils Jasper Janson)* ...	577
Artikel 36	Ausnahmen *(Ulrich Haltern)* ...	586
Artikel 37	Staatliche Handelsmonopole *(Ulrich Haltern/Nils Jasper Janson)* ...	625

Titel III – Die Landwirtschaft und die Fischerei ... 633

Artikel 38	Binnenmarkt für die Landwirtschaft und Fischerei *(Roland Norer)*	633
Artikel 39	Ziele der gemeinsamen Agrarpolitik *(Roland Norer)*	651
Artikel 40	Gemeinsame Organisation der Agrarmärkte *(Roland Norer)*	661
Artikel 41	Besondere agrarpolitische Maßnahmen *(Roland Norer)*	691
Artikel 42	Anwendung der Wettbewerbs- und Beihilferegeln *(Roland Norer)*	693
Artikel 43	Rechtsetzung, Kompetenzen und Verfahren *(Roland Norer)*	700
Artikel 44	Ausgleichsabgaben *(Roland Norer)*	711

Titel IV – Die Freizügigkeit, der freie Dienstleistungs- und Kapitalverkehr ... 713

Kapitel 1 – Die Arbeitskräfte ... 713

Artikel 45	Arbeitnehmerfreizügigkeit *(Eva Kocher)*	713
Artikel 46	Kompetenz für Herstellung der Arbeitnehmerfreizügigkeit *(Eva Kocher)*	759
Artikel 47	Förderung des Austauschs junger Arbeitskräfte *(Eva Kocher)*	773
Artikel 48	Kompetenz für Sicherstellung der sozialen Sicherheit *(Eva Kocher)*	775

Kapitel 2 – Das Niederlassungsrecht ... 802

Artikel 49	Niederlassungsfreiheit *(Friedemann Kainer)*	802
Artikel 50	Kompetenz zur Verwirklichung der Niederlassungsfreiheit *(Friedemann Kainer)*	879
Artikel 51	Ausübung öffentlicher Gewalt, Festlegung von Ausnahmen *(Friedemann Kainer)*	890
Artikel 52	Sonderreglungen für Ausländer, Koordinierungskompetenz *(Friedemann Kainer)*	895
Artikel 53	Anerkennung von Befähigungsnachweisen *(Friedemann Kainer)*	903
Artikel 54	Gleichstellung der Gesellschaften mit natürlichen Personen *(Friedemann Kainer)*	910
Artikel 55	Gleichstellungsgebot bei Kapitalbeteiligung *(Friedemann Kainer)*	928

Kapitel 3 – Dienstleistungen ... 931

Artikel 56	Dienstleistungsfreiheit *(Ulrich Haltern/Sarah Katharina Stein)*	931
Artikel 57	Dienstleistungen *(Ulrich Haltern/Sarah Katharina Stein)*	985
Artikel 58	Verkehrsdienstleistungen; Kapitalverkehr *(Ulrich Haltern/Sarah Katharina Stein)*	1005
Artikel 59	Liberalisierungsmaßnahmen *(Ulrich Haltern/Sarah Katharina Stein)*	1010

Artikel 60	Weitergehende Liberalisierung *(Ulrich Haltern/Sarah Katharina Stein)*	1024
Artikel 61	Übergangsregelung *(Ulrich Haltern/Sarah Katharina Stein)*	1025
Artikel 62	Entsprechende Anwendung von Vorschriften des Niederlassungsrechts *(Ulrich Haltern/Sarah Katharina Stein)*	1027

Kapitel 4 – Der Kapital- und Zahlungsverkehr 1035

Artikel 63	Freier Kapital- und Zahlungsverkehr *(Ludwig Gramlich)*	1035
Artikel 64	Ausnahmen für den Kapitalverkehr mit Drittstaaten *(Ludwig Gramlich)*	1059
Artikel 65	Nationale Beschränkungen *(Ludwig Gramlich)*	1071
Artikel 66	Kurzfristige Schutzmaßnahmen *(Ludwig Gramlich)*	1086

Titel V – Der Raum der Freiheit, der Sicherheit und des Rechts 1094

Kapitel 1 – Allgemeine Bestimmungen 1094

Artikel 67	Raum der Freiheit, der Sicherheit und des Rechts *(Peter-Christian Müller-Graff)*	1094
Artikel 68	Strategische Leitlinien *(Peter-Christian Müller-Graff)*	1124
Artikel 69	Achtung des Subsidiaritätsprinzips *(Peter-Christian Müller-Graff)*	1128
Artikel 70	Durchführung der Unionspolitik *(Peter-Christian Müller-Graff)*	1132
Artikel 71	Ständiger Ausschuss *(Peter-Christian Müller-Graff)*	1137
Artikel 72	Nicht berührte Zuständigkeiten der Mitgliedstaaten *(Peter-Christian Müller-Graff)*	1142
Artikel 73	Zusammenarbeit der Mitgliedstaaten in eigener Verantwortung *(Peter-Christian Müller-Graff)*	1148
Artikel 74	Verwaltungszusammenarbeit *(Peter-Christian Müller-Graff)*	1151
Artikel 75	Terrorismusbekämpfung *(Peter-Christian Müller-Graff)*	1158
Artikel 76	Zuständigkeit für Rechtsakte *(Peter-Christian Müller-Graff)*	1170

Kapitel 2 – Politik im Bereich Grenzkontrollen, Asyl und Einwanderung 1173

Artikel 77	Binnengrenzen, Außengrenzen und Visapolitik *(Peter-Christian Müller-Graff)*	1173
Artikel 78	Schutz von Drittstaatsangehörigen und Staatenlosen; Asylpolitik *(Peter-Christian Müller-Graff)*	1196
Artikel 79	Einwanderungspolitik *(Peter-Christian Müller-Graff)*	1220
Artikel 80	Solidarität *(Peter-Christian Müller-Graff)*	1247

Kapitel 3 – Justizielle Zusammenarbeit in Zivilsachen 1253

Artikel 81	Justizielle Zusammenarbeit mit grenzüberschreitendem Bezug *(Michael Stürner)*	1253

Kapitel 4 –	**Justizielle Zusammenarbeit in Strafsachen**	1277
Artikel 82	Justizielle Zusammenarbeit in Strafsachen *(Gudrun Hochmayr)*	1277
Artikel 83	Straftaten mit grenzüberschreitender Dimension *(Gudrun Hochmayr)*	1299
Artikel 84	Kriminalprävention *(Gudrun Hochmayr)*	1321
Artikel 85	Eurojust *(Hubert Hinterhofer)*	1327
Artikel 86	Europäische Staatsanwaltschaft *(Hubert Hinterhofer)*	1344
Kapitel 5 –	**Polizeiliche Zusammenarbeit**	1360
Artikel 87	Polizeiliche Zusammenarbeit *(Hubert Hinterhofer)*	1360
Artikel 88	Europol *(Hubert Hinterhofer)*	1370
Artikel 89	Grenzüberschreitendes Tätigwerden *(Hubert Hinterhofer)* ...	1382
Titel VI –	**Der Verkehr**	1387
Artikel 90	Gemeinsame Verkehrspolitik *(Thomas Lübbig)*	1387
Artikel 91	Umsetzung der gemeinsamen Verkehrspolitik *(Thomas Lübbig)*	1409
Artikel 92	Verbot der Diskriminierung ausländischer Verkehrsunternehmer *(Thomas Lübbig)*	1419
Artikel 93	Verkehrsbeihilfen *(Thomas Lübbig)*	1424
Artikel 94	Berücksichtigung der wirtschaftlichen Lage der Verkehrsunternehmer *(Thomas Lübbig)*	1439
Artikel 95	Verbot von Diskriminierungen *(Thomas Lübbig)*	1442
Artikel 96	Verbot von Unterstützungsmaßnahmen; Ausnahmen *(Thomas Lübbig)*	1446
Artikel 97	Abgaben und Gebühren bei Grenzübergang *(Thomas Lübbig)*	1449
Artikel 98	Ausgleich von Nachteilen der Teilung Deutschlands *(Thomas Lübbig)*	1450
Artikel 99	Beratender Ausschuss in Verkehrsfragen *(Thomas Lübbig)* ...	1453
Artikel 100	Geltungsbereich *(Thomas Lübbig)*	1455
Stichwortverzeichnis	....	1*

Verzeichnis der Autorinnen und Autoren

Prof. Dr. Sigrid Boysen, Helmut-Schmidt-Universität Universität der Bundeswehr Hamburg, Professur für Öffentliches Recht, insbesondere Völkerrecht und Europarecht: Art. 217 AEUV

Prof. Dr. Marten Breuer, Universität Konstanz, Lehrstuhl für Öffentliches Recht mit internationaler Ausrichtung: Art. 8 EUV; Art. 300–307, 343 AEUV

Prof. Dr. Christoph Brömmelmeyer, Europa-Universität Viadrina Frankfurt (Oder), Lehrstuhl für Bürgerliches Recht und Europäisches Wirtschaftsrecht: Art. 101, 102 AEUV

Prof. Dr. Marc Bungenberg, LL.M., Universität des Saarlandes, Lehrstuhl für Öffentliches Recht, Völkerrecht und Europarecht: Art. 205–207 AEUV

Stephanie Dausinger, Rechtsreferendarin im Bezirk des OLG München: Art. 122, 125, 136 AEUV

Corinna Dornacher, Ludwig-Maximilians-Universität München, Lehrstuhl für Öffentliches Recht und Europarecht: Art. 123, 124 AEUV

Prof. Dr. Claudio Franzius, Universität Bremen, Lehrstuhl für Öffentliches Recht, insbesondere Verwaltungsrecht und Umweltrecht: Art. 4, 48 EUV; Art. 353 AEUV

Prof. Dr. Walter Frenz, RWTH Aachen: Art. 1, 2, 5 GRC; Art. 173, 179–190, 197, 222, 325, 346–349, 352 AEUV

Prof. Dr. Thomas Giegerich, LL.M., Universität des Saarlandes, Lehrstuhl für Europarecht, Völkerrecht und Öffentliches Recht: Art. 216, 218, 220, 221, Art. 351 AEUV

Dr. Niklas Görlitz, Juristischer Dienst des Europäischen Parlaments, Luxemburg: Art. 263, 267 AEUV

Prof. Dr. Ludwig Gramlich, TU Chemnitz, Professur für Öffentliches Recht und Öffentliches Wirtschaftsrecht: Art. 63–66, 142–144, 219 AEUV

Prof. Dr. Jörg Gundel, Universität Bayreuth, Lehrstuhl für Öffentliches Recht, Völker- und Europarecht: Art. 194, 288, 290, 291 AEUV

Prof. Dr. Ulrich Häde, Europa-Universität Viadrina Frankfurt (Oder), Lehrstuhl für Öffentliches Recht, insbesondere Verwaltungsrecht, Finanzrecht und Währungsrecht: Präambel, Art. 1–6, 162–164, 174–178, 271, 285–287, 308–324 AEUV

Prof. Dr. Ulrich Haltern, LL.M. (Yale), Albert-Ludwigs-Universität Freiburg, Institut für Öffentliches Recht, Abt. I: Europa- und Völkerrecht: Art. 28–37, 56–62 AEUV

Prof. Dr. Andreas Haratsch, FernUniversität in Hagen, Lehrstuhl für Deutsches und Europäisches Verfassungs- und Verwaltungsrecht sowie Völkerrecht: Art. 15–17, 20 EUV, Art. 235–250, 326–334 AEUV

Prof. Dr. Wolff Heintschel von Heinegg, Europa-Universität Viadrina Frankfurt (Oder), Lehrstuhl für Öffentliches Recht, insb. Völkerrecht, Europarecht und ausländisches Verfassungsrecht: Art. 18, 21–46 EUV

Prof. Dr. Christoph Herrmann, LL.M., Universität Passau, Lehrstuhl für Staats- und Verwaltungsrecht, Europarecht, Europäisches und Internationales Wirtschaftsrecht: Art. 119–126, 136 AEUV

Prof. Dr. Sebastian Heselhaus, Universität Luzern, Lehrstuhl für Europarecht, Völkerrecht, Öffentliches Recht und Rechtsvergleichung: Art. 9–12, 55 EUV; Art. 3, 20, 37, 39, 40, 42–46 GRC; Art. 11, 13, 15, 20–25, 191–193, 342, 358 AEUV

Univ.-Prof. Dr. Hubert Hinterhofer, Universität Salzburg, Professor für Straf- und Strafverfahrensrecht – Schwerpunkt Wirtschafts- und Europastrafrecht: Art 85–89 AEUV

Prof. Dr. Gudrun Hochmayr, Europa-Universität Viadrina Frankfurt (Oder), Professur für Strafrecht, insbesondere Europäisches Strafrecht und Völkerstrafrecht: Art. 50 GRC; Art. 82–84 AEUV

Ass. iur. Nils J. Janson, Albert-Ludwigs-Universität Freiburg, Institut für Öffentliches Recht, Abt. I: Europa- und Völkerrecht: Art. 28, 29, 31–33, 35, 37 AEUV

Prof. Dr. Jörn Axel Kämmerer, Bucerius Law School, Hamburg, Lehrstuhl für Öffentliches Recht, Völker- und Europarecht: Art. 139, 140 AEUV

Prof. Dr. Friedemann Kainer, Universität Mannheim, Lehrstuhl für Bürgerliches Recht, deutsches und europäisches Wirtschafts- und Arbeitsrecht: Art. 49–55 AEUV

Prof. Dr. Eva Kocher, Europa-Universität Viadrina Frankfurt (Oder), Lehrstuhl für Bürgerliches Recht, Europäisches und Deutsches Arbeitsrecht, Zivilverfahrensrecht: Art. 27–34 GRC; Art. 8–10, 45–48, 151–161 AEUV

Prof. Dr. Markus Krajewski, Friedrich-Alexander-Universität Erlangen-Nürnberg, Lehrstuhl für Öffentliches Recht und Völkerrecht: Art. 26, 35, 36 GRC; Art. 14, 106, 345 AEUV

Philipp Kubicki, Wissenschaftliche Dienste, Deutscher Bundestag, Berlin: Art. 19 EUV, Art. 277 AEUV

Prof. Dr. Jürgen Kühling, LL.M. (Brüssel), Universität Regensburg, Lehrstuhl für Öffentliches Recht, Immobilienrecht, Infrastrukturrecht und Informationsrecht: Art. 15–17 GRC

Prof. Dr. Thomas Lübbig, Rechtsanwalt in Berlin, Honorarprofessor an der Europa-Universität Viadrina Frankfurt (Oder): Art. 90–100, 168, 170–172 AEUV

Prof. Dr. Cornelia Manger-Nestler, LL.M., HTWK Leipzig, Professur für Deutsches und Internationales Wirtschaftsrecht: Art. 127–135, 282–284 AEUV

Prof. Dr. Nele Matz-Lück, LL.M., Christian-Albrechts-Universität zu Kiel, Walther-Schücking-Institut für Internationales Recht: Art. 195, 196 AEUV

Dr. Walther Michl, LL.M., Ludwig-Maximilians-Universität München, Lehrstuhl für Öffentliches Recht und Europarecht: Art. 21 GRC; Art. 17–19 AEUV

Prof. Dr. Dr. h.c .mult. Peter-Christian Müller-Graff, MAE, Ruprecht-Karls-Universität Heidelberg, Direktor des Instituts für deutsches und europäisches Gesellschafts- und Wirtschaftsrecht: Art. 3 EUV; Art. 67–80 AEUV

Dr. Hanns Peter Nehl, D.E.A., LL.M., Rechtsreferent am EuG, Luxemburg: Art. 47 GRC

Prof. Dr. Roland Norer, Universität Luzern, Lehrstuhl für Öffentliches Recht und Recht des ländlichen Raums: Art. 38–44 AEUV

Prof. Dr. Carsten Nowak, Europa-Universität Viadrina Frankfurt (Oder), Lehrstuhl für Öffentliches Recht, insbesondere Europarecht: Präambel, Art. 1, 7, 13, 47, 51, 52 EUV; Präambel, Art. 25 GRC; Art. 103–105, 107–109, 335, 337–339, 341, 354–356 AEUV

Prof. Dr. Kerstin Odendahl, Christian-Albrechts-Universität zu Kiel, Walther-Schücking-Institut für Internationales Recht: Art. 165–167, 208–214 AEUV

Prof. Dr. Eckhard Pache, Julius-Maximilians-Universität Würzburg, Lehrstuhl für Staatsrecht, Völkerrecht, Internationales Wirtschaftsrecht und Wirtschaftsverwaltungsrecht: Art. 5, 6 EUV; Art. 51–54 GRC

Prof. Dr. Ingo Palsherm, Technische Hochschule Nürnberg Georg Simon Ohm, Fakultät Sozialwissenschaften: Art. 145–150 AEUV

Prof. Dr. Matthias Pechstein, Europa-Universität Viadrina Frankfurt (Oder), Jean-Monnet-Lehrstuhl für Öffentliches Recht, insbesondere Europarecht: Art. 19 EUV; Art. 251–281, 344 AEUV

Prof. Dr. Dagmar Richter, Juristische Fakultät der Ruprecht-Karls-Universität Heidelberg: Art. 351 AEUV

Ass. iur. Herbert Rosenfeldt, Universität Passau, Lehrstuhl für Staats- und Verwaltungsrecht, Europarecht, Europäisches und Internationales Wirtschaftsrecht: Art. 120, 121 AEUV

Prof. Gerard C. Rowe, B.A., LL.B., M.T.C.P. (Syd), LL.M. (Yale), Europa-Universität Viadrina Frankfurt (Oder), Professor em. für Öffentliches Recht, Verwaltungsrecht, Umweltrecht, Kommunalrecht, Rechtsvergleichung und ökonomische Analyse des Rechts; Professeur associé, Université du Luxembourg: Art. 23 GRC

Verzeichnis der Autorinnen und Autoren

Dr. Marit Sademach, Europa-Universität Viadrina Frankfurt (Oder), Lehrstuhl für Öffentliches Recht, insbesondere Verwaltungsrecht, Finanzrecht und Währungsrecht: Art. 271, 308, 309 AEUV

Prof. Dr. Johannes Saurer, LL.M. (Yale), Eberhard Karls Universität Tübingen, Lehrstuhl für Öffentliches Recht, Umweltrecht, Infrastrukturrecht und Rechtsvergleichung: Art. 289 AEUV, Art. 292–299 AEUV

Prof. Dr. Ralf P. Schenke, Julius-Maximilians-Universität Würzburg, Lehrstuhl für Öffentliches Recht, Deutsches, Europäisches und Internationales Steuerrecht: Art. 110–113 AEUV

Prof. Dr. Martin Schmidt-Kessel, Universität Bayreuth, Lehrstuhl für Verbraucherrecht: Art. 38 GRC; Art. 12, 169 AEUV

Prof. Dr. Burkhard Schöbener, Universität zu Köln, Lehrstuhl für Öffentliches Recht, Völkerrecht und Europarecht: Art. 198–204, 215, 350 AEUV

Prof. Dr. Rainer Schröder, Universität Siegen, Professur für Öffentliches Wirtschaftsrecht, Technik- und Umweltrecht: Art. 54 EUV; Art. 48, 49 GRC; Art. 7, 357 AEUV

Dr. Sibylle Seyr, LL.M., Juristischer Dienst des Europäischen Parlaments, Luxemburg: Art. 270, 336 AEUV

Dr. Paulina Starski, LL.B., Max-Planck-Institut für ausländisches öffentliches Recht und Völkerrecht, Heidelberg: Art. 137, 138, 141 AEUV

Dipl.-iur. Sarah Katharina Stein, MLE, Albert-Ludwigs-Universität Freiburg, Institut für Öffentliches Recht, Abt. I: Europa- und Völkerrecht: Art. 56–62 AEUV

Prof. Dr. Michael Stürner, M.Jur. (Oxon), Universität Konstanz, Lehrstuhl für Bürgerliches Recht, Internationales Privat- und Verfahrensrecht und Rechtsvergleichung, Richter am OLG Karlsruhe: Art. 81 AEUV

Dr. Peter Szczekalla, Deutsches Verwaltungsblatt (DVBl) und Hochschule Osnabrück: Art. 14, 50 EUV; Art. 223–234 AEUV

Prof. Dr. Jörg Philipp Terhechte, Leuphana Universität Lüneburg, Lehrstuhl für Öffentliches Recht, Europäisches und Internationales Recht sowie Regulierungs- und Kartellrecht: Art. 2, 49, 53 EUV; Art. 41 GRC; Art. 26, 27, 114–118, 340 AEUV

Prof. Dr. Carmen Thiele, Europa-Universität Viadrina Frankfurt (Oder), apl. Professur für Völkerrecht, Ostrecht und Rechtsvergleichung: Art. 4, 10–14, 18, 19, 22, 24 GRC

Prof. Dr. Heinrich Amadeus Wolff, Universität Bayreuth, Lehrstuhl für Öffentliches Recht VII: Art. 6–9 GRC; Art. 16 AEUV

Abkürzungsverzeichnis

a. A.	andere Ansicht
AASM	Associated African States and Madagascar
ABl.	Amtsblatt
abl.	ablehnend
Abs.	Absatz
Absatznr.	Absatznummer
Abschn.	Abschnitt
ACER	Agency for the Cooperation of Energy Regulators
AcP	Archiv für die civilistische Praxis
a. E.	am Ende
AEI	Arbeitskreis Europäische Integration e.V.
AENEAS	Programm für die finanzielle und technische Hilfe für Drittländer im Migrations- und Asylbereich
AEUV	Vertrag über die Arbeitsweise der Europäischen Union
AETR	Accord Européen sur les Transports Routiers
AdR	Ausschuss der Regionen
ADSP	Actualité et dossier en santé publique
a. F.	alte Fassung
AFDI	Annuaire Français de Droit International
AFRI	Annuaire français de relations internationales
AG	Die Aktiengesellschaft
AGG	Allgemeines Gleichbehandlungsgesetz
AGIS	Rahmenprogramm für die polizeiliche und justizielle Zusammenarbeit in Strafsachen
AgrarR	Agrarrecht
AGRI	Ausschuss für Landwirtschaft und ländliche Entwicklung
AgrRs	Agrarische Rundschau
AIJJS	Agora International Journal of Juridical Sciences
AJCL	American Journal of Comparative Law
AK	Aarhus Konvention
AJDA	Actualité Juridique: Droit Administratif
AJIL	American Journal of International Law
AJP-PJA	Aktuelle Juristische Praxis – Pratique juridique Actuelle
AKP-Staaten	Staaten Afrikas, der Karibik und des Pazifiks
ALDE	Allianz der Liberalen und Demokraten für Europa
AMIF	Asyl-, Migrations- und Integrationsfonds
ANFA	Agreement on Net Financial Assets
Anm.	Anmerkung
AnwBl.	Anwaltsblatt
AO	Abgabenordnung
AöR	Archiv des öffentlichen Rechts
APS	Allgemeines Präferenzsystem
APuZ	Aus Politik und Zeitgeschichte
ArbuR	Arbeit und Recht
ARD	Arbeitsgemeinschaft der öffentlich- rechtlichen Rundfunkanstalten der Bundesrepublik Deutschland
ARGO	Aktionsprogramm für Verwaltungszusammenarbeit in den Bereichen Außengrenzen, Visa, Asyl und Einwanderung
ARSP	Archiv für Rechts- und Sozialphilosophie
Art.	Artikel
AS-GVO	Antisubventions-Grundverordnung
ASEAN	Association of Southeast Asian Nations
AStV	Ausschuss der Ständigen Vertreter
Aufl.	Auflage
AuR	Arbeit und Recht

Abkürzungsverzeichnis

AUR	Agrar- und Umweltrecht
AVR	Archiv des Völkerrechts
A&R	Arzneimittel & Recht
AWG	Außenwirtschaftsgesetz
AW-Prax	Außenwirtschaftliche Praxis
AWV	Außenwirtschaftsverordnung
BAFA	Bundesamt für Wirtschaft und Ausfuhrkontrolle
BAGE	Entscheidungen des Bundesarbeitsgerichts
bay BezO	Bayerische Bezirksordnung
BayVBl.	Bayerische Verwaltungsblätter
BayVerfGH	Bayerischer Verfassungsgerichtshof
BB	Betriebsberater
BBankG	Bundesbankgesetz
B.C. International'l & Comp. L. Rev.	Boston College International and Comparative Law Review
Bd.	Band
Beih.	Beiheft
BEPA	Bureau of European Policy Advisers
Ber. Ldw.	Berichte über Landwirtschaft
Bespr.	Besprechung
BEUC	Bureau Européen des Unions de Consommateurs, Europäischer Verbraucherverband
BewHi	Bewährungshilfe (Zeitschrift)
BGBl.	Bundesgesetzblatt
BHO	Bundeshaushaltsordnung
BIP	Bruttoinlandsprodukt
BIS	Bank for International Settlements
BITs	bilaterale Investitionsschutzverträge
BIZ	Bank für Internationalen Zahlungsausgleich
B.J.Pol.S.	British Journal of Political Science
BKR	Zeitschrift für Bank- und Kapitalmarktrecht
BlAR	Blätter für Agrarrecht
BLJ	Bucerius Law Journal
BLR	Business Law Review
BNE	Bruttonationaleinkommen
BNetzA	Bundesnetzagentur
BPM6	Balance of Payments and International Investment Position Manual, sixth edition
BSB	Beschäftigungsbedingungen für die sonstigen Bediensteten
BSE	Bovine spongiforme Enzephalopathie
BSP	Bruttosozialprodukt
Bsp.	Beispiel
bspw.	beispielsweise
Buchst.	Buchstabe
BVerfG	Bundesverfassungsgericht
BVerfGE	Entscheidungen des Bundesverfassungsgerichts
BVT	Beste verfügbare Technik
bzw.	beziehungsweise
CARIFORUM	Caribbean Forum of African, Caribbean and Pacific States
CAP	Centrum für angewandte Politikforschung
CAT	Übereinkommen gegen Folter und andere grausame, unmenschliche oder erniedrigende Behandlung oder Strafe
CATS	Comité de l'article trente-six
CBD	Convention on biological diversity
CCMI	Consultative Commission on Industrial Change
CCS	Carbon Capture and Storage
CDA	Cahiers de Droit Européen

Abkürzungsverzeichnis

Cedefop	Europäisches Zentrum für die Förderung der Berufsbildung
CEP	Centre for European Policy
CETA	Comprehensive Economic and Trade Agreement
CFAA	Committee for Financial and Administrative Affairs
CIREA	Centre for Information, Reflection and Exchange on Asylum
CIREFI	Informations-, Reflexions- und Austauschzentrum für Fragen im Zusammenhang mit dem Überschreiten der Außengrenzen und der Einwanderung
CIVEX	Fachkommission für Unionsbürgerschaft, Regieren, institutionelle Fragen und Außenbeziehungen
CJEL	Columbia Journal of European Law
CMLRev.	Common Market Law Review
CMLRep.	Common Market Law Reports
COM	Documents of the Commission of the European Union
CMS	Convention on the Conservation of Migratory Species of Wild Animals
CONUN	United Nations Working Party
COREPER	Ausschuss der Ständigen Vertreter (Comité des représentants permanents)
COSAC	Conférence des organes spécialisés dans les affaires communautaires (Konferenz der Ausschüsse für Gemeinschafts- und Europaangelegenheiten der Parlamente der EU)
COSI	Comité permanent de coopération opérationnelle en matière de sécurité intérieur
COST	Coopération européenne dans le domaine de la recherche scientifique et technique
COTER	Fachkommission für Kohäsionspolitik
CPT	Europäisches Komitee zur Verhütung von Folter und unmenschlicher oder erniedrigender Behandlung oder Strafe
CR	Computer und Recht
CRC	Übereinkommen über die Rechte des Kindes
CYELS	Cambridge Yearbook of European Legal Studies
dass.	dasselbe
DB	Der Betrieb
DBA	Doppelbesteuerungsabkommen
DCSI	Diritto comunitario e degli scambi internazionali
ders.	derselbe
d. i.	das ist
dies.	dieselbe(n)
Diss.	Dissertation
djbZ	Zeitschrift des deutschen Juristinnenbundes
DJT	Deutscher Juristentag
DNotZ	Deutsche Notar-Zeitschrift
Dok.	Dokument
DÖV	Die Öffentliche Verwaltung
DR	Decisions and Reports, Sammlung der Entscheidungen der EKMR
DRiZ	Deutsche Richterzeitung
DStR	Deutsches Steuerrecht
DStZ	Deutsche Steuer-Zeitung
DÜ	Dubliner Übereinkommen
DuD	Datenschutz und Datensicherheit
DV	Die Verwaltung
DVBl	Deutsches Verwaltungsblatt
DVO	Durchführungsverordnung
DWA	Direktwahlakt
DZWiR	Deutsche Zeitschrift für Wirtschafts- und Insolvenzrecht
EA	Europa-Archiv
EAC	Eastern African Community
EAD	Europäischer Auswärtiger Dienst

Abkürzungsverzeichnis

EAG	Europäische Atomgemeinschaft
EAGFL	Europäischer Ausrichtungs- und Garantiefonds für die Landwirtschaft
EAGV	Vertrag zur Gründung der Europäischen Atomgemeinschaft
EASA	European Aviation Safety Agency, Europäische Agentur für Flugsicherheit
EASO	European Asylum Support Office, Europäisches Unterstützungsbüro für Asylfragen
ebd.	ebenda
EBLR	European Business Law Review
EBOR	European Business Organization Law Review
EBR	Europäischer Betriebsrat
EBRD	European Bank for Reconstruction and Development
EBRG	Gesetz über Europäische Betriebsräte
ECB	European Central Bank
ECHA	Europäische Chemikalienagentur
ECLI	European Case Law Identifier
ECLR	European Competition Law Review
ECOFIN-Rat	Rat für Wirtschaft und Finanzen (Economy and Finance)
ECOS	Fachkommission für Wirtschafts- und Sozialpolitik
ECOSOC	Wirtschafts- und Sozialrat
ECU	European Currency Unit
ed.	editor
EDA	European defence agency
eds.	editors
EDUC	Fachkommission für Bildung, Jugend, Kultur und Forschung
EEA	Einheitliche Europäische Akte
EEC	European Economic Community(ies)
EEF	Europäischer Entwicklungsfonds
EELR	European Energy and Environmental Law Review
EFAR	European Foreign Affairs Review
EFC	Economic and Financial Committee
EFFL	European Food and Feed Law Review
EFRE	Europäischer Fonds für regionale Entwicklung
EFSF	Europäische Finanzstabilisierungsfazilität
EFSM	Europäischer Finanzstabilisierungsmechanismus
EFTA	European Free Trade Association, Europäische Freihandelsassoziation
EFUS	European Forum for Urban Security
EFWZ	Europäischer Fonds für währungspolitische Zusammenarbeit
EG	Europäische Gemeinschaft
EGFL	Europäischer Garantiefonds für die Landwirtschaft
EGKS	Europäische Gemeinschaft für Kohle und Stahl
EGKSV	Vertrag zur Gründung der Europäischen Gemeinschaft für Kohle und Stahl
eGMO	einheitliche gemeinsame Marktorganisation
EGMR	Europäischer Gerichtshof für Menschenrechte
EGV	Vertrag zur Gründung der Europäischen Gemeinschaft
EHRLR	European Human Rights Law Review
EHS	Environmental Health & Safety
EIB	Europäische Investitionsbank
EIF	Europäischer Investitionsfonds
EIGE	Europäisches Institut für Gleichstellungsfragen
EioP	European Integration online Papers
EIT	Europäisches Institut für Innovation und Technologie
EJIL	European Journal of International Law
EJML	European Journal of Migration and Law
EJN	Europäisches Justizielles Netz
EJRR	The European Journal of Risk Regulation
ELER	Europäischer Landwirtschaftsfonds für die Entwicklung des ländlichen Raumes
ELJ	European Law Journal
ELLJ	European Labour Law Journal
elni	Environmental law network international

Abkürzungsverzeichnis

ELR	European Law Reporter
E.L.Rev.	European Law Review
EKR	Europäische Konservative und Reformisten
EMA	Europa-Mittelmeer-Assoziationsabkommen
EMA	European Medicines Agency
EMAS	Eco-Management and Audit Scheme
EMB	Eigenmittelbeschluss
EMFF	Europäischer Meeres- und Fischereifonds
EMN	European Migration Network, Europäisches Integrationsnetzwerk
EMRK	Europäische Menschenrechtskonvention
endg.	endgültig
engl.	englisch
ENLR	European Networks Law & Regulation Quarterly
ENKP	Europäisches Netz für Kriminalprävention
ENP	Europäische Nachbarschaftspolitik
ENVE	Fachkommission für Umwelt, Klimawandel und Energie
ENVI	Ausschuss für Umweltfragen, öffentliche Gesundheit und Lebensmittelsicherheit
EnWG	Energiewirtschaftsgesetz
EnWZ	Zeitschrift für das gesamte Recht der Energiewirtschaft
EnzEuR	Enzyklopädie Europarecht
EP	Europäisches Parlament
EPA	Economic Partnership Agreements
EPA	Europäische Polizeiakademie
EPCTF	Task Force der Europäischen Polizeichefs
EPGÜ	Übereinkommen über ein einheitliches Patentgericht
EPL	European Public Law
EPSC	European Political Strategy Centre
EPSCO	Employment, Social Policy, Health and Consumer Affairs Council
EPÜ	Übereinkommen über ein einheitliches Patentverfahren
EPZ	Europäische Politische Zusammenarbeit
ERAC	European Research Area Committee
ERC	European Research Council
ESA	European Space Agency, Europäische Weltraumorganisation
ESC	Europäische Sozialcharta
ESF	Europäischer Sozialfonds
ESM	Europäischer Stabilitätsmechanismus
ESMV	Vertrag zur Einrichtung des Europäischen Stabilitätsmechanismus
ESRB	European Systemic Risk Board
EStA	Europäische Staatsanwaltschaft
EStAL	European State Aid Law Quarterly
ESVP	Europäische Sicherheits- und Verteidigungspolitik
ESZB	Europäisches System der Zentralbanken
ER	Europäischer Rat
ERE	Europäische Rechnungseinheit
ErwR	Erweiterter EZB-Rat
EU	Europäische Union
EuBl.	europa-blätter
EuConst	European Constitutional Law Review
Eucrim	The European Criminal Law Associations' Forum
EUDEL	Lenkungsausschuss für die Delegationen
EuErbVO	Europäische Erbrechtsverordnung
EuG	Gericht der EU (erster Instanz)
EuGH	Gerichtshof der Europäischen Union
EuGRZ	Europäische Grundrechte-Zeitschrift
EuGöD	Gericht für den öffentlichen Dienst der Europäischen Union
EuGVÜ	Europäisches Gerichtsstands- und Vollstreckungsübereinkommen
EuGVVO	Verordnung über die gerichtliche Zuständigkeit und die Anerkennung und Vollstreckung von Entscheidungen in Zivil- und Handelssachen

Abkürzungsverzeichnis

EUIEUIPO	European University InstituteEuropean Union Intellectual Property Office
EuLF	The European Legal Forum
EuR	Europarecht
EURAB	Europäischer Forschungsbeirat
Eurodac	Europäische Datenbank zur Speicherung von Fingerabdrücken
EurUP	Zeitschrift für Europäisches Umwelt- und Planungsrecht
et	Energiewirtschaftliche Tagesfragen
Eurasil	European Union Network for asylum practitioners
Eurojust	Einheit für justizielle Zusammenarbeit der Europäischen Union
EUROSUR	Europäisches Grenzüberwachungssystem
Euratom	Europäische Atomgemeinschaft
EURES	EURopean Employment Services
EURIMF	Gruppe der EU-Vertreter bei dem Internationalen Währungsfonds
Europ. Business Law Rev.	European Business Law Review
EurUP	Zeitschrift für europäisches Umwelt- und Planungsrecht
EuUnthVO	Europäische Unterhaltsverordnung
EUV	Vertrag über die Europäische Union
EuZ	Zeitschrift für Europarecht
EuZA	Europäische Zeitschrift für Arbeitsrecht
EUZBBG	Gesetz über die Zusammenarbeit von Bundesregierung und Deutschem Bundestag in Angelegenheiten der Europäischen Union
EuZBLG	Gesetz über die Zusammenarbeit von Bund und Ländern in Angelegenheiten der Europäischen Union
EuZW	Europäische Zeitschrift für Wirtschaftsrecht
EvBl.	Evidenzblatt der Rechtsmittelentscheidungen
EVG	Europäische Verteidigungsgemeinschaft
EVP	Europäische Volkspartei
EVTZ	Europäischer Verbund für territoriale Zusammenarbeit
EVV	Europäischer Verfassungsvertrag
EWG	Europäische Wirtschaftsgemeinschaft
EWGV	Vertrag zur Gründung der Europäischen Wirtschaftsgemeinschaft
EWI	Europäisches Währungsinstitut
EWiR	Entscheidungen zum Wirtschaftsrecht
EWR	Europäischer Wirtschaftsraum
EWS	Europäisches Wirtschafts- und Steuerrecht
EWS	Europäisches Währungssystem
EWSA	Europäischer Wirtschafts- und Sozialausschuss
EWU	Europäische Währungsunion
EYIEL	European Yearbook of International Economic Law
EZB	Europäische Zentralbank
EZFF	Europäisches Zentrum für Föderalismus-Forschung
f.	folgende
FAO	Food and Agriculture Organization
FADO	europäisches internetbasiertes Bildspeicherungssystem
FCE	Forum Constitutionis Europae
FCKW	Fluorchlorkohlenwasserstoffe
FDI	Foreign Direct Investment
ff.	fortfolgende
FFH	Flora, Fauna, Habitat
FamRZ	Zeitschrift für das gesamte Familienrecht
FG	Festgabe
Fordham ILJ	Fordham International Law Journal
Fordham ILS	Fordham International Law Survey
Fn.	Fußnote
FPR	Familie, Partnerschaft, Recht
FR	Finanz-Rundschau
franz. (frz.)	französisch

Abkürzungsverzeichnis

FRONTEX	Europäische Agentur für die operative Zusammenarbeit an den Außengrenzen der Mitgliedstaaten der Europäischen Union
FS	Festschrift
FusV	Fusionsvertrag
GA	Generalanwalt/Generalanwältin
GA	Goltdammer's Archiv für Strafrecht
GAP	Gemeinsame Agrarpolitik
GASP	Gemeinsame Außen- und Sicherheitspolitik
GATS	General Agreement on Trade in Services/Allgemeines Übereinkommen über den Handel mit Dienstleistungen
GATT	General Agreement on Tariffs and Trade/Allgemeines Zoll- und Handelsabkommen
GD	Generaldirektion
GD AGRI	Generaldirektion Landwirtschaft und ländliche Entwicklung
GD MARE	Generaldirektion für Maritime Angelegenheiten und Fischerei
GdP	Gewerkschaft der Polizei
GEAS	Gemeinsames Europäisches Asylsystem
Gedstr.	Gedankenstrich
gem.	gemäß
GesR	Gesundheitsrecht
GewArch	Gewerbearchiv, Zeitschrift für Wirtschaftsverwaltungsrecht
GFK	Genfer Flüchtlingskonvention
GFP	Gemeinsame Fischereipolitik
GG	Grundgesetz
ggf.	gegebenenfalls
GHP	Gemeinsame Handelspolitik
GKI	Gemeinsame Konsularische Instruktion
GMV	Verordnung über die Gemeinschaftsmarke
GLKrWG Bayern	Gesetz über die Wahl der Gemeinderäte, der Bürgermeister, der Kreistage und der Landräte
GLJ	German Law Journal
GmbHR	GmbH-Rundschau
GMO	Gemeinsame Marktorganisation
GO	Geschäftsordnung
GoA	Geschäftsführung ohne Auftrag
GO Bayern	Gemeindeordnung Bayern
GO-EP	Geschäftsordnung des Europäischen Parlamentes
GoJIL	Goettingen Journal of International Law
GO NRW	Gemeindeordnung Nordrhein-Westfalen
GO Rh.-Pf.	Gemeindeordnung Rheinland-Pfalz
GPA	Government Procurement Agreement
GPR	Zeitschrift für das Privatrecht der Europäischen Union
GRC (GRCh)	Charta der Grundrechte der Europäischen Union
grdlg.	grundlegend
grds.	grundsätzlich
GreifRecht	Greifswalder Halbjahresschrift für Rechtswissenschaft
GRUR	Gewerblicher Rechtsschutz und Urheberrecht
GRUR-Int.	Gewerblicher Rechtsschutz und Urheberrecht, Internationaler Teil
GRUR-Prax	Gewerblicher Rechtsschutz und Urheberrecht, Praxis im Immaterialgüter- und Wettbewerbsrecht
GS	Gedächtnisschrift
GSP	Generalized System of Preferences
GTCJ	Global Trade and Customs Journal
GVO	Gentechnisch veränderte Organismen
GYIL	German Yearbook of International Law
HABM	Harmonisierungsamt für den Binnenmarkt
HFR	Humboldt Forum Recht

Abkürzungsverzeichnis

HGrG	Gesetz über die Grundsätze des Haushaltsrechts des Bundes und der Länder (Haushaltsgrundsätzegesetz)
HILJ	Harvard International Law Journal
h.L.	herrschende Lehre
h.M.	herrschende Meinung
HO	Haushaltsordnung
HRC	Human Rights Committee
HRLJ	Human Rights Law Journal
HRRS	Höchstrichterliche Rechtsprechung im Strafrecht
Hrsg.	Herausgeber
hrsg.	herausgegeben
Hs.	Halbsatz
HS-Nomenklatur	Harmonisiertes System zur Bezeichnung und Codierung der Waren
HStR	Handbuch des Staatsrechts
HV	Hoher Vertreter für die Gemeinsame Außen- und Sicherheitspolitik
IAEA	Internationale Atomenergieorganisation
IPbpR	Internationaler Pakt über bürgerliche und politische Rechte
ICAO	Internationale Zivilluftfahrtorganisation
I.C.L.Q./ICLQ	International and Comparative Law Quarterly
ICONet	Informations- und Koordinierungsnetz für die Migrationsbehörden der Mitgliedstaaten
ICTY	Internationaler Strafgerichtshof für das ehemalige Jugoslawien
i.d.F.	in der Fassung
i.d.R.	in der Regel
IFLA	Informationsdienst für Lastenausgleich
IE	Industrieemissionen
i.E.	im Erscheinen
i.e.S.	im engeren Sinne
IGOs	Intergovernmental organizations
IIC	International Review of Intellectual Property and Competition Law
IJEL	Irish Journal of European Law
IJHR	The International Journal of Human Rights
ILJ	Industrial Law Journal
ILO	Internationale Arbeitsorganisation
ILR	International Law Reports
IMF	International Monetary Fund
InfAuslR	Informationsbrief Ausländerrecht
Int'l Law	The International Lawyer
IntVG	Integrationsverantwortungsgesetz
InVeKoS	Integriertes Verwaltungs- und Kontrollsystem
IOLawRev.	International Organizations Law Review
IPBPR	Internationaler Pakt über bürgerliche und politische Rechte
IPE	Ius Publicum Europaeum
IPR	Internationales Privatrecht
IPrax	Praxis des Internationalen Privat- und Verfahrensrechts
IPwskR	Internationaler Pakt über wirtschaftliche, soziale und kulturelle Rechte
IR	InfrastrukturRecht
i.S.	im Sinne
i.S.d.	im Sinne des
iStR	Internationales Steuerrecht
i.S.v.	im Sinne von
IUR	Informationsbrief für Umweltrecht
i.V.	in Verbindung
i.V.m.	in Verbindung mit
IVU	Integrierte Vermeidung und Verminderung der Umweltverschmutzung
IW	Institut der deutschen Wirtschaft Köln
IWB	Internationale Wirtschafts-Briefe

Abkürzungsverzeichnis

IWF	Internationaler Währungsfonds
IWFÜ	Übereinkommen über den Internationalen Währungsfonds
JA	Juristische Arbeitsblätter
JAR	Jahrbuch des Agrarrechts
JbItalR	Jahrbuch für Italienisches Recht
JBl.	Juristische Blätter
JBÖffF	Jahrbuch für öffentliche Finanzen
JbÖR	Jahrbuch des öffentlichen Rechts der Gegenwart
JbJZivRWiss	Jahrbuch junger Zivilrechtswissenschaftler
JCMSt	Journal of Common Market Studies
JCP	Jurisclasseur périodique
JDE	Journal de droit européen
JECLAP	Journal of European Competition Law & Practice
JEIH	Journal of European Integration History
JENRL	Journal of Energy & Natural Resources Law
JEPP	Journal of European Public Policy
JIBLR	Journal of International Banking Law and Regulation
JIEL	Journal of International Economic Law
JIZ	Zusammenarbeit in den Bereichen Justiz und Inneres
JöR	Jahrbuch des öffentlichen Rechts
JRP	Journal für Rechtspolitik
JSt	Journal für Strafrecht
JTDE	Journal des tribunaux droit européen
Jura	Juristische Ausbildung (Zeitschrift)
JuS	Juristische Schulung
J.W.T.	Journal of World Trade
JZ	JuristenZeitung
Kap.	Kapitel
KfW	Kreditanstalt für Wiederaufbau
KGRE	Kongress der Gemeinden und Regionen Europas
KOM	Kommissionsdokument(e)
KJ	Kritische Justiz
KMU	Kleinere und mittlere Unternehmen
KN	Kombinierte Nomenklatur
KommJur	Kommunaljurist
KritV	Kritische Vierteljahresschrift für Gesetzgebung und Rechtswissenschaft
KSE	Kölner Schriften zum Europarecht
KuR	Zeitschrift für die kirchliche und staatliche Praxis
K&R	Kommunikation und Recht
KWahlG NRW	Kommunalwahlgesetz Nordrhein-Westfalen
LAGE	Entscheidungen des Landesarbeitsgerichts
LEADER	Liaison entre actions de développement de l'économie rurale / Verbindung zwischen Aktionen zur Entwicklung der ländlichen Wirtschaft
LIEI	Legal Issues of Economic Integration
LKV	Landes- und Kommunalverwaltung
LMO	Labour Market Observatory
L&P	The Law & Practice of International Courts and Tribunals
Ls.	Leitsatz
LSGLSO	LandessozialgerichtLisbon Strategy Observatory
LwG	Landwirtschaftsgesetz
LwÜ	Übereinkommen über die Landwirtschaft
m.	mit
MdEP	Mitglied des Europäischen Parlaments
MEAs	Multilateral environmental agreements
MedR	Medizinrecht

Abkürzungsverzeichnis

MFA	Macro-Financial Assistance (Makrofinanzhilfen)
MinBl. NW.	Ministerialblatt Nordrhein-Westfalen
MIC	Monitoring and Information Center
Mio.	Millionen
MIP	Mitteilungen des Instituts für Deutsches und Internationales Parteienrecht und Parteienforschung
MJ	Maastricht Journal of European and Comparative Law
MLRev.	The Modern Law Review
MMR	MultiMedia und Recht
m. N.	mit Nachweis
MOEL	Mittel- und Osteuropäische Länder
MoU	Memorandum of Understanding
MPEPIL	Max Planck Encyclopedia of Public International Law
MPR	Medizin Produkte Recht
Mrd.	Milliarden
MRL	Markenrichtlinie
MSU JIL	Michigan State University College of Law Journal of International Law
MTR	Mid-Term Review
MünzG	Münzgesetz
m. V. a.	mit Verweis auf
m. w. N.	mit weiteren Nachweisen
MwSt.	Mehrwertsteuer
MZK	Modernisierter Zollkodex
Nachw.	Nachweis(e)
NAFO	North-West Atlantic Fisheries Organization
NBER	National Bureau of Economic Research
NBG	Nationalbankgesetz
NEC	National Emission Ceilings
NEET	Not in Education, Employment or Training
n. F.	neue Fassung
NGO	non-governmental organization
N. Ir. Legal Q.	The Northern Ireland Legal Quarterly
NJ	Neue Justiz
NJCL	Nordic Journal of Commercial Law
NJECL	New Journal of European Criminal Law
NJW	Neue Juristische Wochenschrift
NL-BzAR	Briefe zum Agrarrecht
NordÖR	Zeitschrift für Öffentliches Recht in Norddeutschland
NQHR	Netherlands Quarterly of Human Rights
Nr.	Nummer(n)
NuR	Natur und Recht
NUTS	Nomenclature des unités territoriales statistiques
NStZ	Neue Zeitschrift für Strafrecht
NVwZ	Neue Zeitschrift für Verwaltungsrecht
NWVBl.	Nordrhein-Westfälische Verwaltungsblätter
NYIL	Netherlands Yearbook of International Law
NZA	Neue Zeitschrift für Arbeitsrecht
NZB	Nationale Zentralbank(en)
NZBau	Neue Zeitschrift für Baurecht und Vergaberecht
NZG	Neue Zeitschrift für Gesellschaftsrecht
NZKart	Neue Zeitschrift für Kartellrecht
NZS	Neue Zeitschrift für Sozialrecht
NZV	Neue Zeitschrift für Verkehrsrecht
NZWehrr	Neue Zeitschrift für Wehrrecht
NZZ	Neue Zürcher Zeitung
N&R	Netzwirtschaften und Recht
öarr	Österreichisches Archiv für Recht & Religion
ÖAV	Öffentliche Arbeitsverwaltungen

Abkürzungsverzeichnis

ODIHR	Office for Democratic Institutions and Human Rights
OECC	Organization for European Economic Co-operation
OECD	Organisation for Economic Co-operation and Development
o. g.	oben genannt
OGAW	Organismen für gemeinsame Anlagen in Wertpapieren
OIV	Internationale Organisation für Rebe und Wein
ÖJZ	Österreichische Juristen-Zeitung
OLAF	Office Européen de Lutte Anti-Fraude (Amt für Betrugsbekämpfung)
OMK	Offene Methode der Koordinierung
OMT	Outright monetary transactions
ORDO	Jahrbuch für die Ordnung von Wirtschaft und Gesellschaft
ÖStZ	Österreichische Steuerzeitung
OSZE	Organisation für Sicherheit und Zusammenarbeit in Europa
OTF	Organisation für den internationalen Eisenbahnverkehr
ÖZöRV	Österreichische Zeitschrift für öffentliches Recht und Völkerrecht
ÖZK	Österreichische Zeitschrift für Kartellrecht
ÖZW	Österreichische Zeitschrift für Wirtschaftsrecht
p.	page
PCB	Polychlorierte Biphenyle
PCT	Polychlorierte Terphenyle
PharmR	Pharma Recht
PICs	Rotterdam Convention on the Prior Informed Consent Procedure for Certain Hazardous Chemicals and Pesticides in International Trade
PIF	Pacific Islands Forum
PJZS	Polizeiliche und justizielle Zusammenarbeit in Strafsachen
ProtVB	Protokoll über die Vorrechte und Befreiungen der Europäischen Union
RabelsZ	Rabels Zeitschrift für ausländisches und internationales Privatrecht
Rabit	Soforteinsatzteams für Grenzsicherungszwecke
RAE	Revue des Affaires Européennes
RAMSAR	Convention on Wetlands of International Importance especially as Waterfowl Habitat
RBDI	Revue Belge de Droit International
REACH	Registration, Evaluation, Authorisation and Restriction of Chemicals
RdA	Recht der Arbeit
RdE	Recht der Energiewirtschaft
RdL	Recht der Landwirtschaft
RDG	Rechtsdepesche für das Gesundheitswesen
RDV	Recht der Datenverarbeitung
RdJB	Recht der Jugend und des Bildungswesens
RDP	Revue du droit public et de la science politique en France et à l'étranger
RDUE	Revue du Droit de l'Union Européenne
REALaw	Review of European Administrative Law
REIO	Regional economic integration organization
Rec. Dalloz.	Recueil Dalloz
RevMC	Revue du Marché commun et de l'Union
RFAP	Revue française d'administration publique
RFDA	Revue française de droit administratif
RFDC	Revue française de droit constitutionnel
RFSR	Raum der Freiheit, der Sicherheit und des Rechts
RGDIP	Revue générale de droit international public
RiA	Recht im Amt
Rich. J. Global L. & Bus	Richmond Journal of Global Law and Business
RIDPC	Rivista italiana di diritto pubblico comunitario
Riv. dir. eur.	Rivista di diritto europeo
Riv. dir. int	Rivista di diritto internazionale
RIW	Recht der Internationalen Wirtschaft

Abkürzungsverzeichnis

RIW/AWD	Recht der Internationalen Wirtschaft/Außenwirtschaftsdienst
RMC	Revue de Marché commun et de l'Union européenne
Rn.	Randnummer
Rs.	Rechtssache
Rspr.	Rechtsprechung
RTDE	Revue trimestrielle de droit européen
RuP	Recht und Politik
RuR	Raumforschung und Raumordnung
RZ	Österreichische Richterzeitung
s.	siehe
S.	Seite(n)
s. a.	siehe auch
SAA	Stabilisation and Association Agreement
SADC	Southern African Development Community
SAE	Sammlung arbeitsrechtlicher Entscheidungen
SAEGA/SCIFA	Strategischer Ausschuss für Einwanderungs-, Grenz- und Asylfragen
SAL	Sonderausschuss Landwirtschaft
SAPS	Single Area Payment Scheme
SächsVBl.	Sächsische Verwaltungsblätter
SHERLOCK	Ausbildungs-, Austausch- und Kooperationsprogramm im Bereich der Ausweisdokumente
SchiedsVZ	Zeitschrift für Schiedsverfahren
scil.	scilicet (nämlich)
SDO	Sustainable Development Observatory
SDSRV	Schriftenreihe des Deutschen Sozialrechtsverbandes
SDÜ	Schengener Durchführungsübereinkommen
SEK	Dokumente des Sekretariats der Kommission der Europäischen Union
SEV	Sammlung der europäischen Verträge
SEW	Tijdschrift voor Europees en economisch recht
SGB	Sozialgesetzbuch
SIS II	Schengener Informationssystem der zweiten Generation
SJER	Schweizerisches Jahrbuch für Europarecht
SKSV (SKS-V)	Vertrag über Stabilität, Koordinierung und Steuerung in der Wirtschafts- und Währungsunion
Slg.	Sammlung (der Rechtsprechung des Gerichtshofs der EU)
LSO	Lisbon Strategy Observatory
SMO	Single Market Observatory
SMP	Securities Markets Programme
s. o.	siehe oben
SPE	Sozialdemokratische Partei Europas
SPS	Sanitary and Phytosanitary Measures
Spstr.	Spiegelstrich
SpuRt	Zeitschrift für Sport und Recht
SR	Soziales Recht
SRB	Single resolution board
SRF	Single resolution fund
SRM	Single resolution mechanism
SRÜ	Seerechtsübereinkommen der Vereinten Nationen
SSM	Single supervisory mechanism
StoffR	Zeitschrift für Stoffrecht
StPO	Strafprozessordnung
StraFo	Strafverteidiger Forum
st. Rspr.	ständige Rechtsprechung
StRR	StrafRechtsReport
SteuerSt	Steuer und Studium
StuW	Steuer und Wirtschaft
StWStP	Staatswissenschaft und Staatspraxis
s. u.	siehe unten; siehe unter
SUP	Strategische Umweltprüfung

Abkürzungsverzeichnis

StV	Strafverteidiger
SWI	Steuer und Wirtschaft International
SWP	Stiftung Wissenschaft und Politik
SWP	Stabilitäts- und Wachstumspakt
SZIER	Schweizerische Zeitschrift für internationales und europäisches Recht
TARGET	Trans-European Automated Real-time Gross settlement Express Transfer system
TBR	Trade Barriers Regulation
TBT	Technical Barriers to Trade
TEN	Transport, Energy, Infrastructure and Information Society
TEU	The Treaty on European Union
Texas Int. L. Journal	Texas International Law Journal
TGI/TDI	Technische Fraktion der Unabhängigen Abgeordneten – Gemischte Fraktion (engl. Technical Group of Independent Members, frz. Groupe technique des députés indépendants)
ThürVBl.	Thüringer Verwaltungsblätter
TK	Telekommunikation
TiSA	Trade in Services Agreement
TLCP	Transnational Law & Contemporary Problems
TranspR	Transportrecht
TRIMs	Agreement on Trade-Related Investment Measures
TRIPS	Agreement on Trade-Related Aspects of Intellectual Property Rights
TTIP	Transatlantic Trade and Investment Partnership
u.	und
u. a.	unter anderem; und andere
UAbs.	Unterabsatz
UBWV	Unterrichtsblätter für die Bundeswehrverwaltung
UCI	Union Cycliste Internationale
UEBL	Union Économique Belgo-Luxembourgeoise
UEN-EA	Union for Europe of the Nations – European Alliance
UfM	Union for the Mediterranean
ÜLG	Überseeische Länder und Gebiete
ULR	Utrecht Law Review
UMV	Unionsmarkenverordnung
UN	United Nations
UNC	Charter of the United Nations
UNCITRAL	United Nations Commission on International Trade Law
UNCTAD	United Nations Conference on Trade and Development
UNECA	United Nations Economic Commission for Africa
UNECE	United Nations Economic Commission for Europe
UNECLAC	United Nations Economic Commission for Latin America and the Caribbean
UNEP	United Nations Environment Programme
UNESCAP	United Nations Economic and Social Commission for Asia and the Pacific
UNESCWA	United Nations Economic and Social Commission for Western Asia
UNFCCC	United Nations Framework Convention on Climate Change
UNHCR	United Nations High Commissioner for Refugees
UNTS	United Nations Treaty Series
UPR	Umwelt- und Planungsrecht
UR	Umsatzsteuer-Rundschau
URP	Umweltrecht in der Praxis
Urt.	Urteil
UTR	Umwelt- und Technikrecht
u. U.	unter Umständen
UVP	Umweltverträglichkeitsprüfung
UZK	Zollkodex der Union

Abkürzungsverzeichnis

v.	von/vom
v. a.	vor allem
verb.	verbundene
VerfO	Verfahrensordnung
VergabeR	Vergaberecht
VersR	Versicherungsrecht
VerwArch	Verwaltungsarchiv
vgl.	vergleiche
VIS	Visa-Informationssystem
VIZ	Zeitschrift für Vermögens- und Immobilienrecht
VN	Vereinte Nationen
VO	Verordnung
Vol.	Volume
VSKS	Vertrag über Stabilität, Koordinierung und Steuerung in der Wirtschafts- und Währungsunion
VSSR	Vierteljahresschrift für Sozialrecht
VR	Verwaltungsrundschau
VRE	Versammlung der Regionen Europas
VuR	Verbraucher und Recht
VVDStRL	Veröffentlichungen der Vereinigung der Deutschen Staatsrechtslehrer
VVE	Vertrag über eine Verfassung für Europa
VVG	Versicherungsvertragsgesetz
VwVfG	Verwaltungsverfahrensgesetz
VzA	Verstärkte Zusammenarbeit
WBL/wbl	Wirtschaftsrechtliche Blätter
WCJ	World Customs Journal
WCO	World Customs Organization
WEU	Westeuropäische Union
WFA	Wirtschafts- und Finanzausschuss
Whittier L. Rev.	Whittier Law Review
WHO	Weltgesundheitsorganisation
WiRO	Wirtschaft und Recht in Osteuropa
WissR	Wissenschaftsrecht
wisu	Das Wirtschaftsstudium
WiVerw	Wirtschaft und Verwaltung
WIPO	Weltorganisation für geistiges Eigentum
WKM	Wechselkursmechanismus
WM	Wertpapier-Mitteilungen, Zeitschrift für Wirtschafts- und Bankenrecht
WPA	Wirtschaftspartnerschaftsabkommen
WTO	World Trade Organization (Welthandelsorganisation)
WTO-DSU	World Trade Organization Dispute Settlement Understanding
WRP	Wettbewerb in Recht und Praxis
WRRL	Wasserrahmenrichtlinie
WRV	Weimarer Reichsverfassung
WSA	Wirtschafts- und Sozialausschuss
WSI	Wirtschafts- und Sozialwissenschaftliches Institut
WÜD	Wiener Übereinkommen über diplomatische Beziehungen
WÜRV	Wiener Übereinkommen über das Recht der Verträge
WuW	Wirtschaft und Wettbewerb
WVK	Wiener Vertragsrechtskonvention
WWU	Wirtschafts- und Währungsunion
YEL	Yearbook of European Law
YECHR	Yearbook of the European Convention on Human Rights
YJIL	Yale Journal of International Law
ZaöRV	Zeitschrift für ausländisches öffentliches Recht und Völkerrecht
ZAR	Zeitschrift für Ausländerrecht und Ausländerpolitik

Abkürzungsverzeichnis

ZAU	Zeitschrift für angewandte Umweltforschung
z. B.	zum Beispiel
ZBB	Zeitschrift für Bankrecht und Bankwirtschaft
ZBJI	Zusammenarbeit in den Bereichen Justiz und Inneres
ZD	Zeitschrift für Datenschutz
ZEI	Zentrum für Europäische Integrationsforschung
ZERP	Zentrum für Europäische Rechtspolitik
ZEuP	Zeitschrift für Europäisches Privatrecht
ZEuS	Zeitschrift für Europarechtliche Studien
ZESAR	Zeitschrift für europäisches Sozial- und Arbeitsrecht
ZEW	Zentrum für Europäische Wirtschaftsforschung
ZEV	Zeitschrift für Erbrecht und Vermögensnachfolge
ZevKR	Zeitschrift für evangelisches Kirchenrecht
ZfA	Zeitschrift für Arbeitsrecht
ZfBR	Zeitschrift für deutsches und internationales Bau- und Vergaberecht
ZfgK	Zeitschrift für das gesamte Kreditwesen
ZFSH/SGB	Zeitschrift für die sozialrechtliche Praxis
ZfP	Zeitschrift für Politik
ZfRV	Zeitschrift für Europarecht, Internationales Privatrecht und Rechtsvergleichung
ZfV	Zeitschrift für Verwaltung
ZfW	Zeitschrift für Wirtschaftspolitik
ZfWG	Zeitschrift für Wett- und Glücksspielrecht
ZfZ	Zeitschrift für Zölle und Verbrauchsteuern
ZG	Zeitschrift für Gesetzgebung
ZGR	Zeitschrift für Unternehmens- und Gesellschaftsrecht
ZGS	Zeitschrift für Vertragsgestaltung, Schuld- und Haftungsrecht
ZHR	Zeitschrift für das gesamte Handels- und Wirtschaftsrecht
ZIAS	Zeitschrift für ausländisches und internationales Arbeits- und Sozialrecht
Ziff.	Ziffer
ZIP	Zeitschrift für Wirtschaftsrecht
ZIS	Zeitschrift für internationale Strafrechtsdogmatik
ZIS	Zollinformationssystem
ZIS-Ü	Zollinformationssystem-Übereinkommen
zit.	zitiert
ZJS	Zeitschrift für das Juristische Studium
ZK	Zollkodex
ZK-DVO	Zollkodex-Durchführungsverordnung
ZLR	Zeitschrift für das gesamte Lebensmittelrecht
ZLW	Zeitschrift für Luft- und Weltraumrecht
ZNER	Zeitschrift für Neues Energierecht
ZögU	Zeitschrift für öffentliche und gemeinwirtschaftliche Unternehmen
ZÖR	Zeitschrift für öffentliches Recht
ZParl	Zeitschrift für Parlamentsfragen
ZRP	Zeitschrift für Rechtspolitik
ZSE	Zeitschrift für Staats- und Europawissenschaften
ZSR	Zeitschrift für Schweizerisches Recht
ZStW	Zeitschrift für die gesamte Strafrechtswissenschaft
z. T.	zum Teil
ZTR	Zeitschrift für Tarifrecht
ZUM	Zeitschrift für Urheber- und Medienrecht
ZUR	Zeitschrift für Umweltrecht
zutr.	zutreffend
ZVertriebsR	Zeitschrift für Vertriebsrecht
ZVglRWiss	Zeitschrift für vergleichende Rechtswissenschaft
ZWeR	Zeitschrift für Wettbewerbsrecht
ZWS	Zeitschrift für Wirtschafts- und Sozialwissenschaften
ZZP	Zeitschrift für Zivilprozess

Verzeichnis der abgekürzt zitierten Literatur

Beutler/Bieber/Pipkorn/Streil, Die Europäische Union – Rechtsordnung und Politik, 5. Aufl., 2001 (zit.: BBPS, S.)
Blanke/Mangiameli (eds.), The Treaty on European Union (TEU), 2013 (zit: Bearbeiter, in: Blanke/Mangiameli, TEU, Art., Rn.).
Bieber/Epiney/Haag, Die Europäische Union – Europarecht und Politik, 11. Aufl., 2015 (zit.: Bieber/Epiney/Haag, Die EU, §, Rn.)
Bleckmann, Europarecht, 6. Aufl., 1997 (zit.: Bleckmann, Europarecht, Rn.)
von Bogdandy/Bast (Hrsg.), Europäisches Verfassungsrecht – Theoretische und dogmatische Grundzüge, 2. Aufl., 2009 (zit.: Bearbeiter, in: v. Bogdandy/Bast, Europäisches Verfassungsrecht, S.)
Borchardt, Die rechtlichen Grundlagen der Europäischen Union, 6. Aufl., 2015 (zit.: Borchardt, Grundlagen, S.)
Calliess/Ruffert (Hrsg.), EUV/AEUV, 5. Aufl., 2016 (zit.: Bearbeiter, in: Calliess/Ruffert, EUV/AEUV, Art., Rn.)
Calliess/Ruffert (Hrsg.), Verfassung der Europäischen Union, 2006, (zit.: Bearbeiter, in: Calliess/Ruffert, VerfEU, Art., Rn.)
Constantinesco/Jacqué/Kovar/Simon, Traité instituant la C.E.E. Commentaire article par article, Paris, 1992 (zit.: Constantinesco/Jacqué/Kovar/Simon, TCE)
Constantinesco/Kovar/Simon, Traité sur l'Union européenne. Commentaire article par article, Paris, 1995 (zit.: Constantinesco/Kovar/Simon, TUE)
Dauses (Hrsg.), Handbuch des EU-Wirtschaftsrechts, Loseblattsammlung (zit.: Bearbeiter, in: Dauses, Handbuch des EU-Wirtschaftsrechts, Abschnitt, Stand, Rn.)
Dreier (Hrsg.), Grundgesetz, Kommentar, Band I, 3. Auflage, 2013, Band II, 3. Aufl., 2015, Band III, 2. Aufl., 2008 (zit.: Bearbeiter, in: Dreier, GG, Art., Rn.)
Ehlermann/Bieber/Haag (Hrsg.), Handbuch des Europäischen Rechts, Loseblattsammlung, (zit.: Bearbeiter, in: HER, Art. (Monat Jahr), Rn.)
Ehlers (Hrsg.), Europäische Grundrechte und Grundfreiheiten, 4. Aufl., 2015 (zit.: Bearbeiter, in: Ehlers, Grundrechte und Grundfreiheiten, §, Rn.)
Emmert, Europarecht, 1996 (zit.: Emmert, Europarecht, S.)
Fischer, Europarecht, 2. Aufl., 2008 (zit.: Fischer, Europarecht, §, Rn.)
Franzen/Gallner/Oetker (Hrsg.), Kommentar zum europäischen Arbeitsrecht, 2016 (zit: EUArbR/Bearbeiter, Art., Rn)
Frenz, Europarecht, 2. Aufl., 2016 (zit.: Frenz, Europarecht, Rn.)
Frenz, Handbuch Europarecht, Band 1: Europäische Grundfreiheiten, 2. Aufl., 2012; Band 2: Europäisches Kartellrecht, 2. Aufl., 2015; Band 3: Beihilfe- und Vergaberecht, 2007; Band 4: Europäische Grundrechte, 2009; Band 5: Wirkungen und Rechtsschutz, 2010; Band 6: Institutionen und Politiken, 2010 (zit.: Frenz, Handbuch Europarecht, Band, Rn.)
Frowein/Peukert, Europäische Menschrechtskonvention, Kommentar, Kehl/Straßburg, Arlington, 3. Aufl., 2009 (zit.: Bearbeiter, in: Frowein/Peukert, EMRK, Art., Rn.)
Geiger/Khan/Kotzur (Hrsg.), EUV/AEUV, Vertrag über die Europäische Union und die Arbeitsweise der Europäischen Union, 5. Aufl., 2010 (zit.: Bearbeiter, in: Geiger/Khan/Kotzur, EUV/AEUV, Art., Rn.)
Grabitz/Hilf (Hrsg.), Kommentar zur Europäischen Union, Loseblattsammlung, (zit.: Bearbeiter, in: Grabitz/Hilf, EU, Art. (Monat Jahr), Rn.)
Grabitz/Hilf/Nettesheim (Hrsg.), Kommentar zur Europäischen Union, Loseblattsammlung, (zit.: Bearbeiter, in: Grabitz/Hilf/Nettesheim, EU, Art. (Monat Jahr), Rn.)
von der Groeben/Boeckh/Thiesing/Ehlermann (Hrsg.), Kommentar zum EWG-Vertrag, 3. Aufl., 1983 (zit.: Bearbeiter, in: GBTE, EWGV, Art., Rn.)
von der Groeben/Thiesing/Ehlermann (Hrsg.), Kommentar zum EWG-Vertrag, 4. Aufl., 1991 ff. (zit.: Bearbeiter, in: GTE, EWGV, Art., Rn.)
von der Groeben/Thiesing/Ehlermann (Hrsg.), Kommentar zum EU-/EG-Vertrag, 5. Aufl., 1997 (zit.: Bearbeiter, in: GTE, EUV/EGV, Art., Rn.)
von der Groeben/Schwarze (Hrsg.), Vertrag über die Europäische Union und Vertrag zur Gründung der Europäischen Gemeinschaft, Bände 1–3, 6. Aufl., 2003; Band 4, 6. Aufl., 2004 (zit.: Bearbeiter, in: GS, EUV/EGV, Art., Rn.)

Verzeichnis der abgekürzt zitierten Literatur

von der Groeben/Schwarze/Hatje (Hrsg.), Europäisches Unionsrecht, Bände 1–4, 7. Aufl., 2015; (zit.: Bearbeiter, in: GSH, Europäisches Unionsrecht, Art., Rn.)

Dörr/Grote/Marauhn (Hrsg.), EMRK/GG Konkordanzkommentar zum europäischen und deutschen Grundrechtsschutz, 2. Auflage, 2013 (zit.: Bearbeiter, in: Dörr/Grote/Marauhn, EMRK/GG, Kap., Rn.)

Hailbronner/Klein/Magiera/Müller-Graff (Hrsg.), Handkommentar zum Vertrag über die Europäische Union (EUV/EGV), Loseblattsammlung, (zit.: Bearbeiter, in: HK-EUV, Art. (Monat/Jahr), Rn.)

Hailbronner/Wilms (Hrsg.), Recht der Europäischen Union: Kommentar, Loseblattsammlung, (zit.: Bearbeiter, in: Hailbronner/Wilms, Recht der EU, Art. (Monat Jahr), Rn.)

Haltern, Europarecht, 2. Aufl., 2007 (zit.: Haltern, Europarecht, S.)

Haratsch/Koenig/Pechstein, Europarecht, 10. Aufl., 2016 (zit.: Haratsch/Koenig/Pechstein, Europarecht, Rn.)

Hatje/Müller-Graff (Hrsg.), Enzyklopädie Europarecht, Bände 1–10, 2013/2015 (zit.: Bearbeiter, EnzEuR, Bd., §, Rn.)

Herdegen, Europarecht, 18. Aufl., 2016 (zit.: Herdegen, Europarecht, §, Rn.)

Heselhaus/Nowak (Hrsg.), Handbuch der Europäischen Grundrechte, 2006 (zit.: Bearbeiter, in: Heselhaus/Nowak, Handbuch der Europäischen Grundrechte, §, Rn.)

Ipsen, Europäisches Gemeinschaftsrecht, 1972 (zit.: Ipsen, EG-Recht, S.)

Isensee/Kirchhof (Hrsg.), Handbuch des Staatsrechts der Bundesrepublik Deutschland (zit.: Bearbeiter, in: Isensee/Kirchhof, HStR Band, Aufl., Jahr, §, Rn.)

Jarass, Charta der Grundrechte der Europäischen Union: GRCh, 2. Aufl., 2013 (zit.: Jarass, GRCh, Art., Rn.)

Jarass, EU-Grundrechte, 2005 (zit.: Jarass, EU-GR, §, Rn.)

Jarass/Pieroth, Grundgesetz für die Bundesrepublik Deutschland, 14. Aufl., 2016 (zit.: Jarass/Pieroth, GG, Art., Rn.)

Kahl/Waldhoff/Walter (Hrsg.), Kommentar zum Bonner Grundgesetz, Loseblattsammlung, (zit.: Bearbeiter, in: Bonner Kommentar, GG, Art. (Monat Jahr) Rn.)

Karpenstein/Mayer, EMRK Kommentar, 2. Aufl., 2015 (zit.: Bearbeiter, in: Karpenstein/Mayer, EMRK, Art., Rn.)

Lenz/Borchardt (Hrsg.), EU-Verträge Kommentar, 6. Aufl., 2012 (zit.: Bearbeiter in: Lenz/Borchardt, EU-Verträge, Art., Rn.)

Maunz/Dürig (Hrsg.), Grundgesetz, Loseblatt, (zit.: Bearbeiter, in: Maunz/Dürig, GG, Art. (Monat Jahr), Rn.)

von Mangoldt/Klein/Starck, Kommentar zum Grundgesetz, Bände 1–3, 6. Aufl., 2010 (zit.: Bearbeiter, in v. Mangoldt/Klein/Starck, GG, Art., Rn.)

Mayer/Stöger (Hrsg.), Kommentar zu EUV und AEUV, Kommentar unter Berücksichtigung der österreichischen Judikatur und Literatur, Wien, Loseblattsammlung, (zit.: Bearbeiter, in: Mayer/Stöger, EUV/AEUV, Art. (Jahr), Rn.)

Meyer (Hrsg.), Charta der Grundrechte der Europäischen Union, 4. Aufl., 2014 (zit.: Bearbeiter, in: Meyer, GRCh, Art., Rn.)

Meyer-Ladewig, Europäische Menschenrechtskonvention, EMRK, 3. Aufl., 2011 (zit.: Meyer-Ladewig, EMRK, Art., Rn.)

von Münch/Kunig (Hrsg.), Grundgesetz-Kommentar, Bände I und II, 6. Aufl., 2012 (zit.: Bearbeiter, in: v. Münch/Kunig, GG, Art., Rn.)

Nicolaysen, Europarecht, Band 1: Die Europäische Integrationsverfassung, 2. Aufl., 2002, Band 2: Das Wirtschaftsrecht im Binnenmarkt, 1996 (zit.: Nicolaysen, Europarecht I/II, S.)

Niedobitek (Hrsg.), Europarecht – Grundlagen der Union, 2014 (zit.: Bearbeiter, in: Niedobitek, Europarecht – Grundlagen, §, Rn.)

Niedobitek (Hrsg.), Europarecht – Politiken der Union, 2014 (zit.: Bearbeiter, in: Niedobitek, Europarecht – Politiken, §, Rn.)

Nowak, Europarecht nach Lissabon, 2011 (zit.: Nowak, Europarecht, S.)

Oppermann/Classen/Nettesheim, Europarecht, 7. Aufl., 2016 (zit.: Oppermann/Classen/Nettesheim, Europarecht, §, Rn.)

Pechstein/Koenig, Die Europäische Union, 4. Aufl., 2002 (zit.: Pechstein/Koenig, EU, S.)

Pechstein, EU-Prozessrecht, 4. Aufl., 2011 (zit., Pechstein, EU-Prozessrecht, Rn.)

Rengeling/Middeke/Gellermann, Handbuch des Rechtsschutzes in der Europäischen Union, 3. Aufl., 2014 (zit.: Rengeling/Middeke/Gellermann, Rechtsschutz in der EU, §, Rn.)

Rengeling/Szczekalla, Grundrechte in der Europäischen Union, 2005 (zit.: Rengeling/Szczekalla, Grundrechte, §, Rn.)

Verzeichnis der abgekürzt zitierten Literatur

Sachs (Hrsg.), Grundgesetz, Kommentar, 7. Aufl., 2014 (zit.: Bearbeiter, in: Sachs, GG, Art., Rn.)
Schulze/Zuleeg/Kadelbach (Hrsg.), Europarecht, Handbuch für die deutsche Rechtspraxis, 3. Aufl., 2015 (zit.: Bearbeiter, in: Schulze/Zuleeg/Kadelbach, Europarecht, §, Rn.)
Schwarze (Hrsg.), EU-Kommentar, 3. Aufl., 2012 (zit.: Bearbeiter, in: Schwarze, EU-Kommentar, Art., Rn.)
Schwarze, Europäisches Verwaltungsrecht, 2. Aufl., 2005 (zit.: Schwarze, Europäisches Verwaltungsrecht, S.)
Schwarze (Hrsg.), Der Verfassungsentwurf des Europäischen Konvents, Verfassungsrechtliche Grundstrukturen und wirtschaftsverfassungsrechtliches Konzept, 2004 (zit.: Bearbeiter, in: Schwarze, Verfassungsentwurf, S.)
Schweitzer/Hummer/Obwexer, Europarecht, Wien, 2007 (zit.: Schweitzer/Hummer/Obwexer, Europarecht, S.)
Siekmann (Hrsg.), Kommentar zur Europäischen Währungsunion, 2013 (zit.: Bearbeiter, in Siekmann, EWU, Art., Rn.)
Streinz, Europarecht, 10. Aufl., 2016 (zit.: Streinz, Europarecht, Rn.)
Streinz (Hrsg.), EUV/EGV, 2003 (zit.: Bearbeiter, in: Streinz, EUV/EGV, Art., Rn.)
Streinz (Hrsg.), EUV/AEUV, 2. Aufl., 2012 (zit.: Bearbeiter, in: Streinz, EUV/AEUV, Art., Rn.)
Streinz/Ohler/Herrmann, Die neue Verfassung für Europa, Einführung mit Synopse, 2005 (zit.: Streinz/Ohler/Hermann, Die neue Verfassung, S.)
Streinz/Ohler/Herrmann, Der Vertrag von Lissabon zur Reform der EU: Einführung mit Synopse, 3. Aufl., 2010 (zit.: Streinz/Ohler/Herrmann, Vertrag von Lissabon, S.)
Terhechte (Hrsg.), Verwaltungsrecht der Europäischen Union, 2011 (zit.: Bearbeiter, in: Terhechte, Verwaltungsrecht der EU, §, Rn.)
Tettinger/Stern (Hrsg.), Kölner Gemeinschaftskommentar zur Europäischen Grundrechtecharta, 2006 (zit.: Bearbeiter, in: Tettinger/Stern, EuGRCh, Art., Rn.)
Vedder/Heintschel von Heinegg (Hrsg.), Europäischer Verfassungsvertrag, 2007 (zit.: Bearbeiter, in: Vedder/Heintschel v. Heinegg, EVV, Art., Rn.)
Vedder/Heintschel von Heinegg (Hrsg.), Europäisches Unionsrecht, 2012 (zit.: Bearbeiter, in: Vedder/Heintschel v. Heinegg, Europäisches Unionsrecht, Art., Rn.)
Wohlfarth/Egerling/Glaeser/Sprung (Hrsg.), Die Europäische Wirtschaftsgemeinschaft, Kommentar, 1960 (zit.: Bearbeiter, in: W/E/G/S, EWG, Art., Rn.)

Vertrag über die Arbeitsweise der Europäischen Union

(AEUV)

PRÄAMBEL

SEINE MAJESTÄT DER KÖNIG DER BELGIER, DER PRÄSIDENT DER BUNDESREPUBLIK DEUTSCHLAND, DER PRÄSIDENT DER FRANZÖSISCHEN REPUBLIK, DER PRÄSIDENT DER ITALIENISCHEN REPUBLIK, IHRE KÖNIGLICHE HOHEIT DIE GROSSHERZOGIN VON LUXEMBURG, IHRE MAJESTÄT DIE KÖNIGIN DER NIEDERLANDE,[1]

IN DEM FESTEN WILLEN, die Grundlagen für einen immer engeren Zusammenschluss der europäischen Völker zu schaffen,

ENTSCHLOSSEN, durch gemeinsames Handeln den wirtschaftlichen und sozialen Fortschritt ihrer Staaten zu sichern, indem sie die Europa trennenden Schranken beseitigen,

IN DEM VORSATZ, die stetige Besserung der Lebens- und Beschäftigungsbedingungen ihrer Völker als wesentliches Ziel anzustreben,

IN DER ERKENNTNIS, dass zur Beseitigung der bestehenden Hindernisse ein einverständliches Vorgehen erforderlich ist, um eine beständige Wirtschaftsausweitung, einen ausgewogenen Handelsverkehr und einen redlichen Wettbewerb zu gewährleisten,

IN DEM BESTREBEN, ihre Volkswirtschaften zu einigen und deren harmonische Entwicklung zu fördern, indem sie den Abstand zwischen einzelnen Gebieten und den Rückstand weniger begünstigter Gebiete verringern,

IN DEM WUNSCH, durch eine gemeinsame Handelspolitik zur fortschreitenden Beseitigung der Beschränkungen im zwischenstaatlichen Wirtschaftsverkehr beizutragen,

IN DER ABSICHT, die Verbundenheit Europas mit den überseeischen Ländern zu bekräftigen, und in dem Wunsch, entsprechend den Grundsätzen der Satzung der Vereinten Nationen den Wohlstand der überseeischen Länder zu fördern,

ENTSCHLOSSEN, durch diesen Zusammenschluss ihrer Wirtschaftskräfte Frieden und Freiheit zu wahren und zu festigen, und mit der Aufforderung an die anderen Völker Europas, die sich zu dem gleichen hohen Ziel bekennen, sich diesen Bestrebungen anzuschließen,

ENTSCHLOSSEN, durch umfassenden Zugang zur Bildung und durch ständige Weiterbildung auf einen möglichst hohen Wissensstand ihrer Völker hinzuwirken,

HABEN zu diesem Zweck zu ihren Bevollmächtigten ERNANNT

(Aufzählung der Bevollmächtigten nicht wiedergegeben)

DIESE SIND nach Austausch ihrer als gut und gehörig befundenen Vollmachten wie folgt übereingekommen:

---

[1] Seit dem ursprünglichen Vertragsschluss sind Mitgliedstaaten der Europäischen Union geworden: die Republik Bulgarien, die Tschechische Republik, das Königreich Dänemark, die Republik Estland, Irland, die Hellenische Republik, das Königreich Spanien, die Republik Zypern, die Republik Lettland, die Republik Litauen, die Republik Ungarn, die Republik Malta, die Republik Österreich, die Republik Polen, die Portugiesische Republik, Rumänien, die Republik Slowenien, die Slowakische Republik, die Republik Finnland, das Königreich Schweden und das Vereinigte Königreich Großbritannien und Nordirland.

Literaturübersicht

Busse, Eine kritische Würdigung der Präambel der Europäischen Grundrechtecharta, EuGRZ 2002, 559; *Häberle*, Präambeln im Text und Kontext von Verfassungen, FS Broermann, 1982, S. 211; *Kotzur*, Die Präambel, die Artikel zu den Werten und Zielen der Europäischen Union, in: Niedobitek/Zemanek (eds.), Continuing the European Constitutional Debate, 2008, S. 187; *Kulow*, Inhalte und Funktionen der Präambel des EG-Vertrages, 1997; *Naumann*, Eine religiöse Referenz in einem Europäischen Verfassungsvertrag, 2008; *Otoo*, Die normative Wirkung von Präambeln im europäischen Primärrecht, 2013; *Papenheim*, Präambeln in der deutschen Verfassungsgeschichte seit Mitte des 19. Jahrhunderts unter besonderer Berücksichtigung der invocatio Dei, Diss. iur., Münster, 1998; *Robbers*, Die Präambel der Verfassung für Europa – Ein Entwurf, FS Häberle, 2004, S. 251; *Wiegand*, Das Prinzip Verantwortung und die Präambel des Grundgesetzes, JöR 43 (1995), 3.

Leitentscheidungen

EuGH, Urt. v. 5.2.1963, Rs. 26/62 (van Gend & Loos/niederländische Finanzverwaltung), Slg. 1963, 1
EuGH, Urt. v. 13.7.1966, verb. 56 und 58/64 (Consten/Kommission), Slg. 1966, 322
EuGH, Urt. v. 8.4.1976, Rs. 43/75 (Defrenne/Sabena), Slg. 1976, 455

Inhaltsübersicht

	Rn.
I. Entwicklungsgeschichte	1
II. Zum Begriff der Präambel	4
III. Rechtswirkungen	7
IV. Die einzelnen Erwägungsgründe	10

I. Entwicklungsgeschichte

1 Die **Aufzählung der Vertreter der Vertragsparteien** entspricht immer noch der in der ursprünglichen Fassung des EWG-Vertrags von 1957. Auch der AEUV nennt weiterhin nur die Staatsoberhäupter der sechs Gründerstaaten und wahrt damit die Kontinuität.[2] Die anderen Mitgliedstaaten müssen mit einem Platz in der Fußnote vorliebnehmen. In vergleichbarer Weise nennt die Präambel des EU-Vertrags nur jene Mitgliedstaaten, die 1992 in Maastricht den Vertrag über die Europäische Union schlossen. Beide unterscheiden sich insoweit deutlich vom Verfassungsvertrag, in dessen Vorspann sich alle damaligen Mitgliedstaaten wiederfinden sollten. Diesen Ausdruck des Neuanfangs wollten die Vertragsparteien bei der Rückkehr zur Zweiteilung der Verträge vermeiden, auch wenn die Inhalte des Verfassungsvertrags im Wesentlichen Eingang in die Unionsverträge fanden (s. auch Art. 1, Rn. 9).

2 Darüber hinaus ist fast der gesamte Text **identisch mit** dem der **Präambel des EWG-Vertrags** und auch des EG-Vertrags in seiner letzten Fassung. Demgemäß sind die Aktualität gering und die **Entwicklungsgeschichte** seit 1957 wenig spannend. Die erste Änderung erfolgte durch den Vertrag von Maastricht (1992/93),[3] der in dem früheren Schlusssatz »HABEN BESCHLOSSEN, eine Europäische Wirtschaftsgemeinschaft zu gründen; sie haben zu diesem Zweck zu ihren Bevollmächtigten ernannt:« ebenso wie im gesamten EWG-Vertrag, der damit zum EG-Vertrag wurde, den Ausdruck »Euro-

---

[2] Vgl. *Kotzur*, in: Geiger/Khan/Kotzur, EUV/AEUV, Präambel AEUV, Rn. 1; *Streinz*, in: Streinz, EUV/AEUV, Präambel AEUV, Rn. 1.
[3] ABl. 1992, C 191.

päische Wirtschaftsgemeinschaft« durch »Europäische Gemeinschaft« ersetzte.⁴ Der erste Teil dieses Satzes entfiel später nach Art. 2 Nr. 10 des Vertrags von Lissabon,⁵ weil die Europäische Union nach Art. 1 Abs. 3 Satz 3 EUV an die Stelle der Europäischen Gemeinschaft trat und deren Rechtsnachfolgerin wurde.⁶

Die **bedeutsamste Änderung** sah Art. 2 Nr. 1 des 1997 unterzeichneten und am 1.5. 1999 in Kraft getretenen Vertrags von Amsterdam vor.⁷ Er fügte den neunten Erwägungsgrund hinzu, der die Bedeutung von Bildung und Weiterbildung betont (s. u. Rn. 26). Marginal ist demgegenüber die weitere Modifikation, die Art. 2 Nr. 10 des Vertrags von Lissabon brachte, indem er im zweiten Erwägungsgrund das Wort »Länder« durch »Staaten« ersetzte.

II. Zum Begriff der Präambel

Der Begriff »Präambel« lässt sich auf das lateinische Wort für »vorangehen« (praeambulare) zurückführen und bezeichnet heute die Einleitung, den meist in feierlicher Sprache⁸ gehaltenen **Vorspruch vor wichtigen Dokumenten**.⁹ Von so genannten Leitvorschriften, die in manchen Rechtsakten in den ersten Vorschriften den Zweck beschreiben, unterscheiden sich Präambeln dadurch, dass sie dem in Paragraphen oder Artikeln unterteilten eigentlichen Text der Rechtsnorm vorangestellt sind.¹⁰

Das deutsche Grundgesetz und viele andere Verfassungen¹¹ enthalten Präambeln, die eine **weit zurückreichende Geschichte** aufweisen.¹² Üblich sind sie auch vor völkerrechtlichen Verträgen und als solchen auch vor den Gründungsdokumenten von EGKS, EWG und EAG.¹³ EUV und AEUV setzen diese Tradition fort. In Form der so genannten Erwägungsgründe finden sich nahezu vor jedem Unionsrechtsakt ähnliche Vorreden, die allerdings nicht nur als Präambeln zu verstehen sind, sondern dem Begründungsgebot des Art. 296 Abs. 2 Rechnung tragen.

Präambeln leiten ein wichtiges Dokument ein. Manche enthalten kaum mehr Text als einen Einleitungssatz und den Hinweis auf die Vertragsparteien; die meisten sind länger.¹⁴ Sie fassen nicht selten die wesentlichen Elemente des Inhaltes einer Verfassung oder eines Vertrags zusammen, nehmen sie damit vorweg¹⁵ und weisen bestimmten Kernaussagen eine besondere Bedeutung zu.

III. Rechtswirkungen

Der AEUV ist ein völkerrechtlicher Vertrag, der nach seinem Art. 357 Abs. 1 der Ratifizierung bedurfte. Daher ist es nahe liegend, hinsichtlich der Rechtswirkungen der Präambel auf die für völkerrechtliche Verträge geltenden Regeln abzustellen. **Art. 31**

---

⁴ Art. G Nr. 1 EUV Maastricht.
⁵ ABl. 2007, C 306.
⁶ Vgl. *Otoo*, S. 144.
⁷ ABl. 1997, C 340.
⁸ Vgl. *Häberle*, S. 227 ff.; *ders.*, JZ 1992, 1033 (1037); *Papenheim*, S. 55 ff.
⁹ Vgl. *Otoo*, S. 1.
¹⁰ S. dazu und zur uneinheitlichen Terminologie: *Schober*, Der Zweck im Verwaltungsrecht, 2007, S. 48 ff.
¹¹ Vgl. *Häberle*, S. 214 ff.; *Naumann*, S. 31; *Otoo*, S. 184 ff.; *Papenheim*, S. 32 ff.
¹² S. dazu *Otoo*, S. 3 f.
¹³ S. dazu *Häberle*, S. 222 ff.
¹⁴ *Busse*, EuGRZ 2002, 559 (563).
¹⁵ Vgl. *Häberle*, JZ 1992, 1033 (1037); *Wiegand*, JöR 43 (1995), 31 (33).

Abs. 2 WVRK spricht vom »Vertragswortlaut samt Präambel und Anlagen« und rechnet den Vorspruch daher dem Wortlaut des Vertrags zu. Daraus lässt sich schließen, dass die Präambel grundsätzlich genauso verbindlich ist, wie der (sonstige) Wortlaut eines Vertrags.[16] Damit wurde **Völkergewohnheitsrecht** kodifiziert,[17] das somit auch für Staaten gilt, die die Wiener Vertragsrechtskonvention nicht ratifiziert haben.

8 Ob Vertragsbestimmungen allerdings Rechte oder Pflichten begründen, hängt von ihrem Inhalt ab. Aus den typischerweise feierlich und auf einem höheren Abstraktionsniveau[18] formulierten Texten einer Präambel dürften sich daher meist kaum konkrete Rechtsfolgen ableiten lassen. Ausgeschlossen ist das jedoch nicht.[19] Aus der **Präambel des Grundgesetzes** hat das Bundesverfassungsgericht jedenfalls recht weitgehende Rechtswirkungen abgeleitet, insbesondere das Wiedervereinigungsgebot.[20] In entsprechender Weise können sich auch aus einem völkerrechtlichen Vertrag, der die Funktion einer Verfassung der durch ihn gegründeten internationalen Organisation hat, rechtliche Wirkungen ergeben.

9 Die rechtliche Wirkung der Präambel entfaltet sich zudem insbesondere durch ihre **Bedeutung für die Auslegung eines Vertrags**[21] und hinsichtlich der **Bestimmung seiner Ziele**. Das ist in der Rechtsprechung des EuGH auch für die Präambel des EWG- und des EG-Vertrags anerkannt.[22] Ob sich die Präambel auch fruchtbar machen ließe, um die Flexibilitätsklausel des Art. 352 zu aktivieren, die voraussetzt, dass ein Tätigwerden erforderlich erscheint, um eines der Ziele der Verträge zu verwirklichen, ist allerdings umstritten.[23] Eine eigenständige Bedeutung könnte sie insoweit ohnehin nur dann erlangen, wenn sie Ziele formulierte, die ansonsten nicht im Vertragstext verankert wären. Da das wohl nicht der Fall ist, bleibt es schon deshalb bei einer Einwirkung der Präambel auf die Auslegung von an anderen Stellen erwähnten Vertragszielen.[24]

---

[16] Vgl. *Heintschel v. Heinegg*, in: Vedder/Heintschel v. Heinegg, Europäisches Unionsrecht, Präambel AEUV, Rn. 3; *Streinz*, in: Streinz, EUV/AEUV, Präambel AEUV, Rn. 10.

[17] Vgl. *Busse*, EuGRZ 2002, 559 (564); *Streinz*, in: Streinz, EUV/AEUV, Präambel EUV, Rn. 17. Zur Inkorporation des Völkerrechts im Unionsrecht vgl. nur *Uerpmann-Wittzack*, in: v. Bogdandy/Bast, Europäisches Verfassungsrecht, S. 182 ff.

[18] Vgl. *Wiegand*, JöR 43 (1995), 31 (35).

[19] Vgl. *Naumann*, S. 88.

[20] BVerfGE 5, 85 (127 f.); 36, 1 (17 f.); 77, 137 (149). Zur Rechtsprechung des Bundesverfassungsgerichts s. *Otoo*, S. 188 ff.

[21] Vgl. etwa BVerfGE 29, 348 (367), 36, 1 (13, 25). S. dazu auch *Busse*, EuGRZ 2002, 559 (563); *Naumann*, S. 85 ff.; *Nettesheim*, in: Grabitz/Hilf/Nettesheim, EU, Präambel AEUV (Juli 2010), Rn. 15; *Terhechte*, in: GSH, Europäisches Unionsrecht, Präambel AEUV, Rn. 3; *Wiegand*, JöR 43 (1995), 31 (34 f.).

[22] Vgl. u. a. EuGH, Urt. v. 5.2.1963, Rs. 26/62 (van Gend & Loos/niederländische Finanzverwaltung), Slg. 1963, 1 (24); Urt. v. 13.7.1966, Rs. 32/65 (Italien/Rat und Kommission), Slg. 1966, 457 (483); Urt. v. 17.3.1993, verb. Rs. C–72/91 und C–73/91 (Sloman Neptun), Slg. 1993, I–887, Rn. 28. Ausführlicher Nachweis der Rechtsprechung bei *Kulow*, S. 29 ff. S. auch *Anweiler*, Die Auslegungsmethoden des Gerichtshofs der Europäischen Gemeinschaften, 1998, S. 212; *Potacs*, EuR 2009, 465 (474); *Seyr*, Der effet utile in der Rechtsprechung des EuGH, 2008, S. 61.

[23] Vgl. dazu z. B. *Häde/Puttler*, EuZW 1997, 13 (16); *Kulow*, S. 6 f.; *Kadelbach*, in: GSH, Europäisches Unionsrecht, Präambel EUV, Rn. 4. Ausführlicher dazu *Otoo*, S. 151 ff. m. w. N.

[24] Vgl. *Rossi*, in: Calliess/Ruffert, EUV/AEUV, Art. 352 AEUV, Rn. 36; *Streinz*, in: Streinz, EUV/AEUV, Art. 352 AEUV, Rn. 29. S. auch *Terhechte*, in: GSH, Europäisches Unionsrecht, Präambel AEUV, Rn. 3.

IV. Die einzelnen Erwägungsgründe

In der Literatur ist es üblich, die einzelnen Teile von Präambeln als Erwägungsgründe zu bezeichnen.[25] Der EuGH spricht hinsichtlich der Präambeln zu den Verträgen allerdings meist von Absätzen[26] oder gelegentlich auch von Begründungserwägungen.[27]

Die Vertragsparteien haben 1957 den EWG-Vertrag »in dem festen Willen« geschlossen, »die Grundlagen für einen immer engeren Zusammenschluss der europäischen Völker zu schaffen« (**erster Erwägungsgrund**). Sie betonen damit den Integrationsgedanken.[28] Fast 60 Jahre später gilt diese Vorgabe immer noch. Mittlerweile sind EWG und EG jedoch durch die bereits sehr enge Staatenverbindung der Europäischen Union abgelöst worden. Der **Wille zum immer engeren Zusammenschluss** drückt Bewegung aus. Er deutet wohl eher darauf hin, dass Stillstand in Beziehungen oft zu Rückschritten führt, als dass er die Frage nach der Finalität der EU[29] aufwerfen wollte oder gar beantworten könnte.[30] Aus sich heraus können die Unionsverträge das ohnehin nicht tun; vielmehr bedürfte es des Rückgriffs auf das nationale Verfassungsrecht (s. Art. 1, Rn. 6).

Der 13. Erwägungsgrund der **Präambel zum EU-Vertrag** drückt ebenfalls die Entschlossenheit der Vertragsparteien aus, »den Prozess der Schaffung einer immer engeren Union der Völker Europas [...] weiterzuführen«.[31] Dort findet sich dann durch die Erwähnung des Subsidiaritätsprinzips aber immerhin mittelbar ein Hinweis darauf, dass es nicht darum gehen kann und darf, die Union zu Lasten der Mitgliedstaaten mit immer mehr Kompetenzen auszustatten.

Dennoch ist der feste Wille zu einem immer engeren Zusammenschluss durchaus auch **Ausgangspunkt für die dynamische Entwicklung** der Union. Eine Beschränkung auf den erreichten Stand oder gar eine Renationalisierung ist damit kaum zu vereinbaren. Nicht von ungefähr hat sich deshalb der britische Premierminister gegen diese Zielangabe ausgesprochen.[32]

Der **zweite Erwägungsgrund** drückt die Entschlossenheit der Unterzeichner aus, »durch gemeinsames Handeln den wirtschaftlichen und sozialen Fortschritt ihrer Staaten zu sichern, indem sie die Europa trennenden Schranken beseitigen«. Das Beseitigen von Grenzschranken diente anfangs als Symbol für den Willen zur europäischen Integration. Hier sind nicht die Schlagbäume gemeint, wohl aber die Hindernisse für Personen, Waren, Dienstleistungen und Kapital, die durch die Grundfreiheiten und den Aufbau des Binnenmarkts abgebaut worden sind. Ziel dieser Maßnahmen ist die Sicherung des wirtschaftlichen und sozialen Fortschritts der Mitgliedstaaten. Es geht aber nicht um Sicherung im Sinne des Festschreibens eines bestimmten Niveaus, son-

---

[25] Vgl. nur *Nettesheim*, in: Grabitz/Hilf/Nettesheim, EU, Präambel AEUV (Juli 2010), Rn. 2.
[26] Vgl. nur EuGH, Gutachten 1/76 vom 26.4.1977 (Stilllegungsfonds für die Binnenschifffahrt), Slg. 1977, 741, Rn. 11.
[27] Vgl. EuGH, Urt. v. 12.7.1984, Rs. 184/83 (Hofmann/Barmer Ersatzkasse), Slg. 1984, 3047, Rn. 18.
[28] Vgl. *Streinz*, in: ders., EUV/AEUV, Präambel AEUV, Rn. 2.
[29] S. dazu *Haltern*, in: v. Bogdandy/Bast, Europäisches Verfassungsrecht, S. 279 ff.
[30] *Kotzur*, in: Geiger/Khan/Kotzur, EUV/AEUV, Präambel AEUV, Rn. 2, spricht von einem »Prozess mit eindeutiger Zielperspektive, aber letztlich offener Finalität.« S. auch *Nettesheim*, in: Grabitz/Hilf/Nettesheim, EU, Präambel AEUV (Juli 2010), Rn. 19.
[31] S. dazu *Otoo*, S. 145 ff.
[32] S. *Crawford*, »Britain and Europe«, Konrad-Adenauer-Stiftung, Länderbericht Großbritannien, 23.1.2013, S. 2. Vgl. auch den Hinweis bei *Thym*, EuR-Beiheft 2013, 23 (25).

15 Der EuGH hat diese Bestimmung der Präambel in seiner Rechtsprechung aufgegriffen und in ihr im Zusammenhang mit Art. 119 EWGV, dem Vorläufer von Art. 157, eine Bestätigung für die **sozialen Ziele der Gemeinschaft** gesehen. Dazu hat er festgestellt, dass sich die Gemeinschaft »nicht auf eine Wirtschaftsunion beschränkt, sondern, wie die Präambel des Vertrages hervorhebt, zugleich durch gemeinsames Vorgehen den sozialen Fortschritt sichern und die ständige Besserung der Lebens- und Beschäftigungsbedingungen der europäischen Völker anstreben soll.«[33]

16 In einem anderen Zusammenhang ging der EuGH auf den Hinweis auf das gemeinsame Handeln ein. Er führte in seinem Gutachten 1/76 aus, es sei »mit der Verfassung der Gemeinschaft, namentlich mit den Vorstellungen, die sich aus der Präambel und den Artikeln 3 und 4 EWG-Vertrag ergeben, unvereinbar,« wenn ein völkerrechtlicher Vertrag den Mitgliedstaaten unterschiedliche Rechte einräume.[34]

17 Mit dem **dritten Erwägungsgrund** geben die Vertragsparteien ihren Vorsatz bekannt, »die stetige Besserung der Lebens- und Beschäftigungsbedingungen ihrer Völker als wesentliches Ziel anzustreben«. Erneut steht die Dynamik im Vordergrund. Angestrebt wird kein Zustand, sondern die stetige Besserung. Deren Gegenstände, die Lebens- und Beschäftigungsbedingungen, lassen sich als Konkretisierungen des zuvor allgemein genannten wirtschaftlichen und sozialen Fortschritts verstehen. Auch der EuGH versteht diesen Absatz als Hinweis auf die sozialpolitischen Ziele des Vertrags.[35]

18 Im Zusammenhang mit den Lebensbedingungen wird man darüber hinaus auch an den **Umweltschutz** denken können.[36] Im Hinblick darauf, dass die Präambel des EU-Vertrags den Umweltschutz in ihrem neunten Erwägungsgrund ausdrücklich erwähnt und die Unionsverträge dieses Ziel auch an anderen Stellen betonen, würde die Verortung des Umweltschutzes auch in der Präambel des AEUV keinen Zusatznutzen bringen.

19 Weitere Ziele sind nach dem **vierten Erwägungsgrund** eine beständige Wirtschaftsausweitung, ein ausgewogener Handelsverkehr und ein **redlicher Wettbewerb**.[37] Wirtschaftswachstum, eine möglichst ausgeglichene Handelsbilanz und die Einhegung der Marktwirtschaft durch Regulierung erfordern nach der Erkenntnis der Parteien die Beseitigung von noch bestehenden Hindernissen. Als wichtige Voraussetzung sehen sie »ein einverständliches Vorgehen« an.

20 Der **EuGH** hat aus diesem Erwägungsgrund abgeleitet, dass eine »zwischen einem Hersteller und einem Vertriebsunternehmen abgeschlossene Vereinbarung, die darauf abzielt, die nationalen Schranken im Handel zwischen Mitgliedstaaten wieder aufzurichten, […] den grundlegenden Zielen der Gemeinschaft zuwiderlaufen« könnte. Der EWG-Vertrag sei »nach seiner Präambel und seinem Inhalt darauf gerichtet […], die Schranken zwischen den Staaten zu beseitigen«. Er trete »der Wiedererrichtung dieser

---

[33] EuGH, Urt. v. 8.4.1976, Rs. 43/75 (Defrenne/Sabena), Slg. 1976, 455, Rn. 8/11.
[34] EuGH, Gutachten 1/76 vom 26.4.1977 (Stillegungsfonds für die Binnenschiffahrt), Slg. 1977, 741, Ls. 5.
[35] EuGH, Urt. v. 12.7.1984, Rs. 184/83 (Hofmann/Barmer Ersatzkasse), Slg. 1984, 3047, Rn. 18.
[36] Vgl. *Jahns-Böhm*, Umweltschutz durch europäisches Gemeinschaftsrecht am Beispiel der Luftreinhaltung, 1994, S. 37. S. auch *Kulow*, S. 159 f. zu weiteren Themen.
[37] S. dazu *Terhechte*, in: GSH, Europäisches Unionsrecht, Präambel AEUV, Rn. 8.

Schranken mit einer Reihe strenger Bestimmungen« entgegen und könne »nicht zulassen, daß die Unternehmen neue Hindernisse dieser Art schaffen.«[38]

Später hat der EuGH ausgeführt, aus »dem vierten Absatz der Präambel des EWG-Vertrags wie auch aus der Konzeption einer gemeinsamen Verkehrspolitik« folge, »daß die Gemeinschaft auch die Aufgabe hat, einen ausgewogenen Handelsverkehr und einen redlichen Wettbewerb zu gewährleisten, und daß die Verwirklichung dieser Ziele Verpflichtungen und Zwangsmaßnahmen für die Verkehrsunternehmen der Gemeinschaft mit sich bringen kann.«[39] 21

Der **fünfte Erwägungsgrund** bringt regional- und strukturpolitische Ziele zum Ausdruck.[40] Die Mitgliedstaaten streben insoweit danach »ihre Volkswirtschaften zu einigen und deren harmonische Entwicklung zu fördern«. Als Mittel zu diesem Zweck nennen sie die Verringerung des Abstands zwischen einzelnen Gebieten und des Rückstands weniger begünstigter Gebiete. Dieser Zielsetzung liegt zugleich eine realistische, wenn auch an dieser Stelle nicht detaillierte Bestandsaufnahme zugrunde, die die Unterschiede zwischen den Gebieten zur Kenntnis nimmt. Angelegt ist in der Bezugnahme auf die Gebiete statt auf die Staaten bereits die Ausrichtung der Kohäsionspolitik der Union auf Regionen. 22

Mit dem Wunsch, »durch eine gemeinsame Handelspolitik zur fortschreitenden Beseitigung der Beschränkungen im zwischenstaatlichen Wirtschaftsverkehr beizutragen,« thematisiert der **sechste Erwägungsgrund** das einheitliche Auftreten der in der Union vereinigten Mitliedstaaten gegenüber Drittstaaten. Ziel ist die Beseitigung der Beschränkungen.[41] Trotz des an den zweiten Erwägungsgrund erinnernden Wortlauts, ist sicher nicht an eine unbeschränkte Ausdehnung der Union gedacht, sondern nur an den weiteren Ausbau der internationalen Wirtschaftsbeziehungen bei gleichzeitigem Abbau von Zoll- und anderen Handelsschranken. 23

Der **siebte Erwägungsgrund** spricht entwicklungspolitische Zielsetzungen an. Die Mitgliedstaaten bringen ihre »Verbundenheit Europas mit den überseeischen Ländern« zum Ausdruck, von denen viele eine koloniale Vergangenheit haben.[42] Die Erwähnung der Vereinten Nationen bringt zum Ausdruck, dass die EU im Bereich der Entwicklungspolitik, aber wohl auch darüber hinaus, eine aktive Rolle auch in internationalen Organisationen spielen soll. 24

Die Entschlossenheit, »durch diesen Zusammenschluss ihrer Wirtschaftskräfte Frieden und Freiheit zu wahren und zu festigen«, die der **achte Erwägungsgrund** formuliert, belegt, dass die Vertragsparteien schon 1957 nicht allein wirtschaftliche Zwecke verfolgten, sondern mit Frieden und Freiheit die beiden elementaren allgemeinpolitischen Ziele.[43] Sie zeigen sich zudem in dem Sinne als missionarisch ausgerichtet, als sie die 25

---

[38] EuGH, Urt. v. 13.7.1966, verb. Rs. 56 und 58/64 (Consten/Kommission), Slg. 1966, 322 (388). Ebenso Urt. v. 13.7.1966, Rs. 32/65 (Italien/Rat und Kommission), Slg. 1966, 457 (486). S. zu diesem vierten Erwägungsgrund auch EuGH, Urt. v. 26.6.1980, Rs. 136/79 (National Panasonic/Kommission), Slg. 1980, 2033, Rn. 20; Urt. v. 21.9.1989, verb. Rs. 46/87 und 227/88 (Hoechst/Kommission), Slg. 1989, 2859, Rn. 25; Urt. v. 18.10.1989, Rs. 374/87 (Orkem/Kommission), Slg. 1989, 3283, Rn. 19.
[39] EuGH, Urt. v. 30.11.1982, Rs. 12/82 (Trinon), Slg. 1982, 4089, Rn. 7.
[40] Ebenso *Kulow*, S. 161.
[41] S. *Terhechte*, in: GSH, Europäisches Unionsrecht, Präambel AEUV, Rn. 10.
[42] S. *Heintschel v. Heinegg*, in: Vedder/Heintschel v. Heinegg, Europäisches Unionsrecht, Präambel AEUV, Rn. 5; *Nettesheim*, in: Grabitz/Hilf/Nettesheim, EU, Präambel AEUV (Juli 2010), Rn. 25.
[43] Zu Ableitungen s. *Kulow*, S. 162.

»anderen Völker Europas, die sich zu dem gleichen hohen Ziel bekennen,« auffordern, »sich diesen Bestrebungen anzuschließen«. Darin wird man einerseits einen Hinweis auf die Möglichkeit des Beitritts[44] sehen können. Die EU macht damit aber zum anderen auch deutlich, dass sie sich selbst nicht mit Europa gleichsetzt, sondern davon ausgeht, dass es andere Völker Europas gibt und auf absehbare Zeit geben wird, die ihr nicht angehören, die aber dennoch ihre obersten Ziele teilen.

26 Im **neunten** und letzten, erst 1999 durch den Vertrag von Amsterdam hinzugefügten **Erwägungsgrund** (s. o. Rn. 3) zeigen sich die Vertragsparteien entschlossen, »durch umfassenden Zugang zur Bildung und durch ständige Weiterbildung auf einen möglichst hohen Wissensstand ihrer Völker hinzuwirken«. Diese Erweiterung der Zielsetzung der Union ging einher mit einer deutlichen Erweiterung des erst durch den Vertrag von Maastricht 1993 eingefügten Titels des EG-Vertrags (Art. 117 ff. EGV Maastricht, Art. 136 ff. EGV Amsterdam), der neben der Sozialpolitik auch die Themen »allgemeine und berufliche Bildung und Jugend« umfasste.[45] Der neue Erwägungsgrund brachte zum Ausdruck, dass die Union das Thema Bildung stärker betonen und es nicht mehr allein den Mitgliedstaaten überlassen wollte.

---

[44] *Nettesheim*, in: Grabitz/Hilf/Nettesheim, EU, Präambel AEUV (Juli 2010), Rn. 26; *Streinz*, in: Streinz, EUV/AEUV, Präambel AEUV, Rn. 9.

[45] Vgl. *Nettesheim*, in: Grabitz/Hilf/Nettesheim, EU, Präambel AEUV (Juli 2010), Rn. 3, 27; *Streinz*, in: Streinz, EUV/AEUV, Präambel AEUV, Rn. 4.

Erster Teil

Grundsätze

Artikel 1 AEUV [Unionsverträge]

(1) Dieser Vertrag regelt die Arbeitsweise der Union und legt die Bereiche, die Abgrenzung und die Einzelheiten der Ausübung ihrer Zuständigkeiten fest.
(2) ¹Dieser Vertrag und der Vertrag über die Europäische Union bilden die Verträge, auf die sich die Union gründet. ²Diese beiden Verträge, die rechtlich gleichrangig sind, werden als »die Verträge« bezeichnet.

Literaturübersicht

von Arnauld, Normenhierarchien innerhalb des primären Gemeinschaftsrechts, EuR 2003, 191; *Badura*, Bewahrung und Veränderung demokratischer und rechtsstaatlicher Verfassungsstruktur in den internationalen Gemeinschaften, VVDStRL 23 (1966), S. 34; *Blanke*, Essentialia einer Europäischen Verfassungsurkunde, Teil 1 und 2, ThürVBl. 2002, 197, 224; *Calliess*, Kontrolle zentraler Kompetenzausübung in Deutschland und Europa: Ein Lehrstück für die Europäische Verfassung, EuGRZ 2003, 181; *Heintzen*, Hierarchisierungsprozesse innerhalb des Primärrechts der Europäischen Gemeinschaft, EuR 1994, 35; *Huber*, Europäisches und nationales Verfassungsrecht, VVDStRL 60 (2001), S. 194; *Pernice* (Hrsg.), Der Vertrag von Lissabon: Reform der EU ohne Verfassung?, 2008; *Streinz*, Kompetenzabgrenzung zwischen Europäischer Union und ihren Mitgliedstaaten, in: Hofmann/Zimmermann (Hrsg.), Eine Verfassung für Europa, 2005, S. 71; *ders.*, Die »Verfassung« der Europäischen Union nach dem Scheitern des Verfassungsvertrages und dem Vertrag von Lissabon, ZG 2008, 105; *Streinz/Ohler/Herrmann*, Die neue Verfassung für Europa, 2005; *dies.*, Der Vertrag von Lissabon zur Reform der EU, 2. Aufl., 2008; *Terhechte*, Europäischer Bundesstaat, supranationale Gemeinschaft oder Vertragsunion souveräner Staaten? – Zum Verhältnis von Staat und Union nach dem Lissabon-Urteil des BVerfG, EuR-Beiheft 2010, 135.

Leitentscheidungen

EuGH, Urt. v. 5.2.1963, Rs. 26/62 (van Gend & Loos/niederländische Finanzverwaltung), Slg. 1963, 1

EuGH, Urt. v. 15.7.1964, Rs. 6/64 (Costa/E.N.E.L), Slg. 1964, 1253

Inhaltsübersicht

	Rn.
A. Arbeitsweise und Zuständigkeiten (Abs. 1)	1
B. Primärrecht und Verfassungsrecht	4
C. Verträge, auf die sich die Union gründet (Abs. 2)	9
I. EUV und AEUV	10
II. Sonstiges Primärrecht	12
III. Hierarchien innerhalb des Primärrechts	17
1. Inhaltliche Unterschiede	18
2. Unterschiede bei der Änderung	19
a) Vertragsänderungen nach Art. 48 EUV	20
b) Besondere Formen der Vertragsänderung	22
c) Ersetzung von Primärrecht durch Sekundärrecht	26
d) Folgerungen	27

A. Arbeitsweise und Zuständigkeiten (Abs. 1)

Art. 2 Nr. 1 des am 13.12.2007 unterzeichneten und am 1.12.2009 in Kraft getretenen Vertrags von Lissabon hat den Titel des Vertrags zur Gründung der Europäischen Gemeinschaft (EGV) neu gefasst; er lautet seither »Vertrag über die Arbeits- 1 weise der Europäischen Union« (AEUV).[1] Im gesamten Vertrag wurde außerdem der Begriff (Europäische) Gemeinschaft durch (Europäische) Union ersetzt (Art. 2 Nr. 2 Buchst. a Vertrag von Lissabon). Die zahlreichen weiteren Änderungen sind die Konsequenz aus der **Errichtung der** nun mit Rechtspersönlichkeit ausgestatteten **Europäischen Union** durch den EU-Vertrag (EUV), die nach Art. 1 Abs. 3 Satz 3 EUV als Rechtsnachfolgerin an die Stelle der EG getreten ist (s. dazu Art. 1 EUV, Rn. 60 ff.). Das Nebeneinander von EU und EG fiel damit weg. Beim AEUV handelt es sich daher, anders als zuvor beim EG-Vertrag, nicht mehr um den Gründungsvertrag einer internationalen Organisation. Stattdessen enthält er nur noch Regelungen der Arbeitsweise der bereits durch den EUV errichteten Union.

2 Die Vorschrift hat kein Vorbild im EG-Vertrag oder dem gescheiterten **Verfassungsvertrag (EVV)**.[2] Abs. 1 knüpft am Titel des Vertrags an und skizziert dessen Inhalt. Seine Bezeichnung grenzt den **AEUV vom EUV** ab. Im Verfassungsvertrag fanden sich die meisten der nun im AEUV enthaltenen Vorschriften in Teil III. Aus dessen Überschrift (»Die Politikbereiche und die Arbeitsweise der Union«) hat der AEUV das Wort »Arbeitsweise« übernommen. Die englische Fassung verwendet den Begriff »functioning«, an dessen Stelle in der deutschen Version des Vertrags ansonsten meist »Funktionieren« steht. In diesem Sinne meint »Arbeitsweise« sowohl den organisatorischen Aufbau der Union als auch die für die Arbeit der Organe und Einrichtungen vorgesehenen Verfahren.

3 Abs. 1 macht deutlich, dass der AEUV darüber hinaus festlegt, für welche Politikbereiche die Mitgliedstaaten der Union Kompetenzen übertragen haben. Neben der Bestimmung der Bereiche geht es auch um die Abgrenzung zwischen den Befugnissen der Union und denen der Mitgliedstaaten. Der AEUV regelt aber nicht nur, ob die Union Zuständigkeiten hat, sondern auch, unter welchen Voraussetzungen und wie sie sie ausüben darf. Allerdings hat der AEUV kein Monopol auf solche Regelungen, denn wichtige Bestimmungen über die **Kompetenzverteilung und -ausübung** enthält auch der EU-Vertrag insbesondere in dessen Art. 4 und 5. Die Zuständigkeiten der Union und die Arbeitsweise im Bereich der **gemeinsamen Außen- und Sicherheitspolitik** regeln die Art. 23–46 EUV.

B. Primärrecht und Verfassungsrecht

4 Ähnlich wie Staaten zwischen ihrem Verfassungsrecht und dem sonstigen Recht unterscheiden, differenziert das Unionsrecht zwischen **Primär- und Sekundärrecht**. Ob man das **Primärrecht als Verfassung** verstehen und bezeichnen kann, war lange Zeit umstritten.[3] Versteht man Verfassungsrecht technisch im Sinne des die wesentlichen Entscheidungen über die Organisation und die Funktionsweise einer Körperschaft enthaltenden,

---

[1] ABl. 2007, C 306/42.
[2] Vertrag über eine Verfassung für Europa v. 29. 10. 2004, ABl. 2004, C 310/1.
[3] S. dazu nur *Franzius*, EnzEuR, Bd. 3, § 4, Rn. 2 ff.; *Giegerich*, Europäische Verfassung und deutsche Verfassung im transnationalen Konstitutionalisierungsprozeß: Wechselseitige Rezeption, konstitutionelle Evolution und föderale Verflechtung, 2003, S. 304 ff.; *Isensee*, Integrationsziel Europastaat?, FS Everling, Band I, 1995, S. 567 (580 ff.); *Kadelbach*, Perspektiven der Ratifikation – Verfassung oder Vertrag?, in: Pernice (Hrsg.), Der Vertrag von Lissabon: Reform der EU ohne Verfassung?, 2008, S. 81; *Nettesheim*, in: Grabitz/Hilf/Nettesheim, EU, Art. 1 AEUV (Juli 2010), Rn. 44 ff.; *Pernice*, Europäisches und nationales Verfassungsrecht, VVDStRL 60 (2001), S. 148 (149 f.).

durch besondere Vorkehrungen stärker vor Änderungen geschützten und höherrangigen Rechts, dann lässt sich auch das Primärrecht internationaler Organisationen in diesem Sinne einordnen.[4] Erst recht muss das für die in der Integration besonders weit fortgeschrittene Europäische Union gelten.[5] Eine wichtige Aufgabe ist dann die Abgrenzung und Harmonisierung der verschiedenen Verfassungsebenen.[6] Der Gerichtshof bezeichnete bereits den EWG-Vertrag als die »Verfassungsurkunde der Gemeinschaft«.[7] Das Bundesverfassungsgericht stellte ebenfalls schon früh fest: »Der EWG-Vertrag stellt gewissermaßen die Verfassung dieser Gemeinschaft dar.«[8] Diesem verfassungsähnlichen Primärrecht, das von den Mitgliedstaaten vereinbart wurde und grundsätzlich nur mit Zustimmungen aller wieder geändert werden kann (Art. 48 EUV), steht das von den Unionsorganen erlassene Sekundärrecht als abgeleitetes Recht gegenüber.

Reserviert man den Begriff der Verfassung demgegenüber für das grundlegende rechtliche Dokument von Staaten, dann stellt das Primärrecht der Union kein Verfassungsrecht dar, weil der Union **keine Staatsqualität** zukommt.[9] Ihr fehlt es trotz der Unionsbürgerschaft (Art. 9 EUV, Art. 20 AEUV) an einem Staatsvolk.[10] Jedenfalls hat die Union aber nicht die Möglichkeit, ihre Zuständigkeiten selbstständig zu erweitern (**Kompetenz-Kompetenz**).[11] Nach wie vor erfordern Veränderungen ihrer Zuständigkeiten grundsätzlich der völkerrechtlichen Zustimmung aller Mitgliedstaaten.[12] Insoweit mangelt es ihr auch an der Staatsgewalt, die letztlich immer noch bei den Mitgliedstaaten als den »Herren der Verträge«[13] liegt.

Ob die Mitgliedstaaten ihre Staatlichkeit aufgeben und sich einer bundesstaatlich oder gar als Zentralstaat organisierten Union eingliedern dürften, ist nach deren Verfassungsrecht zu beurteilen. Für Deutschland hat das Bundesverfassungsgericht dies unter der Geltung des Grundgesetzes ausgeschlossen.[14] In den meisten Mitgliedstaaten dürfte das ebenfalls nicht zulässig sein.[15] Die Union ist deshalb kein Staat, sondern nach wie vor eine **internationale Organisation**,[16] deren besondere Stellung allerdings oft mit

---

[4] Vgl. nur *Lenz*, in: Lenz/Borchardt, EU-Verträge, Art. 1 AEUV, Rn. 3; *Magiera*, Kompetenzgrenzen und Strukturprinzipien der Europäischen Gemeinschaft, FS Morsey, 1992, S. 211 (213); *Streinz*, ZG 2008, 105 (123). Allgemein zum Gründungsdokument internationaler Organisationen als Verfassungsvertrag: *Peters*, ZÖR 2013, 1.
[5] Zum Streit um die Verfassungsfähigkeit der EG/EU s. nur *Blanke*, ThürVBl. 2002, 197 (199 ff.); *Scheffczyk*, Die »Europäische Verfassung« – Ein Beitrag zur Begriffsklärung, in: ELSA Frankfurt (Oder) (Hrsg.), Die Europäische Verfassung, 2004, S. 31 (32 ff.); *Terhechte*, EuR 2008, 143 (178 ff.), sowie den stark polemischen Beitrag von *Heinig*, JZ 2007, 905.
[6] Dazu zuletzt und m. w. N. *Kämmerer*, NVwZ 2015, 1321; *Unger*, DVBl 2015, 1069.
[7] EuGH, Urt. v. 23.4.1986, Rs. 294/83 (Les Verts), Slg. 1986, 1339, Rn. 2.
[8] BVerfGE 22, 293 (296).
[9] BVerfGE 22, 293 (296); 37, 271 (277); 89, 155 (156, Ls. 8). Vgl. auch *Huber*, S. 197 f. Zur offenen Finalität der europäischen Integration vgl. *Classen*, EnzEuR, Bd. 1, § 37; *Haltern*, in: v. Bogdandy/Bast, Europäisches Verfassungsrecht, S. 279 ff.
[10] BVerfGE 123, 267 (404). S. dort auch S. 403 zum Staatsgebiet.
[11] Vgl. schon *Badura*, S. 49. S. außerdem *Calliess*, EuGRZ 2003, 181 (183); *Streinz*, Eine Verfassung für Europa, S. 77, 79, 82. *Nettesheim*, in: v. Bogdandy/Bast, Europäisches Verfassungsrecht, S. 402, weist darauf hin, dass die Kompetenz-Kompetenz auch nicht allein bei den Mitgliedstaaten liege, sondern »gesamthänderisch bei den Unionsorganen und den Mitgliedstaaten.«
[12] Vgl. nur *Epiney*, Jura 2006, 755; *Streinz*, Eine Verfassung für Europa, S. 72.
[13] BVerfGE 89, 155 (190); 123, 267 (349, 381).
[14] BVerfGE 123, 267 (332, 343).
[15] Vgl. dazu schon *Lorenz*, Die Übertragung von Hoheitsrechten auf die Europäischen Gemeinschaften, 1990. S. auch *Huber*, S. 222 ff.
[16] Vgl. nur *Herdegen*, Europarecht, § 5, Rn. 1.

dem Terminus »supranational« bezeichnet wird.[17] Das Bundesverfassungsgericht hat versucht, diese Positionierung zwischen Staatenbund und Bundesstaat mit dem **Begriff des Staatenverbunds** zu beschreiben.[18] Zugleich geht es in ständiger Rechtsprechung davon aus, dass die Rechtsanwendungsbefehle der Zustimmungsgesetze zu den Verträgen letztlich immer noch die Basis für die Geltung und auch den Anwendungsvorrang[19] des Unionsrechts in Deutschland darstellen.[20] Die einzigartige, weit fortgeschrittene Integration mag Anlass dafür sein können, ihre Stellung nicht mehr nur als die einer internationalen Organisation zu beschreiben, sondern sie auf dem Weg zu einem **Bundesstaat eigener Art** zu sehen.[21] Dennoch hat sich die Europäische Union noch nicht endgültig von ihren völkerrechtlichen Wurzeln gelöst. Ob sie sich allerdings dauerhaft in einem Zwischenstadium zu halten vermag, erscheint zweifelhaft, wenn man nicht davon ausgeht, dass sie sich zu einem neuen, nicht mehr völkerrechtlichen, aber auch nicht staatlichen Mehrebenensystem entwickeln wird oder sogar schon entwickelt hat.[22]

7 Der EuGH hat demgegenüber schon früh entschieden, dass die Gemeinschaft eine **neue Rechtsordnung des Völkerrechts** darstelle[23] und dabei wohl eher das Neue als das Völkerrechtliche betonen wollen. Wenig später bezeichnete er das Gemeinschaftsrecht als Recht, das aus einer autonomen Rechtsquelle fließt. Allerdings wies er zugleich darauf hin, dass dieses Recht vom Vertrag geschaffen wurde.[24] Auch wenn der EuGH in späteren Entscheidungen die Anknüpfung an das Völkerrecht vermieden und die **Eigenständigkeit der Gemeinschaftsrechtsordnung** betont hat,[25] muss man seine Rechtsprechung nicht so deuten, dass der Gerichtshof die völkerrechtlichen Wurzeln verleugnet. Er betont damit aber die Unterschiede zwischen dem auf innerstaatliche Umsetzung angewiesenen Völkerrecht und dem in den Mitgliedstaaten vielfach unmittelbar anwendbaren und grundsätzlich mit Vorrang vor dem nationalen Recht ausgestatteten Gemeinschafts- oder Unionsrecht. Insoweit liegt die Bezeichnung als »selbständige Rechtsordnung eigener Art«[26] nahe.

---

[17] Vgl. z. B. BVerfGE 89, 155 (Ls. 1 et passim); *Badura*, S. 57; *H. P. Ipsen*, Über Supranationalität, FS Scheuner, 1973, S. 211. Zum Begriff *Seidl-Hohenveldern/Loibl*, Das Recht der Internationalen Organisationen einschließlich der supranationalen Gemeinschaften, 7. Aufl., 2000, Rn. 0113 ff.; *v. Bogdandy*, Die Verfassung der europäischen Integrationsgemeinschaft als supranationale Union, in: v. Bogdandy (Hrsg.), Die Europäische Option, 1993, S. 97; *Zuleeg*, integration 1988, 103.
[18] BVerfGE 89, 155 (156, Ls. 8; 185 ff.); 123, 267 (Ls. 1, 348). Vgl. auch schon *P. Kirchhof*, in: Isensee/Kirchhof, HStR VII, 1. Aufl., 1992, § 183, Rn. 50 ff. S. dazu auch *Oeter*, ZaöRV 75 (2015), 733.
[19] BVerfGE 89, 155 (190); 123, 267 (398). Vgl. zum Anwendungsvorrang auch EuGH, Urt. v. 22.10.1998, verb. Rs. C–10/97 bis C–22/97 (IN.CO.GE.'90 u. a.), Slg. 1998, I–6307, Rn. 21.
[20] Kritisch dazu *Pernice*, JZ 2000, 866 (870); *Terhechte*, EuR-Beiheft 2010, 135 (141). S. auch den Überblick über die Rechtsprechung des Bundesverfassungsgerichts zur europäischen Integration von *Giegerich*, ZEuS 2016, 3.
[21] *Calliess*, EuGRZ 2003, 181 (183).
[22] In diesem Sinne z. B. *Blanke*, ThürVBl. 2002, 197 (201); *ders.*, ZG 2004, 225 (226); *Breitenmoser*, ZaöRV 55 (1995), 951 (991); *Pernice*, JZ 2000, 866 (869 ff.); *Terhechte*, EuR-Beiheft 2010, 135 (138). S. auch *Oppermann*, DVBl 2003, 1165 (1168).
[23] EuGH, Urt. v. 5.2.1963, Rs. 26/62 (van Gend & Loos/niederländische Finanzverwaltung), Slg. 1963, 1 (24). S. dazu auch *Zieger*, Die Rechtsprechung des Europäischen Gerichtshofs, JbÖR 22 (1973), 299 (327 ff.).
[24] EuGH, Urt. v. 15.7.1964, Rs. 6/64 (Costa/E.N.E.L), Slg. 1964, 1253 (1270).
[25] Vgl. dazu *Jacob*, Sanktionen gegen vertragsbrüchige Mitgliedstaaten der Europäischen Gemeinschaft (EWG), 1988, S. 128 f.; *Zens*, Die Zusammenarbeit der Versicherungsaufsichtsbehörden in der Europäischen Gemeinschaft, 2005, S. 70 f.
[26] *Badura*, S. 60.

Auch das Bundesverfassungsgericht erkannte an, dass »das Gemeinschaftsrecht weder Bestandteil der nationalen Rechtsordnung noch Völkerrecht ist, sondern eine eigenständige Rechtsordnung bildet«.[27] Diese Formulierung findet sich in neueren Entscheidungen allerdings nicht mehr. Und auch sonst bleibt ein gewisses **Spannungsverhältnis zwischen den jeweiligen Sichtweisen** von EuGH und Bundesverfassungsgericht bestehen, das sich auch nicht ohne weiteres auflösen lässt, bisher in der Praxis jedoch zu keinen unmittelbaren Konflikten geführt hat.[28]

C. Verträge, auf die sich die Union gründet (Abs. 2)

Das Vorhaben, das Primärrecht der Union im Wesentlichen in einem einzigen Dokument zusammenzufassen, ist – ebenso wie die zumindest von einigen Stellen damit beabsichtigte stärkere Annäherung an eine eigene Staatlichkeit der Union[29] – mit der **Ablehnung des Verfassungsvertrags** zumindest vorläufig gescheitert.[30] Neben anderen, teilweise innenpolitischen Gründen, mag es auch die Verfassungsrhetorik[31] gewesen sein, die zu diesem Ergebnis führte.[32] Zwischen der funktionalen Bezeichnung der Verträge als Verfassung und der ausdrücklichen Verwendung dieses Begriffs im Titel eines neugefassten Vertrags kann durchaus ein auch qualitativer Unterschied zu sehen sein. Die Mitgliedstaaten haben es nicht gewagt, zu testen, ob es möglich gewesen wäre, die Einheit der Urkunde zu bewahren und nur auf den Begriff der Verfassung zu verzichten.[33] Darüber hinaus hätte ein solches Vorgehen auch die Ratifizierung in einigen Mitgliedstaaten erschwert.[34] Daher kam es zur Verteilung der Regelungen des Verfassungsvertrags auf die beiden Dokumente, die nun die Verträge bilden, auf die sich die Union gründet.[35] Die Parallelvorschrift, Art. 1 Abs. 3 Satz 1 EUV, formuliert leicht abweichend und spricht davon, dass die beiden Verträge die Grundlage der Union sind. Diese Formulierungen lassen sich einerseits als Hinweis auf die nach wie vor bestehende völkerrechtliche Verankerung der Union, aber auch als Bestätigung der verfassungsähnlichen Funktion der Verträge verstehen.

---

[27] BVerfGE 22, 293 (296); 31, 145 (173 f.); 37, 271 (277).
[28] Näher dazu *Niedobitek*, Der Vorrang des Unionsrechts, in: Niedobitek/Zemánek (eds.), Continuing the European Constitutional Debate, 2008, S. 63 (68 ff.). S. allerdings die recht deutlichen Worte im Urteil des Bundesverfassungsgerichts v. 24.4.2013, BVerfGE 133, 277 (313, Rn. 88 ff.).
[29] Politisch wegweisend war insoweit die Rede des damaligen deutschen Außenministers *J. Fischer* am 12.5.2000 in der Humboldt-Universität in Berlin, integration 2000, 149.
[30] Vgl. *Kadelbach*, in: GSH, Europäisches Unionsrecht, Art. 1 AEUV, Rn. 1.
[31] Vgl. *Mayer*, ZaöRV 61 (2001), 577 (631 ff.); *Streinz/Ohler/Herrmann*, Der Vertrag von Lissabon zur Reform der EU, S. 15.
[32] Vgl. *Cromme*, DÖV 2009, 177 (178); *Heinig*, JZ 2007, 905 (907). S. aber auch *Calliess*, Mitverantwortung der Rechtswissenschaft für die Verwendung des Verfassungstopos – Die Europäische Verfassung als Opfer der symbolischen Tragweite des Begriffes?, in: Pernice (Hrsg.), Der Vertrag von Lissabon: Reform der EU ohne Verfassung?, 2008, S. 54.
[33] Vgl. dazu *Dougan*, CMLRev. 45 (2008), 617 (623); *P. Kirchhof*, in: v. Bogdandy/Bast, Europäisches Verfassungsrecht, S. 1014 ff.
[34] Vgl. *Thym*, Außenverfassungsrecht nach dem Lissabonner Vertrag, in: Pernice (Hrsg.), Der Vertrag von Lissabon: Reform der EU ohne Verfassung?, 2008, S. 173 (174).
[35] Vgl. dazu *Streinz*, ZG 2008, 105 (107 ff.).

I. EUV und AEUV

10 Während der **EU-Vertrag** eher die **grundsätzlichen Regelungen** und außerdem die besonderen Bestimmungen über die gemeinsame Außen- und Sicherheitspolitik sowie über die gemeinsame Sicherheits- und Verteidigungspolitik enthält, stehen im **AEUV** das **Funktionieren der Union und deren Zuständigkeiten** im Vordergrund. Überschneidungen zwischen beiden Verträgen haben sich allerdings nicht ganz vermeiden lassen. Insbesondere finden sich im AEUV ausführlichere Bestimmungen zu Materien, die der EUV einführt. Das gilt etwa für die Vorschriften über die Unionsorgane (Art. 13 ff. EUV, Art. 223 ff. AEUV) und die verstärkte Zusammenarbeit (Art. 20 EUV, Art. 326 ff. AEUV).

11 Aufgrund dieser Regelungstechnik könnte der Eindruck entstehen, der EUV gehe dem AEUV vor. Dem setzt Abs. 2 Satz 2 jedoch ebenso wie Art. 1 Abs. 3 Satz 2 EUV die ausdrückliche Bestimmung entgegen, dass beide Verträge rechtlich gleichrangig sind.[36] Auch zwischen den verschiedenen Teilen des Verfassungsvertrags gab es **keine hierarchische Stufung**.[37] Das schließt nicht aus, den EU-Vertrag politisch als den kürzeren, feineren und damit verfassungsähnlicheren zu verstehen. Rechtlich hat das aber keine Auswirkungen. EUV und AEUV werden daher auch gemeinsam als »die Verträge« bezeichnet. Während Abs. 2 Satz 2 das ausdrücklich so festhält, begnügt sich Art. 1 Abs. 3 EUV mit dem weniger feierlichen Klammerzusatz »(im Folgenden »Verträge«)«, ohne dass aus dem Fehlen des Artikels hier Unterschiede abzuleiten wären. Daher gibt es in beiden Verträgen auch keine Unterschiede in der Zitierweise dieser Grundlagen der Union.

II. Sonstiges Primärrecht

12 Mit den beiden Verträgen ist das Primärrecht noch nicht erschöpfend aufgezählt. Teil II des Verfassungsvertrags, die **Charta der Grundrechte** der Union, findet sich weder im EUV noch im AEUV. Art. 6 EUV führt sie aber in das Unionsrecht ein und legt fest, dass die Charta der Grundrechte und die Verträge rechtlich gleichrangig sind. Als Bestandteil der Verträge ebenfalls Primärrecht sind nach Art. 51 EUV die **Protokolle und Anhänge** der Verträge. Darüber hinaus besteht der **EAG-Vertrag** fort.[38] Zum Primärrecht lassen sich auch weitere Rechtsquellen zählen, so insbesondere zumindest Teile der Beitrittsabkommen (Art. 49 Abs. 2 EUV).[39]

13 Darüber hinaus gibt es Rechtsakte, deren Einordnung zweifelhaft ist. So ordnen manche die **Eigenmittelbeschlüsse** dem Primärrecht zu.[40] Deren Kategorisierung fällt allerdings schwer, weil es sich einerseits um abgeleitete Rechtsakte handelt,[41] die andererseits aber völkerrechtlichen Verträgen ähneln. Zunächst ist es nämlich das Unionsorgan

---

[36] Vgl. *Kadelbach*, in: GSH, Europäisches Unionsrecht, Art. 1 AEUV, Rn. 11; *Nettesheim*, in: Grabitz/Hilf/Nettesheim, EU, Art. 1 AEUV (Juli 2010), Rn. 52; *Obwexer*, in: Mayer/Stöger, EUV/AEUV, Art. 1 AEUV (2012), Rn. 31. *Niedobitek*, in: Niedobitek, Europarecht – Grundlagen, § 1, Rn. 48, geht davon aus, dass die Verträge »einen einzigen Vertrag, verteilt auf zwei Texte, darstellen.«

[37] Kritisch dazu *Schwarze*, EuR 2003, 535 (536).

[38] S. dazu *Grunwald*, ZEuS 2010, 407.

[39] Vgl. *Cremer*, in: Calliess/Ruffert, EUV/AEUV, Art. 49 EUV, Rn. 12.

[40] Vgl. *Fugmann*, in: Dauses, Handbuch des EU-Wirtschaftsrechts, Abschn. A.III, November 1996, Rn. 20; *Meermagen*, Beitrags- und Eigenmittelsystem, 2002, S. 195 ff. Ähnlich auch *Waldhoff*, in: Calliess/Ruffert, EUV/AEUV, Art. 311 AEUV, Rn. 5.

[41] Vgl. *Wölker*, EuR 2007, 32 (33).

Rat, das nach Art. 311 Abs. 3 AEUV die Bestimmungen über das System der Eigenmittel der Union festlegt. In Kraft treten Eigenmittelbeschlüsse allerdings erst »nach Zustimmung der Mitgliedstaaten im Einklang mit ihren jeweiligen verfassungsrechtlichen Vorschriften« (Art. 311 Abs. 3 Satz 3 AEUV). Das spricht dafür, sie als eine **Normenkategorie eigener Art** zu verstehen,[42] die zwischen dem primären und dem sekundären Recht der Union steht (s. Art. 311 AEUV, Rn. 125).[43]

Ebenfalls umstritten ist die Rechtnatur der auf der Basis von Art. 25 Abs. 2 AEUV vorgesehenen Bestimmungen, mit denen der Rat die **Rechte von Unionsbürgern** ergänzen kann. Auch insoweit ist eine Zustimmung aller Mitgliedstaaten im Einklang mit ihren verfassungsrechtlichen Vorschriften erforderlich. Wer darin eine Änderung des Primärrechts sieht, versteht die ergänzenden Bestimmungen ihrerseits als Primärrecht.[44] Wer demgegenüber auf die Ableitung dieser Bestimmungen aus dem Primärrecht abstellt, wird sie eher als Sonderform des Sekundärrechts ansehen.[45]

Einen vergleichbaren Fall regelt Art. 223 Abs. 1 UAbs. 2 AEUV, der den Rat ermächtigt, mit Zustimmung des Europäischen Parlaments ein **einheitliches Wahlverfahren** zu regeln. Bisher ist es dazu noch nicht gekommen. Erneut ist Voraussetzung für das Inkrafttreten die mitgliedstaatliche Zustimmung nach den jeweiligen verfassungsrechtlichen Bestimmungen. Einige sehen darin eine Sonderform der vereinfachten Vertragsänderung.[46] Da es sich hier aber um den Erlass von Bestimmungen auf der Basis einer primärrechtlichen Ermächtigung handelt und nicht um Änderungen bestehenden Primärrechts, spricht einiges dafür, von einer weiteren sekundärrechtlichen Sonderform oder einer den Eigenmittelbeschlüssen vergleichbaren speziellen Kategorie von Normen auszugehen.[47]

Das **Bundesverfassungsgericht** spricht demgegenüber hinsichtlich der erwähnten Bestimmungen und außerdem auch mit Bezug auf Art. 42 Abs. 2 UAbs. 1 EUV, Art. 218 Abs. 8 UAbs. 2 Satz 2 und Art. 262 AEUV pauschal von »Art. 48 Abs. 6 EUV-Lissabon entsprechenden Änderungsvorschriften«, die »von Verfassungs wegen [...] eines Zustimmungsgesetzes nach Art. 23 Abs. 1 Satz 2 und gegebenenfalls Satz 3 GG« bedürfen.[48] Zumindest die generelle Einordnung als **spezielle Vertragsänderungsvorschriften** erscheint als zu undifferenziert. Und die Feststellung des Bundesverfassungsgerichts, es handele sich um Vorschriften, »die Art. 48 Abs. 6 EUV-Lissabon nachgebildet« seien, trägt kaum der Tatsache Rechnung, dass es mit Art. 22 Abs. 2, 190 Abs. 4 UAbs. 2, 229a Satz 2 EGV und den Art. 17 Abs. 1 Satz 2, 34 Abs. 2 Satz 2 Buchst. d und 42 Satz 2 EUV entsprechende Regelungen bereits vor dem Vertrag von Lissabon gab, denen dann Art. 48 Abs. 6 UAbs. 2 Satz 3 EUV nachgebildet wurde.

---

[42] Vgl. *Häde*, Finanzausgleich, 1996, S. 430 f.; *Rossi*, in: Vedder/Heintschel v. Heinegg, Europäisches Unionsrecht, Art. 311 AEUV, Rn. 9.
[43] Vgl. *Bieber*, in: GS, EUV/EGV, Art. 269 EGV, Rn. 11. Vgl. demgegenüber *v. Arnauld*, EuR 2003, 191 (198 ff.), der Eigenmittelbeschlüsse zwar als Primärrechtsakte versteht, die aber in der Normenhierarchie doch nach den Verträgen angesiedelt sein sollen.
[44] *Haag*, in: GS, EUV/EGV, Art. 22 EGV, Rn. 7; *Hatje*, in: Schwarze, EU-Kommentar, Art. 25 AEUV, Rn. 5; *Kluth*, in: Calliess/Ruffert, EUV/AEUV, Art. 25 AEUV, Rn. 6.
[45] *Magiera*, in: Streinz, EUV/AEUV, Art. 25 AEUV, Rn. 6.
[46] Vgl. *Huber*, in: Streinz, EUV/AEUV, Art. 223 AEUV, Rn. 8; *Kotzur*, in: Geiger/Khan/Kotzur, EUV/AEUV, Art. 223 AEUV, Rn. 8.
[47] Für die Einordnung als nachrangiges Primärrecht *v. Arnauld*, EuR 2003, 191 (198 ff.).
[48] BVerfGE 123, 267 (434).

III. Hierarchien innerhalb des Primärrechts

17 Von echten Hierarchien innerhalb des Primärrechts ließe sich vor allem dann sprechen, wenn es Vorschriften gäbe, die anderen primärrechtlichen Bestimmungen vorgingen. Im Grundgesetz findet ein solcher Vorrang seinen besonderen Ausdruck in der Ewigkeitsgarantie des Art. 79 Abs. 3 GG, der bestimmte Strukturelemente der deutschen Verfassung von Änderungen ausnimmt.[49] Eine entsprechende Bestimmung enthält das Unionsprimärrecht nicht. Aus den Hinweisen in Abs. 2 Satz 2 und Art. 1 Abs. 3 Satz 2 EUV, dass **beide Verträge rechtlich gleichrangig** sind, lässt sich vielmehr folgern, dass das grundsätzlich auch für alle Vorschriften der Verträge gilt.[50] Da das sonstige Primärrecht entweder ausdrücklich oder als deren Bestandteile den Verträgen gleichgestellt ist, könnte daraus folgen, dass die Gleichrangigkeit jede einzelne Bestimmung erfasst.[51] Dennoch lassen sich Unterschiede innerhalb des Primärrechts feststellen, die auf eine Hierarchie hindeuten könnten.[52]

1. Inhaltliche Unterschiede

18 Fordert man von einer Verfassung im Sinne Napoleons, dass sie kurz und dunkel zu sein habe,[53] dann erfüllt sehr viel eher der EUV und nicht der AEUV diese Voraussetzungen. Auch wer es als Funktion einer Verfassung versteht, nur die **Grundentscheidungen** zu treffen, wird die ausführlichen Regelungen des AEUV und erst recht manche sehr technische Regelungen im sonstigen Primärrecht, z.B. in der den Verträgen als Protokoll Nr. 4 beigefügten Satzung des ESZB und der EZB, kaum als Verfassungsrecht einstufen wollen.[54] Andererseits steht es dem Verfassungsgeber oder – hinsichtlich des Primärrechts der Union – den Mitgliedstaaten frei, die Grunddokumente inhaltlich so auszugestalten, wie sie es für richtig halten. Allein aus dem Inhalt, der Ausführlichkeit oder der angenommenen Bedeutung einer Regelung lässt sich deshalb nicht auf ihre rechtliche Nachrangigkeit schließen.[55]

2. Unterschiede bei der Änderung

19 Wesentlich wichtiger für Abstufungen innerhalb des Primärrechts sind demgegenüber Unterschiede beim **Schutz vor Änderungen**. Vorschriften, deren Fortbestand stärker gefährdet ist, weil sie leichter zu ändern sind, erscheinen weniger bedeutsam als andere, die änderungsfester sind.

---

[49] Vgl. *v. Arnauld*, EuR 2003, 191 (210f.), zur Unterscheidung zwischen Normenhierarchien und Grenzen der Abänderbarkeit.
[50] *Niedobitek*, in: Niedobitek, Europarecht – Grundlagen, § 1, Rn. 115.
[51] In diesem Sinne *Nettesheim*, EuR 2006, 737 (740), und auch schon *Heintzen*, EuR 1994, 35 (36).
[52] Zu Normenhierarchien unter Geltung des EG-Vertrags vgl. *Trüe*, Das System der Rechtsetzungskompetenzen der Europäischen Gemeinschaft und der Europäischen Union, 2002, S. 566ff.; *Heintzen*, EuR 1994, 35ff.
[53] Kritisch dazu *Kühling*, Der Staat 2006, 339 (350); *Mayer*, ZaöRV 67 (2007), 1141 (1186).
[54] Vgl. *Blanke*, ThürVBl. 2002, 197 (199), spricht von »nicht verfassungswürdig«, geht aber generell von der Verfassungsfähigkeit der EU aus (S. 200). Für die Gleichrangigkeit *v. Arnauld*, EuR 2003, 191 (199f.).
[55] In diesem Sinne schon und auch für das Verhältnis zwischen allgemeinen Rechtsgrundsätzen und sonstigem Primärrecht *Heintzen*, EuR 1994, 35 (45). S. aber auch *v. Arnauld*, EuR 2003, 191 (195ff.).

a) Vertragsänderungen nach Art. 48 EUV

Änderungen des Primärrechts erfolgen grundsätzlich im Wege der Vertragsänderung. Der Europäische Rat hatte 2001 in seiner **Erklärung von Laeken zur Zukunft der Europäischen Union** formuliert: »Sodann ist über eine mögliche Neuordnung der Verträge nachzudenken. Soll zwischen einem Basisvertrag und den übrigen Vertragsbestimmungen unterschieden werden? Soll sich diese Unterscheidung in einer Aufspaltung der Texte niederschlagen? Kann dies zu einer Unterscheidung zwischen den Änderungs- und Ratifikationsverfahren für den Basisvertrag und für die anderen Vertragsbestimmungen führen?«[56] Mit der Gleichstellung der Verträge haben sich die Parteien des Vertrags von Lissabon grundsätzlich gegen eine solche Unterscheidung entschieden.

Art. 48 EUV differenziert allerdings zwischen dem **ordentlichen und dem vereinfachten Änderungsverfahren**. Darüber hinaus lässt Art. 48 Abs. 7 EUV die Abänderung von Mehrheitserfordernissen in bestimmten Teilen der Verträge durch einen Beschluss des Europäischen Rates zu (Passarelles oder Brückenklauseln).[57] In allen Fällen haben jedoch die Mitgliedstaaten das letzte Wort. Entweder müssen die Änderungen in allen Mitgliedstaaten nach den jeweiligen verfassungsrechtlichen Vorschriften ratifiziert werden oder die nationalen Parlamente haben zumindest ein Widerspruchsrecht. Im Ergebnis hängen Vertragsänderungen damit grundsätzlich nach wie vor von der **Zustimmung in allen Mitgliedstaaten** ab.

b) Besondere Formen der Vertragsänderung

In einigen Fällen sehen die Verträge jedoch abweichende Bestimmungen vor. Zu einer ersten Gruppe solcher Sonderformen der Vertragsänderung gehören jene Vorschriften, die zu **Abweichungen vom Primärrecht** ermächtigen, das Inkrafttreten entsprechender Maßnahmen aber von der Ratifizierung in allen Mitgliedstaaten abhängig machen. Dazu wird man den in Art. 42 Abs. 2 EUV vorgesehenen Beschluss über eine gemeinsame Verteidigung,[58] die Erweiterung der Zuständigkeiten des EuGH im Bereich des geistigen Eigentums (Art. 262 AEUV) sowie die in Art. 40.2 ESZB-Satzung ermöglichte Änderung der in Art. 10.2 ESZB-Satzung enthaltenen Abstimmungsregelungen für den EZB-Rat zählen können. In einem weiteren Sinne lassen sich auch die bereits oben (Rn. 14f.) erwähnten Sonderformen des Sekundärrechts als spezielle Vertragsänderungen verstehen. Ebenfalls eine Ratifizierung sieht Art. 218 Abs. 8 UAbs. 2 AEUV im Zusammenhang mit der Übereinkunft über den Beitritt der Union zur EMRK vor. Trotz dieser Ähnlichkeit zum vereinfachten Vertragsänderungsverfahren[59] handelt es sich aber wohl nicht um eine Änderung des Primärrechts, sondern um eine **spezielle Vorgehensweise beim Abschluss völkerrechtlicher Verträge**.

Andere primärrechtliche Vorschriften erlauben **Vertragsänderungen ohne** einen solchen **Ratifizierungsvorbehalt**. So können das Parlament und der Rat bestimmte Vorschriften der Satzung des ESZB und der EZB nach Art. 129 Abs. 3 AEUV im ordentlichen Gesetzgebungsverfahren (Art. 289, 294 AEUV) ändern. Damit können Unionsorgane Primärrechtsänderungen mit Mehrheitsentscheidungen und ohne Beteiligung der

---

[56] Schlussfolgerungen des Europäischen Rates in Laeken v. 14./15.12.2012, Dok. SN 300/1/01 REV 1, Anlage I, S. 24. S. dazu *Blanke*, ThürVBl. 2002, 224 (225); *Ritzer*, Europäische Kompetenzordnung, 2006, S. 142ff.
[57] Vgl. *Obwexer*, in: Mayer/Stöger, EUV/AEUV, Art. 1 AEUV (2012), Rn. 47.
[58] Vgl. *Cremer*, in: Calliess/Ruffert, EUV/AEUV, Art. 42 EUV, Rn. 10.
[59] Vgl. *Schmalenbach*, in: Calliess/Ruffert, EUV/AEUV, Art. 218 AEUV, Rn. 27.

24   Noch weitergehende Befugnisse haben Parlament und Rat im Hinblick auf das Protokoll (Nr. 3) über die **Satzung des Gerichtshofs der Europäischen Union**. Art. 281 Abs. 2 ermächtigt sie, »die Satzung mit Ausnahme ihres Titels I und ihres Artikels 64« zu ändern. Das Protokoll (Nr. 5) über die Satzung der Europäischen Investitionsbank kann der Rat nach Art. 308 Abs. 3 sogar ohne solche Einschränkungen ändern. Auch hier bleiben die geänderten Satzungen Primärrecht. Daher sehen die erwähnten Vorschriften ebenfalls Sonderformen der Vertragsänderung vor.[61] Innerstaatlich sind daher in Deutschland Zustimmungsgesetze nach Art. 23 Abs. 1 Satz 2 GG erforderlich.[62]

25   Versteht man auch die auf der Basis von Art. 311 Abs. 3 AEUV vom Rat erlassenen, dann aber der Zustimmung der Mitgliedstaaten bedürftigen Eigenmittelbeschlüsse als besondere Form der Vertragsänderung (s.o. Rn. 16), läge es nahe, sie aufgrund ihrer besonderen Entstehung als **nachrangiges Primärrecht** einzuordnen.[63] Dann ist es nur konsequent, sie der Rechtsprechung des EuGH zu unterstellen.[64]

c) Ersetzung von Primärrecht durch Sekundärrecht

26   Einen anderen Fall regelt Art. 126 Abs. 14 UAbs. 2 AEUV. Danach kann der Rat einstimmig Bestimmungen verabschieden, die das den Verträgen beigefügte **Protokoll über das Verfahren bei einem übermäßigen Defizit** ablösen. Aufgrund des deutlichen Unterschieds im Wortlaut dieser Ermächtigung von der in Art. 129 Abs. 3 AEUV handelt es sich hier nicht um die Befugnis zur Schaffung neuen Primärrechts. Vielmehr darf der Rat das dem Primärrecht zugeordnete Protokoll ganz oder teilweise durch Sekundärrecht ersetzen.[65] In ähnlicher Weise sieht Art. 6 des Protokolls (Nr. 13) über die **Konvergenzkriterien** eine Ablösung vor. Auch hier treten die vom Rat zu erlassenden sekundärrechtlichen Vorschriften »dann an die Stelle dieses Protokolls«.

d) Folgerungen

27   Die erwähnten Sonderregelungen beziehen sich auf die Änderung oder gar Ablösung von Vorschriften, die den Verträgen als Protokolle beigefügt und als solche nach Art. 51 EUV deren Bestandteil sind. Solche Protokolle zeichnen sich nicht selten dadurch aus, dass sie Materien betreffen, die auf der Ebene der Mitgliedstaaten nicht in der Verfassung, sondern in einfachen Gesetzen geregelt sind. Dieser Inhalt an sich berührt den **Status der Protokolle als Primärrecht** nicht, erklärt aber, warum die Mitgliedstaaten Modifikationen nicht vom schwerfälligen Vertragsänderungsverfahren abhängig ma-

---

[60] Vgl. *Häde*, in: Calliess/Ruffert, EUV/AEUV, Art. 129 AEUV, Rn. 6. Ebenso *Gaitanides*, Das Recht der Europäischen Zentralbank, 2005, S. 49; *Kempen*, in: Streinz, EUV/AEUV, Art. 129 AEUV, Rn. 15.
[61] In diesem Sinne *Pache*, in: Vedder/Heintschel v. Heinegg, Europäisches Unionsrecht, Art. 281 AEUV, Rn. 5; *Ohler*, in: Streinz, EUV/AEUV, Art. 308 AEUV, Rn. 19, und wohl auch *Ehricke*, in: Streinz, EUV/AEUV, Art. 281 AEUV, Rn. 5; *Rodi*, in: Vedder/Heintschel v. Heinegg, Europäisches Unionsrecht, Art. 308 AEUV, Rn. 8. Vgl. aber *Rossi*, in: Calliess/Ruffert, EUV/AEUV, Art. 308 AEUV, Rn. 27, der von einer Überführung vom Primär- ins Sekundärrecht ausgeht.
[62] Vgl. BVerfGE 123, 267 (436), zu Art. 308 Abs. 3 AEUV.
[63] In diesem Sinne *v. Arnauld*, EuR 2003, 191 (198 ff.).
[64] *v. Arnauld*, EuR 2003, 191 (215).
[65] Näher dazu *Häde*, in: Calliess/Ruffert, EUV/AEUV, Art. 126 AEUV, Rn. 71. *Hentschelmann*, Der Stabilitäts- und Wachstumspakt, 2009, S. 1200, versteht die Regelung demgegenüber als »sekundärrechtlich gesteuerte Vertragsfortentwicklung«.

chen wollten. Ob sich daraus eine über die unterschiedlichen Änderungsverfahren hinausgehende Hierarchisierung des Primärrechts der Union entwickeln kann und wird, ist derzeit schwer absehbar. Der Wortlaut von Abs. 2 Satz 2 deutet jedenfalls nicht in diese Richtung.

Titel I
Arten und Bereiche der Zuständigkeit der Union

Artikel 2 AEUV [Arten von Zuständigkeiten]

(1) Übertragen die Verträge der Union für einen bestimmten Bereich eine ausschließliche Zuständigkeit, so kann nur die Union gesetzgeberisch tätig werden und verbindliche Rechtsakte erlassen; die Mitgliedstaaten dürfen in einem solchen Fall nur tätig werden, wenn sie von der Union hierzu ermächtigt werden, oder um Rechtsakte der Union durchzuführen.

(2) ¹Übertragen die Verträge der Union für einen bestimmten Bereich eine mit den Mitgliedstaaten geteilte Zuständigkeit, so können die Union und die Mitgliedstaaten in diesem Bereich gesetzgeberisch tätig werden und verbindliche Rechtsakte erlassen. ²Die Mitgliedstaaten nehmen ihre Zuständigkeit wahr, sofern und soweit die Union ihre Zuständigkeit nicht ausgeübt hat. ³Die Mitgliedstaaten nehmen ihre Zuständigkeit erneut wahr, sofern und soweit die Union entschieden hat, ihre Zuständigkeit nicht mehr auszuüben.

(3) Die Mitgliedstaaten koordinieren ihre Wirtschafts- und Beschäftigungspolitik im Rahmen von Regelungen nach Maßgabe dieses Vertrags, für deren Festlegung die Union zuständig ist.

(4) Die Union ist nach Maßgabe des Vertrags über die Europäische Union dafür zuständig, eine gemeinsame Außen- und Sicherheitspolitik einschließlich der schrittweisen Festlegung einer gemeinsamen Verteidigungspolitik zu erarbeiten und zu verwirklichen.

(5) In bestimmten Bereichen ist die Union nach Maßgabe der Verträge dafür zuständig, Maßnahmen zur Unterstützung, Koordinierung oder Ergänzung der Maßnahmen der Mitgliedstaaten durchzuführen, ohne dass dadurch die Zuständigkeit der Union für diese Bereiche an die Stelle der Zuständigkeit der Mitgliedstaaten tritt.

Die verbindlichen Rechtsakte der Union, die aufgrund der diese Bereiche betreffenden Bestimmungen der Verträge erlassen werden, dürfen keine Harmonisierung der Rechtsvorschriften der Mitgliedstaaten beinhalten.

(6) Der Umfang der Zuständigkeiten der Union und die Einzelheiten ihrer Ausübung ergeben sich aus den Bestimmungen der Verträge zu den einzelnen Bereichen.

Literaturübersicht

Becker, Die vertikale Kompetenzordnung im Verfassungsvertrag, in: Jopp/Matl (Hrsg.), Der Vertrag über eine Verfassung für Europa, 2005, S. 187; *Blanke*, Die Zuständigkeiten der Union, ZG 2004, 225; *ders.*, Zur Verteilung der Kompetenzen in der Europäischen Union – Eine Bewertung der Vorschläge des Entwurfs eines Verfassungsvertrages für Europa, in: ELSA Frankfurt (Oder) (Hrsg.), Die Europäische Verfassung, 2004, S. 39; *Boeck*, Die Abgrenzung der Rechtsetzungskompetenzen von Gemeinschaft und Mitgliedstaaten in der Europäischen Union, 2000; *v. Bogdandy/Bast*, Die vertikale Kompetenzordnung der Europäischen Union, EuGRZ 2001, 441; *v. Bogdandy/Bast/Westphal*, Die vertikale Kompetenzordnung im Entwurf des Verfassungsvertrags, in: Zuleeg (Hrsg.), Die neue Verfassung der Europäischen Union, 2006, S. 21; *Braams*, Die Kompetenzordnung im Vertrag von Lissabon, in: Pernice (Hrsg.), Der Vertrag von Lissabon: Reform der EU ohne Verfassung?, 2008, S. 115; *Bungenberg*, Dynamische Integration, Art. 308 und die Forderung nach dem Kompetenzkatalog, EuR 2000, 879; *Burgstaller*, Die vertikale Kompetenzverteilung der Europäischen Union – Ökonomische, rechtliche und politische Aspekte, JRP 12 (2004), 255; *Craig*, Competence: clarity, conferral, containment and consideration, E.L.Rev. 29 (2004), 323; *ders.*, The Treaty of Lisbon: Process, architecture and substance, E.L.Rev. 33 (2008), 137; *Epiney*, Zur Abgrenzung der Kompetenzen zwischen EU und Mitgliedstaaten in der »Europäischen Verfassung«, Jura 2006, 755; *Folz*, Die Kompetenzverteilung zwischen der Europäischen Union und den Mitgliedstaaten, in: Fastenrath/Nowak (Hrsg.), Der Lissabonner Reformvertrag, 2009, S. 65; *Giegerich*, Europäische Verfassung und deutsche Verfassung im transnationalen Konstitutionalisierungsprozeß: Wechselseitige Rezeption, konstitutionelle Evolution und föderale Verflechtung, 2003; *Görlitz*, Europäischer Verfassungsvertrag und künftige EU-Kompetenzen, DÖV 2004, 374; *Götz*, Die Abgrenzung der Zuständigkeiten zwischen der Europäischen Union und den Mitgliedstaaten nach dem Europäischen Rat von Laeken, in: Götz/Martínez Soria (Hrsg.), Kompetenzverteilung zwischen der Europäischen Union und den Mitgliedstaaten, 2002, S. 83; *Härtel*, Handbuch Europäische Rechtsetzung, 2006; *Heemeyer*, Die Kompetenzordnung eines zukünftigen europäischen Verfassungsvertrages, 2004; *Hetmeier/Richter*, Kompetenzabgrenzung in der Europäischen Union, ZG 2001, 295; *Jarass*, Die Kompetenzverteilung zwischen der Europäischen Gemeinschaft und den Mitgliedstaaten, AöR 121 (1996), 173; *Jürgens*, Die Kompetenzabgrenzung zwischen der Europäischen Union und den Mitgliedstaaten, 2010; *Krebber*, Die Koordinierung als Kompetenzkategorie im EU-Verfassungsentwurf aus dogmatischer Sicht, EuGRZ 2004, 592; *Kühling*, Die Zukunft der europäischen Kompetenzverteilung in der Ratifizierungskrise des Verfassungsvertrages, Der Staat 2006, 339; *Ludwigs*, Die Kompetenzordnung der Europäischen Union im Vertragsentwurf über eine Verfassung für Europa, ZEuS 2004, 211; *Mayer*, Die drei Dimensionen der Europäischen Kompetenzdebatte, ZaöRV 61 (2001), 577; *Nettesheim*, Die Kompetenzordnung im Vertrag über eine Verfassung für Europa, EuR 2004, 511; *Obwexe*r, Gesetzgebung im Binnenmarkt – die Kompetenzverteilung im Verfassungsentwurf, EuR-Beiheft 3/2004, 145; *Pernice*, Kompetenzabgrenzung im Europäischen Verfassungsverbund, JZ 2000, 866; *ders.*, Eine neue Kompetenzordnung für die Europäische Union, FS Tsatsos, 2003, S. 477; *Rengeling*, Die Kompetenzen der Europäischen Union: Inhalte, Grenzen und Neuordnung der Rechtsetzungsbefugnisse, FS Badura, 2004, S. 1135; *Ritzer*, Europäische Kompetenzordnung, 2006; *Ruffert*, Schlüsselfragen der Europäischen Verfassung der Zukunft: Grundrechte – Institutionen – Kompetenzen – Ratifizierung, EuR 2004, 165; *Schaefer*, Die Ermächtigung von Mitgliedstaaten bei ausschließlicher Gemeinschaftszuständigkeit: Regelwidrigkeit in der Kompetenzordnung?, EuR 2008, 721; *Scharf*, Die Kompetenzordnung im Vertrag von Lissabon – Zur Zukunft Europas: Die Europäische Union nach dem Vertrag von Lissabon, Beiträge zum Europa- und Völkerrecht, 3/2009; *M. Schröder*, Vertikale Kompetenzverteilung und Subsidiarität im Konventsentwurf für eine europäische Verfassung, JZ 2004, 8; *Streinz*, Kompetenzabgrenzung zwischen Europäischer Union und ihren Mitgliedstaaten, in: Hofmann/Zimmermann (Hrsg.), Eine Verfassung für Europa, 2005, S. 71; *Trüe*, Das System der Rechtsetzungskompetenzen der Europäischen Gemeinschaft und der Europäischen Union, 2002; *dies.*, Das System der EU-Kompetenzen vor und nach dem Entwurf eines Europäischen Verfassungsvertrags, ZaöRV 64 (2004), 391; *Vedder*, Das System der Kompetenzen in der EU unter dem Blickwinkel einer Reform, in: Götz/Martínez Soria (Hrsg.), Kompetenzverteilung zwischen der Europäischen Union und den Mitgliedstaaten, 2002, S. 9; *Weatherill*, Better competence monitoring, E.L.Rev. 30 (2005), 23; *A. Weber*, The Distribution of Competences between the Union and the Member States, in: Blanke/Mangiameli (eds.), The European Union after Lisbon, 2012, S. 311; *Wetzel*, Ausgewählte Erwägungen im Kreise der deutschen Länder zu Problemen und Lösungsansätzen der Kompetenzordnung in der Europäischen Union, in: Götz/Martínez Soria (Hrsg.), Kompetenzverteilung zwischen der Europäischen Union und den Mitgliedstaaten, 2002, S. 61; *Wuermling*, Kalamität Kompetenz: Zur Abgrenzung der Zuständigkeiten in dem Verfassungsentwurf des EU-Konvents, EuR 2004, 216.

Leitentscheidungen

EuGH, Urt. v. 15.7.1960, Rs. 20/59 (Italien/Hohe Behörde), Slg. 1960, 683
EuGH, Urt. v. 29.11.1956, Rs. 8/55 (Fédération Charbonnière de Belgique/Hohe Behörde), Slg. 1956, 297
EuGH, Urt. v. 5.5.1981, Rs. 804/79 (Kommission/Vereinigtes Königreich), Slg. 1981, 1045
EuGH, Urt. v. 2.5.2006, Rs. C–217/04 (Vereinigtes Königreich/Parlament und Rat), Slg. 2006, I–3771

Inhaltsübersicht Rn.

- A. Grundsätze und Entstehungsgeschichte 1
- B. Zuständigkeiten der Union 8
- C. Beschränkung auf legislative Zuständigkeiten 14
- D. Unterscheidung zwischen Kompetenzkategorien 17
- E. Kompetenzausübung und Kompetenzkontrolle 20
- F. Ausschließliche Zuständigkeit (Abs. 1) 28
  - I. Grundregel 28
  - II. Ermächtigung der Mitgliedstaaten 30
  - III. Durchführungsmaßnahmen 34
- G. Geteilte Zuständigkeit (Abs. 2) 37
  - I. Ausschlusswirkung 37
  - II. Wiederaufleben der mitgliedstaatlichen Kompetenz 42
- H. Koordinierung der Wirtschafts- und Beschäftigungspolitik (Abs. 3) 46
- I. Gemeinsame Außen- und Sicherheitspolitik, Verteidigungspolitik (Abs. 4) . 48
- J. Kompetenzen zur Unterstützung, Koordinierung oder Ergänzung (Abs. 5) ... 49
- K. Offene Koordinierung 54
- L. Verweis auf andere Vorschriften (Abs. 6) 58

A. Grundsätze und Entstehungsgeschichte

1 Staatsgewalt darf in einem rechtsstaatlich organisierten Verbund nur der ausüben, dem sie übertragen wurde. Bei den sich daraus ergebenden Zuständigkeiten[1] ist insbesondere zu unterscheiden zwischen der **Verbandskompetenz und der Organkompetenz**. Die Verbandskompetenz bestimmt, welche juristische Person zuständig ist. Die Organkompetenz legt fest, welches Organ der zuständigen juristischen Person für sie handelt.[2] Die Art. 2 ff. AEUV betreffen die Verbandskompetenz. Die Organkompetenz innerhalb der Europäischen Union ergibt sich demgegenüber aus den einzelnen Kompetenzzuweisungsnormen. Auch sie ist im Hinblick darauf, dass im Rat die Regierungsvertreter der Mitgliedstaaten entscheiden, nicht unwichtig für die tatsächliche Kompetenzverteilung zwischen Union und Mitgliedstaaten.[3] Vorschriften über die Verteilung der Verbandskompetenz sind nur in **gestuften Rechtsordnungen** mit mehreren Ebenen erforderlich. Sie finden sich daher meist nur in Verfassungen von Bundesstaaten oder ähnlich dezentral gegliederten Staatswesen.

2 **Föderale Systeme** verteilen Zuständigkeiten auf unterschiedliche Weise.[4] So beruht etwa das US-amerikanische Trennungsmodell auf einem grundsätzlichen Nebeneinander der Ausübung von Staatsgewalt durch die Staaten und den Bund. Im Bereich der jeweils zugewiesenen Kompetenzen umfassen die Zuständigkeiten in der Regel alle drei Staatsgewalten.[5] Dem steht das deutsche **Modell des kooperativen Föderalismus** mit seiner Verteilung der Gesetzgebungs- und Verwaltungszuständigkeiten auf Bund und Länder gegenüber. Die Europäische Union ähnelt insoweit eher dem deutschen Vor-

---

[1] Die Begriffe Zuständigkeit und Kompetenz werden hier synonym verwendet.
[2] Vgl. nur *v. Bogdandy/Bast*, EuGRZ 2001, 441 (444); *Hummer*, »Etatisierung« der Union durch die neue Verfassung?, in: Busek/Hummer (Hrsg.), Die Konstitutionalisierung der Verbandsgewalt in der (neuen) Europäischen Union, 2006, S. 19 (51).
[3] *Ruffert*, EuR 2004, 165 (187).
[4] Vgl. dazu *v. Danwitz*, AöR 131 (2006), 510 ff.
[5] S. dazu *Brugger*, in: Isensee/Kirchhof (Hrsg.), HStR IX, 3. Aufl., 2011, § 186, Rn. 19 f.; *Pernice*, JZ 2000, 866 (873).

bild.⁶ Die Bestimmungen in diesem Titel, aber auch die sonstigen Regelungen über Kompetenzen der Union, die Modalitäten ihrer Ausübung und ihre Abgrenzung zu den Zuständigkeiten der Mitgliedstaaten weisen darauf hin, dass die Europäische Union ein föderales System oder jedenfalls einen **Mehrebenenverband** darstellt.⁷

Das galt schon für die Europäische Wirtschaftsgemeinschaft (EWG) und die Europäische Gemeinschaft (EG). Von Anfang an standen der EWG, die durch den Vertrag von Maastricht in EG umbenannt wurde, nur die Kompetenzen zu, die ihr die Mitgliedstaaten übertragen hatten. Allerdings erhielten weder der EWG-Vertrag noch der EG-Vertrag oder der ursprüngliche Vertrag über die Europäische Union mit Art. 2–6 vergleichbare **Vorschriften über die Kompetenzverteilung**. Stattdessen ergaben sich die Zuständigkeiten der europäischen Ebene in erster Linie aus den Regelungen zu den einzelnen Bereichen. Dort waren jeweils Rückschlüsse von den den Gemeinschaftsorganen zugewiesenen Befugnissen auf Zuständigkeiten der Gemeinschaft erforderlich.⁸

Die **Vertragsziele** an sich begründen keine zusätzlichen Kompetenzen.⁹ Sie waren und sind jedoch im Zusammenhang mit dem als **Vertragsergänzungskompetenz** oder Flexibilitätsklausel bezeichneten Art. 352 AEUV oder der jeweiligen Vorgängernorm (Art. 235 EWGV, Art. 308 EGV) bedeutsam. Fand sich nämlich im Vertrag keine ausdrückliche Befugniszuweisung, obwohl ein Tätigwerden erforderlich war, um im Rahmen des Gemeinsamen Marktes eines der Ziele der Gemeinschaft zu verwirklichen, konnte der Rat einstimmig Maßnahmen beschließen. Neben weitreichenden Vertragsänderungen, die die Gemeinschaft Schritt für Schritt mit zusätzlichen Kompetenzen ausstatteten,¹⁰ trugen die zeitweise extensive Anwendung dieser Vorschrift¹¹ und deren Akzeptanz durch den EuGH¹² sowie die nicht auf einen konkreten Sachbereich, sondern auf das Binnenmarktziel bezogene Harmonisierungskompetenz aus Art. 95 EGV, inzwischen Art. 114 AEUV, mit dazu bei, dass es kaum einen Bereich mehr gibt, in dem die Union nicht regelnd eingreifen kann.¹³ Darüber hinaus finden sich zahlreiche weitere **final ausgestaltete Kompetenzzuweisungen**.¹⁴ Das führte dazu, dass nicht wenige das Bedürfnis empfanden und noch empfinden, die **Dynamik der Kompetenzerweiterung** einzuschränken.¹⁵ In diesem Zusammenhang ist auch die Forderung nach einem Kom-

---

⁶ Vgl. *v. Bogdandy/Bast*, EuGRZ 2001, 441 (445); *Craig*, E.L.Rev. 29 (2004), 323 (344).
⁷ S. dazu *Giegerich*, S. 727 ff.; *Härtel*, in: Niedobitek, Europarecht – Grundlagen, § 6, Rn. 7 ff.; *Kadelbach*, Autonomie und Bindung der Rechtsetzung in gestuften Rechtsordnungen, VVDStRL 66 (2007), S. 7 (10 ff.); *Nettesheim*, in: v. Bogdandy/Bast, Europäisches Verfassungsrecht, S. 397; *Streinz*, in: Streinz, EUV/AEUV, Art. 2 AEUV, Rn. 3.
⁸ Vgl. *Nettesheim*, EuR 2004, 511 (527); *Trüe*, Das System der Rechtsetzungskompetenzen, S. 70 f.
⁹ *Jarass*, AöR 121 (1996), 173 (174); *Nettesheim*, in: v. Bogdandy/Bast, Europäisches Verfassungsrecht, S. 399; *Oppermann*, DVBl 2008, 473 (477); *Ritzer*, S. 59 ff.
¹⁰ Vgl. *Kühling*, Der Staat 2006, 339 (341). Im Überblick zu den einzelnen Verträgen s. Haratsch/Koenig/Pechstein, Europarecht, Rn. 16 ff.; Oppermann/Classen/Nettesheim, Europarecht, § 2, Rn. 15 ff.; § 3, Rn. 1 ff.
¹¹ Vgl. *Giegerich*, S. 285 f.; *Jürgens*, S. 143 ff.; *Nickel*, Die Kompetenzabgrenzung im Meinungsbild des Europäischen Parlaments, in: Götz/Martínez Soria (Hrsg.), Kompetenzverteilung zwischen der Europäischen Union und den Mitgliedstaaten, 2002, S. 37 (39).
¹² Vgl. *v. Bogdandy/Bast*, EuGRZ 2001, 441 (445); *Jarass*, AöR 121 (1996), 173 (177 f.); *Nettesheim*, in: v. Bogdandy/Bast, Europäisches Verfassungsrecht, S. 403; *Weatherill*, E.L.Rev. 30 (2005), 23 (25 ff.). Zurückhaltend *Ruffert*, EuR 2004, 165 (188).
¹³ Vgl. *Epiney*, Jura 2006, 755 (756).
¹⁴ Vgl. *Jarass*, AöR 121 (1996), 173 (178 ff.); *Trüe*, ZaöRV 64 (2004), 391 (398 ff.).
¹⁵ S. dazu *Becker*, S. 192. Zur Kompetenzdebatte s. auch *Pernice*, FS Tsatsos, S. 481 ff.; *Bieber*, Kompetenzen und Institutionen im Rahmen einer EU-Verfassung, ebd., S. 30 ff. Zuletzt *Durner/Hillgruber*, ZG 2014, 105.

petenzkatalog zu sehen,[16] die vor allem von den deutschen Ländern erhoben wurde.[17] Während nämlich die Regierungen der Mitgliedstaaten im Rat einstimmig von der Flexibilitätsklausel Gebrauch machten und damit maßgeblich zur schleichenden Kompetenzverlagerung beitrugen,[18] empfanden gerade die daran nicht beteiligten Länder diesen Prozess als nachteilig.[19]

5   Schon das durch den Vertrag von Maastricht eingeführte **Subsidiaritätsprinzip** (Art. 3b Abs. 2, später Art. 5 EGV) war Ausdruck des Bestrebens, die Zuständigkeiten der Mitgliedstaaten zu schützen (s. u. Rn. 21). Dessen Bedeutung war allerdings zunächst gering. Die Regierungskonferenz, die 2000 zum **Vertrag von Nizza** führte, griff das Anliegen in ihrer **Erklärung zur Zukunft der Union** wieder auf.[20] Als im Rahmen des weiteren Reformprozesses zu behandelnde Fragen bezeichnete sie u. a. »die Frage, wie eine genauere, dem Subsidiaritätsprinzip entsprechende Abgrenzung der Zuständigkeiten zwischen der Europäischen Union und den Mitgliedstaaten hergestellt und danach aufrechterhalten werden kann«.[21]

6   Der **Europäische Rat** verabschiedete im Dezember 2001 auf seiner Tagung im belgischen **Laeken** eine weitere »Erklärung zur Zukunft der Europäischen Union«. Darin zählte er eine »bessere Aufteilung und Festlegung der Zuständigkeiten in der Europäischen Union« zu den anstehenden Herausforderungen.[22] Zugleich berief er einen **Konvent für die Zukunft Europas** ein, der ab 2002 unter dem Vorsitz des ehemaligen französischen Staatspräsidenten *Giscard d'Estaing* tagte.[23] Ergebnis dieses Konvents war der dem Europäischen Rat im Juni 2003 vorgelegte Entwurf eines Vertrags über eine Verfassung für Europa.[24] Nach einem ersten vergeblichen Anlauf im Jahr 2003 führte eine zweite Regierungskonferenz zur Unterzeichnung des **Vertrags über eine Verfassung für Europa**[25] am 29.10.2004.

7   Der Verfassungsvertrag (EVV) kam dann zwar nicht zustande, weil die Ratifizierung in Frankreich und den Niederlanden scheiterte. Seine Regelungen und nicht zuletzt die über die Abgrenzung der Zuständigkeiten zwischen den Mitgliedstaaten und der Union blieben jedoch prägend für den später beschlossenen und am 1.12.2009 in Kraft getretenen **Vertrag von Lissabon**.[26] Teil I Titel III des Verfassungsvertrags trug die Überschrift »Die Zuständigkeiten der Union«. Der erste und der letzte Artikel dieses Titels, Art. I–11 und Art. I–18 EVV, finden sich heute zwar an anderer Stelle, nämlich als Art. 5 EUV bzw. Art. 352. Die Art. I–12 bis I–17 EVV entsprechen jedoch im Wesentlichen den Art. 2–6 AEUV und lassen sich daher als unmittelbare Vorstufe zum geltenden Recht verstehen.

---

[16] Vgl. *Bungenberg*, EuR 2000, 879 (892 ff.). Ausführlich zu Vor- und Nachteilen *Boeck*, S. 192 ff.
[17] S. dazu *Heemeyer*, S. 83 ff.; *Hetmeier/Richter*, ZG 2001, 295 f.; *Mayer*, ZaöRV 61 (2001), 577 (613 ff.).
[18] *Weatherill*, E.L.Rev. 30 (2005), 23 (25).
[19] Zu den Positionen der Länder vgl. u. a. *Graf von Rex*, Verteilung von Aufgaben und Kompetenzen in der Europäischen Union aus Ländersicht, in: Götz/Martínez Soria (Hrsg.), Kompetenzverteilung zwischen der Europäischen Union und den Mitgliedstaaten, 2002, S. 51 ff.; *Wetzel*, S. 61 ff.
[20] Vgl. *Nettesheim*, in: Grabitz/Hilf/Nettesheim, EU, Art. 2 AEUV (Januar 2014), Rn. 6 ff.
[21] Nr. 5, 2. Gedstr. der Erklärung zur Zukunft der Union, ABl. 2001, C 80/85.
[22] Schlussfolgerungen des Vorsitzes, Europäischer Rat (Laeken) 14. und 15. Dezember 2001, Dok. SN 300/1/01 REV 1, Anlage I, S. 21.
[23] S. dazu die Beiträge von *Ladenburger*, *Brok* und *Badura*, in: Schwarze, Verfassungsentwurf, S. 397 ff.
[24] Näher dazu *Meyer*, in: Schwarze, Verfassungsentwurf, S. 431; *Streinz/Ohler/Herrmann*, Die neue Verfassung, S. 13 ff.
[25] ABl. 2004, C 310.
[26] S. dazu *Craig*, E.L.Rev. 33 (2008), 137 (139); *Nowak*, Europarecht, S. 65 ff.

B. Zuständigkeiten der Union

Die Verträge regeln streng genommen nicht die **Kompetenzverteilung** zwischen Union und Mitgliedstaaten, sondern nur, welche Zuständigkeiten die Union hat und wie sie sie wahrnehmen darf. Insoweit gilt der **Grundsatz der begrenzten Einzelermächtigung**, nach dem die Union nur die Kompetenzen ausüben darf, die ihr die Mitgliedstaaten in den Verträgen übertragen haben (Art. 5 Abs. 2 Satz 1 EUV). Schon Art. 1 Abs. 1 EUV weist darauf hin, dass es die Mitgliedstaaten sind und nicht ein europäisches Volk oder die Verträge selbst, die der Union Zuständigkeiten übertragen.[27] Alle nicht übertragenen Zuständigkeiten sind nach wie vor solche der Mitgliedstaaten (Art. 4 Abs. 1, Art. 5 Abs. 2 Satz 2 EUV). In der **Erklärung zur Abgrenzung der Zuständigkeiten**[28] unterstreicht die Regierungskonferenz, »dass gemäß dem in dem Vertrag über die Europäische Union und dem Vertrag über die Arbeitsweise der Europäischen Union vorgesehenen System der Aufteilung der Zuständigkeiten zwischen der Union und den Mitgliedstaaten alle der Union nicht in den Verträgen übertragenen Zuständigkeiten bei den Mitgliedstaaten verbleiben.«

8

Verbindliche Kompetenzzuweisungen an die Mitgliedstaaten können und müssen die Verträge demnach grundsätzlich nicht enthalten.[29] Die Zuständigkeiten der Staaten stützen sich auf deren Verfassungen.[30] Die **Kompetenzordnung der Union** ist insoweit grundsätzlich **als Einbahnstraße** angelegt.[31] Erwähnen die Verträge Zuständigkeiten der Mitgliedstaaten, kann es sich daher entweder um deklaratorische Bestimmungen oder um Ermächtigungen zum Tätigwerden in den Bereichen handeln, für die eigentlich die Union zuständig ist. Im letzteren Sinne lässt sich Art. 128 Abs. 2 Satz 1 AEUV verstehen, der die Mitgliedstaaten ermächtigt, Euro-Münzen auszugeben und damit im Bereich der Währungspolitik tätig zu werden, der ansonsten in die ausschließliche Zuständigkeit der Union (Art. 3 Abs. 1 Buchst. c AEUV) fällt. In diesem Rahmen regelt der Titel über »Arten und Bereiche der Zuständigkeit der Union« insoweit auch Kompetenzen der Mitgliedstaaten, als er klärt, welchen Spielraum Union und Mitgliedstaaten jeweils in den Bereichen haben, für die die Mitgliedstaaten der Union Befugnisse übertragen haben.

9

Der AEUV legt, wie es Art. 1 Abs. 1 formuliert »die Bereiche, die Abgrenzung und die Einzelheiten der Ausübung ihrer Zuständigkeiten fest«. In diesem Rahmen ist es zunächst Aufgabe des neu durch den Vertrag von Lissabon geschaffenen Art. 2 AEUV, erstmals die verschiedenen **Zuständigkeitskategorien** und deren Grundregeln vorzustellen. Eine exakte Kompetenzverteilung nehmen die Art. 2 bis 6 AEUV allerdings auch deshalb nicht vor, weil sich der Umfang der Zuständigkeiten der Union und die Einzelheiten ihrer Ausübung nach Abs. 6 erst aus den Bestimmungen der Verträge zu den einzelnen Bereichen ergeben (s. u. Rn. 58).

10

---

[27] Vgl. dazu *v. Bogdandy/Bast/Westphal*, S. 22 f.
[28] ABl. 2010, C 83/344 f.
[29] Vgl. schon *Jarass*, AöR 121 (1996), 173 (175), der die Kompetenz der Mitgliedstaaten als rechtstechnischen Normalfall bezeichnet, der keiner Begründung bedarf; *Eilmansberger/Jaeger*, in: Mayer/Stöger, EUV/AEUV, Art. 2 AEUV (2012), Rn. 8; *Hetmeier/Richter*, ZG 2001, 295 (308); *M. Schröder*, JZ 2004, 8; *Wetzel*, S. 67.
[30] Vgl. *Götz*, S. 86.
[31] Vgl. *Ritzer*, S. 50. S. auch *Nettesheim*, in: v. Bogdandy/Bast, Europäisches Verfassungsrecht, S. 410: »eindimensional«; *Streinz*, Kompetenzabgrenzung, S. 91.

11 Die Aufzählung von Kompetenzkategorien und die pauschale Zuordnung bestimmter Politikbereiche zu diesen Zuständigkeitsarten mögen zwar zu einer **transparenteren Darstellung der Unionszuständigkeiten** geführt haben.[32] Das auf diese Weise Erreichte bleibt aber weit hinter dem zurück, was sich insbesondere die deutschen Länder mit ihrer **Forderung nach Kompetenzkatalogen** und einer eindeutigen Abgrenzung der Zuständigkeiten vorgestellt hatten.[33] Welche Kompetenzen die Union in welchen Bereichen tatsächlich hat, entscheidet sich im Wesentlichen nach wie vor erst nach einer genauen Exegese der Bestimmungen zu den einzelnen Politikbereichen, also der Art. 26 ff. AEUV und – hinsichtlich der gemeinsamen Außen- und Sicherheitspolitik – der Art. 21 ff. EUV.[34] Das schränkt die Informationswirkung für den Bürger deutlich ein.[35]

12 Durch die Beibehaltung des Art. 114 und des wohl noch erweiterten[36] Art. 352 AEUV sowie die Übertragung weiterer Zuständigkeiten im Vertrag von Lissabon[37] auf die Union haben die Vertragsparteien zudem deutlich gemacht, dass eine im Vorfeld angemahnte **Rückführung von Kompetenzen** nicht auf der Agenda steht.[38] Der Übergang auf eine rein sachbezogene Kompetenzverteilung anhand eines den Art. 73 und 74 GG ähnlichen Katalogs hätte nach der Ansicht zahlreicher Beobachter dazu geführt, dass die Union wichtige Aufgaben im Zusammenhang mit dem gemeinsamen Markt nicht wahrnehmen könnte.[39] Der Übergang zu einem solchen Verfahren hätte zudem einen Systembruch dargestellt.[40] Möglicherweise hätte ein solches Vorgehen eher eine Erweiterung als eine Begrenzung der Unionszuständigkeiten in den betroffenen Sachbereichen bewirkt[41] und die Union zu nah an die **Grenze der Staatlichkeit** herangeführt.[42]

13 Die Einführung von Kompetenzkategorien schließt nach wie vor nicht aus, dass der Union trotz des Grundsatzes der begrenzten Einzelermächtigung auch **ungeschriebene Kompetenzen** (implied powers) zustehen können.[43] Der EuGH stellt insoweit darauf ab, »dass die von einem völkerrechtlichen Vertrag aufgestellten Vorschriften zugleich diejenigen Rechtssätze in sich schließen, ohne welche sie nicht sinnvoll und vernünftig angewendet werden können«.[44] Auch wenn sich die Rechtsprechung im Zusammenhang

---

[32] In diesem Sinne z. B. *Dougan*, CMLRev. 45 (2008), 617 (656); *Görlitz*, DÖV 2004, 374 (375); *Kühling*, Der Staat 2006, 339 (354); *Mayer*, JuS 2010, 189 (192).

[33] Vgl. *Obwexer*, EuR-Beiheft 3/2004, 145 (150 f.); *Vedder*, in: Vedder/Heintschel v. Heinegg, Europäisches Unionsrecht, Art. 2 AEUV, Rn. 2; *Wuermling*, EuR 2004, 216 (229).

[34] Vgl. *Härtel*, in: Niedobitek, Europarecht – Grundlagen, § 6, Rn. 50; *Nettesheim*, in: Grabitz/Hilf/Nettesheim, EU, Art. 2 AEUV (Januar 2014), Rn. 3 f., 10, 15 f.; *Ritzer*, S. 132 f., 167.

[35] *M. Schröder*, JZ 2004, 8 (10): »schiefe Optik«.

[36] Vgl. *Becker*, S. 193; *v. Bogdandy/Bast/Westphal*, S. 25. Zur gleichzeitigen Einschränkung s. *Obwexer*, EuR-Beiheft 3/2004, 145 (155); *Terhechte*, EuR 2008, 143 (157). S. auch *Trüe*, ZaöRV 64 (2004), 391 (410 f.), die schon von einer Begrenzung des Anwendungsbereichs ausgeht.

[37] Neu sind die Zuständigkeiten für Sport (Art. 165 AEUV), Raumfahrt (Art. 189 AEUV), Energie (Art. 194 AEUV), Tourismus (Art. 195 AEUV), Katastrophenschutz (Art. 196 AEUV), Verwaltungszusammenarbeit (Art. 197 AEUV). Vgl. dazu *Blanke*, Verteilung der Kompetenzen, S. 68; *Folz*, S. 69 f.; *Wuermling*, EuR 2004, 216 (226).

[38] Vgl. *Blanke*, ZG 2004, 225 (237); *Nettesheim*, EuR 2004, 511 (515 ff.).

[39] Vgl. nur *Epiney*, Jura 2006, 755 (761); *Weatherill*, E.L.Rev. 30 (2005), 23 (30).

[40] *Rengeling*, FS Badura, S. 1148.

[41] Vgl. *Jennert*, NVwZ 2003, 936 (940); *Streinz*, Kompetenzabgrenzung, S. 100 f.; *Wetzel*, S. 67.

[42] Vgl. *Bungenberg*, EuR 2000, 879 (896); *Blanke*, ZG 2004, 225 (234).

[43] S. dazu *Eilmansberger/Jaeger*, in: Mayer/Stöger, EUV/AEUV, Art. 2 AEUV (2012), Rn. 6; *Jürgens*, S. 174 ff. Vgl. außerdem *Nicolaysen*, EuR 1966, 129; *Jarass*, AöR 121 (1996), 173 (176 f.).

[44] EuGH, Urt. v. 15.7.1960, Rs. 20/59 (Italien/Hohe Behörde), Slg. 1960, 683 (708). Zu weiteren Judikaten *Nettesheim*, in: v. Bogdandy/Bast, Europäisches Verfassungsrecht, S. 414 ff.

mit den **implied powers** überwiegend auf die Außenkompetenzen bezieht,[45] beschränkt sie sich nicht auf diesen Bereich.[46] Vielmehr hat der EuGH vereinzelt auch ungeschriebene Innenkompetenzen bestätigt.[47] So hat er bereits 1956 entschieden: »Der Gerichtshof hält, […], die Anwendung einer sowohl im Völkerrecht als auch im innerstaatlichen Recht allgemein anerkannten Auslegungsregel für zulässig, wonach die Vorschriften eines völkerrechtlichen Vertrages oder eines Gesetzes zugleich diejenigen Vorschriften beinhalten, bei deren Fehlen sie sinnlos wären oder nicht in vernünftiger und zweckmäßiger Weise zur Anwendung gelangen könnten.«[48]

C. Beschränkung auf legislative Zuständigkeiten

Art. 2–6 AEUV meinen grundsätzlich legislatives Handeln und gelten deshalb nicht für die Kompetenzverteilung im exekutiven oder im judikativen Bereich.[49] Abs. 1 und 2 beziehen sich jedenfalls im Hinblick auf die ausschließlichen und die geteilten Zuständigkeiten der Union ausdrücklich nur auf ein **gesetzgeberisches Tätigwerden**. Mit der Regelungskompetenz der Union ist daher nicht zwangsläufig auch eine **Befugnis zum verwaltungsmäßigen Vollzug** verbunden. Soweit Abs. 1 erwähnt, dass die Mitgliedstaaten tätig werden dürfen »um Rechtsakte der Union durchzuführen«, ergibt sich aus dem Zusammenhang, dass ebenfalls nur die gesetzgeberische Tätigkeit gemeint ist. Ansonsten umfasst der Begriff »Durchführung« im Unionsrecht sowohl legislative als auch exekutive Maßnahmen. Ohnehin unterscheidet es nicht so streng wie das deutsche Recht zwischen Gesetzgebung und Verwaltung. Das belegt schon Art. 288 AEUV, der unter den Rechtsakten der Union sowohl legislative als auch exekutive Maßnahmen nennt.

14

Für die Durchführung des Unionsrechts im Sinne der verwaltungsmäßigen Ausführung sind nach dem auch insoweit anwendbaren Grundsatz der begrenzten Einzelermächtigung ohne weiteres die Mitliedstaaten zuständig (Art. 5 Abs. 2 EUV),[50] soweit das Unionsrecht der Union nicht auch eine **Verwaltungskompetenz** übertragen hat.[51] Aus Art. 4 Abs. 3 UAbs. 2 EUV, wonach die Mitgliedstaaten alle geeigneten Maßnahmen zur Erfüllung der Verpflichtungen aus dem Unionsrecht ergreifen, kann sich eine Verpflichtung auch zu exekutivem Handeln ergeben.[52] Art. 291 Abs. 1 AEUV bestätigt

15

---

[45] Zur Entwicklung der ungeschriebenen Außenkompetenzen vgl. *Dörr*, EuZW 1996, 39.
[46] Vgl. allerdings *Herdegen*, Europarecht, § 8, Rn. 62.
[47] Vgl. *Nettesheim*, in: v. Bogdandy/Bast, Europäisches Verfassungsrecht, S. 412 ff.
[48] EuGH, Urt. v. 29.11.1956, Rs. 8/55 (Fédération Charbonnière de Belgique/Hohe Behörde), Slg. 1956, 297 (312).
[49] *Engbrink*, Die Kohärenz des auswärtigen Handelns der Europäischen Union, 2014, S. 123; *Lenski*, in: Lenz/Borchardt, EU-Verträge, Art. 2 AEUV, Rn. 2; *Pelka*, in: Schwarze, EU-Kommentar, Art. 2 AEUV, Rn. 7.
[50] *Hindelang*, EnzEuR, Bd. 3, § 33, Rn. 1; *Streinz*, in: Streinz, EUV/AEUV, Art. 4 EUV, Rn. 32. S. auch *Götz*, S. 95 ff.
[51] St. Rspr. des EuGH, s. verb. Rs. 205 bis 215/82 (Deutsche Milchkontor/Deutschland), Slg. 1983, 2633, Rn. 17. Vgl. auch *Blanke*, ZG 2004, 225 (229); *Bleckmann*, JZ 1990, 301 (306); *v. Bogdandy/Bast*, EuGRZ 2001, 441 (453); *v. Borries*, Verwaltungskompetenzen der Europäischen Gemeinschaft, FS Everling, Band I, 1995, S. 127 (132 ff.); *Jarass*, AöR 121 (1996), 173 (182). Zur europäischen Exekutive vgl. *Jürgens*, S. 55 f.; *Suerbaum*, Die Kompetenzverteilung beim Verwaltungsvollzug des Europäischen Gemeinschaftsrechts in Deutschland, 1998, S. 110 ff.
[52] Vgl. *Kahl*, in: Calliess/Ruffert, EUV/AEUV, Art. 4 EUV, Rn. 42 f.

und konkretisiert das, indem er festlegt, dass die Mitgliedstaaten »alle zur Durchführung der verbindlichen Rechtsakte der Union erforderlichen Maßnahmen nach innerstaatlichem Recht« ergreifen. Diese Vorschrift bezieht sich ebenfalls sowohl auf legislatives als auch auf exekutives Handeln.[53] Gleiches gilt für Art. 197 AEUV, der zwar keine Durchführungskompetenzen begründet,[54] immerhin aber die **effektive Durchführung des Unionsrechts** durch die Mitgliedstaaten als Frage von gemeinsamem Interesse bezeichnet.

16 Aufgrund der im Vergleich zu den Mitgliedstaaten geringen Kapazitäten der Union im Bereich der Verwaltung ist nicht mit einer Verdrängung der Mitgliedstaaten zu rechnen. Immerhin nimmt die **Kommission** schon verschiedene Aufgaben auf diesem Gebiet wahr. Art. 17 Abs. 1 EUV betont ihre **Verwaltungsfunktionen**. Und Art. 298 Abs. 1 AEUV nennt eine offene, effiziente und unabhängige europäische Verwaltung.[55] Wenn die Union zunehmend auch in diesem Bereich aktiv wird, könnte das längerfristig zu einer Ausdünnung der verbleibenden Zuständigkeiten der Mitgliedstaaten führen.[56] Die sehr problematische, aber vom EuGH bestätigte[57] Ableitung des **Rechts zur Errichtung von Institutionen** auf der Grundlage der Binnenmarktkompetenz des Art. 114 AEUV und die damit wiederum verbundenen Exekutivbefugnisse tragen zur »Eroberung« weiterer Verwaltungsbereiche durch die EU bei.[58]

D. Unterscheidung zwischen Kompetenzkategorien

17 Der EWG-Vertrag enthielt keine Regelungen zu Kompetenzkategorien. Eine erste primärrechtliche Erwähnung erfuhren die **ausschließlichen Zuständigkeiten** der Gemeinschaft dann im EG-Vertrag im Zusammenhang mit dem durch den Vertrag von Maastricht eingeführten Subsidiaritätsprinzip (Art. 3b Abs. 2, später Art. 5 EGV, inzwischen Art. 5 Abs. 3 UAbs. 1 EUV). Es gilt nur in Bereichen, die nicht in die ausschließliche Zuständigkeit fallen. Ansonsten unterschied der EG-Vertrag nicht ausdrücklich zwischen verschiedenen Arten von Kompetenzen und definierte den Begriff der ausschließlichen Zuständigkeiten auch nicht. Rechtsprechung und Literatur haben aber schon länger in dieser Weise differenziert.[59] So hat der **EuGH**[60] ausschließliche Zuständigkeiten als solche charakterisiert, die »vollständig und endgültig« bei der Gemeinschaft liegen. In den einschlägigen Bereichen seien die Mitgliedstaaten unabhängig von einem Tätigwerden der Gemeinschaft »nicht mehr berechtigt, eine eigene Zuständigkeit […] auszuüben.«[61]

---

[53] Vgl. *Ruffert*, in: Calliess/Ruffert, EUV/AEUV, Art. 291 AEUV, Rn. 4 f.
[54] Vgl. *Ohler*, in Streinz, EUV/AEUV, Art. 197 AEUV, Rn. 13.
[55] S. dazu *Ruffert*, EuR-Beiheft 1/2009, 31 (45).
[56] Vgl. *Nettesheim*, EuR 2004, 511 (522 f.).
[57] EuGH, Urt. v. 2.5.2006, Rs. C–217/04 (Vereinigtes Königreich/Parlament und Rat), Slg. 2006, I–3771, Rn. 44 f.
[58] Vgl. zur Finanzaufsicht *Häde*, EuZW 2011, 662 (663 ff.). S. auch *Waldhoff/Dieterich*, EWS 2013, 72 (75 f.).
[59] Vgl. etwa *Buchhold*, Die ausschließlichen Kompetenzen der Europäischen Gemeinschaft nach dem EGV, 2003, S. 8 ff.; *Calliess*, in: Calliess/Ruffert, EUV/EGV, 3. Aufl., 2007, Art. 5 EGV, Rn. 19 ff.; *Härtel*, Handbuch, § 4, Rn. 3 ff.; *Jarass*, AöR 121 (1996), 173 (185 ff.); *ter Steeg*, EuZW 2003, 325 (326).
[60] Näher zur Entwicklung der Rechtsprechung s. *Buchhold* (Fn. 59), S. 22 ff. S. auch *Vedder*, S. 17.
[61] EuGH, Urt. v. 5.5.1981, Rs. 804/79 (Kommission/Vereinigtes Königreich), Slg. 1981, 1045, Rn. 17 ff. Zur weiteren Rspr. vgl. *Calliess* (Fn. 59), Art. 5 EGV, Rn. 21 ff.

Die Unterscheidung zwischen den einzelnen **Arten von Zuständigkeiten** und die 18
grundsätzliche Zuordnung bestimmter Politikbereiche zu diesen Kategorien kann man
als so grundlegend verstehen, dass es eigentlich nahe gelegen hätte, sie – wie im Verfassungsvertrag – nicht von den anderen Grundsätzen der Kompetenzverteilung zu trennen. Deshalb wäre es durchaus sinnvoll gewesen, die Art. 2–6 AEUV im EU-Vertrag
nach dessen Art. 5 zu verorten.[62] Im Hinblick auf die Grundentscheidung, keinen einheitlichen Vertrag zu schaffen und EUV sowie AEUV in der Normenhierarchie auf die
gleiche Stufe zu stellen (s. Art. 1 AEUV, Rn. 11) ergeben sich aber keine rechtlichen
Folgen aus dieser Trennung der eigentlich zusammengehörenden Vorschriften.

Die **Definition der Kompetenzkategorien** erfolgt im Wesentlichen im Hinblick auf 19
ihre Wirkungen. Das entspricht auch dem Vorgehen z. B. in Art. 70 ff. GG. Eine Definition im Sinne einer Erwähnung von Maßstäben für die Zuordnung von Bereichen zu
einer bestimmten Kategorie enthält die Vorschrift demgegenüber nicht.[63] Das wäre auch
eher ungewöhnlich gewesen. Art. 2 stellt die verschiedenen Kategorien nacheinander
vor. Er beginnt mit der Zuständigkeitsart, die die weitgehendsten Befugnisse der Union
vorsieht. Man wird die Reihenfolge so interpretieren können, dass sie mit den Bereichen
beginnt, in denen die Übertragung von Hoheitsrechten am weitesten reicht.[64] Der **Handlungsspielraum der Union** nimmt dann tendenziell ab. Die Aufzählung nennt nicht alle
Kompetenzkategorien. Insbesondere die Vertragsergänzungs- oder Flexibilitätsklausel
des Art. 352 hätte ansonsten zusätzlich erwähnt werden müssen.[65]

E. Kompetenzausübung und Kompetenzkontrolle

Nicht Gegenstand von Art. 2 AEUV, aber eng mit seinen Inhalten verbunden sind jene 20
Vorschriften, die die Kompetenzausübung bestimmten Voraussetzungen unterwerfen
und die die Kompetenzkontrolle regeln. Nach Art. 5 Abs. 1 Satz 1 EUV gilt für die
Abgrenzung der Zuständigkeiten der Union der **Grundsatz der begrenzten Einzelermächtigung**. Die Art. 2–6 und die einzelnen Kompetenzzuweisungsnormen in den Verträgen gestalten dieses Grundprinzip der Kompetenzverteilung zwischen Union und
Mitgliedstaaten aus. Wenn sich aus diesen Vorschriften ermitteln lässt, dass grundsätzlich eine Zuständigkeit der Union besteht, kann die Ausübung dieser Zuständigkeit im
konkreten Fall dennoch an den dafür geltenden Schranken scheitern. Art. 5 Abs. 1
Satz 2 EUV bestimmt insoweit, dass für die Ausübung der Zuständigkeiten der Union
die Grundsätze der Subsidiarität und der Verhältnismäßigkeit gelten.

Das **Subsidiaritätsprinzip**, das einen grundsätzlichen Vorrang für ein Tätigwerden auf 21
der untersten dazu fähigen Ebene begründet,[66] findet seine nähere Ausgestaltung in
Art. 5 Abs. 3 EUV (näher dazu Art. 5 EUV, Rn. 52).[67] Es gilt danach nur in den Bereichen, die nicht in die ausschließliche Zuständigkeit der Union fallen. Es ähnelt insoweit

---

[62] Ebenso *Kotzur*, in: Geiger/Khan/Kotzur, EUV/AEUV, Art. 2 AEUV, Rn. 1; *Oppermann*, DVBl 2008, 473 (478); *Vedder*, in: Vedder/Heintschel v. Heinegg, Europäisches Unionsrecht, Art. 2 AEUV, Rn. 8.
[63] S. dazu *Trüe*, ZaöRV 64 (2004), 391 (413), die deshalb das Vorliegen von Definitionen verneint.
[64] *Blanke*, ZG 2004, 225 (233); *Braams*, S. 117.
[65] Vgl. *Folz*, S. 68; *Obwexer*, EuR-Beiheft 3/2004, 145 (152).
[66] Vgl. dazu nur *Isensee*, in: Isensee/Kirchhof (Hrsg.), HStR IV, 3. Aufl., 2006, § 73, Rn. 65 ff.
[67] Grundlegend dazu *Calliess*, Subsidiaritäts- und Solidaritätsprinzip in der Europäischen Union, 2. Aufl., 1999.

recht deutlich Art. 72 Abs. 2 GG, der ein Gebrauchmachen von einer konkurrierenden Gesetzgebungskompetenz des Bundes in bestimmten Bereichen vom Erfordernis einer bundesgesetzlichen Regelung abhängig macht.[68] Der **Grundsatz der Verhältnismäßigkeit** (näher dazu Art. 5 EUV, Rn. 132) gilt für alle Zuständigkeitskategorien und soll die Maßnahmen der Union auf das zur Erreichung der Vertragsziele erforderliche Maß beschränken (Art. 5 Abs. 4 EUV).[69]

22 Art. 19 Abs. 1 UAbs. 1 EUV weist dem Gerichtshof der Europäischen Union die Aufgabe zu, »die Wahrung des Rechts bei der Auslegung und Anwendung der Verträge« zu sichern. In der Vergangenheit ging es in der **Rechtsprechung des EuGH zu Kompetenzfragen** im Wesentlichen um das institutionelle Gleichgewicht zwischen den Gemeinschaftsorganen[70] und die Frage nach der richtigen Rechtsgrundlage für Rechtsakte der Gemeinschaft oder der Union.[71] Dem Gerichtshof obliegt aber auch darüber hinaus die gerichtliche Kontrolle der Einhaltung der Kompetenzordnung.[72] Im Hinblick darauf, dass der EuGH einer (zu) großzügigen Auslegung der Unionskompetenzen in der Vergangenheit tatsächlich oder vermeintlich Vorschub geleistet hat oder haben soll[73] und es erst in jüngerer Zeit Ansätze zu einer schärferen Prüfung der Verbandskompetenz gibt,[74] deren Weiterentwicklung zudem nicht gesichert erscheint,[75] gab es im Zusammenhang mit der Verfassungsdiskussion **Forderungen nach der Errichtung eines eigenständigen Kompetenzgerichts**.[76] Entsprechende Vorschläge sind jedoch zu Recht nicht verwirklicht worden.[77] Der EuGH darf nicht aus seiner Verantwortung für die Beachtung der Vorschriften über Kompetenzzuweisungen und Kompetenzausübung entlassen werden.

23 Obwohl Entscheidungen über die Auslegung der Verträge und die Gültigkeit und Auslegung des sekundären Unionsrechts nach Art. 267 AEUV in die Zuständigkeit des EuGH fallen,[78] nehmen nationale (Verfassungs-) Gerichte der Mitgliedstaaten auch für sich in Anspruch, insbesondere die Einhaltung der Kompetenzverteilung zwischen Union und Mitgliedstaaten kontrollieren zu können. Insbesondere das **Bundesverfassungsgericht** will unter bestimmten Voraussetzungen prüfen, ob sich die Organe der Union im Rahmen der ihnen übertragenen Zuständigkeiten halten oder nicht.[79] Es

---

[68] Zu diesen Parallelen und Folgerungen daraus *Calliess*, EuGRZ 2003, 181 (182 ff.).
[69] Zuletzt dazu *Saurer*, JZ 2014, 281.
[70] Vgl. *Nettesheim*, EuR 2004, 511 (539 f.). Zu dieser Funktion s. auch *Pechstein*, EU-Prozessrecht, Rn. 4 ff.
[71] Vgl. *Colneric*, ZEuS 2003, 175 (178).
[72] Vgl. *Ruffert*, EuR 2004, 165 (191). S. auch *Streinz*, Kompetenzabgrenzung, S. 102.
[73] Differenziert dazu *Mayer*, ZaöRV 61 (2001), 577 (594 ff. m. w. N.). S. auch *Vedder*, S. 11.
[74] Vgl. *Kühling*, Der Staat 2006, 339 (349); *Weatherill*, E. L.Rev. 30 (2005), 23 (26 f.).
[75] Vgl. *Folz*, S. 73 ff.; *Nettesheim*, in: v. Bogdandy/Bast, Europäisches Verfassungsrecht, S. 404.
[76] *Goll/Kenntner*, EuZW 2002, 101. Dazu *Everling*, EuZW 2002, 357; *Reich*, EuZW 2002, 257.
[77] *Härtel*, § 4, Rn. 44.
[78] Zum Letztentscheidungsrecht des EuGH vgl. *Giegerich*, S. 694 ff.
[79] BVerfGE 123, 267 (353); 126, 286; *Voßkuhle*, NJW 2013, 1329 (1330 ff.). Vgl. dazu aus der Fülle der Literatur *Everling*, EuR 2010, 91; *P. M. Huber*, Das Verständnis des Bundesverfassungsgerichts vom Kompetenzgefüge zwischen der EU und den Mitgliedstaaten, in: Möllers/Zeitler (Hrsg.), Europa als Rechtsgemeinschaft – Währungsunion und Schuldenkrise, 2013, S. 229, sowie *Häde*, Das Verständnis des Bundesverfassungsgerichts vom Kompetenzgefüge zwischen der EU und den Mitgliedstaaten, ebd., S. 245. S. auch die Beiträge in *Pechstein* (Hrsg.), Integrationsverantwortung, 2012.

betont jedoch zugleich, dass diese **Ultra-vires-Kontrolle** »nur europarechtsfreundlich ausgeübt werden« darf.[80]

Darunter versteht es zum einen, »dass das Bundesverfassungsgericht die Entscheidungen des Gerichtshofs grundsätzlich als verbindliche Auslegung des Unionsrechts zu beachten hat.« Daher sei dem EuGH vor »der Annahme eines Ultra-vires-Akts der europäischen Organe und Einrichtungen [...] im Rahmen eines Vorabentscheidungsverfahrens nach Art. 267 AEUV die Gelegenheit zur Vertragsauslegung sowie zur Entscheidung über die Gültigkeit und die Auslegung der fraglichen Rechtsakte zu geben. Solange der Gerichtshof keine Gelegenheit hatte, über die aufgeworfenen unionsrechtlichen Fragen zu entscheiden, darf das Bundesverfassungsgericht für Deutschland keine Unanwendbarkeit des Unionsrechts feststellen«.[81]

Zum anderen wirkt sich die **Europarechtsfreundlichkeit** auf den Prüfungsmaßstab in dem Sinne aus, dass das Bundesverfassungsgericht Maßnahmen der Unionsorgane nur beanstanden will, wenn »das kompetenzwidrige Handeln der Unionsgewalt offensichtlich ist und der angegriffene Akt im Kompetenzgefüge zwischen Mitgliedstaaten und Union im Hinblick auf das Prinzip der begrenzten Einzelermächtigung und die rechtsstaatliche Gesetzesbindung erheblich ins Gewicht fällt«.[82]

Das Bundesverfassungsgericht prüft außerdem, ob »der unantastbare Kerngehalt der Verfassungsidentität des Grundgesetzes nach Art. 23 Abs. 1 Satz 3 in Verbindung mit Art. 79 Abs. 3 GG gewahrt ist«.[83] Diese **Identitätskontrolle** hat noch weniger scharfe Konturen als die Ultra-vires-Kontrolle.[84] Nach der bisherigen Rechtsprechung überschneiden sich die beiden Instrumente aber zumindest insoweit, als ihr Gegenstand Kompetenzüberschreitungen der Unionsorgane sein können. Wegen dieser Parallelen sollten auch im Wesentlichen dieselben Voraussetzungen für die Ausübung dieser speziellen Form der Überprüfung von Maßnahmen der Union gelten.[85]

Nachdem sich das Bundesverfassungsgericht bis dahin noch nie mit einer **Vorlagefrage an den EuGH** gewandt hatte, legte es ihm mit Beschluss vom 14. 1. 2014 Fragen zur Vereinbarkeit von Maßnahmen der Europäischen Zentralbank mit dem Unionsrecht vor.[86] Das Bundesverfassungsgericht ließ in seinem Vorlagebeschluss sehr deutlich erkennen, dass es von einem **Ultra-vires-Akt** ausging. Es behielt sich ausdrücklich vor, nach der Vorabentscheidung des Gerichtshofs zu prüfen, ob eine Verletzung der Verfassungsidentität des Grundgesetzes vorliegt.[87] Der EuGH entschied am 16. 6. 2015[88], dass das angekündigte OMT-Programm der EZB bei Beachtung gewisser Vorgaben unionsrechtskonform ist. Im Urteil vom 21. 6. 2016 folgte das Bundesverfassungsgericht im Wesentlichen dem EuGH.[89] Ein offener **Konflikt** zwischen den beiden Höchstgerichten wurde so **vermieden**.

---

[80] BVerfGE 123, 267 (354); 126, 286 (303).
[81] BVerfGE 126, 286 (304).
[82] BVerfGE 126, 286 (304).
[83] BVerfGE 123, 267 (354).
[84] Vgl. *Häde*, Grenzen bundesverfassungsgerichtlicher Ultra-Vires- und Identitäts-Kontrolle, in: *Pechstein* (Hrsg.) (Fn. 79), S. 163 (170).
[85] In diesem Sinne auch *Walter*, ZaöRV 72 (2012), 177 (196f.).
[86] BVerfGE 134, 366. S. dazu u. a. *Heun*, JZ 2014, 331; *Mayer*, EuR 2014, 473; *Müller-Franken*, NVwZ 2014, 514; *Ruffert*, JuS 2014, 373.
[87] BVerfGE 134, 366 (418).
[88] EuGH, Urt. v. 16. 6. 2015, Rs. C–62/14 (Gauweiler u. a.), ECLI:EU:C:2015:400.
[89] BVerfG, NJW 2016, 2473. S. dazu *Ruffert*, JuS 2016, 756; Sander, EuZW 2016, 614.

F. Ausschließliche Zuständigkeit (Abs. 1)

I. Grundregel

28 Ausschließliche Zuständigkeiten der Union schließen die Mitgliedstaaten von einem gesetzgeberischen Tätigwerden in den fraglichen Politikbereichen grundsätzlich aus. **Regelungen der Mitgliedstaaten** in diesen Bereichen **sollen grundsätzlich unterbleiben**. Dahinter steht die Wertung, dass sich die mit den möglichen Unionsrechtsakten angestrebten Ziele nur durch Regelungen der Unionsebene erreichen lassen und die Mitgliedstaaten deshalb grundsätzlich an eigenständigen Regelungen gehindert werden müssen.[90] Eine Überprüfung im Einzelfall am Maßstab des Subsidiaritätsprinzips findet bei Maßnahmen in den Bereichen der ausschließlichen Zuständigkeit nach Art. 5 Abs. 3 UAbs. 1 EUV gerade nicht statt.

29 Es kommt auch – anders als bei den geteilten Zuständigkeiten (s. u. Rn. 37 ff.) – nicht darauf an, ob die Union schon selbst aktiv geworden ist oder nicht. Schon das primärrechtliche Einräumen einer solchen Zuständigkeit führt zu dieser **Sperrwirkung**.[91] Die Mitgliedstaaten haben die entsprechenden Hoheitsrechte für die Dauer der Geltung der einschlägigen Vertragsnormen[92] auf die Union übertragen und sind jedenfalls unionsrechtlich daran gehindert, sie wahrzunehmen.[93] Dennoch erlassene Regelungen der Mitgliedstaaten wären nicht anwendbar.[94] Eine Einschränkung soll allerdings für den Fall gelten, dass die Union von ihrer Zuständigkeit keinen Gebrauch macht, weil der Rat untätig bleibt, obwohl eine Regelung erforderlich wäre. In einer solchen Situation des **Gesetzgebungsnotstandes** können sich aus dem Grundsatz der loyalen Zusammenarbeit (Art. 5 EWGV, Art. 4 Abs. 3 EUV) Pflichten der Mitgliedstaaten ergeben, die u. U. auch ein gesetzgeberisches Vorgehen als **Sachwalter des gemeinsamen Interesses** einschließen.[95]

II. Ermächtigung der Mitgliedstaaten

30 Von der Grundregel, dass die Mitgliedstaaten im Bereich der ausschließlichen Zuständigkeiten der Union gesetzgeberisch abstinent bleiben müssen, gibt es darüber hinaus zwei Ausnahmen. Nach der ersten dürfen die Mitgliedstaaten tätig werden, wenn die Union sie dazu ermächtigt. Von einer solchen Möglichkeit geht der EuGH in seiner Rechtsprechung zum EWG- und zum EG-Vertrag aus.[96] Eine besondere Form ist für eine solche Ermächtigung nicht vorgeschrieben. Eine primärrechtliche Erlaubnis, wie sie

---

[90] Vgl. *Nettesheim*, in: Grabitz/Hilf/Nettesheim, EU, Art. 2 AEUV (Januar 2014), Rn. 20, mit Verweis auf EuGH, Urt. v. 10.12.2002, Rs. C–491/01 (British American Tobacco), Slg. 2002, I–11453, Rn. 177 ff.

[91] Vgl. *v. Bogdandy/Bast*, EuGRZ 2001, 441 (447).

[92] *Nettesheim*, in: Grabitz/Hilf/Nettesheim, EU, Art. 2 AEUV (Januar 2014), Rn. 18.

[93] *Nettesheim*, in: Grabitz/Hilf/Nettesheim, EU, Art. 2 AEUV (Januar 2014), Rn. 22; *Streinz*, in: Streinz, EUV/AEUV, Art. 2 AEUV, Rn. 5.

[94] *Obwexer*, in: GSH, Europäisches Unionsrecht, Art. 2 AEUV, Rn. 17.

[95] Vgl. EuGH, Urt. v. 5.5.1981, Rs. 804/79 (Kommission/Vereinigtes Königreich), Slg. 1981, 1045, Rn. 28 ff.; *Pelka*, in: Schwarze, EU-Kommentar, Art. 2 AEUV, Rn. 12. Ausführlich dazu *Pechstein*, Die Mitgliedstaaten der EG als »Sachwalter des gemeinsamen Interesses«, 1987. S. auch *Härtel*, § 10, Rn. 45 m. N. weiterer Rechtsprechung.

[96] EuGH, Urt. v. 15.12.1976, Rs. 41/76 (Donnerwolcke), Slg. 1976, 1921, Rn. 31/37; Urt. v. 18.2.1986, Rs. 174/84 (Bulk Oil/Sun International), Slg. 1986, 559, Rn. 31; Urt. v. 17.10.1995, Rs. C–70/94 (Werner/Deutschland), Slg. 1995, I–3189, Rn. 12. S. dazu *Schaefer*, EuR 2008, 721 (723 ff.).

etwa Art. 128 Abs. 2 Satz 1 AEUV hinsichtlich der Münzausgabe enthält, ist allerdings keine solche der Union, sondern der Vertragsparteien und demnach der Mitgliedstaaten selbst. Deshalb wird man davon ausgehen können, dass **Ermächtigungen** zum Handeln i. S. v. Abs. 1 **durch Sekundärrecht** erfolgen.[97] Der EuGH ging ersichtlich davon aus, dass die Ermächtigung auch als **Einzelfallentscheidung der Kommission** ergehen kann.[98]

Abs. 1 enthält **keine ausdrücklichen Grenzen für solche Ermächtigungen**. Ihre Art und ihr Umfang dürfen allerdings die Zuweisung einer ausschließlichen Zuständigkeit an die Union und damit die Verteilung der Verbandskompetenz nicht in Frage stellen.[99] Damit wären umfassende Ermächtigungen zur Gesetzgebung in einem der in Art. 3 Abs. 1 AEUV genannten Bereiche nicht zu vereinbaren. Sie müssen sich deshalb grundsätzlich auf eng begrenzte Teilbereiche beziehen. Dass es sich nur um eine vorübergehende, also zeitlich beschränkte Ermächtigung handeln darf,[100] erscheint demgegenüber nicht zwingend.[101] Entsprechende Eingrenzungen durch den Ermächtigungsakt sollten aber zulässig sein.[102] Die Grenzen dürften sich ohnehin nicht generell-abstrakt bestimmen lassen. Vielmehr kommt es darauf an, ob sich eine Ermächtigung im konkreten Fall im Hinblick auf Umfang und Dauer im zulässigen Rahmen hält oder einer unzulässigen Änderung der in den Verträgen vorgesehenen Zuständigkeitsverteilung gleichkommt.[103] 31

Die Befugnis, die Ermächtigung zu erteilen, liegt bei den **Unionsorganen**, die für den Erlass entsprechender Rechtsakte zuständig wären. Eine vom unzuständigen Organ ausgesprochene Ermächtigung dürfte aber – eventuell abgesehen von offensichtlichen Fällen – wirksam sein, solange der EuGH den Übertragungsakt nicht für nichtig erklärt hat. Die Vorschrift spricht allgemein von den Mitgliedstaaten als Ermächtigungsadressaten. Im Hinblick auf ihre in Art. 4 Abs. 2 EUV angesprochene grundsätzliche **Gleichheit und Gleichbehandlung**[104] wird man davon ausgehen können, dass die Ermächtigung für alle gilt. Das schließt aber nicht zwingend aus, dass die Union in besonderen Fällen nur einzelne Mitgliedstaaten ermächtigt. 32

Die Ermächtigung durch die Union schließt die Möglichkeit mit ein, dass das zuständige Unionsorgan die Mitgliedstaaten zum Handeln verpflichtet. Ohne eine ausdrückliche Regelung besteht eine solche Pflicht jedoch grundsätzlich nicht. Ausnahmsweise wird sich eine **Rechtspflicht zur Gesetzgebung** der Mitgliedstaaten aber aus dem Grundsatz der loyalen Zusammenarbeit ergeben können. Insoweit kann grundsätzlich nichts wesentlich anderes gelten als in dem Fall, dass die Mitgliedstaaten auch ohne Ermächtigung zum Tätigwerden verpflichtet wären (s. o. Rn. 29). 33

---

[97] *Calliess*, in: Calliess/Ruffert, EUV/AEUV, Art. 2 AEUV, Rn. 10; *Frenz*, Handbuch Europarecht, Band 6, Rn. 2210; *Härtel*, in: Niedobitek, Europarecht – Grundlagen, § 6, Rn. 53; *Obwexer*, in: GSH, Europäisches Unionsrecht, Art. 2 AEUV, Rn. 19; *Pelka*, in: Schwarze, EU-Kommentar, Art. 2 AEUV, Rn. 10.
[98] EuGH, Urt. v. 15.12.1976, Rs. 41/76 (Donnerwolcke), Slg. 1976, 1921, Rn. 31/37; *Schaefer*, EuR 2008, 721 (726).
[99] Ähnlich *Streinz*, in: Streinz, EUV/AEUV, Art. 2 AEUV, Rn. 7.
[100] So *Pelka*, in: Schwarze, EU-Kommentar, Art. 2 AEUV, Rn. 30, und wohl auch *Nettesheim*, in: Grabitz/Hilf/Nettesheim, EU, Art. 2 AEUV (Januar 2014), Rn. 19; *Obwexer*, in: GSH, Europäisches Unionsrecht, Art. 2 AEUV, Rn. 19.
[101] So im Ergebnis auch *Calliess*, in: Calliess/Ruffert, EUV/AEUV, Art. 2 AEUV, Rn. 10; *Eilmansberger/Jaeger*, in: Mayer/Stöger, EUV/AEUV, Art. 2 AEUV (2012), Rn. 23.
[102] *Schaefer*, EuR 2008, 721 (735).
[103] Ähnlich *Schaefer*, EuR 2008, 721 (726, 735).
[104] S. dazu *Streinz*, in: Streinz, EUV/AEUV, Art. 4 EUV, Rn. 13.

III. Durchführungsmaßnahmen

34 Die zweite Ausnahme gilt dann, wenn die Mitgliedstaaten legislativ (zur Ausführung von Unionsrecht s. o. Rn. 15) tätig werden, um Rechtsakte der Union durchzuführen. Als Hauptanwendungsfall kann man **nationale Umsetzungsmaßnahmen** ansehen, wenn die Union im Bereich ihrer ausschließlichen Zuständigkeiten Richtlinien erlassen hat.[105] Allerdings ist mit dem **Erlass von Richtlinien** zugleich auch eine Ermächtigung und Verpflichtung verbunden.[106] Daher hat diese Alternative einen eigenständigen Anwendungsbereich nur in den Fällen, in denen keine ausdrückliche Ermächtigung erfolgt ist. Sie erlaubt es den Mitgliedstaaten demnach, Rechtsnormen zur Durchführung des Unionsrechts im Bereich ausschließlicher Zuständigkeiten der Union selbst dann zu treffen, wenn die Union dies nicht für zwingend hält oder jedenfalls auf eine Ermächtigung verzichtet. Abs. 1 lässt den Mitgliedstaaten daher mehr Regelungskompetenzen als Art. 71 GG den Ländern in Deutschland. Letztere benötigen in jedem Fall eine ausdrückliche bundesgesetzliche Ermächtigung, wenn sie im Bereich der ausschließlichen Gesetzgebung des Bundes tätig werden wollen.

35 Um Rechtsakte der Union durchzuführen, können die Mitgliedstaaten nur dann tätig werden, wenn solche Rechtsakte vorliegen. **Durchführungsregelungen** sind daher nicht möglich, wenn die Union gänzlich untätig bleibt. Anders als bei geteilten Zuständigkeiten (s. u. Rn. 37) dürfen die Mitgliedstaaten im Bereich der ausschließlichen Zuständigkeiten der Union ohne ausdrückliche Ermächtigung durch die Union nicht anstelle der Union aktiv werden, soweit nicht ein Handeln als Sachwalter des gemeinsamen Interesses geboten erscheint (s. o. Rn. 29).

36 Die Befugnis zum Erlass von Durchführungsbestimmungen lässt außerdem nur Raum für Regelungen, die mit den Unionsrechtsakten in Einklang stehen. Normen, die die Rechtsakte der Union ändern oder ihnen widersprechen, dienen nicht deren Durchführung und sind daher nicht zulässig. Die Mitgliedstaaten dürfen folglich nur Vorschriften erlassen, wenn und soweit die Unionsrechtsakte Anlass dazu geben und die nationalen Rechtsakte zu deren Durchführung **geeignet und erforderlich** sind. Abs. 1 dürfte auch auf bereits bestehende allgemeine Vorschriften des nationalen Rechts anwendbar sein, die mangels unionsrechtlicher Bestimmungen und anstelle von spezifischen Normen der Mitgliedstaaten der Durchführung des Unionsrechts dienen.

G. Geteilte Zuständigkeit (Abs. 2)

I. Ausschlusswirkung

37 Abs. 2 erwähnt die geteilten Zuständigkeiten. Diese Kategorie führt nicht etwa zu einem Nebeneinander von Unions- und mitgliedstaatlicher Kompetenz, obwohl es solche parallelen Zuständigkeiten schon früher gab[107] und nach wie vor gibt (s. u. Rn. 51). Vielmehr können die Mitgliedstaaten nur dann und soweit gesetzgeberisch tätig werden, wenn und soweit die Union ihre Zuständigkeit noch nicht ausgeübt hat oder nicht mehr ausübt. Die geteilte Zuständigkeit gibt der Union demnach eine **Regelungsoption** für

---

[105] Vgl. *Frenz*, Handbuch Europarecht, Band 6, Rn. 2211.
[106] Vgl. *Trüe*, Das System der Rechtsetzungskompetenzen, S. 370 ff.
[107] Vgl. nur *Trüe*, Das System der Rechtsetzungskompetenzen, S. 434 ff.

den jeweiligen Bereich. In föderalen Zusammenschlüssen dürfte eine Tendenz der zentralen Ebene zu beobachten sein, eine solche Option auszuüben.[108]

Terminologisch war es durchaus angemessen, dass jedenfalls im deutschen Schrifttum in Anlehnung an Art. 72 Abs. 1 GG früher meist von **konkurrierenden Zuständigkeiten** der Gemeinschaft die Rede war.[109] Allerdings kann man die **geteilte Zuständigkeit** auch **als Oberbegriff** für die in Art. 4 Abs. 2 AEUV genannten Bereiche der konkurrierenden und die in Art. 4 Abs. 3 und 4 AEUV erwähnten Gegenstände von parallelen Zuständigkeiten verstehen.[110] Die Definition in Abs. 2, die keinen Hinweis auf die parallelen Zuständigkeiten enthält, deutet aber darauf hin, dass der Begriff der geteilten Zuständigkeiten im Wesentlichen nur konkurrierende Kompetenzen erfasst. 38

In dem Umfang, in dem die Union von ihren geteilten Zuständigkeiten Gebrauch macht, schließt sie die Mitgliedstaaten von eigener gesetzgeberischer Tätigkeit aus. Diese Sperrwirkung hat dieselben Folgen wie die im Bereich der ausschließlichen Zuständigkeiten. Auch wenn die Sperrwirkung erst durch das Setzen von Sekundärrecht ausgelöst wird, ist es nicht der Vorrang dieses sekundären Unionsrechts,[111] der die Mitgliedstaaten an der Rechtsetzung hindert. Vielmehr handelt es sich um eine **primärrechtliche Sperre**,[112] die sich aus Abs. 2 ergibt. 39

Dennoch wird eine geteilte Zuständigkeit dadurch nicht zu einer ausschließlichen.[113] Die **Anwendbarkeit des Subsidiaritätsprinzips** wird deshalb auch nicht durch eine immer stärkere Ausübung einer geteilten Zuständigkeit in Frage gestellt.[114] Allerdings belegt die Möglichkeit einer umfassenden Sperrwirkung, bei der den Mitgliedstaaten keinerlei Regelungsspielraum mehr bleibt, dass die Bezeichnung als geteilte Zuständigkeit eher unglücklich gewählt ist.[115] 40

Der **Spielraum der Mitgliedstaaten** hängt im Bereich der geteilten Zuständigkeiten davon ab, in welchem Maße die Union ihre Kompetenz ausschöpft.[116] Solange die Union untätig bleibt, sind die Mitgliedstaaten in dem jeweiligen Bereich völlig frei. Der Erlass eines Unionsrechtsaktes verdrängt die mitgliedstaatlichen Regelungen im Sinne eines Anwendungsvorrangs, soweit er reicht.[117] Das gilt selbst dann, wenn der Unionsrechts- 41

---

[108] Vgl. *Křepelka*, Distribution of competences in the European Union according to the Constitution for Europe: a Czech view, in: Niedobitek/Zemánek (eds.), Continuing the European Constitutional Debate, 2008, S. 257 (268): »Almost all federations show almost full use of shared legislative competences.«
[109] Vgl. *Nettesheim*, in: Grabitz/Hilf/Nettesheim, EU, Art. 2 AEUV (Januar 2014), Rn. 25; *Obwexer*, in: GSH, Europäisches Unionsrecht, Art. 2 AEUV, Rn. 31; *Ritzer*, S. 165; *M. Schröder*, JZ 2004, 8 (9). S. demgegenüber *Kotzur*, Die Soziale Marktwirtschaft nach dem Reformvertrag, in: Pernice (Hrsg.), Der Vertrag von Lissabon: Reform der EU ohne Verfassung?, 2008, S. 197 (201), wonach das Regelungskonzept der geteilten Zuständigkeiten der Rahmengesetzgebung entspreche.
[110] *Haratsch/Koenig/Pechstein*, Europarecht, Rn. 149; *Ludwigs*, ZEuS 2004, 211 (231).
[111] So aber *Folz*, S. 67; *Ritzer*, S. 166.
[112] Vgl. *Nettesheim*, EuR 2004, 511 (529); *ders.*, in: v. Bogdandy/Bast, Europäisches Verfassungsrecht, S. 426; *Obwexer*, in: GSH, Europäisches Unionsrecht, Art. 2 AEUV, Rn. 29.
[113] *Calliess*, in: Calliess/Ruffert, EUV/AEUV, Art. 2 AEUV, Rn. 6f.; *Härtel*, § 4, Rn. 8; *Jarass*, AöR 121 (1996), 173 (187, 189); *Ritzer*, S. 158ff.; *Trüe*, Das System der Rechtsetzungskompetenzen, S. 424ff.; *A. Weber*, S. 317f.
[114] *Nettesheim*, in: Grabitz/Hilf/Nettesheim, EU, Art. 2 AEUV (Januar 2014), Rn. 27; *Pelka*, in: Schwarze, EU-Kommentar, Art. 2 AEUV, Rn. 16.
[115] Ähnlich *Calliess*, in: Calliess/Ruffert, EUV/AEUV, Art. 2 AEUV, Rn. 12; *Vedder*, in: Vedder/Heintschel v. Heinegg, Europäisches Unionsrecht, Art. 2 AEUV, Rn. 17.
[116] Vgl. *Frenz*, Europarecht, Rn. 61.
[117] Vgl. *Härtel*, in: Niedobitek, Europarecht – Grundlagen, § 6, Rn. 68. Zum Ausmaß der Sperrwirkung vgl. *Frenz*, Handbuch Europarecht, Band 6, Rn. 2233ff.

akt rechtswidrig ist, aber noch nicht vom EuGH für nichtig erklärt wurde.[118] In dem den Verträgen beigefügten **Protokoll (Nr. 25) über die Ausübung einer geteilten Zuständigkeit**[119] ist festgehalten, dass sich die Ausübung einer geteilten Zuständigkeit »nur auf die durch den entsprechenden Rechtsakt der Union geregelten Elemente und nicht auf den gesamten Bereich« erstreckt. Nur abschließende Regelungen der Union schließen im Bereich einer geteilten Zuständigkeit mitgliedstaatliche Gesetzgebung ganz aus. Wann eine **abschließende Regelung** vorliegt, dürfte sich allerdings nur im jeweiligen Einzelfall feststellen lassen.[120] Gerade darin liegt die besondere Schwierigkeit bei der Bestimmung des den Mitgliedstaaten verbleibenden Regelungsspielraums.

II. Wiederaufleben der mitgliedstaatlichen Kompetenz

42 Die Kompetenz der Mitgliedstaaten lebt wieder auf, wenn und soweit die Union entschieden hat, ihre Zuständigkeit nicht mehr auszuüben. In der **Erklärung (Nr. 18) zur Abgrenzung der Zuständigkeiten**[121] haben die Teilnehmer der Regierungskonferenz, die zum Abschluss des Lissabonner Vertrags führte, festgehalten, dass der Fall, dass die Union entschieden hat, eine geteilte Zuständigkeit nicht mehr auszuüben, dann gegeben ist, »wenn die zuständigen Organe der Union beschließen, einen Gesetzgebungsakt aufzuheben, insbesondere um die ständige Einhaltung der Grundsätze der Subsidiarität und der Verhältnismäßigkeit besser sicherzustellen. Der Rat kann die Kommission auf Initiative eines oder mehrerer seiner Mitglieder (Vertreter der Mitgliedstaaten) gemäß Artikel 241 des Vertrags über die Arbeitsweise der Europäischen Union auffordern, Vorschläge für die Aufhebung eines Gesetzgebungsakts zu unterbreiten. Die Konferenz begrüßt, dass die Kommission erklärt, sie werde solchen Aufforderungen besondere Beachtung schenken.« Dennoch dürften solche **Aufhebungsakte** eher die Ausnahme bleiben.[122]

43 Das Wiederaufleben der mitgliedstaatlichen Zuständigkeiten hängt demnach genau genommen nicht von einem gesonderten Beschluss ab, die Zuständigkeit der Union nicht mehr auszuüben. Vielmehr entsteht der Freiraum erst mit der **tatsächlichen Aufhebung des bisherigen Unionsrechts** durch das für dessen Erlass zuständige Unionsorgan.[123] Nur dadurch kann die Existenz paralleler, sich möglicherweise sogar widersprechender Regelungen der Union und der Mitgliedstaaten ausgeschlossen werden. Ob ein bloßer Beschluss für die Aufhebung ausreicht,[124] erscheint fraglich. Die Tatsache, dass das Unionsrecht kein vereinfachtes Aufhebungsverfahren vorsieht, spricht eher

---

[118] Vgl. *Streinz*, in: Streinz, EUV/AEUV, Art. 2 AEUV, Rn. 10.
[119] ABl. 2010, C 83/307.
[120] *Epiney*, Jura 2006, 755 (759); *Calliess*, in: Calliess/Ruffert, EUV/AEUV, Art. 2 AEUV, Rn. 13; *Pelka*, in: Schwarze, EU-Kommentar, Art. 2 AEUV, Rn. 14. Auch *Weber*, EuZW 2008, 7 (12) weist auf die erheblichen Auslegungsschwierigkeiten hin.
[121] ABl. 2010, C 83/344 f.
[122] S. auch die skeptische Einschätzung von *Folz*, S. 67, und den dortigen Hinweis auf Art. 72 Abs. 4 GG.
[123] *Lenski*, in: Lenz/Borchardt, EU-Verträge, Art. 2 AEUV, Rn. 10; *Nettesheim*, in: Grabitz/Hilf/Nettesheim, EU, Art. 2 AEUV (Januar 2014), Rn. 30; *Vedder*, in: Vedder/Heintschel v. Heinegg, Europäisches Unionsrecht, Art. 2 AEUV, Rn. 15.
[124] *Calliess*, in: Calliess/Ruffert, EUV/AEUV, Art. 2 AEUV, Rn. 16; *Pelka*, in: Schwarze, EU-Kommentar, Art. 2 AEUV, Rn. 15.

dafür, dasselbe Verfahren anzuwenden, das für den Erlass des jeweiligen Rechtsaktes vorgesehen ist.[125]

Grundsätzlich steht Abs. 2 einer Bestimmung im Aufhebungsakt, wonach die Mitgliedstaaten dennoch keine eigenen Regelungen erlassen dürfen, nicht entgegen.[126] Wenn sich jedoch aus dem **Grundsatz der loyalen Zusammenarbeit** eine Handlungsnotwendigkeit ergeben sollte, die die Mitgliedstaaten im Bereich einer ausschließlichen Zuständigkeit zum gesetzgeberischen Tätigwerden als Sachwalter des gemeinsamen Interesses verpflichten würde (s. o. Rn. 29), sollte hier nichts anderes gelten. 44

Die Aufhebung eines Unionsrechtsaktes muss allerdings nicht die einzige Möglichkeit sein, die Regelungskompetenz der Mitgliedstaaten wieder aufleben zu lassen. Vorstellbar sind auch **andere Arten des Rückzugs der Union**. Dazu gehört insbesondere das Außerkrafttreten eines nur befristet erlassenen Gesetzgebungsaktes.[127] Da Abs. 2 Satz 3 voraussetzt, dass »die Union entschieden hat, ihre Zuständigkeit nicht mehr auszuüben«, dürfte der nicht beabsichtigte Wegfall von Sekundärrecht nicht ausreichen. Im Falle z. B. der Nichtigerklärung eines Rechtsaktes durch die Unionsgerichte müsste daher eine Willensäußerung der zuständigen Unionsorgane hinzutreten, aus der sich schließen lässt, dass die Union keine Neuregelung beabsichtigt. 45

H. Koordinierung der Wirtschafts- und Beschäftigungspolitik (Abs. 3)

Anders als die vorhergehenden Absätze bezieht sich Abs. 3 auf bestimmte Sachbereiche. Er verweist aber auf die an anderer Stelle des Vertrags vorhandenen Bestimmungen über die Koordinierung einerseits der Wirtschaftspolitik (Art. 5 und 119 ff. AEUV) und andererseits der Beschäftigungspolitik (Art. 145 ff. AEUV) der Mitgliedstaaten. Insoweit enthält die Vorschrift keine eigenständige Kompetenzzuweisung. Vielmehr bekräftigt sie, dass es die Mitgliedstaaten sind, die ihre Politiken koordinieren und dazu grundsätzlich auch verpflichtet sind,[128] weil es sich um Angelegenheiten von gemeinsamem Interesse handelt (Art. 121 Abs. 1, 146 Abs. 2 AEUV). Zugleich erwähnt Abs. 3, dass die Union für die Festlegung der entsprechenden Regelungen zuständig ist. Insoweit handelt es sich um eine **besondere Kategorie einer Unionskompetenz** im Sinne einer Zuständigkeit für die Festlegung von Regeln für die Koordinierung von Politiken, die ansonsten in der Zuständigkeit der Mitgliedstaaten verbleiben und gerade nicht vergemeinschaftet wurden. Dass dieser Bereich nicht den Kompetenzen zur Unterstützung, Koordinierung und Ergänzung nach Abs. 5 zugeordnet wurde, beruht wohl auf Uneinigkeit im Konvent.[129] 46

In diesem Rahmen ist ein anderes Zusammenwirken von Union und Mitgliedstaaten vorgesehen als im Bereich der geteilten Zuständigkeiten. Die von der Union erlassenen Regelungen verdrängen die mitgliedstaatlichen Normen im Bereich der Wirtschafts- 47

---

[125] In diesem Sinne wohl *Kotzur*, in: Geiger/Khan/Kotzur, EUV/AEUV, Art. 2 AEUV, Rn. 5; *Lenski*, in: Lenz/Borchardt, EU-Verträge, Art. 2 AEUV, Rn. 10.
[126] Vgl. dazu auch *Kotzur*, in: Geiger/Khan/Kotzur, EUV/AEUV, Art. 2 AEUV, Rn. 5; *Vedder*, in: Vedder/Heintschel v. Heinegg, Europäisches Unionsrecht, Art. 2 AEUV, Rn. 5.
[127] Vgl. *Eilmansberger/Jaeger*, in: Mayer/Stöger, EUV/AEUV, Art. 2 AEUV (2012), Rn. 34; *Obwexer*, in: GSH, Europäisches Unionsrecht, Art. 2 AEUV, Rn. 26; *Streinz*, in: Streinz, EUV/AEUV, Art. 2 AEUV, Rn. 9.
[128] *Vedder*, in: Vedder/Heintschel v. Heinegg, Europäisches Unionsrecht, Art. 2 AEUV, Rn. 20.
[129] Vgl. *Ludwigs*, ZEuS 2004, 211 (236).

und Beschäftigungspolitik nicht. Die Union ist auch nur für die Koordinierung, nicht aber für die erwähnten Sachbereiche zuständig. Das spricht dafür, dass es sich hier trotz der Regelung in Art. 4 Abs. 1 AEUV, wonach alle nicht in Art. 3 und 6 AEUV erwähnten Bereiche der geteilten Zuständigkeit unterfallen, um eine **eigenständige Kompetenzart** handelt und nicht um einen Unterfall der geteilten Zuständigkeit.[130]

I. Gemeinsame Außen- und Sicherheitspolitik, Verteidigungspolitik (Abs. 4)

48 Der Vertrag von Maastricht führte 1993 eine gemeinsame Außen- und Sicherheitspolitik ein, die die bisherige Zusammenarbeit auf diesen Gebieten auf neuer Grundlage fortsetzte. Sie bildete seither die **zweite, intergouvernementale Säule der Europäischen Union**.[131] Spätere Änderungen haben noch nicht zu einer vollständigen Vergemeinschaftung dieser Politikbereiche,[132] die eine gemeinsame Verteidigungspolitik einschließt,[133] geführt. Nähere Bestimmungen finden sich seit dem Inkrafttreten des Vertrags von Lissabon in Titel V, Kapitel 2 des Vertrags über die Europäische Union (Art. 23 ff. EUV). Aufgrund der dort geregelten Besonderheiten nennt Abs. 4 diese Bereiche getrennt, wobei offen bleiben kann, ob er eine eigenständige Kompetenzkategorie enthält oder nicht.[134] Die Zuständigkeit der Union umfasst nicht etwa Entscheidungen über außen- und sicherheitspolitische Fragen, sondern nur das Erarbeiten und die Verwirklichung gemeinsamer Politiken nach den im EUV vorgesehenen Mechanismen. Die zur Schlussakte der Regierungskonferenz, die den Vertrag von Lissabon 2007 angenommen hat, abgegebenen **Erklärungen (Nr. 13 und 14) zur Gemeinsamen Außen- und Sicherheitspolitik**[135] bekräftigen den Sonderstatus dieser Politikbereiche,[136] die trotz der grundsätzlichen Auflösung der Säulenstruktur der Union nach wie vor intergouvernemental geprägt sind.[137]

---

[130] In diesem Sinne *v. Bogdandy/Bast/Westphal*, S. 32 f.; *Craig*, E.L.Rev. 33 (2008), 137 (146, 148); *Ritzer*, S. 192 f.; *Scharf*, S. 22; *Streinz/Ohler/Herrmann*, Vertrag von Lissabon, S. 89, und wohl auch *Obwexer*, EuR-Beiheft 3/2004, 145 (154), sowie *Pelka*, in: Schwarze, EU-Kommentar, Art. 2 AEUV, Rn. 18. Anders *Nettesheim*, in: Grabitz/Hilf/Nettesheim, EU, Art. 2 AEUV (Januar 2014), Rn. 42. *Frenz*, Handbuch Europarecht, Band 6, Rn. 2287: »Zwischenstellung«.

[131] Näher dazu *Haratsch/Koenig/Pechstein*, Europarecht, Rn. 49.

[132] S. dazu *Kadelbach*, Die Gemeinsame Außenpolitik nach dem Verfassungsvertrag, in: Hofmann/Zimmermann (Hrsg.), Eine Verfassung für Europa, 2005, S. 145 (146 ff.); *Oppermann/Classen/Nettesheim*, Europarecht, § 39, Rn. 1.

[133] Zu deren Entwicklung vgl. *Stein*, Sicherheits- und Verteidigungspolitik nach der geplanten EU-Verfassung – nur virtuell?, in: Hofmann/Zimmermann (Hrsg.) (Fn. 131), S. 179 (180 ff.).

[134] Dafür *Jürgens*, S. 239; dagegen *Vedder*, in: Vedder/Heintschel v. Heinegg, Europäisches Unionsrecht, Art. 2 AEUV, Rn. 23.

[135] ABl. 2010, C 83/343.

[136] Vgl. dazu *Cremer*, Die Gemeinsame Außen-, Sicherheits- und Verteidigungspolitik im Spannungsfeld zwischen Souveränität der Mitgliedstaaten und Supranationalität der EU, in: Fastenrath/Nowak (Hrsg.), Der Lissabonner Reformvertrag, 2009, S. 275; *Thym*, Außenverfassungsrecht nach dem Lissabonner Vertrag, in: Pernice (Hrsg.) (Fn. 108), S. 173 ff.

[137] Vgl. *Craig*, E.L.Rev. 33 (2008), 137 (142 f.); *Görlitz*, DÖV 2004, 374 (379); *Streinz*, ZG 2008, 105 (116).

J. Kompetenzen zur Unterstützung, Koordinierung oder Ergänzung (Abs. 5)

Die Verträge enthalten neben den Vollzuständigkeiten, auf die sich die Abs. 1 und 2 beziehen, auch **eingeschränkte Zuständigkeiten der Union**. Neben den bereits in Abs. 3 und 4 erwähnten speziellen Bereichen fassen Abs. 5 und die Aufzählung in Art. 6 die meisten anderen solcher beschränkten Kompetenzen zusammen,[138] die überwiegend bereits im EG-Vertrag als solche angelegt waren.[139] Auch eine begrenzte Zuständigkeit ist aber eine Zuständigkeit.[140] Das spricht gegen die Annahme, es handele sich insoweit um Bereiche, für die die Mitgliedstaaten ausschließlich zuständig seien.[141] **49**

In den jeweiligen Bereichen darf die Union nur unterstützen, koordinieren oder ergänzen. Anders als bei den geteilten Zuständigkeiten führt das Gebrauchmachen von diesen Kompetenzen nicht zu einer Sperrwirkung für die Mitgliedstaaten. Eine solche Folge schließt Abs. 5 Satz 1 ausdrücklich aus. Das folgt allerdings bereits aus den auf Beistand statt auf Verdrängung angelegten Begriffen, die diese Kompetenzkategorie kennzeichnen. Unterstützung, Koordinierung und Ergänzung stehen für **unterschiedliche Aspekte von Hilfeleistungen**. In Anlehnung an die Erwähnung des Begriffs »Beitrag« in Art. 165 Abs. 4, 167 Abs. 1 und 5 AEUV sprechen manche insoweit von **Beitragskompetenzen**.[142] Allerdings verwendet der AEUV diesen Begriff auch in Bereichen, die er der geteilten Zuständigkeit zuordnet (vgl. Art. 169, 170, 189 Abs. 2 AEUV). **50**

Der AEUV behandelt diese **Kompetenzart** als eine eigene und nicht als einen Unterfall der geteilten Zuständigkeiten.[143] Das ergibt sich insbesondere aus Art. 4 Abs. 1 AEUV, nach dem alle nicht in der Liste der ausschließlichen (Art. 3 AEUV) sowie in der der Unterstützungs-, Koordinierungs- oder Ergänzungskompetenzen (Art. 6 AEUV) genannten Bereiche zur geteilten Zuständigkeit gehören. Allerdings besteht eine deutliche Ähnlichkeit mit den in Art. 4 Abs. 3 und 4 AEUV erwähnten parallelen Zuständigkeiten,[144] weil auch dort ein Gebrauchmachen von einer Unionskompetenz nicht zur Verdrängung der Mitgliedstaaten führt. **51**

Worauf jeweils der Schwerpunkt liegt, folgt aus den konkreten Bestimmungen zu den einzelnen Bereichen. Insoweit bestimmt sich die Zuständigkeit der Union »nach Maßgabe der Verträge«. Die drei Tätigkeiten setzen gemeinsam voraus, dass es bereits **Maßnahmen der Mitgliedstaaten** gibt, die die Union dann unterstützt, koordiniert oder ergänzt.[145] Die Union kann ihre Zuständigkeit daher jedenfalls dann nicht ausüben, wenn es in einem Bereich noch überhaupt keine mitgliedstaatlichen Aktivitäten gibt. Allerdings ist das ein eher theoretisches Problem, da die in Art. 6 Satz 2 AEUV erwähnten Politikbereiche in keinem Mitgliedstaat völlig brach liegen dürften. **52**

---

[138] Vgl. *Calliess*, in: Calliess/Ruffert, EUV/AEUV, Art. 2 AEUV, Rn. 19: »Auffangbecken«; *Nettesheim*, in: Grabitz/Hilf/Nettesheim, EU, Art. 2 AEUV (Januar 2014), Rn. 34.
[139] Vgl. *Trüe*, Das System der Rechtsetzungskompetenzen, S. 359, 367.
[140] Vgl. *Krebber*, EuGRZ 2004, 592 (593).
[141] In diesem Sinne auch *Calliess*, in: Calliess/Ruffert, EUV/AEUV, Art. 2 AEUV, Rn. 20 f.; *Nettesheim*, in: Grabitz/Hilf/Nettesheim, EU, Art. 2 AEUV (Januar 2014), Rn. 36.
[142] *Streinz*, in: Streinz, EUV/AEUV, Art. 6 AEUV, Rn. 1.
[143] Ebenso *Braams*, S. 126; *Burgstaller*, JRP 12 (2004), 255 (268). Für die Einordnung als Unterfall der geteilten Zuständigkeit u. a. *Calliess*, in: Calliess/Ruffert, EUV/AEUV, Art. 2 AEUV, Rn. 21; *Hatje/Kindt*, NJW 2008, 1761 (1762); *Pelka*, in: Schwarze, EU-Kommentar, Art. 2 AEUV, Rn. 21; *Scharf*, S. 19; *A. Weber*, S. 320.
[144] Vgl. *Nettesheim*, in: Grabitz/Hilf/Nettesheim, EU, Art. 2 AEUV (Januar 2014), Rn. 32.
[145] Vgl. *Härtel*, in: Niedobitek, Europarecht – Grundlagen, § 6, Rn. 85; *Nettesheim*, in: Grabitz/Hilf/Nettesheim, EU, Art. 2 AEUV (Januar 2014), Rn. 34.

53 Abs. 5 UAbs. 2 AEUV macht deutlich, dass die Union unverbindliche oder verbindliche Rechtsakte erlassen darf, soweit das die konkreten Vertragsbestimmungen vorsehen.[146] Auch verbindliche Rechtsakte dürfen aber weder auf eine Harmonisierung der Rechtsvorschriften der Mitgliedstaaten gerichtet sein noch sie erforderlich machen. Dieser **Ausschluss von Harmonisierungsmaßnahmen** gehört damit zwar zu den Eigenheiten der hier geregelten Kompetenzkategorie. Er gilt aber auch in weiteren Bereichen, die anderen Kategorien zugeordnet sind, so in Art. 84 (Kriminalprävention), Art. 149 (Beschäftigungspolitik), Art. 153 Abs. 2 Buchst. a AEUV (Sozialpolitik). Das Harmonisierungsverbot lässt sich auch nicht durch ein Ausweichen auf die Flexibilitätsklausel des Art. 352 AEUV umgehen, wie dessen Abs. 3 nun ausdrücklich bestätigt (s. u. Art. 352 AEUV, Rn. 41).

K. Offene Koordinierung

54 Der Europäische Rat setzte während seiner Tagung am 23./24. 3. 2000 ein neues strategisches Ziel der Union für das kommende Jahrzehnt fest, nämlich »das Ziel, die Union zum wettbewerbsfähigsten und dynamischsten wissensbasierten Wirtschaftsraum in der Welt zu machen«. Im Zusammenhang mit dieser **Lissabon-Strategie** beschloss er, dieses Ziel auch »durch die Anwendung eines neuen offenen Koordinierungsverfahrens als eines Mittels für die Verbreitung der bewährten Praktiken und die Herstellung einer größeren Konvergenz in bezug auf die wichtigsten Ziele der EU« anzustreben. Weiter heißt es dazu in den Schlussfolgerungen des Europäischen Rates: »Diese Verfahrensweise, die den Mitgliedstaaten eine Hilfe bei der schrittweisen Entwicklung ihrer eigenen Politiken sein soll, umfaßt folgendes:
– Festlegung von Leitlinien für die Union mit einem jeweils genauen Zeitplan für die Verwirklichung der von ihnen gesetzten kurz- mittel- und langfristigen Ziele;
– gegebenenfalls Festlegung quantitativer und qualitativer Indikatoren und Benchmarks im Vergleich zu den Besten der Welt, die auf die in den einzelnen Mitgliedstaaten und Bereichen bestehenden Bedürfnisse zugeschnitten sind, als Mittel für den Vergleich der bewährten Praktiken;
– Umsetzung dieser europäischen Leitlinien in die nationale und regionale Politik durch Vorgabe konkreter Ziele und den Erlaß entsprechender Maßnahmen unter Berücksichtigung der nationalen und regionalen Unterschiede;
– regelmäßige Überwachung, Bewertung und gegenseitige Prüfung im Rahmen eines Prozesses, bei dem alle Seiten voneinander lernen.«[147]

55 Der AEUV sieht zwar entsprechende Vorgehensweisen in einigen Bereichen vor, erwähnt die **offene Koordinierung** als Begriff jedoch nicht. Die Zuständigkeiten für das Gesundheitswesen (Art. 168 Abs. 2 UAbs. 2 AEUV) und die Industrie (Art. 173 Abs. 2 AEUV) beziehen sich allerdings ohnehin auf Unterstützung, Koordinierung und Ergänzung (Art. 6 Satz 2 Buchst. a und b AEUV). Und die geteilte Zuständigkeit für Sozialpolitik (Art. 156 Abs. 2 AEUV) nach Art. 4 Abs. 2 Buchst. b AEUV sowie die parallele

---

[146] Vgl. *Braams*, S. 125.
[147] Schlussfolgerungen des Vorsitzes, Europäischer Rat (Lissabon) 23. und 24. 3. 2000, Dokument SN 100/00, S. 2, 12. Zur offenen Koordinierung vgl. *Bodewig/Voß*, EuR 2003, 310; *Heemeyer*, S. 240 ff.; *Lang/Bergfeld*, EuR 2005, 381; *Lenski*, in: Lenz/Borchardt, EU-Verträge, Art. 2 AEUV, Rn. 23 ff.; *Ritzer*, S. 182 ff.

Zuständigkeit für Forschung und technologische Entwicklung (Art. 181 Abs. 2 AEUV) nach Art. 4 Abs. 3 AEUV stehen der offenen Koordinierung ebenfalls nicht entgegen, da sich der Umfang der jeweiligen Zuständigkeiten ohnehin aus den Bestimmungen zu den einzelnen Bereichen ergibt (s. u. Rn. 58). Außerhalb der erwähnten Politikbereiche dürfte die offene Koordinierung stets dort zulässig sein, wo die Verträge Koordinierung oder nur allgemein Maßnahmen vorsehen. Als **gesonderte Kompetenzkategorie** ist die offene Koordinierung jedoch nicht in den Verträgen verankert.[148] Schon der Konvent, der über den Verfassungsvertrag beriet, konnte sich darauf nicht einigen.[149]

Solange sie damit nicht gegen sonstiges Unionsrecht verstoßen, sind die Mitgliedstaaten allerdings frei, auch jene Politiken zu koordinieren, für die sie weiterhin selbst zuständig sind. Soweit die Vertreter der Mitgliedstaaten sich nicht ohnehin nur bei Gelegenheit einer Sitzung des Europäischen Rates auf Koordinierungsmaßnahmen verständigen, ist in gewissen Grenzen auch die förmliche Inanspruchnahme des Europäischen Rates und der Kommission im Wege der **Organleihe** zulässig. Der EuGH hat insoweit entschieden, dass »die Mitgliedstaaten in Bereichen, die nicht in die ausschließliche Zuständigkeit der Union fallen, berechtigt sind, außerhalb des Rahmens der Union die Organe mit Aufgaben wie der Koordinierung einer von den Mitgliedstaaten gemeinsam unternommenen Aktion oder der Verwaltung einer Finanzhilfe zu betrauen [...], sofern diese Aufgaben die den Organen durch den EU-Vertrag und den AEU-Vertrag übertragenen Befugnisse nicht verfälschen«.[150]

Eine **allgemeine Koordinierungskompetenz** der Union als solche sehen die Verträge aber nicht vor. Art. 1 Abs. 1 EUV weist in Anlehnung an Art. I–1 Abs. 1 EVV darauf hin, dass die Mitgliedstaaten der Union Zuständigkeiten zur Verwirklichung ihrer gemeinsamen Ziele übertragen. Art. I–1 Abs. 1 Satz 2 EVV hatte dann noch hinzugefügt: »Die Union koordiniert die diesen Zielen dienende Politik der Mitgliedstaaten und übt die ihr von den Mitgliedstaaten übertragenen Zuständigkeiten in gemeinschaftlicher Weise aus.« Dieser zweite Satz, den man als Hinweis auf eine über die übertragenen Zuständigkeiten hinausgehende generelle Koordinierungskompetenz der Union hätte verstehen können,[151] findet sich im EUV jedoch nicht. Koordinieren darf die Union daher nur, soweit ihr eine entsprechende Kompetenz übertragen wurde.[152]

L. Verweis auf andere Vorschriften (Abs. 6)

Abs. 6 verweist hinsichtlich des Umfangs der Zuständigkeiten der Union und der Einzelheiten ihrer Ausübung auf die Bestimmungen der Verträge zu den einzelnen Bereichen. Daraus ergibt sich, dass Art. 2 AEUV nicht selbst Zuständigkeiten der Union begründet.[153] Die Art. 3 bis 6 AEUV gehören ebenfalls nicht zu den »Bestimmungen der Verträge zu den einzelnen Bereichen«. Auch sie enthalten keine näheren Bestimmun-

---

[148] Kritisch dazu *Becker*, S. 200 f.; *v. Bogdandy/Bast/Westphal*, S. 25; *Braams*, S. 130 f. S. auch *Blanke*, ZG 2004, 225 (238 f.); *Wuermling*, EuR 2004, 216 (224).
[149] Vgl. *Ludwigs*, ZEuS 2004, 211 (247).
[150] Vgl. EuGH, Urt. v. 27. 11. 2012, Rs. C–370/12 (Pringle/Irland), ECLI:EU:C:2012:756, Rn. 158.
[151] S. dazu *v. Bogdandy/Bast/Westphal*, S. 24 f.; *Calliess*, in: Calliess/Ruffert (Hrsg.), VerfEU, Art. I–1, Rn. 50 f.
[152] Vgl. *Calliess*, in: Calliess/Ruffert, EUV/AEUV, Art. 6 AEUV, Rn. 17, und schon für den Verfassungsvertrag *Krebber*, EuGRZ 2004, 592 (593).
[153] *Obwexer*, in: GSH, Europäisches Unionsrecht, Art. 2 AEUV, Rn. 7.

gen zum jeweiligen **Umfang der Zuständigkeiten** und den Einzelheiten ihrer Ausübung und sind insoweit unvollständig und auf Ergänzung angelegt.[154] Immerhin lassen sie sich jedoch insoweit als **kompetenzbegründend** verstehen, als die Zuordnung der dort erwähnten Politikbereiche zu den einzelnen Kompetenzkategorien Rechtsfolgen hat.[155] Daher ergibt sich z. B. aus der Tatsache, dass Art. 3 Abs. 1 Buchst. a AEUV die Zollunion zu den Bereichen mit ausschließlicher Zuständigkeit der Union zählt, dass allein die Union in diesem Bereich gesetzgeberisch tätig werden darf, soweit Ausnahmen nach Abs. 2 nicht vorliegen.

59 Mit dem Verweis auf »Bestimmungen der Verträge zu den einzelnen Bereichen« trägt die Vorschrift außerdem der Tatsache Rechnung, dass die hier vorgenommene Kategorisierung den Besonderheiten der einzelnen Kompetenzzuweisungsvorschriften nicht vollständig gerecht werden kann. Denn die Verträge enthalten keine auf bestimmte Sachbereiche bezogene Kompetenzkataloge wie etwa das deutsche Grundgesetz (Art. 73 f.), sondern **differenzierte Einzelregelungen**, die erst die genaue Abgrenzung der Zuständigkeiten ermöglichen und die Ausübungsmodalitäten festlegen.[156]

---

[154] Vgl. *v. Bogdandy/Bast*, EuGRZ 2001, 441 (458); *Ritzer*, S. 197 f.; *Vedder*, in: Vedder/Heintschel v. Heinegg, Europäisches Unionsrecht, Art. 2 AEUV, Rn. 6.

[155] In diesem Sinne auch *Eilmansberger/Jaeger*, in: Mayer/Stöger, EUV/AEUV, Art. 2 AEUV (2012), Rn. 17; *Nettesheim*, EuR 2004, 511 (527). Eher anders z. B. *Blanke*, Verteilung der Kompetenzen, S. 66.

[156] Vgl. *Calliess*, EuGRZ 2003, 181 f.

Artikel 3 AEUV [Ausschließliche Zuständigkeit]

(1) Die Union hat ausschließliche Zuständigkeit in folgenden Bereichen:
a) Zollunion,
b) Festlegung der für das Funktionieren des Binnenmarkts erforderlichen Wettbewerbsregeln,
c) Währungspolitik für die Mitgliedstaaten, deren Währung der Euro ist,
d) Erhaltung der biologischen Meeresschätze im Rahmen der gemeinsamen Fischereipolitik,
e) gemeinsame Handelspolitik.

(2) Die Union hat ferner die ausschließliche Zuständigkeit für den Abschluss internationaler Übereinkünfte, wenn der Abschluss einer solchen Übereinkunft in einem Gesetzgebungsakt der Union vorgesehen ist, wenn er notwendig ist, damit sie ihre interne Zuständigkeit ausüben kann, oder soweit er gemeinsame Regeln beeinträchtigen oder deren Tragweite verändern könnte.

Literaturübersicht

Davies, The post-Laeken division of competences, E.L.Rev. 28 (2003), 686; *Engbrink*, Die Kohärenz des auswärtigen Handelns der Europäischen Union, 2014; *Fassbender*, Die Völkerrechtssubjektivität der Europäischen Union nach dem Entwurf des Verfassungsvertrages, AVR 42 (2004), 26; *Heuck*, Die Außenkompetenzen der Europäischen Union nach dem Vertrag von Lissabon, JA 2013, 199; *Obwexer*, Die Vertragsschlusskompetenzen und die vertragsschlussbefugten Organe der Europäischen Union, EuR-Beiheft 2/2012, 49; *Pechstein*, Die Kodifizierung der AETR-Rechtsprechung durch den Vertrag von Lissabon, FS E. Klein, 2013, S. 619; *Repasi*, Völkerrechtliche Freiräume für EU-Mitgliedstaaten, EuR 2013, 45; *Schütze*, Lisbon and the federal order of competences: A prospective analysis, E.L.Rev. 33 (2008), 709; *Trüe*, Das System der Rechtsetzungskompetenzen der Europäischen Gemeinschaft und der Europäischen Union, 2002. S. außerdem die Literatur zu Art. 2 AEUV.

Leitentscheidung

EuGH, Urt. v. 31.3.1971, Rs. 22/70 (AETR), Slg. 1971, 263

Inhaltsübersicht

	Rn.
A. Ausschließliche Zuständigkeiten	1
B. Kompetenzbereiche (Abs. 1)	4
I. Zollunion	4
II. Wettbewerbsregeln	5
III. Währungspolitik	7
IV. Erhaltung der biologischen Meeresschätze	12
V. Gemeinsame Handelspolitik	13
C. Abschluss internationaler Übereinkünfte (Abs. 2)	14
I. AETR	14
II. Kodifizierung in Abs. 2 und Art. 216	15
III. Zuweisung in einem Gesetzgebungsakt	20
IV. Notwendigkeit – Erforderlichkeit zur Zielverwirklichung	21
V. Einfluss auf gemeinsame Regeln	22

A. Ausschließliche Zuständigkeiten

Eine ausschließliche Zuständigkeit führt nach Art. 2 Abs. 1 AEUV dazu, dass grundsätzlich nur die Union gesetzgeberisch tätig werden und verbindliche Rechtsakte erlassen 1 darf. Legislative Aktivitäten der Mitgliedstaaten in diesen Bereichen sind nur zulässig, wenn entweder eine **Ermächtigung** durch die Union vorliegt oder die Mitgliedstaaten zur **Durchführung von Unionsrechtsakten** handeln (näher dazu Art. 2 AEUV, Rn. 28 ff.).

2   Abs. 1 nennt die Bereiche, in denen eine ausschließliche Zuständigkeit der Union besteht.[1] Grundsätzlich ist die Liste, wie es zuvor gefordert wurde,[2] **abschließend**.[3] Das bedeutet allerdings nur, dass es keine zusätzlichen Politikbereiche gibt, die ebenfalls in die ausschließliche Zuständigkeit der Union fallen. Allerdings gibt es **weitere ausschließliche Kompetenzen** der Union insbesondere dort, wo die Verträge Regelungsbefugnisse im Bereich der Gestaltung der Rechtsbeziehungen der Unionsorgane und -einrichtungen vorsehen.[4] Das gilt z. B. für die in Art. 223 Abs. 2 AEUV vorgesehene Verordnung (Abgeordnetenstatut), die Regelungen zu den Parteien (Art. 224 AEUV), das öffentliche Dienstrecht (Art. 336 AEUV)[5] oder die in verschiedenen Bestimmungen erwähnten Geschäftsordnungen der Organe. Insoweit wird man von einer ausschließlichen Zuständigkeit der Union aus der **Natur der Sache** ausgehen können, weil die entsprechenden Vorschriften von vornherein nicht von einzelnen Mitgliedstaaten erlassen werden können.[6] Soweit die entsprechenden Regelungsbefugnisse nicht ausdrücklich in den Verträgen vorgesehen sind, kann auch eine **ungeschriebene ausschließliche Kompetenz** bestehen.[7] Auch der Erlass von Durchführungsverordnungen zum Europäischen Sozialfonds nach Art. 164 AEUV oder von auf die Struktur- und den Kohäsionsfonds bezogenen Rechtsakten nach den Art. 174 ff. AEUV gehört zu den ausschließlichen Zuständigkeiten der Union.[8]

3   In den erwähnten Bereichen folgt bereits aus Abs. 1, dass die Union ausschließlich zuständig ist.[9] Insoweit ist die Vorschrift schon in gewissem Umfang **kompetenzbegründend**.[10] Allerdings gilt nach Art. 2 Abs. 6 AEUV, dass sich der Umfang der Zuständigkeiten der Union und die Einzelheiten ihrer Ausübung erst aus den primärrechtlichen Bestimmungen zu den einzelnen Bereichen ergeben. Ob die Union z. B. auf bestimmte Handlungsformen beschränkt ist, welche Voraussetzungen für ihr Tätigwerden gelten oder ob sie sonstige Vorgaben zu beachten hat, lässt sich erst durch die Lektüre der einschlägigen Spezialvorschriften feststellen. Die folgende kurze Vorstellung der einzelnen Kompetenzbereiche kann daher nur erste Anhaltspunkte liefern.

---

[1] Kritisch zu den dort erwähnten Bereichen *Schütze*, E. L. Rev. 33 (2008), 709 (712 ff.).
[2] Vgl. *Goll/Kenntner*, EuZW 2002, 101 (104).
[3] *Härtel*, in: Niedobitek, Europarecht – Grundlagen, § 6, Rn. 55; *Obwexer*, in: GSH, Europäisches Unionsrecht, Art. 3 AEUV, Rn. 3; *Streinz*, in: Streinz, EUV/AEUV, Art. 3 AEUV, Rn. 1: »erschöpfend«.
[4] Vgl. *v. Bogdandy/Bast*, EuGRZ 2001, 441 (447); *Blanke*, Zur Verteilung der Kompetenzen in der Europäischen Union, in: ELSA Frankfurt (Oder) (Hrsg.), Die Europäische Verfassung, 2004, S. 39 (57); *Jarass*, AöR 121 (1996), 173 (186); *Nettesheim*, in: Grabitz/Hilf/Nettesheim, EU, Art. 3 AEUV (Januar 2014), Rn. 7; *M. Schröder*, JZ 2004, 8 (9).
[5] *Becker*, Die vertikale Kompetenzordnung im Verfassungsvertrag, in: Jopp/Matl (Hrsg.), Der Vertrag über eine Verfassung für Europa, 2005, S. 187 (197); *Haratsch/Koenig/Pechstein*, Europarecht, Rn. 148; *Lenski*, in: Lenz/Borchardt, EU-Verträge, Art. 3 AEUV, Rn. 21.
[6] Ebenso *Ritzer*, Europäische Kompetenzordnung, 2006, S. 163.
[7] Vgl. *Eilmansberger/Jaeger*, in: Mayer/Stöger, EUV/AEUV, Art. 3 AEUV (2012), Rn. 4; *Nettesheim*, in: v. Bogdandy/Bast, Europäisches Verfassungsrecht, S. 425.
[8] Vgl. *Trüe*, S. 339, 415.
[9] *Obwexer*, in: GSH, Europäisches Unionsrecht, Art. 3 AEUV, Rn. 3: »konstitutiv«.
[10] Anders *Lenski*, in: Lenz/Borchardt, EU-Verträge, Art. 3 AEUV, Rn. 2.

B. Kompetenzbereiche (Abs. 1)

I. Zollunion

Die ausschließliche Zuständigkeit für die Zollunion bezieht sich ausweislich der Art. 28 ff. AEUV auf den freien Warenverkehr und die Festlegung der Sätze des Gemeinsamen Zolltarifs.[11] Insoweit bestand schon früher eine ausschließliche Kompetenz der Gemeinschaft.[12]

4

II. Wettbewerbsregeln

Abs. 1 Buchst. b ordnet das Wettbewerbsrecht der ausschließlichen Zuständigkeit der Union zu, beschränkt diese Kompetenz allerdings auf die »Festlegung der für das **Funktionieren des Binnenmarkts erforderlichen Wettbewerbsregeln**«. Damit wird zugleich schon an dieser Stelle deutlich, dass die Zuständigkeit der Union für den Binnenmarkt nur hinsichtlich dieses Wettbewerbsaspekts eine ausschließliche ist. Art. 4 Abs. 2 Buchst. a weist der Union ansonsten nur eine **geteilte Zuständigkeit für den Binnenmarkt** zu. Insoweit folgt der AEUV der Rechtsprechung des EuGH, der entschied, dass Art. 95 EGV, die Vorgängerbestimmung des Art. 114 AEUV, der Gemeinschaft keine ausschließliche Zuständigkeit für die Regelung der wirtschaftlichen Tätigkeiten im Binnenmarkt verleiht.[13]

5

Umstritten ist, ob sich die ausschließliche Zuständigkeit der Union auf die **Wettbewerbspolitik** i. S. der Art. 101–109 AEUV an sich bezieht,[14] oder ob nur die **Rechtsetzungskompetenzen** gemeint sind, die die Art. 103, 105, 106, 108 und 109 AEUV vorsehen.[15] Die bisherige Rechtsprechung des EuGH,[16] der von einer nicht ausschließlichen Zuständigkeit für das Kartellrecht ausgeht, sowie der Verweis in Art. 103 Abs. 2 Buchst. e AEUV auf »das Verhältnis zwischen den innerstaatlichen Rechtsvorschriften einerseits« und denen der Union[17] spricht für die letztere Ansicht.[18] Soweit die Union etwa auf der Basis von Art. 103 Abs. 1 AEUV Richtlinien erlässt, kann es sich bei dem dann ergehenden nationalen Recht allerdings auch um solches handeln, das aufgrund einer unionsrechtlichen Ermächtigung ergangen ist (s. Art. 2 AEUV, Rn. 34).

6

---

[11] Vgl. *Nettesheim*, in: Grabitz/Hilf/Nettesheim, EU, Art. 3 AEUV (Januar 2014), Rn. 10; *Vedder*, in: Vedder/Heintschel v. Heinegg, Europäisches Unionsrecht, Art. 3 AEUV, Rn. 3.
[12] Vgl. *Calliess*, in: Calliess/Ruffert, EUV/AEUV, Art. 3 AEUV, Rn. 5.
[13] EuGH, Urt. v. 10.12.2002, Rs. C–491/01 (British American Tobacco), Slg. 2002, I–11453, Rn. 179. Vgl. auch *Schwarze*, EuR 2003, 535 (543).
[14] *Craig*, E.L.Rev. 29 (2004), 323 (328); *Dougan*, E.L.Rev. 28 (2003), 763 (770); *Nettesheim*, in: Grabitz/Hilf/Nettesheim, EU, Art. 3 AEUV (Januar 2014), Rn. 14. S. auch *Kotzur*, in: Geiger/Khan/Kotzur, EUV/AEUV, Art. 3 AEUV, Rn. 3; *Obwexer*, EuR-Beiheft 3/2004, 145 (172).
[15] *Calliess*, in: Calliess/Ruffert, EUV/AEUV, Art. 3 AEUV, Rn. 9; *Frenz*, Handbuch Europarecht, Band 6, Rn. 2218; *Härtel*, in: Niedobitek, Europarecht – Grundlagen, § 6, Rn. 57; *Lenski*, in: Lenz/Borchardt, EU-Verträge, Art. 3 AEUV, Rn. 11; *Ludwigs*, ZEuS 2004, 211 (227); *Pelka*, in: Schwarze, EU-Kommentar, Art. 3 AEUV, Rn. 10; *Vedder*, in: Vedder/Heintschel v. Heinegg, Europäisches Unionsrecht, Art. 3 AEUV, Rn. 3. S. auch *Davies*, E.L.Rev. 28 (2003), 686 (687).
[16] EuGH, Urt. v. 13.2.1969, Rs. 14/68 (Wilhelm/Bundeskartellamt), Slg. 1969, 1, Rn. 2 ff.; Urt. v. 15.7.1980, verb. Rs. 253/78 u. 1 bis 3/79 (Procureur de la République/Giry und Guerlain), Slg. 1980, 2327, Rn. 15 f.; Urt. v. 17.2.2011, Rs. C–52/09 (Konkurrensverket/TeliaSonera Sverige AB), Slg. 2011, I–527, Rn. 21.
[17] Vgl. insbesondere *Calliess*, in: Calliess/Ruffert, EUV/AEUV, Art. 3 AEUV, Rn. 8 f.
[18] S. auch *Obwexer*, in: GSH, Europäisches Unionsrecht, Art. 3 AEUV, Rn. 15; *Terhechte*, Wandlungen der europäischen Wettbewerbsverfassung, in: Fastenrath/Nowak (Hrsg.), Der Lissabonner Reformvertrag, 2009, S. 187 (195 f.).

III. Währungspolitik

7 Nach Abs. 1 Buchst. c gehört auch die »Währungspolitik für die Mitgliedstaaten, deren Währung der Euro ist« zu den ausschließlichen Zuständigkeiten der Union. Das entspricht der einhelligen Ansicht der Literatur schon zum EG-Vertrag.[19] Damit handelt es sich insoweit um den einzigen der in Abs. 1 erwähnten Bereiche, in dem die Zuständigkeit **nicht unionsweit** besteht.[20] Diese Begrenzung trägt der Tatsache Rechnung, dass nicht alle Mitgliedstaaten den Euro als Währung eingeführt haben. Die anderen Mitgliedstaaten sind deshalb nach wie vor für diesen zentralen Bereich der Wirtschaftspolitik selbst zuständig. Das bestätigt Art. 42.2 ESZB-Satzung, wenn er ausdrücklich festschreibt, dass die Zentralbanken dieser Mitgliedstaaten ihre währungspolitischen Befugnisse nach innerstaatlichem Recht behalten. Eine ausschließliche Zuständigkeit erwirbt die Union für die Währungspolitik auch dieser Mitgliedstaaten erst, wenn dort nach dem Verfahren des Art. 140 die gemeinsame Währung eingeführt wird.

8 Der Begriff Währungspolitik umfasst die Teilbereiche der **Geldpolitik** und der **Wechselkurspolitik**. Dieses Verständnis liegt auch dem AEUV zugrunde, wie sich etwa aus Art. 119 Abs. 2 schließen lässt. Zur Geldpolitik gehören jene Steuerungsmaßnahmen, die auf den Binnenraum einer Währung bezogen sind und sich dadurch von der auf das Verhältnis zu anderen Währungen zielenden Wechselkurspolitik unterscheiden.[21] Währungspolitik im Sinne dieser Kompetenzzuweisungsnorm bezieht sich allerdings nicht nur auf die Instrumente, sondern auch das Zentralbankrecht und auf Bestimmungen darüber, wie Mitgliedstaaten den Euro einführen können. Alle gesetzgeberischen Tätigkeiten in diesem Bereich obliegen der Union. Die Mitgliedstaaten sind nur dann zur Normsetzung befugt, wenn die Union sie dazu ermächtigt oder falls es sich um Durchführungsmaßnahmen handelt. Darüber hinaus ist den Mitgliedstaaten nach Art. 128 Abs. 2 das **Recht zur Münzausgabe** verblieben.[22]

9 Das **Zentralbankrecht** fällt allerdings nur insoweit in die Zuständigkeit der Union, wie es um deren Einrichtungen geht. Sekundärrechtliche Regelungen zum Europäischen System der Zentralbanken (ESZB) und zur Europäischen Zentralbank (EZB) erlassen daher die zuständigen Unionsorgane. Die Kompetenz, das Recht ihrer nationalen Zentralbanken zu erlassen, ist den Mitgliedstaaten geblieben, auch wenn die nationalen Zentralbanken dem ESZB angehören (Art. 282 Abs. 1 AEUV). Das ergibt sich nicht zuletzt aus Art. 131 AEUV, der die Mitgliedstaaten verpflichtet sicherzustellen, dass die Satzungen ihrer nationalen Zentralbanken mit dem Primärrecht in Einklang stehen, und damit die grundsätzliche Kompetenz der Mitgliedstaaten bestätigt. Eingeschränkt wird diese Kompetenz durch gewisse Vorgaben des Unionsrechts, die die Unabhängigkeit auch der nationalen Zentralbanken vorsehen (Art. 130 AEUV) oder Vorgaben für eine Mindestamtszeit und die Abberufbarkeit des Präsidenten (Art. 14 ESZB-Satzung) enthalten.

---

[19] Vgl. z.B. *Beyer*, Der Staat 1996, 189 (195); *v. Bogdandy/Nettesheim*, in: Grabitz/Hilf, EU, Art. 3b EGV, Rn. 30; *Calliess*, in: Calliess/Ruffert, EUV/EGV, 3. Aufl., 2007, Art. 5 EGV, Rn. 28; *Dittert*, Die ausschließlichen Kompetenzen der Europäischen Gemeinschaft im System des EG-Vertrags, 2001, S. 169 ff.; *Louis*, The Project of a European Central Bank, in: Stuyck (Hrsg.), Financial and Monetary Integration in the European Economic Community, 1993, S. 13 (18).

[20] Vgl. dazu *Schütze*, E.L.Rev. 33 (2008), 709 (712).

[21] Vgl. *Hahn/Häde*, Währungsrecht, 2. Aufl., 2010, § 17, Rn. 3; *Vollmer*, Geld- und Währungspolitik, 2005, S. 2.

[22] Vgl. *Eilmansberger/Jaeger*, in: Mayer/Stöger, EUV/AEUV, Art. 3 AEUV (2012), Rn. 16.

Nicht in die Zuständigkeit der Union, sondern in die der Mitgliedstaaten fällt die **10**
allgemeine Wirtschaftspolitik im Übrigen, als deren Teilbereich man die Währungspolitik verstehen kann. Die Europäische Wirtschafts- und Währungsunion besteht daher nicht aus zwei insoweit gleichberechtigten Teilen, sondern ist **asymmetrisch angelegt**. Eine weitgehende oder gar vollständige Übertragung auch der **Kompetenzen für die Wirtschaftspolitik und insbesondere für die Finanzpolitik** war politisch nicht gewollt und wäre wohl nach wie vor zumindest in den meisten Mitgliedstaaten aus verfassungsrechtlichen Gründen problematisch.[23] Aus der Sicht des Bundesverfassungsgerichts war die Übertragung der Zuständigkeit für die Währungspolitik mit dem Grundgesetz vereinbar.[24] Der zusätzliche Transfer wesentlicher Kompetenzen für den Bereich der »Einnahmen und Ausgaben einschließlich der Kreditaufnahme« wäre aber unzulässig. Nach Ansicht des Bundesverfassungsgerichts läge eine »das Demokratieprinzip und das Wahlrecht zum Deutschen Bundestag in seinem substantiellen Bestimmungsgehalt verletzende Übertragung des Budgetrechts des Bundestages […] vor, wenn die Festlegung über Art und Höhe der den Bürger treffenden Abgaben in wesentlichem Umfang supranationalisiert würde. Der Deutsche Bundestag muss dem Volk gegenüber verantwortlich über die Summe der Belastungen der Bürger entscheiden. Entsprechendes gilt für wesentliche Ausgaben des Staates.«[25]

Um die Abgrenzung zwischen Wirtschaftspolitik und Währungspolitik ging es im **11**
Zusammenhang mit der Errichtung des **Europäischen Stabilitätsmechanismus** (ESM)[26] auf der Grundlage eines Vertrags zwischen den Mitgliedstaaten der Eurozone.[27] Der **EuGH** verwies insoweit darauf, »dass der AEU-Vertrag, der keine Definition der Währungspolitik enthält, in seinen diese Politik betreffenden Bestimmungen auf ihre Ziele und nicht auf ihre Instrumente Bezug nimmt.«[28] Er stellte daher im Hinblick auf die Frage, ob der ESM der Währungspolitik zuzuordnen ist, vorrangig auf dessen Zielsetzung ab und kam zu dem Resultat, dass sich das Ziel des ESM, die Wahrung der Stabilität des Euro-Währungsgebiets insgesamt, »klar vom Ziel der Gewährleistung der Preisstabilität, dem vorrangigen Ziel der Währungspolitik der Union« unterscheidet. Er stellte außerdem fest, dass »eine wirtschaftspolitische Maßnahme nicht allein deshalb einer währungspolitischen Maßnahme gleichgestellt werden [kann], weil sie mittelbare Auswirkungen auf die Stabilität des Euro haben kann.«[29] Die Einrichtung des ESM ordnete der Gerichtshof daher dem Bereich der Wirtschaftspolitik und nicht dem der Währungspolitik zu.[30]

IV. Erhaltung der biologischen Meeresschätze

Art. 4 Abs. 2 Buchst. d AEUV weist »Landwirtschaft und Fischerei, ausgenommen die **12**
Erhaltung der biologischen Meeresschätze« der Union als geteilte Zuständigkeit zu. Der ausgenommene Teilbereich der gemeinsamen Fischereipolitik, der sich insbesondere

---

[23] Vgl. *Häde*, in: Calliess/Ruffert, EUV/AEUV, Art. 119 AEUV, Rn. 14 f.
[24] BVerfGE 89, 155 (199); 123, 267 (357).
[25] BVerfGE 123, 267 (358, 361).
[26] Zum ESM vgl. *Häde*, EnzEuR, Bd. 1, § 17.
[27] Vgl. das Gesetz zu dem Vertrag vom 2.2.2012 zur Einrichtung des Europäischen Stabilitätsmechanismus v. 13.9.2012, BGBl. II S. 981.
[28] EuGH, Urt. v. 27.11.2012, Rs. C–370/12 (Thomas Pringle), ECLI:EU:C:2012:756, Rn. 53.
[29] EuGH, Urt. v. 27.11.2012, Rs. C–370/12 (Thomas Pringle), ECLI:EU:C:2012:756, Rn. 56. S. auch schon *Häde*, ZG 2011, 1 (8).
[30] EuGH, Urt. v. 27.11.2012, Rs. C–370/12 (Thomas Pringle), ECLI:EU:C:2012:756, Rn. 60.

auf Fischerei-Erhaltungsmaßnahmen[31] und damit insbesondere auf den **Schutz vor Überfischung**[32] bezieht, fällt nach Abs. 1 Buchst. d in die ausschließliche Zuständigkeit der Union. Diese Materie wird in den Bestimmungen der Verträge zu den einzelnen Bereichen, hier konkret in denen über die Landwirtschaft und Fischerei (Art. 38 ff. AEUV) nicht erwähnt.[33] Insofern handelt es sich hier um eine Zuständigkeit, deren Umfang und Einzelheiten sich nicht – wie es Art. 2 Abs. 6 AEUV eigentlich ankündigt – aus anderen Bestimmungen ergeben. Die Einordnung geht vielmehr auf die Rechtsprechung des EuGH zurück, der schon 1976 entschieden hat, dass insoweit eine ausschließliche Zuständigkeit der Gemeinschaft besteht.[34]

V. Gemeinsame Handelspolitik

13 Als letzten Sachbereich, der in die ausschließliche Zuständigkeit der Union fällt, erwähnt Abs. 1 Buchst. e die gemeinsame Handelspolitik. Aus Art. 206 f. AEUV lässt sich schließen, dass Gegenstände dieses Bereichs neben der schon in Abs. 1 Buchst. a gesondert genannten Zollunion der gesamte **internationale Handelsverkehr** (einschließlich Dienstleistungen) und **internationale Direktinvestitionen** sind.[35]

C. Abschluss internationaler Übereinkünfte (Abs. 2)

I. AETR

14 Abs. 2 enthält eine eigenständige Regelung, die nicht einen bestimmten Politikbereich, sondern den Abschluss internationaler Übereinkünfte, also ein Querschnittsthema, betrifft. Der Rat vertrat früher die Ansicht, nach dem **Grundsatz der begrenzten Einzelermächtigung** habe die Gemeinschaft Kompetenzen für den Abschluss internationaler Übereinkünfte nur, soweit dies ausdrücklich durch eine Vertragsvorschrift festgelegt sei. Dem widersprach der **Gerichtshof** in dem grundlegenden Urteil vom 31.3.1971 und stellte fest, eine solche Zuständigkeit ergebe »sich nicht nur aus einer ausdrücklichen Erteilung durch den Vertrag […]«, sondern sie könne »auch aus anderen Vertragsbestimmungen und aus in ihrem Rahmen ergangenen Rechtsakten der Gemeinschaftsorgane fließen.«[36] Im Ergebnis sprach der EuGH der Gemeinschaft eine ausschließliche Zuständigkeit für die Regelung der Außenbeziehungen in dem Umfang zu, in dem die fragliche Materie bereits gemeinschaftsrechtlich geregelt ist.[37] Später bestätigte der EuGH, dass die interne Zuständigkeit nur insoweit zu einer Vertragsabschlusskompe-

---

[31] *Frenz*, Handbuch Europarecht, Band 6, Rn. 2512.
[32] Vgl. *Kohout*, Der Kampf um den Fisch: Das komplexe Beziehungsgeflecht der Kombattanten, in: Mayer-Tasch (Hrsg.), Meer ohne Fische? – Profit und Welternährung, 2007, S. 146 (153).
[33] *Kotzur*, in: Geiger/Khan/Kotzur, EUV/AEUV, Art. 3 AEUV, Rn. 5.
[34] EuGH, Urt. v. 14.7.1976, verb. Rs. 3/76, 4/76 u. 6/76 (Kramer u. a.), Slg. 1976, 1279, Rn. 29 ff. S. auch *Trüe*, S. 413 ff., m. N. weiterer Rechtsprechung.
[35] Vgl. dazu *Krenzler*, in: Schwarze, Verfassungsentwurf, S. 390 ff.; *Lenski*, in: Lenz/Borchardt, EU-Verträge, Art. 3 AEUV, Rn. 14.
[36] EuGH, Urt. v. 31.3.1971, Rs. 22/70 (AETR), Slg. 1971, 263, Rn. 15/19.
[37] Vgl. *Fassbender*, AVR 42 (2004), 26 (32).

tenz nach außen führt, wie die Gemeinschaft von den ihr in diesem Politikbereich zustehenden Kompetenzen bereits Gebrauch gemacht hat.[38]

II. Kodifizierung in Abs. 2 und Art. 216

In Anlehnung an diese Grundsätze und in der Absicht sie zu kodifizieren[39] regelt Abs. 2 die ausschließliche Zuständigkeit der Union für den Abschluss internationaler Übereinkünfte. Sie ist gegeben, wenn eine der drei dort alternativ erwähnten Voraussetzungen vorliegt. Die Vorschrift ist im Zusammenhang mit **Art. 216 AEUV** zu sehen. Danach kann die Union »mit einem oder mehreren Drittländern oder einer oder mehreren internationalen Organisationen eine Übereinkunft schließen, wenn dies in den Verträgen vorgesehen ist oder wenn der Abschluss einer Übereinkunft im Rahmen der Politik der Union entweder zur Verwirklichung eines der in den Verträgen festgesetzten Ziele erforderlich oder in einem verbindlichen Rechtsakt der Union vorgesehen ist oder aber gemeinsame Vorschriften beeinträchtigen oder deren Anwendungsbereich ändern könnte.« Die Vorschrift regelt damit erstmals generell, unter welchen Voraussetzungen die Union völkerrechtliche Verträge schließen darf.

Die Literatur versteht die beiden Normen und ihr Zusammenspiel allerdings unterschiedlich. Nach einer Ansicht sind beide nicht kompetenzbegründend. Art. 216 Abs. 1 AEUV soll nach dieser Meinung die Vertragsabschlusskompetenz nicht begründen, sondern voraussetzen. Führt man diese Gedanken weiter, beruhen die Zuständigkeiten der Union demnach auf den in den Verträgen explizit vorgesehenen und den ungeschriebenen, impliziten, letztlich vom EuGH konkretisierten Kompetenzen.[40]

Nach wohl überwiegender Meinung begründet Art. 216 Abs. 1 AEUV demgegenüber die **Vertragsschlusskompetenzen der Union**, soweit er nicht nur auf andere Vertragsbestimmungen verweist.[41] Auch die Vertreter dieser Ansicht unterscheiden aber teilweise nach wie vor zwischen expliziten und impliziten Zuständigkeiten der Union.[42] Und der Hinweis, es sei unklar, ob der EuGH einen von seiner bisherigen Rechtsprechung abweichenden Zuschnitt der Abschlusskompetenzen der Union akzeptieren würde,[43] nähert diese zweite Position ebenfalls recht deutlich der zuerst genannten an. Nach beiden Ansichten soll Art. 3 Abs. 2 AEUV nur die Funktion zukommen, zu bestimmen, wann eine Abschlusskompetenz der Union als ausschließliche zusteht.[44]

Vorzugswürdig erscheint es, sowohl Art. 3 Abs. 2 als auch Art. 216 Abs. 1 AEUV als **kompetenzbegründend** zu verstehen; denn beide Vorschriften regeln, wann die Union völkerrechtliche Verträge schließen darf. Beide werden ergänzt durch die an anderen

---

[38] EuGH, Gutachten 1/94 v. 15.11.1994 (WTO/GATS/TRIPS), Slg. 1994, I-5267, Rn. 77. Zu dieser Rechtsprechung *Pechstein*, FS E. Klein, S. 620 ff.
[39] Vgl. nur *Nettesheim*, EuR 2004, 511 (532); *Schmalenbach*, in: Calliess/Ruffert, EUV/AEUV, Art. 216 AEUV, Rn. 2. Zu den Abweichungen *Fassbender*, AVR 42 (2004), 26 (33 ff.).
[40] So *Obwexer*, EuR-Beiheft 2/2012, 49 (51); *ders.*, in: GSH, Europäisches Unionsrecht, Art. 3 AEUV, Rn. 27 ff.
[41] Vgl. *Calliess*, in: Calliess/Ruffert, EUV/AEUV, Art. 3 AEUV, Rn. 17; *Terhechte*, in: Schwarze, EU-Kommentar, Art. 216 AEUV, Rn. 1, und wohl auch *Repasi*, EuR 2013, 45 (54).
[42] Vgl. *Khan*, in: Geiger/Khan/Kotzur, EUV/AEUV, Art. 216 AEUV, Rn. 5; *Mögele*, in: Streinz, EUV/AEUV, Art. 3 AEUV, Rn. 18.
[43] *Schmalenbach*, in: Calliess/Ruffert, EUV/AEUV, Art. 216 AEUV, Rn. 2.
[44] Vgl. *Heuck*, Jura 2013, 199 (202); *Mögele*, in: Streinz, EUV/AEUV, Art. 3 AEUV, Rn. 11; *Obwexer*, EuR-Beiheft 2/2012, 49 (51); *Vedder*, in: Vedder/Heintschel v. Heinegg, Europäisches Unionsrecht, Art. 3 AEUV, Rn. 5.

Stellen in den Verträgen genannten speziellen Abschlusskompetenzen, auf die Art. 216 Abs. 1 AEUV nur verweist. Kompetenzbegründende Wirkung entfalten Art. 3 Abs. 2 und Art. 216 Abs. 1 AEUV daher nur, soweit sie eigene Kriterien nennen. Die erklärte Absicht der Vertragsparteien, damit die Rechtsprechung des EuGH zu kodifizieren, führt dazu, dass diese frühere **Judikatur in Zweifelsfällen** weiter relevant bleibt.[45] Soweit Abs. 2 Begriffe verwendet, die aus dem AETR-Urteil übernommen wurden, sind sie »im Licht der Erläuterungen auszulegen, die der EuGH« in diesem »Urteil und der daraus entwickelten Rechtsprechung zu ihnen gegeben hat.«[46] Aufgabe des EuGH ist künftig aber, die Wahrung des (geltenden) Rechts zu sichern (Art. 19 Abs. 1 UAbs. 1 Satz 2 EUV). Er wird daher eventuelle Abweichungen, falls sie durch den Vertrag von Lissabon gegenüber der bisherigen Rechtsprechung bewirkt worden sein sollten, und die die bisher ungeschriebenen Kompetenzen zu explizit-impliziten haben werden lassen,[47] grundsätzlich zu akzeptieren haben. Nicht auszuschließen ist allerdings, dass der EuGH neue implizite Zuständigkeiten aus dem effet utile-Grundsatz ableiten könnte, wenn er das für erforderlich hält.

19 Die Aussage, dass sowohl Art. 3 Abs. 2 als auch Art. 216 Abs. 1 AEUV Kompetenzen begründen, klärt deren Verhältnis zueinander allerdings noch nicht. Zentrale Vorschrift ist insoweit Art. 216 Abs. 1 AEUV. Er ergänzt Art. 3 Abs. 2 AEUV, indem er – zusammen mit den weiteren Vorschriften des mit »Internationale Übereinkünfte« überschriebenen Titels – als Bestimmung zu den einzelnen Bereichen im Sinne von Art. 2 Abs. 6 AEUV den konkreten »Umfang der Zuständigkeiten der Union und die Einzelheiten ihrer Ausübung« festlegt. Art. 3 Abs. 2 AEUV wiederum ergänzt Art. 216 Abs. 1 AEUV auf die Weise, dass er umschreibt, wann Vertragsabschlusskompetenzen ausschließlich der Union zustehen. In diesem Zusammenhang wird man von einer **nachträglichen Ausschließlichkeit** ausgehen müssen. Damit ist gemeint, dass die Mitgliedstaaten nicht von vornherein ausgeschlossen sind, sondern grundsätzlich bis zum Entstehen der Unionskompetenz noch berechtigt sind, Verträge abzuschließen.[48]

III. Zuweisung in einem Gesetzgebungsakt

20 Art. 216 Abs. 1 Var. 3 AEUV bestimmt, dass die Union eine internationale Übereinkunft schließen darf, wenn das in einem verbindlichen Sekundärrechtsakt vorgesehen ist. Art. 3 Abs. 2 AEUV begründet dieselbe Kompetenz in seiner ersten Regelungsvariante, bezieht sich allerdings nur auf Gesetzgebungsakte der Union. Gesetzgebungsakte sind nach Art. 289 Abs. 3 AEUV »Rechtsakte, die gemäß einem Gesetzgebungsverfahren angenommen werden«. Das kann das ordentliche oder ein besonderes Gesetzgebungsverfahren sein. Nicht dazu gehören insbesondere Durchführungsvorschriften der Kommission i.S.v. Art. 290 Abs. 1 UAbs. 1 AEUV. Wie sich aus Art. 297 Abs. 2 AEUV ergibt, können auch andere Organe Rechtsakte ohne Gesetzescharakter »als Verordnung, Richtlinie oder Beschluss, der an keinen bestimmten Adressaten gerichtet ist« erlassen. Aus dem Zusammenspiel von Art. 3 Abs. 2 und Art. 216 Abs. 1 AEUV ergibt sich demnach, dass die Union **Vertragsschlusskompetenzen sekundärrechtlich**

---

[45] In diesem Sinne *Calliess*, in: Calliess/Ruffert, EUV/AEUV, Art. 3 AEUV, Rn. 18; *Pelka*, in: Schwarze, EU-Kommentar, Art. 3 AEUV, Rn. 18; *Repasi*, EuR 2013, 45 (54).
[46] EuGH, Urt. v. 4.9.2014, Rs. C–114/12 (Kommission/Rat der Europäischen Union), ECLI:EU:C:2014:2151, Rn. 67. Zu diesem Urteil *Nowak/Masuhr*, EuR 2015, 189.
[47] *Schmalenbach*, in: Calliess/Ruffert, EUV/AEUV, Art. 216 AEUV, Rn. 1.
[48] Vgl. *Engbrink*, S. 129 f. m.w.N.

begründen kann. Das ist im Hinblick auf den Grundsatz der begrenzten Einzelermächtigung nicht unproblematisch.[49] Eine ausschließliche Zuständigkeit der Union folgt daraus aber nur dann, wenn sie »in einem Gesetzgebungsakt der Union vorgesehen ist«. Handelt es sich um einen anderen Rechtsakt der Union, ist diese Kompetenz einer anderen Kategorie und daher nach Art. 4 Abs. 1 AEUV grundsätzlich der geteilten Zuständigkeit zuzuordnen.[50]

IV. Notwendigkeit – Erforderlichkeit zur Zielverwirklichung

Als zweite Variante sieht Art. 3 Abs. 2 AEUV die ausschließliche Zuständigkeit für den Vertragsabschluss dann vor, wenn er notwendig ist, damit die Union ihre interne Zuständigkeit ausüben kann. Art. 216 Abs. 1 Var. 2 AEUV verleiht eine Vertragsschlusskompetenz demgegenüber, »wenn der Abschluss einer Übereinkunft im Rahmen der Politik der Union […] zur Verwirklichung eines der in den Verträgen festgesetzten Ziele erforderlich« ist. Diese Formulierung geht weit über die bisherige Rechtsprechung des EuGH hinaus, der der Gemeinschaft zwar ebenfalls eine implizite Kompetenz zusprach, wenn dies zur Zielerreichung erforderlich ist. Der Gerichtshof geht aber zugleich davon aus, dass »das Gemeinschaftsrecht den Gemeinschaftsorganen im Hinblick auf ein bestimmtes Ziel im Innenverhältnis eine Zuständigkeit verleiht«.[51] Die **Entkoppelung der beiden Voraussetzungen** würde die Vertragsschlusskompetenzen der Union uferlos werden lassen und den grundsätzlich unzulässigen Schluss von den Zielen auf Zuständigkeiten (s. Art. 2 AEUV, Rn. 4) ermöglichen. Das spricht für eine **einschränkende Interpretation** dieser Vorschrift.[52] Möglicherweise kann man dazu die Formulierungen in Art. 3 Abs. 2 Var. 2 und in Art. 216 Abs. 1 Var. 2 AEUV trotz der Unterschiede im Ergebnis gleich auslegen.[53] Dann handelt es sich bei dieser Variante des Art. 216 Abs. 1 AEUV stets um eine ausschließliche Zuständigkeit der Union, die aber wohl erst mit der Inanspruchnahme der Innenkompetenz entsteht.[54] Für diese Lösung spricht, dass insoweit ersichtlich der in der Rechtsprechung des EuGH[55] zentrale Fall der Parallelität von Innen- und Außenkompetenz geregelt werden sollte.[56]

21

V. Einfluss auf gemeinsame Regeln

Eine ausschließliche Befugnis, internationale Übereinkünfte abzuschließen hat die Union schließlich dann, wenn und soweit der Abschluss »gemeinsame Regeln beeinträchtigen oder deren Tragweite verändern könnte.« Art. 216 Abs. 1 AEUV formuliert nur leicht abweichend und stellt darauf ab, dass der Abschluss einer Übereinkunft »ge-

22

---

[49] *Härtel*, Handbuch Europäische Rechtsetzung, 2006, § 4, Rn. 34, sieht darin eine »Ausnahme von dem Gebot der primärrechtlichen Definition der ausschließlichen Zuständigkeiten«. Für eine einschränkende Auslegung *Pechstein*, FS E. Klein, S. 627. S. auch *Davies*, E.L.Rev. 28 (2003), 686 (688).

[50] Vgl. *Heuck*, Jura 2013, 199 (204); *Obwexer*, EuR-Beiheft 2/2012, 49 (58); *Streinz/Ohler/Herrmann*, Vertrag von Lissabon, S. 112.

[51] EuGH, Gutachten 1/76 v. 26.4.1977 (Stillegungsfonds für die Binnenschiffahrt), Slg. 1977, 741, Rn. 3.

[52] Näher dazu *Pechstein*, FS E. Klein, S. 625 ff. S. auch *Engbrink*, S. 149.

[53] In diesem Sinne *Obwexer*, EuR-Beiheft 2/2012, 49 (57).

[54] *Pechstein*, FS E. Klein, S. 629 ff.

[55] Vgl. EuGH, Gutachten 1/76 v. 26.4.1977 (Stillegungsfonds für die Binnenschiffahrt), Slg. 1977, 741, Rn. 4.

[56] Vgl. *Khan*, in: Geiger/Khan/Kotzur, EUV/AEUV, Art. 216 AEUV, Rn. 9.

meinsame Vorschriften beeinträchtigen oder deren Anwendungsbereich ändern könnte«. Diese **geringen Unterschiede** rechtfertigen wohl kaum eine inhaltliche Differenzierung. Deshalb regelt auch diese Variante des Art. 216 Abs. 1 AEUV nach Art. 3 Abs. 2 AEUV stets eine ausschließliche Zuständigkeit der Union.[57]

23 Eine zur Begründung einer ausschließlichen Außenkompetenz der Union geeignete Gefahr, dass durch völkerrechtliche Verpflichtungen der Mitgliedstaaten gemeinsame Regeln beeinträchtigt werden oder deren Tragweite verändert wird, besteht nach der Rechtsprechung des EuGH dann, »wenn diese Verpflichtungen in den Anwendungsbereich der genannten Regeln fallen«. Da die Union nur über begrenzte Ermächtigungen verfüge, könne »das Bestehen einer Zuständigkeit, zumal einer ausschließlichen, nur auf der Grundlage von Schlussfolgerungen angenommen werden, die aus einer umfassenden und konkreten Analyse des Verhältnisses zwischen der geplanten internationalen Übereinkunft und dem geltenden Unionsrecht gezogen werden. Zu berücksichtigen sind bei dieser Analyse die von den Unionsregeln und den Bestimmungen des geplanten Abkommens jeweils erfassten Bereiche, ihre voraussichtlichen Entwicklungsperspektiven sowie Art und Inhalt dieser Regeln und Bestimmungen, um zu prüfen, ob das fragliche Abkommen die einheitliche und kohärente Anwendung der Unionsregeln und das reibungslose Funktionieren des durch sie geschaffenen Systems beeinträchtigen kann«.[58] Im konkreten Fall entschied der EuGH, dass die Erklärung des Einverständnisses zum Beitritt von Drittstaaten zum Übereinkommen über die zivilrechtlichen Aspekte internationaler Kindesentführung in die ausschließliche Zuständigkeit der Union fällt.[59]

---

[57] *Obwexer*, EuR-Beiheft 2/2012, 49 (59). S. auch *Hummer*, in: Vedder/Heintschel v. Heinegg, Europäisches Unionsrecht, Art. 216 AEUV, Rn. 13 ff.
[58] EuGH, Gutachten 1/13 v. 14.10.2014 (Übereinkommen über die zivilrechtlichen Aspekte internationaler Kindesentführung), ECLI:EU:C:2014:2303, Rn. 71, 74. S. dazu *Epiney*, NVwZ 2015, 704 (711 f.); *Govaere*, CMLRev. 52 (2015), 1277.
[59] EuGH, Gutachten 1/13 v. 14.10.2014 (Übereinkommen über die zivilrechtlichen Aspekte internationaler Kindesentführung), ECLI:EU:C:2014:2303, Rn. 90.

Artikel 4   AEUV [Geteilte Zuständigkeit]

(1) Die Union teilt ihre Zuständigkeit mit den Mitgliedstaaten, wenn ihr die Verträge außerhalb der in den Artikeln 3 und 6 genannten Bereiche eine Zuständigkeit übertragen.

(2) Die von der Union mit den Mitgliedstaaten geteilte Zuständigkeit erstreckt sich auf die folgenden Hauptbereiche:
a) Binnenmarkt,
b) Sozialpolitik hinsichtlich der in diesem Vertrag genannten Aspekte,
c) wirtschaftlicher, sozialer und territorialer Zusammenhalt,
d) Landwirtschaft und Fischerei, ausgenommen die Erhaltung der biologischen Meeresschätze,
e) Umwelt,
f) Verbraucherschutz,
g) Verkehr,
h) transeuropäische Netze,
i) Energie,
j) Raum der Freiheit, der Sicherheit und des Rechts,
k) gemeinsame Sicherheitsanliegen im Bereich der öffentlichen Gesundheit hinsichtlich der in diesem Vertrag genannten Aspekte.

(3) In den Bereichen Forschung, technologische Entwicklung und Raumfahrt erstreckt sich die Zuständigkeit der Union darauf, Maßnahmen zu treffen, insbesondere Programme zu erstellen und durchzuführen, ohne dass die Ausübung dieser Zuständigkeit die Mitgliedstaaten hindert, ihre Zuständigkeit auszuüben.

(4) In den Bereichen Entwicklungszusammenarbeit und humanitäre Hilfe erstreckt sich die Zuständigkeit der Union darauf, Maßnahmen zu treffen und eine gemeinsame Politik zu verfolgen, ohne dass die Ausübung dieser Zuständigkeit die Mitgliedstaaten hindert, ihre Zuständigkeit auszuüben.

Literaturübersicht

S. die Literatur zu Art. 2 AEUV.

Leitentscheidung

EuGH, Urt. v. 10.12.2002, Rs. C–491/01 (British American Tobacco), Slg. 2002, I–11453

Inhaltsübersicht

	Rn.
A. Geteilte Zuständigkeiten (Abs. 1)	1
B. Hauptbereiche	2
I. Allgemeines	2
II. Binnenmarkt	4
III. Sozialpolitik	5
IV. Wirtschaftlicher, sozialer und territorialer Zusammenhalt	6
V. Landwirtschaft und Fischerei	7
VI. Umwelt, Verbraucherschutz, Verkehr, transeuropäische Netze	8
VII. Energie	9
VIII. Raum der Freiheit, der Sicherheit und des Rechts	10
IX. Sicherheitsanliegen im Bereich der öffentlichen Gesundheit	11
C. Parallele Zuständigkeiten	13
I. Abweichungen von den Grundregeln	13

II. Forschung, technologische Entwicklung, Raumfahrt (Abs. 3) 14
III. Entwicklungszusammenarbeit und humanitäre Hilfe (Abs. 4) 15

A. Geteilte Zuständigkeiten (Abs. 1)

1 Abs. 1 grenzt die geteilte Zuständigkeit der Union von der in Art. 3 AEUV geregelten ausschließlichen Zuständigkeit und der in Art. 6 AEUV bestimmten Kompetenz zur Unterstützung, Koordinierung und Ergänzung mitgliedstaatlicher Maßnahmen ab. Beide Vorschriften zählen die Bereiche, die dieser Kompetenzkategorie zugeordnet sind, auf. Bei den Zuständigkeiten in allen anderen Bereichen soll es sich um geteilte Zuständigkeiten handeln, die somit eine Art Regelfall darstellen.[1] Aus dieser Feststellung lässt sich einerseits schließen, dass der **Katalog** der geteilten Zuständigkeiten in Abs. 2 **nicht abschließend** ist;[2] denn sonst wäre sie unnötig. Andererseits ist sie einschränkend in dem Sinne zu verstehen, dass die ausschließlichen Zuständigkeiten außerhalb der in Art. 3 Abs. 1 AEUV erwähnten Bereiche, also insbesondere jene, die sich auf Rechtsakte im institutionellen Bereich oder die Fonds der Union beziehen (s. Art. 3 AEUV, Rn. 2), unberührt bleiben. Darüber hinaus gehen die Sonderregelungen in Art. 4, 5 und 352 AEUV vor.[3]

B. Hauptbereiche

I. Allgemeines

2 Nach seinem Wortlaut nennt Abs. 2 nur die **Hauptbereiche**, in denen die Union eine mit den Mitgliedstaaten geteilte Zuständigkeit hat. Daraus lässt sich schließen, dass es auch weitere Bereiche, **Nebenbereiche**, geben kann oder gibt. Auch das ist ein Hinweis darauf, dass der Katalog nicht abschließend ist.[4] Der tatsächliche Umfang der jeweiligen Zuständigkeiten in den einzelnen Bereichen ergibt sich nach Art. 2 Abs. 6 AEUV erst aus den Bestimmungen der Verträge zu den einzelnen Bereichen.

3 Wenn Abs. 1 Kompetenzen »außerhalb der in den Artikeln 3 und 6 genannten Bereiche« der geteilten Zuständigkeit zuordnet, sollte daraus folgen, dass es sich bei den in Art. 5 AEUV erwähnten Gegenständen ebenfalls um solche handelt, für die die Union eine geteilte Zuständigkeit hat. Da Art. 5 AEUV aber von der Wirtschafts-, Beschäftigungs- und Sozialpolitik der Mitgliedstaaten spricht, kann sich diese geteilte Zuständigkeit nur auf die dort vorgesehene Koordinierung dieser Politiken durch die Union beziehen. Eine kompetenzerweiternde, die Mitgliedstaaten i. S. v. Art. 2 Abs. 2 Satz 2 AEUV verdrängende Wirkung hat Abs. 1 daher nicht. Stattdessen handelt es sich bei der in Art. 2 Abs. 3 und Art. 5 AEUV erwähnten Zuständigkeit um eine **eigenständige Kom-**

---

[1] Vgl. nur *Härtel*, EnzEuR, Bd. 1, § 11, Rn. 133; *Lenski*, in: Lenz/Borchardt, EU-Verträge, Art. 4 AEUV, Rn. 2; *Nettesheim*, EuR 2004, 511 (528).
[2] Vgl. *Eilmansberger/Jaeger*, in: Mayer/Stöger, EUV/AEUV, Art. 4 AEUV (2012), Rn. 9; *Härtel*, in: Niedobitek, Europarecht – Grundlagen, § 6, Rn. 71; *Nettesheim*, in: Grabitz/Hilf/Nettesheim, EU, Art. 4 AEUV (Januar 2014), Rn. 9.
[3] Vgl. *Folz*, Die Kompetenzverteilung zwischen der Europäischen Union und den Mitgliedstaaten, in: Fastenrath/Nowak (Hrsg.), Der Lissabonner Reformvertrag, 2009, S. 65 (67 f.).
[4] Vgl. *Epiney*, Jura 2006, 755 (759); *Lengauer*, ZfRV 2008, 4 (7 f.).

petenzkategorie und nicht um einen Unterfall der geteilten Zuständigkeit (s. Art. 2 AEUV, Rn. 47).

II. Binnenmarkt

Abs. 2 Buchst. a nennt als ersten Hauptbereich einer geteilten Zuständigkeit den Binnenmarkt. Das entspricht der **Rechtsprechung des EuGH**, der entschieden hat, dass der Gemeinschaft keine ausschließliche Zuständigkeit für diesen Komplex zusteht.[5] Abweichend davon ordnen Art. 3 Abs. 1 Buchst. a und b AEUV allerdings die Zollunion sowie die Festlegung der für das Funktionieren des Binnenmarkts erforderlichen Wettbewerbsregeln der ausschließlichen Zuständigkeit zu (s. dazu Art. 3 AEUV, Rn. 4 f.).

III. Sozialpolitik

Eine geteilte Zuständigkeit besteht nach Abs. 2 Buchst. b auch für »Sozialpolitik hinsichtlich der in diesem Vertrag genannten Aspekte«. Aus dieser Formulierung ergibt sich, dass die Union nicht generell für die Sozialpolitik zuständig ist.[6] Vielmehr darf sie nur dort tätig werden, »wo ohnehin der Kompetenzraum der Union eröffnet ist.«[7] Die Einzelheiten regeln die Art. 151–161 AEUV.

IV. Wirtschaftlicher, sozialer und territorialer Zusammenhalt

Abs. 2 Buchst. c ordnet den Bereich »wirtschaftlicher, sozialer und territorialer Zusammenhalt« als geteilte Zuständigkeit ein. Das mag für die Verfolgung dieses Politikziels im Sinne des Anstrebens von Kohäsion[8] gelten. Insoweit wäre sogar zu erwägen, ob dieser insbesondere auf **Fördermaßnahmen** zielende Bereich nicht besser in Art. 6 AEUV bei den »Maßnahmen zur Unterstützung, Koordinierung oder Ergänzung der Maßnahmen der Mitgliedstaaten« i. S. v. Art. 2 Abs. 5 AEUV anzusiedeln gewesen wäre. Soweit es in den Bestimmungen der Art. 174–178 AEUV um die **Strukturfonds und den Kohäsionsfonds** geht, wird man die darauf bezogenen Maßnahmen allerdings sogar als solche ansehen müssen, für die – obwohl in Art. 3 Abs. 1 AEUV nicht erwähnt – eine ausschließliche Zuständigkeit der Union besteht.[9]

V. Landwirtschaft und Fischerei

Zu den geteilten Zuständigkeiten zählen auch die Bereiche Landwirtschaft und Fischerei. Ausdrücklich ausgenommen davon ist »die Erhaltung der biologischen Meeresschätze«, für die Art. 3 Abs. 1 Buchst. d AEUV der Union eine ausschließliche Zuständigkeit zuweist. Nähere Bestimmungen zu Landwirtschaft und Fischerei finden sich in den Art. 38–44 AEUV.

---

[5] EuGH, Urt. v. 10.12.2002, Rs. C–491/01 (British American Tobacco), Slg. 2002, I–11453, Rn. 179. Vgl. auch *Hatje*, in: Schwarze, Verfassungsentwurf, S. 189 (195); *Obwexer*, EuR-Beiheft 3/2004, 145 (171 f.). S. außerdem *Schwartz*, EG-Kompetenzen für den Binnenmarkt: Exklusiv oder konkurrierend/subsidiär?, FS Everling, Band II, 1995, S. 1331.
[6] *Härtel*, in: Niedobitek, Europarecht – Grundlagen, § 6, Rn. 74.
[7] *Kotzur*, Die Soziale Marktwirtschaft nach dem Reformvertrag, in: Pernice (Hrsg.), Der Vertrag von Lissabon: Reform der EU ohne Verfassung?, 2008, S. 197.
[8] Vgl. *Puttler*, in: Calliess/Ruffert, EUV/AEUV, Art. 174 AEUV, Rn. 1.
[9] Ebenso *Eilmansberger/Jaeger*, in: Mayer/Stöger, EUV/AEUV, Art. 4 AEUV (2012), Rn. 23.

VI. Umwelt, Verbraucherschutz, Verkehr, transeuropäische Netze

8   Abs. 2 Buchst. e und f begründen geteilte Zuständigkeiten für die Querschnittsaufgaben[10] Umwelt und Verbraucherschutz, deren Einzelheiten die Art. 191–193 AEUV bzw. Art. 169 AEUV regeln. Auch im Bereich des Verkehrs (Abs. 2 Buchst. g, Art. 90–100 AEUV) und der transeuropäischen Netze (Abs. 2 Buchst. h, Art. 170–172 AEUV) teilen sich die Union und die Mitgliedstaaten in der in Art. 2 Abs. 2 AEUV bestimmten Weise die Zuständigkeiten.

VII. Energie

9   Abs. 2 Buchst. i nennt die Energie. Näheres regelt Art. 194 AEUV. Im Hinblick darauf, dass die Kompetenz für die Energiepolitik erst durch den Vertrag von Lissabon eingeführt wurde, mag die Zuordnung zu den Bereichen der geteilten Zuständigkeit überraschen.[11] Die anderen neu aufgenommenen Gegenstände sind demgegenüber in weniger eingriffsintensive Zuständigkeitskategorien einsortiert worden. Allerdings handelt es sich weniger um eine einschneidende Neuerung als um die Zusammenfassung bisher auf verschiedene Rechtsgrundlagen, insbesondere auf Art. 308 EGV, gestützter Kompetenzen unter einer griffigen Bezeichnung.[12]

VIII. Raum der Freiheit, der Sicherheit und des Rechts

10 Die Einbeziehung der polizeilichen und justiziellen Zusammenarbeit in Strafsachen, der vorherigen dritten Säule der Union, in die im AEUV geregelten Politiken durch den Vertrag von Lissabon,[13] stellt einen **wichtigen Integrationsschritt** dar.[14] Die einschlägigen Vorschriften finden sich nun in den Art. 67–89 AEUV und stehen unter der Überschrift »Raum der Freiheit, der Sicherheit und des Rechts«. Abs. 2 Buchst. j ordnet auch diesen nun vergemeinschafteten Bereich[15] den geteilten Zuständigkeiten zu.

IX. Sicherheitsanliegen im Bereich der öffentlichen Gesundheit

11 Den Bereich »Schutz und Verbesserung der menschlichen Gesundheit« ordnet Art. 6 Satz 2 Buchst. a AEUV grundsätzlich der in Art. 2 Abs. 5 AEUV beschriebenen Kompetenz für Maßnahmen der Unterstützung, Koordinierung und Ergänzung zu. Als Ausnahme davon erstreckt sich die geteilte Zuständigkeit der Union nach Abs. 2 Buchst. k auch auf »gemeinsame Sicherheitsanliegen im Bereich der öffentlichen Gesundheit hinsichtlich der in diesem Vertrag genannten Aspekte.« Nähere Bestimmungen dazu sieht Art. 168 Abs. 4 AEUV vor, der ausdrücklich auf diese Abweichung von Art. 2 Abs. 5 und Art. 6 Satz 2 Buchst. a AEUV hinweist.

---

[10] *Kotzur*, in: Geiger/Khan/Kotzur, EUV/AEUV, Art. 4 AEUV, Rn. 5.
[11] Vgl. *Pahl*, Umwelt, Energie und Landwirtschaft, in: Pernice (Hrsg.), Der Vertrag von Lissabon: Reform der EU ohne Verfassung?, 2008, S. 205 (206).
[12] Vgl. *Görlitz*, DÖV 2004, 374 (381).
[13] S. dazu *Suhr*, Die polizeiliche und justizielle Zusammenarbeit in Strafsachen, in: Fastenrath/Nowak (Hrsg.), Der Lissabonner Reformvertrag, 2009, S. 299.
[14] In diesem Sinne *Görlitz*, DÖV 2004, 374 (376); *Oppermann*, DVBl 2003, 1165 (1172).
[15] *Braams*, Die Kompetenzordnung im Vertrag von Lissabon, in: Pernice (Hrsg.), Der Vertrag von Lissabon: Reform der EU ohne Verfassung?, 2008, S. 115 (123). S. auch *Böse*, in: Schwarze, Verfassungsentwurf, S. 151 ff.; *Zypries*, Europa als Raum der Freiheit, der Sicherheit und des Rechts, in: Hofmann/Zimmermann (Hrsg.), Eine Verfassung für Europa, 2005, S. 105 ff.

Hinsichtlich eines der dort erwähnten Bereiche hat die Regierungskonferenz in der **Schlussakte zum Vertrag von Lissabon** erklärt,[16] »dass die nach Artikel 168 Absatz 4 Buchstabe c zu erlassenden Maßnahmen den gemeinsamen Sicherheitsanliegen Rechnung tragen und auf die Festlegung hoher Qualitäts- und Sicherheitsstandards gerichtet sein müssen, wenn aufgrund nationaler Standards, die den Binnenmarkt berühren, andernfalls ein hohes Gesundheitsschutzniveau nicht erreicht werden könnte.« 12

C. Parallele Zuständigkeiten

I. Abweichungen von den Grundregeln

In den in den Abs. 3 und 4 genannten Bereichen stehen der Union nur die dort erwähnten eingeschränkten Befugnisse zu. Beiden Regelungen ist gemeinsam, dass die Kompetenzausübung durch die Union die Mitgliedstaaten nicht hindert, von ihrer Zuständigkeit Gebrauch zu machen. Hier gelten demnach **andere Bedingungen** als sie Art. 2 Abs. 2 AEUV für geteilte Zuständigkeiten formuliert. Die Ausübung einer Zuständigkeit durch die Union führt nicht zu der sonst üblichen **Sperrwirkung** für die Mitgliedstaaten. Da ihr somit die Wesensmerkmale einer geteilten Zuständigkeit[17] fehlen, handelt es sich nur formal um einen Unterfall jener Zuständigkeitsart. Materiell geht es um eine **gesonderte Kompetenzkategorie im Sinne einer parallelen Zuständigkeit** von Union und Mitgliedstaaten.[18] Sie ähnelt der Zuständigkeit für Unterstützungs-, Koordinierungs- und Ergänzungsmaßnahmen, die in Art. 2 Abs. 5 und Art. 6 AEUV geregelt ist.[19] 13

II. Forschung, technologische Entwicklung, Raumfahrt (Abs. 3)

In den Bereichen Forschung, technologische Entwicklung und Raumfahrt[20] kann die Union Maßnahmen treffen. Die Vertragsparteien haben insoweit vor allem an die Zuständigkeit gedacht, Programme zu erstellen und durchzuführen. Das Wort »insbesondere« macht jedoch deutlich, dass andere Maßnahmen nicht ausgeschlossen sein sollen. Die näheren Bestimmungen, aus denen sich der Umfang der Zuständigkeiten und die Einzelheiten ihrer Ausübung i. S. v. Art. 2 Abs. 6 AEUV ergeben, finden sich in den Art. 179–190 AEUV. Nach Abs. 3 hindert die Ausübung dieser Zuständigkeit durch die Union die Mitgliedstaaten nicht, ihre Zuständigkeit auszuüben (s. o. Rn. 13). Daher handelt es sich um eine **atypische geteilte Zuständigkeit**, bei der Union und Mitgliedstaaten parallel tätig werden dürfen. 14

---

[16] Erklärung (Nr. 32) zu Artikel 168 Absatz 4 Buchstabe c des Vertrags über die Arbeitsweise der Europäischen Union, ABl. 2010, C 83/348.
[17] Vgl. *A. Weber*, EuZW 2008, 7 (11).
[18] Vgl. *v. Bogdandy/Bast*, EuGRZ 2001, 441 (448); *Braams* (Fn. 15), S. 124; *Burgstaller*, JRP 12 (2004), 255 (267); *Eilmansberger/Jaeger*, in: Mayer/Stöger, EUV/AEUV, Art. 4 AEUV (2012), Rn. 3; *Frenz*, Handbuch Europarecht, Band 6, Rn. 2281; *Nettesheim*, in: Grabitz/Hilf/Nettesheim, EU, Art. 4 AEUV (Januar 2014), Rn. 26; *Obwexer*, in: GSH, Europäisches Unionsrecht, Art. 4 AEUV, Rn. 36; *Ritzer*, Europäische Kompetenzordnung, S. 169; *Schütze*, E. L.Rev. 33 (2008), 709 (716 f.). Vgl. auch *Oppermann*, DVBl 2003, 1165 (1172): unglückliche »Zwittereinordnung«.
[19] *Becker*, in: Jopp/Matl (Hrsg.), Der Vertrag über eine Verfassung für Europa, 2005, S. 187 (199). Zur Abgrenzung vgl. *Epiney*, Jura 2006, 755 (759 f.).
[20] S. dazu *Hobe/Kunzmann/Reuter*, Rechtliche Rahmenbedingungen einer zukünftigen kohärenten Struktur der europäischen Raumfahrt, 2006, S. 220 ff.

III. Entwicklungszusammenarbeit und humanitäre Hilfe (Abs. 4)

15 Abs. 4 ermächtigt die Union dazu, in den Bereichen Entwicklungszusammenarbeit und humanitäre Hilfe Maßnahmen zu treffen und eine gemeinsame Politik zu verfolgen. Auf Regelbeispiele haben die Vertragsparteien hier verzichtet. Welche Maßnahmen im Einzelnen gemeint sein können, ergibt sich aus den Art. 208–214 AEUV. Auch hier gilt, dass die Mitgliedstaaten selbst dann gesetzgeberisch tätig werden dürfen, wenn die Union von ihrer Zuständigkeit Gebrauch macht. Dieses **Nebeneinander von Kompetenzen** entspricht dem Stand vor Inkrafttreten des Vertrags von Lissabon.[21]

---

[21] Vgl. *Zimmermann*, Gemeinschaftliche Entwicklungspolitik im Vertrag über eine Verfassung für Europa, in: Hofmann/Zimmermann (Hrsg.), Eine Verfassung für Europa, 2005, S. 167 (171).

Artikel 5 AEUV [Koordinierende Zuständigkeit]

(1) ¹Die Mitgliedstaaten koordinieren ihre Wirtschaftspolitik innerhalb der Union. ²Zu diesem Zweck erlässt der Rat Maßnahmen; insbesondere beschließt er die Grundzüge dieser Politik.
Für die Mitgliedstaaten, deren Währung der Euro ist, gelten besondere Regelungen.
(2) Die Union trifft Maßnahmen zur Koordinierung der Beschäftigungspolitik der Mitgliedstaaten, insbesondere durch die Festlegung von Leitlinien für diese Politik.
(3) Die Union kann Initiativen zur Koordinierung der Sozialpolitik der Mitgliedstaaten ergreifen.

Literaturübersicht

S. die Literatur zu Art. 2 AEUV.

Inhaltsübersicht

	Rn.
A. Allgemeines	1
B. Koordinierung der Wirtschaftspolitik	2
I. Koordinierung durch die Mitgliedstaaten	2
II. Verfahren	3
III. Sonderregelungen für die Euro-Staaten	5
C. Koordinierung der Beschäftigungspolitik	8
D. Koordinierung der Sozialpolitik	10

A. Allgemeines

Die Vorschrift knüpft an die Regelung in Art. 2 Abs. 3 AEUV an, nach der die Mitgliedstaaten ihre **Wirtschafts- und Beschäftigungspolitik** koordinieren. Abs. 1 entspricht diesen Vorgaben. Demgegenüber weicht der Wortlaut von Abs. 2 davon ab, indem er die Union zur Koordinierung der Beschäftigungspolitik der Mitgliedstaaten auffordert. Abs. 3 fügt schließlich noch mit der **Sozialpolitik** einen in Art. 2 Abs. 3 AEUV nicht erwähnten Bereich hinzu. Es handelt es sich hier um eine eigenständige Kompetenzkatgeorie (s. Art. 2 AEUV, Rn. 46).[1]

B. Koordinierung der Wirtschaftspolitik

I. Koordinierung durch die Mitgliedstaaten

Art. 2 Abs. 3 AEUV bestimmt, dass die Koordinierung der Wirtschaftspolitik der Mitgliedstaaten »im Rahmen von Regelungen nach Maßgabe dieses Vertrags, für deren Festlegung die Union zuständig ist«, erfolgt. Abs. 1 UAbs. 1 Satz 2 fügt hinzu, dass der Rat zu diesem Zweck Maßnahmen erlässt, und erwähnt als Regelbeispiel »die Grundzüge dieser Politik«. Dennoch sind es nach wie vor die Mitgliedstaaten, die ihre Wirt-

---

[1] Vgl. *Bandilla*, in: Grabitz/Hilf/Nettesheim, EU, Art. 5 AEUV (September 2013), Rn. 10; *Obwexer*, in: GSH, Europäisches Unionsrecht, Art. 5 AEUV, Rn. 1. Anders z.B. *Eilmansberger/Jaeger*, in: Mayer/Stöger, EUV/AEUV, Art. 5 AEUV (2012), Rn. 2 m.w.N.

schaftspolitik koordinieren; dies allerdings nach den vom Unionsrecht vorgesehenen Regeln.[2] Insoweit hat sich durch den Vertrag von Lissabon und die Art. 2 Abs. 3 sowie Art. 5 AEUV die **Rechtslage nicht verändert**.[3] In diesem Sinne verweist Art. 121 Abs. 1 AEUV als Begründung für die Koordinierung, aber auch als Auftrag darauf, dass die Mitgliedstaaten »ihre Wirtschaftspolitik als eine Angelegenheit von gemeinsamem Interesse« betrachten und sie »im Rat nach Maßgabe des Artikels 120« koordinieren.

II. Verfahren

3 Art. 121 Abs. 2 AEUV regelt dann die Erstellung der **Grundzüge der Wirtschaftspolitik**. Anhand von Berichten der Kommission überwacht der Rat nach Art. 121 Abs. 3 AEUV die wirtschaftliche Entwicklung sowie die Vereinbarkeit der Wirtschaftspolitik der Mitgliedstaaten mit den Grundzügen. Im Rahmen dieses von Art. 121 Abs. 3 UAbs. 2 AEUV als multilaterale Überwachung bezeichneten Verfahrens sind verschiedene Maßnahmen vorgesehen. So kann die Kommission Mitgliedstaaten verwarnen und der Rat kann Empfehlungen an Mitgliedstaaten richten, deren Wirtschaftspolitik nicht den Grundzügen entspricht (Art. 121 Abs. 4 AEUV). Alle diese Maßnahmen bleiben letztlich unverbindlich.

4 Verbindliche Regelungen im Sinne von Verordnungen können das Parlament und der Rat auf der Basis von Art. 121 Abs. 6 AEUV nur erlassen, um »die **Einzelheiten des Verfahrens** der multilateralen Überwachung« festzulegen. Dass diese Einzelheiten das in Art. 121 Abs. 3 und 4 AEUV vorgesehene Verfahren nur konkretisieren, nicht aber ändern dürfen, versteht sich von selbst; denn eine Vertragsänderungskompetenz weist Art. 121 Abs. 6 AEUV den Unionsorganen nicht zu. Eine **wirtschaftspolitische Koordinierung im weiteren Sinne** bezwecken auch die Art. 122 bis 126 AEUV, die Hilfsmaßnahmen bei außergewöhnlichen Ereignissen, Verbote bestimmter Verhaltensweisen und ein Verfahren zur Überwachung der Haushaltsdisziplin der Mitgliedstaaten vorsehen.

III. Sonderregelungen für die Euro-Staaten

5 Abs. 1 UAbs. 2 weist darauf hin, dass für die Mitgliedstaaten, deren Währung der Euro ist, besondere Regelungen gelten. Grundsätzlich sind die Art. 119–126 auf alle Mitgliedstaaten anwendbar. **Art. 139 Abs. 2 AEUV** regelt jedoch, dass bestimmte Vorschriften auf die Mitgliedstaaten, die den Euro noch nicht eingeführt haben (»Mitgliedstaaten mit Ausnahmeregelung«), keine Anwendung finden. Das betrifft zum einen die »Annahme der das Euro-Währungsgebiet generell betreffenden Teile der Grundzüge der Wirtschaftspolitik«. Zum anderen gelten auch die in Art. 126 Abs. 9 und 11 AEUV im Rahmen der Überwachung der Haushaltsdisziplin der Mitgliedstaaten vorgesehenen Zwangsmittel zum Abbau eines übermäßigen Defizits nicht für die Mitgliedstaaten mit Ausnahmeregelung. In diesen nur die Mitgliedstaaten mit Eurowährung betreffenden Fragen sind dann die anderen Mitgliedstaaten im Rat nicht stimmberechtigt (Art. 139 Abs. 4 UAbs. 1 AEUV).

6 Neben diesen schon grundsätzlich durch den Vertrag von Maastricht eingeführten Ausnahmen hat der Vertrag von Lissabon mit Art. 136 AEUV **weitere Sonderregelun-**

---

[2] Vgl. *Frenz*, Handbuch Europarecht, Band 6, Rn. 2300.
[3] Vgl. *Görlitz*, DÖV 2004, 374 (381); *Oppermann*, DVBl 2003, 1165 (1173), zum Verfassungsvertrag.

gen ermöglicht. Der Rat kann nun Maßnahmen erlassen, um die Koordinierung und Überwachung der Haushaltsdisziplin der Mitgliedstaaten der Eurozone zu verstärken. Außerdem kann er gesonderte Grundzüge der Wirtschaftspolitik für diese Staaten ausarbeiten. Diese Maßnahmen gelten nur für die Staaten mit Eurowährung. Die anderen Mitgliedstaaten sind bei ihrem Erlass im Rat nicht stimmberechtigt (Art. 136 Abs. 2 UAbs. 1 AEUV).

Art. 136 Abs. 1 AEUV hat die Funktion, besondere Regelungen für die Mitgliedstaaten, deren Währung der Euro ist i. S. v. Abs. 1 UAbs. 2 zuzulassen, die ohne diese Ermächtigung für alle Mitgliedstaaten gelten müssten. Er erlaubt allerdings keine sonstigen Abweichungen von den in den Art. 121 und 126 AEUV vorgesehenen Verfahren und Inhalten. Das ergibt sich daraus, dass Art. 136 Abs. 1 AEUV ausdrücklich nur »Maßnahmen nach den einschlägigen Bestimmungen der Verträge und dem entsprechenden Verfahren unter den in den Artikeln 121 und 126 genannten Verfahren« erlaubt.[4]

C. Koordinierung der Beschäftigungspolitik

Nach Abs. 2 trifft die Union »Maßnahmen zur Koordinierung der Beschäftigungspolitik der Mitgliedstaaten, insbesondere durch die Festlegung von Leitlinien für diese Politik.« Näheres dazu regeln die Art. 145–150 AEUV. Aus der gesonderten Erwähnung und Regelung der Beschäftigungspolitik, die eigentlich einen **Teilbereich der allgemeinen Wirtschaftspolitik** darstellt, wird deutlich, dass ihr nach Auffassung der Vertragsparteien besondere Bedeutung zukommt. Art. 146 Abs. 2 AEUV wiederholt deshalb die für die allgemeine Wirtschaftspolitik in Art. 121 Abs. 1 AEUV verankerte Feststellung, dass die Mitgliedstaaten diese Politik als eine solche von gemeinsamem Interesse betrachten, im Hinblick auf die Förderung der Beschäftigung.

Art. 146 Abs. 1 AEUV sieht vor, dass die Mitgliedstaaten durch ihre Beschäftigungspolitik im Einklang mit den Grundzügen der Wirtschaftspolitik zur Erreichung der in Art. 145 AEUV formulierten Ziele für die Beschäftigung beitragen. Art. 148 AEUV regelt darüber hinaus das Verfahren, nach dem der Rat jährlich Leitlinien für die Beschäftigungspolitik festlegt. Den engen Zusammenhang zwischen den Grundzügen der Wirtschaftspolitik und den **Leitlinien für die Beschäftigungspolitik** betont auch der Rat seit einiger Zeit. In Erwägungsgrund 15 der Empfehlung des Rates vom 13. 7. 2010 über die Grundzüge der Wirtschaftspolitik der Mitgliedstaaten und der Union[5] heißt es deshalb: »Die dieser Empfehlung beigefügten Grundzüge der Wirtschaftspolitik der Mitgliedstaaten und der Union sind eng mit den jeweiligen beschäftigungspolitischen Leitlinien verbunden. Sie bilden zusammen die integrierten Leitlinien zu Europa 2020.«

D. Koordinierung der Sozialpolitik

Während die beiden anderen Absätze einen Koordinierungsauftrag enthalten, sieht Abs. 3 nur die Möglichkeit der Union vor, **Initiativen zur Koordinierung** der Sozialpo-

---

[4] Ausführlich dazu *Häde*, JZ 2011, 333. Zur Gegenansicht s. Art. 136 AEUV, Rn. 5 ff.
[5] ABl. 2010, L 191/28.

litik der Mitgliedstaaten zu ergreifen.[6] Allerdings weist Art. 4 Abs. 2 Buchst. b AEUV der Union auch eine geteilte Zuständigkeit für »Sozialpolitik hinsichtlich der in diesem Vertrag genannten Aspekte« zu. In Art. 6 Satz 2 AEUV, der die Bereiche nennt, für die der Union eine Zuständigkeit für Unterstützungs-, Koordinierungs- und Ergänzungsmaßnahmen zusteht, ist die Sozialpolitik zwar nicht erwähnt. Dennoch weist Art. 153 AEUV der Union eine solche Kompetenz für zahlreiche Gegenstände der Sozialpolitik zu. Vor diesem Hintergrund ist festzustellen, dass im Bereich der Sozialpolitik eine wenig transparente Mischung verschiedener Kompetenzkategorien zur Anwendung kommt.[7] Vermutlich bezieht sich die Koordinierungskompetenz aus Abs. 3 nur auf Art. 156 AEUV.[8]

---

[6] Vgl. *Frenz*, Handbuch Europarecht, Band 6, Rn. 2305; *Obwexer*, in: GSH, Europäisches Unionsrecht, Art. 5 AEUV, Rn. 18.

[7] Vgl. auch *Bandilla*, in: Grabitz/Hilf/Nettesheim, EU, Art. 5 AEUV (September 2013), Rn. 18.

[8] So *Calliess*, in: Calliess/Ruffert, EUV/AEUV, Art. 5 AEUV, Rn. 10; *Lenski*, in: Lenz/Borchardt, EU-Verträge, Art. 5 AEUV, Rn. 6; *Vedder*, in: Vedder/Heintschel v. Heinegg, Europäisches Unionsrecht, Art. 5 AEUV, Rn. 4. S. aber auch *Eilmansberger/Jaeger*, in: Mayer/Stöger, EUV/AEUV, Art. 5 AEUV (2012), Rn. 16.

Artikel 6 AEUV [Zuständigkeit zur Unterstützung, Koordinierung, Ergänzung]

¹Die Union ist für die Durchführung von Maßnahmen zur Unterstützung, Koordinierung oder Ergänzung der Maßnahmen der Mitgliedstaaten zuständig. ²Diese Maßnahmen mit europäischer Zielsetzung können in folgenden Bereichen getroffen werden:
a) Schutz und Verbesserung der menschlichen Gesundheit,
b) Industrie,
c) Kultur,
d) Tourismus,
e) allgemeine und berufliche Bildung, Jugend und Sport,
f) Katastrophenschutz,
g) Verwaltungszusammenarbeit.

Literaturübersicht

Krebber, Die Koordinierung als Kompetenzkategorie im EU-Verfassungsentwurf aus dogmatischer Sicht, EuGRZ 2004, 592; s. die Literatur zu Art. 2 AEUV.

Inhaltsübersicht

		Rn.
A.	Unterstützung, Koordinierung, Ergänzung	1
	I. Allgemeines	1
	II. Europäische Zielsetzung	2
B.	Bereiche	3

A. Unterstützung, Koordinierung, Ergänzung

I. Allgemeines

Die Vorschrift sieht in bestimmten Bereichen Maßnahmen zur Unterstützung, Koordinierung oder Ergänzung der Maßnahmen der Mitgliedstaaten vor. Aus Art. 2 Abs. 5 AEUV ergibt sich, dass diese Zuständigkeit der Union nicht an die Stelle, sondern neben die **fortbestehende Zuständigkeit der Mitgliedstaaten** tritt.[1] Deren Zuständigkeit steht im Vordergrund; die Union unterstützt, koordiniert oder ergänzt nur.[2] Soweit die Maßnahmen der Union in Form verbindlicher Rechtsakte ergehen, dürfen sie keine Harmonisierung der Rechtsvorschriften der Mitgliedstaaten beinhalten (Art. 2 Abs. 5 UAbs. 2 AEUV). Bei den Gegenständen dieser Zuständigkeit handelt es sich überwiegend um Politikbereiche, die durch den Vertrag von Maastricht 1993 in den EG-Vertrag eingeführt wurden. Schon damals durfte der Rat Maßnahmen in den meisten dieser Bereiche nur »unter Ausschluss jeglicher Harmonisierung der Rechts- und Verwaltungsvorschriften der Mitgliedstaaten« erlassen.[3]

1

---

[1] Vgl. *Härtel*, in: Niedobitek, Europarecht – Grundlagen, § 6, Rn. 85; *Nettesheim*, in: Grabitz/Hilf/Nettesheim, EU, Art. 6 AEUV (Januar 2014), Rn. 3.
[2] *Frenz*, Handbuch Europarecht, Band 6, Rn. 2291; *Krebber*, EuGRZ 2004, 592 (595); *Oppermann*, DVBl 2003, 1165 (1172).
[3] Vgl. Art. 126 Abs. 4, 1. Gedstr., Art. 127 Abs. 4, Art. 128 Abs. 5, 1. Gedstr., Art. 129 Abs. 4, 1. Gedstr. EGV.

II. Europäische Zielsetzung

2 Zwar ist zu erwarten, dass die Unionsorgane grundsätzlich nur Maßnahmen treffen, die europäische Ziele verfolgen. Auszuschließen ist es jedoch nicht, dass diese Zielsetzung auch fehlen kann. Satz 2 beschränkt deshalb die auf der Grundlage einer Unterstützungskompetenz zu treffenden Maßnahmen auf solche mit europäischer Zielsetzung.[4] Darin kann man einen Hinweis auf das **Subsidiaritätsprinzip** des Art. 5 Abs. 3 UAbs. 1 EUV sehen, das die Ausübung einer Zuständigkeit nur dann zulässt, wenn die Ziele einer Maßnahme besser auf der Unionsebene zu verwirklichen sind.[5] Die Zielsetzung ist soweit allerdings nur eine Mindestvoraussetzung für das Tätigwerden der Union. Die Notwendigkeit einer europäischen Zielsetzung lässt sich auch als eher politische Forderung nach dem so genannten **europäischen Mehrwert**[6] einer Maßnahme verstehen.

B. Bereiche

3 Satz 2 nennt die Bereiche, in denen Unterstützungsmaßnahmen getroffen werden können. Aus der Regelung in Art. 4 Abs. 1 AEUV, wonach alle Zuständigkeitsübertragungen außerhalb der Art. 3 und 6 AEUV zu einer geteilten Zuständigkeit der Union führen, lässt sich schließen, dass die **Aufzählung** an dieser Stelle **abschließend** ist.[7] Im Einzelnen handelt es sich um Kompetenzen auf den Gebieten Schutz und Verbesserung der menschlichen Gesundheit (Art. 168 AEUV), Industrie (Art. 173 AEUV), Kultur (Art. 167 AEUV), Tourismus (Art. 195 AEUV), allgemeine und berufliche Bildung, Jugend und Sport (Art. 165–166 AEUV), Katastrophenschutz (Art. 196 AEUV) und Verwaltungszusammenarbeit (Art. 197 AEUV).[8] Auch insoweit gilt nach Art. 2 Abs. 6 AEUV, dass sich der Umfang der Zuständigkeiten der Union und die Einzelheiten ihrer Ausübung erst aus den Bestimmungen der Verträge zu den einzelnen Bereichen ergeben.

---

[4] Vgl. *Eilmansberger/Jaeger*, in: Mayer/Stöger, EUV/AEUV, Art. 6 AEUV (2012), Rn. 4; *Frenz*, Handbuch Europarecht, Band 6, Rn. 2311.

[5] Vgl. *Vedder*, in: Vedder/Heintschel v. Heinegg, Europäisches Unionsrecht, Art. 6 AEUV, Rn. 5.

[6] Vgl. zu diesem Begriff im Bereich der Finanzen: *Europäisches Parlament*, Sonderausschuss zu den politischen Herausforderungen und den Haushaltsmitteln für eine nachhaltige Europäische Union nach 2013, Arbeitsdokument Nr. 1 zum Konzept des europäischen Mehrwertes, 16.12.2010.

[7] Vgl. *Epiney*, Jura 2006, 755 (760); *Obwexer*, in: GSH, Europäisches Unionsrecht, Art. 6 AEUV, Rn. 3; *Streinz*, in: Streinz, EUV/AEUV, Art. 6 AEUV, Rn. 8. Anders *Eilmansberger/Jaeger*, in: Mayer/Stöger, EUV/AEUV, Art. 6 AEUV (2012), Rn. 8, die davon ausgehen, dass hier die Hauptfälle paralleler Zuständigkeiten aufgelistet sind.

[8] Näher dazu *Calliess*, in: Calliess/Ruffert, EUV/AEUV, Art. 6 AEUV, Rn. 4 ff.; *Nettesheim*, in: Grabitz/Hilf/Nettesheim, EU, Art. 6 AEUV (Januar 2014), Rn. 20 ff.

Titel II
Allgemein geltende Bestimmungen

Artikel 7 AEUV [Kohärenz der Politiken]

Die Union achtet auf die Kohärenz zwischen ihrer Politik und ihren Maßnahmen in den verschiedenen Bereichen und trägt dabei unter Einhaltung des Grundsatzes der begrenzten Einzelermächtigung ihren Zielen in ihrer Gesamtheit Rechnung.

Literaturübersicht

Bartea, Looking for Coherence within the European Community, ELJ 11 (2005), 154; *v. Bogdandy/ Ehlermann*, Konsolidierung und Kohärenz des Primärrechts nach Amsterdam, EuR-Beih. 2/1998, 67; *Bunk*, Die Verpflichtung zur kohärenten Politikgestaltung im Vertrag über die Europäische Union, 1999; *E. Klein*, Institutionelle Kohärenz in der Europäischen Union und der Europäischen Gemeinschaft, in: Ruffert (Hrsg), Recht und Organisation, 2003, 119; *Lenaertz*, The Rule of Law and the Coherence of the Judicial System of the European Union, CMLRev. 44 (2007), 1625; *Lippert*, Vertikale und horizontale Kohärenz, EuR 2012, 90; *Pechstein*, Das Kohärenzgebot als entscheidende Integrationsdimension der Europäischen Union, EuR 1995, 247; *Ruffert*, Kohärente Europäisierung, in: Hoffmann-Riem (Hrsg.), Offene Rechtswissenschaft, 2010, 1397; *Schmidt-Assmann;* Kohärenz und Konsistenz des Verwaltungsrechtsschutzes. Herausforderungen angesichts vernetzter Verwaltungen und Rechtsordnungen, Tübingen 2015; *H.-P. Schneider*, Staatliches Glücksspielmonopol auf dem Prüfstand, WiVerw 2014, 165; *Schorkopf*, Dogmatik und Kohärenz, in: G. Kirchhof/Magen/Schneider (Hrsg.), Was weiß Dogmatik, 2012, 139.

Leitentscheidung

EuGH, Urt. v. 20.5.2008, Rs. C–91/05 (Kleinwaffen-Übereinkommen), Slg. 2008, I–3651 ff.

Inhaltsübersicht Rn.

A. Entwicklung, Quellen, Bedeutung 1
B. Regelungsgehalt der Norm 4
    I. Inhalt des Kohärenzprinzips 4
    II. Verpflichtete 5
    III. Verhältnis zum Prinzip der begrenzten Einzelermächtigung 7
    IV. Justitiabilität 6

A. Entwicklung, Quellen, Bedeutung

Art. 7 AEUV ist ohne **direkten** Vorläufer im Primärrecht in den Vertrag von Lissabon 1 aufgenommen worden. Die Vorschrift knüpft an eine Reihe konkreter Kohärenzgebote in den Verträgen an (vgl. Art. 18 Abs. 4 Satz 2 EUV; Art. 21 Abs. 3 UAbs. 2 EUV; Art. 208 Abs. 1 UAbs. 2 Satz 2 AEUV; Art. 214 Abs. 6 AEUV), weicht aber von der Regelung des Art. 3 EUV a. F. in mehrfacher Hinsicht ab.

Art. 3 Abs. 1 EUV a. F. verpflichtete die Union namentlich zur Kontinuität und Ko- 2 härenz ihrer Maßnahmen zur Erreichung ihrer Ziele. Absatz 2 der Norm beinhaltete ein insbesondere auf die Außen-, Sicherheits- Wirtschafts- und Entwicklungspolitik bezogenes Kohärenzprinzip. Im Drei-Säulen-Modell der Europäischen Union sollten dergestalt eine materiell abgestimmte Politik zur Sicherung eines einheitlichen institutionellen Rahmens¹ und eine Kohärenz im Nebeneinander von EU und EG gesichert werden.² Mit der Erstarkung der EU zu einer einheitlichen Rechtspersönlichkeit und der Überwindung der Drei-Säulen-Struktur (Art. 47 EUV) sind diese Regelungsziele obsolet geworden.³ Nunmehr muss das Kohärenzprinzip ungeachtet seiner Regelung im AEUV die gesamte Union erfassen.⁴

3   Inhaltlich entspricht die heutige Fassung des Art. 7 AEUV im ersten Teil nahezu wörtlich der Fassung von Art. III–115 EVV: »Die Union achtet auf die Kohärenz zwischen der Politik und den Maßnahmen in den verschiedenen in diesem Teil der Verfassung genannten Bereichen und trägt dabei den Zielen der Union in ihrer Gesamtheit Rechnung.« Der Verweis auf die Beachtung des Grundsatzes der begrenzten Einzelermächtigung trägt einem Antrag der deutschen Konventsmitglieder *Teufel*, *Altmaier* und *Wuermeling* Rechnung.⁵

B. Regelungsgehalte der Norm

I. Inhalt des Kohärenzprinzips

4   Der Begriff »Kohärenz« bedeutet das »konzeptionelle und inhaltliche Aufeinanderbezogensein von Rechtssätzen und Rechtsakten«, das Zusammenfügen von Einzelteilen in einem sinnstiftenden Zusammenhang.⁶ Dem Sinne nach geht es dabei um die Herstellung eines harmonischen Ganzen zwischen den einzelnen **Unionspolitiken**, um eine konsistente Zielverwirklichung und eine harmonische Auflösung von Zielkonflikten. In Rede steht hier eine **Maßnahmekohärenz** im Sinne eines Gebots, die Unionspolitiken in den Handlungen der Organe der Union in einem Gesamtzusammenhang zu einer harmonischen Handlungseinheit abzustimmen und zu implementieren.⁷ Obwohl die Formulierung »in den verschiedenen Bereichen« auf den dritten Teil des AEUV Bezug nimmt, greift Art. 7 AEUV bei systematischer Interpretation in der Anwendung über diesen hinaus: Die Vorschrift ist mithin genau soweit einschlägig, wie keine speziellen Kohärenzgebote Platz greifen, was etwa für das außenpolitische Handeln mit Art. 21 Abs. 3 und Art. 24 Abs. 3 UAbs. 2 EUV, für den institutionellen Teil mit Art. 329 Abs. 1 Satz 2 sowie Art. 326 Abs. 1 AEUV der Fall ist.⁸ Wie andere Kohärenzgebote dient auch das allgemeine Kohärenzgebot des Art. 7 AEUV insofern dazu, einer Zersplitterung der Rechtsordnung entgegenzuwirken. Als Forderung nach einer Einheit nicht nur der po-

---

¹ *Streinz*, in: Streinz, EUV/AEUV, Art. 7 AEUV, Rn. 2.
² *E. Klein*, S. 119 ff.; *Ruffert*, in: Calliess/Ruffert, EUV/AEUV, Art. 7 AEUV, Rn. 1.
³ Zur alten Rechtslage *Pechstein*, EuR 1995, 247; *Bunk*, passim. Zur Sicherung einer kohärenten Außenpolitik siehe im Übrigen jetzt Art. 21 Abs. 3 UAbs. 2 AEUV.
⁴ *Streinz*, in: Streinz, EUV/AEUV, Art. 7 AEUV, Rn. 2. Relativierend *Schorkopf*, in: Grabitz/Hilf/Nettesheim, EU, Art. 7 AEUV (September 2013), Rn. 6 und 15. Siehe ferner ebd., Rn. 9, auch zu einer außerhalb von Art. 7 AEUV situierten Stellung des Kohärenzgebotes als allgemeiner Rechtsgrundsatz und Ausfluss des Verhältnismäßigkeitsprinzips.
⁵ Näher zur Entstehungsgeschichte *Schorkopf*, in: Grabitz/Hilf/Nettesheim, EU, Art. 7 AEUV (September 2013), Rn. 1–5.
⁶ *Schorkopf*, in: Grabitz/Hilf/Nettesheim, EU, Art. 7 AEUV (September 2013), Rn. 4; *Streinz*, in: Streinz, EUV/AEUV, Art. 7 AEUV, Rn. 4.
⁷ *Ruffert*, in: Calliess/Ruffert, EUV/AEUV, Art. 7 AEUV, Rn. 3.
⁸ *Schmidt-Aßmann*, Kohärenz, S. 90; *Schorkopf*, in: Grabitz/Hilf/Nettesheim, EU, Art. 7 AEUV (September 2013), Rn. 16. Siehe ferner bereits oben Fn. 3 und den Haupttext bei Rn. 1.

litischen, sondern auch der rechtlichen Ordnung wird es mitunter zudem als Hoffnungsträger für die Entwicklung einer tragfähigen Rechtsdogmatik für das europäische Recht angesehen.[9]

II. Verpflichtete

Adressatin des so verstandenen Kohärenzgebotes ist dem Wortlaut nach »die Union« selbst, das heißt ihre Organe, Einrichtungen und Agenturen. Betroffen sind hier zentral die Kommission als Gestaltungsinitiator mitsamt ihrer Generaldirektionen sowie die Rechtsetzungsorgane Europäisches Parlament und Rat.[10] Im Bereich koordinierter Politiken sind zudem die **Mitgliedstaaten** verpflichtet, auf kohärentes Handeln hinzuwirken, vgl. insoweit auch Art. 181 Abs. 1 AEUV für die Forschungspolitik.[11] Unangewandt bleibt Art. 7 AEUV indes, soweit die Mitgliedstaaten Primärrecht ändern.[12]

5

III. Verhältnis zum Prinzip der begrenzten Einzelermächtigung

Der Verweis auf das Prinzip der begrenzten Einzelermächtigung in Art. 7 (2. Teil) AEUV verdankt sich entstehungsgeschichtlich der bereits erwähnten Intervention der deutschen Konventsmitglieder, die darauf abzielten, einer kompetenzerweiternden Auslegung des Kohärenzgebotes entgegenzutreten (s. Rn. 3). Er erfüllt insofern naturgemäß eine deklaratorische und nicht etwa eine konstitutive Funktion.[13]

6

IV. Justitiabilität

Art. 7 AEUV ist objektiv-rechtlicher Natur.[14] Aber auch im Übrigen ist die Reichweite der Justitiabilität der Norm durchaus fraglich: Im Ansatz besteht zwar weitgehende Einigkeit darüber, dass die Vorschrift als Rechtsnorm im Rahmen zulässiger Rechtsbehelfe justitiabel ist.[15] Einschränkungen im Bereich des GASP werden zudem durch Art. 40 EUV relativiert.[16] Als »zielbezogene Funktionsregel« richtet sich das Kohärenzgebot gleichwohl darauf, dass es durch politische Entscheidungen der Union implemen-

7

---

[9] Vgl. *Bartea*, ELJ 11 (2005), 154 ff. Explizit: *Ruffert*, in: Calliess/Ruffert, EUV/AEUV, Art. 7 AEUV, Rn. 11; *Calliess*, S. 1397 ff.; *Schorkopf*, in: Grabitz/Hilf/Nettesheim, EU, Art. 7 AEUV (September 2013), Rn. 24; *Schorkopf*, S. 139 ff. Relativierend *v. Bogdandy*, in: v. Bogdandy/Bast, Europäisches Verfassungsrecht, S. 13 ff., 17 f. Siehe ferner bereits *v. Bogdandy/Ehlermann*, EuR-Beih. 2/1998, 67 ff.
[10] Vgl. *Lenaertz*, CMLRev. 44 (2007), 1625 ff.
[11] *Ruffert*, in: Calliess/Ruffert, EUV/AEUV, Art. 7 AEUV, Rn. 4.
[12] *Schorkopf*, in: Grabitz/Hilf/Nettesheim, EU, Art. 7 AEUV (September 2013), Rn. 12.
[13] *Ruffert*, in: Calliess/Ruffert, EUV/AEUV, Art. 7 AEUV, Rn. 6; *Schorkopf*, in: Grabitz/Hilf/Nettesheim, Art. 7 AEUV (September 2013), Rn. 4, 7 u. 18 f.; *Streinz*, in: Streinz, EUV/AEUV, Art. 7 AEUV, Rn. 6.
[14] *Schorkopf*, in: Grabitz/Hilf/Nettesheim, EU, Art. 7 AEUV (September 2013), Rn. 12, verweist insoweit mit Grund darauf, dass es sich bei der vom Gerichtshof im Rahmen von Grundfreiheitsprüfungen entwickelten Figur der mitgliedstaatlichen Beschränkung in kohärenter und systematischer Weise um eine andere Rechtsfigur handelt. Zu letzterer und zu damit einhergehenden Forderungen nach vertikaler und horizontaler Kohärenz in der Rechtsprechung von EuGH und BVerfG siehe unlängst *Schneider*, WiVerw 2014, 165 ff., sowie *Lippert*, EuR 2012, 90 ff.
[15] *Streinz*, in: Streinz, EUV/AEUV, Art. 7 AEUV, Rn. 7.
[16] *Schorkopf*, in: Grabitz/Hilf/Nettesheim, EU, Art. 7 AEUV (September 2013), Rn. 21; *Streinz*, in: Streinz, EUV/AEUV, Art. 7 AEUV (September 2013), Rn. 7. Siehe hierzu, noch mit Blick auf Art. 47 EUV-Nizza, EuGH, Urt. v. 20.5.2008, Rs. C–91/05 (Kleinwaffen-Übereinkommen), Slg. 2008, I–3651, Rn. 57 ff.

tiert wird, und im Bereich gesetzgeberischen Handelns bestehen insoweit auch im Europarecht anerkannte Einschätzungsprärogativen und Beurteilungsspielräume.[17] Naturgemäß sind derartige Prärogativen und Spielräume dann nationale Spielräume, soweit die Mitgliedstaaten im Bereich koordinierter Politiken gesetzgeberisch tätig werden (s. Rn. 5).

---

[17] *Schorkopf*, in: Grabitz/Hilf/Nettesheim, EU, Art. 7 AEUV (September 2013), Rn. 14, 17 u. 20; *Streinz*, in: Streinz, EUV/AEUV, Art. 7 AEUV, Rn. 7.

Artikel 8 AEUV [Gleichstellung; Querschnittsklausel]

Bei allen ihren Tätigkeiten wirkt die Union darauf hin, Ungleichheiten zu beseitigen und die Gleichstellung von Männern und Frauen zu fördern.

Literaturübersicht

Baer, Gender Mainstreaming als Operationalisierung des Rechts auf Gleichheit. Ausgangspunkte, Rahmen und Perspektiven einer Strategie, in: Bothfeld/Gronbach/Riedmüller (Hrsg.), Gender mainstreaming – eine Innovation in der Gleichstellungspolitik. Zwischenberichte aus der politischen Praxis, 2002, S. 41; *Benhabib/Butler/Cornell/Fraser*, Der Streit um Differenz, 1993; *Europäische Kommission*, Mitteilung »Einbindung der Chancengleichheit in sämtliche politischen Konzepte und Maßnahmen der Gemeinschaft«, KOM (1996)67; *dies.*, Generaldirektion Beschäftigung, Soziales und Chancengleichheit, Leitfaden für die durchgängige Berücksichtigung der Geschlechter-Perspektive in der Beschäftigungspolitik, soziale Eingliederung und Sozialschutz, 2008; *dies.*, Mitteilung »Ein verstärktes Engagement für die Gleichstellung von Frauen und Männern. Eine Frauen-Charta.« KOM (2010)78 endg.; *Kocher*, Geschlechterdifferenz und Staat, KJ 1999, 182; *dies.*, Vom Diskriminierungsverbot zum »Mainstreaming«, RdA 2002, 16; *Prechal*, Anm. zur Entscheidung des EuGH in der Rechtssache »Kalanke«, CMLRev. 33 (1996), 1245; *Kokott*, Zur Gleichstellung von Mann und Frau – Deutsches Verfassungsrecht und europäisches Gemeinschaftsrecht, NJW 1994, 1094; *Schiek*, EU non-discrimination law & policy: Gender in the maze of multidimensional equalities, FS Pfarr, 2010, S. 472; *dies.*, Gender Equality under the Charter of Fundamental Rights for the European Union – a New Lease of Life for Positive Actions?, FS Nielsen, 2013, S. 299; *Stiegler*, Wie Gender in den Mainstream kommt. Konzepte, Argumente und Praxisbeispiele zur EU-Strategie des Gender Mainstreaming, in: Bothfeld/Gronbach/Riedmüller (Hrsg.), Gender mainstreaming – eine Innovation in der Gleichstellungspolitik. Zwischenberichte aus der politischen Praxis, 2002, S. 19; *Szydło*, Constitutional Values underlying Gender Equality on the Boards of Companies: How Should the EU put these Values into Practice?, International and Comparative Law Quarterly 63 (2014), 167; *Young*, Polity and Group Difference: A Critique of the Ideal of Universal Citizenship, Ethics 99 (1988/89), 250.

Leitentscheidung

EuGH, Urt. v. 1.3.2011, Rs. C–236/09 (Test-Achats), Slg. 2011, I–773

Wesentliche sekundärrechtliche Vorschriften

Empfehlung 96/694/EG des Rates vom 2.12.1996 über die ausgewogene Mitwirkung von Frauen und Männern am Entscheidungsprozess, ABl. 1996, L 319
Verordnung (EG) Nr. 1922/2006 des Europäischen Parlaments und des Rates vom 20.12.2006 zur Errichtung eines Europäischen Instituts für Gleichstellungsfragen, ABl. 2006, L 403/9
Beschluss der Kommission vom 16.6.2008 über die Einsetzung eines Beratenden Ausschusses für Chancengleichheit von Frauen und Männern (kodifizierte Fassung) (2008/590/EG), ABl. 2008, L 190/17

Inhaltsübersicht

	Rn.
A. Verhältnis zu anderen Normen und Begrifflichkeiten	1
B. Gegenstand und Ziele	5
C. Verfahren und Instrumente des Gender Mainstreaming	10
I. Instrumente des Gender Mainstreaming	12
II. Gender Mainstreaming in der Europäischen Union	15
D. Reichweite und Rechtswirkungen	19

A. Verhältnis zu anderen Normen und Begrifflichkeiten

1 Art. 8 AEUV ist die erste von insgesamt sechs **Querschnittsklauseln**: Geschlechtergleichstellung, sozialer Schutz, Diskriminierungsschutz, Umwelt-, Verbraucher- und Tierschutz. Sie entspricht wortgleich Art. 3 Abs. 2 des Amsterdamer Vertrags und regelt einen Ausschnitt aus Art. 3 Abs. 3 UAbs. 1 Satz 2 EUV, der über die Gleichstellung von Frauen und Männern hinaus auch Bekämpfung der sozialen Ausgrenzung und Diskriminierungen sowie Förderung sozialer Gerechtigkeit und sozialen Schutzes, der Solidarität zwischen den Generationen und den Schutz der Rechte des Kindes verlangt.[1]

2 Die Norm **ergänzt** die Rechtsgrundlagen für Gleichstellungspolitiken und/oder Frauenförderung einerseits sowie die Gleichbehandlungsgebote andererseits durch ein auf alle Politik- und Rechtsbereiche anwendbares Auslegungsziel. Darüber hinaus ergänzt die Norm Art. 10 AEUV insofern, als dieser ein allgemeines Mainstreaming-Gebot in Bezug auf die Bekämpfung von Diskriminierung wegen des Geschlechts enthält.[2]

3 Der Vertrag **unterscheidet** »Beseitigung von Ungleichheiten«, »Förderung der Gleichstellung« und »Bekämpfung von Diskriminierung«.[3] Dem Zusammenspiel dieser Konzepte liegt der Gedanke zugrunde, dass die gesellschaftliche Diskriminierung wegen des Geschlechts nur durch ein Bündel von Maßnahmen beseitigt werden kann, die unterschiedlichen Charakters sind. Dies entspricht auch dem Ansatz des Übereinkommens der Vereinten Nationen zur Beseitigung jeder Form von Diskriminierung der Frau (CEDAW). Art. 23 GRC, der als einzige Norm »Gleichheit« der Geschlechter als Ziel benennt, sieht die hierin enthaltene Gleichstellung (insbesondere Abs. 2) ebenfalls als notwendigen Bestandteil und nicht als Ausnahme vom Recht auf Gleichbehandlung.[4]

4 Der Begriff der »Gleichstellung« hat im Recht der EU den Begriff der »**Chancengleichheit**« abgelöst, der zum Teil etwas zu eng als bloße Erlaubnis präventiver Maßnahmen zur Ermöglichung gleicher Ausgangssituationen für die Geschlechter interpretiert wurde.[5] Soweit dieser Begriff sich noch in Art. 153 Abs. 1 Buchst. i und Art. 157 Abs. 3 AEUV findet, die auf ältere Fassungen zurückgehen, ist er im Sinne der Ziele des Art. 8 AEUV auszulegen. Das Ziel der **Bekämpfung von Diskriminierung**« (Art. 10 AEUV) unterscheidet sich hingegen genau wie Art. 23 GRC von den in Art. 8 AEUV genannten Zielen dadurch, dass es individuelle Konflikte zum Gegenstand hat und insofern auf den Individualrechtsschutz gerichtet ist.

B. Gegenstand und Ziele

5 Im Zusammenspiel all dieser Norm ist es die Aufgabe des Art. 8 AEUV, den Blick auf die tatsächlichen geschlechtsspezifischen Ungleichheiten zu richten. Gleichbehandlung wird hier als materielles, auf die gesellschaftliche Wirklichkeit gerichtetes Gebot verstanden.[6] Die Norm schließt insofern an ein **Verständnis von materieller Gleichheit** an,

---

[1] Siehe auch *Szydło*, International and Comparative Law Quarterly 63 (2014), 167 (181 ff.) zur Legitimation des Gleichstellungsgebots in der sozialen Marktwirtschaft und Demokratie.
[2] *Eichenhofer*, in: Streinz, EUV/AEUV, Art. 8 AEUV, Rn. 1.
[3] Genauer zur Entwicklung *Schiek*, FS Pfarr, S. 472 (473 ff., 485); für eine begriffliche Klärung bezogen auf das deutsche Recht *Kocher*, RdA 2002, 167.
[4] *Schiek*, FS Nielsen, S. 299.
[5] So auch noch *Rebhahn/Reiner*, in: Schwarze, EU-Kommentar, Art. 153 AEUV, Rn. 60.
[6] *Schiek*, Einleitung, in: Schiek (Hrsg.), AGG, 2007, Einl., Rn. 50 ff., Rn. 64.

wie es auch Art. 157 (insbesondere Abs. 4) AEUV sowie Art. 3 Richtlinie 2006/54/EG[7] und Art. 23 (insbesondere Abs. 2) GRC zugrunde liegt. Allerdings handelt es sich bei Art. 8 AEUV nicht um eine bloße Reaktion auf entsprechende EuGH-Urteile, insbesondere auf das Urteil in der Rechtssache »Kalanke«.[8] Die Norm verfolgt vielmehr mit dem »Gender Mainstreaming« einen über solche positiven Maßnahmen hinausgehenden strategischen Ansatz.

Mit dem Ziel der »materiellen und nicht nur formellen Gleichheit«[9] werden unterschiedliche gesellschaftspolitische Vorstellungen verknüpft. Vor allem mit Hilfe der Begriffe »**Gleichheit**« und »**Differenz**« ist lange strittig diskutiert worden, welche gesellschaftlichen Rollenmodelle für Männer und Frauen angestrebt werden sollten und inwiefern diese notwendig komplementär sein sollten.[10] Letztlich muss die Rechtsordnung das Ziel der Gleichwertigkeit unterschiedlicher Optionen der Lebensgestaltung und damit der Chancengleichheit verfolgen. Tatsächliche Wahlfreiheit aller Menschen kann aber nur durch ein materiell verstandenes Gleichheitsgebot erreicht werden. Dies setzt z. B. voraus, dass die geschlechtsspezifische Spaltung des Arbeitsmarktes nicht vertieft, sondern abgebaut wird.[11] Eine solche Gleichstellungspolitik dient nicht nur der Chancengleichheit und damit der individuellen Autonomie, sondern kann auch die Qualität von Entscheidungen dadurch verbessern, dass nicht nur die Sichtweise hegemonialer Gruppen als Entscheidungsgrundlage dient.[12]

6

Die Zielsetzung materieller Gleichheit soll laut Art. 8 AEUV durch eine **vergangenheitsgerichtete** Perspektive (»Beseitigung von Ungleichheiten«) und eine **zukunftsgerichtete** Perspektive (»Förderung von Gleichstellung«) verfolgt werden. Der enge Zusammenhang zwischen den beiden Perspektiven wurde in der ursprünglichen Fassung des Art. 2 Abs. 4 der Richtlinie 76/207/EWG[13] deutlich (heute abgelöst durch Art. 3 der Richtlinie 2006/54/EG). Sie sah Maßnahmen zur »Beseitigung der tatsächlich bestehenden Ungleichheiten« als einen besonderen Anwendungsfall der Maßnahmen »zur Förderung der Chancengleichheit für Männer und Frauen« an (zu den begrifflichen Unterschieden s. Rn. 3).

7

Welche Ungleichheiten tatsächlich bestehen und deshalb zu beseitigen wären, lässt sich insbesondere daran messen und ablesen, wie die Geschlechter in unterschiedlichen

8

---

[7] Richtlinie 2006/54/EG vom 5.7.2006 zur Verwirklichung des Grundsatzes der Chancengleichheit und Gleichbehandlung von Männern und Frauen in Arbeits- und Beschäftigungsfragen, ABl. 2006, L 204/23.

[8] So aber *Rossi*, in: Calliess/Ruffert, EUV/AEUV, Art. 8 AEUV, Rn. 2; vgl. EuGH, Urt. v. 17.10. 1995, Rs. C–450/93 (Kalanke), Slg. 1995, I–3051; genauer zu dieser Rechtsprechung s. Art. 157 AEUV, Rn. 148 ff., insbesondere Rn. 165 ff.

[9] EuGH, Urt. v. 6.7.2000, Rs. C–407/98 (Abrahamsson und Anderson), Slg. 2000, I–5539, Rn. 48.

[10] Zur Debatte z. B. *Benhabib/Butler/Cornell/Fraser*; *Kocher*, KJ 1999, 182 (184 ff.); *Kokott*, NJW 1994, 1094 ff.

[11] Ausführlich dazu auch *Kocher*, KJ 1999, 182 ff.; *dies.*, Die Erwerbstätigkeit von Frauen und ihre Auswirkungen auf das Arbeitsrecht – oder umgekehrt …, in: Rudolf (Hrsg.), Querelles – Jahrbuch für Frauen- und Geschlechterforschung. Geschlecht im Recht, 2009, S. 216 (220).

[12] *Young*, Ethics 99 (1988/89), 250 ff. für den Bereich staatlicher Entscheidungen; vgl. auch *Prechal*, CMLRev. 33 (1996), 1245 (1257), die eine Unterscheidung zwischen Chancen- und Ergebnisgleichheit ebenfalls für nicht hilfreich hält.

[13] Richtlinie 76/207/EWG vom 9.2.1976 zur Verwirklichung des Grundsatzes der Gleichbehandlung von Männern und Frauen hinsichtlich des Zugangs zur Beschäftigung, zur Berufsbildung und zum beruflichen Aufstieg sowie in Bezug auf Arbeitsbedingungen, ABl. 1976, L 39/40.

Lebensbereichen beteiligt sind.[14] Die Zielsetzung der **Beseitigung von Ungleichheiten** weist darauf hin, dass sich Recht und Politik der Europäischen Union an tatsächlichen empirischen Daten zur Geschlechtergleichheit zu orientieren haben.

9 Das Ziel der **Förderung von Gleichstellung** bezieht sich auf Maßnahmen, mit denen festgestellte Ungleichheiten beseitigt werden können und verlangt eine Überprüfung und Messung entsprechender Maßnahmen in Hinblick auf ihre Effektivität.

C. Verfahren und Instrumente des Gender Mainstreaming

10 Die Formulierung als Querschnittsklausel (»bei allen ihren Tätigkeiten«) sowie die Betonung sowohl der vergangenheits- als auch der zukunftsgerichteten Perspektiven macht deutlich, dass Art. 8 AEUV eine Politik des »**Gender Mainstreaming**« vorschreibt. Unter Gender Mainstreaming versteht man eine (Re-)Organisation, Verbesserung, Entwicklung und Evaluierung aller Entscheidungsprozesse unter dem Blickwinkel der Gleichstellung von Männern und Frauen. Der Ansatz erkennt an, dass es keinen Bereich gibt, in dem Gleichstellungsfragen keine Rolle spielten; gesellschaftliche Prozesse, Politik und Recht sind in aller Regel vergeschlechtlicht und damit nicht geschlechtsneutral. Deshalb soll Gleichstellungspolitik nicht isoliert von anderen Politiken betrieben werden. Der Blickwinkel der Gleichstellung zwischen Männern und Frauen soll in allen Bereichen und auf allen Ebenen eingenommen werden.[15]

11 Gender-Mainstreaming nimmt bewusst **beide Geschlechter** mit der Perspektive der Gleichstellung in den Blick und erfasst damit auch Blickwinkel und Maßnahmen der Frauenförderung, beschränkt sich aber nicht auf diese.

I. Instrumente des Gender Mainstreaming

12 Beim Gender Mainstreaming handelt es sich um ein **Steuerungskonzept** für Prozesse der Evaluation, auf deren Grundlage einzelne Schritte zur Veränderung festgelegt und umgesetzt werden. Dies erfolgt durch eine Analyse bestehender Ungleichheiten, Festlegung von Zielen für die Gleichstellung sowie fortlaufende Evaluation und »Gender Controlling«, begleitet durch finanzielle Anreiz- und Sanktionssysteme.[16]

13 Zur Ermittlung bestehender Ungleichheiten ist zunächst eine **geschlechterdifferenzierte Datenerhebung** erforderlich (s. Art. 3 Abs. 1a, b und d der VO (EG) Nr. 1922/2006). Darüber hinaus erfordert eine solche Gleichstellungspolitik **Fähigkeiten und Kenntnisse** hinsichtlich der Unterschiede zwischen den Geschlechtern und ihrem Verhältnis (»Gender-Wissen« und »Gender-Bewusstsein«), insbesondere bei den Entscheidungsträgerinnen und Entscheidungsträgern (s. Art. 3 Abs. 1 c, e und g der VO (EG) Nr. 1922/2006). Um Qualifikationsdefizite im Erkennen von struktureller Diskriminierung zu bekämpfen und zu verhindern, dass anstelle einer Hinterfragung von Stereotypen traditionelle Rollenerwartungen festgeschrieben werden (s. Art. 3 Abs. 1 h der VO (EG) Nr. 1922/2006), wird die Verwirklichung von Gender Mainstreaming

---

[14] *Schweizer*, Der Gleichberechtigungssatz – neue Form, alter Inhalt?, 1998, S. 145.
[15] Grundlegend *Stiegler*, S. 19 ff.; *Baer*, S. 41 ff. (Gender Mainstreaming als Strategie).
[16] Siehe auch die vier Schritte in *Europäische Kommission*, 2008: Organisation, Erwerb von Wissen über geschlechtsspezifische Unterschiede, Bewertung geschlechtsspezifischer Auswirkungen und Überarbeitung politischer Maßnahmen. Zum Gender Mainstreaming als Gegenstand der Norm vgl. auch *Eichenhofer*, in: Streinz, EUV/AEUV, Art. 8 AEUV, Rn. 7 f.

meist entsprechende Fortbildungsangebote erforderlich machen. Vor diesem Hintergrund wird in aller Regel die Einrichtung von Fachressorts für Geschlechterpolitik, in Einzelfällen auch die Hinzuziehung von sonstigen Expertinnen und Experten unabdingbar sein.[17]

Zu den Maßnahmen, die aufgrund der notwendigen Analysen entwickelt werden können, gehören auch Maßnahmen der **Frauenförderung**, mit denen »[i]m Hinblick auf die effektive Gewährleistung der vollen Gleichstellung von Männern und Frauen« »spezifische Vergünstigungen für das unterrepräsentierte Geschlecht« beibehalten oder beschlossen werden (s. Art. 157 Abs. 4 AEUV, Rn. 148 ff.; Art. 23 Abs. 2 GRC).

14

II. Gender Mainstreaming in der Europäischen Union

Das Konzept des Gender Mainstreaming wurde erstmals 1985 auf der 3. UN-Weltfrauenkonferenz in Nairobi diskutiert und zehn Jahre später auf der 4. UN-Weltfrauenkonferenz in Peking weiterentwickelt.[18] Die **Europäische Kommission** veröffentlichte 1996 eine Mitteilung zur »Einbindung der Chancengleichheit in sämtliche politischen Konzepte und Maßnahmen der Gemeinschaft«.[19] Der Amsterdamer Vertrag schrieb die Strategie des Gender Mainstreaming auf EU-Ebene daraufhin erstmals rechtlich verbindlich fest. Im Jahr 2008 erstellte die Kommission einen Leitfaden für Entscheidungsträger.[20] Der Stand der Gleichstellung sowie die Fortschritte werden jährlich dokumentiert und in Berichten zur Gleichstellung von Frauen und Männern vorgelegt, die Grundlage entsprechender Aktionsprogramme bzw. Strategien sein sollen.[21] Im Jahre 2010 verabschiedete die Kommission eine Erklärung »Charta für Frauen«, in der als Schlüsselbereiche für Maßnahmen identifiziert werden: gleiche wirtschaftliche Unabhängigkeit für Frauen und Männer, gleicher Lohn für gleichwertige Arbeit, ausgewogene Repräsentanz/Gleichstellung in Entscheidungsprozessen, Würde, Integrität, Bekämpfung geschlechtsbezogener Gewalt sowie die Förderung der Gleichstellung von Frauen und Männern außerhalb der Europäischen Union bzw. in der Außenpolitik.[22] Anlässlich der

15

---

[17] *Stiegler*, S. 19.
[18] Pekinger Erklärung und Pekinger Aktionsplattform, siehe Report of the Fourth World Conference on Women, Beijing, 4–15.9.1995 (United Nations publication, Sales No. E.96.IV.13), Kap. I, Resolution 1, Anlagen I und II = Bericht der Vierten Weltfrauenkonferenz, Hrsg.: Deutsche Gesellschaft für die Vereinten Nationen (DGVN), Bonn 1996, (<http://www.un.org/Depts/german/conf/beijing/beij_bericht.html> (2.2.2017); zur Weiterentwicklung in der Generalversammlung der UN siehe Resolution 67/148 vom 20.12.2012.
[19] *Europäische Kommission*, Mitteilung KOM (1996)67; siehe auch die vorherigen Aktionsprogramme, z.B. 4. Aktionsprogramm für die Chancengleichheit von Männern und Frauen (1996–2000), Beschluss 95/593/EG des Rates vom 22.12.1995 über ein mittelfristiges Aktionsprogramm der Gemeinschaft für die Chancengleichheit von Männern und Frauen (1996–2000), ABl. 1995, L 335/37; zu Empfehlung 96/694/EG (über die ausgewogene Mitwirkung von Frauen und Männern am Entscheidungsprozess) siehe auch *Rust*, in: GSH, Europäisches Unionsrecht, Art. 157 AEUV, Rn. 86 ff.
[20] *Europäische Kommission*, Leitfaden für die durchgängige Berücksichtigung der Geschlechter-Perspektive in der Beschäftigungspolitik, soziale Eingliederung und Sozialschutz, 2008.
[21] Siehe zuletzt *Europäische Kommission*, Progress on equality between women and men in 2012, http://ec.europa.eu/justice/gender-equality/files/documents/130530_annual_report_en.pdf (2.2.2017); Mitteilung v. 7.6.2000, 5. Aktionsprogramm »Für eine Rahmenstrategie der Gemeinschaft zur Förderung der Gleichstellung von Frauen und Männern (2001–2005)«, KOM(2000) 335 endg.; Mitteilung »Ein Fahrplan für die Gleichstellung von Frauen und Männern 2006–2010«, KOM (2006)92 endg.; Mitteilung v. 21.9.2010, »Strategie für die Gleichstellung von Frauen und Männern (2010–2015)«, KOM(2010) 491 endg.; Beschluss des Rats »Europäischer Pakt für die Gleichstellung der Geschlechter (2011–2020)«, ABl. 2011, C-155/02, S. 10–13.
[22] *Europäische Kommission*, Mitteilung vom 30.4.2010 »Ein verstärktes Engagement für die Gleichstellung von Frauen und Männern. Eine Frauen-Charta«, KOM(2010)78 endg.

Unterzeichnung des Lissabon-Vertrags betonte die Europäische Union darüber hinaus die Bedeutung der Bekämpfung von »[jeder] Art der häuslichen Gewalt«.[23]

16 Seit 1981 gibt es einen **Beratenden Ausschuss für Chancengleichheit** von Frauen und Männern, der die Kommission in allen Gleichstellungsfragen berät.[24] Er tagt mindestens zweimal jährlich und besteht aus 68 Mitgliedern aus allen Mitgliedstaaten, die zum Teil durch die Regierungen der Mitgliedstaaten, zum Teil von der Kommission auf Vorschlag der einzelstaatlichen Gremien für die Geschlechtergleichstellung ernannt werden und zu einem dritten Teil die Arbeitgeber- und Arbeitnehmerorganisationen auf Unionsebene vertreten. Der Ausschuss gibt auf Ersuchen der Kommission oder von sich aus Stellungnahmen ab; im Anschluss an die Beratungen finden keine Abstimmungen statt (Art. 11 des Kommissionsbeschlusses 2008/590/EG). Die **Europäische Frauenlobby**, die seit 1990 in Brüssel als Kontaktstelle zwischen mehr als 2000 Frauenorganisationen in ganz Europa und den EU-Organen arbeitet, ist beobachtend vertreten.

17 Das **Europäische Institut für Gleichstellungsfragen** (European Institute for Gender Equality (EIGE) in Vilnius), das im Jahre 2007 als unabhängige Stelle geschaffen wurde, unterstützt nicht nur die EU selbst, sondern auch die Mitgliedstaaten in ihren Bemühungen zur Förderung von Geschlechtergleichstellung, der Bekämpfung von Geschlechtsdiskriminierung und der Bewusstseinsbildung zu Gleichbehandlungsfragen. Zu diesem Zweck erhebt und analysiert es Daten, entwickelt Instrumente, fördert den Austausch bewährter Verfahren (Best Practice-Beispiele) und geht in die europäische Öffentlichkeit, um die Unionsbürgerinnen und Unionsbürger zu sensibilisieren. Das Institut soll insbesondere auch eine Methode zur Berücksichtigung des Gender Mainstreaming in allen Politikbereichen entwickeln (Art. 3 Abs. 1 c der VO (EG) Nr. 1922/2006, mit der das Institut errichtet wurde.

18 Als Rückschritt muss z. B. die **Europa 2020-Strategie** zur Krisenbewältigung angesehen werden, die in ihren sieben Leitinitiativen nicht auf die Geschlechterdimension eingeht und dementsprechend auch keine konkreten Maßnahmen benennt. Lediglich die Beschäftigungsquote von Frauen wird behandelt, ohne allerdings unterschiedliche Ausgangssituationen auf dem Arbeitsmarkt zu berücksichtigen.[25]

D. Reichweite und Rechtswirkungen

19 Die Norm stellt keine Kompetenzgrundlagen für konkrete Maßnahmen dar und begründet keine subjektiven Rechte. Art. 8 AEUV stellt aber einen **Rechtsgrundsatz** auf, an dem alle Maßnahmen der Union zu überprüfen sind. Die Norm begründet darüber hinaus eine Rechtspflicht geschlechtsdifferenzierter Analyse aller Maßnahmen der Europäischen Union.[26]

---

[23] Erklärung Nr. 19 zur Schlussakte der Regierungskonferenz, die den am 13.12.2007 unterzeichneten Vertrag von Lissabon angenommen hat, zu Art. 8 AEUV; hervorgehoben von *Rust*, in: GSH, Europäische Union, Art. 8 AEUV, Rn. 24.

[24] *Europäische Kommission*, Beschluss vom 16.6.2008 über die Einsetzung eines Beratenden Ausschusses für Chancengleichheit von Frauen und Männern (kodifizierte Fassung) (2008/590/EG), ABl. 2008, L 190/17.

[25] *Europäische Kommission*, Mitteilung vom 3.3.2010 »Europa 2020. Eine Strategie für intelligentes, nachhaltiges und integratives Wachstum«, KOM (2010)2020 (die Leitinitiativen finden sich auf S. 15 ff.); genauer zur Kritik siehe *Europäischer Wirtschafts- und Sozialausschuss*, Initiativstellungnahme »Die Geschlechterdimension der Europa–2020-Strategie«, SOC/471, S. 5.

[26] *Baer*, S. 48 ff. zur Bedeutung des Rechts im Gender Mainstreaming; vgl. auch *Eichenhofer*, in: Streinz, EUV/AEUV, Art. 8 AEUV, Rn. 8 zur Notwendigkeit der Gesetzesfolgenabschätzung.

Insbesondere kann eine Maßnahme wegen Verstoßes gegen das Gebot des Gender Mainstreaming **unwirksam** sein. Dies setzt voraus, dass die Maßnahme offensichtlich das Förderungsgebot verletzt. In der Regel wird dies erst dann zu bejahen sein, wenn die Maßnahme Ungleichheit statt Gleichstellung fördert. Zu berücksichtigen ist insbesondere, dass das Ziel der Gleichstellung der Geschlechter im Sinne des Art. 8 AEUV **schrittweise** verwirklicht werden kann.[27] Die Union kann insofern den Zeitpunkt ihres Tätigwerdens bestimmen, wobei sie der Entwicklung der wirtschaftlichen und sozialen Verhältnisse in der Union Rechnung zu tragen hat. »Ist jedoch ein solches Tätigwerden beschlossen worden, muss es in kohärenter Weise auf die Erreichung des verfolgten Ziels hinwirken«; Übergangszeiten oder Ausnahmen begrenzten Umfangs dürfen nicht so ausgestaltet sein, dass sie die Gefahr einer unbefristeten Erlaubnis für Ungleichbehandlungen von Frauen und Männern mit sich bringen.[28]

20

Art. 8 AEUV **richtet sich** ausschließlich an die Organe der Union, nicht an die Mitgliedstaaten.[29] Im Gegensatz zu den Querschnittsklauseln in Art. 9 bis 13 AEUV soll die Europäische Union ein Gender Mainstreaming jedoch nicht nur »bei der Festlegung und Durchführung ihrer Politik und ihrer Maßnahmen« beachten, sondern »**bei allen ihren Tätigkeiten**«.[30]

21

Die Zielsetzung des Gender Mainstreaming kann auch spezifische Maßnahmen zur Beschränkung von Grundfreiheiten rechtfertigen. Laut Art. 8 AEUV stellt das Gleichbehandlungs- und Gleichstellungsziel ein **zwingendes Allgemeininteresse** dar und vermag deshalb Beschränkungen zu rechtfertigen.

22

---

[27] Siehe z. B. RL 79/7/EWG vom 19.12.1978 zur schrittweisen Verwirklichung des Grundsatzes der Gleichbehandlung von Männern und Frauen im Bereich der sozialen Sicherheit, ABl. 1979, L 6/24 f., insbesondere Art. 7.
[28] EuGH, Urt. v. 1.3.2011, Rs. C–236/09 (Test-Achats), Slg. 2011, I–773, Rn. 17 ff., 20 ff.
[29] *Rossi*, in: Calliess/Ruffert, EUV/AEUV, Art. 8 AEUV, Rn. 4; die Aufgabenstellung des »European Institute for Gender Equality« (EIGE) erstreckt sich aber auf die Unterstützung der Mitgliedstaaten, s. Rn. 17.
[30] Auf der Regierungskonferenz zur Annahme des Lissabon-Vertrags wurden die Mitgliedstaaten ausdrücklich sogar zur Bekämpfung häuslicher Gewalt aufgefordert (Erklärung Nr. 19 zur Schlussakte der Regierungskonferenz, die den am 13.12.2007 unterzeichneten Vertrag von Lissabon angenommen hat, zu Art. 8 AEUV).

Artikel 9 AEUV [Sozialer Schutz; Querschnittsklausel]

Bei der Festlegung und Durchführung ihrer Politik und ihrer Maßnahmen trägt die Union den Erfordernissen im Zusammenhang mit der Förderung eines hohen Beschäftigungsniveaus, mit der Gewährleistung eines angemessenen sozialen Schutzes, mit der Bekämpfung der sozialen Ausgrenzung sowie mit einem hohen Niveau der allgemeinen und beruflichen Bildung und des Gesundheitsschutzes Rechnung.

Literaturübersicht

Bryde, Europäisches Grundrecht der Tarifautonomie und europäisches Sozialstaatsprinzip als Schranken europäischer Wirtschaftsregulierung, SR 2012, 2; *Bücker*, A comprehensive social progress protocol is needed more than ever, ELLJ 2013, 4; *Kingreen*, Soziales Fortschrittsprotokoll. Potenzial und Alternativen, 2014; *Kocher*, Stoppt den EuGH? Zum Ort der Politik in einer europäischen Arbeitsverfassung, in: Fischer-Lescano/Rödl/Schmid (Hrsg.), Europäische Gesellschaftsverfassung, 2009, S. 161; *Roth*, Beschäftigung als geldpolitisches Ziel der Europäischen Zentralbank, SR 2015, 141; *Sagan*, § 1 Grundlagen des europäischen Arbeitsrechts, in: Preis/Sagan (Hrsg.), Europäisches Arbeitsrecht, 2015; *Schiek*, Economic and Social Integration in Europe. The Challenge for EU Constitutional Law, 2012; *Weiss*, The Potential of the Treaty has to be used to its full extent, ELLJ 2013, 24.

Inhaltsübersicht

		Rn.
A.	Verhältnis zu anderen Normen und Begrifflichkeiten	1
B.	Sozialer Schutz und Sozialpolitik im Binnenmarkt	10
C.	Reichweite und Rechtswirkungen	13
	I. Anwendungsbereich	13
	II. Rechtswirkungen	14

A. Verhältnis zu anderen Normen und Begrifflichkeiten

1 Art. 9 AEUV enthält eine Querschnittsklausel zugunsten bestimmter Prinzipien der »**sozialen Marktwirtschaft**« als Ausdruck eines freiheitlichen Menschenbildes.[1] Genannt werden insofern die Förderung eines hohen Beschäftigungsniveaus, Gewährleistung eines angemessenen sozialen Schutzes, Bekämpfung der sozialen Ausgrenzung sowie ein hohes Niveau der allgemeinen und beruflichen Bildung und des Gesundheitsschutzes.[2] Die Norm steht in einem engen Zusammenhang mit dem allgemeinen Bekenntnis zur sozialen Marktwirtschaft in Art. 3 Abs. 3 UAbs. 1 Satz 2 EUV[3] und den dort genannten Zielen der Vollbeschäftigung sowie des sozialen Fortschritts.

2 Das Ziel eines **hohen Beschäftigungsniveaus** ist auf das Ziel der Vollbeschäftigung (Art. 3 Abs. 3 UAbs. 1 Satz 2 EUV) bezogen;[4] Art. 151 Abs. 1 AEUV benennt es als dauerhaft angestrebt.[5] Das Niveau der Beschäftigung ist auf das Gesamtgebiet der

---

[1] *Kotzur*, in: Geiger/Khan/Kotzur, EUV/AEUV, Art. 9 AEUV, Rn. 1 unter Verweis auf den Schlussbericht der Gruppe XI Verfassungskonvent (CONV 516/1/03 REV 1, Nr. 20); *Bieber/Epiney/Haag*, Die EU, § 20, Rn. 6; vgl. auch *Bryde*, SR 2012, 2 (13 f.): »Europäisches Sozialstaatsprinzip«.
[2] Siehe z. B. zu den beschäftigungspolitischen Aufgaben der Geldpolitik *Roth*, SR 2015, 141 (147 f.) (der sie allerdings aus Art. 15 der EU-Grundrechte-Charta herleitet).
[3] *Gassner*, in: Vedder/Heintschel v. Heinegg, Europäisches Unionsrecht, Art. 9 AEUV, Rn. 3.
[4] Aber enger formuliert, vgl. *Sagan*, Rn. 44.
[5] *Krebber*, in: Calliess/Ruffert, EUV/AEUV, Art. 9 AEUV, Rn. 1 scheint die unterschiedliche Formulierung als Ausdruck unterschiedlichen Verständnisses zu interpretieren.

Union bezogen zu messen.[6] Spezifische Politiken in diesem Bereich regeln die Art. 145 ff. AEUV. Nach Art. 147 Abs. 1 AEUV fördert die Union in diesem Bereich in erster Linie die Zusammenarbeit zwischen den Mitgliedstaaten und unterstützt bzw. ergänzt deren Maßnahmen. Art. 147 Abs. 2 AEUV doppelt Art. 9 AEUV insofern, als auch dort das Ziel eines hohen Beschäftigungsniveaus als Querschnittsaufgabe definiert wird. Die Verbesserung der Beschäftigungsmöglichkeiten der Arbeitskräfte im Binnenmarkt ist auch Ziel des Europäischen Sozialfonds nach Art. 162 bis 164 AEUV.

Einer Konkretisierung dessen, was mit **angemessenem sozialem Schutz** gemeint ist, dient u. a. das Grundrecht des Art. 34 GRC. Konkrete Rechtsetzungskompetenzen enthält insbesondere Art. 153 Abs. 1 Buchst. c AEUV, wobei die Kompetenzabgrenzung zu den Mitgliedstaaten zu beachten ist (vgl. Art. 153 Abs. 4 AEUV). Eine Koordinierungskompetenz auf dem Gebiet der sozialen Sicherheit enthält Art. 48 AEUV. Nach Art. 160 AEUV fördert auch der Ausschuss für sozialen Schutz die Zusammenarbeit zwischen den Mitgliedstaaten und mit der Kommission im Bereich des sozialen Schutzes. 3

Das in Art. 9 AEUV benannte Ziel der »**Bekämpfung der sozialen Ausgrenzung**« steht in einem engen Zusammenhang mit den Zielen des sozialen Zusammenhalts bzw. der Kohäsion i. S. d. Art. 174–178 AEUV, wo »eine harmonische Entwicklung der Union als Ganzes« als Ziel einer Politik zur Stärkung des »wirtschaftlichen, sozialen und territorialen Zusammenhalts« benannt wird. Für die Sozialpolitik der Union benennt auch Art. 151 AEUV die »Bekämpfung von Ausgrenzungen« als Ziel, womit ebenfalls »soziale Ausgrenzungen« gemeint sind.[7] Art. 153 Abs. 2 Buchst. a AEUV in Verbindung mit Abs. 1 Buchst. j derselben Norm ermöglicht der Union in diesem Bereich, »die Zusammenarbeit zwischen den Mitgliedstaaten durch Initiativen zu fördern, die die Verbesserung des Wissensstands, die Entwicklung des Austauschs von Informationen und bewährten Verfahren, die Förderung innovativer Ansätze und die Bewertung von Erfahrungen zum Ziel haben« – allerdings unter Verzicht auf jegliche Harmonisierung von Rechts- und Verwaltungsvorschriften (s. Art. 153 AEUV, Rn. 32; Rn. 92). 4

Mit dem Begriff der sozialen Ausgrenzung werden sozialpolitische Anliegen in einem weiten Sinn zum Gegenstand der Querschnittsklausel. Obwohl die Verträge die »Beseitigung der Armut« lediglich in den Beziehungen der EU »zur übrigen Welt«, d. h. in der Entwicklungspolitik thematisieren (vgl. Art. 3 Abs. 5 EUV), betreffen die EU-Programme gegen soziale Ausgrenzung insbesondere die Unterstützung von Bewohnern benachteiligter Stadtteile und ländlichen Gebieten sowie von Langzeitarbeitslosen, älteren Menschen und Behinderten und richten sich explizit auf die **Bekämpfung der Armut** als Instrument zur Gewährleistung des sozialen und territorialen Zusammenhalts.[8] 5

Wie schon Art. 3 Abs. 3 UAbs. 2 EUV zeigt, geht es bei der Bekämpfung der sozialen Ausgrenzung weitgehend um Fragen der Gleichheit, des Diskriminierungsschutzes und 6

---

[6] So kann der Verlust von Beschäftigungsmöglichkeiten in einem Land durch Beschäftigungsmöglichkeiten in einem anderen Land ausgeglichen werden (*Rebhahn*, in: Schwarze, EU-Kommentar, Art. 9 AEUV, Rn. 6).

[7] Ausführlich zu Begriffen und Konzepten der »Sozialen Integration« in der EU siehe *Schiek*, S. 31 ff.

[8] Siehe insbesondere Leitinitiative »Europäische Plattform zur Bekämpfung der Armut«, nach: Europäische Kommission, Mitteilung vom 3. 3. 2010 »Europa 2020. Eine Strategie für intelligentes, nachhaltiges und integratives Wachstum«, KOM (2010)2020 endg., S. 23 ff. Die nationale Armutsgrenze ist definiert als 60 % des nationalen verfügbaren medianen Äquivalenzeinkommens in jedem Mitgliedstaat (ebd., S. 13, Rn. 3).

der **sozialen Gerechtigkeit**.[9] Ziel der Leitinitiative »Europäische Plattform zur Bekämpfung der Armut« ist deshalb in erster Linie, dass »die Vorteile von Wachstum und Beschäftigung allen zugutekommen, und Menschen, die unter Armut und sozialer Ausgrenzung leiden, in Würde leben und sich aktiv am gesellschaftlichen Leben beteiligen können«, wobei auf die »besonderen Umstände bestimmter, besonders gefährdeter gesellschaftlicher Gruppen (wie Alleinerziehende, ältere Frauen, Minderheiten, Roma, Behinderte, Obdachlose)« geachtet werden soll.[10] Insofern steht dieses Querschnittsziel in einem engen Zusammenhang mit dem Diskriminierungsschutz nach Art. 10 AEUV.

7   Fragen der Bildung werden in den Verträgen in aller Regel im Zusammenhang mit der Beschäftigungspolitik thematisiert. Insofern besteht ein enger Zusammenhang mit dem Ziel der Gewährleistung lebenslangen Lernens im Sinne von Art. 15 der Europäischen Gemeinschaftscharta der sozialen Grundrechte der Arbeitnehmer vom 9.12.1989.[11] Die Besonderheit des Art. 9 AEUV besteht insofern vor allem darin, dass hier über die berufliche Bildung hinaus auch die allgemeine Bildung angesprochen wird. Das Ziel eines **hohen Niveaus der allgemeinen und beruflichen Bildung** wird auch mit den Aufgaben nach Art. 165 f. AEUV angestrebt, wonach die Union die Zusammenarbeit zwischen den Mitgliedstaaten zur Erreichung einer qualitativ hochstehenden Bildung fördern soll.[12]

8   Auch für das Ziel eines **hohen Gesundheitsschutzes** kann die Union nach Art. 168 AEUV die Zusammenarbeit zwischen Mitgliedstaaten fördern.

9   All diese Querschnittsziele werden in Art. 9 AEUV unter der Überschrift »**sozialer Schutz**« zusammengefasst, was insbesondere für die Ziele in der Bildungspolitik und dem Gesundheitsschutz einen spezifischen sozialpolitischen Kontext herstellt.[13] Die einzelnen in hier genannten Ziele sind in ihrem **Zusammenhang** zu sehen, wobei die Bekämpfung der sozialen Ausgrenzung als Klammer hervorsticht. So weist z.B. die Europäische Kommission darauf hin, dass ein höheres Bildungsniveau die Beschäftigungsfähigkeit erhöhe, und diese wiederum helfe, die Armut einzugrenzen.[14] Es sind diese Zusammenhänge, die unter dem Begriff »**soziale Entwicklung**« der Union nach Art. 191 Abs. 3 AEUV auch bei der Erarbeitung der Umweltpolitik berücksichtigt werden sollen. Insofern ist es Ausdruck der Querschnittsaufgabe des Art. 9 AEUV, wenn Art. 207 Abs. 4 UAbs. 3 Buchst. b AEUV im Bereich der Gemeinsamen Handelspolitik ein Einstimmigkeitserfordernis vorsieht für den Abschluss von Abkommen, die den Handel mit Dienstleistungen des Sozial-, Bildungs- oder Gesundheitssektors betreffen, wenn diese Abkommen die einzelstaatliche Organisation dieser Dienstleistungen ernsthaft stören und die Verantwortlichkeit der Mitgliedstaaten für ihre Erbringung beeinträchtigen könnte.[15]

---

[9] *Sagan*, Rn. 44.
[10] Siehe Leitinitiative »Europäische Plattform zur Bekämpfung der Armut« (Fn. 8), S. 23 ff.
[11] Siehe auch Empfehlung des Rates (93/404/EWG) v. 30.6.1993 über den Zugang zur Weiterbildung, ABl. 1993, L 181/37.
[12] Vgl. auch den Hinweis von *Rust*, in: GSH, Europäisches Unionsrecht, Art. 9 AEUV, Rn. 126, auf den strategischen Rahmen »EU 2020«.
[13] Etwas anders *Krebber*, in: Calliess/Ruffert, EUV/AEUV, Art. 9 AEUV, Rn. 1: keine eigenständige Bedeutung.
[14] *Europäische Kommission*, KOM (2010)2020 (Fn. 8), S. 13.
[15] Vgl. aber auch die implizite Anerkennung bevölkerungspolitischer Erwägungen als sozialpolitische Rechtfertigung durch den EuGH, Urt. v. 18.7.2007, Rs. C–213/05 (Geven), Slg. 2007, I–6347, Rn. 21: Der Gerichtshof hielt die Förderung der Geburtenrate für einen der nationalen Sozialpolitik vorbehaltenen Bereich (dazu genauer *Schiek*, S. 149 ff.).

B. Sozialer Schutz und Sozialpolitik im Binnenmarkt

Die in Art. 9 AEUV angesprochenen Ziele stehen in einem engen Zusammenhang mit der Beschäftigungs- und insbesondere der **Sozialpolitik**. Zum Teil sind sie auch in Art. 151 AEUV genannt, der allerdings darüber hinaus eine Zielsetzung der »Verbesserung der Lebens- und Arbeitsbedingungen« vorgibt, wie sie auch in der Präambel als Ziel der Union benannt sind. Die Norm ist insofern »sozialpolitisch unvollständig«, als die Ziele der kollektiven Autonomie und der kollektiven Interessenvertretung hier fehlen. Dies wird nur teilweise durch Art. 152 AEUV ausgeglichen.[16] Beide Bereiche haben aber unterschiedliche Anwendungsbereiche; während die Art. 151 f. AEUV sozialpolitisch angelegte Maßnahmen zum Gegenstand haben, geht es in Art. 9 AEUV um die Berücksichtigung gesellschaftspolitischer Integration bei allen Politiken der Union. Der Fokus liegt hier anders als bei Art. 151 AEUV weniger auf der Entwicklung in der Zeit als auf der horizontalen Gerechtigkeit.

Aufgrund der **Lücken** des Art. 9 AEUV im Vergleich mit anderen Vorschriften wurde schon geschlossen, dass die Norm der Verwirklichung sozialpolitischer Ziele in der gegenwärtigen Fassung mehr schaden als nützen könne.[17] Das Fehlen einer sozialpolitischen Zielsetzung in die Zukunft hinein lässt aber keineswegs auf einen generellen Vorrang des Binnenmarkts gegenüber der Sozialpolitik »im Gesamtgefüge der Unionspolitiken« schließen[18] – im Gegenteil: Denn der sich aus Art. 9 AEUV ergebende Auftrag zugunsten der wirtschaftlichen und sozialen Integration fordert eine durchgehende soziale Einbettung des Binnenmarkts und macht deutlich, dass die soziale Integration nicht vollständig der mitgliedstaatlichen Ebene überlassen bleibt.[19]

Allerdings hat die Norm sich in der Vergangenheit als nicht geeignet erwiesen, einer »Asymmetrie« der Verträge in Bezug auf Binnenmarkt und Sozialschutz entgegenzuwirken.[20] Insbesondere von Seiten des Europäischen Gewerkschaftsbundes (EGB) wird deshalb gefordert, die Klausel durch ein **Soziales Fortschrittsprotokoll** klarzustellen und zu entwickeln.[21] Vorbild hierfür ist Art. 191 AEUV, der insbesondere in Abs. 2 UAbs. 2 weiter formuliert ist als Art. 3 Abs. 3 EUV, Art. 9 AEUV und Art. 151 Abs. 1 AEUV.[22] Umstritten ist auch, inwiefern ein bestimmtes Verhältnis sozialer Grundrechte zu den Grundfreiheiten festgeschrieben werden könnte (sog. »Monti-Klausel«).[23] Das eigent-

---

[16] *Kingreen*, S. 45 f.
[17] *Kingreen*, S. 46 f.
[18] So aber *Krebber*, in: Calliess/Ruffert, EUV/AEUV, Art. 9 AEUV, Rn. 2; vgl. auch *Hanau*, NJW 1996, 1369 (1372): Es gehöre nicht zur Philosophie des Europäischen Binnenmarktes, einen »Wettbewerb der schlechteren Arbeitsbedingungen« zu ermöglichen.
[19] *Schiek*, S. 219 ff.; in diese Richtung auch *Weiss*, ELLJ 2013, 24; *Bieber/Epiney/Haag*, Die EU, § 22, Rn. 6.
[20] *Rebhahn*, in: Schwarze, EU-Kommentar, Art. 9 AEUV, Rn. 1 (»Akt symbolischer Politik«); nach Meinung des Europäischer Wirtschafts- und Sozialausschuss, Stellungnahme »Die offene Koordinierungsmethode und die Sozialklausel vor dem Hintergrund der Europa–2020-Strategie (Sondierungsstellungnahme, Punkt 4.1.), sind die Auswirkungen »vor allem informeller Art.«, ABl. C 44/23 ff. Zur Entstehungsgeschichte der Norm im Einzelnen *Rust*, in: GSH, Europäisches Unionsrecht, Art. 9, Rn. 1 ff.
[21] Abdruck des vorgeschlagenen Protokolls in *Kingreen*, S. 11 ff.; zur Bewertung S. 57 ff.; siehe auch *Bücker*, ELLJ 2013, 4 (12 f.); ausführlich zu den Auseinandersetzungen bei Ausformulierung in der Entstehungsgeschichte *Schorkopf*, in: Grabitz/Hilf/Nettesheim, EU, Art. 9 AEUV (September 2013), Rn. 2 ff.
[22] *Bücker*, ELLJ 2013, 4 (17).
[23] Der Begriff bezieht sich auf Art. 2 der VO (EG) Nr. 2679/98 vom 7.12.1998 über das Funktio-

liche Problem besteht jedoch weniger in der Formulierung des Art. 9 AEUV, der als Querschnittsklausel nur eingeschränkt die Auslegung der Grundfreiheiten beeinflussen kann, als vielmehr in der Auslegung des Grundrechts in Art. 28 GRC; dies ist so zu interpretieren, dass angemessene Spielräume für Kollektivverhandlungen eröffnet bleiben müssen (genauer Art. 28 GRC, Rn. 23 f.; Rn. 40).[24]

C. Reichweite und Rechtswirkungen

I. Anwendungsbereich

13 Art. 9 AEUV **richtet sich** ausschließlich an die Organe der Union, nicht an die Mitgliedstaaten.[25] Anders als die Vorgabe des Gender Mainstreaming (Art. 8 AEUV) gilt die Norm nicht »bei allen [...] Tätigkeiten« der EU, sondern nur »bei der Festlegung und Durchführung ihrer Politik und ihrer Maßnahmen«. Dies bezieht sich in der Sache aber sowohl auf Handlungen auf der Ebene der Gesetzgebung als auch auf rechtlich unverbindliche Tätigkeiten. Der Begriff ist insofern nicht enger als der allgemeine Begriff der »Tätigkeiten«, sondern betont nur stärker die Zuständigkeitserweiterungen der Union in die Sozialpolitik hinein, wie sie sich aus dem Lissabon-Vertrag im Vergleich zu früheren Verträgen ergeben.[26]

II. Rechtswirkungen

14 Art. 9 AEUV vermittelt keine subjektiven Rechte und stellt keinen Kompetenztitel dar.[27] Die Norm begründet aber die **Rechtspflicht**, alle Maßnahmen der Union in Hinblick auf die hier genannten sozialpolitischen Ziele zu überprüfen.[28] Verstößt eine Maßnahme gegen das Mainstreaminggebot des Art. 9 AEUV, so ist sie unwirksam (für Art. 8 AEUV s. dort Rn. 20).

15 Die Instrumente zur Verwirklichung des Querschnittsansatzes gleichen den Instrumenten des Gender Mainstreaming (s. Art. 8 AEUV, Rn. 12 ff.). Die Norm macht insbesondere eine Analyse aller Maßnahmen der Europäischen Union erforderlich. Von besonderer Bedeutung für die Verwirklichung dieser Politiken als Querschnittspolitik sind deshalb **Analyse und Monitoring** der Zielerreichung. Dem dienen u. a. die Berichtspflichten des Art. 159 AEUV sowie bezogen auf die soziale Lage allgemein die des

---

nieren des Binnenmarktes im Zusammenhang mit dem freien Warenverkehr zwischen den Mitgliedstaaten, ABl. 1998, L 337/8. Zu den Positionen siehe einerseits EGB (in *Kingreen*, S. 11 ff.) (Vorrang sozialer Grundrechte), andererseits *Kingreen*, S. 63 ff. (praktische Konkordanz); s. auch *Europäische Kommission*, Binnenmarktakte v. 13.4.2011. Zwölf Hebel zur Förderung von Wachstum und Vertrauen. Gemeinsam für neues Wachstum, KOM (2011)206 endg., S. 19.

[24] *Kingreen*, S. 63 ff. schlägt deshalb vor, die Stellung der Sozialpartnerschaft in Art. 9 AEUV zu stärken; zur grundrechtlichen Debatte s. Art. 28 GRC, Rn. 20 ff., sowie bereits *Kocher*, S. 161 (178 f.).

[25] *Schorkopf*, in: Grabitz/Hilf/Nettesheim, EU, Art. 9 AEUV (September 2013), Rn. 19, dort auch kritisch zur mittelbaren Adressatenstellung der Mitgliedstaaten; *Rust* in: GSH, Europäisches Unionsrecht, Art. 9 AEUV, Rn. 120.

[26] *Schorkopf*, in: Grabitz/Hilf/Nettesheim, EU, Art. 9 AEUV (September 2013), Rn. 17.

[27] *Schorkopf*, in: Grabitz/Hilf/Nettesheim, EU, Art. 9 AEUV (September 2013), Rn. 19.

[28] Für das Verständnis eines »rechtlichen Sollens« siehe auch *Rebhahn*, in: Schwarze, EU-Kommentar, Art. 9 AEUV, Rn. 3; *Bryde*, SR 2012, 2 (14).

Art. 161 AEUV. Auch Fragen der sozialen Ausgrenzung sind mit entsprechenden Methoden operationalisierbar.[29]

Als Gegenstand dieser Rechtspflicht formuliert die Norm etwas umständlich, dass »den Erfordernissen im Zusammenhang mit« all diesen Zielen »**Rechnung zu tragen**« sei. Diese Formulierung wird im AEUV häufiger in Zusammenhängen sozialen Schutzes verwendet und weist auf mögliche Zielkonflikte hin, die sich gerade beim sozialen Schutz ergeben können.[30] Sie enthält das Eingeständnis, dass der Prozess der Europäisierung nicht notwendig die Ziele des sozialen Schutzes im Sinne des Art. 9 AEUV verwirklicht. Im Vergleich mit anderen Querschnittsnormen, die von der Union verlangen, einen bestimmten Zustand zu erreichen (»achtet« [Art. 7 AEUV] und »wirkt darauf hin« [Art. 8 AEUV] oder »zielt darauf ab« [Art. 10 AEUV]), bezieht sich die hier verwendete Formulierung stärker auf den Willensbildungsprozess.[31] Dadurch ergibt sich ein weiter Ermessens- und Handlungsspielraum; die Begründung des Handelns muss allerdings deutlich machen, wie die Ziele des sozialen Schutzes berücksichtigt wurden.[32] 16

Die Querschnittsklausel macht die Zielsetzungen des sozialen Schutzes und der Bekämpfung von Ausgrenzungen darüber hinaus in rechtlich verbindlicher Weise zu einem Gesichtspunkt der **inhaltlichen Abwägung** bei Maßnahmen der Union. Die Querschnittsklausel bietet insofern die Möglichkeit, dem sozialen Schutz gegenüber dem Binnenmarkt stärkeres Gewicht zu verleihen, als dies bisher getan wurde.[33] Dies kann sich rechtlich unterschiedlich auswirken, z. B. auf die Frage der Unternehmenseigenschaft sozialer Versicherungsträger oder auf die Reichweite des Vergaberechts.[34] 17

Von praktischer Bedeutung sind insbesondere Auswirkungen auf die Verhältnismäßigkeitsprüfung bei Grundfreiheiten.[35] Soweit spezifische Maßnahmen zur Verwirklichung der Ziele des Art. 9 AEUV Grundfreiheiten beschränken, können solche Beschränkungen gerechtfertigt sein. Denn bei den hier genannten Zielen handelt es sich für die EU um **zwingende Gründe des Allgemeininteresses**.[36] Zwar erkennt der EuGH bereits seit langem an, dass der Schutz der Arbeitnehmer ein zwingender Grund des Allgemeininteresses sein könne, der eine Beschränkung von Grundfreiheiten erlauben könne.[37] Die Querschnittsklausel fordert nun jedoch dazu auf, »zwingende Gründe des 18

---

[29] Kritisch z.B. *Krebber*, in: Calliess/Ruffert, EUV/AEUV, Art. 9 AEUV, Rn. 2 der gerade das in Art. 9 AEUV nicht genannte Ziel einer »Verbesserung« der Lebens- und Arbeitsbedingungen für »im Einzelfall noch am ehesten messbar« hält. Vgl. auch die Forderung des Europäischen Wirtschafts- und Sozialausschusses nach sozialen Folgenabschätzungen, Stellungnahme »Die offene Koordinierungsmethode und die Sozialklausel vor dem Hintergrund der Europa–2020-Strategie (Sondierungsstellungnahme), ABl. 2011, C 44/23 (Punkt 1.4.: insbesondere die für die Beschäftigung, die Zahl der in Armut lebenden Personen und die sozialen Risiken).
[30] *Schorkopf*, in: Grabitz/Hilf/Nettesheim, EU, Art. 9 AEUV (September 2013), Rn. 20f.; zu vergleichen insofern mit Art. 208 Abs. 1 UAbs. 2 AEUV.
[31] *Schorkopf*, in: Grabitz/Hilf/Nettesheim, EU, Art. 9 AEUV (September 2013), Rn. 20f.; *Rebhahn*, in: Schwarze, EU-Kommentar, Art. 9 AEUV, Rn. 3; *Kingreen*, S. 45f. interpretieren dies als schwächere Bindung.
[32] In diese Richtung auch *Schorkopf*, in: Grabitz/Hilf/Nettesheim, EU, Art. 9 AEUV (September 2013), Rn. 20f.; siehe auch *Bryde*, SR 2012, 2 (14): insbesondere relevant bei vollständigem Abwägungsausfall.
[33] *Rebhahn*, in: Schwarze, EU-Kommentar, Art. 9 AEUV, Rn. 6; *Weiss*, ELLJ 2013, 24 (27).
[34] *Kingreen*, S. 42 ff.
[35] *Kingreen*, S. 42 ff.
[36] Siehe z. B. EuGH, Urt. v. 6.9.2012, Rs. C–544/10 (Deutsches Weintor), ECLI:EU:C:2012:526, Rn. 49, m. w. N. aus der Rechtsprechung.
[37] Dies betont *Krebber*, in: Calliess/Ruffert, EUV/AEUV, Art. 9 AEUV, Rn. 2; aus der Rechtsprechung s. z. B. EuGH, Urt. v. 23.1.1999, verb. Rs. C–369/96 u. C–376/96 (Arblade u. a.), Slg. 1999,

Allgemeininteresses« als Ausnahme vom freien Dienstleistungsverkehr nicht mehr eng auszulegen und Sozialschutz nicht mehr »als etwas Außergewöhnliches [zu betrachten], dem restriktiv zu begegnen wäre«[38] (genauer Art. 151 AEUV, Rn. 38 ff.).

I–8453, Rn. 36; Urt. v. 25.10.2001, verb. Rs. C–49/98, C–50/98, C–52/98 – C–54/98 u. C–68/98 – C–71/98 (Finalarte u. a.), Slg. 2001, I–7831, Rn. 33; Urt. v. 11.12.2007, C–438/05 (Viking), Slg 2007, I–10779, Rn. 78 ff.

[38] GA *Cruz-Villalón*, Schlussanträge zu Rs. C–515/08 (Santos Palhota), Slg. 2010, I–9133, Rn. 51 ff.; *Kingreen*, S. 45 f. bedauert, dass der EuGH dies in der Entscheidung selbst noch nicht aufgriff.

Artikel 10 AEUV [Diskriminierungsschutz, Querschnittsklausel]

Bei der Festlegung und Durchführung ihrer Politik und ihrer Maßnahmen zielt die Union darauf ab, Diskriminierungen aus Gründen des Geschlechts, der Rasse, der ethnischen Herkunft, der Religion oder der Weltanschauung, einer Behinderung, des Alters oder der sexuellen Ausrichtung zu bekämpfen.

Literaturübersicht

Grünberger, § 3 Nichtdiskriminierungsrecht, in: Preis/Sagan (Hrsg.), Europäisches Arbeitsrecht, 2015; *Schiek*, EU non-discrimination law & policy: Gender in the maze of multidimensional equalities, FS Pfarr, 2010, S. 472.
Siehe auch Art. 8 und Art. 19 AEUV.

Wesentliche sekundärrechtliche Vorschriften

Beschluss (EU) 2010/48/EG des Rates vom 26. 11. 2009 über den Abschluss des Übereinkommens der Vereinten Nationen über die Rechte von Menschen mit Behinderungen durch die Europäische Gemeinschaft, ABl. 2010, L 23/35

Inhaltsübersicht

	Rn.
A. Verhältnis zu anderen Normen	1
B. Mainstreaming des Diskriminierungsschutzes/Diversity Management	4
C. Reichweite und Rechtswirkungen	6

A. Verhältnis zu anderen Normen

Die Querschnittsklausel zur Bekämpfung von Diskriminierung nimmt Ziele auf, die bereits in Art. 3 Abs. 3 EUV[1] als Zielsetzung der Europäischen Union genannt werden. In Hinblick auf das Geschlecht wird die Norm durch das Gleichstellungsgebot des Art. 8 AEUV **ergänzt**. Allerdings bezieht sich dieses stärker auf die gesellschaftlichen Wirkungen von Diskriminierungen und zielt auch auf die Beseitigung von Ungleichheiten sowie die Förderung von Gleichstellung; die Ziele des Art. 8 AEUV gehen insofern über die in Art. 10 AEUV benannte Bekämpfung von Diskriminierung hinaus[2] (s. Art. 8 AEUV, Rn. 3 f.). Die Querschnittsklausel zum Diskriminierungsschutz steht in einem engen Zusammenhang mit den Zielen des sozialen Zusammenhalts und der Bekämpfung von Ausgrenzungen (s. Art. 9 AEUV, Rn. 6). 1

Zur Bekämpfung von Diskriminierung stellen Art. 19 und Art. 157 Abs. 3 AEUV Kompetenzgrundlagen für spezifische Maßnahmen bereit.[3] Die auf diesen Grundlagen beschlossenen Richtlinien dienen wiederum der Konkretisierung **subjektiver Rechte** auf Gleichbehandlung und Diskriminierungsschutz,[4] wie sie sich aus Art. 157 AEUV, 2

---

[1] *Folz*, in: Vedder/Heintschel v. Heinegg, Europäisches Unionsrecht, Art. 10 AEUV, Rn. 1; *Rossi*, in: Calliess/Ruffert, EUV/AEUV, Art. 10 AEUV, Rn. 1.
[2] *Rossi*, in: Calliess/Ruffert, EUV/AEUV, Art. 10 AEUV, Rn. 3; genauer zum (problematischen) Verhältnis dieser beiden Normen *Schiek*, FS Pfarr, S. 472.
[3] *Lenz*, in: Lenz/Borchardt, EU-Verträge, Art. 10 AEUV, Rn. 2; *Rossi*, in: Calliess/Ruffert, EUV/AEUV, Art. 10 AEUV, Rn. 3 für Abs. 19 AEUV; *Folz*, in: Vedder/Heintschel v. Heinegg, Europäisches Unionsrecht, Art. 8 AEUV, Rn. 2.
[4] Zu diesem Konzept EuGH, Urt. v. 22.11.2005, Rs. C–144/04 (Mangold), Slg. 2005, I–9981, Rn. 74; genauer s. Art. 27 GRC, Rn. 16.

Art. 21 sowie Art. 23 GRC ergeben und wie sie in den Richtlinien 2000/43/EG,[5] 2000/78/EG,[6] 2006/54/EG[7] und 2004/113/EG[8] konkretisiert werden. Unter den völkerrechtlichen Vorgaben zum Schutz vor Diskriminierung ist im Recht der Europäischen Union insbesondere die UN-Behindertenrechtskonvention von Bedeutung, die durch die Europäische Union selbst ratifiziert wurde.[9]

3   Der enge Bezug zu subjektiven Rechten und damit zu individuellen Konflikten und Interessen und der Rechtsverwirklichung kennzeichnet Art. 10 AEUV im Gegensatz zu Art. 8 AEUV (abgesehen von dem »horizontalen« Ansatz einer gleichzeitigen Behandlung der unterschiedlichsten Diskriminierungsgründe[10]). Was die Zielsetzung angeht, unterscheiden die Normen sich hingegen nicht; auch Art. 10 AEUV richtet sich auf die Förderung **materieller Gleichstellung** und verbietet deshalb ebenfalls nicht positive Maßnahmen, mit denen die Ziele der Norm erreicht werden können.[11]

B. Mainstreaming des Diskriminierungsschutzes/Diversity Management

4   Die Norm entspricht als Querschnittsklausel und Mainstreaming-Gebot in ihrer systematischen Bedeutung Art. 8 und 9 AEUV. Sie verlangt deshalb nach ähnlichen **Instrumenten**, insbesondere nach einer Analyse bestehender Ungleichheiten, der Festlegung von Zielen für die Gleichstellung sowie fortlaufender Evaluation und »Diversity Controlling« (s. Art. 8 AEUV, Rn. 12 ff).

5   Zu den einzelnen **verpönten Merkmalen** (Geschlecht, Rasse, ethnische Herkunft, Religion, Weltanschauung, Behinderung, Alter, sexuelle Ausrichtung) s. Art. 19 AEUV.

---

[5] RL 2000/43/EG vom 29.6.2000 zur Anwendung des Gleichbehandlungsgrundsatzes ohne Unterschied der Rasse oder der ethnischen Herkunft, ABl. 2000, L 180/22.
[6] RL 2000/78/EG vom 27.11.2000 zur Feststellung eines allgemeinen Rahmens für die Verwirklichung der Gleichbehandlung in Beschäftigung und Beruf, ABl. 2000, L 303/16.
[7] RL 2006/54/EG vom 5.7.2006 zur Verwirklichung des Grundsatzes der Chancengleichheit und Gleichbehandlung von Männern und Frauen in Arbeits- und Beschäftigungsfragen, ABl. 2006, L 204/23.
[8] RL 2004/113/EG vom 13.12.2004 zur Verwirklichung des Grundsatzes der Gleichbehandlung von Männern und Frauen beim Zugang zu und bei der Versorgung mit Gütern und Dienstleistungen, ABl. 2004, L 373/37.
[9] Beschluss (EU) 2010/48/EG des Rates vom 26.11.2009 über den Abschluss des Übereinkommens der Vereinten Nationen über die Rechte von Menschen mit Behinderungen durch die Europäische Gemeinschaft, ABl. 2010, L 23/35; zu den Rechtswirkungen siehe EuGH, Urt. v. 11.4.2013, verb. Rs. C–335/11 u. Rs. C–337/11 (Ring und Skouboe Werge), ECLI:EU:C:2013:222; zu den Rechtsfolgen dieser Ratifizierung ausführlich Urt. v. 18.3.2014, Rs. C–363/12 (Z./A Government Department), ECLI:EU:C:2014:159, Rn. 70 ff.; zu weiteren völkerrechtlichen Grundlagen ausführlich *Schiek*, in: Schiek (Hrsg.), AGG, 2007, Einl., Rn. 61 ff.
[10] Dieses Problem wird ausführlich behandelt bei *Schiek*, FS Pfarr, S. 472.
[11] Genauer *Grünberger*, Rn. 6 ff.; anders wohl *Rossi*, in: Calliess/Ruffert, EUV/AEUV, Art. 10 AEUV, Rn. 3; vgl. auch *Rust*, in: GSH, Europäisches Unionsrecht, Art. 10 AEUV, Rn. 14 f.

C. Reichweite und Rechtswirkungen

Art. 10 AEUV **richtet sich** ausschließlich an die Organe der Union, nicht an die Mitgliedstaaten. Genau wie die anderen Querschnittsklauseln vermittelt auch Art. 10 AEUV keine Kompetenzgrundlage und keine subjektiven Rechte (s. Rn. 2).

Als Querschnittsklausel ist Art. 10 AEUV Orientierungsrahmen für jegliches unionale Handeln. Bei der Wahl geeigneter Maßnahmen bleibt den zuständigen Organen jedoch ein weiter politischer Handlungsspielraum,[12] zumal die **Rechtspflicht** hier schwächer formuliert ist als z. B. bei der Querschnittsklausel des Art. 11 AEUV (»müssen«).[13] Bei der Auslegung von Sekundärrecht und primärrechtlichen Handlungsbefugnissen kann die Norm als Auslegungshilfe dienen.[14]

Auch die in Art. 10 AEUV genannten Ziele sind **zwingende Gründe des Allgemeininteresses**, die eine Beschränkung von Grundfreiheiten rechtfertigen können.

---

[12] *Streinz*, in: Streinz, EUV/AEUV, Art. 10 AEUV, Rn. 3, der auch auf die Begründungspflicht (Art. 296 Abs. 2 AEUV) hinweist.
[13] *Rebhahn*, in: Schwarze, EU-Kommentar, Art. 10 AEUV, Rn. 4.
[14] *Kotzur*, in: Geiger/Khan/Kotzur, EUV/AEUV, Art. 10 AEUV, Rn. 1.

Artikel 11 AEUV [Umweltschutz; Integrationsklausel]

Die Erfordernisse des Umweltschutzes müssen bei der Festlegung und Durchführung der Unionspolitiken und -maßnahmen insbesondere zur Förderung einer nachhaltigen Entwicklung einbezogen werden.

Literaturübersicht

Appel, Staatliche Zukunfts- und Entwicklungsvorsorge, Zum Wandel der Dogmatik des Öffentlichen Rechts am Beispiel des Konzepts der nachhaltigen Entwicklung im Umweltrecht, 2005; *Breier*, Die Bedeutung der umweltrechtlichen Querschnittsklausel des Art. 130r Abs. 2. Satz 2 EWG-Vertrag für die Verwirklichung des europäischen Binnenmarktes, NuR 1992, 174; *ders.*, Umweltschutz in der Europäischen Gemeinschaft, NuR 1993, 457 ff.; *Bruha/Hesse/Nowak*, Welche Verfassung für Europa?, 2001; *Bungenberg*, Europäische Wirtschaftsverfassung zwischen Freiheit und Regulierung am Beispiel des Umweltschutzes, in: Fastenrath/Nowak (Hrsg.), Der Lissabonner Reformvertrag, 2009, S. 205; *Calliess*, Ansatzpunkte für eine umweltverträgliche Verkehrspolitik im europäischen Binnenmarkt – unter besonderer Berücksichtigung des Art. 130r Abs. 2 S. 3 EGV, ZAU 1994, 322; *ders.*, Die Güterkraftverkehrspolitik der EG. Unter besonderer Berücksichtigung des Umweltschutzes, IUR 1992, 219 ff.; *ders.*, Die Güterkraftverkehrspolitik der EG. Unter besonderer Berücksichtigung des Umweltschutzes, Die neue Querschnittsklausel des Art. 6 ex 3c EGV als Instrument zur Umsetzung des Grundsatzes der nachhaltigen Entwicklung, DVBl 1998, 559 ff.; *ders.*, EG-Umweltrecht, in: Hansmann/Sellner (Hrsg.), Grundzüge des Umweltrechts, 2007; *ders.*, Perspektiven für eine Weiterentwicklung der Europäischen Union zu einer ökologischen Rechtsgemeinschaft, KJ 1994, 284; *Dhondt*, Integration of Environmental Protection into other EC policies, ELP 2003, 106 f.; *Eisele*, Besprechung von EuGH, Urt. v. 23.10.2007, Rs. C–440/05, Nichtigkeit des Rahmenbeschlusses zur Verstärkung des strafrechtlichen Rahmens zur Bekämpfung der Verschmutzung durch Schiffe, JZ 2008, 251 ff.; *Eisele*, Oberste Rechtsprechung zum Tätigwerden der Gemeinschaftsgesetzgeber auf dem Gebiet des Strafrechts, JZ 2008, 251 ff.; *Epiney*, Umweltrecht in der Europäischen Union, 2013; *ders.*, Umweltrechtliche Querschnittsklausel und freier Warenverkehr: die Einbeziehung umweltpolitischer Belange über die Beschränkung der Grundfreiheit, NuR 1995, 497 ff.; *Epiney/Furrer*, Umweltschutz nach Maastricht, EuR 1992, 369 ff.; *Frenz*, Europäisches Umweltrecht, 1997; *Häberle*, Nachhaltigkeit und Gemeineuropäisches Verfassungsrecht – eine Textstufenanalyse, in: Kahl (Hrsg.), Nachhaltigkeit als Verbundbegriff, 2008, S. 180; *Heselhaus*, Abgabenhoheit der Europäischen Gemeinschaft in der Umweltpolitik, 2001; *Humphreys*, Sustainability in European Transport Policy, 2011; *Jahns-Böhm/Breier*, Die umweltrechtliche Querschnittsklausel des Art. 130r II 2 EWGV, EuZW 1992, 49 ff.; *Jahns-Böhm*, Umweltschutz durch europäisches Gemeinschaftsrecht am Beispiel der Luftreinhaltung, 1994; *Kahl*, Umweltprinzip und Gemeinschaftsrecht, 1993; *Krämer*, Droit, de l' Environnement de l' Union européenne, 2011; *Krämer*, EC Treaty and environmental law, 1996; *Liu*, Europäisierung des deutschen Umweltrechts, 2008, S. 19 ff, in: Gilbert (Hrsg.), Schriften zum internationalen und öffentlichen Recht, Band 72, 2008; *Meßerschmidt*, Europäisches Umweltrecht, 2011; *Pernice*, Auswirkungen des europäischen Binnenmarktes auf das Umweltrecht – Gemeinschafts(verfassungs-)rechtliche Grundlagen, NVwZ 1990, 201 ff.; *Rengeling*, Handbuch zum europäischen und deutschen Umweltrecht [EUDUR]. Eine systematische Darstellung des europäischen Umweltrechts mit seinen Auswirkungen auf das deutsche Recht und mit rechtspolitischen Perspektiven, Bd. I, Allgemeines Umweltrecht, LIV, Bd. II, LIV, 1954; *ders.*, Umweltschutz und andere Politiken der EG, 1993; *Ress*, Umweltrecht und Umweltpolitik der EG nach dem. Vertrag über die EU, Vorträge aus dem Europa-Institut der Universität des Saarlandes, Nr. 291, 1992; *Ruppel*, Europäisches und Internationales Energiewirtschaftsrecht, 2009; *Scheuing*, Umweltschutz auf der Grundlage der Einheitlichen Europäischen Akte, EuR 1989, 152 ff.; *Schmitz*, Die EU als Umweltunion: Entwicklung, Stand und Grenzen der Umweltschutzkompetenzen der EU, 1996; *Stein*, Die Querschnittsklausel zwischen Maastricht und Karlsruhe, FS Everling, 1995, Bd. II, 1439 ff.; *Vorwerk*, Umweltpolitische Kompetenzen der Europäischen Gemeinschaft und ihrer Mitgliedstaaten nach Inkrafttreten der EEA, 1990; *A. M. Weidemann*, Die Bedeutung der Querschnittsklauseln für die Kompetenzen innerhalb der europäischen Gemeinschaft aus deutscher Sicht, 2007; *C. Weidemann*, Umsetzung von Abfall-Richtlinien: Urteil des EuGH zum deutschen Abfallrecht, NVwZ 1995, 866; *Wiegand*, Bestmöglicher Umweltschutz als Aufgabe der Europäischen Gemeinschaften, DVBl 1993, 533 ff.; *Zils*, Die Wertigkeit des Umweltschutzes in Beziehung zu anderen Aufgaben der EG, 1998; *Zuleeg*, Vorbehaltene Kompetenzen der Mitgliedstaaten der Europäischen Gemeinschaft auf dem Gebiete des Umweltschutzes, NVwZ 1987, 280.

Leitentscheidungen

EuGH, Urt. v. 7.11.1991, Rs. C–17/90 (Pinaud Wieger), Slg. 1991, I–5253
EuGH, Urt. v. 9.7.1992, Rs. C–2/90 (Kommission/Belgien), Slg. 1992, I–4431
EuGH, Urt. v. 5.5.1998, Rs. C–180/96 (Vereinigtes Königreich/Kommission), Slg. 1996, I–3903
EuGH, Urt. v. 8.11.2001, Rs. C–143/99 (Adria Wien Pipeline und Wietersdorfer & Peggauer Zementwerke), Slg. 2001, I–8365
EuGH, Urt. v. 17.9.2002, Rs. C–513/99 (Concordia Bus), Slg. 2002, I–7213
EuGH, Urt. v. 14.12.2004, Rs. C–463/01 (Kommission/Deutschland), Slg. 2004, I–11705
EuGH, Urt. v. 13.9.2005, Rs. C–176/03 (Kommission/Rat), Slg. 2005, I–7879

Wesentliche sekundärrechtliche Vorschriften

UVP-Richtlinie 85/337/EWG des Rates vom 27.6.1985 über die Umweltverträglichkeitsprüfung bei bestimmten öffentlichen und privaten Projekten, ABl. 1985, L 175/40 zuletzt geändert durch die Richtlinie 2014/52/EU v. 16.4.2014, ABl. 2014, L 124/1
Richtlinie 2003/4/EG vom 28.1.2003 über den Zugang der Öffentlichkeit zu Umweltinformationen und zur Aufhebung der Richtlinie 90/313/EWG des Rates (Umweltinformationsrichtlinie), ABl. 2003, L 41/26 und die Richtlinie 2003/35/EG v. 26.5.2003 über die Beteiligung der Öffentlichkeit bei der Ausarbeitung bestimmter umweltbezogener Pläne und Programme und zur Änderung der Richtlinien 85/337/EWG und 91/61/EG des Rates in Bezug auf die Öffentlichkeitsbeteiligung und den Zugang zu Gerichten (Öffentlichkeitsbeteiligungsrichtlinie), ABl. 2003, L 156/17

Inhaltsübersicht

	Rn.
A. Bedeutung und systematischer Überblick	1
B. Entstehungsgeschichte	7
C. Inhalt der Integrationsklausel	10
I. Konzeption und Rechtsnatur	10
1. Normative Gehalte und Adressaten	10
2. Rechtsnatur	12
a) Rechtsverbindlichkeit	12
b) Gerichtliche Überprüfung	16
II. Materielle und prozedurale Vorgaben	19
1. Erfordernisse des Umweltschutzes	19
2. Einbeziehung	20
3. Erfasste Bereiche	21
a) Umweltpolitiken und -maßnahmen	21
b) Festlegung und Durchführung	23
4. Förderung einer nachhaltigen Entwicklung	24
5. Adressaten	26
III. Materielle und prozedurale Wirkungen	29
D. Kritische Würdigung	33

A. Bedeutung und systematischer Überblick

Art. 11 AEUV gebietet, dass die **Erfordernisse des Umweltschutzes** umfassend in **alle anderen Politikbereiche** der EU integriert werden, und zielt »insbesondere [auf die] Förderung einer nachhaltigen Entwicklung«. Dieser **Integrationsklausel** kommt für den Umweltschutz in der EU eine **grundlegende Bedeutung** zu, die in der Literatur nicht immer ausreichend anerkannt wird.[1] Grund dafür ist maßgeblich eine unterschiedliche

1

---

[1] Vgl. die eher kritischen Bewertungen bei *Epiney*, 5. Kap., Rn. 36 ff.; *Kahl*, in: Streinz, EUV/AEUV, Art. 11 AEUV, Rn. 59 ff. in Bezug auf die Umsetzung.

Gewichtung der Funktionen der Norm. Ihr kommt eine unersetzliche Bedeutung in Bezug auf die Funktion der »Einbeziehung«, der **Integration des Umweltschutzes** in die anderen Politiken zu, indem sie die Berücksichtigung von Umweltbelangen in anderen Kompetenzvorschriften **kompetenzrechtlich** zulässt. Erfolgt die Bewertung hingegen aus dem Blickwinkel des Zieles der **effektiven Stärkung** des Umweltschutzes im Ergebnis, des Grades der Einbeziehung,[2] insbesondere im Sekundärrecht, muss die Vorschrift eine gehörige Last der – im Übrigen oft zutreffenden – Kritik an der Umweltperformance der Europäischen Union tragen.[3] Diesbezüglich ist allerdings grundsätzlich die Frage nach der effektiven Steuerungsfähigkeit objektiv-rechtlicher Grundsätze für den politischen Gesetzgeber aufzuwerfen.

2 Die Bezeichnung von Art. 11 AEUV ist umstritten. Überwiegend wird er als »Querschnittsklausel« betitelt.[4] Daran ist zutreffend, dass sich Fragen des Umweltschutzes in allen Politikbereichen stellen, Umweltschutz mithin eine **Querschnittsmaterie** ist.[5] Darauf muss die EU mit ihrem sektoralen Zuschnitt der Rechtsetzungskompetenzen unter dem **Prinzip der begrenzten Einzelermächtigung**[6] reagieren, um den umweltpolitischen Erfordernissen in der gesamten Bandbreite Ihrer Tätigkeiten gerecht werden zu können. Insofern ist Art. 11 AEUV eine spezifische Unionsnorm.[7] Mittlerweile erkennen die Verträge mehreren Politikbereichen einen Querschnittscharakter zu.[8] Die Funktion von Art. 11 AEUV besteht aber nicht nur in der Anerkennung des Querschnittscharakters der Aufgabe Umweltschutzes, sondern auch in der normativen Antwort auf die Frage, ob und wie die **Integration der umweltpolitischen Belange** in die anderen Politikbereiche zu erfolgen hat. Darüber hinausgehende Wirkungen auf das Ergebnis des politischen Handelns in den betreffenden Bereichen sind hingegen weniger dem Integrationsprinzip als dem – ebenfalls in der Vorschrift enthaltenen – Nachhaltigkeitsprinzip zuzurechnen.[9] Deshalb erscheint die Bezeichnung **Integrationsklausel** als vorzugswürdig.

3 Die Integrationsklausel nach Art. 11 AEUV erfüllt mehrere **Funktionen**. Zuvörderst klärt sie die früher umstrittenen Frage, ob die EU unter den **Rechtsetzungskompetenzen** in anderen Politikbereichen auch **Aspekte des Umweltschutzes** beachten darf,[10] in dem sie sogar eine entsprechende Pflicht (s. Rn. 12 f.) einführt. Insofern wirkt sie **kompetenz-**

---

[2] In diese Richtung *Epiney*, 5. Kap., Rn. 36 ff.; vgl. die Forderung nach einer substanziellen Ökologisierung der Sektorpolitiken in *Kahl*, S. 27; *Schröder*, in: Rengeling, EUDUR I, § 9, Rn. 25; *Appel*, S. 214; näher dazu *Meßerschmidt*, § 2 Rn. 18 ff.

[3] S. etwa die Bewertung bei *Breier*, in: Lenz/Borchardt (Hrsg.), EU-Verträge, Art. 11 AEUV, Rn. 3 ff.; kritische Bewertung des EU-Umweltschutzes *Dhondt*, ELP 2003, 199 ff., 293 ff., 381 ff.; *Humphreys*, ELJ 2002, 19 (24 ff.); *Krämer*, S. 295 ff.

[4] Begriffsbildend *Scheuing*, EuR 1989, 152 (176); vgl. die Kommentierungen *Calliess*, in: Calliess/Ruffert, EUV/AEUV, Art. 11 AEUV, Rn. 1; *Kahl*, in: Streinz, EUV/AEUV, Art. 11 AEUV, Rn. 1, und *Epiney*, 5. Kap., Rn. 36 ff.

[5] *Meßerschmidt*, § 3, Rn. 158.

[6] Art. 5 Abs. 1 Satz 1, Abs. 2 EUV; kritisch zum Begriff, der den anderen sprachlichen Fassungen nicht entspricht und der eine auf einzelne, genau begrenzte Maßnahmen zugeschnittene Ermächtigung suggeriert, die sich in den Verträgen nicht belegen lässt, *Heselhaus*, S. 217 ff.

[7] Rechtsvergleichend zeigt sich allerdings, dass in Bundesstaaten Kompetenzen für die Regelungen eines allgemeinen Umweltrechts, zu dem auch die Integration in anderen Politikbereiche gehört, auf der Bundesebene angesiedelt sind, s. Art. 20a GG, Art. 74 Schweizer BV und Art. 10 Abs. 1 Nr. 12 öst. B-VG.

[8] S. zum Verbraucherschutz Art. 12 AEUV, Rn. 1 und zum Tierschutz Art. 13 AEUV, Rn. 1.

[9] Instruktiv zur Differenzierung der beiden Ansätze *Kahl*, in: Streinz, EUV/AEUV, Art. 11 AEUV, Rn. 15 ff. u. Rn. 19 ff.

[10] Zum Problem der sog. Doppelabstützungen *Heselhaus*, S. 232 ff.

erweiternd.[11] Darüber hinaus kommt der Integrationsklausel eine steuernde Funktion für die **Auslegung** zu.[12] Sie stützt eine **umweltfreundliche Interpretation** des EU-Primär- und Sekundärrechts (s. Rn. 15) und hat über die Umsetzung in den Mitgliedstaaten Auswirkungen auf die **Auslegung** auch **des nationalen Rechts**.[13] Die Integrationsklausel unterfüttert die in der Rechtsprechung anerkannte Berücksichtigung des Umweltschutzes als **zwingendes Erfordernis des Allgemeinwohls** im Rahmen der Grundfreiheiten und eröffnet entsprechende Handlungsspielräume der Mitgliedstaaten.[14] Es ist nicht ausgeschlossen, dass der Vorschrift unter engen Voraussetzungen im Einzelfall sogar eine Handlungspflicht entnommen werden kann. Grundsätzlich führt das Integrationsprinzip zu einer **Stärkung** der umweltpolitischen Belange **im politischen Entscheidungsprozess**. Im Hinblick auf die konkreten **Ergebnisse** solcher Prozesse verweist Art. 11 AEUV hingegen auf das **Nachhaltigkeitsprinzip**, das zwar einen hohen Umweltschutz anstrebt, diesem aber keinen Vorrang vor anderen, insbesondere wirtschaftlichen Belangen einräumt (Rn. 20).[15]

Die systematische Einordnung der Integrationsklausel in die Verträge ist vielschichtig. Grundlegend ist seit dem Amsterdamer Vertrag ihre **Aufwertung**[16] durch die Überführung aus dem Kapitel über den Umweltschutz in die Grundätze im Ersten Teil des EG-Vertrages,[17] heute des AEU-Vertrages und dort in die »Allgemein geltenden Bestimmungen«.[18] Damit sind die in Art. 11 AEUV ausdrücklich aufgeführten Erfordernisse des Umweltschutzes auch primärrechtlich zu einem **Grundthema** der EU geworden. Die Integrationsklausel hat den Rang eines **allgemeinen primärrechtlichen Grundsatzes**.[19] Ursprünglich war die Integrationsklausel bei den Zielen des Umweltschutzes, dem heutigen Art. 191 AEUV aufgeführt gewesen. Doch ist die **Verbindung zur Umweltpolitik**

4

---

[11] EuGH, Urt. v. 13.9.2005, Rs. C–176/03 (Kommission/Rat), Slg. 2005, I–7879, Rn. 48 und das Urteil bestätigend Urt. v. 23.10.2007, Rs. C–440/05 (Kommission/Rat), Slg. 2007, I–9097, Rn. 66; näher dazu *Breier*, in: Lenz/Borchardt, EU-Verträge, Art. 11 AEUV, Rn. 13; *Calliess*, in: Calliess/Ruffert, EUV/AEUV, Art. 11 AEUV, Rn. 20; *Frenz*, S. 65; *Mehling*, in: Hailbronner/Wilms, Recht der EU, Art. 6 EGV, Rn. 22; *Stein*, S. 1439 (1440f.); a.A. wohl *Bleckmann/Koch*, UTR 36, 33 (47f.); *Eisele*, JZ 2008, 251 (253); *Scherer/Heselhaus*, in: Dauses, Handbuch des EU-Wirtschaftsrechts, Abschnitt O, Juni 2010, Rn. 60.

[12] EuGH, Urt. v. 5.5.1998, Rs. C–180/96 (Vereinigtes Königreich/Kommission), Slg. 1996, I–3903, Rn. 100; näher zur Wirkung der »Umweltverfassung« auf die Auslegung *Nowak*, in: Bruha/Hesse/Nowak, Welche Verfassung für Europa?, S. 215f.

[13] Vgl. dazu *Kahl*, in: Streinz, EUV/AEUV, Art. 11 AEUV, Rn. 31.

[14] EuGH, Urt. v. 14.12.2004, Rs. C–463/01 (Kommission/Deutschland), Slg. 2004, I–11705, Rn. 75; Urt. v. 14.12.2004, Rs. C–309/02 (Radlberger Getränkegesellschaft und S. Spitz), Slg. 2004, I–11763, Rn. 75; Urt. v. 15.11.2005, Rs. C–320/03 (Kommission/Österreich), Slg. 2005, I–9871, Rn. 70.

[15] Vgl. *Kahl*, in: Streinz, EUV/AEUV, Art. 11 AEUV, Rn. 24 sieht zutreffend für das Ergebnis des Handelns in Art. 11 AEUV das Nachhaltigkeitsprinzip als das »übergeordnete Leitprinzip« an. Vgl. dagegen die auf die Querschnittsklausel bezogene Kritik bei *Epiney*, 5. Kap., Rn. 41ff.

[16] S. den Auftrag des Europäischen Rates in diesem Zusammenhang in Dokument REF: SN 100/96, abgedruckt in: EP (Hrsg.), Weißbuch zur Regierungskonferenz, Band I (Anlage), 1996, S. 19 (21): »[...] mehr Bürgernähe, und zwar insbesondere [...] dadurch, daß der Umweltschutz auf Ebene der Union wirksamer und kohärenter gestaltet wird, um eine nachhaltige Entwicklung zu gewährleisten«; vgl. auch *Calliess*, in: Calliess/Ruffert, EUV/AEUV, Art. 11 AEUV, Rn. 3; *Kahl*, in: Streinz, EUV/AEUV, Art. 11 AEUV, Rn. 6.

[17] Art. 6 EGV i.d.F. des Vertrages von Amsterdam.

[18] Teil II, Erster Teil AEUV.

[19] Vgl. *Appel*, S. 289; *Calliess*, in: AKUR, EU-Umweltrecht, Rn. 90ff.; *Calliess*, in: Calliess/Ruffert, EUV/AEUV, Art. 11 AEUV, Rn. 9ff.; *Schröder*, in: Rengeling, EUDUR I, § 9, Rn. 45ff.; *Kahl*, in: Streinz, EUV/AEUV, Art. 11 AEUV, Rn. 9 spricht von einem Rechtsprinzip.

nach Art. 4 Abs. 2 Buchst. e und Art. 191 ff. AEUV durch die neue Positionierung nicht gekappt worden. Zwar erfasst Art. 11 AEUV gerade nicht den Umweltschutz nach Art. 191 ff. AEUV, sondern betrifft die sog. **externe Integration** in andere Politiken.[20] Doch unterstreicht seine Vorgabe des Einbezugs **aller** Erfordernisse des Umweltschutzes die parallele Geltung eines **internen** integrativen Ansatzes in der Umweltpolitik, der die Auswirkungen auf alle Umweltmedien beachtet.[21] Art. 11 AEUV seinerseits wird durch die allgemeine Vorgabe eines »**hohen Maßes** an Umweltschutz und der **Verbesserung** der Umweltqualität« in Art. 3 Abs. 3 EUV inhaltlich aufgeladen. Bestätigt wird diese Auslegung durch die Zusammenführung dieser Vorgaben mit dem Integrationsprinzip und dem Nachhaltigkeitsprinzip in Art. 37 GRC. Die frühere Fassung des Schutzstandards im Sinne eines »hohen« Schutzniveaus findet sich noch in Art. 191 Abs. 2 AEUV sowie Art. 114 Abs. 3 AEUV zur Binnenmarktpolitik. Das in Art. 11 AEUV als Ziel aufgeführte **Nachhaltigkeitsprinzip** wird in Art. 37 GRC wiederholt und als ein grundlegendes Ziel der Union in Abs. 9 der Präambel zum EU-Vertrag erwähnt. Es weist einen EU-internen Bezug auf sowie einen externen in Art. 3 Abs. 5 EUV, der einen Beitrag zur »**globalen** nachhaltigen Entwicklung« einfordert.

5   Eine normative Ausrichtung der Beachtung umweltpolitischer Belange auf das **internationale Umweltrecht** findet sich sowohl in dem soeben erwähnten Art. 3 Abs. 5 EUV (Rn. 4) als auch in Art. 191 Abs. 1, 4. Spiegelstr. AEUV, der ausdrücklich Maßnahmen auf internationaler Ebene anspricht. Dieses Gebot wird in der Praxis vielfach beachtet. So lässt sich eine befruchtende **Wechselwirkung zwischen EU-Umweltrecht und Umweltvölkerrecht** belegen, wie etwa bei der Einführung der Umweltverträglichkeitsprüfung[22] oder bei den Informations- und Beteiligungsrechten nach der Aarhus-Konvention.[23] Ein gleiches gilt für das Prinzip einer nachhaltigen Entwicklung, das über den Brundlandt-Bericht sowohl das Umweltrecht der EU als auch die Agenda 21 und die in ihrer Folge beschlossenen internationalen Umweltabkommen beeinflusst hat.

6   Der Erfolg der umweltpolitischen Integrationsklausel hat sie zu einem **Modell** für andere Politikbereiche der EU werden lassen. So finden sich im selben Abschnitt des AEU-Vertrages Integrationsklauseln für den **Verbraucherschutz** und für den **Tierschutz**, die aber inhaltlich weniger zwingend formuliert sind.[24] Eine Sonderstellung nimmt die Vorgabe des Art. 8 AEUV ein, die **Gleichstellung von Mann und Frau** zu fördern und Ungleichheiten zwischen ihnen zu beseitigen.[25] Des Weiteren finden sich zwei Integra-

---

[20] Näher dazu *Liu*, S. 19 ff.
[21] So überzeugend die Differenzierung bei *Kahl*, in: Streinz, EUV/AEUV, Art. 11 AEUV, Rn. 15.
[22] UVP-Richtlinie 85/337/EWG des Rates vom 27. 6. 1985 über die Umweltverträglichkeitsprüfung bei bestimmten öffentlichen und privaten Projekten, ABl. 1985, L 175/40 zuletzt geändert durch die Richtlinie 2014/52/EU vom 16. 4. 2014, ABl. 2014, L 124/1; und die UNECE (United Nations Economic Commission for Europe)-Konvention über die Umweltverträglichkeitsprüfung im grenzüberschreitenden Rahmen (Espoo-Konvention) v. 25. 2. 1991, United Nations, Treaty Series, vol. 1989, S. 309.
[23] Richtlinie 2003/4/EG vom 28. 1. 2003 über den Zugang der Öffentlichkeit zu Umweltinformationen und zur Aufhebung der Richtlinie 90/313/EWG des Rates (Umweltinformationsrichtlinie), ABl. 2003, L 41/26. und die Richtlinie 2003/35/EG vom 26. 5. 2003 über die Beteiligung der Öffentlichkeit bei der Ausarbeitung bestimmter umweltbezogener Pläne und Programme und zur Änderung der Richtlinien 85/337/EWG und 91/61/EG des Rates in Bezug auf die Öffentlichkeitsbeteiligung und den Zugang zu Gerichten (Öffentlichkeitsbeteiligungsrichtlinie), ABl. 2003, L 156/17; Näher dazu *Scherer/Heselhaus*, in: Dauses, Handbuch des EU-Wirtschaftsrechts, Abschnitt O, Juni 2010, Rn. 223, 307; Die Umsetzung der Aarhus-Konvention ist ausdrücklich das Ziel nach Art. 1 RL 2003/35/EG.
[24] S. zum Verbraucherschutz Art. 12 AEUV, Rn. 7 und zum Tierschutz Art. 13 AEUV, Rn. 21.
[25] S. näher dazu Art. 8 AEUV, Rn. 1 f.

tionsklauseln in den Vorschriften über die **Kulturpolitik**[26] und die **Gesundheitspolitik**[27]. Gesundheits- und Verbraucherschutz werden zudem in den Art. 39 und 38 GRC aufgeführt. Allen Integrationsklauseln ist gemeinsam, dass sie Bereiche betreffen, in denen Anliegen **strukturelle Nachteile** haben, sich in der Politik ausreichend Gehör zu verschaffen: Der Umweltschutz betrifft die Allgemeinheit, in der Regel aber nur wenig private Interessen unmittelbar; Verbraucher und Patienten sind zwar potenziell alle Menschen, doch in der konkreten Situation immer nur eine Person mit i. d. R. zeitlich begrenzten Interessen; die Tiere sind rechtlich ohne eigene Stimme; nicht zuletzt dient die Integrationsklausel in der Kulturpolitik dem Schutz der Vielfalt und damit jenen kulturellen Darbietungen, die im kulturellen Mainstream regelmäßig nicht ausreichend abgebildet werden.

B. Entstehungsgeschichte

Bereits in den 1970er Jahren wurde klar, dass die EU zur nachhaltigen Absicherung ihres wirtschaftlichen Erfolges einer **Regelungskompetenz für den Umweltschutz** bedurfte.[28] Auch ohne ausdrückliche Rechtsgrundlage wurden erste Umweltschutzvorschriften auf der Basis des damaligen Art. 100 und 235 EWGV in (anderen) EU-Politikbereichen erlassen.[29] Die Einführung der Umweltkompetenzen mit der **Einheitlichen Europäischen Akte 1987** sorgte mit der Einführung einer **eigenständigen Umweltkompetenz** in Art. 130r – 130t EWGV für die angesichts des Prinzips begrenzter Einzelermächtigung erforderliche Rechtsklarheit. Schon damals war in Art. 130 r Abs. 2 EWGV eine **Integrationsklausel** enthalten, wonach die »Erfordernisse des Umweltschutzes […] Bestandteil der anderen Politiken« waren. Die Klausel erfüllte ihre **kompetenzbegründende** Funktion von Anfang an erfolgreich.[30] Die tatsächlichen Auswirkungen auf die Politik blieben aber – trotz nicht unbeachtlicher Erfolge[31] – hinter manchen hohen Er-

7

---

[26] Art. 167 Abs. 4 AEUV.
[27] Art. 168 Abs. 1 UAbs. 1 AEUV.
[28] *Scherer/Heselhaus*, in: Dauses, Handbuch des EU-Wirtschaftsrechts, Abschnitt O, Juni 2010, Rn. 8f., 60; *Meßerschmidt*, § 2, Rn. 5.
[29] *Scherer/Heselhaus*, in: Dauses, Handbuch des EU-Wirtschaftsrechts, Abschnitt O, Juni 2010, Rn. 9f.
[30] EuGH, Urt. v. 29.3.1990, C–62/88 (Griechenland/Rat), Slg. 1990, I–1527, Rn. 6ff. – zur Abgrenzung von Art. 31 EAGV; Urt. v. 11.6.1991, Rs. C–300/89 (Kommission/Rat), Slg. 1991, I–2867, Rn. 2 ff., zur Abgrenzung von ex-Art. 100 a EGV; Urt. v. 4.10.1991, C–70/88 (Europäisches Parlament/Rat), Slg. 1991, I–4529, Rn. 9ff., zur Abgrenzung zwischen ex-Art. 100 a EGV und Art. 31 EAGV; Urt. v. 17.3.1993, Rs. C–155/91 (Kommission/Rat), Slg. 1993, I–939, Rn. 7 ff.; Urt. v. 28.6.1994, Rs. C–187/93 (EP/Rat), Slg. 1994, I–2857, Rn. 17ff., zur Abgrenzung von ex-Art. 100 a EGV; Urt. v. 24.11.1993, Rs. C–405/92 (Mondiet/Armement Islais), Slg. 1993, I–6133, Rn. 11ff. und Urt. v. 25.2.1999, Rs. C–165/97 (Europäisches Parlament/Rat), ECLI:EU:C:1999:99, Rn. 12ff., zur Abgrenzung zur GAP; Urt. v. 30.1.2001, Rs. C–36/98 (Spanien/Rat), Rn. 41ff.; »Donau-Übereinkommen« zur Abgrenzung zwischen Art. 175 Abs. 1 und 2 EGV; Gutachten v. 6.12.2001, Avis 2/00, Slg. 2001, I–9713, Rn. 20ff. zur Abgrenzung von ex-Art. 175 von den ex-Art. 133 und 174 IV EGV; Urt. v. 12.12.2002, Rs. C–281/01 (Kommission/Rat), Slg. 2002, I–12049, Rn. 33ff. zur Abgrenzung von ex-Art. 133, 300 Abs. 3 von ex-Art. 175, 300 Abs. 2 EGV; ebenfalls zur Abgrenzung von ex-Art. 133, 300 Abs. 3 von ex-Art. 175, 300 Abs. 2 EGV siehe Urt. v. 10.1.2006, Rs. C–178/03 (Kommission/ Parlament und Rat), Slg. 2006, I–107, Rn. 40ff.; zur Abgrenzung bezüglich umweltstrafrechtlicher Vorschriften s. Urt. v. 13.9.2005, Rs. C–176/03 (Kommission/Rat), Slg. 2005, I–7879, Rn. 38ff. und Urt. v. 23.10.2007, Rs. C–440/05 (Kommission/Rat), Slg. 2007, I–9097, Rn. 52ff., 60.
[31] S. *Scherer/Heselhaus*, in: Dauses, Handbuch des EU-Wirtschaftsrechts, Abschnitt O, Juni 2010, Rn. 10ff.

wartungen zurück,[32] obgleich die Integrationsklausel in der Literatur verbreitet als rechtliche Verpflichtung interpretiert wurde.[33]

8   Die Kommission schlug daher für den **Maastricht Vertrag** eine strengere Fassung vor, die Eingang in den Vertragstext fand. Seitdem wurde die ursprüngliche, eher an eine Feststellung erinnernde Formulierung von der bis heute geltenden Fassung abgelöst, die stärker die **Pflicht** in den Vordergrund rückt: »die Erfordernisse [...] **müssen** [...] einbezogen werden«.[34] Ferner wurden nunmehr **auch die Mitgliedstaaten** im Rahmen der »Durchführung« der EU-Politiken als **Adressaten** einbezogen.[35] Gestützt wurde dies durch die **Erklärung zur Umweltverträglichkeit** in der Schlussakte zum Maastricht Vertrag, in der sich Kommission und Mitgliedstaaten umfassend verpflichteten, den Umweltauswirkungen Rechnung zu tragen.[36] Erstmals wurde in dieser rechtlich unverbindlichen Erklärung der **Grundsatz der nachhaltigen Entwicklung** erwähnt. Trotz der umweltpolitischen Kritik wurde die Integrationsklausel offensichtlich als ein Erfolg gewertet, da man im Maastricht Vertrag ähnliche Klauseln in anderen Politikbereichen einführte.[37]

9   Bereits bei den nächsten Vertragsverhandlungen war klar, dass der Umweltschutz für die Praxis einer **weiteren rechtlichen Aufwertung** bedurfte. So wurde die Integrationsklausel im **Amsterdamer Vertrag** unter den **Grundsätzen** des EG-Vertrages in Art. 6 EGV aufgeführt. Dies wurde mit dem nunmehr rechtlich verbindlichen Zusatz »insbesondere zur **Förderung einer nachhaltigen Entwicklung**« verbunden. Das Ziel einer nachhaltigen Entwicklung wurde zudem sowohl in Art. 2 EUV als auch in Art. 2 EGV aufgenommen. In Letzterem wurde des Weiteren ausdrücklich ein »**hohes Maß an Umweltschutz und [die] Verbesserung** der Umweltqualität« zu Zielen der Union erklärt. Für den **Nizza Vertrag** war ursprünglich vorgesehen, dass sich eine weitere Verstärkung des Umweltschutzes durch dessen Aufnahme in die Grundrechtecharta in **Art. 37 GRC** ergeben sollte, der die verschiedenen Komponenten der Integrationsklausel bis heute aufgreift und ihr eine weitere Schutzdimension hinzufügt.[38] Allerdings wurde die Grundrechtecharta erst im **Vertrag von Lissabon rechtsverbindlich**. So ist denn die heutige Fassung der Integrationsklausel durch verschiedene Veränderungen über die Zeit gekennzeichnet: die Einbeziehung ist stärker als Pflicht formuliert worden, es ist ein hoher Schutzstandard mit dem Auftrag der weiteren Verbesserung vorgegeben worden und es ist eine spezifische Ausrichtung auf eine nachhaltige Entwicklung hinzugetreten.

---

[32] S. die Kritik bei *Breier*, in: Lenz/Borchardt, EU-Verträge, Art. 11 AEUV, Rn. 3; *Epiney*, 5.Kap., Rn. 41 ff.
[33] Näher dazu *Kahl*, S. 27.
[34] Art. 130r Abs. 2 S. 3 EGV i. d. F. des Maastricht Vertrages, vgl. Art. 11 AEUV i. d. F. des Lissabonner Vertrages.
[35] *Breier*, NuR 1993, 457 (460); *Epiney/Furrer*, EuR 1992, 369 (387 f.).
[36] Erklärung Nr. 20 zur Schlussakte des Vertrages von Maastricht, Dok. SEC (93) 785; s. EuZW 1997, 642.
[37] So für Gesundheit in Art. 129 Abs. 1 UAbs. 3 EGV, vgl. heute Art. 168 Abs. 1 Satz 1 AEUV, und für Kultur in Art. 128 Abs. 4 EGV, heute Art. 167 Abs. 4 AEUV; *Käller*, in: Schwarze, EU-Kommentar, Art. 11 AEUV, Rn. 4, konstatieren den damaligen Verlust der »Einzigartigkeit« der umweltpolitischen Integrationsklausel.
[38] A.A. *Käller*, in: Schwarze, EU-Kommentar, Art. 11 AEUV, Rn. 6, der von einer überflüssigen aber unschädlichen Doppelung spricht. S. dagegen aber die Kommentierung zu Art. 37 GRC, Rn. 11.

C. Inhalt der Integrationsklausel

I. Konzeption und Rechtsnatur

1. Normative Gehalte und Adressaten

Die grundlegende **Konzeption** der Integrationsklausel ist über die Jahre beibehalten, jedoch um weitere Elemente **ergänzt** worden, deren Interpretation teilweise umstritten ist. Unbestritten ist der **kompetenzklärende** bzw. **-erweiternde** Ansatz des Art. 11 AEUV.[39] Dem genügte die ursprüngliche »Feststellung« einer Einbeziehung des Umweltschutzes in andere Politiken und eine Begrenzung auf die EU-Organe, da in den Mitgliedstaaten die Existenz einer Umweltkompetenz unproblematisch ist. Hinzu tritt das ebenfalls unbestrittene **prozedurale Konzept** der Einbeziehung der Umweltaspekte, das umfassend angelegt ist (s. Rn. 20). Überzeugend wird der prozedurale Ansatz der Integrationsklausel in der Literatur mit einer (**strategischen**) **Umweltverträglichkeitsprüfung** in allen Politikbereichen der Union verglichen.[40] Ferner sind die **Mitgliedstaaten** unter dem Aspekt der »**Durchführung**« des Unionsrechts einbezogen (s. Rn. 27).[41] Umstritten ist hingegen das **materielle Konzept** des anzustrebenden Schutzniveaus. Zwar sind einzelne Elemente, ein **hohes Niveau** und die Aufgabe der **stetigen Verbesserung**, über Art. 37 GRC und Art. 3 Abs. 3 UAbs. 1 EUV ausdrücklich verankert, doch ist die Einordnung insgesamt, als **Rechtpflicht** oder als (lediglich) programmatische Vorgabe, umstritten.[42] Indes kann der Streit in der Detailanalyse deutlich eingegrenzt werden. Ein Konzept eines Vorrangs des Umweltschutzes wird, soweit ersichtlich, nicht vertreten. Ein Vorrang ohne Abwägung ließe sich auch angesichts der einschlägigen, zum Teil gegenläufigen Konzepte der wirtschaftlichen Grundrechte und Grundfreiheiten nicht überzeugend vertreten. Andererseits finden sich auch kaum Vertreter einer rein programmatischen Interpretation. Zu deutlich ist die in der Veränderung der einschlägigen Vertragstexte über die Jahre zu Tage tretende Verrechtlichung der Integrationsklausel. Der Streit reduziert sich somit auf die **Gewichtung des Umweltschutzes** in der erforderlichen Abwägung. Hier konkurrieren insbesondere die Konzepte eines bestmöglichen Umweltschutzes[43] und eines relativen Vorrangs des Umweltschutzes[44]

10

---

[39] *Breier*, in: Lenz/Borchardt, EU-Verträge, Art. 11 AEUV, Rn. 13; *Calliess*, in: Calliess/Ruffert, EUV/AEUV, Art. 11 AEUV, Rn. 20; *Frenz*, S. 65 ein. *Stein*, Die Querschnittsklausel zwischen Maastricht und Karlsruhe, FS Everling, Bd. II, 1995, 1439 (1440 f.); *Scherer/Heselhaus*, in: Dauses, Handbuch des EU-Wirtschaftsrecht, Abschnitt O, Juni 2010, Rn. 60 weisen darauf hin, dass zwar die anderen Politiken um den Aspekt des Umweltschutzes ergänzt werden, doch wäre ohne diese Ergänzung die Umweltpolitik einschlägig gewesen, wie die Rspr. zur Kompetenzabgrenzung zeigt, so dass die Integrationsklausel in der Gesamtsicht der Kompetenzen nicht zu einer Erweiterung geführt hat. Kritisch zur Kompetenzerweiterung *Eisele*, JZ 2008, 251 (253).

[40] *Calliess*, DVBl 1998, 559 (564 ff.).

[41] *Kahl*, in: Streinz, EUV/AEUV, Art. 11 AEUV, Rn. 13.

[42] *Breier*, NuR 1992, 174 (180); *Epiney*, NuR 1995, 497 (502); *Kahl*, in: Streinz, EUV/EGV, Art. 11 AEUV, Rn. 34; *Calliess*, in: Calliess/Ruffert, EUV/AEUV, Art. 11 AEUV, Rn. 10; A. A. *Nettesheim*, in: Grabitz/Hilf/Nettesheim, EU, 11 AEUV (Januar 2014), Rn. 32.

[43] *Zuleeg*, NVwZ 1987, 280; *Vorwerk*, 33 f.; *Scheuing*, EuR 1989, 152 (176 f.); *Pernice*, NVwZ 1990, 201 (206 f.), zuletzt zustimmend *Fischer*, in: Ruppel, S. 9 (18 f.).

[44] *Kahl*, in: Streinz, EUV/AEUV, Art. 11 AEUV, Rn. 18; *Appel*, S. 214; *Epiney*, S. 108, 112; *Scherer/Heselhaus*, in: Dauses, Handbuch des EU-Wirtschaftsrecht, Abschnitt O, Juni 2010, Rn. 54; *Scheuing*, EuR 1989, 152 (176 f.); a. A. *Nettesheim*, in: Grabitz/Hilf/Nettesheim, EU, Art. 11 AEUV (Januar 2014), Rn. 19 ff.

mit solchen einer völlig offenen Abwägung[45]. Allen Ansichten ist dabei aber bewusst, dass dem Gesetzgeber ein Gestaltungsspielraum zuzugestehen ist und dass sich die Europäischen **Gerichte** bei der diesbezüglichen Überprüfung im Fall von »komplexen Sachverhalten« regelmäßig eine **Zurückhaltung** auferlegen.

11 In diesen Streit um die genaue Gewichtung des Umweltschutzes in der Abwägung wird das **Nachhaltigkeitsprinzip**, das zweite in Art. 11 AEUV enthaltene Konzept einbezogen. Funktional schwächt es nicht die umfassende Einbeziehung der Umweltaspekte ab, sondern ist auf das **Ergebnis** der integrierenden Tätigkeiten ausgerichtet. Insoweit tritt es formal in Konkurrenz zum hohen Schutzniveau des Umweltschutzes und dem Auftrag der Verbesserung, die nach überzeugender Ansicht ebenfalls auf das Ergebnis der integrierenden Tätigkeit ausgerichtet sind.[46] Materiell ist die Abgrenzung schwierig, weil das Nachhaltigkeitsprinzip auf unterschiedliche Weise in Literatur und Praxis konzipiert wird. Im Ergebnis **ergänzt** es in seiner umweltpolitischen Ausprägung das **Vorsorgeprinzip**. Darüber hinaus steht es nach überzeugender Auffassung einer Relativierung des Umweltschutzes durch Kompensationsmaßnahmen entgegen (s. Rn. 19) und streitet für eine **relativen Vorrang** des Umweltschutzes (s. Rn. 20).

2. Rechtsnatur

a) Rechtsverbindlichkeit

12 Die Integrationsklausel nach Art. 11 AEUV ist **in wichtigen Teilen** unbestritten **rechtsverbindlich**. Dies gilt für ihre **kompetenzerweiternde Wirkung**, die eine entsprechende, ergänzende Auslegung der anderen Rechtsetzungskompetenzen nicht nur ermöglicht, sondern zwingend vorgibt.[47] Umstritten ist hingegen die Rechtsverbindlichkeit der prozeduralen Konzeption (s. Rn. 10) der Integrationsklausel. Der EuGH hat in verschiedenen Urteilen zur Einbeziehung umweltpolitischer Aspekte bejahend Stellung genommen. So hat er in der PreussenElektra-Entscheidung die Berücksichtigung umweltpolitischer Anliegen auch im Fall einer **offenen Diskriminierung** unter der **Warenverkehrsfreiheit** akzeptiert.[48] Doch hat er im Gegensatz zum Generalanwalt in diesem Fall keine Rechtspflicht aus der Integrationsklausel gefolgert.[49] In zwei Entscheidungen zur Verkehrspolitik hat der EuGH grundsätzlich festgestellt, dass bei der Liberalisierung der **Verkehrspolitik** neben den wirtschaftlichen und sozialen Aspekten auch die »ökologischen Probleme [...] berücksichtigt werden«.[50] Auch in der Rs. Wallonische Abfälle

---

[45] Die politisch handelnden EU-Organe oder durchführende Stellen sollen die Belange des Umweltschutzes »auf dem Hintergrund eines offenen Zielhorizonts zur Einbeziehung bestimmter Gesichtspunkte« einbeziehen, so *Nettesheim*, in: Grabitz/Hilf/Nettesheim, EU, Art. 11 AEUV (Januar 2014), Rn. 19, 22 ff.; siehe auch *Calliess*, in: Calliess/Ruffert, EUV/AEUV, Art. 11 AEUV, Rn. 7, der im Rahmen der materiellen Vorgaben für die Einbeziehung des Umweltschutzes und dessen Belange keine Anhaltspunkte für einen absoluten oder relativen Vorrang entnimmt.

[46] *Calliess*, in: Calliess/Ruffert, EUV/AEUV, Art. 11 AEUV, Rn. 13; *Kahl*, in: Streinz, EUV/AEUV, Art. 11 AEUV, Rn. 34; *Calliess*, DVBl 1998, 559; EuZW 1997, 642.

[47] Zur kompetenzerweiternden Mitwirkung *Breier*, in: Lenz/Borchardt, EU-Verträge, Art. 11 AEUV, Rn. 13; *Calliess*, in: Calliess/Ruffert, EUV/AEUV, Art. 11 AEUV, Rn. 20; *Frenz*, S. 65; siehe zur Auslegungsfrage EuGH, Urt. v. 5.5.1998, Rs. C–180/96 (Vereinigtes Königreich/Kommission), Slg. 1998, I–2265, Rn. 100; Urt. v. 17.9.2002, Rs. C–513/99 (Concordia Bus), Slg. 2002, I–7213, Rn. 57.

[48] Kritisch dazu *Heselhaus*, EuZW 2001, 645 (650).

[49] S. GA *Jacobs*, Schlussanträge zur Rs. C–379/98 (PreussenElektra AG), Slg. 2001, I–2099, Rn. 231.

[50] EuGH, Urt. v. 7.11.1991, Rs. C–17/90 (Pinaud Wieger), Slg. 1991, I–5253, Rn. 11; Urt. v. 19.5.1992, Rs. C–195/90 (Kommission/Deutschland), Slg. 1992, I–3141, Rn. 33.

hob der EuGH das »ökologisch orientierte Bewirtschaftungskonzept« hervor.[51] Doch ging es bei diesen Aussagen immer um die Bewertung von Maßnahmen, nicht aber von Unterlassungen.

In der Literatur wird die **Rechtsverbindlichkeit** der Integrationsklausel jenseits der kompetenzbegründenden Funktion teilweise verneint. Es handle sich lediglich um ein Prinzip, nicht um eine rechtsverbindliche Regel.[52] Zutreffend ist, dass die Erklärung Nr. 20 zur Schlussakte des Maastricht Vertrages zwar ausdrücklich eine »Verpflichtung« von Kommission und Mitgliedstaaten bei den Vorschlägen bzw. der Durchführung des EU-Rechts enthielt, doch ist die Erklärung als solche rechtlich unverbindlich.[53] Nach der ablehnenden Ansicht ist die Neufassung der Integrationsklausel in Art. 130r EGV im Maastricht Vertrag nicht enger gefasst worden und im Wortlaut seien keine Vorgaben für die Art und Weise der Verwirklichung gegeben worden, so dass man nur von einem allgemeinen Auftrag sprechen könne.[54] Dem ist mit der überwiegenden Ansicht aber entgegenzuhalten, dass die Wortwahl »**müssen**« auf eine Rechtspflicht deutet.[55] Zudem zeigen die **Materialien**, dass man der Integrationsklausel zu mehr Einfluss in der Praxis verhelfen wollte und dass dazu eine größere Verbindlichkeit angestrebt worden ist.[56] Dass Art und Weise der Umsetzung in einem **weiten Ermessen** der zuständigen EU-Organe liegen, steht einer Rechtsverbindlichkeit der prozeduralen Anforderungen nicht entgegen. In der Literatur wird zutreffend darüber hinaus eine in diesem Rahmen bestehende **materielle Pflicht** zur »Neuausrichtung der gesamten Unionspolitik« auf die Ziele des Umweltschutzes angenommen.[57]

13

In Ergänzung dieser Argumente ist festzustellen, dass die Vorgabe des »**Einbeziehens**« über eine bloße »Berücksichtigung« **im Abwägungsprozess** hinausgeht (s. Rn. 20). Abgestützt wird dies durch die rechtsverbindliche Pflicht zur **umfassenden Abklärung** der Umweltauswirkungen, ihrer Bewertung und ihrer ausreichenden Beachtung im Ergebnis. Zur effektiven Ausgestaltung der Rechtspflicht ist es erforderlich, dass die Einhaltung dieser Vorgaben etwa in den Rechtsetzungsdokumenten, insbesondere im Wege der **Begründungspflicht**, dargelegt wird.[58] Für die **Abwägung** ergibt sich dann die Rechtspflicht, die Umweltaspekte eingedenk ihrer primärrechtlichen Absicherung etwaigen widerstreitenden Wirtschaftsinteressen, insbesondere aufgrund von

14

---

[51] EuGH, Urt. v. 9.7.1992, Rs. C–2/90 (Kommission/Belgien), Slg. 1992, I–4431; Urt. v. 17.3. 1993, Rs. C–155/91 (Kommission/Rat), Slg. 1993, I–939, Rn. 10 ff.; Urt. v. 28.6.1994, Rs. C–187/93 (Europäisches Parlament/Rat), Slg. 1994, I–2857; dazu auch *Weidemann*, NVwZ 1995, 866 (867).
[52] *Krämer*, S. 58 f.
[53] *Calliess*, in: Calliess/Ruffert, EUV/AEUV, Art. 11 AEUV, Rn. 21.
[54] *Jahns-Böhm*, S. 262.
[55] *Stroetmann*, in: Rengeling (Hrsg.), Umweltschutz und andere Politiken der EG, S. 3; *Kahl*, S. 58.
[56] *Calliess*, IUR 1992, 219 (224).
[57] *Calliess*, in: Calliess/Ruffert, EUV/AEUV, Art. 11 AEUV, Rn. 23; *Wiegand*, DVBl 1993, 533 (536); *Jahns-Böhm/Breier*, EuZW 1992, 49 (52); *Breier*, NuR 1992, 174 (181); *Schmitz*, Die EU als Umweltunion, S. 151; *Epiney*, NuR 1995, 497 (502); Calliess, KJ 1994, 284 (287); Scherer/Heselhaus, in: Dauses, Handbuch des EU-Wirtschaftsrechts, Abschnitt O, Juni 2010, Rn. 39; *Stroetmann*, in: Rengeling (Hrsg.), Umweltschutz und andere Politiken der EG, S. 3; *Breier*, in: Lenz/Borchardt (Hrsg.), EU-Verträge, Art. 11 AEUV, Rn. 10; *Käller* in: Schwarze, EU-Kommentar, Art. 6 EGV, Rn. 18; *A. M. Weidemann*, S. 72 ff.
[58] *Calliess*, in: Calliess/Ruffert, EUV/AEUV, Art. 11 AEUV, Rn. 26; *Zils*, S. 32; *Jahns-Böhm/Breier*, EuZW 1992, 49 (53 f.); *Nettesheim*, in: Grabitz/Hilf, EU, Art. 11 AEUV (Januar 2014), Rn. 19 ff.; *Ress*, Vorträge aus dem Europa-Institut der Universität des Saarlandes, 1992, Nr. 291, S. 9; *Schröder*, in: Rengeling (Hrsg.), Handbuch zum europäischen und deutschen Umweltrecht, Rn. 28; *Calliess*, ZAU 1994, 322 (332 ff.).

Grundfreiheiten oder Grundrechten gegenüberzustellen. Dabei plädiert das Nachhaltigkeitsprinzip zwar nicht für einen Vorrang des Umweltschutzes, es lässt aber im Zusammenhang mit der Vorgabe der »Verbesserung« des Umweltschutzes **kein Absinken des Schutzstandards** zu. Vielmehr streitet es für einen **relativen Vorrang** dergestalt, dass es dem Umweltschutz eine große Bedeutung beimisst und die widerstreitenden Interessen **besonderen Begründungsanforderungen** unterwirft. In dieser Interpretation wird eine gerichtliche Überprüfung ermöglicht, ohne den weiten Spielraum der Rechtsetzungsorgane grundsätzlich einzuschränken (s. Rn. 16).

15 Unbestritten ist in Literatur und Rechtsprechung, dass Art. 11 AEUV als **Auslegungsregel** bei der Interpretationen anderer Normen des Unionsrechts zum Tragen kommt.[59] Dies betrifft insbesondere die Auslegung **unbestimmter Rechtsbegriffe**. So hat der EuGH in der sekundärrechtlichen Ausgestaltung des EU-**Vergaberechts** Platz für die Berücksichtigung auch ökologischer Belange schaffen können.[60] Allerdings gehen die die Rechtsprechungsbeispiele diesbezüglich nicht über die Konstellation eines **Rechts zur Berücksichtigung** ökologischer Belange hinaus und betrafen nicht mögliche Konstellationen einer Rechtspflicht zur Beachtung dieser Belange.[61] Die Vorgaben des Art. 11 AEUV sind objektiv-rechtlicher Natur.[62] Aber auch wenn sich daraus **nicht unmittelbar subjektive Rechte** folgern lassen,[63] ergibt sich in Verbindung mit **Art. 37 GRC** eine **Aufwertung subjektiver Rechte im Sekundärrecht**, wie etwa in Umsetzung der Aarhus-Konvention (s. Art. 37 GRC, Rn. 11).[64]

b) Gerichtliche Überprüfung

16 Die **gerichtliche Überprüfung** der Vorgaben des Art. 11 AEUV ist in der Praxis teilweise geklärt. Es gibt mehrere Entscheidungen über die Heranziehung anderer Kompetenzvorschriften für die Zwecke des Umweltschutzes, insbesondere im Bereich der Verkehrspolitik[65] und der gemeinsamen Handelspolitik,[66] in der die erweiternde **Auslegung bestehender Kompetenzvorschriften** mit Hilfe der Integrationsklausel nach Art. 11 AEUV bestätigt wird. Ferner ist der Umweltschutz als ungeschriebene Ausnahme von den Vorgaben der wirtschaftlichen **Grundfreiheiten** im Rahmen der **zwingenden Erfordernisse des Allgemeinwohls** anerkannt worden.[67] Darüber hinaus hat der EuGH den Umweltschutz in der Rs. PreussenElektra sogar zur Rechtfertigung einer **offenen Diskriminierung**, d.h. in Ergänzung der geschriebenen Rechtfertigungsgründe nach Art. 36

---

[59] *Kahl*, in: Streinz, EUV/AEUV, Art. 11 AEUV, Rn. 29; *Calliess*, in: Calliess/Ruffert, EUV/AEUV, Art. 11 AEUV, Rn. 24.
[60] EuGH, Urt. v. 17.9.2002, Rs. C–513/99 (Concordia Bus), Slg. 2002, I–7213, Rn. 57.
[61] *Nettesheim*, in: Grabitz/Hilf/Nettesheim, EU, Art. 11 AEUV (Januar 2014), Rn. 31; *Calliess*, in: Calliess/Ruffert, EUV/AEUV, Art. 11 AEUV, Rn. 21 ff.; *Kahl*, in: Streinz, EUV/AEUV, Art. 11 AEUV, Rn. 34.
[62] *Kahl*, in: Streinz, EUV/AEUV, Art. 11 AEUV, Rn. 9.
[63] So ausdrücklich *Kahl*, in: Streinz, EUV/AEUV, Art. 11 AEUV, Rn. 9.
[64] A.A. wohl *Frenz*, Handbuch Europarecht, Band 4, Rn. 4312 ff., 4320 mit Bezug zu Art. 37 GRC.
[65] EuGH, Urt. v. 7.11.1991, Rs. C–17/90 (Pinaud Wieger), Slg. 1991, I–5253, Rn. 11; Urt. v. 19.5.1992, Rs. C–195/90 (Kommission/Deutschland), Slg. 1992, I–3141, Rn. 33.
[66] EuGH Urt. v. 10.1.2006, Rs. C–178/03 (Kommission/Parlament u. Rat), Slg. 2006, I–107, Rn. 40 ff.
[67] EuGH, Urt. v. 14.12.2004, Rs. C–463/01 (Kommission/Deutschland), Slg. 2004, I–11705, Rn. 75; Urt. v. 14.12.2004, Rs. C–309/02 (Radlberger Getränkegesellschaft und S. Spitz), Slg. 2004, I–11763, Rn. 75; Urt. v. 15.11.2005, Rs. C–320/03 (Kommission/Österreich), Slg. 2005, I–9871 Rn. 70.

AEUV herangezogen.⁶⁸ Ferner ist der Umweltschutz bei der **Auslegung** der Vergabe-Richtlinien berücksichtigt worden.⁶⁹ Diese Entscheidungen betreffen alle die rechtliche Vorgabe, dass ökologische Belange in anderen Politikbereichen berücksichtigt werden können.

Das Integrationsprinzip kann bei der Beurteilung von **Ermessensentscheidungen** die Einbeziehung **ökologischer Belange** begründen.⁷⁰ Der EuGH hat dies bei **wettbewerbsrechtlichen Entscheidungen** der Kommission unter Art. 107 Abs. 3 AEUV anerkannt.⁷¹ 17

Dagegen fehlt es bislang an Entscheidungen dazu, ob es eine **Pflicht zur Berücksichtigung** ökologischer Belange nach Art. 11 AEUV gibt. In der Literatur wird die **Justiziabilität** der Integrationsklausel überwiegend bejaht.⁷² Vergleichbar zum Subsidiaritätsprinzip wird überzeugend für eine Anknüpfung an die **Begründungspflicht** plädiert.⁷³ Darüber hinaus wird zutreffend gefordert, dass die Belange des Umweltschutzes ausreichend in eine etwaige **Abwägung** einzustellen sind.⁷⁴ Zu dieser Frage liegt bislang noch keine Rechtsprechung vor. Aus der bisherigen Rechtsprechung ist jedoch erkennbar, dass der EuGH sich bei der Überprüfung von Abwägungsvorgängen bei den rechtsetzenden Organen Zurückhaltung auferlegt. Regelmäßig wird unter Hinweis auf eine bestehende Komplexität der Prüfungsmaßstab auf offensichtliche Fehler bei der Abwägung reduziert.⁷⁵ 18

II. Materielle und prozedurale Vorgaben

1. Erfordernisse des Umweltschutzes

Die **Erfordernisse des Umweltschutzes** umfassen nach allgemeiner Ansicht die in Art. 191 Abs. 1 AEUV niedergelegten **Ziele** sowie die in Art. 191 Abs. 2 aufgeführten **Prinzipien**, wie Vorsorge-, Vorbeugungs- und Verursacherprinzip sowie der Vorgabe eines hohen Schutzniveaus. Letztere werden ergänzt um die umweltpolitischen Elemente des **Nachhaltigkeitsprinzips**, insbesondere die **Generationengerechtigkeit** (s. Rn. 24). Umstritten ist die Einbeziehung von Art. 191 Abs. 3 AEUV, der u. a. auch die Berücksichtigung der wirtschaftlichen und sozialen Entwicklung der Union verlangt. Während die überwiegende Ansicht dies bejaht, weil Art. 191 Abs. 1–3 AEUV eine 19

---

⁶⁸ EuGH, Urt. v. 13. 3. 2001, Rs. C–379/98 (PreussenElektra AG), Slg. 2001, I–2099, Rn. 76, zuvor bereits EuGH, Urt. v. 9. 7.1992, Rs. C–2/90 (Kommission/Belgien), Slg. 1992, I–4431.
⁶⁹ EuGH, Urt. v. 17. 9. 2002, Rs. C–513/99 (Concordia Bus), Slg. 2002, I–7213, Rn. 57.
⁷⁰ *Kahl*, in: Streinz, EUV/AEUV, Art. 11 AEUV, Rn. 32.
⁷¹ EuGH, Urt. v. 8. 11. 2001, Rs. C–143/99 (Adria Wien Pipeline und Wietersdorfer & Peggauer Zementwerke), Slg. 2001, I–8365, Rn. 31.
⁷² *Calliess*, in: Calliess/Ruffert, EUV/AEUV, Art. 11 AEUV, Rn. 26; *Kahl*, in: Streinz, EUV/AEUV, Art. 11 AEUV, Rn. 14.
⁷³ *Jahns-Böhm/Breier*, EuZW 1992, 49 (53 f.); *Nettesheim*, in: Grabitz/Hilf, EU, Art. 6 EGV (April 2007), Rn. 26; *Zils*, Die Wertigkeit des Umweltschutzes in Beziehung zu anderen Aufgaben der EG, S. 32; *Ress*, Vorträge aus dem Europa-Institut der Universität des Saarlandes, Nr. 291, S. 9; *Schröder*, in: Rengeling (Hrsg.), Handbuch zum europäischen und deutschen Umweltrecht, Rn. 28; *Calliess*, ZAU 1994, 322 (332 ff.).
⁷⁴ *Appel*, Zukunfts- und Entwicklungsvorsorge, S. 214 f.; *Kahl*, in: Streinz, EUV/AEUV, Art. 11 AEUV, Rn. 33.
⁷⁵ EuGH, Urt. v. 14. 7.1998, Rs. C–284/95 (Safety Hi-Tech), Slg. 1998, I–4301, Rn. 37; kritisch dazu *Epiney*, NuR 1999, 181 (182 f.) und *Kahl*, in: Streinz, EUV/AEUV, Art. 11 AEUV, Rn. 55, wonach eine insgesamte und offensichtliche Nichtberücksichtigung von Art. 11 AEUV die »Einschätzungsprärogative des EU-Rechtsetzers« überschreitet.

Einheit bilde, die nicht aufgebrochen werden könne,[76] wird es vereinzelt abgelehnt mit der Begründung, dass Abs. 3 immanente Schranken des Umweltschutzes enthalte.[77] Hintergrund des Streites ist, dass das Ziel einer nachhaltigen Entwicklung in Art. 11 AEUV bereits die Berücksichtigung wirtschaftlicher und sozialer Entwicklung einfordert. So würde eine Einbeziehung von Art. 191 Abs. 3 AEUV dazu führen, dass diese Abwägung nicht erst am Ende des Entscheidungsvorgangs vorzunehmen wäre, sondern zusätzlich bereits bei der Gewichtung der ökologischen Belange. Dann bestünde die Gefahr, dass die widerstreitenden Belange **doppelt gewertet** würden. Es geht dabei nicht um den gesamten Abs. 3, sondern um die Berücksichtigung der regionalen Belange, die auch in Abs. 2 eingefordert wird, und der wirtschaftlichen und sozialen Entwicklung. Deren Funktion liegt darin, dass diese spezifischen widerstreitenden Interessen im Rahmen der Umweltpolitik auch zu beachten sind, wenn sie nicht bereits durch andere Primärrechtsnormen, wie die wirtschaftlichen Grundrechte, in die Abwägung einzubeziehen sind. Sofern aber der Umweltschutz in andere Politikbereiche der EU einbezogen wird, werden unter den einschlägigen Kompetenznormen die wirtschaftlichen Aspekte bereits aufgrund von deren Prüfprogramm, etwa in der Verkehrspolitik, einbezogen. Darüber hinaus kennt z.B. die Kompetenznorm für den Binnenmarkt, Art. 114 AEUV, kein Gebot der Berücksichtigung regionaler Besonderheiten. Ein solches soll auch nicht über die ökologischen Belange in Art. 114 Abs. 3 AEUV Eingang in das Prüfprogramm der Binnenmarktnorm finden. Daher begrenzt die Funktion dieser Elemente in Art. 191 Abs. 2 und 3 EUV, die spezifisch auf die **Rechtsetzung unter Art. 191 AEUV** ausgerichtet ist, deren Anwendungsbereich und schließt sie vom Begriff der »Erfordernisse des Umweltschutzes« in Art. 11 AEUV aus. Ihrem Anliegen wird aber im Rahmen der Nachhaltigkeit nach Art. 11 AEUV Genüge getan. Die betreffenden Aspekte in Art. 191 Abs. 2 und 3 AEUV sind für eine »interne« Integration in die Umweltpolitik vorgesehen, nicht aber für eine zusätzliche »externe«[78] Integration in andere Politiken.

2. Einbeziehung

20 Art. 11 AEUV statuiert, dass die **ökologischen Belange** »einbezogen« werden »müssen«. Während das Wort »müssen« für eine **Rechtspflicht** spricht, ist fraglich wie weit die »Einbeziehung« reichen muss. Zum Teil wird eine bloße Berücksichtigung für ausreichend erachtet.[79] Dem steht aber entgegen, dass in Art. 12 und 13 AEUV abgeschwächter von »Rechnung tragen« bzw. in Art. 13 AEUV von »Berücksichtigung« die Rede ist.[80] Überzeugend wird daher in der Literatur gefordert, dass die ökologischen Belange den Inhalt der fraglichen Maßnahmen **im Ergebnis »mitprägen«** müssen. Auf diese Weise wird eine ökologisch verträgliche Entwicklung in den anderen Politikbereichen angestrebt.[81] Die Aspekte des Umweltschutzes sind zu **würdigen** und mit einem **relativen Vorrang** in die Abwägung einzubringen. Es ist aber nicht ausgeschlossen, dass das Abwägungsergebnis nicht völlig zu ihren Gunsten ausgeht. Demgegenüber werden in der

---

[76] *Epiney*, S. 111.
[77] *Calliess*, in: Calliess/Ruffert, EUV/AEUV, Art. 11 AEUV, Rn. 6 und Art. 191 AEUV, Rn. 42 ff.
[78] S. *Kahl*, in: Streinz, EUV/AEUV, Art. 11 AEUV, Rn. 15.
[79] *Frenz*, S. 64.
[80] S. Art. 13 AEUV, Rn. 21.
[81] Weitergehend *Kahl*, in: Streinz, EUV/AEUV, Art. 11 AEUV, Rn. 17, demzufolge Art. 11 AEUV eine umfassende Ökologisierung aller Politiken einfordere.

Literatur ökologisch anspruchsvollere Konzepte vertreten,[82] doch wäre es überzeugender, eine solch gravierende Grundentscheidung in den allgemeinen Zielvorschriften vorzusehen als in der Integrationsklausel. Die Zielbestimmungen des EU-Vertrages sind mit der Vorgabe eines **hohen Umweltschutzes** und einer **Verbesserung der Umweltqualität** bereits relativ streng, sie verleihen dem Umweltschutz aber **keinen absoluten Vorrang** vor anderen Vertragszielen, namentlich wirtschaftlicher Art.

3. Erfasste Bereiche

a) Unionspolitiken und -maßnahmen

Die Integrationsklausel erfasst **alle Politik- und Tätigkeitsfelder der Union**.[83] Im Ergebnis führt sie zu einer auf alle Maßnahmen ausgerichteten »**strategischen Umweltverträglichkeitsprüfung**«.[84] Schon vor dem Maastricht Vertrag war die überwiegende Ansicht davon ausgegangen, dass der Begriff »**Politiken**« **nicht eng** im Sinne lediglich der im Primärrecht ausdrücklich als Unionspolitiken (damals: Gemeinschaftspolitiken) bezeichneten Tätigkeitsfelder zu verstehen sei.[85] Dies ist in der Rechtsprechung bestätigt worden.[86] Diese Auffassung ist überzeugend, weil die Integrationsklausel inhaltlich umfassend angelegt ist. Der Begriff »Politik« ist in Abgrenzung zu dem der »Maßnahmen« so zu verstehen, dass auch das **Vorfeld der Rechtsetzung** erfasst wird (Rn. 22). Ferner spricht seit der Aufnahme der Integrationsklausel in den allgemeinen Teil des EGV im Amsterdamer Vertrag die **systematische Stellung** für eine umfassende Anwendung.[87] Schließlich wird dies durch den **systematischen Vergleich** mit Art. 12 AEUV zur Integration des Verbraucherschutzes bestätigt. Wenn dort von den »anderen Unionspolitiken« die Rede ist, wird der Verbraucherschutz nach Art. 169 AEUV ebenfalls als Unionspolitik angesehen, obgleich er nicht ausdrücklich als solche bezeichnet wird.[88] Erfasst werden insbesondere unter dem Lissabonner Vertrag auch die **justizielle und polizeiliche Zusammenarbeit** nach Art. 81 ff. AEUV.[89] Besondere Bedeutung kommt dem Umweltschutz in den Bereichen der **Landwirtschaft**, des **Verkehrs**, aber auch in der **Energiepolitik** zu.[90] Unter dem Lissabonner Vertrag setzt sich in der Literatur zunehmend die Auffassung durch, dass – entgegen der systematischen Stellung – die Integrationsklausel **auch** auf die Tätigkeitsfelder im **EU-Vertrag** zu beziehen sei, insbesondere die **Gemeinsame Außen- und Sicherheitspolitik** nach Art. 21 ff EUV.[91] Dafür spreche die Aufhe-

21

---

[82] S. *Kahl*, in: Streinz, EUV/AEUV, Art. 11 AEUV, Rn. 17.
[83] *Epiney*, Umweltrecht, S. 158 ff.; *Haag*, in: Grabitz/Hilf/Nettesheim, EU, Art. 11 AEUV (Januar 2015), Rn. 10; *Kahl*, Umweltprinzip, S. 222 f.; *Zils*, Wertigkeit, S. 27 f.; *Krämer*, in: GSH, Europäisches Unionsrecht, Art. 11 AEUV, Rn. 9. Enger, auf die Tätigkeitsfelder des AEU-Vertrages begrenzt, *Breier*, in: Lenz/Borchardt, EU-Verträge, Art. 11 AEUV, Rn. 8; wohl ebenso *Calliess*, in: Calliess/Ruffert, EUV/AEUV Art. 11 AEUV, Rn. 9.
[84] *Scherer/Heselhaus*, in: Handbuch des EU-Wirtschaftsrechts, Abschnitt O, Juni 2010, Rn. 41; ihnen folgend *Calliess*, in: Calliess/Ruffert, EUV/AEUV Art. 11 AEUV, Rn. 9, sowie *ders*. DVBl 1998, 559 (564 ff.).
[85] *Scherer/Heselhaus*, in: Dauses, Handbuch des EU-Wirtschaftsrecht, Abschnitt O, Juni 2010, Rn. 56.
[86] EuGH, Urt. v. 13.9.2005, Rs. C–176/03 (Kommission/Rat), Slg. 2005, I–7879, Rn. 48 und das Urteil bestätigend Urt. v. 23.10.2007, Rs. C–440/05 (Kommission/Rat), Slg. 2007, I–9097, Rn. 66.
[87] *Calliess*, in: Calliess/Ruffert, EUV/AEUV Art. 11 AEUV, Rn. 9.
[88] Vielmehr ist die Union im Bereich des Art. 169 AEUV darauf begrenzt »einen Beitrag« zur Erreichung der Ziele des Art. 169 Abs. 1 AEUV zu leisten.
[89] S. *Kahl*, in: Streinz, EUV/AEUV, Art. 11 AEUV, Rn. 10; vgl. auch
[90] Vgl. *Käller*, in: Schwarze, EU-Kommentar, Art. 11 AEUV, Rn. 7.
[91] *Käller*, in: Schwarze, EU-Kommentar, Art. 11 AEUV, Rn. 7; *Kahl*; in: Streinz, EUV/AEUV, Art. 11 AEUV, Rn. 10.

bung der sog. Drei-Säulen-Struktur im Lissabonner Vertrag und die »Gleichwertigkeit der Verträge«.[92] Ferner ist darauf hinzuweisen, dass das über die Integrationsklausel geförderte Prinzip der Nachhaltigkeit auch in Art. 3 Abs. 3 EUV erwähnt wird und somit auch im EU-Vertrag grundsätzlich zur Anwendung kommt. Nicht zuletzt wird die Integrationsklausel zusätzlich über **Art. 37 GRC** abgesichert, der ebenfalls grundsätzlich auch für den EU-Vertrag gilt.[93] Somit soll nach Ansicht der Literatur einzig der **EAG-Vertrag** nicht der Integrationsklausel unterfallen.[94] Dafür scheint die systematische Abgrenzung des EAG-Vertrages von den anderen Verträgen zu sprechen. Doch schlägt diese Separierung auf der materiellen Seite kaum durch, wie es das Beispiel des Grundrechtsschutzes zeigt.[95] Aber auch für den Umweltschutz kann eine, die **Vertragssystematik übergreifende Bedeutung** nachgewiesen werden. So müssen nach der Rechtsprechung zur Kompetenzabgrenzung mehrere Energieträger umfassende Rechtsakte auf die Energiekompetenz der EU nach Art. 194 AEUV abgestützt werden und damit die Integrationsklausel achten,[96] auch wenn sie – nach der Rechtsprechung in zulässiger Weise[97] – Vorschriften über die Atomenergie enthalten. Dann läge aber ein Wertungswiderspruch vor, wenn die Beachtungspflicht entfallen sollte, wenn der Umweltschutz bei speziell atomrechtlichen Regelungen, die auf den EAG-Vertrag gestützt werden,[98] nicht beachtet werden müsste. Daher ist es überzeugender, die Integrationsklausel auch auf den EAG-Vertrag anzuwenden.

22 Auch in Bezug auf die erfassten **Instrumente und Handlungsformen** ist die Integrationsklausel **umfassend** angelegt. Dies ist allgemeine Ansicht, Streit besteht nur über den Anwendungsbereich der einzelnen Begriffe »Politiken« und »Maßnahmen«. Nach einer Ansicht umfassen »**Maßnahmen**« alle auf Basis des Primärrechts ergriffenen Handlungen und eingesetzten Handlungsformen, insbesondere das Sekundärrecht. Demgegenüber beziehe sich »**Politiken**« auf die Aufgaben und Handlungsfelder, also das Primärrecht.[99] Vereinzelt wird unter dem Begriff »Politiken« auch die Sekundärrechtsetzung verstanden und »Maßnahmen« als Hinweis gedeutet, dass jedwedes konkretes, auch individuell-konkretes, Handeln erfasst wird.[100] In der Gesamtsicht besteht unter dem Lissabonner Vertrag kein Unterschied zwischen den Ansichten zum Anwendungsumfang der Norm. Die letztgenannte Ansicht konnte unter dem Maastricht-Vertrag, d. h. vor der ausdrücklichen Ergänzung um »Maßnahmen«, überzeugend für eine weite Interpretation plädieren. Im **Lissabonner Vertrag** spricht aber der **Wortlaut** in systematischer Hinsicht dafür, unter »**Maßnahmen**« umfassend **alle Sekundärrechtsakte** und sonstigen aus dem Primärrecht **abgeleiteten Handlungsformen** zu verstehen.[101] Für

---

[92] *Käller*, in: Schwarze, EU-Kommentar, Art. 11 AEUV, Rn. 7.
[93] Allerdings unterliegt die GASP gemäß Art. 275 AEUV nicht der Kontrolle durch den Gerichtshof. Auch ohne justizielle Kontrolle sind die anderen Organe der EU an die Charta in diesem Bereich gebunden.
[94] *Kahl*, in: Streinz, EUV/AEUV, Art. 11 AEUV, Rn. 10.
[95] Art. 6 EUV gilt auch für den EAG-Vertrag, weil insofern kein Rückschritt im Grundrechtsschutz beabsichtigt war.
[96] *Bings*, in: Streinz, EUV/AEUV, Art. 194 AEUV, Rn. 35.
[97] Näher dazu *Heselhaus*, SJER 2012/13, S. 263 (266).
[98] Näher dazu *Heselhaus*, SJER 2012/13, S. 263 (266).
[99] *Breier*, in: Lenz/Borchardt, EU-Verträge, Art. 11 AEUV, Rn. 8, *Käller*, in: Schwarze, EU-Kommentar, Art. 11 AEUV, Rn. 7, *Kahl*, in: Streinz, EUV/AEUV, Art. 11 AEUV, Rn. 11; *Calliess*, in: Calliess/Ruffert, EUV/AEUV Art. 11 AEUV, Rn. 9.
[100] *Calliess*, in: Calliess/Ruffert, EUV/AEUV Art. 11 AEUV, Rn. 9.
[101] Vgl. Art. 192 Abs. 2 AEUV.

»Politiken« verbleibt als Anwendungsbereich insbesondere die Formulierung von **Gesamtkonzepten**, Leitbildern sowie Grün- und Weißbüchern für die einzelnen Handlungsfelder.[102]

b) Festlegung und Durchführung

Es besteht weitgehend Einigkeit, dass die Begriffe »**Festlegung**« und »**Durchführung**« **umfassend alle Handlungsformen und Handlungen** in den Tätigkeitsfeldern der EU umfassen.[103] Streit besteht nur über die **Auslegung** der beiden Begriffe im Verhältnis zueinander. Nach überwiegender Ansicht bezieht sich »Festlegung« auf die Ausarbeitung von Programmen und Konzepten, die Rechtsetzung und jedes konkrete Handeln der EU-Organe. »Durchführung« wird hingegen auf den Verwaltungsvollzug und die gerichtliche Kontrolle bezogen.[104] Nach anderer Ansicht umfasst Letzteres die gesamte Anwendung des Primärrechts, also auch umfassend die Rechtsetzung, während unter »Festlegung« die »Definition« der Politikbereiche verstanden wird, d. h. die Beachtung der Umweltbelange bei der Auslegung der anderen Politikbereiche.[105] Vorzugswürdig erscheint eine Auslegung nach dem **Wortlaut** in systematischer Hinsicht. Seit der expliziten Einführung der Umweltpolitik in der Einheitlichen Europäischen Akte wird unter »**Durchführung**« der **Vollzug** bzw. die **Umsetzung des Umweltrechts** – insbesondere durch die Mitgliedstaaten – verstanden.[106] Unter dem Lissabonner Vertrag kommt hinzu, dass die Kommission nach Art. 291 AEUV »**Durchführungsrechtsakte**« für die Umsetzung in den Mitgliedstaaten erlassen kann. Daher erscheint es überzeugend, »Durchführung« umfassend sowohl auf den **Verwaltungsvollzug** als auch auf die **Rechtsetzung** in den Mitgliedstaaten **zur Umsetzung** des Unionsrechts sowie auf die **Durchführungsrechtsetzung** der Kommission nach Art. 291 AEUV zu beziehen. »**Festlegung**« betrifft dann die **übrige Sekundärrechtsetzung** sowie **konkrete Handlungen** außerhalb des Verwaltungsvollzugs, wie etwa Vorarbeiten für die Rechtsetzung, insbesondere die Ausarbeitung von Programmen.

4. Förderung einer nachhaltigen Entwicklung

Die Verträge verwenden den Begriff der **nachhaltigen Entwicklung**,[107] ohne eine Definition vorzugeben. Inhaltlich ist der Begriff durch die Entwicklung im **Umweltvölkerrecht** geprägt, sodass aufgrund der **Entstehungsgeschichte** zutreffend auf den Abschlussbericht der Weltkommission für Umwelt und Entwicklung (sog. **Brundtland-Bericht**) von 1987 und auf die **Deklaration von Rio 1992** über Umwelt und Entwicklung zurückgegriffen wird. Danach ist eine Entwicklung nachhaltig, die »den Bedürfnissen der heutigen Generation entspricht, ohne die Möglichkeiten zukünftiger Generationen zu

---

[102] Vgl. ähnlich *Käller*, in: Schwarze, EU-Kommentar, Art. 11 AEUV, Rn. 7.
[103] *Calliess*, in: Calliess/Ruffert, EUV/AEUV, Art. 11 AEUV, Rn. 10 und 11; *Käller*, in: Schwarze, EU-Kommentar, Art. 11 AEUV, Rn. 8 und 9; Kahl, Rn. 11.
[104] *Kahl*, in: Streinz, EUV/AEUV, Art. 11 AEUV, Rn. 11; *Käller*, in: Schwarze, EU-Kommentar, Art. 11 AEUV, Rn. 8 und 9.
[105] *Breier*, in: Lenz/Borchardt, EU-Verträge, Art. 11 AEUV, Rn. 9.
[106] *Kahl*, in: Streinz, EUV/AEUV, Art. 192 AEUV, Rn. 50.
[107] Art. 3 Abs. 3 EUV, Art. 11 AEUV.

gefährden, ihre eigenen Bedürfnisse zu befriedigen«.[108] Dieses im internationalen Recht entwickelte Konzept ist **dreidimensional** und soll einen **Ausgleich** zwischen **ökologischen**, **ökonomischen** und **sozialen Interessen** ermöglichen. Im Hinblick auf die Entwicklungspolitik fällt unter die sozialen Interessen insbesondere die Bekämpfung der Armut. Demgegenüber liegt in der Europäischen Union und ihren Mitgliedstaaten aufgrund des erreichten Wohlstandsniveaus der Fokus auf dem Ausgleich zwischen den ersten beiden Dimensionen. Gleichwohl führt der **Wortlaut** von Art. 3 Abs. 3 EUV in der **Tradition des dreidimensionalen Ansatzes** Umweltschutz, Wirtschaftswachstum und sozialen Fortschritt zusammen. Neben diesem Ausgleichsaspekt enthält das Nachhaltigkeitskonzept aber zugleich eine **Stärkung der Aspekte des Umweltschutzes** (s. Rn. 25). Auf beide Aspekte ist Art. 11 AEUV nach Wortlaut und Funktion bezogen. Vereinzelt wird hingegen unter Art. 11 AEUV für ein eindimensionales Nachhaltigkeitskonzept plädiert, das lediglich die den Umweltschutz verstärkenden Elemente umfassen soll.[109] Allerdings führt dies im Ergebnis nicht zu einer zwingenden materiellen Verstärkung des Umweltschutzes, weil gleichzeitig unter Art. 11 AEUV ein Integrationsprinzip begrifflich abgespalten wird, das eher »prozedural-partizipative Regelungsansätze und Bewirtschaftungskomponenten« einfordere.[110]

25 **Inhaltlich** steuert das Prinzip der nachhaltigen Entwicklung einen **Ausgleich** zwischen den erfassten drei Dimensionen, den ökologischen, ökonomischen und sozialen Interessen. Es ist deshalb ein Ziel, möglichst häufig zu einer **Entkopplung** von Wirtschaftswachstum und Umweltbelastungen zu kommen. Wo dies nicht erreicht wird, muss jedoch der **Konflikt gelöst** werden. Dies kann unter dem Unionsrecht mit seinem Bekenntnis zum Wirtschaftswachstum in Art. 3 Abs. 3 EUV nicht einseitig zu Lasten der ökonomischen Interessen erfolgen. Insofern ist **kein genereller Vorrang des Umweltschutzes** gefordert. Doch kann wirtschaftliches Wachstum in vielfältiger Weise erzielt werden, während die Wahrung der Umweltressourcen weit weniger Spielräume eröffnet. Diesbezüglich ergänzt das Nachhaltigkeitsprinzip in seinem Ansatz der **intergenerationalen Gerechtigkeit** das umweltrechtliche Vorsorgeprinzip und **stärkt** damit **materiell die Aspekte des Umweltschutzes**.[111] Um den Vorgaben an diesem Interessenausgleich gerecht werden zu können, muss zwingend die **umfassende Ermittlung** und **Bewertung** möglicher **Umweltauswirkungen** vorgesehen werden. Das Ergebnis kann zur Folge haben, dass bestehende Gestaltungsspielräume der Behörden zugunsten des Umweltschutzes eingeengt, im Extremfall geschlossen werden. Diese **Abwägung** ist in jedem Einzelfall vorzunehmen und steht aufgrund der Verbindlichkeit von Art. 11 AEUV auch bei der Festlegung umfassender politischer Agenden nicht zur politischen Disposition. Aus diesem Grund ist eine Neuausrichtung der umweltpolitischen Schwerpunktsetzung, wie sie von Kommissionspräsident Juncker 2014 nach seiner Wahl angekündigt worden ist, kritisch auf ihre Kompatibilität mit Art. 11 AEUV zu überprüfen.[112]

---

[108] Näher dazu *Umweltbundesamt*, Nachhaltige Entwicklung in Deutschland – die Zukunft dauerhaft umweltgerecht gestalten, 2002, S. 1 f.
[109] *Kahl*, in: Streinz, EUV/AEUV, Art. 11 AEUV, Rn. 22, hält das dreidimensionale Konzept in der EU für »eher nicht hilfreich«.
[110] *Kahl*, in: Streinz, EUV/AEUV, Art. 11 AEUV, Rn. 24, m. w. N. Gerade das von *Kahl*, in: Streinz, EUV/AEUV, Art. 11 AEUV, Rn. 22, zitierte Nachhaltigkeitsprinzip aus dem deutschen Forstrecht des 18. Jahrhunderts ist auch ein ökonomisches Bewirtschaftungskonzept.
[111] Ausführlich dazu Art. 191 AEUV, Rn. 82 ff.
[112] *Kommission*, Pressemitteilung v. 2.12.2015; näher dazu *Heselhaus*, URP 2015, 337 (356).

5. Adressaten

Art. 11 AEUV bindet zum einen **umfassend** die **EU-Organe** und **sonstigen EU-Einrichtungen**. Dies gilt für alle drei Gewalten, für die **Judikative** (EuG und EuGH), die **Exekutive** (Kommission) und die **Legislative**. Zu Letzterer zählen alle im Rechtsetzungsverfahren beteiligten **Organe** und **Einrichtungen**, insbesondere das Europäische Parlament, der Rat und die Kommission. Da auch die vorbereitende Tätigkeit erfasst wird, gilt die Integrationsklausel auch für den **Wirtschafts- und Sozialausschuss** bzw. den **Ausschuss der Regionen**, wenn sie beratend tätig werden. Dies gilt aufgrund des umfassenden Ansatzes der Integrationsklausel nicht nur für eine beratende Tätigkeit im Rechtsetzungsverfahren, sondern auch bei sonstigen Stellungnahmen dieser beratenden Einrichtungen.[113] Zur Klarstellung ist darauf hinzuweisen, dass auch der **Europäische Rat** erfasst wird, insbesondere wenn er die Leitlinien der Unionspolitiken bestimmt.[114] Die **Kommission** ist sowohl in ihrer **administrativen** Tätigkeit, Verwaltung von Fonds etc., gebunden als auch bei der Einreichung von **Rechtsetzungsvorschlägen**. Dementsprechend hat sie die ausreichende Beachtung von Umweltaspekten in der Begründung der vorgeschlagenen Rechtsakte darzulegen.[115] Darüber hinaus hat die Regierungskonferenz zum Amsterdamer Vertrag in Erklärung Nr. 12 zur Kenntnis genommen, dass die Kommission Umweltverträglichkeitsstudien erstellt, wenn sie Vorschläge unterbreitet, die zu erheblichen Auswirkungen auf die Umwelt führen können. Angesichts des primärrechtlichen Auftrags, das Schutzniveau in jedem Fall zu wahren, dürfte die Kommission von dieser Praxis nicht ohne besondere Rechtfertigung abweichen können.[116] Des Weiteren ist die Kommission auch beim **Verwaltungsvollzug**, d. h. der Durchführung der Unionspolitiken an die Integrationsklausel gebunden.[117]

26

Auch wenn sich Art. 11 AEUV auf die Politiken der »Union« bezieht, richten sich seine Vorgaben doch **auch** an die **Mitgliedstaaten**.[118] Denn diese sind weitgehend zur – ausdrücklich erfassten – »**Durchführung**« des Unionsrechts berufen, wie es in Art. 192 Abs. 4 AEUV für den Umweltschutz ausdrücklich festgehalten wird.[119] Die Gegenauffassung[120] kommt zu einem ähnlichen Ergebnis, indem sie die Achtung der Umweltbelange seitens der Mitgliedstaaten aus den konkreten Sekundärrechtsakten und dem Loyalitätsprinzip folgert. Die Bindung der Mitgliedstaaten **beschränkt** sich allerdings **auf die Durchführung des Unionsrechts**, die sowohl die Umsetzung durch ausführende Rechtsakte als auch den bloßen Verwaltungsvollzug umfasst (s. Rn. 23). Sie sind in den ihnen autonom verbliebenen Bereichen, inklusive des Handelns im Rahmen der Grundfreiheiten, nicht an die EU-Integrationsklausel gebunden. In der Regel greifen diesbe-

27

---

[113] Anders wohl *Kahl*, in: Streinz, EUV/AEUV, Art. 11 AEUV, Rn. 12.
[114] Art. 15 Abs. 1 EUV; vgl. ausführlich zur Praxis des Europäischen Rates *Kahl*, in: Streinz, EUV/AEUV, Art. 11 AEUV, Rn. 46 ff.
[115] *Jahns-Böhm/Breier*, EuZW 1992, 49 (53 f.); *Schröder*, in: Rengeling, EUDUR I, § 9 Rn. 28; *Zils*, S. 32.
[116] *Kotzur*, in: Geiger/Kahn/Kotzur, EUV/AEUV, Art. 11 AEUV, Rn. 8 sieht in der Zusage der Kommission eine Rechtspflicht begründet.
[117] *Käller*, in: Schwarze, EU-Kommentar, Art. 11 AEUV, Rn. 9, *Kahl*, Rn. 13.
[118] *Kahl*, in: Streinz, EUV/AEUV, Art. 11 AEUV, Rn. 13.
[119] Vgl. *Käller*, in: Schwarze, EU-Kommentar, Art. 11 AEUV, Rn. 9, die in Rn. 8 darauf hinweist, dass die Mitgliedstaaten auch bei ihrem Handeln im Rat an die Integrationsklausel gebunden seien. Formal sind aber Äußerungen des Rates nicht den Mitgliedstaaten zuzurechnen.
[120] *Krämer*, in: GSH, Europäisches Unionsrecht, Art. 11 AEUV, Rn. 13.; vgl. *Schröder*, in: Rengeling, EUDUR I, § 31, Rn. 15.

züglich aber **verfassungsrechtliche Vorgaben** in den Mitgliedstaaten, wie Art. 20a GG in Deutschland.[121]

28 Die **Einhaltung** des Unionsrechts inklusive der Integrationsklausel wird von den **europäischen Gerichten** gemäß den Rechtsprechungszuständigkeiten in Kooperation mit den **nationalen Gerichten**, insbesondere bei Vorlagefragen an den EuGH, gewährleistet.[122] Somit gilt auch für den Bereich der Judikative, dass sowohl Gerichte der Union (umfassend) als auch der Mitgliedstaaten (begrenzt) gebunden sind.[123] Eine Verletzung der Beachtungs- oder der Begründungspflicht kann vor den EU-Gerichten mit der Nichtigkeitsklage angegriffen werden.[124]

III. Materielle und prozedurale Auswirkungen

29 **Materielle Auswirkungen** hat die Integrationsklausel vor allem im Bereich der **Auslegung des Primärrechts** gehabt. Ihre Aufnahme in die Verträge hat dazu geführt, dass die Kompetenz der Union, im Rahmen ihrer **Rechtsetzungszuständigkeiten** auch die Auswirkungen auf die Umwelt – oft wird formuliert: die Belange des Umweltschutzes – zu beachten, nicht mehr in Frage gestellt wird. Auch im Fall der Kompetenzen für das Umweltstrafrecht ging es nicht um eine Erweiterung von Kompetenzen der EU/EG, sondern um die Abgrenzung zwischen zwei bestehenden Rechtsgrundlagen, einerseits unter dem damaligen EU-Vertrag und andererseits dem EG-Vertrag.[125] Sofern man darin eine **Kompetenzerweiterung** sehen will,[126] führt die Integrationsklausel keineswegs zur Gefahr einer schleichenden Aushöhlung des Prinzips begrenzter Einzelermächtigung, weil sie den Umfang der jeweiligen Kompetenz im Hinblick auf die Beachtung der Belange des Umweltschutzes gerade **transparent** macht.[127] Diese Klärung der Kompetenzgrenzen hat wegen der zeitgleichen Einführung der selbständigen Umweltkompetenzen der EU in der Einheitlichen Europäischen Akte zu teils schwierigen Fragen der **Abgrenzung** verschiedener Kompetenztitel geführt.[128]

30 Die durch die Integrationsklausel bestätigte und gesteuerte Auslegung des Primärrechts hat zur **Öffnung von Gestaltungsspielräumen** nicht nur der **EU**, sondern auch der **Mitgliedstaaten** beigetragen. So konnte die Einbeziehung von Aspekten des Umweltschutzes in das EU-Beihilferecht[129] und das EU-Vergaberecht[130] unter Berufung auf die

---

[121] Näher dazu *Heselhaus*, in: AKUR, Grundzüge des Umweltrechts, § 1, Rn. 12 ff.
[122] *Kahl*, in: Streinz, EUV/AEUV, Art. 11 AEUV, Rn. 14.
[123] Vgl. *Kahl*, in: Streinz, EUV/AEUV, Art. 11 AEUV, Rn. 14.
[124] *Jahns-Böhm/Breier*, EuZW 1992, 49 (55), *Käller*, in: Schwarze, EU-Kommentar, Art. 11 AEUV, Rn. 18.
[125] EuGH, Urt. v. 13. 9. 2005, Rs. C–176/03 (Kommission/Rat), Slg. 2005, I–7879, Rn. 2 ff. Entgegen der Ansicht von *Kahl*, in: Streinz, EUV/AEUV, Art. 11 AEUV, Rn. 28 bestand unter den damaligen Art. 29, 31 Buchst. e und 34 Abs. 2 Buchst. b EUV eine Kompetenz der EU jedenfalls für einen Rahmenbeschluss.
[126] So die überwiegende Ansicht, s. *Kahl*, in: Streinz, EUV/AEUV, Art. 11 AEUV, Rn. 28, *Calliess*, in: Calliess/Ruffert, EUV/AEUV Art. 11 AEUV, Rn. 20; *Stein*, FS Everling, S. 1439 (1440 f.); dagegen *Scherer/Heselhaus*, in: Dauses, Handbuch des EU-Wirtschaftsrechts, Abschnitt O, Rn. 60; *Eisele*, JZ 2008, 251 (253).
[127] Zur Warnung vor dem trojanischen Pferd *Stein*, S. 1439 (1440 f.); ihm folgend *Calliess*, in: Calliess/Ruffert, EUV/AEUV Art. 11 AEUV, Rn. 20.
[128] Ausführlich dazu Art. 192 AEUV, Rn. 73 ff.
[129] EuGH, Urt. v. 24. 7. 2003, Rs. C–280/00 (Altmark Trans und Regierungspräsidium Magdeburg), Slg. 2003, I–7747.
[130] EuGH, Urt. v. 4. 12. 2003, Rs. C–448/01 (EVN und Wienstrom), Slg. 2003, I–14527 Rn. 32 ff.

Integrationsklausel gerechtfertigt werden. Darüber hinaus wird in der Literatur darauf hingewiesen, dass die Integrationsklausel auch für eine verstärkte Zulassung **nationaler Alleingänge** zugunsten des Umweltschutzes streite.[131] In der Tat kann die Integrationsklausel insofern Gestaltungsspielräume der Mitgliedstaaten im Einzelfall eröffnen, sofern es Auslegungsansätze im betreffenden Sekundärrecht gibt. Der Anerkennung eines generellen Rechts auf einen nationalen Alleingang zugunsten des Umweltschutzes steht aber entgegen, dass es insofern einer prozeduralen Absicherung wie in Art. 114 und 193 AEUV bedürfte, die in den anderen Tätigkeitsfeldern nicht vorhanden ist.

Die Integrationsklausel beeinflusst die **Praxis der Rechtsetzung**. So sind etwa die Vergabe-Richtlinien für die Anerkennung umweltpolitischer Aspekte ausdrücklich geöffnet worden.[132] Von besonderer Bedeutung sind die verschiedenen prozeduralen Absicherungen des Nachhaltigkeitsprinzips wie in der UVP-Richtlinie[133] und der SUP-Richtlinie[134]. Weitere **prozedurale Absicherungen** sind in Umsetzung der Aarhus Konvention durch die Rechte auf Umweltinformation, Beteiligung der Öffentlichkeit und den Zugang zu Gerichten in Umweltangelegenheiten erfolgt.[135] Sie sichern die umfassende Einbringung von Umweltbelangen in die Entscheidungsfindung der Behörden und deren ausreichende Berücksichtigung.

31

Das Nachhaltigkeitsprinzip hat ferner Eingang in **Programme** der EU gefunden. Im Bereich des Umweltschutzes[136] ist bereits in den ersten **Umweltaktionsprogrammen** in der Sache eine Integrationsklausel enthalten gewesen.[137] Erstmals legte das 5. Umweltaktionsprogramm von 1993 eine Strategie für eine dauerhafte und umweltgerechte Entwicklung fest.[138] Das 6. Umweltaktionsprogramm von 2002 wird als ein Kernbestandteil der Nachhaltigkeitsstrategie der Union angesehen.[139] Im siebten Umweltaktionsprogramm findet sich der Begriff der Nachhaltigkeit nicht so prominent, sondern lediglich mit Bezug auf die Städte.[140] Doch umfasst der Inhalt des Programms die wesentlichen Elemente der **umweltrechtlichen Aspekte** des Nachhaltigkeitsprinzips. Die anderen Aspekte werden in der Bezugnahme auf die Lebensqualität und das Wohlergehen der Menschen sichtbar.[141] Darin ist aber keine Geringschätzung des Nachhaltig-

32

---

[131] *Kahl*, in: Streinz, EUV/AEUV, Art. 11 AEUV, Rn. 35 f., weist auf EuGH, Urt. v. 13. 4. 2000, Rs. C–292/97 (Karlsson), Slg. 2000, I–2737 Rn. 51 hin.

[132] S. nur Art. 67 Abs. 2 Richtlinie 2014/24, ABl. 2014, L 94/65.

[133] Richtlinie 2011/92/EU vom 13. 12. 2011 über die Umweltverträglichkeitsprüfung bei bestimmten öffentlichen und privaten Projekten, ABl. 2011, L 26/1, zuletzt geändert Richtlinie 2014/52/EU, ABl. 2014, L 124, S. 1.

[134] Richtlinie 2001/42/EG vom 24. 6. 2001 über die Prüfung der Umweltauswirkungen bestimmter Pläne und Programme, ABl. 2001, L 197/30.

[135] Ausführlich zur Umsetzung der Aarhus-Konvention in das Unionsrecht *Scherer/Heselhaus*, in: Dauses, Handbuch des EU-Wirtschaftsrecht, Abschnitt O, Juni 2010, Rn. 223 und 284.

[136] Hier gilt das Nachhaltigkeitsprinzip aufgrund der genetischen Auslegung und der Vorgabe in Art. 3 Abs. 3 EUV, s. Art. 191 AEUV, Rn. 82.

[137] Das 1. Umweltaktionsprogramm von 1973, ABl. 1973, C 112/1, bestimmte, dass »bei allen fachlichen Planungs- und Entwicklungsprozessen […] die Auswirkungen auf die Umwelt so früh wie möglich berücksichtigt werden«.

[138] ABl. 1993, C 138/1.

[139] 13. Begründungserwägung, Art. 1 Abs. 1 S. 3, Art. 2 Abs. 4 und 5, Art. 3 Nr. 3 Beschluss Nr. 1600/2002/EG vom 22. 7. 2002 über das sechste Umweltaktionsprogramm der Europäischen Gemeinschaft, ABl. 2002 L 242/1.

[140] 1. Begründungserwägung, Art. 2 Abs. 1 Buchst. h Beschluss Nr. 1386/2013/EU vom 20. 11. 2013 über ein allgemeines Umweltaktionsprogramm der Union für die Zeit bis 2020 »Gut leben innerhalb der Belastbarkeitsgrenzen unseres Planeten«, ABl. 2013, L 354/171.

[141] Art. 2 Abs. 3 Beschluss Nr. 1386/2013/EU (Fn. 140).

keitsprinzips zu sehen, vielmehr ist diese seit 2005 vom **Europäischen Rat** kontinuierlich weiterentwickelt worden. Insbesondere erneuerte der Europäische Rat 2006 die EU-Strategie für nachhaltige Entwicklung.[142] Die Kommission hat in der Folgezeit insbesondere die Strategie für ein ressourcenschonendes Wachstum ausgebaut.[143] Doch hat die angekündigte entsprechende Novellierung des EU-Abfallrechts lange auf sich warten lassen. Nach der Neuwahl der Kommission hat diese dann 2014 unter dem neuen Präsidenten Juncker eine Kehrtwende vollzogen, indem sie verkündete, dass sie die Schwerpunkte ihrer Politik auf die wirtschaftliche Entwicklung legen und eine Revision laufender Umweltrechtsetzungsvorhaben vornehmen werde.[144] Die Revision des sog. Rechtsetzungspakets im Abfallrecht von 2015 ist dann deutlich bescheidener ausgefallen als ursprünglich angekündigt.[145]

D. Kritische Würdigung

33 Die Integrationsklausel hat greifbar zu einer **Verbesserung** der **rechtlichen Gestaltungsmöglichkeiten** zugunsten des Umweltschutzes in der EU geführt. Viele Fortschritte sind im Detail zu verzeichnen. Da das Konzept aber grundsätzlich **ergebnisoffen** angelegt ist, kann es nur in Ausnahmefällen zu einem Vorrang des Umweltschutzes führen. Insofern kann das in der Literatur beklagte **Defizit im Umweltschutz** der Union nicht der Integrationsklausel angelastet werden. Diese wirkt auf den politischen Prozess zwar ein, kann ihn aber regelmäßig im Ergebnis nicht bestimmen. Weitergehende Hoffnungen in der Literatur dürften die **Steuerungsfähigkeit des Rechts** überschätzen.

---

[142] Anlage zu Rat der EU, Dok. Nr. 10917/06, vom 26.6.2006; vgl. dazu Lindemann/Jänicke, ZfU 2008, 355 (358 ff.); fortgeführt in Europäischer Rat vom 14.12.2007, 16616/1/07; REV 1, Nr. 56; Europäischer Rat vom 13./14.3.2008, 7652/1/08 REV 1, Nr. 17 ff.
[143] *Kommission*, Mitteilung, Europa 2020: Strategie für intelligentes, nachhaltiges und integratives Wachstum, KOM (2020) 2020 endg.; Kommission, Mitteilung: ressourcenschonendes Europa, KOM (2011) 21 endg.
[144] Näher dazu Heselhaus, URP 2015, 337 (356).
[145] Vgl. *Kommission*, Mitteilung (2015) 614 endg. und *Kommission*, Mitteilung (2014) 398 endg. Näher dazu *Heselhaus*, URP 2015, 337 (356).

Artikel 12 AEUV [Verbraucherschutz; Querschnittsklausel]

Den Erfordernissen des Verbraucherschutzes wird bei der Festlegung und Durchführung der anderen Unionspolitiken und -maßnahmen Rechnung getragen.

Literaturübersicht

Drexl, Die wirtschaftliche Selbstbestimmung des Verbrauchers, 1998; *Mancaleoni*, in: Cristofaro/Zaccaria (Hrsg.), Commentario breve al Diritto dei consumatori, 2. Aufl., 2013, Art. 1–12, 114, 169 TFUE; *Martinek*, Unsystematische Überregulierung und kontraintentionale Effekte im Europäischen Verbraucherschutzrecht oder: Weniger wäre mehr, in: Grundmann (Hrsg.), Systembildung und Systemlücken in Kerngebieten des Europäischen Privatrechts, 2000, S. 511; *Reich*, Von der Minimal- zur Voll- zur Halbharmonisierung. Ein europäisches Privatrechtsdrama in fünf Akten, ZEuP 2010, 7; *ders.*, Verbraucherrechte als – unverzichtbare – subjektive Rechte passiver Marktbürger, in: Grundmann (Hrsg.), Systembildung und Systemlücken in Kerngebieten des Europäischen Privatrechts, 2000, S. 481; *ders.*, Verbraucherpolitik und Verbraucherschutz im Vertrag von Amsterdam, VuR 1999, S. 3; *Reich/Micklitz*, Europäisches Verbraucherrecht, 2003; *Roth*, Sondertagung Schuldrechtsmodernisierung. Europäischer Verbraucherschutz und BGB, JZ 2001, 475; *Schmidt-Kessel*, Zur Kollision von Informationspflichten aus EU-Richtlinien im Blick auf die Entwürfe zur Verbraucherrechterichtlinie, GPR 2011, 79; *Schmidt-Kessel*, Binnenmarkt im Gleichgewicht – Folgen der Akzentverschiebung für den Verbraucherschutz, in: Festschrift für Müller-Graff, 2015, 163; *Stuyck*, European Consumer Law After the Treaty of Amsterdam: Consumer Policy In or Beyond the Internal Market, CEUP 2000, 367; (siehe ferner die Übersichten vor Art. 38 GRC und Art. 169 AEUV).

Leitentscheidungen

EuGH, Urt. v. 20.2.1979, Rs. 120/78 (Rewe/Bundesmonopolverwaltung für Branntwein), Slg. 1979, 649 – »Cassis de Dijon«
EuGH, Urt. v. 7.3.1990, Rs. C–362/88 (GB-INNO-BM/Confédération du commerce luxembourgeois), Slg. 1990, I–667
EuGH, Urt. v. 4.4.2000, Rs. C–269/97 (Kommission/Rat), Slg. 2000, I–2257

Inhaltsübersicht

	Rn.
A. Einführung	1
B. Systematik des Verbraucherprimärrechts	4
I. Grundnormen	5
II. Binnenmarkt: Grundfreiheiten und Wettbewerb	10
III. Rechtsetzung und weitere Zuständigkeiten	14
C. Schutzkonzept oder Nachfrageorientierung	18
D. Primärrechtlicher Verbraucherbegriff	23
I. Personenkreis beim Schutzkonzept	25
II. Verbraucherbegriff bei Nachfrageorientierung	33
E. Schutzziele von Art. 12 AEUV	37
I. Versorgungssicherheit	38
II. Preisfairness	41
III. Integritätsschutz	45
IV. Vermögens- und Präferenzschutz	47
V. Schutz des Persönlichkeitsrechts	50
F. Verbraucherleitbilder als Konkretisierungsvehikel und als Maßstab der Politik	51
G. Funktionen von Art. 12 AEUV	60

A. Einführung

1   Der Vertrag von Lissabon hat die Verbraucherbelange **primärrechtlich aufgewertet**:[1] Außer der Verankerung des Verbraucherschutzes als besonderer Position in der Grundrechtecharta (Art. 38 GRC) ist dies vor allem durch die **Querschnittsklausel** Art. 12 AEUV geschehen. Diese Querschnittsklausel ist aus dem – im Kern wortgleichen – Art. 153 Abs. 2 EGV-Nizza hervorgegangen; in Art. 129a EGV-Maastricht war sie noch nicht enthalten.

2   Mit der Verankerung unter den Leitbestimmungen mit Querschnittsfunktion der Art. 7–17 AEUV (»Allgemein geltende Bestimmungen«) gehört Art. 12 AEUV zu den zentralen Rechtssätzen auf der Ebene des AEUV. Diese **hervorgehobene systematische Stellung** schreibt den erfassten Verbraucherbelangen ein besonderes Gewicht zu: Den Erfordernissen des Verbraucherschutzes ist im gesamten Bereich des Unionsrechts Rechnung zu tragen. Dabei ist **nur** der **Verbraucherschutz nicht** aber die **Verbraucherinteressen im Übrigen** auf die oberste Beschreibungsebene des AEUV gelangt (dazu unten Rn. 18 ff. sowie 61).

3   Bislang ungeklärt ist die Frage, ob respective inwieweit die veränderte systematische Stellung und die damit einhergehenden veränderten Wirkungszusammenhänge den bislang unter Art. 153 EGV-Nizza bestehenden »engen **Zusammenhang**« mit Art. 169 AEUV[2] auch **hinsichtlich der Auslegung** der Bestimmung gelockert haben. Diese Frage stellt sich insbesondere hinsichtlich des – primärrechtlich allerdings nicht wirklich fixierten – **Verbraucherbegriff**es. Für das Fortbestehen eines engen Zusammenhangs – insbesondere des begrifflichen Gleichlaufs – spricht der ausdrückliche Verweis auf die »anderen Unionspolitiken und -maßnahmen«, dessen Beibehaltung sich als Verweis auf Art. 169 AEUV lesen lässt. Hingegen sind historische Argumente ambivalent, weil die Entwicklung des Primärrechts sowohl im Sinne eines fortbestehenden Zusammenhangs der aus Art. 153 EGV-Nizza entwickelten Querschnittsklausel als auch im Sinne einer (auch) begrifflichen Separierung beider Vorschriften gedeutet werden kann. Für eine autonome Begriffsbildung lässt sich auch die durch den Vertrag von Lissabon vertiefte Abstufung zwischen Verbraucherschutz und Verbraucherinteressen (s. schon Rn. 2 sowie unten Rn. 18 ff.) ins Feld führen, weil beide Akzentsetzungen mit divergierenden Grundlagen für die Begriffsbildung verbunden sind (s. Rn. 23 ff.; dazu auch Art. 169 AEUV, Rn. 6 ff.). Letztlich wird die Frage dem Gerichtshof vorbehalten bleiben, wenn sie denn jemals praktisch wird.

B. Systematik des Verbraucherprimärrechts

4   Die Systematik des Verbraucherprimärrechts hat sich mit dem Vertrag von Lissabon erheblich verschoben. Sie ist heute durch **drei Pfeiler** gekennzeichnet, nämlich den Grundnormen Art. 38 GRC und Art. 12 AEUV, dem Binnenmarktkonzept und der besonderen Kompetenzordnung im Verbraucherrecht. Diese drei Pfeiler weisen der

---

[1] Zur historischen Entwicklung davor siehe *Berg*, in: GSH, Europäisches Unionsrecht, Art. 169 AEUV, Rn. 1–6 sowie *Drexl*, S. 45–58.
[2] Für einen solchen auch unter dem AEUV ohne nähere Begründung auch *Pfeiffer*, in: Grabitz/Hilf/Nettesheim, EU, Art. 12 AEUV (Mai 2011), Rn. 1.

Union im Bereich der Verbraucherpolitik hinsichtlich des Verbraucherschutzes heute weit mehr als nur eine Ergänzungsfunktion³ zu.

I. Grundnormen

Mit dem Vertrag von Lissabon ist die Struktur des Primärrechts auch hinsichtlich der Verbraucherbelange deutlich modifiziert worden.⁴ Allerdings finden diese **keine Erwähnung im Unionsvertrag** als dem die Grundlagen der Union behandelnden Vertrag, sondern nur einerseits im operativen Teil des Primärrechts⁵ – dort allerdings wiederum in den Grundsätzen, in Art. 12 AEUV – und andererseits in der mit schwächerer Dignität ausgestatteten Grundrechtecharta,⁶ in Art. 38 GRC. Insoweit steht es anders als mit dem Umweltschutz, der in Art. 3 Abs. 3 Satz 2 EUV eine herausgehobene Erwähnung erfahren hat.

Der in **Art. 38 GRC** niedergelegte Grundsatz der Sicherstellung eines hohen Verbraucherschutzniveaus begründet sowohl eine **Gewährleistungsverantwortung** der Europäischen Union und der das Unionsrecht vollziehenden Mitgliedstaaten als auch einen legitimen **Beschränkungsgrund für Grundrechte und Grundfreiheiten** des Unionsrechts.⁷ Ein subjektives Recht einzelner Verbraucher oder von Verbraucherverbänden respective anderen Interessenvertretungen wird dadurch nicht begründet.⁸

Art. 12 AEUV begründet für den Vertrag über die Arbeitsweise eine funktional Art. 38 GRC weitgehend entsprechende **Querschnittsklausel**. Sie gilt nicht nur für alle Unionspolitiken, sondern ausweislich des Wortlauts auch über diese hinaus **für alle Maßnahmen der Union**. Art. 12 AEUV ist selbstverständlich auch bei Maßnahmen nach Art. 352 AEUV zu beachten. Durch die Anwendbarkeit auch auf die Grundfreiheiten schreibt Art. 12 AEUV den Verbraucherschutz auch innerhalb des AEUV als zwingendes Allgemeininteresse fest (s. Rn. 11). Keine Anwendung findet Art. 12 AEUV hingegen auf die Binnenmarktgesetzgebung unter Art. 114 AEUV: Dort wirkt Art. 114 Abs. 3 AEUV als lex specialis⁹ und formuliert zudem einen höheren materiellen Standard (»hohes Schutzniveau«) als Art. 12 AEUV (»Erfordernissen angemessen Rechnung tragen«). Lediglich durch das in der Vorschrift enthaltene **besondere Kohärenzgebot** für das Verbraucherschutzrecht (s. Rn. 67) wirkt Art. 12 AEUV auch im Rahmen der Binnenmarktgesetzgebung. Diese Differenzierung wirkt sich freilich nicht aus, soweit Art. 38 GRC die Sicherstellung eines hohen Verbraucherschutzniveaus für das gesamte Unionsrecht einfordert.

Angesichts des begrenzten materiellen Gewichts stellt sich daher die Frage nach der **Eigenständigkeit von Art. 12 AEUV gegenüber Art. 38 GRC**. Diese ergibt sich vor allem aus der Unanwendbarkeit der Schranken nach Art. 51 ff. GRC und Art. 6 EUV auf die allgemeine Bestimmung des operativen Teils des Primärrechts in Art. 12 AEUV. Dieser Vorschrift kann dementsprechend – anders als Art. 38 GRC – ggf. tatsächlich eine **zu-**

---

³ In diesem Sinne noch *Berg*, in: GS, EUV/EGV, Art. 153 EGV, Rn. 12.
⁴ Diese Strukturänderung wird von *Micklitz/Rott*, in: Dauses, Handbuch des EU-Wirtschaftsrechts, Abschnitt H. V. Oktober 2013, Rn. 12 nicht gesehen.
⁵ Zur rechtlichen Gleichrangigkeit beider Verträge und dem zugleich hervorgehobenen Status des EUV s. *Nettesheim*, in: Grabitz/Hilf/Nettesheim, EU, Art. 1 EUV (August 2012), Rn. 46–48.
⁶ Zur damit verbundenen Schwächung des konstitutionellen Status der Grundrechtecharta s. *Nettesheim*, in: Grabitz/Hilf/Nettesheim, EU, Art. 1 EUV (August 2012), Rn. 44.
⁷ S. Art. 38 GRC, Rn. 4–13.
⁸ S. Art. 38 GRC, Rn. 5.
⁹ *Tamm*, in: GSH, Europäisches Unionsrecht, Art. 12 AEUV, Rn. 14.

ständigkeitsausweitende Wirkung bei der Auslegung der einschlägigen Kompetenznormen zukommen. Außerdem kommt Art. 12 AEUV auf der operativen Ebene eine interne systemprägende Funktion zu, während Art. 38 GRC lediglich über die Normenhierarchie wirkt. Zu dieser systemprägenden Funktion gehört auch das besondere verbraucherrechtliche Kohärenzgebot, welches sich aus Art. 12 AEUV ergibt (s. Rn. 67).

9 Dritte Grundnorm ist schließlich die **Kompetenznorm** des **Art. 169 AEUV**, die im Schrifttum bislang regelmäßig als zentraler Ort für die Auseinandersetzung mit dem Verbraucherprimärrecht gewählt wird. Die in zwei Stränge – Art. 169 Abs. 2 Buchst. a i. V. m. Art. 114 AEUV einerseits und andererseits Art. 169 Abs. 2 Buchst. b AEUV – zerfallende Kompetenzgrundlage wird nur teilweise – nämlich hinsichtlich des Verbraucherschutzes – von der Zuschreibung zum Bereich geteilter Zuständigkeit Art. 4 Abs. 2 Buchst. f AEUV widergespiegelt (s. zu Einzelheiten unten Rn. 14 ff. sowie Art. 169 AEUV, Rn. 22 ff.).

II. Binnenmarkt: Grundfreiheiten und Wettbewerb

10 **Historischer Kern des europäischen Verbraucherrechts** sind die Konstituanten des Binnenmarktes, nämlich die **Grundfreiheiten und** das primärrechtliche **Wettbewerbsrecht** der Art. 101 ff. AEUV. Während das Wettbewerbsrecht bereits in der Ursprungsfassung von 1957 auf die Stellung der Verbraucher verwies,[10] ist der Verbraucherschutz im Bereich der Grundfreiheiten erst durch die Rechtsprechung des Gerichtshofs etabliert worden.

11 Beschränkungen der Grundfreiheiten sind zum Zwecke des Verbraucherschutzes möglich; Verbraucherschutz ist vom Gerichtshof als **zwingendes Erfordernis im Allgemeininteresse** anerkannt. Ausgangspunkt ist insoweit bereits seit langem die Warenverkehrsfreiheit (»Cassis de Dijon«).[11] Der Gerichtshof hat diese Rechtsprechung insoweit auch auf die übrigen Grundfreiheiten übertragen.[12] Durch die Verselbstständigung von Art. 12 AEUV, der sich auch auf die Grundfreiheiten bezieht, haben die Mitgliedstaaten diese Position des Verbraucherschutzes bestätigt. Zudem begründet **Art. 38 GRC** nunmehr eine **eigene Grundfreiheitenschranke**. Andererseits hat der Sekundärgesetzgeber durch Art. 16 DienstleistungsRL 2006/123/EG den Verbraucherschutz für öffentlich-rechtliche Schutzmechanismen materiell weitgehend auf eine Kollisionsnorm beschränkt: Maßgebend ist der durch den Herkunftsstaat gewährleistete öffentlich-rechtliche Schutz.[13]

12 Die Rechtsprechung des Gerichtshofs wie auch das Primärrecht haben den **Verbraucher** zudem als **Träger passiver Grundfreiheiten** hervorgehoben.[14] Der Gerichtshof hat

---

[10] Siehe Art. 85 Abs. 3, 86 Buchst. b, 92 Abs. 2 Buchst. a EWGV.

[11] Grundlegend die Entscheidung im Fall »Cassis de Dijon« EuGH, Urt. v. 20.2.1979, Rs. 120/78 (Rewe/Bundesmonopolverwaltung für Branntwein), Slg. 1979, 649, Rn. 8 ff.; ferner Urt. v. 7.3.1990, Rs. C–362/88 (GB-INNO-BM/Confédération du commerce luxembourgeois), Slg. 1990, I–667, Rn. 27; Urt. v. 9.7.1997, Rs. C–34/95 (de Agostini), Slg. 1997, I–3843, Rn. 46.

[12] Niederlassungsfreiheit: EuGH, Urt. v. 29.11.2007, C-393/05 (Kommission/Österreich), Slg. 2007, I-10195, Rn. 50 ff.; Urt. v. 11.3.2010, Rs. C–384/08 (Attanasio Group), Slg. 2010, I–2055, Rn. 50. Dienstleistungsfreiheit: Urt. v. 4.12.1986, Rs. 205/84 (Kommission/Deutschland), Slg. 1986, 3755, Rn. 30–32; Urt. v. 24.3.1994, Rs. C–275/92 (Schindler), Slg. 1994, I–1039, Rn. 58; Urt. v. 9.7.1997, Rs. C–222/95 (Parodi), Slg. 1997, I–3899, Rn. 21 f.; Urt. v. 21.10.1999, Rs. C–67/98 (Zenatti), Slg. 1999, I–7289, Rn. 31; Urt. v. 3.6.2010, Rs. C–258/00 (Ladbrokes), Slg. 2010, I–4761, Rn. 18; Urt. v. 8.9.2010, Rs. C–46/08 (Carmen Media), Slg. 2010, I–8175, Rn. 45.

[13] Zur Vereinbarkeit mit Art. 38 GRC siehe dort Rn. 18.

[14] *Reich*, Verbraucherrechte als – unverzichtbare – subjektive Rechte passiver Marktbürger, S. 481 (486 ff.).

dies in der Rechtssache GB-INNO-BM[15] für konkrete Vorgaben für die Werbung für Sonderangebote (absolutes Preisvergleichsverbot) entschieden: die Untersagung der Werbung des belgischen Unternehmens in Luxemburg hinderte die Information für Verbraucher und war deshalb nicht rechtfertigungsfähig.[16] Für Dienstleistungen haben Art. 19–21 DienstleistungsRL 2006/123/EG diese Position konkretisiert.

Hinzu tritt die ausdrückliche Berücksichtigung der **Verbraucherinteressen im** primärrechtlichen **Wettbewerbsrecht**: Art. 101 Abs. 3 AEUV macht die angemessene Verbraucherbeteiligung am Gewinn zur Voraussetzung der Freistellung vom Verbot nach Abs. 1. Art. 102 Abs. 2 Buchst. a AEUV benennt die Einschränkung der Erzeugung, des Absatzes oder der technischen Entwicklung zum Schaden der Verbraucher als Fall des Missbrauchs einer marktbeherrschenden Stellung. Schließlich enthält Art. 107 Abs. 2 Buchst. a AEUV eine Ausnahme vom Beihilfenverbot für Beihilfen sozialer Art an einzelne Verbraucher. Dabei zielen Art. 101 Abs. 3, 102 Abs. 2 Buchst. a AEUV auf Vor- oder Nachteile der Nachfrageseite, ohne nach Typen auf dieser Seite – etwa im Sinne privater, beruflicher oder gewerblicher Zwecke – zu unterscheiden. Dasselbe gilt letztlich auch für Art. 107 Abs. 2 Buchst. a AEUV, der Wettbewerbsverzerrungen durch – mittelbar Unternehmen zugute kommende – Beihilfen für bedürftige Nachfrager vom Verbot freistellt. 13

III. Rechtsetzung und weitere Zuständigkeiten

Der Verbraucherschutz zählt zu den Bereichen **geteilter Zuständigkeit**, so dass sowohl konzeptionell als auch hinsichtlich der Rechtsetzung sowohl die Europäische Union als auch die Mitgliedstaaten aktiv sein können. Art. 4 Abs. 2 Buchst. f AEUV bestätigt dies seit dem Vertrag von Lissabon ausdrücklich. Der Grenzverlauf zwischen nationalen und Unionskompetenzen ergibt sich aus den einzelnen (Art. 5 Abs. 2 EUV) Ermächtigungen der Union, die im Blick auf die geteilte Zuständigkeit nicht nur dem Verhältnismäßigkeitsprinzip (Art. 6 Abs. 4 EUV), sondern auch dem Subsidiaritätsprinzip (Art. 6 Abs. 3 EUV) unterworfen sind. Dementsprechend wird die Europäische Union nur tätig, sofern und soweit die Ziele der in Betracht gezogenen Maßnahmen von den Mitgliedstaaten weder auf zentraler noch auf regionaler oder lokaler Ebene ausreichend verwirklicht werden können, sondern vielmehr wegen ihres Umfangs oder ihrer Wirkungen auf Unionsebene besser zu verwirklichen sind. Dabei begründet die Trias aus Verbraucherschutzziel, Binnenmarktziel und Subsidiaritätsprinzip einen abstrakt **nicht auflösbaren Zielkonflikt**: Die hinsichtlich der Regelungsebene notwendig gegenläufigen Vorgaben von Binnenmarkt und – an staatlichen Akteuren orientierter – Subsidiarität dürfen einer dem Schutzziel genügenden Verortung des Verbraucherschutzes nicht im Wege stehen. Soweit die Grundfreiheiten nationalem Verbraucherschutz als Marktstörung entgegenwirken, wirken sie mittelbar zuständigkeitserweiternd. 14

Verbraucherschützende Gesetzgebung stützt sich – von Spezialsektoren abgesehen – in der Praxis bislang ganz überwiegend auf die **Binnenmarktkompetenz des Art. 114 AEUV**. Für diese setzt Art. 114 Abs. 3 AEUV ein hohes Verbraucherschutzniveau als einen eigenen Maßstab für Angleichungsmaßnahmen (zum Verhältnis zu Art. 12 AEUV s. oben Rn. 7). Zusätzlich verweist Art. 169 Abs. 2 Buchst. a AEUV für verbraucher- 15

---

[15] EuGH, Urt. v. 7.3.1990, Rs. C–362/88 (GB-INNO-BM/Confédération du commerce luxembourgeois), Slg. 1990, I–667.
[16] EuGH, Urt. v. 7.3.1990, Rs. C–362/88 (GB-INNO-BM/Confédération du commerce luxembourgeois), Slg. 1990, I–667, Rn. 36.

politische Maßnahmen auf die Binnenmarktkompetenz,[17] während die **eigenständige Kompetenzgrundlage in Art. 169 Abs. 2 Buchst. b AEUV** lediglich »Maßnahmen zur Unterstützung, Ergänzung und Überwachung der Politik der Mitgliedstaaten« gestattet und damit nur in Grenzen eine eigenständige Verbraucherpolitik ermöglicht.[18]

16 Soweit die Binnenmarktkompetenz durch **andere Spezialkompetenzen** ergänzt oder verdrängt wird, können verbraucherpolitische Ziele auch nur in dem durch diese vorgegebenen Rahmen verfolgt werden, wobei insoweit Art. 12 AEUV und Art. 38 GRC die hinreichende Berücksichtigung des Verbraucherschutzes sicherstellen. Die Verfolgung eigenständiger – also von den betreffenden Kompetenzen unabhängiger – verbraucherpolitischer Ziele im Sinne beider Grundpfeiler der Verbraucherpolitik (s. unten Rn. 18 ff.) durch die Union gestattet das Primärrecht auch insoweit nicht. Das gilt etwa für die Organisation der Agrarmärkte nach Art. 43 Abs. 2 AEUV,[19] Richtlinien zur Verwirklichung der Niederlassungsfreiheit nach Art. 50 AEUV,[20] die Justizielle Zusammenarbeit in Zivilsachen nach Art. 81 AEUV, für Maßnahmen der Verkehrspolitik nach Art. 91 AEUV oder für Maßnahmen der Wirtschafts- und Währungspolitik nach Art. 119 ff. AEUV. *Stuyck* hat ferner mit Recht auf die mögliche Relevanz von Art. 12 AEUV für steuerrechtliche Fragestellungen hingewiesen.[21]

17 Inwieweit Art. 352 AEUV zusätzlich – von Art. 114 AEUV nicht gedeckte – verbraucherpolitische Maßnahmen gestattet, ist ungeklärt. Jedenfalls greifen Art. 12 AEUV und Art. 38 GRC auch in diesem Falle. Angesichts des Ausnahmecharakters der Vorschrift scheidet aber die Entwicklung eines verbraucherpolitischen Gesamtansatzes auf der Basis von Art. 352 AEUV aus.

C. Schutzkonzept oder Nachfrageorientierung

18 Zu den Grundfragen des Verbraucherrechts zählt die Bestimmung seiner Zielrichtung: In Betracht kommt – bei schematischer Betrachtung – zunächst eine **Nachfrageorientierung**; Verbraucherrecht dient dann einer Stärkung der Nachfrageseite oder sogar der Steuerung der Politik durch eine nachfrageorientierte Gesetzgebung und Rechtsprechung.[22] Es geht um den »**passiven Marktbürger**«.[23] Eine solche Nachfrageorientierung entspricht im Kern dem Konsumentenbegriff der Wirtschaftswissenschaften und auch weiterer verbraucherwissenschaftlicher Disziplinen.[24] Er ist stark politisch konnotiert

---

[17] Zum Zusammenspiel der beiden Vorschriften siehe *Schmidt-Kessel*, in: FS Müller-Graff, S. 163 ff. sowie Art. 169 Rn. 24 ff.
[18] Näher dazu Art. 169 AEUV, Rn. 22 ff.
[19] Vgl. zur damit aufgeworfenen Fragen nach der Kompetenzabgrenzung zu Art. 114 AEUV unter dem Gesichtspunkt des Verbraucherschutzes, EuGH, Urt. v. 4.4.2000, Rs. C–269/97 (Kommission/Rat), Slg. 2000, I–2257 (Einführung eines Systems zur Kennzeichnung und Registrierung von Rindern und über die Etikettierung von Rindfleisch und Rindfleischerzeugnissen im Zuge der BSE-Krise zurecht auf die Agrarkompetenz gestützt).
[20] Siehe bereits Art. 50 Abs. 2 Buchst. g AEUV. Ferner LG Bonn, EuZW 1999, 732 (733).
[21] *Stuyck*, CMLRev. 37 (2000), 367 (387).
[22] In diese Richtung das Grundverständnis von *Micklitz/Rott,* in: Dauses, Handbuch des EU-Wirtschaftsrechts, Abschnitt H. V., Oktober 2013, Rn. 1–7.
[23] *Reich/Micklitz*, S. 229.
[24] Vgl. *Pfeiffer*, Der Verbraucherbegriff als zentrales Merkmal im europäischen Privatrecht, in: Schulte-Nölke/Schulze (Hrsg.), Europäische Rechtsangleichung und nationale Privatrechte, 1999, S. 21, 25 f.

einschließlich Gegenüberstellungen mit dem Kapital respective einer »produktivistischen« Anbieterorientierung[25] und ist dadurch zugleich (mit-)bestimmend für die Verbindung von organisiertem Verbraucher- und Konsumentenschutz einerseits mit dem Arbeitnehmerschutz andererseits. Verbunden sind derartige nachfrageorientierte Ansätze regelmäßig mit Forderungen nach **Verbraucherpartizipation**. Wie beim Arbeitnehmerschutz[26] werden – tatsächliche oder vermeintliche – Verbraucherinteressen definiert und durch Verbraucherverbände vertreten, die je nach Rechts- und Sozialordnung privat oder öffentlich organisiert sind. Auch die Bezeichnung der Verbände als Organe – etwa Kontrollorgane[27] – gehört in diesen Zusammenhang, weil damit implizit organschaftliche Funktionen zugewiesen werden. Entsprechend dem Bereich der Arbeitsbeziehungen werden nicht individuelle, sondern **überindividuelle »kollektive«**[28] **Interessen** definiert, vertreten und »im Wege der Selbsthilfe«[29] durchgesetzt. Ein subjektives Recht des einzelnen Verbrauchers auf Vertretung durch einen Verband wird nicht begründet.[30] *Drexl* spricht von einer Verbraucherpolitik, die das Recht lediglich als Instrument selbstgesetzter Ziele auffasst.[31] Materielle Mindestanforderungen an die die Definitionshoheit ausübenden Verbände bestehen konsequenterweise – bislang – nicht.[32]

Die große Alternative zur Nachfrageorientierung ist das **Schutzkonzept**: Dieses knüpft nicht (oder jedenfalls nicht notwendig) an eine Position des Verbrauchers als Nachfrager an. Maßgebend ist vielmehr die **Herausarbeitung von Situationen einer (typischen) Schutzbedürftigkeit**; der Kreis der zu schützenden Personen ist nach diesem Ansatz nicht von vornherein auf Nachfrager beschränkt. Die Definition der Schutzsituationen ist dabei grundsätzlich Sache des europäischen oder des nationalen Gesetzgebers; allenfalls vereinzelt kommen unionsrechtliche Schutzpflichten in Betracht, welche die herauszuarbeitenden Schutzsituationen determinieren könnten. 19

Das primäre **Unionsrecht verbindet beide Ansätze**:[33] Die historisch auf die Ursprungsfassung des EWGV zurückreichenden Bestimmungen des Wettbewerbsrechts, Art. 101 Abs. 3, 102 Abs. 2 Buchst. a, 107 Abs. 2 Buchst. a AEUV, verstehen unter Verbrauchern die Nachfrageseite (s. oben Rn. 13). Mit der Entstehung der politischen Union hat dieser Ansatz auch in partizipativen Elementen, insbesondere in den – die Verbraucherorganisationen allerdings nur unter anderen ansprechenden – Verweisen auf die Zivilgesellschaft, Art. 11 Abs. 2 EUV, Art. 15 Abs. 1 AEUV, sowie in deren Repräsentanz über den Wirtschafts- und Sozialausschuss, Art. 300 Abs. 2, 302 Abs. 2 AEUV,[34] fixiert. Er ist zudem in der Unionskompetenz für die »Förderung der Interessen 20

---

[25] *Reich/Micklitz*, S. 14.
[26] Zur Idee, die Parallele auch bei der Besetzung von Spruchkörpern der Gerichte zu ziehen, siehe *Drexl*, S. 68.
[27] So bei *Micklitz/Rott*, in: Dauses, Handbuch des EU-Wirtschaftsrechts, Abschnitt H. V., Oktober 2013, Rn. 60.
[28] Siehe etwa *Lurger*, in: Streinz, EUV/AEUV, Art. 169 AEUV, Rn. 22 und *Micklitz/Rott*, in: Dauses, Handbuch des EU-Wirtschaftsrechts, Abschnitt H. V. Verbraucherschutz, Rn. 60, 61 sowie *Reich*, in: Grundmann (Hrsg.), S. 481, 503.
[29] *Reich*, Verbraucherrechte als – unverzichtbare – subjektive Rechte passiver Marktbürger, S. 481, 503.
[30] *Reich*, VuR 1999, 3 (8).
[31] *Drexl*, S. 65.
[32] Zur Diskussion s. *Micklitz/Rott*, in: Dauses, Handbuch des EU-Wirtschaftsrechts, Abschnitt H. V., Oktober 2013, Rn. 61.
[33] Zu undifferenziert daher *Rudolf*, in: Meyer, GRCh, Art. 38 GRC, Rn. 1.
[34] Siehe zur Funktion der Vertreter der Verbraucher im WSA *Blanke*, in: Grabitz/Hilf/Nettesheim,

der Verbraucher« nach Art. 169 AEUV abgebildet und gestattet Maßnahmen zur »Förderung ihres Rechtes auf Information, Erziehung und Bildung von Vereinigungen zur Wahrung ihrer Interessen«.[35] Diese Kompetenz geht über reine Verbraucherschutzmaßnahmen hinaus und bleibt damit in Art. 4 Abs. 2 Buchst. f AEUV unerwähnt.

21 Sieht man von den erwähnten wettbewerbsrechtlichen Bestimmungen ab, **folgt** das **Binnenmarktrecht** hingegen **dem Schutzprinzip**. Für dieses ist der Verbraucherschutz zunächst vom Gerichtshof als Schranke der Grundfreiheiten und dann von den Mitgliedstaaten seit der Einheitlichen Europäischen Akte und heute in Art. 114 Abs. 2 AEUV als Leitlinie der Binnenmarktgesetzgebung etabliert worden. Mit dem Vertrag von Lissabon und der Verankerung des Verbraucherschutzes in der Grundrechtecharta, Art. 38 GRC, und als Querschnittsklausel, Art. 12 AEUV, erstreckt sich das Schutzprinzip auf alle Maßnahmen der Union und ist Gegenstand der primärrechtlichen Gewährleistungsverantwortung. Mit Art. 169 AEUV ist auch das Schutzprinzip mit einer eigenen Kompetenz der Union versehen, die freilich im Wesentlichen auf Art. 114 AEUV verweist.[36]

22 Es ist müßig, zu fragen, ob einem der beiden Ansätze ein **Vorrang** gebührt. Für das Primärrecht ist ein solcher nicht zu erkennen. Die heute etwas größere Zurückhaltung des Primärrechts gegenüber nachfrageorientierten Ansätzen erklärt sich vor allem aus der nur sehr begrenzten wirtschaftspolitischen Zuständigkeit der Union.[37] Andererseits zeigen die Verweise auf die Zivilgesellschaft, deren Institutionalisierung sowie die entsprechende Kompetenz in Art. 169 AEUV, dass das primäre Unionsrecht entsprechenden Ansätzen einschließlich der damit verbundenen partizipativen Elemente nicht gänzlich abhold ist.

D. Primärrechtlicher Verbraucherbegriff

23 Das europäische Primärrecht verfügt über **keine geschriebene Definition** des Verbrauchers und damit über keine vorgegebene Umschreibung des geschützten Personenkreises.[38] Auch die Rechtsprechung hat sich zu dieser Frage – hinsichtlich des Primärrechts – bislang nicht äußern müssen.[39]

24 Ob sich für die primärrechtliche Verwendung ein **einheitlicher Begriffskern** entwickeln lässt,[40] ist angesichts der beiden verschiedenen Akzentsetzungen des Unionspri-

---

EU, Art. 300 AEUV (August 2011), Rn. 43 (»tragen dazu bei, dass sich der Binnenmarkt unter Beachtung der Interessen der Produzenten und der Nachfrager möglichst frei und ausgeglichen entwickeln kann«). Die ursprüngliche Formulierung in Art. 193 Abs. 2 EWGV lautete »Der Ausschuss besteht aus Vertretern der verschiedenen Gruppen des wirtschaftlichen und sozialen Lebens, insbesondere der Erzeuger, der Landwirte, der Verkehrsunternehmer, der Arbeitnehmer, der Kaufleute und Handwerker, der freien Berufe und der Allgemeinheit«.

[35] Dazu im Einzelnen Art. 169 AEUV, Rn. 22 ff. Ansatzweise wie hier differenzierend auch *Berg*, in: GSH, Europäisches Unionsrecht, Art. 169 AEUV, Rn. 10.

[36] Zu den Einzelheiten s. Art. 169 AEUV, Rn. 26 und 30.

[37] S. Art. 119 ff. AEUV. Die Begriffe Angebot und Nachfrage finden sich ohnehin lediglich bei der Arbeitnehmerfreizügigkeit, Art. 46 Buchst. d AEUV.

[38] *Kotzur*, in: European Union Treaties, Art. 12 TFEU Rn. 2; *Krebber*, in: Calliess/Ruffert, EUV/AEUV, Art. 169 AEUV, Rn. 4; *Pfeiffer*, in: Grabitz/Hilf/Nettesheim, EU, Art. 169 AEUV (Mai 2011), Rn. 24.

[39] Siehe aber immerhin EuGH, Urt. v. 3.7.1997, Rs. C–269/95 (Benincasa), Slg. 1997, I–3767, Rn. 15; Urt. v. 19.1.1993, Rs. C–89/91 (Shearson Lehman Hutton), Slg. 1993, I–139, Rn. 20, 22.

[40] In diesem Sinne *Pfeiffer*, in: Grabitz/Hilf/Nettesheim, EU, Art. 169 AEUV (Mai 2011), Rn. 24 offenbar auch *Mancaleoni*, Art. 1–12, 114, 169 TFUE. Zurückhaltender *Krebber*, in: Calliess/Ruffert, EUV/AEUV, Art. 169 AEUV, Rn. 4, der immerhin einen »gemeinsamen Nenner« sieht.

märrechts (Schutzkonzept oder Nachfrageorientierung; dazu oben Rn. 18–22) **fraglich**.[41] Bislang sind Konturierungen insoweit vor allem für den für das Schutzkonzept der Art. 38 GRC und Art. 12 AEUV maßgebenden Personenkreis erfolgt. Da die Mehrzahl der Autoren insoweit nicht differenziert, wird dieser Begriff zumeist auch unkritisch auf die Fälle nachfrageorientierter Aktivitäten der Europäischen Union übertragen, was freilich Bedenken begegnet.

I. Personenkreis beim Schutzkonzept

Für das Schutzkonzept leistet der Verbraucherbegriff die **Bestimmung des** geschützten und **zu schützenden Personenkreises**. Insoweit ist für das Primärrecht von einer einheitlichen Begriffsverwendung auszugehen, welche sowohl den personalen **Umfang der Gewährleistungsverantwortung** nach Art. 38 GRC als auch des Gebots der Rechnungtragung nach Art. 12 AEUV als auch den Umfang der Gesetzgebungskompetenz nach Art. 169 Abs. 2 Buchst. a, 114 AEUV determiniert. Auch für Art. 4 Abs. 2 Buchst. f AEUV ist der Begriff maßgebend, weil auch diese Vorschrift dem Schutzkonzept folgt, und dasselbe gilt auch für Art. 114 Abs. 3 AEUV.[42] Von den weiteren einschlägigen primärrechtlichen Bestimmungen folgen auch Art. 39, 40 AEUV dieser Begrifflichkeit.

25

Das wesentliche Begriffsmerkmal des Verbrauchers unter dem primärrechtlichen Schutzkonzept ist das **Handeln zu privaten Zwecken**.[43] Ein konkret rechtsgeschäftliches Handeln ist primärrechtlich nicht erforderlich;[44] vielmehr genügt insoweit für den Verbraucherbegriff jede einschlägige Gefährdungslage, die einen entsprechenden – im Einzelnen regelmäßig erst noch rechtspolitisch zu konkretisierenden – Schutzbedarf auslöst. Soweit ein rechtsgeschäftliches Handeln oder eine vorvertragliche Situation sekundärrechtlich verlangt wird, ist das Merkmal Teil der Beschreibung der Schutzsituationen aber nicht des Verbraucherbegriffs.

26

Private Zwecke sind solche, die nicht der gewerblichen oder beruflichen Tätigkeit der Person zugeschrieben werden können.[45] Rechtspolitischer Grund für diesen Zuschnitt ist die typischerweise **besondere Ausgesetztheit** Privater gegenüber den erfassten Risiken sowie die **höhere Risikovermeidungsfähigkeit** des besonders in die Pflicht genommenen anderen Teils.[46] Hinsichtlich der verschiedenen – sekundärrechtlich und zu den mitgliedstaatlichen Umsetzungsnormen eingehend diskutierten – Zweifelsfälle ist für das Primärrecht von einem tendenziell weiten Anwendungsbereich bei gleichzeitig zum Rand hin abnehmender Verantwortlichkeit der Union auszugehen. Das bedeutet etwa für die **Grenzziehung zum Arbeitnehmerschutz** nach Art. 153 AEUV, dass dieser aus

27

---

[41] Gegen einen einheitlichen Verbraucherbegriff mit Recht *Berg,* in: GSH, Europäisches Unionsrecht, Art. 169 AEUV, Rn. 7; *Rudolf,* in: Meyer, GRCh, Art. 38 GRC, Rn. 2.
[42] Anders (aber ohne weitere Reflexion) die bislang vorherrschende Auffassung zu Art. 114 Abs. 3 AEUV: *Kahl,* in: Calliess/Ruffert, EUV/AEUV, Art. 114 AEUV, Rn. 36; *Tietje,* in: Grabitz/Hilf/Nettesheim, EU, Art. 114 AEUV (Mai 2011), Rn. 146.
[43] Insoweit besteht Einigkeit: *Berg,* in: GS, EUV/EGV Art. 153 EGV, Rn. 7; *Krebber,* in: Calliess/Ruffert, EUV/AEUV, Art. 169 AEUV, Rn. 4; *Pfeiffer,* in: Grabitz/Hilf/Nettesheim, EU, Art. 114 AEUV (März 2011), Rn. 24; *Rudolf,* in: Meyer, GRCh, Art. 38 GRC, Rn. 2.
[44] Zu eng daher *Pfeiffer,* in: Grabitz/Hilf/Nettesheim, EU, Art. 169 AEUV (Mai 2011), Rn. 24, richtig hingegen Rn. 26.
[45] *Pfeiffer,* in: Grabitz/Hilf/Nettesheim, EU, Art. 169 AEUV (Mai 2011), Rn. 24.
[46] Abweichend *Pfeiffer,* Der Verbraucherbegriff als zentrales Merkmal im europäischen Privatrecht, in: Schulte-Nölke/Schulze (Hrsg.), Europäische Rechtsangleichung und nationale Privatrechte 1999, S. 21, 27 ff. (»Schutz der rechtsgeschäftlichen Entscheidungsfreiheit«).

dem Anwendungsbereich des Verbraucherschutzes ausscheidet, soweit es um die Rechte gegenüber der Arbeitgeberseite geht – kompetenziell ergibt sich dies ohnehin bereits aus Art. 114 Abs. 2 AEUV. Andererseits scheidet die Beschaffung von Arbeitsmaterialien, -kleidung oder -hilfsmitteln, die nicht seitens des Arbeitgebers gestellt werden, nicht von vornherein aus dem Verbraucherbegriff aus und dasselbe gilt für vom Arbeitnehmer selbst abgeschlossene Verträge über Aus- oder Fortbildungsleistungen.[47] Auch klassische **dual-use-Konstellationen** fallen grundsätzlich in den Anwendungsbereich des primärrechtlichen Verbraucherschutzes. Für beide Konstellationen gilt freilich, dass die Gewährleistungsverantwortung der Union abgeschwächt ist.

28 Das Primärrecht geht nicht von einer flächendeckenden Schutzbedürftigkeit des Verbrauchers aus, sondern knüpft an **besondere Risikolagen** an.[48] Das zeigt sich bereits darin, dass der Verbraucherschutz in der Grundrechtecharta anderen Positionen gegenüber – vom Fehlen eines subjektiven Rechts abgesehen[49] – gleich- aber nicht vorrangig ist, so dass ein durchgehendes Zurücktreten der Freiheiten anderer von vornherein ausscheidet. Binnenmarktrechtlich verdeutlichen die Grundfreiheiten sowie Art. 12, 114 Abs. 3, 169 Abs. 2 Buchst. a AEUV dasselbe Abwägungserfordernis – Freiheitsparadigma und Verbraucherschutz sind im Sinne eines Optimierungsgebots für beide Positionen zum Ausgleich zu bringen, wobei dem Gesetzgeber ein großer Spielraum zur Verfügung steht. Im Regelfalle wird der Unionsgesetzgeber dabei materiellrechtlich seiner Gewährleistungsverantwortung dadurch genügen, dass er typisierte Situationen der Schutzbedürftigkeit herausarbeitet und den Schutz durch darauf zugeschnittene Maßnahmen. Teil der in der typisierten Schutzsituation verschlüsselten Schutzbedürftigkeit ist dabei das Handeln der zu schützenden Partei in ihrer Rolle als Verbraucher (sog. Rollenmodell). Die **Typisierung** bringt es mit sich, dass der Verbraucher regelmäßig auch dann geschützt wird, wenn er im konkreten Fall nicht schutzbedürftig ist. Die ebenso gebotene wie legitime materielle Typisierung bedeutet jedoch keinen Verzicht auf eine **flächendeckende formelle Zuständigkeit der staatlichen Organe und Gerichte** für den Verbraucherschutz; dieser bleibt nach Art. 38 GRC geboten (s. dort Rn. 7f.).

29 Das Primärrecht hindert den Unionsgesetzgeber aber auch nicht an einer stärkeren **Individualisierung des Schutzes** – diese steht ihm als **rechtspolitische Entscheidung** offen. So ist der Unionsgesetzgeber primärrechtlich grundsätzlich nicht daran gehindert, dem Verbraucher die Berufung auf einzelne Schutzinstrumente zu versagen, weil es in concreto an der Schutzbedürftigkeit mangelt; de lege lata ließen sich derartige Einschränkungen des sekundärrechtlichen Verbraucherschutzes im Bereich des Privatrechts unter Rückgriff auf das gemeinschaftsrechtliche Rechtsmissbrauchsverbot[50] erklären. Umgekehrt ist der Unionsgesetzgeber aber auch insoweit **nicht auf das Rollenmodell festgelegt**, als er rechtspolitisch frei darin ist, Schutzmaßnahmen für besonders **verletzliche Verbraucher** – etwa über Generalklauseln – auch auf die einzelne Person zuzuschneiden. Primärrechtlich ist das Rollenmodell somit zwar der – bereits im Verbraucherbegriff angelegte – Ausgangspunkt, darauf beschränkt ist der Unionsgesetzgeber aber nicht.

30 Verbraucherschutz ist nach der Ausgestaltung des Primärrechts **kein Nachfragerschutz**. Keine Voraussetzung für die Eröffnung des primärrechtlichen Schutzbereichs ist

---

[47] Etwas zu eng daher *Krebber*, in: Calliess/Ruffert, EUV/AEUV, Art. 169 AEUV, Rn. 4.
[48] Unrichtig *Knops*, in: GSH, Europäisches Unionsrecht, Art. 38 GRC, Rn. 20.
[49] S. Art. 38 GRC, Rn. 5.
[50] Dazu bereits *Schmidt-Kessel*, JbJZivRWiss 2000, 61ff.

daher die Position des Verbrauchers als Nachfrager. Auch das Anbieten eigener Leistungen kann vom Verbraucherbegriff des Art. 12 AEUV erfasst sein, wenn es nur – wie beispielsweise der einfache Verkauf auf ebay oder der Vertrag mit weiteren Mietern der Wohngemeinschaft – privaten Zwecken dient. Zwar werden sich Verbraucherschutzsituationen typischerweise dort ergeben, wo der Verbraucher Leistungen nachfragt, erforderlich ist das aber nicht. Art. 38 GRC, Art. 12 AEUV und der Schutzteil in Art. 169 AEUV sind daher nicht auf die »andere Seite des Marktgeschehens« im Binnenmarkt[51] gerichtet.

Verbraucherschutzrecht verlangt jedoch – als weiteres Element der Typisierung –, dass auf der anderen Seite dem Verbraucher **eine zu professionellen Zwecken handelnde Partei gegenüber**steht, die dann Adressatin der besonderen Schutzinstrumente wird. Diese Adressatin muss nicht zwingend privater Unternehmer sein; anwendbar ist Art. 12 AEUV auch im Verhältnis zu öffentlichen Stellen, weshalb etwa Schutzbedarfe im Zivilprozess – mit dem »Gegenüber« Justiz – auch dann erfasst sein können, wenn die andere Partei ebenfalls Privatperson ist. 31

Das Primärrecht kennt hingegen – anders als weitgehend das Sekundärrecht – in dieser Allgemeinheit **keine Beschränkung des Verbraucherschutzes auf natürliche Personen**.[52] Maßgebend sind allein die Privatheit der eigenen Zwecke und die Professionalität der anderen Seite hinsichtlich des betreffenden Risikos; eigene Professionalität schließt damit die Zugehörigkeit zum Kreis der zu schützenden Personen aus. Nicht erforderlich für diesen Ausschluss ist die Gewinnorientierung des anderen Teils, so dass ab einem gewissen **Organisationsgrad** auch gemeinnützige Organisationen aus dem Schutzbereich herausfallen. Personenmehrheiten und juristische Personen werden danach allenfalls ausnahmsweise in den Schutzbereich von Art. 12 AEUV fallen und der bislang weitgehende Ausschluss aus dem Schutz der sekundärrechtlichen Sonderregeln ist insoweit unbedenklich – auch Verbraucherschutzverbände sind in ihrem Handeln gegenüber Verbrauchern Unternehmer. Umgekehrt ist der Unionsgesetzgeber nicht gehindert, den Schutz von Verbrauchern dort zu reduzieren, wo die Gegenseite aufgrund ihrer besonderen Struktur oder Zwecksetzung weniger zur Risikominimierung oder -übernahme imstande ist als ein typischer Gewerbetreibender mit Gewinnerzielungsabsicht. 32

II. Verbraucherbegriff bei Nachfrageorientierung

Nachfrageorientierte Konzepte mit ihrer **auf überindividuelle Interessen gerichteten Zielsetzung** lassen sich mit dem auf Individualschutz zugeschnittenen Verbraucherbegriff des Schutzkonzepts nicht befriedigend organisieren. Der **Verbraucherbegriff ist bei Nachfrageorientierung** daher in doppelter Hinsicht **ein anderer**, als bei Art. 38 GRC und Art. 12 AEUV: Einerseits ist der Begriff hier enger, weil Verbraucher **nur Nachfrager** sind,[53] und andererseits ist der Begriff weiter, weil er **nicht auf Private beschränkt** ist, sondern auch professionell Tätige erfasst. Auch juristische Personen und Personenmehrheiten – etwa Konsum- oder Wohnungsbaugenossenschaften – können zum Kreis 33

---

[51] So aber *Krebber*, in: Calliess/Ruffert, EUV/AEUV, Art. 169 AEUV, Rn. 4.
[52] Anders die h. A. *Berg*, in: GSH, Europäisches Unionsrecht, Art. 169 AEUV, Rn. 7; *Krebber*, in: Calliess/Ruffert, EUV/AEUV, Art. 169 AEUV, Rn. 4; *Pfeiffer*, in: Grabitz/Hilf/Nettesheim, EU, Art. 169 AEUV (Mai 2011), Rn. 24; *Rudolf*, in: Meyer, GRCh, Art. 38 GRC, Rn. 2, die mehrheitlich ohne Begründung für die Übernahme der sekundärrechtlichen Wertung in das Primärrecht plädieren.
[53] Zum insoweit engeren Begriff des Schutzkonzepts s. oben Rn. 30.

der nachfragenden Verbraucher zählen. Erfasst sind insgesamt alle, denen die von Art. 169 Abs. 1 AEUV erwähnten Verbraucherinteressen gemein sind. Rechtsprechung und Schrifttum haben freilich den Kreis dieser Personen bislang kaum näher konkretisiert.

34 Es liegt – jedenfalls prima vista – nicht fern, zur näheren Bestimmung des Verbraucherbegriffs unter Nachfrageorientierung auf den ebenfalls nachfrageorientierten **Verbraucherbegriff der Art. 101, 102 AEUV** zurück zu greifen. Für diesen besteht zunächst Einigkeit darüber, dass er von demjenigen des Art. 38 GRC und Art. 12 AEUV abweicht, in dem er nicht auf End- oder Letztverbraucher beschränkt ist.[54] Der Begriff wird vielmehr erheblich weiter im Sinne der von der wettbewerbsbeschränkenden Abrede betroffenen Nachfragerseite, der Marktgegenseite,[55] verstanden: Verbraucher im Sinne des europäischen Wettbewerbsrechts ist daher die unmittelbare oder mittelbare Abnehmer der von der Abrede betroffenen Leistungsgegenstände.[56] Abweichend vom Verbraucherbegriff des Schutzkonzepts kommt es daher zunächst nicht darauf an, ob der Abnehmer zu privaten oder unternehmerischen Zwecken handelt.[57] Auch Akteure auf nachgelagerten Märkten können dem Verbraucherbegriff unterfallen, wenn sich die Wettbewerbsbeschränkung auch auf diesen Märkten auswirkt, weil sie Preise, Mengen und Qualität der Leistungen beeinflusst.[58] Erfasst sind zudem auch Absatzmittler oder Abnehmer von Vor- oder Komplementärprodukten.[59] Relevant sind aber nur Abnehmer auf solchen Marktstufen, die von der wettbewerbsbeschränkenden Abrede nicht erfasst sind.[60] Die Zuordnung zu den Marktstufen (etwa durch Weitergabe von Vor- oder Nachteilen) ist für die Freistellung nach Art. 101 Abs. 3 AEUV oder die Erfassung nach Art. 102 Satz 2 Buchst. b AEUV unerheblich[61] – entscheidend ist die Gesamtbilanz für die Abnehmerseite im relevanten Produkt- oder Dienstleistungsmarkt.[62]

35 Der Blick auf das Wettbewerbsrecht zeigt, dass die Entwicklung klarer »Frontstellungen« zur **Bestimmung der** für die Verbraucherinteressen im Sinne von Art. 169 AEUV **relevanten Interessenträger Schwierigkeiten** bereitet. Insbesondere ist die »andere Marktseite« immer nur situativ, also in Bezug auf einzelne Leistungsgegenstände und Märkte, möglich. Die organisatorische Erfassung solcher Interessen als »kollektive« Interessen erfordert daher Typisierungen für welche der schlichte Blick auf die Angebot-Nachfrage-Dichotomie nicht genügt.

36 Die hinter den Begrifflichkeiten stehende **Sachfrage** ist letztlich, ob und in welchem Maße **auch Unternehmen** (im Sinne eines Einsatzes von Kapital zur Gewinnerzielung)

---

[54] *Ellger*, in: Immenga/Mestmäcker, EU-Wettbewerbsrecht, 5. Aufl., 2012, Art. 101 Abs. 3 AEUV, Rn. 223; *Schuhmacher*, in: Grabitz/Hilf/Nettesheim, EU, Art. 101 AEUV (Mai 2011), Rn. 314.
[55] *Ellger* (Fn. 54), Art. 101 Abs. 3 AEUV, Rn. 224.
[56] *Ellger* (Fn. 54), Art. 101 Abs. 3 AEUV, Rn. 226; *Weiß*, in: Calliess/Ruffert, EUV/AEUV, Art. 34–36 AEUV, Rn. 163.
[57] *Drexl*, S. 45; *Schuhmacher*, in: Grabitz/Hilf/Nettesheim, EU, Art. 101 AEUV (Mai 2011), Rn. 315.
[58] *Schuhmacher*, in: Grabitz/Hilf/Nettesheim, EU, Art. 169 AEUV (Mai 2011), Rn. 316.
[59] *Ellger* (Fn. 54), Art. 101 Abs. 3 AEUV, Rn. 225 und 226; *Schuhmacher*, in: Grabitz/Hilf/Nettesheim, EU, Art. 101 AEUV (Mai 2011), Rn. 315.
[60] *Schuhmacher*, in: Grabitz/Hilf/Nettesheim, EU, Art. 101 AEUV (Mai 2011), Rn. 314 (für vertikale Wettbewerbsbeschränkungen). Enger offenbar *Ellger* (Fn. 54), Art. 101 Abs. 3 AEUV, Rn. 225, wonach (nur?) die beteiligten Unternehmen nicht erfasst sind.
[61] *Ellger* (Fn. 54), Art. 101 Abs. 3 AEUV, Rn. 225 (dort auch zur nicht vollends geklärten Frage der Erfassung von Vorteilen eines anderen Marktes und dessen Akteuren).
[62] *Schuhmacher*, in: Grabitz/Hilf/Nettesheim, EU, Art. 101 AEUV (Mai 2011), Rn. 317.

zum Kreis der hier mit Nachfrageorientierung angesprochenen Interessenträger nach Art. 169 AEUV gehören können, mit anderen Worten zu wessen Gunsten – jenseits der Verbraucher nach dem Schutzkonzept – die Europäische Union nach Art. 169 Abs. 2 Buchst. b AEUV tätig werden darf. Man wird der Europäischen Union hierbei einen weiten politischen Spielraum einräumen müssen; das ist auch hinnehmbar, weil für die »harten« gesetzgeberischen Maßnahmen der deutlich klarer konturierte Verbraucherbegriff des Schutzkonzepts die Rechtsetzungskompetenz beschränkt.

E. Schutzziele von Art. 12 AEUV

Das für Art. 12 AEUV – wie für Art. 38 GRC – verfolgte Schutzkonzept ist mit einer Reihe von Schutzzielen verbunden, die man in **fünf Gruppen** einteilen kann, zu denen sich jeweils auch primärrechtliche Ansätze finden lassen: Zunächst verfolgt das Primärrecht den Schutz der Verbraucher durch Sicherstellung von deren Versorgung. Diese wird ebenso wenig ausschließlich dem Markt überlassen wie beim zweiten Schutzziel, der Sicherstellung angemessener oder fairer Preise. Breit anerkannt ist ferner das Ziel des Schutzes der körperlichen Integrität des Verbrauchers. Besonders aktiv ist die Europäische Union weiter zum Schutz der Präferenzen des Verbrauchers und insbesondere seines Vermögens im geschäftlichen Verkehr. Das jüngste Schutzziel der Union ist schließlich der Persönlichkeitsschutz, welcher sich insbesondere im Datenschutz niederschlägt. Durch die in Art. 169 Abs. 1 AEUV und den Durchsetzungsinstrumenten der Unterlassungsklagen-RL 2009/22/EG[63] und der Verbraucherschutzdurchsetzungs-VO 2006/2004[64] enthaltenen **Listen verbraucherschützender Bestimmungen** werden diese Schutzrichtungen **nur sehr ausschnittweise** widergespiegelt.[65]

37

I. Versorgungssicherheit

Die Sicherstellung der Versorgung der Verbraucher ist bereits seit Anfang an ein wesentliches Ziel der Europäischen Integration. Für die **gemeinsame Agrarpolitik** wird dieses Ziel der »Belieferung der Verbraucher« in Art. 39 Abs. 1 Buchst. e AEUV (wie schon wortgleich in Art. 39 Abs. 1 Buchst. e EWGV) ausdrücklich ausgesprochen. Diese vor allem auf die Ernährung der Bevölkerung gerichtete Vorgabe, hat auch auf das Europäische Lebensmittelrecht ausgestrahlt, zu dessen Zielen auch die Sicherstellung der Versorgung zählt. Entsprechende Versorgungsziele finden sich heute auch sonst verschiedentlich im europäischen Sekundärrecht und dabei besonders in der Privatisierungsfolgenregulierung. Die Universaldienste des Telekommunikationssektors dienen diesem Ziel ausweislich Erwägungsgrund (2) der Universaldiensterichtlinie 2002/22/EG.[66] Dieselbe Funktion weisen die energierechtlichen Regelungen zur **Grund-**

38

---

[63] Richtlinie 2009/22/EG vom 23.4.2009 über Unterlassungsklagen zum Schutz der Verbraucherinteressen, ABl. 2009, L 110/30.
[64] Verordnung (EG) Nr. 2006/2004 vom 27.10.2004 über die Zusammenarbeit zwischen den für die Durchsetzung der Verbraucherschutzgesetze zuständigen nationalen Behörden, ABl. 2004, L 364/1.
[65] Vgl. auch den Versuch einer Aufzählung bei *Knops*, in: GSH, Europäisches Unionsrecht, Art. 38 GRC, Rn. 4.
[66] Richtlinie 2002/22/EG über den Universaldienst und Nutzerrechte bei elektronischen Kommunikationsnetzen und -diensten, ABl. 2002, L 108/51.

versorgung, insbesondere Art. 3 Abs. 3 StromRL 2009/72/EG[67] auf.[68] Mit dem **Recht auf Zugang** zu einem Zahlungskonto mit grundlegenden Funktionen nach Art. 15–20 der soeben verabschiedeten ZahlungskontenRL 2014/92/EU[69] hat die Europäische Union nunmehr einen weiteren legistischen Schritt in diese Richtung getan. Diese Grundhaltung hat auch Rückwirkungen auf die Grundfreiheiten; so hat der Gerichtshof insbesondere den Kontrahierungszwang der KfZ-Haftpflichtversicherer für gerechtfertigt gehalten.[70] Das Wettbewerbsrecht lässt denselben Gedanken in Art. 102 Satz 2 Buchst. b AEUV erkennen.

39 Zu den wesentlichen Charakteristika dieses Verbraucherschutzes durch Grundversorgung zählt auch das **Gebot der Nichtdiskriminierung**. Es findet sich bereits für die Agrarpolitik in Art. 40 Abs. 2 AEUV und setzt sich bei den verschiedenen Regelungen zu Universaldiensten und Grundversorgung in ausdrücklichen sekundärrechtlichen Bestimmungen fort, etwa in Art. 3 Abs. 3 StromRL 2009/72/EG sowie Art. 15 ZahlungskontenRL 2014/92/EU. Der verbraucherschützende Gedanke der Zugangssicherung setzt sich dementsprechend auch in den allgemeinen primärrechtlichen Diskriminierungsverboten der Art. 18, 19 AEUV sowie im gegen Diskriminierung nach dem Geschlecht und nach Rasse oder ethischen Herkunft gerichteten Sekundärrecht fort.[71] Einen direkten verbraucherschützenden Bezug kommt darüber hinaus dem Diskriminierungsverbot hinsichtlich der Empfänger von Dienstleistungen nach Art. 20 DienstleistungsRL 2006/123/EG[72] zu.[73] Auch das wettbewerbsrechtliche Diskriminierungsverbot aus Art. 102 Satz 2 Buchst. c AEUV lässt sich in diesem Sinne interpretieren.

40 Zugang zu Leistungen und Versorgung stellen auch Beschränkungen absoluter Rechte von Anbietern sicher, die deren Monopolstellungen einschränken. Aus dieser Sicht kann Art. 12 AEUV (wie Art. 114 AEUV oder Art. 38 GRC) die **Beschränkung auch von Rechten des geistigen Eigentums** erforderlich machen.[74]

II. Preisfairness

41 Die marktorientierte Grundstruktur der Europäischen Union hindert diese auch nicht daran, Preisfairness zum Gegenstand des Verbraucherschutzes zu machen. Zwar geht

---

[67] Richtlinie 2009/72/EG vom 13.7.2009 über gemeinsame Vorschriften für den Elektrizitätsbinnenmarkt und zur Aufhebung der Richtlinie 2003/54/EG, ABl. 2009, L 211/55.
[68] Dazu etwa *Gundel*, Europäisches Energierecht, in: Danner/Theobald (Hrsg.), Energierecht, Oktober 2010, Rn. 68–71 mit ausdrücklichem Hinweis auf Art. 12 AEUV.
[69] Richtlinie 2014/92/EU vom 23.7.2014 über die Vergleichbarkeit von Zahlungskontogebühren, den Wechsel von Zahlungskonten und den Zugang zu Zahlungskonten mit grundlegenden Funktionen, ABl. 2014, L 257/214.
[70] EuGH, Urt. v. 28.4.2009, Rs. C–518/06 (Kommission/Italien), Slg. 2009, I–3491 Rn. 72–94.
[71] Richtlinie 2000/43/EG vom 29.6.2000 zur Anwendung des Gleichbehandlungsgrundsatzes ohne Unterschied der Rasse oder der ethnischen Herkunft, ABl. 2000, L 180/22 (insbes. Erwägungsgrund (4)) sowie Richtlinie 2004/113/EG vom 13.12.2004 zur Verwirklichung des Grundsatzes der Gleichbehandlung von Männern und Frauen beim Zugang zu und bei der Versorgung mit Gütern und Dienstleistungen, ABl. 2004, L 373/37 (und dort bereits im Titel).
[72] Richtlinie 2006/123/EG vom 12.12.2006 über Dienstleistungen im Binnenmarkt, ABl. 2006, L 376/36).
[73] Zu den Schutzwirkungen insbesondere des Abs. 2 der Vorschrift s. *Herresthal*, in: *Schlachter/Ohler*, Dienstleistungsrichtlinie, Art. 20, Rn. 13 ff. Der verbraucherschützende Charakter der gesamten Richtlinie ergibt sich im Rückschluss aus ihrer Benennung in Nr. 12 des Anhangs 1 zur UnterlassungsklagenRL 2009/22/EG.
[74] Vgl. die Überlegungen des EuGH, Urt. v. 12.9.2006, Rs. 479/04 (Laserdisken ApS/Kulturministeriet), Slg. 2006, I–8113, Rn. 71–81 (zum urheberrechtlichen Erschöpfungsgrundsatz).

das Unionsrecht **grundsätzlich** von der **Preisbildung durch den Markt** aus, jedoch sind – bereits seit 1957 – Primär- wie Sekundärrecht darauf eingestellt, gegebenenfalls korrigierend einzugreifen.

Das gilt – im Sinne der Preisbildung durch den Markt – zunächst für das **Wettbewerbsrecht**, welches selbstverständlich nach Art. 101 Abs. 1 Buchst. a AEUV gerade auch Preisabsprachen und nach Art. 102 Satz 2 Buchst. a AEUV die Erzwingung unangemessener Preise untersagt. Soweit es um die Versorgung der Verbraucher geht (s. oben Rn. 38–40), wird umgekehrt die Sicherstellung der Fairness respektive die Angemessenheit der vereinbarten Preise mit in den Blick genommen. Dies gilt auch gerade primärrechtlich – siehe nur Art. 39 Abs. 1 Buchst. e AEUV für den Agrarbereich – und auch für die verschiedenen Diskriminierungsverbote – siehe nur Art. 40 Abs. 2 AEUV. 42

Der Gerichtshof hat im Blick auf die Grundfreiheiten die Rechtfertigungsfähigkeit von staatlichen Ordnungen über **Mindestgebühren** für freiberufliche Dienstleistungen **aus Gründen des Verbraucherschutzes** für grundsätzlich rechtfertigungsfähig gehalten, weil der Verbraucher aufgrund der regelmäßig gegebenen Informationsasymmetrie die Qualität der erbrachten Leistungen nicht beurteilen kann.[75] Hingegen rechtfertigt der Verbraucherschutz keine nicht auf den Gesetzgeber rückführbare Honorarordnung durch private oder öffentliche Berufsorganisationen.[76] 43

Sekundärrechtlich hat der europäische Gesetzgeber in seinen allgemeinen Regeln eher Fragen der **Fairness bei der Entgeltvereinbarung** in den Mittelpunkt gerückt: Mit der sog. Button-Lösung in Art. 8 Abs. 2 UAbs. 2 VerbraucherrechteRL 2011/83/EU[77] will der Gesetzgeber sicherstellen, dass der Verbraucher bei Vertragsschluss hinreichend deutlich auf die Entgeltlichkeit des Geschäfts aufmerksam gemacht wird. Ungeklärt ist hingegen, ob diese Richtlinie auch auf unentgeltliche Leistungen Anwendung findet[78] und – ganz generell – ob die Einräumung einer über die gesetzlichen Erlaubnistatbestände hinausreichenden Datennutzungsbefugnis qua Einwilligung ein Entgelt darstellt.[79] Ein zweiter Fragenkreis betrifft die Transparenz von Preisangaben, für welche die PreisangabenRL[80] dem Verbraucher eine marktkonforme Vertragsschlussentscheidung ermöglichen soll. In jüngster Zeit hat sich der Unionsgesetzgeber dann auch noch die Bekämpfung von Nebenentgelten zur Aufgabe gemacht; Art. 6 Abs. 1 Buchst. e, i und Abs. 4 sowie Art. 19, 21 sowie 22 VerbraucherrechteRL 2011/83/EU beschränken die Möglichkeiten solcher Nebenentgelte teilweise durch deren Ausschluss und teilweise durch zusätzliche Voraussetzungen für und Anforderungen an deren Vereinbarung. 44

---

[75] EuGH, Urt. v. 5.12.2006, Rs. C–94/04 (Federico Cipolla u.a./Rosaria Portolese u.a.), Slg. 2006, I–11421, Rn. 68 (Italienische Anwaltshonorare aber unter Zweifeln an der Erforderlichkeit).

[76] Kommission, Entscheidung vom 24.6.2004, COMP/38.549 (Untersagung der belgischen Architektenhonorare).

[77] Richtlinie 2011/83/EU vom 25.10.2011 über die Rechte der Verbraucher, zur Abänderung der Richtlinie 93/13/EWG des Rates und der Richtlinie 1999/44/EG des Europäischen Parlaments und des Rates sowie zur Aufhebung der Richtlinie 85/577/EWG des Rates und der Richtlinie 97/7/EG des Europäischen Parlaments und des Rates, ABl. 2011, L 304/64.

[78] Dafür gegen den Wortlaut der deutschen Umsetzung in § 312 BGB *Schmidt-Kessel*, K&R 2014, S. 475, 479.

[79] Hierzu demnächst *Langhanke*, Instrumente und Sanktionen im Kundendatenschutz in Österreich, der Schweiz und Deutschland, Diss. Bayreuth, 2016; ferner *Langhanke/Schmidt-Kessel*, EuCML 2015, 218 ff.

[80] Richtlinie 98/6/EG vom 16.2.1998 über den Schutz der Verbraucher bei der Angabe der Preise der ihnen angebotenen Erzeugnisse, ABl. 1998, L 80/27.

III. Integritätsschutz

45 Der Schutz der körperlichen Integrität des Verbrauchers wird in der Bestimmung zur Verbraucherpolitik, Art. 169 Abs. 1 AEUV ausdrücklich angesprochen, wo für den Schutz des Verbrauchers unter anderem auf den »**Schutz der Gesundheit [und] der Sicherheit**« verwiesen wird. Damit sind jedenfalls die körperliche Integrität und Gesundheit erfasst.[81] Diese ist nicht nur als Basis verbraucherpolitischer Maßnahmen primärrechtlich etabliert, sondern auch als Grund zur Beschränkung der Grundfreiheiten abgesichert, Art. 36 Satz 1, 52 Abs. 1, 62 AEUV. Da dem Integritätsschutz ein **besonders hoher Rang** zukommt,[82] ist der Gerichtshof durch Anforderungen an die Substantiierung und Standardisierung allzu großzügigen Bezugnahmen der Mitgliedstaaten entgegen getreten.[83] Für den europäischen Gesetzgeber rechtfertigt angesichts des besonderen Rangs das Vorsorgeprinzip vorbeugende Maßnahmen gegen Risiken für die Gesundheit auch dann, wenn deren Vorliegen oder Umfang nicht mit Sicherheit feststellbar sind.[84]

46 Sekundärrechtlich hat dieses Schutzgut vor allem im allgemeinen **Produktsicherheits- und Produkthaftungsrecht**[85] sowie in den damit nur teilweise abgestimmten Sonderproduktrechten etwa des Stoffrechts, des Lebensmittelrechts oder des Arzneimittelrechts seinen Niederschlag gefunden. Allgemeine Ansätze bei der **Dienstleistungshaftung** haben sich hingegen – auch mangels hinreichender rechtsvergleichender Aufarbeitung – bislang weitgehend zerschlagen.[86] In jüngerer Zeit hat sich die Europäische Union dementsprechend mehr in Richtung einer Harmonisierung und Koordinierung von Regeln der Berufszulassung und Berufsausübung im Dienstleistungsbereich verlegt, wie dies insbesondere in der DienstleistungsRL 2006/123/EG sowie die BerufsqualifikationsRL 2005/36/EG[87] geschehen ist; daneben treten vermehrt Anstrengungen zur Standardisierung von Dienstleistungen mit den Mitteln der Normung und Zertifizierung.[88]

---

[81] Wie hier *Pfeiffer*, in: Grabitz/Hilf/Nettesheim, EU, Art. 12 AEUV (Mai 2011), Rn. 10–13; *Rengeling/Szczekalla*, Grundrechte in der Europäischen Union, Rn. 1058 (für Art. 38 GRC); siehe auch *Krebber*, in: Calliess/Ruffert, EUV/AEUV, Art. 169 AEUV, Rn. 5, 9.

[82] So schon EuGH, Urt. v. 20.5.1976, Rs. 104/75 (Adriaan de Peijper), Slg. 1976, 613, Rn. 14/18.

[83] Dazu näher *Kingreen*, in: Calliess/Ruffert, EUV/AEUV, Art. 34–36 AEUV, Rn. 199.

[84] EuGH, Urt. v. 17.12.2015, Rs. C–157/14 (Neptune Distribution SNC/Ministre de l'Économie et des Finances), ECLI:EU:C:2015:823, Rn. 82.

[85] Siehe insbesondere Richtlinie 2001/95/EG vom 3.12.2001 über die allgemeine Produktsicherheit, ABl. 2002, L 11/4 und Richtlinie 85/374/EWG vom 25.7.1985 zur Angleichung der Rechts- und Verwaltungsvorschriften der Mitgliedstaaten über die Haftung für fehlerhafte Produkte, ABl. 1985, L 210/29.

[86] Siehe den Vorschlag für eine Richtlinie des Rates über die Haftung bei Dienstleistungen vom 9.11.1990, ABl. 1991, C 12/8.

[87] Richtlinie 2005/36/EG vom 7.9.2005 über die Anerkennung von Berufsqualifikationen, ABl. 2005, L 255/22; beachte hierzu auch die weitreichenden letzten Änderungen durch die Richtlinie 2013/55/EU vom 20.11.2013 zur Änderung der Richtlinie 2005/36/EG über die Anerkennung von Berufsqualifikationen, ABl. 2013, L 354/132. Zum Verhältnis beider Richtlinien siehe *Schmidt-Kessel*, ecolex 2010, 320 ff.

[88] Dazu etwa *Reimer*, Qualitätssicherung – Grundlagen eines Dienstleistungsverwaltungsrechts, 2010; *Demmer*, Vorbeugende Gefahrenabwehr im Wirtschaftsverwaltungsrecht durch akkreditierte Zertifizierung, ein Regelungsmodell für den Gesetzgeber – dargestellt am Beispiel des Handwerksrechts, 2014.

IV. Vermögens- und Präferenzenschutz

Auch der **Vermögensschutz** wird in Art. 169 Abs. 1 AEUV **ausdrücklich** als Handlungsfeld der Europäischen Union benannt und ist dementsprechend Ziel des Schutzansatzes des Unionsrechts.[89] Wettbewerbsrechtlich stellen Art. 101 Abs. 1 Buchst. d und 102 Satz 2 Buchst. c AEUV dabei vor allem die Durchsetzung unfairer weil ungleicher Bedingungen in den Mittelpunkt. Bei den Grundfreiheiten, insbesondere der Warenverkehrsfreiheit, stehen hingegen Fragen der Irreführung im Vertragsschlussbereich im Mittelpunkt.[90] Hier liegt auch eine Quelle des juristischen Verbraucherleitbildes auf europäischer Ebene (s. unten Rn. 54). Sekundärrechtlich setzt sich auch diese Linie fort, wobei über den reinen Vermögensschutz hinaus, teilweise **auch immaterielle Präferenzen** des Verbrauchers geschützt werden etwa durch den Ausgleich entgangener Urlaubsfreuden. 47

Ein ganz wesentlicher Schwerpunkt liegt dabei auf dem **vorvertraglichen Bereich** und dabei vor allem auf Werberecht und der vorvertraglichen Information. Allgemeine Regelungen hierzu enthalten die Richtlinie über irreführende und vergleichende Werbung 2006/114/EG[91] sowie zahlreiche sektorspezifische Werberegelungen etwa die detaillierten Regelungen zur Lebensmittelwerbung, ferner die Richtlinie über unlautere Geschäftspraktiken 2005/29/EG,[92] zu der ihrerseits zahlreiche Sonderregeln existieren,[93] und schließlich der große Bereich vorvertraglicher Informationspflichten, deren verbraucherrechtlicher Kernbestand in Art. 5, 6 VerbraucherrechteRL 2011/83/EU niedergelegt ist. Zahlreiche weitere Informationspflichten allgemeiner und – vor allem – sektorspezifischer Art kennzeichnen das im europäischen Verbraucherrecht herrschende Informationsparadigma.[94] 48

Der allgemeine Vermögens- und Präferenzenschutz setzt sich dann in den Regelungen über die verbraucherschützenden Widerrufsrechte, insbesondere nach Art. 9–16 der VerbraucherrechteRL 2011/83/EU für die besonderen Vertriebssituationen der Außergeschäftsraum- und Fernabsatzverträge, sowie in der Inhaltskontrolle sämtlicher Verbraucherverträge nach der KlauselRL 93/13/EWG[95] fort. Von den grundlegenden Leistungsgestaltungen ist der Kauf durch die VerbrauchsgüterkaufRL 1999/44/EG[96] erfasst, während eine allgemeine vertragsrechtliche Erfassung von Dienstleistungen an Verbraucher bislang nur in Ansätzen durch Art. 22–27 DienstleistungsRL 2006/123/EG geleistet ist.[97] Für den Präferenzenschutz im Übrigen fällt auf dass sich die verbrau- 49

---

[89] *Rengeling/Szczekalla*, Grundrechte in der Europäischen Union, Rn. 1059, 1062f.
[90] Vgl. die Aufzählung bei *Kingreen*, in: Calliess/Ruffert, EUV/AEUV, Art. 34–36 AEUV, Rn. 211.
[91] Richtlinie 2006/114/EG vom 12.12.2006 über irreführende und vergleichende Werbung, ABl. 2006, L 376/21.
[92] Richtlinie 2005/29/EG vom 11.5.2005 über unlautere Geschäftspraktiken im binnenmarktinternen Geschäftsverkehr zwischen Unternehmen und Verbrauchern und zur Änderung der Richtlinien 84/450/EWG, 97/7/EG, 98/27/EG und 2002/65/EG sowie der Verordnung (EG) Nr. 2006/2004 des Europäischen Parlaments und des Rates, ABl. 2005, L 149/22.
[93] Siehe nur die – bei weitem nicht vollständige – Aufzählung in Anhang II der Richtlinie über unlautere Geschäftspraktiken 2005/29/EG.
[94] Zu den Konkurrenzen siehe *Schmidt-Kessel*, GPR 2011, 79ff.
[95] Richtlinie 93/13/EWG vom 5.4.1993 über missbräuchliche Klauseln in Verbraucherverträgen, ABl. 1993, L 95/29.
[96] Richtlinie 1999/44/EG vom 25.5.1999 zu bestimmten Aspekten des Verbrauchsgüterkaufs und der Garantien für Verbrauchsgüter, ABl. 1999, L 171/12.
[97] Zu den Wirkungen und Funktionen dieser Vorschriften s. *Schmidt-Kessel*, in: Schlachter/Ohler, Dienstleistungsrichtlinie, Vorbem. zu Art. 22ff., Rn. 1ff. sowie Art. 22, Rn. 3 (zur privatrechtlichen

cherspezifischen Rechtsakte in diesem Bereich einerseits auf den Bereich der Finanzdienstleistungen (FernabsFinDinRL 2002/65/EG[98], VerbraucherkreditRL 2008/48/EG[99], WohnimmobilienkreditRL 2014/17/EU[100], Anlegerschutzrecht, Versicherungsrecht) und andererseits auf den durch die Stichworte Reise, Tourismus und Freizeit beschriebenen Sektor (PauschalreiseRL 90/314/EWG[101], TimeshareingRL 2008/122/EG[102], Verordnungen über Reisendenrechte) konzentriert.

V. Schutz des Persönlichkeitsrechts

50 Jüngste Schutzrichtung des Verbraucherrechts ist nunmehr der Bereich des Persönlichkeits- und **insbesondere des Datenschutzes**.[103] Primärrechtlich bilden die datenschutzrechtlichen Bestimmungen in Art. 8 GRC, Art. 39 EUV sowie Art. 16 AEUV bislang zwar eine gesonderte Normengruppe, ihre Verbindung mit dem allgemeinen Datenschutzrecht ist freilich sekundärrechtlich angelegt,[104] wie bereits Erwägungsgrund (71) der DatenschutzRL 95/46/EG[105] sowie Art. 18 der TelekommunikationsdatenschutzRL 2002/58/EG[106] belegen. Noch deutlicher zeigt dies die Aufnahme der TelekommunikationsdatenschutzRL 2002/58/EG in Nr. 17 des Anhangs zur VerbraucherrechtsdurchsetzungsVO 2004/2005 im Jahre 2009.[107] Art. 13a und 38 der EP-Fassung zur DatenschutzGVO sah ausdrückliche Bezugnahmen auf den Verbraucher als Schutzobjekt der künftigen Verordnung vor und Erwägungsgrund (110) der EP-Fassung wies auch den Verbraucherorganisationen eine eigene Position zu; beide Verweise sind aus der Endfassung der DatenschutzGVO zwar wieder gestrichen worden, ohne die generelle Ausrichtung auf den Verbraucherschutz damit infrage zu stellen, vgl. Art. 2 Abs. 2 Buchst. d der Fassung der politischen Einigung.

Wirkung der Vorschriften). Für die (auch vorhandene) Verbraucherschutzfunktion dieser Bestimmungen siehe erneut Nr. 12 des Anhangs 1 zur UnterlassungsklagenRL 2009/22/EG.

[98] Richtlinie 2002/65/EG vom 23. 9. 2002 über den Fernabsatz von Finanzdienstleistungen an Verbraucher und zur Änderung der Richtlinie 90/619/EWG des Rates und der Richtlinien 97/7/EG und 98/27/EG, ABl. 2002, L 271/16.

[99] Richtlinie 2008/48/EG vom 23. 4. 2008 über Verbraucherkreditverträge, ABl. 2008, L 133/66 (unter Aufhebung der früheren VerbraucherkreditRL 87/102/EWG).

[100] Richtlinie 2014/17/EU vom 4. 2. 2014 über Wohnimmobilienkreditverträge für Verbraucher und zur Änderung der Richtlinien 2008/48/EG und 2013/36/EU und der der Verordnung (EU) Nr. 1093/2010, ABl. 2014, L 60/34.

[101] Richtlinie 90/314/EWG vom 13. 6.1990 über Pauschalreisen, ABl. 1990, L 158/59.

[102] Richtlinie 2008/122/EG vom 14. 1. 2009 über den Schutz der Verbraucher im Hinblick auf bestimmte Aspekte von Teilzeitnutzungsverträgen, Verträgen über langfristige Urlaubsprodukte sowie Wiederverkaufs- und Tauschverträgen, ABl. 2009, L 33/10.

[103] Wie hier bereits *Rengeling/Szczekalla*, Grundrechte in der Europäischen Union, Rn. 1061.

[104] Für ein Verständnis der Zugehörigkeit des Datenschutzrechts zum Verbraucherschutz zuletzt etwa *Herden*, GPR 2013, 271 (273).

[105] Richtlinie 95/46/EG vom 24. 10.1995 zum Schutz natürlicher Personen bei der Verarbeitung personenbezogener Daten und zum freien Datenverkehr, ABl. 1995, L 281/31.

[106] Richtlinie 2002/58/EG vom 12. 7. 2002 über die Verarbeitung personenbezogener Daten und den Schutz der Privatsphäre in der elektronischen Kommunikation, ABl. 2002, L 201/37.

[107] Durch Art. 3 der Richtlinie 2009/136/EG vom 25. November 2009 zur Änderung der Richtlinie 2002/22/EG über den Universaldienst und Nutzerrechte bei elektronischen Kommunikationsnetzen und -diensten, der Richtlinie 2002/58/EG über die Verarbeitung personenbezogener Daten und den Schutz der Privatsphäre in der elektronischen Kommunikation und der Verordnung (EG) Nr. 2006/2004 über die Zusammenarbeit im Verbraucherschutz, ABl. 2009, L 337/11.

F. Verbraucherleitbilder als Konkretisierungsvehikel und als Maßstab der Politik

Wenige Begriffe in der verbraucherpolitischen und verbraucherwissenschaftlichen Diskussion sind so schillernd wie der des Verbraucherleitbildes. Ein wesentlicher Grund dafür ist, dass häufig nicht hinreichend nach den **Funktionen des** jeweils diskutierten **Verbraucherleitbildes** differenziert wird. Allen diskutierten Leitbildern kommt dabei eine Begründungs- und Rechtfertigungsfunktion zu,[108] die teilweise politisch und teilweise normativ ist. In Diskussionen der nicht-juristischen Verbraucherwissenschaften geht es dabei vor allem um die richtige Bestimmung dieser Leitbilder,[109] wobei bestehende normative Bindungen und Differenzierungen nicht immer beachtet werden.[110] 51

Rechtspolitisch geht es in der Diskussion um das Verbraucherleitbild – neben nie ganz vermeidbaren Machtfragen des politischen Raumes – vor allem um **das richtige Maß von Verbraucherschutz**, welches die Rechtsordnung bereitstellt respective bereitstellen soll. **Normativ** geht es vor allem um die **Ausfüllung von Generalklauseln und anderer konkretisierungsbedürftiger Konzepte**. Mit dieser normativen Funktion sind die verschiedenen Verbraucherleitbilder Teil des Schutzkonzepts und damit auch in Art. 12 AEUV und Art. 38 GRC zu verorten. Die Vielfalt der Einsatzfelder des normativen Rückgriffs auf Verbraucherleitbilder verdeutlicht von vornherein, dass die Entwicklung eines einheitlichen – situations- und normunabhängigen – Leitbildes ausgeschlossen ist.[111] 52

Ausgangspunkt für die Entwicklung eines (ersten) primärrechtlichen Verbraucherleitbildes ist die Rechtfertigung der **Beschränkung von Grundfreiheiten**.[112] Vor allem für die Warenverkehrsfreiheit hat der Gerichtshof aus der Vorstellung eines informierten und verständigen Verbrauchers einen Vorrang des Verbraucherschutzes durch Information vor einem Verbraucherschutz durch zwingendes Recht und Verbote entwickelt.[113] Zu beachten ist freilich, dass der Gerichtshof insoweit vor allem zu abstrakt- 53

---

[108] *Pfeiffer*, in: Grabitz/Hilf/Nettesheim, EU, Art. 169 AEUV (Mai 2011), Rn. 21.

[109] Zuletzt insbesondere in der Stellungnahme des Wissenschaftlichen Beirats Verbraucher- und Ernährungspolitik beim BMELV, Ist der »mündige Verbraucher« ein Mythos? Auf dem Weg zu einer realistischen Verbraucherpolitik, Berlin, Dezember 2012.

[110] Zum Fragenkreis nunmehr ausführlich *Schmidt-Kessel/Germelmann/Gläser/Kramme/Langhanke/Schäfer/Stieler*, Verbraucherleitbild – Zwecke, Wirkweisen und Maßstäbe – eine interdisziplinäre Untersuchung, Jena 2016. Geradezu paradigmatisch für einen verfehlten Umgang mit dem Leitbild sind die Ausführungen von *Knops*, in: GSH, Europäisches Unionsrecht, Art. 38 GRC, Rn. 16 ff.

[111] *Rengeling/Szczekalla*, Grundrechte in der Europäischen Union, Rn. 1066; *Rudolf*, in: Meyer, GRCh, Art. 38 GRC, Rn. 2. Das im politischen Raum immer wieder verbreitete Leitbild eines »verantwortlichen Verbrauchers« (siehe etwa die Stellungnahme in der vorigen Fn. 109) gehört hingegen in den Pfeiler einer Förderung der Verbraucherinteressen und zielt vor allem auf Fragen einer nachhaltigen Entwicklung (s. oben Rn. 18 ff.).

[112] *Berg*, in: GSH, Europäisches Unionsrecht, Art. 169 AEUV, Rn. 8; *Dreher*, JZ 1997, 167 (171 f.); *Kingreen*, in: Calliess/Ruffert, EUV/AEUV, Art. 101 AEUV, Rn. 162.

[113] EuGH, Urt. v. 20.2.1979, Rs. C-120/78 (Rewe/Bundesmonopolverwaltung für Branntwein – »Cassis de Dijon«), Slg. 1979, 649 – Rn. 8; Urt. v. 7.3.1990, Rs. C-362/88 (GB-Inno-BM/Confédération du commerce luxembourgeois), Slg. 1990, I-667; Urt. v. 18.5.1993, Rs. C-126/91 (Schutzverband gegen Unwesen in der Wirtschaft/Yves Rocher GmbH), Slg. 1993, I-2361; Urt. v. 6.7.1995, Rs. C-470/93 (Verein gegen Unwesen in Handel und Gewerbe e. V./Mars GmbH), Slg. 1995, I-1923; *Berg*, in: GSH, Europäisches Unionsrecht, Art. 169 AEUV, Rn. 8; *Lurger*, in: Streinz, EUV/AEUV, Art. 169 AEUV, Rn. 14; *Mancaleoni*, Artt. 1–12, 114, 169 TFUE; *Pfeiffer*, in: Grabitz/Hilf/Nettesheim, EU, Art. 169 AEUV (Mai 2011), Rn. 22.

generellen, überwiegend öffentlich- oder strafrechtlich organisierten, Marktzugangshindernissen judiziert hat. Es geht also jeweils um die Beurteilung präventiver Vorschriften und nicht oder nur ausnahmsweise um individuelle Konfliktlösungen des Zivilrechts. Dementsprechend offen ist bis heute die Frage, ob und inwieweit schlicht zwingendes Zivilrecht am Maßstab der Grundfreiheiten gemessen, bestehen kann.[114]

54 Besondere Bedeutung kommt Verbraucherleitbildern ferner im (sekundären) europäischen **Werbe- und Etikettierungsrecht** zu,[115] wie es sich insbesondere bei der Lebensmittelkennzeichnung entwickelt hat.[116] Dabei geht der Gerichtshof vom »durchschnittlich informierten, aufmerksamen und verständigen Durchschnittsverbraucher« aus,[117] an welchem sich die Konkretisierung der Werbe- und Etikettierungsregeln auszurichten hat. Das sekundäre Unionsrecht hat hier weitestgehend die zu den Grundfreiheiten entwickelten Maßstäbe übernommen. Allerdings finden sich auch in diesem Bereich Sonderregeln für besonders anfällige Verbraucher, etwa enthält Art. 5 Abs. 3 der Richtlinie über unlautere Geschäftspraktiken 2005/29/EG eine Sonderregel zum Schutz von Verbrauchergruppen, die gegenüber unlauteren Praktiken »aufgrund von geistigen oder körperlichen Gebrechen, Alter oder Leichtgläubigkeit ... besonders schutzbedürftig sind«.[118] Auch für den engen Bereich des sekundären Werbe- und Etikettierungsrechts lässt sich ein ausnahmslos zugrunde gelegtes, einheitliches Leitbild nicht feststellen.[119]

55 Für das Verbraucherrecht im Übrigen hat das Unionsrecht **ein einheitliches – normatives – Leitbild nicht entwickelt**.[120] Das gilt – worauf vor allem *Pfeiffer* hingewiesen hat[121] – insbesondere für das Verbrauchervertragsrecht einschließlich des Vertragsschlussrechts. Auf dieses sind die zu den Grundfreiheiten und zum Werbe- und Etikettierungsrecht entwickelten Maßstäbe, die wie gesehen ohnehin nicht mit einem einheitlichen Leitbild arbeiten, nicht zu übertragen.[122] Ausgangspunkt auch für das Verbrauchervertragsrecht ist ein Verbraucher, dem **für gewöhnlich eine hinreichende Information** über Vertragsgegenstand und Rahmenbedingungen **ausreicht** und der **nur ausnahmsweise** des Schutzes durch **weitergehende Bestimmungen** bedarf.[123] Dabei geht das Unionsrecht freilich – in Abweichung von der Grundhaltung caveat emptor des common law-Vertragsrechts – davon aus, dass die berechtigten Erwartungen des Verbrauchers an die Qualität, Funktionalität und Sicherheit der versprochenen Leistungen

---

[114] Dazu grundlegend *Remien*, Zwingendes Vertragsrecht und Grundfreiheiten des EG-Vertrags, 2003.
[115] *Micklitz/Rott*, in: Dauses, Handbuch des EU-Wirtschaftsrechts, Abschnitt H. V., Oktober 2013, Rn. 112–117.
[116] *Pfeiffer*, in: Grabitz/Hilf/Nettesheim, EU, Art. 169 AEUV (Mai 2011), Rn. 22.
[117] EuGH, Urt. v. 16.7.1998, Rs. C–210/96 – Gut Springenheide GmbH/Oberkreisdirektor des Kreises Steinfurt, Slg. 1998, I–4657.
[118] Dazu *Helm*, WRP 2005, S. 931 ff.; sowie *Krebber*, in: Calliess/Ruffert EUV/AEUV, Art. 169 AEUV, Rn. 7.
[119] *Rengeling/Szczekalla*, Grundrechte in der Europäischen Union, Rn. 1066.
[120] *Martinek*, Unsystematische Überregulierung und kontraintentionale Effekte im Europäischen Verbraucherschutzrecht oder: Weniger wäre mehr, S. 515 insofern ist die Begriffserklärung bei *Lurger*, in: Streinz, EUV/AEUV, Art. 169 AEUV, Rn. 13 (»einheitliches Verhaltensmuster oder Rollenbild«) bereits im Ansatz weder normativ noch rechtspraktisch noch politisch zutreffend.
[121] *Pfeiffer*, in: Grabitz/Hilf/Nettesheim, EU, Art. 169 AEUV (Mai 2011), Rn. 22.
[122] So völlig zutreffend *Micklitz/Rott*, in: Dauses, Handbuch des EU-Wirtschaftsrechts, Abschnitt H. V., Oktober 2013, Rn. 118 ff. und *Pfeiffer*, in: Grabitz/Hilf/Nettesheim, EU, Art. 169 AEUV (Mai 2011), Rn. 22.
[123] *Dreher*, JZ 1997, 167 (171); *Martinek*, S. 511, 514; *Micklitz/Rott*, in: Dauses, Handbuch des EU-Wirtschaftsrechts, Abschnitt H. V., Oktober 2013, Rn. 80 f.

ohnehin durch dispositives Recht geschützt sind[124] – siehe Art. 2 VerbrauchsgüterkaufRL 1999/44/EG, Art. 3–7 PauschalreiseRL 90/314/EWG und Art. 6 ProdukthaftungsRL 85/374/EWG.

Das Schutzkonzept der Art. 38 GRC, Art. 12 AEUV und – soweit einschlägig – Art. 169 AEUV ist nach alledem nicht von einem uniformen Verbraucherleitbild beherrscht. Die Entstehungsgeschichte legt es zwar nahe, dass sich das Primärrecht im **Ausgangspunkt** grundsätzlich an einem informierten und verständigen Verbraucher orientiert und diesen auch zum Ausgangspunkt der Beurteilung einer Erforderlichkeit von Grundrechts- und Grundfreiheiteneingriffen macht. Das bedeutet freilich nicht, dass das Primärrecht insoweit nicht entwicklungsfähig wäre: Insbesondere die in dem Standardleitbild erhaltene **Grenzlinie zwischen** solchen **Risiken**, vor denen sich ein informierter und verständiger Verbraucher selbst schützen kann, und solchen, bei denen dieses nicht möglich ist, wird primärrechtlich **nicht abschließend determiniert**. Soweit sich – insbesondere aus der Verbraucherverhaltensforschung – Erkenntnisse für eine (Neu- oder Nach-)Justierung dieser Grenzlinie ergeben, ist der Gesetzgeber nach Art. 169 AEUV nicht gehindert und nach Art. 38 GRC ggf. sogar gehalten diese Neujustierung auch sekundärrechtlich nachzuvollziehen; entsprechendes gilt für die Beurteilung von Beschränkungen der Grundfreiheiten durch die Gerichte und insbesondere den Gerichtshof. Ein jüngeres Beispiel für eine solche Verschiebung der Grenzlinie bildet die sogenannte **Button-Lösung** in Art. 8 Abs. 2 UAbs. 2 VerbraucherrechteRL 2011/83/EU: Bei Internetvertragsschlüssen wird auch dem informierten und verständigen Verbraucher nicht zugetraut, die Kostenpflichtigkeit des Leistungsangebots ohne besonderen formalisierten Hinweis im Bestellvorgang hinreichend zuverlässig zu erkennen – eine angesichts der Verbreitung unentgeltlicher Angebote sehr plausible Überlegung.

56

Darüber hinaus bildet der informierte und verständige Verbraucher nur den Standardfall, der **Abweichungen im Schutzstandard nicht ausschließt**, sondern nur gesondert rechtfertigungsbedürftig macht. Lassen sich **Gruppen besonders schutzbedürftiger – »verletzlicher« – Verbraucher** beschreiben,[125] kann der Unionsgesetzgeber insoweit typisierte Schutzstandards mit begrenztem personalen Anwendungsbereich entwickeln. Ferner kann er die besondere Schutzbedürftigkeit zum Tatbestandsmerkmal machen und somit dem Richter die Berücksichtigung der konkreten Schutzbedürftigkeit im Einzelfall ermöglichen oder aufgeben. Entsprechendes gilt für typisierende Teilkonkretisierungen durch untergeordnete Normgeber bei Akten delegierter Rechtsetzung. Die Entwicklung eines eigenen Verbrauchertypus – mit rückwärts gewandter Perspektive[126] – ist mit dieser Differenzierung jedoch nicht verbunden.

57

Die Berücksichtigung von besonderen Schutzbedürfnissen einzelner Verbrauchergruppen (oder Verbraucher) ist in der Regel Gegenstand (oder Folge) einer **rechtspolitischen Entscheidung des europäischen Gesetzgebers**. Art. 12, 169 AEUV machen in-

58

---

[124] Hingegen gegen geht das verschiedentlich vorgestellte Konzept »legitimer Verbrauchererwartungen«, etwa *Reich*, Unsystematische Überregulierung und kontraintentionale Effekte im Europäischen Verbraucherschutzrecht oder: Weniger wäre mehr, S. 481, 496–489, über diesen Ansatz hinaus.
[125] Deutlich zu pauschal sprechen *Micklitz/Rott*, in: Dauses, Handbuch des EU-Wirtschaftsrechts, Abschnitt H. V. Verbraucherschutz, Rn. 82 von »jene[r] Gruppe von Verbrauchern, die mit den Anforderungen der modernen Konsumgesellschaft nicht oder nicht mehr zurechtkommen«.
[126] Siehe *Micklitz/Rott*, in: Dauses, Handbuch des EU-Wirtschaftsrechts, Abschnitt H. V., Oktober 2013, Rn. 82: »Diese Gruppe von Verbrauchern stand einmal am Anfang nationaler Verbraucherpolitik der 1960er und 1970er Jahre.«

soweit keine – über die Einstellung in die Abwägung der betreffenden Belange im Gesetzgebungsverfahren hinausgehenden – Vorgaben. Ausnahmsweise kann sich aber aus der **Gewährleistungsverantwortung** nach Art. 38 GRC ein anderes ergeben: Für den Schutz von **Minderjährigen** oder Personen mit beschränkter Steuerungsfähigkeit ist dies – bei vielfältigen Mechanismen im Einzelnen – bereits heute eine Selbstverständlichkeit. Aus dem Binnenmarktgedanken dürfte sich aber auch aus Art. 38 GRC das Gebot eines zusätzlichen Schutzes für solche Verbraucher ergeben, die aufgrund ihres **Migrationshintergrundes** für bestimmte Risiken besonders anfällig sind. Eine andere Gruppe sind Verbraucher unterhalb der **Armutsgrenze**, für die es insbesondere um Zugang zu grundlegenden Versorgungsleistungen geht.[127] Weitere Gruppen dürften Kinder oder Senioren sein und auch Differenzierungen nach dem Geschlecht könnten bei unterschiedlichen Schutzbedürfnissen durchaus angezeigt sein.

59   Für die rechtspolitische Debatte um das richtige Standardleitbild oder im Einzelfall davon abweichende Sonderleitbild geben Art. 12, 169 AEUV und Art. 38 GRC nur einen recht weichen Rahmen vor, der sich **allenfalls ausnahmsweise** zu **Bindungen für Gesetzgebung und Rechtsprechung** beider Ebenen verfestigt. Vor allem rechtspolitisch ist daher zum einen die Frage zu beantworten, wie der Schutz des Verbrauchers unter dem Standardleitbild auszugestalten ist, also welche Standards oder Bestimmungsmechanismen hierfür ggf. auf europäischer Ebene zu etablieren sind (berechtigte Verbrauchererwartungen)[128] und wo im Übrigen die Grenzen der Selbstschutzfähigkeiten des typischen Verbrauchers verlaufen. Zum anderen muss die Rechtspolitik entscheiden, welche Mechanismen sie bereitstellt, um in ihrer Schutzbedürftigkeit atypischen Verbrauchern gerecht zu werden – neben einer eigenen Typisierung kommt hierbei auch eine Delegation an den Richter in Betracht. Auch hier sind die Spielräume des Gesetzgebers weit.

G. Funktionen von Art. 12 AEUV

60   Art. 12 AEUV enthält eine für den gesamten AEUV bedeutsame Querschnittsklausel,[129] deren genaues rechtliches Gewicht der Klärung des Gerichtshofs harrt. Zumindest handelt es sich um einen Programmsatz mit Appellfunktion,[130] der systematisch auf der obersten Ebene des operativen Teils der Verträge verankert ist[131] und dort **systemprägend** wirkt (s. oben Rn. 7 f.). Die Vorschrift begründet nur einen **vergleichsweise schwachen eigenen materiellen Standard** (s. unten Rn. 65) und enthält vor allem eine prozedurale Anweisung an die Organe der Union und – soweit erfasst – der Mitgliedstaaten (s. unten Rn. 68). Für autonomes Handeln der Mitgliedstaaten ergeben sich aus Art. 12

---

[127] Insoweit zutreffend *Micklitz/Rott*, in: Dauses, Handbuch des EU-Wirtschaftsrechts, Abschnitt H. V., Oktober 2013, Rn. 82–84.
[128] Vgl. *Pfeiffer*, in: Grabitz/Hilf/Nettesheim, EU, Art. 169 AEUV (Mai 2011), Rn. 23.
[129] *Knops*, in: GSH, Europäisches Unionsrecht, Art. 38 GRC, Rn. 3; *Pfeiffer*, in: Grabitz/Hilf/Nettesheim, EU, Art. 12 AEUV (Mai 2011), Rn. 1; *Tamm*, in: GSH, Europäisches Unionsrecht, Art. 12 AEUV, Rn. 1.
[130] *Pfeiffer*, in: Grabitz/Hilf/Nettesheim, EU, Art. 12 AEUV (Mai 2011), Rn. 4. Zurückhaltender *Mancaleoni*, Art. 1–12, 114, 169 TFUE.
[131] Vgl. *Roth*, JZ 2001, 475 (479) (»unterstreicht den hohen Stellenwert«).

AEUV für diese keine Pflichten.¹³² Subjektive Rechte einzelner Verbraucher werden durch die Vorschrift selbst nicht begründet,¹³³ können sich aber als Folge des Rechnungtragens oder im Wege einer auf Art. 12 AEUV gestützten Auslegung ergeben.

Art. 12 AEUV verfolgt das auch Art. 38 GRC zugrundeliegende **Schutzkonzept**.¹³⁴ 61
Hingegen geht es nicht um die Förderung von Verbraucherinteressen im Sinne einer Steuerung über die Marktgegenseite (s. oben Rn. 18 ff.). Das ließ sich zu Art. 153 Abs. 2 EGV-Amsterdam noch anders vertreten, weil sich der Abs. 2 systematisch auf den gesamten Abs. 1 beziehen ließ.¹³⁵ Mit der systematischen Verselbständigung und Hervorhebung – sowie durch das Zusammenspiel mit Art. 38 GRC – ist insoweit eine wichtige Konturierung vorgenommen worden.

Wie sämtliche »Allgemein geltenden Bestimmungen« der Art. 7–17 AEUV erfasst 62
Art. 12 AEUV **alle Unionspolitiken und Unionsmaßnahmen**.¹³⁶ Daher ist die Verbindung zu einer Unionspolitik nicht erforderlich; dementsprechend ist Art. 12 AEUV auch bei solchen Maßnahmen zu beachten, die auf Art. 352 AEUV gestützt werden. Einzige Ausnahme von Art. 12 AEUV bildet die lex specialis des Art. 114 Abs. 3 AEUV (s. oben Rn. 7), der für die Binnenmarktpolitik – und damit mittelbar auch für die Gesetzgebung nach Art. 169 Abs. 2 Buchst. a AEUV – ein hohes Verbraucherschutzniveau als Nebenziel der Binnenmarktgesetzgebung festschreibt. Allerdings greift auch insoweit das aus Art. 12 AEUV abzuleitende besondere Kohärenzerfordernis (s. unten Rn. 67).

Die **Adressaten** des Gebots, den Erfordernissen des Verbraucherschutzes Rechnung 63
zu tragen, sind in Art. 12 AEUV nicht ausdrücklich benannt, erschließen sich aber aus dem Zusammenhang. Die Vorschrift richtet sich primär an die Organe und Institutionen der Europäischen Union.¹³⁷ Die Mitgliedstaaten als solche sind nicht Adressaten. Das gilt freilich nicht, soweit die Durchführung von Maßnahmen der Union bei ihnen liegt; insoweit trifft das Gebot des Art. 12 AEUV auch sie.¹³⁸

Art. 12 AEUV gilt für **alle Handlungsformen** von Union und – soweit erfasst – Mit- 64
gliedstaaten.¹³⁹ Die Vorschrift kommt daher sowohl in der Gesetzgebung als auch in der Rechtsanwendung durch Verwaltung oder Gerichte zum Tragen. Methodische Konsequenz davon ist, dass bei der Anwendung des Sekundärrechts immer danach zu fragen ist, ob eine Bestimmung (auch) ein verbraucherschützendes (Neben-)Telos aufweist. Weder Art. 12 AEUV noch Art. 38 GRC begründen jedoch ein solches generelles Telos für das Sekundärrecht; »Rechnung tragen« bedeutet nicht »verwirklichen«.

---

¹³² Ebenso schon für Art. 129a EGV-Maastricht EuGH, Urt. v. 7.3.1996, Rs. C–192/94 (El Corte Ingles/Blazquez Rivero), Slg. 1996, I–1281, Rn. 20.
¹³³ *Reich*, VuR 1999, 3 (9).
¹³⁴ Zu weit daher *Kotzur*, in: European Union Treaties, Art. 12 TFEU Rn. 6 sowie (noch für Art. 153 Abs. 2 EGV-Amsterdam) *Berg*, in: GS, EUV/EGV, Art. 153 EGV, Rn. 13.
¹³⁵ So unausgesprochen wohl *Stuyck*, CMLRev. 37 (2000), 367 (386).
¹³⁶ *Lurger*, in: Streinz, EUV/AEUV, Art. 12 AEUV, Rn. 2; *Tamm*, in: GSH, Europäisches Unionsrecht, Art. 12 AEUV, Rn. 2.
¹³⁷ *Pfeiffer*, in: Grabitz/Hilf/Nettesheim, EU, Art. 12 AEUV (Mai 2011), Rn. 3; *Lurger*, in: Streinz, EUV/AEUV, Art. 12 AEUV, Rn. 2; *Tamm*, in: GSH, Europäisches Unionsrecht, Art. 12 AEUV, Rn. 6.
¹³⁸ *Kotzur*, in: European Union Treaties, Art. 12 TFEU, Rn. 7; *Pfeiffer*, in: Grabitz/Hilf/Nettesheim, EU, Art. 12 AEUV (Mai 2011), Rn. 3; *Tamm*, in: GSH, Europäisches Unionsrecht, Art. 12 AEUV, Rn. 6. Ebenso schon für Art. 152 Abs. 2 EGV-Nizza *Staudenmayer*, RIW 1999, 733 (734).
¹³⁹ *Pfeiffer*, in: Grabitz/Hilf/Nettesheim, EU, Art. 12 AEUV (Mai 2011), Rn. 2.

65 Die durch Art. 12 AEUV begründeten **materiellen Anforderungen** sind begrenzt.[140] Durch das Gebot des Rechnungtragens erreicht die Vorschrift materiell bei weitem nicht die Intensität des in Art. 38 GRC und Art. 114 Abs. 3, 169 AEUV geforderten hohen Schutzniveaus.[141] Insbesondere begründet die Vorschrift keinen generellen Wertungsvorrang vor anderen Regelungszielen.[142] Anders als Art. 38 GRC und Art. 114 Abs. 3 AEUV ist der Verbraucherschutz nach Art. 12 AEUV im Wege der Abwägung vergleichsweise leicht überwindbar. Erst recht lässt sich Art. 12 AEUV kein subjektives Recht des einzelnen Verbrauchers auf Einschreiten entnehmen.[143]

66 Wie Art. 38 GRC begründet Art. 12 AEUV **kein Verschlechterungsverbot** (zu diesem Fragenkreis s. Art. 38 GRC, Rn. 10 ff.). Das ergibt sich für Art. 12 AEUV schon aus dem Wortlaut der Norm, durch den vor allem eine prozedurale (»Rechnung tragen«) Vorgabe gemacht wird und nur ein vergleichsweise schwaches materielles Niveau eines Schutzstandards festgeschrieben wird, das zudem in Abwägungen nicht gänzlich überwindbar ist (s. Rn. 65).

67 Als Konkretisierung des allgemeinen Kohärenzerfordernisses für die Unionspolitiken nach Art. 11 Abs. 3 AEUV begründet Art. 12 AEUV – auch das ist die Zwecksetzung der Querschnittsklauseln der Art. 7 ff. AEUV – ein **besonderes Kohärenzerfordernis** für die verbraucherschützenden Maßnahmen sämtlicher Unionspolitiken. Auch für die Verbraucherpolitik nach Art. 169 AEUV ergibt sich aus Art. 12 AEUV unter Schutzgesichtspunkten dieses Kohärenzerfordernis: Art. 12 AEUV verlangt eine Abstimmung der auf Art. 169 AEUV gestützten Maßnahmen auf die Schutzerfordernisse der übrigen Politiken und Aktivitäten. Das erfordert auch Koordinierungsregeln, die über die schlichte Erklärung der Unanwendbarkeit allgemeiner Verbraucherschutzregeln in den Bereichen anderer Politiken hinausgehen. Das so verstandene besondere Kohärenzgebot gilt auch für die nach Art. 114 Abs. 3 AEUV verbraucherschützend ausgestalteten Maßnahmen der Binnenmarktpolitik.

68 Die durch Art. 12 AEUV begründeten Anforderungen sind daher **vor allem prozeduraler Natur:**[144] Die Vorschrift verlangt von Gesetzgeber respective Rechtsanwender eine Erklärung darüber, wie weit den Erfordernissen des Verbraucherschutzes Rechnung getragen wird, sofern ein Bezug zu Fragen des Verbraucherschutzes hinreichend deutlich ist.[145] Anders als in Art. 38 GRC (s. dort Rn. 17) ist damit jedoch kein Optimierungsgebot verbunden.[146]

69 Die **Justiziabilität** von Art. 12 AEUV wird bestritten.[147] In der Tat scheint es schwer

---

[140] *Stuyck*, CMLRev. 37 (2000), 367 (386) (»*purely formal*«). *Lurger,* in: Streinz, EUV/AEUV, Art. 12 AEUV, Rn. 1 spricht sogar von einer symbolischen Geste ohne unmittelbare inhaltliche Auswirkungen.

[141] Anders *Lurger,* in: Streinz, EUV/AEUV, Art. 12 AEUV, Rn. 3, welche Art. 169 Abs. 1 AEUV in die Vorschrift hineinlesen will.

[142] *Pfeiffer,* in: Grabitz/Hilf/Nettesheim, EU, Art. 12 AEUV (Mai 2011), Rn. 3; *Tamm,* in: GSH, Europäisches Unionsrecht, Art. 12 AEUV, Rn. 2.

[143] *Tamm,* in: GSH, Europäisches Unionsrecht, Art. 12 AEUV, Rn. 6.

[144] Wie hier *Berg,* in: GS, EUV/EGV, Art. 153 EGV, Rn. 14.

[145] *Pfeiffer,* in: Grabitz/Hilf/Nettesheim, EU, Art. 12 AEUV (Mai 2011), Rn. 3. Ebenso schon für Art. 153 Abs. 2 EGV-Amsterdam *Berg,* in: GS, EUV/EGV, Art. 153 EGV, Rn. 14 und *Reich,* VuR 1999, 3 (9).

[146] *Kotzur,* in: European Union Treaties, Art. 12 TFEU, Rn. 1; *Mancaleoni,* Art. 1–12, 114, 169 TFUE; *Tamm,* in: GSH, Europäisches Unionsrecht, Art. 12 AEUV, Rn. 7, 16. Anders *Lurger,* in: Streinz, EUV/AEUV, Art. 12 AEUV, Rn. 4.

[147] *Reich,* ZEuP 2010, 7 (16). Dagegen *Tamm,* in: GSH, Europäisches Unionsrecht, Art. 12 AEUV, Rn. 6.

vorstellbar, dass Akte der Rechtsdurchsetzung oder Rechtsanwendung mangels hinreichender Auseinandersetzung mit Verbraucherschutzaspekten angreifbar werden. Vorstellbar erscheint aber immerhin eine richterliche Evidenzkontrolle in dem Sinne, dass ein völliges Übergehen offensichtlicher Verbraucherschutzbezüge den betreffenden Rechtsakt angreifbar macht.[148]

---

[148] *Berg,* in: GS, EUV/EGV, Art. 153 EGV, Rn. 14; *Tamm,* in: GSH, Europäisches Unionsrecht, Art. 12 AEUV, Rn. 9.

Artikel 13   AEUV [Tierschutz; Querschnittsklausel]

Bei der Festlegung und Durchführung der Politik der Union in den Bereichen Landwirtschaft, Fischerei, Verkehr, Binnenmarkt, Forschung, technologische Entwicklung und Raumfahrt tragen die Union und die Mitgliedstaaten den Erfordernissen des Wohlergehens der Tiere als fühlende Wesen in vollem Umfang Rechnung; sie berücksichtigen hierbei die Rechts- und Verwaltungsvorschriften und die Gepflogenheiten der Mitgliedstaaten insbesondere in Bezug auf religiöse Riten, kulturelle Traditionen und das regionale Erbe.

Literaturübersicht

Berger, Rechtsfortbildung durch den EuGH am Beispiel gemeinschaftlicher Tierschutzbestimmungen, ZfZ 2010, 3; *Bolliger*, Europäisches Tierschutzrecht, 2000; *Caspar*, Zur Stellung des Tieres im Gemeinschaftsrecht, 2001; *Caspar/Luy* (Hrsg.), Tierschutz bei der religiösen Schlachtung, 2010; *Cornils*, Reform des europäischen Tierversuchsrechts, 2011; *Frenz*, Umwelt- und Tierschutzklausel im AEUV, NuR 2011, 103; *Glock*, Das deutsche Tierschutzrecht und das Staatsziel »Tierschutz« im Lichte des Völkerrechts und des Europarechts, 2004; *Ludwig/O'Gorman*, A Cock and Bull Story? – Problems with the Protection of Animal Welfare in EU Law and Some Proposed Solutions, Journal of Environmental Law (JEL) 2008, 363; *Randl*, Der Schutz von Tieren beim Transport, 2003; *Dubos/Marguénaud*, La protection internationale et européenne des animaux, 2009, 113.

Leitentscheidungen

EuGH, Urt. v. 23.5.1996, Rs. C–5/94 (Hedley Lomas), Slg. 1996, I–2553
EuGH, Urt. v. 12.7.2001, Rs. C–189/01 (Jippes), Slg. 2001, I–5689
EuGH, Urt. v. 11.5.1999, Rs. C–350/97 (Monsees), Slg. 1999, I–2921
EuGH, Urt. v. 17.1.2008, verb. Rs. C–37/06 u. C–58/06 (Viamex Agrar und Zuchtvieh-Kontor), Slg. 2008, I–69
EuGH, Urt. v. 8.5.2008, Rs. C–491/06 (Danske Svineproducenter), Slg. 2008, I–3339
EuGH, Urt. v. 19.6.2008, Rs. C–219/07 (Nationale Raad van Dierenkwekers en Liefhebbers und Andibel), Slg. 2008, I–4475
EuGH, Urt. v. 23.4.2015, Rs. C–424/13 (Zuchtvieh Export GmbH), ECLI:EU:C:2015:259

Wesentliche sekundärrechtliche Vorschriften

Verordnung (EG) Nr. 1/2005 vom 22.12.2004 über den Schutz von Tieren beim Transport und damit zusammenhängenden Vorgängen, ABl. 2005, L 3/1
Verordnung (EG) Nr. 1099/2009 vom 24.9.2009 über den Schutz von Tieren zum Zeitpunkt der Tötung, ABl. 2009, L 303/1
Richtlinie 98/58/EG vom 20.7.1998 über den Schutz landwirtschaftlicher Nutztiere, ABl. 1998 L 221/23
Verordnung (EG) Nr. 1007/2009 vom 16.9.2009 über den Handel mit Robbenerzeugnissen, ABl. 2009, L 286/36

Inhaltsübersicht

	Rn.
A. Bedeutung und systematischer Überblick	1
B. Entstehungsgeschichte	6
C. Regelungsinhalt	10
I. Wohlergehen der Tiere	10
II. Anwendungsbereich	13
1. Funktional	13
2. Erfasste Bereiche	15
III. Gewährleistungsgehalte	19
1. Eigenständige Rechtsetzungskompetenz?	19

2. Pflicht zur Berücksichtigung	21
3. Einbeziehung in andere Politikbereiche	24
4. Gestaltungsspielräume der Mitgliedstaaten	26
a) Im harmonisierten Bereich	27
b) Im Rahmen der Grundfreiheiten	29
IV. Adressaten	31
V. Einschränkungen	32

A. Bedeutung und systematischer Überblick

Art. 13 AEUV enthält eine **tierschutzrechtliche Querschnittsklausel**, die in den dort aufgeführten Politikbereichen vorschreibt, dass »dem **Wohlergehen der Tiere** als fühlende Wesen« **Rechnung zu tragen** ist. Aus der Stellung im »Titel II Allgemein geltende Bestimmungen« wird dieses Anliegen des Tierschutzes systematisch »vor die Klammer« gezogen. Darin kommt eine deutliche **Aufwertung** des Tierschutzes im Lissabonner Vertrag zum Ausdruck.[1] Der EuGH spricht nunmehr von einer »allgemein anwendbaren Bestimmung in dem die Grundsätze betreffenden ersten Teil des AEU-Vertrages«.[2] Zwar ist die genaue Tragweite der Vorschrift umstritten,[3] doch ist ihre **rechtliche Bindungswirkung** allgemein anerkannt. Sie geht jedenfalls über einen politischen Programmsatz hinaus.[4] Ihre Bedeutung erschließt sich aus einer eingehenden Analyse ihrer Entstehungsgeschichte (s. Rn. 6 f.) und einer funktionalen Betrachtung (Rn. 24).

1

Die **rechtliche Wirkung** von Art. 13 AEUV wird häufig ambivalent beurteilt. Einerseits wird eine tatbestandserweiternde, andererseits eine tatbestandsbeschränkende Wirkung attestiert.[5] Anzuerkennen ist die Funktion der **Tatbestandserweiterung**, weil in die von Art. 13 AEUV betroffenen Kompetenznormen der Union **zusätzlich** zu ihrer jeweils spezifischen Ausrichtung, etwa auf den Verkehr oder den Binnenmarkt, **tierschutzrechtliche Belange** eingeführt werden.[6] Wenn diese Belange zu einer Begrenzung von wirtschaftlichen Tätigkeiten führen, dann kann darin zwar für die Betroffenen eine

2

---

[1] Dagegen schätzt *Nettesheim*, in: Grabitz/Hilf/Nettesheim, EU, Art. 13 AEUV (Januar 2014), Rn. 5, die Bedeutung der Aufwertung im Lissabonner Vertrag als gering ein; eine politische Aufwertung konstatieren *Breier*, in: Lenz/Borchardt, EU-Verträge, Art. 13 AEUV, Rn. 2 und *Streinz*, in: Streinz, EUV/AEUV, Art. 13 AEUV, Rn. 1, *Nettesheim*, in: Grabitz/Hilf/Nettesheim, EU, Art. 13 AEUV (Januar 2014), Rn. 3. Zur Bedeutung aufgrund des Protokolls über den Tierschutz und das Wohlergehen der Tiere im Amsterdamer Vertrag bereits EuGH, Urt. v. 17.1.2008, verb. Rs. C–37/06 u. C–58/06 (Viamex Agrar und Zuchtvieh-Kontor), Slg. 2008, I–69, Rn. 22; weitergehend unter dem Lissabonner Vertrag EuGH, Urt. v. 23.4.2015, Rs. C–424/13 (Zuchtvieh-Export GmbH), ECLI:EU:C:2015:259, Rn. 35.

[2] EuGH, Urt. v. 23.4.2015, Rs. C–424/13 (Zuchtvieh Export GmbH), ECLI:EU:C:2015:259, Rn. 35.

[3] *Nettesheim*, in: Grabitz/Hilf/Nettesheim, EU, Art. 13 AEUV (Januar 2014), Rn. 4; *Streinz*, in: Streinz, EUV/AEUV, Art. 13 AEUV, Rn. 2: objektiv-rechtliches Prinzip, *Breier*, in: Lenz/Borchardt, EU-Verträge, Art. 13 AEUV, Rn. 10, 12: verbindliche Rechtsnorm, die in ihren Wirkungen und Rechtsfolgen ambivalent sei.

[4] *Breier*, in: Lenz/Borchardt, EU-Verträge, Art. 13 AEUV, Rn. 10; *Streinz*, in: Streinz, EUV/AEUV, Art. 13 AEUV, Rn. 2 spricht von einem »objektiv-rechtlichen Prinzip«. *Schmidt*, in: Schwarze, EU-Kommentar, Art. 13 AEUV, Rn. 7 erkennt ein »rechtsverbindliches Berücksichtigungsverbot«.

[5] *Breier*, in: Lenz/Borchardt, EU-Verträge, Art. 13 AEUV, Rn. 13 und 16.

[6] *Breier*, in: Lenz/Borchardt, EU-Verträge, Art. 13 AEUV, Rn. 13.

Einschränkung liegen, doch führt dies für die EU nicht zu einer Beschränkung ihrer Kompetenzen, sondern steuert deren **Kompetenzausübung**. Ferner ist anerkannt, dass der Tierschutz im Rahmen der Grundfreiheiten grundsätzlich einen **Rechtfertigungsgrund** für mitgliedstaatliche Maßnahmen darstellen kann.[7] Es handelt sich rechtlich aber gerade nicht um eine Tatbestandsausnahme, sondern um eine Rechtfertigung, die sich der Abwägung mit anderen Belangen stellen muss.

3   Die besondere Bedeutung des Tierschutzes folgt aus seiner – im Vergleich mit anderen vertraglichen Regelungen – besonderen inhaltlichen Ausrichtung.[8] Inhaltlich weist der Begriff »**Wohlergehen**« auf eine **qualitative Komponente** hin, die durch die Bezugnahme auf das »Fühlen« der Tiere unterstrichen wird. Es geht in Art. 13 AEUV nicht um die bloße Erhaltung einer Art (»ob«), sondern darum, »wie« die Tiere leben unter Beachtung ihres eigenen »Fühlens«. Die Besonderheit dieses Ansatzes wird im Rechtsvergleich mit dem Umweltschutz deutlich, der in der EU wie in den meisten Mitgliedstaaten[9] nicht ökozentrisch, sondern **anthropozentrisch** ausgerichtet ist. Danach werden Umweltbelange gefiltert durch die Bedürfnisse des Menschen wahrgenommen. Durch die Einbeziehung der zukünftigen Generationen im Konzept der Nachhaltigkeit wird im Rahmen dieses Ansatzes zwar eine weite Vorsorgeperspektive betont, doch werden die Bedürfnisse der Tiere selbst nicht bestimmend. Die unterschiedlichen Ansätze spiegeln sich darin wieder, dass der AEU-Vertrag der umweltrechtlichen Querschnittsklausel in Art. 11 AEUV eine tierschutzrechtliche mit Art. 13 AEUV zur Seite stellt. Unter Letzterer geht es nicht um die Lebensbedingungen der Gesamtheit einer Spezies, sondern um die konkrete Situation jedes einzelnen Tieres.[10] Dessen Wohlergehen wird durch die möglichst weitgehende Abwesenheit von Leiden bestimmt. Dies steht in Nähe zu einem **ökozentrischen Ansatz**, der von den Bedürfnissen der Tiere selbst ausgeht. Allerdings ist zu beachten, dass der Tierschutz unter einem solchen Ansatz keineswegs jedes Leiden von Tieren akzeptiert, auch wenn es den oft brutalen Verhältnissen in der freien Natur entsprechen würde. Vielmehr geht es um eine wertende Berücksichtigung der Auswirkungen auf die Tiere, sodass man überzeugender von einem **ethischen Ansatz** gegenüber den Tieren[11] sprechen muss. Rechtsvergleichend kann auf die positiven Erfahrungen mit dem Tierschutz im Schweizer Recht verwiesen werden, der rechtlich an die »Würde der Kreatur« anknüpft und ihr damit einen »Eigenwert« zuschreibt.[12]

---

[7] EuGH, Urt. v. 11.5.1999, Rs. C–350/97, Slg. 1999, I–2921, Rn. 24 u. 30; Urt. v. 19.6.2008, Rs. C–219/07, Slg. 2008, I–4475, Rn. 27–29. In der Sache wohl wie hier trotz anderer Begrifflichkeit *Breier*, in: Lenz/Borchardt, EU-Verträge, Art. 13 AEUV, Rn. 16.

[8] Der nachfolgend aufgezeigte ökozentrische bzw. ethische Ansatz des Tierschutzes ist aber auch in den Mitgliedstaaten insoweit besonders. Das deutsche Grundgesetz verfolgt in Art. 20a GG beispielsweise einen anthropozentrischen Ansatz; dazu *Scholz*, in: Maunz/Dürig, GG, Art. 20a GG (Juni 2002), Rn. 72ff.

[9] Zum EU-Umweltrecht s. *Epiney*, Umweltrecht, 3. Aufl., 2013, 1. Kapitel, Rn. 10. Vgl. zu Deutschland *Appel*, Europäisches und nationales Verfassungsrecht, in: Koch (Hrsg.) Umweltrecht, 4. Aufl., § 2, Rn. 111ff.; grundlegend zur Problematik der verschiedenen Ansätze *Hinz*, Der Staat, 1990, 415ff.

[10] *Schmidt*, in: Schwarze, EU-Kommentar, Art. 13 AEUV, Rn. 7.

[11] *Nettesheim*, in: Grabitz/Hilf/Nettesheim, EU, Art. 13 AEUV (Januar 2014), Rn. 12; *Schmidt*, in: Schwarze, EU-Kommentar, Art. 13 AEUV, Rn. 7.

[12] Interessanter Weise ist der Tierschutz in Art. 80 BV mit Bezug zur Gentechnik aufgenommen worden, wird aber in der Literatur als ein allgemeines Verfassungsprinzip angesehen, *Steiger/Schweizer*, in: Ehrenzeller/Mastronardi/Schweizer/Vallender (Hrsg.), Die schweizerische Bundesverfassung, 2014, Art. 80, Rn. 8.

Die formale Aufnahme der tierschutzrechtlichen Querschnittsklausel in den AEU-Vertrag liegt auf einer Linie mit der im Lissabonner Vertrag erfolgten **Ausdifferenzierung der Werte** der Union, wie in Art. 2 EUV und in den Art. 8 ff. AEUV. Zunehmend etabliert sich die Union integrationspolitisch und rechtlich auch als **Werteunion**.[13] Im Sekundärrecht als **Unionswert** bezeichnet,[14] ergänzt der Tierschutz die in Art. 2 EUV ausdrücklich aufgezählten Werte der Union.[15] Doch ist dem Tierschutz im Vergleich zu den in jenen primärrechtlichen Vorschriften hervorgehobenen Werten eine weitere Besonderheit eigen. Zwar gibt es einen großen Bereich gemeinsamer Überzeugungen zum Tierschutz in den Mitgliedstaaten, jedoch auch gravierende Unterschiede, die zum Teil kulturell, wie etwa beim Stierkampf, bedingt sind. Dass hier noch kein politischer Konsens besteht, zeigt die – insofern gegenläufige – Pflicht zur Berücksichtigung der »Gepflogenheiten der Mitgliedstaaten« in Art. 13 AEUV, die insbesondere **religiöse Riten oder kulturelle Traditionen** betreffen. Diese Pflicht darf aber nicht im Sinne eines »mitgliedstaatlichen Kulturvorbehalts« überinterpretiert werden (Rn. 34).[16]

4

Systematisch wird die tierschutzrechtliche Querschnittsklausel neben den **Querschnittsklauseln** zum **Umweltschutz** in Art. 11 AEUV und zum **Verbraucherschutz** in Art. 12 AEUV aufgeführt. Ihre Aufzählung an letzter Stelle in dieser Reihe korrespondiert mit ihrer im Vergleich geringfügig geringeren rechtlichen Steuerungswirkung (s. Rn. 21). Ferner ist sie im Gegensatz zu den beiden anderen Querschnittsklauseln auf **bestimmte, enumerativ aufgezählte Politikbereiche** beschränkt. Es handelt sich dabei um Politikbereiche, in denen das tierschutzrechtliche Anliegen des Wohlergehens vor besonderen Herausforderungen steht, wie bei den Problemen der **Massentierhaltung** in der Landwirtschaft, den **Bejagungsmethoden** in der Fischerei sowie den Problemen von **Versuchstieren** in Forschung und Raumfahrt.[17] Die **Nichterwähnung des Umweltschutzes** unter den aufgeführten Politikbereichen ist weder überraschend noch systemwidrig. Anderenfalls wäre der anthropozentrisch ausgerichtete Umweltschutz nicht nur ergänzt, sondern konzeptionell verändert worden. Ein derart modifizierter Umweltschutz wäre zwangsläufig in Konflikt mit eben jenen kulturellen Traditionen und religiösen Bräuchen geraten, für die Art. 13 AEUV eine besondere Berücksichtigung vorsieht (Rn. 25).

5

B. Entstehungsgeschichte

Die tierschutzrechtliche Querschnittsklausel ist seit dem **Maastricht Vertrag** von einer **rechtlich unverbindlichen Erklärung**[18] über eine rechtlich verbindliche Protokollbestim-

6

---

[13] Siehe zum integrationstheoretischen Hintergrund *Nettesheim*, in: Grabitz/Hilf/Nettesheim, EU, Art. 13 AEUV (Januar 2014), Rn. 6.
[14] 2. Begründungserwägung Richtlinie 2010/63/EU vom 22.9.2010 zum Schutz der für wissenschaftliche Zwecke verwendeten Tiere, ABl. 2010, L 276/33.
[15] In dieser Richtung *Nettesheim*, in: Grabitz/Hilf/Nettesheim, EU, Art. 13 AEUV (Januar 2014), Rn. 6, ablehnend wohl *Schmidt*, in: Schwarze, EU-Kommentar, Art. 13 AEUV, Rn. 2.
[16] S. aber *Kotzur*, in: Geiger/Khan/Kotzur, EUV/AEUV, Art. 13 AEUV, Rn. 3.
[17] Vgl. Richtlinie 98/58/EG vom 20.7.1998 über den Schutz landwirtschaftlicher Nutztiere, ABl. 1998, L 221/23; Richtlinie 2010/63/EU vom 22.9.2010 zum Schutz der für wissenschaftliche Zwecke verwendeten Tiere, ABl. 2010, L 276/33.
[18] *Schmidt*, in: Schwarze, EU-Kommentar, Art. 13 AEUV, Rn. 1, *Nettesheim*, in: Grabitz/Hilf/Nettesheim, EU, Art. 13 AEUV (Januar 2014), Rn. 1 zum lediglich appellativen Charakter einer Erklärung.

mung im Amsterdamer Vertrag[19] bis zu Art. 13 AEUV im Lissabonner Vertrag zu einer vertraglichen Rechtsnorm **kontinuierlich aufgewertet** worden.[20] Sie ist ein aufschlussreiches Beispiel für eine rechtliche Verdichtung im Integrationsprozess. Ihre Aufnahme als rechtliche Vorgabe in die Verträge stieß lange Zeit auf Vorbehalte, nicht nur aus der besonders betroffenen Landwirtschaft, sondern von Mitgliedstaaten, die über Traditionen der Tierbehandlung verfügen, die ohne einen kulturellen Bezug von anderer Seite als Tierquälerei qualifiziert werden könnten, wie bspw. der Stierkampf. Diesen Widerständen wird bis heute durch eine Pflicht zur Berücksichtigung der »kulturellen Traditionen und des regionalen Erbes« Rechnung getragen. Für das aktuelle funktionale Verständnis der Norm ist die kontinuierliche Aufwertung in ihrer Entwicklungsgeschichte und die Anerkennung durch die Rechtsprechung von besonderer Bedeutung. 1978 gingen die Mitgliedstaaten davon aus, dass der Tierschutz als solcher **nicht zu den Zielen** der Union zählte.[21] Das wird bis heute mehrheitlich so gesehen.[22] Auch ist bis zum Lissabonner Vertrag der Tierschutz **nicht** als ein **allgemeiner Grundsatz** des Unionsrechts angesehen worden.[23]

7   Dessen ungeachtet wurden die Mitgliedstaaten sowie die EU-Rechtsetzungsorgane erstmals in einer **Erklärung zum Maastricht Vertrag** aufgefordert, das **Wohlergehen der Tiere** in einzeln aufgezählten Politikbereichen zu **berücksichtigen**.[24] Als Erklärung zum Vertrag kam dieser Vorgabe nach übereinstimmender Ansicht **keine rechtliche Bindungswirkung** zu.[25] Doch darf diese Entwicklungsphase nicht gering geachtet werden. Denn wenn der Erklärung keine Rechtswirkung zukommt, sondern nur ein appellativer Charakter, dann waren die Mitgliedstaaten schon damals davon ausgegangen, dass die erwähnten **Kompetenzen** inhaltlich grundsätzlich für die Einbeziehung von Belangen des Tierschutzes **offen** gewesen sind. Einen Ansatz für eine entsprechend **weite Auslegung** bietet der in den Verträgen schon damals anerkannte **Schutz der Gesundheit von Tieren**. Dieses Unionsinteresse wird in der Rechtsprechung besonders betont.[26] Die durch die Erklärung herbeigeführte Neuerung bestand demnach darin, dass sie **im Rahmen bestehender Kompetenzen** den Verpflichteten die Verfolgung eines solchen Ansatzes **politisch** nahelegte und damit eine entsprechende Auslegung legitimierte. Gleichzeitig kam sie religiös und kulturell motivierten **Bedenken** durch ein weiteres Berücksichtigungsgebot entgegen.

8   Mit der Aufnahme in das **Protokoll Nr. 33 zum Amsterdamer Vertrag**[27] erhielt das Berücksichtigungsgebot **Rechtsverbindlichkeit**.[28] Es blieb in der Reichweite auf be-

---

[19] *Schmidt*, in: Schwarze, EU-Kommentar, Art. 13 AEUV, Rn. 1; *Nettesheim*, in: Grabitz/Hilf/Nettesheim, EU, Art. 13 AEUV (Januar 2014), Rn. 1.
[20] Zum Regelung im Verfassungsvertrag s. *Reimer*, EuR 2003, 992 (1008).
[21] 4. Begründungserwägung Beschluss 78/923/EWG vom 19.6.1978 zum Abschluss des Europäischen Übereinkommens zum Schutz von Tieren in landwirtschaftlichen Tierhaltungen, ABl. 1978, L 323/12; vgl. EuGH, Urt. v. 12.7.2001, Rs. C–189/01 (Jippes), Slg. 2001, I–5689, Rn. 72.
[22] *Nettesheim*, in: Grabitz/Hilf/Nettesheim, EU, Art. 13 AEUV (Januar 2014), Rn. 2; *Terhechte*, in: GSH, Europäisches Unionsrecht, Art. 13 AEUV, Rn. 2.
[23] EuGH, Urt. v. 12.7.2001, Rs. C–189/01 (Jippes), Slg. 2001, I–5689, Rn. 71–74.
[24] Erklärung Nr. 24 zum Tierschutz.
[25] *Schmidt*, in: Schwarze, EU-Kommentar, Art. 13 AEUV, Rn. 1, *Nettesheim*, in: Grabitz/Hilf/Nettesheim, EU, Art. 13 AEUV (Januar 2014), Rn. 1.
[26] EuGH, Urt. v. 12.7.2001, Rs. C–189/01 (Jippes), Slg. 2001, I–5689, Rn. 79 spricht ausdrücklich von einer Verstärkung jener Verpflichtung durch das Protokoll über den Tierschutz.
[27] Protokoll über den Tierschutz und das Wohlergehen der Tiere, ABl. 1997, C 340/110.
[28] *Nettesheim*, in: Grabitz/Hilf/Nettesheim, EU, Art. 13 AEUV (Januar 2014), Rn. 1; *Schmidt*, in: Schwarze, EU-Kommentar, Art. 13 AEUV, Rn. 1.

stimmte Kompetenzbereiche, nämlich Landwirtschaft, Verkehr, Binnenmarkt und Forschung, beschränkt. In der Sache wurde damit eine entsprechend weite Auslegung bestehender Kompetenzen abgesichert und eine inhaltliche Ausrichtung vorgegeben. Zwar wurde die **Umweltpolitik** nach wie vor nicht einbezogen, gleichwohl regelte die EU 1999 in der sog. Zoo-Richtlinie auch Fragen der **artgerechten Haltung** in Gehegen im Rahmen ihrer Umweltkompetenzen.[29] Die Aspekte des Tierschutzes wurden dabei in Beziehung zur Arterhaltung gesetzt.

Eine weitere **Aufwertung** erfuhr der Tierschutz durch die Aufnahme in Art. 13 AEUV im **Lissabonner Vertrag**. Die Bestimmung ist inhaltlich auf drei weitere Politikbereiche, nämlich Fischerei sowie technologische Entwicklung und Raumfahrt **ausgedehnt** worden. Ferner ist in den Normtext der Hinweis »als fühlende Wesen« eingefügt worden, der zuvor in der Präambel des Protokolls Nr. 22 zum Amsterdamer Vertrag enthalten gewesen war. Zudem wurde sie im AEU-Vertrag an prominenter Stelle unter den allgemeinen Vorschriften platziert. Das ist vom EuGH 2015 ausdrücklich gewürdigt worden.[30] Die Funktion als eine allgemeine Vorschrift hat **Auswirkungen auf die Auslegung**, etwa der nicht ausdrücklich aufgeführten Kompetenzvorschriften (s. Rn. 24 f.).

9

C. Regelungsinhalt

I. Wohlergehen der Tiere

Das **Normziel**, der Schutz des **Wohlergehens der Tiere** als fühlende Wesen, wird in den Verträgen **nicht** näher **definiert**. Nach allgemeiner Ansicht geht es um einen artgerechten Zustand des Wohlbefindens.[31] Der Zusatz »als fühlende Wesen« war zunächst in der Präambel des Protokoll Nr. 33 zum Amsterdamer Vertrag aufgeführt gewesen. Die Übernahme in den Normtext führt daher zu keiner Ausweitung des Schutzes, sondern verdeutlicht dessen ökozentrische bzw. **ethische Ausrichtung**.[32] Mit der Bezugnahme auf das Fühlen der Tiere wird deren Wahrnehmung zu einem wichtigen Maßstab erhoben. Insbesondere geht es darum, **Leiden und Schmerzen** von Tieren zu vermeiden.[33] Das umfasst Regelungen, die sich sowohl auf eine Art (artgerecht) als auch auf die körperliche und mentale Befindlichkeit[34] einzelner Tiere in spezifischen Situationen, wie etwa dem Schlachttransport oder der Schlachtung, beziehen können. Die konkrete Anwendung erfordert eine **Gesamtbetrachtung** der betroffenen Tierart, des konkreten Regelungszusammenhangs[35] sowie eventuell besonderer Bedingungen der **situativ betroffenen Tiere** innerhalb einer Art. Konkret folgen daraus unterschiedliche Behandlungsweisen etwa beim Transport für Schlachtungen oder in Tierversuchen.[36]

10

---

[29] Art. 3 Richtlinie 1999/22/EG vom 29.3.1999 über die Wildhaltung von Tieren in Zoos, ABl. 1999, L 94/24. Kritisch zur Rechtsprechung zum Tierschutz *Berger*, ZfZ 2010, S. 3 ff.
[30] EuGH, Urt. 23.4.2015, Rs. C–424/13 (Zuchtvieh-Export GmbH), ECLI:EU:C:2015:259, Rn. 35, bezeichnet Art. 13 AEUV als »eine allgemein anwendbare Bestimmung in dem die Grundsätze betreffenden ersten Teil des AEU-Vertrages«.
[31] *Dubos/Marguénaud*, S. 113 (121); *Schmidt*, in: Schwarze, EU-Kommentar, Art. 13 AEUV, Rn. 7; *Terhechte*, in: GSH, Europäisches Unionsrecht, Art. 13 AEUV, Rn. 9.
[32] Vgl. *Schmidt*, in: Schwarze, EU-Kommentar, Art. 13 AEUV, Rn. 7.
[33] *Nettesheim*, in: Grabitz/Hilf/Nettesheim, EU, Art. 13 AEUV (Januar 2014), Rn. 12.
[34] *Calliess*, in: Calliess/Ruffert, EUV/AEUV, Art. 13 AEUV, Rn. 3.
[35] S. insoweit *Calliess*, in: Calliess/Ruffert, EUV/AEUV, Art. 13 AEUV, Rn. 3.
[36] Instruktiv sind die Bsp. bei *Breier*, in: Lenz/Borchardt, EU-Verträge, Art. 13 AEUV, Rn. 4, der

11 In der **legislativen Praxis** haben sich bisherige Regelungen zum Tierschutz u. a. mit den Bedingungen bei **Tiertransporten**,[37] dem Schutz von **Schlachttieren**[38] sowie den Vorgaben für die **Haltung** von Legehennen[39], aber auch mit einer artgerechten Haltung von Wildtieren in Zoos[40] befasst. Hinzu treten Maßnahmen zum Schutz von Tieren, die zu **wissenschaftlichen Zwecken** verwendet werden[41], etwa Bestimmungen im Rahmen der REACH-Verordnung zur Reduzierung von Tierversuchen.[42] Auf die Verhinderung der **Tötung** von bestimmten Tierrassen oder Jungtieren sind die Verbote des Inverkehrbringens sowie der Ein- und Ausfuhr von Katzen- und Hundefellen[43] und die Verordnung über den Handel mit Robbenerzeugnissen,[44] die die Richtlinie zum Schutz der Jungsattelrobben und Jungmützenrobben von 1983[45] ergänzt, ausgerichtet.

12 Geschützt werden unter Art. 13 AEUV nicht nur **Haus- und Nutztiere**.[46] Da der Mensch mit diesen viel häufiger in Kontakt kommt und sie für vielfältige Zwecke einsetzt, ergeben sich vielfältige **Spannungsfälle** zwischen Nutzung und Wohlergehen der Tiere.[47] Aber auch **Wildtiere** sind Schutzobjekt der tierschutzrechtlichen Querschnittsklausel, insbesondere in Bezug auf die Fangmethoden wie beim Schutz der Robben vor bestimmten Jagdmethoden nach Verordnung (EG) Nr. 1007/2009.[48]

II. Anwendungsbereich

1. Funktional

13 Funktional ist Art. 13 AEUV wie die beiden anderen Querschnittsklauseln auf die **Festlegung und Durchführung** von Unionspolitiken ausgerichtet. Im englischen Wortlaut gibt es zwar einen Unterschied zwischen »formulating« in Art. 13 AEUV und »defining« in Art. 11 AEUV, doch wird dem keine inhaltlich abweichende Bedeutung bei-

---

z. B. für den Schutz von Labortieren auf das sog. 3R-Prinzip verweist: replacement, reduction, refinement.

[37] Verordnung (EG) Nr. 1/2005, ABl. 2005, L 3/1.

[38] Verordnung (EG) Nr. 1099/2009, ABl. 2009, L 303/1.

[39] Richtlinie 1999/74/EG vom 19. 7.1999 zur Festlegung von Mindestanforderungen zum Schutz von Legehennen, ABl. 1999, L 203/53.

[40] Gestützt auf die Umweltkompetenz, die nicht in Art. 13 AEUV aufgeführt ist.

[41] Richtlinie 2010/63/EU zum Schutz der für wissenschaftliche Zwecke verwendeten Tiere.

[42] Vgl. Art. 13 Abs. 2, Art. 25 Abs. 1, Art. 27 Abs. 1, Art. 30 Verordnung (EG) Nr. 1907/2006 vom 18. 12. 2006 zur Registrierung, Bewertung, Zulassung und Beschränkung chemischer Stoffe (REACH) zur Schaffung einer europäischen Chemikalienagentur, zur Änderung der Richtlinie 1999/45/EG und zur Aufhebung der Verordnung (EWG) Nr. 793/93 des Rates, der Verordnung (EG) Nr. 1488/94 der Kommission, der Richtlinie 76/769/EWG des Rates sowie der Richtlinien 91/155/EWG, 93/67/EWG, 93/105/EG und 2000/12/EG der Kommission, ABl. 2006, L 396/1.

[43] Verordnung (EG) Nr. 1523/2007 vom 11. 12. 2007 über ein Verbot des Inverkehrbringens sowie der Ein- und Ausfuhr von Katzen und Hundefellen sowie von Produkten die solche Felle enthalten in die bzw. aus der Gemeinschaft, ABl. 2007, L 343/1.

[44] Verordnung (EG) Nr. 1007/2009, ABl. 2009, L 286/36.

[45] Richtlinie 83/129/EWG vom 28. 3.1983 betreffend die Einfuhr in die Mitgliedstellen von Fellen bestimmter Jungrobben und Waren daraus, ABl. 1983, L 91/30.

[46] Richtlinie 98/58/EG über den Schutz landwirtschaftlicher Nutztiere (Fn. 17).

[47] Vgl. Art. 3 und Art. 1 Richtlinie 98/58/EG.

[48] Richtlinie 83/129/EWG; Verordnung (EG) Nr. 1007/2009, ABl. 2009, L 286/36. EuG, Beschl. v. 6. 9. 2011, Rs. T–18/10R (Inuit Tapiriit Kanatami u. a./Parlament und Rat), Slg. 2011, II–5599, Rn. 83, geht grundsätzlich davon aus, dass der Schutz dieser Wildtiere von Art. 114 AEUV erfasst wird. Ausdrücklich ausgeklammert werden Wildtiere aber in Art. 1 Abs. 2 Buchst. a Richtlinie RL 98/58 über den Schutz landwirtschaftlicher Nutztiere.

gemessen.[49] In Übereinstimmung mit den anderen Querschnittsklauseln ist unter »Festlegung« die grundsätzliche Politiksteuerung durch abstrakt-generelle **Rechtsvorschriften** und durch **politische Programme und Pläne** zu verstehen,[50] wie etwa dem Aktionsplan der EU für den Schutz und das Wohlbefinden von Tieren 2006–2010.[51] Allerdings ist Art. 13 AEUV im Gegensatz zu den anderen beiden Querschnittsklauseln neben den erwähnten »Politiken« nicht ausdrücklich auch auf **Maßnahmen** in diesen Bereichen ausgerichtet.[52] Daraus wird in der Literatur vereinzelt geschlossen, dass die Vorgaben nicht für das Verwaltungshandeln im Sinne von Einzelfallmaßnahmen der Unionsorgane gelte.[53] Die normative Vorgabe des Art. 13 AEUV ist aber funktional gerade auch auf das einzelne Tier ausgerichtet. Daher erscheint es konsequent, dass sie auch das konkret-individuelle Handeln erfasst. Dies kann als Teil der »Durchführung« verstanden werden (Rn. 14).

Die **Durchführung der Unionspolitiken** betrifft die Anwendung der Politiken, d. h. in der Regel den **Verwaltungsvollzug**,[54] aber auch die rechtliche Umsetzung von EU-Vorgaben in den Mitgliedstaaten.[55] Da die EU nur über sehr begrenzte Verwaltungskompetenzen verfügt und in den Art. 13 AEUV erwähnten Politikbereichen grundsätzlich der Verwaltungsvollzug den Mitgliedstaaten obliegt,[56] werden damit auch die Mitgliedstaaten zu Adressaten der Regelung (s. Rn. 31). Da der Verwaltungsvollzug auch rein tatsächliches Handeln erfasst, ist davon auszugehen, dass die Erwähnung neben der »Festlegung« eine umfassende Einbeziehung **jeglichen Handelns** dient, wie dies auch in den anderen Querschnittsklauseln anerkannt ist.[57]

2. Erfasste Bereiche

Während die beiden Querschnittsklauseln zum Schutz der Umwelt und der Verbraucher umfassend auf den gesamten Anwendungsbereich der Verträge bezogen sind, ist die **Reichweite** der tierschutzrechtlichen Klausel in Art. 13 AEUV auf bestimmte Kompetenzbereiche der EU **begrenzt**. Die ausdrücklich aufgeführten Politikbereiche betreffen Kompetenzen, in deren Anwendungsbereich es zu besonders gravierenden Eingriffen in das Wohlergehen von Tieren kommen kann. So ist in der **Landwirtschaft** an die Art und Weise der Tierhaltung zu denken, in der **Verkehrspolitik** an den Tiertransport (s. auch Rn. 8).[58] Doch fehlen andere wichtige Kompetenzbereiche, wie etwa die **Handelspolitik**.[59] Aufgrund des weiter reichenden Anwendungsbereichs des Tierschutzes werden

---

[49] *Schmidt*, in: Schwarze, EU-Kommentar, Art. 13 AEUV, Rn. 2.
[50] *Breier*, in: Lenz/Borchardt, EU-Verträge, Art. 13 AEUV, Rn. 7; *Schmidt*, in: Schwarze, EU-Kommentar, Art. 13 AEUV, Rn. 5.
[51] KOM (2006) 13.
[52] Vgl. die Ausrichtung von Art. 11 AEUV auf Unionspolitiken und -maßnahmen.
[53] *Calliess*, in: Calliess/Ruffert, EUV/AEUV, Art. 13 AEUV, Rn. 4, der aber unter Rn. 5 den Verwaltungsvollzug einbezieht.
[54] *Calliess*, in: Calliess/Ruffert, EUV/AEUV, Art. 13 AEUV, Rn. 5.
[55] Vgl. den Begriff der Durchführung in Art. 291 AEUV.
[56] Das gilt auch für weite Bereiche der EU-Landwirtschaftspolitik.
[57] So zu Art. 11 AEUV *Kahl*, in: Streinz, EUV/AEUV, Art. 11 AEUV, Rn. 10; *Calliess*, in: Calliess/Ruffert, EUV/AEUV, Art. 11 AEUV, Rn. 9; *Nettesheim*, in: Grabitz/Hilf/Nettesheim, EU, Art. 11 AEUV (Januar 2014), Rn. 15.
[58] Zur Forschungspolitik s. Frenz, NuR 2011, 103 (107).
[59] Vgl. EuG, Beschl. v. 6.9.2011, Rs. T-18/10R (Inuit Tapiriit Kanatami u. a./Parlament und Rat), Slg. 2011, II-5599, Rn. 90; *Schmidt*, in: Schwarze, EU-Kommentar, Art. 13 AEUV, Rn. 2 erwähnt ferner das Veterinärwesen nach Art. 168 AEUV.

vereinzelt die in Art. 13 AEUV aufgeführten Politikbereiche als eine beispielhafte Aufzählung verstanden.[60] Danach wäre der Anwendungsbereich der Querschnittsklausel sachlich unbegrenzt. Demgegenüber hält jedoch die überwiegende Ansicht die **Aufzählung** in Art. 13 AEUV für **abschließend**.[61] Dafür sprechen der **Wortlaut**, der keine Hinweise auf eine beispielhafte Aufzählung enthält, und der **systematische Vergleich** mit den anderen, sachlich unbeschränkten Querschnittsklauseln. Ferner belegt der Lissabonner Vertrag, dass eine Ergänzung um weitere Bereiche der Vertragsänderung vorbehalten bleiben soll. Allerdings ist darauf hinzuweisen, dass der Begriff »**Binnenmarkt**« nicht auf Art. 114 AEUV begrenzt wird, sondern im Sinne von Art. 26 Abs. 2 AEUV auch die Rechtsangleichung im Rahmen der einzelnen **Grundfreiheiten** erfasst (vgl. aber Rn. 24).

16 Fraglich ist, ob die Berücksichtigung des Tierschutzes in den aufgeführten Politikbereichen **inhaltlichen Grenzen** unterliegt. Virulent ist diese Frage im Fall des **relativ umfassenden Verbotes** des Handels mit Robbenerzeugnissen geworden. Der im einstweiligen Rechtsschutz zuständige Präsident des EuG zweifelte, ob die Binnenmarktkompetenz nach Art. 114 AEUV auch ein umfassendes Verbot aus Gründen des Tierschutzes tragen könne.[62] Er zog insbesondere einen Vergleich zu den Werbeverboten für Tabakerzeugnisse aus Gründen des Gesundheitsschutzes.[63] Die Situationen sind insofern vergleichbar, als Art. 114 Abs. 3 AEUV die EU ausdrücklich auf die Berücksichtigung von Gesundheitsaspekten bei der Rechtsetzung im Binnenmarkt festlegt. Auch verfügt die EU nur über eine relativ beschränkte selbständige Kompetenz für die Gesundheitspolitik.[64] Allerdings kennt das Umweltrecht Beispiele für weitgehende Verbote von Produkten aufgrund von Art. 114 AEUV.[65] Nur in Ausnahmefällen sind umweltpolitisch motivierte Verbote für bestimmte Stoffe auf die Umweltkompetenzen gestützt worden.[66] 1983 ist die Richtlinie über die Einfuhr in die Mitgliedstaaten von Fellen bestimmter Jungrobben und Waren daraus[67] auf die **Vertragsabrundungskompetenz**, heute Art. 352 AEUV gestützt worden (s. Rn. 20). Da ein EU-weites Importverbot für die fragliche Regelung von entscheidender Bedeutung ist, dürfte Vieles dafür sprechen, eine Unionskompetenz zu bejahen.

17 Bislang ist es in den verschiedenen Politikbereichen zu folgenden tierschutzrechtlich motivierten Bestimmungen gekommen:
– Verordnung (EG) Nr. 1/2005 über den Schutz von Tieren beim Transport und damit zusammenhängenden Vorgängen, gestützt auf Art. 37 EGV (jetzt Art. 43 AEUV), die u. a. ein Verbot des Transports bestimmter Tiere, eine Mindestausstattung der verwendeten Fahrzeuge sowie Höchstfahrzeiten vorsieht;[68]

---

[60] *Kotzur*, in: Geiger/Khan/Kotzur, EUV/AEUV, Art. 13 AEUV, Rn. 2.
[61] *Schmidt*, in: Schwarze, EU-Kommentar, Art. 13 AEUV, Rn. 2; *Streinz*, in: Streinz, EUV/AEUV, Art. 13 AEUV, Rn. 4; *Breier*, in: Lenz/Borchardt, EU-Verträge, Art. 13 AEUV, Rn. 6; a. A. *Kotzur*, in: Geiger/Khan/Kotzur, EUV/AEUV, Art. 13 AEUV, Rn. 2.
[62] EuG, Beschl. v. 6.9.2011, Rs. T–18/10R (Inuit Tapiriit Kanatami u. a./Parlament und Rat), Slg. 2011, II–5599, Rn. 84 ff.
[63] Vgl. EuGH, Urt. v. 10.12.2002, Rs. C–491/01 (British American Tobacco), Slg. 2002, I–11453.
[64] Die Ermächtigung im Gesundheitswesen nach Art. 168 AEUV unterliegt den Begrenzungen nach Art. 6 AEUV.
[65] S. etwa die Vermarktungsbeschränkungen nach Anhang XVII REACH-Verordnung, ABl. 2006, L 396/215.
[66] *Scherer/Heselhaus*, in: Dauses, Handbuch des EU-Wirtschaftsrecht, Abschnitt O, Juni 2010, Rn. 115 m. Nachweisen.
[67] Richtlinie 83/129/EWG, ABl. 1983, L 91/30.
[68] ABl. 2005, L 3/1.

– Verordnung (EG) Nr. 1099/2009 über den Schutz von Tieren zum Zeitpunkt der Tötung, gestützt auf Art. 37 EGV (jetzt Art. 43 AEUV), die neben konkreten Vorgaben an die Tötungsmethoden fordert, die Tiere von jedem vermeidbarem Schmerz, Stress und Leiden zu verschonen;[69]
– Richtlinie 98/58/EG über den Schutz landwirtschaftlicher Nutztiere, gestützt angeblich auf Art. 43 EG (jetzt Art. 43 AEUV), die Anforderungen an die Zuchtbedingungen von Nutztieren enthält;[70]
– Richtlinie 1999/74/EG zur Festlegung von Mindestanforderungen zum Schutz von Legehennen, gestützt auf Art. 37 EGV (jetzt Art. 43 AEUV), die u. a. Vorschriften zur Größe der Käfige enthält;[71]
– Richtlinie 2010/63/EU zum Schutz der für wissenschaftliche Zwecke verwendeten Tiere, gestützt auf Art. 114 AEUV, welche bei Tierversuchen insbesondere die Verwendung derjenigen Methode fordert, die voraussichtlich am wenigsten Schmerzen, Leiden oder Ängste für die Labortiere verursacht;[72]
– Verordnung 1907/2006 (REACH-Verordnung), gestützt auf Art. 95 EGV (jetzt Art. 114 AEUV), die u. a. verlangt, dass Ergebnisse aus Tierversuchen unter den Marktteilnehmern geteilt werden, um unnötige Tierversuche zu vermeiden;[73]
– Richtlinie 1999/22/EG über die Haltung von wilden Tieren in Zoos, gestützt auf Art. 130s EG (jetzt Art. 192 AEUV), die insbesondere eine artgerechte Gestaltung der Gehege sowie eine ausreichende medizinische Versorgung der Tiere fordert;[74]
– Verordnung 1523/2007 über ein Verbot des Inverkehrbringens sowie der Ein- und Ausfuhr von Katzen- und Hundefellen, gestützt auf Art. 95 EGV (jetzt Art. 114 AEUV) und Art. 133 EGV (jetzt Art. 207 AEUV);[75]
– Verordnung 1007/2009 über den Handel mit Robbenerzeugnissen, gestützt auf Art. 95 EGV (jetzt Art. 114 AEUV), die bis auf wenige, vorwiegend kulturell begründete Ausnahmen ein umfassendes Verbot des Inverkehrbringens enthält.[76]

Aus der Begrenzung des Anwendungsbereichs von Art. 13 AEUV folgt zunächst, dass die EU und die Mitgliedstaaten ausschließlich in den erwähnten Kompetenzbereichen einer besonderen **Pflicht zur Berücksichtigung** des Tierschutzes unterliegen. Damit ist aber keine Aussage darüber getroffen, ob die EU im Rahmen anderer Kompetenzen Aspekte des Tierschutzes berücksichtigen darf, ohne einer entsprechend weitergehenden Pflicht zu unterliegen. Dies ergibt sich aus der Analyse der Gewährleistungsgehalte (Rn. 24).

III. Gewährleistungsgehalte

1. Eigenständige Rechtsetzungskompetenz?

Nach übereinstimmender Auffassung verfügt die EU über **keine eigenständige Kompetenz** für den Tierschutz.[77] Art. 13 AEUV ist nach systematischer Stellung und Inhalt

---

[69] ABl. 2009, L 303/1.
[70] ABl. 1998, L 221/23.
[71] ABl. 1999, L 203/53.
[72] ABl. 2010, L 276/33. Kritisch *Cornils*, S. 120 ff.
[73] ABl. 2007, L 136/3.
[74] ABl. 1999, L 94/24.
[75] ABl. 2007, L 343/1.
[76] ABl. 2009, L 286/36.
[77] EuG, Beschl. v. 6.9.2011, Rs. T–18/10R (Inuit Tapiriit Kanatami u.a./Parlament und Rat),

keine Rechtsetzungskompetenz.[78] Auch die Umweltkompetenzen stellen keine eigenständige Kompetenz für den Tierschutz zur Verfügung, da sich beide Bereiche inhaltlich und im Regelungsansatz unterscheiden. Dies kommt nicht zuletzt im Nebeneinander der umweltrechtlichen und der tierschutzrechtlichen Querschnittsklauseln nach Art. 11 bzw. Art. 13 AEUV zum Ausdruck. Dementsprechend hat das EuG im Rahmen des einstweiligen Rechtsschutzes eine eigenständige Kompetenz der EU nicht in Betracht gezogen.[79]

20 Fraglich ist, ob die EU einen genuinen Tierschutz über die **Vertragsabrundungsklausel** nach **Art. 352 AEUV** verfolgen könnte. In der Praxis ist die Richtlinie 83/129/EWG über die Einfuhr in die Mitgliedstaaten von Fellen bestimmter Jungrobben und Waren daraus[80] auf die Vorgängervorschrift, Art. 235 EWGV, gestützt worden. Der Präsident des EuG hat dies als »reine Praxis des Rates« bezeichnet, die keine Abweichung von den Vertragsbestimmungen begründen könne.[81] In der Literatur wird ein Rückgriff auf Art. 352 AEUV mit der Begründung verneint, dass dieser nur auf die ausdrücklich in Art. 3 EUV aufgeführten Ziele anwendbar sei.[82] Dem steht aber die insofern offene Formulierung des Art. 352 AEUV entgegen, der allgemein von den Zielen der EU spricht. Nach der Rechtsprechung können sich diese **Ziele** auch **aus Einzelvorschriften** ergeben.[83] Der EuGH erkennt den Tierschutz mittlerweile in **ständiger Rechtsprechung** zumindest als ein »im **Allgemeininteresse** liegendes legitimes Ziel« an und weist auf »das **Interesse der [Union]** an der Gesundheit und dem Schutz der Tiere« hin.[84] Zwar ist ein Unionsinteresse rechtlich von einem Unionsziel zu unterscheiden, so dass auf Art. 352 AEUV keine umfassende eigenständige Tierschutzpolitik der EU gegründet werden könnte, doch erscheint eine Anwendung zur punktuellen Ergänzung bestehender Kompetenzen nicht ausgeschlossen.

Slg. 2011, II–5599, Rn. 74 ff. Zu in Betracht kommenden Kompetenzgrundlagen *Calliess* in: Calliess/Ruffert, EUV/AEUV, Art. 13 AEUV, Rn. 12; *Streinz*, in: Streinz, EUV/AEUV, Art. 13 AEUV, Rn. 12.

[78] Übereinstimmende Auffassung, *Schmidt*, in: Schwarze, EU-Kommentar, Art. 13 AEUV, Rn. 3; *Nettesheim*, in: Grabitz/Hilf/Nettesheim, EU, Art. 13 AEUV (Januar 2014), Rn. 8.

[79] EuG, Beschl. v. 6.9.2011, Rs. T–18/10R (Inuit Tapiriit Kanatami u.a./Parlament und Rat), Slg. 2011, II–5599, Rn. 94, nennt Art. 114 AEUV und Art. 207 AEUV (Vorgängervorschrift).

[80] ABl. 1983, L 91/30.

[81] EuG, Beschl. v. 30.4.2010, Rs. T–18/10R (Inuit Tapiriit Kanatami u.a./Parlament und Rat), Slg. 2010, II–75, Rn. 92.

[82] *Schmidt*, in: Schwarze, EU-Kommentar, Art. 13 AEUV, Rn. 3; *Nettesheim*, in: Grabitz/Hilf/Nettesheim, EU, Art. 13 AEUV (Januar 2014), Rn. 8, mit Hinweis darauf, dass der Tierschutz kein eigenständiges Unionsziel sei.

[83] EuGH, Urt. v. 12.6.2008, verb. Rs. C–462/05P u. C–415/05 (Kadi), Slg. 2008, I–6351, Rn. 133 u. 221.

[84] EuGH, Urt. v. 17.1.2008, verb. Rs. C–37/06 u. C–58/06 (Viamex Agrar Handel und ZVK), Slg. 2008, I–69, Rn. 23; Urt. v. 19.6.2008, Rs. C–219/07 (Nationale Raad van Dierenkwekers en Liefhebbers und Andibel), Slg. 2008, I–4475, Rn. 27. *Schmidt*, in: Schwarze, EU-Kommentar, Art. 13 AEUV, Rn. 2 interpretiert dies als Etablierung eines Unionsinteresses am Tierschutz. Doch wird die Formulierung regelmäßig im Zusammenhang mit den Rechtfertigungsgründen für Eingriffe in die Grundfreiheiten verwendet. Ausdrücklich erwähnt EuGH, Urt. v. 19.6.2008, Rs. C–219/07 (Nationale Raad van Dierenkwekers en Liefhebbers und Andibel), Slg. 2008, I–4475, Rn. 28 die Rechtfertigungsgründe im Rahmen der Warenverkehrsfreiheit (Art. 36 AEUV), vgl. bereits EuGH, Urt. v. 11.5.1999, Rs. C–350/97 (Monsees), Slg. 1999, I–2921, Rn. 24.

2. Pflicht zur Berücksichtigung

Den Belangen des Tierschutzes ist nach Art. 13 AEUV »**in vollem Umfang Rechnung zu tragen**«. Diese Formulierung entspricht derjenigen in Art. 12 für den Verbraucherschutz, sie bleibt graduell aber hinter der umweltrechtlichen Querschnittsklausel nach Art. 11 AEUV zurück, wonach die Belange des Umweltschutzes »einbezogen werden [müssen]«. Dessen ungeachtet wird allgemein davon ausgegangen, dass es sich um ein **rechtlich verbindliches Gebot** handelt.[85] Dies ergibt sich zum einen aus der funktionalen Auslegung, da eine voll umfängliche Beachtung einer entsprechenden rechtlichen Absicherung bedarf. Zum anderen folgt dies aus der Entstehungsgeschichte, die zeigt, dass sich die Vertragsstaaten gerade nicht mehr mit einer rechtlich unverbindlichen Erklärung, wie noch im Maastricht Vertrag, zufrieden geben wollten.   21

Der **Berücksichtigungspflicht** nach Art. 13 AEUV kommen die Adressaten nach, wenn sie **alle Belange**, die für das Wohlergehen der Tiere maßgeblich sind, **umfassend** in ihre Überlegungen **einbeziehen**. Das Gebot der Berücksichtigung verpflichtet nicht zu einem bestimmten Ergebnis, sondern stellt ein Erfordernis dar, das nach der Rechtsprechung insbesondere in der **Verhältnismäßigkeitsprüfung** eingebracht werden muss.[86] Zudem verfügen die Rechtsetzungsorgane im Rahmen der erfassten Rechtsetzungskompetenzen in der Regel über einen **weiten Ermessensspielraum**, insbesondere in der Landwirtschaft.[87] Wie bei der umweltrechtlichen Querschnittsklausel wird damit eine Abwägung verschiedener Ziele erforderlich, in der dem Tierschutz **kein Vorrang** zukommt, sondern ein **Ausgleich** im Sinne praktischer Konkordanz zu suchen ist.[88] Das schließt aber nicht aus, dass sich das Ermessen in einem Einzelfall schweren Leiden von Tieren ohne erkennbare Zugewinne für andere Unionsinteressen verdichten und eventuell auf Null reduzieren kann. In einem solchen Extremfall könnte Art. 13 AEUV eine **Schutzpflicht** zu entnehmen sein.[89] Wenn aber der Abwägungsvorgang vertretbar zu Lasten des Wohlergehens der Tiere im Sekundärrecht ausgegangen ist, dann ist das gefundene Ergebnis von den Mitgliedstaaten zu respektieren. Wird ein Rechtsetzungsakt erlassen, so ist in der Begründung nach Art. 296 Abs. 2 AEUV in einschlägigen Fällen auch auf die Berücksichtigung von Art. 13 AEUV einzugehen. Die Begründungspflicht dient auch dazu, die Beachtung grundlegender Normen des EU-Rechts sicherzustellen. Für die Querschnittsklausel des Art. 11 AEUV ist daher anerkannt, dass diese von der Begründungspflicht erfasst wird.[90] Nichts anderes kann für die tierschutzrechtliche Querschnittsklausel des Art. 13 AEUV gelten.   22

Korrespondierend zum Rechtscharakter der Querschnittsklausel unterliegt ihre Einhaltung der **gerichtlichen Kontrolle**.[91] Da aber den Rechtsetzungsorganen ein weites   23

---

[85] *Schmidt*, in: Schwarze, EU-Kommentar, Art. 13 AEUV, Rn. 7; *Calliess*, in: Calliess/Ruffert, EUV/AEUV, Art. 13 AEUV, Rn. 7; *Breier*, in: Lenz/Borchardt, EU-Verträge, Art. 13 AEUV, Rn. 10; vgl. *Nettesheim*, in: Grabitz/Hilf/Nettesheim, EU, Art. 13 AEUV (Januar 2014), Rn. 13.

[86] EuGH, Urt. v. 12.7.2001, Rs. C–189/01 (Jippes), Slg. 2001, I–5689, Rn. 79.

[87] So ausdrücklich EuGH, Urt. v. 17.12.1981, verb. Rs. 197/80–200/80, 243/80, 245/80, 247/80, Slg. 1981, 3211, Rn. 37; *Schmidt*, in: Schwarze, EU-Kommentar, Art. 13 AEUV, Rn. 7; *Ludwig/O'Gorman*, JEL 2008, 363 (381).

[88] *Calliess*, in: Calliess/Ruffert, EUV/AEUV, Art. 13 AEUV, Rn. 7.

[89] Das wird von EuGH, Urt. v. 12.7.2001, Rs. C–189/01 (Jippes), Slg. 2001, I–5689, Rn. 80 ff. nicht ausgeschlossen; anders wohl *Schmidt*, in: Schwarze, EU-Kommentar, Art. 13 AEUV, Rn. 7. Skeptisch gegenüber einer Schutzpflicht *Nettesheim*, in: Grabitz/Hilf/Nettesheim, EU, Art. 13 AEUV (Januar 2014), Rn. 13.

[90] *Calliess*, in: Calliess/Ruffert, EUV/AEUV, Art. 296 AEUV, Rn. 13.

[91] Grundlegend *Caspar*, S. 78; *Glock*, S. 130. EuGH, Urt. v. 12.7.2001, Rs. C–189/01 (Jippes), Slg. 2001, I–5689, Rn. 83.

Ermessen zusteht, ist die gerichtliche Kontrolle von Rechtsakten der EU darauf beschränkt, ob die **Grenzen des Ermessens** überschritten worden sind, d. h. ob eine Maßnahme offensichtlich ungeeignet gewesen ist.[92] Art. 13 AEUV enthält ein **objektiv-rechtliches Gebot**, aus dem **keine subjektiv-rechtlichen Positionen** abgeleitet werden können, wie etwa ein Klagerecht eines Tierschutzverbandes im Rahmen von Art. 263 AEUV.[93] Allerdings entspricht es der Vorgabe der Querschnittsklausel, wenn etwa die ECHA im Rahmen eines Widerspruchsverfahrens zu Tierversuchen einen Tierschutzverband anhört, damit dieser die ECHA bei der Erfüllung ihrer Verpflichtungen nach Art. 13 AEUV unterstützt.[94]

3. Einbeziehung in andere Politikbereiche

24 Art. 13 AEUV nennt zwar die EU-Politikbereiche, in denen Eingriffe in das Wohlergehen der Tiere am ehesten zu erwarten sind, doch zeigt das Beispiel des Importverbotes für Robbenerzeugnisse (Rn. 20), dass auch die Handelspolitik nach Art. 207 AEUV relevant werden könnte.[95] Vereinzelt wird vorgeschlagen, diese Frage im Sinne einer allgemeinen Anwendbarkeit von Art. 13 AEUV zu lösen; die Aufzählung dort habe nur beispielhaften Charakter.[96] Unterstützend könnte man auf einen Schluss **ab maiore ad minus** abstellen: Wenn schon in diesen konflikträchtigen Bereichen Art. 13 AEUV gelten soll, müsse dies erst Recht in anderen Kompetenzbereichen gelten. Indes bleibt der Einwand des entgegenstehenden Wortlauts.[97] Ein Lösungsansatz lässt sich aus der Entstehungsgeschichte der Norm ableiten: Als zur Berücksichtigung des Tierschutzes noch in einer rechtlich nicht verbindlichen Erklärung zum Vertrag aufgefordert wurde, waren die Vertragsparteien offensichtlich davon ausgegangen, dass Tierschutzaspekte in Politikbereichen der EU auch **ohne eine rechtliche Vertragsänderung** integriert werden können. Denn ohne Rechtswirkungen konnte die Erklärung selbst nicht bestehende Kompetenzen erweitern. Mit der späteren Übernahme der Erklärung in ein Protokoll und schließlich in die Verträge ist insgesamt der Tierschutz gestärkt worden. Es ist nicht zu erkennen, dass mit der rechtlichen Anerkennung der spezifischen Elemente der Berücksichtigungspflicht die zuvor anerkannte Möglichkeit, Anliegen des Tierschutzes verfolgen zu »können«, reduziert werden sollte. Folglich wird mit der Aufzählung in Art. 13 AEUV der Anwendungsbereich lediglich für die spezifische Rechtspflicht zur voll umfänglichen Beachtung des Tierschutzes begrenzt, nicht aber die in anderen Bereichen bestehenden Kompetenzen, grundsätzlich Anliegen des Tierschutzes auch ohne eine solche Pflicht zu beachten. Der EuGH weist in seinen Entscheidungen zum Tierschutz einen gangbaren Weg über den Schutz der »Gesundheit von Tieren«.[98] In der Tat könnte hier Art. 13 AEUV in seiner Funktion als Auslegungshilfe[99] eine weite Auslegung dieses Begriffs in anderen Kompetenznormen legitimieren.

---

[92] EuGH, Urt. v. 12. 7. 2001, Rs. C–189/01 (Jippes), Slg. 2001, I–5689, Rn. 82.
[93] EuG, Beschl. v. 13. 3. 2015, Rs. T–673/13 (European Coalition to End Animal Experiments/ECHA), ECLI:EU:T:2015:167, Rn. 61.
[94] EuG, Beschl. v. 13. 3. 2015, Rs. T–673/13 (European Coalition to End Animal Experiments/ECHA), ECLI:EU:T:2015:167, Rn. 62.
[95] *Kotzur*, in: Geiger/Khan/Kotzur, EUV/AEUV, Art. 13 AEUV, Rn. 2 weist zusätzlich auf das Veterinärwesen nach Art. 168 AEUV hin.
[96] *Kotzur*, in: Geiger/Khan/Kotzur, EUV/AEUV, Art. 13 AEUV, Rn. 2.
[97] *Schmidt*, in: Schwarze, EU-Kommentar, Art. 13 AEUV, Rn. 2; *Streinz*, in: Streinz, EUV/AEUV, Art. 13 AEUV, Rn. 4; *Breier*, in: Lenz/Borchardt, EU-Verträge, Art. 13 AEUV, Rn. 6.
[98] EuGH, Urt. 12. 7. 2001, Rs. C–189/01 (Jippes u. a.), Slg. 2001, I–5689, Rn. 77 ff. m. Nachweisen zur Rspr.
[99] *Calliess*, in: Calliess/Ruffert, EUV/AEUV, Art. 13 AEUV, Rn. 10.

Eine besondere Frage ist, ob Anliegen des Tierschutzes auch im Rahmen der **Um-** 25
weltkompetenzen verfolgt werden können. Denn grundsätzlich wird der Tierschutz
gerade in **Abgrenzung** vom Umweltschutz definiert (s. Rn. 10). Grundsätzlich umfasst
der Umweltschutz die **Gesundheit von Tieren**, so dass auch hier eine weite Interpretation möglich erschiene (s. Rn. 24). Zwar unterstreicht die Entscheidung der Verträge für
zwei unterschiedliche Querschnittsklauseln in diesen Bereichen, dass die grundsätzliche
Trennung der beiden Politikbereiche nicht überspielt werden darf. Das geschieht aber,
wenn der Tierschutz ohne die weitgehenden Vorgaben des Art. 13 AEUV (s. Rn. 32 ff.)
zur Anwendung kommt. In der konkreten Anwendung dürfte der Bezug zum Gesundheitsschutz bei Regelungen über die artgerechte Haltung von Wildtieren in Zoos ausreichend stark sein, um die Umweltkompetenzen anzuwenden.[100] Interessanter Weise
lässt der EuGH bei nationalen Alleingängen zum Schutze der Umwelt nach Art. 193
AEUV auch die Verfolgung von Tierschutzaspekten zu.[101]

4. Gestaltungsspielräume der Mitgliedstaaten

Da die EU über keine genuine Kompetenz für den Tierschutz verfügt, diesen aber im 26
Rahmen bestimmter Kompetenzen berücksichtigen muss (s. Rn. 20 ff.) bzw. – nach hier
vertretener Auffassung – auch im Übrigen kann (s. Rn. 24 f.), verbleibt den Mitgliedstaaten ein relativ **großer Spielraum** für entsprechende Regelungen. Dieser ist unterschiedlich je nachdem, ob eine Frage bereits sekundärrechtlich geregelt worden ist oder
ob lediglich die Grenzen der Grundfreiheiten zu beachten sind (s. Rn. 15 f.).

Grundsätzlich sind die Mitgliedstaaten im durch Sekundärrecht **harmonisierten Be-** 27
reich aufgrund des Vorrangs des Unionsrechts daran gehindert, effektiv abweichend
Recht zum Tierschutz zu setzen. Die mitgliedstaatlichen Regelungen dürfen nicht gegen
die Vorgaben des Sekundärrechts verstoßen.[102] Auch zu Zwecken des Tierschutzes können die Mitgliedstaaten nicht von **verbindlichen Vorgaben** des Sekundärrechts abweichen.[103] Das gilt selbst dann, wenn das Sekundärrecht selbst den Tierschutz zwar grundsätzlich berücksichtigt,[104] aber in einer weniger weitgehenden Form. Art. 13 AEUV ist
kein Recht auf einen nationalen Alleingang zum Zwecke des Tierschutzes zu entnehmen.

Allerdings können tierschutzrechtliche Aspekte von den Mitgliedstaaten besonders 28
berücksichtigt werden, wenn eine Richtlinie dafür Spielraum belässt. In diesem Fall
handeln die Mitgliedstaaten aber **in Umsetzung der Richtlinie** und müssen auch alle
anderen mit der Richtlinie verfolgten Ziel bei der Rechtsetzung beachten.[105]

---

[100] S. Richtlinie 1999/22/EG über die Haltung von wilden Tieren in Zoos.
[101] EuGH, Urt. v. 19.6.2008, Rs. C–219/07 (Nationale Raad van Dierenkwekers en Liefhebbers und Andibel), Slg. 2008, I–4475, Rn. 15, 20 f. zum gleichlautenden Art. 176 EGV.
[102] EuGH, Urt. v. 19.3.1998, Rs. C–1/96 (Compassion in World Farming), Slg. 1998, I–1251, Rn. 64.
[103] EuGH, Urt. v. 23.5.1996, Rs. C–5/94 (Hedley Lomas), Slg. 1996, I–2553, Rn. 18.
[104] Dann steht eventuell der Weg für eine Nichtigkeitsklage offen mit der Begründung, dass die Vorgaben des Art. 13 AEUV nicht ausreichend beachtet worden sind, EuGH, Urt. v. 12.7.2001, Rs. C–189/01 (Jippes), Slg. 2001, I–5689, Rn. 79.
[105] In EuGH, Urt. v. 8.5.2008, Rs. C–491/06 (Danske Svineproducenter), Slg. 2008, I–3339, Rn. 46.

29 **b) Im Rahmen der Grundfreiheiten**

Die Frage der Berücksichtigung des Tierschutzes im **Anwendungsbereich der Grundfreiheiten** stellt sich in der Praxis in zwei Fällen: Bei **nationalen Alleingängen** zum Schutze der Umwelt[106] (sic!) und bei **Fehlen einer sekundärrechtlichen Regelung**.[107] In der Literatur wird teilweise die Berücksichtigung von Anliegen des Tierschutzes auf den Schutz der Gesundheit von Tieren nach Art. 36 AEUV gestützt.[108] Jedoch ist der Tierschutz vom Umweltschutz, der auch die Gesundheit von Tieren betrifft, abzugrenzen. Insbesondere stellt nicht jeder Eingriff in das Wohlbefinden von Tieren zugleich eine Gefahr für die Gesundheit dar. Der EuGH akzeptiert zwar Anliegen des Tierschutzes, greift dabei aber neben dem Schutz der Gesundheit der Tiere in Art. 36 AEUV auch auf die Anerkennung des Tierschutzes als ein »im Allgemeininteresse liegendes legitimes Ziel« zurück.[109] Neuerdings betont er, dass Art. 13 AEUV eine **allgemein anwendbare Vorschrift** sei.[110] Damit dürfte der Tierschutz auch als **zwingendes Erfordernis des Allgemeinwohls** im Sinne der Cassis-Rechtsprechung anerkannt sein. Diese doppelte Abstützung erscheint überzeugend.

30 Die mitgliedstaatlichen Regelungen müssen aber im Rahmen der Grundfreiheiten die Vorgaben des **Verhältnismäßigkeitsprinzips** beachten.[111] Bei der Prüfung ist der EuGH **nicht strikter** als in Bezug auf andere Erfordernisse des Allgemeinwohls.[112] In der Rs. 350/97 ging es um eine österreichische Regelung des Tiertransportes von Schlachtvieh, die einen Transport nur bis zum nächsten inländischen Schlachthof und nur unter der Bedingung erlaubte, dass der Transport weder die Zeit von 6 Stunden noch die Entfernung von 130 km überschritt. Der EuGH hat die Verhältnismäßigkeit verneint, da für das Wohlergehen der Tiere mit ausreichenden Pausen und Bestimmungen über die Höchstdauer ausreichend Rechnung getragen werden könne.[113] Man könnte anfügen, dass die österreichische Regelung sogar als willkürlich betrachtet werden konnte, da ein Transport in 6 Stunden auf der Autobahn ca. 400 km zurücklegen könnte und dann das österreichische Staatsgebiet hätte durchquert werden können.

IV. Adressaten

31 Nach einhelliger Ansicht werden sowohl die **EU-Organe** als auch die **Mitgliedstaaten** durch die tierschutzrechtliche Querschnittsklausel **verpflichtet**.[114] Die Bindung der EU

---

[106] EuGH, Urt. v. 19.6.2008, Rs. C–219/07 (Nationale Raad van Dierenkwekers en Liefhebbers und Andibel), Slg. 2008, I–4475, Rn. 15, 20f., 27ff.

[107] EuGH, Urt. v. 11.5.1999, Rs. C–350/97 (Monsees), Slg. 1999, I–2921: hier war die Umsetzungsfrist für die einschlägige Richtlinie noch nicht abgelaufen gewesen.

[108] *Nettesheim*, in: Grabitz/Hilf/Nettesheim, EU, Art. 13 AEUV (Januar 2014), Rn. 9.

[109] EuGH, Urt. v. 19.6.2008, Rs. C–219/07 (Nationale Raad van Dierenkwekers en Liefhebbers und Andibel), Slg. 2008, I–4475, Rn. 27 und 28, damals unter Rückgriff auf das Protokoll zum Tierschutz.

[110] EuGH, Urt. v. 23.4.2015, Rs. C–424/13 (Zuchtvieh Export GmbH), ECLI:EU:C:2015:259, Rn. 35.

[111] EuGH, Urt. v. 19.6.2008, Rs. C–219/07 (Nationale Raad van Dierenkwekers en Liefhebbers und Andibel), Slg. 2008, I–4475, Rn. 31.

[112] So aber wohl *Nettesheim*, in: Grabitz/Hilf/Nettesheim, EU, Art. 13 AEUV (Januar 2014), Rn. 9, der sich bei der Bestimmung des Spielraums der Mitgliedstaaten auch auf Fälle zum Handeln im harmonisierten Bereich bezieht.

[113] EuGH, Urt. v. 11.5.1999, Rs. C–350/97 (Monsees), Slg. 1999, I–2921, Rn. 26 unter Hinweis auf diese Regelungen in der Richtlinie 95/29 vom 19.11.1991 über den Schutz von Tieren beim Transport sowie zur Änderung der Richtlinien 90/425/EWG und 41/496/EWG.

[114] *Terhechte*, in: GSH, Europäisches Unionsrecht, Art. 13 AEUV, Rn. 7; *Calliess*, in: Calliess/Ruffert, EUV/AEUV, Art. 13 AEUV, Rn. 5.

folgt aus dem Wortlaut von Art. 13 AEUV, der von der »Politik der Union« spricht. Die Bindung greift aber nur in den dort ausdrücklich erwähnten Politikbereichen (s. Rn. 15). Die Bindung der **Mitgliedstaaten** ergibt sich daraus, dass diese funktional im Rahmen der »**Durchführung**« jener Politiken eingebunden werden.[115] Damit besteht aber keine darüber hinaus gehende Verpflichtung der Mitgliedstaaten in nicht erfassten Bereichen. Ferner werden sie im Rahmen der Binnenmarktpolitik nur **verpflichtet**, sofern sie auf den Binnenmarkt bezogenes Sekundärrecht umsetzen müssen, nicht aber wenn sie **im nichtharmonisierten Bereich** tätig werden. Das gilt auch dann, wenn ihr Handeln an einer der Grundfreiheiten zu messen ist.[116]

V. Einschränkungen

Das Wohlergehen der Tiere ist nicht nur mit anderen Unionszielen abzuwägen, sondern es unterliegt in Art. 13 AEUV ausdrücklich weiteren **Einschränkungen**. Denn beim Handeln mit dem Ziel des Wohlergehens der Tiere müssen die Rechts- und Verwaltungsvorschriften in den Mitgliedstaaten und deren **Gepflogenheiten**, insbesondere mit Bezug auf **religiöse Sitten, kulturelle Traditionen und das regionale Erbe** berücksichtigt werden. Hintergrund der Regelung sind insbesondere Befürchtungen der spanischen Delegation in den Vertragsverhandlungen gewesen.[117] Es dürfte dabei vor allem um die Bewertung des Stierkampfs gegangen sein, der sich ohne eine Berücksichtigung kultureller Traditionen als Misshandlung von Tieren darstellen würde.[118] 32

Die **Kommission** ist der Ansicht, dass manche Aspekte des Tierschutzes weiterhin »in den Zuständigkeitsbereich der Mitgliedstaaten [fallen] (z. B. der Einsatz von Tieren bei Wettbewerben, Shows, kulturellen und Sportveranstaltungen oder die Vorgehensweisen im Zusammenhang mit streunenden Hunden)«.[119] Sie lässt dabei offen, ob sich dies aus einer fehlenden Kompetenz der EU oder aus dem **Subsidiaritätsprinzip** ergibt.[120] Jedenfalls bei kommerziellen Veranstaltungen scheint ein Bezug zu den Binnenmarktkompetenzen nicht völlig ausgeschlossen. Offensichtlich gehen auch die Mitgliedstaaten von der Möglichkeit einer solchen **Zuständigkeit** zumindest in Einzelfällen aus, denn sonst hätte es des Berücksichtigungsgebotes für kulturellen Traditionen etc. gar nicht bedurft. Eine andere Frage ist, ob sich die EU mit einem rechtlichen Vorgehen gegen kulturelle Traditionen in diesem Bereich **politisch** nicht überheben würde. Solche Veränderungen kommen im besten Fall aus der Gesellschaft selbst, wie beim Verbot der Fuchsjagd im Vereinigten Königreich. Insofern dürfte ein Tätigwerden auf EU-Ebene im Sinne des Subsidiaritätsprinzips nicht zu einer »besseren« Verwirklichung beitragen. Wenig überzeugend erscheint der Gedanke, kulturelle Traditionen wie die Fuchsjagd oder den Stierkampf als Teil der »nationalen Identität« dem Schutz von Art. 4 Abs. 2 EUV zu unterstellen.[121] Denn die Tatbestandsvoraussetzungen dafür liegen wesentlich höher: Bezeichnender Weise fehlt in Art. 13 AEUV ein Rekurs auf die nationale Identität. 33

---

[115] Folgerichtig werden die Mitgliedstaaten ausdrücklich in Art. 13 AEUV erwähnt.
[116] Unklar *Schmidt*, in: Schwarze, EU-Kommentar, Art. 13 AEUV, Rn. 2: »rein mitgliedstaatlichen Thematiken«.
[117] *Nettesheim*, in: Grabitz/Hilf/Nettesheim, EU, Art. 13 AEUV (Januar 2014), Rn. 14.
[118] Vgl. zur Problematik *Bolliger*, S. 46.
[119] Kommission, Tierschutz in der EU: Politische Ziele, abrufbar unter http://ec.europa.eu/food/animals/welfare/index_en.htm (2.2.2017).
[120] Missverständlich die Interpretation bei *Breier*, in: Lenz/Borchardt, EU-Verträge, Art. 13 AEUV, Rn. 9, ihm folgend *Streinz*, in: Streinz, EUV/AEUV, Art. 13 AEUV, Rn. 9.
[121] In diese Richtung aber *Calliess*, in: Calliess/Ruffert, EUV/AEUV, Art. 13 AEUV, Rn. 11.

34 Die Zusammenfassung **zweier** Berücksichtigungsgebote in Art. 13 AEUV verdeutlicht den **Kompromisscharakter** der Vorschrift.[122] Zugleich belegt sie aber auch die **integrationspolitische Offenheit** der Vorschrift. Denn mit der Begrenzung auf ein Gebot der Berücksichtigung wird einem »umfassenden mitgliedstaatlichen Kulturvorbehalt« eine Absage erteilt.[123] Es wird gerade **kein Ergebnis** geschuldet, sondern ein Abwägungsvorgang. Lässt die Norm damit Raum für die Berücksichtigung der **gesellschaftlichen Entwicklung** sollte eine langjährige Praxis der Rechtsetzungsorgane durchaus ein beachtenswertes Element in der Auslegung sein.[124]

35 Die Schranken spiegeln teilweise Wertungen in anderen Vorschriften der Verträge wider, wie etwa das **religiös motivierte Schächten**, das von der Religionsfreiheit nach Art. 10 GRC geschützt wird.[125] Daher hätte es der besonderen Erwähnung in Art. 13 AEUV nicht bedurft. Aufgrund dieser zusätzlichen Abstützung sollte zwischen religiösen Riten und kulturellen Traditionen in der Berücksichtigung differenziert werden.[126]

---

[122] Vgl. *Nettesheim*, in: Grabitz/Hilf/Nettesheim, EU, Art. 13 AEUV (Januar 2014), Rn. 14.
[123] A.A. *Kotzur*, in: Geiger/Khan/Kotzur, EUV/AEUV, Art. 13 AEUV, Rn. 3.
[124] Anders aber EuG, Beschl. v. 30.4.2010, Rs. T–18/10R (Inuit Tapiriit Kanatami/EP u. Rat), ECLI:EU:T:2010:172, Rn. 92.
[125] Vgl. *Mager*, Der grundrechtliche Schutz freier Religionsausübung in supranationaler und nationaler Sicht, in: Caspar/Luy, S. 70 ff.
[126] Anders wohl *Frenz*, NuR 2011, 103 (106).

Artikel 14 AEUV [Dienste von allgemeinem wirtschaftlichen Interesse]

¹Unbeschadet des Artikels 4 des Vertrags über die Europäische Union und der Artikel 93, 106 und 107 dieses Vertrags und in Anbetracht des Stellenwerts, den Dienste von allgemeinem wirtschaftlichem Interesse innerhalb der gemeinsamen Werte der Union einnehmen, sowie ihrer Bedeutung bei der Förderung des sozialen und territorialen Zusammenhalts tragen die Union und die Mitgliedstaaten im Rahmen ihrer jeweiligen Befugnisse im Anwendungsbereich der Verträge dafür Sorge, dass die Grundsätze und Bedingungen, insbesondere jene wirtschaftlicher und finanzieller Art, für das Funktionieren dieser Dienste so gestaltet sind, dass diese ihren Aufgaben nachkommen können. ²Diese Grundsätze und Bedingungen werden vom Europäischen Parlament und vom Rat durch Verordnungen gemäß dem ordentlichen Gesetzgebungsverfahren festgelegt, unbeschadet der Zuständigkeit der Mitgliedstaaten, diese Dienste im Einklang mit den Verträgen zur Verfügung zu stellen, in Auftrag zu geben und zu finanzieren.

Literaturübersicht

Auby, Une directive communautaire sur les services d'intérêt général, RFDA 2006, 778; *Budäus/Schiller*, Der Amsterdamer Vertrag: Wegbereiter eines europäischen öffentlichen Dienstes? ZögU 2000, 94; *Bußmann*, Dienstleistungen von allgemeinem wirtschaftlichem Interesse nach Art. 16, 86 Abs. 2 EG und Art. 36 Grundrechtecharta unter Berücksichtigung des Vertrages von Lissabon, 2009; *Damjanovic/de Witte*, Welfare Integration through EU Law: The Overall Picture in the Light of the Lisbon Treaty, EUI Working Papers LAW 2008/34; *Frenz*, Konkretisierungsbedürftige Dienste von allgemeinem wirtschaftlichem Interesse? GewArch 2011, 16; *ders.*, Dienste von allgemeinem wirtschaftlichem Interesse – Neuerungen durch Art. 16 EG, EuR 2000, 901; *Jensen*, Kommunale Daseinsvorsorge im europäischen Wettbewerb der Rechtsordnungen, 2015; *Knauff*, Die Daseinsvorsorge im Vertrag von Lissabon, EuR 2010, 725; *Krajewski*, Grundstrukturen des Rechts öffentlicher Dienstleistungen, 2011. *ders.*, Dienstleistungen von allgemeinem Interesse im Vertrag von Lissabon, ZögU 2010, 75; *ders.*, Öffentliche Dienstleistungen im europäischen Verfassungsrecht, DÖV 2005, 665; *Le Bihan*, Services d'intérêt économique général et valeurs communes, RMC 2008, 356; *Löwenberg*, Service public und öffentliche Dienstleistungen in Europa – Ein Beitrag zu Art. 16 des EG-Vertrages, 2001; *Micklitz*, Universal Services: Nucleus for a Social European Private Law, EUI Working Papers LAW 2009/12; *Püttner*, Die Aufwertung der Daseinsvorsorge in Europa, ZögU 2000, 373; *Rodrigues*, Les Services Publics et le Traité d'Amsterdam, RMC 1998, 37; *ders.*, Vers une Loi Européenne des Services Publics, RMC 2003, 503; *Ross*, Article 16 E. C. and services of general interest: from derogation to obligation? E. L.Rev. 25 (2000), 22; *ders.*, The Value of Solidarity in European Public Services Law, in: Krajewski/Neergaard/van de Gronden (Hrsg), The Changing Legal Framework of Services of General Interest in Europe, 2009, S. 81; *Rott*, The User-Provider Relationship: Informed Choice and User Protection through Private Law, in: Krajewski/Neergaard/van de Gronden (Hrsg), The Changing Legal Framework of Services of General Interest in Europe, 2009, S. 215; *Ruge*, Kommentar zu den Auswirkungen des Protokolls über die Dienste von allgemeinem Interesse auf Daseinsvorsorge und Vergaberecht, WiVerw 2008, 263; *Sauter*, Services of general economic interest and universal service in EU law, E. L.Rev. 33 (2008), 167; *Schmahl*, Die mitgliedstaatliche Daseinsvorsorge im Spannungsfeld zum europäischen Binnenmarkt, WiVerw 2011, 96; *Schorkopf*, Das Protokoll über die Dienste von allgemeinem Interesse und seine Auswirkungen auf das öffentliche Wettbewerbsrecht, WiVerw 2008, 253; *Storr*, Europäische Wirtschaftsverfassung und Daseinsvorsorge, in: Fastenrath/Nowak (Hrsg), Der Lissabonner Reformvertrag, 2009, S. 219; *Tettinger*, Maastricht II – Vertragsergänzung zur Sicherung der Daseinsvorsorge in Europa? DVBl 1997, 341; *Weiß*, Das Verhältnis von Wettbewerb und Daseinsvorsorge nach Lissabon, EuR-Beiheft 2/2011, 47; *Welti*, Die kommunale Daseinsvorsorge und der Vertrag über eine Verfassung für Europa, AöR 130 (2005), 529; *Wuermeling*, Auswirkungen des Lissabonner Vertrages auf die Daseinsvorsorge, WiVerw 2008, 247.

Leitentscheidungen

EuGH, Urt. v. 9.6.2009, Rs. C–480/06 (Kommission/Deutschland – Stadtreinigung Hamburg), Slg. 2009, I–4747
EuGH, Urt. v. 10.9.2009, Rs. C–206/08 (WAZV Gotha/Eurawasser), Slg. 2009, I–8377
EuG, Urt. v. 12.2.2008, Rs. T–289/03 (BUPA), Slg. 2008, II–81

Inhaltsübersicht   Rn.

A. Grundlagen	1
B. Entstehungsgeschichte	3
C. Begriff »Dienste von allgemeinem wirtschaftlichem Interesse«	8
D. Gestaltung der Grundsätze und Bedingungen zur Aufgabenerfüllung der Dienste von allgemeinem wirtschaftlichem Interesse (Satz 1)	9
I. Gewährleistungsverantwortung von Union und Mitgliedstaaten	9
II. Normative Grundlage	11
III. Grenzen	15
IV. Wirkung	18
E. Gesetzgebungskompetenz (Satz 2)	19
I. Voraussetzungen	20
1. Tatbestandsmerkmale der Rechtsgrundlage	20
2. Rechtsform Verordnung	23
3. Gesetzgebungsverfahren	26
II. Mögliche Anwendungsfelder	27
F. Protokoll Nr. 26 über Dienste von allgemeinem Interesse	29
I. Stellenwert und Funktion	31
II. Artikel 1	33
1. Autonomie der Aufgabenträger	34
2. Vielfalt der Dienstleistungen	37
3. Zugang und Qualität	40
4. Bedürfnisse, Präferenzen und Rechte der Nutzer	45
III. Artikel 2	46
IV. Wirkungen	48

A. Grundlagen

1 Die durch den Vertrag von Amsterdam eingeführte und durch den Vertrag von Lissabon ergänzte Vorschrift des Art. 14 AEUV begründet eine besondere Verantwortung der Union und der Mitgliedstaaten für Dienste (oder Dienstleistungen) von allgemeinem wirtschaftlichem Interesse. Anders als Art. 106 Abs. 2 AEUV, der seit den Gründungsverträgen Teil des Europarechts ist und eine Ausnahmevorschrift für Dienstleistungen von allgemeinem wirtschaftlichem Interesse begründet, betont Art. 14 AEUV die **konstitutionelle Bedeutung**[1] und damit gerade die Regelhaftigkeit dieser Leistungen.[2] Art. 14 AEUV steht nicht nur in einem engen Zusammenhang mit Art. 106 AEUV, sondern auch mit Art. 36 der Grundrechtecharta, der sich auf die Gewährleistung des Zugangs zu Dienstleistungen von allgemeinem wirtschaftlichem Interesse bezieht.

2 Durch seine Stellung in Titel II (»Allgemein geltende Bestimmungen«) des Ersten Teils des AEUV (»Grundsätze«) macht Art. 14 AEUV deutlich, dass Dienstleistungen

---

[1] *Jung*, in: Calliess/Ruffert, EUV/AEUV, Art. 14 AEUV, Rn. 7.
[2] *Schmahl*, WiVerw 2011, 96 (103). S. auch *Püttner*, ZögU 2000, 373 (375): Art. 14 AEUV löst Dienste von allgemeinem wirtschaftlichem Interesse »aus dem Odium einer lästigen Ausnahme, das ihnen nach Art. 86 Abs. 2 EGV anhaftete.«

von allgemeinem wirtschaftlichem Interesse eine Querschnittsthematik betreffen, die von **grundsätzlicher Bedeutung für die Ausgestaltung des unionalen Wirtschafts- und Sozialsystems** ist.[3] Die Funktionsgarantie der Dienstleistungen von allgemeinem wirtschaftlichem Interesse steht daher auf der gleichen normativen Stufe wie die Diskriminierungsbekämpfung (Art. 8 und 10 AEUV), die sozialen Ziele der Union (Art. 9 AEUV), Umwelt-, Verbraucher- und Tierschutz (Art. 11 ff. AEUV), das allgemeine Transparenzgebot (Art. 15 AEUV) und der Datenschutz (Art. 16 AEUV).

B. Entstehungsgeschichte

Die gegenwärtige Fassung des Art. 14 AEUV entstand in **zwei Schritten**: Satz 1 der Vorschrift wurde als Art. 16 EGV durch den **Vertrag von Amsterdam** eingefügt. Der **Vertrag von Lissabon** griff dann die bereits im Verfassungsvertrag vorgesehene geringfügigen Änderungen des Art. 16 EGV und die Ergänzung dieser Vorschrift durch einen Satz 2 auf und setzte sie in Kraft. 3

In Reaktion auf die ersten großen Liberalisierungen von vormals staatlich erbrachten Dienstleistungen im Telekommunikations- und Postsektor wurde ab Mitte der 1990er Jahre über eine Reform der bis dato einzigen Vorschrift des EU-Rechts, die sich mit öffentlichen Dienstleistungen befasste, nämlich Art. 86 Abs. 2 EGV (jetzt Art. 106 Abs. 2 AEUV) diskutiert. Die Reformvorschläge zielten auf eine **Stärkung der Besonderheiten öffentlicher Dienstleistungen auf europäischer Ebene ab**, ohne jedoch gleichzeitig das Kompetenzgefüge zwischen EU und Mitgliedstaaten einerseits und die wettbewerbliche Ausrichtung der Wirtschaftsordnung der EU andererseits grundsätzlich in Frage stellen zu wollen.[4] Allerdings fand sich weder für eine Modifikation oder Ergänzung des Art. 86 EGV noch für eine Aufnahme öffentlicher Dienstleistungen in den Kompetenz- oder Zielkatalog der EU eine Mehrheit. 4

Während der Regierungskonferenz, die zum Vertrag von Amsterdam führte, schlug die niederländische Ratspräsidentschaft dann die Einführung eines **eigenständigen Artikels** (zunächst Art. 7d EGV) vor, dessen Kompromisscharakter bereits sprachlich ins Auge springt. Dem Kompromiss liegt das gelegentlich als »deutsch-französischer Gegensatz«[5] bezeichnete Spannungsverhältnis zwischen der stärkeren Betonung der Bedeutung öffentlicher Dienstleistungen und dem Festhalten am Prinzip des freien Wettbewerbs zu Grunde. Die Vertragsänderung trat am 1.5.1999 in Kraft. 5

Die Stellung von Dienstleistungen von allgemeinem wirtschaftlichem Interesse im EU-Recht blieb auch nach der Vertragsreform von Amsterdam umstritten. Entsprechend wurde auch im Verfassungskonvent über diesbezügliche Vertragsreformen diskutiert.[6] Der **Verfassungsvertrag** nahm an Art. 16 EGV einige textliche Klarstellungen vor, ergänzte den Bezug zu den Grundsätzen und Bedingungen mit der Präzisierung »insbesondere jene wirtschaftlicher und finanzieller Art« und fügte zu Beginn der Vorschrift einen Hinweis auf die nationalen Identitäten (Art. I–5 EVV, jetzt Art. 4 EUV) ein.[7] Darüber hinaus wurde die Vorschrift durch einen zweiten Satz ergänzt, der eine 6

---

[3] *Wernicke*, in: Grabitz/Hilf/Nettesheim, EU, Art. 14 AEUV (Januar 2014), Rn. 12.
[4] Zu den einzelnen Vorschlägen s. *Tettinger*, DVBl 1997, 341 (342 ff.); *Rodrigues*, RMC 1998, 37 (41); *Budäus/Schiller*, ZögU 1000, 94 (95 f.); *Frenz*, EuR 2000, 901; *Bußmann*, S. 19 f.
[5] *Budäus/Schiller*, ZögU 1000, 94 (96); *Frenz*, EuR 2000, 901 (903).
[6] *Schweitzer*, in: Schwarze, Verfassungsentwurf, S. 290 ff.
[7] *Krajewski*, DÖV 2005, 665 (669).

Legislativkompetenz der EU begründete (Art. III–122 Satz 2 EVV). Diese Änderung ist bisweilen als die umstrittenste Neuerung des Verfassungsvertrages bezeichnet worden.[8]

7 Die genannten Änderungen des Verfassungsvertrages wurden durch den **Vertrag von Lissabon** übernommen, der lediglich einige redaktionelle Änderungen vornahm. Gleichzeitig wurde das Protokoll Nr. 26 zu Diensten von allgemeinem Interesse in das Primärrecht eingefügt, das Art. 14 AEUV ergänzt und konkretisiert.[9] Damit wurde der durch den Vertrag von Amsterdam begonnene Perspektivenwandel für das Recht öffentlicher Dienstleistungen im Primärrecht vollendet.[10]

C. Begriff »Dienste von allgemeinem wirtschaftlichem Interesse«

8 Der Begriff »Dienste von allgemeinem wirtschaftlichem Interesse« ist mit dem in Art. 106 Abs. 2 AEUV verwendeten Begriff der »Dienstleistungen von allgemeinem wirtschaftlichem Interesse« identisch.[11] Die unterschiedlichen Begriffe »Dienste« und »Dienstleistungen« sind eine Besonderheit der deutschen Fassung. Es kann daher auf die bei Art. 106 AEUV angeführte Darstellung verwiesen werden. Die in der Rechtsprechung und Kommissionspraxis zu Art. 106 Abs. 2 AEUV anerkannten Dienstleistungen von allgemeinem wirtschaftlichem Interesse werden auch von Art. 14 AEUV erfasst. In Anlehnung an Definitionsvorschläge der Europäischen Kommission werden unter Dienstleistungen von allgemeinem wirtschaftlichem Interesse **wirtschaftliche Aktivitäten** verstanden, deren Erbringung von den zuständigen Behörden der Mitgliedsstaaten **im öffentlichen Interesse mit bestimmten Gemeinwohlverpflichtungen versehen** wurde.[12] Hierzu zählen Anforderungen an den Zugang (z. B. Universaldienste), Preis oder die Qualität der Leistung, die bei einer rein marktwirtschaftlichen Erbringung nicht erfüllt werden könnten. Damit greift der Begriff die typischen Elemente öffentlicher Dienstleistungen in den EU-Mitgliedstaaten auf wie sie z. B. im deutschen Konzept der Daseinsvorsorge oder im französischen service public zu finden sind. Die **Kompetenz** zur Bestimmung von Dienstleistungen von allgemeinem wirtschaftlichem Interesse liegt daher **bei den Mitgliedstaaten**.[13] Den EU-Organen, insbesondere Kommission und EuGH, obliegt lediglich eine Missbrauchskontrolle, die auf die Feststellung von »offenkundigen Beurteilungsfehler« beschränkt ist.[14]

---

[8] *Welti*, AöR 130 (2005), 529 (550).
[9] Dazu unten Rn. 29 ff.
[10] So bereits für den Verfassungsvertrag *von Danwitz*, in: Schwarze, Verfassungsentwurf, S. 258.
[11] *Jung*, in: Calliess/Ruffert, EUV/AEUV, Art. 14 AEUV, Rn. 12; *Lenz*, in: Lenz/Borchardt, EU-Verträge, Art. 14 AEUV, Rn. 6; *Koenig/Paul*, in: Streinz, EUV/AEUV, Art. 14 AEUV, Rn. 27.
[12] Mitteilung der Kommission, Ein Qualitätsrahmen für Dienstleistungen von allgemeinem Interesse in Europa, KOM (2011) 900 endg., S. 3 f.; *Koenig/Paul*, in: Streinz, EUV/AEUV, Art. 14 AEUV, Rn. 27.
[13] EuG, Urt. v. 12. 2. 2008, Rs. T–289/03 (BUPA), Slg. 2008, II–81, Rn. 167; *Jung*, in: Calliess/ Ruffert, EUV/AEUV, Art. 14 AEUV, Rn. 12.
[14] EuG, Urt. v. 12. 2. 2008, Rs. T–289/03 (BUPA), Slg. 2008, II–81, Rn. 169.

D. Gestaltung der Grundsätze und Bedingungen zur Aufgabenerfüllung der Dienste von allgemeinem wirtschaftlichem Interesse (Satz 1)

I. Gewährleistungsverantwortung von Union und Mitgliedstaaten

Um den Regelungsgehalt des sprachlich schwer zugänglichen Art. 14 Satz 1 AEUV zu klären, bedarf es einer Reduktion des Satzes auf seinen Kern. Dieser besagt, dass Union und Mitgliedstaaten dafür Sorge tragen (englisch: »shall take care«) bzw. darüber wachen (französisch: »veillent«; spanisch: »velarán«), dass die Grundsätze und Bedingungen der Dienste von allgemeinem wirtschaftlichem Interesse so gestaltet sind, dass diese ihren Aufgaben nachkommen können. Damit wird der EU und den Mitgliedstaaten eine **gemeinsame Verantwortung für die Aufgabenerfüllung dieser Dienste**. Art. 14 Satz 1 AEUV enthält keine Aussage über das jeweilige Erbringungsmodell für diese Dienste. Er geht weder zwingend von einer direkten staatlichen Erbringung aus, noch verlangt er die Erbringung durch private Anbieter im Wettbewerb. Die Vorschrift stellt jedoch klar, dass die Union und die Mitgliedstaaten dafür zu sorgen haben, dass diese Dienste erbracht werden. Damit wird eine Gewährleistungsverpflichtung begründet.[15] Insofern lässt sich Art. 14 Satz 1 AEUV als Ausdruck einer geteilten **Gewährleistungsverantwortung** für Union und Mitgliedstaaten verstehen.[16]

9

Die Verantwortung der Union und der Mitgliedstaaten für die Aufgabenerfüllung der Dienstleistungen von allgemeinem wirtschaftlichem Interesse nach Art. 14 Satz 1 AEUV ist **nicht allumfassend**. Sie bezieht sich (nur) auf die Grundsätze und Bedingungen, die für das Funktionieren der Dienste und ihre Aufgabenerfüllung erforderlich sind. Unter den **Grundsätzen** kann man die allgemeinen Ordnungsprinzipien der Dienste von allgemeinem wirtschaftlichem Interesse verstehen.[17] Bei den **Bedingungen** handelt es sich um die konkreten Voraussetzungen materieller, finanzieller, personeller und infrastruktureller Art, die erfüllt sein müssen, damit öffentliche Dienste entsprechend ihrem Auftrag erfüllen können. Dazu zählen auch die sekundärrechtlichen Rahmenbedingungen für die Erbringung von Dienstleistungen von allgemeinem wirtschaftlichem Interesse.[18] Die durch den Vertrag von Lissabon eingefügte Konkretisierung macht deutlich, dass vor allem – aber nicht ausschließlich[19] – die **finanziellen und wirtschaftlichen Grundlagen der Erbringung der Dienstleistungen** im Mittelpunkt stehen. Union und Mitgliedstaaten müssen sicherstellen, dass die Erbringung dieser Leistungen auch – und gerade dann – erfolgt, wenn sich diese als unwirtschaftlich unter Marktgesichtspunkten darstellen würde. Bezugspunkt der Grundsätze und Bedingungen ist die Erfüllung der besonderen Aufgaben, die wiederum durch die zuständigen Einheiten der Mitgliedstaaten festgelegt werden.

10

---

[15] *Jung*, in: Calliess/Ruffert, EUV/AEUV, Art. 14 AEUV, Rn. 22 (»Funktionsgewährleistungspflicht«).
[16] *Krajewski*, S. 580 f.
[17] *Storr*, S. 231.
[18] *Weiß*, EuR-Beiheft 2/2011, 47 (60).
[19] *Weiß*, EuR-Beiheft 2/2011, 57 (59).

II. Normative Grundlage

11 Art. 14 Satz 1 AEUV enthält eine **doppelte normative Grundlage** für die Gewährleistungsverantwortung für Dienstleistungen von allgemeinem wirtschaftlichem Interesse. Er statuiert zum einen, dass diese Leistungen einen besonderen Stellenwert innerhalb der gemeinsamen Werte der Union einnehmen und zum anderen, dass Dienstleistungen von allgemeinem wirtschaftlichem Interesse für die Förderung des sozialen und territorialen Zusammenhalts von besonderer Bedeutung sind.

12 Durch den Hinweis auf die **gemeinsamen Werte** wird deutlich, dass die Erbringung von Dienstleistungen von allgemeinem wirtschaftlichem Interesse im Wertgefüge der Union einen legitimen Platz hat.[20] Zu den Werten der Union zählen allgemein die in Art. 2 EUV genannten Grundprinzipien. Dienstleistungen von allgemeinem wirtschaftlichem Interesse können in diesem Sinne als eine Konkretisierung der allgemeinen Werte der **Solidarität und Gerechtigkeit** angesehen werden.[21] Auch ein Bezug zu den Menschenrechten ist möglich.[22] Zudem werden die Unionsorgane verpflichtet, sich an den besonderen Funktionsbedingungen dieser Dienstleistungen zu orientieren. Die in Art. 14 Satz 1 AEUV angesprochenen Werte werden durch das Protokoll Nr. 26 konkretisiert.[23]

13 Der Hinweis auf die Förderung des sozialen und territorialen Zusammenhalts stellt einen Bezug zu den allgemeinen Zielen der Union gem. Art. 3 Abs. 3 UAbs. 3 EUV und zur entsprechenden Unionspolitik (Art. 174 ff. AEUV) her. Unter dem **sozialen Zusammenhalt** ist vor allem die gesellschaftliche Integration trotz unterschiedlicher Einkommen zu verstehen, die auch in den Zielen der Solidarität und Gerechtigkeit (Art. 2 EUV) und dem Kampf gegen soziale Ausgrenzungen und Diskriminierungen sowie der Förderung von Gerechtigkeit, sozialem Schutz und der Solidarität zwischen den Generationen (Art. 3 Abs. 3 UAbs. 1 EUV) zum Ausdruck kommt. Zur Verwirklichung dieser Ziele sind Sozial- und Gesundheitsdienste aber auch Bildungsleistungen von erheblicher Bedeutung.

14 Der **territoriale Zusammenhalt** bezieht sich auf die räumliche Integration zwischen und innerhalb der Mitgliedstaaten. Diese erfordert Kommunikations- und Verkehrsleistungen, die räumliche Distanzen überwinden und auch entfernte Regionen erreichen können (z.B. Fähr- und Flugverkehr zu kleineren Inseln).[24] Zudem ist der Ausgleich zwischen städtischen und ländlichen Räumen von Bedeutung (vgl. auch Art. 174 Abs. 3 AEUV).

III. Grenzen

15 Art. 14 Satz 1 AEUV enthält mehrere sprachliche Einschränkungen und Relativierungen. Diese lassen sich den beiden großen Konfliktlinien zuordnen, die die Auseinandersetzungen um Dienstleistungen von allgemeinem wirtschaftlichem Interesse in den vergangenen Jahren geprägt haben. Es handelt sich einerseits um die Frage der **Kompetenzverteilung** für Dienstleistungen von allgemeinem wirtschaftlichem Interesse im

---

[20] *Frenz*, GewArch 2011, 17.
[21] *Bußmann*, S. 152; *Wernicke*, in: Grabitz/Hilf/Nettesheim, EU, Art. 14 AEUV (Januar 2014), Rn. 17.
[22] *Müller-Graff*, in: Vedder/Heintschel v. Heinegg, Europäisches Unionsrecht, Art. 14 AEUV, Rn. 9.
[23] Dazu unten Rn. 29 ff.
[24] *Wernicke*, in: Grabitz/Hilf/Nettesheim, EU, Art. 14 AEUV (Januar 2014), Rn. 33.

europäischen Mehrebenensystem und andererseits um das **ordnungspolitische Modell** der Finanzierung und Organisation öffentlicher Dienstleistungen. Die erste Konfliktdimension bewegt sich zwischen den Polen der möglichst umfassenden Bewahrung mitgliedstaatlicher Autonomie und der Disziplinierung mitgliedstaatlicher Daseinsvorsorge durch das Wettbewerbs- und Binnenmarktrecht. Die zweite Konfliktdimension changiert zwischen einer primären Orientierung am Wettbewerbsmodell und einer verbindlichen Festlegung gemeinwirtschaftlicher Vorgaben auf der anderen Seite.[25]

Die Kompetenzverteilung ist Gegenstand der Einschränkung »**im Rahmen ihrer jeweiligen Befugnisse im Anwendungsbereich der Verträge**«. Diese Formulierung hat lediglich klarstellenden Charakter. Da Union und Mitgliedstaaten europarechtskonform nur innerhalb ihrer Kompetenz handeln können, hätte es dieses Hinweises nicht bedurft. Hintergrund der Formulierung dürfte die Befürchtung gewesen sein, dass durch die zunehmende Europäisierung des Rechts öffentlicher Dienstleistungen die mitgliedstaatlichen Kompetenzen in diesem Bereich faktisch zu stark eingeschränkt werden. In diesem Zusammenhang ist auch der **Hinweis auf Art. 4 EUV** zu sehen, der die Achtung der nationalen Identität einschließlich der lokalen Selbstverwaltung betrifft.[26] Damit wird auch die Bedeutung der kommunalen Ebene für Dienstleistungen von allgemeinem wirtschaftlichem Interesse gestärkt.[27] 16

Die ordnungspolitische Dimension wird durch die Formulierung »**unbeschadet der Art. 106 und 107**« verdeutlicht. Damit wird betont, dass die Geltung des Wettbewerbs- und Beihilfenrechts von der Vorschrift des Art. 14 Satz 1 AEUV nicht berührt werden soll. Die rechtliche Wirkung der Einschränkung dürfte sich jedoch ebenfalls auf eine Klarstellung beschränken: Art. 14 Satz 1 AEUV schränkt die genannten Vorschriften in rechtsformaler Weise nicht ein.[28] Diese Aussage kann sich jedoch nur auf die Geltung der Vorschriften beziehen, nicht auf ihre Auslegung und ihren Inhalt. Die Formulierung »unbeschadet der Art. 106 und 107 AEUV« bedeutet nicht, dass eine bestimmte Interpretation dieser Vorschriften konserviert werden soll. Vielmehr kann Art. 14 Satz 1 AEUV gerade auch zu einer Neuinterpretation dieser Vorschriften führen.[29] 17

IV. Wirkung

Art. 14 Satz 1 AEUV ist **nicht unmittelbar anwendbar**.[30] Das ergibt sich schon daraus, dass die Vorschrift EU und Mitgliedstaaten gerade zum Handeln auffordert und insofern zur Umsetzung weiterer Maßnahmen bedarf. Aus Art. 14 Satz 1 AEUV ergibt sich auch kein grundrechtlicher Leistungsanspruch auf die Erbringung bestimmter öffentlicher Dienstleistungen. Dennoch lässt sich Art. 14 Satz 1 AEUV auch nicht auf einen bloßen Programmsatz reduzieren.[31] Sie spielt in erster Linie bei der **Auslegung des Primär- und** 18

---

[25] *Krajewski*, ZögU 2010, 75 (77 f.).
[26] *Wernicke*, in: Grabitz/Hilf/Nettesheim, EU, Art. 14 AEUV (Januar 2014), Rn. 19.
[27] *Knauff*, EuR 2010, 725 (743 f.); *Jung*, in: Calliess/Ruffert, EUV/AEUV, Art. 14 AEUV, Rn. 17.
[28] Vgl. auch *Bußmann*, S. 150: »neutrale Referenz«.
[29] Ähnlich *Frenz*, GewArch 2011, 18. Widersprüchlich *Jung*, in: Calliess/Ruffert, EUV/AEUV, Art. 14 AEUV, Rn. 24: keine »Änderungen an Inhalt und Auslegung des Art. 106« und Rn. 30: »Leitlinie für die Auslegung«.
[30] *Lenz*, in: Lenz/Borchardt, EU-Verträge, Art. 14 AEUV, Rn. 9; *Kotzur*, in: Geiger/Khan/Kotzur, EUV/AEUV, Art. 106 AEUV, Rn. 7; *Hatje*, in: Schwarze, EU-Kommentar, Art. 14 AEUV, Rn. 9; *Wernicke*, in: Grabitz/Hilf/Nettesheim, EU, Art. 14 AEUV (Januar 2014), Rn. 50.
[31] So aber wohl *Jung*, in: Calliess/Ruffert, EUV/AEUV, Art. 14 AEUV, Rn. 29 (»politische Absichtserklärung«); dagegen auch *Koenig/Paul*, in: Streinz, EUV/AEUV, Art. 14 AEUV, Rn. 16.

Sekundärrechts, vor allem von Art. 106 Abs. 2 AEUV eine Rolle.[32] Art. 14 Satz 1 AEUV verpflichtet zudem auch die Mitgliedstaaten, die Besonderheiten von Dienstleistungen von allgemeinem wirtschaftlichem Interesse zu schützen.[33] Eine uneingeschränkte mitgliedstaatliche Politik der Deregulierung und Privatisierung, die zur Folge hat, dass bestimmte Dienstleistungen nicht mehr allen Bürgerinnen und Bürgern zur Verfügung stehen, wäre damit unvereinbar.

In der **Rechtsprechung des EuGH** hat Art. 14 AEUV (und seine Vorgängervorschrift) bislang noch keine große Rolle gespielt. In Urteilsbegründungen wurde die Vorschrift soweit ersichtlich noch nicht zitiert. Lediglich das **EuG** hat sich im sog. BUPA-Urteil auf die Vorschrift bezogen.[34] Ebenso haben einige **Generalanwälte** Art. 14 AEUV (bzw. Art. 16 EGV) erwähnt, allerdings zumeist ohne, dass dem eine tragende Rolle beigemessen wurde.[35] Wenn die Vorschrift ausführlicher erwähnt wurde, dann um die besondere Bedeutung von Dienstleistungen von allgemeinem wirtschaftlichem Interesse im EU-Recht zu betonen.[36]

E. Gesetzgebungskompetenz (Satz 2)

19 Nach Einführung von Art. 16 EGV (jetzt Art. 14 Satz 1 AEUV) war teilweise unklar, ob die neue Vorschrift als Rechtsgrundlage für Sekundärrecht genutzt werden könnte. Die h. M. hat dies zu Recht verneint. Der durch den Vertrag von Lissabon eingefügte Satz 2 stellt nunmehr allerdings unstreitig eine entsprechende Rechtsgrundlage dar. Artikel 14 Satz 2 AEUV enthält eine **ausdrückliche Rechtsgrundlage für Legislativakte der EU**, mit denen die Grundsätze und Bedingungen für das Funktionieren von Dienstleistungen von allgemeinem wirtschaftlichem Interesse im Wege des ordentlichen Gesetzgebungsverfahrens festgelegt werden können.

I. Voraussetzungen

1. Tatbestandsmerkmale der Rechtsgrundlage

20 Art. 14 Satz 2 AEUV enthält **drei Tatbestandsmerkmale**, die erfüllt sein müssen, damit von dieser Rechtsgrundlage Gebrauch gemacht werden kann. Erstens muss es sich um **Dienste von allgemeinem wirtschaftlichem Interesse** handeln.[37] Zweitens muss der geplante Rechtsakt die **Grundsätze und Bedingungen** und zwar insbesondere diejenigen wirtschaftlicher und finanzieller Art betreffen. Art. 14 Satz 2 AEUV enthält also keine umfassende Regelungskompetenz.[38] Allerdings kann sich Art. 14 Satz 2 AEUV nicht auf

---

[32] GA *Maduro*, Schlussanträge zu Rs. C-205/03 (FENIN), Slg. 2006, I–6295, Rn. 26 (Fn. 35); *Wernicke*, in: Grabitz/Hilf/Nettesheim, EU, Art. 14 AEUV (Januar 2014), Rn. 12. In der Sache ebenso GA *Jacobs*, Schlussanträge zu Rs. C–126/01 (GEMO), Slg. 2003, I–13769, Rn. 124 und *ders.*, Schlussanträge zu Rs. C–475/99 (Ambulanz Glöckner), Slg. 2001, I–8089, Rn. 175.
[33] *Ross*, E.L.Rev. 25 (2000), 22 (38).
[34] EuG, Urt. v. 12.2.2008, Rs. T–289/03 (BUPA), Slg. 2008, II–81, Rn. 167.
[35] GA *Kokott*, Schlussanträge zu Rs. C–49/07 (MOTOE), Slg. 2008, I–4863, Rn. 109 (Fn. 83); GA *Stix-Hackl*, Schlussanträge zu Rs. C–532/03 (Kommission/Irland), Slg. 2007, I–11353, Rn. 108; GA *Maduro*, Schlussanträge zu Rs. C-205/03 (FENIN), Slg. 2006, I–6295, Rn. 26 (Fn. 35).
[36] GA *Jacobs*, Schlussanträge zu Rs. C–126/01 (GEMO), Slg. 2003, I–13769, Rn. 124 und *ders.*, Schlussanträge zu Rs. C–475/99 (Ambulanz Glöckner), Slg. 2001, I–8089, Rn. 175.
[37] *Knauff*, EuR 2010, 725 (731).
[38] *Knauff*, EuR 2010, 725 (732).

sämtliche allgemeine Prinzipien beziehen, da der EU sonst eine umfassende Regelungskompetenz zugewiesen werden würde, was mit Art. 14 Satz 2 AEUV nicht erreicht werden soll. Art. 14 Satz 2 AEUV erfasst daher nur diejenigen Grundsätze, die nach dem EU-Recht bei der Organisation, Erbringung und Finanzierung zu beachten sind, da nur für diese eine Kompetenz der EU besteht. Es handelt sich dabei vor allem um die allgemeinen wettbewerbs- und beihilferechtlichen Vorschriften sowie die Grundfreiheiten.

Das dritte Tatbestandsmerkmal findet sich nicht ausdrücklich in Art. 14 Satz 2 AEUV, sondern nur implizit. Es besteht darin, dass sich die Ausübung der Kompetenz funktional **auf die besonderen Aufgaben der Dienste von allgemeinem wirtschaftlichem Interesse richten** muss. Rechtsakte nach Art. 14 Satz 2 AEUV können somit nicht (in erster Linie) auf die Durchsetzung von Wettbewerb und Binnenmarkt gerichtet sein.[39] Indem Art. 14 Satz 2 AEUV von »diesen« Grundsätzen und Bedingungen spricht, bezieht er die Konkretisierung dieser Grundsätze in Satz 1 mit ein. Daraus folgt, dass die Grundsätze und Bedingungen so gestaltet sein sollen, dass die besonderen Aufgaben der Dienstleistungen von allgemeinem wirtschaftlichem Interesse erfüllt werden können. Maßnahmen nach Art. 14 Satz 2 AEUV müssen insofern eine ermöglichende Wirkung haben.[40] Daraus ergibt sich, dass diese Maßnahmen einen positiven Beitrag zur Aufgabenerfüllung in dem von den Mitgliedstaaten festgelegten Rahmen leisten müssen. Maßnahmen nach Art. 14 Satz 2 AEUV haben eine dienende Funktion. Dagegen kann Art. 14 Satz 2 AEUV nicht als Grundlage für die weitere Liberalisierung von Leistungen der Daseinsvorsorge genutzt werden.[41] Zudem sind Maßnahmen, die die Erbringung, Organisation und Finanzierung von Dienstleistungen von allgemeinem wirtschaftlichem Interesse erschweren, als Verstoß gegen Art. 14 Satz 2 AEUV zu werten.

21

Diese funktionale Ausrichtung löst auch das wiederholt behauptete Paradox auf, wonach die grundsätzliche Ausrichtung des Protokolls Nr. 26, das auf eine Kompetenzbeschränkung der EU ausgerichtet ist und die Autonomie der Mitgliedstaaten wahren soll, im Widerspruch zu der expliziten Rechtsgrundlage in Art. 14 Satz 2 AEUV steht.[42] Diese Sicht verkennt die **funktionale Verschränkung der Regelungskompetenz nach Art. 14 Satz 2 AEUV** und der sowohl im Protokoll Nr. 26 als auch in Art. 14 Satz 2 AEUV genannten **Kompetenz der Mitgliedstaaten**. Maßnahmen nach Art. 14 Satz 2 AEUV können nur dann erlassen werden, wenn die Mitgliedstaaten (zuvor) festgelegt haben, welche Leistungen als Dienstleistungen von allgemeinem wirtschaftlichem Interesse zu erbringen sind und in welchem organisatorischen und finanziellen Rahmen dies geschehen soll.

22

2. Rechtsform Verordnung

Nach Art. 14 Satz 2 AEUV erlassene Maßnahmen können ausschließlich in der Rechtsform der Verordnung ergehen. Ein Rückgriff auf Richtlinien scheidet angesichts des klaren Wortlauts aus.[43] Bereits der Verfassungsvertrag hatte vorgesehen, dass die Regelungen in der Form des Europäischen Gesetzes als der der Verordnung entsprechen-

23

---

[39] *Hatje*, in: Schwarze, EU-Kommentar, Art. 14 AEUV, Rn. 14.
[40] *Storr*, S. 231.
[41] *Wernicke*, in: Grabitz/Hilf/Nettesheim, EU, Art. 14 AEUV (Januar 2014), Rn. 56.
[42] *Damjanovic/de Witte*, S. 29; *Würmeling*, WiVerw 2008, 251.
[43] *Wernicke*, in: Grabitz/Hilf/Nettesheim, EU, Art. 14 AEUV (Januar 2014), Rn. 55; *Knauff*, EuR 2010, 725 (733).

den Rechtsform und nicht des Rahmengesetzes als der der Richtlinie entsprechenden Rechtsform ergehen sollten. Eine **Begründung für diese Einschränkung ist nicht ersichtlich**. In der Literatur wurde vermutet, dass es sich um ein Redaktionsversehen handelte.[44]

24 Durch die Beschränkung auf Verordnungen ist der Anwendungsbereich von Art. 14 Satz 2 AEUV erheblich geringer als der des Art. 114 AEUV, der alle Instrumente umfasst und als der des Art. 106 Abs. 3 AEUV, der sowohl Richtlinien als auch Beschlüsse erfasst. Die Beschränkung auf Verordnungen **ist in der Sache nicht gerechtfertigt**: Die zentralen sektoralen Liberalisierungsvorgaben in den Bereichen Telekommunikation, Post und Energie beruhen überwiegend auf Richtlinien. Will der Europäische Gesetzgeber an diesen Elementen des bestehenden Regelwerks für öffentliche Dienstleistungen etwas ändern, ist die in Art. 14 Satz 2 AEUV verankerte Kompetenz hierfür wenig hilfreich.

25 Problematisch ist zudem, dass Verordnungen im Vergleich zu Richtlinien **weniger autonomieschonend** mit Blick auf die Mitgliedstaaten sind. Teilweise ist die Regelung daher als »subsidiaritätsrechtlicher Missgriff«[45] kritisiert worden. Allerdings können auch Verordnungen mit einer gewissen Umsetzungsflexibilität ausgestattet werden, wie z.B. die Verordnung 1370/2007 über den öffentlichen Personenverkehr,[46] die den Mitgliedstaaten bei der Umsetzung gewisse Spielräume gewährt. Anders als bei einer Richtlinie ist der Unionsgesetzgeber bei einer Verordnung jedoch nicht verpflichtet, den Mitgliedstaaten derartige Spielräume zu gewähren. Im Ergebnis dürfte die Beschränkung auf das Instrument der Verordnung jedenfalls die praktische Bedeutung der neuen Rechtsgrundlage erheblich einschränken.[47] Ob dies auch gewünscht war und insofern die Beschränkung auf Verordnungen erklären kann,[48] ist unklar. In den Materialen des Verfassungskonvents lassen sich hierfür jedenfalls keine Anhaltspunkte finden.

3. Gesetzgebungsverfahren

26 Die gem. Art. 14 Satz 2 AEUV getroffenen Maßnahmen werden im **ordentlichen Gesetzgebungsverfahren** gem. Art. 294 AEUV erlassen. In diesem Verfahren sind Rat und Parlament gemeinsam und weitgehend gleichberechtigte Gesetzgeber.[49] Damit unterscheidet sich Art. 14 Satz 2 AEUV von Art. 106 Abs. 3 AEUV, der eine alleinige Rechtsetzungskompetenz der Kommission vorsieht. Die nach Art. 106 Abs. 3 AEUV erlassenen Rechtsakte sind daher in erheblicher Weise dem Vorwurf des Demokratiedefizits ausgesetzt. Dagegen wird durch das ordentliche Gesetzgebungsverfahren das **Höchstmaß an demokratischer Legitimation** erreicht, das nach dem gegenwärtigen EU-Recht möglich ist. Maßnahmen, die im ordentlichen Gesetzgebungsverfahren erlassen werden, beruhen zwar wie alle europäischen Rechtsakte auf einem Vorschlag der Kommission. Die Kommission kann den weiteren Verlauf des Gesetzgebungsverfahrens jedoch kaum beeinflussen und muss zum Teil erhebliche Veränderungen ihres Vorschlages

---

[44] *Schweitzer*, in: Schwarze, Verfassungsentwurf, S. 304.
[45] *Von Danwitz*, in: Schwarze, Verfassungsentwurf, S. 266.
[46] Verordnung (EG) Nr. 1370/2007 des Europäischen Parlaments und des Rates vom 23.10.2007 über öffentliche Personenverkehrsdienste auf Schiene und Straße und zur Aufhebung der Verordnungen (EWG) Nr. 1191/69 und (EWG) Nr. 1107/70 des Rates, ABl. 2007, L 315/1.
[47] *Knauff*, EuR 2010, 725 (734).
[48] So *Schmahl*, WiVerw 2011, 96 (104) u. *Knauff*, EuR 2010, 725 (734).
[49] *Wernicke*, in: Grabitz/Hilf/Nettesheim, EU, Art. 14 AEUV (Januar 2014), Rn. 53.

durch Rat und Parlament hinnehmen. Aus diesem Grund ist es nicht verwunderlich, dass die Kommission der Rechtsgrundlage in Art. 14 Satz 2 AEUV eine gewisse Skepsis entgegen zu bringen scheint und ein größeres Interesse daran hat, Maßnahmen nach Art. 106 Abs. 3 AEUV zu erlassen, deren Inhalt sie allein bestimmt.

II. Mögliche Anwendungsfelder

Vor dem Hintergrund der gegenständlichen, funktionalen und instrumentellen Einschränkungen der Rechtsgrundlage des Art. 14 Satz 2 AEUV erscheinen die möglichen Anwendungsfelder eher eingeschränkt. Denkbar wäre es gewesen, die Vorschrift für punktuelle **Korrekturen und Konkretisierungen der Rechtsprechung zum Beihilfen- oder Vergaberecht** zu nutzen.[50] Die EU-Kommission hat diesen Weg jedoch nicht beschritten, sondern hierzu auf Art. 106 Abs. 3 AEUV zurückgegriffen.[51] 27

Vor dem Hintergrund der Beschränkung des Art. 14 Satz 2 AEUV auf Verordnungen kann diese Rechtsgrundlage auch nicht genutzt werden, um die in der Vergangenheit sowohl vom Europäischen Parlament als auch von mehreren Verbänden geforderte **Rahmenrichtlinie für Dienstleistungen von allgemeinem Interesse** zu erlassen. Dieser Vorschlag war insbesondere zu der entsprechenden Norm des Verfassungsvertrages vorgetragen worden.[52] Es erscheint grundsätzlich zweifelhaft, ob einen Rahmeninstrument in Form einer Verordnung ergehen kann, da ein Rahmen den Mitgliedstaaten typischerweise erhebliche Umsetzungsspielräume zubilligt. Allerdings könnten einzelnen Maßnahmen auf Art. 14 Satz 2 AEUV gestützt werden. Hiervon sollten die Unionsorgane schon deshalb Gebrauch machen, weil Art. 14 Satz 2 AEUV das ordentliche Gesetzgebungsverfahren verlangt und den entsprechenden Maßnahmen insofern eine höheres Maß an demokratischer Legitimation zukommt als Maßnahmen, die auf Art. 106 Abs. 3 AEUV gestützt werden, da über diese nur die Kommission entscheidet. 28

F. Protokoll Nr. 26 über Dienste von allgemeinem Interesse

Der Vertrag von Lissabon hat Art. 14 AEUV durch die Anfügung des Protokolls Nr. 26 über Dienste von allgemeinem Interesse an den AEUV weiter konkretisiert. Das Protokoll betont den Wunsch der Vertragsparteien »**die Bedeutung der Dienste von allgemeinem Interesse hervorzuheben**.« Zu diesem Zweck enthält das Protokoll in Artikel 1 eine nicht-abschließende Aufzählung der gemeinsamen Werte der Union in Bezug auf Dienste von allgemeinem Interesse und einen Artikel, der festlegt, dass die Bestimmungen der Verträge »in keiner Weise die Zuständigkeit der Mitgliedstaaten, nichtwirtschaftliche Dienste von allgemeinem Interesse zur Verfügung zu stellen, in Auftrag zu geben und zu organisieren« berühren. 29

Die **Genese des Protokolls** ist nicht einfach nachzuvollziehen. Es war nicht bereits Teil des Verfassungsvertrages, sondern wurde in das Mandat, das der Europäische Rat im Juni 2007 für die Regierungskonferenz erstellte, die den Vertrag von Lissabon aushandelte, eingefügt.[53] Offenbar beruhte das Protokoll auf einem niederländischen Vorstoß 30

---

[50] *Schweitzer*, in: Schwarze, Verfassungsentwurf, S. 307; *Wernicke*, in: Grabitz/Hilf/Nettesheim, EU, Art. 14 AEUV (Januar 2014), Rn. 58.
[51] Dazu die Kommentierung bei Art. 106 AEUV, Rn. 95 und 118.
[52] *Rodrigues*, RMC 2003, 503; *Auby*, RFDA 2006, 778 (786).
[53] *Weiß*, EuR-Beiheft 2/2011, 47 (62).

und war Teil der Ergänzungen des Verfassungsvertrages, die aus Sicht der niederländischen Regierung erforderlich waren, um ein zweites Referendum zu vermeiden.[54] Die niederländische Initiative wurde insbesondere von Deutschland und Frankreich unterstützt.[55] Es ist jedoch unklar, ob über diesen Vorstoß überhaupt verhandelt wurde. Als ein Element des Mandats für die Regierungskonferenz war es jedoch gewissermaßen bereits »gesetzt«, bevor die Verhandlungen über den Vertrag von Lissabon überhaupt begannen.

I. Stellenwert und Funktion

31 Das Protokoll Nr. 26 ist ebenso wie alle anderen Protokolle Bestandteil der Verträge (Art. 51 EUV) und gilt auf der **gleichen Rangstufe wie das übrige Primärrecht**.[56] Es geht also im Rang anderen Vorschriften weder vor, noch sind die Vorschriften des AEUV gegenüber dem Protokoll vorrangig. Das Protokoll Nr. 26 ändert grundsätzlich auch nicht die Anwendbarkeit des europäischen Wettbewerbs- und Binnenmarktrechts.[57] Die in dem Protokoll enthaltenen Grundsätze können jedoch bei der Auslegung des Unionsrechts und damit im Rahmen von Entscheidungen der Kommission und des Europäischen Gerichtshofs eine Rolle spielen.[58] Sie sind zudem vom Unionsgesetzgeber bei zukünftiger Rechtsetzung zu beachten. Dies gilt nicht nur bei Maßnahmen auf der Grundlage von Art. 14 Satz 2 AEUV, sondern bei allen Rechtsakten, da das Protokoll Art. 14 Satz 1 AEUV konkretisiert, der als Querschnittsklausel Beachtung bei allen Rechtsakten fordert.

32 Die beiden Artikel des Protokolls verfolgen unterschiedliche Ziele. Art. 1 des Protokolls bezweckt die **Interpretation des Begriffs »gemeinsame Werte«** gem. Art. 14 Satz 1 AEUV. Artikel 2 des Protokolls enthält dagegen eine Aussage über die **Kompetenzverteilung für sog. nicht-wirtschaftliche Dienstleistungen von allgemeinem Interesse**. Insbesondere Artikel 1 des Protokolls führt zu einer erneuten Akzentuierung der besonderen Bedeutung von Diensten von allgemeinem wirtschaftlichem Interesse und einer Betonung der gemeinwirtschaftlichen Aufgaben öffentlicher Dienstleistungen. Vor dem Hintergrund der Genese des Protokolls ist nicht auszuschließen, dass die Mitgliedstaaten damit ein Kurskorrektur seitens der Organe der EU anmahnen wollten, die aus Sicht der Mitgliedstaaten zu einseitig an der Durchsetzung des Binnenmarkts- und Wettbewerbsrechts gegenüber Dienstleistungen von allgemeinem wirtschaftlichem Interesse orientiert waren.

II. Artikel 1

33 Artikel 1 von Protokoll Nr. 26 enthält drei Spiegelstriche mit Konkretisierungen der gemeinsamen Werte im Sinne des Art. 14 AEUV, aus denen sich insgesamt vier normative Prinzipien ableiten lassen.

---

[54] *Damjanovic/de Witte*, S. 28.
[55] *Le Bihan*, RMC 2008, 356 (358).
[56] Sie dazu die Kommentierung bei Art. 51 EUV, Rn. 6.
[57] *Schorkopf*, WiVerw 2008, 253 (258).
[58] *Ruge*, WiVerw 2008, 263 (265).

1. Autonomie der Aufgabenträger

Der erste Spiegelstrich des Protokolls Nr. 26 betont die wichtige Rolle und den weiten »Ermessensspielraum der nationalen, regionalen und lokalen Behörden in der Frage, wie Dienste von allgemeinem wirtschaftlichem Interesse auf eine den Bedürfnissen der Nutzer so gut wie möglich entsprechende Weise zur Verfügung zu stellen, in Auftrag zu geben und zu organisieren sind«. Die Formulierung bezieht bewusst Einrichtungen auf **allen drei Ebenen der staatlichen Verwaltung** mit ein und schützt somit nicht nur die Autonomie der Mitgliedstaaten.[59] In diesem Zusammenhang ist erneut auf Art. 4 Abs. 2 EUV zu verweisen, mit dem erstmals die kommunale Selbstverwaltung als anerkennungswürdiges und schützenswertes Gut innerhalb des EU-Rechts genannt wird.[60] Da die Erbringung und Organisation von Leistungen der Daseinsvorsorge in vielen Mitgliedstaaten eine kommunale Aufgabe ist, geht mit der Anerkennung des Prinzips der lokalen Selbstverwaltung auch eine Stärkung der **Organisationsautonomie für Leistungen der Daseinsvorsorge** einher.[61]

34

Unter »Behörde« kann man **alle Aufgabenträger** von Leistungen der Daseinsvorsorge verstehen. Es geht nicht um die Aufgaben und Funktionen bestimmter Institutionen der Staatsverwaltung im engeren Sinne, sondern um diejenigen Gebietskörperschaften und sonstigen staatlichen Einrichtungen, die Dienstleistungen von allgemeinem wirtschaftlichen Interesse zur Verfügung stellen, in Auftrag geben und organisieren. Damit wird deutlich, dass es um diejenigen staatlichen oder öffentlichen Einrichtungen geht, deren Aufgabe die Sicherstellung der Erbringung öffentlicher Dienstleistungen ist. Die Leistungserbringer werden hiervon nur erfasst, wenn sie selbst Teil der Staatsverwaltung sind, was sich aus der Formulierung »zur Verfügung stellen« ergibt.

35

Mit der **Betonung des weiten Ermessensspielraums** wird auf die zunehmende Kritik der Aufgabenträger an den Einschränkungen ihres Gestaltungsspielraums durch die Vorgaben des Beihilfen-, Vergabe-, Wettbewerbs- und Binnenmarktrechts eingegangen und gleichsam ein Gegenprinzip aufgestellt, das als Grundsatz der Autonomie der Aufgabenträger bezeichnet werden kann. Konkret bedeutet dies, dass die Aufgabenträger in den wesentlichen Strukturfragen der Erbringung öffentlicher Dienstleistungen (Organisation, Finanzierung, Erbringungsweise) frei sein sollen.

36

Die Anerkennung des Grundsatzes der Autonomie der Aufgabenträger als einen gemeinsamen Wert von Union und Mitgliedstaaten im Sinne des Art. 14 AEUV hat keine unmittelbaren Auswirkungen auf die Anwendbarkeit und Reichweite des geltenden Primär- und Sekundärrechts. Der Grundsatz spielt jedoch im Rahmen von **Entscheidungen der Kommission und des Europäischen Gerichtshofs** eine Rolle. So könnte die jüngste Rechtsprechungsentwicklung zur Nichtanwendung des Vergaberechts auf interkommunale Kooperationen als Ausdruck des Grundsatzes der Autonomie der Aufgabenträger gewertet werden.[62] Auch die Ausführungen des EuGH im Eurawasser-Urteil[63] zur Frage, ob eine Dienstleistungskonzession nur dann vorliegt, wenn der Konzessionär ein erhebliches Betriebsrisiko übernimmt, lassen sich als Konkretisierung des Prinzips der Autonomie der Aufgabenträger deuten. Die Urteile betonen die Funktio-

---

[59] So aber *Ross*, S. 97.
[60] *Jung*, in: Calliess/Ruffert, EUV/AEUV, Art. 14 AEUV, Rn. 27.
[61] *Frenz*, GewArch 2011, 19.
[62] EuGH, Urt. v. 9. 6. 2009, Rs. C–480/06 (Kommission/Deutschland – Stadtreinigung Hamburg), Slg. 2009, I–4747.
[63] EuGH, Urt. v. 10. 9. 2009, Rs. C–206/08 (WAZV Gotha/Eurawasser), Slg. 2009, I–8377.

nalität der jeweils gewählten Erbringungsform und beschränken sich in der Sache auf eine Prüfung, ob das Gemeinschaftsrecht umgangen werden sollte. Auf diese Weise werden die Organisationsentscheidung und ihre konkrete Ausgestaltung nicht in Frage gestellt.

2. Vielfalt der Dienstleistungen

37 Der zweite Spiegelstrich nennt die »Vielfalt der Dienstleistungen und die Unterschiede bei den Bedürfnissen und Präferenzen der Nutzer, die aus unterschiedlichen geografischen, sozialen oder kulturellen Gegebenheiten folgen können«. Mit dem Wert der »Vielfalt der Dienstleistungen« wird die Tatsache aufgegriffen, dass die in den Mitgliedstaaten als Daseinsvorsorge, service public o. ä. bezeichneten Dienstleistungen von allgemeinem wirtschaftlichem Interesse sich durch eine **große Heterogenität und Bandbreite** auszeichnen. Sie umfassen netzgebundene und netzungebundene Versorgungs-, Kommunikations- und Verkehrsleistungen, kommunale und staatliche Bildungs-, Sozial- und Gesundheitsleistungen sowie Aufgaben des öffentlichen Rundfunks und der öffentlichen Finanzinstitutionen. Man kann aus dem zweiten Spiegelstrich des Protokolls Nr. 26 in rechtlicher Hinsicht daher zunächst schließen, dass Mitgliedstaaten und Union eine breite Varianz an öffentlichen Dienstleistungen für wertvoll halten.

38 Mit der Vielfalt ist zudem die Reaktion der Aufgabenträger auf die **vielfältigen unterschiedlichen Bedürfnisse der Nutzer** gemeint, die sich aus unterschiedlichen geografischen, sozialen und kulturellen Gegebenheiten ergeben. Der Grundsatz der Vielfalt der Dienstleistungen drückt damit einerseits aus, dass die Entscheidung, welche Leistungen als Dienstleistungen von allgemeinem wirtschaftlichem Interesse erbracht werden sollen auf den unterschiedlichen Bedürfnissen der Nutzer beruhen sollen. Damit wird auch der Gewährleistungsauftrag an die Aufgabenträger in den Mitgliedstaaten präzisiert: Die Mitgliedstaaten sollen sich bei der Festlegung dessen, was sie als Dienstleistungen von allgemeinem wirtschaftlichen Interesse ansehen, von den Bedürfnissen der Bürger leiten lassen, die sich zwischen und innerhalb der Mitgliedstaaten unterscheiden können, wie der Hinweis auf die geografischen, sozialen und kulturellen Gegebenheiten verdeutlicht.

39 Vor diesem Hintergrund lässt sich aus dem Grundsatz der Vielfalt der Dienstleistungen auch ableiten, dass an die Bewertung dessen, was als Dienstleistung von allgemeinem wirtschaftlichem Interesse angesehen wird, **kein europaweit einheitlicher Maßstab** angelegt werden kann.[64] Vielmehr können Leistungen, die in einem Staat – oder auch nur in einer Region – als Dienstleistungen von allgemeinem wirtschaftlichem Interesse angeboten und organisiert werden anderswo dem freien Markt überlassen werden.[65] Dieser Gedanke lässt sich bis auf die kommunale Ebene fortführen. So können es die geografischen Gegebenheiten in einer Stadt erforderlich machen, dass Infrastrukturanlagen (z. B. Häfen) als Dienstleistung von allgemeinem wirtschaftlichem Interesse organisiert sind, während dies in einer anderen Stadt nicht der Fall ist. Das Prinzip der Vielfalt der Leistungen stärkt auch den Grundsatz der Autonomie der Aufgabenträger. Es muss in der Autonomie der Aufgabenträger verbleiben, welche Aufgaben sie als Dienstleistungen von allgemeinem wirtschaftlichem Interesse organisieren wollen.

---

[64] *Knauff*, EuR 2010, 725 (736).
[65] Conseil Economique et Sociale, Analyse des implications du traité de Lisbonne sur les Services d'Intérêt Général – Document de réflexion élaboré par un groupe d'experts européens, 2008, http://www.ces.public.lu/fr/publications/sig-doc-reflexion–2008.pdf (2.2.2017), S. 47.

3. Zugang und Qualität

Als drittes Element der gemeinsamen Werte wird das »hohe Niveau in Bezug auf Qualität, Sicherheit und Bezahlbarkeit, Gleichbehandlung und Förderung des universellen Zugangs und der Nutzerrechte« genannt. Diese Grundsätze stellen eine Weiterentwicklung und Ausdifferenzierung der bereits von der Europäischen Kommission im Grünbuch zu Dienstleistungen von allgemeinem Interesse genannten Grundsätze dar, die den **Kern eines europäischen Modells öffentlicher Dienstleistungen** beschreiben wie Universaldienst, Kontinuität, Qualität der Dienstleistungen, Erschwinglichkeit, sowie Nutzerrechte und Verbraucherschutz.[66]

40

Damit werden Grundsätze in das europäische Primärrecht übernommen, deren ideengeschichtlicher Hintergrund im französischen Recht des **service public** zu suchen ist.[67] Nach klassischem französischen Verständnis wird die Erbringung eines service public durch die Grundprinzipien der Kontinuität, Gleichheit und Anpassung (continuité, egalité, mutabilité, sog. »lois de Rolland«) geprägt.[68] Insofern kann man die Grundsätze des Protokolls als Beispiel für die wechselseitige Durchdringung von mitgliedstaatlichen und europarechtlichen Prinzipien werten. Ähnlich wie in der wiederholten Betonung der Bedeutung der kommunalen Ebene im Vertrag von Lissabon, die nicht zuletzt auf deutsche Vorstellungen zurückgehen dürfte, zeigt sich hier, dass das europäische Recht der öffentlichen Dienstleistungen gegenüber mitgliedstaatlichen Grundsätzen offen und anpassungsfähig sein kann.

41

Die im dritten Spiegelstrich genannten Grundsätze lassen sich auf die zwei Kernprinzipien **Zugang und Qualität** reduzieren. Mit den Grundsätzen der Bezahlbarkeit, der Gleichbehandlung und der Förderung des universellen Zugangs werden die Kernelemente des Zugangs zu einer öffentlichen Dienstleistung beschrieben. Es soll sichergestellt werden, dass »bestimmte Dienste in einer bestimmten Qualität allen Verbrauchern und Nutzern im gesamten Hoheitsgebiet eines Mitgliedstaates unabhängig von ihrem geografischen Standort und unter Berücksichtigung der landesspezifischen Gegebenheiten zu einem erschwinglichen Preis zur Verfügung gestellt werden«.[69] Dieses Prinzip wird im sektorspezifischen Regulierungsrecht für Telekommunikation, Post und Energie als **Universaldienst** bezeichnet.[70] Es gilt in gleicher Weise jedoch auch für alle anderen Dienstleistungen von allgemeinem Interesse. Auch die im zweiten Spiegelstrich erwähnten geographischen und sozialen Begebenheiten enthalten eine zugangsbezogene Perspektive, da Nutzer in dünn besiedelten, ländlichen Räumen und sozial benachteiligte Nutzer typischerweise vor größere Zugangsprobleme gestellt sind als Nutzer in städtischen Ballungsräumen und ökonomisch besser gestellte Nutzer.[71]

42

Von besonderer Bedeutung ist dabei das im Protokoll explizit erwähnte **Prinzip der Bezahlbarkeit**. Hieraus folgt, dass eine Dienstleistung von allgemeinem wirtschaftlichem Interesse zu einem Preis angeboten werden muss, der es ermöglicht, dass die Leistung für jedermann zugänglich ist. Die primärrechtliche Bedeutung des Zugangs zu

43

---

[66] *Europäische Kommission*, Grünbuch zu Dienstleistungen von allgemeinem Interesse, KOM (2003) 270 endgültig, Rn. 55 ff.
[67] Dazu *Löwenberg*, S. 65 ff.
[68] *Löwenberg*, S. 104 ff.
[69] *Europäische Kommission*, Dienstleistungen von allgemeinem Interesse unter Einschluss von Sozialdienstleistungen: Europas neues Engagement, KOM (2007) 725 endgültig, S. 18 ff.
[70] *Europäische Kommission*, Grünbuch zu Dienstleistungen von allgemeinem Interesse, KOM (2003) 270 endgültig, Rn. 50.
[71] *Micklitz*, S. 24.

Dienstleistungen von allgemeinem wirtschaftlichem Interesse als einer der zentralen Grundsätze des europäischen Rechts öffentlicher Dienstleistungen wird durch den nunmehr verbindlich geltenden Art. 36 der Grundrechtecharta unterstrichen. Die praktischen Implikationen des Prinzips der Bezahlbarkeit hat das EuG im BUPA-Urteil herausgestellt: Danach können regulierte Einheitspreise den Zugang zu einer bestimmten Dienstleistung von allgemeinem wirtschaftlichem Interesse (hier Versicherungsleistungen) für Personengruppen ermöglichen, denen dies andernfalls aufgrund zu hoher Preise verwehrt wäre.[72] Der Grundsatz der Bezahlbarkeit kann somit auch Quersubventionierungen rechtfertigen.

44 Dienstleistungen von allgemeinem wirtschaftlichem Interesse sollen von möglichst **hoher Qualität** sein. Der Qualitätsmaßstab wird durch das Protokoll mit dem Hinweise auf die **Sicherheit** ergänzt, ansonsten jedoch nicht weiter konkretisiert. Das dürfte angesichts der Autonomie der Aufgabenträger bei der Bereitstellung der Dienste und der Vielfalt der Dienstleistungen auch kaum möglich sein. Lediglich über den Sicherheitsaspekt, der sich objektiv feststellen und messen lässt, besteht Einigkeit zwischen Union und Mitgliedstaaten.

4. Bedürfnisse, Präferenzen und Rechte der Nutzer

45 Artikel 1 des Protokolls Nr. 26 erwähnt in allen drei Spiegelstrichen die Perspektive der Nutzer von Dienstleistungen von allgemeinem wirtschaftlichem Interesse. So wird betont, dass die Leistungen auf eine den Bedürfnissen der Nutzer so gut wie möglich entsprechenden Weise zur Verfügung zu stellen, in Auftrag zu geben und zu organisieren sind. Weiterhin wird auf die Unterschiede bei den Bedürfnissen und Präferenzen der Nutzer abgestellt und auf die Rechte der Nutzer hingewiesen. Die Bedeutung der **Perspektive der Nutzer** kann daher als eine Art »**Querschnittswert**« angesehen werden. Das Protokoll ist damit gleichermaßen Ausdruck und Weiterführung eines tief greifenden Perspektivenwandels des Rechts öffentlicher Dienstleistungen in Europa, der die Interessen und Bedürfnisse des Nutzers in den Vordergrund rückt.[73] Diese zunächst im Sekundärrecht begonnene Entwicklung wird durch das Protokoll konstitutionalisiert und verstetigt. Das Protokoll verdeutlicht auch, dass die Bedürfnisse und Präferenzen der Nutzer aus unterschiedlichen geografischen, sozialen oder kulturellen Gegebenheiten folgen können.[74]

III. Artikel 2

46 Die Europäische Union hat **keine Kompetenz zur Regelung von nicht-wirtschaftlichen Dienstleistungen** von allgemeinem Interesse. Dies ergibt sich aus dem Grundsatz der begrenzten Einzelermächtigung, da der Union an keiner Stelle der Verträge eine derartige Kompetenz eingeräumt wurde. Die Mitgliedstaaten hielten es gleichwohl für erforderlich, dies noch einmal ausdrücklich in Artikel 2 des Protokolls Nr. 26 über Dienstleistungen von allgemeinem Interesse zu bestätigen.

47 Die Feststellung, dass die Verträge »in keiner Weise die Zuständigkeit der Mitgliedstaaten, nicht-wirtschaftliche Dienste von allgemeinem Interesse zur Verfügung zu stellen, in Auftrag zu geben und zu organisieren« berühren, stellt **keine generelle Bereichs-**

---

[72] EuG, Urt. v. 12. 2. 2008, Rs. T–289/03 (BUPA), Slg. 2008, II–81, Rn. 182.
[73] Vgl. allgemein dazu, *Rott*, S. 81 ff.
[74] *Ruge*, WiVerw 2008, 263 (265).

ausnahme für nicht-wirtschaftliche Leistungen von allgemeinem Interesse aus dem Anwendungsbereich des Europarechts dar.[75] Artikel 2 des Protokolls Nr. 26 erklärt lediglich, dass die Verträge die Zuständigkeit der Mitgliedstaaten für die Zurverfügungstellung, Inauftraggabe und Organisation von nicht-wirtschaftlichen Leistungen von allgemeinem Interesse nicht berühren. Dieser Klarstellung hätte es rechtsdogmatisch zwar nicht bedurft.[76] Da die Kommission den Begriff der »nicht-wirtschaftlichen Dienstleistungen von allgemeinem Interesse« jedoch seit gut zehn Jahren in ihren Dokumenten verwendet, wurde offenbar der Eindruck erweckt, die Kommission beanspruche auch in diesem Bereich eine gewisse Zuständigkeit. Nunmehr haben die »Herren der Verträge« deutlich gemacht, dass der Union keine Regelungskompetenz für nicht-wirtschaftliche Leistungen zukommt. Ob sie damit der sinnvollen Weiterentwicklung des Rechts öffentlicher Dienstleistungen in Europa einen Dienst erwiesen haben, ist fraglich. Denn die ausdrückliche Betonung einer Selbstverständlichkeit ist immer geeignet, Misstrauen zu wecken und die Frage aufzuwerfen, ob die Selbstverständlichkeit vielleicht gar nicht mehr so selbstverständlich ist.[77]

IV. Wirkungen

Der inhaltliche Schwerpunkt des Protokolls liegt in der Konkretisierung der in Art. 14 AEUV genannten gemeinsamen Werte. Zwar ergeben sich aus dieser Konkretisierung – die ihrerseits auch mit auslegungsbedürftigen und teils allgemeinen Begriffen arbeitet – keine unmittelbaren Rechtsfolgen. Die verschiedenen in Artikel 1 des Protokolls genannten Prinzipien verdeutlichen jedoch die Ziele, die Union und Mitgliedstaaten im Rahmen ihrer Politik bezüglich Dienstleistungen von allgemeinem wirtschaftlichem Interesse verfolgen wollen bzw. sollen. Insofern werden sie als **Maßstab und normative Orientierungsgröße bei künftigen Maßnahmen der EU**, insbesondere bei Vorschlägen der Kommission und Legislativakten von Parlament und Rat, genutzt werden. Dies gilt vor allem bei der Inanspruchnahme der Rechtsgrundlage nach Art. 14 Satz 2 AEUV, da das Protokoll in einem engen Zusammenhang mit dieser Kompetenznorm steht. Die Prinzipien des Protokolls gelten jedoch auch für andere Vorhaben, die sich auf Dienstleistungen von allgemeinem wirtschaftlichem Interesse auswirken. In diesem Sinne lässt sich aus dem Protokoll möglicherweise sogar eine **Grenze für weitere Liberalisierungsvorhaben** (z.B. im Bereich Wasserversorgung oder Abfallentsorgung) ableiten. Eine Binnenmarktliberalisierung und -harmonisierung wie sie in den Sektoren Telekommunikation, Post und Energie vorgenommen wurde, dürfte mit den Grundsätzen des Protokolls, insbesondere der Autonomie der Aufgabenträger und der Vielfalt der Leistungen, nur schwer zu vereinbaren sein.

48

Protokoll Nr. 26 könnte sich auch auf die **Rechtsprechung des EuGH** auswirken. So kann die bereits erwähnte Rechtsprechung zur Vergaberechtsfreiheit interkommunaler Kooperation[78] und zur flexiblen Nutzung von Dienstleistungskonzession[79] unter Hinweis auf den ersten Spiegelstrich von Art. 1 des Protokolls (Autonomie der Aufgabenträger) weiter verfestigt werden. Denkbar ist auch, dass die Rechtsprechung zum Bei-

49

---

[75] *Damjanovic/de Witte*, S. 29.
[76] *Ruge*, WiVerw 2008, 263 (265).
[77] *Schorkopf*, WiVerw 2008, 253 (257).
[78] EuGH, Urt. v. 9.6.2009, Rs. C–480/06 (Kommission/Deutschland – Stadtreinigung Hamburg), Slg. 2009, I–4747.
[79] EuGH, Urt. v. 10.9.2009, Rs. C–206/08 (WAZV Gotha/Eurawasser), Slg. 2009, I–8377.

hilfenbegriff weniger strikt gefasst wird und dem Beispiel des EuG im BUPA-Fall folgt,[80] in dem das vierte Altmark Trans-Kriterium sehr großzügig ausgelegt wurde. Durch eine entsprechende Korrektur seiner Rechtsprechung würde der EuGH die oben angedeutete Reaktion des Gemeinschaftsgesetzgebers u. U. überflüssig machen.

50 Die **Europäische Kommission** weiß mit den in Art. 1 des Protokolls verankerten Grundsätzen noch wenig anzufangen. Bezeichnend ist insbesondere, dass das Protokoll nach Ansicht der Kommission »Klarheit und Sicherheit in das EU-Regelwerk« bringt und dass daher auf Maßnahmen nach Art. 14 Satz 2 AEUV verzichtet werden könne.[81] Damit wird der klare Wille der Mitgliedstaaten, die neben dem Protokoll in Art. 14 Satz 2 eine ausdrückliche Rechtsgrundlage geschaffen haben, missachtet. Würde die Auffassung der Kommission zutreffen, hätten die Mitgliedstaaten mit Art. 14 Satz 2 eine sinnlose Rechtsgrundlage geschaffen. Die Auffassung der Kommission ist daher zu Recht als »zynisch« bezeichnet worden.[82]

---

[80] EuG, Urt. v. 12. 2. 2008, Rs. T–289/03 (BUPA), Slg. 2008, II–81.
[81] Mitteilung der Europäischen Kommission, Dienstleistungen von allgemeinem Interesse unter Einschluss von Sozialdienstleistungen: Europas neues Engagement, KOM(2007) 725 endgültig, S. 3.
[82] *Sauter,* E.L.Rev. 33 (2008), 167 (173).

Artikel 15 AEUV [Grundsatz der Offenheit]

(1) Um eine verantwortungsvolle Verwaltung zu fördern und die Beteiligung der Zivilgesellschaft sicherzustellen, handeln die Organe, Einrichtungen und sonstigen Stellen der Union unter weitestgehender Beachtung des Grundsatzes der Offenheit.

(2) Das Europäische Parlament tagt öffentlich; dies gilt auch für den Rat, wenn er über Entwürfe zu Gesetzgebungsakten berät oder abstimmt.

(3) Jeder Unionsbürger sowie jede natürliche oder juristische Person mit Wohnsitz oder satzungsgemäßem Sitz in einem Mitgliedstaat hat das Recht auf Zugang zu Dokumenten der Organe, Einrichtungen und sonstigen Stellen der Union, unabhängig von der Form der für diese Dokumente verwendeten Träger, vorbehaltlich der Grundsätze und Bedingungen, die nach diesem Absatz festzulegen sind.

Die allgemeinen Grundsätze und die aufgrund öffentlicher oder privater Interessen geltenden Einschränkungen für die Ausübung dieses Rechts auf Zugang zu Dokumenten werden vom Europäischen Parlament und vom Rat durch Verordnungen gemäß dem ordentlichen Gesetzgebungsverfahren festgelegt.

Die Organe, Einrichtungen und sonstigen Stellen gewährleisten die Transparenz ihrer Tätigkeit und legen im Einklang mit gemäß den in Unterabsatz 2 genannten Verordnungen in ihrer Geschäftsordnung Sonderbestimmungen hinsichtlich des Zugangs zu ihren Dokumenten fest.

Dieser Absatz gilt für den Gerichtshof der Europäischen Union, die Europäische Zentralbank und die Europäische Investitionsbank nur dann, wenn sie Verwaltungsaufgaben wahrnehmen.

Das Europäische Parlament und der Rat sorgen dafür, dass die Dokumente, die die Gesetzgebungsverfahren betreffen, nach Maßgabe der in Unterabsatz 2 genannten Verordnungen öffentlich zugänglich gemacht werden.

Literaturübersicht

Bartelt/Zeitler, Zugang zu Dokumenten der EU, EuR 2003, 487; *Bock*, Ein Sieg für die Transparenz? Die neue Verordnung über den Zugang der Öffentlichkeit zu Dokumenten der EU, DÖV 2002, 556; *Boysen*, Transparenz im europäischen Verwaltungsverbund – Das Recht auf Zugang zu Dokumenten der Gemeinschaftsorgane und Mitgliedstaaten in der Rechtsprechung der europäischen Gerichte, DV 2009, 215; *Brandsma/Curtin/Meijer*, How transparent are EU comitology committees in practice?, ELJ 15 (2008), 819; *Cabral*, Access to Member State documents in EC law, E.L.Rev. 31 (2006), 378; *Calliess*, Rechtsanspruch auf Transparenz von EU-Ministerratssitzungen – Anmerkungen zu Rs. T–194/94, ZUR 1996, 140; *Castenholz*, Die EU-Transparenzverordnung: Zugang der Öffentlichkeit zu Dokumenten, EWS 2001, 530; *ders.*, Informationszugangsfreiheit im Gemeinschaftsrecht, 2004; *Corbett/Jacobs/Shackleton*, The European Parliament, 2005; *Curtin*, Citizens' fundamental right of access to EU information: An evolving digital passepartout?, CMLRev. 37 (2000), 7; *Curtin/Meijers*, The principle of open government in Schengen and the European Union: democratic retrogression, CMLRev. 32 (1995), 391; *Diamandouros*, Das Recht auf Zugang zu Dokumenten in der Europäischen Union und seine Durchsetzung, Jahrbuch Informationsfreiheit und Informationsrecht 2008, 167; *Driessen*, The Council of the European Union and access to documents, E.L.Rev. 30 (2005), 675; *Epiney*, Verordnung (EG) Nr. 1049/2001, in: Fluck/Theuer (Hrsg.), Informationsfreiheitsrecht, Bd. 2, 2007; *Feik*, Zugang zu EU-Dokumenten, 2002; *Florini*, The end of secrecy, foreign policy, 1998, S. 50; *Frenzel*, Zugang zu Informationen, 2000; *Furrer*, Rechtsanspruch auf Zugang zu Kommissionsdokumenten – Anmerkungen zu Rs. T–105/95, ZUR 1997, 148; *Grewe*, Transparenz, Informationszugang und Datenschutz in Frankreich, DÖV 2002, 1022; *Gross*, EuGH zum Recht auf Zugang zu Dokumenten, die aus einem Mitgliedstaat stammen, EuZW 2008, 99; *Haltern*, Europarecht, Dogmatik im Kontext, 2005; *Harden*, The revision of Regulation 1049/2001 on public access to documents, EPL 2009, 239; *Harlow*, Accountability in the European Union, 2002; *Heitsch*, Die Transparenz der Entscheidungsprozesse als Element demokratischer Legitimation der Europäischen Union, EuR 2001, 809;

ders., Die Verordnung über den Zugang zu Dokumenten der Gemeinschaftsorgane im Lichte des Transparenzprinzips, 2003; *Heliskoski/Leino*, Darkness at the break of noon: The case law on regulation Nr. 1049/2001, CMLRev. 43 (2006), 735; *Kahl*, Das Transparenzdefizit im Rechtsetzungsprozeß der EU, ZG 1996, 224; *Kepenne/Lagondet/van Raepenbusch*, Cronique de jurisprudence anée 2002, CDA 2003, 431; *Krämer*, Vertraulichkeit und Öffentlichkeit; Europäisches Vorverfahren und Zugang zu Informationen, FS Winter, 2003, S. 153; *Kranenborg*, Is it time to revise the European Regulation on Public Access to Documents?, EPL 2006, 251; *Kranenborg*, Access to documents and data protection in the European Union: on the public nature of personal data, CMLRev. 33 (2008), 1079; *Kugelmann*, Die informatorische Rechtsstellung des Bürgers, 2001; *De Leeuw*, The Regulation on public access to European Parliament, Council and Commission documents in the European Union: are citizens better of?, E.L.Rev. 28 (2003), 324; *De Leeuw*, Openness in the legislative process in the European Union, E.L.Rev. 32 (2007), 295; *Leino*, Just a little sunshine in the rain: The 2010 jurisprudence of the European Court of Justice on access to documents, CMLRev. 48 (2011), 1215; *Lenaerts/Corthaut*, Judicial Review as a contribution to the development of European Constitutionalism, YEL 2003, 1; *Lenaerts*, »In the Union we Trust«: Trust Enhancing Principles of Community Law, CMLRev. 41 (2004), 317; *Lorenz*, Weitere Stärkung des Rechts auf Dokumentenzugang, NVwZ 2005, 1274; *Maes*, La refonte du règlement (CE) 1049/2001 relatif à l'accès du public aux documents du Parlement européen, du Conseil et de la Commission, Revue du Droit de l'Union Européenne 2008, 577; *Marsch*, Das Recht auf Zugang zu EU-Dokumenten – Die Verordnung (EG) Nr. 1049/2001 in der Praxis, DÖV 2005, 639; *Meltzian*, Das Recht der Öffentlichkeit auf Zugang zu Dokumenten der Gemeinschaftsorgane, 2004; *Nowak*, Informations- und Dokumentenzugangsfreiheit in der EU, DVBl 2004, 272; *Partsch*, Die neue Transparenzverordnung (EG) Nr. 1049/2001, NJW 2001, 3154; *Partsch*, Die Freiheit des Zugangs zu Verwaltungsinformationen – Akteneinsichtsrecht in Deutschland, Europa und den USA, 2002; *Prechal/de Leeuw*, Transparency: A General Principle of EU Law?, in: Bernitz/Nergelius/Cardner (Hrsg.), General Principles of EC Law in a Process of Development, S. 201–242; *Riemann*, Die Transparenz der Europäischen Union – Das neue Recht auf Zugang zu Dokumenten von Parlament, Rat und Kommission, 2004; *Röger*, Ein neuer Informationsanspruch auf europäischer Ebene: Der Verhaltenskodex vom 6. Dezember 1993 für den Zugang der Öffentlichkeit zu Kommissions- und Ratsdokumenten, DVBl 1994, 1182; *Sanner*, Der Zugang zu Schriftsätzen der Kommission aus Gerichtsverfahren vor den Europäischen Gerichten, EuZW 2011, 134; *Schadtle*, Informationsfreiheit und Verwaltungstransparenz in Europa: Das Recht auf Zugang zu Dokumenten aus den EG-Mitgliedstaaten auf dem Prüfstand, DÖV 2008, 455; *Scherzberg*, Die Öffentlichkeit der Verwaltung, 2000; *Schnichels*, Die gläserne Kommission – Zugang zu den Dokumenten der EG-Kommission, EuZW 2002, 577; *Schoch*, Informationsrecht in einem grenzüberschreitenden und europäischen Kontext, EuZW 2011, 388; *Schomerus/Schrader/Wegener*, Umweltinformationsgesetz, 2002; *Schwarze*, Europäisches Verwaltungsrecht, 2005; *Sobotta*, Transparenz in den Rechtsetzungsverfahren der Europäischen Union, 2001; *Tietje/Nowrot*, Zugang zu Kartellrechtsakten nach der Transparenzverordnung als öffentliches Interesse, EWS 2006, 486; *Wägenbaur*, Der Zugang zu EU-Dokumenten – Transparenz zum Anfassen, EuZW 2001, 680; *Wehner*, Informationszugangsfreiheit zu staatlichen Quellen, 2012; *Wewers*, Das Zugangsrecht zu Dokumenten in der europäischen Rechtsordnung, 2003.

Leitentscheidungen

EuGH, Urt. v. 30.4.1996, Rs. C–58/94 (Niederlande/Rat), Slg. 1996, I–2169
EuGH, Urt. v. 6.12.2001, Rs. C–353/99 P (Hautala), Slg. 2001, I–9565
EuGH, Urt. v. 10.1.2006, Rs. C–344/04 (IATA), Slg. 2006, I–403
EuGH, Urt. v. 18.12.2007, Rs. C–64/05 P (Schweden), Slg. 2007, I–11389

Wesentliche sekundärrechtliche Vorschrift

Verordnung (EG) Nr. 1049/2001 vom 30.5.2001 über den Zugang der Öffentlichkeit zu Dokumenten des Europäischen Parlaments, des Rates und der Kommission, ABl. 2001, L 145/43

Inhaltsübersicht Rn.

A. Bedeutung und systematischer Überblick 1
B. Entwicklung 7
C. Grundsatz der Offenheit (Abs. 1) 12
    I. Gewährleistungsgehalt 12
        1. Allgemeines 12
        2. Ziele 16
        3. Anwendungsbereich und Umfang 19
    II. Verpflichtete 21
D. Öffentlichkeit von Tagungen (Abs. 2) 22
    I. Gewährleistungsgehalt 22
    II. Verpflichtete 32
E. Zugang zu Dokumenten (Abs. 3) 33
    I. Allgemeines 33
    II. Berechtigte 40
    III. Verpflichtete 42
    IV. Gewährleistungsgehalt 46
        1. Zugang 46
        2. Dokumente 48
        3. Ausnahmeregelungen 55
            a) Allgemeines 55
            b) Absolute Gründe 60
            c) Relative Gründe 63
        4. Verwaltungsverfahren 68
        5. Abgrenzung zu anderen Zugangsbestimmungen 72
        6. Weitere Entwicklung 73
    V. Sonderbestimmungen in den Geschäftsordnungen (UAbs. 3) 75
    VI. Sonderregelungen für den Europäischen Gerichtshof, die Europäische Zentralbank und die Europäische Investitionsbank (UAbs. 4) 76
    VII. Zugang zu legislativen Dokumenten (UAbs. 5) 77

A. Bedeutung und systematischer Überblick

Art. 15 AEUV gewährleistet den **Grundsatz der Offenheit**, der in zweifacher Hinsicht 1
ausdrücklich konkretisiert wird. Zum einen wird er insbesondere auf die **Beratungen
und Abstimmungen** im Europäischen Parlament sowie im Rat angewendet. Zum anderen tritt das **Recht auf Zugang zu Dokumenten** als weitere Konkretisierung hinzu. Der
Vorschrift kommt eine kaum überschätzbare Bedeutung für den **Integrationsprozess**
und dessen **demokratische Legitimation** zu.[1] Vor allem die Anwendung des Prinzips der
Offenheit auf die Arbeiten von Rat und Europäischem Parlament stellt einen wesentlichen Schritt auf dem Weg von einem intergouvernemental begriffenen Integrationsprozess dar, der sich lange als Fortsetzung der Außenpolitik der Mitgliedstaaten mit
entsprechender Geheimhaltung der politischen Beratungen verstanden hat, hin zu einer
Vorgehensweise, die stärker der **parlamentarisch-demokratischen Tradition** von Bundesstaaten verpflichtet ist.[2] Offenheit bzw. Transparenz ist eine essentielle Grundvor-

---

[1] Dies wird in der 2. Begründungserwägung der Verordnung (EG) Nr. 1049/2001 deutlich: »Transparenz ermöglicht eine bessere Beteiligung der Bürger am Entscheidungsprozess und gewährleistet eine größere Legitimität, Effizienz und Verantwortung der Verwaltung gegenüber dem Bürger in einem demokratischen System. Transparenz trägt zur Stärkung der Grundsätze der Demokratie und der Achtung der Grundrechte bei, die in Artikel 6 des EU-Vertrags und in der GRCh verankert sind.« Vgl. *Heitsch*, S. 41 ff.

[2] Kritisch *Wegener*, in: Calliess/Ruffert, EUV/AEUV, Art. 15 AEUV, Rn. 2, der weitergehende Transparenz einfordert.

aussetzung der Vermittlung demokratischer Legitimation, weil sie erst die Zuordnung von Verantwortlichkeiten ermöglicht, die dann Basis einer demokratischen Entscheidung der Unionsbürgerinnen und -bürger sein kann.[3] Letztere sind insofern der Fluchtpunkt des Grundsatzes der Offenheit, der damit eine starke Verbindungslinie zum **subjektiven Recht auf Zugang** zu Dokumenten aufweist. Diese Verbindung kommt auch in der Zielvorgabe der Sicherstellung der **Beteiligung der Zivilgesellschaft** in Art. 15 Abs. 1 AEUV zum Ausdruck.

2   Das Prinzip der Offenheit ist in Art. 15 Abs. 1 AEUV als ein das **gesamte Handeln der Union** übergreifender **Grundsatz** festgelegt.[4] Er stellt eine Konkretisierung der Vorgabe des Art. 1 Abs. 2 EUV dar, wonach die derzeitige Stufe des Integrationsprozesses dadurch gekennzeichnet ist, dass Entscheidungen **möglichst offen und möglichst bürgernah** getroffen werden. Das Gebot der Offenheit bzw. Transparenz strahlt auf viele Aspekte des Unionshandelns aus, nicht zuletzt dient es auch der Gewährleistung des **Rechtsstaatsprinzips**.[5] Allerdings werden dessen Vorgaben an die Offenheit bereits durch andere Vorschriften rechtlich abgesichert. Im Mittelpunkt von Art. 15 AEUV steht die Ausrichtung auf die **Förderung einer verantwortungsvollen Verwaltung** und die **Beteiligung der Zivilgesellschaft**. Beide Ziele sind nicht getrennt zu sehen, sondern dienen gemeinsam der Gewährleistung ausreichender demokratischer Legitimation und einer effektiven Verwaltung.

3   Offenheit dient sowohl der internen Kontrolle (**Eigenkontrolle**) als auch der Kontrolle von außen (**Fremdkontrolle**).[6] Letztere soll nach der Konzeption der Vorschrift durch die **Zivilgesellschaft** erfolgen. Zugleich können aber von dieser öffentlich gemachte Dokumente auch die Kontrolle durch Dritte, nicht zuletzt auch durch andere EU-Organe ermöglichen. Erst die Möglichkeit der Kontrolle erlaubt es, **Verantwortlichkeiten zuzuweisen** und im Wege der **demokratischen Partizipation** zu belohnen bzw. zu sanktionieren. Daher ist Offenheit eine Grundvoraussetzung für die Vermittlung **demokratischer Legitimation**. Das gilt umso mehr für die Europäische Union, die in ihrer Erscheinung als »Verwaltungsgemeinschaft«[7] stark **exekutivisch geprägt** ist.[8] In ihren komplexen Entscheidungsverfahren und den oftmals technisch-wirtschaftlich geprägten Entscheidungsfindungsprozessen mit einem Übergewicht der Experten sind Verantwortungen für den Einzelnen noch schwerer auszumachen und zuzuweisen als auf der Ebene der Mitgliedstaaten. Hinzu kommt, dass die Rechtsetzung in der Union in der

---

[3] Vgl. die Erklärung Nr. 17 zum Recht auf Information zum Maastricht Vertrag, ABl. 1992, C 191/101, wonach »die Transparenz des Beschlussverfahrens den demokratischen Charakter der Organe und das Vertrauen der Öffentlichkeit in die Verwaltung stärke«.

[4] Es ist die zentrale Transparenzvorschrift der Union, vgl. *Krajewski/Rösslein*, in: Grabitz/Hilf/Nettesheim, EU, Art. 15 AEUV (September 2013), Rn. 1; *Hofstötter*, in: GSH, Europäisches Unionsrecht, Art. 15 AEUV, Rn. 1; *Wegener*, in: Calliess/Ruffert, EUV/AEUV, Art. 15 AEUV, Rn. 1.

[5] S. zur Stärkung der Achtung der Grundrechte Erklärung 17 zur Schlussakte zum Vertrag von Maastricht, ABl. 1992, C 191/101. Vgl. 2. Begründungserwägung Verordnung (EG) Nr. 1049/2001, ABl. 2001, L 145/45. *Zerdick*, in: Lenz/Borchardt, EU-Verträge, Art. 15 AEUV, Rn. 1; *Krajewski/Rösslein*, in: Grabitz/Hilf/Nettesheim, EU, Art. 15 AEUV (September 2013), Rn. 4, zu den Zielen der Stärkung der Bürgerbeteiligung, der Legitimität der Union sowie des Demokratieprinzips und der Erfüllung der Anforderungen aus Art. 1 Abs. 2, 10 Abs. 3 EUV.

[6] Nach *Zerdick*, in: Lenz/Borchardt, EU-Verträge, Art. 15 AEUV, Rn. 1; *Wegener*, in: Calliess/Ruffert, EUV/AEUV, Art. 15 AEUV, Rn. 1 handelt es sich um die Regelung einer offenen und transparenten Arbeitsweise der Unionsorgane im Primärrecht.

[7] *Schwarze*, S. 6.

[8] *Haltern*, S. 130; *Krajewski/Rösslein*, in: Grabitz/Hilf/Nettesheim, EU, Art. 15 AEUV (September 2013), Rn. 4.

Vergangenheit im Unterschied zu jener in den Mitgliedstaaten durch ein **Transparenzdefizit** aufgrund weit verbreiteter Praxis nichtöffentlicher Beratungen geprägt gewesen ist.

Systematisch gliedert sich die Vorschrift in **drei Elemente**: Zunächst ein umfassend anwendbarer **Grundsatz der Offenheit** (Abs. 1), der insbesondere in den nachfolgenden Absätzen konkretisiert wird (s. Rn. 5). Systematische Bezugspunkte sind die **Gebote der Offenheit und Bürgernähe** in Art. 1 Abs. 2 EUV sowie das **Recht auf Teilnahme am demokratischen Leben** der EU nach Art. 10 Abs. 3 EUV. Danach sollen Entscheidungen so **offen und bürgernah** wie möglich getroffen werden. Ferner ist Transparenz eine Voraussetzung für den nach Art. 11 Abs. 3 EUV geforderten offenen, transparenten und **regelmäßigen Dialog** der EU-Organe mit den repräsentativen Verbänden und der Zivilgesellschaft. Darin zeigt sich die **funktionale Ausrichtung** auf das **Demokratieprinzip**. Insofern entsprach es dieser funktionalen Logik, dass die Vorschrift in Art. I–50 EVV für den Abschnitt über das demokratische Leben der Union vorgesehen gewesen war.[9] Weitere Ausprägungen des allgemeine Transparenzgrundsatzes sind die Vorgabe einer »**offenen**, effizienten und unabhängigen europäischen Verwaltung« nach Art. 298 Abs. 1 AEUV sowie die **Begründungspflicht für Rechtsakte** gemäß Art. 296 AEUV.[10] 4

Als zweites Element erfolgt eine erste Konkretisierung des Grundsatzes der Offenheit in Abs. 2 mit der Vorgabe der **öffentlichen Tagung** von Rat und Europäischem Parlament bei Beratungen und Abstimmungen über Entwürfe zu **Gesetzgebungsakten**. Es handelt sich um eine **objektiv-rechtliche Verpflichtung**, die aber auch den Interessen des Einzelnen als Teil der in Abs. 1 ausdrücklich erwähnten Zivilgesellschaft dient. **Ergänzt** wird diese Vorgabe in Abs. 3 UAbs. 5 durch die Vorgabe, dass die die Gesetzgebungsverfahren betreffenden Dokumente den einzelnen Unionsbürgerinnen und -bürgern **zugänglich** gemacht werden müssen (s. Rn. 77). 5

Als drittes Element wird in Abs. 3 das früher in Art. 255 EGV enthaltene **Recht auf Zugang zu Dokumenten** nunmehr durch die Aufnahme in die »allgemein geltenden Bestimmungen« (Titel II) weiter **aufgewertet**.[11] Die Anknüpfung an die **Unionsbürgerschaft** erfolgt zwar **nicht exklusiv**, weil auch Drittstaatler mit Wohnsitz in der Union einbezogen werden, doch steht dies einer Qualifizierung als **Unionsbürgerrecht** im Sinne des Art. 20 Abs. 2 AEUV nicht entgegen.[12] Diese **subjektiv-rechtliche Verbürgung** wird in Art. 42 GRC wiederholt. Gemäß Art. 52 Abs. 2 GRC richtet sich die Auslegung des Grundrechts nach Art. 15 Abs. 3 AEUV.[13] In systematischer Hinsicht findet sich eine subjektiv-rechtliche Verbürgung eines **Rechts auf Eingaben** und auf deren Beantwortung in Art. 24 Abs. 4 EUV und im gleichlautenden Art. 41 Abs. 4 GRC.[14] 6

---

[9] Titel VI EVV. Zur Bedeutung für die demokratische Legitimation *Epping*, in: Vedder/Heintschel v. Heinegg, EVV, Art. I–50 EVV, Rn. 1. Vgl. auch *Möstl*, Verfassung für Europa, 2005, S. 60, der Art. I–50 EVV im Rahmen der demokratischen Rechte der Unionsbürger anspricht.

[10] S. dazu *Hofstötter*, in: GSH, Europäisches Unionsrecht, Art. 15 AEUV, Rn. 3 f.; vgl. *Zerdick*, in: Lenz/Borchardt, EU-Verträge, Art. 15 AEUV, Rn. 1 f.; *Wegener*, in: Calliess/Ruffert, EUV/AEUV, Art. 15 AEUV, Rn. 1; *Krajewski/Rösslein*, in: Grabitz/Hilf/Nettesheim, EU, Art. 15 AEUV (September 2013), Rn. 2 f.; 8, 11; *Gellermann*, in: Streinz, EUV/AEUV, Art. 15 AEUV, Rn. 1 f.

[11] Vgl. *Krajewski/Rösslein*, in: Grabitz/Hilf/Nettesheim, EU, Art. 15 AEUV (September 2013), Rn. 2.

[12] S. Kommentierung zu Art. 20 AEUV, Rn. 29. Vgl. die Aufnahme des gleichlautenden Art. 42 GRC in den Titel V »Bürgerrechte« der GRC.

[13] Vgl. *Magiera*, in: Meyer, GRCh, Art. 42 GRC, Rn. 11.

[14] Vgl. *Hofstötter*, in: GSH, Europäisches Unionsrecht, Art. 15 AEUV, Rn. 3. Zum engen Zusammenhang mit Art. 1 Abs. 2, 10 Abs. 3, 11 EUV und Art. 296 ff. AEUV s. *Zerdick*, in: Lenz/Borchardt,

B. Entwicklung

7 Der **Grundsatz der Offenheit** hat erst mit dem **Lissabonner Vertrag** Eingang in das Primärrecht gefunden. Bis zum **Maastricht Vertrag 1992** kannte das Primärrecht keine Vorschriften, die sich grundlegend mit Offenheit und Transparenz befassten. Gewährleistet wurde lediglich das rechtsstaatliche Minimum, die Pflicht zur **Veröffentlichung der Rechtsetzungsakte**, damals jedoch noch begrenzt auf die Verordnungen.[15] Die **Rechtsprechung** erkannte die (ungeschriebene) **Pflicht zur Begründung von Rechtsakten an**, die einen Bezug zum Transparenzgebot aufweist (s. Rn. 4).[16] Öffentlichkeit war ansonsten nur für die Erörterung des **jährlichen Gesamtberichts** durch die »Versammlung«, den Vorläufer des Europäischen Parlaments, vorgesehen.[17] Die **Verhandlungsniederschriften der Versammlung** waren nach den Bestimmungen ihrer Geschäftsordnung zu veröffentlichen.[18] Die Gründe für diese Zurückhaltung sind zum einen in der lange vorherrschenden Sichtweise des Handelns in der EU als Fortsetzung der klassischen Außenpolitik zu sehen, die typischerweise eine Domäne der Exekutive darstellt und von einem Grundsatz der Geheimhaltung geprägt gewesen ist. Das Primärrecht kannte hingegen **Geheimhaltungsvorschriften** wie die Regelung über die **Amtsverschwiegenheit**[19] sowie den Schutz der **Sicherheitsinteressen der Mitgliedstaaten**.[20] Aus rechtsvergleichender Sicht ist festzuhalten, dass das relativ junge Recht auf Zugang zu Informationen in den **Mitgliedstaaten** noch nicht weit verbreitet gewesen ist.[21]

8 Bewegung kam erst mit dem **Maastricht Vertrag** in die Entwicklung.[22] In Art. A Abs. 2 EUV wurde die Vorgabe eingefügt, dass **Entscheidungen möglichst bürgernah** zu treffen sind. Bürgernähe wurde aber damals vorrangig unter dem Aspekt des Subsidiaritätsprinzips begriffen und steht auch im Lissabonner Vertrag zwar in Nähe zur Offenheit, wird aber von dieser unterschieden.[23] In **Erklärung Nr. 17** zu einem Recht auf »Zugang zu Informationen« hielt man die Auffassung der Konferenz fest, »dass die Transparenz des Beschlussverfahrens den demokratischen Charakter der Organe und das Vertrauen der Öffentlichkeit in die Verwaltung stärkt. Die Konferenz empfiehlt daher, dass die Kommission dem Rat spätestens 1993 einen Bericht über Maßnahmen vorlegt, mit denen die den Organen vorliegenden Informationen der Öffentlichkeit besser zugänglich gemacht werden sollen«.[24] Darin stehen zwei Elemente der Offenheit relativ nebenein-

---

EU-Verträge, Art. 15 AEUV, Rn. 1 f.; *Wegener*, in: Calliess/Ruffert, EUV/AEUV, Art. 15 AEUV, Rn. 1; *Krajewski/Rösslein*, in: Grabitz/Hilf/Nettesheim, EU, Art. 15 AEUV (September 2013), Rn. 2 f.; 8, 11; *Gellermann*, in: Streinz, EUV/AEUV, Art. 15 AEUV, Rn. 1 f.

[15] Art. 191 EWGV.
[16] EuGH, Urt. v. 15.10.1987, Rs. 222/86 (Heylens), Slg. 1987, S. 4097, Rn. 15. S. die spätere Vorgabe in Art. 253 EGV im Maastricht Vertrag.
[17] Art. 143 EWGV.
[18] Art. 142 Abs. 2 EWGV.
[19] Art. 214 EWGV.
[20] Art. 223 Abs. 1 Buchst. a und b EWGV.
[21] Ausführlich dazu *Heselhaus*, in: Heselhaus/Nowak, Handbuch der Europäischen Grundrechte, § 56, Rn. 31 ff.; vgl. *Feik*, S. 33 ff.; *Riemann*, S. 25.
[22] Näher dazu *Krajewski/Rösslein*, in: Grabitz/Hilf/Nettesheim, EU, Art. 15 AEUV (September 2013), Rn. 5.
[23] Nach Art. 1 Abs. 2 EUV müssen Entscheidungen »möglichst offen und möglichst bürgernah« getroffen werden.
[24] Erklärung Nr. 17 der Schlussakte des Maastricht-Vertrages, ABl. 1992 C 191/101; s. dazu *Zerdick*, in: Lenz/Borchardt, EU-Verträge, Art. 15 AEUV, Rn. 2; *Krajewski/Rösslein*, in: Grabitz/Hilf/Nettesheim, EU, Art. 15 AEUV (September 2013), Rn. 5, 26; *Hofstötter*, in: GSH, Europäisches Uni-

ander, die **Offenheit der Beschlussfassung** und das **Recht auf Zugang zu Dokumenten**. Daran dass diese funktional durch das Wort »daher« verknüpft wurden, zeigt sich, dass man zunächst nicht an eine allgemeine Offenheit der Beschlussfassung gedacht hatte, sondern sozusagen als schwächeres Mittel einen **punktuellen Zugriff** auf Dokumente im Besitz der Organe ermöglichen wollte.

Der nächste Entwicklungsschub kam aus dem **Umweltrecht**. **1990** wurde die **Richtlinie über Zugang zu Informationen über die Umwelt** verabschiedet.[25] Diese stand Pate für das Recht auf Zugang zu Umweltinformationen,[26] das später in der **Aarhus Konvention** verankert worden ist.[27] Rechtsvergleichend ist anzufügen, dass in dieser Zeit auch **in den Mitgliedstaaten** zunehmend Rechte auf Zugang zu Informationen in staatlicher Hand gewährleistet wurden.[28] Vor diesem Hintergrund beschlossen auf Grundlage von Vorarbeiten der Kommission[29] 1993 Kommission und Rat einen **Verhaltenskodex für den Zugang der Öffentlichkeit** zu Kommissions- und Ratsdokumenten.[30] Nach den Ausführungsentscheidungen von Rat[31] und Kommission[32], denen das Europäische Parlament[33] und andere Einrichtungen[34] folgten, wurde ein **Grundsatz des Zugangs zu Informationen** festgelegt, der nur in Ausnahmefällen beschränkt wurde. Die Rechtsprechung hat den **weiten Ansatz** der Gewährung dieses Zugangs aufrechterhalten.[35]

Es war dem **Amsterdamer Vertrag** vorbehalten, das erste Mal einen **Grundsatz der Offenheit** in Art. 1 Abs. 2 EUV zu verankern, und zwar neben dem Grundsatz der Bürgernähe. Daneben wurde das »**Recht auf Zugang zu Dokumenten**« in Art. 255 EGV gewährleistet.[36] Dieses fand anlässlich des Nizza-Vertrages als Art. 42 Eingang in die

---

onsrecht, Art. 15 AEUV, Rn. 18; EuGH, Urt. v. 30.4.1996, Rs. C–58/94 (Niederlande/Rat), Slg. 1996, I–2169, Rn. 2.

[25] Zur Umweltinformationsrichtlinie als eine der ersten unionalen Maßnahmen in diesem Bereich, *Wegener*, in: Calliess/Ruffert, EUV/AEUV, Art. 15 AEUV, Rn. 8.

[26] Umweltinformations-Richtlinie 90/313/EWG vom 7.6.1990 über den freien Zugang zu Informationen über die Umwelt, ABl. 1990, L 158/56. Abgelöst durch Richtlinie 2003/4/EG, ABl. 2003, L 41/26.

[27] ABl. 2005, L 124/1.

[28] Das Recht auf Dokumentenzugang basiert vor allem auf der Rechtstradition der skandinavischen Mitgliedstaaten, *Zerdick*, in: Lenz/Borchardt, EU-Verträge, Art. 15 AEUV, Rn. 10; *Krajewski/Rösslein*, in: Grabitz/Hilf/Nettesheim, EU, Art. 15 AEUV (September 2013), Rn. 7. Noch ältere Beispiele nationaler Informationsfreiheitsbestimmungen finden sich bei *Wegener*, in: Calliess/Ruffert, EUV/AEUV, Art. 15 AEUV, Rn. 7. Näher dazu *Heselhaus*, in: Heselhaus/Nowak, Handbuch der Europäischen Grundrechte, § 56, Rn. 31 ff.

[29] Europäische Kommission, Transparenz in der Gemeinschaft, KOM(93) 258.

[30] ABl. 1993, L 340/41 f.; näher dazu *Röger*, DVBl 1994, 1182; *Fluck/Theuer*, EWS 1994, S. 154; *Wegener, in: Calliess/Ruffert*, EUV/AEUV, Art. 15 AEUV, Rn. 9. Vgl. *Zerdick*, in: Lenz/Borchardt, EU-Verträge, Art. 15 AEUV, Rn. 2; *Krajewski/Rösslein*, in: Grabitz/Hilf/Nettesheim, EU, Art. 15 AEUV (September 2013), Rn. 6, 27; *Hofstötter*, in: GSH, Europäisches Unionsrecht, Art. 15 AEUV Rn. 19 ff.; EuGH, Urt. v. 30.4.1996, Rs. C–58/94 (Niederlande/Rat), Slg. 1996, I–2169, Rn. 3 ff.

[31] Beschluss 93/731/EG des Rates vom 20.12.1993 über den Zugang der Öffentlichkeit zu Ratsdokumenten, ABl. 1993, L 340/43 f.

[32] Beschluss 94/90/EGKS, EG, Euratom der Kommission vom 8.2.1994 über den Zugang der Öffentlichkeit zu den der Kommission vorliegenden Dokumenten, ABl. 1994, L 46/58 f.

[33] Beschluss 97/632/EGKS, EG, Euratom des Europäischen Parlaments vom 10.7.1997 über den Zugang der Öffentlichkeit zu den Dokumenten des Europäischen Parlaments, ABl. 1997, L 263/1.

[34] Näher dazu die Nachweise bei *Wegener*, in: Calliess/Ruffert, EUV/AEUV, Art. 15 AEUV, Rn. 15 f.

[35] S. EuGH, Urt. v. 30.4.1996, Rs. C–58/94 (Niederlande/Rat), Slg. 1996, I–2169.

[36] S. dazu *Zerdick*, in: Lenz/Borchardt, EU-Verträge, Art. 15 AEUV, Rn. 2; vgl. auch *Krajewski/Rösslein*, in: Grabitz/Hilf/Nettesheim, EU, Art. 15 AEUV (September 2013), Rn. 6; *Hofstötter*, in: GSH, Europäisches Unionsrecht, Art. 15 AEUV, Rn. 21.

Grundrechtecharta, die damals – nicht rechtsverbindlich – feierlich proklamiert worden war.[37] 2001 sind die Vorgaben des Art. 255 EGV mit **Verordnung (EG) Nr. 1049/2001** (im Folgenden: Zugangsverordnung) umgesetzt worden. Auf deren Basis hat sich bis heute eine reichhaltige Rechtsprechung entwickelt.

11 Diese primärrechtlichen Bestimmungen sind im Entwurf eines **Vertrages über eine Europäische Verfassung** in Art. I–50 EVV **zusammengeführt** worden.[38] Sie wurden ergänzt um die erstmalige Vorgabe der **öffentlichen Tagung** des Rates bei Beratungen und Abstimmungen über Entwürfe zu Gesetzgebungsakten. Bemerkenswert ist der Stil der Vorschrift, der zunächst die entsprechende Pflicht des Europäischen Parlaments festschreibt und dann lapidar ausführt: »dies gilt auch für den Rat [...]«. Systematisch kam in dieser Norm die **Nähe zu den demokratischen Grundsätzen** und der Verbürgung der Offenheit in den Bestimmungen über die repräsentative und die partizipative Demokratie zum Ausdruck.[39] Im **Lissabonner Vertrag** sind diese Bestimmungen inhaltlich nahezu unverändert beibehalten worden, doch wurde die Hauptnorm als **Art. 15 AEUV** in den allgemeinen Teil des AEU-Vertrages verschoben, wodurch ihre **zentrale Bedeutung** nicht in Frage gestellt worden ist.[40] Gegenüber dem Vertrag von Nizza wurden neu die Bestimmungen zur **Offenheit im Rechtsetzungsverfahren** nach Art. 15 Abs. 2 AEUV eingefügt[41] sowie das **Recht auf Zugang zu Dokumenten** auf sämtliche Einrichtungen **ausgeweitet**, während es zuvor nur für Dokumente des EP, des Rats und der Kommission galt.[42]

C. Grundsatz der Offenheit (Abs. 1)

I. Gewährleistungsgehalt

1. Allgemeines

12 Abs. 1 des Art. 15 AEUV statuiert den **Grundsatz der Offenheit** bzw. Transparenz.[43] Er verpflichtet die Union mit ihren Organen, Einrichtungen und sonstigen Stellen umfassend zur **weitestgehenden Beachtung** des Offenheitsgrundsatzes. Funktional handelt es sich um eine Konkretisierung der Vorgabe einer Union nach Art. 1 Abs. 2 EUV, in der die »**Entscheidungen möglichst offen**« getroffen werden, die diese allgemeine Regelung auf **alle Stellen der Union** herunterbricht. Funktional ist die Vorschrift auf die Förderung einer **verantwortungsvollen Verwaltung** und die Sicherstellung der **Beteiligung der**

---

[37] S. Art. 42 GRC.
[38] Art. I–50 EVV sah eine sehr ähnliche Regelung wie Art. 15 AEUV vor, *Zerdick,* in: Lenz/Borchardt, EU-Verträge, Art. 15 AEUV, Rn. 2; *Krajewski/Rösslein,* in: Grabitz/Hilf/Nettesheim, EU, Art. 15 AEUV (September 2013), Rn. 7.
[39] S. Art. I–46 Abs. 3 S. 2 und Art. I–47 Abs. 2 EVV.
[40] Nach *Krajewski/Rösslein,* in: Grabitz/Hilf/Nettesheim, EU, Art. 15 AEUV (September 2013), Rn. 2, wurde durch die Herauslösung aus dem systematischen Zusammenhang, in dem sich Art. 255 EGV befand, mit dem Vertrag von Lissabon die besondere Bedeutung der Transparenz für die Arbeitsweise der Union unterstrichen.
[41] *Zerdick,* in: Lenz/Borchardt, EU-Verträge, Art. 15 AEUV, Rn. 7; *Wegener,* in: Calliess/Ruffert, EUV/AEUV, Art. 15 AEUV, Rn. 1.
[42] *Zerdick,* in: Lenz/Borchardt, EU-Verträge, Art. 15 AEUV, Rn. 11; Krajewski/Rösslein, in: Grabitz/Hilf/Nettesheim, EU, Art. 15 AEUV (September 2013), Rn. 36.
[43] Die beiden Begriffe werden in der Literatur mit gleicher Bedeutung verwendet.

Zivilgesellschaft ausgerichtet. Sie ist die Grundnorm[44], die dann in den nachfolgenden Absätzen des Art. 15 AEUV näher konkretisiert wird. Da sie ansonsten keine weiteren inhaltlichen Vorgaben enthält, ist sie inhaltlich **nicht** bestimmt genug, um **unmittelbar vor Gericht anwendbar** zu sein.[45] Das entspricht der Zurückhaltung der Gerichte bei der Entwicklung des Rechts auf Zugang zu Dokumenten, die dabei immer der Umsetzung im Sekundärrecht gefolgt sind. Zudem hat die Rechtsprechung selbst dem deutlich konkreter gefassten Recht auf Zugang zu Dokumenten im früheren Art. 255 EGV – entgegen überzeugenden Argumenten[46] – **keine unmittelbare Wirkung** attestiert.[47]

Ungeachtet der abgelehnten unmittelbaren Wirkung ist der Grundsatz der Offenheit nach Art. 15 Abs. 1 AEUV nach allgemeiner Ansicht **rechtsverbindlich**.[48] Dass er nach seinem Wortlaut eher deklaratorisch gehalten ist (»handeln«), steht wie bei den Art. 9–11 EUV nicht einer normativen Wirkung entgegen. Der Grundsatz stellt insbesondere eine **Handlungs- und Auslegungsmaxime** auf.[49] Insofern enthält er ein **Optimierungsgebot**, wie es sich aus dem Ziel »weitestgehender« Offenheit ergibt (s. Rn. 14). **13**

Gefordert wird eine **weitestgehende Beachtung** des Grundsatzes der Offenheit. Darin wird in der Literatur eine **Begrenzung** des Grundsatzes gesehen, der nicht unbeschränkt zur Geltung gebracht werden könne, sondern mit anderen Rechtspositionen und Grundsätzen in Einklang zu bringen sei.[50] Doch wird von anderer Seite darauf hingewiesen, dass seine **fundamentale Bedeutung** zu beachten sei,[51] weshalb eine Geheimhaltung eine »eng begrenzte und rechtfertigungsbedürftige Ausnahme« zu bleiben habe«.[52] Letzterer Auffassung ist mit folgender Ergänzung zuzustimmen. Ausgangspunkt der Überlegung ist, dass eine **Abwägung** mit widerstreitenden primärrechtlichen Grundsätzen und Grundrechten, insbesondere dem Grundrecht auf Schutz der Privatsphäre im Wege **praktischer Konkordanz** bei allen Grundsätzen der Verträge vorzunehmen ist.[53] Weiter ist es einem Grundsatz gerade eigen, dass er **nicht absolut** gilt, sondern auch Ausnahmen kennt. Daher wäre der Zusatz »weitestgehend« überflüssig, wenn er lediglich diese Bindung hervorheben wollte. Vielmehr ist nach dem **effet utile** davon auszugehen, dass »weitestgehend« eine **gesteigerte Beachtung** im Gegensatz zu der ansonsten vorgeschriebenen bloßen Beachtung verlangt. Damit wird die Gewichtung in den früher von den Organen beschossenen Grundsätzen über den Zugang zu Dokumenten aufgegriffen, die unisono von einem »**weiten**« Zugangsrecht ausgehen. Ähnlich dem Gebot eines hohen Schutzniveaus für die Umwelt in Art. 11 AEUV kommt darin zwar eine Absage an einen absoluten Vorrang, aber die positive Vorgabe eines **relativen Vorrangs** zum **14**

---

[44] Vgl. *Krajewski/Rösslein,* in: Grabitz/Hilf/Nettesheim, EU, Art. 15 AEUV (September 2013), Rn. 1; *Hofstötter,* in: GSH, Europäisches Unionsrecht, Art. 15 AEUV, Rn. 1; *Wegener,* in: Calliess/Ruffert, EUV/AEUV, Art. 15 AEUV, Rn. 1.
[45] In diese Richtung *Krajewski/Rösslein,* in: Grabitz/Hilf/Nettesheim, EU, Art. 15 AEUV (September 2013), Rn. 9; s. auch *Schoo/Görlitz,* in: Schwarze, EU-Kommentar, Art. 15 AEUV, Rn. 7.
[46] *Heselhaus,* in: Heselhaus/Nowak, Handbuch der Europäischen Grundrechte, § 56, Rn. 46 ff.
[47] EuG, Urt. v. 11.12.2001, Rs. T–191/99 (Petrie/Kommission), Slg. 2001, II–3677, Rn. 34 ff.
[48] S. nur *Hofstötter,* in: GSH, Europäisches Unionsrecht, Art. 15 AEUV, Rn. 2; *Schoo/Görlitz,* in: Schwarze, EU-Kommentar, Art. 15 AEUV, Rn. 7.
[49] *Schoo/Görlitz,* in: Schwarze, EU-Kommentar, Art. 15 AEUV, Rn. 7; vgl. *Nettesheim,* Art. 10 EUV, Rn. 39.
[50] *Epping,* in: Vedder/Heintschel v. Heinegg, EVV, Art. I–50 EVV, Rn. 3; *Krajewski/Rösslein,* in: Grabitz/Hilf/Nettesheim, EU, Art. 15 AEUV (September 2013), Rn. 9; *Schoo/Görlitz,* in: Schwarze, EU-Kommentar, Art. 15 AEUV, Rn. 9.
[51] *Hofstötter,* in: GSH, Europäisches Unionsrecht, Art. 15 AEUV, Rn. 5.
[52] *Gellermann,* in: Streinz, EUV/AEUV, Art. 15 AEUV, Rn. 3.
[53] *Pechstein,* in: Streinz, EUV/AEUV, Art. 1 EUV, Rn. 37.

Ausdruck. Die gegenläufigen Rechtspositionen müssen einiges Gewicht haben, um eine Einschränkung zu rechtfertigen.

15 Als **gegenläufige Rechtsinteressen** kommen insbesondere **Grundrechte** anderer, etwa auf **Privatheit** bzw. auf **Datenschutz**[54] oder auf **Wahrung von Betriebsgeheimnissen** nach der Wirtschaftsfreiheit, als auch Grundsätze des Verwaltungshandelns, vor allem die **Effektivität** etwa von Ermittlungshandlungen, sowie **Geheimhaltungspflichten** aus Art. 339 AEUV in Frage.[55] Einen Überblick über widerstreitende Rechtspositionen gibt der zu Art. 15 Abs. 4 ergangene **Ausnahmenkatalog** nach Art. 4 **Verordnung (EG) Nr. 1049/2001** (s. Rn. 58 ff.). Fraglich ist, inwieweit Erwägungen der **Effizienz** als Rechtfertigungsgründe in Frage kommen können.[56] **Art. 298 AEUV** zielt auf eine »offene, effiziente und unabhängige europäische Verwaltung.«[57] Vergleichend zeigt Verordnung (EG) Nr. 1049/2001 in Bezug auf Gebühren für die Gewährung von Zugang zu Dokumenten eine deutliche Zurückhaltung (s. Rn. 71). Eingedenk der Bedeutung des Grundsatzes und der Verpflichtung auf eine »weitestgehende« Beachtung können **Effizienzaspekte** nur zur Rechtfertigung herangezogen werden, wenn sie ein **erdrückendes Gewicht** haben und im Grunde Einbußen bei der Effektivität zur Folge hätten (s. Rn. 57).

2. Ziele

16 Nach seinem Wortlaut dient der Grundsatz der Offenheit nach Art. 15 Abs. 1 AEUV der **Förderung einer verantwortungsvollen Verwaltung** sowie der Sicherstellung der **Beteiligung der Zivilgesellschaft**. Nicht ausdrücklich erwähnt wird, dass Offenheit und Transparenz **Grundbedingungen der Demokratie** sind.[58] Ohne Kenntnis über die Vorgänge in der Verwaltung und die in den Gesetzgebungsorganen vertretenen Meinungen kann der Einzelne nur unzureichend informiert von seinem Wahlrecht Gebrauch machen. Eine bewusste Wahlentscheidung setzt die Möglichkeit voraus, Verantwortlichkeiten erkennen und zuweisen zu können. Dies gilt nicht nur aus der Perspektive der **Unionsbürgerschaft**, sondern auch aus dem Blickwinkel der gegenseitigen **Kontrolle der Organe**, wie sie im **institutionellen Gleichgewicht**, insbesondere über die Untersuchungsrechte des Europäischen Parlaments, angelegt ist. Dieser enge Zusammenhang mit dem Demokratieprinzip war im EVV durch die Platzierung der Vorschrift unter den demokratischen Grundsätzen der Union hervorgehoben worden. Im Lissabonner Vertrag besteht er **inhaltlich-funktional** fort, auch wenn die systematische Stellung nicht mehr diesen Hinweis liefert. Die neue Stellung unter den allgemein geltenden Bestimmungen des AEU-Vertrages rechtfertigt sich dadurch, dass die Norm **multifunktional** angelegt ist (s. Rn. 17 f.). Die Bedeutung für die **Vermittlung demokratischer Legitimation** wird normativ auch über den Bezug zu den **Werten der Union** nach Art. 2 EUV abgesichert.

17 Das Ziel der **Sicherstellung** der Beteiligung der Zivilgesellschaft ist dem Wortlaut nach zu hoch gegriffen. Zwar ist Offenheit eine **grundlegende Voraussetzung** für eine

---

[54] *Schoo/Görlitz*, in: Schwarze, EU-Kommentar, Art. 15 AEUV, Rn. 9.
[55] S. *Zerdick*, in: Lenz/Borchardt, EU-Verträge, Art. 15 AEUV, Rn. 6; vgl. auch *Krajewski/Rösslein*, in: Grabitz/Hilf/Nettesheim, EU, Art. 15 AEUV (September 2013), Rn. 9; *Gellermann*, in: Streinz, EUV/AEUV, Art. 15 AEUV, Rn. 3; *Hofstötter*, in: GSH, Europäisches Unionsrecht, Art. 15 AEUV, Rn. 5.
[56] *Gellermann*, in: Streinz, EUV/AEUV, Art. 15 AEUV, Rn. 3, plädiert für Ausnahme zu Gunsten der »Effizienz der Entscheidungsmechanismen«.
[57] Vgl. *Krajewski/Rösslein*, in: Grabitz/Hilf/Nettesheim, EU, Art. 15 AEUV (September 2013), Rn. 10.
[58] Vgl. *Heitsch*, S. 41 ff.

Inklusion, eine Ermächtigung der Zivilgesellschaft durch Informationsvermittlung, sie ist aber **keine hinreichende Bedingung** und kann für sich allein eine Beteiligung nicht sicherstellen. In der Sache geht es um eine **Förderung der Partizipation**. Diese wird regelmäßig auf die Partizipationsrechte und -möglichkeiten nach Art. 11 EUV bezogen[59], doch betrifft sie auch das basale **Beteiligungsrecht der Wahl** nach Art. 10 Abs. 3 EUV (s. Rn. 16).[60] Damit ist die Vorschrift funktional umfassend auf Beteiligungsrechte, vom Wahlrecht bis zur Beteiligung an einem öffentlichen Meinungsaustausch nach Art. 11 Abs. 1 EUV ausgerichtet. Auch eine **effektive Ausübung** des Rechts auf eine Europäische Bürgerinitiative nach Art. 11 Abs. 4 EUV bedarf des Wissens um einen Bedarf an weiterer oder weniger Rechtsetzung.[61]

Ferner dient die Offenheit der Förderung einer »**verantwortungsvollen Verwaltung**«. 18 Bewusst ist hier nicht die Terminologie einer »offenen, effizienten und unabhängigen europäischen Verwaltung« nach Art. 298 AEUV gewählt worden. Jene Vorgaben sind zwar »**Gelingensbedingungen**« für eine verantwortungsvolle Verwaltung,[62] doch enthalten sie gerade nicht das (ver)bindende Elemente der Verantwortung. Diese Verantwortung besteht bei den Organen und Einrichtungen gegenüber dem Allgemeinwohl, letztlich aber immer auch gegenüber den Unionsbürgerinnen und -bürgern. In der Formulierung kommt zum Ausdruck, dass eine **effektive und effiziente Verwaltung nicht** lediglich ein **Selbstzweck** ist, sondern funktional auf das **Gemeinwohl** und den Einzelnen, hier im Gewand der »**Zivilgesellschaft**«, bezogen ist. Die deutsche Fassung »Verwaltung« ist zu eng, andere sprachliche Fassungen stellen weitergehend auf »**Governance**« ab (s. Rn. 19).[63]

3. Anwendungsbereich und Umfang

Der **Anwendungsbereich** des Prinzips der Offenheit ist **umstritten**. Aus der funktionalen 19 Ausrichtung auf eine verantwortungsvolle Verwaltung wird teilweise eine Begrenzung auf die **Exekutive** der Union unter Ausschluss der legislativen Tätigkeiten gefolgert.[64] Nach anderer Auffassung soll auch die **Rechtsetzung** erfasst werden.[65] Andere Stellungnahmen plädieren für eine Einbeziehung **sämtlicher Tätigkeitsbereiche** der Union und nennen beispielhaft die Rechtsetzung.[66] Zutreffend ist eine **weite Auslegung**, die grundsätzlich alle Tätigkeitsbereiche der Union umfasst. Sofern gegenläufige Interessen berührt werden, verweist die Norm auf eine **Abwägung** im Einzelfall.[67] Für die weite Auslegung spricht die **umfassende** ausdrückliche **Inklusion** aller Organe, Einrichtungen und sonstigen Stellen, obgleich man sich der Problematik der Anwendung auf den Eu-

---

[59] *Krajewski/Rösslein*, in: Grabitz/Hilf/Nettesheim, EU, Art. 15 AEUV (September 2013), Rn. 11.
[60] S. die Kommentierung zu Art. 10 EUV, Rn. 30.
[61] *Krajewski/Rösslein*, in: Grabitz/Hilf/Nettesheim, EU, Art. 15 AEUV (September 2013), Rn. 11.
[62] Vgl. *Krajewski/Rösslein*, in: Grabitz/Hilf/Nettesheim, EU, Art. 15 AEUV (September 2013), Rn. 10.
[63] *Krajewski/Rösslein*, in: Grabitz/Hilf/Nettesheim, EU, Art. 15 AEUV (September 2013), Rn. 10.
[64] *Gellermann*, in: Streinz, EUV/AEUV, Art. 15 AEUV, Rn. 2, beruft sich zu Unrecht auf *Krajewski/Rösslein*, in: Grabitz/Hilf/Nettesheim, EU, Art. 15 AEUV (September 2013), Rn. 10, die dort ausdrücklich die Rechtsetzung miteinbeziehen.
[65] *Krajewski/Rösslein*, in: Grabitz/Hilf/Nettesheim, EU, Art. 15 AEUV (September 2013), Rn. 10; vgl. *v. Bogdandy*, S. 107 ff. zur gubernativen Tätigkeit; *Hofstötter*, in: GSH, Europäisches Unionsrecht, Art. 15 AEUV, Rn. 2.
[66] *Wegener*, in: Calliess/Ruffert, EUV/AEUV, Art. 15 AEUV, Rn. 2, der insbesondere die Rechtsetzung erwähnt.
[67] Das folgt aus der Vorgabe der »weitestgehenden Beachtung, s. oben Rn. 14.

ropäischen Gerichtshof oder die Europäische Zentralbank bewusst gewesen ist, wie die Sonderregelung in Abs. 3 UAbs. 4 zeigt. In jener Vorschrift wird die Bindung der beiden Organe aber lediglich für die **Zwecke des Abs. 3** auf die Wahrnehmung von Verwaltungsaufgaben **beschränkt**. Abs. 1 stellt in der Systematik der Norm die **umfassende Regelung** dar, die in den Abs. 2–3 (nicht abschließend) Konkretisierungen erfährt. Somit spricht die begrenzte Ausnahme für den originären Tätigkeitsbereich des Gerichtshofes nach Abs. 3 dafür, dass die dritte Gewalt in Abs. 1 einbezogen wird. Im demokratischen Rechtsstaat erfolgt Rechtsprechung grundsätzlich öffentlich. Hinzu kommt, dass die anderen sprachlichen Fassungen des Abs. 1 nicht den engen Begriff der Verwaltung verwenden, sondern den weiter gefassten Begriff »**Governance**«.[68] Dieser bezieht sich umfassend auf die Steuerung, sei es durch hoheitliche Akteure oder durch private. Der Bezug zur Rechtsetzung kommt insbesondere im **Weißbuch der Kommission** »Europäisches Regieren« zum Ausdruck.[69] Im Internet wird dem Einzelnen ein kostenloser Zugang zur systematisch aufbereiteten Rechtsprechung geboten. Dieser umfassende Ansatz folgt nicht zuletzt aus der Stellung der Vorschrift im Titel II des Ersten Teils des AEU-Vertrages »allgemein geltende Bestimmungen«.

20 Inhaltlich setzt der Grundsatz der Offenheit voraus, dass die Organe ihre **Tätigkeiten dokumentieren** und diese **Dokumente aufbewahren**.[70] Für eine aktive Zurverfügungstellung kommt vor allem die **Veröffentlichung im Internet** in Frage.[71] **Praktische Probleme** können sich aus dem Fehlen bestimmter Sprachfassungen oder wegen uneinheitlicher Dokumentenregister ergeben.[72]

II. Verpflichtete

21 Der Grundsatz der Offenheit verpflichtet die Union **umfassend**: ausdrücklich werden **alle Organe** im Sinne des Art. 13 EUV, **Einrichtungen** und **sonstigen Stellen** erfasst.[73] Damit verträgt sich **keine funktionale Eingrenzung** auf Stellen, die Aufgaben der Verwaltung bzw. der Gubernative wahrnehmen (s. Rn. 19). Vielmehr zeigt die auf Abs. 3 begrenzte teilweise Beschränkung für den Europäischen Gerichtshof, die Europäische Zentralbank und die Europäische Investitionsbank, dass auch diese Organe und Einrichtungen von Abs. 1 grundsätzlich erfasst werden.

D. Öffentlichkeit von Tagungen (Abs. 2)

I. Gewährleistungsgehalt

22 Art. 15 Abs. 2 AEUV enthält eine **Konkretisierung** des Grundsatzes der Offenheit nach Abs. 1 nicht nur, aber insbesondere für das **Gesetzgebungsverfahren**. So wird für das **Europäische Parlament** grundsätzlich die **öffentliche Tagung** angeordnet. Diese Vorgabe

---

[68] Ausführlich dazu *Krajewski/Rösslein*, in: Grabitz/Hilf/Nettesheim, EU, Art. 15 AEUV (September 2013), Rn. 10.
[69] Europäische Kommission, Europäisches Regieren – Ein Weissbuch, KOM (2001) 428.
[70] Vgl. Art. 11 Verordnung (EG) Nr. 1049/2001.
[71] Eine Aufzählung in der Praxis wichtiger Veröffentlichungsformen findet sich bei *Zerdick*, in: Lenz/Borchardt, EU-Verträge, Art. 15 AEUV, Rn. 5.
[72] S. zu diesen Fragen *Zerdick*, in: Lenz/Borchardt, EU-Verträge, Art. 15 AEUV, Rn. 4.
[73] Vgl. *Zerdick*, in: Lenz/Borchardt, EU-Verträge, Art. 15 AEUV, Rn. 3.

reicht über das Gesetzgebungsverfahren hinaus.[74] Damit wird die bisherige Praxis des Europäischen Parlaments primärrechtlich unterfüttert und weiterentwickelt (s. Rn. 24). Demgegenüber ist die Bestimmung über die **Offenheit der Beratungen und Abstimmungen** über **Gesetzgebungsvorhaben** im **Rat** neu.[75] Trotz dieser beschränkten Reichweite ist damit ein wichtiger Schritt weg vom Prinzip der Geheimhaltung intergouvernementaler Verhandlungen hin zur Transparenz in einem demokratischen Staatenverbund getan. Dieser Gewinn an Transparenz ist von erheblicher Bedeutung für die Legitimation der Union über den Grundsatz der repräsentativen Demokratie nach Art. 10 EUV und zwar nicht nur für die Unionsbürgerinnen und -bürger, sondern auch für die Interaktion mit den anderen EU-Organen, insbesondere im Rahmen der Gesetzgebung.

Die Vorschrift ist **hinreichend bestimmt** genug und nicht notwendig auf weitere Konkretisierung angewiesen, auch wenn ihre Vorgaben in den Geschäftsordnungen der beiden verpflichteten Organe umgesetzt worden sind (s. Rn. 24 f.). Daher sind ihre **objektiv-rechtlichen Vorgaben unmittelbar anwendbar**. 23

Für das **Europäische Parlament** war bis zum **Lissabonner Vertrag** die Öffentlichkeit seiner Sitzungen nur für die Erörterung des jährlichen Gesamtberichts der Kommission vorgesehen gewesen.[76] Jedoch hatte das Parlament in Übereinstimmung mit der allgemeinen parlamentarischen Praxis die Öffentlichkeit seiner Beratungen und Abstimmungen bereits selbst im Grundsatz festgelegt. Bis **1999** hatte es in seiner **Geschäftsordnung** noch die Möglichkeit vorgesehen, mit Zwei-Drittel-Mehrheit den Ausschluss der Öffentlichkeit zu beschließen.[77] Durch Art. 15 Abs. 2 AEUV wird die seitdem geltende Praxis des Parlaments **primärrechtlich festgeschrieben** und damit seiner Geschäftsordnungsautonomie entzogen.[78] Schon zuvor hatte Art. 103 Abs. 1 GO-EP den Grundsatz weitestgehender Transparenz für die Tätigkeiten des Parlaments aufgegriffen. In dessen Konkretisierung bestimmt Art. 103 Abs. 2 GO-EP, dass die **Aussprachen** des Parlaments öffentlich sind. Diese Vorgabe bezieht sich allerdings nur auf die Aussprache im **Plenum**.[79] 24

Die Vorgabe des Art. 15 Abs. 2 AEUV für das Parlament bezieht sich nach weit verbreiteter Ansicht nur auf die Sitzungen im **Plenum**.[80] Der Begriff »das Parlament« wird einhellig **nicht** so weit verstanden, dass Untergliederungen, wie **Ausschüsse**, auch erfasst wären. Diese Auslegung ist nach dem Wortlaut keineswegs zwingend, entspricht aber der weit verbreiteten **parlamentarischen Praxis** in den Mitgliedstaaten. Das Europäische Parlament ist jedoch darüber hinausgegangen und hat mit Art. 103 Abs. 3 GO-EP das **Transparenzprinzip** grundsätzlich auch auf die Ausschüsse bezogen. Allerdings 25

---

[74] Der einschränkende Zusatz für Beratungen oder Abstimmungen über Entwürfe zu Gesetzgebungsakten bezieht sich nach dem Wortlaut nur auf den Rat, unzutreffend daher *Gellermann,* in: Streinz, EUV/AEUV, Art. 15 AEUV, Rn. 4.
[75] S. dazu *Hofstötter,* in: GSH, Europäisches Unionsrecht, Art. 15 AEUV, Rn. 14.
[76] Art. 233 AEUV, zuvor Art. 200 EGV i. d. F. von Nizza.
[77] Näher dazu *Corbett/Jacobs/Shackleton,* S. 326.
[78] *Hofstötter,* in: GSH, Europäisches Unionsrecht, Art. 15 AEUV, Rn. 9.
[79] Vgl. Art. 103 Abs. 4 GO-EP, der es den Ausschüssen gestattet, nicht öffentlich zu tagen, vgl. *Hofstötter,* in: GSH, Europäisches Unionsrecht, Art. 15 AEUV, Rn. 9.
[80] *Krajewski/Rösslein,* in: Grabitz/Hilf/Nettesheim, EU, Art. 15 AEUV (September 2013), Rn. 15; *Hofstötter,* in: GSH, Europäisches Unionsrecht, Art. 15 AEUV, Rn. 10; unklar *Wegener,* in: Calliess/Ruffert, EUV/AEUV, Art. 15 AEUV, Rn. 3, der wohl auch die Ausschüsse unter Art. 15 Abs. 2 AEUV subsumiert. Die Öffentlichkeit wird insbesondere durch Übertragung im Internet hergestellt, *Zerdick,* in: Lenz/Borchardt, EU-Verträge, Art. 15 AEUV, Rn. 8 f.; *Wegener,* in: Calliess/Ruffert, EUV/AEUV, Art. 15 AEUV, Rn. 3.

kann nach Art. 103 Abs. 4 GO-EP ein Ausschuss beschließen, unter **Ausschluss der Öffentlichkeit** zu tagen. Die nicht-öffentliche Sitzung ist Ausschüssen vorgeschrieben, wenn Anträge im Zusammenhang mit **Immunitätsverfahren** geprüft werden. Auch wenn die Ausschüsse nicht unter Art. 15 Abs. 2 AEUV fallen, werden sie doch vom **allgemeinen Offenheitsgrundsatz nach Abs. 1** der Vorschrift erfasst. Dementsprechend kommt der Grundsatz bei der Auslegung der Transparenzvorschriften der GO-EP zur Anwendung. Demzufolge werden Ausnahmen von der öffentlichen Tagung der Ausschüsse nur in **begründeten Ausnahmefällen** zulässig sein.[81] Damit geht die Transparenz der Arbeiten des Europäischen Parlaments über den Standard auf mitgliedstaatlicher Ebene hinaus.[82] In der **Praxis** werden die Plenartagungen des Europäischen Parlaments im **Internet** übertragen und sind dort auch später abrufbar. Sofern ein Ausschuss nicht öffentlich tagt, können aber **Dokumente und Protokolle** gemäß den Vorgaben der Verordnung (EG) Nr. 1049/2001 Interessierten **zugänglich** gemacht werden.[83]

26 Art. 15 Abs. 2 AEUV bringt mit dem Offenheitsgebot für **Sitzungen des Rates** im Rahmen der **Gesetzgebung** eine Neuerung (s. Rn. 22).[84] Bis zum Lissabonner Vertrag galt im Rat der **Grundsatz der Nichtöffentlichkeit**.[85] Begründet wurde dies mit dem **intergouvernementalen Charakter** der Beratungen, der der früheren Wahrnehmung des mitgliedstaatlichen Handelns in der EU als Verlängerung der Außenpolitik entspricht, der Förderung der Konsensfindung sowie der Möglichkeit sog. package deals, d. h. einem **Interessenabgleich** zwischen den Mitgliedstaaten der mehrere Rechtsetzungsvorhaben umfasst.[86] **2006** hatte der Rat auf die Kritik daran in einem ersten Schritt reagiert und legte in seiner **Geschäftsordnung** die Offenheit für eine abschließende Anzahl von Fällen fest, die das Mitentscheidungsverfahren und wichtige neue Rechtsetzungsvorschläge betrafen.[87]

27 Die Transparenzregelung in Art. 15 Abs. 2 AEUV geht für den Rat **weiter** als seine bisherige Praxis. Die Begrenzung auf Beratungen und Abstimmungen über Gesetzgebungsakte greift die gleichlautende Entscheidung für **Offenheit** in **Art. 16 Abs. 8 Satz 1 EUV** auf. Zur Umsetzung bestimmt Art. 16 Abs. 8 Satz 2 EUV, dass jede **Ratstagung** in **zwei Teile** zu unterteilen ist, einen die Gesetzgebung betreffend und einen anderen Teil. Die Geschäftsordnung 2009 legt in Art. 6 den **Grundsatz der Geheimhaltung** fest, der jedoch nicht für die nachfolgenden Art. 7–8 GO-Rat 2009 gilt. In Art. 7 GO-Rat 2009 wird die Regelung des Art. 15 Abs. 2 AEUV umgesetzt. Details der Umsetzung sind eine

---

[81] *Hofstötter,* in: GSH, Europäisches Unionsrecht, Art. 15 AEUV, Rn. 10, will dies nur »im Rahmen des absolut Notwendigen« zulassen; vgl. *Wegener,* in: Calliess/Ruffert, EUV/AEUV, Art. 15 AEUV, Rn. 3, der dieses Ergebnis, aber aus Art. 15 Abs. 2 AEUV herleitet und den Ausschuss einen »gerichtlich nur begrenzt überprüfbaren Einschätzungs- und Bewertungsspielraum zukommen« lassen möchte.
[82] *De Leeuw,* E.L.Rev. 2007, 312.
[83] Darauf weist *Wegener,* in: Calliess/Ruffert, EUV/AEUV, Art. 15 AEUV, Rn. 3, hin.
[84] Das Ziel ist nach *Wegener,* in: Calliess/Ruffert, EUV/AEUV, Art. 15 AEUV, Rn. 2; vgl. auch *Krajewski/Rösslein,* in: Grabitz/Hilf/Nettesheim, EU, Art. 15 AEUV (September 2013), Rn. 12; *Gellermann,* in: Streinz, EUV/AEUV, Art. 15 AEUV, Rn. 4, die Schaffung größtmöglicher Transparenz des Gesetzgebungsverfahrens.
[85] S. Art. 5 Abs. 1 GO-Rat 2006, ABl. 2006, L 285/47; *Krajewski/Rösslein,* in: Grabitz/Hilf/Nettesheim, EU, Art. 15 AEUV (September 2013), Rn. 17.
[86] *De Leeuw,* E.L.Rev. 32 (2007), S. 303; *Krajewski/Rösslein,* in: Grabitz/Hilf/Nettesheim, EU, Art. 15 AEUV (September 2013), Rn. 17, *Hofstötter,* in: GSH, Europäisches Unionsrecht, Art. 15 AEUV, Rn. 13.
[87] Art. 8 und 9 GO-Rat 2006, ABl. 2006, L 285/1. Nach Art. 5 Abs. 1 GO-Rat 2006 galt aber grundsätzlich das Prinzip der Nichtöffentlichkeit.

audiovisuelle Übertragung in einem »Mithörsaal« und per Video-Stream in allen Amtssprachen der Union.[88] Das Generalsekretariat informiert die Öffentlichkeit im Voraus über die genauen Zeiten.[89] Die **Geschäftsordnung** geht über die Anordnung des Art. 15 Abs. 2 AEUV hinaus, wenn sie in Art. 8 für Beratungen über Rechtsakte ohne Gesetzgebungscharakter die Öffentlichkeit für die **erste Beratung** über »**wichtige neue Vorschläge**« festlegt. Art. 9 GO-Rat 2009 enthält Vorgaben für die **Veröffentlichung von Abstimmungsergebnissen**, Erklärungen zur Stimmabgabe und Protokolle **in anderen Fällen**, insbesondere bei Rechtsetzungsakten ohne Gesetzgebungscharakter und bei Maßnahmen im Rahmen des Titel V EUV über die Gemeinsame Außen- und Sicherheitspolitik.

Wie in Bezug auf das Europäische Parlament geht die überwiegende Ansicht davon aus, dass sich die Offenheit der Beratungen nach Art. 15 Abs. 2 AEUV nur auf Beratungen im **Plenum**, **nicht** aber auf die **Sitzungen von Ausschüssen** bezieht.[90] Das folgt aus dem **systematischen Zusammenhang** der gleichlautenden Offenheitspflicht in Art. 16 Abs. 8 EUV mit der dort vorgesehenen **Zweiteilung der Plenarsitzungen**. Damit werden alle Sitzungen von Arbeitsgruppen des Rates, aber auch die Beratungen des Ausschusses der Ständigen Vertreter[91] nicht erfasst.[92] Das erscheint nicht unbedenklich, weil in diesen Gremien häufig **wichtige Vorentscheidungen** fallen können.[93] Andererseits ist zu beachten, dass diese Vertraulichkeit auch in den meisten Mitgliedstaaten akzeptiert wird und ansonsten die Gefahr bestünde, dass vertrauliche Aussprachen außerhalb dieser Ausschusssitzungen stattfinden würden. Die Literatur verlangt teilweise, dass die öffentliche Beratung im Plenum ein **Mindestmaß an inhaltlicher Auseinandersetzung**, insbesondere den Austausch von Argumenten über den Gegenstand der Beratungen voraussetze.[94] Diese Forderung kann sich auf die Ausstrahlungswirkung des allgemeinen Transparenzgebotes nach Art. 15 Abs. 1 AEUV, das eine weitestgehende Offenheit sicherstellen soll, berufen (s. Rn. 14).

28

Das Gebot der Offenheit des Art. 15 Abs. 2 AEUV betrifft in Bezug auf den Rat lediglich **Beratungen zu Gesetzgebungsakten**. Nach der **Definition des Art. 298 Abs. 3 AEUV** umfasst dieser Begriff sowohl Akte, die im **ordentlichen**, als auch solche, die in einem **besonderen Gesetzgebungsverfahren** erlassen werden.[95] Damit werden **delegierte Rechtsetzungsakte** nach Art. 290 AEUV und **Durchführungsrechtsakte** nach Art. 291

29

---

[88] Beispiele für öffentliche Beratungen des Rates bei *Zerdick,* in: Lenz/Borchardt, EU-Verträge, Art. 15 AEUV, Rn. 9.
[89] Art. 7 Abs. 3 UAbs. 2 GO-Rat 2009, ABl. 2009, L 325/35.
[90] *Hofstötter,* in: GSH, Europäisches Unionsrecht, Art. 15 AEUV, Rn. 10, 16; *Krajewski/Rösslein,* in: Grabitz/Hilf/Nettesheim, EU, Art. 15 AEUV (September 2013), Rn. 15. Die nichtöffentliche Tagung der Ausschüsse muss allerdings die Ausnahme bleiben, *Wegener,* in: Calliess/Ruffert, EUV/AEUV, Art. 15 AEUV, Rn. 3; unter Verweis auf Abs. 1 *Krajewski/Rösslein,* in: Grabitz/Hilf/Nettesheim, EU, Art. 15 AEUV (September 2013), Rn. 15; *Hofstötter,* in: GSH, Europäisches Unionsrecht, Art. 15 AEUV, Rn. 10. In der Praxis tagen die Ausschüsse des Parlaments nach Art. 103 Abs. 3 GO-EP grundsätzlich öffentlich, *Zerdick,* in: Lenz/Borchardt, EU-Verträge, Art. 15 AEUV, Rn. 8.
[91] Art. 240 Abs. 1 AEUV.
[92] *Krajewski/Rösslein,* in: Grabitz/Hilf/Nettesheim, EU, Art. 15 AEUV (September 2013), Rn. 21.
[93] *Hofstötter,* in: GSH, Europäisches Unionsrecht, Art. 15 AEUV, Rn. 16.
[94] *Krajewski/Rösslein,* in: Grabitz/Hilf/Nettesheim, EU, Art. 15 AEUV (September 2013), Rn. 20.
[95] S. Art. 289 Abs. 1 und 2 AEUV, vgl. *Hofstötter,* in: GSH, Europäisches Unionsrecht, Art. 15 AEUV, Rn. 14; *Zerdick,* in: Lenz/Borchardt, EU-Verträge, Art. 15 AEUV, Rn. 9; *Krajewski/Rösslein,* in: Grabitz/Hilf/Nettesheim, EU, Art. 15 AEUV (September 2013), Rn. 19.

AEUV **nicht** erfasst.⁹⁶ Allerdings wird diesbezüglich der Rat nur in Ausnahmefällen des Art. 291 AEUV ermächtigt, im Übrigen liegen in der Praxis aber Zuständigkeiten der **Kommission** vor, die dem allgemeinen Transparenzgebot nach Art. 15 Abs. 1 AEUV unterliegt (s. Rn. 21).

30 **Nicht erfasst** von Art. 15 Abs. 2 AEUV wird nach einhelliger Ansicht der **Vermittlungsausschuss**⁹⁷, der zwar aus Vertretern von Rat und Europäischem Parlament sowie aus Teilnehmern seitens der Kommission besteht, aber **kein Unterorgan** der beiden erstgenannten ist.⁹⁸ Er wird gemäß Art. 294 Abs. 10 AEUV tätig, wenn nach der zweiten Lesung keine Einigung zwischen Rat und Europäischem Parlament im Gesetzgebungsverfahren erzielt worden ist. Dies dient der **Förderung der Konsensfindung** im Vermittlungsausschuss. Der Ausschluss der Öffentlichkeit wird dadurch relativiert, dass der im Vermittlungsausschuss gefundene Kompromissvorschlag in **dritter Lesung im Parlament** beraten werden muss und dort dem Transparenzgebot nach Art. 15 Abs. 2 AEUV unterfällt. Dies ist in der Rechtsprechung bestätigt worden.⁹⁹

31 Gravierender erscheint hingegen die **Praxis der Trilogie**, d.h. der Vorabeinigung in einem Trilog zwischen Rat, Parlament und Kommission über Rechtsakte, die wenig umstritten sind und die nach einer gefundenen Einigung **nach einer Lesung** im Europäischen Parlament angenommen werden. Denn diese Verständigungen im Rahmen der Trilogie fallen nicht direkt unter die Vorgabe des Art. 15 Abs. 2 AEUV. Doch lässt sich auch hier unter Rückgriff auf Art. 15 Abs. 2 AEUV für das Europäische Parlament fordern, dass die **wesentlichen Argumente** aus dem Trilogieverfahren in der ersten Lesung öffentlich gemacht werden müssen, damit die Vorschrift durch dieses – ansonsten aus **Effektivitätsgründen** zu begrüßende – Instrument nicht ausgehöhlt wird.¹⁰⁰ Jedenfalls unterfällt das Trilogieverfahren dem allgemeinen **Transparenzgebot** nach Art. 15 Abs. 1 AEUV.

II. Verpflichtete

32 **Verpflichtet** werden durch Art. 15 Abs. 2 AEUV ausdrücklich nur das **Europäische Parlament** und der **Rat**. Aus dem systematischen Zusammenhang mit Art. 16 Abs. 8 EUV, der die Einhaltung für den Rat organisatorisch durch eine Zweiteilung der Plenarsitzungen absichert, folgt, dass Letzterer nur bei **Sitzungen im Plenum** gebunden ist. Das wird in der Literatur auch für das Europäische Parlament angenommen.¹⁰¹ Die Nichterwähnung des **Europäischen Rates** in Art. 15 Abs. 2 AEUV ist systemgerecht, da dieser **keine legislativen Befugnisse** hat. Die Öffentlichkeit für die **Rechtsetzungsvorschläge der Kommission** folgt aus Art. 15 Abs. 1 AEUV sowie aus den Vorgaben für den Grundsatz der partizipativen Demokratie nach Art. 11 EUV.¹⁰²

---

⁹⁶ *Krajewski/Rösslein,* in: Grabitz/Hilf/Nettesheim, EU, Art. 15 AEUV (September 2013), Rn. 19.
⁹⁷ Kritisch *Krajewski/Rösslein,* in: Grabitz/Hilf/Nettesheim, EU, Art. 15 AEUV (September 2013), Rn. 22; vgl. auch *Hofstötter,* in: GSH, Europäisches Unionsrecht, Art. 15 AEUV, Rn. 11.
⁹⁸ Näher zur Zusammensetzung *Gellermann,* in: Streinz, EUV/AEUV, Art. 294 AEUV, Rn. 30.
⁹⁹ EuGH, Urt. v. 10.1.2006, Rs. C–344/04 (IATA), Slg. 2006, I–403, Rn. 60 f.
¹⁰⁰ Zur Gefahr, dass der Grundsatz öffentlicher Sitzungen durch informelle, nichtöffentliche Triloge unterlaufen wird, *de Leeuw,* E.L.Rev. 32 (2007), 295 (314); *Krajewski/Rösslein,* in: Grabitz/Hilf/Nettesheim, EU, Art. 15 AEUV (September 2013), Rn. 23; *Hofstötter,* in: GSH, Europäisches Unionsrecht, Art. 15 AEUV, Rn. 12.
¹⁰¹ *Hofstötter,* in: GSH, Europäisches Unionsrecht, Art. 15 AEUV, Rn. 10, 16.
¹⁰² Insofern wird ein Ausgleich dafür geschaffen, dass diese beiden Organe nicht in Art. 15 Abs. 2 AEUV erfasst werden, s. die Kritik bei *Wegener,* in: Calliess/Ruffert, EUV/AEUV, Art. 15, Rn. 2.

E. Zugang zu Dokumenten (Abs. 3)

I. Allgemeines

Abs. 3 enthält mit dem **Recht auf Zugang zu Informationen** das **Kernstück** der unionsrechtlichen Transparenzvorschriften. Die Vorschrift eröffnet dem **Einzelnen** einen **voraussetzungslosen Anspruch** auf Zugang zu Informationen, die bei den Organen, Einrichtungen und sonstigen Stellen der EU **vorhanden** sind.[103] Häufig wird es auch als **Informationsrecht** bezeichnet.[104] Dieser Begriff wird von anderer Seite bewusst vermieden, um klarzustellen, dass das Recht nur auf Zugang zu **bereits vorhandenen Dokumenten** (Informationen) besteht, nicht aber auf Informationen, die sich erst durch eine Auswertung verschiedener Dokumenten ergeben würden.[105] Inspiriert worden ist dieses Zugangsrecht vom **Recht auf Zugang zu Umweltinformationen**, es erfasst aber das **gesamte Unionshandeln**.[106] Mit diesem **weit auszulegenden** (s. Rn. 39) Zugangsrecht stellt sich die Union in eine Reihe mit fortschrittlichen Mitgliedstaaten, die entsprechende Ansprüche ihren Bürgerinnen und Bürgern gewähren.[107] Das Recht **ergänzt Informationsrechte** mit rechtsstaatlicher Funktion, wie das Recht auf Akteneinsicht[108] als Ausprägung der Rechte auf ein faires Verfahren und auf eine gute Verwaltung nach Art. 41 Abs. 2 Buchst. b GRC: **funktional** geht es **primär** um die **demokratischen Aspekte** eines Zugangsrechts, auf dessen Basis der Einzelne Informationen erhalten kann, die ihn befähigen, das Handeln der betroffenen Hoheitsträger besser bewerten zu können und damit **Verantwortlichkeiten** zuweisen zu können und darauf nicht zuletzt eine Wahlentscheidung zu gründen. Das schließt aber nicht aus, dass **auch andere Zwecke**, insbesondere rechtliche Interessen verfolgt werden. 33

Systematisch steht das Recht in einem engen Zusammenhang mit Art. 10 EUV über die **Grundsätze der repräsentativen Demokratie**, weil es dazu dient (s. Rn. 33), die Wahlentscheidung als ein nach Art. 10 Abs. 3 EUV eminent wichtiges Teilhaberecht zu effektuieren. Ferner können die auf dieser Basis erlangten Informationen auch im Rahmen der **partizipativ-demokratischen Grundsätze** nach Art. 11 EUV genutzt werden. Es sind diese Zusammenhänge, die im EVV dazu geführt hatten, dass die Vorschrift ursprünglich im Abschnitt über die demokratischen Grundsätze aufgeführt werden sollte (s. Rn. 11). Die abweichende Zuordnung im Lissabonner Vertrag ist aber überzeugend, da der Anspruch in seinen Funktionen offen ist und über die demokratische Funktion hinausgeht. 34

Weiter bestehen Verbindungen zu den **Umweltinformationsrechten** nach der Verordnung 1367/2006.[109] Beide Ansprüche stehen jeweils **nebeneinander**.[110] Abzugrenzen ist 35

---

[103] Vgl. EuG, Urt. v. 26. 4. 2005, verb. Rs. T–110/03, T–150/03, T–405/03 (Sison/Rat), Slg. 2005, II–1429, Rn. 50; *Krajewski/Rösslein*, in: Grabitz/Hilf/Nettesheim, EU, Art. 15 AEUV (September 2013), Rn. 33; *Hofstötter*, in: GSH, Europäisches Unionsrecht, Art. 15 AEUV, Rn. 23.

[104] *Wegener*, in: Calliess/Ruffert, EUV/AEUV, Art. 15 AEUV, Rn. 11.

[105] EuG, Urt. v. 25. 4. 2007, Rs. T–264/04 (WWF/Rat), Slg. 2007, II–911, Rn. 76; *Wegener*, in: Calliess/Ruffert, EUV/AEUV, Art. 15 AEUV, Rn. 16; *Krajewski/Rösslein*, in: Grabitz/Hilf/Nettesheim, EU, Art. 15 AEUV (September 2013), Rn. 46.

[106] S. Richtlinie 90/313/EWG, ABl. 1990, L 158/56, abgelöst durch Richtlinie 2003/4/EG, ABl. 2003, L 41/26.

[107] Überblick bei *Heselhaus*, in: Heselhaus/Nowak, Handbuch der Europäischen Grundrechte, § 56, Rn. 31 ff.

[108] EuG, Urt. v. 1. 4. 1993, Rs. T–65/89 (BPB Industries), Slg. 1993, II–389, Rn. 30.

[109] Verordnung (EG) Nr. 1367/2006 vom 6. 9. 2006 über die Anwendung der Bestimmungen des

der **allgemeine Anspruch** auf Zugang zu Dokumenten von **spezifischen Informationsansprüchen**, wie dem Recht auf Akteneinsicht. Dieses betrifft bspw. den Zugang zu Dokumenten in einem laufenden Verfahren, der im Bereich des Art. 15 Abs. 3 EUV gerade ausgeklammert wird.[111] Ferner ist der Anspruch von **Auskunftsansprüchen im Rahmen des Rechts auf Datenschutz** in Bezug auf die eigenen persönlichen Daten nach Art. 16 Abs. 1 AEUV zu unterscheiden. Auch jene betreffen Dokumente, die nach Art. 15 AEUV – wegen Schutz der Privatsphäre – gerade nicht Dritten offenstehen.[112]

36 Art. 15 Abs. 3 AEUV entspricht im Wesentlichen **Art. 255 EGV**, der erstmals ein Recht auf Zugang zu Dokumenten im **Amsterdamer Vertrag** gewährte.[113] Die Neufassung bringt eine **Ausweitung** des früher auf die drei Organe, Europäisches Parlament, Rat und Kommission begrenzten Anspruchs nunmehr **umfassend** auf alle Organe, Einrichtungen und sonstigen Stellen der EU. Ferner ist der Verweis auf das einschlägige **Rechtsetzungsverfahren**, nunmehr das ordentliche Gesetzgebungsverfahren nach Art. 15 Abs. 3 UAbs. 2 AEUV **angepasst** worden. In letzterer Vorschrift ist die **Frist** für den Erlass der Umsetzungsmaßnahmen von zwei Jahren **weggefallen**. Dies ist insofern unerheblich, als die betreffenden Vorschriften 2001 mit der Verordnung (EG) Nr. 1049/2001 erlassen worden sind. Eine vergleichbare Fristvorgabe wäre aber durchaus im Hinblick auf die in der Fassung des Lissabonner Vertrages vorgesehene Ausweitung auf andere EU-Stellen sinnvoll gewesen.

37 Es ist umstritten, ob Art. 15 Abs. 3 AEUV **unmittelbar anwendbar** ist. Dies wird von der **Rechtsprechung** und der wohl **überwiegenden Auffassung** im Schrifttum verneint.[114] Entscheidend soll der **Wortlaut** sein, wonach das Recht »vorbehaltlich« der noch festzulegenden Grundsätze und Bedingungen gewährt wird.[115] Dagegen wird überzeugend vorgebracht, dass das Zugangsrecht **ausreichend bestimmt** sei und lediglich **Gestaltungsspielraum** bei den möglichen Ausnahmen bestehe. Die Rechtsprechung zur unmittelbaren Wirkung hat dies in anderen Fällen, etwa beim Umweltinformationsanspruch ausreichen lassen. Zudem spricht für eine unmittelbare Wirkung, dass diese die früher geltende Frist von zwei Jahren für die Umsetzung effektiv gesichert hätte.[116] Mit der verbindlichen Anerkennung der Grundrechtecharta ist der Zugangsanspruch im Lissa-

---

Übereinkommens von Århus über den Zugang zu Informationen, die Öffentlichkeitsbeteiligung an Entscheidungsverfahren und den Zugang zu Gerichten in Umweltangelegenheiten auf Organe und Einrichtungen der Gemeinschaft, ABl. 2006, L 264/13.

[110] Vgl. Art. 2 Abs. 6 Verordnung (EG) Nr. 1049/2001.

[111] S. die Ausnahme nach Art. 4 Abs. 2 Verordnung (EG) Nr. 1049/2001.

[112] S. Art. 4 Abs. 1 Buchst. b Verordnung (EG) Nr. 1049/2001.

[113] Näher dazu *Krajewski/Rösslein*, in: Grabitz/Hilf/Nettesheim, EU, Art. 15 AEUV (September 2013), Rn. 25.

[114] Gegen eine unmittelbare Wirkung EuG, Urt. v. 11.12.2001, Rs. T–191/99 (Petrie), Slg. 2001, II–3677, Rn. 34, mit der Feststellung, dass weder Art. 1 Abs. 2 EUV noch Art. 255 EGV unmittelbar anwendbar seien. Vgl. *Gellermann*, in: Streinz, EUV/AEUV, Art. 15 AEUV, Rn. 8; *Schnichels*, EuZW 2002, 577; *Castenholz*, Informationszugangsfreiheit, 54 ff.; wohl auch *Sobotta*, S. 312 ff.; *Nowak*, DVBl 2004, 272 (280); *Krajewski/Rösslein*, in Grabitz/Hilf/Nettesheim, Art. 15 AEUV, Rn. 37 f.

[115] *Krajewski/Rösslein*, in: Grabitz/Hilf/Nettesheim, EU, Art. 15 AEUV (September 2013), Rn. 37; *Gellermann*, in: Streinz, EUV/AEUV, Art. 15 AEUV, Rn. 8; a. A. *Wegener*, in: Calliess/Ruffert, EUV/AEUV, Art. 15 AEUV, Rn. 11, Fn. 32. Vgl. auch *Hofstötter*, in: GSH, Europäisches Unionsrecht, Art. 15 AEUV, Rn. 29.

[116] Für eine unmittelbare Wirkung des Art. 255 EGV (Vorgängernorm des Art. 15 Abs. 3 AEUV) *Heselhaus*, in: Heselhaus/Nowak, Handbuch der Europäischen Grundrechte, § 56, Rn. 44 ff.; wohl auch *Wegener*, in: Calliess/Ruffert, EUV/AEUV, Art. 15 AEUV, Rn. 6, 11; zweifelnd auch *Hofstötter*, in: GSH, Europäisches Unionsrecht, Art. 15 AEUV, Rn. 29.

bonner Vertrag als Grundrecht in **Art. 42 GRC** garantiert.[117] Auch wenn Art. 52 Abs. 2 GRC bestimmt, dass für die Grundrechte, die auch in den Verträgen enthalten sind, die dort vorgesehenen Bedingungen gelten, kann der **Grundrechtscharakter** als ein weiteres **Indiz** für die Anerkennung einer unmittelbaren Wirkung angesehen werden.[118] Denn darin unterscheiden sich die Grundrechte der Charta von den Grundsätzen in derselben.[119] Die Frage der unmittelbaren Wirkung könnte heute noch von **praktischer Bedeutung** sein, sofern **Einrichtungen** noch nicht ausdrücklich im Sekundärrecht verpflichtet worden sind, Zugang zu Dokumenten zu gewähren. Im Ergebnis gewährleistet Art. 15 Abs. 3 AEUV ein **subjektives Recht** auf Zugang zu Dokumenten.[120] Die Besonderheit der Vorschrift liegt darin, dass sie damit gleichzeitig die Allgemeinheit berechtigt, also den **öffentlichen Zugang** zu Dokumenten. Dies folgt aus der Voraussetzungslosigkeit des Anspruchs, den folglich jedermann geltend machen kann. Ist einmal Zugang gewährt worden, kann ein solcher – ohne eine Änderung der Sachlage – niemand anderem verweigert werden.[121]

Unbestritten ist die Verpflichtung zur Umsetzung des Rechts auf Zugang zu Dokumenten **verbindliches, objektives Recht**. Die im **Sekundärrecht** erfolgte Umsetzung ist daran zu **messen**.[122] Die Umsetzung ist durch Verordnung (EG) Nr. 1049/2001 erfolgt. Daher werden im Folgenden (Rn. 39 ff.) die primärrechtlichen Vorgaben jeweils mit der Umsetzung verglichen. Der Anwendungsbereich der Zugangsverordnung ist nach dem Lissabonner Vertrag auf **andere Einrichtungen** ausgedehnt worden, indem deren einschlägige **Gründungsvorschriften** entsprechend **ergänzt** worden sind.[123] Aufgrund der Rechtspflicht nach Art. 15 Abs. 3 AEUV kann die Verordnung (EG) Nr. 1049/2001 für die Zukunft geändert, **nicht** aber ersatzlos **gestrichen** werden. 38

Grundsätzlich besteht die Pflicht, einen **weiten Zugang** zu Dokumenten zu gewähren. Das steht zwar **nicht wörtlich** in Art. 15 Abs. 3 AEUV, ist aber in Art. 1 Buchst. a a. E. der Verordnung (EG) Nr. 1049/2001 (»größtmöglicher Zugang«) vorgesehen. Dies entspricht der **früheren Rechtslage** unter den separaten Beschlüssen der drei Organe Rat, Europäisches Parlament und Kommission, die vom EuGH in **ständiger Rechtsprechung** bestätigt worden ist. Da der frühere Art. 255 EGV erkennbar darauf aufbaute, folgt aus der historischen Auslegung, dass dieser **Grundsatz eines weiten Zugangs** heute **primärrechtlich verbindlich** verankert ist. Zusätzlich ist auf die systematische Interpretation i. V. mit dem **Transparenzgebot** nach Art. 15 Abs. 1 AEUV hinzuweisen, das mit der Vorgabe einer »weitestgehenden« Beachtung ein hohes Niveau an Transparenz einfordert.[124] Grundsätzlich hat die Rechtsprechung den weiten Zugang zu Dokumenten be- 39

---

[117] Zur Anwendbarkeit von Art. 15 Abs. 3 AEUV neben Art. 42 GRC *Zerdick*, in: Lenz/Borchardt, EU-Verträge, Art. 15 AEUV, Rn. 11; vgl. auch *Wegener*, in: Calliess/Ruffert, EUV/AEUV, Art. 15 AEUV, Rn. 6: »entsprechende Garantie« in Art. 42 GRC.
[118] *Wegener*, in: Calliess/Ruffert, EUV/AEUV, Art. 15 AEUV, Rn. 6, 11.
[119] S. Art. 52 Abs. 5 GRC.
[120] Vgl. *Zerdick*, in: Lenz/Borchardt, EU-Verträge, Art. 15 AEUV, Rn. 11: individueller Rechtsanspruch; *Wegener*, in: Calliess/Ruffert, EUV/AEUV, Art. 15 AEUV, Rn. 6: verfassungsrechtlich verbürgtes Freiheitsrecht.
[121] EuG, Urt. v. 7. 12. 2010, Rs. T–439/08 (Joséphidès), Slg. 2010, II–230, Rn. 116; vgl. die etwas missverständliche Annahme einer erga-omnes-Wirkung bei *Hofstötter*, in: GSH, Europäisches Unionsrecht, Art. 15 AEUV, Rn. 24.
[122] *Gellermann*, in: Streinz, EUV/AEUV, Art. 15 AEUV, Rn. 9; vgl. *Hofstötter*, in: GSH, Europäisches Unionsrecht, Art. 15 AEUV, Rn. 23.
[123] *Hofstötter*, in: GSH, Europäisches Unionsrecht, Art. 15 AEUV, Rn. 22.
[124] Zur insofern umstrittenen Auslegung von Abs. 1 s. oben Rn. 14.

stätigt und in vieler Hinsicht dessen Gewährleistungen in Zweifelsfragen ausgebaut.[125] Allerdings ist sie dabei den früheren freiwilligen Eigenverpflichtungen der drei Organe gefolgt.

II. Berechtigte

40 Nach Art. 15 Abs. 3 AEUV steht der Anspruch auf Zugang zu Dokumenten allen **Unionsbürgerinnen und Unionsbürgern** sowie allen **natürlichen** und **juristischen Personen** mit **Wohnsitz** bzw. **Sitz** in einem Mitgliedstaat zu.[126] Die Einbeziehung der **juristischen Personen** ist sinnvoll, da auch solche ein Interesse an den Informationen besitzen können. Dies belegt der Vergleich mit dem Umweltinformationsanspruch, der insbesondere auch von Umweltverbänden genutzt wird.[127]

41 Die Einbeziehung von **Drittstaatlern mit Wohnsitz in der EU** ist Ausdruck eines **modernen Demokratieverständnisses**, das Teilhaberechte – in Grenzen – allen Personen zuerkennt, die der betreffenden Herrschaftsgewalt unterliegen.[128] In Art. 2 Abs. 2 Verordnung (EG) Nr. 1049/2001 wird die Gewährung des Dokumentenzugangsrechts in das **Ermessen** der betreffenden Organe gestellt. Diese Verkürzung der Berechtigungen gegenüber Art. 15 Abs. 3 AEUV wird in der Literatur weitgehend kritiklos hingenommen.[129] Diese Diskrepanz bestand bereits gegenüber der Vorgängernorm Art. 255 EGV. Offenbar wird dies als Ausprägung des Gestaltungsspielraums bei der Umsetzung hingenommen. Dem steht aber der insofern eindeutige **Wortlaut** entgegen, der den Rechtsetzungsorganen **keinen Spielraum** einräumt. Die Berechtigung der Drittstaatler mit Wohnsitz in der Union ist **primärrechtlich vorgeschrieben**. Dass sich die Rechtsetzungsorgane in der Zugangsverordnung an diese Verpflichtung nicht gehalten haben, zeigt, dass sie eine Auslegung vertreten, die sich stärker an ihren früheren Eigenverpflichtungen orientiert.[130] Eine Divergenz lässt sich vermeiden, wenn das in der Verordnung eingeräumte Ermessen unter Hinweis auf den Wortlaut von Art. 15 Abs. 3 AEUV entsprechend **eingeschränkt interpretiert** wird, in der Regel also Zugang zu gewähren ist. In der **Praxis** wird das Bestehen einer Unionsbürgerschaft im konkreten Fall nicht überprüft, weil es zu einem bürokratischen Aufwand führen würde, der mit der Vorgabe eines **möglichst einfachen Zugangs**[131] zu Dokumenten nicht vereinbar wäre.

III. Verpflichtete

42 Art. 15 Abs. 3 AEUV weitet gegenüber Art. 255 EGV den Kreis der **Anspruchsverpflichteten** aus. Waren früher nur die drei Organe, Europäisches Parlament, Rat und Kommission, in die Pflicht genommen worden, greift der Zugangsanspruch nunmehr

---

[125] S. die Nachweise unter Rn. 46 ff.
[126] *Zerdick*, in: Lenz/Borchardt, EU-Verträge, Art. 15 AEUV, Rn. 14; *Wegener*, in: Calliess/Ruffert, EUV/AEUV, Art. 15 AEUV, Rn. 12; *Krajewski/Rösslein*, in: Grabitz/Hilf/Nettesheim, EU, Art. 15 AEUV (September 2013), Rn. 35; *Gellermann*, in: Streinz, EUV/AEUV, Art. 15 AEUV, Rn. 7, 10.
[127] Ausführlich zum Anspruch auf Umweltinformationen *Scherer/Heselhaus*, Umweltrecht, in: Dauses, Handbuch des EU-Wirtschaftsrechts, Abschnitt O, Juni 2010, Rn. 224 ff.
[128] *Bryde*, StWStP 5 (1994), 311 ff.
[129] So meint *Zerdick*, in: Lenz/Borchardt, EU-Verträge, Art. 15 AEUV, Rn. 14, dass eine Erstreckung auf Drittstaatsangehörige in Art. 15 Abs. 3 AEUV »als Möglichkeit« angelegt sei.
[130] Doch haben sie von der grundsätzlichen Erstreckung auf Drittstaatler Gebrauch gemacht, *Wegener*, in: Calliess/Ruffert, EUV/AEUV, Art. 15 AEUV, Rn. 12.
[131] Vgl. Art. 1 Buchst. b Verordnung Nr. 1049/2001.

primärrechtlich **umfassend** gegenüber allen Organen, Einrichtungen und sonstigen Stellen der Union. Damit werden zunächst alle Organe, die in Art. 13 EUV aufgeführt sind einbezogen. Dies gilt umfassend auch für deren interne Binnenorganisation in **Ausschüssen oder Arbeitsgruppen**.[132] Zutreffend hat die Rechtsprechung auch die Tätigkeit in den sog. **Komitologieausschüssen**, die die Kommission bei der Rechtsetzung unterstützen, einbezogen.[133] Sie werden insofern als Teil der Kommission angesehen.

Sonderregeln bestehen nach Art. 15 Abs. 3 UAbs. 4 AEUV für den **Europäischen Gerichtshof**, die **Europäische Zentralbank** und die **Europäische Investitionsbank**. Sie müssen Zugang zu Dokumenten lediglich gewähren, sofern sie **Verwaltungsaufgaben** wahrnehmen. Allerdings wird im Hinblick auf den Gerichtshof ein Zugang zu den Gerichtsakten in den jeweiligen Verfahren für die Betroffenen nach anderen Vorschriften gewährt.[134]

43

Zu den **Einrichtungen und sonstigen Stellen** zählen neben der ausdrücklich erwähnten Europäischen Investitionsbank insbesondere die beratenden Einrichtungen wie der **Wirtschafts- und Sozialausschuss**. Ferner werden auch die **Ämter** in der tertiären Organisationsstruktur, wie die Europäische Chemikalienagentur, die Europäische Umweltagentur, die europäische Behörde für Lebensmittelsicherheit oder das Europäische Sortenamt, erfasst.[135]

44

Nach Art. 1 Buchst. a Verordnung (EG) Nr. 1049/2001 ist das Zugangsrecht in Übereinstimmung mit der damaligen Rechtsgrundlage in Art. 255 EGV auf die drei Organe Europäisches Parlament, Rat und Kommission begrenzt. Nach der Ausweitung des Kreises der Verpflichteten (s. Rn. 42) muss in Zukunft eine **Anpassung** an das Primärrecht vorgenommen werden. Zu beachten ist, dass vor allem in der tertiären Organisationsebene die Verordnung über die **Gründungsrechtsakte** regelmäßig für anwendbar erklärt wird.[136] Sofern Lücken in den Regelungen verbleiben, käme – nach umstrittener Ansicht[137] – eine **unmittelbare Anwendung** von Art. 15 Abs. 3 AEUV in Betracht.

45

---

[132] *Krajewski/Rösslein,* in: Grabitz/Hilf/Nettesheim, EU, Art. 15 AEUV (September 2013), Rn. 43; *Gellermann,* in: Streinz, EUV/AEUV, Art. 15 AEUV, Rn. 11.

[133] EuG, Urt. v. 19.7.1999, T–188/97 (Rothmans International), Slg. 1999, II–2463, Rn. 60 und 62; zustimmend *Krajewski/Rösslein,* in: Grabitz/Hilf/Nettesheim, EU, Art. 15 AEUV (September 2013), Rn. 43; *Wegener,* in: Calliess/Ruffert, EUV/AEUV, Art. 15 AEUV, Rn. 15; *Gellermann,* in: Streinz, EUV/AEUV, Art. 15 AEUV, Rn. 11.

[134] Dennoch kritisch zu dieser Beschränkung *Wegener,* in: Calliess/Ruffert, EUV/AEUV, Art. 15 AEUV, Rn. 14; positiv dagegen die Bewertung von *Epping,* in: Vedder/Heintschel v. Heinegg, EVV, Art. III–399 EVV, Rn. 2.

[135] *Gellermann,* in: Streinz, EUV/AEUV, Art. 15 AEUV, Rn. 11.

[136] S. dazu die bereits in ABl. 2003, L 245/1 aufgeführten Änderungsverordnungen zu den Gründungsverordnungen von Agenturen und Einrichtungen.

[137] S. oben Rn. 37.

IV. Gewährleistungsgehalt

1. Zugang

46 Art. 2 Abs. 1 Verordnung (EG) Nr. 1049/2001 gewährt in Übereinstimmung mit Art. 15 Abs. 3 AEUV einen **allgemeinen** und **voraussetzungslosen Anspruch** auf Zugang zu Dokumenten.[138] Insbesondere besteht der Anspruch unabhängig von konkreten Verfahren, wie etwa der Anspruch auf Akteneinsicht nach Art. 48 Abs. 2 GRCH.[139] Seit Einführung des Zugangsrechts ist der bis dahin geltende **Grundsatz der Geheimhaltung** aufgegeben worden.[140] Vielmehr bedarf die Geheimhaltung einer Rechtfertigung.[141] Nach Art. 1 Buchst. a Verordnung (EG) Nr.1049/2001 bezweckt die Regelung die Gewährleistung eines **größtmöglichen Zugangs** zu Dokumenten. Damit werden die früheren Eigenregelungen der Organe aufgegriffen, die auf einen Grundsatz der Offenheit rekurrierten, aus dem die Rechtsprechung einen weiten Zugangsanspruch gefolgert hat. Diese Konkretisierung ist in Art. 15 Abs. 3 UAbs. 1 AEUV, wie auch in seinem Vorgänger Art. 255 EGV, **nicht ausdrücklich** enthalten. Fraglich ist, ob diese Vorgabe in das Gestaltungsermessen der Rechtsetzungsorgane nach Art. 15 Abs. 3 UAbs. 2 gestellt ist. Aus der **systematischen Verbindung** mit Art. 15 Abs. 1 AEUV, der eine »**weitestgehende** Beachtung« des Grundsatzes der Offenheit einfordert,[142] ist eine entsprechende **primärrechtliche Vorgabe** anzunehmen. Dies wird durch die **Entstehungsgeschichte** bestätigt, da nicht anzunehmen ist, dass die Union im Primärrecht hinter dem damals bereits praktizierten Zugangsanspruch zurückbleiben wollte. Dementsprechend wird das Ziel eines größtmöglichen Zugangs in den Begründungserwägungen der Zugangs-Richtlinie im Zusammenhang mit der primärrechtlichen Vorgabe explizit als Ziel genannt.[143]

47 Der Zugangsanspruch umfasst grundsätzlich das **gesamte Handeln** der Union, d. h. im Unterschied zum Umweltinformationsanspruch **alle Tätigkeitsbereiche**.[144] Er ist – dem weiten Verständnis von »Verwaltung« im Sinne von **Governance** in Art. 15 Abs. 1 AEUV folgend[145] – grundsätzlich nicht auf die Verwaltungstätigkeit im engeren Sinn beschränkt. Das folgt im Umkehrschluss aus der Begrenzung des Zugangsrechts betreffend den EuGH nach UAbs. 3 auf dessen Verwaltungstätigkeit. Auch bedarf der Anspruch nicht der Erfüllung weiterer Voraussetzungen, etwa einer verfahrensrechtlichen Beteiligtenstellung oder eines besonderen Interesses (s. Rn. 46).[146] Das entspricht seiner Konzeption als einem allgemeinen Zugangsrecht, das **jedermann** offensteht.

---

[138] *Krajewski/Rösslein*, in: Grabitz/Hilf/Nettesheim, EU, Art. 15 AEUV (September 2013), Rn. 32 f.; insbesondere muss der Antragsteller kein besonderes Interesse geltend machen, *Hofstötter*, in: GSH, Europäisches Unionsrecht, Art. 15 AEUV, Rn. 23.

[139] *Eser*, in: Meyer, GRCh, Art. 48 GRC, Rn. 26, m. w. N.; *Krajewski/Rösslein*, in: Grabitz/Hilf/Nettesheim, EU, Art. 15 AEUV (September 2013), Rn. 33.

[140] Vgl. EuGH, Urt. v. 30.4.1996, Rs. C–58/94 (Niederlande/Rat), Slg. 1996, I–2169 Rn. 36; *Wegener*, in: Calliess/Ruffert, EUV/AEUV, Art. 15 AEUV, Rn. 6.

[141] Vgl. *Krajewski/Rösslein*, in: Grabitz/Hilf/Nettesheim, EU, Art. 15 AEUV (September 2013), Rn. 32.

[142] S. zur umstrittenen Auslegung oben Rn. 14.

[143] 4. Begründungserwägung Verordnung (EG) Nr. 1049/2001.

[144] Dies gilt inklusive der GASP, *Zerdick*, in: Lenz/Borchardt, EU-Verträge, Art. 15 AEUV, Rn. 11; *Krajewski/Rösslein*, in: Grabitz/Hilf/Nettesheim, EU, Art. 15 AEUV (September 2013), Rn. 48.

[145] S. oben Rn. 19.

[146] *Krajewski/Rösslein*, in: Grabitz/Hilf/Nettesheim, EU, Art. 15 AEUV (September 2013), Rn. 32 f.; *Hofstötter*, in: GSH, Europäisches Unionsrecht, Art. 15 AEUV, Rn. 23.

2. Dokumente

Art. 2 Abs. 3 Zugangsverordnung legt den **Anwendungsbereich** des Zugangsanspruchs **48** weit fest. Danach werden alle »**Dokumente** aus allen Tätigkeitsbereichen der Union, die von dem Organ **erstellt** wurden oder bei ihm **eingegangen** sind und sich in seinem **Besitz** befinden« erfasst. Damit fallen auch Dokumente aus dem Bereich der **Gemeinsamen Außen- und Sicherheitspolitik** in den Anwendungsbereich.[147] Hervorzuheben ist, dass nicht nur, wie im früheren Verhaltenskodex, Dokumente erfasst werden, die das Organ erstellt hat, sondern dass in Abkehr von jener **Urheberregel** alle Dokumente, die sich **im Besitz** des Organs befinden, erfasst werden.[148] Diese **weite** Fassung in der Zugangsverordnung entspricht den primärrechtlichen Vorgaben.[149]

Der **Begriff** des Dokuments wird dann in Art. 3 Buchst. a Zugangsverordnung **legal** **49** **definiert** als »**Inhalte**, die einen **Sachverhalt** in Zusammenhang mit den Politiken, Maßnahmen oder Entscheidungen aus dem Zuständigkeitsbereich des Organs betreffen«. Mit der Anknüpfung am Inhalt ist der Zugangsanspruch in Übereinstimmung mit der Vorgabe effektiver Wirksamkeit **unabhängig von der Form** des Datenträgers.[150]

Aus der Bezugnahme auf Inhalte in Art. 3 Zugangsverordnung wird in Übereinstim- **50** mung mit dem Bezug auf Dokumente in Art. 15 Abs. 3 AEUV auf **vorhandene Informationen** abgestellt. Hingegen besteht kein Anspruch darauf, neue Informationen für den Antragsteller zu besorgen, weder durch neue Sammlung noch durch eine Verarbeitung bereits vorhandener Informationen. Art. 15 Abs. 3 AEUV gewährt **keinen Informationsbeschaffungsanspruch**.[151] Falls ein Organ sich darauf beruft, dass eine bestimmte Information **nicht existiere**, besteht eine »einfache Vermutung« der Richtigkeit dieser Behauptung. Der Antragsteller kann sie »in jeder Weise aufgrund stichhaltiger und übereinstimmender Indizien« **widerlegen**.[152]

Eine besondere Behandlung erfahren sog. **sensible Dokumente**, d. h. Dokumente, die **51** nach Art. 9 Zugangsverordnung als »**vertraulich**«, »**geheim**« oder »**streng geheim**« eingestuft werden und in die **Ausnahmebereiche** nach Art. 4 Abs. 1 Buchst. a Verordnung (EG) Nr. 1049/2001 fallen. Sie sind grundsätzlich vom Zugangsanspruch **erfasst**, aber es gelten **besondere Verfahrensbestimmungen**. Sie werden nur mit **Zustimmung des Urhebers** im Register aufgeführt oder freigegeben.[153] Deshalb hat der Urheber die Möglichkeit, deren Existenz **geheim** zu halten.[154]

In Abkehr von der früheren Urheberregel werden nach Art. 2 Abs. 3 Zugangsverord- **52** nung alle im Besitz eines Organs befindlichen Dokumente erfasst. Darunter fallen **auch Dokumente Dritter**, die das Organ erlangt hat. Grundsätzlich ist das **ersuchte Organ** befugt, über die Zugangsgewährung zu **entscheiden**. Es muss zwar grundsätzlich den

---

[147] Vgl. *Hofstötter,* in: GSH, Europäisches Unionsrecht, Art. 15 AEUV, Rn. 32.
[148] Vgl. *Hofstötter,* in: GSH, Europäisches Unionsrecht, Art. 15 AEUV, Rn. 32.
[149] Wie hier *Hofstötter,* in: GSH, Europäisches Unionsrecht, Art. 15 AEUV, Rn. 31.
[150] Art. 3 Buchst. a Verordnung (EG) Nr. 1049/2001; vgl. *Gellermann,* in: Streinz, EUV/AEUV, Art. 15 AEUV, Rn. 12; *Zerdick,* in: Lenz/Borchardt, EU-Verträge, Art. 15 AEUV, Rn. 13; *Krajewski/Rösslein,* in: Grabitz/Hilf/Nettesheim, EU, Art. 15 AEUV (September 2013), Rn. 45.
[151] *Wägenbaur,* EuZW 2001, 682; *Hofstötter,* in: GSH, Europäisches Unionsrecht, Art. 15 AEUV, Rn. 32.
[152] EuG, Urt. v. 12.10.2000, Rs. T–123/99 (JT's Corporation), Slg. 2000, II–3269 Rn. 58; Urt. v. 15.1.2013, Rs. T–392/07 (Strack), ECLI:EU:T:2013:8, Rn. 80.
[153] Art. 9 Abs. 3 Verordnung (EG) Nr. 1049/2001.
[154] EuG, Urt. v. 26.4.2005, verb. Rs. T–110/03, T–150/03, T–405/03 (Sison/Rat), Slg. 2005, II–1429 Rn. 95; EuGH, Urt. v. 1.2.2007, Rs. C–266/05 P (Sison/Rat), Slg. 2007, I–1233 Rn. 102.

Dritten konsultieren, um zu beurteilen ob einer der Ausnahmegründe nach Art. 4 Zugangsverordnung vorliegt, doch ist das Organ an die Stellungnahme des Dritten nicht gebunden.[155] Allerdings sind diesbezüglich die Vorgaben des **Prinzips der loyalen Zusammenarbeit** mit den anderen Organen und den Mitgliedstaaten zu beachten. Die Konsultationspflicht entfällt, wenn »klar (ist), dass das Dokument verbreitet werden muss bzw. nicht verbreitet werden darf«.[156] Der **Begriff des Dritten** ist umfassend angelegt und schließt alle anderen **Einrichtungen** der Union, **Drittländer** sowie insbesondere die **Mitgliedstaaten** ein.[157] Das ersuchte Organ muss grundsätzlich prüfen, ob das fragliche Dokument von einem Dritten stammt. Damit ist es aber nach der Rechtsprechung auf eine **prima facie-Prüfung** beschränkt. Es muss nicht prüfen, ob nationale Verfahrensvorschriften eingehalten wurden oder ob die zuständige Stelle gehandelt hat.[158]

53 Nach Art. 4 Abs. 5 Zugangsverordnung bestehen **Sonderregeln** für **Dokumente**, die **von Mitgliedstaaten** herrühren. Sie können das betreffende Organ **ersuchen, keinen Zugang ohne** ihre **Zustimmung** zu gewähren. Allerdings müssen sie sich für eine ausreichende **Begründung** auf die Ausnahmegründe nach Art. 4 Abs. 1 oder 2 Zugangsverordnung berufen. Die frühere Annahme eines allgemeinen Vetorechts der Mitgliedstaaten ist von der Rechtsprechung aufgegeben worden.[159] Zudem greift das Zustimmungserfordernis **nicht automatisch**, sondern nur, wenn der betroffene Mitgliedstaat darum zuvor ersucht hat.[160] Insgesamt stellt die Vorschrift das Ergebnis einer gelungenen Abwägung zwischen den Zugangsrechten auf Unionsebene und in den Mitgliedstaaten dar. Die Mitgliedstaaten können zwar dem Zugang widersprechen, müssen sich aber an den Vorgaben der Zugangsverordnung orientieren. Das bedeutet, dass Dokumente, die sie nach ihren nationalen Vorgaben nicht zugänglich machen müssten, über den Umweg über das Zugangsrecht auf Unionsebene einem Antragsteller zugänglich gemacht werden können.

54 Die Konkurrenz von mitgliedstaatlichem und unionsrechtlichem Zugangsrecht ist auch in dem Fall betroffen, dass sich **Dokumente der Unionsorgane** im Besitz einer **mitgliedstaatlichen Behörde** befinden.[161] Formal fallen diese Dokumente **nicht** unter Art. 15 Abs. 3 AEUV, da sie nicht im Besitz von Unionsorganen sind. Materiell schließt der Wortlaut von Art. 15 Abs. 3 AEUV ihre Einbeziehung aber nicht zwingend aus, da sie von den Unionsorganen herrühren und insofern als deren Dokumente angesehen werden könnten. Die Zugangsverordnung respektiert in dieser Konstellation formal die nationalen Zugangsrechte und lässt diese entscheidend sein. Allerdings wird eine **Konsultationspflicht** statuiert, nach der das betreffende Unionsorgan um eine **Stellungnah-**

---

[155] *Krajewski/Rösslein*, in: Grabitz/Hilf/Nettesheim, EU, Art. 15 AEUV (September 2013), Rn. 51.
[156] Art. 4 Abs. 4 Verordnung (EG) Nr. 1049/2001.
[157] Art. 3 Buchst. b Verordnung (EG) Nr. 1049/2001.
[158] Vgl. zu Dokumenten der Mitgliedstaaten EuG, Urt. v. 17.9.2003, Rs. T–76/02 (Messina/Kommission), Slg. 2003, II–3203 Rn. 48; *Krajewski/Rösslein*, in: Grabitz/Hilf/Nettesheim, EU, Art. 15 AEUV (September 2013), Rn. 52.
[159] EuGH, Urt. v. 18.12.2007, Rs. C–64/05 P (Schweden), Slg. 2007, I–11389, Rn. 58, 86 ff.; Urt. v. 21.6.2012, Rs. C–135/11 P (IFAW), Slg. 2012, Rn. 57. Zur früheren Rspr. s. EuG, Urt. v. 30.6.2004, Rs. T–186/02 (IFAW), Slg. 2004, II–4135, Rn. 58.
[160] EuGH, Urt. v. 18.12.2007, Rs. C–64/05 P (Schweden), Slg. 2007, I–11389, Rn. 47; a. A. *Riemann*, S. 149.
[161] Zur Verweigerung der Zustimmung zu einer Veröffentlichung durch einen Mitgliedstaat *Wegener*, in: Calliess/Ruffert, EUV/AEUV, Art. 15 AEUV, Rn. 19 ff.; *Krajewski/Rösslein*, in: Grabitz/Hilf/Nettesheim, EU, Art. 15 AEUV (September 2013), Rn. 53; *Gellermann*, in: Streinz, EUV/AEUV, Art. 15 AEUV, Rn. 13; *Hofstötter*, in: GSH, Europäisches Unionsrecht, Art. 15 AEUV, Rn. 35.

me zu ersuchen ist, es sei denn es ist klar, ob Zugang zu gewähren oder zu verweigern ist. Zwar trifft der Mitgliedstaat eine **Entscheidung aufgrund seiner Rechtsvorschriften,** er darf dabei aber **nicht** die Anwendung der Zugangsverordnung **beeinträchtigen**.[162] Dies beurteilt sich nach dem **Prinzip der Unionstreue**. Danach erscheint es im Regelfall kaum möglich, einer zustimmenden Stellungnahme des ersuchten Unionsorgans nicht nachzukommen.[163]

3. Ausnahmeregelungen

a) Allgemeines

In ständiger Rechtsprechung geht der EuGH von einem Grundsatz des **größtmöglichen Zugangs** der Öffentlichkeit zu Dokumenten aus. Daraus folgert er, dass **Ausnahmen** von diesem Grundsatz **eng** auszulegen sind.[164] Zusätzlich ist das **Verhältnismäßigkeitsprinzip** zu beachten, demzufolge Ablehnungen des Zugangs nicht über das zur Erreichung des verfolgten Ausnahmeziels erforderliche und angemessene Maß hinausgehen dürfen.[165] Daraus folgt, dass ein Zugang, soweit möglich, auch **teilweise** zu gewähren ist.[166]

55

Jede **Ablehnung** eines Zugangsanspruchs muss **begründet** werden.[167] Die Begründung muss grundsätzlich auf einer **konkreten und individuellen Prüfung** basieren.[168] Und diese Prüfung muss sich auf jedes **einzelne Dokument,** zu dem Zugang begehrt wird, beziehen.[169] Nur aufgrund einer solch konkreten und individuellen Prüfung kann für jedes Dokument geklärt werden, ob zumindest ein **teilweiser Zugang** gewährt werden kann.[170] Zudem reicht es für eine Versagung des Zugangs nicht aus, dass ein Dokument den Anwendungsbereich der in den Ausnahmen geschützten Interessen berührt. Die Rechtsprechung verlangt darüber hinaus, dass die Gefahr einer **konkreten Beeinträchtigung** besteht bzw. dass bei den relativen Versagungsgründen **kein überwiegendes öffentliches Interesse** an der Veröffentlichung besteht.[171] Die Gefahr muss absehbar sein und darf **nicht rein hypothetisch** sein.[172]

56

---

[162] Art. 5 Verordnung (EG) Nr. 1049/2001.

[163] Vgl. die wohl andere Bewertung bei *Krajewski/Rösslein*, in: Grabitz/Hilf/Nettesheim, EU, Art. 15 AEUV (September 2013), Rn. 54.

[164] EuGH, Urt. v. 1.2.2007, Rs. C–266/05 P (Sison/Rat), Slg. 2007, I–1233, Rn. 63; Urt. v. 18.12.2007, Rs. C–64/05 P, Slg. 2007, I–11389, Rn. 66; Urt. v. 1.7.2008, verb. Rs. C–39/05 P u. C–52/05 P (Schweden und Turco/Rat), Slg. 2008, I–4723, Rn. 36; EuG, Urt. v. 6.7.2006, verb. Rs. T–391/03 u. T–70/04 (Franchet und Byk/Kommission), Slg. 2006, II–2023, Rn. 84; *Hofstötter,* in: GSH, Europäisches Unionsrecht, Art. 15 AEUV, Rn. 38.

[165] EuGH, Urt. v. 6.12.2001, Rs. C–353/99 P (Hautala), Slg. 2001, I–9565, Rn. 28.

[166] Art. 4 Abs. 6 Verordnung (EG) Nr. 1049/2001.

[167] EuG, Urt. v. 7.3.2008, Rs. T–188/97 (Fastweb/Kommission), Slg. 2000, II–1959, Rn. 38; Urt. v. 13.4.2005, Rs. T–2/03 (Verein für Konsumenteninformation/Kommission), Slg. 2005, II–1121, Rn. 69, 72; Urt. 6.7.2006, verb. Rs. T–391/03 u. T–70/04 (Franchet und Byk/Kommission), Slg. 2006, II–2023, Rn. 115; *Hofstötter,* in: GSH, Europäisches Unionsrecht, Art. 15 AEUV, Rn. 44.

[168] EuG, Urt. v. 6.7.2006, verb. Rs. T–391/03 u. T–70/04 (Franchet und Byk/Kommission), Slg. 2006, II–2023, Rn. 116 –; *Hofstötter,* in: GSH, Europäisches Unionsrecht, Art. 15 AEUV, Rn. 39.

[169] EuG, Urt. v. 6.7.2006, verb. Rs. T–391/03 u. T–70/04 (Franchet und Byk/Kommission), Slg. 2006, II–2023, Rn. 116.

[170] EuG, Urt. v. 6.7.2006, verb. Rs. T–391/03 u. T–70/04 (Franchet und Byk/Kommission), Slg. 2006, II–2023, Rn. 117; EuG, Urt. v. 7.6.2011, Rs. T–471/08 (Toland/Parlament), ECLI:EU:T:2011:252, Rn. 30.

[171] EuG, Urt. v. 6.7.2006, verb. Rs. T–391/03 u. T–70/04 (Franchet und Byk/Kommission), Slg. 2006, II–2023, Rn. 115; Urt. v. 7.6.2011, T–471/08 (Toland/Parlament), ECLI:EU:T:2011:252, Rn. 29.

[172] Vgl. EuG, Urt. v. 7.2.2002, Rs. T–211/00 (Kuijer/Rat), Slg. 2002, II–485, Rn. 56 und 66.

57 Vom Erfordernis der konkreten und individuellen Prüfung lässt die **Rechtsprechung** in bestimmten Fällen bzw. Bereichen **Ausnahmen** zu.[173] Dies gilt zum einen im Fall der **Offenkundigkeit**, dass ein Dokument unter eine Ausnahme fällt bzw. nicht fällt, insbesondere wenn es bereits früher **einmal überprüft** worden ist.[174] Eine weitere Ausnahme greift nur in **Extremfällen**. Es geht um Zugangsverlangen, deren Überprüfung wegen der Menge der betroffenen Dokumente den Umfang dessen überschreiten würde, was von einem Organ vernünftigerweise noch bewältigt werden könnte. Konkret ging es um über 40.000 Dokumente.[175] Eine solche Ausnahme findet sich nicht in der Zugangsverordnung, doch könnte sie sich in Extremfällen, die die **effektive Arbeit** eines Organs in Frage stellen würden, darauf berufen, dass damit das Ziel einer verantwortungsvollen Verwaltung nach Art. 15 Abs. 1 AEUV konterkariert werden würde. Ferner hat die Rechtsprechung für **mehrere Bereiche** eine konkrete und individuelle Prüfung für nicht notwendig erachtet. Dazu zählen **Verfahren zur Kontrolle** staatlicher Beihilfen und von Unternehmenszusammenschlüssen sowie Schriftsätze in anhängigen Gerichtsverfahren und die Verfahrensakte in Kartellverfahren. In all diesen Bereichen geht es *cum grano salis* um die Gefahr, dass mittels des allgemeinen Zugangsanspruchs **begrenzte Informations- bzw. Zugangsrechte** während der Verfahren umgangen werden könnten.[176] Schließlich greift eine Ausnahme auch für Schriftstücke im Vorverfahren zu **Vertragsverletzungsverfahren**. Im Wesentlichen wird dies damit begründet, dass anderenfalls der **Sinn** des Vorverfahrens vereitelt werden könnte, der darin bestehe, eine **einvernehmliche Lösung** zur Einhaltung des Unionsrechts zu erzielen und eine Klage zu vermeiden.[177]

58 Art. 4 Abs. 7 Verordnung (EG) Nr. 1049/2001 **beschränkt** die Berufung auf eine Ausnahme gemäß den Art. 4 Abs. 1–3 der Verordnung **in zeitlicher Hinsicht**. Die Versagung darf nicht nach der Zeit erfolgen, in der der Schutz des Dokuments gerechtfertigt ist, höchstens jedoch bis zu **30 Jahren**. Im Falle von Dokumenten, die als sensibel eingestuft werden oder deren Veröffentlichung die Privatsphäre oder die geschäftlichen Interessen nach Art. 4 Zugangsverordnung berühren, kann die Frist **erforderlichenfalls länger** sein.

59 Die **Ausnahmegründe** sind in **zwei Kategorien** unterteilt, die **absoluten** und die **relativen** Versagungsgründe. Während das Vorliegen der Ersteren allein aus der Gefahr für die geschützten Interessen begründet wird, ist bei Letzteren noch eine Abwägung mit dem möglichen öffentlichen Interesse an einer Veröffentlichung vorzunehmen.[178]

---

[173] Vgl. zur Systematisierung *Hofstötter*, in: GSH, Europäisches Unionsrecht, Art. 15 AEUV, Rn. 40 ff.

[174] EuG, Urt. v. 13.4.2005, Rs. T–2/03 (Verein für Konsumenteninformation/Kommission), Slg. 2005, II–1121, Rn. 75.

[175] EuG, Urt. v. 13.4.2005, Rs. T–2/03 (Verein für Konsumenteninformation/Kommission), Slg. 2005, II–1121, Rn. 102 ff. Nach *Hofstötter*, in: GSH, Europäisches Unionsrecht, Art. 15 AEUV, Rn. 42, soll diese Rechtsprechung praeter legem ergangen sein.

[176] Näher dazu *Hofstötter*, in: GSH, Europäisches Unionsrecht, Art. 15 AEUV, Rn. 43; kritisch zur Rechtsprechung *Leino*, S. 1226 f.

[177] EuGH, Urt. v. 14.11.2013, verb. Rs. C–514/11 P u. 605/11 P (Finnland/Kommission), ECLI:EU:C:2013:738, Rn. 65.

[178] So die ausdrückliche Unterscheidung in Art. 4 Abs. 1 und 2 Verordnung (EG) Nr. 1049/2001; s. auch *Wegener*, in: Calliess/Ruffert, EUV/AEUV, Art. 15 AEUV, Rn. 23 ff.; *Krajewski/Rösslein*, in: Grabitz/Hilf/Nettesheim, EU, Art. 15 AEUV (September 2013), Rn. 60; ausführlich *Hofstötter*, in: GSH, Europäisches Unionsrecht, Art. 15 AEUV, Rn. 46 ff.

b) Absolute Gründe

Art. 4 Abs. 1 Verordnung (EG) Nr. 1049/2001 enthält die sog. **absoluten Versagungsgründe**. Ihnen ist gemeinsam, dass es für die Versagung **nicht** erforderlich ist, die Geheimhaltungsinteressen mit einem möglicherweise entgegenstehenden öffentlichen Interesse **abwägen** zu müssen. Ein privates Interesse an der Veröffentlichung ist konstruktionsbedingt irrelevant, da das Zugangsrecht gerade ohne den Nachweis eines Interesses gewährt wird. Die Vorschrift schützt eine Reihe von **öffentlichen**, aber auch bestimmte **private Interessen**. 60

Zu den geschützten öffentlichen Interessen zählen die **öffentliche Sicherheit**, die **Verteidigung** und **militärische Belange**, die **internationalen Beziehungen** sowie die **Finanz-, Währungs- und Wirtschaftspolitik**.[179] Die Rechtsprechung qualifiziert diese Interessen als sensibel. Daher weise die zu treffende Entscheidung einen komplexen und diffizilen Charakter auf, der ganz besondere Vorsicht erforderlich mache. Für eine solche Entscheidung bedürfe es daher eines **Ermessensspielraums**.[180] Letztlich wird damit die Prüfungsbefugnis des EuGH eingeschränkt.[181] So prüft er lediglich, ob »die Verfahrensregeln und die Bestimmungen über die Begründung eingehalten worden sind, der Sachverhalt zutrifft, bei der Tatsachenwürdigung kein offensichtlicher Fehler vorgekommen ist und kein Ermessensmissbrauch vorliegt«.[182] 61

Die geschützten **privaten Interessen** sind der Schutz der **Privatsphäre** und der **Integrität des Einzelnen**.[183] Ausdrücklich verweist Art. 4 Abs. 1 Buchst. b Zugangsverordnung diesbezüglich auf die Unionsvorschriften über den **Datenschutz**. Einschlägig ist für die Unionsorgane **Verordnung (EG) Nr. 45/2001**. Diese enthält im Vergleich zur Zugangsverordnung einen deutlich **anderen Regelungsansatz**: Sie verlangt grundsätzlich die **Einwilligung** des Datensubjekts für eine Datenübermittlung und lässt den Zugang zu Daten Dritter nur zu, wenn die **Notwendigkeit der Datenübermittlung** nachgewiesen ist.[184] Nach inzwischen geklärter Rechtsprechung ist der **Begriff der persönlichen Daten** in beiden Verordnungen gleich zu verstehen, sodass es umfassend zur Anwendung von Verordnung (EG) Nr. 45/2001 kommt.[185] Damit ist unter Art. 15 Abs. 3 AEUV ein Antragsteller auf Zugang zu Dokumenten, die persönliche Daten enthalten, entgegen der Intention der Vorschrift verpflichtet, **ausdrückliche Rechtfertigungsgründe** vorzubringen und die Notwendigkeit der Datenübermittlung **nachzuweisen**.[186] Diese **Sonderregelung** entspricht aber den Vorgaben des primärrechtlich in **Art. 8 GRC** und **Art. 16 Abs. 1 AEUV** gewährleisteten **Rechts auf Schutz personenbezogener Daten**. 62

c) Relative Gründe

Nach Art. 4 Abs. 2 Zugangsverordnung kann der Zugang zu Dokumenten, durch deren Verbreitung der Schutz einer Reihe von öffentlichen und privaten Interessen beeinträchtigt werden würde, nur verweigert werden, wenn nicht ein **überwiegendes öf-** 63

---

[179] Art. 4 Abs. 1 Buchst. a Verordnung (EG) Nr. 1049/2001.
[180] EuGH, Urt. v. 1.2.2005, Rs. C–266/05 P (Sison/Rat), Slg. 2007, I–1233, Rn. 35. Der EuGH sieht darin keinen Widerspruch zum Grundsatz der engen Auslegung von Ausnahmen, a.a.O., Rn. 64.
[181] *Hofstötter*, in: GSH, Europäisches Unionsrecht, Art. 15 AEUV, Rn. 47.
[182] EuGH, Urt. v. 1.2.2005, Rs. C–266/05 P (Sison/Rat), Slg. 2007, I–1233, Rn. 34.
[183] Art. 4 Abs. 1 Buchst. b Verordnung (EG) Nr. 1049/2001.
[184] *Hofstötter*, in: GSH, Europäisches Unionsrecht, Art. 15 AEUV, Rn. 49; näher dazu *Leino*, S. 1235.
[185] EuGH, Urt. v. 13.6.2008, Rs. C–28/08 P (Bavarian/Lager), Slg. 2010, I–6055, Rn. 63.
[186] EuG, Urt. v. 23.11.2011, Rs. T–82/09 (Dennekamp), ECLI:EU:T:2011:688, Rn. 30.

fentliches Interesse an der Verbreitung besteht (**relative Versagungsgründe**). Das geforderte öffentliche Interesse muss nicht vom Antragsteller dargetan werden, sondern ist von den Organen **selbständig zu prüfen**.[187] Zu den in der Vorschrift geschützten **öffentlichen Interessen** zählen der Schutz von **Gerichtsverfahren** und der **Rechtsberatung**, der Schutz des Zwecks von **Inspektions-**, **Untersuchungs-** und **Audittätigkeiten** im Sinne von Art. 4 Abs. 2 Zugangsverordnung sowie der **Vertraulichkeit der internen Beratung** der Unionsorgane nach Art. 4 Abs. 3 Zugangsverordnung. Als **Privatinteresse** sind die **geschäftlichen Interessen** einer natürlichen oder juristischen Person, einschließlich des **geistigen Eigentums**, geschützt.

64   Der **Schutz der Gerichtsverfahren**[188] bezieht sich sowohl auf Verfahren auf **Unionsebene** als auch in den **Mitgliedstaaten**. Denn dort werden regelmäßig in den Ausgangsverfahren bereits Fragen des Unionsrechts erörtert, die zur Vorlagefrage führen können. Die Ausnahme greift für **jedes einzelne Gerichtsverfahren** und umfasst den Zugang zu **allen dortigen Dokumenten**. Nach der Rechtsprechung werden diese Dokumente während des Verfahrens bis **zum Abschluss der mündlichen Verhandlung** generell ausgeschlossen.[189] Erst danach ist das Organ dann verpflichtet, jedes angeforderte Dokument konkret darauf hin zu überprüfen, ob es freigegeben werden kann.[190] Diese Rechtsprechung wird teilweise **kritisiert**, weil im Vergleich dazu vor dem Europäischen Gerichtshof für Menschenrechte unter der EMRK die von den Vertragsstaaten eingereichten Schriftstücke der Öffentlichkeit auch während des Verfahrens zugänglich sind, sofern der Präsident des Gerichtshofes dies nicht untersagt.[191] Dem ist aber entgegenzuhalten, dass Art. 15 Abs. 3 UAbs. 4 AEUV den Zugangsanspruch gegenüber den Gerichten der Union auf die reine Verwaltungstätigkeit begrenzt. Auf die Ausnahme für Gerichtsverfahren berufen sich vielmehr die Organe, die die betreffenden Schriftstücke eingereicht haben. Insofern erscheint es vertretbar, davon auszugehen, dass solche Schriftstücke grundsätzlich von der Ausnahme bis zur mündlichen Verhandlung erfasst werden und nur in besonderen Fällen der Öffentlichkeit zugänglich zu machen sind.

65   Die Ausnahme zugunsten des **Schutzes der Rechtsberatung**[192] umfasst insbesondere die **Rechtsgutachten der Juristischen Dienste** der Organe. Sinn der Vorschrift ist der **Schutz der Unabhängigkeit** der Juristischen Dienste und der Interessen der Organe, **objektive und vollständige Stellungnahmen** in solchen Rechtsgutachten zu erhalten.[193] In jedem Fall müssen die Organe **prüfen**, ob ein Dokument auch tatsächlich ein **Rechtsgutachten** darstellt. Bejahendenfalls können sie bei der Begründung der Ablehnung des Zugangs allerdings auf die Natur des Rechtsgutachtens abstellen, sofern dessen Veröffentlichung die Erreichung der Ziele der Ausnahme in Frage stellen würde.[194] Der EuGH

---

[187] Sonst würde der Zugangsanspruch doch unter eine Voraussetzung gestellt werden. Die Abwägung zwischen den relativen Versagungsgründen und dem öffentlichen Interesse am Zugang zu den Dokumenten ist eine Ermessensentscheidung des betroffenen Organs, *Zerdick,* in: Lenz/Borchardt, EU-Verträge, Art. 15 AEUV, Rn. 37 ff.
[188] Art. 4 Abs. 2 2. Gedankenstrich Verordnung (EG) Nr. 1049/2001.
[189] EuG, Urt. v. 12.9.2007, Rs. T–36/04 (API/Kommission), Slg. 2007, II–3201, Rn. 103 ff.; *Wegener,* in: Calliess/Ruffert, EUV/AEUV, Art. 15 AEUV, Rn. 28.
[190] *Krajewski/Rösslein,* in: Grabitz/Hilf/Nettesheim, EU, Art. 15 AEUV (September 2013), Rn. 64.
[191] So *Wegener,* in: Calliess/Ruffert, EUV/AEUV, Art. 15 AEUV, Rn. 28.
[192] Art–4 Abs. 2 2. Gedankenstrich Verordnung (EG) Nr. 1049/2001.
[193] EuGH, Urt. v. 1.7.2008, verb. Rs. C–39/05 P u. C–52/05 P (Schweden und Turco/Rat), Slg. 2008, I–4723, Rn. 62.
[194] EuG, Urt. v. 23.11.2004, Rs. T–84/03 (Turco/Rat), Slg. 2004, II–4061, Rn. 74; kritisch *Heliskoski/Leino,* CMLRev. 43 (2006), 765.

hat klargestellt, dass die Stellungnahmen der Juristischen Dienste **zu Gesetzgebungsverfahren** grundsätzlich der Öffentlichkeit zugänglich gemacht werden müssen.[195]

Die Ausnahme für **Inspektions-, Untersuchungs- und Audittätigkeiten**[196] bezieht sich in der Praxis insbesondere auf **Verfahren der Beihilfen- und Wettbewerbskontrolle**. Hier kommt es zu **Konkurrenzen** mit besonderen Akteneinsichtsrechten für einen begrenzteren Personenkreis. Die Rechtsprechung geht im Regelfall davon aus, dass diese Dokumente nicht zugänglich gemacht werden müssen.[197] Das wird in der Literatur teilweise aus Gründen der Rechtsstaatlichkeit für mittelbar Betroffene etwa im Beihilfeverfahren **kritisiert**.[198] Diese Kritik übersieht aber, dass die Öffnung nach der Zugangsverordnung nicht auf die mittelbar Beteiligten beschränkt wäre. Das allgemeine Zugangsrecht zu Dokumenten ist daher kein Reparaturinstrument für spezifische rechtsstaatliche Defizite. Ein Sonderfall sind die **Vertragsverletzungsverfahren**, die nach der Ansicht des EuGH insbesondere auf eine gütliche Einigung abzielen. Daher soll die **Vertraulichkeit** nicht nur im Vorverfahren, sondern bis zum Abschluss des Gerichtsverfahrens **grundsätzlich** geschützt sein.[199] Hervorzuheben ist, dass **nach Abschluss** der Verfahren der Zugang nicht mehr unter Berufung auf die Ausnahmeklausel verweigert werden kann.[200]

Schließlich wird die **Vertraulichkeit der internen Beratungen** eines Organs geschützt.[201] **Sinn und Zweck** ist es, den Organen einen geschützten **Raum für freies Denken** ohne eine besondere politische Rücksichtnahme zu gewähren.[202] Der Schutz kann auch nach dem internen Beschluss fortbestehen.[203] Diese Ausnahme steht aber unter einem **zweifachen Vorbehalt**. Zum einen muss die Verbreitung des Dokuments den Entscheidungsprozess des Organs **ernstlich beeinträchtigen**. Zum anderen ist, wie bei allen relativen Versagungsgründen, zu prüfen, ob nicht ein **entgegenstehendes überwiegendes öffentliches Interesse** an der Verbreitung des Dokuments besteht.

4. Verwaltungsverfahren

Die Zugangsverordnung enthält in den Art. 6–10 Vorschriften über das **Verfahren**. Dieses ist im Sinne der primärrechtlichen Vorgabe eines möglichen weiten und effektiven Zugangs (s. Rn. 39) und dessen praktischer Wirksamkeit besonders effizient ausgestaltet.[204] Ziel ist es, dem Antragsteller **möglichst schnell** Zugang bzw. Rechtsschutz gegen eine Zugangsverweigerung zu gewähren. Ausdrücklich zielt die Zugangsverordnung auf eine **möglichst einfache Ausübung** des Zugangsrechts und auf die Förderung einer entsprechenden **guten Verwaltungspraxis** ab.[205] Im Sinne der Förderung sind die Organe

---

[195] EuGH, Urt. v. 1.7.2008, verb. Rs. C–39/05 P u. C–52/05 P (Schweden und Turco), Slg. 2008, I–4723.
[196] Art. 4 Abs. 2, 3. Gedankenstrich Verordnung.
[197] EuG, Urt. v. 11.12.2001, Rs. T–191/99 (Petri/Kommission), Slg. 2001, II–3677, Rn. 68; s. dazu *Krajewski/Rösslein*, in: Grabitz/Hilf/Nettesheim, EU, Art. 15 AEUV (September 2013), Rn. 68.
[198] *Wegener*, in: Calliess/Ruffert, EUV/AEUV, Art. 15 AEUV, Rn. 31.
[199] EuG, Urt. v. 11.12.2001, Rs. T–191/99 (Petri/Kommission), Slg. 2001, II–3677, Rn. 68.
[200] EuG, Urt. v. 6.7.2006, verb. Rs. T–391/03 u. T–70/04 (Franchet und Byk/Kommission), Slg. 2006, II–2023, Rn. 90 und 110 ff.
[201] Art. 4 Abs. 3 Verordnung (EG) Nr. 1049/2001.
[202] Vgl. *Wegener*, in: Calliess/Ruffert, EUV/AEUV, Art. 15 AEUV, Rn. 69.
[203] EuGH, Urt. v. 21.7.2011, Rs. C–506/08 P (Schweden/My Travel und Kommission), Slg. 2011, I–6237, Rn. 78 ff.
[204] Vgl. *Krajewski/Rösslein*, in: Grabitz/Hilf/Nettesheim, EU, Art. 15 AEUV (September 2013), Rn. 74.
[205] Art. 1 Buchst. a und Buchst. b, Art. 15 Abs. 1 Verordnung (EG) Nr. 1049/2001.

verpflichtet, ein **Dokumentenregister** zu führen und öffentlich zugänglich zu machen.[206] Auf diese Weise wird eine Vielzahl von Dokumenten auch ohne einen Antrag für die Allgemeinheit zugänglich. Zusätzlich müssen die Organe Maßnahmen ergreifen, um die Öffentlichkeit über die Zugangsrechte zu **informieren**.[207]

69 Das Verfahren ist **zweistufig** aufgebaut, um dem Antragsteller eine schnelle Möglichkeit zur **behördeninternen Überprüfung** zu geben. Um die Dokumente **klar identifizieren** zu können, muss ein Antrag **präzise genug** formuliert sein. Der Antrag muss **schriftlich**, auch auf **elektronischem** Wege, gestellt werden.[208] Die Organe sind gehalten, dem Antragsteller bei der Präzisierung zu helfen.[209] Der Antragsteller ist zahlenmäßig bei seiner Antragstellung nicht beschränkt. Bei sehr umfangreichen Anträgen soll das betreffende Organ zusammen mit dem Antragsteller nach einer angemessenen Lösung suchen.[210] Die Rechtsprechung gestattet in **Extremfällen**, einen Ausgleich zwischen dem Zugangsinteresse der Öffentlichkeit und dem Interesse an einer ordnungsgemäßen Verwaltung zu bestimmen. Der Antrag ist **unverzüglich zu bearbeiten**. Es besteht eine kurze Frist von **15 Tagen**, um dem Antragsteller Zugang zu gewähren oder ihn über die umfassende oder teilweise Ablehnung seines Antrags zu informieren.[211] In Ausnahmefällen kann die Frist um weitere 15 Tage verlängert werden.[212] Nach der **Ablehnung** oder bei **Untätigkeit** nach Verstreichen der 15-Tage-Frist kann der Antragsteller einen **Zweitantrag** stellen, um eine behördeninterne Prüfung zu initiieren. Auch hier bedarf es **keiner Begründung** des Antrages. Im Falle einer vorangegangenen Ablehnung ist es allerdings sinnvoll, auf die Gründe des Organs einzugehen.[213] Auch für die Bearbeitung des Zweitantrags gilt eine **15-Tage-Frist**.[214]

70 Lehnt das Organ den Zweitantrag ab oder antwortet nicht in der vorgegebenen Frist, so kann der Antragsteller **Klage** gegen das Organ erheben. Zugleich steht ihm als einfachere **Alternative** die **Beschwerde an den Europäischen Bürgerbeauftragten** offen.[215] Eine **fehlende** Antwort wird als abschlägige Antwort **fingiert**.[216] Daher kommt in beiden Fällen die **Nichtigkeitsklage** in Betracht. Nach der Rechtsprechung ist eine nicht erfolgte Beantwortung wegen der damit **fehlenden Begründung** zwingend rechtswidrig.[217] Zu Recht wird in der Literatur bemängelt, dass sich das Fehlen einer Verpflichtungsklage hier negativ auf die Effektivität des Rechtsschutzes auswirkt.[218] So ist es durchaus zu **Zweitverurteilungen** gekommen.[219] Das kann zu deutlichen Verzögerungen beim Rechtsschutz führen.[220] Die Gerichte prüfen die Einhaltung der Verfahrensvorschriften

---

[206] Art. 11 Verordnung (EG) Nr. 1049/2001.
[207] Art. 14 Abs. 1 Verordnung (EG) Nr. 1049/2001.
[208] Art. 6 Abs. 1 Verordnung (EG) Nr. 1049/2001.
[209] *Wegener*, in: Calliess/Ruffert, EUV/AEUV, Art. 15 AEUV, Rn. 43.
[210] Art. 6 Abs. 3 Verordnung (EG) Nr. 1049/2001.
[211] Art. 7 Abs. 1 Verordnung (EG) Nr. 1049/2001.
[212] Art. 7 Abs. 3 Verordnung (EG) Nr. 1049/2001.
[213] *Krajewski/Rösslein*, in: Grabitz/Hilf/Nettesheim, EU, Art. 15 AEUV (September 2013), Rn. 79.
[214] Art. 8 Abs. 1 Verordnung (EG) Nr. 1049/2001.
[215] Art. 8 Abs. 3 Verordnung (EG) Nr. 1049/2001.
[216] Art. 8 Abs. 3 Verordnung (EG) Nr. 1049/2001.
[217] Vgl. zur Umweltinformationsrichtlinie EuGH, Urt. v. 21.4.2005, Rs. C–186/04 (Housieaux), Slg. 2005, I–3299, Rn. 36; *Wegener*, in: Calliess/Ruffert, EUV/AEUV, Art. 15 AEUV, Rn. 45.
[218] Ausführlich *Wegener*, in: Calliess/Ruffert, EUV/AEUV, Art. 15 AEUV, Rn. 47.
[219] EuG, Urt. v. 7.2.2002, Rs. T–211/00 (Kuijer/Rat (II)), Slg. 2002, II–485.
[220] *Wegener*, in: Calliess/Ruffert, EUV/AEUV, Art. 15 AEUV, Rn. 47, verweist auf EuGH, Urt. v. 6.3.2003, Rs. C–41/00 P (Interporc/Kommission (III)), Slg. 2003, I–215, Rn. 30 ff.

und einen Ermessensmissbrauch.²²¹ Umstritten ist, ob sich ein Organ nachträglich im Gerichtsverfahren auf nicht vorgebrachte Versagungsgründe stützen kann.²²²

Grundsätzlich können die **Kosten** für die Antragstellung dem Antragsteller in Rechnung gestellt werden.²²³ Dies ist schon sinnvoll, um einen Missbrauch zu vermeiden. Um einen weiten Zugang im Sinne des Art. 15 Abs. 3 AEUV zu fördern, ist es aber geboten, die Kosten **zu begrenzen**. In diesem Sinne bestimmt Art. 10 Zugangsverordnung, dass die Kosten die tatsächlichen Kosten für die Anfertigung und Übersendung von Kopien nicht überschreiten dürfen. Ausdrücklich wird festgelegt, dass die Einsichtnahme vor Ort, Kopien von weniger als 20 DIN-A4-Seiten und der direkte Zugang in elektronischer Form kostenlos sind.²²⁴ Ein Gleiches gilt für den Zugang zu den Dokumentenregistern nach Art. 11 Zugangsverordnung.

5. Abgrenzung zu anderen Zugangsbestimmungen

Das allgemeine Recht auf Zugang zu Dokumenten besteht neben einer Reihe von besonderen Rechten auf Akteneinsicht.²²⁵ Im **Beamtenrecht** sieht die Rechtsprechung die Regelungen des Beamtenstatuts über die Geheimhaltung der Arbeiten des Prüfungsausschusses als **lex specialis** gegenüber dem Zugang zu Dokumenten an.²²⁶ Ferner gehen Rechte der Öffentlichkeit auf Zugang zu Dokumenten, die auf **internationalen Übereinkommen** beruhen, und die Umsetzungsakte dazu dem allgemeinen Zugangsrecht vor.²²⁷ Einschlägig ist insbesondere das Recht auf Zugang zu Umweltinformationen nach der **Aarhus-Konvention** und den Umsetzungsakten in der Union.²²⁸

---

²²¹ *Zerdick*, in: Lenz/Borchardt, EU-Verträge, Art. 15 AEUV, Rn. 39; laut *Wegener*, in: Calliess/Ruffert, EUV/AEUV, Art. 15 AEUV, Rn. 48, sogar bloße Plausibilitätskontrolle; etwas weitergehend *Krajewski/Rösslein*, in: Grabitz/Hilf/Nettesheim, EU, Art. 15 AEUV (September 2013), Rn. 62: Auch Kontrolle der Sachverhaltsermittlung bzw. Tatsachenwürdigung.

²²² Bejahend EuG, Urt. v. 7.12.1999, Rs. T–92/98 (Interporc), Slg. 1999, II–3521, Rn. 54 ff.; bestätigt durch EuGH, Urt. v. 6.3.2003, Rs. C–41/00 P (Interporc), Slg. 2003, I–2125; ablehnend *Zerdick*, in: Lenz/Borchardt, EU-Verträge, Art. 15 AEUV, Rn. 39.

²²³ Art. 10 Abs. 1 Verordnung (EG) Nr. 1049/2001.

²²⁴ Art. 10 Verordnung (EG) Nr. 1049/2001.

²²⁵ Sekundärrechtliche Sondervorschriften bestehen bspw. im Wettbewerbsrecht, *Zerdick*, in: Lenz/Borchardt, EU-Verträge, Art. 15 AEUV, Rn. 12, und im Zusammenhang mit der Århus-Konvention aufgrund von VO (EG) Nr. 1367/2006 vom 6.9.2006 über die Anwendung der Bestimmungen des Übereinkommens von Århus über den Zugang zu Informationen, die Öffentlichkeitsbeteiligung an Entscheidungsverfahren und den Zugang zu Gerichten in Umweltangelegenheiten auf Organe und Einrichtungen der Gemeinschaft, ABl. 2006 L 264/13, dazu *Zerdick*, in: Lenz/Borchardt, EU-Verträge, Art. 15 AEUV, Rn. 16, sowie für Dokumente, die älter als 30 Jahre sind, gemäß Verordnung (EG, Euratom) Nr. 1700/2003 vom 22.9.2003 zur Änderung der Verordnung (EWG, Euratom) Nr. 354/83 über die Freigabe der historischen Archive der Europäischen Wirtschaftsgemeinschaft und der Europäischen Atomgemeinschaft, ABl. 2003 L 243/1; dazu *Zerdick*, in: Lenz/Borchardt, EU-Verträge, Art. 15 AEUV, Rn. 17. Weitere Beispiele bei *Krajewski/Rösslein*, in: Grabitz/Hilf/Nettesheim, EU, Art. 15 AEUV (September 2013), Rn. 86.

²²⁶ Vgl. EuGH, Urt. v. 4.7.1996, Rs. C–254/95 P (Parlament/Innamorati), Slg. 1996, I–3423, Rn. 28 ff.; *Krajewski/Rösslein*, in: Grabitz/Hilf/Nettesheim, EU, Art. 15 AEUV (September 2013), Rn. 86.

²²⁷ Art. 2 Abs. 6 Verordnung. *Driessen*, E.L.Rev. 30 (2005), 678.

²²⁸ Verordnung (EG) Nr. 1367/2006 vom 6.9.2006 über die Anwendung der Bestimmungen des Übereinkommens von Aarhus über den Zugang zu Informationen, die Öffentlichkeitsbeteiligung an Entscheidungsverfahren und den Zugang zu Gerichten in Umweltangelegenheiten auf Organe und Einrichtungen der Europäischen Gemeinschaft, ABl. 2006, L 264/13.

6. Weitere Entwicklung

73 Die **Praxis** des Rechts auf Zugang zu Dokumenten lässt sich anhand der **jährlichen Berichte** der Kommission nachverfolgen. Im Bericht über das Jahr **2014** beträgt die Quote der erfolgreichen **Erstanträge** 88 %, die der erfolgreichen **Zweitanträge** 43 %.[229] Insgesamt liegt die Zahl der Anträge mit 6'227 ungefähr auf dem Niveau der Vorjahre.[230] Bei der Verteilung der Antragsteller rangieren die **Hochschulen** vorne mit 19,8 %, gefolgt von den Rechtsanwaltskanzleien mit 18,3 % und den Vertretern der **Zivilgesellschaft** mit 16 %.[231] Die regionale Verteilung sieht Belgien mit 29,3 % vorne, gefolgt von Deutschland mit 11,9 %. Auf die anderen Mitgliedstaaten entfallen Anteile von jeweils unter 10 %. Bei den Versagungsgründen wird am häufigsten der Schutz der **Inspektions-, Untersuchungs- und Audittätigkeiten** in Anspruch genommen.[232]

74 Die Kommission bemüht sich seit Jahren um eine **Reform** der Zugangsverordnung, hat damit aber bisher **keinen Erfolg** gehabt. 2008 hat sie einen Novellierungsvorschlag vorgelegt,[233] der nach Einschätzung des Europäischen Bürgerbeauftragten zu einem deutlich **engeren Dokumentenbegriff** geführt hätte.[234] In einem neuen Vorschlag von 2011 beschränkt sich die Kommission darauf, Änderungen vorzuschlagen, die durch den Lissabonner Vertrag erforderlich geworden sind.[235] Der Vorschlag ist im Gesetzgebungsverfahren stecken geblieben, nachdem das **Europäische Parlament** zahlreiche Änderungsvorschläge eingebracht hatte.[236]

V. Sonderbestimmungen in den Geschäftsordnungen (UAbs. 3)

75 Nach Art. 15 Abs. 3 UAbs. 3 AEUV gewährleisten die Organe, Einrichtungen und sonstigen Stellen der Union die Transparenz ihrer Tätigkeit und legen gemäß der Zugangsverordnung in ihren Geschäftsordnungen **Sonderbestimmungen** in Bezug auf den Zugang zu ihren Dokumenten fest.[237] Art. 18 Zugangsverordnung sieht vor, dass die Organe ihre Geschäftsordnungen an diese Verordnung »**anpassen**«. Die Literatur sieht in UABs. 3 offenbar primär eine solche **Angleichungspflicht**.[238] Dafür spricht, dass die Sonderbestimmungen »gemäß« der Zugangsverordnung festzulegen sind und Letztere insofern nur das Gebot der Angleichung enthält. Das Europäische Parlament, der Rat und die Kommission haben ihre Geschäftsordnungen bereits auf der Basis der Vorgängervorschrift Art. 255 EGV angepasst.[239]

---

[229] Europäische Kommission, KOM(2015) 391, S. 3.
[230] Europäische Kommission, KOM(2015) 391, Ziff. 3.1, S. 3.
[231] Europäische Kommission, KOM(2015) 391, Ziff. 3.4, S. 4.
[232] Europäische Kommission, KOM(2015) 391, Ziff. 4.3, S. 5.
[233] Europäische Kommission, KOM(2009) 229.
[234] Europäischer Bürgerbeauftragter, Pressemitteilung Nr. 06/2009.
[235] Europäische Kommission, KOM(2011) 137. Insbesondere geht es um die Anpassung an den erweiterten Adressatenkreis.
[236] S. die Hinweise in Europäische Kommission, KOM(2012) 429.
[237] Die Sonderbestimmungen beziehen sich i.d.R. auf praktische Hinweise, wie die Einreichung von Anträgen, *Zerdick*, in: Lenz/Borchardt, EU-Verträge, Art. 15 AEUV, Rn. 19.
[238] *Krajewski/Rösslein*, in: Grabitz/Hilf/Nettesheim, EU, Art. 15 AEUV (September 2013), Rn. 89; *Zerdick*, in: Lenz/Borchardt, EU-Verträge, Art. 15 AEUV, Rn. 19.
[239] Beschluss des Europäischen Parlaments vom 13.11.2001 zur Änderung seiner Geschäftsordnung, ABl. 2002, C 140 E/116; Beschluss 2001/840/EG des Rates vom 29.11.2001 zur Änderung der Geschäftsordnung des Rates, ABl. 2001, L 313/40; Beschluss 2011/937/EG, EGKS, Euratom der Kommission vom 5.12.2001 zur Änderung ihrer Geschäftsordnung, ABl. 2001, L 345 E/94.

VI. Sonderregelungen für den Europäischen Gerichtshof, die Europäische Zentralbank und die Europäische Investitionsbank (UAbs. 4)

Der **Gerichtshof der Europäischen Union**, die **Europäische Zentralbank** sowie die **Europäische Investitionsbank** sind nach UAbs. 4 nur dann verpflichtet Zugang zu Dokumenten zu gewähren, wenn sie **Verwaltungsaufgaben** wahrnehmen.[240] Sinn und Zweck dieser Ausnahme ist in Übereinstimmung mit Art. 4 Abs. 2 2. Gedankenstrich Zugangsverordnung der **Schutz der Vertraulichkeit der judikativen** und **fiskalpolitischen** bzw. **finanziellen Tätigkeit** dieser Organe und Einrichtungen.[241] Für die Abgrenzung dieser Tätigkeiten gilt zunächst die allgemeine Vorgabe, dass Ausnahmen **eng auszulegen** sind, mithin der Begriff der Verwaltungstätigkeit als die Ausnahme einschränkendes Kriterium weit auszulegen ist.[242] In Anlehnung an die Rechtsprechung zu den vergleichbaren funktionalen Ausnahmen in der Zugangsverordnung umfasst der Schutz beim Gerichtshof jedenfalls die **eingereichten Schriftsätze** und **alle sonstigen Schriftwechsel** mit dem Gerichtshof.[243]

76

VII. Zugang zu legislativen Dokumenten (UAbs. 5)

In **Ergänzung zu Art. 15 Abs. 2 AEUV** bestimmt Abs. 3 UAbs. 5, dass das Europäische Parlament und der Rat die Dokumente, die das **Gesetzgebungsverfahren** betreffen, nach Maßgabe der Zugangsverordnung öffentlich zugänglich gemacht werden.[244] Die Vorschrift will in Übereinstimmung mit der grundsätzlichen Ausrichtung der Zugangsverordnung »die Transparenz und die Offenheit des Gesetzgebungsverfahrens (…) erhöhen und das demokratische Recht der europäischen Bürger, die Informationen zu überprüfen, auf deren Grundlage ein Rechtsakt ergangen ist, (…) stärken«.[245] Erfasst werden insbesondere auch Rechtsakte der Kommission nach Art. 290, 291 AEUV.[246] Gemäß Art. 12 Zugangsverordnung sind die Organe verpflichtet insbesondere **legislative Dokumente** direkt auf **elektronischem Wege** zugänglich zu machen.[247]

77

---

[240] Dies soll insbesondere beim EuGH Dokumente ausschließen, die von privaten Parteien eingereicht wurden, vgl. *Zerdick,* in: Lenz/Borchardt, EU-Verträge, Art. 15 AEUV, Rn. 18; *Krajewski/Rösslein,* in: Grabitz/Hilf/Nettesheim, EU, Art. 15 AEUV (September 2013), Rn. 90; kritisch hierzu *Wegener,* in: Calliess/Ruffert, EUV/AEUV, Art. 15 AEUV, Rn. 14; *Hofstötter,* in: GSH, Europäisches Unionsrecht, Art. 15 AEUV, Rn. 28.

[241] S. EuGH, Urt. v. 19.5.2008, verb. Rs. C-514/07 P, C-528/07 P, C-532/07 P (Schweden/API und Kommission), Slg. 2010, I-8533, Rn. 77 ff.

[242] Widersprüchlich insofern *Krajewski/Rösslein,* in: Grabitz/Hilf/Nettesheim, EU, Art. 15 AEUV (September 2013), Rn. 90.

[243] Vgl. *Krajewski/Rösslein,* in: Grabitz/Hilf/Nettesheim, EU, Art. 15 AEUV (September 2013), Rn. 90.

[244] Hier besteht ein erhöhtes Interesse an Transparenz, *Zerdick,* in: Lenz/Borchardt, EU-Verträge, Art. 15 AEUV, Rn. 20; *Hofstötter,* in: GSH, Europäisches Unionsrecht, Art. 15 AEUV, Rn. 17.

[245] EuGH, Urt. v. 1.7.2008, verb. Rs. C-39/05 P, C-52/05 P (Schweden und Turco), Slg. 2008, I-4723, Rn. 67.

[246] *Zerdick,* in: Lenz/Borchardt, EU-Verträge, Art. 15 AEUV, Rn. 22.

[247] *Zerdick,* in: Lenz/Borchardt, EU-Verträge, Art. 15 AEUV, Rn. 20.

Artikel 16 AEUV [Datenschutz]

(1) Jede Person hat das Recht auf Schutz der sie betreffenden personenbezogenen Daten.

(2) ¹Das Europäische Parlament und der Rat erlassen gemäß dem ordentlichen Gesetzgebungsverfahren Vorschriften über den Schutz natürlicher Personen bei der Verarbeitung personenbezogener Daten durch die Organe, Einrichtungen und sonstigen Stellen der Union sowie durch die Mitgliedstaaten im Rahmen der Ausübung von Tätigkeiten, die in den Anwendungsbereich des Unionsrechts fallen, und über den freien Datenverkehr. ²Die Einhaltung dieser Vorschriften wird von unabhängigen Behörden überwacht.

Die auf der Grundlage dieses Artikels erlassenen Vorschriften lassen die spezifischen Bestimmungen des Artikels 39 des Vertrags über die Europäische Union unberührt.

Literaturübersicht

Alonso Blas, First Pillar and Third Pillar: Need for a common approach on data protection?, in: Gutwirth u. a. (Hrsg.), Reinventing Data Protection?, 2009, S. 225; *Bäcker/Hornung*, Rechtsgrundlage EU-Richtlinie für die Datenverarbeitung bei Polizei und Justiz in Europa, ZD 2012, 147; *Böhm*, Datenschutz in der Europäischen Union, JA 2009, 435; *Britz*, Die Europäisierung des grundrechtlichen Datenschutzes, EuGRZ 2009, 1; *Brühann*, Mindeststandards oder Vollharmonisierung des Datenschutzes in der EG. Zugleich ein Beitrag zur Systematik von Richtlinien zur Rechtsangleichung im Binnenmarkt in der Rechtsprechung des Europäischen Gerichtshofs, EuZW 2009, 639; *Bull*, Die »völlig unabhängige« Aufsichtsbehörde, EuZW 2010, 488; *Eckhardt/Kramer*, Auftragsdatenverarbeitung – Datenschutzrechtliches Gestaltungselement zwischen Recht und Technik, DuD 2013, 623; *Ehmann/Helfrich*, EG-Datenschutzrichtlinie, 1999; *Ennulat*, Datenschutzrechtliche Verpflichtungen der Gemeinschaftsorgane und -einrichtungen, 2008; *Frenz*, Europäischer Datenschutz und Terrorabwehr, EuZW 2009, 6; *Gola*, Beschäftigtendatenschutz und EU-Datenschutz-Grundverordnung, EuZW 2012, 332; *Gola/Schulz*, Der Entwurf für eine EU-Datenschutz-Grundverordnung – eine Zwischenbilanz, RDV 2013, 1; *Guckelberger*, Veröffentlichung der Leistungsempfänger von EU-Subventionen und unionsgrundrechtlicher Datenschutz, EuZW 2011, 126; *Gundel*, Vorratsdatenspeicherung und Binnenmarktkompetenz: Die ungebrochene Anziehungskraft des Art. 95 EGV, EuR 2009, 536; *Härting*, Starke Behörden, schwaches Recht – der neue EU-Datenschutzentwurf, BB 2012, 459; *Hornung*, Eine Datenschutz-Grundverordnung für Europa?, ZD 2012, 99; *Kokett/Sobotta*, Die Charta der Grundrechte der Europäischen Union nach dem Inkrafttreten des Vertrags von Lissabon, EuGRZ 2010, 265; *Kotzur*, Der Schutz personenbezogener Daten in der europäischen Grundrechtsgemeinschaft, EuGRZ 2011, 105; *Kranenborg*, Access to documents and data protection in the European Union: On the public nature of personal data, CMLRev. 45 (2008), 1079; *Leutheusser-Schnarrenberger*, Vorratsdatenspeicherung – Ein vorprogrammierter Verfassungskonflikt, ZRP 2007, 9; *Mähring*, Das Recht auf informationelle Selbstbestimmung im europäischen Gemeinschaftsrecht, EuR 1991, 369; *Petri/Tinnefeld*, Völlige Unabhängigkeit der Datenschutzkontrolle, MMR 2010, 157; *Roßnagel/Richter/Nebel*, Besserer Internetdatenschutz für Europa – Vorschläge zur Spezifizierung der DS-GVO, ZD 2013, 103; *Rudolf*, Datenschutzkontrolle in Deutschland und die europäische Datenschutzrichtlinie, FS Stern, 1997, 1347; *Schild*, Die Richtlinie über die Verarbeitung personenbezogener Daten und den Schutz der Privatsphäre im Bereich der Telekommunikation, EuZW 1999, 69; *Schorkopf*, Datenschutz als europäisches Grundrecht, 2006; *Schweizer*, Die Rechtsprechung des EGMR zum Persönlichkeits- und Datenschutz, DuD 2009, 462; *Siemen*, Datenschutz als europäisches Grundrecht, 2006; *Simitis*, Der EuGH und die Vorratsdatenspeicherung oder die verfehlte Kehrtwende bei der Kompetenzregelung, NJW 2009, 1782; *ders.*, Die EU-Datenschutzrichtlinie – Stillstand oder Anreiz?, NJW 1997, 281; *Streinz/Michl*, Die Drittwirkung des europäischen Datenschutzgrundrechts, EuZW 2011, 384; *Wolff*, Der EU-Richtlinienentwurf zum Datenschutz in Polizei und Justiz – Gehalt und Auswirkungen auf das Strafprozess- und Polizeirecht, in: Kugelmann (Hrsg.), Tagungsband des Forums Europäische Sicherheit, i. E., S. 60; *Wolff/Brink* (Hrsg.), Datenschutz in Bund und Ländern, 2013; *Wollenschläger*, Budgetöffentlichkeit im Zeitalter der Informationsgesellschaft, AöR 135 (2010), 363.

Leitentscheidungen

EuGH, Urt. v. 14.9.2000, Rs. C–369/98 (Fisher), Slg. 2000, I–6751
EuGH, Urt. v. 1.10.2001, Rs. C–450/00 (Kommission/Luxemburg [Nichtumsetzung RL 95/46/EG]), Slg. 2001, I–7069
EuGH, Urt. v. 20.5.2003, verb. Rs. C–465/00, C–38/01 u. C–139/01 (Österreichischer Rundfunk u.a.), Slg. 2003, I–4989
EuGH, Urt. v. 6.11.2003, Rs. C–101/01 (Lindqvist), Slg. 2003, I–12971
EuGH, Urt. v. 30.5.2006, verb. Rs. C–317/04 u. C–318/04 (Europäisches Parlament/Rat der EU [Fluggastdaten]), Slg. 2006, I–4722
EuGH, Urt. v. 29.1.2008, Rs. C–275/06 (Promusicae), Slg. 2008, I–743
EuGH, Urt. v. 16.12.2008, Rs. C–524/06 (Huber), Slg. 2008, I–9705
EuGH, Urt. v. 16.12.2008, Rs. C–73/07 (Satakunnan Markkinapörssi und Satamedia), Slg. 2008, I–9831
EuGH, Urt. v. 10.2.2009, Rs. C–301/06 (Irland/Europäisches Parlament und Rat), NJW 2009, 1801
EuGH, Urt. v. 7.5.2009, Rs. C–553/07 (Rijkeboer), Slg. 2009, I–3889
EuGH, Urt. v. 9.3.2010, Rs. C–518/07 (Kommission/Deutschland[Aufsichtsbehörde]), Slg. 2010, I–1885
EuGH, Urt. v 29.6.2010, Rs. C–28/08 P (Kommission/Bavarian Lager Co Ltd), Slg. 2010, I–6055
EuGH, Urt. v. 9.11.2010, verb. Rs. C–92/09 u. C–93/09 (Volker und Markus Schecke), Slg. 2010, I–11063
EuGH, Urt. v. 24.11.2011, verb. Rs. C–468/10 u. C–469/10 (ASNEF) Slg. 2011, I–12181
EuGH, Urt. v. 24.11.2011, Rs. C–70/10 (Scarlet Extended), Slg. 2011, I–11959
EuGH, Urt. v. 16.10.2012, Rs. C–614/10 (Kommission/Österreich [Österreichische Kontrollstellen]), ECLI:EU:C:2012:631
EuGH, Urt. v. 30.5.2013, Rs. C–342/12 (Worten), ECLI:EU:C:2013:355
EuGH, Urt. v. 8.4.2014, verb. Rs. C–293/12 u. C–594/12 (Digital Rights Ireland und Seitlinger u.a.), ECLI:EU:C:2014:238
EuGH, Urt. v. 13.5.2014, Rs. C–131/12 (Google Spain u.a. gegen Agencia Española de Protección de Datos (AEPD)), ECLI:EU:C:2014:317
EuGH, Urt. v. 11.12.2014, Rs. C-212/13 (František Ryneš gegen ad pro ochranu osobních údajů), ECLI:EU:C:2014:2428
EuGH, Urt. v. 1.10.2015, Rs. C–230/15 (Weltimmo s.r.o. gegen Nemzeti Adatvédelmi és Információszabadság Hatóság.), ECLI:EU:C:2015:639
EuGH, Urt. v. 6.10.2015, Rs. C–362/14 (Maximillian Schrems gegen Data Protection Commissioner.), ECLI:EU:C:2015:650

Wesentliche sekundärrechtliche Vorschriften

Richtlinie 95/46/EG des Europäischen Parlaments und des Rates vom 24.10.1995 zum Schutz natürlicher Personen bei der Verarbeitung personenbezogener Daten und zum freien Datenverkehr, ABl. 1995, L 281/31 – Datenschutzrichtlinie (DSRL)
Richtlinie 2002/58/EG des Europäischen Parlaments und des Rates vom 12.7.2002 über die Verarbeitung personenbezogener Daten und den Schutz der Privatsphäre in der elektronischen Kommunikation, ABl. 2002, L 201/37 – Datenschutzrichtlinie für Elektronische Kommunikation[1]
Richtlinie 2006/24/EG des Europäischen Parlaments und des Rates vom 15.3.2006 über die Vorratsspeicherung von Daten, die bei der Bereitstellung öffentlich zugänglicher elektronischer Kommunikationsdienste erzeugt oder verarbeitet werden, ABl. 2006, L 105/54 – Vorratsdatenspeicherungsrichtlinie.
Verordnung (EG) Nr. 45/2001 des Europäischen Parlaments und des Rates vom 18.12.2000 zum Schutz natürlicher Personen bei der Verarbeitung personenbezogener Daten durch die Organe und Einrichtungen der Gemeinschaft und zum freien Datenverkehr, ABl. 2001, L 8/1
Daneben existieren spezifische Datenschutzregelungen im Zusammenhang mit besonderen Rechtsakten.[2]

---

[1] Ersetzt die RL 97/66/EG des Europäischen Parlaments und des Rates vom 15.12.1997 über die Verarbeitung personenbezogener Daten und den Schutz der Privatsphäre im Bereich der Telekommunikation, ABl. 1998, L 24/1 – Telekommunikations-Datenschutzrichtlinie.
[2] VO (EG) Nr. 2725/2000 des Rates vom 11.12.2000 über die Einrichtung von »Eurodac« für den

Inhaltsübersicht   Rn.

A. Grundlagen 1
    I. Allgemein 1
    II. Entstehungsgeschichte 2
        1. Die ersten Entwicklungsschritte 2
        2. Die Datenschutzrichtlinie 95/46/EG 3
        3. Der Datenschutz für die Eigenverwaltung 4
        4. Der Rahmenbeschluss 5
        5. Die Richtlinie zur Vorratsdatenspeicherung 6
        6. Die Datenschutzreform 8
        7. Die Entwicklung der Rechtsprechung 10
    III. Rechtsquellen des Rechts auf informationelle Selbstbestimmung 11
B. Art. 16 Abs. 1 AEUV 13
C. Art. 16 Abs. 2 AEUV 14
    I. Allgemein 14
    II. Verarbeitung zum Schutz personenbezogener Daten 16
    III. Organe der Union 18
    IV. Mitgliedstaaten 19
    V. Möglichkeit der einheitlichen Regelung 20
    VI. Akzessorietät 21
    VII. Freier Datenverkehr 22
    VIII. Überwachung 23
    IX. Datenschutz im Zusammenhang mit der GASP 24

A. Grundlagen

I. Allgemein

1 Art. 16 AEUV bietet eine weitgehende Rechtsgrundlage für datenschutzrechtliche Bestimmungen. Die Norm wurde erst durch den Lissabonner Vertrag in die Primärverträge aufgenommen und das **Thema** Datenschutz deutlich **aufgewertet**. Zurückgeführt wird dies u. a. auf das Bemühen der Union um Transparenz.[3] Neben Art. 16 AEUV befasst sich vor allem Art. 8 GRC und Art. 39 EUV mit dem Datenschutz. Im alten Recht gab es nur eine Rechtsgrundlage für die Regelung des Datenschutzes innerhalb der Union (Art. 286 Abs. 1 EGV).

Europa hat schon vor Erlass des Art. 16 AEUV datenschutzrechtliche Richtlinien und Verordnungen erlassen und hat sich dafür auf die **Binnenmarktkompetenz** (Art. 95 EGV) gestützt.[4] Der EuGH hat dabei zugleich trotz Rückgriff auf Art. 95 EGV die Binnenmarktakzessorietät bei der Anwendung des Sekundärrechts gelockert, indem er für die Heranziehung der Normen, insbesondere der allgemeinen Datenschutzrichtlinie, keinen grenzüberschreitenden Verkehr verlangt und den Anwendungsbereich zudem auf nicht wirtschaftliche Tätigkeiten ausgedehnt hat.[5]

Vergleich von Fingerabdrücken zum Zwecke der effektiven Anwendung des Dubliner Übereinkommens, ABl. 2000, L 316/1, oder die VO (EG) Nr. 2006/2004 des Europäischen Parlaments und des Rates vom 27.10.2004 über die Zusammenarbeit zwischen den für die Durchsetzung der Verbraucherschutzgesetze zuständigen nationalen Behörden, ABl. 2004, L 364/1; *Sobotta*, in: Grabitz/Hilf/Nettesheim, EU, Art. 16 AEUV (August 2015), Rn. 29 ff.

[3] *Kingreen*, in: Calliess/Ruffert, EUV/AEUV, Art. 16 AEUV, Rn. 2.
[4] Insbesondere RL 95/46/EG u. RL 97/66/EG u. RL 2002/58/EG, s. die Nachweise dazu vor Rn. 1.
[5] EuGH, Urt. v. 6.11.2003, Rs. C–101/01 (Lindqvist), Slg. 2003, I–12971; Urt. v. 20.5.2003, verb. Rs. C–465/00, C–38/01 u. C–139/01 (Österreichischer Rundfunk u.a.), Slg. 2003, I–4989, Rn. 42 f.

II. Entstehungsgeschichte

1. Die ersten Entwicklungsschritte

Art. 16 AEUV normiert erstmalig eine Kompetenz für den Datenschutz, die über das Selbstorganisationsrecht der Unionsorgane hinausgeht. Die **Entstehungsgeschichte** ist daher in gewisser Form so alt wie der Datenschutz selbst.[6] Das erste Datenschutzgesetz stammt aus **Hessen**, so dass die Wurzeln der Norm durchaus in Deutschland zu finden sind. Dennoch wurde die Entwicklung des Datenschutzes schon früh auf europäischer Ebene bestimmt, wenn auch nicht unbedingt von den damaligen europäischen Gemeinschaften. Zu nennen ist hier vor allem das Abkommen des Europarats zum Schutz des Menschen bei der automatischen Verarbeitung personenbezogener Daten von 1981, das 1985 in Kraft trat.[7]

2

2. Die Datenschutzrichtlinie 95/46/EG

Die damalige Gemeinschaft erließ 1995 die RL 95/46/EG des Europäischen Parlaments und des Rates vom 24. 10. 1995 zum Schutz natürlicher Personen bei der Verarbeitung personenbezogener Daten und zum freien Datenverkehrdie bekannte **Datenschutzrichtlinie**, gestützt auf die Kompetenz zur Binnenmarktharmonisierung mit einer zweifachen Zielsetzung (DSRL 95/46/EG). Zum einen sollten Beeinträchtigungen des Binnenmarktes auf der Grundlage des nationalen Datenschutzes dadurch verhindert werden, dass ein gemeinschaftsweit harmonisiertes Datenschutzniveau aufgebaut wird, sodass die personenbezogenen Daten unbegrenzt, parallel zu den Waren, innerhalb Europas fließen können. Den Mitgliedstaaten sollte die Möglichkeit genommen werden, aufgrund von Unterschieden im Datenschutz den freien Warenverkehr zu beschränken.[8] Darüber hinaus wollte die Richtlinie aber auch den Schutz der Rechte des einzelnen bezwecken. Dabei wurde ein **hohes Datenschutzniveau** errichtet. Die Richtlinie setzte sachlich für Europa die Vorgaben des Datenschutzübereinkommens des Europarates sowie der OECD Guidelines um. Im Anwendungsbereich der Datenschutzrichtlinie geht der EuGH davon aus, dass diese nicht nur eine Mindestharmonisierung, sondern **nahezu** eine **Vollharmonisierung** bezwecke, mit der Folge dass der Umsetzungsspielraum gering ist.[9] Eine gewisse Spannung zu der gleichzeitigen Betonung, es bestünde ein **weiter Handlungsspielraum**,[10] ist nicht abzustreiten. Angesichts der vagen Normtexte ist die Qualifizierung als beabsichtigte Vollharmonisierung nicht glücklich. Die Hoffnung, der allzu allgemein gefasste Normtext würde dennoch einen Umsetzungsspielraum gestatten,[11] ist dogmatisch gewagt.

3

---

[6] S. dazu *Simitis*, NJW 1997, 281 sowie *ders.*, NJW 1998, 2473.
[7] *Simitis*, in: Simitis (Hrsg.), Kommentar zum BDSG, 7. Auflage, 2011, Einleitung, Rn. 141.
[8] EuGH, Urt. v. 6.11.2003, Rs. C–101/01 (Lindqvist), Slg. 2003, I–12971 ff. = EuZW 2004, 245 (245), Rn. 37; Urt. v. 20.5.2003, verb. Rs. C–465/00, C–138/01 u. C–139/01 (Österreichischer Rundfunk u.a.), Slg. 2003, I–4989, Rn. 42 f.
[9] EuGH, Urt. v. 6.11.2003, Rs. C–101/01 (Lindqvist), Slg. 2003, I–12971, 245, Rn. 96; Urt. v. 16.12.2008, Rs. C–524/06 (Huber), Slg. 2008, I–9705, Rn. 51; Urt. v. 24.11.2011, verb. Rs. C–468/10 u. C–469/10 (ASNEF) Slg. 2011, I–12181, Rn. 29 f.
[10] EuGH, Urt. v. 6.11.2003, Rs. C–101/01 (Lindqvist), Slg. 2003, I–12971, Rn. 97; Urt. v. 7.5.2009, Rs. C–553/07 (Rijkeboer), Slg. 2009, I–3889, Rn. 56.
[11] *Sobotta*, in: Grabitz/Hilf/Nettesheim, EU, Art. 16 AEUV (August 2015), Rn. 15.

3. Der Datenschutz für die Eigenverwaltung

4 Eine Möglichkeit, den Datenschutz der eigenen Behörden zu normieren, hatte die Gemeinschaft damals noch nicht.[12] Diese wurde dann mit dem Vertrag von Amsterdam durch **Art. 286 EGV** eingefügt, auf die anschließend die VO (EG) Nr. 45/2001 des Europäischen Parlaments und des Rates vom 18.12.2000 zum Schutz natürlicher Personen bei der Verarbeitung personenbezogener Daten durch die Organe und Einrichtungen der Gemeinschaft und zum freien Datenverkehr[13] gestützt wurde. Wegen des Ursprungs im Binnenmarkt liegt es nahe, dem europäischen Datenschutzgrundrecht auch im horizontalen Verhältnis zwischen Privaten eine Bedeutung beizumessen.

4. Der Rahmenbeschluss

5 Für den Bereich der Sicherheit bestand vor Erlass des Art. 16 AEUV keine Kompetenz für datenschutzrechtliche Regelungen mit Anwendungsvorrang.[14] Allerdings wurde auf der damaligen Säule der Zusammenarbeit Justiz und Inneres für den grenzüberschreitenden Informationsaustausch zwecks Verfolgung und Verhütung von Straftaten oder der Vollstreckung strafrechtlicher Sanktionen ein **Rahmenbeschluss** erlassen (Rahmenbeschluss **2008/977/JI**).[15]

5. Die Richtlinie zur Vorratsdatenspeicherung

6 Die Richtlinie 2006/24/EG über die **Vorratsspeicherung** von Daten, die bei der Bereitstellung öffentlich zugänglicher elektronischer Kommunikationsdienste oder öffentlicher Kommunikationsnetze erzeugt oder verarbeitet werden (ABl. 2006, L 105/54), enthielt Mindestvorgaben für die Verpflichtung der Anbieter von Telekommunikationsdiensten zur Speicherung von Verbindungsdaten von elektronischen Kommunikationsvorgängen von mindestens 6 Monaten. Erklärter Zweck der Vorratsdatenspeicherung war die Vereinheitlichung der Vorgaben für die Telekommunikationsanbieter, aber auch die verbesserte Möglichkeit der Verhütung und Verfolgung von schweren Straftaten. Nach Auffassung des EuGH genügte die Binnenmarktkompetenz als Rechtsgrundlage.[16] Ob die Richtlinie materiell mit dem Datenschutzgrundrecht vereinbar ist, hatte der EuGH zunächst offen gelassen. Er hat dann aber im Rahmen von zwei Vorlageverfahren aus Irland und Österreich[17] die Ansicht des Generalanwalts Pedro Cruz Villalón[18] sachlich übernommen und mit Urteil vom 8.4.2014 die Grundrechtswidrigkeit in deutlicher Weise angenommen.[19]

7 Der EuGH nimmt einen Eingriff in Art. 8 GRC an, verneint eine Verletzung des Wesensgehalts von Art. 7 GRC, geht davon aus, der Eingriff diene der Bekämpfung schwe-

---

[12] *Sobotta*, in: Grabitz/Hilf/Nettesheim, EU, Art. 16 AEUV (August 2015), Rn. 2.
[13] ABl. 2001, L 8/1.
[14] EuGH, Urt. v. 30.5.2006, verb. Rs. C–317/04 u. C–318/04 (Europäisches Parlament/Rat der EU [Fluggastdaten]), Slg. 2006, I–4722, Rn. 54 ff.
[15] ABl. 2008, L 350/60.
[16] EuGH, Urt. v. 10.2.2009, Rs. C–201/06 (Irland/Europäisches Parlament und Rat), NJW 2009, 1801, Rn. 61 ff.
[17] Österreichischer Verfassungsgerichtshof, Beschluss vom 20.11.2012, G 47/12–11 u.a.
[18] GA *Villalón*, Schlussanträge zu verb. Rs. C–293/12 u. C–594/12 (Digital Rights Ireland Ltd), ECLI:EU:C:2013:845.
[19] EuGH, Urt. v. 8.4.2014, verb. Rs. C–293/12 u. C–594/12 (Digital Rights Ireland und Seitlinger u.a.), ECLI:EU:C:2014:238.

rer Kriminalität,[20] hält eine strikte Kontrolle des Grundsatzes der **Verhältnismäßigkeit** für sachlich angemessen, und hält im Ergebnis den **Eingriff** für **nicht erforderlich**.[21] Dies lag daran, dass der Eingriff sich nicht auf das absolut Notwendige beschränke. Diese Einschätzung wird mit einer zahlreichen Argumenten begründet. Die Normen seien zu unbestimmt hinsichtlich der betroffenen Personen, hinsichtlich der betroffenen Kommunikationsmittel und hinsichtlich der betroffenen Daten.[22] Es fehle weiter an der Forderung nach einem Zusammenhang zwischen der Datenspeicherung und der Bedrohung der öffentlichen Sicherheit.[23] Außerdem werden objektive Kriterien für den Zugriff der Behörden vermisst.[24] Schließlich vermisste das Gericht sowohl materielle als auch verfahrensrechtliche Kriterien für die Beschränkung des Zugriffs auf die Daten, wie etwa ein Richtervorbehalt oder unabhängige Kontrollstellen.[25] Als weiterer Punkt wird bemängelt, dass die Richtlinie bei der Speicherdauer nicht nach Datenkategorien in Hinblick auf ihren Nutzen für die Zielerreichung differenziert.[26] Anschließend wird dargelegt, dass die Richtlinie keine ausreichenden Anforderungen an die privaten Telekommunikationsunternehmen hinsichtlich des Schutzes der gespeicherten Daten vor Missbrauchsrisiken und vor unberechtigtem Zugang sowie unberechtigter Nutzung enthalte.[27] Schließlich weist das Gericht darauf hin, dass die Richtlinie die Datenspeicherung nicht auf das Unionsgebiet beschränkt, so dass nicht gewährleistet sei, dass die Datenverarbeitung durch unabhängige Stellen überwacht wird, wie es Art. 8 Abs. 3 GRC vorschreibt.[28] Sachlich ist der EuGH daher strenger als das BVerfG, das zwar das erste Umsetzungsgesetz aufhob, aber gleichzeitig die Möglichkeit einer beschränkten Vorratsspeicherung grundsätzlich billigte.[29] Über die Frage, welches der beiden Gerichte nun sachlich die überzeugendere Position einnimmt, lässt sich trefflich streiten. Deutschland hat die Richtlinie noch nicht umgesetzt, weshalb die Kommission ein Vertragsverletzungsverfahren beim EuGH gegen Deutschland anhängig gemacht hatte und am 11.7.2012 die Verurteilung zu einem auffällig hohen Zwangsgeld beantragt hatte.[30] Dieses Verfahren hatte sich sachlich mit der Nichtigkeitserklärung der Richtlinie erledigt.

---

[20] EuGH, Urt. v. 8.4.2014, verb. Rs. C–293/12 u. C–594/12 (Digital Rights Ireland und Seitlinger u.a.), ECLI:EU:C:2014:238, Rn. 41–44.
[21] EuGH, Urt. v. 8.4.2014, verb. Rs. C–293/12 u. C–594/12 (Digital Rights Ireland und Seitlinger u.a.), ECLI:EU:C:2014:238, Rn. 51–65.
[22] EuGH, Urt. v. 8.4.2014, verb. Rs. C–293/12 u. C–594/12 (Digital Rights Ireland und Seitlinger u.a.), ECLI:EU:C:2014:238, Rn. 57.
[23] EuGH, Urt. v. 8.4.2014, verb. Rs. C–293/12 u. C–594/12 (Digital Rights Ireland und Seitlinger u.a.), ECLI:EU:C:2014:238, Rn. 59.
[24] EuGH, Urt. v. 8.4.2014, verb. Rs. C–293/12 u. C–594/12 (Digital Rights Ireland und Seitlinger u.a.), ECLI:EU:C:2014:238, Rn. 60.
[25] EuGH, Urt. v. 8.4.2014, verb. Rs. C–293/12 u. C–594/12 (Digital Rights Ireland und Seitlinger u.a.), ECLI:EU:C:2014:238, Rn. 61.
[26] EuGH, Urt. v. 8.4.2014, verb. Rs. C–293/12 u. C–594/12 (Digital Rights Ireland und Seitlinger u.a.), ECLI:EU:C:2014:238, Rn. 63f.
[27] EuGH, Urt. v. 8.4.2014, verb. Rs. C–293/12 u. C–594/12 (Digital Rights Ireland und Seitlinger u.a.), ECLI:EU:C:2014:238, Rn. 66–67.
[28] EuGH, Urt. v. 8.4.2014, verb. Rs. C–293/12 u. C–594/12 (Digital Rights Ireland und Seitlinger u.a.), ECLI:EU:C:2014:238, Rn. 68.
[29] BVerfGE 125, 260 (307); s.a. EGMR, Urt. v. 4.12.2008, Beschwerde-Nr. 30562/04 u. 30566/04 (S. und Marper/Vereinigtes Königreich), DÖV 2009, 209, Rn. 108ff.
[30] EuGH, Rs. C–329/12.

6. Die Datenschutzreform

8 Gegenwärtig läuft auf europäischer Ebene ein Reformprozess mit nahem Ausgang. Die Reform besitzt zwei Gründe. Zum einen ist das europäische Regelungswerk, die DSRL 95/46, aus einer Zeit, in dem das Internet noch nicht bekannt war, und zum anderen hat sich die Kompetenzlage zugunsten der Union mit Art. 16 AEUV für eine umfassende Regelung deutlich verbessert. Im Jahr 2009 hat die **Europäische Kommission** daher eine **Reformdebatte** initiiert,[31] die ihren vorläufigen Abschluss mit dem Entwurf einer Datenschutzgrundverordnung[32] und einem Entwurf einer Richtlinie auf dem Bereich der Sicherheit[33] im Januar 2012 fand. Die Datenschutz-Grundverordnung (DS-Grund-VO-E) soll die DSRL 95/46 und der Entwurf der Richtlinie den Rahmenbeschluss 2008/977/JI ersetzen. Die sektorspezifischen Regelungen sowie die DS-VO 2001/45 für die Eigenverwaltung sollen zunächst unverändert bestehen bleiben.

9 Das Rechtsetzungsverfahren geht nun dem Ende zu. Es gab einen Entwurf der Kommission, eine sehr umfangreiche Stellungnahme mit Änderungsvorschlägen des Parlaments, dann eine Einschätzung des Rates mit anschließend inoffiziellen Gesprächen von Kommission, Parlament und Rat, die Ende 2015 abgeschlossen wurden.[34] Für 2016 ist die offizielle Beschlussfassung durch den Rat geplant.[35]

7. Die Entwicklung der Rechtsprechung

10 Zuerst tauchte das Recht auf Schutz personenbezogener Daten als ein nicht näher hergeleitetes Recht auf, zu dessen Schutz andere subjektive Rechte und Ansprüche entweder normativ oder bei der Anwendung von Rechtsnormen eingeschränkt werden durften,[36] wie etwa als Grenze von Auskunftsrechten des Inhabers von Urheberrechten, mit denen diese Urheberrechtsverletzungen verfolgen wollten.[37] Die zweite Phase der Rechtsprechung begann mit der Geltung der **DSRL 95/46/EG** und betraf Auslegungsfragen dieser oder paralleler Richtlinien.[38] Bei der Auslegung der Richtlinie stärkte der EuGH den Datenschutz mehr als erwartet[39] und tendierte zu dem Ziel einer Vollharmonisierung hin (»grundsätzlich umfassende Harmonisierung«). Die dritte Phase begann mit der förmlichen Inkraftsetzung der GRC durch den Lissabon-Vertrag. Nun wer-

---

[31] Vgl. KOM (2010) 609; s.a. *Reding*, International Data Privacy Law 1 (2011), 3.
[32] KOM (2012) 11.
[33] KOM (2012) 9.
[34] S. die Zusammenfassung auf den Seiten des Bayerischen Landesbeauftragten http://ec.europa.eu/justice/data-protection/reform/index_en.htm.
[35] Vgl. http://ec.europa.eu/justice/data-protection/reform/index_en.htm.
[36] EuGH, Urt. v. 14.9.2000, Rs. C–369/98 (Fisher), Rn. 32 ff.; Urt. v 29.6.2010, Rs. C–28/08 P (Kommission/Bavarian Lager Co Ltd), Slg. 2010, I–6055, Rn. 78.
[37] Vgl. EuGH, Urt. v. 14.10.1999, Rs. C–223/98 (Adidas), Slg. 1999, I–7081, Rn. 28; Urt. v. 29.1.2008, Rs. C–275/06 (Promusicae), Slg. 2008, I–743, Rn. 68; s.a. Urt. v. 24.11.2011, Rs. C–70/10 (Scarlet Extended), Slg. 2011, I–11959, Rn. 53; s. dazu *Rengeling/Szczekalla*, Grundrechte, § 16, Rn. 677.
[38] EuGH, Urt. v. 6.11.2003, Rs. C–101/01 (Lindqvist), Slg. 2003, I–12971, Rn. 24 ff.; Urt. v. 20.5.2003, verb. Rs. C–465/00, C–138/01 u. C–139/01 (Österreichischer Rundfunk u.a.), Slg. 2003, I–4989; Urt. v. 16.12.2008, Rs. C–524/06 (Huber), Slg. 2008, I–9705, Rn. 47 ff.; Urt. v. 7.5.2009, Rs. C–553/07 (Rijkeboer), Slg. 2009, I–3889, Rn. 67 ff.; Urt. v. 9.11.2010, verb. Rs. C–92/09 u. C–93/09 (Volker und Markus Schecke), Slg. 2010, I–11063, Rn. 96 ff.; Urt. v. 24.11.2011, verb. Rs. C–468/10 u. C–469/10 (ASNEF), Slg. 2011, I–12181 ff., Rn. 52 ff.; Urt. 30.5.2013, Rs. C–342/12 (Worten), NZA 2013, 723, Rn. 24 ff.
[39] *Streinz*, in: Streinz, EUV/AEUV, Art. 16 AEUV, Rn. 11.

den mit überraschender Strenge Sekundärakte der Union an den **vorrangigen Grundrechten** im Rang von Primärrecht geprüft.[40]

III. Rechtsquellen des Rechts auf informationelle Selbstbestimmung

Art. 16 Abs. 1 AEUV ist vom Normtext her identisch mit Art. 8 Abs. 1 GRC. Auf diese Weise kommt es aber zur einer **Doppelung einer Grundrechtsbestimmung**. Diese Wiederholung betont die Bedeutung des Datenschutzes,[41] die vermutlich auch den erheblichen Kompetenzzuwachs, den Art. 16 Abs. 2 AEUV bewirkt, abmildern soll. Den Datenschutz garantieren, mehr oder weniger weit, Art. 8 GRC, Art. 7 GRC/Art. 8 EMRK, Art. 16 AEUV und die sekundärrechtlichen Bestimmungen, gegenwärtig vor allem die Datenschutzrichtlinie, aber auch spezielle Verordnungen, und künftig ggf. die Grundverordnung. Es stellt sich daher die Frage nach dem **Verhältnis von Art. 16 Abs. 1 AEUV und Art. 8 GRC**. Das Verhältnis von Art. 8 GRC und Art. 16 Abs. 1 AEUV ist **ausgesprochen unglücklich**. Art. 8 Abs. 1 GRC entspricht wörtlich dem Art. 16 Abs. 1 AEUV, allerdings wiederholt Art. 16 AEUV nicht die Schranken des Art. 8 Abs. 2 GRC und auch die Schranken des Art. 52 GRC sind nicht unmittelbar auf Art. 16 AEUV anwendbar. Da Art. 52 Abs. 2 GRC ausdrücklich einen Vorrang der subjektiven Rechte gewährleistet, die in den Verträgen niedergelegt sind (EUV/AEUV), würde man bei Anwendung der allgemeinen Methodenregeln zu dem Ergebnis kommen, dass Art. 16 Abs. 1 AEUV selbstständig neben Art. 8 GRC steht und die Schrankenregelung nicht auf ihn anwendbar sind, mit der Folge, dass das Datenschutzgrundrecht schrankenlos gewährleistet wäre. Dieses Ergebnis will niemand und kann auch niemand ernsthaft befürworten.[42] Es liegt ein klares Redaktionsversehen bei der Formulierung des Art. 16 AEUV vor, das nicht hätte passieren dürfen. Es werden mehrere Lösungen angeboten, um dieses Redaktionsversehen durch den Versuch zu verbergen, das naheliegende, aber nur contra legem zu begründende Ergebnis dogmatisch herzuleiten. Keiner dieser Vorschläge überzeugt als Begründung. Sie werden auch nur deshalb vertreten, weil das gewollte Ergebnis eindeutig richtig ist.

So wird darauf hingewiesen, Art. 52 Abs. 2 GRC sei auf Art. 16 AEUV nicht anwendbar, da die Norm nicht für subjektive Rechte in den Verträgen gelte, die erst durch den Vertrag von Lissabon eingefügt worden seien.[43] Weiter wird vorgetragen, Art. 16 Abs. 1 AEUV wiederhole nur das Grundrecht auf Datenschutz, so dass die diesem Grundrecht in der Charta zugeordneten Schranken nach Art. 8 Abs. 2 und Art. 52 Abs. 1 GRC auch zur Geltung kämen.[44] Damit inhaltlich verbunden ist der Vorschlag, Art. 16 Abs. 1 AEUV wegen seines Inhalts nicht selbstständig für anwendbar zu halten, sondern nur in Ergänzung mit Art. 8 GRC.[45] Weiter wäre denkbar zu vertreten, Art. 52 Abs. 2 GRC greife nicht ein, da Art. 16 AEUV kein subjektives Recht begründe. Schließlich besteht

---

[40] EuGH, Urt. v. 9.11.2010, verb. Rs. C–92/09 u. C–93/09 (Volker und Markus Schecke), Slg. 2010, I–11063, Rn. 76 ff.; Urt. v. 8.4.2014, verb. Rs. C–293/12 u. C–594/12 (Digital Rights Ireland und Seitlinger u. a.).
[41] *Herrmann*, in: Streinz, EUV/AEUV, Art. 16 AEUV, Rn. 4.
[42] *Herrmann*, in: Streinz, EUV/AEUV, Art. 16 AEUV, Rn. 4; *Schneider*, in: Wolff/Brink, Datenschutz in Bund und Ländern, Syst. B, Rn. 22.
[43] *Kingreen*, in: Calliess/Ruffert, EUV/AEUV, Art. 8 GRC, Rn. 3; *Frenz*, Handbuch Europarecht, Band 4, Rn. 1363.
[44] *Sobotta*, in: Grabitz/Hilf/Nettesheim, EU, Art. 16 AEUV (August 2015), Rn. 8.
[45] *Herrmann*, in: Streinz, EUV/AEUV, Art. 16 AEUV, Rn. 4 f.

die Möglichkeit, so zu tun als gäbe es Art. 16 Abs. 1 AEUV nicht.[46] Versucht wird auch, das Sekundärrecht in Art. 16 Abs. 1 AEUV hineinzulesen.[47] Ein neuerer Vorschlag verweist darauf, dass Art. 16 Abs. 2 AEUV **nicht zwingend nur** als **Kompetenznorm** verstanden werden muss, sondern vielmehr auch eine **Ermächtigung** für eingreifende Regelungen darstellen könne.[48] All diese Argumente überzeugen nicht richtig. Am überzeugendsten ist allerdings der zuletzt genannte Hinweis, Art. 16 Abs. 2 AEUV liefe leer, wenn Art. 16 Abs. 1 AEUV nicht einschränkbar wäre.[49]

B. Art. 16 Abs. 1 AEUV

13 Art. 16 Abs. 1 AEUV garantiert das Grundrecht auf Datenschutz wortidentisch mit Art. 8 Abs. 1 GRC (zur Kommentierung siehe dort). Die Kompetenz aus Art. 16 Abs. 2 AEUV wird vor allem durch das Grundrecht aus Art. 16 Abs. 1 AEUV und Art. 8 Abs. 1 GRC begrenzt. Durch die Verbindung von Absatz 1 und Absatz 2 wird die Verbindung zwischen Grundrechtsbindung und Kompetenz betont. Dennoch sind beide **Normen getrennt**. Die Grundrechte haben nicht nur dann eine Bedeutung, wenn die Union eine Normsetzungskompetenz besitzt, da sie im Sinne der Schrankenregelung der Dienstleistungsfreiheit Relevanz besitzen können und zudem der Datenschutz als Querschnittschutz bei vielen Sachregelungen eingreifen kann; dennoch ist die Entfaltung des Grundrechtsschutzes dann am größten, wenn die Union gerade im dem thematischen Gebiet des Schutzbereichs auch eine Regelungskompetenz besitzt.

C. Art. 16 Abs. 2 AEUV

I. Allgemein

14 Art. 16 Abs. 2 AEUV gewährt eine Normsetzungsbefugnis auf dem Gebiet des Datenschutzes in zwei Fällen: beim **freien Datenverkehr** (Art. 16 Abs. 2 Satz 1 Hs. 2 AEUV) und bei der **Verarbeitung** personenbezogener **Daten** durch die Unionsstellen oder durch Mitgliedstaaten, wenn und soweit sie im Anwendungsbereich des Unionsrechts tätig sind. Die **Akzessorietät** der Datenschutznormen zur **Binnenmarktkompetenz** wurde daher **aufgegeben**.[50] Art. 16 Abs. 2 AEUV gilt auch im Bereich der polizeilichen und justiziellen Zusammenarbeit (Art. 81 ff., 87 ff. AEUV – s. a. auch die Erklärung Nr. 21 zur Schlussakte des Vertrags von Lissabon).[51] Für die GASP besteht mit Art. 39 EUV eine Sonderbestimmung. Die Rechtsakte sind jeweils im ordentlichen Gesetzgebungsverfahren zu erlassen (Art. 289 Abs. 1 AEUV). Durch dieses Verfahren wird die Rolle des Europäischen Parlaments in den Bereichen gestärkt, die bisher nicht dem früheren Gemeinschaftsrecht zugeordnet waren.[52] Es gelten die allgemeinen Voraussetzung für

---

[46] So EuGH, Urt. v. 9.11.2010, verb. Rs. C–92/09 u. C–93/09 (Volker und Markus Schecke), Slg. 2010, I–11063, Rn. 48 ff.
[47] *Bernsdorff*, in: Meyer, GRCh, Art. 8 GRC, Rn. 17.
[48] *Schneider*, in: Wolff/Brink, Datenschutz in Bund und Ländern, Syst. B, Rn. 23.
[49] S. Fn. 40.
[50] S. o. Rn. 5.
[51] *Kingreen*, in: Calliess/Ruffert, EUV/AEUV, Art. 16 AEUV, Rn. 4.
[52] *Sobotta*, in: Grabitz/Hilf/Nettesheim, EU, Art. 16 AEUV (August 2015), Rn. 29.

Gesetzgebungsverfahren, wie insbesondere das Subsidiaritätsprinzip (Art. 5 Abs. 3 EUV).[53]

Über die Kompetenz zur Ausübung der datenschutzrechtlichen Normsetzungskompetenz kann sich die Kompetenz zum Abschluss entsprechender internationaler Abkommen i. S. v. Art. 3 Abs. 2 AEUV koppeln,[54] was im Datenschutzbereich vor allem wegen der Abkommen mit den USA im Fluggastbereich[55] oder bei Kontodaten nicht unerheblich ist.

II. Verarbeitung zum Schutz personenbezogener Daten

Die Kompetenz aus Art. 16 Abs. 2 AEUV greift bei der **Verarbeitung** personenbezogener Daten. Der kompetenzielle Begriff der Verarbeitung ist bei Art. 16 Abs. 2 AEUV **weit** zu **verstehen**. »Verarbeitung« meint jede Form der Verwendung von personenbezogenen Daten, unabhängig ob im automatischen oder nicht automatischen Verfahren. Der Begriff »personenbezogene Daten« dürfte bei Art. 16 AEUV so verstanden worden sein wie in der DSRL 95/46/EG. Danach sind personenbezogene Daten alle Informationen über eine bestimmte oder bestimmbare Person.

Die auf der Grundlage von Art. 16 Abs. 2 UAbs. 1 Satz 1 AEUV erlassenen Normen beziehen sich auf die Verarbeitung personenbezogener Daten, müssen aber den **Schutz** natürlicher Personen **verfolgen**. Die Zielbestimmung ist **nicht streng** zu **nehmen**. Auch Normen, die Eingriffe in das Grundrecht auf Datenschutz ermöglichen, können auf Art. 16 AEUV gestützt werden, selbst wenn sie konkret nicht schützend sind. Nur der Regelungskomplex insgesamt muss dem Schutz dienen. Auch eine Datenschutzregelung, die den Standard im Vergleich zur Vorgängerregelung absenkt, dient dem Schutz natürlicher Personen i. S. v. Art. 16 Abs. 2 UAbs. 1 AEUV.

III. Organe der Union

Der Begriff »Organe der Union« verweist auf **Art. 13 Abs. 1 EUV**. Einrichtungen sind organisatorisch selbstständige Einheiten, die von der Union errichtet werden. »Stellen« ist ein Auffangbegriff, der alle für die Union handelnden Einheiten meint. Die Regelungskompetenz und die Kontrollkompetenz können inhaltlich begrenzt sein. So fallen zwar die Gerichte unter den Regelungsbereich, jedoch wird die rechtsprechende Tätigkeit üblicherweise und so auch in Europa von der Kontrolle der Datenschutzbeauftragten ausgenommen.[56] Für das Handeln der Unionsstellen bestehen bisher die Datenschutzverordnung und spezifische Regelungen für den Datenschutz der Stellen im Bereich des früheren Unionsrechts.[57]

IV. Mitgliedstaaten

Die Kompetenz bezieht sich auch auf die Datenverarbeitung von Mitgliedstaaten im Rahmen der Ausübung von Tätigkeiten, die in den Anwendungsbereich des Unionsrechts fallen. Der Begriff »**Anwendungsbereich** des Unionsrechts« ist alles andere als

---

[53] *Kingreen*, in: Calliess/Ruffert, EUV/AEUV, Art. 16 AEUV, Rn. 4.
[54] *Sobotta*, in: Grabitz/Hilf/Nettesheim, EU, Art. 16 AEUV (August 2015), Rn. 29.
[55] EuGH, Urt. v. 30.5.2006, verb. Rs. C–317 u. C–318/04 (Europäisches Parlament/Rat der EU [Fluggastdaten]), Slg. 2006, I–4722, Rn. 57 ff. und 68.
[56] Zutreffend *Sobotta*, in: Grabitz/Hilf/Nettesheim, EU, Art. 16 AEUV (August 2015), Rn. 18.
[57] *Sobotta*, in: Grabitz/Hilf/Nettesheim, EU, Art. 16 AEUV (August 2015), Rn. 31.

klar. Er lässt sich sehr **unterschiedlich interpretieren**. Vom Normtext her und angesichts der Rechtsprechung des EuGH zur DSRL liegt die Annahme eines weiten Verständnisses nahe.[58] Das Problem ist zwar nicht begrifflich, aber strukturell identisch zu Art. 52 Abs. 1 GRC. Die entscheidende Frage ist, wie eng der Bezug der konkreten Handlung, für die die unionsrechtliche Datenschutzregelung herangezogen wird, zum Unionsrecht sein muss. Unstreitig ist der Anwendungsbereich des Unionsrechts gegeben, wenn die Mitgliedstaaten Unionsrecht umsetzen (s. vor allem Art. 288 Abs. 3 AEUV), Unionsrecht anwenden (Art. 291, Art. 197 AEUV), unionsrechtlich gegebene Rechte einschränken, wie insbesondere die Grundfreiheiten. Der Anwendungsbereich dürfte aber nicht eröffnet sein, wenn die Union zwar Rechtsnormen erlassen könnte, aber noch nicht erlassen hat und die Grundfreiheiten nicht eingeschränkt werden. Auch die Eröffnung des Schutz- oder Anwendungsbereichs von Querschnittsmaterien, insbesondere den Grundfreiheiten (Art. 28 ff. AEUV) und den Diskriminierungsverboten (Art. 18 AEUV), ohne dass ein Eingriff oder eine rechtfertigungsbedürftige Maßnahme vorliegt, dürfte für eine »Anwendung« i. S. v. Art. 16 AEUV noch nicht genügen. Im Zusammenhang mit der DSRL hat der EuGH keine zusätzliche Prüfung für den Anwendungsbereich vorgenommen, außer den in der Richtlinie niedergelegten Voraussetzungen. Ein Handeln innerhalb des Anwendungsbereichs des Unionsrechts wird dort nicht verlangt.[59] Bei einem Rückgriff auf Art. 16 Abs. 2 AEUV, wie es bei der künftigen Grundverordnung geplant ist, wird man an diesem Merkmal aber nicht vorbeikommen. Die Vorstellung, die künftige Grundverordnung sei gewissermaßen immer anzuwenden, wenn deutsche Stellen Daten verarbeiten, es sei denn, sie führen Gesetze in einem Bereich aus, bei dem die Union keine Kompetenzen besitzt, ist mit dem Normtext von Art. 16 Abs. 2 AEUV nicht zu vereinbaren.

V. Möglichkeit der einheitlichen Regelung

20 Auffallend ist, dass Art. 16 AEUV nicht mehr zwischen den Mitgliedstaaten und der Union selbst trennt. Es wäre daher denkbar, dass der **Datenschutz** künftig **einheitlich** geregelt wird. Auf der Ebene des Sekundärrechts besteht noch die Trennung zwischen den Bereichen der Union und der Mitgliedstaaten und auch die Reform sieht noch unterschiedliche Regelungen vor.

VI. Akzessorietät

21 Die Rechtsetzungskompetenz der Union für Datenschutz für die ersten beiden Varianten ist **akzessorisch**. Sie setzen ein Handeln der Unionsorgane voraus, was wiederum nur bei Vorliegen einer Kompetenz möglich ist, oder ein Handeln der Mitgliedstaaten, das in den Anwendungsbereich des Unionsrechts fällt. Das Handeln der Mitgliedstaaten muss folglich vom Unionsrecht geleitet sein, d. h. Unionsrecht umsetzen oder ausführen. Wegen dieser Akzessorietät dürften die Regelungen zum Datenschutz im Bereich der inneren Sicherheit auch weniger weit reichen als in anderen Bereichen.

---

[58] In diesem Sinne daher *Kingreen*, in: Calliess/Ruffert, EUV/AEUV, Art. 16 AEUV, Rn. 6.
[59] Zurückhaltender allerdings jüngst EuGH, Urt. v. 16.4.2015, verb. Rs. C–446/12 bis C–449/12 (Willems u. a.), ECLI:EU:C:2015:238, Rn. 50.

VII. Freier Datenverkehr

Die dritte Kategorie datenschutzrechtlicher Normen bildet gem. Art. 16 Abs. 2 Satz 1 Var. 3 AEUV der freie Datenverkehr. Die Wendung »freier Datenverkehr« ist grundsätzlich weit und meint jede Fluktuation über die Grenzen hinaus. Nach diesem Verständnis würde diese Variante im Vergleich zur ersten Variante eine deutliche Ausweitung bedeuten, weil sie den Erlass von Normen mit Wirkung für die Mitgliedstaaten unabhängig davon, ob die Mitgliedstaaten im Anwendungsbereich des Unionsrechts tätig werden, rechtfertigen könnte, solange es nur um einen grenzüberschreitenden Datenverkehr geht. Da niemand weiß, wie ein Datenfluss verlaufen wird, ist das Merkmal bei großzügiger Anwendung immer eröffnet. Das gilt insbesondere bei elektronisch gespeicherten Daten, v. a. im Bereich des Internets. Unter das Merkmal des freien Datenverkehrs ließe sich der **Gesamtbereich** des **Internets** ohne jede Einschränkung **mühelos subsumieren**. Diese grammatikalisch mögliche Auslegung wird man **teleologisch ausschließen** können. Mit dem Begriff »freier Datenverkehr« ist eine inhaltliche Beziehung zur »Warenfreiheit« gemeint. Es geht um den Datenverkehr, der den Binnenmarkt ermöglichen soll. Dies ergibt sich auch aus historischen Gründen, da die allgemeine Binnenmarktkompetenz (Art. 114 AEUV, ex-Art. 95 EGV) bislang die Grundlage für die Datenschutzrichtlinie und die Richtlinie über den Datenschutz bei der elektronischen Kommunikation bildet.[60] Nach Art. 1 Abs. 2 DSRL 95/46/EG ist die Harmonisierung des Datenschutzes für den Binnenmarkt erforderlich, damit die Mitgliedstaaten nicht aus Gründen des Datenschutzes den freien Datenverkehr beschränken.[61] Es ist daher naheliegend, dass die Kompetenz über den »Freien Datenverkehr« absichern möchte, dass die neue Kompetenz nicht hinter der alten Kompetenz zurückfällt. Bei diesem Verständnis wäre diese Variante sachlich eine überflüssige Bestimmung, weil ihr kaum eine praktische Bedeutung zukommen dürfte. Die erste Variante dürfte alle relevante Fälle abfangen, und selbst wenn dies nicht der Fall bliebe, könnte man immer noch, wie in der Vergangenheit, auf die alte Bestimmung zur Binnenmarktharmonisierung zurückgreifen.[62] In diese Richtung scheint auch der Umstand zu weisen, dass bisher in der Literatur kein richtiger Anwendungsfall geschildert wurde. Es ist leicht zu erkennen, dass die Variante über den freien Datenverkehr den »dunklen Fleck« der Regelung des Art. 16 AEUV bildet und ein Einbruchsfeld für kompetenzerweiternde Auslegungen beherbergt.

VIII. Überwachung

Gemäß Art. 16 Abs. 2 UAbs 2 Satz 2 AEUV wird die Einhaltung der datenschutzrechtlichen Bestimmungen von unabhängigen Behörden überwacht. Der Normtext ist fast wortgleich mit dem von Art. 8 Abs. 3 GRC. Er ist glücklicher als der von Art. 8 GRC, weil er von »**unabhängigen Behörden**« spricht, während dort von »einer unabhängigen Stelle« die Rede ist. Die Kontrolle der Einhaltung der unionsrechtlichen datenschutzrechtlichen Normen obliegt auch den unabhängigen Datenschutzbeauftragten der Länder, was sich mit dem Normtext von Art. 16 Abs. 2 UAbs 2 Satz 2 AEUV leichter

---

[60] EuGH, Urt. v. 20.5.2003, verb. Rs. C–465/00, C–138/01 u. C–139/01 (Österreichischer Rundfunk u.a.), Slg. 2003, I–4989, Rn. 42f.; Urt. v. 6.11.2003, Rs. C–101/01 (Lindqvist), Slg. 2003, I–12971, Rn. 40ff.
[61] S. dazu EuGH, Urt. v. 6.11.2003, Rs. C–101/01 (Lindqvist), Slg. 2003, I–12971, Rn. 40ff.
[62] *Sobotta*, in: Grabitz/Hilf/Nettesheim, EU, Art. 16 AEUV (August 2015), Rn. 34.

vereinbaren lässt als mit Art. 8 Abs. 3 GRC. Die Norm selbst ist im Einzelnen bei Art. 8 Abs. 3 GRC kommentiert (s. dort).

IX. Datenschutz im Zusammenhang mit der GASP

24 **Art. 39 EUV** soll durch die Kompetenz aus Art. 16 AEUV unberührt bleiben. Art. 16 Abs. 2 UAbs. 2 AEUV stellt somit klar, dass Art. 39 EUV spezieller ist. Dort wird das Verfahren für den Erlass von Datenschutzregeln im Bereich der Verarbeitung personenbezogener Daten durch die Mitgliedstaaten im Rahmen von Tätigkeiten der Gemeinsamen Außen- und Sicherheitspolitik modifiziert. Art. 39 EUV lässt in dem Bereich der Gemeinsamen Außen- und Sicherheitspolitik, in dem sonst der Erlass von Sekundärrecht eingeschränkt ist, den Normerlass zu, beschränkt die Zuständigkeit aber auf den Rat, sodass die Parlamentsbeteiligung schwächer als bei Art. 16 Abs. 2 AEUV ist.

Artikel 17 AEUV [Kirchen, Religions- und Weltanschauungsgemeinschaften]

(1) Die Union achtet den Status, den Kirchen und religiöse Vereinigungen oder Gemeinschaften in den Mitgliedstaaten nach deren Rechtsvorschriften genießen, und beeinträchtigt ihn nicht.

(2) Die Union achtet in gleicher Weise den Status, den weltanschauliche Gemeinschaften nach den einzelstaatlichen Rechtsvorschriften genießen.

(3) Die Union pflegt mit diesen Kirchen und Gemeinschaften in Anerkennung ihrer Identität und ihres besonderen Beitrags einen offenen, transparenten und regelmäßigen Dialog.

Literaturübersicht

Berkmann, Katholische Kirche und Europäische Union im Dialog für die Menschen; eine Annäherung aus Kirchenrecht und Europarecht, 2008; *Bloss*, Cuius religio – EU ius regio? Komparative Betrachtung europäischer staatskirchenrechtlicher Systeme, status quo und Perspektiven eines europäischen Religionsverfassungsrechts, 2008; *Classen*, Die Verwirklichung des Unionsrechts im Anwendungsbereich des kirchlichen Selbstbestimmungsrechts, ZevKR 60 (2015), 115; *de Wall*, Zur aktuellen Lage des Religionsrechts der Europäischen Union, ZevKR 52 (2007), 310; *Grzeszick*, Das Urteil des BAG zum Streikverbot in Kirchen auf dem Prüfstand des Verfassungs- und Europarechts, NZA 2013, 1377; *ders.*, Die Kirchenerklärung zur Schlußakte des Vertrags von Amsterdam – Europäischer Text, völkerrechtliche Verbindlichkeit, staatskirchenrechtlicher Inhalt, ZevKR 48 (2003), 284; *Griebel*, Die Religionsgesellschaft zwischen Staatsrecht und Europarecht, 2014; *Heinig*, Das Religionsverfassungsrecht im »Vertrag über eine Verfassung für Europa«, in: Kreß (Hrsg.), Religionsfreiheit als Leitbild. Staatskirchenrecht in Deutschland und Europa im Prozess der Reform, 2004, S. 169; *Herbolsheimer*, Gibt es ein Religionsrecht der Europäischen Union?, KuR 2012, 81; *P. M. Huber*, Konkordate und Kirchenverträge unter Europäisierungsdruck?, Archiv für katholisches Kirchenrecht 177 (2010), 411; *Krimphove*, Europa und die Religionen, KuR 2008, 89; *Mohr/von Fürstenberg*, Kirchliche Arbeitgeber in Spannungsverhältnis zwischen grundrechtlich geschütztem Selbstbestimmungsrecht und europarechtlich gefordertem Diskriminierungsschutz, BB 2008, 2122; *Mückl*, Europäisierung des Staatskirchenrechts, 2005; *Pötters/Kalf*, Europäisches Arbeitsrecht und das kirchliche Selbstbestimmungsrecht, ZESAR 2012, 216; *Robbers*, Das Verhältnis von Staat und Kirche in Europa, ZevKR 42 (1997), 122; *ders.*, Religion in Europa, Die religionsrechtliche Bedeutung der neuen Verfassung für die Europäische Union, Informationes Theologiae Europae 12 (2003), 9; *Schnabel*, Der Dialog nach Art. 17 III AEUV – »In Anerkennung ihrer Identität und ihres besonderen Beitrags«, 2014; *Söbbeke-Krajewski*, Der religionsrechtliche Acquis Communautaire der Europäischen Union – Ansätze eines systematischen Religionsrechts der EU unter EU-Vertrag, EG-Vertrag und EU-Verfassungsvertrag, 2006; *Torfs*, Die rechtliche Sonderstellung von Kirchen und religiösen Gemeinschaften im europäischen Kontext, öarr 1999, 14; *Triebel*, Das europäische Religionsrecht am Beispiel der arbeitsrechtlichen Anti-Diskriminierungsrichtlinie 2000/78/EG, 2005; *ders.*, Der Kirchenartikel im Verfassungsentwurf des Europäischen Konvents, ZevKR 49 (2004), 644; *Unruh*, Religionsverfassungsrecht, 3. Aufl., 2015; *Vachek*, Das Religionsrecht der Europäischen Union im Spannungsfeld zwischen mitgliedstaatlichen Kompetenzreservaten und Art. 9 EMRK, 2000; *Walter*, Kirchliches Arbeitsrecht vor den Europäischen Gerichten, ZevKR 57 (2012), 233; *ders.*, Religionsverfassungsrecht in vergleichender und internationaler Perspektive, 2006; *H. Weber*, Religionsrecht und Religionspolitik der EU, NVwZ 2011, 1485.

Wesentliche sekundärrechtliche Vorschriften

Richtlinie 95/46/EG vom 24.10.1995 zum Schutz natürlicher Personen bei der Verarbeitung personenbezogener Daten und zum freien Datenverkehr, ABl. 1995, L 281/31

Richtlinie 2000/78/EG vom 27.11.2000 zur Festlegung eines allgemeinen Rahmens für die Verwirklichung der Gleichbehandlung in Beschäftigung und Beruf, ABl. 2000, L 303/16

Richtlinie 2006/54/EG vom 5.7.2006 zur Verwirklichung des Grundsatzes der Chancengleichheit und Gleichbehandlung von Männern und Frauen in Arbeits- und Beschäftigungsfragen, ABl. 2006, L 204/23

Inhaltsübersicht Rn.

A. Entstehungsgeschichte und Intention des Art. 17 AEUV 1
B. Regelungssubjekte 5
C. Religionsverfassungsrechtliche Rahmenbedingungen für das Unionsrecht 6
   I. Grundrechtliche Ebene 7
   II. Institutionelle Ebene 10
D. Wirkungsweise der Absätze 1 und 2 12
   I. Beeinträchtigungsverbot 13
      1. Harmonisierungsverbot 14
      2. Kompetenzausübungsregel 15
   II. Achtungsgebot 19
E. Regelmäßiger Dialog (Abs. 3) 24

A. Entstehungsgeschichte und Intention des Art. 17 AEUV

1 Art. 17 AEUV wurde erst durch den Vertrag von Lissabon (2009) in den Text der EU-Verträge eingefügt. Sein jetziger Wortlaut war bereits in Art. I–52 des gescheiterten Vertrags über eine Verfassung für Europa vorgesehen. Er ist die historisch erste Bestimmung des EU-Primärrechts, die sich explizit mit Kirchen, Religions- und Weltanschauungsgemeinschaften befasst. Seine Absätze 1 und 2 waren jedoch beinahe wörtlich schon in der Erklärung Nr. 11 zur Schlussakte des Vertrags von Amsterdam (»Erklärung zum Status der Kirchen und weltanschaulichen Gemeinschaften«)[1] enthalten.[2]

2 Bereits die Annahme jener Erklärung war ein Ausgleichsversuch zwischen dem deutschen Bestreben, eine Art »Staatskirchenrecht« der Union im Primärrecht zu verankern, und der französischen Ablehnung jeglicher institutioneller Verbindung zwischen Staat und Kirche.[3] Zwar hatte die Union damals wie heute keine ausdrückliche Kompetenz zur Regelung kirchlicher und religiöser Angelegenheiten – auch nicht im Rahmen ihrer ohnehin beschränkten Zuständigkeiten für eine europäische Kulturpolitik (früher Art. 151 EGV, heute Art. 167 AEUV).[4] Dennoch verfolgte die Erklärung **zwei wesentliche Ziele**: zum einen das symbolische Ziel, dass die Kirchen und **Religionsgemeinschaften als Institutionen auf der europäischen Ebene sichtbar werden**;[5] zum anderen das rechtspraktische Ziel, dass die **besonderen Belange der Kirchen** und Religionsgemeinschaften für die Zwecke der Rechtsetzung und Rechtsanwendung auf europäischer Ebene einen **juristischen »Aufhänger«** bekommen. Die Erweiterung um die »weltanschaulichen« Gemeinschaften entspricht der gängigen Terminologie des internationalen Menschenrechtsschutzes, insbesondere des Art. 9 EMRK, und sollte den Eindruck, dass die alteingesessenen Kirchen und Religionsgemeinschaften gezielt bevorzugt werden, verhindern.[6]

3 Freilich konnte die Erklärung ihren Zielen durch ihre Eigenschaft als bloßes Ausle-

---

[1] Erwähnt in ABl. 1997, C 340/115. Der volle Text ist abgedruckt im Textteil von Grabitz/Hilf, Das Recht der Europäischen Union, 40. Aufl. 2009, Schlußakte (Amsterdam) mit Erläuterungen.
[2] Zu deren Entstehungsgeschichte ausführlich *Schnabel*, S. 207 ff.; *Vachek*, S. 125 ff.
[3] Vgl. *Budischowsky*, in: Mayer/Stöger, EUV/AEUV, Art. 17 AEUV (April 2012), Rn. 4.
[4] Dazu näher unten Rn. 14.
[5] *Streinz*, in: Streinz, EUV/AEUV, Art. 17 AEUV, Rn. 1; *Waldhoff*, in: Calliess/Ruffert, EUV/AEUV, Art. 17 AEUV, Rn. 14.
[6] *Budischowsky*, in: Mayer/Stöger, Art. 17 AEUV (April 2012), Rn. 8; *Robbers*, Informationes Theologiae Europae 12 (2003), 9 (11).

gungsinstrument nur sehr eingeschränkt gerecht werden.[7] Ihre Proponenten drangen daher im Rahmen des Verfassungskonvents darauf, die Regelung durch **Verankerung im Text des Verfassungsvertrags** auf die primärrechtliche Ebene zu heben. Dieser Erwartung entsprach Art. 37 des Präsidiumsentwurfs. Er enthielt in seinem **Absatz 3** erstmals auch den Dialog der Union mit den Kirchen und den religiösen und weltanschaulichen Gemeinschaften. Dessen Zweck war ausweislich der Anmerkungen des Präsidiums die **Angleichung an den Umgang mit den weltlichen Interessenverbänden und der Zivilgesellschaft**, der als Art. 34 in unmittelbarer systematischer Nähe im selben Titel des Vertrags normiert werden sollte, nunmehr aber in Art. 11 EUV verankert ist.[8]

Der gesamte Artikel war heftig umstritten und insgesamt 33 Änderungsanträgen[9] – darunter nicht wenigen, die eine ersatzlose Streichung forderten[10] – ausgesetzt. Er überstand die Kontroverse jedoch weitgehend unbeschadet und fand sich mit lediglich einer kleinen Änderung des Absatzes 3 (dass der Dialog nicht nur regelmäßig, sondern auch offen und transparent ist) in Art. I–51 des Konventsentwurfs für einen Verfassungsvertrag wieder.[11] Art. I–52 der endgültigen Version des Verfassungsvertrags unterschied sich hiervon wiederum nur minimal, indem er Absatz 2 präziser fasste.[12] Im Rahmen der Umstellung auf den Vertrag von Lissabon wurde die Vorschrift nicht mehr angetastet.

4

B. Regelungssubjekte

Die Begriffe »Kirchen«, »religiöse Vereinigungen oder Gemeinschaften« sowie »weltanschauliche Gemeinschaften«, die die Regelungssubjekte des Art. 17 AEUV umschreiben, sind – wie die gesamte Terminologie des Vertrags – unionsrechtlich autonom zu bestimmen. Das bedeutet im Grundsatz, dass der in den Absätzen 1 und 2 enthaltene Verweis auf den Status nach den einzelstaatlichen Rechtsvorschriften erst greift, wenn sich die fragliche Entität nach unionsrechtlicher Lesart unter einen der genannten Tatbestände subsumieren lässt.[13] Um dem Zweck der Norm und der europäischen Vielfalt in diesem Bereich gerecht zu werden, ist aber ein einheitlicher großzügiger Oberbegriff zugrunde zu legen: Religions- und Weltanschauungsgemeinschaften (bzw. -vereinigungen) sind Organisationen, deren Hauptzweck in einer **ganzheitlichen Sinndeutung** des Universums und der Rolle des Menschen darin liegt. Unter ihnen zeichnen sich die **religiösen Entitäten**[14] typischerweise durch ein Bekenntnis, Vorgaben für die Lebensweise, einen Kult und einen Jenseitsbezug aus.[15] **Kirchen** sind eine Untergruppe hiervon, die das Bekenntnis zu Jesus Christus als Heiland und Welterlöser teilt und wegen ihrer historischen Bedeutung für die europäische Kultur gesondert hervorgehoben ist.[16] Die

5

---

[7] Zur rechtlichen Bedeutung im Einzelnen ausführlich *Vachek*, S. 131 ff.
[8] Vgl. Dokument CONV 650/03 vom 2.4.2003, S. 13.
[9] Aufgezählt in Dokument CONV 670/03 vom 15.4.2003, S. 36 f.
[10] Vgl. Dokument CONV 670/03 vom 15.4.2003, S. 24 ff.
[11] ABl. 2003, C 169/1.
[12] ABl. 2004, C 310/36.
[13] *Schmidt*, in: Schwarze, EU-Kommentar, Art. 17 AEUV, Rn. 14.
[14] Eine weitere Unterscheidung zwischen den in Abs. 1 gesondert erwähnten »Vereinigungen« und »Gemeinschaften« ist nicht zielführend, vgl. *Griebel*, S. 72.
[15] *Budischowsky*, in: Mayer/Stöger, EUV/AEUV, Art. 17 AEUV (April 2012), Rn. 12; vgl. auch die weiterführenden Erläuterungen zum Begriff von *Griebel*, S. 71 ff. und *Vachek*, S. 13 f.
[16] *Berkmann*, S. 241 mit dem etymologischen Hinweis, dass das Wort »Kirche« auf das griechische »κυριακός« (kyriakós), »dem Herrn gehörig«, zurückgeht und daher ausschließlich christliche Religionsgemeinschaften umfassen kann.

areligiösen **weltanschaulichen Organisationen** hingegen verbindet die rein diesseitige Sinndeutung von Mensch und Welt. Sie dürfen nicht – wie etwa Parteien oder Gewerkschaften – von der Vertretung partikularer Interessen geprägt sein.[17]

C. Religionsverfassungsrechtliche Rahmenbedingungen für das Unionsrecht

6   Angesichts der Uneinigkeit im Verfassungskonvent ist es schwierig, der Union ein historisch intendiertes religionsverfassungsrechtliches Modell zuzuschreiben. Jedoch gibt es in ganz Europa das Phänomen eines als **Zwei-Ebenen-Modell**[18] beschriebenen und bisweilen spannungsgeladenen Antagonismus zwischen der grundrechtlichen Garantie der Religionsfreiheit und speziellen Regelungen zum institutionellen Status von Religions- und Weltanschauungsgemeinschaften.

I. Grundrechtliche Ebene

7   Auf einer **grundrechtlichen Ebene** garantieren alle Mitgliedstaaten die Religionsfreiheit sowohl individuell als auch kollektiv und korporativ.[19] Hinsichtlich der spezifischen Ausprägungen der Religionsfreiheit, d. h. der Reichweite des Schutzbereichs sowie der Einzelheiten der Schranken- und Schranken-Schranken-Dogmatik, bestehen jedoch erhebliche Unterschiede. Der europaweite Mindeststandard an korporativen Gewährleistungen folgt aus der Rechtsprechung des EGMR zu Art. 9 Abs. 1 Hs. 2 i. V. m. Art. 11 Abs. 1 Hs. 1 EMRK.[20] Mit diesem können die individuelle Religionsfreiheit sowie andere Freiheitsrechte Einzelner in einen Konflikt treten, der im Wege praktischer Konkordanz zu lösen ist. Wie bei der Auslegung der EMRK üblich, gibt es Sachbereiche mit strengen Vorgaben (Kerngewährleistungen) und Sachbereiche, in denen die Konventionsparteien über einen erheblichen Einschätzungs- und Ermessensspielraum (»margin of appreciation«) verfügen.

8   Zwar fällt die institutionelle Privilegierung bestimmter Konfessionen bis hin zur Unterhaltung einer **Staatskirche** in den Ermessensspielraum der Konventionsstaaten, insbesondere wenn ein solcher Status **aus einer Zeit vor der Ratifikation der EMRK herrührt**.[21] Bei besonders starken Eingriffen in entgegenstehende Rechte können bestimmte Vorrechte der Kirchen aber dennoch für konventionswidrig angesehen werden. Das Konfliktpotential auf dieser Ebene zeigt sich v. a. im kirchlichen Arbeitsrecht, so etwa beim Recht auf Arbeitskampf[22] und im Hinblick auf Kündigungsrechte wegen eines mit der kirchlichen Lehre unvereinbaren Lebenswandels.[23] Aus der Feststellung des EGMR,

---

[17] *Budischowsky*, in: Mayer/Stöger, EUV/AEUV, Art. 17 AEUV (April 2012), Rn. 14; vgl. auch *Vachek*, S. 143.
[18] Ausführlich dazu *Torfs*, öarr 1999, 14 (28 ff.); *Triebel*, Das europäische Religionsrecht, S. 198 ff.
[19] *Unruh*, Rn. 583.
[20] Instruktiv hierzu EGMR, Urt. v. 26.10.2000, Beschwerde-Nr. 30985/86 (Hasan und Chaush/Bulgarien), Rep. 2000-XI, Rn. 62.
[21] EGMR, Urt. v. 8.4.2014, Beschwerde-Nr. 70945/11 u. a. (Magyar Keresztény Mennonita Egyház u. a./Ungarn), Rn. 100 (im Internet abrufbar unter: http://www.echr.coe.int).
[22] Vgl. nur EGMR, Urt. v. 31.1.2012, Beschwerde-Nr. 2330/09 (Sindicatul Pastorul cel Bun/Rumänien), AuR 2014, 31; BAGE 143, 354 (401 ff., Rn. 127 ff.). Dazu mit weitergehenden Überlegungen *Grzeszick*, NZA 2013, 1377 (insb. 1382 ff.).
[23] Vgl. nur EGMR, Urt. v. 23.9.2010, Beschwerde-Nr. 425/03 (Obst/Deutschland), NZA 2011,

dass die Art der Stellung des Betroffenen zu berücksichtigen ist und die infrage stehenden Interessen nach dem Grundsatz der Verhältnismäßigkeit gegeneinander abgewogen werden müssen,[24] lässt sich folgende Tendenz ableiten: Das kirchliche Sonderregime muss umso stärker zurücktreten, je weiter die betroffene Tätigkeit vom Kern des religiösen Verkündigungs- und Seelsorgeauftrags entfernt ist.[25] Um zu verhindern, dass die weltlichen Gerichte selbständig Abstufungen der Loyalitätspflichten annehmen, haben die Kirchen die Obliegenheit, die besondere Bedeutung der jeweiligen streitgegenständlichen Tätigkeit aus ihrem Selbstverständnis heraus zu plausibilisieren.[26]

Soweit der EGMR konkrete Anforderungen festgestellt hat, sind alle EU-Mitgliedstaaten hieran völkerrechtlich wegen ihrer eigenen, autonomen Stellung als Konventionsparteien gebunden (zur Wirkung dieser EMRK-Vorgaben in der Unionsrechtsordnung s. Rn. 20). **9**

II. Institutionelle Ebene

Im Hinblick auf den **institutionellen Status** von Religions- und Weltanschauungsgemeinschaften existieren keine »gemeinsamen Verfassungsüberlieferungen der Mitgliedstaaten«, wie sie bei der Herausbildung verfassungsrechtlicher Prinzipien der Union sonst als wichtige Rechtserkenntnisquelle dienen (vgl. etwa Art. 6 Abs. 3 EUV). In den Rechtsordnungen der Mitgliedstaaten finden sich insoweit im Großen und Ganzen drei Strömungen, die jeweils von einem der drei größten Mitgliedstaaten repräsentiert werden: die Aufrechterhaltung einer **Staatskirche** wie in England (nota bene: nicht im Rest des Vereinigten Königreichs), die **strikte Laizität** wie in Frankreich (außer in Elsass-Lothringen) und das **Kooperationsmodell** wie in Deutschland, wo die Verfassung das Staatskirchentum ausdrücklich ablehnt (vgl. Art. 140 GG i. V. m. Art. 137 Abs. 1 WRV), bestimmten gesetzlich anerkannten Kirchen und Religionsgemeinschaften aber eine privilegierte Rechtsform zuweist (als Körperschaft öffentlichen Rechts, Art. 140 GG i. V. m. Art. 137 Abs. 5 WRV).[27] **10**

Vergleicht man allerdings den Stellenwert der anglikanischen Staatskirche in der äußerst säkularen englischen Gesellschaft mit dem Einfluss der katholischen Kirche im formal laizistischen Irland, wird die geringe soziale und juristische Relevanz des oftmals nur aus Traditionsgründen fortbestehende formellen Status deutlich.[28] Wichtiger im Hinblick auf mögliche Konflikte mit dem Unionsrecht sind die diversen empirisch feststellbaren **materiellen Privilegien**, die die Mitgliedstaaten den Kirchen und – seltener – anderen Religions- und Weltanschauungsgemeinschaften zugestehen.[29] Unabhängig **11**

277; Urt. v. 23. 9. 2010, Beschwerde-Nr. 1620/03 (Schüth/Deutschland), NZA 2011, 279. Dazu instruktiv *Joussen*, RdA 2011, 173.

[24] EGMR, Urt. v. 23. 9. 2010, Beschwerde-Nr. 1620/03 (Schüth/Deutschland), NZA 2011, 279 (282, Rn. 69).

[25] Vgl. *Fahrig/Stenslik*, EuZA 2012, 184 (196 f.); *Hammer*, AuR 2011, 278 (284); kritisch dazu im Hinblick auf das Leitbild der christlichen Dienstgemeinschaft *de Wall*, ZevKR 52 (2007), 310 (318 ff.); *Joussen*, NZA 2008, 675 (678 f.); *Mohr/von Fürstenberg*, BB 2008, 2122 (2123 f.); *von Tiling*, öAT 2014, 115 (116). Zu den komplizierten Konsequenzen für die Praxis *Plum*, NZA 2011, 1194 (1200).

[26] Zutreffend *Walter*, ZevKR 57 (2012), 233 (242); vgl. auch *Krönke*, ZfA 2013, 241 (264 f.).

[27] Dazu eingehend *Bloss*, S. 75 ff.; *Griebel*, S. 46 ff.; *Mückl*, S. 75 ff.; *Triebel*, Das europäische Religionsrecht, S. 194 ff.; *Vachek*, S. 32 ff.

[28] *Classen*, in: Grabitz/Hilf/Nettesheim, EU, Art. 17 AEUV (Mai 2014), Rn. 9; *Mückl*, S. 389; *Waldhoff*, in: Calliess/Ruffert, EUV/AEUV, Art. 17 AEUV, Rn. 5.

[29] *Mückl*, S. 387 ff.; *Torfs*, öarr 1999, 14 (22 ff.).

von einer etwaigen **Tendenz zur Konvergenz der Systeme**[30] zeigen sich in Einzelfragen nämlich nach wie vor erhebliche Unterschiede zwischen den Mitgliedstaaten, etwa im Hinblick auf das Ausmaß der Sonderregelungen im Arbeitsrecht, das Recht zur Erhebung von Kirchensteuer oder die institutionelle Verankerung des Religionsunterrichts in öffentlichen Schulen.[31]

D. Wirkungsweise der Absätze 1 und 2

12 Art. 17 Abs. 1, 2 AEUV wirkt zuvörderst als **spezielle Ausprägung und Präzisierung** des in **Art. 4 Abs. 2 Satz 1 EUV** enthaltenen Gebots, die jeweilige nationale Identität der Mitgliedstaaten, wie sie in deren verfassungsmäßigen Strukturen zum Ausdruck kommt, zu achten.[32] Damit entspricht die Unionsrechtsordnung dem Postulat aus dem Lissabon-Urteil des Bundesverfassungsgerichts, dass die Entscheidungen zum Umgang mit dem religiösen oder weltanschaulichen Bekenntnis notwendiger Bestandteil der demokratischen Selbstbestimmung im eigenen Kulturraum seien.[33] Anders als Art. 4 Abs. 2 Satz 1 EUV weist der Wortlaut von Art. 17 Abs. 1 AEUV mit dem eigens angehängten Beeinträchtigungsverbot jedoch eine zweite Dimension auf. Dass diese keinen Eingang in die Formulierung des Absatzes 2 bezüglich der Weltanschauungsgemeinschaften gefunden hat, ist als Redaktionsversehen zu werten, da die Gleichbehandlung der drei Kategorien von Korporationen ein übergreifendes Ziel des gesamten Art. 17 AEUV ist.[34] Es ist daher zu beleuchten, welche Funktion einerseits dem Gebot der Achtung und andererseits dem Verbot der Beeinträchtigung im Kontext dieser Norm zukommt. Insoweit ist *Söbbeke-Krajewskis* terminologische Einordnung plausibel, »dass Achten die Bildung eines Werturteils verlangt, auf dessen Grundlage dem zu schützenden Rechtsgut dann der ihm gebührende Platz zukommt«, während die (Nicht-)Beeinträchtigung »in dem Sinne statisch [ist], dass sie durch einen Vergleich der Rechtslage ohne den fraglichen EU-Rechtsakt mit der hypothetischen Rechtslage mit dem EU-Rechtsakt festgestellt werden kann«.[35] Ersteres betrifft die typische Tätigkeit eines Rechtsanwenders, der innerhalb des bestehenden Rechts im Wege der Subsumtion unter normative Tatbestandselemente wertet.[36] Letzteres bezieht sich hingegen auf die typische Tätigkeit des Gesetzgebers, der durch einen Einzelakt die Rechtslage mit Wirkung von einer juristischen Sekunde auf die andere gestaltend ändert, statt sie nur festzustellen. Daher ist das **Beeinträchtigungsverbot** im vorliegenden Rahmen[37] als **rechtsetzungs-** und das **Achtungsgebot** als **rechtsanwendungsbezogen** zu verstehen.

---

[30] *Robbers,* ZevKR 42 (1997), 122 (127); *ders.,* Informationes Theologiae Europae 12 (2003), 9 (21) mit Beispielen. Kritisch dazu *von Campenhausen,* ZevKR 47 (2002), 359 (364); *Mückl,* S. 391; *Vachek,* S. 50.

[31] Vgl. beispielhaft die rechtsvergleichende Analyse zum Verhältnis zwischen Religionsfreiheit und dem Verbot der Diskriminierung aus Glaubensgründen von *Lock,* E.L.Rev. 38 (2013), 655, die eine stärkere materielle Stellung der traditionellen christlichen Großkirchen in Deutschland zeigt.

[32] *Unruh,* Rn. 599; *de Wall,* ZevKR 52 (2007), 310 (316); vgl. auch *Streinz,* in: Streinz, EUV/AEUV, Art. 17 AEUV, Rn. 2.

[33] BVerfGE 123, 267 (358).

[34] *Kraus,* in: GSH, Europäisches Unionsrecht, Art. 17 AEUV, Rn. 8; *Vachek,* S. 145.

[35] *Söbbeke-Krajewski,* S. 272.

[36] *Riehm,* Abwägungsentscheidungen in der praktischen Rechtsanwendung, 2006, S. 42.

[37] Dies lässt keine Rückschlüsse auf die Vielzahl an Normen zu, in denen das Wort »achten« alleine steht, vgl. etwa Art. 4 Abs. 2 Satz 1 und 2 EUV, Art. 1 Abs. 1 Satz 2, 11 Abs. 2, 13 Satz 2 und 14 Abs. 2 GRC, oder zu einem anderen Begriffspaar kombiniert wird, z. B. »anerkennt und achtet« in Art. 25, 34 Abs. 3 und 36 GRC.

I. Beeinträchtigungsverbot

Der Unionsgesetzgeber ist Adressat des spezifischen Beeinträchtigungsverbots in Art. 17 Abs. 1 a.E. AEUV. Dieses wirkt seinerseits in zwei Richtungen. 13

1. Harmonisierungsverbot

Zum einen stellt es klar, dass die EU keine eigenständigen Regelungen zum Status von Kirchen, Religions- und Weltanschauungsgemeinschaften erlassen darf. Die Vorschrift wirkt also deklaratorisch als Verbriefung, dass der EU keine Kompetenz i.S.d. Art. 4 Abs. 1 EUV zur Normierung der institutionellen Seite eines Religionsverfassungsrechts zukommt.[38] Insoweit sind alleine die Mitgliedstaaten gesetzgebungsbefugt, es besteht ein **Harmonisierungsverbot**. Die EU darf dementsprechend keine Regelungen mit eigenständigen, zielgerichteten religions- oder weltanschauungsbezogenen Gehalten erlassen, soweit diese nicht ausdrücklich primärrechtlich (etwa in Art. 19 Abs. 1 AEUV, s. dort Rn. 26) vorgesehen sind.[39] 14

2. Kompetenzausübungsregel

Die EU kann jedoch grundsätzlich durch unspezifische Handlungen, v.a. das unionale Wirtschafts-, Arbeits- und Antidiskriminierungsrecht, auf den Status der Kirchen, Religions- und Weltanschauungsgemeinschaften einwirken.[40] Insoweit wird mitunter von einer »mittelbaren Sachkompetenz« gesprochen.[41] Die Formulierung des Art. 17 Abs. 1 und 2 AEUV ist zu schwach, um eine vollständige Bereichsausnahme zu bewirken.[42] Jedoch ist der Unionsgesetzgeber bei der Rechtsetzung insoweit dazu verpflichtet, Vorkehrungen für die Wahrung institutioneller Privilegien aus dem Religionsverfassungsrecht der Mitgliedstaaten zu treffen, als dies nach den zwingenden grundrechtlichen Vorgaben (vgl. Rn. 7ff.) möglich ist. Art. 17 Abs. 1, 2 AEUV determiniert mithin, wie die Union ihre Rechtsetzungskompetenzen auszuüben hat, wirkt also als **Kompetenzausübungsregel**.[43] 15

Das Bedürfnis nach einer solchen Regel wird am historischen Beispiel der Datenschutzrichtlinie 95/46/EG,[44] das zumindest den Kirchen in Deutschland erstmals die möglichen Auswirkungen des europäischen Sekundärrechts klar vor Augen führte, deutlich.[45] Der ursprüngliche Richtlinienvorschlag hatte noch ein striktes Verbot der 16

---

[38] *Bloss*, S. 260f.; *Griebel*, S. 109; *Pötters/Kalf*, ZESAR 2012, 216 (221); *Robbers*, Informationes Theologiae Europae 12 (2003), 9 (11).
[39] *Kotzur*, in: Geiger/Khan/Kotzur, EUV/AEUV, Art. 17 AEUV, Rn. 5; *Walter*, Religionsverfassungsrecht, S. 404.
[40] *Herbolsheimer*, KuR 2012, 81 (91); *Huber*, AfkKR 177 (2008), 411 (412); einen Überblick über die religionsrechtlich relevanten Entscheidungen des EuGH bieten *Krimphove*, KuR 2008, 89 (120ff.) und *Vachek*, S. 88ff.
[41] *Mückl*, S. 411; ähnlich *Krimphove*, KuR 2008, 89 (95).
[42] *Heinig*, S. 182; *Herbolsheimer*, KuR 2012, 81 (93); *Kraus*, in: GSH, Europäisches Unionsrecht, Art. 17 AEUV, Rn. 9; *Streinz*, in: Streinz, EUV/AEUV, Art. 17 AEUV, Rn. 7, 10; *Waldhoff*, in: Calliess/Ruffert, EUV/AEUV, Art. 17 AEUV, Rn. 13; *Walter*, Religionsverfassungsrecht, S. 418.
[43] *Berkmann*, S. 511ff., 515; *Robbers*, Informationes Theologiae Europae 12 (2003), 9 (12); vgl. auch *Classen*, ZevKR 60 (2015), 115 (116).
[44] Richtlinie 95/46/EG des Europäischen Parlaments und des Rates vom 24.10.1995 zum Schutz natürlicher Personen bei der Verarbeitung personenbezogener Daten und zum freien Datenverkehr, ABl. 1995, L 281/31.
[45] *Classen*, in: Grabitz/Hilf/Nettesheim, EU, Art. 17 AEUV (Mai 2014), Rn. 8; *Reichold*, NZA 2001, 1054 (1054); *Weber*, NVwZ 2011, 1485 (1488).

Erhebung und Verarbeitung personenbezogener Daten, die Rückschluss auf religiöse Überzeugungen zulassen, vorgesehen. Dies hätte die Erfassung der Konfession im staatlichen Meldewesen und das daran anknüpfende deutsche Kirchensteuersystem rechtswidrig gemacht. Daher wurde auf das Betreiben der deutschen Großkirchen hin[46] mit Art. 8 Abs. 2 Buchst. d eine Ausnahmevorschrift in den endgültigen Richtlinientext aufgenommen, die den Mitgliedstaaten den Erlass von nicht ausdrücklich in der Richtlinie vorgesehenen Ausnahmetatbeständen im öffentlichen Interesse erlaubt. Flankierend wurde ein Erwägungsgrund eingefügt, der verfassungsrechtlich und völkerrechtlich niedergelegte Zwecke von staatlich anerkannten Religionsgemeinschaften als Teil des öffentlichen Interesses ausweist.[47]

17 Art. 17 Abs. 1 und 2 AEUV, der den materiellen Gehalt der Amsterdamer Kirchenerklärung in den Primärrechtsrang hebt (s. Rn. 3), liegt die Zielsetzung zugrunde, dass die Kirchen, Religions- und Weltanschauungsgemeinschaften in ähnlichen Angelegenheiten nicht mehr auf effektives Lobbying, das Wohlwollen der am Gesetzgebungsprozess beteiligten Institutionen oder die kirchenfreundliche Auslegung des Achtungsgebots aus Art. 4 Abs. 2 Satz 1 EUV angewiesen sind.[48] Insbesondere ist es nicht mehr entscheidend, dass die Mitgliedstaaten einzelne staatskirchenrechtliche Statusbestimmungen als Teil ihrer nationalen Identität ausweisen,[49] wie sie dies nach den Ausführungen des Generalanwalts *Bot* zur Rechtssache Melloni im Anwendungsbereich des Art. 4 Abs. 2 Satz 1 EUV im Regelfall tun müssten.[50] Vielmehr dient das spezielle Beeinträchtigungsverbot des Art. 17 Abs. 1 und 2 AEUV als unmittelbar wirksamer[51] Rechtmäßigkeitsmaßstab, der die **wesentlichen mitgliedstaatlich garantierten Privilegien für unionsrechtliche Interferenzen impermeabel** macht, selbst wenn die kollektive und korporative Religionsfreiheit der betroffenen Organisationen nach europarechtlicher Lesart nicht verletzt ist.[52] Nur dadurch ist sichergestellt, dass etwa eine grundlegende Umwälzung des deutschen Kirchensteuersystems nur nach einer eingehenden politischen Erörterung auf nationaler Ebene möglich wäre, nicht aber als Nebeneffekt einer eigentlich sachfremden EU-Regelung wie einer Datenschutzrichtlinie (s. Rn. 16). Die unmittelbare Wirksamkeit bringt es mit sich, dass der in Art. 263 Abs. 2 AEUV verankerte Klagegrund »Verletzung der Verträge« im Rahmen einer Nichtigkeitsklage auch durch eine Verletzung des Art. 17 Abs. 1 oder 2 AEUV erfüllt werden kann. Außerdem kann Art. 17 Abs. 1 oder 2 AEUV über das Vorabentscheidungsverfahren gem. Art. 267 AEUV Gegenstand der EuGH-Rechtsprechung werden.[53] Die Frage der Verleihung subjektiver Rechte an die Kirchen, Religions- und Weltanschauungsgemeinschaften ist in

---

[46] Vgl. *Bloss*, S. 257 f.; *Triebel*, Das europäische Religionsrecht, S. 279 ff.
[47] *Mückl*, S. 534 f.; *Weber*, NVwZ 2011, 1485 (1488).
[48] *Mückl*, S. 475; *Söbbeke-Krajewski*, S. 273. Vgl. in diesem Zusammenhang die Skepsis, ob religionsrechtliche Regelungen überhaupt unter den Begriff »nationale Identität« subsumiert werden können, bei *Vachek*, S. 275; demgegenüber a. A. *Walter*, Religionsverfassungsrecht, S. 412 f.; insoweit differenzierend *Söbbeke-Krajewski*, S. 315 ff.
[49] Zu diesbezüglichen Schwierigkeiten aus deutscher Sicht *Classen*, in: Grabitz/Hilf/Nettesheim, EU, Art. 17 AEUV (Mai 2014), Rn. 11.
[50] Vgl. GA *Bot*, Schlussanträge zu Rs. C–399/11 (Melloni), ECLI:EU:C:2012:600, Rn. 141.
[51] Vgl. die ausführliche Herleitung (wenn auch unter der Frage nach subjektiv-rechtlichen Gehalten) von *Söbbeke-Krajewski*, S. 273 ff.
[52] *Mückl*, S. 455 f.; vgl. auch *Bloss*, S. 259; *Grzeszick*, ZevKR 48 (2003), 284 (294); *Robbers*, Informationes Theologiae Europae 12 (2003), 9 (11 f.).
[53] Zutreffend *Berkmann*, S. 515. A. A. bezüglich der gesamten Justiziabilität *Folz*, in: Vedder/Heintschel v. Heinegg, Europäisches Unionsrecht, Art. 17 AEUV, Rn. 2.

diesem Zusammenhang irrelevant,[54] entscheidend sind die prozessualen Zugangshürden, auf Unionsebene v. a. Art. 263 Abs. 4 AEUV.[55]

Solange der EuGH keine Gelegenheit hat, dem Beeinträchtigungsverbot Konturen zu geben, bleibt freilich eine gewisse Unsicherheit, wo die Grenze zwischen einem sakrosankten »Status« und einer sonstigen unbeachtlichen Begünstigung im mitgliedstaatlichen Recht genau zu ziehen ist.[56] Diesbezüglich muss es grundsätzlich maßgeblich sein, welche religionsrechtlichen Privilegien auf nationaler Ebene materiellen Verfassungsrang genießen.[57] Da bei echten Statusverletzungen etwaige entgegenstehende Rechtspositionen Dritter auf Unionsebene keine Berücksichtigung mehr finden können und die Unwirksamkeit einer unionsrechtlichen Vorschrift trotz des einzelstaatlichen Anlasses nur EU-weit einheitlich festgestellt werden kann, ist allerdings Zurückhaltung geboten.[58] Sofern der Unionsgesetzgeber die Anliegen der betroffenen Organisationen bei der Rechtsetzung ignoriert hat, ist vorrangig zu versuchen, die erlassenen Vorschriften über das Achtungsgebot interpretativ, gegebenenfalls durch geltungserhaltende Reduktion, zu korrigieren (s. Rn. 19 ff.). Das Beeinträchtigungsverbot fungiert somit in erster Linie als Damoklesschwert über der EU-Legislative.

II. Achtungsgebot

Die Rechtsanwender, insbesondere die Gerichte, sind Adressaten des in Art. 17 Abs. 1 und 2 AEUV enthaltenen Achtungsgebots. Wo immer das bestehende Recht Auslegungsspielräume belässt und ein verfassungsrechtlich gesichertes Privileg einer Kirche, Religions- oder Weltanschauungsgemeinschaften betrifft, ist deren Rechtsposition angemessen zu berücksichtigen und möglichst unangetastet zu lassen.[59]

Am wichtigsten ist diese Maßgabe im Zusammenhang mit den Unionsgrundrechten, die bei extensiver Auslegung die Spielräume der Mitgliedstaaten so stark einengen können, dass deren Staatskirchenrecht materiell unitarisiert wird.[60] Die durch die EMRK und die EGMR-Rechtsprechung bereits limitierte religionsverfassungsrechtliche Autonomie der Mitgliedstaaten soll keinesfalls durch eine extensive Auslegung der einschlägigen EU-Grundrechte noch weiter eingeschränkt werden. Deren Vorgaben, die kollektive und korporative Religionsfreiheit gem. Art. 9 Abs. 1 Hs. 2 i. V. m. Art. 11 Abs. 1 Hs. 1 EMRK (s. Rn. 7) einerseits und alle potentiell entgegenstehenden Freiheitsrechte der EMRK andererseits, fungieren über den Transmissionsriemen des Art. 52 Abs. 3 Satz 1 GRC und die Meistbegünstigungsklausel des Art. 53 GRC als Mindest-

---

[54] Zur fehlenden Relevanz subjektiver Rechte für die unmittelbare Wirkung allgemein *Schroeder*, Grundkurs Europarecht, 4. Aufl. 2015, § 5, Rn. 28.
[55] *Classen*, in: Grabitz/Hilf/Nettesheim, EU, Art. 17 AEUV (Mai 2014), Rn. 38; *Kraus*, in: GSH, Europäisches Unionsrecht, Art. 17 AEUV, Rn. 16. Zur subsidiären Eröffnung des verwaltungsgerichtlichen Rechtsschutzes bei Rechtsbeeinträchtigungen durch EU-Sekundärrecht, die keines Vollzugsakts bedürfen, *Michl*, NVwZ 2014, 841.
[56] Vgl. den Versuch, der schwierigen Abgrenzungsfragen in einzelnen Bereichen Herr zu werden, von *Söbbeke-Krajewski*, S. 269 ff.; ferner *Berkmann*, S. 513 f.
[57] Vgl. den Hinweis von *Bloss*, S. 272, auf »den derivativen Charakter« des Art. 17 Abs. 1 AEUV.
[58] Gegen die Einbeziehung des Selbstbestimmungsrechts der Religionsgemeinschaften etwa *Triebel*, Das europäische Religionsrecht, S. 291; eher restriktiv auch *Walter*, Religionsverfassungsrecht, S. 418 f.; großzügiger wohl *Kraus*, in: GSH, Europäisches Unionsrecht, Art. 17 AEUV, Rn. 7.
[59] Ausführlich zu verschiedenen Anwendungsbereichen im Sekundärrecht *Classen*, in: Grabitz/Hilf/Nettesheim, EU, Art. 17 AEUV (Mai 2014), Rn. 51 ff.
[60] Zu dieser Gefahr allgemein *P. M. Huber*, EuR 2008, 190.

standard bei der Auslegung der unionsrechtlichen Parallelvorschriften.[61] Dadurch prägen sie auch das unionsrechtliche Religionsrecht ganz entscheidend, insbesondere gelten die konventionsrechtlichen Grenzen für die institutionelle Privilegierung einzelner Organisationen auch im Unionsrecht. An diesem Befund ändert Art. 17 Abs. 1 und 2 AEUV nichts. Dies ergibt sich aus den Erläuterungen zur Grundrechte-Charta, insbesondere zu Art. 10 GRC, die unmissverständlich zum Ausdruck bringen, dass es gegenüber dem EMRK-Schutzniveau keine Abstriche geben soll.[62] Auch den Konventsdokumenten zur Entstehung des Art. 17 AEUV lässt sich nichts entnehmen, das auf eine Intention zur Einschränkung der Straßburger Standards schließen ließe.[63]

21 Soweit den Konventionsparteien jedoch Spielräume verbleiben, wirkt sich Art. 17 Abs. 1 und 2 AEUV interpretationsleitend dahingehend aus, dass die Union diese im Sinne der größtmöglichen Schonung der mitgliedstaatlichen religionsverfassungsrechtlichen Traditionen zu nutzen hat. Die Unionsgerichte – auch die mitgliedstaatlichen Spruchkörper als »funktionale Unionsgerichte« – sollen ihren konventionsrechtlich verbleibenden »margin of appreciation« also nicht verwenden, um die Grundrechte Einzelner, etwa aus Art. 7 Abs. 1 GRC oder Art. 10 Abs. 1 GRC, in Anwendung des Art. 52 Abs. 3 Satz 2 GRC über die Anforderungen der EGMR-Rechtsprechung hinaus auszudehnen und zum Nachteil der in den Mitgliedstaaten mit einem besonderen Status ausgestatteten Kirchen, Religions- oder Weltanschauungsgemeinschaften in Stellung zu bringen.[64] Ebenso ist in religionsrechtlichen Angelegenheiten Zurückhaltung bei der Auslegung genuin chartarechtlicher Garantien, etwa der Berufsfreiheit aus Art. 15 Abs. 1 GRC, geboten. Dies gilt insbesondere in den für das **kirchliche Arbeitsrecht** typischen mehrpoligen Rechtsverhältnissen.

22 Ein anschauliches Beispiel bietet die Richtlinie 2006/54/EG.[65] Diese untersagt in Art. 14 Abs. 1 jegliche Diskriminierung zwischen Männern und Frauen u. a. hinsichtlich des Zugangs zur Beschäftigung und zum beruflichen Aufstieg und enthält keine Ausnahmebestimmung für konfessionelle Arbeitgeber. Dies birgt Konfliktpotential mit dem Selbstbestimmungsrecht z. B. der katholischen Kirche, die etliche Positionen aus religiösen Gründen ausschließlich Männern vorbehält. Einen Ausweg bietet lediglich Art. 14 Abs. 2 der Richtlinie, der eine nach nationalem Recht mögliche Diskriminierung nach dem Geschlecht toleriert, wenn dieses eine wesentliche und entscheidende berufliche Anforderung darstellt. Sehr ähnlich verhält es sich mit der Richtlinie 2000/78/EG,[66] die hinsichtlich des Berufslebens jegliche Diskriminierung aus den in Art. 19 Abs. 1 AEUV genannten Kriterien außer dem Geschlecht verbietet. Zwar enthält sie in Art. 4 Abs. 2 eine Bereichsausnahme für konfessionelle Arbeitgeber, bezieht diese aber ausdrücklich nur auf das Diskriminierungsmerkmal Religion. Sie greift daher nicht, wenn eine Kirche ihre (potentiellen) Arbeitnehmer unter Bezugnahme auf ihre Lehre wegen anderer verpönter Differenzierungsmerkmale, etwa der sexuellen Orientierung, dis-

---

[61] Vgl. dazu auch Art. 10 GRC, Rn. 23 f.
[62] ABl. 2007, C 303/17 (21).
[63] Vgl. insbesondere CONV 650/03 vom 2.4.2003, S. 13 und CONV 670/03 vom 15.4.2003, S. 24 f.
[64] Vgl. auch *Mückl*, S. 456 f.
[65] Richtlinie 2006/54/EG des Europäischen Parlaments und des Rates vom 5.7.2006 zur Verwirklichung des Grundsatzes der Chancengleichheit und Gleichbehandlung von Männern und Frauen in Arbeits- und Beschäftigungsfragen, ABl. 2006, L 204/23.
[66] Richtlinie 2000/78/EG des Rates vom 27.11.2000 zur Festlegung eines allgemeinen Rahmens für die Verwirklichung der Gleichbehandlung in Beschäftigung und Beruf, ABl. 2000, L 303/16.

kriminiert. Als Behelf steht mit Art. 4 Abs. 1 ebenfalls nur eine Norm zur Verfügung, die eine Ungleichbehandlung wegen einer wesentlichen und entscheidenden beruflichen Anforderung zulässt.[67]

Nach allgemeinen methodischen Grundsätzen wären beide genannten Ausnahmebestimmungen unionsrechtlich autonom und eng auszulegen.[68] Indes ist es nicht Aufgabe des EuGH, den hinter beiden genannten Beispielen liegenden Konflikt zwischen der kollektiven und korporativen Religionsfreiheit der Kirchen und den entgegenstehenden Grundrechten Einzelner EU-weit einheitlich zu determinieren, wenn die EMRK den Konventionsparteien insoweit Spielräume belässt. Das positive Signal, das vom Lautsi-Urteil[69] für die Autonomie der Nationalstaaten in religiös-kulturellen Angelegenheiten ausgeht, darf nicht durch engmaschige Vorgaben auf EU-Ebene konterkariert werden. Dementsprechend erlaubt es Art. 17 Abs. 1, 2 AEUV, nach Berücksichtigung der Mindestvorgaben aus der EMRK den Grundsatz der einheitlichen Auslegung des Unionsrechts zu durchbrechen und staatskirchenrechtlich sensible EU-Vorschriften akzessorisch zu den religionsverfassungsrechtlichen Bestimmungen der einzelnen Mitgliedstaaten unterschiedlich anzuwenden.[70] Der EuGH ist in solchen Fällen gehalten, sich am Vorbild des Omega (Laserdrome)-Falls zu orientieren und die eigentliche Entscheidung in der Sache den nationalen Gerichten zu überlassen.[71] Dementsprechend ist in den genannten Beispielsfällen das Tatbestandsmerkmal »wesentliche und entscheidende berufliche Anforderung« so zu interpretieren, dass es dem kirchlichen Amtsverständnis entspricht, wenn dieses nach der materiellen Verfassungslage auf nationaler Ebene geschützt ist.[72]

23

E. Regelmäßiger Dialog (Abs. 3)

Art. 17 Abs. 3 AEUV knüpft an den Dialog der Unionsorgane mit Vertretern repräsentativer Verbände und der Zivilgesellschaft nach Art. 11 Abs. 2 EUV an. Die gesonderte Verankerung des Austauschs mit den Kirchen, Religions- und Weltanschauungsgemeinschaften ist nicht nur der systematischen Bündelung aller Kirchenbezüge in Art. 17 AEUV geschuldet. Der Hinweis auf die »Anerkennung ihrer Identität und ihres besonderen Beitrags« zeigt klar, dass der **Unterschied zu sonstigen Lobbygruppen,** die ganzheitliche Sicht auf den Menschen statt partikularer Interessenvertretung, in den Vordergrund treten soll.[73] Der Dialog dient demnach auch nicht in erster Linie[74] der Absi-

24

---

[67] Vgl. *Walter*, S. 431 f.
[68] EuGH, Urt. v. 6.3.2014, Rs. C–595/12 (Napoli), ECLI:EU:C:2014:128, Rn. 41.
[69] EGMR, Urt. v. 18.3.2011, Beschwerde-Nr. 30814/06 (Lautsi u.a./Italien), NJW 2011, 3775. Zu dessen grundlegender Bedeutung *de Wall*, Jura 2012, 960; *Walter*, EuGRZ 2011, 673.
[70] Vgl. *Bloss*, S. 271: »Tangieren gemeinschaftsseits a limine ausgeschlossen«; ähnlich *Pötters/Kalf*, ZESAR 2012, 216 (224): »Stärkung mitgliedstaatlicher Sonderwege«. A.A. *Söbbeke-Krajewski*, S. 270 f.
[71] Vgl. EuGH, Urt. v. 14.10.2004, Rs. C–36/02 (Omega Spielhallen), Slg. 2004, I–9609, Rn. 37 ff.
[72] *Fahrig/Stenslik*, EuZA 2012, 184 (200); *Joussen*, RdA 2003, 32 (38); *Mückl*, S. 468 f.; vgl. auch *Schliemann*, NZA 2003, 407 (412). Zur Gegenauffassung ausführlich *Schulte*, ZAR 2013, 24 (30 f.). Zur Frage, inwieweit dies im Anwendungsbereich des Unionsrechts auch die autonome kirchliche Normsetzung und den kircheninternen Rechtsschutz umfasst, ausführlich *Classen*, ZevKR 60 (2015), 115; zur Einbeziehung diakonischer Dienste *Munsonius*, ZevKR 60 (115), 51 (58 ff.).
[73] *Classen*, in: Grabitz/Hilf/Nettesheim, EU, Art. 17 AEUV (Mai 2014), Rn. 47; *Herbolsheimer*, KuR 2012, 81 (100); *Streinz*, in: Streinz, EUV/AEUV, Art. 17 AEUV, Rn. 14.
[74] Solche Inhalte können und sollen aber auch eine Rolle spielen, vgl. *Schnabel*, S. 275, 278 ff.

cherung der Rechte aus Art. 17 Abs. 1 und 2 AEUV, sondern soll in der Tradition von *Delors'* **Streben nach einer breiteren Werteverankerung der Union** (»une âme pour l'Europe«) ethische Fragen der aktuellen Europapolitik erörtern.[75] Aus diesem Grund fehlt auch das in Art. 11 Abs. 2 EUV enthaltene Kriterium der Repräsentativität.[76]

25 Dass in Art. 11 Abs. 2 EUV die Organe als Gesprächspartner benannt werden, in Art. 17 Abs. 3 AEUV hingegen die Union als solche, führt weder rechtlich noch praktisch zu einem Unterschied.[77] Die federführende Rolle kommt in beiden Fällen der Kommission zu,[78] die den Dialog nach der Auflösung des alten Bureau of European Policy Advisors (BEPA) nicht der eigentlichen Nachfolgeeinheit – dem European Political Strategy Centre (EPSC) – übertrug, sondern direkt dem Ersten Vizepräsidenten Frans Timmermans zuwies. Dieser führt die bestehenden Traditionen nach den Maßgaben weiter, die sich aus den noch vom BEPS erarbeiteten und im Juli 2013 veröffentlichten Leitlinien für die Umsetzung des Art. 17 AEUV im Geschäftsbereich der Kommission ergeben.[79] Im Sinne der normativ vorgegebenen **Transparenz** unterrichtet dieser die Öffentlichkeit auf einer eigens eingerichteten Themenseite der Kommission auch regelmäßig über Veranstaltungen, die unter Art. 17 Abs. 3 AEUV fallen.[80]

26 Das Kriterium der **Offenheit** des Dialogs unterstreicht das Bemühen um die frühzeitige und möglichst umfassende Einbindung relevanter Gruppen. Um eine gewisse gesellschaftliche Verankerung zu verbürgen und Extremisten ausschließen zu können, kommen als Dialogpartner der Union jedoch nur Kirchen, Religions- und Weltanschauungsgemeinschaften in Frage, die als solche auf nationaler Ebene anerkannt oder registriert sind und die (nicht näher definierten) europäischen Werte teilen.[81] Sie sollen sich außerdem in das EU-Transparenzregister (dazu Art. 11 EUV, Rn. 35) eintragen. Eine Pflicht, mit der Union in den Dialog zu treten, begründet Art. 17 Abs. 3 AEUV nicht.[82] Beide Seiten können einzelne Themen benennen; ein Austausch kommt aber nach den o. g. Leitlinien nur dann zustande, wenn hierüber Einverständnis unter den avisierten Gesprächsteilnehmern herrscht.[83] Das bedeutet, dass die Kommission sich in der Praxis unangenehmen Themen auch entziehen kann, indem sie einen Dialog im Einzelfall ablehnt. Dies ist im Hinblick auf die angestrebte Offenheit nicht unproblematisch und dürfte – ebenso wie der Ausschluss einer grundsätzlich zum Dialog berechtigten Ge-

---

[75] *Berkmann*, S. 228; *Classen*, in: Grabitz/Hilf/Nettesheim, EU, Art. 17 AEUV (Mai 2014), Rn. 48; *Schmidt*, in: Schwarze, EU-Kommentar, Art. 17 AEUV, Rn. 22.

[76] *Schnabel*, S. 245.

[77] *Triebel*, ZevKR 49 (2004), 644 (650); *Schmidt*, in: Schwarze, EU-Kommentar, Art. 17 AEUV, Rn. 24; einen deutlichen symbolischen Unterschied sehen *Berkmann*, S. 224 ff., und *Robbers*, Informationes Theologiae Europae 12 (2003), 9 (18).

[78] Zum deutlich weniger formalisierten und weniger bedeutenden Dialog mit den anderen Organen *Berkmann*, S. 230 ff.

[79] Abrufbar unter <ec.europa.eu/archives/bepa/pdf/dialogues/guidelines-implementation-art-17.pdf> (7. 6. 2016).

[80] Vgl. <http://ec.europa.eu/justice/fundamental-rights/dialogue/index_en.htm> (7. 6. 2016). Zu weiteren Aspekten der Transparenz *Schnabel*, S. 258 ff.

[81] Punkt 1.1 der Leitlinien (Fn. 80). Darüber hinausgehend fordert *Berkmann*, S. 253 ff., 263 ff. die Einrichtung eines institutionellen Status auf EU-Ebene; a. A. *Griebel*, S. 72 f.; *Schnabel*, S. 250 f. Zur Organisation der kirchlichen Interessenvertretung ausführlich *Berkmann*, S. 291 ff.; *Bloss*, S. 276 ff.; *Schnabel*, S. 220 f.; *Vachek*, S. 52 ff.; zu praktischen Aspekten der Auswahl *Schnabel*, S. 251 ff. Bedenken hinsichtlich der Möglichkeit, fragwürdige Organisationen auszuschließen, äußert *Heinig*, S. 183.

[82] *Classen*, in: Grabitz/Hilf/Nettesheim, EU, Art. 17 AEUV (Mai 2014), Rn. 42.

[83] Punkt 1.2 der Leitlinien (Fn. 80).

meinschaft[84] – nur in Ausnahmefällen zur Verhinderung eines Missbrauchs des Art. 17 Abs. 3 AEUV zulässig sein.

Auch wenn das Kriterium der **Regelmäßigkeit** keine feste Frequenz vorschreibt, muss diesem der Mindestinhalt zugeschrieben werden, dass die Unionsorgane sich dem Dialog – selbst wenn die Gesprächspartner auf unangenehmen Themen insistieren – nicht völlig verschließen dürfen.[85] Die bloße Beteiligung durch schriftliche Anhörungen, die ebenfalls eine gewichtige Rolle spielt, kann nicht genügen. Sie ist daher durch persönliche Kontakte formeller wie informeller Natur zu ergänzen.[86]

27

---

[84] Dazu vertieft *Schnabel*, S. 256 ff.
[85] *Streinz*, in: Streinz, EUV/AEUV, Art. 17 AEUV, Rn. 14.
[86] Vgl. dazu Punkt 1.3 der Leitlinien (Fn. 80). Allgemein zu den verschiedenen Dialogformaten *Schnabel*, S. 232 ff., 264 ff.

Zweiter Teil

Nichtdiskriminierung und Unionsbürgerschaft

Artikel 18 AEUV [Verbot der Diskriminierung aufgrund der Staatsangehörigkeit]

Unbeschadet besonderer Bestimmungen der Verträge ist in ihrem Anwendungsbereich jede Diskriminierung aus Gründen der Staatsangehörigkeit verboten.

Das Europäische Parlament und der Rat können gemäß dem ordentlichen Gesetzgebungsverfahren Regelungen für das Verbot solcher Diskriminierungen treffen.

Literaturübersicht

Basedow, Das Staatsangehörigkeitsprinzip in der Europäischen Union, IPrax 2011, 109; *von Bogdandy/Bitter*, Unionsbürgerschaft und Diskriminierungsverbot – Zur wechselseitigen Beschleunigung der Schwungräder unionaler Grundrechtsjudikatur, FS Zuleeg, 2005, S. 309; *Croon-Gestefeld*, Umgekehrte Diskriminierungen nach dem Unionsrecht – Unterschiedliche Konzepte im Umgang mit einem gemeinsamen Problem, EuR 2016, 56; *Davies*, ›Any Place I Hang My Hat?‹ or: Residence is the New Nationality, ELJ 11 (2005), 43; *Epiney*, The Scope of Article 12 EC: Some Remarks on the Influence of European Citizenship, ELJ 13 (2007), 611; *dies.*, Umgekehrte Diskriminierungen – Zulässigkeit und Grenzen der discrimination à rebours nach europäischem Gemeinschaftsrecht und nationalem Verfassungsrecht, 1995; *Fastenrath*, Inländerdiskriminierung, JZ 1987, 170; *Feige*, Der Gleichheitssatz im Recht der EWG, 1973; *Fuchs*, Das Gleichbehandlungsverbot im Unionsrecht, 2015; *Görlitz*, Struktur und Bedeutung der Rechtsfigur der mittelbaren Diskriminierung im System der Grundfreiheiten – Zugleich der Versuch einer Abgrenzung zwischen mittelbaren Diskriminierungen und allgemeinen Beschränkungen, 2005; *Griller*, Vom Diskriminierungsverbot zur Grundrechtsgemeinschaft? Oder: von der ungebrochenen Rechtsfortbildungskraft des EuGH, FS Schäffer, S. 203; *Gundel*, Die Inländerdiskriminierung zwischen Verfassungs- und Europarecht: Neue Ansätze in der deutschen Rechtsprechung, DVBl 2007, 269; *Hammerl*, Inländerdiskriminierung, 1997; *P. M. Huber*, Unionsbürgerschaft, EuR 2013, 637; *Hublet*, The Scope of Article 12 of the Treaty of the European Communities *vis-à-vis* Third-Country Nationals: Evolution at Last?, ELJ 15 (2009), 757; *Huster*, Gleichheit im Mehrebenensystem: Die Gleichheitsrechte der Europäischen Union in systematischer und kompetenzrechtlicher Hinsicht, EuR 2010, 325; *Kischel*, Zur Dogmatik des Gleichheitssatzes in der Europäischen Union, EuGRZ 1997, 1; *Kochenov*, The right to have *what* rights? EU citizenship in need of clarification, ELJ 19 (2013), 502; *D. König*, Das Problem der Inländerdiskriminierung – Abschied von Reinheitsgebot, Nachtbackverbot und Meisterprüfung?, AöR 118 (1993), 591; *Kötter*, Die Entscheidung des EuGH in der Rechtssache Alimanovic – das Ende der europäischen Sozialbürgerschaft?, infoalso 2016, 3; *Ludwigs*, Grundrechtsberechtigung ausländischer Rechtssubjekte, JZ 2013, 434; *O'Leary*, Equal treatment and EU citizens: A new chapter on cross-border educational mobility and access to student financial assistance, E.L.Rev. 34 (2009), 612; *Plötscher*, Der Begriff der Diskriminierung im Europäischen Gemeinschaftsrecht, 2003; *Reitmaier*, Inländerdiskriminierungen nach dem EWG-Vertrag – Zugleich ein Beitrag zur Auslegung von Art. 7 EWGV, 1984; *Rossi*, Das Diskriminierungsverbot nach Art. 12 EGV, EuR 2000, 197; *Schilling*, Gleichheitssatz und Inländerdiskriminierung, JZ 1994, 8; *Schönberger*, Unionsbürger – Europas föderales Bürgerrecht in vergleichender Sicht, 2005; *Sundberg-Weitman*, Discrimination on grounds of nationality, Free Movement of Workers and Freedom of Establishment under the EEC Treaty, 1977; *Thym*, Die Rückkehr des »Marktbürgers« – Zum Ausschluss nichterwerbsfähiger EU-Bürger von Hartz IV-Leistungen, NJW 2015, 130; Sozialleistungen für und Aufenthalt von nichterwerbstätigen Unionsbürgern, NZS 2014, 81; *Tomuschat*, Gleichheit in der Europäischen Union, ZaöRV 68 (2008), 327; *Wollenschläger*, Grundfreiheit ohne Markt, 2007.

Leitentscheidungen

EuGH, Urt. v. 14.7.1977, Rs. 8/77 (Sagulo), Slg. 1977, 1495
EuGH, Urt. v. 16.2.1978, Rs. 61/77 (Kommission/Irland; Fischerei), Slg. 1978, 417
EuGH, Urt. v. 7.7.1992, Rs. C–295/90 (Parlament/Rat; RL 90/366/EWG), Slg. 1992, I–4193
EuGH, Urt. v. 2.10.1997, Rs. C–122/96 (Saldanha), Slg. 1997, I–5325
EuGH, Urt. v. 24.11.1998, Rs. C–274/96 (Bickel und Franz), Slg. 1998, I–7637
EuGH, Urt. v. 20.2.2001, Rs. C–192/99 (Kaur), Slg. 2001, I–1237
EuGH, Urt. v. 20.9.2001, Rs. C–184/99 (Grzelczyk), Slg. 2001, I–6193

EuGH, Urt. v. 11.7.2002, Rs. C–224/98 (D'Hoop), Slg. 2002, I–6191
EuGH, Urt. v. 16.1.2003, Rs. C–388/01 (Kommission/Italien; Eintritt in Museen), Slg. 2003, I–721
EuGH, Urt. v. 2.10.2003, Rs. C–148/02 (Garcia Avello), Slg. 2003, I–11613
EuGH, Urt. v. 7.9.2004, Rs. C–456/02 (Trojani), Slg. 2004, I–7595
EuGH, Urt. v. 14.10.2008, Rs. C–353/06 (Grunkin und Paul), Slg. 2008, I–7665
EuGH, Urt. v. 18.11.2008, Rs. C–158/07 (Förster), Slg. 2008, I–8507
EuGH, Urt. v. 16.12.2008, Rs. C–524/06 (Heinz Huber), Slg. 2008, I–9705
EuGH, Urt. v. 4.6.2009, verb. Rs. C–22/08 u. C–23/08 (Vatsouras und Koupatantze), Slg. 2009, I–4585
EuGH, Urt. v. 13.4.2010, Rs. C–73/08 (Bressol), Slg. 2010, I–2782
EuGH, Urt. v. 7.4.2011, Rs. C–291/09 (Guarnieri), Slg. 2011, I–2700
EuGH, Urt. v. 12.5.2011, Rs. C–391/09 (Runevič-Vardyn und Wardyn), Slg. 2011, I–3818
EuGH, Urt. v. 18.3.2014, Rs. C–628/11 (International Jet Management), ECLI:EU:C:2014:171
EuGH, Urt. v. 11.11.2014, Rs. C–333/13 (Dano), ECLI:EU:C:2014:2358
EuGH, Urt. v. 15.9.2015, Rs. C–67/14 (Alimanovic), ECLI:EU:C:2015:597

Wesentliche sekundärrechtliche Vorschrift

Richtlinie 2004/38/EG vom 29.4.2004 über das Recht der Unionsbürger und ihrer Familienangehörigen, sich im Hoheitsgebiet der Mitgliedstaaten frei zu bewegen und aufzuhalten, zur Änderung der Verordnung (EWG) Nr. 1612/68 und zur Aufhebung der Richtlinie 64/221/EWG, 68/360/EWG, 72/194/EWG, 73/148/EWG, 75/35/EWG, 90/364/EWG, 90/365/EWG und 93/96/EWG, ABl. 2004, L 158/77

Inhaltsübersicht

	Rn.
A. Entstehungsgeschichte und Rechtsvergleich	1
B. Diskriminierung aus Gründen der Staatsangehörigkeit	4
I. Begriff der Diskriminierung	5
II. Begriff der Staatsangehörigkeit	7
III. Benachteiligungen aufgrund der Staatsangehörigkeit	9
1. Unmittelbare Diskriminierung	10
a) Inländerbehandlungsanspruch	11
b) »Ausländerbehandlungsanspruch«	12
2. Mittelbare Diskriminierung	15
a) Gleichbehandlungsanspruch	16
aa) Anknüpfung an ein staatsangehörigkeitsähnliches Merkmal	17
bb) Anknüpfung an faktische Unterschiede	19
cc) Regelungskombinationen	21
b) Ungleichbehandlungsanspruch	23
3. Ablehnung eines weitergehenden Beschränkungsverbots	26
IV. Rechtfertigungsmöglichkeiten	27
1. Grundsätzliche Möglichkeit der Rechtfertigung	28
2. Mögliche Rechtfertigungsgründe	31
3. Verhältnismäßigkeitsprüfung	34
C. Anwendungsbereich der Verträge	35
I. Sachlicher Anwendungsbereich	36
1. Abrundung der Grundfreiheiten	37
a) Grundfreiheiten des Binnenmarkts	38
b) Freizügigkeitsrecht aus der Unionsbürgerschaft	41
aa) Rechtmäßiger Aufenthalt i. S. d. RL 2004/38/EG als Anknüpfungspunkt	42
bb) Beispiele für praktische Auswirkungen	44
2. Sonstige hinreichende Bezugspunkte zum EU-Recht	49
II. Persönlicher Anwendungsbereich	52
1. Berechtigte des Art. 18 AEUV	53
a) Staatsangehörige der Mitgliedstaaten	54
b) Einem Mitgliedstaat zugehörige Personenmehrheiten	57
c) Erweiterung durch das Flaggenprinzip	58

d) Rechtsstellung von Drittstaatsangehörigen und Staatenlosen	59
2. Verpflichtete des Art. 18 AEUV	60
a) Mitgliedstaatliche Hoheitsträger	61
b) Unionale Hoheitsträger	62
c) Private	63
III. Anwendbarkeit gegenüber dem eigenen Mitgliedstaat	66
1. Mit grenzüberschreitendem Bezug	67
2. Ohne grenzüberschreitenden Bezug	68
IV. Zeitlicher Anwendungsbereich	70
V. Räumlicher Anwendungsbereich	71
D. Verhältnis zu anderen Bestimmungen des Unionsrechts	72
I. Art. 18 Abs. 1 AEUV als nachrangige Bestimmung	73
1. Echte Spezialitätsverhältnisse	74
2. Nachrangigkeit ohne Anknüpfung an die Staatsangehörigkeit	75
3. Verhältnis zu den Grundfreiheiten	79
a) Personenbezogene Grundfreiheiten des Binnenmarkts	80
b) Personenunabhängige Grundfreiheiten des Binnenmarkts	82
c) Freizügigkeitsrecht aus der Unionsbürgerschaft (»Grundfreiheit ohne Markt«)	85
II. Art. 18 Abs. 1 AEUV als vorrangige Bestimmung	88
III. Verhältnis zum Sekundärrecht	90
E. Rechtsetzungskompetenz (Abs. 2)	91
I. Inhaltliche Reichweite	92
II. Formelles	95

A. Entstehungsgeschichte und Rechtsvergleich

Art. 18 AEUV gehört zu den ältesten Vorschriften des Unionsrechts, die von den Römischen Verträgen bis in die Gegenwart jede Änderung des Primärrechts ohne substanzielle Änderungen überdauert haben. Erst der Vertrag von Lissabon brachte zwei kleinere Modifikationen mit sich: In Absatz 1 wurden die Bestimmungen »dieses Vertrags« (so die Fassung von Art. 7 EWGV bis Art. 12 EGV/Nizza) durch solche »der Verträge« als Bezugspunkt ersetzt,[1] und die Kompetenznorm des Absatzes 2 wurde dem ordentlichen Gesetzgebungsverfahren (Art. 294 AEUV) mit der entsprechenden Einbeziehung des Europäischen Parlaments als Mitgesetzgeber unterstellt. 1

Die Vorschrift hat ihren Ursprung in einem Grundprinzip multilateraler Handelsverträge, dem **Prinzip der Inländerbehandlung**, das kein Spezifikum der Europäischen Union (bzw. der früheren Gemeinschaften) ist. Bereits das GATT 1947 kennt in Art. III einen Grundsatz des »national treatment«, der neben die Meistbegünstigungsverpflichtung gem. Art. I Abs. 1 und das Verbot nichttarifärer Handelshemmnisse nach Art. XI Abs. 1 tritt. Auch Art. 4 des mittlerweile ausgelaufenen EGKS-Vertrags von 1952 verbot neben Zöllen, Abgaben gleicher Wirkung und mengenmäßigen Beschränkungen des Warenverkehrs (Art. 4 Buchst. a) sonstige »Maßnahmen oder Praktiken, die eine Diskriminierung zwischen Erzeugern oder Käufern oder Verbrauchern herbeiführen« (Art. 4 Buchst. b). Das EFTA-Übereinkommen vom 4.1.1960 sieht die Inländerbehandlung in seinem Art. 24 für den Bereich der Niederlassungsfreiheit sowie in Art. 30 für den Bereich des Dienstleistungshandels vor. Moderne Freihandelsverträge übernehmen das Prinzip ebenfalls, so v. a. Art. XVII GATS und Art. 3 TRIPS für den Welthandel mit Dienstleistungen und geistigem Eigentum, sowie z. B. Art. 301, 1003, 1102, 1202, 1405 2

---

[1] Zu möglichen Konsequenzen *Haratsch/Koenig/Pechstein,* Europarecht, Rn. 736 ff.

und 1703 des NAFTA-Abkommens für alle großen Bereiche des grenzüberschreitenden Wirtschaftsverkehrs in der nordamerikanischen Freihandelszone. Eine wörtlich an Art. 18 Abs. 1 AEUV angelehnte Klausel findet sich in Art. 4 des EWR-Abkommens vom 2.5.1992. Dementsprechend handelt es sich auch bei Art. 18 AEUV ursprünglich »um ein streng funktional auf die Marktintegration ausgerichtetes Gleichheitsgebot, das systematisch den Grundfreiheiten zuzuordnen ist«.[2] Damit kommt ihm eigentlich eine **dienende Funktion in einem System der »negativen Integration«** zu, sein Zweck ist die Beseitigung von Handelsbarrieren zwischen den beteiligten Staaten nach Maßgabe des jeweiligen Liberalisierungsstandes.[3]

3   Diese eher bescheidene Rolle soll jedoch im Kontext des EU-Rechts als supranationaler »neue[r] Ordnung des Völkerrechts«[4] mit dem schon im ersten Erwägungsgrund des AEUV erklärten Ziel, »einen immer engeren Zusammenschluss der europäischen Völker zu schaffen«, nicht genügen.[5] Schließlich besteht dort – spätestens seit Einführung der Unionsbürgerschaft durch den Vertrag von Maastricht – auch in nicht-wirtschaftlichen Bereichen die **Ambition, die Konstituierung eines »höherstufigen politischen Gemeinwesens«[6] zu vollenden**.[7] Der Vertrag von Lissabon unterstreicht dies dadurch, dass er das Verbot der Diskriminierung aufgrund der Staatsangehörigkeit erstmals gemeinsam mit der Unionsbürgerschaft, dem »grundlegenden Status der Angehörigen der Mitgliedstaaten«,[8] in einem eigenständigen Zweiten Teil des AEUV zusammenfasst.[9] Das verdeutlicht, dass die unterschiedlichen Staatsangehörigkeiten innerhalb der Union – solange es sich um keine rein interne Angelegenheit eines Mitgliedstaats handelt – kaum noch eine Rolle spielen sollen.[10] Bürger anderer EU-Staaten sollen – wie in klassischen föderalen Systemen auf mitgliedstaatlicher Ebene (vgl. etwa Art. 33 Abs. 1 GG)[11] – weitgehend[12] als Gleichberechtigte, nicht als Ausländer, wahrgenommen und dementsprechend behandelt werden.[13] Dieser Grundsatz liegt dem gesamten europäischen Vertragswerk als **Leitmotiv** zugrunde[14] und wird daher zu Recht als dessen »Herzstück« und »konstitutionelle Grundnorm« bezeichnet.[15]

---

[2] *Huster*, EuR 2010, 325 (332).

[3] *Hilpold*, in: Niedobitek, Europarecht – Politiken, § 1, Rn. 3.

[4] EuGH, Urt. v. 5.2.1963, Rs. 26/62 (van Gend & Loos), Slg. 1963, S. 3 (25).

[5] GA *Jacobs*, Schlussanträge zu verb. Rs. C–92/92 u. C–326/92 (Phil Collins), Slg. 1993, I–5145, Rn. 11.

[6] *Habermas*, Die Krise der Europäischen Union im Lichte einer Konstitutionalisierung des Völkerrechts – Ein Essay zur Verfassung Europas, in: Habermas (Hrsg.), Zur Verfassung Europas – Ein Essay, 2011, S. 39 (67).

[7] *Hilpold*, in: Niedobitek, Europarecht – Politiken, § 1, Rn. 3.

[8] Vgl. insbesondere EuGH, Urt. v. 20.9.2001, Rs. C–184/99 (Grzelczyk), Slg. 2001, I–6193, Rn. 31, und Urt. v. 8.3.2011, Rs. C–34/09 (Ruiz Zambrano), Slg. 2011, I–1177, Rn. 41.

[9] *Streinz*, in: Streinz, EUV/AEUV, Art. 18 AEUV, Rn. 8.

[10] *Davies*, ELJ 11 (2005), 43 (55 f.).

[11] *Huster*, EuR 2010, 325 (332); *Schönberger*, S. 407 ff.

[12] Zu den Ausnahmen *Tomuschat*, ZaöRV 68 (2008), 327 (339 f.). Neuerdings treten insbesondere im Bereich des Zugangs zu Sozialleistungen neue hinzu, siehe unten Rn. 42, 46.

[13] Weiterführend hierzu *Schönberger*, S. 381 ff.

[14] *Wohlfarth*, in: W/E/G/S, EWG, Art. 7, Anm. 1; ihm folgend *Ipsen*, EG-Recht, S. 594; *Lenz*, in: Lenz/Borchardt, EU-Verträge, Art. 18 AEUV, Rn. 1; *Streinz*, in: Streinz, EUV/AEUV, Art. 18 AEUV, Rn. 1.

[15] *Hilpold*, in: Niedobitek, Europarecht – Politiken, § 1, Rn. 1.

B. Diskriminierung aus Gründen der Staatsangehörigkeit

Der Regelungskern des Art. 18 AEUV, der in beiden Absätzen den Bezugspunkt bildet, ist die Bekämpfung der »Diskriminierung aus Gründen der Staatsangehörigkeit«. 4

I. Begriff der Diskriminierung

Neben dem Deutschen (»Diskriminierung«) verwendet die große Mehrzahl der mittlerweile 24 Amtssprachen der EU – über die Grenzen der Sprachfamilien hinweg[16] – für das zentrale Tatbestandsmerkmal des Art. 18 AEUV ein Wort, das sich vom lateinischen Substantiv *discriminatio* ableitet. Dieses ging seinerseits aus dem Verb *discernere* mit den Hauptbedeutungen »absondern, trennen« sowie »unterscheiden« hervor.[17] Der Begriff »Diskriminierung« war dementsprechend **ursprünglich** wertfrei und lediglich als **Synonym für Unterscheidung oder Differenzierung** zu verstehen.[18] Auch seine Äquivalente in den wenigen Sprachfassungen, die ein autochthones Wort verwenden (etwa dänisch »forskelsbehandling«; griechisch »διάκριση«; ungarisch »megkülönböztetés«), sind wörtlich mit »Unterschiedsbehandlung« bzw. »Unterscheidung« zu übersetzen. Erst durch seine Popularisierung in der ersten Hälfte des 20. Jahrhunderts[19] ist das vordem ausschließlich bildungssprachliche Wort – auch im Englischen und Französischen sowie einer Vielzahl weiterer europäischer Sprachen – **deutlich negativ konnotiert**,[20] meist im Sinne einer Benachteiligung durch unterschiedliche Behandlung.[21] 5

Obwohl also etymologisch nur die unterschiedliche Behandlung aufgrund des verpönten Differenzierungsmerkmals verboten sein dürfte und Träger dieses Merkmals unabhängig von faktischen Unterschieden stets als wesentlich gleich anzusehen sein müssten,[22] wählt der EuGH in ständiger Rechtsprechung einen anderen Ansatz. Er ignoriert den eigentlichen Wortsinn des Begriffs »Diskriminierung« (sowie einige Sprachfassungen, die sich schwerlich anders auslegen lassen, vgl. Rn. 5) und behauptet, dass Diskriminierungsverbote lediglich **spezifische Ausdrücke des allgemeinen Gleichheitssatzes** seien.[23] Dementsprechend bezieht er auch bei Art. 18 Abs. 1 AEUV die **Gleich-** 6

---

[16] Neben allen romanischen Sprachen und dem Englischen (»discrimination«) auch so unterschiedliche Sprachen wie das Bulgarische (»дискриминация«), das Estnische (»diskrimineerimine«), das Lettische (»diskrimināсija«), das Litauische (»diskriminacija«), das Maltesische (»diskriminazzjoni«), das Niederländische (»discriminatie«), das Polnische (»dyskryminacja«), das Schwedische (»diskriminering«), das Slowakische (»diskriminácia«), das Slowenische (»diskriminacija«) und das Tschechische (»diskriminace«).
[17] *Kluge*, Etymologisches Wörterbuch der deutschen Sprache, 25. Aufl., 2012, Eintrag »diskriminieren«.
[18] *Adomeit*, NJW 2002, 1622 (1622); *Feige*, S. 14.
[19] Der Begriff wurde erstmals 1934 in den Rechtschreibduden aufgenommen, vgl. http://www.duden.de/rechtschreibung/Diskriminierung (4.6.2016).
[20] Dazu weiterführend *Plötscher*, S. 27 f. Bisweilen wird mit dem Wort »Diskriminierung« eine Herabwürdigung verbunden, oftmals sogar der Vorwurf, dass Vorurteile die Triebfeder der Handlung gewesen seien. Zumindest hiervon muss sich die fachsprachliche Verwendung angesichts der Zielsetzung des Art. 18 AEUV (dazu Rn. 3) zwingend lösen. Das EU-Recht greift nicht erst ein, wenn die Mitgliedstaaten den sozialen Geltungsanspruch der Bürger anderer EU-Staaten beeinträchtigen.
[21] Duden, Band 10, Das Bedeutungswörterbuch, 2010, Eintrag »diskriminieren«.
[22] *Görlitz*, S. 103; *Kischel*, EuGRZ 1997, 1 (4).
[23] Zunächst zu Art. 40 Abs. 2 UAbs. 2 AEUV EuGH, Urt. v. 19.10.1977, verb. Rs. 117/76 u. 16/77 (Ruckdeschel), Slg. 1977, 1753, Rn. 7; Urt. v. 5.10.1994, verb. Rs. C–133/93, C–300/93 u. C–362/93 (Crispoltoni u. a.), Slg. 1994, I–4863, Rn. 51.

behandlung wesentlich ungleicher Sachverhalte in seine Prüfung mit ein.[24] Dies mag damit zusammenhängen, dass das Primärrecht vor Inkrafttreten des Vertrags von Lissabon keinen geschriebenen allgemeinen Gleichheitssatz kannte, der Gerichtshof zur Abstützung seiner Entscheidungen jedoch einen Anknüpfungspunkt im Text der Verträge suchte.[25] Der Begriff ist durch diesen jahrzehntelangen Usus rechtssprachlich von der Einschränkung auf eine tatbestandlich differenzierende Regelung befreit, so dass nur noch die oben beschriebene (s. Rn. 5) Bedeutungsverschiebung hin zur Benachteiligung als Kern für eine **genuin juristische Definition** bleibt. Da eine Diskriminierung sich unionsrechtlich immer auf einen bestimmten Status[26] bezieht – in Art. 18 Abs. 1 AEUV die Staatsangehörigkeit, vgl. daneben auch die in Art. 19 Abs. 1 AEUV und Art. 21 GRC aufgezählten Gründe –, statusbezogene Regeln aber auch nicht allgemein verboten werden können, ist der Begriff als **Synonym für »sachlich nicht gerechtfertigte statusspezifische Benachteiligung«** zu lesen (vgl. hinsichtlich der praktischen Auswirkungen Rn. 30).[27]

II. Begriff der Staatsangehörigkeit

7   Vom allgemeinen Gleichheitssatz unterscheidet sich Art. 18 Abs. 1 AEUV hauptsächlich dadurch, dass die Benachteiligung sich – zumindest grundsätzlich – auf die Staatsangehörigkeit beziehen muss. Im Gegensatz zum Begriff »Diskriminierung« ist der Ausdruck »Staatsangehörigkeit« ein **Spezifikum der deutschen Fassung**. Er wird im deutschen Sprachraum in Alterität zum Begriff »Staatsbürgerschaft« gebraucht. Beide beziehen sich nur auf Menschen und ihre Beziehung zu einem Staat. Die Staatsangehörigkeit betrifft dabei die aus staatlicher Perspektive äußere Seite, d. h. die formale Zuordnung für die Zwecke der einschlägigen völkerrechtlichen Anknüpfungstatbestände, während man unter Staatsbürgerschaft die innere Seite mit allen politischen Partizipationselementen versteht.[28] Für juristische Personen, sonstige Personenmehrheiten und Dinge (etwa Schiffe und Flugzeuge), die als in- oder ausländisch gekennzeichnet werden sollen, tritt neben dieses Begriffspaar das gesonderte Wort »Staatszugehörigkeit«.[29]

8   Während auch das EU-Recht für die spezifischen Rechte seiner eigenen Verbandsangehörigen von Unionsbürgerschaft spricht und insofern auf einer Linie mit dem deutschen Sprachgebrauch ist, lässt sich die Abgrenzung zwischen Staatsangehörigkeit und Staatszugehörigkeit nicht auf das Unionsrecht übertragen. Die meisten Sprachfassungen, insbesondere alle Sprachen der EWG-Gründungsmitglieder außer dem Deutschen,

---

[24] Grundlegend EuGH, Urt. v. 17.7.1963, Rs. 13/63 (Italien/Kommission; italienische Kühlschränke), Slg. 1963, 359 (384); vgl. im Übrigen etwa EuGH, Urt. v. 2.10.2003, Rs. C-148/02 (Garcia Avello), Slg. 2003, I-11613, Rn. 31; Urt. v. 3.10.2000, Rs. C-411/98 (Ferlini), Slg. 2000, I-8081, Rn. 51; Urt. v. 11.8.1995, Rs. C-80/94 (Wielockx), Slg. 1995, I-2493, Rn. 17. Zur Rezeption in der Literatur ausführlich *Fuchs*, S. 1f., Fn. 3, 144ff.

[25] Zu derartigen Ansätzen in der Frühphase der europäischen Integration *Feige*, S. 9f.; zu Wechselwirkungen zwischen dem prätorisch entwickelten allgemeinen Gleichheitssatz und den besonderen Diskriminierungsverboten in der weiteren Entwicklung *Kischel*, EuGRZ 1997, 1 (3f.).

[26] »Status« eignet sich als Oberbegriff wegen dessen Verwendung in Art. 14 EMRK. Dort ist von der Diskriminierung wegen u. a. der nationalen Herkunft »oder eines sonstigen Status« die Rede.

[27] Vgl. Creifelds Rechtswörterbuch, 21. Aufl., 2014, S. 306, Eintrag »Diskriminierung im Völkerrecht«, wo für den innerstaatlichen Bereich eine Tendenz konstatiert wird, den Begriff Diskriminierung »zur Kennzeichnung sachlich nicht gerechtfertigter Schlechterstellungen« zu verwenden.

[28] *Hilpold*, in: Niedobitek, Europarecht – Politiken, § 1, Rn. 100.

[29] Ausführlich *Kley-Struller*, SZIER 1991, 163 (173f.).

verwenden Wörter, die dem französischen Begriff »nationalité« entlehnt sind.[30] Dieser wird auch in Zusammenhängen gebraucht, in denen man im Deutschen von »Staatszugehörigkeit« sprechen würde. Das verdeutlicht ein Blick auf die amtliche Überschrift zu Kapitel III des Chicagoer Abkommens über die Internationale Zivilluftfahrt vom 7.12.1944: Während die unverbindliche deutsche Übersetzung von der »Staatszugehörigkeit der Luftfahrzeuge« spricht,[31] ist in den ursprünglich verbindlichen französischen, englischen und spanischen Versionen von »nationalité des aéronefs«, »nationality of aircraft« bzw. »nacionalidad de las aeronaves« die Rede. Dass auch das deutsche Wort »Staatsangehörigkeit« im Kontext des AEUV in diesem Sinne zu verstehen ist, zeigt der Wortlaut des Art. 199 Nr. 4 AEUV: Dieser bezieht sich auf die »natürlichen oder juristischen Personen […], welche die Staatsangehörigkeit der Mitgliedstaaten […] besitzen.« Art. 18 AEUV verbietet demnach nicht nur Diskriminierungen aus Gründen der Staatsangehörigkeit, sondern auch **Diskriminierungen aus Gründen der Staatszugehörigkeit**. In seiner neuesten Rechtsprechung konkretisiert der Gerichtshof dies dahingehend, dass er in Bezug auf Gesellschaften die Diskriminierung nach dem Sitz explizit der Diskriminierung aus Gründen der Staatsangehörigkeit gleichstellt.[32]

III. Benachteiligungen aufgrund der Staatsangehörigkeit

Wie der Wortlaut des Art. 200 Abs. 5 AEUV zeigt, kennt der Vertrag einen Unterschied zwischen »mittelbaren« und »unmittelbaren« Diskriminierungen. Da Art. 18 Abs. 1 AEUV »jede Diskriminierung« verbietet, sind mindestens diese beiden Varianten tatbestandlich erfasst.[33]

9

1. Unmittelbare Diskriminierung

Mit den synonym verwendeten Begriffen »unmittelbare«, »offene«, »direkte« und »formelle« Diskriminierung bezeichnet man die Verwendung der Staatsangehörigkeit als ausdrückliches Differenzierungsmerkmal, dessen Vorliegen oder Nichtvorliegen zu unterschiedlichen Rechtsfolgen führt.[34] Entsprechend dem Diskriminierungsbegriff des Gerichtshofs lassen sich insoweit zwei Untervarianten bilden.

10

a) Inländerbehandlungsanspruch

Der weitaus häufigere Fall sind Regelungen, die vorsehen, dass Ausländer anders – in der Regel schlechter – als Inländer zu behandeln sind. Dies bedeutet, dass ein Staat eine Begünstigung nur seinen eigenen Staatsangehörigen gewährt oder eine Belastung nur Angehörigen anderer Staaten auferlegt (mit Schönberger gesprochen: »Gleichheit der Situation bei Unterschiedlichkeit der Staatsangehörigkeit«[35]). Insoweit kommt die klas-

11

---

[30] Neben dem Französischen alle romanischen Sprachen (ein Sonderfall ist das Rumänische, das auf »cetățenie sau naționalitate«, d.h. »Staatsbürgerschaft oder Nationalität«, Bezug nimmt) inklusive der ursprünglichen EWG-Vertragssprache Italienisch (»nazionalità«) sowie alle germanischen Sprachen außer dem Deutschen, insbesondere auch die ursprüngliche EWG-Vertragssprache Niederländisch (»nationaliteit«).
[31] BGBl. 1956 II S. 411 (416); Sartorius II Nr. 399.
[32] EuGH, Urt. v. 18.3.2014, Rs. C–628/11 (International Jet Management), ECLI:EU:C:2014:171, Rn. 64.
[33] *von Bogdandy*, in: Grabitz/Hilf/Nettesheim, EU, Art. 18 AEUV (September 2010), Rn. 10.
[34] *Kucsko-Stadlmayer*, in: Mayer/Stöger, EUV/AEUV, Art. 18 AEUV (März 2013), Rn. 42; *Streinz*, in: Streinz, EUV/AEUV, Art. 18 AEUV, Rn. 52.
[35] *Schönberger*, S. 426.

sische Funktion des Art. 18 Abs. 1 AEUV als Inländerbehandlungsanspruch zum Tragen. Die Annahme einer offenen Diskriminierung unterliegt strengen Voraussetzungen, insbesondere genügen andere tatbestandliche Anknüpfungen an die Herkunft, etwa aus einer bestimmten Region oder einem Bundesland, nicht. Solche Fälle sind als mittelbare Diskriminierung zu werten (dazu Rn. 17f.). Das ausschlaggebende Kriterium muss tatsächlich die Staatsangehörigkeit sein. Solche Fälle sind rar geworden, anfällig ist jedoch nach wie vor das Internationale Privatrecht, das regelmäßig an die Staatsangehörigkeit anknüpft, um die anwendbare Rechtsordnung – mithin unterschiedliche Rechtsfolgen – zu bestimmen.[36]

b) »Ausländerbehandlungsanspruch«

12 Daneben führt die Interpretation des EuGH, dass das Diskriminierungsverbot auch die Ungleichbehandlung von wesentlich Gleichem gebietet, in den einschlägigen Fällen dazu, dass ein Unionsbürger gerade nicht als Inländer, sondern spezifisch als Ausländer behandelt werden muss.

13 Auch hier ist das IPR besonders kritisch zu sehen, da etliche nationale Rechtsordnungen vorsehen, dass die eigenen Staatsangehörigen stets nach einheimischem Recht zu behandeln sind (vgl. etwa Art. 5 Abs. 1 Satz 2 EGBGB). In den Fokus des EuGH ist insbesondere die namensrechtliche Behandlung von Bürgern mit doppelter Staatsangehörigkeit geraten, wie der Fall Garcia Avello zeigt: Ein belgisches Kind, das auch die spanische Staatsangehörigkeit besitzt, durfte nicht behandelt werden wie ein Kind, das ausschließlich Belgier ist, da zuvor in spanischen Urkunden bereits der Name nach spanischen Regeln eingetragen worden war.[37] Dies impliziert, dass Art. 18 Abs. 1 AEUV – entgegen der traditionellen Auffassung des EuGH[38] – auch einen »Ausländerbehandlungsanspruch« beinhaltet, zumindest wenn die Inländerbehandlung den Rechtsverkehr in einem anderen Mitgliedstaat erschweren könnte.[39]

14 Damit hat der Gerichtshof die Norm in einer Weise fortentwickelt, die sowohl vor dem Hintergrund des eigentlichen Wortsinns von »Diskriminierung« (s. Rn. 5) als auch mit Blick auf das Telos der Überwindung des Fremdenstatuts (s. Rn. 2f.) sehr zweifelhaft ist.[40] Wenn sich die Inländerbehandlung als Mobilitätshindernis erweist, ist diese daher ausschließlich als Beschränkung des Freizügigkeitsrechts aus Art. 21 Abs. 1 AEUV zu werten.[41] So verfuhr auch der EuGH selbst mit einer vergleichbaren Fragestellung im Kontext der Arbeitnehmerfreizügigkeit[42] sowie in den namensrechtlichen Folgeentscheidungen Grunkin und Paul,[43] Sayn-Wittgenstein[44] und Bogendorff von Wolffersdorff.[45] Dabei räumte er im Übrigen ein, dass das Rechtsproblem in Garcia Avello nicht ursächlich in der Staatsangehörigkeit, sondern ausschließlich im Faktum unterschiedlicher zwingender Regelungen zweier Mitgliedstaaten lag.[46] Zudem kann die uner-

---

[36] Vertiefend hierzu *Basedow*, IPrax 2011, 109.
[37] EuGH, Urt. v. 2.10.2003, Rs. C–148/02 (Garcia Avello), Slg. 2003, I–11613, Rn. 16, 31ff.
[38] Deutlich EuGH, Urt. v. 13.11.1990, Rs. C–370/88 (Marshall), Slg. 1990, I–4071, Rn. 21.
[39] *Griller*, S. 203 (217); vgl. zur theoretischen Rechtfertigung *Fuchs*, S. 152ff.
[40] Vgl. auch *Englisch*, EuR 2009, 488 (497); *Wollenschläger*, S. 248ff.
[41] *Wollenschläger*, S. 249.
[42] EuGH, Urt. v. 5.10.1994, Rs. C–165/91 (van Munster), Slg. 1994, I–4661, Rn. 27.
[43] EuGH, Urt. v. 14.10.2008, Rs. C–353/06 (Grunkin und Paul), Slg. 2008, I–7665, Rn. 21ff.
[44] EuGH, Urt. v. 22.12.2010, Rs. C–208/09 (Sayn-Wittgenstein), Slg. 2010, I–13718, Rn. 43.
[45] EuGH, Urt. v. 2.6.2016, Rs. C–438/14 (Bogendorff von Wolffersdorff), ECLI:EU:C:2016:401, Rn. 36ff.
[46] EuGH, Urt. v. 14.10.2008, Rs. C–353/06 (Grunkin und Paul), Slg. 2008, I–7665, Rn. 24.

wünschte Gleichbehandlung von wesentlich Ungleichem mangels Einschlägigkeit des Art. 18 Abs. 1 AEUV unter den Voraussetzungen des Art. 51 Abs. 1 Satz 1 GRC am Maßstab des Art. 20 GRC gemessen werden. Es besteht daher auch kein Bedürfnis für eine allzu extensive Auslegung des Art. 18 Abs. 1 AEUV.

2. Mittelbare Diskriminierung

Um zu verhindern, dass die Mitgliedstaaten das Verbot der Diskriminierung aus Gründen der Staatsangehörigkeit unterlaufen, sind auch solche Maßnahmen verboten, die trotz vorgeblicher Neutralität in ihrer Wirkung einer differenzierenden Anknüpfung an der Staatsangehörigkeit nahekommen (wiederum synonym verwendet: »mittelbare«, »indirekte«, »versteckte« oder »materielle« Diskriminierung).

a) Gleichbehandlungsanspruch

Dies ist hauptsächlich dann der Fall, wenn ein Mitgliedstaat statt der Staatsangehörigkeit ein anderes typischerweise nur auf die eigenen bzw. gerade nicht die eigenen Staatsangehörigen zutreffendes Kriterium verwendet, um eine unterschiedliche Rechtsfolge herbeizuführen. Den Betroffenen steht dann dem Grunde nach ein Anspruch auf Gleichbehandlung zu. Dabei sind grundsätzlich zwei Varianten zu unterscheiden: die Verwendung eines offensichtlich staatsangehörigkeitsähnlichen Unterscheidungsmerkmals einerseits und die Heranziehung eines prima facie neutralen, aber statistisch signifikant zugunsten der inländischen Betroffenen wirkenden Differenzierungskriteriums andererseits.[47] Die diskriminierende Wirkung kann dabei auch aus einer Kombination zweier für sich genommen unproblematischer Regelungen resultieren.

aa) Anknüpfung an ein staatsangehörigkeitsähnliches Merkmal

Die wichtigste und häufigste Fallgruppe bilden Anknüpfungen an Unterscheidungsmerkmale, die – wie *Plötscher* zutreffend formuliert – »einen gewissen ›inneren‹ Bezug zur Staatsangehörigkeit aufweisen und daher a priori ›verdächtig‹ erscheinen«.[48] Das Paradebeispiel ist hier die Differenzierung nach dem Wohnsitz bzw. dem Sitz der Niederlassung, da – in den Worten des Gerichtshofs – »Gebietsfremde meist Ausländer sind«.[49] Ähnlich verfährt die Rechtsprechung mit einer Reihe weiterer Differenzierungsmerkmale.[50] Hierzu rechnet z. B. die Anknüpfung an den Ort, an dem die Hochschulreife erworben wurde, da auch die große Mehrzahl der Abiturienten eines Landes dessen Staatsangehörigkeit besitzen. Ebenfalls in diese Kategorie fällt es etwa, wenn eine Fahrpreisermäßigung für Studenten davon abhängig gemacht wird, ob deren Eltern eine inländische Familienbeihilfe erhalten,[51] wenn unterschiedliche Gebührensätze für ärztliche Leistungen an eine Mitgliedschaft des Patienten im nationalen System der sozialen

---

[47] Vgl. auch *Plötscher,* S. 278 f.
[48] *Plötscher,* S. 117 (Hervorhebung nur hier).
[49] Grundlegend EuGH, Urt. v. 14.2.1995, Rs. C–279/93 (Schumacker), Slg. 1995, I–225, Rn. 28; st. Rspr., siehe nur Urt. v. 14.6.2012, Rs. C–542/09 (Kommission/Niederlande; Finanzierung einer Hochschulausbildung), ECLI:EU:C:2012:346, Rn. 38; Urt. v. 16.1.2003, Rs. C–388/01 (Kommission/Italien; Eintritt in Museen), Slg. 2003, I–721, Rn. 14; Urt. v. 29.4.1999, Rs. C–224/97 (Ciola), Slg. 1999, I–2517, Rn. 14; Urt. v. 7.5.1998, Rs. C–350/96 (Clean Car Autoservice), Slg. 1998, I–2521, Rn. 29.
[50] Vgl. die Kategorisierung bei *Plötscher,* S. 116 f.
[51] EuGH, Urt. v. 4.10.2012, Rs. C–75/11 (Kommission/Österreich; Fahrpreisermäßigungen für Studenten), ECLI:EU:C:2012:536, Rn. 49 f.

Sicherheit geknüpft sind[52] und wenn der urheberrechtliche Schutzumfang davon abhängt, in welchem Staat ein Werk zum ersten Mal veröffentlicht wurde.[53] Eine weitere wichtige Fallgruppe ist die der Sprachanforderungen, da auch die Beherrschung der Landessprache typischerweise mit der Staatsangehörigkeit korreliert.[54]

18 Bei solchen Merkmalen nimmt der Gerichtshof an, dass sie sich »ihrem Wesen nach« eher auf Ausländer als auf Inländer auswirken.[55] Daher brauche nicht festgestellt zu werden, dass in der Praxis tatsächlich eine statistisch signifikante Differenzierung entlang der Staatsangehörigkeitsgrenzen eintritt; vielmehr genügt die Eignung hierzu.[56] Auf den Punkt gebracht bedeutet dies: Begünstigt ein Mitgliedstaat oder eine seiner Untereinheiten tatbestandlich die eigene Bevölkerung, so gilt die Vermutung, dass er damit auch das eigene Volk besserstellt und im Umkehrschluss EU-Ausländer aus Gründen der Staatsangehörigkeit diskriminiert.[57] Dementsprechend ist es **unerheblich, wenn gleichzeitig auch die weit überwiegende Mehrheit der Inländer benachteiligt** wird (z. B. bei an den Wohnsitz in einer bestimmten Kommune oder Region anknüpfenden Regelungen).[58] Dies geht sogar so weit, dass sich EU-Bürger gegen den Mitgliedstaat, dessen Staatsangehörige sie sind, wenden können, wenn dieser Begünstigungen der (durchgängig) ortsansässigen Bevölkerung unter Ausschluss der Rückkehrer aus dem EU-Ausland vorbehält.[59]

bb) Anknüpfung an faktische Unterschiede

19 Daneben erfasst Art. 18 Abs. 1 AEUV auch tatbestandliche Unterscheidungsmerkmale, die auf den ersten Blick nichts mit der Staatsangehörigkeit zu tun zu haben scheinen, faktisch jedoch weit überwiegend auf Inländer oder weit überwiegend auf Ausländer zutreffen. Hier ist das Paradebeispiel die Konstellation des EuGH-Urteils Kommission gegen Irland vom 16. 2. 1978. Irland legte gesetzlich die maximale Größe und Maschinenstärke der Schiffe fest, die in seiner nationalen Fischereizone tätig werden durften. Diese Regelung ließ die irischen Fischer weitgehend unbeeinträchtigt, da diese traditionell mit kleineren Schiffen wirtschafteten. Auf deren Pendants in Frankreich und den Niederlanden wirkte sie hingegen prohibitiv, weil jene mehrheitlich Schiffe mit Maßen außerhalb der Schwellenwerte verwendeten.[60] Ein weiteres Beispiel bietet der Fall Beentjes. Dort bejahte der EuGH die grundsätzliche Möglichkeit eines Verstoßes gegen

---

[52] EuGH, Urt. v. 3. 10. 2000, Rs. C–411/98 (Ferlini), Slg. 2000, I–8081, Rn. 58.
[53] EuGH, Urt. v. 30. 6. 2005, Rs. C–28/04 (Tod's und Tod's France), Slg. 2005, I–5781, Rn. 26.
[54] Für die Annahme einer rechtfertigungsbedürftigen Benachteiligung EuGH, Urt. v. 28. 11. 1989, Rs. 379/87 (Groener), Slg. 1989, 3967, Rn. 19; siehe auch Urt. v. 6. 6. 2000, Rs. C–281/98 (Angonese), Slg. 2000, I–4139, Rn. 44; GA *Kokott*, Schlussanträge zu Rs. C–566/10 P (Italien/Kommission; Sprachenregelung), ECLI:EU:C:2012:368, Rn. 77.
[55] GA *Kokott*, Schlussanträge zu EuGH, Rs. C–75/11 (Kommission/Österreich; Fahrpreisermäßigungen für Studenten), ECLI:EU:C:2012:536, Rn. 47; EuGH, Urt. v. 28. 6. 2012, Rs. C–172/11 (Erny), ECLI:EU:C:2012:399, Rn. 41; Urt. v. 12. 9. 1996, Rs. C–278/94 (Kommission/Belgien; Überbrückungsgeld für Schulabgänger), Slg. 1996, I–4328, Rn. 20; Urt. v. 23. 5. 1996, Rs. C–237/94 (O'Flynn), Slg. 1996, I–2631, Rn. 20.
[56] EuGH, Urt. v. 23. 5. 1996, Rs. C–237/94 (O'Flynn), Slg. 1996, I–2631, Rn. 21.
[57] *Plötscher*, S. 279.
[58] EuGH, Urt. v. 28. 6. 2012, Rs. C–172/11 (Erny), ECLI:EU:C:2012:399, Rn. 41; Urt. v. 14. 6. 2012, Rs. C–542/09 (Kommission/Niederlande; Finanzierung einer Hochschulausbildung), ECLI:EU:C:2012:346, Rn. 38; Urt. v. 16. 1. 2003, Rs. C–388/01 (Kommission/Italien; Eintritt in Museen), Slg. 2003, I–721, Rn. 14. Weiterführend dazu *Davies*, ELJ 11 (2005), 43 (45 ff.).
[59] EuGH, Urt. v. 11. 7. 2002, Rs. C–224/98 (D'Hoop), Slg. 2002, I–6191, Rn. 30 f.
[60] EuGH, Urt. v. 16. 2. 1978, Rs. 61/77 (Kommission/Irland; Fischerei), Slg. 1978, 417, Rn. 69 ff.

den Vorläufer des jetzigen Art. 18 Abs. 1 AEUV durch eine Regelung, die es Bietern in einem öffentlichen Vergabeverfahren auferlegte, ihr Personal teilweise aus Langzeitarbeitslosen zu rekrutieren. Der Gerichtshof erlegte es dem vorlegenden Gericht auf zu prüfen, ob diese Ausschreibungsbedingung nur von einheimischen Bietern bzw. von Bietern aus anderen Mitgliedstaaten nur mit größeren Schwierigkeiten erfüllt werden könne.[61] Anschaulich ist auch der Fall Allué I aus dem Bereich der Arbeitnehmerfreizügigkeit, in dem der Gerichtshof die besondere Befristungsregelung für die Arbeitsverträge von Fremdsprachenlektoren an italienischen Universitäten als mittelbare Diskriminierung aufgrund der Staatsangehörigkeit einstufte, da rein tatsächlich nur 25 % der Betroffenen Italiener waren.[62]

In dieser Fallgruppe kommt es **entscheidend darauf an, dass das verwendete Differenzierungsmerkmal in der großen Mehrzahl der Anwendungsfälle zu demselben Ergebnis führt wie die Unterscheidung anhand der Staatsangehörigkeit**.[63] Die Darlegungslast liegt hier, da die oben erwähnte Vermutungsregel (Rn. 18) bei prima facie neutralen Tatbestandsvoraussetzungen nicht greifen kann, bei demjenigen, der sich auf Art. 18 Abs. 1 AEUV beruft.[64] Insoweit sind plausible statistische Angaben zu verlangen. 20

cc) Regelungskombinationen

Eine weitere besondere Konstellation kann sich daraus ergeben, dass zwei eigentlich unionsrechtskonforme Maßnahmen in der Zusammenschau zu einer mittelbaren Benachteiligung aus Gründen der Staatsangehörigkeit führen. Dass auch aus einer solchen Kombination ein Verstoß gegen das Unionsrecht erwachsen kann, bestätigte der Gerichtshof zunächst in einer beihilferechtlichen Konstellation: Eine für sich genommen mit dem Binnenmarkt vereinbare Subvention zur Entwicklung der französischen Textilindustrie wurde dadurch unzulässig, dass ihre Höhe nicht im Staatshaushalt bestimmt war, sondern prozentual vom Aufkommen einer an sich unionsrechtlich unproblematischen zweckgebundenen Abgabe stammte.[65] Hieraus leitete Generalanwalt *Jacobs* in seinen Schlussanträgen zur deutschen Schwerlastabgabe die allgemeine Feststellung ab, dass die Verbindung zweier Maßnahmen auch dann gegen den Vertrag verstoßen könne, wenn jede für sich betrachtet rechtmäßig ist, da sich die gemeinsame Wirkung beider Maßnahmen von der Wirkung jeder einzelnen Maßnahme unterscheiden könne.[66] Es ist kein Grund ersichtlich, warum für die Auslegung des Art. 18 Abs. 1 AEUV etwas anderes gelten sollte.[67] Die differenzierende Anknüpfung an die Staatsangehörigkeit oder ein staatsangehörigkeitsähnliches Merkmal in einem einzelnen Tatbestand wird hier nur dadurch funktional ersetzt, dass die kombinierte Wirkung mehrerer Regelungen typischerweise zu einer Schlechterstellung der Angehörigen anderer Mitgliedstaaten führt. 21

Dies betrifft beispielsweise Modelle, in denen eine unterschiedslos wirkende Belastung durch eine steuerrechtliche Kompensationsregelung, die nicht in den Anwendungs- 22

---

[61] EuGH, Urt. v. 20.9.1988, Rs. 31/87 (Beentjes), Slg. 1988, 4652, Rn. 30.
[62] EuGH, Urt. v. 30.5.1989, Rs. 33/88 (Allué I), Slg. 1989, 1591, Rn. 11 f.
[63] Vgl. EuGH, Urt. v. 10.2.1994, Rs. C-398/92 (Mund & Fester), Slg. 1994, I-467, Rn. 16; *von Bogdandy*, in: Grabitz/Hilf/Nettesheim, EU, Art. 18 AEUV (September 2010), Rn. 15 f.
[64] Vgl. den Vortrag der Kommission in EuGH, Urt. v. 16.2.1978, Rs. 61/77 (Kommission/Irland; Fischerei), Slg. 1978, 417, Rn. 69/72.
[65] EuGH, Urt. v. 25.6.1970, Rs. 47/69 (Frankreich/Kommission; Beihilferegelung auf dem Textilsektor), Slg. 1970, 487, Rn. 16 ff.
[66] GA *Jacobs*, Schlussanträge zu Rs. C-195/90 (Kommission/Deutschland; Schwerlastabgabe), Slg. 1992, I-3141, Rn. 25.
[67] *Engel/Singbartl*, VR 2014, 289 (292); *Kainer/Ponterlitschek*, ZRP 2013, 198 (200).

bereich der Verträge fällt, für Inländer bzw. im Inland Steuerpflichtige abgefedert werden soll. Hieran scheitert z.B. die sog. »Ausländermaut«: Wenn Deutschland, wie gesetzlich festgelegt,[68] eine in sich diskriminierungsfreie Infrastrukturabgabe einführt und festlegt, dass inländische Kfz-Steuerpflichtige exakt um die die hierfür aufgewendeten Ausgaben von der – eigentlich außerhalb der EU-Kompetenzen liegenden – Kfz-Steuer entlastet werden, ist die Abgabe finanziell nur für Autofahrer spürbar, die nicht in Deutschland Kfz-Steuer zahlen müssen, d.h. typischerweise nur für Ausländer, nicht für Deutsche.[69] Eine Entlastung für in Deutschland gemeldete Kfz-Steuerpflichtige wäre daher – selbst bei einem erheblichen zeitlichen Abstand zwischen beiden Einzelregelungen – nur dann außerhalb des Anwendungsbereichs von Art. 18 Abs. 1 AEUV, wenn diese nicht explizit an die Ausgaben für die Autobahngebühr anknüpfte.[70] Außerhalb solch eindeutiger Fälle kann es im Einzelfall schwierig zu bestimmen sein, wo die Grenze zwischen der Abfederung möglicher finanzieller Härten im Rahmen eines gesetzgeberischen Systemwechsels und einer verbotenen Kompensation liegt. Insoweit ist in dieser Fallgruppe – ggf. auch bei einem seriösen zweiten Anlauf für eine Pkw-Maut – Zurückhaltung geboten.

b) Ungleichbehandlungsanspruch

23 Daneben sind – in der Konsequenz der Interpretation des Diskriminierungsverbots als spezifische Ausprägung des allgemeinen Gleichheitssatzes (s. Rn. 6) – wiederum bestimmte Fälle erfasst, in denen ein Normadressat des Art. 18 Abs. 1 AEUV eine unterschiedslos wirkende Maßnahme trifft, obwohl eine Differenzierung geboten wäre.

24 Das markanteste Beispiel hierfür ist die hypothetische Einführung einer obligatorischen Jahresvignette für die Benutzung des Autobahnnetzes eines Mitgliedstaats nach Schweizer Vorbild.[71] Die Kommission stellt sich insoweit auf den Standpunkt, dass eine

---

[68] Einerseits: Gesetz zur Einführung einer Infrastrukturabgabe für die Benutzung von Bundesfernstraßen vom 8.6.2015, BGBl. 2015 I S. 904: derzeit noch ruhend mangels technischer Einsatzbereitschaft des Systems (§ 16 Abs. 1 des Gesetzes), die im Hinblick auf das Vertragsverletzungsverfahren gegen Deutschland wegen dieser Angelegenheit nicht herbeigeführt wird. Andererseits: Zweites Gesetz zur Änderung des Kraftfahrzeugsteuergesetzes und des Versicherungsteuergesetzes (2. VerkehrStÄndG), BGBl. 2015 I S. 901.

[69] Dass die Änderung der Kfz-Steuersätze einzig der vollständigen Kompensation dient und keinen Selbststand hat, zeigt nicht nur die minutiöse Übereinstimmung zwischen der Höhe der Infrastrukturabgabe und der Höhe der Kfz-Steuersenkung. Deutlich wird dies v.a. in Art. 3 Abs. 2 des 2. VerkehrStÄndG, der das Inkrafttreten der Steuersenkung auf den Tag bestimmt, an dem die Erhebung der Infrastrukturabgabe beginnt.

[70] So auch die Rechtsauffassung der Kommission, vgl. die Pressemitteilung zur mit Gründen versehenen Stellungnahme im Vertragsverletzungsverfahren gegen Deutschland vom 28.4.2016, https://ec.europa.eu/germany/news/eu-kommission-versch%C3%A4rft-vertragsverletzungsverfahren-wegen-maut_de (3.6.2016); ferner *Beck*, NZV 2014, 289 (291); *Boehme-Neßler*, NVwZ 2014, 97 (101f.); *Engel/Singbartl*, VR 2014, 289 (292); *Korte/Gurreck*, EuR 2014, 420 (433); *F. C. Mayer*, in: Deutscher Bundestag, Ausschuss für Verkehr und digitale Infrastruktur, Ausschussdrucksache 18(15)193-F; a.A. *Hillgruber*, DVBl 2016, 73 (73); *Kainer/Ponterlitschek*, ZRP 2013, 198 (200f.); vgl. zusätzlich zu weiteren juristischen Kritikpunkten, insb. im Hinblick auf Art. 92 AEUV, die Beiträge von *Langelöh*, DÖV 2014, 365; *Reimer*, DVBl 2015, 1405; *P. Schäfer*, in: Streinz, EUV/AEUV, Art. 92 AEUV, Rn. 14; *Zabel*, NVwZ 2015, 186.

[71] Vgl. insoweit den auch nach der Totalrevision der Schweizer Bundesverfassung zum 1.1.2000 fortgeltenden, 1984 per Volksentscheid eingefügten Verfassungsauftrag aus Art. 36 quinquies Abs. 1 S. 1 BV a.F., dass die Eidgenossenschaft die festgeschriebene Abgabe von jährlich 40 Franken für die Benutzung der Nationalstraßen erster und zweiter Klasse auf alle Kfz und Anhänger bis zu einem Gesamtgewicht von 3,5 Tonnen erheben muss.

vergleichbare Regelung (wie sie etwa in Österreich Mitte der 90er Jahre einmal geplant war) innerhalb der EU nicht mit Art. 18 Abs. 1 AEUV vereinbar wäre.[72] Ausschlaggebend ist für sie, dass Fahrer ohne Wohnsitz in dem betreffenden Mitgliedstaat einer differenzierenden Regelung bedürfen, da sie – anders als die Ortsansässigen – Autobahnnetze im EU-Ausland typischerweise nur kurzzeitig und oft nur für den Transit nutzen.[73] Dementsprechend läge gerade in der unterschiedslosen Regelung (alle Autobahnnutzer müssen eine Langzeitvignette erwerben) die versteckte Diskriminierung aufgrund der Staatsangehörigkeit.

Freilich ist mit dieser Lesart des Art. 18 Abs. 1 AEUV die maximale Entfernung zum ursprünglich intendierten Inländerbehandlungsanspruch erreicht. Das Diskriminierungsverbot wird hier in ein Verbot der Gleichbehandlung umgedeutet, das auch nur mit einiger Mühe in einen Zusammenhang mit der Staatsangehörigkeit der Betroffenen zu bringen ist.[74] Daher wäre auch diese Fallkonstellation bei den Beschränkungsverboten der Grundfreiheiten, einschließlich des Art. 21 Abs. 1 AEUV, sowie dem allgemeinen Gleichheitssatz nach Art. 20 GRC dogmatisch besser aufgehoben (vgl. Rn. 14). 25

3. Ablehnung eines weitergehenden Beschränkungsverbots

Neben den ohnehin weitreichenden Auswirkungen, die Art. 18 Abs. 1 AEUV über den Hebel der mittelbaren Diskriminierung erreicht, bleibt kein Raum für eine Erweiterung der Norm zu einem Beschränkungsverbot nach dem Vorbild der Grundfreiheiten. Dieser Befund ist schon deshalb zwingend, weil Art. 18 Abs. 1 AEUV – anders als die Marktfreiheiten – an keine bestimmte Art wirtschaftlicher Tätigkeit geknüpft ist, sondern alleine den »Anwendungsbereich der Verträge« als Bezugspunkt kennt. Wenn der Gerichtshof in Anlehnung an die Dassonville-Formel[75] jede mitgliedstaatliche Regelung, die geeignet ist, ein Politikziel der EU mittelbar oder unmittelbar, tatsächlich oder potentiell zu beeinträchtigen, dem Grunde nach als Verstoß gegen das Verbot der Diskriminierung aus Gründen der Staatsangehörigkeit wertete, würde dies an den Grundfesten des europäischen Kompetenzgefüges rütteln. Davon zu unterscheiden ist die Auslegung des Art. 21 Abs. 1 AEUV als Beschränkungsverbot (s. Art. 21 AEUV, Rn. 21 f.). 26

IV. Rechtfertigungsmöglichkeiten

Die Voraussetzungen einer möglichen Rechtfertigung für festgestellte Ungleichbehandlungen sind sehr umstritten. 27

1. Grundsätzliche Möglichkeit der Rechtfertigung

Hinsichtlich einer möglichen Rechtfertigung für festgestellte Ungleichbehandlungen werden **traditionell im Wesentlichen drei Auffassungen** vertreten: Eine breite Strömung in der älteren Literatur lehnte eine mögliche Rechtfertigung mit Blick auf den Wortlaut des Art. 18 Abs. 1 AEUV (»jede Diskriminierung«) vollständig ab.[76] Eine vermittelnde 28

---

[72] Communication of the Commission from 14.5.2012 on the application of national road infrastructure charges levied on light private vehicles, COM(2012) 199 final, S. 5 f., mit Verweis auf ihre (leider unveröffentlichte) damalige Stellungnahme K(96) 2166 vom 30.7.1996.
[73] COM(2012) 199 final vom 14.5.2012, S. 5.
[74] Zu den argumentativen Hürden ausführlich und mit positiver Grundhaltung *Fuchs*, S. 158 ff.
[75] EuGH, Urt. v. 11.7.1974, Rs. 8/74 (Dassonville), Slg. 1974, 837, Rn. 5.
[76] So etwa *Feige*, S. 44 ff.; *Hauschka*, NVwZ 1990, 1155 (1155); *Reitmaier*, S. 35 ff.; *Thümmel*, EuZW 1994, 242 (243).

Ansicht differenziert zwischen offenen und versteckten Diskriminierungen und bestreitet lediglich, dass für erstere eine Rechtfertigungsmöglichkeit bestehe.[77] Um dies bei letzteren jedoch zu ermöglichen, plädiert *Holoubek* für eine einschränkende Auslegung des Begriffs »Diskriminierung«: Dieser sei bei einer nur mittelbaren Benachteiligung aufgrund der Staatsangehörigkeit schon dem Grunde nach nicht einschlägig, wenn ein Rechtfertigungsgrund vorliege.[78] Die heute herrschende Meinung hingegen bedient sich trotz des Normwortlauts ungeschriebener Rechtfertigungsgründe, da die Expansion des Anwendungsbereichs von Art. 18 Abs. 1 AEUV, insbesondere durch die Rechtsprechung zur Unionsbürgerschaft, rein faktisch das Bedürfnis schaffe, selbst direkte Ungleichbehandlungen von EU-Ausländern unter gewissen Umständen zu rechtfertigen.[79]

29 Der Befund, dass es ein tatsächliches Bedürfnis nach einer Rechtfertigungsmöglichkeit für alle Arten von Diskriminierungen gibt, ist nicht von der Hand zu weisen. Insoweit schafft auch die Rechtsprechungspraxis des Gerichtshofs Fakten, indem dieser selbst eindeutig gelagerte Fälle einer differenzierenden Anknüpfung an die Staatsangehörigkeit auf eine mögliche Rechtfertigung prüft.[80] Anderenfalls ergäbe sich auch ein Wertungswiderspruch zu der Ausgestaltung der Grundfreiheiten, die sogar im integrationsintensiven Bereich des Binnenmarkts kein absolutes Verbot der Differenzierung nach der Staatsangehörigkeit kennen.[81] Dennoch schließt es der Tatbestand des Art. 18 Abs. 1 AEUV (»jede Diskriminierung«) semantisch aus, die zwingende Rechtsfolge (»ist ... verboten«) gleichsam durch einen deus ex machina abzuwenden.

30 Einen Ausweg aus diesem Dilemma bietet, wie *Holoubek* grundsätzlich zutreffend erkennt, eine einschränkende Interpretation des Begriffs »Diskriminierung« selbst. Dabei besteht jedoch keine Notwendigkeit, offene Diskriminierungen von der Möglichkeit einer Rechtfertigung auszuschließen. Versteht man den Terminus, wie oben (Rn. 6) ausgeführt, als Synonym für »sachlich nicht gerechtfertigte statusspezifische Benachteiligung«, dann ist es vorgezeichnet und sogar geboten, nach der Feststellung einer Benachteiligung aufgrund der Staatsangehörigkeit auch eine mögliche Rechtfertigung zu prüfen.[82]

---

[77] *von Borries*, EuZW 1994, 474 (475); *Holoubek*, in: Schwarze, EU-Kommentar, Art. 18 AEUV, Rn. 22.
[78] *Holoubek*, in: Schwarze, EU-Kommentar, Art. 18 AEUV, Rn. 22; im Ergebnis ähnlich *Plötscher*, S. 132 ff.
[79] Siehe nur *von Bogdandy*, in: Grabitz/Hilf/Nettesheim, EU, Art. 18 AEUV (September 2010), Rn. 23; *Epiney*, in: Calliess/Ruffert, EUV/AEUV, Art. 18 AEUV, Rn. 37; *Hilpold*, in: Niedobitek, Europarecht – Politiken, § 1, Rn. 24; *Odendahl*, in: Heselhaus/Nowak, Handbuch der Europäischen Grundrechte, § 45, Rn. 37; *Rossi*, EuR 2000, 197 (212 f.); *Schmahl*, EnzEuR, Bd. 2, § 15, Rn. 78; *Streinz*, in: Streinz, EUV/AEUV, Art. 18 AEUV, Rn. 60; *Streinz/Leible*, IPrax 1998, 162 (168).
[80] Vgl. EuGH, Urt. v. 27. 3. 2014, Rs. C–322/13 (Grauel Rüffer), ECLI:EU:C:2014:189, Rn. 22 f.; Urt. v. 6. 10. 2009, Rs. C–123/08 (Wolzenburg), Slg. 2009, I–9660, Rn. 68 f.; Urt. v. 16. 12. 2008, Rs. C–524/06 (Heinz Huber), Slg. 2008, I–9725, Rn. 72 ff.; Urt. v. 5. 6. 2008, Rs. C–164/07 (Wood), Slg. 2008, I–4157, Rn. 15.
[81] *Rossi*, EuR 2000, 197 (213); *Schmahl*, EnzEuR, Bd. 2, § 15, Rn. 78; *Streinz*, in: Streinz, EUV/AEUV, Art. 18 AEUV, Rn. 60.
[82] So schon GA *Mayras*, Schlussanträge zu Rs. 147/79 (Hochstrass), Slg. 1980, 3005 (3024); im Ansatz ähnlich auch *Bleckmann*, in: GBTE, EWGV, Art. 7 EWGV, Rn. 14; *Epiney*, Umgekehrte Diskriminierungen, S. 94 ff. Ebenfalls vergleichbar, aber mit Behandlung der Rechtfertigungsgründe als »alternative Differenzierungsziele« auf Tatbestandsebene *Görlitz*, S. 122 ff., 138 ff.; ihm folgend *Haratsch/Koenig/Pechstein*, Europarecht, Rn. 744. Letzterer Ansatz hat den Nachteil, dass er die rechtfertigungstypische Struktur in der EuGH-Rechtsprechung, insbesondere die Anwendung des Verhältnismäßigkeitsgrundsatzes, nicht überzeugend erklären kann, vgl. die Nachweise in Fn. 80.

2. Mögliche Rechtfertigungsgründe

Die Bejahung der grundsätzlichen Rechtfertigungsmöglichkeit bringt es mit sich, dass **31** die verfügbaren Rechtfertigungsgründe zu bestimmen sind. Dass es insoweit – im Gegensatz zu den Diskriminierungsverboten der Grundfreiheiten – an einem ausdrücklichen Katalog geschriebener Ausnahmetatbestände mangelt, erweist sich als nur vordergründig problematisch, eigentlich jedoch als sachgerecht. Die Aufzählungen in Art. 36 Satz 1, 45 Abs. 3 Hs. 1, 52 Abs. 1 und 65 Abs. 1 AEUV werden zunehmend als kontingent und nicht mehr zeitgemäß empfunden. Es mehren sich dementsprechend die Vorschläge, diese als totes Recht oder als bloße Beispiele zu betrachten und stattdessen durchgehend mit der Cassis-Formel[83] und ihren Pendants, die bei der Erweiterung der Grundfreiheiten zu Beschränkungsverboten entwickelt wurden, zu operieren.[84] Der Gerichtshof stellt sich demgegenüber offiziell auf den Standpunkt, zumindest offenen Diskriminierungen aufgrund der Staatsangehörigkeit könnten ausschließlich die geschriebenen Rechtfertigungsgründe entgegengehalten werden.[85] In Einzelfällen zieht er jedoch, ohne dies zu begründen oder als Abweichung von seiner erklärten ständigen Rechtsprechung zu kennzeichnen, selbst bei einer eindeutigen differenzierenden Anknüpfung an die Staatsangehörigkeit bzw. Warenherkunft ungeschriebene »zwingende Erfordernisse des Allgemeinwohls« für seine Prüfung heran, wann immer ihm dies opportun erscheint.[86] Dadurch bestätigt er indirekt das in der Literatur konstatierte Bedürfnis, dass die Mitgliedstaaten sich wegen der Unvorhersehbarkeit der möglichen Konfliktkonstellationen zur Verteidigung aller Arten von Diskriminierungen grundsätzlich auf eine breite Palette möglicher Gemeinwohlziele berufen können. Unerwünschte Einschränkungen zu verhindern ist nach dieser vorzugswürdigen Ansicht dann die alleinige Aufgabe des Verhältnismäßigkeitsgrundsatzes, der bei gravierenden Diskriminierungen ohnehin ebenso gewichtige Rechtfertigungsgründe verlangt.[87]

Ein solcher angemessener Umgang mit der Rechtfertigungsdogmatik lässt sich im **32** Rahmen des Art. 18 Abs. 1 AEUV ohne weiteres mit der hier vertretenen Interpretation des Wortlauts der Norm vereinbaren und wurde auch vom Gerichtshof – im Gegensatz zu seiner Rechtsprechung zu den Grundfreiheiten[88] – nie ausdrücklich abgelehnt. Vielmehr fordert er – unabhängig davon, ob es sich um eine offene oder eine versteckte Diskriminierung handelt – stets nur, dass die fragliche mitgliedstaatliche Maßnahme auf objektiven, von der Staatsangehörigkeit der Betroffenen unabhängigen Erwägungen beruht und in einem angemessenen Verhältnis zu einem legitimerweise verfolgten

---

[83] EuGH, Urt. v. 20.2.1979, Rs. 120/78 (REWE Zentral AG/Bundesmonopolverwaltung für Branntwein), Slg. 1979, 649, Rn. 8.
[84] Vgl. nur *Dauses/Brigola*, in: Dauses, Handbuch des EU-Wirtschaftsrechts, Abschnitt C I, Juni 2011, Rn. 284; *Kingreen*, in: Calliess/Ruffert, EUV/AEUV, Art. 34–36 AEUV, Rn. 84 f.; *Schroeder*, in: Streinz, EUV/AEUV, Art. 36 AEUV, Rn. 34.
[85] EuGH, Urt. v. 14.9.2006, verb. Rs. C–158/04 u. C–159/04 (Alfa Vita Vassilopoulos AE u.a./Elliniko Dimosio u.a.), Slg. 2006, I–8135, Rn. 20; Urt. v. 29.4.1999, Rs. C–224/97 (Ciola), Slg. 1999, I–2517, Rn. 16; Urt. v. 9.7.1992, Rs. C–2/90 (Kommission/Belgien; wallonische Abfälle), Slg. 1992, I–4431, Rn. 34. Zur Uneinheitlichkeit der Rechtsprechung *Kingreen*, in: Calliess/Ruffert, EUV/AEUV, Art. 34–36 AEUV, Rn. 82.
[86] Am augenfälligsten EuGH, Urt. v. 1.7.2014, Rs. C–573/12 (Ålands Vindkraft), ECLI:EU:C:2014:2037, Rn. 55, 76; Urt. v. 13.3.2001, Rs. C–379/98 (PreussenElektra), Slg. 2001, I–2099, Rn. 71 ff.
[87] *Dauses/Brigola*, in: Dauses, Handbuch des EU-Wirtschaftsrechts, Abschnitt C I, Juni 2011, Rn. 284.
[88] S. Fn. 85.

Zweck steht.[89] Mit anderen Worten bedarf es auch hier nur eines Allgemeinwohlziels im Sinne der Cassis-Formel und der Einhaltung des Verhältnismäßigkeitsgrundsatzes. So verfährt der EuGH selbst dann, wenn es in der Konstellation einer eindeutig offenen Diskriminierung aufgrund zu dünner Sachverhaltsangaben des vorlegenden Gerichts ungewiss ist, ob Art. 18 Abs. 1 AEUV oder eine Grundfreiheit des Binnenmarkts einschlägig ist. Er ignoriert, dass er bei konsequenter Handhabung seiner ständigen Rechtsprechung zu den Grundfreiheiten eigentlich unterschiedliche Maßstäbe anlegen müsste, und gewährt den Mitgliedstaaten für beide juristischen Varianten eine gleichermaßen weite Auswahl an möglichen Rechtfertigungsgründen.[90]

33 Im Gegensatz zu den Grundfreiheiten, hinsichtlich deren die Berufung auf Allgemeinwohlbelange rein wirtschaftlicher oder fiskalischer Natur wegen Unvereinbarkeit mit dem Binnenmarktziel stets ausscheidet,[91] können die Mitgliedstaaten im Rahmen des Art. 18 Abs. 1 AEUV grundsätzlich zumindest die übermäßige finanzielle Belastung beim ungehinderten Zugang von EU-Ausländern zu Geldleistungen und Einrichtungen der Daseinsvorsorge ins Feld führen.[92] Ein solches Vorbringen hat jedoch nur in besonders gravierenden Fällen Aussicht auf Erfolg, da der Gerichtshof »eine bestimmte finanzielle Solidarität« mit den Angehörigen der anderen Mitgliedstaaten einfordert, »insbesondere wenn die Schwierigkeiten, auf die der Aufenthaltsberechtigte stößt, nur vorübergehender Natur sind.«[93]

3. Verhältnismäßigkeitsprüfung

34 Hinsichtlich der erwähnten Verhältnismäßigkeitsprüfung verlangt der Gerichtshof, dass die betroffene Maßnahme geeignet ist, die Erreichung des mit ihr verfolgten Ziels zu gewährleisten, und dabei nicht über das hinausgeht, was zur Erreichung dieses Ziels erforderlich ist.[94] Damit bezieht der EuGH sich ausdrücklich auf die Formel, die er in ständiger Rechtsprechung auch bei der Prüfung der Grundfreiheiten heranzieht.[95] Wie dort ist daher zu beachten, dass der Gerichtshof üblicherweise die Verhältnismäßigkeit im engeren Sinne nicht als eigenen Prüfungspunkt behandelt, entsprechende Gesichtspunkte jedoch regelmäßig im Rahmen der Erforderlichkeit berücksichtigt.[96] Materielle Abstriche gegenüber einer eigenständigen Angemessenheitsprüfung sind damit jedoch nicht zwingend verbunden.

---

[89] EuGH, Urt. v. 27.3.2014, Rs. C–322/13 (Grauel Rüffer), ECLI:EU:C:2014:189, Rn. 23; Urt. v. 6.10.2009, Rs. C–123/08 (Wolzenburg), Slg. 2009, I–9660, Rn. 68; Urt. v. 16.12.2008, Rs. C–524/06 (Heinz Huber), Slg. 2008, I–9705, Rn. 75; Urt. v. 5.6.2008, Rs. C–164/07 (Wood), Slg. 2008, I–4157, Rn. 13.

[90] EuGH, Urt. v. 16.12.2008, Rs. C–524/06 (Heinz Huber), Slg. 2008, I–9705, Rn. 75; Urt. v. 23.5.1996, Rs. C–237/94 (O'Flynn), Slg. 1996, I–2631, Rn. 19.

[91] *Streinz/Michl*, in: Streinz/Liesching/Hambach (Hrsg.), Glücks- und Gewinnspielrecht in den Medien, 2014, Art. 34ff. AEUV, Rn. 68.

[92] EuGH, Urt. v. 13.4.2010, Rs. C–73/08 (Bressol), Slg. 2010, I–2782, Rn. 49ff.; Urt. v. 15.3.2005, Rs. C–209/03 (Bidar), Slg. 2005, I–2119, Rn. 56. Zur Notwendigkeit dieser Möglichkeit *Griller*, S. 203 (226f.); *Tomuschat*, ZaöRV 68 (2008), 327 (341ff.); vgl. auch die rechtsvergleichenden Überlegungen von *Schönberger*, S. 408ff.; für die Rechtslage in Deutschland instruktiv BVerfG, Beschl. v. 19.7.2016, Az. 2 BvR 470/08, Rn. 38ff.

[93] Grundlegend EuGH, Urt. v. 20.9.2001, Rs. C–184/99 (Grzelczyk), Slg. 2001, I–6193, Rn. 44.

[94] EuGH, Urt. v. 13.4.2010, Rs. C–73/08 (Bressol), Slg. 2010, I–2782, Rn. 48.

[95] Dazu im Einzelnen Art. 36 AEUV, Rn. 83ff.

[96] *Streinz/Michl* (Fn. 91), Art. 34ff. AEUV, Rn. 126.

C. Anwendungsbereich der Verträge

Art. 18 Abs. 1 AEUV ist nur dann anwendbar, wenn der Sachverhalt in den Anwendungsbereich der Verträge fällt. Insoweit sind verschiedene Dimensionen des Anwendungsbereichs zu unterscheiden. 35

I. Sachlicher Anwendungsbereich

In sachlicher Hinsicht ist Art. 18 Abs. 1 AEUV einschlägig, wenn einerseits keine besondere Bestimmung der Verträge eingreift, andererseits aber dennoch deren Anwendungsbereich eröffnet ist. Dies ist nach der Rechtsprechung des Gerichtshofs in zwei Fallgruppen möglich: spezifisch zur Abrundung der Gewährleistungen aus den Grundfreiheiten (inkl. des unionsbürgerlichen Freizügigkeitsrechts) sowie – allgemeiner – immer dann, wenn die betroffene Sachfrage hinreichende Bezugspunkte zum EU-Recht hat.[97] 36

1. Abrundung der Grundfreiheiten

Art. 18 Abs. 1 AEUV kommt eine besondere Funktion in Situationen zu, in denen nicht die Ausübung der einschlägigen Grundfreiheit selbst behindert wird, diese aber den **Anlass dafür bietet, dass ein Unionsbürger einer nach der Staatsangehörigkeit differenzierenden Regelung in einem anderen Mitgliedstaat ausgesetzt ist.** 37

a) Grundfreiheiten des Binnenmarkts

In Bezug auf die Grundfreiheiten des Binnenmarkts sind die Entscheidungen zur unionsrechtlichen Zulässigkeit zivilprozessualer Vorschriften, die die Gestellung einer Prozesskostensicherheit ausschließlich von Ausländern verlangten, besonders anschaulich.[98] 38

In seiner ersten Entscheidung zu dem Themengebiet, dem Fall des englischen Testamentsvollstreckers *Hubbard,* der eine Nachlassregelung für einen Deutschen vor dem Landgericht Hamburg betrieb, hatte der Gerichtshof die Anwendbarkeit des allgemeinen Diskriminierungsverbots aufgrund der Staatsangehörigkeit noch zugunsten der spezielleren Regeln über die Dienstleistungsfreiheit abgelehnt.[99] In den weiteren Entscheidungen Data Delecta, Hayes und Saldanha, die sich um die Bezahlung grenzüberschreitend gelieferter Waren bzw. den Gesellschafterschutz bei der grenzüberschreitenden Veräußerung von Unternehmensanteilen drehten, hatte der Gerichtshof sich jedoch unter Hinweis auf die insoweit stilbildende Entscheidung Phil Collins (zum Deutschen vorbehaltenen urheberrechtlichen Schutz nach §§ 96 Abs. 1, 125 Abs. 1 39

---

[97] *Wollenschläger,* S. 213; das Regel-Ausnahme-Verhältnis umkehrend *Schönberger,* S. 404: »jede grenzüberschreitende rechtliche Berührung des Unionsbürgers mit der Staatsgewalt eines anderen Mitgliedstaats. Das gilt nur dann nicht, wenn der Vertrag selbst konkrete Ausnahmebereiche normiert«; ähnlich schon *von Bogdandy/Bitter,* S. 309 (317).

[98] Zu Deutschland (§ 110 Abs. 1 ZPO) EuGH, Urt. v. 1.7.1993, Rs. C–20/92 (Hubbard), Slg. 1993, I–3777 und Urt. v. 20.3.1997, Rs. C–323/95 (Hayes), Slg. 1997, I–1711; zu Schweden (§ 1 des Gesetzes 1980:307) Urt. v. 26.9.1996, Rs. C–43/95 (Data Delecta), Slg. 1996, I–4661; zu Österreich (§ 57 Abs. 1 ZPO) Urt. v. 2.10.1997, Rs. C–122/96 (Saldanha), Slg. 1997, I–5325; zu Belgien (Art. 851 Gerechtelijk Wetboek) Urt. v. 7.4.2011, Rs. C–291/09 (Guarnieri), Slg. 2011, I–2700.

[99] EuGH, Urt. v. 1.7.1993, Rs. C–20/92 (Hubbard), Slg. 1993, I–3777, Rn. 10 f.

UrhG)¹⁰⁰ damit begnügt, ohne Prüfung einzelner Grundfreiheiten Art. 18 Abs. 1 AEUV für einschlägig zu halten. Die jeweilige mitgliedstaatliche Vorschrift habe zumindest **mittelbar Auswirkungen auf den Austausch von Gütern und Dienstleistungen** in der EU und es sei nicht erforderlich, diese konkret mit den besonderen Vorschriften etwa der Art. 34 oder 56 AEUV in Verbindung zu bringen.¹⁰¹ Streitentscheidend und damit im Zentrum der Aufmerksamkeit des Gerichtshofs war die Beurteilung des Spezialitätsverhältnisses erst im Fall Guarnieri, da der Kläger des nationalen Ausgangsverfahrens, wiederum einer Zahlungsklage nach Warenlieferung, ein monegassisches Unternehmen war. Auf dessen ebenfalls aus Monaco stammende Waren war wegen der bestehenden Zollunion des Fürstentums mit der EU zwar Art. 34 AEUV dem Grunde nach anwendbar, es selbst fiel jedoch nicht in den persönlichen Schutzbereich des Art. 18 Abs. 1 AEUV (vgl. Rn. 59, 71).¹⁰²

40 Die Lösung des Gerichtshofs bietet einigen Aufschluss über die relevanten Abgrenzungskriterien zwischen beiden Normen: Er stellt hinsichtlich der Anwendbarkeit des Art. 34 AEUV auf einen »Kausalitätszusammenhang zwischen einer möglichen Beeinträchtigung des innergemeinschaftlichen Handelsverkehrs und der in Rede stehenden unterschiedlichen Behandlung« ab, den er verneint, wenn die in Rede stehende nationale Vorschrift nicht nach der Herkunft der Ware unterscheidet und Bürger anderer Mitgliedstaaten aus Ex-ante-Sicht ihretwegen nicht zögern würden, das grenzüberschreitende Geschäft abzuschließen.¹⁰³ Daraus lässt sich der Umkehrschluss ableiten, dass Art. 18 Abs. 1 AEUV dann anwendbar sein soll, wenn sich erst aus der **Ex-post-Perspektive** erweist, dass eine nicht-wirtschaftsrechtliche diskriminierende Regelung geeignet ist, den grenzüberschreitenden Handel zu behindern oder weniger attraktiv zu machen. Art. 18 Abs. 1 AEUV ist mithin immer dann anwendbar, wenn ein Unionsbürger im Einzelfall anlässlich der Ausübung einer Grundfreiheit mit einer mitgliedstaatlichen Norm konfrontiert ist, die in **keinem spezifischen Zusammenhang mit der von der Grundfreiheit geschützten wirtschaftlichen Tätigkeit** steht.¹⁰⁴ § 110 Abs. 1 ZPO war dementsprechend im Fall Hubbard an Art. 56 Abs. 1 AEUV zu messen, da die gerichtliche Auseinandersetzung um den Nachlass zum primären Pflichtenkreis eines Testamentsvollstreckers gehört und eine Diskriminierung in diesem Bereich auch aus Ex-ante-Sicht schon die Durchführung der vereinbarten Dienstleistung beeinträchtigt.¹⁰⁵ Im Fall Hayes hingegen war die Anwendung des § 110 Abs. 1 ZPO als Verstoß gegen Art. 18 Abs. 1 AEUV einzuordnen, da Erschwernisse bei der gerichtlichen Durchsetzung des Vergütungsanspruchs nicht spezifisch die Ausübung der Grundfreiheit betreffen.

---

[100] EuGH, Urt. v. 20.10.1993, verb. Rs. C–92/92 u. C–326/92 (Phil Collins), Slg. 1993, I–5145, Rn. 27.
[101] EuGH, Urt. v. 26.9.1996, Rs. C–43/95 (Data Delecta), Slg. 1996, I–4661, Rn. 14f.; Urt. v. 20.3.1997, Rs. C–323/95 (Hayes), Slg. 1997, I–1711, Rn. 16f.; Urt. v. 2.10.1997, Rs. C–122/96 (Saldanha), Slg. 1997, I–5325, Rn. 20f.
[102] EuGH, Urt. v. 7.4.2011, Rs. C–291/09 (Guarnieri), Slg. 2011, I–2700, Rn. 14, 20.
[103] Ebenda, Rn. 17ff.
[104] *Streinz*, in: Streinz, EUV/AEUV, Art. 18 AEUV, Rn. 15, 22; *von Bogdandy*, in: Grabitz/Hilf/Nettesheim, EU, Art. 18 AEUV (September 2010), Rn. 60. Diese Abgrenzung wird auch deutlich aus EuGH, Urt. v. 2.2.1989, Rs. 186/87 (Cowan), Slg. 1989, 195, Rn. 14ff. und Urt. v. 24.11.1998, Rs. C–274/96 (Bickel und Franz), Slg. 1998, I–7637, Rn. 15f. Letztere Entscheidung wurde zuletzt im Urt. v. 27.3.2014, Rs. C–322/13 (Grauel Rüffer), ECLI:EU:C:2014:189, ohne Diskussion über die vorgängige Ausübung der passiven Dienstleistungsfreiheit bestätigt.
[105] *Streinz/Leible*, IPrax 1998, 162 (166).

b) Freizügigkeitsrecht aus der Unionsbürgerschaft

Auch aus dem unionsbürgerlichen Freizügigkeitsrecht gem. Art. 21 Abs. 1 AEUV folgt die Anwendbarkeit des Art. 18 Abs. 1 AEUV (s. auch Rn. 85 ff.). **41**

aa) Rechtmäßiger Aufenthalt i. S. d. RL 2004/38/EG als Anknüpfungspunkt

Diese Wirkung tritt zum einen im eigentlichen Gewährleistungsbereich des Freizügigkeitsrechts in allen seinen Facetten ein (dazu Art. 21 AEUV, Rn. 16 ff.), d. h. auch im Kontext des Wegzugs aus dem Herkunftsmitgliedstaat[106] und schon bei einem vorübergehenden Aufenthalt in einem anderen Mitgliedstaat.[107] Nach der früheren Rechtsprechung griff sie zudem selbst dann noch, wenn ein Unionsbürger, der seinen gewöhnlichen Aufenthalt einmal rechtmäßig in einen anderen EU-Mitgliedstaat verlegt hatte, zu einem beliebigen späteren Zeitpunkt einer Diskriminierung aufgrund der Staatsangehörigkeit ausgesetzt war. Es spielte keine Rolle, ob er dann immer noch ein Aufenthaltsrecht aus dem Unionsrecht ableiten konnte.[108] Hiervon ist der Gerichtshof in seiner jüngsten Judikatur abgerückt.[109] Seit dem Urteil Dano verwendet er die Formel, dass »ein Unionsbürger eine Gleichbehandlung mit den Staatsangehörigen des Aufnahmemitgliedstaats hinsichtlich des Zugangs zu [öffentlichen Leistungen] nur verlangen kann, wenn sein Aufenthalt im Hoheitsgebiet des Aufnahmemitgliedstaats die Voraussetzungen der Richtlinie 2004/38 erfüllt.«[110] In diesem Zusammenhang wendet der Gerichtshof auch nur noch das sekundärrechtliche Gleichbehandlungsgebot aus Art. 24 Abs. 1 RL 2004/38/EG[111] an, wenngleich er betont, dass Art. 18 AEUV darin lediglich einen besonderen Ausdruck finde.[112] Daraus folgt vor allem, dass der spezielle Einschränkungstatbestand des Art. 24 Abs. 2 RL 2004/38/EG uneingeschränkt zum Tragen kommt (zu den Konsequenzen näher Rn. 46). Der Gerichtshof vermeidet es dadurch, den legislativen Rahmen durch die großzügige Handhabung des primärrechtlichen Diskriminierungsverbots zu unterlaufen.[113] Demnach gilt nunmehr, dass nicht die bloße Anwesenheit eines Unionsbürgers in einem anderen Mitgliedstaat einen Gleichbehandlungsanspruch auslöst, auch wenn sie nach dem jeweiligen nationalen Recht rechtmäßig sein sollte, sondern nur der nach den Kriterien der RL 2004/38/EG rechtmäßige Aufenthalt. **42**

Trotz dieser Einschränkung bewirkt der Hebel des unionsbürgerlichen Freizügigkeitsrechts, dass Art. 18 Abs. 1 AEUV bzw. seine Konkretisierung in Art. 24 Abs. 1 RL **43**

---

[106] EuGH, Urt. v. 12. 5. 2011, Rs. C–391/09 (Runevič-Vardyn und Wardyn), Slg. 2011, I–3818, Rn. 67.

[107] EuGH, Urt. v. 27. 3. 2014, Rs. C–322/13 (Grauel Rüffer), ECLI:EU:C:2014:189, Rn. 22; Urt. v. 24. 11. 1998, Rs. C–274/96 (Bickel und Franz), Slg. 1998, I–7637, Rn. 24 ff.

[108] Besonders anschaulich EuGH, Urt. v. 12. 5. 1998, Rs. C–85/96 (Martínez Sala), Slg. 1998, I–2691, Rn. 61 ff.; Urt. v. 7. 9. 2004, Rs. C–456/02 (Trojani), Slg. 2004, I–7595, Rn. 35 ff., 43.

[109] Vgl. zur Einordnung *Kingreen*, NVwZ 2015, 1503; *Thym*, NJW 2015, 130 (130 f.).

[110] EuGH, Urt. v. 11. 11. 2014, Rs. C–333/13 (Dano), ECLI:EU:C:2014:2358, Rn. 69; aufgegriffen in Urt. v. 2. 6. 2016, Rs. C–233/14 (Kommission/Niederlande; Fahrpreisermäßigung für Studenten), ECLI:EU:C:2016:396, Rn. 82; Urt. v. 15. 9. 2015, Rs. C–67/14 (Alimanovic), ECLI:EU:C:2015:597, Rn. 49.

[111] Richtlinie 2004/38/EG vom 29. 4. 2004 über das Recht der Unionsbürger und ihrer Familienangehörigen, sich im Hoheitsgebiet der Mitgliedstaaten frei zu bewegen und aufzuhalten, zur Änderung der Verordnung (EWG) Nr. 1612/68 und zur Aufhebung der Richtlinie 64/221/EWG, 68/360/EWG, 72/194/EWG, 73/148/EWG, 75/35/EWG, 90/364/EWG, 90/365/EWG und 93/96/EWG, ABl. 2004, L 158/77.

[112] EuGH, Urt. v. 2. 6. 2016, Rs. C–233/14 (Kommission/Niederlande; Fahrpreisermäßigung für Studenten), ECLI:EU:C:2016:396, Rn. 86.

[113] Vgl. zur normhierarchischen Einordnung *Kötter*, infoalso 2016, 3 (4 f.).

2004/38/EG einen **immens weiten Anwendungsbereich** erhält. Zumindest im Bereich des Schutzes vor Diskriminierungen aufgrund der Staatsangehörigkeit gilt – mit Ausnahme des in Art. 24 Abs. 2 RL 2004/38/EG abgesteckten Bereichs – fast uneingeschränkt, was Generalanwalt *Jacobs* mit seinen berühmten Schlussanträgen im Fall Konstantinidis im Bereich des EU-Grundrechtsschutzes als Losung ausgeben wollte: Jeder ausländische Unionsbürger kann im Falle seiner rechtmäßigen Anwesenheit in einem EU-Mitgliedstaat sagen: »**civis europaeus sum**«,[114] und muss infolgedessen dem Grunde nach wie ein Inländer behandelt werden.[115] Dieser Anspruch erstreckt sich auf etliche Materien, für die die EU keine Regelungskompetenz besitzt und die auch nicht unter sonstigen Gesichtspunkten in den Anwendungsbereich des Unionsrechts fallen. Vollständig ausgenommen sind nur solche Sachbereiche, in denen die EU-Gesetzgebung unter keinem denkbaren Gesichtspunkt Einfluss erlangen könnte, etwa das Wahlrecht zu den nationalen Parlamenten.[116]

bb) Beispiele für praktische Auswirkungen

44 Eingeschlossen ist zum Beispiel der Grundrechtsschutz, für den der Leitspruch »civis europaeus sum« eigentlich entwickelt wurde, sich aber (zumindest bisher) nicht durchsetzen konnte. Die Unionsbürgerschaft führt hier zwar nicht ohne Weiteres dazu, dass die Mitgliedstaaten infolge des bloßen Aufenthalts eines EU-Ausländers das Unionsrecht i. S. d. insoweit engeren Art. 51 Abs. 1 Satz 1 GRC durchführen.[117] Jeder Unionsbürger hat aber das Recht, sich auf alle der Sache nach einschlägigen nationalen Grundrechte zu berufen, ohne sich Einschränkungen des persönlichen Schutzbereichs auf Inländer entgegenhalten lassen zu müssen.[118] Dementsprechend sind etwa die sog. Deutschengrundrechte des Grundgesetzes für Unionsbürger zu öffnen. Dabei ist es aus Sicht des Unionsrechts gleichgültig, ob dies innerhalb der Dogmatik des deutschen Verfassungsrechts durch Erweiterung der jeweiligen persönlichen Schutzbereiche oder durch eine Aufladung des Art. 2 Abs. 1 GG mit dem Gehalt und den Schranken des unanwendbaren Deutschengrundrechts geschieht.[119] Soweit sich Personenmehrheiten auf die Unionsbürgerschaft berufen können, ist außerdem die Geltung der Grundrechte für »inländische juristische Personen« gem. Art. 19 Abs. 3 GG auf ihre Pendants aus anderen EU-Mitgliedstaaten zu erstrecken.[120] Erst dadurch wird diesen auch die Möglichkeit eröffnet, eine Verfassungsbeschwerde zum Bundesverfassungsgericht zu erheben.[121]

---

[114] Vgl. GA *Jacobs*, Schlussanträge zu Rs. C–168/91 (Konstantinidis), Slg. 1993, I–1191, Rn. 46.
[115] Vgl. *von Bogdandy/Bitter*, S. 309 (322); *Kochenov*, ELJ 19 (2013), 502 (507 f.); skeptisch gegenüber dem Civis-europaeus-Gedanken *P. M. Huber*, EuR 2013, 637 (648 f.).
[116] *Epiney*, ELJ 13 (2007), 611 (621 f.).
[117] Diesen Schluss lässt EuGH, Urt. v. 11. 11. 2014, Rs. C–333/13 (Dano), ECLI:EU:C:2014:2358, Rn. 85 ff., zu; vgl. auch *Michl*, Die Überprüfung des Unionsrechts am Maßstab der EMRK, 2014, S. 191. Es wird aber zu beobachten bleiben, wie der Gerichtshof das Zusammenspiel zwischen Unionsbürgerschaft und EU-Grundrechten in Zukunft gestalten wird, vgl. die Analyse des expansiven Potentials bei *Kochenov*, ELJ 19 (2013), 502 (511).
[118] *Griller*, S. 203 (215).
[119] Das BVerfG hat sich nicht endgültig festgelegt, auch wenn eine Tendenz zur Lösung über Art. 2 Abs. 1 GG erkennbar ist, vgl. BVerfG, NVwZ 2011, 486 (488). Vgl. die umfassenden Nachweise für beide Positionen bei *Ludwigs*, JZ 2013, 434 (440). In Österreich werden hingegen die Staatsbürgerrechte, etwa die Erwerbsfreiheit nach Art. 6 StGG, auf EU-Ausländer angewendet, vgl. *Griller*, S. 203 (218).
[120] BVerfGE 129, 78 (97). Eingehend zur gesamten Problematik *Ludwigs*, JZ 2013, 434 (435 ff.).
[121] *P. M. Huber*, EuR 2013, 637 (642).

Die gleichen Grundsätze gelten auch für sonstige **prozessrechtliche Regeln**, die an die 45
Staatsangehörigkeit eines der Beteiligten anknüpfen. So ist etwa das in Südtirol als
Privileg für italienische Staatsbürger deutscher Muttersprache konzipierte Recht auf
den Gebrauch des Deutschen als Verfahrenssprache auch deutschsprachigen Bürgern
anderer EU-Mitgliedstaaten zu gewähren.[122]

Hingegen hat der EuGH die frühere große Bedeutung der Kombination aus den 46
Art. 21 Abs. 1 und 18 Abs. 1 AEUV im Bereich des **Zugangs zu Sozialleistungen** eingeschränkt. Dies gilt insbesondere für den Bereich der **Sozialhilfe**,[123] der sich aufgrund der stärkeren Bedeutung der RL 2004/38/EG (»aufenthaltsrechtliche Lösung«)[124] nunmehr im Wesentlichen wie folgt gestaltet: Einem EU-Ausländer, der **nicht auf Arbeitsuche** ist, steht nach den ersten drei Monaten seines Aufenthalts schon tatbestandlich ein Gleichbehandlungsanspruch nur dann zu, wenn und solange er für sich und seine Familienmitglieder über ausreichende Existenzmittel verfügt und daher keine Sozialhilfeleistungen in Anspruch nehmen muss (Art. 7 Abs. 1 Buchst. b i. V. m. Art. 14 Abs. 2 RL 2004/38/EG).[125] Während der ersten drei Monate wiederum, in denen der Aufenthalt gem. Art. 6 Abs. 1 RL 2004/38/EG an keine Bedingungen geknüpft werden darf, greift die Ausnahmebestimmung des Art. 24 Abs. 2 RL 2004/38/EG, der die Gewährung von Sozialhilfe vom Anwendungsbereich des Diskriminierungsverbots nach Art. 24 Abs. 1 RL 2004/38/EG ausnimmt.[126] **Arbeitsuchende** hingegen werden in zwei Fallgruppen eingeteilt:[127] Wer sich nach Ablauf eines auf weniger als ein Jahr befristeten Arbeitsvertrags oder bei unfreiwillig entstandener Arbeitslosigkeit innerhalb der ersten zwölf Monate des Aufenthalts zur Vermittlung dem zuständigen Arbeitsamt zur Verfügung stellt (Art. 7 Abs. 3 Buchst. c RL 2004/38/EG), behält sein Aufenthaltsrecht für mindestens weitere sechs Monate und kann sich auf das Gleichbehandlungsgebot des Art. 24 Abs. 1 RL 2004/38/EG berufen.[128] Wer allerdings nie im Aufnahmemitgliedstaat gearbeitet oder nach Ablauf der genannten Sechs-Monats-Frist noch keine neue Anstellung gefunden hat, behält zwar sein Aufenthaltsrecht, wenn er nachweisen kann, dass er weiterhin mit begründeter Aussicht auf Erfolg Arbeit sucht (Art. 14 Abs. 4 Buchst. b RL 2004/38/EG); es greift aber wieder der Ausschluss des Gleichbehandlungsanspruchs gem. Art. 24 Abs. 2 RL 2004/38/EG bzgl. der Gewährung von Sozialhilfe.[129] Da die Inanspruchnahme des Sozialhilfesystems durch einen Unionsbürger nicht automatisch zu einer aufenthaltsbeendenden Maßnahme führen darf,[130] dies vielmehr Gegenstand einer Einzelfallentscheidung sein muss, kann es vorkommen, dass sich Unionsbürger

---

[122] EuGH, Urt. v. 27.3.2014, Rs. C–322/13 (Grauel Rüffer), ECLI:EU:C:2014:189, Rn. 22; Urt. v. 24.11.1998, Rs. C–274/96 (Bickel und Franz), Slg. 1998, I–7637, Rn. 24 ff.

[123] Zum unionsrechtlich autonomen Begriffsverständnis EuGH, Urt. v. 11.11.2014, Rs. C–333/13 (Dano), ECLI:EU:C:2014:2358, Rn. 63; Urt. v. 15.9.2015, Rs. C–67/14 (Alimanovic), ECLI:EU: C:2015:597, Rn. 44 ff.

[124] Zum Hintergrund ausführlich *Nazik/Ulber*, NZS 2015, 369.

[125] EuGH, Urt. v. 11.11.2014, Rs. C–333/13 (Dano), ECLI:EU:C:2014:2358, Rn. 71 ff.; zu fortbestehenden Problemfragen in diesem Zusammenhang *Thym*, NJW 2015, 130 (132).

[126] EuGH, Urt. v. 11.11.2014, Rs. C–333/13 (Dano), ECLI:EU:C:2014:2358, Rn. 70.

[127] *Kötter*, infoalso 2016, 3 (4).

[128] EuGH, Urt. v. 15.9.2015, Rs. C–67/14 (Alimanovic), ECLI:EU:C:2015:597, Rn. 53.

[129] Ebenda, Rn. 57.

[130] Zu den Anforderungen näher EuGH, Urt. v. 19.9.2013, Rs. C–140/12 (Brey), ECLI:EU: C:2013:565, Rn. 63 ff.; allerdings lässt der Gerichtshof auch hier den Mitgliedstaaten neuerdings freie Hand, wenn der Zugang zu Sozialleistungen von eindeutigen Fristen abhängt und ausgeschlossen ist, vgl. Urt. v. 25.2.2016, Rs. C–299/14 (García-Nieto), ECLI:EU:C:2016:114, Rn. 46; Urt. v. 15.9.2015, Rs. C–67/14 (Alimanovic), ECLI:EU:C:2015:597, Rn. 59.

ohne EU-rechtlich begründeten Anspruch auf Sicherung des Existenzminimums im Hoheitsgebiet eines anderen Mitgliedstaats aufhalten. Da diese Situation nach dem jetzigen Stand der Rechtsprechung nicht in den Anwendungsbereich des Unionsrechts fällt, ist es insoweit allein Sache der nationalen Rechtsordnungen, welche Art von Leistungen sie den Betroffenen gewähren.[131] Hinsichtlich **anderer Sozialleistungen** hat der EuGH es zur Rechtfertigung von Ungleichbehandlungen akzeptiert, dass die Mitgliedstaaten einen gewissen Grad an Integration in die Aufnahmegesellschaft verlangen,[132] was in der Regel eine aufwendige Einzelfallprüfung erfordert.[133] Eine Ausnahme hat der Gerichtshof in der Rechtssache Förster im Hinblick auf Studienbeihilfen an Studenten erlaubt. Von diesen kann pauschal ein fünfjähriger ununterbrochener Aufenthalt gefordert werden, bevor ein Anspruch entsteht.[134] Damit übertrug er die Ausnahmeregelung des Art. 24 Abs. 2 RL 2004/38/EG auf einen Sachverhalt, der vor Ablauf der Umsetzungsfrist der Richtlinie angesiedelt war[135] – wohl um keinen Widerspruch zwischen Primärrecht und Sekundärrecht entstehen zu lassen. Seine Begründung, insbesondere der Verweis auf den Gewinn an Rechtssicherheit und Transparenz durch klare Fristen,[136] ließe sich auch auf andere Arten von Sozialleistungen erstrecken.[137]

47 Ungebrochen hingegen ist der Einfluss des Art. 18 Abs. 1 AEUV auf den **Zugang zu Bildungseinrichtungen**, namentlich den Hochschulen, der Mitgliedstaaten. Zumindest dann, wenn sich der Betroffene bereits rechtmäßig im Zielmitgliedstaat aufhält, folgt aus der Verbindung zwischen Art. 21 Abs. 1 und Art. 18 Abs. 1 AEUV, dass er bei der Vergabe von Studien- oder sonstigen Ausbildungsplätzen ein Recht auf gleiche Behandlung wie ein Inländer hat (zu weiteren Gesichtspunkten s. Rn. 50).[138]

48 Zu den Auswirkungen auf das **Namensrecht** siehe oben Rn. 13 f.

2. Sonstige hinreichende Bezugspunkte zum EU-Recht

49 Darüber hinaus wendet der Gerichtshof Art. 18 Abs. 1 AEUV auch auf weitere Konstellationen an, die in irgendeiner Weise tatbestandlich von einer Norm des Unionsrechts erfasst werden.[139] Dabei genügen ihm bereits unspezifische Bezüge zu Politikzielen der Europäischen Union, solange der Sachverhalt nicht völlig außerhalb des Unionsrechts liegt.[140] Dies dürfte erst der Fall sein, wenn das Unionsrecht nicht einmal potentiell über eine Beitragskompetenz Einfluss auf den Sachverhalt nehmen kann. Im Hinblick auf die Bindung der Union selbst (s. Rn. 62) ist der sachliche Anwendungsbereich des Art. 18 Abs. 1 AEUV daher stets eröffnet, wenn Organe, Einrichtungen und

---

[131] Vgl. für Deutschland BSG, NJW 2016, 1464; *Bernsdorff*, NVwZ 2016, 633; *Kötter*, infoalso 2016, 3 (5 ff.).

[132] Instruktiv EuGH, Urt. v. 18.11.2008, Rs. C–158/07 (Förster), Slg. 2008, I–8507, Rn. 45 ff.; *Devetzi*, EuR 2014, 638 (641 ff.).

[133] Dazu ausführlich *Thym*, NZS 2014, 81 (88 f.).

[134] EuGH, Urt. v. 18.11.2008, Rs. C–158/07 (Förster), Slg. 2008, I–8507, Rn. 51 ff.; vgl. dazu *O'Leary*, E.L.Rev. 34 (2009), 612 (620 ff.).

[135] EuGH, Urt. v. 18.11.2008, Rs. C–158/07 (Förster), Slg. 2008, I–8507, Rn. 55.

[136] Ebenda, Rn. 57; sehr ähnlich Urt. v. 25.2.2016, Rs. C–299/14 (García-Nieto), ECLI:EU:C:2016:114, Rn. 49; Urt. v. 15.9.2015, Rs. C–67/14 (Alimanovic), ECLI:EU:C:2015:597, Rn. 61.

[137] Vgl. die grundsätzlichen Erwägungen von *Schönberger*, S. 418 ff.; kritisch *Devetzi/Schreiber*, ZESAR 2016, 15 (20): Einladung an die Mitgliedstaaten zu sehr groben Typisierungen.

[138] EuGH, Urt. v. 13.4.2010, Rs. C–73/08 (Bressol), Slg. 2010, I–2735, Rn. 33.

[139] *von Bogdandy*, in: Grabitz/Hilf/Nettesheim, EU, Art. 18 AEUV (September 2010), Rn. 34.

[140] Vgl. EuGH, Urt. v. 13.2.1985, Rs. 293/83 (Gravier), Slg. 1985, 593, Rn. 19; Urt. v. 27.10.1982, verb. Rs. 35/82 u. 36/82 (Morson), Slg. 1982, 3723, Rn. 16 (»keinerlei Berührungspunkte«).

Stellen der Union selbst handeln, auch wenn dies im Rahmen der GASP geschieht.[141] Gegenüber den Mitgliedstaaten ist die Wirkung des Art. 18 Abs. 1 AEUV über den vorliegenden Begründungsstrang insoweit problematisch, als sie einerseits sehr weitreichend und andererseits schwer kalkulierbar ist. Nach gegenwärtigem Stand ist sie – trotz Annäherungstendenzen – noch um einiges umfangreicher als die der Unionsgrundrechte nach Art. 51 Abs. 1 Satz 1 GRC.[142]

Anschaulich wird dies im Bereich des **Zugangs zu Bildungseinrichtungen**. So zieht der EuGH in ständiger Rechtsprechung Art. 165 Abs. 2, 2. Gedankenstrich AEUV sowie Art. 166 Abs. 2, 3. Gedankenstrich AEUV heran, um mitgliedstaatliche Regelungen über den Zugang zur Berufsausbildung – und damit auch zu den Hochschulen – an Art. 18 Abs. 1 AEUV messen zu können.[143] Dies erlaubt es dem Gerichtshof, die Bewerbung bei Bildungseinrichtungen auch schon vor den (üblicherweise erst nach Zulassung durchgeführten) Übersiedlung in den Zielmitgliedstaat und der damit verbundenen Ausübung des Freizügigkeitsrechts unionsrechtlich zu erfassen. Eine Kontingentierung anhand des Ortes, an dem die Bewerber ansässig sind oder ihre Hochschulreife erworben haben, ist daher grundsätzlich unzulässig und rechtfertigungsbedürftig.[144] 50

Ähnlich argumentierte der Gerichtshof im Bereich des **Luftverkehrs**, der gem. Art. 58 Abs. 1 AEUV vom Anwendungsbereich der Dienstleistungsfreiheit ausgenommen ist und – ebenso wie die **Seeschifffahrt** – nur aufgrund der noch nicht ausgeübten Kompetenznorm des Art. 100 Abs. 2 AEUV unionsrechtlich geregelt werden könnte. Die Zielsetzung, auch im Bereich des Verkehrs einen vollständigen Binnenmarkt zu verwirklichen, rechtfertigt laut EuGH sogar die Anwendung des Art. 18 Abs. 1 AEUV auf die Bestimmungen über Beförderungsarten, die bisher von allen unionsrechtlichen Regelungen explizit ausgenommen sind.[145] 51

II. Persönlicher Anwendungsbereich

Der persönliche Anwendungsbereich des Art. 18 Abs. 1 AEUV ist eröffnet, wenn die Norm gegenüber einem aus dieser Norm Verpflichteten und zugunsten eines aus ihr Berechtigten wirken soll. Dies ist möglich, da sie inhaltlich hinreichend bestimmt und unbedingt (»self-executing«) und somit unmittelbar anwendbar ist. 52

1. Berechtigte des Art. 18 AEUV

Die Berechtigung folgt dabei grundsätzlich – dem weiten Begriff der Staatsangehörigkeit entsprechend (vgl. Rn. 7 f.) – aus der Zurechenbarkeit zu einem EU-Mitgliedstaat. 53

a) Staatsangehörige der Mitgliedstaaten
Für natürliche Personen bedeutet dies eine Anknüpfung an die Staatsangehörigkeit (im deutschen Wortsinn), die von den Mitgliedstaaten innerhalb der Grenzen des Völker- 54

---

[141] Zu diesem Aspekt *Haratsch/Koenig/Pechstein*, Europarecht, Rn. 738.
[142] *Thym*, NVwZ 2013, 889 (893).
[143] EuGH, Urt. v. 1.7.2004, Rs. C-65/03 (Kommission/Belgien; Hochschulzugang), Slg. 2004, I-6427, Rn. 25; vgl. auch Urt. v. 13.2.1985, Rs. 293/83 (Gravier), Slg. 1985, 593, Rn. 18 ff.
[144] Vgl. zuletzt EuGH, Urt. v. 13.4.2010, Rs. C-73/08 (Bressol), Slg. 2010, I-2735, Rn. 41 ff. Vertiefend zu dieser Problematik anhand des Beispiels Hochschulzugang in Österreich *Griller*, S. 203 (233 ff.).
[145] EuGH, Urt. v. 25.1.2011, Rs. C-382/08 (Neukirchinger), Slg. 2011, I-139, Rn. 26 ff.; vgl. auch Urt. v. 18.3.2014, Rs. C-628/11 (International Jet Management), ECLI:EU:C:2014:171, Rn. 59.

rechts autonom verliehen wird.¹⁴⁶ Diese Praxis wurde von den Hohen Vertragsparteien auch in Erklärung Nr. 2 zum Vertrag von Maastricht ausdrücklich sanktioniert: »Die Konferenz erklärt, dass bei Bezugnahmen des Vertrags zur Gründung der Europäischen Gemeinschaft auf die Staatsangehörigen der Mitgliedstaaten die Frage, welchem Mitgliedstaat eine Person angehört, allein durch Bezug auf das innerstaatliche Recht des betreffenden Mitgliedstaats geregelt wird. Die Mitgliedstaaten können zur Unterrichtung in einer Erklärung gegenüber dem Vorsitz angeben, wer für die Zwecke der Gemeinschaft als ihr Staatsangehöriger anzusehen ist.« Es steht mithin ausschließlich den Mitgliedstaaten zu, die Voraussetzungen für den Erwerb und den Verlust ihrer so verstandenen Staatsangehörigkeit festzulegen.¹⁴⁷ Das Unionsrecht kann auf diese Zuordnung allenfalls einwirken, wenn diese bereits autonom erfolgt ist und die dadurch entstandene unionsrechtliche Rechtsposition wieder entzogen würde, insbesondere bei einem drohenden Verlust der Unionsbürgerschaft.¹⁴⁸

55 Bedeutsam ist dies insbesondere im Hinblick auf das Vereinigte Königreich, das aufgrund seiner Kolonialvergangenheit drei verschiedene Arten von Staatsbürgern kennt: British Citizens, British Dependent Territories Citizens und British Overseas Citizens.¹⁴⁹ Gemäß einer einseitigen völkerrechtlichen Erklärung von 1982, die nach einer innerstaatlichen Rechtsänderung eine ebenfalls bereits einseitige Erklärung zum Beitrittsvertrag 1972 ersetzte, sind nur British Citizens sowie Bürger, die in einer bestimmten Beziehung zu Gibraltar stehen, als britische Staatsangehörige im Sinne des Unionsrechts anzusehen.¹⁵⁰ Diese Erklärung ist allein maßgebend, ohne dass es auf den Umfang der Bürgerrechte im innerstaatlichen Recht ankommt und ohne dass die anderen EU-Mitgliedstaaten irgendeinen Einfluss hätten.¹⁵¹

56 Es ist unschädlich, wenn ein nach diesen Grundsätzen Berechtigter neben der Staatsangehörigkeit eines EU-Mitgliedstaats zusätzlich die eines Drittstaats besitzt.¹⁵² Ebenso kann es Unionsbürgern mit der Staatsangehörigkeit mehrerer EU-Mitgliedstaaten nicht verwehrt werden, Art. 18 Abs. 1 AEUV gegenüber einem dieser Staaten geltend zu machen.¹⁵³ Es handelt sich dann nicht um einen Fall der Inländerdiskriminierung (vgl. dazu Rn. 68 f.). Wenn Regeln des Internationalen Privatrechts eines Mitgliedstaats vorsehen, dass **Doppelstaatsbürger** unter bestimmten Umständen als Drittstaatsangehörige oder ausschließlich als Inländer gelten, verdrängt Art. 18 Abs. 1 AEUV diese im Kollisionsfall im Wege des Anwendungsvorrangs.

b) Einem Mitgliedstaat zugehörige Personenmehrheiten

57 Mit Blick auf Art. 199 Nr. 4 AEUV ist der Begriff der Staatsangehörigkeit auch in Art. 18 Abs. 1 AEUV so auszulegen, dass mindestens juristische Personen ihn erfüllen können (dazu näher Rn. 7 f.). Hiervon geht auch der Europäische Gerichtshof aus, ohne

---

¹⁴⁶ *von Bogdandy*, in: Grabitz/Hilf/Nettesheim, EU, Art. 18 AEUV (September 2010), Rn. 29; *Holoubek*, in: Schwarze, EU-Kommentar, Art. 18 AEUV, Rn. 32.
¹⁴⁷ EuGH, Urt. v. 7.7.1992, Rs. C–369/90 (Micheletti), Slg. 1992, I–4239, Rn. 10; Urt. v. 19.10.2004, Rs. C–200/02 (Zhu und Chen), Slg. 2004, I–9925, Rn. 37.
¹⁴⁸ EuGH, Urt. v. 2.3.2010, Rs. C–135/08 (Rottmann), Slg. 2010, I–1449, Rn. 48 ff.
¹⁴⁹ Dazu näher EuGH, Urt. v. 20.2.2001, Rs. C–192/99 (Kaur), Slg. 2001, I–1237, Rn. 10. Vgl. zu weiteren Gesichtspunkten *Franzen*, in: Streinz, EUV/AEUV, Art. 45 AEUV, Rn. 45 ff.
¹⁵⁰ EuGH, Urt. v. 20.2.2001, Rs. C–192/99 (Kaur), Slg. 2001, I–1237, Rn. 22.
¹⁵¹ Ebd., Rn. 23 f.
¹⁵² EuGH, Urt. v. 2.10.1997, Rs. C–122/96 (Saldanha), Slg. 1997, I–5325, Rn. 15; Urt. v. 7.7.1992, Rs. C–369/90 (Micheletti), Slg. 1992, I–4239, Rn. 9 ff.
¹⁵³ EuGH, Urt. v. 2.10.2003, Rs. C–148/02 (Garcia Avello), Slg. 2003, I–11613, Rn. 32 ff.

dass er sich der Thematik bisher gesondert angenommen hätte.[154] Nach allgemeinen unionsrechtlichen Grundsätzen kann es nicht auf die Terminologie des mitgliedstaatlichen Gesellschaftsrechts ankommen, um den Kreis der Berechtigten zu konkretisieren, vielmehr ist dieser unionsrechtlich autonom zu bestimmen. Daher sind nach ganz herrschender Meinung die Kriterien des Art. 54 AEUV heranzuziehen, die auch Personenzusammenschlüsse ohne Rechtspersönlichkeit einschließen können (vgl. zu den Einzelheiten die Kommentierung des Art. 54 AEUV).[155]

c) Erweiterung durch das Flaggenprinzip

Eine Besonderheit ergibt sich im Hinblick auf Schiffe und Luftfahrzeuge, die dem Flaggenprinzip unterliegen. Hierzu hat der EuGH die gesonderte Rechtsprechungslinie entwickelt, dass eine Diskriminierung aus Gründen der Flagge einer Diskriminierung aus Gründen der Staatsangehörigkeit gleichsteht, ohne dass die Staatszugehörigkeit des betreibenden Unternehmens ermittelt werden muss.[156] Dies entspricht der Konkretisierung, die das Diskriminierungsverbot des Art. 56 AEUV im Bereich der Schifffahrtsdienstleistungen durch Art. 9 der VO (EWG) Nr. 4055/86[157] erfahren hat.[158] Die Voraussetzungen, unter denen die Mitgliedstaaten einem Verkehrsmittel ihre Flagge verleihen können, unterliegen ihrerseits unionsintern – auch im nichtwirtschaftlichen Bereich[159] – dem Diskriminierungsverbot und gegenüber drittstaatlichen Betreibern (in den völkerrechtlichen Grenzen) nur mitgliedstaatlichem Recht.[160] Dementsprechend wird der Kreis der faktisch durch Art. 18 Abs. 1 AEUV berechtigten Personen ausgeweitet.

58

d) Rechtsstellung von Drittstaatsangehörigen und Staatenlosen

Im Übrigen können Personen, die nicht die Staatsangehörigkeit (bzw. Staatszugehörigkeit) eines EU-Mitgliedstaats haben, keine Rechte unmittelbar aus Art. 18 Abs. 1 AEUV ableiten.[161] Nur diese Auslegung wahrt die spezifische Zielsetzung, »einen immer engeren Zusammenschluss der europäischen Völker zu schaffen« (Erwägungsgrund 1 zum AEUV, dazu oben Rn. 3) und aus dieser Motivation heraus das Diskriminierungsverbot zu verwenden, um die Grundfreiheiten des Binnenmarkts, das allgemeine Freizügigkeitsrecht für Unionsbürger sowie die – in der Regel ebenfalls binnenmarktbezogenen – Kompetenzen der EU abzurunden (vgl. den sachlichen Anwendungsbereich des Art. 18

59

---

[154] EuGH, Urt. v. 10.2.1994, Rs. C–398/92 (Mund & Fester), Slg. 1994, I–467, Rn. 16; vgl. auch Urt. v. 18.3.2014, Rs. C–628/11 (International Jet Management), ECLI:EU:C:2014:171, Rn. 64; Urt. v. 20.10.1993, verb. Rs. C–92/92 u. C–326/92 (Phil Collins), Slg. 1993, I–5145, Rn. 30.

[155] *von Bogdandy*, in: Grabitz/Hilf/Nettesheim, EU, Art. 18 AEUV (September 2010), Rn. 29; *Hilpold*, in: Niedobitek, Europarecht – Politiken, § 1 Rn. 13; *Holoubek*, in: Schwarze, EU-Kommentar, Art. 18 AEUV, Rn. 34; *Rossi*, EuR 2000, 197 (200); *Streinz*, in: Streinz, EUV/AEUV, Art. 18 AEUV, Rn. 36.

[156] EuGH, Urt. v. 14.7.1994, Rs. C–379/92 (Peralta), Slg. 1994, I–3452, Rn. 43 ff.

[157] VO Nr. 4055/86 vom 22.12.1986 zur Anwendung des Grundsatzes des freien Dienstleistungsverkehrs auf die Seeschifffahrt zwischen Mitgliedstaaten sowie zwischen Mitgliedstaaten und Drittländern, ABl. 1986, L 378/1.

[158] *Streinz*, in: Streinz, EUV/AEUV, Art. 18 AEUV, Rn. 37.

[159] EuGH, Urt. v. 12.6.1997, Rs. C–151/96 (Kommission/Irland; Registrierung von Schiffen), Slg. 1997, I–3327, Rn. 13.

[160] EuGH, Urt. v. 4.10.1991, Rs. C–246/89 (Kommission/Vereinigtes Königreich; Registrierung von Schiffen), Slg. 1991, I–4585, Rn. 11 ff.

[161] EuGH, Urt. v. 7.4.2011, Rs. C–291/09 (Guarnieri), Slg. 2011, I–2685, Rn. 20; Urt. v. 4.6.2009, verb. Rs. C–22/08 u. C–23/08 (Vatsouras und Koupatantze), Slg. 2009, I–4585, Rn. 52. Zur Gegenansicht ausführlich *Hublet*, ELJ 15 (2009), 757 (763 ff.).

Abs. 1 AEUV, Rn. 36 ff.).[162] Eine Berechtigung dieses Personenkreises kann daher nur entweder aus sekundärrechtlichen Konkretisierungen des Diskriminierungsverbots oder aus völkerrechtlichen Verträgen der EU mit Drittstaaten folgen.[163] Üblicherweise handelt es sich dann jedoch um vorrangig anzuwendende Sondertatbestände und nicht um eine entsprechende Anwendung des Art. 18 Abs. 1 AEUV. Dementsprechend können auch Unionsbürger umgekehrt nichts aus etwaigen besonderen Vergünstigungen für Drittstaatsangehörige ableiten.[164]

2. Verpflichtete des Art. 18 AEUV

60 Die Verpflichtungsadressaten des Art. 18 Abs. 1 AEUV sind in erster Linie die Träger öffentlicher Gewalt im unionsrechtlichen Mehrebenensystem. Daneben kommt unter Umständen auch eine Bindung Privater in Betracht.

a) Mitgliedstaatliche Hoheitsträger

61 Primär sind aus Art. 18 Abs. 1 AEUV die Mitgliedstaaten als Hohe Vertragsparteien des AEUV verpflichtet. Nach allgemeinen völkerrechtlichen Grundsätzen bedingt dies sowohl horizontal (Exekutive, Legislative und Judikative) als auch vertikal (alle Untereinheiten des Staates, d.h. in Deutschland und Österreich Bund, Länder und Kommunen sowie sonstige selbständige Körperschaften des öffentlichen Rechts) die umfassende Bindung aller Hoheitsträger. Entsprechend der Rechtsprechung zur unmittelbaren Wirkung von Richtlinien[165] sowie zu Art. 106 Abs. 1 AEUV[166] ist auch bei der Auslegung des Art. 18 Abs. 1 AEUV darauf zu achten, dass die Mitgliedstaaten sich ihrer Bindung an diese Vorschrift nicht durch eine »Flucht ins Privatrecht« entledigen. Daher sind auch sonstige natürliche Personen und Personenmehrheiten, die über die Vorgaben der allgemeinen Gesetze hinaus der steuernden Einflussmöglichkeit des Staates unterstehen, dem jeweiligen Mitgliedstaat zuzurechnen.[167]

b) Unionale Hoheitsträger

62 Daneben sind auch die EU und ihre Untergliederungen selbst an die Vorgaben des Art. 18 Abs. 1 AEUV gebunden. Auch hier sind horizontal wie vertikal alle Emanationen der Union umfasst, d.h. in Anlehnung an Art. 51 Abs. 1 Satz 1 GRC alle Organe, Einrichtungen und sonstigen Stellen – auch die Agenturen und Ämter.[168] Dies bedeutet insbesondere, dass abgeleitetes Unionsrecht – Sekundär- und Tertiärrecht – am Maßstab des Art. 18 Abs. 1 AEUV gemessen und im Falle eines Verstoßes für unwirksam erklärt werden kann.[169] Zudem erstreckt sich die Bindung auch auf Realhandlungen, etwa Fiskalgeschäfte und die Personalpolitik der Union.[170]

---

[162] *Kingreen*, in: Ehlers, Grundrechte und Grundfreiheiten, § 13, Rn. 5; *Streinz*, in: Streinz, EUV/AEUV, Art. 18 AEUV, Rn. 38.

[163] *Schönberger*, S. 393 f.; *Streinz*, in: Streinz, EUV/AEUV, Art. 18 AEUV, Rn. 39.

[164] EuGH, Urt. v. 4.6.2009, verb. Rs. C–22/08 u. C–23/08 (Vatsouras und Koupatantze), Slg. 2009, I–4585, Rn. 48 ff.

[165] Vgl. Art. 288 AEUV, Rn. 55.

[166] Vgl. Art. 106 AEUV, Rn. 24 ff.

[167] *Holoubek*, in: Schwarze, EU-Kommentar, Art. 18 AEUV, Rn. 41; *Streinz*, in: Streinz, EUV/AEUV, Art. 18 AEUV, Rn. 41.

[168] Vgl. dazu *Streinz/Michl*, in: Streinz, EUV/AEUV, Art. 51 GRC, Rn. 3.

[169] Angedeutet in EuGH, Urt. v. 4.6.2009, verb. Rs. C–22/08 u. C–23/08 (Vatsouras und Koupatantze), Slg. 2009, I–4585, Rn. 33. Vgl. ferner die insoweit übertragbare Rechtsprechung zum spezielleren Art. 40 Abs. 2 UAbs. 2 AEUV, z.B. Urt. v. 5.5.1998, Rs. C–180/96 (Vereinigtes Königreich/

c) Private

Hinsichtlich der Bindung Privater ist mangels spezifischer Rechtsprechung des Gerichtshofs eine dogmatische Einordnung geboten, die sich an der diesbezüglichen Auslegung der personenbezogenen Grundfreiheiten des Binnenmarkts als sachnächster Materie des Unionsrechts orientiert. Dort ist – trotz Bedenken hinsichtlich des Gewichts der Privatautonomie[171] – anerkannt, dass die einschlägigen Diskriminierungsverbote grundsätzlich unmittelbare Horizontalwirkung entfalten können.[172] Umstritten ist jedoch, ob dies uneingeschränkt für sämtliche Privatrechtsverhältnisse gelten soll oder ob eine Beschränkung auf sog. intermediäre Gewalten, d. h. Private, die in einzelnen Lebens- oder Wirtschaftsbereichen eine mit Hoheitsgewalt vergleichbare Regulierungsmacht haben, geboten ist (vgl. zum Streitstand Art. 49 AEUV, Rn. 38 ff.).

63

Ein Blick auf mögliche Anwendungsfälle des Art. 18 Abs. 1 AEUV zeigt, dass nur die Bindung solcher sozial mächtiger Akteure, die über die Verwendung allgemeiner Geschäftsbedingungen (AGB) hinaus **in ihrem Tätigkeitsfeld abstrakt-generelle Normen setzen**, praktikabel ist.[173] So ist es angesichts der Zielrichtung der Vorschrift durchaus angebracht, dass z. B. private Sportverbände auch im reinen Amateurbereich keine Ausländerklauseln oder sonstige prohibitive Transfermodalitäten verankern dürfen.[174] Hierauf deutet auch die Aussage des EuGH im Urteil Ferlini hin, in dem der EuGH die Anwendung der Vorgängervorschrift des Art. 18 Abs. 1 AEUV darauf stützte, dass »eine Gruppe oder Organisation […] gegenüber Einzelpersonen bestimmte Befugnisse ausüben und sie Bedingungen unterwerfen kann, die die Wahrnehmung der durch den Vertrag gewährleisteten Grundfreiheiten beeinträchtigen.«[175] Ebenso stellte er in seiner jüngeren Rechtsprechung zur Arbeitnehmerfreizügigkeit in den Fällen Viking Line und Raccanelli – unter Verweis auf die vermeintlich für eine umfassende Drittwirkung streitende Entscheidung Angonese[176] – darauf ab, dass eine kollektive Regelung vorliege und die Grundfreiheiten auch in der Konstellation zu gewährleisten seien, »dass nicht dem öffentlichen Recht unterliegende Vereinigungen oder Einrichtungen von ihrer rechtlichen Autonomie Gebrauch machen«.[177] Die Schlussfolgerung, dass »daher […] das Dis-

64

Kommission; BSE), Slg. 1998, I–2265, Rn. 112 ff.; Urt. v. 18.5.1994, Rs. C–309/89 (Codorníu), Slg. 1994, I–1853, Rn. 24 ff.; Urt. v. 8.6.1989, Rs. 167/88 (AGPB), Slg. 1989, 1653, Rn. 22.

[170] Vgl. *von Bogdandy*, in: Grabitz/Hilf/Nettesheim, EU, Art. 18 AEUV (September 2010), Rn. 25.
[171] Vgl. zur grundsätzlichen Kritik *Streinz/Leible*, EuZW 2000, 459.
[172] Vgl. im Einzelnen die Vielzahl an Monographien zu diesem Thema: *Lengauer*, Drittwirkung von Grundfreiheiten, 2011; *Förster*, Die unmittelbare Drittwirkung der Grundfreiheiten, 2007; *Preedy*, Die Bindung Privater an die europäischen Grundfreiheiten, 2005; *Graber*, Die unmittelbare Drittwirkung der Grundfreiheiten, 2002; *Ganten*, Die Drittwirkung der Grundfreiheiten, 2000; *Jaensch*, Die unmittelbare Drittwirkung der Grundfreiheiten, 1997.
[173] *Hilpold*, in: Niedobitek, Europarecht – Politiken, § 1 Rn. 16; *Holoubek*, in: Schwarze, EU-Kommentar, Art. 18 AEUV, Rn. 44; *Streinz*, in: Streinz, EUV/AEUV, Art. 18 AEUV, Rn. 43. Ähnlich auch *Epiney*, in: Calliess/Ruffert, EUV/AEUV, Art. 18 AEUV, Rn. 40; das dort verwendete Kriterium des Machtgefälles ist jedoch kaum subsumtionsfähig und würde zu Rechtsunsicherheit führen.
[174] Vgl. für den professionellen Fußball EuGH, Urt. v. 15.12.1995, Rs. C–415/93 (Bosman), Slg. 1995, I–4921, Rn. 68 ff. Zur Übertragbarkeit auf den Amateursport *Engelbrecht*, SpuRt 2011, 96 mit wörtlicher Wiedergabe einer unveröffentlichten Stellungnahme der Kommission vom 1.2.2010, die dies bekräftigt.
[175] EuGH, Urt. v. 3.10.2000, Rs. C–411/98 (Ferlini), Slg. 2000, I–8081, Rn. 50.
[176] EuGH, Urt. v. 6.6.2000, Rs. C–281/98 (Angonese), Slg. 2000, I–4139; hieraus leitet *von Bogdandy*, in: Grabitz/Hilf/Nettesheim, EU, Art. 18 AEUV (September 2010), Rn. 28, eine unbeschränkte unmittelbare Horizontalwirkung ab.
[177] Zitat aus EuGH, Urt. v. 17.7.2008, Rs. C–94/07 (Raccanelli), Slg. 2008, I–5939, Rn. 43 f.; siehe daneben Urt. v. 11.12.2007, Rs. C–438/05 (Viking Line), Slg. 2007, I–10806, Rn. 33 ff., 57.

kriminierungsverbot auch für alle die abhängige Erwerbstätigkeit kollektiv regelnden Tarifverträge und alle Verträge zwischen Privatpersonen gilt«,[178] ist unglücklich formuliert und nur vor dem Hintergrund des spezifischen Kontexts zu verstehen.

65 Anderenfalls wäre es im Hinblick auf die Privatautonomie unverhältnismäßig, Privaten allgemein die Beachtung des Diskriminierungsverbots aufgrund der Staatsangehörigkeit aufzuerlegen. Im Unterschied zu Art. 157 Abs. 1 AEUV, der speziell auf das Arbeitsleben und damit auf privatrechtlich geregelte Situationen abzielt, ist Art. 18 Abs. 1 AEUV eine Regelung, die sich an die Träger hoheitlicher oder hoheitsähnlicher Gewalt richtet.[179] Sein Zweck ist nicht die Bekämpfung der Xenophobie in der Zivilgesellschaft, denn hierfür sieht das Unionsrecht mit den auf Art. 19 Abs. 1 AEUV gestützten Richtlinien (dazu Art. 19 AEUV, Rn. 2, 24 f.) differenziertere und mit den mitgliedstaatlichen Zivilrechtssystemen verträglichere Regeln vor.

III. Anwendbarkeit gegenüber dem eigenen Mitgliedstaat

66 Einer gesonderten Betrachtung bedürfen die Voraussetzungen, unter denen sich dem Grunde nach Berechtigte gegenüber dem Mitgliedstaat, dessen Staatsangehörigkeit sie besitzen, auf Art. 18 Abs. 1 AEUV berufen können. Hierbei kommt es in der Rechtsprechung des EuGH nach wie vor entscheidend darauf an, ob ein grenzüberschreitender Bezug vorliegt.[180]

1. Mit grenzüberschreitendem Bezug

67 Wenn ein Unionsbürger **von seinem unionsrechtlichen Freizügigkeitsrecht Gebrauch machen will oder dies bereits getan hat** und sein Herkunftsmitgliedstaat ihn in diesem Zusammenhang aufgrund seiner Staatsangehörigkeit benachteiligt, ist Art. 18 Abs. 1 AEUV zugunsten des Bürgers anwendbar.[181] Damit möchte der Gerichtshof den Gleichlauf zur Dogmatik der Grundfreiheiten herstellen, die ebenfalls Diskriminierungen anlässlich der Abwanderung nach[182] und der Rückkehr aus[183] einem anderen Mitgliedstaat grundsätzlich verbieten. Beispielsweise sah er es als Diskriminierung an, dass ein Mitgliedstaat einem seiner Staatsangehörigen den Anspruch auf Überbrückungsgeld während der Suche nach der ersten Anstellung verweigerte, nur weil er seine höhere Schulbildung im EU-Ausland absolviert hatte.[184] Da ein Vergleich mit der hypothetischen Behandlung von EU-Ausländern in solchen Fällen allerdings in die Irre führt, ist es – wie

---

[178] EuGH, Urt. v. 17.7.2008, Rs. C–94/07 (Raccanelli), Slg. 2008, I–5939, Rn. 45.
[179] A. A. *von Bogdandy*, in: Grabitz/Hilf/Nettesheim, EU, Art. 18 AEUV (September 2010), Rn. 28. Zum parallelen Problem bei Art. 21 Abs. 1 GRC siehe die dortige Kommentierung, Rn. 13.
[180] Kritisch gegenüber dieser Kategorie *Lippert*, ZEuS 2014, 273 (mit Versuch einer Neudefinition: 296 f.).
[181] Vgl. EuGH, Urt. v. 12.5.2011, Rs. C–391/09 (Runevič-Vardyn und Wardyn), Slg. 2011, I–3787, Rn. 56.
[182] Für die Warenverkehrsfreiheit ausdrücklich in Art. 35 AEUV normiert; vgl. im Übrigen nur EuGH, Urt. v. 28.2.2013, Rs. C–544/11 (Petersen), ECLI:EU:C:2013:124, Rn. 36; Urt. v. 11.12.2007, Rs. C–438/05 (Viking Line), Slg. 2007, I–10806, Rn. 69; Urt. v. 27.1.2000, Rs. C–190/98 (Graf), Slg. 2000, I–493, Rn. 13 ff.; Urt. v. 10.5.1995, Rs. C–384/93 (Alpine Investments), Slg. 1995, I–1141, Rn. 30; Urt. v. 27.9.1988, Rs. 81/87 (Daily Mail), Slg. 1988, 5483, Rn. 16.
[183] Vgl. EuGH, Urt. v. 11.12.2007, Rs. C–291/05 (Eind), Slg. 2007, I–10761, Rn. 31 ff.; Urt. v. 26.4.2007, Rs. C–392/05 (Alevizos), Slg. 2007, I–3535, Rn. 75; Urt. v. 7.7.1992, Rs. C–370/90 (Singh), Slg. 1992, I–4265, Rn. 23.
[184] EuGH, Urt. v. 11.7.2002, Rs. C–224/98 (D'Hoop), Slg. 2002, I–6191, Rn. 30 ff.

beim »Ausländerbehandlungsanspruch« (s. Rn. 14) – vorzugswürdig, eine bloße Beschränkung des Art. 21 Abs. 1 AEUV anzunehmen.[185]

2. Ohne grenzüberschreitenden Bezug

In allen übrigen Fällen – den sog. **rein innerstaatlichen Sachverhalten**[186] – können Unionsbürger gegenüber dem Mitgliedstaat, dessen Staatsangehörigkeit sie besitzen, ohnehin keine Rechte aus Art. 18 Abs. 1 AEUV ableiten. Dies gilt auch in Konstellationen, in denen EU-Ausländer kraft des unionsrechtlichen Anwendungsvorrangs weniger restriktiven Regelungen ausgesetzt sind als Inländer (sog. **Inländerdiskriminierung** oder **umgekehrte Diskriminierung**).[187] Dies ist hinzunehmen, da die Europäische Union nur dort die Befugnis hat, die Rechtsverhältnisse in den einzelnen Mitgliedstaaten zu determinieren, wo ihr explizite Gesetzgebungskompetenzen zustehen (Art. 5 Abs. 1 Satz 1 EUV) oder der freie Verkehr zwischen den Mitgliedstaaten (Art. 21 Abs. 1 und Art. 26 Abs. 2 AEUV) betroffen ist. Die daraus resultierende partielle Fragmentierung des Binnenmarkts ist zur Wahrung der EU-Kompetenzordnung – insbesondere im Hinblick auf den Subsidiaritäts- und Verhältnismäßigkeitsgrundsatz (Art. 5 Abs. 1 Satz 2, Abs. 3, 4 EUV) – unionsorganisationsrechtlich geboten und daher auch vom Gerichtshof zu akzeptieren.[188]

Die mit der Inländerdiskriminierung verbundene materielle Ungleichbehandlung kann nach dieser Zuständigkeitsverteilung **nur vom nationalen Recht aufgefangen** werden.[189] Dementsprechend behandelt etwa der österreichische Verfassungsgerichtshof die effektive Schlechterstellung von Inländern gegenüber Unionsbürgern aus anderen Mitgliedstaaten (etwa Durchsetzung des Meisterzwangs im Handwerk gegenüber Österreichern gemäß der nationalen Gewerbeordnung und Verzicht hierauf gegenüber Berechtigten der Grundfreiheiten)[190] als Verstoß gegen den **Gleichbehandlungsgrundsatz** des österreichischen Verfassungsrechts (Art. 7 B-VG).[191] Im deutschen Recht ist die Lage hingegen unklar: Gegen die Heranziehung des Art. 3 Abs. 1 GG wird bisweilen eingewandt, dass dieser nicht als Maßstab für Vorschriften von unterschiedlichen Gesetzgebungsebenen dienen kann.[192] Allerdings sind bei bloßer Verdrängung nationaler Regelungen durch den unionsrechtlichen Anwendungsvorrang oder bei der Umsetzung von EU-Richtlinien, die für die Rechtsstellung der betroffenen Inländer keine Vorgaben machen, Maßnahmen desselben innerstaatlichen Gesetzgebers mit unterschiedlichem Anwendungsbereich miteinander zu vergleichen.[193] Dass der Gesetzgeber dabei regel-

---

[185] So auch EuGH, Urt. v. 12.5.2011, Rs. C–391/09 (Runevič-Vardyn und Wardyn), Slg. 2011, I–3787, Rn. 58 ff.
[186] Z. B. EuGH, Beschl. v. 17.3.2009, Rs. C–217/08 (Mariano), ECLI:EU:C:2009:160, Rn. 23.
[187] Zu den Begriffen ausführlich *Epiney*, Umgekehrte Diskriminierungen, S. 17 ff.; *Hammerl*, S. 23 ff.; vgl. auch *von Bogdandy*, in: Grabitz/Hilf/Nettesheim, EU, Art. 18 AEUV (September 2010), Rn. 49 ff.; *Streinz*, in: Streinz, EUV/AEUV, Art. 18 AEUV, Rn. 62 ff.
[188] *Hilpold*, in: Niedobitek, Europarecht – Politiken, § 1 Rn. 26.
[189] *Fastenrath*, JZ 1987, 170 (172); *D. König*, AöR 118 (1993), 591 (598).
[190] So die Konstellation von VfGH, EuZW 2001, 219.
[191] Grundlegend VfGH, EuGRZ 1997, 362; zur weiteren Entwicklung in der österreichischen Rechtsprechung und deren Rezeption im Schrifttum *Croon-Gestefeld*, EuR 2016, 56 (66 ff.); *Öhlinger/Potacs*, EU-Recht und staatliches Recht, 5. Aufl., 2014, S. 95 f.
[192] VGH Mannheim, NJW 1996, 72 (74); *Papier*, JZ 1990, 253 (260); *Streinz*, in: Streinz, EUV/AEUV, Art. 18 AEUV, Rn. 67.
[193] Vgl. bereits *Blumenwitz*, NJW 1989, 621 (625 f.); *Hammerl*, S. 170, 179 f.; *Kleier*, RIW 1988, 623 (629); *Weis*, NJW 1983, 2721 (2725).

mäßig nur die Option hat, das bestehende deutsche Recht an den Rahmenbedingungen des EU-Rechts auszurichten, ändert nichts an seiner Bindung an Art. 3 Abs. 1 GG.[194] Es ist jedoch zu prüfen, ob tatsächlich vergleichbare Sachverhalte vorliegen[195] bzw. ob die Pflicht zur Umsetzung unionsrechtlicher Vorgaben wegen besonderer Umstände des Einzelfalls in der jeweiligen Konstellation ein sachliches Kriterium für eine Unterschiedsbehandlung sein kann.[196] Die pauschale Annahme eines hinreichenden Differenzierungsgrunds aufgrund der Existenz von Vorgaben aus höherrangigem Recht ist aber nicht gerechtfertigt.[197] Die Praxis neigt jedoch ohnehin eher zur Prüfung eines möglichen Verstoßes gegen **Freiheitsgrundrechte**, oft des Art. 12 Abs. 1 GG.[198] Ein Eingriff in ein Grundrecht gegenüber einem Inländer ist in der Regel unverhältnismäßig, wenn EU-Ausländern gleichzeitig die volle Entfaltung der dort verbürgten Freiheit kraft Unionsrechts gewährleistet ist.[199] Prozessual ist es möglich, dem EuGH ein **Vorabentscheidungsersuchen** zu einem hypothetischen grenzüberschreitenden Sachverhalt zu unterbreiten, wenn deutlich wird, dass die Antwort auf die Vorlagefrage für die Auslegung des nationalen Verfassungsrechts in einem vergleichbaren rein innerstaatlichen Fall benötigt wird.[200]

IV. Zeitlicher Anwendungsbereich

70 In zeitlicher Hinsicht ist keine Abgrenzung zwischen Art. 18 Abs. 1 AEUV und seinen Vorgängervorschriften erforderlich, da diese seit den Römischen Verträgen im Wesentlichen inhaltsgleich sind (s. Rn. 1). Der Gerichtshof ist dementsprechend auch nicht konsequent in seiner Handhabung bei Verfahren, die vor dem 1.12.2009 eingeleitet, aber erst danach abgeschlossen wurden.[201] Im Hinblick auf neu beigetretene EU-Mitgliedstaaten ist von Bedeutung, dass die Vorschrift auch dann anwendbar ist, wenn aus einem vor dem EU-Beitritt herrührenden Sachverhalt zum streitentscheidenden Zeitpunkt noch eine gegenwärtige Diskriminierung folgt.[202] Gleiches gilt in der wichtigen

---

[194] *Epiney*, Umgekehrte Diskriminierungen, S. 429 ff.; *Hammerl*, S. 168 f.; *Schilling*, JZ 1994, 8 (12); *Weis*, NJW 1983, 2721 (2725); vgl. auch *Gundel*, DVBl 2007, 269 (272); *Lenz*, in: Lenz/Borchardt, EU-Verträge, Art. 18 AEUV, Rn. 3; a. A. *Fastenrath*, JZ 1987, 170 (177); *D. König*, AöR 118 (1993), 591 (599).

[195] BVerfG NJW 1990, 1033; *Gundel*, DVBl 2007, 269 (272 f.); *Schilling*, JZ 1994, 8 (13 ff.).

[196] *Weis*, NJW 1983, 2721 (2726); insoweit auch zutreffend VGH Mannheim, NJW 1996, 72 (74); *Papier*, JZ 1990, 253 (260). Ähnliche Tendenzen in der neueren Rechtsprechung des österreichischen VfGH erkennen *Öhlinger/Potacs* (Fn. 191), S. 96.

[197] *Croon-Gestefeld*, EuR 2016, 56 (63); *Hammerl*, S. 168, 182 f. Anders jedoch im Vergleich zu Drittstaatsangehörigen EGMR, Urt. v. 18.2.1991, Nr. 31/1989/191/291 (Moustaquim/Belgien), EuGRZ 1993, 552 (555); OVG Münster, NVwZ 1990, 889 (890); vgl. auch für den Vergleich zu Inländern *Papier*, Die Sozialgerichtsbarkeit 1984, 221 (227).

[198] Vgl. etwa BVerfGE 115, 176 (316 f.); BVerfG, DVBl 2006, 244 (245 f.); BVerwGE 123, 82 (91 f.).

[199] Vgl. BVerfG, DVBl 2006, 244 (245 f.); BVerwGE 123, 82 (91); *D. König*, AöR 118 (1993), 591 (600 ff.); *Fastenrath*, JZ 1987, 170 (177 f.); *Gundel*, DVBl 2007, 269 (274 f.); besonders differenziert *Epiney*, Umgekehrte Diskriminierungen, S. 403 ff.

[200] Deutlich EuGH, Urt. v. 15.5.2003, Rs. C–300/01 (Salzmann), Slg. 2003, I–4899, Rn. 32 f.; Urt. v. 5.3.2002, verb. Rs. C–515/99 u. a. (Reisch), Slg. 2002, I–2157, Rn. 25 f.; Urt. v. 5.12.2000, Rs. C–448/98 (Guimont), Slg. 2000, I–10663, Rn. 22 f.; vgl. ferner EuGH, Urt. v. 13.1.2000, Rs. C–254/98 (TK-Heimdienst), Slg. 2000, I–151, Rn. 13 f.; Urt. v. 7.5.1997, verb. Rs. C–321/94 bis C–324/94 (Pistre), Slg. 1997, I–2343, Rn. 41 ff.

[201] Vgl. einerseits – trotz Einführung in den Prozessstoff nach dem 1.12.2009 – die Heranziehung von Art. 12 EGV im Urt. v. 25.1.2011, Rs. C–382/08 (Neukirchinger), Slg. 2011, I–139, und andererseits die Praxis im Urt. v. 7.4.2011, Rs. C–291/09 (Guarnieri), Slg. 2011, I–2700.

[202] EuGH, Urt. v. 12.5.2011, Rs. C–391/09 (Runevič-Vardyn und Wardyn), Slg. 2011, I–3787, Rn. 53; Urt. v. 2.10.1997, Rs. C–122/96 (Saldanha), Slg. 1997, I–5325, Rn. 14.

Fallgruppe der Verbindung zwischen Art. 21 Abs. 1 und Art. 18 Abs. 1 AEUV für die Wirkung von Sachverhalten, die vor Inkrafttreten der Bestimmungen über die Unionsbürgerschaft entstanden sind.[203]

V. Räumlicher Anwendungsbereich

Der räumliche Anwendungsbereich des Art. 18 Abs. 1 AEUV ist nach den allgemeinen Regeln des Art. 52 EUV i. V. m. Art. 355 AEUV zu bestimmen (vgl. die dortigen Kommentierungen). Es ist jedoch zu beachten, dass der Gerichtshof speziell im Kontext des Diskriminierungsverbots die Regeln über mögliche **extraterritoriale Wirkungen** dahingehend konkretisiert hat, dass unter Umständen nur der Ort der Entstehung oder der Auswirkung eines Verstoßes gegen Art. 18 Abs. 1 AEUV einen räumlichen Bezug zum Gebiet der Union aufweisen muss.[204] Die Grenzen dieser Anknüpfung richten sich nach dem allgemeinen Völkerrecht.[205] Zu beachten ist, dass die Ausdehnung des Anwendungsbereichs der Warenverkehrsfreiheit auf die über das Unionsgebiet hinausreichende Zollunion auch in der Fallgruppe der Abrundung der Grundfreiheiten (vgl. Rn. 39 f.) den räumlichen Anwendungsbereich der Verträge und damit des Art. 18 Abs. 1 AEUV nicht erweitert.[206]

71

D. Verhältnis zu anderen Bestimmungen des Unionsrechts

Art. 18 Abs. 1 AEUV gilt nach seinem Wortlaut nur »[u]nbeschadet besonderer Bestimmungen der Verträge«, wobei der Begriff »unbeschadet« nach der Rechtsprechung des Gerichtshof »vorbehaltlich« bedeutet.[207] Daher ist eine Abgrenzung zu den anderen gleichheitsrelevanten Vorschriften des Unionsrechts notwendig, um bestimmen zu können, welche von ihnen als besondere Bestimmungen dem Art. 18 Abs. 1 AEUV vorgehen und welche als allgemeinere hinter ihn zurücktreten. Hierbei können Unterschiede hinsichtlich des erfassten Sachgebiets, des Kreises der Adressaten sowie des Kreises der Berechtigten zu berücksichtigen sein.[208]

72

I. Art. 18 Abs. 1 AEUV als nachrangige Bestimmung

Das Verhältnis des Art. 18 Abs. 1 AEUV zu den im Tatbestand erwähnten besonderen Bestimmungen des Unionsrechts, die er unberührt lässt, ist schwer einzuordnen. In mehreren älteren Entscheidungen zitierte der Gerichtshof Art. 18 Abs. 1 AEUV neben spezielleren Diskriminierungsvorschriften[209] und fügte bisweilen hinzu, dieser sei »in

73

---

[203] EuGH, Urt. v. 12.5.2011, Rs. C–391/09 (Runevič-Vardyn und Wardyn), Slg. 2011, I–3787, Rn. 55; Urt. v. 11.7.2002, Rs. C–224/98 (D'Hoop), Slg. 2002, I–6191, Rn. 25.
[204] Grundlegend EuGH, Urt. v. 12.12.1974, Rs. 36/74 (Walrave und Koch), Slg. 1974, 1405, Rn. 28/29; bestätigt im Urt. v. 12.7.1984, Rs. 237/83 (Prodest), Slg. 1984, 3153, Rn. 6.; vgl. auch Urt. v. 28.2.2013, Rs. C–544/11 (Petersen), ECLI:EU:C:2013:124, Rn. 40.
[205] *Streinz*, Europarecht, Rn. 118.
[206] EuGH, Urt. v. 7.4.2011, Rs. C–291/09 (Guarnieri), Slg. 2011, I–2700, Rn. 13 ff.
[207] Grundlegend EuGH, Urt. v. 14.7.1977, Rs. 8/77 (Sagulo), Slg. 1977, 1495, Rn. 11; siehe ferner Urt. v. 1.2.1996, Rs. C–177/94 (Perfili), Slg. 1996, I–161, Rn. 14.
[208] Vgl. *Plötscher*, S. 40.
[209] Vgl. etwa EuGH, Urt. v. 8.7.1999, Rs. C–203/98 (Kommission/Belgien; Verkehrszulassung von Flugzeugen), Slg. 1999, I–4899, Rn. 15; Urt. v. 15.3.1994, Rs. C–45/93 (Kommission/Spanien; Eintritt in Museen), Slg. 1994, I–911, Rn. 10; Urt. v. 28.3.1979, Rs. 175/78 (Saunders), Slg. 1979, 1129, Rn. 8 f.

der konkreten Ausgestaltung«,²¹⁰ die er durch letztere erfahren habe, oder »in Verbindung mit«²¹¹ jenen anwendbar. In der etwas jüngeren Rechtsprechung seit der Jahrtausendwende findet sich jedoch die wiederkehrende Formulierung, »dass Art. 18 AEUV als eigenständige Grundlage nur auf unionsrechtlich geregelte Fallgestaltungen angewendet werden kann, für die der Vertrag keine besonderen Diskriminierungsverbote vorsieht«.²¹² Die Vorschrift sei jedoch »im Rahmen« des einschlägigen besonderen Gleichbehandlungsgebots »zu berücksichtigen«.²¹³ Zumindest nach der konsolidierten neueren Judikatur tritt Art. 18 AEUV mithin im Anwendungsbereich besonderer Diskriminierungsverbote tatsächlich zurück, auch wenn seine Tatbestandsvoraussetzungen erfüllt sein sollten, und kann allenfalls als **Auslegungsmaxime** mit herangezogen werden.²¹⁴ Teilweise ist jedoch umstritten, welche Anforderungen an die verdrängende Norm zu stellen sind.

1. Echte Spezialitätsverhältnisse

74 Unproblematisch ist die Lage in Bezug auf echte Spezialitätsverhältnisse, d. h. wenn der verdrängende Tatbestand sämtliche Merkmale des verdrängten und mindestens ein weiteres enthält. Dies trifft auf alle Normen zu, die die unterschiedliche Behandlung aufgrund der Staatsangehörigkeit in einem besonderen Regelungskontext verbieten. Hierunter fallen etwa das gleiche Recht aller Unionsbürger auf Schutz durch die diplomatischen und konsularischen Behörden eines jeden Mitgliedstaats (Art. 20 Abs. 2 UAbs. 1 Satz 2 Buchst. c AEUV), die Einräumung des aktiven und passiven Kommunalwahlrechts für Unionsbürger unter denselben Bedingungen wie für Inländer (Art. 22 Abs. 1 Satz 1 AEUV) und das Verbot der Diskriminierung zwischen den Angehörigen der Mitgliedstaaten in den Versorgungs- und Absatzbedingungen bei Betrieb eines staatlichen Handelsmonopols (Art. 37 Abs. 1 UAbs. 1 AEUV).

2. Nachrangigkeit ohne Anknüpfung an die Staatsangehörigkeit

75 Wesentlich weniger eindeutig ist das Verhältnis zu gleichheitsrelevanten Normen in spezifischen Regelungsbereichen des Unionsrechts, die eine Diskriminierung aufgrund der Staatsangehörigkeit nicht tatbestandlich voraussetzen. Für eine Verdrängungswirkung wird in der Literatur als Minimum gefordert, dass die fraglichen Vorschriften »Diskriminierungsverbote […] aufgrund der Staatsangehörigkeit einschließen«²¹⁵ bzw. »für spezifische Bereiche [aufgreifen] und konkretisier[en]«²¹⁶ oder dass sie »zumindest auch als Verbote von Diskriminierungen nach dem Kriterium der Staatsangehörigkeit zu verstehen sind«.²¹⁷ Dem steht eine restriktivere Auffassung gegenüber, die (außerhalb

---

²¹⁰ EuGH, Urt. v. 28.6.1978, Rs. 1/78 (Kenny), Slg. 1978, 1489, Rn. 12.
²¹¹ EuGH, Urt. v. 17.4.1986, Rs. 59/85 (Reed), Slg. 1986, 1283, Rn. 30.
²¹² Statt vieler EuGH, Urt. v. 5.2.2014, Rs. C–385/12 (Hervis Sport), ECLI:EU:C:2014:47, Rn. 25; Urt. v. 10.2.2011, Rs. C–25/10 (Missionswerk Werner Heukelbach), Slg. 2011, I–499, Rn. 18; Urt. v. 10.1.2006, Rs. C–222/04 (Cassa di Risparmio di Firenze), Slg. 2006, I–289, Rn. 99, jeweils m. w. N.
²¹³ EuGH, Urt. v. 5.12.2013, verb. Rs. C–159/12 bis C–161/12 (Venturini u. a.), ECLI:EU:C:2013:791, Rn. 19.
²¹⁴ *Epiney*, in: Calliess/Ruffert, EUV/AEUV, Art. 18 AEUV, Rn. 4.
²¹⁵ *Holoubek*, in: Schwarze, EU-Kommentar, Art. 18 AEUV, Rn. 50; ihm folgend *Streinz*, in: Streinz, EUV/AEUV, Art. 18 AEUV, Rn. 15.
²¹⁶ *Epiney*, in: Calliess/Ruffert, EUV/AEUV, Art. 18 AEUV, Rn. 5; ähnlich *von Bogdandy*, in: Grabitz/Hilf/Nettesheim, EU, Art. 18 AEUV (September 2010), Rn. 57.
²¹⁷ *Kucsko-Stadlmayer*, in: Mayer/Stöger, EUV/AEUV, Art. 18 AEUV (März 2013), Rn. 17.

des Verhältnisses zu den Grundfreiheiten, dazu gesondert Rn. 79 ff.) eine Nachrangigkeit des Art. 18 Abs. 1 AEUV »nur im Verhältnis zu solchen Bestimmungen, die gleichfalls an die Staatsangehörigkeit anknüpfen«,[218] akzeptiert.

Anschaulich wird der Streit insbesondere bei der Auslegung des Art. 40 Abs. 2 UAbs. 2 AEUV, der im Kontext der gemeinsamen Organisation der Agrarmärkte verankert ist und tatbestandlich nur »jede Diskriminierung zwischen Erzeugern und Verbrauchern in der Union« verbietet, mithin das Kriterium der Staatsangehörigkeit nicht nennt. Der EuGH judizierte dennoch mehrmals, dass diese Norm »auch das in [Art. 18 Abs. 1 AEUV] enthaltene Verbot der Diskriminierung aus Gründen der Staatsangehörigkeit umfasst«.[219] Zumindest nach der Rechtsprechung des Gerichtshofs ist Art. 18 Abs. 1 AEUV dementsprechend auch verdrängt, wenn Diskriminierungsverbote in speziellen Sachbereichen das Unterscheidungsmerkmal der Staatsangehörigkeit nicht ausdrücklich erwähnen, aber erkennbar eine eigenständige **abschließende Regelung im dortigen Normierungszusammenhang** intendieren. Es genügt, dass sie damit notwendigerweise auch über die Zulässigkeit von Diskriminierungen aufgrund der Staatsangehörigkeit befinden. Eine mögliche Einschränkung auf Fälle, »in denen die nach Art. 40 AEUV tatbestandliche Diskriminierung einer Diskriminierung aufgrund der Staatsangehörigkeit entspricht«,[220] läuft ins Leere, da anderenfalls Art. 18 Abs. 1 AEUV schon gar nicht einschlägig ist.

76

Dieser Maßgabe folgend, ist bei allen besonderen Gleichbehandlungsgeboten zu prüfen, ob diese eine abschließende Regelung in ihrem Anwendungsbereich bewirken und dabei auch etwaige direkte oder indirekte Benachteiligungen aus Gründen der Staatsangehörigkeit mit abdecken. Dies trifft insbesondere auf die Diskriminierungsverbote der Art. 95 Abs. 1, 107 Abs. 2 Buchst. a und 110 Abs. 1 und 2 AEUV zu, die an die Warenherkunft anknüpfen.[221] Es ist ebenfalls zu bejahen im Hinblick auf Art. 114 Abs. 6 und Art. 326 Abs. 2 Satz 2 AEUV, die beide tatbestandlich umfassend Diskriminierungen im zwischenstaatlichen Handel verbieten. Eine Sonderregelung bewirkt auch Art. 92 AEUV, soweit die komparative Mehrbelastung ausländischer Verkehrsunternehmer durch einen Mitgliedstaat in Rede steht,[222] nicht jedoch, soweit eine Ungleichbehandlung der beförderten Waren gerügt wird.[223] Ein Subsidiaritätsverhältnis besteht schließlich auch zu Art. 9 Satz 1 EUV, der den allgemeinen Gleichheitssatz im Hinblick auf die bürgerschaftlich-demokratische Gleichheit der Unionsbürger gegenüber der Unionsgewalt konkretisiert[224] und seine Schranken im Unionsorganisationsrecht, nicht jedoch in den allgemeinen Regeln des Art. 18 Abs. 1 AEUV finden soll.

77

Abzulehnen ist die Subsidiarität hingegen im Hinblick auf Gleichbehandlungsgebote, die ausschließlich an Unterscheidungsmerkmale anknüpfen, die typischerweise völlig

78

---

[218] *Rossi*, EuR 2000, 197 (208).
[219] So schon EuGH, Urt. v. 13.12.1984, Rs. 106/83 (Sermide), Slg. 1984, 4209, Rn. 28; bestätigt in Urt. v. 18.5.1994, Rs. C–309/89 (Codorníu), Slg. 1994, I–1853, Rn. 26.
[220] *von Bogdandy*, in: Grabitz/Hilf/Nettesheim, EU, Art. 18 AEUV (September 2010), Rn. 58.
[221] Str., wie hier *von Bogdandy*, in: Grabitz/Hilf/Nettesheim, EU, Art. 18 AEUV (September 2010), Rn. 58; a. A. (»keine Normkonkurrenz«) *Plötscher*, S. 104; ihm folgend *Streinz*, in: Streinz, EUV/AEUV, Art. 18 AEUV, Rn. 16. Das Konkurrenzverhältnis kann hier nicht anders beurteilt werden als bei Art. 34 AEUV, s. Rn. 82 f.
[222] Vgl. dazu *Schäfer*, in: Streinz, EUV/AEUV, Art. 92 AEUV, Rn. 6.
[223] GA *Jacobs*, Schlussanträge zu Rs. C–195/90 (Kommission/Deutschland; Schwerverkehrsabgabe), Slg. 1992, I–3141, Rn. 42; offen gelassen im Urteil des Gerichtshofs in selber Sache vom 19.5.1992, Rn. 35.
[224] *Schönberger*, in: Grabitz/Hilf/Nettesheim, EU, Art. 9 EUV (Mai 2011), Rn. 30.

unabhängig von der Staatsangehörigkeit wirken, so insbesondere Art. 157 Abs. 1 AEUV und Art. 23 GRC.[225]

3. Verhältnis zu den Grundfreiheiten

79 Wegen der hohen praktischen Relevanz verdienen die Grundfreiheiten eine gesonderte Betrachtung.

a) Personenbezogene Grundfreiheiten des Binnenmarkts

80 Besondere Bestimmungen i. S. d. Art. 18 Abs. 1 AEUV sind unstreitig die personenbezogenen Grundfreiheiten des Binnenmarkts i. S. d. Art. 26 Abs. 2 AEUV, die in ihrem Kern alle ein Verbot der Diskriminierung aufgrund der Staatsangehörigkeit bei der Ausübung der jeweiligen Kategorie von Wirtschaftstätigkeit vorsehen.[226] Es ist unschädlich, dass der Gerichtshof sie in seiner Rechtsprechung zu Beschränkungsverboten ausgebaut hat, da der Tatbestand der Diskriminierung aufgrund der Staatsangehörigkeit immer noch ausdrücklich aufgegriffen (vgl. Art. 45 Abs. 2, 49 Abs. 1, 57 Abs. 3 AEUV) und für den betreffenden Wirtschaftsbereich konkretisiert wird.[227] Daher liegt sogar ein echtes Spezialitätsverhältnis vor (vgl. Rn. 74).

81 Falls eine Grundfreiheit eigentlich tatbestandlich einschlägig ist, aufgrund einer **sektoralen Ausnahmebestimmung** (entschieden für Art. 58 Abs. 1 AEUV) jedoch selbst nicht angewendet werden darf, ist der Rückgriff auf Art. 18 Abs. 1 AEUV zulässig.[228] Die Argumentation des Gerichtshofs lässt es möglich erscheinen, dass dies – wie von Generalanwalt *Cruz Villalón* gefordert – auch gilt, wenn eine Grundfreiheit aufgrund einer **horizontalen Bereichsausnahme** (Art. 45 Abs. 4, 51 Abs. 1 AEUV) nicht anwendbar ist.[229] Dem ist jedoch entgegenzutreten, da die Mitgliedstaaten sich bewusst Reservaträume im Kernbereich ihrer Staatsgewalt erhalten wollten, die sie aufgrund der besonderen Loyalitätspflichten ihren eigenen Staatsangehörigen vorbehalten dürfen. Die Anwendbarkeit des Art. 18 Abs. 1 AEUV würde den genannten Vertragsbestimmungen ihren Sinn rauben.

b) Personenunabhängige Grundfreiheiten des Binnenmarkts

82 Umstritten ist, inwiefern die personenunabhängigen Grundfreiheiten (Art. 34, 35, 63 Abs. 1 und 63 Abs. 2 AEUV) ebenfalls als besondere Bestimmungen der Verträge i. S. d. Art. 18 Abs. 1 AEUV anzusehen sind. Der EuGH bejaht dies in seiner Rechtsprechung ohne erkennbare Einschränkungen.[230] Dieser Haltung schließen sich auch weite Teile des

---

[225] *Streinz*, in: Streinz, EUV/AEUV, Art. 18 AEUV, Rn. 15 f.
[226] Ausdrücklich für alle drei genannten Grundfreiheiten EuGH, Urt. v. 30.5.1989, Rs. 305/87 (Kommission/Griechenland), Slg. 1989, 1461, Rn. 12 f.; vgl. ferner etwa Urt. v. 10.12.1991, Rs. C–179/90 (Merci convenzionali porto di Genova), Slg. 1991, I–5889, Rn. 11 f.; Urt. v. 26.1.1993, Rs. C–112/91 (Werner). Slg. 1993, I–429, Rn. 20; Urt. v. 14.7.1994, Rs. C–379/92 (Peralta), Slg. 1994, I–3453, Rn. 18. Aus der Literatur statt aller *Epiney*, in: Calliess/Ruffert, EUV/AEUV, Art. 18 AEUV, Rn. 6; *Holoubek*, in: Schwarze, EU-Kommentar, Art. 18 AEUV, Rn. 50; *Streinz*, in: Streinz, EUV/AEUV, Art. 18 AEUV, Rn. 14, jeweils m. w. N.
[227] *Epiney*, in: Calliess/Ruffert, EUV/AEUV, Art. 18 AEUV, Rn. 6; *von Bogdandy*, in: Grabitz/Hilf/Nettesheim, EU, Art. 18 AEUV (September 2010), Rn. 57.
[228] EuGH, Urt. v. 18.3.2014, Rs. C–628/11 (International Jet Management), ECLI:EU:C:2014: 171, Rn. 53 ff.; Urt. v. 25.1.2011, Rs. C–382/08 (Neukirchinger), Slg. 2011, I–139, Rn. 21 ff.
[229] GA *Cruz Villalón*, Schlussanträge zu verb. Rs. C–47/08, C–50/08, C–51/08, C–53/08, C–54/08 u. C–61/08 (Kommission/Belgien u. a.; Zugang zum Notarberuf), Slg. 2011, I–4105, Rn. 133 ff.
[230] EuGH, Urt. v. 29.10.2015, Rs. C–583/14 (Nagy), ECLI:EU:C:2015:737, Rn. 24; Urt. v.

Schrifttums an, indem sie Art. 18 Abs. 1 AEUV gegenüber allen Marktfreiheiten ohne weitere Differenzierung für subsidiär erklären.[231] Andere Stimmen fordern jedoch eine Einschränkung und erkennen den Vorrang der Waren- und Kapitalverkehrsfreiheit nur an, soweit eine dort festgestellte Diskriminierung »auf die Ungleichbehandlung von Personen zurückgeht«.[232]

Der restriktiven Ansicht ist nicht zuzustimmen. Zwar ist der Tatbestand der Diskriminierung aufgrund der Staatsangehörigkeit in den Vorschriften über den freien Waren- und Kapitalverkehr nicht mitnormiert, da dieser dort – trotz des Einschlusses der Staatszugehörigkeit (dazu Rn. 8) – schon begrifflich nicht passt. Maßgeblich ist aber wiederum, dass alle rechtlich relevanten Beschränkungen der betreffenden wirtschaftlichen Tätigkeiten abgedeckt sind und dies auch etwaige Diskriminierungen der wirtschaftlich involvierten Personen einschließt.[233] 83

Von dem Subsidiaritätsverhältnis unberührt bleibt jedoch die Rechtsprechung des Gerichtshofs, dass der Art. 18 Abs. 1 AEUV einschlägig sein kann, wenn der Anwendungsbereich einer Grundfreiheit berührt, aber nicht eröffnet ist (»Abrundung der Grundfreiheiten«, s. Rn. 37 ff.). 84

c) Freizügigkeitsrecht aus der Unionsbürgerschaft (»Grundfreiheit ohne Markt«)

Ebenfalls umstritten ist, ob das **Freizügigkeitsrecht aus der Unionsbürgerschaft**, die »Grundfreiheit ohne Markt«,[234] wie die übrigen Grundfreiheiten ein eigenständiges Diskriminierungsverbot enthält, das gegenüber Art. 18 Abs. 1 AEUV als besondere Bestimmung anzusehen wäre. 85

Hierfür lässt sich vor allem der Gleichlauf mit den Grundfreiheiten des Binnenmarktes anführen, die allesamt selbst ein Diskriminierungsverbot enthalten, so dass es in gewisser Weise konsequent erschiene, auch die »Grundfreiheit ohne Markt« entsprechend auszulegen.[235] Dieser Sichtweise steht auch die Praxis des EuGH, Art. 18 Abs. 1 und Art. 21 Abs. 1 nebeneinander zu zitieren, nicht notwendigerweise entgegen.[236] Diese ließe sich als dogmatische Unsicherheit im Umgang mit einem neuartigen Rechtsinstitut, ganz ähnlich der frühen Rechtsprechung zu den wirtschaftlichen Grundfreiheiten (dazu oben Rn. 73), abtun. 86

Der entscheidende Unterschied ist jedoch, dass Art. 21 Abs. 1 AEUV nie darauf angelegt war, den Unionsbürgern ein neuartiges Diskriminierungsverbot angedeihen zu lassen. Vielmehr ergänzte er nur die vor dem Vertrag von Maastricht bestehende Rechtslage, in der bereits ein umfassendes Diskriminierungsverbot aufgrund der Staatsangehörigkeit im gesamten Anwendungsbereich des damaligen Gemeinschaftsrechts verankert war. Da Art. 21 Abs. 1 AEUV auch keinen abgegrenzten Wirtschafts- oder Lebens- 87

10.1.2006, Rs. C–222/04 (Cassa di Risparmio di Firenze), Slg. 2006, I–289, Rn. 99; Urt. v. 11.10.2007, Rs. C–443/06 (Hollmann), Slg. 2007, I–8491, Rn. 28 f.

[231] *Holoubek*, in: Schwarze, EU-Kommentar, Art. 18 AEUV, Rn. 50; *Streinz*, in: Streinz, EUV/AEUV, Art. 18 AEUV, Rn. 14; wohl auch *von Bogdandy*, in: Grabitz/Hilf/Nettesheim, EU, Art. 18 AEUV (September 2010), Rn. 57 f.

[232] *Epiney*, in: Calliess/Ruffert, EUV/AEUV, Art. 18 AEUV, Rn. 6. Ebenso *Plötscher*, S. 105.

[233] Bzgl. des Abgrenzungskriteriums ähnlich *Rossi*, EuR 2000, 197 (205), der in Art. 34 AEUV einen zumindest mittelbaren Rekurs auf die Staatsangehörigkeit sieht.

[234] So die prägnante Bezeichnung von *Wollenschläger*, insbesondere S. 122 ff.

[235] So etwa *Magiera*, in: Streinz, EUV/AEUV, Art. 21 AEUV, Rn. 15; ihm folgend *von Bogdandy*, in: Grabitz/Hilf/Nettesheim, EU, Art. 18 AEUV (September 2010), Rn. 58, Fn. 13.

[236] Vgl. etwa jüngst EuGH, Urt. v. 27.3.2014, Rs. C–322/13 (Grauel Rüffer), ECLI:EU:C:2014:189, Rn. 18 ff.

bereich abschließend regelt, konnte der Vertragsgeber sich im Wissen um die notwendigen rechtlichen Konsequenzen damit begnügen, das allgemeine Freizügigkeitsrecht der Unionsbürger ohne eigenständiges Diskriminierungsverbot als Teil des Primärrechts zu verankern. Art. 21 Abs. 1 AEUV baut somit auf Art. 18 AEUV auf und erweitert dessen Anwendungsbereich (mit erheblichen Auswirkungen, s. Rn. 41 ff.), statt ihn als besondere Bestimmung zu verdrängen.[237]

II. Art. 18 Abs. 1 AEUV als vorrangige Bestimmung

88 Art. 18 Abs. 1 AEUV verdrängt seinerseits den unionsrechtlichen **allgemeinen Gleichheitssatz** gem. Art. 20 GRC als lex specialis. Wenn die Tatbestandsvoraussetzungen des ersteren erfüllt sind, liegen nämlich notwendigerweise auch die des letzteren vor. Durch die zusätzliche Anknüpfung an das Unterscheidungsmerkmal der Staatsangehörigkeit wird Art. 18 Abs. 1 AEUV jedoch enger und damit spezieller.[238] Der EuGH nennt ihn dementsprechend »lediglich eine besondere Ausformung« des allgemeinen Gleichheitssatzes.[239] Der Versuch einer ergänzenden Abgrenzung nach dem Adressatenkreis, nämlich dass Art. 20 GRC tendenziell eher an die Unionsorgane und Art. 18 Abs. 1 AEUV eher an die Mitgliedstaaten gerichtet sei,[240] ist immer weniger hilfreich. In Anbetracht der Feststellung des Gerichtshofs, dass die Anwendbarkeit des Unionsrechts die Anwendbarkeit der durch die Charta garantierten Grundrechte umfasst,[241] ist die (auch nach dem Vertrag von Lissabon) geringere praktische Bedeutung des allgemeinen Gleichheitssatzes nur zu einem sehr kleinen Anteil auf den unterschiedlichen Grad der mitgliedstaatlichen Bindung zurückzuführen. Der Vorrang der besonderen Gleichbehandlungsgebote inklusive des Art. 18 Abs. 1 AEUV hat eine ungleich größere Bedeutung.

89 Art. 21 Abs. 2 GRC ist als lediglich deklaratorischer Rechtsgrundverweis auf Art. 18 Abs. 1 AEUV zu verstehen und hat keine eigenständige Bedeutung (vgl. dazu Art. 21 GRC, Rn. 15). Er bewirkt jedoch, dass das Unterscheidungsmerkmal der »Staatsangehörigkeit« schon normsystematisch als grundsätzlich spezieller gegenüber den in Art. 21 Abs. 1 GRC erwähnten Kriterien anzusehen ist.[242] **Art. 21 Abs. 1 GRC bietet also zumindest keinen zusätzlichen Prüfungsmaßstab**, um eine direkte Diskriminierung aufgrund der Staatsangehörigkeit gem. Art. 18 Abs. 1 AEUV auch noch unter dem Gesichtspunkt einer indirekten Diskriminierung aus Gründen der Rasse, der ethnischen Herkunft, der Sprache usw. zu untersuchen.[243] Ungeklärt ist, wie sich die beiden Normen

---

[237] *Holoubek*, in: Schwarze, EU-Kommentar, Art. 18 AEUV, Rn. 54; *Kucsko-Stadlmayer*, in: Mayer/Stöger, EUV/AEUV, Art. 18 AEUV (März 2013), Rn. 19; *Streinz*, in: Streinz, EUV/AEUV, Art. 18 AEUV, Rn. 18.
[238] *Holoubek*, in: Schwarze, EU-Kommentar, Art. 18 AEUV, Rn. 55; *Streinz*, in: Streinz, EUV/AEUV, Art. 18 AEUV, Rn. 13.
[239] EuGH, Urt. v. 16.10.1980, Rs. 147/79 (Hochstrass), Slg. 1980, 3005, Rn. 7; der Sache nach gleich (»nur ein spezifischer Ausdruck«) Urt. v. 8.10.1980, Rs. 810/79 (Überschär), Slg. 1980, 2747, Rn. 16; Urt. v. 27.10.2009, Rs. C–115/08 (Land Oberösterreich/ČEZ), Slg. 2009, I–10279, Rn. 89.
[240] *Streinz*, in: Streinz, EUV/AEUV, Art. 18 AEUV, Rn. 13; *von Bogdandy*, in: Grabitz/Hilf/Nettesheim, EU, Art. 18 AEUV (September 2010), Rn. 5; *Hilpold*, in: Niedobitek, Europarecht – Politiken, § 1, Rn. 10.
[241] EuGH, Urt. v. 26.2.2013, Rs. C–617/10 (Åkerberg Fransson), ECLI:EU:C:2013:105, Rn. 21.
[242] *Jarass*, GRCh, Art. 21 GRC, Rn. 25.
[243] Diese Auslegung entspricht auch der sekundärrechtlichen Ausgestaltung, vgl. Art. 3 Abs. 2 RL 2000/43/EG vom 29.6.2000 zur Anwendung des Gleichbehandlungsgrundsatzes ohne Unterschied der Rasse oder der ethnischen Herkunft, ABl. 2000, L 180/22.

zueinander verhalten, wenn nur eine indirekte Diskriminierung aufgrund der Staatsangehörigkeit zu konstatieren ist. Hier spricht einiges dafür, dass sie aufgrund der teilweise unterschiedlichen Schutzrichtung parallel anwendbar bleiben.[244]

III. Verhältnis zum Sekundärrecht

Besondere Bestimmungen i. S. d. Art. 18 Abs. 1 AEUV können auch im **EU-Sekundärrecht** zu finden sein, da diese oftmals aufgrund einer dahingehenden Ermächtigung in den Verträgen die ansonsten einschlägigen besonderen Diskriminierungsverbote des Primärrechts ausgestalten.[245] Der gewünschten Gestaltungsfreiheit des EU-Gesetzgebers sind insoweit nur dadurch Grenzen gesetzt, dass seine Regelungen ihrerseits am Primärrecht, d. h. zuvörderst an der Kompetenzgrundlage und etwaigen besonderen Diskriminierungsverboten, subsidiär jedoch auch an Art. 18 Abs. 1 AEUV, gemessen werden können.[246] Entscheidend ist stets, ob die fragliche sekundärrechtliche Norm den Art. 18 Abs. 1 AEUV verdrängen würde, wenn sie selbst im Primärrecht verankert wäre. Dementsprechend ist beispielsweise Art. 16 Abs. 1 UAbs. 3 Buchst. a der Dienstleistungsrichtlinie 2006/123/EG[247] genauso als vorrangig zu behandeln wie Art. 57 Abs. 3 AEUV (dazu Rn. 80), während der Anwendungsbereich der Antidiskriminierungsrichtlinie 2000/43/EG,[248] wie sie selbst in Art. 3 Abs. 2 klarstellt, gegenüber Art. 18 Abs. 1 AEUV den gleichen Einschränkungen wie ihr primärrechtliches Pendant Art. 21 Abs. 1 GRC unterliegt (dazu Rn. 89).

90

E. Rechtsetzungskompetenz (Abs. 2)

Art. 18 Abs. 2 AEUV ergänzt Abs. 1 seinem Wortlaut nach um die Befugnis des Unionsgesetzgebers, Regelungen für das Verbot von Diskriminierungen aus Gründen der Staatsangehörigkeit zu treffen.

91

I. Inhaltliche Reichweite

Die genaue Reichweite der Vorschrift ist bislang nicht hinreichend konturiert. Sie bleibt eigentlich semantisch hinter Art. 19 Abs. 1 AEUV zurück, der Maßnahmen erlaubt, um die dort verpönten Diskriminierungskriterien zu bekämpfen. In der Rechtsprechung des Gerichtshofs spielte die im Vergleich zurückhaltendere Formulierung des Art. 18 Abs. 2 AEUV jedoch keine Rolle, im Gegenteil: Maßnahmen auf seiner Grundlage müssten sich nicht unbedingt auf die nähere Ausgestaltung der in Absatz 1 enthaltenen Rechte beschränken, sondern könnten sich »auch auf Gesichtspunkte beziehen, deren Regelung notwendig erscheint, damit diese Rechte wirksam ausgeübt werden können.«[249] Dem-

92

---

[244] So auch *Jarass*, GRCh, Art. 21 GRC, Rn. 37.
[245] EuGH, Urt. v. 14.7.1977, Rs. 8/77 (Sagulo), Slg. 1977, 1495, Rn. 11; *Rossi*, EuR 2000, 197 (208).
[246] Vgl. EuGH, Urt. v. 14.7.1977, Rs. 8/77 (Sagulo), Slg. 1977, 1495, Rn. 12; *Kucsko-Stadlmayer*, in: Mayer/Stöger, EUV/AEUV, Art. 18 AEUV (März 2013), Rn. 15.
[247] RL 2006/123/EG vom 12.12.2006 über Dienstleistungen im Binnenmarkt, ABl. 2006, L 376/36.
[248] ABl. 2000, L 180/22.
[249] EuGH, Urt. v. 7.7.1992, Rs. C–295/90 (Parlament/Rat; RL 90/366/EWG), Slg. 1992, I–4193, Rn. 18.

entsprechend sah der Gerichtshof Art. 18 Abs. 2 AEUV als alleinige geeignete Kompetenzgrundlage für die Richtlinie 90/366/EWG,[250] die – vor Erlass der ebenfalls teilweise auf Art. 18 Abs. 2 AEUV gestützten RL 2004/38/EG[251] und vor Inkrafttreten der Regelungen über die Unionsbürgerschaft – Studenten ein weitreichendes Freizügigkeitsrecht in der damaligen Gemeinschaft einräumte.

93 Diese Entscheidung unterstreicht das bereits 1977 von *Sundberg-Weitman* erkannte Potential des Art. 18 Abs. 2 AEUV als »schlafender Riese«.[252] Der eigentliche Kern der Vorschrift sollte sein, dass der Unionsgesetzgeber Sachverhalte aus dem etablierten Anwendungsbereichen des Art. 18 Abs. 1 AEUV aufgreift, in denen die Normadressaten typischerweise Rechtfertigungsgründe geltend machen. Diese könnte er dann um der Rechtssicherheit willen sekundärrechtlich klären und so der Ausprägung einer komplizierten Einzelfallrechtsprechung durch den EuGH vorbeugen. Damit stünde **Absatz 2 in einem ähnlichen Verhältnis zu Absatz 1 wie Art. 114 Abs. 1 AEUV zu Art. 34–36 AEUV.** Zum Beispiel könnte der Unionsgesetzgeber auf die geläufigen Fälle von Ungleichbehandlung aus Gründen der Staatsangehörigkeit beim Hochschulzugang (dazu Rn. 50) reagieren. Eine solche Regelung hätte jedoch keinen Sinn, wenn sie lediglich das ohnehin primärrechtlich geltende Diskriminierungsverbot wiederholte; vielmehr könnte ihr Mehrwert nur in einem Ausgleich zwischen dem Recht auf Nichtdiskriminierung und den berechtigten Anliegen der Mitgliedstaaten liegen. Dies impliziert jedoch notwendigerweise, dass dem Unionsgesetzgeber ein gewisser Gestaltungsspielraum zukommt[253] – etwa um im Beispiel des Hochschulzugangs die Höchstwerte für Einheimischenquoten oder die Mindestanforderungen an Eignungstests festzusetzen.[254] Freilich hätte dies für die Bedeutung von Harmonisierungsverboten in speziellen Vertragstiteln, etwa des Art. 165 Abs. 4, 1. Spiegelstrich AEUV für den Bildungsbereich, dieselben Konsequenzen wie gegenüber Art. 114 Abs. 1 AEUV.[255]

94 Dass der Gerichtshof jedoch – noch darüber hinausgehend – die Verankerung eines umfänglichen Freizügigkeitsrechts inklusive Begleitrechten für Ehegatten und Kinder auf der Grundlage des Art. 18 Abs. 2 AEUV für zulässig befand, ist als verfehlte und überholte Einzelfallentscheidung zu behandeln.[256] Zum einen ist für den gesamten Bereich der Freizügigkeit im nichtwirtschaftlichen Kontext mittlerweile Art. 21 Abs. 2 AEUV die einschlägige Kompetenzgrundlage.[257] Zum anderen übersteigt es den Wortlaut in unzulässiger Weise, wenn die erlassene Regelung keine Diskriminierung aus Gründen der Staatsangehörigkeit mehr zum Gegenstand hat, sondern ausschließlich

---

[250] RL 90/366/EWG vom 28.6.1990 über das Aufenthaltsrecht der Studenten, ABl. 1990, L 180/30.

[251] ABl. 2004, L 158/77.

[252] *Sundberg-Weitman*, S. 38; ihr folgend *von Bogdandy*, in: Grabitz/Hilf/Nettesheim, EU, Art. 18 AEUV (September 2010), Rn. 49 ff.; *Streinz*, in: Streinz, EUV/AEUV, Art. 18 AEUV, Rn. 61.

[253] Wohl anders (nur Maßnahmen »negativen Charakters«) *von Bogdandy*, in: Grabitz/Hilf/Nettesheim, EU, Art. 18 AEUV (September 2010), Rn. 63.

[254] Vgl. die Verhältnismäßigkeitserwägungen in EuGH, Urt. v. 13.4.2010, Rs. C–73/08 (Bressol), Slg. 2010, I–2782, Rn. 62 ff., und die daran anschließende Unsicherheit hinsichtlich der Zulässigkeit bestimmter Zugangsregelungen zum Medizinstudium.

[255] Vgl. dazu EuGH, Urt. v. 5.10.2000, Rs. C–376/98 (Deutschland/Parlament und Rat; Tabakwerberichtlinie), Slg. 2000, I–8419, Rn. 76 ff.; *Kahl*, in: Calliess/Ruffert, EUV/AEUV, Art. 114 AEUV, Rn. 31.

[256] Ausschließlich rechtspolitisch motiviert und unvertretbar EuGH, Urt. v. 7.7.1992, Rs. C–295/90 (Parlament/Rat; RL 90/366/EWG), Slg. 1992, I–4193, Rn. 15 f., vor Einführung des Art. 21 Abs. 1 AEUV.

[257] *Holoubek*, in: Schwarze, EU-Kommentar, Art. 18 AEUV, Rn. 59.

darauf Bezug nimmt, dass im Kontext des Art. 18 Abs. 1 AEUV schon einmal der Anwendungsbereich der Verträge bejaht wurde.

II. Formelles

Die Vorschrift verweist auf das **ordentliche Gesetzgebungsverfahren**, so dass Art. 289, 294 AEUV zur Anwendung kommen. Damit behält der Vertrag von Lissabon die starke Rolle des Europäischen Parlaments in dieser Materie bei, die diesem schrittweise schon durch die Einheitliche Europäische Akte[258] und den Vertrag von Amsterdam[259] verliehen worden war.[260]

95

Der Verweis auf den Erlass von »Regelungen« ohne nähere Konkretisierung bedeutet, dass dem Unionsgesetzgeber alle Handlungsformen des Art. 288 AEUV zur Verfügung stehen, die sich zur Festlegung abstrakt-genereller Normen eignen. Daher dürften in der Praxis nur Verordnungen (Art. 288 Abs. 2 AEUV) und Richtlinien (Art. 288 Abs. 3 AEUV) in Frage kommen. Der **Verhältnismäßigkeitsgrundsatz** (Art. 5 Abs. 1 Satz 2, Abs. 4 EUV) wirkt sich in seiner kompetenziellen Dimension hier so aus, dass in der Regel dem Instrument der Richtlinie der Vorzug zu geben ist (vgl. Art. 5 EUV, Rn. 147 f.).

96

Da die Bekämpfung von Diskriminierungen nicht in den Katalogen der Art. 3 Abs. 1 und 6 Satz 2 AEUV zu finden ist, handelt es sich gem. Art. 4 Abs. 1 AEUV um eine zwischen der Union und den Mitgliedstaaten **geteilte Zuständigkeit**. Daher ist auch der **Subsidiaritätsgrundsatz** (Art. 5 Abs. 1 Satz 2, Abs. 3 EUV) zu beachten, dürfte bei Vorliegen der Tatbestandsvoraussetzungen des Art. 18 Abs. 2 AEUV jedoch kaum je eine begrenzende Wirkung entfalten.

97

---

[258] Verfahren der Zusammenarbeit nach dem damaligen Art. 189c EWGV statt alleiniger Ratskompetenz.
[259] Zuordnung zum Mitentscheidungsverfahren nach dem früheren Art. 251 EGV, das dem jetzigen ordentlichen Gesetzgebungsverfahren entspricht.
[260] *Streinz*, in: Streinz, EUV/AEUV, Art. 18 AEUV, Rn. 68.

Artikel 19 AEUV [Antidiskriminierungsmaßnahmen]

(1) Unbeschadet der sonstigen Bestimmungen der Verträge kann der Rat im Rahmen der durch die Verträge auf die Union übertragenen Zuständigkeiten gemäß einem besonderen Gesetzgebungsverfahren und nach Zustimmung des Europäischen Parlaments einstimmig geeignete Vorkehrungen treffen, um Diskriminierungen aus Gründen des Geschlechts, der Rasse, der ethnischen Herkunft, der Religion oder der Weltanschauung, einer Behinderung, des Alters oder der sexuellen Ausrichtung zu bekämpfen.

(2) Abweichend von Absatz 1 können das Europäische Parlament und der Rat gemäß dem ordentlichen Gesetzgebungsverfahren die Grundprinzipien für Fördermaßnahmen der Union unter Ausschluss jeglicher Harmonisierung der Rechts- und Verwaltungsvorschriften der Mitgliedstaaten zur Unterstützung der Maßnahmen festlegen, die die Mitgliedstaaten treffen, um zur Verwirklichung der in Absatz 1 genannten Ziele beizutragen.

Literaturübersicht

Althoff, Die Bekämpfung von Diskriminierungen aus Gründen der Rasse und der ethnischen Herkunft in der Europäischen Gemeinschaft ausgehend von Art. 13 EG, 2006; *Badura*, Gleiche Freiheit im Verhältnis zwischen Privaten – Die verfassungsrechtliche Problematik der Umsetzung der EG-Diskriminierungsrichtlinien in Deutschland, ZaöRV 68 (2005), 347; *Bell*, The New Article 13 EC Treaty: A Sound Basis for European Anti-Discrimination Law?, MJ 1 (1999), 5; *Bouchouaf/Richter*, Reichweite und Grenzen des Art. 13 EGV – unmittelbar anwendbares Diskriminierungsverbot oder lediglich Kompetenznorm?, Jura 2006, 651; *Britz*, Diskriminierungsschutz und Privatautonomie, VVDStRL 64 (2005), 355; *Burg*, Positive Maßnahmen zwischen Unternehmerfreiheit und Gleichbehandlung, 2009; *Dewhurst*, The Development of EU Case-Law on Age Discrimination in Employment: ›Will You Still Need Me? Will You Still Feed Me? When I'm Sixty-Four‹, ELJ 19 (2013), 517; *Flynn*, The implications of Article 13 EC – after Amsterdam, will some forms of discrimination be more equal than others?, CMLRev. 36 (1999), 1127; *Göbel-Zimmermann/Marquardt*, Diskriminierung aus Gründen der »Rasse« und wegen der ethnischen Herkunft im Spiegel der Rechtsprechung zum AGG, ZAR 2012, 369; *Honsell*, Die Erosion des Privatrechts durch das Europarecht, ZIP 2008, 621; *Jestaedt*, Diskriminierungsschutz und Privatautonomie, VVDStRL 64 (2005), 298; *Jochum*, Der neue Art. 13 EGV oder »political correctness« auf europäisch?, ZRP 1999, 279; *Kehlen*, Europäische Antidiskriminierung und kirchliches Selbstbestimmungsrecht, 2003; *Koch*, EU-Kompetenz für eine Frauenquote in den Führungsgremien von Aktiengesellschaften, ZHR 175 (2011), 827; *Mohr*, Schutz vor Diskriminierungen im Europäischen Arbeitsrecht, 2004; *Payandeh*, Rechtlicher Schutz vor rassistischer Diskriminierung, JuS 2015, 695; *Schiek*, Age Discrimination Before the ECJ – Conceptual and Theoretical Issues, CMLRev. 48 (2011), 777; *dies.*, Intersectionality and the Notion of Disability in EU Discrimination Law, CMLRev. 53 (2016), 35; *Schwab*, Schranken der Vertragsfreiheit durch die Antidiskriminierungsrichtlinien und ihre Umsetzung in Deutschland, DNotZ 2006, 649; *Stöbener/Böhm*, Kompetenzen ohne Grenzen – Der Vorschlag der EU-Kommission zur Frauenquote für Aufsichtsräte, EuZW 2013, 371; *Thüsing*, Gerechtigkeit à l'européenne: Diskriminierungsschutz in einer pluralistischen Gesellschaft, ZESAR 2014, 364; *Triebel*, Bekämpfung von Diskriminierungen nach Artikel 13 EG, ZESAR 2007, 211; *Waddington*, Future Prospects for EU Equality Law: Lessons to be Learnt from the Proposed Equal Treatment Directive, E.L.Rev. 36 (2011), 163; *Waddington/Bell*, Exploring the boundaries of positive action under EU law: A search for conceptual clarity, CMLRev. 2011, 1503; *dies.*, More Equal than Others: Distinguishing European Union Equality Directives, CMLRev. 38 (2001), 587; *Wernsmann*, Bindung Privater an Diskriminierungsverbote durch Gemeinschaftsrecht, JZ 2005, 224; *White/Bell*, Between social policy and Union citizenship: the Framework Directive on equal treatment in employment, E.L.Rev. 39 (2002), 677.

Leitentscheidungen

EuGH, Urt. v. 16.10.2007, Rs. C–411/05 (Palacios de la Villa), Slg. 2007, I–8531
EuGH, Urt. v. 1.4.2008, Rs. C–267/06 (Maruko), Slg. 2008, I–1757
EuGH, Urt. v. 12.1.2010, Rs. C–229/08 (Wolf), Slg. 2010, I–1
EuGH, Urt. v. 1.3.2011, Rs. C–236/09 (Test-Achats), Slg. 2011, I–773
EuGH, Urt. v. 12.5.2011, Rs. C–391/09 (Runevič-Vardyn und Wardyn), Slg. 2011, I–3818
EuGH, Urt. v. 13.11.2011, Rs. C–447/09 (Prigge), Slg. 2011, I–8003
EuGH, Urt. v. 11.4.2013, verb. Rs. C–335/11 u. C–337/11 (HK Danmark/Dansk almennyttigt Boligselskab u.a.), ECLI:EU:C:2013:222
EuGH, Urt. v. 4.7.2013, Rs. C–312/11 (Kommission/Italien; Umsetzung des Art. 5 RL 2000/78/EG), ECLI:EU:C:2013:446
EuGH, Urt. v. 12.12.2013, Rs. C–267/12 (Hay), ECLI:EU:C:2013:823
EuGH, Urt. v. 19.6.2014, verb. Rs. C–501/12 bis C–506/12, C–540/12 u. C–541/12 (Specht), ECLI:EU:C:2013:779
EuGH, Urt. v. 18.12.2014, Rs. C–354/13 (Kaltoft), ECLI:EU:C:2014:2463
EuGH, Urt. v. 16.7.2015, Rs. C–83/14 (CHEZ Razpredelenie Bulgaria AD), ECLI:EU:C:2015:480

Wesentliche sekundärrechtliche Vorschriften

Richtlinie 2000/43/EG vom 29.6.2000 zur Anwendung des Gleichbehandlungsgrundsatzes ohne Unterschied der Rasse oder der ethnischen Herkunft, ABl. 2000, L 180/22
Richtlinie 2000/78/EG vom 27.11.2000 zur Festlegung eines allgemeinen Rahmens für die Verwirklichung der Gleichbehandlung in Beschäftigung und Beruf, ABl. 2000, L 303/16
Richtlinie 2004/113/EG vom 13.12.2004 zur Verwirklichung des Grundsatzes der Gleichbehandlung von Männern und Frauen beim Zugang zu und bei der Versorgung mit Gütern und Dienstleistungen, ABl. 2004, L 373/37

Inhaltsübersicht

	Rn.
A. Entstehungsgeschichte und grundsätzliche Bedeutung	1
B. Anwendungsvoraussetzungen	3
I. Absatz 1	3
1. Subsidiarität gegenüber anderen Kompetenzgrundlagen	4
2. Einhaltung des EU-Zuständigkeitsrahmens	9
a) Beschränkung auf Gesetzgebungskompetenzen der EU	10
b) Extensive Rechtsprechung des EuGH	11
c) Auswirkungen auf den praktischen Anwendungsbereich	14
II. Absatz 2	15
C. Vorgesehene Regelungsinhalte	16
I. Diskriminierungsbegriff des Art. 19 AEUV	17
II. Verpönte Differenzierungsmerkmale	22
1. Geschlecht	23
2. Rasse	24
3. Ethnische Herkunft	25
4. Religion oder Weltanschauung	26
5. Behinderung	27
6. Alter	28
7. Sexuelle Ausrichtung	29
D. Handlungsformen und Gesetzgebungsverfahren	31
1. Geeignete Vorkehrungen (Abs. 1)	32
2. Grundprinzipien für Fördermaßnahmen der Union (Abs. 2)	35
E. Erlassenes Sekundärrecht	36

A. Entstehungsgeschichte und grundsätzliche Bedeutung

1   Art. 19 AEUV geht zurück auf die erstmals in Erwägungsgrund 8 der Gemeinschaftscharta der sozialen Grundrechte der Arbeitnehmer vom 9.12.1989 verankerte Absicht der Signatarstaaten (alle Mitgliedstaaten außer dem Vereinigten Königreich), »gegen Diskriminierungen jeglicher Art, insbesondere aufgrund von Geschlecht, Hautfarbe, Rasse, Meinung oder Glauben, vorzugehen.«[1] Nach etlichen bloßen Erklärungen und Empfehlungen an die Mitgliedstaaten, Diskriminierungen – insbesondere Rassismus und Fremdenfeindlichkeit – zu bekämpfen, entschlossen sich die Herren der Verträge trotz Bedenken einiger Staaten dazu, eine Kompetenznorm für verbindliche Maßnahmen auf diesem Gebiet in das Primärrecht einzufügen.[2] Sie verankerten mit dem **Vertrag von Amsterdam** (in Kraft getreten am 1.5.1999) den jetzigen Absatz 1 als Art. 13 EGV im damaligen Gemeinschaftsrecht, nahmen jedoch durch die Normierung eines **besonderen Gesetzgebungsverfahrens** – erforderlich war die Einstimmigkeit im Rat nach Anhörung des Parlaments – besondere Rücksicht auf die Zweifler unter ihnen. Durch den Vertrag von Nizza (in Kraft ab 1.2.2003) wurde die Norm um die zusätzliche Kompetenz zu Fördermaßnahmen – unter Ausschluss jeglicher Harmonisierung, dafür aber ohne nationales Veto aufgrund der Anwendbarkeit des damaligen Mitentscheidungsverfahrens gem. Art. 251 EGV – in Absatz 2 ergänzt.

2   Im Zuge des **Vertrags von Lissabon** hat die Norm einige Detailänderungen erfahren: In Absatz 1 ist statt der bloßen Anhörung jetzt die **Zustimmung des Europäischen Parlaments** erforderlich. In Absatz 2 wurde die Gesetzgebungskompetenz für EU-Fördermaßnahmen auf »Grundprinzipien für Fördermaßnahmen« eingeschränkt und die Bezeichnung des anwendbaren Gesetzgebungsverfahrens an die neue Terminologie des Art. 294 AEUV (»ordentliches Gesetzgebungsverfahren«) angeglichen. Darüber hinaus wurde die systematische Stellung des Art. 19 AEUV dahingehend angeglichen, dass er nunmehr mit Art. 18 AEUV und den Regelungen über die Unionsbürgerschaft, d. h. dem »Leitmotiv« für die Auslegung der Verträge[3] und dem »grundlegenden Status« aller Unionsbürger,[4] einen eigenen kurzen Vertragsteil bildet. Somit ergänzt er nicht mehr nur einfach den altehrwürdigen Reigen der unionsrechtlichen Diskriminierungsverbote um weitere verpönte Differenzierungsmerkmale, sondern erhält eine sehr viel grundsätzlichere Bedeutung. Die Vorschrift symbolisiert die Herausbildung eines auch in Wertefragen immer engeren Zusammenschlusses der europäischen Völker (vgl. Erwägungsgrund 1 der Präambel zum AEUV), der den Grundsatz der Nichtdiskriminierung auch im Hinblick auf wirtschaftlich wenig bedeutsame Merkmale zur **tragenden Säule einer gemeineuropäischen Rechtskultur** erhebt.[5] Damit effektuiert sie die ebenfalls durch den Vertrag von Lissabon eingefügten Ziel- und Querschnittsklauseln des Art. 3 Abs. 3 UAbs. 2 EUV bzw. der Art. 8 und 10 AEUV.[6] Obwohl auch Art. 19 AEUV nicht unmittelbar anwendbar ist (s. Rn. 16), hat er – vermittelt über die auf seiner Grundlage erlassenen Richtlinien – eine **sehr hohe praktische Bedeutung**, da er überwiegend auf das Verhalten der Bürger untereinander abzielt und dementsprechend **weit in das**

---

[1] KOM(89) 248 endg.
[2] *Bell*, MJ 1 (1999), 5 (6 ff.); *Grabenwarter*, in: Grabitz/Hilf/Nettesheim, EU, Art. 19 AEUV (September 2014), Rn. 2.
[3] So zunächst *Wohlfarth*, in: W/E/G/S, EWG, Art. 7, Anm. 1.
[4] Grundlegend EuGH, Urt. v. 20.9.2001, Rs. C–184/99 (Grzelczyk), Slg. 2001, I–6193, Rn. 31.
[5] Vgl. *Khan*, in: Geiger/Khan/Kotzur, EUV/AEUV, Art. 19 AEUV, Rn. 1.
[6] EuGH, Urt. v. 1.3.2011, Rs. C–236/09 (Test-Achats), Slg. 2011, I–773, Rn. 19 f.

Alltagsleben der Zivilgesellschaft einwirkt.[7] Wie die Übernahme der verpönten Diskriminierungsmerkmale in Art. 21 Abs. 1 GRC – erst recht in der extensiven, Horizontalverhältnisse nicht ausklammernden Rechtsprechung des EuGH (dazu Art. 21 GRC, Rn. 13) – zeigt, handelt es sich dabei um eine **Rekonstruktion grundrechtlicher Gleichheitsrechte**[8] nach dem Leitbild der Menschenwürdegarantie und des Sozialstaatsprinzips[9] als Richtmaß privaten Handelns.[10]

B. Anwendungsvoraussetzungen

I. Absatz 1

Die Anwendbarkeit des Art. 19 Abs. 1 AEUV ist seinem Wortlaut nach in zweierlei Hinsicht eingeschränkt.   3

1. Subsidiarität gegenüber anderen Kompetenzgrundlagen

Die Norm ist nur unbeschadet der sonstigen Bestimmungen der Verträge anwendbar.   4
Diese Formulierung wurde vom Gerichtshof bisher noch nicht ausdrücklich ausgelegt und wird in der Literatur unterschiedlich gedeutet.

Der hauptsächlich von *Holoubek* geprägten Ansicht zufolge sei maßgeblich, dass die   5
Formulierung »unbeschadet der sonstigen« sich von der Formulierung »unbeschadet besonderer Bestimmungen« der Verträge in Art. 18 Abs. 1 AEUV unterscheide. Nur das Abstellen auf die Besonderheit anderer Kompetenzgrundlagen rechtfertige die Annahme eines Subsidiaritätsverhältnisses, so dass Art. 19 Abs. 1 AEUV »kumulativ« neben die anderen Ermächtigungen der Verträge treten könne.[11] Hierfür spreche auch Erklärung Nr. 22 zum Amsterdamer Vertrag, die bei der Ausarbeitung von Maßnahmen nach Art. 114 Abs. 1 AEUV die Berücksichtigung der Bedürfnisse von Personen mit einer Behinderung festschreibt.[12]

Demgegenüber besagt die Gegenmeinung um *Epiney*, dass Art. 19 Abs. 1 AEUV im   6
Verhältnis zu allen anderen Kompetenzgrundlagen der Verträge mit Ausnahme des Art. 352 AEUV (dazu Rn. 8) subsidiär ist, d.h. nur greifen kann, wenn jene die intendierten Antidiskriminierungsmaßnahmen nicht abdecken.[13] Es sei wenig überzeugend,

---

[7] Vgl. *Britz*, VVDStRL 64 (2005), 355 (389 ff., 393 ff.).
[8] Vgl. auch *Grabenwarter*, in: Grabitz/Hilf/Nettesheim, EU, Art. 19 AEUV (September 2014), Rn. 3.
[9] *Thüsing*, ZESAR 2014, 364 (367).
[10] *Bouchouaf/Richter*, Jura 2006, 651 (651). Übersichtlich zu den beachtenswerten grundrechtlichen Aspekten aus deutscher Sicht *Jestaedt*, VVDStRL 64 (2005), 298 (347 ff.). Das Regelungskonzept des EU-Gesetzgebers prangert er dort (S. 350) als »Rechtsanglizismus respektive Rechtsamerikanismus« an.
[11] *Holoubek*, in: Schwarze, EU-Kommentar, Art. 19 AEUV, Rn. 7 f. Es ist nicht ausgeschlossen, dass es sich hierbei um ein terminologisches Missverständnis handelt und der Autor eigentlich die *alternative* Anwendbarkeit des Art. 19 Abs. 1 AEUV neben einer möglichen anderen Kompetenzgrundlage meint (insb. wegen Rn. 8: »sowohl auf die entsprechende sonstige Vertragsbestimmung als auch auf Art. 19 gestützt werden können«). Deutlich für eine alternative Anwendbarkeit *Khan*, in: Geiger/Khan/Kotzur, EUV/AEUV, Art. 19 AEUV, Rn. 9; *Mohr*, S. 181 f.; tatsächlich für eine kumulative Anwendung verschiedener Rechtsgrundlagen *Triebel*, ZESAR 2007, 211 (215 f.). Beides hält *Hilpold*, in: Niedobitek, Europarecht – Politiken, § 1, Rn. 35, für möglich.
[12] *Althoff*, S. 182; *Triebel*, ZESAR 2007, 211 (216).
[13] *Bell*, MJ 1 (1999), 5 (9); *Epiney*, in: Calliess/Ruffert, EUV/AEUV, Art. 19 AEUV, Rn. 3; *Folz*, in:

den Unterschied zwischen »besonderen« und »sonstigen« Bestimmungen der Verträge in den Vordergrund zu stellen, der in beiden Normen verwendeten und für das Konkurrenzverhältnis maßgeblichen Präposition »unbeschadet« aber unterschiedliche Bedeutungen zumessen zu wollen. Darüber hinaus deute das besondere Gesetzgebungsverfahren in Art. 19 Abs. 1 AEUV darauf hin, dass diese Vorschrift nur zum Zuge kommen solle, wenn es um die Bekämpfung von Diskriminierungen »um ihrer selbst willen«, also unabhängig vom Zusammenhang mit anderen Politiken gehe. Schließlich sei Erklärung Nr. 22 zum Vertrag von Amsterdam zu entnehmen, dass der Umgang mit den gem. Art. 19 Abs. 1 AEUV verpönten Differenzierungsmerkmalen schon bei der Anwendung anderer Kompetenzgrundlagen wie Art. 114 Abs. 1 AEUV zu berücksichtigen sei, ein kumulativer Rückgriff auf Art. 19 Abs. 1 AEUV also gerade nicht nottue.[14]

7 Die letztgenannte Ansicht wird insbesondere von der dänischen Sprachversion gestützt, die sowohl in Art. 18 Abs. 1 als auch in Art. 19 Abs. 1 AEUV die Wendung »med forbehold af« (wörtlich: »vorbehaltlich«) verwendet. Dazu passt die Rechtsprechung des EuGH zu Art. 18 Abs. 1 AEUV, die das Wort **»unbeschadet« als Synonym für »vorbehaltlich«** versteht.[15] Darüber hinaus ist darauf hinzuweisen, dass andere Kompetenzgrundlagen nur dann wirklich keinen Schaden nehmen (»unbeschadet«), wenn sie einerseits weiterhin ohne Einschränkung gegenüber dem status quo ante herangezogen werden können und andererseits die Rechte der dort eingebundenen Institutionen voll gewahrt sind. **Gegen eine kumulative Anwendung** des Art. 19 Abs. 1 AEUV neben einer anderen Ermächtigungsnorm im Sinne einer doppelten Rechtsgrundlage spricht also, dass die in Letzterer eigentlich vorgesehene Entscheidungsfindung, in der Regel das ordentliche Gesetzgebungsverfahren, durch das Einstimmigkeitserfordernis im Rat gem. Art. 19 Abs. 1 AEUV unterminiert würde.[16] **Gegen eine alternative Anwendbarkeit** des Art. 19 Abs. 1 AEUV neben anderen Kompetenznormen, insbesondere den Unionskompetenzen nach Art. 153 AEUV, spricht, dass die erweiterten Beteiligungsrechte des Europäischen Parlaments nach dem ordentlichen Gesetzgebungsverfahren sowie die Einbindung des Wirtschafts- und Sozialausschusses zur Disposition stünden.[17] Daher hat Art. 19 Abs. 1 AEUV zurückzutreten, wenn andere Ermächtigungsgrundlagen die gewünschte Maßnahme decken. Erlaubt die andere Kompetenznorm hingegen den Erlass von Antidiskriminierungsvorschriften schon dem Grunde nach nicht oder stellt sie auf andere Differenzierungsmerkmale ab, verfolgt sie einen anderen Normzweck und lässt Raum für die Anwendung des Art. 19 Abs. 1 AEUV.[18]

Vedder/Heintschel v. Heinegg, Europäisches Unionsrecht, Art. 19 AEUV, Rn. 2; *Lenz*, in: Lenz/Borchardt, EU-Verträge, Art. 19 AEUV, Rn. 8; *Odendahl*, in: Heselhaus/Nowak, Handbuch der Europäischen Grundrechte, § 45, Rn. 45; *Streinz*, in: Streinz, EUV/AEUV, Art. 19 AEUV, Rn. 3; *Whittle/Bell*, E.L.Rev. 39 (2002), 677 (680f.).

[14] Zum Ganzen *Epiney*, in: Calliess/Ruffert, EUV/AEUV, Art. 19 AEUV, Rn. 3.
[15] EuGH, Urt. v. 14.7.1977, Rs. 8/77 (Sagulo), Slg. 1977, 1495, Rn. 11; Urt. v. 1.2.1996, Rs. C–177/94 (Perfili), Slg. 1996, I–161, Rn. 14.
[16] Grundsätzlich zu Problemen mit der Kumulation im auch vom Gerichtshof verwendeten Sinne der Heranziehung einer doppelten Rechtsgrundlage EuGH, Urt. v. 19.7.2012, Rs. C–130/10 (Parlament/Rat; restriktive Maßnahmen), ECLI:EU:C:2012:472, Rn. 49; vgl. hinsichtlich der Konsequenzen in Bezug auf Art. 19 AEUV *Triebel*, ZESAR 2007, 211 (216).
[17] Vgl. *Whittle/Bell*, E.L.Rev. 39 (2002), 677 (691).
[18] *Grabenwarter*, in: Grabitz/Hilf/Nettesheim, EU, Art. 19 AEUV (September 2014), Rn. 18 ff.; vgl. auch *Kehlen*, S. 30. Zum Spezialfall des Verhältnisses zwischen den Diskriminierungskriterien »ethnische Herkunft« bzw. »Rasse« und »Staatsangehörigkeit« (Art. 18 Abs. 1 AEUV) vgl. Art. 18 AEUV, Rn. 89.

Völlig unumstritten ist lediglich, dass Art. 19 Abs. 1 AEUV die Vertragsabrundungs- 8
kompetenz des Art. 352 Abs. 1 Satz 1 AEUV verdrängt, da Letzterer seinerseits gegenüber allen geschriebenen EU-Kompetenzen subsidiär ist.[19]

2. Einhaltung des EU-Zuständigkeitsrahmens

Art. 19 Abs. 1 AEUV ist seinem Wortlaut nach »nur im Rahmen der durch die Verträge 9
auf die Union übertragenen Zuständigkeiten« anwendbar. Außerhalb dieses Bereichs
darf der Unionsgesetzgeber nicht tätig werden, d. h. auch der Anwendungsbereich der
auf Art. 19 Abs. 1 AEUV gestützten Sekundärrechtsakte muss entsprechend beschränkt werden. Dies ist im jeweiligen Art. 3 Abs. 1 der Richtlinien 2000/43/EG,
2000/78/EG und 2004/113/EG sowie in Art. 2 des Beschlusses 2000/750/EG[20] (zu diesen Rn. 36 ff.) geschehen. Wo die Grenze genau verläuft, ist jedoch im Einzelnen nicht
geklärt.

a) Beschränkung auf Gesetzgebungskompetenzen der EU

Aufschlussreich ist ein Vergleich mit dem Wortlaut des älteren Art. 18 Abs. 1 AEUV, der 10
als funktionales Äquivalent die Eröffnung des Anwendungsbereichs der Verträge verlangt.[21] Die – angesichts der Entstehungsgeschichte bewusste[22] – Verengung auf »Zuständigkeiten« wird daher üblicherweise so gedeutet, dass die Union bereits anderweitige Rechtsetzungsbefugnisse im Sinne einer Sachregelungskompetenz in dem Bereich
haben muss, in dem sie Diskriminierungsverbote erlässt.[23] Um Art. 19 Abs. 1 AEUV
trotz seiner Akzessorietät nicht überflüssig zu machen, ist es allerdings unschädlich,
wenn die anderweitige Zuständigkeit nur unter Ausschluss bestimmter Handlungsformen (z. B. Ausschluss von Harmonisierungsmaßnahmen nach Art. 153 Abs. 2 Buchst. a
oder Art. 165 Abs. 4 AEUV) besteht.[24] Dies bedeutet, dass der Unionsgesetzgeber zumindest dort Maßnahmen zur Diskriminierungsbekämpfung erlassen kann, wo die EU
auch sonst eine – den Erlass von Diskriminierungsverboten nicht umfassende (vgl.
Rn. 7) – ausschließliche (Art. 3 AEUV) oder geteilte (Art. 4 AEUV) Gesetzgebungskom-

---

[19] *Epiney*, in: Calliess/Ruffert, EUV/AEUV, Art. 19 AEUV, Rn. 3; *Grabenwarter*, in: Grabitz/Hilf/
Nettesheim, EU, Art. 19 AEUV (September 2014), Rn. 21; *Hilpold*, in: Niedobitek, Europarecht –
Politiken, § 1, Rn. 35; *Holoubek*, in: Schwarze, EU-Kommentar, Art. 19 AEUV, Rn. 8; *Lenz*, in: Lenz/
Borchardt, EU-Verträge, Art. 19 AEUV, Rn. 10; *Streinz*, in: Streinz, EUV/AEUV, Art. 19 AEUV,
Rn. 4.
[20] Beschluss 2000/750/EG des Rates vom 27.11.2000 über ein Aktionsprogramm der Gemein-
schaft zur Bekämpfung von Diskriminierungen (2001–2006), ABl. 2000, L 303/23.
[21] *Holoubek*, in: Schwarze, EU-Kommentar, Art. 19 AEUV, Rn. 9; *Wernsmann*, JZ 2005, 224
(229).
[22] Ausführlich *Grabenwarter*, in: Grabitz/Hilf/Nettesheim, EU, Art. 19 AEUV (September 2014),
Rn. 11.
[23] *Bell*, MJ 1 (1999), 5 (14); *Bouchouaf/Richter*, Jura 2006, 651 (652); *Holoubek*, in: Schwarze,
EU-Kommentar, Art. 19 AEUV, Rn. 9; *Mohr*, S. 182; *Odendahl*, in: Heselhaus/Nowak, Handbuch der
Europäischen Grundrechte, § 45, Rn. 47; *Streinz*, in: Streinz, EUV/AEUV, Art. 19 AEUV, Rn. 13;
Triebel, ZESAR 2007, 211 (214 f.); *Wernsmann*, JZ 2005, 224 (230). Vgl. auch GA *Bot*, Schlussanträge
zu verb. Rs. C–501/12 bis C–506/12, C–540/12 u. C–541/12 (Specht), ECLI:EU:C:2013:779, Rn. 40.
A. A. *Kehlen*, S. 44 ff. (52); *Khan*, in: Geiger/Khan/Kotzur, EUV/AEUV, Art. 19 AEUV, Rn. 8.
[24] *Bouchouaf/Richter*, Jura 2006, 651 (652); *Epiney*, in: Calliess/Ruffert, EUV/AEUV, Art. 19
AEUV, Rn. 6; *Odendahl*, in: Heselhaus/Nowak, Handbuch der Europäischen Grundrechte, § 45,
Rn. 47; *Streinz*, in: Streinz, EUV/AEUV, Art. 19 AEUV, Rn. 14; a. A. *Grabenwarter*, in: Grabitz/Hilf/
Nettesheim, EU, Art. 19 AEUV (September 2014), Rn. 13; *Triebel*, ZESAR 2007, 211 (215).

petenz hat.[25] Einzubeziehen sind außerdem Unterstützungs-, Koordinierungs- und Ergänzungskompetenzen (Art. 6 AEUV), wenn diese die Union tatsächlich zur Sachregelung und nicht nur zum Erlass von Empfehlungen und Stellungnahmen ermächtigen. Denkbar ist darüber hinaus eine Erstreckung auf Bereiche, in denen der Union eine Kompetenz kraft Sachzusammenhangs zukommt.[26] Bereichsausnahmen im Recht der Grundfreiheiten schlagen nicht auf Art. 19 Abs. 1 AEUV durch.[27]

b) Extensive Rechtsprechung des EuGH

11 Diesen ohnehin weiten Anwendungsbereich reizt der EuGH in seiner neuesten Rechtsprechung stark aus. Er hat als Leitbild seiner Auslegung formuliert, dass der Geltungsbereich einer auf Grundlage des Art. 19 Abs. 1 AEUV getroffenen Maßnahme »in Anbetracht ihres Gegenstands und der Natur der Rechte, die sie schützen soll, sowie des Umstands, dass sie in dem jeweiligen Bereich nur der Ausdruck des Gleichbehandlungsgrundsatzes ist, der einer der tragenden Grundsätze des Unionsrechts und in Art. 21 der Charta der Grundrechte der Europäischen Union niedergelegt ist, nicht eng definiert werden darf.«[28]

12 Die Auswirkungen dieses Ansatzes zeigen sich insbesondere in den Fällen der Diskriminierung aus geschlechtsunabhängigen Gründen bei der **Berechnung des Arbeitsentgelts** i. S. d. Art. 157 Abs. 2 AEUV. Eine Anknüpfung an Gesetzgebungskompetenzen erscheint hier eigentlich kaum möglich: Die spezielle Kompetenz zur Diskriminierungsbekämpfung im Hinblick auf das Arbeitsentgelt (Art. 157 Abs. 3 AEUV) knüpft ausschließlich an die Bekämpfung von Differenzierungen zwischen Männern und Frauen an. Darüber hinaus umfasst die allgemeine Unterstützung- und Ergänzungskompetenz der Union im Bereich der Sozialpolitik gem. Art. 153 Abs. 5 AEUV explizit nicht Fragen des Arbeitsentgelts.[29] Nach der Gültigkeit des Art. 3 Abs. 1 Buchst. c RL 2000/78/EG befragt, der das Arbeitsentgelt explizit dem Anwendungsbereich der Richtlinie zuweist, unterschied der Gerichtshof jedoch zwischen dem primärrechtlichen und dem sekundärrechtlichem Gebrauch des Begriffs und schlug letzteren – soweit nicht EU-rechtlich unmittelbar die Höhe des Arbeitsentgelts festgelegt wird (etwa durch einen hypothetischen EU-weiten Mindestlohn) – dem Begriff der **Arbeitsbedingungen** in Art. 153 Abs. 1 Buchst. b AEUV zu.[30] Dies ermöglicht es dem Gerichtshof, den Grundsatz »gleicher Lohn für gleiche Arbeit« über die Vorgaben des Art. 157 Abs. 1 AEUV

---

[25] Vgl. *Holoubek*, in: Schwarze, EU-Kommentar, Art. 19 AEUV, Rn. 9; *Wernsmann*, JZ 2005, 224 (230). Dies würde auch die sehr weitreichende Zuständigkeit für den Binnenmarkt gem. Art. 4 Abs. 2 Buchst. a AEUV einschließen, vgl. GA *Kokott*, Schlussanträge zu Rs. C–394/11 (Belov), ECLI:EU: C:2012:585, Rn. 66.

[26] Vgl. das Beispiel von *Holoubek*, in: Schwarze, EU-Kommentar, Art. 19 AEUV, Rn. 9, bzgl. der Kompetenz für die (rein verfahrens- und organisationsrechtlichen) Rechtsmittelrichtlinien 89/655/EWG und 92/13/EWG, die aus dem Sachzusammenhang mit der Rechtsetzungskompetenz für das materielle Vergaberecht folgt. In diesem Fall braucht es aber Art. 19 Abs. 1 AEUV nicht, um Diskriminierungen beim Rechtsschutz gegen vergaberechtliche Entscheidungen zu verbieten, vielmehr erstreckt sich der Sachzusammenhang auch hierauf.

[27] Vgl. EuGH, Urt. v. 26.10.1999, Rs. C–273/97 (Sirdar), Slg. 1999, I–7403, Rn. 19.

[28] EuGH, Urt. v. 12.5.2011, Rs. C–391/09 (Runevič-Vardyn und Wardyn), Slg. 2011, I–3818, Rn. 43; vgl. auch GA *Kokott*, Schlussanträge zu Rs. C–394/11 (Belov), ECLI:EU:C:2012:585, Rn. 63.

[29] Daher für die Nichtigkeit des Art. 3 Abs. 1 Buchst. c RL 2000/78/EG *Mohr*, S. 182 f.; *Mückl*, Europäisierung des Staatskirchenrechts, 2005, S. 508 f.

[30] EuGH, Urt. v. 19.6.2014, verb. Rs. C–501/12 bis C–506/12, C–540/12 u. C–541/12 (Specht), ECLI:EU:C:2014:2005, Rn. 32 ff.

hinaus auch gegenüber Versuchen einer Differenzierung nach dem Alter[31] und der sexuellen Orientierung[32] durchzusetzen. Darüber hinaus deutete der Gerichtshof in einem weiteren Vorlageverfahren zum Thema Arbeitsentgelt eine Frage nach dem Geltungsbereich der Richtlinie 2000/78/EG ohne erkennbaren Anlass in eine Frage nach der Auslegung des Art. 21 Abs. 1 GRC um, der durch den genannten Sekundärrechtsakt lediglich konkretisiert werde.[33]

Es zeichnet sich mithin ab, dass der kompetenzbezogene Ansatz des Art. 19 Abs. 1 AEUV immer weiter in den Hintergrund tritt und im Rechtsprechungsalltag durch eine Kombination aus extensiver Auslegung der EU-Gesetzgebungszuständigkeiten und unmittelbarer Drittwirkung des Art. 21 Abs. 1 GRC (s. Art. 21 GRC, Rn. 13) unterlaufen wird. Hierzu passt auch die Auffassung des Generalanwalts *Jääskinen*, der die Anwendbarkeit der RL 2000/78/EG allgemein aus dem »Geltungsbereich des Unionsrechts« ableitete und dabei auch auf die »Ausübung der Grundfreiheiten« abstellte.[34] Zudem betonte er, »dass sich die Mitgliedstaaten, wenn sie in dem ihnen vorbehaltenen Zuständigkeitsbereich tätig werden, nicht der ihnen obliegenden allgemeinen Pflicht zur Wahrung des Unionsrechts entziehen können, was die Wahrung der Vorschriften über das Verbot der Diskriminierung einschließt.«[35] Noch weiter geht GA *Trstenjak*, die eine »umfassende Regelungskompetenz […] für das Antidiskriminierungsrecht« sieht.[36]

13

c) Auswirkungen auf den praktischen Anwendungsbereich
In der Praxis dehnen die Richtlinien, die auf Grundlage des Art. 19 Abs. 1 AEUV erlassen werden, den Anwendungsbereich des Unionsrechts bereits jetzt weit aus. Sie sind tatbestandlich ohnehin weder durch das Erfordernis eines grenzüberschreitenden Bezugs noch durch eine Anknüpfung an die Unionsbürgereigenschaft der Betroffenen limitiert. Die Einschränkung auf die Zuständigkeit der Union bilden sie dadurch ab, dass sie den Wortlaut des Art. 19 Abs. 1 AEUV bei der Umschreibung des Geltungsbereichs schlicht wiederholen.[37] Praktische Bedeutung erlangen dementsprechend nur die jeweiligen positiven Bestimmungen der Anwendungsfelder.[38] Diese sind jedoch so weit gefasst, dass die Normierung von Bereichsausnahmen bei der Umsetzung der Richtlinien in nationales Recht beinahe ausgeschlossen ist. Dies folgt insbesondere daraus, dass sowohl Art. 3 Abs. 1 Buchst. h RL 2000/43/EG als auch Art. 3 Abs. 1 RL 2004/113/EG sehr unpräzise vom Zugang zu »Gütern und Dienstleistungen« sprechen. Erstere Vorschrift dehnt diese ohnehin vage Anknüpfung auch noch auf Wohnraum aus. Angesichts dieses extensiven Ansatzes des Unionsgesetzgebers hätte es für die Mitgliedstaaten ein Risiko bedeutet, ihre Umsetzungsgesetze zu kleinteilig anzulegen. Dementsprechend

14

---

[31] Ebenda, Rn. 40 ff.
[32] Vgl. EuGH, Urt. v. 12.12.2013, Rs. C–267/12 (Hay), ECLI:EU:C:2013:823, Rn. 41 ff.; Urt. v. 10.5.2011, Rs. C–147/08 (Römer), Slg. 2011, I–3645, Rn. 32; Urt. v. 1.4.2008, Rs. C–267/06 (Maruko), Slg. 2008, I–1757, Rn. 41 ff.
[33] Vgl. EuGH, Urt. v. 26.9.2013, Rs. C–476/11 (HK Danmark/Experian), ECLI:EU:C:2013:590, Rn. 32.
[34] GA *Jääskinen*, Schlussanträge zu Rs. C–147/08 (Römer), Slg. 2011, I–3645, Rn. 77.
[35] Ebenda, Rn. 80.
[36] GA *Trstenjak*, Schlussanträge zu Rs. C–123/10 (Brachner), Slg. 2011, I–10003, Rn. 51.
[37] Kritisch dazu *Badura*, ZaöRV 68 (2008), 347 (353) unter Hinweis auf den Diskussionsbeitrag von *Jochum*, VVDStRL 64 (2005), 422 f. Zum Versuch, diese Einschränkung im Rahmen eines obiter dictums fruchtbar zu machen, BGH NJW 2008, 1229 (1232, Rn. 27).
[38] Vgl. nur § 2 Abs. 1 AGG, der den Katalog des Art. 3 Abs. 1 RL 2000/43/EG übernimmt, ohne die Einschränkung auf die Zuständigkeiten der EU abzubilden.

erfasst das auf Art. 19 Abs. 1 AEUV zurückzuführende Recht auch den örtlichen Zivilrechtsverkehr beinahe flächendeckend und schützt – intentionsgemäß[39] – Inländer und Drittstaatsangehörige in mindestens ebenso großem Umfang wie EU-Ausländer.

II. Absatz 2

15 Die genannten Einschränkungen des Anwendungsbereichs treffen nicht in gleicher Weise auf den Absatz 2 zu. Dies wird durch den ersten Halbsatz deutlich, der eine Abgrenzung vom Anwendungsbereich des Absatzes 1 normiert. Das einzig verbindende Element ist der Verweis auf die verpönten Diskriminierungstatbestände im letzten Halbsatz. Eine Einschränkung des Absatzes 2 auf den Anwendungsbereich des Absatzes 1 wäre in systematischer Hinsicht verfehlt, da bei einer bloßen Beitragskompetenz unter Ausschluss jeglicher Harmonisierung (dazu näher Rn. 35) eine Abgrenzung zu und eine Begrenzung durch sonstige Gesetzgebungskompetenzen der EU weder notwendig noch sinnvoll ist.

C. Vorgesehene Regelungsinhalte

16 Art. 19 Abs. 1 AEUV und – über den Verweis auf die »Verwirklichung der in Absatz 1 genannten Ziele« – auch Art. 19 Abs. 2 AEUV haben die Bekämpfung von Diskriminierungen aus den abschließend aufgezählten Gründen zum Gegenstand. Dies ist jedoch ausschließlich legislativ zu erreichen, sprechen die beiden Absätze doch explizit den Unionsgesetzgeber an, der »geeignete Vorkehrungen« bzw. »Grundprinzipien für Fördermaßnahmen der Union« erlassen soll. Aus der Zusammenschau mit Art. 21 Abs. 1 GRC, der für dieselben Diskriminierungstatbestände ein grundrechtlich formuliertes Verbot ohne Bezugnahme auf gesetzgeberische Maßnahmen aufstellt, wird deutlich, dass Art. 19 AEUV **keine unmittelbare Wirkung** zukommt und mithin auch niemandem subjektive Rechte vermitteln kann. Vielmehr beschränkt er sich auf Vorgaben dafür, welche Regelungsinhalte das Sekundärrecht vorsehen darf.

I. Diskriminierungsbegriff des Art. 19 AEUV

17 Zentral ist dabei, dass Art. 19 AEUV »Diskriminierungen« verbietet. Die systematische Nähe zu Art. 18 AEUV legt es – auch mangels entgegenstehender Anhaltspunkte – nahe, dass die Begriffe in den beiden Normen sich entsprechen.[40] Dementsprechend bedeutet Diskriminierung auch hier, »dass vergleichbare Sachverhalte nicht unterschiedlich und unterschiedliche Sachverhalte nicht gleich behandelt werden dürfen, es sei denn, dass eine solche Behandlung objektiv gerechtfertigt ist«[41] (dazu näher Art. 18 AEUV, Rn. 6). Die Intensität der Benachteiligung spielt insoweit keine Rolle, d.h. es sollen nicht nur besonders erhebliche, offensichtliche oder schwerwiegende Fälle von Ungleichbehandlung erfasst sein.[42] Darüber muss die Diskriminierung sich nicht auf

---

[39] Vgl. *Bell*, MJ 1 (1999), 5 (19).
[40] *Holoubek*, in: Schwarze, EU-Kommentar, Art. 19 AEUV, Rn. 12.
[41] So für Art. 21 Abs. 1 GRC EuGH, Urt. v. 22.5.2014, Rs. C–356/12 (Glatzel), ECLI:EU:C:2014: 350, Rn. 43; vgl. auch GA *Kokott*, Schlussanträge zu Rs. C–83/14 (CHEZ Razpredelenie Bulgaria AD), ECLI:EU:C:2015:170, Rn. 69.
[42] EuGH, Urt. v. 16.7.2015, Rs. C–83/14 (CHEZ Razpredelenie Bulgaria AD), ECLI:EU:C:2015: 480, Rn. 109.

bestehende Rechte oder Interessen beziehen; nicht einmal ein konkretes Diskriminierungsopfer ist erforderlich.⁴³ Jedoch ist es in Abgrenzung zu anderen Gleichheitssätzen der Verträge für die Zwecke des Art. 19 AEUV wesentlich, dass der Betroffene speziell aufgrund eines der aufgezählten Diskriminierungskriterien als wesentlich gleich bzw. ungleich gegenüber der Vergleichsgruppe anzusehen ist. Dabei ist wie im übrigen Unionsrecht **zwischen unmittelbaren und mittelbaren Diskriminierungen zu unterscheiden**.⁴⁴

Die Bedeutung dieser Begriffe ist anschaulich in den insoweit weitgehend deckungsgleichen Begriffsbestimmungen der auf Art. 19 Abs. 1 AEUV gestützten Richtlinien beschrieben. Demnach »liegt eine unmittelbare Diskriminierung vor, wenn eine Person wegen eines der […] genannten Gründe in einer vergleichbaren Situation eine weniger günstige Behandlung als eine andere Person erfährt, erfahren hat oder erfahren würde«.⁴⁵ Eine mittelbare Diskriminierung liegt vor, wenn dem Anschein nach neutrale Vorschriften, Kriterien oder Verfahren Personen, die einem Geschlecht oder einer Rasse oder ethnischen Gruppe angehören, bzw. Personen mit einer bestimmten Religion oder Weltanschauung, einer bestimmten Behinderung, eines bestimmten Alters oder mit einer bestimmten sexuellen Ausrichtung gegenüber anderen Personen in besonderer Weise benachteiligen können, d.h. in ihrer Anwendung wesentlich mehr Inhaber der geschützten persönlichen Eigenschaft benachteiligen als Personen, die diese Eigenschaft nicht besitzen.⁴⁶

18

Der Diskriminierungsbegriff des Art. 19 AEUV ist in Anlehnung an denjenigen des Art. 18 AEUV so zu verstehen, dass ihm die **Möglichkeit einer Rechtfertigung inhärent** ist (vgl. Art. 18 AEUV, Rn. 29 f.).⁴⁷ Dem tragen die Begriffsbestimmungen in den jeweiligen Art. 2 Abs. 2 der RL 2000/43/EG, 2000/78/EG und 2004/113/EG nicht Rechnung, da sie eine Rechtfertigungsmöglichkeit nur für mittelbare Diskriminierungen vorsehen. Die Normsetzungskompetenz des Unionsgesetzgebers gestattet jedoch nur Maßnahmen gegen ungerechtfertigte Benachteiligungen, so dass **auch unmittelbare Diskriminierungen grundsätzlich einer Rechtfertigung zugänglich sein müssen** – wenngleich hierfür besonders gewichtige Interessen ins Feld zu führen sind und eine besonders strenge Verhältnismäßigkeitsprüfung durchzuführen ist. Die materiellen Regelungen im Einzelnen sehen durchaus Rechtfertigungsmöglichkeiten vor (vgl. Art. 4 RL 2000/43/EG; Art. 2 Abs. 5, Art. 4 Abs. 1 und Art. 6 RL 2000/78/EG; Art. 4 Abs. 5 RL 2004/113/EG) und sind daher primärrechtskonform.⁴⁸ Dass die Rechtfertigungstatbestände eng gefasst und auch so auszulegen sind,⁴⁹ typisiert die sonst im Einzelfall notwendige Abwägung und bewegt sich innerhalb des gesetzgeberischen Ermessensspiel-

19

---

⁴³ GA *Kokott*, Schlussanträge zu Rs. C–83/14 (CHEZ Razpredelenie Bulgaria AD), ECLI:EU:C:2015:170, Rn. 76 m.w.N. Vgl. zu letzterem Punkt auch unten Rn. 30.
⁴⁴ Zum rechtshistorischen Hintergrund *Waddington/Bell*, CMLRev. 38 (2001), 587 (590 ff.).
⁴⁵ Art. 2 Abs. 2 Buchst. a RL 2000/78/EG.
⁴⁶ Kombination aus den jeweiligen Art. 2 Abs. 2 Buchst. b der RL 2000/43/EG, 2000/78/EG sowie 2004/113/EG und der Definition aus EuGH, Urt. v. 16.7.2015, Rs. C–83/14 (CHEZ Razpredelenie Bulgaria AD), ECLI:EU:C:2015:480, Rn. 101.
⁴⁷ *Odendahl*, in: Heselhaus/Nowak, Handbuch der Europäischen Grundrechte, § 45, Rn. 66; vgl. zur Parallelvorschrift des Art. 21 Abs. 1 GRC EuGH, Urt. v. 22.5.2014, Rs. C–356/12 (Glatzel), ECLI:EU:C:2014:350, Rn. 43.
⁴⁸ Vgl. EuGH, Urt. v. 12.12.2013, Rs. C–267/12 (Hay), ECLI:EU:C:2013:823, Rn. 45.
⁴⁹ Vgl. ebenda, Rn. 46; EuGH, Urt. v. 13.11.2011, Rs. C–447/09 (Prigge), Slg. 2011, I–8003, Rn. 56; Urt. v. 12.1.2010, Rs. C–341/08 (Petersen), Slg. 2010, I–47, Rn. 60; Urt. v. 5.3.2009, Rs. C–388/07 (Age Concern England), Slg. 2009, I–1569, Rn. 56 ff.

raums, zumal der Wortlaut die sachgerechte Behandlung von Härtefällen durchaus zulässt (vgl. exemplarisch die Rechtsprechung zur Altersdiskriminierung, Rn. 28).

20 Alle bisher auf der Grundlage des Art. 19 Abs. 1 AEUV erlassenen Richtlinien sehen darüber hinaus vor, dass auch **Belästigungen** als Diskriminierung gelten (vgl. den jeweiligen Art. 2 Abs. 3 der RL 2000/43/EG und 2000/78/EG sowie Art. 2 Buchst. c und Art. 4 Abs. 3 RL 2004/113/EG). Den Begriffsbestimmungen ist gemeinsam, dass es sich um unerwünschte Verhaltensweisen halten muss, die im Zusammenhang mit einem verpönten Differenzierungsmerkmal stehen und bezwecken oder bewirken, dass die Würde der betreffenden Person verletzt und ein von Einschüchterungen, Anfeindungen, Erniedrigungen, Entwürdigungen oder Beleidigungen gekennzeichnetes Umfeld geschaffen wird. Diese Regelung ist nicht unproblematisch, da ihr prima facie ein Diskriminierungsbegriff zugrunde liegt, der nicht gleichheitsbezogen zu verstehen ist, sondern die inkriminierten Handlungen in eigentlich systemwidriger Weise als »malum in se« begreift.[50] Sie ist nur deshalb von Art. 19 Abs. 1 AEUV gedeckt, weil dieser nicht nur das Verbot, sondern weitergehend auch die Bekämpfung von Diskriminierungen zulässt. Der Belästigungstatbestand lässt sich in diesem Kontext – ähnlich der mittelbaren Diskriminierung – als Einbeziehung typischer Umgehungssituationen in den Diskriminierungstatbestand verstehen. Das Verbot der Anknüpfung an scheinbar neutrale Vorschriften, Kriterien oder Verfahren als typische Ausweichstrategie bei konkret fassbaren Entscheidungen wird ergänzt durch das Verbot von Verhaltensweisen, die zwar keine unmittelbaren Konsequenzen zeitigen, dafür aber in einem klar ersichtlichen Zusammenhang mit den normierten Diskriminierungsgründen stehen. Indem die Richtlinien tatbestandlich verlangen, dass ein bestimmtes »Umfeld geschaffen wird«, beschränken sie den Anwendungsbereich dieser Erweiterung auf Bereiche, in denen Menschen dauerhaft miteinander zu tun haben und typischerweise immer wieder Anlass zu möglicherweise benachteiligenden Entscheidungen besteht. Die Ausdehnung des Diskriminierungsbegriffs auf Belästigungen kann in diesem Kontext als kompetenziell unbedenkliche Vorverlagerung des ausschlaggebenden Zeitpunkts verstanden werden. Es ist infolgedessen auch untersagt, Menschen durch eine dauerhafte Herabwürdigung so mürbe zu machen, dass sie im Vergleich zu anderen zum Zeitpunkt einer konkreten Entscheidung objektiv schlechter dastehen oder vorher bereits aus eigenem Entschluss das entwürdigende Umfeld verlassen und eine diskriminierende Entscheidung unnötig machen.

21 In Anlehnung an die Rechtsprechung des EGMR zu Art. 14 EMRK enthält der Diskriminierungsbegriff des Art. 19 Abs. 1 AEUV **keine subjektiven Tatbestandsvoraussetzungen**, d.h. der Nachweis einer Diskriminierungsabsicht oder gar einer darüber hinausgehenden verwerflichen Gesinnung[51] ist nicht erforderlich.[52] Dies ergibt sich daraus, dass das Schutzniveau des Art. 14 EMRK im Falle paralleler Verbürgungen gemäß den Erläuterungen zur Grundrechtecharta und der Wertung des Art. 53 GRC von Art. 21 Abs. 1 GRC nicht unterboten werden und Art. 19 Abs. 1 AEUV wiederum in seinen Anforderungen nicht über Art. 21 Abs. 1 GRC hinausgehen darf (s. Art. 21 GRC, Rn. 4f.). Eine lückenlose Kette folgt daraus zwar nur für die auf allen drei Ebenen

---

[50] *Jestaedt,* VVDStRL 64 (2005), 298 (313).
[51] So für das Merkmal »Rasse« *Göbel-Zimmermann/Marquardt,* ZAR 2012, 369 (370).
[52] Vgl. *Sauer,* in: Karpenstein/Mayer, EMRK, Art. 14, Rn. 26, unter Hinweis auf EGMR, Urt. v. 28.5.1985, Beschwerde-Nr. 9214/80 u. a. (Abdulaziz u. a./Vereinigtes Königreich), Rn. 83, 91, sowie Urt. v. 21.12.1999, Beschwerde-Nr. 33290/96 (Salgueiro da Silva Mouta/Portugal), Rn. 36 (beide im Internet abrufbar unter: http://www.echr.coe.int)

verankerten Merkmale Geschlecht, Rasse und Religion; eine gespaltene Auslegung des Art. 19 Abs. 1 AEUV im Hinblick auf subjektive Elemente ist jedoch abzulehnen.

II. Verpönte Differenzierungsmerkmale

Art. 19 AEUV ermächtigt die EU ausschließlich dazu, die in Absatz 1 genannten Diskriminierungsmerkmale zu pönalisieren. Eine Ausdehnung auf sonstige denkbare Kriterien (etwa Krankheit, soweit nicht vom Begriff der Behinderung erfasst, Berufskategorie oder Arbeitsort) wäre nicht mit dem **Prinzip der begrenzten Einzelermächtigung** (Art. 5 Abs. 1 Satz 1, Abs. 2 EUV) vereinbar.[53] Der Gerichtshof ist jedoch nicht daran gehindert, die normierten Differenzierungsmerkmale **weit auszulegen**.[54] Besondere Bedeutung hat hierbei seine Rechtsprechung zu anderen unionsrechtlichen Vorschriften, die dieselben Kriterien verwenden. Neben Art. 157 AEUV ist insbesondere Art. 21 Abs. 1 GRC zu nennen, der nach Ansicht des EuGH sedes materiae **allgemeiner Rechtsgrundsätze des Unionsrechts**, die lediglich gem. Art. 19 Abs. 1 AEUV konkretisiert werden, ist (dazu näher Art. 21 GRC, Rn. 4).[55] Zudem kann er sich an **völkerrechtlichen Antidiskriminierungsregelungen** wie Art. 14 EMRK, Art. 26 des Internationalen Pakts über bürgerliche und politische Rechte oder den Internationalen Übereinkommen zur Beseitigung jeder Form von Diskriminierung der Frau sowie jeder Form von Rassendiskriminierung als Rechtserkenntnisquelle orientieren.[56] Das Übereinkommen der Vereinten Nationen über die Rechte von Menschen mit Behinderungen ist kraft Ratifikation durch die EU sogar echte Rechtquelle.[57] Die meisten Rückschlüsse auf die Bedeutung der primärrechtlichen Terminologie lassen sich jedoch sicherlich aus der Rechtsprechung zu den auf Grundlage des Art. 19 Abs. 1 AEUV erlassenen Richtlinien ziehen.

22

1. Geschlecht

Das Merkmal »Geschlecht« umfasst in erster Linie **die Zugehörigkeit eines Menschen zum männlichen oder weiblichen Sexus**. Darüber hinaus sind nach der Rechtsprechung des EuGH zu Art. 157 AEUV und darauf basierendem Sekundärrecht auch auf Diskriminierungen, die ihre Ursache in einer **Geschlechtsumwandlung** haben, einbezogen.[58] Diesem weiten Verständnis folgend, sind jedenfalls Transsexuelle generell neben Männern und Frauen geschützt, nach überwiegender Ansicht auch Transvestiten und Intersexuelle[59] und somit letztlich **alle Transgender-Erscheinungsformen**. Für alle Fragen im

23

---

[53] EuGH, Urt. v. 7.7.2011, Rs. C–310/10 (Agafiței), Slg. 2011, I–5989, Rn. 35; Urt. v. 17.7.2008, Rs. C–303/06 (Coleman), Slg. 2008, I–5603, Rn. 46; Urt. v. 11.7.2006, Rs. C–13/05 (Chacón Navas), Slg. 2006, I–6467, Rn. 55.

[54] Vgl. EuGH, Urt. v. 17.7.2008, Rs. C–303/06 (Coleman), Slg. 2008, I–5603, Rn. 46. Insbesondere zum aktuellen Diskussionsfeld »intersectionality«, das im Hinblick auf die Entwicklung der Fachdebatte in den USA im Vordringen befindlich ist, *Schiek*, CMLRev. 53 (2016), 35 (48 ff.).

[55] Zur wechselseitigen Verwendbarkeit der Rechtsprechung zu den einzelnen Diskriminierungsgründen vgl. EuGH, Urt. v. 22.5.2014, Rs. C–356/12 (Glatzel), ECLI:EU:C:2014:350, Rn. 45 f.; Urt. v. 26.9.2013, Rs. C–476/11 (HK Danmark/Experian), ECLI:EU:C:2013:590, Rn. 32; Urt. v. 8.11.2011, verb. Rs. C–297/10 u. C–298/10 (Hennigs), Slg. 2011, I–7965, Rn. 52 ff.

[56] *Holoubek*, in: Schwarze, EU-Kommentar, Art. 19 AEUV, Rn. 13.

[57] Vgl. Genehmigung durch Beschluss 2010/48/EG des Rates vom 26.11.2009, ABl. 2010, L 23/35. Dazu näher Rn. 27.

[58] EuGH, Urt. v. 30.4.1996, Rs. C–13/94 (P/S und Cornwall City Council), Slg. 1996, I–2143, Rn. 20.

[59] *Grabenwarter*, in: Grabitz/Hilf/Nettesheim, EU, Art. 19 AEUV (September 2014), Rn. 31 m.w.N.

Zusammenhang mit Homosexualität existiert hingegen mit dem Diskriminierungsgrund der sexuellen Ausrichtung ein Spezialtatbestand, so dass diese nicht dem Merkmal »Geschlecht« zuzuordnen sind.[60] Unmittelbare Ungleichbehandlungen aus Gründen des Geschlechts sind kaum zu rechtfertigen, selbst wenn der EU-Gesetzgeber sie selbst vorsieht. Daher erklärte der Gerichtshof die Ausnahmebestimmung des Art. 5 Abs. 2 RL 2004/113/EG bezüglich der Berücksichtigung versicherungsmathematischer Unterschiede zwischen den Geschlechtern wegen Verstoßes gegen Art. 21 Abs. 1 und 23 GRC für ungültig.[61]

2. Rasse

24 Das Merkmal »Rasse« ist das terminologisch problematischste aus dem Katalog des Art. 19 Abs. 1 AEUV, da dieser Begriff in der biologischen Fachsprache nicht zur Unterscheidung verschiedener Gruppen von Menschen verwendet wird. Vielmehr ist der Mensch (»homo«) evolutionsgeschichtlich eine Gattung der Menschenaffen, der moderne Mensch (»homo sapiens«) wiederum eine Art innerhalb dieser Gattung. Unterhalb dieser Ebene wird nicht mehr weiter differenziert, d. h. äußerlich sichtbare Unterschiede zwischen verschiedenen Gruppen von Menschen sind bloße Ausprägungen einzelner genetischer Merkmale ohne klassifikatorische Bedeutung. Der normative Gebrauch des Begriffs »Rasse« will nicht gegen jede naturwissenschaftliche Erkenntnis die Existenz mehrerer menschlicher Rassen fingieren oder sich gar die Ideologie der Einteilung von Menschen in Rassen zu eigen machen.[62] Vielmehr knüpft er an den Begriff »Rassismus« an, der seinerseits gerade als Absage an die pseudowissenschaftlichen Rassentheorien entstanden ist.[63] Inhaltlich kann er nur **Differenzierungen zwischen Menschen aus Gründen der erblich bedingten unterschiedlichen physischen Merkmalsausprägung** meinen. Eine Rechtfertigung ist hier nur in absoluten Ausnahmefällen (etwa Besetzung eines Historienfilms) denkbar. Weiter gefasste Konzeptionen, insb. solche, die auch auf äußerlich zugeschriebene Fremdheit, ggf. unter ethnischen Aspekten, abstellen,[64] verwischen den Unterschied zu anderweitig verpönten Differenzierungsmerkmalen wie Staatsangehörigkeit und insbesondere ethnische Herkunft.

3. Ethnische Herkunft

25 Eine Zwischenstellung nimmt das Merkmal der ethnischen Herkunft ein. Es füllt die Lücke zwischen der verpönten Unterscheidung anhand rein äußerlicher körperlicher Merkmale, die durch das Merkmal »Rasse« erfasst wird, und der Differenzierung aus Gründen der rein rechtlichen Zuordnung zu einem Staat, die durch das Merkmal »Staatsangehörigkeit« gem. Art. 18 AEUV abgedeckt ist. Nach der Rechtsprechung des

---

[60] Vgl. EuGH, Urt. v. 12.12.2013, Rs. C–267/12 (Hay), ECLI:EU:C:2013:823, Rn. 25 ff.; Urt. v. 10.5.2011, Rs. C–147/08 (Römer), Slg. 2011, I–3645, Rn. 37 ff.; Urt. v. 1.4.2008, Rs. C–267/06 (Maruko), Slg. 2008, I–1757, Rn. 66 ff.

[61] EuGH, Urt. v. 1.3.2011, Rs. C–236/09 (Test-Achats), Slg. 2011, I–773, Rn. 28 ff. Vgl. zum faktischen und juristischen Streitstand vor dieser Entscheidung die umfangreichen Nachweise bei *Britz*, VVDStRL 64 (2005), 355 (378); anschaulich zu den Konsequenzen der Entscheidung *Epiney*, NVwZ 2012, 930 (936 f.).

[62] Dies hebt Erwägungsgrund 6 der sog. Antirassismusrichtlinie 2004/38/EG (zu dieser unten Rn. 36) deutlich hervor; vgl. auch *Hilpold*, in: Niedobitek, Europarecht – Politiken, § 1, Rn. 50; *Payandeh*, JuS 2015, 695 (696).

[63] *Göbel-Zimmermann/Marquardt*, ZAR 2012, 369 (370).

[64] *Payandeh*, JuS 2015, 695 (696).

EuGH beruht er auf dem Gedanken, dass die durch ihn verbundenen gesellschaftlichen Gruppen »insbesondere durch eine Gemeinsamkeit der Staatsangehörigkeit, Religion, Sprache, kulturelle und traditionelle Herkunft und Lebensumgebung gekennzeichnet sind«.[65] Freilich verbliebe kaum ein Anwendungsbereich, wenn die genannten Kriterien kumulativ vorliegen müssten. Zudem wäre der Diskriminierungsgrund dann redundant, weil die Mehrzahl der einzelnen Tatbestandsmerkmale selbst schon verpönt ist. Daher kann der richtige Schluss nur sein, dass Gruppen gemeint sind, die sich typischerweise in ihrem Selbstverständnis durch die genannten Faktoren verbunden fühlen, ohne dass es schädlich ist, wenn einzelne Punkte nicht zutreffen. Dementsprechend ist der Tatbestand hinreichend vage, um neben rassistischen und nationalistischen Diskriminierungen auch **weitere Erscheinungsformen der Xenophobie** wie Benachteiligungen wegen der Sprachfärbung oder des Tragens traditioneller Kleidung (soweit nicht vom Merkmal »Religion« erfasst) zu verbieten. Aufgrund der gegenüber dem Diskriminierungsverbot aus Gründen der Staatsangehörigkeit unterschiedlichen Schutzrichtung kann es dabei nicht darauf ankommen, ob die als fremd empfundene Eigenschaft oder Verhaltensweise eines Menschen auf dessen Eigenschaft als »Ausländer« zurückzuführen ist. Eine Gleichsetzung von ethnischer Herkunft mit Volkszugehörigkeit im staatsrechtlichen Sinne, ergo mit der **Staatsangehörigkeit**, entspricht nicht der Intention des Art. 19 AEUV. Vielmehr bezieht sich der Schutz gerade auch auf Minderheiten innerhalb eines Staatsverbands wie etwa die Kärntner Slowenen in Österreich oder die Sorben in Deutschland. Eine Diskriminierung aufgrund der ethnischen Herkunft können dabei auch Angehörige der Mehrheitsgesellschaft geltend machen, wenn sie z. B. wegen ihres Wohnsitzes in einem typischerweise von einer ethnischen Minderheit geprägten Ort oder Stadtviertel benachteiligt (»mitdiskriminiert«) werden.[66] Demgegenüber soll die Diskriminierung wegen der Herkunft aus einer anderen Region desselben Landes – zumindest wenn sich deren Einwohner nicht nach den genannten Kriterien als eigene Ethnie verstehen – nicht genügen.[67]

4. Religion oder Weltanschauung

»Religion oder Weltanschauung« ist als ein einheitliches Diskriminierungsmerkmal zu verstehen, wie sich daran zeigt, dass die beiden Begriffe nicht wie die übrigen Differenzierungsmerkmale durch ein Komma abgetrennt werden, sondern durch ein gesondertes »oder« verbunden sind. Zweck dieser Begriffspaarung ist es, die Gleichwertigkeit von Religionen und säkularen Weltanschauungen zu unterstreichen und Abgrenzungsfragen zwischen beiden auszuklammern.[68] Im Kern geht es somit um **Denksysteme zum**

26

---

[65] EuGH, Urt. v. 16. 7. 2015, Rs. C–83/14 (CHEZ Razpredelenie Bulgaria AD), ECLI:EU:C:2015: 480, Rn. 46.
[66] Ebenda, Rn. 55 ff. Diese Fallgruppe wurde von GA *Kokott* in ihren Schlussanträgen zu derselben Rechtssache (ECLI:EU:C:2015:170) den bestehenden französischen Konzepten »discrimination par association« bzw. »discrimination par ricochet« zugeordnet (Rn. 55) und auf Deutsch als »Mitdiskriminierung« bezeichnet (Rn. 52 ff., 102 ff.). Näher dazu *Benedi Lahuerta*, CMLRev. 53 (2016), 797 (809 ff.).
[67] Am spektakulärsten ist der Fall eines schwäbischen Arbeitgebers, der eine Bewerberin aus dem Ostteil Berlins mit einem offenen Hinweis auf ihre Eigenschaft als »Ossi« ablehnte, vgl. ArbG Stuttgart, NZA-RR 2010, 344. Das umstrittene Urteil ist nicht rechtskräftig, vielmehr wurde der Rechtsstreit in der Berufungsinstanz durch einen Vergleich beendet, über dessen Inhalt Stillschweigen vereinbart wurde (becklink 1006149).
[68] Näher *Grabenwarter*, in: Grabitz/Hilf/Nettesheim, EU, Art. 19 AEUV (September 2014), Rn. 36.

Zwecke einer ganzheitlichen Sinndeutung des Universums und der Rolle des Menschen darin, die sich im Falle von Religionen regelmäßig auf ein Bekenntnis, Vorgaben für die Lebensweise, einen Kult und einen Jenseitsbezug konkretisieren (vgl. Art. 17 AEUV, Rn. 5). Besondere Relevanz haben **Vorgaben für die Lebensweise**, die der Betroffene – ob theologisch fundiert oder nicht – als verbindlich für sich annimmt und die im Widerspruch zu den Gebräuchen, evtl. auch den ethischen Ansichten der jeweiligen Mehrheitsgesellschaft stehen. Diesbezüglich soll dem Einzelnen ein grundsätzlicher Anspruch darauf eingeräumt werden, entsprechend seinen Überzeugungen leben zu können, ohne ihretwegen diskriminiert zu werden. Dennoch sind hier in besonderem Maße entgegenstehende berechtigte Interessen denkbar – gerade auch solche von Kirchen, Religions- und Weltanschauungsgemeinschaften mit einem besonderen Status in den einzelnen Mitgliedstaaten –, denen sowohl bei der Ausgestaltung als auch bei der Anwendung des Sekundärrechts Rechnung zu tragen ist (vgl. Art. 17 AEUV, Rn. 12 ff.).

5. Behinderung

27 Den Begriff »Behinderung« definiert der EuGH unter Rückgriff auf das von der EU ratifizierte[69] Übereinkommen der Vereinten Nationen über die Rechte von Menschen mit Behinderungen.[70] Ausweislich des Art. 1 Abs. 2 schützt dieses solche Personen, »die **langfristige körperliche, seelische, geistige oder Sinnesbeeinträchtigungen** haben, welche sie in Wechselwirkung mit verschiedenen Barrieren an der vollen, wirksamen und gleichberechtigten Teilhabe an der Gesellschaft hindern können«.[71] Es ist dementsprechend nicht zwischen angeborenen, unfallbedingten und krankheitsbedingten Behinderungen zu unterscheiden.[72] Die Einschränkung muss den Betroffenen auch nicht unbedingt vollständig von der Teilhabe am relevanten Gesellschaftsbereich ausschließen, sondern kann noch eine Partizipation in begrenztem Umfang zulassen.[73] Von besonderer Bedeutung ist, dass die Beeinträchtigung nicht zwingend dauerhaft, sondern nur von langer Dauer sein muss, so dass auch **heilbare Krankheiten** unter Umständen als Behinderung angesehen werden können.[74] Umgekehrt stellt eine Krankheit oder ein sonstiger körperlicher Defekt wie das Fehlen eines Organs allein noch keine Behinderung dar, solange der Betroffene nicht im Allgemeinen an der vollen, wirksamen und gleichberechtigten Teilnahme am jeweiligen Lebensbereich gehindert ist.[75] Die Grenze ist dabei mitunter jedoch schwierig zu bestimmen, wie das Beispiel **Adipositas** zeigt.[76] Von hoher

---

[69] Vgl. Genehmigung durch Beschluss 2010/48/EG des Rates vom 26.11.2009, ABl. 2010, L 23/35. Diesem fehlt es aber am Self-executing-Charakter, so dass es nicht unmittelbar als Maßstab herangezogen werden kann, vgl. EuGH, Urt. v. 18.3.2014, Rs. C–363/12 (Z.), ECLI:EU:C:2014:159, Rn. 90.
[70] EuGH, Urt. v. 18.12.2014, Rs. C–354/13 (Kaltoft), ECLI:EU:C:2014:2463, Rn. 53; Urt. v. 18.3.2014, Rs. C–363/12 (Z.), ECLI:EU:C:2014:159, Rn. 80; Urt. v. 4.7.2013, Rs. C–312/11 (Kommission/Italien; Umsetzung der RL 2000/78/EG), ECLI:EU:C:2013:446, Rn. 56; Urt. v. 11.4.2013, verb. Rs. C–335/11 u. C–337/11 (HK Danmark/Dansk almennyttigt Boligselskab u.a.), ECLI:EU:C:2013:222, Rn. 36 ff.; kritisch zu dieser Rechtsprechung *Schieck*, CMLRev. 53 (2016), 35 (54 ff.).
[71] Hervorhebung vom Verf.
[72] EuGH, Urt. v. 11.4.2013, verb. Rs. C–335/11 u. C–337/11 (HK Danmark/Dansk almennyttigt Boligselskab u.a.), ECLI:EU:C:2013:222, Rn. 40.
[73] Ebenda, Rn. 43 f.; Urt. v. 18.12.2014, Rs. C–354/13 (Kaltoft), ECLI:EU:C:2014:2463, Rn. 54; Urt. v. 18.3.2014, Rs. C–363/12 (Z.), ECLI:EU:C:2014:159, Rn. 77.
[74] EuGH, Urt. v. 11.4.2013, verb. Rs. C–335/11 u. C–337/11 (HK Danmark/Dansk almennyttigt Boligselskab u.a.), ECLI:EU:C:2013:222, Rn. 41.
[75] GA *Jääskinen*, Schlussanträge zu Rs. C–354/13 (Kaltoft), ECLI:EU:C:2014:2106, Rn. 34, 38.
[76] Vgl. den differenzierten Ansatz in EuGH, Urt. v. 18.12.2014, Rs. C–354/13 (Kaltoft), ECLI:EU:C:2014:2463, Rn. 58 ff.

praktischer Bedeutung ist schließlich die Auslegung des EuGH, dass die von einer Diskriminierungsmaßnahme betroffene Person nicht selbst behindert sein muss, vielmehr genügt es nach dem Wortlaut (»aus Gründen [...] einer Behinderung«[77]) auch, wenn die Differenzierung z. B. an die Behinderung eines nahen Angehörigen anknüpft.[78]

6. Alter

Das Merkmal »Alter« meint ausschließlich das **Lebensalter** und erfasst nicht nur Diskriminierungen älterer Menschen gegenüber jüngeren, sondern auch die Schlechterstellung jüngerer Menschen gegenüber älteren. Da diese Form der Ungleichbehandlung einerseits leicht feststellbar und andererseits – v. a. in Form starrer Altersgrenzen – sehr häufig ist, kommt es hier in besonderem Maße auf die Rechtfertigungsmöglichkeiten an. Für die besonders praxisrelevanten Bereiche Beschäftigung und Beruf sind solche sekundärrechtlich in Art. 2 Abs. 5, Art. 4 Abs. 1 und Art. 6 der RL 2000/78/EG niedergelegt. Erstere Norm erinnert an den grundfreiheitlichen Rechtfertigungstatbestand des Art. 52 Abs. 1 AEUV und kann in ähnlicher Weise ausgelegt werden, was v. a. eine Übertragung des weiten mitgliedstaatlichen Spielraums im Bereich des Gesundheitsschutzes impliziert.[79] Die Vorschrift ist nach der Rechtsprechung des Gerichtshofs so zu interpretieren, dass nicht der Grund, auf den die Ungleichbehandlung gestützt ist, sondern ein mit diesem Grund im Zusammenhang stehendes Merkmal eine wesentliche und entscheidende berufliche Anforderung darstellen muss.[80] Hieraus folgt ein weitreichender Spielraum für die Festlegung starrer Altersgrenzen in allen Berufssparten, in denen es maßgeblich auf die (langfristige) körperliche Leistungsfähigkeit der Betroffenen ankommt, so etwa bei Notfalldiensten wie der Berufsfeuerwehr[81] oder bei Piloten,[82] solange die Regelung nicht im Spiegel der bisherigen (nationalen wie internationalen) Praxis unverhältnismäßig erscheint.[83] Wesentlich enger sind die Spielräume hingegen bei letzterer Vorschrift, wie sich schon aus der Formulierung der Regelbeispiele im dortigen Abs. 1 UAbs. 2 ableiten lässt. Die Norm schließt die Berücksichtigung von Individualinteressen einzelner Arbeitgeber weitgehend aus[84] und gibt einen Rahmen für den Ausgleich zwischen legitimen Allgemeinwohlinteressen und dem Recht auf Nichtdiskriminierung vor.[85] Dieser trägt dem Postulat Rechnung, dass den Mitgliedstaaten ein deutlicher Spielraum bei der Gestaltung der nationalen **Arbeitsmarktpolitik** verbleiben muss, der auch die Festsetzung der **Ruhestandsgrenzen** sowie der Lebensarbeitszeit »aufgrund politischer, wirtschaftlicher, sozialer, demografischer und/oder haushaltsbezogener Erwägungen und in Anbetracht der konkreten Arbeitsmarktlage in einem

---

[77] Hervorhebung vom Verf.
[78] EuGH, Urt. v. 17.7.2008, Rs. C–303/06 (Coleman), Slg. 2008, I–5603, Rn. 51. Vgl. zur sog. »Mitdiskriminierung« auch oben Rn. 25.
[79] Deutlich in diese Richtung EuGH, Urt. v. 12.1.2010, Rs. C–341/08 (Petersen), Slg. 2010, I–47, Rn. 50 ff., unter Übernahme der grundfreiheitlichen Kohärenzerfordernisse.
[80] EuGH, Urt. v. 13.11.2011, Rs. C–447/09 (Prigge), Slg. 2011, I–8003, Rn. 66; Urt. v. 12.1.2010, Rs. C–229/08 (Wolf), Slg. 2010, I–1, Rn. 35.
[81] EuGH, Urt. v. 12.1.2010, Rs. C–229/08 (Wolf), Slg. 2010, I–1, Rn. 33 ff.
[82] EuGH, Urt. v. 13.11.2011, Rs. C–447/09 (Prigge), Slg. 2011, I–8003, Rn. 67.
[83] Ebenda, Rn. 75. Vgl. das anschauliche Beispiel einer inkonsistenten nationalen Praxis bzgl. Altersgrenzen für den Polizeidienst in EuGH, Urt. v. 13.11.2014, Rs. C–416/13 (Vital Pérez), ECLI:EU:C:2014:2371, Rn. 48 ff.
[84] Vgl. dazu *Dewhurst*, ELJ 19 (2013), 517 (531).
[85] Vgl. EuGH, Urt. v. 5.3.2009, Rs. C–388/07 (Age Concern England), Slg. 2009, I–1569, Rn. 46.

bestimmten Mitgliedstaat«[86] mit umfasst, zumal den Betroffen ein wirtschaftlicher Ausgleich in Form der Altersrente zusteht.[87] Demgegenüber ist eine aus einer Altersgrenze folgende Schlechterstellung ohne Kompensation – etwa in Form erleichterter Befristungsmöglichkeiten,[88] kürzerer Kündigungsfristen[89] oder einer Gehaltseinbuße durch die Festlegung einer niedrigeren Dienstaltersstufe[90] – in der Regel nicht gerechtfertigt, wenn sie die Umstände des Einzelfalls aus dem Blick lässt.[91] Auch Übergangsregelungen, die im Hinblick auf die Besitzstandswahrung und den Vertrauensschutz derer, die von einer diskriminierenden früheren Regelung profitierten, grundsätzlich legitim sind, sind unzulässig, wenn sie die inkriminierte Ungleichbehandlung wegen des Alters für einen bestimmten Personenkreis perpetuieren.[92] Bis zu einer unionsrechtskonformen Neuregelung kann die Gleichbehandlung nur sichergestellt werden, indem den Angehörigen der benachteiligten Gruppe dieselben Vorteile gewährt werden wie den Angehörigen der privilegierten Gruppe.[93]

7. Sexuelle Ausrichtung

29   Das Merkmal »sexuelle Ausrichtung« umfasst ausschließlich die Vorlieben eines Menschen mit eindeutiger Geschlechtsidentität bei der Wahl seiner Sexualpartner. Traditionell zum Schutz **Homosexueller** entwickelt, umfasst der Tatbestand jedenfalls auch die Diskriminierung Heterosexueller, Bisexueller und Asexueller.[94] Die Belange von **Transgendern** hingegen werden üblicherweise dem Diskriminierungsgrund »Geschlecht« zugeordnet (s. Rn. 23). Nicht geschützt, obwohl auf den bevorzugten Sexualpartner bezogen, sind europaweit verbotene bzw. als sittenwidrig erachtete **Paraphilien** wie die Nekrophilie, die Pädophilie und die Zoophilie. Auch wenn eine vergleichbares gesellschaftliches Unwerturteil nicht existiert, sind Fetische, die unabhängig von der Wahl des Sexualpartners bestehen, nicht geschützt.

30   Praktische Bedeutung hat der Diskriminierungsgrund »sexuelle Ausrichtung« hauptsächlich durch die Rechtsprechung des EuGH zur Differenzierung zwischen der Ehe und eheähnlichen Verbindungen wie der **eingetragenen Lebenspartnerschaft** in Deutschland erhalten. Insoweit stellt sich der Gerichtshof auf den Standpunkt, dass es zwar alleinige Sache der Mitgliedstaaten sei, ob sie einen mit der Ehe vergleichbaren Familienstand für homosexuelle Paare einführen.[95] Sei dies allerdings der Fall, dürfe keine sachgrundlose

---

[86] EuGH, Urt. v. 16.10.2007, Rs. C–411/05 (Palacios de la Villa), Slg. 2007, I–8531, Rn. 69.
[87] Ebenda, Rn. 68 ff.; vgl. ferner Urt. v. 12.10.2010, Rs. C–45/09 (Rosenbladt), Slg. 2010, I–9391, Rn. 43 f.; Urt. v. 5.3.2009, Rs. C–388/07 (Age Concern England), Slg. 2009, I–1569, Rn. 46 ff.
[88] EuGH, Urt. v. 22.11.2005, Rs. C–144/04 (Mangold), Slg. 2005, I–9981, Rn. 64 f.
[89] EuGH, Urt. v. 19.1.2010, Rs. C–555/07 (Kücükdeveci), Slg. 2010, I–365, Rn. 33 ff.
[90] EuGH, Urt. v. 8.11.2011, verb. Rs. C–297/10 u. C–298/10 (Hennigs), Slg. 2011, I–7965, Rn. 76 f.; Urt. v. 18.6.2009, Rs. C–88/08 (Hütter), Slg. 2009, I–5325, Rn. 39 ff.; vgl. zu einer möglichen Rechtfertigung in dieser Fallgruppe EuGH, Urt. v. 21.1.2015, Rs. C–529/13 (Felber), ECLI:EU:C:2015:20, Rn. 28 ff.
[91] Hierzu im Detail *Schiek,* CMLRev. 48 (2011), 777 (786 ff.).
[92] EuGH, Urt. v. 28.1.2015, Rs. C–417/13 (ÖBB Personenverkehr AG), ECLI:EU:C:2015:38, Rn. 37 ff.; Urt. v. 11.11.2014, Rs. C–530/13 (Schmitzer), ECLI:EU:C:2014:2359, Rn. 42 ff.
[93] Siehe nur EuGH, Urt. v. 28.1.2015, Rs. C–417/13 (ÖBB Personenverkehr AG), ECLI:EU:C:2015:38, Rn. 45; Urt. v. 21.6.2007, verb. Rs. C–231/06 bis C–233/06 (Jonkman), Slg. 2007, I–5149, Rn. 39; jeweils m.w.N.
[94] *Hölscheidt,* in: Meyer, GRCh, Art. 21 GRC, Rn. 41; *Jarass,* GRCh, Art. 21 GRC, Rn. 19.
[95] Grundlegend EuGH, Urt. v. 1.4.2008, Rs. C–267/06 (Maruko), Slg. 2008, I–1757, Rn. 59; zu den Kriterien für die Vergleichbarkeit mit der Ehe ausführlich Urt. v. 12.12.2013, Rs. C–267/12

Ungleichbehandlung zwischen diesem und der Ehe mehr erfolgen.[96] Aufsehen erregte das Urteil des Gerichtshofs, dass der **Ausschluss homosexueller Männer von Blutspenden** im Hinblick auf das statistisch höhere Risiko einer HIV-Infektion der Empfänger unter Umständen gerechtfertigt sein könne, solange es keine hinreichend wirksamen Techniken zum Nachweis des Virus in Blutkonserven gebe und zumutbare mildere Mittel nicht zur Verfügung stünden.[97] Dass die Rechtsprechung zu diesem Differenzierungsmerkmal dennoch im Regelfall sehr großzügig für ein gesellschaftliches Klima der Toleranz und Gleichstellung streitet, zeigt sich jedoch in der Entscheidung, dass eine **adressatenlose schwulenfeindliche Äußerung einer Privatperson**, die in der Öffentlichkeit als Vertreter eines Profifußballvereins wahrgenommen wird, tatsächlich an der Personalpolitik des Klubs aber nicht beteiligt ist, dennoch dem Verein zugerechnet werden kann.[98] Insoweit sei es auch unschädlich, dass »das System der Einstellung von Fußballprofis nicht auf einem öffentlichen Angebot oder direkten Verhandlungen nach einem Auswahlverfahren beruht, das die Einreichung von Bewerbungen und eine entsprechende Vorauswahl im Hinblick auf das Interesse, das sie für den Arbeitgeber haben, voraussetzt.«[99]

D. Handlungsformen und Gesetzgebungsverfahren

Im Hinblick auf die konkreten Regelungsmöglichkeiten, die Art. 19 AEUV zur Bekämpfung der Diskriminierung aus den genannten Gründen vorsieht, ist zwischen seinen beiden Absätzen zu unterscheiden. 31

1. Geeignete Vorkehrungen (Abs. 1)

Absatz 1 spricht davon, dass der Rat nach Zustimmung des Parlaments »einstimmig geeignete Vorkehrungen treffen« kann. Damit ist – wie die Norm selbst angibt – ein **besonderes Gesetzgebungsverfahren** einschlägig, nämlich eines der letzten, in denen den einzelnen Mitgliedstaaten weiterhin ein **Veto** zusteht. Dies verdeutlicht, dass die Mitgliedstaaten die Kompetenzgrundlage weiterhin für umstritten und im Hinblick auf ihre traditionellen eigenen Zuständigkeiten im Zivilrecht gefährlich halten.[100] Der Vertrag von Lissabon erschwerte den Erlass neuer Maßnahmen gegenüber dem vorherigen Rechtsstand sogar noch weiter, indem er – der Grundstruktur der Entscheidungsfindung auf EU-Ebene folgend[101] – statt der in Art. 13 EGV/Nizza noch vorgesehenen Anhörung des Europäischen Parlaments nunmehr dessen **Zustimmung** fordert. Dass das Vorschlagsrecht der Kommission nicht mehr ausdrücklich erwähnt wird, bringt keine Änderung mit sich, sondern trägt der vor die Klammer gezogenen Bestimmung des Art. 17 Abs. 2 Satz 1 EUV Rechnung. 32

(Hay), ECLI:EU:C:2013:823, Rn. 33 ff.; vgl. ferner Urt. v. 10.5.2011, Rs. C–147/08 (Römer), Slg. 2011, I–3645, Rn. 44 ff.
[96] EuGH, Urt. v. 1.4.2008, Rs. C–267/06 (Maruko), Slg. 2008, I–1757, Rn. 72; Urt. v. 10.5.2011, Rs. C–147/08 (Römer), Slg. 2011, I–3645, Rn. 49 ff.; Urt. v. 12.12.2013, Rs. C–267/12 (Hay), ECLI:EU:C:2013:823, Rn. 41 ff.
[97] EuGH, Urt. v. 29.4.2015, Rs. C–528/13 (Léger), ECLI:EU:C:2015:288, Leitsatz.
[98] EuGH, Urt. v. 25.4.2013, Rs. C–81/12 (Asociaţia ACCEPT), ECLI:EU:C:2013:275, Rn. 49.
[99] Ebd., Rn. 45.
[100] *Epiney*, in: Calliess/Ruffert, EUV/AEUV, Art. 19 AEUV, Rn. 9.
[101] *Holoubek*, in: Schwarze, EU-Kommentar, Art. 19 AEUV, Rn. 22.

33 Die weite Formulierung des Absatzes 1 eröffnet ein großes Spektrum an Handlungsmöglichkeiten.[102] Am bedeutsamsten ist sicherlich, dass sie den Erlass verbindlicher **Rechtsakte gemäß dem Katalog des Art. 288 AEUV** erlaubt, d.h. Verordnungen (Art. 288 Abs. 2 AEUV), Richtlinien (Art. 288 Abs. 3 AEUV) und Beschlüsse (Art. 288 Abs. 4 AEUV). Insoweit sind jedoch das **Subsidiaritäts- und das Verhältnismäßigkeitsprinzip** (Art. 5 Abs. 1 Satz 2, Abs. 3, 4 EUV) zu beachten. Aus dem Verhältnismäßigkeitsgrundsatz in seiner kompetenzbezogenen Rolle nach Art. 5 Abs. 4 EUV[103] ist – wie bereits Ziffer 6 des Protokolls Nr. 30 über die Anwendung der Grundsätze der Subsidiarität und der Verhältnismäßigkeit zum Vertrag von Amsterdam detailliert festhielt – insbesondere abzuleiten, dass die traditionell unterschiedlichen Regelungsansätze in den mitgliedstaatlichen Zivilrechtssystemen durch die **Wahl von Richtlinien statt Verordnungen** zu schonen sind. Ergänzend kommen als unverbindliche Handlungsformen auch Empfehlungen und Stellungnahmen (Art. 288 Abs. 5 AEUV) sowie sonstige, nicht notwendig rechtsförmige Maßnahmen in Betracht, etwa Förderprogramme, Informationskampagnen oder die Schaffung von Forschungseinrichtungen, soweit sie im Anwendungsbereich des Absatzes 1 sind, d.h. bei Bestehen einer Gesetzgebungskompetenz der Union für den abgedeckten Sachbereich.[104]

34 Dass Art. 19 Abs. 1 AEUV nicht nur zum Verbot, sondern explizit zur »Bekämpfung« der Diskriminierung ermächtigt, lässt auf eine Einbeziehung sog. **positiver Maßnahmen** in den Umfang der EU-Kompetenz schließen.[105] Entsprechende Normen können, wie Art. 5 RL 2000/43/EG, Art. 7 RL 2000/78/EG und Art. 6 RL 2004/113/EG, als reine Ausnahmebestimmungen zugunsten der Mitgliedstaaten – ähnlich dem Art. 157 Abs. 4 AEUV – ausgestaltet sein. Sie können aber, wie die Verurteilung Italiens in einem Vertragsverletzungsverfahren wegen unzureichender Umsetzung des Art. 5 RL 2000/78/EG zeigt, ihren Adressaten auch konkrete Rechtspflichten im Hinblick auf den Ausgleich bestehender Nachteile auferlegen.[106] Dabei sind jedoch die entgegenstehenden Rechte der anderen Beteiligten und insbesondere der Verhältnismäßigkeitsgrundsatz zu wahren (vgl. dementsprechend z.B. die Formulierung in Art. 5 Satz 2 a.E. RL 2000/78/EG).[107] Die berechtigten Interessen der Mitgliedstaaten werden hinreichend durch das Einstimmigkeitserfordernis im Rat geschützt.[108] Der Vorschlag der Kommission zu EU-weit einheitlichen **Frauenquoten** in Aufsichtsräten börsennotierter Gesell-

---

[102] *Grabenwarter*, in: Grabitz/Hilf/Nettesheim, EU, Art. 19 AEUV (September 2014), Rn. 44.
[103] Dazu ausführlich und instruktiv *Saurer*, JZ 2014, 281.
[104] *Holoubek*, in: Schwarze, EU-Kommentar, Art. 19 AEUV, Rn. 20; *Grabenwarter*, in: Grabitz/Hilf/Nettesheim, EU, Art. 19 AEUV (September 2014), Rn. 44.
[105] *Bouchouaf/Richter*, Jura 2006, 651 (653); *Burg*, S. 46 f.; *Epiney*, in: Calliess/Ruffert, EUV/AEUV, Art. 19 AEUV, Rn. 4; *Holoubek*, in: Schwarze, EU-Kommentar, Art. 19 AEUV, Rn. 21; *Kehlen*, S. 105; *Khan*, in: Geiger/Khan/Kotzur, EUV/AEUV, Art. 19 AEUV, Rn. 7; *Triebel*, ZESAR 2007, 211 (216); a.A. *Jochum*, ZRP 1999, 279 (280 f.); *Koch*, ZHR 175 (2011), 827 (838 ff.); *Stöbener/Böhm*, EuZW 2013, 371 (373); differenzierend *Flynn*, CMLRev. 36 (1999), 1127 (1136 f.); *Grabenwarter*, in: Grabitz/Hilf/Nettesheim, EU, Art. 19 AEUV (September 2014), Rn. 47 f.
[106] EuGH, Urt. v. 4.7.2013, Rs. C–312/11 (Kommission/Italien; Umsetzung des Art. 5 RL 2000/78/EG), ECLI:EU:C:2013:446, Rn. 60. Vgl. für eine umfassende Bewertung der Norm mit einer terminologischen Differenzierung *Waddington/Bell*, CMLRev. 48 (2011), 1503 (1515 ff.).
[107] *Kehlen*, S. 105. Zu möglichen Schlussfolgerungen aus der Rechtsprechung zu Art. 157 Abs. 4 AEUV *Waddington/Bell*, CMLRev. 38 (2001), 587 (601 ff.).
[108] *Holoubek*, in: Schwarze, EU-Kommentar, Art. 19 AEUV, Rn. 21; vgl. auch *Flynn*, CMLRev. 36 (1999), 1127 (1137 f.).

schaften[109] kann nicht durch Rückgriff auf Art. 19 Abs. 1 umgesetzt werden, da die Norm insoweit hinter Art. 157 Abs. 3 AEUV zurücktritt (s. Rn. 7).[110]

2. Grundprinzipien für Fördermaßnahmen der Union (Abs. 2)

Absatz 2 ist die gegenüber Absatz 1 wesentlich schwächere Kompetenznorm, wie sich schon an der deutlich weniger vorsichtigen Ausgestaltung des Gesetzgebungsverfahrens sehen lässt. Er erlaubt nicht einmal eigene Fördermaßnahmen der Union (klassische EU-Beitragskompetenz), sondern nur die Festlegung von »Grundprinzipien für Fördermaßnahmen der Union«. Dementsprechend handelt es sich lediglich um eine »Beitragskompetenz zweiter Stufe«, nämlich eine solche mit Limitierung der Handlungsformen.[111] Diese kann nur sehr indirekt – unter Ausschluss jeglicher Harmonisierung – durch die Koordinierung bestehender EU-Fördermaßnahmen Einfluss auf das anwendbare Recht nehmen.[112] Die Bedeutung des Absatzes 2 ist dementsprechend äußerst gering.[113]

35

E. Erlassenes Sekundärrecht

Auf der Grundlage des Art. 19 Abs. 1 AEUV (bzw. seiner Vorgängervorschrift) wurden bisher drei Richtlinien erlassen: die **RL 2000/43/EG** des Rates vom 29. 6. 2000 zur Anwendung des Gleichbehandlungsgrundsatzes ohne Unterschied der Rasse oder ethnischen Herkunft[114] (kurz meist: **Antirassismusrichtlinie**), die **RL 2000/78/EG** des Rates vom 27. 11. 2000 zur Festlegung eines allgemeinen Rahmens für die Verwirklichung der Gleichbehandlung in Beschäftigung und Beruf[115] (kurz meist: **Gleichbehandlungsrahmenrichtlinie**) und die RL **2004/113/EG** des Rates vom 13. 12. 2004 zur Verwirklichung des Grundsatzes der Gleichbehandlung von Männern und Frauen beim Zugang und bei der Versorgung mit Gütern und Dienstleistungen[116] (kurz **Unisextarifrichtlinie**[117] oder **Gender-Richtlinie**). Unter diesen ist die Gleichbehandlungsrahmenrichtlinie insofern die allgemeinste, als sie alle verpönten Differenzierungskriterien außer dem Geschlecht aufgreift, diese allerdings nur im Kontext des Berufslebens in konkrete Diskriminierungsverbote übersetzt. Die Antirassismusrichtlinie funktioniert in genau entgegengesetzter Weise, indem sie ausschließlich die Kriterien Rasse und ethnische Herkunft behandelt, ihren Geltungsbereich in Art. 3 Abs. 1 aber auf das kompetenziell maximal Mögliche erstreckt. De facto ähnlich weit ist auch die Gender-Richtlinie, die zwar ebenfalls mit dem Geschlecht nur ein Differenzierungsmerkmal aufnimmt, durch den Bezug auf den Zugang und die Versorgung mit Gütern und Dienstleistungen aber ein abstrakt

36

---

[109] KOM (2012) 614 endg.; dazu *Stöbener/Böhm*, EuZW 2013, 371. Zum Stand des Gesetzgebungsverfahrens vgl. die PreLex-Übersicht 2012/0299/COD.
[110] Vgl. auch die ausschließliche Angabe des Art. 157 Abs. 3 AEUV als Kompetenzgrundlage in KOM (2012) 614 endg., S. 10.
[111] *Streinz*, in: Streinz, EUV/AEUV, Art. 19 AEUV, Rn. 21.
[112] Ebenda.
[113] *Grabenwarter*, in: Grabitz/Hilf/Nettesheim, EU, Art. 19 AEUV (September 2014), Rn. 52.
[114] ABl. 2000, L 180/22.
[115] ABl. 2000, L 303/16.
[116] ABl. 2004, L 373/37.
[117] Gegen diesen Namen bestehen jedoch ästhetische Bedenken, vgl. *Häberle*, VVDStRL 64 (2005), 426.

kaum eingrenzbares und damit ebenfalls extensives Anwendungsfeld hat. Bei einer Gesamtbetrachtung, in welchen Sachbereichen welche Diskriminierungsgründe verboten sind, zeigt sich eine deutliche Fragmentierung des genuin unionsrechtlichen Diskriminierungsschutzes. Die verbleibenden Lücken wurden häufig von den nationalen Gesetzgebern durch eine **überschießende Richtlinienumsetzung** geschlossen, so auch in Deutschland durch das (u.a. deshalb) lange umstrittene Allgemeine Gleichbehandlungsgesetz (AGG) vom 14. 8. 2006[118].[119]

37 Eine unionsrechtliche Ergänzung war durch den Entwurf einer Richtlinie zur Anwendung des Grundsatzes der Gleichbehandlung ungeachtet der Religion oder der Weltanschauung, einer Behinderung, des Alters oder der sexuellen Ausrichtung geplant.[120] Diese hätte v. a. die Lücke zwischen den Anwendungsbereichen der Richtlinien 2000/43/EG und 2000/78/EG schließen sollen. Trotz mehrfacher ausführlicher Erläuterungen im Rat konnte sich dieser jedoch nicht zur Verabschiedung eines solchen Gesetzgebungsakts durchringen.[121] Die bislang drittletzte Befassung in der Ratssitzung vom 1.12.2011 endete mit der Feststellung, dass weiterer Beratungsbedarf zu einer Reihe an Sachfragen notwendig sei, u. a. zu fundamentalen Fragen wie Aufteilung der Zuständigkeiten, allgemeiner Geltungsbereich und Subsidiarität sowie Rechtssicherheit in der Richtlinie insgesamt.[122] Über das Ergebnis weiterer Erörterungen am 11. 12. 2014 und am 16. 6. 2016 gibt es keine öffentlich zugänglichen Dokumente. Seither liegt das Projekt auf Eis.

38 Die materiellen Regelungen werden flankiert durch die Tätigkeit des noch durch eine Verordnung auf Grundlage des alten Art. 13 Abs. 2 EGV gegründeten und seit dem 16. 6. 2010 aktiven **Europäischen Instituts für Gleichstellungsfragen (EIGE)** in Vilnius[123] sowie durch verschiedene Aktionsprogramme.[124]

---

[118] BGBl. 2006 I S. 1897, zuletzt geändert durch Art. 8 des Gesetzes vom 3. 4. 2013 (BGBl. 2013 I S. 610).

[119] Vgl. zur Kritik an der überschießenden Richtlinienumsetzung *Honsell*, ZIP 2008, 621 (625); *Schwab*, DNotZ 2006, 649 (651); für eine verfassungsrechtliche Überprüfung des überschießenden Regelungsteils im Hinblick auf die Privatautonomie und die Vertragsfreiheit *Badura*, ZaöRV 68 (2008), 347 (356 f.).

[120] Vorschlag vom 2. 7. 2008 für eine Richtlinie des Rates zur Anwendung des Grundsatzes der Gleichbehandlung ungeachtet der Religion oder der Weltanschauung, einer Behinderung des Alters oder der sexuellen Ausrichtung, KOM(2008)426 endg.; dazu im Detail *Waddington*, E.L.Rev. 48 (2011), 163 (insb. 166 ff.).

[121] Vgl. die PreLex-Übersicht 2008/0140/APP.

[122] Vgl. Mitteilung an die Presse 17943/1/11 REV 1 vom 2. 12. 2011 zur 3131. Tagung des Rates Beschäftigung, Sozialpolitik, Gesundheit und Verbraucherschutz am 1. und 2. 12. 2011 in Brüssel.

[123] VO (EG) Nr. 1922/2006 vom 20. 12. 2006 zur Errichtung eines Europäischen Instituts für Gleichstellungsfragen, ABl. 2006, L 403/9.

[124] V.a. Aktionsprogramm der Gemeinschaft zur Bekämpfung von Diskriminierungen (2001–2006) gem. Beschluss 2000/750/EG, ABl. 2000, L 303/23; Gemeinschaftsprogramm für Beschäftigung und soziale Solidarität (2007–2013) (PROGRESS) gem. Beschluss 1672/2006/EG vom 24. 10. 2006 über ein Gemeinschaftsprogramm für Beschäftigung und soziale Solidarität, ABl. 2006, L 315/1. Letzteres wurde durch das nicht auf Art. 19 AEUV gestützte Programm der Europäischen Union für Beschäftigung und soziale Innovation gem. VO (EU) Nr. 1296/2013 vom 11. 12. 2013 über ein Programm der Europäischen Union für Beschäftigung und soziale Innovation (»EaSi«) und zur Änderung des Beschlusses Nr. 283/2010/EU über die Einrichtung eines europäischen Progress-Mikrofinanzierungsinstruments für Beschäftigung und soziale Eingliederung, ABl. 2013, L 347/238, abgelöst. Vgl. darüber hinaus auch Beschluss Nr. 771/2006/EG vom 17. 5. 2006 zur Einführung des Europäischen Jahres der Chancengleichheit für alle (2007) – Beitrag zu einer gerechten Gesellschaft, ABl. 2006, L 146/1.

Artikel 20 AEUV [Unionsbürgerschaft]

(1) ¹Es wird eine Unionsbürgerschaft eingeführt. ²Unionsbürger ist, wer die Staatsangehörigkeit eines Mitgliedstaats besitzt. ³Die Unionsbürgerschaft tritt zur nationalen Staatsbürgerschaft hinzu, ersetzt sie aber nicht.

(2) ¹Die Unionsbürgerinnen und Unionsbürger haben die in den Verträgen vorgesehenen Rechte und Pflichten. ²Sie haben unter anderem
a) das Recht, sich im Hoheitsgebiet der Mitgliedstaaten frei zu bewegen und aufzuhalten;
b) in dem Mitgliedstaat, in dem sie ihren Wohnsitz haben, das aktive und passive Wahlrecht bei den Wahlen zum Europäischen Parlament und bei den Kommunalwahlen, wobei für sie dieselben Bedingungen gelten wie für die Angehörigen des betreffenden Mitgliedstaats;
c) im Hoheitsgebiet eines Drittlands, in dem der Mitgliedstaat, dessen Staatsangehörigkeit sie besitzen, nicht vertreten ist, Recht auf Schutz durch die diplomatischen und konsularischen Behörden eines jeden Mitgliedstaats unter denselben Bedingungen wie Staatsangehörige dieses Staates;
d) das Recht, Petitionen an das Europäische Parlament zu richten und sich an den Europäischen Bürgerbeauftragten zu wenden, sowie das Recht, sich in einer der Sprachen der Verträge an die Organe und die beratenden Einrichtungen der Union zu wenden und eine Antwort in derselben Sprache zu erhalten.

Diese Rechte werden unter den Bedingungen und innerhalb der Grenzen ausgeübt, die in den Verträgen und durch die in Anwendung der Verträge erlassenen Maßnahmen festgelegt sind.

Literaturübersicht

von *Bogdandy/Bitter*, Unionsbürgerschaft und Diskriminierungsverbot – Zur wechselseitigen Beschleunigung der Schwungräder unionaler Grundrechtsjudikatur, FS Zuleeg, 2005, S. 309; *Evans*, European Citizenship: A Novel Concept in EEC Law, AJCL 32 (1984), 679; *Hrbek*, Bürger und Europa, 1994; *Nazik/Ulber*, Die »aufenthaltsrechtliche Lösung« des EuGH in der Rechtssache Dano, NZS 2015, 369; *Schönberger*, Unionsbürger, 2005; *Schrauwen*, European Citizenship in the Treaty of Lisbon: Any Change at all?, MJECL 2008, 55; *Thym*, Die Rückkehr des »Marktbürgers« – Zum Ausschluss nichterwerbsfähiger EU-Bürger von Hartz IV-Leistungen, NJW 2015, 130; *Wollenschläger*, Keine Sozialleistungen für nichterwerbstätige Unionsbürger? Zur begrenzten Tragweite des Urteils des EuGH in der Rechtssache Dano vom 11.11.2014, NVwZ 2014, 1628; *ders.*, Grundfreiheit ohne Markt: Die Herausbildung der Unionsbürgerschaft im unionsrechtlichen Freizügigkeitsregime, 2007.

Leitentscheidungen

EuGH, Urt. v. 7.7.1992, Rs. C–369/90 (Micheletti), Slg. 1992, I–4239
EuGH, Urt. v. 20.9.2001, Rs. C–184/99 (Grzelczyk), Slg. 2001, I–6193
EuGH, Urt. v. 11.7.2002, Rs. C–224/98 (D'Hoop), Slg. 2002, I–6191
EuGH, Urt. v. 2.10.2003, Rs. C–148/02 (Garcia Avello), Slg. 2003, I–11613
EuGH, Urt. v. 19.10.2004, Rs. C–200/02 (Zhu und Chen), Slg. 2004, I–9925
EuGH, Urt. v. 9.11.2006, Rs. C–520/04 (Turpeinen), Slg. 2006, I–10685
EuGH, Urt. v. 22.5.2008, Rs. C–499/06 (Nerkowska), Slg. 2008, I–3993
EuGH, Urt. v. 10.7.2008, Rs. C–33/07 (Jipa), Slg. 2008, I–5157
EuGH, Urt. v. 14.10.2008, Rs. C–353/06 (Grunkin und Paul), Slg. 2008, I–7639
EuGH, Urt. v. 1.10.2009, Rs. C–103/08 (Gottwald), Slg. 2009, I–9117
EuGH, Urt. v. 2.3.2010, Rs. C–135/08 (Rottmann), Slg. 2010, I–1449
EuGH, Urt. v. 11.11.2014, Rs. C–333/13 (Dano), ECLI:EU:C:2014:2358

Wesentliche sekundärrechtliche Vorschrift

Richtlinie 2004/38/EG vom 29.4.2004 über das Recht der Unionsbürger sich im Hoheitsgebiet der Mitgliedstaaten frei zu bewegen und aufzuhalten, zur Änderung der Verordnung (EWG) Nr. 1612/68 und zur Aufhebung der Richtlinie 64/221/EWG, 68/360/EWG 72/194/EWG, 73/148/EWG, 75/34/EWG, 75/35/EWG, 90/364/EWG, 90/365/EWG und 93/96/EWG (sog. Freizügigkeitsrichtlinie bzw. »Unionsbürgerrichtlinie«), ABl. 2004, L 158/77
Vgl. i. Ü. bei Art. 21 AEUV ff.

Inhaltsübersicht

	Rn.
A. Bedeutung und systematischer Überblick	1
B. Entwicklung	11
C. Voraussetzungen	18
I. Staatsangehörigkeit eines Mitgliedstaates	18
II. Kein rein interner Sachverhalt	26
III. Trägerschaft	29
IV. Verpflichtete	33
D. Gewährleistungen (Rechte und Pflichten)	34
E. Bedingungen und Grenzen	39
F. Unionsbürgerschaft als Status	42

A. Bedeutung und systematischer Überblick

1 Die **Unionsbürgerschaft** ist ein **Kernanliegen der europäischen Integration**, das im Lissabonner Vertrag eine Weiterentwicklung erfahren hat. Ihre Aufnahme in die Verträge lässt sich auf **drei Entwicklungsstränge** zurückführen. Sie betrifft die für die EU zentrale Frage der **Stellung des Einzelnen** und seiner Beziehung zur Union. Schon frühzeitig hat der EuGH festgestellt, dass die EU-Rechtsordnung nicht nur ein Recht zwischen den Mitgliedstaaten ist, sondern gerade auch den Einzelnen und seine Rechtsstellung in den Blick nimmt.[1] Darin liegt ein fundamentaler Unterschied zum Völkerrecht, das den Einzelnen nur ausnahmsweise als Rechtssubjekt wahrnimmt. Die **besondere Rechtsstellung des Einzelnen** ist für die Rechtsprechung ein wichtiges Argument gewesen, das EU-Recht als eine **Rechtsordnung sui generis** zu qualifizieren.[2] Dies hat sich zunächst in der Zuerkennung weitgehender Rechte an die sog. **Marktbürger**, insbesondere im Rahmen des **Binnenmarktes**, niedergeschlagen (s. Rn. 12). In den 1970er Jahren ist dieser Ansatz um die Anerkennung des Einzelnen als **Grundrechtsträger** in der EU – zunächst durch die Rechtsprechung – ergänzt worden (s. Rn. 15). Damit sind die individual-rechtlichen Gewährleistungen inhaltlich auf nichtmarktrelevante Bereiche und personell über den Nexus der Staatsangehörigkeit eines Mitgliedstaats hinaus ausgeweitet worden.[3] Mit der Unionsbürgerschaft tritt inhaltlich zusätzlich die **demokratische Dimension** hinzu. Allerdings führt dies in personeller Hinsicht zu einer Engführung auf die Zugehörigkeit zur Union. Es geht inhaltlich dabei vor allem um die Zuerkennung von Rechten auf politisch-demokratische Partizipation[4] und damit um die **Inklusion** im Rahmen des Demokratieprinzips in der EU. Spiegelbildlich wird durch das Abstellen auf die

---

[1] Ständige Rspr, s. nur EuGH, Urt. v. 5.2.1962, Rs. 26/62 (Van Gend & Loos), Slg. 1963, 7 (24).
[2] Ständige Rspr, s. nur EuGH, Urt. v. 5.2.1962, Rs. 26/62 (Van Gend & Loos), Slg. 1963, 7 (25).
[3] Die Unionsbürgerrechte sind in Unterscheidung zu den anderen menschenrechtlichen Verbürgungen in der Grundrechtecharta im »Titel V Bürgerrechte« aufgeführt.
[4] S. insbesondere die Rechte nach Art. 24 AEUV, Art. 20 Abs. 2 Buchst. d AEUV.

Staatsangehörigkeit in einem Mitgliedstaat[5] eine **Exklusion** gegenüber Drittstaatlern vorgenommen.

Der EuGH bezeichnet den **Unionsbürgerstatus** in ständiger Rechtsprechung als »den **grundlegenden Status der Angehörigen der Mitgliedstaaten**«.[6] Damit wird aber kein Konkurrenzverhältnis zu den individualrechtlichen Konzepten des Marktbürgers und des Grundrechtsträgers beschrieben, denn die Unionsbürgerschaft **ergänzt** diese Gewährleistungen. Die Bezeichnung als »grundlegend« rechtfertigt sich im Hinblick darauf, dass sie den Angehörigen der Mitgliedstaaten ohne weiteres Zutun, insbesondere **ohne wirtschaftlich relevantes Verhalten** zusteht. Des Weiteren entfaltet die Unionsbürgerschaft ihre Wirkungen **nicht nur in grenzüberschreitenden Sachverhalten** zur Abstützung der Migration der Unionsbürgerinnen und -bürger, sondern auch im Verhältnis des Einzelnen in seinem Heimat-Mitgliedstaat zur Union.[7]

Der Unionsbürgerstatus hat Auswirkungen auf eine Vielzahl von **Themenbereichen**, die zum Teil politisch heftig umstritten sind. Er eröffnet indirekt den Zugang zu manchen **wirtschaftlichen Grundfreiheiten**.[8] In Verbindung mit dem Recht auf Freizügigkeit und dem Nichtdiskriminierungsgebot dient er insbesondere der **Abwehr diskriminierender Behandlungen**. Darüber hinaus können aus dem Nichtdiskriminierungsgebot **Ansprüche** folgen. Dies betrifft zunächst den heftig umstrittenen Bereich der **Sozialunion**, die Frage nach der Berechtigung zu sozialer Unterstützung ohne Erfüllung besonderer Voraussetzungen. Diesbezüglich nehmen die politischen Widerstände in den Mitgliedstaaten zu, doch hat die Rechtsprechung bisher erst wenige Grenzen gezogen.[9] Wenig Beachtung haben bisher in der öffentlichen Diskussion die möglichen Auswirkungen auf das **Familienrecht** gefunden. Der starke Schutz der Migrationsbewegungen innerhalb der Union führt tendenziell zu Situationen in denen Menschen in anderen Mitgliedstaaten von offeneren Konzepten der **Ehe** oder der **Adoption** Gebrauch machen können und bei Rückkehr in den eigenen Mitgliedstaat die Achtung der anderenorts legal erworbenen Positionen einfordern werden.[10] Bereits vom EuGH entschieden sind Konflikte im Bereich des **Namensrechts**.[11] Hinzu treten in objektiv-rechtlicher Perspektive Auswirkungen auf die **demokratische Legitimation** der Union[12] sowie auf die **europäische Integration**.[13]

---

[5] Beachte aber die Ausweitung mancher Rechte auf Personen mit Wohnsitz in der EU im Rahmen paralleler Verbürgungen an anderer Stelle im AEU-Vertrag, s. Rn. 29.

[6] EuGH, Urt. v. 11.7.2002, Rs. C–224/98 (D'Hoop), Slg. 2002, I–6191, Rn. 28; Urt. v. 20.9.2001, Rs. C–184/99 (Grzelczyk), Slg. 2001, I–6193, Rn. 31; Urt. v. 1.10.2009, Rs. C–103/08 (Gottwald), Slg. 2009, I–9117, Rn. 23.

[7] S. die Gewährleistungen nach Art. 24 AEUV.

[8] So knüpft die Niederlassungsfreiheit nach Art. 49 AEUV an die Staatsangehörigkeit und damit indirekt an die Unionsbürgerschaft an.

[9] EuGH, Urt. v. 11.11.2014, Rs. C–333/13 (Dano), ECLI:EU:C:2014:2358. S. dazu die Besprechungen bei *Thym*, NJW 2015, 130; *Nazik/Ulber*, NZS 2015, 369; *Wollenschläger*, NVwZ 2014, 1628; *Epiney*, NVwZ 2015, 777.

[10] Die Richtlinie 2004/38/EG verhält sich hierzu relativ zurückhaltend, in dem sie nach Art. 2 Abs. 2 Buchst. b RL 2004/38/EG zu den Familienangehörigen zwar auch Lebenspartner in einer eingetragenen Partnerschaft zählt, dies aber nur unter den Voraussetzungen, dass der Aufnahmemitgliedstaat die eingetragene Partnerschaft der Ehe gleichstellt und die dort geltenden Vorgaben erfüllt werden.

[11] EuGH, Urt. v. 2.10.2003, Rs. C–148/02 (Garcia Avello), Slg. 2003, I–11613; Urt. v. 14.10.2008, Rs. C–353/06 (Grunkin und Paul), Slg. 2008, I–7639, Rn. 23 f., 29.

[12] S. die Verankerung des Europäischen Parlaments in der Unionsbürgerschaft nach Art. 14 Abs. 2 EUV.

[13] S. die Optionen für die Unionsbürgerinnen und -bürger in der Gesamtsicht der einzelnen Verbürgungen im Rahmen der Unionsbürgerschaft.

4 Vor diesem Hintergrund hat die Unionsbürgerschaft Sorgen herauf beschworen, dass sie in der Ausgestaltung durch den EuGH eine kaum zu bändigende Sogwirkung entfalten könnte. Die Einschätzungen in der Literatur sind kontrovers. Während eine Ansicht die **Limitierungen** der Unionsbürgerschaft betont,[14] sehen andere durchaus das voran stehend angedeutete **Entwicklungspotenzial**.[15] In einer Synthese dieser Ansichten erscheint die Unionsbürgerschaft als einer der zentralen Begriffe der europäischen Integration, der im Kompromiss bestimmte Aufgaben der Primärrechtsetzung erfüllen kann, ohne bereits zwingend die Abrufung seines Entwicklungspotenzials einzufordern. So war die Aufwertung des Rechts auf Freizügigkeit in Verbindung mit der Unionsbürgerschaft eine kühne – vertretbare, aber nicht zwingende – Interpretation durch den EuGH und deren Grenzen sind durchaus ungewiss. Die Bedeutung der Unionsbürgerschaft ist in diesem Zusammenhang mit der des **Binnenmarktkonzeptes** im Rahmen der Grundfreiheiten **vergleichbar** (s. Rn. 16).

5 Die besondere Bedeutung der Unionsbürgerschaft wird durch ihre **systematische Stellung** in den Verträgen unterstrichen. Ihre Einführung wird in Abs. 10 der **Präambel EUV** hervorgehoben. Besondere Rechte, die die EU ihren Bürgerinnen und Bürgern gewährt, namentlich der **freie Personenverkehr**, werden in Art. 3 Abs. 2 EUV benannt. Eine erste Definition findet sich in Art. 9 EUV,[16] der des Weiteren den Unionsbürgerinnen und -bürgern **Gleichbehandlung** garantiert. Im AEU-Vertrag erscheint die Unionsbürgerschaft im zweiten Teil unmittelbar nach den »Grundsätzen« und noch vor den Grundfreiheiten bzw. den Gemeinsamen Politiken. Systematisch teilt sie mit jenen Grundsätzen die **allgemeine Bedeutung** und mit den Grundfreiheiten die **individualrechtliche Gewährleistung**. Diese Einschätzung dürfte materiell schon für den Maastricht-Vertrag zugetroffen haben.[17] Im Lissabonner Vertrag wird dies auch in systematischer Hinsicht deutlich. Denn die beiden Bestimmungen über die Nichtdiskriminierung sind ohne materielle Abwertung[18] aus dem Ersten Teil »**Grundsätze**« im Nizza-Vertrag in den Zweiten Teil »Nichtdiskriminierung und Unionsbürgerschaft« im Lissabonner Vertrag überführt worden. Ferner werden der Grundsatz der **Gleichheit** und die **Unionsbürgerschaft** in Art. 9 Abs. 1 EUV in einer Norm gemeinsam genannt. Zudem weisen die meisten der verbürgten Rechte der Unionsbürgerinnen und -bürger materiell und formal **Grundrechtsqualität** auf. Sie werden im Titel V der Grundrechtecharta als »Bürgerrechte« aufgeführt. Ferner erfasst der Verweis in Art. 20 Abs. 2 Satz 1 AEUV auf »die in den Verträgen vorgesehene Rechte« auch das **Recht auf Zugang zu Dokumenten**, welches im Ersten Teil »Grundsätze« aufgeführt ist. Grund dafür ist die systematische Nähe zum Grundsatz der Transparenz in Art. 15 Abs. 1 AEUV.[19]

---

[14] Zurückhaltend *Kaufmann-Bühler*, in: Lenz/Borchard, EU-Verträge, Art. 20 AEUV, Rn. 2 f.

[15] Den Beitrag der Unionsbürgerschaft zu einer europäischen Identität betont *Hatje*, in: Schwarze, EU-Kommentar, Art. 20 AEUV, Rn. 2; abwägend zwischen Limitierungen im Vergleich mit der Staatsangehörigkeit und auf dynamischen Zuwachs angelegt *Kluth*, in: Calliess/Ruffert, EUV/AEUV, Art. 20 AEUV, Rn. 5 und 7. Zur Entwicklung der Unionsbürgerschaft *Magiera*, in: Streinz, EUV/AEUV, Art. 20 AEUV, Rn. 1 ff. Zu den Entwicklungsperspektiven auch *Schönberger*, in: Grabitz/Hilf/Nettesheim, EU, Art. 20 AEUV (August 2012), Rn. 62 f.

[16] Vgl. Art. 9 EUV, Rn. 26; die Definition wird in Art. 20 AEUV wiederholt. Ursprünglich sind aber die Vorgängernormen zu Art. 20 AEUV sedes materiae gewesen.

[17] Vgl. *Fischer*, Die Unionsbürgerschaft: Ein neues Konzept im Völker- und Europarecht, FS Winkler, 1997, S. 237 (240); *Randelzhofer*, Marktbürgerschaft – Unionsbürgerschaft – Staatsbürgerschaft, GS Grabitz, 1995, S. 581 (583).

[18] *Epiney*, in: Calliess/Ruffert, EUV/AEUV, Art. 18 AEUV, Rn. 1; *Streinz*, in: Streinz, EUV/AEUV, Art. 18 AEUV, Rn. 8.

[19] Dies drückt sich in der systematischen Stellung in Art. 15 Abs. 3 unter dem Dach des Transpa-

Die Rechte aus der Unionsbürgerschaft treten neben die Grundfreiheiten und sind 6
anders als jene nicht auf den (Binnen-)Marktbürger ausgerichtet, sondern umfassen
Gewährleistungen ohne einen wirtschaftlichen Bezug. Das sind vor allem das Recht auf
Nichtdiskriminierung nach Art. 18 Abs. 1 AEUV, das nach zutreffender Ansicht ein
Element der Unionsbürgerschaft ist,[20] und die allgemeine Freizügigkeit gemäß Art. 21
Abs. 1 AEUV. Nicht zufällig wird Letzteres in der Liste der Rechte nach Art. 20 Abs. 2
AEUV zuvorderst aufgeführt. Denn das Recht auf **Freizügigkeit** stellt im Kontext von
Bundesstaaten ein Bürgerrecht dar[21] und wird in der EU dementsprechend im Abschnitt
über die Bürgerrechte in der Grundrechtecharta aufgeführt.[22] Da bei den genannten
Verbürgungen die wirtschaftliche Dimension nicht entscheidend ist,[23] kann man mit dem
EuGH von einer »grundlegenden« Gewährleistung sprechen.

Den in Art. 20 Abs. 2 AEUV aufgelisteten Rechten ist gemein, dass sie in der Grund- 7
rechtecharta im Titel V als Bürgerrechte aufgeführt werden.[24] Inhaltlich zielen einige
dieser Rechte auf **Teilhabe am politischen Leben** in der Union.[25] Sie umfassen politische
Teilhaberechte im engeren Sinn wie das **Wahlrecht** und im weiteren Sinn wie die **Rechte
auf Petition** und auf **Eingaben an EU-Organe** und -Einrichtungen. Art. 24 Abs. 1 AEUV
stellt zudem eine Verbindung zur **Bürgerinitiative** nach Art. 11 EUV her. Andere Verbürgungen zielen auf **Transparenz**.[26] Dahinter steht eine spezifische **demokratische
Konzeption** der EU, die im Titel II EUV über die demokratischen Grundsätze näher
ausgeführt wird und repräsentativ-demokratische Grundsätze um **partizipativ-demo-
kratische Elemente** ergänzt.[27]

Der systematische Überblick über die Funktionen der Unionsbürgerschaft macht 8
deutlich, warum ihre Bedeutung zu den brisantesten Fragen in der Europäischen Union
zählt. Sie betrifft gleich mehrere **Kernthemen der europäischen Integration**. Zum einen
geht es um die **Vergleichbarkeit** der Union mit einem (Mitglied-)Staat und damit eine
Staatswerdung Europas als mögliches Ziel des Integrationsprozesses.[28] Zum anderen
tritt die Union mit Unionsbürgerschaft in **Konkurrenz mit den Mitgliedstaaten** in Bezug

---

renzgebotes gemäss Art. 15 Abs. 1 AEUV aus; vgl. *Wegener*, in: Calliess/Ruffert, EUV/AEUV, Art. 15
AEUV, Rn. 6; *Gellermann* in: Streinz, EUV/AEUV, Art. 15 AEUV, Rn. 1.
[20] *Magiera*, in: Streinz, EUV/AEUV, Art. 20 AEUV, Rn. 31; *Kluth*, in: Calliess/Ruffert,
EUV/AEUV, Art. 20 AEUV, Rn. 13; *Kaufmann-Bühler*, in: Lenz/Borchard, EU-Verträge, Art. 20
AEUV, Rn. 19; *Hatje*, in: Schwarze, EU-Kommentar, Art. 20 AEUV, Rn. 10 sieht in den Art. 20 ff.
AEUV die wichtigsten Unionsbürgerrechte.
[21] Vgl. Art. 11 Abs. 1 GG.
[22] Art. 45 GRC.
[23] Das trifft auch nach EuGH, Urt. v. 11.11.2014, Rs. C–333/13 (Dano), ECLI:EU:C:2014:2358,
zu, denn dort war primär entscheidend, dass die betreffende Person sich selbst nicht versorgen konnte.
Das folgte u.a daraus, dass sie keiner wirtschaftlichen Tätigkeit nachgehen wollte.
[24] S. Art. 39 GRC sowie Art. 42–46 GRC. Zur Einbeziehung der Nichtdiskriminierung in Art. 20
Abs. 2 GRC s. unten Rn. 37.
[25] *Kluth*, Die demokratische Legitimation der Europäischen Union, 1995, S. 84 ff.; vgl. *Schwarze*,
NJ 1994, S. 53 (55 f.); *Hatje*, in: Schwarze, EU-Kommentar, Art. 20 AEUV, Rn. 10.
[26] Vgl. die Rechte auf Eingaben an (und Antworten von) das Europäische Parlament, den Bürgerbeauftragten und Organe nach Art. 24 Abs. 2–4 AEUV.
[27] Näher dazu Art. 10 EUV, Rn. 29.
[28] Diesbezüglich wird in der Literatur wohl übereinstimmend auf die weiterhin bestehenden Unterschiede zur Staatsangehörigkeit in einem Mitgliedstaat verwiesen, s. *Kaufmann-Bühler*, in: Lenz/
Borchard, EU-Verträge, Art. 20 AEUV, Rn. 1 ff.; *Kluth*, in: Calliess/Ruffert, EUV/AEUV, Art. 20
AEUV, Rn. 5. Pointiert *Magiera*, in: Streinz, EUV/AEUV, Art. 20 AEUV, Rn. 21.

auf die Legitimationsquellen:[29] Sie etabliert eine Verbindung der Union mit »ihrer« Bürgerschaft, die teilweise als eine unmittelbare Beziehung verstanden wird.[30]

9 Zwar weist die Existenz einer Unionsbürgerschaft in der EU Parallelen zur **Staatsbürgerschaft** auf, doch bleiben **deutliche Unterschiede** bestehen (s. Rn. 42 f.). Abs. 1 des Art. 20 AEUV etabliert die Unionsbürgerschaft und bestimmt ihr grundsätzliches Verhältnis zur Staatsbürgerschaft in den Mitgliedstaaten. Nach dieser Vorschrift sowie nach dem insofern gleichlautenden Art. 9 Abs. 1 EUV ist die Unionsbürgerschaft grundsätzlich **akzessorisch** zur Staatsbürgerschaft in einem Mitgliedstaat, doch wird sie teilweise als ein selbständiges Rechtsverhältnis angesehen.[31] Abs. 2 weist den Unionsbürgerinnen und -bürgern dann Rechte und Pflichten nach den Verträgen zu. Auch wenn die ausdrücklich in Art. 20 Abs. 2 AEUV aufgeführte Liste von Rechten **nicht abschließend** ist,[32] wird aus diesem Ansatz deutlich, dass kein umfassender Status einer Unionsbürgerschaft etabliert wird, sondern dass sich dieser zunächst aus der **Summe von Einzelzuweisungen** ergibt (s. aber Rn. 42 f.).

10 Häufig wird in der Literatur wie auch in der Rechtsprechung des BVerfG zwar auf einzelne spezifische Elemente der Unionsbürgerschaft hingewiesen, doch wird in der **Gesamtbetrachtung** eine besondere Bedeutung der Unionsbürgerschaft verneint bzw. für gering erklärt.[33] In diesen Stellungnahmen werden die – durchaus deutlichen (s. Rn. 42 f.) – Unterschiede zur Staatsbürgerschaft in den Mitgliedstaaten besonders betont.[34] Demgegenüber weisen andere Stimmen darauf hin, welches Potenzial die Unionsbürgerschaft habe[35] bzw. welche großen Wirkungen ihre Einführung bereits gezeitigt habe[36]. Eine überzeugende Einschätzung ist die **Kombination** beider Ansichten, weil sie einerseits die aktuelle Bedeutung im Vergleich zur Staatsbürgerschaft zutreffend einordnet, andererseits aber das **Potenzial der Regelung** herausstellt. So sieht Art. 25 Abs. 2 AEUV ein **besonderes Verfahren zur Weiterentwicklung** der Unionsbürgerschaft im Wege der Rechtsetzung vor, das dem Rat eine wichtige Rolle zuweist, aber an die Zustimmung aller Mitgliedstaaten gebunden bleibt (s. Art. 25 AEUV, Rn. 23 ff.). Daneben ist die Unionsbürgerschaft aber bereits **in der Rechtsprechung** weiter entwickelt worden. Sie hat gewisse Konsequenzen für den Entzug der Staatsbürgerschaft (s. Rn. 21)[37] und sie hat in Verbindung mit dem allgemeinen Recht auf Freizügigkeit eine nicht zu unterschätzende Bedeutung erlangt (s. Rn. 45). Im letzteren Bereich spiegelt sich der Streit um die Bedeutung der Unionsbürgerschaft in der Auseinandersetzung darüber wider, ob diese Entwicklung eher der Unionsbürgerschaft nach Art. 20 AEUV oder der Freizügigkeit nach Art. 21 AEUV geschuldet ist. Viel spricht dafür, dass der **Status der Unionsbürgerschaft** im Rahmen der Freizügigkeit die **Funktion** übernimmt, die dem **Konzept des Binnenmarkts** im Rahmen der Grundfreiheiten zukommt (s. Rn. 45).

---

[29] Vgl. *Hatje*, in: Schwarze, EU-Kommentar, Art. 20 AEUV, Rn. 3.
[30] Oppermann/Classen/Nettesheim, Europarecht, Rn. 210, 1551; *Fischer* (Fn. 17), S. 237 ff.
[31] *Kluth*, in: Calliess/Ruffert, EUV/AEUV, Art. 20 AEUV, Rn. 6 m. w. N. Der selbständige Gehalt basiert auf der Überprüfbarkeit des Verlustes der Unionsbürgerschaft durch die Rechtsprechung auf Unionsebene, s. Rn. 21.
[32] Nach dem Wortlaut gilt sie »unter anderem«.
[33] Zurückhaltend insoweit die Einschätzung.
[34] *Magiera*, in: Streinz, EUV/AEUV, Art. 20 AEUV, Rn. 21; *Kluth*, in: Calliess/Ruffert, EUV/AEUV, Art. 20 AEUV, Rn. 8 f., 17.
[35] *Hatje*, in: Schwarze, EU-Kommentar, Art. 20 AEUV, Rn. 2.
[36] *Hatje*, in: Schwarze, EU-Kommentar, Art. 20 AEUV, Rn. 4.
[37] EuGH, Urt. v. 2.3.2010, Rs. C–135/08 (Rottmann), Slg. 2010, I–1449, Rn. 48.

B. Entwicklung

Der Gedanke einer vertieften Gemeinschaft zwischen den europäischen Völkern ist von Beginn an ein wichtiges **Ziel des europäischen Integrationsprozesses** gewesen. Doch ist er anfangs maßgeblich unter dem **Aspekt der Friedenssicherung** gewürdigt worden, wie es in der Präambel des EGKS-Vertrages von 1950 und des Vertragsentwurfs für eine Europäische Politische Gemeinschaft von 1953 anklingt.[38] Auch die besondere Rolle des Einzelnen war anfangs, abgesehen von den Rechtsschutzvorschriften, normativ wenig greifbar. Das drückt sich auch in dem ursprünglichen Verzicht auf eine **ausdrückliche Gewährleistung von Grundrechten** auf Unionsebene aus.[39]

11

Rechtlich trat die Wende im Kontext des **Binnenmarktes** (damals Gemeinsamer Markt) mit der Zuerkennung der **unmittelbaren Wirkung** durch die Rechtsprechung ein.[40] 1963 stellte der EuGH als Besonderheit des EU-Rechts heraus, dass es im Gegensatz zum Völkerrecht nicht nur die Staaten als Rechtssubjekte adressiere, sondern regelmäßig auch **den Einzelnen**. Der EuGH stellte fest, dass mit einer Reihe von Pflichten der Mitgliedstaaten individuelle Rechte korrespondierten, deren Einhaltung der Einzelne einklagen konnte.[41] Diese Konzeption knüpfte maßgeblich an die **Grundfreiheiten** an und legte den Grundstein für eine umfassende Rechtstellung des »**Marktbürgers**« in der damaligen Wirtschaftsgemeinschaft. Allerdings ist diese Rechtsprechung vor dem Hintergrund eines umfassenderen Ansatzes zu sehen, in dem die Kommission politisch bereits 1961 die aus den wirtschaftlichen Freizügigkeitsrechten resultierenden Gewährleistungen zu einem Begriff der »**citoyenneté européenne**« verdichten wollte.[42]

12

1984 setzte der Europäische Rat in Vorbereitung der Einheitlichen Europäischen Akte einen Ad-hoc-Ausschuss »Europa der Bürger« (sog. **Adonnino-Ausschuss**) ein.[43] In dessen Bericht werden zwei Gleise der weiteren Entwicklung aufgezeigt. Erstens geht es um den weiteren **Ausbau** der Stellung des Marktbürgers, nunmehr aber in Ergänzung der Rechtsprechung über die **Ausdifferenzierung im Sekundärrecht**. Die Verwirklichung dieses Ansatzes durch drei Aufenthaltsrichtlinien sollte aber erst 1990 bis 1993 erfolgen,[44] die 2004 in der Freizügigkeitsrichtlinie 2004/38/EG zusammengeführt wurden.[45] In diesen Richtlinien wurden nicht nur die Rechte der Erwerbstätigen geregelt, sondern auch die **Stellung ihrer Angehörigen**, die nicht notwendig selbst erwerbstätig sein mussten. Doch ist diese Entwicklung trotz des weiten Ansatzes dem Konzept des Marktbürgers verhaftet geblieben, denn die Betreffenden erlangten keine eigenständigen Rechtspositionen, sondern **abgeleitete Rechte**.[46] Dieser Entwicklungsstrang fand

13

---

[38] Während die 5. Erwägung Präambel EGKS-Vertrag ausdrücklich darauf hinweist, spricht die Präambel des Entwurfs für einen Vertrag über die Europäische Politische Gemeinschaft von der Aufnahme der von demselben Ideal beseelten Völker Europas.
[39] *Nicolaysen*, in: Heselhaus/Nowak, Handbuch der Europäischen Grundrechte, § 1, Rn. 4 ff.
[40] EuGH, Urt. v. 5.2.1963, Rs. 26/62 (Van Gend & Loos), Slg. 1963, 7 (24 f.).
[41] EuGH, Urt. v. 5.2.1963, Rs. 26/62 (Van Gend & Loos), Slg. 1963, 7 (25).
[42] *Evans*, S. 683, Anm. 29.
[43] Bericht des Ad-Hoc-Ausschusses, Bull. EG, Beil. 7/1985.
[44] Richtlinie 90/364/EWG vom 28.5.1990 über das Aufenthaltsrecht, ABl. 1990, L 180/26; Richtlinie 90/365/EWG vom 28.5.1990 über das Aufenthaltsrecht der aus dem Erwerbsleben ausgeschiedenen Arbeitnehmer und selbständig Erwerbstätigen, ABl. 1990, L 180/28; Richtlinie 93/96/EWG vom 29.10.1993 über das Aufenthaltsrecht der Studenten, ABl. 1993 L 317/59.
[45] Richtlinie 2004/38/EG über das Recht der Unionsbürger und ihrer Familienangehörigen, sich im Hoheitsgebiet der Mitgliedstaaten frei zu bewegen und aufzuhalten, ABl. 2004, L 158/77.
[46] EuGH, Urt. v. 25.7.2008, Rs. C–127/08 (Metock u.a.), Slg. 2008, I–6241, Rn. 49–59, 81 ff.

seinen vorläufigen Höhepunkt 1992 im Maastricht Vertrag mit der Gewährleistung eines **Freizügigkeitsrechts jenseits wirtschaftlicher Motive**.[47]

14 Zweitens wurde vom Adonnino-Ausschuss der **Abbau von Grenzformalitäten** vorgeschlagen.[48] Diese Vergünstigungen waren weniger einer Beschleunigung des wirtschaftlichen Austausches geschuldet als von einem **Konzept eines Gemeinschaftsbürgers** getragen, das gemeinschaftsintern die Bedeutung eines Grenzübertritts reduzieren wollte. Davon spinnt sich eine Entwicklungslinie über das Schengen-Abkommen bis zur Überführung wesentlicher Teile desselben in die Verträge im Amsterdamer Vertrag[49] und im Lissabonner Vertrag fort.[50] Der **Verzicht auf Personenkontrollen** an den Binnengrenzen ist ein klassisches Element des Bundesstaates und Ausdruck der Rechte seiner Staatsangehörigen.[51] In diesen Stationen der Entwicklung der Unionsbürgerschaft kann man zwar eine eigene Integrationslogik und ein Beispiel für die Integrationstheorie der spill-over-Effekte erkennen. Doch lässt der Umstand, dass auch unter dem Lissabonner Vertrag nicht alle Mitgliedstaaten den Schengen-Acquis übernommen haben, erkennen, dass es sich nicht um eine zwingende Entwicklung handelt, sondern um ein **abgestuftes Vorgehen**, dessen Akzeptanz auf politischen Entscheidungen beruht, denen große Spielräume belassen waren.

15 Ein dritter Entwicklungsstrang der Unionsbürgerschaft und vielleicht ihr wirkmächtigster ist die **Zuerkennung politischer Teilhaberechte**, insbesondere des Wahlrechts in den Kommunen und zum Europäischen Parlament, gewesen. Beide wurden **1992** im **Maastricht-Vertrag** zeitgleich eingeführt und miteinander im Zweiten Teil »Die Unionsbürgerschaft« gemeinsam aufgeführt.[52] Weitere Teilhabe- und Kontrollrechte sind hinzugetreten, die dem Einzelnen einen aktiven Status in der EU, auch auf der Unionsebene[53] einräumen. Mit der Zuerkennung dieser größtenteils unmittelbar wirksamen Rechte hat sich die EU weiter vom klassischen Völkerrecht, das primär Rechtspositionen Staaten zuweist, entfernt und sich dem klassischen **Konzept des Nationalstaats angenähert**. Manche gehen so weit, den einzelnen Inhaber der erwähnten Rechte als »unmittelbares Mitglied der Union« zu qualifizieren.[54]

16 Die Unionsbürgerschaft ist in besonderer Weise auf **dynamische Entwicklung** angelegt. Sie kann primärrechtlich auf dem besonderen Weg der sog. **Evolutivklausel** nach Art. 25 AEUV weiterentwickelt werden.[55] Ferner sehen viele der in ihr zusammengefassten Rechte **Rechtsetzungsermächtigungen** zur Konkretisierung bzw. Ausgestaltung vor.[56] Nicht zuletzt hat aber die **Rechtsprechung** die Bedeutung der Unionsbürgerschaft

---

[47] Ausführlich dazu *Wollenschläger*, Grundfreiheit ohne Markt, passim.
[48] Bericht des Ad-Hoc-Ausschusses, Bull. EG, Beil. 7/1985, S. 20 f.
[49] Protokoll zur Einbeziehung des Schengen-Besitzstands in den Rahmen der Europäischen Union, ABl. 1997, C 340/93.
[50] Protokoll (Nr. 19) über den in den Rahmen der Europäischen Union einbezogenen Schengen-Besitzstand, ABl. 2008, C 115/290.
[51] Vgl. Art. 67 ff. AEUV; zur Geltung für Dänemark s. Art. 3 Protokoll (Nr. 19) über den in den Rahmen der Europäischen Union einbezogenen Schengen-Besitzstand, ABl. 2008, C 115/290.
[52] Art. 8 und 8 b EGV i. d. F. von Maastricht.
[53] Z. B. das Wahlrecht zum EP und das Petitionsrecht zum EP nach Art. 22 Abs. 2 und Art. 24 Abs. 2 AEUV.
[54] So *Oppermann/Classen/Nettesheim*, Europarecht, Rn. 210, 1551; *Fischer* (Fn. 17), 237 ff.; zustimmend *Hatje*, in: Schwarze, EU-Kommentar, Art. 20 AEUV, Rn. 3.
[55] Dies war bereits in Art. 8e Abs. 2 EGV i. d. F. von Maastricht vorgesehen.
[56] S. etwa Art. 24 Abs. 1 AEUV zum Recht auf eine Bürgerinitiative; Art. 228 Abs. 4 zum Europäischen Bürgerbeauftragten, Art. 22 Abs. 1 und Abs. 1 zum Wahlrecht auf Kommunaler Ebene bzw. zum Europäischen Parlament.

weiterentwickelt. Nach dem EuGH ist der »Unionsbürgerstatus [...] der **grundlegende Status** unter der Angehörigen der Mitgliedstaaten [...], der es denjenigen unter ihnen, die sich in der gleichen Situation befinden, erlaubt, unabhängig von ihrer Staatsangehörigkeit und unbeschadet der insoweit ausdrücklich vorgesehenen Ausnahmen die gleiche rechtliche Behandlung zu genießen«.[57] In **Kombination** mit dem **Grundsatz der Nichtdiskriminierung** und der **allgemeinen Freizügigkeit** nach Art. 21 AEUV hat die Rechtsprechung die Rechte des einzelnen Unionsbürgers vor allem im Bereich des Zugangs zu sozialen Leistungen deutlich ausgeweitet,[58] allerdings **keine umfassende Sozialunion** daraus abgeleitet.[59]

Zwar ist diese Entwicklung allgemein anerkannt, doch wird um ihre zutreffende Bewertung gerungen. Überzeugend erscheint die Auffassung, dass der Wirkungszuwachs nicht primär den Instrumenten, den beiden Rechten auf Nichtdiskriminierung und auf Freizügigkeitsrecht geschuldet ist, sondern dass es entscheidend auf die zugrunde liegende **Konzeption des Unionsbürgerstatus** ankomme, mit dem dann die genannten Instrumente aufgeladen werden (s. Rn. 45).[60]

17

C. Voraussetzungen

I. Staatsangehörigkeit eines Mitgliedstaates

Nach Art. 20 Abs. 1 AEUV besitzt die Unionsbürgerschaft, wer **Staatsangehöriger eines Mitgliedstaates** ist. Damit ist die Unionsbürgerschaft **akzessorisch** zur Staatsangehörigkeit. Sie setzt Letztere als conditio sine qua non voraus und kann nicht aus eigenem (Unions-) Recht verliehen werden. Nach der **Erklärung Nr. 2** zum Maastricht Vertrag wird die »Frage, welchem Mitgliedstaat eine Person angehört, allein durch Bezug auf das innerstaatliche Recht des betreffenden Mitgliedstats« geregelt. Ausdrücklich ist seit dem Amsterdamer Vertrag ferner festgelegt worden, dass die Unionsbürgerschaft zur nationalen Staatsangehörigkeit hinzutritt und diese nicht ersetzt.[61] »Hinzutreten« bedeutet nicht, dass die Unionsbürgerschaft eigenständig daneben tritt, sondern sie bleibt in ihrem Bestand auch grundsätzlich von der nationalen Staatsangehörigkeit **abhängig**.[62] Allerdings können sich aus dem Unionsrecht **Beschränkungen des Spielraums der Mitgliedstaaten** bei der Aberkennung der Staatangehörigkeit ergeben, sofern dadurch der Bestand der Unionsbürgerschaft berührt wird. Ferner stellt die Unionsbürgerschaft ihrem Inhalt nach ein **selbständiges Rechtsverhältnis** dar.[63] Sie ist diesbezüglich nicht vom nationalen Recht der Mitgliedstaaten determiniert.

18

---

[57] EuGH, Urt. v. 11.7.2002, Rs. C–224/98 (D'Hoop), Slg. 2002, I–6191, Rn. 28; Urt. v. 20.9.2001, Rs. C–184/99 (Grzelczyk), Slg. 2001, I–6193, Rn. 31; Urt. v. 1.10.2009, Rs. C–103/08 (Gottwald), Slg. 2009, I–9117, Rn. 23.

[58] EuGH, Urt. v. 20.9.2001, Rs. C–184/99 (Grzelczyk), Slg. 2001, I–6193.

[59] EuGH, Urt. v. 11.11.2014, Rs. C–333/13 (Dano), ECLI:EU:C:2014:2358, Rn. 56–84.

[60] Vgl. *von Bogdandy/Bitter*, S. 309, bezeichnen die Unionsbürgerschaft als eines von zwei Schwungrädern der Integration. Zur Parallele zum Konzept des Binnenmarktes im Rahmen der Grundfreiheiten s. Rn. 45.

[61] Art. 20 Abs. 1 Satz 2 AEUV, vgl. bereits Art. 17 EGV i.d.F. des Amsterdamer Vertrags.

[62] Zur Kontrolle durch die Unionsgerichtsbarkeit EuGH, Urt. v. 2.3.2010, Rs. C–135/08 (Rottmann), Slg. 2010, I–1449, Rn. 48.

[63] *Kluth*, in: Calliess/Ruffert, EUV/AEUV, Art. 20 AEUV, Rn. 6 m.w.N.

19 Auch wenn die Unionsbürgerschaft ein selbständiges Rechtsverhältnis nach Unionsrecht begründet (Rn. 18), verfügt die EU diesbezüglich über **keine Rechtsetzungskompetenz**, d. h. sie kann nicht die hinreichenden Voraussetzungen für die Unionsbürgerschaft regeln bzw. eine Modifikation der Voraussetzungen für die nationale Staatsangehörigkeit vornehmen.[64] Wenn in Art. 20 Abs. 2 UAbs. 2 AEUV von den in den Verträgen festgelegten »**Bedingungen**« die Rede ist, dann betrifft dies die an die Unionsbürgerschaft anknüpfenden Rechte, nicht aber die Bedingungen der Unionsbürgerschaft bzw. der Staatsangehörigkeit selbst. Zwar besteht mit Art. 25 AEUV eine besondere Kompetenz zur Fortentwicklung des Titels über die Unionsbürgerschaft, die sog. **Evolutivklausel**, doch bezieht sich diese ausdrücklich auf die in Abs. 2 des Art. 20 AEUV enthaltenen Rechte, nicht aber auf die Voraussetzungen der Unionsbürgerschaft nach Art. 20 Abs. 1 AEUV. Zudem verlangt das dort vorgesehene Rechtsetzungsverfahren auf EU-Ebene für das Inkrafttreten die **Zustimmung jedes Mitgliedstaates**, dem damit eine Veto-Position zukommt. Eine Anwendung der sog. **Vertragsabrundungskompetenz** nach **Art. 352 AEUV** scheidet aus, weil die Unionsbürgerschaft kein Ziel im Sinne des Art. 352 Abs. 1 AEUV darstellt.

20 Grundsätzlich ist die **Zuständigkeit** zur Bestimmung der Voraussetzungen für den Erwerb und den Verlust der Staatsangehörigkeit den **Mitgliedstaaten** verblieben. Sie verfügen dabei über einen **großen Spielraum**, wie sich aus der Erklärung Nr. 2 zum Maastricht Vertrag ergibt, wenn dort den Mitgliedstaaten die Möglichkeit eröffnet wurde, die EU über ihre Regelungen zu unterrichten.[65] Dieser Spielraum ermöglicht die Berücksichtigung von **nationalen Besonderheiten**, wie der relativ weit gefassten Staatsangehörigkeit nach Art. 116 GG oder den Unterschieden in Großbritannien zwischen Staatsangehörigkeit und Zugehörigkeit zum Commonwealth.[66] Aber auch wenn der Europäische Rat in Edinburgh vor dem dänischen Referendum zum Maastricht Vertrag 1992 betont hat, dass die Frage der Staatsangehörigkeit »allein« nach Maßgabe des nationalen Rechts beurteilt werde,[67] hat sich die Rechtsprechung von diesem Diktum doch in kleinen Schritten entfernt (Rn. 21).

21 Nach der Rechtsprechung ist die nationale Staatsangehörigkeit mit der Einführung der Unionsbürgerschaft unter den Einfluss des EU-Rechts geraten. Das zeigte sich insbesondere in der Rs. Rottmann, in der es um den **Verlust der Unionsbürgerschaft** durch Entzug der nationalen Staatsangehörigkeit ging. Ungeachtet der Zuständigkeiten der Mitgliedstaaten beansprucht der EuGH die Kompetenz der **gerichtlichen Kontrolle** »im Hinblick auf das Unionsrecht«.[68] Zwar erkennt der EuGH die alleinige Zuständigkeit der Mitgliedstaaten für die Regelung von Erwerb und Verlust der Staatsangehörigkeit an, doch weist er auf die ihnen im Völkerrecht gesetzten Grenzen hin.[69] Bezüglich der

---

[64] Vgl. EuGH, Urt. v. 2. 3. 2010, Rs. C–135/08 (Rottmann), Slg. 2010, I–1449, Rn. 41, der die bei den Mitgliedstaaten verbliebene Zuständigkeit hervorhebt.

[65] Die Erklärung, der grundsätzlich keine Rechtsverbindlichkeit zukommt, enthält insofern eine »Kann«-Bestimmung. Davon hat das Vereinigte Königreich 1982 Gebrauch gemacht, vgl. EuGH, Urt. v. 20. 2. 2001, Rs. C–192/99 (Kaur), Slg. 2001, I–1237. Unter dem Lissabonner Vertrag ist dies in Erklärung Nr. 63 beibehalten worden.

[66] S. *Kaufmann-Bühler*, in: Lenz/Borchard, EU-Verträge, Art. 20 AEUV, Rn. 4. EuGH, Urt. v. 12. 9. 2006, Rs. C–145/04 (Spanien/Vereinigtes Königreich), Slg. 2006, I–7917, Rn. 76 ff., akzeptierte die britische Regelung, nach der Personen mit Wohnsitz in Gibraltar auch in ihrer Eigenschaft als Angehörige des Commonwealth das Wahlrecht zum Europäischen Parlament zusteht.

[67] Bull. 1992, 1290.

[68] EuGH, Urt. v. 2. 3. 2010, Rs. C–135/08 (Rottmann), Slg. 2010, I–1449, Rn. 48.

[69] EuGH, Urt. v. 2. 3. 2010, Rs. C–135/08 (Rottmann), Slg. 2010, I–1449, Rn. 52; vgl. zu den völ-

Entzugsvoraussetzungen weist der EuGH darauf hin, dass diese im Einklang mit dem Völkerrecht stehen müssen.[70] Und schließlich stellt er den Entzug unter den Vorbehalt der Verhältnismäßigkeit.[71] Entscheidend ist dabei, dass dies nicht zwingend aus dem nationalen Recht folgen muss, sondern gegebenenfalls darüber hinaus gehen kann. Mithin kommt subsidiär der **unionsrechtliche Grundsatz der Verhältnismäßigkeit** zur Anwendung. Zwar war dieser im konkreten Fall eingehalten worden, doch könnte er im Einzelfall einem Entzug auch entgegenstehen. Hier deutet sich an, dass die Rechtsprechung einen relativ starken Schutz der Unionsbürgerschaft anerkennt, der im Einzelfall über den der Staatsangehörigkeit nach nationalem Recht hinausgehen kann.

Ferner hat der EuGH in einem obiter dictum festgestellt, dass auch beim **Erwerb** der nationalen Staatsangehörigkeit das **Unionsrecht** zu beachten ist.[72] Konkret ging es darum, ob nach Entzug der deutschen Staatsangehörigkeit die vorher erloschene österreichische Staatsangehörigkeit wieder zuzuerkennen war.

Die aktuelle Flüchtlingsproblematik hat die Frage aufgeworfen, ob das Unionsrecht es verbietet, dass ein Mitgliedstaat unter erleichterten Bedingungen **massenhaft Einbürgerungen** von irregulären Migranten vornimmt mit dem Ziel, dass die Betreffenden sich dann ungehindert in andere Mitgliedstaaten begeben können und so die Einwanderungspolitik der Union unterlaufen werden könnte.[73] Dazu wird in der Literatur eine Bindung an den **Grundsatz der Loyalität** vorgeschlagen.[74] Dafür spricht, dass der EuGH grundsätzlich die Einhaltung des Unionsrechts einfordert.[75] Allerdings dürfte der Grundsatz der Loyalität nur in Extremfällen betroffen sein.

Die Anwendbarkeit der Bestimmungen über die Unionsbürgerschaft wirft insbesondere in Fällen mit **Doppelstaatsangehörigkeit** Fragen auf. Die Rechtsprechung war mit Fällen befasst, in denen Mitgliedstaaten Einzelnen die Rechte aus dem Unionsbürgerstatus vorenthielten, weil diese zugleich über eine Drittstaatsangehörigkeit verfügten. Hier hat der EuGH **formal** allein darauf abgestellt, dass die **Staatsangehörigkeit eines Mitgliedstaats** einmal erlangt worden war und dass dies von den anderen Mitgliedstaaten in jedem Fall zu akzeptieren sei.[76] Insbesondere hat sich der EuGH **nicht** auf Argumente eingelassen, die – in Übereinstimmung mit dem Völkerrecht[77] – eine **tatsächliche Beziehung** zum Heimatmitgliedstaat verlangt haben. Dahinter steht die Auffassung des EuGH, dass nicht ein anderer Mitgliedstaat über die Bindungen der Unionsbürgerinnen und -bürger zu ihrem Heimatmitgliedstaat befinden soll.[78]

---

kerrechtlichen Vorgaben *Ipsen*, Völkerrecht, § 24, Rn. 5 ff., kritisch *Schönberger*, Unionsbürger, S. 280 ff.

[70] EuGH, Urt. v. 2.3.2010, Rs. C–135/08 (Rottmann), Slg. 2010, I–1449, Rn. 52 f.
[71] EuGH, Urt. v. 2.3.2010, Rs. C–135/08 (Rottmann), Slg. 2010, I–1449, Rn. 55, 58.
[72] EuGH, Urt. v. 2.3.2010, Rs. C–135/08 (Rottmann), Slg. 2010, I–1449, Rn. 63.
[73] Derartige Fälle sind in Italien und Spanien aufgetreten, *Kluth*, ZAR 2007, S. 20 ff.
[74] *Hatje*, in: Schwarze, EU-Kommentar, Art. 20 AEUV, Rn. 5, ähnlich *Kluth*, in: Calliess/Ruffert, EUV/AEUV, Art. 20 AEUV, Rn. 9.
[75] EuGH, Urt. v. 2.3.2010, Rs. C–135/08 (Rottmann), Slg. 2010, I–1449, Rn. 63.
[76] EuGH, Urt. v. 7.7.1992, Rs. C–369/90 (Micheletti), Slg. 1992, I–4239, Rn. 10 f., 15; vgl. Urt. v. 19.10.2004, Rs. C–200/02 (Zhu und Chen), Slg. 2004, I–9925, Rn. 37.
[77] Internationaler Gerichtshof, Urt. v. 6.4.1955, [1955] ICJ 1 – Nottebohm Case (Liechtenstein v. Guatemala).
[78] Nach EuGH, Urt. v. 7.7.1992, Rs. C–369/90 (Micheletti), Slg. 1992, I–4239, Rn. 11, soll ein anderer Mitgliedstaat nicht mehr Anforderungen aufstellen als der Heimatmitgliedstaat.

II. Kein rein interner Sachverhalt

25 Bisweilen wird in der Literatur hervorgehoben, dass die Rechte aus der Unionsbürgerschaft nur geltend gemacht werden können, wenn ein grenzüberschreitender Sachverhalt vorliege, **rein interne Sachverhalte** in einem Mitgliedstaat seien nicht erfasst.[79] Diese Begrenzung trifft zwar auf die Rechte auf Freizügigkeit und Nichtdiskriminierung wie auch auf die zusätzlichen Wahlrechte zu. Doch ist diese Aussage **allgemein** für die Unionsbürgerrechte zu **relativieren**. Denn die Rechte auf Eingaben an das Europäische Parlament oder an den Bürgerbeauftragten können auch geltend gemacht werden, ohne dass sich die betreffende Person in einen anderen Mitgliedstaat begeben muss. Allerdings liegt bei diesen Rechten ein Bezug zum Unionsrecht aufgrund der Zuständigkeiten der angerufenen Organe und Einrichtungen vor.[80]

26 Für die anderen Unionsbürgerrechte gilt nach der Rechtsprechung, dass Eingriffe in den Unionsbürgerstatus nur vor den europäischen Gerichten eingeklagt werden können, wenn ein **grenzüberschreitender Bezug** vorliegt.[81] Diese Voraussetzung der Anwendung ist in der Rechtsprechung zu den Grundfreiheiten des Unionsrechts vom EuGH entwickelt worden und auf das Recht auf Nichtdiskriminierung, das **subsidiär** zu den Grundfreiheiten ist, sowie auf das Recht auf Freizügigkeit, das **ohne** den **Binnenmarktbezug** der Grundfreiheiten zur Anwendung kommt, übertragen worden.[82] In der Rechtsprechung wurde es insbesondere für ausreichend erachtet, wenn sich Unionsbürgerinnen und -bürger zwar nicht aktuell im EU-Ausland aufhalten, ihnen aber aus einem **früheren Aufenthalt** im Heimatmitgliedstaat ein Nachteil erwachsen soll[83] oder wenn sie sich **zeitweise in einem anderen EU-Mitgliedstaat** aufhalten.[84] Dieser weite Ansatz, der jede abschreckende Wirkung auch für die Zukunft umfasst, entspricht dem Vorgehen bei den wirtschaftlichen Grundfreiheiten, wenn in der Dassonville-Formel auch »potenzielle« Auswirkungen auf den Binnenmarkt für relevant erachtet werden.[85]

27 Eine Grenze hat die Rechtsprechung in der Rs. McCarthy gezogen. Der EuGH stellte fest, dass die sekundärrechtlichen Verbürgungen in der **Richtlinie 2004/38** nur zur Anwendung kommen, wenn ein »Berechtigter« sich **in einen »anderen«** Mitgliedstaat begibt. Diese Vorgabe ist nicht erfüllt, wenn der Betreffende in seinem Mitgliedstaat verbleiben will.[86] Im Hinblick auf die primärrechtlich gewährte Freizügigkeit nach **Art. 21 AEUV** führt der EuGH jedoch aus, dass es zur Bejahung eines rein internen Sachverhalts **nicht** alleine ausreiche, dass ein Unionsbürger von seinem Recht auf Freizügigkeit **noch**

---

[79] *Hatje*, in: Schwarze, EU-Kommentar, Art. 20 AEUV, Rn. 12.
[80] S. näher Art. 227 AEUV, Rn. 5 und Art. 228 AEUV, Rn. 13
[81] S. zu Art. 21 AEUV EuGH, Urt. v. 5.5.2011, Rs. C–434/09 (McCarthy), Slg. 2011, I–3375, Rn. 44 ff. Der EuGH prüft, ob die betreffenden Sachverhalte »keine Berührung mit irgendeinem der Sachverhalte aufweisen, auf die das Unionsrecht abstellt, und die mit keinem relevanten Element über die Grenzen eines Mitgliedstaats hinausweisen«, EuGH, Urt. v. 1.4.2008, Rs. C–212/06 (Gouvernement de la Communauté française und Gouvernement wallon), Slg. 2008, I–1683, Rn. 33, sowie Urt. v. 25.7.2008, Rs. C–127/08 (Metock u.a.), Slg. 2008, I–6241, Rn. 77.
[82] EuGH, Urt. v. 5.6.1997, verb. Rs. C–64/96 u. C–65/96, Slg. 1997, I–3171, Rn. 23 ff.
[83] EuGH, Urt. v. 22.5.2008, Rs. C–499/06 (Nerkowska), Slg. 2008, I–3993 Rn. 25; Urt. v. 25.7.2008, Rs. C–127/08 (Metock u.a.), Slg. 2008, I–6241, Rn. 77; Urt. v. 9.11.2006, Rs. C–520/04 (Turpeinen), Slg. 2006, I–10685, Rn. 20 ff.
[84] EuGH, Urt. v. 18.6.2006, Rs. C–406/04 (De Cuyper), Slg. 2006, I–6947, Rn. 15, 39.
[85] EuGH, Urt. v. 11.7.1974, Rs. 8/74 (Dassonville Scotch Whisky), Slg. 1974, 837, Rn. 5; anders in der Bewertung *Hatje*, in: Schwarze, EU-Kommentar, Art. 20 AEUV, Rn. 12.
[86] EuGH, Urt. v. 5.5.2011, Rs. C–434/09 (McCarthy), Slg. 2011, I–3375, Rn. 30 ff.

keinen Gebrauch gemacht habe.[87] Zur Begründung dieser weiten Auslegung rekurriert er auf den Unionsbürgerstatus.[88] Entscheidend sei, ob dem Einzelnen der »tatsächliche Genuss des Kernbestands der mit [dem] Unionsbürgerstatus verbundenen Rechte verwehrt oder die Ausübung des Rechts« auf Freizügigkeit behindert werde.[89] Das hat der EuGH im konkreten Fall verneint, weil ein Eingriff in den Aufenthaltsstatus der eigenen Staatsangehörigen bereits aufgrund des Völkerrechts nicht zulässig sei.[90]

III. Trägerschaft

Grundsätzlich spricht Art. 20 AEUV von den Bürgerinnen und Bürgern und setzt die **Staatsangehörigkeit in einem Mitgliedstaat** voraus. Daraus folgt zunächst eine Beschränkung der genannten Rechte auf **natürliche Personen**.[91] Ferner müssen diese Personen über die Staatsangehörigkeit eines Mitgliedstaates verfügen.

28

Die in Art. 20 AEUV erfassten Rechte sind nach ihrem persönlichen Gewährleistungsbereich jedoch **nicht alle exklusiv** für Unionsbürgerinnen und -bürger. Es sind **drei Gruppen** von Verbürgungen zu unterscheiden: Die erste ist in persönlicher Hinsicht **exklusiv**, sie betrifft die diplomatische und konsularische Vertretung nach Art. 23 AEUV und die demokratischen Rechte aus der **Aktivbürgerschaft**, wie die zusätzlichen Wahlrechte in Art. 22 AEUV und das Recht auf eine Europäische Bürgerinitiative in Art. 24 Abs. 1 AEUV. Die zweite Gruppe erfüllt **demokratische Funktionen** im weiteren Sinn, indem sie u. a. Ziele der Transparenz und Kontrolle verfolgt, aber auch eine Einflussnahme jenseits der demokratischen Aktivbürgerschaft gestattet, wie die Rechte auf Petitionen zum Europäischen Parlament nach Art. 24 Abs. 2 AEUV, auf Beschwerde zum Bürgerbeauftragten gemäß Art. 24 Abs. 3 AEUV oder auf Zugang zu Dokumenten nach Art. 15 AEUV. Diese Rechte werden an anderen Stellen der Verträge auch für **Personen mit Wohnsitz** bzw. juristische Personen mit satzungsmäßigem Sitz in einem Mitgliedstaat geöffnet.[92] Dies entwertet nicht die Garantie als Unionsbürgerrechte, sondern stellt eine moderne Lockerung der demokratischen Exklusivitätsrechte dar, die in einer Union mit erheblichen, auch auf Dauer angelegten Freizügigkeitsrechten angemessen erscheint. Die dritte Gruppe schließlich ist andernorts **für alle Personen** geöffnet, wie das Recht auf Eingabe an Behörden in Art. 24 Abs. 4 AEUV, das nach Art. 41 Abs. 4 GRC jeder Person zusteht. Hier ist die Einbeziehung in das Kapitel über die Unionsbürgerschaft nur sinnvoll, weil diese Verbürgung ein **wichtiges Element für die Gesamtsicht** der Stellung des Einzelnen mit Unionsbürgerschaft innerhalb der Union ist.

29

Obwohl in Art. 20 AEUV lediglich Unionsbürgerinnen und -bürger angesprochen werden, werden manche Gewährleistungen an anderen Stellen in den Verträgen, etwa das die Eingaberechte an das Europäische Parlament und an den Bürgerbeauftragten in Art. 227 AEUV und Art. 228 AEUV sowie in Art. 43 und 44 GRC, ausdrücklich auch für **juristische Personen** geöffnet. Daher wird in der Literatur eine Angleichung in der Interpretation der Unionsbürgerrechte gefordert.[93] So verlockend dieser Gedanke in sys-

30

---

[87] EuGH, Urt. v. 5.5.2011, Rs. C–434/09 (McCarthy), Slg. 2011, I–3375, Rn. 46.
[88] EuGH, Urt. v. 5.5.2011, Rs. C–434/09 (McCarthy), Slg. 2011, I–3375, Rn. 47.
[89] EuGH, Urt. v. 5.5.2011, Rs. C–434/09 (McCarthy), Slg. 2011, I–3375, Rn. 49.
[90] EuGH, Urt. v. 5.5.2011, Rs. C–434/09 (McCarthy), Slg. 2011, I–3375, Rn. 50 f.
[91] *Schönberger*, in: Grabitz/Hilf/Nettesheim, EU, Art. 20 AEUV (August 2012), Rn. 28. So zumindest im Ausgangspunkt auch *Kluth*, in: Calliess/Ruffert, EUV/AEUV, Art. 20 AEUV, Rn. 10.
[92] Vgl. Art. 15 AEUV, Art. 227 AEUV, Art. 228 AEUV.
[93] *Hatje*, in: Schwarze, EU-Kommentar, Art. 20 AEUV, Rn. 11, »soweit es der Sache nach möglich ist«; *Haag*, in: GSH, Europäisches Unionsrecht, Art. 20 AEUV, Rn. 14; *Kadelbach*, in: Ehlers, Grund-

tematischer Hinsicht erscheint, steht ihm doch die **bewusste und ausdrückliche Differenzierung** in den Verträgen entgegen. Sie verdeutlicht die Elemente der **persönlichen Verbundenheit** von Unionsbürgerinnen und -bürgern mit der Union.[94] Die politischen Teilhaberechte nach Art. 22 und Art. 24 Abs. 1 AEUV bleiben wohl unstreitig juristischen Personen vorenthalten. Juristische Personen haben **weder einen Bürgerstatus** noch verfügen sie über eine **Staatsangehörigkeit**. Sie sind über ihren Sitz bzw. ihre Hauptverwaltung oder ihren Gründungsakt an eine Rechtsordnung gebunden. Das Spannungsverhältnis in systematischer Hinsicht löst sich dadurch, dass sie nicht kraft Unionsbürgerschaft an diesen Rechten teilhaben, sondern aufgrund anderer, ausdrücklicher oder stillschweigender Regelungen berechtigt sein können (vgl. Rn. 29).[95]

31 Mit der Voraussetzung der Unionsbürgerschaft werden **Drittstaatler grundsätzlich** vom persönlichen Anwendungsbereich der Unionsbürgerrechte **ausgeschlossen**.[96] Dies gilt aber nur für die Verbürgungen im Rahmen des Zweiten Teils des AEU-Vertrages. Jenseits der den Aktivbürgern zugewiesenen Rechte, der Wahlrechte, der Beteiligung an der Europäischen Bürgerinitiative, sowie des Rechts auf diplomatischen und konsularischen Schutz können Drittstaatler aber in den Gewährleistungsbereich **anderer Vorschriften** im Primär- oder Sekundärrecht einbezogen werden. Entsprechende Verbürgungen setzen z. B. einen Wohnsitz in der Union voraus.[97] Obwohl also das Erfordernis der Unionsbürgerschaft grundsätzlich zur **Exklusion** von Drittstaatlern führt, ist deren **Inklusion** auf anderem Wege nicht ausgeschlossen (Rn. 29).[98]

32 In Fällen einer **Doppelstaatsangehörigkeit** in einem Mitgliedstaat und in einem Drittstaat kann letzterer Status nicht der Geltendmachung von Unionsbürgerrechten entgegen gehalten werden, selbst wenn die Bindung an den Drittstaat die effektivere ist (s. Rn. 24).[99]

33 Für **Drittstaatsangehörige**, die zugleich **Familienangehörige** eines Unionsbürgers sind, wird in der Literatur teilweise eine Einbeziehung nur über das Sekundärrecht für möglich gehalten.[100] Die Rechtsprechung ist indes weitergegangen und lässt unter bestimmten Voraussetzungen eine Berufung etwa auf das **Freizügigkeitsrecht** nach Art. 21 AEUV zu. Allerdings handelt es sich dabei nicht um ein originäres Recht des Drittstaatlers, sondern um ein **abgeleitetes Recht**. Das Freizügigkeitsrecht steht ihm insoweit zu, als dessen Ausübung Voraussetzung dafür ist, dass der der Familie angehörende Unionsbürger von **seinen** Rechten Gebrauch machen kann.[101]

---

rechte und Grundfreiheiten, § 19, Rn. 15; für eine analoge Anwendung *Kluth*, in: Calliess/Ruffert, EUV/AEUV, Art. 20 AEUV, Rn. 10.

[94] S. dazu *Hatje*, in: Schwarze, EU-Kommentar, Art. 20 AEUV, Rn. 11.

[95] So im Ergebnis *Giegerich*, in: Schulze/Zuleeg, Europarecht, § 9, Rn. 29.

[96] *Kaufmann-Bühler*, in: Lenz/Borchard, EU-Verträge, Art. 20 AEUV, Rn. 17; vgl. *Kluth*, in: Calliess/Ruffert, EUV/AEUV, Art. 20 AEUV, Rn. 8.

[97] S. Art. 227 und 228 Abs. 1 AEUV.

[98] Näher dazu *Kaufmann-Bühler*, in: Lenz/Borchard, EU-Verträge, Art. 20 AEUV, Rn. 17.

[99] EuGH, Urt. v. 2.10.2003, Rs. C–148/02 (Garcia Avello), Slg. 2003, I–11613, Rn. 27 f.; *Wollenschläger*, Grundfreiheit ohne Markt, S. 202 f.; vgl. aber die Kritik von *Mörsdorf-Schulte*, IPrax 2004, S. 315 (317 f.).

[100] *Kluth*, in: Calliess/Ruffert, EUV/AEUV, Art. 20 AEUV, Rn. 8.

[101] Weitgehend EuGH, Urt. v. 19.10.2004, Rs. C–200/02 (Zhu und Chen), Slg. 2004, I–9925, Rn. 25 ff. zum Freizügigkeitsrecht der aus einem Drittstaat stammenden Mutter, um die Ausübung des Freizügigkeitsrechts des von ihr zu versorgenden Kindes mit Unionsbürgerschaft sicherstellen zu können. S. auch EuGH, Urt. v. 25.7.2008, Rs. C–127/08 (Metock u. a.), Slg. 2008, I–6241, Rn. 54 ff.

IV. Verpflichtete

Der Kreis der Verpflichteten **variiert** je nach betroffenem Unionsbürgerrecht. Die Unionsbürgerrechte verpflichten teilweise die **Europäische Union**, insbesondere in den Fällen der Wahrnehmung politischer Teilhabe-, Informations- und Eingaberechte. In vielen Fällen richten sie sich aber **primär an die Mitgliedstaaten**. Dies wird in der Literatur teilweise als ungewöhnlich für grundrechtliche Gewährleistungen erachtet.[102] Rechtsvergleichend ist dies aber in Bundesstaaten keine ungewöhnliche Situation.[103] Das Freizügigkeitsrecht dürfte in Parallele zu den anderen Grundfreiheiten **beide hoheitlichen Ebenen**, d. h. neben den Mitgliedstaaten auch die EU binden, so dass im Sekundärrecht keine unverhältnismäßigen Einschränkungen vorgenommen werden dürfen. Auch wenn die Verbürgungen größtenteils an einen grenzüberschreitenden Sachverhalt anknüpfen (s Rn. 25 ff.), kann auch der **eigene Mitgliedstaat** verpflichtet sein, nicht die Ausübung der Rechte unverhältnismäßig zu behindern.[104]

34

D. Gewährleistungen (Rechte und Pflichten)

Art. 20 Abs. 2 AEUV enthält eine **nicht abschliessende Liste** der Unionsbürgerrechte.[105] Verbürgungen an anderen Stellen in den Verträgen sind miteinzubeziehen, wenn sie nach ihrem **Wortlaut und Sinn** – nicht notwendig allein, aber insbesondere – Unionsbürgerinnen und -bürgern zustehen.[106] Nach diesen Grundsätzen sind weitere Unionsbürgerrechte das Recht auf **Zugang zu Informationen** nach Art. 15 Abs. 3 AEUV, die **Rechte auf Gleichbehandlung** nach Art. 9 EUV und auf **Nichtdiskriminierung** gemäss Art. 18 AEUV, da sie auf die Staatsangehörigkeit bzw. Unionsbürgerschaft abstellen, sowie das **Recht auf gute Verwaltung** in Art. 41 GRC, sowie alle Bürgerrechte aus der Grundrechtecharta. Ferner ist das **allgemeine Wahlrecht zum Europäischen Parlament** zu nennen.[107] Nicht zuletzt sind hierzu auch die Grundfreiheiten zu zählen, die nur den Staatsangehörigen der Mitgliedstaaten zustehen, wie etwa die **Arbeitnehmerfreizügigkeit** und die **Niederlassungsfreiheit** nach Art. 45 AEUV bzw. Art. 49 AEUV. Dagegen ist das Recht auf Datenschutz kein Bürgerrecht, sondern hat eine menschenrechtliche Wurzel.[108] Gleiches gilt für die Gleichbehandlung und Gleichstellung von Mann und Frau.[109]

35

---

[102] *Kluth*, in: Calliess/Ruffert, EUV/AEUV, Art. 20 AEUV, Rn. 17.

[103] Vgl. die Niederlassungsfreiheit für Staatsangehörige in der Schweiz nach Art. 24 BV und das Freizügigkeitsrecht für Deutsche nach Art. 11 GG. Es ist eine Frage der Zuständigkeitsverteilung im Bundesstaat, von welcher staatlichen Ebene am ehesten Beeinträchtigungen drohen.

[104] Die Fälle in der Rspr. betreffen in der Regel Differenzierungen in der Leistungsverwaltung aufgrund eines früheren Aufenthalts im EU-Ausland, EuGH, Urt. v. 22. 5. 2008, Rs. C–499/06 (Nerkowska), Slg. 2008, I–3993; Urt. v. 9. 11. 2006, Rs. C–520/04 (Turpeinen), Slg. 2006, I–10685.

[105] Dies folgt aus dem Wortlaut, wonach die aufgelisteten Rechte »unter anderem« gewährleistet werden.

[106] Weitergehend wohl *Kaufmann-Bühler*, in: Lenz/Borchard, EU-Verträge, Art. 20 AEUV, Rn. 10, der auch das Recht auf Datenschutz einbezieht.

[107] Dieses folgt aus Art. 223 Abs. 1 AEUV i. V. mit Art. 14 Abs. 2 EUV, wird aber vereinzelt auch aus Art. 39 Abs. 2 GRC abgeleitet, s. Art. 39 GRC, Rn. 32.

[108] Vgl. Art. 16 AEUV, Rn. 11. A. A. offenbar *Kaufmann-Bühler*, in: Lenz/Borchard, EU-Verträge, Art. 20 AEUV, Rn. 10.

[109] A.A. *Kaufmann-Bühler*, in: Lenz/Borchard, EU-Verträge, Art. 20 AEUV, Rn. 10.

36 In der Gesamtsicht wird oft auf den **partikularen Ansatz** der Unionsbürgerrechte hingewiesen, der die **geteilten Zuständigkeiten** von Union und Mitgliedstaaten widerspiegele.[110] Das stellt derzeit einen mindestens graduellen und wohl auch noch qualitativ deutlichen Unterschied zu den Rechten aus der Staatsangehörigkeit in Bundesstaaten dar.[111] Doch sollte nicht übersehen werden, dass sich solche Rechte im Laufe der Zeit verdichten können und dieser Weg einer Weiterentwicklung im AEU-Vertrag mit Art. 25 AEUV prozedural angelegt ist.

37 Von der Möglichkeit, auch **Pflichten** der Unionsbürgerinnen und -bürger vorzugeben, ist im Zweiten Teil des AEU-Vertrages kein Gebrauch gemacht worden. Sie besteht bereits seit dem Maastricht-Vertrag.[112] Der Vorgabe lediglich eine deklaratorische Bedeutung beizumessen,[113] steht in einem gewissen Spannungsverhältnis zur Auslegung nach dem effet utile. Eher zeigt sie an, dass das EU-Konzept der Unionsbürgerrechte grundsätzlich auch offen für korrespondierende Pflichten im Dienste dieser Rechte, wie etwa bei der Wahlpflicht in Belgien wäre.[114]

38 Systematisch kann man die Unionsbürgerrechte in den Verträgen in verschiedene Gruppen unterteilen:
– Besondere Bedeutung haben die **politischen Teilhabe, Kontroll- und Eingaberechte**, wie die zusätzlichen Wahlrechte nach Art. 22 AEUV, die Rechte auf Eingaben an das Europäische Parlament bzw. den Bürgerbeauftragten, das allgemeine Eingaberecht an Behörden der EU nach Art. 24 Abs. 4 AEUV, das Recht auf eine Europäische Bürgerinitiative gemäss Art. 24 Abs. 1 AEUV sowie das Recht auf Zugang zu Informationen nach Art. 15 Abs. 3 AEUV. Ebenfalls hierzu zählen das Recht auf Gleichbehandlung im demokratischen Leben, Art. 9 EUV, und das Recht auf allgemeine Wahlen zum Europäischen Parlament, Art. 223 Abs. 1 AEUV i. V. mit Art. 14 Abs. 2 EUV.
– Hinzutreten als Vorläufer die spezifischen **wirtschaftlichen Gewährleistungen** für Unionsbürgerinnen und -bürger im Rahmen der Grundfreiheiten und des Binnenmarktes.
– Diese werden ergänzt um das **Recht auf Freizügigkeit** in Art. 21 AEUV und das **Recht auf Nichtdiskriminierung** aus Gründen der Staatsangehörigkeit nach Art. 18 AEUV, die beide keinen Bezug zu wirtschaftlichen Tätigkeiten verlangen, sondern nicht zuletzt aufgrund ihres subsidiären Auffangcharakters **Grundelemente des Unionsbürgerstatus** darstellen.[115]
– Die in Titel V der Grundrechtecharta aufgeführten »**Bürgerrechte**« sind damit alle einbezogen. Sie ergänzen die Liste um das zuvor bereits in der Rechtsprechung entwickelte **Recht auf eine gute Verwaltung** nach Art. 43 GRC.

39 Für die Bedeutung der vorstehend erwähnten Rechte ist jeweils entscheidend, ob diese der **unmittelbaren Wirkung** fähig sind, d. h. ob sie hinreichend bestimmt und un-

---

[110] *Kadelbach*, Staatsbürgerschaft – Unionsbürgerschaft – Weltbürgerschaft, in: Drexl/Kreuzer/Scheuing/Sieber (Hrsg.), Europäische Demokratie, 1999, S. 99; *Calliess*, EuR-Beiheft 1/2007, 7 (19 ff.); *Hatje*, in: Schwarze, EU-Kommentar, Art. 20 AEUV, Rn. 10.
[111] S. die Wertung bei *Hatje*, in: Schwarze, EU-Kommentar, Art. 20 AEUV, Rn. 10.
[112] S. Art. 8 Abs. EGV i. d. F. von Maastricht.
[113] In diese Richtung *Kaufmann-Bühler*, in: Lenz/Borchard, EU-Verträge, Art. 20 AEUV, Rn. 12.
[114] S. aber *Schönberger*, in Grabitz/Hilf/Nettesheim, EU, Art. 20 AEUV (August 2012), Rn. 60; *Magiera*, in: Streinz, EUV/AEUV, Art. 20 AEUV, Rn. 34, die auf die allgemeine Pflicht hinweisen, das Unionsrecht zu beachten. Diese dürfte sich aber bereits aus dem Prinzip der Rechtsstaatlichkeit ergeben.
[115] Vgl. *Magiera*, in: Streinz, EUV/AEUV, Art. 21 AEUV, Rn. 9 f.; *von Bogdandy*, in: Grabitz/Hilf/Nettesheim, EU, Art. 18 AEUV (September 2010), Rn. 1 f.

bedingt sind.¹¹⁶ Das wird bei manchen Verbürgungen bezweifelt, weil sie unter einem Vorbehalt stehen oder Gestaltungsspielräume für die Konkretisierung im Sekundärrecht bzw. im nationalen Recht eröffnen. Daher ist die Frage vertieft im Rahmen der Kommentierungen der jeweiligen Verbürgungen zu erörtern.¹¹⁷ Allgemein stellt die Aufnahme unter die Unionsbürgerrechte ein **Indiz** für die Zuerkennung der unmittelbaren Wirkung dar.¹¹⁸ Als solche muss ein **effektiver Rechtsschutz** vor Verletzungen gewährt werden, wie dies in Art. 19 EUV und Art. 47 GRC zum Ausdruck kommt. In diesem Sinn kommt der Zuerkennung unmittelbarer Wirkung – gegebenenfalls auf ein bestimmbares Minimum an Gewährleistung begrenzt – **funktional** eine wichtige Bedeutung zu.

E. Bedingungen und Grenzen

Nach Art. 20 Abs. 2 AEUV wird die Ausübung der Unionsbürgerrechte den »**Bedingungen**« und »**Grenzen**« unterworfen, die in den Verträgen und »durch in Anwendung der Verträge erlassenen Massnahmen festgelegt sind«. Die Weite der Formulierung folgt aus der unterschiedlichen Ausgestaltung der Unionsbürgerrechte in den folgenden Vorschriften. Sie soll als **Sammelbezeichnung** alle jene Besonderheiten erfassen, unterwirft die Unionsbürgerrechte aber **keinem einheitlichen Vorbehalt** des Sekundärrechts.¹¹⁹ Entscheidend ist die Auslegung der einzelnen Verbürgungen.

40

Die einzelnen Unionsbürgerrechte sind im Hinblick auf ihre **Konkretisierung** und **Begrenzung** unterschiedlich ausgestaltet. Manche sind **ohne weiteres anwendbar** wie das Diskriminierungsverbot nach Art. 18 AEUV oder das Recht auf Freizügigkeit, das aber einen Einschränkungsvorbehalt enthält. Wieder andere sind auf eine **Konkretisierung** durch die EU – das zusätzliche Wahlrecht zum Europäischen Parlament rekurriert auf die Ausgestaltung im Direktwahlakt – bzw. **Umsetzung** durch die Mitgliedstaaten, wie im Fall des zusätzlichen Kommunalwahlrechts nach Art. 22 Abs. 1 AEUV, angewiesen. Für **jedes einzelne** Unionsbürgerrecht ist dabei zu klären, wie weit der entsprechende Konkretisierungs- bzw. Ausgestaltungsspielraum reicht. Aus dem Grundrechtscharakter der Verbürgungen¹²⁰ und der Bedeutung des Unionsbürgerstatus (s. Rn. 42 f.) folgt, dass sie **nicht** völlig zur **Disposition** der betreffenden Rechtsetzungsorgane stehen. Im Wortlaut von Art. 20 AEUV findet sich dafür ein Hinweis, weil dort nicht generell auf sekundärrechtliche Massnahmen verwiesen wird, sondern auf solche, die »in Anwendung der Verträge erlassen« worden sind. Da es eines allgemeinen Hinweises auf die Pflicht zu rechtmässigem, primärrechtskonformem Handeln nicht bedurft hätte, ist die Formulierung als Hinweis auf die – für Grundrechte typische – **Wechselwirkung** (s. Rn. 41) zwischen Gewährleistung und Umsetzungsakten zu verstehen. Somit muss die Ausgestaltung ihrerseits am Unionsbürgerrecht gemessen werden.

41

Eingriffe in die Unionsbürgerrechte sind grundsätzlich möglich. In Parallele zu grundrechtlichen Gewährleistungen sind sie **rechtfertigungsbedürftig**. Sie müssen insbeson-

42

---

¹¹⁶ Vgl. *Magiera*, in: Streinz, EUV/AEUV, Art. 20 AEUV, Rn. 33.
¹¹⁷ Vgl. *Magiera*, in: Streinz, EUV/AEUV, Art. 20 AEUV, Rn. 33.
¹¹⁸ Vgl. Art. 22 AEUV, Rn. 23, Art. 24 AEUV, Rn. 2.
¹¹⁹ Das wird besonders deutlich in Bezug zum Recht auf Freizügigkeit nach Art. 21 AEUV, vgl. *Magiera*, in: Streinz, EUV/AEUV, Art. 21 AEUV, Rn. 19 ff., oder zum Recht auf Nichtdiskriminierung nach Art. 18 AEUV.
¹²⁰ Vgl. ihre parallelen Verbürgungen in Art. 39–46 GRC.

dere **Zielen des Allgemeinwohls** dienen[121] und **verhältnismäßig** sein.[122] Zur Bestimmung des Allgemeininteresses kann auf die reichhaltige Rechtsprechung zu den Grundfreiheiten und zum Recht auf Freizügigkeit[123] verwiesen werden. Man wird aus dem Charakter als Unionsbürgerrecht – wiederum parallel zu den EU-Grundrechten – folgern können, dass die Gewährleistungen grundsätzlich weit und Einschränkungen eng auszulegen sind.[124]

F. Unionsbürgerschaft als Status

43 Der Status der Unionsbürgerschaft wird vom EuGH als der **grundlegende Status** der Bürgerinnen und Bürger der EU bezeichnet.[125] Konkrete Folgerungen aus diesem Argumentationstopos werden im **Fallrecht** entwickelt. Dessen Entwicklung ist für die Zukunft nicht immer klar vorhersehbar, wie es die Unsicherheit im Vorfeld der Entscheidung in der Rs. Dano, die dann Grenzen für das Konzept in Bezug zu einer Sozialunion aufgestellt hat,[126] gezeigt hat. Während einerseits in der Literatur auf das **Entwicklungspotenzial** dieses Konzeptes hingewiesen wird,[127] werden andererseits zum Teil die **Defizite** der Unionsbürgerschaft **im Vergleich mit der Staatsangehörigkeit** in den Mitgliedstaaten herausgestellt und wird das Entwicklungspotenzial eher in einzelnen Verbürgungen, wie dem Recht auf Freizügigkeit, verortet.[128] In einer rechtlichen Analyse, die beide Aspekte vereinigt, stellt sich der Status der Unionsbürgerschaft nicht als Büchse der Pandora dar, sondern als ein nicht zu unterschätzendes **gewichtiges Element der europäischen Integration**, das aber, nicht zuletzt durch das Prinzip der begrenzten Einzelermächtigung, **Grenzen** unterliegt und so in seiner **Dynamik eingehegt** wird.

44 Im **Vergleich zur Staatsangehörigkeit** stellt die Unionsbürgerschaft einen wichtigen Entwicklungsschritt in der EU dar, erreicht aber **qualitativ** (noch) nicht deren Bedeutung. Das folgt vor allem daraus, dass sie das Band der Staatsangehörigkeit zu den Mitgliedstaaten ausdrücklich **ergänzt** und nicht ersetzt.[129] Hinzuzufügen ist, dass diese Ergänzung in den Verträgen **nicht** durch ein **umfassendes Konzept** einer Zugehörigkeit geschieht, das die tradierten Elemente der Verbundenheit mit dem souveränen Staat, insbesondere durch Militärdienst und Unterwerfung unter die Steuerhoheit, enthält, sondern durch die Aufzählung von Gewährleistungen, die auch funktional ergänzender Natur sind und die Aufteilung der Zuständigkeiten zwischen Union und Mitgliedstaaten reflektieren. Das wird deutlich, wenn man dem das klassische Konzept der Staatsan-

---

[121] EuGH, Urt. v. 10.7.2008, Rs. C–33/07 (Jipa; zum Allgemeinwohl), Slg. 2008, I–5157, Rn. 24 ff.
[122] Vgl. EuGH, Urt. v. 10.7.2008, Rs. C–33/07 (Jipa; zur Verhältnismäßigkeitsprüfung), Slg. 2008, I–5157, Rn. 29; s. auch *Kaufmann-Bühler*, in: Lenz/Borchard, EU-Verträge, Art. 20 AEUV, Rn. 13 f.
[123] S. etwa EuGH, Urt. v. 10.7.2008, Rs. C–33/07 (Jipa), Slg. 2008, I–5157.
[124] S. EuGH, Urt. v. 10.7.2008, Rs. C–33/07 (Jipa), Slg. 2008, I–5157, Rn. 23 u. 29, unter Berufung auf die konkrete Bedeutung des dort einschlägigen Rechts auf Freizügigkeit.
[125] EuGH, Urt. v. 11.7.2002, Rs. C–224/98 (D'Hoop), Slg. 2002, I–6191, Rn. 28; Urt. v. 20.9.2001, Rs. C–184/99 (Grzelczyk), Slg. 2001, I–6193, Rn. 31; Urt. v. 1.10.2009, Rs. C–103/08 (Gottwald), Slg. 2009, I–9117, Rn. 23.
[126] EuGH, Urt. v. 11.11.2014, Rs. C–333/13 (Dano), ECLI:EU:C:2014:2358.
[127] Zurückhaltend *Kaufmann-Bühler*, in: Lenz/Borchard, EU-Verträge, Art. 20 AEUV, Rn. 2 f.
[128] Vgl. *Hatje*, in: Schwarze, EU-Kommentar, Art. 20 AEUV, Rn. 2; abwägend zwischen Limitierungen im Vergleich mit der Staatsangehörigkeit und auf dynamischen Zuwachs angelegt *Kluth*, in: Calliess/Ruffert, EUV/AEUV, Art. 20 AEUV, Rn. 5 und 7.
[129] *Hatje*, in: Schwarze, EU-Kommentar, Art. 20 AEUV, Rn. 8.

gehörigkeit in seiner »Unmittelbarkeit und Ausschließlichkeit der Rechtsbeziehungen zwischen Bürger und Staat«, seiner umfassenden Personalhoheit und seiner effektiven Rechtsbeziehungen gegenübergestellt.[130] Allerdings ist anzumerken, dass dieses klassische Modell **Erosionen** unterworfen ist, die in der zunehmenden Doppelstaatlichkeit von Personen besonders deutlich werden. Des Weiteren zeigt eine **historisch und rechtsvergleichende Betrachtung** von Bundesstaaten, dass solche Limitierungen überwunden werden können bzw. rechtlich nicht dem Status eines Bundesstaats widersprechen müssen.[131]

Im Einzelnen ist festzuhalten, dass die Unionsbürgerschaft durchaus **unmittelbare Rechtsbeziehungen** zwischen dem Einzelnen und der Union begründet,[132] wie insbesondere bei den Teilhaberechten nach Art. 24 AEUV. Allerdings ist die Ausgestaltung mitunter auf die Umsetzung durch die Mitgliedstaaten angewiesen, denen etwa beim zusätzlichen Kommunalwahlrecht durchaus Ausgestaltungsspielräume verbleiben. Die Unionsbürgerschaft ist grundsätzlich auch ein **persönliches Verhältnis**. Dieses ist im Verhältnis zu Drittstaatlern auch **grundsätzlich exklusiv** (s. Rn. 29). Allerdings werden diese Gewährleistungen nach den sie konkretisierenden Vorschriften teilweise nicht exklusiv Unionsbürgerinnen und -bürger vorbehalten, sondern auf »jede natürliche oder juristische Personen **mit Wohnort oder satzungsmäßigem Sitz** in einem Mitgliedstaat« angewendet.[133] Darin liegt indes kein »Etikettenschwindel«. Vielmehr ist diese weite Zuerkennung von Rechten Ausdruck eines modernen demokratischen Ansatzes im Hinblick auf die zunehmenden Migrationsbewegungen, den auch der Europarat teilt.[134] In dieser Ausprägung nimmt sich der Exklusivitätsanspruch der Staats- bzw. Unionsbürgerschaft zurück.

Für den **Integrationsprozess** stellt die Unionsbürgerschaft ein wichtiges **dynamisches Element** dar. In der Literatur ist z. B. das Zusammenwirken von Unionsbürgerschaft und Recht auf Freizügigkeit anschaulich als das Wirken zweier Schwungräder bezeichnet worden.[135] Für die Entwicklung der Integration in den Bereichen ohne wirtschaftlichen Bezug, der weitgehend von den Grundfreiheiten abgedeckt wird, kommt dem Status der Unionsbürgerschaft eine dem **Konzept des Binnenmarktes vergleichbare** Bedeutung zu. Erst durch das Aufladen mit diesem Status kann die Rechtsprechung etwa das Recht auf Freizügigkeit weit auslegen[136] und in der Abwägung hohe Hürden für die Rechtfertigung errichten, ohne dezidiert die Eingriffstiefe in die Freizügigkeit bewerten zu müssen. Wie das Binnenmarktkonzept im Rahmen der Grundfreiheiten entfaltet der Unionsbürgerstatus in der **konkreten Anwendung** der Unionsbürgerrechte eine **Intensität**, die über die gewöhnliche grundrechtliche Gewährleistung hinausgeht.[137]

---

[130] *Hobe*, Der Staat, 1993, 245 (254 ff.).
[131] Instruktiv ist in dieser Hinsicht die Entwicklung der Staatsbürgerschaft in der Schweiz, die noch heute zwar weitgehend bundesrechtlich geregelt ist, aber im Falle der Einbürgerung je nach Kanton von den Wohnsitzgemeinden bzw. -kantonen verliehen wird, Art. 12 Abs. 1, 15a Bürgerrechtsgesetz.
[132] *Everling*, Bürger und Europa, in: Hrbek (Hrsg.), Bürger und Europa, 1994, S. 53 ff.; *Hatje*, in: Schwarze, EU-Kommentar, Art. 20 AEUV, Rn. 9.
[133] Vgl. Art. 227 AEUV und Art. 228 Abs. 1 AEUV.
[134] S. Council of Europe, Committee of Ministers, Recommendation Rec(2002)4 of the Committee of Ministers to member states on the legal status of persons admitted for family reunification.
[135] *v. Bogdandy/Bitter*, S. 309.
[136] Vgl. EuGH, Urt. v. 21.2.2013, Rs. C–46/12 (L.N.), ECLI:EU:C:2013:97, Rn. 25 ff.; zu den Anforderungen an die Rechtfertigung Urt. v. 10.7.2008, Rs. C–33/07 (Jipa), Slg. 2008, I–5157, Rn. 23 ff.
[137] Vergleichbar sind in der Rechtsprechung des BVerfG Grundrechte mit besonderer demokra-

47 Im Vergleich mit dem Binnenmarktkonzept können aber auch die **Grenzen** dieses Ansatzes ermittelt werden. Während historisch die Kommission bei der Einführung des Binnenmarktkonzeptes Vorhersehbarkeit durch eine Übersicht über die geplanten Maßnahmen schuf, ist dies im Fall der Unionsbürgerschaft nicht geschehen. Doch ergeben sich Grenzen für die Rechtsfortbildung durch den EuGH aus dem **Prinzip begrenzter Einzelermächtigung**. Denn qualitative Fortentwicklungen der Unionsbürgerrechte sind einem **besonderen Verfahren** nach Art. 25 AEUV vorbehalten. Für die Sozialunion ist auf die **Rechtsetzungskompetenzen** in den einschlägigen Politikbereichen zu verweisen. Dementsprechend ist es zu begrüßen, dass der EuGH in der Rs. Dano[138] Art. 21 AEUV auf die Freizügigkeit begrenzt und nicht zur Grundnorm einer allgemeinen Sozialunion ausgeweitet hat.

48 Ungeachtet der Defizite im Vergleich zur Staatsangehörigkeit kommt dem Status der Unionsbürgerschaft im **Lissabonner Vertrag** eine weitere wichtige Funktion in Bezug auf die **demokratische Legitimation des Europäischen Parlaments** und damit der Union insgesamt zu. Nach Art. 14 EUV setzt sich das Parlament aus »Vertretern der Unionsbürgerinnen und Unionsbürger« zusammen. Die Vorgängervorschrift im Amsterdamer Vertrag, Art. 189 EGV, sprach noch von den »Vertretern der Völker der in der Gemeinschaft zusammengeschlossenen Staaten«. In der neuen Fassung werden die Vertreter im Parlament also nicht mehr national an die Mitgliedstaaten und deren Völker zurückgebunden, sondern an die **Gesamtheit der Unionsbürgerschaft** und zwar **unmittelbar**. Dennoch ist mit dem BVerfG davon auszugehen, dass der Lissabonner Vertrag **kein »europäisches Volk«** anerkannt hat,[139] denn der Rekurs auf die Völker der Mitgliedstaaten bleibt an vielen anderen Stellen des Vertrages erhalten. Doch bietet die Unionsbürgerschaft die Möglichkeit einer gesamthaften Rückbindung an den Einzelnen ohne auf den heftig umstrittenen Begriff eines »europäischen Volkes« rekurrieren zu müssen. Da der Status der Unionsbürgerschaft entwicklungsoffen angelegt ist (s. Rn. 45), wird es zum Teil für möglich gehalten, dass eine entsprechende Entwicklung die Identität der EU verdichten und in der Zukunft zur Herausbildung eines europäischen Volkes führen könnte.[140]

49 Damit wird in der **Gesamtsicht** deutlich, dass dem Unionsbürgerstatus eine große Bedeutung, nicht nur für die Herausbildung einzelner Unionsbürgerrechte, sondern auch für die Legitimation des europäischen Integrationsprozesses zukommt. Funktional ist er sogar bedeutsamer als die Staatsangehörigkeit in Bundesstaaten, weil letztere eine Konsequenz der Gründung des Bundesstaates ist, die Unionsbürgerschaft aber zugleich Konsequenz des erreichten Integrationsstandes und ein **dynamisches Element** der weiteren Entwicklung des Integrationsprozesses ist.

---

tischer Bedeutung wie die Meinungsfreiheit bei der Teilnahme an der allgemeinen politischen Willensbildung, dazu grundlegend BVerfGE 69, 315 – Brokdorf.
[138] EuGH, Urt. v. 11.11.2014, Rs. C–333/13 (Dano), ECLI:EU:C:2014:2358.
[139] BVerfGE 123, 267, Rn. 346 ff. – Vertrag von Lissabon.
[140] *Schrauwen*, MJ 2008, 55, 64; *Khan*, in: Geiger/Khan/Kotzur, EUV/AEUV, Art. 20 AEUV, Rn. 6.

Artikel 21 AEUV [Unionsbürgerliches Freizügigkeitsrecht]

(1) Jeder Unionsbürger hat das Recht, sich im Hoheitsgebiet der Mitgliedstaaten vorbehaltlich der in den Verträgen und in den Durchführungsvorschriften vorgesehenen Beschränkungen und Bedingungen frei zu bewegen und aufzuhalten.

(2) Erscheint zur Erreichung dieses Ziels ein Tätigwerden der Union erforderlich und sehen die Verträge hierfür keine Befugnisse vor, so können das Europäische Parlament und der Rat gemäß dem ordentlichen Gesetzgebungsverfahren Vorschriften erlassen, mit denen die Ausübung der Rechte nach Absatz 1 erleichtert wird.

(3) ¹Zu den gleichen wie den in Absatz 1 genannten Zwecken kann der Rat, sofern die Verträge hierfür keine Befugnisse vorsehen, gemäß einem besonderen Gesetzgebungsverfahren Maßnahmen erlassen, die die soziale Sicherheit oder den sozialen Schutz betreffen. ²Der Rat beschließt einstimmig nach Anhörung des Europäischen Parlaments.

Literaturübersicht

Becker, Freizügigkeit in der EU – auf dem Weg vom Begleitrecht zur Bürgerfreiheit, EuR 1999, 522; *ders.*, Migration und soziale Sicherheit – die Unionsbürgerschaft im Kontext, EuR-Beiheft 1/2007, 95; *von Bogdandy/Bitter*, Unionsbürgerschaft und Diskriminierungsverbot – Zur wechselseitigen Beschleunigung der Schwungräder unionaler Grundrechtsjudikatur, FS Zuleeg, 2005, S. 309; *Bülow*, Die Europäische Union, die Freizügigkeit und das deutsche Sozialleistungssystem, ZAR 2015, 181; *Cousins*, Citizenship, residence and social security, E.L.Rev. 32 (2007), 386; *Domröse/Kubicki*, Das unionsbürgerliche Freizügigkeitsrecht und der Zugang zu sozialen Leistungen des Herkunftsstaates, EuR 2008, 873; *Dougan*, Cross-border Educational Mobility and the Exportation of Student Financial Assistance, E.L.Rev. 33 (2008), 723; *Hailbronner*, Die Unionsbürgerschaft und das Ende rationaler Jurisprudenz durch den EuGH?, NJW 2004, 2185; *Jørgensen*, The Right to Cross-Border Education in the European Union, CMLRev. 46 (2009), 1567; *Kingreen*, Die Universalisierung sozialer Rechte im europäischen Gemeinschaftsrecht, EuR-Beiheft 1/2007, 43; *Kokott*, Die Freizügigkeit der Unionsbürger als neue Grundfreiheit, FS Tomuschat, 2006; S. 207; *Leopold/Semmelmann*, Civis europaeus sum – Gewährleistungen und Grenzen der Freizügigkeit der Unionsbürger, ZEuS 2008, 275; *Magiera*, Durchsetzung der Grundrechte: Zur Freizügigkeit der Unionsbürger, in: Freiheit, Rechtsstaat und Sozialstaat in Europa, 2007, S. 145; *Martínez Soria*, Die Unionsbürgerschaft und der Zugang zu sozialen Vergünstigungen, JZ 2002, 643; *Pechstein/Bunk*, Das Aufenthaltsrecht als Auffangrecht, EuGRZ 1997, 547; *Rothfuchs*, Die traditionellen Personenverkehrsfreiheiten des EG-Vertrages und das Aufenthaltsrecht der Unionsbürger, 1999; *Scheuing*, Die Freizügigkeit der Unionsbürger in der Europäischen Union, in: Raum und Recht, 2002, S. 103; *ders.*, Freizügigkeit als Unionsbürgerrecht, EuR 2003, 744; *Schönberger*, Die Unionsbürgerschaft als Sozialbürgerschaft: Aufenthaltsrecht und soziale Gleichbehandlung von Unionsbürgern im Regelungssystem der Unionsbürgerrichtlinie, ZAR 2006, 226; *Schreiber*, Die Bedeutung des Aufenthaltsrechts für die sozialrechtliche Gleichbehandlung von Unionsbürgerinnen und Unionsbürgern, ZAR 2015, 46; *Schulz*, Freizügigkeit für Unionsbürger, 1999; *M. Schweitzer*, Artikel 18 Abs. 1 EGV – Die fünfte Grundfreiheit, FS Bothe, 2008, S. 1159; *Tryfonidou*, In Search of the Aim of the EC Free Movement of Persons Provisions: Has the Court of Justice Missed the Point?, CMLRev. 46 (2009), 1591; *Weiss/Wooldridge*, Free Movement Of Persons Within The European Community, 2007; *White*, Free Movement, Equal Treatment, and Citizenship of the Union, I.C.L.Q. 2005, 885; *Wollenschläger*, Grundfreiheit ohne Markt, 2007.

Leitentscheidungen

EuGH, Urt. v. 12.5.1998, Rs. C–85/96 (Martínez Sala), Slg. 1998, I–2691
EuGH, Urt. v. 21.9.1999, Rs. C–378/97 (Wijsenbeek), Slg. 1999, I–6207
EuGH, Urt. v. 20.9.2001, Rs. C–184/99 (Grzelczyk), Slg. 2001, I–6193
EuGH, Urt. v. 11.7.2002, Rs. C–224/98 (D'Hoop), Slg. 2002, I–6191
EuGH, Urt. v. 17.9.2002, Rs. C–413/99 (Baumbast und R), Slg. 2002, I–7091
EuGH, Urt. v. 19.10.2004, Rs. C–200/02 (Zhu und Chen), Slg. 2004, I–9925
EuGH, Urt. v. 15.3.2005, Rs. C–209/03 (Bidar), Slg. 2005, I–2119
EuGH, Urt. v. 23.3.2006, Rs. C–408/03 (Kommission/Belgien), Slg. 2006, I–2647

EuGH, Urt. v. 5. 5. 2011, Rs. C–434/09 (McCarthy), Slg. 2011, I–3375
EuGH, Urt. v. 17. 7. 2014, verb. Rs. C–141/12 u. C–372/12 (YS/Minister voor Immigratie, Integratie en Asiel u. a.), ECLI:EU:C:2014:2081
EuGH, Urt. v. 11. 11. 2014, Rs. C–333/13 (Dano), ECLI:EU:C:2014:2358
EuGH, Urt. v. 18. 12. 2014, Rs. C–202/13 (McCarthy u. a.), ECLI:EU:C:2014:2450
EuGH, Urt. v. 15. 9. 2015, Rs. C–67/14 (Alimanovic), ECLI:EU:C:2015:597

Wesentliche sekundärrechtliche Vorschriften

Verordnung (EWG) Nr. 1612/68 des Rates vom 15. 10. 1968 über die Freizügigkeit der Arbeitnehmer innerhalb der Gemeinschaft, ABl. 1968, L 257/2
Verordnung (EWG) 1251/70 der Kommission vom 29. 6. 1970 über das Recht der Arbeitnehmer, nach Beendigung einer Beschäftigung im Hoheitsgebiet eines Mitgliedstaates zu verbleiben, ABl. 1970, L 142/24
Richtlinie 75/34/EWG des Rates vom 17. 12. 1974 über das Recht der Staatsangehörigen eines Mitgliedstaats, nach Beendigung der Ausübung einer selbständigen Tätigkeit im Hoheitsgebiet eines anderen Mitgliedstaats zu verbleiben, ABl. 1974, L 14/10
Richtlinie 2004/38/EG (sog. Freizügigkeitsrichtlinie) vom 29. 4. 2004 über das Recht der Unionsbürger und ihrer Familienangehörigen, sich im Hoheitsgebiet der Mitgliedstaaten frei zu bewegen und aufzuhalten, ABl. 2004, L 158/77
Richtlinie 2014/54/EU des Europäischen Parlaments und des Rates vom 16. 4. 2014 über Maßnahmen zur Erleichterung der Ausübung der Rechte, die Arbeitnehmern im Rahmen der Freizügigkeit zustehen, ABl. 2014, L 128/8

Inhaltsübersicht

	Rn.
A. Bedeutung und systematischer Überblick	1
B. Entstehungsgeschichte	7
C. Schutzumfang	13
I. Grundelemente der Verbürgung	13
1. Individualrecht und Unionsbürgerrecht	13
2. Unmittelbare Wirkung	16
II. Sachlicher Schutzbereich und Gewährleistungsgehalte	17
1. Inhaltlicher Umfang	17
2. Gewährleistungsgehalte	21
III. Berechtigte	29
IV. Verpflichtete	30
V. Beschränkungen	31
1. Grundsätze	31
2. Rechtsetzungskompetenzen	32
3. Zulässige Gründe	34
4. Verhältnismäßigkeit und Wesensgehalt	35
5. Ausgewählte Bereiche	36
VI. Vorschriften zur Erleichterung nach Abs. 2	38
D. Umsetzung in Deutschland	39

A. Bedeutung und systematischer Überblick

1   Art. 21 AEUV stellt das in der Praxis wohl **bedeutsamste Unionsbürgerrecht** dar. Es gewährleistet den Unionsbürgerinnen und -bürgern ein **allgemeines unionsweites Freizügigkeitsrecht** außerhalb des Territoriums ihres Mitgliedstaates, das unabhängig von einer wirtschaftlichen Tätigkeit ist.[1] Die Einführung dieses Rechts im Maastricht

---

[1] Diese Wertung teilt für die Praxis *Kaufmann-Bühler*, in: Lenz/Borchardt, EU-Verträge, Art. 21 AEUV, Rn. 1; vgl. zum Schutzbereich *Hatje*, in: Schwarze, EU-Kommentar, Art. 21 AEUV, Rn. 1.

Vertrag[2] kennzeichnet besonders deutlich den Übergang von einer primär wirtschaftlich ausgerichteten zu einer **umfassenderen Integration in Europa**.[3] Seine Bedeutung gründet vor allem auf zwei Aspekten. Zum einen ergänzt das Recht auf allgemeine Freizügigkeit die **personenbezogenen wirtschaftlichen Grundfreiheiten**[4] und erweitert damit den Anwendungsbereich der Verträge. Zum anderen folgt aus dieser Erweiterung zugleich eine **Ausweitung** des allgemeinen Diskriminierungsverbotes nach Art. 18 AEUV, weil das Freizügigkeitsrecht das dortige Tatbestandsmerkmal »im Anwendungsbereich« der Verträge ausfüllt.[5] Im Verbund mit Art. 18 AEUV ist in der Rechtsprechung eine weitgehende Gleichstellung von EU-Bürgerinnen und -bürger mit EU-Inländern in anderen Mitgliedstaaten erfolgt.[6]

Die Wirkung und Bedeutung von Art. 21 AEUV ist derjenigen der **Grundfreiheiten vergleichbar**; sie geht über die gewöhnliche Bedeutung eines Grundrechts hinaus.[7] Dies ist in der Rechtsprechung durch einen Verbund mit dem **Unionsbürgerstatus** nach Art. 20 AEUV bewirkt worden: Das Freizügigkeitsrecht und der Unionsbürgerstatus sind »zwei Schwungräder«[8] der Integration. Pointiert ausgedrückt, übernimmt der Unionsbürgerstatus in der Rechtsprechung im Hinblick auf die Bedeutung des Freizügigkeitsrechts eine ähnliche Bedeutung wie der Binnenmarkt im Rahmen der (wirtschaftlichen) Grundfreiheiten.[9] Dies spricht für eine Qualifizierung als eine **neue**, nichtwirtschaftliche **Grundfreiheit**.[10]

2

So hat denn in der Praxis das Freizügigkeitsrecht im Verbund mit dem Unionsbürgerstatus nach Art. 20 AEUV bzw. mit dem Diskriminierungsverbot gemäß Art. 18 AEUV zu einer **weitgehenden Angleichung des Rechtsstatus** von EU-Ausländern an den Status der Staatsangehörigen ihres EU-Aufenthaltsstaates geführt.[11] Dabei setzt der Aspekt des **Diskriminierungsverbotes** innerhalb des Anwendungsbereichs der Verträge keine weiteren Grenzen. Daraus ist in der Literatur teilweise das Ziel einer Vollintegration gefolgert worden.[12] Dergestalt hätte Art. 21 AEUV i. V. mit Art. 18 AEUV als ein Hebel zur richterrechtlichen Einführung einer umfassenderen **Sozialunion** dienen können. Indes zeigt sich in der jüngeren Entwicklung der Rechtsprechung zu sozialen Ansprüchen von Unionsbürgerinnen und -bürgern im EU-Ausland, dass das Freizügigkeitsrecht diesbezüglich – ohne weitere primärrechtliche Unterstützung – an seine **Grenzen** stößt und die Sozialunion **nicht umfassend** gewährleistet.[13]

3

---

[2] Art. 8a EGV.
[3] Vgl. EuGH, Urt. v. 17. 9. 2002, Rs. C–413/99 (Baumbast und R), Slg. 2002, I–7091, Rn. 84.
[4] Vgl. *Kadelbach*, in: Ehlers, Grundrechte und Grundfreiheiten, S. 660. Zur umstrittenen Abgrenzung von den Grundfreiheiten s. Rn. 13 ff.
[5] Vgl. *Hatje*, in: Schwarze, EU-Kommentar, Art. 21 AEUV, Rn. 10.
[6] S. die Nachweise zur Rspr. unten Rn. 17 ff.
[7] Näher dazu Rn. 14 f.
[8] Zu diesem Bild *v. Bogdandy/Bitter*, S. 309 ff.
[9] Näher dazu unter Rn. 15.
[10] EuGH, Urt. v. 11. 7. 2002, Rs. C–224/98 (D'Hoop), Slg. 2002, I–6191, Rn. 29; Urt. v. 2. 10. 2003, Rs. C–148/02 (Garcia Avello), Slg. 2003, I–11613, Rn. 24; Urt. v. 15. 3. 2005, Rs. C–209/03 (Bidar), Slg. 2005, I–2119, Rn. 33. Vgl. aber auch Urt. v. 19. 10. 2004, Rs. C–200/02 (Zhu und Chen (Grundrecht)), Slg. 2004, I–9925, Rn. 33.
[11] *Kluth*, in: Calliess/Ruffert, EUV/AEUV, Art. 21 AEUV, Rn. 3.
[12] *Pechstein/Bunk*, EuGRZ 1997, 547; vgl. *Wollenschläger*, S. 228 ff. mit Nachweisen zum Streitstand.
[13] S. insbesondere EuGH, Urt. v. 11. 11. 2014, Rs. C–333/13 (Dano und EuGH), ECLI:EU:C:2014: 2358; Urt. v. 15. 9. 2015, Rs. C–67/14 (Alimanovic), ECLI:EU:C:2015:597, in denen die sekundärrechtlichen Bedingungen für die Ausübung der Freizügigkeit betont werden und insofern Unterschiede bestehen bleiben; näher dazu unter Rn. 37.

4   Die **prominente systematische Stellung** des Freizügigkeitsrechts unmittelbar nach der Definition der Unionsbürgerschaft und der Auflistung der daraus folgenden Rechte in Art. 20 AEUV unterstreicht seine Bedeutung. Die **wichtige inhaltliche Bedeutung**, die die Verträge dieser Verbürgung beimessen, ergibt sich ferner aus Art. 3 Abs. 2 EUV. Dort wird der »freie Personenverkehr« als erste Konkretisierung des Unionszieles der Förderung von Frieden, den Werten und des Wohlergehens der Völker der Union aufgeführt.

5   Das Freizügigkeitsrecht in Art. 21 AEUV ist ein **primärrechtliches Individualrecht**.[14] Es unterscheidet sich von den Gewährleistungen des freien Personenverkehrs in den Grundfreiheiten durch seine **nicht-wirtschaftliche Ausrichtung**. Strukturell ähnelt es diesen jedoch und kann daher überzeugend als eine neue Grundfreiheit verstanden werden.[15] In der Rechtsprechung strahlt es zudem auf die **Auslegung** der wirtschaftlichen Grundfreiheiten aus.[16] Die Vorschrift findet ein nahezu gleichlautendes Pendant in Art. 45 GRC. Wird mit dieser Aufnahme ihr **Grundrechtscharakter** formal bestätigt, steht das nicht einer zusätzlichen Qualifizierung als **Grundfreiheit**, die in ihrer Wirkung über die gewöhnliche Bedeutung eines Unionsgrundrechts hinausgeht, entgegen.[17] Art. 21 AEUV enthält ein **spezifisches System von Bedingungen und Beschränkungen**, dessen Auslegung umstritten ist (s. Rn. 31 ff.). Die systematische Gliederung des Art. 21 AEUV stellt die Verbürgung des Unionsbürgerrechts an den Anfang und stellt dem in Abs. 1 **Beschränkungen und Bedingungen** zur Seite. In Abs. 2 wird der Union eine **Rechtsetzungskompetenz** für Maßnahmen, mit denen die Ausübung der Rechte »**erleichtert**« werden kann, an die Hand gegeben. Schließlich fügt Abs. 3 eine Rechtsetzungskompetenz der Union über Maßnahmen, die die **soziale Sicherheit und den sozialen Schutz** betreffen. Nach zutreffender Ansicht betrifft Abs. 1 bestehende Grenzen der Rechte, während Abs. 2 im Sekundärrecht keine direkte Einschränkung dieser Rechte zulässt und Abs. 3 für Maßnahmen gilt, die sich auf die Freizügigkeit indirekt auswirken, weil sie spezifische bessere Rahmenbedingungen betreffen.[18]

B. Entstehungsgeschichte

6   Ursprünglich wurden in den Verträgen **Freizügigkeitsrechte** nur im Zusammenhang mit einer **wirtschaftlichen Betätigung** gewährt, sei es als Arbeitnehmer, als selbständig Erwerbender oder als Dienstleister.[19] Die einschlägigen Normen sind bis heute die klassischen **Grundfreiheiten**, die die entsprechenden Betätigungen im Binnenmarkt verbür-

---

[14] Mittlerweile ganz herrschende Ansicht, vgl. nur *Hatje*, in: Schwarze, EU-Kommentar, Art. 21 AEUV, Rn. 7; *Kluth*, in: Calliess/Ruffert, EUV/AEUV, Art. 21 AEUV, Rn. 15; *Magiera*, in: Streinz, EUV/AEUV, Art. 21 AEUV, Rn. 10; jeweils m. w. N.

[15] Strittig, wie hier *Wollenschläger*, S. 295 ff., 358 ff., *Kadelbach*, S. 660, a. A. *Kubicki*, EuR 2006, 489, 498 f. Näher dazu unter Rn. 14 f.

[16] *Magiera*, in: Streinz, EUV/AEUV, Art. 21 AEUV, Rn. 7; EuGH, Urt. v. 25. 5. 2000, Rs. C–424/98 (Kommission/Italien), Slg. 2000, I–4001, Rn. 35; Urt. v. 23. 3. 2004, Rs. C–138/02 (Collins), Slg. 2004, I–2703; Urt. v. 15. 9. 2005, Rs. C–258/04 (Ioannidis), Slg. 2005, I–8275, Rn. 22.

[17] Strittig, näher dazu unter Rn. 15.

[18] Näher dazu unter Rn. 33.

[19] EuGH, Urt. v. 26. 2. 1991, Rs. C–292/89 (Antonissen), Slg. 1991, I–745; Urt. v. 26. 5. 1993, Rs. C–171/91 (Tsiotras), Slg. 1993, I–2925; *Kluth*, in: Calliess/Ruffert, EUV/AEUV, Art. 21 AEUV, Rn. 1; *Magiera*, in: Streinz, EUV/AEUV, Art. 21 AEUV, Rn. 1.

gen.²⁰ In diesem Zusammenhang hat die Freizügigkeit eine **dienende Funktion**, die z. B. die Suche nach Arbeit und die tatsächliche Arbeitsaufnahme, sowie die Erbringung von Dienstleistungen vor Ort ermöglicht. Primär können sich auf diese Verbürgungen diejenigen Personen berufen, die die betreffende wirtschaftliche Tätigkeit ausüben (wollen).

Im **Sekundärrecht** sind in der Folgezeit nicht nur die Umstände der Wahrnehmung der Freizügigkeitsverbürgungen im Detail **konkretisiert** worden, sondern der **persönliche Anwendungsbereich** ist auch abgerundet worden.²¹ Diese Ausdehnung hängt eng mit der Ausweitung der Grundfreiheiten zu **Beschränkungsverboten** zusammen. Denn es wird umso attraktiver, eine Tätigkeit im Ausland aufzunehmen und auszuüben, je eher die Betreffenden von ihren Familien und nächsten Angehörigen begleitet werden können. Die Vorschriften betrafen zum einen die Grundzüge und die Einbeziehung der **Familienangehörigen** nach Verordnung (EWG) Nr. 1612/68 über die Freizügigkeit der Arbeitnehmer innerhalb der Gemeinschaft,²² Richtlinie 68/360/EWG zur Aufhebung der Reise- und Aufenthaltsbeschränkungen für Arbeitnehmer der Mitgliedstaaten und ihrer **Familienangehörigen** innerhalb der Gemeinschaft²³ sowie Richtlinie 73/148/EWG zur Aufhebung der Reise- und Aufenthaltsbeschränkungen für Staatsangehörige der Mitgliedstaaten innerhalb der Gemeinschaft auf dem Gebiet der Niederlassung des Dienstleistungsverkehrs.²⁴ Zum anderen ging es um den Einbezug des Aufenthalts **nach Abschluss der wirtschaftlichen Tätigkeit** gemäß Verordnung (EWG) Nr. 1251/70 über das Recht der Arbeitnehmer, nach Beendigung einer Beschäftigung im Hoheitsgebiet eines Mitgliedstaats zu verbleiben, und Richtlinie 75/34/EWG über das Recht der Staatsangehörigen eines Mitgliedstaates, nach Beendigung der Ausübung einer selbständigen Tätigkeit im Hoheitsgebiet eines anderen Mitgliedstaats zu verbleiben.²⁵

Später sind dann auf der Basis der Rechtsetzungskompetenzen in den Kapiteln über die einschlägigen Grundfreiheiten insbesondere auch **Studenten** einbezogen worden, obgleich deren Tätigkeit in Ausbildung nicht unmittelbar eine wirtschaftliche Tätigkeit darstellt, sondern eine Vorstufe dazu. Einschlägig für diese personelle Abrundung waren die Richtlinie 90/364/EWG über das Aufenthaltsrecht,²⁶ die Richtlinie 90/365/EWG über das Aufenthaltsrecht der **aus dem Erwerbsleben ausgeschiedenen** Arbeitnehmer und selbständig Erwerbenden²⁷ sowie die Richtlinie 90/366/EWG über das Aufenthaltsrecht von Studenten,²⁸ die heute nicht mehr in Kraft sind.²⁹ In diesen Bestimmungen wird

---

²⁰ Warenverkehrsfreiheit (Art. 28 ff. AEUV); freier Personenverkehr, wozu Art. 45 AEUV (Arbeitnehmerfreizügigkeit) und Art. 49 AEUV (Niederlassungsfreiheit) zu zählen sind; die Dienstleistungsfreiheit aus Art. 56 ff. AEUV und der freie Kapital- und Zahlungsverkehr, Art. 63 ff. AEUV.
²¹ Vgl. z. B. Art. 3 Abs. 1, 6 Abs. 2, 7 Abs. 1, Abs. 2 RL 2004/38/EG (Familienangehörige). Für Drittstaatsangehörige kann sich ein Aufenthaltsrecht aus Assoziierungsabkommen ergeben, dazu *Kurzidem*, ZAR 2010, 121.
²² ABl. 1968, L 257/2.
²³ ABl. 1968, L 257/13.
²⁴ ABl. 1973, L 172/14.
²⁵ ABl. 1970, L 142/24.
²⁶ ABl. 1990, L 180/26.
²⁷ ABl. 1990, L 180/28.
²⁸ ABl. 1990, L 180/30.
²⁹ Die Richtlinien 90/364/EWG und 90/365/EWG sind durch die Richtlinie 2004/38/EG (Freizügigkeitsrichtlinie) aufgehoben worden. Richtlinie 90/366/EWG wurde für nichtig erklärt, EuGH, Urt. v. 7.7.1992, Rs. C–295/90 (Parlament/Rat), Slg. 1992, I–4193. Ersetzt wurde sie durch Richtlinie 93/96/EWG, ABl. 1993, L 317/59, dazu *Kluth*, in: Calliess/Ruffert, EUV/AEUV, Art. 21 AEUV, Rn. 1 Fn. 9 m. w. N.

das Aufenthaltsrecht von zwei Bedingungen abhängig gemacht: Die Berechtigten müssen ausreichend umfassend **krankenversichert** sein und über **ausreichende Existenzmittel** verfügen.[30] In der Rechtsprechung ist klargestellt worden, dass eine nach der Einreise eintretende Sozialhilfebedürftigkeit diese Bedingungen dennoch erfüllt.[31] Diese fragmentarischen und bereichsspezifischen Regelungen sind nach der Einführung des allgemeinen Freizügigkeitsrechts (Rn. 10) in der sog. **Freizügigkeitsrichtlinie 2004/38/EG** zusammengefasst worden.[32] Dieser einheitliche Rechtsakt erfasst sowohl die wirtschaftlich begründete als auch die allgemeine Freizügigkeit und ist daher auf mehrere Rechtsetzungskompetenzen abgestützt worden. Durch ihn werden die früheren Vorschriften aber zum Teil nicht vollständig abgelöst. So bleiben die Vorgaben der Verordnung (EWG) Nr. 1612/68 mit Ausnahme ihrer Art. 10 und 11 weiter in Kraft.[33]

9   In den **Maastricht Vertrag** wurde dann erstmals **im Primärrecht** in Art. 8a EGV ein **allgemeines Freizügigkeitsrecht** ohne Bezug zu einer wirtschaftlichen Tätigkeit aufgenommen. Abs. 1 enthält die bis heute geltende Verbürgung »vorbehaltlich der in diesem Vertrag und in den Durchführungsvorschriften vorgesehenen Beschränkungen und Bedingungen«. Im zweiten Absatz wurde eine **subsidiäre Rechtsetzungskompetenz** für Vorschriften, die die Ausübung der Rechte »erleichtern«, hinzugefügt. Sofern keine anderen Vorschriften einschlägig waren, beschloss der Rat nach Zustimmung des Europäischen Parlaments **einstimmig**. Das Einstimmigkeitserfordernis ist im Vertrag von Nizza dem ordentlichen Gesetzgebungsverfahren gewichen, so dass das Europäische Parlament ein umfassendes **Mitentscheidungsrecht** besitzt.[34]

10 Ebenfalls im Vertrag von Nizza wurde ein 3. Absatz eingefügt, der ausdrückliche **Bereichsausnahmen für eine Rechtsetzungskompetenz** in Bezug auf »Pässe, Personalausweise, Aufenthaltstitel oder diesen gleichgestellte Dokumente« vorsah. Diese Vorschrift ist im Lissabonner Vertrag **entfallen**. Einschlägige Rechtsetzungskompetenz ist heute Art. 77 Abs. 3 AEUV im Zusammenhang mit der Politik zu Grenzkontrollen, der Einstimmigkeit im Rat vorsieht.[35] Ein weiterer **Vorbehalt** war im Nizza Vertrag für »die soziale Sicherheit oder den sozialen Schutz« eingeführt worden. Er ist im Lissabonner Vertrag einer **subsidiären Rechtsetzungszuständigkeit** des Rates gewichen. Das Europäische Parlament muss lediglich **angehört** werden, der Rat muss **einstimmig** beschließen. So behält jeder Mitgliedstaat in diesem sensiblen Politikbereich **politisch eine Veto-Position**.[36]

11 Gerade im Bereich der **sozialen Sicherheit** sind die Grenzen des Freizügigkeitsrechts in Verbindung mit Art. 18 AEUV von der Rechtsprechung ausdifferenziert worden. Die Kernfrage ist, inwieweit die Mitgliedstaaten EU-Ausländern **soziale Unterstützung** verweigern und damit ihrem Aufenthalt die wirtschaftliche Basis entziehen können. Die Rechtsprechung hat u. a. bei bereits fortgeschrittenem Studium einen Ausschluss von Leistungen der Sozialhilfe abgelehnt.[37] In der Folge wurde in der Literatur eine weitere

---

[30] Artikel 1 der Richtlinie 93/96 wird erwähnt in EuGH, Urt. v. 20. 9. 2001, Rs. C–184/99 (Grzelczyk), Slg. 2001, I–6193, Rn. 38.
[31] EuGH, Urt. v. 20. 9. 2001, Rs. C–184/99 (Grzelczyk), Slg. 2001, I–6193, Rn. 38, 45. Allerdings kann der Mitgliedstaat Maßnahmen ergreifen, um den Aufenthalt zu beenden bzw. nicht mehr zu verlängern, a. a. O. Rn. 42.
[32] ABl. 2004, L 31/18, näher dazu *Hailbronner*, ZAR 2004, 259; *Groß*, ZAR 2006, 81.
[33] S. Art. 38 Abs. 1 Richtlinie 2004/38/EG.
[34] Es wird seit dem insbesondere im Verfahren voll umfänglich einbezogen.
[35] *Kaufmann-Bühler*, in: Lenz/Borchardt, EU-Verträge, Art. 21 AEUV, Rn. 14.
[36] Näher dazu unter Rn. 38.
[37] EuGH, Urt. v. 20. 9. 2001, Rs. C–184/99 (Grzelczyk), Slg. 2001, I–6193, Rn. 11, 29 ff.

Vertiefung der **Sozialunion** im Wege der Rechtsprechung für möglich erachtet.[38] Doch hat der EuGH in jüngeren Entscheidungen eine Grenze gezogen. So besteht nach der Rs. **Dano** kein Anspruch auf Sozialhilfe im Fall einer Person, die nie vorgehabt hatte, eine Arbeit aufzunehmen, und die auch nicht die Aufenthaltsbedingungen nach dem Sekundärrecht erfüllt.[39] In der Rs. **Alimanovic** stellte der EuGH ebenfalls die **Aufenthaltsberechtigung** und deren Konkretisierung in Richtlinie 2004/38/EG in den Mittelpunkt und versagte im konkreten Fall einen Anspruch auf Sozialhilfe ohne näher auf das Freizügigkeitsrecht im Primärrecht einzugehen.[40] Damit wird zwar der Unionsbürger grundsätzlich auch als »**Sozialbürger**« angesehen, doch führt die Rechtsprechung **keine umfassende Sozialunion** herbei. Allerdings ist zu beachten, dass die in der Freizügigkeits-Richtlinie erfolgte Grenzziehung für die Aufenthaltsberechtigung über ausreichende Existenzmittel indirekt Elemente des Marktbürger-Status wieder aufgreift, weil ein Berufstätiger über ausreichende Mittel verfügt. Sie ist zuvörderst aber Ausdruck einer finanziellen Solidarität zwischen den Mitgliedstaaten.[41] Rechtsvergleichend zeigt die Verfassungsentwicklung in der Schweiz, dass das Freizügigkeitsrecht im Bundesgebiet bis 1999 von der Voraussetzung abhängig war, dass die Personen nicht sozialhilfepflichtig wurden. In dem Fall hätten sie in ihre Heimatgemeinde zurückgewiesen werden können.[42]

C. Schutzumfang

I. Grundelemente der Verbürgung

1. Individualrecht und Unionsbürgerrecht

Nach dem Wortlaut verleiht Art. 21 AEUV **jedem** Unionsbürger ein **Recht**, nach zutreffender Auffassung ein **subjektiv-öffentliches Recht** auf der Ebene des **Primärrechts**.[43] Die Gegenmeinung hält ein solches nicht für erforderlich, um die Vorschrift effektiv umzusetzen,[44] doch vermag dies die Wortlautauslegung nicht zu entkräf- **12**

---

[38] *Pechstein/Bunk*, EuGRZ 1997, 547 ff.; zum Streitstand s. den Überblick bei *Wollenschläger*, S. 228 ff.
[39] EuGH, Urt. v. 11.11.2014, Rs. C–333/13 (Dano), ECLI:EU:C:2014:2358. Näher dazu unter Rn. 37.
[40] EuGH, Urt. v. 15.9.2015, Rs. C–67/14 (Alimanovic), ECLI:EU:C:2015:597.
[41] Vgl. EuGH, Urt. v. 20.9.2001, Rs. C–184/99 (Grzelczyk), Slg. 2001, I–6193, Rn. 44 zu einem vorübergehenden Aufenthaltsrecht auch ohne eigenen Existenzmittel als Ausdruck einer »finanzielle[n] Solidarität der Angehörigen dieses Staates mit denen der anderen Mitgliedstaaten«.
[42] Nach Art. 45 Schweizer Verfassung von 1874 hat jeder »Schweizer das Recht, sich innerhalb des schweizerischen Gebietes an jedem Orte niederzulassen [...]. Weiterhin kann die Niederlassung denjenigen entzogen werden, [...] welche dauernd der öffentlichen Wohltätigkeit zur Last fallen und deren Heimatgemeinde beziehungsweise Heimatkanton eine angemessene Unterstützung trotz amtlicher Aufforderung nicht gewährt. In Kantonen, wo die örtliche Armenpflege besteht, darf die Gestattung der Niederlassung für Kantonsangehörige an die Bedingung geknüpft werden, dass dieselben arbeitsfähig und an ihrem bisherigen Wohnorte im Heimatkanton nicht bereits in dauernder Weise der öffentlichen Wohltätigkeit zur Last gefallen seien.« Diese Regelung ist seit 1916 durch interkantonale Konkordate abgeschwächt worden, bis sie in der Nachführung der Bundesverfassung von 1999 völlig verschwunden ist.
[43] EuGH, Urt. v. 17.9.2002, Rs. C–413/99 (Baumbast und R), Slg. 2002, I–7091, Rn. 80 ff.; *Kaufmann-Bühler*, in: Lenz/Borchardt, EUV/EGV, Art. 21 AEUV, Rn. 4; *Kluth*, in: Calliess/Ruffert, EUV/AEUV, Art. 21 AEUV, Rn. 15.
[44] *Pechstein/Bunk*, EuGRZ 1997, 547 ff. Eine engere Sicht hatte der Gerichtshof noch in EuGH,

ten.⁴⁵ Indes ist zu beachten, dass das Recht nach dem Wortlaut »vorbehaltlich von Beschränkungen und Bedingungen« gewährt wird, die insbesondere in **sekundärrechtlichen Durchführungsbestimmungen** erfolgen können. Doch wird diese Beschränkung heute zutreffend auf die **bereits bestehenden** Beschränkungen (s. Rn. 16) im Sekundärrecht begrenzt.⁴⁶

13 Das Freizügigkeitsrecht wird in Art. 20 Abs. 2 Buchst. a AEUV als **Unionsbürgerrecht** konzipiert. Ob es auch ein **Grundrecht** darstellt, ist in der Literatur umstritten.⁴⁷ Dafür spricht die Wertung der Verträge, da es nahezu gleichlautend in Art. 45 GRC aufgeführt wird und damit **formal** eindeutig den Grundrechten zugeordnet wird. Auch der EuGH hat es vereinzelt ausdrücklich als Grundrecht bezeichnet.⁴⁸ Die Gegenauffassung bestreitet den Grundrechtscharakter, weil ein solches allen Unionsbürgerinnen und -bürgern zustehen müsse, d. h. auch den eigenen Staatsangehörigen in einem Mitgliedstaat.⁴⁹ Diese Auffassung verkennt, dass sich die besondere Bedeutung von Grundrechten in einer auf dem **Subsidiaritätsgedanken** basierenden supranationalen Union nicht immer aus einem allumfassenden Schutz ergeben muss. Die Beachtung dieser **strukturellen Eigenheiten** der EU spricht für die Anerkennung (auch lediglich) **ergänzender Grundrechtsgewährleistungen**. Vergleichbar ergänzen auch die Wahlrechte nach Art. 22 AEUV die entsprechenden Wahlrechte der eigenen Staatsangehörigen in einem Mitgliedstaat, ohne dass dadurch ihr Grundrechtscharakter in Frage gestellt würde.⁵⁰ Im Ergebnis ist das Freizügigkeitsrecht als Grundrecht anzuerkennen. Dies gilt vorbehaltlich einer Einordnung als Grundfreiheit (s. dazu Rn. 14).

14 Die Freizügigkeit nach Art. 21 AEUV hat als Unionsbürgerrecht im Zusammenspiel mit Art. 20 AEUV eine **stärkere Ausgestaltung** als ein klassisches Grundrecht erlangt. Denn während bei einem Grundrecht in der Abwägung auch zu berücksichtigen ist, ob ein geringfügiger Eingriff vorliegt, findet diese Prüfung in der Rechtsprechung beim Freizügigkeitsrecht nicht immer statt.⁵¹ In manchen Fällen werden auch geringfügige Eingriffe für gewichtig erachtet und lediglich die Bedeutung des verfolgten Schutzinteresses gewichtet. Darin ähnelt das Freizügigkeitsrecht den personenbezogenen Grundfreiheiten, bei denen diese Besonderheiten auf dem Umstand beruhen, dass sie mit dem Individualinteresse auch das Gesamtinteresse am Binnenmarkt schützen. Eingedenk dieser **inhaltlichen Parallelen** kann das Freizügigkeitsrecht als weitere (**nichtwirtschaftliche**) **Grundfreiheit** qualifiziert werden.⁵² Diese Sicht kann zudem darauf verweisen, dass der EuGH in mehreren Entscheidungen **ausdrücklich** von einer **Grundfreiheit** spricht.⁵³ Allerdings ist zu beachten, dass es sich um eine nichtwirtschaftliche

---

Urt. v. 5. 6. 1997, Rs. C–64/96 (Uecker und Jacquet), Slg. 1997, I–3171, Rn. 15 ff. vertreten, die er aber in der Folge nicht mehr aufrecht erhalten hat.

⁴⁵ So *Kluth*, in: Calliess/Ruffert, EUV/AEUV, Art. 21 AEUV, Rn. 15.
⁴⁶ *Magiera*, in: Streinz, EUV/AEUV, Art. 21 AEUV, Rn. 21, näher dazu unter Rn. 15.
⁴⁷ Ablehnend *Kadelbach*, S. 662; bejahend *Hatje*, in: Schwarze, EU-Kommentar, Art. 21 AEUV, Rn. 8; *Jarass*, GRCh, Art. 45 GRC, Rn. 2.
⁴⁸ EuGH, Urt. v. 23. 3. 2006, Rs. C–408/03 (Kommission/Belgien), Slg. 2006, I–2647, Rn. 41, spricht vom »Grundrecht auf Freizügigkeit und Aufenthalt«.
⁴⁹ *Kadelbach*, S. 661 f.
⁵⁰ *Jarass*, GRCh, Art. 39 GRC, Rn. 2; *Magiera*, in: Meyer, GRCh, Art. 39 GRC, Rn. 9 ff.
⁵¹ EuGH, Urt. v. 11. 7. 2002, Rs. C–224/98 (D'Hoop), Slg. 2002, I–6191, Rn. 36 f.; Urt. v. 25. 5. 2000, Rs. C–424/98 (Kommission/Italien), Slg. 2000, I–4001, Rn. 35; Urt. v. 15. 9. 2005, Rs. C–258/04 (Ioannidis), Slg. 2005, I–8275, Rn. 22.
⁵² Vgl. EuGH, Urt. v. 17. 9. 2002, Rs. C–413/99 (Baumbast und R), Slg. 2002, I–7091, Rn. 84.
⁵³ EuGH, Urt. v. 11. 7. 2002, Rs. C–224/98 (D'Hoop), Slg. 2002, I–6191, Rn. 29; Urt. v.

Grundfreiheit handelt, der die wirtschaftlichen Grundfreiheiten als **speziellere Regelungen** in ihrem Anwendungsbereich vorgehen.⁵⁴ Die gleichzeitige Einordnung als Grundrecht steht dem nicht entgegen, da die Grundrechtecharta für den Umfang der Verbürgung auf die Verträge verweist und damit letztlich der Schutzumfang von Art. 45 GRC mit jenem von Art. 21 AEUV identisch ist.⁵⁵

2. Unmittelbare Wirkung

Die Frage nach der **unmittelbaren Wirkung** der Vorschrift wird in Rechtsprechung und Literatur bejaht.⁵⁶ Sie ist nach dem Wortlaut indes nicht ganz so einfach zu beantworten. Immerhin sieht Art. 21 Abs. 1 AEUV vor, dass die Verbürgung unter dem **Vorbehalt** der »in den Verträgen und in den Durchführungsvorschriften vorgesehenen Beschränkungen und Bedingungen« steht. Doch sind darunter zum einen die Beschränkungen zu verstehen, die bei den personenbezogenen wirtschaftlichen **Grundfreiheiten** im Primärrecht **ausdrücklich** zugelassen sind, wie namentlich Gründe der **öffentlichen Ordnung, Sicherheit und Gesundheit**.⁵⁷ Systematisch muss ein Gleiches für die **zwingenden Erfordernisse des Allgemeinwohls** gelten.⁵⁸ Zum anderen bezieht sich dieser Vorbehalt auf die Bedingungen, wie sie in den Voraussetzungen für die Freizügigkeit in den drei Sekundärrechtsakten für Nichterwerbstätige und später zusammengefasst in der **Richtlinie 2004/38/EG** aufgestellt worden sind.⁵⁹ Das sind insbesondere die Vorgabe einer ausreichenden **Krankenversicherung** und **ausreichender Existenzmittel**.⁶⁰ Diese Bedingungen stellen einen **Mindeststandard** dar, der nicht verschärft werden kann.⁶¹ Denn Abs. 1 enthält keine Ermächtigungsgrundlage. Demgegenüber stellt zwar Abs. 2 eine Rechtsetzungskompetenz zur Verfügung, doch ist diese allein auf »**Erleichterungen**« für die Ausübung der Freizügigkeit ausgerichtet.⁶² Damit kann die EU die unmittelbaren Bedingungen für die Freizügigkeit nicht mehr verschärfen. Insofern stellt der Verweis auf die Durchführungsvorschriften in Art. 21 Abs. 1 AEUV die unmittelbare Wirkung des Freizügigkeitsrechts nicht in Frage.

15

2.10.2003, Rs. C–148/02 (Garcia Avello), Slg. 2003, I–11613, Rn. 24; Urt. v. 15.3.2005, Rs. C–209/03 (Bidar), Slg. 2005, I–2119, Rn. 33.
⁵⁴ *Kadelbach*, S. 660.
⁵⁵ Vgl. *Jarass*, GRCh, Art. 45 GRC, Rn. 2.
⁵⁶ Vgl. *Jarass*, GRCh, Art. 45 GRC, Rn. 2.
⁵⁷ EuGH, Urt. v. 23.11.2010, Rs. C–145/09 (Tsakouridis), Slg. 2010, I–11979, Rn. 22 ff.; Urt. v. 22.12.2010, Rs. C–208/09 (Sayn-Wittgenstein), Slg. 2010, I–13693, Rn. 81 ff.; *Magiera*, in: Streinz, EUV/AEUV, Art. 21 AEUV, Rn. 24.
⁵⁸ EuGH, Urt. v. 18.7.2006, Rs. C–406/04 (De Cuyper), Slg. 2006, I–6947, Rn. 40, stellt auf die »objektiven, von der Staatsangehörigkeit der Betroffenen unabhängigen Erwägungen des Allgemeininteresses« ab.
⁵⁹ *Magiera*, in: Streinz, EUV/AEUV, Art. 21 AEUV, Rn. 21.
⁶⁰ Art. 7, 14 RL 2004/38.
⁶¹ EuGH, Urt. v. 23.11.2010, Rs. C–145/09 (Tsakouridis), Slg. 2010, I–11979, Rn. 23, »Nach der Rechtsprechung des Gerichtshofs soll die Richtlinie 2004/38 die Ausübung des den Unionsbürgern unmittelbar aus dem Vertrag erwachsenden elementaren und persönlichen Rechts, sich im Hoheitsgebiet der Mitgliedstaaten frei zu bewegen und aufzuhalten, erleichtern und bezweckt insbesondere, dieses Recht zu verstärken, so dass nicht in Betracht kommt, dass die Unionsbürger aus dieser Richtlinie weniger Rechte ableiten als aus den Sekundärrechtsakten, die sie ändert oder aufhebt«, vgl. EuGH, Urt. v. 25.7.2008, Rs. C–127/08 (Metock), Slg. 2008, I–6241, Rn. 59 und 82, sowie Urt. v. 7.10.2010, Rs. C–162/09 (Lassal), Sgl. 2010, I–9217, Rn. 30.
⁶² *Magiera*, in: Streinz, EUV/AEUV, Art. 21 AEUV, Rn. 21.

II. Sachlicher Schutzbereich und Gewährleistungsgehalte

1. Inhaltlicher Umfang

16 Gewährleistet wird die **Freizügigkeit**, d. h. das Recht, sich im Hoheitsgebiet der Mitgliedstaaten **frei zu bewegen und aufzuhalten**.[63] Auch wenn Art. 45 GRC im Wortlaut zwischen der Freizügigkeit und dem Aufenthaltsrecht unterscheidet, deutet die Formulierung »Recht« in Art. 21 AEUV auf ein beide Aspekte umfassendes Recht hin, welches in Übereinstimmung mit den personenbezogenen Grundfreiheiten[64] unter dem **Oberbegriff** Freizügigkeit firmiert.[65] Das **ungehinderte Bewegen** erfasst insbesondere das Recht, in andere Mitgliedstaaten **einzureisen** als auch das entsprechende Recht, den Herkunftsmitgliedstaat zu **verlassen**.[66] In der Konsequenz muss auch die Rückkehr geschützt sein, um die Ausübung der Freizügigkeit nicht zu erschweren.[67] Aus der Funktion, den Wechsel in einen anderen Mitgliedstaat zu ermöglichen, folgt, dass auch die Einreise in die EU aus einem Drittstaat als notwendige Voraussetzung erfasst wird. Dagegen muss die **Ausreise aus der EU** aus dem Schutzbereich herausfallen.[68] Geschützt wird grundsätzlich auch das freie Bewegen **innerhalb** eines anderen Mitgliedstaates.[69] In der Literatur ist umstritten, wieweit dieser Schutz reichen kann und wie stark der »Unionsbezug« sein müsse.[70] Hier muss nach den Auslegungsmaximen für die EU-Grundrechte bzw. Grundfreiheiten von einem **weiten Schutzbereich** ausgegangen werden.[71] Nur so kann der EuGH seiner Praxis folgend **kontrollieren**, ob sich mitgliedstaatliche Maßnahmen auf objektive Gründe stützen und nicht zwischen Inländern und (weder direkt noch indirekt) EU-Ausländern differenzieren.[72]

17 Das Recht sich aufzuhalten umfasst sowohl die **Aufenthaltsnahme** als auch das **Beibehalten** des Aufenthalts.[73] Der Aufenthalt ist **zeitlich unbefristet**,[74] er kann insbesondere dauerhaft sein und umfasst die **Wohnsitznahme**.[75] Räumlich ist das Freizügigkeits-

---

[63] Vgl. *Kluth*, in: Calliess/Ruffert, EUV/AEUV, Art. 21 AEUV, Rn. 4; *Magiera*, in: Streinz, EUV/AEUV, Art. 21 AEUV, Rn. 14.
[64] Vgl. Art. 45 Abs. 3 AEUV.
[65] *Magiera*, in: Streinz, EUV/AEUV, Art. 21 AEUV, Rn. 14.
[66] EuGH, Urt. v. 10.7.2008, Rs. C–33/07 (Jipa), Slg. 2008, I–5157, Rn. 18; Urt. v. 17.11.2011, Rs. C–434/10 (Aladzhov), Slg. 2011, I–11659, Rn. 25.
[67] *Hatje*, in: Schwarze, EU-Kommentar, Art. 21 AEUV, Rn. 9, spricht von einer Ergänzung des völkerrechtlichen Grundsatzes, nachdem ein Staat seinen Staatsangehörigen die Einreise nicht verweigern kann; vgl. EuGH, Urt. v. 4.12.1974, Rs. C–41/74 (Van Duyn/Home Office), Slg. 1974, 1337, Rn. 21 und 23.
[68] *Jarass*, GRCh, Art. 45 GRC, Rn. 7.
[69] *Kluth*, in: Calliess/Ruffert, EUV/AEUV, Art. 21 AEUV, Rn. 4; *Kadelbach*, § 19, Rn. 42.
[70] Zweifelnd *Jarass*, GRCh, Art. 45 GRC, Rn. 7, wohl weitergehend *Kluth*, in: Calliess/Ruffert, EUV/AEUV, Art. 21 AEUV, Rn. 4 ff.
[71] So für die Freizügigkeit EuGH, Urt. v. 26.2.1991, Rs. C–292/89 (Antonissen), Slg. 1991, I–745, Rn. 11; Urt. v. 20.2.1997, Rs. C–344/95 (Kommission/Belgien), Slg. 1997, I–1035, Rn. 14; Urt. v. 9.11.2000, Rs. C–357/98 (Yiadom), Slg. 2000, I–9265, Rn. 24.
[72] Vgl. zu Grenzkontrollen EuGH, Urt. v. 21.9.1999, Rs. C–378/97 (Wijsenbeek), Slg. 1999, I–6207, Rn. 43.
[73] *Magiera*, in: Meyer, GRCh, Art. 45 GRC, Rn. 8; *Jarass*, GRCh, Art. 45 GRC, Rn. 8.
[74] *Haag*, in: GS, EUV/EGV, Art. 18 EGV, Rn. 12.
[75] EuGH, Urt. v. 12.1.2008, Rs. C–152/05 (Kommission/Deutschland), Slg. 2008, I–39, Rn. 21 f.; Urt. v. 26.2.1991, Rs. C–292/89 (Antonissen), Slg. 1991, I–745, Rn. 11; Urt. v. 20.2.1997, Rs. C–344/95 (Kommission/Belgien), Slg. 1997, I–1035, Rn. 14; Urt. v. 9.11.2000, Rs. C–357/98 (Yiadom), Slg. 2000, I–9265, Rn. 24.

recht auf das **Hoheitsgebiet der Mitgliedstaaten**, d.h. im Ergebnis das gesamte Unionsgebiet im Sinne von Art. 52 EUV und Art. 355 AEUV, bezogen.[76]

Das Freizügigkeitsrecht setzt einen **grenzüberschreitenden Bezug** voraus,[77] es verlangt aber nicht, dass die betreffende Person in jedem Fall eine Grenze überschreiten muss. So wird auch der EU-Ausländer geschützt, der in einem anderen Mitgliedstaat geboren wurde.[78] Ob der Unionsbürger zugleich die Staatsangehörigkeit des Aufnahmestaates besitzt, ist unerheblich.[79] Allerdings werden in der Rechtsprechung die Anforderungen an den erforderlichen grenzüberschreitenden Bezug relativ niedrig angesetzt. In manchen Fällen hat es die Rechtsprechung ausreichen lassen, dass ein solcher Bezug nicht ausgeschlossen sei.[80]

18

Damit können sich die EU-Ausländer im Aufenthaltsstaat auf alle Rechte berufen, die mit einem **umfassenden Aufenthaltsrecht** verbunden sind. Dazu zählt die Wohnsitznahme durch Kauf oder Miete oder andere Formen der Beteiligung am gesellschaftlichen und kulturellen Leben.[81] Für die politische Betätigung und die Teilnahme am beruflichen Leben stellen andere Unionsbürgerrechte und die wirtschaftlichen Grundfreiheiten speziellere Verbürgungen zur Verfügung.

19

2. Gewährleistungsgehalte

Dem Freizügigkeitsrecht kommt insbesondere eine **abwehrrechtliche Funktion** zu, in der Verbote und Beschränkungen der freien Bewegung und des Aufenthalts abgewehrt werden können.[82] Insbesondere bei indirekten Beschränkungen durch Vorenthaltung, etwa von sozialen Leistungen, kann sich aus dem Freizügigkeitsrecht ein **Teilhabeanspruch** ergeben.[83] Auch ein **Leistungsanspruch** ist im Rahmen des Beschränkungsverbotes (Rn. 22 f.) nicht grundsätzlich ausgeschlossen.

20

Das Freizügigkeitsrecht umfasst nach umstrittener Ansicht sowohl ein **Diskriminierungsverbot** als auch ein **Beschränkungsverbot**.[84] Anders als bei den wirtschaftlichen Grundfreiheiten ist Anlass für den Streit weniger der Aspekt des Beschränkungsverbotes, sondern eher der des Diskriminierungsverbots. Hintergrund ist die Abgrenzung zum allgemeinen Diskriminierungsverbot nach Art. 18 AEUV, die in der Rechtsprechung nicht klar zu erkennen ist, da der EuGH zuweilen Art. 21 i. V. mit Art. 18 AEUV,[85]

21

---

[76] *Schöbener*, in: Tettinger/Stern, EuGRCh, Art. 45 GRC, Rn. 16; *v. Vormizeele*, in: Schwarze, EU-Kommentar, Art. 45 GRC, Rn. 4.

[77] EuGH, Urt. v. 19.10.2004, Rs. C–200/02 (Zhu und Chen), Slg. 2004, I–9925, Rn. 19 f.

[78] EuGH, Urt. v. 2.10.2003, Rs. C–148/02 (Garcia Avello), Slg. 2003, I–11613, Rn. 27; Urt. v. 19.10.2004, Rs. C–200/02 (Zhu und Chen), Slg. 2004, I–9925, Rn. 19.

[79] EuGH, Urt. v. 2.10.2003, Rs. C–148/02 (Garcia Avello), Slg. 2003, I–11613, Rn. 28, s. näher dazu Art. 20 AEUV, Rn. 32.

[80] EuGH, Urt. v. 19.10.2004, Rs. C–200/02 (Zhu und Chen), Slg. 2004, I–9925, Rn. 19 f.; Urt. v. 22.5.2008, Rs. C–499/06 (Nerkowska), Slg. 2008, I–3993, Rn. 38; Urt. v. 2.10.2003, Rs. C–148/02 (Garcia Avello), Slg. 2003, I–11613, Rn. 27; vgl. *Seyr/Rümke*, EuR 2005, 671 (674).

[81] Weitergehend *Magiera*, in: Streinz, EUV/AEUV, Art. 21 AEUV, Rn. 17; vgl. *Scheuing*, EuR 2003, 785.

[82] EuGH, Urt. v. 11.7.2002, Rs. C–224/98 (D'Hoop), Slg. 2002, I–6191, Rn. 30 ff.; Urt. v. 29.4.2004, Rs. C–224/02 (Pusa), Slg. 2004, I–5763, Rn. 18 ff.; Urt. v. 10.7.2008, Rs. C–33/07 (Jipa), Slg. 2008, I–5157, Rn. 17 ff.

[83] EuGH, Urt. v. 11.7.2002, Rs. C–224/98 (D'Hoop), Slg. 2002, I–6191, Rn. 30 ff.

[84] Bejahend *Magiera*, in: Streinz, EUV/AEUV, Art. 21 AEUV, Rn. 15 und 16; a. A. *Füßer*, DÖV 1999, 96 (101), ihm folgend *Kluth*, in: Calliess/Ruffert, EUV/AEUV, Art. 21 AEUV, Rn. 6, der lediglich angibt, dass Art. 21 AEUV insofern von den personenbezogenen Grundfreiheiten abweiche.

[85] EuGH, Urt. v. 19.10.2004, Rs. C–200/02 (Zhu und Chen), Slg. 2004, I–9925, Rn. 24 ff.; Urt. v.

in anderen Fällen aber auch Art. 21 AEUV alleine heranzieht.[86] Unter Berufung auf die ersteren Fälle wird in der Literatur vertreten, dass das Freizügigkeitsrecht in Art. 21 AEUV lediglich den Anwendungsbereich des allgemeinen Diskriminierungsverbotes nach Art. 18 AEUV eröffne und Letzteres dann zur Anwendung komme.[87] Die Gegenansicht interpretiert Art. 21 AEUV in Anlehnung an die wirtschaftlichen Grundfreiheiten so, dass **beide Aspekte** einbezogen werden.[88] Schlüssel zu einer überzeugenden Lösung ist der Aspekt des Beschränkungsverbots. Doch zuvor ist darauf hinzuweisen, dass sich aus der unterschiedlichen dogmatischen Einordnung für die Rechtsprechung keine Änderungen ergeben: Ihre **weite Auslegung** der Verbürgungen basiert auf einer **Gesamtsicht** von Unionsbürgerschaft nach Art. 20 AEUV, Freizügigkeitsrecht nach Art. 21 AEUV und Diskriminierungsverbot nach Art. 18 AEUV.[89]

22 In der Ausprägung als **Beschränkungsverbot** schützt das Recht auf Freizügigkeit vor **jedweden Benachteiligungen**, die an die Wahrnehmung der Ausübung dieses Rechts anknüpfen.[90] Es ist ausreichend, wenn der Betroffene von den Möglichkeiten des Freizügigkeitsrechts Gebrauch machen **will**.[91] Beispiele aus der **Praxis** sind Nachteile wegen des Verbringens eines Ausbildungsabschnitts im Ausland,[92] der Verlust des Pfändungsschutzes bei Umzug ins Ausland[93] oder der Verlust einer Eigenheimzulage bei Wegzug ins Ausland.[94] Vergleicht man das Konzept des Art. 21 AEUV als Beschränkungsverbot mit den anderen wirtschaftlichen Grundfreiheiten, fallen Unterschiede auf. Man findet kaum einen Fall, in dem es allein um eine beschränkende Maßnahme geht, ohne dass zugleich eine Ungleichbehandlung im Raum stünde. Immer sind Inländer gegenüber EU-Ausländern bzw. gegenüber Inländern,[95] die nicht von ihrer Freizügigkeit Gebrauch

---

17.1.2008, Rs. C–152/05 (Kommission/Deutschland), Slg. 2008, I–39, Rn. 30; aber auch solche, die sich zusätzlich auf Art. 12 EGV (Art. 18 AEUV) stützen, z. B. EuGH, Urt. v. 15.3.2005, Rs. C–209/03 (Bidar), Slg. 2005, I–2119, Rn. 28 ff.; Urt. v. 1.10.2009, Rs. C–103/08 (Gottwald), Slg. 2009, I–9117, Rn. 23 ff.

[86] EuGH, Urt. v. 19.10.2004, Rs. C–200/02 (Zhu und Chen), Slg. 2004, I–9925, Rn. 24 ff.; Urt. v. 17.1.2008, Rs. C–152/05 (Kommission/Deutschland), Slg. 2008, I–39, Rn. 30; aber auch solche, die sich zusätzlich auf Art. 12 EGV (Art. 18 AEUV) stützen, z. B. EuGH, Urt. v. 15.3.2005, Rs. C–209/03 (Bidar), Slg. 2005, I–2119, Rn. 28 ff.; Urt. v. 1.10.2009, Rs. C–103/08 (Gottwald), Slg. 2009, I–9117, Rn. 23 ff.

[87] *Hatje*, in: Schwarze, EU-Kommentar, Art. 21 AEUV, Rn. 11 spricht von einem freiheitsakzessorischen Diskriminierungsverbot; vgl. *Calliess*, EuR-Beiheft 1/2007, 7 (30 ff.); *Kubicki*, EuZW 2009, 366 ff.

[88] *Magiera*, in: Streinz, EUV/AEUV, Art. 21 AEUV, Rn. 15 und 16; vgl. *Wollenschläger* zum freiheitsakzessorischen Diskriminierungsverbot, S. 295 ff., 358 ff.

[89] In der EUGH Rspr. finden sich Entscheidungen, die ausschliesslich Art. 18 EGV (Art. 21 AEUV) heranziehen, so z. B. EuGH, Urt. v. 19.10.2004, Rs. C–200/02 (Zhu und Chen), Slg. 2004, I–9925, Rn. 24 ff.; Urt. v. 17.1.2008, Rs. C–152/05 (Kommission/Deutschland), Slg. 2008, I–39, Rn. 30; aber auch solche, die sich zusätzlich auf Art. 12 EGV (Art. 18 AEUV) stützen, z. B. EuGH, Urt. v. 15.3.2005, Rs. C–209/03 (Bidar), Slg. 2005, I–2119, Rn. 28 ff.; Urt. v. 1.10.2009, Rs. C–103/08 (Gottwald), Slg. 2009, I–9117, Rn. 23 ff.

[90] EuGH, Urt. v. 11.7.2002, Rs. C–224/98 (D'Hoop), Slg. 2002, I–6191, Rn. 30 ff.; Urt. v. 29.4.2004, Rs. C–224/02 (Pusa), Slg. 2004, I–5763, Rn. 18 ff.; Urt. v. 10.7.2008, Rs. C–33/07 (Jipa), Slg. 2008, I–5157, Rn. 17 ff.; *Kokott*, S. 224 f.; *Wollenschläger*, S. 281 ff.; *Scheuing*, EuR 2003, 778.

[91] EuGH, Urt. v. 11.7.2002, Rs. C–224/98 (D'Hoop), Slg. 2002, I–6191, Rn. 29 f.; Urt. v. 29.4.2004, Rs. C–224/02 (Pusa), Slg. 2004, I–5763, Rn. 18.

[92] EuGH, Urt. v. 11.7.2002, Rs. C–224/98 (D'Hoop), Slg. 2002, I–6191, Rn. 31.

[93] EuGH, Urt. v. 29.4.2004 (Pusa), Rs. C–224/02, Slg. 2004, I–5763, Rn. 21.

[94] EuGH, Urt. v. 17.1.2008, Rs. C–152/05 (Kommission/Deutschland), Slg. 2008, I–39, Rn. 17 ff.

[95] EuGH, Urt. v. 20.9.2001, Rs. C–184/99 (Grzelczyk), Slg. 2001, I–6193, Rn. 29.

machen,⁹⁶ besser gestellt. Insofern geht das Beschränkungsverbot unter Art. 21 AEUV noch nicht soweit wie unter den anderen Grundfreiheiten, die auch Fälle ohne einen Vergleich mit Inländern erfassen. Daher finden sich auch Stimmen in der Literatur, die Art. 21 AEUV insgesamt »nur« als ein Diskriminierungsverbot auffassen.⁹⁷ Dem kann aber entgegengehalten werden, dass der EuGH in manchen Fällen trotz eines Vergleichs verschiedener Situationen auf die »Benachteiligung« oder die »abschreckende Wirkung«, die für ein **Benachteiligungsverbot** typisch ist, abstellt.⁹⁸ Somit wird ein Benachteiligungsverbot anerkannt,⁹⁹ dass aber nicht zu einer Besserstellung als Inländer bzw. Inländer ohne Freizügigkeitsabsichten führt. Eine **Inländerdiskriminierung**, die bei anderen Grundfreiheiten möglich ist, ist demnach beim Freizügigkeitsrecht **ausgeschlossen**.

Vereinzelt wird das **Benachteiligungsverbot** aus Art. 21 AEUV auf eine Benachteiligung eigener Staatsangehöriger reduziert.¹⁰⁰ In der Tat betreffen viele Fälle, die dem Beschränkungsverbot zugeordnet werden, Inländer, die ins EU-Ausland gehen wollen oder gegangen sind.¹⁰¹ Doch gibt es eben auch Fälle, die die Behandlung von **EU-Ausländern** betrafen und die der EuGH ohne Rekurs auf Art. 18 AEUV unter dem Freizügigkeitsrecht nach Art. 21 AEIV abgehandelt hat.¹⁰² Auch würde eine dogmatische Privilegierung von Inländern, die sich allein auf ein Benachteiligungsverbot berufen könnten, in Spannung zur Grundentscheidung der Verträge geraten, wonach die Staatsangehörigkeit gerade nicht Anlass für unterschiedliche Regelungen sein soll.¹⁰³

Vor diesem Hintergrund erscheint die Anerkennung eines **(eigenständigen) Diskriminierungsverbotes** in Art. 21 AEUV überzeugend. Denn wenn die Vorschrift ein Beschränkungsverbot verbürgt, das inhaltlich insbesondere auf Ungleichbehandlungen Anwendung findet, dann ist ein Diskriminierungsverbot jedenfalls im Schutzbereich enthalten.¹⁰⁴ Dogmatisch müsste die Gegenauffassung erklären, warum dieses gerade in Bezug auf die Diskriminierung nach der Staatsangehörigkeit entfallen und allein Art. 18 AEUV zugeordnet werden sollte. Denn nach seiner Struktur ist Art. 21 AEUV – wie die anderen Grundfreiheiten – **lex specialis** zum allgemeinen Diskriminierungsverbot.¹⁰⁵ Ferner spricht für die Anerkennung eines Diskriminierungsverbotes in Art. 21 AEUV der Vergleich mit den wirtschaftlichen Grundfreiheiten. Dort waren ursprünglich Diskriminierungsverbote gewährleistet, die dann von der Rechtsprechung zu Beschränkungsverboten ausgebaut wurden. Daher liegt es nahe, auch Art. 21 AEUV als **Beschränkungsverbot und** zugleich als **Diskriminierungsverbot** zu interpretieren.

Als **Diskriminierungsverbot** verbietet Art. 21 AEUV jede **direkte oder indirekte Diskriminierung** aus Gründen der Staatsangehörigkeit. Der EuGH zieht in solchen Fällen

---

⁹⁶ EuGH, Urt. v. 11.7.2002, Rs. C–224/98 (D'Hoop), Slg. 2002, I–6191, Rn. 33 ff.
⁹⁷ *Scheuing*, EuR 2003, 744 (82 f.).
⁹⁸ EuGH, Urt. v. 17.1.2008, Rs. C–152/05 (Kommission/Deutschland), Slg. 2008, I–39, Rn. 23 und 24, bezüglich des Verlusts einer Eigenheimzulage bei Wegzug ins Ausland.
⁹⁹ Vgl. zur freiheitsrechtlichen Ausgestaltung von Art. 21 AEUV, *Wollenschläger*, S. 295 ff.
¹⁰⁰ *Hatje*, in: Schwarze, EU-Kommentar, Art. 21 AEUV, Rn. 13.
¹⁰¹ EuGH, Urt. v. 11.7.2002, Rs. C–224/98 (D'Hoop), Slg. 2002, I–6191; Urt. v. 29.4.2004, Rs. C–224/02 (Pusa), Slg. 2004, I–5763; Urt. v. 26.10.2006, Rs. C–192/05 (Tas-Hagen), Slg. 2006, I–10541.
¹⁰² In EuGH, Urt. v. 17.1.2008, Rs. C–152/05 (Kommission/Deutschland), Slg. 2008, I–39, Rn. 9 hat der Streitgegenstand auch EU-Ausländer erfasst; in EuGH, Urt. v. 15.7.2004, Rs. C–365/02 (Lindfors), Slg. 2004, I–7183, Rn. 24 ff. ist die Frage der Staatsangehörigkeit offen gelassen worden.
¹⁰³ Vgl. insofern den Art. 18 AEUV zugrundeliegenden Gedanken.
¹⁰⁴ Vgl. *Magiera*, in: Streinz, EUV/AEUV, Art. 21 AEUV, Rn. 15 und 8.
¹⁰⁵ Vgl. *Magiera*, in: Streinz, EUV/AEUV, Art. 21 AEUV, Rn. 8.

oft (ergänzend) Art. 18 AEUV mit heran.[106] Dies zielt auf eine weitgehende Gleichstellung mit Inländern. Doch ist unter Art. 21 AEUV Voraussetzung, dass ein **Bezug** zur **grenzüberschreitenden Freizügigkeit** besteht. Teilweise wird eingrenzend ein enger Bezug zur Freizügigkeit gefordert,[107] allerdings ist dies in der Rechtsprechung nicht nachweisbar.[108] Vielmehr greift hier wiederum die Maxime einer weiten Auslegung des Schutzbereichs.[109]

26 In der Rechtsprechung wird in **Parallele zur Keck-Rechtsprechung** und ihren Pendants bei den personenbezogen Grundfreiheiten der Schutzbereich insoweit eingegrenzt, als verlangt wird, dass der Zusammenhang zwischen einer Benachteiligung und der Ausübung des Freizügigkeitsrechts **nicht rein hypothetisch** oder **zu ungewiss** und **zu mittelbar** sein darf.[110]

27 Im **Verhältnis** zum allgemeinen Diskriminierungsverbot nach Art. 18 AEUV ist das Freizügigkeitsrecht nach Art. 21 AEUV **spezieller**, weil es den zusätzlichen Bezug zur grenzüberschreitenden Mobilität enthält.[111] In der Rechtsprechung hat die gelegentliche Einbeziehung von Art. 18 AEUV nicht zu einer Aufgabe der Voraussetzungen des Art. 21 AEUV geführt.[112] Demgegenüber sind die wirtschaftlichen Grundfreiheiten im Verhältnis zu Art. 21 AEUV ihrerseits **spezieller**, da sie zusätzlich einen Bezug zur wirtschaftlichen Tätigkeit erfordern.[113] Insbesondere die Abgrenzung zur Arbeitnehmerfreizügigkeit wird in den Darstellungen in den Kommentaren nicht immer strikt eingehalten. So finden sich häufig Ausführungen zu Personen auf Arbeitssuche,[114] die nach der Rechtsprechung unter den Anwendungsbereich des Art. 45 AEUV fallen.[115] Besondere Anwendungsfälle des Art. 21 AEUV betrafen in der Vergangenheit Studierende.[116]

III. Berechtigte

28 **Berechtigt** werden alle **Unionsbürgerinnen und -bürger** als Träger des Freizügigkeitsrechts, also alle **natürlichen Personen**, die die Staatsangehörigkeit eines Mitgliedstaates besitzen. Eine Doppelstaatsangehörigkeit ist unschädlich.[117] Drittstaatsangehörige sind

---

[106] EuGH, Urt. v. 15.3.2005, Rs. C–209/03 (Bidar), Slg. 2005, I–2119, Rn. 28 ff.; Urt. v. 1.10.2009, Rs. C–103/08 (Gottwald), Slg. 2009, I–9117, Rn. 23 ff.
[107] Zum Streitstand s. die Nachweise bei *Wollenschläger*, S. 255 ff.
[108] Vgl. EuGH, Urt. v. 11.7.2002, Rs. C–224/98 (D'Hoop), Slg. 2002, I–6191, Rn. 23 ff.
[109] S. oben Fn. 16.
[110] EuGH, Urt. v. 29.5.1997, Rs. C–299/95 (Gottwald), Slg. 1997, I–2629, Rn. 16, spricht von einer »rein hypothetischen Aussicht« im Falle eines Freiheitsentzuges und EuGH, Urt. v. 23.10.2007, Rs. C–11/06 (Morgan), Slg. 2007, I–9161, Rn. 32 sieht das Erfordernis einer ersten Ausbildungsphase im Inland nicht als »zu ungewiss und unbedeutend« an.
[111] Vgl. *Magiera*, in: Streinz, EUV/AEUV, Art. 21 AEUV, Rn. 8.
[112] Ausführlich zum allgemeinen Diskriminierungsverbot Art. 18 AEUV, Rn. 10 f.
[113] EuGH, Urt. v. 29.2.1996, Rs. C–193/94 (Skanavi und Chryssanthakopoulos), Slg. 1996, I–929, Rn. 22; *Jarass*, GRCh, Art. 45 GRC, Rn. 6, *Rengeling/Szczekalla*, Grundrechte, § 41, Rn. 1139.
[114] *Magiera*, in: Streinz, EUV/AEUV, Art. 21 AEUV, Rn. 25; vgl. *Hatje*, in: Schwarze, EU-Kommentar, Art. 21 AEUV, Rn. 12 zu EuGH, Urt. v. 23.3.2004, Rs. C–138/02 (Collins), Slg. 2004, I–2703, das ebenfalls die Arbeitnehmerfreizügigkeit betrifft.
[115] EuGH, Urt. v. 29.2.1996, Rs. C–193/94 (Skanavi und Chryssanthakopoulos), Slg. 1996, I–929, Rn. 22; Rs. C–348/96, Urt. v. 19.1.1999 (Calfa), Slg. 1999, I–11, Rn. 29 f.; Urt. v. 12.1.2008, Rs. C–152/05 (Kommission/Deutschland), Slg. 2008, I–39, Rn. 18.
[116] EuGH, Urt. v. 11.7.2002, Rs. C–224/98 (D'Hoop), Slg. 2002, I–6191.
[117] S. Art. 20 AEUV, Rn. 32.

grundsätzlich nicht einbezogen. Als **Familienangehörige** eines Unionsbürgers steht ihnen ein **abgeleitetes** Freizügigkeitsrecht im Sekundärrecht zu.[118] Diese sekundärrechtliche Verbürgung wird vom EuGH relativ weit ausgelegt.[119] Im Übrigen **kann Drittstaatsangehörigen** im Sekundärrecht eine vergleichbare Freizügigkeit zugestanden werden, wenn sie sich regelmäßig und rechtmäßig im Gebiet eines Mitgliedstaats aufhalten. Ausdrücklich erwähnt Art. 45 Abs. 2 GRC eine solche Möglichkeit, verweist für die Rechtsetzungskompetenz aber auf die Verträge. Einschlägige Vorschriften sind Art. 77 Abs. 2 Buchst. c und Art. 78 AEUV.[120]

IV. Verpflichtete

Das Freizügigkeitsrecht **verpflichtet primär** die **Mitgliedstaaten** und verbietet ihnen unverhältnismäßige Einschränkungen gegenüber Unionsbürgerinnen und -bürgern.[121] Grundsätzlich ist auch der **eigene Mitgliedstaat** verpflichtet[122], doch darf es sich **nicht** um einen **rein internen Sachverhalt** handeln (s. Rn. 18). Es geht dabei nicht nur um eine Bindung der Mitgliedstaaten bei der **Durchführung** des Unionsrechts nach Art. 51 Abs. 1 Satz 1 GRC, sondern gerade auch bei der **autonomen Rechtsetzung**, wie es etwa die Fälle von Differenzierungen im Recht der Sozialhilfe zeigen. Diese Schutzrichtung teilt das Freizügigkeitsrecht mit anderen Unionsbürgerrechten, wie etwa den erweiterten Wahlrechten. Des Weiteren bindet Art. 21 AEUV auch die Union und ihre Organe, insbesondere bei der Rechtsetzung. Zwar stellt Abs. 1 der Vorschrift der EU keine Rechtsetzungskompetenz zur Verfügung und Abs. 2 nur eine solche zur Erleichterung der Ausübung der Freizügigkeit, nicht aber zu Einschränkungen (s. Rn. 38). Damit sind die Einschränkungen nach der Freizügigkeitsrichtlinie ein nicht zu erweiternder **Maximalstandard**. Doch ist nicht ausgeschlossen, dass es im Rahmen der Rechtsetzungskompetenzen nach Art. 21 Abs. 3 AEUV und Art. 77 f. AEUV zu Eingriffen kommen kann.

29

V. Beschränkungen

1. Grundsätze

Wie bei den Grundfreiheiten und Grundrechten bedürfen Beschränkungen des Freizügigkeitsrechts der **Rechtfertigung**.[123] Ferner hat der EuGH wie bei den wirtschaftlichen Grundfreiheiten festgestellt, dass der Schutzbereich des Freizügigkeitsrechts grundsätzlich weit ist und Ausnahmen grundsätzlich eng auszulegen sind.[124] Aus Letzterem folgt insbesondere, dass **Beschränkungen** im Sekundärrecht oder im Recht der Mitgliedstaaten **eng auszulegen** sind. In der Literatur wird zudem in Anlehnung an Art. 51 Abs. 1 Satz 1 GRC überzeugend gefordert, dass für Beschränkungen der **Ge-**

30

---

[118] S. Art. 1a und 2 Richtlinie 2004/38/EG.
[119] EuGH, Urt. v. 25.7.2008, Rs. C–127/08 (Metock), Slg. 2008, I–6241, Rn. 59 und 81 ff., kennt das Freizügigkeitsrecht auch abgelehnten Asylanten bei späterer Heirat mit einer Unionsbürgerin zu.
[120] Vgl. *Kaufmann-Bühler*, in: Lenz/Borchardt, EU-Verträge, Art. 21 AEUV, Rn. 15.
[121] Vgl. *Jarass*, GRCh, Art. 45 GRC, Rn. 4.
[122] Vgl. *Jarass*, GRCh, Art. 45 GRC, Rn. 4.
[123] Unbestritten s. *Jarass*, GRCh, Art. 45 GRC, Rn. 13 ff. m. w. N.; EuGH, Urt. v. 29.4.2004, Rs. C–224/02 (Pusa), Slg. 2004, I–5763, Rn. 20 u. 26 ff.; Urt. v. 11.7.2002, Rs. C–224/98 (D'Hoop), Slg. 2002, I–6191, Rn. 36.
[124] Vgl. dazu EuGH, Urt. v. 26.2.1991, Rs. C–292/89 (Antonissen), Slg. 1991, I–745, Rn. 11 und speziell zur engen Ausnahme EuGH, Urt. v. 4.12.1974, Rs. 41/74 (Van Duyn/Home Office), Slg. 1974, 1337, Rn. 18; Urt. v. 9.11.2000, Rs. C–357/98 (Yiadom), Slg. 2000, I–9265, Rn. 24.

setzesvorbehalt gelten müsse.[125] Der EuGH hat zu dieser Frage, soweit ersichtlich, noch nicht Stellung nehmen müssen. In der Konsequenz wird in der Literatur die Frage der einschlägigen Rechtsetzungskompetenzen aufgeworfen.[126] Ferner greifen nach übereinstimmender Ansicht in Literatur und Rechtsprechung die weiteren **Schranken-Schranken**, wie das Verfolgen eines **legitimen Zieles**,[127] die **Verhältnismäßigkeit** der Maßnahmen[128] sowie die Achtung des **Wesensgehalts**.[129]

2. Rechtsetzungskompetenzen

31 Die Frage der **Rechtsetzungskompetenzen für Beschränkungen** der Freizügigkeit stellt sich für die **Mitgliedstaaten** und die EU-Organe. Für Erstere gilt grundsätzlich, dass der **Anwendungsvorrang** des EU-Rechts nicht nationale Rechtsetzungskompetenzen ausschließt, sondern nur die **Anwendung** der auf dieser Basis erlassenen Vorschriften. Für etwaige Beschränkungen aufgrund nationaler Vorschriften ist zu unterscheiden, ob diese im **harmonisierten Bereich** erfolgen, ob sie insbesondere von der Freizügigkeitsrichtlinie geregelt werden, oder ob sie in nicht harmonisierten Bereichen erlassen worden sind. Im ersteren Fall ist zu prüfen, ob eine Vollharmonisierung vorliegt, die bereits einem wirksamen Erlass von Rechtsvorschriften entgegenstehen könnte.[130] In der Praxis sind nationale Regelungen in vielfältigen Bereichen als Eingriffe in Art. 21 AEUV angesehen worden und ist deren Rechtfertigung überprüft worden, wie im Fall von Eigenheimzulagen[131] oder über den Pfändungsschutz.[132]

32 Fraglich ist, auf welche **Rechtsetzungskompetenz** die **EU-Organe** für Beschränkungen der Freizügigkeit zurückgreifen könnten. Diesbezüglich kommt zunächst Art. 21 **Abs. 1** AEUV im Hinblick auf »Bedingungen und Beschränkungen« insbesondere wegen der ausdrücklich erwähnten »Durchführungsbestimmungen« in Betracht. Nach allgemeiner Ansicht gründen die Freizügigkeitsrichtlinie und das weitergeltende Sekundärrecht zur Freizügigkeit auf dieser Norm.[133] Fraglich ist aber, ob sich mit Erlass dieser Vorschriften die Ermächtigungsgrundlage in Abs. 1 **erschöpft** hat. Dies wird von einer Ansicht bejaht, die zudem aus der Limitierung auf »Erleichterungen« in Abs. 2 schließt, dass die bestehenden Beschränkungen im Sekundärrecht nicht ausgebaut werden

---

[125] *Favoreu*, Libertés fondamentales, 2004, Rn. 643; *Jarass*, GRCh, Art. 45 GRC, Rn. 14.
[126] *Jarass*, GRCh, Art. 45 GRC, Rn. 13; *Magiera*, in: Streinz, EUV/AEUV, Art. 21 AEUV, Rn. 19, 24.
[127] EuGH, Urt. v. 26.10.2006, Rs. C–192/05 (Tas-Hagen), Slg. 2006, I–10541, Rn. 33; Urt. v. 23.4.2009, Rs. C–544/07 (Rüffler), Slg. 2009, I–3389, Rn. 74; Urt. v. 22.12.2010, Rs. C–208/09 (Sayn-Wittgenstein), Slg. 2010, I–13693, Rn. 81; Urt. v. 21.7.2011, Rs. C–503/09 (Stewart), Slg. 2011, I–6497, Rn. 87; *Magiera*, in: Streinz, EUV/AEUV, Art. 21 AEUV, Rn. 24; *Kluth*, in: Calliess/Ruffert, EUV/AEUV, Art. 21 AEUV, Rn. 18; *Haag*, in: GS, EUV/EGV, Art. 18 EGV, Rn. 8; *Pechstein/Bunk*, EuGRZ 1997, 547 (552).
[128] EuGH, Urt. v. 29.4.2004, Rs. C–224/02 (Pusa), Slg. 2004, I–5763 Rn. 20; Urt. v. 14.10.2008, Rs. C–353/06 (Grumkin), Slg. 2008, I–7639, Rn. 29; Urt. v. 4.12.2008, Rs. C–221/07 (Zublocka), Slg. 2008, I–9029, Rn. 37; Urt. v. 12.5.2011, Rs. C–391/09 (Runevic), Slg. 2011, I–3787, Rn. 83; *Magiera*, in: Streinz, EUV/AEUV, Art. 21 AEUV, Rn. 22.
[129] EuGH, Urt. v. 23.3.2006, Rs. C–408/03 (Kommission/Belgien), Slg. 2006, I–2647, Rn. 68.
[130] Vgl. aber *Kluth*, in: Calliess/Ruffert, EUV/AEUV, Art. 21 AEUV, Rn. 21, der einen »ungeschriebenen ordre public-Vorbehalt« für eine Rechtsetzungstätigkeit der Mitgliedstaaten postuliert.
[131] EuGH, Urt. v. 17.1.2008, Rs. C–152/05 (Kommission/Deutschland), Slg. 2008, I–39, Rn. 27 f.
[132] EuGH, Urt. v. 29.4.2004, Rs. C–224/02 (Pusa), Slg. 2004, I–5763 Rn. 20 ff.
[133] S. *Magiera*, in: Streinz, EUV/AEUV, Art. 21 AEUV, Rn. 21; *Kluth*, in: Calliess/Ruffert, EUV/AEUV, Art. 21 AEUV, Rn. 21.

dürfen.¹³⁴ Die Gegenansicht will auf Abs. 1 das ordentliche Gesetzgebungsverfahren anwenden.¹³⁵ Der ersten Ansicht ist zu folgen, denn der Wortlaut des **Abs. 2** ist **funktional** auf die »Erreichung« des »Ziels« nach Abs. 1 ausgerichtet und ist daher (subsidiär zu anderen Vertragsbestimmungen) als die einschlägige Rechtsgrundlage anzusehen. Inhaltlich ist diese aber auf »Erleichterungen« begrenzt und kann daher **keine neue Beschränkungen** herbeiführen.¹³⁶ In **Abs. 3** findet sich eine **Rechtsetzungskompetenz** speziell für die »soziale Sicherheit und den sozialen Schutz«. Diesbezüglich wird in der Literatur ebenfalls für eine **Limitierung** auf Maßnahmen zur Erleichterung der Ausübung der Freizügigkeit plädiert.¹³⁷ Allerdings bestehen darüber hinaus **weitere Rechtsetzungskompetenzen**, wie in Art. 77 AEUV über welche die EU Vorschriften erlassen kann, die mittelbar in die Freizügigkeit eingreifen, wie etwa Regelungen der **Passkontrolle**.¹³⁸

3. Zulässige Gründe

Nach der Rechtsprechung müssen Beschränkungen auf **objektive Gründe** gestützt werden.¹³⁹ Fraglich ist, ob es inhaltliche Beschränkungen gibt. Unbestritten kommen **alle ausdrücklichen Schranken** zur Anwendung, die auch für die personenbezogenen **Grundfreiheiten** gelten.¹⁴⁰ Das sind namentlich die **öffentliche Ordnung**, **Sicherheit** und **Gesundheit**.¹⁴¹ Hinzu treten kraft Festlegung im früheren Sekundärrecht die Voraussetzungen einer **ausreichenden Krankenversicherung** und **ausreichender Existenzmittel**.¹⁴² Darüber hinaus hat der EuGH – eingedenk einer ausdrücklich erwähnten gewissen Solidarität unter den Mitgliedstaaten – den **Schutz sozialer Kassen** in den Mitgliedstaaten vor einer Überforderung anerkannt.¹⁴³ Auch akzeptiert der EuGH im nicht harmonisierten Bereich, d.h. außerhalb der sekundärrechtlichen Regelungen, weitere Voraussetzungen wie eine **gewisse Zeit** des Aufenthalts als Kriterium einer **Integration in die Gesellschaft**.¹⁴⁴ Das ist in der Sache überzeugend, denn in Parallele zur Dogmatik der wirtschaftlichen Grundfreiten ist der Hinweis auf die »Beschränkungen« in Abs. 1 nicht auf die geschriebenen Rechtfertigungsgründe begrenzt. Da Art. 21 AEUV auch mittelbare Diskriminierungen erfasst, sind auch Rechtfertigungen aus »**zwingenden Gründen des Allgemeinwohls**« zuzulassen.¹⁴⁵ Darüber hinaus gilt für die EU eine inhaltliche Be-

33

---

¹³⁴ So schliesst *Magiera*, in: Streinz, EUV/AEUV, Art. 21 AEUV, Rn. 21, eine Ermächtigungsgrundlage in Abs. 1 für »darüber hinausgehende Einschränkungen« aus.
¹³⁵ *Kluth*, in: Calliess/Ruffert, EUV/AEUV, Art. 21 AEUV, Rn. 21, s. Art. 21 Abs. 1 AEUV zur Anwendung bei fehlender ausdrücklicher Regelung.
¹³⁶ *Magiera*, in: Streinz, EUV/AEUV, Art. 21 AEUV, Rn. 21.
¹³⁷ *Magiera*, in: Streinz, EUV/AEUV, Art. 21 AEUV, Rn. 27.
¹³⁸ Zur beschränkenden Wirkung s. oben Rn. 29.
¹³⁹ EuGH, Urt. v. 26.10.2006, Rs. C-192/05 (Tas-Hagen), Slg. 2006, I-10541, Rn. 33; Urt. v. 23.4.2009, Rs. C-544/07 (Rüffler), Slg. 2009, I-3389, Rn. 74; Urt. v. 22.12.2010, Rs. C-208/09 (Sayn-Wittgenstein), Slg. 2010, I-13693, Rn. 81; Urt. v. 21.7.2011, Rs. C-503/09 (Stewart), Slg. 2011, I-6497, Rn. 87.
¹⁴⁰ *Magiera*, in: Streinz, EUV/AEUV, Art. 21 AEUV, Rn. 24; *Kluth*, in: Calliess/Ruffert, EUV/AEUV, Art. 21 AEUV, Rn. 18; *Haag*, in: GS, EUV/EGV, Art. 18 EGV, Rn. 8; *Pechstein/Bunk*, EuGRZ 1997, 547 (552).
¹⁴¹ S. Art. 36, 45 Abs. 3, 52, 62 i.V.m. 52, 65 AEUV.
¹⁴² S. Art. 6 i.V.m. Art. 14 Abs. 1, Art. 7 Abs. 1 Buchst. b RL 2004/38.
¹⁴³ EuGH, Urt. v. 11.7.2002, Rs. C-224/98 (D'Hoop), Slg. 2002, I-6191, Rn. 22 ff.
¹⁴⁴ EuGH, Urt. v. 15.3.2005, Rs. C-209/03 (Bidar), Slg. 2005, I-2119, Rn. 59; Urt. v. 18.11.2008, Rs. C-158/07 (Förster), Slg. 2008, I-8507, Rn. 52 ff.
¹⁴⁵ EuGH, Urt. v. 11.7.2002, Rs. C-224/98 (D'Hoop), Slg. 2002, I-6191, Rn. 36 ff.; Urt. v.

schränkung auf ihre **Ziele**, die sich aus ihren einschlägigen Rechtsetzungskompetenzen (s. Rn. 33) ergeben.

4. Verhältnismäßigkeit und Wesensgehalt

34 Nach ständiger Rechtsprechung müssen **Beschränkungen** des Freizügigkeitsrechts **verhältnismäßig** sein. Sie müssen »in einem **angemessenen Verhältnis**« zum verfolgten Zweck stehen.[146] Danach müssen »erlassene nationale Maßnahmen zur Erreichung des angestrebten Zwecks **geeignet** und **erforderlich** sein«.[147] Ferner ist der **Wesensgehalt** der Freizügigkeit zu achten. Einen Verstoß dagegen hat der EuGH angenommen, wenn eine Beeinträchtigung »ohne weitere Prüfung« vorgenommen wird.[148] Zu beachten ist, dass der EuGH auch die **bestehenden Beschränkungen** der Freizügigkeit im Sekundärrecht, insbesondere in der Freizügigkeitsrichtlinie einer Prüfung der Verhältnismäßigkeit unterwirft. So hat er in einer Rechtssache das sekundärrechtlich vorgesehene Erfordernis einer ausreichenden Krankenversicherung dahingehend beschränkt, dass im konkreten Fall das mögliche Fehlen einer Versicherung für eine »Notversorgung im Aufnahmemitgliedstaat« nicht ausreichend sei, um den Schutz der Freizügigkeit zu versagen.[149] Sofern die Mitgliedstaaten zusätzliche Voraussetzungen der bestimmten Dauer eines Aufenthalts verlangen, prüft der EuGH, ob die Dauer angemessen ist[150] und ob die Vorgabe überhaupt von EU-Ausländern erfüllt werden kann.[151] Ferner ist die Voraussetzung der »ausreichenden Existenzmittel« **weit** in dem Sinne **ausgelegt** worden, dass auch Mittel von Dritten, die dem Betroffenen zur Verfügung gestellt werden, einzubeziehen sind.[152]

5. Ausgewählte Bereiche

35 In der Rechtsprechung stehen immer wieder Fragen der Unterstützung von **Studierenden** zur Beurteilung an. Inhaltlicher Ausgangspunkt ist die Eröffnung eines gleichberechtigten Zugangs zum Studium in anderen Mitgliedstaaten durch die Rechtsprechung.[153] In *D'Hoop* erkannte der EuGH, dass einem Studenten nach Abschluss seines Studiums eine Überbrückungsbeihilfe zu zahlen ist, auch wenn dieser einen Teil seiner

---

8.7.2004, Rs. C–502/01 (Gaumain-Cerri), Slg. 2004, I–6483, Rn. 35; Urt. v. 26.10.2006, Rs. C–192/05 (Tas-Hagen), Slg. 2006, I–10541, Rn. 33; Urt. v. 12.1.2008, Rs. C–152/05 (Kommission/Deutschland), Slg. 2008, I–39, Rn. 26, 30; *Jarass*, GRCh, Art. 45 GRC, Rn. 13. A. A. wohl *Magiera*, in: Streinz, EUV/AEUV, Art. 21 AEUV, Rn. 24, der neben den geschriebenen Gründen keine weiteren Gründe aufführt.

[146] EuGH, Urt. v. 29.4.2004, Rs. C–224/02 (Pusa), Slg. 2004, I–5763 Rn. 20; Urt. v. 14.10.2008, Rs. C–353/06 (Grumkin), Slg. 2008, I–7639, Rn. 29; Urt. v. 4.12.2008, Rs. C–221/07 (Zublocka), Slg. 2008, I–9029, Rn. 37; Urt. v. 12.5.2011, Rs. C–391/09 (Runevic), Slg. 2011, I–3787, Rn. 83; *Magiera*, in: Streinz, EUV/AEUV, Art. 21 AEUV, Rn. 22.

[147] EuGH, Urt. v. 17.9.2002, Rs. C–413/99 (Baumbast und R), Slg. 2002, I–7091, Rn. 91.

[148] EuGH, Urt. v. 23.3.2006, Rs. C–408/03 (Kommission/Belgien), Slg. 2006, I–2647, Rn. 68.

[149] EuGH, Urt. v. 17.9.2002, Rs. C–413/99 (Baumbast und R), Slg. 2002, I–7091, Rn. 92 ff.

[150] EuGH, Urt. v. 18.11.2008, Rs. C–158/07 (Förster), Slg. 2008, I–8507, Rn. 53 ff.

[151] EuGH, Urt. v. 15.3.2005, Rs. C–209/03 (Bidar), Slg. 2005, I–2119, Rn. 61.

[152] EuGH, Urt. v. 20.9.2001, Rs. C–184/99 (Grzelczyk), Slg. 2001, I–6193, Rn. 43 ff.; Urt. v. 17.9.2002, Rs. C–413/99 (Baumbast und R), Slg. 2002, I–7091, Rn. 90 ff.

[153] EuGH, Urt. v. 13.2.1985, Rs. 293/83 (Gravier/Ville de Liège), Slg. 1985, 593, Rn. 25 f.; Urt. v. 1.7.2004, C–65/03 (Kommission/Belgien), Slg. 2004, I–6427, Rn. 25 ff. u. 31 ff.; Urt. v. 13.4.2010, Rs. C–73/08 (Bressol), Slg. 2010, I–2735, Rn. 30 ff.; kritisch dazu *Hilpold*, EuZW 2005, 647.

Ausbildung im Ausland verbracht hat.[154] In der Rs. *Grczelzyk* hat der EuGH festgestellt, dass Studierende, die im EU-Ausland nach einer Zeit des rechtmäßigen Aufenthalts sozialhilfebedürftig werden, nicht anders als Inländer behandelt werden dürfen.[155] Voraussetzung ist, dass sie sich in dem anderen Mitgliedstaat eine gewisse Zeit aufgehalten haben und sich in einem bestimmten Maße **in die Gesellschaft integriert** haben.[156] Art. 24 Abs. 2 der Freizügigkeitsrichtlinie sieht keine Verpflichtung der Mitgliedstaaten vor, Studierenden aus anderen EU-Mitgliedstaaten Studienbeihilfen zu gewähren, bevor diese ein **Daueraufenthaltsrecht** erworben haben. Während der EuGH zunächst eine Dauer von fünf Jahren als angemessen beurteilt hat[157], hat er in einem späteren Fall dieses Kriterium insofern in Frage gestellt, als es allein nicht ausreichend über die angezielte Integration im Aufenthaltsstaat Auskunft geben könne, und auch andere Kriterien zu Gunsten des Betroffenen herangezogen.[158] Ferner können Studierende auch Stipendien ihres **Heimatstaates** beanspruchen. Im konkreten Fall ging es um eine deutsche Ausbildungsförderung, die für eine Unterstützung von Studierende verlangte, dass der Betroffene eine mindestens einjährige Ausbildung im eigenen Mitgliedstaat absolviert haben müsse und ausschließlich diese Ausbildung im anderen Mitgliedstaat fortsetze. Diese doppelte Voraussetzung war nach Ansicht des EuGH unverhältnismäßig.[159]

Die sich ausweitende Rechtsprechungspraxis hat in der Literatur Fragen nach den Grenzen der Angleichung des Status von EU-Ausländern an den von Inländern aufgeworfen.[160] In der jüngeren Rechtsprechung hat der EuGH die Grenzen einer »**Sozialunion**« auf dem Wege über das Freizügigkeitsrecht aufgezeigt. In der Rs. *Dano* ging es um die Sozialbezüge[161] einer EU-Ausländerin, die im Inland keiner Arbeit nachgegangen war und auch keiner Arbeit nachgehen wollte.[162] Der Gerichtshof löste den Fall allein unter Rückgriff auf die **Freizügigkeitsrichtlinie**. Der sekundärrechtliche Gleichbehandlungsanspruch nach Art. 24 der Richtlinie setzt voraus, dass der Betroffene, der sich nicht länger als drei, aber weniger als fünf Jahre im Mitgliedstaat aufgehalten hat, gemäß Art. 7 Abs. 1 Buchst. b der Richtlinie über ausreichende Existenzmittel verfügt. Dies war im Fall *Dano* nicht gegeben, so dass der Mitgliedstaat die Zahlung der Sozialleistungen versagen konnte.[163] Entscheidend war, dass die Voraussetzungen für ein Aufenthaltsrecht nicht vorgelegen haben. Kurze Zeit später musste der EuGH in der Rs. *Alimanovic* eine Anspruchsberechtigung klären, bei der das Aufenthaltsrecht außer Frage stand.[164] Der EuGH qualifizierte die in Rede stehenden »**beitragsunabhängigen Geldleistungen**« als »**Sozialhilfe**« im Sinne von Art. 24 Abs. 2 Richtlinie 2004/38.[165] Die Rs. betraf Arbeitssuchende und fällt daher in den Anwendungsbereich des Art. 45

36

---

[154] EuGH, Urt. v. 11.7.2002, Rs. C–224/98 (D'Hoop), Slg. 2002, I–6191, Rn. 40.
[155] EuGH, Urt. v. 20.9.2001, Rs. C–184/99 (Grzelczyk), Slg. 2001, I–6193, Rn. 46.
[156] EuGH, Urt. v. 20.9.2001, Rs. C–184/99 (Grzelczyk), Slg. 2001, I–6193, Rn. 34 ff.; Urt. v. 15.3.2005, Rs. C–209/03 (Bidar), Slg. 2005, I–2119, Rn. 44 ff.
[157] EuGH, Urt. v. 18.11.2008, Rs. C–158/07 (Förster), Slg. 2008, I–8507, Rn. 51 ff.
[158] EuGH, Urt. v. 21.7.2011, Rs. C–503/09 (Stewart), Slg. 2011, I–6497, Rn. 94 ff.
[159] EuGH, Urt. v. 23.10.2007, Rs. C–11/06 (Morgan), Slg. 2007, I–9161, Rn. 19, 41.
[160] Für eine vollständige Gleichstellung im Sinne einer Vollintegration sprechen sich *Pechstein/Bunk*, EuGRZ 1997, 547 (553) aus; eine engere Ansicht vertritt *Schulz*, S. 273, näher dazu auch *Kluth*, in: Calliess/Ruffert, EUV/AEUV, Art. 21 AEUV, Rn. 6.
[161] Leistung der Grundsicherung nach SGB II.
[162] EuGH, Urt. v. 11.11.2014, Rs. C–333/13 (Dano), ECLI:EU:C:2014:2358.
[163] EuGH, Urt. v. 11.11.2014, Rs. C–333/13 (Dano), ECLI:EU:C:2014:2358, Rn. 78.
[164] EuGH, Urt. v. 11.11.2014, Rs. C–333/13 (Dano), ECLI:EU:C:2014:2358, Rn. 40.
[165] EuGH, Urt. v. 11.11.2014, Rs. C–333/13 (Dano), ECLI:EU:C:2014:2358, Rn. 43 f.

AEUV. Doch sind die Ausführungen unter der Freizügigkeitsrichtlinie auf Fälle nach dem Freizügigkeitsrecht übertragbar. Der EuGH wies darauf hin, dass sich der Mitgliedstaat auf die **Ausnahmeregelung** nach Art. 24 Abs. 2 der Richtlinie 2004/38 berufen könne. Dabei müssten zwar alle persönlichen Umstände des Betroffenen berücksichtigt werden,[166] doch könne davon im konkreten Fall abgesehen werden, weil die Richtlinie selbst schon ausreichend verschiedene Faktoren berücksichtige.[167] Bei der Frage, welche Belastung der sozialen Systeme durch den Betroffenen bestehe, sei die **Summe aller seiner Einzelanträge** abzustellen.[168]

VI. Vorschriften zur Erleichterung nach Abs. 2

37 Art. 21 Abs. 2 AEUV stellt eine **Rechtsetzungsgrundlage** für die Erreichung der **Ziele der Freizügigkeit** nach Abs. 1 zur Verfügung, begrenzt diese aber ausdrücklich auf Vorschriften, »mit denen die Ausübung der Rechte nach Abs. 1 erleichtert wird«. Deswegen können Maßnahmen mit beschränkenden Wirkungen **nicht** auf dieser Basis erlassen werden.[169] Früher bestand für die Bereiche der **sozialen Sicherheit** und des **sozialen Schutzes** sowie für Pässe, Personalausweise und Aufenthaltstitel eine **Bereichsausnahme** von der Rechtsetzungskompetenz.[170] Diese ist im Lissabonner Vertrag **entfallen**. Für erstere Maßnahmen besteht nun eine besondere Rechtsetzungskompetenz nach Art. 21 Abs. 3 AEUV, die im Rat **Einstimmigkeit** verlangt und nur die **Anhörung** des Europäischen Parlaments vorsieht. Für letztere Maßnahmen steht nunmehr in Art. 77 AEUV eine Rechtsetzungskompetenz unter den gleichen Verfahrensvoraussetzungen zur Verfügung. In der Literatur wird vertreten, dass auch diese Kompetenzvorschrift nur auf Regelungen zur »Erleichterung« der Ausübung des Freizügigkeitsrechts abzielt.[171] Allerdings enthält Abs. 3 keine entsprechende ausdrückliche Begrenzung wie Abs. 2.

D. Umsetzung in Deutschland

38 In Deutschland fanden sich die einschlägigen Regelungen für die Umsetzung des Freizügigkeitsrechts in Aufenthaltsgesetz/EWG[172] und in der Freizügigkeitsverordnung.[173] Nach Erlass der Freizügigkeitsrichtlinie der EU sind diese Vorschriften überarbeitet worden und sind nunmehr im **Freizügigkeitsgesetz/EU** enthalten.[174] Die Neufassung hat auch die zwischenzeitlich ergangene Rechtsprechung des EuGH einbezogen.

---

[166] EuGH, Urt. v. 11.11.2014, Rs. C–333/13 (Dano), ECLI:EU:C:2014:2358, Rn. 59, s. auch Urt. v. 19.9.2013, Rs, C–140/12 (Brey), ECLI:EU:C:2013:565, Rn. 64.
[167] EuGH, Urt. v. 11.11.2014, Rs. C–333/13 (Dano), ECLI:EU:C:2014:2358, Rn. 59f.
[168] EuGH, Urt. v. 11.11.2014, Rs. C–333/13 (Dano), ECLI:EU:C:2014:2358, Rn. 62.
[169] *Magiera*, in: Streinz, EUV/AEUV, Art. 21 AEUV, Rn. 27.
[170] Art. 18 Abs. 2 EGV.
[171] *Magiera*, in: Streinz, EUV/AEUV, Art. 21 AEUV, Rn. 27.
[172] BGBl. I 1980 S. 116.
[173] BGBl. I 1997 S. 1810.
[174] Freizügigkeitsgesetz/EU vom 30.7.2004 (BGBl. I S. 1950, 1986), das durch Artikel 14 Nummer 2 des Gesetzes vom 20.10.2015 (BGBl. I S. 1722) geändert worden ist.

Artikel 22 AEUV [Wahlrecht]

(1) ¹Jeder Unionsbürger mit Wohnsitz in einem Mitgliedstaat, dessen Staatsangehörigkeit er nicht besitzt, hat in dem Mitgliedstaat, in dem er seinen Wohnsitz hat, das aktive und passive Wahlrecht bei Kommunalwahlen, wobei für ihn dieselben Bedingungen gelten wie für die Angehörigen des betreffenden Mitgliedstaats. ²Dieses Recht wird vorbehaltlich der Einzelheiten ausgeübt, die vom Rat einstimmig gemäß einem besonderen Gesetzgebungsverfahren und nach Anhörung des Europäischen Parlaments festgelegt werden; in diesen können Ausnahmeregelungen vorgesehen werden, wenn dies aufgrund besonderer Probleme eines Mitgliedstaats gerechtfertigt ist.

(2) ¹Unbeschadet des Artikels 223 Absatz 1 und der Bestimmungen zu dessen Durchführung besitzt jeder Unionsbürger mit Wohnsitz in einem Mitgliedstaat, dessen Staatsangehörigkeit er nicht besitzt, in dem Mitgliedstaat, in dem er seinen Wohnsitz hat, das aktive und passive Wahlrecht bei den Wahlen zum Europäischen Parlament, wobei für ihn dieselben Bedingungen gelten wie für die Angehörigen des betreffenden Mitgliedstaats. ²Dieses Recht wird vorbehaltlich der Einzelheiten ausgeübt, die vom Rat einstimmig gemäß einem besonderen Gesetzgebungsverfahren und nach Anhörung des Europäischen Parlaments festgelegt werden; in diesen können Ausnahmeregelungen vorgesehen werden, wenn dies aufgrund besonderer Probleme eines Mitgliedstaats gerechtfertigt ist.

Literaturübersicht

Aust, Von Unionsbürgern und anderen Wählern, der Europäische Gerichtshof und das Wahlrecht zum Europäischen Parlament, ZEuS 2008, 253; *Böth*, Europawahl 2014, Wirtschaft und Statistik 2014, 293; *Burkholz*, Teilnahme von Unionsbürgern an kommunalen Bürgerentscheiden?, DÖV 1995, 816; *Degen*, Die Unionsbürgerschaft nach dem Vertrag über die Europäische Union, DÖV 1993, 749; *de Lobcowicz*, Ein Europäisches Kommunalwahlrecht für alle EG-Bürger, DÖV 1989, 519; *Engelken*, Einbeziehungen der Unionsbürger in kommunale Abstimmungen (Bürgerentscheide und Bürgerbegehren)?, NVwZ 1995, 432; *Hobe*, Die Unionsbürgerschaft nach dem Vertrag von Maastricht, Der Staat 32 (1993), 245; *Hofmann/Meyer-Teschendorf*, Teilnahme von Unionsbürgern nicht nur an Kommunalwahlen, sondern auch an kommunalen Plebisziten, ZRP 1995, 290; *Pieroth/Schmülling*, Die Umsetzung der Richtlinie des Rates zum Kommunalwahlrecht der Unionsbürger in den deutschen Ländern, DVBl 1998, 365; *Schönberger*, Unionsbürger, 2005; *Schrapper*, Die Richtlinie 94/80/EG zum aktiven und passiven Kommunalwahlrecht für Unionsbürger, DVBl 1995, 1167; *Schunda*, Das Wahlrecht von Unionsbürgern bei Kommunalwahlen in Deutschland, 2003; *Sieveking*, Europäisches Gemeinschaftsrecht und Stadtstaaten, DÖV 1993, 449; *Staeglich*, Rechte und Pflichten aus der Unionsbürgerschaft, ZEuS 2003, 485.

Leitentscheidungen

EuGH, Urt. v. 12.9.2006, Rs. C–300/04 (Eman und Sevinger), Slg. 2006, I–8055
EuGH, Urt. v. 12.9.2006, Rs. C–145/04 (Spanien/Vereinigtes Königreich), Slg. 2006, I–7917
EuGH, Beschl. v. 26.3.2009, Rs. C–535/08 (Pignataro), Slg. 2009, I–50

Wesentliche sekundärrechtliche Vorschriften

Beschluss des Rates vom 25.6.2002 und 23.9.2002 zur Änderung des Akts zur Einführung allgemeiner unmittelbarer Wahlen der Abgeordneten des Europäischen Parlaments, ABl. 1976, L 787/1, zuletzt geändert durch ABl. 2002, L 283/1
Richtlinie 94/80/EG des Rates vom 19.12.1994 über die Einzelheiten der Ausübung des aktiven und passiven Wahlrechts bei den Kommunalwahlen für Unionsbürger mit Wohnsitz in einem Mitgliedstaat, dessen Staatsangehörigkeit sie nicht besitzen, ABl. 1994, L 368/38, zuletzt geändert durch ABl. 2013, L 158/231

Richtlinie 93/109/EG vom 6.12.1993 über die Einzelheiten zur Ausübung des aktiven und passiven Wahlrechts bei den Wahlen zum Europäischen Parlament für Unionsbürger mit Wohnsitz in einem Mitgliedstaat, dessen Staatsangehörigkeit sie nicht besitzen, ABl. 1993, L 329/34, zuletzt geändert durch RL 2013/1/EU, ABl. 2013, L 26/27

Inhaltsübersicht Rn.

A. Bedeutung und systematischer Überblick	1
B. Entstehungsgeschichte	5
I. Die Erweiterung des Kommunalwahlrechts	6
II. Die Erweiterung des Europawahlrechts	7
C. Gewährleistungsgehalte	8
I. Gemeinsame Grundzüge	8
1. Persönlicher Schutzbereich und Inklusion	9
2. Sachlicher Schutzbereich	18
II. Besonderheiten des Kommunalwahlrechts	25
1. Anwendungsbereich	27
2. Aktives Wahlrecht	28
3. Passives Wahlrecht	32
III. Besonderheiten des Europawahlrechts	38
1. Gemeinsame Bestimmungen	38
2. Besondere Regelungen für das aktive und für das passive Wahlrecht	43

A. Bedeutung und systematischer Überblick

1 Art. 22 AEUV **erweitert** den Kreis der **Wahlberechtigten** in Bezug auf **Kommunalwahlen** und auf die **Wahlen zum Europäischen Parlament** (Europawahlen) in jedem Mitgliedstaat auf alle Unionsbürgerinnen und -bürgern, d. h. Staatsangehörige anderer Mitgliedstaaten mit Wohnsitz in dem betreffenden Mitgliedstaat. Die Vorschrift hat im Rahmen der Unionsbürgerschaft eine **herausragende Bedeutung**, denn sie betrifft inhaltlich Fragen der **Aktivbürgerschaft** und berührt damit die **demokratische Legitimation** der EU.[1] Es geht um individuelle Verbürgungen der Teilhabe[2] an wichtigen Bereichen des politischen Lebens. Diese Feststellung unterliegt aber zwei Begrenzungen. Erstens knüpft sie primär an das Wahlrecht zum Europäischen Parlament nach Art. 22 Abs. 2 AEUV, das nach Art. 10 Abs. 2 UAbs. 2 EUV als Pfeiler der **repräsentativ-demokratischen** Organisation genannt wird, und seiner Bedeutung für die supranationale Handlungsebene der Union an. Im EU-Vertrag wird es systematisch noch vor der Repräsentation der Bürgerinnen und Bürger der Mitgliedstaaten über ihre Regierungen aufgeführt. Diese Bedeutung für die demokratische Legitimation der Union gilt aber nicht in gleicher Weise für das Kommunalwahlrecht nach Art. 22 Abs. 1 AEUV, das transnational ausgerichtet ist und eher im Bereich der Exekutive als der Legislative angesiedelt ist.[3] Zweitens gewährleistet Art. 22 Abs. 1 AEUV nicht umfassend das Wahlrecht zum Europäischen Parlament, sondern erweitert lediglich dessen Anwendungsbereich in **persönlicher Hinsicht** auf EU-Ausländer mit Wohnsitz in einem fremden Mitgliedstaat. Demgegenüber ist das Kernstück demokratischer Teilhabe das **Wahlrecht aller** Uni-

---

[1] *Kaufmann-Bühler*, in: Lenz/Borchardt, EU-Verträge, Art. 22 AEUV, Rn. 1, spricht vom »politischen und demokratischen Kernstück der Unionsbürgerschaft. Das erscheint überpronounciert, s. oben Rn. 2.
[2] *Hatje*, in: Schwarze, EU-Kommentar, Art. 22 AEUV, Rn. 1.
[3] Vgl. aus deutscher Sicht BVerfGE 65, 283 (289).

onsbürgerinnen und -bürger zum Europäischen Parlament. Dieses wird in Art. 10 Abs. 1 und 2 EUV und in Art. 223 Abs. 1 AEUV vorausgesetzt, als Individualrecht indirekt über die Wahlrechtsgrundsätze in Art. 39 GRC abgesichert.[4] Damit sind die Verbürgungen in Art. 22 AEUV als wichtige **Ergänzungen eines Kernstücks** der demokratischen Legitimation der Union zu qualifizieren,[5] die die **rechtsordnungsübergreifenden Aspekte des Demokratieprinzips** in der Union hervorheben.[6] Sie ersetzen zwar nicht die Radizierung der Unionsbürgerschaft in der Staatsangehörigkeit eines Mitgliedstaates, aber sie verringern in zwei Bereichen deren Exklusivitätsansprüche auf demokratische Teilhabe.[7]

2014 fand seit 1979 die **achte Europawahl** statt, die Wahlbeteiligung lag in Deutschland bei 47,9 %. In der jüngeren Zeit ist die **Wahlbeteiligung** in Deutschland von einem hohen Wert von 60,0 % 1994 abgerutscht gewesen, seit 2004 aber wieder kontinuierlich angestiegen.[8] Sie lag 2014 mit 48 % höher als der EU-Durchschnitt von 43,1 %. Nach den Schätzungen waren in Deutschland 2014 2,9 Mio. **Staatsangehörige anderer EU-Staaten** stimmberechtigt.[9] Zahlenmäßig ist deren Bedeutung in Deutschland somit zwar gering gewesen, doch gibt es Mitgliedstaaten, wie Luxemburg, mit einem weit höheren Anteil an stimmberechtigten EU-Ausländern.[10] 2

Die Gewährleistungen in Art. 22 Abs. 1 und 2 AEUV sind unterschiedlich ausgerichtet. Abs. 2 betrifft die direkte demokratische Legitimation auf der EU-Ebene und damit die **Legitimation supranationaler politischer Herrschaft**, der alle Unionsbürgerinnen und -bürger unterworfen sind, während sich Abs. 1 auf das politische Leben in den Kommunen der Mitgliedstaaten bezieht und eine auf Gegenseitigkeit beruhende, **transnational ausgerichtete**, politische **Teilhabe** an der Legitimation der **kommunalen Hoheitsebene** gewährt. Angesichts dieser Unterschiede erscheint die Zusammenfassung, zumal unter Voranstellung des Aspekts der Kommunalwahl, in einer Norm systematisch kritikwürdig.[11] Ferner erscheint die **Nichterwähnung des umfassenden Wahlrechts** aller Unionsbürgerinnen und -bürger zum Parlament, das sich nach übereinstimmender Auffassung aus dem Wahlrechtsgrundsatz der Allgemeinheit nach Art. 223 Abs. 1 AEUV ergibt und im Lissabonner Vertrag ebenfalls in Art. 39 GRC und in Art. 10 Abs. 2 EUV verankert ist,[12] systematisch wenig geglückt. Fehlt damit doch das Kernstück demokratischer Legitimation und politischer Teilhabe der Unionsbürgerschaft im Abschnitt eben über die Unionsbürgerschaft. 3

---

[4] Zum Wahlrecht aller Unionsbürgerinnen und -bürger *Haratsch*, in: Heselhaus/Nowak, Handbuch der Europäischen Grundrechte, § 47, Rn. 24; zu den Wahlrechtsgrundsätzen *Magiera*, in: Meyer, GrCH, Art. 39 GRC, Rn. 29. Vgl. Art. 40 GRC zum Kommunalwahlrecht, der aber nicht über den Gewährleistungsgehalt in Art. 20 Abs. 1 AEUV hinausgeht.

[5] Noch weitergehend sehen bereits in dem erweiterten Wahlrecht *Kaufmann-Bühler*, in: Lenz/Borchardt, EU-Verträge, Art. 22 AEUV, Rn. 1; *Kluth*, in: Calliess/Ruffert, EUV/AEUV, Art. 22 AEUV, Rn. 1, ein Kernstück der Unionsbürgerschaft.

[6] S. *Haratsch*, in: Heselhaus/Nowak, Handbuch der Europäischen Grundrechte, § 47, Rn. 17.

[7] Vgl. *Hatje*, in: Calliess/Ruffert, EUV/AEUV, Art. 22 AEUV, Rn. 1.

[8] *Böth*, Wirtschaft und Statistik 2014, 293 (301).

[9] *Böth*, Wirtschaft und Statistik 2014, 293 (299), bei insgesamt 64,4 Mio. Wahlberechtigten im Inland.

[10] In Luxemburg beträgt der Ausländeranteil der wahlberechtigten Unionsbürgerinnen und -bürger 42,9 %, Kommission, Bericht über die Anwendung der Richtlinie 94/80/EG, KOM(2012) 99, S. 14 f.

[11] Überzeugender ist dagegen die separate Gewährleistung dieser beiden Verbürgungen in den Art. 39 und 40 GRC unter Voranstellung des Wahlrechts zum Europäischen Parlament.

[12] S. Art. 10 EUV, Rn. 18 sowie Art. 39 GRC, Rn. 23.

4 Die gemeinsame Erwähnung der Erweiterung des Kreises der Wahlberechtigten an der Europawahl und an den Kommunalwahlen findet ihr **verbindendes Element** im **Freizügigkeitsrecht** nach Art. 21 AEUV. Denn der Zweck beider Regelungen besteht darin, **Verluste an politischer Teilhabe**, die für Unionsbürgerinnen und -bürger entstehen, die von ihrem Recht auf Freizügigkeit Gebrauch machen und Wohnsitz in einem anderen Mitgliedstaat nehmen, **auszugleichen**.[13] In diesem Sinn sind ungeachtet der unterschiedlichen Ausrichtung im Detail beide Wahlrechtsregelungen dem gemeinsamen Anliegen verhaftet, **demokratische Teilhaberechte** von Unionsbürgerinnen und -bürgern zu sichern und auszubauen. Daraus folgt aber nicht, dass dem Recht auf Freizügigkeit die wichtigste und maßgebliche Bedeutung für die Unionsbürgerschaft zukäme. Denn diese Rolle dürfte dem allgemeinen Wahlrecht gemäß Art. 39 GRC und Art. 10 Abs. 2 EUV und Art. 223 Abs. 1 AEUV zukommen, das in Übereinstimmung mit der offenen Aufzählung in Art. 20 Abs. 2 AEUV zu den Gewährleistungen aus der Unionsbürgerschaft zu rechnen ist.

B. Entstehungsgeschichte

5 Die Entwicklungsgeschichte der beiden Verbürgungen in Art. 22 AEUV hat zwei **unterschiedliche Stränge**, die aber vom Europäischen Parlament bereits in den 80er Jahren **zusammengefasst** worden sind und zeitgleich Eingang in den **Maastricht-Vertrag** gefunden haben (näher dazu Art. 39 GRC, Rn. 9 und Art. 40 GRC, Rn. 7).

I. Die Erweiterung des Kommunalwahlrechts

6 Nur in **wenigen Mitgliedstaaten** galt vor der Einführung auf Unionsebene ein Kommunalwahlrecht für EU-Ausländer.[14] Eine einheitliche Einführung wurde seit Anfang der 70er Jahre diskutiert und wurde über die Stationen der **Gipfelkonferenz von Paris 1972**[15] und den **Europäischen Rat vom Dezember 1974**[16] von der **Kommission im Bericht** über die »Zuerkennung besonderer Rechte« 1975 aufgegriffen.[17] Das Kommunalwahlrecht wurde dann im Zusammenhang mit dem Europawahlrecht vom sog. **Adonnino-Ausschuss** behandelt[18] und vom **Europäischen Parlament** in mehreren Entschließungen eingefordert.[19] Schließlich wurde die Regelung über das erweiterte Kommunalwahlrecht als Art. 8 b Abs. 1 EGV auf Grund von Vorschlägen der Kommission und der spanischen Regierung in den **Maastricht-Vertrag** aufgenommen.[20] 1994 sind Details in der **Richtlinie 94/80/EG** über die Einzelheiten der Ausübung des aktiven und

---

[13] *Hatje*, in: Schwarze, EU-Kommentar, Art. 22 AEUV, Rn. 1.
[14] In Dänemark, Irland und den Niederlanden sowie in Portugal und Spanien auf Basis der Gegenseitigkeit, *Hobe*, Der Staat 32 (1993), 245 (249).
[15] S. dazu *Haag*, in: GS, EUV/EGV, Art. 22 AEUV, Rn. 3.
[16] Kommuniqué zum Treffen der Staats- und Regierungschefs der Europäischen Gemeinschaften, Paris, 9.–10.12.1974, in: 8. Gesamtbericht (1974), S. 337 ff.
[17] Bericht der Kommission vom 3.7.1975, Bull. EG, Beilage 7/1975, S. 23 ff., 29 ff. Damals wurde neben der Teilnahme an Kommunalwahlen auch die Teilnahme an Landeswahlen (in Deutschland: Bundeswahlen) angedacht.
[18] Bericht des Ad-hoc-Ausschusses »Europa der Bürger«, Bull. EG, Beilage 7/1985, S. 9 ff.
[19] Entschließung vom 14.11.1985, ABl. 1985, C 345/82 und Entschließung vom 15.12.1988, ABl. 1988, C 13/33.
[20] *Haratsch*, in: Heselhaus/Nowak, Handbuch der Europäischen Grundrechte, § 47, Rn. 15.

passiven Wahlrechts bei den Kommunalwahlen für Unionsbürger mit Wohnsitz in einem Mitgliedstaat, dessen Staatsangehörigkeit sie nicht besitzen, festgelegt worden.[21] Die Gewährleistung hat später Eingang in Art. I–10 Abs. 2 Buchst. b und Art. II–100 EVV des gescheiterten **Verfassungsvertrages** gefunden und ist in Art. 39 GRC und Art. 22 Abs. 1 AEUV im **Lissabonner Vertrag** rechtsverbindlich bestätigt worden.

II. Die Erweiterung des Europawahlrechts

Nachdem in der Anfangsphase der europäischen Integration die Abgeordneten des Europäischen Parlaments von den nationalen Parlamenten entsandt worden waren, stellte sich die Frage des Wahlrechts zum Parlament erst ab 1976 nach dem politischen Durchbruch zugunsten einer Direktwahl der Abgeordneten.[22] Nach Inkrafttreten des Direktwahlakts (DWA) 1978 wurden **1979** die **ersten Direktwahlen** durchgeführt. Damals war in acht der zwölf Mitgliedstaaten das aktive Wahlrecht auf die eigenen Staatsangehörigen beschränkt gewesen.[23] Eine Ausdehnung auf alle Unionsbürgerinnen und -bürger hatte das Parlament bereits in den 80er Jahren angeregt.[24] Doch erst **1992** wurde im **Maastricht-Vertrag** in Art. 8b Abs. 2 EGV das aktive und passive Wahlrecht der Unionsbürgerinnen und -bürger mit Wohnsitz in einem fremden Mitgliedstaat eingeführt. Dieses erweiterte Europawahlrecht war inhaltlich gleichlautend in Art. I–10 Abs. 2 Buchst. b und Art. II–99 Abs. 1 EVV vorgesehen gewesen, bevor es **2009** im **Lissabonner Vertrag** in Art. 22 Abs. 2 AEUV übernommen wurde. Das **allgemeine** Europawahlrecht aller Unionsbürgerinnen und -bürger ist hingegen zunächst nur aus den Bestimmungen über das Europäische Parlament — Art. 223 Abs. 1 AEUV und dessen Vorläufer – abgeleitet worden. Im Lissabonner Vertrag wird es zusätzlich in Art. 10 Abs. 2 EUV und in Art. 39 GRC gewährleistet. Die Einzelheiten zur Ausübung des erweiterten Europawahlrechts sind vom Rat in Richtlinie 93/109/EG niedergelegt worden.[25]

7

C. Gewährleistungsgehalte

I. Gemeinsame Grundzüge

Eine Reihe von rechtlichen Problemen sind den beiden Gewährleistungen der Erweiterung des Wahlrechts bei kommunalen Wahlen und bei den Europawahlen gemeinsam und konnten daher vergleichbaren Lösungen in Interpretation und sekundärrechtlicher Konkretisierung zugeführt werden (Rn. 9 ff.), verbleibende divergierende Problemlagen haben zu unterschiedlichen Antworten geführt (Rn. 24 ff.). Insbesondere stellen beide Verbürgungen eine **spezielle Ausprägung** des **Gebots der Gleichbehandlung und**

8

---

[21] Richtlinie 94/80/EG, ABl. 1994, L 368/38, zuletzt geändert durch ABl. 2013, L 158/231.
[22] Beschluss des Rates vom 25.6.2002 und 23.9.2002 zur Änderung des Akts zur Einführung allgemeiner unmittelbarer Wahlen der Abgeordneten des Europäischen Parlaments, ABl. 1976, L 787/1, zuletzt geändert durch ABl. 2002, L 283/1.
[23] Kommission, Zweiter Bericht über die Unionsbürgerschaft, KOM(97) 230, S. 8.
[24] S. die Nachweise in der Entschließung vom 14.11.1985, ABl. 1985, C 345/82 und Entschließung vom 15.12.1988, ABl. 1988, C 13/33.
[25] Richtlinie 93/109/EG vom 6.12.1993 über die Einzelheiten zur Ausübung des aktiven und passiven Wahlrechts bei den Wahlen zum Europäischen Parlament für Unionsbürger mit Wohnsitz in einem Mitgliedstaat, dessen Staatsangehörigkeit sie nicht besitzen, ABl. 1993, L 329/34, zuletzt geändert durch die Richtlinie 2013/1/EU, ABl. 2013, L 26/27.

Nichtdiskriminierung der Unionbürgerinnen und -bürger dar, die jeweils unter dem ausdrücklichen **Vorbehalt einer sekundärrechtlichen Regelung** der Details durch den Rat stehen. Die entsprechenden Sekundärrechtsakte betreffen nur die **Bedingungen der Erweiterung** des jeweiligen Wahlrechts, nicht die grundsätzliche Konkretisierung des Wahlrechts. Letztere findet sich zur Kommunalwahl in Bestimmungen des nationalen Rechts und zur Europawahl im Direktwahlakt (DWA)[26] und in den zu seiner Umsetzung ergangenen nationalen Regelungen. In einem **besonderen Gesetzgebungsverfahren** beschließt der **Rat einstimmig** über die Einzelheiten, während die Mitwirkung des **Europäischen Parlaments** auf eine **Anhörung** begrenzt ist. Das erscheint angesichts der unterschiedlichen Ausrichtung der beiden Gewährleistungen wenig überzeugend. Während die Interessen des Parlaments bei den Kommunalwahlen nicht tangiert werden, wäre es für die Ausgestaltung des Wahlrechts zum Europäischen Parlament im Vergleich zum Direktwahlakt durchaus sinnvoll gewesen, ein Mitentscheidungsrecht einzuräumen.[27]

1. Persönlicher Schutzbereich und Inklusion

9   Den beiden Verbürgungen in Art. 22 AEUV ist gemeinsam, dass sie ihrem **Sinn und Zweck** nach auf eine **stärkere politische Inklusion** von **EU-Ausländern** an ihrem Domizil abzielen.[28] Der persönliche Schutzbereich der nationalen Vorschriften über die Berechtigung zur Teilnahme an Kommunal- und Europawahlen wird auf EU-Ausländer erweitert, wodurch die **Exklusivität** der nationalen Staatsangehörigkeit bei der politischen Teilhabe **relativiert** wird.[29] Mit Abstellen auf den Wohnsitz als entscheidendes Kriterium wird politische Teilhabe in Bezug auf die eigene Staatsangehörigkeit **grenzüberschreitend** ermöglicht.

10 Die **Erweiterung** des **persönlichen Schutzbereichs** greift nur für Unionsbürgerinnen und -bürger. Dieser Status ist über Art. 20 Abs. 1 AEUV zwingend mit dem Status der Staatsangehörigkeit in einem EU-Mitgliedstaat verbunden. Maßgeblich für die **Zuerkennung der Staatsangehörigkeit** bleibt das nationale Recht.[30] Das Unionsrecht begrenzt lediglich mitgliedstaatliche Spielräume bei der Durchführung eines Entzugs der Staatsangehörigkeit, wenn dadurch zugleich die Unionsbürgerschaft entfällt.[31] Grundsätzlich wurzelt somit die grenzüberschreitende politische Teilhabe in der **Staatsangehörigkeit** zu einem EU-Mitgliedstaat.

11 Die Erweiterung der Wahlrechte für Unionsbürgerinnen und -bürger steht einer **Ausweitung des Wahlrechts** in einem Mitgliedstaat auf Personen mit einer engen Verbindung zu jenem Mitgliedstaat, ohne Staatsangehörige (besondere **Drittstaatler**) zu sein, nicht entgegen. Daher hat der EuGH die britische Regelung, nach der Personen mit

---

[26] Direktwahlakt vom 20. 9.1976 (BGBl. 1977 II S. 733/734), zuletzt geändert durch Beschluss des Rates v. 25. 6. 2002 und 23. 9. 2002 (BGBl. 2003 II S. 810; 2004 II S. 520).
[27] Art. 223 Abs. 1 UAbs. 2 AEUV sieht ein besonderes Gesetzgebungsverfahren mit einstimmigem Beschluss des Rates und Zustimmung des Europäischen Parlaments vor.
[28] *Kluth*, in: Calliess/Ruffert, EUV/AEUV, Art. 22 AEUV, Rn. 1; *Kaufmann-Bühler*, in: Lenz/Borchardt, EU-Verträge, Art. 22 AEUV, Rn. 1.
[29] *Hatje*, in: Schwarze, EU-Kommentar, Art. 22 AEUV, Rn. 1.
[30] EuGH, Urt. v. 2. 3. 2010, Rs. C–135/08 (Rottmann/Freistaat Bayern), Slg. 2010, I–1449, Rn. 39; Urt. v. 19.10. 2004, Rs. C–200/02 (Zou Chen), Slg. 2004, I–9925, Rn. 37; s. Art. 20 AEUV, Rn. 18.
[31] EuGH, Urt. v. 2.3.2010, Rs. C–135/08 (Rottmann/Freistaat Bayern), Slg. 2010, I–1449, Rn. 55 ff., verlangt eine Prüfung des unionsrechtlichen Grundsatzes der Verhältnismäßigkeit.

Wohnsitz in Gibraltar auch in ihrer Eigenschaft als Angehörige des Commonwealth das Wahlrecht zum Europäischen Parlament zusteht, nicht beanstandet.[32]

Aus der **Radizierung** des erweiterten Wahlrechts in der Staatsangehörigkeit wird in der Literatur teilweise geschlossen, dass auch das Wahlrecht nicht weitergehen könne, als es im Heimatstaat bestehe.[33] Daher dürften den Personen weder im Heimatstaat noch im Wohnsitzstaat die **bürgerlichen Ehrenrechte** aberkannt worden sein. Dieser Auffassung ist jedoch nur teilweise zuzustimmen. Zwar ergibt sich aus dem **Gleichbehandlungsgebot**, dass der Wohnsitzstaat den dort ansässigen EU-Ausländern das Wahlrecht versagen kann, wenn er ihnen die Ehrenrechte aberkannt hat und dies unter den gleichen Voraussetzungen auch gegenüber eigenen Staatsangehörigen geschehen kann. Das gilt aber nicht für den Fall einer Aberkennung der Ehrenrechte im Herkunftsmitgliedstaat. Hier muss zwischen der **Souveränität** des Wohnsitzstaates in Bezug auf die Regelung der Wahlberechtigung in seinem Territorium einerseits und der Gefahr der **Umgehung** von Entscheidungen über die Aberkennung von Ehrenrechten in anderen Mitgliedstaaten anderseits abgewogen werden. Das führt zu **unterschiedlichen Regelungen** in Bezug auf die in ihren Auswirkungen territorial eng limitierten Kommunalwahlen und die unionsweit wirkende Europawahl.[34]

Dem Einzelnen steht das **Entscheidungsrecht** zu, ob er sein Wahlrecht im Wohnsitz- oder im Herkunftsstaat ausüben möchte.[35] Dies folgt aus dem Zweck des Art. 22 AEUV, der darin besteht, einen Verlust an politischer Teilhabe durch Ausübung des Freizügigkeitsrechts auszugleichen, nicht aber in einer Aberkennung von im Heimatstaat gewährleisteten Wahlrechten.[36]

Der zweite maßgebliche Anknüpfungspunkt für das erweiterte Wahlrecht ist, dass der Unionsbürger einen **Wohnsitz in einem anderen Mitgliedstaat** hat, der nicht sein Herkunftsstaat ist. Der Gerichtshof für die EMRK hat 1999 entschieden, dass Großbritannien gemäß Art. 3 des 1. Zusatzprotokolls zur EMRK verpflichtet ist, auch im **Gebiet Gibraltar** die Europawahl durchzuführen.[37] Dies ist unionsrechtskonform durch eine Angliederung an einen in Großbritannien bestehenden Wahlkreis geschehen.[38]

Damit greift die Vorschrift nicht für Unionsbürgerinnen und -bürger mit **Wohnsitz in einem Drittstaat**. Nach der Rechtsprechung steht es aber in der **Kompetenz der Mitgliedstaaten**, für ihre Staatsangehörigen mit Wohnsitz in einem Drittstaat das Wahlrecht zum Europäischen Parlament vorzusehen.[39] Der EuGH hat vor dem Lissabonner Vertrag darauf abgestellt, dass die Verträge das **Wahlrecht** nicht grundsätzlich regelten und

---

[32] EuGH, Urt. v. 12.9.2006, Rs. C–145/04 (Spanien/Vereinigtes Königreich), Slg. 2006, I–7917, Rn. 76 ff.
[33] *Kaufmann-Bühler*, in: Lenz/Borchardt, EU-Verträge, Art. 22 AEUV, Rn. 6.
[34] Art. 6 und 7 i. V. m. Art. 3 Europawahl-RL verlangen, dass auch im Heimatstaat das aktive und passive Wahlrecht grundsätzlich bestehen müsse, während Art. 5 Kommunalwahl-RL bezüglich des passiven Wahlrechts dem Wohnsitzstaat ein Ermessen einräumt, näher dazu Rn. 33.
[35] Deutlich bestimmt Art. 8 Abs. 1 Europawahl-RL, dass ein aktiv Wahlberechtigter der Union sein Wahlrecht »auf seinen Wunsch hin« ausübt.
[36] Ebenso *Kaufmann-Bühler*, in: Lenz/Borchardt, EU-Verträge, Art. 22 AEUV, Rn. 2.
[37] EGMR, Urt. v. 18.2.1999, Beschwerde-Nr. 24833/94 (Matthews/Vereinigtes Königreich), NJW 1999, 3107.
[38] EuGH, Urt. v. 12.9.2006, Rs. C–145/04 (Spanien/Vereinigtes Königreich), Slg. 2006, I–7917, Rn. 90 ff.
[39] In diesem Sinne anerkennt EuGH, Urt. v. 12.9.2006, Rs. C–300/04 (Eman und Sevinger), Slg. 2006, I–8055, Rn. 59, dass die Niederlande ihren Staatsangehörigen mit Wohnsitz in einem Drittstaat das Wahlrecht zum Europäischen Parlament einräumen können.

die Vorschriften über das EP an die »Völker« anknüpften und insoweit auf die entsprechenden **Regelungen der Mitgliedstaaten** verwiesen.[40] Seit 2009 gilt das Europäische Parlament gemäß Art. 14 Abs. 2 EUV als Vertreterin der Unionsbürgerinnen und -bürger, so dass das Wahlrecht an den Status der **Unionsbürgerschaft**, d. h. der Staatsangehörigkeit in einem Mitgliedstaat anknüpft. Allerdings hat der EuGH betont, dass das Wahlrecht durch die Verträge **nicht »unbedingt«** sei. Aus diesem Grund seien die Mitgliedstaaten befugt, die Voraussetzung des Wohnsitzes näher zu regeln.[41]

16 Sofern die Mitgliedstaaten von ihrer Regelungsbefugnis zum Wahlrecht von Unionsbürgerinnen und -bürgern mit **Wohnsitz in Drittstaaten** Gebrauch machen, unterliegen sie aber dem **allgemeinen Gebot der Gleichbehandlung und Nichtdiskriminierung** im Unionsrecht[42] und dürfen zwischen verschiedenen Drittstaaten oder den vergleichbaren überseeischen Ländern und Gebieten (ÜLG) nur differenzieren, soweit dies durch objektive Gründe gerechtfertigt ist.[43] In diesem Fall greift aber das **allgemeine**, nicht das spezielle **Gleichbehandlungsgebot** nach Art. 22 AEUV, da Letzteres einen Wohnsitz in einem Mitgliedstaat voraussetzt.

17 Das Unionsrecht definiert nicht den **Begriff des Wohnsitzes** und überlässt es den Mitgliedstaaten diesen zu konkretisieren. Wenn Art. 4 Abs. 2 Kommunalwahl-RL[44] den Mitgliedstaaten gestattet, unter den **Bedingungen der Gleichbehandlung** auf den **Hauptwohnsitz** abzustellen, folgt daraus im Umkehrschluss, dass im Übrigen das Wahlrecht nicht an den Hauptwohnsitz anknüpft. Damit wird den Wahlberechtigten bei mehreren Wohnsitzen ein Recht auf Auswahl des Ortes der Stimmabgabe zugestanden. Das Sekundärrecht und nationale Vorschriften können Sicherheiten vorsehen, um eine **doppelte Stimmabgabe** zu **verhindern**.[45] Es bleibt den Mitgliedstaaten unbenommen, das Wahlrecht an eine gewisse **Dauer des Wohnsitzes** zu knüpfen.[46] Sofern auf die Dauer eines Wohnsitzes im Mitgliedstaat abgestellt wird, gilt diese Voraussetzung aber auch bei entsprechender Dauer eines Wohnsitzes in einem anderen Mitgliedstaat als erfüllt.[47] Dessen ungeachtet können die Mitgliedstaaten aber vorsehen, dass der Wohnsitz für eine bestimmte Dauer **in einem bestimmten Wahlkreis** oder einer bestimmten Gebietskörperschaft bestanden haben muss, sofern dies auch für eigene Staatsangehörige gilt.[48]

2. Sachlicher Schutzbereich

18 Die Erweiterung des Wahlrechts in Art. 22 AEUV bezieht sich sowohl auf das **aktive** als auch auf das **passive Wahlrecht**. Im Einzelnen bestehen hier leichte Unterschiede in den Regelungen für die Teilnahme an Kommunalwahlen und an der Europawahl (s. Rn. 27 und 42 ff.). Die Gewährleistung der Gleichbehandlung und Nichtdiskriminierung

---

[40] EuGH, Urt. v. 12.9.2006, Rs. C–300/04 (Eman und Sevinger), Slg. 2006, I–8055, Rn. 43 f.
[41] EuGH, Urt. v. 12.9.2006, Rs. C–300/04 (Eman und Sevinger), Slg. 2006, I–8055, Rn. 52 f.
[42] EuGH, Urt. v. 12.9.2006, Rs. C–300/04 (Eman und Sevinger), Slg. 2006, I–8055, Rn. 57.
[43] EuGH, Urt. v. 12.9.2006, Rs. C–300/04 (Eman und Sevinger), Slg. 2006, I–8055, Rn. 59 f.
[44] Richtlinie 94/80/EG des Rates vom 19.12.1994 über die Einzelheiten der Ausübung des aktiven und passiven Wahlrechts bei den Kommunalwahlen für Unionsbürger mit Wohnsitz in einem Mitgliedstaat, dessen Staatsangehörigkeit sie nicht besitzen, ABl. 1994, L 368/38, zuletzt geändert durch ABl. 2013, L 158/231.
[45] Das ist zwingend in Art. 4 Europawahl-RL vorgesehen, den Mitgliedstaaten aber in der Kommunalwahl-RL aufgrund fehlender Regelung freigestellt, vgl. *Hilf*, in: Grabitz/Hilf, EU, Art. 19 AEUV (Januar 2001), Rn. 18.
[46] Art. 4 Kommunalwahl-RL und Art. 5 Europawahl-RL.
[47] Art. 4 Abs. 1 Kommunalwahl-RL und Art. 5 S. 1 Europawahl-RL.
[48] Art. 4 Abs. 3 Kommunalwahl-RL und Art. 5 S. 2 Europawahl-RL.

schließt auch die **gleiche Anwendung der Wahlrechtsgrundsätze** ein. Für die Europawahlen sind diese ausdrücklich in Art. 39 Abs. 2 GRC und in Art. 9 EUV niedergelegt.[49]

Die Mitgliedstaaten können **weitere Voraussetzungen** für die Ausübung des Wahlrechts vorsehen, wenn diese sachlich gerechtfertigt sind und keine unzumutbare Beeinträchtigung mit sich bringen. So ist es insbesondere zulässig, die Ausübung des Wahlrechts von der **Eintragung in das Wählerverzeichnis** abhängig zu machen.[50] 19

Ausdrücklich gewährleistet das Sekundärrecht, dass gegen die **Versagung der Eintragung** in das Wählerverzeichnis oder gegen die **Ablehnung einer Kandidatur** der **Rechtsweg** in gleicher Weise wie für Staatsangehörige des Wohnsitzstaates eröffnet sein muss.[51] Aus dem Gebot der **Gleichbehandlung und Nichtdiskriminierung** in Verbindung mit dem **Loyalitätsprinzip** im Hinblick auf die effektive Durchsetzung des Unionsrechts und dem **Recht auf effektiven Rechtsschutz** nach Art. 47 Abs. 1 GRC muss auch bei der grundsätzlichen **Verweigerung des Wahlrechts** ein Rechtsbehelf zur Verfügung stehen, um einen möglichen Verstoß gegen das Unionsrecht überprüfen lassen zu können (s. dazu auch Rn. 22). 20

Aus dem **Grundsatz der Gleichbehandlung und Nichtdiskriminierung** folgt des Weiteren, dass ein Mitgliedstaat Unionsbürgerinnen und -bürger aus anderen Mitgliedstaaten auch einer **Wahlpflicht** unterwerfen kann, wenn er eine solche für seine eigenen Staatsangehörigen vorsieht.[52] Praktisch relevant ist dies vor allem in Belgien.[53] 21

Im Sekundärrecht ist gestattet, dass Mitgliedstaaten eng begrenzte **Ausnahmen vom Wahlrecht** vorsehen können, wenn der Anteil der wahlberechtigten Bevölkerung aus anderen Mitgliedstaaten im Inland **20 Prozent** übersteigt.[54] Diese Option ist vor allem im Hinblick auf den hohen Anteil von Staatsangehörigen aus anderen Mitgliedstaaten in Luxemburg vorgesehen worden.[55] Doch sind diese Ausschlüsse **zeitlich begrenzt**, beim aktiven Wahlrecht auf fünf Jahre und beim passiven Wahlrecht auf maximal 10 Jahre. Eine primärrechtliche Rechtfertigung für diese Ausnahmen müsste versuchen, eine Verbindung zwischen dem mit der Anzahl steigenden Einfluss und einem Erfordernis einer längerfristigen Integration herzustellen und auf den derzeitigen Stand der Integration abstellen.[56] 22

Fehlt es an einer konkretisierenden Regelung in einem Sekundärrechtsakt oder an der Umsetzung in einem Mitgliedstaat, stellt sich die Frage nach einer **unmittelbaren Wirkung** des Art. 22 AEUV.[57] Diese Vorschrift gewährt ihre Verbürgungen ausdrücklich nur »vorbehaltlich« einer **sekundärrechtlichen** Regelung. Der EuGH hat festgestellt, dass Art. 22 »**kein unbedingtes**« Recht gewähre.[58] Im zugrundeliegenden Fall ging es um das Wahlrecht bei Wohnsitz außerhalb der Mitgliedstaaten der EU, also eine von Art. 22 AEUV und den Wahlrechts-Richtlinien nichtgeregelte Situation. Daraus ist zu schließen, 23

---

[49] S. ausführlich dazu unter Art. 39 GRC, Rn. 21 ff. und Art. 9 EUV, Rn. 16 ff.
[50] Art. 9 Abs. 1 Europawahl-RL und Art. 8 Abs. 1 Kommunalwahl-RL, s. auch *Kaufmann-Bühler*, in: Lenz/Borchardt, EU-Verträge, Art. 22 AEUV, Rn. 5.
[51] Art. 11 Europawahl-RL und Art. 19 Kommunalwahl-RL.
[52] So die ausdrücklichen Regelungen in Art. 8 Abs. 2 Europawahl-RL und Art. 7 Abs. 2 Kommunalwahl-RL.
[53] *Kaufmann-Bühler*, in: Lenz/Borchardt, EU-Verträge, Art. 22 AEUV, Rn. 6.
[54] Art. 14 Europawahl-RL, Art. 12 Kommunalwahl-RL.
[55] In Luxemburg lag der Anteil wahlberechtigter EU-Ausländer 2012 bei 42,9 %, siehe den Bericht der Kommission über die Anwendung der RL 94/80/EG, KOM(2012) 99, S. 14 f.
[56] Zum Kompromisscharakter der Kommunalwahl-RL, *Schunda*, S. 82 ff.
[57] Ablehnend *Kaufmann-Bühler*, in: Lenz/Borchardt, EU-Verträge, Art. 22 AEUV, Rn. 1.
[58] EuGH, Urt. v. 12. 9. 2006, Rs. C–300/04 (Eman und Sevinger), Slg. 2006, I–8055. Rn. 52.

dass sich der Einzelne nicht unmittelbar auf Art. 22 AEUV berufen kann, sondern sich auf das Sekundärrecht berufen müsste. Ob das aber auch gilt, wenn ihm das Wahlrecht in einem Wohnsitz-Mitgliedstaat vorenthalten würde, ist zu bezweifeln. In einem solchen Fall wäre eine **unmittelbare Wirkung der einschlägigen Wahlrechts-Richtlinie** zu prüfen. Denn der ausdrückliche Vorbehalt in Art. 22 AEUV bezieht sich nur auf die sekundärrechtliche Regelung, nicht auf die Umsetzung durch die Mitgliedstaaten.

24 Sachlich sind beide Gewährleistungen des Art. 22 AEUV auf die genannten Wahlen begrenzt. Eine **Ausweitung auf weitere Formen der politischen Partizipation** wie auf Bürgerbegehren und Bürgerentscheide oder auf die Europäische Bürgerinitiative wäre zwar sinnvoll und liegt – wie vor der Regelung über das erweiterte Wahlrecht die Zuerkennung des desselben – in der **Kompetenz der Mitgliedstaaten**.[59] Zwingend gefordert wird dies von Art. 22 AEUV nicht, denn es fehlt jeder Hinweis darauf, dass die Regelung nicht abschließend sei.[60] Ist damit allein das nationale Recht maßgeblich, muss in den Mitgliedstaaten geklärt werden, ob das **Verfassungsrecht** einer solchen Öffnung auf kommunaler Ebene entgegenstehen würde.[61]

II. Besonderheiten des Kommunalwahlrechts

25 Die Einführung der Vorschriften über das erweiterte Kommunalwahlrecht hat in mehreren Mitgliedstaaten Anlass zu einer **Verfassungsänderung** gegeben.[62] Das BVerfG hatte 1990 in einer Entscheidung zum Ausländerwahlrecht in zwei Bundesländern die Frage offen gelassen, ob ein solches durch das Unionsrecht eingeführt werden könne.[63] Deshalb wurde im Zuge der Einführung dieses Rechts im Maastricht-Vertrag **Art. 28 GG** im Wege der Verfassungsänderung dahingehend ergänzt, dass auch Staatsangehörige anderer Mitgliedstaaten in den Kreisen und Gemeinden wahlberechtigt und wählbar sind.[64]

26 Da das Kommunalwahlrecht in den Mitgliedstaaten sehr unterschiedlich geregelt ist und im Gegensatz zur Europawahl kein integrationspolitischer Druck zu einer Harmonisierung besteht, lässt die Kommunalwahl-RL den Mitgliedstaaten mehr **Spielraum bei der Umsetzung**. Alle Mitgliedstaaten haben die Vorgaben umgesetzt, Belgien allerdings erst verspätet und nach Verurteilung durch den EuGH.[65] Nähere Hinweise zu Einzelheiten finden sich in den Berichten der Kommission über die Anwendung der Kommunalwahl-RL.[66]

---

[59] Vgl. die Einräumung eines Rechts auf Teilnahme an Bürgerentscheiden in § 7 KWahlG NRW i. V. m. §§ 21 Abs. 2, 26 GO NRW; § 1 GLKrWG Bayern i. V. m. 15 Abs. 2, 18a GO Bayern.
[60] Überwiegende Ansicht, s. *Aust*, ZEuS 2008, 253; *Schunda*, S. 185, *Kluth*, in: Calliess/Ruffert, EUV/AEUV, Art. 22 AEUV, Rn. 11, vgl. EuGH, Urt. v. 12. 9. 2006, Rs. C–145/04 (Spanien/Vereinigtes Königreich), Slg. 2006, I–7917; zweifelnd *Kaufmann-Bühler*, in: Lenz/Borchardt, EUV/EGV, Art. 22 AEUV, Rn. 3, der auf den Sinn und Zweck des Ausbaus der Rechte aus der Unionsbürgerschaft hinweist. Doch dieser Ausbau ist der Vertragsergänzung nach Art. 25 AEUV vorbehalten (s. Art. 25 AEUV, Rn. 22 ff.).
[61] Im Hinblick auf Art. 28 GG halten das *Kluth*, in: Calliess/Ruffert, EUV/AEUV, Art. 22 AEUV, Rn. 11, *Engelken*, NVwZ 1995, 432 für zulässig; a. A. *Burkholz*, DÖV 1995, 816, *Hofmann/Meyer-Teschendorf*, ZRP 1995, 290.
[62] Zur Verfassungsänderung in Frankreich und zu den Verfassungsänderungen in Spanien und Portugal s. *Haag*, in: GS, EUV/EGV, Art. 22 AEUV, Rn. 5.
[63] BVerfGE 83, 37 ff.
[64] BGBl. I 1992 S. 2086. Ausführlich zu den Regelungen in Deutschland *Schunda*, S. 92 ff., 282 ff.
[65] EuGH, Urt. v. 9. 7. 1998, Rs. C–323/97 (Kommission/Belgien), Slg. 1998, I–4281.
[66] Kommission, Bericht an das Europäische Parlament und den Rat über die Anwendung der Richt-

1. Anwendungsbereich

Der **Begriff der Kommunalwahl** wird in Art. 22 AEUV vorausgesetzt und in der Kommunalwahl-RL näher definiert. Erfasst sind danach die **allgemeinen, unmittelbaren Wahlen** der Mitglieder der **Vertretungskörperschaften** und – nach Maßgabe des nationalen Rechts – auch der Mitglieder der **Leiter des Exekutivorgans** einer »lokalen Gebietskörperschaft der Grundstufe der politischen und administrativen Organisation«.[67] Diese **lokalen Gebietskörperschaften** sind im Anhang zur Kommunalwahl-RL aufgeführt. Für Deutschland spiegelt die Liste die Vielfalt der Kommunalverfassungen und Besonderheiten der Stadtstaaten wieder.[68] Nicht der Grundstufe sind höhere Kommunalverbände zuzurechnen.[69] Die Frage nach einer analogen Anwendung auf solche Verbände ist zu verneinen.[70] Denn das Unionsrecht hält sich hier gemäß der einstimmig im Rat beschlossenen Kommunalwahl-RL zurück und es steht somit den Mitgliedstaaten weiterhin offen, solche Erweiterungen in eigener Kompetenz vorzunehmen.[71]

27

2. Aktives Wahlrecht

Grundsätzlich unterliegt die **Zuerkennung des aktiven** – wie auch des passiven – **Wahlrechts** dem Gebot der **Gleichbehandlung und Nichtdiskriminierung** nach Art. 22 Abs. 1 AEUV. Danach kann differenziert werden zwischen Vorgaben, die für alle Wähler gleich sind und solchen, die gerade wegen der fehlenden Staatsangehörigkeit im Wohnsitzmitgliedstaat besondere Regelungen erfordern, d. h. eine **gerechtfertigte Differenzierung**.

28

Über das Gleichbehandlungsgebot kommen die EU-Ausländer im Wohnsitzmitgliedstaat in den Genuss der **Wahlrechtsgrundsätze**. Die Kommunalwahl-RL spricht indirekt die **Allgemeinheit** und **Unmittelbarkeit** an.[72] Die Geltung der **weiteren** demokratischen **Wahlgrundsätze** ist in allen Mitgliedstaaten verbürgt und erfährt in der EU über die **Homogenitätsklausel** des Art. 2 EUV und über Art. 7 EUV eine Absicherung.[73] Dementsprechend gelten **Einschränkungen und Erweiterungen** des aktiven Wahlrechts für eigene Staatsangehörige auch für EU-Ausländer, wie etwa ein **Mindestalter**. Auch darf das Wahlrecht unter der Vorgabe der Gleichbehandlung von einer **Mindestwohndauer** im Wohnsitzstaat (s. Rn. 16) oder im Wahlkreis bzw. in einer Gebietskörperschaft (s. Rn. 16) abhängig gemacht werden.

29

Einzuhalten ist auch der Grundsatz der **Wahlrechtsgleichheit** und zwar sowohl in Bezug auf den **Zählwert** als auch auf den **Erfolgswert**. Die Kommunalwahl-RL verbietet

30

---

linie 94/80/EG über die Ausübung des aktiven und passiven Wahlrechts bei den Kommunalwahlen, KOM(2002), S. 260. Kommission, Bericht über die Anwendung der Richtlinie 94/80/EG über das aktive und passive Wahlrecht bei den Kommunalwahlen für Unionsbürger mit Wohnsitz in einem Mitgliedstaat, dessen Staatsangehörigkeit sie nicht besitzen, KOM(2012) 99.

[67] Art. 2 Abs. 1 Buchst. a und b Kommunalwahl-RL. Näher dazu *Degen*, DÖV 1993, 754 f.
[68] Näher *Sieveking*, DÖV 1993, 449. Erfasst werden u. a. kreisfreie Städte und Stadtkreise, Kreise, Bezirke in der Freien und Hansestadt Hamburg.
[69] *Kluth*, in: Calliess/Ruffert, EUV/AEUV, Art. 22 AEUV, Rn. 10 weist auf die Bayerischen Bezirke und die Verbandsgemeinden in Rheinland-Pfalz hin, Art. 12 bay. BezO; §§ 64 ff. GO Rh.-Pf.
[70] A.A. *Schrapper*, DVBl 1995, 1170, *Kluth*, in: Calliess/Ruffert, EUV/AEUV, Art. 22 AEUV, Rn. 10.
[71] In Deutschland verweist allerdings die Regelung des Art. 28 Abs. 1 GG auf die Vorgaben des EU-Rechts für die Wahlen in Kreisen und Gemeinden.
[72] S. die Begriffsbestimmung in Art. 2 Abs. 1 Buchst. a und b Kommunalwahl-RL.
[73] S. jeweils die Kommentierungen zu Art. 2 EUV, Rn. 16 und zu Art. 7 EUV, Rn. 7.

anders als die Europawahl-RL[74] nicht die mehrfache Stimmabgabe in Gebietskörperschaften verschiedener Mitgliedstaaten.[75] Die entsprechenden Regelungen sind in Übereinstimmung mit dem **Subsidiaritätsprinzip** den Mitgliedstaaten überlassen. Dazu gestattet die Kommunalwahl-RL den Wohnsitz-Mitgliedstaaten das Wahlrecht vom Vorliegen eines **Hauptwohnsitzes** abhängig zu machen.[76] Es kann aber auch der Herkunftsmitgliedstaat das kommunale Wahlrecht bei Fehlen eines Wohnsitzes im Inland ausschließen. Während manche Mitgliedstaaten keine Exklusivitätsregelungen vorsehen, wird in der Mehrheit der Mitgliedstaaten eine Wahlberechtigung an mehreren Wohnsitzen ausgeschlossen.[77]

31 Art. 7 Abs. 1 Kommunalwahl-RL sieht vor, dass ein aktiv wahlberechtigter EU-Ausländer eine **Willenserklärung** über die Ausübung seines Wahlrechts **abgeben** muss. Daher darf in Deutschland die erstmalige Wahlbeteiligung von einem **Antrag auf Eintragung in das Wählerverzeichnis** abhängig gemacht werden.[78]

3. Passives Wahlrecht

32 Auch bei der Regelung des **erweiterten passiven Wahlrechts** müssen die Mitgliedstaaten das Gebot der **Gleichbehandlung und Nichtdiskriminierung** nach Art. 22 AEUV einhalten. So gelten Voraussetzungen für das passive Wahlrecht von eigenen Staatsangehörigen, die an die **Dauer des Wohnsitzes** oder an den **Hauptwohnsitz** in der betroffenen lokalen Gebietskörperschaft anknüpfen, auch für EU-Ausländer für eine Kandidatur im Wohnsitzmitgliedstaat.[79] Im Übrigen müssen EU-Ausländer die **gleichen Nachweise und Erklärungen** für eine Kandidatur abgeben wie Staatsangehörige des Wohnsitzstaates.[80]

33 Die nicht abschließende Konkretisierung in der Kommunalwahl-RL belässt den Mitgliedstaaten Spielraum für Sonderregelungen, die mit dem EU-Recht vereinbar sein müssen. So ist es **zulässig** unter Beachtung der **Gleichbehandlung** auch für EU-Ausländer ein Erfordernis einer **Mindestwohndauer** im Gebiet einer Gebietskörperschaft bzw. in einem Teilgebiet eines Mitgliedstaates, etwa einem Bundesland, vorzusehen. Nach der Rechtsprechung kann ein Mitgliedstaat für eine Kandidatur zu einer Regionalversammlung vorsehen, dass die Wahlbewerber ihren Wohnsitz in der Region haben.[81] Ferner kann der Wohnsitzstaat das passive Wahlrecht versagen, wenn es **im Herkunftsland aberkannt** worden ist.[82] Er kann EU-Ausländer verpflichten, eine entsprechende **Erklärung** abzugeben bzw. bei Zweifeln einen **Nachweis** der zuständigen Behörden in seinem Heimatstaat vorzulegen.[83]

34 Die Kommunalwahl-RL verzichtet bewusst auf ein Verbot der **gleichzeitigen Kandidatur** in der Heimat- und in der Wohnsitzgemeinde.[84] Es bleibt den Mitgliedstaaten

---

[74] Richtlinie 93/109/EG vom 6.12.1993 über die Einzelheiten zur Ausübung des aktiven und passiven Wahlrechts bei den Wahlen zum Europäischen Parlament für Unionsbürger mit Wohnsitz in einem Mitgliedstaat, dessen Staatsangehörigkeit sie nicht besitzen, ABl. 1993, L 329/34, zuletzt geändert durch RL 2013/1/EU, ABl. 2013, L 26/27.
[75] Ausführlich zur Problematik doppelter Wahlberechtigungen *Schönberger*, S. 452 ff.
[76] Art. 4 Abs. 2 Kommunalwahl-RL.
[77] *Kaufmann-Bühler*, in: Lenz/Borchardt, EU-Verträge, Art. 22 AEUV, Rn. 3.
[78] BayVerfGH, BayVBl. 1997, 495.
[79] Art. 4 Abs. 1 und 2 Kommunalwahl-RL.
[80] Art. 9 Abs. 1 Kommunalwahl-RL.
[81] EuGH, Beschl. v. 26.3.2009, Rs. C–535/08 (Pignataro), Slg. 2009, I–50.
[82] Art. 5 Abs. 1 Kommunalwahl-RL.
[83] Art. 5 Abs. 2 und Art. 9 Abs. 2 Kommunalwahl-RL.
[84] Das war in einem früheren Entwurf vorgesehen gewesen, *de Lobcowicz*, DÖV 1989, 519 (526).

überlassen, ob sie dies untersagen wollen.[85] Ausdrücklich gestattet Art. 4 Abs. 2 Kommunalwahl-RL den Wohnsitzstaaten, das Erfordernis eines **Hauptwohnsitzes** vorzusehen.

Für die **passiv wahlberechtigten** EU-Ausländer können **weitere Einschränkungen** 35 vorgesehen werden. So können die Mitgliedstaaten die **Ämter** des **Leiters eines Exekutivorgans**, seines Vertreters oder eines Mitglieds des leitenden kollegialen Exekutivorgans wie die vorübergehende und vertretungsweise Wahrnehmung dieser Ämter den **eigenen Staatsangehörigen** vorbehalten. Diese **zeitlich unbegrenzte Ausnahme** wird in der Literatur teilweise für problematisch erachtet.[86] Aus deutscher Sicht handelt es sich um Vorbehalte, die auf Verfassungsstufe vorgesehen sind.[87] Sie finden ihre unionsrechtliche Rechtfertigung in dem Umstand, dass das Primärrecht auch bei den Grundfreiheiten Ausnahme für die **Ausübung öffentlicher Gewalt** vorsieht.[88] In Deutschland haben manche Bundesländer von dieser Option Gebrauch gemacht.[89] Ebenfalls diesem Gedanken ist die Regelung verhaftet, dass in eine Vertretungskörperschaft gewählte EU-Ausländer weder bei der Ernennung der Wahlmänner einer parlamentarischen Versammlung noch an der Wahl deren Mitglieder teilnehmen dürfen. Sie erhielten sonst über einen Umweg ein ihn ansonsten nicht zustehendes, weil über Art. 22 AEUV hinausgehendes erweitertes Wahlrecht. Diese Sonderregelungen sind abzugrenzen von den temporären Ausnahmen nach Art. 12 Kommunalwahl-RL (s. Rn. 21).

Grundsätzlich umfasst das passive Wahlrecht auch das Recht auf **Ausübung des über-** 36 **tragenen Mandats**, sonst wäre das Recht seiner effektiven Wirksamkeit beraubt.[90] Dies wird durch **Unvereinbarkeitsbedingungen** begrenzt, die in gleicher Weise für die Staatsangehörigen des Wohnsitzstaates gelten müssen.[91] Für die Unvereinbarkeiten können die Mitgliedstaaten auch auf grenzüberschreitende Sachverhalte abstellen.[92]

Die Vorgaben der Kommunalwahl-RL sind in **Deutschland** fristgerecht **umgesetzt** 37 worden.[93] Insgesamt ist die Beteiligung von EU-Ausländern an Kommunalwahlen in **Deutschland** nach wie vor gering.[94] Dies sollte Anlass sein, parallel zum Bericht der Kommission über die Europawahl 2014 über Verbesserungen der Regelungen und Informationen zur Wahlberechtigungen auch auf Ebene der Kommunalwahlen nachzudenken.[95] Deshalb ist das Recht aus Art. 22 Abs. 1 AEUV aber nicht in der Praxis gering zu achten. Vielmehr geht bereits von der grundsätzlichen Möglichkeit politischer Teilhabe eine integrierende Wirkung aus.

---

[85] Vgl. *Kaufmann-Bühler*, in: Lenz/Borchardt, EU-Verträge, Art. 22 AEUV, Rn. 4.
[86] *Ehlers*, Grundrechte und Grundfreiheiten, § 19, Rn. 58; *Staeglich*, ZEuS 2003, 485.
[87] Art. 20 Abs. 2 i. V. m. Art. 33 Abs. 2 und 4 GG.
[88] Vgl. Art. 45 Abs. 4 AEUV. S. zu dieser Überlegung *Kluth*, in: Calliess/Ruffert, EUV/AEUV, Art. 22 AEUV, Rn. 15.
[89] *Kluth*, in: Calliess/Ruffert, EUV/AEUV, Art. 22 AEUV, Rn. 17.
[90] *Haag*, in: GS, EUV/EGV, Art. 22 AEUV, Rn. 10.
[91] Art. 6 Abs. 1 Kommunalwahl-RL.
[92] Art. 6 Abs. 2 Kommunalwahl-RL.
[93] Näher dazu *Pieroth/Schmülling*, DVBl 1998, 365; *Kluth*, in: Calliess/Ruffert, EUV/AEUV, Art. 22 AEUV, Rn. 17.
[94] *Schunda*, S. 359 ff. und den Kommissionsbericht, KOM(2012) 99, S. 8 aus dem Jahr 2012, wonach durchschnittlich nur 10 % der wahlberechtigten EU-Ausländer eine Eintragung in das Wählerverzeichnis beantragt haben.
[95] Vgl. Kommission, KOM(2013) 126, S. 9, wo u. a. zu hohe Hürden für die Eintragung in das Wählerverzeichnis in manchen Mitgliedstaaten gerügt werden.

III. Besonderheiten des Europawahlrechts

1. Gemeinsame Bestimmungen

38 Für die Einräumung des **erweiterten Wahlrechts** zum Europäischen Parlament ist in Deutschland **keine Verfassungsänderung** erforderlich gewesen. Zwar hätte es damals in den Verträgen einen Anknüpfungspunkt an das deutsche Volk gegeben, weil das Parlament früher als Vertreterin der Völker der Mitgliedstaten bezeichnet worden war.[96] Unter dem Lissabonner Vertrag firmiert es hingegen als Vertreterin der Unionsbürgerinnen und -bürger. Zudem handelt es sich bei der Wahl zum Europäischen Parlament nicht um die vom BVerfG problematisierte Ausübung deutscher Hoheitsgewalt, so dass auf die **Übertragung von Hoheitsgewalt** nach **Art. 23 GG** abgestellt werden kann.[97] Das Wahlrecht nach Art. 22 Abs. 2 AEUV **ergänzt** das **allgemeine Wahlrecht** zum Europäischen Parlament für Unionsbürgerinnen und -bürger nach Art. 2 DWA. In der Praxis wird davon in Deutschland noch zurückhaltend Gebrauch gemacht.[98] Doch ist die Erweiterung des Wahlrechts wichtig für die demokratische Legitimation in einer Union, die auf ein starkes Recht der Freizügigkeit setzt.

39 Auch das erweiterte Europawahlrecht wird maßgeblich durch ein **Gebot der Gleichbehandlung und Nichtdiskriminierung** gewährleistet. Dieses steht unter dem **Vorbehalt der Konkretisierung im Sekundärrecht**, die durch die Europawahl-RL erfolgt ist. Im Fall einer unzureichenden Umsetzung in nationales Recht könnte eine **unmittelbare Wirkung der Europawahl-RL** in Betracht kommen (vgl. Rn. 22).

40 Sowohl das aktive als auch das passive erweiterte Wahlrecht werden für eine Teilnahme an den Europawahlen in verschiedenen Mitgliedstaaten zwingend nur **alternativ** gewährt. Weder darf eine Person in mehreren Mitgliedstaaten wählen noch kandidieren.[99] Für das aktive Wahlrecht ergibt sich das zwingend aus dem **Grundsatz der Wahlrechtsgleichheit**, da ansonsten eine Person über zwei Stimmen für die Wahl eines Organs verfügen würde.[100]

41 Für das **aktive und passive Wahlrecht** im Wohnsitzstaat wird ferner zwingend vorausgesetzt, dass diese **nicht im Heimatstaat aberkannt** worden sind.[101] Zur Überprüfung ist ein **Informationssystem** zwischen den Mitgliedstaaten vorgesehen.[102] Zudem kann eine **Erklärung** des EU-Ausländers darüber verlangt werden.[103]

42 Unter der Bedingung der **Gleichbehandlung** mit den eigenen Staatsangehörigen kann ein Mitgliedstaat das aktive und passive Wahlrecht an eine **Mindestdauer des Wohnsitzes** knüpfen.[104] Sofern dabei auf den Wohnsitz **im Wohnsitzstaat** abgestellt wird, gilt ein entsprechender Aufenthalt in einem anderen Mitgliedstaat als ausreichend. Darüber hinaus kann aber eine Mindestdauer in einem bestimmten **Wahlkreis** oder in einer

---

[96] Art. 190 EGV.
[97] BVerfGE 123, 267, vgl. *Bühler*, in: Lenz/Borchardt, EU-Verträge, Art. 22 AEUV, Rn. 13.
[98] Vgl. dazu die aktuelle Statistik des Europäischen Parlaments, wonach die Wahlbeteiligung zur EU-Parlamentswahl in Deutschland bei 48 % lag, abrufbar unter http://www.europarl.europa.eu/elections2014-results/en/turnout.html (2.2.2017).
[99] Art. 4 Abs. 1 und 2 Europawahl-RL.
[100] Näher dazu unter Art. 9 EUV, Rn. 14 ff. und 39 GRC, Rn. 32 ff.
[101] Art. 3 i. V. m. Art. 6 und 7 Europawahl-RL.
[102] Art. 6 Abs. 3 und Art. 7 Abs. 2 Europawahl-RL.
[103] Art. 9 Abs. 3 Buchst. a und Art. 10 Abs. 1 Buchst. b Europawahl-RL.
[104] Art. 5 S. 1 Europawahl-RL.

bestimmten **Gebietskörperschaft** verlangt werden.[105] Dies dient insbesondere dazu, eine Erschleichung des Wahlrechts durch eine bloß vorübergehende Wohnsitznahme zu verhindern.

2. Besondere Regelungen für das aktive und für das passive Wahlrecht

Die Ausübung des aktiven Wahlrechts setzt die **Eintragung in das Wählerverzeichnis** voraus.[106] Dabei gelten die **gleichen Bedingungen** wie für Staatsangehörige des Wohnsitzstaates. Weitere Unterlagen können von den EU-Ausländern nach Art. 9 Abs. 2 und 3 Europawahl-RL verlangt werden, die dem **Nachweis der Berechtigung** dienen.

43

Für die Ausübung des passiven Wahlrechts müssen ebenfalls **alle Unterlagen** vorgelegt werden, die auch von Staatsangehörigen des Wohnsitzstaates beizubringen sind. Darüber hinaus können **weitere Erklärungspflichten** vorgesehen werden, die dem **Nachweis** dienen, dass die Voraussetzungen für die Wahlberechtigung im Übrigen erfüllt werden. Die Bestimmung, dass in jedem Fall eine Bestätigung der zuständigen Behörde des Heimatstaates vorgelegt werden müsse, dass die betreffende Person ihr passives Wahlrecht nicht verloren hat, ist zu Recht aufgehoben worden.[107] Diese Vorgabe war nur in Fällen begründeten Zweifels als verhältnismäßig erschienen.

44

---

[105] Art. 5 S. 2 Europawahl-RL.
[106] Art. 9 Abs. 1 Europawahl-RL.
[107] Art. 10 Abs. 2 Europawahl-RL in der Fassung der RL 93/109/EG; aufgehoben in RL 2013/1/EU, ABl. 2013, L 26/27.

Artikel 23 AEUV [Recht auf diplomatischen Schutz]

¹Jeder Unionsbürger genießt im Hoheitsgebiet eines dritten Landes, in dem der Mitgliedstaat, dessen Staatsangehörigkeit er besitzt, nicht vertreten ist, den diplomatischen und konsularischen Schutz eines jeden Mitgliedstaats unter denselben Bedingungen wie Staatsangehörige dieses Staates. ²Die Mitgliedstaaten treffen die notwendigen Vorkehrungen und leiten die für diesen Schutz erforderlichen internationalen Verhandlungen ein.

Der Rat kann gemäß einem besonderen Gesetzgebungsverfahren und nach Anhörung des Europäischen Parlaments Richtlinien zur Festlegung der notwendigen Koordinierungs- und Kooperationsmaßnahmen zur Erleichterung dieses Schutzes erlassen.

Literaturübersicht

Closa, The Concept of Citizenship in the Treaty on European Union, CMLRev. 29 (1992), S. 1137 ff.; *Everling*, Bürger und Europa, in: Hrbek (Hrsg.), Bürger und Europa, 1994, S. 49 ff; *Fischer*, Die Unionsbürgerschaft. Ein Konzept im Völker- und Europarecht, FS Winkler, 1997, S. 237; *Hailbronner*, Diplomatischer Schutz bei mehrfacher Staatsangehörigkeit, in: Ress/Stein (Hrsg.), Der diplomatische Schutz im Völker- und Europarecht, 1996, S. 20; *Heintze*, in: Ipsen (Hrsg.), Völkerrecht, 2014, § 27; *Ipsen*, in: ders. (Hrsg.), Völkerrecht (2014), § 5; *Kleinlein/Rabenschlag*, Auslandsschutz und Staatsangehörigkeit, ZaöRV 67 (2007), 1277; *Kovar/Simon*, La Citoyennete europeenne, CDE 1993, S. 285; *Marias* (Hrsg.), European Citizenship, 1994; *Ruffert*, Diplomatischer und konsularischer Schutz zwischen Völker- und Europarecht, AVR 35 (1997), 459; *Schönberger*, Unionsbürger: Europas föderales Bürgerrecht in vergleichender Sicht, 2005; *Schusterschitz*, Organisation und Arbeitsweise der Hohen Vertreterin für Außen- und Sicherheitspolitik sowie des Europäischen Auswärtigen Dienstes, in: Eilmansberger/Griller/Obwexer (Hrsg.), Rechtsfragen der Implementierung des Vertrags von Lissabon, 2010, S. 269; *Seidl-Hohenveldern*, Der diplomatische Schutz für juristische Personen und Aktionäre, in: Ress/Stein (Hrsg.), Der diplomatische Schutz im Völker- und Europarecht, 1996, S. 115; *Stein*, Die Regelung des diplomatischen Schutzes im Vertrag der Europäischen Union, in: *ders.*/Ress (Hrsg.), Der diplomatische Schutz im Völker- und Europarecht, 1996, S. 97; *Storost*, Der Fall Abbasi: Wegbereiter eines gemeineuropäischen Anspruchs auf diplomatischen Schutz?, ArchVR 42 (2004), 411; *ders.*, Diplomatischer Schutz durch EG und EU? Die Berücksichtigung von Individualinteressen in der europäischen Außenpolitik, 2005; *Szczekalla*, Die Pflicht der Gemeinschaft und der Mitgliedstaaten zum diplomatischen und konsularischen Schutz, EuR 1999, 325; *Wessel*, The European Union's Foreign and Security Policy, A legal institutional Perspective, 1999.

Leitentscheidungen

EuGH, Urt. v. 5.2.1963, Rs. 26/62 (van Gend & Loos), Slg. 1963, 3
EuGH, Urt. v. 19.11.1991, verb. Rs. C–6/90 u. 9/90 (Francovich), Slg. 1991, I–5357
EuGH, Urt. v. 7.7.1992, Rs. C–369/90 (Micheletti), Slg. 1992, I–4239
EuGH, Urt. v. 24.10.1996, Rs. C–72/95 (Keaijeveld), Slg. 1996, I–5403

Wesentliche sekundärrechtliche Vorschriften

Beschluss 95/553/EG der im Rat vereinigten Vertreter der Regierungen der Mitgliedstaaten vom 19.12.1995 über den Schutz der Bürger der Europäischen Union durch die diplomatischen und konsularischen Vertretungen, ABl. 1995, L 314/73

Beschluss 96/409/GASP der im Rat vereinigten Vertreter der Regierungen der Mitgliedstaaten vom 25.6.2996 zur Ausarbeitung von Rückkehrausweisen, ABl. 1996, L 168/4

Inhaltsübersicht Rn.

A. Bedeutung und systematischer Überblick 1
B. Entstehungsgeschichte 7
C. Norminhalt 11
   I. Gewährleistungsgehalte 11
     1. Inhalt 11
        a) Konsularischer und diplomatischer Schutz? 11
           aa) Streitstand 11
           bb) Stellungnahme 15
        b) Umfang des Schutzes 18
        c) Ansprüche des Einzelnen 23
           aa) Streitstand 23
           bb) Völkerrechtliche Ausgangslage und nationale Rechtsordnungen 24
           cc) Anerkannte Individualansprüche 26
        d) Subsidiarität 31
     2. Unmittelbare Wirkung 33
   II. Berechtigte 34
   III. Verpflichtete 39
D. Sekundärrechtliche Konkretisierungen 41
   I. Rechtsetzungskompetenz 42
   II. Beschluss Nr. 95/553/EG 44
   III. Richtlinienvorschlag 50
   IV. Weitere Regelungen (RL 2013/48/EU) 53
E. Gerichtliche Durchsetzung und Schadensersatz 54

A. Bedeutung und systematischer Überblick

Die Vorschrift regelt eine für den Zweiten Teil des AEUV über die Nichtdiskriminierung und die Unionsbürgerschaft in zweierlei Hinsicht besondere Konstellation. Grundsätzlich werden zunächst, wie in den anderen Vorschriften dieses Teils, **Gewährleistungen für die Unionsbürgerinnen und -bürger** festgeschrieben. Doch richten sich diese dann nicht an die EU bzw. den eigenen Mitgliedstaat, sondern an **andere Mitgliedstaaten**. Denn diese sollen ersatzweise, wenn es an einer diplomatischen und konsularischen Vertretung in einem Drittstaat für einen Unionsbürger mangelt, den entsprechenden Schutz übernehmen. Diese Konzeption entspricht nicht dem tradierten **Völkerrecht**, das den diplomatischen und konsularischen Schutz dem Staat vorbehält, dessen **effektive Staatsangehörigkeit** die betroffene Person besitzt.[1] Das Völkerrecht ist an einer klaren Zuordnung dieser besonderen Verbindung interessiert, die als Basis für eine ausreichende Rechtssicherheit in den internationalen Beziehungen dient.[2] Anderweitige Regelungen bedürfen der **Zustimmung** des betroffenen Drittstaates.[3] Da die effektive Ausübung der besagten Schutzrechte regelmäßig auf der Akzeptanz seitens des betreffenden Drittstaates beruht, setzt die Vorschrift als weitere Besonderheit voraus, dass die in Art. 23 AEUV unionsintern vereinbarte gegenseitige Unterstützung von **Drittstaaten akzep-**

1

---

[1] IGH, Reports 1955, Nottebohm (Liechtenstein/Guatemala), S. 4.
[2] IGH, Reports 1955, Nottebohm (Liechtenstein/Guatemala), S. 23; insbesondere geht es um die Geltendmachung von Ansprüchen gegenüber völkerrechtlichen Delikten, vgl. hierzu *Ipsen*, § 5, Rn. 85 f.; *Ruffert*, AVR 35 (1997), 459 (461 ff.).
[3] Art. 45 Buchst. c, Art. 46 WÜD und Art. 18 WÜK; dies ist auch die Auffassung der Kommission, siehe hierzu: Kommission, Der diplomatische und konsularische Schutz des Unionsbürgers in Drittländern (Grünbuch), ABl. 2006, C 30/8, KOM (2006) 712, Ziff. 5, S. 12.

tiert wird. Der Wortlaut reflektiert, dass die effektive Schutzgewährleistung nach Art. 23 AEUV nicht nur von **nationalen** und **unionsrechtlichen** Vorgaben abhängt, sondern auch vom konkreten **völkerrechtlichen** Rahmen. Diese Kombination rechtlicher Elemente auf drei Governance-Ebenen ist einzigartig.[4]

2   Aufgrund des völkerrechtlichen Rahmens wird der Verbürgung des diplomatischen und konsularischen Schutzes in Art. 23 Abs. 1 Satz 1 AEUV im zweiten Satz die **Pflicht der Mitgliedstaaten** zu »notwendigen Vorkehrungen« und »internationalen Verhandlungen« beiseite gestellt. Zusätzlich sieht der zweite, im Lissabonner Vertrag eingefügte Absatz, ein **besonderes Gesetzgebungsverfahren** vor, in dem »Richtlinien zur Festlegung der notwendigen Koordinierungs- und Kooperationsmaßnahmen« erlassen werden. Systematisch steht die Vorschrift im Zusammenhang mit den Bestimmungen über die Unionsbürgerschaft in Art. 20 Abs. 2 Buchst. c AEUV, mit der entsprechenden grundrechtlichen Verbürgung nach Art. 46 GRC und mit der Regelung über die Zusammenarbeit mit den Delegationen der Union in Art. 35 Abs. 3 EUV. Alle drei Vorschriften bezeichnen den diplomatischen und konsularischen Schutz der Unionsbürgerinnen und -bürger als ein »**Recht**«. Nicht zuletzt spricht die Aufnahme als »**Bürgerrecht**« in die Grundrechtecharta für eine **individualrechtliche Verbürgung** auf Ebene des Primärrechts. Darüber hinaus deutet die Erwähnung in Art. 35 EUV die Verbindung zur GASP an. Zugleich statuiert Art. 35 Abs. 3 EUV eine Pflicht zur Kooperation und zur Zusammenarbeit (s. Art. 35 EUV, Rn. 4 ff.), um die effektive Gewährleistung des Schutzes nach Art. 23 AEUV sicherzustellen.

3   Die in Art. 23 AEUV verankerte **Schutzpflicht** zugunsten Angehöriger anderer Mitgliedstaaten betrifft nur die EU-Mitgliedstaaten, **nicht die EU** selbst. In den Vertragsverhandlungen hat es durchaus Überlegungen gegeben, auch die EU einzubeziehen. Letztlich haben sich diese aber nicht durchsetzen können.[5] Damit zählt Art. 23 AEUV unter den Rechten der Unionsbürgerinnen und -bürgern zu jenen, die sich – wie das Recht auf Teilnahme an den Kommunalwahlen nach Art. 22 AEUV – **an die Mitgliedstaaten** richten (s. Art. 22 AEUV, Rn. 25 ff.). Daraus wird in der Literatur zum Teil gefolgert, dass Art. 23 AEUV auch nicht zu einer »**Kompetenzverlagerung**« auf die EU führe.[6] Diese Aussage bedarf indes der Präzisierung. Zum einen wird zwar keine Schutzpflicht der EU etabliert, doch enthält Art. 23 Abs. 2 AEUV eine **Rechtsetzungskompetenz** in Bezug auf die EU, sodass seit dem Lissabonner Vertrag effektiv durchaus Kompetenzen verlagert werden, wenn auch in einem deutlich begrenztem Umfang (s. Rn. 43). Zweitens ist die Vorschrift in Zusammenhang mit Art. 221 AEUV und Art. 35 Abs. 3 EUV zu lesen, die mit dem Lissabonner Vertrag »**Delegationen der Union**« in Drittstaaten eingeführt haben. Wenn diese nach Art. 35 Abs. 3 EUV zur **Zusammenarbeit** mit den konsularischen und diplomatischen Vertretungen der Mitgliedstaaten beitragen sollen, dann ist das bei der Bewertung der in der Praxis zu beobachtenden Aktivitäten der EU zum Schutz von Unionsbürgerinnen und -bürger zu beachten (s. Rn. 40).[7] Die Verträge sehen mithin eine entsprechende Kompetenz der Union vor.[8]

---

[4] Vgl. zu den Aspekten auf den verschiedenen Regelungsebenen *Kluth*, in: Calliess/Ruffert, EUV/AEUV, Art. 23 AEUV, Rn. 1.
[5] S. das Memorandum der spanische Regierung zum Europäischen Bürgerrecht v. 21.2.1991, abgedruckt bei *Marias*, S. 141 ff., sowie den Kommissionsvorschlag, Bull.-EG Beil. 2/1991, S. 69. 75 ff.; näher dazu *Closa*, CMLRev. 29 (1992), 1137 (1153 ff.). A.A. *Szczekalla*, EuR 1999, 325 (333 f.),
[6] *Kluth*, in: Calliess/Ruffert, EUV/AEUV, Art. 23 AEUV, Rn. 2.
[7] Instruktive Bsp. bei *Storost*, S. 111.
[8] Seitens der EU besteht keine Pflicht zum Schutz, sondern zur Kooperation nach Art. 35 AEUV.

Die gegenseitige Einstandspflicht der Mitgliedstaaten zum Schutz der Unionsbürgerinnen und -bürger ist Ausdruck der EU als einer **Solidarunion**. Dies gilt aufgrund der primärrechtlichen Absicherung in besonderem Maß **intern**, ist aber **auch extern** gegenüber den betreffenden Drittstaaten wahrnehmbar.[9] Ursprünglich wurde der Vorschrift teilweise eine bloße **Auffangfunktion** zugestanden, die nur in Notfällen aktiviert werden sollte.[10] Doch schon zu Zeiten der **EPZ** war das Thema der **gegenseitigen Unterstützung** beim diplomatischen und konsularischen Schutz praxisrelevant. Bei Einführung der Vorschrift im Maastricht-Vertrag gab es lediglich fünf Drittstaaten, in denen alle Mitgliedstaaten vertreten waren, später war dies bei 27 Mitgliedstaaten nur noch in Bezug auf drei Drittstaaten der Fall.[11] Jedoch wandelte sich insbesondere unter dem Druck fiskalischer Probleme sowie begünstigt durch Art. 23 AEUV die **strategische Ausrichtung** der Mitgliedstaaten. Denn die gegenseitige Einstandspflicht erlaubte eine stärker an Effizienzgedanken orientierte Ausrichtung, in der in Absprache mit Partnern unter den Mitgliedstaaten auf Vertretungen verzichtet bzw. bestehende Vertretungen geschlossen werden konnten, wenn die Partner dort bereits vertreten waren.[12] So hat sich der Charakter der Vorschrift von einer Ausnahme hin zu einer **Regel** verändert, deren organisatorische Folgen auch Einfluss auf die GASP haben.[13]

4

Wenn darauf hingewiesen wird, dass die Vorschrift auch dem Ziel diene, eine größere **Bürgernähe** zu erzeugen, also die EU nach innen als Einrichtung auch für die Bürgerinnen und Bürger wahrzunehmen[14], trifft dies **lediglich indirekt** zu. Denn unmittelbar ist das Verhältnis des einzelnen Bürgers zu den (anderen) Mitgliedstaaten angesprochen. Die EU tritt lediglich indirekt über die verbindliche Vorgabe jener Einstandspflicht in den Verträgen in Erscheinung. Zudem hat die praktische, auf Effizienz setzende Entwicklung **ambivalente Auswirkungen**. Zum einen wird zwar ein effektiver Ersatz bei Fehlen eigener diplomatischer und konsularischer Vertretungen für die Bürgerinnen und Bürger zur Verfügung gestellt. Zum anderen handeln diese regelmäßig in einer anderen Sprache. Auch wenn die **Sprachenfrage** in den gegenseitigen Absprachen geregelt werden sollte, dürfte unter diesem Aspekt ein Zugewinn an Bürgernähe ambivalent zu beurteilen sein.

5

Inhaltlich gewährleistet die Vorschrift grundsätzlich einen **relativen Mindestschutz** für die Unionsbürgerinnen und -bürger. Er ist relativ, weil er nicht unionsweit vorgegeben wird, sondern je nach **nationalem Standard** variiert. Immerhin verlangt die unionsrechtliche Vorgabe nach der Möglichkeit einer **gerichtlichen Überprüfung**, die nicht in jedem Staat anerkannt ist (s. Rn. 54). Allerdings ist heftig umstritten, welche Bereiche bzw. Tätigkeiten vom Schutz nach Art. 23 AEUV erfasst werden: nur konsularische Tätigkeiten oder auch diplomatische Aktivitäten im engeren Sinn (s. Rn. 11 ff.) Der Schlüssel zu einer befriedigenden Auslegung liegt in der Kenntnis der **völkerrechtlichen Grundlagen** und ihrer **funktional-systematischen Adaption** durch das EU-Primärrecht

6

---

[9] Zum Aspekt der Solidargemeinschaft bereits *Hatje*, in: Schwarze, EU-Kommentar, Art. 23 AEUV, Rn. 2, der dies aber allein auf die externe Dimension bezieht.
[10] Vgl. *Hatje*, in: Schwarze, EU-Kommentar, Art. 23 AEUV, Rn. 3.
[11] Und zwar in der Volksrepublik China, Russland und in den USA, siehe einerseits die Kommission in: KOM (97) 230, S. 11, und anderseits die Kommission in: Grünbuch, ABl. 2007, C 30/9.
[12] Ausführlich dazu *Szczekalla*, EuR 1999, 325 (331 ff.); *Stein*, S. 100; Kommission, Zweiter Bericht der Europäischen Kommission über die Unionsbürgerschaft, KOM (97) 230, S. 12.
[13] Vgl. die Regelungen zur Koordination in der GASP zwischen den Mitgliedstaaten nach Art. 35 EUV.
[14] *Hatje*, in: Schwarze, EU-Kommentar, Art. 23 AEUV, Rn. 2.

(s. Rn. 14 ff.). Dessen ungeachtet ist selbst im wenig umstrittenen Bereich des konsularischen Schutzes **politischer Widerstand** seitens einiger Mitgliedstaaten gegen weitreichende verbindliche Vorgaben zu spüren. So harrte noch Anfang 2015 ein Richtlinien-Vorschlag der Kommission von 2011 zur Umsetzung im Hinblick auf den konsularischen Schutz seiner Annahme im Rechtsetzungsverfahren.[15]

B. Entstehungsgeschichte

7   Die **Ursprünge** der Regelung über die konsularische und diplomatische Zusammenarbeit liegen in den Zeiten der **EPZ**, die erst später in den Verträgen ausdrücklich anerkannt und heute insoweit zum einen in die spezifischen Politiken mit auswärtigem Handeln, wie die Entwicklungszusammenarbeit, und zum anderen in die GASP übergegangen ist. Dabei sind **zwei Entwicklungsstränge** zu unterscheiden: die **Kooperation** unter den Vertretungen der **Mitgliedstaaten** in Drittstaaten und die Etablierung von **Delegationen der EU**.[16] Beide sind im Lissabonner Vertrag in Art. 35 Abs. 3 EUV verbunden worden.

8   Der erste Entwicklungsstrang der Kooperation unter den Vertretungen der Mitgliedstaaten geht zurück auf die schon zu Zeiten der EWG für notwendig erachtete entsprechende Kooperation im Rahmen der **EPZ**. 1985 hatte der **Adonnino-Ausschuss** eine Intensivierung der Zusammenarbeit zwischen den Mitgliedstaaten in Drittstaaten empfohlen.[17] Da nur in wenigen Drittstaaten Vertretungen aller Mitgliedstaaten vorhanden gewesen waren, stellten sich frühzeitig Fragen einer **pragmatischen Zusammenarbeit**.[18] Einen weiteren Schub erhielt die in der Praxis zu erkennende Zusammenarbeit durch die **Vereinheitlichung der Pässe** Anfang der 1980er Jahre, die eine Verbundenheit der Unionsbürgerinnen und -bürger nach innen und außen dokumentiert.[19] Im **Maastricht-Vertrag** wurde dann die Zusammenarbeit der Mitgliedstaaten zum Schutz der Unionsbürgerinnen und -bürger in Art. 8c EGV erstmals **schriftlich** im Primärrecht **fixiert**.[20] Auf dieser Basis haben die im Rat vereinigten Vertreter der Regierungen der Mitgliedstaaten mit **Beschluss 95/553/EG** konkrete Vorgaben für die Umsetzung der Kooperationspflicht festgelegt (s. Rn. 44 ff.). **2006** hat die Kommission im **Grünbuch** über den diplomatischen und konsularischen Schutz des Unionsbürgers in Drittländern weitere Umsetzungsmaßnahmen empfohlen, die von mehr Transparenz für Einzelne bis zu punktuellen Ergänzungen des Beschlusses 95/553/EG reichen.[21] **2000** wurde die Schutz-

---

[15] Vorschlag der Kommission vom 14.12.2011 für eine Richtlinie über den konsularischen Schutz von Unionsbürgern im Ausland, KOM (2011) 881.
[16] Vgl. Kommission, Der Beitrag der Europäischen Union zur Gewährleistung eines wirksamen konsularischen Schutzes in Drittländern Aktionsplan 2007–2009, KOM (2007) 767, S. 2 f.; Kommission, Fünfter Bericht über die Unionsbürgerschaft, KOM (2008) 85, S. 9; Kommission, Bericht über Fortschritte auf dem Weg zu einer effektiven Unionsbürgerschaft 2007–2010, KOM(2010) 602 final, S. 3; Kommission, Bericht über die Unionsbürgerschaft 2013, COM(2013) 269 final, S. 1 ff.
[17] Bull.-EG, Beil. 7/1985, S. 20 ff.
[18] Siehe die Leitlinien der Arbeitsgruppe »Konsularische Angelegenheiten« (COCON) des Rates der EU vom 2.6.2006, Dok. 10109/06.
[19] Siehe die Entschließung der im Rat vereinigten Vertreter der Regierungen der Mitgliedstaaten vom 23.6.1981, ABl. 1981, C 241/1 und die Entschließung zur Passunion vom 7.6.1984, ABl. 1984, C 159/1. Zu diesem Gedanken bereits *Hatje*, in: Schwarze, EU-Kommentar, Art. 23 AEUV, Rn. 2.
[20] Die Einführung wurde durch politische Leitlinien flankiert, siehe Kommission, Erster Bericht über Unionsbürgerschaft, KOM (1993) 702, S. 7.
[21] KOM (2006) 712, S. 5 f., 8 f.; näher dazu unter Rn. 49 ff.

regelung in Art. 46 der **Grundrechtecharta** ohne weiteren Diskussionsbedarf aufgenommen, nachdem sie anfänglich noch nicht erwähnt worden war.[22] Der **Lissabonner Vertrag** hat dann in Art. 23 Abs. 2 AEUV ein **besonderes Gesetzgebungsverfahren** zur Festlegung der notwendigen Koordinierungs- und Kooperationsmaßnahmen eingeführt. Vor diesem Hintergrund liegt seit 2011 ein konkreter **Vorschlag** der Kommission **für eine Richtlinie** über den konsularischen Schutz von Unionsbürgern im Ausland vor, der aber bislang vom Rat nicht angenommen worden ist.[23]

Der zweite Entwicklungsstrang betrifft die Vertretung der Union. Schon früh hat die EU in Drittstaaten **Delegationen der Kommission** oder **des Rates** unterhalten. Ihre Kompetenzgrundlage war umstritten. Überzeugend erschien vor dem Lissabonner Vertrag eine Ableitung aus den **Organkompetenzen** von Rat und Kommission[24] i. V. mit den einschlägigen Außenkompetenzen der EG. Der Bezug zum ersten Strang hat sich in der Praxis entwickelt. Denn die EU ist zum **Schutz ihrer Bediensteten** nicht nur mit konsularischen, sondern auch mit diplomatischen Mitteln berufen.[25] Dies ist völkerrechtlich durch den IGH für internationale Organisationen anerkannt worden[26] und dürfte unionsrechtlich aus den **implied powers der Außenkompetenzen**, unter dem Lissabonner Vertrag auch i. V. m. Art. 35 EUV und Art. 221 AEUV, folgen.[27] Zwar sind die meisten der Aktivitäten dieser Delegationen Bereichen zuzuordnen, in denen die EU von ihren Rechtsetzungskompetenzen Gebrauch gemacht hat,[28] doch sind auch **Einzelfälle** bekannt, in denen die Delegation konsularische und diplomatische Schutzfunktionen **anstelle der Mitgliedstaaten** wahrgenommen hat.[29] Seit dem Lissabonner Vertrag sind jene Delegationen nunmehr als **Delegationen der Union** zusammengefasst und in Art. 35 EUV, sowie Art. 221 AEUV, primärrechtlich explizit verankert worden. Sie sind Teil des **Europäischen Auswärtigen Dienstes** (EAD) nach Art. 27 Abs. 3 EUV. Ihr **Aufgabenkatalog** entspricht nicht dem einer klassischen diplomatischen Vertretung, doch nehmen sie in der Praxis – wie schon zuvor – **punktuell** auch **Aufgaben einer diplomatischen Vertretung** wahr.[30] Nach Art. 221 Abs. 3 AEUV unterliegen sie einer **Kooperationspflicht** mit den Vertretungen der Mitgliedstaaten in Drittländern und bei Internationalen Organisationen, insbesondere beim Schutz von Unionsbürgern im EU-Ausland.[31] Darin liegt die Verbindung zum ersten Entwicklungsstrang.

Die **Gesamtsicht** beider Entwicklungsstränge spricht für eine einheitliche Interpretation. Den Delegationen der EU ist eine diplomatische Vertretung nicht grundsätzlich

---

[22] Ausführlich dazu *Magiera*, in: Meyer, GRCh, Art. 46 GRC, Rn. 2 f.
[23] KOM (2011) 881.
[24] Vgl. *Storost*, Diplomatischer Schutz durch EG und EU?, S. 120 ff.
[25] Bsp. aus der Praxis bei *Storost*, Diplomatischer Schutz durch EG und EU?, S. 41 ff., 69, 72 ff.
[26] IGH, Reports 1949, S. 174.
[27] Zur implizierten Außenkompetenz im Gemeinschaftsrecht siehe EuGH, Urt. v. 29. 11. 1956, Rs. C–8/55 (Federation Charbonniere/Hohe Behörde), Slg. 1955, 56, 297; bezüglich der Existenz einer Rechtsgrundlage für Delegationen der Kommission siehe *Wessel*, S. 278 und zur Auffassung der Kommission, Kom (2001) 381 final., S. 11; Art. 5 Abs. 10 des Beschlusses des Rates v. 26. 7. 2010 über die Organisation und die Arbeitsweise des Europäischen Auswärtigen Dienstes, ABl. 2010, L 201/30. (EAD-Beschluss).
[28] *Storost*, Diplomatischer Schutz durch EG und EU?, S. 62 ff.
[29] Nachweise bei *Storost*, Diplomatischer Schutz durch EG und EU?, S. 111.
[30] EAD-Beschluss des Rates v. 26. 7. 2010 über die Organisation und die Arbeitsweise des Europäischen Auswärtigen Dienstes, ABl. 2010, L 201/30; *Schusterschitz*, S. 269 (S. 282 f.); Bericht des Vorsitzes an den Europäischen Rat über den Europäischen Auswärtigen Dienst v. 23. 10. 2009, Dok. 14–930/09.
[31] *Schmalenbach*, in: Calliess/Ruffert, EUV/AEUV, Art. 221 AEUV, Rn. 6.

vorenthalten. Gleichzeitig sollen sie mit den Mitgliedstaaten zur Umsetzung des Art. 23 AEUV zusammenarbeiten. So erscheint es **funktional** geboten, dass auch die mitgliedstaatlichen Schutzpflichten nicht auf die konsularische Vertretung beschränkt sind, sondern auch den diplomatischen Schutz umfassen. Die Entwicklungsgeschichte zeigt, dass einzelne Mitgliedstaaten einer umfassenden Kompetenz der EU zur diplomatischen Vertretung kritisch gegenüber stehen[32], aber dass in **Notfällen** auch die Ergreifung von Maßnahmen des diplomatischen Schutzes akzeptiert worden ist.[33]

C. Norminhalt

I. Gewährleistungsgehalte

1. Inhalt

a) Konsularischer und diplomatischer Schutz?

aa) Streitstand

11 Im Grundsatz ist unbestritten, dass Art. 23 AEUV die Mitgliedstaaten zum **gegenseitigen Schutz** von Unionsbürgerinnen und -bürgern durch konsularische und diplomatische Vertretungen in Drittstaaten verpflichtet, in denen der Heimat-Mitgliedstaat nicht vertreten ist. Doch ist umstritten, ob sich diese Schutzpflicht inhaltlich auf konsularische Maßnahmen beschränkt oder ob **auch diplomatische** Maßnahmen erfasst werden.[34] Die Rechtsprechung hat zu dieser Frage bislang noch nicht Stellung genommen.

12 Die erste Auffassung betont die **institutionelle Sicht**.[35] Sie geht davon aus, dass die Vorschrift **lediglich konsularische Maßnahmen** betrifft, die aber sowohl von konsularischen, als auch von diplomatischen Vertretungen ausgeführt werden können. Dazu beruft sie sich insbesondere auf den Wortlaut von Art. 23 AEUV in der englischen und der französischen Fassung, sowie auf Art. 46 GRC.[36] Inhaltlich spreche für eine Begrenzung auf konsularische Maßnahmen, dass es nach dem Sinn der Vorschrift nur um Maßnahmen gehen könne, die vor Ort **im Drittstaat** ausgeführt werden müssten.[37] Zwar sei bei konsularischen Maßnahmen nach Völkerrecht lediglich eine **Notifizierung** gegenüber dem Drittstaat erforderlich, eine solche sei aber mit dem Hinweis auf die »erforderlichen internationalen Verhandlungen« in Art. 23 Abs. 1 AEUV erfasst.[38] Nicht zuletzt hielten sich die bisher ergriffenen Umsetzungsmaßnahmen an diesen engen Rahmen.[39]

---

[32] Ausführlich dazu *Storost*, Diplomatischer Schutz durch EG und EU?, S. 62 ff. – Vorbehalte bestehen insbesondere in Frankreich.

[33] S. die Beispiele bei *Storost*, Diplomatischer Schutz durch EG und EU?, S. 111.

[34] Bejahend *Hatje*, in: Schwarze, EU-Kommentar, Art. 9 AEUV, verneinend *Kluth*, in: Calliess/Ruffert, EUV/AEUV, Art. 23 AEUV, Rn. 7; vgl. *Stein*, S. 98; *Ruffert*, AVR 35 (1997), 459 (463).

[35] *Kluth*, in: Calliess/Ruffert, EUV/AEUV, Art. 23 AEUV, Rn. 7 und 11; *Ruffert*, AVR 35 (1997), 459 (465).

[36] »Konsularisch oder diplomatisch« bezieht sich dort auf die zuständigen Stellen. Daraus folgert *Kluth*, in: Calliess/Ruffert, EUV/AEUV, Art. 23 AEUV, Rn. 7, 11, dass dies für eine Beschränkung auf konsularische Maßnahmen spreche, obgleich der Wortlaut der deutschen Fassung in eine andere Richtung deutet.

[37] *Kluth*, in: Calliess/Ruffert, EUV/AEUV, Art. 23 AEUV, Rn. 7; *Ruffert*, AVR 35 (1997), 459 (465); *Stein*, S. 98.

[38] *Kluth*, in: Calliess/Ruffert, EUV/AEUV, Art. 23 AEUV, Rn. 8; *Stein*, S. 99.

[39] *Kluth*, in: Calliess/Ruffert, EUV/AEUV, Art. 23 AEUV, Rn. 11 zu Beschluss 95/553/EG.

Die Gegenansicht stellt auf eine **materielle Betrachtung** ab und bezieht die Kooperationspflicht auf alle **Maßnahmen konsularischer oder diplomatischer Art**, die – je nach Zuständigkeit – von den konsularischen und diplomatischen Stellen zu erbringen seien.[40] Sie beruft sich auf die Sprachfassungen, die wie die deutsche, vom »konsularischen und diplomatischen Schutz« sprechen.[41] Ferner sei die Vorschrift auf Hilfe in Notfällen ausgerichtet und es sei nicht ersichtlich, warum darunter nicht auch Fälle von völkerrechtswidrigem Verhalten seitens des Drittstaates fallen sollten, auf die mit diplomatischen Maßnahmen reagiert werden müsse.[42] Nur im letzteren Fall seien zur effektiven Wahrnehmung gegenüber dem Drittstaat »internationale Verhandlungen« erforderlich, wie sie in Art. 23 Abs. 1 AEUV ausdrücklich erwähnt werden.[43] In der Literatur wird darauf hingewiesen, dass die inhaltlich hinter den primärrechtlichen Vorgaben zurückbleibenden, bisherigen Umsetzungsakte primärrechtswidrig seien.[44]

13

In einer überzeugenden Variante der materiellen Betrachtung wird auf den **institutionellen Bezug** hingewiesen, der nur Maßnahmen erfasse, die **vor Ort** von den jeweiligen Vertretungen auszuführen seien.[45]

14

bb) Stellungnahme

Überzeugend ist die Verbindung von materieller Sicht mit dem institutionellen Bezug, nach der sowohl **konsularische, als auch diplomatische** Maßnahmen erfasst werden, sofern sie ein Tätigwerden **vor Ort** betreffen. Dies folgt vor allem aus dem **Wortlaut** in der deutschen Fassung und der Auslegung nach dem **effet utile** und der **systematischen** Interpretation mit Bezug auf **Art. 35 Abs. 3 EUV**. Die **institutionelle Komponente** tritt aufgrund der weiteren Tatbestandsvoraussetzung »im Hoheitsgebiet eines dritten Landes« (s. Rn. 19) hinzu. Die Formulierung »konsularischer und diplomatischer Schutz« ist weit gefasst und enthält **beide Tätigkeitsbereiche**.[46] Der systematische Vergleich mit den Aufgaben der Delegationen der EU zeigt, dass diese zwar (noch) nicht diplomatische Aufgaben im vollen Umfang wahrnehmen, wohl aber im Einzelfall und in der Praxis gerade auch zum Schutz Einzelner tätig werden.[47] Da sie gemäß Art. 35 Abs. 3 EUV mit den Vertretungen der Mitgliedstaaten zusammenarbeiten sollen, entspricht es der **Systematik** und der Auslegung nach dem *effet utile*, dass diese **Zusammenarbeit** beide Aspekte, also **auch den diplomatischen Schutz** erfasst. Auch aus der Sicht der zu schützenden Unionsbürgerinnen und -bürger spricht der **effet utile** für die weite Auslegung. Dem stehen der englische und französische Wortlaut nicht entgegen. Da dort diplomatische und konsularische Stellen genannt werden, ist aus dem Wortlaut nicht ersichtlich, warum der von ihnen gebotene Schutz nur auf konsularische Maßnahmen beschränkt sein soll. Es ist zutreffend, dass vor dem Maastricht-Vertrag bereits eine EPZ-Arbeitsgruppe über konsularische Fragen eingerichtet worden war[48] und dass der Richt-

15

---

[40] *Hatje*, in: Schwarze, EU-Kommentar, Art. 23 AEUV, Rn. 10.
[41] *Hatje*, in: Schwarze, EU-Kommentar, Art. 23 AEUV, Rn. 10.
[42] *Ruffert*, AVR 35 (1997), 459 (461).
[43] *Ruffert*, AVR 35 (1997), 459 (466).
[44] *Kluth*, in: Calliess/Ruffert, EUV/AEUV, Art. 23 AEUV, Rn. 12, moniert dies aufgrund seiner institutionellen Ansicht.
[45] *Ruffert*, AVR 35 (1997), 459 (465), ihm folgend *Kadelbach*, in: v. Bogdandy/Bast, Europäisches Verfassungsrecht, S. 634 f.
[46] *Stein*, S. 97 ff.; zur Verbindlichkeit aller Fassungen; entscheidend ist in Zweifelsfällen jedoch die Auslegung nach dem effet utile, s. dazu Art. 55 EUV, Rn. 29.
[47] *Storost*, Diplomatischer Schutz durch EG und EU?, S. 111.
[48] KOM (1993) 702, S. 7.

linienvorschlag der Kommission von 2011 auf den konsularischen Schutz beschränkt ist.[49] Daraus folgt aber noch nicht, dass die Kommission die enge Auslegung von Art. 23 AEUV teilt.[50] Diese Beschränkung des Vorschlags kann auch angesichts von politischen Widerständen unter den Mitgliedstaaten rechtspolitischer Klugheit entsprechen.

16 Im **Völkerrecht** ist die Unterscheidung zwischen konsularischen und diplomatischen Vertretungen und deren **spezifischen Aufgabengebieten** vertraglich anerkannt.[51] Die Aufgaben der Ersteren beziehen sich primär auf die Vertretung **wirtschaftlicher Interessen** des Entsendestaates.[52] Neben der Entwicklung der wirtschaftlichen, kulturellen und wissenschaftlichen Beziehungen obliegen ihnen der Schutz und die Vertretung der **Interessen von Staatsangehörigen** des Entsendestaates sowie administrative und notarielle Aufgaben. Demgegenüber wirken die diplomatischen Vertretungen als **politische Repräsentanten** des Entsendestaates.[53] Ihr Aufgabenspektrum ist weit gespannt und reicht von der Annahme von Verträgen über die Einlegung von Protesten bis zum Schutz der Interessen des Entsendestaates und seiner Staatsangehörigen. Letzteres betrifft vor allem den Schutz gegenüber **völkerrechtswidrigen Handlungen** des Gaststaates. Dies wird in der Literatur teilweise als repressive Maßnahme bezeichnet.[54] Jedoch trennt das Völkerrecht nicht absolut zwischen den aufgezeigten Aufgabenkategorien, weil es die Wahrnehmung der Aufgaben auch durch die jeweils andere Vertretung zulässt.[55] Vor diesem Hintergrund erscheint die Bezugnahme in Art. 23 AEUV auf beide Vertretungen bzw. Schutzaufgaben funktional als eine **umfassende** Regelung.

17 Die eigentliche **Problematik** des Streites dürfte darin liegen, dass diplomatische Vertretungen eben auch relativ **weitreichend politisch tätig** werden können und dass manche Mitgliedstaaten Bedenken haben, sich in diesem Bereich stärker rechtlich zu gegenseitigem Schutz zu verpflichten. Gerade im Bereich des Schutzes der Interessen von Staatsangehörigen unterscheiden sich innerstaatlich die Rechtspflichten deutlich. Während Deutschland im Grundsatz eine **grundrechtliche Schutzpflicht** kennt,[56] steht ein Eingreifen in anderen Staaten im **Ermessen** des Entsendestaates.[57] Doch lässt sich diese Problematik unter der materiellen Sicht von Art. 23 AEUV durchaus pragmatisch lösen. Denn die weiteren Voraussetzungen der Vorschrift, die **Subsidiarität** (s. Rn. 31) und das Erfordernis eines Handelns **auf dem Gebiet des Gaststaates** (s. Rn. 19) schließen die politisch heiklen Missionen regelmäßig aus, da diese fast immer ausreichend vom Heimatstaat aus durch dessen Behörden erfüllt werden können. Zudem geht die Schutzpflicht nach Art. 23 AEUV nicht weiter als nach innerstaatlichem Recht (s. Rn. 29).

---

[49] KOM (2011) 881.
[50] So aber *Hatje*, in: Schwarze, EU-Kommentar, Art. 23 AEUV, Rn. 9.
[51] Siehe Art. 3 Abs. 1 a und Art. 5 Abs. 3 Wiener Übereinkommen über diplomatische Beziehungen (WÜD), v. 18.4.1961, United Nations, Treaty Series, Vol. 500, S. 95 und Art. 3, 4 Wiener Übereinkommen über konsularische Beziehungen (WÜK), United Nations, Treaty Series, Vol. 596, S. 261 v. 24.4.1963 WÜK.
[52] *Heintze*, § 27, Rn. 10.
[53] *Heintze*, § 24, Rn. 7 ff., § 27, Rn. 10.
[54] IGH, Reports 1955, Nottebohm (Liechtenstein/Guatemala), S. 4; *Ruffert*, AVR 35 (1997), 459 (460 f.).
[55] Bei den konsularischen Vertretungen ist die Zustimmung des Gaststaates erforderlich, siehe diesbezüglich Art. 2; Art. 8 Abs. 2 und 3; Art. 46 WÜD und Art. 4; Art. 8 WÜK.
[56] Ein subjektives Recht auf Schutz bejaht BVerfGE 37, 217 (218); BVerfGE 55, 349 (364 ff.) BVerfG, NJW 1992, 3222 (3223).
[57] In Frankreich steht das Handeln im freien Ermessen des Staates, siehe *Kovar/Simon*, CDE 1993, S. 285 (314); im Vereinigten Königreich besteht ein Ermessensspielraum, dessen Grenzen gerichtlich überprüfbar sind, *Storost*, AVR 42 (2004), 411 (412 ff.).

Entgegen der Gegenansicht spricht die Begrenzung des Schutzes auf das »Hoheitsgebiet eines dritten Landes« nicht für eine Begrenzung auf konsularische Maßnahmen[58], denn es gibt zahlreiche diplomatische Maßnahmen, die **gerade im Hoheitsgebiet** des anderen Staates vorgenommen werden.[59]

b) Umfang des Schutzes

Grundsätzlich basiert der Schutzumfang zunächst auf den im **Völkervertragsrecht** anerkannten **Aufgaben der konsularischen und diplomatischen Vertretungen**. Zu Ersteren zählen insbesondere die notarielle Aufgaben, die Ausstellung von Reisepässen und Sichtvermerken sowie der **Schutz und die Vertretung von Interessen Einzelner**[60], zu Letzteren insbesondere die Einlegung von Protesten sowie **Schutz gegenüber völkerrechtswidrigen Maßnahmen**, wie einer unzulässigen Enteignung.[61] Einzelheiten zu einigen Maßnahmen sind im Beschluss 95/553/EG enthalten, dessen Verpflichtungen nach zutreffender Ansicht aber hinter den Vorgaben des Art. 23 AEUV zurückbleiben (s. Rn. 44 ff.). 18

Der Schutzumfang ist auf das »**Hoheitsgebiet eines dritten Landes**« beschränkt. Die Vorschrift zeigt zum einen, dass ein entsprechender Schutz **in der EU** nicht für erforderlich gehalten wird. Hier wird durch Primär- und Sekundärrecht ein viel dichteres Geflecht an Individualrechten gewährleistet. Zum anderen ist sie in Verbindung mit ihrer besonderen Subsidiarität gegenüber dem Schutz durch den Heimatstaat zu sehen. Sofern zum Schutz des Einzelnen ein Tätigwerden von Behörden im Heimatstaat ausreichend erscheint, besteht kein Bedarf für einen zusätzlichen Schutz durch einen anderen Mitgliedstaat vor Ort in einem Drittstaat. Damit dürfte einerseits eine Reihe von **politisch besonders brisanten Maßnahmen**, etwa bestimmte Proteste, die regelmäßig durch die Einbestellung eines Botschafters übermittelt werden können, aus dem Anwendungsbereich herausfallen. Andererseits ist zu beachten, dass manche Maßnahmen gerade auch eine Umsetzung vor Ort erfordern können. Die gebotene Gesamtsicht der Beschränkung auf das Hoheitsgebiet des Drittstaates und der Subsidiarität (s. Rn. 31) zeigt, dass insbesondere **Notsituationen** erfasst sind, in denen der Rückgriff auf die Behörden im Heimatstaat **keinen ausreichend effektiven Schutz** gewähren würde. So zählt Art. 5 Beschluss 95/553/EG einige solcher Notsituationen auf.[62] Doch kann auch in anderen Fällen ein ergänzender Schutz durch andere Mitgliedstaaten geboten sein (s. Rn. 47). 19

Der **Schutzumfang** kann je nach **Ausgestaltung im nationalen Recht** variieren (s. Rn. 25). Aufgrund des **Gebots der Gleichbehandlung** mit den eigenen Staatsangehörigen kann eine Person durch einen anderen Mitgliedstaat gegebenenfalls einen umfassenderen Schutz oder einen beschränkteren Schutz erhalten.[63] Diese Regelung zeigt, dass Art. 23 AEUV auf **keine Rechtsharmonisierung** abzielt und damit auch nicht einen umfassenden Schutzstandard der Unionsbürgerinnen und -bürger gewährleistet, sondern diese vor dem Ausfall des Schutzes durch den Heimatstaat absichern will. Darin 20

---

[58] So aber *Kluth*, in: Calliess/Ruffert, EUV/AEUV, Art. 23 AEUV, Rn. 7 und 11.
[59] *Ruffert*, AVR 35 (1997), 459 (465).
[60] *Heintze*, § 27 Rn. 10 f. zur WÜK.
[61] *Heintze*, § 24 Rn. 7 zum WÜD.
[62] Todesfälle, schwere Unfälle oder schwere Erkrankung, Hilfe bei Festnahme oder Haft, Hilfe für Opfer von Gewaltverbrechen, Hilfeleistungen für Unionsbürger in Not sowie ihrer Rückführung.
[63] Siehe Rn. 26 f.

kommt der **Subsidiaritätscharakter** der Vorschrift zum Ausdruck: Das Unionsbürgerrecht nach Art. 23 AEUV hat eine **ergänzende Funktion**.

21 Zutreffend wird darauf hingewiesen, dass die unterschiedlichen Standards bei der Schutzgewährung durch andere Mitgliedstaaten zu **politischen Spannungen** zwischen den Mitgliedstaaten führen können.[64] Fraglich ist, ob ein angerufener Mitgliedstaat den Schutz versagen kann, wenn der Heimatstaat dies auch **verweigern** würde. Dies wird zum Teil für zulässig erachtet,[65] weil das Völkerrecht einem Staat erlaubt, den konsularischen oder diplomatischen Schutz den eigenen Staatsangehörigen unter bestimmten Umständen zu verweigern.[66] Dem kann indes nicht gefolgt werden, da der Wortlaut klar eine Gleichstellung mit den eigenen Staatsangehörigen verlangt, obwohl bekannt war, dass dann das Schutzniveau unter, aber auch über dem im Heimatstaat liegen könnte. Dem widerspräche eine grundsätzliche Orientierung an den Vorstellungen des Heimatstaates. Allerdings enthält Art. 23 Abs. 2 AEUV eine **Koordinations- und Kooperationspflicht**. Damit soll auch möglichen Streitigkeiten zwischen den Mitgliedstaaten vorgebeugt werden. Daher ist eine Verweigerung mit Rücksicht auf die Vorstellungen des Heimatstaates dann zuzulassen, wenn im angerufenen Staat **vergleichbare Verweigerungsmöglichkeiten** im Hinblick auf den Schutz der eigenen Staatsangehörigen bestehen.

22 Die Verbürgungen in Art. 23 AEUV haben **objektiv-rechtliche Wirkungen** zur Folge.[67] Die Mitgliedstaaten sind verpflichtet alle für die **Umsetzung** erforderlichen Maßnahmen zu erlassen. Das betrifft insbesondere die Vornahme der nach Art. 23 Abs. 1 Satz 2 AEUV angesprochenen »erforderlichen **internationalen Verhandlungen**«, die auch bloße Notifizierungen umfassen, aber auch **innerstaatlich erforderliche Anpassungen**, um den Schutz der Angehörigen anderer Mitgliedstaaten vorzusehen. Die Rechtsetzungskompetenz des Rates ist als »kann«-Vorschrift ausgestaltet und zieht keine konkrete Rechtspflicht nach sich. Grundsätzlich ist die Vorschrift auch ohne Umsetzung **unmittelbar anwendbar** (s. unter II.). Ferner besteht eine objektiv-rechtliche Verpflichtung zur **Gleichbehandlung der Unionsbürger** mit den eigenen Staatsangehörigen in Bezug auf die Gewährung konsularischen und diplomatischen Schutzes sowie zur **Eröffnung des Rechtswegs** im Falle des Versagens dieses Schutzes (s. Rn. 54). Umstritten ist, wie weit Art. 23 AEUV den Unionsbürgerinnen und -bürgern auch subjektiv-rechtliche Ansprüche zuerkennt (s. Rn. 23 ff.).

c) **Ansprüche des Einzelnen**

aa) **Streitstand**

23 Die Frage, ob und inwieweit Art. 23 AEUV **Rechte des Einzelnen** gewährleistet, ist umstritten. Zu differenzieren ist zwischen einem **Anspruch auf Gleichbehandlung** mit den eigenen Staatsangehörigen eines Mitgliedstaates und einem **Anspruch auf ein konkretes Einschreiten**. Bei Letzterem ist zu differenzieren, ob ein solcher Anspruch **originär** aus dem EU-Recht abgeleitet werden könnte oder ob er sich jedenfalls im Falle einer **nationalen Ermessensvorschrift** aus einer Ermessensreduzierung auf Null ergeben könnte. Diese Fragen sind vom EuGH bislang nicht entschieden worden, in der Literatur werden sie kontrovers beantwortet. Zum Teil werden Individualansprüche aus Art. 23

---

[64] *Hilf* in: Grabitz/Hilf, EU, Art. 20 EGV (Januar 2001), Rn. 37.
[65] *Kluth*, in: Calliess/Ruffert, EUV/AEUV, Art. 23 AEUV, Rn. 21.
[66] Näher zu den Vorgaben des Völkerrechts *Stein*, S. 115 ff.
[67] Vgl. *Hilf*, in: Grabitz/Hilf, EU, Art. 20 EGV (Januar 2001), Rn. 32 f.

AEUV insbesondere unter Hinweis auf die völkerrechtlichen Grundlagen grundsätzlich abgelehnt.[68] Demgegenüber spricht sich die überwiegende Zahl der Autoren für einen Anspruch auf Gleichbehandlung mit den eigenen Staatsangehörigen eines Mitgliedstaates aus. Vereinzelt gehen Autoren weiter und wollen daneben ein »Individualrecht der Unionsbürger« unmittelbar aus Art. 23 AEUV anerkennen.[69] Der **Beschluss 95/553/EG** spricht in Art. 1 vom »Schutz« jedes »Bürgers« und schreibt in Art. 3 eine Gleichbehandlung mit den eigenen Staatsangehörigen vor.[70]

bb) Völkerrechtliche Ausgangslage und nationale Rechtsordnungen

Das tradierte **Völkerrecht** sieht im Recht auf diplomatischen Schutz **kein Recht des Einzelnen** gegenüber seinem Heimatstaat, sondern ein Recht des Heimatstaates gegenüber dem betreffenden Drittstaat vor.[71] Obgleich diese Sicht auf Kritik stößt,[72] ist aber noch kein umfassender Meinungsumschwung zu verzeichnen. Damit überlässt das Völkerrecht die Regelung entsprechender Ansprüche dem innerstaatlichen Recht. 24

Die entsprechenden innerstaatlichen **Regelungen in den Mitgliedstaaten** der Union unterscheiden sich deutlich. In **Deutschland** erkennt das BVerfG ein **subjektives Recht** auf konsularischen und diplomatischen Schutz deutscher Staatsangehöriger an. Doch verfügen die staatlichen Stellen über einen weiten Ermessensspielraum, ob und wie sie tätig werden wollen.[73] Demgegenüber kann in **Frankreich** die Regierung nach **freiem Ermessen** entscheiden, ob sie ihren Staatsbürgern einen entsprechenden Schutz gewährt, ohne dass der Einzelne die Entscheidung vor Gericht überprüfen lassen könnte.[74] Im Vereinigten Königreich anerkennt die Rechtsprechung einen Anspruch auf **gerichtliche Überprüfung** insoweit, als außenpolitische Entscheidungen nicht irrational oder entgegen legitimer Erwartungen getroffen werden dürfen.[75] 25

cc) Anerkannte Individualansprüche

Für die **Anerkennung individueller Ansprüche** unter Art. 23 AEUV wird auf den **Wortlaut** und die **Systematik** verwiesen. Die Formulierung »Schutz gewähren« unterscheidet sich zwar von der Verwendung des Begriffs »Recht« in anderen Vorschriften über die Unionsbürgerschaft,[76] doch legt sie nahe, dass die Gewährung des Schutzes auch **im** 26

---

[68] *Kaufmann-Bühler*, in: Lenz/Borchardt, EU-Verträge, Art. 23 AEUV, Rn. 3; im Ergebnis wohl auch *Kadelbach*, in: v. Bogdandy/Bast, Europäisches Verfassungsrecht, S. 635, der die unmittelbare Wirkung der Vorschrift verneint.
[69] *Kluth*, in: Calliess/Ruffert, EUV/AEUV, Art. 23 AEUV, Rn. 17 bejaht einen Individualanspruch und »ergänzend« einen Anspruch auf Gleichbehandlung.
[70] Beschluss 95/553/EG der im Rat vereinigten Vertreter der Regierungen der Mitgliedstaaten v. 19.12.1995 über den Schutz der Bürger der Europäischen Union durch die diplomatischen und konsularischen Vertretungen, ABl. 1995, L 314/73.
[71] S. P.C.I.J. Reports 1924, Series A, No. 2, S. 12 – Mavrommatis Palestine Concessions; P.C.I.J., Reports 1939, Series A/B, No. 76, S. 4 – Panevezys-Saldutiskis Railway; näher dazu *Ruffert*, AVR 35 (1997), 459 (468 ff.).
[72] *Ruffert*, AVR 35 (1997), 459 (469) weist darauf hin, dass das »Recht« des Staates untergeht, wenn der betreffende Einzelne die Staatsangehörigkeit wechselt. Zur Rechtslage unter der EMRK siehe *Kleinlein/Rabenschlag*, ZaöRV 67 (2007), 1277 (1329).
[73] BVerfGE 37, 217 (218); BVerfGE 55, 349 (364 ff.); BVerfG, NJW 1992, 3222 (3223).
[74] *Kovar/Simon*, CDE 1993, 285 (314).
[75] *Storost*, AVR 42 (2004), 411 (412 ff.).
[76] *Kaufmann-Bühler*, in Lenz/Borchardt, EU-Verträge, Art. 23 AEUV, Rn. 3; differenzierend dagegen *Kluth*, in: Calliess/Ruffert, EUV/AEUV, Art. 23 AEUV, Rn. 16, 17.

Interesse des Einzelnen und nicht nur des betreffenden Mitgliedstaates erfolgt.[77] Zudem zählt Art. 20 Abs. 2 Buchst. c AEUV diese Gewährleistung ausdrücklich zu den »**Rechten« der Unionsbürgerinnen und -bürger**. Hinzu kommt, dass die gleichlautende Verbürgung in Art. 46 GRC diesem Schutz eine **grundrechtliche Dimension** verleiht.[78] Spricht damit die Systematik grundsätzlich für einen Individualanspruch, ist aber zu beachten, dass erstens Art. 20 Abs. 3 AEUV den Schutzumfang von den »Bedingungen und Grenzen« **abhängig** macht, die im Vertrag festgelegt sind. Zweitens gilt für die Grundrechtecharta die grundsätzliche Unterscheidung von Grundrechten und **Grundsätzen** in Art. 52 Abs. 5 GRC. Letztere werden nach Maßgabe ihrer Umsetzungsakte geschützt.

27 Eine funktionale Auslegung muss in Parallele zur Frage der **unmittelbaren Wirkung** (s. unten I.2.) der Vorschrift beantworten, ob die Verbürgung in Art. 23 AEUV unbedingt und hinreichend bestimmt ist. Für die Betrachtung sind **drei Ebenen** hoheitlichen Handelns zu unterscheiden: Völkerrecht, Unionsrecht und nationales Recht.

28 Der **Unbedingtheit** des Art. 23 AEUV steht nicht entgegen, dass die Ausübung konsularischen und diplomatischen Schutzes auf **völkerrechtlicher Ebene** der **Mitwirkung** des Gaststaates bedarf. Im Fall der konsularischen Vertretung ist ein bloße Notifizierung ausreichend.[79] Bei diplomatischem Schutz für die Angehörigen anderer Staaten ist hingegen die Zustimmung des Gaststaates erforderlich. Doch wird in der Literatur vorgetragen, dass eine fehlende Zustimmung für den Mitgliedstaat nur eine Rechtfertigung darstelle, eine Gleichstellung mit eigenen Staatsangehörigen abzulehnen.[80] Entscheidend dürfte sein, dass die notwendigen Verhandlungen im Völkerrecht nicht allgemein geführt werden müssen, sondern dass eine **Zustimmung auch ad hoc** erklärt werden kann. Dann ist es gemäß der Auslegung nach dem *effet utile* aber geboten, dass im konkreten Fall Schutz gegenüber dem Gaststaat jedenfalls reklamiert wird und dieser dann auf den darin zumindest konkludent enthaltenen Antrag auf Zustimmung reagieren kann. Auf der **Ebene des Unionsrechts** berührt die **Rechtsetzungsermächtigung** nach Art. 23 Abs. 2 AEUV die Frage der Unbedingtheit nicht, da es nur um die »**Erleichterung**« des Schutzes geht und nicht um eine Wirksamkeitsvoraussetzung. Entscheidend wird aber die Schutzgewährung **im nationalen Recht** des angerufenen Mitgliedstaates, weil Art. 23 Abs. 1 AEUV ausdrücklich den Schutz nur »unter denselben Bedingungen wie Staatsangehörigen dieses Staates« gewährleistet. Insoweit ist der Schutz nach Art. 23 AEUV **akzessorisch** zum Schutz im nationalen Recht.[81] Wo es im nationalen Recht an rechtlichen Voraussetzungen (mit Ausnahme der Anspruchsberechtigung für EU-Ausländer) fehlt, besteht kein ergänzender originärer Anspruch aus dem Unionsrecht. Doch enthält Art. 23 AEUV ausdrücklich einen **Anspruch auf Gleichbehandlung**, so dass eine etwaig fehlende Anspruchsberechtigung eines EU-Ausländers durch **uni-**

---

[77] So *Stein*, S. 104 f., bezogen auf eine fehlerfreie Ermessensausübung, weitergehend *Ruffert*, AVR 35 (1997), 459 (471).
[78] Vgl. *Bungenberg*, in: Heselhaus/Nowak, Handbuch der Europäischen Grundrechte, § 48, Rn. 21.
[79] Art. 8 WÜK.
[80] *Hatje*, in: Schwarze, EU-Kommentar, Art. 23 AEUV, Rn. 12; s. auch *Everling*, S. 49 (62); *Ruffert*, AVR 35 (1997), 459 (471 f.); *Szczekalla*, EuR 1999, 325 (327 f.). Nach *Haag*, in: GS, EUV/EGV, Art. 20 EGV, Rn. 12, scheitert ein Schutzanspruch an fehlenden Verhandlungen; ähnlich *Kadelbach*, in: v. Bogdandy/Bast, Europäisches Verfassungsrecht, S. 635.; *Kaufmann-Bühler*, in: Lenz/Borchardt, EU-Verträge, Art. 23 AEUV, Rn. 3.
[81] *Hilf*, in: Grabitz/Hilf, EU, Art. 20 EGV (Januar 2001), Rn. 31 spricht von einem »konditionierten« Unionsbürgerrecht.

onsrechtskonforme Auslegung** des nationalen Rechts etabliert oder alternativ **originär aus dem Unionsrecht abgeleitet werden kann.**[82]

Auch die **ausreichende Bestimmtheit** der Vorschrift kann in Grenzen bejaht werden. Zunächst ist der Maximalumfang von konsularischen und diplomatischen Maßnahmen **im Völkerrecht** vertraglich **geklärt**.[83] Auf **Unionsebene** wird daran angeknüpft. Die **Rechtsetzungskompetenz** nach Art. 23 Abs. 2 AEUV betrifft nicht diese Aspekte. Vielmehr verweist Art. 23 AEUV für den genauen Umfang der Verbürgung explizit auf das **nationale Recht**. Nun sind die Gewährleistungen in den Mitgliedstaaten unterschiedlich ausgeprägt. Doch garantiert Art. 23 AEUV mit dem **Gebot der Gleichbehandlung** mit den eigenen Staatsangehörigen ein in jedem Einzelfall bestimmtes **Minimum an Schutzgewährleistung**. In der Rechtsprechung des EuGH zur ausreichenden Bestimmtheit bei der Prüfung der unmittelbaren Wirkung einer Vorschrift ist anerkannt, dass ein bestimmbares Minimum an Gewährleistung ausreichend ist.[84] Daher ist die Bestimmtheit des individuellen Anspruchs auf Gleichbehandlung unter Art. 23 AEUV zu bejahen. Ein darüber hinaus gehender Anspruch auf Schutz jenseits des national verbürgten Schutzumfangs ist jedoch nicht hinreichend bestimmt.[85] Sofern ein Handeln in das gebundene Ermessen eines Staates gestellt ist, ist ein **Anspruch auf fehlerfreie Ermessensausübung** zu bejahen, um die effektive Wirksamkeit des EU-Rechts zu gewährleisten.[86] Bei einer Ermessensreduzierung auf Null ist ein Anspruch auf konkrete Schutzmaßnahmen möglich. 29

Es ist aber in jedem Fall zu beachten, dass der EuGH **nicht befugt** ist, die **Auslegung des nationalen Rechts** zu überprüfen. Vielmehr haben die nationalen Gerichte allein die Kompetenz, verbindlich über die Weite der nationalen Schutzvorschriften zu entscheiden. Damit relativiert sich die **praktische Bedeutung** eines möglichen Vorabentscheidungsverfahrens oder eines Vertragsverletzungsverfahrens vor dem EuGH. Allerdings gebietet die Auslegung nach dem *effet utile*, dass die Behauptung fehlender Schutznormen im nationalen Recht der zuständigen nationalen Behörden **gerichtlich überprüfbar** sein muss, um einer Umgehung des anerkannten Anspruchs auf Gleichbehandlung effektiv entgegentreten zu können.[87] Insofern führt Art. 23 AEUV zu einem **Minimum an Rechtschutz** auch in jenen Mitgliedstaaten, die bislang die Gewährung des konsularischen und diplomatischen Schutzes in das freie Ermessen der Behörden gestellt haben. 30

d) Subsidiarität

Art. 23 AEUV verpflichtet die Mitgliedstaaten nur dann zum Schutz anderer Unionsbürgerinnen und -bürger, wenn deren Heimatstaat in dem Drittstaat »**nicht vertreten** ist«. Damit wird eine Konkurrenz zwischen den Mitgliedstaaten in der Schutzgewährung ausgeschlossen. Zutreffend wird dies als Ausdruck der **Subsidiarität** der 31

---

[82] *Hatje*, in: Schwarze, EU-Kommentar, Art. 23 AEUV, Rn. 13; *Kluth*, in: Calliess/Ruffert, EUV/AEUV, Art. 23 AEUV, Rn. 17.
[83] Diesbezüglich die Wiener Verträge des konsularischen und diplomatischen Schutzes, Wiener Übereinkommen über diplomatische Beziehungen (WÜD) v. 18.4.1961, United Nations, Treaty Series, Vol. 500, S. 95 und Wiener Übereinkommen über konsularische Beziehungen (WÜK), v. 24.4.1963, United Nations, Treaty Series, Vol. 596, S. 261.
[84] EuGH, Urt. v. 24.10.1996, Rs. C–72/95 (Kraijeveld), Slg. 1996, I–5403.
[85] Anders offenbar *Kluth*, in: Calliess/Ruffert, EUV/AEUV, Art. 23 AEUV, Rn. 17, im Hinblick allein auf die konsularische Vertretung.
[86] Siehe Rn. 30.
[87] *Ruffert*, AVR 35 (1997), 459 (471); *Hatje*, in: Schwarze, EU-Kommentar, Art. 23 AEUV, Rn. 13 f.; a. A. *Kluth*, in: Calliess/Ruffert, EUV/AEUV, Art. 23 AEUV, Rn. 23.

Verbürgung gewertet.[88] Zugleich wird damit ein **Schutzstandard-Hopping** der betreffenden Unionsbürgerinnen und -bürger verhindert. Sie können sich nicht einfach an den Mitgliedstaat wenden, der ihnen den größten Schutz zukommen lässt. Es entspricht dem Vorrang der nationalen Zuständigkeit, dass ein Mitgliedstaat als »vertreten« gilt, wenn er einen anderen Mitgliedstaat mit seiner **ständigen Vertretung beauftragt** hat.[89] Dementsprechend setzt Art. 1 Beschluss Nr. 95/553/EG voraus, dass es auch keine Vertretung eines »anderen Staates gibt, der die ständige Vertretung [...] wahrnimmt«.

32   Umstritten ist, welche Situationen unter den Begriff »nicht vertreten« fallen. Explizit erfasst ist das **völlige Fehlen** einer eigenen konsularischen oder diplomatischen Vertretung des Heimatstaates. Sinn und Zweck der Vorschrift sind die zusätzliche Absicherung von Unionsbürgerinnen und -bürgern in Drittstaaten, wenn sie des konsularischen oder diplomatischen Schutzes bedürfen.[90] Eingedenk dieser Zielsetzung ist auch der Fall erfasst, dass eine Vertretung **vorübergehend** für eine gewisse Zeit **nicht besetzt** ist.[91] Fraglich ist, ob auch die Fälle erfasst werden, in denen eine Vertretung zwar vorhanden ist, aber **nicht rechtzeitig** erreicht werden kann, um einen effektiven Schutz zu gewährleisten. Dies wird zum Teil selbst im Wege der Analogie abgelehnt, weil keine Regelungslücke bestehe.[92] Andere plädieren für eine Analogie[93] oder wenden die Vorschrift unmittelbar an.[94] Überzeugend ist eine Auslegung nach dem Sinn und Zweck im Sinne einer **effektiv nicht erreichbaren** Vertretung. Dies umfasst einerseits Fälle zeitweiliger Nichtbesetzung einer Vertretung sowie auch Situationen, in denen die **geographischen und technischen Gegebenheiten** in einem Staat es praktisch unmöglich machen, sich an die Vertretung des Heimatstaates zu wenden.[95] Nach Sinn und Zweck sowie eingedenk des Wortlauts sind die Anforderungen daran aber hoch anzusetzen. Um eine Konkurrenzsituation zwischen den Mitgliedstaaten zu verhindern und dem Einzelnen nicht eine Wahl zwischen unterschiedlichen Schutzstandards zu eröffnen (s. Rn. 29) sind nur objektive Gründe akzeptabel und eine lediglich zeitliche Verzögerung kann regelmäßig nicht ausreichen. Diese Auslegung deckt sich mit dem von den Mitgliedstaaten im Beschluss Nr. 95/553/EG gewählten Ansatz, der die Schutzpflicht auslöst, wenn es weder eine »erreichbare« ständige Vertretung noch einen »erreichbaren« zuständigen **Honorarkonsul** gibt.[96] Die Vertretung durch einen Honorarkonsul reicht nach der funktionalen Auslegung aber nur in Fällen aus, in denen er die nach nationalem Recht erforderlichen Maßnahmen **effektiv vornehmen** kann.[97]

---

[88] *Hatje*, in: Schwarze, EU-Kommentar, Art. 23 AEUV, Rn. 7.
[89] Art. 1 Beschluss 95/553/EG.
[90] Wohl allgemeine Ansicht, siehe *Hatje*, in: Schwarze, EU-Kommentar, Art. 23 AEUV, Rn. 3.
[91] *Kluth*, in: Calliess/Ruffert, EUV/AEUV, Art. 23 AEUV, Rn. 9 verweist beispielhaft auf Spannungslagen.
[92] *Kluth*, in: Calliess/Ruffert, EUV/AEUV, Art. 23 AEUV, Rn. 9.
[93] Nach *Haag*, in: GS, EUV/EGV, Art. 20 EGV, Rn. 8; *Kaufmann-Bühler*, in: Lenz/Borchardt, EU-Verträge, Art. 23 AEUV, Rn. 5.
[94] *Hatje*, in: Schwarze, EU-Kommentar, Art. 23 AEUV, Rn. 7.
[95] *Hatje*, in: Schwarze, EU-Kommentar, Art. 23 AEUV, Rn. 7, m.w.N.
[96] Art. 1 Beschluss 95/553/EG, näher dazu Rn. 46.
[97] Allgemein zur Akzeptanz eines Honorarkonsuls *Hilf*, in: Grabitz/Hilf, EU, Art. 20 EGV (Januar 2001), Rn. 18.

2. Unmittelbare Wirkung

Die Frage der **unmittelbaren Wirkung** von Art. 23 Abs. 1 AEUV ist eng mit der Frage nach der Zuerkennung von Individualansprüchen verknüpft. Sie setzt nach der Rechtsprechung voraus, dass die Vorschrift **unbedingt und hinreichend bestimmt** ist.[98] In der Praxis ist vor einer unmittelbaren Heranziehung von Art. 23 AEUV eine Abstützung auf den **Beschluss Nr. 95/553/EG** zu prüfen. Bedarf zur Klärung der unmittelbaren Wirkung bleibt nur dort, wo der in diesem Beschluss gewährte Schutzstandard hinter den Vorgaben des Art. 23 AEUV zurückbleibt (s. Rn. 44 ff.). Die Aufnahme von Art. 23 AEUV unter die **Rechte aus der Unionsbürgerschaft** und ihre inhaltliche Aufführung in der Grundrechtecharta sprechen grundsätzlich für die Zuerkennung einer unmittelbaren Wirkung. Allerdings ist zu beachten, dass Art. 20 Abs. 3 AEUV auf die in den Verträgen festgelegten **Bedingungen und Grenzen** verweist und die Grundrechtecharta neben den Grundrechten auch die Kategorie der **Grundsätze** kennt, deren Wirkung von den **innerstaatlichen Gewährleistungen** abhängt. Jedoch ist festzuhalten, dass der aus Art. 23 AEUV resultierende Anspruch auf Gleichbehandlung mit den eigenen Staatsangehörigen inhaltlich unbedingt und im Umfang hinreichend bestimmt ist (s. Rn. 28 f.). Insbesondere kennen die Mitgliedstaaten regelmäßig keine ausdrückliche Gewährleistung eines solchen Schutzes für Staatsangehörige anderer Mitgliedstaaten. Daher kommt unter der Grundrechtecharta eine Qualifizierung als bloßer »Grundsatz« nicht in Betracht, da ansonsten die Vorschrift leer laufen würde und der effet utile nicht gewahrt bliebe. Sofern ein Mitgliedstaat die Schutzgewährung in das freie Ermessen der zuständigen Behörden stellt, folgt als Minimalgarantie unmittelbar aus der Gewährleistung effektiven Rechtsschutzes i. V. m. Art. 23 AEUV, dass dem Einzelnen die Möglichkeit eröffnet werden muss, die Einhaltung des Gleichbehandlungsgebotes **gerichtlich überprüfen** lassen zu können.[99] Sonst wäre der *effet utile* der Schutzgewährleistung durch Art. 23 AEUV bedroht.

II. Berechtigte

Der diplomatische und konsularische Schutz wird in Art. 23 AEUV allen Unionsbürgerinnen und -bürgern zugesichert. Erfasst werden damit **alle natürlichen Personen**, die die **Staatsangehörigkeit** eines Mitgliedstaates besitzen. Für **Familienangehörige** ohne Unionsbürgerschaft wird eine Einbeziehung in den persönlichen Schutzbereich der Vorschrift, anders als unter der Freizügigkeit nach Art. 21 AEUV, teilweise verneint.[100]

Umstritten ist die Behandlung von **Doppelstaatern**. In der Literatur wird zum Teil eine völkerrechtliche Sicht favorisiert, der zufolge die **effektive Staatsangehörigkeit** entscheidend sein soll.[101] Besitzt die betreffende Person auch die **Staatsangehörigkeit**

---

[98] Die Fähigkeit der unionsrechtlichen Normen, unmittelbare Wirkung entfalten zu können, wurde in der Entscheidung EuGH, Urt. v. 5.2.1963, Rs. 26/62 (van Gend & Loos), Slg. 1963, 3 aufgegriffen. Für Verordnungen nach Art. 288 Abs. 2 AEUV siehe EuGH, Urt. v. 5.4.1979, Rs. 148/78 (Ratti), Slg. 1979, 1629; zur Unbedingtheit und Bestimmtheit bei ausnahmsweise unmittelbar wirkenden Richtlinien nach Art. 288 Abs. 3 AEUV siehe EuGH, Urt. v. 19.11.1991, verb. Rs. C–6/90 u. 9/90 (Francovich), Slg. 1991, I–5357 und EuGH, Urt. v. 23.2.1994, Rs. C–236/92 (Comitatodi coordinamento per la difesa della Cava e.a./Regione Lombardia e.a.), Slg. 1994, I–483.

[99] Näher dazu Rn. 30 und 54.

[100] *Kaufmann-Bühler*, in: Lenz/Borchardt, EU-Verträge, Art. 23 AEUV, Rn. 2; weitergehend der Vorschlag der Kommission, KOM (2011) 881 und siehe dazu Rn. 51.

[101] *Hilf*, in: Grabitz/Hilf, EU, Art. 20 EGV (Januar 2011), Rn. 10; *Hailbronner*, S. 20 ff.

des **Aufenthaltsstaates** (Drittstaat), könne ein diplomatischer und konsularischer Schutz in der Regel nicht beansprucht werden.[102] Diese Ansicht ist wenig überzeugend, da sie völkerrechtliche Vorgaben für eine originär unionsrechtliche Schutzpflicht, die im Völkerrecht gar nicht besteht, übernimmt, ohne ausreichend die Funktion der Vorschrift im Unionsrecht zu beachten. Es kann mittlerweile als gesichert bezeichnet werden, dass die **Rechtsprechung** in Fällen von Doppelstaatlichkeit in Bezug auf die **Unionsbürgerschaft** einen **formalen Ansatz** verfolgt. Hat ein Mitgliedstaat einer Person die Staatsangehörigkeit verliehen, erhält dieser zugleich die Unionsbürgerschaft, ohne dass es darauf ankäme, ob weitere Voraussetzungen erfüllt sind.[103] Gemeint sind damit vor allem die Voraussetzungen einer effektiven Staatsbürgerschaft (u.a. Aufenthalt im Inland) im Völkerrecht. Diese Rechtsprechung ist zur Freizügigkeit und Grundfreiheiten ergangen und betrifft damit direkt nur Fälle innerhalb der EU. Sie entspricht der Konzeption eines möglichst ohne Einschränkungen die Freizügigkeit genießenden Unionsbürgers in den Verträgen. Sie ist aber auf Art. 23 AEUV **übertragbar**, da dort nicht das Verhältnis zum Drittland entscheidend ist, sondern die **gegenseitige Schutzpflicht** zwischen den Mitgliedstaaten. Das hat folgende Konsequenzen: Hat eine Person die Staatsangehörigkeit von zwei Mitgliedstaaten, so kann sich keiner von beiden der Schutzpflicht nach Art. 23 AEUV mit dem Argument entziehen, die Person habe nicht effektiv seine Staatsangehörigkeit, weil sie sich regelmäßig im EU-Ausland aufhalte. Andererseits greift die Schutzpflicht jedes der beiden Mitgliedstaaten nur ein, wenn auch die **Vertretungen des anderen Mitgliedstaates** nicht erreichbar sind.[104]

36 Das Gleiche gilt im Fall einer Person, die sowohl die Staatsbürgerschaft eines EU-Mitgliedstaates besitzt als **auch die eines Drittstaates**. Denn die Schutzpflicht ist Ausdruck einer EU-internen Solidarität. Stellt aber der Mitgliedstaat bei seinen eigenen Staatsangehörigen im Fall eines Doppelstaaters in Übereinstimmung mit dem Völkerrecht darauf ab, zu welchem Staat die effektive Bindung besteht, kann er dies auch im Rahmen des Art. 23 AEUV prüfen, da er keinen weitergehenden Schutz gewähren muss.

37 Schließlich kann die Schutzpflicht auch nicht grundsätzlich versagt werden, wenn die zweite Staatsangehörigkeit die des **Drittstaates** ist, in dem sich die Person aktuell **aufhält**. Zwar wird in der Literatur zutreffend darauf hingewiesen, dass im Völkerrecht ein **Grundsatz** besteht, demzufolge ein Doppelstaater **keinen diplomatischen Schutz** gegenüber dem Staat genießen soll, dem er angehört.[105] Allerdings ist zu ergänzen, dass das Völkerrecht das Spannungsverhältnis zunehmend danach auflöst, welche Staatsangehörigkeit die **effektive** ist.[106] Ferner ist darauf hinzuweisen, dass in vielen Fällen konsularischen Schutzes das Ersuchen **nicht gegen den Drittstaat** gerichtet sein muss. Entscheidend ist aber letztlich die unionsrechtliche Perspektive. Aus dieser Sicht soll einerseits ein ergänzender, das Gebot der Gleichbehandlung mit eigenen Staatsangehörigen achtender Schutz gewährt werden, andererseits erscheint es wenig sinnvoll, einen Schutz zu gewähren, der **im Völkerrecht nicht akzeptiert** werden kann. Daher kann ein Mitgliedstaat den Schutz unter Berufung auf jene völkerrechtlichen Grundsätze ableh-

---

[102] *Kaufmann-Bühler*, in: Lenz/Borchardt, EU-Verträge, Art. 23 AEUV, Rn. 2; *Hilf*, in: Grabitz/Hilf, EU, Art. 20 EGV (Januar 2001), Rn. 9.
[103] EuGH, Urt. v. 7.7.1992, Rs. C–369/90 (Micheletti), Slg. 1992, I–4239, Rn. 10 f.
[104] Vgl. Art. 2 Abs. 2 RL-Entwurf, KOM(2011) 881.
[105] *Kaufmann-Bühler*, in: Lenz/Borchardt, EU-Verträge, Art. 23 AEUV, Rn. 2; bei effektiver Staatsangehörigkeit auch *Hilf*, in: Grabitz/Hilf, EU, Art. 20 EGV (Januar 2001), Rn. 9.
[106] *Hilf*, in: Grabitz/Hilf, EU, Art. 20 EGV (Januar 2001), Rn. 9.

nen, wenn er dies gegenüber eigenen Staatsangehörigen ebenfalls tun würde. Will er aber tätig werden, so löst sich das Problem in der Praxis dadurch, dass der Drittstaat die diplomatische Vertretung durch den Mitgliedstaat ablehnen kann bzw. einer Notifizierung widersprechen könnte. Daher führt eine **funktionale Auslegung** zu dem pragmatischen Ergebnis, dass die Schutzpflicht zunächst zu bejahen ist, und es dem Drittstaat offensteht, völkerrechtliche Bedenken geltend zu machen.

Ob auch **juristische Personen** den Schutz nach Art. 23 AEUV genießen, ist umstritten. 38
Die **Befürworter** verweisen darauf, dass andere Unionsbürgerrechte ausdrücklich auch juristischen Personen zustehen und es eine vergleichbare Interessenlage gebe. Zudem sei die Ausübung des konsularischen und diplomatischen Schutzes auch für juristische Personen im Völkerrecht anerkannt.[107] Daher sei deren Schutz in einer analogen Anwendung von Art. 23 AEUV zu bejahen.[108] Dem ist mit der **Gegenansicht** aber entgegenzuhalten, dass die Ausdehnung auf juristische Personen bei anderen Unionsbürgerrechten nicht im Kapitel über die Unionsbürgerschaft erfolgt ist, sondern in den Art. 227 und 228 AEUV. Dies ist aber für den diplomatischen und konsularischen Schutz gerade **nicht geschehen**.[109] Noch deutlicher wird dies durch einen Blick in die **Grundrechtecharta**. Dort werden bei den einschlägigen Unionsbürgerrechten auch die juristischen Personen ausdrücklich erwähnt, wenn sie in den Schutzbereich einbezogen sind.[110] Doch in Art. 46 GRCh, der Parallelvorschrift zu Art. 23 AEUV ist dies bewusst **unterlassen** worden. In der Praxis kann die Frage durchaus relevant sein. Zwar listet Art. 5 Abs. 1 Beschluss Nr. 95/553/EG nur Notfälle, die natürliche Personen betreffen können, doch deckt die Vorschrift nach zutreffender Sicht (s. Rn. 47) nicht den ganzen Anwendungsbereich von Art. 23 AEUV ab. Für die verbleibenden Fälle steht es den Mitgliedstaaten aber frei, auch ohne Rechtspflicht nach Art. 23 AEUV sich auch im Hinblick auf juristische Personen gegenseitig in der Vertretung in Drittstaaten beizustehen.

III. Verpflichtete

Explizit wendet sich Art. 23 AEUV an die **Mitgliedstaaten der EU** und verpflichtet diese, 39
Unionsbürgerinnen und -bürgern **subsidiär** zu ihrem Heimatstaat konsularischen und diplomatischen Schutz zu gewähren. Nach der Rechtsprechung können Mitgliedstaaten Rechte der Unionsbürgerinnen und -bürger nicht dadurch in Frage stellen, dass sie eine **formal bestehende Staatsbürgerschaft** in einem Mitgliedstaat zusätzlichen Anforderungen, wie deren effektiver Ausübung, unterwerfen (s. Rn. 35).[111]

Eine rechtliche **Bindung der EU** ist nicht explizit vorgesehen. Damit zählt Art. 23 40
AEUV zu jenen Unionsbürgerrechten, die die nach wie vor engere Beziehung zwischen Bürgern und Mitgliedstaaten belegen.[112] Aufgrund dessen wird auch eine **implizite Verpflichtung** der EU abgelehnt.[113] Die Praxis kennt durchaus Fälle, in denen die (früheren)

---

[107] *Kluth*, in: Calliess/Ruffert, EUV/AEUV, Art. 23 AEUV, Rn. 20; *Seidl-Hohenveldern*, S. 115 ff.
[108] *Kluth*, in: Calliess/Ruffert, EUV/AEUV, Art. 23 AEUV, Rn. 20.
[109] Deshalb verneint *Fischer*, S. 267 den Schutz; vgl. *Hatje*, in: Schwarze, EU-Kommentar, Art. 23 AEUV, Rn. 5.
[110] Siehe zum Petitionsrecht in Art. 44 GRC und zum Recht auf Beschwerde an den Bürgerbeauftragten in Art. 43 GRC *Gaitanides*, in: Heselhaus/Nowak, Handbuch der Europäischen Grundrechte, § 49 Rn. 13 und § 50 Rn. 17.
[111] EuGH, Urt. v. 7.7.1992, Rs. C–369/90 (Micheletti), Slg. 1992, I–4239, Rn. 10 f.
[112] Vgl. zu Art. 20 AEUV, Rn. 34.
[113] So *Hatje*, in: Schwarze, EU-Kommentar, Art. 23 AEUV, Rn. 6, a. A. *Szczekalla*, EuR 1999, 325 (333 f.); *Schönberger*, S. 473 f.

Delegationen der Kommission Maßnahmen des diplomatischen Schutz zugunsten für Unionsbürger ergriffen haben.[114] Rechtlich entscheidend ist nach dem Lissabonner Vertrag, dass die **Delegationen der Union** in Art. 35 Abs. 3 EUV zur Verwirklichung des Rechts nach Art. 23 AEUV »beitragen«. Damit wird die EU nicht in den Kreis der rechtlich Verpflichteten nach Art. 23 AEUV einbezogen, doch erscheint es zulässig, wenn sie **im Rahmen der Kooperationspflicht** nach Art. 35 EUV ihre Dienste anbietet.[115]

D. Sekundärrechtliche Konkretisierungen

41   Zur Umsetzung der Schutzpflichten ist bisher der **Beschluss Nr. 95/553/EG** ergangen.[116] Ein weiterer **Richtlinienvorschlag** wartet seit 2011 auf Annahme durch den Rat. In ihrem Regelungsumfang sind beide Akte relativ zurückhaltend. Dies ist in der Literatur auf Kritik gestoßen (s. Rn. 44 ff.). Bezüge zur Schutzpflicht nach Art. 23 AEUV weisen auch andere Richtlinien auf (s. Rn. 53).

I. Rechtsetzungskompetenz

42   Vor dem Lissabonner Vertrag bestand **keine Rechtsetzungskompetenz** der Union im Rahmen der Vorgängervorschriften von Art. 23 AEUV. Wie heute in dessen 1. Absatz war lediglich die Pflicht enthalten, die »notwendigen Vorkehrungen« zu treffen und die »erforderlichen internationalen Verhandlungen« einzuleiten. Dennoch ist 1995 **Beschluss Nr. 95/553/EG** ausdrücklich ergangen, um »die Verpflichtung [...] zu erfüllen«. Es handelt sich um einen Beschluss der »im Rat vereinigten Vertreter der Regierungen der Mitgliedstaaten«. Da dieser nicht von den EU-Organen in einem EU-Rechtsetzungsverfahren erlassen worden ist, zählt er formal **nicht zum Sekundärrecht** der EU gemäß Art. 288 AEUV. Doch kennt der Vertrag ausdrückliche Beispiele solcher »**uneigentlichen Ratsbeschlüsse**«,[117] etwa bei der Ernennung der EU-Richter nach Art. 253 AEUV. Demgegenüber ist Beschluss 95/553/EG aber **ohne** eine **explizite Zuweisung** im Vertrag ergangen. Doch lässt sich die Art. 23 AEUV inhärente **Kooperationspflicht** der Mitgliedstaaten dahin deuten, dass ein gemeinsames Vorgehen vom Vertrag begrüßt wird. Für diese **intergouvernementalen Beschlüsse** gilt nach den allgemeinen völkerrechtlichen Regeln das **Einstimmigkeitserfordernis**. Dementsprechend verlangt Art. 8 Beschluss Nr. 95/553/EG für das Inkrafttreten, dass die nach nationalem Recht erforderliche **Ratifikationsverfahren** abgeschlossen werden.

43   Neu in den Lissabonner Vertrag ist die **Rechtsetzungskompetenz** in Art. 23 Abs. 2 AEUV aufgenommen worden. Sie sieht ein **besonderes Rechtsetzungsverfahren** vor, in dem der **Rat** nach Anhörung des Europäischen Parlaments Richtlinien zur Festlegung der notwendigen Koordinierungs- und Kooperationsmaßnahmen zur Erleichterung dieses Schutzes erlassen kann. Der Rat entscheidet nach Art. 16 Abs. 3 EUV in qualifizierter Mehrheit.[118] Inhaltlich ist die Vorschrift auf den Erlass von »Koordinierungs- und Kooperationsmaßnahmen« zur »Erleichterung« des Schutzes durch die Mitgliedstaaten ausgerichtet. Sie erlaubt damit **keine** weiter gehenden **Harmonisierungsmaßnahmen**.

---

[114] *Storost*, Diplomatischer Schutz durch EG und EU?, S. 111.
[115] Anders wohl *Cremer*, in: Calliess/Ruffert, EUV/AEUV, Art. 35 EUV, Rn. 4.
[116] Beschluss 95/553/EG.
[117] Siehe dazu *Oppermann/Claassen/Nettesheim*, Europarecht, § 7, Rn. 92.
[118] *Ziegenhorn*, in: Grabitz/Hilf/Nettesheim, EU, Art. 16 EUV (September 2013), Rn. 38.

II. Beschluss Nr. 95/553/EG

Inhaltlich befasst sich der Beschluss Nr. 95/553/EG lediglich mit dem **konsularischen Schutz**, der aber durch konsularische und diplomatische Vertretungen gewährt werden soll.[119] Auch in der **Konkretisierung** des konsularischen Schutzes bleiben die Regelungen relativ **zurückhaltend**. Politisch erklärt sich dies durch das damalige Erfordernis der einstimmigen Beschlussfassung bei gleichzeitig großen Unterschieden in den nationalen Konzeptionen des Schutzes der eigenen Staatsangehörigen im Ausland.[120] **44**

Rechtlich hat die inhaltliche Zurückhaltung deutliche Kritik erfahren, teilweise wird der Beschluss wegen nicht ausreichender Umsetzung der Vorgaben des Art. 23 AEUV für **unionsrechtswidrig** gehalten.[121] Indes wird man differenzieren müssen. Die Beschränkung auf den Aspekt des konsularischen Schutzes macht die Regelungen nicht rechtswidrig, sondern stellt in Bezug auf den nicht erfassten **diplomatischen Schutz** ein **vertragswidriges Unterlassen** dar. Unter dem Lissabonner Vertrag könnte daher die **Untätigkeitsklage** gegen den zuständigen Rat erhoben werden. Sofern im Bereich des konsularischen Schutzes aber **keine ausreichenden** Schutzpflichten festgelegt werden, liegt ein Verstoß gegen Art. 23 AEUV vor, mit der Folge, dass solche Beschränkungen vor Gericht mit der **Nichtigkeitsklage** angegriffen werden könnten bzw. dass gegebenenfalls eine **unmittelbare Anwendung** von Art. 23 AEUV erwogen werden muss. **45**

Art. 1 Beschluss Nr. 95/553/EG erklärt die konsularischen und diplomatischen Vertretungen für zuständig. Darunter werden im Völkerrecht die **Konsulate und Botschaften** verstanden. Zu ersteren zählen nach Art. 1 Abs. WÜK auch **Honorarkonsuln**.[122] Das spiegelt sich in Art. 1 Beschluss Nr. 95/553/EG wider, wenn dort für die erreichbaren Stellen auch auf die Honorarkonsuln abgestellt wird.[123] **46**

Art. 1 Beschluss Nr. 95/553/EG setzt voraus, dass die Vertretung des Heimatstaates nicht »erreichbar« ist. Dies entspricht der weiten Auslegung in Art. 23 AEUV (s. Rn. 31). Ferner muss der Schutz suchende Unionsbürger lediglich mit einem Reisepass oder Personalausweis nachweisen, dass er Unionsbürger ist.[124] In Übereinstimmung mit Art. 23 AEUV postuliert Art. 3 des Beschlusses dann eine **Pflicht zur gleichen Behandlung** wie die eigenen Staatsangehörigen. In der Praxis ist der Schutz nach Art. 23 AEUV insbesondere in **Notfällen** gefragt. Doch sind auch andere Fälle nicht ausgeschlossen. Daher wird die Engführung der Schutzpflicht in Art. 5 Abs. 1 des Beschlusses auf **enumerativ aufgezählte Notfälle** wie Hilfe bei Todesfällen, schweren Unfällen, Festnahme oder Haft, für Opfer von Gewaltverbrechen und für Hilfeleistungen in Not sowie einer Rückführung überzeugend für unionsrechtswidrig gehalten.[125] Dass weitere Hilfe »in anderen Fällen« sinnvoll sein kann, erkennt Art. 5 Abs. 2 des Beschlusses an, doch sieht er dafür nur eine »kann«-Bestimmung anstelle einer Rechtspflicht zum Schutz vor. Darin liegt ein Verstoß gegen Art. 23 AEUV.[126] **47**

---

[119] Art. 1 Beschluss 95/553/EG.
[120] Die Kommission stellt in KOM(2011) 881, S. 3 fest, dass über die Auslegung des Art. 23 AEUV kein Konsens bestehe und die nationalen Vorschriften zum konsularischen Schutz sehr unterschiedlich seien.
[121] *Kluth*, in: Calliess/Ruffert, EUV/AEUV, Art. 23 AEUV, Rn. 12.
[122] Vgl. *Heintze*, § 27 Rn. 7; ablehnend in Bezug auf Art. 1 Beschluss 95/553/EG aber *Hatje*, in: Schwarze, EU-Kommentar, Art. 23 AEUV, Rn. 17.
[123] A.A. *Hatje*, in: Schwarze, EU-Kommentar, Art. 23 AEUV, Rn. 17.
[124] Art. 2 Beschluss 95/553/EG.
[125] *Kluth*, in: Calliess/Ruffert, EUV/AEUV, Art. 23 AEUV, Rn. 12.
[126] *Kluth*, in: Calliess/Ruffert, EUV/AEUV, Art. 23 AEUV, Rn. 12.

48 Die **finanzielle Unterstützung** wird sehr restriktiv geregelt. Grundsätzlich muss sie vom Heimatstaat genehmigt werden. Eine Ausnahme gilt nur in »Notfällen«.[127] Die Kosten sind vom Heimatstaat zu erstatten. Dieser trägt auch das **Insolvenzrisiko**, wenn der Schutz Suchende nicht seiner **Pflicht zur Rückerstattung** nach Art. 6 Abs. 2 des Beschlusses nachkommen kann.

49 Die Kommission hat insbesondere aufgrund von Erfahrungen in den Krisensituationen der Tsunami-Katastrophe 2004 und des Libanon-Konflikts 2006 eine Ergänzung des Beschlusses gefordert.[128] Vor allem wird eine **Ausdehnung auf Familienangehörige**, die nicht Unionsbürgerinnen oder -bürger sind, vorgeschlagen, sowie Hilfe bei der Identifizierung und Überführung von Leichen.[129]

III. Richtlinienvorschlag

50 Dem Rechtsetzungsauftrag in Art. 23 Abs. 2 AEUV folgend hat die Kommission 2011 einen Vorschlag für eine **Richtlinie** »über den **konsularischen Schutz** von Unionsbürgern im Ausland« gemacht.[130] Der Titel wird sichtbar auf den konsularischen Schutz begrenzt.

51 Dieser Richtlinienvorschlag enthält einige wichtige **Neuerungen**. So wird in Bezug auf die schutzberechtigten Personen klargestellt, dass Personen mit **Doppelstaatsangehörigkeit** zweier EU-Mitgliedstaaten sich nur dann auf den Schutz berufen können, wenn keine Vertretung beider Mitgliedstaaten erreicht werden kann.[131] Ferner wird der **Schutz auf Familienangehörige** ausgedehnt, die nicht Unionsbürgerinnen oder -bürger sind. Für sie gilt ein **Gebot der Gleichbehandlung mit entsprechenden Familienangehörigen** der eigenen Staatsangehörigen.[132] Des Weiteren wird die Voraussetzung fehlender **Erreichbarkeit** konkretisiert. Effektiver Schutz ist nur vorhanden, wenn die Vertretung **gefahrlos** in **annehmbarer Zeit** erreicht werden kann. Als annehmbar gilt in der Regel die Möglichkeit der Hin- und Rückreise an einem Tag mit den üblichen Verkehrsmitteln.[133] Es bleibt im Übrigen bei der **enumerativen Auflistung von Notfällen**, die »Kann«-Vorschrift für sonstige Fälle soll ersatzlos wegfallen. Damit wird die Kritik am zu geringen Umfang des derzeit geltenden Beschlusses Nr. 95/553/EG in der Sache fortbestehen (s. Rn. 47). Die Abwicklung finanzieller Hilfe wird vereinfacht, insbesondere **entfällt** das **Genehmigungserfordernis** seitens des Heimatstaates, doch bleibt es bei der Rückerstattungspflicht an den Heimatstaat[134], der damit weiterhin ein Insolvenzrisiko trägt.

52 Trotz der **beschränkten** Erweiterungen scheint es im Rat am notwendigen Konsens zu fehlen, so dass in der nächsten Zeit weiterhin der Beschluss 95/553/EG die maßgebliche Ausführungsregelung darstellen wird.

---

[127] Art. 6 Beschluss 95/553/EG.
[128] Grünbuch, KOM(2006) 712.
[129] KOM(2006) 712, S. 5 f.
[130] KOM(2011) 881.
[131] Art. 2 Abs. 2 RL-Entwurf, KOM(2011) 881.
[132] Art. 2 Abs. 3 RL-Entwurf, KOM(2011) 881.
[133] Art. 4 Abs. 2 RL-Entwurf, KOM(2011) 881.
[134] Art. 12 RL-Entwurf, KOM(2011) 881.

IV. Weitere Regelungen (RL 2013/48/EU)

Neben den Ausführungsbestimmungen nach Art. 23 Abs. 2 AEUV sind weitere Sekundärrechtsakte zu beachten, die auf Basis **anderer Kompetenzvorschriften** ergangen sind, inhaltlich aber **Bezüge** zum konsularischen und diplomatischen Schutz aufweisen. Dazu zählt der Beschluss der im Rat vereinigten Vertreter der Regierungen der Mitgliedstaaten zur **Ausarbeitung eines Rückkehrausweises**, der auf die Einführung eines einheitlichen Dokuments ausgerichtet ist, um Unionsbürgern die Rückreise aus Drittstaaten zu ermöglichen, wenn ihnen die Reisedokumente abhandengekommen sind.[135] Demgegenüber enthält **Richtlinie 2013/48/EU**[136] über das Recht auf Zugang zu einem Rechtsbeistand in Strafverfahren und auf Benachrichtigung eines Dritten bei Freiheitsentzug zwar Vorgaben für die Kommunikation mit Konsularbehörden, doch bezieht sich dies auf Drittstaater, die sich im Hoheitsgebiet eines Mitgliedstaats aufhalten.

53

E. Gerichtliche Durchsetzung und Schadensersatz

Gerichtlicher Rechtsschutz ist in Bezug Art. 23 AEUV **auf zwei Ebenen** zu erhalten: in dem Mitgliedstaat, der um Schutz ersucht worden ist, und vor dem EuGH. Nach zutreffender Auffassung hat der Einzelne aus Art. 23 AEUV ein **Recht auf Gleichbehandlung** mit den eigenen Staatsangehörigen des ersuchten Mitgliedstaates. Diesen Anspruch kann er **vor nationalen Gerichten** geltend machen, die in diesen Verfahren den EuGH im **Vorlageverfahren** zur Abklärung der unionsrechtlichen Vorgaben ersuchen können. Gewährt ein Mitgliedstaat gar keinen Rechtsschutz im Hinblick auf konsularischen und diplomatischen Schutz, so folgt aus dem *effet utile* von Art. 23 AEUV in Verbindung mit dem Recht auf effektiven Rechtsschutz, dass zumindest die Einhaltung des Gleichbehandlungsgebotes **gerichtlich überprüfbar** sein muss. Sofern Mitgliedstaaten ihren Schutzpflichten nach Art. 23 AEUV nicht nachkommen, können die Kommission oder ein anderer Mitgliedstaat nach Art. 258 bzw. Art. 259 AEUV ein **Vertragsverletzungsverfahren** einleiten. Schließlich erscheint bei Verletzung der Pflicht zum Erlass der Maßnahmen nach Art. 23 Abs. 2 AEUV eine **Untätigkeitsklage** gemäß Art. 265 AEUV gegen den Rat möglich. Gegen rechtswidrige Ausführungsakte steht die **Nichtigkeitsklage** nach Art. 263 Abs. 1 AEUV zur Verfügung. Allerdings zählt der noch vor dem Lissabonner Vertrag ergangene **Beschluss Nr. 95/553/EG** nicht zum Sekundärrecht, da er nicht von den EU-Organen erlassen worden ist, sondern als uneigentlicher Ratsbeschluss von den Mitgliedstaaten im intergouvernementalen Zusammenwirken ergangen ist. Daher unterliegt er nicht der Nichtigkeitsklage.[137] Vereinzelt wird eine »Aufsichtsklage« der Kommission gegen die Gesamtheit der Mitgliedstaaten nach Art. 265 AEUV

54

---

[135] Beschluss 96/409/GASP der im Rat vereinigten Vertreter der Regierungen der Mitgliedstaaten v. 6.7.1996 über die Ausarbeitung eines Rückkehrausweises, ABl. 1996, L 168/4; daneben sind unverbindliche Leitlinien für den konsularischen Schutz von EU-Bürgern in Drittländern v. 2.6.2006, Rats-Dok. 10109/06, entstanden.

[136] Richtlinie 2013/48/EU vom 22.10.2013 über das Recht auf Zugang zu einem Rechtsbeistand in Strafverfahren und in Verfahren zur Vollstreckung des Europäischen Haftbefehls sowie über das Recht auf Benachrichtigung eines Dritten bei Freiheitsentzug und das Recht auf Kommunikation mit Dritten und mit Konsularbehörden während des Freiheitsentzugs, ABl. 2013, L 294/1.

[137] *Hatje*, in: Schwarze, EU-Kommentar, Art. 23 AEUV, Rn. 21; *Kluth*, in: Calliess/Ruffert, EUV/AEUV, Art. 23 AEUV, Rn. 24.

für möglich gehalten.[138] Doch steht dem entgegen, dass diese nicht zu den enumerativ aufgezählten Klagegegnern nach Art. 265 Abs. 1 AEUV zählt. Zu erwägen ist hingegen ein **Vertragsverletzungsverfahren gegen alle Mitgliedstaaten** nach Art. 258 AEUV, da der Beschluss Nr. 95/553/EG als eine Maßnahme der Mitgliedstaaten angesehen werden kann, die gegen die Verpflichtung nach Art. 23 AEUV verstößt.

55   **Schadensersatz** wird in der Literatur nach den allgemeinen Grundsätzen erwogen.[139] Im Fall eines **rechtswidrigen Schutzversagens** kommen Ansprüche nach nationalem Recht und nach den EU-Grundsätzen der Staatshaftung in Betracht.[140] Im Fall rechtmäßigen Versagens des Schutzes besteht **kein EU-Anspruch** auf »Aufopferung«.[141] Auch in **Deutschland** wird in diesen Fällen ein Anspruch auf Aufopferung vom BVerfG abgelehnt.[142]

---

[138] *Kluth*, in: Calliess/Ruffert, EUV/AEUV, Art. 23 AEUV, Rn. 24.
[139] Ausführlich dazu *Bungenberg*, in: Heselhaus/Nowak, Handbuch der Europäischen Grundrechte, § 48, Rn. 31 f.
[140] Näher *Szczekalla*, EuR 1999, 325 (330).
[141] *Bungenberg*, in: Heselhaus/Nowak, Handbuch der Europäischen Grundrechte, § 48, Rn. 32.
[142] BVerfG, IFLA 1994, 11 f., zitiert bei *Szczekalla*, EuR 1999, 325 (329), der aber wohl bei ausreichender Schwere einen solchen Anspruch bejaht.

Artikel 24 AEUV [Petitionsrecht]

Die Bestimmungen über die Verfahren und Bedingungen, die für eine Bürgerinitiative im Sinne des Artikels 11 des Vertrags über die Europäische Union gelten, einschließlich der Mindestzahl der Mitgliedstaaten, aus denen die Bürgerinnen und Bürger, die diese Initiative ergreifen, kommen müssen, werden vom Europäischen Parlament und vom Rat gemäß dem ordentlichen Gesetzgebungsverfahren durch Verordnungen festgelegt.

Jeder Unionsbürger besitzt das Petitionsrecht beim Europäischen Parlament nach Artikel 227.

Jeder Unionsbürger kann sich an den nach Artikel 228 eingesetzten Bürgerbeauftragten wenden.

Jeder Unionsbürger kann sich schriftlich in einer der in Artikel 55 Absatz 1 des Vertrags über die Europäische Union genannten Sprachen an jedes Organ oder an jede Einrichtung wenden, die in dem vorliegenden Artikel oder in Artikel 13 des genannten Vertrags genannt sind, und eine Antwort in derselben Sprache erhalten.

Literaturübersicht

Guckelberger, Die europäische Bürgerinitiative, DÖV 2010, 745; *Gundel*, Zur Sprachenregelung bei den EG-Agenturen – Abschied auf Raten von der Regel der »Allsprachigkeit« der Gemeinschaft im Verkehr mit dem Bürger?, EuR 2001, 776; *Hamers*, Der Petitionsausschuss des Europäischen Parlaments und der Europäische Bürgerbeauftragte, 1999; *Heselhaus*, Die Ausgestaltung der Europäischen Bürgerinitiative – eine vertane Chance?, EuZ 2013, 4; *Hieber*, Die Europäische Bürgerinitiative nach dem Vertrag von Lissabon, 2014; *Kanska*, Towards Administrative Human Rights in the EU. Impact of the Charter of Fundamental Rights, ELJ 2004, 296; *Masing*, Die Mobilisierung des Bürgers zur Durchsetzung des Rechts, 1997; *Oppermann*, Das Sprachenregime der Europäischen Union – reformbedürftig? Ein Thema für den Post-Nizza-Prozess, ZEuS 2001, 1; *Schneider*, Petitionen zum Europäischen Parlament mit Berücksichtigung des Bürgerbeauftragten, 2009; *Vos*, Reforming the European Commission: What Role to Play for EU Agencies?, CMLRev. 37 (2000), 1113; *Yvon*, Sprachenvielfalt und europäische Einheit – Zur Reform des Sprachenregimes der Europäischen Union, EuR 2003, 681.

Leitentscheidung

EuGH, Urt. v. 9.9.2003, Rs. C–361/01 P (KiK/HABM), Slg. 2003, I–8283

Wesentliche sekundärrechtliche Vorschriften

Verordnung (EU) Nr. 1/1958 vom 15.4.1958 zur Regelung der Sprachenfrage für die Europäische Wirtschaftsgemeinschaft, ABl. 1958, L 17/1
Verordnung (EU) Nr. 211/2011 vom 16.2.2011 über die Bürgerinitiative, ABl. 2011, L 65/1
Durchführungsverordnung Nr. 1179/2011 vom 17.11.2011 zur Festlegung der technischen Spezifikationen für Online-Sammelsysteme gemäß der Verordnung (EU) Nr. 211/2011 des Europäischen Parlaments und des Rates über die Bürgerinitiative, ABl. 2011 L 301/3
Art. 201–203a (Petitionen) Geschäftsordnung Europäisches Parlament, ABl. 2011 L 116/1
Anlage XI (Ausübung der Aufgaben des Bürgerbeauftragten) Geschäftsordnung Europäisches Parlament, ABl. 2011, L 116/1

Inhaltsübersicht

	Rn.
A. Bedeutung und systematischer Überblick	1
B. Entstehungsgeschichte	5
C. Gewährleistungsgehalte	8
I. Europäische Bürgerinitiative	8
II. Petition zum Europäischen Parlament	12
III. Eingaben zum Bürgerbeauftragten	15

IV. Recht auf Kommunikation mit den EU-Organen und -Einrichtungen 18
1. Bedeutung 18
2. Gewährleistungsgehalte 20

A. Bedeutung und systematischer Überblick

1   Art. 24 AEUV führt **vier** verschiedene, **systematisch zusammenhängende Rechte** der Unionsbürgerinnen und -bürger auf. Die Vorschrift wird in ihrer Bedeutung oft **unterschätzt**,[1] obwohl sie bereits bei ihrer Einführung im Maastricht Vertrag mehr als eine bloße Verweisungsvorschrift gewesen war (s. Rn. 5). Auf den ersten Blick könnte die Auflistung von Bestimmungen über die Europäische Bürgerinitiative, das Petitionsrecht zum Parlament, das Recht auf Eingaben an den Bürgerbeauftragten sowie das Recht auf Kommunikation mit den Organen und Einrichtungen »systematisch wenig überzeugend«[2] erscheinen. Diese Einschätzung beruht hingegen auf einer zu engen Bestimmung von Sinn und Zweck der einzelnen Verbürgungen.[3] Nach zutreffender Ansicht ist allen aufgeführten Gewährleistungen gemeinsam, dass sie Rechte auf einen **Dialog zwischen dem Einzelnen** – lediglich Art. 24 Abs. 1 AEUV ist in der Gesamtsicht auf Unionsbürgerinnen und -bürger beschränkt – **und den Unionsorganen** bzw. -einrichtungen gewährleisten, der nicht nur auf die **Kontrolle** des Handelns auf EU-Ebene ausgerichtet ist, sondern auch **Partizipation** durch Eingaben ermöglicht und insgesamt die **Transparenz** und **Bürgernähe** der Union fördert.[4] Die Reihenfolge der Auflistung folgt der Bedeutung für die **demokratische Legitimation**, vom **Dialog über die Rechtsetzung** mittels der direkt demokratisch inspirierten Bürgerinitiative (Abs. 1) über einen **Austausch** mit dem direkt-demokratisch legitimierten **Parlament** (Abs. 2) zur **Anrufung des** beim Parlament eingerichteten[5] **Bürgerbeauftragten** (Abs. 3) und zum **allgemeinen Recht auf Kommunikation** mit allen Organen und Einrichtungen (Abs. 4).

2   Art. 24 AEUV kommt im Rahmen des Abschnitts über die Unionsbürgerrechte insofern eine besondere Bedeutung zu, als die dort aufgeführten Gewährleistungen stärker den klassischen Grundrechten ähneln als die anderen Verbürgungen. Denn sie sind nicht gegen die Mitgliedstaaten gerichtet, sondern sind auf **Organe und Einrichtungen der EU** bezogen. Insofern sind sie Beleg dafür, dass unter der Unionsbürgerschaft nicht nur Anforderungen an die Mitgliedstaaten gestellt werden, sondern eben auch an die EU, und weisen damit Parallelen zu Rechten aus der Staatsangehörigkeit auf nationaler Ebene auf.[6] Zugleich qualifizieren sie sich aufgrund dieser Ausrichtung in besonderer

---

[1] Vereinzelt wird ihr, zumindest in weiten Teilen, eine lediglich deklaratorische Funktion beigemessen und ihre Funktionen werden relativ eng bestimmt, siehe *Hatje*, in: Schwarze, EU-Kommentar, Art. 24 AEUV, Rn. 1; weitergehend dagegen *Kluth*, in: Calliess/Ruffert, EUV/AEUV, Art. 24 AEUV, Rn. 1 und 3 und *Folz*, in: Vedder/Heintschel v. Heinegg, Europäisches Unionsrecht, Art. 24 AEUV, Rn. 1.
[2] So die Wertung von *Folz*, in: Vedder/Heintschel v. Heinegg, Europäisches Unionsrecht, Art. 24 AEUV, Rn. 1.
[3] S. im Einzelnen unten Rn. 8 ff.
[4] *Folz*, in: Vedder/Heintschel v. Heinegg, Europäisches Unionsrecht, Art. 24 AEUV, Rn. 1, erkennt »Aspekte eines Dialogs«; *Kluth*, in: Calliess/Ruffert, EUV/AEUV, Art. 24 AEUV, Rn. 3, spricht den Aspekt einer »Kommunikationsgemeinschaft« an. Grundlegend *Schroeder*, KritV 1998, 423 ff.
[5] S. Art. 228 Abs. 1 AEUV.
[6] Vgl. die Kritik bei *Hatje*, in: Schwarze, EU-Kommentar, Art. 20 AEUV, Rn. 9, zum Recht auf diplomatischen Schutz.

Weise als **EU-Grundrechte**, wie dies auch im Kapitel über die Bürgerrechte in der Charta zum Ausdruck kommt. Nicht zuletzt setzen sie **keinen grenzüberschreitenden Bezug** voraus, sondern gelten auch für Unionsbürgerinnen und -bürger in ihrem **Heimat-Mitgliedstaat**.

Die Zusammenfassung der verschiedenen Gewährleistungen in Art. 24 AEUV ist damit begründet worden, dass den Unionsbürgerinnen und -bürgern ihre Rechte besser sichtbar gemacht werden sollen.[7] Allerdings werden die aufgelisteten Verbürgungen auch an anderen Stellen in den Verträgen bzw. der Grundrechtecharta aufgeführt, so dass der Gewinn an diesen teilweisen Redundanzen in der Literatur vereinzelt in Zweifel gezogen wird.[8] Zudem wird an jenen anderen Stellen der persönliche Schutzbereich häufig ausgeweitet (s. im Einzelnen unten Rn. 8 ff.).[9] Doch erscheint diese Vorgehensweise aus der Perspektive einer **modernen Demokratiekonzeption** überzeugend. Denn die **Ausweitung des persönlichen Schutzbereiches** auf natürliche Personen mit Wohnsitz in der Union bzw. juristische Personen mit satzungsmäßigem Sitz in einem Mitgliedstaat entspricht in Zeiten häufigerer und teilweise dauerhafter **Migration** dem Anliegen, den Status der betroffenen Menschen, die für eine gewisse Dauer der Hoheitsgewalt der Union unterworfen sind,[10] den umfassenden demokratischen Rechten der jeweiligen Staatsbürger in den Mitgliedstaaten anzunähern.[11] Mit der gemeinsamen Erwähnung der Gewährleistungen für die Unionsbürgerinnen und -bürger in Art. 24 AEUV wird zum einen betont, dass der **persönliche Nexus der Unionsbürgerschaft** den Kern der Gewährleistungen ausmacht. Zum anderen werden die erwähnten **Gewährleistungen aufgewertet**, weil sie dem Unionsbürgerstatus zugeordnet werden, den der EuGH in ständiger Rechtsprechung als den **fundamentalen Status des Einzelnen** in der Union qualifiziert.[12] Insbesondere für die Europäische Bürgerinitiative gilt, dass mit der Aufnahme in Art. 24 AEUV ihr **subjektiv-rechtlicher Charakter** unterstrichen wird.[13]

Für die einzelnen Verbürgungen in Art. 24 AEUV ergeben sich **vielfältige systematische Bezüge**. Die Europäische Bürgerinitiative wird an prominenter Stelle in Art. 11 EUV im Titel II über die demokratischen Grundsätze der Union bereits erwähnt. Inhaltlich bestehen **Bezüge zum Initiativmonopol** der Kommission nach Art. 17 Abs. 2 EUV. Das Petitionsrecht und das Recht auf Eingaben an den Bürgerbeauftragten werden in den Art. 227 AEUV bzw. Art. 228 AEUV näher konkretisiert. Ihr **individualrechtlicher Charakter** wird durch die Aufnahme in die Grundrechtecharta, Art. 44 bzw. Art. 43 GRC, unterstrichen. Das Recht auf Kommunikation mit den EU-Organen und Einrich-

---

[7] Vgl. zur Entwicklungsgeschichte *Wollenschläger*, Grundfreiheit ohne Markt, 2007, S. 90 ff.
[8] Zweifelnd *Folz*, in: Vedder/Heintschel v. Heinegg, Europäisches Unionsrecht, Art. 24 AEUV Rn. 1.
[9] S. dazu auch oben Art. 20 AEUV, Rn. 29.
[10] Dies kommt insbesondere in der sekundärrechtlichen Verbürgung des Rechts auf Kommunikation mit den Organen nach Art. 2 Verordnung Nr. 1/1958 zum Ausdruck, der jede »der Hoheitsgewalt eines Mitgliedstaats unterstehende Person« schützt.
[11] Committee of Ministers, Recommendation Rec(2008)4), Strengthening the integration of children of migrants and of immigrant background, 2008; s. den Bericht für den Europarat von *Groenendijk/Guild/Barzilay*, The Legal Status of Third Country Nationals who are Long-Term Residents in a Member State of the European Union, 2000.
[12] EuGH, Urt. v. 12.5.1998, Rs. C–85/96 (Mártinez Sala), Slg. 1998, I–2691, Rn. 23; Urt. v. 20.9.2001, Rs. C–184/99 (Grzelczyk), Slg. 2001, I–6103, Rn. 31; näher zum Unionsbürgerstatus *Wollenschläger* (Fn. 7), S. 321 ff.; *Pernice*, Der verfassungsrechtliche Status der Unionsbürger im Vorfeld des Vertrags über eine Verfassung für Europa, FS Rodriguez Iglesias, 2003, S. 177 ff.
[13] *Heselhaus*, EuZ 2013, 4 (14), *Guckelberger*, DÖV 2010, 745 ff., zustimmend wohl *Hatje*, in: Schwarze, EU-Kommentar, Art. 24 AEUV, Rn. 2.

tungen in einer der Amtssprachen der Union ist in Art. 41 GRC aufgeführt und **sekundärrechtlich** bereits in Verordnung (EG) Nr. 1/1958[14] **geregelt** worden.

B. Entstehungsgeschichte

5 Die Vorschrift ist erstmals im **Maastricht Vertrag** als Art. 8d EGV eingeführt worden. Damals umfasste es in zwei Absätzen lediglich die **Hinweise** auf das Petitionsrecht zum Parlament und das Recht auf Eingaben zum Bürgerbeauftragten, für die auf die einschlägigen Art. 138 d EGV bzw. Art. 138 e EGV verwiesen worden war. Da in jenen Vorschriften nähere Details aufgeführt waren, ist die Vorschrift in der Literatur oft als **Verweisungsnorm** charakterisiert worden, der nur eine »deklaratorische« Bedeutung zukomme.[15] Indes darf nicht übersehen werden, dass schon im Maastricht Vertrag die Einbeziehung in den Zweiten Teil über die Unionsbürgerschaft zu einer **Aufwertung der Gewährleistungen** geführt hat, die in der Auslegung nicht ohne Konsequenzen bleiben kann (s. Rn. 12).[16]

6 Demgegenüber kann das **Recht auf Kommunikation** auf ein noch längeres Vorleben zurückschauen. Bereits **1958** ist **sekundärrechtlich** in Verordnung Nr. 1 festgehalten worden, dass jede »der Hoheitsgewalt eines Mitgliedstaats unterstehende Person« sich in einer der Amtssprachen schriftlich an ein Organ wenden kann und eine Antwort in derselben Sprache erhalten wird.[17] Im **Amsterdamer Vertrag** fand das Recht dann Aufnahme in Art. 21 Abs. 3 EGV, der eine Ausweitung des Kreises der **Verpflichteten** auf »jede Einrichtung«, die in Art. 7 oder 21 des (damaligen) EG-Vertrages erwähnt wurde, brachte.[18] Das Recht auf Kommunikation wurde **2000** in Art. 41 **Grundrechtecharta** aufgenommen, die damals von den Präsidenten von Parlament, Rat und Kommission feierlich proklamiert worden war, zunächst aber noch ohne rechtliche Verbindlichkeit blieb.[19] In Art. 41 GRC ist der Kreis der Verpflichteten aber wieder auf die »Organe« der EU begrenzt worden, so dass insoweit heute, nach Rechtsverbindlichkeit der Grundrechtecharta, eine **Diskrepanz** in den Normtexten besteht. Im Hinblick auf den **persönlichen Schutzbereich** ist der relativ weite Ansatz der Verordnung Nr. 1 in Art. 24 Abs. 3 EGV nicht fortgeführt worden, sondern es ist eingedenk der systematischen Stellung im Vertrag eine Begrenzung auf Unionsbürgerinnen und -bürger eingeführt worden, die noch heute in Art. 23 Abs. 4 AEUV fortbesteht. Demgegenüber weitet der Wortlaut von Art. 41 GRC den persönlichen Schutzbereich auf **alle Personen** aus (s. Rn. 19).

7 Im Lissabonner Vertrag ist dann im ersten Absatz die **Kompetenzgrundlage** für eine Konkretisierung der Vorgaben für die **Europäische Bürgerinitiative** nach Art. 11 Abs. 4 EUV hinzugekommen. Die Vorschrift enthält im Vergleich zu Art. 11 Abs. 4 EUV keine

---

[14] ABl. 1958, L 17/385, zuletzt geändert durch Verordnung (EG) Nr. 1791/2006, ABl. 2006, L 363/1.
[15] Noch unter dem Lissabonner Vertrag zu Art. 24 Abs. 2 und 3 AEUV *Hatje*, in: Schwarze, EU-Kommentar, Art. 24 AEUV, Rn. 1; *Kluth*, in: Calliess/Ruffert, EUV/AEUV, Art. 24 AEUV, Rn. 2.
[16] Vgl. allgemein zu den Unionsbürgerrechten *Hatje*, in: Schwarze, EU-Kommentar, Art. 24 AEUV Rn. 10.
[17] Art. 2 Verordnung Nr. 1/1958 (Fn. 14).
[18] Diese Ausweitung beschränkte sich folglich auf den Europäischen Bürgerbeauftragten, da das ebenfalls in Art. 21 EGV erwähnte Parlament schon zuvor zu den EU-Organen gezählt hatte.
[19] ABl. 2000, C 364/1.

weiteren materiellen Vorgaben, sondern klärt die Frage der **Rechtsetzungszuständigkeit** ab.[20]

C. Gewährleistungsgehalte

I. Europäische Bürgerinitiative

Die Europäische Bürgerinitiative ist im **Lissabonner Vertrag** durch Art. 11 EUV eingeführt worden. Damit hat erstmalig ein **direkt-demokratisches Element** Eingang in die Verträge gefunden. Dieses ist jedoch deutlich kupiert: Es bringt den Unionsbürgerinnen und -bürgern lediglich ein Recht, die Kommission zu einer **Rechtsetzungsinitiative aufzufordern**. Ein vergleichbares Instrument findet sich in Österreich im Volksbegehren, das bei der Europäischen Bürgerinitiative Pate gestanden hat.[21] Die materiellen Vorgaben enthält Art. 11 Abs. 4 EUV. Diese Vorschrift wird in Art. 24 Abs. 1 AEUV um die **Rechtsgrundlage** für die Umsetzungsvorschriften auf Sekundärrechtsebene und die Bestimmung des Verfahrens ergänzt. 8

Aufgrund seiner funktionalen Ausrichtung auf das Rechtsetzungsverfahren ist der **persönliche Schutzbereich** überzeugend auf den Kreis der **Unionsbürgerschaft** im Sinne der **demokratischen Aktivbürgerschaft** begrenzt. Im Gegensatz zu den weiteren Verbürgungen in den Abs. 2–4 der Vorschrift ist auch andernorts in den Verträgen **keine Ausweitung** auf Personen mit Sitz in der Union vorgesehen. Diesen wird das direkt-demokratische Instrument der Bürgerinitiative vorenthalten, doch stehen ihnen die Instrumente indirekter Einflussnahme über die EU-Organe und beratenden Einrichtungen sowie die informelle Einflussnahme über organisierte Interessenvertretungen offen. 9

Die Vorschrift bringt das **ordentliche Gesetzgebungsverfahren** nach Art. 289 und Art. 294 AEUV zur Anwendung und ermächtigt dementsprechend das **Parlament** und den **Rat** gemeinsam zur Rechtsetzung. Eine **Anhörung** des Wirtschafts- und Sozialausschusses oder des Ausschusses der Regionen ist **nicht** vorgesehen. Solche Beschränkungen finden sich grundsätzlich bei Rechtsakten, die primärrechtliche Konkretisierungsvorgaben umsetzen und die sich nur auf der EU-Ebene auswirken, wie die Bestimmungen über die Direktwahl des Parlaments oder über die Ausübung der Aufgaben des Bürgerbeauftragten.[22] Das **Initiativrecht** für die Umsetzungsvorschriften liegt gemäß Art. 289 AEUV bei der **Kommission**. In Ausführung dessen ist 2011 die **Verordnung (EU) Nr. 211/2011** erlassen worden.[23] Im Gesetzgebungsverfahren hat die Kommission mehrfach versucht, die Hürden für eine Bürgerinitiative relativ hoch festzulegen bzw. die Folgen zu begrenzen. Dem ist das Parlament jedoch erfolgreich entgegengetreten.[24] 10

Formal wird für die Ausführung die **Rechtsform der Verordnung** vorgegeben. Eine Richtlinie käme allein schon wegen der fehlenden Auswirkungen auf die Mitgliedstaaten nicht sinnvoll zur Anwendung.[25] Inhaltlich sind in der Verordnung die »Bestimmun- 11

---

[20] *Kluth*, in: Calliess/Ruffert, EUV/AEUV, Art. 24 AEUV, Rn. 1.
[21] Öst. BGBl Nr. 344/1973; *Heselhaus*, EuZ 2013, 4 (13).
[22] Vgl. Art. 223 Abs. 1 UAbs. 2 AEUV bzw. Art. 228 Abs. 4 AEUV.
[23] ABl. 2011 L 65/1. Weitere Einzelheiten finden sich in der Durchführungsverordnung Nr. 1179/2011 zur Festlegung der technischen Spezifikationen für Online-Sammelsysteme gemäß der Verordnung (EU) Nr. 211/2011 des Europäischen Parlaments und des Rates über die Bürgerinitiative, ABl. 2011, L 301/3.
[24] Ausführlich dazu *Hieber*, S. 14 f.
[25] Dementsprechend erfolgen auch die Regelungen über die Ausübung des Amtes des Bürgerbeauftragten nach Art. 228 Abs. 4 AEUV durch Verordnung.

gen über das Verfahren und die Bedingungen« festzulegen: Demnach muss in der Verordnung eine inhaltliche Konkretisierung der Voraussetzungen und Folgen einer Bürgerinitiative vorgenommen werden. Art. 24 Abs. 1 AEUV stellt ausdrücklich klar, dass darunter auch die **Bestimmung der Mindestzahl der Mitgliedstaaten**, aus denen die Unionsbürgerinnen und -bürger kommen müssen, fällt. Nach Art. 11 Abs. 4 EUV muss es sich um eine »erhebliche Anzahl von Mitgliedstaaten« handeln. In Art. 2 Ziff. 1 Verordnung (EG) Nr. 211/2011[26] ist dies mit einem »**Viertel aller Mitgliedstaaten**« konkretisiert worden: nach dem Beitritt Kroatiens müssen die Unterstützer also aus mindestens sieben Mitgliedstaaten kommen.[27] Für die Einzelheiten wird auf die Kommentierung zu Art. 11 EUV verwiesen.

II. Petition zum Europäischen Parlament

12 Das **Petitionsrecht** zum Parlament ist ein **klassisches Grundrecht** in parlamentarischen Demokratien bzw. Monarchien. Da Art. 24 Abs. 2 AEUV auf den umfassender formulierten Art. 227 AEUV verweist, wird der Norm in der Literatur vereinzelt nur eine **Verweisfunktion** attestiert.[28] Andere Autoren sehen immerhin einen Zusammenhang über die Anknüpfung an den Status der Unionsbürgerschaft, die die Erwähnung im Zweiten Teil des AEU-Vertrages rechtfertige.[29] Demgegenüber ist darauf hinzuweisen, dass die Aufnahme in den Abschnitt über die Unionsbürgerschaft die **Bedeutung** dieses Rechts zusätzlich **aufwertet**, da der Unionsbürgerstatus in ständiger Rechtsprechung als der **zentrale Status des Einzelnen** unter den EU-Verträgen angesehen wird.[30] Ähnlich der Aufnahme in Art. 44 GRC folgt daraus eine **weite Auslegung** dieses Rechts.

13 Ferner stellt die Aufnahme in Art. 24 AEUV die **Verbindung zwischen** den dort aufgeführten **Rechten** im Hinblick auf die mit ihnen verfolgten Zwecke heraus. Gelegentlich wird der Zweck der erfassten Gewährleistungen zu eng aus der Sicht der **Rechtsverfolgung** bestimmt.[31] Doch erschöpft sich die Bedeutung des Petitionsrechts keineswegs in einer letzten Artikulation von Unbehagen, wenn dem Einzelnen der gerichtliche Rechtsschutz nicht mehr weiterhilft, sondern es ist weit mehr als dies heutzutage ein **Instrument der politischen Einflussnahme** und des inhaltlichen Austausches mit dem Parlament.[32] Letzteres wird für das Petitionsrecht unter dem deutschen Grundgesetz häufig in Zweifel gezogen, wenn dort vertreten wird, dass es keine Pflicht des Parlaments auf eine Antwort gäbe.[33] **Rechtsvergleichend** werden solche restriktiven Konstruktionen eines Petitionsrechts in **modernen Verfassungen**, wie der Kantonsverfas-

---

[26] ABl. 2011, L 65/1.
[27] Zum Quorum s. *Hieber*, S. 226. Nach Kommission, Grünbuch zur Europäischen Bürgerinitiative, KOM (2009) 622, S. 4 soll damit eine ausreichende Repräsentativität für ein Unionsinteresse gesichert werden.
[28] *Kluth*, in: Calliess/Ruffert, EUV/AEUV, Art. 24 AEUV, Rn. 2.
[29] *Folz*, in: Vedder/Heintschel v. Heinegg, Europäisches Unionsrecht, Art. 24 AEUV, Rn. 3.
[30] EuGH, Urt. v. 11.7.2002, Rs. C-224/98 (D'Hoop), Slg. 2002, I-6191, Rn. 28; Urt. v. 20.9.2001, Rs. C-184/99 (Grzelczyk), Slg. 2001, I-6193, Rn. 31; Urt. v. 1.10.2009, Rs. C-103/08 (Gottwald), Slg. 2009, I-9117, Rn. 23.
[31] Den Individualschutz betont *Kaufmann-Bühler*, in: Lenz/Borchardt, EU-Verträge, Art. 24 AEUV, Rn. 2 beim Petitionsrecht; weiter dagegen *Hatje*, in: Schwarze, EU-Kommentar, Art. 24 AEUV, Rn. 3, der darin nur einen Teil der Funktionen erblickt.
[32] Vgl. *Hatje*, in: Schwarze, EU-Kommentar, Art. 24 AEUV, Rn. 3.
[33] So die Rspr., BVerfGE 2, 225 (230), BVerfG, NJW 1992, 3033; a. A. die wohl überwiegende Ansicht in der Literatur, *Jarass/Pieroth*, GG, Art. 17 GG, Rn. 9 mit zahlreichen Nachweisen.

sung von Bern von 1993, überwunden, die ein Recht auf Antwort ausdrücklich festlegt.[34] Auch im Rahmen des Petitionsrechts in der EU ist ein **Recht auf Antwort** gewährleistet, wie es der systematische Zusammenhang in Art. 24 AEUV erhellt. Denn wenn Art. 24 Abs. 4 AEUV ausdrücklich ein Recht auf Antwort auf jedwede Eingaben an EU-Organe, d.h. inklusive des Europäischen Parlaments, gewährleistet, muss das auch für den spezifischen Fall einer Eingabe in Form einer Petition gelten. Eine Gemeinsamkeit der in Art. 24 AEUV aufgeführten Gewährleistungen liegt in ihrer Ausrichtung auf einen **Dialog mit den EU-Organen bzw. -Einrichtungen**. So muss die Kommission zu einer Bürgerinitiative Stellung nehmen,[35] der Bürgerbeauftragte muss nach Art. 228 AEUV eine Eingabe beantworten.[36]

Aus dem **Zweck** der Vorschrift, den **Dialog** mit den betreffenden Organen bzw. Einrichtungen **zu fördern**, folgt, dass sich der Sinn dieser Gewährleistungen nicht in einer Ergänzung von Rechtsschutzmöglichkeiten des Einzelnen erschöpft,[37] sondern **inhaltlich offen** ist und auch Anregungen und sonstige Kommentare, insbesondere auch zu objektiven Anliegen des Gemeinwohls erfasst. Auch die letztgenannten Zielsetzungen werden durch die Aufnahme in Art. 24 AEUV **individualrechtlich abgesichert**. Dies unterscheidet sich von einer in der deutschen Literatur oft favorisierten grundsätzlichen Trennung von subjektiven, insbesondere eigenen (Rechts-)Interessen einerseits und objektiven Zielen von Transparenz und Bürgernähe andererseits.[38] Vielmehr konstruiert die Vorschrift im systematischen Zusammenhang gerade auch die Ziele der Einflussnahme und objektiven politischen Kontrolle als subjektive Rechte im Sinne einer **Ermächtigung des Einzelnen** zur Wahrnehmung auch objektiver, öffentlicher Belange.[39] Gerade das Petitionsrecht ist in seiner subjektiv-rechtlichen Ausprägung nicht nur ein Instrument der **Rechts- und Interessenverteidigung**, sondern auch der **Einflussnahme und der Partizipation**. Zugleich dient es objektiv-rechtlich nicht nur einer Ergänzung des Rechtsschutzes, sondern auch der Transparenz, Bürgernähe und der politischen Kontrolle.[40] Für die weiteren Einzelheiten des Rechts auf Petition wird auf die Kommentierungen zu Art. 227 AEUV und Art. 44 GRC verwiesen.[41]

III. Eingaben zum Bürgerbeauftragten

Für die Erwähnung des **Rechts auf Eingaben an den Europäischen Bürgerbeauftragten** in Art. 24 Abs. 3 AEUV gilt parallel zu der des Petitionsrechts in Abs. 2 der Vorschrift, dass sich die Vorgaben für die **Umsetzung** in verfahrens- und materiell-rechtlicher Hinsicht im Wesentlichen nach dem ausdrücklich angesprochenen **Art. 228 AEUV** richten.[42]

---

[34] Art. 20 Abs. 3 Verfassung des Kantons Bern verlangt eine Antwort innerhalb eines Jahres.
[35] Art. 10 Abs. 1 Buchst. c Verordnung (EU) Nr. 211/2011 (Fn. 23).
[36] Art. 228 Abs. 1 UAbs. 2 AEUV.
[37] Ausführlich *Schneider*, Petitionen zum EP mit Berücksichtigung des Bürgerbeauftragten, 2009. Zu Transparenz und Bürgernähe s. *Kluth*, in: Calliess/Ruffert, EUV/AEUV, Art. 24 AEUV, Rn. 1; differenzierend zwischen den einzelnen Gewährleistungen *Kaufmann-Bühler*, in: Lenz/Borchardt, EU-Verträge, Art. 24 AEUV, Rn. 2.
[38] Vgl. *Wilrich*, Verbandsbeteiligung im Umweltrecht, Wahrnehmung von Umweltinteressen durch Verbände in Rechtsetzungs-, Planungs- und Verwaltungsverfahren, 2002, S. 54 ff.
[39] Grundsätzlich *Masing*, passim.
[40] Vgl. *Hatje*, in: Schwarze, EU-Kommentar, Art. 24 AEUV, Rn. 3; *Kluth*, in: Calliess/Ruffert, EUV/AEUV, Art. 24 AEUV, Rn. 1 und 3.
[41] Näheres regeln zudem die Art. 201–203a Geschäftsordnung Europäisches Parlament, ABl. 2011, L 116/1.
[42] Weitere Einzelheiten finden sich in Anlage XI Geschäftsordnung Europäisches Parlament, ABl. 2011, L 116/1.

Gleichwohl ist diese Vorschrift nicht als bloße **Verweisnorm** zu qualifizieren,[43] sondern sie **wertet** die **Bedeutung** des Rechts in zweierlei Hinsicht **auf**.

16 Zum einen wird der **individualrechtliche Charakter** des Rechts auf Eingabe an den Bürgerbeauftragten betont[44] und dieser durch die systematische Beziehung auf die Unionsbürgerschaft als dem fundamentalen Status der Staatsangehörigen der Mitgliedstaaten[45] besonders abgesichert. Diese Aufwertung entfaltet für die Auslegung und die Ausgestaltung im Sekundärrecht eine **steuernde Wirkung**.

17 Zum anderen wird mit der Aufnahme in Art. 24 AEUV Ansinnen, die Gewährleistung funktional auf die Verfolgung eigener **Rechtsinteressen** und entsprechender subjektiver Rechte zu begrenzen, eine Absage erteilt. Auch wenn der Bürgerbeauftragte kein Rechtsprechungsorgan ist,[46] kann zwar eine Eingabe an ihn eine die Verteidigung eigener, subjektiver Rechte und Interessen ergänzende Funktion erfüllen. Doch ist die Gewährleistung von Eingaben funktional auch auf die **Überprüfung objektiver Missstände** in der EU-Verwaltung ausgerichtet und dient der Förderung der Umsetzung des Kodex guter Verwaltung, der gerade auch auf einen Zuwachs an **Transparenz**, **Bürgernähe** und damit verbunden **politischer Kontrolle** ausgerichtet ist.[47]

IV. Recht auf Kommunikation mit den EU-Organen und -Einrichtungen

1. Bedeutung

18 Art. 24 Abs. 4 AEUV verankert im Primärrecht eine bereits **1958** in der Verordnung Nr. 1 getroffene Entscheidung über die **Verwendung der Amtssprachen** im Kontakt mit Personen. Offensichtlich aus dem Bemühen um eine Gleichbehandlung der verschiedenen Amtssprachen geboren, hat die Vorschrift durch die Einbeziehung der **Sprachenregelung für die Antwort** zugleich ein **Recht auf einen Dialog**, nämlich auf Eingabe und deren Beantwortung, mit den EU-Organen geschaffen. Dieses Recht gilt umfassend gegenüber den verpflichteten Organen und Einrichtungen **ohne eine Begrenzung** auf bestimmte Inhalte oder Funktionen der Eingaben.[48] Daher geht die Vorschrift in ihrer Funktion über die Wahrnehmung **subjektiver Interessen und Rechte** hinaus und bezieht auch **öffentliche Anliegen** ein. Im Ergebnis wird demnach ein individualrechtlicher Anspruch auf Beantwortung einer Eingabe, die sowohl der Verfolgung persönlicher als auch öffentlicher Interessen dienen kann, gewährleistet.

19 **Systematisch** kommt der Vorschrift innerhalb des Art. 24 AEUV eine wichtige Bedeutung zu, da sie deutlicher als etwa der Wortlaut des Petitionsrechts einen Dialog zwischen Einzelnen und EU-Organen fördert und so einen wichtigen Beitrag zu einer **Kommunikationsunion** leistet.[49] Die Vorschrift ergänzt die Bestimmung des Art. 55 EUV über die Bedeutung der Amtssprachen bei der Auslegung des Primärrechts um eine

---

[43] So aber *Kluth*, in: Calliess/Ruffert, EUV/AEUV, Art. 24 AEUV, Rn. 2.
[44] EuG, Urt. v. 29.4.2015, Rs. T–217/11 (Staelen/Bürgerbeauftragten), ECLI:EU:T:2015:238, Rn. 85, 272.
[45] EuGH, Urt. v. 1.10.2009, Rs. C–103/08 (Gottwald), Slg. 2009, I–9117, Rn. 23.
[46] So wird der Bürgerbeauftragte nach pflichtgemäßem Ermessen tätig (Opportunitätsprinzip) und unterliegt keiner umfassenden Untersuchungspflicht, *Magiera*, in: Meyer, GRCh, Art. 43 GRC, Rn. 14.
[47] Zum Europäischen Kodex für eine gute Verwaltungspraxis s. *Magiera*, in: Meyer, GRCh, Art. 43 GRC, Rn. 12.
[48] *Wichard*, in: Calliess/Ruffert, EUV/AEUV, Art. 342 AEUV, Rn. 11, spricht insofern ebenfalls von einem Petitionsrecht.
[49] Vgl. *Kluth*, in: Calliess/Ruffert, EUV/AEUV, Art. 24 AEUV, Rn. 3.

Regelung der Sprachenfrage auf der Ebene des **Sekundärrechts** und schlichten **Verwaltungshandelns**. In letzterer Hinsicht ist sie im **Zusammenhang mit Art. 342 AEUV** zu sehen, der die »Sprachenfrage für die Organe der Union« betrifft und dem Rat die Kompetenz zuweist, einstimmig eine entsprechende Regelung zu treffen. Nach zutreffender Ansicht bezieht sich Art. 342 AEUV nur auf die **Amtssprachen** und überlässt die Regelung der **Arbeitssprachen** den betreffenden Organen.[50] Da der Anwendungsbereich von Art. 342 AEUV weit gefasst ist, bedarf es der Abgrenzung zu Art. 24 Abs. 4 AEUV. Letzterer setzt der Ausgestaltungsbefugnis nach Art. 342 AEUV **Grenzen**, da er als primärrechtliche Vorgabe gegenüber der Ausgestaltung im Sekundärrecht **Vorrang** hat.[51] Damit können für die in Art. 24 Abs. 4 verpflichteten Organe und Einrichtungen vom Rat keine abweichenden Regelungen über die Benutzung der Amtssprachen in der Kommunikation mit Einzelnen beschlossen werden.[52] Schließlich wird Art. 24 Abs. 4 AEUV in Art. 41 Abs. 4 GRC aufgegriffen. Die dort erfolgte **Ausweitung des persönlichen Schutzbereichs** auf **Personen** ist funktionsgerecht und greift Gedanken der Regelung in Art. 2 und 3 Verordnung Nr. 1/1958 auf (s. Rn. 22).

2. Gewährleistungsgehalte

Der **sachliche Schutzbereich** von Art. 24 Abs. 4 AEUV ist **inhaltlich unbegrenzt**. Es werden sowohl Eingaben zur Verfolgung subjektiver Interessen als auch öffentlicher Angelegenheiten geschützt. Ebenso müssen die Eingaben nicht rechtliche Fragestellungen betreffen, sondern können sich mit allen erdenklichen Themen befassen. Sofern sie Bereiche betreffen, die nicht in die **Zuständigkeit** des kontaktierten Organs fallen, wird dieses in der Antwort auf die fehlende Zuständigkeit **hinweisen**. Einschränkungen des Schutzbereichs bestehen hingegen im Hinblick auf die **Form** der Eingaben. Nur **schriftliche Eingaben** werden erfasst. Der Grund für diese Begrenzung liegt in **praktischen Effektivitätsüberlegungen**, denn nicht alle Organe verfügen bei einer (fern-)mündlichen Kontaktaufnahme sogleich über eine Person, die der gewünschten Amtssprache mächtig ist.[53] Schriftstücke können dagegen zur Übersetzung weitergereicht werden. 20

Während die Verordnung Nr. 1/1958 Regelungen über die Sprachenfrage im Kontakt mit den »Organen« enthält, wird der **Kreis der Verpflichteten** in Art. 24 Abs. 4 AEUV auf die in Art. 24 AEUV und Art. 13 AEUV genannten »**Organe** oder [...] **Einrichtungen**« erweitert. Erfasst sind demnach zum einen das Europäische Parlament, der Europäische Rat, Rat, Kommission, Gerichtshof, die Europäische Zentralbank und der Rech- 21

---

[50] Art. 6 VO (EG) Nr. 1/1958; Europäisches Parlament, Bericht im Namen des Petitionsausschusses über die Sprachensituation in der Europäischen Gemeinschaft und die Stellung des Katalanischen vom 27.6.1990, Dok. A3–169/90, S. 7 f.; Antwort des Rates auf die Anfrage Nr. 1576/79 von Herrn Patterson, ABl. 1980, C 150/17; vgl. *Wichard*, in: Calliess/Ruffert, EUV/AEUV, Art. 342 AEUV Rn. 16.

[51] Vgl. *Wichard*, in: Calliess/Ruffert, EUV/AEUV, Art. 342 AEUV, Rn. 3 zu Grenzen aufgrund des Rechtsstaatsprinzips.

[52] Dies gilt für die im Verkehr mit dem Einzelnen zu verwendenden Amtssprachen, nicht aber für die Arbeitssprachen. Bezüglich Letzterer überlässt Art. 6 Verordnung 1/1958 die Auswahl den betreffenden Organen in ihren Geschäftsordnungen. Eingehend zur Sprachenfrage *Yvon*, EuR 2003, 681 (690); *Oppermann*, ZEuS 2001, 1 (9 f.).

[53] Art. 41 Abs. 4 GRC enthält keine Beschränkung auf die Schriftform, erweitert aber den Anwendungsbereich auch nicht ausdrücklich auf alle Kommunikationsmittel. Daher ist mit der überwiegenden Ansicht davon auszugehen, dass das Grundrecht nicht über die Gewährleistungen in Art. 24 Abs. 4 AEUV hinausgehen wollte und daher die Regelung des Art. 52 Abs. 2 GRC zur Anwendung kommt, s. *Magiera*, in: Meyer, GRCh, Art. 41 GRC, Rn. 25.

nungshof als Organe nach Art. 13 Abs. 1 EUV. Damit erfolgt gegenüber dem Amsterdamer Vertrag eine Ergänzung um den Europäischen Rat und die EZB, deren Nichtberücksichtigung in der Vergangenheit in der Literatur zu Recht kritisiert worden ist.[54] Zum anderen werden der **Wirtschafts- und Sozialausschuss** sowie der **Ausschuss der Regionen** als Einrichtungen nach Art. 13 Abs. 4 EUV einbezogen.[55] Zu ergänzen ist schließlich der **Europäische Bürgerbeauftragte** als Einrichtung gemäß Art. 24 AEUV. Nicht erfasst werden die immer zahlreicher werdenden, durch Sekundärrecht geschaffenen Agenturen.[56] Dies wird in der Literatur kritisch bewertet, da mit deren zunehmenden Anzahl eine Aushöhlung des Rechts nach Art. 24 Abs. 4 AEUV befürchtet wird.[57]

22 Als **Berechtigte** werden in Art. 24 Abs. 4 AEUV die Unionsbürgerinnen und -bürger genannt. Doch wird der Kreis der Berechtigten Art. 2 und 3 Verordnung Nr. 1/1958 auf »der Hoheitsgewalt eines Mitgliedstaats unterstehende **Person**[en]« erweitert. Schließlich berechtigt Art. 41 Abs. 4 GRC nach seinem **Wortlaut** alle **Personen**. Daher können sich auch **Angehörige von Drittstaaten** in der Union auf die weite Fassung nach Art. 41 Abs. 4 GRC berufen.[58] Die Engführung in Art. 24 Abs. 4 AEUV ist lediglich dem Ziel geschuldet, die Rechte aus der Unionsbürgerschaft in diesem Teil des AEU-Vertrages zu betonen. Sie führt zu einer besonderen Gewichtung dieser Rechte (s. Rn. 18), schmälert aber in keiner Weise die an anderen Stellen in den Verträgen getroffen Verbürgungen. Dies folgt aus einer **Analogie** zur vergleichbaren Situation für die Gewährleistungen in Art. 24 Abs. 1–3 AEUV. Teilweise wird jedoch in der Literatur vertreten, dass durch Art. 41 GRC der Kreis der Berechtigten nicht ausgedehnt werde, da dieser gemäß Art. 52 GRC so auszulegen sei wie die Parallelvorschrift in Art. 24 Abs. 4 AEUV.[59] Diese Ansicht vermag nicht zu überzeugen. Denn die Auslegungsregel des Art. 52 GRC gilt nur für solche Grundrechte, die auf Verbürgungen in den Verträgen verweisen. Art. 41 Abs. 4 GRC geht aber in seinem **persönlichen Schutzbereich** gerade über die Verbürgung in Art. 24 Abs. 4 AEUV hinaus, so dass es bereits an den Voraussetzungen für die Anwendung von Art. 52 GRC fehlt. Im Übrigen ist die Ausweitung in Art. 41 GRC auch überzeugend, denn sie ist zum einen in **Parallele zu** den Ausweitungen in den Art. 227 AEUV und Art. 228 AEUV beim **Recht auf Petition** an das Parlament und dem **Recht auf Eingabe** an den Bürgerbeauftragten zu sehen. Zum anderen greift sie die in Art. 2 und 3 Verordnung Nr. 1/1958 festgelegte weite Fassung auf, die mit dem Rekurs auf die **Unterwerfung unter die Hoheitsgewalt** insbesondere Vorgaben des Rechtsstaatsprinzips und Gedanken des Demokratieprinzips umsetzt.[60]

23 Die Gewährleistung nach Art. 24 Abs. 4 AEUV ist ihrer Struktur nach ein **subjektiver, individualrechtlicher Anspruch**, und zwar im Hinblick auf die in Verordnung

---

[54] *Yvon*, EuR 2003, 681 (687).
[55] *Hatje*, in: Schwarze, EU-Kommentar, Art. 24 AEUV, Rn. 5.
[56] EuG, Urt. v. 12.7.2001, Rs. T–120/99 (Kik/HABM), Slg. 2001, II–2235 Rn. 64; bestätigt in EuGH, Urt. v. 9.9.2003, Rs. C–361/01 (Kik/HABM), Slg. 2003, I 8283.
[57] *Yvon*, EuR 2003, 681 (695); *Gundel*, EuR 2001, 776 (779 f.); *Vos*, CMLRev. 37 (2000), 1113 (1129 f.).
[58] *Streinz*, in: Streinz, EUV/EGV, Art. 41 EGV, Rn. 16, *Magiera*, in: Meyer, GRCh, Art. 41 GRC, Rn. 24; a. A. *Kanska*, ELJ 2004, 321; *Frenz*, Handbuch Europarecht, Bd. 5, Rn. 4608, *Jarass*, GRCh, Art. 41 GRCh, Rn. 40, die über Art. 52 Abs. 2 GRC die Beschränkungen des Art. 24 Abs. 4 AEUV in die Grundrechtsnorm hineinlesen wollen.
[59] *Ruffert*, in: Calliess/Ruffert, EUV/AEUV, Art. 41 GRC, Rn. 20.
[60] *Magiera*, in: Meyer, GRCh, Art. 41 GRC, Rn. 24; vgl. zu rechtsstaatlichen Aspekten *Wichard*, in: Calliess/Ruffert, EUV/AEUV, Art. 342 AEUV, Rn. 3.

Nr. 1/1958 in ihrer jeweils aktuellen Fassung[61] anerkannten **Vertragssprachen nach Art. 55 EUV** ein **Leistungsanspruch**, nicht lediglich ein Anspruch auf Teilhabe. Zwar spricht dieser Gewährleistungsaspekt gegen die Möglichkeit einer Einschränkung, doch ist zu beachten, dass das Recht in Art. 41 GRC überzeugend im Rahmen des **Rechts auf eine gute Verwaltung** gewährt wird. Daraus folgt, dass die Funktionsfähigkeit der Verwaltung bei der Ausgestaltung beachtet werden muss.[62] Daher wäre nicht ausgeschlossen, dass sich Einschränkungen im Sonderfall von kollidierendem Primärrecht, zu denken wäre etwa an eine Bedrohung der **Funktionsfähigkeit eines Organs**, ergeben könnten.[63] Weniger gewichtige Effizienzaspekte dürften nicht ausreichen sein.

Darüber hinaus erscheint es nach der Grundrechtsdogmatik in der EU, wie sie in der Rechtsprechung begründet und mit der Grundrechtecharta bestätigt und fortentwickelt worden ist, geboten, nach einer möglichen **objektiv-rechtlichen Ausstrahlungswirkung** der Gewährleistung zu fragen. Diese ist nach überzeugender Auffassung grundsätzlich zu bejahen.[64] Konkret wirkt sie sich unter Art. 24 Abs. 4 EUV auf die Ausgestaltung der Kommunikationsregelungen in Bezug auf **sonstige Einrichtungen** aus, die nicht in der Norm adressiert werden. Für diese Einrichtungen kann die Sprachenfrage in ihren Geschäftsordnungen oder im Sekundärrecht nach den einschlägigen Kompetenzvorschriften geregelt werden. Bei der Ausgestaltung hat der EuGH es **abgelehnt**, einen **Grundsatz der Gleichbehandlung** der Vertragssprachen anzuwenden.[65] Doch werden in der Rechtsprechung Beschränkungen auf bestimmte Sprachfassungen mit gegenläufigen **Rechtsprinzipien** abgewogen.[66] Zu diesen sind neben dem das **Rechtsstaatsprinzip** auch die Prinzipen der **Transparenz** und **Bürgernähe** zu zählen. Letztere können gerade mit der objektiv-rechtlichen Ausstrahlung des Art. 24 Abs. 4 AEUV primärrechtlich abgestützt werden.[67]

---

[61] Zuletzt geändert durch Verordnung Nr. 1791/2006, ABl. 2006, L 363/1.
[62] *Heselhaus*, in: Heselhaus/Nowak, Handbuch der Europäischen Grundrechte, § 57, Rn. 52; offen gelassen bei *Ruffert*, in: Calliess/Ruffert, EUV/AEUV, Art. 41 GRC, Rn. 20; vgl. *Jarass*, GRCh, Art. 41 GRC, Rn. 42, demzufolge ein Leistungsrecht »der gesetzlichen Ausgestaltung zugänglich« sein soll.
[63] Vgl. *Rengeling/Szczekalla*, Grundrechte, § 27, Rn. 973; weitergehend *Jarass*, GRCh, Art. 41 GRC, Rn. 42, der bereits Überlegungen für eine leistungsfähige und finanzierbare Unionsverwaltung als Rechtfertigungsgründe ausreichen lassen will.
[64] Vgl. in diese Richtung *Heselhaus*, in Heselhaus/Nowak, Handbuch der Europäischen Grundrechte, § 57, Rn. 38.
[65] Nach EuGH, Urt. v. 9.9.2003, Rs. C–361/01 P (Kik), Slg. 2003, I–8309, Rn. 82 und 87, können weder die Verträge noch die Rechtsprechung »für einen angeblichen Grundsatz der Gleichheit der Sprachen angeführt werden«.
[66] EuGH, Urt. v. 9.9.2003, Rs. C–361/01 P (Kik), Slg. 2003, I–8309, Rn. 88 ff.
[67] Vgl. zum Rechtsstaatsprinzip in der Sache EuGH, Urt. v. 9.9.2003, Rs. C–361/01 P (Kik), Slg. 2003, I–8309, Rn. 88.

Artikel 25 AEUV [Fortentwicklung der Unionsbürgerschaft]

¹Die Kommission erstattet dem Europäischen Parlament, dem Rat und dem Wirtschafts- und Sozialausschuss alle drei Jahre über die Anwendung dieses Teils Bericht. ²In dem Bericht wird der Fortentwicklung der Union Rechnung getragen.

¹Auf dieser Grundlage kann der Rat unbeschadet der anderen Bestimmungen der Verträge zur Ergänzung der in Artikel 20 Absatz 2 aufgeführten Rechte einstimmig gemäß einem besonderen Gesetzgebungsverfahren nach Zustimmung des Europäischen Parlaments Bestimmungen erlassen. ²Diese Bestimmungen treten nach Zustimmung der Mitgliedstaaten im Einklang mit ihren jeweiligen verfassungsrechtlichen Vorschriften in Kraft.

Literaturübersicht

Heselhaus, Abgabenhoheit der Europäischen Gemeinschaft in der Umweltpolitik – eine Untersuchung unter besonderer Berücksichtigung der Möglichkeiten und Grenzen einer Ertragshoheit, 2001; *Laursen/Vanhoonacker*, The Intergovernmental Conference on Political Union Institutional Reforms, New Policies and International Identity of the European Community, 1992; *Monar/Bieber*, Die Unionsbürgerschaft, Arbeitsdokument W–5 des Europäischen Parlaments, Reihe Rechtsfragen, 1995.

Leitentscheidungen

EuGH, Urt. v. 17.1.1984, verb. Rs. 43 u. 63/82 (VBVB u. VBBB), Slg. 1984, 19

EuGH, Gutachten 2/94 v. 28.3.1996 (Avis rendu en vertu de l'article 228 du traité CE), Slg. 1996, I-1759

EuGH, Gutachten 2/13 v. 18.12.2013 (Avis au titre de l'article 218, paragraphe 11, TFUE), ECLI:EU:C:2014:2454

Inhaltsübersicht

	Rn.
A. Überblick und Bedeutung	1
B. Entstehungsgeschichte	6
C. Berichtspflicht	11
D. Ergänzung	15
I. Umfang der Ermächtigung	16
1. Einführung neuer Rechte aus der Unionsbürgerschaft	17
2. Rechte und Pflichten?	18
3. Bezug zur Unionsbürgerschaft	19
4. Rechtsqualität der Ergänzungsbestimmungen	21
II. Verfahren	22
1. EU-Ebene	23
2. Deutschland	26
3. Andere Mitgliedstaaten	30
E. Perspektive	31

A. Überblick und Bedeutung

1 Die Vorschrift ist auf die **Fortentwicklung** der Unionsbürgerschaft ausgerichtet.[1] Zu diesem Zweck sind zwei Instrumente vorgesehen, in Abs. 1 eine **Berichtspflicht** (s. Rn. 11 f.) der Kommission über die Anwendung des Zweiten Teils des AEU-Vertrages

---

[1] So die Bezeichnung in der nicht amtlichen Überschrift.

über die Nichtdiskriminierung und die Unionsbürgerschaft sowie im 2. Absatz ein besonderes Gesetzgebungsverfahren zur **Ergänzung** der in Art. 20 Abs. 2 AEUV aufgeführten Rechte. Letzteres basiert auf einer sog. **Evolutivklausel**, die ein vereinfachtes Verfahren zur Fortentwicklung (Evolution) dieses Teils der Verträge darstellt.[2] Danach kommt ein zweistufiges Verfahren zum Einsatz, dass einerseits die Beteiligung der **EU-Rechtsetzungsorgane** vorsieht, anderseits die **Ratifikation durch die Mitgliedstaaten** nach deren nationalen Vorschriften. Die **Rechtsnatur** dieser Akte ist umstritten (s. Rn. 21).

Mit der Beschränkung der Evolutivklausel auf den Zweiten Teil des AEU-Vertrages wird die **besondere Stellung** der Rechte aus der Unionsbürgerschaft, die bereits in Art. 20 AEUV anklingt,[3] noch einmal betont. Sie kann aber nicht die **Verwerfungen im Konzept** einer Unionsbürgerschaft mit privilegierten Rechten in den EU-Verträgen beseitigen. Denn materiell werden z. B. das Recht auf Petition zum Europäischen Parlament oder das Recht auf Beschwerde zum Bürgerbeauftragten im Zweiten Teil über die Unionsbürgerschaft zwar aufgeführt, doch dort in Art. 24 Abs. 2 und 3 AEUV lediglich erwähnt, während für die Details auf die Art. 227 und 228 AEUV verwiesen wird. In jenen Bestimmungen lösen sich dann aber die Gewährleistungen der genannten Rechte von der Unionsbürgerschaft und beziehen auch Ausländer mit Wohnsitz in der EU sowie juristische Personen nach dem Recht der Mitgliedstaaten ein.[4] Daher ist klärungsbedürftig, welchen Umfang die Ermächtigung in Art. 25 Abs. 2 AEUV zur Ergänzung der »in Art. 20 Absatz 2 aufgeführten Rechte« hat (s. Rn. 21).

Dem **Zweck** der Fortentwicklung der Unionsbürgerschaft dient die **Berichtspflicht**, indem sie gegebenenfalls einen Bedarf an Ergänzung transparent machen kann. Die **Evolutivklausel** verfolgt dann das Ziel, ein im Vergleich mit dem allgemeinen Vertragsänderungsverfahren schnelleres Verfahren für anvisierte Ergänzungen zur Verfügung zu stellen. Die Entstehungsgeschichte der Vorschrift zeigt, dass die effektive Tauglichkeit der Evolutivklausel zur Erreichung dieses Zieles bereits bei der Einführung der Norm fraglich gewesen war. Bis heute ist sie in der Praxis nicht zur Anwendung gekommen. Alle Änderungen im Rahmen der Unionsbürgerschaft sind im herkömmlichen Vertragsänderungsverfahren beschlossen worden (s. Rn. 32). Insofern muss man der Norm wohl **fehlende praktische Relevanz** konstatieren.

Systematisch bestehen Bezüge zu mehreren anderen Normen. Die Berichtspflicht der Kommission in Art. 25 Abs. 1 AEUV ist ausdrücklich auf die Rechte und Pflichten im Zweiten Teil des AEU-Vertrages beschränkt. Daneben bestehen **punktuelle Berichtspflichten** anderer Einrichtungen, wie des Europäischen Bürgerbeauftragten jährlich an das Europäische Parlament nach Art. 228 Abs. 1 UAbs. 3 AEUV[5] oder der Agentur für Grundrechte über die Entwicklung der Grundrechte.[6]

Die Evolutivklausel ist auf die Auflistung von Rechten aus der Unionsbürgerschaft in Art. 20 Abs. 2 AEUV ausgerichtet (s. Rn. 17). Das zur Anwendung kommende **Verfah-**

---

[2] *Kaufmann-Bühler*, in: Lenz/Borchardt, EU-Verträge, Art. 25 AEUV, Rn. 1; *Kluth*, in: Calliess/Ruffert, EUV/AEUV, Art. 25 AEUV, Rn. 1; *Hatje*, in: Schwarze, EU-Kommentar, Art. 25 AEUV, Rn. 1; *Hilf*, in: Grabitz/Hilf, EU, Art. 22 EGV (Januar 2001), Rn. 1.
[3] S. Art. 20 AEUV, Rn. 1.
[4] S. Art. 227 AEUV, Rn. 5 bzw. Art. 228 AEUV, Rn. 13.
[5] Bericht der Europäischen Kommission über die Unionsbürgerschaft v. 21.12.1993, KOM (93) 702 endg.
[6] Zweiter Bericht der Europäischen Kommission über die Unionsbürgerschaft v. 27.5.1997, KOM (97) 230 endg.

ren entspricht demjenigen beim Beschluss über die Eigenmittel nach Art. 310 AEUV oder über die Direktwahl des Europäischen Parlaments nach Art. 223 Abs. 1 UAbs. 2 AEUV. Es steht **in Konkurrenz** zum ordentlichen und zum vereinfachten Verfahren zur Änderung der Verträge nach Art. 48 EUV. Es verdrängt diese jedoch nicht, da es ausdrücklich »unbeschadet« anderer Bestimmungen zur Anwendung kommt.

B. Entstehungsgeschichte

6 Die Vorschrift geht auf Art. 8e EUV in der Fassung des **Vertrages von Maastricht** zurück, dessen Inhalt sie abgesehen von verfahrensrechtlichen Änderungen im Wesentlichen wiedergibt.[7] Damit ist sie sozusagen **originärer Bestandteil** des Zweiten Teils des AEUV über die Unionsbürgerschaft. Ihr **Anwendungsbereich** war zunächst im Maastricht Vertrag auf die Ergänzung der »in diesem Teil« vorgesehenen Rechte beschränkt; im Lissabonner Vertrag ist nach der Einbeziehung der Diskriminierungsverbote nach Art. 18 und Art. 19 AEUV die Liste der »in Art. 20 Absatz 2 aufgeführten Rechte« zum Bezugspunkt geworden. Darin liegt aber **keine inhaltliche Änderung**, weil es zum einen immer um die Möglichkeit einer Ergänzung, also auch um **neue**, bisher nicht aufgeführte **Rechte** gegangen ist (s. Rn. 17). Zum anderen bezieht sich Art. 20 Abs. 2 AEUV ausdrücklich auf alle Rechte der Unionsbürgerinnen und -bürger »in den Verträgen« und listet nicht abschließend einige davon auf.

7 Im **Lissabonner Vertrag** ist dann bezüglich des **Verfahrens** die zweite Phase neu gefasst worden: Nunmehr wird den Mitgliedstaaten die Annahme der von den EU-Organen beschlossenen Änderungen nicht mehr »empfohlen«, sondern es wird förmlich vorgegeben, dass die Bestimmungen erst »nach der Zustimmung der Mitgliedstaaten im Einklang mit ihren verfassungsrechtlichen Vorschriften in Kraft« treten. Es handelt sich insofern lediglich um eine **redaktionelle Änderung**, als schon zuvor die »Annahme« durch die Mitgliedstaaten Wirksamkeitsvoraussetzung gewesen war.[8]

8 Materiell aufgewertet worden ist in der Fassung des Lissabonner Vertrages die **Rolle des Europäischen Parlaments**. Während zuvor seine Mitwirkung auf eine **Anhörung** beschränkt gewesen war, verfügt es seit 2009 über eine Veto-Position, da seine **Zustimmung** erforderlich ist. Diese Aufwertung ist im Zusammenhang mit dem im Lissabonner Vertrag stärker ausgeprägten **Bekenntnis zur Demokratie** in der EU zu sehen, wie nicht zuletzt an der Einführung eines Titels über die demokratischen Grundsätze in den EU-Vertrag abzulesen ist.[9]

9 In die **Verhandlungen** zum Maastricht Vertrag waren zwei konkurrierende Vorschläge eingebracht worden, die sich sowohl im inhaltlichen Umfang als auch im Verfahren unterschieden. Die **spanische Regierung** hatte sich in einem Memorandum und einem Vertragsentwurf dafür ausgesprochen, den Inhalt auf Anwendungsmodalitäten und Ausführungserleichterungen zur Durchführung der Rechte zu beschränken.[10] Das hätte wohl keine vertragsändernde Dimension erreicht. Im Verfahren sollte das **Mitentscheidungsrecht** für das Parlament vorgesehen werden. Demgegenüber hatte der **Kommissionsvorschlag** ein allein auf der supranationalen Ebene angesiedeltes Verfahren mit

---

[7] Hervorzuheben ist die Stärkung der Rechte des Parlaments im Lissabonner Vertrag, s. Rn. 8.
[8] *Hilf*, in: Grabitz/Hilf, EU, Art. 22 EGV (Januar 2001), Rn. 13.
[9] Siehe Art. 9 EUV, Rn. 1.
[10] Abgedruckt bei *Laursen/Vanhoonacker*, S. 328; siehe dazu *Hilf*, in: Grabitz/Hilf, EU, Art. 20 EGV (Januar 2001), Rn. 2.

einem Vorschlag der Kommission und Beschlussfassung durch den Rat bei **bloßer Anhörung** des Parlaments vorgesehen.[11] **Inhaltlich** sollte die Möglichkeit eröffnet werden, umfassender weitere Rechte hinzuzufügen. In Bezug auf den Inhalt konnte sich letztlich der Kommissionvorschlag durchsetzen. Aber auch der spanische Vorschlag hatte Einfluss auf die Verträge, denn in den Vorschriften über die betreffenden Rechte wurde teilweise vorgesehen, dass Ausführungsvorschriften erlassen werden können.[12] Mit dieser Weichenstellung in den Verhandlungen war die Vorgängervorschrift zu Art. 25 AEUV bereits auf eine **vertragsändernde Dimension** ausgerichtet gewesen.

Allerdings war der Preis für diese inhaltliche Weite, dass das **Verfahren** um einen mitgliedstaatlichen Teil ergänzt wurde, der zusätzlich eine **nationale Ratifikation** vorsah. Das steht im Einklang mit der inhaltlichen Dimension (s. Rn. 21), hat aber nachhaltige **Auswirkungen auf die Konzeption** der Vorschrift gehabt (s. Rn. 22).

C. Berichtspflicht

Nach Abs. 1 der Vorschrift muss die Kommission **alle drei Jahre** einen **Bericht** über die Anwendung des Zweiten Teils des Vertrages über die Unionsbürgerschaft vorlegen. **Adressaten** sind formal das Europäische Parlament, der Rat sowie der Wirtschafts- und Sozialausschuss. Der Ausschuss der Regionen ist nicht aufgeführt. Dafür spricht zwar, dass die Unionsbürgerschaft kein regionales Thema ist. Doch wenn man den Auftrag, wie in der Praxis geschehen (s. Rn. 14), umfassender interpretiert, dann wäre die Einbeziehung durchaus sinnvoll, weil manche grundrechtsrelevanten Themen durchaus regionale Schwerpunkte aufweisen können.

Ausdrücklich ist es der Kommission aufgegeben, dabei der »Fortentwicklung der Union Rechnung zu tragen«. Das hat die Kommission von Anfang so verstanden, dass sie die Fortentwicklung zum Anlass nehmen soll, um zu fragen, ob **neue Initiativen sinnvoll** sein können.[13] Des Weiteren ist zu beurteilen, ob die Bestimmungen in den Mitgliedstaaten **ausreichend umgesetzt** werden.[14] Damit ist der **Zweck** der Berichtspflicht ein zweifacher: Zum einen ist die **Umsetzung und Durchführung** der bestehenden Rechte der Unionsbürgerschaft zu evaluieren. Zum anderen ist ein etwaiger **Bedarf für eine Weiterentwicklung** zu ermitteln. Diese Zielsetzung unterstreicht, dass die Rechte im Zweiten Teil über die Unionsbürgerschaft als ein **Mindeststandard** angesehen werden, der **dynamisch** auf eine Weiterentwicklung hin angelegt ist.[15]

Die Berichte haben mithin nicht nur die Umsetzung in den **Mitgliedstaaten**, sondern auch die Tätigkeiten auf der **EU-Ebene** zum **Gegenstand**.[16] Inhaltlich geht es daher neben der Umsetzung und Durchführung bestehender Rechte auch um den Erlass weiterer erforderlicher Maßnahmen auf EU-Ebene, sei es zur **Förderung** der **Durchführung** oder zur **Ergänzung** um weitere Rechte.[17] Zu diesem Zweck ist es sinnvoll, in den Bericht auch

---

[11] Art. X.12, Kommission SG [91] D/4016.
[12] Vgl. Art. 138 e Abs. 4 EGV in der Fassung von Maastricht.
[13] KOM (93) 702, S. 1 endg.
[14] KOM (93) 702, S. 1 endg.
[15] Zur dynamischen Erweiterung *Kluth*, in: Calliess/Ruffert, EUV/AEUV, Art. 25 AEUV, Rn. 1.
[16] Ebenso *Kluth*, in: Calliess/Ruffert, EUV/AEUV, Art. 25 AEUV, Rn. 3; *Hatje*, in: Schwarze, EU-Kommentar, Art. 25 AEUV, Rn. 4; *Kaufmann-Bühler*, in: Lenz/Borchardt, EU-Verträge, Art. 25 AEUV, Rn. 2.
[17] Ebenso *Kluth*, in: Calliess/Ruffert, EUV/AEUV, Art. 25 AEUV, Rn. 3.

Vorschläge zur Verbesserung oder zur Weiterentwicklung der Rechte aus der Unionsbürgerschaft aufzunehmen.[18] Die Berichte werden **unbeschadet anderer Berichte** der Kommission oder anderer Einrichtungen erstattet. So informieren daneben über den Stand der Grundrechte die jährlichen Berichte der Europäischen Agentur für Grundrechte[19] sowie Sonderberichte der Kommission[20].

14   Bisher wurden sieben Berichte von der Kommission erstattet. Der **erste Bericht** war bereits **1993** kurz nach Inkrafttreten des Maastricht-Vertrages vorzulegen gewesen und konnte naturgemäß noch keine größeren Beobachtungen mitteilen.[21] **1997** wurde dann im **zweiten** Bericht relativ umfassend über Schwierigkeiten bei der Umsetzung der Rechte aus der Unionsbürgerschaft berichtet.[22] Inhaltlich weiter gefasst war der **dritte Bericht** von **2001**, der sich auf den Vorschlag für die sog. Freizügigkeitsrichtlinie und die Entwicklung der Grundrechtecharta konzentrierte.[23] Im **vierten Bericht** standen **2004** das Freizügigkeits- und Aufenthaltsrecht im Mittelpunkt.[24] Demgegenüber befasst sich der **fünfte Bericht** von **2008** umfassend mit den in Art. 20 Abs. 2 AEUV aufgeführten Rechten aus der Unionsbürgerschaft und mit der neu gegründeten Agentur für Grundrechte.[25] Der **sechste Bericht** von **2010** liegt auf dieser Linie und bezieht wie frühere Berichte weitere Grundrechte ein, die im Zusammenhang mit den Rechten der Unionsbürgerschaft, insbesondere der Freizügigkeit, berührt sein können. Zur Veranschaulichung greift die Kommission auf prägnante Fallbeispiele zurück, um typische Gefährdungslagen zu beschreiben. Zur Lösung stellt die Kommission Abhilfemaßnahmen vor, insbesondere den Vorschlag neuer Rechtsinstrumente.[26] Diese Strategie hat die Kommission auch im **siebten Bericht** von **2013** beibehalten, der sich inhaltlich wie der Vorgänger, neben den bestehenden Rechten aus der Unionsbürgerschaft mit Problemen der Übersetzung in Strafverfahren, Steuerfragen in grenzüberschreitenden Situationen und Online-Einkäufen befasst.[27] Wie schon zuvor 2010 schließt der Bericht mit einem Katalog zukünftiger Maßnahmen zur »Verbesserung des Alltags der Bürgerinnen und Bürger der EU«.[28]

---

[18] Siehe etwa die Liste von 25 Maßnahmen der Kommission zur »Verbesserung des Alltags der Unionsbürger« im 6. Bericht zur Unionsbürgerschaft 2010, KOM (2010) 603 endg., S. 28 ff.

[19] Die Agentur der Europäischen Union für Grundrechte wurde von der EU im Jahr 2007 als eine EU-Fachagentur auf der Grundlage der Verordnung (EG) Nr. 168/2007 des Rates v. 15. 2. 2007, ABl. 2007, L 53/1 eingerichtet, um die Organe und Mitgliedstaaten der EU zu fachkundigen Themen zu beraten. Zum einsehbaren Bericht über wesentliche juristische und politische Entwicklungen im Bereich der Grundreche 2013 siehe http://fra.europa.eu/sites/default/files/fra–2014-annual-report-highlights–2013_de.pdf (2. 2. 2017).

[20] Siehe den Bericht der hochrangigen Arbeitsgruppe zu Fragen der Freizügigkeit unter dem Vorsitz von Frau Simone Veil, 1997, der zu Fragen der Einreise, des Zugangs zur Beschäftigung, aber auch zu sozialen und steuerlichen Fragen Stellung nimmt, sowie die kulturellen Rechte behandelt, einsehbar unter http://www.uni-mannheim.de/edz/pdf/1997/hlpde.pdf (2. 2. 2017).

[21] KOM (93) 702 endg.

[22] KOM (97) 230 endg.

[23] Dritter Bericht der Europäischen Kommission v. 7. 9. 2001 über die Unionsbürgerschaft, KOM (2001) 506 endg.

[24] Vierter Bericht der Europäischen Kommission v. 26. 10. 2004 über die Unionsbürgerschaft, KOM (2004) 695 endg.

[25] Fünfter Bericht der Europäischen Kommission v. 15. 2. 2008 über die Unionsbürgerschaft, KOM (2008) 85 endg.

[26] KOM (2010) 603 endg., S. 7, 9, 10 ff.

[27] Bericht der Europäischen Kommission über die Unionsbürgerschaft 2013 v. 8. 5. 2013, KOM (2013) 269 endg., S. 5 und 18.

[28] KOM (2013) 269 endg., S. 43 f.

D. Ergänzung

Abs. 2 der Vorschrift enthält eine **Rechtsetzungskompetenz zur Ergänzung** der in Art. 20 Abs. 2 AEUV aufgeführten Rechte. Diese ist **inhaltlich** umfassend, aber nicht schrankenlos angelegt (I.) und wird in einem **zweiteiligen Verfahren** (II.) verwirklicht. 15

I. Umfang der Ermächtigung

Der **Umfang** der Ermächtigung in Absatz 2 der Vorschrift »zur Ergänzung der in Art. 20 Abs. 2 aufgeführten Rechte« ist in mehrfacher Hinsicht **umstritten**. Das betrifft erstens die Einbeziehung von **neuen Rechten** aus der Unionsbürgerschaft (1.), zweitens darüber hinaus von **Pflichten** (2.) und drittens von **weiteren Grundrechten**, deren Bezug zur Unionsbürgerschaft nur sehr gering ist (3.). Die Beantwortung dieser Fragen ist eng mit der Frage nach der Rechtsqualität der Ergänzungsbestimmungen verbunden (4.). 16

1. Einführung neuer Rechte aus der Unionsbürgerschaft

In der Literatur ist unter dem Maastricht Vertrag vereinzelt vertreten worden, dass über die Vorschrift keine neuen Rechte eingeführt werden könnten, sondern lediglich die bestehenden durch **Durchführungsvorschriften** umzusetzen seien.[29] Demgegenüber wird aber überzeugend darauf hingewiesen, dass der englische Wortlaut die weite Lesart eindeutig widerspiegelt: »to strengthen or to add to the rights«.[30] Zudem wird zutreffend geltend gemacht, dass Ermächtigungen zum Erlass von Durchführungsvorschriften bereits bei einzelnen Gewährleistungen vorgesehen sind, so dass insofern Art. 25 Abs. 2 AEUV keine eigenständige Bedeutung mehr hätte.[31] Daher ist es heute überwiegend anerkannt, dass die Liste der Rechte in Art. 20 Abs. 2 AEUV um weitere Rechte ergänzt werden kann.[32] 17

2. Rechte und Pflichten?

Ganz überwiegend geht die Literatur davon aus, dass die Ermächtigung zur Ergänzung auf die **Einführung neuer Rechte** ausgerichtet ist, aber **keine Pflichten** umfasst.[33] Demgegenüber wird es vereinzelt für möglich gehalten, dass auch Pflichten neu hinzugefügt werden,[34] da die Formulierung dies nicht ausschließe. Diese Auffassung vermag nicht zu überzeugen. Zwar ist zu konstatieren, dass Art. 20 Abs. 2 AEUV, auf den in Art. 25 Abs. 2 AEUV verwiesen wird, neben den Rechten ausdrücklich auch Pflichten aus der Unionsbürgerschaft erwähnt. Doch ist der Verweis in Art. 25 Abs. 2 AEUV in Kenntnis dessen **ausdrücklich** auf die »Rechte« in jener Vorschrift **begrenzt**. Diese Begrenzung entspricht auch dem Zweck der Vorschrift, eine schnellere Änderung der Bestimmungen als unter dem allgemeinen Vertragsänderungsverfahren zu ermöglichen (s. Rn. 3). Denn 18

---

[29] *Constantinesco/Kovar/Simon*, TUE, Anm. 1 unter Berufung auf den frz. Worlaut »à compléter les droits prévues«.
[30] *Hilf*, in: Grabitz/Hilf, EU, Art. 22 EGV (Januar 2001), Rn. 8.
[31] *Hilf*, in: Grabitz/Hilf, EU, Art. 22 EGV (Januar 2001), Rn. 9.
[32] *Kluth*, in: Calliess/Ruffert, EUV/AEUV, Art. 25 AEUV, Rn. 5.
[33] *Hilf*, in: Grabitz/Hilf, EU, Art. 22 EGV (Januar 2001), Rn. 5 behält die Einführung von Pflichten dem allgemeinen Vertragsänderungsverfahren vor; *Haag*, in: GS, EUV/EGV, Art. 22 EUV, Rn. 2; *Kaufmann-Bühler*, in: Lenz/Borchardt, EU-Verträge, Art. 25 AEUV, Rn. 4.
[34] *Hatje*, in: Schwarze, EU-Kommentar, Art. 25 AEUV, Rn. 2.

in den Mitgliedstaaten sind nur vereinzelt staatsbürgerliche Pflichten anerkannt, während alle Mitgliedstaaten in einem nicht unbedeutenden Umfang staatsbürgerliche Rechte gewährleisten. Nur im letzteren Bereich kann aufgrund bestehender paralleler Gewährleistungen ein praktisches Bedürfnis für ein beschleunigtes Änderungsverfahren sinnvoll angenommen werden.

3. Bezug zur Unionsbürgerschaft

19 Während in der Literatur anerkannt ist, dass **weitere Rechte** eingeführt werden können, die einen **engen Bezug zur Unionsbürgerschaft** aufweisen, ist umstritten, ob auch **sonstige Grundrechte** eingeführt werden können, insbesondere solche mit einer wirtschaftlichen Bedeutung. In der Terminologie wird dabei zwischen einer systemimmanenten Weiterentwicklung und einer systemtransformierenden Fortbildung unterschieden.[35] Diese an sich griffige Unterscheidung ist jedoch **missverständlich** und sollte daher vermieden werden. Denn zum einen transformieren die zur Diskussion stehenden weiteren Grundrechte nicht das System der EU, die auf der Achtung der Grundrechte beruht.[36] Zum anderen würden sie auch nicht das weite Konzept der Rechte aus der Unionsbürgerschaft »umwandeln«, das schon heute im Zweiten Teil des AEU-Vertrages nur einen Teil von Rechten aufführt, die an anderer Stelle in den Verträgen, insbesondere in der Grundrechtecharta, weiter gefasst sind, insbesondere nicht nur Unionsbürgerinnen und -bürgern vorbehalten werden.[37] Ferner läuft die Terminologie Gefahr, die **Grenze zur allgemeinen Vertragsänderung** zu verwischen. Vorzugswürdig erscheint es, nach einem engen und weiten Bezug zur Unionsbürgerschaft zu differenzieren.[38]

20 In der Sache soll eine Ergänzung um **politische** und auch **soziale Rechte** möglich sein, nicht aber um **wirtschaftliche Betätigungsrechte**.[39] Erfasst werden sollen Partizipationsrechte und Rechte auf Umweltschutz.[40] Umstritten sind hingegen Vorschläge zur Einführung einer **umfassenden Grundrechtecharta** (vor dem Lissabonner Vertrag), eine Erweiterung der Unionsbürgerschaft auf **Drittstaatsangehörige** oder die Einführung von Direktklagen vor dem EuGH.[41] Diese Fragen lassen sich unter Rückgriff auf die Qualität und Funktion der Ergänzungsbestimmungen beantworten (s. Rn. 21). Nach überzeugender Sicht führt eine Ergänzung zu einer begrenzten **Änderung des Primärrechts**, die sich gerade in ihrer **Limitierung** von der allgemeinen Vertragsänderung unterscheidet. Ihre Auswirkungen auf andere Normen des Primärrechts außerhalb des Zweiten Teils des AEU-Vertrages darf jene nicht in ihrem Gewährleistungsgehalt modifizieren. Demnach hätten auch über Art. 25 Abs. 2 AEUV weitere politische Rechte, insbesondere

---

[35] So die Differenzierung bei *Hilf*, in: Grabitz/Hilf, EU, Art. 22 EGV (Januar 2001), Rn. 11 und 12, in der Terminologie folgend *Hatje*, in: Schwarze, EU-Kommentar, Art. 25 AEUV, Rn. 2; *Kluth*, in: Calliess/Ruffert, EUV/AEUV, Art. 25 AEUV, Rn. 1.

[36] Siehe insbesondere Art. 2 EUV.

[37] So sind nach Art. 227 AEUV und Art. 228 Abs. 1 AEUV auch natürliche und juristische Personen mit Wohnsitz bzw. Sitz berechtigt, Petitionen zum Europäischen Parlament bzw. Beschwerden zum Bürgerbeauftragten einzureichen.

[38] *Hatje*, in: Schwarze, EU-Kommentar, Art. 25 AEUV, Rn. 2 spricht vom erforderlichen »unmittelbaren Bezug zur Unionsbürgerschaft«.

[39] *Hatje*, in: Schwarze, EU-Kommentar, Art. 25 AEUV, Rn. 2; vergleiche *Kaufmann-Bühler*, in: Lenz/Borchardt, EU-Verträge, Art. 25 AEUV, Rn. 4.

[40] *Hilf*, in: Grabitz/Hilf, EU, Art. 22 EGV (Januar 2001), Rn. 11.

[41] Vgl. zu den Vorschlägen *Monar/Bieber*, S. 78 ff.; ablehnend jeweils *Hilf*, in: Grabitz/Hilf, EU, Art. 22 EGV (Januar 2001), Rn. 12. Demgegenüber ist *Hatje*, in: Schwarze, EU-Kommentar, Art. 25 AEUV, Rn. 3 wohl offen für die Einführung einer umfassenden Grundrechtecharta.

Freiheitsrechte wie die Meinungsfreiheit eingeführt werden können. Die Einführung **sozialer Grundrechte** ist zulässig, soweit sie nicht über den Rahmen der Sozialunion hinausgehen würden.[42] **Wirtschaftlich ausgerichtete Grundrechte** dürfen zwar die bestehenden Regelungen der Grundfreiheiten nicht modifizieren, sie können deren Gewährleistungsgehalte aber ergänzen.[43] Letztlich ist damit auch die – nach Aufnahme der Grundrechtecharta heute akademische – Frage zu bejahen, ob über Art. 25 Abs. 2 AEUV auch eine umfassende Ergänzung in Form eines **Grundrechtskatalogs** hätte vorgenommen werden können, sofern die oben genannten Grenzen eingehalten werden. In der Praxis war auf der Regierungskonferenz 1996 vorgeschlagen worden, die Vorschriften über die Unionsbürgerschaft um weitere Grundrechte zu ergänzen.[44] Auf dieser Linie ließe sich auch eine Ausweitung auf Rechte juristischer Personen begründen, weil im Zweiten Teil auch Rechte aufgeführt sind, die an anderer Stelle des AEU-Vertrages auch auf juristische Personen für anwendbar erklärt werden.[45] **Nicht** zulässig wäre hingegen eine Ausdehnung der Unionsbürgerschaft auf **Drittstaatsangehörige**, da dies nicht die Rechte aus der Unionsbürgerschaft betrifft, sondern deren Grundlage, die in Art. 20 Abs. 1 AEUV geregelt ist.

4. Rechtsqualität der Ergänzungsbestimmungen

Die genaue Bestimmung der **Rechtsqualität** der nach Art. 25 Abs. 2 beschlossenen Ergänzungsbestimmungen ist **umstritten**. Teilweise werden sie als eine Sonderform sekundären Unionsrechts angesehen, weil sie ihre Grundlage im Vertragsrecht haben und dessen Rahmen einhalten müssen.[46] Überwiegend werden sie hingegen dem Primärrecht zugerechnet.[47] Überzeugend ist eine Qualifizierung als **Primärrecht im weiteren Sinn** aufgrund einer systematischen Betrachtung. Einer Einordnung als Sekundärecht steht entgegen, dass die Bestimmungen der Ratifikation in den Mitgliedstaaten bedürfen und daher ihren **Geltungsgrund** nicht allein aus dem Primärrecht ableiten. Ähnlich wie die Beschlüsse über die Einführung der Direktwahl zum Europäischen Parlament oder über die Eigenmittel führen sie letztlich eine Änderung des Primärrechts herbei.[48] Überzeugend qualifiziert auch das **Bundesverfassungsgericht** in seiner Lissabon-Entscheidung Art. 25 Abs. 2 AEUV als ein **vereinfachtes Vertragsänderungsverfahren** im Sinne des Art. 48 Abs. 6 EUV.[49] Allerdings sind die Ergänzungen systematisch von der allgemeinen Vertragsänderung zu unterscheiden, da sie nur **begrenzt** Änderungen vornehmen können. Die Limitierung der Änderungskompetenz führt dazu, dass andere

21

---

[42] Insbesondere dürfen über solche Grundrechte keine neuen Rechtsetzungskompetenzen der EU eingeführt werden, vgl. dazu die Diskussion bei *Heselhaus*, in: Heselhaus/Nowak, Handbuch der Europäischen Grundrechte, §, 3, Rn. 9 ff., 16 ff.

[43] Vgl. EuGH, Urt. v. 11.12.2007, Rs. C–438/05 (Viking), Slg. 2007, I–10779. Siehe etwa auch zur Frage nationaler Telekommunikationsmonopole und dem Grundrecht auf Rundfunkfreiheit EuGH, Urt. v. 17.1.1984, verb. Rs. 43 u. 63/82 (VBVB u. VBBB), Slg. 1984, 19.

[44] Zitiert nach *Hatje*, in: Schwarze, EU-Kommentar, Art. 25 AEUV, Rn. 3.

[45] Siehe Art. 227 AEUV und Art. 228 Abs. 1 AEUV.

[46] *Magiera*, in: Streinz, EUV/EGV, Art. 22 EGV, Rn. 6.

[47] *Hilf*, in: Grabitz/Hilf, EU, Art. 22 EGV (Januar 2001), Rn. 4; *Kluth*, in: Calliess/Ruffert, EUV/AEUV, Art. 25 AEUV, Rn. 6; *Kaufmann-Bühler*, in: Lenz/Borchardt, EU-Verträge, Art. 25 AEUV, Rn. 3.

[48] Damals wurden mit den Änderungen das ursprünglich in Art. 138 EWGV vorgesehene Wahlverfahren bzw. die Finanzbeiträge nach Art. 200 EWGV abgelöst. Näher dazu *Heselhaus*, S. 466.

[49] BVerfGE 123, 267 (291).

Vorschriften des Primärrechts beachtet werden müssen.[50] Insofern wird dem Anliegen der Gegenansicht, dass der Rahmen des Vertragsrechts zu achten sei,[51] Rechnung getragen. Vergleichbar hat der EuGH in seinen Gutachten zum Beitritt der EU zur EMRK geprüft, ob mit dem Vorhaben von anderen wesentlichen Vertragsvorschriften abgewichen wird.[52] Im Fall des Art. 25 Abs. 2 AEUV setzt die Überprüfungskompetenz des EuGH am ersten Verfahrensabschnitt an, der auf EU-Ebene den Inhalt der Änderungen festlegt. Schließlich sind die Ergänzungsbestimmungen nach Art. 25 AEUV von Bestimmungen aufgrund der sog. **Vertragsabrundungskompetenz** nach Art. 352 AEUV **abzugrenzen**. Letztere zählen zum Sekundärrecht, weil sie ihren Geltungsgrund allein im Rechtsetzungsverfahren auf EU-Ebene haben.[53]

II. Verfahren

22   Zum Erlass von Bestimmungen zur Ergänzung der Rechte aus der Unionsbürgerschaft sieht Art. 25 Abs. 2 AEUV ein **zweiphasiges Verfahren** vor. Entsprechende Verfahren kommen auch in anderen Bereichen der Verträge zur Anwendung, wenn neue Bestimmungen die Verträge ändern oder ergänzen sollen. In der **ersten Phase** legen die **EU-Organe** in einem besonderen Gesetzgebungsverfahren den **Inhalt** der Bestimmungen fest. Dann beschließen die **Mitgliedstaaten** in der **zweiten Phase** nach ihren nationalen verfassungsrechtlichen Verfahren über deren **Inkrafttreten**. Dabei können sie nur in toto über die Bestimmungen abstimmen. Erst diese nationale Ratifikation verleiht den Bestimmungen die ausreichende **demokratische Legitimation**, um als **Primärrecht im weiteren Sinn** wirksam werden zu können.

1. EU-Ebene

23   Die **erste Phase** des Rechtsetzungsverfahrens spielt sich auf der **Unionsebene** ab. In einem »besonderen Gesetzgebungsverfahren« fasst der **Rat einstimmig** einen Beschluss, der der **Zustimmung des Parlaments** bedarf. Die Beschlussfassung im Rat war bereits im Maastricht-Vertrag als entscheidender Teil vorgesehen. Das Einstimmigkeitserfordernis sichert über die im Rat versammelten Regierungsvertreter der Mitgliedstaaten eine **indirekte demokratische Legitimation**. Jeder Mitgliedstaat erhält damit eine Veto-Position im Verfahren.

24   Neu im Lissabonner Vertrag ist das Erfordernis der **Zustimmung durch das Europäische Parlament**. Zuvor war der Einfluss des Parlaments auf eine **Anhörung** beschränkt gewesen. Wie in anderen Vorschriften des Lissabonner Vertrages ist die **Exekutivlastigkeit** in der Legitimationsvermittlung reduziert worden und wird mit der Veto-Position des Parlaments eine **zusätzliche parlamentarisch-demokratische Legitimation** vorgesehen. Allerdings kann das Parlament formal keinen Einfluss auf den Inhalt des Rechtsaktes nehmen.[54] Informell kann eine gegenseitige Abstimmung zwischen den beiden Organen also nur vor der Beschlussfassung im Rat erfolgen.

---

[50] Ausführlich zum insofern vergleichbaren Fall des Eigenmittelbeschlusses *Heselhaus*, S. 465 ff.
[51] *Magiera*, in: Streinz, EUV/EGV, Art. 22 EGV, Rn. 6.
[52] EuGH, Gutachten 2/94 v. 28.3.1996 (Avis rendu en vertu de l'article 228 du traité CE), Slg. 1996, I–1759, Rn. 29; Gutachten 2/13 v. 18.12.2014 (Avis au titre de l'article 218, paragraphe 11, TFUE), ECLI:EU:C:2014:2454, Rn. 178 ff.
[53] EuGH, Gutachten 2/94, v. 28.3.1996 (Avis rendu en vertu de l'article 228 du traité CE), Slg. 1996, I–1759, Rn. 29 f.; Urt. v. 3.9.2008, Rs. C–402/05, Slg. 2008, I–6351 (Kadi u.a.), Rn. 203, 211.
[54] Allgemein zum Zustimmungsverfahren *Krajewski/Rösslein*, in: Grabitz/Hilf/Nettesheim, EU, Art. 289 AEUV (August 2011), Rn. 59.

Während im Maastricht-Vertrag der Rat ausdrücklich nur auf **Vorschlag der Kommission** tätig werden konnte, fehlt in der Neufassung des Art. 25 Abs. 2 AEUV ein Hinweis auf die Kommission. Doch liegt darin nur eine **redaktionelle Änderung**, denn es greift die allgemeine Regel des **Initiativmonopols der Kommission** nach Art. 17 Abs. 2 EUV auf. Denn es wird in Art. 25 Abs. 2 AEUV »nichts anderes festgelegt« (Art. 17 EUV). Das wird durch den systematischen Vergleich mit Art. 289 Abs. 2 AEUV bestätigt. Auch dort werden in Abgrenzung zu Abs. 1 der Vorschrift lediglich die unterschiedlichen Rollen von Rat und Parlament thematisiert, die Kommission aber nicht erwähnt. Erst Abs. 4 der Vorschrift enthält dann die Ausnahmen vom Initiativmonopol.[55] Nicht zuletzt zeigt der **systematische Zusammenhang** mit dem Sinn und Zweck der **Berichtspflicht** nach Art. 25 Abs. 1 AEUV, dass die Kommission als Initiantin vorgesehen ist. 25

2. Deutschland

Bezüglich der **zweiten**, auf **nationaler Ebene** angesiedelten **Phase** ist die Vorschrift **redaktionell verändert** worden. Der Rat »empfiehlt« den Mitgliedstaaten nicht mehr die Bestimmungen zur »Annahme«, sondern die Bestimmungen treten nunmehr erst »nach Zustimmung der Mitgliedstaaten [...] in Kraft«. Damit ist die **Ratifikation** nach den nationalen, verfassungsrechtlichen Vorschriften nach wie vor der **Geltungsgrund** für die beschlossenen Bestimmungen. 26

In **Deutschland** hat das **BVerfG** in seinem Lissabon-Urteil festgestellt, dass die Ratifikation im Rahmen eines **vereinfachten Vertragsänderungsverfahrens** wie nach Art. 25 Abs. 2 AEUV in jedem Fall ein **Parlamentsgesetz** erfordere.[56] Sofern durch die Bestimmungen das Grundgesetz seinem Inhalt nach geändert oder ergänzt würde, wäre eine **Zweidrittel-Mehrheit** nach Art. 23 Abs. 1 Satz 3 GG in Bundestag und Bundesrat erforderlich. In allen übrigen Fällen reicht die **einfache Mehrheit** nach Art. 23 Abs. 1 Satz 1 GG aus. Dies wird im § 3 IntVG festgehalten. 27

In Ausführung des Lissabon-Urteils ist ferner die **Unterrichtungspflicht der Bundesregierung gegenüber Bundestag und Bundesrat** im Vorfeld eines Gesetzgebungsantrags nach Art. 25 Abs. 2 AEUV geregelt worden.[57] Inhaltlich »soll« die Bundesregierung »**Einvernehmen**« mit der Stellungnahme des **Bundesrates** herstellen.[58] Aus wichtigen außen- oder integrationspolitischen Gründen kann sie aber davon abweichen.[59] 28

Auch der **Bundesrat** ist rechtzeitig zu informieren.[60] Sind im Bereich der ausschließlichen Zuständigkeit der Länder Interessen derselben berührt, muss die Bundesregierung die Stellungnahme des Bundesrates »**berücksichtigen**«.[61] Grundsätzlich ist ein Einvernehmen anzustreben, doch kann im **Konfliktfall** der Bundesrat seine Sicht mit einer Zweidrittel-Mehrheit zur maßgebenden machen.[62] 29

---

[55] Im Ergebnis ebenso *Krajewski/Rösslein*, in: Grabitz/Hilf/Nettesheim, EU, Art. 289 AEUV (August 2011), Rn. 67. Vgl. auch *von Danwitz*, in: Dauses, Handbuch des EU-Wirtschaftsrechts, Abschnitt B II. (Juni 2010), Rn. 13, der nur ausdrückliche Abweichungen vom Initiativmonopol zulässt. A. A. dagegen *Ruffert*, in: Calliess/Ruffert, EUV/AEUV, Art. 289 AEUV, Rn. 3.
[56] BVerfGE 89, 155, Rn. 106 ff.; BVerfGE 123, 267, Rn. 273 ff.
[57] § 9 Abs. 1 i. V. m. § 8 Abs. 1 EUZBBG.
[58] § 9 Abs. 2 EUZBBG.
[59] § 9 Abs. 2 S. 2 EUZBBG.
[60] § 3 EUZBLG.
[61] § 5 Abs. 1 EuZBLG.
[62] § 5 Abs. 2, S. 3–5 EuZBLG.

3. Andere Mitgliedstaaten

30 Die verfassungsrechtlichen Bestimmungen in den anderen Mitgliedstaaten sind relativ unterschiedlich. Je nach Regelung kann eine **einfache Bestätigung** durch die Exekutive (Regierung) ausreichen oder wie in Dänemark sogar ein **Referendum** erforderlich werden.[63]

E. Perspektiven

31 Ob die Vorschrift in der Zukunft eine eigene praktische Relevanz entfalten wird, ist zu bezweifeln. Mit der Zuerkennung einer Veto-Position nicht nur für die Regierungsvertreter der Mitgliedstaaten im Rat, sondern auch für deren Parlamente bzw. auch für ein abstimmungsberechtigtes Volk wurde das **Ziel** einer schnelleren, vereinfachten Vertragsänderung **konterkariert**. Im Nachhinein unter Kenntnis der lange anhaltenden Widerstände seitens des Vereinigten Königreichs und Polens gegenüber einer Rechtsverbindlichkeit der Grundrechtecharta wird man die Einschätzung teilen müssen, dass das allgemeine Vertragsänderungsverfahren sogar erfolgversprechender für Ergänzungen der Rechte der Unionsbürgerschaft ist, weil man dort aufgrund des weiter gefassten Verhandlungsmandats Zustimmung durch Paketlösungen generieren kann, während Art. 25 AEUV allein auf die Rechte der Unionsbürgerschaft beschränkt ist.

32 So hat denn auch die weitere Entwicklung gezeigt, dass die Norm noch **keine praktische Relevanz** entfalten konnte. Die in der Literatur angedachten Ergänzungen von Rechten der Unionsbürgerschaft, insbesondere um weitere Grundrechte, sind sowohl punktuell im Fall der **Europäischen Bürgerinitiative** und umfassender mit der **Grundrechtecharta** im Wege der **allgemeinen Vertragsänderung** – Letztere zunächst erfolglos im Nizza-Vertrag und später erfolgreich im Lissabonner Vertrag – ins Werk gesetzt worden.[64]

---

[63] *Kaufmann-Bühler*, in: Lenz/Borchardt, EU-Verträge, Art. 25 AEUV, Rn. 2.
[64] Siehe Art. 11 Abs. 4 EUV bzw. die Charta der Grundrechte der Europäischen Union, ABl. 2000, C 364/1.

Dritter Teil

Die internen Politiken und Maßnahmen der Union

Titel I
Der Binnenmarkt

Artikel 26 AEUV [Binnenmarkt]

(1) Die Union erlässt die erforderlichen Maßnahmen, um nach Maßgabe der einschlägigen Bestimmungen der Verträge den Binnenmarkt zu verwirklichen beziehungsweise dessen Funktionieren zu gewährleisten.

(2) Der Binnenmarkt umfasst einen Raum ohne Binnengrenzen, in dem der freie Verkehr von Waren, Personen, Dienstleistungen und Kapital gemäß den Bestimmungen der Verträge gewährleistet ist.

(3) Der Rat legt auf Vorschlag der Kommission die Leitlinien und Bedingungen fest, die erforderlich sind, um in allen betroffenen Sektoren einen ausgewogenen Fortschritt zu gewährleisten.

Literaturübersicht

Barnard, The Substantive Law of the EU – The Four Freedoms, 4 Aufl., 2013; *Barnard/Scott* (Hrsg.), The Law of the Single European Market: Unpacking the Premises, 2002; *Basedow*, Das Sozialmodell von Lissabon: Solidarität statt Wettbewerb?, EuZW 2008, 225; *Behrens*, Der Wettbewerb im Vertrag von Lissabon, EuZW 2008, 193; *Calliess*, Der Binnenmarkt, die europäische Kompetenzordnung und das Subsidiaritätsprinzip im Lichte der neuen Verfassung, FS Fischer, 2004, S. 1; *Classen*, Die Unterwerfung demokratischer Hoheitsgewalt unter eine Schiedsgerichtsbarkeit, EuZW 2014, 611; *Craig/de Búrca*, EU Law, 6. Aufl., 2015; *Cruz*, Between Competition and Free Movement, The Economic Constitutional Law of the European Community, 2002; *Dann*, Parlamentarische Legitimation der Binnenmarkt- und Wettbewerbspolitik der EU, EuR-Beiheft 1/2013, 93; *Dauses*, Die rechtliche Dimension des Binnenmarktes, EuZW 1990, 8; *Dougan*, Social Security and the Internal Market, in: Becker/Schwarze (Hrsg.), Gemeinwohlverantwortung im Binnenmarkt, 2010, S. 97; *Egan*, Single Markets: Economic Integration in Europe and the United States, 2015; *Ehlermann*, The Internal Market Following the Single European Act, CMLRev. 24 (1987), 361; *Glaesner*, Die Einheitliche Europäische Akte, EuR 1986, 119; *Grabitz*, Über die Verfassung des Binnenmarktes, FS Steindorff, 1990, S. 1229; *Grabitz/von Bogdandy*, Vom Gemeinsamen Markt zum Binnenmarkt – Statik und Dynamik des Europäischen Marktes, JuS 1990, 170; *Hatje*, Die Dienstleistungsrichtlinie – Auf der Suche nach dem liberalen Mehrwert, NJW 2007, 2357; *Mager*, Die Bedeutung der Grundrechte für das Binnenmarktziel, EuR-Beiheft 3/2004, 41; *Mortelmans*, The Common Market, the Internal Market and the Single Market, What's in a Market?, CMLRev. 35 (1998), 101; *Müller-Graff*, Die Rechtsangleichung zur Verwirklichung des Binnenmarktes, EuR 1989, 107; *ders.*, Die wettbewerbsverfasste Marktwirtschaft als gemeineuropäisches Verfassungsprinzip?, EuR 1997, 433; *ders.*, Die Verdichtung des Binnenmarktrechts zwischen Handlungsfreiheiten und Sozialgestaltung, EuR-Beiheft 1/2002, 7; *ders.*, Das wirtschaftsverfassungsrechtliche Profil der EU nach Lissabon, in: Fastenrath/Nowak (Hrsg.), Der Lissabonner Reformvertrag, 2009, S. 173; *ders.*, Das verschleierte Antlitz der Lissabonner Wirtschaftsverfassung, ZHR 173 (2009), 443; *Nowak*, Binnenmarktziel und Wirtschaftsverfassung der Europäischen Union vor und nach dem Reformvertrag von Lissabon, EuR-Beiheft 1/2009, 129; *ders.*, Wettbewerb und soziale Marktwirtschaft in den Regeln des Lissabonner Vertrags, EuR-Beiheft 2/2011, 21; *ders.*, Das Verhältnis des Wettbewerbsrechts und der Grundfreiheiten im Binnenmarkt, EuR-Beiheft 3/2004, 77; *Obwexer*, Gesetzgebung im Binnenmarkt: die Kompetenzverteilung im Verfassungsentwurf, EuR-Beiheft 3/2004, 145; *Ophüls*, Grundzüge der europäischen Wirtschaftsverfassung, ZHR 124 (1962), 136; *Reich*, Binnenmarkt als Rechtsbegriff, EuZW 1991, 203; *Scheidler*, Die Grundfreiheiten zur Verwirklichung des europäischen Binnenmarktes – ein Überblick, GewArch 2010, 1; *Schubert*, Der Gemeinsame Markt als Rechtsbegriff, 1999; *Schwarze*, Europäisches Wirtschaftsrecht, 2007; *Seidel*, Grundsätzliche rechtspolitische Probleme bei der Verwirklichung des Binnenmarktes, EA 1987, 553; *von Simson*, Die Marktwirtschaft als Verfassungsprinzip der Europäischen Gemeinschaften, in: Universität Freiburg (Hrsg.), Zur Einheit der Rechts- und Staatswissenschaften,

1967, S. 55; *Steindorff,* Gemeinsamer Markt als Binnenmarkt, ZHR 150 (1986), 687; *ders.,* Unvollkommener Binnenmarkt, ZHR 158 (1994), 149; *Storr,* Der Staat als Unternehmer: Öffentliche Unternehmen in der Freiheits- und Gleichheitsdogmatik des nationalen Rechts und des Gemeinschaftsrechts, 2001; *ders.,* Zwischen überkommener Daseinsvorsorge und Diensten von allgemeinem wirtschaftlichem Interesse – Mitgliedstaatliche und europäische Kompetenzen im Recht der öffentlichen Dienste, DÖV 2002, 357; *Terhechte,* Der Vertrag von Lissabon: Grundlegende Verfassungsurkunde der europäischen Rechtsgemeinschaft oder technischer Änderungsvertrag? EuR 2008, 143; *ders.,* Wandlungen der europäischen Wettbewerbsverfassung. Die Rolle des Vertrags von Lissabon und die Auswirkungen der globalen Wirtschaftskrise, in: Fastenrath/Nowak (Hrsg.), Der Lissabonner Reformvertrag, 2009, S. 187; *ders.,* Rechtsangleichung zwischen Gemeinschafts- und Unionsrecht – die Richtlinie über die Vorratsdatenspeicherung vor dem EuGH, EuZW 2009, 199; *Weiler,* The Constitution of the Common Market Place, in: Craig/de Búrca (Hrsg.), The Evolution of EU Law, 1999, S. 349; *Weatherhill* (Hrsg.), Better Regulation, 2007; *Weiß,* Öffentliche Unternehmen und EGV, EuR 2003, 165; *Weiss/Kaup,* European Union Internal Market Law, 2014; *Zacker,* Binnenmarkt und Gemeinsamer Markt, RIW 1989, 489; *Ziegler,* Grundfreiheiten und soziale Dimension des Binnenmarkts – die Verfassung als Impuls?, EuR-Beiheft 3/2004, 13.

Leitentscheidungen

EuGH, Urt. v. 5.2.1963, Rs. 26/62 (Van Gend en Loos/Administratie der Belastingen), Slg. 1963, 3
EuGH, Urt. v. 15.7.1964, Rs. 6/64 (Costa/ENEL), Slg. 1964, 1254
EuGH, Urt. v. 11.7.1974, Rs. 8/74 (Dassonville), Slg. 1974, 837
EuGH, Urt. v. 20.2.1979, Rs. 120/78 (Cassis-de-Dijon), Slg. 1979, 649
EuGH, Urt. v. 5.5.1982, Rs. 15/81 (Gaston Schul), Slg. 1982, 1409
EuGH, Urt. v. 27.9.1988, Rs. C–81/87 (Daily Mail), Slg. 1988, 5483
EuGH, Urt. v. 24.11.1993, verb. Rs. C–267/91 u. 268/91 (Keck und Mithouard), Slg. 1993, I–6097
EuGH, Urt. v. 9.3.1999, Rs. C–212/97 (Centros), Slg. 1999, I–1459
EuGH, Urt. v. 13.3.2001, Rs. C–379/98 (Preußen Elektra), Slg. 2001, I–2099 I–2099
EuGH, Urt. v. 30.9.2003, Rs. C–167/01 (Inspire Art), Slg. 2003, I–10155
EuGH, Urt. v. 11.11.2014, Rs. C–333/13 (Dano), ECLI:EU:C:2014:2358
EuGH, Urt. v. 15.9.2015, Rs. C–67/14 (Alimanovic), ECLI:EU:C:2015:597

Wesentliche sekundärrechtliche Vorschriften

Verordnung (EG) Nr. 764/2008 des Europäischen Parlaments und des Rates vom 9.7.2008 zur Festlegung von Verfahren im Zusammenhang mit der Anwendung bestimmter national technischer Vorschriften für Produkte, die in einem anderen Mitgliedstaat rechtmäßig in den Verkehr gebracht worden sind, und zur Aufhebung der Entscheidung Nr. 3052/95/EG, ABl. 2008, L 218/21
Richtlinie 2006/123/EG vom 12.12.2006 über Dienstleistungen im Binnenmarkt, ABl. 2006, L 376/36
Richtlinie 2005/36/EG vom 7.9.2005 über die Anerkennung von Berufsqualifikationen, ABl. 2005, L 255/22
Mitteilung der Kommission an das Europäische Parlament, den Rat, den Europäischen Wirtschafts- und Sozialausschuss und den Ausschuss der Regionen vom 28.10.2015 »Den Binnenmarkt weiter ausbauen: mehr Chancen für die Menschen und Unternehmen, KOM (2015) 550 final

Inhaltsübersicht

	Rn.
A. Überblick	1
B. Binnenmarkt	6
I. Begriff des Binnenmarktes	6
II. Bedeutung des Binnenmarktkonzepts für die europäische Integration	7
III. Verwirklichung und Gewährleistung des Binnenmarktes	8
C. Komponenten des Binnenmarktkonzepts	9
I. Grundfreiheiten	10
II. Wettbewerbsregeln	11
III. Rechtsangleichung	12
IV. Weitere (Handelspolitik, Zollunion, sektorielle Regelungen)	13

D. Der Binnenmarkt im Kräftefeld der sonstigen Unionspolitiken 14
   I. Allgemeines 14
   II. Binnenmarkt und Querschnittspolitiken der EU 15
   III. Binnenmarkt und politische Union 16
E. Verwirklichung des Binnenmarktes 18
   I. Maßnahmen gem. Art. 26 Abs. 1 AEUV 18
   II. Leitlinien gem. Art. 26 Abs. 3 AEUV 19
   III. Sonstige Rechtsetzungsermächtigungen mit Binnenmarktbezug 20
F. Binnenmarkt als Daueraufgabe 21
   I. Gegenwärtiger Stand des Binnenmarktes 22
   II. (Rechts-)Strukturelle Defizite und Reformoptionen 23
      1. Legitimationsdefizite? 23
      2. Zügiges Entscheiden und Rechtsschutz 24
      3. Binnenmarktgesetzgebung der Union und der Mitgliedstaaten 25
   III. Strategische Ziele der EU für die Zukunft 26
G. Ausblick 28

A. Überblick

Art. 26 AEUV ist die zentrale Bestimmung der Unionsverträge über den europäischen Binnenmarkt, der gem. Art. 26 Abs. 2 AEUV einen Raum ohne Binnengrenzen umfasst, in dem der freie Verkehr von Waren, Personen, Dienstleistungen und Kapital gemäß den Bestimmungen der Verträge gewährleistet wird.[1] Die Vorschrift greift damit schon die in den Präambeln zu EUV[2] und AEUV[3] angelegten wirtschaftlichen Zielsetzungen auf, die dann in Art. 3 Abs. 3 Satz 1 EUV erstmals mit dem **Begriff des Binnenmarktes** (engl. internal market, franz. marché intérieur) auf den Punkt gebracht werden.[4]

Art. 26 AEUV ist die erste Vorschrift des Dritten Teils des AEUV, der den internen Politiken und Maßnahmen der Union gewidmet ist. Innerhalb des Dritten Teils des AEUV befasst sich Titel I ausdrücklich mit dem Binnenmarkt, wobei die nachfolgenden Titel sachlich ebenfalls zum Binnenmarkt gehören. Dies gilt in besonderer Weise für die Grundfreiheiten, auf die Art. 26 Abs. 2 AEUV ausdrücklich Bezug nimmt, darüber hinaus aber auch für weitere Bereiche des europäischen Wirtschaftsrechts, wie z.B. die Wettbewerbsregeln (Art. 101 ff. AEUV).[5] Die heutige Lokation der zentralen Bestimmungen über den Binnenmarkt wird bisweilen kritisiert.[6] Befand sich Art. 14 EGV noch im Grundsatzteil des damaligen EGV, so steht sie nun an der Spitze des eher operativen Teils des AEUV. Angesichts der Bedeutung des Binnenmarktprojekts für die europäische Integration mag man das zumindest aus der Warte systematischer Erwägungen als eine Art Zurückstufung auffassen, die sich freilich auch auf die Gesamtbestrebung, insbesondere des Lissabonner Vertrags, zurückführen lässt, eine allzu starke Betonung der wirtschaftlichen Integration zu vermeiden und so der EU zumindest ein wenig von ihrem vermeintlich allzu neo-liberalen Gepräge zu nehmen. Weitere Beispiele für die-

---

[1] Eingehend zum Binnenmarktkonzept etwa *Müller-Graff*, EnzEuR, Bd. 1, § 1, Rn. 1 ff.; *Hatje*, in: v. Bogdandy/Bast, Europäisches Verfassungsrecht, S. 801 (815).
[2] Dazu *Terhechte*, in: Grabitz/Hilf/Nettesheim, EU, Präambel EUV (Mai 2014), Rn. 33 ff.
[3] *Pipkorn*, in: GTE, EWG-Vertrag, Art. 8a, Rn. 6; *Terhechte*, in: GSH, Europäisches Unionsrecht, Präambel AEUV, Rn. 8.
[4] *Bast*, in: Grabitz/Hilf/Nettesheim, EU, Art. 26 AEUV (September 2010), Rn. 1.
[5] Eingehend dazu *Müller-Graff*, EnzEuR, Bd. 1, § 1, Rn. 57 ff.; *Schweitzer*, EnzEuR, Bd. 4, § 8, Rn. 1 ff.
[6] *Müller-Graff*, Das wirtschaftsverfassungsrechtliche Profil der EU nach Lissabon, S. 181.

sen Ansatz lassen sich etwa für die Zollunion in Art. 28 AEUV[7] oder in Bezug auf die Bedeutung des Wettbewerbsprinzips beobachten (vgl. dazu Rn. 11).

3   Die **Funktion des Art. 26 AEUV** liegt in erster Linie darin, die unveränderte Bedeutung des Binnenmarktes zu unterstreichen; die Vorschrift konkretisiert so insbesondere das bereits in Art. 3 Abs. 3 Satz 1 EUV prominent verankerte **Binnenmarktziel**.[8] Aus der Vorschrift folgt für den europäischen Gesetzgeber ein **fortwährender Gestaltungs- und Funktionssicherungsauftrag** hinsichtlich des Binnenmarktes, auch wenn Art. 26 AEUV selbst **keine Kompetenz** zum Erlass konkreter Rechtsakte enthält.[9] Der in der Vorschrift verankerte Gestaltungsauftrag dürfte zumindest im Falle einer evidenten Verweigerung der Unionsorgane ihn zu verwirklichen, justiziabel sein, d. h. dass etwa die Mitgliedstaaten der EU eine Untätigkeitsklage gem. Art. 265 AEUV erheben können.[10] Freilich kommt dem Unionsgesetzgeber insgesamt ein weites Ermessen bei der Frage zu, wie der in Art. 26 AEUV niedergelegte Auftrag zu erfüllen ist.[11]

4   Die Verwirklichung des Binnenmarktes bzw. der Erhalt seiner Funktionsfähigkeit steht unverändert im Zentrum der **Aktivitäten der Europäischen Kommission**. Schon Ende der 1970er Jahre hat man erkannt, dass das Binnenmarktprojekt als Motor der weiteren europäischen Integration fungieren kann und seine konkrete Verwirklichung nicht nur beträchtliche **Freiheitsgewinne und Effizienzsteigerungen** mit sich bringen, sondern auch Impulse in andere Bereiche des Integrationsprozesses aussenden kann.[12] Zugleich schlagen sich in den Regelungen zur Verwirklichung und Absicherung des Binnenmarktes Prozesse des gesellschaftlichen und wirtschaftlichen Wandels naturgemäß besonders stark nieder. Man mag die jüngeren Bemühung der Kommission zur Schaffung eines **Digitalen Binnenmarktes**,[13] der (weiteren) Verwirklichung der **Dienstleistungsfreiheit und der Arbeitnehmerfreizügigkeit**[14] oder der Schaffung der **Bankenunion**[15] auch in diesem Kontext sehen. Schon angesichts dieser Entwicklungen zeigt sich auch, dass der Binnenmarkt durch eine besondere Integrationsdynamik geprägt ist, die weder auf ein festes Integrationsziel i. S. e. zu erreichenden Endzustandes gerichtet ist, noch mit dem Stand des Erreichten jemals zufrieden sein kann. Die Verwirklichung und

---

[7] *Terhechte*, in: Schwarze, EU-Kommentar, Art. 28 AEUV, Rn. 1.

[8] Dazu eingehend *Terhechte*, in: Grabitz/Hilf/Nettesheim, EU, Art. 3 EUV (Mai 2014), Rn. 38 ff.

[9] So auch *Khan/Eisenhut*, in: Vedder/Heintschel v. Heinegg, Europäisches Unionsrecht, Art. 26 AEUV, Rn. 8.

[10] So schon früh *Pipkorn*, in: GTE, EWG-Vertrag, Art. 8a EGV, Rn. 14; s. auch *Khan/Eisenhut*, in: Vedder/Heintschel v. Heinegg, Europäisches Unionsrecht, Art. 26 AEUV, Rn. 8; *Ehlermann*, CMLRev. 24 (1987), 361 (372); *Glaesner*, EuR 1986, 119 (133).

[11] *Schöder*, in: Streinz, EUV/AEUV, Art. 26 AEUV, Rn. 15; *Bast*, in: Grabitz/Hilf/Nettesheim, EU, Art. 26 AEUV (September 2010), Rn. 8.

[12] Dazu aus wirtschaftswissenschaftlicher Sicht *Eger/Wagener*, EnzEuR, Bd. 1, § 3, Rn. 33 zur sog. Spillover-Hypothese; s. auch *Müller-Graff*, in: GSH, Europäisches Unionsrecht, Art. 34 AEUV, Rn. 4 ff.

[13] Mitteilung der Kommission an das Europäische Parlament, den Rat, den Europäischen Wirtschafts- und Sozialausschuss und den Ausschuss der Regionen vom 6.5.2015, Strategie für einen digitalen Binnenmarkt für Europa, COM(2015) 192 final.

[14] Vgl. eingehend dazu *Terhechte*, EnzEuR, Bd. 7, § 1, Rn. 3 ff.

[15] Mitteilung der Kommission an das Europäische Parlament und den Rat vom 12.9.2012, Fahrplan für eine Bankunion, COM(2012) 510 final.; *Tusch/Herz*, EuZW 2015, 814 ff.; *Kämmerer*, NVwZ 2013, 830 ff.

Absicherung des Binnenmarktes markiert vielmehr eine Daueraufgabe.[16] Insoweit bleibt es auch unverändert bei der Diagnose der Grundprobleme des Binnenmarktprojekts, die *Hans von der Groeben* bereits 1991 gestellt hatte, nämlich dass in dem grundsätzlich marktwirtschaftlich verfassten Wirtschaftssystem der EG/EU (s. heute Art. 3 Abs. 3 Satz 1 EUV)[17] das **Verhältnis von Ordnungspolitik und Eingriffspolitik** ebenso eines stetigen Ausgleichs bedarf wie auch die Abgrenzung der Kompetenzen der EU von denen der Mitgliedstaaten fortwährend zu justieren ist.[18]

Dieser Umstand wird auch in Art. 26 AEUV reflektiert, der im Gegensatz zu seinen Vorgängervorschriften (Art. 8a EWGV, Art. 14 EGV) **keine terminlichen Fixierungen** für die Verwirklichung des Binnenmarktziels kennt, sondern inzwischen selbst davon ausgeht, dass der Binnenmarkt fortwährend zu gestalten ist (eingehend dazu unten Rn. 21 ff.).[19] Entsprechend versucht insbesondere die Europäische Kommission fortwährend durch **neue Initiativen und Strategien**, die Vorteile, die der Binnenmarkt bieten kann, auch real werden zu lassen.[20] Dieser Ansatz der umfassenden strategischen Ausrichtung hat sich seit der Veröffentlichung des **Weißbuchs zur Vollendung des Binnenmarktes im Jahre 1985** bewährt.[21] In dem Weißbuch hatte die Kommission ca. 300 verschiedene Maßnahmen vorgeschlagen, um den damals zu verzeichnenden Stillstand bei der Verwirklichung des Binnenmarktes zu überwinden.[22] Die dort angestellten strategischen Überlegungen sind bis heute wegweisend. Im Rahmen ihrer **aktuellen Binnenmarktstrategie aus dem Jahre 2015** hat die Kommission ein umfassendes Maßnahmenbündel vorgestellt, das in den nächsten Jahren helfen soll, den rasanten Wandel, der sich in der Gesellschaft und der Wirtschaft einmal mehr vollzieht aus der Perspektive des Binnenmarktes zum Wohle der Menschen und Unternehmen zu gestalten (eingehend dazu Rn. 26 ff.).[23]

5

B. Binnenmarkt

I. Begriff des Binnenmarktes

Auch wenn der **Begriff »Binnenmarkt«** insbesondere durch den Lissabonner Vertrag breitflächig im Unionsrecht implementiert wurde,[24] bestand bis zu diesem Zeitpunkt eine Kontroverse darüber, wie er sich zum Begriff des **Gemeinsamen Marktes** (Art. 8 EWGV) verhielt.[25] Obwohl diese Diskussion für die Gestaltung der wirtschaftlichen

6

---

[16] *Hatje* (Hrsg.), EuR-Beiheft 1/2002; s. auch *Hatje*, in: Schwarze, EU-Kommentar, Art. 26 AEUV, Rn. 23.

[17] Eingehend zur marktwirtschaftlichen Verfasstheit der EU etwa *Hatje*, in: v. Bogdandy/Bast, Europäisches Verfassungsrecht, S. 801 ff.

[18] *von der Groeben*, in: GTE, EWG-Vertrag, Einleitung, S. 33 f.

[19] *Hatje*, in: Schwarze, EU-Kommentar, Art. 26 AEUV, Rn. 19.

[20] Eingehend dazu mit einer Bilanz Europäische Kommission (Hrsg.), 20 Jahre Europäischer Binnenmarkt, 2012.

[21] Weißbuch zur Vollendung des Binnenmarktes KOM(1985) 310 endg.

[22] Dazu etwa *Schröder*, in: Streinz, EUV/AEUV, Art. 26 AEUV, Rn. 3.

[23] Mitteilung der Kommission an das Europäische Parlament, den Rat, den Europäischen Wirtschafts- und Sozialausschuss und den Ausschuss der Regionen vom 28. 10. 2015 »Den Binnenmarkt weiter ausbauen: mehr Chancen für die Menschen und Unternehmen, COM(2015) 550 final.

[24] *Hatje*, in: Schwarze, EU-Kommentar, Art. 26 AEUV, Rn. 2; *Terhechte*, EuR 2008, 143 (176); *Nowak*, Europarecht nach Lissabon, 2011, S. 193 ff.; *ders.*, EuR-Beiheft 1/2009, S. 129 ff.

[25] Eingehend dazu *Korte*, in: Calliess/Ruffert, EUV/AEUV, Art. 26 AEUV, Rn. 21 ff.; *Hatje*, in: Schwarze, EU-Kommentar, Art. 26 AEUV, Rn. 7.

Integration in der EU obsolet geworden ist, haben die mit ihr verbundenen Deutungskonzepte unveränderte Aktualität. Während nämlich der Begriff des Gemeinsamen Marktes die wirtschaftsrechtliche Teleologie der frühen Jahre verkörpert, so ist der Begriff »Binnenmarkt« eingeführt worden, um eine zusätzliche Integrationsdynamik zu entfalten.[26] Der EuGH hatte das Konzept des Gemeinsamen Marktes, der im Vertrag nicht näher definiert worden war, als »die Beseitigung aller Hemmnisse im innergemeinschaftlichen Handel mit dem Ziel der Verschmelzung der nationalen Märkte zu einem Markt« (…) dessen Bedingungen »denjenigen eines wirklichen Binnenmarktes möglichst nahe kommen« beschrieben.[27] Konzeptionell beschreibt der Begriff »Binnenmarkt« gem. Art. 26 Abs. 2 AEUV einen Raum ohne Binnengrenzen, in dem der freie Verkehr von Waren, Personen, Dienstleistungen und Kapital gewährleistet ist. Dass diese **Gewährleistung nicht schrankenlos** ist, folgt schon aus der Formulierung des Art. 26 Abs. 1 AEUV, der diese Freiheit »gemäß den Bestimmungen der Verträge« verwirklicht wissen will. Das bedeutet zum einen, dass die Verwirklichung des Binnenmarktes selbstredend nur auf dem Boden der Kompetenzzuweisung der Verträge beruhen kann,[28] und zum anderen kann man in der Formulierung – unmittelbar damit verbunden – eine gewisse Bekräftigung des Prinzips der begrenzten Einzelermächtigung (Art. 5 Abs. 2 EUV) erblicken.[29]

II. Bedeutung des Binnenmarktkonzepts für die europäische Integration

7   Die Bedeutung des in Art. 26 AEUV niedergelegten Binnenmarktkonzepts für den Prozess der europäischen Einigung kann gar nicht überschätzt werden, auch wenn eine ausschließlich wirtschaftlich dominierte Perspektive auf die europäische Integration sicherlich nicht mehr dem Stand der EU entspricht.[30] Es ist schon zweifelhaft, ob die in der europarechtlichen Debatte bisweilen anzutreffende artifizielle Differenzierung zwischen einer technisch verstandenen wirtschaftlichen Integration und einer sich sukzessive stärker die Bahn brechenden politischen Integration die Entwicklungen des europäischen Wirtschaftsrechts überhaupt richtig einordnet. Auch wirtschaftliche Integrationsschritte sind seit jeher umstritten und im Kern **höchst politischer Natur**, auch wenn dieser Befund allzu gern ignoriert wird.[31] Und nur wenige Projekte waren in der Geschichte der EU von so eminent wichtiger Bedeutung wie das häufig so titulierte »Binnenmarktprojekt«.[32] Es ist und war in vielen Bereichen wegweisend für die europäische Integration und angesichts der immer wieder ehrgeizigen Fortentwicklungen ist der Binnenmarkt auch weiterhin Motor der Gesamtentwicklung. Zugleich – und das sollte nicht übersehen werden – sind viele Herausforderungen, die sich gegenwärtig für den Prozess der europäischen Integration ergeben, unmittelbar mit dem Binnenmarkt verknüpft. Insoweit müssen auch Fragen, wie z.B. die demokratische Legitimation der

---

[26] *Müller-Graff*, in: Dauses, Handbuch des EU-Wirtschaftsrechts, Abschnitt A I, Juli 2012, Rn. 126.
[27] EuGH, Urt. v. 5.5.1982, Rs. 15/81 (Gaston Schul), Slg. 1982, 1409, Rn. 33.
[28] *Obwexer*, in: GSH, Europäisches Unionsrecht, Art. 4 AEUV, Rn. 13.
[29] *Schröder*, in: Streinz, EUV/AEUV, Art. 26 AEUV, Rn. 10f.
[30] Dazu etwa *Voet van Vormizeele*, in: GSH, Europäisches Unionsrecht, Art. 26 AEUV, Rn. 1; zur Bedeutung etwa *Schwarze*, Europäisches Wirtschaftsrecht, 2007, Rn. 31 ff.
[31] Dazu *Terhechte*, Innovationsverfassung und Innovationen im Recht der EU, in: Hoffmann-Riem (Hrsg.), Innovationen und Recht, 2016, S. 159 ff. (184).
[32] Begriff etwa bei *Pühs*, Der Vollzug von Gemeinschaftsrecht, 1996, S. 51 ff.; *Mangold*, Gemeinschaftsrecht und nationales Recht, 2011, S. 67 ff.

Binnenmarktgestaltung etc. verstärkt in den Blick genommen werden (dazu Rn. 23). Dies betrifft sowohl die innere Funktionslogik des Binnenmarktes als auch seine äußeren Dimensionen. Nicht umsonst sind etwa die Debatten rund um das **Transatlantic Trade and Investment Partnership (TTIP)**, das die Kommission ausdrücklich als wichtigen Baustein der Binnenmarktstrategie bezeichnet,[33] nur vordergründig auf die Kompetenzverteilung zwischen der EU und den Mitgliedstaaten gerichtet. Tatsächlich geht es hier insbesondere auch um Fragen der Legitimation und der Rechtssicherheit.[34]

III. Verwirklichung und Gewährleistung des Binnenmarktes

Gem. Art. 26 Abs. 1 AEUV ist es Aufgabe der EU, den **Binnenmarkt zu verwirklichen** beziehungsweise sein **Funktionieren zu gewährleisten**. Insoweit enthält die Vorschrift einen **dauerhaften Gestaltungs- und Verwirklichungsauftrag** für die EU: Zum einen sind die u.a. in Art. 26 Abs. 2 AEUV angedeuteten Dimensionen des Binnenmarktes zu verwirklichen, d.h. herzustellen. Zum anderen ist – soweit ein aus der Binnenmarktlogik heraus stimmiger Zustand hergestellt ist – das Funktionieren des Binnenmarktes dauerhaft zu gewährleisten.[35] Es handelt sich also beim Binnenmarkt um ein immer weiter zu vertiefendes Projekt, das niemals vollendet wird (dazu eingehend Rn. 21). Im Zentrum muss hierbei die **Beseitigung von Hindernissen für die Mobilität** im Binnenmarkt stehen. Insoweit sind unterschiedliche Ansätze denkbar und notwendig: Die Durchsetzung des **Herkunftslandsprinzips bzw. der Anerkennung** sorgen dafür, dass Produktionsmethoden etc. als gleichwertig behandelt werden; die **Rechtsangleichung** im Binnenmarkt gewährleistet – soweit notwendig und möglich – vergleichbare regulatorische Umfelder und die **Freizügigkeit** ermöglicht die **grenzüberschreitende Mobilität** von Personen, Produkten, Dienstleistungen und Kapital.[36] Es liegt auf der Hand, dass die Verwirklichung dieser Ansätze mitunter sehr komplexe politische Prozesse voraussetzt und zudem immer neue Herausforderungen auf die so formulierten Ansätze zukommen.

8

C. Komponenten des Binnenmarktkonzepts

Art. 26 Abs. 2 AEUV bezieht die Definition des Binnenmarktes zunächst auf die ebenfalls im AEUV verankerten Grundfreiheiten. Es ist aber seit jeher unstritten, dass der Binnenmarkt aus der Perspektive des Rechts mehr Facetten aufweist. So werden etwa regelmäßig auch das europäische Wettbewerbsrecht (Art. 101 ff. AEUV), die ausdrücklich auf den Binnenmarkt bezogene Rechtsangleichung gem. Art. 114 ff. AEUV sowie die Handelspolitik (Art. 206 f. AEUV) und weitere Politikbereiche des AEUV im Dienst des Binnenmarktes gesehen.[37]

9

---

[33] KOM(2015) 550 endg., S. 2.
[34] Eingehend dazu etwa *Alemanno*, Journal of International Economic Law 18 (2015), 625 ff.; *Cremona*, CMLRev. 52 (2015), 351 ff.; *Mayr*, EuR 2015, 575 ff.; *Mayer/Ermes*, 2014, 237 (239); *Classen*, EuZW 2014, 611 ff.
[35] *Hatje*, in: Schwarze, EU-Kommentar, Art. 26 AEUV, Rn. 1.
[36] Eingehend dazu *Hatje*, in: Schwarze, EU-Kommentar, Art. 26 AEUV, Rn. 10.
[37] *Schwarze* (Fn. 30), Rn. 45 ff.

I. Grundfreiheiten

10 Art. 26 AEUV bezieht das Binnenmarktprojekt ganz zentral auf die **Idee der Freiheit bzw. Gewährung von Freizügigkeit** (dazu auch Rn. 4). Entsprechend nimmt insbesondere Art. 26 Abs. 2 AEUV direkten Bezug auf die Grundfreiheiten, ohne dass sich der Binnenmarkt hierin erschöpfen würde.[38] Besonders der weit vorangeschrittene Ausbau der Grundfreiheiten zu **Beschränkungsverboten**[39] hat dafür gesorgt, dass in weiten Teilen die Grenzen bzw. Beschränkungen im Wirtschaftsverkehr zwischen den Mitgliedstaaten weggefallen sind, wenn auch immer wieder neue Hindernisse identifiziert werden können.[40] Von entscheidender Bedeutung sind hier eine Reihe von Prinzipien, wie etwa das **Prinzip der gegenseitigen Anerkennung**,[41] das maßgeblich zur Verkehrsfähigkeit von Produkten und Dienstleistungen im Binnenmarkt beigetragen hat.[42] Auch wenn die Grundfreiheiten durch die Rechtsprechung des EuGH bzw. diverse Rechtsetzungsakte in den letzten Jahren stetig konkretisiert – und damit die Funktionsweise des Binnenmarktes in gewisser Weise optimiert – wurden, so sind nach wie vor Bereiche zu verzeichnen, in denen übermäßige mitgliedstaatliche Regulierungen die binnenmarktliche Funktionslogik beeinträchtigen, etwa im Bereich der Dienstleistungsfreiheit (dazu Rn. 27). In anderen Bereichen, wie etwa der Niederlassungsfreiheit[43] oder der Warenverkehrsfreiheit,[44] hat der EuGH für eine sehr weitgehende Durchlässigkeit gesorgt, auch wenn bis heute der Schritt zu einer flächendeckenden Anwendung des **Herkunftslandsprinzips** noch nicht vollzogen wurde, so hat es doch gerade im Bereich der **technischen Hemmnisse** für große Fortschritte gesorgt (dazu auch Rn. 22).[45]

II. Wettbewerbsregeln

11 Es ist seit jeher unbestritten, dass auch die Wettbewerbsregeln des AEUV (Art. 101 ff. AEUV) zentrale Bausteine des europäischen Binnenmarktes verkörpern.[46] Umfasst hiervon sind zunächst das Kartellverbot gem. Art. 101 AEUV und das Verbot des Missbrauchs einer marktbeherrschenden Stellung gem. Art. 102 AEUV.[47] Auch die sekundärrechtlich geregelte Fusionskontrolle,[48] Regeln für öffentliche Unternehmen

---

[38] Ebenda.
[39] Zur Entwicklung der Grundfreiheiten s. etwa *Kingreen*, in: v. Bogdandy/Bast, Europäisches Verfassungsrecht, S. 705 ff.
[40] Zum Stand etwa *Wollenschläger*, EnzEuR, Bd. 1, § 8.
[41] Grundlegend EuGH, Urt. v. 20.2.1979, Rs. 120/78 (Rewe), Slg. 1979, Rn. 14; eingehend zur Anerkennung im Rahmen des freien Warenverkehrs und der Bedeutung für den Binnenmarkt *Steindorff*, ZHR 150 (1986), 68 ff.; *Voet van Vormizeele*, in: GSH, Europäisches Unionsrecht, Art. 26 AEUV, Rn. 22; s. auch *Hatje*, in: Schwarze, EU-Kommentar, Art. 26 AEUV, Rn. 3.
[42] *Schröder*, in: Streinz, EUV/AEUV, Art. 26 AEUV, Rn. 26.
[43] EuGH, Urt. v. 27.9.1988, Rs. C–81/87 (Daily Mail), Slg. 1988, 5483; Urt. v. 9.3.1999, Rs. C–212/97 (Centros), Slg. 1999, I–1459; Urt. v. 30.9.2003, Rs. C–167/01 (Inspire Art), Slg. 2003, I–10155.
[44] Dazu eingehend *Kingreen*, in: v. Bogdandy/Bast, Europäisches Verfassungsrecht, S. 705 ff. (S. 712 ff., S. 727 ff.).
[45] *Korte*, in: Calliess/Ruffert, EUV/AEUV, Art. 26 AEUV, Rn. 39; *Hatje*, in: Schwarze, EU-Kommentar, Art. 26 AEUV, Rn. 10.
[46] Eingehend dazu etwa *Terhechte*, Constitutional moments im europäischen Wettbewerbsrecht? – Wettbewerbsverfassung – Individualisierung – Ökonomisierung, in: Kotzur/Behrens (Hrsg.), 60 Jahre europäische Integration, 2015, S. 65 ff. (70 ff.).
[47] *Terhechte*, Deutsches und Europäisches Kartellrecht«, in: Ehlers/Fehling/Pünder (Hrsg.), Besonderes Verwaltungsrecht, Band 1, § 37, 2012, S. 1336 ff. (1347).
[48] Verordnung (EG) Nr. 139/2004 des Rates vom 20.1.2004 über die Kontrolle von Unternehmenszusammenschlüssen, ABl. 2004, L 24/1.

(Art. 106 AEUV)[49] sowie das europäische Beihilfenrecht[50] gehören in diesen Zusammenhang. Während insbesondere das Kartellverbot und das Missbrauchsverbot dafür sorgen sollen, dass die durch das Binnenmarktprojekt und hier in erster Linie durch die Grundfreiheiten vermittelte Freiheit von staatlichen Intervention nicht durch private Interventionen konterkariert werden,[51] richten sich das Beihilfeverbot sowie Art. 106 AEUV an die Mitgliedstaaten.[52] Auch wenn das Wettbewerbsrecht seit jeher ein zentraler Baustein des Binnenmarktkonzepts war, so sind doch durch einige **Änderungen im Zuge des Lissabonner Vertrags** Unklarheiten entstanden, die insbesondere das bereits erwähnte Verhältnis von Eingriffs- und Ordnungspolitik betreffen. Zum einen ist aus der Perspektive des Wettbewerbsrechts eine Unsicherheit darüber entstanden, ob das nunmehr klare Bekenntnis zur »sozialen Marktwirtschaft« in Art. 3 Abs. 1 EUV Folgen für die Auslegung der Art. 101 ff. AEUV nach sich zieht. Zum anderen ist die Rolle des **Protokolls über den Binnenmarkt und den Wettbewerb** bislang unklar. Es spricht zumindest viel dafür, dass es die unverändert hohe Bedeutung des Wettbewerbsprinzips auf der Ebene des primären Unionsrechts absichern soll.[53]

III. Rechtsangleichung

Auch und insbesondere die Rechtsangleichung gem. Art. 114 AEUV dient der Verwirklichung des Binnenmarktes. Art. 114 Abs. 1 AEUV nimmt deshalb ausdrücklich Bezug auf Art. 26 AEUV.[54] Hinter der Rechtsangleichung steht die Überzeugung, dass es langfristig nur gelingen kann, einen echten Binnenmarkt zu schaffen, wenn auch **legislatorische Hindernisse** bzw. durch sie verursachte **Verzerrungen des Wettbewerbs** abgeschliffen werden.[55]

12

IV. Weitere (Handelspolitik, Zollunion, sektorielle Regelungen)

Letztlich weisen noch weitere Politiken der EU eine starke Beziehung zum Binnenmarkt auf. Während die **Gemeinsame Handelspolitik** (Art. 206 f. AEUV) und die Zollunion (Art. 28 ff. AEUV) häufig als »**äußere Dimension**« des Binnenmarktes betrachtet werden,[56] erfüllen eine ganze Reihe sektorieller Politiken wichtige Funktionen im Rahmen des Binnenmarktkontextes. Hier kann etwa auf die Verkehrs-,[57] Industrie-[58] oder

13

---

[49] Dazu *Storr*, Der Staat als Unternehmer, 2001, S. 270 ff.; *ders.*, DÖV 2002, 357 ff.; *Weiß*, EuR 2003, 165.
[50] Dazu jüngst *Koenig/Hellstern*, EnzEuR, Bd. 4, § 14; s. auch *Birnstiel/Bungenberg/Heinrich* (Hrsg.), Europäisches Beihilfenrecht, 2014.
[51] Zum Verhältnis der Grundfreiheiten zum europäischen Wettbewerbsrecht *Nowak*, EuR-Beiheft 3/2004, 77 ff.
[52] Eingehend dazu *Weiß*, EuR 2003, 165 (169).
[53] Protokoll über den Binnenmarkt und den Wettbewerb vom 13. 12. 2007, ABl. 2007, C 306/154; dazu etwa *Nowak*, Europarecht nach Lissabon, 2011, S. 225 ff.; *Müller-Graff*, ZHR 173 (2009), 443 (449); *Terhechte*, EuR 2008, 143 (177); *Behrens*, EuZW 2008, 193; *Basedow*, EuZW 2008, 225.
[54] S. *Terhechte*, Art. 114 AEUV, Rn. 10.
[55] Zu den Zielen und Motiven der Rechtsangleichung im Binnenmarkt s. *Everling*, Unterwegs zur Europäischen Union, 2001, S. 15 ff.
[56] Eingehend dazu etwa *Bungenberg/Herrmann* (Hrsg.), Die Gemeinsame Handelspolitik der Europäischen Union nach Lissabon, 2011.
[57] Art. 90 AEUV.
[58] Art. 173 AEUV.

Steuerpolitik⁵⁹ verwiesen werden.⁶⁰ Insgesamt erweist sich das Binnenmarktkonzept damit auch als recht flexibel und folgt in seiner Ausgestaltung ggf. auch den entsprechenden Revisionen der Verträge. Allerdings ist in diesem Zusammenhang darauf hinzuweisen, dass die letzten grundlegenden Änderungen der europäischen Verträge nur zu marginalen Änderungen in den binnenmarktlichen Regelungsstrukturen geführt haben, was für eine besondere Stabilität des Gesamtkonzepts spricht.⁶¹

D. Der Binnenmarkt im Kräftefeld der sonstigen Unionspolitiken

I. Allgemeines

14   Gerade in den letzten Jahren ist es immer deutlicher geworden, dass man den Binnenmarkt nicht als ökonomischen Monolithen inmitten einer sich immer stärker politisierenden Union begreifen kann. Vielmehr müssen auch die Bestimmungen über den Binnenmarkt in die Systematik der Verträge eingepasst werden.⁶² Der Prozess der europäischen Integration, für den das Binnenmarktprojekt immer wieder als basal angesehen wird, hat sich schlicht weiter entwickelt (dazu Rn. 15), ohne dass hiermit eine Relativierung oder ein Bedeutungsverlust für den Binnenmarkt verbunden sein muss.

II. Binnenmarkt und Querschnittspolitiken der EU

15   Das Kräftefeld, das die Gestaltung des Binnenmarktes mitunter als schwieriges Geschäft erscheinen lässt, wird heute ganz wesentlich durch die inzwischen umfangreich im AEUV verankerten Querschnittspolitiken der EU verkörpert. So üben etwa die Verbraucher-, Umwelt-, oder Sozialpolitik gehörigen Einfluss auf die Gestaltung des Binnenmarktes aus.⁶³ Normative Anknüpfungspunkte bilden hier etwa die sog. **Querschnittsklauseln** (z. B. Art. 8, 9, 10, 11, 12, 13 AEUV), die die Union verpflichten die jeweiligen Belange bei ihren Tätigkeiten zu berücksichtigen.⁶⁴ Daneben kann etwa das Austarieren des Verhältnisses von **Umweltschutz und Grundfreiheiten** als paradigmatisch für die Fragestellung gelten. In diesem Kontext verdeutlicht beispielsweise das Preußen-Elektra-Urteil des EuGH,⁶⁵ dass eine einseitige Binnenmarktlogik heute kaum noch vertretbar erscheint,⁶⁶ sondern die Ziele der ökonomischen Integration mit sonstigen Allgemeinwohlzielen ins Verhältnis zu setzen sind.⁶⁷ Insofern kann auch nicht mehr von einer Dominanz und dem Vorrang der Binnenmarktteleologie die Rede sein, sondern es kommt in besonderer Weise darauf an, im Rahmen von **Moderationsverfahren die unterschiedlichen Zielsetzungen des Unionsrechts** miteinander in Einklang zu bringen (Stichwort: Konkordanz).

---

⁵⁹ Art. 110–113 AEUV.
⁶⁰ *Schwarze*, Europäisches Wirtschaftsrecht, 2007, Rn. 272 ff.
⁶¹ Dazu *Müller-Graff*, EnzEuR, Bd. 4, § 1, Rn. 64 ff.; *Terhechte*, in: Fastenrath/Nowak, Der Lissabonner Reformvertrag, 2009, S. 187 (193 ff.).
⁶² *Hatje*, in: Schwarze, EU-Kommentar, Art. 26 AEUV, Rn. 14.
⁶³ Eingehend zum Ganzen etwa *Müller-Graff*, EuR-Beiheft 1/2002, S. 7 ff.
⁶⁴ Dazu *Terhechte*, in: Grabitz/Hilf/Nettesheim, EU, Art. 3 EUV (Mai 2014), Rn. 17.
⁶⁵ EuGH, Urt. v. 13. 3. 2001, Rs. C–379/98 (Preußen-Elektra), Slg. 2001, I–2099.
⁶⁶ A.A. offenbar *Pechstein*, Umweltschutz im System der Grundfreiheiten, in: Nowak (Hrsg.), Konsolidierung und Entwicklungsperspektiven des Europäischen Umweltrechts, 2015, S. 87 ff.
⁶⁷ *Terhechte*, in: Grabitz/Hilf/Nettesheim, EU, Art. 3 EUV (Mai 2014), Rn. 22.

III. Binnenmarkt und politische Union

Der Binnenmarkt kann somit nicht mehr als unpolitisches Wirtschaftsprojekt betrachtet werden, sondern ist unmittelbar mit den Entwicklungen der Europäischen Union verbunden. Insofern erlangen Fragen nach der **demokratischen Legitimation der Binnenmarktpolitik** der Unionsorgane, die jeweilige Rückkopplung mit den Mitgliedstaaten oder Fragen nach den Kompetenzgrenzen eine große Bedeutung (dazu auch unten Rn. 23). Insbesondere die **subjektiven Komponenten des Binnenmarktprojekts** sind bislang zu wenig beachtet worden. Der Binnenmarkt wird – historisch bedingt – noch vornehmlich als Projekt zwischen den Mitgliedstaaten begriffen, dessen Effekte nur mittelbar die Unionsbürger betreffen. Dies ist eigentlich erstaunlich, haben doch die Entwicklungen seit dem Vertrag von Lissabon gezeigt, dass auch im Kontext des Binnenmarktes eine Erstarkung subjektiver Rechtspositionen zu verzeichnen ist. Dies kann man – unverändert – an der Rolle der Grundfreiheiten festmachen, stärker aber noch an verschiedenen Garantien der **Charta der Grundrechte** (z. B. Art. 15, 16 GRC sowie den Art. 27 ff. GRC in Titel IV. Solidarität).[68]

16

In das Zentrum der Diskussion rücken so immer stärker die **sozialen Dimensionen des Binnenmarktes**,[69] die eng mit der Garantie eines **Raumes ohne Binnengrenzen** (Art. 26 Abs. 2 AEUV) verbunden sind. Konstruiert wird dieser Raum im **Rahmen des Raumes der Freiheit, der Sicherheit und des Rechts**, insbesondere durch Art. 67 Abs. 2 AEUV, der die **Abschaffung von Grenzkontrollen** vorsieht. Inzwischen verfügt die EU auch über eine Kompetenz in diesem Bereich (Art. 77 AEUV), die ohne Binnenmarktbezug in den Verträgen verankert ist und so völkerrechtliche Umgehungsverträge wie die berühmten Schengen-Abkommen nicht mehr erforderlich macht.[70] Früher war noch umstritten, ob eine solche Kompetenz der Europäischen Gemeinschaft mangels anderer Anknüpfungspunkte aus Art. 8a EWGV abgeleitet werden konnte.[71] Auch wenn sich diese Diskussion erledigt hat, so sind doch die Folgen, die der Raum ohne Binnengrenzen für die Mitgliedstaaten und die EU hat, in den letzten Jahren – insbesondere im Zuge der anhaltend hohen Migration in die EU hinein – rege diskutiert worden. Es ist schon heute abzusehen, dass die Folgen dieser Entwicklung auch die Konzeption des Binnenmarktes nicht unberührt lassen werden, was insbesondere für die Arbeitnehmerfreizügigkeit gelten dürfte.[72]

17

E. Verwirklichung des Binnenmarktes

I. Maßnahmen gem. Art. 26 Abs. 1 AEUV

Art. 26 Abs. 1 AEUV sieht zunächst vor, dass die EU die erforderlichen Maßnahmen erlässt, um nach Maßgabe der einschlägigen Bestimmungen das Binnenmarktziel zu verwirklichen. Der **Begriff der »Maßnahme«** in Art. 26 Abs. 1 AEUV verweist letztlich

18

---

[68] Zur Rolle der Grundrechte im Kontext des Binnenmarktprojekts s. etwa *Mager* EuR-Beiheft 3/2004, 41 ff.
[69] Dazu *Ziegler*, EuR-Beiheft 3/2004, 13 ff.
[70] Dazu *Bast*, Aufenthaltsrecht und Migrationssteuerung, 2012, S. 140 ff.; *Tohidipur*, in: Terhechte, Verwaltungsrecht der EU, § 33, Rn. 11 ff.
[71] Eingehend dazu *Pipkorn*, in: GTE, EWG-Vertrag, Art. 8a EWGV, Rn. 43 ff.
[72] *Terhechte*, EnzEuR, Bd. 7, § 1, Rn. 87 ff.

nur auf die in den Verträgen verankerten speziellen Rechtsetzungsermächtigungen mit Binnenmarktbezug.[73] Art. 26 AEUV sagt aber nichts über das jeweilige Rechtsetzungsverfahren o. Ä. aus, sondern verkörpert letztlich nur eine zusätzliche Legitimationsgrundlage für ein Handeln der EU. Ausschlaggebend sind insoweit die jeweiligen Verfahrensbestimmungen, die für die speziellen Rechtsetzungsermächtigungen gelten.

II. Leitlinien gem. Art. 26 Abs. 3 AEUV

19 Gem. Art. 26 Abs. 3 AEUV legt der Rat auf Vorschlag der Kommission die Leitlinien und Bedingungen fest, die erforderlich sind, um in allen Sektoren einen ausgewogenen Fortschritt zu gewährleisten. Hiermit könnte eine politisch »vom Kopf« gesteuerte Binnenmarktpolitik für einzelne Sektoren verfolgt werden. Bislang hat der Rat derartige Leitlinien allerdings noch nicht erlassen, so dass Abs. 3 keine praktische Bedeutung zukommt.[74] Dies hängt damit zusammen, dass die Errichtung des Binnenmarktes in gewisser Weise eine **exekutivische Erfolgsgeschichte** verkörpert und die Kommission bis dahin gut in der Lage war, die in Abs. 3 angemahnte ausgewogene Entwicklung auch ohne Leitlinien des Rates zu bewerkstelligen. Hierbei spielen etwa die Binnenmarktstrategien der Kommission eine ebenso hervorgehobene Rolle wie die ständig neuen – letztlich auf den Strategien fußenden – Rechtsetzungsvorschläge.[75]

III. Sonstige Rechtsetzungsermächtigungen mit Binnenmarktbezug

20 Neben Art. 26 AEUV, der keine Kompetenz zum Erlass konkreter Rechtsetzungsakte enthält, kennt das Unionsrecht eine ganze Reihe von Kompetenznormen, die das in Art. 26 AEUV prominent zum Ausdruck gebrachte **Ziel der Verwirklichung und Sicherung des Binnenmarktes** umsetzen sollen. Namentlich sind hier etwa Art. 31 (Kompetenz zur Festlegung der Sätze des Zolltarifs), Art. 43 (Kompetenzen i. R. d. Agrarpolitik), Art. 46 (Kompetenzen i. R. d. Arbeitnehmerfreizügigkeit), Art. 50 (Kompetenzen i. R. d. Niederlassungsfreiheit), Art. 52 Abs. 2 (Kompetenzen im Rahmen der Öffentlichen Ordnung; Sicherheit; Gesundheit), Art. 53 (Kompetenzen zur Gegenseitigen Anerkennung von Diplomen), Art. 56 Abs. 2 (Kompetenzen i. R. d. Dienstleistungsfreiheit), Art. 100 (Kompetenzen i. R. d. Verkehrspolitik), Art. 113 (Kompetenzen i. R. d. indirekten Steuern), Art. 114 (Rechtsangleichung im Binnenmarkt), Art. 115 (Richtlinien zur Angleichung von Rechtsvorschriften für den Binnenmarkt) und Art. 352 AEUV (Vertragsabrundungskompetenz) von Bedeutung.[76] Schon diese Aufzählung zeigt, dass es der EU aus ganz unterschiedlicher Warte möglich ist, das Binnenmarktprojekt weiter zu verfolgen und zum Erfolg zu führen. Freilich ist es angesichts der Weite mancher Kompetenzgrundlagen (z. B. Art. 114 und 352 AEUV) nicht immer einfach, den **Binnenmarktbezug mancher Maßnahmen** der EU eindeutig festzustellen, wie etwa die Themenbereiche Tabakwerbung[77] oder Vorratsdatenspeicherung[78] vor Augen

---

[73] *Voet van Vormizeele*, in: GSH, Europäisches Unionsrecht, Art. 26 AEUV, Rn. 9; *Bast*, in: Grabitz/Hilf/Nettesheim, EU, Art. 26 AEUV (September 2010), Rn. 9.
[74] *Khan/Eisenhut*, in: Vedder/Heintschel v. Heinegg, Europäisches Unionsrecht, Art. 26 AEUV, Rn. 9; *Schröder*, in: Streinz, EUV/AEUV, Art. 26 AEUV, Rn. 38.
[75] *Schröder*, in: Streinz, EUV/AEUV, Art. 26 AEUV, Rn. 38.
[76] *Schröder*, in: Streinz, EUV/AEUV, Art. 26 AEUV, Rn. 33.
[77] EuGH, Urt. v. 5.10.2000, Rs. C–376/98 (Tabakwerbeverbot I), Slg. 2000, I–8419.
[78] Dazu EuGH, Urt. v. 10.2.2009, Rs. C–301/06 (Vorratsdatenspeicherung), Slg. 2009, I–593; eingehend dazu *Terhechte*, EuZW 2009, 199 ff.

führen. Der EuGH stellt hier auf eine Art »Schwerpunktkriterium« ab.[79] Anzumerken ist hierbei, dass einer zu großzügigen Handhabung dieses Kriteriums, die in der Vergangenheit mitunter zu Kritik geführt hat, letztlich nur durch eine angemessene Handhabung der jeweiligen Kompetenzen begegnet werden kann.[80]

F. Binnenmarkt als Daueraufgabe

Die Herstellung und Weiterentwicklung des europäischen Binnenmarktes verkörpert – wie bereits erwähnt – eine Daueraufgabe.[81] Dem trägt der AEUV inzwischen auch insoweit Rechnung, als dass der Vertrag keine festen Termine mehr nennt, bis wann der Binnenmarkt vollendet werden soll. Tatsächlich zeigt sich insbesondere im Spiegel der Aktivitäten der Europäischen Kommission, dass das Binnenmarktprojekt seit jeher mit immer gleich bleibenden Problemlagen zu kämpfen hat, denen die Kommission im Rahmen **sog. Binnenmarktstrategien** zu begegnen versucht (dazu insbesondere aus ökonomischer Sicht Rn. 26). 21

I. Gegenwärtiger Stand des Binnenmarktes

Im Rahmen der regelmäßig veröffentlichten Berichte über den Stand des Binnenmarktes unterstreicht die Europäische Kommission, dass sie weiterhin enorme **Wachstumspotentiale** sieht, soweit der Binnenmarkt konsequent weiter entwickelt wird.[82] Die aktuellen Entwicklungen sowie den Stand der Integration im Bereich des Binnenmarktes hält die Kommission inzwischen im **Internal Markt Scoreboard** fest.[83] Während etwa in den Bereichen der **technischen Handelshemmnisse** und auch der **indirekten Steuern** (insbesondere bezüglich der Mehrwertsteuersysteme) viele Beschränkungen und Unterschiede beseitigt werden konnten,[84] weisen insbesondere die Bereiche des **Dienstleistungsverkehrs** und des **Warenverkehrs** noch starke Wachstumspotentiale auf (dazu Rn. 26 ff.). 22

II. (Rechts-)Strukturelle Defizite und Reformoptionen

1. Legitimationsdefizite?

Eine häufig diskutierte Frage im Kontext des Binnenmarktes ist sein tatsächliches bzw. vermeintliches Legitimationsdefizit.[85] Insbesondere im Bereich der Wettbewerbspolitik 23

---

[79] EuGH, Urt. v. 23.2.1999, Rs. C–42/97 (Parlament/Rat), Slg. 1999, I–869, Rn. 39 und 40; Urt. v. 30.1.2001, Rs. C–36/98 (Spanien/Rat), Slg. 2001, I–779, Rn. 59; Urt. v. 29.4.2004, Rs. C–338/01 (Kommission/Rat), Slg. 2004, I–4829, Rn. 55; Urt. v. 10.1.2006, Rs. C–178/03 (Kommission/Parlament und Rat), Slg. 2006, I–107, Rn. 42; Urt. v. 8.9.2009, Rs. C–411/06 (Kommission/Parlament und Rat), Slg. 2009, I–7585, Rn. 46.
[80] In diesem Sinne auch *Schwarze*, Europäisches Wirtschaftsrecht, 2007, Rn. 692 ff.
[81] S. *Hatje* (Hrsg.), EuR-Beiheft 1/2002.
[82] Mitteilung der Kommission v. 28.10.2015 an das Europäische Parlament, den Rat, den Europäischen Wirtschafts- und Sozialausschuss und den Ausschuss der Regionen, Den Binnenmarkt weiter ausbauen: mehr Chancen für die Menschen und die Unternehmen, COM(2015) 550 final.
[83] http://ec.europa.eu/internal_market/scoreboard/ (abgerufen am 18.2.16).
[84] *Korte*, in: Calliess/Ruffert, EUV/AEUV, Art. 26 AEUV, Rn. 45.
[85] Dazu etwa *Hatje*, Die Kompetenz zur Gestaltung des Binnenmarktes in der Verfassung für die Europäische Union, in: Schwarze (Hrsg.), Der Verfassungsentwurf des Europäischen Konvents, 2004, S. 189 ff.; eingehend jüngst *Dann*, EuR-Beiheft 1/2013, 93 ff.

(Art. 103 AEUV) und der Steuerpolitik (Art. 110–113 AEUV) verfügt das Europäische Parlament lediglich über Anhörungsrechte. Bei der – theoretisch möglichen – Festlegung von Leitlinien i. S. d. Art. 26 Abs. 3 AEUV ist das Parlament de lege lata gar nicht zu beteiligen (s. Rn. 19).[86] Auch wenn der Lissabonner Vertrag hier und da zu Korrekturen geführt hat,[87] ist auffällig, dass es Kernbereiche gibt, in denen die Rolle des Europäischen Parlaments verhältnismäßig zurückgesetzt ist. Man mag dies historisch auf die mitunter sehr unterschiedlichen Vorstellungen der Mitgliedstaaten über die Ausgestaltung besonders sensibler Bereiche zurückführen. Ob dies angesichts des erklärten Bekenntnisses der EU zu demokratischen Strukturen (Art. 10 EUV) noch zeitgemäß ist, darf bezweifelt werden.[88]

2. Zügiges Entscheiden und Rechtsschutz

24   Der Erfolg des Binnenmarktes hängt nicht zuletzt davon ab, dass die Unionsbürgerinnen und Unionsbürger auch praktisch die Möglichkeit haben, in den Genuss seiner Vorteile zu kommen. Insofern ist es von Bedeutung, dass die nationalen Behörden, soweit sie zuständig sind, die jeweiligen Entscheidungen zügig treffen (vgl. auch Art. 41 GRC, Rn. 15) und die Rechtsschutzstrukturen so ausgestaltet sind, dass der Einzelne auch die unionsrechtlich vermittelten Rechte effektiv durchsetzen kann (s. auch Art. 19 EUV). **Nationale Regelungen und Verwaltungspraktiken** können vor diesem Hintergrund zu Beschränkungen führen, die ein ernstes Hindernis für den Binnenmarkt darstellen können. Die Europäische Kommission hat in den letzten Jahren unterschiedliche Initiativen gestartet, die diesem Problem entgegenwirken sollen. Ein Beispiel ist hier das **SOLVIT-Netzwerk**, das eine schnelle Beseitigung von Hindernissen für den Binnenmarkt ermöglichen soll.[89] Es basiert auf einem Informationssystem zwischen den zuständigen mitgliedstaatlichen Stellen und soll zur zügigen Behebung von Problemen führen.[90]

---

[86] Insofern spricht *Schröder* zu Recht davon, dass das Zustandekommen solcher Leitlinien heute »demokratietheoretisch kaum mehr akzeptabel erscheint«; s. *Schröder*, in: Streinz, EUV/AEUV, Art. 26 AEUV, Rn. 38.

[87] Dies bezieht sich insbesondere auf den zukünftigen Erlass auf eine neue Fusionskontrollverordnung, der sich nicht nur auf Art. 103 AEUV, sondern auch auf Art. 352 AEUV zu beziehen hätte und damit dem Europäischen Parlament ein Zustimmungsrecht vermittelt, dazu *Terhechte*, in: Fastenrath/Nowak (Hrsg.), Der Lissabonner Reformvertrag, S. 196 ff.

[88] Eingehend zu den Anforderungen demokratischer Legitimation auf der Ebene der EU s. *Terhechte*, Wandel klassischer Demokratievorstellungen in der Rechtswissenschaft – Europäisierung und Internationalisierung als Herausforderung, in: Heinig/Terhechte (Hrsg.), Postnationale Demokratie, Postdemokratie, Neoetatismus – Wandel klassischer Demokratievorstellungen in der Rechtswissenschaft, 2013, S. 193 ff. (201 ff.) sowie die Beiträge von *Schorkopf*, *Calliess*, *Grimm* und *Hillgruber* in diesem Band.

[89] Dazu Empfehlung der Kommission vom 7.12.2001 über Grundsätze zur Nutzung von »SOLVIT«, dem Problemlösungsnetz für den Binnenmarkt, KOM(2001) 3901, ABl. 2001, L 331/79; Mitteilung der Kommission an den Rat, das Europäische Parlament, den Wirtschafts- und Sozialausschuss und den Ausschuss der Regionen, Eine wirksame Problemlösung im Binnenmarkt (SOLVIT), KOM(2001) 702 endg.; *Salgado*, EuZW 2011, 422 ff.; *Gundel*, Neue Formen administrativen Rechtsschutzes in der EU: Das SOLVIT-Netzwerk im europäischen Binnenmarkt, in: Ehlers/Terhechte/Wolffgang/Schröder (Hrsg.), Aktuelle Entwicklungen des Rechtsschutzes und der Streitbeilegung im Außenwirtschaftsrecht, 2013, S. 139 ff.

[90] Dazu auch *Korte*, in: Calliess/Ruffert, EUV/AEUV, Art. 26 AEUV, Rn. 54.

3. Binnenmarktgesetzgebung der Union und der Mitgliedstaaten

Die Europäische Kommission sieht schon seit einigen Jahren ein wesentliches Hindernis für die Errichtung des Binnenmarktes in der Vielzahl der unterschiedlichen Regulierungsansätze der Mitgliedstaaten und – fast schon traditionell – in der mitunter mangelhaften Umsetzung europäischer Vorgaben durch die Mitgliedstaaten.[91] Doch auch auf der Ebene des Unionsrechts wird unter dem Stichwort »Better Regulation« seit einigen Jahren der Frage nachgegangen, wie die unionalen Rechtsetzungsverfahren transparenter und zielorientierter gestaltet werden können.[92] Entsprechend sieht die Kommission im Rahmen der strategischen Ausrichtung des Binnenmarktes in diesem Bereich noch viel Potential (dazu nachfolgend Rn. 26). Angesichts des Umstandes, dass nach Angaben der Kommission Mitte 2015 nicht weniger als 1090 Vertragsverletzungsverfahren anhängig waren, die einen Bezug zum Binnenmarkt aufweisen, sieht die Kommission im Rahmen ihrer neuen Binnenmarktstrategie die Notwendigkeit eine »Kultur der Rechtstreue« zu forcieren.[93] Dies betrifft zum einen die Einhaltung der unionsrechtlichen Vorgaben, zum anderen aber auch ihre Umsetzung.

III. Strategische Ziele der EU für die Zukunft

Die strategische Ausrichtung des europäischen Binnenmarktes darf als eines der wichtigsten Betätigungsfelder der Europäischen Kommission gelten und markiert zugleich eine ihrer größten Erfolgsgeschichten im Prozess der europäischen Integration.[94] Die Kommission bemüht sich seit der Veröffentlichung des Weißbuchs über die Vollendung des Binnenmarktes im Jahre 1985 um eine strategische Weiterentwicklung des Binnenmarktprogramms. In ihrer jüngsten Mitteilung **»Den Binnenmarkt weiter ausbauen: mehr Chancen für die Menschen und Unternehmen«** vom 28.10.2015 unterstreicht die Kommission einmal mehr, dass sie noch enorme Verbesserungs- und Anpassungspotentiale für den europäischen Binnenmarkt sieht.[95] In der Mitteilung schlägt sie ein umfangreiches Maßnahmenbündel vor, das dazu beitragen soll den europäischen Binnenmarkt und damit die europäische Wirtschaft zukunftsfähig zu machen.[96]

Die Kommission will in den nächsten Jahren Schwerpunkte in einer Reihe von wichtigen Bereichen setzen. So plant sie eine **europäische Agenda für die sog. partizipative Wirtschaft** zu entwickeln, die die spezifischen Bedürfnisse dieser neuen Wirtschaftsform in den Blick nimmt und ihr Wachstumspotential, das die Kommission von derzeit 13 Mrd. Euro, im Jahre 2025 bei 300 Mrd. Euro sieht, heben hilft.[97] Eine weitere Prio-

---

[91] Die unzureichende Umsetzung von Richtlinien hat entsprechend zu einem fast eigenständigen Forschungsfeld der »Implementationsforschung« geführt; dazu etwa *Schwarze/Becker/Pollack*, Die Implementation von Gemeinschaftsrecht, 1993; *Funke*, Umsetzungsrecht, 2010, S. 117 ff.
[92] Dazu etwa *Weatherill*, Better Regulation, 2007.
[93] KOM(2015) 550 endg., S. 19.
[94] Dazu eingehend *Europäische Kommission* (Hrsg.), 20 Jahre Europäischer Binnenmarkt, 2012; zur Bedeutung auch *Schwarze*, Europäisches Wirtschaftsrecht, 2007, Rn. 39 ff.
[95] KOM(2015) 550 endg.
[96] Einen Überblick gibt *de Mora*, EuZW 2015, 891; die Schlussfolgerungen der Kommission stützen sich hierbei insbesondere auf das Commission Staff Working Dokument »A Single Markte Strategy for Europe – Analysis and Evidence«, vom 28.10.2015, SWD(2015) 202 final.
[97] Unter partizipativer Wirtschaft versteht die Kommission »ein komplexes Ökosystem aus Dienstleistungen auf Abruf und der über Online-Tauschformen laufenden vorübergehenden Nutzung von Gütern«. Beispiele seien Peer-to-Peer-Finanzierung, Online-Stellenvermittlung, Peer-to-Peer-Wohnungsvermittlung, Carsharing und Musikvideo-Streaming; s. COM(2015), 550 final, S. 4.

rität soll dem **Wachstum von KMU und Start-up-Unternehmen** gelten. In diesem Kontext plant die Kommission u. a. einen Legislativvorschlag über Unternehmensinsolvenzen mit Bestimmungen zu frühen Umstrukturierungen und zur »zweiten Chance«, die Herbeiführung administrativer Entlastungen sowie der Schaffung von neuen Möglichkeiten im Bereich der Digitalisierung der Wirtschaft, wobei Unternehmensgründungen weiter erleichtert werden sollen.[98] Im Bereich des **Dienstleistungsverkehrs** sieht die Kommission insbesondere im Bereich der freien Berufe Handlungsbedarf, die momentan ca. 9 % des BIP der EU erwirtschaften.[99] Durch die bereits erlassene **Richtlinie über Berufsqualifikationen**[100] und weitere Maßnahmen (Einführung eines Dienstleistungspasses, Analyseinstrumente etc.) will die Kommission in diesem Bereich für noch mehr Dynamik sorgen. Auch der **Groß- und Einzelhandel** sieht sich nach ihrer Analyse einer Reihe von Problemen ausgesetzt, die insbesondere durch restriktive Regularien seitens der Mitgliedstaaten verursacht werden und die dazu führen, dass der Markt in seiner Entwicklung stagniert, während die Produktivität in den USA in diesem Bereich zugenommen hat (dort 3,9 % allein zwischen 2010 und 2012).[101] Auch in diesem Bereich will die Kommission aktiv werden. Weitere Schwerpunkte der Kommissions-Strategie beziehen sich auf die **Verhinderung von Diskriminierungen von Verbrauchern und Unternehmern** aufgrund ihres Wohnorts oder der Staatsangehörigkeit, die **Modernisierung des europäischen Normungssystems** und eine Optimierung im System der **Vergabe öffentlicher Aufträge**, die inzwischen ca. 19 % des EU-BIP ausmachen. Im Bereich der **Rechte des geistigen Eigentums** will die Kommission weitere Konsolidierungsschritte unternehmen (zum Stand vgl. Art. 118 AEUV, Rn. 19 ff.). Weitere Initiativen werden die **passgenaue und effiziente Umsetzung der jeweiligen Vorgaben** durch die Mitgliedstaaten und Maßnahmen, um eine **Kultur der Rechtstreue** der Mitgliedstaaten zu fördern (Compliance-Dialoge etc.), umfassen (s. auch Rn. 25). Schließlich will die Kommission das Mitteilungsverfahren im Rahmen der **Dienstleistungsrichtlinie** verbessern[102] sowie schließlich den **Binnenmarkt für Waren** ausbauen.[103] Hier will die Kommission insbesondere die **Verordnung über die gegenseitige Anerkennung** überarbeiten sowie gezielt gegen illegale oder nicht konforme Produkte vorgehen.[104]

G. Ausblick

28 Die **zentralen Anfragen an das Projekt der europäischen Integration**, die insbesondere in den letzten Jahren immer dringlicher wurden, sind zu großen Teilen unmittelbar auf den europäischen Binnenmarkt bezogen. Zum einen geht es hier aus der Perspektive der Europäischen Kommission darum, noch nicht realisierte **Effizienz- und Funktionsvorteile** des Binnenmarktes zu heben, während auf Seiten der Mitgliedstaaten immer deut-

---

[98] Ebenda, S. 8.
[99] Dazu aus der Perspektive der Anwaltschaft *Seibel*, AnwaltsBl. 2016, 152.
[100] RL 2013/55/EU vom 20.11.2013 zur Anerkennung von Berufsqualifikationen, ABl. 2013, L 354/132.
[101] Ebenda, S. 12.
[102] Richtlinie 2006/123/EG vom 12.12.2006 über Dienstleistungen im Binnenmarkt, ABl. 2006, L 376/36; dazu *Hatje*, NJW 2007, 2357 ff.; zum Mitteilungsverfahren s. *Härtel*, in: Mann/Sennekamp/Uechtritz (Hrsg.), Verwaltungsverfahrensgesetz, 2014, § 8a, Rn. 47 ff. und § 8c, Rn. 1 ff.
[103] KOM(2015) 550 endg., S. 22 ff.
[104] Ebenda, S. 23 f.

licher auch auf die mit der Garantie von Freizügigkeit verbundenen Gefahren hingewiesen wird. Der EuGH scheint insbesondere die Position der Mitgliedstaaten nicht einfach zu ignorieren, sondern sucht etwa im Bereich der **Arbeitnehmerfreizügigkeit** nach Lösungen, die mitunter auch zu Lasten weit verstandener Freizügigkeitskonzeptionen gehen können. So legt er etwa hinsichtlich der Verpflichtung der Mitgliedstaaten, Sozialleistungen an EU-Bürger zu zahlen, einen immer eingeschränkteren Ansatz zugrunde.[105] Auch in anderen Bereichen sind Diskussionen zu verzeichnen, die soziale Errungenschaften in den Mitgliedstaaten vor allzu ausgeprägten Angleichungsbemühungen schützen sollen.[106] Dies soll aber nicht heißen, dass das Binnenmarktkonzept auf dem Rückzug wäre. Vergegenwärtigt man sich die sehr ehrgeizige **Binnenmarktstrategie der Kommission**, so wird deutlich, dass man es in Umfang und Bedeutung mit Maßnahmen zu tun hat, die in zentralen Bereichen der europäischen Wirtschaft Verbesserungen bringen werden. Auch zeigen die neuen Herausforderungen, dass das Binnenmarktkonzept einem **stetigen Wandel** unterliegt – seine Verwirklichung bleibt eine **Daueraufgabe** mit zentraler Bedeutung für den Prozess der europäischen Integration.

---

[105] EuGH, Urt. v. 11.11.2014, Rs. C–333/13 (Dano), ECLI:EU:C:2014:2358; Urt. v. 15.9.2015 Rs. C–67/14 (Alimanovic), ECLI:EU:C:2015:597; dazu *Terhechte*, EnzEuR, Bd. 7, § 1, Rn. 93.
[106] Dazu am Beispiel der Tarifvertragssysteme *Bast/Rödl/Terhechte*, ZRP 2015, 230 ff.

Artikel 27 AEUV [Ausnahmen]

Bei der Formulierung ihrer Vorschläge zur Verwirklichung der Ziele des Artikels 26 berücksichtigt die Kommission den Umfang der Anstrengungen, die einigen Volkswirtschaften mit unterschiedlichem Entwicklungsstand für die Errichtung des Binnenmarkts abverlangt werden, und kann geeignete Bestimmungen vorschlagen.

Erhalten diese Bestimmungen die Form von Ausnahmeregelungen, so müssen sie vorübergehender Art sein und dürfen das Funktionieren des Binnenmarkts so wenig wie möglich stören.

Literaturübersicht

Becker, Die Entwicklung der Europäischen Integration, FS Schwarze 2014, S. 790; *Brackhane*, Differenzierte Integration im Recht der Europäischen Union, 2008; *Brammer*, Die Kompetenzen der EG im Bereich Binnenmarkt nach der Einheitlichen Europäischen Akte, EUI Working Paper Nr. 88/365, Florenz, 1988; *de Búrca*, Differentiation within the Core: The Case of the Common Market, in: dies./Scott (Hrsg.), Constitutional Change in the EU: From Uniformity to Flexibility?, 2000, S. 133; *Carl*, Die Gemeinschaft und die deutsche Einigung, EuZW 1990, 561; *de Witte/Hanf/Vos* (Hrsg.), The Many Faces of Differentiation in EU Law, 2001; *Dougan*, Minimum Harmonization and the Internal Market, CMLRev. 37 (2000), 853; *Dzabirova*, New Developments in the EU Internal Market – Harmonisation vs. Mutual Recognition, Rom. Journal of European Affairs 9 (2009), 53; *Ehlermann*, How Flexible is Community Law?, Michigan L. Rev. 82 (1984), 1274; *ders.*, The Internal Market Following the Single European Act, CMLRev. 24 (1987), 361; *ders.*, Increased Differentiation or Stronger Unity, in: Winter/Curtin/Kellermann/de Witte (Hrsg.), Reforming the Treaty on European Union, 1996, S. 27; *ders.*, Rechtliche Überlegungen zum Konzept der abgestuften Integration, 1985; *Everling*, Zur Funktion der Rechtsangleichung in der Europäischen Gemeinschaft, in: *ders.* (Hrsg.), Unterwegs zur Europäischen Union, 2001, S. 15; *Glaesner*, Die Einheitliche Europäische Akte, EuR 1986, 119; *Grabitz/Iliopoulos*, Typologie der Differenzierungen und Ausnahmen im Gemeinschaftsrecht, in: Grabitz (Hrsg.), Abgestufte Integration. Eine Alternative zum herkömmlichen Integrationskonzept?, 1984, S. 31; *Grieser*, Flexible Integration in der Europäischen Union, 2003; *Gstöhl*, Models of external differentiation in the EU's neighbourhood: an expanding economic community?, Journal of European Public Policy 22 (2015), 854; *Gundel*, Die »gespaltene Harmonisierung« von Produktnormen durch den Gemeinschaftsgesetzgeber, EuR 2008, 248; *Hatje*, Grenzen der Flexibilität einer erweiterten Europäischen Union, EuR 2005, 148; *Hayder,* Neue Wege der europäischen Rechtsangleichung?, RabelsZ 53 (1989), 622; *Huber*, Differenzierte Integration und Flexibilität als neues Ordnungsmuster der EU, EuR 1996, 347; *Langeheine*, Abgestufte Integration, EuR 1983, 227; *Langeheine/Weinstock*, L'Europe à deux vitesses: ni voie royale, ni fausse route. Contribution à la discussion sur le développement futur de la Communaute europeene, RMC 1984, 242; *dies.*, Abgestufte Integration: weder Königsweg noch Irrpfad, EA 1984, 261; *Leruth/Lord*, Differentiated integration in the European Union: a concept, a process, a system or a theory?, Journal of European Public Policy 22 (2015), 754; *Pescatore*, Die »Einheitliche Europäische Akte«: Eine ernste Gefahr für den Gemeinsamen Markt, EuR 1986, 153; *Scharrer*, Die Einheitliche Europäische Akte. Der Binnenmarkt, Integration 9 (1986), 108; *Schimmelpfennig/Rittberger*, The European Union as a system of differentiated integration: interdependence, politicization and differentiation, Journal of European Public Policy 22 (2015), 764; *Shaw*, Relating Constitutionalism and Flexibility in the European Union, in: de Búrca/Scott (Hrsg.), Constitutional Change in the EU: From Uniformity to Flexibility?, 2000, S. 337; *Tuytschaever*, Differentiation in European Union Law, 1999; *Thym*, Ungleichzeitigkeit und europäisches Verfassungsrecht, 2004; *Vos*, Differentiation, Harmonisation and Governance, in: de Witte/Hanf/Vos (Hrsg.), The Many Faces of Differentiation in EU Law, 2001, S. 145; *Wagner*, Das Konzept der Mindestharmonisierung, 2001.

Inhaltsübersicht

	Rn.
A. Überblick	1
B. Art. 27 AEUV als Fall der differenzierten Integration	3
C. Voraussetzungen des Art. 27 AEUV	5

I. Berücksichtigung des ökonomischen Gefälles 6
  II. Geeignete Bestimmungen 7
 III. Ausnahmeregelungen (Abs. 2) 9
D. Grenzen 13
E. Praktische Bedeutung 14

A. Überblick

Art. 27 AEUV verkörpert einen **Spezialfall der differenzierten Integration** im Rahmen der Verwirklichung des Binnenmarktziels gem. Art. 3 Abs. 1 Satz 1 EUV und Art. 26 Abs. 1 AEUV.[1] Nach dieser Vorschrift hat die Kommission bei der Errichtung des Binnenmarktes den Umfang der Anstrengungen zu berücksichtigen, die einigen Volkswirtschaften mit unterschiedlichem Entwicklungsstand für die Errichtung des Binnenmarktes abverlangt werden. Das Unionsrecht erkennt also im Rahmen der Verwirklichung des Binnenmarktes an, dass die Leistungsstärke der Volkswirtschaften unterschiedlich ist und es durchaus zu Situationen kommen kann, in denen eine strikte Durchsetzung des **Prinzips der Gleichheit der Mitgliedstaaten** (Art. 4 Abs. 2 EUV) vor den europäischen Verträgen zu Verwerfungen führen würde.[2]

1

Art. 27 AEUV ist wie Art. 26 AEUV mit der Einheitlichen Europäischen Akte eingeführt worden (ex-Art. 8 c EWGV) und hat seitdem **unverändert** seinen Platz im primären Unionsrecht.[3] Aufgrund der Tatsache, dass die Vorschrift eine der ersten Möglichkeiten für differenzierte Integrationsgeschwindigkeiten im Rahmen des damaligen Gemeinschaftsrechts geschaffen hat, ist sie in der Europarechtswissenschaft Gegenstand früher Debatten rund um die Stichworte »Europa der unterschiedlichen Geschwindigkeiten« oder »Europa à la carte« etc. gewesen.[4] Die Überlegung, die heutigen Art. 26 und Art. 27 AEUV in einer Vorschrift im Vertrag über eine Verfassung für Europa zusammenzufassen (vgl. Art. III–130 EVV), ist zwar aus normästhetischen Gründen sicherlich nachvollziehbar, konnte sich aber nicht durchsetzen.[5] Der Lissabonner Vertrag hat das Konzept des EGV (vgl. ex-Art. 15 EGV) unverändert übernommen. Für die Trennung der beiden Vorschriften spricht ggf. auch die Bedeutung, die alle Formen der differenzierten Integration für die **Einheit des Unionsrechts** haben. Gerade die hiermit verbundenen Überlegungen dürften nach den Erfahrungen der letzten Jahre eher wichtiger als unwichtiger werden. Insofern könnte Art. 27 AEUV künftig eine stärkere Rolle im Rahmen der Binnenmarktpolitik der EU spielen.

2

---

[1] Dazu etwa *de Búrca*, S. 133; *Bast*, in: Grabitz/Hilf/Nettesheim, EU, Art. 27 AEUV (September 2010), Rn. 6; *Schröder*, in: Streinz, EUV/AEUV, Art. 27, AEUV, Rn. 3; *Korte*, in: Calliess/Ruffert, EUV/AEUV, Art. 27 AEUV, Rn. 3.

[2] Eingehend zum Prinzip der Gleichheit der Mitgliedstaaten s. *Hatje*, in: Schwarze, EU-Kommentar, Art. 4 EUV, Rn. 8.

[3] *Schröder*, in: Streinz, EUV/AEUV, Art. 27, AEUV, Rn. 3.

[4] *Bast*, in: Grabitz/Hilf/Nettesheim, EU, Art. 27 AEUV (September 2010), Rn. 6; eingehend zum Ganzen *Thym*, EnzEuR, Band 1, § 5; zu den unterschiedlichen Konzepten s. auch *Hatje*, Loyalität als Rechtsprinzip in der Europäischen Union, 2001, S. 12 ff.

[5] *Schröder*, in: Streinz, EUV/AEUV, Art. 27 AEUV, Rn. 1.

Jörg Philipp Terhechte

B. Art. 27 AEUV als Fall der differenzierten Integration

3   Art. 27 AEUV ist ein Baustein des Konzepts der **differenzierten bzw. abgestuften Integration**.[6] Die Verträge kennen zahlreiche ähnliche Bestimmungen, die eine sektoriell differenzierte Integrationsgeschwindigkeit erlauben (z. B. bei Leistungen auf dem Gebiet der sozialen Sicherheit gem. Art. 48 Abs. 2 AEUV, i. R. d. Polizeilichen und Justiziellen Zusammenarbeit gem. Art. 77 Abs. 3 AEUV, Art. 82 Abs. 3, Art. 83 Abs. 3 und Art. 87 Abs. 3 AEUV, i. R. d. Wirtschafts- und Währungsunion gem. Art. 136 ff. AEUV und im Bereich der Umweltpolitik gem. Art. 191 Abs. 2 Satz 1 AEUV) sowie allgemeine Bestimmungen.[7] Während allerdings einige Bestimmungen wie z. B. Art. 27 AEUV eine stärkere Integration zumindest vorübergehend zu bremsen vermögen, gibt es auch andere Ansätze, die auf eine Erhöhung der Integrationsgeschwindigkeit zielen, wie z. B. Formen der **sog. verstärkten Zusammenarbeit** (vgl. Art. 20 EUV i. V. m. Art. 346 ff. AEUV, Art. 42 Abs. 6 i. V. m. Art. 46 EUV).[8] Beide Ansätze spiegeln aber letztlich nur unterschiedliche Seiten derselben Medaille wider: Unterschiedliche Geschwindigkeiten ermöglichen einigen Mitgliedstaaten die noch erforderlichen Anpassungsleistungen zu vollbringen, während andere Mitgliedstaaten im Rahmen einer verstärkten Zusammenarbeit mit der Integration voranschreiten können. Aus dieser Perspektive ist das Konzept einer differenzierten Integration auch für den Prozess der europäischen Einigung unverzichtbar und wird aller Voraussicht nach in der näheren Zukunft noch eine wichtige Rolle spielen.[9]

4   Art. 27 AEUV bildet so auch in gewisser Weise das **Pendant** zu Vorschriften wie Art. 114 Abs. 4 und 5, Art. 153 Abs. 4, Art. 168 Abs. 4, Art. 169 Abs. 4 und Art. 193 AEUV, die den Mitgliedstaaten erlauben, in einigen Politikbereichen strengere Vorschriften zu erlassen bzw. höhere Schutzstandards aufrecht zu erhalten.[10] Insgesamt kommt hier das Bestreben des Unionsrechts zum Ausdruck, die unterschiedlichen Ausgangspositionen der Mitgliedstaaten so gut wie möglich zu berücksichtigen.

C. Voraussetzungen des Art. 27 AEUV

5   Art. 27 Abs. 1 AEUV enthält zunächst ein **Berücksichtigungsgebot** hinsichtlich eines zu verzeichnenden unterschiedlichen Entwicklungstandes der jeweiligen Volkswirtschaften der EU-Mitgliedstaaten und sieht die Möglichkeit für die Europäische Kommission vor, **geeignete Bestimmungen** vorzuschlagen, die es den weniger weit entwickelten Volkswirtschaften ermöglichen sollen, die entsprechenden Folgen des Binnenmarktes für sich – i. d. R. zeitlich befristet und inhaltlich begrenzt – abzumildern. Es ist dann freilich Sache aller am Rechtsetzungsprozess beteiligten Organe, die entsprechenden Rechtsakte auf der Grundlage der jeweiligen Kompetenzgrundlagen zu erlassen.

---

[6] *Bast*, in: Grabitz/Hilf/Nettesheim, EU, Art. 27 AEUV (September 2010), Rn. 6.
[7] Zum Ganzen ausführlich *Thym*, S. 21 ff.
[8] Dazu etwa jüngst *Becker*, S. 790 ff.
[9] Etwa im Falle der Reformvorschläge der EU gegenüber Großbritannien, s. dazu die Entwürfe des Europäischen Rates und der Kommission http://www.consilium.europa.eu/en/press/press-releases/2016/02/02-letter-tusk-proposal-new-settlement-uk/ (10.2.2016).
[10] So *Lux*, in: Lenz/Borchardt, EU-Verträge, Art. 27 AEUV, Rn. 1.

I. Berücksichtigung des ökonomischen Gefälles

Das in Art. 27 Abs. 1 AEUV niedergelegte Berücksichtigungsgebot bindet zunächst die europäischen Organe und hier in erster Linie die **Europäische Kommission**, was sich unmittelbar aus dem Wortlaut der Bestimmung ergibt.[11] Gleichwohl sind auch die **anderen** am Rechtsetzungsverfahren beteiligten **Organe der EU** an das Berücksichtigungsgebot gebunden, denn es wäre widersinnig diese Bindung nur auf den Kommissionsvorschlag zu erstrecken und nicht auf die weiteren Stationen des Rechtsetzungsprozesses. Hierbei kommt der Kommission und den anderen Unionsorganen bei der Frage, ob ein ökonomisches Gefälle im Sinne des Art. 27 Abs. 1 EUV vorliegt, grundsätzlich ein **weiter politischer Einschätzungsspielraum** zu.[12] Da sich aber Art. 27 AEUV auf den Binnenmarkt bezieht, werden die äußeren Grenzen dieses Ermessens auch durch ökonomische Rahmenbedingungen gesetzt. Erwägungen, die völlig auf nicht-ökonomischen Motiven und Überlegungen beruhen, haben deshalb außen vor zu bleiben.[13]

II. Geeignete Bestimmungen

Als besondere Ausprägung des sog. **Initiativmonopols** der Europäischen Kommission sieht Art. 27 Abs. 1 a. E. AEUV vor, dass die Kommission bei der Formulierung ihrer Vorschläge zur Verwirklichung des Binnenmarktziels gem. Art. 26 AEUV geeignete Bestimmungen vorschlagen kann. Diese Formulierung verdeutlicht zunächst, dass die jeweiligen **Rechtsetzungsvorschläge der Kommission** (Art. 293 AEUV) das entsprechende ökonomische Gefälle zu berücksichtigen haben (zur Form s. Rn. 8). Dies führt dazu, dass die in Art. 27 AEUV statuierte **Berücksichtigungspflicht nicht justiziabel** ist, denn die Vorschläge der Kommission sind kein tauglicher Gegenstand der Nichtigkeitsklage gem. Art. 263 AEUV[14] und können auch nicht im Vorabentscheidungsverfahren gem. Art. 267 AEUV auf ihre Gültigkeit hin überprüft werden.[15]

Entsprochen werden kann Art. 27 Abs. 1 AEUV im Rahmen unterschiedlicher Regelungstypen.[16] So sind etwa **Sonderregelungen** für bestimmte Mitgliedstaaten in Rechtsakten – insbesondere Verordnungen und Richtlinien – denkbar, die aber ansonsten für alle Mitgliedstaaten gleichmäßig gelten.[17] Darüber hinaus können auch **Ausnahmen vom Geltungsbereich** eines Rechtsaktes für einzelne Mitgliedstaaten auf Art. 27 AEUV gestützt werden, soweit die Voraussetzungen des Abs. 2 Beachtung finden.[18] Dagegen sind nach überwiegender Auffassung Rechtsakte, die für alle Mitgliedstaaten gelten, aber im Rahmen von **Mindest-, Margen- oder Alternativregelungen** theoretisch für eine Berücksichtigung des Entwicklungsstandes der jeweiligen Volkswirt-

---

[11] So auch *Lux*, in: Lenz/Borchardt, EU-Verträge, Art. 27 AEUV, Rn. 1.
[12] *Hatje*, in: Schwarze, EU-Kommentar, Art. 27 AEUV, Rn. 6.
[13] So auch *Hatje*, in: Schwarze, EU-Kommentar, Art. 27 AEUV, Rn. 6 mit Beispielen.
[14] Dazu EuGH, Urt. v. 11.11.1981, Rs. 60/81 (IBM/Kommission), Slg. 1981, Rn. 10; EuG, Beschluss v. 15.5.1997, Rs. T–175/96 (Berthu/Kommission), Slg. 1997, II–811, Ls; *Dörr*, in: Grabitz/Hilf/Nettesheim, EU, Art. 263 AEUV (November 2012), Rn. 39; *Bast*, in: Grabitz/Hilf/Nettesheim, EU, Art. 27 AEUV (September 2010), Rn. 7.
[15] *Bast*, in: Grabitz/Hilf/Nettesheim, EU, Art. 27 AEUV (September 2010), Rn. 15.
[16] *Hatje*, in: Schwarze, EU-Kommentar, Art. 27 AEUV, Rn. 5; *Lux*, in: Lenz/Borchardt, EU-Verträge, Art. 27 AEUV, Rn. 2.
[17] *Lux*, in: Lenz/Borchardt, EU-Verträge, Art. 27 AEUV, Rn. 2.
[18] *Lux*, in: Lenz/Borchardt, EU-Verträge, Art. 27 AEUV, Rn. 2; *Schröder*, in: Streinz, EUV/AEUV, Art. 27 AEUV, Rn. 14.

schaft sorgen könnten, nicht auf Art. 27 AEUV zu stützen.[19] Dies hängt damit zusammen, dass alle Mitgliedstaaten die Spielräume nach Maßgabe des jeweiligen Rechtsaktes ausfüllen können, was letztlich nichts mit den Voraussetzungen des Art. 27 Abs. 1 AEUV zu tun hat.

III. Ausnahmeregelungen (Abs. 2)

9   Gem. Art. 27 Abs. 2 AEUV ist die Berücksichtigung des unterschiedlichen Entwicklungsstandes der jeweiligen Volkswirtschaften im Rahmen der Binnenmarktgesetzgebung an Grenzen gebunden. Insoweit schreibt Abs. 2 vor, dass in dem Falle, dass der Berücksichtigungspflicht des Abs. 1 im Wege einer Ausnahmeregelung entsprochen wird, diese Ausnahme nur **vorübergehender Art** sein und zudem das Funktionieren des Binnenmarktes **so wenig wie möglich stören** darf, die Ausnahme also einer Art **Schonungsgebot** unterliegt. Insofern enthält Art. 27 Abs. 2 AEUV eine **doppelte Schrankenregelung**, die sicherstellen soll, dass nicht vorschnell auf Art. 27 AEUV zurückgegriffen wird.[20]

10 Dass Ausnahmeregelungen i. S. d. Art. 27 Abs. 2 AEUV vorübergehender Art sein müssen, bedeutet zunächst, dass sie grundsätzlich mit einer **Frist** zu versehen sind.[21] Anders lässt sich der vorübergehende Charakter einer Maßnahme letztlich nicht sicherstellen, was insbesondere für auflösende Bedingungen o. ä. Regelungen gelten würde.[22]

11 Schwieriger ist dagegen die Frage zu beantworten, ob auf Art. 27 AEUV gestützte Anpassungsregeln alle Bereiche des Binnenmarktkonzepts erfassen dürfen oder ob aus der Bedeutung des Binnenmarktprogramms für den Prozess der europäischen Integration folgt, dass es so etwas wie **absolut geschützte Kernbereiche** geben kann, die Art. 27 AEUV entzogen sind.[23] In diesem Zusammenhang wird etwa diskutiert, ob Anpassungsregeln im Bereich der **Zollunion** oder der **Warenverkehrsfreiheit** überhaupt zulässig sind.[24] Hinter der Diskussion steht letztlich die in Art. 27 Abs. 2 AEUV niedergelegte Voraussetzung, dass Ausnahmen im Sinne der Vorschrift die Funktionsfähigkeit des Binnenmarktes so wenig wie möglich stören sollen. Ausnahmeregelungen in den Kernbereichen des Binnenmarktes können jedoch immer zu beträchtlichen Störungen führen. Folglich sind sie aus keiner Perspektive mit dem binnenmarktrechtlichen Schonungsgebot vereinbar und bilden gleichsam eine immanente Gegenausnahme des Art. 27 AEUV.

12 Jenseits der Frage der materiellen Reichweite der Vorschrift gilt bei Ausnahmen auch, dass sie sich im Rahmen des sonstigen Unionsrechts zu bewegen haben, beispielsweise ist der **Verhältnismäßigkeitsgrundsatz** ebenso zu wahren wie auch die **Unionsgrundrechte**.[25]

---

[19] *Bast*, in: Grabitz/Hilf/Nettesheim, EU, Art. 27 AEUV (September 2010), Rn. 14; *Lux*, in: Lenz/Borchardt, EU-Verträge, Art. 27 AEUV, Rn. 2.
[20] *Korte*, in: Calliess/Ruffert, EUV/AEUV, Art. 27 AEUV, Rn. 15.
[21] *Lux*, in: Lenz/Borchardt, EU-Verträge, Art. 27 AEUV, Rn. 3.
[22] *Hatje*, in: Schwarze, EU-Kommentar, Art. 27 AEUV, Rn. 8.
[23] Zur Diskussion s. *Korte*, in: Calliess/Ruffert, EUV/AEUV, Art. 27 AEUV, Rn. 17; *Langeheine/Weinstock*, EA 1984, 261 (265 f.).
[24] *Lux*, in: Lenz/Borchardt, EU-Verträge, Art. 27 AEUV, Rn. 2.
[25] *Hatje*, in: Schwarze, EU-Kommentar, Art. 27 AEUV, Rn. 8.

D. Grenzen

Art. 27 AEUV erlaubt unter keinen Umständen eine **Abweichung vom primären Unionsrecht**.[26] Die Norm zielt auf – befristete – Ausnahmen im Rahmen des sekundären Unionsrechts, nicht aber darauf, Ausnahmen vom Gesamtkonzept der Integration zu erlauben. Insoweit können solche Ausnahmen nur im Wege der Vertragsänderung erreicht werden (Art. 48 EUV).[27]

13

E. Praktische Bedeutung

Im Gegensatz zu den anderen Bestimmungen der Verträge, die eine differenzierte Integration erlauben, ist Art. 27 AEUV in der Vergangenheit von einiger praktischer Relevanz gewesen. Prominenteste Beispiele sind bis heute etwa die Ausnahmebestimmungen, die z. T. erforderlich waren, um die **deutsche Wiedervereinigung** zu ermöglichen und die umfangreiche Ausnahmen im Bereich des **Umwelt- und Verbraucherschutzes** enthielten, also Bereiche in denen zwischen der DDR und der EG tatsächlich Welten lagen.[28] Weitere Anwendungsbeispiele betrafen etwa den **freien Kapitalverkehr**,[29] die Sektoren **Telekommunikation** und **Energie**[30] sowie auch das **öffentliche Auftragswesen**.[31] Sieht man aber von den Sonderfällen rund um die Wiedervereinigung Deutschlands ab, so zeigt sich, dass Art. 27 AEUV bislang keine erhöhte Bedeutung zukommt. Die in ihm angelegte Differenzierung wird meist vermieden. Im Rahmen der sog. Osterweiterung der EU hat die Kommission z. B. von vornherein darauf hingewirkt, möglichst wenig Ausnahmen vom Binnenmarktprogramm zu zulassen.[32] Der letzte Rechtsakt, in dem Anpassungserleichterungen ausdrücklich in den Erwägungen angesprochen wurden, war die Richtlinie über Lebensversicherungen aus dem Jahr 2002.[33] Die Praxis kennt darüber hinaus Ausnahmeregelungen zugunsten einzelner Mitgliedstaaten, bei denen regelmäßig wegen fehlender Begründungen nicht ersichtlich ist, worauf sie gestützt sind.[34]

14

---

[26] *Kahl*, in: Calliess/Ruffert, EUV/AEUV, Art. 27 AEUV, 4. Aufl., 2011, Rn. 6.

[27] *Hatje*, in: Schwarze, EU-Kommentar, Art. 27 AEUV, Rn. 3.

[28] Vgl. z. B. VO (EWG) Nr. 3574/90 vom 4.12.1990 zur Einführung einer Übergangszeit für die Anwendung bestimmter Rechtsakte der Gemeinschaft im Energiesektor, ABl. 1990, L 353/17; *Voet van Vormizeele*, in: GSH, Europäisches Unionsrecht, Art. 27 AEUV, Rn. 22 f.; ausführlich *Carl*, EuZW 1990, 561 ff.

[29] Z. B. Richtlinie 2002/83/EG des Europäischen Parlaments und des Rates vom 5.11.2002 über Lebensversicherungen, ABl. 2002, L 345/1; aufgehoben durch Richtlinie 2009/138/EG.

[30] Richtlinie 1998/30/EG des Europäischen Parlaments und des Rates vom 22.6.1998 betreffend gemeinsame Vorschriften für den Erdgasbinnenmarkt, ABl. 1998, L 204/1; aufgehoben durch Richtlinie 2003/55/EG.

[31] Vgl. Art. 8 RL Nr. 90/531/EWG vom 17.9.1990 betreffend die Auftragsvergabe durch Auftraggeber im Bereich der Wasser-, Energie- und Verkehrsversorgung sowie im Telekommunikationssektor, ABl. 1990, 297/1.

[32] *Schröder*, in: Streinz, EUV/AEUV, Art. 27 AEUV, Rn. 18.

[33] RL 2002/83/EG, vom 5.11.2002 über Lebensversicherungen, ABl. 2002, L 345/1; *Schröder*, in: Streinz, EUV/AEUV, Art. 27 AEUV, Rn. 18; *Bast*, in: Grabitz/Hilf/Nettesheim, EU, Art. 27 AEUV (September 2010), Rn. 4.

[34] Vgl. z. B. Nr. 4 Buchst. d, Anhang I zu RL 2000/36/EG vom 23.6.2000 über Kakao- und Schokoladenerzeugnisse für die menschliche Ernährung, ABl. 2000, L 197/19; Art. 13 Abs. 5 RL 2000/13/EG vom 20.3.2000 zur Angleichung der Rechtsvorschriften der Mitgliedstaaten über die Etikettierung und Aufmachung von Lebensmitteln sowie die Werbung hierfür, ABl. 2000, L 109/29; *Bast*, in: Grabitz/Hilf/Nettesheim, EU, Art. 27 AEUV (September 2010), Rn. 4.

Titel II
Der freie Warenverkehr

Artikel 28 AEUV [Zollunion]

(1) Die Union umfasst eine Zollunion, die sich auf den gesamten Warenaustausch erstreckt; sie umfasst das Verbot, zwischen den Mitgliedstaaten Ein- und Ausfuhrzölle und Abgaben gleicher Wirkung zu erheben, sowie die Einführung eines Gemeinsamen Zolltarifs gegenüber dritten Ländern.

(2) Artikel 30 und Kapitel 3 dieses Titels gelten für die aus den Mitgliedstaaten stammenden Waren sowie für diejenigen Waren aus dritten Ländern, die sich in den Mitgliedstaaten im freien Verkehr befinden.

Literaturübersicht

Beußel, Customs Blueprints – die EU-Strategie für modernes Zollwesen, ZfZ 2009, 91; *Bhagwati*, Termites in the Trading System: How Preferential Agreements Undermine Free Trade, 2008; *ders./ Hudec* (Hrsg.), Fair Trade and Harmonization: Prerequisites for free trade?, 1996; *Di Fabio*, Customs Law of the European Union, 4. Aufl., 2012; *Eeckhout*, External Relations of the European Union, 2. Aufl., 2011; *Fuchs*, Der modernisierte Zollkodex, ZfZ 2009, 141; *Gormley*, EU Law of Free Movement of Goods and Customs Union, 2010; *Kempen*, Deutschland als Vertragspartei des GATT und als Mitglied der Europäischen Gemeinschaften, FS Hahn, 1997, S. 417; *Lasok*, The Customs Law of the European Community, 3. Aufl., 1998; *Lux*, EU Customs Law and International Law, WCJ 1 (2007), 19; *ders.*, 40 Jahre Zollunion – wie geht es weiter?, AW-Prax 2008, 283; *ders.*, Die Durchführungsschriften zum modernisierten Zollkodex, ZfZ 2009, 145; *ders.*, Das Zollrecht der EG, 3. Aufl., 2009; *Lyons*, EC Customs Law, 2008; *Maduro*, Reforming the Market or the State? Article 30 and the European Constitution: Economic Freedom and Political Rights, ELJ 3 (1997), 55; *Mavroidis*, Judicial Supremacy, Judicial Restraint, and the Issue of Consistency of Preferential Trade Agreements With the WTO: The Apple in the Picture, in: Kennedy/Southwick (Hrsg.), The Political Economy of International Trade Law, 2008, S. 583; *Mortelmans*, The Common Market, the Internal Market and the Single Market: What's in a Market?, CMLRev. 35 (1998), 101; *Oliver*, Free Movement of Goods in the European Community, 5. Aufl., 2010; *Perisin*, Free Movement of Goods and Limits of Regulatory Autonomy in the EU and WTO, 2008; *Reuter/Fuchs*, Das neue EG-Zollrecht, 2008; *Schott*, Free Trade Agreements: Boon or Bane of the World Trading System?, in: ders. (Hrsg.), Free Trade Agreements: US Strategies and Priorities, 2004, S. 3; *Spaventa*, From Gebhard to Carpenter: Towards a (non-)economic European Constitution, CMLRev. 41 (2004), 743; *Van den Bergh*, Regulatory Competition or Harmonization of Laws? Guidelines for the European Legislator, in: Marciano/Josselin (Hrsg.), The Economics of Harmonizing European Law, 2002, S. 27; *Weatherill*, Why Harmonise?, in: Tridimas/ Nebbia (Hrsg.), European Union Law for the Twenty-First Century, Volume 2, 2004, S. 11; *Weerth*, Geschichte des Zolltarifs in Deutschland und der EG, 2008; *Weiler*, Law, Culture, and Values in the WTO – Gazing Into the Crystal Ball, in: Bethlehem/McRae/Neufeld/Van Damme (Hrsg.), The Oxford Handbook of International Trade Law, 2009, S. 749; *Weiß*, Welthandelsrechtliche Herausforderungen für die Europäische Zollunion, ZfZ 2009, 150; *Witte*, Zollkodex mit Durchführungsverordnung und Zollbefreiungsverordnung, 6. Aufl., 2013; *Wolffgang*, Zukunft der EU-Zollunion, AW-Prax 2014, 97; *Woolcock*, Competition Among Rules in the Single European Market, in: Bratton/McCahery/Picciotto/Scott (Hrsg.), International Regulatory Competition and Coordination: Perspectives on Economic Regulation in Europe and the United States, 1997, S. 295; *Young*, Trade Politics Ain't What It Used to Be: The European Union in the Doha Round, JCMS 45 (2007), 789.

Leitentscheidungen

EuGH, Urt. v. 14.12.1962, verb. Rs. 2/62 u. 3/62 (Kommission der EWG/Luxemburg und Belgien), Slg. 1962, 873
EuGH, Urt. v. 5.2.1963, Rs. 26/62 (van Gend en Loos/Administratie der Belastingen), Slg. 1963, 3
EuGH, Urt. v. 15.7.1964, Rs. 6/64 (Costa/E.N.E.L.), Slg. 1964, 1141
EuGH, Urt. v. 13.11.1964, verb. Rs. 90/63 u. 91/63 (Kommission der EWG/Luxemburg und Belgien), Slg. 1964, 1217
EuGH, Urt. v. 10.12.1968, Rs. 7/68 (Kommission/Italien), Slg. 1968, 617
EuGH, Urt. v. 1.7.1969, verb. Rs. 2/69 u. 3/69 (Sociaal Fonds voor de Diamantarbeiders/Brachfeld u. a.), Slg. 1969, 211
EuGH, Urt. v. 19.6.1973, Rs. 77/72 (Capolongo/Azienda Agricola Maya), Slg. 1973, 611
EuGH, Urt. v. 10.10.1973, Rs. 34/73 (Fratelli Variola Spa/Amministrazione delle finanze dello Stato), Slg. 1973, 981
EuGH, Urt. v. 11.10.1973, Rs. 39/73 (Rewe Zentralfinanz/Landwirtschaftskammer Westphalen-Lippe), Slg. 1973, 1039
EuGH, Urt. v. 11.7.1974, Rs. 8/74 (Dassonville), Slg. 1974, 837
EuGH, Urt. v. 5.2.1976, Rs. 87/75 (Bresciani/Amministrazione delle finanze dello Stato), Slg. 1976, 129
EuGH, Urt. v. 25.1.1977, Rs. 46/76 (Bauhuis), Slg. 1977, 5
EuGH, Urt. v. 20.4.1978, verb. Rs. 80/77 u. 81/77 (Commissionnaires réunis), Slg. 1978, 927
EuGH, Urt. v. 28.6.1978, Rs. 70/77 (Simmenthal SA/Amministrazione delle finanze dello Stato), Slg. 1978, 1453
EuGH, Urt. v. 20.2.1979, Rs. 120/78 (Rewe/Bundesmonopolverwaltung für Branntwein), Slg. 1979, 649
EuGH, Urt. v. 5.5.1982, Rs. 15/81 (Schul), Slg. 1982, 1409
EuGH, Urt. v. 16.3.1983, Rs. 266/81 (SIOT/Ministero delle finanze), Slg. 1983, 731
EuGH, Urt. v. 16.3.1983, verb. Rs. 267/81 bis 269/81 (Amministrazione delle finanze dello Stato/SPI und SAMI), Slg. 1983, 801
EuGH, Urt. v. 7.5.1987, Rs. 193/85 (Co-Frutta/Amministrazione delle finanze dello Stato), Slg. 1987, 2085
EuGH, Urt. v. 27.9.1988, Rs. 165/87 (Kommission/Rat), Slg. 1988, 5545
EuGH, Urt. v. 6.12.1990, Rs. C–343/89 (Witzemann/Hauptzollamt München-Mitte), Slg. 1990, 4477
EuGH, Urt. v. 11.3.1992, verb. Rs. C–78/90 bis C–83/90 (Compagnie commerciale de l'Ouest/Receveur principal des douanes de La Pallice-Port), Slg. 1992, 1847
EuGH, Urt. v. 24.11.1993, verb. Rs. C–267/91 u. C–268/91 (Keck und Mithouard), Slg. 1993, I–6097
EuGH, Urt. v. 4.6.2009, Rs. C–142/05 (Mickelsson und Roos), Slg. 2009, I–4273

Wesentliche sekundärrechtliche Vorschriften

S. Übersicht zu Art. 31 AEUV.

Inhaltsübersicht

	Rn.
A. Allgemeines	1
I. Entwicklung	1
II. Systematische Stellung und Bedeutung	4
1. Systematischer Zusammenhang	4
2. Gehalt	8
a) Merkmale	8
b) Äußere Dimension	9
c) Innere Dimension	10
d) Bedeutung	14
e) Eigenmittel	18
B. Zollunion	19
I. Binnenmarkt, freier Warenverkehr, Zollunion	19
II. Entwicklung der Europäischen Zollunion	28
C. Anwendungsbereich und Wirkung	31
I. Zollgebiet	31

II.	Warenbegriff	32
	1. Körperlicher Gegenstand	34
	2. Geldwerter Gegenstand	35
	3. Gegenstand eines Handelsgeschäfts	37
	4. Grenzfälle	38
	a) Leichen, Föten und embryonale Stammzellen	38
	b) Betäubungsmittel und Falschgeld	40
	c) Waren von besonderer Bedeutung für ein Land oder dessen Wirtschaft	42
	d) Fehlerhafte Produkte	43
	5. Warenherkunft (Art. 28 Abs. 2 AEUV)	44
III.	Unmittelbare Anwendbarkeit	45
D. Völkerrechtliche Einbindung		46
I.	Einbindung in das GATT	46
	1. EU als WTO-Mitglied	46
	2. Verhältnis von regionaler und globaler Wirtschaftsintegration	50
II.	Festsetzung des GZT	54
III.	Drittstaatenbeziehungen	55
E. Zollverwaltung durch die Mitgliedstaaten		57

A. Allgemeines

I. Entwicklung

1   Art. 28 AEUV (ex-Art. 23 EGV [Nizza]) wurde durch den Vertrag von Lissabon zeitgemäß angepasst, ohne inhaltliche Änderungen herbeizuführen. Hieß es in der alten Fassung des Absatzes 1 Halbsatz 1 noch, dass »Grundlage der Gemeinschaft eine Zollunion ist«, so »umfasst« nach der Neuformulierung die Union eine Zollunion (zur Kritik am Wortlaut s. Rn. 17). Durch die stärke Inbezugnahme des status quo brachten die Mitgliedstaaten zum einen den fortgeschrittenen Integrationsgrad im Bereich der Zollunion zum Ausdruck, zum anderen wurde der Ausweitung und Diversifizierung der Unionsaufgaben Rechnung getragen (vgl. zudem die Entwicklung von Art. 30 AEUV, Art. 30 AEUV, Rn. 5 f.).

2   Durch die Verlegung der Art. 26 und 27 AEUV (ex-Art. 14 und 15 EGV [Nizza]) in den Titel I (»Der Binnenmarkt«) hat Art. 28 AEUV zudem seine hervorgehobene Stellung zu Beginn des Dritten Teils (»Die internen Politiken und Maßnahmen der Union«) eingebüßt, zur systematischen Stellung s. sogleich Rn. 4 ff.[1]

3   Allerdings hat sich durch die geänderte Formulierung und der Streichung des Begriffs »**Grundlage**« sowie der systematischen Neuordnung nichts an der fortgesetzt grundlegenden Bedeutung und Funktion der Zollunion und damit des Art. 28 AEUV für den gemeinsamen Binnenmarkt geändert (s. Rn. 14 ff.). Das Zollrecht der Union ist ein eigenständiges System, dessen Entwicklung sich hauptsächlich im Bereich des Sekundärrechts vollzieht.

---

[1] S. zur Entwicklung auch *Becker*, in: Schwarze, EU-Kommentar, Art. 28 AEUV, Rn. 1, 4.

II. Systematische Stellung und Bedeutung

1. Systematischer Zusammenhang

Der Dritte Teil des AEUV, überschrieben mit »Die internen Politiken und Maßnahmen der Union«, ist weder besonders übersichtlich noch systematisch. Er unterscheidet nicht deutlich zwischen Grundfreiheiten und Politiken der Union, vermengt funktionale systemische Bereiche, behandelt die Außendimension des Handels im Rahmen der »internen« Dimension und differenziert nicht zwischen verschiedenen Integrationsstufen. Es bedarf daher einer klärenden Bemerkung, um Systematik und Bedeutung zu verdeutlichen. 4

Titel II, »Der freie **Warenverkehr**«, des Dritten Teils des AEUV, »Die internen Politiken und Maßnahmen der Union«, hebt mit Art. 28 an, der die Zollunion definiert. Zugleich befindet sich Titel II in einem organischen Zusammenhang mit Titel I, »Der Binnenmarkt«. Wie Art. 26 Abs. 2 AEUV definiert, umfasst der Binnenmarkt »einen Raum ohne Binnengrenzen, in dem der freie Verkehr von Waren ... gewährleistet ist«. 5

Damit besitzen die wirtschaftsrechtlichen Integrationsstufenelemente ein zwiebelförmiges Verhältnis zueinander. Die Zollunion ist Teil des freien Warenverkehrs; der freie Warenverkehr ist Teil des Binnenmarktes. Anders formuliert ist der Binnenmarkt mehr als nur der freie Warenverkehr; der freie Warenverkehr wiederum umfasst mehr als nur die Zollunion. Dies ergibt sich einerseits aus den Normen Art. 26 ff. AEUV; es ergibt sich aber auch aus Ratio und Funktionsweise des Binnenmarktes. Zugleich ist freier Binnenwarenverkehr grundsätzlich auch ohne manche Elemente einer Zollunion denkbar, nämlich dann, wenn der gemeinsame **Außenzoll** durch funktionale Äquivalente wie Ursprungslandbezeichnungen ersetzt wird und die teilnehmenden Staaten ihre zollpolitische Unabhängigkeit behalten; weniger fortgeschrittene Wirtschaftsintegrationssysteme sind so organisiert. Das Verhältnis der einzelnen Merkmale ist dementsprechend kompliziert. 6

In diesem Zusammenspiel der wirtschaftsintegrativen Organisationsmodelle nimmt Art. 28 AEUV einen vermittelnden Platz ein. Zum einen stellt er aufgrund von Art. 26 Abs. 2 AEUV den Bezug zum Binnenmarkt her und fügt die Zollunion in diesen als Kernelement ein. Zum anderen leitet er Titel II, »Der freie Warenverkehr«, ein und stellt so die Kopfnorm eines der zentralsten Elemente der europäischen Integration überhaupt dar. 7

2. Gehalt

a) Merkmale

An diesem Anspruch gemessen sind Formulierung und Gehalt von Art. 28 AEUV enttäuschend. Der Bezug zum Binnenmarkt, den Art. 26 Abs. 2 AEUV herstellt, wird in Art. 28 AEUV nicht gespiegelt. Wichtiger ist, dass seine Definitionsmacht und seine normativ anleitende Kraft deutlich unterentwickelt sind. Die Definition des Begriffs Zollunion in Absatz 1 nennt zwei Merkmale: Erstens sind zwischen den Mitgliedstaaten Ein- und Ausfuhrzölle sowie Abgaben gleicher Wirkung verboten (innere Dimension der Zollunion); zweitens wird ein **Gemeinsamer Zolltarif** gegenüber dritten Ländern eingeführt (äußere Dimension der Zollunion). Beide Dimensionen sind unterkomplex beschrieben. 8

b) Äußere Dimension

9 Die äußere Dimension ist zutreffend durch die Errichtung des Gemeinsamen Zolltarifs gekennzeichnet, freilich fehlt jeder Hinweis auf den Bereich der Zollverwaltung durch die Mitgliedstaaten und insbesondere auf die **Harmonisierung des Zollrechts**. Die Entwicklung von der Tarifunion zur Zollrechtsunion konnte nämlich erst durch eine weitgehende Angleichung des Zollrechts vollendet werden.

c) Innere Dimension

10 Die innere Dimension wird einerseits redundant, andererseits unvollständig beschrieben. Soweit es um das Verbot geht, zwischen den Mitgliedstaaten Ein- und Ausfuhrzölle sowie Abgaben gleicher Wirkung zu erheben, findet sich die praktisch wortidentische Formulierung in Art. 30 Satz 1 AEUV. **Redundanz schadet** jedem rechtlichen Text.

11 Darüber hinaus erschöpft sich die innere Dimension der Zollunion keineswegs in diesem Verbot. Eine wirtschaftsintegrative Organisation, die allein die Erhebung von Zöllen und zollgleichen Abgaben verbietet, ist ökonomisch ganz sinnlos. Das Verbot von Zöllen und zollgleichen Abgaben reguliert **fiskalische Marktzugangsbeschränkungen**. Diese können leicht durch fiskalische Regulierungen des internen Marktes der Mitgliedstaaten sowie durch nicht fiskalische Handelshemmnisse im Wege der Marktzugangsregulierung oder der Regulierung des internen Marktes unterlaufen werden. Die fiskalische Marktzugangsregulierung, auf die sich das Verbot der Erhebung von Zöllen und zollgleichen Abgaben bezieht, ist mithin nur einer von vier Pfeilern, welche die innere Dimension einer Zollunion ausmachen.

12 Ein vergleichender Blick auf das **GATT** bestätigt dies. Selbstverständlich kann das GATT nicht die Bedeutung unionsrechtlicher Begriffe prägen oder gar präjudizieren, denn diese – auch der Begriff der unionsrechtlichen Zollunion – präjudizieren nur sich selbst. Doch wird immerhin konzeptionell deutlich, dass eine Zollunion wesensnotwendig mehr sein muss als das, was Art. 28 Abs. 1 AEUV dem Leser an die Hand gibt. Nach Art. XXIV Abs. 8 GATT ist eine Zollunion die Ersetzung von zwei oder mehr Zollgebieten durch ein einziges Zollgebiet, wobei zwischen diesen Gebieten die Zölle und beschränkenden Handelsvorschriften für annähernd den gesamten Handel oder wenigstens annähernd den gesamten Handel mit den aus den teilnehmenden Gebieten der Union stammenden Waren beseitigt werden. Unter die dort genannten »beschränkenden Handelsvorschriften« fallen auch **fiskalische Handelshemmnisse** durch interne Marktregulierung (insbesondere steuerliche Diskriminierung gemäß Art. III:1, III:2 GATT), nicht fiskalische Handelshemmnisse durch Regulierung des Marktzugangs (insbesondere mengenmäßige Beschränkungen und Maßnahmen gleicher Wirkung gemäß Art. XI:1 GATT) und nicht fiskalische Handelshemmnisse durch interne Marktregulierung (insbesondere Regulierungsmaßnahmen gemäß Art. III:1, III:4 GATT). Im Vergleich dazu liest sich Art. 28 Abs. 1 AEUV unvollständig; insbesondere die an Bedeutung kaum zu überschätzenden Regelungen zu nicht fiskalischen Handelshemmnissen – die mengenmäßigen Beschränkungen und vor allem die Maßnahmen gleicher Wirkung gemäß Art. 34 ff. AEUV – hätten Erwähnung verdient.

13 Im Hinblick auf die innere Dimension der Zollunion legt Art. 28 Abs. 2 AEUV den Grundsatz der Gleichstellung von Waren aus dritten Ländern mit den aus den Mitgliedstaaten stammenden Waren unter der Voraussetzung fest, dass Erstere sich im freien Verkehr befinden. Wann dies der Fall ist, ergibt sich aus Art. 29 AEUV. Hier nun findet sich ein Verweis auf Kapitel 3 des Titel II und damit auf das Verbot von mengenmäßigen Beschränkungen und Maßnahmen gleicher Wirkung; der Verweis beschränkt sich aber

auf die Gleichstellungsnorm des Absatzes 2 und hätte einen angemesseneren Platz in der Definition des Absatzes 1 gefunden.

d) Bedeutung

Die ursprüngliche Fassung von Art. 28 Abs. 1 AEUV formulierte: »Grundlage der Gemeinschaft ist eine Zollunion, die sich auf den gesamten Warenaustausch erstreckt; …«. Der Wortlaut spiegelte damit die grundlegende Bedeutung von Art. 28 Abs. 1 AEUV wider, die auch in der Rechtsprechung aufgenommen wurde. In einer seiner frühesten Entscheidungen, der Rs. Lebkuchenabgabe aus dem Jahr 1962, hob der EuGH die grundlegende Bedeutung der Zollunion hervor:

14

> »Allein die Tatsache, daß diese Artikel 9 und 12 EWG [jetzt Art. 28 und 30 AEUV] ihren Platz am Kopf des die ›Grundlagen der Gemeinschaft‹ behandelnden Teils, Artikel 9 [jetzt Art. 28 AEUV] zu Beginn von Titel I über den ›freien Warenverkehr‹, Artikel 12 [jetzt Art. 30 AEUV] eingangs des der ›Abschaffung der Zölle‹ gewidmeten Abschnitts, gefunden haben, kennzeichnet hinreichend die bedeutende Rolle der in ihnen ausgesprochenen Verbote. Der Vertrag hat diesen Verboten eine möglichst große Kraft verleihen wollen; deshalb hat er in dem Bestreben zu verhindern, daß sie mit Hilfe der mannigfaltigen zoll- und steuertechnischen Praktiken umgangen werden können, alle möglichen Fehler bei ihrer Verwirklichung zu unterbinden gesucht. … Aus der Deutlichkeit, Bestimmtheit und Vorbehaltlosigkeit der Artikel 9 und 12 [jetzt Art. 28 und 30 AEUV], aus der diesen Bestimmungen und dem gesamten Vertrag innewohnenden Logik, ergibt sich somit, daß das Verbot der Einführung neuer Zölle in Verbindung mit den Grundsätzen des freien Warenverkehrs eine grundlegende Vorschrift darstellt und daß daher alle etwaigen Ausnahmen, die übrigens eng auszulegen wären, eindeutig angeordnet werden müssen.«²

Der EuGH setzte seine Auffassung, bei Art. 28 AEUV handele es sich um eine Vorschrift von besonders großer Bedeutung, ganz gezielt strategisch an jenem Punkt ein, an dem er die **europäische Integration** in damals ganz neue, für ihre heutige Gestalt nach wie vor fundierende Bahnen lenkte. In der Rs. van Gend en Loos³ – die die unmittelbare Anwendbarkeit des Primärrechts begründete, Art. 267 AEUV als dezentralen Durchsetzungsmechanismus zum Kronjuwel effektiver gerichtlicher Kontrolle machte und die revolutionäre Verfassungsförmigkeit der Union vorwegnahm, indem er die Gemeinschaft als »eine neue Rechtsordnung des Völkerrechts, zu deren Gunsten die Staaten, wenn auch in begrenztem Rahmen, ihre Souveränitätsrechte eingeschränkt haben, eine Rechtsordnung, deren Rechtssubjekte nicht nur die Mitgliedstaaten, sondern auch die Einzelnen sind« definierte⁴ – spielt die Bedeutung von Art. 28 AEUV (damals Art. 9 EWG) im Begründungszusammenhang eine wesentliche Rolle. Der EuGH urteilte im Rahmen seiner systematischen Auslegung:

15

> »Zur Systematik des Vertrages auf dem Gebiet der Zölle und Abgaben gleicher Wirkung ist zu bemerken, dass Art. 9, wonach Grundlage der Gemeinschaft eine Zollunion ist, als wesentlichste Norm das Verbot der Zölle und Abgaben gleicher Wirkung enthält. Diese Vorschrift steht am Anfang des Vertragsteiles, der die ›Grundlagen der Gemeinschaft‹ umschreibt; sie wird in Artikel 12 angewandt und erläutert.«⁵

Der Sinn dieser Passage besteht darin, Art. 9 EWG (jetzt Art. 28 AEUV) zur **Grundlage** und damit zu einem fundamentalen Telos der Gemeinschaft zu machen. Wenn dem so

16

---

² EuGH, Urt. v. 14.12.1962, verb. Rs. 2/62 u. 3/63 (Kommission der EWG/Luxemburg und Belgien (Lebkuchenabgabe)), Slg. 1962, 873.
³ EuGH, Urt. v. 5.2.1963, Rs. 26/62 (Van Gend en Loos/Administratie der Belastingen), Slg. 1963, 3.
⁴ EuGH, Urt. v. 5.2.1963, Rs. 26/62 (Van Gend en Loos/Administratie der Belastingen), Slg. 1963, 25.
⁵ EuGH, Urt. v. 5.2.1963, Rs. 26/62 (Van Gend en Loos/Administratie der Belastingen), Slg. 1963, 25.

ist, muss alles daran gesetzt werden, den ihn anwendenden und erläuternden Art. 12 EWG (jetzt Art. 30 AEUV) so durchsetzungsfähig wie möglich zu machen. Hieraus ergibt sich dann die Notwendigkeit für seine unmittelbare Anwendbarkeit, um das Vorabentscheidungsverfahren gemäß Art. 267 AEUV zu eröffnen: wenn Individuen in die Lage versetzt werden, unter unmittelbarer Berufung auf diese Normen vor ihren nationalen Gerichten zu klagen, werden sie das Ende von Zöllen und Abgaben gleicher Wirkung effektiv und effizient herbeiführen. Genau dies ist dann auch geschehen.

17 Der Wortlaut von Art. 28 Abs. 1 AEUV wurde mit dem Vertrag von Lissabon geändert; nun »umfasst« die Union eine Zollunion, doch Letztere ist nicht mehr »Grundlage« der Union. Diese **Herabstufung** dürfte allerdings Teil der **symbolischen Politik der Union** sein, die von ihren wirtschaftlichen Grundlagen zumindest sprachlich ablenkt und zunehmend vermeintlich fortschrittlichere und inklusive Integrationsmechanismen wie die Unionsbürgerschaft, Grundrechte und Solidarität in den Mittelpunkt rückt, um soziale Legitimation zu generieren. Ohne die Bedeutung jener Integrationsmechanismen schmälern zu wollen oder abzustreiten, dass sich die Union längst weit über eine Wirtschaftsgemeinschaft hinaus entwickelt hat, dürfte bei realistischer Betrachtung doch deutlich sein, dass sich die Bedeutung der **Zollunion als Kern der Warenverkehrsfreiheit und des Binnenmarktes** nicht geändert hat. Im Gegenteil dürfte es sich – wie insbesondere in Krisenzeiten auffällt – angesichts der ungesicherten sozialen Legitimation der Europäischen Union um eines der wenigen stetig und uneingeschränkt belastbaren Elemente der europäischen Integration handeln.

e) Eigenmittel

18 Die Zollunion ist auch deshalb für die EU von zentraler Bedeutung, da ihr die Zolleinnahmen nach Art. 2 Buchst. a) des Beschlusses des Rates über das Eigenmittelsystem der EU[6] abzüglich der Erhebungskosten in Höhe von 20 % (Art. 2 Abs. 3 des Beschlusses des Rates über das Eigenmittelsystem der EU) als Eigenmittel zur Verfügung stehen (**Ertragshoheit**).[7] Davon zu trennen ist die Gläubigerschaft hinsichtlich der Zollschuld, die den den Zoll erhebenden und verwaltenden Mitgliedstaaten zukommt.[8] Die fortgesetzte Wichtigkeit der Zolleinnahmen für die EU wird noch deutlicher, wenn man miteinbezieht, dass im Haushaltsplan für das Jahr 2015 die Zolleinnahmen auf 16,7 Mrd. EUR festgesetzt wurden.[9]

B. Zollunion

I. Binnenmarkt, freier Warenverkehr, Zollunion

19 Dass Art. 28 Abs. 1 AEUV ausdrücklich auf den »gesamten Warenaustausch« hinweist und an der Spitze des Titels II, »Der freie Warenverkehr«, steht, überrascht nicht, denn die Freiheit des Warenverkehrs steht am Beginn jeder wirtschaftlichen Integration und

---

[6] Beschluss des Rates 2014/335/EU, Euratom vom 26.5.2014 über das Eigenmittelsystem der Europäischen Union, ABl. 2014, L 168/105.
[7] S. auch *Rossi*, in: Dauses, Handbuch des EU-Wirtschaftsrecht, Abschnitt A. III., Oktober 2010, Rn. 112 f.
[8] *Waldhoff*, in: Calliess/Ruffert, EUV/AEUV, Art. 28 AEUV, Rn. 11.
[9] Endgültiger Erlass 2015/339/EU, Euratom vom 13.3.2015 des Gesamthaushaltsplans der Europäischen Union für das Haushaltsjahr 2015, ABl. 2015, L 69/1, S. 20.

bildet deren normativen Kern. Dies gilt zum einen historisch: Dienstleistungen haben qualitativ und quantitativ erst in der zweiten Hälfte des 20. Jahrhunderts zur Wichtigkeit des Warenverkehrs aufgeschlossen; die Regulierung des Kapitalverkehrs fällt noch heute in die Kernkompetenz jedes souveränen Staates und konnte erst langsam und schrittweise internationalrechtlichen Regulierungen zugänglich gemacht werden; und die Liberalisierung des Produktionsfaktors Arbeit beinhaltet regelmäßig Fragen der Migration, so dass ihre wirtschaftsrechtliche Normierung häufig von anderen Erwägungen – etwa kultureller Natur – überlagert wird. Zum anderen bildet die Warenverkehrsfreiheit auch normativ den Ausgangspunkt für andere Grundfreiheiten: Das Recht der europäischen Integration hat sich wirtschaftsrechtlich zu einem guten Teil entlang der Warenflüsse entwickelt, die Grundfreiheitendogmatik wurde zunächst im Warenverkehr ausgeformt, und sie nahm auch in der Rechtsprechung des EuGH regelmäßig einen besonders wichtigen Platz ein (s. Art. 34 AEUV, Rn. 66 ff.).

Der freie Warenverkehr kann einerseits durch fiskalische Handelshemmnisse an der Grenze (Regulierung des Marktzugangs) und durch fiskalische Handelshemmnisse hinter der Grenze (interne Marktregulierung), andererseits durch nicht fiskalische Handelshemmnisse an der Grenze (Regulierung des Marktzugangs) und nicht fiskalische Handelshemmnisse hinter der Grenze (interne Marktregulierung) behindert werden. Für diese vier Fallgruppen sieht der Vertrag drei Normenregime vor. Fiskalische Regulierungen des Marktzugangs sind Zölle und zollgleiche Abgaben und unterfallen den Art. 28, 30 AEUV. Fiskalische interne Marktregulierungen sind steuerliche Abgaben und unterfallen dem Verbot diskriminierender Besteuerung gemäß Art. 110 AEUV. Nicht fiskalische Regulierungen des Marktzugangs und nicht fiskalische interne Marktregulierungen sind mengenmäßige Beschränkungen und Maßnahmen gleicher Wirkung und unterfallen Art. 34 ff. AEUV.[10] Hinzu kommen weitere Vertragsnormen von Bedeutung, etwa Art. 43, 101 f., 107 f., 113, 114 ff., 169, 173, 192 und 194 AEUV. Die Gewährleistung des freien Warenverkehrs ist davon abhängig, dass sowohl fiskalische als auch nicht fiskalische handelshemmende Maßnahmen an und hinter der Grenze verboten werden oder zumindest nicht diskriminierend ausgestaltet werden müssen. Fehlt es an einem Schutzpfeiler, kommt es umgehend zu spill over-Effekten in die anderen Schutzpfeiler, so dass der freie Warenverkehr nicht mehr effektiv zu gewährleisten ist. Wie genau der Schutz auszutarieren ist, ist Sache der wirtschaftsintegrierenden Organisation und hängt vom zur Verfügung stehenden Maß an Konsens der vertragschließenden Mitgliedstaaten ab. In der Europäischen Union sind die Marktzugangsregeln einem scharfen Beschränkungsverbot unterworfen, die Ausfluss eines echten Liberalisierungsziels sind. Die internen Marktregulierungen hingegen gehorchen im Wesentlichen den Verboten der Diskriminierung und des Protektionismus; sie sind normativ weicher reguliert, wodurch die Regulierungsautonomie und Souveränität der Mitgliedstaaten geschont werden (zu den Einzelheiten s. ausführlich Art. 34 AEUV, Rn. 141).

Eine Zollunion unterscheidet sich konzeptionell von einer Freihandelszone nicht im Hinblick auf ihre innere Dimension, sondern im Hinblick auf ihre äußere Dimension: Im Unterschied zur Freihandelszone verfügt die Zollunion über einen gemeinsamen Außenzoll. In einer Freihandelszone behalten sich Staaten grundsätzlich vor, ihre Außenzölle gegenüber Drittländern unabhängig voneinander festzulegen. Dies ist im Lichte ganz unterschiedlicher nationaler Interessen auch sinnvoll. Allerdings produziert dies

---

[10] Ausführlich *Haltern*, Europarecht, Rn. 1424 ff.

das Problem des Handelsablenkungseffekts. Handelsablenkung entsteht dadurch, dass ein Drittland Güterimporte in ein beliebiges Land der Freihandelszone über dasjenige Mitgliedsland abwickeln kann, dessen Protektionsschranken am niedrigsten sind. Der Exporteur zahlt dann geringe Protektionskosten, um sodann – aufgrund der Abschaffung von sämtlichen Handelsschranken innerhalb der Freihandelszone – kostenfrei in ein Land mit höheren Protektionskosten weiter zu exportieren. Um diese Umgehung zu verhindern, werden in Freihandelszonen häufig Ursprungsregeln (rules of origin) festgelegt. Allerdings ist diese Lösung sowohl problematisch als auch kostspielig. Erstens muss man weiterhin aufwändige und teure Grenzkontrollen durchführen. Zweitens werfen Ursprungsregeln schwierige Klassifizierungsfragen auf, die immer problematischer werden. Das zentrale Nervensystem der Weltwirtschaft ist nämlich nicht mehr der klassische Handel mit Rohstoffen oder Fertigprodukten von einem Land ins andere, sondern eine verschlungene Wertschöpfungskette multinationaler Unternehmen. Im Sektor der Industrieerzeugnisse existiert mittlerweile ein System global dezentralisierter Produktionsstätten und Zulieferer, das Halbfertigprodukte um die Welt schickt. Da zudem der Anteil importierter Bestandteile in Waren in den letzten 20 Jahren weltweit durchschnittlich von 20 % auf 40 % gestiegen ist, überqueren Halbfabrikate häufig mehrfach die nationalen Grenzen in verschiedenen Stadien der Produktion und verwischen dadurch ihre Herkunft.[11] Drittens muss Personal bereitgestellt werden, das die schwierigen Regeln für Klassifizierungen aufstellt, durchführt, kontrolliert und Verstöße sanktioniert. Viertens schließlich sind Ursprungsregeln aufgrund der Intransparenz und Komplexität eine mögliche, sogar eine wahrscheinliche Quelle verdeckter Protektion.

22 Daher ist die einfache, kostengünstigere und effektivere Lösung für das Problem der Handelsablenkung die Aufstellung eines gemeinsamen Außenzolls. Der gemeinsame Außenzoll verhindert die Möglichkeit der Zollumgehung durch Drittländer, es bedarf keiner Ursprungsregeln mehr. In der Europäischen Union wird dieser gemeinsame Außenzoll »Gemeinsamer Zolltarif« genannt, Art. 28 Abs. 1 a. E. AEUV. In Anbetracht der Ineffizienz, Intransparenz und Kosten von Ursprungsregeln ist zunächst überraschend, dass ungleich mehr Freihandelszonen mit Ursprungsregeln als Zollunionen mit gemeinsamen Außenzöllen existieren. Einsichtig wird dies dann, wenn man bedenkt, welch hohen Bedarf an politischer Entscheidungsfähigkeit und damit Konsens eine Zollunion besitzt: Der Preis des gemeinsamen Außenzolls besteht darin, dass den vertragschließenden Mitgliedstaaten die zollpolitische Autonomie genommen wird. Ein solcher Konsensbedarf übersteigt die tatsächlichen Konsensmöglichkeiten in den meisten Fällen. Während die meisten Freihandelszonen den Schritt zur Zollunion nicht effektiv zu gehen vermögen, existiert in der Europäischen Union ein ausreichender Konsens.

23 Art. 28 AEUV verweist nur in Absatz 2 auf das Verbot mengenmäßiger Beschränkungen und Maßnahmen gleicher Wirkung; dies ist regelungstechnisch unbefriedigend, der Verweis hätte in Absatz 1 gehört. Immerhin wird das Augenmerk dadurch das Verbot von Zöllen und Abgaben gleicher Wirkung gelenkt, das in den Artikeln 30 ff. AEUV wiederholt und konkretisiert wird. **Zölle** sind Abgaben, die beim körperlichen Verbringen einer Ware über eine Zollgrenze anfallen (ausführlich zum Zollbegriff s. Art. 30 AEUV, Rn. 9 f.). Früher konnten Staaten so ihre Einnahmen erhöhen und den Haushalt aufbessern (Finanzzoll/Fiskalzoll); dieser Einnahmezweck steht heute nicht

---

[11] Vgl. den Bericht des World Economic Forum aus dem Jahr 2012, http://reports.weforum.org/global-agenda-council–2012/ (30.3.2016).

mehr im Vordergrund. Vielmehr ist die Funktion eines Zolls die wirtschaftliche Lenkung (Wirtschaftszoll), insbesondere der Ausgleich von Preisunterschieden oder der Schutz ausgewählter inländischer Wirtschaftszweige. Ein Importzoll verteuert das zu verzollende Produkt auf dem Markt des Landes, in das die Ware verbracht wird. Es wird für den Verbraucher entweder unerschwinglich oder wenigstens teurer als das entsprechende inländisch hergestellte Produkt. Die überwiegenden Unionszölle sind Importzölle aus wirtschaftspolitischen Motiven, die auf den Warenwert abstellen.

Zölle sind vergleichsweise unsubtil und leicht zu entdecken. Dies gilt insbesondere für die Union. Dort ist der Begriff des Zolls nicht legaldefiniert, sondern dem EuGH zur Definition überlassen. Danach gelten als Zölle »Abgaben, die nach Maßgabe des Zolltarifs von der Warenbewegung über die Zollgrenze erhoben werden«[12] und als Zoll bezeichnet werden.[13] Die Bezeichnung als Zoll, die sich aus der Abgrenzung von den zollgleichen Abgaben in Art. 28 Abs. 1 und Art. 30 Satz 1 AEUV ergibt, lässt den Zoll unübersehbar werden. 24

Den gleichen Effekt wie den eines Zolls kann man freilich über **zollgleiche Abgaben** erzielen. Auch hier fallen Abgaben an der Grenze an, die das Produkt verteuern. Diese Abgaben werden aber nicht als Zoll erhoben, sondern als Verwaltungskosten, Lagerkosten, Prüfkosten, Kosten für gesundheitspolitische Untersuchungen usw. versteckt. Sowohl Zölle als auch Abgaben mit zollgleicher Wirkung sind zwischen den Mitgliedstaaten der Union verboten, Art. 28 und 30 AEUV. Es handelt sich dabei um ein **scharfes Beschränkungsverbot**, das (etwa im Unterschied zum Verbot mengenmäßiger Beschränkungen und Maßnahmen gleicher Wirkung, vgl. Art. 36 AEUV) keine Rechtfertigungsmöglichkeit kennt. In dieser Schärfe spiegelt sich die Bedeutung der Norm. 25

Die Bedeutung der Norm spiegelt sich auch in ihrer unmittelbaren Anwendbarkeit (s. Rn. 45). Diese führt dazu, dass private Wirtschaftsteilnehmer ihren materiellen Gehalt insbesondere vor mitgliedstaatlichen Gerichten einklagen können, Art. 267 AEUV. Die Individualisierung der Rechtsdurchsetzung freilich weist eine deutliche Querverbindung zum **Binnenmarkt** auf (dazu Art. 26 AEUV).[14] In der Binnenmarktpolitik existiert eine deutlich individualbezogene normative Agenda. Man konnte diese bereits in der Theorie des Ordoliberalismus auffinden, nach der es bei Wirtschaftsregulierung um die Regulierung von öffentlicher und privater Macht ging. Wirtschaftliche Rechte des Einzelnen sind dann ein normativer Wert für sich, denn sie stemmen sich gegen überbordende staatliche Macht und deren Missbrauch. Hier ist ein Spannungsverhältnis angelegt, in dem die Binnenmarktnormen nicht nur als Quelle für gemeinsame wirtschaftspolitische Maßnahmen, sondern auch als Quelle für Individualrechtsschutz angelegt sind.[15] Dem steht ein Binnenmarktverständnis gegenüber, das einen Gegensatz zur klassisch ökonomischen Sicht der internationalen Arbeitsteilung aufmacht, welche Effizienzunterschiede zwischen den Staaten fruchtbar macht. Den Binnenmarkt freilich charakterisieren größere Ambitionen. Er will die einzelnen Märkte der Mitgliedstaaten in einen großen Markt zusammenführen. Hierfür wird ein vergleichsweise großes Maß an Einheitlichkeit benötigt, sowohl was die Strukturen als auch was die Voraussetzungen angeht. Es liegt auf der Hand, dass dies jedenfalls teilweise einen Querstand zum ein- 26

---

[12] Vgl. BVerfGE 8, 260 (269).
[13] EuGH, Urt. v. 5.2.1976, Rs. 87/75 (Bresciani/Amministrazione delle finanze dello Stato), Slg. 1976, 129, Rn. 12.
[14] Zu den bedeutenden Unterschieden zwischen Binnenmarkt und anderen Integrationsmechanismen vgl. statt vieler *Haltern*, Europarecht, Rn. 1402 ff., 1416 ff.
[15] Zu letzterem etwa *Maduro*, ELJ 3 (1997), 55 ff. m. w. N.

fachen Ansatz der Handelsmaximierung hervorbringt: Während die Theorie und Praxis der internationalen Arbeitsteilung die Unterschiede zwischen Staaten kapitalisiert, will der Binnenmarkt die Unterschiede zwischen Staaten reduzieren. Selbstverständlich birgt solche Homogenität auch wirtschaftliche Vorteile. Doch gerade an diesem Punkt zeigt sich, dass es um mehr als um die Reduktion wirtschaftlicher Unterschiede geht. Binnenmarktpolitik ist auch, aber eben nicht nur, Wirtschaftspolitik. Der Gedanke, dass Wirtschaftsintegration im Wesentlichen ein Schritt in Richtung politische und kulturelle Integration ist, spielte von Beginn der europäischen Integration an eine große Rolle. Politikwissenschaftlich findet er sich prominent im Neofunktionalismus, der von überschreitenden Effekten (spill-over effects) in nicht wirtschaftliche Bereiche ausging.[16] Während diese Theorie jedenfalls in Reinform kaum noch vertreten wird, sind Echos nicht nur in der Theorie, sondern vor allem auch im politischen Diskurs deutlich vernehmbar.

27   Das letztgenannte Verständnis des Binnenmarktes zielt auf eine kollektiv unternommene und von der öffentlichen Hand ausgehende Regulierung der wirtschaftlichen Tätigkeit; das erstgenannte, individualrechtlich angereicherte Verständnis siedelt die Binnenmarktvorschriften auf der Habenseite individueller Handlungsmacht und gegen Zugriffe der öffentlichen Hand gerichteter Freiheit an. Diese Spannung ist im Wirtschaftsrecht keine neue, sondern verarbeitet die Reibung zwischen Kollektiv und Individuum, auf die die Rechtsordnung normativ reagieren muss. Eine deutliche Neigung ist in der Europäischen Union nicht per se feststellbar. Einerseits besitzt der Gedanke der freiheitsrechtlichen Finalität in einer zunehmend individualisierten politischen Imagination auch in der EU immer größere politische Macht. Andererseits lastet auf dem europäischen Binnenmarkt weiterhin der Druck nationalstaatlicher Maßnahmen zum Schutz der eigenen Marktinteressen, der durch Kompetenzzuweisungen an und Kompetenzzugriffe durch die Unionsinstitutionen austariert wird. Dies führt umstandslos in eine kollektive, hoheitliche, kompetenz- und damit machtbezogene Funktionalität der Binnenmarktnormen. Sie findet auch deutlichen Ausdruck in der Formulierung des Art. 26 Abs. 1 AEUV, wonach »[d]ie Union ... die erforderlichen Maßnahmen ... [erlässt]«. Die Zollunion, die wesentlicher und grundlegender Bestandteil des Binnenmarktes ist, spiegelt dies. Art. 28, 30 AEUV wirken einerseits deutlich individualrechtlich und stemmen sich mitgliedstaatlicher (Zoll-)Regulierung mit Hilfe subjektiver Rechte entgegen. Andererseits zeigt sich in den konkretisierenden Art. 32 und vor allem Art. 33 AEUV die kollektive Funktionalität.

II. Entwicklung der Europäischen Zollunion

28   Die Entwicklung der europäischen Zollunion fand in zwei Stufen statt: erstens dem Abbau der Binnenzölle zwischen den Mitgliedstaaten nach innen und der Errichtung eines gemeinsamen Zolltarifs nach außen, zweitens der Harmonisierung des Zollrechts. Die erste Stufe war zeitlich terminiert auf den Zeitraum bis zum 31.12.1969, konnte aber aufgrund der wirtschaftlichen Dynamik mit Beschleunigungsbeschlüssen auf den 1.7.1968 vorgezogen werden. Die zweite Stufe entwickelte die Tarifunion zu einer Zollrechtsunion und ist durch eine weitgehende Angleichung des Zollrechts gekennzeichnet. Dieses war zunächst unübersichtlich und fragmentiert in eine Vielzahl von

---

[16] *Haas*, Beyond the Nation-State. Functionalism and International Organization, 1964; *ders.*, The Uniting of Europe. Political, Social, and Economic Forces 1950–1957, 1968.

Rechtsnormen. Die anfängliche Festlegung des Gemeinsamen Zolltarifs und gemeinsamer Regeln zum Ursprung und zur Zollwertermittlung wurde durch zollrechtliche Richtlinien und vereinzelte Verordnungen in zahlreichen Bereichen, etwa Zollverfahren, Zollförmlichkeiten und Zollkontrollen sowie Zollschuld und Zollbürgschaft, ergänzt. Die Union verlegte sich sodann verstärkt auf den Erlass von Verordnungen statt von Richtlinien, um Ungenauigkeiten und Verzögerungen bei der Umsetzung zu vermeiden. Ein großer Fortschritt war die Verabschiedung des Zollkodex (ZK) 1992, der die zahllosen Einzelvorschriften zu einer einzigen, unmittelbar anwendbaren Rechtsgrundlage zusammenfasste.[17] Dessen Art. 247 ermächtigte die Kommission zum Erlass von Durchführungsverordnungen; die wichtigste dürfte die am 1.1.1994 in Kraft getretene ZK-DVO gewesen sein, die 913 Artikel und über 100 Anhänge enthielt. Zusammen mit dem Zollkodex handelte es sich um eine Harmonisierungsmaßnahme, die nach innen ausstrahlte, indem sie im Bereich des Zollrechts Konzepte des Allgemeinen Verwaltungsrechts der Union vorwegnahm,[18] und nach außen ausstrahlte, indem sie als Kodifikationsvorbild für zahlreiche Staaten diente. Ergänzt wurden diese Regeln durch bereichsspezifische Rechtsinstrumente, etwa Rechtsvorschriften zur Durchsetzung der Rechte des geistigen Eigentums,[19] zu Drogenausgangsstoffen,[20] zu Kulturgütern,[21] zur Überwachung von Barmitteln,[22] zur Marktüberwachung[23] sowie zum Schutz der Bürger und der Umwelt.[24]

Am 24.6.2008 trat der Modernisierte Zollkodex (MZK) in Kraft, der den Zollkodex umfassend neugestaltete. Er stellte konzise und übersichtliche Regeln zum Zollverfahren zur Verfügung, vereinfachte die Nutzbarmachung elektronischer Systeme und berücksichtigt zunehmend die Gefahrenabwehr. Seine Anwendung wurde jedoch weitgehend ausgesetzt. Zudem veröffentlichte die Kommission 2008 ihre »Strategie für die weitere Entwicklung der Zollunion«,[25] in der der Schutz der Union und die Förderung ihrer Wettbewerbsfähigkeit als Ziele der Zollunion festgelegt sind und die vom Rat angenommen wurde. Der Rechtsrahmen für die Zollunion hat mit dem Unionszollkodex (UZK) sowie den dazu erlassenen Verordnungen jüngst eine erhebliche Anpassung und Modernisierung erfahren. Die Neufassungen lösten zum 1.5.2016 ZK und ZK-DVO sowie den MZK als zentralen Normbestand des Unionszollrechts ab (Art. 286 Abs. 1 und 2 UZK; s. dazu auch Art. 29 AEUV, Rn. 3).

29

---

[17] VO (EWG) Nr. 2913/92 vom 12.10.1992 zur Festlegung des Zollkodex der Gemeinschaften, ABl. 1992, L 302/1.
[18] *Waldhoff*, in: Calliess/Ruffert, EUV/AEUV, Art. 28 AEUV, Rn. 20.
[19] VO (EG) Nr. 1383/2003 vom 22.7.2003 über das Vorgehen der Zollbehörden gegen Waren, die im Verdacht stehen, bestimmte Rechte geistigen Eigentums zu verletzen, und die Maßnahmen gegenüber Waren, die erkanntermaßen derartige Rechte verletzen, ABl. 2003, L 196/7.
[20] http://ec.europa.eu/enterprise/sectors/chemicals/documents/specific-chemicals/precursors/ (23.4.2016).
[21] VO (EG) Nr. 116/2009 vom 18.12.2008 über die Ausfuhr von Kulturgütern, ABl. 2009, L 39/1.
[22] VO (EG) Nr. 1889/2005 vom 26.10.2005 über die Überwachung von Barmitteln, die in die Gemeinschaft oder aus der Gemeinschaft verbracht werden, ABl. 2005, L 309/9.
[23] VO (EG) Nr. 765/2008 vom 9.7.2008 über die Vorschriften für die Akkreditierung und Marktüberwachung im Zusammenhang mit der Vermarktung von Produkten und zur Aufhebung der Verordnung (EWG) Nr. 339/93, ABl. 2008, L 218/30.
[24] Etwa VO (EG) Nr. 338/97 vom 9.12.1996 über den Schutz von Exemplaren wildlebender Tier- und Pflanzenarten durch Überwachung des Handels, ABl. 1997, L 61/1.
[25] Mitteilung der Kommission an den Rat, das Europäische Parlament und den Europäischen Wirtschafts- und Sozialausschuss: Strategie für die weitere Entwicklung der Zollunion vom 1.4.2008 KOM(2008) 169 endg.

30 Insgesamt ist die europäische Zollunion eine Erfolgsgeschichte. Dies drückt sich auch in Zahlen aus. Die Zollbehörden in der Union wickeln 17 % des Welthandels ab; dies entspricht 2 Mrd. Tonnen Waren pro Jahr im Wert von weit mehr als 3 Billionen EUR. Der Wert des EU-Außenhandels ist trotz der Finanzkrise allein zwischen 2004 und 2010 um fast 50 % gestiegen.[26] Diese Dynamik wird durch die Zollbehörden auf der Basis der unionalen Steuerung bewältigt. Gleichwohl gerät sie unter Druck, da sich innerhalb kurzer Zeit die Umfeldbedingungen für den Zoll ändern: neue Produktions- und Verbrauchsmuster entstehen, der weltweite Handel steigt an, Bedrohungen etwa durch Terrorismus, organisiertes Verbrechen und Umweltverschmutzung wachsen ebenso wie Risiken durch den Handel mit gefährlichen Gütern zunehmen. Zudem erhöht sich der Anteil der elektronischen Informationen massiv. Die Generaldirektion für Steuern und Zollunion der Kommission legt in dieser Hinsicht Programme auf (etwa »Zoll 2013« und »Fiscalis 2013«).

C. Anwendungsbereich und Wirkung

I. Zollgebiet

31 Das **Zollgebiet** definiert den räumlichen Geltungsbereich des Unionszollrechts.[27] Es wird durch Art. 3 ZK bzw. Art. 4 Unionszollkodex (UZK), der den ZK zum 1.5.2016 ersetzt hat (s. Art. 29 AEUV, Rn. 3), näher ausgeformt und deckt sich weitestgehend mit dem Geltungsbereich der Verträge (vgl. Art. 52 EUV, Art. 349, 355 AEUV). Allerdings gelten für zahlreiche Mitgliedstaaten nach Art. 3 Abs. 1 und 2 ZK bzw. nunmehr Art. 4 Abs. 1 und 2 UZK meist historisch gewachsene Besonderheiten; so auch für die Bundesrepublik Deutschland, da die Insel Helgoland und die Exklave Büsingen nicht zum Zollgebiet der Union gehören.[28] Art. 3 Abs. 3 ZK (der im UZK in Art. 4 Abs. 1 aufgegangen ist) stellt schließlich klar, dass die Küstenmeere, die innerhalb der Küstenlinie gelegenen Meeresgewässer und der Luftraum der entsprechenden Gebiete auch zum EU-Zollgebiet gehören.[29]

II. Warenbegriff

32 Als Teil des Titels II, »Der freie Warenverkehr«, ist Art. 28 AEUV in seinem Anwendungsbereich vom Begriff der Ware abhängig. Dies wird auch im Wortlaut von Art. 28 Abs. 1 AEUV deutlich, der die Zollunion auf den gesamten »Warenaustausch« erstreckt

---

[26] Mitteilung der Kommission an das Europäische Parlament, den Rat und den Europäischen Wirtschaft- und Sozialausschuss über den Zustand der Zollunion vom 21.12.2012, KOM(2012) 791 endg., http://ec.europa.eu/taxation_customs/resources/documents/common/publications/com_reports/customs/com%282012%29791_de.pdf (30.3.2016).
[27] S. zum Ganzen auch *Rogmann*, ZfZ 1996, 194; *Kamann*, in: Streinz, EUV/AEUV, Art. 28 AEUV, Rn. 10; *Terhechte*, in: Schwarze, EU-Kommentar, Art. 28 AEUV, Rn. 14 ff.; *Voet van Vormizeele*, in: GSH, Europäisches Unionsrecht, Art. 28 AEUV, Rn. 12 ff.; *Waldhoff*, in: Calliess/Ruffert, EUV/AEUV, Art. 28 AEUV, Rn. 10; *Weymüller*, in: Dorsch, Zollrecht, Art. 3 ZK (September 2013), Rn. 1 ff.; *Witte*, in: ders., Zollkodex, Art. 3, Rn. 1 ff.
[28] Zu den Ausnahmen s. auch den Überblick bei *Weymüller*, in: Dorsch, Zollrecht, Art. 3 ZK (Mai 2013), Rn. 19 ff.; *Witte*, in: ders., Zollkodex, Art. 3, Rn. 4 ff.
[29] Zu den Einzelheiten s. *Weymüller*, in: Dorsch, Zollrecht, Art. 3 ZK (September 2013), Rn. 93 ff.; *Witte*, in: ders., Zollkodex, Art. 3, Rn. 47 ff.

und beschränkt. Der Begriff der Ware wird in den Verträgen nicht legaldefiniert. Dies gab dem EuGH die Gelegenheit, den Warenbegriff anhand einer umfassenden Kasuistik zu zwei unterschiedlichen Rechtsprechungsfallgruppen schrittweise zu entwickeln: zum einen der Auslegung von Zollvorschriften, da nur Waren Zöllen unterliegen, und zum anderen der Zuordnung einer wirtschaftlichen Aktivität zur Warenverkehrsfreiheit. Dadurch hat sich ein einheitlicher Warenbegriff für das gesamte Unionsrecht entwickelt, der mittlerweile zum ganz gefestigten Rechtsprechungsbestand des EuGH zu zählen ist.

Nach der frühzeitig entwickelten Definition des EuGH sind unter dem Begriff der Ware grundsätzlich alle körperlichen Gegenstände zu verstehen (1.), die einen Geldwert haben (2.) und daher Gegenstand eines Handelsgeschäfts sein können (3.).[30] Dies zeigt, dass der EuGH vor allem im Hinblick auf die Grundfreiheit von einem weiten Warenbegriff ausgeht, der sich jedoch an Einzelfällen erst weiter konkretisieren musste. 33

1. Körperlicher Gegenstand

Bei Waren handelt es sich grundsätzlich nur um körperliche Gegenstände.[31] Darunter fallen auch **Tiere**[32] und **Tiersamen**.[33] Darüber hinaus hat der EuGH im Bereich der Warenverkehrsfreiheit **elektrische Energie** – u. a. mit Hinweis auf die entsprechenden Zollvorschriften – als Ware anerkannt.[34] Immaterielle Wirtschaftsgüter wie **Patent-**[35] und **Urheberrechte**[36] können die Beeinträchtigung des Warenverkehrs rechtfertigen, stellen aber selbst keine Waren dar.[37] In der Regel wird aber der durch das Patent- oder Urheberrecht geschützte Gegenstand als Ware anzusehen sein. Ebenfalls als Waren anzusehen sind Stoffe in nicht festem Aggregatszustand wie **Öl,**[38] **Wasser und Gas.**[39] Der Transport nicht fester Stoffe wie Öl unterliegt auch dann den Vorschriften über den freien Warenverkehr, wenn er mittels Rohrleitungen erfolgt.[40] 34

---

[30] EuGH, Urt. v. 10.12.1968, Rs. 7/68 (Kommission/Italien (Kunstschätze)), Slg. 1968, 617; das Körperlichkeitskriterium wurde eingeführt mit EuGH, Urt. v. 14.7.1977, Rs. 1/77 (Bosch GmbH/Hauptzollamt Hildesheim), Slg. 1977, 1473, Rn. 4.

[31] St. Rspr. EuGH, Urt. v. 11.7.1985, verb. Rs. 60/84 u. 61/84 (Cinéthèque/Fédération nationale des cinémas français), Slg. 1985, 2605, Rn. 10; Urt. v. 14.7.1977, Rs. 1/77 (Bosch GmbH/Hauptzollamt Hildesheim), Slg. 1977, 1473, Rn. 4; Urt. v. 24.3.1994, Rs. C–275/92 (H.M. Customs and Excise/Schindler), Slg. 1994, I–1039, Rn. 21 ff.

[32] EuGH, Urt. v. 3.12.1998, Rs. C–67/97 (Bluhme), Slg. 1998, I–8033, Rn. 15 ff.

[33] EuGH, Urt. v. 5.10.1994, Rs. C–323/93 (Centre d'insémination de la Crespelle/Coopérative de la Mayenne), Rn. 29.

[34] EuGH, Urt. v. 15.7.1964, Rs. 6/64 (Costa/E.N.EL.), Slg. 1964, 1141; Urt. v. 27.4.1994, Rs. C–393/92 (Gemeente Almelo u. a./Energiebedrijf IJsselmij), Slg. 1994, I–1477, Rn. 28; Urt. v. 23.10.1997, Rs. C–158/94 (Kommission/Italien), Slg. 1997, I–5789, Rn. 17; Urt. v. 13.3.2001, Rs. C–379/98 (PreussenElektra), Slg. 2001, I–2099.

[35] EuGH, Urt. v. 30.6.1988, Rs. 35/87 (Thetford/Fiamma), Slg. 1988, 3585, Rn. 10 ff.; s. auch EuGH, Urt. v. 14.7.1977, Rs. 1/77 (Bosch GmbH/Hauptzollamt Hildesheim), Slg. 1977, 1473, Rn. 4.

[36] EuGH, Urt. v. 20.1.1981, verb. Rs. 55/80 u. 57/80 (Musik-Vertrieb Membran GmbH/GEMA), Slg. 1981, 147, Rn. 8.

[37] EuGH, Urt. v. 21.10.1999, Rs. C–97/98 (Jägerskiöld), Slg. 1999, I–7319, Rn. 38; a. A. *Frenz*, Handbuch Europarecht, Band 1, Rn. 680.

[38] EuGH, Urt. 10.7.1984, Rs. 72/83 (Campus Oil), Slg. 1984, 2727, Rn. 15 ff.; Urt. v. 7.2.1985, Rs. 240/83 (Procureur de la République/ADBHU), Slg. 1985, 531.

[39] *Terhechte*, in: Schwarze, EU-Kommentar, Art. 28 AEUV, Rn. 21.

[40] EuGH, Urt. v. 16.3.1983, Rs. 266/81 (SIOT/Ministero delle finanze), Slg. 1983, 731, Rn. 14 ff.; die Bereitstellung eines Leitungssystems als Dienstleistung einordnend: *Terhechte*, in: Schwarze, EU-Kommentar, Art. 28 AEUV, Rn. 21.

2. Geldwerter Gegenstand

35 Im grundlegenden **Kunstschätze**-Fall 1968[41] entschied der EuGH, dass Waren einen Geldwert haben und gerade deshalb Gegenstand von Handelsgeschäften sein können. Italien hatte argumentiert, der Zoll diene dazu, Kunstschätze im Land zu halten; die Kunstschätze besäßen einen künstlerischen und kulturellen, nicht aber einen wirtschaftlichen Wert. Damit handele es sich nicht um Waren im Sinne des Unionsrechts. Der Gerichtshof schloss sich diesem Argument nicht an, da (natürlich) auch künstlerische Werke einen wirtschaftlichen Wert besäßen. Italien hatte den wirtschaftlichen Wert der Kunstschätze ja auch selbst berechnet, um eine angemessene Zollhöhe bestimmen zu können (s. Art. 30 AEUV, Rn. 7f.).

36 Ähnlichen Exkulpationsversuchen hat der EuGH auch bei **Abfällen** eine Abfuhr erteilt. Die von einem Mitgliedstaat in einen anderen oder innerhalb eines Mitgliedstaates von einer Region in eine andere verbrachten Abfälle, seien diese rückführbar und wiederverwertbar oder nicht, unterfallen demnach ebenfalls dem Warenbegriff.[42] Das Kriterium des geldwerten Gegenstandes wurde daher erheblich aufgeweicht und es kommt nicht mehr entscheidend auf die Natur des erstrebten Handelsgeschäftes an.[43]

3. Gegenstand eines Handelsgeschäfts

37 Der Warenverkehr in der EU ist zwar überwiegend gewerblicher Natur. Die Feststellung des EuGH, dass es sich bei Waren um Gegenstände handelt, die das Objekt von Handelsgeschäften sein können, schließt jedoch keinesfalls aus, dass sich auch Private am grenzüberschreitenden Verkehr beteiligen. Der EuGH hat ausdrücklich festgestellt, dass der freie Warenverkehr nicht nur für den gewerblichen Handel, sondern auch für Privatpersonen gilt.[44] Demnach sind auch **Arzneimittel**, die von einer Privatperson zum persönlichen Gebrauch eingeführt werden, Waren im Sinne des Unionsrechts.[45] Das Kriterium hat aufgrund der Ausdehnung durch den EuGH kaum noch eine eigenständige Bedeutung.

4. Grenzfälle

a) Leichen, Föten und embryonale Stammzellen

38 Trotz des weiten Begriffsverständnisses wird angenommen, dass Leichen, Föten und embryonale Stammzellen aus ethischen Gründen nicht als Waren angesehen werden könnten.[46] Die Kommission hatte sich auf Anfrage eines Abgeordneten dahingehend geäußert, dass der Handel mit toten Föten oder Fötalstoffen dem nationalen Recht unterliege und auch Transport oder Zollabfertigung dieser Stoffe nicht von den Unionsvorschriften erfasst seien.[47]

---

[41] EuGH, Urt. v. 10.12.1968, Rs. 7/68 (Kommission/Italien (Kunstschätze)), Slg. 1968, 617.
[42] EuGH, Urt. v. 9.7.1992, Rs. C–2/90 (Kommission/Belgien), Slg. 1992, I–4431, Rn. 24 ff.
[43] EuGH, Urt. v. 28.3.1995, Rs. C–324/93 (The Queen/Secretary of State for the Home Department, ex parte Evans Medical und Macfarlan Smith), Slg. 1995, I–563, Rn. 20.
[44] EuGH, Urt. v. 7.3.1990, Rs. 362/88 (GB-INNO-BM/Confédération du Commerce Luxembourgeois), Slg. 1990, I–667, Rn. 8.
[45] EuGH, Urt. v. 7.3.1989, Rs. 215/87 (Schumacher/Hauptzollamt Frankfurt am Main-Ost), Slg. 1989, 617, Rn. 7 ff.
[46] *Müller-Graff*, in: GSH, Europäisches Unionsrecht, Art. 34 AEUV, Rn. 270; *Terhechte*, in: Schwarze, EU-Kommentar, Art. 28 AEUV, Rn. 22.
[47] Antwort der Europäischen Kommission auf die schriftliche Anfrage Nr. 442/85 des Abgeordneten *John Marshall*, ABl. 1985, C 263/19.

Zwar ist dem insoweit zuzustimmen, als dass Art. 34 AEUV, dessen Zweck ja gerade 39
der Abbau von Handelshemmnissen ist, keine Anreize für einen Handel mit ethisch
umstrittenen Gütern bieten muss. Allerdings ergibt sich in der Praxis durchaus ein Regelungsbedarf, da der Markt Leichen, Föten und embryonalen Stammzellen durchaus
einen Wert und damit Handelsfähigkeit zuspricht. Die Regelungshoheit dessen darf
nicht allein den Nationalstaaten überlassen werden. Dieser Handel kann mit der notwendigen Sensibilität auf Grundlage der Regelungstechnik der Grundfreiheiten wieder
eingehegt werden. Zwischen dem sachlichen Anwendungsbereich der Warenverkehrsfreiheit, der insoweit weiter ist, und dem zollrechtlichen Warenbegriff muss kein vollständiger Gleichlauf bestehen. Dies ist in der unterschiedlichen Regelungstechnik der
jeweiligen Rechtsgebiete begründet. Die Zollvorschriften erfassen bereits tatbestandlich nur diejenigen Waren, die legal in die Union eingeführt oder ausgeführt werden
dürfen. Die Warenverkehrsfreiheit unterscheidet demgegenüber zwischen sachlichem
Anwendungsbereich und Ausnahme. Aufgrund der mehrstufigen Regelungstechnik der
Grundfreiheiten ist es möglich, einen Gegenstand in den sachlichen Anwendungsbereich der Warenverkehrsfreiheit einzubeziehen, ihn gleichwohl einer Ausnahme zu
unterwerfen und somit im Ergebnis einen Gleichlauf mit dem Zollrecht herbeizuführen.
Daher sind auch Leichen, Föten und embryonale Stammzellen als Waren anzusehen.
Ethische Bedenken, solche Gegenstände in den grenzüberschreitenden Verkehr zu bringen, sind unter die Ausnahmen der Warenverkehrsfreiheit zu fassen.[48]

b) Betäubungsmittel und Falschgeld

Nach der Rechtsprechung des EuGH unterliegen illegal in das Unionsgebiet eingeführte 40
Betäubungsmittel keiner Zollschuld.[49] Eine Zollschuld könne nur entstehen, sofern der
jeweilige Gegenstand legal in den Wirtschaftskreislauf eingebracht werden dürfte. Die
Einfuhr von Betäubungsmitteln, die nur Anlass zu Strafverfolgungsmaßnahmen bieten
könne, stände jedoch zu den Zielen der Union in keiner Beziehung.[50] Mit Blick auf die
Anwendbarkeit der Zollvorschriften differenziert der EuGH also zwischen legal und
illegal eingeführten Betäubungsmitteln. Überträgt man diese Unterscheidung auf die
Warenverkehrsfreiheit, sind Betäubungsmittel als Waren einzustufen aber, sofern sie
nicht medizinischen oder wissenschaftlichen Zwecken dienen, den Ausnahmen des
Art. 36 AEUV (Schutz der öffentlichen Ordnung) bzw. den zwingenden Gründen des
Allgemeinwohls (s. Art. 36 AEUV, Rn. 16, 55 ff.) unterworfen.

Das gleiche gilt für das Einschmuggeln von **Falschgeld**.[51] 41

c) Waren von besonderer Bedeutung für ein Land oder dessen Wirtschaft

Auch Waren, die für das Leben oder die Wirtschaft eines Mitgliedstaates von besonderer 42
Bedeutung sind, werden vom sachlichen Anwendungsbereich der Warenverkehrsfrei-

---

[48] Ebenso *Epiney*, in: Ehlers, Grundrechte und Grundfreiheiten, § 8, Rn. 11; *Kingreen*, in: Calliess/
Ruffert, EUV/AEUV, Art. 34–36 AEUV, Rn. 121; *Leible/T. Streinz*, in: Grabitz/Hilf/Nettesheim, EU,
Art. 34 AEUV (August 2015), Rn. 30.
[49] EuGH, Urt. v. 5.2.1981, Rs. 50/80 (Horvath/Hauptzollamt Hamburg-Jonas), Slg. 1981, 385,
Rn. 13; Urt. v. 26.10.1982, Rs. 221/81 (Wolf/Hauptzollamt Düsseldorf), Slg. 1982, 3681, Rn. 12.
[50] EuGH, Urt. v. 26.10.1982, Rs. 221/81 (Wolf/Hauptzollamt Düsseldorf), Slg. 1982, 3681,
Rn. 13; sowie EuGH, Urt. v. 26.10.1982, Rs. 240/81 (Einberger/Hauptzollamt Freiburg), Slg. 1982,
3699, Rn. 13.
[51] EuGH, Urt. v. 6.12.1990, Rs. C–343/89 (Witzemann/Hauptzollamt München-Mitte), Slg. 1990,
4477, Rn. 14.

heit erfasst. So entschied der EuGH, dass eine nationale Vorschrift, die die Importeure von Erdöl dazu verpflichtet, einen gewissen Prozentsatz ihres Bedarfs bei einem inländischen Lieferanten zu decken, an der Warenverkehrsfreiheit zu messen sei.[52]

d) Fehlerhafte Produkte

43 Es ist vorgeschlagen worden, fehlerhafte Produkte aus dem Anwendungsbereich der Warenverkehrsfreiheit auszuklammern.[53] Auch dies ist abzulehnen. Den Bedürfnissen des Verbraucher- und Gesundheitsschutzes kann im Rahmen der zulässigen nationalen Ausnahmen hinreichend Rechnung getragen werden. Eine Verengung des Anwendungsbereichs ist nicht geboten.

5. Warenherkunft (Art. 28 Abs. 2 AEUV)

44 Des Weiteren muss es sich für die Eröffnung des Anwendungsbereichs bei der betreffende Ware um eine **Unionsware** oder um eine **Drittlandsware** (Art. 28 Abs. 2 AEUV), die sich im freien Verkehr der Union befindet (zur Definition in Art. 29 AEUV s. dort, Rn. 6 ff.), handeln.

III. Unmittelbare Anwendbarkeit

45 Die grundlegende Bedeutung des Art. 28 AEUV für den europäischen Integrationsprozess, machte es erforderlich dem Bürger die Durchsetzung der darin enthaltenen Verbote mit zu überantworten, weshalb Art. 28 AEUV schon frühzeitig vom EuGH für **unmittelbar anwendbar** erklärt wurde.[54] Der EuGH liest Art. 28 AEUV insoweit meist gemeinsam mit Art. 30 AEUV (zu dessen unmittelbarer Anwendbarkeit s. Art. 30 AEUV, Rn. 3) bzw. der jeweils betroffenen Vorschrift.

D. Völkerrechtliche Einbindung

I. Einbindung in das GATT

1. EU als WTO-Mitglied

46 Die Zollunion existiert in einem komplexen internationalen Rechts- und Wirtschaftszusammenhang. Von besonderer Bedeutung ist hierbei das GATT. Die Europäische Union ist Mitglied der WTO, Art. XI Abs. 1 WTO-Übereinkommen.

47 Dies ist allerdings der Endpunkt einer nicht ganz unkomplizierten Entwicklung. Im GATT 1947 bestand eine Übergangsregelung. Danach kam der Europäischen Gemeinschaft aufgrund der fortschreitenden Kompetenzübertragungen durch die Mitgliedstaaten im Bereich der Außenwirtschaft bereits de facto ein Status als Vertragspartei zu. Bereits vor der Gründung der WTO bestand Einigkeit darüber, dass die Gemeinschaft die Verpflichtungen ihrer Mitgliedstaaten aus dem GATT 1947 übernommen hatte und spätestens seit Inkrafttreten des Gemeinsamen Zolltarifs im Jahre 1968 in ihrem Zuständigkeitsbereich selbst an die Vorschriften des GATT gebunden war. »Bei der Über-

---

[52] EuGH, Urt. 10. 7. 1984, Rs. 72/83 (Campus Oil), Slg. 1984, 2727, Rn. 17.
[53] *Gausepohl*, Freier Warenverkehr für fehlerhafte Produkte?, 2000, S. 131.
[54] EuGH, Urt. v. 1. 7. 1969, verb. Rs. 2/69 u. 3/69 (Sociaal Fonds voor de Diamantarbeiders/Brachfeld u. a.), Slg. 1969, 211, Rn. 11/14.

tragung dieser Befugnisse auf die Gemeinschaft haben die Mitgliedstaaten ihren Willen erkennen lassen, die Gemeinschaft an die aufgrund des GATT eingegangenen Verpflichtungen zu binden.«[55] Die EG trat als Partei in den im Rahmen des GATT zu führenden Verhandlungen auf, die Kommission (üblicherweise der Kommissar für Handel) führte die Verhandlungen. Bei Abstimmungen übte entweder die EG ihr Stimmrecht aus (und verfügte dann über so viele Stimmen, wie sie Mitgliedstaaten hatte), oder die EG-Mitgliedstaaten stimmten selbst ab, wodurch eine Stimmabgabe durch die EG ausgeschlossen war.

Ab Inkrafttreten des WTO-Übereinkommens am 1.1.1995 waren zunächst sowohl die Europäische Gemeinschaft als auch die einzelnen Mitgliedstaaten Mitglieder der WTO, nicht jedoch die Europäische Union, die 1995 mangels Völkerrechtssubjektivität nicht als WTO-Mitglied in Betracht kam. Heftig umstritten zwischen der Europäischen Kommission und den Mitgliedstaaten der EG war bei Abschluss der Uruguay-Runde die Frage, ob die Kompetenz zum Beitritt zur WTO ausschließlich bei der EG lag oder ob es sich um eine geteilte Kompetenz von EG und Mitgliedstaaten handelte. Hintergrund des Streits war die Reichweite des damaligen Art. 113 EGV (jetzt Art. 207 AEUV), wonach die EG im Bereich der Gemeinsamen Handelspolitik über eine ausschließliche Zuständigkeit verfügte. Im WTO-Gutachten 1/94 entschied der EuGH, dass die EG zwar ausschließlich für den Warenhandel zuständig sei, in den Bereichen der Dienstleistungen (GATS) und der handelsbezogenen Aspekte geistigen Eigentums (TRIPS-Übereinkommen) jedoch in erster Linie die Mitgliedstaaten zuständig seien.[56] Die EG und ihre Mitgliedstaaten mussten daher das WTO-Übereinkommen gemeinsam abschließen, es handelt sich um ein sog. gemischtes Abkommen.

48

Seit Inkrafttreten des Vertrages von Lissabon mit Wirkung zum 1.12.2009 hat sich die Völkerrechtssubjektivität der Europäischen Union grundlegend geändert. Nach Art. 1 Abs. 3 Satz 3 des EUV in der Fassung des Vertrages von Lissabon ist die EU – jetzt vollwertiges Völkerrechtssubjekt (Art. 47 EUV) – Rechtsnachfolgerin der EG geworden und an ihre Stelle getreten. Diese Rechtsnachfolge hat auf Ebene der WTO unmittelbar zur Mitgliedschaft der Europäischen Union in der WTO geführt. Die WTO hat diese Rechtsnachfolge akzeptiert; die EG wird seither nicht mehr in der Mitgliederliste geführt.

49

2. Verhältnis von regionaler und globaler Wirtschaftsintegration

Damit ist die Union als fortgeschrittenes System regionaler Wirtschaftsintegration eingebunden in ein weniger fortgeschrittenes System globaler Wirtschaftsintegration. Das Verhältnis von regionaler und globaler Wirtschaftsintegration ist kein einfaches.[57] Einerseits ist regionale Wirtschaftsintegration wirtschaftspolitisch wünschenswert, da sie, wenigstens auf regionaler Ebene, zu einem Abbau von Handelshemmnissen und damit zu größerer Wohlfahrt führt. Natürlich ist es auch wünschenswert, wenigstens regionale wirtschaftsintegrative Fortschritte zu erzielen als gar keine, wenn nämlich die globalen Integrationsinstrumente (wie etwa die WTO) blockiert sein sollten. Dies gilt umso mehr, als regionale Integration auch der globalen Wirtschaft Wachstumsimpulse verleiht. Zu-

50

---

[55] EuGH, Urt. v. 12.12.1972, verb. Rs. 21/72 bis 24/72 (International Fruit Company u.a./Produktschap voor Groenten en Fruit), Slg. 1972, 1219, Rn. 14/18.
[56] EuGH, Gutachten 1/94 v. 15.11.1994 (WTO), Slg. 1994, I–5267.
[57] Zum Folgenden bereits *Haltern*, Internationales Wirtschaftsrecht, in: Ipsen (Hrsg.), Völkerrecht, 2014, S. 599 f.

dem tendieren regionale Zusammenschlüsse häufig zur Erweiterung, wie man am Beispiel der EU studieren kann. Die EU hat heute nicht nur weitaus mehr Mitgliedstaaten als während ihrer Gründung, sondern ist auch durch ein umfangreiches Netz von weiteren Handelsabkommen mit anderen Staaten verbunden. Auch wird argumentiert, dass die Erfahrung des Verhandelns und Umsetzens von Handelszugeständnissen im regionalen Rahmen Vorbild- und Stimulanzfunktion für die globale Ebene habe: Wer in der NAFTA nicht tarifäre Handelshemmnisse abbaue, werde dies auch im Rahmen der WTO tun; jedenfalls könne die WTO von den regionalen Erfahrungen lernen. Dies ist freilich umstritten.[58] Schließlich profitieren gerade kleinere oder schwächere Staaten, v. a. Entwicklungsländer, von regionaler Integration, da sie durch gemeinsame Strategien und politischen Konsens auf regionaler Ebene in der Lage sind, ihre Interessen auch auf globaler Ebene (etwa im Rahmen der WTO) besser zu vertreten.

51   Andererseits liegen die Nachteile regionaler Wirtschaftsintegration auf der Hand. Erstens führt sie automatisch zu Diskriminierungen und damit zur Außerkraftsetzung wichtiger globaler Regeln, wie etwa der Meistbegünstigung und der Inländergleichbehandlung der WTO.[59] Zweitens hat regionale Wirtschaftsintegration auch die Verstärkung regionaler Handelsströme (Binnenhandel) und eine Reduktion globaler Handelsströme (Außenhandel) zur Konsequenz: Es geht ihr ja gerade um Handelsumlenkung. Dies trifft insbesondere auf die Union zu: Der EU-interne Warenhandel übersteigt den EU-Außenwarenhandel um das Zweieinhalbfache. Diese Handelsumlenkung trifft häufig die Entwicklungsländer nachteilig. Drittens führt das sich überlappende Durcheinander unterschiedlicher und zum Teil widersprüchlicher Handelsregeln zu dem, was man »spaghetti bowl«-Phänomen nennt. Für Staaten und besonders für private Handeltreibende wird es häufig problematisch, die Regeln zu erkennen, nach denen sich das Handelsgeschäft richtet. Viertens könnte fortschreitende Regionalintegration dazu führen, dass Globalintegration zunehmend unwichtiger wird, so dass es zu noch schwierigeren Verhandlungsspielen auf universeller Ebene und damit zu noch größeren Hürden etwa bei den Verhandlungen im Rahmen der WTO kommt. Hier liegt wohl eine deutliche Tendenz der gegenwärtigen Entwicklung, nachdem die G8 im Juni 2010 bilaterale und regionale Handelsabkommen auf dieselbe Stufe wie die Doha-Runde der WTO gestellt haben.[60]

52   Die WTO erkennt präferentielle Regionalabkommen, insbesondere Freihandelszonen und Zollunionen, als »wünschenswert« an, solange sie dem Ziel dienen, den Handel zwischen den teilnehmenden Gebieten zu erleichtern, nicht aber dem Handel anderer Vertragsparteien mit diesem Gebiet Schranken zu setzen (Art. XXIV:4 GATT 1947, s. weiter Art. XXIV:5–8 GATT 1947). Die Feinarbeit ist den Streitschlichtungsorganen überlassen. Der Panel-Bericht im Fall Turkey – Restrictions on Imports of Textile and Clothing Products[61] hat sich einer generellen Überprüfung der Vereinbarkeit von präferentiellen Handelsabkommen (im konkreten Fall ging es um das Assoziierungsabkommen zwischen der Türkei und der EU) enthalten. Der Appellate Body hat sich hiervon in einem obiter dictum distanziert.[62] In Anbetracht des in der WTO vorherrschenden Prag-

---

[58] Ein Austausch der Argumente findet sich etwa bei *Schott*, Free Trade Agreements: Boon or Bane of the World Trading System?, S. 13; dagegen etwa *de Jonquières*, Comment, ebd., 31. Vgl. auch *Weiler*, S. 757 f.
[59] Pointiert dazu *Bhagwati*.
[60] NZZ v. 28. 6. 2010, S. 1.
[61] WTO Doc. WT/DS34/R (May 31, 1999), Rn. 9, 52 ff.
[62] WTO Doc. WT/DS34/AB/R (October 22, 1999), Rn. 58 f.

matismus und der daraus resultierenden wachsenden Zahl von Präferenzabkommen sind die Streitschlichtungsorgane die einzigen Gremien, die das, was von nicht diskriminierenden, durch die Meistbegünstigungsklausel angeleiteten, multilateralen Handelsregeln übrig ist, retten können.[63]

Selbstverständlich entspricht die Union den im GATT für Zollunionen festgelegten Anforderungen; hätte es noch Zweifel gegeben, wären diese spätestens mit dem Beitritt der Union ausgeräumt. Die Union geht aber in Quantität und Qualität der Integration weit darüber hinaus; sie beseitigt weitgehend die nach GATT zulässigen Beschränkungen des Binnenhandels für in den freien Verkehr überführte Drittlandswaren und hat selbst die Verbrauchsteuern teilweise aneinander angeglichen. Mit der Vollendung des Binnenmarktes und der Herstellung der Wirtschafts- und Währungsunion ist der Abstand zur Zollunion noch größer geworden.[64]

53

II. Festsetzung des GZT

Zur Festsetzung des Gemeinsamen Zolltarifs s. Art. 31 AEUV, Rn. 9 f.

54

III. Drittstaatenbeziehungen

Beziehungen zu Drittstaaten im Zollbereich betreffen die **Außenperspektive der Zollunion** (s. Rn. 9) und sind Teilelement des Verhältnisses der Zollunion zum Zollvölkerrecht (s. Rn. 46 ff.). Maßgeblich dafür sind die **Vorschriften für die gemeinsame Handelspolitik der Union, Art. 206 ff. AEUV**.[65]

55

Die Vorteile des Gemeinsamen Zolltarifs wurden durch eine umfassende Politik der Expansion durch die Einräumung von Präferenzen zugunsten von Drittstaaten[66] – v. a. als Vorstufe zu möglichen Beitritten zur Union[67] – ganz erheblich relativiert. Ziel ist es, Anrainerstaaten einzubeziehen (vgl. insbesondere Art. 10 EWR) und Entwicklungsländer zu fördern.[68] Einerseits wird dadurch die Dynamik und Ausstrahlungskraft der Zollunion als »Handelsblock«[69] bewiesen, andererseits unterliegt die Zollunion eben durch die angesprochene Präferenzpolitik in ihrer Substanz einem schleichenden Erosionsprozess.[70] Dies wird deutlich, wenn man bedenkt, dass der Anteil der zu verzollenden Drittlandseinfuhren in den letzten 30 Jahren auf 40 % abgesunken ist.[71]

56

---

[63] *Mavroidis*, S. 583 ff.
[64] Vgl. *Lux*, in: Lenz/Borchardt, EU-Verträge, Art. 28 AEUV, Rn. 8.
[65] S. auch EuGH, Urt. v. 26.3.1987, Rs. 45/86 (Kommission/Rat), Slg. 1987, 1493.
[66] Dazu *Lux/Sack*, in: Dauses, Handbuch des EU-Wirtschaftsrechts, Abschnitt C. II., April 2008, Rn. 47.
[67] Für die Türkei s. 64/732/EWG Beschluss des Rates vom 23.12.1963 über den Abschluss des Abkommens zur Gründung einer Assoziation zwischen der Europäischen Wirtschaftsgemeinschaft und der Türkei, ABl. 1964, P 217/3685.
[68] *Lux/Sack*, in: Dauses, Handbuch des EU-Wirtschaftsrechts, Abschnitt C. II., April 2008, Rn. 48.
[69] *Voet van Vormizeele*, in: GSH, Europäisches Unionsrecht, Art. 28 AEUV, Rn. 25.
[70] *Waldhoff*, in: Calliess/Ruffert, EUV/AEUV, Art. 28 AEUV, Rn. 14.
[71] *Voet van Vormizeele*, in: GSH, Europäisches Unionsrecht, Art. 28 AEUV, Rn. 24.

E. Zollverwaltung durch die Mitgliedstaaten

57 Während die Zollunion in die ausschließliche Zuständigkeit der Union fällt, Art. 3 Abs. 1 Buchst. a AEUV, liegt die Verantwortung für die Umsetzung der Zollvorschriften indessen mit wenigen Ausnahmen[72] bei den Mitgliedstaaten.

58 Die Zollverwaltung ist durchaus keine leichte Aufgabe. Die Union verfügt über 250 internationale Flughäfen, die Landgrenze ist fast 10.000 km lang und hat mehr als 130 handelsrelevante Grenzübertrittsstellen für den Straßen- und Schienenverkehr. Über 90 % der gehandelten Waren – das entspricht 8,4 Mrd. Tonnen – werden auf dem Seeweg befördert, 20 % der Waren werden in der Union gelöscht. Insgesamt verfügt die EU-Außengrenze (Land, Luft, See) über mehr als 1000 Eingangszollstellen. Die Zollbehörden bearbeiteten im Jahr 2011 36 Mio. Vorabanmeldungen für Fracht, 140 Mio. Einfuhranmeldungen, 96 Mio. Ausfuhranmeldungen und 9 Mio. Versandanmeldungen, im Durchschnitt fast neun Anmeldungen pro Sekunde.[73]

59 Notwendig sind daher umfassende Regelungen über die Zusammenarbeit der Zollverwaltungen, soll ein einheitlicher und gleichmäßiger Vollzug europaweit gewährleistet sein. Allein um Wettbewerbsverzerrungen zu verhindern, müssen Vollzugsunterschiede unterbunden werden. Dies bedarf der Gewähr einheitlicher Anwendung. Art. 4 Abs. 3 AEUV, das Prinzip der Unionstreue, ist wohl zu unspezifisch, um eine detaillierte Feinsteuerung zu ermöglichen. In Anbetracht des Fehlens von Durchgriffsrechten der Kommission auf die vollziehenden mitgliedstaatlichen Zollbehörden, eine »offene Flanke« der Zollunion,[74] die auch in der ZK-DVO nicht geschlossen wird, kommt es entscheidend auf den Informationsaustausch zwischen den beteiligten Verwaltungsstellen an.[75]

60 Die governance-Struktur ist daher außerordentlich komplex. Sie beruht zwar auf einer fast durchgängig gemeinsamen rechtlichen Grundlage und einer gemeinsamen Politik, wird aber von 28 mitgliedstaatlichen Verwaltungen umgesetzt. Dies hat zu einer europäischen Verbundverwaltung geführt, die eine Kombination von vertikalen und horizontalen sowie formellen und informellen Maßnahmen und Verfahren beinhaltet und die in der Wissenschaft auch häufig zum Referenzgebiet für den Europäischen Verwaltungsverbund ernannt wird (s. auch Art. 33 AEUV, Rn. 6).[76] Die wichtigsten Verfahren bestehen aus der Verwaltung der Abfertigung von Waren (einschließlich der Überwachung der Verbringung von Waren in das Zollgebiet oder aus dem Zollgebiet heraus durch die Bearbeitung von Ankunfts- und Abgangsvorabanmeldungen, Bearbeitung von Zollanmeldungen und Verwaltung von Zollverfahren, Anwendung von Handelsmaßnahmen und Handelsbeschränkungen, Berechnung und Erhebung von Zöl-

---

[72] Die Kommission trifft Einzelfallentscheidungen etwa bei Zollbefreiungen, der verbindlichen Zolltarifauskunft und -nacherhebung, Erlass und Erstattung insbesondere bei Ermessens- und Billigkeitsfragen, Art. 871 ff. und Art. 905 ff. ZK-DVO.
[73] Zahlen nach Mitteilung der Kommission an das Europäische Parlament, den Rat und den Europäischen Wirtschafts- und Sozialausschuss über den Zustand der Zollunion vom 21.12.2012, KOM(2012) 791 endg., http://ec.europa.eu/taxation_customs/resources/documents/common/publications/com_reports/customs/com%282012%29791_de.pdf (30.3.2016).
[74] *Waldhoff*, in: Calliess/Ruffert, EUV/AEUV, Art. 28 AEUV, Rn. 24.
[75] Hierzu *Heußner*, Informationssysteme im Europäischen Verwaltungsverbund, 2007, S. 28 ff.
[76] *Harings*, Grenzüberschreitende Zusammenarbeit der Polizei- und Zollverwaltungen, in: Schmidt-Aßmann/Schöndorf-Haubold (Hrsg.), Der Europäische Verwaltungsverbund – Formen und Verfahren der Verwaltungszusammenarbeit in der EU, 2005, S. 127 ff.

len und anderen Abgaben und Verwaltung von Bürgschaften), der Kontrolle (einschließlich der Erstellung von Risikoprofilen und Planung von Kontrollen, Beleg- und Warenkontrollen, Kontrolle nach der Zollabfertigung, Durchführung amtlicher Untersuchungen sowie vorsorgliche und nachträgliche Überprüfungen der Wirtschaftsbeteiligten in Bezug auf verschiedene Bewilligungsarten), der Rechtsetzung, der Rechtsdurchsetzung (einschließlich strafrechtlicher Ermittlungen und Strafverfolgung sowie behördlicher Untersuchungen und Verhängung von Strafen), der Datenverwaltung (einschließlich der Verwaltung und Verarbeitung großer Datenmengen über Wirtschaftsbeteiligte und Handel), des Managements der Wirtschaftsbeteiligten (einschließlich Identifizierung und Registrierung, Informationsbereitstellung und Ausstellung von Bewilligungen) und des Risikomanagements (einschließlich Ermittlung, Beurteilung, Analyse und Entschärfung verschiedener Risikoarten und Risikostufen im Zusammenhang mit dem internationalen Warenverkehr). Voraussetzungen für das Funktionieren sind neben dem anzuwendenden Regelkörper ein Leitlinienkörper für die Praxis sowie ausreichende finanzielle und personelle Ressourcen. Bereits beim Rechtskörper handelt es sich trotz der ausschließlichen Zuständigkeit der Union um eine komplexe Mischung aus internationalen Übereinkommen, insbesondere den GATT Regeln, dem Unionsrecht, internationalen Leitlinien und nationalen Vorschriften, die im vom Sekundärrecht belassenen nationalen Regulierungsspielraum erlassen wurden. Im Gegensatz zum Unionsrechtskörper sind die personellen und finanziellen Ressourcen, die den nationalen Zollverwaltungen in den Mitgliedstaaten zur Verfügung stehen, sowie die nationalen Verfahren v. a. in der IT-Infrastruktur sehr unterschiedlich.

Die **formale governance** in der Rechtsetzung wird durch den Rat, die Kommission sowie (eingeschränkt, vgl. Art. 31 AEUV) das Europäische Parlament geprägt; handelt es sich um Ausführungsbestimmungen, sind zudem zahlreiche Komitologieausschüsse involviert. Gestützt wird die Umsetzung zudem durch **informale governance**. Im Zentrum des politischen Koordinierungssystems steht die Gruppe für Zollpolitik, die von der Kommission geleitet wird und der Vertreter der 28 mitgliedstaatlichen Zollverwaltungen angehören. Diese trägt auch zur Erstellung von Leitlinien für die Weiterentwicklung der politischen Maßnahmen der Zollunion bei und bietet den Zollverwaltungen eine gemeinsame Plattform. Unter ihrer Ägide arbeiten zahlreiche weitere Lenkungs- und Projektgruppen. Offenkundig ergibt sich hieraus ein Transparenzproblem, das zudem ein Demokratie- und Legitimationsproblem werden könnte (s. auch Art. 33 AEUV, Rn. 6).

61

Artikel 29 AEUV [Freier Verkehr von Waren aus dritten Ländern]

Als im freien Verkehr eines Mitgliedstaats befindlich gelten diejenigen Waren aus dritten Ländern, für die in dem betreffenden Mitgliedstaat die Einfuhrförmlichkeiten erfüllt sowie die vorgeschriebenen Zölle und Abgaben gleicher Wirkung erhoben und nicht ganz oder teilweise rückvergütet worden sind.

Literaturübersicht

S. Übersicht zu Art. 28 und 30 AEUV.

Leitentscheidungen

EuGH, Urt. v. 4.4.1968, Rs. 20/67 (Kunstmühle Tivoli/Hauptzollamt Würzburg), Slg. 1968, 293
EuGH, Urt. v. 1.7.1969, verb. Rs. 2/69 u. 3/69 (Sociaal Fonds voor de Diamantarbeiders/Brachfeld u. a.), Slg. 1969, 211
EuGH, Urt. v. 13.12.1973, Rs. 37/73 (Sociaal Fonds voor de Diamantarbeiders/Indiamex u. a.), Slg. 1973, 1609
EuGH, Urt. v. 9.7.1975, Rs. 21/75 (Schroeder KG/Stadt Köln), Slg. 1975, 905
EuGH, Urt. v. 26.1.1977, Rs. 49/76 (Gesellschaft für Überseehandel/Handelskammer Hamburg), Slg. 1977, 41
EuGH, Urt. v. 28.6.1978, Rs. 70/77 (Simmenthal SA/Amministrazione delle finanze dello Stato), Slg. 1978, 1453
EuGH, Urt. v. 22.1.1980, Rs. 30/79 (Land Berlin/Wigei), Slg. 1980, 151
EuGH, Urt. v. 24.4.1980, Rs. 65/79 (Chatain), Slg. 1980, 1345
EuGH, Urt. v. 7.7.1981, Rs. 158/80 (Rewe/Hauptzollamt Kiel), Slg. 1981, 1805
EuGH, Urt. v. 16.3.1983, Rs. 266/81 (SIOT/Ministero delle finanze), Slg. 1983, 731
EuGH, Urt. v. 22.3.1983, Rs. 88/82 (Leonelli), Slg. 1983, 1061
EuGH, Urt. v. 31.1.1984, Rs. 1/83 (IFG/Freistaat Bayern), Slg. 1984, 349
EuGH, Urt. v. 1.2.2001, Rs. C–66/99 (Wandel), Slg. 2001, I–873
Im Übrigen s. Übersicht zu Art. 28 AEUV

Wesentliche sekundärrechtliche Vorschriften

Richtlinie (EWG) Nr. 77/388 vom 17.5.1977 zur Harmonisierung der Rechtsvorschriften der Mitgliedstaaten über die Umsatzsteuern – Gemeinsames Mehrwertsystem: einheitliche steuerpflichtige Bemessungsgrundlage, ABl. 1977, L 145/1
Richtlinie (EWG) Nr. 92/12 vom 25.2.1992 über das allgemeine System, den Besitz, die Beförderung und die Kontrolle verbrauchsteuerpflichtiger Waren, ABl. 1992, L 76/1
Verordnung (EWG) Nr. 2913/92 vom 12.10.1992 zur Festlegung des Zollkodex der Gemeinschaften, ABl. 1992, L 302/1
Verordnung (EWG) Nr. 2454/93 vom 2.7.1993 mit Durchführungsvorschriften zu der VO (EWG) Nr. 2913/92 des Rates zur Festlegung des Zollkodex der Gemeinschaften, ABl. 1993, L 253/1
Verordnung (EG) Nr. 450/2008 vom 23.4.2008 zur Festlegung des Zollkodex der Gemeinschaft (Modernisierter Zollkodex), ABl. 2008, L 145/1
Verordnung (EU) Nr. 952/2013 vom 9.10.2013 zur Festlegung des Zollkodex der Union (Neufassung), ABl. 2013, L 269/1
Berichtigung der Verordnung (EU) Nr. 952/2013 vom 9.10.2013 zur Festlegung des Zollkodex der Union, ABl. 2013, L 287/90
Delegierte Verordnung (EU) Nr. 2015/2446 v. 28.7.2015 zur Ergänzung der Verordnung (EU) Nr. 952/2013 des Europäischen Parlaments und des Rates mit Einzelheiten zur Präzisierung von Bestimmungen des Zollkodex der Union, ABl. 2015, L 343/1
Durchführungsverordnung (EU) Nr. 2015/2447 v. 24.11.2015 mit Einzelheiten zur Umsetzung von Bestimmungen der Verordnung (EU) Nr. 952/2013 des Europäischen Parlaments und des Rates zur Festlegung des Zollkodex der Union, ABl. 2015, L 343/558

Inhaltsübersicht Rn.

A. Allgemeines 1
B. Unionswaren 5
C. Statuswechsel bei Drittlandswaren 6
    I. Erfüllung der Einfuhrförmlichkeiten 7
    II. Erhebung der vorgeschriebenen Zölle und Abgaben gleicher Wirkung 12
    III. Keine Rückvergütung von Zöllen und Abgaben gleicher Wirkung 16

A. Allgemeines

Art. 29 AEUV (ex-Art. 24 EGV [Nizza]) bestimmt die Voraussetzungen, unter denen Waren aus dritten Ländern (sog. **Drittlandswaren**), die nicht Teil der EU sind, »als im freien Verkehr eines Mitgliedstaates befindlich« gelten und somit nach Art. 28 Abs. 2 AEUV den sog. **Unionswaren**[1] gleichgestellt sind. Die Waren gehen dadurch in den Wirtschaftskreislauf der EU ein. Aus seiner systematischen Stellung ergibt sich, dass Art. 29 AEUV für den gesamten Titel II (»Der freie Warenverkehr«) des Dritten Teils gilt und somit den Anwendungsbereich der Art. 28, 30, 34 ff. AEUV bestimmt. **1**

Art. 29 AEUV enthält eine **dynamische Verweisung** auf die Regelungen, die »in dem betreffenden Mitgliedstaat« gelten.[2] Da es genügt, dass die Voraussetzungen in einem beliebigen Mitgliedstaat erfüllt sind, damit die Ware als »im Verkehr aller Mitgliedstaaten« befindlich gilt, schlägt auch hier das **Prinzip gegenseitiger Anerkennung** (Binnenmarktprinzip) durch, dessen Sicherung Art. 29 AEUV somit zumindest auch dient. **2**

Die betreffenden Regelungen des Mitgliedstaates sind aufgrund der weitgehenden und ausschließlichen Zuständigkeit der Union im Bereich der Zollunion (vgl. Art. 31, 32, 3 Abs. 1 Buchst. a AEUV) zum ganz überwiegenden Teil vollharmonisierte Regelungen. Dazu zählen insbesondere der **Zollkodex (ZK)**[3] und die **Zollkodex-Durchführungsverordnung (ZK-DVO)**.[4] Nachdem der Modernisierte Zollkodex (MZK)[5] zwar in Kraft getreten, aber nie in der Praxis Anwendung gefunden hat, wurde der ZK am **1.5.2016**[6] durch den **Zollkodex der Union (UZK)** abgelöst.[7] Der Rechtsrahmen wurde in der Folge durch die **Delegierte Verordnung (EU) Nr. 2015/2446**[8] (vgl. Art. 290 **3**

---

[1] Im Bereich des Zollkodex galt bis zu dessen Ablösung (s. Rn. 3) die Terminologie der »Gemeinschaftsware«.

[2] *Herrmann*, in: Grabitz/Hilf/Nettesheim, EU, Art. 29 AEUV (Januar 2015), Rn. 2; *Kamann*, in: Streinz, EUV/AEUV, Art. 29 AEUV, Rn. 2; *Waldhoff*, in: Calliess/Ruffert, EUV/AEUV, Art. 29 AEUV, Rn. 3.

[3] VO (EWG) Nr. 2913/92 vom 12.10.1992 zur Festlegung des Zollkodex der Gemeinschaften, ABl. 1992, L 302/1.

[4] VO (EWG) Nr. 2454/93 vom 2.7.1993 mit Durchführungsvorschriften zu der VO (EWG) Nr. 2913/92 zur Festlegung des Zollkodex der Gemeinschaften, ABl. 1993, L 253/1; aufgehoben durch VO (EU) Nr. 2016/481 vom 1.4.2016 zur Aufhebung der VO (EWG) Nr. 2454/93 mit Durchführungsvorschriften zu der VO (EWG) Nr. 2913/92 zur Festlegung des Zollkodex der Gemeinschaften, ABl. 2016, L 87/24.

[5] VO (EG) Nr. 450/2008 vom 23.4.2008 zur Festlegung des Zollkodex der Gemeinschaft (Modernisierter Zollkodex), ABl. 2008, L 145/1.

[6] Berichtigung der VO (EU) Nr. 952/2013 vom 9.10.2013 zur Festlegung des Zollkodex der Union, ABl. 2013, L 269/1.

[7] VO (EU) Nr. 952/2013 vom 9.10.2013 zur Festlegung des Zollkodex der Union (Neufassung), ABl. 2013, L 269/1; s. dazu *Witte*, AW-Prax 2013, 373; *Zeilinger*, ZfZ 2013, 141ff. Die vorliegende Darstellung deckt sowohl die alte als auch die neue Rechtslage ab.

[8] Delegierte VO (EU) Nr. 2015/2446 v. 28.7.2015 zur Ergänzung der Verordnung (EU)

AEUV) und die **Durchführungsverordnung (EU) Nr. 2015/2447**[9] (vgl. Art. 291 AEUV) mit Einzelheiten zur Umsetzung des UZK näher ausbuchstabiert, womit auch die ZK-DVO ersetzt wurde. Durch diese Neuerungen kam die Kommission dem Modernisierungsbedarf im Bereich des Zollrechts nach.[10]

4 Damit besetzt Art. 29 AEUV eine **Zentralstelle** in der Funktionsweise der Zollunion. Alle Drittlandswaren, die den Unionswaren gleichgestellt sind, nehmen an den Vorteilen des Binnenmarktes teil. Insbesondere unterfallen sie der Warenverkehrsfreiheit, Art. 30 ff., 34 ff. AEUV, und können ungestört durch weitere Zölle, zollgleiche Abgaben, steuerliche Diskriminierungen, mengenmäßige Beschränkungen oder Maßnahmen gleicher Wirkung im Unionsgebiet grenzüberschreitend gehandelt werden. Damit dies nicht zu einem **Handelsablenkungseffekt** führt, bedarf es nicht nur für den gemeinsamen Außenzoll, sondern auch für den Statuswechsel einheitlicher Regeln. Da der Binnenmarkt hiervon abhängt, ist auch die einheitliche Anwendung der Einfuhrförmlichkeiten entscheidend; die Zollverwaltungen der Mitgliedstaaten müssen gewissermaßen wie eine einheitliche Zollverwaltung handeln. Dies ist weder leicht noch tatsächlich vollständig der Fall (s. dazu Art. 33 AEUV).

B. Unionswaren

5 Der **Status der Unionsware** wird vom AEUV nicht definiert. Art. 28 Abs. 2 AEUV legt lediglich fest, dass die Waren aus einem Mitgliedstaat stammen müssen. Es kann daher auf die Vorschriften des Sekundärrechts, also des Zollkodex zurückgegriffen werden.[11] Nach Art. 4 Nr. 7 1. Gedstr. ZK bzw. Art. 5 Nr. 23 1. Gedstr. UZK sind Unionswaren v. a. »Waren, die unter den in Art. 23 ZK genannten Voraussetzungen vollständig im Zollgebiet der Gemeinschaft gewonnen oder hergestellt worden sind, ohne dass ihnen aus nicht zum Zollgebiet der Gemeinschaft gehörenden Ländern oder Gebieten eingeführte Waren hinzugefügt wurden«.[12] Alle anderen Waren sind damit **negativ definierte Drittlandswaren** (s. auch Art. 4 Nr. 8 ZK bzw. Art. 5 Nr. 24 UZK). Allerdings wird nach Art. 153 Abs. 1 UZK mit wenigen Ausnahmen grundsätzlich **vermutet**, dass es sich bei im Zollgebiet der Union befindlichen Waren um Unionswaren handelt, sofern nicht explizit festgestellt wird, dass sie keine Unionswaren sind.

Nr. 952/2013 des Europäischen Parlaments und des Rates mit Einzelheiten zur Präzisierung von Bestimmungen des Zollkodex der Union, ABl. 2015, L 343/1.

[9] Durchführungsverordnung (EU) Nr. 2015/2447 v. 24.11.2015 mit Einzelheiten zur Umsetzung von Bestimmungen der Verordnung (EU) Nr. 952/2013 des Europäischen Parlaments und des Rates zur Festlegung des Zollkodex der Union, ABl. 2015, L 343/558.

[10] Zum Informationsaustausch auf Basis elektronischer Datenverarbeitung s. Art. 6 ff. UZK und den Durchführungsbeschluss (EU) Nr. 2016/578 v. 11.4.2016 zur Festlegung des Arbeitsprogramms für die Entwicklung und inbetriebnahme der elektronischen Systeme gemäß dem Zollkodex der Union, ABl. 2016 L 99/6; sowie Delegierte VO (EU) Nr. 2016/341 v. 17.12.2015 zur Ergänzung der VO (EU) Nr. 952/2013 hinsichtlich der Übergangsbestimmungen für bestimmte Vorschriften des Zollkodex der Union, für den Fall, dass die entsprechenden elektronischen Systeme noch nicht betriebsbereit sind, und zur Änderung der Delegierten VO (EU) Nr. 2015/2446, ABl. 2016, L 69/1.

[11] Vgl. EuGH, Urt. v. 1.2.2001, Rs. C–66/99 (Wandel), Slg. 2001, I–873, Rn. 36.

[12] Zu den Einzelheiten vgl. *Lux*, in: Dorsch, Zollrecht, Art. 4 ZK (Oktober 2009), Rn. 14 f.; *Witte*, in: ders., Zollkodex, Art. 4, Rn. 2 – Gemeinschaftswaren.

C. Statuswechsel bei Drittlandswaren

Zum **Statuswechsel einer Drittlandsware zu einer Unionsware**, die dann nach Art. 28 Abs. 2 AEUV in den Genuss der gleichen Vorteile wie eine Unionsware kommt, müssen nach Art. 29 AEUV **kumulativ drei Voraussetzungen** erfüllt sein: (I.) Die Drittlandsware muss die Einfuhrförmlichkeiten in dem betreffenden Mitgliedstaat erfüllen (s. Rn. 7 ff.); (II.) es müssen die vorgeschriebenen Zölle und Abgaben gleicher Wirkung erhoben worden sein (s. Rn. 12 ff.); (III.) die erhobenen Zölle und Abgaben gleicher Wirkung dürfen nicht ganz oder teilweise zurückvergütet worden sein (s. Rn. 16 ff.). 6

I. Erfüllung der Einfuhrförmlichkeiten

Zunächst müssen alle **Einfuhrförmlichkeiten** erfüllt sein. Durch die weitgehende Harmonisierung im Zollrecht (s. Rn. 3) sind neben den mitgliedstaatlichen v. a. die unionsrechtlichen Förmlichkeiten zu erfüllen, die der Zollkodex vorschreibt. 7

Das Verfahren zur Überführung von Drittlandswaren in den zollrechtlich freien Verkehr, die dann den Status von Unionswaren erhalten,[13] ist in den Art. 79 ff. ZK normiert.[14] Die Überführung in den zollrechtlich freien Verkehr hat nach Art. 79 Abs. 2 ZK ebenfalls drei Voraussetzungen: (1) die Anwendung der handelspolitischen Maßnahmen; (2) die Erfüllung der übrigen für die Ware geltenden Einfuhrmöglichkeiten sowie (3) die Erhebung der gesetzlich geschuldeten Abgaben. 8

Handelspolitische Maßnahmen sind nach der Legaldefinition des Art. 5 Nr. 36 UZK »als Teil der gemeinsamen Handelspolitik in Form von Unionsvorschriften über den internationalen Handel mit Waren festgelegte nicht tarifäre Maßnahmen«. Nicht tarifäre Maßnahmen umfassen politische Sanktionen wie Embargos gegen Drittstaaten, aber auch rein wirtschaftlich motivierte Regelungen beispielsweise im Bereich der Agrarpolitik.[15] 9

Bei dem Begriff der Einfuhrmöglichkeiten handelt es sich um ein Redaktionsversehen, da es eigentlich Einfuhrförmlichkeiten heißen müsste.[16] Dieses wurde im neuen Art. 201 Abs. 2 Buchst. d UZK behoben. Dort heißt es nunmehr »…die Erfüllung der anderen Formalitäten hinsichtlich der Wareneinfuhr«. Diese umfassen v. a. die Förmlichkeiten zur Überführung von Waren in ein Zollverfahren nach Art. 59 ff. ZK bzw. Art. 158 ff. UZK. 10

Keine Voraussetzung zur Erfüllung der Einfuhrförmlichkeiten ist dagegen die Überführung von Waren in den **steuerfreien Verkehr**, da dies in Art. 110 ff. AEUV bzw. in den auf Grundlage des Art. 113 AEUV verabschiedeten Sekundärrechtsakten[17] eine gesonderte Regelung erfahren hat. 11

---

[13] Andere Zollverfahren, nach denen Drittlandswaren in die Union verbracht werden können, regelt Art. 4 Nr. 16 Buchst. b–g ZK bzw. Art. 5 Nr. 16 Buchst. b, 210 ff. UZK.
[14] Nach Art. 201 ff. UZK bleibt das Verfahren weitestgehend gleich, allerdings heißt es dann »Überlassung zum zollrechtlich freien Verkehr«.
[15] *Schulmeister*, in: Witte, Zollkodex, Art. 79, Rn. 7 ff.
[16] Vgl. *Herrmann*, in: Grabitz/Hilf/Nettesheim, EU, Art. 29 AEUV (Januar 2015), Rn. 6.; *Schulmeister*, in: Witte, Zollkodex, Art. 79, Rn. 10; *Weymüller*, in: Dorsch, Zollrecht, Art. 79 ZK (Juni 2009), Rn. 22.
[17] Vor allem RL (EWG) Nr. 77/388 vom 17. 5. 1977 zur Harmonisierung der Rechtsvorschriften der Mitgliedstaaten über die Umsatzsteuern – Gemeinsames Mehrwertsteuersystem: einheitliche steuerpflichtige Bemessungsgrundlage, ABl. 1977, L 145/1; RL (EWG) Nr. 92/12 vom 25. 2. 1992 über das allgemeine System, den Besitz, die Beförderung und die Kontrolle verbrauchsteuerpflichtiger Waren, ABl. 1992, L 76/1.

II. Erhebung der vorgeschriebenen Zölle und Abgaben gleicher Wirkung

12 Zweck der weiteren Voraussetzung, dass alle **Zölle und Abgaben gleicher Wirkung**[18] **erhoben** werden müssen, ist es sicherzustellen, dass Drittlandswaren nicht ohne die pekuniären Belastungen in Konkurrenz zu Unionswaren treten können.[19]

13 Für die Erhebung des Zollschuldbetrags wird, soweit der Zollbeteiligte nicht von der Entrichtung freigestellt ist (beispielsweise Art. 217 Abs. 1 UAbs. 2 ZK bzw. Art. 104 Abs. 1 UAbs. 2 UZK i. V. m. Art. 102 Abs. 1 UAbs. 2 UZK), dynamisch auf die verfahrensregelnden Vorschriften der Art. 217 ff. ZK bzw. Art. 101 ff. UZK verwiesen. Das Verfahren beginnt zunächst mit der sog. buchmäßigen Erfassung des Abgabenbetrages in den Büchern oder in sonstigen stattdessen verwendeten Unterlagen der Zollbehörde (Art. 217 Abs. 1 ZK bzw. Art. 101, 104 f. UZK). Anschließend erfolgt die Mitteilung der Höhe des Abgabenbetrages an den Zollschuldner (Art. 221 Abs. 1 ZK bzw. Art. 102 UZK) sowie die Entrichtung dieses Betrages innerhalb der angegebenen Frist und entsprechend der Entrichtungsmodalitäten durch den Zollschuldner (Art. 222 Abs. 1 ZK bzw. Art. 108 UZK), soweit keine Aussetzung (Art. 222 Abs. 2 ZK bzw. Art. 108 Abs. 3 UZK), kein Aufschub (Art. 224 ff. ZK bzw. Art. 110 f. UZK) oder keine Erleichterung (Art. 229 ff. ZK bzw. Art. 112 UZK) gewährt werden.

14 Der Status von einer Drittlandsware zu einer Unionsware ändert sich jedoch in jedem Fall mit der **Überlassung der Ware** an den Zollschuldner nach Art. 73 ZK bzw. Art. 194 ff. UZK. Dafür spricht der Grundsatz der Rechtssicherheit.[20] Überlassung der Ware meint nach Art. 4 Nr. 20 ZK bzw. Art. 5 Nr. 26 UZK eine Maßnahme der Zollbehörde in das die betreffende Ware überführt wird, durch die dem Zollanmelder eine Ware für die Zwecke des Zollverfahrens tatsächlich überlassen wird. Eine Überlassung erfordert nach Art. 74 ZK bzw. Art. 195 Abs. 1 UZK wiederum selbst die Entrichtung des Zollschuldbetrags. Durch diese doppelte Absicherung liegen die Voraussetzungen des Art. 29 AEUV im Zeitpunkt der Überlassung regelmäßig vor.[21]

15 Daran ändert sich auch nichts, wenn die Ware dem Zollbeteiligten **fehlerhaft** oder gegen einen zu geringen Abgabebetrag überlassen wurde. In diesen Fällen kann die fehlerhaft begünstigende Entscheidung entweder nach Art. 8, 9 ZK bzw. Art. 23 Abs. 3 UZK zurückgenommen bzw. widerrufen werden, oder es können Abgaben nach Art. 220 Abs. 1 ZK bzw. Art. 105 Abs. 4 UZK nacherhoben werden. Rücknahme und Widerruf entfalten nur Wirkung gegenüber der Person, an die die Überlassung gerichtet war. Ein Statusverlust der Ware, wenn sie bereits einem, auch bösgläubigen, Erwerber gehört, scheidet aus Gründen der Rechtssicherheit aus. Anderes gilt nur, wenn es sich um einen Verstoß gegen ein absolutes Einfuhrverbot handelt.[22]

III. Keine Rückvergütung von Zöllen und Abgaben gleicher Wirkung

16 Schließlich setzt ein Statuswechsel voraus, dass weder ganz noch teilweise eine **Rückvergütung der erhobenen Zölle und Abgaben gleicher Wirkung** stattgefunden hat. Diese

---

[18] Zu den Begriffen Zölle und Abgaben gleicher Wirkung s. Art. 30 AEUV, Rn. 9 ff.
[19] *Herrmann*, in: Grabitz/Hilf/Nettesheim, EU, Art. 29 AEUV (Januar 2015), Rn. 9; *Kamann*, in: Streinz, EUV/AEUV, Art. 29 AEUV, Rn. 9.
[20] Vgl. *Kamann*, in: Streinz, EUV/AEUV, Art. 29 AEUV, Rn. 15; *Voet van Vormizeele*, in: GSH, Europäisches Unionsrecht, Art. 29 AEUV, Rn. 17.
[21] *Terhechte*, in: Schwarze, EU-Kommentar, Art. 29 AEUV, Rn. 10 f.
[22] *Voet van Vormizeele*, in: GSH, Europäisches Unionsrecht, Art. 29 AEUV, Rn. 19.

Voraussetzung hat nach der Verwirklichung des Binnenmarktes in der EU nur noch eine untergeordnete Bedeutung im aktiven Veredelungsverkehr.[23]

Den Unionsstatus verlieren Waren, bei denen in bestimmten Fällen eine Erstattung oder ein Erlass erfolgt (vgl. Art. 83 Abs. 2 Buchst. b ZK i. V. m. Art. 128, 238, 239 ZK bzw. Art. 154 UZK). Nicht darunter zu fassen sind Fälle, in denen lediglich ein entrichteter, aber überhöhter Abgabebetrag erstattet oder erlassen wird (Art. 236 ZK bzw. Art. 117 Abs. 1 UZK). In diesen Fällen behält die Ware ihren Unionsstatus. **17**

Des Weiteren verliert eine Ware ihren Status als Unionsware, wenn die Anmeldung der Ware nach der Überlassung vom Anmelder gemäß Art. 83 Abs. 2 Buchst. a ZK i. V. m. Art. 66 ZK bzw. Art. 154 Buchst. d UZK i. V. m. Art. 174 UZK für ungültig erklärt wird oder sie aus dem Zollgebiet ausgeführt wird (vgl. Art. 161 ff. ZK bzw. Art. 154 Buchst. a UZK i. V. m. Art. 267 ff. UZK). **18**

---

[23] *Herrmann*, in: Grabitz/Hilf/Nettesheim, EU, Art. 29 AEUV (Januar 2015), Rn. 16.

Kapitel 1
Die Zollunion

Artikel 30 AEUV [Verbot von Zöllen]

¹Ein- und Ausfuhrzölle oder Abgaben gleicher Wirkung sind zwischen den Mitgliedstaaten verboten. ²Dieses Verbot gilt auch für Finanzzölle.

Literaturübersicht

Balke, Steuerliche Gestaltungsfreiheit der Mitgliedstaaten und freier Warenverkehr im Europäischen Binnenmarkt, 1998; *Banks*, The Application of the Fundamental Freedoms to Member State Tax Measures: Guarding against Protectionism or Second-guessing National Policy Choices?, E.L. Rev. 33 (2008), 482; *Barents*, Charges of Equivalent Effect to Customs Duties, CMLRev. 15 (1978), 415; *ders.*, Recent Case Law on the Prohibition of Fiscal Discrimination under Article 95, CMLRev. 23 (1986), 641; *Becker*, Das Verbot tarifärer und nichttarifärer Hemmnisse des EU-Warenverkehrs, JA 1997, 65; *Bhagwati*, Protectionism, 1989; *Cordewener/Kofler/van Thiel*, The Clash between European Freedoms and National Direct Tax Law: Public Interest Defences available to the Member States, CMLRev. 46 (2009), 1951; *Danusso/Denton*, Does the European Court of Justice Look for a Protectionist Motive Under Article 95?, LIEI 1 (1990), 67; *Easson*, The Spirits, Wine and Beer Judgments: A Legal Mickey Finn?, E.L. Rev. 5 (1980), 318; *ders.*, Fiscal Discrimination: New Perspectives on Article 95 of the EEC Treaty, CMLRev. 18 (1981), 521; *Ehle*, EWG-Vertrag und Gebührenerhebung, AWD 1965, 281; *Ehring*, Zur Abgrenzung des Beihilfeverbots vom Verbot der zollgleichen Abgaben und der inländischen Abgaben, welche die Einfuhr höher belasten als die inländische Erzeugung, EuR 1974, 108; *Enchelmaier*, Europäisches Wirtschaftsrecht, 2005; *Gormley*, EU Law of Free Movement of Goods and Customs Union, 2010; *Grabitz/Zacker*, Scope for Action by the EC Member States for the Improvement of Environmental Protection under EEC Law: The Example of Environmental Taxes and Subsidies, CMLRev. 26 (1989), 423; *Henke*, Verbot von Abgaben zollgleicher Wirkung im Binnenmarkt der Gemeinschaft, in: Birk (Hrsg.), Handbuch des Europäischen Steuer- und Abgabenrechts, 1995, S. 603; *Kingston*, The Boundaries of Sovereignty: The ECJ's Controversial Role Applying Internal Market Law to Direct Tax Measures, CYELS 9 (2006–2007), 287; *dies.*, A Light in the Darkness? Recent Developments in the ECJ's Direct Tax Jurisprudence, CMLRev. 44 (2007), 1321; *Kohler*, Abgaben zollgleicher Wirkung im Recht der Europäischen Gemeinschaften, 1978; *Lyons*, EC Customs Law, 2008; *Scheffer*, Das Verbot der Abgaben zollgleicher Wirkung, EWS 1996, 407; *Schön*, Der freie Warenverkehr, die Steuerhoheit der Mitgliedstaaten und der Systemgedanke im europäischen Steuerrecht, EuR 2001, 216 (Teil 1) und 341 (Teil 2); *Schwarze*, The Member States' Discretionary Powers under the Tax Provisions of the EEC Treaty, in: ders. (Hrsg.), Discretionary Powers of the Member States in the Field of Economic Policies and their Limits under the EEC Treaty, 1988, S. 129; *Snell*, Non-Discriminatory Tax Obstacles in Community Law, ICLQ 56 (2007), 339; *Timmermans*, The Free Movement of Goods, in: Commission of the European Communities (Hrsg.), Thirty Years of Community Law, 1983, S. 237; *Vaulont*, Die Vereinfachung der Verfahren und Förmlichkeiten im innergemeinschaftlichen Warenverkehr im Lichte der Rechtsprechung des Europäischen Gerichtshofs zum Verbot der Erhebung von Abgaben zollgleicher Wirkung, EuR 1977, 1; *Weatherill/Beaumont*, EU Law, 3. Aufl., 1999; *Wiebe*, Das Verbot der Erhebung von Abgaben zollgleicher Wirkung in Abgrenzung zu anderen Regelungen des EG-Vertrags, Diss. iur., Göttingen, 1998.

Leitentscheidungen

EuGH, Urt. v. 14.12.1962, verb. Rs. 2/62 u. 3/62 (Kommission der EWG/Luxemburg und Belgien), Slg. 1962, 873
EuGH, Urt. v. 5.2.1963, Rs. 26/62 (van Gend en Loos/Administratie der Belastingen), Slg. 1963, 3
EuGH, Urt. v. 13.11.1964, verb. Rs. 90/63 u. 91/63 (Kommission der EWG/Luxemburg und Belgien), Slg. 1964, 1217
EuGH, Urt. v. 10.12.1968, Rs. 7/68 (Kommission/Italien (Kunstschätze)), Slg. 1968, 617
EuGH, Urt. v. 1.7.1969, Rs. 24/68 (Kommission/Italien (Statistikgebühr)), Slg. 1969, 193
EuGH, Urt. v. 1.7.1969, verb. Rs. 2/69 u. 3/69 (Sociaal Fonds voor de Diamantarbeiders/Brachfeld u. a.), Slg. 1969, 211

EuGH, Urt. v. 17.12.1970, Rs. 33/70 (Spa Sace/Ministero delle finanze), Slg. 1970, 1213
EuGH, Urt. v. 19.6.1973, Rs. 77/72 (Capolongo/Azienda Agricola Maya), Slg. 1973, 611
EuGH, Urt. v. 11.10.1973, Rs. 39/73 (Rewe Zentralfinanz/Landwirtschaftskammer Westphalen-Lippe), Slg. 1973, 1039
EuGH, Urt. v. 26.2.1975, Rs. 63/74 (Cadsky S.p.a./Istituto Nazionale per il Commercio Estero), Slg. 1975, 281
EuGH, Urt. v. 5.2.1976, Rs. 87/75 (Bresciani/Amministrazione delle finanze dello Stato), Slg. 1976, 129
EuGH, Urt. v. 25.1.1977, Rs. 46/76 (Bauhuis), Slg. 1977, 5
EuGH, Urt. v. 25.5.1977, Rs. 105/76 (Interzuccheri), Slg. 1977, 1029
EuGH, Urt. v. 12.7.1977, Rs. 89/76 (Kommission/Niederlande), Slg. 1977, 1355
EuGH, Urt. v. 20.4.1978, verb. Rs. 80/77 u. 81/77 (Commissionnaires réunis), Slg. 1978, 927
EuGH, Urt. v. 31.5.1979, Rs. 132/78 (Denkavit Loire), Slg. 1979, 1923
EuGH, Urt. v. 8.11.1979, Rs. 251/78 (Denkavit Futtermittel), Slg. 1979, 3369
EuGH, Urt. v. 3.2.1981, Rs. 90/79 (Kommission/Frankreich), Slg. 1981, 283
EuGH, Urt. v. 12.1.1983, Rs. 39/82 (Donner), Slg. 1983, 19
EuGH, Urt. v. 17.5.1983, Rs. 132/82 (Kommission/Belgien), Slg. 1983, 1649
EuGH, Urt. v. 20.3.1984, Rs. 314/82 (Kommission/Belgien), Slg. 1984, 1543
EuGH, Urt. v. 7.5.1987, Rs. 193/85 (Co-Frutta/Amministrazione delle finanze dello Stato), Slg. 1987, 2085
EuGH, Urt. v. 14.6.1988, Rs. 29/87 (Dansk Denkavit/Landbrugsministeriet), Slg. 1988, 2965
EuGH, Urt. v. 27.9.1988, Rs. 18/87 (Kommission/Deutschland), Slg. 1988, 5427
EuGH, Urt. v. 15.11.1988, Rs. 229/87 (Kommission/Griechenland), Slg. 1988, 6347
EuGH, Urt. v. 30.5.1989, Rs. 340/87 (Kommission/Italien), Slg. 1989, 1483
EuGH, Urt. v. 2.5.1990, Rs. C–111/89 (Niederländischer Staat/Bakker Hillegom), Slg. 1990, I–1735
EuGH, Urt. v. 11.12.1990, Rs. 47/88 (Kommission/Dänemark), Slg. 1990, I–4509
EuGH, Urt. v. 11.3.1992, verb. Rs. C–78/90 bis C–83/90 (Compagnie commerciale de l'Ouest/Receveur principal des douanes de La Pallice-Port), Slg. 1992, 1847
EuGH, Urt. v. 16.7.1992, Rs. C–343/90 (Lourenço Dias/Director da Alfândega do Porto), Slg. 1992, I–4673
EuGH, Urt. v. 27.10.1993, Rs. C–72/92 (Scharbatke/Deutschland), Slg. 1993, I–5509
EuGH, Urt. v. 22.6.1994, Rs. C–426/92 (Deutschland/Deutsches Milch-Kontor), Slg. 1994, I–2757
EuGH, Urt. v. 7.7.1994, Rs. C–130/93 (Lamaire/Nationale Dienst voor Afzet van Land- en Tuinbouwprodukten), Slg. 1994, I–3215
EuGH, Urt. v. 11.8.1995, Rs. C–16/94 (Dubois und Cargo/Garonor), Slg. 1995, I–2421
EuGH, Urt. v. 17.7.1997, Rs. C–90/94 (Haahr Petroleum/Åbenrå Havn u.a.), Slg. 1997, I–4085
EuGH, Urt. v. 21.9.2000, verb. Rs. C–441/98 u. C–442/98 (Michailidis), Slg. 2000, I–7145
EuGH, Urt. v. 17.6.2003, Rs. C–383/01 (De Danske Bilimportører), Slg. 2003, I–6065

Wesentliche sekundärrechtliche Vorschriften

S. Übersicht zu Art. 31 AEUV.

Inhaltsübersicht

	Rn.
A. Überblick	1
I. Bedeutung	1
II. Entwicklung	5
B. Ware	7
C. Zoll	9
D. Abgaben mit gleicher Wirkung	11
I. Bedeutung	11
II. Definition	12
III. Irrelevanz von Zwecken	15
IV. Wirkung	24
E. Ausnahmen	35
I. Notwendigkeit und Bedeutung von Ausnahmen	35
II. Überblick über das Ausnahmeregime	37
III. Ausnahme 1: Entgelt für Dienst	39

	IV. Ausnahme 2: Abgaben für unionsrechtlich vorgesehene Maßnahmen	46
	V. Ausnahme 3: Teil einer allgemeinen inländischen Gebührenregelung	63
F.	Rechtsfolge	85

A. Überblick

I. Bedeutung

1   Art. 30 AEUV wiederholt einen Teil von Art. 28 Abs. 1 AEUV fast wörtlich, beschränkt sich dabei aber auf die innere Dimension der Zollunion.[1] Diese ist für den Binnenmarkt von zentraler – oder wie die Kommission formuliert: unentbehrlicher[2] – Bedeutung. Auch die Vertragsnormen spiegelten diese grundlegende Bedeutung wider; Art. 23 EGV formulierte: »Grundlage der Gemeinschaft ist eine Zollunion, die sich auf den gesamten Warenaustausch erstreckt; …«.

2   Aufgenommen wurde dies vom EuGH, der in einer seiner frühesten Entscheidungen, der Rs. Lebkuchenabgabe aus dem Jahr 1962, die grundlegende Bedeutung des Verbots von Zöllen und Abgaben gleicher Wirkung in deutlichen Worten hervorhob:

»Allein die Tatsache, daß diese Artikel [9 und 12 EWG, jetzt Art. 28 und 30 AEUV] ihren Platz am Kopf des die ›Grundlagen der Gemeinschaft‹ behandelnden Teils, Artikel 9 [jetzt Art. 28 AEUV] zu Beginn von Titel I über den ›freien Warenverkehr‹, Artikel 12 [jetzt Art. 30 AEUV] eingangs des der ›Abschaffung der Zölle‹ gewidmeten Abschnitts, gefunden haben, kennzeichnet hinreichend die bedeutende Rolle der in ihnen ausgesprochenen Verbote. Der Vertrag hat diesen Verboten eine möglichst große Kraft verleihen wollen; deshalb hat er in dem Bestreben zu verhindern, daß sie mit Hilfe der mannigfaltigen zoll- und steuertechnischen Praktiken umgangen werden können, alle möglichen Fehler bei ihrer Verwirklichung zu unterbinden gesucht. … Aus der Deutlichkeit, Bestimmtheit und Vorbehaltlosigkeit der Artikel 9 und 12 [jetzt Art. 28 und 30 AEUV], aus der diesen Bestimmungen und dem gesamten Vertrag innewohnenden Logik, ergibt sich somit, daß das Verbot der Einführung neuer Zölle in Verbindung mit den Grundsätzen des freien Warenverkehrs eine grundlegende Vorschrift darstellt und daß daher alle etwaigen Ausnahmen, die übrigens eng auszulegen wären, eindeutig angeordnet werden müssen.«[3]

3   Erst mit dem Vertrag von Lissabon ist aus der »Grundlage« des Art. 23 EGV ein »Umfassen« im heutigen Art. 28 AEUV geworden. Dies ist aber lediglich Teil der symbolischen Politik der Union, die von einer Betonung der wirtschaftlichen Grundlagen ablenkt und andere, vermeintlich fortschrittlichere und inklusivere Mechanismen wie Unionsbürgerschaft, Grundrechte und Solidarität in den Mittelpunkt rückt, in der Hoffnung, hieraus Honig für die nicht gelingen wollende gesellschaftliche Verankerung der europäischen Integration saugen zu können. Realistisch betrachtet hat sich an der grundlegenden Bedeutung der Zollunion für Binnenmarkt und Integration insgesamt nichts geändert. Im Gegenteil dürften die Grundfreiheiten – und dort insbesondere die Warenverkehrsfreiheit – angesichts der nach wie vor strauchelnden sozialen Legitima-

---

[1] *Herrmann*, in: Grabitz/Hilf/Nettesheim, EU, Art. 30 AEUV (Januar 2015), Rn. 6.
[2] Webseite der Europäischen Kommission: http://ec.europa.eu/taxation_customs/customs/policy_issues/customs_strategy/index_de.htm (2.2.2017).
[3] EuGH, Urt. v. 14.12.1962, verb. Rs. 2/62 u. 3/62 (Kommission der EWG/Luxemburg und Belgien (Lebkuchenabgabe)), Slg. 1962, 873.

tion der Union zu den wenigen uneingeschränkt belastbaren Elementen der europäischen Integration zählen; die Zollunion ist nach wie vor »Grundlage«. Hieraus folgt die Notwendigkeit strenger Auslegung und kompromissloser Durchsetzung. Beides ist gewährleistet. Der EuGH hat sich des Verbotes von Zöllen und zollgleichen Abgaben mit Verve angenommen und eine Wirkungs- statt Motiv- oder Zweckprüfung vorgenommen,[4] die Ausnahmen nur in engstem Rahmen kennt.[5] Zugleich sind die Art. 28 Abs. 1 und 30 AEUV **unmittelbar anwendbar,**[6] so dass auch die dezentrale Durchsetzung durch Privatpersonen im Rahmen des Vorabentscheidungsverfahrens gemäß Art. 267 AEUV garantiert ist. Auslegung und Durchsetzung greifen so eng ineinander.

Adressaten der Verpflichtung aus Art. 30 AEUV sind nach dem eindeutigen Wortlaut zunächst die Mitgliedstaaten. Darunter sind alle Träger von Hoheitsgewalt,[7] einschließlich der mit Hoheitsgewalt beliehenen Privatpersonen zu fassen.[8] Darüber hinaus richtet sich Art. 30 AEUV auch an alle Organe der EU.[9]

II. Entwicklung

Das Verbot von Zöllen und Abgaben gleicher Wirkung, das in Art. 30 AEUV kategorisch und ausnahmslos festgelegt ist, entspringt einer ursprünglichen Einfrier-, Stillhalte- oder **standstill**-Regelung.[10] Ex-Art. 12 EGV [Maastricht] formulierte noch: »Die Mitgliedstaaten werden untereinander weder neue Einfuhr- oder Ausfuhrzölle oder Abgaben gleicher Wirkung einführen, noch die in ihren gegenseitigen Handelsbeziehungen angewandten erhöhen.« Dadurch war den Mitgliedstaaten also erstens die Einführung neuer Zölle oder Abgaben gleicher Wirkung sowie zweitens die Erhöhung existierender Zölle und Abgaben gleicher Wirkung untersagt.[11] Der damalige Art. 13 EGV [Maastricht] verpflichtete die Mitgliedstaaten, die existierenden Zölle und Abgaben gleicher Wirkung innerhalb einer Übergangszeit nach Maßgabe der ex-Art. 14 und 15 EGV [Maastricht] schrittweise abzuschaffen; ex-Art. 16 EGV [Maastricht] verpflichtete sie zur Aufhebung aller Ausfuhrzölle und Abgaben gleicher Wirkung. Ex-Art. 17 EGV [Maastricht] stellte klar, dass dies auch für Finanzzölle galt.

Mit dem Vertrag von Amsterdam wurde dieses Regime neu gefasst. Der geänderte Art. 25 EGV, der mit dem heutigen Art. 30 AEUV wortidentisch ist, lautete nunmehr: »Ein- und Ausfuhrzölle oder Abgaben gleicher Wirkung sind zwischen den Mitglied-

---

[4] EuGH, Urt. v. 1.7.1969, Rs. 24/68 (Kommission/Italien (Statistikgebühr)), Slg. 1969, 193, Rn. 6/7.

[5] EuGH, Urt. v. 13.11.1964, verb. Rs. 90/63 u. 91/63 (Kommission der EWG/Luxemburg und Belgien), Slg. 1964, 1217; s. auch EuGH, Urt. v. 22.6.1994, Rs. C–426/92 (Deutschland/Deutsches Milch-Kontor), Slg. 1994, I–2757, Rn. 51.

[6] EuGH, Urt. v. 5.2.1963, Rs. 26/62 (van Gend en Loos/Administratie der Belastingen), Slg. 1963, 3; Urt. v. 17.12.1970, Rs. 33/70 (Spa Sace/Ministero delle finanze), Slg. 1970, 1213, Rn. 10; Urt. v. 8.11.1979, Rs. 251/78 (Denkavit Futtermittel), Slg. 1979, 3369, Rn. 3.

[7] Für eine autonome öffentliche Körperschaft, die eine Abgabe erhebt, die für den vom Gesetz bestimmten Zweck verwendet wird, s. ausdrücklich EuGH, Urt. v. 18.6.1975, Rs. 94/74 (IGAV/Ente nazionale per la Cellulosa), Slg. 1975, 699, Rn. 10/13.

[8] EuGH, Urt. v. 11.8.1995, Rs. C–16/94 (Dubois und Cargo/Garonor), Slg. 1995, I–2421, Rn. 20; *Kamann*, in: Streinz, EUV/AEUV, Art. 30 AEUV, Rn. 5; *Terhechte*, in: Schwarze, EU-Kommentar, Art. 30 AEUV, Rn. 6; *Waldhoff*, in: Calliess/Ruffert, EUV/AEUV, Art. 30 AEUV, Rn. 2.

[9] EuGH, Urt. v. 20.4.1978, verb. Rs. 80/77 u. 81/77 (Commissionnaires réunis), Slg. 1978, 927.

[10] *Herrmann*, in: Grabitz/Hilf/Nettesheim, EU, Art. 30 AEUV (Januar 2015), Rn. 1; *Waldhoff*, in: Calliess/Ruffert, EUV/AEUV, Art. 30 AEUV, Rn. 3.

[11] Vgl. auch *Kamann*, in: Streinz, EUV/AEUV, Art. 30 AEUV, Rn. 1.

staaten verboten. Dieses Verbot gilt auch für Finanzzölle.« Der Grund für diese Änderung lag im Zeitablauf. Der Gemeinsame Markt war inzwischen weitestgehend hergestellt, die Zölle abgeschafft. Die Unterscheidung zwischen existierenden und neuen Zöllen und damit die Unterscheidung zwischen Einfrieren, Abschaffen und Neueinführen konnte damit entfallen und in einer allgemeinen Verbotsnorm aufgehen.[12]

B. Ware

7   Art. 30 AEUV ist Bestandteil des Titels II (»Der freie Warenverkehr«) des Dritten Teils (»Die internen Politiken und Maßnahmen der Union«) des AEUV und hat damit Teil am dort geltenden Warenbegriff. Die Antwort auf die Frage, was unter einer »Ware« zu verstehen ist, gab der EuGH frühzeitig. In der Kunstschätze-Entscheidung von 1968 definiert er: »Unter Waren im Sinne dieser Vorschrift sind Erzeugnisse zu verstehen, die einen Geldwert haben und deshalb Gegenstände von Handelsgeschäften sein können.«[13] Zu den Einzelheiten s. Art. 28 AEUV, Rn. 32 ff.

8   Im Bereich der finanziellen Marktzugangshindernisse ist der Warenbegriff deshalb häufiger umstritten, weil von ihm die Anwendbarkeit des strengen Zoll- und Abgabenverbotes abhängt. Eine immer wieder versuchte Verteidigungsstrategie der regulierenden Mitgliedstaaten besteht folglich darin, den Warencharakter in Abrede zu stellen. Dies begann frühzeitig im Kunstschätze-Fall 1968,[14] in dem unstreitig war, dass Italien bestimmte Gegenstände (nämlich Kunstschätze), die die Grenze überschritten, mit einem Zoll belegte. Italien aber argumentierte, der Zoll diene dazu, Kunstschätze im Land zu halten; die Kunstschätze besäßen einen künstlerischen und kulturellen, nicht aber einen wirtschaftlichen Wert. Damit handele es sich nicht um Waren im Sinne des Unionsrechts. Der Gerichtshof schloss sich diesem Argument nicht an, da (natürlich) auch künstlerische Werke einen wirtschaftlichen Wert besäßen. Italien hatte den wirtschaftlichen Wert der Kunstschätze ja auch selbst berechnet, um eine angemessene Zollhöhe bestimmen zu können. Ähnliche Versuche gab und gibt es regelmäßig im Rahmen der Art. 34 und b 110 AEUV; bekannte Beispiele sind etwa Müll[15] (der in Zeiten von unter Kosten- und damit Auslastungsdruck operierenden Verwertungsanlagen wirtschaftlichen Wert besitzt und grenzüberschreitend gehandelt wird) oder Suchtstoffe (Diacetylmorphin).[16]

C. Zoll

9   Der Begriff des »Zolls« ist in den Verträgen **nicht legaldefiniert** und daher dem EuGH zur Bestimmung überlassen. Frühzeitig machte Generalanwalt *Gand* im Diamantarbeiders-Fall den Vorschlag, dass Zölle »alle in den innerstaatlichen Rechtsvorschriften als solche bezeichneten Abgaben [sind], die aufgrund des Grenzübertritts [einer Ware]

---

[12] *Herrmann*, in: Grabitz/Hilf/Nettesheim, EU, Art. 30 AEUV (Januar 2015), Rn. 1; vgl. *Waldhoff*, in: Calliess/Ruffert, EUV/AEUV, Art. 30 AEUV, Rn. 3.
[13] EuGH, Urt. v. 10.12.1968, Rs. 7/68 (Kommission/Italien (Kunstschätze)), Slg. 1968, 617.
[14] EuGH, Urt. v. 10.12.1968, Rs. 7/68 (Kommission/Italien (Kunstschätze)), Slg. 1968, 617.
[15] EuGH, Urt. v. 9.7.1992, Rs. C–2/90 (Kommission/Belgien (Wallonischer Abfall)), Slg. 1992, I–4431, Rn. 24 ff.
[16] EuGH, Urt. v. 28.3.1995, Rs. C–324/93 (The Queen/Secretary of State for the Home Department, ex parte Evans Medical und Macfarlan Smith), Slg. 1995, I–563, Rn. 19 f.

erhoben werden«.¹⁷ Der EuGH beschrieb Zölle im gleichen Urteil als »finanzielle Belastungen, die ihren Grund im Überschreiten der Grenze haben«,¹⁸ was freilich zu weit ist. Zölle sind finanzielle Belastungen, die einer Ware aus Anlass ihres Grenzübertritts auferlegt und als »Zoll« bezeichnet werden.¹⁹ Umfasst sind hierdurch alle Arten von Zöllen, insbesondere die in Art. 30 AEUV erwähnten Einfuhr- und Ausfuhrzölle sowie Finanzzölle. Finanzzölle haben rein fiskalische Ziele,²⁰ was in der Praxis heute gegenüber den wirtschaftslenkenden Zwecken des Zolls ganz zurückgetreten ist; daher spielen Finanzzölle auch eine nur untergeordnete Rolle.²¹ Ihre Hervorhebung in Art. 30 Satz 2 AEUV verdankt sich allein dem Wegfall von Art. 17 EWGV und hat klarstellende Wirkung. Anders als in den meisten nationalen Rechtsordnungen – auch Deutschlands²² – muss im Unionsrecht die Abgabe als »Zoll« bezeichnet sein, um ein Zoll im Sinne des Art. 28, 30 AEUV zu sein.²³ Dies ist die Folge des Begriffs der »Abgaben gleicher Wirkung«, der dem Begriff des Zolls gleichgestellt ist.²⁴

Da der Stempel »Zoll« auf einem – von Art. 28, 30 AEUV verbotenen – Zoll steht, handelt es sich um ein nicht gerade schwer aufzufindendes Instrument. Zölle zwischen den Mitgliedstaaten spielen daher in der Rechtsprechung des EuGH praktisch keine Rolle mehr. Umso stärker verschiebt sich das Augenmerk auf die zollgleichen Abgaben. **10**

D. Abgaben gleicher Wirkung

I. Bedeutung

Die zollgleiche Abgabe rückt in ihrer Bedeutung in die vormalige Stellung des Zolls ein. **11** Der Zoll hat sie eingebüßt, weil er erstens aufgrund seiner Bezeichnung als »Zoll« leicht aufzufinden und daher leicht – spätestens gerichtlich – aus der Welt zu schaffen ist und in Europa insofern kein bevorzugtes staatliches Instrument zur (marktschützenden) Wirtschaftslenkung mehr ist, und weil er zweitens durch internationale Wirtschaftsintegration im Rahmen zunächst des GATT und dann der WTO, zudem im Rahmen regionaler Zusammenschlüsse, stark an Bedeutung eingebüßt hat. So schätzt man etwa, dass der durchschnittliche US-Zoll zwischen 1947 und 1979 um 92 % gefallen ist.²⁵ Das Zollni-

---

[17] GA *Gand*, Schlussanträge zu verb. Rs. 2/69 u. 3/69 (Sociaal Fonds voor de Diamantarbeiders/Brachfeld u. a.), Slg. 1969, 211.
[18] EuGH, Urt. v. 1.7.1969, verb. Rs. 2/69 u. 3/69 (Sociaal Fonds voor de Diamantarbeiders/Brachfeld u. a.), Slg. 1969, 211, Rn. 11/14.
[19] EuGH, Urt. v. 5.2.1976, Rs. 87/75 (Bresciani/Amministrazione delle finanze dello Stato), Slg. 1976, 129, Rn. 8/9; s. auch *Herrmann*, in: Grabitz/Hilf/Nettesheim, EU, Art. 30 AEUV (Januar 2015), Rn. 9; *Voet van Vormizeele*, in: GSH, Europäisches Unionsrecht, Art. 30 AEUV, Rn. 3; *Kohler*, S. 27 f.
[20] *Herrmann*, in: Grabitz/Hilf/Nettesheim, EU, Art. 30 AEUV (Januar 2015), Rn. 9; *Kamann*, in: Streinz, EUV/AEUV, Art. 30 AEUV, Rn. 10.
[21] *Terhechte*, in: Schwarze, EU-Kommentar, Art. 30 AEUV, Rn. 7; vgl. auch *Kamann*, in: Streinz, EUV/AEUV, Art. 30 AEUV, Rn. 10.
[22] Vgl. etwa BVerfGE 8, 260 (269): Zölle sind »Abgaben, die nach Maßgabe des Zolltarifs von der Warenbewegung über die Zollgrenze erhoben werden«.
[23] *Herrmann*, in: Grabitz/Hilf/Nettesheim, EU, Art. 30 AEUV (Januar 2015), Rn. 9.
[24] EuGH, Urt. v. 1.7.1969, Rs. 24/68 (Kommission/Italien (Statistikgebühr)), Slg. 1969, 193, Rn. 8/9; Urt. v. 1.7.1969, verb. Rs. 2/69 u. 3/69 (Sociaal Fonds voor de Diamantarbeiders/Brachfeld u. a.), Slg. 1969, 211, Rn. 15/18; Urt. v. 5.2.1976, Rs. 87/75 (Bresciani/Amministrazione delle finanze dello Stato), Slg. 1976, 129, Rn. 8/9.
[25] *Bhagwati*, S. 4.

veau in den frühen 1980er Jahren betrug in den USA etwa 5 % (nachdem es 1947 durchschnittlich mehr als 40 % betragen hatte), in Japan 5,4 % und in der Europäischen Gemeinschaft 6 %[26] – ein Resultat nicht lediglich unilateraler Konzessionen, sondern der Rolle des GATT. Nicht gesunken ist freilich der Anreiz, die marktlenkende Wirkung des Zolls für Marktschutz einzusetzen. Diese Wirkung kann jedoch ebenso über Abgaben mit zollgleicher Wirkung erreicht werden, so dass die Mitgliedstaaten einen hohen Anreiz besaßen, die Grenzen des Art. 30 AEUV im Hinblick auf die Abgaben mit gleicher Wirkung wie ein Zoll auszutesten.[27]

II. Definition

12 Wie der Zoll ist die zollgleiche Abgabe in den Verträgen **nicht legaldefiniert** und bleibt daher dem EuGH zur Definition überlassen. Der EuGH hat schon recht früh in der Lebkuchen-Entscheidung 1962 eine erste Definition zur Verfügung gestellt:

»… eine bei der Einfuhr oder später erhobene, einseitig auferlegte Belastung …, die dadurch, daß sie speziell die aus einem Mitgliedstaat eingeführten Waren, nicht aber gleichartige einheimische Waren trifft, jene Waren verteuert und damit die gleiche Auswirkung auf den freien Warenverkehr hat wie ein Zoll.«[28]

13 Diese Definition wurde in der Statistikgebühr-Entscheidung aus dem Jahr 1969 vom EuGH präzisiert:

»Eine – auch noch so geringe – den in- oder ausländischen Waren wegen ihres Grenzübertritts einseitig auferlegte finanzielle Belastung stellt sonach, wenn sie kein Zoll im eigentlichen Sinne ist, unabhängig von ihrer Bezeichnung und der Art ihrer Erhebung eine Abgabe gleicher Wirkung im Sinne von Artikel 9, 12, 13 und 16 des Vertrages [jetzt Art. 28 und 30 AEUV] dar, selbst wenn sie nicht zugunsten des Staates erhoben wird und keine diskriminierende oder protektionistische Wirkung hat und wenn die belastete Ware nicht mit inländischen Erzeugnissen in Wettbewerb steht.«[29]

14 Diese Definition ist in mehrfacher Hinsicht aussagekräftig und wirft ein Schlaglicht auf den Kern des unionsrechtlichen Regimes zur Bekämpfung finanzieller Handelshemmnisse an der Grenze.

III. Irrelevanz von Zwecken und Motiven

15 Die erste Dimension der Definition beschreibt die Rolle, die Zweck und Motiv der Abgabenerhebung spielen: gar keine.[30] Dies war nicht selbstverständlich. Die Statistikgebühr-Entscheidung entstammt, ebenso wie die anderen bekannten frühen Urteile zu Zöllen und zollgleichen Abgaben wie Diamantarbeiders[31] und Kunstschätze,[32] einer Konstellation, in der der zoll- oder abgabenerhebende Staat gesellschaftlich, sozial, kulturell oder politisch wünschenswerte Ziele mit dem Zoll oder der Abgabe verfolgte.

---

[26] *Winham*, The Evolution of the World Trading System – The Economic and Policy Context, in: Bethlehem u. a. (Hrsg.), The Oxford Handbook of International Trade Law, 2009, S. 5 ff. (18).

[27] *Herrmann*, in: Grabitz/Hilf/Nettesheim, EU, Art. 30 AEUV (Januar 2015), Rn. 10.

[28] EuGH, Urt. v. 14.12.1962, verb. Rs. 2/62 u. 3/62 (Kommission der EWG/Luxemburg und Belgien (Lebkuchenabgabe)), Slg. 1962, 873.

[29] EuGH, Urt. v. 1.7.1969, Rs. 24/68 (Kommission/Italien (Statistikgebühr)), Slg. 1969, 193, Rn. 8/9.

[30] EuGH, Urt. v. 1.7.1969, Rs. 24/68 (Kommission/Italien (Statistikgebühr)), Slg. 1969, 193, Rn. 6/7; vgl. auch *Barnard*, The Substantive Law of the EU, 2013, S. 47; *Craig/de Búrca*, EU Law, 2015, S. 640 ff.

[31] EuGH, Urt. v. 1.7.1969, verb. Rs. 2/69 u. 3/69 (Sociaal Fonds voor de Diamantarbeiders/Brachfeld u. a.), Slg. 1969, 211.

[32] EuGH, Urt. v. 10.12.1968, Rs. 7/68 (Kommission/Italien (Kunstschätze)), Slg. 1968, 617.

In der Rs. Statistikgebühr[33] hatte Italien auf ein- und ausgeführte Waren eine Abgabe in Höhe von 10 Lire pro Zentner, Tonne, Tier oder Fahrzeug erhoben, um damit statistische Erhebungen über alle ein- und ausgehenden Warenbewegungen zu finanzieren; die Statistik diente der Erstellung einer genauen Marktübersicht, die allen Marktteilnehmern zugänglich gemacht wurde. In der Rs. Kunstschätze[34] wollte Italien durch den Zoll den Export von italienischen Kulturschätzen von besonderer Bedeutung für die italienische Kulturnation ins Ausland eindämmen. In der Rs. Diamantarbeiders[35] sollte die belgische Abgabe, die von allen Personen zu zahlen war, welche Rohdiamanten nach Belgien einführten, in Höhe von 0,33 % des Wertes der eingeführten Diamanten in einen Sozialfonds für Arbeiter in der Diamantindustrie fließen.

In diesem Kontext erklärt der EuGH kompromisslos, dass der Zweck der Erhebung von Zoll oder Abgabe ganz irrelevant sei, und zwar in allen Konstellationen. In der Rs. Statistikgebühr heißt es: **16**

»[6/7] ... Aus diesem ganzen System [der Warenverkehrsfreiheit], aus seinen Zielen sowie aus der Allgemeinheit und Absolutheit des Verbots aller Zölle im Warenverkehr zwischen den Mitgliedstaaten ist zu entnehmen, daß das Verbot der Zölle unabhängig von dem Zweck, zu dem diese geschaffen wurden, sowie vom Verwendungszweck der durch sie bewirkten Einnahmen gilt.«[36]

In der Rs. Kunstschätze urteilt der EuGH: **17**

»Art. 16 des Vertrages untersagt im Verhältnis der Mitgliedstaaten zueinander die Erhebung aller Ausfuhrzölle oder Abgaben gleicher Wirkung, d. h. solcher Abgaben, die durch Veränderung des Preises der ausgeführten Ware den freien Verkehr dieser Ware in gleicher Weise beschränken wie ein Zoll. Die Vorschrift unterscheidet nicht nach dem Zweck der Zölle und Abgaben, deren Aufhebung sie vorsieht.«[37]

Gleiches gilt – sogar wortgleich mit der Statistikgebühr-Entscheidung – für die belgische Sozialfonds-Abgabe in der Rs. Diamantarbeiders: **18**

»Aus dem ganzen System sowie aus der Allgemeinheit und Absolutheit des Verbots aller Zölle im Warenverkehr zwischen den Mitgliedstaaten ist zu entnehmen, daß das Verbot der Zölle unabhängig von dem Zweck, zu dem diese geschaffen wurden, sowie vom Verwendungszweck der durch sie bewirkten Einnahmen gilt.«[38]

Diese Rechtsprechung, die Zwecke und Motive für irrelevant erklärt, ist zugleich juristisch wie rechtspolitisch **gelungen**. Zum einen nämlich kann auf den Wortlaut der Art. 28, 30 AEUV verwiesen werden, der für die Rechtmäßigkeit von Zöllen und zollgleichen Abgaben nicht nach ihrem Zweck unterscheidet – so ja auch der EuGH im Kunstschätze-Urteil.[39] **19**

Zum anderen streitet eine inhaltliche Erwägung entscheidend für diese Auslegung. Könnten die Mitgliedstaaten wünschenswerte Zwecke oder Motive als Rechtfertigung oder Bereichsausnahme vom Verbot der Zoll- und Abgabenerhebung vorbringen, stünde es ihnen offen, aus einer Vielzahl nicht finanzieller Zwecke heraus Zölle oder Abgaben gleicher Wirkung zu erheben und aus dem Anwendungsbereich der Art. 28, 30 AEUV herauszunehmen. Dies hätte schwerwiegende Konsequenzen. **20**

---

[33] EuGH, Urt. v. 1.7.1969, Rs. 24/68 (Kommission/Italien (Statistikgebühr)), Slg. 1969, 193.
[34] EuGH, Urt. v. 10.12.1968, Rs. 7/68 (Kommission/Italien (Kunstschätze)), Slg. 1968, 617.
[35] EuGH, Urt. v. 1.7.1969, verb. Rs. 2/69 u. 3/69 (Sociaal Fonds voor de Diamantarbeiders/Brachfeld u.a.), Slg. 1969, 211.
[36] EuGH, Urt. v. 1.7.1969, Rs. 24/68 (Kommission/Italien (Statistikgebühr)), Slg. 1969, 193, Rn. 6/7.
[37] EuGH, Urt. v. 10.12.1968, Rs. 7/68 (Kommission/Italien (Kunstschätze)), Slg. 1968, 617.
[38] EuGH, Urt. v. 1.7.1969, verb. Rs. 2/69 u. 3/69 (Sociaal Fonds voor de Diamantarbeiders/Brachfeld u.a.), Slg. 1969, 211, Rn. 11/14.
[39] EuGH, Urt. v. 10.12.1968, Rs. 7/68 (Kommission/Italien (Kunstschätze)), Slg. 1968, 617.

21 Erstens würde die Normativität der Art. 28, 30 AEUV stark geschwächt, da sie durchlässig würden. Dies wäre deshalb hochproblematisch, weil diese Artikel das Fundament der Zollunion und des freien Warenverkehrs sind; diese wiederum stehen im Zentrum der wirtschaftlichen Integration und sind daher von besonders großer Bedeutung für die Union (s. bereits Rn. 2). Wird das Verbot von Zöllen und zollgleichen Abgaben löchrig, wackelt die gesamte Integration.

22 Zweitens hätte der EuGH mit der Akzeptanz des Zweckarguments seine eigene institutionelle Stellung geschwächt. Als Teil der Judikative müsste er über Zollzwecke nicht finanzieller Natur entscheiden – mit anderen Worten darüber, welche sozialpolitischen Maßnahmen ihrem Zweck nach zulässig und welche unzulässig sind. Zum einen ist dies für einen juristischen Spruchkörper immer eine für die eigene Legitimation nicht ungefährliche Angelegenheit. Für den EuGH gilt dies in besonderem Maße. Er ist nämlich zum einen ein transnational agierender Spruchkörper, der sich jedenfalls in seiner frühen Phase noch nicht auf die kulturellen Ressourcen und damit die Akzeptanz und den Rechtsgehorsam verlassen konnte, die einem nationalen Gericht zur Verfügung stehen. Er müsste zum anderen ausschließlich am Maßstab des europäischen Wirtschaftsrechts, also anhand rein ökonomischer Ratio, über sozialpolitische Maßnahmen der Mitgliedstaaten urteilen, was zu einem argumentativen und inhaltlichen Schiefstand führen würde. Indem der EuGH das Zweckargument ablehnt, vermeidet er dieses Problem und stärkt zugleich der Zollunion und damit dem Integrationsprojekt den Rücken.

23 Es dürfte nur auf den ersten Blick verstörend sein, gute, schöne, wahre und philanthropische Dinge wie kulturelle oder sozialstaatliche Maßnahmen des Staates am Spruch eines vornehmlich wirtschaftsrechtlich legitimierten und ausgerichteten transnationalen Spruchkörpers scheitern zu sehen. Auf den zweiten Blick sieht man schnell, dass natürlich nicht die Zwecke an sich, sondern ihre methodische Umsetzung verwerflich war. Es ist zweifelsohne möglich, Marktanalysen zu erstellen und das koloniale Gewissen durch Sozialfonds zu erleichtern, ohne zugleich unzulässige Handelshemmnisse zu errichten. Auch im Hinblick auf das nationale kulturelle Erbe fragt sich, was dadurch gewonnen ist, dass man Exporteure für die Möglichkeit, die nationalen Museen leerzuräumen, einen Aufschlag bezahlen lässt.[40]

IV. Wirkung

24 Die zweite Dimension der Definition, die der EuGH von den Abgaben gleicher Wirkung gibt, ist diejenige der Wirkung. Da es nicht um Zwecke geht, muss es um Wirkung gehen.[41] Doch die Art der Wirkung, die es für eine Abgabe gleicher Wirkung braucht, kann durchaus streitig sein, und diese Frage dringt zum Herzen von Art. 28 und 30 AEUV vor. Die konzeptionellen Alternativen bestehen – wie immer in der normativen Einkleidung wirtschaftlicher Integration – im Verbot von Diskriminierung und Protektionismus einerseits und dem Verbot der Handelsbeschränkung andererseits. Hierbei handelt es sich um eine Frage, die jeder wirtschaftsintegrierende Prozess einmal zu entscheiden hat, unabhängig davon, ob es sich um eine Freihandelszone oder einen Binnenmarkt handelt: Setzt man auf Anti-Diskriminierung und Anti-Protektionismus (man darf Handelshemmnisse wie Abgaben einsetzen, doch sie dürfen nicht belastender

---

[40] Vgl. *Weatherill/Beaumont*, S. 457.
[41] EuGH, Urt. v. 14.12.1962, verb. Rs. 2/62 u. 3/62 (Kommission der EWG/Luxemburg und Belgien (Lebkuchenabgabe)), Slg. 1962, 873.

für nicht heimische Produkte sein als für heimische und sie dürfen auch nicht die Wirkung besitzen, die heimische Produktion zu schützen) oder setzt man auf Liberalisierung (man darf überhaupt keine Handelshemmnisse wie Abgaben einsetzen, die sich in irgendeiner Weise beschränkend auf den Handel auswirken können)?

Ein Beispiel ist die italienische Statistikgebühr, von der Italien zu Recht annahm, sie werde auf alle ein- und ausgeführten Waren erhoben und sei von Italienern wie Nicht-Italienern zu zahlen. Italien trug vor, die Statistikgebühr sei weder protektionistisch (da sie den italienischen Markt nicht schütze) noch diskriminierend (da sie von allen in gleicher Weise gezahlt werden müsse) und damit nicht vom Verbot der Abgaben gleicher Wirkung umfasst. Handelte es sich bei Art. 30 AEUV um ein Nicht-Diskriminierungs- und Nicht-Protektionismus-Regime, würde Italien den Fall gewinnen. Handelte es sich hingegen um ein Regime, das nicht lediglich Diskriminierung und Protektionismus eliminieren, sondern jegliche ungerechtfertigte Handelsbarrieren verbieten will und dafür nach der handelsbeschränkenden Wirkung fragt, dann wäre Art. 30 AEUV auf die Logik der Liberalisierung und des Beschränkungsverbotes aufgebaut und Italien würde den Fall verlieren, da Abgaben aus Anlass des Grenzübertritts stets handelsbeschränkende Wirkung zeitigen. 25

1. Liberalisierung und Beschränkungsverbot

Der EuGH hat sich unmissverständlich für die **Logik der Liberalisierung** entschieden und Art. 30 AEUV als **Beschränkungsverbot** ausgelegt: 26

»Eine – auch noch so geringe – den in- oder ausländischen Waren wegen ihres Grenzübertritts einseitig auferlegte finanzielle Belastung stellt sonach, wenn sie kein Zoll im eigentlichen Sinne ist, unabhängig von ihrer Bezeichnung und der Art ihrer Erhebung eine Abgabe gleicher Wirkung im Sinne von Artikel 9, 12, 13 und 16 des Vertrages [jetzt Art. 28 und 30 AEUV] dar, selbst wenn sie nicht zugunsten des Staates erhoben wird und keine diskriminierende oder protektionistische Wirkung hat und wenn die belastete Ware nicht mit inländischen Erzeugnissen in Wettbewerb steht.«[42]

Der EuGH präsentiert damit eine weit ausgreifende Definition der Abgaben gleicher Wirkung. Er stellt auch klar, dass es nicht um Diskriminierung oder Protektionismus geht, sondern um die Beseitigung jeglicher ungerechtfertigter Beschränkungen des Handels – und damit um Liberalisierung. Nicht die Frage, ob heimische und nicht heimische Waren ungleich behandelt werden, spielt eine Rolle; ebenso ist gleichgültig, ob der heimische Markt geschützt werden soll oder nicht. Es kommt allein auf die beschränkende Wirkung für den freien Handelsverkehr an: 27

»Dadurch, daß sie allgemein auf alle Waren erhoben wird, die die Grenze überschreiten, erschwert die fragliche Abgabe die vom Vertrag gewollte gegenseitige Durchdringung und übt somit auf den freien Warenverkehr die gleiche Wirkung wie ein Zoll aus.«[43]

2. Bewertung

Die Entscheidung, die Abgabe gleicher Wirkung in einem strengen Sinne als Beschränkungsverbot zu interpretieren, hat der EuGH nicht nur stringent durchgehalten; sie ist auch gut begründet. 28

---

[42] EuGH, Urt. v. 1.7.1969, Rs. 24/68 (Kommission/Italien (Statistikgebühr)), Slg. 1969, 193, Rn. 8/9.
[43] EuGH, Urt. v. 1.7.1969, Rs. 24/68 (Kommission/Italien (Statistikgebühr)), Slg. 1969, 193, Rn. 14.

a) Wortlaut

29 Erstens lässt sie sich hermeneutisch gut rechtfertigen, obwohl der Vertrag keine Definition von »Abgabe gleicher Wirkung« zur Verfügung stellt. Jedoch liefert die Bezeichnung »Abgaben gleicher Wirkung« einen Deutungsschlüssel. Nach dem Wortlaut des Vertrages, den der EuGH ernst nimmt, muss die Abgabe eine Wirkung besitzen, die jener des Zolls »gleich« ist. Die Wirkung eines Zolls ist üblicherweise zwar diskriminierend und protektionistisch, denn die Belegung eines ausländischen Produktes mit einem Zoll dient dazu, den Preis dieses Produktes im Inland künstlich zu erhöhen und dadurch gleiche oder ähnliche inländisch hergestellte Produkte vergleichsweise preisgünstig werden zu lassen. Doch was üblich ist, ist noch nicht notwendig: Zölle sind nicht notwendigerweise diskriminierend oder protektionistisch. Es gibt durchaus Zölle, die Produkte treffen, für die im Inland keine vergleichbaren Produkte existieren.[44] Dennoch sind sie in der Union verboten, worauf der EuGH hinweist:

»Der Vertrag unterscheidet beim Verbot der Zölle nicht danach, ob die Waren mit Erzeugnissen des Einfuhrlandes in Wettbewerb treten oder nicht. Durch die Abschaffung der Zollschranken soll also nicht allein deren Schutzcharakter beseitigt werden; der Vertrag hat vielmehr dem die Abschaffung der Zölle und Abgaben gleicher Wirkung vorsehenden Rechtssatz allgemeine Geltung und Wirkung verleihen wollen, um den freien Warenverkehr zu gewährleisten.«[45]

30 Wenn also Zölle ihrer Wirkung nach nicht notwendigerweise diskriminierend oder protektionistisch, aber gleichwohl verboten sind, so muss dies auch für Abgaben gleicher Wirkung gelten, denn die Wirkung der Abgabe muss gleich derjenigen des Zolls sein. Es kann also auch für Abgaben gleicher Wirkung nur darauf ankommen, dass der freie Warenverkehr nicht behindert wird. Dies ist die Logik des Beschränkungsverbots und die Ratio der Liberalisierung.

b) Policy-Drift

31 Zweitens gibt es handfeste rechtspolitische Gründe für die strenge Beschränkungsverbots-Definition. Der EuGH sendet ein wirtschaftspolitisches Signal an die Mitgliedstaaten. Die weite Definition der Abgabe gleicher Wirkung bedeutet, dass die Vorschriften des Vertrages zur Zollunion ernst zu nehmen sind. Sie dürfen nicht von den Mitgliedstaaten umgangen werden,[46] insbesondere nicht durch die Art der Abgabe, die als statistische, soziale oder Kulturgut-Abgabe maskiert werden kann. Die Vorschriften sind unabhängig davon anwendbar, ob ein Wettbewerb der mit der Abgabe belegten Ware mit heimischen Waren existiert oder nicht, da es auf die diskriminierende oder protektionistische Wirkung nicht ankommt: allein entscheidend ist die handelsbeschränkende Wirkung.[47] Diese entschiedene, rigorose Herangehensweise besitzt ihren Grund in der Bedeutung des freien Warenverkehrs für das Integrationsprojekt. Scheitert die Union bereits bei den Zöllen und zollgleichen Abgaben, weil das Verbot zu lax gehandhabt wird, ist die Wahrscheinlichkeit, die darüber hinausgehenden Maßnahmen (wie Liberalisierung der anderen Produktionsfaktoren, Harmonisierungsmaßnahmen usw.) durchsetzen zu können, gering.

---

[44] Vgl. *Voet van Vormizeele*, in: GSH, Europäisches Unionsrecht, Art. 30 AEUV, Rn. 9.
[45] EuGH, Urt. v. 1.7.1969, Rs. 24/68 (Kommission/Italien (Statistikgebühr)), Slg. 1969, 193, Rn. 6/7.
[46] *Herrmann*, in: Grabitz/Hilf/Nettesheim, EU, Art. 30 AEUV (Januar 2015), Rn. 10.
[47] EuGH, Urt. v. 1.7.1969, Rs. 24/68 (Kommission/Italien (Statistikgebühr)), Slg. 1969, 193, Rn. 8/9.

c) Keine de-minimis-Ausnahme

Dies untermauert der EuGH dadurch, dass er auch äußerst geringfügige Abgaben unter Art. 30 AEUV fallen lässt und das Argument ablehnt, ab einer bestimmten Geringfügigkeit sei eine Beschränkung des Warenverkehrs nicht länger spürbar (de minimis).[48] Auch sehr geringfügige Abgaben für nichtig zu erklären, besitzt einen symbolischen Wert, der den Kern der Warenverkehrsfreiheit stärkt. Zudem hätte jede gegenteilige Entscheidung eine Flut von Abgaben geringer Höhe zur Folge; die Konsequenz hiervon wäre wiederum eine Flut von Fällen, in denen die von der Abgabe Betroffenen die Höhe der Abgabe auf ihre Rechtmäßigkeit und damit die Grenze zwischen geringer und nicht mehr geringer Höhe testen. Schließlich gilt auch hinsichtlich der geringen Höhe von Abgaben der hermeneutische Hinweis auf die Äquivalenz von Zoll und zollgleicher Abgabe. Auch Zölle können geringwertig sein und sind doch verboten; Gleiches gilt für die Abgabe gleicher Wirkung.

3. Zusammenfassung

Zusammenfassend gilt für finanzielle Marktzugangsbeschränkungen also Folgendes. Das Verbot von Zöllen und zollgleichen Abgaben soll vermeiden, dass im Handel zwischen den Mitgliedstaaten der innerunionale Warenverkehr wegen des Grenzübertritts finanziellen Belastungen ausgesetzt wird.[49] Eine finanzielle Belastung, die den aus einem anderen Mitgliedstaat eingeführten Waren bei ihrem Grenzübertritt einseitig auferlegt wird, stellt unabhängig von ihrer Bezeichnung und der Art ihrer Erhebung eine Abgabe zollgleicher Wirkung dar.[50] Sobald eine Abgabe als Zoll oder als Abgabe gleicher Wirkung wie ein Zoll identifiziert worden ist, ist sie per se rechtswidrig. Dies ist eine strenge Regel von gehöriger Rigorosität. Ein Vergleich mit dem Regime für finanzielle Maßnahmen zur inneren Marktregulierung (Steuern) verdeutlicht dies. Während Zölle und zollgleiche Abgaben als Beschränkungsverbot konzipiert und per se verboten sind, sind Steuern (Art. 110 ff. AEUV) nicht verboten,[51] es sei denn, sie sind diskriminierend (Art. 110 Abs. 1 AEUV) oder protektionistisch (Art. 110 Abs. 2 AEUV).[52] Der AEUV unterscheidet also streng zwischen der finanziellen Regulierung des Marktzugangs (Zölle und zollgleiche Abgaben, Art. 28, 30 AEUV) und der finanziellen Regulierung des Marktes selbst (Steuern, Art. 110 ff. AEUV). Diese Unterscheidung ist deshalb wichtig, weil es gilt, Abgaben gleicher Wirkung von Steuern zu unterscheiden: Dies ist nicht immer einfach, aber deshalb von großer Bedeutung, weil ganz unterschiedliche Regelungen und Maßstäbe gelten. Dementsprechend taucht sie auch in der Rechtsprechung des EuGH prominent auf:

»In dieser Hinsicht ist den Artikeln 95 ff. [jetzt Art. 110 ff. AEUV] zu entnehmen, daß der Begriff Abgabe gleicher Wirkung nicht solche Abgaben umfaßt, die innerhalb des Staates gleichartige oder vergleichbare heimische Erzeugnisse in der gleichen Weise treffen oder, falls solche Erzeugnisse fehlen, jedenfalls in den Rahmen einer allgemeinen inländischen Abgabe fallen, oder die in den vom Vertrag gesetzten Grenzen derartige inländische Abgaben ausgleichen sollen.«[53]

---

[48] EuGH, Urt. v. 25.1.1977, Rs. 46/76 (Bauhuis), Slg. 1977, 5, Rn. 7/11; s. auch *Terhechte*, in: Schwarze, EU-Kommentar, Art. 30 AEUV, Rn. 16.
[49] So auch *Waldhoff*, in: Calliess/Ruffert, EUV/AEUV, Art. 30 AEUV, Rn. 10; vgl. *Voet van Vormizeele*, in: GSH, Europäisches Unionsrecht, Art. 30 AEUV, Rn. 5.
[50] EuGH, Urt. v. 5.2.1976, Rs. 87/75 (Bresciani/Amministrazione delle finanze dello Stato), Slg. 1976, 129, Rn. 8/9.
[51] *Herrmann*, in: Grabitz/Hilf/Nettesheim, EU, Art. 30 AEUV (Januar 2015), Rn. 19.
[52] *Seiler*, in: Grabitz/Hilf/Nettesheim, EU, Art. 110 AEUV (März 2011), Rn. 2.
[53] EuGH, Urt. v. 1.7.1969, Rs. 24/68 (Kommission/Italien (Statistikgebühr)), Slg. 1969, 193, Rn. 11.

34 Die Unterscheidung wird zudem bei der Behandlung nicht finanzieller Maßnahmen (mengenmäßiger Beschränkungen und Maßnahmen gleicher Wirkung, Art. 34 ff. AEUV) wichtig, denn dort fehlt eine durch Normen vorgeschriebene Differenzierung zwischen Marktzugang und Marktregulierung; allerdings taucht sie in der Rechtsprechung des EuGH wieder auf.[54] Insofern können die Erwägungen an dieser Stelle als Präludien zur Behandlung nicht tarifärer Handelsbeschränkungen verstanden werden. Dies gilt mit besonderem Nachdruck im Hinblick auf die parallele Problematik der »Maßnahmen mit gleicher Wirkung« wie mengenmäßige Beschränkungen aus Art. 34 AEUV, die – ebenso wie die »Abgaben mit gleicher Wirkung« wie Zölle aus Art. 28, 30 AEUV – nicht legaldefiniert sind und dem EuGH methodischen Freiraum für die Entwicklung einer integrationsfreundlichen Rechtsprechung zur Verfügung stellen, ohne sich in definitorischen Feinheiten angesichts der Vielfalt der in Betracht kommenden mitgliedstaatlichen Maßnahmen zu verzetteln.

E. Ausnahmen

I. Notwendigkeit und Bedeutung von Ausnahmen

35 Ein weit ausgreifendes und strenges, fast drakonisches Regime wie dasjenige für Zölle und zollgleiche Abgaben – per se-Rechtswidrigkeit ohne die Möglichkeit einer Rechtfertigung – ist zwar angesichts der zentralen Rolle der Art. 28, 30 AEUV für die weitere Integration gerechtfertigt, bedarf aber einer Abmilderung über Ausnahmen. Auch dies hat der EuGH frühzeitig festgestellt:

> »Insgesamt geht aus den genannten Vorschriften und ihrem Verhältnis zu den anderen Vertragsbestimmungen hervor, daß das an den Grundsatz des freien Warenverkehrs geknüpfte Verbot neuer Zölle oder Abgaben gleicher Wirkung eine wesentliche Vorschrift ist, die unbeschadet anderer Bestimmungen des Vertrages keine Ausnahmen zuläßt.«[55]

36 Das Verhältnis von Grundsatz und Ausnahme beschreibt der EuGH wie folgt:

> »Wie der Gerichtshof bereits mehrfach festgestellt hat, liegt die Rechtfertigung für das Verbot von Zöllen und Abgaben gleicher Wirkung darin, daß finanzielle Belastungen, die ihren Grund im Überschreiten der Grenzen haben, auch wenn sie noch so geringfügig sind, eine Behinderung des freien Warenverkehrs darstellen, die durch die damit verbundenen Verwaltungsformalitäten noch erschwert wird. Eine den Waren wegen des Überschreitens der Grenze einseitig auferlegte finanzielle Belastung stellt sonach, wenn sie kein Zoll im eigentlichen Sinne ist, unabhängig von ihrer Bezeichnung und der Art ihrer Erhebung eine Abgabe zollgleicher Wirkung im Sinne der Artikel 9, 12, 13 und 16 EWG-Vertrag [jetzt Art. 28 und 30 AEUV] dar.«[56]

II. Überblick über das Ausnahmeregime

37 Nach der Rechtsprechung des Gerichtshofes gilt das jedoch dann nicht, wenn die fragliche Belastung »Teil einer allgemeinen inländischen Gebührenregelung ist, die systematisch sämtliche inländischen und eingeführten Waren nach gleichen Kriterien erfaßt …, wenn sie ein der Höhe nach angemessenes Entgelt für einen dem Wirtschaftsteilnehmer tatsächlich geleisteten Dienst darstellt … oder aber – unter bestimmten Vorausset-

---

[54] EuGH, Urt. v. 24.11.1993, Rs. C–267/91 (Keck und Mithouard), Slg. 1993, I–6097.
[55] EuGH, Urt. v. 1.7.1969, Rs. 24/68 (Kommission/Italien (Statistikgebühr)), Slg. 1969, 193, Rn. 10.
[56] EuGH, Urt. v. 27.9.1988, Rs. 18/87 (Kommission/Deutschland (Viehtransportkontrollgebühren)), Slg. 1988, 5427, Rn. 5.

zungen – wenn sie sich auf Kontrollen beziehen, die zur Erfüllung von Verpflichtungen, die sich aus dem Gemeinschaftsrecht ergeben, durchgeführt werden.«[57] Finanzielle Belastungen an der Grenze unterfallen also nicht dem strengen Regime der Art. 28, 30 AEUV, wenn
- sie ein der Höhe nach angemessenes Entgelt für einen dem Wirtschafsteilnehmer tatsächlich geleisteten Dienst darstellen (s. dazu Rn. 39 ff.), oder wenn
- sie sich – unter bestimmten Voraussetzungen – auf Kontrollen beziehen, die zur Erfüllung von Verpflichtungen durchgeführt werden, welche sich aus dem Unionsrecht ergeben (s. dazu Rn. 46 ff.), oder wenn
- sie Teil einer allgemeinen inländischen Gebührenregelung sind, die systematisch sämtliche inländischen und eingeführten Waren nach gleichen Kriterien erfasst (s. dazu Rn. 63 ff.).

Die Ausnahmen besitzen nicht den Charakter einer klassischen Rechtfertigungsprüfung, etwa im Sinne des Art. 36 AEUV. Vielmehr handelt es sich um **Argumentationszusammenhänge**, die den Anwendungsbereich der Art. 28, 30 AEUV entfallen lassen und dazu führen, dass die finanzielle Belastung dann möglicherweise an einem anderen Normenregime gemessen wird, etwa Art. 110 AEUV oder Art. 107 AEUV.[58] Das Ausnahmeregime macht deutlich, dass der EuGH sich nicht mit der Bezeichnung der finanziellen Belastung aufhält, sondern an der Form vorbei auf dessen **Substanz** schaut. 38

III. Ausnahme 1: Entgelt für Dienst

Eine gängige Verteidigungslinie für Abgaben, die an der Grenze erhoben werden, ist das Argument, es handele sich lediglich um das Entgelt für einen Dienst, der dem Importeur zur Verfügung gestellt werde; daher falle die Abgabe nicht unter Art. 28, 30 AEUV. Der EuGH hat dieses Argument grundsätzlich als zulässige Ausnahme vom Anwendungsbereich der Art. 28, 30 AEUV akzeptiert, legt dabei freilich strenge Maßstäbe an.[59] Diese Maßstäbe sind die Konsequenz aus der Überlegung, dass der regulierende Mitgliedstaat auf diese Weise eine Abgabe erheben will, obwohl tatsächlich kein wirtschaftliches Austauschverhältnis existiert und es lediglich um die Behinderung von Importen geht. 39

1. Nutznießer

So schaut der EuGH genau hin, wenn es darum geht, wer wirklich einen Vorteil aus der gewährten Dienstleistung erhält. Ein Beispiel ist wiederum der italienische Statistikgebühr-Fall,[60] in dem Italien vorträgt, die »fragliche Statistik habe den Zweck, die wirklichen Warenbewegungen und damit die Änderungen der Marktlage genau festzustellen. Die absolute Genauigkeit der auf diese Weise erlangten Auskünfte verschaffe den Importeuren auf dem italienischen Markt eine bessere Stellung im Wettbewerb, und die Exporteure hätten im Ausland einen ähnlichen Vorteil. Die diesen Marktteilnehmern 40

---

[57] EuGH, Urt. v. 27. 9. 1988, Rs. 18/87 (Kommission/Deutschland (Viehtransportkontrollgebühren)), Slg. 1988, 5427, Rn. 5 f.; vgl. auch: EuGH, Urt. v. 7. 7. 1994, Rs. C–130/93 (Lamaire/Nationale Dienst voor Afzet van Land- en Tuinbouwprodukten), Slg. 1994, I–3215, Rn. 14.
[58] *Seiler*, in: Grabitz/Hilf/Nettesheim, EU, Art. 110 AEUV (März 2011), Rn. 4.
[59] EuGH, Urt. v. 12. 1. 1983, Rs. 39/82 (Donner), Slg. 1983, 19, Rn. 7; Urt. v. 9. 11. 1983, Rs. 158/82 (Kommission/Dänemark), Slg. 1983, 3573, Rn. 12; s. auch *Voet van Vormizeele*, in: GSH, Europäisches Unionsrecht, Art. 30 AEUV, Rn. 14 ff.
[60] EuGH, Urt. v. 1. 7. 1969, Rs. 24/68 (Kommission/Italien (Statistikgebühr)), Slg. 1969, 193.

erwachsenden besonderen Vorteile rechtfertigten es, ihnen die Finanzierung dieses öffentlichen Dienstes aufzuerlegen, und ließen andererseits erkennen, daß es sich bei der streitigen Abgabe um ein Entgelt handele.«[61] Der EuGH ist hiervon nicht überzeugt: »Die fraglichen statistischen Erhebungen sind für das gesamte Wirtschaftsleben und unter anderem auch für die zuständigen Verwaltungen von Nutzen.«[62] Dahinter steht die Ratio, dass der Staat sich nicht selbst Vorteile für sich und seine Organe durch die Erhebung einer Abgabe finanzieren können soll.

2. Konkreter, bewertbarer, besonderer, individueller Vorteil

41 Selbst wenn nicht der Staat und seine Organe selbst als Nutznießer feststehen, knüpfen sich strenge Voraussetzungen an die Erhebung von Abgaben. So muss es sich um einen konkretisierbaren und bewertbaren Vorteil für den Importeur handeln: »Auch wenn [die Maßnahmen] besonders die Stellung der Importeure und Exporteure im Wettbewerb verbessern sollten, handelt es sich doch um einen so allgemeinen und so schwer zu bewertenden Vorteil, daß die streitige Abgabe nicht als ein Entgelt angesehen werden kann, das den Gegenwert für einen bestimmten tatsächlich gewährten Vorteil darstellt.«[63] Messbarkeit des konkret gefassten Vorteils ist also Voraussetzung für die Legalität der Abgabe;[64] Diffusität des Vorteils führt dazu, dass die Abgabe näher an das Verbot der Art. 28, 30 AEUV heranrückt.[65] Es muss sich um einen »besonderen oder individuellen Vorteil zugunsten des Wirtschaftsteilnehmers« handeln.[66]

42 Diese Tendenz geht so weit, dass der EuGH im Interesse der Herstellung eines Gemeinsamen Marktes bereit ist, mikroökonomisch gut begründbare Argumente außer Acht zu lassen. Selbst wenn ein Importeur eine Ware einführt, für die eine zwingende veterinärmedizinische oder hygienische Kontrolle vorgeschrieben und unabdingbar ist – etwa bei der Einfuhr roher Rinderhäute – und es sinnvoll ist, dass derjenige, der eine solche Ware einführen will, auch für die gesundheitspolizeiliche Untersuchung zahlen müsste, erklärt der EuGH die Kostentragungspflicht unter Berufung auf Art. 28, 30 AEUV für unzulässig: »Denn eine Tätigkeit der staatlichen Verwaltung, die der Durchführung einer im allgemeinen Interesse vorgeschriebenen gesundheitspolizeilichen Kontrolle dient, kann nicht als eine dem Importeur erbrachte Dienstleistung angesehen werden, die die Erhebung einer finanziellen Belastung als Gegenleistung rechtfertigen könnte.«[67] Stattdessen bürdet der EuGH die Kosten der Allgemeinheit auf: »[D]ie dadurch entstandenen Kosten [müssen deshalb] von der Allgemeinheit getragen werden,

---

[61] EuGH, Urt. v. 1.7.1969, Rs. 24/68 (Kommission/Italien (Statistikgebühr)), Slg. 1969, 193, Rn. 15.
[62] EuGH, Urt. v. 1.7.1969, Rs. 24/68 (Kommission/Italien (Statistikgebühr)), Slg. 1969, 193, Rn. 16.
[63] EuGH, Urt. v. 1.7.1969, Rs. 24/68 (Kommission/Italien (Statistikgebühr)), Slg. 1969, 193, Rn. 16.
[64] *Herrmann*, in: Grabitz/Hilf/Nettesheim, EU, Art. 30 AEUV (Januar 2015), Rn. 13; *Barnard*, The Substantive Law of the EU, 2013, S. 50 f.
[65] Vgl. auch EuGH, Urt. v. 26.2.1975, Rs. 63/74 (Cadsky S. p. a./Istituto Nazionale per il Commercio Estero), Slg. 1975, 281, Rn. 6/8; Urt. v. 20.3.1984, Rs. 314/82 (Kommission/Belgien), Slg. 1984, 1543, Rn. 12; Urt. v. 15.11.1988, Rs. 229/87 (Kommission/Griechenland), Slg. 1988, 6347, Rn. 15 f.
[66] EuGH, Urt. v. 30.5.1989, Rs. 340/87 (Kommission/Italien), Slg. 1989, 1483, Rn. 15 a. E.
[67] EuGH, Urt. v. 5.2.1976, Rs. 87/75 (Bresciani/Amministrazione delle finanze dello Stato), Slg. 1976, 129, Rn. 10/11.

die insgesamt vom freien Warenverkehr in der Gemeinschaft profitiert.«[68] Die Rechnung, die der EuGH hier aufmacht, subtrahiert die Inspektionskosten von den finanziellen Vorteilen, die der Steuerzahler aus dem Binnenmarkt zieht; dabei sieht er nach wie vor einen großen Überschuss, so dass das Argument nicht ins Gewicht fällt. Anderes gilt in diesem Zusammenhang bezüglich Verwaltungsabgaben für gesundheitsbehördliche Kontrollen von aus Drittländern eingeführten Waren, also solchen mit nicht in der Union befindlichem Ursprung.[69]

3. Kostenäquivalenz

Der vom EuGH geforderte unmittelbare Zusammenhang zwischen Dienstleistung, konkretem Vorteil und Gebühr schlägt sich auch darin nieder, dass die Höhe der Gebühr nicht die tatsächlichen Kosten der Verrichtung, für die sie erhoben wird, übersteigen darf.[70] Offenkundig ist, dass es hierbei auf die Berechnung ankommt; auch hierfür hat der EuGH relativ präzise Regeln aufgestellt, um Schlupflöcher zu schließen. Ein unmittelbarer Zusammenhang zwischen dem Betrag der Gebühr und der konkreten (etwa phytosanitären) Untersuchung besteht dann, »wenn der Gebührenbetrag anhand der Dauer der Untersuchung, der Anzahl der dafür eingesetzten Personen, der Materialkosten, der allgemeinen Unkosten oder gegebenenfalls anderer ähnlicher Faktoren berechnet wird«;[71] eine pauschale Berechnung (etwa durch festen Stundentarif) wird dadurch aber nicht ausgeschlossen.[72] Ausgeschlossen ist hingegen eine Berechnung des Gebührenbetrags anhand des Gewichts oder des Rechnungsbetrags der ausgeführten Erzeugnisse.[73]

43

4. Freiwilligkeit

Die Frage, ob der konkret geleistete Dienst obligatorisch oder fakultativ ist, besitzt keinen per se entscheidenden, sondern nur indiziellen Wert für die rechtliche Einordnung der Abgabe. Wird eine Dienstleistung nur auf Antrag hin geleistet, ist dies ein Indiz dafür, dass der Importeur sie freiwillig in Anspruch nimmt und es sich daher nicht um eine einseitig auferlegte, zwingende Belastung handelt.[74] Allerdings ist hier zu prüfen, ob tatsächlich Freiwilligkeit vorliegt. Möglicherweise existiert ein tatsächlicher Zwang mit der Folge, dass sich der Importeur der für die Dienstleistung geforderten Abgabe

44

---

[68] EuGH, Urt. v. 5.2.1976, Rs. 87/75 (Bresciani/Amministrazione delle finanze dello Stato), Slg. 1976, 129, Rn. 10/11.

[69] EuGH, Urt. v. 2.5.1990, Rs. C–111/89 (Niederländischer Staat/Bakker Hillegom), Slg. 1990, I–1735, Rn. 15.

[70] EuGH, Urt. v. 2.5.1990, Rs. C–111/89 (Niederländischer Staat/Bakker Hillegom), Slg. 1990, I–1735, Rn. 12 ff.; s. auch *Herrmann*, in: Grabitz/Hilf/Nettesheim, EU, Art. 30 AEUV (Januar 2015), Rn. 13; *Voet van Vormizeele*, in: GSH, Europäisches Unionsrecht, Art. 30 AEUV, Rn. 17; *Terhechte*, in: Schwarze, EU-Kommentar, Art. 30 AEUV, Rn. 19.

[71] EuGH, Urt. v. 2.5.1990, Rs. C–111/89 (Niederländischer Staat/Bakker Hillegom), Slg. 1990, I–1735, Rn. 13.

[72] EuGH, Urt. v. 2.5.1990, Rs. C–111/89 (Niederländischer Staat/Bakker Hillegom), Slg. 1990, I–1735, Rn. 13.

[73] EuGH, Urt. v. 2.5.1990, Rs. C–111/89 (Niederländischer Staat/Bakker Hillegom), Slg. 1990, I–1735, Rn. 14.

[74] Vgl. EuGH, Urt. v. 17.5.1983, Rs. 132/82 (Kommission/Belgien), Slg. 1983, 1649, Rn. 10 ff.; s. auch *Herrmann*, in: Grabitz/Hilf/Nettesheim, EU, Art. 30 AEUV (Januar 2015), Rn. 14; *Shaw/Hunt/Wallace*, Economic and Social Law of the European Union, 2007, S. 102.

praktisch nicht entziehen kann;[75] dann rückt diese wiederum in den Anwendungsbereich der Art. 28, 30 AEUV.[76] Umgekehrt sind finanzielle Forderungen, die sich aus obligatorischen Verwaltungsleistungen ergeben, noch nicht per se unzulässig:[77] Auch hier ist regelmäßig zu prüfen, ob nicht ein individueller, konkreter Vorteil gegeben ist, der die Gebührenerhebung in unionsrechtlich zulässiger Form erlaubt.[78]

5. Fazit

45 Resümierend kann man feststellen, dass die grundsätzliche Anerkennung dieser Ausnahme durch den EuGH die Mitgliedstaaten veranlasst hat, sich immer wieder auf das Argument des Gegenwertes für einen bestimmten, tatsächlich geleisteten Vorteil zu berufen. Die Folgerechtsprechung des EuGH macht jedoch deutlich, dass er nicht gewillt ist, diese Ausnahme leichten Herzens tatsächlich anzuerkennen. Der Handlungsspielraum für die Mitgliedstaaten bleibt sehr eng begrenzt, da der EuGH an die Bestimmtheit des Vorteils strenge Maßstäbe anlegt. Der Grund ist offenkundig: Erstens ist das Zoll- und Abgabenregime zentral für den freien Warenverkehr und die Integration und soll nicht umgangen werden können; zweitens geht es bei Art. 28, 30 AEUV um Liberalisierung, also um die Öffnung des Handels und die Beseitigung jeglicher Beschränkungen auf diesem Gebiet. Fluchtwege müssen also abgeschnitten, Ausnahmen so eng wie möglich ausgelegt werden.[79]

IV. Ausnahme 2: Abgaben für unionsrechtlich vorgesehene Maßnahmen

46 Für den Handel bestimmter Waren – insbesondere von Tieren, Pflanzen, Fleisch oder anderen Lebensmitteln – sind Gesundheitszeugnisse, Unbedenklichkeitsbescheinigungen und die damit einhergehenden Untersuchungen unabdingbar. Die Mitgliedstaaten haben hierfür zunächst eigene Maßnahmenpakete entwickelt, die sich in den Details voneinander unterschieden, ebenso wie die hierfür anfallenden Kostenerhebungen. Die Europäische Union hat hier harmonisierend eingegriffen, um Handelshemmnisse zu beseitigen und den Binnenmarkt zu fördern.[80] Im Hinblick auf diese harmonisierten Maßnahmen stellt sich nun das Problem, wie die Kostentragungspflicht – auch im Verhältnis zu Maßnahmen, die weiterhin von den Mitgliedstaaten in Eigenregie durchgeführt werden – nach Maßgabe der Art. 28, 30 AEUV zu behandeln ist.

1. Grundsatz

47 Bereits frühzeitig hat der EuGH angekündigt, dass Abgaben als Ausgleich für unionsrechtlich auferlegte Maßnahmen nicht in den Anwendungsbereich der Art. 28, 30 AEUV fallen sollen. Bereits in der zentralen Randnummer 9 des Statistikgebühr-Ur-

---

[75] *Herrmann*, in: Grabitz/Hilf/Nettesheim, EU, Art. 30 AEUV (Januar 2015), Rn. 14.
[76] Vgl. etwa das Vorbringen der Niederlande und die Antwort der Kommission im Hinblick auf Pflanzengesundheitszeugnisse, die im internationalen Handelsverkehr üblich und unumgänglich sind: EuGH, Urt. v. 12.7.1977, Rs. 89/76 (Kommission/Niederlande), Slg. 1977, 1355, Rn. 2/7, auf das sich auch *Kohler*, S. 51, beruft.
[77] *Herrmann*, in: Grabitz/Hilf/Nettesheim, EU, Art. 30 AEUV (Januar 2015), Rn. 13.
[78] Etwa EuGH, Urt. v. 11.10.1973, Rs. 39/73 (Rewe Zentralfinanz/Landwirtschaftskammer Westphalen-Lippe), Slg. 1973, 1039, Rn. 4.
[79] Vgl. etwa EuGH, Urt. v. 14.12.1962, verb. Rs. 2/62 u. 3/62 (Kommission der EWG/Luxemburg und Belgien (Lebkuchenabgabe)), Slg. 1962, 873.
[80] *Herrmann*, in: Grabitz/Hilf/Nettesheim, EU, Art. 30 AEUV (Januar 2015), Rn. 18.

teils[81] ist davon die Rede, dass die Abgabe »einseitig auferlegt« sein muss. Mithilfe dieses Kriteriums hat der EuGH damit begonnen, zwischen Abgaben, die von den Mitgliedstaaten (»einseitig«) auferlegt werden, und Abgaben, die von der Union selbst (nicht »einseitig«) auferlegt werden, zu unterscheiden. Jedenfalls auf den ersten Blick erscheint dies selbstverständlich: Wenn die primäre Bedrohung des Binnenmarktes aus marktschützenden Abgaben der Mitgliedstaaten resultiert, sind diese auch das primäre Regulierungsziel; Maßnahmen der Union selbst, die häufig gerade der Errichtung des Binnenmarktes dienen, müssen davon unterschieden werden. Diese Rechtsprechung hat sich inzwischen dahingehend ausdifferenziert, dass dort, wo das Unionsrecht harmonisierte Kontrollmaßnahmen wie Untersuchungen oder gesundheitspolizeiliche Zeugnisse anordnet, der Mitgliedstaat die hierfür entstehenden Kosten auf den Importeur abwälzen darf, die Abgabe also nicht in den Anwendungsbereich von Art. 28, 30 AEUV fällt.[82] Dort, wo das Unionsrecht die Möglichkeit zu einer Untersuchung eröffnet, dürfen die Mitgliedstaaten die Kosten nicht abwälzen; sie sind von der Allgemeinheit zu tragen. Beides bedarf der Erläuterung.

2. Kosten für unionsrechtlich (und internationalrechtlich) angeordnete Maßnahmen

a) Ratio

Im Hinblick auf unionsrechtlich angeordnete Maßnahmen, deren Kosten die Mitgliedstaaten in Form von Gebühren oder Abgaben bei den Importeuren erheben, unterscheidet der EuGH seit dem Bauhuis-Fall[83] zwischen der Ratio, die den unionsrechtlich angeordneten Maßnahmen unterliegt, und der Ratio, die mitgliedstaatlich angeordneten Maßnahmen unterliegt, obwohl die Maßnahmen zu einem guten Teil völlig identisch sind:

48

»[27/30] … Diese Maßnahmen werden nicht einseitig von den einzelnen Mitgliedstaaten, sondern für die Gesamtheit der betreffenden Erzeugnisse verbindlich und einheitlich erlassen, unabhängig davon, welcher Mitgliedstaat Versand- beziehungsweise Bestimmungsland ist. Sie werden ferner nicht von den einzelnen Mitgliedstaaten zum Schutz eigener Interessen, sondern vom Rat im allgemeinen Interesse der Gemeinschaft erlassen. Sie können daher nicht als einseitige, den Handel beeinträchtigende Maßnahmen angesehen werden, sondern haben vielmehr als Maßnahmen zu gelten, die den freien Warenverkehr begünstigen sollen, indem sie insbesondere die Wirkung der Hindernisse aufheben, die sich für den freien Warenverkehr aus gesundheitspolizeilichen Maßnahmen ergeben können, die im Einklang mit Artikel 36 [jetzt Art. 36 AEUV] getroffen werden.
[31/34] Gebühren, die aus Anlaß von gesundheitsbehördlichen Kontrollen erhoben werden, welche aufgrund einer Vorschrift des Gemeinschaftsrechts einheitlich vor dem Versand im Versandhaus durchgeführt werden müssen, sind somit keine Abgaben mit gleicher Wirkung wie Ausfuhrzölle, wenn ihr Betrag die tatsächlichen Kosten der jeweiligen Kontrolle nicht übersteigt. Die Gründe für das Verbot jeglicher Beeinträchtigung des innergemeinschaftlichen Handels – sei es durch Abgaben zollgleicher Wirkung, sei es durch Maßnahmen mit gleicher Wirkung wie mengenmäßige Beschränkungen – greifen in diesem Fall nicht ein.«[84]

Da die unionalen Kontrollen also im Interesse der gesamten Union erlassen wurden und den Handel nicht hemmen, sondern begünstigen, sind auch die Abgaben, die die Mitgliedstaaten für die Durchführung erheben, keine Abgaben gleicher Wirkung.[85]

49

---

[81] EuGH, Urt. v. 1.7.1969, Rs. 24/68 (Kommission/Italien (Statistikgebühr)), Slg. 1969, 193.
[82] *Herrmann*, in: Grabitz/Hilf/Nettesheim, EU, Art. 30 AEUV (Januar 2015), Rn. 18.
[83] EuGH, Urt. v. 25.1.1977, Rs. 46/76 (Bauhuis), Slg. 1977, 5.
[84] EuGH, Urt. v. 25.1.1977, Rs. 46/76 (Bauhuis), Slg. 1977, 5, Rn. 27 ff.
[85] *Herrmann*, in: Grabitz/Hilf/Nettesheim, EU, Art. 30 AEUV (Januar 2015), Rn. 18.

50 Dementsprechend kann keine Verwunderung auslösen, dass der EuGH eventuell verbleibende mitgliedstaatlich angeordnete Kontrollen und die hierfür erhobenen Abgaben für rechtswidrig erklärt:

»[40/42] Hieraus folgt, daß außer in den in der Richtlinie selbst vorgesehenen Fällen jede von einem Mitgliedstaat aus eigener Initiative oder infolge nicht mehr gerechtfertigter Anforderungen eines anderen Mitgliedstaats einseitig vorgeschriebene zusätzliche Kontrolle von zur Ausfuhr nach einem anderen Mitgliedstaat bestimmten Rindern und Schweinen eine Maßnahme mit gleicher Wirkung wie eine mengenmäßige Beschränkung darstellt und jede aus diesem Anlaß erhobene Gebühr deshalb mit dem Gemeinschaftsrecht unvereinbar ist.«[86]

b) Bewertung

51 Dies ist auf den ersten Blick überzeugend. Die Mitgliedstaaten richten Kontrollen ein (und erheben dafür Gebühren), weil sie aus nationalem Interesse handeln; die Union hingegen richtet Kontrollen ein (und ermächtigt zur Gebührenerhebung), weil sie so einerseits die nationalen Hindernisse ausräumen und andererseits dennoch die Sicherheit des Viehhandels garantieren kann. Dann ergibt es Sinn, die Gebühren, die für die Durchführung der unionsrechtlich vorgeschriebenen Kontrollen erhoben werden, für rechtmäßig zu erklären, denn sie behindern den Handel nicht. Die Ausnahme der unionsrechtlich angeordneten Abgaben scheint sich eben aus diesem Unterschied abzuleiten, und viele Kommentatoren schenken dieser Behauptung Glauben.[87]

52 Auf den zweiten Blick jedoch ergeben sich Zweifel. Erstens sind viele der Kontrollen und Gebühren, die aufgrund Unionsrechts durchgeführt bzw. erhoben werden, identisch mit jenen, die auf nationalem Recht beruhen. Es bleibt zumindest undeutlich, was die Union besser kann als die Mitgliedstaaten. Beide wollen die Sicherheit des Vieh- oder Lebensmittelhandels dadurch garantieren, dass sie Ein- und Ausfuhren untersuchen. Die hierfür erhobenen Gebühren sind identisch und damit in jedem Fall ein Handelshemmnis, gleichgültig ob sie für unionsrechtlich oder national vorgeschriebene Kontrollen erhoben werden. Hieraus ergibt sich auch zweitens, dass die Unterscheidung zu einem seltsamen Querstand in der Rechtsprechung des EuGH führt.[88] Der EuGH hatte in der Rs. Statistikgebühr geurteilt, dass der Zweck der Abgabe gleichgültig ist.[89] Allein die Tatsache, dass die Abgabe ein Hindernis für den freien Warenverkehr darstellt, ist ausreichend, um sie der Rechtswidrigkeit anheimfallen zu lassen. Die italienische Statistikgebühr konnte auch für sich in Anspruch nehmen, den Handel durch die allgemeine Zurverfügungstellung von statistischem Material und der Aufbereitung von Marktpositionen und -chancen eigentlich zu erleichtern, wurde aber für rechtswidrig erklärt. Nun sind aber hier die Abgaben, die für unionsrechtlich und national vorgesehene Inspektionen erhoben werden, identisch. Der einzige Unterschied besteht in der Ratio, also eigentlich im Zweck. So gesehen widerspricht die hier erläuterte Bauhuis-Rechtsprechung[90] dem vom EuGH selbst aufgestellten Grundsatz. Anders formuliert ist der Zweck der Abgabe entgegen der ausdrücklichen Aussage des EuGH im Grunde nicht gleichgültig, sondern läuft mit. Wenn Mitgliedstaaten Abgaben anordnen, spricht eine unwiderlegliche Vermutung dafür, dass der Zweck handelsstörend und illegitim und die Abgabe damit unzulässig ist. Wenn die Union Abgaben anordnet, spricht eine Vermu-

---

[86] EuGH, Urt. v. 25.1.1977, Rs. 46/76 (Bauhuis), Slg. 1977, 5, Rn. 40/42.
[87] Etwa *Waldhoff*, in: Calliess/Ruffert, EUV/AEUV, Art. 30 AEUV, Rn. 8.
[88] Kritisch auch *Barents*, CMLRev. 15 (1978), 415 (430 ff.).
[89] EuGH, Urt. v. 1.7.1969, Rs. 24/68 (Kommission/Italien (Statistikgebühr)), Slg. 1969, 193, Rn. 6/7.
[90] EuGH, Urt. v. 25.1.1977, Rs. 46/76 (Bauhuis), Slg. 1977, 5.

tung dafür, dass der Zweck handelserleichternd und legitim und die Abgabe damit zulässig ist.

Erklärbar wird die Ausnahme der unionsrechtlich angeordneten Abgaben dadurch, dass in modernen Verwaltungsstaaten Regulierungen und damit auch Kontrollen und Inspektionen unabdingbar sind. Das geringere Übel besteht dann darin, sie in den Verantwortungsbereich der Union zu überführen und damit auszuschließen, dass sie von bösgläubigen Mitgliedstaaten zur Handelsbeschränkung eingesetzt werden können. Außerdem sendet der EuGH durch sein Urteil in der Rs. Bauhuis[91] und die Anwendung der Ausnahme vom Verbot der zollgleichen Abgaben ein Signal an die Regierungen der Mitgliedstaaten. Wenn die Regierungen sich eine Geldeinnahmequelle durch Gebühren für Inspektionen erschließen wollen, geht das nur, indem sie sich im Rat zusammenschließen und eine unionsrechtliche Regelung beschließen. Die Ausnahme vom Verbot zollgleicher Abgaben, wenn die Abgaben von der Union selbst angeordnet werden, stellt mit anderen Worten einen finanziellen Anreiz zur Unionsgesetzgebung dar. 53

c) Strenge Voraussetzungen

Damit besteht die Gefahr, dass die Mitgliedstaaten sich durch die Einrichtung von diversen Kontrollmaßnahmen und den damit einhergehenden Abgaben auf Unionsebene zusätzliche Geldquellen sichern, ohne dass die Abgaben einem Ziel dienten, das den Handel tatsächlich erleichtert. Der EuGH hat daher strenge Voraussetzungen dafür aufgestellt, wann unionsrechtlich angeordnete Abgaben tatsächlich dem Anwendungsbereich der Art. 28, 30 AEUV entkommen: 54
– »Die Gebühren übersteigen nicht die tatsächlichen Kosten der Kontrollen, anläßlich deren sie erhoben werden;
– die fraglichen Kontrollen sind für alle betroffenen Erzeugnisse in der Union obligatorisch und einheitlich;
– sie sind vom Unionsrecht im allgemeinen Interesse der Union vorgesehen;
– sie begünstigen den freien Warenverkehr, insbesondere indem sie die Wirkung der Hindernisse aufheben, die sich aus einseitigen Kontrollmaßnahmen ergeben können, die im Einklang mit Artikel 36 EWG-Vertrag [jetzt Art. 36 AEUV] getroffen werden.«[92]

Damit werden verschiedene Einhegungen um die Abgabenumlegung auf Importeure herum errichtet, die der (vom EuGH erfolgreich invisibilisierten) Tatsache zu verdanken sind, dass Abgaben auch dann, wenn sie der Finanzierung unionsrechtlich angeordneter Maßnahmen dienen, handelshemmend wirken können und nur deshalb hingenommen werden, weil sie das kleinere Übel gegenüber unkoordinierten mitgliedstaatlichen Einzelmaßnahmen sind. Das Erfordernis der Äquivalenz zwischen Gebühren und Kosten[93] knüpft an die Rechtsprechung zur Abgabe als Entgelt für einen tatsächlich und individuell geleisteten Dienst an und soll dem Anreiz zur Erschließung von Finanzquellen zumindest teilweise entgegenwirken. Die deutliche Betonung des allgemeinen Interesses der Union und der Begünstigung des freien Warenverkehrs soll die Ratio-Unterschiede zwischen Maßnahmen der Union und der Mitgliedstaaten verstärken. Das Erfordernis, dass die Kontrollen unionsrechtlich obligatorisch sein müssen, schließt schließlich Kontrollen, die lediglich unionsrechtlich erlaubt sind, aus dem Kreis der zulässigen Ausnahmen aus.[94] 55

---

[91] EuGH, Urt. v. 25.1.1977, Rs. 46/76 (Bauhuis), Slg. 1977, 5.
[92] EuGH, Urt. v. 27.9.1988, Rs. 18/87 (Kommission/Deutschland (Viehtransportkontrollgebühren)), Slg. 1988, 5427, Rn. 8.
[93] *Herrmann*, in: Grabitz/Hilf/Nettesheim, EU, Art. 30 AEUV (Januar 2015), Rn. 18.
[94] EuGH, Urt. v. 20.3.1984, Rs. 314/82 (Kommission/Belgien), Slg. 1984, 1543, Rn. 8.

d) International rechtlich angeordnete Maßnahmen

56 Die gleiche Ratio wendet der EuGH auf Maßnahmen an, die nicht unionsrechtlich, sondern durch völkerrechtliche Vereinbarungen zwingend angeordnet werden und zu denen sich alle Mitgliedstaaten verpflichtet haben.[95] Ein Beispiel sind phytosanitäre Untersuchungen, die durch das von allen Mitgliedstaaten der Union ratifizierte Internationale Pflanzenschutzabkommen von 1951 angeordnet wurden und deren Kosten von den Niederlanden auf den Importeur umgelegt wurden. Der EuGH sah den diesem Abkommen zugrundeliegenden Zweck darin, den freien Handelsverkehr mit Pflanzen zu erleichtern und die diversen mitgliedstaatlichen Einzelmaßnahmen zu harmonisieren; hierin erblickte er eine Analogie zu unionsrechtlich angeordneten Harmonisierungsmaßnahmen. Solche Untersuchungen seien daher »keine einseitigen, den Handel behindernden Maßnahmen; vielmehr sind es Vorkehrungen, die den freien Warenverkehr fördern sollen, um die Wirkung der Hindernisse aufzuheben, die sich für den freien Warenverkehr aus den in Artikel 36 des Vertrages [jetzt Art. 36 AEUV] erwähnten Einfuhrkontrollen ergeben können. Unter diesen Umständen können die anlässlich derartiger Untersuchungen erhobenen Gebühren nicht als Abgaben zollgleicher Wirkung angesehen werden, vorausgesetzt, sie sind nicht höher als die tatsächlichen Kosten der Verrichtungen, für die sie erhoben werden.«[96] Aus der Analogie zur Bauhuis-Konstellation[97] ergibt sich folgerichtig auch die Gleichheit der einengenden Voraussetzungen, insbesondere das Erfordernis der zwingenden Anordnung, des Kostendeckungsprinzips[98] und der Handelserleichterung.

3. Kosten für unionsrechtlich erlaubte Maßnahmen

57 Im Hinblick auf Maßnahmen, die das Unionsrecht nicht anordnet, sondern nur erlaubt, gelten die vorstehenden Regeln nicht. Gegenüber einem mitgliedstaatlichen Vorbringen, es habe Kontrollen eingerichtet (und die dadurch entstehenden Kosten rechtmäßig auf den Importeur umgelegt), weil eine Richtlinie solche Kontrollen ermögliche, hat der EuGH entgegnet:

»[Dazu] genügt es zu sagen, dass Artikel 9 dieser Richtlinie die Mitgliedstaaten nicht dazu verpflichtet, derartige Kontrollmaßnahmen an eingeführtem Fleisch durchzuführen, sondern allenfalls als eine Ermächtigung zu derartigen Maßnahmen aufgefasst werden kann. Da die Kontrollen nicht zur Durchführung der Richtlinie 71/118 vorgenommen werden, kann die Erhebung einer Untersuchungsgebühr für diese Kontrollen nicht durch Berufung auf diese Richtlinie gerechtfertigt werden.«[99]

58 So wenig zwingend die feine Linie zwischen unionsrechtlich erzwungenen und unionsrechtlich gestatteten Untersuchungen zunächst erscheint,[100] so deutlich wird sie in Anbetracht der dahinterstehenden Ratio. Abgaben an der Grenze – von wem auch immer ins Werk gesetzt – hemmen den Handel und sind ein Hindernis auf dem Weg zum Binnenmarkt. Sind Untersuchungen nicht unbedingt notwendig, sollen sie unterbleiben; werden sie gleichwohl durchgeführt, müssen die hierfür anfallenden Kosten von der Allgemeinheit des regulierenden Mitgliedstaates getragen werden, nicht aber vom Im-

---

[95] EuGH, Urt. v. 12.7.1977, Rs. 89/76 (Kommission/Niederlande), Slg. 1977, 1355, Rn. 14/17.
[96] EuGH, Urt. v. 12.7.1977, Rs. 89/76 (Kommission/Niederlande), Slg. 1977, 1355, Rn. 14/17.
[97] EuGH, Urt. v. 25.1.1977, Rs. 46/76 (Bauhuis), Slg. 1977, 5.
[98] Vgl. dazu *Kamann*, in: Streinz, EUV/AEUV, Art. 30 AEUV, Rn. 20; *Voet van Vormizeele*, in: GSH, Europäisches Unionsrecht, Art. 30 AEUV, Rn. 17.
[99] EuGH, Urt. v. 20.3.1984, Rs. 314/82 (Kommission/Belgien), Slg. 1984, 1543, Rn. 8.
[100] Etwa *Timmermans*, S. 257 f.

porteur. Dadurch wird die handelshemmende Wirkung auf ein Minimum reduziert. Zugleich wird die Legislativschwelle in Brüssel heraufgesetzt: Sollen die Kosten auf den Importeur umgelegt werden können, müssen sich die Mitgliedstaaten im Rat zu einer obligatorischen Regelung durchringen, statt die Tür für eine fakultative, damit jedenfalls teilweise in der Entscheidungsgewalt der Mitgliedstaaten verbleibende und insofern fragmentierte Regelung zu öffnen.

4. Fazit

Es bleiben freilich offene Fragen. Zwar leuchtet ein, dass unionsrechtlich zwingend angeordnete Untersuchungen möglicherweise einem größeren Unionsinteresse dienen und daher gute Argumente dafür sprechen, dass die Mitgliedstaaten von deren Finanzierung freigestellt werden sollen. Handelt es sich demgegenüber lediglich um eine unionsrechtliche Erlaubnis für die Mitgliedstaaten zur Einrichtung von Kontrollen, mag man das Unionsinteresse als geringer einstufen und denjenigen Mitgliedstaaten, die sich für eine Kontrolle entscheiden und daher möglicherweise eher in ihrem eigenen Interesse handeln, auch die Kosten aufbürden; jedenfalls liegt dies näher, als die Kosten dem Importeur aufzuerlegen, der zur Marktintegration beiträgt. **59**

Doch während die Logik zu diktieren scheint, bei unionsrechtlich zwingend angeordneten Maßnahmen die Mitgliedstaaten von den Kosten freizustellen (was ja auch geschieht), spricht keine gleich zwingende Logik dafür, nun den Importeur mit diesen Kosten zu belasten. Zudem unterscheidet sich die genaue Höhe der Abgabe von Mitgliedstaat zu Mitgliedstaat. Damit verbleiben Anomalien. **60**

Aufgelöst werden können diese wohl nur vom Unionsgesetzgeber. Eben dies hat der EuGH auch vorgeschlagen: **61**
»Die ungünstigen Auswirkungen, die eine solche Gebühr auf den freien Warenverkehr in der Gemeinschaft haben kann, können nur auf der Grundlage von Gemeinschaftsbestimmungen beseitigt werden, die entweder die Harmonisierung der Gebühren oder die Verpflichtung der Mitgliedstaaten, die durch die Kontrollen entstandenen Kosten zu tragen, oder schließlich die Übernahme dieser Kosten durch den Gemeinschaftshaushalt vorsehen.«[101]

Die besten Argumente mögen für eine Übernahme der Kosten durch den Unionshaushalt sprechen, doch erscheint dies in Anbetracht der begrenzten Eigenmittel der Union auf absehbare Zeit als wenig realistisch.[102] **62**

V. Ausnahme 3: Teil einer allgemeinen inländischen Gebührenregelung

Die letzte Ausnahme schließlich, die eine Abgabe aus dem Anwendungsbereich der Art. 28, 30 AEUV herausfallen lässt, ist dann einschlägig, wenn die Abgabe Teil einer allgemeinen inländischen Gebührenregelung ist, die systematisch sämtliche inländischen und eingeführten Waren nach gleichen Kriterien erfasst.[103] Gemeint ist damit die Klassifizierung der finanziellen Belastung nicht als Abgabe mit gleicher Wirkung wie **63**

---

[101] EuGH, Urt. v. 27.9.1988, Rs. 18/87 (Kommission/Deutschland (Viehtransportkontrollgebühren)), Slg. 1988, 5427, Rn. 15.
[102] *Weatherill/Beaumont*, S. 464 f.
[103] EuGH, Urt. v. 7.4.1981, Rs. 132/80 (United Foods), Slg. 1981, 995, Rn. 33; Urt. v. 12.1.1983, Rs. 39/82 (Donner), Slg. 1983, 19, Rn. 7; Urt. v. 9.11.1983, Rs. 158/82 (Kommission/Dänemark), Slg. 1983, 3573, Rn. 19; Urt. v. 7.5.1987, Rs. 193/85 (Co-Frutta/Amministrazione delle finanze dello Stato), Slg. 1987, 2085, Rn. 11; Urt. v. 16.7.1992, Rs. C–343/90 (Lourenço Dias/Director da Alfândega do Porto), Slg. 1992, I–4673, Rn. 53 ff.

ein Zoll, sondern als inländische Abgabe im Sinne von Art. 110 AEUV, also als Steuer.[104]

1. Notwendigkeit der Abgrenzung

64 Die Notwendigkeit, zollgleiche Abgaben von Steuern abzugrenzen, liegt auf der Hand. Beide ergänzen sich insofern, als sie die Zulässigkeit finanzieller Belastungen von Waren seitens der Mitgliedstaaten kontrollieren und marktintegrierend wirken. Abgaben gleicher Wirkung gemäß Art. 28, 30 AEUV sind finanzielle Belastungen, die zur Regulierung des Marktzugangs eingesetzt werden. Die Forderung knüpft an die Grenzüberschreitung an, also an der Grenze.[105] Abgaben gemäß Art. 110 AEUV hingegen sind finanzielle Belastungen, die zur internen Marktregulierung eingesetzt werden. Die Forderung ergreift die Ware erst, nachdem diese den Markt betreten hat, also hinter der Grenze.[106] Eine Überlappung dieser Normenregime – Art. 28, 30 AEUV einerseits, Art. 110 AEUV andererseits – ist nicht möglich; sie schließen sich gegenseitig aus.[107] Entweder es handelt sich um eine zollgleiche Abgabe oder um eine Steuerabgabe.[108]

65 Die Mitgliedstaaten besitzen einen starken Anreiz, finanzielle Belastungen als Abgaben im Sinne des Art. 110 AEUV statt als Abgaben im Sinne von Art. 28, 30 AEUV zu klassifizieren. Die beiden Normenregime unterscheiden sich in ihren Maßstäben voneinander, wobei das Verbot diskriminierender Besteuerung gemäß Art. 110 AEUV es dem regulierenden Mitgliedstaat leichter macht als das strenge Verbot zollgleicher Abgaben gemäß der Art. 28, 30 AEUV. Die Art. 28, 30 AEUV funktionieren, wie gesehen, auf der Basis eines Beschränkungsverbots und sind ein Liberalisierungsregime. Unterfällt eine staatliche Maßnahme Art. 30 AEUV, ist sie rechtswidrig. Art. 110 AEUV hingegen funktioniert auf der Basis eines Diskriminierungs- und Protektionismusverbots und ist ein Nicht-Diskriminierungsregime.[109] Unterfällt eine staatliche Maßnahme Art. 110 AEUV, steht ihre Rechtswidrigkeit noch nicht fest. Vielmehr ist dann erst zu prüfen, ob die Abgabe diskriminierender (Art. 110 Abs. 1 AEUV) oder protektionistischer (Art. 110 Abs. 2 AEUV) Natur ist.[110] Die Mitgliedstaaten genießen im steuerlichen Bereich sehr viel größeren Handlungsspielraum als im Bereich der Zölle und zollgleichen Abgaben.

---

[104] Vgl. etwa EuGH, Urt. v. 7.5.1987, Rs. 193/85 (Co-Frutta/Amministrazione delle finanze dello Stato), Slg. 1987, 2085, Rn. 10.

[105] *Herrmann*, in: Grabitz/Hilf/Nettesheim, EU, Art. 30 AEUV (Januar 2015), Rn. 13.

[106] *Herrmann*, in: Grabitz/Hilf/Nettesheim, EU, Art. 30 AEUV (Januar 2015), Rn. 19.

[107] EuGH, Urt. v. 17.7.1997, Rs. C–90/94 (Haahr Petroleum/Åbenrå Havn u.a.), Slg. 1997, I–4085, Rn. 19.

[108] St. Rspr. EuGH, Urt. v. 16.6.1966, Rs. 57/65 (Lütticke/Hauptzollamt Saarlouis), Slg. 1966, 293; Urt. v. 4.4.1968, Rs. 25/67 (Milch-, Fett- und Eierkontor/Hauptzollamt Saarbrücken), Slg. 1968, 305; Urt. v. 17.7.1997, Rs. C–90/94 (Haahr Petroleum/Åbenrå Havn u.a.), Slg. 1997, I–4085, Rn. 19; Urt. v. 2.4.1998, Rs. C–213/96 (Outokumpu), Slg. 1998, I–1777, Rn. 19; Urt. v. 22.5.2003, Rs. C–355/00 (Freskot), Slg. 2003, I–5263, Rn. 39; Urt. v. 17.6.2003, Rs. C–383/01 (De Danske Bilimportører), Slg. 2003, I–6065, Rn. 33; a. A. *Wiebe*, S. 128 ff.; s. auch *Seiler*, in: Grabitz/Hilf/Nettesheim, EU, Art. 110 AEUV (März 2011), Rn. 4; *Voet van Vormizeele*, in: GSH, Europäisches Unionsrecht, Art. 30 AEUV, Rn. 18; *Terhechte*, in: Schwarze, EU-Kommentar, Art. 30 AEUV, Rn. 21; *Craig/de Búrca*, EU Law, 2015, S. 659 ff.

[109] Vgl. etwa EuGH, Urt. v. 16.7.1992, Rs. C–343/90 (Lourenço Dias/Director da Alfândega do Porto), Slg. 1992, I–4673, Rn. 49.

[110] *Seiler*, in: Grabitz/Hilf/Nettesheim, EU, Art. 110 AEUV (März 2011), Rn. 2.

2. Probleme bei der Abgrenzung

Obwohl die Abgrenzung auf den ersten Blick einfach erscheint – zollgleiche Abgabe, wenn es um Marktzugang an der Grenze geht, Steuerabgabe, wenn es um interne Marktregulierung hinter der Grenze geht –, kommt es zu Schwierigkeiten. Das Kriterium, das den EuGH eine zollgleiche Abgabe annehmen lässt, ist nämlich der Anlass des Grenzübertritts: »Eine ... den in- oder ausländischen Waren wegen ihres Grenzübertritts einseitig auferlegte finanzielle Belastung stellt ... eine Abgabe gleicher Wirkung im Sinne von Artikel [28 und 30 AEUV] dar...«.[111] Demgegenüber betrifft Art. 110 AEUV »eine inländische Abgabe ..., wenn sie zu einem allgemeinen inländischen Abgabensystem gehört, das Erzeugnisgruppen systematisch nach objektiven Kriterien unabhängig vom Ursprung der Erzeugnisse erfasst«.[112] Entscheidend ist also – man möchte formulieren: selbstverständlich – nicht, ob die Abgabe an der Grenze, sondern ob sie wegen des Grenzübertritts erhoben wird. Wird sie das, ist es eine zollgleiche Abgabe. Wird sie jedoch wegen Kriterien erhoben, die allgemein im Hinblick auf Aspekte wie Qualität oder Funktion (statt wegen des Grenzübertritts) angewandt werden und mit der internen Steuerstruktur weitgehende Ähnlichkeit aufweisen, ist sie eine steuerliche Abgabe im Sinne des Art. 110 AEUV.[113] In jedem Fall schaut der EuGH durch die Bezeichnung der finanziellen Belastung hindurch auf die Substanz mit dem Anliegen, die Ziele des Vertrages möglichst optimal zur Geltung zu bringen.

66

Ein Beispiel ist die dänische Regel, nach der der Importeur bei der Einfuhr von Futtermitteln mit Zusatzstoffen zuvor eine Erlaubnis vom dänischen Landwirtschaftsministerium einholen muss; zudem muss er eine jährliche Abgabe für die Erlaubnis entrichten, die für stichprobenartige Kontrollen erhoben wird.[114] Der EuGH entschied, dass das Erfordernis der Erlaubnis von Art. 34 AEUV erfasst, aber unter Art. 36 AEUV gerechtfertigt werden konnte und wandte sich dann der Abgabe zu. Diese betraf auch einheimische Erzeuger in gleicher Weise und stellte nach Aussage des EuGH Teil einer allgemeinen inländischen Gebührenregelung dar und unterfiel Art. 110 AEUV.[115]

67

3. Ausgleichsabgabe für interne Steuer

Zur Abgrenzungsnotwendigkeit kommt es regelmäßig, wenn ein Mitgliedstaat auf eingeführte Produkte eine Abgabe erhebt, die eine interne steuerliche Belastung eines gleichartigen einheimisch hergestellten Produkts ausgleichen soll.

68

Ein Beispiel hierfür ist die Rs. Denkavit Loire.[116] Frankreich erhebt eine Steuer auf Schweinefleisch. Für aus Frankreich stammendes Schweinefleisch fällt die Steuer beim Schlachtvorgang an und berechnet sich pro Kilogramm geschlachtetes Tier. Für aus dem Ausland stammendes Schweinefleisch und Produkte, die bei der Schweineschlachtung anfallen, kann Frankreich nicht beim Schlachtvorgang besteuern, der ja im Ausland stattfindet. Daher erhebt Frankreich beim Import von Schweinefleisch und solchen Pro-

69

---

[111] EuGH, Urt. v. 1.7.1969, Rs. 24/68 (Kommission/Italien (Statistikgebühr)), Slg. 1969, 193, Rn. 8/9.
[112] Statt vieler EuGH, Urt. v. 3.2.1981, Rs. 90/79 (Kommission/Frankreich), Slg. 1981, 283, Rn. 14.
[113] *Herrmann*, in: Grabitz/Hilf/Nettesheim, EU, Art. 30 AEUV (Januar 2015), Rn. 19.
[114] EuGH, Urt. v. 14.6.1988, Rs. 29/87 (Dansk Denkavit/Landbrugsministeriet), Slg. 1988, 2965.
[115] EuGH, Urt. v. 14.6.1988, Rs. 29/87 (Dansk Denkavit/Landbrugsministeriet), Slg. 1988, 2965, Rn. 35.
[116] EuGH, Urt. v. 31.5.1979, Rs. 132/78 (Denkavit Loire), Slg. 1979, 192.

dukten, die bei der Schweineschlachtung anfallen – im Fall Denkavit Loire Schweineschmalz –, eine Abgabe, die bei der Abfertigung zum freien Verkehr – also typischerweise an der Grenze wie ein Zoll – geschuldet wird. Frankreich begründet dies damit, dass lediglich ein Ausgleich für die in Frankreich erhobene Steuer gefordert wird. Damit stellt sich die Frage, ob es sich bei der an der Grenze erhobenen Abgabe um eine zollgleiche Abgabe oder um eine Abgabe handelt, die zu einem allgemeinen inländischen Abgabensystem gehört.

a) Problematik der Ausgleichsabgabe

70 Ausgleichsabgaben für interne Steuern treffen nicht im engeren Sinne die hier zu behandelnde Ausnahme. Diese ist einschlägig, wenn die Abgabe Teil eines inländischen Abgabensystems ist, nicht aber, wenn die Abgabe der Ausgleich für Steuern ist, die im Inland erhoben werden und die das ausländische Produkt so nicht treffen. Bereits vom Wortlaut der durch den EuGH formulierten Ausnahme ist also die Ausgleichsabgabe nicht erfasst. Dies hat gute Gründe, denn Ausgleichsabgaben sind im Kontext der Warenverkehrsfreiheit außerordentlich heikel. Erstens ist eine solche Abgabe intransparent. Sie wird an einer anderen Stelle des Produktionsprozesses erhoben, bezieht sich möglicherweise auf weiterverarbeitete Produkte und lässt sich in ihrer Höhe schwer nachvollziehen. Ausgleichsabgaben können daher leicht als versteckte Handelsbarrieren missbraucht werden. Zweitens bleibt unberücksichtigt, dass der Hersteller im Ausland zwar nicht diese Steuer, möglicherweise aber eine andere Steuer entrichten muss, die aber nicht auf den Import angerechnet wird. Drittens geht so jeder steuerregulative Wettbewerb zwischen den Mitgliedstaaten verloren, der aber dadurch, dass die Mitgliedstaaten im Steuerbereich einen erweiterten Handlungsspielraum genießen, Teil des Vertragssystems ist.

b) Behandlung durch den EuGH

71 Der EuGH sieht daher Ausgleichsabgaben zu Recht kritisch, stellt strenge Anforderungen auf und hebt die Bedeutung dieser Anforderungen hervor: Eine Ausgleichsabgabe ist

»... nur dann Teil einer allgemeinen inländischen Abgabenregelung, wenn sie das einheimische und das gleiche ausgeführte Erzeugnis in gleicher Höhe auf der gleichen Handelsstufe erfasst und wenn der Steuertatbestand für beide Erzeugnisse derselbe ist. Es reicht somit nicht aus, dass die Belastung des ausgeführten Erzeugnisses den Ausgleich für eine Abgabe darstellen soll, die auf das gleichartige einheimische Erzeugnis bei einer früheren Produktions- oder Handelsstufe als derjenigen erhoben wird – oder auf dieses Erzeugnis oder ein Ausgangserzeugnis erhoben wurde –, auf der das ausgeführte Erzeugnis erfasst wird. Das Verbot der Abgaben mit gleicher Wirkung wie Zölle würde jeden Inhalts entleert und bedeutungslos, wenn es eine Grenzabgabe nicht einschlösse, obwohl diese auf ein gleichartiges nationales Erzeugnis nicht oder auf einer anderen Handelsstufe erhoben wird, und das nur mit der Begründung, diese Abgabe solle eine interne steuerliche Belastung des gleichen Erzeugnisses ausgleichen...«.[117]

72 Der EuGH ändert also an der grundsätzlichen Zulässigkeit der Ausnahme (Abgabe als Teil eines allgemeinen internen Gebühren- oder Steuersystems) nichts, belastet aber den die Ausgleichsabgabe erhebenden Staat mit einer erhöhten Pflicht nachzuweisen, dass die Abgabe tatsächlich keine Abgabe gleicher Wirkung ist. Der Hinweis auf den Ausgleich reicht jedenfalls nicht. Der EuGH stellt dabei strenge Anforderungen. Die als

---

[117] EuGH, Urt. v. 21.9.2000, verb. Rs. C–441/98 u. C–442/98 (Michailidis), Slg. 2000, I–7145, Rn. 23.

vergleichbar angesehene Belastung nationaler Erzeugnisse muss in gleicher Höhe, auf der gleichen Produktions- oder Handelsstufe und aufgrund eines gleichen Steuertatbestandes erfolgen.[118]

In der Rs. Denkavit Loire[119] waren diese strengen Voraussetzungen ersichtlich nicht erfüllt. Schweineschmalz ist eine andere Produktions- oder Handelsstufe als Schweinekadaver. Die Abgabe unterfiel damit den Art. 28, 30 AEUV und war rechtswidrig. Dass der EuGH mit dieser strengen Rechtsprechung Recht hat, lässt sich gleichfalls an diesem Fall demonstrieren. Die französische Abgabe war ein massives protektionistisches Handelshemmnis, denn sie schloss in anderen Mitgliedstaaten hergestelltes Schweineschmalz vom französischen Markt aus. Dies wird an folgender Überlegung einsichtig. Die inländische Steuer, die bei der Schlachtung anfällt, berechnet sich pro Kilogramm Schwein und verteilt sich proportional auf die aus dem Schwein gewonnenen Produkte. Ein großer Teil der Steuer wird etwa auf teures Schweinefilet umgelegt; die billigeren Produkte verteuern sich entsprechend weniger. Diese Möglichkeit ließ die französische Berechnung der Ausgleichsabgabe den importierten Erzeugnissen nicht. Auch billigere Produkte vom Schwein erhielten eine allein am Gewicht orientierte zusätzliche Abgabenbelastung. Da Schweineschmalz sowohl billig als auch schwer ist, war die Abgabe dementsprechend vergleichsweise hoch (für teures und nicht so schweres Schweinefilet war sie vergleichsweise niedriger). Durch diese Abgabe wurde ausländisches Schweineschmalz in Frankreich wettbewerbsunfähig. In der Rs. Denkavit Loire verwirklichte sich also die große Gefahr, die mit der Anerkennung von Steuerausgleichsabgaben einhergeht: Obwohl die Abgabe lediglich wie eine faire Umrechnung der französischen steuerlichen Belastung auf nicht französische, von der Steuer unbelastete Erzeugnisse aussah, handelte es sich effektiv um eine prohibitive Importabgabe. Es ist daher richtig, dass der EuGH auf den Erfordernissen der gleichen Höhe, der gleichen Produktions- und Handelsstufe und des gleichen Steuertatbestandes beharrt.

4. Steuer auf Produkte, die im Inland nicht hergestellt werden

Ein weiteres schwieriges Abgrenzungsproblem, bei dem die Grenze zwischen den Normenregimen von Art. 28, 30 AEUV und Art. 110 AEUV unsicher ist, besteht dann, wenn ein Mitgliedstaat zwar ein bestimmtes importiertes Produkt nicht erzeugt, aber das importierte Produkt gleichwohl mit einer steuerlichen Belastung belegt.

a) Spannungsverhältnis

Nach dem ersten Anschein müsste es sich um eine rechtswidrige Abgabe mit gleicher Wirkung wie ein Zoll handeln, da der importierende Staat kein vergleichbares Gebühren- oder Steuersystem für inländische Produkte aufweisen kann und damit die vom EuGH aufgestellten Voraussetzungen – »Teil einer allgemeinen inländischen Gebührenregelung, die systematisch sämtliche inländischen und eingeführten Waren nach gleichen Kriterien erfasst« – nicht erfüllt zu sein scheinen. Zweifel ergeben sich aber deshalb, weil damit dem Mitgliedstaat die Möglichkeit genommen würde, typisch »fremde« oder exotische Produkte zu besteuern. Dies geht nicht nur über das vom Vertrag Gewollte – nämlich Steuerneutralität im Hinblick auf die Herkunft der Ware – weit hinaus, sondern ergibt auch politisch, gesellschaftlich oder wirtschaftlich wenig Sinn.

---

[118] EuGH, Urt. v. 21.9.2000, verb. Rs. C–441/98 u. C–442/98 (Michailidis), Slg. 2000, I–7145, Rn. 24 f.; ebenso bereits EuGH, Urt. v. 31.5.1979, Rs. 132/78 (Denkavit Loire), Slg. 1979, 192, Rn. 8.
[119] EuGH, Urt. v. 31.5.1979, Rs. 132/78 (Denkavit Loire), Slg. 1979, 192.

b) Behandlung durch den EuGH

76 Der EuGH weicht aus diesem Grund einer prinzipiellen Einordnung als zollgleiche Abgabe aus. Zwar bemerkt er, dass der wesentliche Unterschied zwischen einer zollgleichen Abgabe gemäß Art. 28, 30 AEUV und einer inländischen Abgabe gemäß Art. 110 AEUV darin besteht, »daß die erstere ausschließlich das eingeführte Erzeugnis als solches erfaßt, während die letztere sowohl eingeführte als auch einheimische Erzeugnisse erfaßt.«[120] Dieses Prinzip aber liefe eben auf eine drakonische und sinnfreie Konsequenz hinaus, so dass der EuGH einen anderen Test vornimmt:

»[10] Der Gerichtshof hat jedoch festgestellt, daß auch eine Belastung, die ein aus einem anderen Mitgliedstaat eingeführtes Erzeugnis trifft, während es kein gleiches oder gleichartiges einheimisches Erzeugnis gibt, keine Abgabe gleicher Wirkung darstellt, sondern eine inländische Abgabe im Sinne von Artikel 95 EWG-Vertrag [jetzt Art. 110 AEUV], wenn sie zu einer allgemeinen inländischen Abgabenregelung gehört, die Erzeugnisgruppen systematisch nach objektiven Kriterien unabhängig vom Ursprung der Erzeugnisse erfaßt.

[11] Daraus folgt, daß ... [sich aus dem Fehlen einheimischer Produktion] nicht ergibt, daß die streitige Abgabe notwendigerweise als eine Abgabe gleicher Wirkung anzusehen wäre. Dies ist insbesondere dann nicht der Fall, wenn sie zu einem allgemeinen inländischen Abgabensystem gehört, das Erzeugnisgruppen systematisch nach den oben erwähnten Kriterien erfaßt.«[121]

77 Der EuGH schaut sich mit anderen Worten die Abgabe im Zusammenhang des inländischen Abgabensystems an und prüft, ob dieses seinen Kriterien der herkunftsunabhängigen Systematik genügt. Wenn sich die Abgabe für das im Inland nicht hergestellte Produkt hier sinnvoll und unverdächtig einfügt, ist er bereit, es nicht unter Art. 28, 30 AEUV zu verwerfen, sondern unter Art. 110 AEUV zu prüfen. Erhebt etwa Italien auf Bananen, die nicht im Inland hergestellt werden, eine Verbrauchsteuer, untersucht der EuGH das System der Verbrauchsteuern für Lebensmittel, insbesondere für diejenigen Waren, die vergleichbar mit Bananen sind und im Inland hergestellt werden, etwa Obst.[122]

c) Bewertung

78 Ein solcher Test ergibt in jeder Hinsicht Sinn. Er schließt die absurde Konsequenz, ansonsten Produkte, die im Inland nicht hergestellt werden, sondern nur eingeführt werden – exotische Früchte, Luxuswaren –, nicht mit Abgaben belegen zu können, aus; gleichzeitig verzichtet er nicht auf die Möglichkeit genauer und strenger Prüfung mit variablen Maßstäben. Genügt der Abgaben erhebende Staat nicht den Erfordernissen des Tests, wird die Abgabe unter Art. 28, 30 AEUV verworfen. Genügt er den Erfordernissen, prüft der EuGH weiter, nämlich am Maßstab des Art. 110 AEUV, indem er die steuerliche Abgabe auf protektionistische oder diskriminierende Wirkung in der Form hin untersucht, wie sie unter Art. 110 Abs. 2 AEUV vorgenommen wird. Damit wird eine genaue, fallangemessene und differenzierende Prüfung ermöglicht, die auch der besonderen Stellung der Art. 28, 30 AEUV gerecht wird.

---

[120] EuGH, Urt. v. 7.5.1987, Rs. 193/85 (Co-Frutta/Amministrazione delle finanze dello Stato), Slg. 1987, 2085, Rn. 9; s. auch EuGH, Urt. v. 16.7.1992, Rs. C–343/90 (Lourenço Dias/Director da Alfândega do Porto), Slg. 1992, I–4673, Rn. 53 ff.; Urt. v. 17.6.2003, Rs. C–383/01 (De Danske Bilimportører), Slg. 2003, I–6065, Rn. 35.

[121] EuGH, Urt. v. 7.5.1987, Rs. 193/85 (Co-Frutta/Amministrazione delle finanze dello Stato), Slg. 1987, 2085, Rn. 10 f.; dieser Ansatz kennzeichnete bereits die Entscheidung im EuGH, Urt. v. 3.2.1981, Rs. 90/79 (Kommission/Frankreich), Slg. 1981, 283.

[122] Beispiel für eine solche Prüfung: EuGH, Urt. v. 7.5.1987, Rs. 193/85 (Co-Frutta/Amministrazione delle finanze dello Stato), Slg. 1987, 2085, Rn. 12.

d) Verbleibendes Problem

Noch nicht gelöst ist damit das Problem, das entsteht, wenn es an einer Produktion von gleichartigen oder konkurrierenden inländischen Erzeugnissen ganz fehlt. Art. 110 AEUV scheidet in einem solchen Fall als Prüfungsmaßstab aus.[123] Der EuGH hat darauf hingewiesen, dass in einem solchen – eher selten vorkommenden – Fall, in dem in Ermangelung einer entsprechenden inländischen Produktion die Bestimmung des Art. 110 AEUV nicht einschlägig ist, die Mitgliedstaaten Erzeugnisse nicht mit einer derart hohen Steuer belegen dürfen, dass der freie Warenverkehr innerhalb des Gemeinsamen Marktes hinsichtlich dieser Erzeugnisse beeinträchtigt würde. Eine solche Gefährdung würde er an Art. 34 ff. AEUV prüfen.[124] Ob dies tatsächlich ein gangbarer Weg wäre oder nicht eher die Grenze zwischen finanziellen und nicht finanziellen Handelshemmnissen unnötig porös werden ließe, ist eine offene Frage. Immerhin stehen noch Art. 28, 30 AEUV zur Verfügung, wenn naheliegt, dass die Abgabe an den Grenzübertritt anknüpft.

79

5. Diskriminierende Steuerertragsausschüttung

a) Problematik

Schließlich kommt es zu Abgrenzungsschwierigkeiten zwischen Art. 28, 30 AEUV und Art. 110 AEUV in den Fällen, in denen eine zwar unverdächtige Steuer auf inländische und ausländische Erzeugnisse gleichermaßen erhoben wird, der Steuerertrag aber unmittelbar den inländischen Steuerunterworfenen wieder zugutekommt. Beispiele sind etwa ein deutscher Pflichtbeitrag, der bei der Zuführung von geschlachteten Schweinen zur Fleischbeschau erhoben und einem Fonds für die Förderung des Absatzes von Erzeugnissen der Land-, Forst- und Ernährungswirtschaft zugeführt wird,[125] oder eine italienische Abgabe, die beim Verkauf von Eiern in Papp- und Zellulosekartons anfällt und an einen Verband ausgeschüttet wird, in dem Zellulose- und Papphersteller sowie Nutzer von Zellulose organisiert sind und dessen Ziel in der Beförderung der Zellulose- und Pappindustrie Italiens durch die Nutzung der Steuer zur Finanzierung von Subventionen besteht.[126] Hier lässt sich argumentieren, dass die »Rückerstattung« der steuerlichen Belastung dazu führt, dass tatsächlich nur noch die ausländischen Produzenten die Steuer zahlen und diese dadurch ihren Charakter als steuerliche Abgabe verliert.[127] Sie könnte zu einer zollgleichen Abgabe werden, denn statt einer allgemeinen Steuer bleibt nach der diskriminierenden Steuerertragsausschüttung nur noch eine Abgabe übrig, die auf das ausländische Produkt erhoben wird.

80

b) Behandlung durch den EuGH

Eben dieser Argumentation schließt sich der EuGH an:

81

> »[13] Bei der Auslegung des Begriffs ›Abgabe mit gleicher Wirkung wie ein Einfuhrzoll‹ kann es angebracht sein, den Bestimmungszweck der auferlegten Geldlasten zu berücksichtigen. Wenn nämlich ein Beitrag oder eine sonstige finanzielle Belastung ausschließlich dazu bestimmt ist, Tätigkeiten zu fördern, die allein den belasteten einheimischen Erzeugnissen zugutekommen, dann kann sich daraus ergeben, daß der allgemeine Beitrag, der nach denselben Merkmalen auf einge-

---

[123] EuGH, Urt. v. 11.12.1990, Rs. 47/88 (Kommission/Dänemark), Slg. 1990, I–4509, Rn. 10.
[124] EuGH, Urt. v. 11.12.1990, Rs. 47/88 (Kommission/Dänemark), Slg. 1990, I–4509, Rn. 12 f.
[125] EuGH, Urt. v. 27.10.1993, Rs. C–72/92 (Scharbatke/Deutschland), Slg. 1993, I–5509.
[126] EuGH, Urt. v. 19.6.1973, Rs. 77/72 (Capolongo/Azienda Agricola Maya), Slg. 1973, 611.
[127] *Herrmann*, in: Grabitz/Hilf/Nettesheim, EU, Art. 30 AEUV (Januar 2015), Rn. 19.

führte und einheimische Erzeugnisse erhoben wird, dennoch für die einen eine zusätzliche Nettobelastung bedeutet, während er für die anderen in Wirklichkeit eine Gegenleistung für erhaltene Vorteile oder Beihilfen darstellt.

[14] Folglich kann ein Beitrag, auch wenn er Bestandteil einer allgemeinen inländischen Abgabenregelung ist, die einheimische und eingeführte Erzeugnisse nach denselben Merkmalen erfaßt, trotzdem eine Abgabe mit gleicher Wirkung wie ein Einfuhrzoll darstellen, sofern er dazu bestimmt ist, Tätigkeiten zu fördern, die allein den erfaßten einheimischen Erzeugnissen zugutekommen.«[128]

c) Strenge Voraussetzungen

82 Die Abgabe ist nur dann zollgleich und von Art. 28, 30 AEUV verboten, wenn die folgenden Voraussetzungen vorliegen:
– Die finanzielle Belastung ist **ausschließlich** dazu bestimmt, Tätigkeiten zu fördern, die allein den belasteten einheimischen Erzeugnissen in spezifischer Weise zugutekommen.[129]
– Die belasteten Erzeugnisse müssen mit den begünstigten einheimischen Erzeugnissen **identisch** sein.[130]
– Die Belastungen müssen **vollständig** ausgeglichen werden. Kommt es hingegen nur zu einem Teilausgleich der Belastung, unterfällt die Abgabe weiter Art. 110 AEUV und muss auf ihre diskriminierende oder protektionistische Wirkung hin überprüft werden.[131]

83 Die Überprüfung des Bestimmungszwecks der Abgabe endet zudem dann, wenn die Steuereinnahmen zunächst in den allgemeinen Haushalt fließen. Selbst wenn aus dem allgemeinen Haushalt dann Subventionen für die durch die Steuer belasteten inländischen Produzenten in der gleichen Höhe gezahlt werden, handelt es sich nicht um eine Abgabe gleicher Wirkung im Sinne von Art. 28, 30 AEUV. Es wird dann auch im Regelfall so sein, dass die Abgabe selbst den Anforderungen des Art. 110 AEUV standhält und insoweit rechtmäßig ist. Die Subventionen können natürlich anhand der Beihilfevorschriften des AEUV (Art. 107–109 AEUV) auf ihre Rechtmäßigkeit hin überprüft werden.[132]

d) Bewertung

84 Deutlich ist, dass der EuGH Vorsicht walten lässt bei der Umdeutung einer steuerlichen Abgabe in eine zollgleiche Abgabe. Dies ist durchaus sinnvoll und lässt sich dadurch erklären, dass die Bestimmung des Verwendungszwecks einer Steuer nach wie vor der Steuerhoheit der Mitgliedstaaten unterfällt. Sie hat damit an einem Kern von Souveränität teil, den die Mitgliedstaaten gerade unter dem Druck zunehmender Geldknappheit eifersüchtig bewachen. Dies wird auch dadurch deutlich, dass Art. 110 AEUV zwar diskriminierende Besteuerung verbietet, der Union jedoch nicht die Kompetenz zur Kontrolle staatlicher Ausgabenpolitik zuerkennt. Es bleibt daher kein anderer praktischer Weg, als den Bestimmungszweck der Steuer nur im extremen Ausnahmefall dazu

---

[128] EuGH, Urt. v. 19.6.1973, Rs. 77/72 (Capolongo/Azienda Agricola Maya), Slg. 1973, 611, Rn. 13 f.
[129] EuGH, Urt. v. 25.5.1977, Rs. 105/76 (Interzuccheri), Slg. 1977, 1029, Rn. 12.
[130] EuGH, Urt. v. 25.5.1977, Rs. 105/76 (Interzuccheri), Slg. 1977, 1029, Rn. 12.
[131] EuGH, Urt. v. 27.10.1993, Rs. C-72/92 (Scharbatke/Deutschland), Slg. 1993, I–5509, Rn. 10; vgl. dazu auch *Craig/de Búrca*, EU Law, 2015, S. 661 f.
[132] EuGH, Urt. v. 11.3.1992, verb. Rs. C-78/90 bis C-83/90 (Compagnie commerciale de l'Ouest/ Receveur principal des douanes de La Pallice-Port), Slg. 1992, 1847.

zu verwenden, eine Abgabe statt als Steuer als Abgabe zollgleicher Wirkung zu definieren und als solche für rechtswidrig zu erklären. Es dürfte auch angemessen sein, die direkte Verbindung zwischen Abgabe und Abgabenzweck so rasch wie möglich zu durchtrennen, denn die Reihung Art. 28, 30 AEUV, Art. 110 AEUV und Art. 107 AEUV erlaubt eine fein abgestufte Prüfung der Handlungsweise der Mitgliedstaaten.

F. Rechtsfolge

Wird ein Verstoß gegen Art. 30 AEUV rechtskräftig festgestellt, so sind die durch den Zoll bzw. die Maßnahme gleicher Wirkung gezahlten Abgaben mangels einer unionsrechtlichen Regelung[133] nach den nationalstaatlichen Vorschriften zu erstatten.[134] Dieses nationalstaatliche Verfahren darf jedoch nicht ungünstiger gestaltet sein als bei entsprechenden Klagen, die das innerstaatliche Recht betreffen (**Äquivalenzgrundsatz**), und sie dürfen die Ausübung der durch die Unionsrechtsordnung verliehenen Rechte nicht praktisch unmöglich machen oder übermäßig erschweren (**Effektivitätsgrundsatz**).[135]

85

---

[133] Zur Unanwendbarkeit des Zollkodex *Herrmann*, in: Grabitz/Hilf/Nettesheim, EU, Art. 30 AEUV (Januar 2015), Rn. 24.
[134] St. Rspr. EuGH, Urt. v. 27.3.1980, Rs. 61/79 (Amministrazione delle finanze dello Stato/Denkavit italiana), Slg. 1980, 1205, Rn. 25; Urt. v. 9.11.1983, Rs. 199/82 (Amministrazione delle finanze dello Stato/San Giorgio), Slg. 1983, 3595, Rn. 12; s. auch EuGH, Urt. v. 17.11.1998, Rs. C–228/96 (Aprile/Amministrazione delle Finanze dello Stato), Slg. 1998, I–7141, Rn. 18; Urt. v. 21.1.1999, Rs. C–120/97 (Upjohn), Slg. 1999, I–223, Rn. 18.
[135] EuGH, Urt. v. 27.3.1980, Rs. 61/79 (Amministrazione delle finanze dello Stato/Denkavit italiana), Slg. 1980, 1205, Rn. 25; Urt. v. 9.11.1983, Rs. 199/82 (Amministrazione delle finanze dello Stato/San Giorgio), Slg. 1983, 3595, Rn. 12; Urt. v. 21.1.1999, Rs. C–120/97 (Upjohn), Slg. 1999, I–223, Rn. 18; s. auch *Herrmann*, in: Grabitz/Hilf/Nettesheim, EU, Art. 30 AEUV (Januar 2015), Rn. 24; *Kamann*, in: Streinz, EUV/AEUV, Art. 30 AEUV, Rn. 26. Vgl. zur nationalen Verfahrensautonomie und den beiden Voraussetzungen insgesamt *Haltern*, Europarecht, Rn. 788 ff.

Artikel 31 AEUV [Autonome Änderungen des Gemeinsamen Zolltarifs]

Der Rat legt die Sätze des Gemeinsamen Zolltarifs auf Vorschlag der Kommission fest.

Literaturübersicht

S. Übersicht zu Art. 28 und 30 AEUV.

Leitentscheidungen

EuGH, Urt. v. 18.2.1970, Rs. 40/69 (Hauptzollamt Hamburg Oberelbe/Bollmann), Slg. 1970, 69
EuGH, Urt. v. 18.6.1970, Rs. 74/69 (Hauptzollamt Bremen Freihafen/Krohn), Slg. 1970, 451
EuGH, Urt. v. 23.3.1972, Rs. 36/71 (Henck/Hauptzollamt Emden), Slg. 1972, 187
EuGH, Urt. v. 12.7.1973, Rs. 8/73 (Hauptzollamt Bremerhaven/Massey Ferguson), Slg. 1973, 897
EuGH, Urt. v. 13.12.1973, verb. Rs. 37/73 u. 38/73 (Sociaal Fonds voor de Diamantarbeiders/Indiamex u. a.), Slg. 1973, 1609
EuGH, Urt. v. 14.11.1985, Rs. 227/84 (Texas Instruments/Hauptzollamt München-Mitte), Slg. 1985, 3639
EuGH, Urt. v. 18.3.1986, Rs. 58/85 (Ethicon/Hauptzollamt Itzehoe), Slg. 1986, 1131
EuGH, Urt. v. 26.3.1987, Rs. 45/86 (Kommission/Rat), Slg. 1987, 1493
EuGH, Urt. v. 27.9.1988, Rs. 165/87 (Kommission/Rat), Slg. 1988, 5545
EuGH, Urt. v. 5.10.1995, Rs. C–125/94 (Aprile/Amministrazione delle Finanze dello Stato), Slg. 1995, I–2919
EuGH, Urt. v. 16.6.1998, Rs. C–162/96 (Racke/Hauptzollamt Mainz), Slg. 1998, I–3655
EuGH, Urt. v. 14.4.2011, verb. Rs. C–288/09 u. C–289/09 (British Sky Broadcasting und Pace), Slg. 2011, I–2851

Wesentliche sekundärrechtliche Vorschriften

Verordnung (EWG) Nr. 2658/87 vom 23.7.1987 über die zolltarifliche und statistische Nomenklatur sowie den Gemeinsamen Zolltarif, ABl. 1987, L 256/1
Verordnung (EWG) Nr. 2913/92 vom 12.10.1992 zur Festlegung des Zollkodex der Gemeinschaften, ABl. 1992, L 302/1
Verordnung (EWG) Nr. 2454/93 vom 2.7.1993 mit Durchführungsvorschriften zu der VO (EWG) Nr. 2913/92 zur Festlegung des Zollkodex der Gemeinschaften, ABl. 1993, L 253/1
Verordnung (EG) Nr. 450/2008 vom 23.4.2008 zur Festlegung des Zollkodex der Gemeinschaft, ABl. 2008, L 145/1
Verordnung (EU) Nr. 952/2013 vom 9.10.2013 zur Festlegung des Zollkodex der Union, ABl. 2013, L 269/1

Inhaltsübersicht

	Rn.
A. Überblick	1
I. Allgemeines	1
II. Abgrenzung zu anderen Ermächtigungsgrundlagen	4
B. Völkerrechtliche Einbettung	6
C. Art. 31 AEUV als Ermächtigungsgrundlage	9
I. Der Gemeinsame Zolltarif	9
II. Die Zolltarifnomenklatur	11
III. Der TARIC	16

A. Überblick

I. Allgemeines

Art. 31 AEUV (ex-Art. 26 EGV [Nizza]) stellt neben Art. 207 AEUV die zentrale Ermächtigungsgrundlage für das EU-**Zolltarifrecht** dar.[1] Zum Zolltarifrecht gehören alle Bestimmungen, welche die Art und Höhe der Einfuhr- bzw. Ausfuhrabgaben sowie die Ermittlung der zutreffenden Unterposition des Zolltarifs (der die jeweilige Abgabe zugeordnet ist) festlegen (sog. **zollrechtliche Einreihung**).[2]   1

Die beiden Normen und die entsprechenden Vorgängernormen ergänzen sich so weitgehend, dass der EuGH schon frühzeitig – im Bewusstsein der zentralen Bedeutung der Zollunion für die EU – die **Zolltarifhoheit** ausschließlich der Union zugesprochen hat.[3] Den Mitgliedstaaten ist damit die Festsetzung eigener Zolltarife ebenso wie die autonome Änderung oder Aufhebung von Zöllen verwehrt. Dies kommt seit dem Lissabonner Vertrag auch in Art. 3 Abs. 1 Buchst. a AEUV zum Ausdruck.   2

Das Mehrheitserfordernis für entsprechende Maßnahmen wurde erst mit Art. 16 der Einheitlichen Europäischen Akte (EEA) eingeführt (vorher: Einstimmigkeit). Es wurde alsdann mit dem Lissabonner Vertrag in die vorgesehene Vertragsstruktur überführt und folglich aus Art. 31 AEUV gestrichen. Der Rat entscheidet über Maßnahmen nach Art. 31 AEUV demnach mit **qualifizierter Mehrheit** (vgl. Art. 16 Abs. 3–5 EUV i. V. m. Art. 238 AEUV). Damit stellt er die gleichen Mehrheitserfordernisse wie Art. 207 AEUV i. V. m. Art. 294 AEUV auf. Allerdings kann der Rat, da er auf Vorschlag der Kommission tätig wird, von diesem nur einstimmig abweichen (Art. 293 Abs. 1 AEUV). Dies verleiht der Kommission erhebliche Verhandlungsmacht und tariert die Kräfteverhältnisse zwischen den Mitgliedstaaten im Rat aus.[4] Diese Balance ist in jeder Hinsicht vorteilhaft. Die Festlegung eines gemeinsamen Zolltarifsatzes ist im Lichte der häufig ganz unterschiedlichen wirtschaftlichen Interessen der Mitgliedstaaten hoch problematisch. Daher muss es jedem Mitgliedstaat möglich sein, ein gewichtiges Wort mitzureden; dies ist auch unter der Bedingung der qualifizierten Mehrheitsregel möglich (wobei es von einem zunehmenden gegenseitigen Vertrauen und wachsender Kompromissfähigkeit zeugt, dass die Einstimmigkeitsregel aufgegeben wurde). Andererseits bedarf es nach wie vor einer starken mediatisierenden Kraft, die die Konflikte im Vertrauen der Mitgliedstaaten kleinarbeitet und einer Lösung zuführen kann. Hierfür ist die Kommission der geborene Partner, die zur Funktionserfüllung entsprechende Befugnisse benötigt.   3

---

[1] *Terhechte*, in: Schwarze, EU-Kommentar, Art. 31 AEUV, Rn. 2; *Waldhoff*, in: Calliess/Ruffert, EUV/AEUV, Art. 31 AEUV, Rn. 1.
[2] *Lux/Sack*, in: Dauses, Handbuch des EU-Wirtschaftsrechts, Abschnitt C. II., April 2008, Rn. 31.
[3] EuGH, Urt. v. 13.12.1973, verb. Rs. 37/73 u. 38/73 (Sociaal Fonds voor de Diamantarbeiders/Indiamex u. a.), Slg. 1973, 1609, Rn. 15/21; s. auch EuGH, Urt. v. 18. 2.1970, Rs. 40/69 (Hauptzollamt Hamburg Oberelbe/Bollmann), Slg. 1970, 69, Rn. 4; Urt. v. 5.10.1995, Rs. C–125/94 (Aprile/Amministrazione delle Finanze dello Stato), Slg. 1995, I–2919, Rn. 36; vgl. *D'Orville*, Die rechtlichen Grundlagen für die gemeinsame Zoll- und Handelspolitik der EWG, 1973, S. 97 ff.
[4] Zum Funktionieren dieses Verhandlungsspiels (Verhandlung im Schatten der Mehrheitsabstimmung), der daraus resultierenden starken Stellung der Kommission sowie der Rolle von Art. 293 Abs. 1 und 2 AEUV vgl. *Haltern*, Europarecht, Rn. 216 ff.

II. Abgrenzung zu anderen Ermächtigungsgrundlagen

4 Art. 207 AEUV erfasst aufgrund seiner Stellung im Fünften Teil des Vertrages handelspolitische Zollmaßnahmen mit Drittstaaten. Aufgrund der weitgehenden Parallelität von Art. 31 und 207 AEUV hinsichtlich der Mehrheitserfordernisse (s. Rn. 3) hat die schon mit Einführung des gleichen Mehrheitserfordernisses unbedeutender gewordene Abgrenzung der beiden Artikel endgültig an Relevanz verloren.[5]

5 Neben Art. 31 und 207 AEUV können zolltarifliche Maßnahmen auch auf **Art. 43 AEUV** für Maßnahmen im Rahmen der Gemeinsamen Agrarpolitik, **Art. 203 AEUV** zur Regelung der Zollpräferenzen für Waren aus überseeischen Ländern und Hoheitsgebieten sowie **Art. 217 AEUV** für Zolltarifbegünstigungen im Rahmen von Assoziierungsabkommen gestützt werden. Welche Rechtsgrundlage einschlägig ist oder ob die Maßnahme auf mehrere Rechtsgrundlagen kumulativ gestützt werden muss, hängt vom Einzelfall und der Sachnähe der jeweiligen Regelung ab.[6]

B. Völkerrechtliche Einbettung

6 Dem Rat steht bei der Festsetzung der Sätze des **Gemeinsamen Zolltarifs (GZT)** grundsätzlich ein **weiter Ermessensspielraum** zu, **soweit dieser nicht völkerrechtlich** verengt wird.[7] Eine völkerrechtliche Bindung ergibt sich aus den Vorgaben der WTO, insbesondere des Allgemeinen Zoll- und Handelsabkommens und seinen Anhängen (**GATT 1994**[8]), welches durch den Abbau von Zöllen das weltweite Zollniveau ganz erheblich gesenkt hat. Dies hat entscheidend zum Abbau von Protektionismus und damit zur Steigerung des Welthandels beigetragen.[9] Die beiden zentralen Regelungen für die Ausgestaltung des GZT enthalten Art. I (Meistbegünstigungsprinzip) und II (Verpflichtung zur Festlegung von Maximalzöllen) GATT. Da im GATT regelmäßig weitere Zollrunden stattfinden, die wiederum zu Neufestsetzungen des Gemeinsamen Zolltarifs führen, wird die ohnehin schwierige Aufgabe, sich auf Gemeinsame Zolltarife zu einigen, aufgrund der Dynamisierung noch schwieriger. Wiederum ist es ein Zeichen des großen politischen Konsenses in der Union, dass diese Schwierigkeiten – anders als in den meisten anderen wirtschaftsintegrativen Systemen der Welt – ohne große Reibungen abgearbeitet werden.

7 Weitere Vorgaben ergeben sich aus anderen völkerrechtlichen Verträgen, die insbesondere Assoziierungs- und Kooperationsabkommen sowie Präferenzsysteme und sonstige Zollvergünstigungen zum Gegenstand haben.[10] Wichtig ist dabei die mit den EFTA-Staaten Island, Liechtenstein und Norwegen gebildete Freihandelszone, die eine

---

[5] So schon *Lux/Sack*, in: Dauses, Handbuch des EU-Wirtschaftsrechts, Abschnitt C. II., April 2008, Rn. 24; zur Abgrenzung nach alter Rechtslage *D'Orville* (Fn. 3).
[6] *Herrmann*, in: Grabitz/Hilf/Nettesheim, EU, Art. 31 AEUV (Januar 2015), Rn. 9; *Terhechte*, in: Schwarze, EU-Kommentar, Art. 31 AEUV, Rn. 5.
[7] *Herrmann*, in: Grabitz/Hilf/Nettesheim, EU, Art. 31 AEUV (Januar 2015), Rn. 5.
[8] Beschluss 94/800/EG vom 22.12.1994 über den Abschluß der Übereinkünfte im Rahmen der multilateralen Verhandlungen der Uruguay-Runde (1986–1994) im Namen der Europäischen Gemeinschaft in Bezug auf die in ihre Zuständigkeit fallenden Bereiche, ABl. 1994, L 336/1.
[9] Dazu *Kamann*, in: Streinz, EUV/AEUV, Art. 31 AEUV, Rn. 6; s. auch *Haltern*, in: Ipsen (Hrsg.), Völkerrecht, 2014, § 33, Rn. 60 ff.
[10] *Herrmann*, in: Grabitz/Hilf/Nettesheim, EU, Art. 31 AEUV (Januar 2015), Rn. 12; vgl. *Lux*, in: GSH, Europäisches Unionsrecht, Vorbem. zu Art. 31 und 32 AEUV, Rn. 58.

gegenseitige Erhebung von Zöllen und Abgaben gleicher Wirkung verbietet (Art. 10 **EWR-Abkommen**).

Weiterhin hat sich die Nomenklatur (s. Rn. 11 ff.) an den völkerrechtlichen Vorgaben des sog. **Harmonisierten Systems** der Weltzollorganisation zu orientieren.[11] Diese Nomenklatur umfasst etwa 5000 Warengruppen, die durch einen sechsstelligen Code bezeichnet und gemäß festen Regeln in einer logischen Struktur geordnet sind.

C. Art. 31 AEUV als Ermächtigungsgrundlage

I. Der Gemeinsame Zolltarif

Art. 31 AEUV ermächtigt den Rat auf Vorschlag der Kommission die **Sätze des GZT** festzulegen. Dabei geht es nicht nur um die erstmalige Festlegung eines Zolltarifs, sondern gerade auch um Änderungen und Aussetzungen bestehender Zolltarife.[12] Die Handlungsform, der sich der Rat dabei bedienen kann, ist nicht näher bestimmt. In Betracht kommen damit alle Handlungsformen der EU (vgl. Art. 288 AEUV), wobei Richtlinien zur Erreichung der erstrebten Vollharmonisierung aufgrund des gewährten Umsetzungsspielraums sachlich ungeeignet sind.[13]

Der **Umfang des GZT** wird sekundärrechtlich durch Art. 20 Abs. 3 Zollkodex (ZK)[14] bzw. Art. 5 Nr. 2 Zollkodex der Union (UZK)[15] näher bestimmt. Er umfasst demnach v. a. die **Kombinierte Nomenklatur** (KN; näher definiert durch Art. 1 Abs. 2 KN; s. Rn. 11 ff.); die Regelzollsätze und die anderen Abgaben, die für die in der Kombinierten Nomenklatur erfassten Waren gelten; bestimmte Zollpräferenzmaßnahmen (beispielsweise Art. 10 EWR-Abkommen, s. Rn. 7); die autonomen Aussetzungsmaßnahmen, mit denen die bei der Einfuhr bestimmter Waren geltenden Zollsätze herabgesetzt oder ausgesetzt werden sowie die sonstigen in anderen Unionsregelungen vorgesehenen zolltariflichen Maßnahmen. Der GZT dient nach Art. 20 Abs. 1 ZK bzw. Art. 56 Abs. 1 UZK als Grundlage zur Berechnung der Zollschuld.

II. Die Zolltarifnomenklatur

Neben dem GZT ermächtigt Art. 31 AEUV insbesondere zur Festlegung einer gemeinsamen **Zolltarifnomenklatur** (Warenverzeichnis) und entsprechender internationaler Abkommen.[16] Ein solches systematisches Verzeichnis ist in den Worten des EuGH unerlässlich, denn ohne ein System zur Tarifierung wäre es nahezu unmöglich, Waren einer

---

[11] Internationales Übereinkommen über das Harmonisierte System zur Bezeichnung und Codierung der Waren vom 4.6.1983 und Änderungsprotokoll vom 24.6.1986, dem die EU mit dem Beschluss 87/369/EWG vom 7.4.1987 über den Abschluss des Internationalen Übereinkommens über das Harmonisierte System zur Bezeichnung und Codierung der Waren sowie des dazugehörigen Änderungsprotokolls, ABl. 1987, L 198/1, beigetreten ist; vgl. *Kamann*, in: Streinz, EUV/AEUV, Art. 31 AEUV, Rn. 7; zu den Vor- und Nachteilen des Harmonisierten Systems s. *Reiser/Wurzinger*, Der Zolltarif nach Einführung des Harmonisierten Systems, 1987, S. 40 ff.
[12] *Terhechte*, in: Schwarze, EU-Kommentar, Art. 31 AEUV, Rn. 4.
[13] Vgl. *Herrmann*, in: Grabitz/Hilf/Nettesheim, EU, Art. 31 AEUV (Januar 2015), Rn. 4.
[14] VO (EWG) Nr. 2913/92.
[15] VO (EU) Nr. 952/2013; s. Art. 29 AEUV, Rn. 3.
[16] EuGH, Urt. v. 27.9.1988, Rs. 165/87 (Kommission/Rat), Slg. 1988, 5545; s. auch *Herrmann*, in: Grabitz/Hilf/Nettesheim, EU, Art. 31 AEUV (Januar 2015), Rn. 1.

bestimmten Tarifposition zuzuordnen.[17] Dieses System hat sich an den Vorgaben des **Harmonisierten Systems** zu orientieren (s. o. Rn. 8).

12 Eine entsprechende **KN** aus Harmonisiertem System und gemeinschaftlichen bzw. unionalen Unterteilungen wurde mit der VO (EWG) Nr. 2658/87 geschaffen.[18] Die KN beinhaltet ein Warenverzeichnis mit allen im Handel befindlichen Waren. Sie ist im Anhang der VO (EWG) Nr. 2658/87 aufgeführt, und zwar mit den jeweils für eine Ware maßgeblichen Zollsätzen (sog. **Regelzölle**).[19] Dabei handelt es sich überwiegend um **Wertzollsätze**, die angeben, wieviel Prozent des Wertes der eingeführten Ware als Zoll zu erheben sind. Daneben bestehen v. a. **spezifische Zölle**, die als fester Betrag je Maßeinheit (etwa kg, t, hl und vol. %) ausgedrückt werden.[20]

13 Das Warenverzeichnis der KN gliedert sich in vertragsmäßige und autonome Zölle. **Vertragsmäßige Zölle** sind solche, die im GATT oder anderen völkerrechtlichen Abkommen (s. Rn. 6 f.) vereinbart wurden. **Autonome Zölle** wurden ohne vertragliche Bindungen festgesetzt.

14 Jede Unterposition der KN erhält einen achtstelligen Code (vgl. Art. 3 Abs. 1 VO (EWG) Nr. 2658/87). Die ersten sechs Stellen sind die Codenummern der Positionen und Unterpositionen der Nomenklatur des Harmonisierten Systems (s. Rn. 8); die siebte und die achte Stelle kennzeichnen die Unterpositionen der KN, die im Hinblick auf spezielle Anforderungen der Union geschaffen wurden.

15 Nach Art. 12 VO (EWG) Nr. 2658/87 erlässt die Kommission jährlich die vollständige Fassung der KN in Form einer Verordnung. Diese Verordnung wird spätestens bis zum 31.10. im Amtsblatt veröffentlicht und gilt ab dem 1.1. des darauf folgenden Jahres.[21] Daraus ergibt sich nach Auffassung des EuGH kein Problem für einen etwaigen Vertrauensschutz der Zollbeteiligten. Die Möglichkeit einer Änderung des Wortlauts oder des Inhalts der Positionen und die sich daran anschließende Gefahr, dass verbindliche Zolltarifauskünfte ungültig werden, ist aufgrund der frühzeitigen Veröffentlichung im Amtsblatt vorhersehbar und sorgfältigen Wirtschaftsteilnehmern bekannt.[22] Dem ist zuzustimmen. Aufgrund der regelmäßigen Praxis und der ausdrücklichen Normierung besteht kein Anlass, darüber hinausgehenden Vertrauensschutz zu gewähren. Dies würde wohl zudem zu einer weiteren Verkomplizierung sowie sinkender Transparenz und Rechtsunsicherheit führen.

III. Der TARIC

16 Der Anspruch der Zolltarifnomenklatur, alle im Verkehr befindlichen Produkte zu erfassen, war mit nur acht Stellen (s. Rn. 14) schwerlich zu bewältigen. Um ein umfassendes Zollsystem zu schaffen, das für den Zollbeteiligten transparent und für die mitgliedstaatlichen Behörden handhabbar ist, wurde auf Grundlage der Art. 2, 6, 8 VO (EWG) Nr. 2658/87 zugleich ein elektronisches Informationssystem in Gestalt des integrierten Tarifes der Union (TARIC; **Tarif intégré des communautés européennes**) eingeführt. Dadurch wurden zwei weitere Stellen zur Kodierung eingeführt (Art. 3 Abs. 3 VO

---

[17] EuGH, Urt. v. 27.9.1988, Rs. 165/87 (Kommission/Rat), Slg. 1988, 5545, Rn. 8.
[18] VO (EWG) Nr. 2658/87.
[19] *Frenz*, Handbuch Europarecht, Band 1, Rn. 688.
[20] *Witte*, in: ders., Zollkodex, Art. 4, Rn. 2 – Wertzoll bzw. -spezifischer Zoll.
[21] Vgl. *Alexander*, in: Witte, Zollkodex, Art. 20, Rn. 10.
[22] EuGH, Urt. v. 14.4.2011, verb. Rs. C–288/09 u. C–289/09 (British Sky Broadcasting und Pace), Slg. 2011, I–2851, Rn. 108 f.

(EWG) Nr. 2658/87). Das Informationssystem wird von der Kommission veröffentlicht und verwaltet (Art. 6 VO (EWG) Nr. 2658/87). Aufgrund des Umfangs (ca. 18 000 Unterpositionen mit den diesen zugeordneten Maßnahmen)[23] wird das Gesamtsystem mittlerweile nicht mehr im Amtsblatt veröffentlicht, sondern ist nur noch online abrufbar.[24] Es handelt sich bei der Veröffentlichung nicht um eigenständige Rechtsakte, sondern lediglich um die datenbankmäßige Erfassung von und Information über Rechtsakte.[25]

---

[23] *Lux/Sack*, in: Dauses, Handbuch des EU-Wirtschaftsrechts, Abschnitt C. II., April 2008, Rn. 35.
[24] TARIC, http://ec.europa.eu/taxation_customs/dds2/taric/taric_consultation.jsp (19.10.2016).
[25] *Herrmann*, in: Grabitz/Hilf/Nettesheim, EU, Art. 31 AEUV (Januar 2015), Rn. 14.

Artikel 32 AEUV [Zielsetzung der Kommissionsaufgaben]

Bei der Ausübung der ihr aufgrund dieses Kapitels übertragenen Aufgaben geht die Kommission von folgenden Gesichtspunkten aus:
a) der Notwendigkeit, den Handelsverkehr zwischen den Mitgliedstaaten und dritten Ländern zu fördern;
b) der Entwicklung der Wettbewerbsbedingungen innerhalb der Union, soweit diese Entwicklung zu einer Zunahme der Wettbewerbsfähigkeit der Unternehmen führt;
c) dem Versorgungsbedarf der Union an Rohstoffen und Halbfertigwaren; hierbei achtet die Kommission darauf, zwischen den Mitgliedstaaten die Wettbewerbsbedingungen für Fertigwaren nicht zu verfälschen;
d) der Notwendigkeit, ernsthafte Störungen im Wirtschaftsleben der Mitgliedstaaten zu vermeiden und eine rationelle Entwicklung der Erzeugung sowie eine Ausweitung des Verbrauchs innerhalb der Union zu gewährleisten.

Literaturübersicht

S. Übersicht zu Art. 28 und 30 AEUV.

Leitentscheidungen

EuGH, Urt. v. 4.7.1963, Rs. 24/62 (Deutschland/Kommission der EWG), Slg. 1963, 131
EuGH, Urt. v. 15.7.1963, Rs. 34/62 (Deutschland/Kommission der EWG), Slg. 1963, 269
EuGH, Urt. v. 27.4.1978, Rs. 90/77 (Stimming KG/Kommission), Slg. 1978, 995
EuGH, Urt. v. 28.3.1979, Rs. 158/78 (Biegi/Hauptzollamt Bochum), Slg. 1979, 1103
EuGH, Urt. v. 5.5.1981, Rs. 112/80 (Dürbeck/Hauptzollamt Frankfurt a.M.), Slg. 1981, 1095
EuGH, Urt. v. 15.7.1982, Rs. 245/81 (Edeka/Deutschland), Slg. 1982, 2745
EuGH, Urt. v. 28.10.1982, Rs. 52/81 (Faust/Kommission), Slg. 1982, 3745
EuGH, Urt. v. 14.3.1990, Rs. 156/87 (Gestetner Holdings/Rat und Kommission), Slg. 1990, I–781
EuGH, Urt. v. 6.12.1990, Rs. C–343/89 (Witzemann/Hauptzollamt München-Mitte), Slg. 1990, I–4477
EuGH, Urt. v. 19.11.1998, Rs. C–150/94 (Vereinigtes Königreich/Rat), Slg. 1998, I–7235

Wesentliche sekundärrechtliche Vorschriften

S. Übersicht zu Art. 29 und 31 AEUV.

Inhaltsübersicht

		Rn.
A.	Allgemeines	1
B.	Anwendungsbereich	2
C.	Die Handlungsmaximen	7

A. Allgemeines

1   Art. 32 AEUV (ex-Art. 27 EGV [Nizza]) enthält verbindliche und **volljustiziable Leitlinien**,[1] die die Kommission bei der Ausübung der ihr aufgrund des Kapitels über die Zollunion, Art. 30–32 AEUV, übertragenen Aufgabe zu beachten hat.

---

[1] Vgl. EuGH, Urt. v. 6.12.1990, Rs. C–343/89 (Witzemann/Hauptzollamt München-Mitte), Slg. 1990, I–4477, Rn. 13.

B. Anwendungsbereich

Ausdrücklicher **Adressat** des Art. 32 AEUV ist nur die Kommission. Da die einzige, der Kommission im Rahmen »dieses Kapitels«, also der Art. 30–32 AEUV, übertragene Kompetenz das Vorschlagsrecht für den Gemeinsamen Zolltarif (GZT) in Art. 31 AEUV ist, ist der Anwendungsbereich der Vorschrift zunächst relativ klein.

Es stellt sich die Frage, ob der **persönliche Anwendungsbereich** darüber hinaus auch den Rat bei den ihm übertragenen Aufgaben an die Maximen des Art. 32 AEUV bindet. Dieser kann nämlich nach Art. 293 Abs. 1 AEUV einstimmig vom Vorschlag der Kommission abweichen (s. Art. 31 AEUV, Rn. 3). Dagegen spricht der eindeutige Wortlaut der Norm, der nur die Kommission als Adressat benennt. Allerdings ist vom Normzweck her der Rat ebenfalls an die Vorgaben des Art. 32 AEUV zu binden. Andernfalls würden die Reichweite und die Strahlkraft des Art. 32 AEUV vermindert werden.[2]

Jedoch besteht für eine Ausdehnung des persönlichen Anwendungsbereichs auch auf den Rat wohl kein wirkliches Bedürfnis. Die Kommission kann gemäß Art. 293 Abs. 2 AEUV ihren Vorschlag jederzeit abändern. Dies führt dazu, dass sie mit den Mitgliedstaaten ein Verhandlungsspiel führt, in dem sie in vielerlei Hinsicht am längeren Hebel sitzt. Sie kann die Mitgliedstaaten in den Verhandlungen mit der Drohung unter Druck setzen, eine Koalition der qualifizierten Mehrheit ohne einzelne, nicht kompromisswillige Mitgliedstaaten zu bauen. Dagegen müssen die Mitgliedstaaten alle anderen Mitgliedstaaten auf ihre Seite ziehen, um dem Erfordernis des Art. 293 Abs. 2 AEUV gerecht zu werden. Dies ist nur in seltenen Fällen denkbar.[3] Zudem kann die Kommission mit ihrer eigenen Rechtsbindung an Art. 32 AEUV und der gerichtlichen Durchsetzung im Klagewege vor dem EuGH drohen.

Fraglich ist, ob der **sachliche Anwendungsbereich** auch auf andere als auf Art. 31 AEUV gestützte zolltarifäre Maßnahmen (s. Art. 31 AEUV, Rn. 4 f.) ausgedehnt werden kann. Dagegen spricht zunächst der klare Wortlaut der Norm, der den Anwendungsbereich auf Aufgaben dieses Kapitels begrenzt. Zudem sind in anderen Politikbereichen auch andere Maximen handlungsleitend. So finden sich beispielsweise in Art. 39 AEUV Zielvorgaben der gemeinsamen Agrarpolitik und damit auch für Art. 43 AEUV. Ebenfalls setzt Art. 206 AEUV verbindliche Handlungsmaximen für die Handelspolitik und damit für Art. 207 AEUV fest. Jeder Politikbereich folgt daher seiner eigenen Rationalität.[4] Allerdings beinhaltet Art. 32 AEUV richtigerweise auch keinen abschließenden Katalog berücksichtigungsfähiger Belange, so dass andere Unionsziele hier dennoch mit berücksichtigt werden können.[5] Zudem dürfte die Kommission aber auch bei anderen, mit der Zollunion im Zusammenhang stehenden Aufgaben (wie etwa bei Art. 33 AEUV) durch Erwägungen des Art. 32 AEUV angeleitet sein.

---

[2] So auch *Herrmann*, in: Grabitz/Hilf/Nettesheim, EU, Art. 32 AEUV (Januar 2015), Rn. 2; *Terhechte*, in: Schwarze, EU-Kommentar, Art. 32 AEUV, Rn. 3; *Waldhoff*, in: Calliess/Ruffert, EUV/AEUV, Art. 32 AEUV, Rn. 1.

[3] Ähnlich *Terhechte*, in: Schwarze, EU-Kommentar, Art. 32 AEUV, Rn. 3 unter Berufung auf *Waldhoff*, in: Calliess/Ruffert, EUV/AEUV, Art. 32 AEUV, Rn. 1; s. bereits Art. 31 AEUV, Rn. 3. Insgesamt zur Machtverteilung bei Verhandlungsspielen im Schatten der qualifizierten Mehrheitsabstimmung *Haltern*, Europarecht, Rn. 206 ff.

[4] Ebenso *Terhechte*, in: Schwarze, EU-Kommentar, Art. 32 AEUV, Rn. 6; *Waldhoff*, in: Calliess/Ruffert, EUV/AEUV, Art. 32 AEUV, Rn. 2.

[5] Vgl. EuGH, Urt. v. 15.7.1963, Rs. 34/62 (Deutschland/Kommission der EWG), Slg. 1963, 269; s. auch *Terhechte*, in: Schwarze, EU-Kommentar, Art. 32 AEUV, Rn. 6.

6 In jedem Fall ergibt sich aus Art. 296 AEUV und der Justiziabilität der Handlungsmaximen (s. Rn. 1), dass die Erwägungen klar und nachvollziehbar dargelegt werden müssen. Andernfalls kann der EuGH die entsprechende Maßnahme aufheben.[6]

C. Die Handlungsmaximen

7 Die Handlungsmaxime unter Buchst. a erfasst die Verpflichtung, den Handel mit Drittstaaten zu fördern, und ist daher eine externe. Damit verweist Art. 32 AEUV auf die allgemeine Ratio der Zollunion und der Zollpolitik (s. Art. 28 AEUV, Rn. 19 ff.). Die unter Buchst. b–d zu findenden Handlungsmaximen betreffen dagegen interne Aspekte der EU, wie etwa die internen Wettbewerbsbedingungen und den Versorgungsbedarf.[7] Die Grundsätze dienen insgesamt der Umsetzung und Erhaltung einer **liberalen Zollpolitik mit niedrigen Zollsätzen**, wie sie sich auch aus den Verträgen (vgl. Art. 21 Abs. 2 Buchst. e EUV, Art. 39, 120, 127, 173, 206, 207 AEUV) und den völkerrechtlichen Abkommen, v. a. dem GATT, ergibt (s. Art. 31 AEUV, Rn. 6).[8]

8 Da die einzelnen Ziele miteinander in Konflikt geraten und somit nicht immer gleichzeitig verfolgt werden können,[9] ist ein Ausgleich zwischen diesen im Wege der **praktischen Konkordanz** herzustellen: Kein Ziel darf einseitig auf Kosten eines anderen Zieles, das dadurch vollständig eliminiert werden würde, durchgesetzt werden; die Ziele müssen vielmehr so umgesetzt werden, dass möglichst viel von allen Zielen realisiert werden kann.[10]

9 Allerdings steht den Unionsorganen nach Auffassung des EuGH ein **weiter Beurteilungs- und Ermessensspielraum** dabei zu, wie sie die Ziele berücksichtigen und den erforderlichen Ausgleich herstellen.[11] Dabei können auch Handlungsmaximen aus anderen Vertragsvorschriften herangezogen werden, die dann zwar nicht die gleiche Bedeutung haben, aber der Ermessensausübung zumindest Grenzen setzen (s. Rn. 5).[12]

---

[6] EuGH, Urt. v. 4.7.1963, Rs. 24/62 (Deutschland/Kommission der EWG), Slg. 1963, 131.
[7] *Kamann*, in: Streinz, EUV/AEUV, Art. 32 AEUV, Rn. 1.
[8] Vgl. *Herrmann*, in: Grabitz/Hilf/Nettesheim, EU, Art. 32 AEUV (Januar 2015), Rn. 3; *Kamann*, in: Streinz, EUV/AEUV, Art. 32 AEUV, Rn. 1.
[9] EuGH, Urt. v. 15.7.1963, Rs. 34/62 (Deutschland/Kommission der EWG), Slg. 1963, 269.
[10] *Waldhoff*, in: Calliess/Ruffert, EUV/AEUV, Art. 32 AEUV, Rn. 3; vgl. *Terhechte*, in: Schwarze, EU-Kommentar, Art. 32 AEUV, Rn. 5.
[11] EuGH, Urt. v. 4.7.1963, Rs. 24/62 (Deutschland/Kommission der EWG), Slg. 1963, 131; Urt. v. 15.7.1963, Rs. 34/62 (Deutschland/Kommission der EWG), Slg. 1963, 269.
[12] EuGH, Urt. v. 15.7.1963, Rs. 34/62 (Deutschland/Kommission der EWG), Slg. 1963, 269.

Kapitel 2
Die Zusammenarbeit im Zollwesen

Artikel 33 AEUV [Ausbau der Zusammenarbeit]

Das Europäische Parlament und der Rat treffen im Rahmen des Geltungsbereichs der Verträge gemäß dem ordentlichen Gesetzgebungsverfahren Maßnahmen zum Ausbau der Zusammenarbeit im Zollwesen zwischen den Mitgliedstaaten sowie zwischen den Mitgliedstaaten und der Kommission.

Literaturübersicht

Akmann, Die Zusammenarbeit in den Bereichen Justiz und Inneres als »3. Säule« des Maastrichter Unionsvertrags, JA 1994, 49; *Beußel*, Zoll 2000 – Fortschritte Richtung Europa, ZfZ 1999, 290; *Dietrich*, Amtshilfe im Zollwesen: die Amtshilfe nach der EG-Amtshilfeverordnung, dem Neapel-II Übereinkommen und dem ZIS-Übereinkommen, Diss. iur., Münster, 2004; *Dorsch*, Das internationale Abkommen über die gegenseitige Amtshilfe, ZfZ 1977, 322; *Harings*, Grenzüberschreitende Zusammenarbeit der Polizei- und Zollverwaltungen und Rechtsschutz in Deutschland, Diss. iur., Heidelberg, 1998; *ders.*, Fragen des Rechtsschutzes im Zusammenhang mit der internationalen Zollfahndung, in: Baldus/Soiné (Hrsg.), Rechtsprobleme der internationalen polizeilichen Zusammenarbeit, 1999, S. 167; *ders.*, Grenzüberschreitende Zusammenarbeit der Polizei- und Zollverwaltungen, in: Schmidt-Aßmann/Schöndorf-Haubold (Hrsg.), Der Europäische Verwaltungsverbund, 2005, S. 127; *Heußner*, Informationssysteme im europäischen Verwaltungsverbund, Diss. iur., Heidelberg, 2006; *Obström*, Zollamtshilfe in der EG, AW-Prax 1999, 169; *Rogmann*, Die zukünftige Rolle des Zolls aus der Sicht der Europäischen Union, AW-Prax 2002, 373; *ders.*, Die Wirksamkeit der gemeinschaftsrechtlichen Mechanismen zur einheitlichen Auslegung und Anwendung des Gemeinschaftsrechts – zum System der Verwaltung des Zollrechts der EG, ZfZ 2008, 57; *von Bogdandy*, in: Hoffmann-Riem/Schmidt-Aßmann/Voßkuhle (Hrsg.), Grundlagen des Verwaltungsrechts, Bd. 2 Informationsordnung, Verwaltungsverfahren, Handlungsformen, 2. Aufl., 2012, § 25, Die Informationsbeziehungen im europäischen Verwaltungsverbund, S. 365; *Wewel*, Schutz der Union durch Zusammenarbeit im Zollwesen, ZfZ 1995, 226; *ders.*, Schutz der Union durch Zusammenarbeit im Zollwesen, in: Müller-Graff (Hrsg.), Europäische Zusammenarbeit in den Bereichen Justiz und Inneres, 1996, S. 117.

Leitentscheidungen

EuGH, Urt. v. 11.6.1991, Rs. C–300/89 (Kommission/Rat), Slg. 1991, I–2867
EuGH, Urt. v. 25.2.1999, verb. Rs. C–164/97 u. C–165/97 (Parlament/Rat), Slg. 1999, I–1139
EuGH, Urt. v. 18.11.1999, Rs. C–209/97 (Kommission/Rat), Slg. 1999, I–8067
EuGH, Urt. v. 10.1.2006, Rs. C–94/03 (Kommission/Rat), Slg. 2006, I–1
EuGH, Urt. v. 6.11.2008, Rs. C–155/07 (Parlament/Rat), Slg. 2008, I–8103

Wesentliche sekundärrechtliche Vorschriften

Verordnung (EWG) Nr. 1468/81 vom 19.5.1981 betreffend die gegenseitige Unterstützung der Verwaltungsbehörden der Mitgliedstaaten und die Zusammenarbeit dieser Behörden mit der Kommission, um die ordnungsgemäße Anwendung der Zoll- und der Agrarregelung zu gewährleisten, ABl. 1981, L 144/1
Entscheidung 91/341/EWG vom 20.6.1991 über die Annahme eines gemeinschaftlichen Aktionsprogramms zur beruflichen Aus- und Fortbildung der Zollbeamten (MATTHAEUS-Programm), ABl. 1991, L 187/41
Verordnung (EG) Nr. 515/97 vom 13.3.1997 über die gegenseitige Amtshilfe zwischen Verwaltungsbehörden der Mitgliedstaaten und die Zusammenarbeit dieser Behörden mit der Kommission im Hinblick auf die ordnungsgemäße Anwendung der Zoll- und der Agrarregelung, ABl. 1997, L 82/1
Verordnung (EU) Nr. 1294/2013 vom 11.12.2013 zur Festlegung eines Aktionsprogramms für das Zollwesen in der Europäischen Union für den Zeitraum 2014–2020 (Zoll 2020) und zur Aufhebung der Entscheidung Nr. 624/2007/EG, ABl. 2013, L 347/209

Inhaltsübersicht   Rn.

A. Überblick 1
    I.   Genese der Vorschrift 1
    II. Verhältnis zu anderen Vorschriften 3
    III. Normzweck und Kontext 5
B. Wesentliche Regelungen der Zusammenarbeit im Zollwesen 8
C. Art. 33 AEUV als Ermächtigungsgrundlage 14

A. Überblick

I. Genese der Vorschrift

1 Die Vorgängervorschrift des Art. 33 AEUV (**ex-Art. 135 EGV**) wurde innerhalb der sog. Ersten Säule erst durch den Vertrag von Amsterdam geschaffen. Durch den Vertrag von Lissabon ist Art. 33 AEUV sachlich und systematisch nachvollziehbar aus dem eigenen Titel X in den Titel II (»Der freie Warenverkehr«) und dort in ein eigenes Kapitel vorgezogen worden. Damit wurde er unmittelbar hinter den sonstigen Bestimmungen zur Zollunion angefügt und in einen richtigen Zusammenhang mit diesen gestellt. Weggefallen ist der **Strafrechtsvorbehalt** zugunsten der Mitgliedstaaten in ex-Art. 135 Satz 2 EGV [Nizza]. Dies resultiert aus den sich in Art. 83 Abs. 1 AEUV niederschlagenden ausgeweiteten Unionskompetenzen im Bereich des Strafrechts. Zollrechtliche Kontrollen wirken meist in den von Art. 83 Abs. 1 UAbs. 2 AEUV erfassten supranationalisierten Bereichen, wie dem illegalen Drogenhandel, illegalen Waffenhandel und der Geldwäsche.[1]

2 Vor ex-Art. 135 EGV [Nizza] bestand bereits mit **Art. K 1 Nr. 8 und Nr. 9 EUV [Maastricht]** eine Bestimmung, wonach die Mitgliedstaaten unbeschadet der Kompetenzen der Gemeinschaften die Zusammenarbeit im Zollwesen und die polizeiliche Zusammenarbeit zur Verhütung und Bekämpfung des Terrorismus, des illegalen Drogenhandels und sonstiger schwerwiegender Formen der internationalen Kriminalität als Angelegenheiten von gemeinsamem Interesse betrachteten. Diese betraf die intergouvernementale Zusammenarbeit innerhalb der sog. Dritten Säule. Eben daraus erklärt sich die Zweispurigkeit im Zollrecht, aus harmonisierten Bereichen der Ersten Säule und solchen der Dritten Säule, die sich trotz Abschaffung der Säulenstruktur noch nicht ganz aufgelöst hat (s. Rn. 8 ff.).

II. Verhältnis zu anderen Vorschriften

3 Art. 33 AEUV ist innerhalb seines Anwendungsbereichs gegenüber dem allgemeineren **Art. 197 AEUV** lex specialis.[2] Kommt es zur Überschneidung mit anderen Kompetenztiteln (wie etwa Art. 31, 114 oder 207 AEUV), ist auf den Schwerpunkt der Regelung abzustellen. Dabei ist nach ständiger Rechtsprechung des EuGH eine Kompetenznorm wie Art. 33 AEUV nur dann spezieller, wenn sie nach ihrem Ziel und Inhalt hauptsächlich den jeweiligen Regelungsbereich, also hier die Zusammenarbeit zwischen den Zollverwaltungen der Mitgliedstaaten, betrifft.[3]

---

[1] *Ohler*, in: Streinz, EUV/AEUV, Art. 33 AEUV, Rn. 7.
[2] *Terhechte*, in: Schwarze, EU-Kommentar, Art. 33 AEUV, Rn. 1.
[3] St. Rspr. EuGH, Urt. v. 7.7.1992, Rs. C–295/90 (Parlament/Rat), Slg. 1992, I–4193, Rn. 13; Urt.

Art. 33 AEUV gibt dem Europäischen Parlament und dem Rat die Möglichkeit im 4
Rahmen des ordentlichen Gesetzgebungsverfahrens (vgl. Art. 289, 294, 297 AEUV)
Maßnahmen (vgl. Art. 288 AEUV) zum Ausbau der Zusammenarbeit, zum einen zwischen den Mitgliedstaaten (**horizontal**), zum anderen zwischen den Mitgliedstaaten und
der Kommission (**vertikal**) zu ergreifen.[4]

III. Normzweck und Kontext

Der **Normzweck** besteht darin, durch den Ausbau der Zusammenarbeit die Einheitlich- 5
keit in der Anwendung der Zollrechtsordnung sicherzustellen. Diese Notwendigkeit soll
die Lücke schließen, die dadurch entsteht, dass das Zollrecht in die ausschließliche Zuständigkeit der Union (Art. 3 Abs. 1 Buchst. a AEUV, s. Art. 31 AEUV, Rn. 2) fällt, aber
die Vollziehung der Regelungen entsprechend der allgemeinen Grundsätze (vgl.
Art. 291 Abs. 1 AEUV) grundsätzlich den nationalen Zollbehörden überlassen wird.[5]

Die Vorschrift stellt als eine der Kompetenzgrundlagen des sog. **Europäischen Ver-** 6
waltungsverbundes einen wesentlichen Baustein für dessen Errichtung dar.[6] Unter dem
Europäischen Verwaltungsverbund ist die Summe der interadministrativen Beziehungen zur Verwirklichung der Ziele des Art. 3 EUV zu verstehen. Dieser Verbund ist
gekennzeichnet durch eine zunehmende horizontale und vertikale Verflechtung der
nationalen und supranationalen Verwaltungsebenen.[7] Die meisten Verfahren sind dabei
polyzentrisch strukturiert, um zum einen durch Kooperation den notwendigen Informationsgrad zu erreichen und zum anderen der gesteigerten Komplexität habhaft zu
werden.[8] Damit wird deutlich, dass der Verwaltungsverbund ganz erheblich von Systemen zum Informationsaustausch geprägt ist, womit auch das Zollrecht durchzogen ist.
Mit der Komplexität geht freilich auch eine gewisse Intransparenz einher. Verwaltungsverbundartige governance schließt auch und gerade informale politische Koordinationssysteme ein. In deren Zentrum steht bei der Zollunion die Gruppe für Zollpolitik, die
von der Kommission geleitet wird und der die Generaldirektoren der 28 nationalen
Verwaltungen angehören. Sie legt die Leitlinien für die weitere Entwicklung der politischen Maßnahmen der Zollunion fest und koordiniert zahlreiche Lenkungs- und Projektgruppen; diese Gruppen werden wiederum von der Kommission geleitet, die damit
eine zentrale Führungsrolle sowohl in konzeptioneller, als auch kontrollierender Hinsicht einnimmt.

Die Notwendigkeit einer entsprechenden Verzahnung der unterschiedlichen Ver- 7
waltungsebenen entstand im Zollrecht frühzeitig, da der Integrationsgrad in der Zollunion als einem Kernprojekt der Vergemeinschaftung schneller als in anderen Politikbereichen voranschritt. Vor diesem Hintergrund überrascht es umso mehr, dass die Vorgängernorm (ex-Art. 135 EGV) erst 1999 mit dem Amsterdamer Vertrag Eingang in das

---

v. 17.3.1993, Rs. C–155/91 (Kommission/Rat), Slg. 1993, I–939, Rn. 7; Urt. v. 25.2.1999, verb. Rs.
C–164/97 u. C–165/97 (Parlament/Rat), Slg. 1999, I–1139, Rn. 12, 14.
   [4] So auch *Ohler*, in: Streinz, EUV/AEUV, Art. 33 AEUV, Rn. 8.
   [5] *Herrmann*, in: Grabitz/Hilf/Nettesheim, EU, Art. 33 AEUV (August 2015), Rn. 1; *Heußner*,
S. 28 ff.; *Terhechte*, in: Schwarze, EU-Kommentar, Art. 33 AEUV, Rn. 3.
   [6] Zum Europäischen Verwaltungsverbund s. u. a. *Kahl*, Der Staat 50 (2011), 353 ff.; *Schmidt-Aßmann/Schöndorf-Haubold* (Hrsg.), Der Europäische Verwaltungsverbund, 2005; *Schneider*,
NVwZ 2012, 65 ff.; *Siegel*, Entscheidungsfindung im Verwaltungsverbund, 2009; *von Bogdandy*,
Rn. 1 ff.
   [7] *Weiß*, Der Europäische Verwaltungsverbund, 2010, S. 20 ff., 47 ff.
   [8] *Von Bogdandy*, Rn. 3.

europäische Primärrecht fand (s. Rn. 1f.). Dennoch handelt es sich heute um einen der bestkonsolidierten Bereiche unional gesteuerter Kooperation.⁹ An der Zollverwaltung lassen sich bis heute die verschiedenen Schichten des europäischen Integrationsprozesses ablesen und nachverfolgen.

B. Wesentliche Regelungen der Zusammenarbeit im Zollwesen

8 Aufgrund der skizzierten mangelnden Vergemeinschaftung beruhte die Zusammenarbeit im Zollwesen seit 1967 zunächst auf einem Zusammenschluss der EWG-Mitgliedstaaten – und damit auf einer Parallelstruktur –, um dem erhöhten Informations-, Kontroll- und Abstimmungsbedürfnis gerecht zu werden. Belgien, Frankreich, Italien, Luxemburg, die Niederlande und Deutschland schlossen das Übereinkommen von Neapel über die gegenseitige Unterstützung der Zollverwaltungen (sog. **Neapel I-Abkommen**).¹⁰

9 Im Anschluss daran wurde am 18.12.1997 das aktualisierte **Neapel II-Abkommen** über gegenseitige Amtshilfe und Zusammenarbeit der Zollverwaltungen unterzeichnet.¹¹ Dieses beinhaltet insbesondere Vorschriften, die **Zuwiderhandlungen** gegen nationale und gemeinschaftliche Zollvorschriften verhindern sowie verfolgen sollen. Damit regelt es zuvörderst die Amtshilfe in Zollstrafsachen, die der ehemaligen Dritten Säule der Vertragsstruktur unterfiel.¹²

10 Zudem wurde schon 1995 ein **Zollinformationssystem-Übereinkommen (ZIS-Ü)** auf den Weg gebracht.¹³ Damit wurde dem erhöhten Informationsbedarf im Europäischen Verwaltungsverbund Rechnung getragen (s. Rn. 6). Das ZIS-Ü wurde mittlerweile durch den Beschluss 2009/917/JI über den Einsatz der Informationstechnologie im Zollbereich¹⁴ (**ZIS-Beschluss**) aufgehoben (vgl. Art. 34 Abs. 2 ZIS-Beschluss). Der Beschluss regelt die Einrichtung und den Betrieb der Datenbanken ZIS und des Aktennachweissystems für Zollzwecke (**FIDE**).¹⁵ Er richtet diese Datenbanken nicht erstmals ein, sondern übernimmt und aktualisiert die bisherigen Regelungen des ZIS-Ü. Darüber hinaus gibt der Beschluss Europol¹⁶ und Eurojust einen Lesezugriff auf die Datenbanken (Art. 8, 11f. ZIS-Beschluss).

11 Daneben wurden auf Unionsebene Maßnahmen zur Zusammenarbeit der Zollbehörden unter Einbeziehung der Kommission getroffen, die das Neapel-Übereinkommen

---

⁹ *Von Bogdandy*, Rn. 68.
¹⁰ BGBl. 1969 II, S. 65 ff.; s. auch *Harings*, Grenzüberschreitende Zusammenarbeit, S. 98.
¹¹ Rechtsakt vom 18.12.1997 über die Ausarbeitung des Übereinkommens aufgrund von Artikel K.3 des Vertrags über die Europäische Union über gegenseitige Amtshilfe und Zusammenarbeit der Zollverwaltungen, ABl. 1998, C 24/1; näheres s. *Harings*, Grenzüberschreitende Zusammenarbeit, S. 105 ff.; *Wewel*, Schutz der Union durch Zusammenarbeit im Zollwesen, S. 122 ff.
¹² *Terhechte*, in: Schwarze, EU-Kommentar, Art. 33 AEUV, Rn. 4.
¹³ Übereinkommen aufgrund von Artikel K.3 des Vertrags über die Europäische Union über den Einsatz der Informationstechnologie im Zollbereich, ABl. 1995, C 316/34; s. auch *Harings*, Grenzüberschreitende Zusammenarbeit, S. 100 ff.
¹⁴ ABl. 2009, L 323/20.
¹⁵ Zu FIDE s. *Heußner*, S. 35 ff.
¹⁶ Zum Erfordernis ausgeweiteter parlamentarischer Kontrolle von Europol unter Geltung des Art. 88 AEUV s. *Albrecht/Janson*, EuR 2012, 230 ff.

in weiten Teilen überlagern.[17] Schon VO (EWG) Nr. 1468/81[18] etablierte eine enge Zusammenarbeit der nationalen Zollbehörden. Diese wurde später durch die **VO (EWG) Nr. 515/97**[19] abgelöst. Diese Verordnung regelt die **gegenseitige Amtshilfe** der Zollverwaltungen. Außerdem wurde mit ihr ebenfalls ein **Zollinformationssystem (ZIS)** geschaffen (Art. 23 ff. VO (EWG) Nr. 515/97), das neben den ZIS-Beschluss tritt.[20] Diese Unterscheidung ist jedoch rein rechtlicher Natur. Technisch besteht ein einheitliches, gemeinsames ZIS (vgl. Art. 23 Abs. 3 VO (EWG) Nr. 515/97).[21]

Es bestand mithin bis zum Vertrag von Lissabon eine »säulenübergreifende« Zusammenarbeit zwischen der Dritten Säule (s. Rn. 8 f.) und der Ersten (s. Rn. 10 f., dazu auch schon oben Rn. 2). Mit Auflösung der Säulenstruktur durch den Vertrag von Lissabon hat die Abgrenzung an Bedeutung verloren, die Zweispurigkeit hat sich allerdings noch nicht vollständig aufgelöst, da die Zusammenarbeit in Strafsachen über die Kompetenznorm des Art. 87 AEUV zu regeln ist.[22] **12**

Die Entwicklung im Zollbereich wurde zudem mit dem sog. **MATTHAEUS-Programm**[23] zu Beginn der 1990er Jahre und weiteren verschiedenen befristeten Programmen zur Durchführung eines umfassenden Berufsbildungsprogramms für Zollbeamte verzahnt. Derzeit existiert das bis zum 31.12.2020 befristete Aktionsprogramm für das Zollwesen in der Union (»**Zoll 2020**«).[24] Das Aktionsprogramm ermöglicht Zollverwaltungen der einzelnen EU-Länder Informationen, Personal und Erfahrungen auszutauschen. Ergänzt werden diese Maßnahmen durch die Strategie der Kommission für die weitere Entwicklung der Zollunion, die den Reformprozess abschließen soll, der mit dem Modernisierten Zollkodex, der Modernisierung der Arbeitsweisen des Zolls, der Höherqualifizierung der Beschäftigten und der effizienten und wirksamen Neuverteilung der Ressourcen eingeleitet wurde.[25] **13**

---

[17] *Von Bogdandy*, Rn. 68.
[18] VO (EWG) Nr. 1468/81 vom 19.5.1981 betreffend die gegenseitige Unterstützung der Verwaltungsbehörden der Mitgliedstaaten und die Zusammenarbeit dieser Behörden mit der Kommission, um die ordnungsgemäße Anwendung der Zoll- und der Agrarregelung zu gewährleisten, ABl. 1981, L 144/1.
[19] VO (EG) Nr. 515/97 vom 13.3.1997 über die gegenseitige Amtshilfe zwischen Verwaltungsbehörden der Mitgliedstaaten und die Zusammenarbeit dieser Behörden mit der Kommission im Hinblick auf die ordnungsgemäße Anwendung der Zoll- und der Agrarregelung, ABl. 1997, L 82/1; zur Rechtmäßigkeit der Verordnung s. EuGH, Urt. v. 18.11.1999, Rs. C–209/97 (Kommission/Rat), Slg. 1999, I–8067.
[20] S. auch *Wewel*, Schutz der Union durch Zusammenarbeit im Zollwesen, S. 117, 118 ff.
[21] *Harings*, Grenzüberschreitende Zusammenarbeit, S. 100; *Heußner*, S. 31.
[22] Vgl. *von Bogdandy*, Rn. 69; *Waldhoff*, in: Calliess/Ruffert, EUV/AEUV, Art. 33 AEUV, Rn. 7a.
[23] Entscheidung 91/341/EWG vom 20.6.1991 über die Annahme eines gemeinschaftlichen Aktionsprogramms zur beruflichen Aus- und Fortbildung der Zollbeamten (MATTHAEUS-Programm), ABl. 1991, L 187/41.
[24] VO (EU) Nr. 1294/2013 vom 11.12.2013 zur Festlegung eines Aktionsprogramms für das Zollwesen in der Europäischen Union für den Zeitraum 2014–2020 (Zoll 2020) und zur Aufhebung der Entscheidung Nr. 624/2007/EG, ABl. 2013, L 347/209.
[25] Vgl. Mitteilung der Kommission vom 1.4.2008 an den Rat, das Europäische Parlament und den Europäischen Wirtschafts- und Sozialausschuss: Strategie für die weitere Entwicklung der Zollunion, KOM(2008) 169 endg.; vgl. auch Bericht der Kommission vom 20.12.2011 an den Rat und das Europäische Parlament: Fortschrittsbericht zur Strategie für die weitere Entwicklung der Zollunion, KOM(2011) 922 endg., beide abrufbar unter http://ec.europa.eu/taxation_customs/customs/policy_issues/customs_strategy/index_de.htm (30.3.2016).

C. Art. 33 AEUV als Ermächtigungsgrundlage

14 Der Umfang der Kompetenznorm ist abhängig von der autonom vorzunehmenden Bestimmung des Begriffs **Zollwesen**. Aufgrund der unterschiedlichen Rechtstraditionen und des mithin divergierenden Verwaltungsaufbaus in den Mitgliedstaaten liegt es nahe, den Begriff autonom und funktional zu bestimmen. Demnach ist das Zollwesen betroffen, wenn Tätigkeiten in Rede stehen, die die Anwendung des Zollrechts betreffen. Inhalt des Zollrechts sind die Vorschriften über die Einfuhr, Ausfuhr und Durchfuhr von Waren und deren Überführung in ein Zollverfahren einschließlich der bei der Einfuhr, Ausfuhr und Durchfuhr zu beachtenden Vorschriften über Verbote, Beschränkungen und Kontrollen, jeweils in Bezug auf Drittstaaten.[26] Damit fällt der **Warenverkehr zwischen den Mitgliedstaaten** als Bestandteil des Binnenmarktes grundsätzlich nicht unter Art. 33 AEUV, sondern unter Art. 114 AEUV.

15 Die Union ist durch Art. 33 AEUV lediglich berechtigt, **Maßnahmen zum Ausbau der Zusammenarbeit** zwischen den Mitgliedstaaten (horizontal) sowie diesen und der Kommission (vertikal) zu ergreifen. Jedenfalls nicht von Art. 33 AEUV erfasst ist daher die Zusammenarbeit mit Drittstaaten. Damit bezieht sich die Vorschrift überwiegend auf verfahrens- und organisationsrechtliche Bestimmungen, etwa die gegenseitige Anerkennung, informelle Kooperation, den Informationsaustausch, Personalentwicklung sowie gegenseitige Amtshilfe.[27] Nicht erfasst sind materiell-rechtliche Regelungen, die allerdings auf Art. 31 AEUV bzw. die entsprechenden spezielleren Kompetenznormen gestützt werden können (s. Art. 31 AEUV, Rn. 4f.).

---

[26] *Herrmann*, in: Grabitz/Hilf/Nettesheim, EU, Art. 33 AEUV (Januar 2015), Rn. 11; vgl. *Ohler*, in: Streinz, EUV/AEUV, Art. 33 AEUV, Rn. 2.

[27] *Herrmann*, in: Grabitz/Hilf/Nettesheim, EU, Art. 33 AEUV (Januar 2015), Rn. 12; *Ohler*, in: Streinz, EUV/AEUV, Art. 33 AEUV, Rn. 3.

Kapitel 3
Verbot von mengenmäßigen Beschränkungen zwischen den Mitgliedstaaten

Artikel 34 AEUV [Verbot von Einfuhrbeschränkungen]

Mengenmäßige Einfuhrbeschränkungen sowie alle Maßnahmen gleicher Wirkung sind zwischen den Mitgliedstaaten verboten.

Literaturübersicht

Nicht tarifäre Handelshemmnisse allgemein:

Connor, Market Access or Bust – Positioning the Principle within the Jurisprudence of Goods, Persons, Services, and Capital, GLJ 13 (2012), 679; *Davies*, Understanding Market Access: Exploring the Economic Rationality of Different Conceptions of Free Movement Law, GLJ 11 (2010), 671; *Dawes*, Importing and Exporting Poor Reasoning: Worrying Trends in Relation to the Case Law on the Free Movement of Goods, GLJ 8 (2007), 761; *Derlén/Lindholm*, Article 28 E. C. and Rules on Use: A Step Towards a Workable Doctrine on Measures Having Equivalent Effect to Quantitative Restrictions, CJEL 16 (2009–2010), 191; *Enchelmaier*, The ECJ's Recent Case Law on the Free Movement of Goods: Movement in All Sorts of Directions, YEL 26 (2007), 115; *Gormley*, Silver Threads among the Gold... 50 Years of the Free Movement of Goods, Fordham ILJ 31 (2007–2008), 1637; *ders.*, Free Movement of Goods and Their Use – What is the Use of It, Fordham ILJ 33 (2009–2010), 1589; *Maduro*, We the Court: The European Court of Justice and the Economic Constitution, 1998; *ders.*, Reforming the Market or the State? Article 30 and the European Constitution: Economic Freedom and Political Rights, ELJ 3 (1997), 55; *ders.*, The Saga of Article 30 EC Treaty: To Be Continued, MJ 1998, 298; *Oliver*, Some Further Reflections on the Scope of Articles 28–30 (ex 30–36) EC, CMLRev. 36 (1999), 783; *Oliver*, Measures of Equivalent Effect I: General, in: *ders.* (Hrsg.), Oliver on Free Movement of Goods in the European Union, 5. Aufl., 2010, S. 84; *Oliver/Enchelmaier*, Free Movement of Goods: Recent Developments in the Case Law, CMLRev. 44 (2007), 649; *Schweitzer*, Standardisierung als Mittel zur Förderung und Beschränkung des Handels und des Wettbewerbs, EuZW 2012, 765; *Snell*, Goods and Services in EC Law: A Study of the Relationship Between the Freedoms, 2002; *Steinberg*, Zur Konvergenz der Grundfreiheiten auf der Tatbestands- und Rechtfertigungsebene, EuGRZ 2002, 13; *Weatherill*, Recent Case Law Concerning the Free Movement of Goods: Mapping the Frontiers of Market Deregulation, CMLRev. 36 (1999), 51.

Drittwirkung:

Birkemeyer, Die unmittelbare Drittwirkung der Grundfreiheiten, EuR 2010, 662; *Förster*, Die unmittelbare Drittwirkung der Grundfreiheiten, Diss. iur., Marburg, 2006; *Kluth*, Die Bindung privater Wirtschaftsteilnehmer an die Grundfreiheiten des EG-Vertrages, AöR 122 (1997), 557; *Körber*, Grundfreiheiten und Privatrecht, Habil. iur., Göttingen, 2003; *Ludwigs/Weidermann*, Drittwirkung der Europäischen Grundfreiheiten – Von der Divergenz zur Konvergenz?, Jura 2014, 152; *McGowan/Quinn*, Could Article 30 Impose Obligations on Individuals?, E.L.Rev. 12 (1987), 163; *Remmert*, Grundfreiheiten und Privatrechtsordnung, Jura 2003, 13; *Riesenhuber/Wichary*, Drittwirkung der Grundfreiheiten als Kompetenzbegründung?, GPR 2010, 8; *Schepel*, Constitutionalising the Market, Marketising the Constitution, and to Tell the Difference: On the Horizontal Application of the Free Movement Provisions in EU Law, ELJ 18 (2012), 177; *Schmahl/Jung*, Horizontale Drittwirkung der Warenverkehrsfreiheit?, NVwZ 2013, 607; *Streinz/Leible*, Die unmittelbare Drittwirkung der Grundfreiheiten, EuZW 2000, 459; *Szczekalla*, Grundfreiheitliche Schutzpflichten – eine neue Funktion der Grundfreiheiten des Gemeinschaftsrechts, DVBl 1998, 219; *van Harten/Nauta*, Towards Horizontal Direct Effects for the Free Movement of Goods?, E.L.Rev. 38 (2013), 677.

Cassis de Dijon und »zwingende Erfordernisse«:

Chalmers, Free Movement of Goods within the European Market: An Unhealthy Addiction to Scotch Whisky?, ICLQ 42 (1993), 269; *Dauses*, Die Rechtsprechung des EuGH zum Verbraucherschutz und zur Werbefreiheit im Binnenmarkt, EuZW 1995, 425; *Davies*, Consumer Protection as an Obstacle to the Free Movement of Goods, ERA Forum 4 (2003), 55; *Fremuth*, »Cassis de Dijon« – Zu der dogmatischen Einordnung zwingender Erfordernisse, EuR 2006, 866; *Gheorghe/Marcu*, Free Movement of the Goods, Reflecting the Principle of Mutual Recognition of Single Market, AIJJS 5 (2010), 285; *Götz*, Der Grundsatz der gegenseitigen Anerkennung im europäischen Binnenmarkt, FS Jaenike, 1998, S. 763; *Koch*, Entwicklung, Funktionsweise und Durchsetzung des Prinzips der gegenseitigen Anerkennung im innergemeinschaftlichen Warenverkehr unter besonderer Einbeziehung der Verordnung zur Anwendung nationaler technischer Vorschriften, Diss. iur., Trier, 2009; *Möstl*, Preconditions and Limits of Mutual Recognition, CMLRev. 47 (2010), 405; *Schütz*, Cassis de Dijon, Jura 1998, 631; *Schioppa*, Mutual Recognition, Unemployment and the Welfare State, in: dies. (Hrsg.), The Principle of Mutual Recognition in the European Integration Process, 2005, S. 190; *Streinz*, Das Prinzip der gegenseitigen Anerkennung und seine Auswirkungen auf die nationalen Lebensmittelrechte, ZLR 1993, 31; *von Borries/Petschke*, Gleichwertigkeitsklauseln als Instrument zur Gewährleistung des freien Warenverkehrs in der Europäischen Gemeinschaft, DVBl 1996, 1343.

Keck und »Verkaufsmodalitäten«, Post-Keck:

Albin/Valentin, Dassonville oder doch Keck – zwei anstehende Urteile des EuGH zur Anwendung des Art. 28 EG auf Verwendungsbeschränkungen, EWS 2007, 533; *Chalmers*, Repackaging the Internal Market – The Ramifications of the Keck Judgement, E.L.Rev. 19 (1994), 385; *Doukas*, Untying the Marker Access Knot: Advertising Restrictions and the Free Movement of Goods and Services, CYELS 9 (2006–2007), 177; *Enchelmaier*, The Awkward Selling of a Good Idea, or a Traditionalist Interpretation of Keck, YEL 22 (2003), 249; *Friedbacher*, Motive Unmasked: The European Court of Justice, the Free Movement of Goods, and the Search for Legitimacy, ELJ 2 (1996), 226; *Gormley*, Reasoning Renounced? The Remarkable Judgement in Keck & Mithouard, EBLR 5 (1994), 63; *ders.*, 2 Years after Keck, Fordham ILJ 19 (1995), 866; *Greaves*, Advertising Restrictions and the Free Movement of Goods and Services, E.L.Rev. 23 (1998), 305; *Higgins*, The Free and Not so Free Movement of Goods since Keck, IJEL 6 (1997), 166; *Jesse*, What about Sunday Trading – The Rise of Market Access as an Independent Criterion under Article 34 TFEU, EJRR 2012, 437; *Jestaedt/Kästle*, Kehrtwende oder Rückbesinnung in der Anwendung von Art. 30 EG-Vertrag: Das Keck-Urteil, EWS 1994, 26; *Joliet*, The Free Circulation of Goods: The Keck and Mithouard Decision and the New Directions in the Case Law, CJEL 1 (1995), 436; *Kingreen*, Keine neue Frische in der Rechtsprechung zu den Grundfreiheiten: Der EuGH und das aufgebackene Brot, EWS 2006, 488; *Koenig/Sander*, Bleibt der EuGH dem Keck'schen Telos treu?, EuZW 1996, 8; *Kraft*, Advertising Restrictions and the Free Movement of Goods – The Case Law of the ECJ, EBLR 18 (2007), 517; *Oliver*, Of Trailers and Jet Skis: Is the Case Law on Article 34 TFEU Hurtling in a New Direction?, Fordham ILJ 33 (2009–2010), 1423; *Pecho*, Good-Bye Keck: A Comment on the Remarkable Judgment in Commission v. Italy, C–110/05, LIEI 36 (2009), 257; *Prete*, Of Motorcycle Trailers and Personal Watercraft: The Battle over Keck, LIEI 35 (2008), 133; *Rauber*, Quo vadis »Keck«? – zum Problem von Verwendungsbeschränkungen im freien Warenverkehr, ZEuS 2010, 15; *Reich*, The »November Revolution« of the European Court of Justice: Keck, Meng and Audi Revisited, CMLRev. 31 (1994), 459; *Spaventa*, Leaving Keck behind? The free movement of goods after the rulings in Commission v Italy and Mickelsson and Roos, E.L.Rev. 35 (2009), 914; *Tryfonidou*, Was Keck a Half-baked Solution after All, LIEI 34 (2007), 167; *Weatherill*, After Keck: Some Thoughts How to Clarify the Clarification, CMLRev. 33 (1996), 885; *Wilsher*, Does Keck Discrimination Make Any Sense? An assessment of the non-discrimination Principle within the European Single Market, E.L.Rev. 33 (2008), 3.

Leitentscheidungen

EuGH, Urt. v. 10.12.1968, Rs. 7/68 (Kommission/Italien), Slg. 1968, 617

EuGH, Urt. v. 15.12.1971, verb. Rs. 51/71–54/71 (International Fruit Company u.a./Produktschap voor Groenten en fruit), Slg. 1971, 1107

EuGH, Urt. v. 11.7.1974, Rs. 8/74 (Dassonville), Slg. 1974, 837

EuGH, Urt. v. 15.12.1976, Rs. 41/76 (Donckerwolke u.a./Procureur de la République u.a.), Slg. 1976, 1921

EuGH, Urt. v. 22.3.1977, Rs. 74/76 (Ianelli/Meroni), Slg. 1977, 557
EuGH, Urt. v. 29.11.1978, Rs. 83/78 (Redmond), Slg. 1978, 2347
EuGH, Urt. v. 20.2.1979, Rs. 120/78 (Rewe/Bundesmonopolverwaltung für Branntwein), Slg. 1979, 649
EuGH, Urt. v. 17.6.1981, Rs. 113/80 (Kommission/Irland), Slg. 1981, 1625
EuGH, Urt. v. 14.7.1981, Rs. 155/80 (Oebel), Slg. 1981, 1993
EuGH, Urt. v. 31.3.1982, Rs. 75/81 (Blesgen), Slg. 1982, 1211
EuGH, Urt. v. 10.11.1982, Rs. 261/81 (Rau/De Smedt), Slg. 1982, 3961
EuGH, Urt. v. 24.11.1982, Rs. 249/81 (Kommission/Irland), Slg. 1982, 4005
EuGH, Urt. v. 13.3.1984, Rs. 16/83 (Prantl), Slg. 1984, 1299
EuGH, Urt. v. 29.1.1985, Rs. 231/83 (Cullet/Leclerc), Slg. 1985, 305
EuGH, Urt. v. 12.3.1987, Rs. 178/84 (Kommission/Deutschland), Slg. 1987, 1227
EuGH, Urt. v. 14.7.1988, Rs. 407/85 (3 Glocken u.a./USL Centro-Sud u.a.), Slg. 1988, 4233
EuGH, Urt. v. 27.9.1988, Rs. 65/86 (Bayer/Süllhöfer), Slg. 1988, 5249
EuGH, Urt. v. 23.11.1989, Rs. 145/88 (Torfaen Borough Council/B & Q PLC), Slg. 1989, 3851
EuGH, Urt. v. 12.7.1990, Rs. C–128/89 (Kommission/Italien), Slg. 1990, I–3239
EuGH, Urt. v. 9.7.1992, Rs. C–2/90 (Kommission/Belgien), Slg. 1992, I–4431
EuGH, Urt. v. 24.11.1993, verb. Rs. C–267/91 u. C–268/91 (Keck und Mithouard), Slg. 1993, I–6097
EuGH, Urt. v. 15.12.1993, Rs. C–292/92 (Hünermund u.a./Landesapothekerkammer Baden-Württemberg), Slg. 1993, I–6787
EuGH, Urt. v. 2.2.1994, Rs. C–315/92 (Verband Sozialer Wettbewerb/Clinique Laboratories und Estée Lauder), Slg. 1994, I–317
EuGH, Urt. v. 2.6.1994, verb. Rs. C–69/93 u. C–258/93 (Punto Casa und PPV), Slg. 1994, I–2355
EuGH, Urt. v. 22.6.1994, Rs. C–426/92 (Deutschland/Deutsches Milch-Kontor), Slg. 1994, I–2757
EuGH, Urt. v. 13.7.1994, Rs. C–131/93 (Kommission/Deutschland), Slg. 1994, I–3303
EuGH, Urt. v. 9.8.1994, Rs. C–51/93 (Meyhui/Schott Zwiesel Glaswerke), Slg. 1994, I–3879
EuGH, Urt. v. 9.2.1995, Rs. C–412/93 (Leclerc-Siplec/TF1 und M6), Slg. 1995, I–179
EuGH, Urt. v. 28.3.1995, Rs. C–324/93 (The Queen/Secretary of State for the Home Department, ex parte Evans Medical und Macfarlan Smith), Slg. 1995, I–563
EuGH, Urt. v. 29.6.1995, Rs. C–391/92 (Kommission/Griechenland), Slg. 1995, I–1621
EuGH, Urt. v. 6.7.1995, Rs. C–470/93 (Verein gegen Unwesen in Handel und Gewerbe Köln/Mars), Slg. 1995, I–1923
EuGH, Urt. v. 14.12.1995, Rs. C–387/93 (Banchero), Slg. 1995, I–4663
EuGH, Urt. v. 5.3.1996, verb. Rs. C–46/93 u. C–48/93 (Brasserie du pêcheur/Bundesrepublik Deutschland und The Queen/Secretary of State for Transport, ex parte Factortame u.a.), Slg. 1996, I–1029
EuGH, Urt. v. 20.6.1996, verb. Rs. C–418/93 bis C–421/93, C–460/93 bis C–464/93, C–9/94 bis C–11/94, C–14/94, C–15/94, C–23/94, C–24/94 u. C–332/94 (Semeraro Casa Uno u.a./Sindaco del Comune di Erbusco u.a.), Slg. 1996, I–2975
EuGH, Urt. v. 26.6.1997, Rs. C–368/95 (Vereinigte Familiapress Zeitungsverlags- und vertriebs GmbH/Bauer Verlag), Slg. 1997, I–3689
EuGH, Urt. v. 9.7.1997, verb. Rs. C–34/95 bis C–36/95 (Konsumentombudsmannen/De Agostini und TV-Shop), Slg. 1997, I–3843
EuGH, Urt. v. 9.12.1997, Rs. C–265/95 (Kommission/Frankreich), Slg. 1997, I–6959
EuGH, Urt. v. 28.4.1998, Rs. C–120/95 (Decker/Caisse de maladie des employés privés), Slg. 1998, I–1831
EuGH, Urt. v. 17.9.1998, Rs. C–400/96 (Harpegnies), Slg. 1998, I–5121
EuGH, Urt. v. 3.12.1998, Rs. C–67/97 (Bluhme), Slg. 1998, I–8033
EuGH, Urt. v. 13.1.2000, Rs. C–254/98 (TK-Heimdienst), Slg. 2000, I–151
EuGH, Urt. v. 8.3.2001, Rs. C–405/98 (Gourmet International Products), Slg. 2001, I–1795
EuGH, Urt. v. 13.3.2001, Rs. C–379/98 (PreussenElektra), Slg. 2001, I–2099
EuGH, Urt. v. 5.11.2002, Rs. C–325/00 (Kommission/Deutschland), Slg. 2002, I–9977
EuGH, Urt. v. 16.1.2003, Rs. C–12/00 (Kommission/Spanien), Slg. 2003, I–459
EuGH, Urt. v. 12.6.2003, Rs. C–112/00 (Schmidberger), Slg. 2003, I–5659
EuGH, Urt. v. 18.9.2003, Rs. C–416/00 (Morellato), Slg. 2003, I–9343
EuGH, Urt. v. 11.12.2003, Rs. C–322/01 (Deutscher Apothekerverband), Slg. 2003, I–14887
EuGH, Urt. v. 25.3.2004, Rs. C–71/02 (Karner), Slg. 2004, I–3025
EuGH, Urt. v. 8.7.2004, Rs. C–166/03 (Kommission/Frankreich), Slg. 2004, I–6535
EuGH, Urt. v. 15.7.2004, Rs. C–239/02 (Douwe Egberts), Slg. 2004, I–7007

EuGH, Urt. v. 26. 5. 2005, Rs. C–20/03 (Burmanjer u. a.), Slg. 2005, I–4133
EuGH, Urt. v. 15. 11. 2005, Rs. C–320/03 (Kommission/Österreich)), Slg. 2005, I–9871
EuGH, Urt. v. 23. 2. 2006, Rs. C–441/04 (A-Punkt Schmuckhandel), Slg. 2006, I–2093
EuGH, Urt. v. 14. 9. 2006, verb. Rs. C–158/04 u. C–159/04 (Alfa Vita Vassilopoulos), Slg. 2006, I–8135
EuGH, Urt. v. 14. 2. 2008, Rs. C–244/06 (Dynamic Medien), Slg. 2008, I–505
EuGH, Urt. v. 10. 2. 2009, Rs. C–110/05 (Kommission/Italien), Slg. 2009, I–519
EuGH, Urt. v. 24. 3. 2009, Rs. C–445/06 (Danske Slagterier), Slg. 2009, I–2119
EuGH, Urt. v. 4. 6. 2009, Rs. C–142/05 (Mickelsson und Roos), Slg. 2009, I–4273
EuGH, Urt. v. 21. 12. 2011, Rs. C–28/09 (Kommission/Österreich), Slg. 2011, I–13525
EuGH, Urt. v. 12. 7. 2012, Rs. C–171/11 (Fra.bo), ECLI:EU:C:2012:453

Wesentliche sekundärrechtliche Vorschriften

Richtlinie 70/50/EWG vom 22. 12. 1969, gestützt auf die Vorschriften des Artikels 33 Absatz 7 über die Beseitigung von Maßnahmen gleicher Wirkung wie mengenmäßige Einfuhrbeschränkungen, die nicht unter andere auf Grund des EWG-Vertrags erlassene Vorschriften fallen, ABl. 1970, L 13/29

Richtlinie 98/34/EG vom 22. 6. 1998 über ein Informationsverfahren auf dem Gebiet der Normen und technischen Vorschriften, ABl. 1998, L 204/37

Verordnung (EG) Nr. 2679/98 vom 7. 12. 1998 über das Funktionieren des Binnenmarktes im Zusammenhang mit dem freien Warenverkehr zwischen den Mitgliedstaaten, ABl. 1998, L 337/8

Verordnung (EG) Nr. 2006/2004 vom 27. 10. 2004 über die Zusammenarbeit zwischen den für die Durchsetzung der Verbraucherschutzgesetze zuständigen nationalen Behörden, ABl. 2004, L 364/1

Verordnung (EG) Nr. 764/2008 vom 9. 7. 2008 zur Festlegung von Verfahren im Zusammenhang mit der Anwendung bestimmter nationaler technischer Vorschriften für Produkte, die in einem anderen Mitgliedstaat rechtmäßig in den Verkehr gebracht worden sind, und zur Aufhebung der Entscheidung Nr. 3052/95/EG, ABl. 2008, L 218/21

S. auch Übersicht zu Art. 36 AEUV.

Inhaltsübersicht

	Rn.
A. Allgemeines	1
I. Entwicklung	1
II. Unmittelbare Anwendbarkeit, Staatshaftung	2
III. Ware	4
IV. Verhältnis zu anderen Vorschriften	7
1. Abgrenzung zur Dienstleistungsfreiheit	8
a) Bewirtungstätigkeiten	11
b) Software, Datenträger und Medienprodukte	12
c) Lotterie	14
d) Ersatzteile und Ausrüstung	15
e) Telekommunikationsdienste	16
f) Geldspielautomaten	17
2. Abgrenzung zur Kapital- und Zahlungsverkehrsfreiheit	18
3. Verhältnis zu sonstigem Unionsprimärrecht	19
4. Verhältnis zu Unionssekundärrecht	27
V. Persönlicher Anwendungsbereich	28
1. Berechtigte	28
2. Adressaten	29
a) Mitgliedstaaten	29
b) Private	30
c) Unionsorgane	39
B. Überblick	40
I. Normregime für nicht finanzielle Handelshemmnisse	40
II. Verhältnis zum Normenregime für finanzielle Handelshemmnisse	41
1. Organisches Zusammenwirken	41
2. Unterschiede	42

3. Deutung als Beschränkungsverbot ... 43
4. Undeutliche Grenzen des Unionsrechts ... 44
5. Spannung zwischen Integration und staatlicher Regulierungsautonomie ... 45
6. Institutionelle Rolle des EuGH ... 46
7. Negative und positive Integration ... 47
8. Undeutliche Grenzen für Legislativkompetenzen der Union ... 48
9. Privilegierung des Heimatstaat-Rechts ... 49
10. Rechtsprechungsgesteuerte Wirtschaftsverfassung ... 50
   a) Auseinanderfallen von Komplexität und Norm ... 50
   b) Delegation an EuGH ... 51
   c) Keine judikative Kompetenzanmaßung ... 52
   d) Durchsetzung und unmittelbare Anwendbarkeit ... 53
   e) Nutzung von Art. 34 AEUV im Vorabentscheidungsverfahren ... 54
C. Mengenmäßige Beschränkungen ... 55
D. Maßnahmen gleicher Wirkung ... 58
  I. Definitionsmacht des EuGH ... 58
  II. Spannungsverhältnis Integration/mitgliedstaatliche Regulierungsautonomie .. 59
  III. Legislative Definitionsversuche ... 60
  IV. Gerichtliche Definition ... 66
    1. Definition in der Rs. Dassonville ... 66
    2. Bedeutung dieser Definition ... 67
      a) Weite Definition ... 67
      b) Gründe ... 69
      c) Verhältnis zu finanziellen Marktzugangsbeschränkungen ... 70
    3. Konsequenzen dieser Definition ... 73
      a) Privilegierung finanzieller Maßnahmen zur internen Marktregulierung . 74
      b) Erhöhter Druck auf Art. 36 AEUV und die zwingenden Erfordernisse .. 75
      c) Prekäre institutionelle Position des EuGH ... 76
      d) Problematische Ausdehnung der Grundrechtskontrolle ... 77
      e) Ausdehnung von Unionskompetenzen ... 78
    4. Krisensymptome ... 81
      a) »Echte« unterschiedslos anwendbare Maßnahmen und Absatzrückgang 83
        aa) Systematisierung der von Art. 34 AEUV erfassten Maßnahmen 84
        bb) Hermeneutische Kritik ... 85
      b) Nicht produktbezogene Maßnahmen ... 86
      c) Heikle politisch-demokratische Dimension ... 89
      d) Rechtfertigungslösung kein gangbarer Weg ... 90
    5. Reduzierung des Anwendungsbereichs in der Rs. Keck ... 94
      a) Zeitlicher Kontext und Konstellation ... 94
      b) Reaktion des EuGH ... 95
      c) Bewertung ... 101
        aa) Lösung mannigfacher Probleme ... 101
        bb) Neues verfassungsrechtliches Umfeld ... 104
        cc) Formalisierung und Ratio ... 105
        dd) Probleme bei der Unterscheidung zwischen Produktbezug und Vertriebsbezug ... 106
    6. Linien in der Post-Keck-Phase ... 109
      a) Rechtsprechung zu Maßnahmen gleicher Wirkung ... 109
      b) EuGH und die Keck-Formel ... 120
      c) »Bestimmte Verkaufsmodalitäten« ... 121
      d) »Rechtlich wie tatsächlich in der gleichen Weise berühren« ... 125
    7. Spannungen und Korrekturdruck ... 129
      a) Generalanwalt *Jacobs* in Rs. Leclerc-Siplec ... 130
      b) Generalanwalt *Maduro* in Rs. Alfa Vita ... 131
      c) Spannungsgeprägte Rechtsprechung ... 134
    8. Entwicklungen für die Zukunft ... 138
      a) Ratio des EuGH ... 139
      b) Herstellung von Symmetrie ... 141
        aa) Unterscheidung zwischen Marktzugangsregulierung und interner Marktregulierung nun auch bei nicht finanziellen Hemmnissen 142

```
               bb) Hypothese »bestimmte Verkaufsmodalitäten« .................   143
               cc) Hypothese »Diskriminierung« .............................   145
            c) Testfälle Nutzungsbeschränkungen ............................   149
               aa) Nutzungsbeschränkungsfälle ..............................   150
               bb) Testfallgeneigtheit .....................................   151
               cc) Dassonville-Definition und Keck-Formel ..................   152
               dd) Keck analog? ............................................   153
               ee) Von interner Marktregulierung zur Marktzutrittsbeschränkung .... 156
               ff) Urteile des EuGH ........................................   157
               gg) Fazit ...................................................   163
            d) Ergebnis ....................................................   164
      V. Gegenseitige Anerkennung: Rs. Cassis de Dijon ......................   165
         1. Maßnahme gleicher Wirkung und gutgläubige Marktfragmentierung ...   165
         2. Rs. Cassis de Dijon .............................................   168
            a) Gegenseitige Anerkennung ....................................   169
            b) Verhältnismäßigkeitstest ....................................   171
            c) Ratio ......................................................   174
               aa) Rechtsregime Herkunfts- oder Bestimmungsland? ............   175
               bb) Beurteilung .............................................   179
            d) Reaktion der Mitgliedstaaten ................................   184
            e) Reaktion der Kommission ....................................   188
         3. Bewertung ......................................................   191
            a) Würdigung ..................................................   191
            b) Verhältnismäßigkeitstest ....................................   194
               aa) Experten-, Gerichtsentscheidungen und demokratische
                   Selbstbestimmung .......................................   195
               bb) Risikoentscheidungen ...................................   197
               cc) Gesellschaftliche und politische Entscheidungen .........   199
         4. Legislative Reaktionen .........................................   200
            a) Gegenseitige Notifizierung ..................................   201
            b) Beschränkung der Harmonisierung auf das Wichtigste ..........   203
            c) Beschränkung der Harmonisierung auf das Allgemeine ..........   204
            d) Einführung von Art. 100a EWG (jetzt Art. 114 AEUV) ..........   205
         5. Der größere Integrationskontext ................................   209
            a) Technokratie ...............................................   210
            b) Störung des Gleichgewichts von intergouvernementaler Normsetzung
               und supranationaler Normdurchsetzung .......................   212
               aa) Dynamisierung ..........................................   213
               bb) Problemverschärfung: Kompetenzen, Demokratie, Identität .... 214
            c) Die Frage nach der europäischen Identität und Finalität .....   218
E. Rechtfertigung ..........................................................   219
   I. Bedeutung ............................................................   219
   II. Struktur ............................................................   221
   III. Art. 36 AEUV .......................................................   222
   IV. »Zwingende Erfordernisse« ...........................................   223
   V. Einzelheiten .........................................................   226
```

A. Allgemeines[1]

I. Entwicklung

Art. 34 AEUV wurde seit seiner Ursprungsfassung in den Römischen Verträgen nicht grundlegend geändert. Die letzte Änderung fand mit dem Vertrag von Amsterdam vom 2.9.1997 statt; sie ließ lediglich den deklaratorischen Vorbehalt, das Verbot gelte »unbeschadet der nachstehenden Bestimmungen«, entfallen. Außerdem wurden zugleich die ex-Art. 31–33, 35 EWGV, die aufgrund Zeitablaufs keine Funktion mehr erfüllten, gestrichen.[2] Die Nummerierung hat allerdings laufend gewechselt; was heute Art. 34/36 ist, war früher Art. 30/36, dann Art. 28/30. Dies hat zu mancher Verwirrung geführt und muss mit der notwendigen Sorgfalt beachtet werden; die ständigen Neunummerierungen sind ein großes Ärgernis und tragen nicht zur Transparenz bei.

II. Unmittelbare Anwendbarkeit, Staatshaftung

Nach ständiger Rechtsprechung des EuGH ist Art. 34 AEUV **unmittelbar anwendbar** und verleiht ein **subjektives Recht**.[3] Die somit dem Einzelnen eingeräumte Möglichkeit, sich vor nationalen Gerichten auf Art. 34 AEUV zu berufen, ist für die Durchsetzung von zentraler Bedeutung und bezieht die nationalen Gerichte in die Judizierung dieses Kernbereichs der Integration mit ein.

Verstößt ein Mitgliedsstaat gegen seine Handlungs- bzw. Unterlassungspflichten oder gegen seine Schutzpflichten, kann dies einen **Staatshaftungsanspruch** auslösen.[4] Da Art. 34 AEUV die Verleihung von Rechten an den Betroffenen bezweckt (s. Rn. 2), muss der Verstoß hinreichend qualifiziert sein sowie zwischen dem Verstoß und dem Schaden ein unmittelbarer Kausalzusammenhang bestehen. Auch Fehler bei der Umsetzung oder Anwendung von Richtlinien, die den freien Warenverkehr tangieren, können Staatshaftungsansprüche auslösen.[5] Über Bestehen und Höhe des Staatshaftungsanspruchs entscheiden die nationalen Gerichte.[6] Dies ist nicht unproblematisch für die Effektivität des unionsrechtlich basierten Staatshaftungsanspruches, der wichtige Funktionen etwa im Bereich der Umsetzungsdisziplin erfüllt. Der EuGH macht den nationalen Gerichten natürlich detaillierte Vorgaben zur Auslegung und Anwendung, obwohl er ihnen das letzte Wort überlässt. Doch gelingt es den nationalen Gerichten – die nicht selten widerstrebend bei der Gewährung sind, möglicherweise aus einem souve-

---

[1] Für die Mitarbeit bei Abschnitt A. danke ich *Nils J. Janson*.
[2] Ausführlich zur Genese der Vorschrift *Leible/T. Streinz*, in: Grabitz/Hilf/Nettesheim, EU, Art. 34 AEUV (Januar 2015), Rn. 2 ff.
[3] EuGH, Urt. v. 22.3.1977, Rs. 74/76 (Ianelli/Meroni), Slg. 1977, 557, Rn. 13; Urt. v. 8.11.1979, Rs. 251/78 (Denkavit Futtermittel), Slg. 1979, 3369, Rn. 3; Urt. v. 5.3.1996, verb. Rs. C–46/93 u. C–48/93 (Brasserie du pêcheur/Bundesrepublik Deutschland und The Queen/Secretary of State for Transport, ex parte Factortame u. a.), Slg. 1996, I–1029, Rn. 23, 54.
[4] Beispielsweise EuGH, Urt. v. 5.3.1996, verb. Rs. C–46/93 u. C–48/93 (Brasserie du pêcheur/Bundesrepublik Deutschland und The Queen/Secretary of State for Transport, ex parte Factortame u. a.), Slg. 1996, I–1029, Rn. 22, 51 ff.; Urt. v. 24.3.2009, Rs. C–445/06 (Danske Slagterier), Slg. 2009, I–2119, Rn. 22.
[5] EuGH, Urt. v. 24.3.2009, Rs. C–445/06 (Danske Slagterier), Slg. 2009, I–2119, Rn. 26.
[6] S. auch *Müller-Graff*, in: GSH, Europäisches Unionsrecht, Art. 34 AEUV, Rn. 315 ff.; *Schroeder*, in: Streinz, EUV/AEUV, Art. 34 AEUV, Rn. 78.

ränitätsschonenden Reflex heraus – häufig, Schlupflöcher zu finden, die es ihnen erlauben, die begehrten Schadensersatzansprüche nicht zuzusprechen.[7]

III. Ware

4 Art. 34 AEUV betrifft den unionsinternen Warenverkehr. Entscheidendes Kriterium für die Eröffnung des sachlichen Anwendungsbereichs ist daher, dass es sich um die **Einfuhr oder Durchfuhr** (für die Ausfuhr s. Art. 35 AEUV) einer **Ware** handelt. Damit wird der Warenbegriff zum zentralen Tatbestandsmerkmal für die Anwendbarkeit des Art. 34 AEUV.

5 Der Begriff der Ware wird in den Verträgen nicht legaldefiniert. Dies gab dem EuGH die Gelegenheit, den Warenbegriff anhand einer umfassenden Kasuistik zu zwei unterschiedlichen, aber verwandten Fallgruppen schrittweise zu entwickeln: zum einen der Auslegung von Zollvorschriften, da nur Waren Zöllen unterliegen, und zum anderen der Zuordnung einer wirtschaftlichen Aktivität zur Warenverkehrsfreiheit. Dadurch hat sich ein **einheitlicher Warenbegriff** für das gesamte Unionsrecht entwickelt, der mittlerweile zum ganz gefestigten Rechtsprechungsbestand des EuGH zu zählen ist.

6 Waren sind alle körperlichen Gegenstände, die einen Geldwert haben und daher Gegenstand eines Handelsgeschäfts sein können.[8] Dies zeigt, dass der EuGH v. a. im Hinblick auf die Grundfreiheit von einem weiten Warenbegriff ausgeht, der sich an Einzelfällen erst weiter konkretisieren musste. Aufgrund des einheitlichen Warenbegriffs kann auf die Kommentierung zu Art. 28 AEUV, Rn. 32 ff. verwiesen werden.

IV. Verhältnis zu anderen Vorschriften

7 Allein das Vorliegen einer Ware führt noch nicht notwendigerweise zur Anwendung der Warenverkehrsfreiheit;[9] die Warenverkehrsfreiheit muss von anderen Grundfreiheiten und sonstigem Unionsrecht abgegrenzt werden.

1. Abgrenzung zur Dienstleistungsfreiheit

8 Die Zwitterstellung der Dienstleistungsfreiheit zwischen Personen- und Warenverkehrsfreiheit führt dazu, dass hier die Abgrenzung besondere Aufmerksamkeit verdient (s. auch Art. 57 AEUV, Rn. 7 ff.). Dies gilt v. a. für sog. **vermischte Leistungen**.

---

[7] Bekanntestes Beispiel dürfte der BGH sein, dem es gelang, den Schadensersatzanspruch der Brasserie du pêcheur nach dem EuGH-Urteil (EuGH, Urt. v. 5.3.1996, verb. Rs. C–46/93 u. C–48/93 (Brasserie du pêcheur/Bundesrepublik Deutschland und The Queen/Secretary of State for Transport, ex parte Factortame u. a.), Slg. 1996, I–1029) abzuweisen, ohne sich dabei in offenkundigen Widerspruch zum EuGH zu setzen. Im Hinblick auf das Verbot, in anderen Mitgliedstaaten nach anderen Verfahren rechtmäßig hergestelltes Bier unter der Bezeichnung »Bier« in den deutschen Verkehr zu bringen, argumentierte der BGH, der hierin liegende Verstoß gegen das Gemeinschaftsrecht erfülle nicht den vom EuGH geforderten unmittelbaren Kausalzusammenhang zwischen Verstoß und Schaden. Im Hinblick auf das Verbot der Einfuhr von Bier mit Zusatzstoffen argumentierte er, es habe sich angesichts der ungeklärten Rechtslage nicht um einen offenkundigen und damit »hinreichend qualifizierten« Verstoß gehandelt. Vgl. BGHZ 134, 30 ff.
[8] EuGH, Urt. v. 10.12.1968, Rs. 7/68 (Kommission/Italien (Kunstschätze)), Slg. 1968, 617; das Körperlichkeitskriterium wurde eingeführt mit EuGH, Urt. v. 14.7.1977, Rs. 1/77 (Bosch GmbH/Hauptzollamt Hildesheim), Slg. 1977, 1473, Rn. 4.
[9] EuGH, Urt. v. 24.3.1994, Rs. C–275/92 (H.M. Customs and Excise/Schindler), Slg. 1994, I–1039, Rn. 23.

Können Leistungen nämlich voneinander **abgegrenzt** werden (eine Ware wird verbunden mit einer Dienstleistung geliefert), so müssen beide Leistungen getrennt und unter den Gesichtspunkten der jeweiligen Grundfreiheit betrachtet werden.[10] Sind zwei Leistungen nicht voneinander trennbar, so kommt es auf den **Schwerpunkt** der Leistung nach ihrem im Vordergrund stehenden Inhalt an.[11] Der dominierende Teil der Leistung lässt dann eine Einordnung in die entsprechende Grundfreiheit zu.[12] Dabei kann die Warenverkehrsfreiheit – entgegen der durch die in Art. 57 AEUV gewählten Formulierung aufkommenden Vermutung – durchaus hinter der Dienstleistungsfreiheit zurückstehen.

Bei Abgrenzungsfragen sind in der Kasuistik des EuGH bislang folgende Fallgruppen virulent geworden.

a) Bewirtungstätigkeiten

Im Rahmen einer Bewirtungstätigkeit, also der Zurverfügungstellung von Gaststätte, Infrastruktur, Bedienung, Beratung und Information der Kunden hinsichtlich der zur Verfügung stehenden **Getränke**, stellt die Abgabe des einzelnen Getränks nur einen Bestandteil dar, der als **Annex zur Dienstleistung** zu sehen ist und nicht selbst unter die Warenverkehrsfreiheit fällt.[13] Auch der Verkauf von Speisen und Getränken in sog. Coffeeshops stellt eine untergeordnete Leistung im Gegensatz zur Bewirtungstätigkeit dar und fällt daher mit der Bewirtungsleistung insgesamt unter die Dienstleistungsfreiheit.[14]

b) Software, Datenträger und Medienprodukte

Software ist nach Auffassung des EuGH keine Ware im Sinne der Zollvorschriften, sondern ein immaterielles Wirtschaftsgut, das nicht dem Gemeinsamen Zolltarif (s. Art. 31 AEUV, Rn. 9 f.) der EU unterliegt.[15] Dies überzeugt, da andernfalls das Herunterladen von Software eines außerhalb der EU ansässigen Herstellers aus dem Internet zollpflichtig wäre, was kaum zu kontrollieren wäre und der Einordnung ihren inneren Sinn nähme. Anders verhält es sich dann, wenn die Software auf einem **Datenträger verkörpert** ist. In diesem Fall sind die Kosten für den Erwerb der Software als Bestandteil des für die Ware gezahlten oder zu zahlenden Preises und damit als Bestandteil des Zollwerts der eingeführten Ware anzusehen.[16] Die in der Software verkörperte schöpferische Dienstleistung tritt demgegenüber zurück.

Beim Handel mit anderen Datenträgern wie **Schallplatten**[17] oder beim Vertrieb von Filmen in Form von **Videokassetten**[18] überwiegt der körperliche Charakter der Schall-

---

[10] Vgl. EuGH, Urt. v. 30.4.1974, Rs. 155/73 (Sacchi), Slg. 1974, 409, Rn. 6 f.
[11] *Lux*, in: Lenz/Borchardt, EU-Verträge, Art. 56, 57 AEUV, Rn. 8.
[12] EuGH, Urt. v. 25.3.2004, Rs. C–71/02 (Karner), Slg. 2004, I–3025, Rn. 46; EuGH, Urt. v. 22.1.2002, Rs. C–390/99 (Canal Satélite Digital), Slg. 2002, I–607, Rn. 31; Urt. v. 14.10.2004, Rs. C–36/02 (Omega), Slg. 2004, I–9609, Rn. 26.
[13] EuGH, Urt. v. 10.3.2005, Rs. C–491/03 (Hermann), Slg. 2005, I–2025, Rn. 26.
[14] EuGH, Urt. v. 16.12.2010, Rs. C–137/09 (Josemans), Slg. 2010, I–13019, Rn. 49.
[15] EuGH, Urt. v. 18.4.1991, Rs. C–79/89 (Brown Boveri/Hauptzollamt Mannheim), Slg. 1991, I–1853, Rn. 21.
[16] EuGH, Urt. v. 18.4.1991, Rs. C–79/89 (Brown Boveri/Hauptzollamt Mannheim), Slg. 1991, I–1853, Rn. 21.
[17] EuGH, Urt. v. 20.1.1981, verb. Rs. 55/80 u. 57/80 (Musik-Vertrieb Membran GmbH/GEMA), Slg. 1981, 147, Rn. 8.
[18] EuGH, Urt. v. 11.7.1985, verb. Rs. 60/84 u. 61/84 (Cinéthèque/Fédération nationale des ci-

platte bzw. Kassette; Gleiches gilt für andere Datenträger wie DVDs oder Blue-Rays. Anders hingegen liegt der Schwerpunkt, wenn der Hauptleistungsgegenstand die Rechte für die **Aufführung von Filmen** betrifft. Die Bänder beziehungsweise bei digitalen Kinos die Festplatten, die zur Aufführung der Filme benötigt werden, stellen sodann wiederum den Warenannex zur Dienstleistungsfreiheit dar.[19]

c) Lotterie

14 Die Beschlagnahme von Briefen, die Werbematerial und Anmeldeformulare einer Lotterie enthalten, aufgrund eines nationalen Verbots bestimmter Lotterien, ist nicht an der Warenverkehrsfreiheit, sondern an der Dienstleistungsfreiheit zu messen.[20] Der Versand dieser Materialien ist nur ein **Annex der Lotterie** und kann nicht losgelöst von derselben betrachtet werden. Die Einfuhr und Verteilung von Werbematerial und Anmeldeformularen ist kein Selbstzweck, sondern soll den Personen, die in den Mitgliedstaaten wohnen, in die diese Gegenstände eingeführt und verteilt wurden, die Teilnahme an der Lotterie ermöglichen.[21]

d) Ersatzteile und Ausrüstung

15 Auch die Lieferung von **Ersatzteilen** für die Wartung eines Fahrzeugs stellt keinen Selbstzweck dar, sondern dient der Wartung des Fahrzeugs und fällt daher nicht in den Anwendungsbereich der Warenverkehrsfreiheit.[22] Dies gilt jedenfalls dann, wenn es sich um wirtschaftlich unbedeutende Ersatzteile handelt und die Vorgänge nicht voneinander getrennt werden können. Aus dem gleichen Grund ist das Verbot einer bestimmten Laserspielvariante, das zu einer faktischen Beeinträchtigung der Einfuhr der benötigten **Ausrüstungsgegenstände** führt, nicht an der Warenverkehrsfreiheit, sondern der Dienstleistungsfreiheit zu messen.[23]

e) Telekommunikationsdienste

16 Es ist durchaus denkbar, dass verschiedene Aspekte einer wirtschaftlichen Tätigkeit beispielsweise bei Telekommunikationsdiensten **so eng** miteinander verknüpft sind, dass sich **nicht allgemein feststellen** lässt, ob der Schwerpunkt im Bereich des freien Warenverkehrs oder des freien Dienstleistungsverkehrs liegt.[24] Wird einem Unternehmen, das Geräte, Anlagen, Decoder oder Systeme für die digitale Übermittlung oder den digitalen Empfang von Fernsehsignalen über Satellit in den Verkehr bringen möchte, die Verpflichtung auferlegt, sich in ein Register einzutragen und darin die Erzeugnisse anzugeben, die es in den Verkehr bringen will, so werden dadurch der freie Warenverkehr **und** der freie Dienstleistungsverkehr beschränkt.[25] Die Lieferung von **Decodiergeräten**

---

némas français), Slg. 1985, 2605, Rn. 10f.; Urt. v. 17.5.1988, Rs. 158/86 (Warner Brothers u. a./Christiansen), Slg. 1988, 2605, Rn. 10.
[19] EuGH, Urt. v. 4.5.1993, Rs. C–17/92 (Federación de Distribuidores Cinematográficos/État espagnol), Slg. 1993, I–2239, Rn. 10f.
[20] EuGH, Urt. v. 24.3.1994, Rs. C–275/92 (H.M. Customs and Excise/Schindler), Slg. 1994, I–1039, Rn. 23f.
[21] EuGH, Urt. v. 24.3.1994, Rs. C–275/92 (H.M. Customs and Excise/Schindler), Slg. 1994, I–1039, Rn. 22f.
[22] EuGH, Urt. v. 5.10.1994, Rs. C–55/93 (Van Schaik), Slg. 1994, I–4837, Rn. 15ff.
[23] EuGH, Urt. v. 14.10.2004, Rs. C–36/02 (Omega), Slg. 2004, I–9609, Rn. 27.
[24] EuGH, Urt. v. 22.1.2002, Rs. C–390/99 (Canal Satélite Digital), Slg. 2002, I–607, Rn. 32.
[25] EuGH, Urt. v. 22.1.2002, Rs. C–390/99 (Canal Satélite Digital), Slg. 2002, I–607, Rn. 29.

kann dagegen der Dienstleistung der Übertragung kostenpflichtiger Rundfunksendungen nachstehen.[26]

f) Geldspielautomaten

Der Betrieb von Geldspielautomaten kann ebenfalls von **beiden Grundfreiheiten** erfasst werden. Eine nationale Regelung, die einer öffentlich-rechtlichen Vereinigung das Recht vorbehält, in dem betreffenden Mitgliedstaat Geldspielautomaten zu betreiben, lässt sich auftrennen in die Einführung und Aufstellung von **Spielautomaten** einerseits (Warenverkehr) und deren Betrieb andererseits (Dienstleistungsverkehr).[27]

2. Abgrenzung zur Kapital- und Zahlungsverkehrsfreiheit

Die Kapital- und Zahlungsverkehrsfreiheit nach **Art. 63 Abs. 1 und 2 AEUV** greift grundsätzlich, wenn es primär um die Investition der transferierten Beträge beziehungsweise die grenzüberschreitende Erfüllung von Zahlungsverbindlichkeiten geht. Eine Abgrenzung zur Warenverkehrsfreiheit wird erst dann virulent, wenn Geld in körperlicher Form übertragen wird. **Münzen und Banknoten** sind Waren, solange sie nicht die Eigenschaft eines gesetzlichen Zahlungsmittels besitzen.[28] Auch körperliche Gegenstände, die vornehmlich einem Anlagezweck dienen (Kunstschätze, Schmuck, **Edelmetalle**, Goldbarren), sind an der Warenverkehrsfreiheit zu messen, da ihnen geldpolitisch nur eine geringfügige Bedeutung zukommt.[29] Aktien und andere Wertpapiere fallen unter Art. 63 AEUV, solange sie ein Recht verbriefen.

3. Verhältnis zu sonstigem Unionsprimärrecht

Das in **Art. 18 AEUV** enthaltene allgemeine Diskriminierungsverbot gilt nur »unbeschadet besonderer Bestimmungen der Verträge« und tritt hinter Art. 34 AEUV zurück, da es autonom nur dort angewendet werden kann, wo die Verträge keine spezielle Nichtdiskriminierungsregel vorsehen.[30]

Art. 34 AEUV dient lediglich der Beseitigung nicht finanzieller Handelshemmnisse im innerunionalen Warenverkehr. Finanzielle Handelshemmnisse fallen unter die speziellere Regelung des **Art. 30 AEUV** bzw. unter **Art. 110 AEUV** (s. noch Rn. 41 ff.).[31] Das Verhältnis zu Drittstaaten und die Außenhandelsvorschriften fallen in den Anwendungsbereich der gemeinsamen Handelspolitik nach **Art. 206 f. AEUV**.

Zur Abgrenzung von **Art. 34 und 37 AEUV** s. Art. 37 AEUV, Rn. 7.

---

[26] EuGH, Urt. v. 4.10.2011, verb. Rs. C–403/08 u. C–429/08 (Football Association Premier League u.a.), Slg. 2011, I–9083.
[27] EuGH, Urt. v. 21.9.1999, Rs. C–124/97 (Läärä u.a.), Slg. 1999, I–6067, Rn. 20, 24.
[28] EuGH, Urt. v. 23.11.1978, Rs. 7/78 (Thompson), Slg. 1978, 2247, Rn. 27/28; Urt. v. 23.2.1995, verb. Rs. C–358/93 u. C–416/93 (Bordessa u.a.), Slg. 1995, I–361, Rn. 12.
[29] Für Edelmetalle s. auch EuGH, Urt. v. 8.7.2004, Rs. C–166/03 (Kommission/Frankreich), Slg. 2004, I–6535, Rn. 11 ff.
[30] St. Rspr. EuGH, Urt. v. 10.12.1991, Rs. C–179/90 (Merci Convenzionali Porto di Genova Siderurgica Gabrielli), Slg. 1991, I–5889, Rn. 11; Urt. v. 14.7.1994, Rs. C–379/92 (Peralta), Slg. 1994, I–3453, Rn. 18; Urt. v. 29.2.1996, Rs. C–193/94 (Skanavi und Chryssanthakopoulos), Slg. 1996, I–929, Rn. 20.
[31] Beispielsweise EuGH, Urt. v. 22.3.1977, Rs. 74/76 (Ianelli/Meroni), Slg. 1977, 557, Rn. 9/10; Urt. v. 17.6.2003, Rs. C–383/01 (De Danske Bilimportører), Slg. 2003, I–6065, Rn. 32; Urt. v. 18.1.2007, Rs. C–313/05 (Brzeziński), Slg. 2007, I–513, Rn. 50; Urt. v. 7.4.2011, Rs. C–402/09 (Tatu), Slg. 2011, I–2711, Rn. 32 f.

22 Auch Vereinbarungen und andere Verhaltensweisen von Unternehmen und Unternehmensverbänden können den freien Warenverkehr beeinträchtigen. Solche sind vornehmlich an **Art. 101 ff. AEUV** zu messen. Die beiden Regelungskomplexe sind aufgrund ihrer unterschiedlichen Anforderungen und Stoßrichtung – Mitgliedstaaten einerseits, Unternehmen andererseits – nebeneinander anwendbar (s. auch Rn. 30 ff.).[32]

23 Für Beihilfenregelungen greift grundsätzlich **Art. 107 AEUV**, zu dem nach Auffassung des EuGH Idealkonkurrenz besteht.[33] Dieser ist jedoch nicht unmittelbar anwendbar. Können unter Umständen einzelne Modalitäten der Beihilfegewährung als Maßnahme gleicher Wirkung qualifiziert werden, so sind sie dann auch an Art. 34 AEUV zu messen.[34]

24 Für mengenmäßige Beschränkungen und Maßnahmen gleicher Wirkung, die **landwirtschaftliche Erzeugnisse** betreffen, greift zunächst die Vorrangregelung des Art. 38 Abs. 2 AEUV ein. Wird eine Gemeinsame Marktordnung (GMO)[35] nach Art. 40, 43 AEUV geschaffen, so ist diese vorrangig im Rahmen ihres Geltungsbereichs zu prüfen (s. auch Art. 35 AEUV, Rn. 6).[36]

25 Für Waffen, Munition und Kriegsmaterial ist die Sonderregelung des **Art. 346 AEUV** zu beachten.

26 Zwischen den **Unionsgrundrechten** und den Grundfreiheiten besteht nach Auffassung des EuGH Idealkonkurrenz.[37]

4. Verhältnis zu Unionssekundärrecht

27 Die Art. 34 ff. AEUV sind keine legislativen Kompetenznormen für den Unionsgesetzgeber. Natürlich kann dieser aber auf Grundlage seiner Binnenmarktkompetenz nach Art. 114 f. AEUV harmonisierend tätig werden.[38] Hat er eine sekundärrechtliche Regelung getroffen, genießt diese im Umfang ihres Geltungsbereichs Anwendungsvorrang, wenn sie wiederum mit dem AEUV vereinbar ist (s. Rn. 39), und die Art. 34 ff.

---

[32] Vgl. *Kingreen*, in: Calliess/Ruffert, EUV/AEUV, Art. 34–36 AEUV, Rn. 21 ff.; *Leible/T. Streinz*, in: Grabitz/Hilf/Nettesheim, EU, Art. 34 AEUV (Januar 2015), Rn. 53.

[33] EuGH, Urt. v. 13.3.2001, Rs. C–379/98 (PreussenElektra), Slg. 2001, I–2099, Rn. 54 ff., 68 ff.; s. auch *Leible/T. Streinz*, in: Grabitz/Hilf/Nettesheim, EU, Art. 34 AEUV (Januar 2015), Rn. 54; *Schroeder*, in: Streinz, EUV/AEUV, Art. 34 AEUV, Rn. 9; a.A. *Cremer*, in: Calliess/Ruffert, EUV/AEUV, Art. 107 AEUV, Rn. 82 f.

[34] EuGH, Urt. v. 22.3.1977, Rs. 74/76 (Ianelli/Meroni), Slg. 1977, 557, Rn. 9/10 ff.; Urt. v. 15.6.1993, Rs. C–225/91 (Matra/Kommission), Slg. 1993, I–3203, Rn. 41; s. auch EuGH, Urt. v. 13.3.2001, Rs. C–379/98 (PreussenElektra), Slg. 2001, I–2099, Rn. 54 ff., 68 ff.

[35] VO (EG) Nr. 1234/2007 vom 22.10.2007 über eine gemeinsame Organisation der Agrarmärkte und mit Sondervorschriften für bestimmte landwirtschaftliche Erzeugnisse (Verordnung über die einheitliche GMO), ABl. 2007, L 299/1.

[36] EuGH, Urt. v. 29.11.1978, Rs. 83/78 (Redmond), Slg. 1978, 2347, Rn. 55; Urt. v. 16.1.2003, Rs. C–462/01 (Hammarsten), Slg. 2003, I–781, Rn. 24; s. auch *Kingreen*, in: Calliess/Ruffert, EUV/AEUV, Art. 34–36 AEUV, Rn. 121; *Müller-Graff*, in: GSH, Europäisches Unionsrecht, Art. 34 AEUV, Rn. 330; *Leible/T. Streinz*, in: Grabitz/Hilf/Nettesheim, EU, Art. 34 AEUV (Januar 2015), Rn. 49; *Schroeder*, in: Streinz, EUV/AEUV, Art. 34 AEUV, Rn. 7.

[37] Beispielsweise EuGH, Urt. v. 12.6.2003, Rs. C–112/00 (Schmidberger), Slg. 2003, I–5659, Rn. 71 ff.; Urt. v. 25.3.2004, Rs. C–71/02 (Karner), Slg. 2004, I–3025, Rn. 48 ff.; zur Entwicklung der Unionsgrundrechte schon *Haltern*, Europarecht, § 9.

[38] Zu den einzelnen Sekundärrechtsakten zur Sicherung der Warenverkehrsfreiheit s. die Übersichten am Anfang dieses Artikels sowie zu Art. 36 AEUV; außerdem *Becker*, in: Schwarze, EU-Kommentar, Art. 34 AEUV, Rn. 95 ff.; *Leible/T. Streinz*, in: Grabitz/Hilf/Nettesheim, EU, Art. 34 AEUV (Januar 2015), Rn. 135 ff.

AEUV sind zunächst nicht anwendbar. Dies hat insbesondere für Art. 36 AEUV Bedeutung, da die Sperrwirkung es den Mitgliedstaaten verbietet, sich in einem größeren Umfang, als die Regelung es zulässt, auf Art. 36 AEUV zu berufen (s. Art. 36 AEUV, Rn. 23).

V. Persönlicher Anwendungsbereich

1. Berechtigte

Aus Art. 34 AEUV sind zunächst alle **natürlichen Personen** berechtigt, unabhängig davon, ob sie als Gewerbetreibende handeln[39] oder privat.[40] Zudem können sich auch alle **juristischen Personen** und Personenvereinigungen auf Art. 34 AEUV berufen, auch wenn es an einer Art. 54 AEUV entsprechenden Regelung für die Warenverkehrsfreiheit fehlt.[41] Dabei ist die **Staatsangehörigkeit** des Betroffenen unerheblich, da ein ausreichender Unionsbezug über die Herkunft der Ware, die sich im freien Verkehr der Union befinden muss (s. Art. 28 AEUV, Rn. 44 f.), hergestellt ist.[42] 28

2. Adressaten

a) Mitgliedstaaten

Adressaten der Regelung des Art. 34 AEUV sind zunächst die **Mitgliedstaaten**, was aus dem insoweit deutlichen Wortlaut der Norm hervorgeht (»zwischen den Mitgliedstaaten«). Diese Verpflichtung ist funktional zu verstehen und umfasst nach allgemeinen Grundsätzen die gesamte Ausübung staatlicher Hoheitsgewalt unabhängig von der vertikalen und horizontalen Staatsstruktur oder der Rechtsform,[43] solange öffentliche Aufgaben wahrgenommen werden und das Verhalten dem Staat zurechenbar ist.[44] Ist dies der Fall, stellt sich das Problem der unmittelbaren Drittwirkung nicht (s. Rn. 30 ff.). Die Mitgliedstaaten trifft neben der unmittelbaren **Handlungs- und Unterlassungspflicht** 29

---

[39] Beispielsweise EuGH, Urt. v. 20.2.1979, Rs. 120/78 (Rewe/Bundesmonopolverwaltung für Branntwein), Slg. 1979, 649, Rn. 6 ff.
[40] Beispielsweise EuGH, Urt. v. 28.4.1998, Rs. C–120/95 (Decker/Caisse de maladie des employés privés), Slg. 1998, I–1831 – nationale Regelung, nach der ein Sozialversicherungsträger einem Versicherten die Kostenerstattung für einen Brillenkauf im Ausland versagt, da dies der vorherigen Genehmigung bedurft hätte; Urt. v. 7.3.1989, Rs. 215/87 (Schumacher/Hauptzollamt Frankfurt am Main-Ost), Slg. 1989, 617, Rn. 12 ff. – Einfuhr von in einem anderen Mitgliedstaat rezeptfreien Medikamenten für den Privatgebrauch.
[41] *Becker*, in: Schwarze, EU-Kommentar, Art. 34 AEUV, Rn. 7; *Kingreen*, in: Calliess/Ruffert, EUV/AEUV, Art. 34–36 AEUV, Rn. 34; *Leible/T. Streinz*, in: Grabitz/Hilf/Nettesheim, EU, Art. 34 AEUV (Januar 2015), Rn. 31; *Schroeder*, in: Streinz, EUV/AEUV, Art. 34 AEUV, Rn. 24; *Müller-Graff*, in: GSH, Europäisches Unionsrecht, Art. 34 AEUV, Rn. 1.
[42] Ganz h. M. *Becker*, in: Schwarze, EU-Kommentar, Art. 34 AEUV, Rn. 8; *Leible/T. Streinz*, in: Grabitz/Hilf/Nettesheim, EU, Art. 34 AEUV (Januar 2015), Rn. 31; *Schroeder*, in: Streinz, EUV/AEUV, Art. 34 AEUV, Rn. 24; *Müller-Graff*, in: GSH, Europäisches Unionsrecht, Art. 34 AEUV, Rn. 1; a. A. *Kingreen*, in: Calliess/Ruffert, EUV/AEUV, Art. 34–36 AEUV, Rn. 33.
[43] Vgl. EuGH, Urt. v. 5.11.2002, Rs. C–325/00 (Kommission/Deutschland), Slg. 2002, I–9977, Rn. 17 – private Organisationsform; Urt. v. 18.5.1989, Rs. 266/87 (The Queen/Royal Pharmaceutical Society of Great Britain, ex parte Association of Pharmaceutical Importers), Slg. 1989, 1295, Rn. 15 – Standesorganisation; Urt. v. 15.12.1993, Rs. C–292/92 (Hünermund u. a./Landesapothekerkammer Baden-Württemberg), Slg. 1993, I–6787, Rn. 15 ff. – Standesorganisation.
[44] *Kingreen*, in: Calliess/Ruffert, EUV/AEUV, Art. 34–36 AEUV, Rn. 105 ff., 219; *Leible/T. Streinz*, in: Grabitz/Hilf/Nettesheim, EU, Art. 34 AEUV (Januar 2015), Rn. 35; *Schroeder*, in: Streinz, EUV/AEUV, Art. 34 AEUV, Rn. 28.

auch eine **Schutzpflicht** gegenüber Beeinträchtigungen des freien Warenverkehrs (s. Art. 4 Abs. 3 EUV), deren Ursache nicht auf den Staat zurückzuführen ist.[45]

b) Private

30 Fraglich ist, ob auch Handlungen von **Privatpersonen**, die dem Staat nicht zurechenbar sind, an der Warenverkehrsfreiheit gemessen werden können, also ob dieser eine **unmittelbare horizontale Drittwirkung** zukommt – ein Bereich, der in letzter Zeit intensiv diskutiert wird. Hinsichtlich der horizontalen Drittwirkung muss der EuGH einen schmalen Grat zwischen Effektivitätsgedanken und Privatautonomie beschreiten. Der EuGH hatte eine unmittelbare Drittwirkung der Warenverkehrsfreiheit zwischen Privatpersonen zunächst angenommen.[46] Allerdings wurde diese Rechtsprechung vom EuGH, anders als bei den Personenverkehrsfreiheiten (s. Art. 56 AEUV, Rn. 33 ff.), für die Warenverkehrsfreiheit zwischenzeitlich nicht weiter verfolgt.[47] Dabei stützte sich der EuGH auf die Annahme, dass Beschränkungen des freien Warenverkehrs durch Private primär dem **Wettbewerbsrecht** (Art. 101 ff. AEUV) unterliegen (s. oben Rn. 22).[48]

31 Diese lange Zeit als gesichert geltende Rechtsprechung wurde durch die jüngste Entscheidung des EuGH zur unmittelbaren Drittwirkung der Warenverkehrsfreiheit, das Vorabentscheidungsverfahren in der **Rs. Fra.bo**,[49] in Zweifel gezogen. Dabei ging es um das italienische Unternehmen Fra.bo, das Verbindungsstücke für Gas- und Wasserleitungen herstellt und vertreibt. Es erhielt in Deutschland vom Deutschen Verein des Gas- und Wasserfaches e. V. (DVGW), einem privatrechtlichen Verein ohne Gewinnzweck, zunächst ein Konformitätszertifikat für die Verbindungsstücke. Die Konformität mit dem nationalen Recht wird bei Zertifizierungen des DVGW nach § 12 Abs. 4 AVBWasserV vermutet. Das Zertifikat wurde der Fra.bo später aufgrund einer Normänderung entzogen, da sie sich nicht an dem Nachprüfungsverfahren beteiligte. Der vom OLG Düsseldorf um Vorabentscheidung ersuchte EuGH befand:

»[…] ist festzustellen, dass eine Einrichtung wie der DVGW insbesondere aufgrund ihrer Ermächtigung zur Zertifizierung von Erzeugnissen in Wirklichkeit über die Befugnis verfügt, den Zugang von Erzeugnissen wie den im Ausgangsverfahren in Rede stehenden Kupferfittings zum deutschen Markt zu regeln.

[…] dass Art. 28 EG [jetzt Art. 34 AEUV] dahin auszulegen ist, dass er auf die Normungs- und Zertifizierungstätigkeiten einer privaten Einrichtung anzuwenden ist, wenn die Erzeugnisse, die von dieser Einrichtung zertifiziert wurden, nach den nationalen Rechtsvorschriften als mit dem nationalen Recht konform angesehen werden und dadurch ein Vertrieb von Erzeugnissen, die nicht von dieser Einrichtung zertifiziert wurden, erschwert wird.«[50]

---

[45] EuGH, Urt. v. 9.12.1997, Rs. C–265/95 (Kommission/Frankreich (Bauernproteste)), Slg. 1997, I–6959, Rn. 30; Urt. v. 12.6.2003, Rs. C–112/00 (Schmidberger), Slg. 2003, I–5659, Rn. 57, 62; s. auch *Schroeder*, in: Streinz, EUV/AEUV, Art. 34 AEUV, Rn. 25 f.
[46] EuGH, Urt. v. 22.1.1981, Rs. 58/80 (Dansk Supermarked), Slg. 1981, 181, Rn. 17.
[47] EuGH, Urt. v. 5.4.1984, verb. Rs. 177/82 u. 178/82 (Van de Haar), Slg. 1984, 1797, Rn. 11 ff.; Urt. v. 1.10.1987, Rs. 311/85 (VVR/Sociale Dienst van de Plaatselijke en Gewestelijke Overheidsdiensten), Slg. 1987, 3801, Rn. 30; Urt. v. 6.6.2002, Rs. C–159/00 (Sapod Audic), Slg. 2002, I–5031, Rn. 74.
[48] So auch EuGH, Urt. v. 27.9.1988, Rs. 65/86 (Bayer/Süllhöfer), Slg. 1988, 5249, Rn. 11 ff.; s. auch *Becker*, in: Schwarze, EU-Kommentar, Art. 34 AEUV, Rn. 89; *Birkemeyer*, EuR 2010, 662 (674 f.).
[49] EuGH, Urt. v. 12.7.2012, Rs. C–171/11 (Fra.bo), ECLI:EU:C:2012:453.
[50] EuGH, Urt. v. 12.7.2012, Rs. C–171/11 (Fra.bo), ECLI:EU:C:2012:453, Rn. 31 f.

Dieses Ergebnis stützt der EuGH auf drei Erwägungen. Zunächst stellt er auf den Erlass der Vermutungswirkung des Konformitätszertifikats durch den deutschen Gesetzgeber ab: **32**

»Vorliegend ist erstens darauf hinzuweisen, dass der deutsche Gesetzgeber in § 12 Abs. 4 AVBWasserV die Vermutung aufgestellt hat, dass die vom DVGW zertifizierten Erzeugnisse dem nationalen Recht entsprechen.«[51]

Des Weiteren macht er eine faktische Monopolstellung der DVGW aus: **33**

»Zweitens ist zwischen den Beteiligten des Ausgangsverfahrens unstreitig, dass der DVGW die einzige Einrichtung ist, die die im Ausgangsverfahren in Rede stehenden Kupferfittings im Sinne von § 12 Abs. 4 AVBWasserV zertifizieren kann. In Bezug auf solche Erzeugnisse stellt der DVGW mit anderen Worten die einzige Möglichkeit dar, ein Konformitätszertifikat zu erhalten.«[52]

Schließlich stellt der EuGH eine Marktzugangsbeschränkung durch die fehlende Zertifizierung fest: **34**

»Drittens erschwert nach Ansicht des vorlegenden Gerichts in der Praxis das Fehlen einer Zertifizierung durch den DVGW den Vertrieb der betreffenden Erzeugnisse auf dem deutschen Markt erheblich.«[53]

Ob der EuGH damit insgesamt eine unmittelbare Drittwirkung der Warenverkehrsfreiheit anerkennt, ist aber zweifelhaft. Zunächst ist darauf hinzuweisen, dass der EuGH seine eigenen Entscheidungen zur Dienstleistungsfreiheit (s. Art. 56 AEUV, Rn. 33 ff.) nicht zitiert und damit, anders als die GA in Trstenjak,[54] nicht ausdrücklich versucht, eine **Kohärenz der Grundfreiheiten** herzustellen.[55] Er gibt den Unterschied zu den Personenverkehrsfreiheiten auch in der Sache nicht auf. Ferner kappt der EuGH die Verbindung zur Ausübung von Hoheitsgewalt nicht vollends. Zwar stellt er fest, dass der Mitgliedstaat keinen maßgebenden Einfluss auf die Normungs- und Zertifizierungstätigkeiten des DVGW ausübt, obwohl ein Teil der Mitglieder dieses Vereins öffentliche Einrichtungen sind.[56] Bezugspunkt des staatlichen Einflusses ist allerdings schon die gesetzliche Regelung selbst.[57] Der EuGH unterstreicht ausdrücklich, dass der deutsche Gesetzgeber die Vermutung aufgestellt hat,[58] was bei einer nationalen Regelung im Übrigen ja selbstverständlich ist und keiner weiteren Erwähnung bedurft hätte; die Betonung stellt den Konnex zum Hoheitsträger her. **35**

Des Weiteren fokussiert sich der EuGH in seinen Erwägungen stark auf den spezifischen Einzelfall. Durch seine wirkungsbezogene Argumentation (»in der Praxis«; »in Wirklichkeit«; faktische Monopolstellung) stellt er v. a. auf die **tatsächlichen Wirkungen** und weniger auf die Rechtsform einzelner nationaler Regelungsstrukturen ab.[59] Entscheidend ist für den EuGH, dass der Markt die Regelung als hoheitlich und damit im Ergebnis für sich verbindlich wahrnimmt. Er reagiert damit darauf, dass die Systemgrenze zwischen Staat und Wirtschaft zunehmend brüchig wird. Private Wirtschaftsakteure nehmen verstärkt Einfluss auf den Regulierungsrahmen sowie auf die Entscheidungen der öffentlichen Hand und übernehmen immer häufiger auch die Ausübung von Hoheitsgewalt. Das können sie, weil dem demokratischen Verfassungsstaat die volle **36**

---

[51] EuGH, Urt. v. 12.7.2012, Rs. C–171/11 (Fra.bo), ECLI:EU:C:2012:453, Rn. 27.
[52] EuGH, Urt. v. 12.7.2012, Rs. C–171/11 (Fra.bo), ECLI:EU:C:2012:453, Rn. 28.
[53] EuGH, Urt. v. 12.7.2012, Rs. C–171/11 (Fra.bo), ECLI:EU:C:2012:453, Rn. 30.
[54] GA *Trstenjak*, Schlussanträge zu Rs. C–171/11 (Fra.bo), ECLI:EU:C:2012:176, Rn. 43 ff.
[55] *Van Harten/Nauta*, E. L. Rev. 38 (2013), 677 (688, 693).
[56] EuGH, Urt. v. 12.7.2012, Rs. C–171/11 (Fra.bo), ECLI:EU:C:2012:453, Rn. 24.
[57] Vgl. *Schmahl/Jung*, NVwZ 2013, 607 (609 ff.); *Schweitzer*, EuZW 2012, 765 (767 f.); a. A. *Ludwigs/Weidermann*, Jura 2014, 152 (160 f.).
[58] EuGH, Urt. v. 12.7.2012, Rs. C–171/11 (Fra.bo), ECLI:EU:C:2012:453, Rn. 27.
[59] So auch *Schweitzer*, EuZW 2012, 765 (767 f.).

Verfügung über den wirtschaftlichen Bereich grundrechtlich vorenthalten ist und er daher um die freiwillige Gefolgschaft der wirtschaftlichen Entscheidungsträger werben muss. Infolgedessen steigt in dem Maße, wie diese über Faktoren verfügen, die die staatliche Aufgabenerfüllung präjudizieren, ihr Einfluss auf den staatlichen Entscheidungsprozess. Der Staat, der heute zunehmend die Verantwortung für wirtschaftliche Prosperität auf sich nimmt und seine Legitimität zu einem guten Teil aus der Bewältigung dieser Aufgabe zieht, kann keine Distanz mehr zum Wirtschaftssystem wahren, sondern wird zur Identifikation mit ihm gedrängt.[60] Das Politische sieht, von Ausnahmesituationen abgesehen, aus wie der Markt.[61]

37 Der große Einfluss, den private wirtschaftliche Entscheidungsträger auf staatliche Entscheidungsgewalt besitzen, wird dadurch verstärkt, dass bei der Erfüllung seiner wohlfahrtsstaatlichen Aufgaben der Staat auf die freiwillige Kooperation Privater, insbesondere der Wirtschaftsakteure, angewiesen ist. Diesen kommt nun eine Vetoposition gegenüber dem Staat zu, die es ihnen erlaubt, ihre Interessen gegenüber Gemeinwohlbelangen zu behaupten. Der Staat hat dadurch reagiert, dass er öffentliche und private Interessen aufeinander abstimmt; er tut dies durch Verhandlungen, in denen es zu Vereinbarungen von Gesetzesinhalten zwischen staatlichen und privaten Akteuren oder zu einem **Regelungsverzicht des Staates im Austausch gegen Wohlverhaltenszusagen von Privaten** kommt. Man bezeichnet dies als »paktierenden« oder »kooperierenden« Staat;[62] diese Begriffe kennzeichnen den Übergang von Einfluss- auf Teilhabekategorien. Allerdings möchte der EuGH vor dem Hintergrund der effektiven Durchsetzung des Unionsrechts nicht, dass sich der Staat durch diese neuen Formen der Staatlichkeit seinen Verpflichtungen gänzlich entziehen kann, wenn er entsprechende Aufgaben delegiert. Dafür spricht auch die Anerkennung einer Schutzdimension der Warenverkehrsfreiheit (s. oben Rn. 29), deren Unterschied jedoch noch darin besteht, dass der Staat selbst, nicht ein Privater, Verpflichteter ist.

38 Darüber hinaus lassen sich aus der Rs. Fra.bo keine allgemeingültigen Schlüsse hinsichtlich einer allgemeinen horizontalen Drittwirkung der Warenverkehrsfreiheit ziehen. Die weitere Entwicklung bleibt offen. Es ist allerdings derzeit nicht davon auszugehen, dass der EuGH seine stark am Einzelfall und der Wirkung orientierte Rechtsprechung aufgibt und sich zugunsten allgemeiner Prinzipien seiner methodischen Freiheit, die ihm eine differenzierte Kontrolldichte des Einzelfalles erlaubt, beraubt.

c) Unionsorgane

39 Daneben sind auch alle Unionsorgane an Art. 34 AEUV gebunden.[63] Andernfalls würde die zugrundeliegende **Liberalisierungslogik** konterkariert werden; die Union würde sich

---

[60] *Grimm*, Die Gegenwartsprobleme der Verfassungspolitik und der Beitrag der Politikwissenschaft, in: ders. (Hrsg.), Die Zukunft der Verfassung, 1994, 338 (362).
[61] Vgl. für das gesamte internationale Wirtschaftsrecht *Haltern*, in: Ipsen (Hrsg.), Völkerrecht, 2014, § 33, Rn. 26 f.
[62] Statt vieler: *Köpp*, Normvermeidende Absprachen zwischen Staat und Wirtschaft, 2001; *Benz*, Kooperative Verwaltung, 1994; *Rossen*, Vollzug und Verhandlung, 1999; *Michael*, Rechtsetzende Gewalt im kooperierenden Verfassungsstaat, 2002; *Mehde*, AöR 2002, 655; *Herdegen/Morlok*, VVDStRL 62 (2003), 7 ff.
[63] St. Rspr. EuGH, Urt. v. 29.2.1984, Rs. 37/83 (Rewe-Zentrale), Slg. 1984, 1229, Rn. 18; Urt. v. 17.5.1984, Rs. 15/83 (Denkavit Nederland), Slg. 1984, 2171, Rn. 15; Urt. v. 9.8.1994, Rs. C–51/93 (Meyhui/Schott Zwiesel Glaswerke), Slg. 1994, I–3879, Rn. 11; Urt. v. 14.7.1998, Rs. C–284/95 (Safety Hi-Tech/S. & T.), Slg. 1998, I–4301, Rn. 63; Urt. v. 25.6.1997, Rs. C–114/96 (Kieffer und Thill), Slg. 1997, I–3629, Rn. 27; Urt. v. 14.7.1998, Rs. C–341/95 (Bettati/Safety Hi-Tech), Slg. 1998,

in Widerspruch zu ihren eigenen Zielvorgaben setzen. Daraus ergeben sich auch keine Einschränkungen für die Handlungsfähigkeit des Unionsgesetzgebers. Dieser ist beim Erlass von Sekundärrecht und Harmonisierungsregelungen, die ja gerade der Vereinfachung des Warenverkehrs innerhalb der Union dienen sollen, zwar auch an das Diskriminierungsverbot gebunden. Allerdings gelten die allgemeinen Regeln für die Rechtfertigung von Eingriffen, weshalb sich der Unionsgesetzgeber auf Art. 36 AEUV und die zwingenden Gründe des Allgemeinwohls berufen kann (s. auch Art. 36 AEUV, Rn. 24ff.), wobei die vom EuGH an die Rechtfertigung gestellten Anforderungen meist weniger strikt sind als bei nationalen Regelungen.[64] Hier setzt sich eine Linie fort, die in Ratio und Ausprägung an die Rechtsprechung zur Erhebung von Abgaben anknüpft (s. Art. 30 AEUV, Rn. 59ff.).

B. Überblick

I. Normregime für nicht finanzielle Handelshemmnisse

Art. 34 AEUV ist die zentrale Norm, die den freien Warenverkehr im Bereich **nicht finanzieller Handelshemmnisse** steuert. Handelsbeschränkungen finanzieller Natur werden, wenn sie den Marktzugang eines Produktes regeln, durch Art. 28, 30 AEUV erfasst, die Zölle und Abgaben gleicher Wirkung zwischen den Mitgliedstaaten verbieten. Wenn sie der internen Marktregulierung dienen, sobald die Ware die Grenze überschritten hat, werden sie von Art. 110 AEUV erfasst, der die diskriminierende Besteuerung verbietet. Alle anderen Beschränkungen des freien Warenverkehrs nicht finanzieller Natur werden von Art. 34ff. AEUV erfasst. So werden nach Art. 34 AEUV mengenmäßige Einfuhrbeschränkungen und Maßnahmen gleicher Wirkung verboten. Art. 35 AEUV enthält eine ähnliche Bestimmung für Ausfuhrbeschränkungen. Art. 36 AEUV stellt demgegenüber die Grundlage für eine Rechtfertigung von handelsbeschränkenden Maßnahmen nicht finanzieller Natur zur Verfügung: Wenn die Maßnahme bestimmten legitimen Zwecken dient und weitere Voraussetzungen erfüllt, insbesondere verhältnismäßig ist, darf sie bestehen bleiben, obwohl sie vom Verbot der Art. 34f. AEUV erfasst ist. Entsprechend streng kontrolliert der EuGH die von den Mitgliedstaaten unter Art. 36 AEUV vorgetragenen Argumente, denn im Erfolgsfall führen sie dazu, dass Handelsbeschränkungen, die das Erreichen des Binnenmarktes stören, als rechtmäßig gelten. Art. 37 AEUV schließlich enthält Sonderregeln für staatliche Handelsmonopole.

40

I–4365, Rn. 61; Urt. v. 14.12.2004, Rs. C–210/03 (Swedish Match), Slg. 2004, I–11893, Rn. 59; Urt. v. 12.7.2005, Rs. C–154/04 (Alliance for Natural Health u.a.), Slg. 2005, I–6451, Rn. 47; a.A. *Kingreen*, in: Calliess/Ruffert, EUV/AEUV, Art. 34–36 AEUV, Rn. 109f., 220, der insoweit die Unionsgrundrechte für einschlägig erachtet, da es sich bei den Grundfreiheiten lediglich um transnationale Integrationsnormen handele.

[64] Beispielsweise EuGH, Urt. v. 9.8.1994, Rs. C–51/93 (Meyhui/Schott Zwiesel Glaswerke), Slg. 1994, I–3879, Rn. 11 – Verbraucherschutz; Urt. v. 14.7.1998, Rs. C–284/95 (Safety Hi-Tech/S. & T.), Slg. 1998, I–4301, Rn. 64 – Umweltschutz; Urt. v. 14.12.2004, Rs. C–210/03 (Swedish Match), Slg. 2004, I–11893, Rn. 60f. – Gesundheitsschutz; s. auch *Becker*, in: Schwarze, EU-Kommentar, Art. 34 AEUV, Rn. 101ff.; *Müller-Graff*, in: GSH, Europäisches Unionsrecht, Art. 34 AEUV, Rn. 298ff.; *Schroeder*, in: Streinz, EUV/AEUV, Art. 34 AEUV, Rn. 29.

II. Verhältnis zum Normenregime für finanzielle Handelshemmnisse

1. Organisches Zusammenwirken

41 Die Vorschriften für finanzielle und nicht finanzielle Beschränkungen des freien Warenverkehrs, die sich in mancherlei Hinsicht ähneln, in anderer aber unterschiedliche Lösungen gebieten, **ergänzen sich organisch**. Ohne die Art. 34 ff. AEUV wären die Art. 28, 30 und 110 AEUV regulatorisch und ökonomisch sinnlos, denn die Mitgliedstaaten könnten – statt den Preis einer Ware durch finanzielle Belastungen an oder hinter der Grenze künstlich zu erhöhen – den Warenfluss durch mengenmäßige Beschränkungen oder andere, ähnlich wirkende Regulierungsmaßnahmen hemmen und damit die finanziellen Verbote unterlaufen. Dadurch entstünde zudem ein moral hazard-Problem, das auch die Verbote finanzieller Handelsbeschränkung in einen Strudel der Nichtdurchsetzung ziehen würde.[65] Aus dem funktionalen Ineinandergreifen resultiert auch eine dogmatische Ähnlichkeit, die aufgrund bestimmter normativer Vorgaben und nicht normativer Kontexte zwar nicht in einer Parallelität aufgeht, aber eine Art dogmatischen Geschwisterstatus hervorbringt.

2. Unterschiede

42 Zwei Unterschiede stechen unmittelbar ins Auge. Zum einen besitzen die Art. 34 ff. AEUV, anders als Art. 28 AEUV für finanzielle Handelshemmnisse, keine auf Drittstaaten bezogene Außendimension, sondern beschränken sich auf den **innerunionalen Handel**. Zum anderen differenziert Art. 34 AEUV nicht danach, ob es sich um eine Regelung des Marktzugangs oder um eine interne Marktregulierung handelt (s. Rn. 74). Damit unterscheidet sich das Verbot der nicht finanziellen Handelshemmnisse wesensmäßig vom Verbot finanzieller Handelshemmnisse, welches danach differenziert, ob es sich um eine Marktzugangsregulierung handelt (dann errichten die Art. 28, 30 AEUV ein Beschränkungsverbot) oder um eine Regulierung des internen Marktes (dann errichtet Art. 110 AEUV ein Diskriminierungs- und Protektionismusverbot). Im hier zu kommentierenden Bereich der nicht finanziellen Handelshemmnisse gibt der Vertrag eine solche Unterscheidung nicht vor.

3. Deutung als Beschränkungsverbot

43 Der EuGH hat 1974 in der Rs. Dassonville[66] frühzeitig entschieden, dass Art. 34 AEUV auch dort anwendbar ist, wo die mitgliedstaatliche Regulierung **nicht diskriminiert**. Selbst wenn die mitgliedstaatliche Regel also auf ein ausländisches und einheimisches Produkt gleichermaßen anwendbar ist, kann es zu einem Verstoß gegen Art. 34 AEUV kommen, wenn der freie Warenverkehrsfluss beschränkt wird. Anders als das Beschränkungsverbot im Bereich finanzieller Handelshemmnisse aus Art. 28, 30 AEUV, das sich auf Marktzugangsregulierung beschränkt, ist dieses Beschränkungsverbot jedenfalls zunächst auf mitgliedstaatliche **Marktzugangsregulierung** und **interne Marktregulierung** gleichermaßen anwendbar gewesen. Der dadurch entstandene systematische Schiefstand in der unionsrechtlichen Behandlung von finanziellen und nicht finanziellen Handelshemmnissen hat zu mannigfachen Problemen geführt. Teilweise hat der

---

[65] Ein Beispiel für diese Konstellation findet sich in der Erfahrung wirtschaftlicher Integration im GATT und in der WTO; vgl. *Haltern*, in: Ipsen (Hrsg.), Völkerrecht, 2014, § 33 Rn. 210 f.
[66] EuGH, Urt. v. 11.7.1974, Rs. 8/74 (Dassonville), Slg. 1974, 837.

Unionsgesetzgeber versucht, helfend einzugreifen, zumeist aber musste der EuGH selbst versuchen, diese Probleme zu lösen.

4. Undeutliche Grenzen des Unionsrechts

Erstens ergibt sich aufgrund der Entscheidung, Art. 34 AEUV auch dann anzuwenden, wenn von Diskriminierung keine Rede sein kann, die drängende Frage, wo die **Grenze der Anwendbarkeit des Unionsrechts** im Bereich des freien Warenverkehrs erreicht ist. Dieses Problem undeutlicher Grenzen hat in Zeiten verstärkter gesellschaftlicher Diskussion über die Topoi der **Kompetenzfrage**, der ultra vires-Akte und der Legitimation von Unionsrecht die soziale Akzeptanz des Unionsrechts nicht gerade zu erhöhen vermocht.

44

5. Spannung zwischen Integration und staatlicher Regulierungsautonomie

Zweitens entsteht ein stark aufgeladenes Spannungsfeld zwischen den Polen der europäischen Integration einerseits und der mitgliedstaatlichen Regulierungsautonomie andererseits. Art. 34 AEUV ist ein Instrument, mit Hilfe dessen mitgliedstaatliche Regulierungen außer Kraft gesetzt werden können: Es kontrolliert im Zusammenwirken mit Art. 36 AEUV die **Grenze zwischen legitimer und illegitimer staatlicher Regulierung**. Selbstverständlich ist die Frage, wo diese Grenze liegt oder liegen sollte, äußerst umstritten. Dieser Streit wird nicht nur auf der Rechtfertigungsebene, sondern auch auf der Tatbestandsebene ausgetragen. Die grundlegende Entscheidung des EuGH in Dassonville, Art. 34 AEUV weit auszulegen, auf nicht diskriminierende Maßnahmen auszudehnen und dadurch eine kaum zu übersehende Breite von Maßnahmen gleicher Wirkung in seinen Anwendungsbereich fallen zu lassen, wirkt sich substantiell auf diesen Streit aus.

45

6. Institutionelle Rolle des EuGH

Drittens rückt im Lichte des gerade Gesagten der EuGH ins Zentrum einer der politisch drängendsten Fragen der europäischen Integration überhaupt: diejenige nach der angemessenen institutionellen Rolle des Gerichts. Diese Frage zeitigt zudem Konsequenzen für die **Legitimation der europäischen Gerichtsbarkeit** insgesamt.

46

7. Negative und positive Integration

Viertens rückt das Verhältnis von negativer und positiver Integration in den Vordergrund, denn Handelshemmnisse, die zwar von Art. 34 AEUV erfasst sind, aber unter Art. 36 AEUV einer Kontrolle standhalten, können noch vom Unionsgesetzgeber aufgehoben werden, um die handelshemmende Wirkung solcher Maßnahmen zu beseitigen. Der Weg hierzu ist die **Harmonisierung**, deren Grundlage für Binnenmarktmaßnahmen die Art. 114f. AEUV sind. In Anbetracht der großen Schwierigkeiten, die vor Inkrafttreten der Einheitlichen Europäischen Akte 1986 mit der Verabschiedung von Harmonisierungsgesetzgebung aufgrund des Einstimmigkeitserfordernisses im Rat verbunden waren, hat sich der EuGH 1979 mit Cassis de Dijon[67] zu einer Strategie entschlossen, die die gehemmte Legislative – Harmonisierung als positive Integration –

47

---

[67] EuGH, Urt. v. 20.2.1979, Rs. 120/78 (Rewe/Bundesmonopolverwaltung für Branntwein), Slg. 1979, 649.

durch judizielle Schützenhilfe – gegenseitige Anerkennung und damit einhergehende Nichtdurchsetzbarkeit staatlicher Regulierung als negative Integration – entlasten sollte (s. auch Rn. 183). Diese unterschiedlichen Instrumente besitzen offenkundig unterschiedliche Konsequenzen, Stärken und Schwächen, auf die noch näher einzugehen ist.

8. Undeutliche Grenzen für Legislativkompetenzen der Union

48 Fünftens ist die gerade dargelegte Harmonisierungsmöglichkeit wiederum von großer Bedeutung für die Grenze zwischen europäischem und staatlichem Recht. Denn zum einen fließen ungeschriebene Legislativkompetenzen nach Brüssel, was mit dem Grundsatz der beschränkten Einzelermächtigung nur schwer in Einklang zu bringen ist und zudem zu sozialen Legitimationsdefiziten führt (s. unten Rn. 218). Die Tatsache, dass der Anwendungsbereich von Art. 34 AEUV so weit ist, also immer mehr staatliche Maßnahmen erfasst sind, die gerechtfertigt werden müssen und auch gerechtfertigt werden, führt dazu, dass ein solcher **Kompetenzdrift** immer häufiger wird und das Problem verschärft. Zum anderen ist zu bedenken, dass es sich bei den gerechtfertigten staatlichen Maßnahmen zwar um Handelshemmnisse handelt (sie sind ja von Art. 34 AEUV erfasst), aber um solche, die vertraglich zugelassen, also legitim sind. Das Überspielen dieser (sogar vertragsimmanenten) Legitimität durch eine Brüsseler Harmonisierungsmaßnahme prämiert ökonomische Binnenmarktrationalität gegenüber andersgelagerten, nicht ökonomischen Interessen. Auch dies ist weder unproblematisch, noch bleibt es von der Bevölkerung unbemerkt und unkommentiert.

9. Privilegierung des Heimatstaat-Rechts

49 Sechstens hat die Cassis-Rechtsprechung auch die Frage beantwortet, welches mitgliedstaatliche Recht – dasjenige des Staates, in dem die Ware hergestellt wurde, oder dasjenige des Staates, in dem sie vermarktet wird – zur Vermeidung einer Doppelkontrolle ausschlaggebend sein soll. Die **Dogmatik der gegenseitigen Anerkennung** zieht die Nichtanwendbarkeit des Rechts des Staates, in dem vermarktet wird, und die Anwendbarkeit des Rechts des Heimatstaates nach sich, wenn der Zielstaat nicht ausnahmsweise mit guten Gründen die Notwendigkeit seiner eigenen Regelung rechtfertigen kann. Dies muss nicht immer angemessen sein.

10. Rechtsprechungsgesteuerte Wirtschaftsverfassung

a) Auseinanderfallen von Komplexität und Norm

50 Diese komplexen Problemlagen stehen mit Art. 34 AEUV einer Norm gegenüber, die sowohl Komplexität als auch Genauigkeit vermissen lässt. Differenzierungen fehlen und Zentralbegriffe bleiben undefiniert. Die Mitgliedstaaten als Verfasser der Verträge haben mit anderen Worten keine detaillierten Regelungen für die unterschiedlichen Probleme getroffen, sondern ihre Auflösung dem auslegenden Organ, dem EuGH, überlassen. Dieser hat sich der Probleme dezidiert angenommen und mit Hilfe der Art. 34 ff. AEUV das Verbot nicht finanzieller Handelshemmnisse in eine »**Wirtschaftsverfassung**« der Union verwandelt.[68] Immer wieder wird die weitgehende richterliche Rechtsfortbildung durch den EuGH mit Erstaunen und Befremden bemerkt,[69] und tatsächlich

---

[68] *Maduro*, We the Court: The European Court of Justice and the Economic Constitution.
[69] Vgl. etwa die britischen Richter May LJ, *R. v. Secretary of State for Social Security*, CMLRep. 1 (1986), 228 (234); Mustill LJ, *WH Smith v. Peterborough*, CMLRep. 2 (1990), 577 (585).

ist gerade dieser Bereich ein Beispiel dafür, dass die Mitgliedstaaten keineswegs immer die Kontrolle über die Norminhalte und Regelungskraft der von ihnen geschaffenen Organisation besitzen.

b) Delegation an EuGH

Dies ist freilich nicht verwunderlich. Für die Mitgliedstaaten bedeutet das Spannungsverhältnis ein Gefangenendilemma, da das Ziel, einen Gemeinsamen Markt zu schaffen, zumindest mit einem Teilverzicht auf die **nationale Entscheidungsautonomie** nicht nur im ökonomischen Feld, sondern auch in anderen Politikbereichen (etwa den in Art. 36 Satz 1 AEUV genannten legitimen Politikzielen) verknüpft ist. Dieses Dilemma ist durch die Einigung auf verbindliche Normen nicht aus der Welt geschafft. Die Antwort der Mitgliedstaaten ist die Delegation der normativen Entwicklung an den EuGH gewesen. Mit ihm haben sie ein Organ geschaffen, das durch supranationale governance ihrer Präferenz für die Errichtung des Gemeinsamen Marktes Ausdruck verleiht und ihre Bindung an dieses Ziel verstärkt. Zudem haben sie mit den Art. 34 ff. AEUV ein vergleichsweise allgemeines und unterspezifiziertes Normengerüst geschaffen, wodurch das Bedürfnis nach supranationaler governance noch einmal verstärkt wird.[70]

51

c) Keine judikative Kompetenzanmaßung

Es ist also keineswegs so, als habe der EuGH die Kontrolle über die Wirtschaftsverfassung der Gemeinschaft in einem Akt der Kompetenzanmaßung an sich gerissen. Vielmehr ist die herausragende Rolle des EuGH die logische und vielleicht auch gewollte Konsequenz der **Anlage des Vertrages**. In dessen funktionaler Logik liegt dann auch begründet, dass die Operation dieses Regimes von leicht zu aktivierender Kontrolle durch die Mitgliedstaaten isoliert werden muss. Hieraus folgt zum einen, dass die judikative Ausgestaltung des Verbots nicht finanzieller Handelshemmnisse und des freien Warenverkehrs im Allgemeinen nicht durch die Verhandlungsmacht und -positionen der Mitgliedstaaten erklärt werden kann. Damit fällt ein wichtiger Bereich aus dem Erklärungsmodus des liberalen Intergouvernementalismus heraus; er muss sich fragen lassen, inwieweit er angesichts dieser Lücke als Deutungsangebot für die europäische Integration leistungsfähig ist.[71] Zum anderen kann man den EuGH auch nicht als Agenten des Prinzipals Mitgliedstaat verstehen; er besitzt statt dessen eine Art treuhänderische Funktion.[72]

52

---

[70] *Stone Sweet*, The Judicial Construction of Europe, 2004, S. 112.
[71] A.A. *Moravcsik*, The Choice for Europe, 1998. Moravcsik hat zugegeben, dass liberaler Intergouvernementalismus weder Entstehung noch Zuschnitt von Rechtssystemen erklären kann, rechtfertigt dies aber damit, dass der EuGH, nationale Gerichte, der europäische Verfassungsprozess und Rechtssysteme als solche Anomalien seien, die die Validität seiner Theorie nicht unterminierten: *Moravcsik*, JCMS 33 (1995), 611.
[72] A.A. *Garrett*, International Organization 46 (1992), 533; *ders.*, International Organization 49 (1995), 171. Zu den Integrationstheorien *Bieling/Lerch* (Hrsg.), Theorien der europäischen Integration, 2012; *Loth/Wessels* (Hrsg.), Theorien europäischer Integration, 2001; *Rosamond*, Theories of European Integration, 2000; *Wiener/Diez*, European Integration Theory, 2009; zu ihrem Verhältnis zum Recht vgl. *Haltern*, Integration durch Recht, in: Bieling/Lerch (Hrsg.), Theorien der europäischen Integration, 2012, 339.

d) Durchsetzung und unmittelbare Anwendbarkeit

53 Hierzu bedarf es mehrerer **Kontextbedingungen**, von denen zwei besonders wichtig sind. Erstens muss der EuGH **zentral und effektiv** an der Rechtsprechung beteiligt sein. Das ist nur möglich, wenn er nicht nur im Vertragsverletzungsverfahren, sondern auch im Vorabentscheidungsverfahren Fälle an sich ziehen kann. Es hängt viel davon ab, dass die nationalen Gerichte vorlegen; was in hohem Maße geschieht.[73] Dies setzt zweitens voraus, dass die nationalen Gerichte von den Bürgern der Mitgliedstaaten mit dem Argument angerufen werden können, die Mitgliedstaaten verstießen gegen das Verbot mengenmäßiger Beschränkungen und Maßnahmen gleicher Wirkung. Die Art. 34 ff. AEUV müssen also **unmittelbar anwendbar** sein, um die Bürger auch im Bereich der nicht finanziellen Handelshemmnisse zu dezentralen, privaten Staatsanwälten werden zu lassen. Dies ist spätestens seit Ende der Übergangszeit der Fall (s. Rn. 2).[74]

e) Nutzung von Art. 34 AEUV im Vorabentscheidungsverfahren

54 Tatsächlich haben die Handeltreibenden Art. 34 AEUV genutzt, um im Wege gerichtlicher Prozesse die nationalen **Märkte** zu **öffnen**. Es liegt in der Logik des Systems (ist aber gleichwohl interessant), dass dies insbesondere für Handelsbeschränkungen großer Märkte gilt. Zum einen ist das Interesse von Importeuren und Exporteuren an großen Märkten aufgrund der damit verbundenen Absatzchancen und der effizienzsteigernden Vorteile solcher Economies of Scale viel größer als an kleinen Märkten; zum anderen generieren große Märkte bereits aufgrund des größeren Handelsvolumens quantitativ mehr Gerichtsverfahren. Daher kommen die mit Abstand meisten Vorabentscheidungsersuchen zum freien Warenverkehr aus Deutschland.[75] Eine disproportional hohe Zahl von Vorabentscheidungsersuchen zu Art. 34 AEUV, wenn auch nicht so hoch wie im Fall Deutschlands, kommt im Übrigen aus Frankreich. Interessant ist weiterhin, dass die Klagen im Vorabentscheidungsverfahren, die mitgliedstaatliche Maßnahmen unter Art. 34 AEUV angreifen, in größeren Staaten wie Deutschland, Frankreich und Italien eine deutlich höhere Erfolgsquote besitzen als in kleineren Staaten wie Belgien oder den Niederlanden; am besten ist die Erfolgsquote mit 60 % in Deutschland. In den meisten Fällen (86 %) schließt sich der EuGH außerdem der Auffassung der Kommission an, während die Rechtseinlassungen Deutschlands von allen Mitgliedstaaten die ineffektivsten sind.[76] Auch dies widerspricht der Annahme, der EuGH sei ein Agent insbesondere der großen Mitgliedstaaten.

C. Mengenmäßige Beschränkungen

55 Parallel zu der Geschwisternorm Art. 30 AEUV sind die wichtigen Begriffe des Art. 34 AEUV **nicht legaldefiniert** (s. Art. 30 AEUV, Rn. 34). Dies gilt zunächst für den Begriff der »mengenmäßigen Beschränkung«, der Kontingente – also Einfuhrbegrenzungen nach Menge oder Wert der Ware – meint, dessen genaue Definition aber dem EuGH überlassen ist. Der EuGH hat wie folgt definiert:

---

[73] Dazu etwa *Haltern*, Europarecht, Rn. 353 ff.
[74] Vgl. etwa EuGH, Urt. v. 22.3.1977, Rs. 74/76 (Ianelli/Meroni), Slg. 1977, 557, Rn. 13.
[75] Statistik bei *Stone Sweet/Brunell*, ELJ 6 (2000), 117 (122).
[76] *Stone Sweet*, The Judicial Construction of Europe, 2004, S. 131.

»Das Verbot mengenmäßiger Beschränkungen erstreckt sich auf sämtliche Maßnahmen, die sich, je nach Fallage, als eine gänzliche oder teilweise Untersagung der Einfuhr, Ausfuhr oder Durchfuhr darstellen.«[77]

Der EuGH liest im Hinblick auf die Beschränkung die Einfuhr- (Art. 34 AEUV) und Ausfuhrbeschränkung (Art. 35 AEUV) zusammen und kommt jedenfalls in dieser Hinsicht zu einem **einheitlichen Schutzbereich**. Zu den mengenmäßigen Beschränkungen gehören auch vollständige Einfuhr- oder Ausfuhrverbote als Nullkontingente sowie Durchfuhrbeschränkungen. 56

Wie auch die Zölle bei Art. 30 AEUV sind die mengenmäßigen Beschränkungen auffällig und wenig subtil; sie wurden daher schnell abgebaut, überwiegend bereits in den 1950er und 1960er Jahren, und spielen heute keine nennenswerte Rolle mehr.[78] 57

D. Maßnahmen gleicher Wirkung

I. Definitionsmacht des EuGH

Maßnahmen gleicher Wirkung wie mengenmäßige Beschränkungen sind nicht nur komplexer und subtiler als mengenmäßige Beschränkungen (Beispiele s. Rn. 60 ff.), sondern auch viel wichtiger, da sie nach wie vor in großer Zahl und Vielfalt bestehen. Auf die Frage, was genau eine Maßnahme gleicher Wirkung ist, gibt der Vertrag keine Antwort. Ähnlich den »Abgaben gleicher Wirkung« wie Zölle in der Geschwisternorm des Art. 30 AEUV sind auch die »Maßnahmen gleicher Wirkung« wie mengenmäßige Beschränkungen **nicht legaldefiniert**. Es obliegt auch hier dem EuGH, diesen Begriff näher zu bestimmen. Die lange Linie der EuGH-Rechtsprechung zu dieser Frage hat Art. 34 AEUV zu einer äußerst wirkungsvollen Waffe im Kampf gegen mitgliedstaatliche Regulierungen werden lassen, die den Handel beschränken. Anders als im Bereich der mengenmäßigen Beschränkungen handelt es sich dabei um Konstellationen, die recht weit entfernt sind von numerischen Kontingenten und manchmal wenig mit handelspolitischen Instrumenten zu tun zu haben scheinen. 58

II. Spannungsverhältnis Integration/mitgliedstaatliche Regulierungsautonomie

Die Definitionsaufgabe, die dem EuGH obliegt, ist ein schwieriger Balanceakt. Nicht finanzielle Maßnahmen hemmen den Handelsverkehr in weniger sichtbarer und weniger unmittelbarer Weise als finanzielle Maßnahmen. Sie können häufig mit dem Argument gerechtfertigt werden, es gehe **nicht um Protektionismus, sondern um förderungswürdige öffentliche Anliegen** wie den Schutz von Verbrauchern, der Umwelt, der Gesundheit, der Arbeitssicherheit, der öffentlichen Sicherheit und Ordnung, der Sittlichkeit usw. Wie noch genauer zu zeigen sein wird, muss das Normenregime des AEUV also in einem **Spannungsfeld** für gerechten und effektiven Ausgleich sorgen: 59

---

[77] EuGH, Urt. v. 12.7.1973, Rs. 2/73 (Geddo/Ente Nazionale Risi), Slg. 1973, 865, Rn. 7.
[78] Beispielsweise EuGH, Urt. v. 25.2.1988, verb. Rs. 194/85 u. 241/85 (Kommission/Griechenland), Slg. 1988, 1037, Rn. 25; Urt. v. 9.6.1992, Rs. C–47/90 (Delhaize Frères/Promalvin u.a.), Slg. 1992, I–3669, Rn. 13 f.; Urt. v. 14.12.1979, Rs. 34/79 (Henn und Darby), Slg. 1979, 3795, Rn. 12; Urt. v. 4.2.1988, Rs. 261/85 (Kommission/Vereinigtes Königreich), Slg. 1988, 547, Rn. 11, 15; Urt. v. 23.5.1990, Rs. C–169/89 (Van den Burg), Slg. 1990, I–2143, Rn. 7.

Einerseits muss es protektionistische Handelspolitik verhindern und die Märkte öffnen; andererseits muss es die Autonomie der Mitgliedstaaten respektieren, bestimmte legitime Politikziele regulierend zu verfolgen. In diesem Spannungsverhältnis spielt die Rechtfertigungsnorm des Art. 36 AEUV offenkundig eine zentrale Rolle, doch kommuniziert gleichfalls der Anwendungsbereich des Art. 34 AEUV mit diesem Spannungsfeld. Je weiter die tatbestandliche Reichweite des Art. 34 AEUV greift, desto häufiger ist der regulierende Mitgliedstaat zur Rechtfertigung gezwungen; der Tatbestand steuert also – wenig überraschend – auch die Rechtfertigungsebene. Der Tatbestand wiederum hängt entscheidend davon ab, wie weit oder eng der Begriff der »Maßnahmen gleicher Wirkung« definiert wird.

III. Legislative Definitionsversuche

60 Der Unionsgesetzgeber hat frühzeitig versucht, eine Richtung anzudeuten und den Begriff der Maßnahme gleicher Wirkung legislativ zu **konkretisieren**. 1970 erließ er die Richtlinie 70/50/EWG,[79] die Art. 34 AEUV ausgestalten sollte. Formal beschränkte sie sich auf Maßnahmen, die bis zum Ende der Übergangszeit (für die ursprünglichen sechs Mitgliedstaaten: Ende 1969) abgeschafft sein sollten. Doch geht ihre Bedeutung darüber hinaus; noch lange später taucht sie stellenweise in der Judikatur des EuGH auf.[80]

61 RL 70/50/EWG gruppiert Maßnahmen gleicher Wirkung in zwei verschiedene Klassen. Art. 2 RL 70/50/EWG deckt diskriminierende oder unterschiedlich anwendbare Maßnahmen ab. Damit sind Maßnahmen gemeint, die eingeführte Erzeugnisse schlechter behandeln als einheimisch hergestellte Erzeugnisse. Das Verbot des Art. 34 AEUV wird dann ausgelöst, wenn es sich um Maßnahmen handelt, die die Einfuhr oder den Absatz der eingeführten Waren einer anderen Bedingung als einer Formalität unterwerfen, welche allein für eingeführte Waren gefordert wird, oder von einer unterschiedlichen Bedingung abhängig machen, die schwieriger zu erfüllen ist als die für inländische Waren geforderte. Art. 2 Abs. 3 RL 70/50/EWG enthält eine lange Liste von Maßnahmen, die diskriminierend sein können und vom Begriff der Maßnahmen gleicher Wirkung erfasst sind.

Darunter fallen etwa Maßnahmen, die allein für die eingeführten Waren Mindest- oder Höchstpreise festlegen, unter denen beziehungsweise über denen Einfuhren verboten, eingeschränkt oder Bedingungen unterworfen sind, welche die Einfuhr behindern können; die für die eingeführten Waren weniger vorteilhafte Preise als für die inländischen Waren festlegen; die nur für eingeführte Waren Gewinnspannen oder jeden sonstigen Preisbestandteil oder diese unterschiedlich für inländische und eingeführte Waren zum Nachteil der letzteren festlegen; die eine etwaige Preiserhöhung für die eingeführten Waren entsprechend den mit der Einfuhr verbundenen zusätzlichen Kosten und Belastungen unmöglich machen; die die Preise für Waren in Abhängigkeit vom Gestehungspreis oder der Qualität der inländischen Waren allein in einer solchen Höhe festlegen, dass sich hieraus ein Einfuhrhindernis ergibt; die eine eingeführte Ware in ihrem Wert herabsetzen und dadurch ihren Eigenwert vermindern oder ihre Verteuerung bewirken; die den Zugang zum Inlandsmarkt für eingeführte Waren von der Bedingung abhängig machen, dass auf dem Gebiet des Einfuhrmitgliedstaats eine verantwortliche Person oder ein Vertreter bestellt ist; die nur für eingeführte Waren Zahlungsbedingungen fordern oder für diese von den für die inländischen Waren geforderten abweichende und schwieriger zu erfüllende Bedingungen festlegen; die nur die Einfuhr

---

[79] RL 70/50/EWG vom 22.12.1969, gestützt auf die Vorschriften des Artikels 33 Absatz 7 über die Beseitigung von Maßnahmen gleicher Wirkung wie mengenmäßige Einfuhrbeschränkungen, die nicht unter andere auf Grund des EWG-Vertrags erlassene Vorschriften fallen, ABl. 1970, L 13/29.

[80] Etwa in EuGH, Urt. v. 23.11.1989, Rs. 145/88 (Torfaen Borough Council/B & Q PLC), Slg. 1989, 3851, Rn. 15.

von der Hinterlegung einer Sicherheit oder einer Anzahlung abhängig machen; die nur für eingeführte Waren Bedingungen, insbesondere über die Form, die Ausmaße, das Gewicht, die Zusammensetzung, die Aufmachung, die Identifizierung, die Aufbereitung oder für diese Waren unterschiedliche und schwieriger zu erfüllende Bedingungen als für inländische Waren fordern; die den Erwerb allein von eingeführten Waren durch Privatpersonen behindern oder zum Kauf von nur inländischen Waren anspornen oder diesen einen Vorzug einräumen oder zu einem solchen Erwerb verpflichten; die ganz oder teilweise nur die eingeführten Waren von der Möglichkeit ausschließen, von inländischen Einrichtungen oder Ausrüstungen Gebrauch zu machen, oder die Benutzung dieser Einrichtungen oder Ausrüstungen ganz oder teilweise nur den inländischen Waren vorbehalten; die Werbemöglichkeiten nur für eingeführte Waren untersagen oder beschränken oder ganz oder teilweise diese Möglichkeiten nur den inländischen Waren vorbehalten; die nur für eingeführte Waren die Anlage von Vorräten untersagen, beschränken oder vorschreiben; die ganz oder teilweise die Lagermöglichkeiten nur den inländischen Waren vorbehalten oder die Anlage von Vorräten unterschiedlichen und schwieriger zu erfüllenden Bedingungen unterwerfen als die für inländische Waren geforderten; die die Einfuhr von der Bedingung abhängig machen, dass durch einen oder mehrere Mitgliedstaaten die Gegenseitigkeit verbürgt ist; die vorschreiben, dass die eingeführten Waren ganz oder teilweise einer anderen Vorschrift als der des Einfuhrmitgliedstaats entsprechen müssen; die für eingeführte Waren ungenügende oder übermäßig lange Fristen im Verhältnis zur normalen Abwicklung der verschiedenen Verrichtungen festlegen, auf die sich diese Fristen beziehen; die für eingeführte Waren andere Kontrollen als die zu den Verzollungsverfahren gehörenden vorschreiben, denen die inländische Erzeugung nicht unterworfen ist, oder die für eingeführte Waren strenger als für die inländische Erzeugung ausgeübt werden, ohne dass dies für die Gewähr eines gleichwertigen Schutzes erforderlich ist; die nur den inländischen Waren Bezeichnungen vorbehalten, die weder Ursprungsbezeichnungen noch Herkunftsangaben sind.

Diese Liste ist trotz ihres Umfangs nicht abschließend, sondern illustriert nur den weiten Radius der Maßnahmen gleicher Wirkung im Sinne von Art. 34 AEUV. **62**

Art. 3 RL 70/50/EWG dehnt diesen ohnehin weiten Radius weiter aus, indem er Maßnahmen einschließt, die **nicht diskriminierend** oder **unterschiedslos anwendbar** sind. Damit sind Maßnahmen gemeint, die auf die Erzeugnisse unabhängig von deren Herkunft anwendbar sind, aber gleichwohl den Handel beschränken können. Zwar lässt sich RL 70/50/EWG entnehmen, dass sich in solchen Maßnahmen lediglich Unterschiede der mitgliedstaatlichen Handelsgesetze niederschlagen und es sich normalerweise nicht um Maßnahmen gleicher Wirkung handelt; gleichzeitig aber anerkennt Art. 3 RL 70/50/EWG, dass es doch zu einer Verletzung von Art. 34 AEUV kommen kann, wenn die »beschränkenden Wirkungen auf den Warenverkehr den Rahmen der solchen Handelsregelungen eigentümlichen Wirkungen überschreiten« (Art. 3 Satz 1 a. E. RL 70/50/EWG). **63**

Der Wert der Richtlinie besteht zum Ersten darin, die Vielgestaltigkeit der tatbestandlich von Art. 34 AEUV erfassten Maßnahmen anschaulich zu machen, zum Zweiten darin, die kategorische Unterscheidung von diskriminierenden und nicht diskriminierenden (oder nicht unterschiedslos und unterschiedslos anwendbaren) Maßnahmen zu verdeutlichen, welche im Zentrum jeder wirtschaftlichen Integrationsordnung steht, und zum Dritten darin, das Verhältnismäßigkeitsprinzip als Schranken-Schranke fruchtbar zu machen (Art. 3 Satz 2 RL 70/50/EWG). **64**

Freilich handelt es sich um nicht mehr als Veranschaulichung und Verdeutlichung. Der Radius von Art. 34 AEUV wurde nicht legislativ, sondern judikativ bestimmt. **65**

IV. Gerichtliche Definition

1. Definition in der Rs. Dassonville

66 Die Gelegenheit zur Definition von Maßnahmen gleicher Wirkung – und damit des Anwendungsbereichs von Art. 34 AEUV – nutzte der EuGH in der **Rs. Dassonville**.[81] Nach belgischem Recht durfte Branntwein nur importiert werden, wenn neben einer von der belgischen Regierung zugelassenen Ursprungsbezeichnung auch eine amtliche Bescheinigung des Herkunftslandes der Waren beilag. Ein belgischer Händler, Herr Dassonville, kaufte in Frankreich schottischen Whisky (dort war er vergleichsweise billig zu haben, da das verfügbare Durchschnittseinkommen weit unter dem in Belgien lag und Whisky außerdem noch nicht etabliert war, so dass er kostengünstig abgegeben wurde) und führte ihn nach Belgien ein – die klassische Strategie des Parallelimports. Allerdings war Herr Dassonville nicht im Besitz einer britischen Ursprungsbescheinigung der britischen Zollbehörden (die natürlich schwer erhältlich ist, wenn man im freien Verkehr befindlichen Scotch in Frankreich kauft). Er verstieß damit gegen das belgische Recht und wurde strafrechtlich in Belgien verfolgt. Zur Verteidigung trug er vor, das belgische Gesetz verstoße gegen Art. 34 AEUV, denn bei der Nachweisregelung handele es sich um eine nicht zu rechtfertigende Maßnahme gleicher Wirkung wie eine mengenmäßige Beschränkung. Das belgische Gericht legte dem EuGH zur Vorabentscheidung vor. Dieser entschied:

»[5] Jede Handelsregelung der Mitgliedstaaten, die geeignet ist, den innergemeinschaftlichen Handel unmittelbar oder mittelbar, tatsächlich oder potentiell zu behindern, ist als Maßnahme mit gleicher Wirkung wie eine mengenmäßige Beschränkung anzusehen.«[82]

2. Bedeutung dieser Definition

a) Weite Definition

67 Die **Weite** dieser Definition, die über den von der Kommission vorgenommenen Definitionsversuch erheblich hinausgeht (s. Rn. 61), wird unmittelbar deutlich. So gut wie alle denkbaren Maßnahmen sind erfasst: Jede **Eignung** zur tatsächlichen oder **potentiellen**, unmittelbaren oder **mittelbaren** Behinderung eröffnet den Anwendungsbereich des Art. 34 AEUV. Eine **hypothetische Beeinflussung der Handelsströme** kann für so gut wie jede staatliche Maßnahme konstruiert werden, wenn bereits die Möglichkeit einer nachvollziehbaren Kausalität zwischen Maßnahme und Handelsströmen ausreicht. In all diesen Fällen ist die Maßnahme prima facie rechtswidrig und muss unter Berufung auf einen Ausnahmetatbestand (Art. 36 AEUV und später die »zwingenden Erfordernisse« aus der Rs. Cassis de Dijon) gerechtfertigt werden.

68 Der EuGH hat sich damit entschlossen, die nicht finanziellen Handelsbeschränkungen einem **Beschränkungsverbot** zu unterwerfen und damit die **Logik der Liberalisierung**, nicht die der Nichtdiskriminierung, anzuwenden. Es kommt nicht darauf an, dass die mitgliedstaatliche Maßnahme (offen oder verdeckt) diskriminiert; ebenso wenig kommt es darauf an, dass sie dem Zweck dient, die einheimische Produktion zu schützen. Zwecke und Motive spielen keine Rolle, ebenso wenig wie ein diskriminierender oder protektionistischer Effekt. Allein die handelsbeschränkende Wirkung zählt.

---

[81] EuGH, Urt. v. 11.7.1974, Rs. 8/74 (Dassonville), Slg. 1974, 837.
[82] EuGH, Urt. v. 11.7.1974, Rs. 8/74 (Dassonville), Slg. 1974, 837, Rn. 5.

b) Gründe

Diese Entscheidung ist nicht überraschend, denn sie folgt der ähnlich gelagerten Entscheidung des EuGH im Bereich der finanziellen Marktzugangsbeschränkungen; fünf Jahre zuvor (1969) war das Urteil in der **Rs. Statistikgebühr**[83] ergangen. Daher gleichen sich auch die Gründe, die für den Ausschluss einer Zweck- und Motivprüfung sprechen und für eine derart weite Definition streiten. Erstens würde die **Normativität** von Art. 34 AEUV bei einer durchlässigeren Konstruktion stark geschwächt, was angesichts seiner großen Bedeutung für die Integration problematisch wäre. Zweitens will der EuGH nicht über **Zwecke und Motive** im Rahmen des Tatbestands entscheiden, weil er sich damit von vornherein in eine prekäre Lage versetzen würde: Er müsste bereits im Tatbestand über die Zweckmäßigkeit von Normsetzungen der Mitgliedstaaten urteilen, statt dies erst im Rahmen der Rechtfertigung anhand eines eng begrenzten Katalogs abschließend aufgezählter Schutzgüter zu tun. Dies wäre für einen transnationalen Spruchkörper mit von vornherein labiler Legitimation nicht ungefährlich. Drittens sendet der EuGH ein Signal: Die weite Definition der Maßnahme gleicher Wirkung bedeutet, dass auch im nicht finanziellen Bereich die Vorschriften des Vertrages ernst zu nehmen sind und nicht von den Mitgliedstaaten durch nicht ökonomische Maskierungen umgangen werden dürfen. Viertens ist die Entscheidung für die weite Definition als Beschränkungsverbot auch hermeneutisch zu rechtfertigen, denn auch mengenmäßige Beschränkungen sind ebenso wenig wie Zölle notwendigerweise immer diskriminierend und protektionistisch. Gleiches muss dann für die Maßnahmen »gleicher« Wirkung gelten. Freilich kann man durchaus argumentieren, dass die Wirkung von mengenmäßigen Beschränkungen lediglich in der Behinderung des Marktzugangs besteht; dasselbe müsste dann auch für die Maßnahmen gleicher Wirkung gelten, so dass eine derart weite, auch die interne Marktregulierung miteinschließende Definition (dazu sogleich) zu weit ist.

69

c) Verhältnis zu finanziellen Marktzugangsbeschränkungen

Die durch die Rs. Dassonville gelieferte weite Definition der »Maßnahme gleicher Wirkung« im Bereich nicht finanzieller Handelshemmnisse scheint damit in Inhalt, Ratio und sogar Duktus der durch die Rs. Statistikgebühr gelieferten Definition einer »Abgabe gleicher Wirkung« im Bereich finanzieller Marktzugangsbeschränkungen zu **entsprechen**. Die Interpretation von Art. 28, 30 AEUV in der Rs. Statistikgebühr scheint eine gleichgelagerte Interpretation von Art. 34 AEUV in der Rs. Dassonville nach sich zu ziehen. Beide Entscheidungen scheinen auf den ersten Blick demselben Geist zu entspringen, der die Union als Gemeinsamen Markt mit freiem Warenverkehr konzipiert und in der jedes Hindernis per se illegal und zu entfernen ist, unabhängig von seiner diskriminierenden oder protektionistischen Wirkung. Nach diesen beiden Entscheidungen schien das Diskriminierungs- und Protektionismusverbot dem verstaubten und ineffektiven GATT 1947 anzugehören, während das Beschränkungsverbot in den Rs. Statistikgebühr und Dassonville die neue, vom EuGH angeführte Ära europäischer Integration verkörperte.

70

Ein zweiter Blick enthüllt, dass die Entscheidung in der Rs. Dassonville trotz der scheinbaren Affinität zur Rs. Statistikgebühr in vielerlei Hinsicht das **Gegenteil** ist. Die Kategorie der »Abgaben gleicher Wirkung« aus Art. 28, 30 AEUV bezieht sich ausschließlich auf finanzielle Beschränkungen des Marktzugangs, und nur diese hat der

71

---

[83] EuGH, Urt. v. 1.7.1969, Rs. 24/68 (Kommission/Italien (Statistikgebühr)), Slg. 1969, 193.

EuGH durch die Rs. Statistikgebühr als Beschränkungsverbot ausgestaltet und in seiner Reichweite breit angelegt. Die finanzielle Beschränkung durch interne Marktregulierung hingegen wird von Art. 110 AEUV gesteuert; das hier beherrschende System ist ein Diskriminierungs- und Protektionismusverbot. Art. 34 AEUV umfasst dagegen im Bereich der nicht finanziellen Handelsschranken beides; sowohl Beschränkungen des Marktzugangs als auch Beschränkungen durch Regulierungen des internen Marktes. Die weite Definition von »Maßnahmen gleicher Wirkung« durch die Rs. Dassonville begrenzt daher das Beschränkungsverbot – anders als die Rs. Statistikgebühr – nicht auf das Marktzugangsregime, sondern dehnt es auf das Regime interner Marktregulierung aus. Der Schritt, den der EuGH in der Rs. Dassonville geht, ist mit anderen Worten viel größer als der, den er in der Rs. Statistikgebühr getan hat.

72 Hermeneutisch ist dies leicht zu rechtfertigen, denn im Bereich nicht finanzieller Handelshemmnisse gibt es nur ein einziges Set von Normen: Art. 34 ff. AEUV. Im Bereich finanzieller Handelshemmnisse hingegen gibt es zwei Sets (Art. 28, 30 AEUV einerseits, Art. 110 AEUV andererseits), so dass dort die **Unterscheidung zwischen Marktzugang und interner Marktregulierung** bereits vertraglich getroffen ist. Dennoch gilt es festzuhalten, dass Dassonville keine Fortschreibung von Statistikgebühr, sondern eine entschiedene Abkehr ist; die Konsequenzen sollten bald spürbar werden.

3. Konsequenzen dieser Definition

73 Während die Gründe für eine weite Definition der Maßnahmen gleicher Wirkung – und damit eine weite Anwendungsfläche für Art. 34 AEUV – einleuchtend sind, entstehen gleichwohl Konsequenzen, von denen zweifelhaft ist, ob sie vom EuGH intendiert waren.

a) Privilegierung finanzieller Maßnahmen zur internen Marktregulierung

74 Die erste Konsequenz ist eine **regulative Schieflage**. Wenn ein Mitgliedstaat seinen internen Markt regulieren will, eröffnen sich ihm zwei grundsätzliche Möglichkeiten. Er kann dies zum einen durch finanzielle Maßnahmen tun, indem er inländische Abgaben und Steuern erhebt. Er kann zum anderen zu nicht finanziellen Maßnahmen greifen, indem er bestimmte Vorschriften erlässt, etwa technische Sicherheitsrichtlinien oder Vermarktungsbeschränkungen. Finanzielle Regulierungen des internen Marktes sind grundsätzlich zulässig; sie dürfen nur nicht diskriminierender oder protektionistischer Natur sein (Art. 110 AEUV). Nicht finanzielle Maßnahmen hingegen sind grundsätzlich nicht zulässig (Beschränkungsverbot bei Art. 34 AEUV), es sei denn, sie können gerechtfertigt werden (Art. 36 AEUV und »zwingende Erfordernisse« im Sinne der Rs. Cassis de Dijon). Der Handlungsspielraum der Mitgliedstaaten ist also im finanziellen Bereich größer. Der EuGH privilegiert mit anderen Worten die interne Marktregulierung durch Steuern gegenüber der internen Marktregulierung durch nicht finanzielle Maßnahmen wie Standards und andere Vorschriften. Für eine solche **Privilegierung** ist kein einleuchtender ökonomischer oder sozialer Grund ersichtlich. Im Gegenteil sind Steuern zumeist regressiv und belasten niedrige Einkommensschichten vergleichsweise stärker als höhere. Der einzig erkennbare regulative Grund ist die höhere Sichtbarkeit von finanziellen Maßnahmen, weshalb etwa im GATT 1947 die Entscheidung für die tariffs only-Maxime getroffen wurde.[84] Aber auch hier unterscheiden sich Zölle einer-

---

[84] *Trebilcock/Howse/Eliason*, The Regulation of International Trade, 2012, S. 261 u. 280; *Baetge*, Globalisierung des Wettbewerbsrechts, 2009, S. 14 f.

seits und Steuern andererseits in ihrer Transparenz, und das moderne Steuersystem dürfte kaum transparenter als nicht tarifäre Maßnahmen sein. Daher ergibt die Privilegierung des fiskalischen Bereichs nicht nur wenig Sinn, sondern ist auch negativ zu beurteilen.[85]

b) Erhöhter Druck auf Art. 36 AEUV und die zwingenden Erfordernisse

Die zweite Konsequenz besteht darin, dass die Mitgliedstaaten in immer mehr Fällen gezwungen sind, ihre regulativen und sozialen Entscheidungen vor dem EuGH zu **rechtfertigen**. Das Beschränkungsverbot in der weiten Dassonville-Definition führt dazu, dass viele mitgliedstaatliche Vorschriften von Art. 34 AEUV erfasst werden und damit prima facie rechtswidrig sind. Sie entgehen allerdings dem Diktum der Rechtswidrigkeit, wenn es den Mitgliedstaaten gelingt, ihre Vorschriften zu rechtfertigen. Damit wird ein weiterer wichtiger Unterschied zwischen dem finanziellen und dem nicht finanziellen Bereich deutlich. Das Beschränkungsverbot bei Zöllen und zollgleichen Abgaben kennt keine Rechtfertigungsebene und beschneidet damit die Wahlmöglichkeiten der regulativen Instrumente, zu denen die Mitgliedstaaten greifen können. Das Beschränkungsverbot im nicht finanziellen Bereich dagegen beschneidet diese Wahlmöglichkeit nicht: Man kann nach wie vor zur Regulierung durch Standards und andere Vorschriften greifen, wenn man diese nur rechtfertigen kann. Dadurch wächst der Druck auf die **Rechtfertigungsvorschrift** des Art. 36 AEUV dramatisch an. Dies wiederum zwingt den EuGH, seinen Interpretationsgrundsatz, nach dem Ausnahmen so eng wie möglich auszulegen sind,[86] im Hinblick auf Art. 36 AEUV besonders stark zu machen, da sonst die Normativität von Art. 34 AEUV stark litte. Hieraus folgt ein in das Normenregime eingebauter **konservativer Spin**, da der EuGH alle sozialen, umwelt- und verbraucherschützenden Maßnahmen an einem ökonomischen Maßstab messen muss. Die Ratio der Art. 34 ff. AEUV ist diejenige des freien Warenverkehrs; sie entscheidet darüber, welche Maßnahmen als rechtmäßig passieren und welche nicht. Alle von der Dassonville-Formel erfassten Maßnahmen sind prima facie anrüchig und bedürfen der Rechtfertigung.

c) Prekäre institutionelle Position des EuGH

Die hiermit eng zusammenhängende dritte Konsequenz besteht darin, dass der EuGH institutionell ins Zentrum heikler Fragen substantieller Natur rückt. Er wird gezwungen, **delikate mitgliedstaatliche Gesetzgebungsentscheidungen** insbesondere auf den Gebieten der Sozial-, Umwelt- und Wirtschaftspolitik zu bewerten. Wie schwierig es ist, soziale Entscheidungen mit handelspolitischen Entscheidungen in Einklang zu bringen, zeigen die Auseinandersetzungen um die Legitimation der WTO[87] und neuerdings der EZB. Der EuGH ist ein transnationales Rechtsprechungsorgan ohne garantierten Rechtsgehorsam und ohne eine von den Mitgliedstaaten unabhängige Vollstreckungsmacht, so dass seine Position inmitten diffiziler politischer Dilemmata große Gefahren für seine **Legitimität** birgt.

---

[85] *Weiler*, Towards a Common Law of International Trade, in: ders. (Hrsg.), The EU, the WTO, and the NAFTA, 2000, S. 201 (217).
[86] EuGH, Urt. v. 10.12.1968, Rs. 7/68 (Kommission/Italien (Kunstschätze)), Slg. 1968, 617 (644).
[87] Dazu etwa *Howse*, The WTO System: Law, Politics, and Legitimacy, 2007.

d) Problematische Ausdehnung der Grundrechtskontrolle

77 Die vierte Konsequenz besteht in einer **starken Ausdehnung** des Anwendungsbereichs von **Unionsgrundrechten**. Während diese grundsätzlich nur die Organe, Einrichtungen und sonstigen Stellen der Union binden, gelten sie für die Mitgliedstaaten ausnahmsweise bei der Durchführung des Unionsrechts (s. Art. 51 Abs. 1 Satz 1 GRCh). Zu diesem Ausnahmetatbestand zählt auch die ERT-Situation (s. die Erwähnung der Rs. ERT[88] in »Erläuterung zu Art. 51 GRCh« der Erläuterungen zur GRCh, die gemäß Art. 52 Abs. 7 GRCh als Anleitung für die Auslegung der Charta verfasst wurden und von den Gerichten der Union und der Mitgliedstaaten gebührend zu berücksichtigen sind; s. auch Rs. Åkerberg Fransson[89]). Wenn Mitgliedstaaten in Anwendung der Ausnahmeklausel einer Grundfreiheit – hier also des Art. 36 AEUV und der »zwingenden Erfordernisse« der Cassis-Formel – Maßnahmen erlassen, werden diese am Maßstab der Unionsgrundrechte gemessen. Eigentlich handelt es sich um eine eng umgrenzte Ausnahme von der Grundregel, dass nur Unionsakte an Unionsgrundrechten gemessen werden: Unionsgrundrechte sind nicht umfassend inkorporiert, d. h. nicht vollumfänglich auf Mitgliedstaaten anwendbar. Dies hat gute Gründe; insbesondere fühlen sich nationale Gerichte selbst befähigt und berufen, Maßnahmen ihrer Mitgliedstaaten am Maßstab ihrer eigenen Grundrechte zu kontrollieren. Als Ausnahme von der Regel könnte eine Kontrolle mitgliedstaatlicher Handlungen am Maßstab der Unionsgrundrechte für die Gerichte hinnehmbar sein. Wenn jedoch die Ausnahme aufgrund der steigenden Zahl der Fälle zur Regel wird, mag sich Widerstand regen, was wiederum zu Problemen im Vorabentscheidungsverfahren führen kann. Genau dies geschieht: Aufgrund des weiten Anwendungsbereichs von Art. 34 AEUV müssen immer mehr Maßnahmen **gerechtfertigt** werden und werden vom EuGH unter Art. 36 AEUV oder den »zwingenden Erfordernissen« für rechtmäßig erklärt. Immer mehr nationale Maßnahmen werden also am Maßstab der Unionsgrundrechte gemessen. Dies ruft all jene **Komplikationen** auf den Plan, die mit Inkorporation, also vollständiger Anwendung der Unionsgrundrechte auch auf mitgliedstaatliche Akte, einhergehen. Hierzu zählt erstens eine **Verdichtung des sozialen Kontextes**, der zu wachsender Politisierung in einem Maße führen kann, das wiederum die Legitimationsgrundlagen der Union überfordern könnte. Zweitens kommt es dadurch, dass der EuGH mit Hilfe der Grundrechte einen unmittelbar demokratisch legitimierten Gesetzgebungsprozess der Mitgliedstaaten hinterfragt, zu jenen **Problemen demokratischer Legitimität**, die unter dem Stichwort der counter-majoritarian difficulty bekannt sind. Drittens kommt es zu **institutionellen Verwerfungen**, da die mitgliedstaatlichen Gerichte mit dieser Ausdehnung kaum einverstanden sein werden. Zudem findet sich der EuGH in der besonders unangenehmen Lage wieder, zu einer Art Berufungsgericht für nationale Rechtsprechung zu werden und sich mit seiner Unionsgrundrechtejurisprudenz in offenen **Widerspruch zur nationalen Grundrechtejurisprudenz** zu setzen. Viertens sind Grundrechte **Beschränkungen** – Kompetenzgrenzen – für die politischen Gewalten eines Gemeinwesens. Sich zusätzlichen, erhöhten Beschränkungen auszusetzen, ist nie erwünscht, so dass damit zu rechnen ist, dass Regierungen und Parlamente Widerstand zeigen.[90]

---

[88] EuGH, Urt. v. 18.6.1991, Rs. C–260/89 (ERT/DEP), Slg. 1991, I–2925.
[89] EuGH, Urt. v. 7.5.2013, Rs. C–617/10 (Åkerberg Fransson), ECLI:EU:C:2013:280.
[90] Ausführlich *Haltern*, Europarecht, Rn. 1090 ff.

e) Ausdehnung von Unionskompetenzen

Die fünfte Konsequenz der weiten Definition von Maßnahmen mit gleicher Wirkung in der Rs. Dassonville besteht in einer Querverbindung zum Thema der Unionskompetenzen in Gestalt von **Art. 114 f. AEUV**. Art. 114 AEUV verleiht der Union die Kompetenz, diejenigen Rechts- und Verwaltungsvorschriften der Mitgliedstaaten zu harmonisieren, die sich unmittelbar auf die Errichtung oder das Funktionieren des Gemeinsamen Marktes auswirken. Der Gerichtshof lässt hierfür die Geeignetheit zur Beeinträchtigung des Gemeinsamen Marktes ausreichen.[91] Stellt der EuGH fest, dass eine mitgliedstaatliche Vorschrift in den Anwendungsbereich von Art. 34 AEUV fällt und eine Maßnahme mit gleicher Wirkung wie eine mengenmäßige Beschränkung darstellt, bejaht er zugleich die Frage, ob es sich um eine Rechts- oder Verwaltungsvorschrift des Mitgliedstaates handelt, die sich auf das Funktionieren des Gemeinsamen Marktes auswirkt. Verfängt sich also eine mitgliedstaatliche Maßnahme im Netz des Tatbestandes von Art. 34 AEUV, steht zugleich fest, dass diese Maßnahme den Markt parzelliert und sich damit negativ auf den Gemeinsamen Markt auswirkt. Dies ist eine der Voraussetzungen dafür, dass die Union harmonisierend tätig werden kann. Nun wird eine Vielzahl von Maßnahmen unter Art. 36 AEUV und den »zwingenden Erfordernissen« gerechtfertigt. Dies ändert jedoch nichts am vorstehenden Befund, im Gegenteil. Könnte die Maßnahme *nicht* gerechtfertigt werden, würde der EuGH sie für nicht anwendbar erklären und damit die Parzellierung des Marktes selbst aus der Welt schaffen. Immer dann, wenn die Maßnahme dagegen gerechtfertigt werden kann, darf sie bestehen bleiben und mit ihr die Marktfragmentierung. Dies löst nach Art. 114 AEUV die Unionskompetenz zur Harmonisierung aus.

78

Durch die Weite der Definition Maßnahmen gleicher Wirkung fallen immer mehr mitgliedstaatliche Maßnahmen in den Anwendungsbereich von Art. 34 AEUV; da aber Regulierungen zum modernen Verwaltungsstaat selbstverständlich dazugehören, werden zugleich auch immer mehr gerechtfertigt. Dadurch bleiben immer mehr gerichtlich »zertifizierte« Binnenmarktprobleme bestehen, auf die Art. 114 AEUV zugreift. Der weite Radius der Dassonville-Formel zieht also einen **weiten Radius der Unionskompetenzen** nach sich.[92] Dies ist in einer Union, in der das Thema der Unionskompetenzen

79

---

[91] EuGH, Urt. v. 16.12.1976, Rs. 33/76 (Rewe/Landwirtschaftskammer für das Saarland), Slg. 1976, 1989, Rn. 5: »Die Artikel 100 bis 102 EWG-Vertrag [jetzt Art. 114 ff. AEUV] gestatten es gegebenenfalls, die erforderlichen Maßnahmen zu treffen, um die Unterschiede in den Rechts- oder Verwaltungsvorschriften der Mitgliedstaaten in diesem Bereich auszuräumen, wenn sich erweisen sollte, daß sie Verzerrungen hervorzurufen oder das Funktionieren des Gemeinsamen Marktes zu beeinträchtigen geeignet sind.«

[92] Dies ist freilich nicht unumstritten, vgl. etwa *Millarg*, Die Schranken des freien Warenverkehrs in der EG, 2001, S. 87 ff.; *Keßler*, Das System der Warenverkehrsfreiheit im Gemeinschaftsrecht, 1997, S. 317 ff. m. w. N. in Anm. 311. Ähnlich wie hier *Weiler* (Fn. 85), S. 216 f.; *Roth*, Freier Warenverkehr und staatliche Regelungsgewalt in einem Gemeinsamen Markt, 1977, S. 24 ff.; *Mayer*, EuR 2003, 793 (809 ff.). Gelten dürfte aber in jedem Fall, dass die Tatsache, dass eine mitgliedstaatliche Maßnahme von Art. 34 AEUV erfasst wird (und anschließend gerechtfertigt wird, also bestehen bleibt), möglicherweise keine ausschließliche, aber doch eine hinreichende Bedingung für die der Gemeinschaft gemäß Art. 114 f. AEUV zuwachsende Harmonisierungskompetenz darstellt. Auch lässt sich nachweisen, dass EuGH-Entscheidungen im Bereich der Warenverkehrsfreiheit den europäischen Gesetzgeber mobilisieren. Ein Beispiel ist die auf Art. 308 EGV [Amsterdam] gestützte VO Nr. 2679/98 vom 7.12.1998 über das Funktionieren des Binnenmarktes im Zusammenhang mit dem freien Warenverkehr zwischen den Mitgliedstaaten (ABl. L 337/8), die ein »Frühwarnsystem« in Reaktion auf EuGH, Urt. v. 9.12.1997, Rs. C–265/95 (Kommission/Frankreich (Bauernproteste)), Slg. 1997, I–6959, einführt.

zu den umstrittensten Themen überhaupt gehört und für verfassungsrechtliche Krisen sowohl der Mitgliedstaaten als auch der Union verantwortlich ist, keine gute Entwicklung, sondern eher eine politische Zeitbombe.

80 Der **Harmonisierungsanreiz**, der von dieser Konstellation ausgeht, wurde zunächst von institutionellen Bedingungen gebremst. Durch das Einstimmigkeitserfordernis, das für Harmonisierungsmaßnahmen unter Art. 114 AEUV vor Inkrafttreten der Einheitlichen Europäischen Akte galt, zeitigte die weite Definition der Maßnahmen gleicher Wirkung hier so gut wie keine Konsequenzen. Mit Einführung der qualifizierten Mehrheitsregel – die Einheitliche Europäische Akte trat Mitte 1987 in Kraft – änderte sich dies grundlegend. Der Prozess legislativer Harmonisierung war nicht länger blockiert, so dass auch die wandernden Kompetenzen nicht länger theoretischer Natur waren, sondern praktische Wirkung zeigten. Der Grundsatz der begrenzten Einzelermächtigung (Art. 5 Abs. 1 Satz 1 und Abs. 2 EUV) schien in Gefahr zu geraten. Diese Entwicklung war umso problematischer, als sich seit Anfang der 1990er Jahre das Augenmerk der Mitgliedstaaten auf die anscheinend unkontrollierbaren Unionskompetenzen richtete. Bereits die Verhandlungen zum Maastricht-Vertrag waren vom Kompetenzthema stark geprägt, das sich schließlich in der Subsidiaritätsklausel niederschlug (vgl. jetzt Art. 5 Abs. 3 EUV). Auch das **Bundesverfassungsgericht** reagierte 1993 mit scharfen Worten auf die Kompetenzkonzentration in Brüssel und rügte u. a. die Erosion des Prinzips der begrenzten Einzelermächtigung durch den großzügigen Gebrauch von Art. 352 AEUV (ex-Art. 235 EWGV).[93] Das Maastricht-Urteil bringt im Begriff des »ausbrechenden Rechtsakts« die Besorgnis über das **Kompetenzproblem** auf den Punkt; die Drohung des Bundesverfassungsgerichts, ultra vires-Handlungen der Gemeinschaft für unanwendbar zu erklären, zeigt, wie ernst die Lage war. Trotz der wiederholten verfassungsgerichtlichen Behandlung[94] ist das Kompetenzproblem nach wie vor eines der heikelsten Themen in der europapolitischen Diskussion.

4. Krisensymptome

81 Spätestens nachdem die Kommissions- und damit die legislativ geführte Periode des »Neuen Konzepts«, das ab Mitte der 1980er Jahre die Entstehung neuer Handelshemmnisse durch mitgliedstaatliche, voneinander abweichende (technische) Normen und Rechtsvorschriften verhindern sollte, ihren ersten Schwung verloren hatte, zeigten sich verstärkt Krisensymptome in der Warenverkehrsfreiheit, die zu einem nicht geringen Teil auf die Weite des Anwendungsbereichs von Art. 34 AEUV zurückzuführen waren. Nachdem der EuGH in der Rs. Dassonville zwar durch eine uferlos angelegte Definition der Maßnahmen gleicher Wirkung die Richtung angezeigt hatte, aber in seiner konkreten Rechtsprechung (auch in der Rs. Dassonville selbst[95]) zunächst stark Diskrimi-

---

[93] BVerfGE 89, 155 (210) (*Maastricht*).
[94] BVerfGE 126, 286 (*Honeywell*); BVerfGE 123, 267 (*Lissabon*); BVerfG, NJW 2014, 907 (*OMT*).
[95] Vgl. EuGH, Urt. v. 11. 7. 1974, Rs. 8/74 (Dassonville), Slg. 1974, 837, Rn. 7–9. Der EuGH nimmt auf seine Definition aus Rn. 5 im Folgenden praktisch keinen Bezug mehr, sondern entscheidet den Fall aufgrund der Diskriminierungsproblematik: »Sonach stellt es eine mit dem Vertrag unvereinbare Maßnahme mit gleicher Wirkung wie eine mengenmäßige Beschränkung dar, wenn ein Mitgliedstaat eine Echtheitsbescheinigung verlangt, die sich der Importeur eines in einem anderen Mitgliedstaat ordnungsgemäß im freien Verkehr befindlichen echten Erzeugnisses schwerer zu beschaffen vermag als der Importeur, der das gleiche Erzeugnis unmittelbar aus dem Ursprungsland einführt.« (ebd., Rn. 9).

nierungsverbots-geprägt war, hat er sich spätestens seit der Rs. Cassis de Dijon[96] verstärkt den unterschiedslos anwendbaren Maßnahmen zugewandt und damit der Dassonville-Definition zur vollen Entfaltung verholfen. Am deutlichsten wurden die Pathologien möglicherweise in den Sonntagsverkaufsverbotsfällen, an deren Spitze die Rs. Torfaen[97] stand. Zwar reagierte der EuGH im Jahr 1989, als er Torfaen entschied, noch nicht angemessen, doch zeigen sich in den Schlussanträgen des Generalanwalts *van Gerven* unübersehbar Suchbewegungen, die auf die spätere Lösung des EuGH hindeuten und daher von Wert für das Verständnis der Rechtsprechung sind.

Die Sonntagsverkaufsverbotsfälle rückten die **Rechtsprechungs-Logik des Umsatzrückgangs** ins Rampenlicht. In der Rs. Torfaen hatte das Vereinigte Königreich ein Verbot von Sonntagsverkäufen erlassen, von dem nur einige Waren (wie Tabak, Zeitungen, bestimmte Lebensmittel wie Milch und Brot usw.) ausgenommen waren. Das Unternehmen B & Q, in dessen Geschäften Heimwerkerbedarf verkauft wurde, öffnete sein Geschäft in Cwmbran im Borough Torfaen an Sonntagen für das Publikum; die örtliche Behörde Torfaen Bourough Council verhängte daraufhin eine Geldbuße. B & Q verteidigte sich mit dem Argument, die gesetzlichen Bestimmungen zum Sonntagsverkaufsverbot verstießen gegen Art. 34 AEUV. Der Umsatzrückgang als Folge des Sonntagsverkaufsverbots betrug durchschnittlich 23 %; B & Q importierte etwa 10 % der verkauften Waren aus dem EU-Ausland. Hieraus ergab sich ein entsprechender Rückgang der Einfuhren aus den anderen Mitgliedstaaten. Einigkeit bestand darüber, dass die eingeführten Waren nicht schlechter gestellt waren als die einheimisch hergestellten Waren; der **Umsatzrückgang betraf alle Waren gleichermaßen**. 82

a) »Echte« unterschiedslos anwendbare Maßnahmen und Absatzrückgang

Die Sonntagsverkaufsverbotsfälle sind ein geeignetes Beispiel für die mitgliedstaatlichen Maßnahmen, die Art. 34 AEUV unterfallen und zu einer Rechtfertigungspflicht der Mitgliedstaaten führen. Es handelt sich nämlich um »**echte« unterschiedslos anwendbare Maßnahmen**, die handelspolitisch von vornherein unverdächtig sind und nur aufgrund der Tatsache, dass sie – wie bei einheimisch produzierten Waren auch – bei importierten Produkten zu einem Absatzrückgang führen, vom Bannstrahl des Art. 34 AEUV erfasst sind. 83

aa) Systematisierung der von Art. 34 AEUV erfassten Maßnahmen

Deutlich wird dies, wenn man die von Art. 34 AEUV verbotenen Maßnahmen systematisiert. Grundsätzlich erfasst die Definition der Maßnahme gleicher Wirkung aus der Rs. Dassonville nahezu jede mitgliedstaatliche Maßnahme, denn so gut wie jede Regulierung ist geeignet, zumindest mittelbar und potentiell den innergemeinschaftlichen Handel zu beschränken. 84
– Ganz problemlos trifft dies auf **unterschiedlich anwendbare Maßnahmen** zu, die bereits tatbestandlich ausdrücklich an die Herkunft der Ware anknüpfen. Ein Beispiel sind mitgliedstaatliche Sonderbestimmungen für die Preise importierter Bücher.[98] Solche Maßnahmen sind so verdächtig, dass sie nicht in den Genuss der zusätzlichen Rechtfertigungsmöglichkeit der durch die Rs. Cassis de Dijon eingeführten »zwin-

---

[96] EuGH, Urt. v. 20.2.1979, Rs. 120/78 (Rewe/Bundesmonopolverwaltung für Branntwein), Slg. 1979, 649.
[97] EuGH, Urt. v. 23.11.1989, Rs. 145/88 (Torfaen Borough Council/B & Q PLC), Slg. 1989, 3851.
[98] EuGH, Urt. v. 10.1.1985, Rs. 229/83 (Leclerc/Au blé vert), Slg. 1985, 1.

genden Erfordernisse« kommen, sondern auf die Rechtfertigungsmöglichkeit nach Art. 36 AEUV beschränkt bleiben.
- Art. 34 AEUV erfasst auch **unterschiedslos anwendbare Maßnahmen** der Mitgliedstaaten. Hier kann man **drei Untergruppen** unterscheiden.[99] Es gibt erstens unterschiedslos geltende Maßnahmen, die zwar rechtlich nicht an die Herkunft der Ware anknüpfen, **tatsächlich aber ebenso wirken**, als enthalte der Tatbestand das Merkmal »ausländisches Erzeugnis«. Ein Mitgliedstaat verbietet beispielsweise den Vertrieb von Bettlaken, die nicht einer bestimmten Größe entsprechen; in allen anderen Mitgliedstaaten handelt es sich bei dieser Größe um eine nicht verwendete Sondergröße, nur im regulierenden Mitgliedstaat ist es eine Standardgröße, die die Bettlakenhersteller seit jeher produzieren.[100] Im Rechtsregime des **Art. 110 AEUV** würde man hier von einer **mittelbaren oder verdeckten Diskriminierung** sprechen. Auch diese Maßnahme ist von der Dassonville-Formel erfasst, allerdings kann der Mitgliedstaat sich neben Art. 36 AEUV auch auf die »zwingenden Erfordernisse« der Cassis-Formel berufen und die Maßnahme zu rechtfertigen versuchen.
- Zweitens gibt es unterschiedslos geltende Maßnahmen, die nicht offen im Tatbestand an die Herkunft der Ware anknüpfen und deren Wirkung auch nicht identisch mit einer unterschiedlich geltenden Maßnahme ist, die aber dennoch in der Praxis eine **Schutzwirkung** entfalten und typischerweise die **inländische Produktion begünstigen**.[101] Italien beispielsweise schreibt vor, dass Nudeln aus Hartweizen hergestellt werden müssen;[102] Deutschland schreibt vor, dass Bier unter dieser Bezeichnung nur vertrieben werden darf, wenn es nach dem deutschen Reinheitsgebot gebraut ist;[103] Österreich erlässt ein Fahrverbot für besonders schwere Lkws auf der Inntalautobahn, von dem aber überwiegend der von österreichischen Unternehmen nicht durchgeführte Transitverkehr betroffen ist.[104] Auch hier stehen zur Rechtfertigung sowohl Art. 36 AEUV als auch die »zwingenden Erfordernisse« zur Verfügung.
- Drittens schließlich sind unterschiedslos geltende Maßnahmen denkbar, die tatbestandlich nicht zwischen einheimischen und eingeführten Waren unterscheiden und die **auch faktisch nicht zu einer Schlechterstellung eingeführter Erzeugnisse führen**. Sie sind »**echte**« **unterschiedslos anwendbare Maßnahmen** und geraten nur aufgrund des weiten Anwendungsbereichs der Dassonville-Definition überhaupt ins Visier des Art. 34 AEUV. Obwohl es sich also um in jeder Hinsicht unterschiedslos geltende Maßnahmen handelt, sind sie dennoch geeignet, unmittelbar oder mittelbar, tatsächlich oder potentiell den innergemeinschaftlichen Handel negativ zu beeinflussen. Ein Beispiel ist die Konstellation in der Rs. Torfaen: Das Sonntagsverkaufsverbot gilt unabhängig von der Herkunft der zu verkaufenden Waren und ist unter keinem Gesichtspunkt geeignet, eingeführte Erzeugnisse schlechter zu stellen als einheimische Erzeugnisse. Dennoch reicht bereits die Tatsache, dass vom Absatzrückgang auch eingeführte Waren betroffen sind, aus, um das Sonntagsverkaufsverbot der Dassonville-Definition unterfallen zu lassen. Selbstverständlich stehen neben Art. 36 AEUV

---

[99] Vgl. *Mayer*, EuR 2003, 793 (802 ff., 815 f.).
[100] Beispiel ebd., 803.
[101] EuGH, Urt. v. 13.3.1984, Rs. 16/83 (Prantl), Slg. 1984, 1299.
[102] EuGH, Urt. v. 14.7.1988, Rs. 407/85 (3 Glocken u. a./USL Centro-Sud u. a.), Slg. 1988, 4233.
[103] EuGH, Urt. v. 12.3.1987, Rs. 178/84 (Kommission/Deutschland (Reinheitsgebot)), Slg. 1987, 1227.
[104] EuGH, Urt. v. 15.11.2005, Rs. C–320/03 (Kommission/Österreich (Inntalautobahn I)), Slg. 2005, I–9871.

die »zwingenden Erfordernisse« aus der Rs. Cassis de Dijon bereit, doch dies kann das Unbehagen nicht mindern: Regulierende Maßnahmen wie das Sonntagsverkaufsverbot sind nach der hergebrachten Prüfung prima facie rechtswidrig und bedürfen der Rechtfertigung.

bb) Hermeneutische Kritik

Das Argument einer simplen Umsatzreduzierung steckt in der Tat in der Definition aus der Rs. Dassonville (s. Rn. 82). Hier ist auch der Ansatzpunkt für eine einleuchtende hermeneutische Kritik. Die Argumentationsführung des EuGH in der Rs. Dassonville scheint darauf abzuheben, dass mengenmäßige Beschränkungen Importe verringern. Daher scheinen alle Maßnahmen, die Importe verringern, Maßnahmen gleicher Wirkung zu sein. Überzeugend ist das nicht. Die Wirkung einer mengenmäßigen Beschränkung ist damit nämlich nicht besonders differenziert beschrieben. Mengenmäßige Beschränkungen reduzieren Importe. Sie reduzieren aber Importe, ohne zugleich die Erzeugung oder den Verkauf einheimisch produzierter Waren zu verringern, und sie tun dies vor dem Hintergrund einer widerlegbaren Vermutung, dass diese Wirkung nicht durch positive Wirkungen auf andere, nicht wirtschaftliche Werte des Mitgliedstaates gerechtfertigt ist. Hätte der EuGH diese **differenziertere Wirkungsbeschreibung** von mengenmäßigen Beschränkungen gewählt, wäre auch seine Definition von Maßnahmen mit gleicher Wirkung differenzierter ausgefallen. Nach wie vor wären sowohl Grenzmaßnahmen als auch Maßnahmen zur internen Marktregulierung in den Anwendungsbereich von Art. 34 AEUV gefallen, die entweder unmittelbar diskriminierend sind – dies hätte möglicherweise auch den Vorstellungen der Gründerväter, die sich gegebenenfalls an Art. III GATT 1947 orientieren wollten, entsprochen – oder die unterschiedslos anwendbar sind im Sinne der Rs. Cassis de Dijon. Jedenfalls wäre die Ratio der reinen Absatzreduzierung herausgefallen.[105] So freilich greift Art. 34 AEUV grundsätzlich auch auf »echte« unterschiedslos anwendbare Maßnahmen der Mitgliedstaaten zu, obwohl diese **handelspolitisch völlig unverdächtig sind**, und zwingt die regulierenden Mitgliedstaaten in die Rechtfertigung. Die Konsequenz besteht in dem Strauß **verfassungsrechtlicher Probleme**, welche die regulative Schieflage der Warenverkehrsfreiheit in den Bereich der institutionellen und legitimationssensiblen Grundlagen der europäischen Integration überschwappen lässt: Privilegierung finanzieller Maßnahmen zur internen Marktregulierung; erhöhter Druck auf Art. 36 AEUV und die »zwingenden Erfordernisse«; prekäre institutionelle Position des EuGH; problematische Ausdehnung der Grundrechtskontrolle; und Ausdehnung der Unionskompetenzen (s. Rn. 48, 52, 77).

b) Nicht produktbezogene Maßnahmen

Die Sonntagsverkaufsverbotsfälle weisen eine weitere Komponente auf, die sie von der Mehrzahl der bisher entschiedenen Fälle unterscheidet. Die »echte« Form der unterschiedslos geltenden Maßnahmen an sich ist kein eigentlich neues Phänomen in der Warenverkehrsfreiheit. Lange vor der Rs. Torfaen war die Weite der Dassonville-Definition anhand von Fällen deutlich geworden, die »echte« unterschiedslose Maßnahmen zum Gegenstand hatten, etwa die Festlegung eines bestimmten Alkoholgehaltes für den Verkauf von Getränken in Hotels.[106] Die Rs. Torfaen behandelt nun aber eine Konstel-

---

[105] *Regan*, An Outsider's View of »Dassonville« and »Cassis de Dijon«: On Interpretation and Policy, in: Maduro/Azoulai (Hrsg.), The Past and Future of EU Law, 2010, S. 465 (465 f.).
[106] EuGH, Urt. v. 31.3.1982, Rs. 75/81 (Blesgen), Slg. 1982, 1211.

lation, in der Produkt und Maßnahme weitgehend entkoppelt sind: Das Sonntagsverkaufsverbot ist **keine produktbezogene Maßnahme**, und hierin besteht die neue Dimension innerhalb der Gruppe der »echten« unterschiedslos geltenden Maßnahmen. Die Kommission bringt diese neue rechtliche Qualität auf den Punkt. Sie unterscheidet in ihren Einlassungen in der Rs. Torfaen zwischen drei Kategorien unterschiedslos geltender Maßnahmen, die Generalanwalt *van Gerven* referiert:

»Zur ersten Kategorie gehörten die Maßnahmen zur Regelung der Voraussetzungen (Art oder Zusammensetzung, Abmessungen, Form, Aufbereitung, Etikettierung und Bezeichnung), die die Erzeugnisse erfüllen müßten, um auf den Markt gebracht werden zu können. Ungleichheiten zwischen den verschiedenen innerstaatlichen Regelungen auf diesem Gebiet führten zwangsläufig zu einer Behinderung des Handels, da sie zur Folge hätten, daß Güter, die in einem Mitgliedstaat rechtmäßig erzeugt oder in den Verkehr gebracht worden seien, angepaßt werden müßten, um im Einfuhrstaat verkauft werden zu können. Die zweite Kategorie umfasse Maßnahmen, die Einfuhr und Herstellung (oder lediglich das Inverkehrbringen) bestimmter Erzeugnisse untersagten. Durch diese Maßnahmen würden die betroffenen Erzeugnisse mit einem absoluten Einfuhrverbot belegt, und sie seien daher eher als mengenmäßige Beschränkung denn als Maßnahme gleicher Wirkung anzusehen. Bei der dritten Kategorie gehe es um die Begleitumstände (wo, wann, wie, durch wen), unter denen die Erzeugnisse verkauft oder gebraucht werden dürften. Einschränkungen betreffend die Öffnungszeiten der Geschäfte gehörten unbestreitbar zu dieser letzten Kategorie.«[107]

87 Die Regelung des Sonntagsverkaufsverbots, das in der Rs. Torfaen zur Prüfung ansteht, ist nicht produktbezogen. So gut wie alle Fälle, die der EuGH bis hierhin zu entscheiden hatte, hatten Maßnahmen zum Gegenstand, die im weiteren Sinne auf das Produkt selbst Bezug nahmen.[108] Hier aber geht es um die **Begleitumstände**, insbesondere zeitliche Einschränkungen des Verkaufs, also nicht um produkt-, sondern um **vertriebsbezogene Maßnahmen.**

88 Hiermit hängt auch zusammen, dass nun die **Reichweite der Dassonville-Definition** endgültig deutlich wird und sich die Frage stellt, ob sich denn überhaupt noch Grenzen ziehen lassen: Der Anwendungsbereich von Art. 34 AEUV schien jetzt einer **abschüssigen Bahn** zu gleichen, auf der immer mehr mitgliedstaatliche Maßnahmen zur internen Marktregulierung trotz ihrer Unverdächtigkeit immer schneller in Richtung Rechtfertigungspflicht rutschten, mit den angesprochenen (s. Rn. 77 und 85) hoch problematischen Folgen, die über die Grundfreiheiten hinausreichen. Wenn der EuGH im Rahmen von Art. 34 AEUV über das Sonntagsverkaufsverbot urteilen kann, ist nicht einsichtig, worüber der EuGH nicht urteilen könnte. So gut wie jede mitgliedstaatliche Regulierungsmaßnahme, sei sie auch noch so »echt« unterschiedslos anwendbar und lediglich vertriebsbezogen, ist irgendwie geeignet, den innergemeinschaftlichen Handel nachteilig über einen Absatz- oder Umsatzrückgang zu betreffen. Ein Rauchverbot am Arbeitsplatz etwa wird dazu führen, dass ein Verkäufer zum Rauchen vor die Tür treten muss, in dieser Zeit nichts verkaufen kann und dadurch der Absatz auch von Waren aus anderen Mitgliedstaaten sinkt. Das Rauchverbot wird dadurch natürlich nicht gleich rechtswidrig, doch wird der die Maßnahme erlassende Mitgliedstaat gezwungen, sie vor

---

[107] GA *van Gerven*, Schlussanträge zu Rs. C–145/88 (Torfaen Borough Council/B & Q PLC), Slg. 1989, 3851, Rn. 13.
[108] Eine Ausnahme ist möglicherweise EuGH, Urt. v. 11.7.1985, verb. Rs. 60/84 u. 61/84 (Cinéthèque/Fédération nationale des cinémas français), Slg. 1985, 2605, wo es um ein Verwertungsverbot von Kinofilmen auf Videokassetten bis zu einem Jahr nach dem Kinostart ging. Auch hier könnte man argumentieren, es handle sich um die Art des Vertriebs. Andererseits könnte man den Fall so lesen, dass es um die Neuheit des Inhalts der Videokassette geht, also um eine produktbezogene Maßnahme. Ausführlich zur Scheidelinie, an der Cinéthèque steht, *Haltern*, Europarecht und das Politische, 2005, S. 258 ff.

c) Heikle politisch-demokratische Dimension

89 Neu dimensioniert sind die Sonntagsverkaufsverbotsfälle nicht nur im Hinblick auf ihre rechtliche, sondern auch auf ihre **politische Reichweite**. Offenkundig ist, dass es sich um eine politisch brisante Konstellation handelt. Sonntagsverkaufsverbote werden aus tiefen historischen, kulturellen und sozialen Gründen erlassen. Wie die deutsche Debatte über das Ladenschlussgesetz zeigt, gehen solche Regelungen nie ohne breite gesellschaftliche Diskussion unter Einbezug der Kirchen, Gewerkschaften, Arbeitgeberverbände und anderer Interessengruppen einher. Damit ist nicht nur große Aufmerksamkeit der Mitgliedstaaten garantiert, die den EuGH scharf beobachten. Auch gesellschaftliche Kräfte werden sich in ihrer demokratischen Partizipation unterminiert fühlen. Hinzu kommt der merkwürdige Querstand, dass ein auf den ersten Blick nur marginal wirtschaftlicher Ratio unterliegendes Phänomen, wie der nicht verkaufsoffene Sonntag, **ökonomisch getestet** wird und sich gegenüber dem Interesse der Union an einer Marktöffnung behaupten muss. Dieser Querstand ist unabhängig von der Frage, ob dem regulierenden Mitgliedstaat letztlich die Rechtfertigung gelingt, denn bereits die **Rechtfertigungsnotwendigkeit befremdet**.

d) Rechtfertigungslösung kein gangbarer Weg

90 Die Sonntagsverkaufsverbotsfälle waren auch Anlass für Luxemburg, sich von der Ungeeignetheit der Verlagerung einer Lösung in die Rechtfertigungsebene zu überzeugen. Der EuGH selbst blieb zunächst noch untätig und wandte sein traditionelles, aus den Rs. Dassonville und Cassis de Dijon bekanntes Schema an, das die Probleme des Anwendungsbereichs in der Rechtfertigung zu behandeln versuchte.

Der EuGH sah den Schutzbereich des Art. 34 AEUV als eröffnet an.[109] Da es sich um eine unterschiedslos anwendbare Maßnahme handelte, standen sowohl Art. 36 AEUV als auch die »zwingenden Erfordernisse« für eine Rechtfertigung offen. Großbritannien machte mehrere Schutzgüter geltend. Von den »zwingenden Erfordernissen« abgedeckt seien der Schutz der Arbeitsumwelt, der Gesundheit, des Wohlbefindens der arbeitenden Bevölkerung sowie das Erfordernis, den allgemeinen Charakter des Sonntags als eines geschäftsfreien Tages zu bewahren. Obwohl die »zwingenden Erfordernisse« grundsätzlich nicht begrenzt sind, ist die »Wahrung des Sonntags als eines geschäftsfreien Tages« als Schutzgut zweifelhaft; unzweifelhaft ist dagegen der Schutz der Arbeitsumwelt und der Gesundheit von Arbeitnehmern und Selbständigen.[110] Von Art. 36 AEUV abgedeckt seien der Schutz der Gesundheit und des Lebens von Menschen, die öffentliche Ordnung und die öffentliche Sittlichkeit.[111] Von vornherein dürften hier die öffentliche Ordnung und die öffentliche Sittlichkeit ausscheiden.[112] Der EuGH müsste dann prüfen, ob das Sonntagsverkaufsverbot auch verhältnismäßig, insbesondere erforderlich ist.[113] Nimmt man den

---

[109] Vgl. EuGH, Urt. v. 23.11.1989, Rs. 145/88 (Torfaen Borough Council/B & Q PLC), Slg. 1989, 3851, Rn. 11.
[110] Vgl. GA *van Gerven*, Schlussanträge zu Rs. C–145/88 (Torfaen Borough Council/B & Q PLC), Slg. 1989, 3851, Rn. 30.
[111] GA *van Gerven*, Schlussanträge zu Rs. C–145/88 (Torfaen Borough Council/B & Q PLC), Slg. 1989, 3851, Rn. 27.
[112] GA *van Gerven*, Schlussanträge zu Rs. C–145/88 (Torfaen Borough Council/B & Q PLC), Slg. 1989, 3851, Rn. 29.
[113] Im EuGH, Urt. v. 23.11.1989, Rs. 145/88 (Torfaen Borough Council/B & Q PLC), Slg. 1989, 3851, Rn. 16 verwies der EuGH die Frage als Tatsachenentscheidung an das mitgliedstaatliche Gericht zurück.

Schutz der Gesundheit und des Wohlbefindens der Arbeitnehmer, könnte dies zweifelhaft sein. Man könnte dieses Ziel auch dadurch erreichen, dass man die Arbeitsstunden reduziert. Außerdem hat sich herausgestellt, dass der Sonntag für die in der Rs. Torfaen betroffene Heimwerkerindustrie ein besonders günstiger Verkaufstag ist; daher wäre wohl ein milderes Mittel, es den Betroffenen selbst zu überlassen, an welchem Wochentag sie ihre Geschäfte schließen.[114] Anders ist dies im Hinblick auf das Ziel, die Menschen dazu zu ermuntern, sich am Sonntag nichtberuflichen Aktivitäten zu widmen und soziale Kontakte zu pflegen: Hier wäre das Sonntagsverkaufsverbot wohl geeignet, erforderlich und angemessen.[115]

91 Demgegenüber brachte Generalanwalt *van Gerven* seine Bedenken auf den Punkt und schlug auch die naheliegende Lösung vor, nämlich den **Anwendungsbereich** des Art. 34 AEUV zu begrenzen:

»Der große Nachteil dieser Ersatzlösung ist (wie sich auch bei der alsbald vorzunehmenden Untersuchung der Rechtfertigungsgründe zeigen wird), daß der Gerichtshof zwangsläufig immer mehr genötigt wäre, die Angemessenheit von Maßnahmen der Mitgliedstaaten zu beurteilen, die auf einem der sehr zahlreichen Gebiete getroffen werden, bei denen von einer unmittelbaren oder mittelbaren, tatsächlichen oder rechtlichen Diskriminierung oder Benachteiligung der eingeführten Erzeugnisse keine Rede sein kann. Man mag sich fragen, ob nicht eine Überforderung des Gemeinschaftsrichters zu befürchten ist, da dieser ja mit zahlreichen neuen ›zwingenden Erfordernissen‹ und Rechtfertigungsgründen konfrontiert werden wird. Ständig wird er im Rahmen von Artikel 30 [jetzt Art. 34 AEUV] mit immer neuen innerstaatlichen Maßnahmen befaßt werden, wird er aufgefordert werden, die nicht abschließende Liste der zwingenden Erfordernisse zu erweitern. Es ist zu befürchten, daß diese Liste immer länger werden und sich schließlich zu einer Art Restbefugnis der Mitgliedstaaten auswachsen wird. Wie bereits angedeutet, erscheint es mir daher besser, von vornherein die Tragweite von Artikel 30 [jetzt Art. 34 AEUV] anhand der allgemeinen Ziele dieser Vorschrift und des Vertrages näher zu bestimmen.«[116]

92 Nicht erwähnt werden hier die Grundrechte- und die Kompetenzproblematik, die aus unionsverfassungsrechtlicher Sicht zu mindestens ebenso schweren Verwerfungen führen (s. Rn. 77 f. und 85). Fazit ist gleichwohl, dass eine Neujustierung des Anwendungsbereichs von Art. 34 AEUV durch eine differenziertere Definition der Maßnahme gleicher Wirkung unumgänglich ist. Obwohl der EuGH in der Rs. Torfaen bei seiner traditionellen Dogmatik bleibt, deutet eine Formulierung in seinem Urteil – bei isolierter Betrachtung – auf sein eigenes Unbehagen hin:

»[17] Auf die erste Frage ist daher zu antworten, daß Artikel 30 EWG-Vertrag [jetzt Art. 34 AEUV] dahin auszulegen ist, daß das von ihm ausgesprochene Verbot nicht für eine nationale Regelung gilt, die es Einzelhändlern verbietet, ihre Geschäfte am Sonntag zu öffnen, wenn die sich hieraus möglicherweise ergebenden beschränkenden Wirkungen auf den innergemeinschaftlichen Handel den Rahmen der einer solchen Regelung eigentümlichen Wirkungen nicht überschreiten.«[117]

93 Das Verbot des Art. 34 AEUV »gilt nicht« – das entspricht nicht dem Urteil, da Großbritannien sich rechtfertigen muss, doch es wirft den Schatten der zukünftigen Umformulierung voraus. Diese geschieht fast auf den Tag genau vier Jahre später in der Rs. Keck.[118] Sowohl die mangelnde Konsistenz der dogmatischen Formulierungen als auch

---

[114] GA *van Gerven*, Schlussanträge zu Rs. C–145/88 (Torfaen Borough Council/B & Q PLC), Slg. 1989, 3851, Rn. 31.
[115] GA *van Gerven*, Schlussanträge zu Rs. C–145/88 (Torfaen Borough Council/B & Q PLC), Slg. 1989, 3851, Rn. 31.
[116] GA *van Gerven*, Schlussanträge zu Rs. C–145/88 (Torfaen Borough Council/B & Q PLC), Slg. 1989, 3851, Rn. 26.
[117] EuGH, Urt. v. 23.11.1989, Rs. 145/88 (Torfaen Borough Council/B & Q PLC), Slg. 1989, 3851, Rn. 17.
[118] EuGH, Urt. v. 24.11.1993, verb. Rs. C–267/91 u. C–268/91 (Keck und Mithouard), Slg. 1993, I–6097.

die verstrichene Zeit deuten darauf hin, dass der EuGH erstens nur widerstrebend seine Rechtsprechung ändern wollte, denn immerhin würde er damit die integrationsfreundliche Dynamik, die Art. 34 AEUV auszeichnet und die der Gerichtshof sorgsam gefördert hat, beschneiden; und dass zweitens unter der Oberfläche der einheitlichen Urteilsentscheidung Meinungsverschiedenheiten hinsichtlich der richtigen Rechtsprechungsstrategie existierten. Mit zunehmendem Zeitablauf freilich geriet der EuGH immer stärker unter Druck.[119]

5. Reduzierung des Anwendungsbereichs in der Rs. Keck

a) Zeitlicher Kontext und Konstellation

Zwischen die Sonntagsverkaufsverbotsfälle und die am 24.11.1993 entschiedene Rs. Keck[120] treten der Maastricht-Vertrag und mit ihm die Subsidiaritätsklausel; zudem hat der Zweite Senat des Bundesverfassungsgerichts keine sechs Wochen zuvor das Maastricht-Urteil[121] erlassen. Die Sensibilität der Kompetenzproblematik, verbunden mit der ultra vires-Drohung aus Karlsruhe, stand dem EuGH also unmittelbar vor Augen, als er das Keck-Urteil fällte. Vor dem Hintergrund des gerade Gesagten kann nun nicht überraschen, dass der EuGH die Konsequenzen zieht und den Anwendungsbereich von Art. 34 AEUV einschränkt. Anlass war der von einem französischen Gesetz untersagte Verkauf von Waren zum Verlustpreis – also einem Preis, der unter dem tatsächlichen Einkaufspreis lag. Aufgrund dessen wurden Strafverfahren gegen die Leiter der Einkaufszentren, Herrn Keck und Herrn Mithouard, eingeleitet. Diese verteidigten sich mit dem Argument, das französische Verbot des Weiterverkaufs zu Verlustpreisen verstoße gegen Unionsrecht. Das französische Gericht legte mit der Bitte um Vorabentscheidung dem EuGH vor. Dieser stand vor der Alternative, seine alte Rechtsprechung trotz der dadurch entstandenen Probleme fortzuführen, oder dem Vorschlag des Generalanwalts zu folgen und den Anwendungsbereich von Art. 34 AEUV durch eine differenziertere Definition der Maßnahmen gleicher Wirkung zu beschränken. Der Fall bot sich dafür an, weil es sich bei dem französischen Gesetz wiederum um eine »echte« unterschiedslos geltende Maßnahme handelte, die allein aufgrund der resultierenden Absatzverringerung auch für ausländische Produkte in den Anwendungsbereich von Art. 34 AEUV fiel.

b) Reaktion des EuGH

Der EuGH wählt die Anwendungsbereichskorrektur und geht dabei wie folgt vor:

»[13] Zwar können solche Rechtsvorschriften das Absatzvolumen und damit das Volumen des Absatzes von Erzeugnissen aus anderen Mitgliedstaaten insoweit beschränken, als sie den Wirtschaftsteilnehmern eine Methode der Absatzförderung nehmen. Es ist jedoch fraglich, ob diese Möglichkeit ausreicht, um die in Rede stehenden Rechtsvorschriften als eine Maßnahme mit gleicher Wirkung wie eine mengenmäßige Einfuhrbeschränkung anzusehen. …
[15] Nach dem Urteil Cassis de Dijon … stellen Hemmnisse für den freien Warenverkehr, die sich in Ermangelung einer Harmonisierung der Rechtsvorschriften daraus ergeben, daß Waren aus anderen Mitgliedstaaten, die dort rechtmäßig hergestellt und in den Verkehr gebracht worden sind, bestimmten Vorschriften entsprechen müssen (wie etwa hinsichtlich ihrer Bezeichnung, ihrer Form, ihrer Abmessungen, ihres Gewichts, ihrer Zusammensetzung, ihrer Aufmachung, ihrer Eti-

---

[119] Etwa *Chalmers*, ICLQ 42 (1993), 269; *Mortelmans*, CMLRev. 28 (1991), 115; *Steiner*, CMLRev. 29 (1992), 749; *White*, E.L.Rev. 18 (1993), 475.
[120] EuGH, Urt. v. 24.11.1993, verb. Rs. C–267/91 u. C–268/91 (Keck und Mithouard), Slg. 1993, I–6097.
[121] BVerfGE 89, 155 (*Maastricht*).

kettierung und ihrer Verpackung), selbst dann, wenn diese Vorschriften unterschiedslos für alle Erzeugnisse gelten, nach Artikel 30 [jetzt Art. 34 AEUV] verbotene Maßnahmen gleicher Wirkung dar, sofern sich die Anwendung dieser Vorschriften nicht durch einen Zweck rechtfertigen läßt, der im Allgemeininteresse liegt und den Erfordernissen des freien Warenverkehrs vorgeht.«[122]

96 Damit ist angedeutet, dass die Grundzüge aus den Rs. Dassonville und Cassis de Dijon nicht aufgegeben werden. In der unmittelbar nachfolgenden Rn. 16 aber ändert der EuGH seine Rechtsprechung dennoch. Dies geschieht – was sehr selten vorkommt – ganz offen, indem der EuGH formuliert, »entgegen der bisherigen Rechtsprechung« zu entscheiden. In Anbetracht der Tatsache, dass der EuGH **Änderungen seiner Rechtsprechung** fast nie offen ankündigt, ist diese Tatsache ein Indiz dafür, dass Keck eine wichtige Wende darstellt. Die **Keck-Formel** lautet:

»[16] Demgegenüber ist entgegen der bisherigen Rechtsprechung die Anwendung nationaler Bestimmungen, die **bestimmte Verkaufsmodalitäten** beschränken oder verbieten, auf Erzeugnisse aus anderen Mitgliedstaaten nicht geeignet, den Handel zwischen den Mitgliedstaaten im Sinne des Urteils Dassonville ... unmittelbar oder mittelbar, tatsächlich oder potentiell zu behindern, sofern diese Bestimmungen **für alle betroffenen Wirtschaftsteilnehmer gelten**, die ihre Tätigkeit im Inland ausüben, und sofern sie den Absatz der inländischen Erzeugnisse und der Erzeugnisse aus anderen Mitgliedstaaten **rechtlich wie tatsächlich in der gleichen Weise berühren**.«[123]

97 Der EuGH fährt fort:

»[17] Sind diese Voraussetzungen nämlich erfüllt, so ist die Anwendung derartiger Regelungen auf den Verkauf von Erzeugnissen aus einem anderen Mitgliedstaat, die den von diesem Staat aufgestellten Bestimmungen entsprechen, nicht geeignet, **den Marktzugang für diese Erzeugnisse zu versperren oder stärker zu behindern**, als sie dies für inländische Erzeugnisse tut. Diese Regelungen fallen daher nicht in den Anwendungsbereich von Artikel 30 EWG-Vertrag [jetzt Art. 34 AEUV].«[124]

98 Damit gilt zwar grundsätzlich die Dassonville-Definition weiter. Aus ihrem weiten Anwendungsbereich schneidet der EuGH jedoch ein Stück heraus: Bestimmungen, die »bestimmte Verkaufsmodalitäten« beschränken oder verbieten, fallen selbst dann nicht in den Anwendungsbereich von Art. 34 AEUV, wenn sie eigentlich von der Dassonville-Formel erfasst wären. Hierdurch wird der große **Radius von Art. 34 AEUV beschränkt**. Voraussetzung dafür ist jedoch, dass diese Bestimmungen »für alle betroffenen Wirtschaftsteilnehmer gelten« (also nicht diskriminieren) und inländische und eingeführte Erzeugnisse »rechtlich wie tatsächlich in der gleichen Weise berühren« (also auch wirkungsgleich sind). Sind diese Voraussetzungen erfüllt, ist der Marktzugang nicht versperrt und nicht stärker behindert als für inländische Erzeugnisse; Art. 34 AEUV ist dann mangels Vorliegen einer Maßnahme gleicher Wirkung nicht anwendbar.

99 Damit lösen nicht länger alle Maßnahmen, die unter die Dassonville-Definition subsumierbar sind, die von Art. 34 AEUV angeordnete prima facie-Rechtswidrigkeit aus. Der EuGH nimmt sich dabei der offensichtlich problematischsten Fallgruppe an, nämlich der »echten« unterschiedslos geltenden Maßnahmen, die weder im Tatbestand zwischen einheimischen und eingeführten Erzeugnissen unterscheiden noch zu einer Schlechterstellung eingeführter Erzeugnisse führen. **Nicht alle »echten« unterschiedslos geltenden Maßnahmen** fallen aber aus dem Anwendungsbereich von Art. 34 AEUV heraus, sondern auch hier wiederum nur die problematischsten, nämlich diejenigen, bei

---

[122] EuGH, Urt. v. 24.11.1993, verb. Rs. C–267/91 u. C–268/91 (Keck und Mithouard), Slg. 1993, I–6097, Rn. 13, 15.
[123] EuGH, Urt. v. 24.11.1993, verb. Rs. C–267/91 u. C–268/91 (Keck und Mithouard), Slg. 1993, I–6097, Rn. 16 (meine Hervorhebungen).
[124] EuGH, Urt. v. 24.11.1993, verb. Rs. C–267/91 u. C–268/91 (Keck und Mithouard), Slg. 1993, I–6097, Rn. 17 (meine Hervorhebungen).

denen der **Zusammenhang zwischen Produkt und Maßnahme stark gelockert** ist. Der EuGH nimmt hier die von der Kommission in der Rs. Torfaen vorgebrachte und vom Generalanwalt referierte Unterscheidung zwischen produktbezogenen und vertriebsbezogenen Maßnahmen auf (s. Rn. 91) und scheidet die vertriebsbezogenen – die »bestimmten Verkaufsmodalitäten« – aus.

Bevor man bei der Prüfung einer mitgliedstaatlichen Maßnahme daher zur Frage der Rechtfertigung kommt, ist zu prüfen, ob trotz der Einschlägigkeit der Dassonville-Definition die fragliche Maßnahme nicht möglicherweise deshalb aus dem **Anwendungsbereich von Art. 34 AEUV herausfällt**, weil es sich um eine unterschiedslos geltende, vertriebsbezogene Maßnahme handelt, die den Absatz einheimischer und eingeführter Waren rechtlich und tatsächlich in der gleichen Weise berührt (**Keck-Formel**). 100

c) Bewertung
aa) Lösung mannigfacher Probleme
Die Meinungsverschiedenheiten über die zukünftige Richtung der Rechtsprechung zu Art. 34 AEUV, die wohl innerhalb des EuGH selbst existierten (s. Rn. 93), prägten auch die Reaktionen auf das Urteil in der Rs. Keck. Es wurde zum Teil heftig kritisiert mit dem Argument, der EuGH gebe dem Druck der Mitgliedstaaten nach und verabschiede sich vom Kern einer starken europäischen Integration, nämlich einem rigorosen Verbot von Maßnahmen gleicher Wirkung wie mengenmäßigen Beschränkungen.[125] In Anbetracht der Probleme, die durch die Begrenzung des Anwendungsbereichs von Art. 34 AEUV gelöst werden, dürfte das Gegenteil gelten. (1) Die Normativität von Art. 34 AEUV wurde nicht in Gefahr gebracht, da keine zusätzlichen Rechtfertigungsgründe anerkannt werden müssen. (2) Da es im Anwendungsbereich der Keck-Formel nicht zur Prüfung der Verhältnismäßigkeit kommt, muss der EuGH auch keine schwierigen und brisanten Abwägungen vornehmen; seine institutionelle Legitimation ist nicht gefährdet. (3) Da eine Rechtfertigung der mitgliedstaatlichen Handlung im Bereich der Keck-Formel nicht stattfinden muss, liegt auch die *ERT*-Situation nicht vor (s. Rn. 77); eine Prüfung anhand von Unionsgrundrechten entfällt. (4) Die Maßnahme, die unter Keck subsumiert werden kann, unterfällt nicht Art. 34 AEUV; eine Marktfragmentierung ist gerade nicht gegeben. Damit entsteht auch keine Harmonisierungskompetenz unter Art. 114 AEUV. 101

Der EuGH hat selbst eine knappe Zusammenfassung seiner Motivation gegeben, die man als Prisma dieser Argumente lesen kann und die zusätzlich darauf verweist, dass damit dem ineffizienten Arbeitsanfall in Luxemburg – viele innovative Fälle im Bereich der »echten« unterschiedslos geltenden Maßnahmen, die alle unter Art. 36 AEUV und den »zwingenden Erfordernissen« gerechtfertigt werden – ein Riegel vorgeschoben ist: 102

»[14] Da sich die Wirtschaftsteilnehmer immer häufiger auf Artikel 30 EWG-Vertrag [jetzt Art. 34 AEUV] berufen, um jedwede Regelung zu beanstanden, die sich als Beschränkung ihrer geschäftlichen Freiheit auswirkt, auch wenn sie nicht auf Erzeugnisse aus anderen Mitgliedstaaten gerichtet ist, hält es der Gerichtshof für notwendig, seine Rechtsprechung auf diesem Gebiet zu überprüfen und klarzustellen.«[126]

Der EuGH hat damit ein gutes Gespür bewiesen für die wirklich drängenden Fragen der europäischen Integration. Zum Zeitpunkt der Keck-Entscheidung galt der Maastricht- 103

---

[125] Beispielsweise *Fezer*, JZ 1994, 317 (318).
[126] EuGH, Urt. v. 24.11.1993, verb. Rs. C–267/91 u. C–268/91 (Keck und Mithouard), Slg. 1993, I–6097, Rn. 14.

Vertrag, die Europäische Währungsunion war in Gang gesetzt, die Frist zur Verwirklichung des Gemeinsamen Marktes war am 31. Dezember 1992 abgelaufen und die Einheitliche Europäische Akte war Teil der governance-Kultur geworden. Innergemeinschaftlicher Protektionismus war zu dieser Zeit zwar nicht ganz verschwunden, aber nicht an der Spitze der Liste der Unionsprioritäten. Anders als 1974 (Rs. Dassonville) oder 1979 (Rs. Cassis de Dijon) war das Vertrauen der Mitgliedstaaten in gegenseitige Fairness und das Interesse an liberalisiertem Handel weitgehend internalisiert. Anders als zwanzig Jahre zuvor ist 1993 (Rs. Keck) auch die legislative Harmonisierung nach Ingangsetzung der »neuen Konzeption« der Kommission mit Erfolg angelaufen. Handelshemmnisse waren nicht mehr der einzige Lackmustest für den Stand der europäischen Integration.

bb) Neues verfassungsrechtliches Umfeld

104 Möglicherweise noch wichtiger war im Jahr 1993 der eingeschlagene Weg zur politischen Union. Teil dieses Weges war ein neues Austarieren des Gewichtes von Union und Mitgliedstaaten; neben Identitäts- und Bürgerschaftsfragen rückten daher Demokratie und Kompetenzen in den Mittelpunkt. Diesem veränderten Umfeld musste der EuGH seine eigene Rolle auch im Bereich der Warenverkehrsfreiheit anpassen. Er muss daher zunehmend unangenehm von dem Umstand berührt gewesen sein, sich in Gestalt des Verhältnismäßigkeitsprinzips im Rahmen seiner Rechtsprechung zur Warenverkehrsfreiheit in tief verwurzelte **kulturelle, politische und soziale Fragen** einzumischen, die in der politischen Gestaltungsmacht der Mitgliedstaaten lagen. Es ist unzweifelhaft, dass eine derartige richterliche Einmischung in Bereiche wie das Sonntagsverkaufsverbot weder zur demokratischen noch zur sozialen Legitimation der Union einen förderlichen Beitrag leistete. Hinzu kommt, dass sich diese Einmischung nicht auf die Unionsjudikative beschränkte, sondern über Art. 114 AEUV auch die Unionslegislative betraf. Die Einmischung des EuGH zog Unionskompetenzen nach sich, so dass es den Anschein hatte, als dringe die Union in nahezu jeden Bereich vor, ohne hierzu die erforderliche Legitimation zu besitzen. In einer labilen Phase der Neuaustarierung, die durch **harte politische Verhandlungen** ebenso wie durch nicht weniger **harte juristische Äußerungen** (etwa das Maastricht-Urteil des Bundesverfassungsgerichts,[127] das viele gleichartige Urteile anderer Verfassungsgerichte nach sich zog) gekennzeichnet ist, hätte eine business as usual-Haltung des EuGH zu schweren atmosphärischen Störungen in der jungen Union führen können. Mit Keck bereitete der EuGH einem Teil der möglichen Ursachen solcher Störungen ein Ende. Insoweit liegt Keck auf einer Linie mit den Urteilen in der Rs. Faccini Dori[128] und der Rs. Tabakwerberichtlinie.[129]

cc) Formalisierung und Ratio

105 Bei der Unterscheidung von Verkaufsmodalitäten auf der einen Seite und Eigenschaften des Produkts selbst auf der anderen Seite handelt es sich um eine formale Unterscheidung mit allen **Vorteilen**, die Formalisierung mit sich bringt: Einfachheit der Differenzierung, Klarheit und Rechtssicherheit. Zudem vermag das Urteil in der Rs. Keck der Rechtsprechung zu Art. 34 AEUV eine **scheinbar klare Ratio** zur Verfügung zu stellen.

---

[127] BVerfGE 89, 155 (*Maastricht*).
[128] EuGH, Urt. v. 14.7.1994, Rs. C–91/92 (Faccini Dori/Recreb), Slg. 1994, I–3325.
[129] EuGH, Urt. v. 5.10.2000, Rs. C–376/98 (Deutschland/Parlament und Rat (Tabakwerberichtlinie)), Slg. 2000, I–8419.

Was eine produktbezogene Eigenschaft nämlich von einer Verkaufsmodalität unterscheidet, ist v. a. die Tatsache, dass der Staat, in dem das Produkt hergestellt wird, über die Einhaltung der an das Produkt gestellten Anforderungen wacht. Die Konstellation in der Rs. Cassis de Dijon veranschaulicht dies. Die französischen Behörden können den französischen Cassis de Dijon auf seine Qualität und Zusammensetzung hin überprüfen, und zwar unabhängig davon, ob die betreffenden Flaschen für den heimischen französischen Markt oder für den deutschen Markt zum Export bestimmt sind. Gelangt dieser Cassis de Dijon nun nach Deutschland und wird von den deutschen Behörden einer erneuten Prüfung unterzogen, entstehen Doppelregulierungen und Doppelkontrollen. Einer doppelten Regulierung und doppelten Kontrolle werden aber nur die importierten Produkte ausgesetzt, nicht die heimisch hergestellten. Damit müssen importierte Waren eine höhere Belastung tragen; zugleich wird der heimische Markt abgeschottet. Französischer Cassis de Dijon etwa konnte in Deutschland nicht verkauft werden. Diese **Doppelregulierung** trifft aber scheinbar nur produktbezogene Eigenschaften; andere Regulierungen sind davon nicht betroffen. Ein französisches Gesetz, das die Bewerbung oder die Umstände des Verkaufs von Cassis de Dijon betrifft, wandert nicht mit der Ware über die Grenze nach Deutschland. Dort wird der Cassis vielmehr zum ersten Mal beworben und verkauft, so dass deutsche Gesetze, die die Bewerbung oder den Verkauf von Cassis de Dijon (im Gegensatz zu seiner Qualität oder seiner Zusammensetzung) regeln, keine Doppelregulierung hervorbringen. Damit ist zugleich für eine **institutionelle Balance im Binnenmarkt** gesorgt. Jeder Warenimport wird nur einmal reguliert: Die produktbezogenen Eigenschaften werden vom exportierenden Staat, die nicht produktbezogenen Eigenschaften (wie der Verkauf, die Bewerbung, der Gebrauch usw.) vom importierenden Staat reguliert. Nur dort also, wo der importierende Staat die Rolle des exportierenden Staates dadurch übernimmt und verdoppelt, dass er produktbezogene Eigenschaften reguliert, wird die Judikative tätig; in allen anderen Fällen wird die Ware ähnlich wie in Bundesstaaten die Grenze ohne gerichtliche Einmischung überschreiten und im Binnenmarkt gehandelt werden.

dd) Probleme bei der Unterscheidung zwischen Produktbezug und Vertriebsbezug

Problematisch sind hingegen Begriff und Kategorie der »bestimmten Verkaufsmodalitäten«. Es ist nach wie vor nicht ganz deutlich, was unter diesem nebulösen Begriff genau zu verstehen ist. Außer Zweifel steht, dass die Begriffswahl mit der Unterscheidung zwischen produkt- und vertriebsbezogenen Maßnahmen zusammenhängt. Dennoch bereitet sie Definitionsschwierigkeiten und wirft Fragen hinsichtlich ihrer Angemessenheit auf. Der EuGH wollte »echte« unterschiedslos geltende Maßnahmen dem Zugriff des Art. 34 AEUV entziehen, die zwar »das Absatzvolumen und damit das Volumen des Absatzes von Erzeugnissen aus anderen Mitgliedstaaten ... beschränken«,[130] die aber dennoch nicht geeignet sind, »den Marktzugang für diese Erzeugnisse zu versperren oder stärker zu behindern, als sie dies für inländische Erzeugnisse tun«.[131] Wenn dies das Ziel ist, bleibt uneinsichtig, warum sich der EuGH auf »bestimmte Verkaufsmodalitäten« beschränkt.

106

---

[130] EuGH, Urt. v. 24. 11. 1993, verb. Rs. C–267/91 u. C–268/91 (Keck und Mithouard), Slg. 1993, I–6097, Rn. 13.
[131] EuGH, Urt. v. 24. 11. 1993, verb. Rs. C–267/91 u. C–268/91 (Keck und Mithouard), Slg. 1993, I–6097, Rn. 17.

Ein Beispiel mag dies verdeutlichen. Ein Verkaufsverbot für Zigaretten in Zigarettenautomaten, die von Kindern bedient werden können, gilt »echt« unterschiedslos, wirkt sich identisch auf einheimische und eingeführte Waren aus, reduziert das Absatzvolumen und damit das Importvolumen und versperrt nicht den Marktzugang; es wird also von der Keck-Formel erfasst und fällt daher nicht in den Anwendungsbereich von Art. 34 AEUV. Ein Rauchverbot an öffentlichen Orten besitzt exakt die gleichen Wirkungen, lässt sich aber nicht unter die Keck-Formel subsumieren, weil es sich nicht um eine »bestimmte Verkaufsmodalität« handelt; hier müsste der Mitgliedstaat sich unter Art. 34 AEUV und den »zwingenden Erfordernissen« rechtfertigen.[132] Es würde eine Prüfung am Maßstab der Unionsgrundrechte und des Verhältnismäßigkeitsgrundsatzes stattfinden, möglicherweise – wenn die Rechtfertigung gelingt – würde eine Harmonisierungskompetenz der Union kreiert. Dies ist rechtlich und rechtspolitisch wenig sinnvoll und wirft einen Schatten auf die im Keck-Urteil gewählte Unterscheidung.

107 Zudem führt Keck auch zu **willkürlichen Unterscheidungen zwischen verschiedenen Vertriebstechniken**. Ein Beispiel hierfür ist die Rs. Familiapress.[133] Dort stand ein österreichisches Verbot, Zeitschriften zu verkaufen, die den Verbrauchern unentgeltliche Zugaben anbieten oder gewähren, im Mittelpunkt. Dem deutschen Heinrich Bauer Verlag sollte untersagt werden, die Zeitschrift »Laura«, in der die Möglichkeit zur Teilnahme an Preisrätseln bestand, in Österreich zu vertreiben. Einerseits könnte es sich dabei, wie Österreich behauptete, um eine Methode zur Verkaufsförderung und somit eine Maßnahme handeln, die die Verkaufsmodalitäten und nicht die Eigenschaften des Erzeugnisses betrifft.[134] Andererseits könnten die Gewinnspiele, wie die Kommission meinte, Bestandteil des Inhalts der Zeitschrift sein mit der Folge, dass das Verbot unmittelbar das Produkt und nicht die Modalitäten seines Verkaufs betrifft.[135] Beides lässt sich gut vertreten; einen kategorialen Unterschied zwischen beiden gibt es nicht. Der EuGH entscheidet sich dafür, dass es sich nicht um Verkaufsmodalitäten handelt:

»[11] Selbst wenn die streitige nationale Regelung eine verkaufsfördernde Maßnahme betreffen sollte, so bezieht sie sich im vorliegenden Fall doch auf den Inhalt der Erzeugnisse selbst, denn die fraglichen Preisausschreiben sind Bestandteil der Zeitschrift, in der sie sich befinden. Daher betrifft die Anwendung der streitigen nationalen Regelung auf den Sachverhalt des Ausgangsverfahrens keine Verkaufsmodalität im Sinne des Urteils Keck und Mithouard.«[136]

108 Aus der Differenz zwischen produkt- und vertriebsbezogenen Maßnahmen folgt diese Entscheidung freilich nicht. Die Formalisierung, die ein Vorteil der Keck-Rechtsprechung zu sein schien (s. Rn. 105), stellt sich damit als weniger praxisfest heraus als zunächst angenommen. Hinzu kommt, dass auch hier eine unangemessene Differenzierung von Maßnahmen die Folge ist. Die Bewerbung von Preisrätseln auf dem Cover von »Laura« bezieht sich laut EuGH auch auf den Inhalt der Zeitschrift und fällt daher in den Anwendungsbereich von Art. 34 AEUV. Ein Verbot, »Laura« so zu verkaufen, dass das Cover sichtbar ist, wäre hingegen vertriebsbezogen und fiele nicht unter Art. 34 AEUV. Dies gibt Anlass zu fragen, ob die scheinbare Formalisierung in Keck den nationalen Behörden nicht die Möglichkeit zu beschränkenden Maßnahmen gibt, mit deren Hilfe sie dem Anwendungsbereich von Art. 34 AEUV entkommen können. Zudem kann man

---

[132] Beispiel bei *Weiler* (Fn. 85), S. 228.
[133] EuGH, Urt. v. 26.6.1997, Rs. C-368/95 (Vereinigte Familiapress Zeitungsverlags- und -vertriebs GmbH/Bauer Verlag), Slg. 1997, I-3689.
[134] GA *Tesauro*, Schlussanträge zu Rs. C-368/95 (Vereinigte Familiapress Zeitungsverlags- und -vertriebs GmbH/Bauer Verlag), Slg. 1997, I-3689, Rn. 6.
[135] GA *Tesauro*, Schlussanträge zu Rs. C-368/95 (Vereinigte Familiapress Zeitungsverlags- und -vertriebs GmbH/Bauer Verlag), Slg. 1997, I-3689, Rn. 6.
[136] EuGH, Urt. v. 26.6.1997, Rs. C-368/95 (Vereinigte Familiapress Zeitungsverlags- und -vertriebs GmbH/Bauer Verlag), Slg. 1997, I-3689, Rn. 11.

den **unterschiedlichen Ausgleich zwischen Markt- und öffentlichen Interessen** kritisieren: Bei produktbezogenen Maßnahmen kommt es zu einer Abwägung dahingehend, ob der importierende Staat das öffentliche Interesse – soweit es nicht vom exportierenden Staat berücksichtigt wurde – in verhältnismäßiger Weise berücksichtigt; bei vertriebsbezogenen Maßnahmen kommt es lediglich zu einem vorgelagerten Diskriminierungstest. Dies ist insbesondere auch deshalb problematisch, weil die Regulierung von Vertriebs- und Werbestrategien, also nicht produktbezogener Maßnahmen, auf den Absatz von Waren häufig größeren Einfluss ausübt als die Regulierung von Eigenschaften der Ware selbst, also produktbezogene Maßnahmen.[137]

6. Linien in der Post-Keck-Phase

a) Rechtsprechung zu Maßnahmen gleicher Wirkung[138]

Die vielfältige Judikatur zu Maßnahmen gleicher Wirkung lässt sich dabei durch nachstehende Fallgruppen systematisieren.[139]   **109**

Importvorschriften gelten als klassische Marktzugangshindernisse. Unter das Verbot von Maßnahmen gleicher Wirkung fallen zunächst Grenzkontrollen, etwa gesundheitspolizeiliche Kontrollen von Lebensmitteln bei ihrer Einfuhr[140] oder schikanöse Ausgestaltungen und Verzögerungen der Grenzabfertigung.[141] Aber auch **reine Formalitäten bei der Einfuhr** können Maßnahmen gleicher Wirkung darstellen. Dazu zählen etwa Anmeldepflichten,[142] das Verlangen einer Vorlage von Zeugnissen und Bescheinigungen[143] oder einer Bürgschaft oder Kaution durch den Importeur,[144] aber auch Lizenz- und Genehmigungserfordernisse[145] sowie gesonderte technische Untersuchungen[146] für eingeführte Waren. Das Gleiche gilt für die Verpflichtung zur Meldung eingeführter Waren   **110**

---

[137] Dazu etwa *Weatherill*, CMLRev. 33 (1996), 885; *Gormley*, Fordham International Law Journal 19 (1996), 866; *Rossi*, German Law Journal 7 (2006), 479; *Davies*, German Law Journal 11 (2010), 671.

[138] Für die Mitarbeit in diesem Unterabschnitt danke ich *Patrick Schultes*.

[139] Vgl. auch die Kategorisierungen bei *Enchelmaier*, Measures of Equivalent Effect II, in: Oliver (Hrsg.), Oliver on Free Movements of Goods, 2010, Kap. 7.03 ff.; *Leible/T. Streinz*, in: Grabitz/Hilf/Nettesheim, EU, Art. 34 AEUV (Januar 2015), Rn. 88 ff.; *Schröder*, in: Streinz, EUV/AEUV, Art. 34 AEUV, Rn. 55 ff.; *Kingreen*, in: Calliess/Ruffert, EUV/AEUV, Art. 34–36 AEUV, Rn. 131 ff.

[140] EuGH, Urt. v. 15.12.1976, Rs. 35/76 (Simmenthal/Italienisches Finanzministerium), Slg. 1976, 1871, Rn. 12, 14 ff.; Urt. v. 7.4.1981, Rs. 132/80 (United Foods und van den Abeele/Belgien), Slg. 1981, 995, Rn. 21 f.; Urt. v. 20.9.1988, Rs. 190/87 (Oberkreisdirektor des Kreises Borken u. a./Moormann), Slg. 1988, 4689, Rn. 8; vgl. auch EuGH, Urt. v. 22.3.1983, Rs. 42/82 (Kommission/Frankreich), Slg. 1983, 1013, Rn. 50.

[141] EuGH, Urt. v. 12.7.1990, Rs. C–128/89 (Kommission/Italien), Slg. 1990, I–3239, Rn. 12.

[142] EuGH, Urt. 15.12.1971, verb. Rs. 51/71 bis 54/71 (International Fruit Company), Slg. 1971, 1107, Rn. 16/18; Urt. v. 16.3.1977, Rs. 68/76 (Kommission/Frankreich), Slg. 1977, 515, Rn. 14, 16.

[143] Vgl. bereits EuGH, Urt. v. 11.7.1974, Rs. 8/74 (Dassonville), Slg. 1974, 837, Rn. 7, 9; ferner etwa EuGH, Urt. v. 19.3.1991, Rs. C–205/89 (Kommission/Griechenland), Slg. 1991, I–1361, Rn. 6; Urt. v. 15.3.2007, Rs. C–54/05 (Kommission/Finnland), Slg. 2007, I–2473, Rn. 31 ff.; Urt. v. 24.4.2008, Rs. C–286/07 (Kommission/Luxemburg), Slg. 2008, I–63, Rn. 28.

[144] EuGH, Urt. v. 9.6.1982, Rs. 95/81 (Kommission/Italien), Slg. 1982, 2187, Rn. 24 ff.

[145] EuGH, Urt. v. 15.12.1976, Rs. 41/76 (Donckerwolke u.a./Procureur de la République u. a.), Slg. 1976, 1921, Rn. 43; Urt. v. 14.6.1988, Rs. 29/87 (Dansk Denkavit), Slg. 1988, 2965, Rn. 23; Urt. v. 13.7.1994, Rs. C–131/93 (Kommission/Deutschland), Slg. 1994, I–3303, Rn. 10 ff.; Urt. v. 15.11.2007, Rs. C–319/05 (Kommission/Deutschland), Slg. 2007, I–9811, Rn. 81.

[146] EuGH, Urt. v. 20.9.2007, Rs. C–297/05 (Kommission/Niederlande), Slg. 2007, I–7467, Rn. 73 f.; Urt. v. 5.6.2008, Rs. C–170/07 (Kommission/Polen), Slg. 2008, I–87, Rn. 44.

zu Statistikzwecken.¹⁴⁷ Ebenfalls unter das Verbot von Maßnahmen gleicher Wirkung fallen die Verpflichtung eines Importeurs, in seinem Mitgliedstaat über einen Geschäftssitz zu verfügen¹⁴⁸ und das Erfordernis einer Genehmigung als Voraussetzung für die Kostenerstattung für die Inanspruchnahme einer Gesundheitsleistung im Ausland.¹⁴⁹ Auch das Erfordernis einer Ursprungsangabe ist grundsätzlich nicht gerechtfertigt.¹⁵⁰

111 Eine zweite – weit gebildete – Kategorie umfasst sämtliche **Produktvorschriften**. Als Maßnahmen gleicher Wirkung klassifiziert der EuGH Produkt- und Substanzverbote, zum Beispiel das Verbot der Verwendung bestimmter Inhalts- oder Zusatzstoffe in Waren,¹⁵¹ die Festlegung von Höchstmengen¹⁵² oder lebensmittelrechtliche Vorschriften, die den Zugang einer Ware von einem Ernährungsbedürfnis abhängig machen.¹⁵³ Ebenso ordnet er nationale Vorschriften über die Einhaltung bestimmter Verpackungsformen ein.¹⁵⁴ Gleicherweise können Etikettierungsvorschriften Maßnahmen gleicher Wirkung darstellen; Beispiele sind etwa die Verpflichtung zur Angabe einer inländischen Registrierungsnummer auf dem Etikett,¹⁵⁵ die Verpflichtung zur Kennzeichnung von Edelmetallarbeiten durch einen Prägestempel,¹⁵⁶ die Pflicht zur Etikettierung in einer bestimmten Sprache¹⁵⁷ oder Regelungen über die irreführende Etikettierung von Produkten.¹⁵⁸ Die Wareneinfuhr kann auch durch geographische Herkunftsbezeichnungen beeinträchtigt werden.¹⁵⁹

---

¹⁴⁷ EuGH, Urt. v. 25.6.1997, Rs. C–114/96 (Kieffer und Thill), Slg. 1997, I–3629, Rn. 28.

¹⁴⁸ EuGH, Urt. v. 2.3.1983, Rs. 155/82 (Kommission/Belgien), Slg. 1983, 531, Rn. 7.

¹⁴⁹ EuGH, Urt. v. 28.4.1998, Rs. C–120/95 (Decker/Caisse de maladie des employés privés), Slg. 1998, I–1831, Rn. 36.

¹⁵⁰ Vgl. EuGH, Urt. v. 17.6.1981, Rs. 113/80 (Kommission/Irland (Irish Souvenirs)), Slg. 1981, 1625; Urt. v. 25.4.1985, Rs. 207/83 (Kommission/Großbritannien), Slg. 1985, 1201.

¹⁵¹ Vgl. EuGH, Urt. v. 12.3.1987, Rs. 178/84 (Kommission/Deutschland (Reinheitsgebot)), Slg. 1987, 1227, Rn. 29, 40 – Bier; Urt. v. 14.7.1988, Rs. 407/85 (3 Glocken u.a./USL Centro-Sud u.a.), Slg. 1988, 4233, Rn. 11 – Pasta; Urt. v. 2.2.1989, Rs. 274/87 (Kommission/Deutschland), Slg. 1989, 229, Rn. 22f. – Wurst.

¹⁵² EuGH, Urt. v. 20.2.1979, Rs. 120/78 (Rewe/Bundesmonopolverwaltung für Branntwein), Slg. 1979, 649; Urt. v. 19.2.1981, Rs. 130/80 (Kelderman), Slg. 1981, 527, Rn. 7 f.; Urt. v. 14.7.1994, Rs. C–17/93 (Van der Veldt), Slg. 1994, I–3537, Rn. 11 f.; Urt. v. 13.3.1997, Rs. C–358/95 (Morellato), Slg. 1997, I–1431, Rn. 13.

¹⁵³ EuGH, Urt. v. 2.12.2004, Rs. C–41/02 (Kommission/Niederlande), Slg. 2004, I–11375, Rn. 41.

¹⁵⁴ EuGH, Urt. v. 10.11.1982, Rs. 261/81 (Rau/De Smedt), Slg. 1982, 3961, Rn. 20; Urt. v. 13.3.1984, Rs. 16/83 (Prantl), Slg. 1984, 1299, Rn. 30; Urt. v. 12.10.2000, Rs. C–3/99 (Ruwet), Slg. 2000, I–8749, Rn. 45 ff. – Apfelwein; Urt. v. 20.9.1988, Rs. 302/86 (Kommission/Dänemark), Slg. 1988, 4607, Rn. 17 – Pfandflaschen; Urt. v. 24.11.2005, Rs. C–366/04 (Georg Schwarz), Slg. 2005, I–10139, Rn. 28ff.; Urt. v. 8.2.1983, Rs. 124/81 (Kommission/Großbritannien), Slg. 1983, 203, Rn. 20f. – UHT-Milch; vgl. aber EuGH, Urt. v. 13.3.1997, Rs. C–358/95 (Morellato), Slg. 1997, I–1431, Rn. 31ff.

¹⁵⁵ EuGH, Urt. v. 14.12.2000, Rs. C–55/99 (Kommission/Frankreich), Slg. 2000, I–11499, Rn. 19, 27; Urt. v. 16.11.2000, Rs. C–217/99 (Kommission/Belgien), Slg. 2000, I–10251, Rn. 16ff.

¹⁵⁶ EuGH, Urt. v. 15.9.1994, Rs. C–293/93 (Houtwipper), Slg. 1994, I–4249, Rn. 11ff.; Urt. v. 21.6.2001, Rs. C–30/99 (Kommission/Irland), Slg. 2001, I–4619, Rn. 27f.

¹⁵⁷ EuGH, Urt. v. 18.6.1991, Rs. C–369/89 (Piageme/Peeters), Slg. 1991, I–2971, Rn. 16; Urt. v. 12.9.2000, Rs. C–366/98 (Geffroy), Slg. 2000, I–6579, Rn. 28; Urt. v. 13.9.2001, Rs. C–169/99 (Schwarzkopf), Slg. 2001, I–5901, Rn. 39.

¹⁵⁸ EuGH, Urt. v. 2.2.1994, Rs. C–315/92 (Verband Sozialer Wettbewerb/Clinique Laboratories und Estée Lauder), Slg. 1994, I–317, Rn. 19 – Kosmetika als »Clinique«; Urt. v. 6.7.1995, Rs. C–470/93 (Verein gegen Unwesen in Handel und Gewerbe Köln/Mars), Slg. 1995, I–1923, Rn. 13f. – »+10 % größer«.

¹⁵⁹ EuGH, Urt. v. 10.11.1992, Rs. C–3/91 (Exportur/LOR und Confiserie du Tech EuGH), Slg. 1992, I–5529.

Auch als Maßnahmen gleicher Wirkung einzuordnen sind nationale Vorschriften, die ein Zulassungs- oder Einstufungsverfahren für Waren einsetzen[160] oder eine Genehmigung der Ware[161] oder der darin enthaltenen Stoffe[162] verlangen. **112**

Ein dritter Kategorisierungskomplex umfasst **Werberegelungen**. Diese erfahren (inzwischen[163]) eine differenzierte Würdigung durch den EuGH: Sofern sie nicht zwischen Import- und inländischer Ware differenzieren, ordnet der EuGH sie als nicht diskriminierende Verkaufsmodalitäten im Sinne der Keck-Formel ein – so zum Beispiel das Verbot, Werbemitteilungen in Supermärkten auszustrahlen[164] oder eine Regelung, welche Apothekern in Baden-Württemberg praktisch jegliche Werbung für apothekenübliche Waren außerhalb der Apotheke verbietet.[165] **113**

Von diesem Grundsatz macht der EuGH aber Ausnahmen. Ist Werbung erstens unmittelbar mit der Aufmachung und dem Erscheinungsbild des Produkts **verbunden**, fällt sie in den Anwendungsbereich des Art. 34 AEUV; so die Etikettierung von Kosmetika mit der Bezeichnung »Clinique«,[166] die Kennzeichnung einer Verpackung mit der Aussage »+10 % größer«[167] oder Werbeaussagen auf Zahncremetuben betreffend Parodontoseschutz.[168] **114**

Weitere Ausnahmen betreffen die mittelbar diskriminierende Regulierung von **Werbung**[169] (s. dazu ausführlich Rn. 127) und Regelungen, bei denen die Behinderung so stark ist, dass sie in ein Marktzugangshindernis umschlagen[170] (s. dazu ausführlich Rn. 124). **115**

Nicht dieser differenzierenden Würdigung unterfallen – selbstverständlich – diskriminierende Werbebeschränkungen zu Lasten eingeführter Erzeugnisse. Die Förderung **116**

---

[160] EuGH, Urt. v. 24. 3. 1994, Rs. C–80/92 (Kommission/Belgien), Slg. 1994, I–1019, Rn. 18 f.; Urt. v. 27. 6. 1996, Rs. C–293/94 (Brandsma), Slg. 1996, I–3159, Rn. 5 f.; Urt. v. 17. 9. 1998, Rs. C–400/96 (Harpegnies), Slg. 1998, I–5121, Rn. 29 f.; Urt. v. 14. 2. 2008, Rs. C–244/06 (Dynamic Medien), Slg. 2008, I–505, Rn. 32 ff.

[161] EuGH, Urt. v. 21. 3. 1991, Rs. C–369/88 (Delattre), Slg. 1991, I–1487, Rn. 66; s. auch EuGH, Urt. v. 22. 1. 2002, Rs. C–390/99 (Canal Satélite Digital), Slg. 2002, I–607, Rn. 29 f.; Urt. v. 5. 2. 2004, Rs. C–270/02 (Kommission/Italien), Slg. 2004, I–1559, Rn. 19.

[162] EuGH, Urt. v. 14. 7. 1983, Rs. 174/82 (Sandoz), Slg. 1983, 2445, Rn. 8; Urt. v. 14. 6. 1988, Rs. 29/87 (Dansk Denkavit), Slg. 1988, 2965, Rn. 22 ff.

[163] Vor Keck wurden nationale Werbebeschränkungen, z. B. in Form eines Verbots vergleichender oder irreführender Werbung, teilweise als unzulässige Absatzhindernisse qualifiziert, s. EuGH, Urt. v. 15. 12. 1982, Rs. 286/81 (Oosthoek), Slg. 1982, 4575, Rn. 15. Diese Rechtsprechung hat der EuGH in der Zeit bis zum Keck-Urteil in mehreren Fällen bestätigt, s. z. B. EuGH, Urt. v. 7. 3. 1990, Rs. C–362/88 (GB-INNO-BM/Confédération du Commerce Luxembourgeois), Slg. 1990, I–667, Rn. 8; Urt. v. 25. 7. 1991, verb. Rs. C–1/90 u. C–176/90 (Aragonesa de Publicidad Exterior und Publivia/ Departemento de Sanidad y Seguridad Social de Cataluña), Slg. 1991, I–4151, Rn. 10 ff.; Urt. v. 18. 5. 1993, Rs. C–126/91 (Schutzverband gegen Unwesen i. d. Wirtschaft/Rocher), Slg. 1993, I–2361, Rn. 23.

[164] EuGH, Urt. v. 9. 2. 1995, Rs. C–412/93 (Leclerc-Siplec/TF1 und M6), Slg. 1995, I–179, Rn. 19 ff.

[165] EuGH, Urt. v. 15. 12. 1993, Rs. C–292/92 (Hünermund u. a./Landesapothekerkammer Baden-Württemberg), Slg. 1993, I–6787, Rn. 21 ff.

[166] EuGH, Urt. v. 2. 2. 1994, Rs. C–315/92 (Verband Sozialer Wettbewerb/Clinique Laboratories und Estée Lauder), Slg. 1994, I–317, Rn. 19.

[167] EuGH, Urt. v. 6. 7. 1995, Rs. C–470/93 (Verein gegen Unwesen in Handel und Gewerbe Köln/ Mars), Slg. 1995, I–1923, Rn. 13 f.

[168] EuGH, Urt. v. 28. 1. 1999, Rs. C–77/97 (Unilever), Slg. 1999, I–431, Rn. 23 ff.

[169] EuGH, Urt. v. 8. 3. 2001, Rs. C–405/98 (Gourmet International Products), Slg. 2001, I–1795, Rn. 19 ff.; ähnlich EuGH, Urt. v. 9. 7. 1997, verb. Rs. C–34/95 bis C–36/95 (Konsumentombudsmannen/De Agostini und TV-Shop), Slg. 1997, I–3843, Rn. 42 ff.

[170] EuGH, Urt. v. 15. 7. 2004, Rs. C–239/02 (Douwe Egberts), Slg. 2004, I–7007, Rn. 52 f.

nationaler Produkte durch nationale Werbemaßnahmen[171] oder nationale Gütesiegel, die mit staatlicher Unterstützung initiiert werden,[172] ordnete der EuGH als diskriminierende Verkaufsmodalitäten ein.

117 Eine weitere Fallgruppe bilden **Vertriebsvorschriften**. Darunter lassen sich zunächst **Preisregelungen** fassen. Bei diesen handelt es sich lediglich um »bestimmte Verkaufsmodalitäten«, die nicht dazu bestimmt sind, den Handel mit Waren zwischen den Mitgliedstaaten zu regeln.[173] Als Maßnahme gleicher Wirkung sind Preisregelungen nur ausnahmsweise zu qualifizieren, nämlich wenn sie sich nachteilig auf die Einfuhr einer Ware auswirken.[174] Dies kann insbesondere der Fall bei der Regelung eines Höchstpreises sein, der den Absatz von Einfuhrerzeugnissen gegenüber dem einheimischer Produkte erschwert.[175] Ebenso kann die Festlegung von Mindestpreisen den Marktzugang behindern.[176] Beschränkungen der **Vertriebswege** stellen nur dann verbotene Maßnahmen gleicher Wirkung dar, wenn sie den Marktzugang für Erzeugnisse aus anderen Mitgliedstaaten verhindern oder stärker erschweren, als dies bei inländischen Erzeugnissen der Fall ist.[177] Regelungen über die **Vertriebszeiten** betreffen lediglich die Absatzbedingungen nach erfolgtem Marktzugang und unterfallen daher nicht den Art. 34 ff. AEUV, sofern sie nicht diskriminierend ausgestaltet sind: Zu diesen Vertriebsregelungen zählen Regelungen über Ladenschlusszeiten[178] oder sonstige Regelungen über Arbeits-, Auslieferungs- oder Verkaufszeiten.[179] **Verkaufsmonopole** für bestimmte Waren oder das Verbot, bestimmte Waren in nicht konzessionierten Geschäften zu kaufen, sind grundsätzlich – vorbehaltlich einer Einzelfallprüfung, ob nicht der Marktzugang erschwert wird – ebenso nicht als Maßnahmen gleicher Wirkung zu qualifizieren.[180]

118 Erst jüngst ist eine weitere Kategorie in den Fokus gerückt: So können nach dem EuGH auch ein Verbot oder eine Einschränkung der Nutzung von Produkten für be-

---

[171] EuGH, Urt. v. 24.11.1982, Rs. 249/81 (Kommission/Irland (Buy Irish)), Slg. 1982, 4005.

[172] EuGH, Urt. v. 5.11.2002, Rs. C–325/00 (Kommission/Deutschland), Slg. 2002, I–9977.

[173] EuGH, Urt. v. 24.11.1993, verb. Rs. C–267/91 u. C–268/91 (Keck und Mithouard), Slg. 1993, I–6097; Urt. v. 9.2.1995, Rs. C–412/93 (Leclerc-Siplec/TF1 und M6), Slg. 1995, I–179; Urt. v. 11.8.1995, Rs. C–63/94 (Belgapom), Slg. 1995, I–2467.

[174] Vgl. EuGH, Urt. v. 24.1.1978, Rs. 82/77 (van Tiggele), Slg. 1978, 25, Rn. 13, 15; Urt. v. 24.11.1993, verb. Rs. C–267/91 u. C–268/91 (Keck und Mithouard), Slg. 1993, I–6097, Rn. 16 ff.; Urt. v. 11.8.1995, Rs. C–63/94 (Belgapom), Slg. 1995, I–2467, Rn. 13 ff.; zu offen diskriminierenden Preisregelungen: EuGH, Urt. v. 21.6.1988, Rs. 127/87 (Kommission/Griechenland), Slg. 1988, 3333, Rn. 6.

[175] EuGH, Urt. v. 2.7.1987, Rs. 188/86 (Lefèvre), Slg. 1987, 2963, Rn. 12; Urt. v. 2.7.1987, Rs. 65/76 (Tasca), Slg. 1987, 2963, Rn. 26/28 (Höchstpreis für Zucker); vgl. auch EuGH, Urt. v. 26.2.1976, verb. Rs. 88/75 – 90/75 (Sadam), Slg. 1976, 323; Urt. v. 29.11.1983, Rs. 181/82 (Roussel), Slg. 1983, 3849; Urt. v. 16.11.1977, Rs. 13/77 (INNO/ATAB), Slg. 1977, 2115.

[176] EuGH, Urt. v. 24.1.1978, Rs. 82/77 (van Tiggele), Slg. 1978, 25, Rn. 14; Urt. v. 29.1.1985, Rs. 231/83 (Cullet/Leclerc), Slg. 1985, 305, Rn. 23; Urt. v. 7.5.1991, Rs. C–287/89 (Kommission/Belgien), Slg. 1991, I–2233, Rn. 17; s. auch EuGH, Urt. v. 11.8.1995, Rs. C–63/94 (Belgapom), Slg. 1995, I–2467, Rn. 13 ff.

[177] EuGH, Urt. v. 11.12.2003, Rs. C–322/01 (Deutscher Apothekerverband), Slg. 2003, I–14887, Rn. 74 ff.; vgl. auch *Leible/T. Streinz*, in: Grabitz/Hilf/Nettesheim, EU, Art. 34 AEUV (Januar 2015), Rn. 99.

[178] EuGH, Urt. v. 2.6.1994, verb. Rs. C–401/92 u. C–402/92 (Tankstation 't Heukske und Boermans), Slg. 1994, I–2199, Rn. 12; Urt. v. 2.6.1994, verb. Rs. C–69/93 u. C–258/93 (Punto Casa und PPV), Slg. 1994, I–2355, Rn. 12.

[179] EuGH, Urt. v. 14.7.1981, Rs. 155/80 (Oebel), Slg. 1981, 1993, Rn. 12 ff.

[180] EuGH, Urt. v. 11.7.1990, Rs. C–23/89 (Quietlynn und Richards/Southend Borough Council), Slg. 1990, I–3059, Rn. 11 f.; Urt. v. 29.6.1995, Rs. C–391/92 (Kommission/Griechenland), Slg. 1995, I–1621, Rn. 13; Urt. v. 14.12.1995, Rs. C–387/93 (Banchero), Slg. 1995, I–4663, Rn. 35 ff.

stimmte Zwecke (**Nutzungsbeschränkungen**) als Maßnahmen gleicher Wirkung qualifiziert werden, auch wenn diese Verwendungsverbote unterschiedslos wirken (s. dazu ausführlich Rn. 149 ff.).[181]

Eine eindeutige Linie lässt sich durch diese Kategorisierung noch nicht erkennen. Hierfür bedarf es einer näheren Analyse der Fallkonstellationen. **119**

b) EuGH und die Keck-Formel

Aus der Gegenüberstellung von Vorteilen und Schwierigkeiten der Keck-Formel (s. Rn. 105 ff.) wird erklärbar, warum die Post-Keck-Phase in der Rechtsprechung und der diese reflektierenden Literatur spannungsgeladen war und nicht zur Ruhe kam. Der EuGH hielt an Keck fest, mochte die Formalisierung nicht preisgeben und suchte durch seine Rechtsprechung die Unterscheidung von produktbezogenen Eigenschaften und Verkaufsmodalitäten mit Leben zu füllen. So finden sich – neben den in Rn. 111 genannten Produktvorschriften – die folgenden Konstellationen, die der EuGH als produktbezogene Eigenschaften klassifiziert und dem Anwendungsbereich des Art. 34 AEUV unterfallen lässt: Anforderungen an die Präsentation des Produkts,[182] Anforderungen an die Verpackung,[183] Anforderungen an die Etikettierung,[184] Vorschriften zum maximalen Salz- oder Ascheanteil von Brot,[185] das Verbot des Gebrauchs pflanzlichen Fettes außer Kakaobutter in Schokolade,[186] Anforderungen an Zutaten,[187] Zutatenlisten,[188] Beschränkungen von Zeitungsinhalten[189] oder Anforderungen, dass nur bei den Behörden registrierte Produkte vertrieben werden dürfen.[190] Demgegenüber sind nicht diskriminierende Bestimmungen über die folgenden Konstellationen – neben den in Rn. 117 genannten Vertriebsvorschriften – nicht produktbezogen: Sonntagsverkaufsverbote,[191] Einzelhandelsöffnungszeiten[192] oder Verkaufsorte für Babymilchpulver und **120**

---

[181] Zum Verbot, Wassermotorräder auf einem Großteil der Gewässer eines Staates zu benützen: EuGH, Urt. v. 4.6.2009, Rs. C–142/05 (Mickelsson und Roos), Slg. 2009, I–4273. Zum Verbot des Ziehens von Anhängern durch sog. Kradfahrzeuge: EuGH, Urt. v. 10.2.2009, Rs. C–110/05 (Kommission/Italien), Slg. 2009, I–519.

[182] EuGH, Urt. v. 6.7.1995, Rs. C–470/93 (Verein gegen Unwesen in Handel und Gewerbe Köln/Mars), Slg. 1995, I–1923; Urt. v. 9.8.1994, Rs. C–51/93 (Meyhui/Schott Zwiesel Glaswerke), Slg. 1994, I–3879.

[183] EuGH, Urt. v. 1.6.1994, Rs. C–317/92 (Kommission/Deutschland), Slg. 1994, I–2039; Urt. v. 14.12.2004, Rs. C–463/01 (Kommission/Deutschland), Slg. 2004, I–11705; Urt. v. 14.12.2004, Rs. C–309/02 (Radlberger Getränkegesellschaft und S. Spitz), Slg. 2004, I–11763.

[184] EuGH, Urt. v. 2.2.1994, Rs. C–315/92 (Verband Sozialer Wettbewerb/Clinique Laboratories und Estée Lauder), Slg. 1994, I–317; Urt. v. 18.6.1991, Rs. C–369/89 (Piageme/Peeters), Slg. 1991, I–2971.

[185] EuGH, Urt. v. 14.7.1994, Rs. C–17/93 (Van der Veldt), Slg. 1994, I–3537; Urt. v. 13.3.1997, Rs. C–358/95 (Morellato), Slg. 1997, I–1431.

[186] EuGH, Urt. v. 16.1.2003, Rs. C–12/00 (Kommission/Spanien), Slg. 2003, I–459; Urt. v. 16.1.2003, Rs. C–14/00 (Kommission/Italien), Slg. 2003, I–513.

[187] EuGH, Urt. v. 9.2.1999, Rs. C–383/97 (van der Laan), Slg. 1999, I–731.

[188] EuGH, Urt. v. 16.11.2000, Rs. C–217/99 (Kommission/Belgien), Slg. 2000, I–10251.

[189] EuGH, Urt. v. 26.6.1997, Rs. C–368/95 (Vereinigte Familiapress Zeitungsverlags- und -vertriebs GmbH/Bauer Verlag), Slg. 1997, I–3689.

[190] EuGH, Urt. v. 22.1.2002, Rs. C–390/99 (Canal Satélite Digital), Slg. 2002, I–607.

[191] EuGH, Urt. v. 2.6.1994, verb. Rs. C–69/93 u. C–258/93 (Punto Casa und PPV), Slg. 1994, I–2355; Urt. v. 20.6.1996, verb. Rs. C–418/93 bis C–421/93, C–460/93 bis C–464/93, C–9/94 bis C–11/94, C–14/94, C–15/94, C–23/94, C–24/94 u. C–332/94 (Semeraro Casa Uno u.a./Sindaco del Comune di Erbusco u.a.), Slg. 1996, I–2975.

[192] EuGH, Urt. v. 2.6.1994, verb. Rs. C–401/92 u. C–402/92 (Tankstation 't Heukske und Boermans), Slg. 1994, I–2199.

Tabak.[193] Durch die formale Keck-Unterscheidung, die durch diese Rechtsprechung konkretisiert wird, **scheint auf den ersten Blick eine klare Linie gezogen zu sein**, die die Maßnahmen, welche Art. 34 AEUV unterfallen, von denjenigen abgrenzt, die nicht von Art. 34 AEUV erfasst werden. Ein zweiter Blick freilich enthüllt, dass bereits **dieser Versuch der Konsolidierung scheiterte**. Die Unterscheidung von produktbezogenen Eigenschaften und Verkaufsmodalitäten wollte bei vielen Fallkonstellationen ebenso wenig einleuchten wie die diesbezüglichen Entscheidungen des EuGH. Möglicherweise bekanntestes Beispiel sind die Entscheidungen zur Regulierung des Verkaufs von Aufbackbrötchen, die einmal als Verkaufsmodalitäten, ein anderes Mal als Regulierungen mit Produktbezug eingeordnet wurden (s. dazu unten Rn. 122 f.). Die Anwendung der eigenen Formel durch den EuGH gelang also nicht in einer Weise, die viele Kommentatoren überzeugte. Hinzu kamen die systematischen Schwierigkeiten, die aus der Anlage und Begrifflichkeit der Keck-Formel resultierten (s. Rn. 106 ff.) und Anlass für grundlegende Bedenken waren.[194]

c) »Bestimmte Verkaufsmodalitäten«

121 Bis heute hat der EuGH keine allgemein gültige Definition des Begriffs »bestimmte Verkaufsmodalität« vorgelegt. Aus der Rs. Familiapress geht immerhin hervor, dass eine produktbezogene Maßnahme eine solche ist, die die Änderung eines physischen Aspekts der Ware oder seiner Verpackung oder Etikettierung erfordert; demgegenüber bezieht sich eine Verkaufsmodalität ausschließlich auf die Art und Weise, in der Waren verkauft oder vermarktet werden.[195] Zu voller Klarheit führt dies freilich nicht. Die Rs. Familiapress ist hierfür das beste Beispiel (s. bereits Rn. 107). Darüber hinaus regulieren die Mitgliedstaaten in vielen Fällen die Verkaufsmodalitäten in Abhängigkeit von den Eigenschaften der Ware. So ist beispielsweise denkbar, Getränke ab einem bestimmten Alkoholgehalt nur durch konzessionierte Händler verkaufen zu lassen – dies könnte einerseits eine Verkaufsmodalität sein, da sie den Ort des Verkaufs reguliert, andererseits könnte es sich um eine produktbezogene Maßnahme handeln, weil sie an eine inhärente Eigenschaft der Ware anknüpft. Der EuGH hatte mehrfach mit Maßnahmen dieser Art zu tun. Österreich verbot den Verkauf von nicht verpacktem Kaugummi aus Kaugummiautomaten, da dies unhygienisch sei.[196] Deutschland verbot den Vertrieb von DVDs im Versandhandel, die keine Angabe über die Altersfreigabe trugen.[197] In beiden Fällen entschied sich der EuGH für den Produktbezug der Regelung. Hierfür mag sprechen, dass die **Hersteller dem Druck unterliegen, ihr Produkt oder dessen Verpackung für den nationalen Markt zu verändern**.

122 Anders verhält es sich dagegen in der Rs. Morellato,[198] bei der es um die Vermarktung tiefgefrorenen Brotes ging. Viele Supermärkte kaufen tiefgefrorenen, halb gebackenen

---

[193] EuGH, Urt. v. 29.6.1995, Rs. C–391/92 (Kommission/Griechenland), Slg. 1995, I–1621; Urt. v. 14.12.1995, Rs. C–387/93 (Banchero), Slg. 1995, I–4663.
[194] Statt vieler *Reich*, CMLRev. 31 (1994), 459; *Weatherill*, CMLRev. 33 (1996), 885; zur Folgerechtsprechung *ders.*, CMLRev. 36 (1999), 51; *ders.*, ICLQ 52 (2003), 1021.
[195] EuGH, Urt. v. 26.6.1997, Rs. C–368/95 (Vereinigte Familiapress Zeitungsverlags- und -vertriebs GmbH/Bauer Verlag), Slg. 1997, I–3689, Rn. 11: »Selbst wenn die streitige nationale Regelung eine verkaufsfördernde Maßnahme betreffen sollte, so bezieht sie sich im vorliegenden Fall doch auf den Inhalt der Erzeugnisse selbst, denn die fraglichen Preisausschreiben sind Bestandteil der Zeitschrift, in der sie sich befinden.«
[196] EuGH, Urt. v. 24.11.2005, Rs. C–366/04 (Georg Schwarz), Slg. 2005, I–10139.
[197] EuGH, Urt. v. 14.2.2008, Rs. C–244/06 (Dynamic Medien), Slg. 2008, I–505.
[198] EuGH, Urt. v. 18.9.2003, Rs. C–416/00 (Morellato), Slg. 2003, I–9343.

Teig, um diesen in eigenen Öfen zu Ende zu backen und dann warmes, frisches Brot zu verkaufen. Dies ist eine große Erleichterung, weil sie nicht alle Einrichtungen vorhalten müssen, die zur Herstellung von Brot notwendig sind. Freilich werden dadurch traditionelle Bäckereien bedroht. Daher erließ Italien eine Regelung, nach der derart hergestelltes Brot nur unter Verwendung von bestimmten Tüten und bestimmten Etiketten verkauft werden darf. Der EuGH sah in dieser Regelung eine bestimmte Verkaufsmodalität. Möglicherweise liegt der Unterschied zu den vorgenannten Fällen darin, dass **hier der Produzent sein Produkt nicht verändern muss**: Die Etikettierung und Verpackung in Tüten des fertig gebackenen Brotes kam nur durch die Verkäufer selbst infrage.

Wiederum anders verhielt es sich in der Rs. Alfa Vita, in der es ebenfalls um tiefgefrorene Aufbackbrötchen ging (zum Sachverhalt s. Rn. 131).[199] Aus den gleichen Gründen wie Italien in der Rs. Morellato erließ Griechenland eine Vorschrift, nach der Geschäfte, darunter auch Supermärkte, die nur Aufbackbrötchen verkaufen, eine vollständige Bäckereieinrichtung vorhalten müssen. Dies wiederum sah der EuGH **nicht als bestimmte Verkaufsmodalität** an, da es sich um die Spezifizierung der Herstellungsvoraussetzungen für Backwaren handele. Freilich unterliegt auch hier der Hersteller des aufzubackenden Teiges keinem Druck, sein Produkt zu verändern. Möglicherweise sind aber die Kosten, die möglichen Verkäufern von Aufbackbrötchen zusätzlich aufgebürdet werden, größer als in der Rs. Morellato mit der Folge, dass sie einen größeren Anreiz erhalten, auf den Verkauf von Aufbackbrötchen zu verzichten, was wiederum eine **spürbare Wirkung auf die Einfuhr** von tiefgefrorenem Teig hat. 123

Die Fälle machen deutlich, dass **die Unterscheidung zwischen produkt- und vertriebsbezogenen Regelungen** viel **weniger eindeutig** ist, als sie zunächst vermuten lässt. Dies wirkt sich auch auf den Begriff der »bestimmten Verkaufsmodalität« aus. Die Weigerung des EuGH, hier eine allgemeingültige Definition zur Verfügung zu stellen, mag kein Zufall sein. Der EuGH erhält sich so den methodischen Spielraum, die ökonomischen Wirkungen der Regelungen, insbesondere die **Kostentragungspflicht**, genau zu studieren und danach seinen Prüfungsmaßstab festzulegen. Zur Verneinung des Vorliegens einer »bestimmten Verkaufsmodalität« wird er immer dann kommen, wenn er die Maßnahme nicht der Keck-Formel (und damit der niederschwelligen Diskriminierungskontrolle) unterfallen lassen will, sondern sie den scharfen Maßstäben der Rs. Dassonville und Cassis de Dijon aussetzen will. Das ist auch immer dann der Fall, wenn die Behinderung so stark wirkt, dass sie in ein **Marktzugangshindernis** umschlägt. Als Beispiel hierfür kann die Rs. Douwe Egberts[200] dienen. Dort drehte es sich um eine nationale Regelung, die für die Lebensmittelwerbung Bezugnahmen auf das »Schlankerwerden« und auf »ärztliche Empfehlungen, Bescheinigungen, Zitate, oder Gutachten oder auf zustimmende Erklärungen« verbot. Hier urteilte der EuGH, dass ein Einfuhrhindernis vorliegen kann, wenn ein Wirtschaftsteilnehmer ein Werbesystem aufgeben muss, das er für besonders wirksam hält. Das nationale Werbeverbot wirke absolut und stelle daher eine Marktzugangsschranke dar. Im Gegensatz dazu kommt es zur Bejahung einer »bestimmten Verkaufsmodalität«, wenn aus Sicht des EuGH wenig dafür spricht, dass ein Mitgliedstaat die **Kosten der Regulierung** so verteilt, dass es etwa zu einer **spürbaren Marktzutrittsbeeinträchtigung** kommt. Weder formale noch dogmatische Schärfe sind hierdurch erreicht.[201] 124

---

[199] EuGH, Urt. v. 14. 9. 2006, verb. Rs. C–158/04 u. C–159/04 (Alfa Vita Vassilopoulos), Slg. 2006, I–813.
[200] EuGH, Urt. v. 15. 7. 2004, Rs. C–239/02 (Douwe Egberts), Slg. 2004, I–7007.
[201] Vgl. dazu auch die Frustration von Generalanwalt *Bot* in seinen Schlussanträgen zu EuGH, Urt.

d) »Rechtlich wie tatsächlich in der gleichen Weise berühren«

125 Bestimmte Verkaufsmodalitäten fallen nur dann aus dem Anwendungsbereich des Art. 34 AEUV heraus, »sofern sie den Absatz der inländischen Erzeugnisse und der Erzeugnisse aus anderen Mitgliedstaaten rechtlich wie tatsächlich in der gleichen Weise berühren«.[202] Hier führt die Keck-Formel eine **Diskriminierungskontrolle** in den Tatbestand von Art. 34 AEUV ein. Handelt es sich um eine unmittelbare Diskriminierung, steht dem regulierenden Mitgliedstaat Art. 36 AEUV zur Rechtfertigung offen, während ihm im Falle einer mittelbaren Diskriminierung daneben auch die »zwingenden Erfordernisse« im Sinne der Rs. Cassis de Dijon zur Verfügung stehen.

126 Die Rechtsprechung unmittelbar nach der Rs. Keck ließ eine trennscharfe Prüfung dahingehend vermissen, ob es sich bei den zu beurteilenden mitgliedstaatlichen Maßnahmen um solche handelte, die sich unterschiedlich auf den Absatz einheimischer und ausländischer Erzeugnisse auswirkten. Der EuGH schien dieser Frage zunächst aus dem Weg gehen zu wollen.[203] Hierfür gibt es gute Gründe. **So gut wie alle Beschränkungen von Verkaufsmodalitäten besitzen eine diskriminierende Komponente.** Verkaufsmodalitäten zu regulieren bedeutet, dem Markt Dynamik zu nehmen und ihn in Teilen statisch werden zu lassen. Dies begünstigt etablierte Anbieter und benachteiligt neue Wettbewerber. Da etablierte Anbieter überwiegend einheimische Anbieter sind, leiden ausländische Importeure zumeist überdurchschnittlich unter der Regulierung. Würde der EuGH dies ernsthaft prüfen und zu dem Ergebnis gelangen, dass es sich in der Tat um Maßnahmen handelte, die den Absatz inländischer und ausländischer Erzeugnisse *nicht* in der gleichen Weise berühren, wäre durch Keck wenig gewonnen: Praktisch alle Fälle, die aus dem Anwendungsbereich von Art. 34 AEUV ausgeschieden werden sollten, würden wieder zurück in die traditionelle Dassonville- und Cassis de Dijon-Prüfung fallen.[204]

127 Inzwischen hat sich der **EuGH der Diskriminierungsprüfung jedoch angenommen**; sein bevorzugtes Feld hierfür waren Werberegeln.[205] Auch dies ist unmittelbar einleuchtend, denn die Regulierung von Werbung ist von besonders hohem Interesse sowohl für

---

v. 10.2.2009, Rs. C–110/05 (Kommission/Italien), Slg. 2009, I–519: »Die Unterscheidung, die der Gerichtshof trifft, kann somit künstlich, und die Grenzlinie zwischen den verschiedenen Kategorien kann unsicher sein (44). In bestimmten Fällen wertet der Gerichtshof Regelungen über die Merkmale der Erzeugnisse als ›Verkaufsmodalitäten‹ (45). In anderen Fällen behandelt er Maßnahmen über die Verkaufsmodalitäten einer Ware als Vorschriften über die Produktmerkmale. Dies ist insbesondere der Fall bei Maßnahmen, mit denen die Werbung geregelt wird, wenn die Maßnahmen Auswirkungen auf die Verpackung des Produkts haben (46). Schließlich kann es vorkommen, dass der Gerichtshof von dieser Unterscheidung absieht, um eine Prüfung vorzunehmen, die allein auf die Wirkungen der Regelung gestützt wird (47). Diese Beispiele belegen die Schwierigkeiten, denen der Gerichtshof bei der Bewertung bestimmter Maßnahmen beggenen kann. Es ist daher meines Erachtens schwierig, sich anhand von Kategorien zu orientieren, wo doch in der Praxis die nationalen Gerichte und der Gemeinschaftsrichter auf sehr unterschiedliche Regelungen treffen können, die sie im Hinblick auf die Umstände jedes einzelnen Falls beurteilen müssen.« (Rn. 81).

[202] EuGH, Urt. v. 24.11.1993, verb. Rs. C–267/91 u. C–268/91 (Keck und Mithouard), Slg. 1993, I–6097, Rn. 16.

[203] Etwa EuGH, Urt. v. 2.6.1994, verb. Rs. C–69/93 u. C–258/93 (Punto Casa und PPV), Slg. 1994, I–2355.

[204] *Chalmers/Davies/Monti*, European Union Law, 2014, S. 793.

[205] Etwa EuGH, Urt. v. 13.1.2000, Rs. C–254/98 (TK-Heimdienst), Slg. 2000, I–151; Urt. v. 30.4.2009, Rs. C–531/07 (Fachverband der Buch- und Medienwirtschaft), Slg. 2009, I–3717; Urt. v. 26.5.2005, Rs. C–20/03 (Burmanjer u. a.), Slg. 2005, I–4133; Urt. v. 23.2.2006, Rs. C–441/04 (A-Punkt Schmuckhandel), Slg. 2006, I–2093; Urt. v. 11.12.2003, Rs. C–322/01 (Deutscher Apothekerverband), Slg. 2003, I–14887; Urt. v. 25.3.2004, Rs. C–71/02 (Karner), Slg. 2004, I–3025.

Neueinsteiger auf dem Markt als auch für solche Wettbewerber, die nicht lokal ansässig sind; zudem beeinflusst sie das Kaufverhalten und damit die Absatzmöglichkeiten in herausgehobener Weise. Während der EuGH die genauen ökonomischen Daten, die mitunter von den Parteien beigebracht werden, nicht mit wissenschaftlichem Ernst behandelt, zeigt er sich von den **ökonomischen Gesamtkontexten** gleichwohl deutlich beeinflusst. Ein Beispiel hierfür ist die Rs. Gourmet,[206] in der es um ein umfassendes Alkoholwerbeverbot in Schweden ging. Ein Unternehmen, das hiergegen verstoßen hatte, argumentierte, »dass durch tief verwurzelte Verbrauchergewohnheiten tendenziell stets inländische Getränke bevorzugt würden, so dass Erzeugnisse aus anderen Mitgliedstaaten ohne Werbung benachteiligt seien.«[207] Schweden brachte Statistiken bei, aus denen hervorging, dass der Genuss von hauptsächlich importiertem Wein und Whisky gegenüber anderen alkoholischen Getränken, wie z. B. vorrangig in Schweden hergestelltem Wodka, zugenommen hatte. Demgegenüber verwies das werbende Unternehmen auf Statistiken, aus denen hervorging, dass schwedische Hersteller in Bezug auf Bier den Markt beherrschten. Der EuGH ging ohne Weiteres über beide Statistiken hinweg.[208] Er entschied, dass es sich um eine Diskriminierung handele und begründete dies mit der größeren Vertrautheit der Verbraucher mit inländischen Erzeugnissen, die bei einem Werbeverbot zu einer stärkeren Behinderung ausländischer Anbieter führe.[209] Entscheidend dafür, dass der EuGH hier seine anfängliche Zurückhaltung aufgab, dürfte das Wesen alkoholischer Getränke sein. Verbraucher erstehen diese üblicherweise nicht aufgrund von Preiserwägungen, sondern aus Erwägungen heraus, die sich auf Traditionen, Reputation, Marke und Produktimage beziehen. Das sind Dinge, die von Werbung transportiert werden.

Nicht ganz unähnlich sind einerseits Fälle, in denen das Verbot internetbasierter Vertriebswege etwa für Arzneimittel zu beurteilen war,[210] und andererseits Fälle, in denen Preisuntergrenzen für Bücher in Rede standen.[211] In beiden Konstellationen ist die nachteilige Wirkung für Anbieter, die sich nicht im Inland befinden, besonders offenkundig. **128**

7. Spannungen und Korrekturdruck

Aus diesen Schwierigkeiten heraus geriet der EuGH bald unter Korrekturdruck. Nicht nur die Wissenschaft äußerte sich kritisch, was in Luxemburg durchaus zur Kenntnis genommen wurde.[212] Auch aus den Reihen der Generalanwälte kamen umfassende Re- **129**

---

[206] EuGH, Urt. v. 8.3.2001, Rs. C–405/98 (Gourmet International Products), Slg. 2001, I–1795.
[207] GA *Jacobs*, Schlussanträge zu Rs. C–405/98 (Gourmet International Products), Slg. 2001, I–1795, Rn. 33.
[208] EuGH, Urt. v. 8.3.2001, Rs. C–405/98 (Gourmet International Products), Slg. 2001, I–1795, Rn. 21: »Ohne dass es einer genauen Untersuchung der die Lage in Schweden kennzeichnenden tatsächlichen Umstände nötig wäre...«.
[209] Ebd., Rn. 21. Bereits in *De Agostini* hatte der EuGH hinterfragt, ob durch ein Verbot von an Kinder unter zwölf Jahren gerichtete Fernsehwerbung nicht importierte Waren eher betroffen sind und schlechter gestellt werden, s. EuGH, Urt. v. 9.7.1997, verb. Rs. C–34/95 bis C–36/95 (Konsumentombudsmannen/De Agostini und TV-Shop), Slg. 1997, I–3843, Rn. 42.
[210] EuGH, Urt. v. 11.12.2003, Rs. C–322/01 (Deutscher Apothekerverband), Slg. 2003, I–14887.
[211] EuGH, Urt. v. 30.4.2009, Rs. C–531/07 (Fachverband der Buch- und Medienwirtschaft), Slg. 2009, I–3717.
[212] So schreibt Generalanwalt *Bot* in seinen Schlussanträgen zu EuGH, Urt. v. 10.2.2009, Rs. C–110/05 (Kommission/Italien), Slg. 2009, I–519: »Das Urteil Keck und Mithouard rief Ratlosigkeit hervor. Vielfach wurden die in ihm enthaltenen Widersprüche, seine mangelnde Begründung und fehlende Klarheit bedauert. Die Anwendung der in diesem Urteil aufgestellten Kriterien zog zahlrei-

formvorschläge, die den EuGH zu einer neuerlichen Richtungsänderung zur Ordnung der Warenverkehrsfreiheit bewegen sollten.

a) Generalanwalt *Jacobs* in Rs. Leclerc-Siplec

130 Unter den Generalanwälten ist in erster Linie Generalanwalt *Jacobs* zu nennen, der in der Rs. Leclerc-Siplec[213] für eine Alternativlösung plädierte. Frankreich verbot Fernsehwerbung des Vertriebssektors. Leclerc-Siplec ist ein Unternehmen, das Supermärkte mit angeschlossenen Tankstellen führt und für deren Kraftstoffe Fernsehwerbung ausstrahlen wollte; zwei französische Fernsehsender verweigerten dies mit Hinweis auf das Verbot für den Vertriebssektor. Generalanwalt *Jacobs* verwirft zunächst den Keck-Test: Auch von Vertriebsmodalitäten könne eine Schutzwirkung zugunsten der einheimischen Wirtschaft in Gestalt von schwerwiegenden Einfuhrhindernissen ausgehen. Zudem werde durch Keck die Warenverkehrsfreiheit auf ein allgemeines Diskriminierungsverbot bei Verkaufsmodalitäten zurückgeführt; das sei aber gerade nicht Wesen der Warenverkehrsfreiheit, bei der es darum gehe, Beschränkungen abzubauen. Hierfür sei ein Diskriminierungstest ungeeignet.[214] Stattdessen schlägt der Generalanwalt vor, Maßnahmen lediglich »anhand eines einzigen im Lichte des Zwecks des Artikels 30 [jetzt Art. 34 AEUV] formulierten Kriteriums zu prüfen«.[215] Dies soll die Frage nach einer wesentlichen **Beschränkung des Marktzugangs** sein. Handelt es sich um eine substantielle Marktzugangsbeschränkung, fällt sie unter Art. 34 AEUV, sonst nicht. Dies ist ein de minimis-Test. Der EuGH müsste bei seiner Anwendung über das für einen Zugriff von Art. 34 AEUV ausreichende Maß der Marktzutrittsbehinderung entscheiden. De minimis-Tests hat der EuGH bereits in anderen Bereichen abgelehnt (s. aus dem Bereich der finanziellen Marktzugangsbeschränkungen der Warenverkehrsfreiheit die Kommentierung zu Art. 30 AEUV, Rn. 32; aus dem Bereich der Dienstleistungsfreiheit mit anderen Ansätzen die Kommentierung zu Art. 56 AEUV, Rn. 84, 95, 100); hierfür gibt es dort wie hier gute Gründe. Die Grenze zwischen spürbar und nicht spürbar, wesentlich und nicht wesentlich, substantiell und nicht substantiell usw. ist keine Grenze, die für Klarheit und Rechtssicherheit sorgen könnte. Zudem sähe sich der EuGH einer Flut von Fällen ausgesetzt, die testen würden, wo die Grenze verläuft. So kann nicht verwundern, dass der EuGH auch hier ablehnend reagiert und den Test weder hier[216] noch an anderer Stelle[217] aufgreift.

---

che Auslegungsschwierigkeiten nach sich, denen sich der Gerichtshof ausgesetzt sah und die nur von Fall zu Fall gelöst werden konnten.« (Rn. 77).

[213] GA *Jacobs*, Schlussanträge zu Rs. C–412/93 (Leclerc-Siplec/TF1 und M6), Slg. 1995, I–179.

[214] GA *Jacobs*, Schlussanträge zu Rs. C–412/93 (Leclerc-Siplec/TF1 und M6), Slg. 1995, I–179, Rn. 38 ff.

[215] GA *Jacobs*, Schlussanträge zu Rs. C–412/93 (Leclerc-Siplec/TF1 und M6), Slg. 1995, I–179, Rn. 38.

[216] EuGH, Urt. v. 9.2.1995, Rs. C–412/93 (Leclerc-Siplec/TF1 und M6), Slg. 1995, I–179, Rn. 18 ff.; Urt. v. 3.12.1998, Rs. C–67/97 (Bluhme), Slg. 1998, I–8033.

[217] Vereinzelt werden gleichwohl die Urteile EuGH, Urt. v. 17.10.1995, verb. Rs. C–140/94 bis C–142/94 (DIP u. a./Comune di Bassano del Grappa u. a.), Slg. 1995, I–3257, Rn. 29; Urt. v. 13.10. 1993, Rs. C–93/92 (CMC Motorradcenter/Baskiciogullari), Slg. 1993, I–5009, Rn. 12; Urt. v. 14.7. 1994, Rs. C–379/92 (Peralta), Slg. 1994, I–3453 genannt. Der EuGH hat hier die in Frage stehenden Maßnahmen als nicht unter die Dassonville-Formel fallend qualifiziert. Generalanwalt *Fennelly* hat hierzu dargelegt, dass bei einer solchen Betrachtung »Wirkungsgrad der Beschränkung und Intensität des Kausalzusammenhangs miteinander vermengt« würden, GA *Fennelly*, Schlussanträge zu Rs. C–67/97 (Bluhme), Slg. 1998, I–8033, Rn. 19. Kritisch aus der Literatur etwa *Oliver*, EC, CMLRev. 36 (1999), 783 (790 ff.); *Gormley*, Fordham ILJ 19 (1996), 866 (881 ff.) und GA *Tesauro*, Schlussanträge

b) Generalanwalt *Maduro* in Rs. Alfa Vita

Auch Generalanwalt *Maduro* machte einen Aufsehen erregenden Vorschlag zur Aufgabe von Keck und zur Neukonzipierung des Prüfsystems. Die Schlussanträge wurden u. a. deshalb mit Spannung erwartet, weil *Maduro* zuvor ein bahnbrechendes Buch zu den verfassungsrechtlichen Verbindungen und Implikationen der Warenverkehrsfreiheit geschrieben hatte.[218] In Alfa Vita ging es um eine griechische Regelung, nach der Bäckerläden, die vorgefertigte, nur noch aufzubackende Brötchen (sog. Bake-Off-Produkte) verkaufen, eine Bäckereibetriebserlaubnis benötigen; diese wird nur erteilt, wenn eine vollständige Bäckereieinrichtung (einschließlich Mehlvorratsraum und Knetraum) vorhanden ist. Die Geschäfte, die nur Bake-Off-Produkte aufbacken und verkaufen, müssen also eine vollständige Bäckereieinrichtung vorhalten, obwohl sie gar keine Brötchen selbst herstellen. Alfa Vita ist eine solche Bäckerei; ihr Ofen wird bei einer Kontrolle stillgelegt. Griechenland meint, es handele sich bei der Regelung um eine Verkaufsmodalität. Generalanwalt *Maduro* widerspricht diesem Vorbringen mit dem Argument, es gehe um Anforderungen an Herstellung und Zubereitung der Brötchen, also um das Merkmal der Brötchen, in bestimmten Räumen gebacken zu werden. Aber auch bei Annahme einer Verkaufsmodalität komme man zur Anwendbarkeit von Art. 34 AEUV, da es sich um eine Diskriminierung handele:

131

> »[21] Brot des ›Bake-off‹-Typs weist das Merkmal auf, bestimmte Etappen der Brotherstellung wie das Kneten und den ersten Backvorgang bereits durchlaufen zu haben. Gelten für solches Brot dieselben Herstellungserfordernisse wie für frisches Brot, so hat dies ersichtlich unnötige Kosten zur Folge, da es das Inverkehrbringen verteuert und damit erschwert. Zudem betreffen diese Kosten insbesondere Tiefkühlerzeugnisse, die naturgemäß dazu bestimmt sind, konserviert und – u. a. aus anderen Mitgliedstaaten – transportiert zu werden. Deshalb erscheint es mir klar, dass die in Rede stehende Regelung in Wirklichkeit eingeführte Erzeugnisse diskriminiert und daher ein Hindernis für den innergemeinschaftlichen Handel darstellt.«[219]

Anschließend beschreibt der Generalanwalt die Schwierigkeiten der Einordnung, die mit der Keck-Unterscheidung einhergehen, qualifiziert diese als Quelle der Unsicherheit für die Wirtschaftsteilnehmer und schlägt einen an materiellen Kriterien orientierten Test vor. Zu diesem Zweck stellt er die Warenverkehrsfreiheit in einen direkten Zusammenhang zur Unionsbürgerschaft und beschreibt dann die **Ratio**:

132

> »[40] Mir scheint jedoch, dass es weder befriedigend wäre noch der Entwicklung der Rechtsprechung gerecht würde, die Verkehrsfreiheit auf eine einfache Vorschrift zur Förderung des Handels zwischen den Mitgliedstaaten zu reduzieren. Man muss die Verkehrsfreiheiten in den größeren Rahmen der Ziele des **Binnenmarktes** und der **Unionsbürgerschaft** setzen. Derzeit sind die Verkehrsfreiheiten als einer der wesentlichen Bestandteile des ›grundlegende[n] Status der Angehörigen der Mitgliedstaaten‹ zu verstehen. Sie stellen die grenzüberschreitende Dimension des wirtschaftlichen und sozialen Status dar, der den Gemeinschaftsbürgern verliehen wird. Der Schutz dieses Status erfordert aber mehr als nur die Garantie, dass man nicht mehr aufgrund der Staatsangehörigkeit **diskriminiert** wird. Er verlangt, dass die Mitgliedstaaten die Wirkung ihrer Maßnahmen auf die Situation aller Bürger der Europäischen Union berücksichtigen, die ihre Rechte aus der Verkehrsfreiheit geltend machen wollen. Dazu muss man sich, wie der Gerichtshof in seinem Urteil Deutscher Apothekerverband ausgeführt hat, in einen größeren Zusammenhang als den rein nationalen Rahmen versetzen.
>
> [41] Damit ist klar, dass es nicht Aufgabe des Gerichtshofes ist, systematisch die Ausrichtung der Wirtschaftspolitik der Mitgliedstaaten in Frage zu stellen. Seine Aufgabe ist vielmehr, sicherzu-

---

zu Rs. C–292/92 (Hünermund u. a./Landesapothekerkammer Baden-Württemberg), Slg. 1993, I–6797, Rn. 21. Dafür aber *Barnard*, E.L.Rev. 26 (2001), 35 (42).

[218] *Maduro*, We the Court.

[219] GA *Maduro*, Schlussanträge zu verb. Rs. C–158/04 u. C–159/04 (Alfa Vita Vassilopoulos), Slg. 2006, I–8135, Rn. 21.

stellen, dass die Mitgliedstaaten keine Maßnahmen ergreifen, die in Wirklichkeit darauf hinauslaufen, dass die grenzüberschreitenden Sachverhalte ungünstiger als die rein nationalen Sachverhalte behandelt werden.«[220]

133 Hierfür stellt der Generalanwalt drei Kriterien auf. Danach ist erstens jede Diskriminierung aufgrund der Staatsangehörigkeit verboten (**offene Diskriminierung**). Zweitens stellen Maßnahmen ein Handelshindernis dar, wenn sich im Gemeinschaftsverkehr befindliche Waren **mit zusätzlichen Kosten** belegt werden, obwohl sie bereits den Vorschriften ihres Herkunftsstaates genügen mussten. Sie können daher allenfalls noch gerechtfertigt werden (Cassis-Formel). Schließlich fallen drittens jene Maßnahmen unter Art. 34 AEUV, die geeignet sind, »den Marktzugang und das Inverkehrbringen von Produkten aus anderen Mitgliedstaaten stärker zu behindern.«[221] Das Ergebnis seiner Analyse der EuGH-Rechtsprechung fasst der Generalanwalt wie folgt zusammen:

»[46] Mir scheint sich in dieser Rechtsprechung eine kohärente Linie abzuzeichnen. So wie diese drei Kriterien vom Gerichtshof angewendet worden sind, laufen sie im Grunde darauf hinaus, dass nach Diskriminierungen bei der Ausübung der Verkehrsfreiheit gesucht wird.«[222]

c) Spannungsgeprägte Rechtsprechung

134 Die beiden Auffassungen unterscheiden sich deutlich in den Kriterien, die sie zur Grundlage der Rechtsprechung machen wollen: **Marktzugangsbeschränkung versus Diskriminierung**. Sie stehen damit stellvertretend für die großen konzeptionellen Alternativen, die sich für eine Wirtschaftsintegration anbieten (s. Rn. 68). Zugleich spiegeln sie eine Spannung wider, die die Rechtsprechung des EuGH zu einem guten Teil geprägt hat. Obwohl der EuGH in der Rs. Dassonville die Definition der Maßnahme gleicher Wirkung äußerst breit angelegt hat und in der Rs. Cassis de Dijon seine Bereitschaft signalisiert hat, sich auch unterschiedslos geltenden Maßnahmen anzunehmen, findet sich in der weitaus überwiegenden Anzahl von Fällen zugleich die Komponente »und gleicher Wirkung«: die mitgliedstaatlichen Maßnahmen diskriminieren entweder unmittelbar importierte Waren oder errichten spezifische Beschränkungen für den grenzüberschreitenden Handel, die für den innerstaatlichen Handel nicht existieren.[223] Obwohl der Dassonville-Test also weder Protektionismus noch Diskriminierung in seine Definition einer Maßnahme gleicher Wirkung aufnimmt, hat sich der EuGH in einer recht pragmatischen Rechtsprechung nicht häufig Willens erwiesen, Art. 34 AEUV auf mitgliedstaatliche Maßnahmen anzuwenden, die keine spezifisch grenzüberschreitende Wirkung besitzen, sondern lediglich den Handel oder die Wirtschaftstätigkeit allgemein verringern.

135 Dieser Querstand zeigt sich auch in einer eigentümlichen Unentschiedenheit, die die Rechtsprechung des EuGH in der Post-Keck-Phase prägt. Die vom EuGH verwendeten Formulierungen sind alle interpretationsoffen und weisen Spuren sowohl des Marktzugangsbeschränkungs- als auch des Diskriminierungspfades auf. Ein Beispiel ist die Entscheidung in der Rs. Ker-Optika[224] aus dem Jahr 2010, die die Rechtmäßigkeit des

---

[220] GA *Maduro*, Schlussanträge zu verb. Rs. C–158/04 u. C–159/04 (Alfa Vita Vassilopoulos), Slg. 2006, I–8135, Rn. 40 f. (Fußnoten von mir weggelassen).
[221] GA *Maduro*, Schlussanträge zu verb. Rs. C–158/04 u. C–159/04 (Alfa Vita Vassilopoulos), Slg. 2006, I–8135, Rn. 43–47, Zitat Rn. 47.
[222] GA *Maduro*, Schlussanträge zu verb. Rs. C–158/04 u. C–159/04 (Alfa Vita Vassilopoulos), Slg. 2006, I–8135, Rn. 46.
[223] Vgl. ausführlich *Davies*, Nationality Discrimination in the European Internal Market, 2003.
[224] EuGH, Urt. v. 2. 12. 2010, Rs. C–108/09 (Ker-Optika), Slg. 2010, I–12213.

ungarischen Verbots, Kontaktlinsen über das Internet zu vertreiben, zu beurteilen hatte. Der EuGH urteilte:

»[47] Nach ständiger Rechtsprechung ist jede Handelsregelung der Mitgliedstaaten, die geeignet ist, den Handel innerhalb der Union unmittelbar oder mittelbar, tatsächlich oder potenziell zu behindern, als eine Maßnahme mit gleicher Wirkung wie mengenmäßige Beschränkungen im Sinne des Art. 34 AEUV anzusehen.

[48] Nach ebenfalls ständiger Rechtsprechung spiegelt Art. 34 AEUV die Verpflichtung wider, sowohl die Grundsätze der Nichtdiskriminierung und der gegenseitigen Anerkennung von Erzeugnissen, die in anderen Mitgliedstaaten rechtmäßig hergestellt und in den Verkehr gebracht wurden, einzuhalten als auch Erzeugnissen aus der Union freien Zugang zu den nationalen Märkten zu gewährleisten.

[49] Demgemäß sind Maßnahmen eines Mitgliedstaats, mit denen bezweckt oder bewirkt wird, Erzeugnisse aus anderen Mitgliedstaaten weniger günstig zu behandeln, ebenso als Maßnahmen mit gleicher Wirkung wie mengenmäßige Einfuhrbeschränkungen anzusehen wie Vorschriften über die Voraussetzungen, denen die Waren entsprechen müssen, selbst wenn diese Vorschriften unterschiedslos für alle Erzeugnisse gelten.

[50] Ebenfalls unter diesen Begriff fällt jede sonstige Maßnahme, die den Zugang zum Markt eines Mitgliedstaats für Erzeugnisse aus anderen Mitgliedstaaten behindert.

[51] Aus diesem Grund ist die Anwendung nationaler Bestimmungen, die bestimmte Verkaufsmodalitäten beschränken oder verbieten, auf Erzeugnisse aus anderen Mitgliedstaaten geeignet, den Handel zwischen den Mitgliedstaaten im Sinne der aus dem Urteil Dassonville hervorgegangenen Rechtsprechung unmittelbar oder mittelbar, tatsächlich oder potenziell zu behindern, es sei denn, diese Bestimmungen gelten für alle betroffenen Wirtschaftsteilnehmer, die ihre Tätigkeit im Inland ausüben, und berühren den Absatz der inländischen Erzeugnisse und der Erzeugnisse aus anderen Mitgliedstaaten rechtlich wie tatsächlich in der gleichen Weise. Die Anwendung derartiger Regelungen auf den Verkauf von Erzeugnissen aus einem anderen Mitgliedstaat, die von diesem Staat aufgestellten Bestimmungen entsprechen, ist nämlich geeignet, den Marktzugang für diese Erzeugnisse zu versperren oder stärker zu behindern, als sie dies für inländische Erzeugnisse tut.«[225]

Die Kategorien sind hier ebenso wenig eindeutig wie die genauen Konsequenzen. Die Formulierungen des EuGH zur Rechtsprechung zum Marktzugang sind ambivalent, und es ist nicht ganz eindeutig, wie etwa Marktzugangsbeschränkungen bei »echten« unterschiedslos anwendbaren Maßnahmen zu beurteilen sind. Die Ambivalenz der Formulierung mag in der Ambivalenz des Konzepts begründet liegen. Die Wirtschaftswissenschaften etwa zeigen, dass Maßnahmen, die rechtlich und tatsächlich gleiche Wirkungen für alle Marktakteure zeitigen, gar keine Marktzugangsbeschränkungen sind, da sie lediglich allgemein zusätzliche Kosten generieren, die ohne Wettbewerbskonsequenzen auf den Verbraucher abgewälzt werden können. Umgekehrt ziehen Behinderungen, die neuen Wettbewerbern den Zugang zum Markt erschweren, regelmäßig unterschiedliche Wirkungen nach sich, da sie die etablierten Wettbewerber schützen; diese sind überwiegend national, so dass ein protektionistischer Effekt eintritt. **Marktzugang, Diskriminierung und Protektionismus hängen damit aufs Engste zusammen.**[226]

136

Gleichwohl sprechen gute Gründe dafür, an dieser Unterscheidung festzuhalten und die Kritik eher dazu zu nutzen, das **Konzept nachvollziehbar und rechtssicher justiziabel** zu machen. Zum einen ist es durch das auf finanzielle Hemmnisse für den freien Warenverkehr zugeschnittene Geschwisterregime der Art. 28, 30 AEUV (Marktzugangsregime) und Art. 110 AEUV (internes Marktregulierungsregime) vertraglich vorgegeben; es im Parallelregime für nicht finanzielle Hindernisse aufzugeben würde den

137

---

[225] EuGH, Urt. v. 2.12.2010, Rs. C–108/09 (Ker-Optika), Slg. 2010, I–12213, Rn. 47 ff. (Nachweise auf Rechtsprechung von mir weggelassen).

[226] Vgl. dazu etwa *Snell*, CMLRev. 47 (2010), 437; *Davies*, German Law Journal 11 (2010), 671.

regulatorischen Schiefstand, der durch die Normierungsasymmetrie ohnehin besteht (s. Rn. 43), noch stark verschärfen. Zum anderen mag zutreffen, dass es aus Sicht der Marktakteure wenig Unterschiede zwischen Zugang und Ausübung (access and exercise of an activity) gibt.[227] Aus Sicht des demokratisch regulierenden Staates ist dies freilich anders. Die **Regulierung des internen Marktes** – auch über Marktangelegenheiten hinaus – ist die tägliche Aufgabe des Gesetz- und Verordnungsgebers; ohne sie sind moderne Verwaltungsstaaten undenkbar. In diesen Normen zeigt sich der Staat noch mehr als in seinen Institutionen und, was noch wichtiger ist, in ihnen zeigt sich auch das Volk selbst; denn die Herrschaft des Rechts ist in Demokratien die Herrschaft des Volkes. Demokratische Selbstbestimmung findet durch Regulierung statt, die normativ vorgenommen wird. Daher liegt auf der Hand, dass sich der ökonomische, auch der integrationsfördernde Kontrollmaßstab beschränken muss, wenn es nicht zu massiven Störungen im Legitimationsgefüge kommen soll. Eine solche **Kontrollbeschränkung ist möglich durch eine reine Diskriminierungs- und Protektionismuskontrolle**, welche die Instrumente demokratischer Selbstbestimmung, die den Werten und Überzeugungen des demokratisch verfassten Volkes Ausdruck verleihen, nicht von vornherein mit der Vermutung der aus ökonomischen Gründen hergeleiteten Rechtswidrigkeit überzieht und in eine Rechtfertigungsnotwendigkeit zwingt, die ihrerseits durch integrations- und wirtschaftsgeneigte Verträge limitiert ist. Eine Kontrolle freilich ist notwendig, da die ausländischen Unternehmen, anders als die einheimischen, nicht auf den Rechtsetzungsprozess einwirken können und der Gesetzgeber daher einen Anreiz hat, ihre Interessen zu wenig zu berücksichtigen; ihr Schutz ist erst durch die Interventionsmöglichkeit des EuGH gewährleistet.[228] Anders verhält es sich mit der Marktzugangsregulierung, die – im Vergleich mit der Regulierung des internen Marktes – nur in seltenen Fällen eine derart starke Beziehung zur demokratischen Herrschaft über sich selbst unterhält und stattdessen häufiger die Grenzen des Gemeinwesens aus ökonomischen Schutzmotiven heraus bewacht. Aus diesem unterschiedlichen demokratischen Bezug speist sich auch der unterschiedliche Maßstab, der dann an eine Kontrolle anzulegen ist und dafür spricht, hier das härtere Regime eines Beschränkungsverbotes zu errichten.

8. Entwicklungen für die Zukunft

138 Die Bedenken, die von den Generalanwälten und der Literatur vorgetragen werden, sind alle zutreffend. Es fehlt an Rechtsklarheit; es kommt zu scheinbar willkürlichen Differenzierungen; insbesondere sind die »bestimmten Verkaufsmodalitäten« begrifflich und analytisch weder in ihrer konzeptionellen Anlage noch in ihrer konkreten Ausgestaltung zufriedenstellend. Dementsprechend kommt es zu Verwirrungen, uneinsichtigen Entscheidungen und dem Gefühl, dass der EuGH lediglich pragmatisch mit seiner Keck-Formel umgeht. Gleichwohl kann man in den Prozess, im Verlaufe dessen der EuGH sich mit dem Begriff der Verkaufsmodalitäten auseinandersetzt, mehr Licht bringen. Man gewinnt mehr Klarheit, wenn man das Ansinnen des EuGH sowie das System der Warenverkehrsfreiheit in den Blick nimmt.

---

[227] *Snell*, CMLRev. 47 (2010), 437 (443 ff.).
[228] Zu diesem letzten Punkt *Regan*, An Outsider's View of »Dassonville« and »Cassis de Dijon«: On Interpretation and Policy, in: Maduro/Azoulai (Hrsg.), The Past and Future of EU Law, 2010, S. 465.

a) Ratio des EuGH

Der EuGH will mitgliedstaatliche Maßnahmen aus dem Anwendungsbereich von Art. 34 AEUV ausscheiden,
- die unterschiedslos anwendbar sind (also nicht diskriminieren),
- die eingeführte und einheimische Produkte rechtlich und tatsächlich in gleicher Weise berühren (also auch keine unterschiedliche Wirkung besitzen, auch nicht protektionistisch wirken),
- die zwar das Importvolumen im innergemeinschaftlichen Handel absenken können,
- die aber den Marktzugang nicht versperren oder stärker behindern, als sie dies für inländische Erzeugnisse tun.

Zum einen also stellt der EuGH Kriterien für eine klassische Diskriminierungsprüfung auf, wie sie etwa aus dem Bereich der finanziellen Handelshemmnisse beim Verbot der diskriminierenden Besteuerung (Art. 110 AEUV) bekannt ist. Er verabschiedet mithin für einen Teil der Maßnahmen gleicher Wirkung das Beschränkungsverbot und errichtet stattdessen ein Diskriminierungsverbot. Zum anderen will der EuGH sicherstellen, dass der Marktzugang nicht in irgendeiner Weise beschränkt wird. In der Rs. Keck heißt es, die Maßnahmen dürften nicht geeignet sein, »den Marktzugang für diese Erzeugnisse zu versperren oder stärker zu behindern, als sie dies für inländische Erzeugnisse tun«.[229] In seiner neueren Rechtsprechung ist die Betonung des Marktzugangs noch deutlicher, wenn der EuGH hervorhebt, dass Art. 34 AEUV die Verpflichtung widerspiegelt, »Erzeugnissen aus der Gemeinschaft einen freien Zugang zu den nationalen Märkten zu gewährleisten«.[230] Zudem wird das »Versperren« des Marktzugangs in der Rs. Keck ergänzt durch eine bloße »Behinderung«: Eine Maßnahme gleicher Wirkung sei auch »jede sonstige Maßnahme, die den Zugang zum Markt eines Mitgliedstaates für Erzeugnisse aus anderen Mitgliedstaaten behindert.«[231]

b) Herstellung von Symmetrie

So gesehen ist die Rs. Keck ein Schritt zur **Symmetrie**. Der EuGH gestaltet die Verbote nicht finanzieller Handelshemmnisse symmetrisch zu den Verboten finanzieller Handelshemmnisse. Im finanziellen Bereich existiert ein Unterschied zwischen der Regelung des Marktzugangs und der internen Marktregulierung. Erstere ist als Beschränkungsverbot ausgestaltet (Art. 28, 30 AEUV), letztere als Diskriminierungsverbot (Art. 110 AEUV). Im nicht finanziellen Bereich existiert dieser Unterschied nicht, da der EuGH mit den Rs. Dassonville und Cassis de Dijon sowohl die Regelung des Marktzugangs als auch die interne Marktregulierung einem Beschränkungsverbot unterworfen hat (s. Rn. 68, 75). Dies hat zu den dargestellten vielfältigen Problemen und Pathologien geführt (s. Rn. 81 ff.).

aa) Unterscheidung zwischen Marktzugangsregulierung und interner Marktregulierung nun auch bei nicht finanziellen Hemmnissen

Diesen Pathologien tritt der EuGH nun entgegen, indem er die Anomalie, die er mit der ausgreifenden Definition von Maßnahmen gleicher Wirkung in der Rs. Dassonville verursacht hat, entfernt. Die Keck-Entscheidung zieht nach dieser Lesart die Unterschei-

---
[229] EuGH, Urt. v. 24.11.1993, verb. Rs. C–267/91 u. C–268/91 (Keck und Mithouard), Slg. 1993, I–6097, Rn. 17.
[230] EuGH, Urt. v. 10.2.2009, Rs. C–110/05 (Kommission/Italien), Slg. 2009, I–519, Rn. 34.
[231] Ebd., Rn. 37.

dung zwischen Marktzugang und interner Marktregulierung im Bereich nicht finanzieller Handelshemmnisse wieder ein. Soweit es sich um die Regelung des Marktzugangs handelt, bleibt es unverändert beim Beschränkungsverbot. Geht es jedoch um interne Marktregulierung, kommt die Keck-Formel hinzu, die ein Diskriminierungsverbot etabliert. Besteht die Maßnahme den **Diskriminierungstest**, fällt sie aus dem Anwendungsbereich von Art. 34 AEUV heraus und ist – vorbehaltlich anderer Vertragsvorschriften – rechtmäßig. Für die interne Marktregulierung im nicht finanziellen Bereich gilt also seit der Rs. Keck ein Maßstab, der demjenigen für die interne Marktregulierung im finanziellen Bereich ähnelt. Besteht die Maßnahme den Test nicht, wird sie von Art. 34 AEUV erfasst und »wechselt« in den schärferen Bereich des Beschränkungsverbots, wo sie der Rechtfertigung bedarf. Damit ist für die interne Marktregulierung auch im nicht finanziellen Bereich die Gestaltungsfreiheit der Mitgliedstaaten in den Grenzen des Diskriminierungs- und Protektionismusverbotes wiederhergestellt. Das System wird zu einem guten Teil symmetrisch, die Probleme fallen zu einem guten Teil fort. Zudem ist auch der regulative Querstand beseitigt, wonach die finanzielle gegenüber der nicht finanziellen Regulierung des internen Marktes in kaum einzusehender Weise privilegiert wurde (s. Rn. 70 ff.).

bb) Hypothese »bestimmte Verkaufsmodalitäten«

143 Dies führt zurück zur Frage, was eine »bestimmte Verkaufsmodalität« sein soll und wie mit ihr umzugehen ist. Tatsächlich ist der Begriff nicht glücklich gewählt; man möchte ihm seine baldige Verabschiedung wünschen. Solange er weiter durch die Rechtsprechung geistert, wird er dort, wo der EuGH keine Marktzugangsbehinderung vermutet und zudem der Konnex zwischen Ware und Regulierung als gelockert gelten kann, wohl zunehmend **extensiver** ausgelegt werden. Im Kern geht es nicht um die »bestimmte Verkaufsmodalität«, sondern um den Bereich der internen Marktregulierung, der dem Diskriminierungsverbot unterworfen wird.

144 Die Rechtsprechung ist hier – nicht zuletzt aufgrund der uneindeutigen Kategorien und der Angewohnheit des EuGH, anders als das Bundesverfassungsgericht, nicht jeden Gedanken zu Papier zu bringen – nicht ganz deutlich. Einen gesicherten Schluss lässt sie weder in der einen noch in der anderen Richtung zu. Insgesamt aber wurde der Begriff der »bestimmten Verkaufsmodalität« recht umfangreich angewendet und umfasst weit mehr, als eine enge Auslegung ergeben würde. Selbstverständlich fallen Ladenöffnungs- und -schlusszeiten[232] ebenso darunter wie Fragen des Sonntagsverkaufs;[233] da die Keck-Rechtsprechung u. a. aus der Problematik der Sonntagsverkaufsfälle heraus entstanden ist, ist dies keine Überraschung. Ebenfalls darunter fallen das standesrechtliche Verbot, für apothekenübliche Waren außerhalb von Apotheken zu werben,[234] das Verbot, Fernsehwerbung für bestimmte alkoholische Getränke, das Literaturverlagswesen, die Filmindustrie, die Presse und den Vertriebssektor auszustrahlen,[235] die Regelung, nach der

---

[232] EuGH, Urt. v. 2.6.1994, verb. Rs. C–401/92 u. C–402/92 (Tankstation 't Heukske und Boermans), Slg. 1994, I–2199.
[233] EuGH, Urt. v. 2.6.1994, verb. Rs. C–69/93 u. C–258/93 (Punto Casa und PPV), Slg. 1994, I–2355; Urt. v. 20.6.1996, verb. Rs. C–418/93 bis C–421/93, C–460/93 bis C–464/93, C–9/94 bis C–11/94, C–14/94, C–15/94, C–23/94, C–24/94 u. C–332/94 (Semeraro Casa Uno u. a./Sindaco del Comune di Erbusco u. a.), Slg. 1996, I–2975.
[234] EuGH, Urt. v. 15.12.1993, Rs. C–292/92 (Hünermund u. a./Landesapothekerkammer Baden-Württemberg), Slg. 1993, I–6787.
[235] EuGH, Urt. v. 9.2.1995, Rs. C–412/93 (Leclerc-Siplec/TF1 und M6), Slg. 1995, I–179.

Einzelhandel mit Tabakwaren zugelassenen Vertriebshändlern vorbehalten ist,[236] und das Verbot, in öffentlichen Bekanntmachungen zum Verkauf von Waren aus einer Konkursmasse auf die Herkunft der Ware aus der Konkursmasse Bezug zu nehmen, wenn die Ware bereits von einem anderen (etwa einem Auktionshaus) aufgekauft wurde.[237] Die Verunsicherungen, die aus der Post-Keck-Rechtsprechung resultieren, sind bekannt (s. Rn. 120 ff.), und die vorsichtige Ausweitung, die der EuGH dem Begriff beimisst, trägt auch wenig zur Rechtssicherheit bei, weist aber immerhin prospektiv die Vorteile einer Symmetrie zwischen finanziellem und nicht finanziellem Regime auf.

cc) Hypothese »Diskriminierung«

Folgt man dem Symmetrie-Gedanken, liegt auch nahe, dass sich der EuGH im Rahmen seines – für den Tatbestand von Art. 34 AEUV neu zu entwickelnden – Diskriminierungstests an seiner Rechtsprechung im Bereich der finanziellen Handelshemmnisse, also an seiner Strategie im Rahmen der Prüfung diskriminierender Besteuerung gemäß Art. 110 AEUV orientieren wird.

145

Die Rechtsprechung zu Art. 110 AEUV ist durch zwei komplexe Probleme gekennzeichnet. Zum einen ist das Kriterium der Vergleichbarkeit, auf das der Normwortlaut abstellt, nicht in der Lage, rechtssichere Entscheidungen herbeizuführen. Da die Vergleichbarkeit immer davon abhängt, wie man die Vergleichsgruppe auswählt und wie scharf man dabei die Linse stellt, ist das Kriterium sehr fallabhängig anwendbar bis zur Grenze der Kontingenz.[238] Zum anderen existiert **keine vertraglich vorgesehene Rechtfertigungsebene**, was den EuGH zu seiner »**objektiven Rechtfertigung**« gebracht hat.[239] Beide Probleme haben zu einer fast rätselhaft erscheinenden Dogmatik geführt. Beide tauchen auch hier wieder auf. Kontingenz- und Unschärfeprobleme im Hinblick sowohl auf die Unterscheidung von Marktzugang und interner Marktregulierung als auch im Hinblick auf Produkt- und Vertriebsbezogenheit sind bereits angeklungen (s. Rn. 106 ff.). Und auch hier besteht das Ziel der gesamten Keck-Rechtsprechungslinie ja gerade darin, die Rechtfertigungsebene zu vermeiden, weil mit ihrem Betreten unionsverfassungsrechtliche Verwerfungen entstehen (s. Rn. 69).

146

In der Rechtsprechung zu Art. 110 AEUV reagiert der EuGH auf diese Probleme zum einen methodisch: Er vermeidet eine Festlegung auf klare Kriterien bei der Feststellung der Vergleichbarkeit; so weicht er etwa der relativ belastbaren Kreuzelastizität aus und nutzt stattdessen den »möglichen Substitutionsgrad«, der inhärent unscharf und elastisch ist. Zum anderen reagiert der EuGH inhaltlich, indem er sich – zumindest subtil – doch der Motive der mitgliedstaatlichen Steuerregulierung annimmt, obwohl er oberflächlich eine Motivprüfung in der Warenverkehrsfreiheit regelmäßig ausschließt und ausschließlich auf Wirkungen abstellt.

147

Ähnliches lässt sich für die Diskriminierungsrechtsprechung im Bereich der Keck-Formel beobachten. Zum einen vermeidet er klare Maßstäbe – etwa ökonomischer Natur – hinsichtlich der Frage, ob eine Marktzugangsbeschränkung vorliegt. Gutes Beispiel ist die Rs. Gourmet,[240] in der der EuGH eigentlich aussagekräftige Wirtschaftsstatistiken von beiden Seiten ignorierte (s. bereits Rn. 127). Zum anderen findet eine **Mo-**

148

---

[236] EuGH, Urt. v. 14.12.1995, Rs. C–387/93 (Banchero), Slg. 1995, I–4663.
[237] EuGH, Urt. v. 25.3.2004, Rs. C–71/02 (Karner), Slg. 2004, I–3025.
[238] *Haltern*, Europarecht, Rn. 1705.
[239] *Haltern*, Europarecht, Rn. 1705.
[240] EuGH, Urt. v. 8.3.2001, Rs. C–405/98 (Gourmet International Products), Slg. 2001, I–1795.

tivprüfung Eingang in die Diskriminierungsprüfung im Zusammenhang mit der Keck-Formel. So findet sich insbesondere dann, wenn der EuGH alle Keck-Voraussetzungen als erfüllt ansieht, eine diskriminierende Wirkung seines Erachtens fehlt und er die regulierende Maßnahme dem Anwendungsbereich von Art. 34 AEUV entzieht, ein Satz des folgenden Zuschnitts: »Eine durch Gesetz oder Verordnung getroffene Maßnahme wie die im Ausgangsverfahren streitige […] bezweckt keine Regelung des Warenverkehrs zwischen den Mitgliedstaaten.«[241] Ein anderes Beispiel: »Es steht fest, dass sie [die Maßnahme] nicht eine Regelung des Warenverkehrs zwischen den Mitgliedstaaten bezweckt.«[242] Der deutliche Hinweis auf den Zweck der Maßnahme zeigt, dass sich der EuGH bereits von der Lauterkeit des Motivs des regulierenden Mitgliedstaates überzeugt hat. Dieses darf nicht in einer Behinderung des zwischenstaatlichen Handels liegen, sondern allein darin, mit den Regelungen den auf dem Gebiet des Mitgliedstaates vorherrschenden, traditionell und kulturell verwurzelten Vorstellungen und Maßstäben Ausdruck zu verleihen und ein dementsprechendes Regulierungsniveau festzulegen.

c) Testfälle Nutzungsbeschränkungen

149 Beide Hypothesen lassen sich anhand der neueren Rechtsprechung testen. Instruktiv sind hier insbesondere die sog. Nutzungsbeschränkungsfälle. Hierbei handelt es sich um eine neue Konstellation, die die Diskussion über Sinn und Zweck des Art. 34 AEUV und der Rechtsprechung des EuGH in den Rs. Dassonville, Cassis de Dijon und Keck wieder hat aufleben lassen. Sowohl die Vehemenz der Stellungnahmen, ihre Diversität als auch die Tatsache, dass anhand dieser Fälle in Gestalt einer Fundamentaldiskussion neue Grundlagenkategorien der Warenverkehrsfreiheit konstruiert wurden, zeigen nicht nur, dass das Herz der Warenverkehrsfreiheit noch nicht ganz ergründet ist, sondern auch, dass es hier um einen Lackmustest der EuGH-Strategien geht.

aa) Nutzungsbeschränkungsfälle

150 Im Jahr 2009 entschied der EuGH kurz nacheinander zwei Fälle, in denen die Nutzung von bestimmten Produkten durch mitgliedstaatliche Regelungen verboten oder beschränkt wurde. Italien erließ zur Verbesserung der Sicherheit im Straßenverkehr eine Regelung, nach der Anhänger im Straßenverkehr von Motorrädern, dreirädrigen oder ähnlichen Fahrzeugen nicht mehr gezogen werden dürfen, selbst dann nicht, wenn die Anhänger speziell für diesen Zweck konstruiert wurden. Die Kommission hielt dies für einen Verstoß gegen Art. 34 AEUV.[243] Schweden erließ eine Regelung, nach der aus Gründen des Umweltschutzes Wassermotorräder nur noch auf inneren Gewässern, die speziell für diesen Zweck freigegeben wurden (was kaum der Fall war), genutzt werden durften. Ein hiergegen verstoßender Wassermotorradfahrer verteidigte sich im Bußgeldverfahren mit dem Argument, dabei handele es sich um einen Verstoß gegen Art. 34 AEUV.[244]

bb) Testfallgeneigtheit

151 Diese Fälle – die nicht vollständig neu sind, sich aber zuvor auf zumindest weitgehende Nutzungsverbote bezogen[245] – sind aus mehreren Gründen als **Test** geeignet. Erstens

---

[241] EuGH, Urt. v. 9.2.1995, Rs. C–412/93 (Leclerc-Siplec/TF1 und M6), Slg. 1995, I–179, Rn. 19.
[242] EuGH, Urt. v. 23.2.2006, Rs. C–441/04 (A-Punkt Schmuckhandel), Slg. 2006, I–2093, Rn. 17.
[243] EuGH, Urt. v. 10.2.2009, Rs. C–110/05 (Kommission/Italien), Slg. 2009, I–519.
[244] EuGH, Urt. v. 4.6.2009, Rs. C–142/05 (Mickelsson und Roos), Slg. 2009, I–4273.
[245] Etwa EuGH, Urt. v. 11.7.2000, Rs. C–473/98 (Toolex), Slg. 2000, I–5681 – zum Verbot der

handelt es sich um unterschiedslos geltende Maßnahmen. Zweitens ist, wie bei den bestimmten Verkaufsmodalitäten, die Verbindung zwischen Produkt und Maßnahme gelockert: Es geht nicht in erster Linie um Merkmale, die in der Beschaffenheit des Produkts liegen, sondern um dessen Nutzung. Drittens stellt sich hier sehr deutlich die Frage nach den Grenzen des Art. 34 AEUV. Nutzungsbeschränkungen sind ubiquitär, von Geschwindigkeitsbegrenzungen im Straßenverkehr bis hin zu einem Befestigungsverbot für farbige Folien an den Scheiben von Personen- oder Güterkraftfahrzeugen.[246] Sie sind ein wesentlicher Bestandteil staatlicher Regulierung und so selbstverständlich, dass sie häufig gar nicht als Nutzungsbeschränkungen begriffen werden. Es liegt auf der Hand, dass die Warenverkehrsfreiheit an dieser Stelle einer Schärfung als Instrument zur Gewährleistung des grenzüberschreitenden Wirtschaftsverkehrs bedarf und nicht zur **umfassenden Rationalitätskontrolle** jeglicher mitgliedstaatlicher Rechtsetzung missbraucht werden darf.

cc) Dassonville-Definition und Keck-Formel
Die nutzungsbeschränkenden Maßnahmen Italiens und Schwedens sind ohne Weiteres von der weiten Dassonville-Definition der Maßnahmen gleicher Wirkung erfasst, denn sie können natürlich auf den innerunionalen Handel durchschlagen: Je weniger ein Produkt genutzt werden kann, desto weniger Verbraucher kaufen es. Die Folge ist ein reduziertes Absatzvolumen und damit auch ein Absatzrückgang von eingeführten Waren. Es waren diese Konstellationen (echte unterschiedslos anwendbare Maßnahmen, bei denen die Verbindung von Ware und Maßnahme gelockert ist und die allein aufgrund des Absatzrückganges als Folge handelspolitisch unverdächtiger interner Marktregulierung in den Fokus von Art. 34 AEUV gerieten), die der EuGH durch seine Keck-Rechtsprechung der Rechtfertigungsnotwendigkeit entziehen wollte, soweit sie den Diskriminierungstest bestehen. Keck ist aber nicht anwendbar, da es sich bei Nutzungsbeschränkungen nicht um »bestimmte Verkaufsmodalitäten« handelt. Sie regeln weder Verkauf noch Vertrieb einer Ware; beide bleiben unbeschränkt. Sowohl die Mopedanhänger als auch die Wassermotorräder können weiter beworben, vertrieben und verkauft werden. Beschränkt wird nur die sich anschließende Nutzung der Ware durch den Verbraucher.

152

dd) Keck analog?
Dies wirft die interessante Frage auf, ob sich die **Keck-Rechtsprechung analog auf Nutzungsbeschränkungen** erstrecken lässt oder erstreckt werden sollte. Die Generalanwälte haben in ihren Schlussanträgen[247] hierzu unterschiedliche Auffassungen vertre-

153

---

gewerblichen Nutzung von Trichlorethylen; Urt. v. 10.4.2008, Rs. C–265/06 (Kommission/Portugal), Slg. 2008, I–2245 – zum Verbot, Autoscheiben mit farbigen Folien zu bekleben; Urt. v. 4.12.2008, Rs. C–249/07 (Kommission/Niederlande), Slg. 2008, I–174 – zum Verbot der Anlage von Austernkulturen mit Hilfe ausländischer Austern.
[246] EuGH, Urt. v. 10.4.2008, Rs. C–265/06 (Kommission/Portugal), Slg. 2008, I–2245.
[247] Die beiden Entscheidungen wurden durch drei Schlussanträge vorbereitet. In der Rs. C–110/85 trug Generalanwalt *Léger* am 5.10.2005 seine Schlussanträge vor und sah einen Verstoß; der EuGH wollte sogar ohne mündliche Verhandlung entscheiden. Als Generalanwältin *Kokott* am 14.12.2006 in der Rs. C–142/05 mit dem Vorschlag plädiert hatte, die Keck-Formel anzuwenden, wurde der Fall an die Große Kammer überwiesen. Diese beschloss eine »Wiedereröffnung« des Verfahrens, am 8.7.2008 plädierte dann Generalanwalt *Bot* mit ähnlichem Ergebnis wie Generalanwalt *Léger* und der These, eine Anwendung von Keck sei abzulehnen (Rn. 87 ff.).

ten; Generalanwältin *Kokott* hat dafür,[248] Generalanwalt *Bot* dagegen[249] plädiert. Die Mitgliedstaaten, die vor dem Urteil in der Rs. C–110/05 vom Gerichtshof aufgefordert wurden, sich zu genau dieser Frage zu äußern, waren ebenfalls geteilter Meinung.[250]

154 Die **Ratio** von Keck ist auf die Nutzungsbeschränkungsfälle **übertragbar**. Der regulatorische Unterschied zwischen Vertriebs- und Produktbezogenheit liegt in der Häufigkeit von Regulierung und Kontrolle. Produktbezogene Eigenschaften werden bereits im Erzeugerland reguliert und kontrolliert; sie wandern dann mit dem Produkt über die Grenze. Eine erneute Regulierung und Kontrolle im Importland bedeutet eine Verdoppelung, so dass es sinnvoll ist, dass die Rechtsprechung jede neuerliche Regulierung und Kontrolle von produktbezogenen Eigenschaften im Importland besonders intensiv prüft. Dies ist die Logik des Beschränkungsverbotes vor der Folie der gegenseitigen Anerkennung aus der Rs. Cassis de Dijon, die ihrerseits nur noch durch eine strenge Anwendung des Verhältnismäßigkeitsprinzips temperiert wird, bei der die volle Nachweislast dem regulierenden Importland zufällt (s. Rn. 204). Anders verhält es sich bei vertriebsbezogenen Eigenschaften, die nur vom Importland, nicht vom Erzeugerland reguliert werden; es kommt daher nicht zu einer Doppelregulierung. Eine gerichtliche Kontrolle, die ähnlich intensiv ist wie diejenige der Regulierung produktbezogener Eigenschaften, ist daher nicht notwendig; erhöhte gerichtliche Einmischung kann sich auf die Fälle beschränken, in denen das Importland die Kontrolle des Exportlandes verdoppelt. Diese niederschwellige Kontrolle wählt sich als Maßstab das Diskriminierungsverbot, nicht das scharfe Beschränkungsverbot. Dies gilt sowohl für Verkaufsmodalitäten als auch für Nutzungsbeschränkungen; auch letztere werden nicht im Herkunftsland reguliert, so dass gerichtliche Einmischung jedenfalls im Grundsatz klein gehalten werden kann.

155 Vor dem Hintergrund, dass bei Nutzungsbeschränkungen die Notwendigkeit einer Begrenzung des Anwendungsbereichs von Art. 34 AEUV noch deutlicher ist als bei den Verkaufsmodalitäten (s. Rn. 94 ff.), zudem systematische Gründe unionsverfassungsrechtlicher Natur für die Begrenzung streiten und es sich um eine deutlich interne marktregulierende Maßnahme handelt, spricht viel für eine Diskriminierungsprüfung in der Form, wie sie von der Rs. Keck vorgegeben wird, und viel gegen eine reine *Dassonville/ Cassis de Dijon*-Prüfung.

ee) Von interner Marktregulierung zur Marktzutrittsbeschränkung

156 Freilich leuchtet ein, dass – wie dargestellt – eine interne marktregulierende Maßnahme in ein Marktzugangshindernis **umschlagen** kann. Der Unterschied zwischen diesen beiden, der hier und v. a. im Vertragsregime der finanziellen Handelshemmnisse als formell alternativ konzipiert zu sein scheint, ist kein kategorischer, sondern ein gradueller. Die ansteigende Skala reicht von Beschränkungslosigkeit über interne Marktregulierung und Marktzugangsbehinderung bis hin zum Marktzugangshindernis. An irgendeinem Punkt auf dieser Skala führt eine Regulierung des internen Marktes, die der Form nach nichts mit Marktzugang zu tun hat, dazu, dass durch die beschnittenen Handlungsmöglichkeiten im Markt der Zugang zum Markt selbst beschränkt ist. Die Gretchenfrage lautet nun, wie dieser Punkt bestimmt werden kann, insbesondere welche Maßstäbe anzulegen und welche Kategorien angemessen sind. Im Raum steht hier ein **Intensitäts-**

---

[248] GA *Kokott*, Schlussanträge zu Rs. C–142/05 (Mickelsson und Roos), Slg. 2009, I–4273.
[249] GA *Bot*, Schlussanträge zu Rs. C–110/05 (Kommission/Italien), Slg. 2009, I–519.
[250] EuGH, Urt. v. 10. 2. 2009, Rs. C–110/05 (Kommission/Italien), Slg. 2009, I–519, Rn. 16–32.

test, der den Grad der Spürbarkeit misst und den Prüfungsmaßstab ab einer bestimmten Intensität vom normativ weichen Diskriminierungstest zum normativ harten Beschränkungstest kippen lässt.

ff) Urteile des EuGH

Die Urteile des EuGH in den Nutzungsbeschränkungskonstellationen fallen weniger eindeutig aus als manche erhofft hatten. Wirklich überraschend ist das allerdings nicht: Der EuGH operiert mit einer Norm, der es an Differenzierungsvermögen mangelt, und mit eigenen Präzedenzfällen, die nicht nur undeutlich sind und statt deutlich zu artikulieren eher murmeln, sondern die auch Haken schlagen. Gleichwohl erweckt der EuGH den Anschein, als handele es sich um ein deutliches Prüfungssystem, indem er einen – neuen – Prüfungsdreischritt einführt. In der Rs. Kommission/Italien schreibt er eine »Vorbemerkung«, die dieses System vorstellt:

157

»[33] Nach ständiger Rechtsprechung ist jede Handelsregelung der Mitgliedstaaten, die geeignet ist, den innergemeinschaftlichen Handel unmittelbar oder mittelbar, tatsächlich oder potenziell zu behindern, als eine Maßnahme mit gleicher Wirkung wie mengenmäßige Beschränkungen im Sinne des Art. 28 EG [jetzt Art. 34 AEUV] anzusehen (vgl. u. a. Urteil Dassonville, Randnr. 5).

[34] Aus ebenfalls ständiger Rechtsprechung geht hervor, dass Art. 28 EG [jetzt Art. 34 AEUV] die Verpflichtung widerspiegelt, sowohl die Grundsätze der Nichtdiskriminierung und der gegenseitigen Anerkennung von Erzeugnissen, die in anderen Mitgliedstaaten rechtmäßig hergestellt und in den Verkehr gebracht wurden, einzuhalten als auch Erzeugnissen aus der Gemeinschaft einen freien Zugang zu den nationalen Märkten zu gewährleisten (vgl. in diesem Sinne Urteile vom 14. Juli 1983, Sandoz, 174/82, Slg. 1983, 2445, Randnr. 26, vom 20. Februar 1979, Rewe-Zentral, ›Cassis de Dijon‹, 120/78, Slg. 1979, 649, Randnrn. 6, 14 und 15, und Keck und Mithouard, Randnrn. 16 und 17).

[35] So stellen Hemmnisse für den freien Warenverkehr, die sich in Ermangelung einer Harmonisierung der Rechtsvorschriften daraus ergeben, dass Waren aus anderen Mitgliedstaaten, die dort rechtmäßig hergestellt und in den Verkehr gebracht worden sind, bestimmten Vorschriften entsprechen müssen, selbst dann Maßnahmen mit gleicher Wirkung wie mengenmäßige Beschränkungen dar, wenn diese Vorschriften unterschiedslos für alle Erzeugnisse gelten (vgl. in diesem Sinne Urteil ›Cassis de Dijon‹, Randnrn. 6, 14 und 15, vom 26. Juni 1997, Familiapress, C-368/95, Slg. 1997, I-3689, Randnr. 8, und vom 11. Dezember 2003, Deutscher Apothekerverband, C-322/01, Slg. 2003, I-14887, Randnr. 67).

[36] Hingegen ist die Anwendung nationaler Bestimmungen, die bestimmte Verkaufsmodalitäten beschränken oder verbieten, auf Erzeugnisse aus anderen Mitgliedstaaten nicht geeignet, den Handel zwischen den Mitgliedstaaten im Sinne der aus dem Urteil Dassonville hervorgegangenen Rechtsprechung unmittelbar oder mittelbar, tatsächlich oder potenziell zu behindern, sofern diese Bestimmungen für alle betroffenen Wirtschaftsteilnehmer gelten, die ihre Tätigkeit im Inland ausüben, und sofern sie den Absatz der inländischen Erzeugnisse und der Erzeugnisse aus anderen Mitgliedstaaten rechtlich wie tatsächlich in der gleichen Weise berühren. Sind diese Voraussetzungen erfüllt, ist die Anwendung derartiger Regelungen auf den Verkauf von Erzeugnissen aus einem anderen Mitgliedstaat, die den von diesem Staat aufgestellten Bestimmungen entsprechen, nämlich nicht geeignet, den Marktzugang für diese Erzeugnisse zu versperren oder stärker zu behindern, als sie dies für inländische Erzeugnisse tut (vgl. Urteil Keck und Mithouard, Randnrn. 16 und 17).

[37] Daher sind Maßnahmen eines Mitgliedstaats, mit denen bezweckt oder bewirkt wird, Erzeugnisse aus anderen Mitgliedstaaten weniger günstig zu behandeln, sowie die in Randnr. 35 des vorliegenden Urteils genannten Maßnahmen als Maßnahmen mit gleicher Wirkung wie mengenmäßige Einfuhrbeschränkungen in Sinne des Art. 28 EG [jetzt Art. 34 AEUV] anzusehen. Ebenfalls unter diesen Begriff fällt jede sonstige Maßnahme, die den Zugang zum Markt eines Mitgliedstaats für Erzeugnisse aus anderen Mitgliedstaaten behindert.«[251]

---

[251] EuGH, Urt. v. 10. 2. 2009, Rs. C–110/05 (Kommission/Italien), Slg. 2009, I–519, Rn. 33 ff.

158 Rn. 33 zitiert die Dassonville-Definition, Rn. 34 betont die Grundsätze der Nichtdiskriminierung und der gegenseitigen Anerkennung, Rn. 35 zieht hieraus, die Cassis de Dijon-Rechtsprechung zitierend, die Schlüsse für die gegenseitige Anerkennung, Rn. 36 zitiert die Keck-Formel. Nichts davon ist neu. Rn. 37 fasst zusammen; hier fällt die Formulierung am Schluss auf, wonach eine Maßnahme gleicher Wirkung auch »jede sonstige Maßnahme [ist], die den Zugang zum Markt eines Mitgliedstaats für Erzeugnisse aus anderen Mitgliedstaaten behindert«. Für die allgemeinen Lehren von Art. 34 AEUV lässt sich vermuten, dass der **Marktzugangstest** tatsächlich ins **Zentrum der Prüfung** rückt.

159 Interessant ist die Anwendung dieser Kriterien. Zunächst prüft und verneint der EuGH eine Diskriminierung. Dann geht der EuGH auf Anhänger ein, die auch von anderen Zugmaschinen als Krafträdern (etwa Autos) gezogen werden können und verneint lapidar ein Versperren[252] des Marktzugangs; die Kommission habe das nicht nachgewiesen.[253] Damit, so der EuGH, sei die Klage insoweit abzuweisen;[254] gemeint ist offenbar, dass die Maßnahme insoweit nicht in den Anwendungsbereich des Art. 34 AEUV fällt. Anders verhält es sich dann mit der **zweiten Kategorie** von Anhängern, nämlich denen, die explizit für Krafträder konzipiert wurden und daher ausschließlich von Krafträdern gezogen werden können. Hier handelt es sich um ein **totales Verwendungsverbot**. Der EuGH schließt daraus, dass dieses »erheblichen Einfluss auf das Verhalten der Verbraucher hat, das sich wiederum auf den Zugang des Erzeugnisses zum Markt des Mitgliedstaates auswirkt«.[255] Damit führe die italienische Regel für die eigens konzipierten Anhänger dazu, »den Zugang zum italienischen Markt zu versperren«;[256] es ist eine Maßnahme gleicher Wirkung, die unter Art. 36 AEUV und den »zwingenden Erfordernissen« gerechtfertigt werden muss.

160 Es dürfte auf der Hand liegen, dass beide Arten von Anhängern einer Einfuhrreduktion unterliegen; doch nur für die eigens konzipierten Anhänger ergibt sich daraus eine Subsumtion unter die Maßnahmen gleicher Wirkung. Der Unterschied liegt offenkundig in der **Quantität**. So formuliert dies auch der EuGH: entscheidend ist der »erhebliche« Einfluss auf das Verbraucherverhalten.[257]

161 Das Bild, das sich daraus ergibt, entspricht also der hier vorgestellten Hypothese. Die Regelung, die sich auf die nicht eigens für Kradfahrzeuge konzipierten Anhänger bezieht, unterfällt zwar der Dassonville-Formel, und der Import dieser Anhänger ist auch verringert. Doch die Regelung reguliert den internen Markt, ist »echt« unterschiedslos anwendbar und die Verbindung zwischen Produkt und Maßnahme ist gelockert. Da die Regelung den (Keck-ähnlichen) Diskriminierungstest besteht, fällt sie aus dem Anwendungsbereich von Art. 34 AEUV heraus. Anders bei der Regelung, die sich auf die eigens für Kradfahrzeuge konzipierten Anhänger bezieht: Hier schlägt die interne Marktregulierung in eine **Marktzutrittsverhinderung** um. Sie sieht zwar aus wie eine interne Marktregulierung, ist aber mehr. Obwohl auch sie »echt« unterschiedslos anwendbar ist und die Verbindung zwischen Produkt und Maßnahme gelockert ist, unterliegt sie den

---

[252] In der französischen Originalfassung freilich ist vom Verneinen einer »Behinderung« des Marktzugangs die Rede; hierauf verweist auch *Classen*, Vorfahrt für den Marktzugang?, EuR 2009, 555 (558).
[253] EuGH, Urt. v. 10.2.2009, Rs. C–110/05 (Kommission/Italien), Slg. 2009, I–519, Rn. 52.
[254] EuGH, Urt. v. 10.2.2009, Rs. C–110/05 (Kommission/Italien), Slg. 2009, I–519, Rn. 53.
[255] EuGH, Urt. v. 10.2.2009, Rs. C–110/05 (Kommission/Italien), Slg. 2009, I–519, Rn. 56.
[256] EuGH, Urt. v. 10.2.2009, Rs. C–110/05 (Kommission/Italien), Slg. 2009, I–519, Rn. 58.
[257] EuGH, Urt. v. 10.2.2009, Rs. C–110/05 (Kommission/Italien), Slg. 2009, I–519, Rn. 56.

strengeren Anforderungen des Beschränkungsverbotes und muss gerechtfertigt werden. Das Kriterium für das Umschlagen von interner Marktregulierung in Marktzugangsregulierung ist die »**Erheblichkeit**« – **ein Intensitätstest**.

Ebenso entscheidet der EuGH keine vier Monate später den schwedischen Wassermotorräder-Fall. Auch hier ist die Argumentation spärlich, doch wird deutlich, dass er Nutzungsbeschränkungen grundsätzlich aus dem Anwendungsbereich von Art. 34 AEUV herausfallen lässt, wenn es sich, wie häufig, um »echte« unterschiedslos geltende Maßnahmen handelt, die nur den internen Markt regulieren und deren Verbindung zu produktbezogenen Eigenschaften der regulierten Ware gelockert ist. Wenn die Maßnahme den Diskriminierungstest besteht, ist zu fragen, ob sie (noch) als interne Marktregulierung oder (schon) als Marktzutrittsregulierung zu beurteilen ist. Der Maßstab zur Beantwortung dieser Frage ist derjenige der Intensität. In der Rs. Mickelsson haben die schwedischen Behörden praktisch keine internen Gewässer für Wassermotorräder freigegeben, mit der Folge, dass Wassermotorräder in Schweden so gut wie nicht mehr benutzt und daher auch nicht länger gekauft werden; der Marktzutritt ist damit versperrt. Dementsprechend formuliert der EuGH entlang des Intensitätskriteriums:

162

»[26] Auch wenn die fragliche nationale Regelung weder bezwecken noch bewirken sollte, Erzeugnisse aus anderen Mitgliedstaaten weniger günstig zu behandeln, was das vorlegende Gericht prüfen muss, kann die Beschränkung der Verwendung eines Erzeugnisses, die sie im Hoheitsgebiet eines Mitgliedstaats auferlegt, je nach ihrer Tragweite erheblichen Einfluss auf das Verhalten der Verbraucher haben, das sich wiederum auf den Zugang des Erzeugnisses zum Markt des Mitgliedstaats auswirken kann (vgl. in diesem Sinne Urteil Kommission/Italien, Randnr. 56).

[27] Verbraucher, die wissen, dass die von einer derartigen Regelung gestattete Benutzung sehr begrenzt ist, haben nämlich nur ein geringes Interesse daran, das fragliche Erzeugnis zu kaufen (vgl. in diesem Sinne Urteil Kommission/Italien, Randnr. 57).

[28] Insoweit hätten die nationalen Regeln über die Bezeichnung der schiffbaren Gewässer und Wasserstraßen, wenn sie, was zu prüfen Sache des vorlegenden Gerichts ist, dazu führen sollten, die Benutzer von Wassermotorrädern daran zu hindern, von diesen den ihnen eigenen und wesensimmanenten Gebrauch zu machen, oder deren Nutzung stark zu behindern, zur Folge, den Zugang dieser Erzeugnisse zum fraglichen nationalen Markt zu behindern, und wären damit vorbehaltlich einer Rechtfertigung nach Art. 30 EG [jetzt Art. 36 AEUV] oder gemäß den zwingenden Erfordernissen des Allgemeininteresses eine Maßnahme mit gleicher Wirkung wie mengenmäßige Einfuhrbeschränkungen, die nach Art. 28 EG [jetzt Art. 34 AEUV] verboten ist.«[258]

gg) Fazit

Die Nutzungsbeschränkungs-Fälle zeigen, dass der EuGH Nutzungsbeschränkungen nicht anders als »bestimmte Verkaufsmodalitäten« behandelt. Sie fallen aus dem Anwendungsbereich des Art. 34 AEUV heraus, und das mit gutem Grund: Praktisch alles kann irgendwie als Nutzungsbeschränkung gelesen werden, so dass die Reichweite der Warenverkehrsfreiheit beschränkt werden muss; die Verbindung zwischen Maßnahme und Produkt ist gelockert, so dass die Ratio der Vermeidung von Doppelregulierungen einschlägig ist; wenn der Diskriminierungstest, der durch Keck eingeführt ist, bestanden wird, sind die handelspolitischen Gefahren gering. Anders verhält es sich freilich, wenn die Maßnahme derart intensiv wirkt, dass sie trotz ihrer Form ihrem Wesen nach gar keine interne Marktregulierungsmaßnahme mehr ist, sondern als Marktzutrittsbeschränkung aufgefasst werden muss. Für Marktzutrittsbeschränkungen gelten die strengen Dassonville- und Cassis de Dijon-Regeln; es kommt zur Rechtfertigungsnotwendigkeit.

163

---

[258] EuGH, Urt. v. 4.6.2009, Rs. C–142/05 (Mickelsson und Roos), Slg. 2009, I–4273, Rn. 26 ff.

d) Ergebnis

164 So opak einerseits nach wie vor die Details sind, so deutlich ist andererseits die Richtung. Aus der asymmetrischen Vertragssituation für finanzielle und nicht finanzielle Hemmnisse für die Warenverkehrsfreiheit haben sich, verstärkt durch die Beschränkungsverbotslogik aus Dassonville und Cassis de Dijon, regulatorische und unionsverfassungsrechtliche Querstände ergeben, deren der EuGH Herr werden musste. Ein erster Schritt in diese Richtung war die **Beschränkung des Anwendungsbereichs** von Art. 34 AEUV in der Rs. Keck, der die »bestimmten Verkaufsmodalitäten« nicht länger als Maßnahmen gleicher Wirkung las. Obwohl die Ratio hierfür – Vermeidung von Doppelregulierungen, nachsichtigere Behandlung ganz unverdächtiger Maßnahmen – einsichtig und vorbildlich war, blieben Fragezeichen bestehen, die sich aus der begrifflichen Trennschärfe, Logik und Anwendung durch den EuGH selbst ergaben. Der EuGH geht inzwischen vorsichtig weiter auf dem eingeschlagenen Weg, eine Symmetrie zwischen der finanziellen und nicht finanziellen Hemmnisbehandlung herbeizuführen. Wie die Nutzungsbeschränkungsfälle zeigen, erweitert er vorsichtig den Begriff der »Verkaufsmodalitäten« in Richtung anderer, nicht hiervon erfasster Maßnahmen, auf die aber die eigentliche Ratio ebenfalls anwendbar ist. Eine Schwächung des normativen Bisses von Art. 34 AEUV geht damit nicht einher; stattdessen werden die regulatorischen und unionsverfassungsrechtlichen Probleme sensibel und pragmatisch einer beginnenden Lösung zugeführt. Das **Kriterium, das das Umschlagen von interner Marktregulierung in Marktzugangsregulierung steuert**, ist dasjenige der **Intensität**; es ist logisch und wohl auch das einzige ernsthaft zur Verfügung stehende, will man, wofür hier plädiert worden ist, an der Unterscheidung festhalten (s. Rn. 156). Nicht ganz in Einklang zu bringen ist das mit der streng erscheinenden de minimis-Ablehnung, die sich beim EuGH kontinuierlich findet. Doch Spürbarkeitslösungen nach unten sind doch noch etwas anderes als Spürbarkeitslösungen nach oben. Nur letzteres verfolgt der EuGH, und dem dürfte inhaltlich auch zuzustimmen sein.

V. Gegenseitige Anerkennung: Rs. Cassis de Dijon

1. Maßnahme gleicher Wirkung und gutgläubige Marktfragmentierung

165 Die Frage, ob der Anwendungsbereich des Art. 34 AEUV auch dann betroffen und sein Schutzbereich beeinträchtigt ist, wenn Herkunftsland und Bestimmungsland einer grenzüberschreitend gehandelten Ware unterschiedliche Erfordernisse an das Erzeugnis stellen – etwa in Form von Sicherheitsvorschriften, Standards usw. –, ist nur aus der Rückschau auf die Rechtsprechung des EuGH seit der Rs. Cassis de Dijon[259] einfach zu bejahen; selbstverständlich ist das nur dann der Fall, wenn es sich etwa um ungewöhnliche Sicherheitsvorschriften handelt, die nur einheimische Produkte erfüllen, so dass ausländische Waren wettbewerbsunfähig werden. Staatliche Regulierung wird in solchen Fällen bösgläubig eingesetzt, um den Markt zu fragmentieren und daraus Vorteile zu ziehen. Dies will der Vertrag mit Art. 34 ff. AEUV verhindern.

166 Offen war aber zunächst, wie der Vertrag mit unterschiedlichen Regulierungen umgeht, die nicht aus protektionistischen Motiven heraus entstehen, sondern »normale« Konsequenz etwa kulturell oder historisch bedingter unterschiedlicher Regulierungstätigkeit sind. Dies war Mitte der 1970er Jahre zunehmend der Fall: Die Mitgliedstaaten

---

[259] EuGH, Urt. v. 20.2.1979, Rs. 120/78 (Rewe/Bundesmonopolverwaltung für Branntwein), Slg. 1979, 649.

waren immer stärker vom Nutzen der Liberalisierung und vom Schaden des Protektionismus überzeugt. Sie verstärkten ihre Anstrengungen, dem Verbot des Art. 34 AEUV Folge zu leisten. Dennoch bleibt es bei Hemmnissen für den freien Warenverkehr, die dem ordnungsgemäßen Funktionieren des Gemeinsamen Marktes abträglich sind. Dies gilt etwa für **Sicherheitsvorschriften**, die in den Mitgliedstaaten unterschiedlich ausfallen können, ohne dass böswillige Absichten dahinterstünden. Deutschland beispielsweise reguliert traditionell den Warenmarkt recht streng; daher gab es lange Zeit einen deutschen Produktmarkt mit eher beschränkter Auswahl doch hoher Qualität.

Hierzu verhielt sich die Rechtsprechung zunächst indifferent: Wenn man in einem anderen Mitgliedstaat etwas verkaufen will, muss man sich eben an dessen Maßstäbe halten.[260] Die von den Verträgen ursprünglich vorgesehene Therapie für dieses Problem, das man »**gutgläubige Marktfragmentierung**« nennen kann,[261] war nämlich die legislative Harmonisierung, heute Art. 114 f. AEUV. Die vorgesehene positive Integration scheiterte aber an der bis zum Inkrafttreten der Einheitlichen Europäischen Akte geltenden Einstimmigkeitsregel im Rat, die die legislative Harmonisierung immer wieder zu Fall brachte. Verwunderlich ist das nicht. Harmonisierung eröffnet zwar die Möglichkeit, den Warenverkehr zu liberalisieren, ohne zugleich auf Regulierungen im Bereich des Umwelt-, Verbraucher- oder sozialen Schutzes zu verzichten. Allerdings ist damit ein weitgehender Eingriff in das Regelungsermessen der Mitgliedstaaten verbunden, die ihre Kompetenz insoweit an die Gemeinschaft abtreten. Man kann dies auch als entföderalisierende Tendenz bezeichnen.[262] Damit ist der Anreiz zur Vetoeinlegung groß. Sogar gutgläubige Mitgliedstaaten, die keinerlei protektionistisches Motiv besitzen, können gute Gründe dafür haben, unterschiedlicher Auffassung über die Harmonisierungsstandards zu sein. Dies gilt umso mehr für Mitgliedstaaten, die den Zweck verfolgen, die einheimische Produktion zu schützen. Die Harmonisierungsnorm hat also wenig dazu beigetragen, das Problem der gutgläubigen Marktfragmentierung zu lösen.[263] Der EuGH war gefordert, sich dieses Problems im Rahmen seiner Rechtsprechung zu Art. 34 ff. AEUV anzunehmen.

167

2. Rs. Cassis de Dijon

Dies geschah 1979 in der **Rs. Cassis de Dijon**.[264] Deutschland hatte mit § 100 Abs. 3 Branntweinmonopolgesetz eine Vorschrift erlassen, nach der Trinkbranntweine nur mit einem Weingeistgehalt von mindestens 32 % in den Verkehr gebracht werden dürfen. Die Rewe-Unternehmensgruppe beantragte nun bei der Bundesmonopolverwaltung für Branntwein die Genehmigung für Cassis de Dijon, einen französischen Likör. Cassis de Dijon hat einen Weingeistgehalt zwischen 15 und 20 % und ist in Frankreich frei erhältlich. Die Bundesmonopolverwaltung lehnte den Antrag ab; das für die anschließende Klage von Rewe zuständige Hessische Finanzgericht legte dem EuGH vor.

168

---

[260] »When in Rome, do as the Romans do«: *Nicolaidis/Shaffer*, Law and Contemporary Problems 68 (2005), 263.
[261] *Haltern*, Europarecht, Rn. 1574 ff.
[262] *Roth* (Fn. 92), S. 24.
[263] Als Ausnahme ist anzufügen, dass der damalige Art. 94 EG (jetzt Art. 115 AEUV) in hoch oligopolistisch organisierten Industriesektoren mit wenigen großen Anbietern gut funktionierte. Diese setzten die Regierungen ihrer Mitgliedstaaten ausreichend unter Druck, um sie zur Kooperation unter dem Einstimmigkeitsprinzip des Art. 94 EG zu bewegen und die Gemeinschaft als Gemeinsamen Markt zu behandeln. Ein Beispiel hierfür ist die Automobilindustrie.
[264] EuGH, Urt. v. 20.2.1979, Rs. 120/78 (Rewe/Bundesmonopolverwaltung für Branntwein), Slg. 1979, 649.

a) Gegenseitige Anerkennung

169 Der EuGH führt sein Konzept der »gegenseitigen Anerkennung« ein und urteilt:

»[14] … Es gibt somit keinen stichhaltigen Grund dafür, zu verhindern, daß in einem Mitgliedstaat rechtmäßig hergestellte und in den Verkehr gebrachte alkoholische Getränke in die anderen Mitgliedstaaten eingeführt werden; dem Absatz dieser Erzeugnisse kann kein gesetzliches Verbot des Vertriebs von Getränken entgegengehalten werden, die einen geringeren Weingeistgehalt haben, als im nationalen Recht vorgeschrieben ist.«[265]

170 Damit ist eine Vermutung dafür ausgesprochen, dass jede Ware, die sich rechtmäßigerweise auf dem Markt eines Mitgliedstaates befindet, grundsätzlich Zutritt zu allen anderen Mitgliedstaaten haben muss. Dieses Prinzip nennt man das **Prinzip der gegenseitigen Anerkennung**. Es ist **Ausdruck des Herkunftslandprinzips**, wonach mitgliedstaatliche Vorschriften zum Schutz bestimmter Rechtsgüter grundsätzlich als gleichwertig angesehen werden. Es ist damit im Grunde nicht mehr möglich, auf der Beachtung detaillierter technischer Regeln als Voraussetzung für rechtmäßigen Marktzugang zu beharren. Das Prinzip der gegenseitigen Anerkennung ist damit eine **Äquivalenzvermutung**. Wenn in Mitgliedstaat A und Mitgliedstaat B unterschiedliche Sicherheitsstandards vorgeschrieben sind, müssen für das freie Inverkehrbringen nicht beide Standards erfüllt sein, sondern nur einer. Aufgrund der Vermutung der Gleichwertigkeit der Standards kann die Ware, die in Staat A legal hergestellt und in Verkehr gebracht wird, auch in Staat B eingeführt und dort legal vermarktet werden, selbst wenn sie dem dort geltenden Standard nicht in allen Punkten genügt. Die Standards werden als grundsätzlich gleichwertig oder funktionsparallel aufgefasst. Daher kann man auch von einem Prinzip der »funktionalen Parallelität« sprechen.

b) Verhältnismäßigkeitstest

171 Mit der Doktrin der gegenseitigen Anerkennung oder funktionalen Parallelität geht untrennbar eine **Verhältnismäßigkeitsprüfung** einher. Funktionale Parallelität (oder gegenseitige Anerkennung) bedeutet nicht, dass die Mitgliedstaaten ihre Regulierungskompetenz verlieren. Jeder Staat kann nach wie vor seine eigenen Standards setzen. Jedoch müssen die Staaten dasjenige Mittel zur Erreichung ihres Ziels (etwa Produktsicherheit) wählen, das den Handelsverkehr am wenigsten behindert. Stellt sich im Rahmen der Verhältnismäßigkeitsprüfung heraus, dass dies nicht geschehen ist, wird der funktionsparallele geringere Standard gewählt; Erzeugnisse, die einem geringeren Standard genügen, gelangen dann auch in Staaten mit höherem Standard.

172 Die Verhältnismäßigkeitsprüfung verläuft in den Schritten **Geeignetheit**, **Notwendigkeit** (in der Sache Erforderlichkeit) und **Angemessenheit**.[266] Sie führt in der Rs. Cassis de Dijon dazu, dass Deutschland den Fall verliert, denn das Vermarktungsverbot für Liköre unterhalb der Schwelle von 32 % Weingeistgehalt ist nicht das mildeste Mittel und damit nicht erforderlich. Zwar, so der EuGH, kann die Festsetzung von Mindestwerten beim Weingeistgehalt »im Interesse einer größeren Transparenz des Handels und der Angebote an die Verbraucher« sein; doch dürfe man

---

[265] EuGH, Urt. v. 20.2.1979, Rs. 120/78 (Rewe/Bundesmonopolverwaltung für Branntwein), Slg. 1979, 649, Rn. 14 a. E.

[266] EuGH, Urt. v. 10.11.1982, Rs. 261/81 (Rau/De Smedt), Slg. 1982, 3961, Rn. 12. Im Anschluss an das Zitat der Cassis-Formel hebt der EuGH hervor: »Die Regelung muß allerdings in einem angemessenen Verhältnis zum verfolgten Zweck stehen. Hat ein Mitgliedstaat die Wahl zwischen verschiedenen zur Erreichung desselben Ziels geeigneten Mitteln, so hat er das Mittel zu wählen, das den freien Warenverkehr am wenigsten behindert.«

»... nicht so weit gehen, die zwingende Festsetzung eines Mindestweingeistgehaltes in diesem Bereich als wesentliche Garantie eines lauteren Handelsverkehrs zu betrachten, denn eine angemessene Unterrichtung der Käufer läßt sich ohne Schwierigkeiten dadurch erreichen, daß man die Angabe von Herkunft und Alkoholgehalt auf der Verpackung des Erzeugnisses vorschreibt.«[267]

Hier begegnet man einem regelmäßig wiederkehrenden Thema in der Judikatur des EuGH, nämlich der Verwerfung von Einfuhrverboten, Betriebsverboten oder Bezeichnungsvorbehalten aufgrund der Tatsache, dass eine Unterrichtung der Konsumenten – insbesondere in Gestalt einer Etikettierung – auch ausgereicht hätte. Zudem wird hierdurch eine Produktstandardisierung vermieden und werden dem Kunden damit größere Wahlmöglichkeiten eröffnet.[268]

c) Ratio

Der Gedanke der gegenseitigen Anerkennung, der sich zum ersten Mal in Rn. 14 der Rs. Cassis de Dijon findet, hat sich zu einer grundlegenden Regel des internationalen Handels innerhalb der Union entwickelt. Aus der Formulierung, dass das, was gut genug für Frankreich ist, auch gut genug für Deutschland sein sollte, erwuchs schnell ein **Prinzip**, das sich nicht nur in der Warenverkehrsfreiheit, sondern im gesamten Binnenmarkt durchgesetzt hat. Es prägt nicht nur das europäische Verständnis für die Anerkennung ausländischer Waren, sondern auch ausländischer Zertifikate, Qualifikationen, offizieller Dokumente usw.

aa) Rechtsregime Herkunfts- oder Bestimmungsland?

Gegenseitige Anerkennung reagiert auf ein **Dilemma**, das nicht nur den Binnenmarkt, sondern den internationalen Handel grundsätzlich irritiert. Ausgangspunkt ist die Frage, welchem Recht das grenzüberschreitend gehandelte Produkt zu entsprechen hat und wo es wie kontrolliert wird. Es erscheint recht einleuchtend, dass hierfür zunächst das Recht des Herkunftslandes in Frage kommt, denn der Herstellungsort einer Ware untersteht dem Recht des Produktionslandes mit der Folge, dass das Produkt jenem Recht entsprechen muss. Nicht weniger einleuchtend aber ist, dass das Recht des Bestimmungslandes, in dem das Produkt verkauft wird, die Ware regiert, denn das Supermarktregal eines anderen Mitgliedstaates unterfällt dem Recht eben jenes Mitgliedstaates mit der Folge, dass sich die darin befindliche Ware anhand jener Maßstäbe prüfen lassen muss. Damit müsste sich eine Ware aber an zweierlei Rechtsordnungen messen lassen. Im Extremfall kann das zu unauflöslichen Widersprüchen führen, etwa wenn die nationalen Rechtsordnungen entgegenstehende Regulierungen enthalten (Bsp: Deutschland sieht einen Minimalalkoholgehalt von 25 Vol.-%, Frankreich einen Maximalalkoholgehalt von 20 Vol.-% vor). In jedem Fall aber entstehen zusätzliche Kosten, Verwaltungsaufwand und Unannehmlichkeiten für die Hersteller. Da es sich um ein importspezifisches Problem handelt, dem einheimisch hergestellte Waren nicht ausgesetzt sind – diese müssen sich immer nur an einem Standard messen lassen –, wird hierdurch nicht nur der Handel erschwert, sondern es werden auch ausländische gegenüber einheimischen Waren benachteiligt.[269]

---

[267] EuGH, Urt. v. 20.2.1979, Rs. 120/78 (Rewe/Bundesmonopolverwaltung für Branntwein), Slg. 1979, 649, Rn. 13.
[268] *Müller-Graff*, in: GSH, Europäisches Unionsrecht, Art. 36 AEUV, Rn. 136 ff. m.w.N. zur Rechtsprechung.
[269] EuGH, Urt. v. 6.7.1995, Rs. C–470/93 (Verein gegen Unwesen in Handel und Gewerbe Köln/Mars), Slg. 1995, I–1923.

176 Das Dilemma wird durch ein Regulierungssystem gelöst, das eine Ware **nur noch an einem einzigen Maßstab misst**. Eine einheitliche **Harmonisierungsgesetzgebung** stellt einen solchen Maßstab dar – daher sind die Grundsätze der gegenseitigen Anerkennung im Falle einer Unionsharmonisierung auch nicht anwendbar. Fehlt es jedoch an Harmonisierung, stellt sich die Frage, welches Rechtsregime anwendbar sein soll. Die Alternative besteht in der Anwendung des Rechts des Staates, in dem die Ware hergestellt wird, gegenüber dem Recht des Staates, in dem die Ware verkauft werden soll.

177 Zwar dienen Produktstandards dem Schutz der Verbraucher, so dass sich das Recht des Bestimmungsstaates aufzudrängen scheint; im Recht des Herkunftsstaates müsste es dann Ausnahmeregelungen für solche Produkte geben, die ausschließlich für den Export vorgesehen sind. Doch sprechen hiergegen gewichtige Gründe. Zum Ersten wird der Produktionsprozess dadurch fragmentiert. Zum Zweiten fällt effektive Kontrolle im Markt im Allgemeinen schwerer als effektive Kontrolle an der Produktionsstätte. Zum Dritten besteht die Gefahr, dass Produkte, die im Herkunftsstaat nicht reguliert und kontrolliert wurden, entweder mit massiven Importkontrollen überzogen werden (was die Ziele des Binnenmarktes konterkarieren würde) oder effektiver Kontrolle ganz entkommen könnten (was aus Verbrauchersicht nicht hinnehmbar ist).

178 Der EuGH hat sich daher für das **Recht des Herkunftsstaates** entschieden, das nur im Falle »zwingender Erfordernisse« durch besondere zusätzliche Regulierungen des Rechts des Bestimmungsstaates ergänzt werden kann.

bb) Beurteilung

179 Dies wird von den meisten Kommentatoren als elegante Lösung beschrieben, die im Warenverkehr das verwirklicht, was Multikulturalismus in der Migrationsdebatte darstellt: ein **Toleranzprinzip**, das die Mitgliedstaaten dazu anhält, Erzeugnisse zu akzeptieren, die sich von den ihren unterscheiden.[270]

180 Durch die Anerkennung der Gleichwertigkeit bestimmter Standards können Barrieren für die Verwirklichung des Gemeinsamen Marktes nun auch ohne Harmonisierung beseitigt werden. Das Prinzip der gegenseitigen Anerkennung stellt insoweit regulativen Wettbewerb her und erreicht genau das Ziel, das im Herzen der wirtschaftlichen Integration liegt: Erzeugnisse, die nach den Standards des Herkunftslandes hergestellt werden, werden im Bestimmungsland in den Verkehr gebracht, obwohl dort andere Standards existieren. Diese Standards müssen auch nicht geändert werden, es müssen nur die Güter anderer Standards zugelassen werden. Damit besitzt der Verbraucher des Bestimmungsstaates die Wahl zwischen Erzeugnissen, die nach unterschiedlichen Standards hergestellt wurden. Die Vielfalt nationaler Regelungen ist, anders als bei Harmonisierung, bewahrt; zugleich wird aber Wettbewerb herbeigeführt.

181 Man könnte dies auch so umschreiben, dass der EuGH mit der Rs. Cassis de Dijon den Grundsatz festgeschrieben hat, dass die zusätzlichen Kosten, die durch fehlende Harmonisierung anfallen (der Markt ist nach wie vor parzelliert; die Vorteile der Economies of Scale können nicht ausgereizt werden; die Vermarktung im Ausland bedeutet zusätzliche Investitionen durch die Anpassung der Produkte an die ausländischen Standards usw.), nicht länger hinnehmbar und insbesondere nicht vom Handeltreibenden zu tragen sind.

---

[270] Etwa *Davies*, Is Mutual Recognition an Alternative to Harmonisation: Lessons on Trade and Tolerance of Diversity from the EU, in: Ortino/Bartels (Hrsg.), Regional Trade Agreements and the WTO, 2006, 265; *Nicolaidis/Shaffer*, Law and Contemporary Problems 68 (2005), 263.

Hier liegt auch eine **institutionelle Ratio**. Das Prinzip der gegenseitigen Anerkennung reagiert auf den **Harmonisierungsstau** und umgeht den blockierten Unionsgesetzgeber, indem es eine Vermutung für die Rechtmäßigkeit von Einfuhren und Vermarktungen im Ausland auch bei unterschiedlichen Standards ausspricht. Die eigentliche Last der Schaffung von Wettbewerbsbedingungen, so die Hoffnung, liegt nun nicht länger bei den Organen der Union oder den Mitgliedstaaten, sondern bei der Äquivalenzvermutung, die quasi automatisch eine Öffnung der Märkte herbeiführt. Kommt es zum Streitfall – insbesondere über die Verhältnismäßigkeit –, wird der Gerichtshof tätig. Die politischen Schwierigkeiten der Harmonisierung werden damit umschifft, denn eine politische Institution wird zur Marktöffnung scheinbar nicht länger benötigt. Es ist offenkundig, dass diese Perspektive nach der langen Blockade des politischen Systems der Gemeinschaft und der in immer weitere Ferne rückenden Realisierung des Gemeinsamen Marktes einen ungeheuren Energieschub auslöste.

182

Der rechtliche Hintergrund liegt darin, dass der EuGH mit der Rs. Cassis de Dijon das **Verhältnis von negativer zu positiver Integration** neu definiert. Bislang oblag der Abbau von Handelsschranken dem Normenregime der Art. 34 ff. AEUV; Harmonisierung war vom politischen Willen der Mitgliedstaaten nach den Harmonisierungsvorschriften abhängig. Nach der Rs. Cassis de Dijon wird diese ursprünglich klare Grenze undeutlich. Alles rückt in den Schatten des Rechtssystems; der Gemeinsame Markt scheint durch rechtliche und gerichtliche Intervention ohne den politischen Willen der Mitgliedstaaten herstellbar.

183

d) Reaktion der Mitgliedstaaten

Es kann keine Verwunderung auslösen, dass die Reaktion der Regierungen und der Interessengruppen in den Mitgliedstaaten bestenfalls ambivalent war. Zum einen ist es für ein politisches System immer verstörend, wenn deutlich wird, dass die Entscheidungsmacht auf ein anderes System, hier das Rechtssystem, übergeht. Zum anderen gab das Prinzip der gegenseitigen Anerkennung Anlass zu konkreten Befürchtungen, die Deutschland in der Rs. Cassis de Dijon auch ausdrücklich vorbrachte:

184

»[12] … Wollte man ferner alkoholische Erzeugnisse zum freien Verkehr zulassen, wenn sie hinsichtlich ihres Weingeistgehaltes nur den Bestimmungen des Herstellungslandes entsprächen, so hätte dies, wie die deutsche Regierung meint, zur Folge, daß sich in der Gemeinschaft als gemeinsamer Standard der niedrigste in irgendeinem Mitgliedstaat zulässige Weingeistgehalt durchsetzen würde, ja daß sogar alle einschlägigen Bestimmungen hinfällig würden, da die Regelung mehrerer Mitgliedstaaten überhaupt keinen Mindestweingeistgehalt kenne.«[271]

Die Befürchtung ist also, dass das Prinzip der gegenseitigen Anerkennung auf den unionsweit niedrigsten Schutzstandard hinauslaufen werde: ein **race to the bottom**. In der Tat gehört es zur Logik regulativen Wettbewerbs, dass Effizienz prämiert wird und Einfluss auf das Standardregime hat. Wenn beispielsweise ein alkoholisches Produkt in Frankreich mit geringerem Zusatz von teurem Alkohol hergestellt und dann in Deutschland verkauft werden kann, spricht viel dafür, dass Unternehmen, die Liköre herstellen, ihre Produktion von Deutschland nach Frankreich verlagern könnten, da dort effizienter produziert werden kann. Wenn im Vereinigten Königreich weniger in Isoliermasse investiert werden muss, ohne dass dies die Verkaufschancen in Deutschland verringert, spricht viel dafür, Ressourcen einzusparen und in Großbritannien zu produzieren. Zu-

185

---

[271] EuGH, Urt. v. 20.2.1979, Rs. 120/78 (Rewe/Bundesmonopolverwaltung für Branntwein), Slg. 1979, 649, Rn. 12.

gleich wächst der Druck der Produzenten in Staaten mit hohen Standards auf ihre Regierungen, die Standards zu senken, und verbindet sich mit der Drohung der Auslandsproduktion.

186 Freilich vollzieht sich ein race to the bottom nicht ganz unkontrolliert und ohne Bremse. Der EuGH stellt in der Rs. Cassis de Dijon mit den »**zwingenden Erfordernissen**« **ein Instrument** zur Verfügung, die eigenen Standards verbindlich zu machen. Dienen die höheren Standards solchen »zwingenden Erfordernissen«, müssen sich die Hersteller in den anderen Mitgliedstaaten an ihnen festhalten lassen und ihre Produkte am höheren deutschen Standard ausrichten. Diese Bremse konnte jedoch die Sorge in den Mitgliedstaaten – insbesondere in den Staaten mit hohen Standards wie Deutschland, Frankreich und Italien[272] – nicht mindern, denn erstens schien es unwahrscheinlich, sich in jedem Fall auf ein »zwingendes Erfordernis« berufen zu können, und zweitens würde die mitgliedstaatliche Maßnahme nicht jedes Mal den Test der Verhältnismäßigkeit überstehen. Das **Prinzip der gegenseitigen Anerkennung** wurde also als stark deregulierendes Instrument aufgenommen, welches das Unionsinteresse an der Marktintegration gegenüber dem von unmittelbar gewählten nationalen politischen Organen vertretenen Interesse an der Aufrechterhaltung hoher nationaler Qualitäts- und Schutzstandards privilegiert.[273]

187 Wie häufig besitzt aber auch dieses Spannungsverhältnis kreative Kraft. Die Sorge vor Deregulierung und einem race to the bottom spornt dazu an, Standards zu setzen und zu regulieren. Da dies nicht im Alleingang möglich ist, wird ein Anreiz geschaffen, im Rat als Unionsgesetzgeber zusammenzukommen und zu harmonisieren. Unabhängig von den weiteren Entwicklungen im Bereich der Harmonisierung – insbesondere der Einführung von Art. 114 AEUV – geriet also bereits durch die Rs. Cassis de Dijon die blockierte Unionslegislative in Bewegung.

e) Reaktion der Kommission

188 Die Kommission befürchtete jedoch zunächst, dass das Prinzip der gegenseitigen Anerkennung zu einem stark geminderten Harmonisierungsdruck führe. Sie versandte kurz nach der Entscheidung eine Mitteilung an alle Mitgliedstaaten, das Europäische Parlament und den Rat, die im Oktober 1980 im Amtsblatt veröffentlicht wurde.[274] Darin fasste sie das Cassis de Dijon-Urteil zusammen und betonte dabei wiederholt die »sehr weite Begriffsbestimmung« der Maßnahmen gleicher Wirkung, die »sehr beschränkten« Rechtfertigungsmöglichkeiten für die Mitgliedstaaten und die »sehr strengen Kriterien« des EuGH. Sie zog zunächst die folgenden Schlussfolgerungen:

»Wenn die Mitgliedstaaten in Ermangelung einschlägiger Gemeinschaftsbestimmungen die Bedingungen für die Vermarktung der einheimischen Erzeugnisse regeln können, so gilt das nicht für aus anderen Mitgliedstaaten eingeführte Waren.

Jedes aus einem Mitgliedstaat eingeführte Erzeugnis ist grundsätzlich im Hoheitsgebiet der anderen Mitgliedstaaten zuzulassen, sofern es rechtmäßig hergestellt worden ist, d. h. soweit es der

---

[272] Sogar das Vereinigte Königreich als Verfechter von Marktliberalisierung und Gegner gemeinschaftlicher Überregulierung meldete unter *Margaret Thatcher*, die zehn Wochen nach dem Cassis de Dijon-Urteil ins Amt gewählt wurde, Bedenken an. Nachweise auf die Reaktionen der Mitgliedstaaten bei *Alter/Meunier-Aitsahalia*, Comparative Political Studies 26 (1994), 535 (542 ff.).
[273] Diese Diskussion hat sich Anfang 2005 in der Debatte um den von der Kommission vorgelegten Entwurf der Dienstleistungsrichtlinie wiederholt und zu umfangreichen Änderungen geführt. Statt vieler *Calliess*, DVBl 2007, 336.
[274] Mitteilung der Kommission über die Auswirkungen des Urteils des Europäischen Gerichtshofes vom 20. 2. 1979 in der Rechtssache 120/78 (»Cassis de Dijon«), ABl. 1980, C 256/2.

im Ausfuhrland geltenden Regelung oder den dortigen verkehrsüblichen, traditionsmäßigen Herstellungsverfahren entspricht und in diesem Land in den Verkehr gebracht worden ist.

Dieser Grundsatz beinhaltet, daß die Mitgliedstaaten bei der Ausarbeitung von Handelsregelungen oder technischen Vorschriften, die sich auf die reibungslose Abwicklung des freien Warenverkehrs auswirken könnten, nicht von ausschließlich nationalen Gesichtspunkten ausgehen oder allein die Erfordernisse inländischer Erzeugnisse berücksichtigen dürfen. Soll der Gemeinsame Markt ordnungsgemäß funktionieren, so muß jeder Mitgliedstaat auch den legitimen Ansprüchen der anderen Mitgliedstaaten Rechnung tragen.«[275]

Berücksichtigt man die »sehr engen Voraussetzungen«, unter denen der EuGH nach Auffassung der Kommission Ausnahmen zuzulassen gewillt ist, ergibt sich, dass die Kommission das Problem der Marktfragmentierung für im Wesentlichen gelöst und legislative Rechtsangleichung für praktisch überflüssig hielt. In der Tat meint die Kommission, dass im Grunde nur noch ein einziger Bereich im Wege der Unionsgesetzgebung harmonisiert werden muss, um zur Herstellung des Gemeinsamen Marktes zu gelangen. Die verbleibende Lücke betraf diejenigen Maßnahmen, die von den Mitgliedstaaten unter Art. 36 AEUV und den »zwingenden Erfordernissen« gerechtfertigt werden können und vom EuGH nicht für rechtswidrig erklärt werden. Dementsprechend richtet sich die Kommission darauf ein, ihre Energien in Zukunft auf eben diese Bereiche zu richten: 189

»Die Kommission wird sich in erster Linie um die Angleichung der sich auf das Funktionieren des Gemeinsamen Marktes auswirkenden einzelstaatlichen Rechtsvorschriften bemühen müssen, soweit es um die Beseitigung der Hemmnisse geht, die, an den vom Gerichtshof aufgestellten Kriterien gemessen, auf zulässige nationale Vorschriften zurückzuführen sind.«[276]

Die Kommission sah also ganz genau die Querverbindung zwischen den Maßnahmen gleicher Wirkung, die unter Art. 36 AEUV oder den »zwingenden Erfordernissen« gerechtfertigt werden und daher bestehen bleiben können, auf der einen Seite, und der Harmonisierungskompetenz der Union auf der anderen Seite: Jede Maßnahme, die unter Art. 34 AEUV fällt, aber unter Art. 36 AEUV oder den »zwingenden Erfordernissen« gerechtfertigt werden kann, führt eine Marktfragmentierung herbei, die politisch-legislativ beseitigt werden kann (s. Rn. 167). In ihrer Mitteilung kündigte die Kommission an, in Zukunft diese Kompetenzen auch nutzen zu wollen. Dies – nicht die Fehleinschätzung der tatsächlichen Konsequenzen aus der Rs. Cassis de Dijon, die die Harmonisierung keineswegs überflüssig machte[277] – ist der bleibende Teil der Kommunikation. 190

3. Bewertung

a) Würdigung

Das Prinzip der gegenseitigen Anerkennung stellt zweifellos einen großen intellektuellen Fortschritt dar. Es eröffnete dem System der Art. 34ff. AEUV den Zugang zu regulativem Wettbewerb als Alternative zum zentralisierten Modell der unionsrechtlichen Harmonisierung oder dem dezentralisierten Modell der mitgliedstaatlichen Regelungsautonomie unter Nichtdiskriminierungs- und Nichtprotektionismusvorbehalt.[278] 191

---

[275] Mitteilung der Kommission über die Auswirkungen des Urteils des Europäischen Gerichtshofes vom 20.2.1979 in der Rechtssache 120/78 (»Cassis de Dijon«), ABl. 1980, C 256/2.
[276] Mitteilung der Kommission über die Auswirkungen des Urteils des Europäischen Gerichtshofes vom 20.2.1979 in der Rechtssache 120/78 (»Cassis de Dijon«), ABl. 1980, C 256/2.
[277] *Gormley*, E.L.Rev. 6 (1981), 454; *Egan*, Constructing a European Market, 2001, S. 109; *Barents*, CMLRev. 18 (1981), 271.
[278] Zu den drei Modellen ausführlich *Maduro*, We the Court, 103ff., dort (108ff.) auch zum politischen und demokratischen Defizit der *Cassis*-Marktintegration.

Es räumte dem EuGH umfassende Eingriffsmöglichkeiten ein und etablierte ein europäisches Verbraucherleitbild,[279] ohne die nationalen Traditionen ganz zu zerstören. Es bahnte in gewisser Weise auch den Weg zum Weißbuch der Kommission von 1985 und zur Einheitlichen Europäischen Akte. Gleichwohl hat das Prinzip der gegenseitigen Anerkennung bei weitem nicht das erreicht, was die Kommission sich in ihrer Mitteilung nach Cassis de Dijon erhoffte.

192 Das liegt zum Teil daran, dass **funktionale Parallelität** in bestimmten Konstellationen der gutgläubigen Marktfragmentierung einfach nicht existiert. Ein Bereich sind Sicherheitsstandards, die nur durch Harmonisierung funktionieren, etwa bestimmte Farben für bestimmte Funktionen (rot für gefährlich, grün für ungefährlich; Kennzeichnung eines Erde-Kabels usw.): Hier hilft keine gegenseitige Anerkennung, sondern nur Harmonisierung. Ein anderer Bereich berührt von Mitgliedstaat zu Mitgliedstaat variierende Verbraucherleitbilder, die fest in der jeweiligen Tradition verwurzelt sind, etwa unerfahrene und unvernünftige versus erfahrene und vernünftige Verbraucher: Hier ist es unmöglich, den »richtigen« Sicherheitsstandard zu bestimmen; die beiden Sicherheitsleitbilder sind inkompatibel und nicht funktionsparallel.

193 Aber selbst wenn funktionale Parallelität als solche funktioniert, stellt sich das Prinzip der gegenseitigen Anerkennung **in der Praxis zunächst als nur beschränkt brauchbar** heraus. Der Grund liegt in dem trivialen Umstand, dass das Prinzip nur unter Einschaltung der Gerichte praktisch wirksam wird. Wenn Waren den nationalen Regeln nicht entsprechen, dürfen sie – wiederum nach den nationalen Regeln – nicht eingeführt oder nicht in Verkehr gebracht werden. Hiergegen kann nun Klage eingereicht werden mit dem Ziel, das Prinzip der gegenseitigen Anerkennung durchzusetzen, doch ist dies kostspielig und zeitraubend: Während der Prozess läuft, darf das Erzeugnis weiterhin nicht eingeführt und vermarktet werden. Ökonomisch ergibt es keinen Sinn, in A Waren herzustellen, die in B so nicht zugelassen sind, und darauf zu hoffen, dass ein Gericht irgendwann die funktionale Parallelität feststellen wird. Aber selbst wenn dies doch geschehen sollte – der Hersteller aus A hat seine Klage endlich gewonnen –, kann Staat B seine Standards nun so verändern, dass ein anderes kleines Detail des Produktes aus A den (neuen) Anforderungen in B nicht genügt. Wiederum müssen die Gerichte bemüht werden, wiederum vergeht Zeit. Jedes einzelne Detail eines Produkts, jede technische Spezifikation muss im Gerichtswege geklärt werden. Das kann unmöglich funktionieren; das Prinzip der gegenseitigen Anerkennung ist aus diesem Grund auch als »colossal market failure« bezeichnet worden.[280]

b) Verhältnismäßigkeitstest

194 Das Prinzip der gegenseitigen Anerkennung, das dogmatisch nichts anderes als ein verschärfender Maßstab für die Verhältnismäßigkeitsprüfung ist, verdankt seine deregulierende, marktöffnende Durchschlagskraft der Frage nach der Erforderlichkeit, also nach dem milderen Mittel. Die Zentralität der Verhältnismäßigkeitsprüfung für die rechts- und gerichtsgeleitete Öffnung zum regulativen Wettbewerb wirkt wie ein Katalysator dafür, dass der EuGH immer weiter ins Zentrum brisanter Entscheidungen rückt, in denen über die Zulässigkeit heikler mitgliedstaatlicher Politik befunden wird.

---

[279] *Ahlfeld*, Zwingende Erfordernisse im Sinne der Cassis-Rechtsprechung des Europäischen Gerichtshofs zu Art. 30 EGV, 1997, S. 127 f., 246 m. w. N.
[280] *Weiler* (Fn. 85), S. 223.

aa) Experten-, Gerichtsentscheidungen und demokratische Selbstbestimmung

Die Verhältnismäßigkeitsprüfung stellt sich als wertneutrale, technische Entscheidung objektiver Natur dar. Doch die Existenz von Entscheidungen, die sich wertneutral, technisch und objektiv ausgeben, ist in Bereichen, in denen politisch über die Präferenzen einer demokratisch organisierten Gemeinschaft entschieden werden muss, von vornherein problematisch.

Im Bereich der technischen Sicherheit scheint dieses Problem noch relativ niederschwellig zu sein. Auf der Basis von Experten, die Experimente und Prüfungen durchgeführt haben, beurteilt das Gericht, ob diese oder jene Sicherheitsvorschrift tatsächlich Sicherheit gewährt.

Bereits hier aber geht die Problemlösung über eine rein technisch zu verstehende Strategie in eine Sicht des Politischen über. Grenzüberschreitende Probleme werden grenzüberschreitend angegangen und im Modus der Expertise und des Managements gelöst. Das Politische wird so entweder ersetzt oder wandelt sich zu rationaler Problemlösungsstrategie, in der der Experte die europäischen Gemeinschaftsgüter ebenso wie die Voraussetzungen moderner Staatlichkeit – mögen diese finanzieller, handelsbezogener, kommunikativer, umwelt- oder gesundheitsbezogener Natur sein – managt. Hier ist ein stark funktionaler Ansatz angelegt, der die Integrationsprobleme multipel und funktional differenziert angeht. Ist diese funktionale Herangehensweise einmal institutionalisiert, beginnen die Institutionen sich vom Nationalstaat zu lösen und ihre eigene Praxis im Hinblick auf Werte, Ideale und Ziele zu schaffen. Europa erscheint als Netzwerk von miteinander verbundenen Expertenregimen, die auf lokaler, regionaler, nationaler und supranationaler Ebene soziale Kooperation und Organisation hervorbringen.[281] In dieser Verrechtlichung, Institutionalisierung und Autonomisierung des Vernünftigen liegt trotz des postmodernen Anstrichs ein zentrales Projekt der Moderne.[282] Die juristisch interessante Frage der freien Handelbarkeit unter Bedingungen des regulativen Wettbewerbs führt also unmittelbar zur gesellschaftlich interessanten Frage der demokratischen Selbstbestimmung. Das Problem ist in der europäischen Integration längst bekannt und hat unter dem Stichwort »Komitologie« inzwischen institutionelle und wissenschaftliche Behandlung erfahren.[283] Eine aus Sicht der demokratischen Theorie und Praxis zufriedenstellende Lösung zeichnet sich gleichwohl nicht ab. Wissenschaftliche Expertise beruht auf keinerlei Autorität, die außerhalb ihrer selbst liegt. Wird der Regierungsprozess zu einer Expertendebatte über den Inhalt und die richtige Anwendung wissenschaftlicher Einsichten, ist die interpretative Debatte, die die Demokratie kennzeichnet, aufgegeben. Es mag sein, dass gesellschaftliche Steuerung durch Wissenschaftler und Techniker zu einer effizienten und befriedigenden Verteilung der gesellschaftlichen Ressourcen führt. Sie kann aber kein historisches, gemeinschaftliches Verständnis politischer Selbstbestimmung und Identität erzeugen, welche in Demokratie die Herrschaft des Rechts, verstanden als Erfahrung politischer Ordnung, charakterisiert. Demokratien können keine »guten« oder gerechten Ergebnisse garantieren. Sie garantieren aber, dass es sich um selbstbestimmte Entscheidungen handelt.

bb) Risikoentscheidungen

Neben der Tatsache, dass Experten gewöhnlich zu unterschiedlichen Ergebnissen kommen und diese dann vom Gerichtshof miteinander verglichen und abgewogen werden müssen, gibt es darüber hinaus keine feste Schwelle, die auf dem Weg von »sicher« zu »unsicher« überschritten wird und wie ein An-/Aus-Schalter funktioniert. Man hat es normalerweise mit einer Grauzone zu tun, die »Risiko« heißt und in der Vorhersagen auf Wahrscheinlichkeiten und Prozentzahlen basieren. Der Gerichtshof muss hier Risikoentscheidungen unter Ungewissheit treffen und deterministisch festlegen, wo die Gren-

---

[281] Eindrückliches Beispiel: *Fischer-Lescano/Teubner*, Regime-Kollisionen, 2006.
[282] Kritisch *Haltern*, Was bedeutet Souveränität?, 2007.
[283] Etwa *Bergström*, Comitology. Delegation of Powers in the European Union and the Committee System, 2008 (Nachdruck); *Vos*, Fifty Years of European Integration, Forty-Five Years of Comitology, in: Ott/Vos (Hrsg.), Fifty Years of European Integration: Foundations and Perspectives, 2009, S. 31.

ze zu ziehen ist – bei »null Risiko«, »extrem geringem Risiko«, »geringem Risiko«, »noch akzeptablem Risiko« usw. Auch technische Entscheidungen sind also keine objektiven, wertneutralen Entscheidungen.

198 Noch offenkundiger ist dies bei Entscheidungen etwa zum Verbraucherschutz. In der Rs. Cassis de Dijon etwa akzeptiert der EuGH das deutsche Ziel, Konsumenten, die mit einem mindestens 32–%igen Alkoholgehalt in Likören rechnen, beim Kauf nicht zu verwirren. Er entscheidet aber, dieses Ziel sei nicht mit einem Vermarktungsverbot, sondern mit dem weniger einschneidenden Mittel der angemessenen Etikettierung zu erreichen. Dies erscheint intuitiv richtig und vergleichsweise trivial. Genau genommen aber hat der EuGH damit die deutsche Entscheidung, das Risiko der Verbrauchertäuschung auf Null zu reduzieren, aufgehoben und die Nulltoleranz durch eine höhere Toleranz ersetzt. Es wird immer Personen geben, die Etiketten nicht lesen oder nicht lesen können. Damit erhöht sich die Zahl derer, die sich in einem Irrtum über den Alkoholgehalt des Likörs befinden, von 0 % auf vielleicht 2 oder 5 %.[284] Diese Zahl aber – so der EuGH implizit in seiner Verhältnismäßigkeitsprüfung – ist hinnehmbar: Das Ziel der Marktintegration ist wichtiger als die 2 bis 5 % irrender Likörkäufer.

cc) Gesellschaftliche und politische Entscheidungen

199 Man kann dem Verhältnismäßigkeitsurteil des EuGH in der Rs. Cassis de Dijon intuitiv zustimmen, weil die geringe Zahl der nun möglicherweise irrenden Likörkäufer niemanden ernsthaft interessiert. Anders stellt sich aber die exakt gleiche Risikoentscheidung des EuGH dar, wenn es nicht um den Verbraucherschutz von Likörtrinkern an der Supermarktkasse, sondern um die Sicherheit von Autofahrern oder die Sicherheit von Rindfleischkonsumenten geht. Auch hier muss der EuGH eine Risikoeinschätzung abgeben und über die Zahl derer entscheiden, die möglicherweise auf der Strecke bleiben. Da das Auf-der-Strecke-Bleiben aber hier nicht einen kleinen Irrtum, sondern den Unfalltod auf der Autobahn oder die Ansteckung mit der Creutzfeldt-Jakob-Krankheit bedeutet, ist der EuGH in einer äußerst prekären Situation. Risikoallokation heißt hier nichts anderes, als tragic choices zu treffen und über die Zahl der möglichen Opfer zu entscheiden. Risikoallokation ist aber ein genuiner Bestandteil der Verhältnismäßigkeitsprüfung, die der EuGH in immer mehr und immer prominenteren Fällen durchführen muss. Dies widerspricht der Intuition, solche Entscheidungen auf dem Gebiet von mit hohem Risiko behafteten Lebensausschnitten dem demokratisch unmittelbar legitimierten Gesetzgeber zu überlassen. Gerichte sind hier fehl am Platz; hierin liegt begründet, warum kein Gericht sich gern auf solche Entscheidungen einlässt und sie gern verschiebt. In den Sonntagsverkaufsverbotsfällen (s. oben ausführlich Rn. 82 ff.) wollten die britischen Gerichte die Verhältnismäßigkeitsprüfung nach Luxemburg abschieben; sie wurde dann wie eine heiße Kartoffel zwischen den Gerichten hin- und hergeworfen.[285] In diesem Sinne kann man die Verhältnismäßigkeitsprüfung auch als tickende Zeitbombe begreifen.[286]

---

[284] Beispiel nach *Weiler* (Fn. 85), S. 222.

[285] Vgl. statt vieler die anschaulichen Beschreibungen bei *Ward*, A Critical Introduction to European Law, 2009, S. 95 ff.; *Weatherill/Beaumont*, EU Law, 1999, 609 (»chaotic«). Weitere Beispiele für schwierige Abwägungsprozesse finden sich etwa in EuGH, Urt. v. 9.7.1997, verb. Rs. C–34/95 bis C–36/95 (Konsumentombudsmannen/De Agostini und TV-Shop), Slg. 1997, I–3843; Urt. v. 26.6.1997, Rs. C–368/95 (Vereinigte Familiapress Zeitungsverlags- und -vertriebs GmbH/Bauer Verlag), Slg. 1997, I–3689.

[286] *Weiler* (Fn. 85), S. 223.

4. Legislative Reaktionen

Die zweite Hälfte der 1980er Jahre sah eine vom EuGH losgelöste Entwicklung, die durch die sog. »Neue Konzeption« der Kommission im Bereich der Harmonisierung, durch ihr Weißbuch zum Binnenmarkt 1992, durch die Einheitliche Europäische Akte (EEA) und durch die Einführung von Art. 100a EWG (jetzt Art. 114 AEUV) geprägt war. Die durch die Rs. Cassis de Dijon gegebenen Impulse wurden nun von der Gemeinschaftsgesetzgebung aufgenommen und inspirierten eine legislative Reaktion auf die Rechtsangleichungsprobleme, die Cassis weiterführte und umsetzte. Man kann vier zentrale Eigenschaften dieses Ansatzes unterscheiden.

a) Gegenseitige Notifizierung

Erstens wurde ein System der gegenseitigen Notifizierung installiert; von zentraler Bedeutung war hier die RL 83/189/EWG vom 28.3.1983 über ein Informationsverfahren auf dem Gebiet der Normen und technischen Vorschriften.[287] Die Mitgliedstaaten werden nun angehalten, die anderen Mitgliedstaaten und die Kommission von Plänen zu informieren, die die Setzung von technischen Vorschriften und Standards und damit die Errichtung neuer Barrieren für den freien Warenverkehr beinhalten. Die mehrmonatige Notifizierungsfrist gibt den Mitgliedstaaten die Gelegenheit, Einwände geltend zu machen und die Maßnahme mit dem regulierenden Mitgliedstaat zu diskutieren, bevor sie in Kraft tritt. Die Kommission erhält die Chance, sich über die Maßnahme Gedanken zu machen und eine Vergemeinschaftung, also eine gemeinschaftliche Harmonisierungsmaßnahme in Betracht zu ziehen. Das Notifizierungssystem trägt damit dazu bei, Informationen zur Verfügung zu stellen und alle Beteiligten zu informieren; hierdurch werden Missverständnisse ausgeräumt und unnötige Rechtsstreite vermieden.

Dieses System spiegelt eine grundlegende Änderung der mitgliedstaatlichen Haltung zu Handelshemmnissen und zum Protektionismus wider. Während die frühe Phase der wirtschaftlichen Integration sowie die hierzu ergangenen Rechtsakte der Union und Urteile des EuGH von einem Verdacht »bösgläubiger«, also protektionistisch eingestellter Mitgliedstaaten geprägt war, die durch Verschleierungen dem Liberalisierungsdruck ausweichen wollten, hat sich nun ein größeres gegenseitiges Vertrauen durchgesetzt. Alle Mitgliedstaaten waren jetzt zunehmend von den Nachteilen des Protektionismus und den nachhaltigen Vorteilen eines Gemeinsamen Marktes überzeugt und bemühten sich um dessen Verwirklichung. Dies schloss ein, nicht notwendig protektionistische Motive hinter technischen Handelsbarrieren zu vermuten. Das Notifizierungssystem ist hierfür der beste Beweis. Die Mitgliedstaaten erkannten an, dass ein inhärentes Spannungsverhältnis zwischen dem freien Warenverkehr einerseits und dem modernen Verwaltungsstaat andererseits existiert; ihre Reaktion war die Einrichtung eines Systems, das für Transparenz und Informationen sorgte, den Dialog erleichterte und damit zu Verhandlungslösungen führte. Es handelte sich also um eine Art »rotes Telefon«-System, das grundsätzlich vom guten Glauben der Mitgliedstaaten und ihrem wohlverstandenen Eigeninteresse an Liberalisierung ausging und im Notfall die Spannung zwischen Liberalisierung und Intervention dialogisch auflöste.

---

[287] ABl. 1983, L 109/8, mehrfach berichtigt und später ersetzt durch RL 98/34/EG vom 22.6.1998 über ein Informationsverfahren auf dem Gebiet der Normen und technischen Vorschriften und der Vorschriften für die Dienste der Informationsgesellschaft, ABl. 1998, L 204/37.

b) Beschränkung der Harmonisierung auf das Wichtigste

203 Zweitens beschränkte sich die Kommission – wie schon in ihrer Mitteilung nach der Rs. Cassis de Dijon angekündigt (s. Rn. 188) – in ihrer Harmonisierungstätigkeit auf die wichtigsten und drängendsten Sektoren. Dieser neue Minimalismus reduzierte einerseits den Druck auf die Legislative und erkannte andererseits an, dass es Felder regulativer Autonomie für die Mitgliedstaaten geben kann und muss. Diese Felder wurden dem regulativen Wettbewerb überantwortet. Es handelte sich damit um eine frühe Ausprägung des Subsidiaritätsprinzips.

c) Beschränkung der Harmonisierung auf das Allgemeine

204 Drittens beschränkte sich die Kommission nicht nur horizontal auf bestimmte Sektoren, sondern auch vertikal auf eine bestimmte Harmonisierungstiefe. Häufig wurden nur die wichtigsten Sicherheits- und Gesundheitsbestimmungen auf vergleichsweise allgemeinem Niveau harmonisiert; die Spezifizierung dieser allgemeinen Regeln überließ man den Mitgliedstaaten und ihren Regulierungsbehörden. Häufig waren die allgemeinen technischen Vorschriften der Union sogar nicht bindender Natur und als freiwillige europäische Standards ausgestaltet; dies ermöglichte es, die Blockierung des legislativen Prozesses aufzulösen und Vetoeinlegungen unter Art. 94 EG (jetzt Art. 115 AEUV) zu vermeiden. Damit wandelte sich die **Vermutung der Rechtmäßigkeit des Einführens und des Inverkehrbringens** grundlegend. Es sei daran erinnert, dass das Prinzip der gegenseitigen Anerkennung in der Rs. Cassis de Dijon deshalb ein praktischer Fehlschlag war, weil die ausländischen Erzeugnisse, die nicht den nationalen Standards entsprachen, nicht zum inländischen Markt des Bestimmungslandes zugelassen wurden, wenn nicht die Rechtswidrigkeit dieser mitgliedstaatlichen Entscheidung durch die Gerichte festgestellt wurde (s. Rn. 193). Dies änderte sich nun. Sobald ein Produkt als »im Einklang mit dem freiwilligen europäischen Standard xy« zertifiziert war, durfte es frei zirkulieren. Die Vermutung kehrte sich daher um. War es zuvor der ausländische Produzent oder sein Mitgliedstaat, der die Sicherheit des Produktes und die Unverhältnismäßigkeit der technischen Vorschrift des Gaststaates nachweisen musste, oblag es nun dem regulierenden Staat, welcher das ausländische Produkt nicht im Markt zulassen wollte, nachzuweisen, dass es nicht sicher, gesundheitsschädlich usw. war. Die sehr allgemein gehaltenen und häufig freiwilligen Harmonisierungsstandards der Union führten so zu einer praktischen Durchführbarkeit des Prinzips der gegenseitigen Anerkennung und verhalfen dem intellektuellen Durchbruch, der mit dem Prinzip der gegenseitigen Anerkennung in der Rs. Cassis de Dijon erreicht war, nun auch zu praktischer Wirksamkeit.

d) Einführung von Art. 100a EWG (jetzt Art. 114 AEUV)

205 Viertens reagierten die Mitgliedstaaten – auf Vorschlag der Kommission – auf das Problem, dass Bereiche existierten, die der funktionalen Parallelität nicht zugänglich waren und die sich daher auch nicht mit Hilfe der »Neuen Konzeption« lösen ließen. In diesen Bereichen reichten allgemeine Standards nicht aus, sondern es bedurfte vielmehr spezifischer, bindender Harmonisierung. Unter Art. 100 EWG und seinem Einstimmigkeitserfordernis war dies nicht möglich. Daher schlug die Kommission in ihrem Weißbuch »Vollendung des Binnenmarktes« aus dem Jahr 1985 die Einführung eines Mehrheitsverfahrens für die Harmonisierung vor; die Mitgliedstaaten einigten sich 1986 im Rahmen der EEA auf Art. 100a EWG (jetzt Art. 114 AEUV). Dessen Absätze 1 und 2 lauten nun:

(1) Soweit in den Verträgen nichts anderes bestimmt ist, gilt für die Verwirklichung der Ziele des Artikels 26 die nachstehende Regelung. Das Europäische Parlament und der Rat erlassen gemäß dem ordentlichen Gesetzgebungsverfahren und nach Anhörung des Wirtschafts- und Sozialausschusses die Maßnahmen zur Angleichung der Rechts- und Verwaltungsvorschriften der Mitgliedstaaten, welche die Errichtung und das Funktionieren des Binnenmarktes zum Gegenstand haben.
(2) Absatz 1 gilt nicht für die Bestimmungen über die Steuern, die Bestimmungen über die Freizügigkeit und die Bestimmungen über die Rechte und Interessen der Arbeitnehmer.

Damit galt grundsätzlich die **qualifizierte Mehrheitsabstimmung** für rechtsangleichende »Maßnahmen« (also mehr Handlungsformen als nur die in Art. 115 AEUV genannten »Richtlinien«), allerdings mit den in Absatz 2 genannten Ausnahmen. Zudem wurde der Einfluss des Europäischen Parlaments gegenüber dem Verfahren nach Art. 115 AEUV gestärkt.

Sowohl die »Neue Konzeption« der Kommission als auch die **Beseitigung der Blockierung** des legislativen Harmonisierungssystems durch Art. 114 AEUV führten zu einer dramatischen Veränderung des freien Warenverkehrs. Es wurde möglich, die Vollendung des Binnenmarktes bis 1992 ins Auge zu fassen und – selbst wenn dies nicht vollumfänglich gelang – große Fortschritte zu machen.

Vielfältige legislative Maßnahmen trugen seither dazu bei, das Prinzip der gegenseitigen Anerkennung noch durchsetzungsfähiger zu gestalten. Nach einer umfangreichen Konsultationsphase wurden diese im Jahr 2008 umfassend reformiert und ein »neuer Rechtsrahmen« erstellt, der auf dem »Neuen Konzept« aufbaut und dieses durch Elemente der wirksamen Konformitätsbewertung, Akkreditierung und Marktüberwachung einschließlich der Überprüfung von Produkten aus Drittländern ergänzt; besonders zu nennen sind hier die VO (EG) Nr. 765/2008[288] und der Beschluss Nr. 768/2008/EG.[289] Einen Überblick über die geltenden Regelungen bietet der **Leitfaden** für die Umsetzung der Produktvorschriften der EU (»**Blue Guide**«).[290]

5. Der größere Integrationskontext

Bis zur aktuellen Griechenlandkrise war nirgends sonst ein derart dichter Zusammenhang zwischen ökonomischer und politisch-kultureller Integration feststellbar wie im Bereich der Cassis de Dijon-Rechtsprechung und ihrer legislativen Einbindung. Insbesondere die Einfügung von Art. 100a EWG (jetzt Art. 114 AEUV) hat zu Weiterungen geführt, die bis heute nicht abgearbeitet sind.

a) Technokratie

Die Einheitliche Europäische Akte und das ihr vorausgehende Weißbuch der Kommission, als abschreckendes Beispiel bürokratischer Sprachverunstaltung bezeichnet,[291] kommen als ganz und gar technokratische Texte ohne Vision daher. Doch gerade die Strategie, auf groß angelegte politische Visionen zu verzichten und sich auf **reine Funktionalität** zu beschränken, erwies sich als Siegeszug. Das Ziel, endlich den Gemeinsamen

---

[288] VO (EG) Nr. 765/2008 vom 9.7.2008 über die Vorschriften für die Akkreditierung und Marktüberwachung im Zusammenhang mit der Vermarktung von Produkten und zur Aufhebung der Verordnung (EWG) Nr. 339/93 des Rates, ABl. 2008, L 218/30.
[289] Beschluss Nr. 768/2008/EG vom 9.7.2008 über einen gemeinsamen Rechtsrahmen für die Vermarktung von Produkten und zur Aufhebung des Beschlusses 93/465/EWG des Rates, ABl. 2008, L 218/82.
[290] http://ec.europa.eu/enterprise/newsroom/cf/itemdetail.cfm?item_id=7326&lang=de.
[291] Statt vieler *Brunn*, Die Europäische Einigung, 2002, S. 240.

Markt zu verwirklichen und damit lediglich das durchzusetzen, was seit Beginn der europäischen Integration zum konsentierten Bestand gehörte, vermied politisch und ideologisch aufgeladene Kontroversen. So gegensätzliche Positionen wie die marktliberale Auffassung *Margaret Thatchers* und das französische Sozialmodell konnten sich in der Einheitlichen Europäischen Akte repräsentiert sehen, so dass Vertreter weit auseinander liegender Positionen dem Projekt 1992 zustimmen konnten. Das mit dem Verlust von staatlicher Souveränität verknüpfte und damit kontroverse Thema der Mehrheitsentscheidung im Rat wurde als unauffällige und extrem zurückhaltende Maßnahme entworfen, die technisch zur Verwirklichung der unumstrittenen Zielsetzungen (insbesondere des Abbaus technischer Handelshemmnisse) notwendig war.

211 Die Tatsache, dass das Weißbuch und die Einheitliche Europäische Akte sich derart bescheiden und kleinteilig gaben und dass darüber hinaus die wichtige Vorschrift des Art. 100a EWG (jetzt Art. 114 AEUV) mit einer scheinbaren Sicherungsklausel für die Mitgliedstaaten versehen war, mag den Mitgliedstaaten das Gefühl vermittelt haben, sich mit Unterzeichnung der Einheitlichen Europäischen Akte auf ein Projekt geringer Reichweite eingelassen zu haben. Das Gleichgewicht, zwischen einer verfassungsförmigen Rechtsordnung mit supranationalem Charakter einerseits, und eines auf Verhandlungen basierenden Entscheidungsmechanismus mit intergouvernementalem Charakter andererseits, schien nicht gestört zu sein. Trotz Art. 114 AEUV, so musste es den Mitgliedstaaten scheinen, besaßen sie auch weiterhin die volle Kontrolle über den Legislativprozess und damit über den Inhalt der Normen, die durchsetzbar und sanktionsbewehrt waren.

b) Störung des Gleichgewichts von intergouvernementaler Normsetzung und supranationaler Normdurchsetzung

212 Dies war freilich nicht der Fall: Es gab fast keine Fälle mehr, in denen die Anwendung des Einstimmigkeit voraussetzenden Art. 115 AEUV zwingend war, und immer mehr konnte nach qualifizierten Mehrheiten abgestimmt werden. Auch die Schutzklausel des damaligen Art. 100a Abs. 4 EWG (jetzt Art. 114 Abs. 4ff. AEUV) erwies sich als weitgehend irrelevant. Damit war das Gleichgewicht zwischen supranationaler Normbindung und intergouvernementaler Normsetzung gestört. Die Tatsache, dass Mitgliedstaaten im Rat von nun an nach Mehrheiten abstimmen konnten und ihr Vetorecht verloren, hat das intergouvernementale Gegengewicht zum Supranationalismus stark geschwächt. Die Mitgliedstaaten kontrollierten den Inhalt der Normen, an denen sie sich festhalten lassen mussten, nicht mehr vollständig, denn sie konnten in wechselnden Koalitionen von den anderen Mitgliedstaaten überstimmt werden.[292]

aa) Dynamisierung

213 Einerseits bedeutete dies einen kaum zu überschätzenden wirtschaftlichen und politischen Schwung; Stagnation schien sich in frischen Wind zu verwandeln. Zuvor erschien die Gemeinschaft als Organisation, die ihre eigenen ambitionierten Ziele nicht ansatzweise erreichen konnte, von einer Krise in die nächste taumelte, von Problemen mit der Haushaltsdisziplin bedrängt war, die Agrarausgaben außer Kontrolle geraten ließ und keine entscheidenden Beiträge zum Wirtschaftswachstum Europas lieferte. Nun wurde der **Rat handlungsfähig**, wichtige Sektoren konnten reguliert werden und die Vollendung des Gemeinsamen Marktes machte beachtliche Fortschritte. Die Kommission legte

---

[292] Ausführlich hierzu *Weiler*, Yale Law Journal 100 (1991), 2403.

Initiativen zu den meisten der etwa dreihundert im Weißbuch vorgeschlagenen Maßnahmen vor. Der Rat fügte eine Vorschrift in seine Geschäftsordnung ein, nach der ein Mitgliedstaat oder die Kommission jederzeit eine Abstimmung verlangen konnte; die Mitgliedstaaten zeigten deutlich weniger Neigung, sich auf den Luxemburger Kompromiss zu berufen. Hierdurch wurde der gemeinschaftliche Legislativprozess beträchtlich beschleunigt. Zugleich wandte die Kommission im Harmonisierungsbereich einen »neuen Ansatz« an, der nur die Mindeststandards festlegte und sich sonst das Urteil des EuGH im Fall Cassis de Dijon zunutze machte, wonach Waren, die in einem Mitgliedstaat rechtmäßig hergestellt und in Verkehr gebracht werden, auch in den anderen Mitgliedstaaten rechtmäßig vermarktet werden dürfen. Hierdurch wurde der Harmonisierungsdruck vermindert und die Handelshemmnisse, die so lange den Gemeinsamen Markt verhindert hatten, konnten schnell beseitigt werden. Diesen Schwung nutzte man, um sich der Schaffung der Wirtschafts- und Währungsunion zu widmen.

bb) Problemverschärfung: Kompetenzen, Demokratie, Identität

Andererseits begannen die zuvor schwelenden Probleme ins Bewusstsein zu dringen. Dabei spielte der eigentlich positive Durchbruch der Einheitlichen Europäischen Akte, die das qualifizierte Mehrheitsprinzip im Rat eingeführt hatte, die Rolle eines entscheidenden Katalysators. 214

Der Kompetenzdrift von den Mitgliedstaaten zur Union wurde unübersehbar und löste die erwartbaren Befürchtungen aus, dass die Verfassungsförmigkeit der Gemeinschaftsrechtsordnung (insbesondere unmittelbare Anwendbarkeit und Vorrang) die nationalen Rechtsordnungen aushöhlen, ja die Mitgliedstaaten ihrer Staatlichkeit berauben könnte. Die Einheitliche Europäische Akte löste die Blockade des Rates auf, der durch den Grundsatz der Einstimmigkeit nach dem Luxemburger Kompromiss in vieler Hinsicht lahmgelegt war und nur langsam und nach zähen Verhandlungen konsensuales Recht setzen konnte. Der Rat nahm nun seine Legislativkompetenzen schnell und effizient wahr. Wo vorher lediglich Kompetenzen existierten, die nur mühselig realisiert werden konnten, war nun ein Legislativprozess mit einem nach Mehrheiten abstimmenden Rat im Zentrum, der seine Kompetenzen auch wahrnahm. Praktische Konsequenz des Unbehagens über diese Kompetenzausübungen waren Gerichtskonflikte, in denen sich mitgliedstaatliche Gerichte gegen die Vorrangrechtsprechung des EuGH u. a. mit dem Kompetenzargument und dem ultra vires-Vorwurf auflehnten. In Deutschland etwa rebellierte der Bundesfinanzhof Mitte der 1980er Jahre mit mehreren scharfen Urteilen, widersetzte sich offen der EuGH-Rechtsprechung und musste durch das Bundesverfassungsgericht 1987 diszipliniert werden.[293] 215

Auch das Demokratieproblem entwickelte sich nun zu einer schweren Bürde der Union. Die Tatsache, dass mitgliedstaatliche Regierungen als Teil der nationalen Exekutive in Brüssel zur Legislative werden und sich dort der parlamentarischen Verantwortlichkeit im eigenen Staat entziehen, war natürlich längst bekannt. Aber auch hier ist das Ende der Blockierung des Rates ein entscheidender Katalysator. Ein effizienter Rechtsetzungsprozess in Brüssel sieht die parlamentarisch immer weniger verantwortlichen Regierungen immer häufiger als Gemeinschaftsgesetzgeber, so dass allein quantitativ das Problem vergrößert wird. 216

---

[293] BFH, Kloppenburg I – V B 51/80, Beschluss v. 16.7.1981, EuR 1981, 442; EuGH, Urt. v. 22.2.1984, Rs. 70/83 (Kloppenburg), Slg. 1984, 1075; BFH, Kloppenburg II – V R 123/84, Urt. v. 25.4.1985, EuR 1985, 191; BVerfG, Beschluss v. 8.4.1987, BVerfGE 75, 223.

217   Auch qualitativ nahm das Demokratieproblem eine neue Dimension an. Vor der Einführung des qualifizierten Mehrheitsprinzips durch die Einheitliche Europäische Akte konnten die Mitgliedstaaten sicher sein, Rechtsakte, mit denen sie nicht einverstanden waren und an die sie nicht gebunden sein wollten, durch die Einlegung eines Vetos zu verhindern. Diese Sicherheit entfällt mit dem Mehrheitsprinzip. Die Mitgliedstaaten sehen sich nun zum ersten Mal in der Geschichte der europäischen Integration mit der Möglichkeit konfrontiert, durch Vorschriften gebunden zu sein, die ganz oder teilweise gegen ihren Willen zustande gekommen sind, die innerhalb ihrer Rechtsordnungen unmittelbar anwendbar sind und die auch im Klagewege durchgesetzt werden können. Hinzu kommt, dass dies aufgrund des Kompetenzdrifts in sich immer stärker ausweitenden Gebieten geschieht, für die die Gemeinschaft keine ausdrückliche Einzelermächtigung besitzt.

c) Die Frage nach der europäischen Identität und Finalität

218   Damit ist nun nicht mehr allein die Frage nach der Legitimität der »gubernativen Rechtsetzung« und der innerstaatlichen Verantwortlichkeit der Regierungen aufgeworfen, sondern auch diejenige nach der Legitimität des Rechtsetzungsprozesses auf europäischer Ebene insgesamt. Warum sollte sich ein Mitgliedstaat an Normen festhalten lassen müssen, die niemand dort will, sondern die durch eine Koalition »fremder« Staaten zustande gekommen sind und dem Mitgliedstaat nun »aufgezwungen« werden? Gibt es in Brüssel einen demokratisch legitimierten Gesetzgebungsprozess? Was bindet die Mitgliedstaaten an solchermaßen »fremde« Vorschriften? Kann man den nationalen Begriff von Demokratie auf die Gemeinschaftsprozesse übertragen? Ist die europäische Bevölkerung ein europäisches »Volk«, dessen Vertreter in Brüssel und Straßburg legitimerweise Recht für alle setzen? Diese Fragen setzen zunächst einen Demokratiediskurs in Gang, der eng mit Fragen der Legitimität verknüpft ist. Er erweitert sich aber schnell auf einen Diskurs, der die Frage danach stellt, wer »wir« in Europa sind. Diese Frage unterscheidet sich von der Frage, was wir tun sollen; es geht nun um europäische Identität. Mit der Einheitlichen Europäischen Akte hat die Union sich also auf einen Weg begeben, der nach **europäischer Selbstvergewisserung** verlangt. Dies ist eine ungeheure Umstellung, wenn man die *Monnet*-Methode und den Geist der Expertokratie bedenkt, die lange den Integrationsprozess kennzeichneten. In kürzester Zeit macht die Union eine Wende durch, die sie politikwissenschaftlich von der output- zur input-Legitimität und ideengeschichtlich von *Schumpeter* zur modernen politischen Philosophie führt. Spätestens seit 1987 ist klar, dass sich die Union auf die introspektive Suche nach sich selbst, einer eigenen politischen Philosophie und einer eigenen politischen Imagination machen muss. Das kontinuierlich feststellbare soziale Legitimationsdefizit ist hierfür nicht der Auslöser, sondern nur eine Markierung, die die Union und ihre Bürger immer wieder an diese große Aufgabe erinnert.[294]

---

[294] Ausführlich *Haltern*, in: von Bogdandy/Bast, Europäisches Verfassungsrecht, S. 279.

E. Rechtfertigung

I. Bedeutung

Die Balance zwischen dem Ziel, Handelshemmnisse abzubauen und Märkte zu öffnen 219
einerseits, und dem Ziel, staatliche Regulierungen in nicht in erster Linie wirtschaftlichen Bereichen wie Umwelt-, Verbraucher- und Sozialschutz usw. zu ermöglichen andererseits, ist labil. Die Spannungen beschränken sich nicht auf kompetenzrechtliche Abgrenzungen – ohnehin schon ein heikles Thema in der heutigen Union –, sondern erstrecken sich auf die Sorge der Mitgliedstaaten und v. a. ihrer Bürger, dass die ökonomische Ratio der Wirtschaftsintegration andere Werte unterminiert und demokratische Selbstbestimmung aufhebt.

Es ist daher von kaum zu überschätzender Wichtigkeit, dass die Mitgliedstaaten Regulierungen unter Berufung auf legitime Zielsetzungen auch dann rechtfertigen können, 220
wenn sie dem Befehl des Art. 34 AEUV zuwiderlaufen. Freilich sind die Grenzen einer solchen Rechtfertigungsmöglichkeit wiederum scharf zu bewachen, um verdeckte Diskriminierungen oder unverhältnismäßige Regulierungen aus dem Legitimitätsradius auszuscheiden.

II. Struktur

Die Struktur der Rechtfertigungsprüfung unterscheidet sich insofern nicht wesentlich 221
von derjenigen, die aus dem nationalen öffentlichen Recht bekannt ist. Es existieren Rechtfertigungstatbestände – »Schranken« –, die den Kreis der zulässigen Ziele umschreiben. Daneben existieren Einhegungen – »Schranken-Schranken« –, die mitgliedstaatliche Regulierungen, welche sich auf diese Ziele legitimerweise berufen können, wiederum kontrollieren und am Maßstab des Diskriminierungsverbots und der Verhältnismäßigkeit messen.

III. Art. 36 AEUV

Die geschriebene Rechtfertigungsnorm für Maßnahmen, die prima facie gegen Art. 34 222
AEUV verstoßen, ist Art. 36 AEUV. Dessen Satz 1 listet die zulässigen Ziele für mitgliedstaatliche Maßnahmen auf; Satz 2 legt solchen Maßnahmen Beschränkungen auf.

IV. »Zwingende Erfordernisse«

Daneben hat der EuGH den Kreis der zulässigen Ziele, die in Art. 36 AEUV statisch und 223
abschließend aufgelistet sind, erweitert und dynamisiert. Dies geschah im Rahmen der Dogmatik von den »zwingenden Erfordernissen« in der Rs. Cassis de Dijon.[295] Insbesondere im deutschen Schrifttum wird diskutiert, welchen dogmatischen Status die Rechtfertigungsgründe der »zwingenden Erfordernisse« besitzen.[296] In Frage kommen tatbestandsimmanente Rechtfertigungsgründe oder Rechtfertigungsgründe auf derselben Stufe wie Art. 36 AEUV. Die besseren Gründe scheinen für die Einordnung als tatbestandsimmanente Rechtfertigungsgründe zu sprechen: Dies würde sich mit dem

---

[295] EuGH, Urt. v. 20.2.1979, Rs. 120/78 (Rewe/Bundesmonopolverwaltung für Branntwein), Slg. 1979, 649.
[296] *Becker*, in: Schwarze, EU-Kommentar, Art. 34 AEUV, Rn. 107 ff. m. w. N.

Ziel des EuGH vertragen, ungeschriebene Rechtfertigungsgründe in den Vertrag hineinzulesen, ohne den Ausnahmetatbestand des Art. 36 AEUV auszudehnen; die Schaffung neuer Rechtfertigungstatbestände durch eine Auslegung von Art. 34 AEUV (statt von Art. 36 AEUV) ist subtiler.[297] Von entscheidender Bedeutung ist dies aber nicht. Entscheidend ist vielmehr, sich nicht vom Begriff des »tatbestandsausschließenden« Rechtfertigungsgrundes verwirren zu lassen. Tatsächlich kann man Formulierungen des EuGH finden, die den Eindruck vermitteln, bei erfolgreicher Berufung auf die »zwingenden Erfordernisse« sei der Tatbestand von Art. 34 AEUV nicht erfüllt und sein Anwendungsbereich damit gar nicht erst eröffnet. Dies ist nicht so. In allen Fällen prüft der EuGH zunächst, ob die mitgliedstaatliche Maßnahme von der Dassonville-Formel erfasst ist; dann ist Art. 34 AEUV eröffnet. Daraufhin prüft der EuGH Art. 36 AEUV und/oder die »zwingenden Erfordernisse«. Nach wie vor muss sich also ein Mitgliedstaat für eine von Art. 34 AEUV erfasste Maßnahme rechtfertigen, so dass es sich in jedem Fall um eine (ungeschriebene) Rechtfertigungsnorm handelt, die die unionsverfassungsrechtlichen Konsequenzen und Probleme (s. Rn. 191 ff.) auslöst.

224   Die Struktur der »zwingenden Erfordernisse« gleicht derjenigen des Art. 36 AEUV: Zunächst kommt es auf ein legitimes, unionsrechtskonformes Regulierungsziel an, in dessen Ausübung sich die Mitgliedstaaten dann am Maßstab des unionsrechtlichen Diskriminierungsverbots und des unionsrechtlichen Verhältnismäßigkeitsprinzips messen lassen müssen.

225   Auf die dynamischen »zwingenden Erfordernisse« darf sich nach ständiger EuGH-Rechtsprechung ein Mitgliedstaat aber nur dann berufen, wenn seine Maßnahme nicht unmittelbar diskriminiert. Tut sie das, ist der Mitgliedstaat bei der Rechtfertigung auf den statischen Art. 36 AEUV beschränkt.

V. Einzelheiten

226   Aufgrund der Parallelität der Rechtfertigungsratio und -prüfung kann für die Einzelheiten auf die Kommentierung von Art. 36 AEUV verwiesen werden.

---

[297] Oder »unauffälliger«: *Mayer*, EuR 2003, 793 (799).

Artikel 35 AEUV [Verbot von Ausfuhrbeschränkungen]

Mengenmäßige Ausfuhrbeschränkungen sowie alle Maßnahmen gleicher Wirkung sind zwischen den Mitgliedstaaten verboten.

Literaturübersicht

Barents, New Developments in Measures having Equivalent Effect, CMLRev. 18 (1981), 271; *Brigola*, Die Figur der Marktaustrittsbeschränkungen als Korrelat der Figur der Marktzugangsbeschränkungen, EuZW 2009, 479; *Dawes*, A freedom reborn? The new yet unclear scope of Article 29 EC, E.L.Rev. 34 (2009), 639; *Gundel*, Anwendung der Keck-Formel auf Beschränkungen der Warenausfuhr gem. Art. 29 EGV, JA 2009, 559; *Jarass*, Beschränkungen der Abfallausfuhr und EG-Recht, NuR 1998, 397; *Jensch*, Die Warenausfuhrfreiheit des EG-Vertrages, Diss. iur., Halle (Saale), 2004; *Koutrakos*, Exports of Dual-use Goods under the Law of the European Union, E.L.Rev. 23 (1998), 235; *Maurer*, Die Ausfuhr von Kulturgütern in der Europäischen Union, Diss. iur. Heidelberg, 1997; *Roth*, Anmerkungen zu Urteil Gysbrechts und Santurel Inter, Rs. C–205/07, CMLRev. 47 (2010), 509; *van Calster*, Export restrictions – a watershed for Article 30, E.L.Rev. 25 (2000), 335.

Leitentscheidungen

EuGH, Urt. v. 3.2.1977, Rs. 53/76 (Bouhelier), Slg. 1977, 197
EuGH, Urt. v. 29.11.1978, Rs. 83/78 (Redmond), Slg. 1978, 2347
EuGH, Urt. v. 8.11.1979, Rs. 15/79 (Groenveld), Slg. 1979, 3409
EuGH, Urt. v. 14.7.1981, Rs. 155/80 (Oebel), Slg. 1981, 1993
EuGH, Urt. v. 1.4.1982, Rs. 141/81 (Holdijk), Slg. 1982, 1299
EuGH, Urt. v. 10.3.1983, Rs. 172/82 (Fabricants raffineurs d'huile de graissage/Inter-Huiles), Slg. 1983, 555
EuGH, Urt. v. 7.2.1984, Rs. 237/82 (Jongeneel Kaas), Slg. 1984, 483
EuGH, Urt. v. 17.5.1984, Rs. 15/83 (Denkavit Nederland), Slg. 1984, 2171
EuGH, Urt. v. 6.10.1987, Rs. 118/86 (Openbaar Ministerie/Nertsvoederfabriek Nederland), Slg. 1987, 3883
EuGH, Urt. v. 30.5.1991, Rs. C–110/89 (Kommission/Griechenland), Slg. 1991, I–2659
EuGH, Urt. v. 9.6.1992, Rs. C–47/90 (Delhaize Frères/Promalvin u.a.), Slg. 1992, I–3669
EuGH, Urt. v. 24.3.1994, Rs. C–80/92 (Kommission/Belgien), Slg. 1994, I–1019
EuGH, Urt. v. 22.6.1994, Rs. C–426/92 (Deutschland/Deutsches Milch-Kontor), Slg. 1994, I–2757
EuGH, Urt. v. 23.5.1996, Rs. C–5/94 (The Queen/Ministry of Agriculture, Fisheries and Food, ex parte Hedley Lomas (Ireland)), Slg. 1996, I–2553
EuGH, Urt. v. 25.6.1998, Rs. C–203/96 (Chemische Afvalstoffen Dusseldorp u.a./Minister van Volkshuisvesting, Ruimtelijke Ordening en Milieubeheer), Slg. 1998, I–4075
EuGH, Urt. v. 22.6.1999, Rs. C–412/97 (ED), Slg. 1999, I–3845
EuGH, Urt. v. 20.5.2003, Rs. C–469/00 (Ravil), Slg. 2003, I–5053
EuGH, Urt. v. 2.10.2003, Rs. C–12/02 (Grilli), Slg. 2003, I–11585
EuGH, Urt. v. 8.11.2005, Rs. C–293/02 (Jersey Produce Marketing Organisation), Slg. 2005, I–9543
EuGH, Urt. v. 16.12.2008, Rs. C–205/07 (Gysbrechts und Santurel Inter), Slg. 2008, I–9947
EuGH, Urt. v. 3.3.2011, Rs. C–161/09 (Kakavetsos-Fragkopoulos), Slg. 2011, I–915

Wesentliche sekundärrechtliche Vorschriften

Verordnung (EG) Nr. 1013/2006 vom 14.6.2006 über die Verbringung von Abfällen, ABl. 2006, L 190/1
Verordnung (EG) Nr. 1234/2007 vom 22.10.2007 über eine gemeinsame Organisation der Agrarmärkte und mit Sondervorschriften für bestimmte landwirtschaftliche Erzeugnisse (Verordnung über die einheitliche GMO), ABl. 2007, L 299/1
Verordnung (EG) Nr. 428/2009 vom 5.5.2009 über eine Gemeinschaftsregelung für die Kontrolle der Ausfuhr, der Verbringung, der Vermittlung und der Durchfuhr von Gütern mit doppeltem Verwendungszweck, ABl. 2009, L 134/1

Inhaltsübersicht   Rn.

A. Überblick 1
   I. Allgemeines 1
   II. Anwendungsbereich 4
B. Mengenmäßige Ausfuhrbeschränkungen 7
C. Maßnahmen mit gleicher Wirkung wie mengenmäßige Ausfuhrbeschränkungen 9
   I. Rs. Bouhelier (1977) 10
   II. Rs. Groenveld (1979) 11
   III. Rs. Gysbrechts (2008) 14
   IV. Einordung 17
   V. Spürbarkeitserfordernis 22
D. Rechtfertigung 23
E. Beispiele aus der Rechtsprechung 25

A. Überblick

I. Allgemeines

1 Art. 35 AEUV (ex-Art. 29 EGV [Nizza]) ähnelt Art. 34 AEUV in seiner normativen Struktur und hat partiell die gleiche Funktion. Er ergänzt diesen als Komplementärvorschrift hinsichtlich nicht finanzieller Handelshemmnisse. Die dadurch insgesamt garantierte Warenverkehrsfreiheit stellt einen Grundpfeiler der europäischen Integration dar (s. Art. 34 AEUV, Rn. 40 ff.).

2 Art. 35 AEUV hat in der Rechtsprechung des EuGH bislang deutlich weniger praktische Bedeutung erlangt als Art. 34 AEUV. Dies liegt zum einen daran, dass Beschränkungen der Ausfuhrfreiheit grundsätzlich weniger protektionistisch als vielmehr unterstützend für die heimische Wirtschaft wirken, und zum anderen daran, dass es durch ein engeres Begriffsverständnis des EuGH hinsichtlich der unter Art. 35 AEUV fallenden Maßnahme gleicher Wirkung (s. Rn. 9 ff.) schlichtweg weniger Fälle zu Art. 35 AEUV gab.[1] Mit diesem engeren Verständnis ist Art. 35 AEUV nach Auffassung des EuGH stärker auf die Verhinderung protektionistischer Maßnahmen als auf die Schaffung eines gemeinsamen Binnenmarktes gerichtet.

3 Spiegelbildlich zu Art. 34 AEUV ist Art. 35 AEUV **unmittelbar anwendbar** und begründet dadurch auch subjektive Rechte.[2] Ein staatlicher Verstoß gegen ihn kann daher unter den gewöhnlichen Voraussetzungen auch Grundlage für einen Staatshaftungsanspruch sein.[3]

II. Anwendungsbereich

4 Anwendbar ist Art. 35 AEUV auf alle Waren im Sinne des Art. 28 Abs. 2 AEUV (s. Art. 28 AEUV, Rn. 32 f.). Adressaten der Vorschrift sind die Mitgliedstaaten sowie die Union selbst.[4] Art. 35 AEUV verbietet zudem nur Beschränkungen »zwischen den Mit-

---

[1] Vgl. *Roth*, CMLRev. 47 (2010), 509 (509); s. auch *Becker*, in: Schwarze, EU-Kommentar, Art. 35 AEUV, Rn. 3.
[2] EuGH, Urt. v. 29.11.1978, Rs. 83/78 (Redmond), Slg. 1978, 2347, Rn. 66/67; Urt. v. 9.6.1992, Rs. C–47/90 (Delhaize Frères/Promalvin u. a.), Slg. 1992, I–3669, Rn. 28 f.
[3] EuGH, Urt. v. 23.5.1996, Rs. C–5/94 (The Queen/Ministry of Agriculture, Fisheries and Food, ex parte Hedley Lomas (Ireland)), Slg. 1996, I–2553, Rn. 32.
[4] EuGH, Urt. v. 17.5.1984, Rs. 15/83 (Denkavit Nederland), Slg. 1984, 2171, Rn. 15; s. auch

gliedstaaten«. Die Warenausfuhr in Drittländer ist demgegenüber Teil der allgemeinen Handelspolitik (s. Art. 207 AEUV).

Ausfuhrregelungen für **Kriegswaffen** fallen unter die Sonderregelung des Art. 346 Abs. 1 Buchst. b AEUV. Nicht darunter fallen sog. **dual-use-Güter**, deren Ausfuhr als Teil der gemeinsamen Handelspolitik angesehen und durch VO (EG) Nr. 428/2009 geregelt wird.[5]   5

Für die Warenausfuhr gelten zum Teil sekundärrechtliche Bestimmungen, die anderen Politikbereichen zuzurechnen sind. Darunter fallen abschließende Regelungen über den Abfallexport nach Art. 192 AEUV[6] und die Gemeinsame Marktordnung (GMO)[7] als Teil der Landwirtschaftspolitik, an der Beschränkungen für landwirtschaftliche Güter zunächst zu messen sind.[8]   6

B. Mengenmäßige Ausfuhrbeschränkungen

Der Begriff der mengenmäßigen Beschränkung kann an Art. 34 AEUV (s. Art. 34 AEUV, Rn. 55 ff.) angelehnt werden. Demnach sind mengenmäßige Beschränkungen alle nach Menge, Wert oder Zeitraum quantitativ begrenzten Kontingentierungen, bis hin zu einem vollständigen Ausfuhrverbot (Nullkontingent). Dem steht die Pflicht, die Ware an inländische Abnehmer oder an Abnehmer abzugeben, die über eine inländische Genehmigung verfügen, gleich.[9]   7

Die Grenze zwischen mengenmäßigen Ausfuhrbeschränkungen und Maßnahmen gleicher Wirkung wurde vom EuGH bislang nicht immer trennscharf gezogen.[10] Der Unterschied besteht im Ergebnis darin, dass erstere zu einer unüberwindbaren Ausfuhrbehinderung führen, während letztere die Ausfuhr grundsätzlich zulassen, diese aber erschweren oder verteuern.[11] Zu einzelnen Beispielen aus der Rechtsprechung, s. Rn. 25 ff.   8

C. Maßnahmen mit gleicher Wirkung wie mengenmäßige Ausfuhrbeschränkungen

Die unterschiedlichen Auffassungen hinsichtlich der Funktion und der Ratio des Art. 35 AEUV kristallisieren sich an einem unterschiedlichen Verständnis der Maßnahme glei-   9

Becker, in: Schwarze, EU-Kommentar, Art. 35 AEUV, Rn. 15; *Kingreen*, in: Calliess/Ruffert, EUV/AEUV, Art. 36 AEUV, Rn. 104 ff.

[5] VO (EG) Nr. 428/2009; vgl. *Becker*, in: Schwarze, EU-Kommentar, Art. 35 AEUV, Rn. 6; *Leible/T. Streinz*, in: Grabitz/Hilf/Nettesheim, EU, Art. 35 AEUV (Januar 2015), Rn. 24.

[6] Vgl. VO (EG) Nr. 1013/2006.

[7] VO (EG) Nr. 1234/2007.

[8] Vgl. EuGH, Urt. v. 30.5.1991, Rs. C–110/89 (Kommission/Griechenland), Slg. 1991, I–2659; s. hierzu *Becker*, in: Schwarze, EU-Kommentar, Art. 35 AEUV, Rn. 5.

[9] EuGH, Urt. v. 6.10.1987, Rs. 118/86 (Openbaar Ministerie/Nertsvoederfabriek Nederland), Slg. 1987, 3883, Rn. 11; Urt. v. 10.3.1983, Rs. 172/82 (Fabricants raffineurs d'huile de graissage/Inter-Huiles), Slg. 1983, 555, Rn. 4 f.

[10] *Becker*, in: Schwarze, EU-Kommentar, Art. 35 AEUV, Rn. 8.

[11] *Kingreen*, in: Calliess/Ruffert, EUV/AEUV, Art. 34–36 AEUV, Rn. 126; *Leible/T. Streinz*, in: Grabitz/Hilf/Nettesheim, EU, Art. 35 AEUV (Januar 2015), Rn. 5.

cher Wirkung. Wie auch in der Schwestervorschrift des Art. 34 AEUV ist es dieser Begriff, an dem sich der Anwendungsbereich und seine Ratio entscheiden. Mangels Legaldefinition ist die Deutung dem EuGH überantwortet.

I. Rs. Bouhelier (1977)

10 Die Rechtsprechung des EuGH zu den Maßnahmen gleicher Wirkung im Rahmen der Ausfuhrfreiheit beginnt 1977 mit der **Rs. Bouhelier**.[12] In dieser wurden Maßnahmen mit gleicher Wirkung wie mengenmäßige Ausfuhrbeschränkungen noch – in deutlicher Anlehnung an die zu Art. 34 AEUV 1974 entwickelte Dassonville-Formel – als solche Maßnahmen verstanden, die geeignet sind, den innergemeinschaftlichen Handel unmittelbar oder mittelbar, tatsächlich oder potentiell zu behindern.[13] Es galt somit zunächst auch hier ein weites **Beschränkungsverbot**. Allerdings ging es in der Rs. Bouhelier nicht um eine unterschiedslos anwendbare Maßnahme: Gegenstand des Verfahrens war eine gesetzliche Regelung, die für die Ausfuhr bestimmter Waren eine Lizenz verlangte, was unmittelbar diskriminierend gegenüber Waren war, die nur für den inländischen Markt bestimmt waren. Auch in dieser Hinsicht besteht eine gewisse Nähe zur Rs. Dassonville, in der ebenfalls eigentlich eine diskriminierende Maßnahme im Zentrum stand.

II. Rs. Groenveld (1979)

11 Zwei Jahre später, 1979, wendete sich der EuGH in seiner ersten Entscheidung zu unterschiedslos anwendbaren Maßnahmen von diesem Gleichlauf ab und etablierte statt eines Beschränkungs- nunmehr ein reines **Diskriminierungsverbot** für Art. 35 AEUV. In der **Rs. Groenveld**[14] ging es um eine niederländische Verordnung, die es allen Fleischwarenfabrikanten verbot, Pferdefleisch zu lagern oder zu verarbeiten. Zweck der Verordnung war es, den niederländischen Export zu schützen, da in anderen Staaten Vorurteile gegen oder gesetzliche Einfuhrverbote für Pferdefleisch bestanden und man niederländische Fleischerzeugnisse vor einer Kontaminierung mit Pferdefleisch bewahren und sie so »exportsicher« machen wollte. In seinem Urteil legte der EuGH, in apodiktischer Kürze, ein engeres Begriffsverständnis der Maßnahme gleicher Wirkung im Rahmen der Ausfuhrfreiheit vor.

12 Die dadurch entwickelte sog. **Groenveld-Formel** besteht aus drei miteinander verwobenen Voraussetzungen: Demnach sind nach dem Vertrag Maßnahmen verboten, (1) die spezifische Beschränkungen der Ausfuhrströme bezwecken oder bewirken und (2) damit unterschiedliche Bedingungen für den Binnenhandel innerhalb eines Mitgliedstaates und seinen Außenhandel schaffen, (3) so dass die nationale Produktion oder der interne Markt des betroffenen Staates zum Nachteil der Produktion oder des Handels anderer Mitgliedstaaten einen besonderen Vorteil erlangt.[15] Dies sei dann nicht der Fall, wenn ein Verbot der Herstellung von Waren einer bestimmten Art generell anwendbar ist, ohne Unterschied, ob diese für den nationalen Markt oder für die Ausfuhr bestimmt sind.[16] Entscheidend kommt es damit nicht auf die Finalität der Maßnahme an, sondern

---

[12] EuGH, Urt. v. 3.2.1977, Rs. 53/76 (Bouhelier), Slg. 1977, 197.
[13] EuGH, Urt. v. 3.2.1977, Rs. 53/76 (Bouhelier), Slg. 1977, 197, Rn. 16/17.
[14] EuGH, Urt. v. 8.11.1979, Rs. 15/79 (Groenveld), Slg. 1979, 3409.
[15] EuGH, Urt. v. 8.11.1979, Rs. 15/79 (Groenveld), Slg. 1979, 3409, Rn. 7.
[16] EuGH, Urt. v. 8.11.1979, Rs. 15/79 (Groenveld), Slg. 1979, 3409, Rn. 7 a.E.; vgl. *Leible/T. Streinz*, in: Grabitz/Hilf/Nettesheim, EU, Art. 35 AEUV (Januar 2015), Rn. 10.

auf die tatsächliche Bewirkung von spezifischen Beschränkungen der Ausfuhrströme.[17] Nach der Groenveld-Formel war es allgemeine Meinung, dass unterschiedslos anwendbare Maßnahmen aus dem Schutzbereich des Art. 35 AEUV herausfallen.

Dieses Begriffsverständnis der Verhinderung einer Privilegierung inländischer Produkte wurde in den Folgejahren bestätigt und entwickelte sich zu einer ständigen Rechtsprechungslinie des EuGH.[18] Allerdings wich der EuGH in zahlreichen Urteilen von der Formulierung der Groenveld-Formel geringfügig ab, ohne sie freilich in ihrem Kerngehalt substantiell zu verändern. Er verzichtete dabei vielmehr meist auf den zweiten Teil der dritten Voraussetzung (»zum Nachteil der Produktion oder des Handels anderer Mitgliedstaaten«).[19] 13

III. Rs. Gysbrechts (2008)

Die letzte einschlägige Entscheidung des EuGH zur Frage der Maßnahmen gleicher Wirkung wie mengenmäßige Ausfuhrbeschränkungen erging im Jahr 2008 in der **Rs. Gysbrechts**.[20] Gegenstand des Vorlageverfahrens war die Frage, ob ein belgisches Gesetz eine verbotene Maßnahme gleicher Wirkung darstellt, soweit es das Verbot enthält, während der zwingend vorgeschriebenen siebentägigen Rücktrittsfrist bei Fernabsatzverträgen eine Anzahlung, Zahlung oder auch nur Kreditkarteninformationen vom Verbraucher zu verlangen. Hierdurch entstand ein Nichtzahlungsrisiko. Dieses wirkte sich aber nachteiliger auf den grenzüberschreitenden als auf den innerstaatlichen Fernabsatz aus, da sich Schulden innerstaatlich leichter eintreiben lassen. Die Wirtschaftsinspektion warf der Gesellschaft Santurel bzw. deren Geschäftsführer Gysbrechts vor, gegen jenes Verbot verstoßen zu haben, indem man Kreditkarten als Zahlungsmittel akzeptiert habe und damit in der Lage sei, den Zahlungsbetrag einzuziehen. 14

Der EuGH legte in seinem Urteil die Groenveld-Formel sehr weit aus, was teilweise als Abrücken von dieser Judikatur gewertet wird.[21] Obwohl es sich um eine unterschiedslos anwendbare Maßnahme handelte, sah er den Schutzbereich von Art. 35 AEUV als eröffnet an. Er formulierte, dass unterschiedslos anwendbare Maßnahmen wie mengenmäßige Ausfuhrbeschränkungen zu behandeln sind, wenn sie tatsächlich jedoch Ausfuhren stärker betreffen (also wenn die Waren den Markt des Ausfuhrmitgliedstaates verlassen), als den Absatz der Waren auf dem inländischen Markt.[22] Damit stellt er auch hier auf die tatsächliche Bewirkung von spezifischen Beschränkungen der Ausfuhrströme ab (s. Rn. 12), freilich im Bereich einer unterschiedslos anwendbaren Maßnahme. 15

---

[17] S. auch *Becker*, in: Schwarze, EU-Kommentar, Art. 35 AEUV, Rn. 9 f.; *Leible/T. Streinz*, in: Grabitz/Hilf/Nettesheim, EU, Art. 35 AEUV (Januar 2015), Rn. 8.
[18] Vgl. EuGH, Urt. v. 10.11.1992, Rs. C–3/91 (Exportur/LOR und Confiserie du Tech), Slg. 1992, I–5529, Rn. 21; Urt. v. 2.10.2003, Rs. C–12/02 (Grilli), Slg. 2003, I–11585, Rn. 41; Urt. v. 8.11.2005, Rs. C–293/02 (Jersey Produce Marketing Organisation), Slg. 2005, I–9543, Rn. 73.
[19] Vgl. EuGH, Urt. v. 14.7.1981, Rs. 155/80 (Oebel), Slg. 1981, 1993, Rn. 15; Urt. v. 1.4.1982, Rs. 141/81 (Holdijk), Slg. 1982, 1299, Rn. 11; Urt. v. 10.3.1983, Rs. 172/82 (Fabricants raffineurs d'huile de graissage/Inter-Huiles), Slg. 1983, 555, Rn. 12; Urt. v. 7.2.1984, Rs. 237/82 (Jongeneel Kaas), Slg. 1984, 483, Rn. 22; Urt. v. 9.6.1992, Rs. C–47/90 (Delhaize Frères/Promalvin u. a.), Slg. 1992, I–3669, Rn. 12; Urt. v. 24.3.1994, Rs. C–80/92 (Kommission/Belgien), Slg. 1994, I–1019, Rn. 24; Urt. v. 23.5.2000, Rs. C–209/98 (Sydhavnens Sten & Grus), Slg. 2000, I–3743, Rn. 34.
[20] EuGH, Urt. v. 16.12.2008, Rs. C–205/07 (Gysbrechts und Santurel Inter), Slg. 2008, I–9947.
[21] *Dauses/Brigola*, in: Dauses, Handbuch des EU-Wirtschaftsrechts, Abschnitt C.I., Juni 2011, Rn. 199 ff.; *Chalmers/Davies/Monti*, European Union Law, 2014, S. 795 f.
[22] EuGH, Urt. v. 16.12.2008, Rs. C–205/07 (Gysbrechts und Santurel Inter), Slg. 2008, I–9947, Rn. 43.

16 Im Gegensatz zu Generalanwältin *Trstenjak*, die den EuGH in ihren Schlussanträgen ausdrücklich zu einer Änderung seiner Rechtsprechung aufforderte,[23] stellte der EuGH die Groenveld-Formel allerdings an die Spitze seiner Ausführungen. Ohne sich mit den Vorschlägen der Generalanwältin inhaltlich auseinanderzusetzen, behielt er das Erfordernis einer ausfuhrbeschränkenden, spezifischen Wirkung der Maßnahme und damit einer Diskriminierung bei.[24] Allerdings nahm er bei der unterschiedslos anwendbaren Maßnahme nun eine genauere Überprüfung der entscheidenden ökonomischen und realen Wirkungen vor.

IV. Einordnung

17 Relevant wird die Frage nach einem Diskriminierungs- oder Beschränkungsverbot ohnehin nur bei »echt« unterschiedslos anwendbaren Maßnahmen (insbesondere Produktions- oder Vertriebsstandards, vgl. zu dieser Kategorie Art. 34 AEUV, Rn. 83 ff.) oder wenn es an einer inländischen Vergleichsgruppe fehlt.[25] Der EuGH hat seine eigene Rechtsprechung, obwohl er dazu ausdrücklich aufgefordert wurde, bislang nicht näher erläutert.

18 Die Rechtsprechung des EuGH wurde nicht nur von Generalanwältin *Trstenjak*, sondern auch von der **Literatur kritisch** aufgenommen und stieß überwiegend auf Ablehnung.[26] Ein allgemeines Beschränkungsverbot wie in Art. 34 AEUV, so wurde vorgetragen, würde v. a. dazu führen, Hindernisse im zwischenstaatlichen Warenverkehr weiter abzubauen und den angestrebten Binnenmarkt herzustellen bzw. zu schützen, was der Ratio des Art. 35 AEUV besser entspräche.[27] Der Begriff der Maßnahme gleicher Wirkung sei daher **kongruent zu Art. 34 AEUV** zu bestimmen. Damit würde eine begrüßenswerte Systematisierung geschaffen, die neben dem Gleichlauf von Art. 34 und 35 AEUV der Entwicklung einer Dogmatik aller vier Grundfreiheiten zuträglich sei.[28] Zur Herstellung eines kohärenten Prüfungsmodells solle neben der Dassonville-Formel auch die Keck- und Cassis de Dijon-Rechtsprechung zur Kompensation entsprechend auf Art. 35 AEUV übertragen werden.[29]

19 Die Kritik der Literatur kann trotz der bestehenden Asymmetrien und »Unklarheiten«[30] nicht vollumfänglich überzeugen. Die Zurückhaltung des EuGH lässt sich mög-

---

[23] GA *Trstenjak*, Schlussanträge zu Rs. C–205/07 (Gysbrechts und Santurel Inter), Slg. 2008, I–9947.

[24] So auch *Epiney*, NVwZ 2009, 1139 (1142); a. A. *Dauses/Brigola*, in: Dauses, Handbuch des EU-Wirtschaftsrechts, Abschnitt C. I., Juni 2011, Rn. 199 ff.

[25] GA *Trstenjak*, Schlussanträge zu Rs. C–205/07 (Gysbrechts und Santurel Inter), Slg. 2008, I–9947, Rn. 43.

[26] *Dauses/Brigola*, in: Dauses, Handbuch des EU-Wirtschaftsrechts, Abschnitt C. I., Juni 2011, Rn. 203 ff.; *Dawes*, E. L. Rev. 34 (2009), 639 ff.; *Leible/T. Streinz*, in: Grabitz/Hilf/Nettesheim, EU, Art. 35 AEUV (Januar 2015), Rn. 11 ff.

[27] GA *Trstenjak*, Schlussanträge zu Rs. C–205/07 (Gysbrechts und Santurel Inter), Slg. 2008, I–9947, Rn. 44; *Dauses/Brigola*, in: Dauses, Handbuch des EU-Wirtschaftsrechts, Abschnitt C. I., Juni 2011, Rn. 205.

[28] GA *Trstenjak*, Schlussanträge zu Rs. C–205/07 (Gysbrechts und Santurel Inter), Slg. 2008, I–9947, Rn. 45 ff.; *Dauses/Brigola*, in: Dauses, Handbuch des EU-Wirtschaftsrechts, Abschnitt C. I., Juni 2011, Rn. 203 ff.

[29] GA *Trstenjak*, Schlussanträge zu Rs. C–205/07 (Gysbrechts und Santurel Inter), Slg. 2008, I–9947, Rn. 49 ff.; *Dauses/Brigola*, in: Dauses, Handbuch des EU-Wirtschaftsrechts, Abschnitt C. I., Juni 2011, Rn. 207 ff.; *Leible/T. Streinz*, in: Grabitz/Hilf/Nettesheim, EU, Art. 35 AEUV (Januar 2015), Rn. 17.

[30] *Dawes*, E. L. Rev. 34 (2009), 639 ff.

licherweise damit erklären, dass die Verwendung nationaler, unterschiedslos anwendbarer Vorschriften auf Waren zunächst unverdächtig und daher nicht selbsterklärend von den vertraglichen Verbotsnormen erfasst ist.[31] Die enge Auslegung schützt vor zu starker Beschneidung mitgliedstaatlicher Kompetenzen und stützt somit das unionsrechtliche Subsidiaritätsprinzip. Da Art. 35 AEUV nur inländische Waren erfasst, ist ein engeres Verständnis der Maßnahmen gleicher Wirkung gegenüber Art. 34 AEUV durchaus diskutabel.

Dies wird auch durch die Ratio des Art. 35 AEUV gestützt. Diese besteht primär darin, den Wettbewerb innerhalb eines Landes zu schützen und zu erhalten. Art. 35 AEUV soll die Privilegierung einheimischer Produkte verhindern. Dadurch wird erst in einem zweiten Schritt auch der Wettbewerb zwischen den Mitgliedstaaten geschützt. Im Ergebnis zielt Art. 35 AEUV nur mittelbar auf den Binnenmarkt, was ein eingeschränktes Verständnis der Maßnahmen gleicher Wirkung zusätzlich rechtfertigt. Dieses Ergebnis wird verstärkt, wenn man das Problem der Doppelbelastung, das im Rahmen des Art. 34 AEUV durch die Cassis de Dijon-Rechtsprechung entschärft wurde (s. Art. 34 AEUV, Rn. 168 ff.), in den Blick nimmt. Dort verhindert das Herkunftslandprinzip, dass ein Hersteller, der seine Waren grenzüberschreitend anbieten möchte, doppelt mit Zulassungsverfahren etc. belastet wird. Das gilt für die Ausfuhrfreiheit jedoch nicht gleichermaßen. Vielmehr kann die Beschränkung im Bestimmungsstaat ja gerade mit Hilfe eben dieser Cassis de Dijon-Rechtsprechung angegriffen werden.[32]

Der EuGH hat sich damit für eine ausgewogene Lösung entschieden, die es ermöglicht, auf die Sensibilität und Eigenheiten der Mitgliedstaaten Rücksicht zu nehmen, ohne seine Legitimität aufs Spiel zu setzen. Bei einem weiten Begriffsverständnis würde er seine Jurisdiktion in einem Maße ausweiten, die seine Kompetenz überdehnen könnte. Auf der anderen Seite sind auch keine Schutzlücken zu befürchten, da, wie dargestellt, die kritischen Fälle über Art. 34 AEUV wieder eingefangen werden können. Dies stärkt im Ergebnis das Herkunftslandprinzip und damit die Souveränität der Mitgliedstaaten.

V. Spürbarkeitserfordernis

Eine Maßnahme gleicher Wirkung kann nicht angenommen werden, wenn die Beeinträchtigung zu ungewiss und zu mittelbar ist, als dass sie geeignet sein könnte, den Handel zwischen den Mitgliedstaaten zu behindern.[33] Hierin besteht eine Reibung mit der Dogmatik zu Art. 34 AEUV, die die Ungewissheit und Mittelbarkeit zugunsten einer Marktzugangsprüfung als Kriterium aufgegeben hat. Der Unterschied liegt im weiteren Anwendungsbereich der »Maßnahme gleicher Wirkung« begründet sowie möglicherweise in der Tatsache, dass den EuGH unter Art. 35 AEUV zu wenige Fälle erreichen, in denen er diese Abstufungen klarstellen könnte. Ein Problem entsteht hieraus nicht.

---

[31] Vgl. *Barents*, CMLRev. 18 (1981), 271 (302 f.).
[32] Vgl. *Craig/de Burca*, EU Law, 2015, S. 677 f.; *Shaw/Hunt/Wallace*, Economic and Social Law of the European Union, 2007, S. 122 f.
[33] EuGH, Urt. v. 22.6.1999, Rs. C–412/97 (ED), Slg. 1999, I–3845, Rn. 11.

D. Rechtfertigung

23 Ausfuhrbeschränkungen können wie Einfuhrbeschränkungen unter den in Art. 36 AEUV genannten Voraussetzungen gerechtfertigt werden (s. Art. 36 AEUV, Rn. 20 ff.).

24 Daneben stellt der EuGH trotz seines engen Begriffsverständnisses hinsichtlich der Maßnahmen gleicher Wirkung mittlerweile im Einzelfall auch auf ungeschriebene zwingende Erfordernisse des Allgemeinwohls ab (s. Art. 36 AEUV, Rn. 23 ff.).[34] Dies ist zu begrüßen, da nicht einzusehen ist, warum die legitimen mitgliedstaatlichen Interessen auf dem Stand von 1957 eingefroren sein sollten.

E. Beispiele aus der Rechtsprechung

25 Die Grenze zwischen mengenmäßigen Ausfuhrbeschränkungen und Maßnahmen gleicher Wirkung wurde vom EuGH bislang nicht immer trennscharf gezogen, was aufgrund der Parallelität hinsichtlich einer möglichen Rechtfertigung auch nicht erforderlich ist (s. Rn. 8, 23 f.).

26 Als mengenmäßige Ausfuhrbeschränkungen wurden bislang uneingeschränkte Ausfuhrverbote,[35] stillschweigende oder implizite Ausfuhrverbote,[36] Ausfuhrlizenzen sowie andere formelle Ausfuhrvoraussetzungen[37] eingeordnet.

27 Die Ausfuhr beschränkende Maßnahmen gleicher Wirkung wie mengenmäßige Beschränkungen wurden unter anderem in Ausfuhrkontrollen,[38] Transportbeschränkun-

---

[34] EuGH, Urt. v. 16.12.2008, Rs. C–205/07 (Gysbrechts und Santurel Inter), Slg. 2008, I–9947, Rn. 45; Urt. v. 3.3.2011, Rs. C–161/09 (Kakavetsos-Fragkopoulos), Slg. 2011, I–915, Rn. 51.

[35] EuGH, Urt. v. 23.11.1978, Rs. 7/78 (Thompson), Slg. 1978, 2247, Rn. 30 f. – Ausfuhrverbot für Münzen, die Zahlungsmittel waren, gerechtfertigt.

[36] EuGH, Urt. v. 10.3.1983, Rs. 172/82 (Fabricants raffineurs d'huile de graissage/Inter-Huiles), Slg. 1983, 555, Rn. 4 f. – Regelung, die vorsieht, dass Altöleabgabe an spezielle inländische Abnehmer zu erfolgen hat, nicht gerechtfertigt; Urt. v. 6.10.1987, Rs. 118/86 (Openbaar Ministerie/Nertsvoederfabriek Nederland), Slg. 1987, 3883, Rn. 11 – Pflicht, Geflügelschlachtabfälle an die Gemeinde, in der sich der Betrieb befindet, zu veräußern, gerechtfertigt.

[37] EuGH, Urt. v. 23.5.1996, Rs. C–5/94 (The Queen/Ministry of Agriculture, Fisheries and Food, ex parte Hedley Lomas (Ireland)), Slg. 1996, I–2553, Rn. 14 ff. – Verweigerung von Ausfuhrgenehmigungen, um die (angebliche) Nichtbeachtung eines Sekundärrechtsaktes durch einen anderen Mitgliedstaat zu kompensieren, nicht gerechtfertigt; Urt. v. 25.6.1998, Rs. C–203/96 (Chemische Afvalstoffen Dusseldorp u.a./Minister van Volkshuisvesting, Ruimtelijke Ordening en Milieubeheer), Slg. 1998, I–4075 – Erteilung einer Ausfuhrgenehmigung nur unter der Voraussetzung, dass die Verwendung von Ölfiltern im Ausland hochwertiger ist, nicht gerechtfertigt; nicht ausdrücklich, aber wohl hierunter fallen EuGH, Urt. v. 26.2.1980, Rs. 94/79 (Vriend), Slg. 1980, 327, Rn. 10 – Pflichtmitgliedschaft in bestimmter Einrichtung als Ausfuhrerfordernis, nicht gerechtfertigt; Urt. v. 8.11.2005, Rs. C–293/02 (Jersey Produce Marketing Organisation), Slg. 2005, I–9543, Rn. 75 ff. – strafbewehrte Verpflichtung vor der Ausfuhr mit einer bestimmten öffentlichen Stelle eine Vereinbarung zu schließen, nicht gerechtfertigt.

[38] EuGH, Urt. v. 22.6.1994, Rs. C–426/92 (Deutschland/Deutsches Milch-Kontor), Slg. 1994, I–2757 – systematische, im Gegensatz zu stichpunktartigen Grenzkontrollen, nicht gerechtfertigt; Urt. v. 15.4.1997, Rs. C–272/95 (Bundesanstalt für Landwirtschaft und Ernährung/Deutsches Milch-Kontor), Slg. 1997, I–1905 – die in Rs. C–426/92 getroffene Bewertung gilt auch für Kontrollen im Landesinneren, wenn diese mit Hinblick auf die Ausfuhr getätigt werden.

gen,³⁹ Beihilfen,⁴⁰ Erfordernissen für das **Führen einer Ursprungsbezeichnung**⁴¹ und anderen Maßnahmen⁴² gesehen.

Nicht beschränkende unterschiedslos anwendbare Maßnahmen (s. Rn. 11 ff.) sah der EuGH im Bereich der Wirtschafts- und Sozialpolitik,⁴³ bei produktbezogenen Regelungen⁴⁴ und Kontrollen unter gleichwertigen Bedingungen.⁴⁵ Auch sah der EuGH **Fischfangquoten** nicht als eine unzulässige Beschränkung an, da sie langfristig zur Erhöhung des Handelsaufkommens beitragen sollen.⁴⁶

28

---

³⁹ EuGH, Urt. v. 11.5.1999, Rs. C–350/97 (Monsees), Slg. 1999, I–2921 – Verbot, Schlachttiere weiter als 130 km zu transportieren, nicht gerechtfertigt.
⁴⁰ EuGH, Urt. v. 19.9.2002, Rs. C–113/00 (Spanien/Kommission), Slg. 2002, I–7601, Rn. 75 ff. – Beihilfen unzulässig, wenn durch diese die Vermarktung von Erzeugnissen in einer bestimmten Region gefördert wird, wodurch die Ausfuhr schlechter gestellt wird.
⁴¹ EuGH, Urt. v. 9.6.1992, Rs. C–47/90 (Delhaize Frères/Promalvin u. a.), Slg. 1992, I–3669, Rn. 27 – die Pflicht, einen Wein (Rioja) in der Region abzufüllen, in der er erzeugt wurde, um die Ursprungsbezeichnung tragen zu können, gerechtfertigt; Urt. v. 20.5.2003, Rs. C–469/00 (Ravil), Slg. 2003, I–5053, Rn. 43 f. – die Pflicht, einen Käse (Grana Padano) in dem Gebiet zu reiben und zu verpacken, in dem er erzeugt wurde, um die Ursprungsbezeichnung tragen zu können, gerechtfertigt; Urt. v. 3.3.2011, Rs. C–161/09 (Kakavetsos-Fragkopoulos), Slg. 2011, I–915, Rn. 29 f. – die Pflicht, getrocknete Weintrauben nur in einer bestimmten Zone zu verarbeiten und zu verpacken, nicht gerechtfertigt.
⁴² EuGH, Urt. v. 16.12.2008, Rs. C–205/07 (Gysbrechts und Santurel Inter), Slg. 2008, I–9947 (s. Rn. 14 ff.); Urt. v. 2.10.2003, Rs. C–12/02 (Grilli), Slg. 2003, I–11585, Rn. 41 ff. – nationales Verbot der Verwendung von Überführungskennzeichen anderer Mitgliedstaaten bei der Ausfuhr.
⁴³ EuGH, Urt. v. 14.7.1981, Rs. 155/80 (Oebel), Slg. 1981, 1993 – Nachtbackverbot; Urt. v. 28.2.1991, Rs. C–332/89 (Marchandise u. a.), Slg. 1991, I–1027 – Einschränkungen der Sonntagsarbeit.
⁴⁴ EuGH, Urt. v. 1.4.1982, Rs. 141/81 (Holdijk), Slg. 1982, 1299 – Mindestabmessungen für Mastkälberboxen; Urt. v. 7.2.1984, Rs. 237/82 (Jongeneel Kaas), Slg. 1984, 483 – Mindestqualitätsanforderungen für die Käseherstellung; Urt. v. 24.3.1994, Rs. C–80/92 (Kommission/Belgien), Slg. 1994, I–1019 – Zulassungsvorschriften für Telekommunikationsgeräte.
⁴⁵ EuGH, Urt. v. 17.5.1984, Rs. 15/83 (Denkavit Nederland), Slg. 1984, 2171 – Kontrollen bezüglich Tiermischfutter.
⁴⁶ EuGH, Urt. v. 14.7.1976, verb. Rs. 3/76, 4/76 u. 6/76 (Cornelis Kramer u. a.), Slg. 1976, 1279, Rn. 56/59 f.

Artikel 36 AEUV [Ausnahmen]

¹Die Bestimmungen der Artikel 34 und 35 stehen Einfuhr-, Ausfuhr- und Durchfuhrverboten oder -beschränkungen nicht entgegen, die aus Gründen der öffentlichen Sittlichkeit, Ordnung und Sicherheit, zum Schutze der Gesundheit und des Lebens von Menschen, Tieren oder Pflanzen, des nationalen Kulturguts von künstlerischem, geschichtlichem oder archäologischem Wert oder des gewerblichen und kommerziellen Eigentums gerechtfertigt sind.² Diese Verbote oder Beschränkungen dürfen jedoch weder ein Mittel zur willkürlichen Diskriminierung noch eine verschleierte Beschränkung des Handels zwischen den Mitgliedstaaten darstellen.

Literaturübersicht

Beier, Gewerblicher Rechtsschutz und Freier Warenverkehr im Europäischen Binnenmarkt und im Verkehr mit Drittstaaten, GRUR-Int. 1989, 603; *Beier/Knaak*, Der Schutz geographischer Herkunftsangaben in der Europäischen Gemeinschaft, GRUR-Int. 1992, 411; *Classen*, Die Grundfreiheiten im Spannungsfeld von europäischer Marktfreiheit und mitgliedstaatlichen Gestaltungskompetenzen, EuR 2004, 416; *Dickertmann*, »Wer darf Parmaschinken schneiden bzw. Parmakäse reiben?« oder »Gibt es bei geografischen Herkunftsangaben eine Erschöpfung?«, WRP 2003, 1082; *Ehlermann*, Die Bedeutung des Artikels 36 EWGV für die Freiheit des Warenverkehrs, EuR 1973, 1; *Eilmansberger*, Zur Reichweite der Grundfreiheiten des Binnenmarktes, JBl. 1999, 345/434; *Enchelmaier*, The Inexhaustible Question – Free Movement of Goods and Intellectual Property in the European Court of Justice's Case Law, 2002–2006, IIC 38 (2007), 453; *Freier*, Der Einfluss von Art. 30 und 36 EWG-Vertrag auf die Geltendmachung von Abwehrrechten aus gewerblichen Schutzrechten, Diss. iur., Mainz, 1987; *Füller*, Grundlagen und inhaltliche Reichweite der Warenverkehrsfreiheiten nach dem EG-Vertrag, Diss. iur., Berlin, 1998; *Gundel*, Die »gespaltene« Harmonisierung von Produktnormen durch den Gemeinschaftsgesetzgeber: Ein Fall für die Warenverkehrsfreiheit?, EuR 2008, 248; *Haltern*, Soziokulturelle Präferenzen als Grenze des Marktes, 2016; *Heim*, Der Transit von Waren als markenrechtsverletzende Benutzungshandlung, WRP 2005, 167; *Heinze/Heinze*, Transit als Markenverletzung, GRUR 2007, 740; *Koenig/Engelmann/Sander*, Parallelhandelsbeschränkungen im Arzneimittelbereich und die Freiheit des Warenverkehrs, GRUR-Int. 2001, 919; *Körber*, Der Grundsatz der gemeinschaftsweiten Erschöpfung im Recht der Europäischen Union, Diss. iur., Berlin, 1999; *Marenco/Banks*, Intellectual Property and the Community Rules on Free Movement: Discrimination Unearthed, E.L.Rev. 15 (1990), 224; *Millarg*, Die Schranken des freien Warenverkehrs in der EG, Diss. iur., Hamburg, 2000; *Mortelmans*, Annotation to Case 72/83 Campus Oil, CMLRev. 21 (1984), 696; *Mühl*, Diskriminierung und Beschränkung, Diss. iur., Bayreuth, 2003; *Oliver*, Some Further Reflections on the Scope of Articles 28–30 (ex 30–36) EC, CMLRev. 36 (1999), 783; *Plehwe*, European Union and the Free Movement of Cultural Goods, E.L.Rev. 20 (1995), 431; *Roth*, Freier Warenverkehr und staatliche Regelungsgewalt in einem Gemeinsamen Markt, Diss. iur., München, 1975; *Sack*, Der markenrechtliche Erschöpfungsgrundsatz im deutschen und europäischen Recht, WRP 1998, 549; *Schmidt*, Art. 30 EG-Vertrag als Grenze der Anwendbarkeit des nationalen Wettbewerbsrechts, Diss. iur., Heidelberg, 1999; *Schneider*, Die öffentliche Ordnung als Schranke der Grundfreiheiten im EG-Vertrag, Diss. iur., Freiburg, 1997; *Schwarze*, Der Schutz nationalen Kulturguts im europäischen Binnenmarkt, JZ 1994, 111; *Snell*, True Proportionality and Free Movement of Goods and Services, EBLR 11 (2000), 50; *Uhl*, Der Handel mit Kunstwerken im europäischen Binnenmarkt, Diss. iur., Tübingen, 1992; *Urlesberger*, Warenverkehrsfreiheit und Markenrecht, 2002; *von Bernuth*, Urheberrechtsschranken im freien Warenverkehr, Diss. iur., Berlin, 2000; *von Danwitz*, Ende des Schutzes geographischer Herkunftsangaben?, GRUR 1997, 81; *ders.*, Grundfreiheiten und Kollektivautonomie, EuZA 2010, 6; *Weiler*, Europornography: First Reference of the House of Lords to the European Court of Justice, MLRev. 44 (1981), 91; *Weyer*, Freier Warenverkehr und nationale Regelungsgewalt in der Europäischen Union, Diss. iur., Köln, 1996; *White*, In search of the Limits to Article 30 of the EEC Treaty, CMLRev. 26 (1989), 235.

Leitentscheidungen

EuGH, Urt. v. 20.2.1979, Rs. 120/78 (Rewe/Bundesmonopolverwaltung für Branntwein), Slg. 1979, 649
EuGH, Urt. v. 12.7.1979, Rs. 153/78 (Kommission/Deutschland), Slg. 1979, 2555
EuGH, Urt. v. 14.12.1979, Rs. 34/79 (Henn und Darby), Slg. 1979, 3795
EuGH, Urt. v. 7.4.1981, Rs. 132/80 (United Foods), Slg. 1981, 995
EuGH, Urt. v. 17.12.1981, Rs. 272/80 (Frans-Nederlandse Maatschappij voor biologische Producten), Slg. 1981, 3277
EuGH, Urt. v. 2.3.1982, Rs. 6/81 (BV Diensten Groep/Beele), Slg. 1982, 707
EuGH, Urt. v. 14.7.1983, Rs. 174/82 (Sandoz), Slg. 1983, 2445
EuGH, Urt. v. 10.7.1984, Rs. 72/83 (Campus Oil), Slg. 1984, 2727
EuGH, Urt. v. 11.7.1985, verb. Rs. 60/84 u. 61/84 (Cinéthèque/Fédération nationale des cinémas français), Slg. 1985, 2605
EuGH, Urt. v. 11.3.1986, Rs. 121/85 (Conegate/HM Customs & Excise), Slg. 1986, 1007
EuGH, Urt. v. 12.3.1987, Rs. 178/84 (Kommission/Deutschland), Slg. 1987, 1227
EuGH, Urt. v. 11.6.1987, Rs. 406/85 (Procureur de la République/Gofette und Gilliard), Slg. 1987, 2525
EuGH, Urt. v. 30.6.1988, Rs. 35/87 (Thetford/Fiamma), Slg. 1988, 3585
EuGH, Urt. v. 14.7.1988, Rs. 407/85 (3 Glocken u.a./USL Centro-Sud u.a.), Slg. 1988, 4233
EuGH, Urt. v. 20.9.1988, Rs. 302/86 (Kommission/Dänemark), Slg. 1988, 4607
EuGH, Urt. v. 2.2.1989, Rs. 274/87 (Kommission/Deutschland), Slg. 1989, 229
EuGH, Urt. v. 25.7.1991, Rs. C–288/89 (Stichting Collectieve Antennevoorziening Gouda/Commissariaat voor de Media), Slg. 1991, I–4007
EuGH, Urt. v. 4.10.1991, Rs. C–367/89 (Richardt), Slg. 1991, I–4621
EuGH, Urt. v. 2.2.1994, Rs. C–315/92 (Verband Sozialer Wettbewerb/Clinique Laboratories und Estée Lauder), Slg. 1994, I–317
EuGH, Urt. v. 24.3.1994, Rs. C–275/92 (H.M. Customs and Excise/Schindler), Slg. 1994, I–1039
EuGH, Urt. v. 13.7.1994, Rs. C–131/93 (Kommission/Deutschland), Slg. 1994, I–3303
EuGH, Urt. v. 5.10.1994, Rs. C–55/93 (Van Schaik), Slg. 1994, I–4837
EuGH, Urt. v. 15.12.1995, Rs. C–415/93 (Union royale belge des sociétés de football association u.a./Bosman u.a.), Slg. 1995, I–4921
EuGH, Urt. v. 27.6.1996, Rs. C–293/94 (Brandsma), Slg. 1996, I–3159
EuGH, Urt. v. 11.7.1996, verb. Rs. C–71/94, C–72/94 u. C–73/94 (Eurim-Pharm Arzneimittel/Beiersdorf u.a.), Slg. 1996, I–3603
EuGH, Urt. v. 24.4.1998, Rs. C–120/95 (Decker/Caisse de maladie des employés privés), Slg. 1998, I–1831
EuGH, Urt. v. 28.4.1998, Rs. C–200/96 (Metronome Musik/Music Point Hokamp), Slg. 1998, I–1953
EuGH, Urt. v. 14.7.1998, Rs. C–389/96 (Aher-Waggon/Bundesrepublik Deutschland), Slg. 1998, I–4473
EuGH, Urt. v. 13.1.2000, Rs. C–254/98 (TK-Heimdienst), Slg. 2000, I–151
EuGH, Urt. v. 16.5.2000, Rs. C–388/95 (Belgien/Spanien), Slg. 2000, I–3123
EuGH, Urt. v. 11.7.2000, Rs. C–473/98 (Toolex), Slg. 2000, I–5681
EuGH, Urt. v. 26.9.2000, Rs. C–23/99 (Kommission/Frankreich), Slg. 2000, I–7653
EuGH, Urt. v. 22.1.2002, Rs. C–390/99 (Canal Satélite Digital), Slg. 2002, I–607
EuGH, Urt. v. 21.3.2002, Rs. C–451/99 (Cura Anlagen), Slg. 2002, I–3193
EuGH, Urt. v. 16.1.2003, Rs. C–14/00 (Kommission/Italien), Slg. 2003, I–513
EuGH, Urt. v. 13.5.2003, Rs. C–385/99 (Müller-Fauré und van Riet), Slg. 2003, I–4509
EuGH, Urt. v. 20.5.2003 Rs. C–108/01 (Consorzio del Prosciutto di Parma und Salumificio S. Rita), Slg. 2003, I–5121
EuGH, Urt. v. 20.5.2003, Rs. C–469/00 (Ravil), Slg. 2003, I–5053
EuGH, Urt. v. 12.6.2003, Rs. C–112/00 (Schmidberger), Slg. 2003, I–5659
EuGH, Urt. v. 23.9.2003, Rs. C–192/01 (Kommission/Dänemark), Slg. 2003, I–9693
EuGH, Urt. v. 6.11.2003, Rs. C–243/01 (Gambelli u.a.), Slg. 2003, I–13031
EuGH, Urt. v. 11.12.2003, Rs. C–322/01 (Deutscher Apothekerverband), Slg. 2003, I–14887
EuGH, Urt. v. 5.2.2004, Rs. C–95/01 (Greenham und Abel), Slg. 2004, I–1333
EuGH, Urt. v. 29.4.2004, Rs. C–150/00 (Kommission/Österreich), Slg. 2004, I–3887
EuGH, Urt. v. 14.10.2004, Rs. C–36/02 (Omega), Slg. 2004, I–9609
EuGH, Urt. v. 2.12.2004, Rs. C–41/02 (Kommission/Niederlande), Slg. 2004, I–11375

EuGH, Urt. v. 8.11.2007, Rs. C–143/06 (Ludwigs-Apotheke), Slg. 2007, I–9623
EuGH, Urt. v. 15.11.2007, Rs. C–319/05 (Kommission/Deutschland), Slg. 2007, I–9811
EuGH, Urt. v. 14.2.2008, Rs. C–244/06 (Dynamic Medien), Slg. 2008, I–505
EuGH, Urt. v. 10.4.2008, Rs. C–265/06 (Kommission/Portugal), Slg. 2008, I–2445
EuGH, Urt. v. 10.2.2009, Rs. C–110/05 (Kommission/Italien), Slg. 2009, I–519
EuGH, Urt. v. 30.4.2009, Rs. C–531/07 (Fachverband der Buch- und Medienwirtschaft), Slg. 2009, I–3717
EuGH, Urt. v. 4.6.2009, Rs. C–142/05 (Mickelsson und Roos), Slg. 2009, I–4273
EuGH, Urt. v. 5.10.2010, Rs. C–512/08 (Kommission/Frankreich), Slg. 2010, I–8833
EuGH, Urt. v. 9.12.2010, Rs. C–421/09 (Humanplasma), Slg. 2010, I–12869
EuGH, Urt. v. 1.3.2012, Rs. C–484/10 (Ascafor und Asidac), ECLI:EU:C:2012:113

Wesentliche sekundärrechtliche Vorschriften

Richtlinie 93/42/EWG vom 14.6.1993 über Medizinprodukte, ABl. 1993, L 169/1
Richtlinie 2000/13/EG vom 20.3.2000 zur Angleichung der Rechtsvorschriften der Mitgliedstaaten über die Etikettierung und Aufmachung von Lebensmitteln sowie die Werbung hierfür, ABl. 2000, L 109/29
Richtlinie 2001/29/EG vom 22.5.2001 zur Harmonisierung bestimmter Aspekte des Urheberrechts und der verwandten Schutzrechte in der Informationsgesellschaft, ABl. 2001, L 167/10
Richtlinie 2001/37/EG vom 5.6.2001 zur Angleichung der Rechts- und Verwaltungsvorschriften der Mitgliedstaaten über die Herstellung, die Aufmachung und den Verkauf von Tabakerzeugnissen, ABl. 2001, L 194/26
Richtlinie 2001/83/EG vom 6.11.2001 zur Schaffung eines Gemeinschaftskodexes für Humanarzneimittel, ABl. 2001, L 311/67
Richtlinie 2001/95/EG vom 3.12.2001 über die allgemeine Produktsicherheit, ABl. 2002, L 11/4
Verordnung (EG) Nr. 178/2002 vom 28.1.2002 zur Festlegung der allgemeinen Grundsätze und Anforderungen des Lebensmittelrechts, zur Errichtung der Europäischen Behörde für Lebensmittelsicherheit und zur Festlegung von Verfahren zur Lebensmittelsicherheit, ABl. 2002, L 31/1
Verordnung (EG) Nr. 1830/2003 vom 22.9.2003 über die Rückverfolgbarkeit und Kennzeichnung von genetisch veränderten Organismen und über die Rückverfolgbarkeit von aus genetisch veränderten Organismen hergestellten Lebensmitteln und Futtermitteln sowie zur Änderung der RL 2001/18/EG, ABl. 2003, L 268/24
Richtlinie 2006/116/EG vom 12.12.2006 über die Schutzdauer des Urheberrechts und bestimmter verwandter Schutzrechte, ABl. 2006, L 372/12
Verordnung (EG) Nr. 1013/2006 vom 14.6.2006 über die Verbringung von Abfällen, ABl. 2006, L 190/1
Verordnung (EG) Nr. 1907/2006 vom 18.12.2006 zur Registrierung, Bewertung, Zulassung und Beschränkung chemischer Stoffe (REACH), zur Schaffung einer Europäischen Agentur für chemische Stoffe, zur Änderung der RL 1999/45/EG und zur Aufhebung der VO (EWG) Nr. 793/93, der VO (EG) Nr. 1488/94, der RL 76/769/EWG sowie der RL 91/155/EWG, 93/67/EWG, 93/105/EG und 2000/21/EG, ABl. 2006, L 396/1
Verordnung (EG) Nr. 110/2008 vom 15.1.2008 zur Begriffsbestimmung, Bezeichnung, Aufmachung und Etikettierung von Spirituosen sowie zum Schutz geografischer Angaben für Spirituosen und zur Aufhebung der VO (EWG) Nr. 1576/89, ABl. 2008, L 39/16
Richtlinie 2008/95/EG vom 22.10.2008 zur Angleichung der Rechtsvorschriften der Mitgliedstaaten über die Marken, ABl. 2008, L 299/25
Verordnung (EG) Nr. 1223/2009 vom 30.11.2009 über kosmetische Mittel, ABl. 2009, L 342/59

Inhaltsübersicht

	Rn.
A. Allgemeines	1
I. Entwicklung	1
II. Ratio	2
1. Rechtfertigungsnotwendigkeit	2
2. Mechanik: Art. 36 Satz 1 und 2 AEUV	3
3. Spannungsverhältnisse	4
4. Gerichtliche Reaktionen	6

	a) Erweiterung der Ziele/scharfe Kontrolle	6
	b) Prozeduralisierungskontrolle	7
	c) Bereichsspezifische Kontrolle	8
	5. Auslegungsgrundsätze: Eng und exklusiv	9
	a) Ausnahmen müssen eng ausgelegt werden	9
	b) Abschließende Aufzählung der Schutzgüter	10
	6. Notwendigkeit der Schutzgüter-Dynamisierung	11
	a) Statik der Norm vs. Dynamik der Gesellschaft	11
	b) Statik der Rechtfertigung vs. Dynamik des Verbots	12
	c) Dogmatisches Dilemma	13
	d) Lösung durch »zwingende Erfordernisse«	16
	e) Art. 36 AEUV und »zwingende Erfordernisse«: Parallelitäten und Unterschiede	17
	f) Gleiche Strukturen bei allen Grundfreiheiten	18
B.	Anwendungsbereich	19
	I. Eröffnung des Anwendungsbereichs von Art. 36 AEUV	19
	II. Eröffnung des Anwendungsbereichs der »zwingenden Erfordernisse«	23
	1. Keine abschließende Harmonisierung	23
	2. Unterschiedslos anwendbare Maßnahmen	24
	a) Grundregel	24
	aa) Rechtsvergleichende Ratio	26
	bb) Keine offenen Diskriminierungen	27
	b) Einbeziehung auch unterschiedlich geltender Maßnahmen?	28
	aa) Rs. Wallonischer Abfall	29
	bb) Rs. PreussenElektra	31
	c) Vereinheitlichung des Rechtfertigungsregimes?	35
C.	Legitime Ziele in Art. 36 Satz 1 AEUV	37
	I. Öffentliche Sittlichkeit	38
	II. Öffentliche Ordnung	39
	III. Öffentliche Sicherheit	40
	IV. Schutz der Gesundheit und des Lebens von Menschen	41
	V. Schutz der Gesundheit und des Lebens von Tieren und Pflanzen	47
	VI. Schutz des nationalen Kulturguts von künstlerischem, geschichtlichem oder archäologischem Wert	48
	VII. Schutz des gewerblichen und kommerziellen Eigentums	49
D.	Legitime Ziele der »zwingenden Erfordernisse«	55
E.	Synthese	56
	I. Legitime Ziele	57
	1. Marktunvollkommenheiten	57
	2. Bürgerliche Freiheiten	58
	3. Soziokulturelle Präferenzen	59
	4. Erhaltung der Funktionsbedingungen des Staates	60
	II. Illegitime Ziele	61
	1. Grundregel: Rein wirtschaftliche Ziele	61
	2. Unschärfe der Kategorie	62
	3. Unschärfe der Rechtsprechung	64
	a) Schutz einheimischer Industrie	65
	b) Schonung des Haushalts	66
	4. Feinsteuerung und Spielraum	67
F.	Beschränkungen der Rechtfertigungsmöglichkeiten	69
	I. Notwendigkeit der Maßnahme	72
	II. Geeignetheit der Maßnahme	77
	III. Nichtdiskriminierung und gegenseitige Anerkennung	81
	IV. Erforderlichkeit der Maßnahme als mildestes Mittel	83
	V. Prozeduralisierung	96
	VI. Grundrechte	97
G.	Bewertung	101

A. Allgemeines

I. Entwicklung

1 Art. 36 AEUV wurde seit der Ursprungsfassung in den Römischen Verträgen von 1957 nicht geändert. Schon damals erlaubte die als Art. 36 EWG bezeichnete Vorschrift Beschränkungen der Warenverkehrsfreiheit zum Schutz aller auch in der heutigen Fassung genannten Schutzgüter. Durch den Vertrag von Nizza von 2001 erhielt die Bestimmung eine neue Nummerierung als Art. 30 EGV. Seit dem Vertrag von Lissabon von 2009 trägt die Norm die Bezeichnung Art. 36 AEUV. Auf eine Kodifikation der ungeschriebenen »zwingenden Erfordernisse«, die nach der Rechtsprechung des EuGH ebenfalls eine Beschränkung der Warenverkehrsfreiheit rechtfertigen können (s. dazu Rn. 16), wurde bisher verzichtet.[1] Diese insoweit von den Mitgliedstaaten gezeigte Zurückhaltung bei der Fortschreibung der Verträge mag unter den Gesichtspunkten der Transparenz und Rechtssicherheit kritisiert werden;[2] sie bringt zugleich aber das Maß an Vertrauen zum Ausdruck, das der Rechtsprechung des EuGH zur Entwicklung der Grundfreiheiten entgegengebracht wird.

II. Ratio

1. Rechtfertigungsnotwendigkeit

2 Nicht finanzielle Maßnahmen hemmen den Handelsverkehr in weniger sichtbarer und weniger unmittelbarer Weise als finanzielle Maßnahmen. Sie können häufig mit dem Argument gerechtfertigt werden, es gehe nicht um Protektionismus, sondern um förderungswürdige öffentliche Güter wie den Schutz von Verbrauchern, der Umwelt, der Gesundheit, der Arbeitssicherheit, der öffentlichen Sicherheit und Ordnung, der Sittlichkeit usw. Daher können die vertraglichen Normenregime über finanzielle Beschränkungen des freien Warenverkehrs (Art. 30 und 110 AEUV) auf geschriebene Rechtfertigungsgründe verzichten (auch wenn der EuGH in seiner Rechtsprechung subtile Möglichkeiten zur Rechtfertigung eröffnet), das vertragliche Normenregime über nicht finanzielle Beschränkungen nicht. Wie noch genauer zu zeigen sein wird, muss das Rechtfertigungsregime des Art. 36 AEUV also in einem **Spannungsfeld** für gerechten und effektiven Ausgleich sorgen. Zum einen muss es protektionistische Handelspolitik verhindern und die Märkte öffnen; zum anderen muss es die Autonomie der Mitgliedstaaten respektieren, bestimmte legitime Politikziele regulierend zu verfolgen.

2. Mechanik: Art. 36 Satz 1 und 2 AEUV

3 Dies ist umso zentraler, je weniger deutlich ist, wo die Grenzen des Anwendungsbereichs von Art. 34 AEUV liegen. Wenn etwa umwelt-, verbraucher- oder sozialschützende Vorschriften erfasst und damit prima facie verboten sind, könnte Art. 34 AEUV zu einer nachhaltigen Störung des regulierenden Verwaltungsstaates führen. Daher müssen vom Verbot mengenmäßiger Beschränkungen und Maßnahmen gleicher Wirkung (Art. 34 AEUV für Einfuhren, Art. 35 AEUV für Ausfuhren) Ausnahmen vorgesehen werden; diese finden sich in Art. 36 Satz 1 AEUV. Die Mitgliedstaaten können

---

[1] Vgl. *Becker*, in: Schwarze, EU-Kommentar, Art. 36 AEUV, Rn. 4.
[2] So z. B. *Schroeder*, in: Streinz, EUV/AEUV, Art. 36 AEUV, Rn. 3.

ihre Maßnahmen rechtfertigen, wenn diese den dort genannten **Zielen** entsprechen: der öffentlichen Sittlichkeit, Ordnung und Sicherheit, dem Gesundheits- und Lebensschutz von Menschen, Tieren und Pflanzen, dem Kulturgüterschutz und dem Schutz gewerblichen und kommerziellen Eigentums. Art. 36 Satz 2 AEUV schränkt die Rechtfertigungsmöglichkeit wiederum ein und besitzt die Funktion einer Schranken-Schranke: Selbst wenn die handelshemmenden Maßnahmen den Ausnahmen des Satzes 1 zugeordnet werden können, dürfen sie dennoch nicht ein Mittel zur willkürlichen Diskriminierung oder eine verschleierte Beschränkung des Handels zwischen den Mitgliedstaaten sein.

3. Spannungsverhältnisse

Die Balance zwischen dem Ziel, Handelsbeschränkungen abzuschaffen und dadurch die Märkte zu öffnen, und dem Ziel, staatliche Regulierung etwa auf den Gebieten des Umwelt-, Verbraucher- und Sozialschutzes zu ermöglichen, ist labil und wirft vielfältige Probleme auf. Der EuGH hat sich dieser Probleme dezidiert angenommen und mit Hilfe der Art. 34 und 36 AEUV das Verbot nicht finanzieller Handelshemmnisse in eine »Wirtschaftsverfassung« der Union verwandelt.[3] **4**

Freilich geht es bei dem Zusammenspiel von Art. 34 und 36 AEUV um mehr als nur um mitgliedstaatliche Regulierungsautonomie und Kompetenzabgrenzungen. Es geht in einem tiefen Sinne auch um Modernisierungsängste, die sich auch und gerade an den Grundfreiheiten festmachen. Pragmatisch manifestierte sich die Moderne etwa in der zunehmenden Bürokratisierung des öffentlichen und privaten Lebens, in der Entpersonalisierung des Marktes durch Massenkonsum, Branding und Markenimages, im Herabsinken von Werten zu Waren, in der Abstrahierung des sozialen Lebens als Folge der neuen sozialen Mobilität und in der rapiden Urbanisierung und Zentralisierung von Macht. Die **europäische Integration personifiziert** genau jene **Herausforderungen**: Sie gilt als Inbegriff von Bürokratisierung und Zentralismus; sie rationalisiert (etwa durch internationale Arbeitsteilung) das Leben; sie betont in Gestalt des Gemeinsamen Marktes Wettbewerb und grenzüberschreitenden Warenverkehr, wodurch Werte verstärkt zu Waren zu werden scheinen; der Markt wird nunmehr durch Internationalisierung weiter entpersonalisiert. Hinzu gesellt sich heute eine »postmoderne« Angst, nämlich diejenige vor dem Verschwinden von Wahrheiten und Gewissheiten, der Fragmentierung von Identitäten und Informationen, vor immer weniger befriedigtem Sakralitätsbedarf und vor der neuen Perspektive, nichts mehr wissen, geschweige denn kontrollieren zu können. Die Union bedient diese Ängste geradezu ideal. Hinzu kommt, dass hierfür keine einfache Lösung bereitsteht, da die Union eine Vision anbietet, die aus sich heraus janusköpfig ist. Unionsbürgerschaft, Schengen und die Grundfreiheiten mit ihren Begleitrechten Reise, Aufenthalt und Verbleib symbolisieren zugleich Verheißung als auch Schreckensbild. Grenzöffnung und Entgrenzung sind zwei Seiten derselben Medaille; Wanderschaft bedeutet nicht nur anzukommen, sondern auch zu verlassen. Der Gewinn neuer, fremder Kulturhaftigkeit beinhaltet zugleich den Verlust des bekannten, beruhigenden Partikularismus; mit der Aufnahme neuen (kulturellen) Wissens gehen zugleich die alten Gewissheiten und Identitäten verloren. Art. 34 AEUV stellt eine der **wichtigsten Bühnen** zur Verfügung, auf der diese **Ängste** aufgeführt werden können.[4] Art. 36 AEUV vermag sie aufzufangen. Seine Operationalisierung durch den **5**

---

[3] *Maduro*, We the Court: The European Court of Justice and the Economic Constitution, 1998.
[4] Ähnlich auch *Chalmers/Davies/Monti*, European Union Law, 2014, S. 893.

EuGH spielt daher eine kaum zu überschätzende Rolle bei der Gewährleistung sozialer Legitimation des Integrationsprojektes.

4. Gerichtliche Reaktionen

a) Erweiterung der Ziele/scharfe Kontrolle

6 Diese Spannungsfelder zeigen sich in der praktischen Handhabung von Art. 36 AEUV. Erstens hat der EuGH einerseits die Möglichkeit der Mitgliedstaaten, handelsbeschränkende Regeln vertragskonform zu rechtfertigen, durch die »zwingenden Erfordernisse« der Cassis de Dijon-Rechtsprechung[5] auf einen immer bunter werdenden Strauß von Möglichkeiten ausgedehnt. Andererseits hat er die zulässigen Ziele durch Voraussetzungen eingehegt, die er flexibel und notfalls streng kontrolliert. Darunter fällt beispielsweise das Verbot willkürlicher Diskriminierung, die Notwendigkeit, regulatorische Maßnahmen in anderen Mitgliedstaaten zu berücksichtigen, das Erfordernis, das mildeste Mittel einzusetzen, und die Pflicht, kohärent zu regulieren.

b) Prozeduralisierungskontrolle

7 Zweitens hat der EuGH die substantiellen Erfordernisse durch prozedurale Erfordernisse teilersetzt. Statt also in jedem Fall tief in die materielle Rechtfertigung einzusteigen, beschränkt er sich mitunter auf die Kontrolle verfahrensrechtlicher Schritte, etwa auf die Fragen, ob die Mitgliedstaaten eine detaillierte Risikoabwägung vorgenommen haben, ob wissenschaftliche Expertise eingeholt wurde, ob die gewählten Prozesse transparent, schnell und zugänglich sind und ob sie gerichtlicher Kontrolle unterliegen. Diese Vorgehensweise ist aus dem nationalen Verwaltungs- und Verfassungsrecht der einzelnen Mitgliedstaaten bekannt und hat viel mit der wachsenden Rolle des Risikomanagements zu tun.

c) Bereichsspezifische Kontrolle

8 Drittens scheint der EuGH einerseits in eher technischen Bereichen des Binnenmarktes einen strengen Maßstab anzulegen und eine harte Rationalitätskontrolle durchzuführen. Andererseits bewegt er sich in denjenigen Bereichen, in denen es um tief verwurzelte, wertgetragene social choices der Mitgliedstaaten geht, mit Vorsicht, räumt weite Beurteilungs- und Ermessensspielräume ein und begibt sich auf die Suche nach gutgläubigen, integrationsfreundlichen Motiven, die den Mitgliedstaaten zugleich den Schutz ihrer eigenen Werte und öffentlichen Güter erlauben.

5. Auslegungsgrundsätze: Eng und exklusiv

a) Ausnahmen müssen eng ausgelegt werden

9 Aus den Spannungen resultieren unmittelbare dogmatische Konsequenzen. Das Wichtigste dürfte ein Problem dogmatischer Konstruktion sein, dessen Hintergrund ein politisches Problem ist. Der EuGH hat in ständiger Rechtsprechung den festen Grundsatz etabliert, dass Ausnahmeregeln – also auch Rechtfertigungsnormen – eng ausgelegt werden müssen. Den Mitgliedstaaten kann durch die Rechtfertigungsmöglichkeiten kein Joker in die Hände gespielt werden, mit Hilfe dessen sie sich über die Grundregeln des Vertrages hinwegsetzen können. Der Rückgriff auf diese Normen durch die Mit-

---

[5] EuGH, Urt. v. 20.2.1979, Rs. 120/78 (Rewe/Bundesmonopolverwaltung für Branntwein), Slg. 1979, 649.

gliedstaaten ist von den Gerichten, in letzter Instanz vom EuGH, kontrollierbar; die Kontrolle ist eine grundsätzlich strenge, auch wenn ein Beurteilungsspielraum des Mitgliedstaates eingepreist wird. So urteilte der EuGH in der Rs. van Duyn:
»Der Begriff der öffentlichen Ordnung ist im Gemeinschaftsrecht, namentlich, wenn er eine Ausnahme von dem wesentlichen Grundsatz der Freizügigkeit der Arbeitnehmer rechtfertigt, eng zu verstehen, daher darf seine Tragweite nicht von jedem Mitgliedstaat einseitig ohne Nachprüfung durch die Organe der Gemeinschaft bestimmt werden. Dennoch können die besonderen Umstände, die möglicherweise die Berufung auf den Begriff der öffentlichen Ordnung rechtfertigen, von Land zu Land und im zeitlichen Wechsel verschieden sein, so dass insoweit den zuständigen innerstaatlichen Behörden ein Beurteilungsspielraum innerhalb der durch den Vertrag gesetzten Grenzen zuzubilligen ist.«[6]

Dies gilt auch für Art. 36 AEUV als Ausnahme vom Verbotsgrundsatz des Art. 34 AEUV.[7]

b) Abschließende Aufzählung der Schutzgüter

Hinzu kommt, dass die Formulierung von Art. 36 AEUV exklusiv ist, die dort genannten Schutzgüter also abschließend aufgezählt sind. Die Kombination dieser beiden Überlegungen hat zur Folge, dass andere als die in Art. 36 AEUV genannten Schutzgüter nicht zur Rechtfertigung einer nicht finanziellen Handelsbeschränkung in Frage kommen:

10

»… [D]iese Vorschrift [ist] als Ausnahme von der Grundregel, daß alle Hindernisse für den freien Warenverkehr zwischen den Mitgliedstaaten zu beseitigen sind, eng auszulegen und kann daher nicht dahin verstanden werden, daß sie andere als die in den Artikeln 30 bis 34 [EWG; jetzt Art. 34 ff. AEUV] genannten Maßnahmen zuließe.«[8]

6. Notwendigkeit der Schutzgüter-Dynamisierung

a) Statik der Norm vs. Dynamik der Gesellschaft

Die für eine Rechtfertigung in Betracht kommenden Schutzgüter sind die in Art. 36 AEUV ausdrücklich genannten. Art. 36 AEUV stammt aus dem Jahr 1957; die Schutzgüter sind seither nie geändert worden. Geändert haben sich seit 1957 aber die gesellschaftlichen Sensibilitäten für schützenswerte Ziele, die eine Ausnahme vom Grundsatz des freien Warenverkehrs rechtfertigen sollten (etwa in den Bereichen des Umweltschutzes und des Verbraucherschutzes im Hinblick auf die Lauterkeit des Handelsverkehrs und des Datenschutzes), ebenso wie sich die technologischen Möglichkeiten und Herausforderungen (etwa Sicherheit und Privatheit im Internet) weiterentwickelt haben.

11

b) Statik der Rechtfertigung vs. Dynamik des Verbots

Zudem hat der EuGH den Anwendungsbereich des Art. 34 AEUV kontinuierlich ausgedehnt und inzwischen sehr weit gefasst. Auch unterschiedslos geltende Maßnahmen, die eingeführte und einheimische Produkte rechtlich und tatsächlich in gleicher Weise berühren, die zwar das Importvolumen im innergemeinschaftlichen Handel absenken

12

---

[6] EuGH, Urt. v. 4.12.1974, Rs. 41/74 (Van Duyn/Home Office), Slg. 1974, 1337, Rn. 18.
[7] Statt vieler EuGH, Urt. v. 19.12.1961, Rs. 7/61 (Kommission der EWG/Italien), Slg. 1961, 635, S. 720; Urt. v. 19.12.1968, Rs. 13/68 (Salgoil/Ministero del commercio con l'estero), Slg. 1968, 661, S. 694; Urt. v. 14.12.1972, Rs. 29/72 (Marimex/Amministrazione delle finanze dello Stato), Slg. 1972, 1309, Rn. 4.
[8] EuGH, Urt. v. 25.1.1977, Rs. 46/76 (Bauhuis), Slg. 1977, 5, Rn. 12/15.

können, die aber den Marktzugang nicht versperren oder stärker behindern, als sie dies für inländische Erzeugnisse tun, fielen unter den Begriff der Maßnahmen gleicher Wirkung wie mengenmäßige Beschränkungen (s. Art. 34 AEUV, Rn. 58 ff.) mit der Folge, dass sie prima facie rechtswidrig waren. Man kann aber nicht den Anwendungsbereich einer Verbotsnorm quasi grenzenlos ausweiten, ohne zugleich die Rechtfertigungsmöglichkeiten zu erweitern. Das Gegenstück zu der als fortschrittlich und integrationsfreundlich empfundenen Rechtsprechung zu den Maßnahmen gleicher Wirkung ist also ein stets anwachsender Druck auf die Möglichkeiten zur Rechtfertigung.

c) Dogmatisches Dilemma

13   Vor diesem Hintergrund ist wenig verwunderlich, dass der EuGH die Rechtfertigungsmöglichkeiten des Art. 36 AEUV erweiterte. Der Weg hierzu war jedoch problematisch. Üblicherweise löst man das Problem, dass eine bereits betagte und im Anwendungsbereich beschränkte Norm nicht ausdrücklich den infrage stehenden Sachverhalt deckt, indem man sie erweiternd auslegt. Hiergegen sprechen freilich gute Gründe und verdeutlichen das besondere Dilemma, mit dem der EuGH an dieser Stelle konfrontiert war.

14   Erstens widerspricht eine extensive Auslegung dem festen Grundsatz, dass Ausnahmen eng auszulegen sind (s. Rn. 9). Diesen Grundsatz kann der EuGH auch nicht einfach fallenlassen, denn er leitet sich aus der fast zwingenden politischen Überlegung ab, den Grundsatz – also das Verbot mengenmäßiger Beschränkungen und Maßnahmen gleicher Wirkung – so stark wie möglich zu gestalten. Dieses Verbot steht im Zentrum der Warenverkehrsfreiheit, die wiederum im Zentrum der Grundfreiheiten und der gesamten europäischen Integration steht, so dass eine Schwächung zum Kern der Integration vordringen würde.

15   Zweitens würde eine offen extensive Auslegung der Ausnahmetatbestände des Art. 36 AEUV die Büchse der Pandora öffnen. Die Mitgliedstaaten könnten sich versucht sehen, das Verbot unter Berufung auf immer neue sozial wünschenswerte Politiken zu missachten; nicht nur eine normative Schwächung des Art. 34 AEUV wäre die Folge, sondern auch eine Flut von Fällen. Darüber hinaus stünde der EuGH unter großem Rechtfertigungsdruck, sobald er einmal eine extensive Auslegung anerkannt hätte: Jeder neue Fall brächte die Notwendigkeit mit sich, zu begründen, warum eine extensive Auslegung diesmal nicht zulässig sein sollte. Ist das starke Argument, Ausnahmen von Art. 34 AEUV müssten aufgrund dessen wichtiger Funktion so eng wie möglich interpretiert werden, einmal kompromittiert, gerät die Rechtsprechung des EuGH auf eine abschüssige Bahn.

d) Lösung durch »zwingende Erfordernisse«

16   Seiner Aufgabe, den Kreis der zulässigen Ziele, die in Art. 36 AEUV statisch und abschließend aufgelistet sind, zu erweitern und zu dynamisieren, ist der EuGH im Rahmen der Dogmatik von den »zwingenden Erfordernissen« in der Rs. Cassis de Dijon[9] nachgekommen. Insbesondere im deutschen Schrifttum wird diskutiert, welchen genauen dogmatischen Status die Rechtfertigungsgründe der »zwingenden Erfordernisse« besitzen.[10] In Frage kommen tatbestandsimmanente Rechtfertigungsgründe oder Recht-

---

[9] EuGH, Urt. v. 20.2.1979, Rs. 120/78 (Rewe/Bundesmonopolverwaltung für Branntwein), Slg. 1979, 649.
[10] Überblick bei *Fremuth*, EuR 2006, 866; *Becker*, in: Schwarze, EU-Kommentar, Art. 34 AEUV,

fertigungsgründe auf derselben Stufe wie Art. 36 AEUV. Die besseren Gründe scheinen für die Einordnung als tatbestandsimmanente Rechtfertigungsgründe zu sprechen: Dies würde sich mit dem Ziel des EuGH vertragen, ungeschriebene Rechtfertigungsgründe in den Vertrag hineinzulesen, ohne den Ausnahmetatbestand des Art. 36 AEUV auszudehnen; die Schaffung neuer Rechtfertigungstatbestände durch eine Auslegung von Art. 34 AEUV (statt von Art. 36 AEUV) ist subtiler.[11] Von entscheidender Bedeutung ist dies aber nicht. Der EuGH verwendet die »zwingenden Erfordernisse« in jedem Fall erst dann, wenn er die Frage bejaht hat, ob die mitgliedstaatliche Maßnahme in den Anwendungsbereich von Art. 34 AEUV fällt. Rechtfertigen können sich die Mitgliedstaaten dann am Maßstab des Art. 36 AEUV oder gegebenenfalls am Maßstab der »zwingenden Erfordernisse«. Es handelt sich bei den »zwingenden Erfordernissen« um eine (ungeschriebene) Rechtfertigungsnorm.

e) Art. 36 AEUV und »zwingende Erfordernisse«: Parallelitäten und Unterschiede

Struktur und Prüfung dieser beiden nebeneinander stehenden Rechtfertigungstatbestände gleichen sich in wesentlichen Teilen. Sie unterscheiden sich lediglich zum einen im Hinblick auf die legitimen Ziele, die den Mitgliedstaaten zur Rechtfertigung zur Verfügung stehen – Art. 36 AEUV ist abschließend und statisch, die »zwingenden Erfordernisse« sind offen und dynamisch –, zum anderen im Hinblick auf den Anwendungsbereich. Art. 36 AEUV steht den Mitgliedstaaten **ausnahmslos** immer für eine Rechtfertigung zur Verfügung, unabhängig von der Art der Maßnahme. Die »zwingenden Erfordernisse« stehen den Mitgliedstaaten nur dann zur Verfügung, wenn die Maßnahme, die der Rechtfertigung bedarf, **unterschiedslos** für einheimische wie für eingeführte Erzeugnisse gilt, also das Inverkehrbringen einheimischer und eingeführter Erzeugnisse einheitlich geregelt wird.[12] Dieser Unterschied wirkt sich mit anderen Worten bei offen diskriminierenden Maßnahmen der Mitgliedstaaten aus; diskriminiert die Maßnahme unmittelbar, ist der Mitgliedstaat **auf Art. 36 AEUV beschränkt** (dazu noch unten Rn. 27).

17

f) Gleiche Strukturen bei allen Grundfreiheiten

Die Notwendigkeit der Dynamisierung, die den »zwingenden Erfordernissen« zugrunde liegt, trifft auch die anderen Grundfreiheiten. Die geschriebenen Rechtfertigungsgründe sind dort gegenüber Art. 36 AEUV zum Teil noch limitierter, so dass es eines offen formulierten Rechtfertigungstatbestandes bedarf, der die eingefrorene Exklusivität aufbricht und die zugleich starken und sich wandelnden nicht ökonomischen Werte der Mitgliedstaaten davor bewahrt, durch die Grundfreiheiten erodiert zu werden. Dementsprechend finden sich in allen Grundfreiheiten Bezugnahmen auf die »zwingenden Erfordernisse« oder zwingenden Gründe des Allgemeinwohls.

18

Rn. 107 m.w.N.; *Leible/T. Streinz*, in: Grabitz/Hilf/Nettesheim, EU, Art. 34 AEUV (Januar 2015), Rn. 108; *Schroeder*, in: Streinz, EUV/AEUV, Art. 34 AEUV, Rn. 74; *Jarass*, EuR 2000, 719; *Kingreen*, in: Calliess/Ruffert, EUV/AEUV, Art. 34–36 AEUV, Rn. 82 ff.

[11] Oder »unauffälliger«: *Mayer*, EuR 2003, 793 (799).
[12] EuGH, Urt. v. 17.6.1981, Rs. 113/80 (Kommission/Irland (Irish Souvenirs)), Slg. 1981, 1625, Rn. 10 f.

B. Anwendungsbereich

I. Eröffnung des Anwendungsbereichs von Art. 36 AEUV

19 Bereits dem Wortlaut nach bezieht sich Art. 36 AEUV lediglich auf die Bestimmungen der Art. 34 und 35 AEUV. Obwohl Ratio und Struktur der Rechtfertigungsprüfung in allen Grundfreiheiten ähnlich ist, ist Art. 36 AEUV weder direkt noch analog auf andere Grundfreiheiten anwendbar.

20 Die Mitgliedstaaten können sich auf Art. 36 AEUV unabhängig vom Zuschnitt ihrer die Art. 34 und 35 AEUV beschränkenden Maßnahme berufen: Alle Maßnahmen fallen darunter. Es kommt nicht darauf an, ob es sich um eine unterschiedlich oder unterschiedslos geltende Maßnahme handelt, ob offen oder verdeckt diskriminiert wird oder ob es sich um eine »echt« unterschiedslos geltende Maßnahme handelt (zu dieser Systematisierung s. Art. 34 AEUV, Rn. 83–85). Hierin besteht ein wesentlicher Unterschied zu den »zwingenden Erfordernissen«.

21 Harmonisierungsmaßnahmen der Europäischen Union können dazu führen, dass die Berufung auf Art. 36 AEUV unzulässig ist. Dies ist immer dann der Fall, wenn die Harmonisierungsmaßnahme darauf abzielt, den gesamten Bereich vollständig zu harmonisieren. Dann tritt eine Sperrwirkung für die Mitgliedstaaten ein, die auch eine Berufung auf Art. 36 AEUV nicht zulässt.[13]

22 Viele Harmonisierungsmaßnahmen wollen jedoch keine Vollharmonisierung; gerade im Harmonisierungsbereich wird häufig Mindestharmonisierung angestrebt. Die Entscheidung darüber, wie weit die Harmonisierungsmaßnahme reicht und ob sie den gesamten Bereich abdeckt, oder ob sie Raum für mitgliedstaatliche Maßnahmen lässt, liegt beim EuGH. Sind mitgliedstaatliche Maßnahmen nach wie vor zulässig, steht zur Rechtfertigung einer Beschränkung auch Art. 36 AEUV offen.[14]

II. Eröffnung des Anwendungsbereichs der »zwingenden Erfordernisse«

1. Keine abschließende Harmonisierung

23 Wie bei Art. 36 AEUV stehen die »zwingenden Erfordernisse« den Mitgliedstaaten nur dann für eine Rechtfertigung offen, wenn der Bereich, in dem sie handeln, nicht abschließend durch Unionssekundärrecht harmonisiert ist. Dies ergibt sich bereits aus der Rs. Cassis de Dijon, dessen Rn. 8 mit den Worten beginnt: »In Ermangelung einer gemeinschaftsrechtlichen Regelung«.[15] Ist der Bereich hingegen unionsrechtlich abschließend geregelt, dürfen die Mitgliedstaaten nicht mehr einzeln, sondern nur noch gemein-

---

[13] EuGH, Urt. v. 20.9.1988, Rs. 190/87 (Oberkreisdirektor des Kreises Borken u. a./Moormann), Slg. 1988, 4689; Urt. v. 12.11.1998, Rs. C–102/96 (Kommission/Deutschland), Slg. 1998, I–6871; Urt. v. 5.10.1977, Rs. 5/77 (Tedeschi/Denkavit), Slg. 1977, 1555; Urt. v. 15.12.1993, verb. Rs. C–277/91, C–318/91 u. C–319/91 (Ligur Carni u. a./Unità Sanitaria Locale n° XV di Genova u. a.), Slg. 1993, I–6621; Urt. v. 23.5.1996, Rs. C–5/94 (The Queen/Ministry of Agriculture, Fisheries and Food, ex parte Hedley Lomas (Ireland)), Slg. 1996, I–2553; Urt. v. 11.12.2003, Rs. C–322/01 (Deutscher Apothekerverband), Slg. 2003, I–14887; Urt. v. 15.7.2004, Rs. C–443/02 (Nicolas Schreiber), Slg. 2004, I–7275; Urt. v. 14.12.2004, Rs. C–309/02 (Radlberger Getränkegesellschaft und S. Spitz), Slg. 2004, I–11763.

[14] EuGH, Urt. v. 9.7.1997, verb. Rs. C–34/95, C–35/95 u. C–36/95 (Konsumentombudsmannen/De Agostini und TV-Shop), Slg. 1997, I–3843, Rn. 32 ff.

[15] EuGH, Urt. v. 20.2.1979, Rs. 120/78 (Rewe/Bundesmonopolverwaltung für Branntwein), Slg. 1979, 649, Rn. 8.

sam vorgehen; Einzelmaßnahmen sind von vornherein versperrt. Die Begründung ist offenkundig: Durch die gemeinschaftsrechtliche Regelung wird den »zwingenden Erfordernissen« ohnehin Rechnung getragen. Will ein Mitgliedstaat höheren Schutz, muss er dies entweder unter den engen Voraussetzungen von Art. 114 Abs. 4 bis 10 AEUV oder als Unionsmaßnahme realisieren. Voraussetzung für diese Sperrwirkung ist freilich, dass der Schutz des Rechtsguts unionsrechtlich abschließend geregelt ist und eine insofern abschließende Harmonisierung vorliegt. Die Entscheidung hierüber trifft der EuGH.[16]

2. Unterschiedslos anwendbare Maßnahmen

a) Grundregel

Im Unterschied zu Art. 36 AEUV (s. Rn. 17) stehen die »zwingenden Erfordernisse« **24** den Mitgliedstaaten nur offen, wenn ihre die Art. 34 oder 35 AEUV beschränkende Maßnahme nicht unmittelbar diskriminiert. Nur solche Maßnahmen der Mitgliedstaaten, die unterschiedslos einheimische und ausländische Erzeugnisse betreffen, können grundsätzlich mit den »zwingenden Erfordernissen« gerechtfertigt werden. Rn. 8 aus der Rs. Cassis de Dijon[17] ist hier noch nicht eindeutig, wohl aber die Folgerechtsprechung des EuGH. Besonders deutlich spricht der EuGH das Erfordernis der unterschiedslos anwendbaren Maßnahme etwa in der Rs. Irish Souvenirs an:

»[10] Wie der Gerichtshof insoweit wiederholt festgestellt hat ... [u.a. Cassis de Dijon], ist es in Ermangelung einer gemeinschaftlichen Regelung der Herstellung und des Inverkehrbringens eines Erzeugnisses Sache der Mitgliedstaaten, alle die Herstellung, den Vertrieb und den Verbrauch dieses Erzeugnisses betreffenden Vorschriften für ihr Hoheitsgebiet zu erlassen, vorausgesetzt allerdings, daß diese Vorschriften den innergemeinschaftlichen Handel nicht behindern; eine nationale Regelung, die unterschiedslos für einheimische wie für eingeführte Erzeugnisse gilt, könnte nur dann von den Anforderungen des Artikels 30 [jetzt Art. 36 AEUV] abweichen, wenn sie dadurch gerechtfertigt werden kann, daß sie notwendig ist, um zwingenden Erfordernissen, insbesondere in bezug auf die Lauterkeit des Handelsverkehrs und den Verbraucherschutz, gerecht zu werden.

[11] Im vorliegenden Fall handelt es sich jedoch nicht um eine Regelung, die unterschiedslos für einheimische wie für eingeführte Erzeugnisse gilt, sondern um einen Komplex von Vorschriften, die sich ausschließlich auf eingeführte Erzeugnisse beziehen und daher diskriminierenden Charakter haben. Aus diesem Grund kann die oben erwähnte Rechtsprechung, die sich ausschließlich auf Rechtsvorschriften bezieht, durch die das Inverkehrbringen einheimischer und eingeführter Erzeugnisse einheitlich geregelt wird, auf die fraglichen Maßnahmen nicht angewandt werden.«[18]

Entscheidend für die Anwendbarkeit der zusätzlichen Rechtfertigungsgründe der **25** »zwingenden Erfordernisse« ist also, ob die mitgliedstaatliche Maßnahme unterschiedslos auf einheimische und eingeführte Erzeugnisse angewandt wird oder nicht. Werden eingeführte Erzeugnisse schlechter behandelt als einheimische, kommt eine Rechtfer-

---

[16] EuGH, Urt. v. 12.11.1998, Rs. C–102/96 (Kommission/Deutschland), Slg. 1998, I–6871, Rn. 26 ff.; Urt. v. 10.11.1994, Rs. C–320/93 (Ortscheit/Eurim-Pharm), Slg. 1994, I–5243, Rn. 14 m.w.N. Normtheoretisch könnte man formulieren, dass der EuGH die Spezialität von Sekundärrecht anerkennt; jedoch dürfte die im Text genannte Erklärung die den EuGH anleitende sein. Prüfungstechnisch jedenfalls bedeutet dies, dass sich der erste Schritt bei der Prüfung jeder Grundfreiheit dem insoweit vorrangigen Sekundärrecht widmen muss.
[17] EuGH, Urt. v. 20.2.1979, Rs. 120/78 (Rewe/Bundesmonopolverwaltung für Branntwein), Slg. 1979, 649, Rn. 8.
[18] EuGH, Urt. v. 17.6.1981, Rs. C–113/80 (Kommission/Irland), Slg. 1981, 1625, Rn. 10 f.; vgl. auch die Zusammenfassung der Cassis-Rechtsprechung in EuGH, Urt. v. 24.11.1993, verb. Rs. C–267/91 u. C–268/91 (Keck und Mithouard), Slg. 1993, I–6097, Rn. 15.

tigung nach den »zwingenden Erfordernissen« von vornherein nicht in Betracht. Der die Maßnahme erlassende Mitgliedstaat kann sich dann ausschließlich unter Berufung auf Art. 36 AEUV zu rechtfertigen versuchen; die zusätzlichen »zwingenden Erfordernisse« sind ihm verschlossen.

aa) Rechtsvergleichende Ratio

26 Vergleichbar ist dies mit einer dogmatischen Konstruktion im US-amerikanischen Verfassungsrecht.[19] Im Gleichheitssatz wird differenziert, ob es sich um eine »verdächtige« oder eine »unverdächtige« Unterscheidung handelt. Handelt es sich um »verdächtige« Klassifizierungen, die den Verdacht einer diskriminierenden Absicht nahelegen (etwa Verwendung irrationaler Gruppenklischees, rassische oder geschlechtsspezifische Unterscheidungen), wird ein viel strengerer Prüfmaßstab angelegt als bei »unverdächtigen« Klassifizierungen.[20] Das Unionsrecht kennt als »verdächtige« Klassifizierung die Anknüpfung an die Staatsangehörigkeit bzw. das Ursprungsland. Wie sich bereits aus Art. 18 AEUV ergibt, sind Diskriminierungen aufgrund der Staatsangehörigkeit im Anwendungsbereich der Verträge verboten. An die Staatsangehörigkeit oder das Ursprungsland anknüpfende Unterscheidungen werden also viel kritischer behandelt als Unterscheidungen, die dies nicht tun. Daher kommt einer Maßnahme, die nicht unterschiedslos auf einheimische und eingeführte Erzeugnisse angewandt wird, nicht das Privileg zu, sich neben Art. 36 AEUV auch die Rechtfertigungsgründe der »zwingenden Erfordernisse« zunutze zu machen. Eine solche Unterscheidung muss unter den schwierigeren Bedingungen einer Beschränkung auf Art. 36 AEUV gestützt werden; misslingt dies, ist sie rechtswidrig.

bb) Keine offenen Diskriminierungen

27 Der Begriff der »unterschiedslos anwendbaren Maßnahmen« wirft die Fragen auf, ob dieser als deckungsgleich mit dem Begriff der Diskriminierung zu verstehen ist und welche Form der Diskriminierung gemeint ist. Aus der Rechtsprechung des EuGH ergibt sich, dass verdeckte Diskriminierungen ebenfalls unter den Begriff der »unterschiedslos anwendbaren Maßnahmen« fallen. Nur Maßnahmen, die **offen diskriminieren**, indem sie unmittelbar an die Herkunft des Erzeugnisses anknüpfen, sind »nicht unterschiedslos« anwendbare Maßnahmen, denen die Rechtfertigungsmöglichkeit nach den »zwingenden Erfordernissen« verloren geht. Beispiele hierfür sind außerhalb Irlands hergestellte irische Souvenirs, die nur nach Irland eingeführt werden dürfen, wenn sie einen Hinweis auf das Ursprungsland tragen,[21] oder Sonderbestimmungen für eingeführte Bücher.[22] Verdeckt diskriminierende Maßnahmen hingegen können zusätzlich zu Art. 36 AEUV auch unter Berufung auf die »zwingenden Erfordernisse« gerechtfertigt werden. Der Grund liegt in der Verdächtigkeit der Klassifizierung, die mit einer offenen Anknüpfung an die Staatsangehörigkeit oder das Ursprungsland einhergeht und die so nicht auf verdeckte Diskriminierungen zutrifft. Eine Einbeziehung auch verdeckter Diskriminierungen durch den EuGH ist nicht in Sicht.

---

[19] Vergleich bei *Mayer*, EuR 2003, 793 (800).
[20] Nachweise etwa bei *Brugger*, Grundrechte und Verfassungsgerichtsbarkeit in den Vereinigten Staaten von Amerika, 1987, S. 162 ff.
[21] EuGH, Urt. v. 17.6.1981, Rs. 113/80 (Kommission/Irland), Slg. 1981, 1625.
[22] EuGH, Urt. v. 29.1.1985, Rs. 231/83 (Cullet/Leclerc), Slg. 1985, 305.

b) Einbeziehung auch unterschiedlich geltender Maßnahmen?

Die Tendenz geht im Gegenteil in die andere Richtung: Auch bei offenen Diskriminierungen können die Mitgliedstaaten unter Umständen auf die »zwingenden Erfordernisse« zugreifen.

28

aa) Rs. Wallonischer Abfall

Eine Andeutung findet sich bereits in der Rs. Kommission/Belgien (Wallonischer Abfall).[23] Auf der Grundlage einer Verordnung des wallonischen Regionalrates untersagte die wallonische Verwaltungsbehörde die Entsorgung von Abfällen aus anderen belgischen Regionen und »aus fremden Staaten«. Hierin sah die Kommission einen Verstoß gegen den freien Warenverkehr. Belgien berief sich zur Rechtfertigung erstens auf »zwingende Erfordernisse« des Umweltschutzes, und zweitens auf den Gesundheitsschutz aus Art. 36 AEUV. Die Kommission wandte naheliegend ein, dass die »zwingenden Erfordernisse« hier nicht angeführt werden könnten: Es handele sich nicht um eine unterschiedslos geltende Maßnahme, sondern um eine offene Diskriminierung. Der EuGH entschied sich jedoch für die Anwendbarkeit der »zwingenden Erfordernisse«:

29

»[34] Es trifft zu, daß zwingende Erfordernisse nur zu berücksichtigen sind, wenn es sich um Maßnahmen handelt, die unterschiedslos auf einheimische und eingeführte Erzeugnisse anwendbar sind… Um jedoch die Frage zu beurteilen, ob die beanstandete Beeinträchtigung diskriminierend ist oder nicht, ist die Besonderheit der Abfälle zu berücksichtigen. Der für die Umweltpolitik der Gemeinschaft in Artikel 130r Absatz 2 EWG-Vertrag [jetzt Art. 191 Abs. 2 AEUV] aufgestellte Grundsatz, Umweltbeeinträchtigungen nach Möglichkeit an ihrem Ursprung zu bekämpfen, bedeutet nämlich, daß es Sache jeder Region, Gemeinde oder anderen Gebietskörperschaft ist, die geeigneten Maßnahmen zu treffen, um Aufnahme, Behandlung und Beseitigung ihrer eigenen Abfälle sicherzustellen; diese sind daher möglichst nah am Ort ihrer Erzeugung zu beseitigen, um ihre Verbringung soweit wie möglich einzuschränken.

[35] Dieser Grundsatz steht im übrigen mit den Grundsätzen der Entsorgungsautarkie und der Entsorgungsnähe im Einklang, die in der von der Gemeinschaft unterzeichneten Baseler Konvention vom 22. März 1989 über die Kontrolle des grenzüberschreitenden Verkehrs mit Sonderabfällen und ihrer Beseitigung aufgestellt werden…

[36] Daraus ergibt sich, daß die beanstandeten Maßnahmen unter Berücksichtigung der zwischen den Abfällen je nach dem Ort ihrer Erzeugung bestehenden Unterschiede und ihres Zusammenhangs mit dem Ort ihrer Erzeugung nicht als diskriminierend angesehen werden können.«[24]

Dem Wortlaut der Entscheidung nach ist dies keine Ausnahme vom Grundsatz, bei offen diskriminierenden Maßnahmen die Berufung auf die »zwingenden Erfordernisse« zu versagen: Der EuGH kommt zu dem Ergebnis, es handele sich aufgrund der Besonderheiten der Ware Abfall gar nicht um eine offene Diskriminierung, sondern um eine unterschiedslos geltende Maßnahme. Hieran kann man freilich Zweifel anmelden: Immerhin knüpft die wallonische Maßnahme unzweideutig an die Herkunft des Abfalls an. Inhaltlich handelt es sich daher um eine Anwendung der »zwingenden Erfordernisse« in einer offenen Diskriminierungssituation.

30

bb) Rs. PreussenElektra

Selbst wenn man die Entscheidung in der Rs. Kommission/Belgien (Wallonischer Abfall) als unsicheren Grenzfall kategorisieren möchte, hat insbesondere die Entscheidung in

31

---

[23] EuGH, Urt. v. 9.7.1992, Rs. C–2/90 (Kommission/Belgien (Wallonischer Abfall)), Slg. 1992, I–4431.

[24] EuGH, Urt. v. 9.7.1992, Rs. C–2/90 (Kommission/Belgien (Wallonischer Abfall)), Slg. 1992, I–4431, Rn. 34 ff.

der Rs. PreussenElektra²⁵ daran zweifeln lassen, ob die Unterscheidung zwischen unterschiedslos und unterschiedlich geltenden Maßnahmen für die Anwendung der »zwingenden Erfordernisse« weiterhin Bestand hat. Dem deutschen Energieversorger PreussenElektra entstanden Mehrkosten durch das deutsche Stromeinspeisungsgesetz von 1998, das eine Abnahmeverpflichtung von in Deutschland erzeugtem Strom aus erneuerbaren Energiequellen (Windkraft, Sonnenenergie, Biogas usw.) vorsah. Die Abnahmeverpflichtung stellte eine Maßnahme gleicher Wirkung wie eine mengenmäßige Beschränkung im Sinne der Dassonville-Formel dar, denn sie behinderte zumindest potentiell den innergemeinschaftlichen Handel mit dem Erzeugnis Strom. Wer seinen Bedarf bei innerstaatlichen Lieferanten decken muss, kann nicht bei ausländischen Lieferanten kaufen, so dass die Möglichkeit der Einfuhr behindert ist.²⁶ Die Maßnahme war unterschiedlich auf einheimische und eingeführte Erzeugnisse anwendbar, denn das Gesetz knüpfte bereits tatbestandlich an die Herkunft des Stroms im Versorgungsgebiet, also in Deutschland, an. Damit schieden die »zwingenden Erfordernisse« eigentlich als Rechtfertigungsgründe aus, übrig bliebe allein Art. 36 AEUV.

32 Generalanwalt *Jacobs* wies in seinen Schlussanträgen auf einige Entscheidungen hin, die nach seiner Auffassung darauf hindeuteten, dass die Unterscheidung zwischen unterschiedslos und unterschiedlich anwendbaren Maßnahmen vom EuGH aufgegeben werde.²⁷ Einerseits sei die Bedeutung der Unterscheidung zwischen den durch Art. 36 AEUV und den durch die »zwingenden Erfordernisse« geschützten Interessen im Schwinden begriffen; andererseits habe der EuGH seine Rechtsprechung, nach der offen diskriminierende Maßnahmen nicht auf die »zwingenden Erfordernisse« gestützt werden können, auch aufgegeben. Der EuGH, so Generalanwalt *Jacobs*, solle seine Auffassung klarstellen.

33 Der Gerichtshof stellte freilich nicht viel klar, sondern führte aus:
»[72] Bei der Beurteilung, ob eine solche Abnahmepflicht dennoch mit Artikel 30 EG-Vertrag [jetzt Art. 36 AEUV] vereinbar ist, sind jedoch das Ziel der streitigen Regelung und die Besonderheiten des Strommarktes zu beachten.

[73] Insoweit ist zu berücksichtigen, daß die Nutzung erneuerbarer Energiequellen zur Stromerzeugung, die durch eine Regelung wie das geänderte Stromeinspeisungsgesetz gefördert werden soll, dem Umweltschutz dient, da sie zur Verringerung der Emissionen von Treibhausgasen beiträgt, die zu den Hauptursachen der Klimaänderungen zählen, zu deren Bekämpfung sich die Europäische Gemeinschaft und ihre Mitgliedstaaten verpflichtet haben.

[74] Die Entwicklung der Nutzung erneuerbarer Energieträger gehört daher zu den vorrangigen Zielen, die sich die Gemeinschaft und ihre Mitgliedstaaten zur Umsetzung der Verpflichtungen gesetzt haben, die sie eingegangen sind aufgrund des Rahmenabkommens der Vereinten Nationen über Klimaänderungen, das durch den Beschluß 94/69/EG des Rates vom 15. Dezember 1993 (ABl. 1994, L 33, S. 11) im Namen der Gemeinschaft genehmigt wurde, und des Protokolls der dritten Konferenz der Vertragsstaaten dieses Abkommens in Kyoto vom 11. Dezember 1997, das am 29. April 1998 von der Europäischen Gemeinschaft und ihren Mitgliedstaaten unterzeichnet wurde [...].

---

²⁵ EuGH, Urt. v. 13.3.2001, Rs. C–379/98 (PreussenElektra), Slg. 2001, I–2099.
²⁶ EuGH, Urt. v. 13.3.2001, Rs. C–379/98 (PreussenElektra), Slg. 2001, I–2099, Rn. 70f.
²⁷ GA *Jacobs*, Schlussanträge zu Rs. C–379/98 (PreussenElektra), Slg. 2001, I–2099, Rn. 227. Der Generalanwalt weist auf die folgenden Urteile hin: EuGH, Urt. v. 9.7.1997, verb. Rs. C–34/95 bis C–36/95 (Konsumentombudsmannen/De Agostini und TV-Shop), Slg. 1997, I–3843, Rn. 44f.; Urt. v. 28.4.1998, Rs. C–120/95 (Decker/Caisse de maladie des employés privés), Slg. 1998, I–1831, Rn. 36, 39; Urt. v. 28.4.1998, Rs. C–158/96 (Kohll/Union des caisses de maladie), Slg. 1998, I–1931, Rn. 35, 41; Urt. v. 25.6.1998, Rs. C–203/96 (Chemische Afvalstoffen Dusseldorp u.a./Minister van Volkshuisvesting, Ruimtelijke Ordening en Milieubeheer), Slg. 1998, I–4075, Rn. 44, 49; Urt. v. 14.7.1998, Rs. C–389/96 (Aher-Waggon/Bundesrepublik Deutschland), Slg. 1998, I–4473.

[75] Diese Politik bezweckt zugleich den Schutz der Gesundheit und des Lebens von Menschen, Tieren und Pflanzen.«[28]

Im Ergebnis gelangte der EuGH zu der Feststellung, die Abnahmeverpflichtung des deutschen Stromeinspeisungsgesetzes verstoße nicht gegen Art. 34 AEUV.[29]

Klargestellt ist damit immerhin, dass eine offen diskriminierende Maßnahme unter den »zwingenden Erfordernissen« gerechtfertigt werden konnte. Dass der EuGH sich (auch) auf Umweltschutz im Sinne der »zwingenden Erfordernisse« und nicht auf den Gesundheitsschutz im Sinne von Art. 36 AEUV stützte, geht deutlich aus Rn. 75 des Urteils hervor. Unklar aber ist weiterhin, ob damit die Differenzierung zwischen unterschiedslos und unterschiedlich anwendbaren Maßnahmen ganz aufgegeben ist. Wahrscheinlicher ist, dass sie jedenfalls zunächst lediglich für den Umweltschutz gefallen ist. Der Umweltschutz ist nämlich erstens – worauf auch Generalanwalt *Jacobs* hinweist[30] – seit dem Vertrag von Amsterdam kontinuierlich gestärkt worden und besitzt nun in Art. 3 Abs. 3 Satz 2 EUV und Art. 11, 191 ff. AEUV eine herausragende Stellung. Zweitens führen andauernde ökologische Probleme zu einer Gesundheitsgefährdung, so dass hier die Grenze zwischen den »zwingenden Erfordernissen« und Art. 36 AEUV unscharf und möglicherweise ungerechtfertigt ist. Drittens liegt es im Wesen des Umweltschutzes, dass geographische Unterscheidungen getroffen werden müssen: Viele Probleme müssen an der Quelle bekämpft werden, viele Umweltschäden entstehen durch Transport (so dass erzeugernahe Lösungen die Umwelt schützen), es gilt das Verursacherprinzip. All diese Erwägungen sind als normativ in den AEUV übernommen worden (Art. 191 Abs. 2 Satz 2 a. E., Art. 192 Abs. 5 AEUV). Damit spricht viel dafür, dass im Hinblick auf den Umweltschutz unmittelbare Diskriminierungen häufig nicht zu vermeiden sind und daher keine verdächtige Kategorisierung darstellen. Demnach kann im Umweltschutz die Rechtfertigung durch »zwingende Erfordernisse« auch bei unmittelbaren Diskriminierungen zugelassen werden. Auf andere »zwingende Erfordernisse« wie den Verbraucherschutz dürften diese Überlegungen nicht übertragbar sein. Hierfür spricht auch die Argumentation des EuGH, der sich sowohl in der Rs. Kommission/Belgien als auch in der Rs. PreussenElektra im Wesentlichen auf den Umweltschutz konzentriert und keine abstrakten Aussagen zum dogmatischen Gerüst der Art. 34 ff. AEUV macht.

c) Vereinheitlichung des Rechtfertigungsregimes?

Anzufügen ist aber, dass die Begrenzung der Rechtfertigungsmöglichkeit unter den »zwingenden Erfordernissen« auf unterschiedslos anwendbare Maßnahmen zumindest rechtspolitisch wenig einsichtig ist. Es ist alles andere als offenkundig, dass sich ein Mitgliedstaat, der aus legitimen Gründen eine offen diskriminierende Maßnahme erlässt und sich zur Rechtfertigung auf Art. 36 AEUV berufen kann, nicht auch auf die »zwingenden Erfordernisse« berufen können sollte. Möglicherweise wird die Folgerechtsprechung diese rätselhafte Anomalie zunehmend beseitigen. Dafür gab wiederum Generalanwalt *Jacobs* einen Anstoß, diesmal in der Rs. Danner:

»Bezüglich der Frage, welche Rechtfertigungsgründe geltend gemacht werden können, halte ich es nicht für sachgerecht, verschiedene Gründe zuzulassen, je nachdem, ob die Maßnahme (direkt oder indirekt) diskriminierend ist oder ob sie eine unterschiedslos geltende Beschränkung der Erbringung von Dienstleistungen darstellt. Wenn anerkannt wird, dass andere als die im Vertrag

---

[28] EuGH, Urt. v. 13.3.2001, Rs. C–379/98 (PreussenElektra), Slg. 2001, I–2099, Rn. 72 ff.
[29] EuGH, Urt. v. 13.3.2001, Rs. C–379/98 (PreussenElektra), Slg. 2001, I–2099, Rn. 81.
[30] GA *Jacobs*, Schlussanträge zu Rs. C–379/98 (PreussenElektra), Slg. 2001, I–2099, Rn. 230 ff.

vorgesehenen Rechtfertigungsgründe geltend gemacht werden können, besteht kein Grund, eine Kategorie von Rechtfertigungsgründen auf diskriminierende Maßnahmen und eine andere Kategorie auf unterschiedslosgeltende Beschränkungen anzuwenden. Der Wortlaut des Vertrages bietet hierfür sicher keinen Anhaltspunkt: Artikel 49 EG [jetzt Art. 56 AEUV] bezieht sich nicht auf Diskriminierungen, sondern spricht allgemein von ›Beschränkungen des freien Dienstleistungsverkehrs‹. Jedenfalls ist es schwierig, eine strenge Unterscheidung zwischen (direkt oder indirekt) diskriminierenden und unterschiedslos geltenden Maßnahmen vorzunehmen. Außerdem gibt es im Allgemeininteresse liegende Ziele (z. B. Umweltschutz, Verbraucherschutz), die nicht ausdrücklich im Vertrag vorgesehen sind, unter gegebenen Umständen aber ebenso berechtigt und bedeutend sein können wie die im Vertrag ausdrücklich erwähnten. Der Schwerpunkt sollte daher darauf liegen, ob mit dem geltend gemachten Grund ein berechtigtes, im Allgemeininteresse liegendes Ziel verfolgt wird und ob in diesem Fall die Beschränkung nach dem Verhältnismäßigkeitsgrundsatz wirklich gerechtfertigt werden kann. Je diskriminierender die Maßnahme ist, umso unwahrscheinlicher ist es jedenfalls, dass die Maßnahme dem Grundsatz der Verhältnismäßigkeit entspricht. Eine solche Lösung stünde mit dem impliziten Lösungsansatz des Gerichtshofes in den meisten der Urteile zum freien Dienstleistungsverkehr aus letzter Zeit im Einklang. Ich möchte hinzufügen, dass derselbe Lösungsansatz für den freien Warenverkehr geeignet sein könnte. Dies würde der Notwendigkeit gerecht, bei der Beurteilung von Beschränkungen des freien Warenverkehrs die gleiche Bedeutung denjenigen Interessen zukommen zu lassen, die ebenso unabdingbar sind wie die in Artikel 30 EG [jetzt Art. 36 AEUV] vorgesehenen, insbesondere dem Umweltschutz.«[31]

36 Es ist zweifelhaft, ob diese Frage praktisch wirklich zentral ist. Einerseits liegt ein hoher symbolischer Wert in der Feststellung, dass Mitgliedstaaten, die offen diskriminieren, dafür einen Preis auf der Rechtfertigungsebene zahlen, da sie sich nicht auf die »zwingenden Erfordernisse« berufen dürfen. Andererseits zahlen diese Mitgliedstaaten ohnehin einen Preis, nämlich denjenigen einer hohen Rechtfertigungsschwelle bei der Prüfung des Verhältnismäßigkeitsprinzips. Für das materielle Ergebnis eines Falls werden also die unterschiedlichen Anwendbarkeitsvoraussetzungen von Art. 36 AEUV und den »zwingenden Erfordernissen« keinen Unterschied ergeben.

C. Legitime Ziele in Art. 36 Satz 1 AEUV[32]

37 Den Verboten der Art. 34 und 35 AEUV stehen mitgliedstaatliche Beschränkungen nicht entgegen, die aus Gründen der öffentlichen Sittlichkeit, Ordnung und Sicherheit, zum Schutze der Gesundheit und des Lebens von Menschen, Tieren oder Pflanzen, des nationalen Kulturguts von künstlerischem, geschichtlichem oder archäologischem Wert oder des gewerblichen und kommerziellen Eigentums gerechtfertigt sind. Der EuGH hat diese Rechtfertigungstatbestände im Rahmen einer Rechtsprechung konkretisiert, die dem Grundsatz enger Auslegung (s. Rn. 9) verpflichtet ist. Er ist dabei zu den folgenden Ergebnissen gelangt.

I. Öffentliche Sittlichkeit

38 Grundsätzlich ist es Sache jedes Mitgliedstaates, den Begriff im Einklang mit seiner Wertordnung und in der von ihm gewählten Form auszufüllen.[33] Bei Einfuhrverboten für pornografische Artikel hat der EuGH entscheidend darauf abgestellt, ob ihr Vertrieb auch im Bestimmungsstaat verboten ist. Besteht kein Verbot in dem betreffenden

---

[31] GA *Jacobs*, Schlussanträge zu Rs. 136/00 (Danner), Slg. 2002, I-8147, Rn. 40.
[32] Für die Mitarbeit bei Abschnitt C. danke ich *Patrick Schultes*.
[33] EuGH, Urt. v. 14.12.1979, Rs. 34/79 (Henn und Darby), Slg. 1979, 3795, Rn. 15.

Mitgliedstaat, so kann dieser sich auch nicht auf Gründe öffentlicher Sittlichkeit berufen.[34] Auch ist das Berufen allein auf eine »nationale öffentliche Meinung« unzureichend.[35]

II. Öffentliche Ordnung

Auch bei der öffentlichen Ordnung verfolgt der EuGH eine enge Auslegung. So behandelte er in der Rs. Dynamic Medien den Minderjährigenschutz nicht als Teil der öffentlichen Ordnung, sondern als zwingendes Erfordernis.[36] Der EuGH sah eine Rechtfertigung unter der Kategorie der öffentlichen Ordnung z. B. bei einem Tötungshandlungen simulierenden Computerspiel – unter Hinweis auf den Schutz der Menschenwürde (Art. 1 GRCh) – als erfüllt an.[37] Als Gründe öffentlicher Ordnung anerkannt wurden ferner die Einbehaltung außer Kraft gesetzter Silbermünzen zum Zwecke der staatlichen Einschmelzung[38] oder die Verhinderung von Betrügereien im Zusammenhang mit Ausfuhrbeihilfen.[39] Grundsätzlich anerkannt – jedoch verbunden mit hohen Anforderungen – wurde außerdem die Notwendigkeit der Verfolgung von Geschäften mit gestohlenen Fahrzeugen.[40] Für nicht ausreichend befand der EuGH die Behauptung von Störungen der öffentlichen Ordnung durch heftige Reaktionen und Proteste durch Händler und wies dabei auch auf die zur Verfügung stehenden Mittel hin.[41] Ebenfalls nicht ausreichend war die Geltendmachung einer Rechtfertigung wegen einer Gefahr schwerer Störungen der öffentlichen Ordnung in einer pauschalen Weise – Gefahren für die öffentliche Ordnung könnten insoweit nur in einem konkreten Einzelfall geltend gemacht werden.[42]

39

III. Öffentliche Sicherheit

Der Schutz der öffentlichen Sicherheit wird oft zusammen mit dem Schutz der öffentlichen Ordnung als Begriffspaar genannt.[43] Sie ist dann betroffen, wenn die Existenz eines Staates berührt ist; das ist der Fall, wenn das »Funktionieren seiner Wirtschaft, … das seiner Einrichtungen und seiner wichtigen öffentlichen Dienste und … das Überleben seiner Bevölkerung« betroffen sind.[44] Bejaht worden ist dies im Hinblick auf

40

---

[34] Vgl. EuGH, Urt. v. 14. 12. 1979, Rs. 34/79 (Henn und Darby), Slg. 1979, 3795, Rn. 15 einerseits und EuGH, Urt. v. 11. 3. 1986, Rs. 121/85 (Conegate/HM Customs & Excise), Slg. 1986, 1007, Rn. 15 andererseits.
[35] EuGH, Urt. v. 19. 3. 1998, Rs. C–1/96 (Compassion in World Farming), Slg. 1998, I–1251, Rn. 66 f.
[36] Ebenso in Bezug auf die öffentliche Sittlichkeit: EuGH, Urt. v. 14. 2. 2008, Rs. C–244/06 (Dynamic Medien), Slg. 2008, I–505, Rn. 36 ff.
[37] Zur Parallelvorschrift des Art. 52 Abs. 1 AEUV: EuGH, Urt. v. 14. 10. 2004, Rs. C–36/02 (Omega), Slg. 2004, I–9609, Rn. 39.
[38] EuGH, Urt. v. 23. 11. 1978, Rs. 7/78 (Thompson), Slg. 1978, 2247, Rn. 32, 34.
[39] EuGH, Urt. v. 22. 6. 1994, Rs. C–426/92 (Deutschland/Deutsches Milch-Kontor), Slg. 1994, I–2757, Rn. 44.
[40] EuGH, Urt. v. 17. 6. 1987, Rs. 154/85 (Kommission/Italien), Slg. 1987, 2717, Rn. 13 f.; Urt. v. 30. 4. 1991, Rs. C–239/90 (Boscher), Slg. 1991, I–2023, Rn. 23.
[41] EuGH, Urt. v. 29. 1. 1985, Rs. 231/83 (Cullet/Leclerc), Slg. 1985, 305, Rn. 32 f.
[42] EuGH, Urt. v. 9. 12. 1997, Rs. C–265/95 (Kommission/Frankreich (Bauernproteste)), Slg. 1997, I–6959, Rn. 58.
[43] Vgl. nur EuGH, Urt. v. 9. 12. 1997, Rs. C–265/95 (Kommission/Frankreich (Bauernproteste)), Slg. 1997, I–6959, Rn. 33; Urt. v. 29. 1. 1985, Rs. 231/83 (Cullet/Leclerc), Slg. 1985, 305, Rn. 32 f.
[44] EuGH, Urt. v. 10. 7. 1984, Rs. 72/83 (Campus Oil), Slg. 1984, 2727, Rn. 34.

Regelungen zur Sicherung der Erdölversorgung;[45] hier ist jedoch zweifelhaft, ob es sich um eine verallgemeinerungsfähige Konstruktion handelt (s. noch Rn. 66).[46] Ebenso hat der EuGH ein Ausfuhrverbot für Dual use-Güter aus Gründen der öffentlichen Sicherheit akzeptiert.[47]

IV. Schutz der Gesundheit und des Lebens von Menschen

41 Der Gesundheitsschutz ist der geschriebene Rechtfertigungsgrund, auf den sich die Mitgliedstaaten am häufigsten berufen.[48] Die Rechtsprechung des EuGH verdeutlicht das Spannungsfeld der Abwägung in diesem Bereich: Sie nutzt die Rechtfertigungsebene in Form des Gesundheitsschutzes als Korrektiv zum nationalen Spielraum.[49]

42 Zumeist fordert der EuGH den **Nachweis** einer drohenden Gesundheitsgefahr. Dabei ist diese Gefahr nicht anhand allgemeiner Überlegungen, sondern auf der Grundlage von relevanten wissenschaftlichen Untersuchungen zu beurteilen: So urteilte der EuGH in der Rs. Van der Veldt, dass durch die belgischen Behörden keine wissenschaftlichen Daten beigebracht wurden, die die Gefahr, die ein Salzgehalt von mehr als 2 % in Bäckereierzeugnissen für die öffentliche Gesundheit darstellt, nachgewiesen hätten.[50] Auch bloße Behauptungen oder Vermutungen, dass der Verzehr von Fischen, die nach einer entsprechenden Behandlung tote oder abgetötete Nematodenlarven enthielten, gefährlich für die Gesundheit von Menschen sei, reicht nach dem EuGH für den Nachweis einer Gesundheitsgefahr nicht aus.[51]

43 Dieses Erfordernis des Gefahrennachweises entweder durch Bezugnahme auf wissenschaftliche Erkenntnisse oder auf europäische oder internationale Schutzstandards wird aber relativiert: In einigen Fällen ließ der EuGH – unter Anwendung des **Vorsorgeprinzips** – den Nachweis möglicher Gefahren ausreichen. So genehmigte er eine nationale Regelung, die die Verwendung von Trichlorethylen zu gewerblichen Zwecken grundsätzlich verbot, aber ein System von tatbestandlich umschriebenen Ausnahmen im Einzelfall vorsah.[52] Auch eine nationale Regelung, nach der es verboten war, mit Vitaminen angereicherte Lebensmittel ohne vorherige Genehmigung in den Verkehr zu bringen, war nach dem EuGH zum Schutz der menschlichen Gesundheit angesichts der bei der wissenschaftlichen Beurteilung bestehenden Unsicherheiten grundsätzlich gerechtfertigt.[53] Solche Maßnahmen können allerdings – auch ungeachtet ihrer vorläufigen Natur und ihres Präventivcharakters – nicht wirksam mit einer rein hypothetischen Betrachtung des Risikos begründet werden, die auf bloße, wissenschaftlich noch nicht verifizierte Vermutungen gestützt wird.[54] Ferner nicht zu rechtfertigen war das öster-

---

[45] EuGH, Urt. v. 10.7.1984, Rs. 72/83 (Campus Oil), Slg. 1984, 2727, Rn. 34 f.
[46] Vgl. EuGH, Urt. v. 25.10.2001, Rs. C–398/98 (Kommission/Griechenland), Slg. 2001, I–7915, Rn. 29 ff.
[47] EuGH, Urt. v. 4.10.1991, Rs. C–367/89 (Richardt), Slg. 1991, I–4621, Rn. 22.
[48] *Leible/T. Streinz*, in: Grabitz/Hilf/Nettesheim, EU, Art. 36 AEUV (Januar 2015), Rn. 25.
[49] Typisch etwa EuGH, Urt. v. 23.10.1997, Rs. C–189/95 (Franzén), Slg. 1997, I–5909, Rn. 75 f.; Urt. v. 28.4.1998, Rs. C–120/95 (Decker/Caisse de maladie des employés privés), Slg. 1998, I–1831, Rn. 41 ff.
[50] EuGH, Urt. v. 14.7.1994, Rs. C–17/93 (Van der Veldt), Slg. 1994, I–3537, Rn. 17 ff.
[51] EuGH, Urt. v. 25.5.1993, Rs. C–228/91 (Kommission/Italien), Slg. 1993, I–2701, Rn. 28 ff.
[52] EuGH, Urt. v. 11.7.2000, Rs. C–473/98 (Toolex), Slg. 2000, I–5681, Rn. 49.
[53] EuGH, Urt. v. 14.7.1983, Rs. 174/82 (Sandoz), Slg. 1983, 2445, Rn. 17 ff.
[54] EuGH, Urt. v. 9.9.2003, Rs. C–236/01 (Monsanto Agricoltura Italia u. a.), Slg. 2003, I–8105, Rn. 106.

reichische Verbot, Vitamin- oder Mineralstoffpräparate als Lebensmittel in den Verkehr zu bringen, verbunden mit dem Erfordernis einer Verkehrsgenehmigung für Arzneimittel, da diese Regelung nicht nachweisbar in jedem Einzelfall zum Schutz der Gesundheit der Bevölkerung erforderlich war.[55]

Teils betont der EuGH auch **nationale Ernährungs- oder sonstige örtliche Besonderheiten** und erkennt nationale Eigenarten an. So setzte er fest, dass innerstaatliche Rechtsvorschriften, die die Verwendung von Nisin als konservierenden Stoff in für den Binnenmarkt bestimmtem Schmelzkäse verbieten, im Hinblick auf den Schutz der Gesundheit von Menschen erlassen werden dürfen; dabei berücksichtigte er die in den Mitgliedstaaten herrschende Unsicherheit hinsichtlich der Höchstmenge von Nisin, die Erzeugnisse aufweisen dürfen.[56] In der Rs. Heijn urteilte der Gerichtshof, dass Mitgliedstaaten Regelungen über die zulässige Höchstgrenze von Rückständen von Schädlingsbekämpfungsmitteln (Vinchlozolin) treffen dürfen, die je nach Maßgabe der klimatischen Verhältnisse, der Ernährungsgewohnheiten der Bevölkerung sowie deren Gesundheitszustand unterschiedlich sein mögen.[57] **44**

Weiterhin sind **Kontrollmaßnahmen** unzulässig, sofern sie nicht bloß in begründeten Fällen, sondern in systematischer Form beim Grenzübertritt stattfinden,[58] oder sofern sie nur die bereits im Herkunftsland durchgeführten Untersuchungen wiederholen.[59] **Genehmigungsvorbehalte** sind dann legitim, wenn die Genehmigungen in einem sachadäquaten, allgemein zugänglichen, zügigen und gerichtlicher Kontrolle unterliegenden **Verfahren** – bei Vorliegen der materiellen Genehmigungsvoraussetzungen – erteilt werden.[60] **45**

Auch **Importverbote** standen auf dem Prüfstand. Nicht gerechtfertigt war nach dem EuGH etwa ein Importverbot für Reinigungsmittel, die nicht ein Mindestmaß (35 g/Liter aktives Chlor) an Chlor enthielten; insofern stelle ein Erzeugnis mit einem niedrigeren Gehalt an aktivem Chlor keine Gefahr für die Gesundheit dar.[61] Auch ein schwedisches Importverbot für alkoholische Getränke durch Privatpersonen hielt der EuGH in Anbetracht der Importmöglichkeit über das staatliche Monopol für ungeeignet.[62] Eine nationale Regelung, die die Einfuhr von Weingeist mit einem Alkoholgehalt von mehr als 80 % von einer Erlaubnis abhängig macht, hielt der Gerichtshof allerdings grundsätzlich für gerechtfertigt.[63] **46**

V. Schutz der Gesundheit und des Lebens von Tieren und Pflanzen

Für den Schutz der Gesundheit von Tieren und Pflanzen gelten dieselben Grundsätze wie für den Schutz von Gesundheit und Leben von Menschen.[64] Zum spezifischen **47**

---

[55] EuGH, Urt. v. 29.4.2004, Rs. C–150/00 (Kommission/Österreich), Slg. 2004, I–3887, Rn. 96.
[56] EuGH, Urt. v. 5.2.1981, Rs. C–53/80 (Eyssen), Slg. 1981, 409, Rn. 16.
[57] EuGH, Urt. v. 19.9.1984, Rs. C–94/83 (Heijn), Slg. 1984, 3263, Rn. 15 ff.
[58] EuGH, Urt. v. 22.6.1994, Rs. C–426/92 (Deutschland/Deutsches Milch-Kontor), Slg. 1994, I–2757, Rn. 20 ff.
[59] EuGH, Urt. v. 8.11.1979, Rs. 251/78 (Denkavit Futtermittel), Slg. 1979, 3369, Rn. 22 ff.
[60] EuGH, Urt. v. 14.7.1983, Rs. 174/82 (Sandoz), Slg. 1983, 2445, Rn. 19; Urt. v. 12.3.1987, Rs. 178/84 (Kommission/Deutschland (Reinheitsgebot)), Slg. 1987, 1227, Rn. 44; Urt. v. 5.2.2004, Rs. C–95/01 (Greenham und Abel), Slg. 2004, I–1333, Rn. 35, 50.
[61] EuGH, Urt. v. 6.11.2003, Rs. C–358/01 (Kommission/Spanien), Slg. 2003, I–13145, Rn. 40 ff.
[62] EuGH, Urt. v. 5.6.2007, Rs. C–170/04 (Rosengren u. a.), Slg. 2007, I–4071.
[63] EuGH, Urt. v. 28.9.2006, Rs. C–434/04 (Ahokainen und Leppik), Slg. 2006, I–9171, Rn. 40.
[64] EuGH, Urt. v. 31.1.1984, Rs. 40/82 (Kommission/Großbritannien), Slg. 1984, 283; Urt. v.

Schutz der Gesundheit von Tieren und Pflanzen gehört auch die Bewahrung der biologischen Vielfalt.[65] Unterbunden werden können Tätigkeiten, die für Tiere mit Leiden verbunden sind oder deren natürliches Verhalten negativ beeinflussen können.[66] Von Bedeutung sind auch warenverkehrsbeschränkende Maßnahmen zum Artenschutz: So ließ sich ein Einfuhrverbot von anderen Bienen als der braunen Læsø-Biene auf die dänische Insel Læsø mit der Gefahr rechtfertigen, dass durch die Kreuzung mit anderen Bienen die Læsø-Biene wegen ihrer rezessiven Gene ausstirbt.[67] Nicht umfasst ist in allgemeiner Form der Bereich des Umweltschutzes, der unter die »zwingenden Erfordernisse« fällt.

VI. Schutz des nationalen Kulturguts von künstlerischem, geschichtlichem oder archäologischem Wert

48   Die Bedeutung dieses Rechtfertigungsgrundes in der Rechtsprechung ist insgesamt gering.[68] So behandelte der EuGH den Schutz von Büchern als Kulturgut auch nicht anhand von Art. 36 AEUV, sondern als Erfordernis des Allgemeininteresses. Der Schutz der kulturellen Vielfalt falle generell nämlich nicht unter den Schutz des nationalen Kulturguts von künstlerischem, geschichtlichem oder archäologischem Wert im Sinne von Art. 36 AEUV.[69]

VII. Schutz des gewerblichen und kommerziellen Eigentums

49   Der Schutz des gewerblichen und kommerziellen Eigentums nach dem Recht der Mitgliedstaaten steht in einem Spannungsverhältnis zum Grundsatz des freien Warenverkehrs im Binnenmarkt.[70] Der EuGH überlässt den Mitgliedstaaten die Befugnis, gewerbliche Schutzrechte zu begründen, überprüft jedoch, ob diese Befugnis in einer Weise ausgeübt wird, die mit der Warenverkehrsfreiheit kollidiert.[71]

50   Die Schranke betrifft alle Rechte, die ihrem Inhaber eine nicht nur privatrechtliche, sondern durch den Staat oder durch seine Mitwirkung verliehene, abwehrfähige Ausschließlichkeitsposition einräumen. Dazu zählen das Patentrecht,[72] das Marken-

---

31.1.984, Rs. 74/82 (Kommission/Irland), Slg. 1984, 317, betr. die Newcastle-Krankheit bei Geflügel; *Leible/T. Streinz*, in: Grabitz/Hilf/Nettesheim, EU, Art. 36 AEUV (Januar 2015), Rn. 29.
  [65] Vgl. EuGH, Urt. v. 5.10.1994, Rs. C–323/93 (Centre d'insémination de la Crespelle), Slg. 1994, I–5077.
  [66] Vgl. etwa EuGH, Urt. v. 1.4.1982, verb. Rs. 141/81 – 143/81 (Holdijk), Slg. 1982, 1299, Rn. 13 f. Zu beachten ist allerdings die inzwischen sehr weitgehende sekundärrechtliche Harmonisierung: EuGH, Urt. v. 19.3.1998, Rs. C–1/96 (Compassion in World Farming), Slg. 1998, I–1251, Rn. 45 ff.
  [67] EuGH, Urt. v. 3.12.1998, Rs. C–67/97 (Bluhme), Slg. 1998, I–8033, Rn. 34; vgl. aber EuGH, Urt. v. 13.7.1994, Rs. C–131/93 (Kommission/Deutschland), Slg. 1994, I–3303, Rn. 17 ff.
  [68] EuGH, Urt. v. 10.12.1968, Rs. 7/68 (Kommission/Italien (Kunstschätze)), Slg. 1968, 617, S. 633, 644 betraf Abgaben gleicher Wirkung im Sinne von Art. 30 AEUV, die nicht nach Art. 36 AEUV gerechtfertigt werden können.
  [69] EuGH, Urt. v. 30.4.2009, Rs. C–531/07 (Fachverband der Buch- und Medienwirtschaft), Slg. 2009, I–3717, Rn. 32.
  [70] Vgl. EuGH, Urt. v. 18.2.1992, Rs. C–235/89 (Kommission/Italien), Slg. 1992, I–777, Rn. 14.
  [71] EuGH, Urt. v. 30.6.1988, Rs. 35/87 (Thedford/Fiamma), Slg. 1988, 3585, Rn. 14; Urt. v. 24.1.1989, Rs. 341/87 (EMI Electrola/Patricia Im- und Export u.a.), Slg. 1989, 79, Rn. 11; Urt. v. 30.11.1993, Rs. C–317/91 (Deutsche Renault/AUDI), Slg. 1993, I–6227, Rn. 31.; *Schröder*, in: Streinz, EUV/AEUV, Art. 36 AEUV, Rn. 19.
  [72] EuGH, Urt. v. 31.10.1974, Rs. 15/74 (Centrafarm BV u.a./Sterling Drug), Slg. 1974, 1147, Rn. 9.

recht,⁷³ das Sortenschutzrecht,⁷⁴ das Geschmacksmusterrecht,⁷⁵ nicht eingetragene Marken (Ausstattungsrecht)⁷⁶ und – trotz seiner primär persönlichkeitsrechtlichen Prägung – auch das Urheberrecht.⁷⁷

Als Ausschließlichkeitsrechte behandelt der EuGH außerdem Ursprungsbezeichnungen⁷⁸ sowie geographische Herkunftsbezeichnungen,⁷⁹ Nicht zu den in Art. 36 AEUV genannten Rechtsgütern gehört dagegen die Bekämpfung unlauteren Wettbewerbs. Sie ist als »zwingendes Erfordernis« (Lauterkeit des Handelsverkehrs, Verbraucherschutz) zu berücksichtigen.⁸⁰ **51**

Gerechtfertigt durch Art. 36 AEUV sind nur Beschränkungen des freien Warenverkehrs, die zur Wahrung des spezifischen Gegenstands des jeweiligen Schutzrechts erforderlich sind.⁸¹ Nach Ansicht des EuGH lässt sich dieser spezifische Gegenstand des gewerblichen Eigentums im Bereich des **Patentrechts** dahin kennzeichnen, »daß der Inhaber zum Ausgleich für seine schöpferische Erfindertätigkeit das ausschließliche Recht erlangt, gewerbliche Erzeugnisse herzustellen und in den Verkehr zu bringen, mithin die Erfindung entweder selbst oder im Wege der Lizenzvergabe zu verwerten, und daß er ferner das Recht erlangt, sich gegen jegliche Zuwiderhandlung zur Wehr zu setzen«.⁸² Das spezifische Recht des Inhabers von Marken und Warenzeichen ist es, sich gegen ein Inverkehrbringen von Waren zur Wehr zu setzen, die verwechslungsfähige Bezeichnungen verwenden oder auf sonstige Weise die Herkunftsgarantie verfälschen.⁸³ Im Bereich des **Markenrechts** lässt sich der spezifische Gegenstand des kommerziellen Eigentums dahin kennzeichnen, dass der Inhaber durch das ausschließliche Recht, ein Erzeugnis erstmals in den Verkehr zu bringen und dabei das Warenzeichen zu benutzen, Schutz vor Konkurrenten erlangt, die unter Missbrauch der aufgrund des Warenzeichens erworbenen Stellung und Kreditwürdigkeit widerrechtlich mit diesem Zeichen versehene Erzeugnisse veräußern.⁸⁴ Zum wesentlichen Inhalt des **Urheberrechts** gehört die Befugnis, für jede Einzelverwertung in Form eines Abspielens, einer Aufführung **52**

---

⁷³ EuGH, Urt. v. 31.10.1974, Rs. 16/74 (Centrafarm BV u.a./Winthorp BV), Slg. 1974, I–1183, Rn. 8.
⁷⁴ EuGH, Urt. v. 8.6.1982, Rs. 258/78 (Nungesser/Kommission), Slg. 1982, 2015, Rn. 35.
⁷⁵ EuGH, Urt. v. 14.9.1982, Rs. 144/81 (Keurkoop/Nancy Kean Gifts), Slg. 1982, 2853, Rn. 14.
⁷⁶ EuGH, Urt. v. 30.11.1993, Rs. C–317/91 (Deutsche Renault/AUDI), Slg. 1993, I–6227, Rn. 17 ff.
⁷⁷ EuGH, Urt. v. 20.1.1981, verb. Rs. 55/80 u. 57/80 (Musik-Vertrieb Membran GmbH/GEMA), Slg. 1981, 147, Rn. 12 f.
⁷⁸ EuGH, Urt. v. 16.5.2000, Rs. C–388/95 (Belgien/Spanien), Slg. 2000, I–3123, Rn. 54.
⁷⁹ EuGH, Urt. v. 10.11.1992, Rs. C–3/91 (Exportur/LOR und Confiserie du Tech EuGH), Slg. 1992, I–5529, Rn. 23 ff.
⁸⁰ EuGH, Urt. v. 17.6.1981, Rs. 113/80 (Kommission/Irland (Irish Souvenirs)), Slg. 1981, 1625.
⁸¹ EuGH, Urt. v. 17.10.1990, Rs. C–10/89 (CNL-SUCAL/HAG), Slg. 1990, I–3711, Rn. 12.
⁸² EuGH, Urt. v. 31.10.1974, Rs. 15/74 (Centrafarm BV u.a./Sterling Drug), Slg. 1974, 1147, Rn. 9; Urt. v. 14.7.1981, Rs. 187/80 (Merck/Stephar und Exler), Slg. 1981, 2063, Rn. 4; Urt. v. 3.3.1988, Rs. 434/85 (Allen & Hanburys/Generics), Slg. 1988, 1245, Rn. 11 ff.; Urt. v. 18.2.1992, Rs. C–30/90 (Kommission/Vereinigtes Königreich), Slg. 1992, I–829, Rn. 21; Urt. v. 27.1.1992, Rs. C–191/90 (Generics und Harris Pharmaceuticals/Smith Kline and French Laboratories), Slg. 1992, I–5335, Rn. 23.
⁸³ EuGH, Urt. v. 3.12.1981, Rs. 1/81 (Pfizer/Eurim-Pharm), Slg. 1981, 2913, Rn. 9; Urt. v. 30.11.1993, Rs. C–317/91 (Deutsche Renault/AUDI), Slg. 1993, I–6227, Rn. 30.
⁸⁴ EuGH, Urt. v. 31.10.1974, Rs. 16/74 (Centrafarm BV u.a./Winthorp BV), Slg. 1974, I–1183, Rn. 8; Urt. v. 1994, I–2789, Rs. C–9/93 (IHT Internationale Heiztechnik/Ideal-Standard), Slg. 1994, I–2789, Rn. 33.

oder Vermietung des Werkes eine Gebühr zu verlangen.[85] Den spezifischen Gegenstand eines **Geschmacksmusterrechts** bildet die Befugnis seines Inhabers, »die Herstellung von Erzeugnissen, die das Muster verkörpern, durch Dritte zwecks Verkauf auf dem Binnenmarkt oder zwecks Ausfuhr zu untersagen oder die Einfuhr derartiger Erzeugnisse, die ohne seine Erlaubnis in einem anderen Mitgliedstaat hergestellt wurden, zu verhindern«.[86]

53 Die Reichweite der einzelnen Ausschließlichkeitsbefugnisse wird vor allem durch den **Erschöpfungsgrundsatz** begrenzt[87]: Der Inhalt des Schutzrechts ist dann erschöpft, wenn das geschützte Erzeugnis vom Inhaber oder mit seiner Zustimmung in einem Mitgliedstaat in Verkehr gebracht worden ist, weil er in diesem Fall den spezifischen Gegenstand des Schutzrechts genutzt und einen finanziellen Ausgleich hierfür erhalten hat.[88] Keine Erschöpfung tritt ein bei einem Inverkehrbringen gegen den Willen des Berechtigten, wie etwa bei einer Beschlagnahme.[89]

54 Ein Patent ist nach Ansicht des EuGH auch dann erschöpft, wenn der Inhaber das patentierte Erzeugnis in einem Staat willentlich erstmals in Verkehr bringt, in dem kein Patentschutz besteht oder er kein Patent beantragt. Er selbst kann nämlich über die Bedingungen entscheiden, unter denen er sein Erzeugnis in Verkehr bringt.[90]

D. Legitime Ziele der »zwingenden Erfordernisse«

55 In der Rechtsprechung des EuGH wurden schon in der Rs. Cassis de Dijon – neben dem Verbraucherschutz,[91] anhand dessen die Figur der zwingenden Erfordernisse des Allgemeinwohls entwickelt wurde und der damit eng verwobenen Lauterkeit des Handelsverkehrs[92] – der Gesundheitsschutz,[93] die Wahrung mitgliedstaatlicher Grundrech-

---

[85] EuGH, Urt. v. 18.3.1980, Rs. 62/79 (Coditel/Ciné Vog Films), Slg. 1980, 881, Rn. 14; Urt. v. 28.4.1998, Rs. C–200/96 (Metronome Musik/Music Point Hokamp), Slg. 1998, I–1953, Rn. 15 ff.; Urt. v. 22.9.1998, Rs. C–61/97 (Foreningen af danske Videogramdistributører, agissant pour Egmont Film u. a./Laserdisken), Slg. 1998, I–5171, Rn. 18.
[86] EuGH, Urt. v. 5.10.1988, Rs. 53/87 (CICRA u. a./Renault), Slg. 1988, 6039, Rn. 11.
[87] Dazu ausführlich *Leible/T. Streinz*, in: Grabitz/Hilf/Nettesheim, EU, Art. 34–36 AEUV (Januar 2015), Rn. 42–44; *Kingreen*, in: Calliess/Ruffert, EUV/AEUV, Art. 34–36 AEUV, Rn. 209.
[88] EuGH, Urt. v. 8.6.1971, Rs. 78/70 (Deutsche Grammophon/Metro SB), Slg. 1971, 487, Rn. 1; Urt. v. 31.10.1974, Rs. 16/74 (Centrafarm BV u. a./Winthorp BV), Slg. 1974, I–1183, Rn. 8 ff.
[89] EuGH, Urt. v. 17.10.1990, Rs. C–10/89 (CNL-SUCAL/HAG), Slg. 1990, I–3711, Rn. 19.
[90] EuGH, Urt. v. 14.7.1981, Rs. 187/80 (Merck/Stephar und Exler), Slg. 1981, 2063, Rn. 10 ff., 14.
[91] EuGH, Urt. v. 20.2.1979, Rs. 120/78 (Rewe/Bundesmonopolverwaltung für Branntwein), Slg. 1979, 649, Rn. 8; Urt. v. 2.3.1982, Rs. 6/81 (BV Diensten Groep/Beele), Slg. 1982, 707, Rn. 7; Urt. v. 12.3.1987, Rs. 178/84 (Kommission/Deutschland (Reinheitsgebot)), Slg. 1987, 1227, Rn. 30; Urt. v. 14.7.1988, Rs. 407/85 (3 Glocken u. a./USL Centro-Sud u. a.), Slg. 1988, 4233, Rn. 15 ff.; Urt. v. 2.2.1989, Rs. 274/87 (Kommission/Deutschland), Slg. 1989, 229, Rn. 12 ff.; Urt. v. 2.2.1994, Rs. C–315/92 (Verband Sozialer Wettbewerb/Clinique Laboratories und Estée Lauder), Slg. 1994, I–317, Rn. 16.
[92] EuGH, Urt. v. 20.2.1979, Rs. 120/78 (Rewe/Bundesmonopolverwaltung für Branntwein), Slg. 1979, 649, Rn. 8; Urt. v. 2.3.1982, Rs. 6/81 (BV Diensten Groep/Beele), Slg. 1982, 707, Rn. 7; Urt. v. 14.7.1988, Rs. 407/85 (3 Glocken u. a./USL Centro-Sud u. a.), Slg. 1988, 4233, Rn. 15 ff.; Urt. v. 2.2.1989, Rs. 274/87 (Kommission/Deutschland), Slg. 1989, 229, Rn. 17 ff.; Urt. v. 2.2.1994, Rs. C–315/92 (Verband Sozialer Wettbewerb/Clinique Laboratories und Estée Lauder), Slg. 1994, I–317, Rn. 16.
[93] EuGH, Urt. v. 20.2.1979, Rs. 120/78 (Rewe/Bundesmonopolverwaltung für Branntwein), Slg. 1979, 649, Rn. 8; Urt. v. 26.6.1980, Rs. 788/79 (Gilli), Slg. 1980, 2071, Rn. 6; Urt. v. 19.2.1981,

te,[94] der Schutz mitgliedstaatlicher Einrichtungen, wie etwa des Steuersystems,[95] sozialer Sicherungssysteme[96] und Fernsprechnetze,[97] ausdrücklich als legitime Ziele der Mitgliedstaaten anerkannt. Die Tatsache, dass der EuGH die Berufung auf den Verbraucherschutz häufig deshalb als Rechtfertigungsgrund ablehnt, weil das mildere Mittel der Etikettierung existiert, bedeutet natürlich nicht, dass Etikettierungsmaßnahmen dadurch dem Zugriff des Art. 34 AEUV entkämen.[98] Die genannten legitimen Ziele wurden später um die Sicherheit des Straßenverkehrs,[99] die Verbrechensbekämpfung,[100] die Aufrechterhaltung von Nahversorgungsbedingungen in abgelegenen Gebieten eines Mitgliedstaates,[101] das finanzielle Gleichgewicht im System der sozialen Sicherheit in einem Mitgliedstaat,[102] den Umweltschutz[103] und kulturelle Interessen wie die Aufrechterhaltung der Medienvielfalt oder Bücher als Kulturgut[104] ergänzt. Die Aufzählung ist nicht abschließend. Vielmehr werden die Fallgruppen vom EuGH anhand der bewusst offenen Textur der zwingenden Erfordernisse des Allgemeinwohls ständig fortentwickelt. Eine genauere Analyse bedarf der Zusammenschau mit den von Art. 36 Satz 1 AEUV abgedeckten Zielen (s. sogleich Rn. 57 ff.).

Rs. 130/80 (Kelderman), Slg. 1981, 527; Rn. 6; allerdings stellte der EuGH dazu später fest: »Im Hinblick darauf, daß Artikel 36 auch dann eingreift, wenn die beanstandete Maßnahme nur die Einfuhren beschränkt, während nach der Rechtsprechung des Gerichtshofes von einem zwingenden Erfordernis im Rahmen der Auslegung des Artikels 30 nur gesprochen werden kann, wenn diese Maßnahme unterschiedslos auf inländische und eingeführte Waren anwendbar ist, erübrigt sich unter diesen Umständen die Prüfung der Frage, ob der Schutz der öffentlichen Gesundheit auch ein zwingendes Erfordernis im Rahmen der Anwendung des Artikels 30 darstellen kann«; Urt. v. 25.7.1991, verb. Rs. C–1/90 u. C–176/90 (Aragonesa de Publicidad Exterior und Publivia/Departamento de Sanidad y Seguridad Social de Cataluña), Slg. 1991, I–4151, Rn. 13.
[94] EuGH, Urt. v. 12.6.2003, Rs. C–112/00 (Schmidberger), Slg. 2003, I–5659, Rn. 64 ff., der EuGH subsumiert hier allerdings nicht ausdrücklich unter die Cassis-Formel.
[95] EuGH, Urt. v. 20.2.1979, Rs. 120/78 (Rewe/Bundesmonopolverwaltung für Branntwein), Slg. 1979, 649, Rn. 8.
[96] EuGH, Urt. v. 7.2.1984, Rs. 238/82 (Duphar/Niederlande), Slg. 1984, 523, Rn. 16; Urt. v. 28.4.1998, Rs. C–120/95 (Decker/Caisse de maladie des employés privés), Slg. 1998, I–1831, Rn. 39; Urt. v. 13.5.2003, Rs. C–385/99 (Müller-Fauré und van Riet), Slg. 2003, I–4509, Rn. 73; Urt. v. 5.10.2010, Rs. C–512/08 (Kommission/Frankreich), Slg. 2010, I–8833, Rn. 33.
[97] EuGH, Urt. v. 13.12.1991, Rs. C–18/88 (RTT/GB-Inno-BM), Slg. 1991, I–5941, Rn. 31.
[98] EuGH, Urt. v. 16.12.1980, Rs. 27/80 (Fietje), Slg. 1980, 3839.
[99] EuGH, Urt. v. 5.10.1994, Rs. C–55/93 (Van Schaik), Slg. 1994, I–4837, Rn. 19; Urt. v. 12.10.2000, Rs. C–314/98 (Snellers), Slg. 2000, I–8633, Rn. 55; Urt. v. 21.3.2002, Rs. C–451/99 (Cura Anlagen), Slg. 2002, I–3193, Rn. 59; Urt. v. 15.3.2007, Rs. C–54/05 (Kommission/Finnland), Slg. 2007, I–2473, Rn. 40; Urt. v. 10.4.2008, Rs. C–265/06 (Kommission/Portugal), Slg. 2008, I–2445, Rn. 38; Urt. v. 10.2.2009, Rs. C–110/05 (Kommission/Italien), Slg. 2009, I–519, Rn. 60.
[100] EuGH, Urt. v. 10.4.2008, Rs. C–265/06 (Kommission/Portugal), Slg. 2008, I–2445, Rn. 38.
[101] EuGH, Urt. v. 13.1.2000, Rs. C–254/98 (TK-Heimdienst), Slg. 2000, I–151, Rn. 34.
[102] EuGH, Urt. v. 28.4.1998, Rs. C–120/95 (Decker/Caisse de maladie des employés privés), Slg. 1998, I–1831, Rn. 39.
[103] EuGH, Urt. v. 20.9.1988, Rs. C–302/86 (Kommission/Dänemark (Pfandflaschen)), Slg. 1988, 4607, Rn. 9; Urt. v. 9.7.1992, Rs. C–389/96 (Kommission/Belgien (Wallonischer Abfall)), Slg. 1992, I–4431, Rn. 32; Urt. v. 14.7.1998, Rs. C–389/96 (Aher-Waggon/Bundesrepublik Deutschland), Slg. 1998, I–4473, Rn. 19; Urt. v. 14.12.2004, Rs. C–463/01 (Kommission/Deutschland), Slg. 2004, I–11705, Rn. 75.
[104] EuGH, Urt. v. 11.7.1985, verb. Rs. 60/84 u. 61/84 (Cinéthèque/Fédération nationale des cinémas français), Slg. 1985, 2605, Rn. 23; Urt. v. 25.7.1991, Rs. C–288/89 (Stichting Collectieve Antennevoorziening Gouda/Commissariaat voor de Media), Slg. 1991, I–4007, Rn. 23: »Aufrechterhaltung eines pluralistischen Rundfunkwesens«; Urt. v. 30.4.2009, Rs. C–531/07 (Fachverband der Buch- und Medienwirtschaft), Slg. 2009, I–3717, Rn. 34: »Schutz von Büchern als Kulturgut«.

E. Synthese

56 Aufgrund der weitgehenden Parallelität der Rechtfertigungsdogmatik ist eine den Art. 36 AEUV und die »zwingenden Erfordernisse« einbeziehende Gesamtschau möglich. Sowohl Art. 36 AEUV als auch die »zwingenden Erfordernisse« schützen Ziele, die zusammen gesehen ein vollständigeres Bild dessen zeichnen, was der EuGH als so wichtig erachtet, dass er Ausnahmen von der Verbotsnorm zulässt (s. dazu Rn. 57 ff.). Deutlich konturenschärfer wird das Bild dann, wenn man beobachtet, was der EuGH unter beiden Rechtfertigungsnormen nicht als schützenswert ansieht (s. dazu Rn. 61 ff.). Schließlich laufen auch die Prinzipien parallel, denen sich jene staatlichen Maßnahmen beugen müssen, die sich auf legitime Ziele berufen können (s. dazu Rn. 69 ff.).

I. Legitime Ziele

1. Marktunvollkommenheiten

57 Art. 34 AEUV ist die normative Ausprägung der Überzeugung, dass Protektionismus Umverteilungseffekte mit sich bringt und sowohl den Output als auch den Wohlstand beeinträchtigt; die Kosten sind zwar diffus und komplex und fallen oft nur aufgrund verschlungener und langfristiger Wirkungsketten an, übersteigen aber regelmäßig den Nutzen von Protektionismus. Rechtfertigungen konzentrieren sich daher häufig auf das Argument des Marktversagens oder der Marktunvollkommenheiten. Die Theorie des Außenhandels setzt ein wettbewerbsmäßig freies Kräftespiel zwischen Angebot und Nachfrage sowohl bei den Produktionsfaktoren als auch bei den Konsumgütern voraus. Wo dies gestört ist, kann eine Rechtfertigung für Marktschutz ansetzen. Der EuGH verschließt sich dieser Argumentation insbesondere dann nicht, wenn sich eine Marktunvollkommenheit darin zeigt, dass im Rahmen eines Warenaustausches die legitimen Interessen Dritter von diesen unbeeinflussbar unberücksichtigt geblieben sind. Dies gilt in erster Linie für Interessen der Öffentlichkeit, aber auch dann, wenn Parteiinteressen betroffen sind, z. B. wenn gefährliche Güter involviert sind. Beispiele sind der Schutz der öffentlichen Gesundheit[105] und der Verbraucher,[106] die Verhinderung von Umweltzerstörungen,[107] die Bekämpfung unlauteren Wettbewerbs und Betrugs,[108] der Schutz vor Haftungsumgehungen zum Nachteil von Gläubigern,[109] die Abwendung von Gefahren für die Straßenverkehrssicherheit,[110] die Verhinderung der Verletzung von geistigen Eigentumsrechten,[111] der Schutz der Arbeitnehmer und die Bekämpfung von Beein-

---

[105] EuGH, Urt. v. 13.7.2004, Rs. C–429/02 (Bacardi France), Slg. 2004, I–6613.
[106] EuGH, Urt. v. 4.12.1986, Rs. 220/83 (Kommission/Frankreich), Slg. 1986, 3663; Urt. v. 13.7.2004, Rs. C–262/02 (Kommission/Frankreich), Slg. 2004, I–6569.
[107] EuGH, Urt. v. 20.9.1988, Rs. C–302/86 (Kommission/Dänemark (Pfandflaschen)), Slg. 1988, 4607; Urt. v. 29.11.2001, Rs. C–17/00 (De Coster), Slg. 2001, I–9445.
[108] EuGH, Urt. v. 6.11.2003, Rs. C–243/01 (Gambelli u. a.), Slg. 2003, I–13031.
[109] EuGH, Urt. v. 9.3.1999, Rs. C–212/97 (Centros), Slg. 1999, I–1459.
[110] EuGH, Urt. v. 5.10.1994, Rs. C–55/93 (Van Schaik), Slg. 1994, I–4837; Urt. v. 21.3.2002, Rs. C–451/99 (Cura Anlagen), Slg. 2002, I–3193; Urt. v. 10.2.2009, Rs. C–110/05 (Kommission/Italien), Slg. 2009, I–519.
[111] EuGH, Urt. v. 6.10.1982, Rs. 262/81 (Coditel/Ciné-Vog Films), Slg. 1982, 3381.

trächtigungen der Arbeitssicherheit,[112] und der Erhalt des nationalen historischen und künstlerischen Erbes.[113]

2. Bürgerliche Freiheiten

Der EuGH verschließt sich auch der Berufung auf jene politischen Werte nicht, die ihren Ausfluss in der grundrechtlich geschützten Freiheit, Autonomie, Gleichheit und Würde besitzen. Ausschlaggebend hierfür dürfte neben der tatsächlichen Wirkung einer Handelsmaßnahme v. a. deren symbolischer Gehalt sein; der verfassungsrechtliche Schutz soll keinesfalls durch ökonomische Ratio kompromittiert erscheinen. Erfolgreich sein kann daher die Berufung auf die Menschenwürde,[114] die Meinungsfreiheit,[115] die Versammlungsfreiheit,[116] das Streikrecht,[117] die Religionsfreiheit[118] und die Aufrechterhaltung eines pluralistischen Rundfunkwesens.[119]

58

3. Soziokulturelle Präferenzen

Viele mitgliedstaatliche Maßnahmen erschöpfen sich nicht in wirtschaftlicher Regulierung, sondern besitzen auch eine soziale, kulturelle und insoweit hoch symbolische Komponente.[120] Traditionen verbergen sich häufig dort, wo man sie am wenigsten vermuten würde; der einfache Blick auf die marktregulierende Seite einer Maßnahme verkennt, dass auch das Nichtige und Törichte das lieb und teuer Gewachsene zu transportieren vermag. Markthemmende Maßeinheiten wie das englische Pint können zum Symbol nationaler Identität kristallisieren. Berufsgenossenschaftliche Organisationsformen mögen bis ins Mittelalter zurückreichen und vermitteln Vertrauen und Stabilität.[121] Ladenöffnungszeiten sind Ausdruck langwieriger und demokratisch legitimierter Verhandlungen zwischen dem Staat und intermediären Organisationen; Kirchen, Arbeitgeberverbände, Gewerkschaften und Verbraucherverbände sind an der Aushandlung beteiligt, bei der die wesentlichen Argumente nicht ökonomischer Natur sind.[122] Die Autonomie großer Organisationen im Sport trägt eigene gesellschaftliche Werte und

59

---

[112] EuGH, Urt. v. 14.7.1981, Rs. 155/80 (Oebel), Slg. 1981, 1993; Urt. v. 27.3.1990, Rs. C–113/89 (Rush Portuguesa/Office national d'immigration), Slg. 1990, I–1417; Urt. v. 24.1.2002, Rs. C–164/99 (Portugaia Construções), Slg. 2002, I–787; Urt. v. 21.10.2004, Rs. C–445/03 (Kommission/Luxemburg), Slg. 2004, I–10191.
[113] EuGH, Urt. v. 26.2.1991, Rs. C–180/89 (Kommission/Italien), Slg. 1991, I–709; Urt. v. 28.4.1998, Rs. C–200/96 (Metronome Musik/Music Point Hokamp), Slg. 1998, I–1953.
[114] EuGH, Urt. v. 14.10.2004, Rs. C–36/02 (Omega), Slg. 2004, I–9609.
[115] EuGH, Urt. v. 25.3.2004, Rs. C–71/02 (Karner), Slg. 2004, I–3025.
[116] EuGH, Urt. v. 12.6.2003, Rs. C–112/00 (Schmidberger), Slg. 2003, I–5659.
[117] EuGH, Urt. v. 11.12.2007, Rs. C–438/05 (The International Transport Workers' Federation und The Finnish Seamen's Union), Slg. 2007, I–10779; Urt. v. 18.12.2007, Rs. C–341/05 (Laval un Partneri), Slg. 2007, I–11767.
[118] EuGH, Urt. v. 24.3.1994, Rs. C–275/92 (H.M. Customs and Excise/Schindler), Slg. 1994, I–1039.
[119] EuGH, Urt. v. 25.7.1991, Rs. C–288/89 (Stichting Collectieve Antennevoorziening Gouda/Commissariaat voor de Media), Slg. 1991, I–4007.
[120] Dazu ausführlich *Haltern*, Soziokulturelle Präferenzen.
[121] EuGH, Urt. v. 3.12.1974, Rs. 33/74 (Van Binsbergen/Bedrijfsvereniging voor de Metaalnijverheid), Slg. 1974, 1299; Urt. v. 28.4.1977, Rs. 71/76 (Thieffry/Conseil de l'ordre des avocats de la Cour de Paris), Slg. 1077, 765; Urt. v. 3.10.2000, Rs. C–58/98 (Corsten), Slg. 2000, I–7919; Urt. v. 19.2.2002, Rs. C–309/99 (Wouters u. a.), Slg. 2002, I–1577.
[122] EuGH, Urt. v. 23.11.1989, Rs. 145/88 (Torfaen Borough Council/B & Q PLC), Slg. 1989, 3851.

Integrationsmechanismen in sich.[123] Maßnahmen, die den Erwerb von Grundbesitz regeln, speisen sich aus sozialen Vorstellungen vom Leben auf dem Land, von Lebensstil und Lebensqualität.[124] Von besonders symbolischer Bedeutung ist in der zunehmend individualisierten Gesellschaft natürlich das Recht auf Namensgebung für die Kinder.[125]

4. Erhaltung der Funktionsbedingungen des Staates

60   Wenn es um die Erhaltung der Funktionsbedingungen des Staates geht, schützt der EuGH weniger bestimmte Präferenzen oder Werte als solche, sondern stattdessen die Fähigkeit des Staates, für deren Schutz einzutreten. Natürlich geht es hierbei um Rechtfertigungen, deren Ziel die Erhaltung innerer und äußerer Sicherheit,[126] die Kohärenz der Steuerregelung,[127] die öffentliche Ordnung,[128] die Funktionsfähigkeit der Rechtspflege[129] und die finanzielle Gesundheit der Erziehungs- oder Sozialsysteme ist.[130]

II. Illegitime Ziele

1. Grundregel: Rein wirtschaftliche Ziele

61   Einigkeit herrscht dahingehend, dass der EuGH den Schutz rein wirtschaftlicher Interessen nicht als legitimes Ziel ansieht. Man kann dahingehend schon fast von mantraartiger Wiederholung sprechen:[131] »Nach ständiger Rechtsprechung kann ein rein wirtschaftliches Ziel keinen zwingenden Grund des Allgemeininteresses darstellen, der eine Beschränkung einer durch den Vertrag gewährleisteten Grundfreiheit rechtfertigen könnte.«[132] Dies ergibt auf den ersten Blick auch Sinn, entlang zweier Überlegungen. Entweder sind wirtschaftliche Erwägungen durch die Verträge im Rahmen der europäischen Integration bereits ausgeschöpft, andere Erwägungen werden durch sie konsumiert. Oder die von den Mitgliedstaaten in Anspruch genommenen wirtschaftlichen Überlegungen unterliegen gegenüber denjenigen, die im Rahmen der Union angestellt werden; dies impliziert, dass die wirtschaftlichen Gründe, die durch die Warenverkehrsfreiheit geschützt sind, ranghöher sind als diejenigen, auf die sich die Mitgliedstaaten zu berufen versuchen.

---

[123] EuGH, Urt. v. 15.12.1995, Rs. C–415/93 (Union royale belge des sociétés de football association u. a./Bosman u. a.), Slg. 1995, I–4921.
[124] EuGH, Urt. v. 25.1.2007, Rs. C–370/05 (Festersen), Slg. 2007, I–1129.
[125] EuGH, Urt. v. 12.5.2011, Rs. C–391/09 (Runevič-Vardyn und Wardyn), Slg. 2011, I–3787.
[126] EuGH, Urt. v. 10.7.1984, Rs. 72/83 (Campus Oil), Slg. 1984, 2727.
[127] EuGH, Urt. v. 28.1.1992, Rs. C–204/90 (Bachmann/Belgischer Staat), Slg. 1992, I–249; Urt. v. 28.1.1992, Rs. C–300/90 (Kommission/Belgien), Slg. 1998, I–305.
[128] EuGH, Urt. v. 24.3.1994, Rs. C–275/92 (H.M. Customs and Excise/Schindler), Slg. 1994, I–1039.
[129] EuGH, Urt. v. 12.12.1996, Rs. C–3/95 (Reisebüro Broede/Sandker), Slg. 1996, I–6511.
[130] EuGH, Urt. v. 7.7.2005, Rs. C–147/03 (Kommission/Österreich), Slg. 2005, I–5969; Urt. v. 13.4.2010, Rs. C–73/08 (Bressol u. a.), Slg. 2010, I–2735; Urt. v. 28.4.1998, Rs. C–158/96 (Kohll/Union des caisses de maladie), Slg. 1998, I–1931.
[131] Statt vieler: EuGH, Urt. v. 26.4.1988, Rs. 352/85 (Bond van Adverteerders/Niederländischer Staat), Slg. 1988, 2085; Urt. v. 28.4.1998, Rs. C–158/96 (Kohll/Union des caisses de maladie), Slg. 1998, I–1931; Urt. v. 5.6.1997, Rs. C–398/95 (Syndesmos ton en Elladi Touristikon kai Taxidiotikon Grafeion/Ypourgos Ergasias), Slg. 1997, I–3091; Urt. v. 8.7.2010, Rs. C–171/08 (Kommission/Portugal), Slg. 2010, I–6817; Urt. v. 27.2.2014, Rs. C–172/11 (Erny), ECLI:EU:C:2014:157. Vgl. dazu ausführlich *Snell*, Economic Aims as Justification for Restrictions on Free Movement, in: Schrauwen (Hrsg.), The Rule of Reason: Rethinking Another Classic of Community Law, 2005, S. 37.
[132] EuGH, Urt. v. 6.6.2000, Rs. C–35/98 (Verkooijen), Slg. 2000, I–4071, Rn. 47.

2. Unschärfe der Kategorie

Das erste Argument überzeugt schon deshalb nicht, weil viele – auch wirtschaftliche – Gründe bereits gar nicht in die Kompetenz der Union fallen; jedenfalls ist es nicht vermessen zu formulieren, dass nicht alle wirtschaftlichen Erwägungen der Mitgliedstaaten durch die Verträge bereits vorher bedacht wären. Auch das zweite Argument ist keineswegs so trennscharf, wie es zunächst erscheinen mag. Nicht wirtschaftliche Zwecke lassen sich von wirtschaftlichen Zwecken keineswegs sauber abgrenzen; Geld – als moderne Analogisierungsmaschine – wirkt sich auf so gut wie alles aus. Die Fähigkeit von Staaten, bestimmte politische Ziele zu verfolgen, ist abhängig von den monetären Ressourcen, die dafür zur Verfügung stehen. Die Wohlfahrt der Staatsbürger ist zu einem guten Teil vom wirtschaftlichen Vermögen des Staates abhängig. Umgekehrt sind Maßnahmen aus wirtschaftlichen Gründen in den seltensten Fällen l'art pour l'art. Mit anderen Worten lässt sich praktisch jeder wirtschaftliche Grund, den der EuGH nicht akzeptiert, zum nicht wirtschaftlichen Grund umformulieren. 62

Hieraus resultiert eine Unschärferelation im Hinblick auf die Frage, wann eine solche Umformulierung zulässig ist und wann nicht. Wiederum bewegt sich der EuGH eigentlich nicht in einer Konstellation, in der ein binär funktionierender Ein-/Aus-Schalter umgelegt werden kann, sondern in einer Konstellation, in der ein Punkt auf einer kontinuierlichen Skala bestimmt werden muss. Die Bestimmung dieses Punktes ist naturgemäß schwer anhand allgemeiner Prinzipien vorzunehmen, sondern hängt stark von den Umständen des Einzelfalls ab. 63

3. Unschärfe in der Rechtsprechung

Dies wird in beiden Kategorien deutlich, in denen die Ablehnung wirtschaftlicher Gründe als Basis für die mitgliedstaatliche Rechtfertigung eine Rolle spielt. 64

a) Schutz einheimischer Industrie

In der ersten Kategorie möchte der Mitgliedstaat einen einheimischen Industriezweig oder einheimische Unternehmen schützen. Hier steckt ein protektionistisches Motiv dahinter, das aus Sicht der Integration, die dem Grundsatz der Nichtdiskriminierung verpflichtet ist, inakzeptabel ist. Doch zeigt sich auch hier, dass es sich nicht um eine prinzipiengeleitete, sondern kontextabhängige Entscheidung handelt. Manche Maßnahmen, die auch, vielleicht sogar vorrangig, diesem illegitimen Ziel dienen, werden von anderen, möglicherweise sogar nachrangigen, legitimen Zielen flankiert. Dies war der Fall in der Rs. Wolff und Müller,[133] in der eine durch deutsches Gesetz vorgesehene Mindestlohn-Bürgenhaftung in erster Linie dazu diente, die Auftragsvergabe an Unternehmen aus sog. Billiglohnländern zu erschweren, um damit den deutschen Arbeitsmarkt im Bausektor zu beleben, die wirtschaftliche Existenz von Mittel- und Kleinbetrieben in Deutschland zu schützen und die Arbeitslosigkeit in Deutschland zu bekämpfen. Zugleich aber war das Ziel des deutschen Gesetzgebers, einen unlauteren Wettbewerb seitens der Unternehmen zu verhindern, die ihren Arbeitnehmern einen Lohn unterhalb des Mindestlohns zahlten, und diente insoweit auch dem Schutz der Arbeitnehmer. Der EuGH sah die deutsche Regelung als gerechtfertigt an; auch deutlich protektionistische Motive werden hingenommen, wenn sie durch legitime Motive aufgewogen werden. Diese Form des fine-tuning der Zielkontrolle im Bereich des wirt- 65

---

[133] EuGH, Urt. v. 12. 10. 2004, Rs. C–60/03 (Wolff & Müller), Slg. 2004, I–9553.

schaftlichen Schutzes einheimischer Mittel- und Kleinbetriebe durch den EuGH ist auch aus dessen Rechtsprechung zur diskriminierenden Besteuerung gemäß Art. 110 AEUV bekannt; dort hielt er etwa einen Steuervorteil für süße, naturreine Weine aus benachteiligten, regenarmen Regionen Frankreichs, mit dem die lokale Wirtschaft geschützt werden sollte, für zulässig.[134] Gerade hieran kann man studieren, wie fein die Linie ist, die Legitimität von Illegitimität trennt: In einem ganz ähnlich gelagerten Fall, auch im Bereich von Art. 110 AEUV, lehnte er eine ebenfalls Kleinbetriebe schützende Steuer in Dänemark ab, da es sich um einen ganzen Wirtschaftszweig und auch nicht um eine benachteiligte Region handelte und der EuGH hier das protektionistische Motiv in den Vordergrund rückte.[135]

b) Schonung des Haushalts

66 In der zweiten Kategorie, in der der EuGH auf seine Formel der wirtschaftlichen, inakzeptablen Gründe zugreift, versuchen die Mitgliedstaaten, ihren Haushalt zu schützen. Wenn Deutschland sich weigert, einem Rechtsreferendar, der einen Teil seines Referendariats im Vereinigten Königreich absolviert, die Fahrtauslagen für eine Strecke außerhalb des deutschen Hoheitsgebiets zu seinem Ausbildungsort zu erstatten, um seinen Haushalt zu schonen, reicht dies als Rechtfertigung natürlich nicht.[136] Wenn Mitgliedstaaten die Kostenerstattung für die medizinische Behandlung ihrer Staatsangehörigen im Ausland beschränken, um die Lasten des Gesundheitswesens zu senken, führen sie rein ökonomische Gründe für die Beschränkung der Grundfreiheiten an, was der EuGH nicht akzeptiert.[137] Zugleich meint er aber, dass das Ziel, eine ausgewogene, allen zugängliche ärztliche und klinische Versorgung aufrechtzuerhalten, zwar eng mit der Finanzierung des Systems der sozialen Sicherheit verbunden sei, aber zugleich zur Erzielung eines hohen Gesundheitsschutzes beitrage und damit auf einen zulässigen Rechtfertigungsgrund (öffentliche Gesundheit) zugreifen könne.[138] Dahinter steht die Erwägung, dass Mitgliedstaaten auch dann, wenn ihr Gesundheitssystem für Behandlungskosten im Ausland aufkommen muss, eine funktionierende, regionale Gesundheits-Infrastruktur aufrechterhalten müssen, selbst wenn diese aufgrund der Auslandsbehandlungen nicht ausgelastet ist und daher mit Verlusten arbeitet.[139] Analog dazu argumentiert der EuGH im Rahmen von Art. 36 AEUV. Irland hatte eine Rechtsvorschrift erlassen, wonach die Importeure von Erdölerzeugnissen verpflichtet waren, einen Teil ihres Bedarfs an Erdölerzeugnissen bei einer irischen Raffinerie zu decken. Die Wirkung dieser Maßnahme ist eine Verringerung der Einfuhren, ihr Motiv ist der Schutz

---

[134] EuGH, Urt. v. 7.4.1987, Rs. 196/85 (Kommission/Frankreich), Slg. 1987, 1597.
[135] EuGH, Urt. v. 4.3.1986, Rs. 106/84 (Kommission/Dänemark), Slg. 1986, 833.
[136] EuGH, Urt. v. 17.3.2005, Rs. C–109/04 (Kranemann), Slg. 2005, I–2421.
[137] EuGH, Urt. v. 28.4.1998, Rs. C–158/96 (Kohll/Union des caisses de maladie), Slg. 1998, I–1931; Urt. v. 13.5.2003, Rs. C–385/99 (Müller-Fauré und van Riet), Slg. 2003, I–4509; Urt. v. 12.7.2001, Rs. C–157/99 (Smits und Peerbooms), Slg. 2001, I–5473; Urt. v. 16.5.2006, Rs. C–372/04 (Watts), Slg. 2006, I–4325; Urt. v. 15.6.2010, Rs. C–211/08 (Kommission/Spanien), Slg. 2010, I–5267; Urt. v. 5.10.2010, Rs. C–173/09 (Elchinov), Slg. 2010, I–8889; Urt. v. 5.10.2010, Rs. C–512/08 (Kommission/Frankreich), Slg. 2010, I–8833; Urt. v. 18.3.2004, Rs. C–8/02 (Leichtle), Slg. 2004, I–2641; Urt. v. 12.7.2001, Rs. C–368/98 (Vanbbraekel u. a.), Slg. 2001, I–5363; Urt. v. 19.4.2007, Rs. C–444/05 (Stamatelaki), Slg. 2007, I–3185; Urt. v. 23.10.2003, Rs. C–56/01 (Inizan), Slg. 2003, I–12403.
[138] EuGH, Urt. v. 28.4.1998, Rs. C–158/96 (Kohll/Union des caisses de maladie), Slg. 1998, I–1931, Rn. 50.
[139] EuGH, Urt. v. 12.7.2001, Rs. C–157/99 (Smits und Peerbooms), Slg. 2001, I–5473.

der einheimischen Raffinerie – ein deutlich wirtschaftlicher Grund. Irland machte geltend, es sei stark abhängig von Einfuhren aus anderen Ländern für seine Erdölversorgung, und die Bedeutung des Erdöls für das Leben des Landes machten die Erhaltung einer Raffineriekapazität in Irland unerlässlich; die Maßnahme sei das einzige Mittel, um den Absatz der irischen Raffinerie sicherzustellen. Der EuGH akzeptierte dies als Erwägung der »öffentlichen Sicherheit«.[140]

4. Feinsteuerung und Spielraum

Diese Umformulierung wirtschaftlicher Gründe in nicht wirtschaftliche Gründe – insbesondere in soziale, systemische oder moralische Gründe – war in verschiedenen Bereichen erfolgreich. Dazu zählen die Kohärenz des Steuersystems, der Schutz lokaler, landwirtschaftlich geprägter Gemeinden und die Wirksamkeit der Steueraufsicht.[141] Letztere dient der Bekämpfung von Steuerhinterziehung und damit der Vermeidung eines abgesenkten Steueraufkommens; demgegenüber ist die Vermeidung eines abgesenkten Steueraufkommens durch eine Rechtsvorschrift, die die Wirtschaft des Landes fördern soll, indem ein Anreiz für private Investitionen in Gesellschaften mit Sitz im Mitgliedstaat geschaffen wird, ein rein wirtschaftliches und damit illegitimes Ziel.[142] Hier wird noch einmal deutlich, dass Legitimität und Illegitimität des verfolgten Ziels sehr eng beieinander liegen und der Topos des rein »wirtschaftlichen Grundes« zu klobig ist, um die notwendige Feinsteuerung zu gewährleisten. Immerhin belässt er dem EuGH einen Spielraum methodischer Freiheit, um den eigentlichen mitgliedstaatlichen Regulierungsmotiven (insbesondere dem Verdacht protektionistischer Motivation) nachzuspüren und die verschiedenen vorgebrachten Argumente zu priorisieren. 67

Gleichwohl bedarf es weiterer Instrumente, um Differenzierungen herbeiführen zu können. Diese Instrumente sind – wie auch im nationalen öffentlichen Recht – in Gestalt der Verhältnismäßigkeitsprüfung vorhanden. 68

F. Beschränkungen der Rechtfertigungsmöglichkeit

Die Berufung auf legitime Ziele kann noch nicht zu einer gelingenden Rechtfertigung führen; vielmehr kontrolliert der EuGH die mitgliedstaatliche Regelung noch im Hinblick auf die Art und Weise, wie die Mitgliedstaaten ihre Ziele zu erreichen versuchen. Aus den genannten Gründen – Spannungsverhältnisse in der Ratio (s. Rn. 4) und Unschärfe bei der Beurteilung legitimer Ziele (s. Rn. 64.) – ist dies der Glutkern jeder Rechtfertigungsprüfung. Insoweit unterscheidet sich das Unionsrecht nicht viel vom nationalen öffentlichen Recht. Art. 36 Satz 2 AEUV gibt ihm hierfür das Verbot willkürlicher Diskriminierung und das Verbot einer verschleierten Beschränkung des Handels zwischen den Mitgliedstaaten an die Hand. Das sind freilich eher grobe Kategorien, die den hohen Anforderungen der heiklen Aufgabe, der sich der EuGH gegenübersieht, nicht vollumfänglich gerecht werden können. Der EuGH hat sie in seiner Rechtspre- 69

---

[140] EuGH, Urt. v. 10.7.1984, Rs. 72/83 (Campus Oil), Slg. 1984, 2727, Rn. 21 ff.
[141] EuGH, Urt. v. 28.1.1992, Rs. C–204/90 (Bachmann/Belgischer Staat), Slg. 1992, I–249; Urt. v. 15.5.1997, Rs. C–250/95 (Futura Participations und Singer/Administration des contributions), Slg. 19957, I–2471; Urt. v. 23.9.2003, Rs. C–452/01 (Ospelt und Schlössle Weissenberg), Slg. 2003, I–9743; Urt. v. 28.2.2013, Rs. C–544/11 (Petersen), ECLI:EU:C:2013:124.
[142] EuGH, Urt. v. 6.6.2000, Rs. C–35/98 (Verkooijen), Slg. 2000, I–4071.

chung – beginnend mit der Entscheidung in der Rs. Cassis de Dijon, in deren Rn. 8 die Rede davon ist, dass die Maßnahmen »notwendig« sein müssen – zunehmend im Sinne einer Verhältnismäßigkeitsprüfung ausgelegt. Insoweit laufen Art. 36 AEUV und die »zwingenden Erfordernisse« wiederum parallel; auch bei Letzteren spielt das Verhältnismäßigkeitsprinzip bei der Kontrolle der mitgliedstaatlichen Maßnahme die entscheidende Rolle. Beide Rechtfertigungsmöglichkeiten, Art. 36 AEUV und die »zwingenden Erfordernisse«, haben sich diesbezüglich angeglichen, was es wiederum erlaubt, diese Stufe der Rechtfertigungsprüfung für beide gemeinsam zu betrachten.

70 Die Fragen, die der EuGH an die Mitgliedstaaten richtet, beziehen sich regelmäßig darauf, ob die Maßnahme geeignet, notwendig und angemessen ist, ob sie die Grundsätze der Nichtdiskriminierung und der gegenseitigen Anerkennung beachtet und ob die prozeduralen Rechte der Betroffenen gewahrt sind. Dabei spielen auch die Unionsgrundrechte eine Rolle.

71 Diese Prüfung ist funktional das, was man in der deutschen Rechtsdogmatik als »Schranken-Schranken« der Warenverkehrsfreiheit bezeichnen würde: Das Verbot mengenmäßiger Beschränkungen und Maßnahmen gleicher Wirkung ist der Grundsatz, der durch die Rechtfertigungsmöglichkeiten nationaler Maßnahmen unter Art. 36 AEUV und den »zwingenden Erfordernissen« eingeschränkt wird. Diese Rechtfertigungsmöglichkeit wird ihrerseits beschränkt durch die genannten Maßstäbe. Freilich muss man bei der Übernahme von Begriffen deutscher Grundrechtsdogmatik trotz aller Plausibilität Vorsicht walten lassen, da Vorverständnisse mittransportiert werden, die sich so in der Rechtsprechung des EuGH nicht finden lassen; umgekehrt agiert der EuGH in einem Kontext, in dem andere Erwägungen eine Rolle spielen als diejenigen, die nationalstaatliche Gerichte anstellen.

I. Notwendigkeit der Maßnahme

72 In der Terminologie des EuGH bezieht sich die Voraussetzung der Notwendigkeit – anders als im deutschen Verfassungsrecht – nicht auf das Erfordernis des mildesten, gleich effektiven Mittels, sondern darauf, dass das öffentliche Gut, das die mitgliedstaatliche Maßnahme schützen will, **tatsächlich**, und nicht nur in der Vorstellung, **bedroht** ist. Hier sind zwei Konstellationen voneinander zu unterscheiden.

73 In der ersten Konstellation existiert eine wissenschaftlich nicht vollständig auszuräumende Unsicherheit darüber, ob das öffentliche Gut tatsächlich bedroht ist. Natürlicher Anwendungsfall ist die Frage öffentlicher Gesundheit, insbesondere der **Lebensmittelsicherheit**, die beispielsweise durch Lebensmittelzusätze bedroht sein könnte.[143] Das Kernproblem, mit dem sich der EuGH hier auseinanderzusetzen hat, ist also das der Nachweisbarkeit und des Beweises. Die Linie, die der EuGH hier einschlägt, erlaubt den Mitgliedstaaten im Falle **wissenschaftlicher Unsicherheit** unterschiedliche Positionen einzunehmen; dies entlastet die Mitgliedstaaten aber nicht von der Pflicht, **Nachweise** für die Notwendigkeit der Maßnahme, für die sie sich entscheiden, beizubringen.[144]

74 Man kann die Frage aufwerfen, ob diese Linie nicht zu eng ist, da sie von den Erwägungen der Verbraucher, die sich für oder gegen ein bestimmtes Lebensmittel entschei-

---

[143] Etwa EuGH, Urt. v. 23. 9. 2003, Rs. C–192/01 (Kommission/Dänemark), Slg. 2003, I–9693.
[144] Etwa EuGH, Urt. v. 23. 9. 2003, Rs. C–192/01 (Kommission/Dänemark), Slg. 2003, I–9693; Urt. v. 14. 7. 1983, Rs. 174/82 (Sandoz), Slg. 1983, 2445; Urt. v. 29. 4. 2010, Rs. C–446/08 (Solgar Vitamin's France u. a.), Slg. 2010, I–3973; Urt. v. 28. 1. 2010, Rs. C–333/08 (Kommission/Frankreich), Slg. 2010, I–757. Ausführlich *Maci*, CMLRev. 50 (2013), 965.

den, abweicht. Verbraucher stützen ihre Entscheidungen auch auf die Frage, wie das Lebensmittel hergestellt wurde, wer es hergestellt hat und welche Wirkung es auf die Umwelt hat. Dabei werden sie angeleitet durch Überlegungen dazu, ob der Hersteller vertrauenswürdig ist, welche Bedeutung Natürlichkeit und Reinheit haben, und ob und inwieweit man dem (gen-)technischen Fortschritt traut. Vieles davon ist wissenschaftlich nicht nachweisbar. Wenn es aber den Verbraucher beeinflusst, wäre zu begründen, warum das Recht davon unbeeinflusst bleiben sollte.[145]

Die zweite Konstellation ist wissenschaftlichen Nachweisen weniger zugänglich, da es um **moralische** oder **gesellschaftliche Werte** geht. Unsicher ist hier nicht der wissenschaftliche Nachweis einer Bedrohung, sondern die Antwort auf die Frage, was überhaupt eine Bedrohung darstellt. Ein Beispiel ist die Rs. Omega,[146] in der es um ein deutsches Verbot einer Laserspielanlage ging, in der die Spieler das Töten von Menschen simulieren. Das Verbot beschränkte den freien Waren- und Dienstleistungsverkehr; die meisten anderen Mitgliedstaaten erlaubten diese Spiele, die deutsche Maßnahme hingegen war der Spiegel einer eigentümlichen deutschen Sensibilität im Hinblick auf die moralische Beurteilung. Während sich der EuGH bemühte, das deutsche Verbot als Ausfluss einer gemeinsamen europäischen Sensibilität darzustellen, erlaubte er Deutschland zugleich, so grundlegende Werte wie die Menschenwürde auf eigene Weise zu interpretieren und anzuwenden, selbst wenn andere Mitgliedstaaten anders handeln: die Verhältnismäßigkeit sei »nicht schon deshalb ausgeschlossen, weil ein Mitgliedstaat andere Schutzregelungen als ein anderer Mitgliedstaat erlassen hat«.[147] 75

Dieser Respekt für Eigentümlichkeiten der Mitgliedstaaten ist dann besonders wichtig, wenn es um tief verwurzelte, in moralischen, historischen oder institutionellen Pfadabhängigkeiten begründete, mitgliedstaatliche Wertentscheidungen geht (s. bereits Rn. 59); anders lässt sich die Besorgnis, der Binnenmarkt überrolle sämtliche nichtwirtschaftlichen Interessen und Werte, nicht ausräumen. Freilich eröffnet dies eine Möglichkeit zum Missbrauch. Die Gegenstrategie des EuGH besteht darin, die **Kohärenz** der mitgliedstaatlichen Maßnahme zu prüfen. Wenn ein Mitgliedstaat also Maßnahmen gegen zumindest so wahrgenommene Bedrohungen moralischer oder sozialer Werte ergreift und dadurch den freien Warenverkehr behindert, muss er zeigen können, dass er auch gegen ähnliche Bedrohungen aus dem Inland in gleicher Weise vorgeht. Kohärenz wird so zum Maßstab für die Prüfung der Wahrhaftigkeit des mitgliedstaatlichen Anliegens. Wichtige Beispiele hierfür sind Maßnahmen gegen pornografisches Sexspielzeug[148] oder gegen Glücksspiel.[149] 76

---

[145] *Chalmers/Davies/Monti*, European Union Law, 2014, S. 932; *Wynne*, Scientific Knowledge and the Global Environment, in: Redclift/Benton (Hrsg.), Social Theory and the Global Environment, 1994, S. 169.
[146] EuGH, Urt. v. 14.10.2004, Rs. C–36/02 (Omega), Slg. 2004, I–9609.
[147] EuGH, Urt. v. 14.10.2004, Rs. C–36/02 (Omega), Slg. 2004, I–9609, Rn. 38.
[148] EuGH, Urt. v. 11.3.1986, Rs. 121/85 (Conegate/HM Customs & Excise), Slg. 1986, 1007; Urt. v. 14.12.1979, Rs. 34/79 (Henn und Darby), Slg. 1979, 3795. Zur Prostitution: EuGH, Urt. v. 18.5.1982, verb. Rs. 115/81 u. 116/81 (Adoui und Cornuaille/Belgischer Staat), Slg. 1982, 1665.
[149] EuGH, Urt. v. 24.3.1994, Rs. C–275/92 (H.M. Customs and Excise/Schindler), Slg. 1994, I–1039; Urt. v. 21.9.1999, Rs. C–124/97 (Läärä u.a.), Slg. 1999, I–6067; Urt. v. 6.11.2003, Rs. C–243/01 (Gambelli u.a.), Slg. 2003, I–13031; Urt. v. 8.9.2010, Rs. C–46/08 (Carmen Media), Slg. 2010, I–8149; Urt. v. 6.3.2007, verb. Rs. C–338/04, C–359/04 u. 360/04 (Placanica), Slg. 2007, I–1891; Urt. v. 3.6.2010, Rs. C–258/08 (Ladbrokes Betting & Gaming und Ladbrokes International), Slg. 2010, I–4757; Urt. v. 8.9.2010, Rs. C–316/07 (Stoß), Slg. 2010, I–8069; Urt. v. 24.1.2013, Rs. C–186/11 (Stanleybet International u.a.), ECLI:EU:C:2013:33; Urt. v. 8.9.2009, Rs. C–42/07 (Liga

II. Geeignetheit der Maßnahme

77 Das Erfordernis der Geeignetheit entspricht weitgehend demjenigen des deutschen Verfassungsrechts; der EuGH fragt danach, ob die mitgliedstaatliche Maßnahme die Zielerreichung überhaupt fördern kann. So lehnte er etwa eine belgische Maßnahme, nach der auf Lebensmitteln, denen Nährstoffe zugesetzt wurden, ein Etikett mit einer Anmeldenummer anzubringen war, mit der Begründung ab, die Anmeldenummer schütze weder die öffentliche Gesundheit noch den Verbraucher, weil sie keine Informationen über den Nährstoffgehalt der Ware oder über diesbezügliche Untersuchungen enthalte.[150]

78 Problematisch sind die Fälle, in denen eine Maßnahme zwar geeignet sein könnte, das Ziel zu fördern, dies aber aufgrund von anderen Umständen, die im mitgliedstaatlichen Recht begründet liegen, nicht ist. So verhielt es sich in der Rs. Hartlauer, in der es um österreichische Maßnahmen ging, nach denen die Bewilligung für die Errichtung und den Betrieb selbstständiger Ambulatorien für Zahnheilkunde versagt wurde. Österreich berief sich auf den Schutz der öffentlichen Gesundheit und argumentierte, ohne diese Maßnahmen käme es zu einer unkontrollierten Schwämme von Zahnärzten in bestimmten Gegenden; dies habe schädliche Folgen für die Behandlungsqualität und verursache Kosten für die Gesundheitssysteme. Die Maßnahmen garantierten daher eine qualitativ hochwertige, ausgewogene und allen zugängliche medizinische Versorgung und sicherten das finanzielle Gleichgewicht des Systems der sozialen Sicherheit. Die Maßnahmen betrafen allerdings ausschließlich Vertragsärzte in Zahnambulatorien, nicht aber Ärzte in Gruppenpraxen. Der EuGH urteilte, dass dies für den Verbraucher kaum erkennbar sei und keinen Unterschied mache, und dass sich aus dieser Inkohärenz auch eine Beeinträchtigung der Erreichung des Ziels ergebe.[151]

79 Deutlich wird, dass das Erfordernis der Geeignetheit recht nah am Erfordernis der Notwendigkeit angesiedelt ist. In der Rs. Hartlauer führt die Inkohärenz der österreichischen Maßnahme aber nicht dazu, dass der EuGH davon ausgeht, es gäbe gar kein tatsächliches Problem, dem der Mitgliedstaat entgegenwirken wolle; vielmehr führt die Inkohärenz dazu, dass die Maßnahme das Ziel nicht in geeigneter Weise fördern kann.[152] Die Implikation ist die folgende: Verneint der EuGH die Notwendigkeit, ist der implizite Vorwurf an den Mitgliedstaat derjenige der Unehrlichkeit. Verneint der EuGH die Geeignetheit, ist der implizite Vorwurf an den Mitgliedstaat derjenige der Inkompetenz. Die Nähe dieser beiden Erfordernisse zueinander ist kein Zufall. Unterminiert ein Mitgliedstaat die Geeignetheit seiner eigenen Maßnahme durch inkohärente Regelung, stellt sich zugleich die Frage danach, wie ernst er es mit dem Ziel meint.

80 Die Prüfung der Kohärenz einer mitgliedstaatlichen Regelung kann weitreichende Bedeutung für die verfassungsrechtliche Staatsorganisation besitzen. Ein Beispiel ist die Teilliberalisierung des Glücksspielrechts in Schleswig-Holstein, die einer durch Staatsvertrag festgelegten, strikteren Regulierung der anderen Länder widerspricht; zudem

---

Portuguesa de Futebol Profissional und Bwin International), Slg. 2009, I–7633. Aus dem Schrifttum zur glücksspielrechtlichen Kohärenz-Rechtsprechung vgl. nur *Haltern*, Gemeinschaftsrechtliche Aspekte des Glücksspielrechts, 2007; *Hecker*, DVBl 2011, 1130; *Lippert*, EuR 2012, 90; *Mathisen*, CMLRev. 47 (2010), 1021; *Pagenkopf*, NVwZ 2011, 513; *Schorkopf*, DÖV 2011, 260; *Streinz*, ZfWG 2013, 305; *van den Bogaert/Cuyvers*, CMLRev. 48 (2011), 1175; *Windoffer*, GewArch 2012, 388.

[150] EuGH, Urt. v. 16.11.2000, Rs. C–217/99 (Kommission/Belgien), Slg. 2000, I–10251.
[151] EuGH, Urt. v. 10.3.2009, Rs. C–169/07 (Hartlauer), Slg. 2009, I–1721, Rn. 55 ff.
[152] EuGH, Urt. v. 10.3.2009, Rs. C–169/07 (Hartlauer), Slg. 2009, I–1721, Rn. 55 ff.

vertrug sie sich nicht mit der in Bundeskompetenz liegenden Regulierung von Spielautomaten. Die Inkohärenz der deutschen Maßnahmen war also das Resultat verfassungsrechtlich garantierter Kompetenzen unterschiedlicher Gebietskörperschaften. Der EuGH nahm dies zur Kenntnis, beharrte aber auf dem Kohärenzerfordernis.[153] Es ist offenkundig, dass dies für Bundesstaaten potentiell hoch problematisch werden kann.

III. Nichtdiskriminierung und gegenseitige Anerkennung

Mitgliedstaatliche Maßnahmen müssen unionsrechtlichen Prinzipien genügen, darunter den Grundrechten und insbesondere dem Diskriminierungsverbot. Art. 36 Satz 2 AEUV buchstabiert dies aus, indem er vorschreibt, dass die mitgliedstaatlichen Maßnahmen kein »Mittel zur willkürlichen Diskriminierung« darstellen dürfen. Hieraus ergibt sich zugleich, dass die Mitgliedstaaten die Rechtfertigungsmöglichkeit nicht für versteckten Protektionismus missbrauchen dürfen. Auch dies normiert Art. 36 Satz 2 ausdrücklich: Die Maßnahme darf keine »verschleierte Beschränkung des Handels zwischen den Mitgliedstaaten darstellen«. Schließlich bedeutet dies auch, dass die Mitgliedstaaten Schutzmaßnahmen, die in anderen Mitgliedstaaten ergriffen werden, bei ihren Maßnahmen berücksichtigen müssen, da diese dadurch an Notwendigkeit einbüßen. Insofern ist das Prinzip der gegenseitigen Anerkennung eine Spezifizierung des Prinzips der Nichtdiskriminierung.

81

Relevant wird dies häufig in Konstellationen der Doppelbelastung, in denen Kontrollen und Zulassungsverfahren durchgeführt werden, obwohl die Waren bereits im Herstellungsland geprüft und zugelassen wurden. Ein Beispiel ist die Rs. Biologische Producten, in der es um ein niederländisches Verbot ging, Schädlingsbekämpfungsmittel ohne vorherige Zulassung zu verkaufen. Dieses Verbot wurde mit dem Argument gerügt, in Frankreich hätten bereits ausgiebige Labortests stattgefunden. Aus dem Prinzip der gegenseitigen Anerkennung ergeben sich die Pflicht, die Maßnahmen des Herkunftslandes anzuerkennen, und das Verbot, solche Maßnahmen erneut anzuordnen. Die Voraussetzung dafür ist freilich die funktionale Äquivalenz. Kann der erneut regulierende Mitgliedstaat glaubhaft machen, dass es gewichtige Unterschiede gibt mit der Folge, dass die Maßnahmen des Herkunftslandes die legitimen und verhältnismäßigen Bedürfnisse des Bestimmungslandes nicht befriedigen, ist seine Regulierung zulässig (ausführlich hierzu Art. 34 AEUV, Rn. 165). Im Glücksspielrecht beispielsweise sind die Zulassungserfordernisse in den einzelnen Mitgliedstaaten außerordentlich unterschiedlich mit der Folge, dass eine einfache Anwendung des Prinzips der gegenseitigen Anerkennung ausscheidet.[154]

82

IV. Erforderlichkeit der Maßnahme als mildestes Mittel

Dem nationalen öffentlichen Recht nicht unähnlich prüft der EuGH, ob es sich bei der mitgliedstaatlichen Beschränkung um das mildeste Mittel zur Erreichung des Ziels handelt: »Eine nationale Regelung oder Praxis fällt daher nicht unter die Ausnahmebestimmungen des Artikels 36, wenn die Gesundheit oder das Leben von Menschen genauso wirksam durch Maßnahmen geschützt werden kann, die den innergemeinschaftlichen Handel weniger beschränken.«[155] Auch der EuGH bezeichnet dies als Erforderlichkeit:

83

---

[153] EuGH, Urt. v. 8.9.2010, Rs. C-46/08 (Carmen Media), Slg. 2010, I-8149, Rn. 66 ff.
[154] EuGH, Urt. v. 8.9.2010, Rs. C-316/07 (Stoß), Slg. 2010, I-8069, Rn. 111 ff.
[155] Statt vieler EuGH, Urt. v. 20.5.1976, Rs. 104/75 (De Peijper), Slg. 1976, 613, Rn. 17.

»Eine solche Beschränkung von durch den EG-Vertrag verbürgten Grundfreiheiten kann jedoch gerechtfertigt sein, wenn sie zwingenden Gründen des Allgemeininteresses entspricht, geeignet ist, die Erreichung des mit ihr verfolgten Ziels zu gewährleisten, und nicht über das hinausgeht, was zur Erreichung dieses Ziels erforderlich ist.«[156] Da der EuGH – anders als etwa das Bundesverfassungsgericht – in keine tiefe Prüfung der Angemessenheit einsteigt, ist dies der Ort, an dem noch einmal kleine Stellschrauben zur Beurteilung der staatlichen Maßnahme gedreht werden. Wenig überraschend trifft den EuGH der Vorwurf der Inkonsistenz; er wende das Verhältnismäßigkeitsprinzip nicht überall in der gleichen Weise an. Wie zu zeigen sein wird, trifft dies zu. Jedoch handelt es sich eher um eine Tugend als um eine Schwäche. Der EuGH agiert außerordentlich sensibel in einem Umfeld, in dem er wiederum mit stark ausgeprägten Sensibilitäten der Mitgliedstaaten umgehen muss. Die nachweisbare Varianz in seiner Handhabung des Verhältnismäßigkeitsprinzips dient dazu, die Schnittstelle zwischen wirtschaftlichen Freiheiten und vielfältigen, auch heterogenen öffentlichen Interessen und Gütern möglichst reibungsfrei zu gestalten.

84 Der Grundsatz, dass es sich bei der mitgliedstaatlichen Beschränkung um das mildeste Mittel handeln muss, eignet sich methodisch ausgezeichnet für die vom EuGH verfolgte Varianz. Er geht von einer klaren Grenze zwischen den Zielen einer Maßnahme und den Mitteln aus, die zur Zielverfolgung eingesetzt werden. Nicht das Ziel selbst steht im Zentrum des Grundsatzes, so dass das Ausmaß des zu gewährenden Schutzes selbst nicht hinterfragt wird – in der genannten Formel des EuGH kommt dies in dem Begriff »genauso wirksam« zum Ausdruck, in der deutschen Ausprägung in der Formulierung »gleich effektiv« –, sondern nur die Art und Weise der Zielverfolgung. Eine solche Analyse setzt voraus, dass sich die Ziele oder Funktionen der Maßnahme kohärent identifizieren lassen. Diese Voraussetzung einheitlicher, kohärenter Zielsetzung ist freilich problematisch, denn sie ignoriert die Möglichkeit von Konflikten zwischen Ministerien oder unterschiedlichen Gewalten. Der Zweck der Maßnahme mag z. B. darin liegen, einen Kompromiss zwischen unterschiedlichen Zielauffassungen herbeizuführen; er mag auch absichtlich widersprüchlich sein, etwa um verschiedene Seiten zu befrieden oder im politischen Prozess Zeit zu gewinnen. Ein Gericht, das sich auf das Auffinden eines kohärenten Ziels konzentriert, daran die Prüfung des Grundsatzes des mildesten Mittels ausrichtet und Maßnahmen, die diesem Maßstab nicht gerecht werden, für nichtig erklärt, unterschätzt die Komplexität politischer Prozesse und unterminiert sie.

85 Ein weiteres Spannungsfeld besteht zwischen politischen und gerichtlichen Entscheidungen. Letztere gehen von einer abgeschlossenen, faktischen Situation aus, während erstere über den unmittelbar vorliegenden Sachverhalt hinaus in die Zukunft reichen und daher mit Szenarien umgehen, in denen keine gesicherten Fakten existieren und es auf Prognosen und Risikobewertungen ankommt. Auf solche Szenarien einheitliche und kohärente Zielsetzungen zu projizieren, mag nicht nur unglücklich sein, sondern an Unangemessenheit zunehmen, je mehr sich die Umstände ändern.[157]

86 Diese Überlegungen brechen die rigide Logik auf, die dem Grundsatz des mildesten Mittels innezuwohnen scheinen. Sie sind nicht für Vorsicht und Zurückhaltung bei der Anwendung des Grundsatzes veranlasst. Vielmehr errichten sie auch einen Raum methodischer Freiheit für das Gericht, in dem wichtige Kontexterwägungen verhandelt

---

[156] Statt vieler EuGH, Urt. v. 5. 3. 2009, Rs. C–222/07 (UTECA), Slg. 2009, I–1407, Rn. 25.
[157] *Chalmers/Davies/Monti*, European Union Law, 2014, S. 916.

werden können. Vor diesem Hintergrund ist die Varianz in der Rechtsprechung des EuGH nicht nur inhaltlich legitim, sondern auch methodisch zu rechtfertigen.

Je strenger der EuGH den Grundsatz des mildesten Mittels prüft, desto stärker mischt er sich gerichtlich in die politischen Prozesse der Mitgliedstaaten ein.[158] Diese Einmischung gestaltet der EuGH unterschiedlich intensiv, abhängig von der Art der Maßnahme und ihrem Wirkungskontext. Anknüpfend an die oben getroffenen Unterscheidungen (s. Rn. 57ff.) lassen sich vier Konstellationen differenzieren. 87

Der Bereich der **Marktunvollkommenheiten** erweist sich als dasjenige Gebiet, in dem der EuGH die strengsten Maßstäbe zugrunde legt. Er widmet sich intensiv der Frage nach dem mildesten Mittel und mischt sich in der Folge am stärksten in die mitgliedstaatlichen politischen Prozesse ein. In der Konsequenz streicht er viele politische Handlungsoptionen als unverhältnismäßig aus dem Strauß der zur Verfügung stehenden Maßnahmen und gibt klare Richtungen für die politischen Organe vor. 88

Die Beweislast ruht regelmäßig auf den Schultern des regulierenden Mitgliedstaates. Hier finden sich am häufigsten Formulierungen wie die folgende:
»Wie der Gerichtshof ... hervorgehoben hat, hatten die österreichischen Behörden vor Erlass einer so radikalen Maßnahme wie der eines völligen Fahrverbots auf einem Autobahnabschnitt, der eine überaus wichtige Verbindung zwischen bestimmten Mitgliedstaaten darstellt, sorgfältig zu prüfen, ob nicht auf Maßnahmen zurückgegriffen werden könnte, die den freien Verkehr weniger beschränken, und durften solche nur ausschließen, wenn ihre Ungeeignetheit im Hinblick auf den verfolgten Zweck eindeutig feststand.«[159] 89

Für diese Strenge sprechen gute Gründe, insbesondere derjenige, dass sich Marktunvollkommenheiten darin zeigen, dass die legitimen Interessen Dritter von diesen unbeeinflussbar unberücksichtigt geblieben sind (s. Rn. 57). Genau diese Konstellation eignet sich für gerichtliche Intervention. 90

Komplizierter ist es im Hinblick auf Maßnahmen, die mitgliedstaatliche, **soziokulturelle Präferenzen** schützen.[160] Diese sind häufig eigentümlich und in ihrer symbolischen Dimension zumindest für Außenstehende kaum verständlich. Sie dienen nicht der Realisierung eines konkreten Ziels, sondern verstärken nationale oder regionale Identitäten. In ihrer konkreten Ausprägung sind sie häufig gar nicht von der Tradition selbst, die sie schützen sollen, zu unterscheiden. Sie lösen intensive gesellschaftliche Debatten aus, und eine Bewertung, noch dazu eine gerichtliche Bewertung, muss naturgemäß schwer fallen. Dementsprechend stark reduziert der EuGH seinen Kontrollmaßstab. Beispielsweise mit der Frage konfrontiert, ob Spanien zum Schutz seiner sprachlichen Vielfalt das mildeste Mittel benutzt hat, antwortet der EuGH mit einer Umkehrung der Beweislast und formuliert nonchalant: »Die dem Gerichtshof unterbreiteten Akten enthalten aber keinen Hinweis darauf, dass ein solcher Prozentsatz gemessen an dem Ziel, das erreicht werden soll, unverhältnismäßig wäre.«[161] Ein österreichisches Verbot des Gebrauchs von Adelstiteln prüft der EuGH gar nicht im Hinblick auf mögliche Alternativen.[162] 91

Freilich finden sich auch hier Fälle, in denen der EuGH die Prüfung der Erforderlichkeit ernster nimmt, etwa in der Rs. Bosman.[163] Der Unterschied dürfte sich daraus her- 92

---

[158] Hier setzt *Stone Sweet*, Governing With Judges, 2000, an.
[159] EuGH, Urt. v. 21.12.2011, Rs. C–28/09 (Kommission/Österreich), Slg. 2011, I–13525, Rn. 140.
[160] Vgl. dazu auch *Haltern*, Soziokulturelle Präferenzen.
[161] EuGH, Urt. v. 5.3.2009, Rs. C–222/07 (UTECA), Slg. 2009, I–1407, Rn. 31.
[162] EuGH, Urt. v. 22.12.2010, Rs. C–208/09 (Sayn-Wittgenstein), Slg. 2010, I–13693.
[163] EuGH, Urt. v. 15.12.1995, Rs. C–415/93 (Union royale belge des sociétés de football association u.a./Bosman u.a.), Slg. 1995, I–4921.

leiten, dass nicht immer gesichert ist, dass der EuGH eine enge Verbindung zur Durchsetzung soziokultureller Präferenzen als gegeben akzeptiert. Immerhin geht es hier um **Bedeutungszuschreibungen**; diese sind regelmäßig umstritten. Ob man in einem Fall, der im Bereich des professionellen Fußballs spielt, die zweifellos prominent vorhandene ökonomische Bedeutung oder aber die Bedeutung des **Sports** als Medium gesellschaftlicher Integration in den Vordergrund rückt, ist keineswegs eindeutig. Klare juristische Maßstäbe hierfür gibt es nicht.

93 Ein Beispiel hierfür ist der Komplex des **Glücksspielrechts**.[164] Die mitgliedstaatlichen Regulierungen unterscheiden sich deutlich voneinander, v. a. aus dem Grund, dass die kulturellen und sozialen Bedeutungen des Glücksspiels stark variieren. Eine nationale Klassenlotterie mag die gesellschaftliche Kohäsion stärken; Regulierungen mögen Einfluss auf die sich stark »nach unten« entwickelnden Ausprägungen des Glücksspiels nehmen wollen (Stichwort Spielhöllen); die samstägliche Ziehung der Lottozahlen durch eine Lottofee mag ein nationales Ereignis sein. Jedoch gelingt es den Mitgliedstaaten offenbar nicht, diese Erwägungen in Luxemburg nachvollziehbar und überzeugend vorzutragen. Sie halten sich lieber an messbare und dem wissenschaftlichen Beweis zugängliche Fakten wie Glücksspielsucht und Verbrechensbekämpfung (zu der Unterscheidung zwischen wissenschaftlichem und kulturellem Zugang s. Rn. 75). Obwohl der EuGH den Mitgliedstaaten ein gewisses Maß an Beurteilungs- und Ermessensspielraum zuerkannt hat, ist er in seinen Urteilen den Mitgliedstaaten auf diesem Weg gefolgt und hat eine entsprechend strenge Prüfung vorgenommen.[165]

94 Im Bereich der **Erhaltung der Funktionsbedingungen des Staates** schließlich geht es häufig um sensible Materien; diese am wirtschaftlichen Maßstab der Warenverkehrsfreiheit zu messen ist heikel. Unverständnis und Widerstand ist offenkundig von den nationalen politischen Organen zu erwarten, in deren Herrschaftsrechte der EuGH sich einmischt. Angezeigt ist hier eine bereichsspezifische und kontextsensible Linie, die heikle von weniger heiklen Politikbereichen unterscheidet. Als **weniger heikel** beurteilt der EuGH regelmäßig die Kohäsion der Steuersysteme, die er im Hinblick auf die Wahl des mildesten Mittels prüft und sich auf die Suche nach Alternativen und weniger einschneidenden Maßnahmen macht. Ein Beispiel ist die Vermeidung von Steuerhinterziehung, in der der EuGH häufig auf bessere Zusammenarbeit der mitgliedstaatlichen Steuerbehörden verweist, um das Schwert des Strafrechts zu entschärfen.[166] Dagegen bemüht der EuGH in Konstellationen, die er als heikel empfindet und in denen gerichtliche Einmischung traditionell kaum stattfindet, insbesondere im Bereich nationaler Sicherheit, eine weniger strenge Anwendung des Grundsatzes der Erforderlichkeit. Ein Beispiel ist die Rs. Campus Oil (s. bereits Rn. 40), in der der EuGH das irische Argument nationaler Sicherheit akzeptierte. Das Argument, dass eine direkte Subventionierung der Raffinerie durch Irland ein weniger beschränkendes Mittel gewesen wäre, ist nicht weit hergeholt, doch der EuGH hat sich hierauf nicht eingelassen.[167]

95 Einen **Freifahrtschein** erhalten die Mitgliedstaaten dadurch aber **nicht**. Im Bereich der höheren Bildung hat der EuGH den Mitgliedstaaten in mehreren Fällen die Rechtferti-

---

[164] Zu diesem Teilbereich s. auch *Haltern*, Soziokulturelle Präferenzen.
[165] Vgl. die Nachweise in Fn. 149.
[166] EuGH, Urt. v. 25. 4. 2013, Rs. C–212/11 (Jyske Bank Gibraltar), ECLI:EU:C:2013:270; Urt. v. 6. 6. 2013, Rs. C–383/10 (Kommission/Belgien), ECLI:EU:C:2013:364; Urt. v. 11. 6. 2009, Rs. C–155/08 (X und Passenheim-van Schoot), Slg. 2009, I–5093; Urt. v. 27. 9. 2012, Rs. C–137/11 (Partena), ECLI:EU:C:2012:593.
[167] EuGH, Urt. v. 10. 7. 1984, Rs. 72/83 (Campus Oil), Slg. 1984, 2727.

gung versagt. Kleinere Mitgliedstaaten, v. a. Österreich und Belgien, sahen ihre Universitäten überlaufen von Studenten aus benachbarten, großen Mitgliedstaaten. Die errichteten Schutzmaßnahmen verstanden sich aber als Präventivmaßnahmen; hieran nahm der EuGH Anstoß. Dies wohl auch völlig zu Recht: Wenn Mitgliedstaaten den Zugang zu Universitäten oder zum Gesundheitssystem auf der Grundlage nicht quantifizierbarer Prognosen beschränken dürften, wäre die Normativität der Grundfreiheiten, auch der Warenverkehrsfreiheit, bald massiv eingeschränkt.

V. Prozeduralisierung

Die Legitimität mitgliedstaatlicher Beschränkungen hängt zu einem guten Teil davon ab, dass die Rechte der betroffenen Parteien ausreichend geschützt sind. Hierzu gehört etwa, dass die Kompetenzen der regulierenden Behörden rechtssicher und transparent umrissen sind; dass den Betroffenen ausreichende Informationen zur Verfügung stehen, um die Maßnahme einschätzen zu können; dass ihnen gerichtlicher Zugang für eine Überprüfung eröffnet ist; und dass die angewendeten Verfahren in angemessener Zeit abgeschlossen werden. Dahinter steht die Überlegung, dass materielle Rechte nur so bedeutsam sind, soweit ihre Durchsetzbarkeit reicht, denn davon hängt ihre Effektivität ab. Einerseits kann dies zu verstärkter Kontrolle führen. Andererseits kann es dazu dienen, einen Forumswechsel von materiellen Maßnahmegehalten zu prozeduralen Verfahrenserfordernissen vorzunehmen und damit die Verhältnismäßigkeitskontrolle umzudeuten. Letzteres ist offenkundig ein Weg, um technologisch hochkomplexe Entscheidungen doch irgendwie überprüfen zu können.

96

VI. Grundrechte

Nach den Vorgaben der Grundrechtecharta und der ständigen Rechtsprechung des EuGH (seit Rs. ERT[168]) sind die Grundrechte dann Prüfungsmaßstab, wenn die Mitgliedstaaten in Anwendung der Ausnahmeklausel einer Grundfreiheit – hier also Art. 36 AEUV und den zwingenden Erfordernissen – Maßnahmen erlassen (s. bereits Art. 34 AEUV, Rn. 77). Dies ist sowohl dogmatisch als auch rechtspolitisch sinnvoll.

97

Dogmatisch handelt ein Mitgliedstaat, der eine handelshemmende Maßnahme erlässt, im Anwendungsbereich des Unionsrechts. Die Frage, wann eine Grundfreiheit verletzt ist, wird durch das Unionsrecht beantwortet, und zwar im Zusammenspiel der Grundfreiheitsregel und der Ausnahmeregel, also etwa Art. 34 und Art. 36 AEUV. Die Grundfreiheitsregel verbietet dem Mitgliedstaat eine beschränkende Maßnahme; die Ausnahmeregel definiert den dem Mitgliedstaat zustehenden Handlungsraum für eine von der Grundfreiheitsregel derogierende Maßnahme. Art. 34 AEUV untersagt den Mitgliedstaaten die Einführung mengenmäßiger Beschränkungen und Maßnahmen gleicher Wirkung; Art. 36 AEUV definiert den Spielraum des Mitgliedstaates, doch eine handelshemmende Maßnahme mit gleicher Wirkung wie eine mengenmäßige Beschränkung zu erlassen. Der Radius des Spielraums wird also unionsrechtlich festgelegt; damit fällt die Maßnahme des Mitgliedstaates »in den Anwendungsbereich des Unionsrechts« mit der Folge, dass sie vom EuGH auch anhand europäischer Grundrechte überprüft werden kann.

98

---

[168] EuGH, Urt. v. 18.6.1991, Rs. C–260/89 (ERT/DEP), Slg. 1991, I–2925.

99 Rechtspolitisch kann ein Mitgliedstaat, der eine von der Grundfreiheitsregel (etwa Art. 34 AEUV) »eigentlich« nicht zugelassene Maßnahme rechtfertigen will, dies nur erfolgreich tun, wenn er allen Erfordernissen der unionsrechtlichen Ausnahmeregel (Art. 36 AEUV oder den »zwingenden Erfordernissen«) gerecht wird. Hierzu gehören die oben genannten Voraussetzungen. Dann ist es nur stimmig zu verlangen, dass auch die Unionsgrundrechte zu beachten sind und die Maßnahme im Falle eines Verstoßes vom EuGH aufgehoben werden kann.[169]

100 Ein Blick auf die Rechtsprechung enthüllt die zunächst überraschende Tatsache, dass es praktisch kaum zu langen Grundrechtsprüfungen kommt. In den meisten Fällen liegt die ERT-Situation vor, ohne dass der EuGH ein Wort zu den Unionsgrundrechten verliert. Der Grund liegt darin, dass die Unionsgrundrechte einen gegenüber den Grundfreiheiten überschießenden Schutzgehalt aufweisen müssen. In ihrer Funktion als Schranken-Schranken bzw. als Auslegungsregeln für die Interpretation der Schrankenregeln verstärken die Unionsgrundrechte die durch die Grundfreiheiten selbst gewährleisteten Garantien. Eine solche Verstärkung ist nur dort möglich, wo die Grundrechte über das Schutzniveau und den Anwendungsbereich der jeweiligen Grundfreiheit hinausreichen.[170] Dies ist relativ selten. Der EuGH sucht auch nicht nach überschießenden Gehalten, da eine Ausweitung der unionsrechtlichen Grundrechtskontrolle mit Risiken verbunden ist.[171] Dies mag sich freilich ändern; der EuGH wird zunehmend offensiver, was auch mit dem Inkrafttreten der Grundrechtecharta zu tun hat.

G. Bewertung

101 Die Rechtfertigungsebene von mitgliedstaatlichen Beschränkungen ist der Ort, an dem der EuGH vielfältige Spannungsverhältnisse austariert. Dies gelingt ihm im Großen und Ganzen kontextsensibel und angemessen. Nicht immer stellt der EuGH – auch aufgrund seiner Begründungspraxis – ausreichende Rechtssicherheit und Nachvollziehbarkeit her. Dies dient freilich auch seinem methodischen Freiraum, den er in stärkerem Maße als nationale Gerichte benötigt. Mit dem Verhältnismäßigkeitsprinzip verfügt der EuGH über ein Instrument, das ihm erlaubt, mitgliedstaatliche Präferenzen und Interessen zu berücksichtigen, ohne sie ungeprüft zu lassen. Die Spielräume, die eben dieses Instrument an die Hand gibt, nutzt er bemerkenswert sensibel. Freilich gehen gerade mit dem Verhältnismäßigkeitsprinzip Probleme einher, die für seine gerichtliche Legitimation durchaus problematisch werden können (s. bereits ausführlich Art. 34 AEUV, Rn. 194 ff.). Die enge Verbindung der Rechtfertigungsebene mit Harmonisierungskompetenzen der Union gemäß Art. 114 f. AEUV ist hochproblematisch. Der EuGH hat gut daran getan, durch die Keck-Rechtsprechung und ihre graduelle Ausdehnung mitgliedstaatliche Beschränkungsmaßnahmen bereits aus dem Tatbestand von Art. 34 AEUV auszuscheiden und ihnen die Rechtfertigung damit ganz zu ersparen (s. ausführlich bereits Art. 34 AEUV, Rn. 94 ff.).

---

[169] Ausführlich *Weiler*, The Constitution of Europe, 1999, S. 102 (121 ff.).
[170] *Ehlers*, Jura 2002, 468 (470), *ders.*, Jura 2001, 266 (268).
[171] Vgl. *Haltern*, Europarecht, Rn. 1087 ff.

Artikel 37 AEUV [Staatliche Handelsmonopole]

(1) Die Mitgliedstaaten formen ihre staatlichen Handelsmonopole derart um, dass jede Diskriminierung in den Versorgungs- und Absatzbedingungen zwischen den Angehörigen der Mitgliedstaaten ausgeschlossen ist.

Dieser Artikel gilt für alle Einrichtungen, durch die ein Mitgliedstaat unmittelbar oder mittelbar die Einfuhr oder die Ausfuhr zwischen den Mitgliedstaaten rechtlich oder tatsächlich kontrolliert, lenkt oder merklich beeinflusst. Er gilt auch für die von einem Staat auf andere Rechtsträger übertragenen Monopole.

(2) Die Mitgliedstaaten unterlassen jede neue Maßnahme, die den in Absatz 1 genannten Grundsätzen widerspricht oder die Tragweite der Artikel über das Verbot von Zöllen und mengenmäßigen Beschränkungen zwischen den Mitgliedstaaten einengt.

(3) Ist mit einem staatlichen Handelsmonopol eine Regelung zur Erleichterung des Absatzes oder der Verwertung landwirtschaftlicher Erzeugnisse verbunden, so sollen bei der Anwendung dieses Artikels gleichwertige Sicherheiten für die Beschäftigung und Lebenshaltung der betreffenden Erzeuger gewährleistet werden.

Literaturübersicht

Allkemper/Jones, Fragen zur Anwendung von Art. 36 und 37 des EWG-Vertrages, EWS 1993, 130; *Barnitzky,* Das deutsche Zündwarenmonopol, ZfZ 1965, 6; *Beck,* Die Umformung der staatlichen Handelsmonopole in der EWG und ihre Auswirkung auf Drittstaaten, insbesondere die Schweiz, 1970; *Blum/Logue,* State Monopolies Under EC Law, 1998; *Böhmann,* Privatisierungsdruck des Europarechts, Diss. iur., Jena, 2000; *Bungenberg,* Das gemeinschaftsrechtswidrige schwedische Alkoholeinfuhrmonopol, EuR 2008, 232; *Castillo de la Torre,* Das Urteil Franzen über das schwedische Einzelhandelsmonopol für alkoholische Getränke – bahnbrechend oder lediglich Fortentwicklung im Bereich Handelsmonopole?, WBl 1998, 13; *Deringer,* Die staatlichen Handelsmonopole nach Ablauf der Übergangszeit, EuR 1971, 193; *Ehricke,* Zur Anwendbarkeit des Art. 36 EG-Vertrag auf Art. 37 EG-Vertrag, EWS 1994, 186; *ders.,* Staatliche Handelsmonopole im Recht der EU – Art. 37 EG-Vertrag: Bestandsaufnahme und Perspektiven, WuW 1995, 691; *ders.,* Zur Konzeption von Art. 37 I und Art. 90 II EGV, EuZW 1998, 741; *Everling,* Staatliche Handelsmonopole nach Art. 37 EGV im Bereich der Landwirtschaft, FS Jaenicke, 1998, S. 745; *Fesenmair,* Öffentliche Dienstleistungsmonopole im europäischen Recht, Diss. iur., Berlin, 1995; *Geradin,* The Liberalization of State Monopolies in the European Union and Beyond, 1999; *Giesen,* Sozialversicherungsmonopol und EG-Vertrag, Diss. iur., Bonn, 1995; *Gormley,* EU Law of Free Movement of Goods and Customs Union, 2010; *Grolimund,* Risse im schwedischen Einzelhandelsmonopol für Alkohol, GPR 2007, 226; *Hailbronner,* Öffentliche Unternehmen im Binnenmarkt – Dienstleistungsmonopole und Gemeinschaftsrecht, NJW 1991, 593; *Heinemann,* Grenzen staatlicher Monopole im EG-Vertrag, Diss. iur., München, 1994; *Herzig/Hecht,* Tabakmonopol, Gastgewerbebetriebe und Freiheit des Warenverkehrs, WBl 1997, 277; *Horn,* Das deutsche Branntweinmonopol unter EWGV und GG, Diss. iur., Göttingen, 1986; *Immenga/Mestmäcker,* Wettbewerbsrecht EG, Band 1/1, 5. Aufl., 2012; *Kaiser,* Staatliche Handelsmonopole in der Dynamik des Gemeinsamen Marktes, EuR 1967, 1; *Kämmerer,* Privatisierung: Typologie – Determinanten – Rechtspraxis – Folgen, Habil. iur., Tübingen, 1999; *Kaiser,* Die staatlichen Handelsmonopole im GM nach Ablauf der Übergangszeit, FS Ganshof van der Meersch, Band II, 1972, S. 173; *Knoop,* Das Tabakmonopol in Frankreich und Italien. Der Prozeß der Umformung nach Art. 37 EWGV, Diss. iur., Göttingen, 1974; *Laskowska,* Monopoly and Public Policy, BLR 35 (2014), 211; *Mestmäcker,* Offene Märkte im System unverfälschten Wettbewerbs in der EWG, FS Böhm, 1965, S. 356; *ders.,* Wirtschaft und Verfassung in der Europäischen Union, 2. Aufl., 2006; *ders./Schweitzer,* Europäisches Wettbewerbsrecht, 3. Aufl., 2014; *Müller,* Dienstleistungsmonopole im System des EWGV, Diss. iur., Bayreuth, 1987; *Nöll,* Die staatlichen Handelsmonopole im Gemeinsamen Markt nach dem Ablauf der Übergangszeit, Diss. iur., Tübingen, 1976; *Oliver,* Free Movement of Goods in the European Community, 5. Aufl., 2010; *Otto,* Entmonopolisierung der Telekommunikation, Diss. iur., Hannover, 1988; *Pappalardo,* Die Umformung der staatlichen Handelsmonopole (Art. 37 EWGV), WuW 1971, 235; *Schröer-Schallenberg,* Das Branntweinmonopol in Deutschland, ZLR 2013, 159; *Schröter,* Das italienische Tabakmonopol, ZfZ 1961, 161; *Theisen,* Die Stellung der staatlichen Handelsmonopole nach dem EWG-Vertrag unter besonderer Berücksichtigung des Tabakmarktes, Diss. iur., Münster, 1974; *van der Esch,* French oil legislation and the EEC Treaty, CMLRev. 7 (1970), 36; *van Hecke,* Government enterprises and national monopolies under the EEC Treaty, CMLRev. 3 (1965), 450; *Wagner,* Das französische Sprengstoffmonopol und der EWG-Vertrag, GS Schmidt, 1966, 299; *Weiß,* Öffentliche Unternehmen und EGV, EuR 2003, 165; *Wernicke,* Die Privatwirkung im Europäischen Gemeinschaftsrecht, Diss. iur., Berlin, 2000; *Würdinger,* Probleme der Auslegung des Artikels 37 EWG-Vertrag betreffend die Handelsmonopole, dargelegt am Beispiel der französischen Mineralölindustrie, WuW 1965, 265; *Zuleeg,* Die Umformung der Handelsmonopole, in: Fuß (Hrsg.), Der Beitrag des Gerichtshofes der Europäischen Gemeinschaften zur Verwirklichung des Gemeinsamen Marktes, 1981, S. 29.

Leitentscheidungen

EuGH, Urt. v. 15.7.1964, Rs. 6/64 (Costa/E.N.E.L.), Slg. 1964, 1141
EuGH, Urt. v. 16.12.1970, Rs. 13/70 (Cinzano & CIA GmbH/Hauptzollamt Saarbrücken), Slg. 1970, 1089
EuGH, Urt. v. 30.4.1974, Rs. 155/73 (Sacchi), Slg. 1974, 409
EuGH, Urt. v. 3.2.1976, Rs. 59/75 (Manghera), Slg. 1976, 91
EuGH, Urt. v. 17.2.1976, Rs. 45/75 (Rewe-Zentrale/Hauptzollamt Landau-Pfalz), Slg. 1976, 181
EuGH, Urt. v. 17.2.1976, Rs. 91/75 (Hauptzollamt Göttingen/Miritz GmbH & Co.), Slg. 1976, 217
EuGH, Urt. v. 13.3.1979, Rs. 91/78 (Hansen II), Slg. 1979, 935
EuGH, Urt. v. 13.3.1979, Rs. 119/78 (Peureux), Slg. 1979, 975
EuGH, Urt. v. 7.6.1983, Rs. 78/82 (Kommission/Italien), Slg. 1983, 1955
EuGH, Urt. v. 4.5.1988, Rs. 30/87 (Bodson/Pompes funèbres des régions libérées), Slg. 1988, 2479
EuGH, Urt. v. 13.12.1990, Rs. 347/88 (Kommission/Griechenland), Slg. 1990, I–4747
EuGH, Urt. v. 23.10.1997, Rs. C–157/94 (Kommission/Niederlande), Slg. 1997, I–5699
EuGH, Urt. v. 23.10.1997, Rs. C–158/94 (Kommission/Italien), Slg. 1997, I–5789
EuGH, Urt. v. 23.10.1997, Rs. C–159/94 (Kommission/Frankreich), Slg. 1997, I–5815
EuGH, Urt. v. 23.10.1997, Rs. C–189/95 (Franzén), Slg. 1997, I–5909
EuGH, Urt. v. 31.5.2005, Rs. C–438/02 (Hanner), Slg. 2005, I–4551
EuGH, Urt. v. 5.6.2007, Rs. C–170/04 (Rosengren u.a.), Slg. 2007, I–4071

Inhaltsübersicht

	Rn.
A. Überblick	1
I. Allgemeines	1
II. Verhältnis zu anderen Vorschriften	7
B. Anwendungsbereich	9
I. Staatliches Monopol	10
II. Handelsbezug des Monopols	12
C. Die Verpflichtungen im Einzelnen	16
I. Umformung (Abs. 1)	16
II. Unterlassungsgebot (Abs. 2)	20
III. Handelsmonopole für landwirtschaftliche Erzeugnisse	21
IV. Rechtfertigung	22

A. Überblick

I. Allgemeines

1 Staatliche Handelsmonopole stellen eine Asymmetrie in der Wirtschaftsordnung der Europäischen Union dar. Sie erlangen dadurch einen Vorteil, dass sie in die Märkte anderer Staaten eindringen können, während es umgekehrt für die Wettbewerber der anderen Staaten den Marktzugang nur über das Monopol gibt oder ein solcher sogar rechtswidrig ist. Die Gründe für die Existenz staatlicher Handelsmonopole können vielfältig sein und reichen von der reinen Erzielung von Staatseinnahmen bis zu Sicherheits-

interessen.¹ Die eigenunternehmerische, unter Umständen selbstprivilegierende Beteiligung des Staates am internationalen Handel, der sich der disziplinierenden Wirkung des Regelsystems faktisch entziehen kann, ist somit ein **Fremdkörper** in einem System des propagierten **Freihandels** (vgl. Art. 3 Abs. 3 Satz 2 EUV).²

Es war deshalb schon mit der multilateralen Entwicklung des Freihandelssystems geboten, den staatlichen Einfluss auf den grenzüberschreitenden Wirtschaftsverkehr durch eine Trennung von Staat und Unternehmen zu neutralisieren und somit das ökonomische Gesetz der komparativen Vorteile im internationalen Handel zur Geltung zu bringen.³ 2

So enthielt schon Art. XX Buchst. d **GATT** 1947 eine Bestandsgarantie für staatliche Monopole, die jedoch nicht so gehandhabt werden dürfen, dass sie zu einer willkürlichen und ungerechtfertigten Diskriminierung oder zu einer verschleierten Beschränkung des internationalen Handels führen. Zudem gilt die Voraussetzung, dass das Monopol weder gegen Art. XVII GATT 1947, insbesondere gegen das Gebot der Nichtdiskriminierung bei Handel mit staatlichen Unternehmen, noch gegen Art. II Abs. 4 GATT 1947 verstößt. Diese Bestimmungen haben die Entstehung des Art. 37 AEUV erheblich beeinflusst.⁴ 3

Art. 37 AEUV (ex-Art. 31 EGV [Nizza]) ergänzt die Vorschriften über den Abbau mengenmäßiger Beschränkungen. Die entscheidende beschränkende staatliche Maßnahme ist im Vergleich zu den übrigen Vorschriften zum freien Warenverkehr zeitlich in die Schaffung des Handelsmonopols **vorverlagert**.⁵ Art. 37 AEUV enthält keine Bestandsgarantie, sondern zum einen in Absatz 1 ein Umformungsgebot (**Handlungsverpflichtung**) und zum anderen in Absatz 2 eine **Unterlassungsverpflichtung**. Gemeinsam sollen sie zu einer Anpassung der Handelsmonopole führen. Allerdings geht Art. 37 AEUV auch nicht so weit, ein vollständiges Monopolverbot aufzustellen. Damit trägt Art. 37 AEUV der Vorstellung der Mitgliedstaaten Rechnung, gewisse Gemeinwohlziele nicht im Rahmen der Marktwirtschaft erreichen zu können.⁶ 4

Beide Absätze sind **unmittelbar anwendbar** und verleihen **subjektive Rechte**.⁷ 5

Im Zusammenhang mit Art. 106 AEUV konkretisiert Art. 37 AEUV die Verpflichtung der Mitgliedstaaten zu einer loyalen Zusammenarbeit (vgl. Art. 4 Abs. 3 EUV). Er 6

---

[1] Für einen Überblick mitgliedstaatlicher Monopole s. *Berg*, in: GSH, Europäisches Unionsrecht, Art. 37 AEUV, Rn. 16 ff.; zur Abschaffung des deutschen Branntweinmonopols *Schröer-Schallenberg*, ZLR 2013, 159 ff.

[2] *Emmerich/Hoffmann*, in: Dauses, Handbuch des EU-Wirtschaftsrechts, Abschnitt H. II. Monopole und öffentliche Unternehmen (Februar 2014), Rn. 1 f.; *Mestmäcker/Schweitzer*, in: Immenga/Mestmäcker (Hrsg.), EU-Wettbewerbsrecht, 2012, Art. 37 AEUV, Rn. 5.

[3] *Mestmäcker/Schweitzer* (Fn. 2), Art. 37 AEUV, Rn. 8 f.

[4] Zur völkerrechtlichen Genese s. auch *Hochbaum/Berg*, in: GS, EUV/EGV, Art. 31 EG, Rn. 3 f.; *Mestmäcker/Schweitzer* (Fn. 2), Art. 37 AEUV, Rn. 6 ff.; zur Parallelvorschrift des Art. 16 EWR-Abkommen siehe *Leible/T. Streinz*, in: Grabitz/Hilf/Nettesheim, EU, Art. 37 AEUV (Januar 2015), Rn. 5.

[5] *Frenz*, Handbuch Europarecht, Band 1, Rn. 1251, 1278 (»Sicherheitskorridor«); *Leible/T. Streinz*, in: Grabitz/Hilf/Nettesheim, EU, Art. 37 AEUV (Januar 2015), Rn. 9.

[6] *Kingreen*, in: Calliess/Ruffert, EUV/AEUV, Art. 37 AEUV, Rn. 2.

[7] Für Absatz 1 seit Ablauf der Übergangsfrist am 31.12.1969 EuGH, Urt. v. 3.2.1976, Rs. 59/75 (Manghera), Slg. 1976, 91, Rn. 15/16; Urt. v. 17.2.1976, Rs. 45/75 (Rewe-Zentrale/Hauptzollamt Landau-Pfalz), Slg. 1976, 181, Rn. 24; Urt. v. 13.3.1979, Rs. 91/78 (Hansen II), Slg. 1979, 935, Rn. 16; für Absatz 2 siehe EuGH, Urt. v. 15.7.1964, Rs. 6/64 (Costa/E.N.E.L.), Slg. 1964, 1141; für neuere Mitgliedstaaten s. *Mestmäcker/Schweitzer* (Fn. 2), Art. 37 AEUV, Rn. 26.

dient durch die Sicherstellung der Beachtung der Grundregel des freien Warenverkehrs im Gemeinsamen Markt[8] der Verwirklichung des Binnenmarktes insgesamt.

II. Verhältnis zu anderen Vorschriften

7 Art. 37 AEUV geht **Art. 30, 34 und 35 AEUV** vor, soweit ein spezifischer Zusammenhang mit dem durch das Monopol gesicherten Ausschließlichkeitsrecht besteht. Die Bestimmungen über das Bestehen und die Funktionsweise des Monopols sind, im Gegensatz zu solchen, die sich jedenfalls hypothetisch von der Funktionsweise des Monopols trennen lassen und noch nach dessen Abschaffung fortbestehen könnten, nicht vorrangig an Art. 34 f. AEUV, sondern an Art. 37 AEUV zu messen.[9] Letzterer gilt jedoch nicht für Bestimmungen, die allgemein die Herstellung und Vermarktung von Waren betreffen, unabhängig davon, ob sie unter ein bestimmtes Monopol fallen.[10]

8 Gegenüber dem allgemeinen Diskriminierungsverbot aus **Art. 18 AEUV** und den **Art. 28 ff. AEUV** ist Art. 37 AEUV in seinem Anwendungsbereich lex specialis. Zu den Wettbewerbsregeln der **Art. 101 ff. AEUV**[11] und zu **Art. 107 AEUV**[12] besteht grundsätzlich Idealkonkurrenz.

B. Anwendungsbereich

9 Art. 37 AEUV gilt zunächst nur für staatliche Handelsmonopole. Daraus ergibt sich, dass ein Monopol vorliegen muss, das staatlich ist (I.) und sich auf den Handel bezieht (II.).

I. Staatliches Monopol

10 Im wirtschaftlichen Sinne liegt ein Monopol bei einer marktbeherrschenden Stellung einer Person oder eines Unternehmens vor.[13] Ein **Monopol** im Sinne des Art. 37 AEUV liegt dagegen vor, wenn sich der Staat selbst oder einem anderen bestimmte Ausschließlichkeitsrechte vorbehält bzw. einräumt. Diese müssen durch Hoheitsakt verliehen werden. Durch die Voraussetzung einer hoheitlichen Verleihung entstehen keine Schutzlücken, da im Übrigen Art. 101 AEUV eingreift.[14]

---

[8] EuGH, Urt. v. 3.2.1976, Rs. 59/75 (Manghera), Slg. 1976, 91, Rn. 9.
[9] EuGH, Urt. v. 23.10.1997, Rs. C–189/95 (Franzén), Slg. 1997, I–5909, Rn. 35; Urt. v. 13.12.1990, Rs. 347/88 (Kommission/Griechenland), Slg. 1990, I–4747, Rn. 54; *Berg*, in: Schwarze, EU-Kommentar, Art. 37 AEUV, Rn. 16; s. auch EuGH, Urt. v. 5.6.2007, Rs. C–170/04 (Rosengren u. a.), Slg. 2007, I–4071, Rn. 17 ff.; dazu *Bungenberg*, EuR 2008, 223 ff.; Urt. v. 26.4.2012, Rs. C–456/10 (ANETT), ECLI:EU:C:2012:241, Rn. 22 ff., mit Anmerkung von *Streinz*, EuZW 2012, 508 ff.
[10] EuGH, Urt. v. 20.2.1979, Rs. 120/78 (Rewe/Bundesmonopolverwaltung für Branntwein), Slg. 1979, 649, Rn. 7; Urt. v. 23.10.1997, Rs. C–189/95 (Franzén), Slg. 1997, I–5909, Rn. 35 f.
[11] EuGH, Urt. v. 23.4.1991, Rs. C–41/90 (Höfner und Elser/Macrotron), Slg. 1991, I–1979, Rn. 28; Urt. v. 18.6.1991, Rs. C–260/89 (ERT/DEP), Slg. 1991, I–2925, Rn. 31 f.; Urt. v. 10.12.1991, Rs. C–179/90 (Merci Convenzionali Porto di Genova/Siderurgica Gabrielli), Slg. 1991, I–5889, Rn. 14 ff.
[12] EuGH, Urt. v. 13.3.1979, Rs. 91/78 (Hansen II), Slg. 1979, 935, Rn. 9; s. auch *Leible/T. Streinz*, in: Grabitz/Hilf/Nettesheim, EU, Art. 37 AEUV (Januar 2015), Rn. 25.
[13] Vgl. *Berg*, in: GSH, Europäisches Unionsrecht, Art. 37 AEUV, Rn. 10.
[14] So auch *Frenz*, Handbuch Europarecht, Band 1, Rn. 1252; *Schroeder*, in: Streinz, EUV/AEUV, Art. 37 AEUV, Rn. 4; *Berg*, in: von der GSH, Europäisches Unionsrecht, Art. 37 AEUV, Rn. 45; anders *Ehricke*, WuW 1995, 691 (695); *Kingreen*, in: Calliess/Ruffert, EUV/AEUV, Art. 37 AEUV, Rn. 7.

Das Monopol ist staatlich, wenn die Ausschließlichkeitsrechte dem Staat selbst oder einer durch Hoheitsakt bestimmten Einrichtung vorbehalten werden (vgl. Art. 37 Abs. 1 Satz 2 und 3 AEUV). Die Einrichtungen können aufgrund der Rechtsformneutralität der Vorschrift **öffentliche** Einrichtungen (beispielsweise Gemeinden) oder auch **nicht staatliche** Träger (sog. **delegierte Monopole**) sein.[15] Im zweiten Fall muss die Möglichkeit fortdauernder staatlicher Kontrolle oder Lenkung gegeben sein, da die Beschränkung auf staatliches Handeln rückführbar sein muss und Adressaten der Verpflichtung nur die Mitgliedstaaten sind.[16] Dies ist nicht der Fall, wenn Unternehmen lediglich mit staatlicher Konzession oder Genehmigung handeln.[17]

11

II. Handelsbezug des Monopols

Aus der Verwendung der Begriffe Ein- und Ausfuhr sowie der systematischen Stellung im Kapitel über die Warenverkehrsfreiheit ergibt sich, dass sich Art. 37 AEUV nur auf Monopole bezieht, die für den Austausch von Waren im Sinne des Art. 28 Abs. 2 AEUV (vgl. Art. 28 AEUV, Rn. 32) und damit für den mitgliedstaatlichen Warenhandel von Bedeutung sind.[18] Dabei genügt es, dass der Staat die Ein- oder die Ausfuhr unmittelbar oder mittelbar zwischen den Mitgliedstaaten rechtlich oder tatsächlich kontrolliert, lenkt oder merklich beeinflusst (Abs. 1 Satz 2 und 3). Somit kommt es entscheidend nicht auf die Form des Monopols, sondern auf seine Wirkung an.[19]

12

Damit sind unter Art. 37 AEUV vor allem **Ein- und Ausfuhrmonopole**[20] und **Vertriebsmonopole**[21] zu fassen. Wirtschaftlich kann auch das **Produktionsmonopol** ein Handelsmonopol im Sinne des Art. 37 AEUV darstellen.[22]

13

Aufgrund des Bezugs zum Handel und damit zum Warenaustausch gilt die Vorschrift grundsätzlich nicht für **Dienstleistungsmonopole** (s. Art. 56 AEUV, Rn. 129).[23] Diese –

14

---

[15] EuGH, Urt. v. 4.5.1988, Rs. 30/87 (Bodson/Pompes funèbres des régions libérées), Slg. 1988, 2479, Rn. 13.

[16] Vgl. *Berg*, in: Schwarze, EU-Kommentar, Art. 37 AEUV, Rn. 5.

[17] EuGH, Urt. v. 6.10.1987, Rs. 118/86 (Openbaar Ministerie/Nertsvoederfabriek Nederland), Slg. 1987, 3883, Rn. 7; Urt. v. 4.5.1988, Rs. 30/87 (Bodson/Pompes funèbres des régions libérées), Slg. 1988, 2479, Rn. 14; Urt. v. 27.4.1994, Rs. C–393/92 (Gemeente Almelo u.a./Energiebedrijf IJsselmij), Slg. 1994, I–1477, Rn. 29 f.

[18] Vgl. EuGH, Urt. v. 15.7.1964, Rs. 6/64 (Costa/E.N.E.L.), Slg. 1964, 1141; s. auch *Leible/T. Streinz*, in: Grabitz/Hilf/Nettesheim, EU, Art. 37 AEUV (Januar 2015), Rn. 11, 13.

[19] Vgl. EuGH, Urt. v. 16.12.1970, Rs. 13/70 (Cinzano & CIA GmbH/Hauptzollamt Saarbrücken), Slg. 1970, 1089, Rn. 5.

[20] EuGH, Urt. v. 3.2.1976, Rs. 59/75 (Manghera), Slg. 1976, 91, Rn. 12 – ausschließliches Einfuhrrecht für Tabakwaren; Urt. v. 23.10.1997, Rs. C–159/94 (Kommission/Frankreich), Slg. 1997, I–5815, Rn. 33 ff. – ausschließliche Ein- und Ausfuhrrechte für Gas und Elektrizität; Urt. v. 23.10.1997, Rs. C–157/94 (Kommission/Niederlande), Slg. 1997, I–5699, Rn. 15 – Elektrizität; Urt. v. 23.10.1997, Rs. C–158/94 (Kommission/Italien), Slg. 1997, I–5789, Rn. 24 – Elektrizität.

[21] EuGH, Urt. v. 23.10.1997, Rs. C–189/95 (Franzén), Slg. 1997, I–5909, Rn. 37 ff. – Alkohol; Urt. v. 31.5.2005, Rs. C–438/02 (Hanner), Slg. 2005, I–4551, Rn. 32 ff. – Einzelhandelsverkauf von Arzneimitteln.

[22] S. auch *Berg*, in: Schwarze, EU-Kommentar, Art. 37 AEUV, Rn. 3; *Mestmäcker/Schweitzer* (Fn. 2), Art. 37 AEUV, Rn. 35.

[23] EuGH, Urt. v. 30.4.1974, Rs. 155/73 (Sacchi), Slg. 1974, 409, Rn. 10; Urt. v. 11.9.2003, Rs. C–6/01 (Anomar u.a.), Slg. 2003, I–8621, Rn. 59; *Frenz*, Handbuch Europarecht, Band 1, Rn. 1256; *Mestmäcker/Schweitzer* (Fn. 2), Art. 37 AEUV, Rn. 22; a.A. GA *Lenz*, Schlussanträge zu Rs. C–260/89 (ERT/DEP), Slg. 1991, I–2925, Rn. 17; *Emmerich*, Die Vereinbarkeit nationaler Dienstleistungsmonopole mit dem EWG-Vertrag, FS Keller, 1989, S. 685 (691).

etwa im Bereich des Glücksspiels,[24] der Fernsehwerbung[25] oder des Bestattungswesens[26] – sind nach Art. 56 ff. AEUV (gegebenenfalls i. V. m. Art. 106 AEUV) zu beurteilen. Aufgrund der ausdrücklichen Normierung der Dienstleistungsfreiheit (Art. 56 ff. AEUV) ohne entsprechende Regelung, fehlt es auch an einer für eine Analogie erforderlichen Regelungslücke.[27] Art. 37 AEUV findet allerdings dann Anwendung, wenn durch das Dienstleistungsmonopol auch mittelbar gegen den Grundsatz des freien Warenverkehrs verstoßen wird, da eingeführte Erzeugnisse zugunsten einheimischer Erzeugnisse diskriminiert werden.[28]

15 **Finanzmonopole** sind nach den gleichen Kriterien an Art. 110 AEUV zu messen, wenn sie sich nicht zumindest mittelbar auf Handelsmonopole auswirken, was bei ihnen allerdings in der Regel der Fall sein dürfte.[29]

C. Die Verpflichtungen im Einzelnen

I. Umformung (Abs. 1)

16 Kerngehalt des Art. 37 AEUV ist das in Absatz 1 ausdrücklich normierte **Diskriminierungsverbot** zwischen den Angehörigen der Mitgliedstaaten hinsichtlich der Versorgungs- und Absatzbedingungen. Die Monopole müssen so umgeformt werden, dass der Handel mit Waren aus anderen Mitgliedstaaten gegenüber dem Handel mit einheimischen Waren weder rechtlich noch tatsächlich benachteiligt und der Wettbewerb zwischen den Volkswirtschaften der Mitgliedstaaten nicht verfälscht wird.[30] Daraus ergibt sich der **Zweck** der Vorschrift, der eben in der Aufrechterhaltung des Wettbewerbs und damit der Grundregel des freien Warenverkehrs im Gemeinsamen Markt besteht.[31]

17 Die Vorschrift soll, wie Generalanwalt *Léger* überzeugend ausgeführt hat, nicht nur sicherstellen, dass die Erzeugnisse anderer Mitgliedstaaten Zugang zum Markt des betreffenden Mitgliedstaates finden. Sie will v. a. diesen Zugang für Wirtschaftsteilnehmer sicherstellen, die in den anderen Mitgliedstaaten ansässig sind. Entscheidendes Kriterium ist, dass die in anderen Mitgliedstaaten ansässigen Wirtschaftsteilnehmer die Möglichkeit haben müssen, ihre Erzeugnisse den Kunden ihrer Wahl in dem betreffenden Mitgliedstaat anzubieten, und dass umgekehrt die Verbraucher des betreffenden Mit-

---

[24] EuGH, Urt. v. 11.9.2003, Rs. C–6/01 (Anomar u. a.), Slg. 2003, I–8621.
[25] EuGH, Urt. v. 30.4.1974, Rs. 155/73 (Sacchi), Slg. 1974, 409.
[26] EuGH, Urt. v. 4.5.1988, Rs. 30/87 (Bodson/Pompes funèbres des régions libérées), Slg. 1988, 2479.
[27] So auch *Ehricke*, WuW 1995, 691 (697); *Schroeder*, in: Streinz, EUV/AEUV, Art. 37 AEUV, Rn. 7.
[28] EuGH, Urt. v. 28.6.1983, Rs. 271/81 (Amélioration de l'élevage/Mialocq), Slg. 1983, 2057, Rn. 8 ff.; Urt. v. 7.12.1995, Rs. C–17/94 (Gervais u. a.), Slg. 1995, I–4353, Rn. 36; s. auch *Frenz*, Handbuch Europarecht, Band 1, Rn. 1256.
[29] *Emmerich/Hoffmann*, in: Dauses, Handbuch des EU-Wirtschaftsrechts, Abschnitt H. II. Monopole und öffentliche Unternehmen (Februar 2014), Rn. 68; *Kingreen*, in: Calliess/Ruffert, EUV/AEUV, Art. 37 AEUV, Rn. 6; *Schroeder*, in: Streinz, EUV/AEUV, Art. 37 AEUV, Rn. 8.
[30] EuGH, Urt. v. 23.10.1997, Rs. C–189/95 (Franzén), Slg. 1997, I–5909, Rn. 40.
[31] EuGH, Urt. v. 7.6.1983, Rs. 78/82 (Kommission/Italien), Slg. 1983, 1955, Rn. 11; Urt. v. 14.12.1995, Rs. C–387/93 (Banchero), Slg. 1995, I–4663, Rn. 27.

gliedstaates die Möglichkeit haben müssen, sich bei den Wirtschaftsteilnehmern ihrer Wahl in anderen Mitgliedstaaten zu versorgen.[32]

Allerdings enthält Art. 37 AEUV **kein allgemeines Beschränkungsverbot**, das über das Diskriminierungsverbot hinausreicht. Dies ergibt sich zum einen aus dem eindeutigen Wortlaut der Vorschrift. Zum anderen hat der vorverlagerte Schutz (s. Rn. 4) nicht gleich intensiv zu sein wie der nachgelagerte Schutz über Art. 34 f. AEUV.[33] 18

Das Diskriminierungsverbot ist weit gefasst und erfasst die unternehmerische Tätigkeit bis hin zur Werbetätigkeit oder Kundenberatung.[34] Nach Auffassung des EuGH nicht geschützt werden allerdings grundsätzlich Erzeuger des Monopolstaates selbst (sog. **umgekehrte (Inländer-)Diskriminierungen**).[35] 19

II. Unterlassungsgebot (Abs. 2)

Das Unterlassungsgebot des Absatzes 2 untersagt es den Mitgliedstaaten, Maßnahmen zu treffen, die den in Absatz 1 genannten Grundsätzen widersprechen oder die Tragweite der Artikel über das Verbot von Zöllen und mengenmäßigen Beschränkungen zwischen den Mitgliedstaaten einengen (sog. **stand still-Klausel**). Mit Ablauf der Übergangszeit am 1.1.1970 und der Zuerkennung der unmittelbaren Anwendbarkeit von Art. 37 Abs. 1 AEUV (s. Rn. 5), hat die Vorschrift ihre Bedeutung weitestgehend verloren.[36] 20

III. Handelsmonopole für landwirtschaftliche Erzeugnisse (Abs. 3)

Absatz 3 schränkt die übrigen Vorgaben des Art. 37 AEUV nicht ein.[37] Er ist mit Ablauf der Übergangszeit ebenfalls bedeutungslos geworden.[38] 21

IV. Rechtfertigung

Die Rechtfertigungsgründe des **Art. 36 AEUV** sind im Bereich des Art. 37 AEUV **nicht anwendbar**. Gleiches gilt für die **zwingenden Gründe des Allgemeinwohls** der Cassis de 22

---

[32] GA *Léger*, Schlussanträge zu Rs. C–438/02 (Hanner), Slg. 2005, I–4551, Rn. 95; s. auch *Leible/T.Streinz*, in: Grabitz/Hilf/Nettesheim, EU, Art. 37 AEUV (Januar 2015), Rn. 27 (»Unionspräferenz«).
[33] So auch *Frenz*, Handbuch Europarecht, Band 1, Rn. 1292 ff.; *Kingreen*, in: Calliess/Ruffert, EUV/AEUV, Art. 37 AEUV, Rn. 11; a. A. GA *Léger*, Schlussanträge zu Rs. C–438/02 (Hanner), Slg. 2005, I–4551, Rn. 95, Rn. 85; *Berg*, in: Schwarze, EU-Kommentar, Art. 37 AEUV, Rn. 12; *Leible/T.Streinz*, in: Grabitz/Hilf/Nettesheim, EU, Art. 37 AEUV (Januar 2015), Rn. 29 ff.
[34] EuGH, Urt. v. 23.10.1997, Rs. C–189/95 (Franzén), Slg. 1997, I–5909, Rn. 62 f.; s. auch *Berg*, in: Schwarze, EU-Kommentar, Art. 37 AEUV, Rn. 9.
[35] EuGH, Urt. v. 13.3.1979, Rs. 119/78 (Peureux), Slg. 1979, 975, Rn. 30.
[36] *Berg*, in: Schwarze, EU-Kommentar, Art. 37 AEUV, Rn. 14; *Frenz*, Handbuch Europarecht, Band 1, Rn. 1276; dagegen fordern *Leible/T.Streinz*, in: Grabitz/Hilf/Nettesheim, EU, Art. 37 AEUV (Januar 2015), Rn. 40 eine besonders kritische Prüfung für »neue« Maßnahmen, was allerdings aufgrund des Erfordernisses einer gewissen Gleichheit der anzusetzenden Maßstäbe nicht überzeugt. Bestehenden Monopolen kann kein »Bestandsschutz« durch eine abgeschwächte Prüfung gewährt werden.
[37] EuGH, Urt. v. 17.2.1976, Rs. 91/75 (Hauptzollamt Göttingen/Miritz GmbH & Co.), Slg. 1976, 217, Rn. 12.
[38] *Berg*, in: Schwarze, EU-Kommentar, Art. 37 AEUV, Rn. 15; *Frenz*, Handbuch Europarecht, Band 1, Rn. 1302 ff.; *Kingreen*, in: Calliess/Ruffert, EUV/AEUV, Art. 37 AEUV, Rn. 8; *Schroeder*, in: Streinz, EUV/AEUV, Art. 37 AEUV, Rn. 18.

Dijon-Rechtsprechung (s. Art. 36 AEUV, Rn. 23).[39] Neben dem Wortlaut des Art. 36 AEUV, der sich nur auf die Bestimmungen der Art. 34, 35 AEUV bezieht, spricht auch die Systematik, nämlich die nachgelagerte Stellung des Art. 37 AEUV als Regelung für staatliche Handelsmonopole, gegen die Anwendbarkeit in diesem Bereich.[40]

23 Ein Mitgliedstaat kann sich allerdings auf **Art. 106 Abs. 2 AEUV** berufen, der explizit auf Monopole bezogen ist und damit legitimierend wirken kann.[41] Ein Verstoß gegen Art. 37 AEUV kann demnach gerechtfertigt werden, soweit die Erfüllung der einem Monopolinhaber übertragenen besonderen Aufgabe nur durch die Einräumung solcher Rechte gesichert werden kann und soweit die Entwicklung des Handelsverkehrs nicht in einem Ausmaß beeinträchtigt wird, das dem Interesse der Union zuwiderläuft.[42]

---

[39] EuGH, Urt. v. 23.10.1997, Rs. C–157/94 (Kommission/Niederlande), Slg. 1997, I–5699, Rn. 24; Urt. v. 23.10.1997, Rs. C–158/94 (Kommission/Italien), Slg. 1997, I–5789, Rn. 33; Urt. v. 23.10.1997, Rs. C–159/94 (Kommission/Frankreich), Slg. 1997, I–5815, Rn. 41; s. auch *Ehricke*, EuZW 1989, 742 ff.; *Kingreen*, in: Calliess/Ruffert, EUV/AEUV, Art. 37 AEUV, Rn. 12.

[40] *Frenz*, Handbuch Europarecht, Band 1, Rn. 1069, 1258.

[41] EuGH, Urt. v. 23.10.1997, Rs. C–157/94 (Kommission/Niederlande), Slg. 1997, I–5699, Rn. 32 ff.; Urt. v. 23.10.1997, Rs. C–158/94 (Kommission/Italien), Slg. 1997, I–5789, Rn. 43 ff.; Urt. v. 23.10.1997, Rs. C–159/94 (Kommission/Frankreich), Slg. 1997, I–5815, Rn. 49 ff.; zustimmend *Ehricke*, EuZW 1989, 741 (743 ff.).

[42] EuGH, Urt. v. 23.10.1997, Rs. C–157/94 (Kommission/Niederlande), Slg. 1997, I–5699, Rn. 32; Urt. v. 23.10.1997, Rs. C–158/94 (Kommission/Italien), Slg. 1997, I–5789, Rn. 43; Urt. v. 23.10.1997, Rs. C–159/94 (Kommission/Frankreich), Slg. 1997, I–5815, Rn. 49.

Titel III
Die Landwirtschaft und die Fischerei

Artikel 38 AEUV [Binnenmarkt für die Landwirtschaft und Fischerei]

(1) Die Union legt eine gemeinsame Agrar- und Fischereipolitik fest und führt sie durch.
¹Der Binnenmarkt umfasst auch die Landwirtschaft, die Fischerei und den Handel mit landwirtschaftlichen Erzeugnissen. ²Unter landwirtschaftlichen Erzeugnissen sind die Erzeugnisse des Bodens, der Viehzucht und der Fischerei sowie die mit diesen in unmittelbarem Zusammenhang stehenden Erzeugnisse der ersten Verarbeitungsstufe zu verstehen. ³Die Bezugnahmen auf die gemeinsame Agrarpolitik oder auf die Landwirtschaft und die Verwendung des Wortes »landwirtschaftlich« sind in dem Sinne zu verstehen, dass damit unter Berücksichtigung der besonderen Merkmale des Fischereisektors auch die Fischerei gemeint ist.
(2) Die Vorschriften für die Errichtung oder das Funktionieren des Binnenmarkts finden auf die landwirtschaftlichen Erzeugnisse Anwendung, soweit in den Artikeln 39 bis 44 nicht etwas anderes bestimmt ist.
(3) Die Erzeugnisse, für welche die Artikel 39 bis 44 gelten, sind in Anhang I aufgeführt.
(4) Mit dem Funktionieren und der Entwicklung des Binnenmarkts für landwirtschaftliche Erzeugnisse muss die Gestaltung einer gemeinsamen Agrarpolitik Hand in Hand gehen.

Literaturübersicht

Adam, La reforme de la Politique agricole commune de l'Union européenne ou l'évolutionnisme permanent du droit communautaire, 2001; *D'Addezio*, Wie groß ist die Relevanz der Landwirtschaft im Vertrag von Lissabon?, in: Martínez (Hrsg.), Jahrbuch des Agrarrechts, Band XI, 2012, S. 11; *Ahner*, Gemeinsame Agrarpolitik – Herzstück und Sorgenkind, in: Röttinger/Weyringer (Hrsg.), Handbuch der europäischen Integration, 2. Aufl., 1996, S. 846; *Barents*, The Agricultural Law of the EC, 1994; *Baudin*, L'Europe face à ses marchés agricoles, 1993; *Bianchi*, La politique agricole commune (PAC). Précis de droit agricole européen, 2. Aufl., 2012; *Blumann*, Politique Agricole Commune, 1996; *Boest*, Die Agrarmärkte im Recht der EWG, 1984; *Borchardt*, Die Reform der Gemeinsamen Agrarpolitik, FS Zuleeg, 2005, S. 473; *Burbach/List*, Auswirkungen des Vertrages über eine Verfassung für Europa auf die Gemeinsame Agrar- und Fischereipolitik, AUR 2006, 1; *Canenbley/Scheele*, Agrarpolitische Perspektiven für eine zukunftsfähige Landwirtschaft, in: Calliess/Härtel/Veit (Hrsg.), Jahrbuch des Agrarrechts, Band VII, 2006, S. 3; *Cardwell*, The European Model of Agriculture, 2004; *Churchill/Owen*, The EC Common Fisheries Policies, 2010; *Danielsen*, EU Agricultural Law, 2013; *Dombert/Witt* (Hrsg.), Münchener Anwaltshandbuch Agrarrecht, 2. Aufl., 2016; *Eckhardt*, Die Reform der GAP 2003 – Zwischenbilanz und Ausblick, in: Norer/Holzer (Hrsg.), Agrarrecht Jahrbuch 2010, 2010, S. 87; *Eiden*, Zur Neuausrichtung der EG-Agrarpolitik, FS Bleckmann, 1993, S. 29; *Erlbacher*, Landwirtschaft, in: Eilmansberger/Herzig (Hrsg.), Europarecht Jahrbuch 2008, 2008, S. 245; *Frenz*, Die gemeinsame Fischereipolitik, AUR 2011, 217; *Garcia Azcarate*, Le bilan de la santé de la politique agricole commune, RMC 2008, 73; *Germanò/Rook Basile*, Manuale di diritto agrario comunitario, 2. Aufl., 2010; *Gottsmann*, Der Gemeinsame Agrarmarkt, Loseblattkommentar; *Götz*, Das Recht der Gemeinsamen Agrarpolitik – Kontinuität, Wandel, Systematik, in: Martínez (Hrsg.), Die Gemeinsame Agrarpolitik vor neuen Herausforderungen, 2012, S. 11; *ders.*, 50 Jahre Gemeinsame Agrarpolitik – ihr Beitrag zur Verfassung und Verwaltung der Europäischen Union, JZ 2012, 56; *Götz/Hudault*, Harmonisierung des Agrarrechts in Europa, 1991; *Grimm/Norer*, Agrarrecht, 4. Aufl., 2015; *Härtel*, Zwischen globalem Wettbewerb, Umweltschutz und Ernährungssicherung. Zur zukünftigen Ausrichtung der integrierten Gemeinsamen Agrarpolitik der Europäischen Union, FS Richli, 2011, S. 527; *dies.*, Die Gemeinsame Agrarpolitik (GAP) der Europäischen Union nach 2013 in juristischer Perspektive, in: Rentenbank (Hrsg.), Die Gemeinsame Agrarpolitik (GAP) der Europäischen Union nach 2013, 2011, S. 41; *dies.* (Hrsg.), Handbuch des Fachanwalts Agrarrecht, 2012; *Holzer*, Agrarrecht, 3. Aufl., 2014; *Kattau*, WTO-Agrarrecht, EU-Agrarrecht und das Menschenrecht auf Nahrung, 2015; *Kraus/Döring*, Die Gemeinsame Fischereipolitik der EU: Nutzen, Probleme und Perspektiven eines paneuropäischen Ressourcenmanagements, ZUR 2013, 3; *Leidwein*, Europäisches Agrarrecht, 2. Aufl., 2004; *ders.*, Die Internationalisierung des Agrarrechts, FS Holzer, 2007, S. 33; *Leiendecker*, Das europäische Agrarrecht und die neue GAP-Reform, 2004; *Lontzek*, Die Gemeinsame Agrarpolitik – Zustand und Reformbedarf, AUR 2005, 73; *Loyat/Petit*, La politique agicole commune (PAC). Une politique en mutation, 3. Aufl., 2008; *Martínez* (Hrsg.), Die Gemeinsame Agrarpolitik vor neuen Herausforderungen. 50 Jahre Institut für Landwirtschaftsrecht, 2012; *McMahon*, The WTO Agreement on Agriculture, 2006; *ders.*, EU Agricultural Law, 2007; *McMahon/Cardwell* (Hrsg.), Research Handbook on EU Agriculture Law, 2015; *McMahon/Desta Melaku* (Hrsg.), Research Handbook on the WTO Agriculture Agreement. New and Emerging Issues in International Agricultural Trade Law, 2012; *Mögele*, Die gemeinschaftliche Agrarkompetenz nach Amsterdam, ZEuS 2000, 79; *Norer*, Lebendiges Agrarrecht, 2005; *ders.* (Hrsg.), Handbuch des Agrarrechts, 2. Aufl., 2012; *O'Connor*, Agriculture in WTO Law, 2005; *Olehlová*, Die EU und die Liberalisierung des Weltagrarhandels, in: Sander/Maryška (Hrsg.), Die EU vor neuen Herausforderungen, 2004, S. 187; *Olmi*, Politique Agricole Commune, 2. Aufl., 1991; *Oskam/Meester/Silvis*, EU policy for agriculture, food and rural areas, 2010; *Priebe*, Agrarrecht, in: Schmidt (Hrsg.), Öffentliches Wirtschaftsrecht, Besonderer Teil 2, 1996, S. 225; *Richli*, Agrarrecht im Umbruch. Die Herausforderung von GATT und EG, 1993; *ders.*, Die jüngste Reformetappe der Gemeinsamen Europäischen Agrarpolitik, AJP-PJA 2007, 341; *Rochdi*, La politique agricole commune dans le commerce mondial des produits agro-alimentaires, RTDE 2005, 37; *Rodgers/Cardwell/Grossman*, Agriculture and international trade: law, policy and the WTO, 2004; *Salomon/Markus/Dross*, Die Gemeinsame Fischereipolitik im Reformprozess: Innovations- und Konfliktlösungspotentiale, NuR 2013, 89; *Schima*, Der Vorschlag der Kommission für eine neue Direktzahlungsverordnung, in: Norer/Holzer (Hrsg.), Agrarrecht Jahrbuch 2012, 2012, S. 129; *Schneider*, Die Erhaltung und Bewirtschaftung der Fischereiressourcen im Rahmen der Gemeinsamen Fischereipolitik der EG, RIW 1983, 873; *ders.*, Die gemeinsame Fischereipolitik der Europäischen Gemeinschaften, 1988; *Snyder*, Law of the Common Agricultural Policy, 1985; *Stoll*, Die Landwirtschaft in der Welthandelsorganisation (WTO), in: Calliess/Härtel/Veit (Hrsg.), Jahrbuch des Agrarrechts, Band VII, 2006, S. 121; *Thiele*, Das Recht der Gemeinsamen Agrarpolitik der EG, 1997; *Trumm*, Das Prinzip des Weltfreihandels und der europäische Agraraußenhandel am Beispiel der Gemeinsamen Marktordnungen für Getreide, Zucker und Bananen, 2001; *Turner/Böttger/Wölfle*, Agrarrecht, 3. Aufl., 2006; *Usher*, EC Agricultural Law, 2. Aufl., 2002; *Weis/Busse*, Die Reform der Gemeinsamen Fischereipolitik – Ausgangspunkt, Legislativvorschläge und Verhandlungsstand, ZUR 2013, 10; *Wolffgang*, Die europäische Agrarpolitik zwischen Markt und Plan, FS Hoppe, 2000, S. 949.

Leitentscheidungen

EuGH, Urt. v. 29.5.1974, Rs. 185/73 (Hauptzollamt Bielefeld/König), Slg. 1974, 607
EuGH, Urt. v. 28.2.1978, Rs. 85/77 (Avicola Sant'Anna), Slg. 1978, 527
EuGH, Urt. v. 20.4.1978, verb. Rs. 80/77 u. 81/77 (Commissionnaires réunis), Slg. 1978, 927
EuGH, Urt. v. 29.2.1984, Rs. 77/83 (CILFIT), Slg. 1984, 1257
EuGH, Urt. v. 22.6.1994, Rs. C–426/92 (Deutschland/Deutsches Milch-Kontor), Slg. 1994, I–2757

Wesentliche sekundärrechtliche Vorschriften

Verordnung (EU) Nr. 1305/2013 vom 17.12.2013 über die Förderung der ländlichen Entwicklung durch den Europäischen Landwirtschaftsfonds für die Entwicklung des ländlichen Raums (ELER), ABl. 2013, L 347/487
Verordnung (EU) Nr. 1306/2013 vom 17.12.2013 über die Finanzierung, die Verwaltung und das Kontrollsystem der Gemeinsamen Agrarpolitik, ABl. 2013, L 347/549
Verordnung (EU) Nr. 1307/2013 vom 17.12.2013 mit Vorschriften über Direktzahlungen an Inhaber landwirtschaftlicher Betriebe im Rahmen von Stützungsregelungen der Gemeinsamen Agrarpolitik, ABl. 2013, L 347/608
Verordnung (EU) Nr. 1308/2013 vom 17.12.2013 über eine gemeinsame Marktorganisation für landwirtschaftliche Erzeugnisse, ABl. 2013, L 347/671

Verordnung (EU) Nr. 1379/2013 vom 11. 12. 2013 über die gemeinsame Marktorganisation für Erzeugnisse der Fischerei und der Aquakultur, ABl. 2013, L 354/1

Verordnung (EU) Nr. 1380/2013 vom 11. 12. 2013 über die Gemeinsame Fischereipolitik, ABl. 2013, L 354/22

Delegierte Verordnung (EU) Nr. 807/2014 vom 11. 3. 2014 zur Ergänzung der Verordnung (EU) Nr. 1305/2013 über die Förderung der ländlichen Entwicklung durch den Europäischen Landwirtschaftsfonds für die Entwicklung des ländlichen Raums (ELER) und zur Einführung von Übergangsvorschriften, ABl. 2014, L 227/1

Delegierte Verordnung (EU) Nr. 639/2014 vom 11. 3. 2014 zur Ergänzung der Verordnung (EU) Nr. 1307/2013 mit Vorschriften über Direktzahlungen an Inhaber landwirtschaftlicher Betriebe im Rahmen von Stützungsregelungen der Gemeinsamen Agrarpolitik und zur Änderung des Anhangs X der genannten Verordnung, ABl. 2014, L 181/1

Delegierte Verordnung (EU) Nr. 640/2014 vom 11. 3. 2014 zur Ergänzung der Verordnung (EU) Nr. 1306/2013 in Bezug auf das integrierte Verwaltungs- und Kontrollsystem und die Bedingungen für die Ablehnung oder Rücknahme von Zahlungen sowie für Verwaltungssanktionen im Rahmen von Direktzahlungen, Entwicklungsmaßnahmen für den ländlichen Raum und der Cross-Compliance, ABl. 2014, L 181/48

Durchführungsverordnung (EU) Nr. 641/2014 vom 16. 6. 2014 mit Durchführungsbestimmungen zur Verordnung (EU) Nr. 1307/2013 mit Vorschriften über Direktzahlungen an Inhaber landwirtschaftlicher Betriebe im Rahmen von Stützungsregelungen der Gemeinsamen Agrarpolitik, ABl. 2014, L 181/74

Durchführungsverordnung (EU) Nr. 809/2014 vom 17. 7. 2014 mit Durchführungsbestimmungen zur Verordnung (EU) Nr. 1306/2013 hinsichtlich des integrierten Verwaltungs- und Kontrollsystems, der Maßnahmen zur Entwicklung des ländlichen Raums und der Cross-Compliance, ABl. 2014, L 227/69

Delegierte Verordnung (EU) Nr. 907/2014 vom 11. 3. 2014 zur Ergänzung der Verordnung (EU) Nr. 1306/2013 im Hinblick auf die Zahlstellen und anderen Einrichtungen, die finanzielle Verwaltung, den Rechnungsabschluss, Sicherheiten und die Verwendung des Euro, ABl. 2014, L 255/18

Durchführungsverordnung (EU) Nr. 908/2014 vom 6. 8. 2014 mit Durchführungsbestimmungen zur Verordnung (EU) Nr. 1306/2013 hinsichtlich der Zahlstellen und anderen Einrichtungen, der Mittelverwaltung, des Rechnungsabschlusses und der Bestimmungen für Kontrollen, Sicherheiten und Transparenz, ABl. 2014, L 255/59

Inhaltsübersicht

	Rn.
A. Einführung	1
B. Landwirtschaft und Fischerei	6
C. Anwendungsbereich	9
I. Sachlicher Anwendungsbereich	9
1. Landwirtschaft	10
2. Landwirtschaftliche Erzeugnisse	12
II. Räumlicher Anwendungsbereich	16
D. Binnenmarkt	17
E. Gemeinsame Agrarpolitik (GAP)	20
I. Bedeutung	20
II. Entwicklung	21
1. Anfänge	21
2. Fehlentwicklungen	22
3. Reform 1992	23
4. Reform 2000	25
5. Reform 2003	26
6. Reform 2013	28
III. Gestaltung	33
1. Erste Säule	34
2. Zweite Säule	36
3. Rechtsharmonisierung	38
IV. Globalisierte Agrarpolitik	39
1. Wirtschaftsrecht	40
2. Umweltrecht	43
F. Gemeinsame Fischereipolitik (GFP)	45

A. Einführung

1   Art. 38 bis 44 AEUV widmen sich der Landwirtschaft und der Fischerei (Dritter Teil, Titel III). Die **systematische Stellung** dieser Vorschriften verdeutlicht bereits die besondere Bedeutung, die diesen Themen innerhalb des Europarechts zukommt. Die Grundlagen der Landwirtschafts- und Fischereipolitik finden sich nicht wie die anderen sektoriellen Regelungen weiter hinten im Vertrag (ab Titel VI) sondern zwischen den Grundfreiheiten freier Warenverkehr (Titel II) und Freizügigkeit, freier Dienstleistungs- und Kapitalverkehr (Titel IV).

2   Dieser hervorgehobenen Stellung entspricht insbesondere die politische **Bedeutung**, die der darauf fußenden Gemeinsamen Agrarpolitik (GAP) der EU zukommt. So nimmt die Landwirtschaft seit Bestehen der EWG eine besondere Rolle ein, indem sie die älteste vollständig vergemeinschaftete Politik darstellt und regulierend in den Markt eingreift. Damit befindet sie sich einerseits in einem vorbildlich weit fortgeschrittenen Integrationsstand, andererseits sind von ihr immer wieder auch allgemeine Impulse für die Integration der EG insgesamt ausgegangen.[1] Überdies verfügt die unionale Landwirtschaftspolitik in der Öffentlichkeit über hohe Präsenz, sie betrifft stärker als viele andere Politikbereiche die menschlichen Lebensgrundlagen und ist damit durchwegs »sichtbar« und Gegenstand von Diskussionen. Aber auch aufgrund des immer noch sehr hohen Anteils der Agrarausgaben am Gesamthaushalt ist sie ein beliebter Spielball zwischen den politischen Kräften. Dabei gilt das unionale Agrarrecht nicht ganz zu Unrecht als das »wohl komplexeste Gebilde der gemeinschaftlichen Rechtsordnung«,[2] dessen positive Kenntnis durch Rechtsunterworfene und Behörden schon aufgrund seiner Kasuistik, Technizität und Kurzlebigkeit wesentlich erschwert wird. Wegen der umfassenden Zuständigkeit der Union für die Landwirtschaft (einschließlich der Fischerei) und der ergriffenen wirtschaftslenkenden Maßnahmen in großem Ausmaß, betrifft der überwiegende Teil aller erlassenen Unionsrechtsakte auch heute noch die Agrarpolitik.[3] Erging allerdings früher nahezu die Hälfte der Rechtsakte der gesamten EU im Bereich Landwirtschaft,[4] so geht der Anteil des Agrarrechts seit einiger Zeit kontinuierlich zurück.[5]

3   Eine andere wirkungsmächtige Tendenz im gemeinsamen Agrarrecht lässt sich auch mit den Stichworten der Kohärenz und Integration in einer vernetzten, integrierten Betrachtung und Berücksichtigung aller berührten Politikbereiche beschreiben.[6] Im besonderen Maße trifft dies auf die Integration der Umweltpolitik zu (Art. 11 AEUV). So können auch auf Art. 192 AEUV gestützte Rechtsakte der Umweltpolitik agrarrechtli-

---

[1] So *Martinez*, in: Calliess/Ruffert, EUV/AEUV, Art. 38 AEUV, Rn. 3; *Ahner*, S. 847.
[2] *Schwarze*, Europäisches Verwaltungsrecht, S. 380. Zu Vereinfachungsdiskussionen siehe z.B. *Priebe*, EuZW 1999, 705; *Seidel*, AgrarR 2000, 381.
[3] Allerdings handelt(e) es sich bei vielen Vorschriften lediglich um periodische Neufestsetzungen von Abgaben oder Subventionen, Ankaufs- und Verkaufspreisen, Abschöpfungen, Erstattungen usw., deren Geltungsbereich zeitlich und sachlich eng begrenzt und deren Aufbau und Inhalt weitgehend standardisiert ist.
[4] *Richli*, BlAR 2002, 75 (80); *Leidwein*, Europäisches Agrarrecht, S. 35, geht von rund 40 % aus.
[5] Im Fundstellennachweis des geltenden Unionsrechts entfielen im September 2009 noch rund 17 % der Rechtsakte auf den Agrarbereich. Bei der Rechtsprechung umfasst der Landwirtschaftsbereich etwa 18 % aller bislang ergangenen Urteile der europäischen Gerichte; *Busse*, in: Schulze/Zuleeg/Kadelbach, Europarecht, § 25, Rn. 77 ff.
[6] *Norer*, Agrarrecht – eine Einführung, in: Norer (Hrsg.), Handbuch des Agrarrechts, S. 12 f.; *Norer/Bloch*, in: Dauses, Handbuch des EU-Wirtschaftsrechts, Abschnitt G, September 2011, Rn. 28.

che Relevanz aufweisen. Ähnliches trifft auf zahlreiche Abgrenzungsprobleme im Verhältnis zu anderen Rechtsgrundlagen des AEUV zu, die sich aufgrund der für die GAP typischen Regelungsdichte ergeben, wie etwa Handelspolitik, Gesundheits- oder Verbraucherschutz (s. Art. 43 AEUV, Rn. 6). Das europäische Agrarrecht wird also längst nicht mehr ausschließlich im Rahmen der GAP gesetzt. Rechtsakte, die auf anderen Grundlagen als den Art. 38 bis 44 AEUV beruhen, gewinnen für die Land- und Forstwirtschaft ständig an Bedeutung. Bestimmungen des Umweltschutzrechtes und Naturschutzes, der Struktur- und Regionalpolitik, des Beihilfenrechtes, des Veterinär- und Gesundheitswesens ebenso wie internationale Abkommen, Rechtsakte und Normensetzung zur Verwirklichung des Binnenmarktes können weitreichende Auswirkungen haben.

Diese außergewöhnliche Bedeutung spiegelt sich jedoch nur sehr bedingt im hier behandelten Normenrahmen wider. Die Regelung hat lediglich **Rahmencharakter**[7] und stellt für Entwicklung und endgültige Ausgestaltung der Gemeinsamen Agrarpolitik (GAP) wie Gemeinsamen Fischereipolitik (GFP) nur relativ vage Vorgaben auf. Das ergibt sich bereits aus der Notwendigkeit der Durchführung einer gemeinsamen Politik, die auch stark divergierende Interessen so weit wie möglich zusammenzuführen hat.[8] Ein einheitlicher Regelungsrahmen quer über alle Betriebszweige und -formen in allen geographischen Regionen und Ländern, der imstande ist, den Reformen der jeweils konkreten Politik über Jahrzehnte hinweg als Rechtsgrundlage zu dienen, kann nur auf einer möglichst abstrakten Regelungsebene angesiedelt sein.[9] Gleichwohl hat sich dieses primärrechtliche Steuerungsdefizit selten als solches nachteilig ausgewirkt. Bezeichnenderweise war der Druck, die Landwirtschaftsartikel des jeweiligen Vertrages einer Revision zu unterziehen, offenbar nie so groß, dass er die darin zum Ausdruck kommende politische Balance überwinden hätte können.[10]

Die sieben Vertragsartikel sind denn auch seit ihrer ursprünglichen Inkraftsetzung 1957 (EWGV) zwar zweimal umnummeriert, aber nie inhaltlich wesentlich geändert worden. Seit dem AEUV ist die Nummerierung bezeichnenderweise wieder gleichlautend wie vor dem Vertrag von Amsterdam.[11]

B. Landwirtschaft und Fischerei (Abs. 1 UAbs. 1)

Der Landwirtschaftstitel wird mit Art. 38 AEUV eröffnet, der ausgehend von der Festlegung und Durchführung einer gemeinsamen Agrar- und Fischereipolitik insbesondere den Anwendungsbereich grundlegt. Die Bestimmung hat durch den Vertrag von Lissa-

---

[7] *Gilsdorf*, Gemeinsame Agrarpolitik, in: Götz/Kroeschell/Winkler (Hrsg.), Handwörterbuch des Agrarrechts, Band I, 1981, S. 725 (731).
[8] *Priebe*, in: Grabitz/Hilf/Nettesheim, EU, Art. 38 AEUV (März 2011), Rn. 1, sieht historisch in den Regelungen einen Interessenausgleich zwischen den eher agrarisch und den eher industriell geprägten Ländern.
[9] Der Landwirtschaftstitel umschreibt GAP und GFP nur grob, die genaue Ausgestaltung wird der weiteren Entwicklung und Konsensfindung überlassen; *Busse*, in: Lenz/Borchardt, EU-Verträge, Art. 38 AEUV, Rn. 6.
[10] Vgl. die nahezu unveränderte Textierung des Verfassungsentwurfs Art. III–225 bis III–232 EVV. Forderungen nach Aktualisierung der Landwirtschaftsartikel wurde nicht entsprochen. Lediglich die Stellung zwischen den Grundfreiheiten wäre durch Einordnung in das Kapitel »Die Politik in anderen Bereichen« relativiert worden. Im Detail *Burbach/List*, AUR 2006, 1 (2 ff.).
[11] Ex-Art. 38–47 EWGV; bis 1999 ex-Art. 38–47 EGV; bis 2009 ex-Art. 32–38 EGV.

bon zwei Änderungen erfahren. Die Bezugnahme auf den Gemeinsamen Markt wurde durch den Binnenmarkt ersetzt und die GFP wird nunmehr als eigener Sektor neben der GAP ausdrücklich genannt. Das entspricht auch der Normierung der geteilten Zuständigkeit der Union mit den Mitgliedstaaten, die sich explizit auf »Landwirtschaft und Fischerei, ausgenommen die Erhaltung der biologischen Meeresschätze« bezieht (Art. 4 Abs. 2 Buchst. d AEUV).

7   Der Einbezug der **Landwirtschaft** in das Regelungswerk der seinerzeitigen EWG und die Schaffung einer eigenständigen gemeinschaftlichen Agrarpolitik war aufgrund der weitgehenden Unterschiede des Agrarsektors zum Bereich der gewerblichen Wirtschaft nicht von vornherein selbstverständlich. Seine Ausklammerung hätte jedoch dem mit der EWG verfolgten Ansatz einer umfassenden ökonomischen Integration Europas widersprochen und erschien den Vertragsautoren daher, wie es der Spaak-Bericht aus dem Jahre 1956 formuliert, nicht denkbar.[12] Eine Einbindung landwirtschaftlicher Erzeugnisse in den Binnenmarkt und somit ihre Unterwerfung unter Grundfreiheiten, Wettbewerbspolitik und Rechtsharmonisierung konnte letztlich nur mit der Schaffung einer Agrarpolitik einhergehen, die den natürlichen, strukturellen und ordnungspolitischen Besonderheiten des Agrarsektors Rechnung trug.[13] Art. 38 Abs. 4 AEUV bringt dies zum Ausdruck und bildet damit die seinerzeit wie auch heute politisch unverzichtbare Ergänzung zu dem in Art. 38 Abs. 1 AEUV verankerten Prinzip.[14]

8   Die erstmalige Nennung der **Fischerei** im Titel sowie in Abs. 1 UAbs. 1 und 2 Satz 1, verbunden mit der Klarstellung von agrarpolitischen und landwirtschaftlichen Bezugnahmen in Abs. 1 UAbs. 2 Satz 3,[15] stellt eine redaktionelle Hervorhebung dar, ist aber nicht mit inhaltlichen Änderungen verbunden. Bisher war in den Regelungen die GFP als Teil der GAP abgebildet. Politisch jedoch hat die GFP damit einen deutlich sichtbareren Stellenwert erlangt, ist sie doch als eigenständige Politik anzusehen, die eigenen Problemlagen und sekundärrechtlichen Vorgaben folgt (s. Rn. 45).[16]

C. Anwendungsbereich (Abs. 1 UAbs. 2 und 3)

I. Sachlicher Anwendungsbereich

9   Art. 38 Abs. 1 UAbs. 2 AEUV geht von dem Grundsatz aus, dass der Binnenmarkt (früher: Gemeinsamer Markt) auch die Landwirtschaft, die Fischerei und den Handel mit landwirtschaftlichen Erzeugnissen umfasst. Während »**Landwirtschaft**« nicht definiert wird, sind »**landwirtschaftliche Erzeugnisse**« Erzeugnisse des Bodens, der Viehzucht und der Fischerei sowie die mit diesen in unmittelbarem Zusammenhang stehenden Erzeugnisse der ersten Verarbeitungsstufe.

---

[12] Siehe das entsprechende Zitat bei *Usher*, Legal Aspects of Agriculture in the European Community, 1988, S. 1.
[13] Im Detail siehe *Norer/Bloch*, in: Dauses, Handbuch des EU-Wirtschaftsrechts, Abschnitt G, September 2011, Rn. 21 f.
[14] *Von der Groeben*, Aufbaujahre der Europäischen Gemeinschaft, 1982, S. 99.
[15] Mitsamt der neuen Erwähnung der Fischerei auch in Art. 43 Abs. 2 und 3 AEUV.
[16] *Martinez*, in: Calliess/Ruffert, EUV/AEUV, Art. 38 AEUV, Rn. 2; *Lorenzmeier*, in: Vedder/Heintschel v. Heinegg, EVV, Art. 38, Rn. 10.

1. Landwirtschaft

Da dem Vertrag eine Definition des Begriffes »Landwirtschaft« fremd ist, ist dieser den **sekundärrechtlichen Regelungen** zu entnehmen.[17] Das Unionsrecht kennt in einzelnen Rechtstexten verschiedene Begriffe von Landwirtschaft, dasselbe gilt auch für verwandte Begriffskombinationen, wie insbesondere den »landwirtschaftlichen Betrieb«. Auch hier sucht man einen allgemeinen und einheitlichen Begriff, der im gesamten Geltungsbereich des Unionsrechts anwendbar wäre, vergeblich. Vielmehr gibt es je nach den von den speziellen Vorschriften verfolgten Zielen verschiedene Definitionen.[18] Als zentrale sekundärrechtliche Legaldefinitionen für die GAP haben sich im Laufe der Zeit jene für den landwirtschaftlichen Betriebsinhaber, den landwirtschaftlichen Betrieb, die landwirtschaftliche Tätigkeit, die landwirtschaftlichen Erzeugnisse sowie die landwirtschaftliche Fläche aus dem Direktzahlungsbereich herausgeschält, heute niedergelegt in Art. 4 Abs. 1 Buchst. a, b, c, d und e VO (EU) Nr. 1307/2013. Hier sei nur auf die Definition der landwirtschaftlichen Tätigkeit hingewiesen, die insbesondere für den Bereich der Basisprämienregelung gilt und auf Erzeugung, Zucht oder Anbau landwirtschaftlicher Erzeugnisse, Erhaltung von Flächen in einem Zustand, der sie ohne über die in der Landwirtschaft üblichen Methoden und Maschinen hinausgehende Vorbereitungsmaßnahmen für die Beweidung oder den Anbau geeignet macht sowie Ausübung einer bestimmten Mindesttätigkeit auf landwirtschaftlichen Flächen abstellt (Buchst. c). Die landwirtschaftlichen Erzeugnisse umfassen zwar die in Anhang I aufgeführten Erzeugnisse, allerdings minus solche der Fischerei sowie plus Baumwolle (Buchst. d). Fehlen im Sekundärrecht solche Bestimmungen, können die **Mitgliedstaaten** grundsätzlich begriffliche Eingrenzungen im Rahmen ihrer Durchführung des Unionsrechts vornehmen.[19]

Die fehlende primärrechtliche Definition der Landwirtschaft wird aber auch auf **Vertragsebene** kompensiert, nämlich durch den Begriff der landwirtschaftlichen Erzeugnisse (s. Rn. 12), über den in der Regel auf die landwirtschaftliche Tätigkeit, die das entsprechende Erzeugnis hervorbringt, geschlossen werden kann. Dennoch wäre eine klare übergreifende Definition manches Mal hilfreich.[20] Erstens da die Definition der landwirtschaftlichen Tätigkeit ausschließlich über die Erzeugnisse sich nicht auf bestimmte Erzeugergruppen oder -methoden beschränkt, etwa in der Abgrenzung zu gewerblicher Tätigkeit. Zweitens würde sie den Umgang mit horizontalen Regelungen, die allgemein für die Landwirtschaft gelten und nicht ein bestimmtes Erzeugnis betreffen (z.B. im Bereich des Agrarstruktur- oder Agrarsozialrechts), erleichtern. Und drittens verliert die Anknüpfung an die Herstellung landwirtschaftlicher Erzeugnisse im Zuge der Reformschritte der GAP zusehends an Bedeutung. So wurden bzw. werden Direktzahlungen auch geleistet etwa für die Nicht Produktion (Flächenstilllegung) oder unab-

---

[17] *Busse*, in: Lenz/Borchardt, EU-Verträge, Art. 38 AEUV, Rn. 26 ff.; *Kopp*, in: Streinz, EUV/AEUV, Art. 38 AEUV, Rn. 23.
[18] Der EuGH, Urt. v. 28.2.1978, Rs. 85/77 (Avicola Sant'Anna), Slg. 1978, 527, Rn. 5/8, betont ausdrücklich, dass dem Vertrag und dem abgeleiteten Gemeinschaftsrecht eine allgemeine und einheitliche gemeinschaftliche Definition des landwirtschaftlichen Betriebes nicht entnommen werden könne. Es obliege daher den Gemeinschaftsorganen, gegebenenfalls für die Zwecke einer aus dem Vertrag abgeleiteten Regelung eine solche Definition zu erarbeiten.
[19] EuGH, Urt. v. 28.2.1978, Rs. 85/77 (Avicola Sant'Anna), Slg. 1978, 527. Im Detail *Busse*, in: Lenz/Borchardt, EU-Verträge, Art. 38 AEUV, Rn. 27.
[20] Die Darstellung folgt *Thiele*, in: Calliess/Ruffert, EUV/AEUV, 4. Aufl., 2011, Art. 38 AEUV, Rn. 24 ff.

hängig von einer Erzeugungsleistung (Entkoppelung, Erhaltung von Flächen in gutem landwirtschaftlichem und ökologischem Zustand). Die Abgrenzungsdefinition des AEUV basiert jedoch auf der Idee einer Normgebung für Agrarprodukte, die als solche Gegenstand eines besonderen Handelstyps sind.

2. Landwirtschaftliche Erzeugnisse

12 Die Definition landwirtschaftlicher Erzeugnisse in Art. 38 Abs. 1 UAbs. 2 Satz 2 AEUV fokussiert auf die traditionellen Bereiche der Pflanzen- und Tierzucht, erweitert um die Fischerei, sowie die mit diesen in unmittelbarem Zusammenhang[21] stehenden Erzeugnisse der ersten Verarbeitungsstufe. Die Art. 39 bis 44 AEUV finden allerdings gemäß Art. 38 Abs. 3 AEUV tatsächlich nur auf jene Erzeugnisse Anwendung, die im **Anhang I** angeführt sind. Der Anhang enthält eine Liste von Warenbezeichnungen, aufgeschlüsselt nach den Nummern des früheren Brüsseler Zolltarifschemas, heute Kombinierte Nomenklatur (KN).[22]

13 Damit tun sich gewisse Widersprüche zwischen dem Artikeltext und dem konkretisierenden Anhang auf, denn letzterer enthält – entgegen der Definition – auch Erzeugnisse der zweiten Verarbeitungsstufe wie Margarine, Stärke, Kunsthonig oder diverse Zubereitungen.[23] Trotzdem liegt der Schluss nahe, dass die Landwirtschaft im Sinne des Vertrags die Erzeugung der genannten Produkte umfasst.[24]

14 Damit fallen einige wichtige landwirtschaftliche Urprodukte wie Holz, Baumwolle, Leinen oder Häute heraus, da diese in der Auflistung fehlen. Das gilt auch für Tätigkeiten, die nicht auf die Hervorbringung solcher landwirtschaftlicher Erzeugnisse ausgerichtet sind, wie z.B. Forstwirtschaft, Landschaftspflege oder Biomasse und Biogas.[25] Sie können jedoch Gegenstand von Regelungen im Rahmen der Landwirtschaft sein, wenn sie unmittelbar landwirtschaftlichen Zielen dienen.[26]

---

[21] Gemäß EuGH, Urt. v. 29.5.1974, Rs. 185/73 (Hauptzollamt Bielefeld/König), Slg. 1974, 607; Für *Busse*, in: Lenz/Borchardt, EU-Verträge, Art. 38 AEUV, Rn. 13, muss zwischen dem Erzeugnis der Urproduktion und dem Verarbeitungsprodukt ein offenkundiges wirtschaftliches Zuordnungsverhältnis bestehen, wobei die Anzahl der Bearbeitungsvorgänge unerheblich ist.

[22] VO (EWG) Nr. 2658/87 vom 23.7.1987 über die zolltarifliche und statistische Nomenklatur sowie den Gemeinsamen Zolltarif, ABl. 1987, L 256/1.

[23] Andererseits scheiden Verarbeitungsprodukte aus, die ein so kostenintensives Herstellungsverfahren durchlaufen, dass dem landwirtschaftlichen Ausgangsstoff als Kostenfaktor nur noch eine untergeordnete Rolle zukommt; EuGH, Urt. v. 29.5.1974, Rs. 185/73 (Hauptzollamt Bielefeld/König), Slg. 1974, 607, Rn. 13.

[24] Im Zweifelsfall geht der Anhang I der Definition im Text vor; EuGH, Urt. v. 29.2.1984, Rs. 77/83 (CILFIT), Slg. 1984, 1257, Rn. 11f. Im Detail siehe bspw. *Priebe*, in: Grabitz/Hilf/Nettesheim, EU, Art. 38 AEUV (März 2011), Rn. 16ff.; zur Frage der Änderungsmöglichkeit des Anhangs nach Ablauf der vorgesehenen Ausschlussfrist in 1959 siehe *Thiele* (Fn. 20), Art. 38 AEUV, Rn. 19.

[25] Soweit es sich um landwirtschaftliche, über den Eigenverbrauch hinausgehende Ausgangsstoffe handelt; siehe *Busse*, in: Lenz/Borchardt, EU-Verträge, Art. 38 AEUV, Rn. 23.

[26] So können bspw. zwar alle forstwirtschaftlichen Maßnahmen, die der Verbesserung der landwirtschaftlichen Struktur dienen, in die GAP einbezogen werden. Es ist aber nicht möglich, eine umfassende Forstpolitik allein auf Grundlage des Art. 43 AEUV zu entwickeln; dazu im Detail *Priebe*, in: Grabitz/Hilf/Nettesheim, EU, Art. 38 AEUV (März 2011), Rn. 33. Vgl. EuGH, Urt. v. 23.2.2006, verb. Rs. C–346/03 u. 529/03 (Atzeni u.a.), Slg. 2006, I–1875, Rn. 40ff., zur grundsätzlichen Nichterfassung von Holz durch Anhang I; überdies Urt. v. 2.7.2009, Rs. C–343/07 (Bavaria und Bavaria Italien), Slg. 2009, I–5491, Rn. 50, zu zulässigen ergänzenden Regelungen zu Nicht Anhang-I-Erzeugnissen in einer Verordnung betreffend Anhang-I-Erzeugnisse am Beispiel von Bier.

Überdies zählen zu den landwirtschaftlichen Erzeugnissen, abweichend vom allgemeinen Sprachgebrauch, per definitionem auch Fischereierzeugnisse. Aus dem neu eingefügten Art. 38 Abs. 1 UAbs. 2 Satz 3 AEUV folgt, dass mit Bezugnahmen auf die GAP oder auf die Landwirtschaft und der Verwendung des Wortes »landwirtschaftlich« jeweils auch die Fischerei gemeint ist.

15

II. Räumlicher Anwendungsbereich

Bezüglich des territorialen Anwendungsbereichs gelten keinerlei agrarspezifischen Sonderregeln, im Sinne von Art. 52 EUV sowie Art. 349 und 355 AEUV gilt die GAP in den Hoheitsgebieten aller Mitgliedstaaten (einschließlich völkerrechtlich zugeordnete Meeresgewässer)[27] sowie für die französischen Überseegebiete und die Azoren, Madeira und die Kanarischen Inseln. Für diese Sondergebiete Frankreichs, Portugals und Spaniens sieht Art. 349 AEUV unter Berücksichtigung der strukturbedingten sozialen und wirtschaftlichen Lage Sonderregelungen vor, wobei ausdrücklich auch Maßnahmen betreffend die Agrar- und Fischereipolitik genannt werden.[28] Auch hinsichtlich der Nicht- bzw. bedingten Anwendbarkeit auf die externen Hoheitsgebiete im Sinne des Anhangs II AEUV und die Inseln gemäß Art. 355 Abs. 4 ff. AEUV (Kanalinseln, Insel Man, Ålandinseln, Färöer) gibt es keinerlei Unterschiede zu den allgemeinen Bestimmungen.

16

D. Binnenmarkt (Abs. 2)

Der frühere Begriff des Gemeinsamen Marktes ist mit dem Lissabonner Vertrag durchgehend durch den des Binnenmarkts ersetzt worden. Gemäß Art. 38 Abs. 2 AEUV finden die Vorschriften für Errichtung und Funktionieren des Binnenmarkts auch auf die landwirtschaftlichen Erzeugnisse Anwendung,[29] soweit in den folgenden Artikeln nicht etwas anderes bestimmt ist. Die Landwirtschaft wird damit als Teil des Binnenmarktes gemäß Abs. 1 UAbs. 2 konsequenterweise auch seinen Regeln unterworfen, gleichzeitig aber werden darüber hinausgehende Ziele normiert und für deren Verfolgung spezielle Instrumente zur Verfügung gestellt. Daneben finden sich in Art. 38 AEUV noch weitere Bezugnahmen auf den Binnenmarkt (Abs. 1 UAbs. 2, Abs. 4).

17

Das Verhältnis zwischen den allgemeinen Vorschriften und denjenigen den Binnenmarkt für landwirtschaftliche Erzeugnisse betreffend, wird in der Literatur zutreffend als solches von lex generalis und lex specialis beschrieben.[30] Damit geht die Frage nach der Zulässigkeit der Abweichung von den Grundfreiheiten, sofern es die Ziele des Agrartitels rechtfertigen, einher. Während Personenfreizügigkeit, Dienstleistungsfreiheit und freier Kapitalverkehr im Agrarrecht grundsätzlich unbeschränkt zur Anwen-

18

---

[27] Vgl. zu den EU-Beitritten aus Sicht der GAP *Priebe*, in: Grabitz/Hilf/Nettesheim, EU, Art. 38 AEUV (März 2011), Rn. 12 und 103.
[28] VO (EU) Nr. 228/2013 vom 13.3.2013 über Sondermaßnahmen im Bereich der Landwirtschaft zugunsten der Regionen in äußerster Randlage der Union, ABl. 2013, L 78/23.
[29] Vgl. *Streinz*, Umfasst der Binnenmarkt auch die Landwirtschaft?, in: Institut für Landwirtschaftsrecht an der Universität Passau (Hrsg.), Landwirtschaft im Binnenmarkt, 1992, S. 3 ff.
[30] *Martinez*, in: Calliess/Ruffert, EUV/AEUV, Art. 38 AEUV, Rn. 19; eingehend *Priebe*, in: Grabitz/Hilf/Nettesheim, EU, Art. 38 AEUV (März 2011), Rn. 76 ff.

dung kommen,³¹ wirft der **freie Warenverkehr** eine Reihe von Fragen auf.³² Seit Ende der Übergangszeit ist von einer Bindung jedenfalls der Mitgliedstaaten auszugehen. Im Rahmen der gemeinsamen Agrarmarktorganisation ist daher ein Mitgliedstaat nicht zu einseitigen Abwehrmaßnahmen oder Verhaltensweisen berechtigt, um einer möglichen Missachtung des Unionsrechts durch einen anderen Mitgliedstaat entgegenzuwirken; dies ist allein Sache der Union.³³ Eine ein- oder ausfuhrbeschränkende Maßnahme eines Mitgliedstaates kann jedoch nach Art. 36 AEUV gerechtfertigt sein. Aber auch der Unionsgesetzgeber ist an den Grundsatz des freien Warenverkehrs grundsätzlich gebunden.³⁴ Abweichungen von der Warenverkehrsfreiheit sind nur zulässig, soweit sie aus spezifisch agrarpolitischen Gründen erforderlich sind.³⁵

19 Beispiele für Abweichungen sind zahlreich.³⁶ So erachtete der EuGH etwa den inzwischen aufgehobenen Währungsausgleich als mit dem Vertrag vereinbar,³⁷ wohl aus der Erwägung heraus, dass diese durch den Unionsgesetzgeber angeordnete Beschränkung des freien Warenverkehrs für das Funktionieren der Agrarmarktordnung unerlässlich war. Einschränkungen des Warenverkehrs wurden vereinzelt auch mit Rücksicht auf neu beigetretene Mitgliedstaaten vorgesehen.³⁸ Besonders weitreichende Beschränkungen des freien Warenverkehrs enthielten die von der Union anlässlich der BSE-Krise ergriffenen Maßnahmen.³⁹

---

³¹ Eine Ausnahme stellt etwa das speziellere Diskriminierungsverbot in Art. 40 Abs. 2 UAbs. 2 AEUV dar.

³² Vgl. EuGH, Urt. v. 20.4.1978, verb. Rs. 80/77 u. 81/77 (Commissionnaires réunis), Slg. 1978, 927, Rn. 24 ff. Im Detail *Martinez*, in: Calliess/Ruffert, EUV/AEUV, Art. 38 AEUV, Rn. 20.

³³ EuGH, Urt. v. 9.12.1997, Rs. C–265/95 (Kommission/Frankreich), Slg. 1997, I–6959, zum Anspruch der Union auf polizeiliches Einschreiten der Mitgliedstaaten bei Störungen des grenzüberschreitenden Warenverkehrs durch Private.

³⁴ Differenziert *Martinez*, in: Calliess/Ruffert, EUV/AEUV, Art. 38 AEUV, Rn. 23. Der EU-Gesetzgeber ist jedenfalls nicht befugt, im Rahmen von Marktordnungen die Mitgliedstaaten zu abweichenden Regelungen zu ermächtigen; EuGH, Urt. v. 20.4.1978, verb. Rs. 80/77 u. 81/77 (Commissionnaires réunis), Slg. 1978, 927.

³⁵ Vgl. *Priebe*, in: Grabitz/Hilf/Nettesheim, EU, Art. 38 AEUV (März 2011), Rn. 83 ff.; *Norer/Bloch*, in: Dauses, Handbuch des EU-Wirtschaftsrechts, Abschnitt G, September 2011, Rn. 273. Die für die Überwachung der Binnenmarktregeln wichtige RL (EU) 2015/1535 vom 9.9.2015 über ein Informationsverfahren auf dem Gebiet der Normen und technischen Vorschriften und der Vorschriften für die Dienste der Informationsgesellschaft, ABl. 2015, L 241/1, gilt auch für Normen im landwirtschaftlichen Bereich.

³⁶ Zu Exportbeschränkungen durch eine nationale Bestimmung, die die Abfüllung von Wein im Anbaugebiet fordert, EuGH, Urt. v. 16.5.2000, Rs. C–388/95 (Belgien/Spanien), Slg. 2000, I–3123, Rn. 36 ff. Zur Kontrolle von Weinen aus anderen Mitgliedstaaten EuGH, Urt. v. 5.6.1997, Rs. C–105/94 (Celestini/Saar-Sektkellerei Faber), Slg. 1997, I–2971. Zu systematischen Grenzkontrollen und Untersuchungskosten betreffend Magermilchpulver als (unzulässige) Maßnahmen und Abgaben gleicher Wirkung EuGH, Urt. v. 22.6.1994, Rs. C–426/92 (Deutschland/Deutsches Milch-Kontor), Slg. 1994, I–2757.

³⁷ Siehe insbesondere EuGH, Urt. v. 24.10.1973, Rs. 10/73 (Rewe/Hauptzollamt Kehl), Slg. 1973, 1175, Rn. 20 f.; dazu *Priebe*, in: Grabitz/Hilf/Nettesheim, EU, Art. 38 AEUV (März 2011), Rn. 86 ff.

³⁸ Z.B. Schaffleischmarktordnung EuGH, Urt. v. 15.9.1982, Rs. 106/81 (Kind/EWG), Slg. 1982, 2885; Beitrittsmechanismen für Spanien und Portugal. Die Übergangsmaßnahmen für die neuen deutschen Bundesländer verbaten die Vermarktung von Waren, für die Ausnahmen von Unionsregeln (etwa betreffend den Schutz von Gesundheit oder Umwelt) zugelassen worden waren, außerhalb dieser Länder (z.B. Art. 51 RL 90/654/EWG vom 4.12.1990 über die erforderlichen Übergangsmaßnahmen und Anpassungen der Richtlinien für Pflanzenschutz, Saat- und Pflanzgut und Erzeugnisse zur Tierernährung sowie der Rechtsvorschriften im Veterinär- und Tierschutzbereich aufgrund der Herstellung der deutschen Einheit, ABl. 1990, L 353/48).

³⁹ Zum unionalen Exportverbot von britischem Rindfleisch wegen BSE vgl. die Entscheidung

E. Gemeinsame Agrarpolitik (Abs. 4)

I. Bedeutung

Neben dieser Einbeziehung der Landwirtschaft in den Binnenmarkt legt Art. 38 AEUV im Abs. 4 auch den Anwendungsbereich der GAP fest. Durch die Gestaltung einer GAP soll der Binnenmarkt für Landwirtschaftserzeugnisse (und Fischereierzeugnisse) entwickelt und zum Funktionieren gebracht werden (beide müssen »Hand in Hand gehen«).[40] Damit werden der konkreten Ausgestaltung grundsätzliche Vorgaben gemacht.

20

II. Entwicklung[41]

1. Anfänge

Die Geschichte der GAP entwickelte sich vor dem Hintergrund der Ende der 1950er-Jahre bestehenden Ausgangslage, nämlich der wesentlichen Prägung der europäischen Landwirtschaft durch das Ziel der Versorgungssicherheit sowie einen relativen Entwicklungs- und Einkommensrückstand gegenüber anderen Wirtschaftszweigen.[42] Zu diesem Zeitpunkt reglementierte jeder der sechs Gründungsstaaten seine Landwirtschaft durch eine Fülle marktlenkender Bestimmungen, wobei die Agrarpolitiken der einzelnen Staaten durchaus unterschiedliche Ziele verfolgten. Für die Einbeziehung der Landwirtschaft in den gemeinsamen Markt erarbeitete dann die **Konferenz von Stresa** 1958 die Grundlinien für eine Gemeinsame Agrarpolitik.[43] Aufbauend auf den Bericht von Stresa entwickelte die Kommission den sogenannten (ersten) Mansholt-Plan, der 1960 zu einer Grundsatzentscheidung des Rates über die GAP und 1962 zu den ersten Verordnungen zur schrittweisen Einrichtung der gemeinsamen Marktordnungen führte.[44] Schließlich konnte die Errichtung **gemeinsamer Marktorganisationen** (GMO) für die meisten Produkte bis 1970 abgeschlossen werden. Die Grundregeln für die Finanzierung der GAP wurden noch im selben Jahr festgelegt.[45] Im Rahmen der später angelaufenen gemeinsamen Agrarstrukturpolitik wurden 1972 aufgrund des (zweiten) Mansholt-Plans die soziostrukturellen Richtlinien verabschiedet und 1975 durch Maßnahmen zugunsten

21

Nr. 96/239/EG vom 27.3.1996 mit dem zum Schutz gegen die Bovine Spongiforme Enzephalopathie (BSE) zu treffenden Dringlichkeitsmaßnahmen, ABl. 1996, L 78/47; dazu EuGH, Urt. v. 5.5.1998, Rs. C–157/96 (The Queen/National Farmers' Union u. a.), Slg. 1998, I–2211; Urt. v. 5.5.1998, Rs. C–180/96 (Vereinigtes Königreich/Kommission), Slg. 1998, I–2265.

[40] Ob dies auch die Absicht andeutet, dass am Ende ein selbstständig funktionierender Binnenmarkt ohne staatliche Intervention stehen soll, könne vermutet werden, auch wenn daraus kaum rechtliche Verbindlichkeiten herzuleiten seien; *Thiele* (Fn. 20), Art. 38 AEUV, Rn. 38.

[41] Ausführlich zur Geschichte der GAP siehe z. B. *Gilsdorf*, in: Grabitz/Hilf, Das Recht der Europäischen Union, 1998, vor Art. 38 EGV, Rn. 13. Weiter *Norer/Bloch*, in: Dauses, Handbuch des EU-Wirtschaftsrechts, Abschnitt G, September 2011, Rn. 2 ff.; *Kopp*, in: Streinz, EUV/AEUV, Art. 38 AEUV, Rn. 94 ff.

[42] Zur Entwicklung der gemeinsamen Agrarpolitik der ersten Jahre siehe *Europäische Kommission*, Eine gemeinsame Agrarpolitik für die Neunziger Jahre, 1989.

[43] Die Abschließende Entschließung ist in ABl. 1958, Nr. 11/281 abgedruckt.

[44] Erste Verordnungen zur schrittweisen Errichtung gemeinsamer Marktordnungen; VO (EWG) Nr. 25/1962 über die Finanzierung der gemeinsamen Agrarpolitik, ABl. 1962, Nr. 30/991; VO (EWG) Nr. 26/1962 zur Anwendung bestimmter Wettbewerbsregeln auf die Produktion landwirtschaftlicher Erzeugnisse und den Handel mit diesen Erzeugnissen, ABl. 1962, Nr. 30/993.

[45] VO (EWG) Nr. 729/70 vom 21.4.1970 über die Finanzierung der gemeinsamen Agrarpolitik, ABl. 1970, L 94/13.

der Berggebiete und sonstigen benachteiligten Gebiete ergänzt.[46] Diese Geschichte der ersten Jahre der europäischen Landwirtschaftspolitik ist in weitem Umfang auch die Geschichte der institutionellen Entwicklung der europäischen Integration. Die GAP galt deshalb auch lange Jahre hindurch als beispielhaft für die europäische Integration, ihr zum Teil negatives Image erhielt sie erst durch verschiedene Fehlentwicklungen in den Folgejahren.

2. Fehlentwicklungen

22   Als zentrales Problem der Agrarpolitik der 1980er und beginnenden 1990er Jahre sollten sich bald die Überschüsse und die damit einhergehenden extremen Finanzlasten für das Gemeinschaftsbudget herausstellen. Der weitreichende Außenschutz für die europäische Landwirtschaft und die internen Abnahmegarantien durch Interventionen förderten eine, durch die Technisierung ermöglichte beträchtliche Produktionssteigerung. Die Erzeugung von landwirtschaftlichen Gütern richtete sich nicht mehr nach den Bedürfnissen des Marktes, sondern orientierte sich nur noch an den Garantien der öffentlichen Stützung und führte zu den bekannten Lagerbeständen (insbesondere den sprichwörtlich gewordenen Milchseen und Butterbergen). Dies machte neben vielen anderen Faktoren Reformen der GAP immer dringlicher.

3. Reform 1992

23   Schließlich sah sich der Gemeinschaftsgesetzgeber 1992 veranlasst, für die wichtigsten landwirtschaftlichen Erzeugnisse eine umfassende Reform ins Werk zu setzen.[47] Diese brachte die deutliche Abkehr von einer (mehr oder weniger) unbeschränkten Preisgarantie und die Hinwendung zu direkten flächen- statt ertragsorientierten Einkommensbeihilfen, deren Ausgestaltung eine extensive, umweltgerechte Landwirtschaft gewährleisten sollten. Nicht zuletzt öffnete diese nach dem damaligen Landwirtschaftskommissar **MacSharry** benannte Reform von 1992 den Weg zum erfolgreichen Abschluss der Uruguay-Runde im Rahmen der neuen WTO.[48]

24   Hinzu trat das 1997 als politisches Leitbild entwickelte »**Europäische Agrarmodell**«,[49] das als europäische Position im WTO-Prozess eine multifunktionale, nachhaltige und wettbewerbsfähige europäische Landwirtschaft als Wirtschaftsfaktor vorsieht, die sich über den gesamten europäischen Raum einschließlich der benachteiligten Regionen und Berggebiete erstreckt. Sie muss in der Lage sein, die Landschaft zu pflegen, die Naturräume zu erhalten und einen wesentlichen Beitrag zur Vitalität des ländlichen Raumes zu leisten sowie den Anliegen und Anforderungen der Verbraucher in Bezug

---

[46] RL 72/159/EWG vom 17.4.1972 über die Modernisierung der landwirtschaftlichen Betriebe, ABl. 1972, L 96/1; RL 72/160/EWG vom 17.4.1972 zur Förderung der Einstellung der landwirtschaftlichen Erwerbstätigkeit und der Verwendung der landwirtschaftlich genutzten Fläche für Zwecke der Strukturverbesserung, ABl. 1972, L 96/9; RL 72/161/EWG vom 17.4.1972 über die sozioökonomische Information und die berufliche Qualifikation der in der Landwirtschaft tätigen Personen, ABl. 1972, L 96/15; RL 75/268/EWG vom 28.4.1975 über die Landwirtschaft in Berggebieten und in bestimmten benachteiligten Gebieten, ABl. 1975, L 206/15. Vgl. *Ehlermann*, AgrarR 1972, 261.

[47] Die Reform umfasste folgende Rechtsgrundlagen: VO (EWG) Nr. 1765/92 und 1766/92, ABl. 1992, L 181/12 ff.; VO (EWG) Nr. 2066/92–2080/92, ABl. 1992, L 215/49 ff.

[48] Siehe *Schrömbges*, ZfZ 1996, 2.

[49] Basierend auf den Schlussfolgerungen des Europäischen Rates von Luxemburg vom 12./13.12.1997, Doc SN 400/97, sowie des Rates Landwirtschaft vom 18.11.1997, Doc SN 4591/97.

auf Qualität und Sicherheit der Lebensmittel, Umweltschutz und Tierschutz gerecht zu werden.[50]

4. Reform 2000

Die vom Rat 1999 förmlich verabschiedete Reform »**Agenda 2000**« führte dann die Reform von 1992 fort.[51] Sie war Bestandteil der Globalvereinbarung des Europäischen Rates in Berlin, die neben der Reform der GAP auch die Reform der Strukturfonds, den neuen Finanzrahmen für den Zeitraum 2000 bis 2006 sowie Maßnahmen zur Vorbereitung der beitrittswilligen Länder umfasste.[52] Für die nächste Periode wurden insbesondere niedrigere institutionelle Preise zur Förderung der Wettbewerbsfähigkeit, erhöhte direkte Beihilfen, verstärkte Lebensmittelsicherheit und -qualität sowie die Integration von Umweltzielen vereinbart. V. a. aber wurde mit der Förderung der Entwicklung des ländlichen Raums eine gleichberechtigte zweite Säule der GAP im Bereich landwirtschaftlicher Strukturpolitik geschaffen.

25

5. Reform 2003

Bereits im Zuge der Verhandlungen über die »Agenda 2000« wurde eine Halbzeitbewertung (»Mid-term review«, MTR) der laufenden Periode vereinbart. Dabei kam die Kommission zum Ergebnis, dass weitere Reformen unerlässlich seien. In Durchbrechung der sich an den siebenjährigen Finanzrahmen orientierenden Reformperioden entpuppte sich die Halbzeitbewertung bald als einschneidende Reform von 2003, die verschiedentlich nach dem damaligen Agrarkommissar **Fischler** benannt wird.[53] Mit dem Vorziehen der eigentlich erst zum Ende des Finanzierungszeitraums 2006 anstehenden nächsten Reformetappe wurde mittels Einführung der produktionsunabhängigen einheitlichen Betriebsprämie, Cross Compliance, Modulation, Intensivierung der zweiten Säule und weiteren Revisionen der Marktpolitik versucht, bereits jetzt wichtige Eckpunkte einer künftigen Entwicklung bis zum Jahr 2013 vorwegzunehmen und finanziell abzusichern. Einerseits ist die Reform 2003 als Fortentwicklung der 1992 eingeleiteten Reformschritte zu sehen, andererseits hat sie mit der (grundsätzlichen) Entkoppelung der Direktzahlungen einen radikalen Systembruch bewirkt.[54]

26

Der daran anschließend durchgeführte »Gesundheitscheck« (»**Health Check**«) von 2008 trat rückwirkend zum 1. 1. 2009 in Kraft.[55] Befürchtungen, dass der »Gesundheitscheck« nach Vorbild des MTR zu einer umfassenden Neuausrichtung der Agrarpolitik genutzt werden würde, bewahrheiteten sich aber nicht.[56] Das weitgehende Erliegen der Verhandlungen im Rahmen der aktuellen WTO-Runde und das deutliche Zurückbleiben

27

---

[50] Siehe *Norer*, Lebendiges Agrarrecht, S. 287 f.
[51] Die Reform umfasste folgende Rechtsgrundlagen: VO (EG) Nr. 1251/1999–1259/1999, ABl. 1999, L 160/1 ff.; VO (EG) Nr. 1493/1999, ABl. 1999, L 179/1.
[52] *Priebe*, EuZW 1999, 482.
[53] Die Reform umfasste folgende Rechtsgrundlagen: VO (EG) Nr. 1782/2003–1788/2003, ABl. 2003, L 270/1 ff.; DurchführungsVO (EG) Nr. 795/2004 und 796/2004, ABl. 2004, L 141/1 ff.
[54] Siehe umfassend *Eckhardt*, S. 89 ff.
[55] Der »Health Check« umfasste folgende Rechtsgrundlagen: VO (EG) Nr. 72/2009, ABl. 2009, L 30/1, in Abänderung insbesondere VO (EG) Nr. 1234/2007; VO (EG) Nr. 73/2009, ABl. 2009, L 30/16, ablösend VO (EG) Nr. 1782/2003; DurchführungsVO (EG) Nr. 1120/2009–1122/2009, ABl. 2009, L 316/1 ff., ablösend VO (EG) Nr. 795/2004, 796/2004 und 1973/2004.
[56] *Eckhardt*, S. 134 f., und zu den Inhalten S. 136 ff. Bezeichnung als »Fischer-Boel-Reform« bei *Martinez*, in: Calliess/Ruffert, EUV/AEUV, Art. 40 AEUV, Rn. 72.

des endgültigen Rechtstextes hinter den ambitionierten Kommissionsvorschlägen bei der Deckelung der Direktzahlungen sowie in Bezug auf die Erhöhung der obligatorischen Modulation bedeutete letztlich ein Fortschreiben der mit der Reform 2003 begründeten Grundsätze.

6. Reform 2013

28 Der jüngsten Reformetappe der GAP für die laufende Periode 2014–2020 unter Agrarkommissar *Cioloş* liegt eine Mitteilung der Kommission vom November 2010[57] zugrunde. Nach fast zweijährigen Verhandlungen zwischen Kommission, Parlament und Rat wird im Rahmen des erstmals anzuwendenden Mitentscheidungsverfahrens (s. Art. 43 AEUV, Rn. 12) schließlich eine politische Einigung erzielt. Das Reformpaket umfasst vier Grundverordnungen des Parlaments und des Rates, die mit 1. 1. 2014 bzw. – die meisten der neuen Bestimmungen für Direktzahlungen – mit 1. 1. 2015 in Kraft treten.[58] Dazu kommen die delegierten Rechtsakte[59] und die Durchführungsrechtsakte der Kommission.[60] Die zeitliche Verzögerung machte gesonderte Übergangsbestimmungen für 2014 notwendig.[61]

29 Inhaltlich wird bei den Direktzahlungen die Fischler-Reform rückgängig gemacht und die Zuweisung aufgrund historischer Referenzwerte aufgegeben. Bis zu 70 % des verfügbaren nationalen Finanzrahmens stehen den Mitgliedstaaten nunmehr für die neue Basisprämienregelung zur Verfügung, abzüglich allfälliger Beträge für Zusatzzahlungen (Junglandwirte, benachteiligte Gebiete, Umverteilungsprämie) und gekoppelte Zahlungen. Die restlichen 30 % sind zwecks Bereitstellung ökologischer öffentlicher Güter durch die Betriebsinhaber künftig an die Anwendung bestimmter nachhaltiger landwirtschaftlicher Praktiken geknüpft (»Ökologisierungszuschlag«, »greening«). Zahlungen für Großbetriebe werden bei Beträgen von mehr als 150.000 Euro gekürzt (»Degressivität«). Die Mittelübertragung zwischen den einzelnen Säulen der GAP (s. Art. 40 AEUV, Rn. 20) wird erleichtert.

---

[57] *Europäische Kommission*, Die GAP bis 2020: Nahrungsmittel, natürliche Ressourcen und ländliche Gebiete – die künftigen Herausforderungen, KOM (2010) 672/5 vom 18. 11. 2010.
[58] Die Reform umfasst folgende Rechtsgrundlagen: VO (EU) Nr. 1305/2013–1308/2013, ABl. 2013, L 347/487 ff.
[59] Zur VO (EU) Nr. 1305/2013: Delegierte VO (EU) Nr. 807/2014, ABl. 2014, L 227/1; zur VO (EU) Nr. 1306/2013: Delegierte VO (EU) Nr. 640/2014, ABl. 2014, L 181/48; Delegierte VO (EU) Nr. 906/2014, ABl. 2014, L 255/1; Delegierte VO (EU) Nr. 907/2014, ABl. 2014, L 255/18; zur VO (EU) Nr. 1307/2013: Delegierte VO (EU) Nr. 639/2014, ABl. 2014, L 181/1; zur VO (EU) Nr. 1308/2013: Delegierte VO (EU) Nr. 499/2014–501/2014, ABl. 2014, L 145/5 ff.; Delegierte VO (EU) Nr. 611/2014–612/2014, ABl. 2014, L 168/55 ff.; Delegierte VO (EU) 2015/560, ABl. 2015, L 93/1. Für Kritik am im März 2014 verabschiedeten ersten Paket delegierter Rechtsakte siehe NL-BzAR 2014, 131.
[60] Zur VO (EU) Nr. 1305/2013: DVO (EU) Nr. 808/2014, ABl. 2014, L 227/18; zur VO (EU) Nr. 1306/2013: DVO (EU) Nr. 615/2014, ABl. 2014, L 168/95; DVO (EU) Nr. 809/2014, ABl. 2014, L 227/69; DVO (EU) Nr. 908/2014, ABl. 2014, L 255/59; zur VO (EU) Nr. 1307/2013: DVO (EU) Nr. 641/2014, ABl. 2014, L 181/74; zur VO (EU) Nr. 1308/2013: DVO (EU) Nr. 614/2014–615/2014, ABl. 2014, L 168/73 ff.
[61] VO (EU) Nr. 1310/2013 vom 17. 12. 2013 mit bestimmten Übergangsvorschriften betreffend die Förderung der ländlichen Entwicklung durch den Europäischen Landwirtschaftsfonds für die Entwicklung des ländlichen Raums (ELER), zur Änderung der Verordnung (EU) Nr. 1305/2013 betreffend die finanziellen Ressourcen und ihre Verteilung im Jahr 2014 sowie zur Änderung der Verordnung (EG) Nr. 73/2009 und der Verordnungen (EU) Nr. 1307/2013, (EU) Nr. 1306/2013 und (EU) Nr. 1308/2013 hinsichtlich ihrer Anwendung im Jahr 2014, ABl. 2013, L 347/865.

Parallel zum Ende der Milchquoten 2015 wird auch das Auslaufen der Zuckerquo- 30
tenregelung 2017 vorgesehen. Das Milchpaket von 2012 wird in die neue eGMO einbezogen, die bestehenden Regelungen der öffentlichen Intervention und Beihilfe für
private Lagerhaltung werden überarbeitet. Weiter kommt es für alle Sektoren zur Einführung neuer Sicherheitsklauseln, finanziert aus einer durch jährliche Kürzung der
Direktzahlungen gespeisten Krisenreserve. Die Regelungen für die Anerkennung von
Erzeugerorganisationen und Branchenverbänden werden auf alle Sektoren ausgeweitet, um die Verhandlungsmacht der Landwirte in der Lebensmittelversorgungskette zu
stärken.

Bei der Entwicklung des ländlichen Raums wird in der laufenden Periode am bewähr- 31
ten Grundkonzept festgehalten. Änderungen betreffen insbesondere die Entscheidungsfreiheit der Mitgliedstaaten bzw. Regionen, mit welchen der angebotenen Maßnahmen sie die vorgegebenen Ziele im Rahmen von sechs großen »Prioritäten« und
deren detaillierteren »Schwerpunktbereichen« erreichen wollen. Das Maßnahmenme-
nü wurde gestrafft und enthält neu die Themen Innovation, Klimaschutz und Risikomanagement.

Außerdem wird die Kommission vor Ende 2018 und 2021 einen Bericht über die 32
Bewertung der GAP in den drei Kernzielbereichen (rentable Nahrungsmittelerzeugung,
nachhaltige Bewirtschaftung der natürlichen Ressourcen und ausgewogene räumliche
Entwicklung) vorlegen.[62]

III. Gestaltung

Heute werden zwei Säulen der GAP unterschieden, die sich auf Grundlage der Verträge 33
herausgebildet haben. Für deren inhaltliche Ausgestaltung ist auf die folgende Kommentierung zu verweisen (für die 1. Säule s. Art. 40 AEUV, Rn. 4 ff.; für die 2. Säule s.
Art. 39 AEUV, Rn. 23).

1. Erste Säule

Die marktbezogenen Mechanismen der einheitlichen GMO (eGMO; VO (EU) 34
Nr. 1308/2013) und die gemeinsamen Regeln für Direktzahlungen im Rahmen der GAP
(VO (EU) Nr. 1307/2013) bilden die Grundlage der sogenannten 1. Säule der GAP. Sie
sind aus den vormals 21 sektoralen Gemeinsamen Marktorganisationen (GMO; s.
Art. 40 AEUV, Rn. 5) hervorgegangen.

Diese Maßnahmen sind zwingend von den Mitgliedstaaten durchzuführen, schaffen 35
damit einheitliche Rahmenbedingungen für die europäischen Landwirte und vermeiden
Wettbewerbsverzerrungen. Die Finanzierung erfolgt in der 1. Säule zu 100 % aus den
Mitteln des Europäischen Garantiefonds für die Landwirtschaft (EGFL).[63]

2. Zweite Säule

Die seit der Reform im Zuge der Agenda 2000 eigenständige 2. Säule der GAP umfasst 36
strukturpolitische und flankierende Maßnahmen zur 1. Säule. Rechtsgrundlage bildet
die VO (EU) Nr. 1305/2013, die im Rahmen der Förderung der Entwicklung des ländlichen Raums diverse Maßnahmen vorsieht, die zur Verwirklichung vordefinierter Prioritäten beitragen sollen.

---

[62] Art. 110 VO (EU) Nr. 1306/2013.
[63] Art. 4 VO (EU) Nr. 1306/2013.

37 Diese Maßnahmen sind fakultativ und können von den Mitgliedstaaten angeboten werden. Grundlage bildet die nationale Programmplanung auf Ebene Mitgliedstaat oder Region. Die Finanzierung erfolgt in der 2. Säule gemeinsam durch Mittel des Europäischen Landwirtschaftsfonds für die Entwicklung des ländlichen Raums (ELER) und der Mitgliedstaaten, wobei der Höchstsatz der ELER-Beteiligung je nach Entwicklungsstand der Region grundsätzlich zwischen 85 % und 53 % beträgt (Kofinanzierung).[64]

3. Rechtsharmonisierung

38 Gelegentlich wird die Rechtsharmonisierung auch als 3. Säule der GAP bezeichnet. Sie verfolgt die Harmonisierung staatlicher Rechtsvorschriften hinsichtlich Landwirtschaft und landwirtschaftlicher Erzeugnisse, primär bei den Anforderungen an die Qualität und Sicherheit von Agrarprodukten sowie den Verbraucher-, Umwelt- und Tierschutz (s. Art. 43 AEUV, Rn. 9).

IV. Globalisierte Agrarpolitik

39 Heute zeigt das Agrarrecht immer stärkere Tendenzen zu einer Internationalisierung, die teilweise weit über den europäischen Raum hinausreicht.[65] Einschlägige völkerrechtliche Bezüge treten im Bereich des Agraraußenhandels durch das Welthandelsrecht, aber auch in anderen Verknüpfungen wie zum Wirtschaftsvölkerrecht (Investitionsschutz), Umwelt- und Entwicklungsvölkerrecht hervor.

1. Wirtschaftsrecht

40 Die hier primär interessierenden Regeln des Welthandels leiten sich mehrheitlich aus internationalen Abkommen ab, welche im Rahmen des **General Agreement on Tariffs and Trade (GATT)** ausverhandelt wurden. Durch die Schaffung der Welthandelsorganisation (**World Trade Organization, WTO**) wurde all diesen Abkommen erstmals ein institutionelles Dach verliehen. Das WTO-Abkommen[66] ist ein multilaterales Abkommen, in dessen Rahmen bei Nichteinhaltung von Verpflichtungen durch ein Mitglied Sanktionen in Form von Strafzöllen und Ausgleichsmaßnahmen verhängt werden können. Neben diesem Streitschlichtungsmechanismus (»Dispute Settlement Understanding«)[67] besteht auch ein turnusmäßiger Mechanismus zur Überprüfung der Handelspolitik (»Trade Policy Review Mechanism«).[68]

41 Als Schlüsselelement für den Agrarsektor ist von den erst im Rahmen der Uruguay-Runde ausgehandelten und am 1.1.1995 in Kraft getretenen Abkommen das **Übereinkommen über die Landwirtschaft (LwÜ)**[69] zu nennen. Daneben spielen im agrarpolitischen Kontext das GATT 1994 selbst sowie eine Reihe weiterer Vereinbarungen wie das Übereinkommen über die Anwendung gesundheitspolizeilicher und pflanzenschutz-

---

[64] Art. 5 VO (EU) Nr. 1306/2013 i. V. m. Art. 58 f. VO (EU) Nr. 1305/2013.
[65] Vgl. z. B. *Richli*, Agrarrecht im Umbruch, S. 83 ff.; *Leidwein*, Europäisches Agrarrecht, S. 463 ff.; *ders.*, Internationalisierung, S. 33 ff. Im Detail *Norer/Bloch*, in: Dauses, Handbuch des EU-Wirtschaftsrechts, Abschnitt G, September 2011, Rn. 36 ff.; *Härtel*, in: Terhechte, Verwaltungsrecht der EU, § 37, Rn. 110 ff.
[66] ABl. 1994, L 336/3.
[67] ABl. 1994, L 336/234.
[68] ABl. 1994, L 336/251.
[69] ABl. 1994, L 336/22.

rechtlicher Maßnahmen (**SPS-Übereinkommen**),[70] das Übereinkommen über technische Handelshemmnisse (**TBT-Übereinkommen**),[71] das Übereinkommen über Einfuhrlizenzverfahren (**Lizenzübereinkommen**),[72] das Übereinkommen über Subventionen und Ausgleichsmaßnahmen (**Subventionsübereinkommen**),[73] das Übereinkommen über Schutzmaßnahmen (**Schutzklauselübereinkommen**),[74] das Allgemeine Übereinkommen über den Handel mit Dienstleistungen (**GATS**),[75] sowie das Übereinkommen über handelsbezogene Aspekte der Rechte des geistigen Eigentums (**TRIPS-Übereinkommen**)[76] eine wichtige Rolle.

Das Übereinkommen über die Landwirtschaft zählte zu den am härtesten umkämpften Teilen des gesamten WTO-Paktes. Es reglementiert das agrarpolitische Handeln der WTO-Mitglieder auf den Gebieten des Marktzugangs, der internen Stützung und der Subventionierung von Agrarexporten[77] und ist ein Schlüsselelement des WTO-Abkommens. Daneben bestehen noch zahlreiche **bilaterale Abkommen** wie Freihandelsabkommen, Weinabkommen und Investitionsschutzverträge.[78] 42

2. Umweltrecht

Multilaterale Umweltabkommen (Multilateral Environmental Agreements, **MEAs**) mit Agrarbezug sind vielfältig. Diese globalen Umweltabkommen, Konventionen oder Übereinkommen sind meist »non-self-executing-treaties« und haben die Integration bestimmter Ziele in alle Stufen der Gesetzgebung und Verwaltung zum Ziel. Verstößt ein Staat gegen solche Verpflichtungen oder missachtet er diese, sind meist Streitbeilegungsverfahren vorgesehen.[79] 43

An MEAs mit Agrarbezug sind insbesondere zu nennen das »Übereinkommen über Feuchtgebiete, insbesondere als Lebensraum für Wasser- und Wattvögel, von internationaler Bedeutung (RAMSAR)«, »Bonner Übereinkommen zur Erhaltung der wandernden wildlebenden Tierarten (CMS)«, »Übereinkommen über die biologische Vielfalt (CBD)«, »Rotterdamer Übereinkommen über das Verfahren der vorherigen Zustimmung nach Inkenntnissetzung für bestimmte gefährliche Chemikalien sowie Pflanzenschutz- und Schädlingsbekämpfungsmittel im internationalen Handel (PICs)«, »Übereinkommen zu Schutz und Nutzung grenzüberschreitender Wasserläufe und internationaler Seen«, »Übereinkommen über die Umweltverträglichkeitsprüfung im grenzüberschreitenden Rahmen« sowie »Übereinkommen zum Schutz der Alpen (Alpenkonvention)«. Heute treten zunehmend Kompatibilitätsbrüche zwischen den WTO-Regelungen und manchen MEA-Regelungen, die sich mit dem internationalen Handel beschäftigen, zu Tage.[80] 44

---

[70] ABl. 1994, L 336/40.
[71] ABl. 1994, L 336/86.
[72] ABl. 1994, L 336/151.
[73] ABl. 1994, L 336/156.
[74] ABl. 1994, L 336/184.
[75] ABl. 1994, L 336/190.
[76] ABl. 1994, L 336/213.
[77] Zu den Inhalten siehe z.B. *Norer/Bloch*, in: Dauses, Handbuch des EU-Wirtschaftsrechts, Abschnitt G, September 2011, Rn. 42 ff.; *Leidwein*, Europäisches Agrarrecht, S. 482 ff.
[78] Siehe im Detail *Norer/Bloch*, in: Dauses, Handbuch des EU-Wirtschaftsrechts, Abschnitt G, September 2011, Rn. 70 ff.
[79] *Leidwein*, AgrRS 6/2002, 33.
[80] Siehe *Norer*, Lebendiges Agrarrecht, S. 282 ff.

F. Gemeinsame Fischereipolitik[81]

45 Seit 1983 haben sich die Agrar- und Fischereipolitik immer stärker auseinander entwickelt. Heute stellt die Gemeinsame Fischereipolitik (GFP) eine gänzlich verselbständigte Politik dar, für die innerhalb der Kommission die eigenständige **GD Maritime Angelegenheiten und Fischerei (MARE)** zuständig ist. In ihr sind die Regeln für die Verwaltung der europäischen Fischereiflotte und für den Erhalt der Fischbestände zusammengefasst. Die GFP gewährt allen europäischen Fischereiflotten gleichen Zugang zu den Hoheitsgewässern der EU und zu deren Fischgründen. Gleichzeitig sind Regeln zur Bekämpfung der Überfischung (Fangquoten) und nachhaltigeren Gestaltung der Fischerei und Aquakultur enthalten. Auf die Marktordnung für Fischereierzeugnisse sei hingewiesen (s. Art. 40 AEUV, Rn. 5).[82]

46 Die aktuelle GFP wurde mit 1.1.2014 in Kraft gesetzt.[83] Das Finanzierungsinstrument stellt der **Europäische Meeres- und Fischereifonds (EMFF)** dar.[84]

---

[81] Im Detail siehe *Busse*, in: Lenz/Borchardt, EU-Verträge, Anh. Art. 38–44 AEUV, Rn. 1 ff.; *Martinez*, in: Calliess/Ruffert, EUV/AEUV, Art. 40 AEUV, Rn. 126 ff.; *Priebe*, in: Grabitz/Hilf/Nettesheim, EU, Art. 40 AEUV (März 2011), Rn. 135 ff.; *Kopp*, in: Streinz, EUV/AEUV, Art. 40 AEUV, Rn. 60 ff.
[82] VO (EU) Nr. 1379/2013.
[83] VO (EU) Nr. 1380/2013.
[84] Siehe Art. 1 VO (EU) Nr. 1303/2013 (s. Art. 40 AEUV, Rn. 66). Mit der VO (EU) Nr. 508/2014 vom 15.5.2014 über den Europäischen Meeres- und Fischereifonds, ABl. 2014, L 149/1, werden die Bedingungen für die finanzielle Unterstützung für die Meeres- und Fischereipolitik für den Programmplanungszeitraum 2014–2020 (»EMFF-Verordnung«) festgelegt.

Artikel 39 AEUV [Ziele der gemeinsamen Agrarpolitik]

(1) Ziel der gemeinsamen Agrarpolitik ist es,
a) die Produktivität der Landwirtschaft durch Förderung des technischen Fortschritts, Rationalisierung der landwirtschaftlichen Erzeugung und den bestmöglichen Einsatz der Produktionsfaktoren, insbesondere der Arbeitskräfte, zu steigern;
b) auf diese Weise der landwirtschaftlichen Bevölkerung, insbesondere durch Erhöhung des Pro-Kopf- Einkommens der in der Landwirtschaft tätigen Personen, eine angemessene Lebenshaltung zu gewährleisten;
c) die Märkte zu stabilisieren;
d) die Versorgung sicherzustellen;
e) für die Belieferung der Verbraucher zu angemessenen Preisen Sorge zu tragen.
(2) Bei der Gestaltung der gemeinsamen Agrarpolitik und der hierfür anzuwendenden besonderen Methoden ist Folgendes zu berücksichtigen:
a) die besondere Eigenart der landwirtschaftlichen Tätigkeit, die sich aus dem sozialen Aufbau der Landwirtschaft und den strukturellen und naturbedingten Unterschieden der verschiedenen landwirtschaftlichen Gebiete ergibt;
b) die Notwendigkeit, die geeigneten Anpassungen stufenweise durchzuführen;
c) die Tatsache, dass die Landwirtschaft in den Mitgliedstaaten einen mit der gesamten Volkswirtschaft eng verflochtenen Wirtschaftsbereich darstellt.

Literaturübersicht

Ehlermann, Kompetenzen der EWG im Bereich der Agrarstrukturpolitik, AgrarR 1092, 261; *Martínez*, Die Gestaltung des ländlichen Raums der Europäischen Union, in: Martínez/Schorkopf/Spindler/Stoll/Veit (Hrsg.), Jahrbuch des Agrarrechts, Band X, 2011, S. 111; *Mögele*, Europäische Union: Bedeutungsgehalt, Auslegung und Steuerungswirkung des Art. 39 des Vertrags über die Arbeitsweise der Europäischen Union, in: Norer (Hrsg.), Landwirtschaft und Verfassungsrecht – Initiativen, Zielbestimmungen, rechtlicher Gehalt, 2015, S. 89; *Priebe*, Le droit communautaire des structures agricoles, CDA 1988, 3; *Seidel*, Rechts- und Verfassungsprobleme der Kofinanzierung der Struktur- und Agrarpolitik der EU, ZEuS 1999, 549; vgl. Literatur zu Art. 38 AEUV.

Leitentscheidungen

EuGH, Urt. v. 23.2.1988, Rs. 68/86 (Vereinigtes Königreich/Rat), Slg. 1988, 855
EuGH, Urt. v. 5.10.1994, Rs. C–280/93 (Deutschland/Rat), Slg. 1994, I–4973
EuGH, Urt. v. 19.9.2002, Rs. C–336/00 (Huber), Slg. 2002, I–7699

Wesentliche sekundärrechtliche Vorschriften

Verordnung (EU) Nr. 1305/2013 vom 17.12.2013 über die Förderung der ländlichen Entwicklung durch den Europäischen Landwirtschaftsfonds für die Entwicklung des ländlichen Raums (ELER), ABl. 2013, L 347/487
Delegierte Verordnung (EU) Nr. 807/2014 vom 11.3.2014 zur Ergänzung der Verordnung (EU) Nr. 1305/2013 über die Förderung der ländlichen Entwicklung durch den Europäischen Landwirtschaftsfonds für die Entwicklung des ländlichen Raums (ELER) und zur Einführung von Übergangsvorschriften, ABl. 2014, L 227/1
Durchführungsverordnung (EU) Nr. 808/2014 vom 17.7.2014 mit Durchführungsvorschriften zur Verordnung (EU) Nr. 1305/2013 über die Förderung der ländlichen Entwicklung durch den Europäischen Landwirtschaftsfonds für die Entwicklung des ländlichen Raums (ELER), ABl. 2014, L 227/18

Inhaltsübersicht Rn.

A. Einführung 1
B. Ziele 2
    I. Inhalte 2
        1. Produktivitätssteigerung 3
        2. Angemessene Lebenshaltung 4
        3. Marktstabilisierung 6
        4. Versorgungssicherstellung 7
        5. Angemessene Verbraucherpreise 9
        6. Aktualisierung 11
    II. Einbindung 14
        1. Bedeutung 14
        2. Zielverfolgung 16
        3. Andere unionale Ziele 18
        4. Nationale agrarpolitische Ziele 19
C. Rahmenbedingungen 21
    I. Agrarstrukturpolitik und ländliche Entwicklung 23

A. Einführung

1 Die verbindlichen Ziele der Gemeinsamen Agrarpolitik (GAP) sind in Art. 39 Abs. 1 AEUV festgelegt, während die folgenden Art. 40–43 AEUV die zu ihrer Verwirklichung nötigen Instrumente und Verfahren vorsehen. Art. 39 Abs. 2 AEUV bezieht sich in diesem Zusammenhang auf die zu berücksichtigenden Rahmenbedingungen bei deren Gestaltung.

B. Ziele (Abs. 1)

I. Inhalte

2 Der Zielkatalog postuliert kurz zusammengefasst
– die Steigerung der Produktivität der Landwirtschaft,
– die Gewährleistung einer angemessenen Lebenshaltung für die landwirtschaftliche Bevölkerung,
– die Stabilisierung der Märkte,
– die Sicherstellung der Versorgung und
– die Belieferung der Verbraucher zu angemessenen Preisen.

1. Produktivitätssteigerung (Buchst. a)

3 Dieses Ziel lässt sich historisch mit der Nahrungsmittelknappheit in der Zeit nach dem Zweiten Weltkrieg und der mangelnden Produktion der späten 1950er-Jahre erklären. Das mag heute anachronistisch erscheinen, ist die jüngere Geschichte der GAP doch wesentlich vom genauen Gegenteil, nämlich dem Kampf gegen Überproduktion geprägt (s. Art. 38 AEUV, Rn. 22). Allerdings erwähnt Art. 39 Abs. 1 Buchst. a AEUV ausdrücklich mit Förderung des technischen Fortschritts, Rationalisierung der landwirtschaftlichen Erzeugung und bestmöglichem Einsatz der Produktionsfaktoren, insbesondere der Arbeitskräfte, Maßnahmen, die es erlauben, das Ziel weniger im Sinne einer »Produktionssteigerung«, also einer generellen mengenmäßigen Steigerung, als viel-

mehr einer »Produktivitätssteigerung« zu verstehen.[1] Die Überproduktion ist nicht als Zielsetzung im Landwirtschaftstitel grundgelegt.

2. Angemessene Lebenshaltung (Buchst. b)

Ausgehend von der auch in vielen Mitgliedstaaten beobachtbaren Erkenntnis, dass die Einkommen der landwirtschaftlichen Bevölkerung vielfach unter denen des Durchschnitts Erwerbstätiger anderer Sektoren liegen, propagiert Art. 39 Abs. 1 Buchst. b AEUV beispielhaft (»insbesondere«) die Erhöhung des Pro-Kopf-Einkommens der in der Landwirtschaft tätigen Personen. Für die konkrete Bestimmung der Angemessenheit steht dem Unionsgesetzgeber ein weites Ermessen zu, gerade angesichts der zum Teil beträchtlichen Einkommensunterschiede zwischen den Mitgliedstaaten, Regionen und Sektoren.[2]

Das Ziel der Angemessenheit der Lebenshaltung ist auch nicht zwingend über die Produktivitätssteigerung des ersten Ziels zu verfolgen. Beginnend mit der GAP-Reform 1992 durch die Einführung direkter Einkommensstützungen und spätestens seit den von der Produktionsleistung entkoppelten Direktzahlungen der Reform 2003 (s. Art. 38 AEUV, Rn. 26) ist das offensichtlich.[3] So können landwirtschaftliche Einkommen mit einer breiten Palette an Maßnahmen direkt oder indirekt gewährleistet werden (beispielsweise auch durch Außenhandels-, Wertschöpfungs- und Strukturmaßnahmen).

3. Marktstabilisierung (Buchst. c)

Mit der Stabilisierung der Märkte wird ein zentrales Ziel angesprochen, das mit vielfältigen Maßnahmen des unionalen Agrarrechts angestrebt wird, vornehmlich im Rahmen der GMO. Ein möglichst ausgewogenes Verhältnis von Angebot und Nachfrage – sowohl kurzfristig als auch langfristig[4] – wurde und wird in der Entwicklung der GAP beispielsweise mit Einfuhrzöllen, Ausfuhrerstattungen bzw. Abschöpfungen, Interventionsmechanismen oder Regeln der Überschusserzeugung (Quotierung, Stilllegung, Bestandsobergrenzen, Auspflanzverbote etc.) verfolgt. Das Ziel muss jedoch nicht auf jedes einzelne Agrarprodukt bezogen werden, auch besagt der Begriff nicht, dass unter früheren Marktbedingungen erlangte Stellungen unter allen Umständen erhalten bleiben müssen.[5]

4. Versorgungssicherstellung (Buchst. d)

Ebenfalls in der schlechten Versorgungslage der Nachkriegszeit grundgelegt wird auch dieses Ziel gesamthaft zu verstehen sein. Vorübergehende Engpässe bei einzelnen landwirtschaftlichen Produkten aufgrund von Ernteausfällen oder anderer Unwägbarkeiten bzw. weil bestimmte Erzeugnisse im Binnenmarkt nicht in ausreichender Menge oder nur mit unverhältnismäßigen Kosten produzierbar sind, stehen nicht im Gegensatz zur langfristigen Ausrichtung dieser Zielsetzung. Die bereits beim Ziel der Marktstabilisie-

---

[1] So *Busse*, in: Lenz/Borchardt, EU-Verträge, Art. 39 AEUV, Rn. 10.
[2] *Martinez*, in: Calliess/Ruffert, EUV/AEUV, Art. 39 AEUV, Rn. 7. Insbesondere zur zugrundeliegenden Paritätsdiskussion vgl. *Busse*, in: Lenz/Borchardt, EU-Verträge, Art. 39 AEUV, Rn. 11 f.
[3] Vgl. *Martinez*, in: Calliess/Ruffert, EUV/AEUV, Art. 39 AEUV, Rn. 9.
[4] *Martinez*, in: Calliess/Ruffert, EUV/AEUV, Art. 39 AEUV, Rn. 11.
[5] EuGH, Urt. v. 13.11.1973, verb. Rs. 63/72–69/72 (Werhahn Hansamühle u. a./Rat), Slg. 1973, 1229, Rn. 12 f.

rung genannten Instrumente des Außenhandels und die Anlegung von Interventionsbeständen sind dabei klassische Maßnahmen.

8 Allerdings befindet sich die GAP aktuell in einer Liberalisierungsphase, die mittlerweile bei der großen Mehrheit der Agrarprodukte einen sukzessiven Abbau dieser Instrumente, insbesondere der Interventionsmechanismen, bewirkt hat. Immerhin soll noch teilweise durch das Zurückfahren auf ein Krisennetz die Anfälligkeit der Agrarmärkte für Preisschwankungen minimiert werden.[6] In diesem Zusammenhang stellt sich in einigen Ländern neuerdings die oftmals verfassungsrechtlich verankerte Frage der **Ernährungssouveränität**.[7]

5. Angemessene Verbraucherpreise (Buchst. e)

9 Die Vorgabe, für die Belieferung der Verbraucher zu angemessenen Preisen Sorge zu tragen, hat vor Augen, dass es sich bei Agrarprodukten sehr oft um Grundnahrungsmittel handelt, auf deren Konsum die Bevölkerung angewiesen ist. Die marktordnungsrechtlichen Instrumente können teilweise auch dafür verwendet werden, durch eine Vermehrung des Angebots (z. B. durch Auflösung von Interventionsbeständen) günstigere Preise zu bewirken. Auch hier ist die Festlegung der Angemessenheit dem weiten Ermessen der EU-Organe anheimgestellt. Das Ziel ist jedenfalls nicht auf jedem Inlandsmarkt, sondern gesamthaft auf dem Binnenmarkt zu betrachten.[8]

10 Insgesamt ist dieses Ziel jedoch gegenüber den anderen Zielsetzungen eher nachrangig verfolgt worden.[9] Gleichwohl ist der Anteil der Nahrungsmittelkosten an den Gesamtausgaben der Verbraucher seit Einführung der EU-Agrarmarktorganisation erheblich gesunken.[10]

6. Aktualisierung

11 Bemerkenswerterweise wurde der Zielkatalog des Art. 39 Abs. 1 AEUV inhaltlich nie einer Adaption unterzogen. Insbesondere enthält er keinerlei Bezugnahme auf die in der Zwischenzeit verschobenen Akzente in den Zielsetzungen der GAP wie Implikationen des Umwelt- oder Verbraucherschutzes sowie der ländlichen Räume.[11]

12 Allerdings waren die Erfordernisse des Umweltschutzes (Integrationsklausel Art. 11 AEUV),[12] des Gesundheitsschutzes (Art. 168 Abs. 1 AEUV), der Kohäsionspolitik

---

[6] Krisenvorsorge und Lagerung bestimmter Grundnahrungsmittel auf europäischer bzw. nationaler Ebene, ähnlich wie bei Erdölprodukten, sind jedoch meist nicht existent; *Norer*, Ernährungssouveränität – agrarrechtliche Analyse einer schweizerischen Debatte aus europäischer Sicht, in: Martínez/Schorkopf/Spindler/Stoll/Veit (Hrsg.), Jahrbuch des Agrarrechts, Band X, 2011, S. 191 (206 ff.).

[7] Wenn die GAP nicht mehr in der Lage und nicht mehr Willens wäre, ein Mindestmaß an mitgliedstaatlicher Grundversorgung zu ermöglichen, stellte sie sich möglicherweise nicht nur in Widerspruch zu den Zielen des Art. 39 AEUV sondern auch zu grundlegenden nationalen Staatsgrundsätzen. Siehe *Norer* (Fn. 6), S. 205 ff.

[8] EuGH, Urt. v. 5.10.1994, Rs. C–280/93 (Deutschland/Rat), Slg. 1994, I–4973, Rn. 51.

[9] *Thiele*, in: Calliess/Ruffert, EUV/AEUV, 4. Aufl., 2011, Art. 39 AEUV, Rn. 11.

[10] So *Busse*, in: Lenz/Borchardt, EU-Verträge, Art. 39 AEUV, Rn. 16; siehe dort auch zum Streit um die GMO Bananen, Rn. 17.

[11] Dazu und im Folgenden *Norer/Bloch*, in: Dauses, Handbuch des EU-Wirtschaftsrechts, Abschnitt G, September 2011, Rn. 24 f.

[12] *Götz*, Umweltschutz und Land- sowie Forstwirtschaft, in: Rengeling (Hrsg.), Handbuch zum europäischen und deutschen Umweltrecht, Band II, Teilband 2, 2. Aufl., 2003, S. 1494 (1496, Rn. 6 ff.); *Norer*, Lebendiges Agrarrecht, S. 316 ff. Allgemein siehe bspw. *Kreuzer*, AgrarR 1989, 169; *Götz*, Umweltschutz und Landwirtschaft: Agrarumweltrecht der Europäischen Gemeinschaft, in:

(Art. 175 Abs. 1 AEUV) und die Ziele der Entwicklungszusammenarbeit (Art. 208 Abs. 1 AEUV) schon vor Amsterdam ausdrücklich Bestandteil der anderen Politiken der Gemeinschaft und somit auch der Agrarpolitik.[13] Der Amsterdamer Vertrag führte dann eine Reihe neuer, auch für die Agrarpolitik relevanter **Querschnittsaufgaben** in den Vertrag ein (Beschäftigung – Art. 147 Abs. 2 AEUV, Kultur – Art. 167 Abs. 4 AEUV, Gesundheitsschutz – Art. 168 Abs. 1 AEUV, Verbraucherschutz – Art. 12 AEUV, Industrie – Art. 173 Abs. 1 AEUV, Tierschutz – Protokoll Nr. 10 zum Amsterdamer Vertrag[14]). Dadurch wurde der Zielkatalog aufgebrochen, die Frage einer Revision hatte an Aktualität verloren. Teilweise wurde der Zielkanon bereits ohnehin als um insbesondere den Umweltschutz erweitert angesehen.[15] Andererseits konnte die Normierung zahlreicher Querschnittsaufgaben nicht das im Hinblick auf Art. 39 AEUV mittlerweile unübersehbare agrarpolitische Steuerungsdefizit ausgleichen. Dennoch stellte sich damals die Regierungskonferenz, die zum Amsterdamer Vertrag geführt hatte, der v. a. politisch delikaten Aufgabe einer Revision des agrarpolitischen Zielkatalogs nicht. Gleiches gilt für den Vertrag von Lissabon, auch hier wurden die Zielsetzungen nicht angetastet.[16]

Gleichwohl kann die 1997 erfolgte Formulierung des »**Europäischen Landwirtschaftsmodells**« (s. Art. 38 AEUV, Rn. 23) durchaus als Adaption und Modernisierung des Zielkatalogs des Art. 39 AEUV verstanden werden, wenn auch auf politischer Ebene.[17]

13

II. Einbindung

1. Bedeutung

Dem Zielkatalog des Art. 39 AEUV kommt angesichts der (bloßen) Rahmenregelung der Landwirtschaft im Vertrag (s. Art. 38 AEUV, Rn. 4) eine wichtige Rolle zu. So misst der EuGH die Zulässigkeit von GAP-Maßnahmen primär an diesen Zielbestimmungen als Auslegungs- und Bewertungsmaßstäbe[18] und billigt dabei den EU-Organen bei der Verfolgung der einzelnen Ziele weites Ermessen zu.[19] Als Ermessensfehlausübung wird insbesondere die offensichtliche Unerreichbarkeit des verfolgten Zieles angesehen,[20]

14

Rengeling (Hrsg.), Umweltschutz und andere Politiken der Europäischen Gemeinschaft, 1993, S. 173; *Schröder*, NuR 1995, 117.
 [13] *Burbach/Mindermann*, AgrarR 1998, 296.
 [14] *Burbach/Mindermann*, AgrarR 1998, 296.
 [15] So *Schweitzer/Hummer*, Europarecht, 1. Aufl., 1980, S. 268; *Streinz*, Europarecht, Rn. 1146.
 [16] Selbst im geplanten Verfassungsvertrag wäre der Zielkatalog der GAP unverändert fortgeschrieben worden; vgl. Art. III–227 EVV. Kritisch Mitteilung der Kommission, Eine Verfassung für die Union, KOM (2003) 548 endg. v. 17. 9. 2003, Rn. 22; *Khan*, in: Geiger/Kahn/Kotzur, EUV/AEUV, Art. 39 AEUV, Rn. 2.
 [17] *Norer*, Lebendiges Agrarrecht, S. 287 f.
 [18] EuGH, Urt. v. 5. 7. 1977, Rs. 114/76 (Bela Mühle/Grows Farm), Slg. 1977, 1211, Rn. 5 ff. und st. Rspr. Diese Rechtsakte sind so auszulegen, dass sie der Verwirklichung der angestrebten Ziele möglichst nahe kommen; *Busse*, in: Lenz/Borchardt, EU-Verträge, Art. 39 AEUV, Rn. 8.
 [19] Die Grenzen dieser Ermessensausübung des Unionsgesetzgebers im Bereich der GAP unterliegen nach st. Rspr. der Kontrolle des EuGH; EuGH, Urt. v. 13. 3. 1968, Rs. 5/67 (Beus GmbH/Hauptzollamt München), Slg. 1968, 127 (129); EuGH, Urt. v. 11. 3. 1987, Rs. 27/85 (Vandemoortele/Kommission), Slg. 1987, 1129.
 [20] EuGH, Urt. v. 11. 7. 1989, Rs. 265/87 (Schräder/Hauptzollamt Gronau), Slg. 1989, 2237, Rn. 22 (Rechtmäßigkeit der Getreidemitverantwortungsabgabe).

der Begründung der Rechtsakte v. a. in den Erwägungsgründen kommt daher besondere Bedeutung zu.²¹ Hingegen sind die Ziele als solche nicht einklagbar.

15 Dementsprechend sind Zielverfehlungen im Regelfall wohl nur sehr schwer feststellbar. Im Zusammenhang mit Art. 40 Abs. 2 UAbs. 2 AEUV, wonach sich die gemeinsame Organisation der Agrarmärkte ausdrücklich auf die Verfolgung der Ziele des Art. 39 zu beschränken hat, mag aktuell allerdings der weitgehende Abbau des Interventions- und Außenhandelsregimes und die Frage, ob eine solche Liberalisierung auf Dauer dem Ziel der Marktstabilisierung Rechnung tragen wird können (s. Rn. 6), problematisch erscheinen.²²

2. Zielverfolgung

16 Schon aufgrund der **Heterogenität** der Ziele ist es unmöglich, diese gleichzeitig und mit gleicher Intensität zu verfolgen. So zielt bspw. die Belieferung der Verbraucher zu angemessenen Preisen auf ein tendenziell tiefes Preisniveau ab, während die Gewährleistung einer angemessenen Lebenshaltung der landwirtschaftlichen Bevölkerung aus der Optik landwirtschaftlicher Einkommen für eher höhere Preise für Agrarprodukte spricht. So werden Maßnahmen zur Produktivitätssteigerung, die auf die erhöhte Produktion eines landwirtschaftlichen Erzeugnisses abzielen, mit der Stabilisierung der Märkte für dieses Erzeugnis in Konflikt geraten. Damit stehen die Ziele zumindest teilweise in einem Spannungsverhältnis zueinander, sie bilden jedenfalls auch keinerlei Hierarchie.²³

17 Das den Unionsorganen bei der Gestaltung der Agrarpolitik zugesprochene **weite Ermessen**²⁴ erlaubt es allerdings, in Ausübung dessen bei ihrem Handeln nach Art und Schwere der zu bewältigenden Probleme vorzugehen und einzelnen Zielen jedenfalls zeitweise Priorität gegenüber anderen einzuräumen.²⁵ Das umfasst auch angemessen auf Veränderungen wirtschaftlicher oder politischer Natur zu reagieren, etwa auch Neuausrichtungen der GAP im Rahmen der diversen Reformschritte vorzunehmen.²⁶ Die EU-Organe haben sich bei ihrem Handeln um einen Ausgleich zwischen den verschiedenen Zielvorstellungen zu bemühen und eine einseitige Durchsetzung eines Ziels auf Kosten eines anderen möglichst zu vermeiden.²⁷

---

²¹ *Busse*, in: Lenz/Borchardt, EU-Verträge, Art. 39 AEUV, Rn. 3. EuGH, Urt. v. 7.9.2006, Rs. C-310/04 (Spanien/Rat), Slg. 2006, I-7285, Rn. 100 f. (Einforderung einer Folgenabschätzung).
²² *Busse*, in: Lenz/Borchardt, EU-Verträge, Art. 39 AEUV, Rn. 14.
²³ *Eiden*, DVBl 1988, 1087 (1088); *Martinez*, in: Calliess/Ruffert, EUV/AEUV, Art. 39 AEUV, Rn. 2; *Norer/Bloch*, in: Dauses, Handbuch des EU-Wirtschaftsrechts, Abschnitt G, September 2011, Rn. 24.
²⁴ EuGH, Urt. v. 5.10.1994, Rs. C-280/93 (Deutschland/Rat), Slg. 1994, I-4973, Rn. 46 ff.; *Olmi*, S. 22 und 80 ff. m. w. N. zur Rechtsprechung; *Priebe*, in: Grabitz/Hilf/Nettesheim, EU, Art. 39 AEUV (März 2011), Rn. 2; *Martinez*, in: Calliess/Ruffert, EUV/AEUV, Art. 40 AEUV, Rn. 117.
²⁵ *Priebe*, in: Grabitz/Hilf/Nettesheim, EU, Art. 39 AEUV (März 2011), Rn. 3; *Oppermann/Classen/Nettesheim*, Europarecht, § 24, Rn. 7.
²⁶ Zum Grundsatz der Rechtssicherheit und zum Prinzip des Vertrauensschutzes in Bezug auf Rechtsänderungen im EU-Agrarrecht siehe *Norer/Bloch*, in: Dauses, Handbuch des EU-Wirtschaftsrechts, Abschnitt G, September 2011, Rn. 297 ff. m. w. N. Vgl. bspw. zur 2009 vorgenommenen Erhöhung der Kürzungssätze im Rahmen der Modulation EuGH, Urt. v. 14.3.2013, Rs. C-545/11 (Agrargenossenschaft Neuzelle), ECLI:EU:C:2013:169, Rn. 22 ff.
²⁷ Siehe *Busse*, in: Lenz/Borchardt, EU-Verträge, Art. 39 AEUV, Rn. 2 ff. Zu den Grenzen der Ermessensausübung EuGH, Urt. v. 13.3.1968, Rs. 5/67 (Beus GmbH/Hauptzollamt München), Slg. 1968, 125 (147) und st. Rspr.; zur Beachtung des Verhältnismäßigkeitsgrundsatzes soweit mehrere Handlungsoptionen zur Zielerreichung in Frage kommen EuGH, Urt. v. 7.9.2006, Rs. C-310/04 (Spanien/Rat), Slg. 2006, I-7318, Rn. 97.

3. Andere unionale Ziele

Da Art. 39 AEUV nur rein agrarpolitische Zielsetzungen enthält und Art. 40 Abs. 2 UAbs. 2 AEUV nach seinem Wortlaut die Agrarpolitik auf die Verfolgung dieser Ziele ausrichtet, drängt sich die Frage auf, ob und wieweit im Rahmen der Agrarpolitik auch andere vom AEUV aufgestellte politische Zielsetzungen verfolgt oder berücksichtigt werden dürfen.[28] Einerseits sind die in Art. 38 bis 44 AEUV enthaltenen Mechanismen in erster Linie der Schaffung einer sachgerechten Agrarpolitik gewidmet, sodass den in Art. 39 AEUV genannten Zielen grundsätzlich Vorrang vor anderen Vertragszielen zukommt. Andererseits widerspräche es dem Wesen des Vertrages, würde die Agrarpolitik isoliert vom Gesamtzusammenhang der europäischen Integration mit ihren verschiedenen Gebieten verstanden.[29] Das agrarpolitische Handeln der Union muss sich neben den genannten Querschnittsaufgaben (s. Rn. 12) vielmehr auch in die **allgemeinen Vertragsziele** (Art. 3 bis 6 AEUV) einfügen und diesen Rechnung tragen.[30] Umgekehrt werden aber auch im Rahmen der Verfolgung anderer Zielsetzungen die Ziele der GAP von den anderen Politiken zu beachten sein.[31]

18

4. Nationale agrarpolitische Ziele

Agrarpolitische Zieldefinitionen existieren (teilweise) auch in den nationalen Rechtsvorschriften. So spricht das deutsche Landwirtschaftsgesetz (LwG)[32] in § 1 davon, dass die Landwirtschaft mit den Mitteln der allgemeinen Wirtschafts- und Agrarpolitik – insbesondere der Handels-, Steuer-, Kredit- und Preispolitik – in den Stand zu setzen ist, die für sie bestehenden naturbedingten und wirtschaftlichen Nachteile gegenüber anderen Wirtschaftsbereichen auszugleichen und ihre Produktivität zu steigern, um ihr die Teilnahme an der fortschreitenden Entwicklung der deutschen Volkswirtschaft und um der Bevölkerung die bestmögliche Versorgung mit Ernährungsgütern zu sichern. Damit soll gleichzeitig die soziale Lage der in der Landwirtschaft tätigen Menschen an die vergleichbarer Berufsgruppen angeglichen werden.[33] Wesentlich detaillierter und moderner sind demgegenüber die Zielsetzungen der diversen Landeslandwirtschaftsgesetze.[34]

19

---

[28] Siehe im Folgenden *Norer/Bloch*, in: Dauses, Handbuch des EU-Wirtschaftsrechts, Abschnitt G, September 2011, Rn. 25.
[29] So ist nach Art. 39 Abs. 2 Buchst. c AEUV u.a. die Tatsache zu berücksichtigen, »dass die Landwirtschaft in den Mitgliedstaaten einen mit der gesamten Volkswirtschaft eng verflochtenen Wirtschaftsbereich darstellt.«
[30] EuGH, Urt. v. 23.2.1988, Rs. 68/86 (Vereinigtes Königreich/Rat), Slg. 1988, 855, Rn. 10 ff.; Urt. v. 23.2.1988, Rs. 131/86 (Vereinigtes Königreich/Rat), Slg. 1988, 905, Rn. 14 ff.; siehe *Priebe*, in: Grabitz/Hilf/Nettesheim, EU, Art. 39 AEUV (März 2011), Rn. 5; *Scherer/Heselhaus*, in: Dauses, Handbuch des EU-Wirtschaftsrechts, Abschnitt O, Juni 2010, Rn. 120.
[31] *Busse*, in: Lenz/Borchardt, EU-Verträge, Art. 39 AEUV, Rn. 9; bspw. EuGH, Urt. v. 8.3.2012, Rs. C–524/10 (Kommission/Portugal), ECLI:EU:C:2012:129, Rn. 47 ff. Zur Auflösung von Zielkonflikten zwischen verschiedenen Politikbereichen siehe *Ruffert*, in: Calliess/Ruffert, EUV/AEUV, Art. 3 EUV, Rn. 11.
[32] Landwirtschaftsgesetz vom 5.9.1955, BGBl. I 1955, S. 565.
[33] Dazu und den historischen Hintergründen siehe *Nonhoff*, Das Landwirtschaftsgesetz, 1956; *Puvogel*, Der Weg zum Landwirtschaftsgesetz, 1957; *Priebe*, Landwirtschaftsgesetz, in: Götz/Kroeschell/Winkler (Hrsg.), Handwörterbuch des Agrarrechts, Band II, 1982, S. 356 (358); *Lücker*, 30 Jahre Landwirtschaftsgesetz, FS Priebe, 1987, S. 29 (30); *Busse*, in: Schulze/Zuleeg/Kadelbach, Europarecht, § 25, Rn. 17 ff.
[34] Siehe *Zillenbiller*, Landwirtschaftsförderungsgesetze, in: Götz/Kroeschell/Winkler (Hrsg.)

20 Damit drängt sich die Frage des Verhältnisses der nationalen Zielsetzungen zu jenen des Art. 39 AEUV auf. Für das Bundeslandwirtschaftsgesetz hat sich diese jedoch nie gestellt, da die in § 1 formulierten Ziele weder in der Agrarpolitik der Bundesrepublik noch der EG jemals umstritten waren und keine Bundesregierung daraus eine Verpflichtung zu ganz bestimmten Maßnahmen abgeleitet hat. Insofern habe auch der Übergang auf das gemeinschaftliche agrarpolitische System erfolgen können, ohne das LwG irgendwie zu tangieren, zumal die Ziele beider Systeme weitgehend übereinstimmten.[35] Eine solche Fragestellung könnte eher bei detaillierteren Zielkatalogen auftreten.[36] Aufgrund der weiten Formulierung des Art. 39 AEUV werden aber auch hier allfällige Zielkonflikte – wenn überhaupt – dann nur am Rande auftreten, die interpretativ unionsrechtskonform zu lösen sein werden. Die nationale Agrarpolitik kann letztlich nur dann eigenständige Ziele verfolgen, wenn sich diese im Rahmen der unionsrechtlichen Vorgaben bewegen.

C. Rahmenbedingungen (Abs. 2)

21 Abs. 2 formuliert die Rahmenbedingungen für die Agrarpolitik, die bei ihrer Gestaltung zu berücksichtigen sind. Dabei handelt es sich einerseits mit der besonderen Eigenart der landwirtschaftlichen Tätigkeit (Buchst. a) und der Notwendigkeit der stufenweise Durchführung geeigneter Anpassungen (Buchst. b) um eine Verankerung der Besonderheiten der GAP, andererseits mit dem Hinweis auf die enge Verflechtung der Landwirtschaft in den Mitgliedstaaten mit der gesamten Volkswirtschaft (Buchst. c) um eine Klarstellung, dass der Agrarsektor keinesfalls isoliert behandelt werden kann.

22 Besondere Bedeutung ist allenfalls der besonderen Eigenart der landwirtschaftlichen Tätigkeit zuzumessen, wird diese doch sich aus dem sozialen Aufbau der Landwirtschaft und den strukturellen und naturbedingten Unterschieden der verschiedenen landwirtschaftlichen Gebiete ergebend beschrieben. Damit wird z. B. auf die weit verbreitete Struktur des Agrarsektors aus klein- und mittelständischen Betrieben sowie Familienbetrieben ebenso angespielt wie auf völlig unterschiedliche Produktionsbedingungen zwischen Gunst- und Ungunstlagen. Eine gemeinsame Agrarpolitik angesichts teilweise gravierend voneinander abweichender Ausgangslagen zwischen Erzeugern, Regionen und Mitgliedstaaten muss also notgedrungen auch ein sachlich gebotenes Maß an Differenzierungen (s. Art. 43 AEUV, Rn. 8) vorsehen.[37]

I. Agrarstrukturpolitik und ländliche Entwicklung

23 Seit 1972 hat sich neben der Marktordnungspolitik auch eine Agrarstrukturpolitik entwickelt, die mit der GAP-Reform 2000 als Politik der Förderung der Entwicklung des

---

(Fn. 33), 1982, S. 351 (353 f.); *Norer*, Landwirtschaftsgesetze – Grundgesetze für die Landwirtschaft?, in: Calliess/Götz/Veit/Winkler (Hrsg.), Jahrbuch des Agrarrechts, Band VI, 2004, S. 259 (274 ff.).

[35] So *Priebe* (Fn. 33), S. 360.

[36] Z. B. § 1 österreichisches Landwirtschaftsgesetz 1992 (LWG), BGBl. Nr. 375/1992, wo zwar die Ziele wesentlich breiter aufgefächert, jedoch ausdrücklich unter »Bedachtnahme auf die GAP« gestellt werden. Vgl. *Norer* (Fn. 34), S. 260 ff. m. w. N.

[37] *Busse*, in: Lenz/Borchardt, EU-Verträge, Art. 39 AEUV, Rn. 18 ff.; solche gerechtfertigten Ungleich- bzw. Gleichbehandlungen stünden auch nicht im Widerspruch zum Diskriminierungsverbot des Art. 40 Abs. 2 UAbs. 2 AEUV.

ländlichen Raums in die 2. Säule der GAP übergeführt worden ist (s. Art. 38 AEUV, Rn. 24 und 35). In der aktuellen Programmperiode 2014–2020 bildet die VO (EU) Nr. 1305/2013 die entsprechende zentrale Rechtsgrundlage.

Inhaltlich wurden bei Beibehaltung der grundsätzlichen Konzeption nationaler **Programmplanung** (»bottom up-Ansatz«) mit der Reform 2013 zahlreiche Änderungen vorgenommen. Nach wie vor konzipieren die Mitgliedstaaten oder Regionen mehrjährige Programme zur Entwicklung des ländlichen Raums.[38] Mit diesen Programmen wird eine Strategie zur Verwirklichung der unionalen Prioritäten über ein Maßnahmenbündel umgesetzt. Diese neuen sechs **Prioritäten** der Union für die Entwicklung des ländlichen Raums lauten: Förderung von Wissenstransfer und Innovation; Verbesserung von Lebens- und Wettbewerbsfähigkeit, Förderung innovativer landwirtschaftlicher Techniken und nachhaltiger Waldbewirtschaftung; Förderung einer Organisation der Nahrungsmittelkette, des Tierschutzes und des Risikomanagements; Wiederherstellung, Erhaltung und Verbesserung der Ökosysteme; Förderung der Ressourceneffizienz und des Übergangs zu einer kohlenstoffarmen und klimaresistenten Wirtschaft; Förderung der sozialen Eingliederung, Armutsbekämpfung und wirtschaftlichen Entwicklung in ländlichen Gebieten.[39] Die Kommission genehmigt jedes der Programme im Wege eines Durchführungsrechtsakts.[40]

24

Der neue **Maßnahmenkatalog** enthält über 20 verschiedene Maßnahmen,[41] die bisherige Einteilung in vier Schwerpunkte wurde aufgegeben. Jede dieser Maßnahmen muss zur Verwirklichung einer oder mehrerer der genannten Prioritäten beitragen.[42] Inhaltlich werden folgende Themenbereiche angesprochen: Innovation, Wissenstransfer und Information, Umstrukturierung/Investitionen/Modernisierung, Junglandwirte, Kleinlandwirte, Risikomanagement, Erzeugergruppierungen und -organisationen, Agrarumwelt und Klimaschutz, ökologischer/biologischer Landbau, Forstwirtschaft, Berggebiete, andere Gebiete mit naturbedingten oder sonstigen spezifischen Benachteiligungen, Zusammenarbeit, nichtlandwirtschaftliche Tätigkeiten, Basisdienstleistungen und Dorferneuerung sowie LEADER.[43] Der **Gesamtbetrag** für die neue Periode beträgt 84.936 Mio. Euro,[44] die Höchstsätze der EU-Kofinanzierung belaufen sich für die meisten Zahlungen auf bis zu 85 % in weniger entwickelten Regionen, 75 % in den Übergangsregionen, 63 % in anderen Übergangsregionen und 53 % in den übrigen Regionen. Diese können jedoch für bestimmte Maßnahmen hinaufgesetzt werden.[45] Überdies müssen die Mitgliedstaaten von den verfügbaren EU-Fördermitteln mindestens

25

---

[38] Art. 6 ff. VO (EU) Nr. 1305/2013. Neu besteht auch die Möglichkeit der Erstellung thematischer Teilprogramme, u. a. in den Bereichen Junglandwirte, kleine landwirtschaftliche Betriebe, Berggebiete, kurze Versorgungsketten, Frauen in ländlichen Gebieten oder Eindämmung des Klimawandels; Art. 7 VO (EU) Nr. 1305/2013.
[39] Art. 5 VO (EU) Nr. 1305/2013.
[40] Art. 10 VO (EU) Nr. 1305/2013.
[41] Art. 13 ff. VO (EU) Nr. 1305/2013.
[42] Anhang VI VO (EU) Nr. 1305/2013 enthält ein indikatives Verzeichnis der Maßnahmen von besonderer Bedeutung für die Unionsprioritäten.
[43] LEADER ist neu ein gemeinsamer Ansatz für partizipative lokale Entwicklung im Rahmen der europäischen Struktur- und Investitionsfonds EFRE, ESF, EMFF und ELER.
[44] Zur jährlichen Aufteilung auf die Mitgliedstaaten siehe Anhang I VO (EU) Nr. 1305/2013.
[45] Art. 58 ff. VO (EU) Nr. 1305/2013.

30 % für bestimmte Maßnahmen zur Landbewirtschaftung und zur Bekämpfung des Klimawandels[46] und mindestens 5 % für den LEADER-Ansatz verwenden.[47]

26 Weitere Vorschriften betreffen insbesondere die Verwaltung und Kontrolle,[48] Begleitung und Bewertung[49] sowie die Übertragung von Durchführungsbefugnissen an die Kommission und das Ausschussverfahren.[50] Überdies wird die neue Politik zur Entwicklung des ländlichen Raums über einen gemeinsamen strategischen Rahmen auf EU-Ebene sowie über Partnerschaftsvereinbarungen auf nationaler Ebene mit anderen Politikbereichen enger koordiniert.[51]

---

[46] Dabei handelt es sich um folgende Maßnahmen: Investitionen in materielle Vermögenswerte (nur umwelt-/klimabezogene Investitionen), alle forstspezifischen Maßnahmen; Agrarumwelt- und Klimamaßnahmen; ökologischer/biologischer Landbau; Natura–2000-Zahlungen (keine Zahlungen nach der Wasserrahmenrichtlinie) sowie Zahlungen für Gebiete mit naturbedingten oder sonstigen spezifischen Benachteiligungen.
[47] Art. 59 Abs. 5 f. VO (EU) Nr. 1305/2013.
[48] Art. 64 ff. VO (EU) Nr. 1305/2013.
[49] Art. 67 ff. VO (EU) Nr. 1305/2013.
[50] Art. 83 f. VO (EU) Nr. 1305/2013.
[51] Zu den vielfältigen Vernetzungen siehe Art. 52 ff. VO (EU) Nr. 1305/2013.

Artikel 40 AEUV [Gemeinsame Organisation der Agrarmärkte]

(1) Um die Ziele des Artikels 39 zu erreichen, wird eine gemeinsame Organisation der Agrarmärkte geschaffen.
Diese besteht je nach Erzeugnis aus einer der folgenden Organisationsformen:
a) gemeinsame Wettbewerbsregeln,
b) bindende Koordinierung der verschiedenen einzelstaatlichen Marktordnungen,
c) eine europäische Marktordnung.
(2) Die nach Absatz 1 gestaltete gemeinsame Organisation kann alle zur Durchführung des Artikels 39 erforderlichen Maßnahmen einschließen, insbesondere Preisregelungen, Beihilfen für die Erzeugung und die Verteilung der verschiedenen Erzeugnisse, Einlagerungs- und Ausgleichsmaßnahmen, gemeinsame Einrichtungen zur Stabilisierung der Ein- oder Ausfuhr.
Die gemeinsame Organisation hat sich auf die Verfolgung der Ziele des Artikels 39 zu beschränken und jede Diskriminierung zwischen Erzeugern oder Verbrauchern innerhalb der Union auszuschließen.
Eine etwaige gemeinsame Preispolitik muss auf gemeinsamen Grundsätzen und einheitlichen Berechnungsmethoden beruhen.
(3) Um der in Absatz 1 genannten gemeinsamen Organisation die Erreichung ihrer Ziele zu ermöglichen, können ein oder mehrere Ausrichtungs- oder Garantiefonds für die Landwirtschaft geschaffen werden.

Literaturübersicht

Adam/Bianchi, La PAC à l'heure du découplage, RMC 2004, 89; *Arnold/Walzel von Wiesentreu*, Agrarmarktordnungen – ein Beispiel für den europa- und völkerrechtlich bedingten Wandel einer zentralen Einrichtung des Wirtschaftsrechts, FS Pernthaler, 2005, S. 17; *Borchardt*, Die Reform der Gemeinsamen Agrarpolitik, FS Zuleeg, 2005, S. 473; *Busse*, Zu Entstehung und Inhalt der Verordnung (EG) Nr. 1234/2007 über eine gemeinsame Organisation der Agrarmärkte (Einheitliche GMO), in: Calliess/Härtel/Veit (Hrsg.), Jahrbuch des Agrarrechts, Band VIII, 2008, S. 3; *ders.*, Antrags- und Behördenirrtümer im InVeKoS-Recht der EU – Systematik und Rechtsprechung, in: Martínez/Schorkopf/Spindler/Stoll/Veit (Hrsg.), Jahrbuch des Agrarrechts, Band X, 2011, S. 53; *ders.*, Die Verordnung über eine gemeinsame Organisation der Agrarmärkte – von ihrer Entstehung 2007 bis zu ihrem Neuerlass 2013, ZfZ 2014, 113; *Busse/Haarstrich*, Agrarförderrecht einschließlich EU-Primärrecht, EU-Kartellrecht und EU-Gerichtsbarkeit, 2012; *Deimel*, Agrarverwaltung im Fadenkreuz der europäischen Finanzkontrolle, NL-BzAR 2000, 480; *Düsing/Kauch*, Die Zusatzabgabe im Milchsektor, 2001; *Duric/Senn*, Rückforderung von zu Unrecht gezahlter Ausfuhrerstattung und Sanktionen im Ausfuhrerstattungsbereich, ZfZ 1996, 98; *Eckhardt*, Die Reform der GAP 2003 – Zwischenbilanz und Ausblick, in: Norer/Holzer (Hrsg.), Agrarrecht Jahrbuch 2010, 2010, S. 87; *Ehlers/Wolffgang* (Hrsg.), Rechtsfragen der Europäischen Marktordnungen, 1998; *Eichenberg*, Die Instrumente der gemeinsamen Marktorganisationen zur Steuerung der Einfuhr von landwirtschaftlichen Drittlandserzeugnissen in die Gemeinschaft, 1997; *Eickstedt*, Vom Landwirt zum Landschaftspfleger. Umweltrechtliche Verhaltenssteuerung im Rahmen der Gemeinsamen Agrarpolitik am Beispiel des Ackerbaus, 2010; *Eiden*, Ökologisierung der Agrarbeihilfen durch die Agrarreform 2003, in: Schneider (Hrsg.), Beihilfe- und Vergaberecht als Rahmenbedingungen der Umweltpolitik, 2005, S. 159; *ders.*, Die Vorschriften der EU zur Finanzierung der gemeinsamen Agrarpolitik, GS Bleckmann, 2007, S. 109; *Feit*, Das System zum Schutz der finanziellen Interessen der Gemeinschaft im Ausfuhrerstattungsrecht, 2001; *Fischler*, Der Schutz der finanziellen Interessen der Europäischen Gemeinschaften – eine gemeinsame Aufgabe von Mitgliedstaaten und Europäischer Kommission, ÖJZ 1997, 521; *François*, Kontingentierung als produktionslenkende Maßnahme landwirtschaftlicher Produkte, 1997; *Frenz*, Ökologie und gemeinsame Agrarpolitik, NuR 2011, 771; *Gaster*, Die Überwachung der Anwendung des Agrargemeinschaftsrechts durch die Mitgliedstaaten, 1990; *Gehrke*, Die Milchquotenregelung, 1996; *Götz*, Umweltschutz und Land- sowie Forstwirtschaft, in: Rengeling (Hrsg.), Handbuch zum europäischen und deutschen Umweltrecht, Band II, 2. Aufl., 2003, S. 1494; *Grimm*, GAP-Reform 2003 – Rechtsnatur und Rechtsschutz der Zahlungsansprüche nach deutschem Recht, FS Holzer, 2007, S. 237; *Halla-Heißen/Nonhoff*, Marktordnungsrecht, 1997; *Halla-Heißen*, Subventionsbetrug bei Agrarexporten, 2004; *Harings/Stemplewitz*, Sanktionen im Marktordnungsrecht, in: Calliess/Härtel/Veit (Hrsg.), Jahrbuch des Agrarrechts, Band VIII, 2008, S. 31; *Härtel*, Die Gemeinsame Agrarpolitik (GAP) der Europäischen Union nach 2013 in juristischer Perspektive, in: Rentenbank (Hrsg.), Die Gemeinsame Agrarpolitik (GAP) der Europäischen Union nach 2013, 2011, S. 41; *Hedtmann*, Unregelmäßigkeiten und Betrug im europäischen Agrarsektor, EuR 2002, 122; *Heider*, Evaluierung der Cross Compliance im Rahmen des Health Check der Gemeinsamen Agrarpolitik: »Bagatellregelung« und »Haftungsregelung – Abkehr vom Verschuldensprinzip?«, AUR 2008, 393; *Holzer*, Die neue »Ökoarchitektur« der GAP, in: Norer/ders. (Hrsg.), Agrarrecht Jahrbuch 2015, 2015, S. 121; *Huth/Prinz*, Cross Compliance – Irrungen und Wirrungen, AUR 2005, 121; *Jack*, Agriculture and EU Environmental Law, 2009; *Jäger*, Kautionen im Agrarrecht der Europäischen Wirtschaftsgemeinschaft, 1994; *Kahl/Müller*, EU-Agrarbeihilfen – Wirtschaftsrechtliche Grundprobleme anhand des aktuellen Almflächenstreits, ZfV 2014, 1; *Karnitschnig*, Das Verhältnis von Landwirtschaft und Umweltschutz im Rahmen der Gemeinsamen Agrarpolitik, AgrarR 2002, 101; *Karpenstein*, Zum Rechtsschutz im Bereich der gemeinsamen Marktorganisationen: in: Schwarze (Hrsg.), Der Gemeinsame Markt, 1987, S. 85; *Killmann*, Gemeinschaftssanktionen im Agrarrecht als Vorläufer eines europäischen (Verwaltungs-) Strafrechts?, in: Norer/Holzer (Hrsg.), Agrarrecht Jahrbuch 2010, 2010, S. 149; *Killmann/Glaser*, Verordnung (EG, EURATOM) Nr. 2988/95 über den Schutz der finanziellen Interessen der Europäischen Gemeinschaften, 2011; *Krug*, Die Finanzierung der GAP im Kontext des Finanzverfassungssystems der EU, 2008; *Krüger*, Die Beschlüsse zur neuen Gemeinsamen Agrarpolitik und erste Entscheidungen zur nationalen Umsetzung, NL-BzAR 2014, 3; *Leidwein*, Agrarbeihilfen und Sanktionen, ecolex 2001, 94; *Lindinger*, Organisation der Finanzierung des EG-Agrarförderungssystems, ZfV 1997, 302; *List*, Die Reichweite des Datenschutzes im unionsrechtlichen Leistungssystem. Eine Analyse anhand des Integrierten Verwaltungs- und Kontrollsystems, 2012; *Lukanow*, Das EU-Kontrollrecht der landwirtschaftlichen Produktion, AgrarR 1994, 256; *Martínez*, Das Greening der Gemeinsamen Agrarpolitik, NuR 2013, 690; *Meyer-Bolte*, Agrarrechtliche Cross Compliance als Steuerungsinstrument im Europäischen Verwaltungsverbund, 2007; *Mögele*, Das integrierte Verwaltungs- und Kontrollsystem für Beihilfen im Bereich der Landwirtschaft, EuWS 1993, 305; *ders.*, Die Behandlung fehlerhafter Ausgaben im Finanzierungssystem der gemeinsamen Agrarpolitik, 1997; *ders.*, Kontingentierungsregelungen im Agrarwirtschaftsrecht aus juristischer Sicht, in: Norer (Hrsg.), Milchkontingentierungsrecht zwischen Aufhebung und Transformation, 2009, S. 105; *Mögele/Erlbacher* (Hrsg.), Single Common Market Organisation, 2011; *Mrozek*, Europäisches Marktordnungsrecht, die WTO und die Osterweiterung, 2004; *Nies*, Produktionsbeschränkungen in der Landwirtschaft, AgrarR-Beilage I/1994, 2; *Norer*, Rechtsfragen der Reform der Gemeinsamen Agrarpolitik 2003, 2007; *ders.* (Hrsg.), Milchkontingentierungsrecht zwischen Aufhebung und Transformation, 2009; *ders.* (Hrsg.), Agrarische Direktzahlungen – rechtliche Aspekte in Konzeption und Vollzug, 2011; *ders.*, Anatomie eines Anlastungsfalls (Rs. T–368/05): Fallstudie zur Rechtsprechung der EU-Gerichte bei finanziellen Berichtigungen im Agrarsektor in Bezug auf Kontrollmängel, FS Dauses, 2014, S. 271; *Peine*, Verknüpfung der Beihilfen mit der Einhaltung von Umweltstandards – Konsequenzen, AUR-Beilage I/2005, 11; *Pieper*, Die Rückforderung von Ausfuhrerstattungen und Vertrauensschutz, 2003; *Priebe*, Maßnahmen der Europäischen Gemeinschaften zur Beseitigung landwirtschaftlicher Überschüsse, FS Zeidler, 1987, S. 1729; *ders.*, Zum Rechtsrahmen der gemeinschaftlichen Strukturfonds, GS Grabitz, 1995, S. 551; *Pünder*, Rechtsfragen der Europäischen Marktordnungen, DVBl 1998, 771; *Queisner*, Rahmenbedingungen für eine umweltverträgliche Landwirtschaft im Europarecht. Zugleich ein Beitrag zur Reform der GAP, Cross Compliance und Klimaschutz, 2013; *Reinl*, Rechtsfragen im Zusammenhang mit Cross Compliance aus der Sichtweise des EG-Rechts, FS Holzer, 2007, S. 75; *Rüsken* (Hrsg.), Zollrecht, Losebattkommentar; *Scherer*, Das Rechnungsabschlussverfahren – Ein Instrument zur Durchsetzung des europäischen Verwaltungsrechts?, EuR 1986, 52; *Schima*, Der Vorschlag der Kommission für eine neue Direktzahlungsverordnung, in: Norer/Holzer (Hrsg.), Agrarrecht Jahrbuch 2012, 2012, S. 129; *Schröder*, Landwirtschaft und Marktordnung in der Europäischen Union, in: Ramsauer (Hrsg.), Landwirtschaft und Ökologie, 1998, S. 37; *Schrömbges*, Betrugsbekämpfung im europäischen Agrarbereich, ZfZ 1995, 130; *ders.*, Zur Rückforderungsproblematik bei Gemeinschaftsbeihilfen und Ausfuhrerstattungen, ZfZ 1997, 419; *ders.*, Erstattungsrechtliche Behandlung von Verarbeitungsausfuhren, EuZW 2000, 554; *ders.*, Zur Sanktionierung des Exporthandels mit Agrarerzeugnissen, ZfV 2001, 23; *Schrömbges/Schrader*, Zur Problematik der Sanktionsregelung im Ausfuhrerstattungsrecht, ZfZ 2001, 2; *Schrömbges/Uhlig/Reiche* (Hrsg.), Praxishandbuch Erstattungsrecht, 2006; *Schweizer/Seliger*, Cross Compliance – Bindung von EU-Zahlungen an die Einhaltung von Umwelt-, Tierschutz- und Lebensmittelstandards, AUR 2009, 44; *Spreen*, Neue Anforderungen an die Landwirtschaft durch Cross Compliance, AUR 2005, 37; *Steding*, Agrarmarktordnungsrecht – juristisches Harakiri für die Marktwirtschaft, NL-BzAR 8/1993, 2; *Stolle*, Kontrollen und Sanktionen von Direktzahlungen in der Europäischen Union: Integriertes Verwaltungs- und Kontrollsystem (InVeKoS). Verwaltung im Spannungsverhältnis zwischen Unionsrecht und nationalem Recht, in: Norer (Hrsg.), Agrarische Direktzahlungen – rechtliche Aspekte in Konzeption und Vollzug, 2011, S. 213; *Swoboda*, Föderale Mehrebenen-Vernetzung am Beispiel ELER, in: Härtel (Hrsg.), Handbuch Föderalismus, Band 2, 2012, S. 697.

Leitentscheidungen

EuGH, Urt. v. 13.11.1964, verb. Rs. 90/63 u. 91/63 (Kommission/Luxemburg und Belgien), Slg. 1964, 1331

EuGH, Urt. v. 10.12.1974, Rs. 48/74 (Charmasson/Ministre de l'économie und des finances), Slg. 1974, 1383

Wesentliche sekundärrechtliche Vorschriften

Verordnung (EU) Nr. 1303/2013 vom 17.12.2013 mit gemeinsamen Bestimmungen über den Europäischen Fonds für regionale Entwicklung, den Europäischen Sozialfonds, den Kohäsionsfonds, den Europäischen Landwirtschaftsfonds für die Entwicklung des ländlichen Raums und den Europäischen Meeres- und Fischereifonds sowie mit allgemeinen Bestimmungen über den Europäischen Fonds für regionale Entwicklung, den Europäischen Sozialfonds, den Kohäsionsfonds und den Europäischen Meeres- und Fischereifonds, ABl. 2013, L 347/320

Inhaltsübersicht

		Rn.
A.	Einführung	1
B.	Organisationsform	2
	I. Regelungsoptionen	3
	II. Gemeinsame Marktorganisation	4
C.	Regelungsinstrumente	8
	I. Allgemeines	9
	II. Preisregelungen	13
	III. Beihilfen	15
	1. Unionsbeihilfen	16
	a) Direktzahlungen	17
	aa) Allgemeine Bestimmungen	19
	bb) Betriebsprämienregelung	23
	b) Produktbezogene Beihilfen und Absatzmaßnahmen	30
	c) Landwirtschaftliche Betriebsberatung	31
	d) Cross Compliance	32
	e) InVeKoS	34
	2. Staatliche Beihilfen	40
	IV. Intervention und private Lagerhaltung	41
	V. Außenhandel	43
	VI. Produktionsbeschränkungen	47
	1. Quotierung	48
	a) Milchquoten	49
	b) Zuckerquoten	54
	2. Sonstige	57
D.	Beschränkungen auf Ziele	59
E.	Diskriminierungsverbot	60
F.	Finanzierung	65
	I. Fonds	66
	II. Rechnungsabschluss	69

A. Einführung

1   Art. 40 AEUV ist der gemeinsamen Organisation der Agrarmarkte gewidmet und damit eine der zentralen Vorschriften des Abschnitts über die Landwirtschaft. Darin finden sich Vorgaben für deren Organisationsformen (Abs. 1), Maßnahmen (Abs. 2) und Finanzierung (Abs. 3).

B. Organisationsform (Abs. 1)

2   Zur Erreichung der Ziele des Art. 39 AEUV wird die Einrichtung einer gemeinsamen Agrarmarktorganisation vorgesehen. Damit soll ein Binnenmarkt für Agrarerzeugnisse entstehen, der die wettbewerbsbeschränkenden Wirkungen der damals bestehenden nationalen Agrarmarktordnungen beseitigt.[1] In dieser Verlinkung mit dem Zielkatalog kommt zum Ausdruck, dass die Marktpolitik als erste und wichtigste Maßnahme der Gestaltung der GAP angesehen wird. Gleichwohl enthält die Bestimmung nicht die Notwendigkeit, für alle der in Anhang I aufgezählten Agrarprodukte spezifische Regelungen zu ergreifen, der Regelungsbedarf wird vielmehr jeweils im Zusammenhang mit einer allfälligen drohenden Zielverfehlung zu sehen sein.

I. Regelungsoptionen

3   Für die gemeinsame Organisation der Agrarmärkte werden mit gemeinsamen Wettbewerbsregeln (Buchst. a), bindender Koordinierung der verschiedenen einzelstaatlichen Marktordnungen (Buchst. b) und einer europäischen Marktordnung (Buchst. c) drei Organisationsformen vorgegeben. Diese Optionen sind von Buchst. a bis c von zunehmender Intensität des Vergemeinschaftungsgrades gekennzeichnet, die Unionsorgane sind bei der Wahl der jeweiligen Form frei.[2] In der Praxis haben sich jedoch bald die **europäischen Marktordnungen** herausgebildet. Abweichend von dem im AEUV verwendeten Begriff ist die Gemeinsame Marktorganisation (GMO) heute die übliche Form der gemeinsamen Organisation der Agrarmärkte. Die marktbezogenen Mechanismen der einheitlichen GMO (VO (EU) Nr. 1308/2013)[3] und die gemeinsamen Regeln für Direktzahlungen im Rahmen der GAP (VO (EU) Nr. 1307/2013)[4] bilden die 1. Säule der GAP.[5] Die Europäische Marktordnung wird primärrechtlich nicht näher umschrieben. Generell wird die Organisation eines Marktes als Gesamtheit von rechtlichen Einrich-

---

[1] *Busse*, in: Lenz/Borchardt, EU-Verträge, Art. 40 AEUV, Rn. 1.
[2] Auch Mischformen sind grundsätzlich zulässig; *Busse*, in: Lenz/Borchardt, EU-Verträge, Art. 40 AEUV, Rn. 2 f.; inhaltlich zu den drei Optionen Rn. 4 ff.; *Martinez*, in: Calliess/Ruffert, EUV/AEUV, Art. 40 AEUV, Rn. 10 ff.
[3] VO (EU) Nr. 1308/2013 vom 17.12.2013 über eine gemeinsame Marktorganisation für landwirtschaftliche Erzeugnisse, ABl. 2013, L 347/671.
[4] VO (EU) Nr. 1307/2013 vom 17.12.2013 mit Vorschriften über Direktzahlungen an Inhaber landwirtschaftlicher Betriebe im Rahmen von Stützungsregelungen der Gemeinsamen Agrarpolitik, ABl. 2013, L 347/608.
[5] Insofern unterscheidet *Thiele*, in: Calliess/Ruffert, EUV/AEUV, 4. Aufl., 2011, Art. 40 AEUV, Rn. 5, zwischen der Gemeinsamen Organisation der Agrarmärkte im engeren Sinne (klassisches marktrechtliches Instrumentarium) und im weiteren Sinne (klassisches marktrechtliches Instrumentarium plus Direktzahlungen). Eine solche Unterscheidung zwischen zwei Elementen innerhalb der 1. Säule erscheint jedoch verzichtbar.

tungen und Vorschriften mit deren Hilfe die zuständigen Behörden versuchen, den Markt zu kontrollieren und zu lenken, bezeichnet.[6] Diese Definition des EuGH in Bezug auf nationale Marktordnungen dürfte entsprechende Anwendung finden.[7]

II. Gemeinsame Marktorganisation

Die ursprünglich 21 **Gemeinsamen Marktorganisationen** deckten je ein Agrarerzeugnis bzw. Gruppen von gleichartigen Erzeugnissen ab. Die in Art. 40 Abs. 1 UAbs. 2 AEUV gewählte Formulierung »je nach Erzeugnis« bringt dabei lediglich zum Ausdruck, dass sich die Wahl einer der drei Optionen prinzipiell nach dem zu regelnden Erzeugnis richtet.[8]

4

Im Jahr 2007 wurden diese 21 Gemeinsamen Marktorganisationen in den Sektoren Getreide, Rindfleisch, Milch und Milcherzeugnisse, Schweinefleisch, Schaf- und Ziegenfleisch, Wein, Zucker, Reis, Olivenöl und Tafeloliven, lebende Pflanzen und Waren des Blumenhandels, Hopfen, Saatgut, Eier, Geflügelfleisch, Rohtabak, Trockenfutter, Obst und Gemüse, Verarbeitungserzeugnisse aus Obst und Gemüse, Faserflachs und -hanf, Bananen, sonstige Erzeugnisse[9] sowie die sektoriellen Sonderregelungen für Ethylalkohol landwirtschaftlichen Ursprungs (landwirtschaftlicher Alkohol), Bienenzuchterzeugnisse und Seidenraupen zu einer einheitlichen Organisation der Agrarmärkte zusammengefasst.[10] Diese Schaffung einer ersten einheitlichen GMO mit der damaligen VO (EG) Nr. 1234/2007 (Verordnung über die **einheitliche GMO**, eGMO),[11] erfolgte insbesondere unter dem Gesichtspunkt der Vereinfachung des Regelungsumfeldes der GAP.[12] Heute besteht aufgrund der Nachfolgeregelung der VO (EU) Nr. 1308/2013 für alle Agrarerzeugnisse des Anhangs I eine einheitliche Normierung.[13] Nur die GMO für Erzeugnisse der Fischerei und Aquakultur[14] besteht weiterhin eigenständig, da sie schon aufgrund der sich verselbständigten GFP eine Sonderstellung ein-

5

---

[6] EuGH, Urt. v. 13.11.1964, verb. Rs. 90/63 u. 91/63 (Kommission/Luxemburg und Belgien), Slg. 1964, 1331 (1348). Für eine weitere Definition siehe EuGH, Urt. v. 10.12.1974, Rs. 48/74 (Charmasson/Ministre de l'économie und des finances), Slg. 1974, 1383, Rn. 26; Urt. v. 25.2.1988, verb. Rs. 194/85 u. 241/85 (Kommission/Griechenland), Slg. 1988, 1037, Rn. 14 ff.

[7] *Busse*, in: Lenz/Borchardt, EU-Verträge, Art. 40 AEUV, Rn. 7; *Thiele* (Fn. 5), Art. 40 AEUV, Rn. 11.

[8] *Priebe*, in: Grabitz/Hilf/Nettesheim, EU, Art. 40 AEUV (März 2011), Rn. 3; *Busse*, in: Lenz/Borchardt, EU-Verträge, Art. 40 AEUV, Rn. 2.

[9] Z.B. Zuchtpferde, Esel, Maultiere; Zucht- und Wildschweine; Seidenraupen; Erbsen, Linsen, Bohnen; Kohlrüben; Heil- und Gewürzpflanzen; Gewürze; Zichorien; Stroh; Most; Datteln; Kokosnüsse; Tee; Kakao.

[10] Lediglich der Sektor Baumwolle blieb und bleibt weiterhin mit Protokoll Nr. 4 über Baumwolle der Akte über den Beitritt Griechenlands aus 1981 geregelt; ein Großteil der Stützungsregelung für Baumwolle wurde in die einheitliche Betriebsprämie einbezogen, daneben wird eine kulturspezifische Zahlung für Baumwolle (Art. 56 ff. VO [EU] Nr. 1307/2013) gewährt.

[11] VO (EG) Nr. 1234/2007 vom 22.10.2007 über eine gemeinsame Organisation der Agrarmärkte und mit Sondervorschriften für bestimmte landwirtschaftliche Erzeugnisse (Verordnung über die einheitliche GMO, eGMO), ABl. 2007, L 299/1.

[12] Vgl. zur Entstehung Mitteilung der Kommission, Vereinfachung und bessere Rechtsetzung in der Gemeinsamen Agrarpolitik, KOM (2005) 509 endg., insbesondere S. 8; *Thiele*, in: Mögele/Erlbacher (Hrsg.), General Introduction, S. 23 ff.; *Busse*, Zu Entstehung und Inhalt, S. 16 ff.

[13] Die noch in Art. 1 Abs. 1, 3 und 4 VO (EG) Nr. 1234/2007 vorgesehene Differenzierung betreffend Sektoren mit bloßen Teilregelungen (wie z.B. Speisekartoffeln, Naturkork, anderer Essig als Weinessig oder lebende Schlachtpferde und Pferdefleisch) wurde aufgegeben.

[14] VO (EU) Nr. 1379/2013. Siehe auch Art. 35 VO (EU) Nr. 1380/2013.

nimmt und sich grundlegend von den übrigen Sektoren unterscheidet (s. Art. 38 AEUV, Rn. 44).

6   Diese Bündelung in einer einheitlichen Regelung steht am Ende einer langjährigen Entwicklung. Die meisten der alten sektoriellen Grundverordnungen wiesen bereits ähnliche Struktur und viele identische Vorschriften auf, sahen aber auch historisch und produktbedingt häufig für gleichgelagerte oder ähnliche Probleme unterschiedliche Lösungen vor. Ohne dabei die im Laufe der Jahre in der GAP getroffenen politischen Entscheidungen in Frage zu stellen, wurden die sektorspezifischen Vorschriften – soweit möglich – nach und nach durch horizontale Vorschriften ersetzt und damit eine erste technische Vereinfachung herbeigeführt.[15] Auch wenn heute der große Umfang und die häufigen Novellierungen der eGMO deren Lesbarkeit insbesondere für den mit den bisherigen Regelungen vertrauten Personenkreis erschweren, ist mit der weitgehenden Harmonisierung der einzelnen Sektoren doch eine wesentliche Vereinfachung gelungen. Die Regelung mag weiterhin Sonderbestimmungen für einzelne Sektoren kennen – die verschiedenen Spezifika wie Selbstversorgungsgrad in der Union, Angebotslage auf dem Weltmarkt, unionsweit hergestellte Massenprodukte (Getreide, Milch, Rindfleisch) oder nur lokal bedeutsame Erzeugnisse (Hopfen, Baumwolle), pflanzliche oder tierische Erzeugnisse geschuldet sind – gleichwohl ordnen die horizontalen Regelungen den Wildwuchs und lassen letztlich den Kern eines allgemeinen europäischen Wirtschaftsverfassungsrechts erkennen.[16]

7   Die juristische **Bedeutung** der GAP, und damit insbesondere der GMO, liegt darin, die älteste und am weitesten entwickelte Politik der Union und damit die am stärksten durchstrukturierte Materie des gesamten Unionsrechts zu sein.[17] Die Ausbildung des Unionsrechts geht zu einem guten Teil auf die Judikatur europäischer Gerichte zu Fragen des Agrarmarktes zurück. Gerade anlässlich von Rechtsstreitigkeiten aus dem Agrarmarktbereich wurden etwa Probleme des Grundrechtsschutzes, der allgemeinen Rechtsgrundsätze, der verwaltungsrechtlichen Grundsätze des Unionsrechts und der Kompetenzabgrenzung zwischen Mitgliedstaaten und Union entwickelt und geklärt.[18] Neben der großen politischen Relevanz kommt dem EU-Marktordnungsrecht also auch allgemeine europarechtliche Bedeutung zu.

C.   Regelungsinstrumente (Abs. 2 UAbs. 1 und 3)

8   Art. 40 Abs. 2 AEUV stellt klar, dass die europäische Marktordnung alle zur Durchführung des Zielkatalogs des Art. 39 AEUV erforderlichen Maßnahmen einzuschließen hat, insbesondere werden ausdrücklich Preisregelungen, Beihilfen für Erzeugung und Verteilung der verschiedenen Erzeugnisse, Einlagerungs- und Ausgleichsmaßnahmen, gemeinsame Einrichtungen zur Stabilisierung der Ein- oder Ausfuhr sowie eine etwaige

---

[15] Erwägungsgründe 4 bis 7 VO (EG) Nr. 1234/2007; *Europäische Kommission*, Fact Sheet »Vereinfachung der Gemeinsamen Agrarpolitik«, 2006, S. 15. Siehe *Zauner u. a.*, Marktordnungsrecht, in: Norer (Hrsg.), Handbuch des Agrarrechts, 2. Auflage, 2012, S. 73 ff. m. w. N.
[16] Siehe auch *Priebe*, in: Grabitz/Hilf/Nettesheim, EU, Art. 40 AEUV (März 2011), Rn. 16 f.; *Puck*, Wirtschaftslenkungsrecht, in: Raschauer (Hrsg.), Grundriss des österreichischen Wirtschaftsrechts, 3. Aufl., 2010, Rn. 659 und 670. Kritisch mangels inhaltlicher Vereinfachungen *Bittner*, in: Schwarze, EU-Kommentar, Art. 40 AEUV, Rn. 31 ff.
[17] *Schwarze*, Europäisches Verwaltungsrecht, S. 380 f.
[18] *Usher*, EC Agricultural Law, 2. Aufl, 2002, S. 2.

gemeinsame Preispolitik, beruhend auf gemeinsamen Grundsätzen und einheitlichen Berechnungsmethoden, genannt. Die bloß demonstrative Aufzählung einzelner Instrumente weist auf den umfassenden Charakter der Agrarmarktpolitik hin, bei den genannten handelt es sich um die im Zeitpunkt der Schaffung des Landwirtschaftstitels am häufigsten genutzten Instrumente in den nationalen Agrarmärkten der Gründungsstaaten.[19]

I. Allgemeines

Die Instrumente in den früheren sektorspezifischen Verordnungen, die der gemeinsamen Organisation der Agrarmärkte zugrunde lagen, hatten in erster Linie das Erreichen eines bestimmten Preisniveaus zum Ziel. Dieses klassische GAP-Instrumentarium wurde mit der MacSharry-Reform 1992 durch die Einführung von Direktzahlungen in ihrer Bedeutung erheblich geschmälert.[20] Fortan bildeten sich die Beihilfenelemente immer mehr aus, bevor sie in Gestalt der einheitlichen Betriebsprämie eine radikale Umgestaltung erfuhren. Während die sektorspezifische Funktion der Marktordnung zum Ausgleich saisonaler Marktungleichgewichte oder im Dienste des Außenschutzes auch aktuell noch erkennbar ist, sind Marktregulierungen im Dienste des Einkommenserhalts der Erzeuger (etwa die Intervention mit unbeschränkter Abnahmegarantie) nicht mehr vorgesehen.[21] Insgesamt findet sich heute eine Vielzahl an Regelungsinstrumenten, deren Bedeutung und Ausmaß ständiger Überprüfung und Anpassung unterliegt. Die agrarpolitische Favorisierung einzelner in der Aufzählung genannter und auch weiterer Instrumente unterfällt im Rahmen der Ziele der GAP dem weiten Ermessen des unionalen Gesetzgebers.

9

Die Regelung dieser Instrumente kann für die einzelnen Sektoren auch weiterhin recht unterschiedlich sein.[22] Bei einigen sind Herstellung und Vermarktung von Erzeugnissen detailliert und abschließend geregelt, bei anderen werden den Mitgliedstaaten in wichtigen Fragen Regelungsspielräume belassen. Gerade die drei hauptsächlichen Elemente – Beihilfen, Intervention und Außenschutz – sind daher **sektorbezogen** in unterschiedlicher Intensität anzutreffen. So sind eben die produktbezogenen Beihilfen zur Sicherung und Förderung des Absatzes durch die Senkung der institutionellen Preise und die weitere Ausgestaltung der erzeugerbezogenen Direktzahlungen stark minimiert worden. Die Intervention hat durch umfangmäßig oder zeitlich eingeschränkte Interventionen (z. B. bei Weichweizen, Butter, Magermilchpulver) oder die Beschränkung auf eine Sicherheitsnetzfunktion (z. B. bei Rindfleisch) ihre Rolle als Instrument der Preisgarantie verringert. Bei Erzeugnissen mit wettbewerbsfähigen Verarbeitungs- und Vermarktungsstrukturen besteht zwar Außenschutz, es sind aber keine besonderen Maßnahmen zur Stützung des Binnenmarktes erforderlich, womit auf den Interventionsmechanismus verzichtet werden kann (z. B. bei Eier, Geflügel). Die derzeit noch vereinzelt vorgesehenen Regelungen zur Begrenzung oder Vermeidung von Überschüssen im Sinne einer globalen (mengenmäßigen oder budgetären) Kontingentierung unionaler Stützung (z. B. bei Milch, Zucker, Kartoffelstärke) stehen in der Kritik bzw. vor der Abschaffung (s. Rn. 47 ff.). Mit der zunehmenden Liberalisierung des EU-

10

---

[19] *Busse*, in: Lenz/Borchardt, EU-Verträge, Art. 40 AEUV, Rn. 10.
[20] *Thiele* (Fn. 5), Art. 40 AEUV, Rn. 1.
[21] *Puck* (Fn. 16), S. 334.
[22] *Norer/Bloch*, in: Dauses, Handbuch des EU-Wirtschaftsrechts, Abschnitt G, September 2011, Rn. 89.

Agrarmarktes steigt aber auch das Interesse an Instrumenten außerhalb der staatlichen Marktintervention, die die Agrarerzeuger besser für Krisen wappnen können.[23] So wurden – seit der GAP-Reform 2013 für alle Sektoren – Regelungen über Erzeugerorganisationen, Vereinigungen von Erzeugerorganisationen und Branchenverbände in die eGMO aufgenommen.[24]

11 Die einheitliche GMO ist in sechs Teile (mit teilweiser Subuntergliederung in Kapitel, Abschnitte, Unterabschnitte) gegliedert:

Teil I: Einleitende Bestimmungen (insbesondere Geltungsbereich, Begriffsbestimmungen, Wirtschaftsjahre)

Teil II: Binnenmarkt: Marktintervention (öffentliche und private Lagerhaltung, Beihilferegelungen), Vermarktungs- und Erzeugerorganisationsvorschriften (Vermarktungsnormen, Produktionsbeschränkungen, Erzeugerorganisationen und deren Vereinigungen sowie Branchenverbände)

Teil III: Handel mit Drittländern: Einfuhr- und Ausfuhrlizenzen, Einfuhrzölle, Verwaltung der Zollkontingente, Sonderbestimmungen für bestimmte Erzeugnisse, Schutzmaßnahmen und aktiver Veredelungsverkehr, Ausfuhrerstattungen, passive Veredelung

Teil IV: Wettbewerbsvorschriften: Vorschriften für Unternehmen, staatliche Beihilfen

Teil V: Allgemeine Bestimmungen: außergewöhnliche Maßnahmen, Mitteilungen und Berichte, Reserve für Krisen im Agrarsektor

Teil VI: Befugnisübertragungen, Durchführung, Übergangs- und Schlussbestimmungen

Anhänge I bis XIV: insbesondere Listen der erfassten Erzeugnisse, Qualitäts- und Begriffsbestimmungen, Quoten

12 Da es hier nicht möglich ist, alle Elemente im Detail darzustellen, beschränkt sich die Darstellung auf die hauptsächlichen Mechanismen Preisregelungen (s. Rn. 13 f.), Beihilfen (s. Rn. 15 ff.), Intervention (s. Rn. 41 f.), Außenhandel (s. Rn. 43 ff.) und Produktionsbeschränkungen (s. Rn. 47 ff.).

II. Preisregelungen

13 Preisregelungen finden nicht nur in Art. 40 Abs. 2 UAbs. 1 AEUV Erwähnung, UAbs. 3 hält noch ausdrücklich fest, dass eine etwaige gemeinsame Preispolitik auf gemeinsamen Grundsätzen und einheitlichen Berechnungsmethoden beruhen muss. Ursprünglich war die **herkömmliche Preisstützung** das zentrale Element der ersten Marktorganisationen.[25] Wesentliches Ziel ist dabei die Sicherung angemessener Marktpreise. Die Preise sollen sich, unabhängig von der Preisentwicklung auf dem Weltmarkt, auf einem Niveau bewegen, das den Landwirten die nach Art. 39 Abs. 1 Buchst. b AEUV geforderte »angemessene Lebenshaltung« ermöglicht. Zentral in diesem System ist der für

---

[23] Vgl. *Busse*, Erzeugerorganisationen und Branchenverbände im EU-Agrarmarktrecht, in: Norer/Holzer (Hrsg.), Agrarrecht Jahrbuch 2011, 2011, S. 107 ff.

[24] Art. 152 ff. VO (EU) Nr. 1308/2013. Hier wird auch vorgesehen, dass die Landwirte unter bestimmten Bedingungen und unter Beachtung besonderer Garantien kollektiv Verträge für die Lieferung von Olivenöl, Rindfleisch, Getreide und bestimmten anderen Ackerkulturen aushandeln können. Zu diese begrenzten Abweichungen vom Wettbewerbsrecht wird die Kommission Leitlinien herausgeben.

[25] Vgl. *Norer/Bloch*, in: Dauses, Handbuch des EU-Wirtschaftsrechts, Abschnitt G, September 2011, Rn. 92 ff.

die betroffenen Erzeugnisse festgelegte **Referenzpreis**.[26] Er wurde früher einheitlich vom Rat in eigenen »Preisrunden«[27] jährlich festgelegt, heute wird er in der Regel in den Verordnungstexten selbst normiert.[28] Darin drückt sich eine wirtschaftspolitische Zielsetzung aus, nämlich der zur Sicherung des Einkommens der Landwirte wünschenswerte Marktpreis. Keinesfalls handelt es sich dabei um einen Anspruch auf einen garantierten Mindestpreis. Allerdings können die tatsächlich am Markt erzielbaren Preise für Agrarerzeugnisse vom Referenzpreis erheblich abweichen. Deshalb kennt die gemeinsame Marktorganisation Mechanismen, wonach bei wesentlicher Unterschreitung dieses Preises Stützungsmaßnahmen ausgelöst werden. Dabei ist zwischen Stützungen im Binnenmarkt (Interventionen und Beihilfen) und solchen im Außenhandel (Ausfuhrerstattungen) zu unterscheiden (s. Rn. 41 ff.).

Dieses traditionelle System von Referenzpreisen hat durch die letzten GAP-Reformen einen signifikanten **Bedeutungsverlust** hinnehmen müssen und wurde inzwischen weitgehend durch ein System direkter Einkommensbeihilfen ersetzt. Staatliche Preisstützungen stehen quer zur heutigen Liberalisierungstendenz, die Herstellung und Garantie des freien Wettbewerbs als unionale und aufgrund des WTO-Drucks (im Außenhandel) teilweise auch internationale Verpflichtung begreift. Damit erfüllt das Preissystem nicht mehr die Funktion einer vollständigen Preisstützung, trotzdem sind die rechtlichen Regime weiterhin aufrecht, um im Fall außergewöhnlicher Marktsituationen schnell entsprechende **Sicherheitsnetze** (»safety net«) in Form von Intervention oder privater Lagerhaltung spannen zu können. 14

III. Beihilfen

Art. 40 Abs. 2 UAbs. 1 AEUV nennt als Maßnahme ausdrücklich auch Beihilfen für die Erzeugung und die Verteilung der verschiedenen Erzeugnisse. Grundsätzlich gilt es zwei Gruppen von Beihilfen zu unterscheiden: Agrarbeihilfen im Rahmen einer unionalen Beihilferegelung (s. Rn. 16 ff.) sowie staatliche Agrarbeihilfen der Mitgliedstaaten (s. Rn. 40). 15

1. Unionsbeihilfen

Die Beihilfenelemente waren traditionell in zahlreichen GMO enthalten. Diese **Einkommensbeihilfen** gingen für die betreffenden Erzeugnisse von einem Richtpreis aus und wurden mengen- oder flächenbezogen gewährt.[29] Man unterscheidet weiter mit den Direktzahlungen Beihilfen, die der Landwirt selbst »direkt« erhält, und Beihilfen auf Verarbeitungsstufe, die nur »indirekt« an die Verarbeiter gewährt werden, die dann den wirtschaftlichen Nutzen in Form eines Mindestpreises an die Erzeuger weiterzugeben haben. 16

---

[26] Referenzpreise als Orientierungspreise wurden in manchen der früheren Marktorganisationen auch Richt-, Grund- oder Zielpreise genannt.
[27] Diese traditionelle Preispolitik war lange Dreh- und Angelpunkt der GAP und ist mit tage- und teilweise nächtelangen Preisverhandlungsrunden in die EU-Geschichte eingegangen; *Thiele* (Fn. 5), Art. 40 AEUV, Rn. 23.
[28] Vgl. Art. 7 VO (EU) Nr. 1308/2013 für bestimmte Erzeugnisse der Sektoren Getreide, Reis, Zucker, Rindfleisch, Milch- und Milcherzeugnisse (Butter, Magermilchpulver), Schweinefleisch und Olivenöl.
[29] Siehe *Norer/Bloch*, in: Dauses, Handbuch des EU-Wirtschaftsrechts, Abschnitt G, September 2011, Rn. 119 f.

a) Direktzahlungen

17 Ursprünglich als Ausgleich für Preisreduzierungen gedacht, wandelten sich die Einkommensbeihilfen immer mehr zu direkten Einkommensstützungen. Bis zur GAP-Reform 2003 hatte sich mit Prämien für landwirtschaftliche Kulturpflanzen,[30] für Tiere[31] und für Milch[32] ein dichtes Netz an Regelungen entwickelt.[33] Beginnend mit 2005 (und spätestens seit 2012) sind jedoch alle produktbezogenen Zahlungen in die produktionsungebundene Betriebsprämienregelung auf Basis der Direktzahlungsverordnung[34] einbezogen worden. In erster Linie sollte durch diesen Systemwechsel die Effizienz der Einkommensbeihilfe deutlich erhöht, eine verstärkte Orientierung der Produktion am Markt, eine Verringerung des Verwaltungsaufwands und nicht zuletzt eine gestärkte Position in den WTO-Verhandlungen erzielt werden. Allerdings konnten die Mitgliedstaaten weiterhin in bestimmten Sektoren in bestimmtem Ausmaß gekoppelte oder tierbezogene Zahlungen gewähren (s. Rn. 29).[35] Damit wurde mitgliedstaatlichen Bedenken Rechnung getragen, wonach eine produktionsentkoppelte Direktzahlung insbesondere in Ungunstlagen eine Aufgabe der Produktion nach sich ziehen könnte.

18 Die (vollständige) Gewährung der Direktzahlungen unterliegt der Einhaltung von Cross Compliance (s. Rn. 31), unterstützt durch eine freiwillige landwirtschaftliche Be-

---

[30] Die Kulturpflanzenflächenzahlung (KPF) gemäß VO (EG) Nr. 1251/1999 vom 17.5.1999 zur Einführung einer Stützungsregelung für Erzeuger bestimmter landwirtschaftlicher Kulturpflanzen, ABl. 1999, L 160/1, wurde Erzeugern bestimmter landwirtschaftlicher Kulturpflanzen für den Anbau von Getreide, Ölsaaten, Eiweißpflanzen, Öllein, Faserflachs und -hanf gewährt, wobei gleichzeitig ein bestimmter Prozentanteil der Flächen durch Stilllegung aus der Produktion genommen werden musste (Stilllegungsquote: zuletzt 10 %, freiwillig maximal 50 % der beantragten Fläche). Die beantragten Flächen, die mit Kulturpflanzen bebaut oder stillgelegt sein mussten, durften die regionale Grundfläche nicht übersteigen. Für den Anbau von Hartweizen in bestimmten traditionellen Gebieten wurde für eine bestimmte Fläche ein Hartweizenzuschlag gewährt. Beihilfen gab es auch für die Erzeugung von Körnerhülsenfrüchten gemäß VO (EG) Nr. 1577/96 vom 30.7.1996 zur Festlegung einer Sondermaßnahme zugunsten bestimmter Körnerleguminosen, ABl. 1996, L 206/4, von Hopfen gemäß Art. 12 und 13 VO (EG) Nr. 1696/71 vom 26.7.1971 über die gemeinsame Marktorganisation für Hopfen, ABl. 1971, L 175/1, von Tabak gemäß VO (EG) Nr. 2075/92 vom 30.6.1992 über die gemeinsame Marktorganisation für Rohtabak, ABl. 1992, L 215/70 sowie von Saatgut gemäß VO (EG) Nr. 2358/71 vom 26.10.1971 zur Errichtung einer gemeinsamen Marktorganisation für Saatgut, ABl. 1971, L 246/1.
[31] Die Tierprämien umfassten bei Rinderfleisch gemäß VO (EG) Nr. 1254/1999 vom 17.5.1999 über die gemeinsame Marktorganisation für Rindfleisch, ABl. 1999, L 160/21, eine Sonderprämie für männliche Rinder, eine Prämie zur Erhaltung des Mutterkuhbestands und (seit 2000) eine Schlachtprämie für Rinder aller Art; bei Schaf- und Ziegenfleisch gemäß VO (EG) Nr. 2529/2001 vom 19.12.2001 über die gemeinsame Marktorganisation für Schaf- und Ziegenfleisch, ABl. 2001, L 341/3, Prämien im Rahmen einzelbetrieblicher Quoten.
[32] Erstmals 2005, gemäß VO (EG) Nr. 1255/1999 vom 17.5.1999 über die gemeinsame Marktorganisation für Milch und Milcherzeugnisse, ABl. 1999, L 160/48.
[33] Für eine (abschließende) Liste der damals geltenden direkten Einkommensbeihilfen siehe Anhang VO (EG) Nr. 1259/1999 vom 17.5.1999 zur Festlegung von Gemeinschaftsregeln für Direktzahlungen im Rahmen der Gemeinsamen Agrarpolitik, ABl. 1999, L 160/113.
[34] VO (EG) Nr. 1782/2003 vom 29.9.2003 mit gemeinsamen Regeln für Direktzahlungen im Rahmen der Gemeinsamen Agrarpolitik und mit bestimmten Stützungsregelungen für Inhaber landwirtschaftlicher Betriebe, ABl. 2003, L 270/1 (2009 ersetzt durch die VO (EG) Nr. 73/2009 vom 19.1.2009 mit gemeinsamen Regeln für Direktzahlungen im Rahmen der gemeinsamen Agrarpolitik und mit bestimmten Stützungsregelungen für Inhaber landwirtschaftlicher Betriebe und zur Änderung der Verordnungen (EG) Nr. 1290/2005, (EG) Nr. 247/2006, (EG) Nr. 378/2007 sowie zur Aufhebung der Verordnung (EG) Nr. 1782/2003, ABl. 2009, L 30/16, seit 2014 die Verordnung (EU) Nr. 1307/2013.
[35] Im Detail und zum Übergang siehe *Zauner u. a.* (Fn. 15), S. 109 f.

triebsberatung (s. Rn. 30). Die Abwicklung normiert das integrierte Verwaltungs- und Kontrollsystem InVeKoS (s. Rn. 33 ff.). Allgemeine Bestimmungen (s. Rn. 19 ff.) umfassen insbesondere diverse Vollzugsvorgaben, Mindestanforderungen für den Bezug von Direktzahlungen und die Haushaltsdisziplin.

aa) Allgemeine Bestimmungen

An gemeinsamen Vorschriften für Direktzahlungen[36] besteht seit 2010 eine verpflichtende **Untergrenze** für Direktzahlungen aus Gründen der Verwaltungsökonomie[37] sowie die Möglichkeit des Ausschlusses von Personen mit bloß untergeordneter landwirtschaftlicher Tätigkeit. Mit der Verschärfung der Regelung betreffend die Empfänger von Direktzahlungen sollen Schlupflöcher geschlossen werden, haben doch in der Vergangenheit auch Unternehmen, deren Hauptgeschäftstätigkeit nicht landwirtschaftlicher Art ist, Direktzahlungen beantragen können. Ein **aktiver Betriebsinhaber** (»active farmer«) kann nun nicht mehr bestimmte Geschäftstätigkeiten einer verbindlichen Negativliste ausüben.[38] Keine Zahlungen erhalten jedenfalls Betriebsinhaber, die die Voraussetzungen künstlich geschaffen haben, um einen den Zielen der betreffenden Stützungsregelung zuwiderlaufenden Vorteil zu erwirken (**Umgehungsklausel**).[39] 19

Ein besseres Gleichgewicht zwischen 1. und 2. Säule strebt die **Flexibilität** zwischen den Säulen durch Mittelübertragung an, die die bis 2013 bestehende Modulation ersetzt. Die Mitgliedstaaten können nunmehr bis zu 15 % ihres nationalen Finanzrahmens für Direktzahlungen der 1. Säule auf ihren Finanzrahmen für die Entwicklung des ländlichen Raums der 2. Säule übertragen oder – neu seit der Reform 2013 – auch vice versa.[40] Zusätzlich verbleiben die im Rahmen des Kürzungsmechanismus für Direktzahlungen »eingesparten« Mittel in dem betreffenden Mitgliedstaat bzw. der Region und werden auf die 2. Säule übertragen.[41] Diese Kürzungen der Basisprämie erfolgen bei landwirtschaftlichen Großbetrieben bei Beträgen von mehr als 150.000 Euro (**Degressivität**, Capping)[42] und betragen je Betrieb mindestens 5 %, sofern der Mitgliedstaat nicht mindestens 5 % seiner jährlichen nationalen Obergrenze für die Umverteilungsprämie verwendet.[43] 20

Für den jeweiligen Mitgliedstaat und für das jeweilige Jahr besteht eine **nationale Obergrenze**, die den Gesamtwert aller zugewiesenen Zahlungsansprüche, der nationalen bzw. regionalen Reserve sowie der Umverteilungsprämie und der weiteren Zahlungen umfasst.[44] 21

---

[36] Art. 5 ff. VO (EU) Nr. 1307/2013.
[37] Grundsätzlich bei 100 Euro bzw. einem Hektar; Art. 10 VO (EU) Nr. 1307/2013.
[38] Dazu zählen Flughäfen, Eisenbahndienste, Wasserwerke, Dienstleistungen von Immobilienmaklern sowie permanente Sport- und Freizeitanlagen; Art. 9 VO (EU) Nr. 1307/2013.
[39] Art. 60 VO (EU) Nr. 1306/2013 vom 17.12.2013 über die Finanzierung, die Verwaltung und das Kontrollsystem der Gemeinsamen Agrarpolitik, ABl. 2013, L 347/549.
[40] Art. 14 VO (EU) Nr. 1307/2013.
[41] Art. 7 VO (EU) Nr. 1307/2013.
[42] Auch »Degression«. Die ursprünglich vorgesehene Möglichkeit der Mitgliedstaaten die Beträge, die ein einzelner Betrieb erhalten kann, auf 300.000 Euro zu begrenzen, wurde dann fallengelassen (»Deckelung«; »Kappung«). Dazu siehe *Böhme*, NL-BzAR 2011, 434.
[43] Art. 11 VO (EU) Nr. 1307/2013. Zur rechtlichen Zulässigkeit der vergleichbaren Vorgängerregelung der Modulation EuGH, Urt. v. 14.3.2013, Rs. C–545/11 (Agrargenossenschaft Neuzelle), ECLI:EU:C:2013:169, wonach die damaligen Kürzungsregelungen im Rahmen der Modulation weder gegen den Vertrauensgrundsatz noch das Diskriminierungsverbot verstoßen.
[44] Art. 6 i.V.m. Anhang II VO (EU) Nr. 1307/2013.

22 Die **Haushaltsdisziplin** soll der Sicherstellung dienen, dass die Beiträge zur Finanzierung der GAP die im mehrjährigen Finanzrahmen festgesetzten jährlichen Obergrenzen nicht überschreiten.[45] Lassen die Prognosen für die Finanzierung dieser Maßnahmen erkennen, dass die anwendbaren jährlichen Obergrenzen überschritten werden, wird ein Anpassungsgesetz für die Direktzahlungen festgesetzt.[46]

bb) Basisprämienregelung

23 Die mit der GAP-Reform 2003 eingeführte **einheitliche Betriebsprämie** (EBP) fasste die bis dato produktionsbezogenen Direktzahlungen zu einer einzigen, »einheitlichen« Zahlung zusammen.[47] Damit wurde die Stützung für die Landwirte durch Einkommensbeihilfen grundsätzlich vollständig von der Produktion abgekoppelt (**Entkoppelung**). Bestehen blieben produktionsabhängige (gekoppelte) Beihilfen in einzelnen Teilbereichen. Auf Ebene der **einzelbetrieblichen Zuteilung** erhielt jeder Betriebsinhaber eine bestimmte Anzahl an Zahlungsansprüchen. Anzahl und Wert dieser Zahlungsansprüche waren je nach gewährten historischen Ansprüchen bzw. gewähltem Betriebsprämienmodell von Mitgliedstaat zu Mitgliedstaat bzw. von Betrieb zu Betrieb verschieden. Um die Betriebsprämie erhalten (»aktivieren«) zu können, musste pro Anspruch ein Hektar beihilfefähiger Fläche zur Verfügung stehen. Durch diese Bindung der Zahlungsansprüche an die Fläche wurde gewährleistet, dass für die Nutzung (Auszahlung) der Zahlungsansprüche eine entsprechende Fläche vorhanden sein musste. War das nicht der Fall, konnte der Betriebsinhaber prämienfreie Flächen erwerben bzw. pachten oder die Zahlungsansprüche an Landwirte verkaufen. Das alte Rechtsregime kannte überdies verschiedene **Betriebsprämienmodelle** (historisches Modell, Regionalmodell, Hybridmodelle), außerdem hatten die EU–12 bis längstens 31.12.2013 die Möglichkeit, die Betriebsprämienregelung durch eine **einheitliche Flächenzahlung** (Single Area Payment Scheme, SAPS) zu ersetzen.[48]

24 Versucht man eine **rechtliche Bewertung** der Betriebsprämienregelung, lässt sich unstrittig feststellen, dass die Bestimmung der Zahlungsansprüche und deren Zuteilung im Rahmen der Systemumstellung mannigfaltigen Anlass zu Rechtsstreitigkeiten gaben.[49] Eine wichtige zu klärende Frage betraf zum einen die **Rechtsnatur** der zentralen Zahlungsansprüche. Diese wird vom Unionsrecht grundsätzlich nicht präjudiziert, die Klassifizierung als öffentlich-rechtliche Prämienansprüche, die – im Ergebnis wie die Quoten – keinen Eigentumsbestandteil darstellen, bietet sich an.[50] Zum anderen galt es zu klären, wem die Zahlungsansprüche nach Beendigung bestehender **Pachtverhältnisse**

---

[45] Art. 11 VO (EG) Nr. 73/2009.
[46] Art. 24 ff. VO (EU) Nr. 1306/2013. Dabei gilt eine Schwelle von 2000 Euro, womit die Kürzung auf die ersten 2000 Euro der Direktzahlungen eines Betriebsinhabers keine Anwendung findet; Art. 8 VO (EU) Nr. 1307/2013.
[47] Siehe insbesondere die Darstellungen bei *Borchardt*, S. 477 ff.; *Busse*, in: Schulze/Zuleeg/Kadelbach, Europarecht, § 25, Rn. 126 ff.; *Norer*, Rechtsfragen, S. 25 ff.; *Norer/Bloch*, in: Dauses, Handbuch des EU-Wirtschaftsrechts, Abschnitt G, September 2011, Rn. 123 ff.; *Zauner u.a.* (Fn. 15), S. 115 ff.
[48] Im Detail *Zauner u.a.* (Fn. 15), S. 116 ff. Zur Erstorientierung *Borchardt*, AgrRS 5/2003, 36.
[49] Die Einschätzung von *Borchardt*, S. 474 und 486, wonach die Agrarreform geradezu eine Spielwiese für Anwälte und Richter sein werde, hat sich bestätigt. Zu einigen der wichtigsten rechtlichen Fragen siehe *Norer*, Rechtsfragen, S. 16 ff.; umfassend für die deutsche Rechtsprechung *Busse/Haarstrich*, AUR 2009, 1 ff.
[50] So *Norer*, Rechtsfragen, S. 29 ff. Siehe auch *Grimm*, S. 237.

zustehen – dem Verpächter oder dem Pächter?[51] Im Ergebnis konnte der Pächter bei Rückgabe einer Pachtfläche frei über die ihm zugeteilten Zahlungsansprüche verfügen, sofern nicht im Vertrag Rückübertragungsklauseln eine speziellere Regelung treffen. Damit sah die unionale Regelung vor, dass die Zahlungsansprüche beim aktiven Landwirt verblieben und nicht an den Verpächter zurückfielen.[52] In der Folge hatte sich der EuGH mit **weiteren Rechtsfragen** auseinanderzusetzen.[53]

Eine **politische Bewertung** zeigt klar die Schwächen der Regelung auf. So ist es nur schwer vermittelbar, dass die Direktzahlungen nach dem historischen Modell auch Jahre nach der Einführung noch immer auf seinerzeit erbrachten Leistungen abgestützt werden. Überdies erfolgte aufgrund der unterschiedlichen Betriebsprämienmodelle die Anwendung des aktuellen Direktzahlungssystems völlig uneinheitlich. Das Ergebnis war ein mitgliedstaatlich und regional höchst unterschiedliches Patchwork an gewählten Modellen, das die vereinfachende Grundkonzeption der Betriebsprämie letztlich ad absurdum führte.[54] 25

Hier setzt die Reform 2013 an, die zwar grundsätzlich auf dem Betriebsprämienmodell aufbaut, aber die Zuweisung auf Grundlage historischer Referenzwerte aufgibt, um eine klare Konvergenz der Zahlungen zwischen den Mitgliedstaaten und innerhalb dieser zu erzielen sowie einen Ökologisierungszuschlag einführt. Die neue Regelung umfasst also zum einen eine **Basisprämienregelung**,[55] für die die Mitgliedstaaten bis zu 70 % ihres für Direktzahlungen bestimmten nationalen Finanzrahmens verwenden.[56] Zur Angleichung der Höhe der Zahlungen zwischen den Mitgliedstaaten (externe Konvergenz) werden die nationalen Obergrenzen zwischen 2015 und 2020 für einzelne Mitgliedstaaten erhöht bzw. verringert.[57] Um innerhalb der Mitgliedstaaten (interne Konvergenz), die derzeit weiterhin Zuweisungen auf der Grundlage historischer Referenzwerte vornehmen, die durchschnittlichen Basisprämien pro Hektar beihilfefähiger Fläche (wie bisher abgewickelt über Zahlungsansprüche[58]) anzupassen, können in ei- 26

---

[51] In dieser brisanten Frage hatte nach uneinheitlicher Rechtsprechung deutscher unterinstanzlicher Gerichte und unterschiedlichen Meinungen in der Literatur zunächst der deutsche Bundesgerichtshof 2006 ein Machtwort gesprochen; BGH, Urt. v. 24.11.2006, NJW-RR 2007, 1279. Schließlich führte der EuGH diese Frage endgültig einer Klärung zu; EuGH, Urt. v. 21.1.2010, Rs. C–470/08 (van Dijk), Slg. 2010, I–603; vgl. auch Urt. v. 20.5.2010, Rs. C–434/08 (Harms), Slg. 2010, I–4431.
[52] Siehe *Norer*, Rechtsfragen, S. 46 ff. m.w.N.
[53] Betreffend Ermittlungsverfahren: EuGH, Urt. v. 11.6.2009, Rs. C–170/08 (Nijemeisland), Slg. 2009, I–5127; Sonderfall: EuGH, Urt. v. 22.10.2009, Rs. C–449/08 (Elbertsen), Slg. 2009, I–10241; Härtefall: EuGH, Urt. v. 11.11.2010, Rs. C–152/09 (Grootes), Slg. 2010, I–11285; Beihilfefähigkeit landwirtschaftlicher Flächen: EuGH, Urt. v. 14.10.2010, Rs. C–61/09 (Landkreis Bad Dürkheim), Slg. 2010, I–9763; Aktivierung von Zahlungsansprüchen bei Stilllegung: EuGH, Urt. v. 2.12.2010, Rs. C–153/09 (Agrargut Bäbelin), Slg. 2010, I–12269; spezielle Zahlung für Zucker in neuen Mitgliedstaaten: EuGH, Urt. v. 30.9.2010, Rs. C–133/09 (Uzonyi), Slg. 2010, I–8747. Im Detail siehe den Überblick bei *Eckhardt*, S. 121 f.
[54] Siehe zur Umsetzung durch die Mitgliedstaaten (Stand 2012) die Tabelle bei *Zauner u.a.* (Fn. 15), S. 118 f. Zu Bedenken unter dem Gesichtspunkt des Gleichheitsgrundsatzes *Härtel*, S. 53 ff.
[55] Art. 21 ff. VO (EU) Nr. 1307/2013.
[56] Abzüglich der Beträge für Zahlungen an Junglandwirte, Umverteilungsprämie und allfällig gekoppelte Zahlungen; Art. 22 VO (EU) Nr. 1307/2013.
[57] Anhang II VO (EU) Nr. 1307/2013.
[58] Die Gültigkeit der im Rahmen der alten Betriebsprämienregelung erhaltenen Zahlungsansprüche läuft mit 31.12.2014 grundsätzlich ab. Auf Basis der beihilfefähigen Flächen des Antragstellers werden ab 2015 neue Zahlungsansprüche zugeteilt (vorausgesetzt im Jahr 2013 bestand die Berechtigung zum Empfang von Zahlungen oder der Mitgliedstaat sieht ergänzende Anknüpfungspunkte vor); Art. 21 Abs. 2 und Art. 24 VO (EU) Nr. 1307/2013.

nem komplizierten Verfahren die entsprechenden Beträge bis 2019 schrittweise angehoben oder proportional gekürzt werden. Für die EU–12 wird das Auslaufen der einheitlichen Flächenzahlung (SAPS) auf 2020 verschoben.[59] Außerdem können die Mitgliedstaaten auch eine Umverteilungsprämie für die ersten Hektarflächen gewähren.[60]

27 Zum anderen wird eine **Ökologisierungsprämie** (Greening) vorgesehen, für die 30 % der nationalen Obergrenzen verwendet werden.[61] Jeder Betrieb erhält pro für die Basisprämie angemeldeten Hektar eine Zahlung für die Einhaltung bestimmter dem Klima- und Umweltschutz förderlicher Bewirtschaftungsmethoden. Mit Anbaudiversifizierung (Fruchtfolge),[62] Erhaltung von Dauergrünland[63] und Ausweisung einer Flächennutzung im Umweltinteresse[64] werden drei grundlegende Praktiken vorgesehen. Für biologisch wirtschaftende Betriebe gelten die Greening-Anforderungen automatisch als eingehalten. Ebenso können die Anforderungen auch durch andere gleichwertige Methoden erfüllt werden (»Ökologisierungsäquivalenz«).[65] Bestimmte Betriebskategorien sind von der Einhaltung der Anbaudiversifizierung und den ökologischen Vorrangflächen ausgenommen.[66] Die Ökologisierungsprämie wird allen Betriebsinhabern, die auch die Basisprämie in Anspruch nehmen, gewährt. Ihre vollständige Gewährung erfolgt nur bei Einhaltung der Greening-Anforderungen, ansonsten drohen Kürzungen und Sanktionen.[67] Die neue Ökologisierungsprämie schiebt sich somit in der Greeningarchitektur der GAP zwischen Cross Compliance (s. Rn. 31) und die ländliche Entwicklung (s. Art. 39 AEUV, Rn. 23). Dem Konzept der Integration von Umweltleistungen in der GAP folgend, wonach grundlegende Verpflichtungen (»base line«) im Sinne des Verursacherprinzips von den Landwirten ohne Entschädigung zu erfüllen sind und (freiwillig) erbrachte und über die »base line« hinausgehende Umweltleistungen im Sinne des Abgeltungsprinzips Ausgleichsleistungen auslösen, ist der Umsetzungsmechanismus wie folgt gestaltet: Auf der untersten Stufe ist Cross Compliance ohne Ausgleich einzuhalten (normativ), darüber liegt das Greening mitsamt finanzieller Förderung (entkoppelte »grüne« Flächenzahlung, verpflichtend) und zuoberst sind die Umweltmaßnahmen der 2. Säule angesiedelt, für die ein Ausgleich geleistet wird (freiwillig). Der Rechtsnatur nach sind diese neuen Umweltanforderungen als Beihilfefähigkeitsbedingungen und nicht als bloße Sanktionstatbestände einzustufen.[68]

---

[59] Art. 36 ff. VO (EU) Nr. 1307/2013.
[60] Art. 41 ff. VO (EU) Nr. 1307/2013.
[61] Art. 43 ff. VO (EU) Nr. 1307/2013.
[62] Ein Landwirt, dessen Ackerland mehr als 10 ha umfasst, muss mindestens zwei verschiedene landwirtschaftliche Kulturen anbauen (bei mehr als 30 ha mindestens drei). Die Hauptkultur darf höchstens 75 % des Ackerlandes einnehmen (und die beiden größten Kulturen zusammen höchstens 95 %); Art. 44 VO (EU) Nr. 1307/2013.
[63] In bestimmten umweltsensiblen Gebieten besteht ein Umbruchverbot, weiter wird ein nationaler bzw. regionaler Verhältniswert (Dauergrünland zu Agrarfläche) mit 5 %iger Marge und möglicher Rückumwandlungsverpflichtung vorgesehen; Art. 45 VO (EU) Nr. 1307/2013.
[64] Ökologische Vorrangflächen im Umfang von mindestens 5 % der Ackerfläche des Betriebs. Nach einer Evaluation durch die Kommission kann dieser Prozentsatz ab 2017 eventuell auf 7 % erhöht werden; Art. 46 VO (EU) Nr. 1307/2013.
[65] Um die Benachteiligung von Betriebsinhabern, die sich bereits um Umwelt und Nachhaltigkeit verdient gemacht haben, zu vermeiden. Eine Doppelfinanzierung ist ausgeschlossen; Art. 43 Abs. 3 und 4 i. V. m. Anhang IX VO (EU) Nr. 1307/2013.
[66] Bspw. Betriebe mit mehr als 75 % Dauergrünland und Betriebe mit mehr als 75 % Wechselwiese, Kleegras und Stilllegungsflächen; Art. 44 Abs. 3 und Art. 46 Abs. 4 VO (EU) Nr. 1307/2013.
[67] In den ersten beiden Jahren beläuft sich die Sanktion auf 0 %, im 3. Jahr auf höchstens 20 % und ab dem 4. Jahr auf höchstens 25 %; Art. 77 Abs. 6 VO (EU) Nr. 1306/2013.
[68] Siehe auch *Mittermüller*, Die Ökoprämie und ihre »eigentümliche« Rechtsnatur, in: Norer/Hol-

An **weiteren Zahlungen** sieht die neue Direktzahlungsverordnung eine obligatorische Zahlung für Junglandwirte[69] sowie fakultative Zahlungen für Gebiete mit naturbedingten Benachteiligungen,[70] gekoppelte Stützungen[71] sowie eine Kleinerzeugerregelung[72] vor. 28

b) Produktbezogene Beihilfen und Absatzmaßnahmen

Die **produktbezogenen Beihilfen** und Absatzmaßnahmen sind weiter stark verringert worden.[73] Im Wesentlichen verbleiben, in erweitertem Umfang, das Schulobst- und das Schulmilchprogramm.[74] Fortgeführt wird auch die **Produktionserstattung** im Zuckersektor[75] sowie die Finanzierung bestimmter Programme in den Sektoren Olivenöl und Tafeloliven,[76] Obst und Gemüse[77] sowie Wein.[78] 29

c) Landwirtschaftliche Betriebsberatung

Die Landwirtschaftliche Betriebsberatung umfasst ein von den Mitgliedstaaten zu errichtendes System zur Beratung der Betriebsinhaber in Fragen der Bodenbewirtschaftung und Betriebsführung.[79] Die Themenliste wurde dabei erweitert und umfasst nun neben Cross Compliance neu auch die Ökologisierungsprämie, die Bedingungen für die Erhaltung von für Direktzahlungen in Betracht kommenden Flächen, die Wasserrahmenrichtlinie[80] und die Richtlinie über den nachhaltigen Einsatz von Pestiziden[81] sowie bestimmte Maßnahmen zur Entwicklung des ländlichen Raums. Die Teilnahme ist nach wie vor freiwillig. 30

---

zer (Hrsg.), Agrarrecht Jahrbuch 2014, 2014, S. 155 ff.; *Martínez*, NuR 2013, 690 (692 f.), sieht in einer Verlagerung der Beweislast auf den Landwirt und damit verbunden den Wandel von einer Beihilfe zu einem Entgelt für ökologische Dienstleistung einen Paradigmenwechsel; *Schima*, S. 140 ff.

[69] Zur Förderung des Generationenwechsels wird die Basisprämie für Junglandwirte (Alter höchstens 40 Jahre) durch eine Zusatzzahlung aufgestockt; Art. 50 f. VO (EU) Nr. 1307/2013.

[70] Die Mitgliedstaaten können für Gebiete mit naturbedingten Benachteiligungen (nach der Begriffsbestimmung im Sinne der 2. Säule) eine zusätzliche Zahlung gewähren; Art. 48 f. VO (EU) Nr. 1307/2013.

[71] Um das derzeitige Erzeugungsniveau in problembelasteten Sektoren und Regionen aufrecht erhalten zu können, können die Mitgliedstaaten wie bisher in begrenztem Umfang gekoppelte Stützungen sowie eine kulturspezifische Zahlung für Baumwolle gewähren (die zahlreichen anderen sektoralen Zahlungen sind weggefallen); Art. 52 ff. VO (EU) Nr. 1307/2013.

[72] Es liegt an den Mitgliedstaaten ein vereinfachtes Förderschema für Kleinlandwirte einzuführen. Teilnehmende Betriebsinhaber können dann unabhängig von der Betriebsgröße eine jährliche Zahlung von normalerweise 500 bis 1250 Euro erhalten. Die Regelung bedeutet eine enorme Verwaltungsvereinfachung, sind doch die Kleinerzeuger von Cross Compliance und Greening ausgenommen; Art. 61 ff. VO (EU) Nr. 1307/2013.

[73] So wurde z.B. die Beihilfe für Magermilch und Magermilchpulver für Futterzwecke sowie zur Herstellung von Kasein und Kaseinaten abgeschafft.

[74] Schulobst- und -gemüsebeihilfe, Art. 23 VO (EU) Nr. 1308/2013 vom 17.12.2013 über eine gemeinsame Marktorganisation für landwirtschaftliche Erzeugnisse, ABl. 2013, L 347/671; Schulmilchbeihilfe, Art. 26 VO (EU) Nr. 1308/2013.

[75] Art. 129 VO (EU) Nr. 1308/2013.

[76] Art. 29 ff. VO (EU) Nr. 1308/2013.

[77] Art. 32 ff. VO (EU) Nr. 1308/2013.

[78] Art. 39 ff. VO (EU) Nr. 1308/2013.

[79] Art. 12 ff. VO (EU) Nr. 1306/2013.

[80] RL 2000/60/EG vom 23.10.2000 zur Schaffung eines Ordnungsrahmens für Maßnahmen der Gemeinschaft im Bereich der Wasserpolitik, ABl. 2000, L 327/1.

[81] RL 2009/128 EG vom 21.10.2009 über einen Aktionsrahmen der Gemeinschaft für die nachhaltige Verwendung von Pestiziden, ABl. 2009, L 309/71.

31 **d) Cross Compliance**

Für alle Direktzahlungen (also insbesondere Basisprämie und Ökologisierungsprämie), bestimmte Zahlungen für die Entwicklung des ländlichen Raums und bestimmte Zahlungen für Maßnahmen des Stützungsprogramms im Weinsektor unterliegt die (vollständige) Gewährung der Einhaltung von Cross Compliance.[82] Die einschlägigen Vorschriften umfassen **Grundanforderungen an die Betriebsführung** (GAB) gemäß Unionsrecht und **Standards für die Erhaltung von Flächen in gutem landwirtschaftlichen und ökologischen Zustand** (GLÖZ) gemäß nationalem Recht in den Bereichen Umweltschutz, Klimawandel und guter landwirtschaftlicher Zustand der Flächen, Gesundheit von Mensch, Tier und Pflanzen sowie Tierschutz. Mit der Reform 2013 wurde die Liste der hier einzuhaltenden Bestimmungen deutlich vereinfacht, der Forderung, Vorschriften, die nicht mit klaren und überprüfbaren Verpflichtungen für die Betriebsinhaber verbunden sind, zu streichen, wurde nachgekommen. Die Wasserrahmenrichtlinie[83] und die Richtlinie über den nachhaltigen Einsatz von Pestiziden[84] werden dann noch einbezogen werden, sobald feststeht, dass beide Richtlinien in allen Mitgliedstaaten ordnungsgemäß angewendet werden und die Verpflichtungen für die Betriebsinhaber klar festgelegt wurden.

32 Werden diese Verpflichtungen nicht erfüllt, kommt es zu **Verwaltungssanktionen** in Form von Kürzungen oder Ausschlüssen.[85] Die Verordnung stellt ausdrücklich klar, dass die Sanktion nur dann angewandt wird, wenn der Verstoß die landwirtschaftliche Tätigkeit oder die Betriebsfläche des Begünstigten betrifft. Dafür werden eigene Sanktionsstufen normiert.[86] Cross Compliance ist ein zentraler Bestandteil des EU-Direktzahlungs- und Fördersystems, der letztlich auf einen Vollzug des Umweltrechts und der anderen Bereiche durch das Beihilfenrecht hinausläuft. Dabei stellen sich nach wie vor interessante Rechtsfragen.[87]

e) InVeKoS

33 1992 wurde auf europarechtlicher Ebene ein integriertes Verwaltungs- und Kontrollsystem (InVeKoS; in Österreich üblicherweise INVEKOS) zur Abwicklung agrarischer Stützungsregelungen eingerichtet. Bei diesen detaillierten Verfahrens-, Kontroll- und Sanktionsbestimmungen handelt es sich um vereinheitlichte sektorübergreifende Verwaltungsverfahrensregelungen.[88] Wirkung entfalten sie nicht zuletzt durch ihre Verknüpfung mit der unionalen Finanzierung der betroffenen Beihilferegelungen. Werden die InVeKoS-Regeln verletzt, kann die gänzliche oder teilweise Verweigerung der Finanzierung der jeweiligen Förderungsmaßnahme durch die EU im Rahmen des Rechnungsabschlussverfahrens (s. Rn. 68) die Folge sein. Das System stellt hohe Anforderungen an die nationalen Agrarverwaltungen. Trotz wiederholter Kritik aus Sicht von Verwaltung und Verbänden[89] zeichnet es sich jedoch dadurch aus, dass seine Einhaltung

---

[82] Art. 91–95 i. V. m. Anhang II VO (EU) Nr. 1306/2013. Bisher in der deutschen Textfassung »Einhaltung anderweitiger Verpflichtungen« genannt.
[83] Siehe Fn. 80.
[84] Siehe Fn. 81.
[85] Art. 91 Abs. 1 und 2, Art. 96–101 VO (EU) Nr. 1306/2013.
[86] Art. 99 VO (EU) Nr. 1306/2013.
[87] Siehe *Norer/Bloch*, in: Dauses, Handbuch des EU-Wirtschaftsrechts, Abschnitt G, September 2011, Rn. 135 m.w.N.
[88] *Priebe*, EuR-Beiheft 1/1995, 101, spricht in diesem Zusammenhang von einer verwaltungsverfahrensrechtlichen Teilkodifikation.
[89] Vgl. *Angerer*, AgrarR 1992, 288; *Böttcher*, Ber. Ldw. 1998, 43; *Stolle*, S. 223 ff.

den Mitgliedstaaten eine gewisse Sicherheit vor finanziellen Anlastungen bei fehlerhaften Ausgaben von GAP-Mitteln bietet.[90]

Das integrierte System[91] umfasst **sechs Elemente**: eine elektronische Datenbank, ein System zur Identifizierung landwirtschaftlicher Parzellen, ein System zur Identifizierung und Registrierung von Zahlungsansprüchen, Beihilfe- und Zahlungsanträge, ein integriertes Kontrollsystem sowie ein einheitliches System zur Erfassung jedes Betriebsinhabers, der einen Antrag stellt.[92] Dieser gewaltige Verwaltungs- und Kontrollaufwand soll im Rahmen der Massenabwicklung von Direktzahlungen durch großteils elektronisch gestützte Antrags-, Kontroll- und Sanktionssysteme jährliche Auszahlungen bzw. Kürzungen ermöglichen. Zu Unrecht gezahlte Beträge sind zuzüglich Zinsen vom Betriebsinhaber zurückzuzahlen. Der **Anwendungsbereich** des InVeKoS umfasst insbesondere die Direktzahlungen, bestimmte Maßnahmen der ländlichen Entwicklung und findet auch weitgehend auf die Kontrolle von Cross Compliance Anwendung.[93] Aus rechtlicher Sicht ist die einheitliche **Begriffsbildung** durch die InVeKoS-Regelungen hervorzuheben. So finden sich in den einschlägigen Normen zentrale Termini wie der des »Betriebsinhabers« und des »Betriebs«.[94] Im Einzelfall kann es angesichts des Einflusses der Betriebsgröße auf die Förderungssumme wichtig sein, bei mehreren Produktionseinheiten zu entscheiden, ob es sich um einen oder um mehrere selbständige Betriebe handelt.[95] Werden für ein und dieselbe Fläche Anträge von mehreren Antragstellern gestellt, entscheidet die tatsächliche Bewirtschaftung. Ein rechtmäßiger Titel zur Bewirtschaftung ist nicht erforderlich.[96]

Verfahren: Die Systeme zur **Identifizierung** landwirtschaftlicher Parzellen bzw. **Kennzeichnung** und Identifizierung von Tieren stützen sich auf Karten, Katasterpläne oder anderes Kartenmaterial einschließlich des Einsatzes von computergestützten geografischen Informationssystemtechniken (GIS)[97] bzw. umfangreiche Kennzeichnungs- und Registrierungspflichten einschließlich Ohrmarken, Rinderdatenbanken und Bestandsverzeichnissen.[98] Der jährlich einzureichende standardisierte **Antrag** (»Beihilfeantrag« für die Direktzahlungen, »Zahlungsantrag« für die betreffenden flächen- und tierbezogenen Maßnahmen zur ländlichen Entwicklung) muss alle landwirtschaftlichen Parzellen des Betriebs, Anzahl und Höhe der Zahlungsansprüche sowie alle sonstigen erforderlichen Angaben enthalten.[99]

Kontrollen: Bei den Kontrollen wird zwischen Verwaltungs- und Vor-Ort-Kontrollen unterschieden. **Verwaltungskontrollen** werden für 100 % aller Anträge mittels umfangreicher Programmierungen anhand der eingegangenen Datensätze durchgeführt, wäh-

---

[90] *Busse*, in: Lenz/Borchardt, EU-Verträge, Art. 40 AEUV, Rn. 83.
[91] Art. 67 ff. VO (EU) Nr. 1306/2013. Im Detail zur weitgehend vergleichbaren alten Rechtslage siehe *Zauner u. a.* (Fn. 15), S. 143 ff. m. w. N.
[92] Art. 68 Abs. 1 und 2 VO (EU) Nr. 1306/2013.
[93] Art. 67 VO (EU) Nr. 1306/2013. Überdies müssen die Verwaltungs- und Kontrollverfahren bei der Anwendung von Stützungsregelungen im Weinsektor mit dem integrierten System kompatibel sein; Art. 61 VO (EU) Nr. 1306/2013.
[94] Art. 4 Abs. 1 Buchst. a und b VO (EU) Nr. 1307/2013.
[95] Art. 70 VO (EU) Nr. 1306/2013.
[96] EuGH, Urt. v. 24. 6. 2010, Rs. C–375/08 (Pontini u. a.), Slg. 2010, I–5765, Rn. 70 ff.
[97] Art. 60 VO (EU) Nr. 1306/2013.
[98] VO (EG) Nr. 1760/2000 vom 17. 7. 2000 zur Einführung eines Systems zur Kennzeichnung und Registrierung von Rindern und über die Etikettierung von Rindfleisch und Rindfleischerzeugnissen, ABl. 2000, L 204/1.
[99] Art. 72 VO (EU) Nr. 1306/2013.

rend die **Vor-Ort-Kontrollen** stichprobenartig (die Mitgliedstaaten haben dabei einen wirksamen Mindestkontrollsatz zu gewährleisten, der erforderlichenfalls zu erhöhen ist bzw. – neu – bei Vorliegen bestimmter Voraussetzungen auch reduziert werden kann[100]) die von den Landwirten abgegebenen Erklärungen direkt am Betrieb überprüfen.[101] Als Vor-Ort-Kontrolle gilt auch der Einsatz von Methoden der Fernerkundung und globalisiertem Satellitennavigationssystem.[102]

37 **Sanktionen**: Die grundsätzlich verschuldensunabhängigen Sanktionen des InVeKoS-Systems bestehen aus kompliziert zu berechnenden standardisierten **Kürzungen** und **Ausschlüssen**.[103] Sie sind auch dann zu verhängen, wenn die Falschangaben weder auf Fahrlässigkeit noch auf Betrugsabsicht beruhen.[104] Bei Flächenabweichungen können sich die Sanktionen auch auf die Vorjahre erstrecken, der Rückforderungsanspruch wird lediglich durch die Verjährungsregeln der VO (EG) Nr. 2988/95[105] begrenzt.[106]

38 Insgesamt ist das InVeKoS-Regime mit der EuGH-Judikatur unter dem Gesichtspunkt einer möglichst effizienten Abwicklung von Massenverfahren zu sehen. Voraussetzung ist, dass auch der Antragsteller die Verantwortung für die Richtigkeit seiner Angaben übernimmt[107] und die Abwicklung streng schematisch erfolgt. Eine Einzelfallbeurteilung ist grundsätzlich nicht vorgesehen.

2. Staatliche Beihilfen

39 Zu den staatlichen Beihilfen s. Art. 42 AEUV, Rn. 10.

IV. Intervention und private Lagerhaltung

40 Unter Einlagerungs- und Ausgleichsmaßnahmen in Art. 40 Abs. 2 UAbs. 1 AEUV sind die **öffentliche Intervention** und die **private Lagerhaltung** erfasst, die wesentliche herkömmliche Stützungsinstrumente im Binnenmarkt darstellen und wie die Preisregelungen der Regulierung des Preisniveaus in den einzelnen Sektoren dienen.[108] Diese wurden mit den letzten GAP-Reformen systematisch auf ein Sicherheitsnetz (»safety net«) zurückgefahren.[109] Aktuell sind sie noch in den Sektoren Getreide, Reis, Rindfleisch,

---

[100] Art. 30 ff. DVO (EU) Nr. 809/2014 vom 17. 7. 2014 mit Durchführungsbestimmungen zur Verordnung (EU) Nr. 1306/2013 hinsichtlich des integrierten Verwaltungs- und Kontrollsystems, der Maßnahmen zur Entwicklung des ländlichen Raums und der Cross Compliance, ABl. 2014, L 227/69.
[101] Art. 59 i. V. m. Art. 74 VO (EU) Nr. 1306/2013.
[102] Art. 74 Abs. 3 VO (EU) Nr. 1306/2013.
[103] Im Grundsatz *Günther*, AgarR 1998, 361; *Deimel*, NL-BzAR 1999, 98.
[104] EuGH, Urt. v. 17.7.1997, Rs. C–354/95 (The Queen/National Farmers' Union u. a.), Slg. 1997, I–4559; Urt. v. 16. 5. 2002, Rs. C–63/00 (Schilling und Nehring), Slg. 2002, I–4483; Urt. v. 24. 5. 2012, Rs. C–188/11 (Hehenberger), ECLI:EU:C:2012:312.
[105] VO (EG, Euratom) Nr. 2988/95 vom 18. 12. 1995 über den Schutz der finanziellen Interessen der Europäischen Gemeinschaften, ABl. 1995, L 312/1. Allgemein zur VO (EG Euratom) Nr. 2988/95 siehe *Killmann/Glaser*.
[106] EuGH, Urt. v. 19. 11. 2002, Rs. C–304/00 (Strawson und Gagg & Sons), Slg. 2002, I–10737.
[107] EuGH, Urt. v. 19. 11. 2002, Rs. C–304/00 (Strawson und Gagg & Sons), Slg. 2002, I–10737; Urt. v. 28. 11. 2002, Rs. C–417/00 (Agrargenossenschaft Pretzsch), Slg. 2002, I–11053.
[108] Art. 8 ff. VO (EU) Nr. 1308/2013. Allgemein siehe *Norer/Bloch*, in: Dauses, Handbuch des EU-Wirtschaftsrechts, Abschnitt G, September 2011, Rn. 95 ff.; *Priebe* in: Grabitz/Hilf/Nettesheim, EU, Art. 40 AEUV (März 2011), Rn. 20 f. Zu den Details der Interventionsmaßnahmen bei Getreide, Milch und Rindfleisch nach der alten aber vergleichbaren Rechtslage siehe *Zauner u. a.* (Fn. 15), S. 93 ff. m. w. N.
[109] *Busse*, in: Lenz/Borchardt, EU-Verträge, Art. 40 AEUV, Rn. 12 ff.; *Norer/Bloch*, in: Dauses, Handbuch des EU-Wirtschaftsrechts, Abschnitt G, September 2011, Rn. 98.

Butter und Magermilchpulver vorgesehen und auf Erzeugnisse mit Unionsursprung eingeschränkt.[110]

Bei **außergewöhnlichen Marktstörungen** im Zusammenhang mit Tierseuchen und dem Vertrauensverlust der Verbraucher infolge von Risiken für die menschliche, tierische oder pflanzliche Gesundheit bestehen besondere Interventionsmaßnahmen.[111] So wurden etwa bei den Marktkrisen im Zusammenhang mit BSE, Schweinepest und EHEC auf dieser Grundlage Sonderinterventionsprogramme aufgelegt. Weitere Dringlichkeitsbefugnisse sowie eine horizontale Kompetenz für Dringlichkeitsmaßnahmen im Bereich der gesamten eGMO bestehen.[112] Finanziert werden diese Maßnahmen aus einer durch jährliche Kürzung der Direktzahlungen finanzierten **Krisenreserve**. Die nicht verwendeten Mittel werden den Betriebsinhabern im Folgejahr als Direktzahlungen zurückerstattet.[113]

41

V. Außenhandel

Gemeinsame Einrichtungen zur Stabilisierung der Ein- oder Ausfuhr in Art. 40 Abs. 2 UAbs. 1 AEUV beschränken sich im Wesentlichen auf den Schutz des Binnenmarktes gegenüber dem Weltmarkt durch **Einfuhrzölle** im Bereich der Importe und **Ausfuhrerstattungen** bzw. **Abschöpfungen** im Bereich der Exporte.[114] Die einzusetzenden Mechanismen hängen dabei naturgemäß davon ab, ob die Weltmarktpreise unter denjenigen der EU oder darüber liegen. Meist geht es jedoch darum, das durch interne Maßnahmen gestützte höhere Preisniveau in der Union vor Erzeugnissen, die zum deutlich niedrigeren Weltmarktpreisniveau angeboten werden, zu schützen. Überdies unterliegen einzelne Erzeugnisse beträchtlichen Preisschwankungen auf dem Weltmarkt, was auf den internen Markt durchschlagen kann.

42

Als Außenhandelsinstrumente sind auch die **Schutzklauseln**[115] bei Störungen des Binnenmarktes zu nennen sowie die einschlägigen Bestimmungen in den, den internationalen Handel mit landwirtschaftlichen Erzeugnissen betreffenden **bi- und multilateralen Handelsabkommen** (z. B. Einfuhrkontingentierungen, vergünstigte Zollsätze).[116]

43

Eine wichtige Rolle spielen bei den Außenhandelsregelungen überdies Lizenzen und Bescheinigungen.[117] So berechtigen und verpflichten Einfuhr- oder Ausfuhr**lizenzen** innerhalb ihrer Gültigkeitsdauer die angegebene Menge des bezeichneten Erzeugnisses

44

---

[110] Art. 11 VO (EU) Nr. 1308/2013. Zum Ursprung der in Betracht kommenden Erzeugnisse Art. 9 VO (EU) Nr. 1308/2013.

[111] Art. 220 VO (EU) Nr. 1308/2013.

[112] Art. 219 und 221 VO (EU) Nr. 1308/2013: Maßnahmen gegen Marktstörungen, Maßnahmen zur Lösung spezifischer Probleme sowie Vereinbarungen und Beschlüsse von Erzeugerorganisationen und Branchenverbänden.

[113] Reserve für Krisen im Agrarsektor; Art. 25 VO (EU) Nr. 1306/2013.

[114] Art. 180 ff. VO (EU) Nr. 1308/2013. Allgemein siehe *Norer/Bloch*, in: Dauses, Handbuch des EU-Wirtschaftsrechts, Abschnitt G, September 2011, Rn. 141 ff.; *Busse*, in: Lenz/Borchardt, EU-Verträge, Art. 40 AEUV, Rn. 39 ff. Vgl. Ausfuhrerstattungen EuGH, Urt. v. 11.7.1984, Rs. 89/83 (Hauptzollamt Hamburg-Jonas/Dimex), Slg. 1984, 2815, Rn. 6 ff.; Urt. v. 28.3.1996, Rs. C–299/94 (Anglo Irish Beef Processors International u. a.), Slg. 1996, I–1925, Rn. 14 ff.

[115] Art. 194 (Schutzmaßnahmen) und Art. 195 (Aussetzung der Umwandlung unter zollamtlicher Überwachung und des aktiven Veredelungsverkehrs) VO (EU) Nr. 1308/2013.

[116] Vgl. etwa Weinhandelsabkommen mit den USA, ABl. 2006, L 87/1. Siehe *Norer/Bloch*, in: Dauses, Handbuch des EU-Wirtschaftsrechts, Abschnitt G, September 2011, Rn. 70 ff.

[117] Im Detail siehe *Zauner u. a.* (Fn. 15), S. 80 ff.; *Busse*, in: Lenz/Borchardt, EU-Verträge, Art. 40 AEUV, Rn. 50 f.; *Leidwein*, Europäisches Agrarrecht, S. 137 ff.

oder der bezeichneten Ware in den bzw. aus dem Binnenmarkt ein- bzw. auszuführen. Die Lizenzen werden auf Antrag gegen Stellung einer **Sicherheit (Kaution)** erteilt. Auch die **Bescheinigungen** (Erstattungsbescheinigungen), die berechtigen und verpflichten, innerhalb ihrer Gültigkeitsdauer bestimmte Erzeugnisse auszuführen und in der Folge Erstattungen zu beantragen, werden mit der Leistung einer **Sicherheit** verknüpft.

45 Aufgrund der WTO-Verpflichtungen und in deren Folge der GAP-Reformen hat der Außenhandelsbereich in den letzten Jahren eine deutliche Liberalisierungswelle erfahren. Insbesondere die Exporterstattungen und -abgaben dienen heute (ähnlich der Intervention) primär als Sicherheitsnetze im Falle gröberer Marktstörungen.

VI. Produktionsbeschränkungen

46 Ab Mitte der 1980er Jahre führten die beträchtlichen Überschüsse bei zahlreichen Erzeugnissen zur Erlassung von produktionslenkenden Regelungen. Grundsätzlich kommt eine Vielzahl an Instrumenten in Betracht,[118] letztlich hat sich als zentrale Mengenregelung aber die Quotierung herauskristallisiert. Solche Maßnahmen zur Produktionsbegrenzung modifizieren gleichsam die bestehenden Marktlenkungsmechanismen und sind grundsätzlich mit dem AEUV vereinbar, andernfalls wäre den mit der Überproduktion für den EU-Haushalt verbundenen finanziellen Auswirkungen nur mit weit stärkeren Einbußen in der Landwirtschaft zu begegnen gewesen.[119]

1. Quotierung

47 Quotenregelungen beschränken die Erzeugung auf bestimmte Mengen, darüber hinausgehende Produktionen sind zwar nicht verboten, ziehen aber für den einzelnen Erzeuger schwerwiegende Nachteile nach sich, wie etwa ein Vermarktungsverbot oder die Leistung einer Abgabe. Die Begrenzung der Produktion auf zugewiesene Quoten verunmöglicht letztlich die volle Ausnutzung oder Ausweitung der Produktionskapazitäten und bewirkt damit weitreichende Beschränkungen unternehmerischer Entscheidungsfreiheit. Insofern ist es wenig verwunderlich, dass solche Regime zu zahlreichen Rechtsstreitigkeiten auf nationaler und unionaler Ebene geführt haben.[120] Überdies erfordert die Administration von Quotensystemen komplizierte Mechanismen, die die Verwaltungen der Mitgliedstaaten beim Vollzug fordern. Im Zuge der derzeitigen Liberalisierungsbestrebungen sind Kontingentierungen im Rückbau begriffen. Aktuell finden sich nach der Nichtverlängerung der Milchquoten zum Ende des Wirtschaftsjahres 2014/15 (31.3.2015)[121] (zeitlich) limitierte Quotenregelungen nur mehr im Sektor Zucker.[122] Jedoch werden die Zuckerquoten 2016/2017 (30.9.2017) ebenfalls auslaufen.

---

[118] Preissenkungen, Einschränkungen der Intervention, Garantieschwellen, Mitverantwortungsabgaben; dazu siehe *Norer/Bloch*, in: Dauses, Handbuch des EU-Wirtschaftsrechts, Abschnitt G, September 2011, Rn. 102 ff.

[119] Siehe *Nies*, S. 2 ff.; *Zoeteweij-Turhan*, in: Mögele/Erlbacher, Art. 55 VO 1234/2007, Rn. 4 ff.

[120] Zu einigen grundsätzlichen Rechtsproblemen bei der Anwendung von Quotenregelungen siehe *Mögele*, Kontingentierungsregelungen, S. 109 ff. Zu Quotenregelungen im Allgemeinen *Priebe*, in: Grabitz/Hilf/Nettesheim, EU, Art. 40 AEUV (März 2011), Rn. 24 ff.; *Norer/Bloch*, in: Dauses, Handbuch des EU-Wirtschaftsrechts, Abschnitt G, September 2011, Rn. 107; *François*, S. 40 ff.; *Nies*, S. 2 ff.

[121] Art. 65 bis 84 VO (EG) Nr. 1234/2007 blieben bis 31.3.2015 in Kraft; Art. 230 Abs. 1 Buchst. a VO (EU) Nr. 1308/2013.

[122] Art. 134 ff. VO (EU) Nr. 1308/2013 bleiben bis 30.9.2017 in Kraft; Art. 232 Abs. 3 VO (EU) Nr. 1308/2013.

a) Milchquoten[123]

Die Milchquotenregelung (»Milchkontingentierung«, »Milch-Garantiemengenregelung«, »Referenzmengenregelung«) wurde 1984 angesichts des chronischen Überschusses in der Milchproduktion eingeführt und seit 1992 immer wieder verlängert, zuletzt im Jahre 2003 bis 2015.

48

Die Regelungen knüpfen an »Quoten« (früher »Referenzmengen«) an, die ursprünglich den individuellen Milchlieferungen von 1981 plus 1 % entsprachen. Für später beitretende Länder wurden entsprechende individuelle historische Bezugszeiträume gewählt. Die zugeteilten **einzelstaatlichen Quoten**[124] werden in der Form von **einzelbetrieblichen Quoten**[125] auf die Erzeuger aufgeteilt. Jeder Milcherzeuger benötigt für die Vermarktung von Milch und Milcherzeugnissen eine solche Milchquote, im Rahmen der Direktvermarktung handelt es sich dabei um eine Quote für Direktverkäufe (**D-Quote**), bei Lieferung an einen im Mitgliedstaat zugelassenen Käufer (Molkerei, Käserei, Sennerei) um eine Quote für Lieferungen (**A-Quote**). Kommt es im Zwölfmonatszeitraum zur Überschreitung der dem Milcherzeuger zustehenden Quote und wird im selben Zeitraum auch die jeweilige einzelstaatliche Quote nicht eingehalten, ist vom Erzeuger die **Überschussabgabe** (»Superabgabe«, früher Zusatzabgabe)[126] zu entrichten, die weitgehend von den Molkereien – i. d. R. durch Verrechnung mit dem Milchgeld – erhoben wird. Die Mitgliedstaaten haben dann der Union die Überschussabgabe, die auf einzelstaatlicher Ebene und getrennt für Lieferungen und Direktverkäufe festgestellt wird, zu überweisen. Sie ist vollständig auf die Erzeuger aufzuteilen, die zu den jeweiligen Überschreitungen der einzelstaatlichen Quoten beigetragen haben.[127]

49

Für die **Übertragung** von Quoten[128] gilt der Grundsatz der Hofgebundenheit, die Quote steht dem jeweiligen Verfügungsberechtigten über den landwirtschaftlichen Betrieb (Betriebsinhaber, Erzeuger) zu und geht mit dem Betrieb auf den z. B. Pächter[129] über. Darüber hinaus sind **Anpassungen** (Umwandlung von A-Quoten in D-Quoten oder umgekehrt),[130] **Verfall** der Quote wegen Inaktivität[131] sowie eine **einzelstaatliche Reserve**[132] vorgesehen.

50

Die Milchquotenregelung hat im Lauf der Jahre eine rege Rechtsprechungstätigkeit der europäischen und nationalen Gerichte ausgelöst, in denen neben vielen technischen auch grundsätzliche Fragen zur Ausgestaltung agrarpolitischer Kontingentierungsregeln und darüber hinaus zum Unionsrecht und zu seinen allgemeinen Rechtsgrundsät-

51

---

[123] Zu Einzelheiten der Milchquotenregelung siehe *Norer/Bloch*, in: Dauses, Handbuch des EU-Wirtschaftsrechts, Abschnitt G, September 2011, Rn. 111; *Zauner u. a.* (Fn. 15), S. 164 ff.; *Busse*, in: Lenz/Borchardt, EU-Verträge, Art. 40 AEUV, Rn. 22 ff.

[124] Art. 66 i. V. m. Anhang IX Nr. 1 VO (EG) Nr. 1234/2007. Für den nationalen Fettgehalt Art. 70 i. V. m. Anhang X VO (EG) Nr. 1234/2007.

[125] Art. 67 VO (EG) Nr. 1234/2007.

[126] Art. 78 VO (EG) Nr. 1234/2007.

[127] Art. 79 VO (EG) Nr. 1234/2007.

[128] Art. 74 f. VO (EG) Nr. 1234/2007. Dabei sind die praktisch bedeutendsten Übertragungsarten die Übertragung auf Dauer (»Handelbarkeit«) und die zeitweilige Übertragung für die Dauer eines Zwölfmonatszeitraumes (»Leasing«).

[129] Zur Rückübertragung der Quote nach Beendigung des Pachtverhältnisses an den Verpächter siehe EuGH, Urt. v. 20. 6. 2002, Rs. C–401/99 (Thomsen), Slg. 2002, I–5775, Rn. 41 ff. Bei den Zuckerquoten siehe *Hardenberg/Dehne*, RdL 2012, 169; *Nehls/Mecklenburg*, NL-BzAR 2012, 12.

[130] Art. 67 Abs. 2 VO (EG) Nr. 1234/2007.

[131] Art. 72 VO (EG) Nr. 1234/2007.

[132] Art. 71 VO (EG) Nr. 1234/2007.

zen behandelt wurden.¹³³ Der EuGH hat in ständiger Rechtsprechung die Rechtmäßigkeit der Milchquotenregelung bestätigt.¹³⁴

52 Ihre Vorstellungen vom Milchmarkt in der Zeit nach der Quote hat die Kommission 2012 im sogenannten **Milchpaket**¹³⁵ präsentiert mit dem vorrangigen Ziel, die Position der Erzeuger von Milch und Milchprodukten in der Versorgungskette zu stärken sowie eine stärkere Ausrichtung des Sektors am Markt und dessen nachhaltigere Gestaltung zu erreichen. Dazu werden zentral schriftliche Verträge zwischen Milcherzeugern und -verarbeitern vorgesehen. Die Mitgliedstaaten haben die Möglichkeit, solche Vereinbarungen verbindlich vorzuschreiben und die Erstankäufer der Rohmilch zu verpflichten, den Landwirten schriftliche Verträge, die Angaben wie Preis, Menge, Laufzeit, Zahlungsmodalitäten, Abholung und Bestimmungen für den Fall höherer Gewalt enthalten, mit einer Mindestlaufzeit anzubieten.¹³⁶ Alle diese Punkte sollen zwischen den Vertragsparteien frei ausgehandelt werden.¹³⁷ Weiter besteht die Möglichkeit zur kollektiven Aushandlung der Vertragsbedingungen durch die Erzeugerorganisationen.¹³⁸ Das Milchpaket wurde mit der GAP-Reform 2013 in die eGMO einbezogen.

b) Zuckerquoten¹³⁹

53 Die Zuckerquoten sind insofern ein Sonderfall, als sie 1967 bereits mit Schaffung der Marktorganisation eingeführt wurden, um relativ hohe Preise angesichts einer bereits bestehenden Überschusslage beibehalten zu können. Die Quotenregelung war als Übergangslösung konzipiert, ist seitdem aber mehrfach verlängert worden.

---

¹³³ Siehe *Busse*, in: Lenz/Borchardt, EU-Verträge, Art. 40 AEUV, Rn. 27 ff.; *Thiele* (Fn. 5), Art. 40 AEUV, Rn. 31, beide mit Hinweisen zur Rspr., insbesondere auch zur klassischen SLOM-Problematik. *Mögele*, Kontingentierungsregelungen, S. 111 ff., gliedert die Rechtsfragen in folgende Hauptbereiche: Einführung, rechtliche Einordnung, Kürzung/Entziehung und Aufhebung.

¹³⁴ Zuletzt EuGH, Urt. v. 14.5.2009, Rs. C-34/08 (Azienda Agricola Disarò Antonio u.a.), Slg. 2009, I-4023, Rn. 22 ff.

¹³⁵ VO (EU) Nr. 261/2012 vom 14.3.2012 zur Änderung der VO (EG) Nr. 1234/2007 im Hinblick auf Vertragsbeziehungen im Sektor Milch und Milcherzeugnisse, ABl. 2012, L 94/38; Durchführungs-VO (EU) Nr. 511/2012 vom 15.6.2012 über Mitteilungen in Bezug auf Erzeugerorganisationen und Branchenverbände sowie Vertragsverhandlungen und Beziehungen gemäß der Verordnung (EG) Nr. 1234/2007 im Sektor Milch und Milcherzeugnisse, ABl. 2012, L 156/39; Delegierte VO (EU) Nr. 880/2012 vom 28.6.2012 zur Ergänzung der Verordnung (EG) Nr. 1234/2007 im Hinblick auf die länderübergreifende Zusammenarbeit und Vertragsverhandlungen von Erzeugerorganisationen im Sektor Milch und Milcherzeugnisse, ABl. 2012, L 263/8. Dazu siehe *Hautzenberg*, Die Reform des europäischen Milchmarkts aus rechtlicher Sicht, in: Norer/Holzer (Fn. 23), S. 91 ff. Für einen Überblick und weitere Inhalte siehe *Norer/Holzer* (Hrsg.), Agrarrecht Jahrbuch 2013, 2013, S. 21 f.

¹³⁶ Art. 148 VO (EU) Nr. 1308/2013.

¹³⁷ Mitglieder einer Genossenschaft sind von dieser Vertragspflicht ausgenommen, wenn die Satzung oder die Regeln dieser Genossenschaft Bestimmungen enthalten, die ähnliche Wirkung haben; Art. 148 Abs. 3 VO (EU) Nr. 1308/2013.

¹³⁸ Die Milchmenge, über die eine Organisation verhandeln kann, ist auf 3,5 % der Erzeugung in der EU und 33 % der Erzeugung der betreffenden Mitgliedstaaten begrenzt. Bei Mitgliedstaaten mit einer Erzeugung von weniger als 500.000 Tonnen liegt die Obergrenze bei 45 % der nationalen Erzeugung; Art. 149 VO (EU) Nr. 1308/2013. Diese Obergrenzen sollen Verhandlungen zwischen Erzeugerorganisationen von etwa der gleichen Größe wie große Milchverarbeitungsbetriebe ermöglichen und gleichzeitig für einen wirksamen Wettbewerb auf dem Markt sorgen.

¹³⁹ Zu Einzelheiten der Zuckerquotenregelung siehe *Zoeteweij-Turhan*, in: Mögele/Erlbacher, pre Art. 56–60, Art. 56 ff. VO 1234/2007; *Norer/Bloch*, in: Dauses, Handbuch des EU-Wirtschaftsrechts, Abschnitt G, September 2011, Rn. 109; *Olmi*, S. 172 ff.; *Priebe*, in: Grabitz/Hilf/Nettesheim, EU, Art. 40 AEUV (März 2011), Rn. 25 f.

Im Rahmen der letzten Reform zum Wirtschaftsjahr 2006/07[140] wurde insbesondere mit der Fusionierung von A- und B-Quoten zu einer **einzigen Quote** eine vereinfachte Quotenregelung geschaffen. Die C-Quote (Überschusszucker) wurde mit der Möglichkeit abgeschafft, stattdessen 1,1 Mio. Tonnen zusätzliche Quote zu erwerben. Mit dem Ziel einer freiwilligen, unternehmensindividuellen Quotenproduktion wurde überdies den Erzeugern die Möglichkeit gegeben, ihre Quoten an einen **Restrukturierung**sfonds gegen eine einmalige Prämie zurückzugeben. 54

Aktuell gilt das Quotensystem für Zucker, Isoglucose und Insulinsirup.[141] Die nationalen Quoten werden auf die einzelnen Zuckererzeuger aufgeteilt. Zentraler Punkt ist die bei Überschreitung der maßgeblichen Quote und Nicht Zuführung der Überschussmengen ihrer Bestimmung gemäß Art. 139 VO (EU) Nr. 1308/2013 zu zahlende **Überschussabgabe**.[142] Die Erhebung nimmt der Mitgliedstaat bei den auf seinem Hoheitsgebiet ansässigen Unternehmen vor. Die Übermenge kann aber auch auf das folgende Wirtschaftsjahr übertragen werden und wird auf die dann geltende Quote angerechnet.[143] Bei Zuckerquoten ist **keine freie Handelbarkeit** zwischen den Unternehmen vorgesehen.[144] 55

2. Sonstige

Weitere produktionsbeschränkende Instrumente sind völlig zurückgedrängt, heute noch in Kraft stehen lediglich Höchstgarantiemengen und Pflanzungsrechte. So finden sich die früher in zahlreichen Marktorganisationen vorhandenen **Höchstgarantiemengen** seit der GAP-Reform 2013 nur mehr in Gestalt von Höchstflächen bei den Zahlungen für Baumwolle.[145] Die Folge einer Überschreitung besteht hier in einer anteilsmäßigen Kürzung je Mitgliedstaat im betreffenden Jahr. 56

Im Weinsektor war im Rahmen des Produktionspotenzials noch bis zum 31.12.2015 eine vorübergehende **Pflanzungsrechtregelung** vorgesehen.[146] Da die Rebfläche im gesamten EU-Raum insgesamt nicht ausgeweitet werden durfte, musste bei Neuauspflanzungen zuvor eine gleich große Fläche gerodet werden. Für 2016 bis 2030 ist eine Regelung für die Zulassung von Neuanpflanzungen mit einer auf jährlich 1 % begrenzten Zunahme eingeführt worden.[147] 57

---

[140] VO (EG) Nr. 318/2006 vom 20.2.2006 über die gemeinsame Marktorganisation für Zucker, ABl. 2006, L 58/1; VO (EG) Nr. 319/2006 vom 20.2.2006 zur Änderung der Verordnung (EG) Nr. 1782/2003, ABl. 2006, L 58/32; VO (EG) Nr. 320/2006 vom 20.2.2006 mit einer befristeten Umstrukturierungsregelung für die Zuckerindustrie in der Europäischen Gemeinschaft, ABl. 2006, L 58/42.
[141] Art. 134 Abs. 1 VO (EU) Nr. 1308/2013.
[142] Art. 142 VO (EU) Nr. 1308/2013.
[143] Art. 139 Abs. 1 Buchst. b VO (EU) Nr. 1308/2013.
[144] Die Mitgliedstaaten haben jedoch Möglichkeiten zur Quotenumverteilung, die zu ähnlichen Ergebnissen führen können; *Mögele*, Kontingentierungsregelungen, S. 110. Siehe Art. 138 VO (EU) Nr. 1308/2013.
[145] Kulturspezifische Zahlung für Baumwolle: nationale Grundflächen; Art. 58 VO (EU) Nr. 1307/2013.
[146] Art. 85f–85n VO (EG) Nr. 1234/2007 i.V.m. Art. 230 Abs. 1 Buchst. b Ziff. i) VO (EU) Nr. 1308/2013.
[147] Art. 61 ff. VO (EU) Nr. 1308/2013.

D. Beschränkungen auf Ziele (Abs. 2 UAbs. 2)

58 Der erste Halbsatz des Art. 40 Abs. 2 UAbs. 2 AEUV beschränkt die gemeinsame Organisation der Agrarmärkte auf die Verfolgung der Ziele des Art. 39 AEUV. Damit soll verhindert werden, dass die Agrarmarktbefugnisse zur Verfolgung landwirtschaftsfremder Ziele missbraucht und somit andere Vorschriften des Vertrags umgangen werden.[148] Angesichts des weiten Zielkatalogs des Art. 39 AEUV (s. Art. 39 AEUV, Rn. 2 ff.) hindert diese Bestimmung jedoch nicht daran, im Rahmen agrarpolitischer Maßnahmen auch andere AEUV-Ziele, deren Verfolgung der Erreichung dieser Ziele dienlich sein kann oder die mit der Landwirtschaft eng verknüpft sind, wie insbesondere Umwelt- und Verbraucherschutz, mitzuverfolgen (s. auch Art. 39 Abs. 2 Buchst. c AEUV).

E. Diskriminierungsverbot (Abs. 2 UAbs. 2)

59 Nach dem zweiten Halbsatz des Art. 40 Abs. 2 UAbs. 2 AEUV hat die gemeinsame Organisation der Agrarmärkte jede Diskriminierung zwischen Erzeugern oder Verbrauchern innerhalb der Union auszuschließen. Diese Konkretisierung des allgemeinen Diskriminierungsverbotes (Art. 18 AEUV) bedeutet letztlich ein Verbot willkürlicher Ungleichbehandlungen. Für den EuGH dürfen demnach Maßnahmen im Rahmen der gemeinsamen Marktorganisation nur aufgrund objektiver Kriterien, die eine ausgewogene Verteilung der Vor- und Nachteile auf die Betroffenen gewährleisten, nach Regionen und sonstigen Produktions- oder Verbrauchsbedingungen differenzieren, ohne nach dem Hoheitsgebiet der Mitgliedstaaten zu unterscheiden.[149] Hingegen erlaubt sind etwaige Ungleichbehandlungen aufgrund unterschiedlicher mitgliedstaatlicher Rechtsvorschriften.[150]

60 Mit Blick auf die spätestens seit der GAP-Reform 1992 zu beobachtende Tendenz zur **Dezentralisierung** (»Renationalisierung«, »Regionalisierung«)[151] der gemeinsamen Agrarpolitik, also die Verlagerung von Regelungsbefugnissen durch die Union auf mitgliedstaatliche und regionale Ebenen, kommt dem Diskriminierungsverbot umfassende Geltung zu. Die Mitgliedstaaten sind bei Ausübung solcher »abgeleiteter« Regelungskompetenzen daran gebunden.[152]

---

[148] *Busse*, in: Lenz/Borchardt, EU-Verträge, Art. 40 AEUV, Rn. 105; *Martinez*, in: Calliess/Ruffert, EUV/AEUV, Art. 40 AEUV, Rn. 117.

[149] EuGH, Urt. v. 20.9.1988, Rs. 203/86 (Spanien/Rat), Slg. 1988, 4563, Rn. 25; Urt. v. 15.4.1997, Rs. C–22/94 (Irish Farmers Association u. a.), Slg. 1997, I–1809, Rn. 34 ff.; st. Rspr. Zum Vorliegen einer Ungleich- bzw. Gleichbehandlung, einer Rechtfertigung sowie den Rechtsfolgen einer Verletzung siehe *Busse*, in: Lenz/Borchardt, EU-Verträge, Art. 40 AEUV, Rn. 108 ff., mit Beispielen aus der Rechtsprechung.

[150] EuGH, Urt. v. 16.7.2009, Rs. C–428/07 (Horvath), Slg. 2009, I–6355, Rn. 55 ff.

[151] Siehe *Priebe*, Differenzierung und Dezentralisierung in der gemeinsamen Agrarpolitik, FS Steinberger, 2002, S. 1347 (1368); *Seidel*, AgrarR 2000, 384 ff.; *Busse*, in: Schulze/Zuleeg/Kadelbach, Europarecht, § 25, Rn. 38 f.; *Norer*, Lebendiges Agrarrecht, 2005, S. 518 ff.

[152] EuGH, Urt. v. 25.11.1986, Rs. 201/85 (Klensch/Secrétaire d'Etat), Slg. 1986, 3477; Urt. v. 11.7.1989, verb. Rs. 196/88–198/88 (Cornée u. a./Copall u. a.), Slg. 1989, 2309, Rn. 14; Urt. v. 12.7.1990, Rs. C–16/89 (Spronk/Minister van Landbouw en Visserij), Slg. 1990, I–3185; Urt. v. 24.3.1994, Rs. C–2/92 (The Queen/Dennis Clifford Bostock), Slg. 1994, I–955, Rn. 16. Zu nationalen Regelungsspielräumen vgl. *Priebe*, in: Grabitz/Hilf/Nettesheim, EU, Art. 40 AEUV (März 2011), Rn. 115 ff., restriktiver wohl *Korte/van Rijn*, in: GTE, EWGV, Art. 40, Rn. 49 ff. (nationale Differenzierungs-

Das Diskriminierungsverbot schließt aber auch **regionale und sektorielle Differen-** 61
zierungen durch den Unionsgesetzgeber selbst nicht aus, sofern die tatsächlichen Gegebenheiten sich regional oder sektoriell unterscheiden.[153] Eine bloße Unterscheidung nach dem Hoheitsgebiet der Mitgliedstaaten, ohne auf sachlichen Kriterien zu beruhen, ist damit zwar ausgeschlossen, allerdings ist bei regionalen Differenzierungen eine Anknüpfung an bestehende Verwaltungsgrenzen zumeist unvermeidlich.[154]

Ungleichbehandlungen zwischen Erzeugern oder Verbrauchern sind dabei immer nur 62 innerhalb der jeweiligen – weit zu fassenden[155] – Erzeuger- bzw. Verbrauchergruppe zu untersuchen, nicht jedoch zwischen diesen beiden Gruppen von Wirtschaftsteilnehmern. Die Frage des Interessenausgleichs zwischen Erzeugern und Verbrauchern ist allein Gegenstand der Regelung des Art. 39 AEUV.[156] Innerhalb der jeweiligen Gruppe bezieht sich die vom EuGH geforderte »ausgewogene Verteilung der Vor- und Nachteile auf die Betroffenen« aber einerseits auf die Wirtschaftsbeteiligten eines einzelnen Erzeugnissektors, andererseits aber auch auf ihre Lage im Vergleich mit derjenigen von Wirtschaftsbeteiligten anderer Sektoren. Wesentlich ist dabei die »Summe« der dem einzelnen zukommenden Vor- und Nachteile, und weniger eine völlig gleichförmige Ausgestaltung der einzelnen Stützungssysteme. Für unterschiedliche Konzeptionen in den einzelnen Sektoren lassen sich (neben rein historischen) zumeist auch sachliche, produktspezifische Gründe anführen. Selektive Fördermaßnahmen zugunsten eines Sektors dürfen aber nicht zu Lasten eines anderen Sektors gehen.[157]

Das Diskriminierungsverbot erstreckt sich jedoch nicht auf die **Außenbeziehungen** 63 der Union. Nach internem Unionsrecht muss die Union nicht alle Drittstaaten unter allen Aspekten gleich behandeln. Eine unterschiedliche Behandlung von Marktbeteilig-

---

möglichkeit nur zu »untergeordneten Punkten«). Vgl. auch EuGH, Urt. v. 27.11.1997, Rs. C–356/95 (Witt/Amt für Land- und Wasserwirtschaft), Slg. 1997, I–6589, zur Abgrenzung von Erzeugungsregionen im Rahmen der Stützungsregelung für Ackerkulturen; Urt. v. 5.5.2011, verb. Rs. C–230/09 u. 231/09 (Kurt und Thomas Etling u.a.), Slg. 2011, I–3097, zur Übertragung einzelbetrieblicher Referenzmengen.

[153] Vgl. Art. 39 Abs. 2 AEUV, wonach bei der Gestaltung der GAP die besondere Eigenheit der landwirtschaftlichen Tätigkeit zu berücksichtigen ist, die sich »aus den strukturellen und naturbedingten Unterschieden der verschiedenen landwirtschaftlichen Gebiete ergibt«. Siehe etwa zu Sonderregelungen für einzelne Mitgliedstaaten EuGH, Urt. v. 21.2.1990, verb. Rs. C–267/88 bis C–285/88 (Wuidart u.a./Laiterie coopérative eupenoise u.a.), Slg. 1990, I–435; Urt. v. 14.7.1994, Rs. C–353/92 (Griechenland/Rat), Slg. 1994, I–3411, Rn. 24ff.

[154] So wurde das »Phasing-in« bei den Direktzahlungen für die neuen Mitgliedstaaten aufgrund der dort völlig anderen Situation der Landwirtschaft als objektiv gerechtfertigt angesehen; EuGH Urt. v. 23.10.2007, Rs. C–273/04 (Polen/Rat), Slg. 2007, I–8925, Rn. 82ff., unter Verweis auf EuGH, Urt. v. 30.3.2006, Rs. C–87/03 (Spanien/Rat), Slg. 2006, I–2915. Siehe auch EuG, Urt. v. 10.6.2009, Rs. T–257/04 (Polen/Kommission), Slg. 2009, II–1545. Zur Anknüpfung an das Staatsgebiet bei regionalen Differenzierungen im Rahmen der obligatorischen Destillation von Tafelwein vgl. EuGH, Urt. v. 29.10.1998, Rs. C–375/96 (Zaninotto/Ispettorato Centrale Repressione Frodi), Slg. 1998, I–6629.

[155] Erfasst sind auch sämtliche Wirtschaftsteilnehmer, die zwischen dem Erzeuger und dem Endverbraucher stehen, insbesondere auch Angehörige des Produktions- und Verarbeitungsgewerbes und des Handels. Vgl. EuGH, Urt. v. 29.6.1988, Rs. 300/86 (Van Landschoot/Mera), Slg. 1988, 3443, Rn. 10ff.; Urt. v. 5.10.1994, Rs. C–280/93 (Deutschland/Rat), Slg. 1994, I–4973, Rn. 68ff.; Urt. v. 12.12.1996, Rs. C–241/95 (The Queen/Accrington Beef), Slg. 1996, I–6699, Rn. 48ff. Beispiele bei *Busse*, in: Lenz/Borchardt, EU-Verträge, Art. 40 AEUV, Rn. 115; *Martinez*, in: Calliess/Ruffert, EUV/AEUV, Art. 40 AEUV, Rn. 119ff.

[156] Ausdrücklich EuGH, Urt. v. 24.10.1973, Rs. 5/73 (Balkan Import Export GmbH/Hauptzollamt Berlin Packhof), Slg. 1973, 1091, Rn. 26.

[157] Zur Problematik sektorübergreifender Diskriminierungen siehe *Priebe*, in: Grabitz/Hilf/Nettesheim, EU, Art. 40 AEUV (März 2011), Rn. 100 m.w.N.

ten (z. B. Importeure von Bananen) als zwangsläufige Folge der unterschiedlichen Behandlung der Drittländer ist nicht unionsrechtswidrig.[158] Allerdings können internationale Verpflichtungen der EU eine solche Gleichbehandlung erfordern.

F. Finanzierung (Abs. 3)

64 Zur Ermöglichung der Zielerreichung der gemeinsamen Organisation der Agrarmärkte können nach Art. 40 Abs. 3 AEUV ein oder mehrere Ausrichtungs- oder Garantiefonds für die Landwirtschaft geschaffen werden. Die damit angesprochene Finanzierung der GAP, die noch immer an die 40 % des EU-Haushaltes bildet, besteht heute aus einem dichten Regelungswerk. Dieses hat sich als Dreh- und Angelpunkt des gesamten Politikbereichs erwiesen, auch wenn es ausgabenseitig unmittelbar lediglich auf diesen einzigen Satz im Primärrecht zurückgeht.[159] Dabei ist zu bedenken, dass die unionale Finanzierung vom Vertrag nicht zwingend vorgegeben und auch nicht ohne Einschränkung praktiziert wird.[160]

I. Fonds

65 Erfolgte die Finanzierung der GAP bereits seit 1962 durch den Europäischen Ausrichtungs- und Garantiefonds für die Landwirtschaft (EAGFL),[161] der sich in die beiden Abteilungen Garantie und Ausrichtung gliederte, bestehen heute zwei eigenständige Fonds. Der **Europäische Garantiefonds für die Landwirtschaft (EGFL)** finanziert dabei in geteilter bzw. zentraler Mittelverwaltung die 1. Säule der GAP, also im Wesentlichen die Marktmechanismen (Ausfuhrerstattungen und Interventionsmaßnahmen) und Direktzahlungen.[162] Der **Europäische Landwirtschaftsfonds für die Entwicklung des ländlichen Raums (ELER)** kofinanziert in geteilter Mittelverwaltung die Förderung der Entwicklung des ländlichen Raums in der 2. Säule der GAP.[163] Im Fischereisektor wird der Europäische Meeres- und Fischereifonds (EMFF) tätig.[164] Die Fonds besitzen keine eigene Rechtspersönlichkeit und verfügen nicht über eigene Mittel, sondern sind in die Kommission und den Unionshaushalt integriert.[165] Ihre Verwaltung obliegt nach Art. 317 AEUV der Kommission, die sich dabei für die Zusammenarbeit mit den Mitgliedstaaten eines je eigenen Fondsausschusses bedient. Grundlage der unionalen Agrarfinanzierung und damit auch der beiden Fonds bildet aktuell die VO (EU) Nr. 1306/2013 über die Finanzierung der GAP.

---

[158] EuGH, Urt. v. 5.10.1994, Rs. C–280/93 (Deutschland/Rat), Slg. 1994, I–4973, Rn. 65 ff.; Urt. v. 10.3.1998, Rs. C–122/95 (Deutschland/Rat), Slg. 1998, I–973, Rn. 54 ff.
[159] Für weitere relevante primärrechtliche Bestimmungen siehe *Busse*, in: Lenz/Borchardt, EU-Verträge, Art. 40 AEUV, Rn. 118.
[160] *Norer/Bloch*, in: Dauses, Handbuch des EU-Wirtschaftsrechts, Abschnitt G, September 2011, Rn. 217.
[161] Eingerichtet durch VO (EWG) Nr. 25/1962 über die Finanzierung der gemeinsamen Agrarpolitik, ABl. 1962, Nr. 30/991.
[162] Art. 4 VO (EU) Nr. 1306/2013.
[163] Art. 5 VO (EU) Nr. 1306/2013.
[164] Siehe Art. 1 VO (EU) Nr. 1303/2013 (s. Art. 38 AEUV, Rn. 46).
[165] *Von Rintelen*, in: Grabitz/Hilf/Nettesheim, EU, Art. 40 AEUV (März 2011), Rn. 155. Zu den Eigenmitteln und speziellen Einnahmen aus dem Agrarbereich siehe *Busse*, in: Lenz/Borchardt, EU-Verträge, Art. 40 AEUV, Rn. 140.

Die finanzielle **Abwicklung** der Unionsmaßnahmen obliegt im Einzelfall den Mit- 66
gliedstaaten. Diese erlassen »alle Rechts- und Verwaltungsvorschriften sowie alle sonstigen Maßnahmen, um einen wirksamen Schutz der finanziellen Interessen der Union zu
gewährleisten«, insbesondere um sich zu vergewissern, dass die durch die Fonds finanzierten Maßnahmen rechtmäßig und ordnungsgemäß durchgeführt worden sind, um
Unregelmäßigkeiten vorzubeugen und zu verfolgen sowie zu Unrecht gezahlte Beträge
zuzüglich Zinsen wiedereinzuziehen.[166] Die Zahlungen werden durch die **Zahlstellen**,
von den Mitgliedstaaten bezeichnete und zugelassene Dienststellen und Einrichtungen,
vorgenommen.[167] Nur die von den zugelassenen Zahlstellen getätigten Ausgaben können von der Union finanziert werden.[168] Daneben haben die Mitgliedstaaten auch von
den Zahlstellen funktionell unabhängige **bescheinigende Stellen** zu bezeichnen, die die
Vollständigkeit, Genauigkeit und sachliche Richtigkeit der Rechnungslegung der Zahlstelle bescheinigen.[169]

Seit 2008 besteht überdies eine im Rahmen der Europäischen Transparenzinitiative 67
vorangetriebene Veröffentlichung der Begünstigten (**Transparenz**) der Fonds. So musste
jeder Mitgliedstaat die betreffenden Informationen über die einzelbetrieblichen För-
derungen auf einer speziellen Webseite veröffentlichen, wobei eine Suche nach Name,
Gemeinde und den erhaltenen Beträgen zu ermöglichen war.[170] In der Folge wurde in
zahlreichen deutschen Gerichtsverfahren die Verhältnismäßigkeit und datenschutzrechtliche Zulässigkeit dieser Publikationen angezweifelt. Im Wege zweier Vorabentscheidungsverfahren hat der EuGH schließlich diese Bedenken zum Teil geteilt.[171] Der
Gerichtshof kommt zum Schluss, dass die Veröffentlichung bei natürlichen Personen
einen Eingriff in ihr Privatleben im Sinne von Art. 7 GRC darstelle. Ohne auf Legitimation und Tragweite des Transparenzgrundsatzes genauer einzugehen sieht der Gerichtshof in der gewählten Art der Veröffentlichung, nämlich ohne nach Bezugsdauer,
Häufigkeit oder Art und Umfang der erhaltenen Beihilfen zu unterscheiden, eine Verletzung des Verhältnismäßigkeitsgrundsatzes. Damit werden die genannten Transpa-
renzbestimmungen hinsichtlich der Veröffentlichung personenbezogener Daten von
natürlichen Personen (im Gegensatz zu juristischen Personen) in der derzeitigen Form
als ungültig qualifiziert. Die Aussetzung der entsprechenden Internetveröffentlichun-
gen in mehreren Ländern war die Folge.[172] Mit der GAP-Reform 2013 wird nun die

---

[166] Art. 58 VO (EU) Nr. 1306/2013.
[167] Die Zahlstellen haben ausreichende Garantie zu bieten, dass die Zahlungen rechtmäßig und
ordnungsgemäß erfolgen und ordnungsgemäß verbucht werden; Art. 7 VO (EU) Nr. 1306/2013.
[168] Art. 10 VO (EU) Nr. 1306/2013.
[169] Art. 9 VO (EU) Nr. 1306/2013.
[170] VO (EG) Nr. 259/2008 vom 18.3.2008 mit Durchführungsbestimmungen zur Verordnung (EG)
Nr. 1290/2005 hinsichtlich der Veröffentlichung von Informationen über die Empfänger von Mitteln
aus dem Europäischen Garantiefonds für die Landwirtschaft (EGFL) und dem Europäischen Landwirtschaftsfonds für die Entwicklung des ländlichen Raums (ELER), ABl. 2008, L 76/28.
[171] EuGH, Urt. v. 9.11.2010, verb. Rs. C–92/09 u. C–93/09 (Volker und Markus Schecke und
Eifert), Slg. 2010, I–11063, Rn. 77 ff.
[172] Vgl. *Busse*, in: Lenz/Borchardt, EU-Verträge, Art. 40 AEUV, Rn. 122; eingehend *Norer*, AUR
2011, 45; *Norer/Prichenfried*, Die Veröffentlichung von EU-Agrarbeihilfen-Empfängern im Rahmen
der Europäischen Transparenzinitiative: die vergebliche Suche nach Rechtskonformität?, FS Holzer,
2007, S. 59; *Böhme*, NL-BzAR 2009, 131; *Norer*, AUR 2009, 241; *ders.*, AgrRS 2/2009, 28; *Schild*,
MMR 6/2009, V; *Samoilova/Wagner*, Transparenzdatenbanken und Datenschutz, in: Jaeger (Hrsg.),
Beihilferecht Jahrbuch 2010, 2010, S. 479; *Norer*, AgrRS 4/2010, 32. A. M. umfassend *Wollenschläger*, AöR 135 (2010), 363. Allgemein siehe *Huber/Kristoferitsch*, Der Transparenzgrundsatz im Beihilferecht, in: Jaeger (Hrsg.), Beihilferecht Jahrbuch 2009, 2009, S. 365.

Transparenzbestimmung neu gefasst. Diese verpflichtet die Mitgliedstaaten zwar weiterhin jedes Jahr zur nachträglichen Veröffentlichung der Begünstigten der Fonds nach Namen, Gemeinde, Beträge sowie Art und Beschreibung der Maßnahmen, von der Veröffentlichung des Namens ist jedoch im Falle der Anwendung der Kleinerzeugerregelung (s. Rn. 28) bzw. bei einem Betrag bis 1250 Euro abzusehen,[173] womit dem EuGH-Urteil entsprochen werden soll.[174]

II. Rechnungsabschluss

68 Die im Rahmen der Fonds getätigten Ausgaben werden von den Mitgliedstaaten vorfinanziert[175] und in der Folge von der Kommission erstattet. Diese Zahlungen können bei Anhaltspunkten für nicht rechtskonforme Ausgaben gekürzt oder ausgesetzt werden. Die endgültige Beurteilung der betroffenen Ausgaben erfolgt im Rahmen des alljährlichen **Rechnungsabschlussverfahren**s der Kommission.[176] Dabei wird ein zweistufiges Verfahren angewendet, das sich aus einem Rechnungs- und einem Konformitätsabschluss zusammensetzt,[177] innerhalb dessen die Finanzierung von ausgabenwirksamen Maßnahmen zu Lasten des Unionsbudgets verweigert werden kann. Jene mitgliedstaatlichen Ausgaben, die nicht in Übereinstimmung mit den Unionsvorschriften getätigt wurden, werden von der Kommission mit der Konformitätsabschlussentscheidung von der unionalen Finanzierung ausgeschlossen (**finanzielle Berichtigungen** oder **Anlastungen**). Die auszuschließenden Beträge werden insbesondere unter Berücksichtigung des Umfangs der festgestellten Nichtübereinstimmung bemessen und haben dabei der Art und Schwere des Verstoßes sowie dem der Union entstandenen finanziellen Schaden Rechnung zu tragen.[178] Bei Meinungsverschiedenheiten zwischen der Kommission und den Mitgliedstaaten ist im Zuge eines mehrphasigen Verwaltungsverfahrens die Vermittlung durch eine Schlichtungsstelle (Conciliation Body) vorgesehen.[179] Auf der Grundlage der Prüfungsergebnisse beurteilt dann die Kommission, welche Ausgaben zu Lasten der Fonds anerkannt werden können und für welche die Finanzierung abgelehnt

---

[173] Art. 111 ff. VO (EU) Nr. 1306/2013.
[174] Für eine erste Bewertung siehe *Reinl*, Veröffentlichung von EU-Agrarzahlungen – rechtliche Bewertung des zweiten Versuches, in: Norer/Holzer (Hrsg.), Agrarrecht Jahrbuch 2015, 2015, S. 161.
[175] Art. 17 Abs. 2 VO (EU) Nr. 1306/2013 für EGFL; Art. 34 Abs. 1 VO (EU) Nr. 1306/2013 für ELER.
[176] Im Detail *Norer/Bloch*, in: Dauses, Handbuch des EU-Wirtschaftsrechts, Abschnitt G, September 2011, Rn. 229 ff. Weiter *Mögele*, in: Mögele/Erlbacher, Art. 190 VO 1234/2007, Rn. 25 ff.; *Mögele*, Behandlung, S. 164 ff.; *Lindinger*, S. 307 ff.
[177] Art. 51 ff. VO (EU) Nr. 1306/2013.
[178] Die Berechnung erfolgt entweder aufgrund von Fehlern in einzelnen Vorgängen, wo dann eine bestimmte Zahlung abgelehnt bzw. bei einem Systemfehler in der nationalen Verwaltung eine statistisch repräsentative Stichprobe auf den Gesamtbetrag der unkorrekten Beihilfenanträge hochgerechnet (»Extrapolation«) wird, oder aber aufgrund des Risikos von finanziellen Verlusten, wo der tatsächliche Wert aller unkorrekten Beihilfeanträge nicht mehr genau zu bestimmen ist und der mögliche Verlust zum Schaden des EU-Haushalts daher durch pauschale Berichtigungen gemäß eigenen Leitlinien differenziert nach Schlüssel- und Zusatzkontrollen geschätzt wird. Dazu siehe Leitlinie zur Berechnung der finanziellen Auswirkungen im Rahmen der Vorbereitung der Entscheidung über den Rechnungsabschluss des EAGFL-Garantie vom 23.12.1997, Dok VI/5330/97, wonach zwischen den Standardberichtigungssätzen von 2 %, 5 %, 10 % oder 25 % (in Ausnahmefällen auch höhere Sätze) je nach Schwere der Fehler unterschieden wird. Vgl. z. B. EuGH, Urt. v. 12.6.1990, Rs. C–8/88 (Deutschland/Kommission), Slg. 1990, I–2321, insbesondere Rn. 41 f.; Urt. v. 13.12.1990, Rs. C–22/89 (Niederlande/Kommission), Slg. 1990, I–4799, Rn. 20.
[179] Art. 52 Abs. 3 UAbs. 2 VO (EU) Nr. 1306/2013.

werden muss.[180] Eine Vielzahl an für die Mitgliedstaaten i.d.R. erfolglosen Verfahren vor den europäischen Gerichten zeigen, dass es dabei für die Kommission genügt, ernsthafte und berechtigte Zweifel an der Einhaltung der Kontrollvorgaben des EU-Rechts glaubhaft zu machen. Dem gegen die Anlastung klagenden Mitgliedstaat ist es dann meist nicht möglich, eingehende und vollständige Nachweise zu erbringen, um die Fehlerhaftigkeit der Kommissionsvorbringen aufzuzeigen.[181]

Für die finanzielle Verantwortung der Mitgliedstaaten kommt es auf ein etwaiges Verschulden von Amtsträgern bei fehlerhafter Anwendung des Unionsrechts nicht an.[182] Selbst vertretbare und gutgläubige Interpretationsfehler führen zu Anlastungen, ebenso wenn es um nur geringfügige finanzielle Auswirkungen oder sogar fehlende konkrete Schädigungen des Unionshaushalts geht.[183] Der Kommission kommt hier kein Ermessensspielraum zu. Grundsätzlich entfalten aber Rechnungsabschlussentscheidungen keine unmittelbaren Rechtswirkungen gegenüber einzelnen Marktbeteiligten.[184] Beruht die Unregelmäßigkeit jedoch auf dem Fehlverhalten eines Wirtschaftsbeteiligten sind die Mitgliedstaaten gehalten, die zu Unrecht ausbezahlten Beträge bei den Begünstigten zurückzufordern. Hierzu besteht ein permanentes Berichtssystem an die Kommission. Die Rückforderung zu Unrecht gezahlter Beträge erfolgt mangels einschlägiger unionaler Bestimmungen aufgrund der nationalen Vorschriften.[185] Dabei sind auch allgemeine Rechtsgrundsätze wie Verhältnismäßigkeit oder Vertrauensschutz im Verhältnis zwischen dem Begünstigten und der Zahlstelle zu beachten, die im Einzelfall die Unionsfinanzierung legitimieren können.[186] Bewirkt jedoch das rechtswidrige Verhalten einer nationalen Behörde einen Vertrauenstatbestand, auf den sich der Begünstigte berufen kann, kann dies nicht die Finanzierung durch die Fonds rechtfertigen.[187] Im Übrigen haben die Mitgliedstaaten darauf zu achten, dass Tragweite und Wirksamkeit des Unionsrechts nicht beeinträchtigt und Unionsforderungen nicht ungünstiger als vergleichbare nationale Forderungen behandelt werden.[188]

69

---

[180] Vgl. Durchführungsbeschluss 2014/191/EU vom 4.4.2014 über den Ausschluss bestimmter von den Mitgliedstaaten zulasten des Europäischen Ausrichtungs- und Garantiefonds für die Landwirtschaft (EAGFL), Abteilung Garantie, des Europäischen Garantiefonds für die Landwirtschaft (EGFL) und des Europäischen Landwirtschaftsfonds für die Entwicklung des ländlichen Raums (ELER) getätigter Ausgaben von der Finanzierung durch die Europäische Union (ABl. 2014, L 104/43).
[181] Diese Erleichterung der Beweislast der Kommission wird damit begründet, dass der Mitgliedstaat am besten in der Lage sei, die für den Rechnungsabschluss erforderlichen Angaben beizubringen und nachzuprüfen; EuGH, Urt. v. 24.2.2005, Rs. C–300/02 (Griechenland/Kommission), Slg. 2005, I–1341, Rn. 36. Siehe *Norer*, Anatomie, S. 281 ff.; *Thiele* (Fn. 5), Art. 40 AEUV, Rn. 74.
[182] St. Rspr. seit EuGH, Urt. v. 7.2.1979, Rs. 11/76 (Niederlande/Kommission), Slg. 1979, 245.
[183] *Deimel*, NL-BzAR 2000, 480 (481 f.); *Norer/Bloch*, in: Dauses, Handbuch des EU-Wirtschaftsrechts, Abschnitt G, September 2011, Rn. 229 ff.; EuGH, Urt. v. 12.6.1990, Rs. C–8/88 (Deutschland/Kommission), Slg. 1990, I–2321.
[184] *Mögele*, Behandlung, S. 139.
[185] *Lindinger*, ZfV 1997, 302 (310 f.); EuGH, Urt. v. 11.2.1971, Rs. 39/70 (Norddeutsches Vieh- und Fleischkontor/Hauptzollamt Hamburg-St. Annen), Slg. 1971, 49; Urt. v. 30.10.1975, Rs. 23/75 (Rey Soda/Casa Conguaglio Zucchero), Slg. 1975, 1279, Rn. 51.
[186] Siehe *Eckhardt*, Der Grundsatz der Verhältnismäßigkeit im Europäischen Agrarrecht, in: Norer/Holzer (Hrsg.), Agrarrecht Jahrbuch 2012, 2012, S. 103; *ders.*, Der Grundsatz des Vertrauensschutzes im Europäischen Agrarrecht, in: Norer/Holzer (Fn. 135), S. 115.
[187] Vgl. EuGH, Urt. v. 15.12.1982, Rs. 5/82 (Hauptzollamt Krefeld/Maizena), Slg. 1982, 4601, Rn. 22; ähnlich EuGH, Urt. v. 28.6.1990, Rs. C–80/89 (Behn Verpackungsbedarf/Hauptzollamt Itzehoe), Slg. 1990, I–2659, insbesondere Rn. 14.
[188] EuGH, Urt. v. 21.9.1983, verb. Rs. 205/82–215/82 (Deutsche Milchkontor GmbH), Slg. 1983, 2633, Rn. 19 ff.; Urt. v. 12.5.1998, Rs. C–366/95 (Landbrugsministeriet/Steff-Houlberg Export u.a.),

70 Weitere Rechnungsprüfungen führen außer der Kommission auch andere EU-Einrichtungen wie der **Europäische Rechnungshof** oder das **Amt für Betrugsbekämpfung (OLAF)** durch.[189] Diese können aber keine finanziellen Berichtigungen vornehmen.

Slg. 1998, I–2661, Rn. 15; Urt. v. 16.7.1998, Rs. C–298/96 (Ölmühle Hamburg und Schmidt Söhne/Bundesanstalt für Landwirtschaft und Ernährung), Slg. 1998, I–4767, Rn. 24; *Norer/Bloch*, in: Dauses, Handbuch des EU-Wirtschaftsrechts, Abschnitt G, September 2011, Rn. 199.

[189] Allgemein zur Betrugsbekämpfung in der GAP siehe *Mögele*, Betrugsbekämpfung; *Fischler*, ÖJZ 1997, 521 (522 ff.).

Artikel 41   AEUV [Besondere agrarpolitische Maßnahmen]

Um die Ziele des Artikels 39 zu erreichen, können im Rahmen der gemeinsamen Agrarpolitik folgende Maßnahmen vorgesehen werden:
a) eine wirksame Koordinierung der Bestrebungen auf dem Gebiet der Berufsausbildung, der Forschung und der Verbreitung landwirtschaftlicher Fachkenntnisse; hierbei können Vorhaben oder Einrichtungen gemeinsam finanziert werden;
b) gemeinsame Maßnahmen zur Förderung des Verbrauchs bestimmter Erzeugnisse.

Literaturübersicht

Vgl. Art. 40 AEUV.

Wesentliche sekundärrechtliche Vorschriften

Verordnung (EWG) Nr. 1728/74 vom 24.6.1974 über die Koordinierung der Agrarforschung, ABl. 1974, L 182/1
Verordnung (EU) Nr. 1144/2014 vom 22.10.2014 über Informations- und Absatzförderungsmaßnahmen für Agrarerzeugnisse im Binnenmarkt und in Drittländern, ABl. 2014, L 317/56
Verordnung (EU) Nr. 1305/2013 vom 17.12.2013 über die Förderung der ländlichen Entwicklung durch den Europäischen Landwirtschaftsfonds für die Entwicklung des ländlichen Raums (ELER), ABl. 2013, L 347/487

Inhaltsübersicht

	Rn.
A. Einführung	1
B. Berufsbildung	2
C. Agrarforschung	3
D. Verbrauchsförderung	4

A. Einführung

Art. 41 AEUV widmet sich besonderen agrarpolitischen Maßnahmen und nennt dabei mit Berufsausbildung, Forschung, Verbreitung landwirtschaftlicher Fachkenntnisse und Verbrauchsförderung vier Bereiche, die im Rahmen der Gemeinsamen Agrarpolitik (GAP) zur Erreichung der Ziele des Art. 39 AEUV ergriffen werden können. Da dies bereits auf Basis der Art. 39, 40 und 43 AEUV möglich gewesen wäre, kommt der Vorschrift lediglich deklaratorische Bedeutung zu. Es wird klargestellt, dass auch solche Maßnahmen ohne unmittelbaren Zusammenhang mit der Produktion landwirtschaftlicher Erzeugnisse und dem Handel mit diesen unter den Landwirtschaftstitel fallen.[1] Indirekt wird damit auch der umfassende Charakter der GAP betont (s. Art. 38 AEUV, Rn. 3 ff.).

1

---

[1] *Priebe*, in: Grabitz/Hilf/Nettesheim, EU, Art. 41 AEUV (März 2011), Rn. 1; *Busse*, in: Lenz/Borchardt, EU-Verträge, Art. 41 AEUV, Rn. 1.

B. Berufsbildung (Buchst. a)

2 Der AEUV sieht die gemeinsame Finanzierung von Vorhaben und Einrichtungen im Rahmen einer wirksamen Koordinierung der Bestrebungen auf dem Gebiet der Berufsbildung sowie der Verbreitung landwirtschaftlicher Fachkenntnisse vor. Dies wird im Rahmen der Agrarstrukturpolitik verfolgt (s. Art. 39 AEUV, Rn. 23). Aktuell bildet Art. 14 VO (EU) Nr. 1305/2013 die einschlägige Rechtsgrundlage. Demnach können diese Maßnahmen Ausbildungskurse, Workshops und Coaching umfassen.

C. Agrarforschung (Buchst. a)

3 Ebenso wird eine gemeinsame Finanzierung auf dem Gebiet der Forschung normiert. Verschiedene Programme koordinieren oder ergänzen Forschungsaktivitäten der Mitgliedstaaten.[2] Der Großteil der Agrarforschung findet jedoch im Rahmen der allgemeinen Forschungspolitik auf Basis Art. 179 ff. AEUV statt (s. Art. 182 AEUV, Rn. 20).[3]

D. Verbrauchsförderung (Buchst. b)

4 Gemeinsame Maßnahmen zur Förderung des Verbrauchs bestimmter Erzeugnisse finden sich insbesondere bei den in den letzten Jahren deutlich reduzierten **Verbrauchsbeihilfen** wie den aktuell bestehenden Programmen für Schulmilch und Schulobst.[4] Aber auch **Ausfuhrbeihilfen**[5] oder **Qualitätsregelungen**[6] dienen der Absatzsteigerung bestimmter Produkte. Schließlich sei auf den rechtlichen Rahmen zur Förderung der Information über landwirtschaftliche Erzeugnisse und den Absatz dieser Erzeugnisse im Binnenmarkt und in Drittstaaten hingewiesen.[7]

---

[2] Vgl. VO (EWG) Nr. 1728/74.
[3] Als Rechtsgrundlage kommen dann sowohl Art. 182 AEUV als auch Art. 43 AEUV in Betracht.
[4] S. Art. 40 AEUV, Rn. 29.
[5] S. Art. 40 AEUV, Rn. 42.
[6] Siehe *Zauner u. a.*, Marktordnungsrecht, in: Norer (Hrsg.), Handbuch des Agrarrechts, 2. Aufl., 2012, S. 102 ff. m. w. N. und Art. 16 VO (EU) Nr. 1305/2013.
[7] VO (EU) Nr. 1144/2014; Delegierte VO (EU) 2015/1829 vom 23. 4. 2015 zur Ergänzung der VO (EU) Nr. 1144/2014 über Informations- und Absatzförderungsmaßnahmen für Agrarerzeugnisse im Binnenmarkt und in Drittländern, ABl. 2015, L 266/3.

Artikel 42 AEUV [Anwendung der Wettbewerbs- und Beihilferegeln]

Das Kapitel über die Wettbewerbsregeln findet auf die Produktion landwirtschaftlicher Erzeugnisse und den Handel mit diesen nur insoweit Anwendung, als das Europäische Parlament und der Rat dies unter Berücksichtigung der Ziele des Artikels 39 im Rahmen des Artikels 43 Absatz 2 und gemäß dem dort vorgesehenen Verfahren bestimmt.

Der Rat kann auf Vorschlag der Kommission genehmigen, dass Beihilfen gewährt werden
a) zum Schutz von Betrieben, die durch strukturelle oder naturgegebene Bedingungen benachteiligt sind, oder
b) im Rahmen wirtschaftlicher Entwicklungsprogramme.

Literaturübersicht

Barfuss, Landwirtschaft und Kartellgesetz, FS Holzer, 2007, S. 193; *Belger*, Das Agrarbeihilfenrecht, 2012; *Birnstiel/Bungenberg/Heinrich* (Hrsg.), Europäisches Beihilfenrecht, 2013; *de Bronett*, Landwirtschaftliche Erzeugnisse, in: Wiedemann (Hrsg.), Handbuch des Kartellrechts, 2. Aufl., 2008, S. 1123; *Busse*, Eigentumsgarantie und Agrarmarktrecht unter besonderer Berücksichtigung handelbarer Agrarmarktsubventionen, AUR 2007, 249; *ders.*, Erzeugerorganisationen und Branchenverbände im EU-Agrarmarktrecht, in: Norer/Holzer (Hrsg.), Agrarrecht Jahrbuch 2011, 2011, S. 107; *ders.*, Agrarkartellrecht. Kommentar zu § 28 GWB und seinen EU-rechtlichen Bezügen, 2. Aufl., 2015; *Erhart*, State Aid in the Field of Agriculture, in: Sánchez Rydelski (Hrsg.), The EC State Aid Regime, 2006, S. 477; *Frenz*, Agrarwettbewerbsrecht, AUR 2010, 193; *Gerbrandy/de Vries*, Agricultural Policy and EU Competition Law. Possibilities and Limits for Self-Regulation in the Dairy Sector, 2011; *Gruber*, Wettbewerb in der Landwirtschaft, OZK 2009, 132; *Harings*, Subventionen im Marktordnungsrecht, in: Ehlers/Wolffgang/Schröder (Hrsg.), Subventionen im WTO- und EG-Recht, 2007, S. 113; *Hautzenberg*, Beihilfekontrolle bei den landwirtschaftlichen Unionsbeihilfen, in: Jaeger/Haslinger (Hrsg.), Beihilferecht Jahrbuch 2012, 2012, S. 421; *Hirsch/Montag/Säcker* (Hrsg.), Münchener Kommentar zum Europäischen und Deutschen Wettbewerbsrecht, Bd. 1, 2007; *Immenga/Mestmäcker* (Hrsg.), Wettbewerbsrecht, Bd. 1, 5. Aufl., 2012; *Jaeger*, Staatliche Agrarbeihilfen und Gemeinschaftsrecht: Eine Zwischenbilanz anlässlich der neuen Gruppenfreistellungsverordnungen 2004 für Agrar- und Fischereibeihilfen, AUR 2005, 189; *Korah* (Hrsg.), Competition Law of the European Communities, 2. Aufl., 2004; *Loewenheim/Meessen/Riesenkampff* (Hrsg.), Kartellrecht, 2. Aufl., 2009; *Martínez*, Agrarbeihilfen als Steuerungsinstrument zwischen Agrarpolitik und Wettbewerbsrecht, in: Veit (Hrsg.), Jahrbuch des Agrarrechts, Band IX, 2010, S. 105; *ders.*, Die Zukunft der Agrarbeihilfe, AUR 2010, 261; *ders.*, Landwirtschaft und Wettbewerbsrecht – Bestandsaufnahme und Perspektiven, EuZW 2010, 368; *Nass*, Nationale Agrarsubventionen und Europäisches Gemeinschaftsrecht, AgrarR-Beilage I/1975, 1; *Norer*, Das Fördersystem bei Agrarbeihilfen, in: Jaeger (Hrsg.), Jahrbuch Beihilferecht 2009, 2009, S. 289; *ders.*, Agricultural Marketing and State Aid Law – Premature Annulment of the Decision by the Commission in the Case T–375/04?, EStAL 2/2010, 551; *Rehbronn*, Beihilfen in der gemeinsamen Agrarmarktordnung, RdL 1988, 29; *Säcker/Montag* (Hrsg.), European State Aid Law, 2014; *Schmitte*, Neuregelung der EU-Beihilfen im Rahmen der GAP, AUR 2005, 80; *Schröter/Jakob/Klotz/Mederer* (Hrsg.), Europäisches Wettbewerbsrecht, 2. Aufl., 2014; *Streinz*, Die Grundzüge des EG-Beihilfenrechts unter besonderer Berücksichtigung der Landwirtschaft, in: Institut für Landwirtschaftsrecht an der Universität Passau (Hrsg.), Staatliche Fördermaßnahmen und Ausgleichsleistungen für die Landwirtschaft, 1997, S. 1; *Zoeteweij-Turhan*, The Role of Producer Organizations on the Dairy Market, 2009.

Leitentscheidungen

EuGH, Urt. v. 29.10.1980, Rs. 139/79 (Maizena/Rat), Slg. 1980, 3393
EuGH, Urt. v. 21.2.1984, Rs. 337/82 (St. Nikolaus Brennerei und Likörfabrik/Hauptzollamt Krefeld), Slg. 1984, 1051
EuGH, Urt. v. 12.12.1995, Rs. C–399/93 (Oude Luttikhuis u.a./Verenigde Coöperatieve Melkindustrie Coberco), Slg. 1995, I–4515

EuGH, Urt. v. 9.9.2003, Rs. C–137/00 (Milch Marque und National Farmers' Union), Slg. 2003, I–7975
EuGH, Beschl. v. 22.3.2010, Rs. C–39/09 P (SPM/Rat und Kommission), Slg. 2010, I–38

Wesentliche sekundärrechtliche Vorschriften

Verordnung (EG) Nr. 1184/2006 vom 24.7.2006 zur Anwendung bestimmter Wettbewerbsregeln auf die Produktion landwirtschaftlicher Erzeugnisse und den Handel mit diesen Erzeugnissen, ABl. 2006, L 214/7
Verordnung (EU) Nr. 702/2014 vom 25.6.2014 zur Feststellung der Vereinbarkeit bestimmter Arten von Beihilfen im Agrar- und Forstsektor und in ländlichen Gebieten mit dem Binnenmarkt in Anwendung der Artikel 107 und 108 des Vertrags über die Arbeitsweise der Europäischen Union, ABl. 2014, L 193/1
Rahmenregelung der Europäischen Union für staatliche Beihilfen im Agrar- und Forstsektor und in ländlichen Gebieten 2014–2020, ABl. 2014, C 204/1
Leitlinien für die Prüfung staatlicher Beihilfen im Fischerei- und Aquakultursektor, ABl. 2008, C 84/10
Verordnung (EU) Nr. 1408/2013 vom 18.12.2013 über die Anwendung der Artikel 107 und 108 des Vertrags über die Arbeitsweise der Europäischen Union auf De-minimis-Beihilfen im Agrarsektor, ABl. 2013, L 352/9

Inhaltsübersicht   Rn.
A. Einführung   1
B. Unternehmensbezogene Wettbewerbsregeln   4
C. Beihilfenrecht   7
  I. Unionsbeihilfen   9
  II. Staatliche Beihilfen   10

A. Einführung

1   Eine wichtige Frage des EU-Agrarrechts betrifft das Verhältnis zum allgemeinen Wettbewerbs- und Beihilfenrecht. Hier tritt der Sondercharakter der GAP verglichen mit den übrigen Bereichen des Binnenmarktes deutlich hervor, denn der Agrarbereich ist zwar grundsätzlich den Regeln des freien Wettbewerbs unterworfen,[1] die Anwendung dieser Vorschriften ist jedoch nicht ohne weiteres geboten. Dazu bedarf es jeweils einer gesonderten Anwendbarkeitsanordnung in einem sekundärrechtlichen Akt. Das betrifft zum einen die kartellrechtlichen Wettbewerbsvorschriften für Unternehmen (Art. 101–106 AEUV) und zum anderen die staatlichen Beihilfen (Art. 107–109 AEUV). Art. 42 AEUV gibt Parlament und Rat die Möglichkeit,[2] die Grenzen der Wettbewerbsfreiheit für die Agrarwirtschaft festzulegen, wobei der Zielkatalog des Art. 39 AEUV (s. Art. 39 AEUV, Rn. 2) Vorrang genießt, sofern diese Ziele es erfordern.[3]

2   Historisch erklärt sich Art. 42 AEUV damit, dass eine Koordination zwischen der schrittweisen Errichtung des Gemeinsamen Agrarmarktes und der Anwendung der

---

[1] EuGH, Urt. v. 29.11.1978, Rs. 83/78 (Redmond), Slg. 1978, 2347, Rn. 56/57; Urt. v. 26.6.1979, Rs. 177/78 (Pigs and Bacon Commission), Slg. 1979, 2161, Rn. 18; Urt. v. 9.9.2003, Rs. C–137/00 (Milch Marque und National Farmers' Union), Slg. 2003, I–7975, Rn. 57 ff. Siehe aber EuGH, Urt. v. 5.10.1994, Rs. C–280/93 (Deutschland/Rat), Slg. 1994, I–4973, Rn. 61.
[2] *Martinez*, in: Calliess/Ruffert, EUV/AEUV, Art. 42 AEUV, Rn. 4, nimmt hier eine Verpflichtung an.
[3] EuGH, Urt. v. 29.10.1980, Rs. 139/79 (Maizena/Rat), Slg. 1980, 3393, Rn. 23.

Wettbewerbsregeln angestrebt wurde und deshalb dem Rat als bestimmender Institution bei der Marktordnung auch die Anwendungshoheit erteilt wurde.[4]

Die gewählte Formulierung mit der Beschränkung auf die Produktion landwirtschaftlicher Erzeugnisse und den Handel mit diesen ist insbesondere angesichts der produktionsentkoppelten Betriebsprämie oder zahlreicher Maßnahmen der ländlichen Entwicklung, bei denen kein Zusammenhang zu landwirtschaftlicher Produktion besteht, als zu eng zu werten und bedarf einer extensiven Interpretation.[5] Es ist vielmehr davon auszugehen, dass Art. 42 AEUV eine umfassende Ausnahmebestimmung für alle Maßnahmen im Bereich der EU-Agrarkompetenz schaffen wollte, eine Differenzierung zwischen erzeugnisbezogenen und nicht erzeugnisbezogenen Maßnahmen würde sich im Einzelfall nicht nur als schwierig sondern auch als risikoreich in Bezug auf Ungleichbehandlungen erweisen. 3

B. Unternehmensbezogene Wettbewerbsregeln

Nach Art. 42 Abs. 1 AEUV finden die Wettbewerbsregeln auf die Produktion landwirtschaftlicher Erzeugnisse und den Handel mit diesen nur insoweit Anwendung, als das Parlament und der Rat dies unter der Berücksichtigung der Ziele des Art. 39 AEUV im Rahmen des nach Art. 43 Abs. 2 AEUV vorgesehenen Verfahrens bestimmen.[6] Dies ist zunächst durch entsprechende Klauseln in den einzelnen Marktorganisationen erfolgt und findet sich heute in Teil IV Kapitel I der **eGMO** VO (EU) Nr. 1308/2013,[7] wonach die Art. 101 bis 106 AEUV ausdrücklich für anwendbar erklärt werden. Für landwirtschaftliche Erzeugnisse, die keiner Marktordnungsregelung unterliegen, gilt die **VO (EG) Nr. 1184/2006**,[8] deren Art. 1 ebenfalls die unternehmensbezogenen Wettbewerbsregeln anwendet, in Art. 2 jedoch Einschränkungen in Bezug auf Erzeugerzusammenschlüsse und deren Vereinigungen vorsieht.[9] Die Geltung wird insbesondere »für Vereinbarungen, Beschlüsse und Verhaltensweisen von landwirtschaftlichen Erzeugerbetrieben, Vereinigungen von landwirtschaftlichen Erzeugerbetrieben oder Vereinigungen von solchen Erzeugervereinigungen aus einem Mitgliedstaat, soweit sie ohne Preisbindung die Erzeugung oder den Absatz landwirtschaftlicher Erzeugnisse oder die Benutzung gemeinschaftlicher Einrichtungen für die Lagerung, Be- oder Verarbeitung 4

---

[4] *Busse*, in: Lenz/Borchardt, EU-Verträge, Art. 42 AEUV, Rn. 2.
[5] Vgl. *Thiele*, in: Calliess/Ruffert, EUV/AEUV, 4. Aufl., 2011, Art. 42 AEUV, Rn. 11 f.; *Busse*, in: Lenz/Borchardt, EU-Verträge, Art. 42 AEUV, Rn. 3; *Lorenzmeier*, in: Vedder/Heintschel v. Heinegg, EVV, Art. 42 AEUV, Rn. 3. A. A. *Bittner*, in: Schwarze, EU-Kommentar, Art. 42 AEUV, Rn. 4.
[6] Wobei Art. 42 AEUV es dem EU-Gesetzgeber anheim stellt, in welchem Umfang das allgemeine Wettbewerbsrecht im Agrarbereich Anwendung finden soll; EuGH, Beschl. v. 22. 3. 2010, Rs. C–39/09 P (SPM/Rat und Kommission), Slg. 2010, I–38. *Martínez*, EuZW 2010, 368 (368), spricht insofern von einer ruhenden Wirkung des Wettbewerbsrechts.
[7] Art. 206–210 VO (EU) Nr. 1308/2013 vom 17. 12. 2013 über eine gemeinsame Marktorganisation für landwirtschaftliche Erzeugnisse, ABl. 2013, L 347/671.
[8] VO (EG) Nr. 1184/2006 vom 24. 7. 2006 zur Anwendung bestimmter Wettbewerbsregeln auf die Produktion landwirtschaftlicher Erzeugnisse und den Handel mit diesen Erzeugnissen, ABl. 2006, L 214/7, die die gleichnamige VO Nr. 26, ABl. 1962, Nr. 30/993, abgelöst hat. Zur alten Verordnung EuGH, Urt. v. 12.12.1995, Rs. C–399/93 (Oude Luttikhuis u. a./Verenigde Coöperatieve Melkindustrie Coberco), Slg. 1995, I–4515, zu einer Austrittsgeldregelung bei Molkereigenossenschaften.
[9] Vgl. im Detail *Streinz*, S. 4 ff. Weiter *Grill*, in: Lenz/Borchardt, EU-Verträge, Vorb. Art. 101–106 AEUV, Rn. 28.

landwirtschaftlicher Erzeugnisse betreffen« verneint.[10] Damit sollen die in der Agrarwirtschaft zumeist polypolen Anbieter gegenüber den starken und teilweise zentralisierten Abnehmern gestärkt werden. Zu beachten sind in diesem Zusammenhang insbesondere auch die weiteren Ausnahmen für sektorspezifische Branchenverbände[11] sowie allgemein die Regelungen über Erzeugerorganisationen, Branchenverbände und Marktteilnehmerorganisationen[12].[13] Da das Kartellrecht naturgemäß marktbezogen ist, finden sich keine vergleichbaren Regelungen im Bereich der ländlichen Entwicklung.

5   Die dort normierten kartellrechtlichen Ausnahmetatbestände in Bezug auf Art. 101 Abs. 1 AEUV dürften jedoch aufgrund der Neufassung des Geltungsbereichs der eGMO durch die GAP-Reform 2013 ihre Bedeutung verloren haben. Dadurch, dass Art. 1 VO (EG) Nr. 1184/2006 die von der eGMO sowie der GMO für Erzeugnisse der Fischerei und der Aquakultur[14] erfassten Erzeugnisse ausdrücklich ausnimmt und die neue VO (EU) Nr. 1308/2013 nunmehr pauschal alle Anhang-I-Erzeugnisse umfasst,[15] stellt sich überhaupt die Frage nach dem künftigen Anwendungsbereich der VO (EG) Nr. 1184/2006 (s. auch Rn. 7).[16]

6   Für von Art. 101 bis 106 AEUV nicht erfasste Fälle ist auch im Bereich der GAP grundsätzlich das nationale Kartellrecht anzuwenden, soweit nicht sonstiges EU-Recht entgegensteht.[17]

C. Beihilfenrecht

7   Auch die allgemeinen Regeln über staatliche Beihilfen[18] finden auf die Produktion landwirtschaftlicher Erzeugnisse und den Handel mit diesen nur insoweit Anwendung, als das Parlament und der Rat dies bestimmen.[19] Diese Anwendung wird mit Teil IV Kapitel II der **eGMO** VO (EU) Nr. 1308/2013,[20] wonach die Art. 107 bis 109 AEUV ausdrücklich für anwendbar erklärt werden, vorgenommen, während sich gemäß Art. 3 **VO (EG)**

---

[10] Art. 2 Abs. 1 UAbs. 2 VO (EG) Nr. 1184/2006 sowie im Wesentlichen gleichlautend Art. 209 Abs. 1 UAbs. 2 VO (EU) Nr. 1308/2013.
[11] Art. 210 VO (EU) Nr. 1308/2013.
[12] Art. 152–158 VO (EU) Nr. 1308/2013.
[13] Siehe zur alten, im Wesentlichen vergleichbaren Rechtslage näher *Erlbacher*, in: Mögele/Erlbacher (Hrsg.), Single Common Market Organisation, 2011, Art. 176a–178; *von Rintelen*, in: Mögele/Erlbacher (Hrsg.), Single Common Market Organisation, 2011, Art. 122–127. Allgemein *Busse*, Erzeugerorganisationen, S. 127 ff.
[14] VO (EU) Nr. 1379/2013 vom 11. 12. 2013 über die gemeinsame Marktorganisation für Erzeugnisse der Fischerei und der Aquakultur, ABl. 2013, L 354/1.
[15] Art. 1 i. V. m. Anhang I VO (EU) Nr. 1308/2013. Vgl. überdies die eigenen Wettbewerbsregeln in Art. 40 f. VO (EU) Nr. 1379/2013.
[16] So auch *Busse*, Agrarkartellrecht, Rn. 152, vorbehaltlich einer näheren Überprüfung der von der GMO Fisch erfassten Erzeugnisse (Art. 2 i. V. m. Anhang I VO (EU) Nr. 1379/2013).
[17] EuGH, Urt. v. 9. 9. 2003, Rs. C–137/00 (Milk Marque und National Farmers' Union), Slg. 2003, I–7975, Rn. 63 ff.
[18] Zum Beihilfenbegriff und seinen Charakteristika begünstigende Wirkung, fehlende äquivalente Gegenleistung und Freiwilligkeit der Zahlung aus öffentlichen Mitteln s. Art. 107 AEUV, Rn. 18 ff. Dazu aus Sicht der GAP-Beihilfen kritisch *Norer*, Förderungsrecht, in: Norer (Hrsg.), Handbuch des Agrarrechts, 2. Auflage, 2012, S. 178 ff. m. w. N.
[19] Siehe im Detail *Martinez*, in: Calliess/Ruffert, EUV/AEUV, Art. 42 AEUV, Rn. 11 ff.; *Busse*, in: Lenz/Borchardt, EU-Verträge, Art. 42 AEUV, Rn. 13 ff.
[20] Art. 211–218 VO (EU) Nr. 1308/2013. Von der Anwendung ausgenommen werden jedoch die nationalen Zahlungen der Art. 213 bis 218.

Nr. 1184/2006 die Anwendung bei den früheren keiner Marktordnungsregelung unterliegenden Agrarerzeugnissen auf Art. 108 Abs. 1 und Abs. 3 Satz 1 AEUV beschränkte[21] (und damit nicht das förmliche Beihilfenkontrollverfahren des Art. 108 Abs. 2 AEUV einschließt[22]). Davon abweichend besteht keine Anwendung auf die **Direktzahlungen**.[23] Für die **Entwicklung des ländlichen Raums** sieht die VO (EU) Nr. 1305/2013[24] vor, dass die Bestimmungen über staatliche Beihilfen anzuwenden sind, ausgenommen jedoch für die kofinanzierten Maßnahmen dieser Verordnung. In bestimmten Bereichen sind überdies auch staatliche Beihilfen, die über die festgelegten Höchstbeträge hinausgehen (sogenannte »top-ups«), zulässig. Solche zusätzlichen Mittel werden als Teil der Programmplanung von den Mitgliedstaaten notifiziert und von der Kommission genehmigt.[25]

In der Folge gilt es zwischen zwei Gruppen agrarischer Beihilfen zu unterscheiden:[26] Agrarbeihilfen im Rahmen einer unionalen Beihilferegelung (s. Rn. 9) und staatliche Agrarbeihilfen der Mitgliedstaaten (s. Rn. 10 ff.).[27] 8

I. Unionsbeihilfen

Für Unionsbeihilfen in der Landwirtschaft bilden insbesondere die Art. 40 und 42 AEUV die Rechtsgrundlagen. So werden in Art. 40 Abs. 2 AEUV Beihilfen für die Erzeugung und Verteilung von verschiedenen Erzeugnissen, Einlagerungs- und Ausgleichsmaßnahmen sowie gemeinsame Einrichtungen zur Stabilisierung der Ein- und Ausfuhr als Teil einer GMO vorgesehen (s. Art. 40 AEUV, Rn. 15 ff.). Agrarische Beihilferegelungen können aber auch auf Art. 42 UAbs. 1 i. V. m. Art. 43 Abs. 2 AEUV gestützt werden. Dass für diese von der EU selbst vorgesehenen Beihilfen das Agrarbeihilfenrecht nicht anwendbar ist, ist naheliegend,[28] scheint jedoch nicht unumstritten.[29] 9

---

[21] Vgl. im Detail *Streinz*, S. 4 ff. Weiter *Kreuschitz/Wernicke*, in: Lenz/Borchardt, EU-Verträge, Vorb. Art. 107–109 AEUV, Rn. 7 ff. Somit kann die Kommission ein Inventar der bestehenden Agrarbeihilfen der Mitgliedstaaten aufstellen, den Mitgliedstaaten zweckdienliche Maßnahmen zur Anpassung ihrer Beihilfen an die Erfordernisse des Binnenmarktes vorschlagen sowie die rechtzeitige Notifizierung neuer Beihilfen verlangen. Verstößt die Beihilfe materiell gegen EU-Recht, stehen der Kommission die allgemeinen Instrumente zur Einhaltung des Unionsrechts zur Verfügung (z. B. Vertragsverletzungsklage); *Busse*, in: Lenz/Borchardt, EU-Verträge, Art. 42 AEUV, Rn. 15.
[22] Siehe EuGH, Urt. v. 21.2.1984, Rs. 337/82 (St. Nikolaus Brennerei und Likörfabrik/Hauptzollamt Krefeld), Slg. 1984, 1051, Rn. 12.
[23] Art. 13 VO (EU) Nr. 1307/2013 vom 17.12.2013 mit Vorschriften über Direktzahlungen an Inhaber landwirtschaftlicher Betriebe im Rahmen von Stützungsregelungen der Gemeinsamen Agrarpolitik, ABl. 2013, L 347/608.
[24] Art. 81 VO (EU) Nr. 1305/2013 vom 17.12.2013 über die Förderung der ländlichen Entwicklung durch den Europäischen Landwirtschaftsfonds für die Entwicklung des ländlichen Raums (ELER), ABl. 2013, L 347/487.
[25] Art. 82 VO (EU) Nr. 1305/2013.
[26] *Härtel*, in: Terhechte, Verwaltungsrecht der EU, § 37, Rn. 64 ff.; *Leidwein*, AgrRS 5/2000, 41 (41 f.), nimmt drei Gruppen an, indem er von den Unionsbeihilfen die Agrarbeihilfen im Rahmen einer GMO unterscheidet.
[27] Allgemein zum Agrarbeihilferecht siehe *Busse*, in: Schulze/Zuleeg, Europarecht, § 25, Rn. 298 ff.; *Norer* (Fn. 18), S. 177 ff.; *Belger*, S. 26 ff.
[28] Art. 107 AEUV spricht von staatlichen oder aus staatlichen Mitteln gewährten Beihilfen.
[29] Ablehnend *Busse*, in: Lenz/Borchardt, EU-Verträge, Art. 42 AEUV, Rn. 12; *Thiele* (Fn. 5), Art. 42 AEUV, Rn. 10, differenziert Rn. 19; A. A. *Markovicova*, in: Mögele/Erlbacher (Fn. 13), Art. 180–182a, Rn. 31 ff.

II. Staatliche Beihilfen

10 Staatliche Beihilfen dürfen prinzipiell nur gewährt werden, wenn sie den Bestimmungen der Art. 107 bis 109 AEUV entsprechen. Sie sind verboten, wenn sie geeignet sind, den Wettbewerb zu verfälschen und den Handel zwischen den Mitgliedstaaten zu beeinträchtigen (Art. 107 Abs. 1 AEUV). Legalausnahmen mit Agrarbezug sind u. a. Verbraucherbeihilfen (z. B. verbilligter Bezug von Agrarprodukten aus sozialen Gründen) und Katastrophenbeihilfen (z. B. zum Ausgleich unmittelbarer Schäden durch schwere Unwetter oder Überschwemmungen) (Art. 107 Abs. 2 Buchst. a bis c AEUV).

11 Art. 108 AEUV begründet eine umfassende Zuständigkeit der Kommission zur **Beihilfenaufsicht**. Dabei gelten unterschiedliche Regelungen für die Prüfung bestehender (Art. 108 Abs. 1 AEUV) und neuer Beihilfen (Art. 108 Abs. 3 AEUV).[30] Generell sind die Mitgliedstaaten verpflichtet, die beabsichtigte Einführung oder Umgestaltung von Beihilfen bei der Kommission zur Prüfung anzumelden (»**Notifizierung**«). Beihilfen, die notifizierungspflichtig sind, aber ohne Genehmigung der Kommission gewährt werden, sind unrechtmäßig und i. d. R. zurückzufordern.[31] Von der Notifizierungspflicht freigestellt sind »**de-minimis**«-**Beihilfen** (für den Agrarsektor VO (EU) Nr. 1408/2013:[32] bis 15.000 Euro auf drei Jahre; allgemein VO (EU) Nr. 1407/2013:[33] bis 200.000 Euro auf drei Jahre), Beihilfen im Rahmen der nunmehr auf neue Gruppen ausgeweiteten **Gruppenfreistellung an landwirtschaftliche KMU** (VO (EU) Nr. 702/2014)[34] sowie andere Beihilfen im Rahmen von **Freistellungs-Verordnungen** (allgemeine GruppenfreistellungsVO (EU) Nr. 651/2014;[35] GruppenfreistellungsVO für Fischerei und Aquakultur (EU) Nr. 1388/2014,[36] die auf der Grundlage einer Ermächtigungsverordnung des Rates[37] erlassen wurden (Art. 109 AEUV). Verfahrensvorschriften enthält die VO (EU)

---

[30] Zum Verfahren s. Art. 108 AEUV, Rn. 4 ff. Teilweise historisch, aber auf Agrarsubventionen bezogen *Götz*, AgrarR 1992, 285.

[31] Differenziert *Kreuschitz/Wernicke*, in: Lenz/Borchardt, EU-Verträge, Art. 108 AEUV, Rn. 48.

[32] Ablösend die VO (EG) Nr. 1535/2007 vom 20. 12. 2007 über die Anwendung der Artikel 87 und 88 EG-Vertrag auf Deminimis-Beihilfen im Agrarerzeugnissektor, ABl. 2007, L 337/35.

[33] VO (EU) Nr. 1407/2013 vom 18. 12. 2013 über die Anwendung der Artikel 107 und 108 des Vertrags über die Arbeitsweise der Europäischen Union auf De-minimis-Beihilfen, ABl. 2013, L 352/1; ablösend die VO (EG) Nr. 1998/2006 vom 15. 12. 2006 über die Anwendung der Artikel 87 und 88 EG-Vertrag auf Deminimis-Beihilfen, ABl. 2006, L 379/5.

[34] Ablösend die VO (EG) Nr. 1857/2006, ABl. 2006, L 358/3. Neben den Beihilfen für KMU werden nun auch Beihilfen für Investitionen zur Erhaltung des Kultur- und Naturerbes in landwirtschaftlichen Betrieben, zur Beseitigung von durch Naturkatastrophen im Agrarsektor verursachten Schäden, Forschungs- und Entwicklungsbeihilfen im Agrar- und Forstsektor sowie Beihilfen für den Forstsektor erfasst.

[35] VO (EU) Nr. 651/2014 vom 17. 6. 2014 zur Feststellung der Vereinbarkeit bestimmter Gruppen von Beihilfen mit dem Binnenmarkt in Anwendung der Artikel 107 und 108 des Vertrags über die Arbeitsweise der Europäischen Union, ABl. 2014, L 187/1; ablösend die VO (EG) Nr. 800/2008 vom 6. 8. 2008 zur Vereinbarkeit bestimmter Gruppen von Beihilfen mit dem Gemeinsamen Markt in Anwendung der Artikel 87 und 88 EG-Vertrag (allgemeine Gruppenfreistellungsverordnung), ABl. 2008, L 214/3.

[36] VO (EU) Nr. 1388/2014 vom 16. 12. 2014 zur Feststellung der Vereinbarkeit bestimmter Gruppen von Beihilfen zugunsten von in der Erzeugung, Verarbeitung und Vermarktung von Erzeugnissen der Fischerei und der Aquakultur tätigen Unternehmen mit dem Binnenmarkt in Anwendung der Artikel 107 und 108 des Vertrags über die Arbeitsweise der Europäischen Union, ABl. 2014, L 369/37; ablösend die VO (EG) Nr. 736/2008 vom 22. 7. 2008 über die Anwendung der Artikel 87 und 88 EG-Vertrag auf Beihilfen an kleine und mittlere in der Erzeugung, Verarbeitung und Vermarktung von Fischereierzeugnissen tätige Unternehmen, ABl. 2008, L 201/16.

[37] VO (EU) 2015/1588 vom 13. 7. 2015 über die Anwendung der Artikel 107 und 108 des Vertrags

Nr. 2015/1589.[38] Übermittlungspflichten sollen helfen, die Transparenz und Überwachung trotz fehlender Notifizierung zu gewährleisten.

Bei der überwiegenden Zahl von Genehmigungsentscheidungen geht es um Beihilfeprogramme, sodass nach Genehmigung eines solchen Programms konkrete Beihilfevorhaben an einzelne Unternehmer i. d. R. nicht mehr notifiziert werden müssen.[39]   12

Weiter kann gemäß Art. 42 UAbs. 2 AEUV der Rat auf Vorschlag der Kommission die Gewährung von staatlichen Beihilfen zum Schutz von strukturell oder naturbedingt benachteiligten Betrieben oder im Rahmen wirtschaftlicher Entwicklungsprogramme genehmigen. Da eine solche Genehmigung wie oben dargestellt (s. Rn. 9) naheliegend auch im Weg des ordentlichen Gesetzgebungsverfahrens auf Basis Art. 42 UAbs. 1 AEUV in die Regelung aufgenommen werden kann, reduziert sich die Bedeutung dieser Bestimmung insbesondere auf Einzelfälle, in denen eine solche Genehmigung gegen ein bestehendes Beihilfeverbot allein durch den Rat eine Notwendigkeit darstellt.[40]   13

Bei außergewöhnlichen Umständen kann der Rat überdies auf Antrag des betreffenden Mitgliedstaates eine Beihilfe in Form einer Einzelfallgenehmigung gutheißen, auch wenn sie nicht die Voraussetzungen erfüllt (Art. 108 Abs. 2 UAbs. 3 AEUV). Von dieser Befugnis wird fast ausschließlich im Landwirtschaftsbereich Gebrauch gemacht.[41]   14

Um eine einheitliche Prüfung von staatlichen Beihilfen im Bereich der Landwirtschaft zu gewährleisten und um auch den zuständigen Behörden die Vorbereitung und Notifizierung staatlicher Beihilfevorhaben zu erleichtern, hat die Kommission die **Rahmenregelung der Europäischen Union für staatliche Beihilfen im Agrar- und Forstsektor und in ländlichen Gebieten 2014–2020**[42] verabschiedet. Diese findet insbesondere auf alle staatlichen Beihilfen für in der Primärproduktion, Verarbeitung oder Vermarktung landwirtschaftlicher Erzeugnisse tätige Unternehmen sowie unter bestimmten Umständen auf Beihilfen für den Forstsektor und für Maßnahmen in ländlichen Gebieten Anwendung. Damit haben die Mitgliedstaaten ihre Beihilfenregelungen und -praktiken an diese Rahmenregelung anzupassen (Ziff. 735). Eigene Regelungen bestehen für den Fischerei- und Aquakultursektor.[43]   15

Die neuen Rechtstexte im Zuge der **GAP-Reform 2013** wurden im Rahmen einer allgemeinen Initiative zur Modernisierung der Beihilfenkontrolle erarbeitet und sollen die Verfahren beschleunigen sowie den Verwaltungsaufwand erheblich verringern. Gleichzeitig wurde damit auch der Anwendungsbereich von Gruppenfreistellungsverordnung und Rahmenregelung ausgeweitet.   16

über die Arbeitsweise der Europäischen Union auf bestimmte Gruppen horizontaler Beihilfen, ABl. 2015, L 248/1; ablösend die VO (EG) Nr. 994/98 vom 7. 5.1998 über die Anwendung der Artikel 92 und 93 des Vertrags zur Gründung der Europäischen Gemeinschaft auf bestimmte Gruppen horizontaler Beihilfen, ABl. 1998, L 142/1.

[38] VO (EU) 2015/1589 vom 13. 7. 2015 über besondere Vorschriften für die Anwendung von Artikel 108 des Vertrags über die Arbeitsweise der Europäischen Union, ABl. 2015, L 248/9; ablösend die VO (EG) Nr. 659/1999 vom 22. 3.1999 über besondere Vorschriften für die Anwendung von Artikel 93 des Vertrags zur Gründung der Europäischen Gemeinschaft, ABl. 1999, L 83/1.

[39] *Kreuschitz/Wernicke*, in: Lenz/Borchardt, EU-Verträge, Art. 108 AEUV, Rn. 44.

[40] Siehe *Thiele* (Fn. 5), Art. 42 AEUV, Rn. 23; *Busse*, in: Lenz/Borchardt, EU-Verträge, Art. 42 AEUV, Rn. 12.

[41] Vgl. EuGH, Urt. v. 29.2.1996, Rs. C–122/94 (Kommission/Rat), Slg. 1996, I–881, Rn. 25 ff. Beispiele und Details bei *Busse*, in: Lenz/Borchardt, EU-Verträge, Art. 42 AEUV, Rn. 21 f.

[42] Ablösend die Rahmenregelung der Gemeinschaft für staatliche Beihilfen im Agrar- und Forstsektor 2007–2013, ABl. 2006, C 319/1.

[43] Leitlinien für die Prüfung staatlicher Beihilfen im Fischerei- und Aquakultursektor, ABl. 2015, C 217/1.

Artikel 43 AEUV [Rechtsetzung, Kompetenzen und Verfahren]

(1) Die Kommission legt zur Gestaltung und Durchführung der gemeinsamen Agrarpolitik Vorschläge vor, welche unter anderem die Ablösung der einzelstaatlichen Marktordnungen durch eine der in Artikel 40 Absatz 1 vorgesehenen gemeinsamen Organisationsformen sowie die Durchführung der in diesem Titel bezeichneten Maßnahmen vorsehen.

Diese Vorschläge müssen dem inneren Zusammenhang der in diesem Titel aufgeführten landwirtschaftlichen Fragen Rechnung tragen.

(2) Das Europäische Parlament und der Rat legen gemäß dem ordentlichen Gesetzgebungsverfahren und nach Anhörung des Wirtschafts- und Sozialausschusses die gemeinsame Organisation der Agrarmärkte nach Artikel 40 Absatz 1 sowie die anderen Bestimmungen fest, die für die Verwirklichung der Ziele der gemeinsamen Agrar- und Fischereipolitik notwendig sind.

(3) Der Rat erlässt auf Vorschlag der Kommission die Maßnahmen zur Festsetzung der Preise, der Abschöpfungen, der Beihilfen und der mengenmäßigen Beschränkungen sowie zur Festsetzung und Aufteilung der Fangmöglichkeiten in der Fischerei.

(4) Die einzelstaatlichen Marktordnungen können nach Maßgabe des Absatzes 1 durch die in Artikel 40 Absatz 2 vorgesehene gemeinsame Organisation ersetzt werden,
a) wenn sie den Mitgliedstaaten, die sich gegen diese Maßnahme ausgesprochen haben und eine eigene Marktordnung für die in Betracht kommende Erzeugung besitzen, gleichwertige Sicherheiten für die Beschäftigung und Lebenshaltung der betreffenden Erzeuger bietet; hierbei sind die im Zeitablauf möglichen Anpassungen und erforderlichen Spezialisierungen zu berücksichtigen, und
b) wenn die gemeinsame Organisation für den Handelsverkehr innerhalb der Union Bedingungen sicherstellt, die denen eines Binnenmarkts entsprechen.

(5) Wird eine gemeinsame Organisation für bestimmte Rohstoffe geschaffen, bevor eine gemeinsame Organisation für die entsprechenden weiterverarbeiteten Erzeugnisse besteht, so können die betreffenden Rohstoffe aus Ländern außerhalb der Union eingeführt werden, wenn sie für weiterverarbeitete Erzeugnisse verwendet werden, die zur Ausfuhr nach dritten Ländern bestimmt sind.

Literaturübersicht

Bianchi, Y a-t-il encore quelque chose de »commun« dans la nouvelle Politique agricole commune?, RTDE 2005, 623; *Gilsdorf*, Der Grundsatz der Subsidiarität und die gemeinsame Agrarpolitik, GS Grabitz, 1995, S. 77; *Götz*, Supranationale und staatliche Kompetenzen auf dem Gebiet der Agrarpolitik, AgrarR 1971, 33; *ders.*, Mehrheitsbeschlüsse des Rates der EU – Zur Beschlussfassung des Agrarministerrats mit qualifizierter Mehrheit, AgrarR 1997, 266; *Karpenstein*, Zur Frage eines Notgesetzgebungsrechts der Kommission im Rahmen der Gemeinsamen Agrarpolitik, GS Geck, 1989, S. 405; *Priebe*, Wie »subsidiär« kann die Gemeinsame Agrarpolitik sein?, EuZW 1993, 425; *Priebe*, Differenzierung und Dezentralisierung in der gemeinsamen Agrarpolitik, FS Steinberger, 2002, S. 1347; *Scherer*, Subsidiaritätsprinzip und EG-Agrarreform, DVBl 1993, 281; *Seidel*, Rückführung der Landwirtschaftspolitik in die Verantwortung der Mitgliedstaaten? – Rechts- und Verfassungsfragen des Gemeinschaftsrechts, AgrarR 2000, 381; *Streinz*, Vereinfachung und Verbesserung der Rechtsetzung in der Gemeinsamen Agrarpolitik der EG, GS Kopp, 2007, S. 248; *Ziekow*, Das Verbot mitgliedstaatlicher Maßnahmen im Bereich gemeinsamer Marktorganisationen, EuZW 1990, 505.

Leitentscheidungen

EuGH, Urt. v. 23.1.1975, Rs. 51/74 (Van der Hulst/Produktschap voor Siergewassen), Slg. 1975, 79
EuGH, Urt. v. 26.3.1987, Rs. 45/86 (Kommission/Rat), Slg. 1987, 1493
EuGH, Urt. v. 23.2.1988, Rs. 68/86 (Vereinigtes Königreich/Rat), Slg. 1988, 855
EuGH, Urt. v. 25.2.1999, Rs. C–164/97 (Parlament/Rat), Slg. 1999, I–1139
EuGH, Urt. v. 4.4.2000, Rs. C–269/97 (Kommission/Rat), Slg. 2000, I–2257
EuGH, Urt. v. 19.9.2002, Rs. C–336/00 (Huber), Slg. 2002, I–7699

Inhaltsübersicht   Rn.

A. Einführung 1
B. Kompetenzverteilung 2
   I. Union 3
   II. Mitgliedstaaten 7
C. Rechtsetzung 12
   I. Parlament 15
     1. Kompetenzbereich 15
     2. Organisatorisch 16
   II. Rat 17
     1. Kompetenzbereich 17
     2. Organisatorisch 18
   III. Kommission 20
     1. Kompetenzbereich 20
     2. Organisatorisch 25
   IV. Mitgliedstaaten 26
     1. Kompetenzbereich 26
     2. Organisatorisch 28
   V. Normenhierarchie 29

A. Einführung

Art. 43 AEUV bildet den gleichsam formellen Kern des Landwirtschaftstitels. Er ordnet 1
insbesondere die Zuständigkeiten und bestimmt das Rechtsetzungsverfahren. Zentral wurde mit dem Lissabonner Vertrag die seit 1957 enthaltene bloße Anhörung des Parlaments bei Rechtsakten des Rates durch das Mitentscheidungsverfahren ersetzt und damit das Parlament zum Mitgesetzgeber im Rahmen des ordentlichen Gesetzgebungsverfahrens. Die Abs. 4 und 5 haben seit Schaffung der Agrarmarktordnung(en) ihre Bedeutung verloren.[1]

B. Kompetenzverteilung

Die agrarrechtliche Kompetenzverteilung kann sowohl horizontal als auch vertikal gedacht werden. Horizontal meint hier die Abgrenzung auf supranationaler Ebene zu anderen primärrechtlich verankerten Themenbereichen, vertikal die Rollenverteilung zwischen EU und Mitgliedstaaten. 2

---

[1] So auch *Busse*, in: Lenz/Borchardt, EU-Verträge, Art. 43 AEUV, Rn. 2; *Thiele*, in: Calliess/Ruffert, EUV/AEUV, 4. Aufl., 2011, Art. 43 AEUV, Rn. 3. Näher zu Abs. 4 und 5 siehe *von Rintelen*, in: Grabitz/Hilf/Nettesheim, EU, Art. 43 AEUV (September 2010), Rn. 33 ff.

I. Union

3 Der Union kommt für die Gestaltung der EU-Agrarpolitik eine umfassende Zuständigkeit zu, die weit in andere Tätigkeitsbereiche hineinreicht. Im Laufe der Entwicklung der GAP wurden mit deren Ausweitung von den GMO über die Agrarstrukturpolitik bis hin zur ländlichen Entwicklung die einschlägigen Vertragsbestimmungen stets sehr liberal interpretiert.[2] Die EU kann daher grundsätzlich jede Frage, die agrarpolitisch von Bedeutung ist, regeln.[3]

4 Nach der Rechtsprechung des EuGH ist Art. 43 AEUV die geeignete Rechtsgrundlage für alle Regelungen über die Produktion und die Vermarktung der in Anhang I des Vertrages aufgeführten landwirtschaftlichen Erzeugnisse, die zur Verwirklichung eines oder mehrerer der in Art. 39 AEUV genannten Ziele der GAP beitragen. Das bedeutet, selbst wenn solche Regelungen neben Zielen der Agrarpolitik auch andere Ziele anstreben, können sie die Harmonisierung der innerstaatlichen Bestimmungen auf diesem Gebiet einschließen, ohne dass es des Rückgriffs auf die allgemeine Rechtsangleichung gemäß Art. 115 AEUV bedarf.[4] So war etwa zeitweilig umstritten, ob auch die Agrarstrukturpolitik auf Art. 43 AEUV abgestützt werden könne. Diese Kompetenz wurde letztlich bejaht, da auch agrarstrukturpolitische Maßnahmen der Erreichung der GAP-Ziele dienten, auch wenn der Bezug zu Agrarerzeugnissen und Märkten bloß nur sehr mittelbar herstellbar sei.[5]

5 Dieses weite Verständnis der Agrarkompetenz hat naturgemäß zu zahlreichen **Kollisionsfällen** geführt und zum Teil diffizile Abgrenzungsfragen aufgeworfen.[6] So wurde mit dem im Zusammenhang mit der BSE-Krise zwischen der Kommission und dem Rat ausgebrochenen Streit über die richtige Rechtsgrundlage für die VO (EG) Nr. 820/97[7] diese Grundfrage noch einmal aktuell. Während sich damals der Rat mit ex-Art. 43 EGV a. F. (Art. 43 AEUV) für die Agrarkompetenz aussprach, plädierte die Kommission mit ex-Art. 100a EGV a. F. (Art. 114 AEUV) für die Rechtsangleichung. Auf eine von der Kommission angestrengte Nichtigkeitsklage hin blieb der EuGH jedoch seiner bisherigen trennscharfen Rechtsprechung treu. Die gegenständliche Richtlinie bezwecke dadurch, dass sie die Bedingungen für die Erzeugung und Vermarktung von Rindfleisch und Rindfleischerzeugnissen im Hinblick auf eine Verbesserung der Transparenz dieser Bedingungen regelt, die Ziele des Landwirtschaftstitels, insbesondere die Stabilisierung

---

[2] Vgl *Ehlermann*, AgrarR 1972, 262; a. A. *Götz*, AgrarR 1971, 33.
[3] Vgl. auch Art. 352 AEUV, der eine subsidiäre Handlungsermächtigung der EU zur Verwirklichung ihrer Ziele insbesondere im Rahmen des Binnenmarktes bei Fehlen der dazu notwendigen Befugnisse vorsieht (s. Art. 352 AEUV, Rn. 22).
[4] EuGH, Urt. v. 23.2.1988, Rs. 68/86 (Vereinigtes Königreich/Rat), Slg. 1988, 855; EuGH, Urt. v. 19.9.2002, Rs. C–336/00 (Huber), Slg. 2002, I–7699. Siehe *Priebe*, in: Grabitz/Hilf/Nettesheim, EU, Art. 38 AEUV (März 2011), Rn. 43 m. w. N.
[5] Dazu und zur Abgrenzung der beiden Säulen der GAP *Thiele* (Fn. 1), Art. 40 AEUV, Rn. 2 ff.
[6] EuGH, Urt. v. 23.2.1988, Rs. 68/86 (Vereinigtes Königreich/Rat), Slg. 1988, 855; Urt. v. 23.2.1988, Rs. 131/86 (Vereinigtes Königreich/Rat), Slg. 1988, 905; Urt. v. 16.11.1989, Rs. C–131/87 (Kommission/Rat), Slg. 1989, 3743; Urt. v. 13.11.1990, Rs. C–331/88 (The Queen/FEDESA u. a.), Slg. 1990, I–4023.
[7] VO (EG) Nr. 820/97 vom 21.4.1997 zur Einführung eines Systems zur Kennzeichnung und Registrierung von Rindern und über die Etikettierung von Rindfleisch und Rindfleischerzeugnissen, ABl. 1997, L 117/1.

des Marktes, zu erreichen, und wäre daher zu Recht auf der Grundlage der Agrarkompetenz erlassen worden.[8]

Im Übrigen können sich aufgrund der für die Gemeinsame Agrarpolitik typischen Regelungsdichte Abgrenzungsprobleme auch im Verhältnis zu anderen Rechtsgrundlagen des Vertrages ergeben, wie etwa Art. 168 AEUV (Gesundheitsschutz), Art. 169 AEUV (Verbraucherschutz), Art. 192 AEUV (Umweltpolitik)[9], Art. 207 AEUV (Handelspolitik), Art. 209 AEUV (Entwicklungszusammenarbeit), Art. 325 AEUV (Betrugsbekämpfung) oder Art. 338 AEUV (Statistik).[10] Diese sind nach den vom EuGH zu diesem Zweck entwickelten einschlägigen Grundsätzen zu lösen.[11] Das (funktionale) europäische Agrarrecht kann also auch Rechtsakte, die nicht auf dem Landwirtschaftstitel beruhen, umfassen. Einerseits könnten diese Abgrenzungsfragen angesichts der zu beobachtenden Tendenz der GAP zu verstärkter Kohärenz und Integration mit anderen Unionspolitiken zwar an Wichtigkeit noch gewinnen, andererseits aber verlieren sie durch den Wechsel ins Mitentscheidungsverfahren seit dem Vertrag von Lissabon (heute ordentliches Gesetzgebungsverfahren nach Art. 294 AEUV) an praktischer Bedeutung, weil nunmehr die Einbeziehung des Parlaments – Hintergrund vieler Kompetenzstreitigkeiten – auch bei Anwendung der Agrarkompetenz jedenfalls gegeben ist.[12]

II. Mitgliedstaaten

Was die Kompetenzverteilung zwischen Union und Mitgliedstaaten angeht, dürfen die Vorschriften des Landwirtschaftstitels ungeachtet ihrer weiten Anwendung nicht so verstanden werden, als wäre die Union seit je zu agrarrechtlicher Rechtsetzung berufen. Die Art. 40 und 43 AEUV werden als Auftrag an die Union verstanden, die anfangs noch bestehenden nationalen Agrarpolitiken schrittweise durch eine GAP zu ersetzen.[13] So-

---

[8] EuGH, Urt. v. 4.4.2000, Rs. C–269/97 (Kommission/Rat), Slg. 2000, I–2257. Dagegen hatte der Generalanwalt in den Schlussanträgen noch die Auffassung vertreten, dass jedenfalls der Etikettierungsteil der Verordnung auf ex-Art. 100a EGV a. F. (Art. 114 AEUV) zu stützen sei, da der Hauptzweck der Etikettierungsregelung darin bestehe, eine an die Entscheidungsfreiheit des Konsumenten anknüpfende Regelung zur Vermarktung von Rindfleisch zu treffen.

[9] So werden Maßnahmen, die losgelöst von jedem wirtschaftlichen Zweck ausschließlich ökologische Ziele verfolgen, nicht mehr auf Art. 43 AEUV gestützt werden können, sondern bedürfen des Rückgriffs auf Art. 192 AEUV. Ebenso, wenn der agrarpolitische Bezug nur noch sehr schwach ist. Nicht zuletzt bewirkt die Integrationsklausel (Querschnittsklausel) des Art. 11 AEUV, dass die Erfordernisse des Umweltschutzes bei der Festlegung und Durchführung gerade auch der GAP insbesondere zur Förderung einer nachhaltigen Entwicklung einzubeziehen sind (s. Art. 11 AEUV, Rn. 21 und 24f.). Vgl. *Priebe*, in: Grabitz/Hilf/Nettesheim, EU, Art. 38 AEUV (März 2011), Rn. 56. Siehe auch *Götz*, Umweltschutz und Land- sowie Forstwirtschaft, in: Rengeling (Hrsg.), Handbuch zum europäischen und deutschen Umweltrecht, Band II, 2. Aufl., 2003, S. 1494, Rn. 19; *Scherer/Heselhaus*, in: Dauses, Handbuch des EU-Wirtschaftsrechts, Abschnitt O, Juni 2010, Rn. 120f. Vgl. EuGH, Urt. v. 25.2.1999, Rs. C–164/97 (Parlament/Rat), Slg. 1999, I–1139; Urt. v. 19.9.2002, Rs. C–336/00 (Huber), Slg. 2002, I–7699, Rn. 29ff.

[10] Siehe *Norer/Bloch*, in: Dauses, Handbuch des EU-Wirtschaftsrechts, Abschnitt G, September 2011, Rn. 28; allgemein *von Rintelen*, in: Grabitz/Hilf/Nettesheim, EU, Art. 43 AEUV (September 2010), Rn. 5f.; *Kopp*, in: Streinz, EUV/AEUV, Art. 43 AEUV, Rn. 14ff. In Bezug auf den Zielkatalog s. Art. 39 AEUV, Rn. 12.

[11] EuGH, Urt. v. 26.3.1987, Rs. 45/86 (Kommission/Rat), Slg. 1987, 1493; Urt. v. 11.9.1991, Rs. C–300/89 (Kommission/Rat), Slg. 1991, I–2867; Urt. v. 26.3.1996, Rs. C–271/94 (Parlament/Rat), Slg. 1996, I–1689; *Busse*, in: Lenz/Borchardt, EU-Verträge, Art. 43 AEUV, Rn. 9ff. m.w.N.

[12] Die Wahl der Rechtsgrundlage hat aber jedenfalls noch Bedeutung für die Zuständigkeit innerhalb der Kommission; *Thiele* (Fn. 1), Art. 43 AEUV, Rn. 9.

[13] Siehe *Norer/Bloch*, in: Dauses, Handbuch des EU-Wirtschaftsrechts, Abschnitt G, September 2011, Rn. 31.

mit besteht (grundsätzlich) **konkurrierende Zuständigkeit**, die den Mitgliedstaaten bis zum Gebrauch der Zuständigkeit durch die Union nationale Regelungen ermöglicht (Theorie des »terrain occupé«).[14] Das gilt unbeschadet der ausdrücklichen Anführung der Landwirtschaft als geteilte Zuständigkeit in Art. 4 Abs. 2 Buchst. d AEUV.[15] Zumindest im Bereich des Agrarmarktes hat sich die Regelungskompetenz allerdings im Laufe der Zeit aufgrund ihrer legislativen Ausschöpfung durch den Unionsgesetzgeber immer mehr in Richtung einer ausschließlich unionalen Gesetzgebung gewandelt. Somit ist im Wege einer Einzelfallbetrachtung immer zu fragen, ob das entsprechende EU-Sekundärrecht abschließenden Charakter besitzt.[16]

8   Diese Konstruktion hat zahlreiche Auslegungsfragen an der Nahtstelle zwischen Unionsrecht und nationalem Recht zur Folge, speziell bei der Umsetzung der GAP.[17] Die enge Verflechtung unionaler und mitgliedstaatlicher Regelungen sorgt regelmäßig für Diskussionen um das rechte Maß an **Differenzierung** und Dezentralisierung, Subsidiarität und Renationalisierung.[18] Die explizite und teilweise durchaus weitgehende Einräumung mitgliedstaatlicher Freiräume im Rahmen der GAP, um nationalen, regionalen und sektoriellen Sonderlagen angemessen Rechnung tragen zu können, kann aber auch zu teilweise hochkomplexen, nach vielfältigen Interessenlagen differenzierten Regelungssystemen an der Grenze der Exekutierbarkeit führen, was zur Kritik an der agrarrechtlichen Regelungsdichte und damit verbundenen diskriminierenden Wirkung zwischen den Mitgliedstaaten beiträgt. Das Beispiel der Umsetzungsmodelle der einheitlichen Betriebsprämie, wo zum Teil sogar innerhalb eines Mitgliedstaates unterschiedliche Systemoptionen gewählt und damit große Unterschiede zwischen den einzelnen Landwirten der EU in Kauf genommen wurden, mag als Anschauungsbeispiel hervorstechen (s. Art. 40 AEUV, Rn. 25).

9   Neben den Regeln zu Marktorganisation und ländlicher Entwicklung umfasst das EU-Agrarrecht auch Normen zur **Harmonisierung** staatlicher Rechtsvorschriften hinsichtlich Landwirtschaft und landwirtschaftlicher Erzeugnisse, was teilweise auch als dritte Säule der GAP bezeichnet wird.[19] Dies betrifft vornehmlich die Schnittstellen zum Gesundheits- und Verbraucherschutz, Qualitätssicherung und Qualitätsförderung. Zu denken ist dabei an die verschiedensten Bereiche des Schutzes von Tieren und Pflanzen sowie der tierischen und menschlichen Gesundheit im Rahmen landwirtschaftlicher Erzeugung und Vermarktung wie Saat- und Pflanzgut, Pflanzenschutz, Düngemittel, Tierzucht, Tierschutz, Futtermittel und Veterinärwesen. Die Zielsetzungen der vielfältigen

---

[14] EuGH, Urt. v. 23.1.1975, Rs. 51/74 (Van der Hulst/Produktschap voor Siergewassen), Slg. 1975, 79; Urt. v. 25.9.1979, Rs. 232/78 (Kommission/Frankreich), Slg. 1979, 2729; Urt. v. 13.3.1984, Rs. 16/83 (Prantl), Slg. 1984, 1299.

[15] Siehe *Calliess*, in: Calliess/Ruffert, EUV/AEUV, Art. 4 AEUV, Rn. 12; die geteilte Zuständigkeit entspricht der schon bisher im Schrifttum verwendeten Kategorie der konkurrierenden Zuständigkeit, Rn. 1.

[16] EuGH, Urt. v. 13.3.1984, Rs. 16/83 (Prantl), Slg. 1984, 1299, Rn. 12 ff.; siehe *Busse*, in: Lenz/Borchardt, EU-Verträge, Art. 43 AEUV, Rn. 16 ff.

[17] *Priebe*, in: Grabitz/Hilf/Nettesheim, EU, Art. 43 AEUV (September 2010), Rn. 63.

[18] Speziell zur aktuellen Bedeutung des Subsidiaritätsprinzips *Martinez*, in: Calliess/Ruffert, EUV/AEUV, Art. 43 AEUV, Rn. 17 ff. Allgemein vgl. *Bianchi*, RTDE 2005, 623; *Gilsdorf*, S. 77; *Priebe*, EuZW 1993, 425; *ders.*, FS Steinberger, S. 1347; *Scherer*, DVBl 1993, 281; *Seidel*, AgrarR 2000, 381; *Norer*, Lebendiges Agrarrecht, 2005, S. 517 ff.

[19] Siehe *Norer/Bloch*, in: Dauses, Handbuch des EU-Wirtschaftsrechts, Abschnitt G, September 2011, Rn. 166 ff.; *Priebe*, in: Grabitz/Hilf/Nettesheim, EU, Art. 40 AEUV (März 2011), Rn. 123 ff.; *Bittner*, in: Schwarze, EU-Kommentar, Art. 38 AEUV, Rn. 35 ff.

Maßnahmen in diesem Bereich reichen heute allerdings über die bloße Sicherung des freien Warenverkehrs im Binnenmarkt hinaus und haben einen hohen Standard landwirtschaftlicher Erzeugnisse im Interesse einer produktiven, dem technischen Fortschritt verpflichteten Landwirtschaft zum Ziel. Die Entwicklung der landwirtschaftlichen Rechtsharmonisierung hin zu einem allgemeinen landwirtschaftlichen Verbraucher- und Qualitätsrecht ist absehbar.

Demgegenüber verbleiben in ausschließlich **nationaler Kompetenz** in erster Linie die klassischen Bereiche des Agrarrechts wie Pachtrecht, Erbrecht, Flurbereinigung, Grundverkehr, Steuer- und Sozialrecht, aber auch die Gestaltung der Eigentumsordnung, Wirtschafts- und Konjunkturpolitik sowie Bau- und Planungsrecht und weite Teile des Umwelt- und Naturschutzrechts. Selbst dort, wo keine Unionskompetenz besteht, sind aber vermehrt v. a. über die Grundfreiheiten Eingriffe von europäischer Ebene, insbesondere durch den EuGH, zu beobachten, wie beispielsweise in der aktuellen Rechtsprechung des EuGH zum landwirtschaftlichen Grundstückverkehrsrecht.[20]

10

Hingegen liegt der **Vollzug** des unionalen Agrarrechts grundsätzlich bei den Mitgliedstaaten, sodass es zum Zusammenwirken von europäischem und des seiner Durchführung dienenden staatlichen Recht sowie zu zahlreichen interadministrativen Kontakten zwischen Kommissionsdienststellen und nationalen Verwaltungseinrichtungen kommt.[21] Um einen möglichst kohärenten Vollzug sicherstellen zu können, neigt die Kommission zum Erlass – durchaus ausführlicher – technischer Abwicklungsvorschriften, insbesondere auch von Verwaltungsverfahrens-, Kontroll- und Sanktionsregelungen.[22] Da den Unionsbehörden kein unmittelbares Weisungsrecht gegenüber dem Vollzug in den Mitgliedstaaten zukommt – so besitzt die Kommission gegenüber den vollziehenden staatlichen Behörden weder eine Rechts- noch eine Fachaufsicht – greift die Kommission verstärkt zu de facto verbindlichen Leitlinien, Empfehlungen, Erklärungen, Auslegungsvermerke etc.[23]

11

---

[20] EuGH, Urt. v. 23. 9. 2003, Rs. C–452/01 (Ospelt und Schlössle Weissenberg), Slg. 2003, I–9743; Urt. v. 25. 1. 2007, Rs. C–370/05 (Festersen), Slg. 2007, I–1129. Vgl. nur *Holzer*, Grundverkehrsrecht, in: Norer (Hrsg.), Handbuch des Agrarrechts, 2. Aufl., 2012, S. 673 (693 ff.).

[21] So auch die Erklärung Nr. 43 zum Amsterdamer Vertrag, ABl. 1997, C 340/140. Diese Vollzugsverantwortung der Mitgliedstaaten führt dazu, dass die Unionsinstitutionen nur in relativ seltenen Ausnahmefällen in direkte Rechtsbeziehungen zu den Adressaten der von ihnen beschlossenen Maßnahmen treten; *Norer/Bloch*, in: Dauses, Handbuch des EU-Wirtschaftsrechts, Abschnitt G, September 2011, Rn. 176 und 192. Vgl. auch *Kneilmann*, AgrarR 1979, 127.

[22] Kritisch *Angerer*, AgrarR 1992, 288.

[23] Z. B. Arbeitsdokument zum Begriff offensichtlicher Irrtum gemäß Art. 12 VO (EG) Nr. 2419/2001 vom 11. 12. 2001 mit Durchführungsbestimmungen zum mit der Verordnung (EWG) Nr. 3508/92 des Rates eingeführten Verwaltungs- und Kontrollsystem für bestimmte gemeinschaftliche Beihilferegelungen, ABl. 2001, L 327/11, Dok AGR 49533/2002-DE, vom 17. 7. 2002. Allgemein dazu *Gundel*, in: Schulze/Zuleeg/Kadelbach, Europarecht, § 3, Rn. 86 ff., zu Mitteilungen; *Szczekalla*, in: Terhechte, Verwaltungsrecht der EU, § 5, Rn. 49 ff., zu Leitlinien. Zu den Kritikpunkten *Norer* (Fn. 18), S. 181 ff.; *Martínez*, Mehrebenenvollzug des Direktzahlungssystems in der Europäischen Union: Brüssel und Mitgliedstaaten, in: Norer (Hrsg.), Agrarische Direktzahlungen – rechtliche Aspekte in Konzeption und Vollzug, 2011, S. 159 ff.

C. Rechtsetzung

12 Die zentrale Bestimmung betreffend Rechtsetzung ist die unionsrechtliche Ermächtigungsnorm des Art. 43 Abs. 2 AEUV.[24] Wurde noch im EGV und damit bis November 2009 der Rat ermächtigt, auf Vorschlag der Kommission und nach Anhörung des Parlaments mit qualifizierter Mehrheit Verordnungen, Richtlinien oder Entscheidungen zu erlassen, so sieht der AEUV nunmehr eine zweigeteilte Kompetenz vor: **Parlament** und **Rat** haben seit der Neufassung gemäß ordentlichem Gesetzgebungsverfahren und nach Anhörung des Wirtschafts- und Sozialausschusses die gemeinsame Organisation der Agrarmärkte sowie die anderen für die Verwirklichung der Ziele der Gemeinsamen Agrarpolitik notwendigen Bestimmungen festzulegen.

13 Während der Einbezug des Parlaments als mit dem Rat gleichberechtigter Gesetzgeber etwa in den Bereichen Veterinärwesen und Pflanzenschutz (Art. 168 Abs. 4 Buchst. b AEUV)[25] sowie Umwelt (Art. 192 Abs. 1 und 3 AEUV) im Rahmen des Mitentscheidungsverfahrens bereits seit längerem praktiziert wurde, haben sich mit der Änderung aufgrund des Lissaboner Vertrags die politischen Gewichte deutlich verschoben und – wie die Rechtsetzung zur neuen GAP 2014–2018 zeigt – die Dauer der Gesetzgebungsverfahren erheblich verlängert.

14 Die **Kommission**, die über das alleinige Initiativrecht verfügt, schlägt Richtlinien und Verordnungen vor, die von Parlament und Ministerrat nunmehr gemeinsam angenommen werden müssen. Seit 2014 wird überdies die qualifizierte Mehrheit nach dem Prinzip der doppelten Mehrheit von Mitgliedstaaten und Bevölkerung berechnet.

I. Parlament

1. Kompetenzbereich

15 Die Einbindung des Parlaments im Rahmen des **ordentlichen Gesetzgebungsverfahrens** gemäß Art. 43 Abs. 2 AEUV hat die agrarpolitischen Gewichte wesentlich verschoben und zu einer »Demokratisierung« der GAP geführt. Die Grundverordnungen der GAP-Reform 2013 wurden bereits gemeinsam mit dem Rat erlassen.

2. Organisatorisch

16 Im Parlament bereitet der 45 Mitglieder zählende **Ausschuss für Landwirtschaft und ländliche Entwicklung (AGRI)** als einer der 20 ständigen Ausschüsse die Plenarsitzungen vor. Der Ausschuss ist zuständig für Fragen der GAP sowie für die EU-Rechtsetzung in den Bereichen Veterinär-, Pflanzenschutz- und Tierschutzrecht.[26]

---

[24] Dabei handelt es sich um die »wohl wichtigste Kompetenzgrundlage des Unionsrechts überhaupt«; so *Khan*, in: Geiger/Khan/Kotzur, EUV/AEUV, Art. 43 AEUV, Rn. 1, samt kritischen Anmerkungen.

[25] Vgl. *Burbach/Mindermann*, AgrarR 1998, 295; *Mögele*, ZEuS 2000, 79; *Bianchi*, RTDE 2001, 371.

[26] Mit Ausnahme von Fragen, die den Schutz der menschlichen Gesundheit betreffen (für diese ist der Ausschuss für Umweltfragen, öffentliche Gesundheit und Lebensmittelsicherheit ENVI zuständig).

II. Rat

1. Kompetenzbereich

Im nunmehr **ordentlichen Gesetzgebungsverfahren** nach Art. 294 AEUV hat der Rat – gemeinsam mit dem Parlament – im Rahmen der GAP-Reform 2013 insbesondere die eGMO und Direktzahlungsvorschriften, Grundregelungen der Förderung der ländlichen Entwicklung sowie die Grundvorschriften über die Finanzierung der GAP erlassen. 17

Weiterhin nicht zur Anwendung kommt die parlamentarische Mitentscheidung bei den eher technischen Durchführungsakten gemäß Art. 43 Abs. 3 AEUV. Maßnahmen zur Festsetzung der Preise, Abschöpfungen, Beihilfen und mengenmäßigen Beschränkungen werden aus Flexibilitätsgründen nach wie vor vom Rat alleine entschieden (**Sonderkompetenz** des Rates).[27] Diese Maßnahmen sind im Gefüge der Rechtsetzungsverfahren als eigenständige Rechtsakte sui generis einzustufen.[28] 18

2. Organisatorisch

Auf organisatorischer Ebene finden sich zahlreiche Gremien, die dem Agrarministerrat untergeordnet sind und die Arbeiten vorbereiten. So wird die gesamte Ratstätigkeit inhaltlich und formal durch den Ausschuss der Ständigen Vertreter (AStV, auch **COREPER**; vgl. Art. 240 Abs. 1 AEUV), der sich aus den Ständigen Vertretern der Mitgliedstaaten bei der EU zusammensetzt, vorbereitet. Für den Bereich Landwirtschaft sind das der AStV I (COREPER I; für tiergesundheitliche Fragen und Pflanzenschutzfragen) sowie insbesondere der Sonderausschuss Landwirtschaft (**SAL**; für die GAP)[29]. Der SAL stellt eine Besonderheit im internen Arbeitsverfahren des Rates dar[30] und wird von den Agrarministern mit Experten beschickt. Diesen Gremien arbeiten Ratsarbeitsgruppen zu, die die technischen und fachlichen Fragen zu lösen haben, lediglich Konfliktfragen werden jeweils auf die nächste Ebene gehoben. 19

III. Kommission

1. Kompetenzbereich

Entscheidende Bedeutung bei der agrarpolitischen Tagesarbeit[31] kommt aber weiterhin der Kommission aufgrund der von Art. 290 AEUV (delegierte Akte) und Art. 291 AEUV (Durchführungsakte) übertragenen Rechtsetzungs- und Durchführungsbefugnissen zu. Der Rat knüpfte die Gesetzgebungsdelegation an die Kommission bisher an 20

---

[27] Siehe *Busse*, in: Lenz/Borchardt, EU-Verträge, Art. 43 AEUV, Rn. 3 f., der auf eine punktuelle Befugnisabnahme auf Seiten des Europäischen Parlaments hinweist, da es hier nicht einmal mehr anzuhören ist. Allgemein *Norer/Bloch*, in: Dauses, Handbuch des EU-Wirtschaftsrechts, Abschnitt G, September 2011, Rn. 256.
[28] Siehe *von Rintelen*, in: Grabitz/Hilf/Nettesheim, EU, Art. 43 AEUV (September 2010), Rn. 14; dort auch zur Entstehungsgeschichte der Norm, Rn. 10 ff.; *Thiele* (Fn. 1), Art. 43 AEUV, Rn. 17. A. A. *Busse*, in: Lenz/Borchardt, EU-Verträge, Art. 43 AEUV, Rn. 6.
[29] Eingesetzt durch den sogenannten Beschleunigungs-Beschluss von 1960 (Art. 5 Beschluss der im Rat vereinigten Vertreter der Regierungen der Mitgliedstaaten der Europäischen Wirtschaftsgemeinschaft über die beschleunigte Verwirklichung der Vertragsziele, ABl. 1960, Nr. 58/1217).
[30] *Von Rintelen*, in: Grabitz/Hilf/Nettesheim, EU, Art. 43 AEUV (September 2010), Rn. 32.
[31] *Busse*, in: Lenz/Borchardt, EU-Verträge, Art. 43 AEUV, Rn. 2, spricht von der Kommission als Motor im Bereich der gesamten GAP.

die Mitwirkung von Ausschüssen, die eine ausreichende Beteiligung der Mitgliedstaaten im Gesetzgebungsverfahren sicherstellen sollten (Komitologieverfahren), aber teilweise an der fehlenden klaren Trennung zwischen der Delegation von Rechtsetzungs- und Durchführungsbefugnissen krankten.[32] Mit dem Vertrag von Lissabon erfolgte dann die Unterscheidung für die Wahrnehmung legislativer und exekutiver Aufgaben. Damit ergibt sich heute folgendes Bild kommissioneller Rechtsetzung:

21 Zum einen wird die Kommission gemäß Art. 290 AEUV (delegierte Akte) durch **Übertragung von Rechtsetzungsbefugnissen** seitens des Parlaments oder Rates bei Rechtsakten ohne Gesetzescharakter mit allgemeiner Geltung zur Ergänzung oder Änderung bestimmter nicht wesentlicher Vorschriften, wie etwa Detailregelungen technischer Art, tätig. Nicht in Betracht kommen hier also »wesentliche« Vorschriften wie die oben (s. Rn. 17) genannten grundlegenden Rechtsakte der GAP, sehr wohl hingegen ihre Ergänzung durch die zehn delegierten Rechtsakte der Reform 2013.

22 Zum anderen wird die Kommission gemäß Art. 291 AEUV (Durchführungsakte) durch **Übertragung von Durchführungsbefugnissen** seitens des Parlaments oder Rates angesprochen, sofern es einheitlicher Bedingungen bedarf. Dabei wird von der bisherigen Rechtslage und Praxis abgewichen, wonach der Rat die Delegation an die Kommission an ein Zusammenwirken mit den Mitgliedstaaten in den bis dato über dreihundert verschiedenen Ausschüssen[33] knüpfte. Nunmehr ersetzt die **Komitologieverordnung** (EU) Nr. 182/2011[34] die bisherigen Ausschüsse durch zwei Verfahren, nämlich das Beratungs- und Prüfverfahren, wobei letzteres in der Bedeutung das frühere Verwaltungsausschussverfahren noch übertreffen wird, zumal zum Erlass von sonstigen Durchführungsrechtsakten in Bezug auf die GAP ausdrücklich das Prüfverfahren vorgesehen wird.[35] In diesem werden Ausschüsse aus Vertretern der Mitgliedstaaten unter dem Vorsitz eines Vertreters der Kommission gebildet. Der Vorsitz unterbreitet dabei dem Ausschuss den Entwurf des von der Kommission zu erlassenden Durchführungsrechtsakts. Im Falle eines positiven Votums erlässt die Kommission den im Entwurf vorgesehenen Durchführungsrechtsakt. Im Falle eines negativen Votums kann der Vorsitz entweder dem Ausschuss eine geänderte Fassung unterbreiten oder aber den unveränderten Entwurf einem Berufungsausschuss zur weiteren Beratung vorlegen. Wird keine Stellungnahme abgegeben, kann die Kommission den Rechtsakt wie im Entwurf vorgesehen erlassen, außer wenn dieser z. B. den Schutz der Gesundheit oder der Sicherheit von Menschen, Tieren oder Pflanzen betrifft oder wenn die Ausschussmitglieder ihn mit einfacher Mehrheit ablehnen. Auch in diesen Fällen kann dann der Berufungsausschuss angerufen werden. Dieser gibt in der Folge eine befürwortende oder (selten) ablehnende Stellungnahme ab, wird hingegen keine Stellungnahme abgegeben, kann die Kommission den im Entwurf vorgesehenen Rechtsakt erlassen. Das bedeutet, dass die Kom-

---

[32] Siehe *Hetmeier*, in: Lenz/Borchardt, EU-Verträge, Vorb. Art. 290, 291 AEUV, Rn. 1.
[33] Verwaltungs-, Regelungs- und beratende Ausschüsse. Vgl. Bericht der Kommission über die Tätigkeit der Ausschüsse im Jahre 2002, KOM (2003) 530 endg, ABl. 2003, C 223 E/16. Einen (historischen) Überblick über die einschlägigen Ausschüsse gibt *Kopp*, in: Streinz, EUV/AEUV, Art. 43 AEUV, Rn. 78 ff.
[34] VO (EU) Nr. 182/2011 vom 16. 2. 2011 zur Festlegung der allgemeinen Regeln und Grundsätze, nach denen die Mitgliedstaaten die Wahrnehmung der Durchführungsbefugnisse durch die Kommission kontrollieren, ABl. 2011, L 55/13, ablösend den Komitologiebeschluss 99/468/EG vom 28. 6. 1999 zur Festlegung der Modalitäten für die Ausübung der der Kommission übertragenen Durchführungskompetenzen, ABl. 1999, L 184/23.
[35] Art. 2 Abs. 2 Buchst. b Ziff. ii) VO (EU) Nr. 182/2011.

mission letztlich nicht auf eine (positive) Mehrheit der Mitgliedstaaten für die von ihr beabsichtigte Maßnahme angewiesen ist, sie muss lediglich eine qualifizierte Mehrheit dagegen vermeiden. Dies stärkt nicht nur ihre Rolle bei der Durchführungsgesetzgebung, sondern vermeidet im Interesse der Mitgliedstaaten auch eine gegenseitige Blockierung bei gegenläufigen Interessenlagen. In **dringlichen Fällen** kann die Kommission den im Entwurf vorgesehenen Durchführungsrechtsakt jedenfalls erlassen, um eine erhebliche Störung der Agrarmärkte oder eine Gefährdung der finanziellen Interessen der Union abzuwenden. Dieser ist dann unverzüglich dem Berufungsausschuss vorzulegen.

Diese Unterscheidung zwischen Rechtsetzungs- und Durchführungsbefugnissen hat letztlich nichts daran geändert, dass auch weiterhin der Rat (nun mit dem Parlament) sich auf den Erlass von Grundverordnungen und allgemeinen Regeln zur Durchführung derselben beschränken und der Kommission die Befugnis zum Erlass der erforderlichen Durchführungsbestimmungen übertragen wird.[36] Andere Entscheidungsverfahren können in Bezug auf das Agrarrecht im Rahmen der regionalen Strukturmaßnahmen und der Rechtsangleichung zur Anwendung kommen.[37] Überdies ist es auch weiterhin möglich, dass die Kommission Durchführungsrechtsakte ohne vorherige Vorlage an einen Ausschuss erlässt, nämlich wenn dies der Basisrechtsakt so vorsieht (Art. 1 VO 182/2011).[38]

Schließlich beansprucht die Kommission bei Untätigkeit des Rates hinsichtlich von für das Funktionieren der GAP unerlässlichen Maßnahmen unter Berufung auf Art. 4 Abs. 3 EUV und Art. 290 f. AEUV eine eng umgrenzte **Notkompetenz**. Sie wurde verschiedentlich ausgeübt, wenn der Rat die rechtzeitige Festsetzung der Agrarpreise versäumte.[39] Die Befugnis zu solcher Notgesetzgebung und ihr mögliches Ausmaß sind weitgehend ungeklärt. Zweifelhaft ist insbesondere, ob bei bestimmten haushaltlichen Notsituationen die Kommission gleichermaßen zu Dringlichkeitsmaßnahmen außerhalb des normalen Kompetenzgefüges ermächtigt sein könnte.[40]

2. Organisatorisch

Die Generaldirektion Landwirtschaft und ländliche Entwicklung (**GD AGRI**) ist für die Agrarpolitik und die Politik zur Entwicklung des ländlichen Raums zuständig. Sie ist nicht nur für die laufende Administration der GAP verantwortlich, sondern bereitet auch die Kommissionsvorschläge vor. Die GD AGRI besteht gegenwärtig aus 11 Direktionen, die sich mit allen Aspekten der GAP beschäftigen – d. h. von der Marktorganisation über ländliche Entwicklungspolitik, Finanzangelegenheiten bis hin zu Agrarthemen im internationalen Bereich.[41]

---

[36] *Busse*, in: Lenz/Borchardt, EU-Verträge, Art. 43 AEUV, Rn. 20. So auch im Rechtsetzungspaket zur Agrarpolitik 2014–2020.

[37] Siehe *Norer/Bloch*, in: Dauses, Handbuch des EU-Wirtschaftsrechts, Abschnitt G, September 2011, Rn. 262.

[38] Siehe *von Rintelen*, in: Grabitz/Hilf/Nettesheim, EU, Art. 43 AEUV (September 2010), Rn. 31.

[39] EuGH, Urt. v. 6. 7. 2000, Rs. C–289/97 (Eridania), Slg. 2000, I–5409, Rn. 55 ff.

[40] Zum Notgesetzgebungsrecht der Kommission im Rahmen der GAP siehe *Karpenstein*, Zur Frage eines Notgesetzgebungsrechts der Kommission im Rahmen der Gemeinsamen Agrarpolitik, GS Geck, 1989, S. 405; *von Rintelen*, in: Grabitz/Hilf/Nettesheim, EU, Art. 43 AEUV (September 2010), Rn. 40 ff.; *Busse*, in: Lenz/Borchardt, EU-Verträge, Art. 43 AEUV, Rn. 29.

[41] In vielen Fragen gehen heute Entscheidungsfindungen über den Bereich einer GD hinaus, sodass zur Erarbeitung einer einheitlichen Kommissionsstellungnahme die Koordination insbesondere zwischen den GD Landwirtschaft, Umwelt, Regionalpolitik oder Gesundheit und Verbraucherpolitik nötig ist.

IV. Mitgliedstaat

1. Kompetenzbereich

26 Der Mitbestimmungsbereich der Mitgliedstaaten an der agrarrechtlichen EU-Rechtsetzung ist insbesondere durch die Mitwirkung in den oben geschilderten Gremien gegeben. Letztlich sind die Einflussmöglichkeiten jedoch institutionell beschränkt und treten gegenüber den Handlungsspielräumen der EU-Organe zurück. Die Bedeutung der mitgliedstaatlichen Rolle hängt wie auch in anderen Unionspolitiken letztlich von außerrechtlichen, agrarpolitischen Faktoren ab.

27 Die verbleibende nationale Agrargesetzgebung dient zu einem großen Teil der Umsetzung des EU-Rechts und ist naturgemäß durch einen begrenzten Handlungsspielraum gekennzeichnet. Erweiterte Entscheidungsfreiheiten finden sich lediglich im Bereich differenzierter Regelungen, wo den Mitgliedstaaten ausdrücklich teilweise auch bedeutende Freiräume eingeräumt werden (s. Rn. 8), bzw. wo aufgrund der konkurrierenden Zuständigkeit die Handlungsfelder theoretisch noch nicht durch die EU besetzt sind.

2. Organisatorisch

28 Hier ist teilweise eine (erzwungene oder autonome) Anpassung mitgliedstaatlicher Verwaltungsstruktur an die EU zu beobachten. Dem Unionsrecht sind durchaus auch verwaltungsorganisatorische Vorgaben nicht fremd, wie das Beispiel der durch die Mitgliedstaaten einzurichtenden Zahlstellen (s. Art. 40 AEUV, Rn. 66) zeigt.[42]

V. Normenhierarchie

29 Das beschriebene System agrarrechtlicher Rechtsetzung in der EU erlaubt es, von einer abgestuften Normenhierarchie zu sprechen. Zu einer **ersten Stufe** zählen Parlament und Rat im ordentlichen Gesetzgebungsverfahren (Art. 43 Abs. 2 AEUV) sowie die Sonderkompetenz des Rates (Art. 43 Abs. 3 AEUV). Auf einer **zweiten Stufe** agiert die Kommission mittels delegierter Akte (Art. 290 AEUV) bzw. Durchführungsakte (Art. 291 AEUV). Von einer **dritten Stufe** ist hinsichtlich der Durchführungsakte auszugehen, die die Kommission ohne Komitologie erlassen kann.[43]

30 Neben den zentralen Vorschriften der Gesetzgebungsbefugnisse von Rat und Parlament im Rahmen des ordentlichen Gesetzgebungsverfahrens entfalten speziell die abgeleiteten Durchführungsakte der Kommission (Art. 291 AEUV) auch weiterhin erhebliche praktische Bedeutung. Im Rahmen der komplexen Instrumente der GAP stellen erst die solcherart erlassenen administrativen Regeln deren einheitliche Umsetzung sicher und spielen in Hinblick auf die Wahrung der allgemeinen Rechtsgrundsätze des Unionsrechts eine wichtige Rolle. Dementsprechend hatte der EuGH in der Vergangenheit auch vielfach weniger über Grundentscheidungen des Rates als vielmehr über deren Umsetzung in den Durchführungsbestimmungen der Kommission zu befinden.

---

[42] *Jacobi*, RdL 1964, 309 (312); *Norer* (Fn. 18), S. 286.
[43] Ausführlich *Norer/Bloch*, in: Dauses, Handbuch des EU-Wirtschaftsrechts, Abschnitt G, September 2011, Rn. 255 ff. insbesondere Rn. 263. Erweitert zur alten Rechtslage *Norer*, AgrRS 3/2003, 28.

Artikel 44 AEUV [Ausgleichsabgaben]

Besteht in einem Mitgliedstaat für ein Erzeugnis eine innerstaatliche Marktordnung oder Regelung gleicher Wirkung und wird dadurch eine gleichartige Erzeugung in einem anderen Mitgliedstaat in ihrer Wettbewerbslage beeinträchtigt, so erheben die Mitgliedstaaten bei der Einfuhr des betreffenden Erzeugnisses aus dem Mitgliedstaat, in dem die genannte Marktordnung oder Regelung besteht, eine Ausgleichsabgabe, es sei denn, dass dieser Mitgliedstaat eine Ausgleichsabgabe bei der Ausfuhr erhebt.

Die Kommission setzt diese Abgaben in der zur Wiederherstellung des Gleichgewichts erforderlichen Höhe fest; sie kann auch andere Maßnahmen genehmigen, deren Bedingungen und Einzelheiten sie festlegt.

Literaturübersicht

Vgl. Art. 40 AEUV.

Leitentscheidung

EuGH, Urt. v. 21.2.1984, Rs. 337/82 (St. Nikolaus Brennerei und Likörfabrik/Hauptzollamt Krefeld), Slg. 1984, 1051

Inhaltsübersicht

	Rn.
A. Einführung	1
B. Anwendungsbereich	2
C. Mechanismus	4

A. Einführung

Art. 44 AEUV ist für den Fall gedacht, dass für ein landwirtschaftliches Erzeugnis keine 1
oder noch keine GMO besteht, sodass die Mitgliedstaaten frei sind, für diese Produkte eine innerstaatliche Marktordnung oder Regelung gleicher Wirkung anzuwenden. Das kann naturgemäß zu Wettbewerbsverzerrungen führen. Um diese hintanzuhalten werden die Mitgliedstaaten ermächtigt, bei der Einfuhr des betreffenden Erzeugnisses eine Ausgleichsabgabe zu erheben.

B. Anwendungsbereich

Diese Bestimmung gilt gemäß Entscheid des EuGH unbefristet, da solche mitgliedstaat- 2
lichen Maßnahmen theoretisch solange möglich bleiben, als nicht sämtliche landwirtschaftliche Erzeugnisse unter eine GMO fallen.[1] Gleichwohl war die praktische Bedeutung des Art. 44 AEUV klein, unterfielen doch alle wesentlichen Agrarprodukte seit Jahren den GMOs, seit 2008 der eGMO (s. Art. 40 AEUV, Rn. 5).[2] Mit der Erweiterung

---

[1] EuGH, Urt. v. 21.2.1984, Rs. 337/82 (St. Nikolaus Brennerei und Likörfabrik/Hauptzollamt Krefeld), Slg. 1984, 1051, Rn. 11ff.; Urt. v. 15.5.1991, Rs. C–201/90 (Buton und Vinicola Europea/Amministrazione delle finanze dello Stato), Slg. 1991, I–2453.
[2] *Thiele*, in: Calliess/Ruffert, EUV/AEUV, 4. Aufl., 2011, Art. 44 AEUV, Rn. 1.

von deren Anwendungsbereich durch die GAP-Reform 2013 muss davon ausgegangen werden, dass die Regelung keine praktische Relevanz mehr aufweist.

3   Bei Art. 44 AEUV handelt es sich hinsichtlich der allgemeinen Vorschriften über den Binnenmarkt um eine Sonderregelung im Sinne des Art. 38 Abs. 2 AEUV (s. Art. 38 AEUV, Rn. 17).[3]

C. Mechanismus

4   Liegt also eine solche Wettbewerbsverzerrung vor, kann der betroffene Mitgliedstaat die Abgabe erheben, es sei denn der Mitgliedstaat, aus dessen Maßnahmen die Wettbewerbsverzerrungen resultieren, erhebt bereits selbst eine solche Ausgleichsabgabe von seinen bevorteilten Erzeugern bei der Ausfuhr. Die Abgabe wird von der Kommission im Sinne einer binnenmarkteinheitlichen Politik in der zur Wiederherstellung des Gleichgewichts erforderlichen Höhe festgesetzt, damit der Vorteil ausgeglichen werden kann. Statt der Abgabe können auch andere geeignete Maßnahmen getroffen werden, die die Kommission näher auszugestalten hat.[4] Es kommt dabei jedenfalls nicht darauf an, ob die betreffende Maßnahme unionsrechtswidrig oder unionsrechtmäßig ist.[5]

---

[3] Zum Verhältnis von Art. 44 AEUV zum Wettbewerbsrecht siehe *Busse*, in: Lenz/Borchardt, EU-Verträge, Art. 44 AEUV, Rn. 5 ff.

[4] Zur strittigen Frage der Notwendigkeit eines mitgliedstaatlichen Antrags siehe *Busse*, in: Lenz/Borchardt, EU-Verträge, Art. 44 AEUV, Rn. 2; *von Rintelen*, in: Grabitz/Hilf/Nettesheim, EU, Art. 44 AEUV (September 2010), Rn. 10.

[5] EuGH, Urt. v. 21.2.1984, Rs. 337/82 (St. Nikolaus Brennerei und Likörfabrik/Hauptzollamt Krefeld), Slg. 1984, 1051, Rn. 17; *Thiele* (Fn. 2), Art. 44 AEUV, Rn. 2.

Titel IV
Die Freizügigkeit, der freie Dienstleistungs- und Kapitalverkehr

Kapitel 1
Die Arbeitskräfte

Artikel 45 AEUV [Arbeitnehmerfreizügigkeit]

(1) Innerhalb der Union ist die Freizügigkeit der Arbeitnehmer gewährleistet.

(2) Sie umfasst die Abschaffung jeder auf der Staatsangehörigkeit beruhenden unterschiedlichen Behandlung der Arbeitnehmer der Mitgliedstaaten in Bezug auf Beschäftigung, Entlohnung und sonstige Arbeitsbedingungen.

(3) Sie gibt – vorbehaltlich der aus Gründen der öffentlichen Ordnung, Sicherheit und Gesundheit gerechtfertigten Beschränkungen – den Arbeitnehmern das Recht,
a) sich um tatsächlich angebotene Stellen zu bewerben;
b) sich zu diesem Zweck im Hoheitsgebiet der Mitgliedstaaten frei zu bewegen;
c) sich in einem Mitgliedstaat aufzuhalten, um dort nach den für die Arbeitnehmer dieses Staates geltenden Rechts- und Verwaltungsvorschriften eine Beschäftigung auszuüben;
d) nach Beendigung einer Beschäftigung im Hoheitsgebiet eines Mitgliedstaats unter Bedingungen zu verbleiben, welche die Kommission durch Verordnungen festlegt.

(4) Dieser Artikel findet keine Anwendung auf die Beschäftigung in der öffentlichen Verwaltung.

Literaturübersicht

Franzen, Grenzüberschreitende Arbeitnehmerüberlassung – Überlegungen aus Anlass der Herstellung vollständiger Arbeitnehmerfreizügigkeit zum 1.5.2011, EuZA 4 (2011), 451; *Freedland/Kountouris*, The Legal Construction of Personal Work Relations, 2011; *Fuchs*, Der rechtliche Status von Pflegekräften in den neuen EU-Staaten, NZA 2010, 980; *Herresthal*, Grundrechtecharta und Privatrecht, ZEuP 2014, 238; *Junker*, Die Einflüsse des europäischen Rechts auf die personelle Reichweite des Arbeitnehmerschutzes. Der Arbeitnehmerbegriff in der Rechtsprechung des Europäischen Gerichtshofs, EuZA 9 (2016), 184; *Kocher*, Die wirtschaftliche Betrachtungsweise des Arbeitsverhältnisses im Recht der Europäischen Union, FS Kohte, 2016, S.896 ff.; *dies*., Recht am Arbeitsplatz und Recht an der Beschäftigungsfähigkeit, FS v. Brünneck, 2011, S. 287; *dies*., Arbeitnehmerfreizügigkeit und Berufsfreiheit. Ablaufen von Übergangsfristen am 1.5.2011 – aktuelle Rechtsprechung – Rückzahlung von Aus- und Weiterbildungskosten, GPR 2011, 132; *dies*., Osterweiterung und Arbeitnehmerfreizügigkeit, in: Kocher/Nowak (Hrsg.), Freie Fahrt für Arbeitnehmer/innen zwischen Ost und West. Perspektiven des Ablaufs beitrittsbedingter Übergangsfristen zum 1. Mai 2011, 2012, S. 29; *Ludwigs/Weidermann*, Drittwirkung der Europäischen Grundfreiheiten – Von der Divergenz zur Konvergenz?, Jura 2014, 152; *Mathisen*, Consistency and coherence as conditions for justification of Member State measures restricting free movement, CMLRev. 47 (2010), 1021; *Neal*, Freedom of Movement for Employers and Employees in the European Union. Some Observations from the Perspective of a High-Wage Economy, ELLJ 4 (2013), 33; *Nowak*, Zum Ende beitrittsbedingter Übergangsregelungen in Gestalt des so genannten 2+3+2-Modells: Nachruf auf einen europarechtlichen Fremdkörper, in: Kocher/Nowak (Hrsg.), Freie Fahrt für Arbeitnehmer/innen zwischen Ost und West. Perspektiven des Ablaufs beitrittsbedingter Übergangsfristen zum 1. Mai 2011, 2012, S. 13; *Rebhahn*, Die Arbeitnehmerbegriffe des Unionsrechts, EuZA 5 (2012), 3; *Scheibeler*, Begriffsbildung durch den Europäischen Gerichtshof – autonom oder durch Verweis auf die nationalen Rechtsordnungen?, 2004;

Schiek, Economic and Social Integration in Europe. The Challenge for EU Constitutional Law, 2012; *Schlachter*, Die Freizügigkeit der Arbeitnehmer in der Europäischen Union – Wer ist Träger dieses Rechts?, ZESAR 2011, 156; *Schrammel*, Dienstleistungsfreiheit und Sozialdumping, EuZA 2 (2009), 36; *Schroeder/Lechner/Müller*, EU-Übergangsmaßnahmen für die Freizügigkeit in den Beitrittsverträgen – Das Beispiel der Verlängerungsoption für restriktive Maßnahmen im Bereich der Freizügigkeit in den Beitrittsverträgen 2003 und 2005, ZÖR 64 (2009), 85 ff; *Waas*, Werkvertrag, freier Dienstvertrag und Arbeitsvertrag: Abgrenzung und Identifikation im deutschen Recht und in ausländischen Rechtsordnungen, 2012; *Wank*, Die personellen Grenzen des Europäischen Arbeitsrechts: Arbeitsrecht für Nicht Arbeitnehmer?, EuZA 1 (2008), 172; *Willemsen/Sagan*, Die Auswirkungen der europäischen Grundrechtecharta auf das deutsche Arbeitsrecht, NZA 2011, 258; *Ziegler*, Arbeitnehmerbegriffe im Europäischen Arbeitsrecht, 2011.

Leitentscheidungen

EuGH, Urt. v. 4.12.1974, Rs. C–41/74 (van Duyn), Slg. 1974, 1337
EuGH, Urt. v. 17.12.1980, Rs. C–149/79 (Kommission/Belgien), Slg. 1980, 3881
EuGH, Urt. v. 23.3.1982, Rs. C–53/81 (Levin), Slg. 1982, 1035
EuGH, Urt. v. 18.5.1982, verb. Rs. C–115/81 u. C–116/81 (Adoui und Cornuaille), Slg. 1982, 1665
EuGH, Urt. v. 3.7.1986, Rs. C–66/85 (Lawrie-Blum), Slg. 1986, I–2121
EuGH, Urt. v. 31.5.1989, Rs. C–344/87 (Bettray), Slg. 1989, 1621
EuGH, Urt. v. 27.3.1990, Rs. C–113/89 (Rush Portuguesa), Slg. 1990, I–1417
EuGH, Urt. v. 23.2.1994, Rs. C–419/92 (Scholz), Slg. 1994, I–505
EuGH, Urt. v. 15.12.1995, Rs. C–415/93 (Bosman), Slg. 1995, I–4921
EuGH, Urt. v. 30.4.1996, Rs. C–214/94 (Boukhalfa), Slg. 1996, I–2253
EuGH, Urt. v. 27.6.1996, Rs. C–107/94 (Asscher), Slg. 1996, I–3089
EuGH, Urt. v. 2.7.1996, Rs. C–290/94 (Kommission/Griechenland), Slg. 1996, I–3285
EuGH, Urt. v. 7.5.1998, Rs. C–350/96 (Clean Car Autoservice), Slg. 1998, I–2521
EuGH, Urt. v. 12.5.1998, Rs. C–85/96 (Martínez Sala), Slg. 1998, I–2691
EuGH, Urt. v. 8.6.1999, Rs. C–337/97 (Meeusen), Slg. 1999, I–3289
EuGH, Urt. v. 6.6.2000, Rs. C–281/98 (Angonese), Slg. 2000, I–4139
EuGH, Urt. v. 6.11.2003, Rs. C–413/01 (Ninni-Orasche), Slg. 2003, I–13187
EuGH, Urt. v. 13.1.2004, Rs. C–256/01 (Allonby), Slg. 2004, I–873
EuGH, Urt. v. 7.9.2004, Rs. C–456/02 (Trojani), Slg. 2004, I–7573
EuGH, Urt.v. 30.3.2006, Rs. C–10/05 (Mattern und Cikotic), Slg. 2006, I–3145
EuGH, Urt. v. 11.1.2007, Rs. C–208/05 (ITC), Slg. 2007, I–181
EuGH, Urt. v. 16.3.2010, Rs. C–325/08 (Olympique Lyonnais), Slg. 2010, I–2177
EuGH, Urt. v. 10.2.2011, verb. Rs. C–307/09 bis C–309/09 (Vicoplus), Slg. 2011, I–453
EuGH, Urt. v. 10.3.2011 – C–379/09 (Casteels), Slg. 2011, I–1379
EuGH, Urt. v. 12.6.2012, verb. Rs. C–611/10 und 612/10 (Hudzinski und Wawrzyniak), ECLI:EU:C:2012:339

Wesentliche sekundärrechtliche Vorschriften

Richtlinie 2004/38/EG vom 29.4.2004 über das Recht der Unionsbürger und ihrer Familienangehörigen, sich im Hoheitsgebiet der Mitgliedstaaten frei zu bewegen und aufzuhalten, ABl. 2004, L 158/77
Verordnung (EU) Nr. 492/2011 vom 5.4.2011 über die Freizügigkeit der Arbeitnehmer innerhalb der Union, ABl. 2011, L 141/1
Durchführungsbeschluss 2012/733/EU der Kommission vom 26.11.2012 zur Durchführung der Verordnung (EU) Nr. 492/2011, ABl. 2012, L 328/21
Richtlinie 2014/54/EU vom 16.4.2014 über Maßnahmen zur Erleichterung der Ausübung der Rechte, die Arbeitnehmern im Rahmen der Freizügigkeit zustehen, ABl. 2014, L 128/8
Weitere sekundärrechtliche Vorschriften siehe Art. 46 und Art. 48 AEUV

Inhaltsübersicht

	Rn.
A. Allgemeines: Arbeitnehmerfreizügigkeit und Binnenmarkt	1
I. Entwicklung der Norm	1
II. Verhältnis zu anderen Normen	4
B. Räumlicher und zeitlicher Anwendungsbereich	9
I. Grenzüberschreitender Bezug; Anwendung auf Wanderarbeitnehmer/innen	11
II. Drittstaaten und Drittstaatenangehörige	14
III. Zeitlicher Anwendungsbereich	18
C. Berechtigte: Persönlicher Anwendungsbereich	19
I. »Arbeitnehmer« und »Arbeitsverhältnis«	20
1. Allgemeine Grundsätze für die Auslegung	20
2. Tatsächliche und echte wirtschaftliche Tätigkeit gegen Entgelt	29
a) Nicht erwerbswirtschaftliche Zielsetzungen	31
b) Tätigkeiten geringen Umfangs	34
c) Tätigkeit gegen Entgelt	36
d) Ausbildung	39
3. Weisungsgebundenheit	43
4. Arbeitnehmerbegriffe im Sekundärrecht	49
II. Familienangehörige	52
III. Unternehmen und Arbeitgeber	52
1. Arbeitgeber	57
2. Arbeitsvermittler	58
3. Verhältnis zur Dienstleistungsfreiheit	59
4. Verhältnis zur Niederlassungsfreiheit	64
IV. Beschäftigung in der öffentlichen Verwaltung	65
D. Verpflichtete: Unmittelbare Horizontalwirkung	75
I. Diskriminierungsverbot	75
II. Beschränkungsverbot	78
E. Sachlicher Schutzbereich	79
I. Rechte aus Art. 45 Abs. 3 AEUV	79
1. Schutzbereich	79
2. Ordre-Public-Vorbehalt	82
3. Reichweite des Ordre-Public-Vorbehalts	89
II. Verbot der Diskriminierung wegen der Staatsangehörigkeit	91
1. Anwendungsbereich	92
2. Verbot der unmittelbaren Diskriminierung (Art. 45 Abs. 2 AEUV)	96
a) Unmittelbare Benachteiligung wegen der Staatsangehörigkeit	96
b) Unmittelbare Benachteiligung wegen Ausübung der Freizügigkeit	99
c) Mögliche Rechtfertigungen	101
3. Mittelbare Diskriminierung	104
a) Wohnsitz oder Aufenthalt im Inland	109
b) In einem anderen Mitgliedstaat zurückgelegte Anrechnungszeiten	114
c) Qualifikationen, die in einem anderen Mitgliedstaat erworben wurden	119
d) Sonstige neutrale Kriterien, die mittelbar benachteiligen können	121
III. Verbot der Beschränkung	123
1. Allgemeine Grundsätze	123
2. Beschränkungen durch Mitgliedstaaten: Beispiele	129
3. Beschränkungen durch Kollektivverträge, Verbände oder Arbeitgeber	137
IV. Entscheidungen der nationalen Gerichte	142

A. Allgemeines: Arbeitnehmerfreizügigkeit und Binnenmarkt

I. Entwicklung der Norm

1 Die Arbeitnehmerfreizügigkeit gehört seit den **Römischen Verträgen** zu den zentralen Gewährleistungen des Primärrechts. Die Verwirklichung der Mobilität auf den Arbeitsmärkten ist bis heute allerdings defizitär; die Mobilitätsrate innerhalb der EU27 beträgt lediglich 0,29 % im Vergleich zu 1,5 % in Australien und 2,4 % in den USA.[1]

2 Die Römischen Verträge wurden überwiegend so verstanden, dass ihnen ein »**sozialer Integrationskompromiss**« zugrunde lag, nach dem die Sozialpolitik alleiniger Handlungsbereich der Mitgliedstaaten bleiben sollte.[2] Die Arbeitnehmerfreizügigkeit war damals (zusammen mit dem Grundsatz gleichen Entgelts für Männer und Frauen, dem heutigen Art. 157 AEUV) die einzige Norm, die Vorgaben für den Bereich der Arbeitsmärkte machte; sie ermöglichte auch bereits die Koordinierung der sozialen Sicherungssysteme. Seit dem Vertrag von Amsterdam heißt es in der Norm nicht mehr, die Arbeitnehmerfreizügigkeit werde hergestellt, sondern sie werde gewährleistet. Es wird also davon ausgegangen, dass die Ziele der Norm im Wesentlichen bereits erreicht sind und nur noch gesichert werden müssen.[3] Der Lissabon-Vertrag hat den Wortlaut nur noch redaktionell verändert.[4]

3 Im Zuge von Beitrittsverhandlungen und Beitrittsverträgen wurden regelmäßig besondere **Übergangsfristen** für die Arbeitnehmerfreizügigkeit vereinbart. Diese erstreckten sich auf die Entsendung im Rahmen der Dienstleistungsfreiheit (zur Abgrenzung s. Rn. 60 ff.). Nachdem bereits beim Beitritt Spaniens und Portugals im Jahre 1986 so vorgegangen wurde,[5] enthielten auch die Beitrittsverträge mit den osteuropäischen Beitrittsstaaten entsprechende Regelungen.[6] Für den Beitritt von Tschechischer Republik, Estland, Lettland, Litauen, Zypern, Malta, Ungarn, Polen, Slowenien und Slowakischer Republik ab 1.5.2004,[7] für den Beitritt von Rumänien und Bulgarien ab 1.1.2007 sowie für den Beitritt von Kroatien ab 1.7.2013 wurde den Mitgliedstaaten vorbehalten, Übergangsregelungen von maximal sieben Jahren vorzusehen. Die bis 2011 bzw. bis

---

[1] Europäische Kommission, Vorschlag vom 17.1.2014 für eine Verordnung des Europäischen Parlaments und des Rates über ein Europäisches Netz der Arbeitsvermittlungen, den Zugang von Arbeitskräften zu mobilitätsfördernden Diensten und die weitere Integration der Arbeitsmärkte, KOM(2014)6, 2 f.; zu den empirischen Daten siehe auch *Neal*, ELLJ 4 (2013), 33 (34); *Terhechte*, EnzEuR, Bd. 7, § 1, Rn. 9 f.; *Kreuschitz*, in: GSH, Europäisches Unionsrecht, Art. 45 AEUV, Rn. 5 ff.
[2] Ausführlich hierzu s. Art. 151 AEUV, Rn. 3, 32.
[3] *Brechmann*, in: Calliess/Ruffert, EUV/AEUV, Art. 45 AEUV, Rn. 1.
[4] *Weerth*, in: Lenz/Borchardt, EU-Verträge, Art. 45 AEUV, Rn. 1; *Brechmann*, in: Calliess/Ruffert, EUV/AEUV, Art. 45 AEUV, Rn. 1; *Schneider/Wunderlich*, in: Schwarze, EU-Kommentar, Art. 45 AEUV, Rn. 8.
[5] S. Akte über die Bedingungen des Beitritts des Königreichs Spanien und der Portugiesischen Republik, ABl. 1985, L 302/9, und die Anpassungen der Verträge (Art. 55 für Spanien und Art. 215 für Portugal); anders wohl *Neal*, ELLJ 4 (2013), 33 (34); mit VO (EWG) Nr. 2194/91 vom 25.6.1991 zur Übergangszeit für die Freizügigkeit der Arbeitnehmer zwischen Spanien und Portugal einerseits und den anderen Mitgliedsstaaten andererseits, ABl. 1991, L 206/1, wurde die Übergangsfrist allerdings bis zum 31.12.1991 verkürzt, weil eine Prüfung ergeben habe, »daß die Verwirklichung der Freizügigkeit der Arbeitnehmer in den Mitgliedstaaten keine Verschlechterung der Lage auf den verschiedenen einzelstaatlichen Arbeitsmärkten zur Folge haben wird.«.
[6] *Nowak*, S. 13 ff.
[7] Anhänge V-XIV, Abschnitt 2.5 zu Art. 24 der Beitrittsakte (vgl. Art. 1 II des Beitrittsvertrags) für die jeweiligen Beitrittsländer. Ausführlicher Überblick über die damit verbundenen Rechtsfragen bei *Schroeder/Lechner/Müller*, ZÖR 64 (2009), 85 ff.

2013 laufenden Fristen wurden jedenfalls von Deutschland und Österreich im vollen Umfang ausgeschöpft, da diese Staaten davon ausgingen, dass die Arbeitnehmerfreizügigkeit »schwerwiegende Störungen des Arbeitsmarktes oder [die] Gefahr derartiger Störungen« zur Folge haben könnte – begründet mit der damaligen hohen Arbeitslosigkeit und der geografischen Lage an der Ostgrenze der Europäischen Union.[8]

II. Verhältnis zu anderen Normen

Im Lissabon-Vertrag dient die Arbeitnehmerfreizügigkeit wie die anderen Grundfreiheiten der Verwirklichung des **Binnenmarktes**.[9] Zusammen mit der Dienstleistungs- und der Niederlassungsfreiheit lässt sich die Arbeitnehmerfreizügigkeit in Abgrenzung zur Waren- und zur Kapitalverkehrsfreiheit als Personenverkehrsfreiheit beschreiben. Im Unterschied zu den anderen Personenverkehrsfreiheiten geht es in Art. 45 ff AEUV um die Herstellung eines Binnenmarkts der abhängigen Erwerbsarbeit. Die Arbeitnehmerfreizügigkeit soll den Beschäftigten die Arbeitsmärkte aller Mitgliedstaaten öffnen und umgekehrt den Arbeitgeberinnen und Arbeitgebern das Arbeitskräfteangebot aller Mitgliedstaaten bereitstellen. Zur tatsächlichen Herstellung grenzüberschreitender Arbeitsmärkte und Förderung der Arbeitnehmermobilität zwischen Mitgliedstaaten gewähren die Art. 46 bis 48 AEUV **Kompetenzen** für Rechtsetzung und sonstige Maßnahmen.

4

Bis zum Vertrag von Maastricht von 1992 war der heutige Art. 45 Abs. 3 AEUV der wichtigste Rechtsanspruch auf Einreise und Aufenthalt in anderen Mitgliedstaaten. Ähnliches galt für das Diskriminierungsverbot im heutigen Art. 45 Abs. 2 AEUV. Mit Aufnahme der **allgemeinen Freizügigkeit** (Art. 21 Abs. 1 AEUV) und des allgemeinen Diskriminierungsverbots von Unionsbürgern (Art. 18 Abs. 1 i. V. m. 21 Abs. 1 AEUV) stellen die Rechte aus der Arbeitnehmerfreizügigkeit leges speciales gegenüber diesen allgemeinen Regeln dar.[10] Eine weitere spezielle Regelung (die Art. 45 AEUV im Wesentlichen entspricht) enthält Art. 96 Abs. 1 des Vertrags zur Gründung der Europäischen Atomgemeinschaft (EAGV) für qualifizierte Beschäftigungen im Nuklearbereich. Art. 96 Abs. 2 EAGV enthält darüber hinaus eine spezifische Ermächtigung für eine konkretisierende Richtlinie.[11]

5

Ursprünglich beschränkte sich die Sozialpolitik der Europäischen Wirtschaftsgemeinschaft auf die Gewährleistung von Entgeltgleichheit und Arbeitnehmerfreizügigkeit sowie Koordinierung der sozialen Sicherung. Insofern herrschte die Einschätzung vor, dass »[…] die Mobilität der Arbeitskräfte innerhalb der Union […] für den Arbeitnehmer eines der Mittel sein [solle], die ihm die Möglichkeit einer Verbesserung der Lebens- und Arbeitsbedingungen garantieren und damit auch seinen sozialen Aufstieg erleichtern, wobei gleichzeitig der Bedarf der Wirtschaft der Mitgliedstaaten befriedigt wird«.[12]

6

---

[8] *Nowak*, S. 15 ff.
[9] *Epiney*, in: Vedder/Heintschel v. Heinegg, Europäisches Unionsrecht, Art. 45 AEUV, Rn. 2.
[10] EuGH, Urt. v. 11.9.2007, Rs. C–287/05 (Hendrix), Slg. 2007, I–6909, Rn. 61; Urt. v. 10.9.2009, Rs. C–269/07 (Kommission/Deutschland), Slg. 2009, I–7811, Rn. 106; *Brechmann*, in: Calliess/Ruffert, EUV/AEUV, Art. 45 AEUV, Rn. 5 f.; *Schneider/Wunderlich*, in: Schwarze, EU-Kommentar, Art. 45 AEUV, Rn. 34. Genauer zum Verhältnis auch *Kreuschitz*, in: GSH, Europäisches Unionsrecht, Art. 45 AEUV, Rn. 9 ff.
[11] Richtlinie 62/302/Euratom vom 5.3.1962 über den Zugang zu qualifizierten Beschäftigungen auf dem Kerngebiet, ABl. 57/1650; vgl. *Kreuschitz*, in: GSH, Europäisches Unionsrecht, Art. 45 AEUV, Rn. 44.
[12] Erwägungsgrund 4 der Verordnung (EU) 492/2011 vom 5.4.2011 über die Freizügigkeit der Arbeitnehmer innerhalb der Union, ABl. 2011, L 141/1.

Eva Kocher

Da sich diese Annahme jedoch nicht hinreichend verwirklichte, wurde die Europäische Wirtschaftsgemeinschaft mit den Vorschriften zum **Sozialen Europa** weiterentwickelt.[13] Heute wird Art. 45 AEUV durch Vorschriften der Sozialpolitik und zum Schutz der Arbeitnehmerinnen und Arbeitnehmer ergänzt (siehe insbesondere Art. 145–161 AEUV).[14]

7 Die Grundfreiheit der Arbeitnehmerfreizügigkeit entspricht in vielem Schutzzweck und Gegenstand der **Berufsfreiheit**, die in Art. 15 Abs. 2 GRC auch einen eigenen Tatbestand zur Freizügigkeit enthält.[15] Gemäß Art. 52 Abs. 2 GRC ändert dies nichts am bisherigen Inhalt des Rechts der Freizügigkeit.[16] Allerdings geht Art. 15 GRC über eine bloße Klarstellung bzw. Wiederholung der Grundfreiheiten[17] hinaus. Das Grundrecht der Berufsfreiheit wurde bewusst nicht den wirtschaftlichen und sozialen Grundrechten zugeordnet, sondern als Freiheitsrecht ausgestaltet[18] und hat insofern auch persönlichkeitsschützenden Charakter.

8 Aus dem **internationalen Recht** ist darüber hinaus die Internationale Konvention zum Schutz der Rechte aller Wanderarbeitnehmer und ihrer Familienangehörigen vom 18.12.1990 zu nennen (in Kraft seit 1.7.2003), die allerdings noch durch keinen Mitgliedstaat der Europäischen Union ratifiziert wurde.

B. Räumlicher und zeitlicher Anwendungsbereich

9 Der räumliche Anwendungsbereich der Norm ist auf die **Hoheitsgebiete der Mitgliedstaaten** begrenzt; deren Reichweite ergibt sich aus Art. 52 Abs. 1 EUV mit Ausnahme der in Art. 355 Abs. 5 EUV aufgezählten Gebiete, einschließlich der französischen überseeischen Departements (Art. 355 Abs. 1 EUV).

10 Art. 45 AEUV findet auf die **Erwerbsarbeit außerhalb des Unionsgebiets** Anwendung, wenn diese einen hinreichend engen Bezug zum Recht eines Mitgliedstaats und damit zum Unionsrecht aufweist.[19] Hierfür sind insbesondere der Ort der Einstellung, das Gebiet, von dem aus die Tätigkeit ausgeübt wird, und die im Bereich des Arbeitsrechts und der sozialen Sicherheit anwendbaren nationalen Rechtsvorschriften zu

---

[13] Ausführlich *Schiek*, S. 38 ff.
[14] *Kreutschitz*, in: GSH, Europäisches Unionsrecht, Art. 45 AEUV, Rn. 5 hält auch das Verbleiberecht und den Schutz von Familienangehörigen für soziale Ziele. Sie sind erforderlich, um die tatsächliche Wirksamkeit der Freizügigkeit zu gewährleisten.
[15] Kritisch *Epiney*, in: Vedder/Heintschel v. Heinegg, Europäisches Unionsrecht, Art. 45 AEUV, Rn. 4; *Brechmann*, in: Calliess/Ruffert, EUV/AEUV, Art. 45 AEUV, Rn. 7 f.; *Schneider/Wunderlich*, in: Schwarze, EU-Kommentar, Art. 45 AEUV, Rn. 8; *Terhechte*, EnzEuR, Bd. 7, § 1, Rn. 12 ff.; *Kocher*, FS v. Brünneck, S. 287 (288 f.) zur strukturellen Äquivalenz von Berufsfreiheit und Arbeitnehmerfreizügigkeit.
[16] *Willemsen/Sagan*, NZA 2011, 258 (262); *Schwarze*, in: Schwarze, EU-Kommentar, Art. 15 GRC, Rn. 7.
[17] So u. a. *Streinz*, in: Streinz, EUV/AEUV, Art. 15 GRC, Rn. 14; *Schwarze*, in: Schwarze, EU-Kommentar, Art. 15 GRC, Rn. 7.
[18] Vgl. die anschauliche Darstellung über den Inhalt der geführten Diskussionen während des Grundrechtekonvents bei *Bernsdorf*, in: Meyer, GRCh, Art. 15 GRC, Rn. 6 ff.
[19] EuGH, Urt. v. 30.4.1996, Rs. C–214/94 (Boukhalfa), Slg. 1996, I–2253, Rn. 15; Urt. v. 27.9.1989, Rs. 9/88 (Lopes da Veiga), Slg. 1989, 2989, Rn. 17; *Weerth*, in: Lenz/Borchardt, EU-Verträge, Art. 45 AEUV, Rn. 3; *Brechmann*, in: Calliess/Ruffert, EUV/AEUV, Art. 45 AEUV, Rn. 9, 10; *Schneider/Wunderlich*, in: Schwarze, EU-Kommentar, Art. 45 AEUV, Rn. 32.

berücksichtigen.[20] Eine solche Verbindung kann z. B. darin liegen, dass ein Arbeitnehmer mit einem Unternehmen aus einem Mitgliedstaat der Union einen Arbeitsvertrag abschließt und damit dem Sozialversicherungssystem dieses Staats angeschlossen wurde. Dann spielt es keine Rolle, ob die Arbeitstätigkeit ausschließlich oder vorübergehend in einem Drittland ausgeübt wird.[21] So ist die Norm auch auf einem Schiff anwendbar, das in einem Mitgliedstaat der EU registriert ist, wenn der Betroffene im Dienst einer dort ansässigen Reedereigesellschaft arbeitete, dort eingestellt und sozialversichert sowie einkommensteuerpflichtig war und das Arbeitsverhältnis dem dortigen Recht unterlag.[22] Ähnliches gilt für die Beschäftigten an der Botschaft eines Mitgliedstaats in einem Drittland, wenn der Arbeitsvertrag nach dem Recht des Mitgliedstaats geschlossen wurde, der sie beschäftigt.[23]

I. Grenzüberschreitender Bezug; Anwendung auf Wanderarbeitnehmer/innen

Die Arbeitnehmerfreizügigkeit dient der Herstellung des Binnenmarkts und ist deshalb auf rein interne Sachverhalte nicht anwendbar; erforderlich ist ein **grenzüberschreitender** Bezug.[24] 11

Ein grenzüberschreitender Bezug ist bereits dann gegeben, wenn ein Arbeitnehmer oder eine Arbeitssuchende in der Vergangenheit **von der Freizügigkeit Gebrauch gemacht** hat, indem er in mehr als einem Mitgliedstaat tätig war. Es spielt keine Rolle, ob er selbst Staatsangehöriger des benachteiligenden Mitgliedstaats ist.[25] Auch Beschäftigte der Europäischen Union oder anderer internationaler Organisationen sind Wanderarbeitnehmer in diesem Sinne.[26] 12

Mit dem Erfordernis des grenzüberschreitenden Bezugs trifft Art. 45 AEUV keine Aussage zur Inländerdiskriminierung, insbesondere verbietet die Norm diese nicht. Ein Gebot der **Inländergleichbehandlung** kann sich jedoch aus dem mitgliedstaatlichen Recht ergeben.[27] Die Benachteiligung inländischer Arbeitnehmerinnen und Arbeitneh- 13

---

[20] EuGH, Urt. v. 6.6.1995, Rs. C–434/93 (Bozkurt), Slg. 1995, I–1475, Rn. 17.
[21] EuGH, Urt. v. 29.6.1994, Rs. C–60/93 (Aldewereld), Slg. 1994, I–2991, Rn. 14; Urt. v. 12.7.1984, Rs. C–237/83 (Prodest), Slg. 1984, I–3153, Rn. 6 für den Fall einer Entsendung durch ein Zeitarbeitsunternehmen.
[22] EuGH, Urt. v. 27.9.1989, Rs. C–9/88 (Lopes da Veiga), Slg. 1989, 2989, Rn. 17 in Bezug auf die Niederlande.
[23] EuGH, Urt. v. 30.4.1996, Rs. C–214/94 (Boukhalfa), Slg. 1996, I–2253, mit der Nennung weiterer ähnlicher Indizien.
[24] EuGH, Urt. v. 5.6.1997, verb. Rs. C–64/96 u. 65/96 (Uecker und Jacquet), Slg. 1997, I–3171, Rn. 16; Urt. v. 1.4.2008, Rs. C–212/06 (Gouvernement de la communauté française and Gouvernement wallon), Slg. 2008, I–1683, Rn. 33.
[25] EuGH, Urt. v. 11.1.2007, Rs. C–208/05 (ITC), Slg. 2007, I–181, Rn. 34; Urt. v. 23.2.1994, Rs. C–419/92 (Scholz), Slg. 1994, I–505, Rn. 11; Urt. v. 10.3.2011, Rs. C–379/09 (Casteels), Slg. 2011, I–1379, Rn. 23; Urt. v. 12.6.2012, Rs. C–611/10 (Hudzinski und Wawrzyniak), ECLI:EU:C:2012:339, Rn. 46; Urt. v. 21.2.2013, Rs. C–619/11 (Dumont de Chassart), ECLI:EU:C:2013:92, Rn. 54; *Weerth*, in: Lenz/Borchardt, EU-Verträge, Art. 45 AEUV, Rn. 4, 39 f.; *Epiney*, in: Vedder/Heintschel v. Heinegg, Europäisches Unionsrecht, Art. 45 AEUV, Rn. 15; *Brechmann*, in: Calliess/Ruffert, EUV/AEUV, Art. 45 AEUV, Rn. 42 f., 49; *Schneider/Wunderlich*, in: Schwarze, EU-Kommentar, Art. 45 AEUV, Rn. 30 f., 40 f.; für eine Aufzählung möglicher Indizien für eine hinreichend enge Verbindung zum Unionsrecht siehe *Franzen*, in: Streinz, EUV/AEUV, Art. 45 AEUV, Rn. 78.
[26] EuGH, Urt. v. 16.2.2006, Rs. C–185/04 (Öberg), Slg. 2006, I–1453, Rn. 12.
[27] Vgl. EuGH, Urt. v. 1.4.2008, Rs. C–212/06 (Gouvernement de la communauté française and Gouvernement wallon), Slg. 2008, I–1683, Rn. 40.

mer im Inland kann darüber hinaus nach Art. 20, 21 GRC unzulässig sein.[28] Arbeitnehmerinnen und Arbeitnehmer können sich aber auch gegenüber ihrem eigenen Staat auf das Verbot der Diskriminierung wegen einer Wahrnehmung der Arbeitnehmerfreizügigkeit berufen.[29]

II. Drittstaaten und Drittstaatenangehörige

14 Mit einigen Drittstaaten sind **Kooperationsabkommen** abgeschlossen, die Bestimmungen zur Arbeitnehmerfreizügigkeit enthalten. So hat das Assoziierungsabkommen EWG/Türkei die stufenweise Herstellung der Freizügigkeit der Arbeitnehmer zwischen den Mitgliedstaaten und der Türkei zum Ziel; ähnliches gilt für das Abkommen mit der Schweiz. Für deren Auslegung gelten die gleichen Grundsätze wie für Art. 45 AEUV.[30] Ein weiteres Abkommen mit der Ukraine war bis Frühjahr 2014 ausgehandelt.[31]

15 Darüber hinaus fördert die Europäische Union die Mobilität von Arbeitnehmerinnen und Arbeitnehmern aus Drittstaaten in die Europäische Union insbesondere durch Vorschriften zur **Migrationspolitik** aufgrund von Art. 79 Abs. 2 AEUV. Von Bedeutung sind insofern Richtlinie 2003/86[32] betreffend das Recht auf Familienzusammenführung sowie die Richtlinie 2014/66/EU[33] über Einreise und Aufenthalt im Rahmen einer konzerninternen Entsendung (»intra-corporate transfer«, sog. ICT-Richtlinie). Sie sieht ein einheitliches Verfahren für diese Beschäftigten sowie eine grundsätzliche Gleichbehandlung mit entsandten EU-Arbeitnehmern vor und gilt für alle Fälle der Entsendung aus einem Drittstaat in das Hoheitsgebiet der EU, wenn der Arbeitnehmer bereits mindestens zwölf Monate vor der Entsendung bei der entsendenden transnationalen Unternehmensgruppe beschäftigt war. Darüber hinaus sind Einreise und Aufenthalt von Drittstaatenangehörigen zum Zweck der Beschäftigung als Saisonarbeitnehmer in der Richtlinie 2014/36/EU[34] einheitlich geregelt worden.[35]

16 Werden Drittstaatenangehörige im Rahmen der Dienstleistungsfreiheit durch ihren Arbeitgeber innerhalb der EU **entsandt**, so sind die Regelungen der Dienstleistungs-

---

[28] *Weerth*, in: Lenz/Borchardt, EU-Verträge, Art. 45 AEUV, Rn. 40.
[29] EuGH, Urt. v. 11.1.2007, Rs. C–208/05 (ITC), Slg. 2007, I–181, Rn. 34; Urt. v. 23.2.1994, Rs. C–419/92 (Scholz), Slg. 1994, I–505.
[30] Abkommen 64/733/EWG vom 12.9.1963 zur Gründung einer Assoziation zwischen der Europäischen Wirtschaftsgemeinschaft und der Republik Türkei, ABl. 1964, 217/3687; *Brechmann*, in: Calliess/Ruffert, EUV/AEUV, Art. 45 AEUV, Rn. 33–41, Rn. 110ff., *Schneider/Wunderlich*, in: Schwarze, EU-Kommentar, Art. 45 AEUV, Rn. 23ff., *Weerth*, in: Lenz/Borchardt, EU-Verträge, Art. 45 AEUV, Rn. 19–34; siehe zur Auslegung EuGH, Urt. v. 6.6.1995, Rs. C–434/93 (Bozkurt), Slg. 1995, I–1475, Rn. 20; Urt. v. 4.2.2010, Rs. C–14/09 (Genc), Slg. 2010, I–931, Rn. 17; zur Reichweite des Abkommens mit der Schweiz siehe Auslegung EuGH, Urt. v. 22.12.2008, Rs. C–13/08 (Stamm und Hauser), Slg. 2008, I–11087; Urt. v. 11.2.2010, Rs. C–541/08 (Fokus Invest), Slg. 2010, I–1025; Urt. v. 15.7.2010, Rs. C–70/09 (Hengartner und Gasser), Slg. 2010, I–7233.
[31] Abschluss der Verhandlungen am 19.12.2011, Paraphierung 30.3.2012, Unterzeichnung des politischen Teils im März 2014 und des wirtschaftspolitischen Teils am 27.6.2014.
[32] RL 2003/86/EG vom 22.9.2003 betreffend das Recht auf Familienzusammenführung, ABl. 2003, L 251/12.
[33] RL 2014/66/EU vom 15.5.2014 über die Bedingungen für die Einreise und den Aufenthalt von Drittstaatsangehörigen im Rahmen eines unternehmensinternen Transfers, ABl. 2014, L 157/1.
[34] RL 2014/36/EU vom 26.2.2014 über die Bedingungen von der Einreise und den Aufenthalt von Drittstaatsangehörigen zum Zweck der Beschäftigung als Saisonarbeitnehmer, ABl. 2014, L 94/375.
[35] Siehe auch zur Bekämpfung von rechtswidriger Einwanderung: Richtlinie 2009/52/EG vom 18.6.2009 über Mindeststandards für Sanktionen und Maßnahmen gegen Arbeitgeber, die Drittstaatsangehörige ohne rechtmäßigen Aufenthalt beschäftigen, ABl. 2009, L 168/24.

freiheit sowie der Entsende-Richtlinie 96/71/EG[36] anwendbar (zur Abgrenzung zur Arbeitnehmerfreizügigkeit s. Rn. 60 ff.).

Zu beachten ist darüber hinaus immer **Art. 15 Abs. 3 GRC**, wonach »die Staatsangehörigen dritter Länder, die im Hoheitsgebiet der Mitgliedstaaten arbeiten dürfen, […] Anspruch auf Arbeitsbedingungen [haben], die denen der Unionsbürgerinnen und Unionsbürger entsprechen.«

17

III. Zeitlicher Anwendungsbereich

Die Rechte aus den Verträgen stehen auch denjenigen zu, deren Arbeitsverhältnisse im anderen Mitgliedstaat bereits vor dem Beitritt ihres Mitgliedstaats zur EU abgeschlossen worden waren.[37] Dies setzt aber voraus, dass zum Zeitpunkt des Beitritts die Arbeitnehmereigenschaft zu bejahen war.[38]

18

C. Berechtigte: Persönlicher Anwendungsbereich

Das Recht der Arbeitnehmerfreizügigkeit steht allen Arbeitnehmerinnen und Arbeitnehmern zu, die Staatsangehörige eines der Mitgliedstaaten sind (zu Drittstaatenangehörigen s. Rn. 14 ff.). Darüber hinaus können deren Familienangehörige unabhängig von ihrer Staatsangehörigkeit Rechte aus dieser Norm geltend machen (s. Rn. 52 ff.).

19

I. »Arbeitnehmer« und »Arbeitsverhältnis«

1. Allgemeine Grundsätze für die Auslegung

Der Anwendungsbereich des Art. 45 AEUV wird vor allem über den Begriff des »Arbeitnehmers« bestimmt. Dieser ist in den Verträgen und dem konkretisierenden Sekundärrecht selbst nicht definiert. Wegen seiner Bedeutung für die Reichweite des Schutzes und die Herstellung grenzüberschreitender Arbeitsmärkte[39] ist der Begriff **autonom auszulegen** (»[…] anderenfalls würde die Einhaltung der […] Vorschriften über die Freizügigkeit der Arbeitnehmer vereitelt, denn der Inhalt dieser Begriffe könnte ohne die Kontrolle durch Gemeinschaftsorgane einseitig durch nationale Rechtsvorschriften festgelegt und verändert werden […]«). Die Bedeutung des Begriffs »muss deshalb unter Rückgriff auf die allgemein anerkannten Auslegungsgrundsätze, und zwar ausgehend vom gewöhnlichen Sinn der Begriffe in ihrem Kontext und im Lichte der Ziele des Vertrages, ermittelt werden«.[40] Bei abweichenden Definitionen oder Statusvermutungen der Mitgliedstaaten ist zu prüfen, inwieweit sie nach den Anforderungen der Niederlassungsfreiheit zulässig sind.[41]

20

---

[36] RL 96/71/EG vom 16.12.1996 über die Entsendung von Arbeitnehmern im Rahmen der Erbringung von Dienstleistungen, ABl. 1997, L 18/1.
[37] EuGH, Urt. v. 27.9.1989, Rs. C–9/88 (Lopes da Veiga), Slg. 1989, I–2989, Rn. 21.
[38] EuGH, Urt. v. 26.5.1993, Rs. C–171/91 (Tsiotras), Slg. 1993, I–2925, Rn. 11 (unanwendbar bei länger dauernder Arbeitslosigkeit und objektiver Unmöglichkeit, Arbeit zu erhalten).
[39] Vgl. *Junker*, EuZA 9 (2016), 184 (191).
[40] St. Rspr. des EuGH, siehe Urt. v. 23.3.1982, Rs. C–53/81 (Levin), Slg. 1982, 1035, Rn. 9, 11 (m.w.N.); im Ergebnis zustimmend *Ziegler*, S. 124 ff., die allerdings die Wortlautargumente des EuGH (zu »Beschäftigte« und »Entgelt«) zu Recht für angreifbar hält; siehe auch *Scheibeler*, S. 26 ff.
[41] Rebhahn, EuZA 5 (2012), 3 (7).

21 Die so festzustellenden wesentlichen Merkmale des unionsrechtlichen Arbeitnehmerbegriffs ergeben sich aus einer rechtsvergleichenden Auslegung und stimmen mit den Vorstellungen der meisten Mitgliedstaaten über die Anwendungsbereiche ihrer Arbeitsrechtsordnungen jedenfalls strukturell weitgehend überein.[42] Das wesentliche Merkmal des Arbeitsverhältnisses besteht nach der Rechtsprechung des EuGH darin, dass jemand für einen anderen nach dessen **Weisung** Leistungen erbringt, für die er als **Gegenleistung** eine Vergütung erhält; es muss sich um echte und tatsächliche Berufstätigkeit, also um echte erwerbswirtschaftliche Tätigkeit handeln.

22 Da das Leistungsverhältnis zwischen den Vertragsparteien organisatorisch und vertraglich gestaltbar ist, ist die Abgrenzung zwischen Arbeitsverhältnissen und selbstständigen Dienstverhältnissen sowie sonstigen Leistungsverhältnissen anfällig für Missbrauch, insbesondere Konstruktionen der »**Scheinselbstständigkeit**«. Zur Verhinderung von Umgehung empfiehlt die ILO-Empfehlung Nr. 198 aus dem Jahr 2006 betreffend das Arbeitsverhältnis in Nr. 11 Buchst. b und 13 bestimmte Instrumente, »um die Bestimmung des Vorliegens eines Arbeitsverhältnisses zu erleichtern«, insbesondere die Verwendung von Statusvermutungen und spezifischen Indikatoren für das Vorliegen eines Arbeitsverhältnisses.[43] Diese Grundsätze sind im Interesse der Völkerrechtsfreundlichkeit der EU (Art. 198, 351 AEUV)[44] auch für die Auslegung des Art. 45 AEUV sowie sonstiger Sozialschutzbestimmungen zu beachten.[45] Die wesentlichen Indikatoren der Weisungsgebundenheit und der Tätigkeit gegen Entgelt (Empfehlung Nr. 13 Buchst. a und b) entsprechen den vom EuGH verwendeten Kriterien (s. Rn. 20) im Grundsatz.

23 Zu Vermeidung von Missbrauch ist es insbesondere von Bedeutung, eine **wirtschaftliche Betrachtungsweise** anzuwenden, die einen Vorrang der Tatsachen vor den individualvertraglichen Begrifflichkeiten festschreibt.[46] So kommt es nicht entscheidend darauf an, wie die Parteien den Vertrag bezeichnet haben; der Begriff des Arbeitnehmers ist vielmehr »nach objektiven Kriterien zu definieren, die das Arbeitsverhältnis in Ansehung der Rechte und Pflichten der betreffenden Personen charakterisieren«.[47] Die formale Einstufung als Selbstständiger nach innerstaatlichem Recht schließt deshalb nicht aus, dass jemand als Arbeitnehmer im Sinne des Unionsrechts einzustufen ist. Dies betrifft insbesondere, aber nicht nur solche Fällen, in denen die »Selbständigkeit nur fiktiv ist und damit ein Arbeitsverhältnis im Sinne dieses Artikels verschleiert« werden könnte (zur Fallgruppe der arbeitnehmerähnlichen Personen siehe Rn. 43).[48]

---

[42] *Rebhahn*, EuZA 5 (2012), 3 (8 ff.); für die rechtsvergleichenden Grundlagen vgl. auch *Ziegler*, S. 82 ff.; *Wank*, EuZA 1 (2008), 172 (186 ff.); siehe z. B. für die Arbeitnehmerbegriffe des englischen Arbeitsrechts *Sutschet*, EuZA 9 (2016), 171 ff.

[43] Zu Hintergrund und Entwicklung genauer *Freedland/Kountouris*, S. 23 f.; für eine widerlegliche Vermutung auch *Rebhahn*, EuZA 4 (2011), 295 (301).

[44] Vgl. EuGH, Urt. v. 10.9.1996, Rs. C–61/94 (Kommission/Deutschland), Slg. 1996, I–3989, Rn. 52.

[45] Auch das Europäische Parlament hat in seiner Resolution v. 24.10.2006 über die Anwendung der Entsenderichtlinie 96/71/EG eine entsprechende Mitteilung der Kommission angemahnt (»transparent and coherent criteria to determine employee status and self-employed status in relation to labour law«).

[46] Vgl. insbesondere aus rechtsvergleichender Sicht *Waas*, passim; genauer zu den Konsequenzen einer wirtschaftlichen Betrachtungsweise *Kocher*, FS Kohte, S. 896 ff.

[47] EuGH, Urt. v. 6.11.2003, Rs. C–413/01 (Ninni-Orasche), Slg. 2003, I–13187, Rn. 24.

[48] EuGH, Urt. v. 13.1.2004, Rs. C–256/01 (Allonby), Slg. 2004, I–873, Rn. 69 ff. in Bezug auf den Arbeitnehmerbegriff des Art. 157 AEUV; Urt. v. 11.11.2010, Rs. C–232/09 (Danosa), Slg. I–11405, Rn. 41 f. für die Mutterschutz-Richtlinie 92/85/EG.

24 Entscheidend ist immer eine **Gesamtbetrachtung** aller Faktoren und Umstände,[49] welche die Beziehungen zwischen den Parteien charakterisieren und zeigen, inwieweit Leistungen nach Weisung erbracht werden, für die als Gegenleistung eine Vergütung bezahlt wird. Maßgeblich ist aber allein eine Bewertung des streitigen Beschäftigungsverhältnisses selbst; der bloße Vergleich zwischen der geleisteten Arbeit und der Tätigkeit, die andere Beschäftigte aufgrund von Arbeitsverträgen erbringen, haben als solche keine Aussagekraft,[50] genauso wenig wie die Motive für die Aufnahme der Beschäftigung.[51] Auch Umstände, die sich auf das Verhalten des Betreffenden vor und nach der Beschäftigungszeit beziehen, sind ohne Bedeutung.

25 Dabei legt der EuGH den Arbeitnehmerbegriff **grundsätzlich weit**[52] bzw. »nicht eng«[53] aus. Begründet wurde dies ursprünglich damit, dass der Begriff den Anwendungsbereich einer vertraglichen Grundfreiheit festlegte. Dementsprechend sind Ausnahmen, Abweichungen und Einschränkungen eng auszulegen.[54]

26 Da der Gewährleistungsgehalt der Arbeitnehmerfreizügigkeit nicht nur Rechtspositionen im bestehenden Arbeitsverhältnis erfasst, reicht es aus, wenn die geltend gemachte Rechtsposition sich auf ein Arbeitsverhältnis bezieht; der Arbeitnehmer oder die Arbeitnehmerin muss dieses nicht notwendig bereits oder noch innehaben. Wer freiwillig seinen Herkunftsstaat verlässt, um eine entgeltliche Beschäftigung in einem anderen Mitgliedstaat auszuüben, macht ebenfalls von seinem Recht auf Arbeitnehmerfreizügigkeit Gebrauch, selbst wenn die Arbeitssuche erfolglos bleiben sollte.[55] Auch eine vorübergehende **Arbeitslosigkeit** führt nicht zum Verlust der Rechte aus der Arbeitnehmerfreizügigkeit, und zwar schon deshalb nicht, weil Art. 45 AEUV Rechte bei der Suche nach einer abhängigen Erwerbsarbeit gewährt.[56] Zudem kann die Arbeitnehmereigenschaft **nach Beendigung des Arbeitsverhältnisses** Folgewirkungen haben.[57] Auch nach dem unfreiwilligen Verlust eines Arbeitsplatzes durch Kündigung oder Auslaufen eines befristeten Vertrags kann der Schutz durch die Arbeitnehmerfreizügigkeit bestehen bleiben.[58] Dies gilt auch für die vorübergehende Untätigkeit oder Aufgabe der Erwerbsarbeit infolge **Krankheit** oder Unfall,[59] oder auch infolge einer **Schwangerschaft** oder nach Geburt eines Kindes; entscheidend ist insofern, ob der oder die Betreffende »weiterhin in den betreffenden Arbeitsmarkt eingegliedert ist«.[60] Wie lange das Aus-

---

[49] St. Rspr., siehe z.B. EuGH, Urt. v. 6.11.2003, Rs. C–413/01 (Ninni-Orasche), Slg. 2003, I–13187, Rn. 27; Urt. v. 7.9.2004, Rs. C–456/02 (Trojani), Slg. 2004, I–7573, Rn. 17; Urt. v. 4.2.2010, Rs. C–14/09 (Genc), Slg. 2010, I–931, Rn. 26; *Weerth*, in: Lenz/Borchardt, EU-Verträge, Art. 45 AEUV, Rn. 8; *Epiney*, in: Vedder/Heintschel v. Heinegg, Europäisches Unionsrecht, Art. 45 AEUV, Rn. 10; *Brechmann*, in: Calliess/Ruffert, EUV/AEUV, Art. 45 AEUV, Rn. 12f.; *Schneider/Wunderlich*, in: Schwarze, EU-Kommentar, Art. 45 AEUV, Rn. 11.
[50] EuGH, Urt. v. 17.7.2008, Rs. C–94/07 (Raccanelli), Slg. 2008, I–5939.
[51] EuGH, Urt. v. 23.3.1982, Rs. C–53/81 (Levin), Slg. 1982, 1035, Rn. 22f.
[52] EuGH Urt. v. 3.6.1986, Rs. C–139/85 (Kempf), Slg. 1986, I–1741, Rn. 13.
[53] EuGH, Urt. v. 6.11.2003, Rs. C–413/01 (Ninni-Orasche), Slg. 2003, I–13187, Rn. 23.
[54] St. Rspr. des EuGH, Urt. v. 23.3.1982, Rs. C–53/81 (Levin), Slg. 1982, 1035, Rn. 13; Urt. v. 3.6.1986, Rs. C–139/85 (Kempf), Slg. 1986, I–1741, Rn. 13; Urt. v. 17.7.2008, Rs. C–94/07 (Raccanelli), Slg. 2008, I–5939, Rn. 33; genauer zur Auslegung des Abs. 4 s. Rn. 65ff.
[55] EuGH, Urt. v. 11.9.2008, Rs. C–228/07 (Petersen), Slg. 2008, I–6989, Rn. 45.
[56] So schon EuGH, Urt. v. 19.3.1964, Rs. C–75/63 (Unger), Slg. 1964, I–347, 398; Urt. v. 21.6.1988, Rs. C–39/86 (Lair), Slg. 1988, 3161, Rn. 36; Urt. v. 11.9.2008, Rs. C–228/07 (Petersen), Slg. 2008, I–6989, Rn. 48.
[57] EuGH, Urt. v. 22.5.1998, Rs. C–85/96 (Martínez Sala), Slg. 1998, I–2691, Rn. 32.
[58] EuGH, Urt. v. 6.11.2003, Rs. C–413/01 (Ninni-Orasche), Slg. 2003, I–13187, Rn. 42f.
[59] Siehe Art. 7 Abs. 3 der Freizügigkeitsrichtlinie 2004/38/EG.
[60] EuGH, Urt. v. 19.6.2014, Rs. C–507/12 (Saint Prix), ECLI:EU:C:2014:2007, Rn. 38ff.

scheiden aus der Erwerbsarbeit sein darf, um noch als »vorübergehend« gewertet zu werden, kommt insofern darauf an, ob die Beschäftigung« innerhalb eines angemessenen Zeitraums« wieder aufgenommen werden soll; im Fall der Schwangerschaft sind insofern sowohl die konkreten Umstände des Einzelfalls zu berücksichtigen als auch der Zeitraum, für den das nationale Recht eine Unterbrechung bei bestehendem Beschäftigungsstatus gewährleistet.[61] Im deutschen Recht wären insofern über die Mutterschutzfristen hinaus auch die Zeitdauer der Elternzeit als »angemessener« Unterbrechungszeitraum zu bewerten.

27 Die Arbeitnehmereigenschaft geht bei einem **Statuswechsel** (Studium, Selbstständigkeit, etc.) verloren (zur Geltung im Rahmen eines Studiums s. Rn. 41). Ein Statuswechsel liegt aber nur vor, wenn die andere Tätigkeit nicht selbst im Anwendungsbereich der Arbeitnehmerfreizügigkeit liegt. So kann in Bezug auf ein Hochschulstudium eine Berufung auf Art. 45 AEUV in Betracht kommen, wenn zwischen einer früheren Berufstätigkeit und dem Studium ein inhaltlicher Zusammenhang besteht, jedenfalls soweit der Betroffene diese Berufstätigkeiten im Hoheitsgebiet des Aufnahmemitgliedstaats verrichtet hat.[62] Dabei sind u. a. Art der ausgeübten Tätigkeiten sowie die Dauer der Zeitspanne, die zwischen dem Ende dieser Tätigkeiten und dem Beginn des Studiums liegt, zu berücksichtigen.[63] Die Bedingung der Kontinuität gilt allerdings nicht für einen Wanderarbeitnehmer, der unfreiwillig arbeitslos geworden ist und den die Lage auf dem Arbeitsmarkt zu einer beruflichen Umschulung zwingt.[64]

28 Für die Bestimmung des Anwendungsbereichs der Arbeitnehmerfreizügigkeit spielt es auch keine Rolle, ob die Tätigkeiten im nationalen Recht **erlaubt** ist.[65] Insbesondere sind Arbeitnehmerinnen und Arbeitnehmer erfasst, die in fehlerhaften oder illegalen Arbeitsverhältnissen beschäftigt sind. Verbote sind allein eine Frage der Einschränkbarkeit der Freizügigkeit (s. Rn. 82 ff., Rn. 124).

2. Tatsächliche und echte wirtschaftliche Tätigkeit gegen Entgelt

29 Arbeitnehmer oder Arbeitnehmerin ist jede Person, die eine tatsächliche und echte Tätigkeit ausübt, wenn der Tätigkeit **ein (erwerbs-)wirtschaftlicher Wert** zukommt.[66] Denn Art. 45 AEUV soll »nur die Freizügigkeit von Personen gewährleisten, die im Wirtschaftsleben tätig sind oder sein wollen«.[67] Diese Kriterien dienen der Abgrenzung gegenüber der Freizügigkeit außerhalb der Arbeitsmärkte (Art. 21 und 18 AEUV), der Dienstleistungs- und Niederlassungsfreiheit sowie gegenüber den Kompetenzbereichen der Mitgliedstaaten.

---

[61] EuGH, Urt. v. 19.6.2014, Rs. C–507/12 (Saint Prix), ECLI:EU:C:2014:2007, Rn. 42 f.
[62] EuGH, Urt. v. 21.6.1988, Rs. C–39/86 (Lair), Slg. 1988, 3161, Rn. 37; Urt. v. 26.2.1992, Rs. C–357/89 (Raulin), Slg. 1992, I–1027, Rn. 18 f.; Urt. v. 26.2.1992, Rs. C–3/90 (Bernini), 1992, I–1071, Rn. 19.
[63] EuGH, Urt. v. 26.2.1992, Rs. C–3/90 (Bernini), 1992, I–1071, Rn. 19.
[64] EuGH, Urt. v. 21.6.1988, Rs. C–39/86 (Lair), Slg. 1988, 3161, Rn. 37; Urt. v. 26.2.1992, Rs. C–357/89 (Raulin), Slg. 1992, I–1027, Rn. 21.
[65] Anders insofern EUArbR/*Steinmeyer*, Art. 45 AEUV, Rn. 25.
[66] EuGH, Urt. v. 31.5.1989, Rs. C–344/87 (Bettray), Slg. 1989, I–1621, Rn. 12; Urt. v. 26.2.1992, Rs. C–357/89 (Raulin), Slg. 1992, I–1027, Rn. 10; Urt. v. 17.3.2005, Rs. C–109/04 (Kranemann), Slg. 2005, I–2421, Rn. 12; Urt. v. 30.3.2006, Rs. C–10/05 (Mattern und Cikovic), Slg. 2006, I–3145, Rn. 18; Urt. v. 11.9.2008, Rs. C–228/07 (Petersen), Slg. 2008, I–6989, Rn. 45; Urt. v. 4.6.2009, verb. Rs. C–22/08 u. 23/08 (Vatsouras und Koupatantze), Slg. 2009, I–4585, Rn. 26; vgl. *Junker*, EuZA 9 (2016), 184 (192 ff.).
[67] EuGH, Urt. v. 23.3.1982, Rs. C–53/81 (Levin), Slg. 1982, 1035.

Erwerbswirtschaftliche Tätigkeit in diesem Sinn kann im Rahmen eines privat-rechtlichen Arbeitsvertrags, in einem **öffentlich-rechtlichen Status** oder in einem Rechtsverhältnis sui generis ausgeübt werden; die Art der Rechtsbeziehung zwischen den Vertragsparteien ist insofern für die Anwendung der Arbeitnehmerfreizügigkeit ohne Bedeutung. Auch Beamte, Richter und Soldaten können also unionsrechtlich als Arbeitnehmer zu qualifizieren sein.[68] Davon geht ersichtlich auch Art. 45 Abs. 4 AEUV aus, der die Beschäftigung in der öffentlichen Verwaltung zwar aus dem Geltungsbereich ausschließt, jedoch »ohne zwischen Stellen, die von Beamten, und Stellen, die von anderen Bediensteten besetzt werden, zu unterscheiden«[69] (zur Reichweite der Ausnahme s. Rn. 65 ff.). 30

a) **Nicht erwerbswirtschaftliche Zielsetzungen**

Jede entgeltliche Arbeitsleistung gehört in diesem Sinn zum **Wirtschaftsleben**.[70] Es spielt keine Rolle, ob die Tätigkeit produktiv ist und wie hoch die Produktivität ist.[71] Die Norm gilt auch für künstlerische Tätigkeiten. Auch Tätigkeiten, die aus altruistischen, religiösen oder sonstigen **ideellen Motiven** ausgeübt werden, fallen in den Anwendungsbereich des Unionsrechts, soweit sie Teil des Wirtschaftslebens im Sinne von Art. 3 Abs. 3 EUV sind. Es kommt also nicht darauf an, dass der Arbeitgeber als Unternehmer am Wirtschaftsleben teilnimmt, sondern nur darauf, ob die Tätigkeit wirtschaftlich verwertbar ist.[72] Dies ist in der Regel der Fall, soweit hierfür Gegenleistungen gewährt werden. Bei Tätigkeiten für eine religiöse Vereinigung (wie die Bhagwan-Vereinigung) kommt es deshalb darauf an, ob die Mitglieder sich diesen Tätigkeiten entziehen können, die Arbeiten der Vereinigung wirtschaftliche Unabhängigkeit sichern und die Vereinigung unabhängig von Art und Umfang der verrichteten Arbeiten »als mittelbare Gegenleistung« für den Lebensunterhalt sorgt und ein Taschengeld zahlt.[73] 31

Auch die Tätigkeit von **Sportprofis** oder -halbprofis kann eine entgeltliche Arbeits- oder Dienstleistung in diesem Sinne darstellen (zur Rechtfertigung von Eingriffen s. Rn. 103; Rn. 138 f.). Die Tatsache, dass eine Sportvereinigung ihre Mitglieder einseitig als Amateure qualifiziert, reicht nicht aus, die Tätigkeit dieser Sportlerinnen und Sportler außerhalb des Anwendungsbereichs der Art. 45 ff. AEUV zu verorten.[74] Allerdings gilt dies nicht für Tätigkeiten in einem nichtwirtschaftlichen sportlichen Rahmen, wie 32

---

[68] EuGH, Urt. v. 12.2.1974, Rs. C–152/73 (Sotgiu), Slg. 1974, 153, Rn. 5 f.; St. Rspr. des EuGH, vgl. nur, Urt. v. 3.7.1986, Rs. C–66/85 (Lawrie-Blum), Slg. 1986, I–2121, Rn. 16 f.; Urt. v. 17.7.2008, Rs. C–94/07 (Raccanelli), Slg. 2008, I–5939, Rn. 33; Urt. v. 26.4.2007, Rs. C–392/05 (Alevizos), Slg. 2007, I–3505, Rn. 68; Urt. v. 31.5.1989, Rs. C–344/87 (Bettray), Slg. 1989, I–1621, Rn. 16 (soziale Arbeitsbeschaffungsmaßnahme als Rechtsverhältnis »sui generis«); Urt. v. 7.9.2004, Rs. C–456/02 (Trojani), Slg. 2004, I–7573, Rn. 16; Urt. v. 11.11.2010, Rs. C–232/09 (Danosa), Slg. I–11405, Rn. 40; *Ziegler*, S. 153 ff.
[69] EuGH, Urt. v. 24.3.1994, Rs. C–71/93 (van Poucke), Slg. 1994, I–1101, Rn. 17.
[70] EuGH, Urt. v. 14.7.1976, Rs. C–13/76 (Donà), Slg. 1976, 1333.
[71] EuGH, Urt. v. 31.5.1989, Rs. C–344/87 (Bettray), Slg. 1989, I–1621, Rn. 16; Urt. v. 7.9.2004, Rs. C–456/02 (Trojani), Slg. 2004, I–7573; Urt. v. 26.3.2015, Rs. C–316/13 (Fenoll), ECLI:EU: C:2015:200 für den Arbeitnehmerbegriff der Arbeitszeitrichtlinie 2003/88/EG; zustimmend *Bell*, CMLRev. 53 (2016), 203; a. A. *Junker*, EuZA 9 (2016), 184 (202 ff.).
[72] EUArbR/*Steinmeyer*, Art. 45 AEUV, Rn. 24.
[73] EuGH, Urt. v. 5.10.1988, Rs. C–196/87 (Steymann), Slg. 1988, I–6159, Rn. 9, 11 ff.
[74] EuGH, Urt. v. 11.4.2000, verb. Rs. C–51/96 u. 191/97 (Deliège und Pacquée), Slg. 2000, I–2549, Rn. 46; Urt. v. 14.7.1976, Rs. C–13/76 (Donà), Slg. 1976, 1333, Rn. 12, 13 für Fußballprofis oder -halbprofis; Urt. v. 13.4.2000, Rs. C–176/96 (Lehtonen und Castors Braine), Slg. 2000, I–2681 (Basketballprofis).

zum Beispiel für **Begegnungen zwischen Nationalteams** verschiedener Länder.[75] Von der Mitwirkung an diesen können ausländische Spielerinnen und Spieler ausgeschlossen werden. Allerdings darf diese Beschränkung des Geltungsbereichs des Vertrages nicht weiter gehen, als ihr Zweck es erfordert; sie kann nicht herangezogen werden, um eine sportliche Tätigkeit im Ganzen vom Geltungsbereich des Vertrags auszuschließen.[76] So handelt es sich nicht schon dann um eine Begegnung zwischen »Nationalmannschaften«, wenn die Bewertungen, die bei einem Wettkampf (z.B. bei einer Olympiade) errungen werden, dabei berücksichtigt werden, ob ein Land Vertreter und Vertreterinnen zum Wettkampf entsenden kann.[77]

33 In besonderen Fällen kann die Arbeitnehmereigenschaft zu verneinen sein, weil die Tätigkeiten als **soziale Arbeitsbeschaffungsmaßnahmen** nicht als tatsächliche und echte wirtschaftliche Tätigkeiten angesehen werden können.[78] Hierfür reicht es aber nicht aus festzustellen, dass die Tätigkeit ein Mittel der Rehabilitation oder der Wiedereingliederung des Betroffenen in das Arbeitsleben darstellt oder dass die Vergütung aus öffentlichen Mitteln gezahlt wird. Denn auch wenn die Tätigkeit der Wiedereingliederung in die Gesellschaft dient, kann es sich um eine tatsächliche und echte Tätigkeit handeln, wenn die tatsächlich erbrachten Leistungen auf dem Beschäftigungsmarkt üblich sind bzw. wenn die Bedingungen der Tätigkeit »soweit wie möglich auf das abgestimmt sind, was für die Ausübung entgeltlicher Arbeit unter normalen Bedingungen von Rechts wegen gilt oder üblich ist«,[79] und es sich nicht nur um völlig untergeordnete und unwesentliche Tätigkeiten handelt.[80] Hierzu können der Inhalt des Projekts für die Wiedereingliederung in die Gesellschaft sowie die Art der Leistungen und die Modalitäten ihrer Erbringung berücksichtigt werden. Nur ausnahmsweise fällt eine soziale Arbeitsbeschaffung, die der Rehabilitation dient, nicht unter Art. 45 ff. AEUV. Indiz dafür ist, dass die Beschäftigungen Personen vorbehalten sind, die persönlich nicht in der Lage sind, einer Beschäftigung unter normalen Bedingungen nachzugehen.[81] Entscheidend ist letztlich, ob die Tätigkeiten für den jeweiligen Arbeitgeber oder Projektträger einen wirtschaftlichen Wert haben – oder ob sie im Gegenteil allein im (Rehabilitations-) Interesse des Beschäftigten erfolgen.[82] Insbesondere können auch beschäftigungspolitische Maßnahmen wie die Arbeitsgelegenheiten nach dem Arbeitsförderungs-

---

[75] EuGH, Urt. v. 14.7.1976, Rs. C–13/76 (Donà), Slg. 1976, 1333, Rn. 14–16; Urt. v. 12.12.1974 C–36/74 (Walrave und Koch), Slg. 1974, 1405; Urt. v. 11.4.2000, verb. Rs. C–51/96 u. 191/97 (Deliège und Pacquée), Slg. 2000, I–2549, Rn. 43 (fällt nicht in den Anwendungsbereich des Unionsrechts).

[76] EuGH, Urt. v. 13.4.2000, Rs. C–176/96 (Lehtonen und Castors Braine), Slg. 2000, I–2681, Rn. 34.

[77] EuGH, Urt. v. 11.4.2000, verb. Rs. C–51/96 u. 191/97 (Deliège und Pacquée), Slg. 2000, I–2549, Rn. 44 f.

[78] EuGH, Urt. v. 31.5.1989, Rs. C–344/87 (Bettray), Slg. 1989, I–1621, Rn. 17.

[79] EuGH, Urt. v. 7.9.2004, Rs. C–456/02 (Trojani), Slg. 2004, I–7573, Rn. 23 f.; Urt. v. 26.3.2015, Rs. C–316/13 (Fenoll), ECLI:EU:C:2015:200.

[80] EuGH, Urt. v. 7.9.2004, Rs. C–456/02 (Trojani), Slg. 2004, I–7573, Rn. 23 f.; Urt. v. 26.11.1998, Rs. C–1/97 (Birden), Slg. 1998, I–7747, Rn. 27 f.

[81] EuGH, Urt. v. 31.5.1989, Rs. C–344/87 (Bettray), Slg. 1989, I–1621, Rn. 17 f. (die Beschäftigung im Rahmen der sozialen Arbeitsbeschaffung endete, wenn das Arbeitsamt der Gemeinde mitteilte, dass der Betroffene kurzfristig wieder einen normalen Arbeitsplatz finden könne). Den Ausnahmecharakter dieser Entscheidung, deren Aussagen der EuGH in der Folge wiederholt relativiert hat, betont auch *Kreutschitz*, in: GSH, Europäisches Unionsrecht, Art. 45 AEUV, Rn. 30.

[82] EuGH, Urt. v. 26.3.2015, Rs. C–316/13 (Fenoll), ECLI:EU:C:2015:200.

recht⁸³ oder die Tätigkeit in einer Werkstatt für behinderte Menschen (§§ 136 ff. SGB IX)⁸⁴ die Arbeitnehmereigenschaft begründen.

b) Tätigkeiten geringen Umfangs

Erforderlich ist eine »tatsächliche und echte«, d. h. nicht nur zum Schein aufgenommene Tätigkeit.⁸⁵ Es ist unerheblich, ob die Tätigkeit befristet ist, selbst wenn sie nur kurzzeitig ausgeübt sein sollte. Es kommt auch insofern nur darauf an, ob die verlangten Leistungen »tatsächliche und echte wirtschaftliche Tätigkeiten« sind.⁸⁶ Ein **Gelegenheits- oder Teilzeitarbeitsverhältnis** kann die Arbeitnehmereigenschaft begründen, selbst wenn die Wochenarbeitszeit nur wenige Stunden beträgt.⁸⁷ Genauso wenig kommt es auf die Sozialversicherungspflichtigkeit an. Eine nach deutschem Sozialrecht geringfügige Beschäftigung wird in der Regel der Arbeitnehmerfreizügigkeit unterfallen.⁸⁸ Auch die kurze Dauer der Beschäftigung im Verhältnis zur Dauer des Aufenthalts spricht nicht gegen das Vorliegen eines Arbeitsverhältnisses.⁸⁹

34

Es bleiben nur Tätigkeiten außer Betracht, die einen so geringen Umfang haben, »dass sie sich als völlig untergeordnet und unwesentlich darstellen«.⁹⁰ Dies muss durch das nationale Gericht allerdings positiv festgestellt werden; der EuGH hat noch keinen entsprechenden Fall anerkannt. Indizien sind z. B. Unregelmäßigkeit und beschränkte Dauer der tatsächlich erbrachten Leistungen im Rahmen eines Vertrags über Gelegenheitsarbeit oder der Umstand, dass sich der Betroffene zur Arbeit auf Abruf des Arbeitgebers zur Verfügung halten muss.⁹¹ Allein eine begrenzte Höhe der Vergütung oder eine kurze Dauer der Berufstätigkeit erlaubt als solche nicht den Schluss, dass die Tätigkeit nicht als tatsächlich und echt angesehen werden kann.⁹² Angesichts der Tatsache, dass die echte wirtschaftliche Bedeutung einer Tätigkeit nur schwerlich anhand eines Wesentlichkeitskriteriums zu bemessen ist, spricht viel dafür, das Fehlen einer ausreichend ins Gewicht fallenden Erwerbstätigkeit in bestimmten Konstellationen eher im Rahmen der **Recht-**

35

---

⁸³ § 16d SGB II, früher § 19 BSHG; dazu EuGH, Urt. v. 26.11.1998, Rs. C–1/97 (Birden), Slg. 1998, I–7747, Rn. 27 (wöchentliche Arbeitszeit von 38,5 Stunden und monatliches Nettogehalt von 2 155,70 DM, das dem anwendbaren Tarifvertrag entsprach).

⁸⁴ Vgl. EuGH, Urt. v. 26.3.2015, Rs. C–316/13 (Fenoll), ECLI:EU:C:2015:200 für die insofern vergleichbaren französischen »Zentren für Hilfe durch Arbeit« (Centre d'aide par le travail, CAT).

⁸⁵ EUArbR/*Steinmeyer*, Art. 45 AEUV, Rn. 26.

⁸⁶ EuGH, Urt. v. 4.6.2009, verb. Rs. C–22/08 u. 23/08 (Vatsouras und Koupatantze), Slg. 2009, I–4585, Rn. 25 ff.; Urt. v. 6.11.2003, Rs. C–413/01 (Ninni-Orasche), Slg. 2003, I–13187, Rn. 25 (weniger als drei Monate).

⁸⁷ EuGH, Urt. v. 23.3.1982, Rs. C–53/81 (Levin), Slg. 1982, 1035, Rn. 16; Urt. v. 26.2.1992, Rs. C–357/89 (Raulin), Slg. 1992, I–1027, Rn. 13 f.; Urt. v. 4.2.2010, Rs. C–14/09 (Genc), Slg. 2010, I–931, Rn. 27 f.

⁸⁸ EuGH, Urt. v. 18.7.2007, Rs. C–213/05 (Geven), Slg. 2007, I–6347, Rn. 27; Urt. v. 4.2.2010, Rs. C–14/09 (Genc), Slg. 2010, I–931, Rn. 27 f.; siehe auch schon Urt. v. 15.12.1994, Rs. C–444/93 (Megner und Scheffel), Slg. 1995, I–4741, Rn. 18 für den Anwendungsbereich der Richtlinie 79/7/EWG vom 19.12.1979 zur schrittweisen Verwirklichung des Grundsatzes der Gleichbehandlung von Männern und Frauen im Bereich der sozialen Sicherheit, ABl. 1979, L 6/24.

⁸⁹ EuGH, Urt. v. 6.11.2003, Rs. C–413/01 (Ninni-Orasche), Slg. 2003, I–13187, Rn. 28 ff.

⁹⁰ St. Rspr., siehe z. B. EuGH, Urt. v. 23.3.1982, Rs. C–53/81 (Levin), Slg. 1982, 1035, Rn. 17; Urt. v. 31.5.1989, Rs. C–344/87 (Bettray), Slg. 1989, I–1621, Rn. 17.

⁹¹ EuGH, Urt. v. 26.2.1992, Rs. C–357/89 (Raulin), Slg. 1992, I–1027, Rn. 14; Urt. v. 4.2.2010, Rs. C–14/09 (Genc), Slg. 2010, I–931, Rn. 27 ff.

⁹² EuGH, Urt. v. 4.6.2009, verb. Rs. C–22/08 u. 23/08 (Vatsouras und Koupatantze), Slg. 2009, I–4585, Rn. 25 ff.

c) Tätigkeit gegen Entgelt

36 Zum **Entgelt**, das die Einordnung der Tätigkeit als wirtschaftliche rechtfertigen kann, zählen alle Arten von Leistungen, denen im weitesten Sinne der Charakter einer Gegenleistung oder einer Vergütung zukommt (zum Begriff ausführlich s. Art. 157 AEUV, Rn. 30ff.). Es ist ein Indiz für tatsächliche und echte Erwerbstätigkeit, wenn ein Anspruch auf bezahlten Urlaub von 28 Tagen sowie Entgeltfortzahlung im Krankheitsfall bestand, der Tarifvertrag in der jeweils gültigen Fassung angewandt wurde und das Arbeitsverhältnis mit demselben Unternehmen beinahe vier Jahre bestand.[94] Die Entlohnung eines Beschäftigten im Wege einer Ertragsbeteiligung schließt die Arbeitnehmereigenschaft genauso wenig aus[95] wie eine Vergütung mit Sach- und Naturalleistungen wie z.B. Unterkunft in einem Wohnheim und Ernährung.[96] Es kommt nicht darauf an, ob der Bemessung der Gegenleistung Maßstäbe der Einkommenssicherung oder die geleisteten Arbeitsstunden zugrunde gelegt werden.[97]

37 Die **Herkunft der Mittel** für die Vergütung hat keine Auswirkungen auf die Arbeitnehmereigenschaft;[98] die Tatsache, dass eine Tätigkeit z.B. öffentlich gefördert oder bezuschusst wird, spielt also keine Rolle.[99] Auch auf die **Rechtsgrundlage** des Entgelts kommt es nicht an. Erhält der Präsident einer Hafenbehörde, dessen Vergütung durch eine ministerielle Verordnung festgesetzt wird, diese als Gegenleistung für die Erfüllung der ihm gesetzlich zugewiesenen Aufgaben, hat auch sie »den vorhersehbaren und regelmäßigen Charakter, der einem Arbeitsverhältnis in Form einer abhängigen Beschäftigung inhärent ist«.[100]

38 Ein Indiz für die Arbeitnehmereigenschaft ist es, wenn das Entgelt die einzige oder die Haupteinnahmequelle des Beschäftigten darstellt.[101] Eine echte wirtschaftliche Tätigkeit kann jedoch auch vorliegen, wenn das tatsächlich oder das zu erwartende Entgelt für die Tätigkeit nicht den gesamten Lebensunterhalt der betreffenden Person deckt, **unterhalb des Existenzminimums** oder unterhalb eines vorgeschriebenen Mindesteinkommens liegt. Der EuGH begründet dieses Ergebnis auch damit, dass Existenzminimum oder Mindesteinkommen durch die Mitgliedstaaten festgelegt werden und verhindert wer-

---

[93] EuGH, Urt. v. 18.7.2007, Rs. C–213/05 (Geven), Slg. 2007, I–6347, Rn. 26.
[94] EuGH Urt. v. 4.2.2010, Rs. C–14/09 (Genc), Slg. 2010, I–931, Rn. 27.
[95] EuGH, Urt. v. 14.12.1998, Rs. C–3/87 (Agegate), Slg. 1998, 4459, Rn. 36; *Brechmann*, in: Calliess/Ruffert, EUV/AEUV, Art. 45 AEUV, Rn. 14; *Schneider/Wunderlich*, in: Schwarze, EU-Kommentar, Art. 45 AEUV, Rn. 14.
[96] EuGH, Urt. v. 7.9.2004, Rs. C–456/02 (Trojani), Slg. 2004, I–7573, Rn. 22 ff. (Wiedereingliederungsbeschäftigung bei der Heilsarmee).
[97] EuGH, Urt. v. 26.3.2015, Rs. C–316/13 (Fenoll), ECLI:EU:C:2015:200.
[98] St. Rspr. des EuGH, Urt. v. 23.3.1982, Rs. C–53/81 (Levin), Slg. 1982, 1035, Rn. 16; Urt. v. 26.11.1998, Rs. C–1/97 (Birden), Slg. 1998, I–7747, Rn. 28ff.; Urt. v. 7.9.2004, Rs. C–456/02 (Trojani), Slg. 2004, I–7573, Rn. 16; Urt. v. 17.3.2005, Rs. C–109/04 (Kranemann), Slg. 2005, I–2421, Rn. 17; Urt. v. 30.3.2006, Rs. C–10/05 (Mattern und Cikotic), Slg. 2006, I–3145, Rn. 22; Urt. v. 4.6.2009, verb. Rs. C–22/08 u. 23/08 (Vatsouras und Koupatantze), Slg. 2009, I–4585, Rn. 27.
[99] EuGH, Urt. v. 31.5.1989, Rs. C–344/87 (Bettray), Slg. 1989, I–1621, Rn. 16; vgl. Urt. v. 15.1.2014, Rs. C–176/12 (Association de médiation sociale), ECLI:EU:C:2014:2, Rn. 24 ff., für die Richtlinie 2002/14/EG vom 11.3.2002 zur Festlegung eines allgemeinen Rahmens für die Unterrichtung und Anhörung der Arbeitnehmer in der Europäischen Gemeinschaft, ABl. 2002, L 80/29.
[100] EuGH, Urt. v. 10.9.2014, Rs. C–270/13 (Haralambidis), ECLI:EU:C:2014:2185, Rn. 35 f.
[101] Nr. 13b) der ILO-Empfehlung Nr. 198 aus dem Jahr 2006 betreffend das Arbeitsverhältnis.

den müsse, dass sich daraus ein unterschiedlicher persönlicher Anwendungsbereich der Arbeitnehmerfreizügigkeit ergebe.[102] Deshalb spielt es für die Einordnung als Arbeitsverhältnis auch keine Rolle, ob der Arbeitnehmer neben dem Entgelt noch Sozialleistungen wie z. B. Arbeitslosenunterstützung, Sozialhilfe oder Krankengeld bezieht oder beziehen muss oder finanzielle Unterstützung aus sonstigen staatlichen Mitteln in Anspruch nimmt.[103]

d) Ausbildung

Auch eine Tätigkeit, die der **Ausbildung** dient, kann in einem Arbeitsverhältnis ausgeführt werden, jedenfalls wenn dies gegen Entgelt erfolgt, das Erwerbsinteresse auf Seiten des Arbeitnehmers nicht völlig hinter das Ausbildungsinteresse zurücktritt oder der Arbeitgeber mit der Ausbildung auch wirtschaftliche Interessen einer Heranbildung von qualifiziertem Personal verfolgt.[104] Insofern kommt es darauf an, ob das Praktikum »unter den Bedingungen einer tatsächlichen und echten Tätigkeit im Lohn- oder Gehaltsverhältnis durchgeführt wird«.[105]

39

Bei einem unentgeltlichen **Praktikum** wird dies in der Regel nicht der Fall sein. Um ein echtes Ausbildungsverhältnis gegenüber einem Praktikum abzugrenzen, das lediglich dazu bestimmt ist, berufliche Fähigkeiten zu entwickeln, hat das innerstaatliche Gericht insbesondere zu bewerten, ob der Betroffene genügend Stunden geleistet hat, um sich mit der Arbeit vertraut zu machen[106] und ob insofern seine Tätigkeiten selbst einen wirtschaftlichen Wert haben. Dies kann auch der Fall sein, wenn kein Entgelt gezahlt wird, solange während des Praktikums in hinreichendem Umfang auch typische Arbeitnehmertätigkeiten ausgeübt werden.[107]

40

Auch ein **Stipendium** kann wirtschaftlich eine Gegenleistung in diesem Sinn darstellen, wenn die in Weisungsgebundenheit geleisteten Arbeiten nicht überwiegend der Ausbildung und Qualifikation dienen.[108] Ein Schulbesuch oder ein **Hochschulstudium** als solches fällt jedoch nicht unter Art. 45 AEUV[109] (zur Abgrenzung im Einzelnen s. Art. 46 AEUV, Rn. 23; zur Aufrechterhaltung des Arbeitnehmerstatus nach Aufnahme eines Studiums s. Rn. 27).

41

---

[102] EuGH, Urt. v. 23.3.1982, Rs. C–53/81 (Levin), Slg. 1982, 1035, Rn. 13; vgl. auch Urt. v. 14.12.1995, Rs. C–444/93 (Megner und Scheffel), Slg. 1995, I–4741, Rn. 17, 18 (zum Anwendungsbereich der Richtlinie 79/7/EWG).

[103] EuGH, Urt. v. 3.6.1986, Rs. C–139/85 (Kempf), Slg. 1986, I–1741, Rn. 14 f.; Urt. v. 23.3.1982, Rs. C–53/81 (Levin), Slg. 1982, 1035, Rn. 16; Urt. v. 4.6.2009, verb. Rs. C–22/08 u. 23/08 (Vatsouras und Koupatantze), Slg. 2009, I–4585, Rn. 28; *Brechmann*, in: Calliess/Ruffert, EUV/AEUV, Art. 45 AEUV, Rn. 16; *Schneider/Wunderlich*, in: Schwarze, EU-Kommentar, Art. 45 AEUV, Rn. 15. Wobei die Frage des Anspruchs auf Sozialleistungen nach anderen Regeln zu beantworten ist, vgl. EuGH, Urt. v. 15.9.2015, Rs. C–67/15 (Alimanovic), ECLI:EU:C:2015:597.

[104] *Forsthoff*, in: Grabitz/Hilf/Nettesheim, EU, Art. 45 AEUV (September 2010), Rn. 94.

[105] EuGH, Urt. v. 30.3.2006, Rs. C–10/05 (Mattern und Cikovic), Slg. 2006, I–3145, Rn. 21 (Berufspraktikum als Krankenpflegehelferin).

[106] EuGH, Urt. v. 26.2.1992, Rs. C–3/90 (Bernini), Slg. 1992, I–1071, Rn. 16.

[107] So auch EuGH, Urt. v. 9.7.2015, Rs. C–229/14 (Balkaya), ECLI:EU:C:2015:455, Rn. 49 ff. für den (autonom ausgelegten) Arbeitnehmerbegriff der Massenentlassungsrichtlinie (und den Fall einer öffentlichen Förderung des Praktikums); zust. *Weber/Zimmer*, EuZA 9 (2016), 224 (234 f.); a. A. wohl *Kreuschitz*, in: GSH, Europäisches Unionsrecht, Art. 45 AEUV, Rn. 32.

[108] So auch *Wißmann*, in: Müller-Glöge/Preis/Schmidt (Hrsg.), Erfurter Kommentar zum Arbeitsrecht, 2014, Art. 45 AEUV, Rn. 8; *Forsthoff*, in: Grabitz/Hilf/Nettesheim, EU, Art. 45 AEUV (September 2010), Rn. 94. Zur Frage der Weisungsabhängigkeit in diesem Fall s. Rn. 45.

[109] Genauer *Kreuschitz*, in: GSH, Europäisches Unionsrecht, Art. 45 AEUV, Rn. 34 ff.

42 **Rechtsreferendare** im deutschen juristischen Vorbereitungsdienst, der eine notwendige Voraussetzung für den Zugang zum Richteramt ist,[110] sind hingegen Arbeitnehmer im Sinne des Art. 45 AEUV, da sie eine wirtschaftliche Tätigkeit in Weisungsabhängigkeit gegen Entgelt ausführen: Sie »sollen im Rahmen ihres Vorbereitungsdienstes die während des Studiums erworbenen Rechtskenntnisse praktisch anwenden und somit nach Weisung ihrer Ausbilder einen Beitrag zu deren Tätigkeit leisten; während ihrer Ausbildung erhalten die Rechtsreferendare eine Vergütung in Form eines Unterhaltsbeitrags.«[111] Das gleiche gilt für **Studienreferendare**.[112]

3. Weisungsgebundenheit

43 Um ein Arbeitsverhältnis handelt es sich nur, wenn die tatsächliche und echte wirtschaftliche Tätigkeit unter Anleitung eines anderen durchgeführt wird. Dieses Merkmal dient der Abgrenzung der Arbeitnehmertätigkeit zur selbstständigen Tätigkeit, für die nicht die Arbeitnehmerfreizügigkeit, sondern die Dienstleistungs- oder Niederlassungsfreiheit in Betracht kommen[113] (Art. 49 ff. und 56 ff AEUV; zur Abgrenzung s. auch Rn. 59 ff.). Das Merkmal der Weisungsgebundenheit ist auch als »Unterordnungsverhältnis« oder »**Abhängigkeitsverhältnis**« bezeichnet worden.[114] Weisungsabhängigkeit drückt sich häufig darin aus, dass eine Arbeit die Integration des Beschäftigten in die Organisation des Unternehmens mit sich bringt.[115] Da die Einbindung in einen Betrieb aber kein zusätzliches Kriterium darstellt, sind arbeitnehmerähnliche Personen (auch z. B. Heimarbeiterinnen und Heimarbeiter) von den Kriterien des EuGH ebenfalls erfasst.[116] Die **wirtschaftliche Abhängigkeit** allein reicht aber nicht aus.[117]

44 Die formale Einstufung als Selbständige oder Selbständiger nach innerstaatlichem Recht schließt nicht aus, dass jemand als Arbeitnehmer/in einzustufen ist, wenn die Selbständigkeit nur fiktiv ist und ein Arbeitsverhältnis verschleiert (s. Rn. 22 f.). Die Frage, ob ein Unterordnungsverhältnis vorliegt, ist vielmehr in jedem Einzelfall **nach Maßgabe aller Gesichtspunkte und aller Umstände** zu beantworten, die die Beziehungen zwischen den Beteiligten kennzeichnen. Entscheidend ist dabei insbesondere, inwieweit die Freiheit bei der Wahl von Zeit, Ort und Inhalt der Arbeit eingeschränkt ist.[118]

---

[110] EuGH, Urt. v. 7.12.2000, Rs. C–79/99 (Schnorbus), Slg. 2000, I–10997, Rn. 28.

[111] EuGH, Urt. v. 17.3.2005, Rs. C–109/04 (Kranemann), Slg. 2005, I–2421, Rn. 15, 18; Urt. v. 10.12.2009, Rs. C–345/08 (Peśla), Slg. 2009, I–11677, Rn. 26 f.

[112] EuGH, Urt. v. 3.7.1986, Rs. 66/85 (Lawrie-Blum), Slg. 1986, 2121, Rn. 19 ff.

[113] Dies ist maßgebliche Orientierung für den EuGH, vgl. ausführlich *Kocher*, FS Kohte, S. 896 ff.; ähnliches fordert auch *Wank*, EuZA 9 (2016), 144 (148), der aber z. T. andere Konsequenzen zieht.

[114] EuGH, Urt. v. 4.2.2010, Rs. C–14/09 (Genc), Slg. 2010, I–931, Rn. 21; Urt. v. 17.7.2008, Rs. C–94/07 (Raccanelli), Slg. 2008, I–5939, Rn. 34.

[115] Nr. 13a) der ILO-Empfehlung Nr. 198 aus dem Jahr 2006 betreffend das Arbeitsverhältnis. Wem gegenüber die Weisungsabhängigkeit bestehen muss, wurde in der Rechtsprechung bisher offen gelassen (ausführlich *Ziegler*, S. 141 ff. unter Bezug auf die Entscheidung »Allonby«); kritisch implizit *Wank*, EuZA 9 (2016), 146 f.

[116] Eine solche Fallgruppe behandelte EuGH, Urt. v. 4.12.2014, Rs. C–413/13 (FNV), ECLI:EU: C:2014:2411; so auch die Einschätzung von *Junker*, EuZA 9 (2016), 184 (195).

[117] *Ziegler*, S. 144 ff. für arbeitnehmerähnliche Personen im Sinne des deutschen Rechts (149 für die Heimarbeit); siehe auch *Wank*, EuZA 1 (2008), 172 (176 ff.); anders *Heuschmid/Hlava*, HSI-Newsletter 5/2014, Anm. 1 (zu EuGH, Urt. v. 4.12.2014, Rs. C–413/13 (FNV), ECLI:EU:C:2014: 2411); vgl. aber auch *Rebhahn*, EuZA 5 (2012), 332 f. (»ungeklärt«); siehe auch die Kritik am unionsrechtlichen Rahmen insoweit bei *Muller*, European Labour Law Journal 5 (2014), 306 (310 ff.).

[118] EuGH, Urt. v. 13.1.2004, Rs. C–256/01 (Allonby), Slg. 2004, I–873, Rn. 69 ff. in Bezug auf den Arbeitnehmerbegriff des Art. 157 AEUV.

Hierbei ist z. B. zu berücksichtigen,[119] ob eine Arbeit die Integration des Beschäftigten in die Organisation des Unternehmens mit sich bringt, ob sie von dem Beschäftigten persönlich verrichtet werden muss, ob sie innerhalb eines bestimmten Zeitrahmens oder an dem vom Auftraggeber vorgegebenen Arbeitsplatz ausgeführt wird, oder ob die Werkzeuge, Materialien und Maschinen vom Auftraggeber gestellt werden. Hinweise gegen das Bestehen eines Arbeitsverhältnisses sind etwa die Beteiligung an den geschäftlichen Risiken des Unternehmens, die freie Gestaltung der Arbeitszeit und der freie Einsatz eigener Hilfskräfte.[120]

Problematisch ist es, wenn versucht wird, unterschiedliche Abhängigkeitsverhältnisse voneinander zu unterscheiden. So ist für einen **Stipendienvertrag** mit einem wissenschaftlicher Mitarbeiter in der deutschen Rechtsprechung angenommen worden, das Abhängigkeitsverhältnis sei in diesem Fall »eigener Art«, wie es z. B. zwischen Schüler und Lehrer, Student und Professor, Prüfling und Prüfer bestehe. Die Tatsache, dass der Doktorand »natürlicherweise« bestrebt sei, sich das Wohlwollen seines Doktorvaters zu erhalten und sich deshalb »subjektiv« verpflichtet fühle, dessen »Bitten« und »Vorschlägen« nachzukommen, habe nichts mit Weisungsabhängigkeit im arbeitsrechtlichen Sinne zu tun.[121] Da das Verpflichtungsgefühl in der sozialen Realität allerdings durchaus objektiv im Verhältnis zwischen den Parteien begründet ist, und der Doktorvater mit seinem Bitten und Vorschlägen auch Erwartungen verbinden dürfte, erscheint es hier nicht überzeugend, die Weisungsabhängigkeit zu verneinen. Maßgeblich hätte vielmehr sein müssen, ob die besondere Art der Leistungsverpflichtung in Hinblick auf den Ausbildungscharakter echte wirtschaftliche Bedeutung hatte oder nicht (s. Rn. 41).

Auch zwischen **Ehegatten** kann im Rahmen eines Arbeitsverhältnisses eine solche Weisungsabhängigkeit entstehen. Die personen- und vermögensrechtlichen Beziehungen zwischen Ehegatten, die sich aus der Ehe ergeben, schließen im Rahmen der Unternehmensorganisation das Bestehen eines Unterordnungsverhältnisses, wie es für ein Arbeitsverhältnis typisch ist, nicht aus.[122] Insbesondere können auch Personen, die nach Art. 2 Buchst. b der Richtlinie 2010/41/EU[123] als Lebenspartner von Selbstständigen wie diese behandelt werden, dem Arbeitnehmerbegriff des Art. 45 AEUV unterfallen.

Weisungsgebundenheit in der konkreten Tätigkeit liegt auch vor, wenn der Vertrag so **flexibel** ist, dass der Arbeitnehmer weder eine Garantie in Bezug auf die zu leistenden Stunden hat, noch verpflichtet ist, einem Abruf von Seiten des Arbeitgebers nachzukommen. Es kommt insofern allein auf die Weisungsabhängigkeit in der ausgeübten Tätigkeit an.[124]

Insgesamt ist für den EuGH die organisatorische Unter- und Einordnung wohl von geringerer Bedeutung als für viele der mitgliedstaatlichen Arbeitsrechtsordnungen.[125] So können insbesondere auch **leitende Angestellte** Arbeitnehmer/innen im Sinn des

---

[119] Nr. 13a) der ILO-Empfehlung Nr. 198 aus dem Jahr 2006 betreffend das Arbeitsverhältnis.
[120] EuGH, Urt. v. 14.12.1998, Rs. C–3/87 (Agegate), Slg. 1989, 4459, Rn. 36.
[121] So das LAG Köln 23.7.2009–7 Sa 108/09 im Fall »Raccanelli«, EuGH, Urt. v. 17.7.2008, Rs. C–94/07 (Raccanelli), Slg. 2008, I–5939).
[122] EuGH, Urt. v. 8.6.1999, Rs. C–337/97 (Meeusen), Slg. 1999, I–3289, Rn. 15; *Kreuschitz*, in: GSH, Europäisches Unionsrecht, Art. 45 AEUV, Rn. 23.
[123] RL 2010/41/EU vom 7.7.2010 zur Verwirklichung des Grundsatzes der Gleichbehandlung von Männern und Frauen, die eine selbstständige Erwerbstätigkeit ausüben, und zur Aufhebung der Richtlinie 86/613/EWG des Rates, ABl. 2010, L 180/1.
[124] EuGH, Urt. v. 26.2.1992, Rs. C–357/89 (Raulin), Slg. 1992, I–1027, Rn. 9ff.
[125] *Rebhahn*, EuZA 5 (2012), 332f.

Art. 45 AEUV sein.[126] Weisungsgebundenheit wird nicht dadurch ausgeschlossen, dass die Arbeitnehmer eines Unternehmens zugleich **Gesellschafter** desselben sind und insofern zwischen ihnen ein gesellschaftsrechtliches Verhältnis besteht. Entscheidend ist, ob sie im Übrigen hinsichtlich der Ausführung ihrer Arbeit in einem Weisungsverhältnis zum Arbeitgeber stehen.[127] Dementsprechend kann die **Mitgliedschaft in der Unternehmensleitung** einer Kapitalgesellschaft als solche nicht ausschließen, dass ein Unterordnungsverhältnis gegenüber der Gesellschaft besteht, wenn die betreffende Person ihre Tätigkeit nach Weisung oder unter Aufsicht eines Organs ausübt, das von ihr nicht kontrolliert wird und das jederzeit gegen ihren Willen entscheiden kann.[128] Weisungsgebundenheit in diesem Sinn liegt vor, wenn ein Aufsichtsrat den Arbeitnehmer wegen schlechter Finanzverwaltung oder wegen mangelnder Loyalität jederzeit des Amtes entheben kann und einzelne wichtige Entscheidungen regelmäßig durch den Aufsichtsrat genehmigt werden müssen.[129] Allerdings kommt Weisungsgebundenheit (und damit die Arbeitnehmerstellung) nicht in Betracht bei einem Geschäftsführer mit der **Mehrheit der Anteile** oder bei einem Ein-Person-Gesellschafter, der zugleich Geschäftsführer seines Unternehmens ist.[130]

4. Arbeitnehmerbegriffe im Sekundärrecht

49 Das Unionsrecht kennt **keinen einheitlichen Arbeitnehmerbegriff**. Die Bedeutung des Begriffes hängt vom Anwendungsbereich der jeweiligen Norm ab.[131] Insbesondere stimmt der Arbeitnehmerbegriff der Arbeitnehmerfreizügigkeit nicht notwendig mit dem überein, der im Bereich von Artikel 58 AEUV und der Verordnung (EU) Nr. 883/2004[132] zur Koordinierung der Systeme der sozialen Sicherheit gilt.[133] Allerdings verwendet der EuGH, soweit er für eine autonome Auslegung dieses Begriffs eintritt, regelmäßig die Kriterien, die für Art. 45 AEUV angewandt werden, insbesondere im Primärrecht (s. Art. 157 AEUV, Rn. 21 ff.).[134]

50 Im **Sekundärrecht** kommt allerdings in der Regel keine autonome Auslegung des Begriffs in Betracht. Hier werden unterschiedliche Arbeitnehmerbegriffe verwendet;

---

[126] Vgl. EuGH, Urt. v. 13.2.2014, Rs. C–596/12 (Kommission/Italien), ECLI:EU:C:2014:77, Rn. 23, für die Massenentlassungsrichtlinie; so jetzt auch für das deutsche Recht EuGH, Urt. v. 9.7.2015, Rs. C–229/14 (Balkaya), ECLI:EU:C:2015:455.
[127] EuGH, Urt. v. 10.12.1991, Rs. C–179/90 (Merci Convenzionali Porto Di Genova), Slg. 1991, I–5889, Rn. 13. Ähnlich wäre auch für das Rechtsverhältnis eines weisungsgebunden beschäftigten Genossen einer spanischen Produktivgenossenschaft zu entscheiden, unabhängig von der gesellschaftsrechtlichen Einordnung nach mitgliedstaatlichem Recht (siehe EuGH, Urt. v. 16.6.2016, Rs. C–351/14 (Rodriguez Sánchez); siehe auch EUGH, Urt. v. 10.9.2015, Rs. C–47/14 (Holterman), ECLI:EU:C:2015:574 für die Brüssel Ia-VO.
[128] EuGH, Urt. v. 11.11.2010, Rs. C–232/09 (Danosa) für den Arbeitnehmerbegriff der Mutterschutz-Richtlinie 92/85/EWG, ELLI:EU:C:2016:447; der EuGH hielt die Vorlage aber für unzulässig und äußerte sich nicht zur Arbeitnehmereigenschaft.
[129] EuGH, Urt. v. 10.9.2014, Rs. C–270/13 (Haralambidis), ECLI:EU:C:2014:2185.
[130] EuGH, Urt. v. 27.6.1996, Rs. C–107/94 (Asscher), Slg. 1996, I–3089, Rn. 26.
[131] Siehe zum Zusammenhang von Arbeitnehmerbegriff und arbeitsrechtlichem Schutzumfang auch rechtsvergleichend *Ziegler*, S. 96 ff.; zur Begründung unterschiedlicher Begriffe S. 402 ff.; *Scheibeler*: S. 71 ff.
[132] VO (EG) Nr. 883/2004 vom 29.4.2004 zur Koordinierung der der Systeme der sozialen Sicherheit, ABl. 2004, L 166/1, ber. ABl. 2004, L 2004/1 und ABl. 2007, L 204/30.
[133] EuGH, Urt. v. 12.5.1998, Rs. C–85/96 (Martínez Sala), Slg. 1998, I–2691, Rn. 31; zum Arbeitnehmerbegriff dieser Verordnung genauer s. Art. 48 AEUV, Rn. 14 ff.
[134] *Rebhahn*, EuZA 5 (2012), 331 ff. Siehe auch zur Bedeutung dieser Auslegungen auch für die nationalen Arbeitsrechtsordnungen EUArbR/*Steinmeyer*, Art. 45 AEUV, Rn. 13.

insbesondere im Arbeitsschutzrecht gilt ein eigenständiger Arbeitnehmerbegriff.[135] Zahlreiche sozialpolitische Richtlinien auf der Grundlage Art. 153 AEUV sehen vor, dass der Anwendungsbereich nach nationalem Recht zu bestimmen ist, soweit er sich durch den Arbeitnehmerbegriff definiert. Dies gilt z. B. für die Teilzeitrichtlinie (Rahmenvereinbarung),[136] die Betriebsübergangsrichtlinie[137] oder die Massenentlassungsrichtlinie[138] (genauer s. Art. 153 AEUV, Rn. 60 ff.).

Die Kommission hat sich mit dem arbeitsrechtlichen Grünbuch im Jahre 2006 für die Entwicklung eines **einheitlichen Arbeitnehmerbegriffs** eingesetzt,[139] verfolgt dieses Projekt aber nicht weiter.[140] **51**

II. Familienangehörige

Das Recht der Familienangehörigen eines Arbeitnehmers auf **Einreise und Aufenthalt** war lange Zeit in der Arbeitnehmerfreizügigkeits-VO (EWG) Nr. 1612/68[141] geregelt, findet sich aber mittlerweile nicht mehr in der heutigen VO (EU) Nr. 492/2011,[142] sondern in der Richtlinie 2004/38 über die Freizügigkeit der Unionsbürger.[143] Als notwendige Konsequenz und Voraussetzung für die Effektivität der Arbeitnehmerfreizügigkeit ist ein solches Recht allerdings bereits Art. 45 Abs. 1 AEUV zu entnehmen; denn die Freizügigkeit eines Arbeitnehmers oder einer Arbeitnehmerin würde nicht nur behindert, wenn der Aufnahmestaat den Familienangehörigen die sozialen Leistungen verweigern könnte, die er seinen Staatsangehörigen gewährt (zur Konkretisierung in der VO (EU) Nr. 492/2011 s. Art. 46 AEUV, Rn. 4, 9 ff.), sondern auch, wenn er den Familienangehörigen Einreise und Aufenthalt verwehrt.[144] »Das Zusammenleben mit seiner Familie ist für den Arbeitnehmer aus menschlicher Sicht« von Bedeutung; das »Recht, mit seinen nahen Verwandten zu leben« ist zudem durch Art. 8 der EMRK **52**

---

[135] *Ziegler*, S. 267 ff.; *Scheibeler*, S. 58 ff.
[136] Richtlinie 97/81/EG vom 15. 12. 1997 zu der von UNICE, CEEP und EGB geschlossenen Rahmenvereinigung über Teilzeitarbeit, ABl. 1998, L 14/9; EuGH, Urt. v. 1. 3. 2012, Rs. C–393/10 (O'Brien), ECLI:EU:C:2012:110; *Ziegler*, S. 238 ff.
[137] Richtlinie 2001/23/EG vom 12. 3. 2001 zur Angleichung der Rechtsvorschriften der Mitgliedstaaten über die Wahrung von Ansprüchen der Arbeitnehmer beim Übergang von Unternehmen, Betrieben oder Unternehmens- oder Betriebsteilen, ABl. 2001, L 82/16; EuGH, Urt. v. 6. 9. 2011, Rs. C–108/10 (Scattolon), Slg. 2011, I–7491; *Ziegler*, S. 212 ff.
[138] Richtlinie 98/59/EG vom 20. 7. 1998 zur Angleichung der Rechtsvorschriften der Mitgliedstaaten über Massenentlassungen, ABl. 1998, L 225/16; EuGH, Urt. v. 13. 2. 2014, Rs. C–596/12 (Kommission/Italien), ECLI:EU:C:2014:77; *Ziegler*, S. 359 ff.
[139] Europäische Kommission, Grünbuch »Ein moderneres Arbeitsrecht für die Herausforderungen des 21. Jahrhunderts«, KOM(2006)708 endg.; vgl. auch die von *Wank*, EuZA 1 (2008), 172 (189 f.). vorgeschlagene eigene Definition; gegen eine Vereinheitlichung der Begrifflichkeiten mit ausführlicher Auseinandersetzung *Ziegler* S. 402 ff.
[140] Für eine Vermutungsregelung aber *Rebhahn*, EuZA 4 (2011), 295 (305 ff.).
[141] VO (EWG) Nr. 1612/68 vom 15. 10. 1968 über die Freizügigkeit der Arbeitnehmer innerhalb der Gemeinschaft, ABl. 1968, L 257/2, ber. ABl. 1968, L 295/12.
[142] VO (EU) Nr. 492/2011 vom 5. 4. 2011 über die Freizügigkeit der Arbeitnehmer innerhalb der Union, ABl. 2011 L 141/1.
[143] Richtlinie 2004/38/EG vom 29. 4. 2004 über das Recht der Unionsbürger und ihrer Familienangehörigen, sich im Hoheitsgebiet der Mitgliedstaaten frei zu bewegen und aufzuhalten, ABl. 2004, L 158/77.
[144] *Schneider/Wunderlich*, in: Schwarze, EU-Kommentar, Art. 45 AEUV, Rn. 87; Kreutschitz, in: GSH, Europäisches Unionsrecht, Art. 45 AEUV, Rn. 46 f.; EuGH, Urt. v. 20. 6. 1985, Rs. 94/84 (Office national de l'emploi), Slg. 1985, 1873, Rn. 22 f.

geschützt.[145] Dieses Recht wird durch Art. 5 (Einreise), Art. 6 (kürzere Aufenthalte) und Art. 7 Abs. 2 (Aufenthalte von mehr als 3 Monaten) der Richtlinie 2004/38 konkretisiert.

53 **Familiengehörige** sind die Ehegatten und Lebenspartner/innen in einer der Ehe gleichgestellten eingetragenen Partnerschaft, Verwandte in aufsteigender Linie, denen Unterhalt gewährt wird, sowie Verwandte in absteigender Linie, solange diese noch nicht das 21. Lebensjahr vollendet haben und ihnen noch Unterhalt gewährt wird (Art. 2 Nr. 2 der Richtlinie 2004/38/EG[146]).[147] Gegenüber der früheren Regelung in Art. 10 und 11 VO (EWG) Nr. 1612/68 wird der Kreis der Berechtigten damit nur durch die Einbeziehung eingetragener Lebenspartnerschaften erweitert.[148]

54 Für Familienangehörige, die die Staatsangehörigkeit eines Mitgliedstaates haben, bedurfte es keiner besonderen Vorschriften, diese sind insofern nur deklaratorisch. Von eigenständiger Bedeutung sind die Art. 6 Abs. 2, Art. 7 Abs. 2 und Art. 23 der Richtlinie 2004/38 jedoch für Familienangehörige, die **Drittstaatsangehörige** sind und die den Unionsbürger in den Aufnahmemitgliedstaat begleiten oder ihm nachziehen[149] (soweit nicht ohnehin schon Art. 45 AEUV eingreift, s. Rn. 52).

55 Die Arbeitnehmerfreizügigkeit gewährt den Familienangehörigen eines Arbeitnehmers als solchen kein Recht auf **Zugang zum Arbeitsmarkt**; Art. 23 der Richtlinie 2004/38 erweitert Art. 45 AEUV insofern.[150] Die Rechte Drittstaatsangehöriger, »irgendeine Tätigkeit im Lohn- oder Gehaltsverhältnis auszuüben«, sind insofern abhängig von ihren Familienangehörigen. Es besteht kein Recht, in einem anderen Mitgliedstaat tätig zu werden als demjenigen, in dem der Ehegatte von seinem Freizügigkeitsrecht Gebrauch gemacht hat.[151] Allerdings müssen sie nicht in einer einzigen ständigen Familienwohnung leben; auch die Erwerbstätigkeit kann innerhalb desselben Mitgliedstaats an einem Ort ausübt werden, der vom Aufenthaltsort des Wanderarbeitnehmers entfernt ist.[152]

III. Unternehmen und Arbeitgeber

56 Art. 45 AEUV hat insofern drittschützenden Charakter, als sie nicht nur Arbeitnehmerinnen und Arbeitnehmer, sondern **alle Arbeitsmarktakteure** schützt, die ein Interesse an grenzüberschreitenden Arbeitsmärkten haben. Der EuGH begründet dies mit dem effet utile und der Verhinderung von Umgehungen;[153] ein subjektives Recht der geschützten Akteure ergibt sich als »notwendige Kehrseite«[154] des Verbotscharakters der Arbeitnehmerfreizügigkeit. Die Tatsache, dass Arbeitgeber daneben eigene Rechte

---

[145] EuGH, Urt. v. 18.5.1989, Rs. 249/86 (Kommission/Deutschland), Slg. 1989, 1263, Rn. 10f.; Urt. v. 27.6.2006, Rs. C–540/03 (Parlament/Rat), Rn. 52.
[146] ABl. 2004, L 158/77.
[147] Siehe auch EuGH, Urt. v. 12.5.1998, Rs. C–85/96 (Martínez Sala), Slg. 1998, I–2691, Rn. 33 zur früheren Arbeitnehmerfreizügigkeits-VO 1612/68/EWG (dort Art. 7).
[148] *Schneider/Wunderlich*, in: Schwarze, EU-Kommentar, Art. 45 AEUV, Rn. 98; *Khan*, in: Geiger/Khan/Kotzur, EUV/AEUV, Art. 45 AEUV, Rn. 32.
[149] *Schneider/Wunderlich*, in: Schwarze, EU-Kommentar, Art. 45 AEUV, Rn. 108.
[150] Zur Rechtslage vor 2011 siehe auch Art. 11 der Verordnung 1612/68/EWG vom 15.10.1968 über die Freizügigkeit der Arbeitnehmer innerhalb der Gemeinschaft, ABl. 1968, L 257/2.
[151] EuGH, Urt. v. 30.3.2006, Rs. C–10/05 (Mattern und Cikovic), Slg. 2006, I–3145, Rn. 27f.
[152] EuGH, Urt. v. 13.2.1985, Rs. C–267/83 (Diatta), Slg. 1985, 567, Rn. 18.
[153] EuGH, Urt. v. 7.5.1998, Rs. C–350/96 (Clean Car Autoservice), Slg. 1998, I–2521, Rn. 19ff.
[154] *Schneider/Wunderlich*, in: Schwarze, EU-Kommentar, Art. 45 AEUV, Rn. 22.

aus der Dienstleistungsfreiheit haben können, steht dem nicht entgegen;[155] denn diese Rechte betreffen sie nur in ihrer Eigenschaft als Unternehmer und gerade nicht in ihrer Eigenschaft als Arbeitgeber (s. Rn. 61 zum Verhältnis von Entsendung und Arbeitnehmerfreizügigkeit). Für Arbeitsvermittler ist dies zwar insofern anders zu beurteilen, als diese bei einer grenzüberschreitenden Tätigkeit immer auch Rechte aus der Dienstleistungsfreiheit geltend machen. Insofern fordert der effet utile, dass sie in diesem Zusammenhang auch die Verbotswirkungen des Art. 45 AEUV geltend machen können.

1. Arbeitgeber

Deshalb können sich insbesondere **Arbeitgeber** unmittelbar auf Art. 45 AEUV berufen. Dies ist z.B. relevant, wenn Arbeitgeber durch einen Verstoß gegen Art. 45 AEUV daran gehindert oder darin beschränkt werden, einen EU-Arbeitnehmer einzustellen,[156] oder wenn sie Zuschüsse und Subventionen für die Einstellung einer Arbeitslosen nur deshalb nicht erhalten, weil diese in einem anderen Mitgliedstaat wohnt.[157] Es erlaubt den Arbeitgebern darüber hinaus, sich gegen alle Beschränkungen der Arbeitsvertragsfreiheit zu richten, die gleichzeitig die Arbeitnehmerfreizügigkeit beschränken.[158]

57

2. Arbeitsvermittler

Aufgrund des drittschützenden Charakters kann sich auch eine **Arbeitsvermittlung** auf Art. 45 AEUV berufen, wenn sie z.B. verlangt, dass eine öffentliche Förderung von Vermittlungen nicht danach unterscheidet, ob eine Vermittlung aus oder in das Aus- oder Inland stattfindet.[159] Allerdings ist hier kein subjektives Recht anzuerkennen (s. Rn. 56).

58

3. Verhältnis zur Dienstleistungsfreiheit

Personen und Unternehmen machen von ihrer Dienstleistungsfreiheit und nicht von der Arbeitnehmerfreizügigkeit Gebrauch, wenn sie im Rahmen **selbstständiger Dienstleistungen** in einem anderen Mitgliedstaat tätig werden (zur Abgrenzung zwischen selbstständiger und unselbstständiger Tätigkeit s. Rn. 43 ff.).

59

Im Zuge einer Ausübung der Dienstleistungsfreiheit kommt es häufig zur **Entsendung** von Arbeitnehmern. Dabei handelt es sich um Maßnahmen, in denen ein Unternehmen einen Arbeitnehmer im eigenen Namen und unter eigener Leitung im Rahmen eines Vertrags zwischen dem entsendenden Unternehmen und dem Dienstleistungsempfänger in das Hoheitsgebiet eines anderen Mitgliedstaats entsenden, sofern für die Dauer der Entsendung ein Arbeitsverhältnis zwischen dem entsendenden Unternehmen und dem Arbeitnehmer besteht. Eine Entsendung kann auch in die Niederlassung des eigenen Unternehmens oder in ein der Unternehmensgruppe angehörendes Unterneh-

60

---

[155] So aber *Brechmann*, in: Calliess/Ruffert, EUV/AEUV, Art. 45 AEUV, Rn. 19.
[156] EuGH, Urt. v. 7.5.1998, Rs. C–350/96 (Clean Car Autoservice), Slg. 1998, I–2521, Rn. 20, 25 (Verpflichtung, einen Geschäftsführer zu bestellen, der im Inland wohnt).
[157] EuGH, Urt. v. 13.12.2012, Rs. C–379/11 (Caves Krier), ECLI:EU:C:2012:798, für die Erstattung von Sozialversicherungsbeiträgen für ältere Arbeitslose; die eingestellte Arbeitslose hatte sich an ihrem deutschen Wohnsitz, nicht aber in Luxemburg arbeitslos gemeldet.
[158] EuGH, Urt. v. 16.4.2013, Rs. C–202/11 (Las), ECLI:EU:C:2013:239, Rn. 18.
[159] EuGH, Urt. v. 11.1.2007, Rs. C–208/05 (ITC), Slg. 2007, I–181, Rn. 25 ff. für Vermittlungsgutscheine der BA.

men stattfinden.¹⁶⁰ In diesen Fällen bleibt kollisionsrechtlich das Arbeitsrecht des Staats anwendbar, in dem der oder die Betreffende »gewöhnlich« beschäftigt ist (Art. 8 Rom I-VO).¹⁶¹ Die Voraussetzungen für die Anwendung von Vorschriften des Beschäftigungsorts als international zwingendem Recht regelt die Entsende-Richtlinie 96/71/EG.

61 In Fällen der **Entsendung** ist strittig, ob die Arbeitnehmerinnen und Arbeitnehmer auch Rechte aus Art. 45 AEUV geltend machen können. Der EuGH hat dies abgelehnt mit der Begründung, dass die Entsendung begriffsnotwendig nur vorübergehend stattfinde. Da die Arbeitnehmer nach Erfüllung ihrer Aufgabe in ihr Herkunftsland zurückkehren, würden sie zu keinem Zeitpunkt auf dem Arbeitsmarkt des Aufnahmemitgliedstaats auftreten.¹⁶² Zu Recht stellt der EuGH hier auf das **Auftreten auf dem Arbeitsmarkt** ab.

62 Den konkreten Schluss einer Anwendung der Arbeitnehmerfreizügigkeit zog der EuGH bereits für die Dienstleistung der **Arbeitnehmerüberlassung**. Zwar sei die entgeltliche Zurverfügungstellung von Arbeitnehmer/innen, die im Dienst eines Unternehmens bleiben, an andere Unternehmen Ausübung der Dienstleistungsfreiheit, wenn kein Arbeitsvertrag mit dem Entleihunternehmen abgeschlossen wird. Da die Dienstleistung hier gerade darin bestehe, »dem Arbeitsmarkt des Aufnahmemitgliedstaats Arbeitnehmer zuzuführen«, seien die Regeln über die Arbeitnehmerfreizügigkeit hier anders als im Fall der Entsendung parallel anwendbar.¹⁶³

63 In **anderen Fällen der Entsendung** lehnte der EuGH die Anwendung der Arbeitnehmerfreizügigkeit jedoch ab. Dies ist insofern nicht ganz schlüssig, als er zugesteht, dass die Mitgliedstaaten Schutzregelungen gerade für den Fall treffen dürften, dass ein entsandter Arbeitnehmer zu einem Unternehmen im Aufnahmestaat wechsle.¹⁶⁴ Auch wenn entsandte Arbeitnehmer nach Ausführung der Tätigkeit zurückreisen und insofern keinen dauerhaften Zugang zum Arbeitsmarkt des Aufnahmestaats anstreben, hat ihre Beschäftigung doch Einfluss auf diesen Arbeitsmarkt.¹⁶⁵ Auch eine konsequente Anwendung des Kriteriums eines Einflusses auf den Arbeitsmarkt des Aufnahmemitgliedstaats müsste zur Bejahung des Anwendungsbereichs des Art. 45 AEUV führen.

---

¹⁶⁰ Art. 1 Abs. 3 der Richtlinie 96/71/EG vom 16.12.1996 über die Entsendung von Arbeitnehmern im Rahmen der Erbringung von Dienstleistungen, ABl. 1996, L 18/1. Zum Begriff der Entsendung siehe auch EuGH, Urt. v. 10.2.2011, verb. Rs. C–307/09 – 309/09 (Vicoplus), Slg. 2011, I–453, Rn. 42 ff.

¹⁶¹ Verordnung (EG) Nr. 593/2008 vom 17.6.2008 über das auf vertragliche Schuldverhältnisse anzuwendende Recht (Rom I), ABl. 1998, L 177/6.

¹⁶² EuGH. Urt. v. 27.3.1990, Rs. C–113/89 (Rush Portuguesa), Slg. 1990, I–1417, Rn. 15. Die Entscheidung hatte die Reichweite der Übergangsfristen für die Arbeitnehmerfreizügigkeit im Falle des Beitritts von Portugal und Spanien zum Gegenstand. In diesen Fällen war also zu prüfen, ob die Gefahr einer Störung des Arbeitsmarkts des Aufnahmemitgliedstaats bestand.

¹⁶³ Vgl. EuGH, Urt. v. 17.12.1981, Rs. 279/80 (Webb), Slg. 1981, 3305, Rn. 9, 10 (»eventuell«); Beschluss vom 16.6.2010, Rs. C–298/09 (RANI Slovakia) Slg. 2010, I–81, Rn. 36; Urt. v. 10.2.2011, verb. Rs. C–307/09 – 309/09 (Vicoplus), Slg. 2011, I–453, Rn. 30; Urt. v. 27.3.1990, Rs. C–113/89 (Rush Portuguesa), Slg. 1990, I–1417, Rn. 16; Urt. v. 11.9.2014, Rs. C–91/13 (Essent Energie Productie), ECLI:EU:C:2014:2206; anders wohl *Terhechte*, EnzEuR, Bd. 7, § 1, Rn. 25; vgl. auch *Franzen*, EuZA 4 (2011), 451 (454). Für die Abgrenzung zur Entsendung stellt der EuGH darauf ab, ob der Dienstleistungserbringer die Folgen einer nicht vertragsgemäßen Ausführung der vertraglich festgelegten Leistung trägt oder nicht, siehe EuGH, Urt. v. 18.6.2015, Rs. C–586/13 (Martin Meat), ECLI: EU:C:2015:405, Rn. 33 ff.

¹⁶⁴ Insgesamt EuGH, Urt. v. 25.10.2001, verb. Rs. C–49/98, C–50/98, C–52/98 – 54/98 und C–68/98 – 71/98 (Finalarte u. a.), Slg. 2001, I–7831, Rn. 22, 46 f.

¹⁶⁵ *Schrammel*, EuZA 2 (2009), 36 (40), der die Rechtsprechung des EuGH mit der spezifischen Situation im Fall »Rush Portuguesa« erklärt.

Das Auftreten der entsandten Arbeitnehmer kann z. B. das Lohnniveau am Aufnahmeort beeinflussen. Es ist kein Zufall, dass als Reaktion auf diese Entscheidung in den Beitrittsverträgen aus den Jahren 2004 und 2007 die Übergangsfristen auf Fälle der Entsendung ausgedehnt wurden.[166] Zur Auslegung dieser Übergangsfristen stellt der EuGH dann auch richtig darauf ab, dass es »gekünstelt [wäre], bei einem Zustrom von Arbeitnehmern zum Arbeitsmarkt eines Mitgliedstaats danach zu unterscheiden, ob sie im Zuge der Überlassung von Arbeitnehmern oder unmittelbar und eigenverantwortlich in den Markt eintreten, da diese potenziell beträchtliche Zuwanderung in beiden Fällen zu Störungen auf diesem Arbeitsmarkt führen kann«.[167]

4. Verhältnis zur Niederlassungsfreiheit

Personen machen von ihrer Niederlassungsfreiheit und nicht von der Arbeitnehmerfreizügigkeit Gebrauch, wenn sie sich zur Ausübung einer **selbstständigen Erwerbstätigkeit** in einem anderen Mitgliedstaat niederlassen. Rechte auf Einreise, Aufenthalt und Erwerbstätigkeit ergeben sich dann aus Art. 49 ff. AEUV. Die Abgrenzung erfolgt im Wesentlichen auf Grundlage der Kriterien des Arbeitnehmerbegriffs[168] (zur Abgrenzung zwischen selbstständiger und unselbstständiger Tätigkeit s. Rn. 43 ff.). In der Vergangenheit war dies z. B. im Verhältnis zu werkvertraglichen Konstruktionen relevant, da diese nach Deutschland aufgrund bilateraler Abkommen auch dort möglich waren, wo die Arbeitnehmerfreizügigkeit nicht galt.[169]

64

IV. Beschäftigung in der öffentlichen Verwaltung

Auf die Beschäftigung in der öffentlichen Verwaltung findet Art. 45 AEUV keine Anwendung (Abs. 4; ähnlich Art. 51 Abs. 1 AEUV für die Niederlassungsfreiheit und Art. 62 i. V. m. Art. 51 Abs. 1 AEUV für die Dienstleistungsfreiheit). Wegen seiner Bedeutung für die Reichweite der Arbeitnehmerfreizügigkeit ist der Begriff der »Beschäftigung in der öffentlichen Verwaltung« unionsrechtlich **autonom** auszulegen.[170]

65

Die Ausnahme bezieht sich nicht nur auf öffentliche Verwaltungen der Mitgliedstaaten, sondern auch von **Drittstaaten**.[171]

66

Als Ausnahmevorschrift ist Abs. 4 **eng auszulegen**. Die Norm erfasst nur Maßnahmen, die zur Wahrung der Interessen, die Art. 45 Abs. 4 den Mitgliedstaaten zu schützen erlaubt, unbedingt erforderlich sind.[172] Sinn und Zweck der Ausnahme besteht dar-

67

---

[166] Anhänge V-XIV, Abschnitt 2.13 zu Art. 24 der Beitrittsakte; zu den Grenzen siehe z. B. *Pechstein/Kubicki*, EuZW 2004, 167 ff.

[167] EuGH, Urt. vom 10. 2. 2011, verb. Rs. C–307/09 – 309/09 (Vicoplus), Slg. 2011, I–453, Rn. 29 ff.

[168] Siehe auch *Terhechte*, EnzEuR, Bd. 7, § 1, Rn. 21 f.

[169] Vgl. EuGH, Urt. v. 21. 1. 2010, Rs. C–546/07 (Kommission/Deutschland), Slg. 2010, I–439; siehe auch *Faist/Sieveking/Reim*, Ausland im Inland. Die Beschäftigung von Werksvertragsarbeitnehmern in der Bundesrepublik Deutschland, 1999; *Maiß*, Die Entsendung von Arbeitnehmern aus den MOE-Staaten auf Werkvertragsbasis nach der EU-Osterweiterung, 2008; siehe auch *Fuchs*, NZA 2010, 980 zur Abgrenzung im Bereich der Pflege.

[170] EuGH, Urt. v. 26. 5. 1982, Rs. 149/79 (Kommission/Belgien), Slg. 1982, 1845, Rn. 18 f.; Urt. v. 2. 7. 1996, Rs. C–473/93 (Kommission/Luxemburg), Slg. 1996, I–3207, Rn. 26; Urt. v. 30. 9. 2003, Rs. C–405/01 (Colegio de Oficiales de la Marina Mercante Española), Slg. 2003, I–391, Rn. 38.

[171] EuGH, Urt. v. 18. 10. 2012, Rs. C–583/10 (Nolan), ECLI:EU:C:2012:638, Rn. 42 f. zu Art. 2 der Massenentlassungsrichtlinie 98/59/EG (Fn. 138).

[172] *Streinz*, Europarecht, Rn. 905.

in, den Mitgliedstaaten die Möglichkeit vorzubehalten, den Zugang ausländischer Staatsangehöriger zu bestimmten Stellen in der öffentlichen Verwaltung zu beschränken. Die Beschränkung des Zugangs zu Stellen im öffentlichen Dienst auf Angehörige des eigenen Staates wird dann als legitim angesehen, wenn diese ein **Verhältnis besonderer Verbundenheit** des jeweiligen Stelleninhabers zum Staat sowie die Gegenseitigkeit der Rechte und Pflichten voraussetzen, die dem Staatsangehörigkeitsband zugrunde liegen.[173] Dabei ist zu berücksichtigen, dass sich nicht nur infolge weitgehender Privatisierung und Aufgabenauslagerung das Verhältnis von Bürger und Staat in den meisten Mitgliedstaaten verändert hat, sondern infolge der Europäisierung auch das Konzept der Staatsbürgerschaft im Raum der Europäischen Union.[174]

68 Aufgrund der Zielsetzung des Art. 45 Abs. 4 AEUV gilt die Norm deshalb nur für den **Zugang zur Beschäftigung**. Bezüglich Entlohnung und sonstiger Arbeitsbedingungen gelten die Grundsätze der Abs. 1–3. Ist ein Arbeitnehmer einmal in die öffentliche Verwaltung eines Mitgliedstaats aufgenommen worden, kann er nicht von der Anwendung des Art. 45 AEUV ausgeschlossen werden.[175]

69 Aufgrund seiner Zwecksetzung ist der Begriff der öffentlichen Verwaltung in Art. 45 Abs. 4 AEUV **funktionell** und nicht institutionell auszulegen. Unter den Begriff fällt nicht jede Tätigkeit oder Stelle, die dem Staat oder einer anderen öffentlich-rechtlichen Einrichtung bzw. einem öffentlich-rechtlichen Arbeitgeber zuzuordnen ist. Umgekehrt bedeutet dies, dass die Prüfung anhand von Artikel 45 Absatz 4 AEUV **für jeden einzelnen Arbeitsplatz** erfolgen muss und nicht auf den öffentlichen Dienst als solchen ausgedehnt werden darf. Die Mitgliedstaaten dürfen Wanderarbeitnehmer deshalb nicht generell von Einstellungsauswahlverfahren für den öffentlichen Dienst ausschließen, es sei denn, alle über diese Auswahlverfahren zugänglichen Stellen erfüllen die Kriterien der Rechtsprechung (wie etwa Auswahlverfahren für Richter).[176]

70 Umgekehrt ist die Beschäftigung im Dienst eines **privatrechtlichen Arbeitgebers** zwar ein Indiz dafür, dass es sich nicht um öffentliche Verwaltung handelt.[177] Allerdings können öffentliche Aufgaben auch von Privaten wahrgenommen werden; Art. 45 Abs. 4 AEUV kann also auf die Beschäftigung bei einer natürlichen oder juristischen Person des Privatrechts anwendbar sein, wenn den betreffenden Personen die Erfüllung öffentlicher Aufgaben als Vertreter der öffentlichen Gewalt im Dienst der allgemeinen Belange des Staates übertragen ist.[178]

---

[173] EuGH, Urt. v. 12.2.1974, Rs. 152/73 (Sotgiu), Slg. 1974, 153, Rn. 4; Urt. v. 30.9.2003, Rs. C–47/02 (Anker u.a.), Slg. 2003, I–10447; Urt. v. 26.4.2007, Rs. C–392/05 (Alevizos), Slg. 2007, I–3505, Rn. 70; Urt. v. 17.12.1980, Rs. C–149/79 (Kommission/Belgien), Slg. 1980, 3881, Rn. 10; Urt. v. 10.9.2014, Rs. C–270/13 (Haralambidis), ECLI:EU:C:2014:2185.

[174] GA *Wahl*, Schlussanträge zu Rs. C–270/13 (Haralambidis), Rn. 49 ff., der sich in Fn. 39 mit dieser Begründung insbesondere vom Ergebnis des EuGH Urt. v. 26.5.1982, Rs. 149/79 (Kommission/Belgien), Slg. 1982, 1845, distanziert.

[175] EuGH, Urt. v. 12.2.1974, Rs. 152/73 (Sotgiu), Slg. 1974, 153, Rn. 4; *Weerth*, in: Lenz/Borchardt, EU-Verträge, Art. 45 AEUV, Rn. 84, 86; *Schneider/Wunderlich*, in: Schwarze, EU-Kommentar, Art. 45 AEUV, Rn. 142.

[176] EuGH, Urt. v. 12.2.1974, Rs. 152/73 (Sotgiu), Slg. 1974, 153, Rn. 4; Urt. v. 2.7.1996, Rs. C–290/94 (Kommission/Griechenland), Slg. 1996, I–3285, Rn. 2; vgl. *Europäische Kommission*, Arbeitsdokument »Freizügigkeit der Arbeitnehmer im öffentlichen Sektor«, SEK(2010) 1609 endg., S. 13 f.

[177] EuGH, Urt. v. 17.3.2005, Rs. C–109/04 (Kranemann), Slg. 2005, I–2421, Rn. 19 (Referendarstätigkeit bei einer Anwaltskanzlei in London).

[178] EuGH, Urt. v. 30.9.2003, Rs. C–47/02 (Anker u.a.), Slg. 2003, I–10447.

Für die Anwendung des Art. 45 Abs. 4 AEUV ist in jedem Fall erforderlich, dass es 71
sich um konkrete Funktionen oder Aufgaben handelt, die eine unmittelbare oder mittelbare Teilnahme an der **Ausübung hoheitlicher Befugnisse** und an der Wahrnehmung von Aufgaben mit sich bringen, die auf die Wahrung der allgemeinen Belange des Staates und anderer öffentlicher Körperschaften gerichtet sind.[179] Beide Voraussetzungen (hoheitliche Befugnisse und Wahrung allgemeiner Belange des Staates) müssen kumulativ vorliegen.[180] Dies wird in aller Regel gegeben sein, wenn besondere Befugnisse gegenüber dem Bürger ausgeübt werden, solange es sich nicht um Tätigkeit mit lediglich vorbereitender oder technischer Natur handelt. Die Wahrnehmung von allgemeinen Belangen des Staates ist aber auch zu verneinen, wenn die Tätigkeit »allgemein einen technischen und wirtschaftslenkenden Charakter« hat und »Erwägungen vornehmlich wirtschaftlicher Art gehorch[t]«.[181]

Eine auf die Abgrenzung von Leistungs- und Eingriffsverwaltung bezogene Betrachtungsweise kann einen wichtigen Anhaltspunkt von den Bereichen vermitteln, die unter 72
Art. 45 Abs. 4 AEUV fallen können.[182] Nicht unter die Ausnahmeregelung fallen danach jedenfalls Einrichtungen bzw. **öffentliche Unternehmen**, die mit der Verwaltung und Erbringung kommerzieller Dienstleistungen betraut sind (z.B. öffentliches Verkehrswesen, Strom-, Wasser- und Gasversorgung, Luftverkehrsunternehmen und Reedereien,[183] Post- und Fernmeldewesen, Rundfunk- und Fernsehanstalten), Einrichtungen des öffentlichen **Gesundheitswesens**, staatliche **Bildungseinrichtungen** sowie die **zivile Forschung** in staatlichen Forschungsanstalten.[184] In diesen Bereichen dürfte ein allgemeines Staatsangehörigkeitserfordernis in der Regel unionsrechtswidrig sein.[185]

Hingegen erfordern die Aufgaben, die mit einer Aufrechterhaltung der Sicherheit 73
und der Ausübung polizeilicher Befugnisse verbunden sind, in der Regel die Ausübung hoheitlicher Befugnisse. Die Ausnahme kann also insbesondere für **spezifische Dienste**

---

[179] St. Rspr., EuGH, Urt. v. 17.12.1980, Rs. C–149/79 (Kommission/Belgien), Slg. 1980, 3881, Rn. 10f.; Urt. v. 30.6.1986, Rs. 307/84 (Kommission/Frankreich), Slg. 1986, 1725, Rn. 12; Urt. v. 2.7.1996, Rs. C–290/94 (Kommission/Griechenland), Slg. 1996, I–3285, Rn. 2; Urt. v. 30.9.2003, Rs. C–405/01 (Colegio de Oficiales de la Marina Mercante Española), Slg. 2003, I–391, Rn. 39; Urt. v. 26.4.2007, Rs. C–392/05 (Alevizos), Slg. 2007, I–3505, Rn. 69. Urt. v. 30.9.2003, Rs. C–47/02 (Anker u.a.), Slg. 2003, I–10447, Rn. 58. Zur Auslegung als kumulative Anforderungen siehe *Kreuschitz*, in: GSH, Europäische Union, Art. 45 AEUV, Rn. 157.
[180] *Weerth*, in: Lenz/Borchardt, EU-Verträge, Art. 45 AEUV, Rn. 83f.; *Brechmann*, in: Calliess/Ruffert, EUV/AEUV, Art. 45 AEUV, Rn. 103ff., 109; *Schneider/Wunderlich*, in: Schwarze, EU-Kommentar, Art. 45 AEUV, Rn. 135, 136.
[181] EuGH, Urt. v. 10.9.2014, Rs. C–270/13 (Haralambidis), ECLI:EU:C:2014:2185, Rn. 53; Rn. 60.
[182] *Kreuschitz*, in: GSH, Europäische Union, Art. 45 AEUV, Rn. 160; EUArbR/*Steinmeyer*, Art. 45 AEUV, Rn. 134, der den Bereich der Leistungsverwaltung und Daseinsvorsorge grundsätzlich von der Bereichsausnahme ausnehmen will; enger zu Recht *Terhechte*, EnzEuR, Bd. 7, § 1, Rn. 66 (Einzelfallbeurteilung).
[183] Zum Gebiet des Verkehrs vgl. *Kreuschitz*, in: GSH, Europäisches Unionsrecht, Art. 45 AEUV, Rn. 42.
[184] *Europäische Kommission*, Arbeitsdokument SEK(2010) 1609 endg. (Fn. 176), S. 13 unter Bezug auf die Aktion der Kommission auf dem Gebiet der Anwendung von Art. 48 IV EWGV, Beschluss vom 18.3.1988, ABl. 1988, C–72/2; dazu auch *Streinz*, § 155, Arbeitnehmerfreizügigkeit und Niederlassungsfreiheit, in: Merten/Papier (Hrsg.), Handbuch der Grundrechte in Deutschland und Europa, Bd. VI/I, Europäische Grundrechte II, 2010, S. 795, Rn. 13.
[185] EuGH, Urt. v. 2.7.1996, Rs. C–290/94 (Kommission/Griechenland), Slg. 1996, I–3285, Rn. 34ff.; siehe auch Urt. v. 2.7.1996, Rs. 473/93 (Kommission/Luxemburg), Slg. 1996, I–3207 und Urt. v. 2.7.1996, Rs. C–173/94 (Kommission/Belgien), Slg. 1996, I–3265.

des Staates und der gleichzustellenden Körperschaften des öffentlichen Rechts Anwendung finden, also in Bereichen von Militär, Polizei und sonstigen Ordnungskräften, Rechtspflege, Ministerialbeamten, Steuerverwaltung oder Auswärtigem Dienst. Allerdings erfüllen auch in diesen Bereichen **nicht alle Stellen** die Kriterien; insbesondere bei Verwaltungsaufgaben, technischer Beratung und Instandhaltung wird ein Staatsangehörigkeitserfordernis nicht zulässig sein.[186] Anders wird dies regelmäßig bei Leitungs- und wichtigen Beratungsfunktionen sein.[187]

74 Für die Anwendung des Art. 45 AEUV ist erforderlich, dass die relevanten hoheitlichen Befugnisse regelmäßig mehr als nur einen sehr geringen Teil der Tätigkeiten ausmachen. Denn eine nur **sporadische oder ausnahmsweise Ausübung hoheitlicher Befugnisse** kann auch durch Staatsangehörige anderer Mitgliedstaaten stattfinden, ohne dass Interessen der Mitgliedstaaten gefährdet werden. Dies gilt z. B. für Kapitäne auf Hochseefischereischiffen[188] oder den Präsidenten einer Hafenbehörde.[189]

D. Verpflichtete: Unmittelbare Horizontalwirkung

I. Diskriminierungsverbot

75 Nach Meinung des EuGH entfaltet das Diskriminierungsverbot des Art. 45 Abs. 2 AEUV **unmittelbare Drittwirkung** im privaten Arbeitsverhältnis. Dies gilt jedenfalls für alle Maßnahmen, die eine **kollektive Regelung** im Arbeits- und Dienstleistungsbereich enthalten.[190] Auch Tarifverträge unterliegen Art. 45 AEUV.[191] Dem EuGH ist allerdings zu widersprechen, soweit er andeutet, dass es für die Anwendung keine Rolle spiele, ob »nicht dem öffentlichen Recht unterliegende Vereinigungen und Einrichtungen von ihrer rechtlichen Autonomie Gebrauch machen«.[192] Denn bei tarifautonomen Regelungen ist die Kontrolldichte unter Berücksichtigung des grundrechtlich gewährleisteten Einschätzungsspielraums der Tarifautonomie zu bestimmen (zur grundrechtlichen Gewährleistung dieser Autonomie s. Art. 28 GRC, Rn. 20 ff.).

---

[186] *Europäische Kommission*, Arbeitsdokument SEK(2010) 1609 endg. (Fn. 176), S. 14. Siehe auch EuGH, Urt. v. 3.5.2012, Rs. C–337/10 (Neidel), ECLI:EU:C:2012:263, Rn. 23 ff. für die Tätigkeit eines Feuerwehrmanns. Die Einordnung der zivilen Belegschaft einer Militärbasis als »öffentliche Verwaltung« (EuGH, Urt. v. 18.10.2012, Rs. C–583/10 (Nolan), ECLI:EU:C:2012:638, Rn. 34) ist deshalb nicht überzeugend; allerdings erging die Entscheidung ausschließlich zu dem entsprechenden, aber nicht entsprechend auszulegenden Begriff der öffentlichen Verwaltung in Art. 2 der Massenentlassungsrichtlinie 98/59/EG (Fn. 138).
[187] *Kreuschitz*, in: GSH, Europäisches Unionsrecht, Art. 45 AEUV, Rn. 163.
[188] EuGH, Urt. v. 30.9.2003, Rs. C–47/02 (Anker u. a.), Slg. 2003, I–10447; Urt. v. 30.9.2003, Rs. C–405/01 (Colegio de Oficiales de la Marina Mercante Española), Slg. 2003, I–391; Urt. v. 10.12.2009, Rs. C–460/08 (Kommission/Griechenland), Slg. 2009, I–216.
[189] EuGH, Urt. v. 10.9.2014, Rs. C–270/13 (Haralambidis), ECLI:EU:C:2014:2185.
[190] EuGH, Urt. v. 6.6.2000, Rs. C–281/98 (Angonese), Slg. 2000, I–4139, Rn. 31; Urt. v. 17.7.2008, Rs. C–94/07 (Raccanelli), Slg. 2008, I–5939, Rn. 45 ff.; siehe auch schon Urt. v. 12.12.1974, Rs. C–36/74 (Walrave und Koch), Slg. 1974, 1405, Rn. 17, allerdings noch unter Berufung auf Art. 7 Abs. 4 der Verordnung 1612/68/EWG.
[191] EuGH, Urt. v. 10.3.2011, Rs. C–379/09 (Casteels), Slg. 2011, I–1379, Rn. 19.
[192] So aber EuGH, Urt. v. 12.12.1974, Rs. C–36/74 (Walrave und Koch), Slg. 1974, 1405, Rn. 18; Urt. v. 15.12.1995, Rs. C–415/93 (Bosman), Slg. 1995, I–4921, Rn. 83; Urt. v. 17.7.2008, Rs. C–94/07 (Raccanelli), Slg. 2008, I–5939, Rn. 44.

76 Das Diskriminierungsverbot gilt auch für Individualverträge und bindet **einzelne Private**, insbesondere einzelne Arbeitgeber.[193] Dies ergibt sich auch aus der »Konkretisierung« der Norm durch die Arbeitnehmerfreizügigkeitsverordnungen seit 1968.[194] Der EuGH begründet es damit, dass die Norm zusammen mit Art. 157 AEUV eine nichtdiskriminierende Behandlung auf dem Arbeitsmarkt gewährleisten soll und insofern grundlegende Rechte auf Gleichbehandlung spezifiziert.[195] Er führt an, dass die Arbeitsbedingungen in den verschiedenen Mitgliedstaaten teilweise durch Gesetze oder Verordnungen und teilweise durch Individual- oder Kollektivverträge geregelt seien, und eine Beschränkung des Diskriminierungsverbots auf behördliche Maßnahmen zu Ungleichheiten bei seiner Anwendung führen würde.[196] Für die Drittwirkung der Arbeitnehmerfreizügigkeit kann auch die häufig anzunehmende funktionale Äquivalenz hoheitlicher und privater Maßnahmen bei der Gestaltung von Arbeitsmärkten ins Feld geführt werden, die sich aus den Machtungleichgewichten auf diesen Märkten ergibt. Die Situationen »wenigstens regionaler« faktischer Machtstellung lassen sich nicht danach typisieren, ob es sich um eine intermediäre Organisation oder um einen einzelnen Arbeitgeber handelt.[197] Auf den Arbeitsmärkten haben wir es insofern mit einer anderen Situation zu tun als bei anderen Märkten und Grundfreiheiten, so dass das Argument des effet utile hier unabhängig von der Frage einer einheitlichen Auslegung der Grundfreiheiten überzeugt.[198] Deshalb ist auch eine Begrenzung der Drittwirkung auf das Verbot der unmittelbaren Diskriminierung[199] abzulehnen. Insofern muss allerdings bei der Anwendung berücksichtigt werden, dass die privaten Akteure von ihrer eigenen Privatautonomie Gebrauch machen.

77 **Art. 7 Abs. 4 der Verordnung (EU) 492/2011 über Arbeitnehmerfreizügigkeit** konkretisiert und bestätigt dies also nur,[200] wenn er vorsieht, dass »alle Bestimmungen in Tarif- oder Einzelarbeitsverträgen oder sonstigen Kollektivvereinbarungen betreffend Zugang zur Beschäftigung, Entlohnung und sonstige Arbeits- und Kündigungsbedingungen […] von Rechts wegen nichtig [sind], soweit sie für Arbeitnehmer, die Staatsangehörige anderer Mitgliedstaaten sind, diskriminierende Bedingungen vorsehen oder zulassen«. Diese Vorschrift ist auch anwendbar, soweit es um vertraglich geregelte Ansprüche geht, die aus öffentlichen Mitteln gegenfinanziert werden.[201]

---

[193] A.A. *Terhechte*, EnzEuR, Bd. 7, § 1, Rn. 46.
[194] *Brechmann*, in: Calliess/Ruffert, EUV/AEUV, Art. 45 AEUV, Rn. 55.
[195] Für einen Erst-Recht-Schluss aus der Defrenne-Rechtsprechung zu Art. 157 AEUV (s. Art. 157 AEUV, Rn. 1, Rn. 13) siehe EuGH, Urt. v. 6.6.2000, Rs. C–281/98 (Angonese), Slg. 2000, I–4139, Rn. 34, 35; für Diskriminierungsverbote zustimmend auch *Herresthal*, ZEuP 2014, 238 (254).
[196] EuGH, Urt. v. 13.4.2000, Rs. C–176/96 (Lehtonen und Castors Braine), Slg. 2000, I–2681, Rn. 35; Urt. v. 6.6.2000, Rs. C–281/98 (Angonese), Slg. 2000, I–4139, Rn. 30 ff.; Urt. v. 17.7.2008, Rs. C–94/07 (Raccanelli), Slg. 2008, I–5939, Rn. 41 ff.; *Brechmann*, in: Calliess/Ruffert, EUV/AEUV, Art. 45 AEUV, Rn. 55; dies ist auch das Hauptargument bei *Schneider/Wunderlich*, in: Schwarze, EU-Kommentar, Art. 45 AEUV, Rn. 39.
[197] So aber wohl *Franzen*, in: Streinz, EUV/AEUV, Art. 45 AEUV, Rn. 93, der aber gleichzeitig und insofern widersprüchlich die »faktische« Machtstellung mit einer rechtlichen Regelsetzungsbefugnis gleichsetzt.
[198] So auch *Ludwigs/Weidermann*, Jura 2014, 152 (157 f.).
[199] So *Forsthoff*, in: Grabitz/Hilf/Nettesheim, EU, Art. 45 AEUV (September 2010), Rn. 169, 175 mit dem Argument zu großer Rechtsunsicherheit in den Rechtsbeziehungen zwischen Privaten.
[200] Anders (geht über Art. 45 AEUV hinaus) vor dem Hintergrund seiner Beschränkung der Drittwirkung auf mächtige Vertretungsorganisationen *Franzen*, in: Streinz, EUV/AEUV, Art. 45 AEUV, Rn. 93.
[201] EuGH, Urt. v. 28.6.2012, Rs. C–172/11 (Erny), ECLI:EU:C:2012:399, Rn. 35.

II. Beschränkungsverbot

78 Aus den gleichen Gründen entfaltet Art. 45 Abs. 2 AEUV unmittelbare Drittwirkung im privaten Arbeitsverhältnis, soweit der Gewährleistungsgehalt des Beschränkungsverbots (s. Rn. 123 ff.) betroffen ist. Dies gilt sowohl für kollektive Regelungen[202] wie für Individualverträge.[203]

E. Sachlicher Schutzbereich

I. Rechte aus Art. 45 Abs. 3 AEUV

1. Schutzbereich

79 Art. 45 Abs. 3 Buchst. a und d AEUV gewähren das Recht, in einem anderen Mitgliedstaat ein Verhältnis abhängiger Erwerbsarbeit zu suchen. Art. 45 AEUV gewährt ein **Recht auf Zugang zur Beschäftigung** und somit ein Recht auf Einreise (Buchst. b und c) sowie ein Aufenthaltsrecht zum Zweck der Stellensuche.[204] Die Norm gewährt unmittelbar wirkende subjektive Rechte.[205] Die Norm enthält auch das Recht, nach Beendigung einer Beschäftigung im Hoheitsgebiet eines Mitgliedstaates zu verbleiben. Damit entfällt im Anwendungsbereich der Arbeitnehmerfreizügigkeit insbesondere die Notwendigkeit einer Aufenthalts- und Arbeitserlaubnis. Auch eine (befristete) Aufenthaltserlaubnis kann hinsichtlich der Anerkennung des Aufenthaltsrechts nur deklaratorische Wirkung und Beweisfunktion haben.[206] Die Rechte auf Einreise und Aufenthalt bestehen auch für die Familienangehörigen der Arbeitnehmer/innen (s. Rn. 52). Die näheren Bedingungen sind in Art. 17 der Richtlinie 2004/38/EG enthalten.[207] Auch die Art. 1, 2 sowie 4 bis 6 der Arbeitnehmerfreizügigkeits-Verordnung 492/2011 konkretisieren die Anforderungen an das öffentliche Aufenthalts- und Arbeitserlaubnisrecht.

80 Pflichten zur Erfüllung von **Anzeige- und Eintragungsformalitäten** dürfen sich nicht von denen unterscheiden, die für Inländer bestehen. Gleiches gilt für Sanktionen, die bei Nichterfüllung verhängt werden. Sie dürfen insbesondere nicht die Ausweisung erfassen und müssen insgesamt verhältnismäßig sein, um nicht gegen das Verbot der Beschränkung der Arbeitnehmerfreizügigkeit zu verstoßen.[208]

---

[202] EuGH, Urt. v. 15.12.1995, Rs. C–415/93 (Bosman), Slg. 1995, I–4921, Rn. 83.
[203] EuGH Urt. v. 16.3.2010, Rs. C–325/08 (Olympique Lyonnais), Slg. 2010, I–2177; dazu *Kocher*, GPR 2011, 132 ff.; anders *Terhechte*, EnzEuR, Bd. 7, § 1, Rn. 46; *Forsthoff*, in: Grabitz/Hilf/Nettesheim, EU, Art. 45 AEUV (September 2010), Rn. 169, der die Entscheidung »Olympique Lyonnais« anders interpretiert; *Herresthal*, ZEuP 2014, 238 (254), der das Beschränkungsverbot nur bei Bestehen echter Hoheitsrechte, nicht bei bloß regelsetzender Tätigkeit angewendet sehen will.
[204] Ausführlich zu den Inhalten dieser Rechte siehe *Kreuschitz*, in: GSH, Europäisches Unionsrecht, Art. 45 AEUV, Rn. 35 ff.; Rn. 62 ff.; Rn. 75 ff.
[205] EuGH, Urt. v. 7.7.1976, Rs. C–118/75 (Watson und Belmann), Slg. 1976, 1185, Rn. 11 f.
[206] Für die Aufenthaltserlaubnis siehe z.B. EuGH, Urt. v. 18.5.1989, Rs. 249/86 (Kommission/Deutschland), Slg. 1989, 1263, Rn. 9; Urt. v. 22.5.1998, Rs. C–85/96 (Martínez Sala), Slg. 1998, I–2691, Rn. 53; *Schneider/Wunderlich*, in: Schwarze, EU-Kommentar, Art. 45 AEUV, Rn. 70; *Langer*, in: Fuchs (Hrsg.), Europäisches Sozialrecht, 6. Auflage, 2013, Art. 45 AEUV, Rn. 16.
[207] Siehe auch *Schneider/Wunderlich*, in: Schwarze, EU-Kommentar, Art. 45 AEUV, Rn. 53–61 (Recht auf Aufenthalt), Rn. 91–95 (Verbleiberecht/Daueraufenthaltsrecht); *Brechmann*, in: Calliess/Ruffert, EUV/AEUV, Art. 45 AEUV, Rn. 84–89 (Recht auf Aufenthalt/Verbleiberecht der Arbeitnehmer), Rn. 90–94 (Recht auf Aufenthalt der Familienangehörigen).
[208] EuGH, Urt. v. 7.7.1976, Rs. C–118/75 (Watson und Belmann), Slg. 1976, 1185, Rn. 20 ff.

Eine Konkretisierung des Rechts auf Zugang zur Beschäftigung findet sich mit dem 81
Grundrecht des **Art. 29 GRC**, wonach jeder Mensch das Recht auf Zugang zu einem
unentgeltlichen Arbeitsvermittlungsdienst hat.

2. Ordre-Public-Vorbehalt

Die Rechte aus Art. 45 Abs. 3 AEUV stehen lediglich unter einem **Ordre-public-Vor-** 82
behalt. Ein Eingriff darf nur im Interesse der öffentlichen Ordnung, Sicherheit und Gesundheit erfolgen (siehe auch Art. 52 Abs. 1 sowie Art. 62 i. V. m. 52 Abs. 1 AEUV); die Maßnahmen müssen für diese Ziele verhältnismäßig sein.[209]

Die Begriffe der öffentlichen Ordnung, Sicherheit und Gesundheit sind zwar grund- 83
sätzlich unionsrechtlich **autonom auszulegen**, wobei der Vorbehalt eng auszulegen ist. Allerdings kommen den Mitgliedstaaten hier **weite Beurteilungsspielräume** zu. Das Unionsrecht schreibt den Mitgliedstaaten »keine einheitliche Wertskala« vor. Der Begriff der öffentlichen Ordnung ist insofern zwar eng und autonom auszulegen, kann aber von Ort zu Ort und je nach Zeit etwas Unterschiedliches bedeuten.[210] Was die unionsrechtliche Auslegung angeht, so wurde der ordre-public-Vorbehalt in Art. 27 ff. der Unionsbürger-Freizügigkeits-Richtlinie 2004/38/EG konkretisiert.[211]

Die mitgliedstaatliche Rechtsordnung muss aber **widerspruchsfrei** sein. Unerwünsch- 84
tes Verhalten eines Arbeitnehmers darf nur dann zum Anlass für aufenthaltsbeendende Maßnahmen genommen werden, wenn der Mitgliedstaat bei entsprechenden Verhaltensweisen seiner eigenen Staatsangehörigen ebenfalls einschreiten würde. Dieses Problem thematisiert der EuGH zu Recht als eines der Plausibilität, Kohärenz bzw. der Konsistenz:[212] Ein Verhalten kann nicht als hinreichend schwerwiegend betrachtet werden, wenn der Staat keine Maßnahmen zur Bekämpfung des Verhaltens ergreift, solange es von eigenen Staatsangehörigen ausgeübt wird.[213] Erforderlich ist allerdings nicht, dass gegen eigene Staatsangehörige in ähnlicher Weise vorgegangen wird wie gegen (EU-)Ausländer/innen. Handelt es sich um die Tätigkeit einer Organisation, die nach Meinung des Mitgliedstaats gegen die öffentliche Ordnung verstößt, so hat der EuGH diese Einordnung einmal bereits dann als plausibel angesehen, wenn die zuständigen Behörden ihre Haltung eindeutig festgelegt und die Tätigkeit der Organisation als eine Gefahr für die Gesellschaft bezeichnet sowie Verwaltungsmaßnahmen ergriffen haben, um die Betätigung zu bekämpfen; es sei nicht erforderlich, dass der Mitgliedstaat die Organisation verboten hat.[214] Dies entspricht jedoch nicht mehr der aktuellen Rechtsprechung, die Gleichbehandlungsmaßstäbe stärker betont.[215]

Der Begriff der **öffentlichen Ordnung** bezeichnet ein »Grundinteresse der Gesell- 85
schaft«. Das Unionsrecht gibt den Mitgliedstaaten hier zwar ebenfalls keine einheitliche

---

[209] EuGH, Urt. v. 18. 5. 1989, Rs. C–249/86 (Kommission/Deutschland), Slg. 1989, 1263, Rn. 20.
[210] EuGH, Urt. v. 4. 12. 1974, Rs. C–41/74 (van Duyn), Slg. 1974, 1337, Rn. 19; Urt. v. 18. 5. 1982, verb. Rs. C–115/81 u. 116/81 (Adoui und Cornuaille), Slg. 1982, 1665, Rn. 7 f.
[211] *Epiney*, in: Vedder/Heintschel v. Heinegg, Europäisches Unionsrecht, Art. 45 AEUV, Rn. 21; *Brechmann*, in: Calliess/Ruffert, EUV/AEUV, Art. 45 AEUV, Rn. 97–102; *Schneider/Wunderlich*, in: Schwarze, EU-Kommentar, Art. 45 Rn. 122, 125 ff.
[212] Für einen analytischen Überblick siehe insbesondere *Mathisen*, CMLRev. 47 (2010), 1021 (1022 ff.).
[213] EuGH, Urt. v. 18. 5. 1982, verb. Rs. C–115/81 u. 116/81 (Adoui und Cornuaille), Slg. 1982, 1665, Rn. 9.
[214] EuGH, Rs. C–41/74 (van Duyn), Slg. 1974, 1337 zu Scientology.
[215] *Kreuschitz*, in: GSH, Europäische Unionsrecht, Art. 45 AEUV, Rn. 131 ff.

Wertskala vor; seine Gefährdung berechtigt aber nur zum Eingriff, wenn diese tatsächlich und hinreichend schwer ist.[216] Der EuGH behandelt die öffentliche Ordnung mittlerweile wie einen Oberbegriff für die hier erfassten Zielsetzungen.[217]

86 Der Begriff der **öffentlichen Sicherheit** ist deutlicher umrissen. Er erfasst sowohl die innere als auch die äußere Sicherheit eines Mitgliedstaats.[218] Die äußere Sicherheit eines Staats kann durch militärische Bedrohungen oder erhebliche Störungen der auswärtigen Beziehungen gefährdet sein. Da die Sicherheit eines Staates immer weniger isoliert betrachtet werden kann und eng mit der Sicherheit der internationalen Gemeinschaft verknüpft ist, ist auch das friedliche Zusammenleben der Völker Gegenstand der äußeren Sicherheit.[219] Die innere Sicherheit wiederum bezieht sich auf den Bestand des Staates, seiner Einrichtungen und wichtigen Dienste sowie das Überleben der Bevölkerung. Soweit das Überleben der Bevölkerung unter den Bedingungen der modernen Wirtschaft von wirtschaftlichen Dienstleistungen abhängig ist, kann in Ausnahmefällen sogar der Handel mit Wirtschaftsgütern nichtwirtschaftliche staatliche Interessen in diesem Sinn begründen.[220] Umgekehrt kann der bandenmäßige Handel mit Betäubungsmitteln auch unmittelbar nichtwirtschaftliche Gefahren für die Ruhe und die physische Sicherheit der Bevölkerung insgesamt oder eines großen Teils derselben darstellen.[221]

87 Nach Art. 27 Abs. 2 der Unionsbürger-Freizügigkeits-Richtlinie 2004/38/EG darf bei Maßnahmen aus Gründen der öffentlichen Ordnung oder Sicherheit ausschließlich auf das **persönliche Verhalten des Betroffenen** abgestellt werden, wobei strafrechtliche Verurteilungen allein solche Maßnahmen nicht ohne Weiteres begründen können. Das persönliche Verhalten selbst muss eine tatsächliche, gegenwärtige und erhebliche Gefahr darstellen, die ein Grundinteresse der Gesellschaft berührt; vom Einzelfall losgelöste Erwägungen auf generalpräventive Gesichtspunkte sind nicht zulässig (zum Verfahren siehe auch Art. 27 Abs. 3 und 4 sowie Art. 30 ff. der Richtlinie 2004/38/EG).[222] Bereits diese Einschränkung macht deutlich, dass der Vorbehalt es nicht erlaubt, bestimmte Tätigkeiten (z. B. in sicherheitsrelevanten Bereichen etwa der Atomindustrie) aus dem Anwendungsbereich der Freizügigkeitsregeln auszunehmen.[223]

88 Mit der Möglichkeit, die Freizügigkeit aus Gründen der **öffentlichen Gesundheit** zu beschränken, soll nicht der Zugang zum Gesundheitsbereich als Wirtschaftsbereich geregelt werden. Die Norm erlaubt also nicht die Aufstellung besonderer Freizügigkeitsbeschränkungen für Ärztinnen und Ärzte. Vielmehr soll den Mitgliedstaaten nur erlaubt

---

[216] EuGH, Urt. v. 27.10.1977, Rs. C–30/77 (Bouchereau), Slg. 1977, 1999; Urt. v. 18.5.1982, verb. Rs. C–115/81 u. 116/81 (Adoui und Cornuaille), Slg. 1982, 1665, Rn. 8.

[217] EuGH, Urt. v. 23.11.2010, Rs. C–145/09 (Tsakourides), Slg. 2010, I–11979, Rn. 53 f.; vgl. auch den Hinweis auf die »gesellschaftliche Ordnung« *Khan*, in: Geiger/Khan/Kotzur, EUV/AEUV, Art. 45 AEUV, Rn. 41.

[218] EuGH, Urt. v. 23.11.2010, Rs. C–145/09 (Tsakourides), Slg. 2010, I–11979, Rn. 43 f. unter Bezugnahme auf die Rechtsprechung zur Geschlechtergleichbehandlung und zu Richtlinie 76/207/EWG.

[219] EuGH, Urt. v. 17.10.1995, Rs. C–70/94 (Fritz Werner Industrie-Ausrüstungen), Slg. 1995, I–3189, Rn. 26 f.

[220] EuGH, Urt. v. 10.7.1984, Rs. 72/83 (Campus Oil), Slg. 1984, 2727, Rn. 34 f. für den Handeln mit Erdöl; *Brechmann*, in: Calliess/Ruffert, EUV/AEUV, Art. 45 AEUV, Rn. 98 ff.; *Schneider/Wunderlich*, in: Schwarze, EU-Kommentar, Art. 45 AEUV, Rn. 131 f.

[221] EuGH, Urt. v. 23.11.2010, Rs. C–145/09 (Tsakourides), Slg. 2010, I–11979, Rn. 45 ff.

[222] EuGH, Urt. v. 18.5.1982, verb. Rs. C–115/81 u. 116/81 (Adoui und Cornuaille), Slg. 1982, 1665, Rn. 17 f.; Urt. v. 18.5.1989, Rs. C–249/86 (Kommission/Deutschland), Slg. 1989, 1263. Zu den Verfahrensgarantien *Weerth*, in: Lenz/Borchardt, EU-Verträge, Art. 45 AEUV, Rn. 79–82.

[223] *Kreuschitz*, in: GSH, Europäische Union, Art. 45 AEUV, Rn. 126 f.

sein, Personen die Einreise oder den Aufenthalt aufgrund ihres Gesundheitszustandes zu verwehren.[224] Nach Art. 29 Abs. 1 der Unionsbürger-Freizügigkeits-Richtlinie 2004/38/EG kann dies geschehen bei Krankheiten, die nach Einschätzung der Weltgesundheitsorganisation WHO epidemisches Potenzial haben,[225] sowie bei sonstigen übertragbaren, durch Infektionserreger oder Parasiten verursachten Krankheiten. Erforderlich ist allerdings auch hier, dass die mitgliedstaatliche Politik widerspruchsfrei ist (s. Rn. 84), dass also gegen diese Krankheiten auch sonstige weitere Maßnahmen zum Schutz der eigenen Staatsangehörigen getroffen werden.

3. Reichweite des Ordre-Public-Vorbehalts

Art. 45 Abs. 3 AEUV beschränkt die Anwendung des ordre-public-Vorbehalts zwar auf die dort genannten Sachverhalte und Schutzbereiche. Vom Wortlaut her steht diese in direktem Zusammenhang mit den spezifischen Rechten der Bewerbung auf eine Stelle, der Einreise, des Aufenthalts und des Verbleibs in dem Beschäftigungsstaat. Bei genauer Betrachtung und systematischer Auslegung handelt es sich hierbei jedoch lediglich um spezielle Fallgruppen unmittelbarer Diskriminierung. Auch **andere unmittelbare Diskriminierungen** können somit durch diesen Vorbehalt gerechtfertigt werden.[226] Soweit **mittelbare Diskriminierungen oder Beschränkungen** bereits bei niedrigeren Rechtfertigungsschwellen (»Allgemeininteresse«) zulässig sind (s. Rn. 106), sind diese Anforderungen von den in Art. 45 Abs. 3 Eingangssatz AEUV genannten Gründen regelmäßig erfüllt.[227] Der ordre public im Sinne des Art. 45 Abs. 3 Eingangssatz AEUV kann also auch andere Diskriminierungen im Sinne des Art. 45 Abs. 2 AEUV sowie Beschränkungen der Arbeitnehmerfreizügigkeit rechtfertigen.[228]

89

Die Rechtfertigungsgründe aus Art. 45 Abs. 3 AEUV sind auf staatliches Handeln zugeschnitten. Es ist fraglich, wie diese im Fall der unmittelbaren Drittwirkung (Rn. 75) auf **private Arbeitgeber** angewandt werden können. Unproblematisch ist dies, soweit die Privaten bei einem Eingriff in eins der hier benannten Rechte ein hier benanntes Allgemeininteresse verfolgen.[229] Im Hinblick auf die wesentliche Bedeutung von Einreise, Aufenthalt und Zugang zur Beschäftigung für die Ausübung der Arbeitnehmerfreizügigkeit können insofern auch bei Privaten keine Abstriche gemacht werden.[230]

90

---

[224] EuGH, Urt. v. 7.5.1986, Rs. 131/85 (Gül), Slg. 1986, 1573, Rn. 17.

[225] Die Richtlinie verweist insofern auf die einschlägigen Rechtsinstrumente der WHO, wobei unklar bleibt, welche Instrumente hier gemeint sind.

[226] Anders *Schneider/Wunderlich*, in: Schwarze, EU-Kommentar, Art. 45 AEUV, Rn. 120; anders wohl auch *Brechmann*, in: Calliess/Ruffert, EUV/AEUV, Art. 45 AEUV, Rn. 95.

[227] *Schneider/Wunderlich*, in: Schwarze, EU-Kommentar, Art. 45 AEUV, Rn. 120 verweist für die Rechtfertigung mittelbarer Ungleichbehandlungen insofern auf EuGH, Urt. v. 23.5.1996, Rs. C–237/94 (O'Flynn), Slg. 1996, I–2617, Rn. 26; Urt. v. 7.5.1998, Rs. C–350/96 (Clean Car Autoservice), Slg. 1998, I–2521, Rn. 39.

[228] *Forsthoff*, in: Grabitz/Hilf/Nettesheim, EU, Art. 45 AEUV (September 2010), Rn. 416; *Riesenhuber*, Europäisches Arbeitsrecht, 2009, § 3, Rn. 40.

[229] *Brechmann*, in: Calliess/Ruffert, EUV/AEUV, Art. 45 AEUV, Rn. 52.

[230] *Ludwigs/Weidermann*, Jura 2014, 152 (155 f.) fordert zwar eine »Weiterentwicklung« der Rechtfertigungsgründe, bezieht sich dabei aber nicht explizit auf eine Differenzierung zwischen den einzelnen Eingriffstatbeständen.

II. Verbot der Diskriminierung wegen der Staatsangehörigkeit

91 Art. 45 Abs. 2 verbietet jede Diskriminierung in Bezug auf Beschäftigung, Entlohnung und sonstige Arbeitsbedingungen.

1. Anwendungsbereich

92 Art. 45 Abs. 2 AEUV verbietet zunächst die Diskriminierung in Bezug auf Beschäftigung, Entlohnung und sonstige Arbeitsbedingungen. Die Norm richtet sich einerseits an die Mitgliedstaaten, andererseits unmittelbar an die Arbeitgeber, was durch Art. 7 der **Verordnung (EU) 492/2011 über Arbeitnehmerfreizügigkeit** konkretisiert und bestätigt wird (s. Rn. 75 ff.). Im Folgenden werden deshalb lediglich die allgemeinen Grundsätze des Diskriminierungsverbots behandelt; Konkretisierungen und Anwendungsfälle werden bei Art. 46 AEUV, Rn. 9 ff. kommentiert.

93 Es handelt sich um eine gegenüber **Art. 18 AEUV** spezielle Regelung.[231] Sie ist gleichzeitig im Lichte dieses allgemeineren Artikels auszulegen. Dementsprechend muss das Diskriminierungsverbot auch in Bezug auf den **Zugang zur Beschäftigung** und zu entsprechenden sozialen und steuerlichen Leistungen gelten.[232]

94 Eine Konkretisierung des Art. 45 Abs. 2 AEUV stellt auch Art. 7 Abs. 2 VO (EU) Nr. 492/2011 dar, demzufolge Wanderarbeitnehmer im Aufnahmemitgliedstaat die gleichen **sozialen und steuerlichen Vergünstigungen** wie die inländischen Arbeitnehmerinnen und Arbeitnehmer genießen (s. Art. 46 AEUV, Rn. 18 ff.; Rn. 34 ff.; zu Art. 4 der Verordnung 883/2004 s. Art. 48, Rn. 79 ff.).

95 Zu beachten ist über Art. 45 AEUV hinaus auch Art. 15 Abs. 3 GRC, wonach »die **Staatsangehörigen dritter Länder**, die im Hoheitsgebiet der Mitgliedstaaten arbeiten dürfen, [...] Anspruch auf Arbeitsbedingungen [haben], die denen der Unionsbürgerinnen und Unionsbürger entsprechen.«

2. Verbot der unmittelbaren Diskriminierung (Art. 45 Abs. 2 AEUV)

a) Unmittelbare Benachteiligung wegen der Staatsangehörigkeit

96 Damit sind zunächst **unmittelbare Benachteiligungen** wegen der Staatsangehörigkeit verboten.[233] Eine Ungleichbehandlung verstößt gegen das Verbot der Diskriminierung aus Gründen der Staatsangehörigkeit, wenn Vorschriften ausdrücklich zwischen Inländern und EU-Arbeitnehmern unterscheiden, wenn also die Staatsangehörigkeit das für eine Differenzierung maßgebliche Kriterium ist.[234]

97 Eine unmittelbare Diskriminierung wegen der Staatsangehörigkeit kann auch darin liegen, dass eine Benachteiligung in Bezug auf ein Merkmal erfolgt, das notwendig mit einer bestimmten Staatsangehörigkeit verbunden ist, so dass die **Staatsangehörigkeit von indirekter, aber unmittelbarer Bedeutung** ist.[235]

---

[231] EuGH, Urt. v. 10. 9. 2009, Rs. C–269/07 (Kommission/Deutschland), Slg. 2009, I–7811, Rn. 99; Urt. v. 17. 7. 2008, Rs. C–94/07 (Raccanelli), Slg. 2008, I–5939, Rn. 45.

[232] EuGH, Urt. v. 23. 3. 2004, Rs. C–138/02 (Collins), Slg. 2004, I–2703, Rn. 58 ff.; Urt. v. 25. 10. 2012, Rs. C–367/11 (Prete), ECLI:EU:C:2012:668, Rn. 23 ff.

[233] *Epiney*, in: Vedder/Heintschel v. Heinegg, Europäisches Unionsrecht, Art. 45 AEUV, Rn. 17 f.; *Schneider/Wunderlich*, in: Schwarze, EU-Kommentar, Art. 45 AEUV, Rn. 36.

[234] *Brechmann*, in: Calliess/Ruffert, EUV/AEUV, Art. 45 AEUV, Rn. 46; *Wißmann* (Fn. 109), Art. 45 AEUV, Rn. 44; *Schneider/Wunderlich*, in: Schwarze, EU-Kommentar, Art. 45 AEUV, Rn. 36.

[235] Vgl. EuGH, Urt. v. 14. 7. 1976, Rs. C–13/76 (Donà), Slg. 1976, 1333 (nur dem Verband angehörige Spieler konnten als Profis bei Fußballspielen mitwirken; die Verbandsmitgliedschaft setzte aber die italienische Staatsangehörigkeit voraus).

Eine unmittelbare Diskriminierung entsteht, wenn **unterschiedliche Vorschriften auf** **vergleichbare Situationen** oder dieselbe Vorschrift auf unterschiedliche Situationen angewandt werden.[236] Es ist also nicht unbedingt erforderlich, dass ein konkret nachweisbarer Nachteil entstanden ist. Die Voraussetzungen können auch erfüllt sein, wenn inländische Arbeitnehmer/innen ein Wahlrecht (zwischen einem Stipendienvertrag und einem Arbeitsvertrag) haben, während dies den ausländischen Arbeitnehmer/innen nicht zukommt.[237]

98

b) Unmittelbare Benachteiligung wegen Ausübung der Freizügigkeit

Die Art. 45–48 AEUV sollen verhindern, dass ein Arbeitnehmer, der von seinem Recht auf Freizügigkeit Gebrauch gemacht hat, indem er in mehr als einem Mitgliedstaat tätig war, ohne objektiven Grund schlechter gestellt wird als ein Arbeitnehmer, der seine gesamte berufliche Laufbahn in einem einzigen Mitgliedstaat zurückgelegt hat.[238] Verboten ist also auch die unmittelbare Diskriminierung von **Wanderarbeitnehmern** oder die Benachteiligung wegen Ausübung der Freizügigkeit. Darunter fällt auch, wer nur eine von mehreren Ausbildungsstationen im Ausland ableistet[239] bzw. eine Dienstreise oder ein Probearbeitsverhältnis im Ausland absolviert. Diese Art des Eingriffs in die Arbeitnehmerfreizügigkeit wird auch häufig als Beschränkung oder Behinderung[240] oder auch als mittelbare Diskriminierung behandelt[241] (s. Rn. 104, Rn. 121 ff.). Dies ist problematisch, da für die Rechtfertigung unmittelbarer Benachteiligung höhere Anforderungen gelten (s. Rn. 102).

99

Auch **Beschäftigte der Europäischen Union** sind Wanderarbeitnehmerinnen und Wanderarbeitnehmer in diesem Sinne.[242]

100

c) Mögliche Rechtfertigungen

Eine unmittelbare Benachteiligung kann zu Zwecken des ordre public gerechtfertigt sein (s. Rn. 82 ff.).

101

Diskutiert wird darüber hinaus, ob unmittelbare Diskriminierungen durch **zwingende Gründe des Allgemeinwohls** (s. Rn. 124) gerechtfertigt werden können.[243] Dagegen spricht die Schwere dieses Eingriffs und die Tatsache, dass diese Rechtfertigung (abgesehen von den Gründen der öffentlichen Sicherheit und Ordnung nach Abs. 3 Eingangssatz) in der Norm selbst nicht vorgesehen ist.[244] Auch die Tatsache, dass über den Ver-

102

---

[236] Siehe z. B. EuGH, Urt. v. 17.7.2008, Rs. C–94/07 (Raccanelli), Slg. 2008, I–5939, Rn. 47.
[237] EuGH, Urt. v. 17.7.2008, Rs. C–94/07 (Raccanelli), Slg. 2008, I–5939.
[238] EuGH, Urt. v. 23.2.1994, Rs. C–419/92 (Scholz), Slg. 1994, I–505; Urt. v. 21.2.2013, Rs. C–619/11 (Dumont de Chassart), Rn. 54.
[239] EuGH, Urt. v. 17.3.2005, Rs. C–109/04 (Kranemann), Slg. 2005, I–2421, Rn. 29.
[240] *Wißmann* (Fn. 108), Art. 45 AEUV, Rn. 56, der die Konstellation aber auch unter »mittelbare Diskriminierung« erwähnt (Rn. 46); *Weerth*, in: Lenz/Borchardt, EU-Verträge, Art. 45 AEUV, Rn. 38; *Langer* (Fn. 206), Art. 45 AEUV, Rn. 34 (deren Differenzierung zwischen »Diskriminierungen« und »bloßen Benachteiligungen« aber nicht überzeugt); *Schneider/Wunderlich*, in: Schwarze, EU-Kommentar, Art. 45 AEUV, Rn. 43; etwas unklar *Brechmann*, in: Calliess/Ruffert, EUV/AEUV, Art. 45 AEUV, Rn. 49; *Khan*, in: Geiger/Khan/Kotzur, EUV/AEUV, Art. 45 AEUV, Rn. 19.
[241] *Wißmann* (Fn. 108), Art. 45 AEUV, Rn. 46.
[242] EuGH, Urt. v. 16.2.2006, Rs. C–185/04 (Öberg), Slg. 2006, I–1453, Rn. 12.
[243] *Weerth*, in: Lenz/Borchardt, EU-Verträge, Art. 45 AEUV, Rn. 41; *Epiney*, in: Vedder/Heintschel v. Heinegg, Europäisches Unionsrecht, Art. 45 AEUV, Rn. 22; *Brechmann*, in: Calliess/Ruffert, EUV/AEUV, Art. 45 AEUV, Rn. 46–48; *Schneider/Wunderlich*, in: Schwarze, EU-Kommentar, Art. 45 AEUV, Rn. 37 f.
[244] *Brechmann*, in: Calliess/Ruffert, EUV/AEUV, Art. 45 AEUV, Rn. 46 (»schlichtweg verboten«);

hältnismäßigkeitsmaßstab die evtl. geringere Schwere der Beeinträchtigung berücksichtigt werden kann, spricht nicht dafür, eine Abwägung, die die Verträge selbst vorgenommen haben, auf die Gerichte zu verlagern.[245]

103 Einer differenzierenden Betrachtung bedarf es für den Fall eines **Eingriffs von Seiten Privater**. Der EuGH hat jedenfalls in Bezug auf den **Sport** allein sportliche Gründe ausreichen lassen, um Differenzierungen aufgrund der Staatsangehörigkeit zu rechtfertigen. Es reiche aus, wenn eine Auswahl von Sportlern nach der Staatsangehörigkeit zur Organisation des sportlichen Wettkampfs erforderlich sei. Der EuGH akzeptiert es insoweit als »natürliche Aufgabe« von Veranstaltern von Turnieren, hierfür geeignete Regeln aufzustellen und in Anwendung dieser Regeln eine Auswahl zu treffen, selbst wenn diese auf die Auswahl nach Zugehörigkeit zu Landesverbänden hinausläuft.[246] Auch in anderen Fällen von Eingriffen Privater sind die Autonomierechte zu berücksichtigen, die den Privaten zustehen (s. Rn. 90). Im Fall des Sports mögen dies die Rechte zur Festlegung von sport-immanenten Logiken sein; in anderen stärker wirtschaftlich orientierten Bereichen mögen dies wirtschaftliche bzw. **unternehmerische Gründe** sein,[247] oder auch allgemein die Festlegung der Anforderungen für bestimmte Arbeitsaufgaben. Einen wichtigen sekundärrechtlichen Anhaltspunkt für die Rechtfertigung einer unmittelbaren Diskriminierung in der Beschäftigung durch Private kann insofern Art. 4 Abs. 1 der Richtlinie 2000/78/EG[248] liefern, wonach die Mitgliedstaaten es nicht als Diskriminierung behandeln müssen, wenn ein bestimmtes Merkmal »aufgrund der Art einer bestimmten beruflichen Tätigkeit oder der Bedingungen ihrer Ausübung eine **wesentliche und entscheidende berufliche Anforderung** darstellt, sofern es sich um einen rechtmäßigen Zweck und eine angemessene Anforderung handelt«.[249]

3. Mittelbare Diskriminierung

104 Verboten sind auch **mittelbare Diskriminierungen**. Dabei handelt es sich um »alle verschleierten Formen der Diskriminierung«, die durch die Anwendung anderer Unterscheidungskriterien tatsächlich zu dem gleichen Ergebnis führen wie eine direkte Diskriminierung aufgrund der Staatsangehörigkeit. Das gleiche gilt für Vorschriften, die »sich ihrem Wesen nach eher auf Wanderarbeitnehmer als auf inländische Arbeitnehmer auswirken [können]« und folglich Wanderarbeitnehmer besonders benachteiligen (s. Rn. 99 für die unmittelbare Diskriminierung).[250]

Schneider/Wunderlich, in: Schwarze, EU-Kommentar, Art. 45 AEUV, Rn. 36 (»ohne Weiteres verboten«).

[245] Anders *Forsthoff*, in: Grabitz/Hilf/Nettesheim, EU, Art. 45 AEUV (September 2010), Rn. 325, der aber dennoch die Rechtfertigung unmittelbarer Diskriminierungen wohl grundsätzlich ablehnt.

[246] EuGH, Urt. v. 11.4.2000, Rs. C–51/96 u. 191/97 (Deliège und Pacquée), Slg. 2000, I–2549, Rn. 67 f. (Benennung für das Olympia-Team) für die Dienstleistungsfreiheit.

[247] *Ludwigs/Weidermann*, Jura 2014, 152 (155 f.) für eine Weiterentwicklung der Rechtfertigungsgründe im Fall der unmittelbaren Drittwirkung; vgl. auch *Forsthoff*, in: Grabitz/Hilf/Nettesheim, EU, Art. 45 AEUV (September 2010), Rn. 181, 183, der auch die Rechtsprechung des EuGH in diese Richtung interpretiert.

[248] RL 2000/78/EG vom 27.11.2000 zur Festlegung eines allgemeinen Rahmens für die Verwirklichung der Gleichbehandlung in Beschäftigung und Beruf, ABl. 2000, L 303/16.

[249] Genauso Art. 4 der RL 2000/43/EG vom 29.6.2000 zur Anwendung des Gleichheitsgrundsatzes ohne Unterschied der Rasse oder der ethnischen Herkunft, ABl. 2000, L 180/22 und Art. 14 Abs. 2 RL 2006/54/EG vom 5.7.2006 zur Verwirklichung des Grundsatzes der Chancengleichheit und Gleichbehandlung von Männern und Frauen in Arbeits- und Beschäftigungsfragen, ABl. 2006, L 204/23.

[250] EuGH, Urt. v. 11.9.2008, Rs. C–228/07 (Petersen), Slg. 2008, I–6989, Rn. 53 f.

Um **neutrale Kriterien**, die zu einem ungleichen Ergebnis führen und wegen der 105
Staatsangehörigkeit benachteiligen können, handelt es sich z.B., wenn Kriterien verwendet werden, die von Inländern leichter erfüllt werden können als von Staatsangehörigen anderer Mitgliedstaaten oder von Wanderarbeitnehmern.[251] Hierzu muss nicht empirisch festgestellt werden, ob die Vorschrift in der Praxis einen wesentlich größeren Anteil der Wanderarbeitnehmer betrifft. Es genügt die Feststellung, dass die betreffende Vorschrift geeignet ist, eine solche Wirkung hervorzurufen.[252]

Die Verwendung neutraler Kriterien in diesem Sinne ist zulässig, sofern sie **objektiv** 106
gerechtfertigt ist und in einem angemessenen Verhältnis zum verfolgten Zweck steht. Eine objektive Rechtfertigung ist immer gegeben, wenn Gründe des ordre public im Sinne von Art. 45 Abs. 3 Eingangssatz AEUV (s. Rn. 82ff., Rn. 89) oder andere zwingende Gründe des Allgemeinwohls (s. Rn. 124) vorliegen. Darüber hinaus kann aber jeder sachliche Grund die Differenzierung rechtfertigen.

Auch im Rahmen des Art. 45 AEUV muss jede einzelne Leistung und Anforderung 107
für sich getrennt betrachtet werden. Ein »**Gesamtvergleich**« von Regelungen, der vorteilhafte und nachteilhafte Regelungen in eine Art Bilanz einstellt,[253] ist nicht in der Lage, Vorteile und Nachteile in ihrem sachlichen Zusammenhang zu würdigen.

Aufgrund der Möglichkeit der Rechtfertigung durch jeden sachlichen Grund bzw. 108
jegliche »sachliche Erwägungen« ergeben sich im **Fall der unmittelbaren Drittwirkung** keine besonderen Schwierigkeiten. Es bedarf insofern nicht der Geltendmachung öffentlicher Interessen. Bei der Verhältnismäßigkeitsprüfung sind allerdings die Autonomierechte der Privaten zu berücksichtigen[254] (zur Kollektivvereinbarungsautonomie Art. 28 GRC).

a) Wohnsitz oder Aufenthalt im Inland

Ein Beispiel für ein neutrales Kriterium, das ausländische Arbeitnehmer und Wander- 109
arbeitnehmer benachteiligen kann, ist das Erfordernis eines **Wohnsitzes oder eines Aufenthalts im Inland**[255] (vgl. Art. 7 der Grundverordnung 883/2004: Aufhebung von Wohnortklauseln für Geldleistungen der Mitgliedstaaten; dazu s. Art. 48 AEUV, Rn. 88ff.).

Das gleiche gilt für Kriterien, die **indirekt** mit dem Wohnsitzerfordernis verbunden 110
sind, wie z.B. das Kriterium der unbeschränkten Steuerpflichtigkeit im Inland[256] oder die Anforderung, dass man sich im Inland arbeitsuchend gemeldet hat.[257] Ein ähnliches

---

[251] EuGH, Urt. v. 27.5.1993, Rs. C–310/91 (Schmid), Slg. 1993, I–3011, Rn. 25; Urt. v. 12.9.1996, Rs. C–278/94 (Kommission/Belgien), Slg. 1996, I–4307, Rn. 28; Urt. v. 6.6.2000, Rs. C–281/98 (Angonese), Slg. 2000, I–4139, Rn. 30ff.; Urt. v. 18.1.2007, Rs. C–332/05 (Celozzi), Slg. 2007, I–563, Rn. 26.

[252] EuGH, Urt. v. 12.9.1996, Rs. C–278/94 (Kommission/Belgien), Slg. 1996, I–4307, Rn. 20; Urt. v. 18.1.2007, Rs. C–332/05 (Celozzi), Slg. 2007, I–563, Rn. 27.

[253] Dies deutete EuGH, Urt. v. 12.2.1974, Rs. C–152/73 (Sotgiu), Slg. 1974, 153, Rn. 12 an.

[254] Forsthoff, in: Grabitz/Hilf/Nettesheim, EU, Art. 45 AEUV (September 2010), Rn. 181, 183f.

[255] EuGH, Urt. v. 7.5.1998, Rs. C–350/96 (Clean Car Autoservice), Slg. 1998, I–2521, Rn. 27ff.; Urt. v. 18.7.2007, Rs. C–213/05 (Geven), Slg. 2007, I–6347, Rn. 20; Urt. v. 12.2.1974, Rs. C–152/73 (Sotgiu), Slg. 1974, 153; Urt. v. 10.9.2009, Rs. C–269/07 (Kommission/Deutschland), Slg. 2009, I–7811.

[256] EuGH, Urt. v. 10.9.2009, Rs. C–269/07 (Kommission/Deutschland), Slg. 2009, I–7811; vgl. auch Urt. v. 28.6.2012, Rs. C–172/11 (Erny), ECLI:EU:C:2012:399, Rn. 42ff., Rn. 48, für eine indirekte Anwendung dieses Kriteriums bei der Berechnung von Leistungen.

[257] EuGH, Urt. v. 13.12.2012, Rs. C–379/11 (Caves Krier), ECLI:EU:C:2012:596; vgl. Urt. v. 11.1.2007, Rs. C–208/05 (ITC), Slg. 2007, I–181, Rn. 35ff.

Kriterium wie das des Wohnsitzes ist das Kriterium, gewährte Leistungen nur für die Anschaffung oder Herstellung einer zu eigenen Wohnzwecken dienenden Wohnung im Inland zu verwenden,[258] oder die Voraussetzung, dass eine Ausbildung im Inland oder auf einer vom jeweiligen Staat anerkannten oder subventionierten Lehranstalt abgeschlossen wurde.[259]

111 Die Wohnortanforderung kann zwar durch »**sachliche Unterschiede in der Lage der Arbeitnehmer**« gerechtfertigt sein.[260] So könnte die unterschiedliche Höhe einer Trennungsentschädigung bei Wohnsitz im Inland und im Ausland damit gerechtfertigt werden, dass für Arbeitnehmer mit Wohnsitz im Inland die Verpflichtung besteht, an den Arbeitsort umzuziehen, so dass diese die Entschädigung nur vorübergehend bekommen würden, während Arbeitnehmer mit Wohnsitz im Ausland die Leistung tendenziell auf unbeschränkte Zeit und ohne Verpflichtung zum Umzug erhalten. Der EuGH hat aber noch in keinem Fall einen solchen sachlichen Grund als ausreichend anerkannt.

112 Eine erhebliche Gefährdung des **finanziellen Gleichgewichts des Systems der sozialen Sicherheit** könnte ein Wohnorterfordernis ebenfalls rechtfertigen. Der EuGH hat aber auch insoweit noch in keinem Fall die Voraussetzungen anerkannt. In der Regel wird eine Leistungsgewährung an alle im Inland Wohnenden gerade zeigen, dass die zuständigen Behörden in der Lage sind, die entstehenden wirtschaftlichen Belastungen zu tragen.[261]

113 Ein Aufenthalts- oder Wohnsitzerfordernis kann auch gerechtfertigt sein, wenn die soziale und familiäre Situation von Arbeitslosen oder die finanzielle und persönliche Situation von Schuldnern **überprüft** werden soll – falls eine solche Kontrolle tatsächlich und rechtlich möglich wäre. Die Anknüpfung an den Wohnort ist dann aber nur **geeignet und verhältnismäßig**, wenn nicht ein milderes Mittel in Betracht kommt, wie z. B. eine Aufforderung, sich zur Durchführung etwa erforderlicher Kontrollen in den betreffenden Mitgliedstaat zu begeben, und Aussetzung der Leistung bei ungerechtfertigter Weigerung.[262] Für die Prüfung der Arbeitsfähigkeit und -willigkeit sowie der Verfügbarkeit für den Arbeitsmarkt zum Zwecke der Gewährung arbeitsförderungsrechtlicher Leistungen ist aber ein Aufenthaltserfordernis regelmäßig erforderlich; die Wirksamkeit solcher Kontrolle beruht weitgehend darauf, dass die Kontrolle unerwartet stattfinden und an Ort und Stelle durchgeführt werden kann.[263]

b) In einem anderen Mitgliedstaat zurückgelegte Anrechnungszeiten

114 Auch das **Kriterium ununterbrochener wirtschaftlicher Tätigkeit in einem bestimmten Mitgliedstaat** benachteiligt besonders Wanderarbeitnehmer/innen, die von ihrem Recht auf Freizügigkeit Gebrauch gemacht haben. Es verstößt deshalb gegen Art. 45 Abs. 2 AEUV, wenn es nicht objektiv gerechtfertigt ist. Denn »ein Arbeitnehmer, der von

---

[258] EuGH, Urt. v. 10. 9. 2009, Rs. C–269/07 (Kommission/Deutschland), Slg. 2009, I–7811.
[259] EuGH, Urt. v. 12. 9. 1996, Rs. C–278/94 (Kommission/Belgien), Slg. 1996, I–4307; Urt. v. 25. 10. 2012, Rs. C–367/11 (Prete), ECLI:EU:C:2012:668, Rn. 31; zu diesen Kriterien genauer s. Art. 46, Rn. 23 ff.
[260] EuGH, Urt. v. 12. 2. 1974, Rs. C–152/73 (Sotgiu), Slg. 1974, 153.
[261] EuGH, Urt. v. 11. 9. 2008, Rs. C–228/07 (Petersen), Slg. 2008, I–6989, Rn. 58, allerdings für eine vorübergehende Leistungsgewährung.
[262] EuGH, Urt. v. 11. 9. 2008, Rs. C–228/07 (Petersen), Slg. 2008, I–6989, Rn. 58 ff.; Urt. v. 22. 5. 2008, Rs. C–499/06 (Nerkowska), Slg. 2008, I–3993, Rn. 45; Urt. v. 8. 11. 2012, Rs. C–461/11 (Radziejewski), ECLI:EU:C:2012:704, Rn. 46 ff.
[263] EuGH, Urt. v. 18. 7. 2006, Rs. C–406/04 (de Cuyper), Slg. 2006, I–6947, Rn. 41 ff. für die Beschränkung der Freiheiten des Art. 21 AEUV.

seinem Recht auf Freizügigkeit Gebrauch gemacht hat, indem er in mehr als einem Mitgliedstaat tätig war, [darf nicht] ohne objektiven Grund schlechter gestellt [werden] als ein Arbeitnehmer, der seine gesamte berufliche Laufbahn in einem einzigen Mitgliedstaat zurückgelegt hat«.[264] Dies gilt auch für die Anerkennung von Zeiten der Beschäftigung bei einer europäischen oder internationalen Organisation.[265]

Das Ziel, die Beschäftigten an das Unternehmen zu **binden**, kann die Benachteiligung von Arbeitnehmern, die unter Ausübung ihres Rechts auf Freizügigkeit in der Union weiterhin beim selben Arbeitgeber beschäftigt sind, nicht rechtfertigen,[266] genauso wenig wie der Wunsch nach Honorierung von Betriebstreue oder der Förderung der Mobilität.[267] **115**

Anrechnungszeiten müssen also auch dann berücksichtigt werden, wenn sie in einem anderen Mitgliedstaat zurückgelegt wurden und wenn die jeweilige Anrechnungszeit den von der Norm vorausgesetzten Zweck erfüllt. Dies betrifft insbesondere die Anrechnung von **Betriebszugehörigkeiten** und Dienstzeiten in einem anderen Mitgliedstaat. Wenn bei der Einstellung von Personal frühere Berufstätigkeiten der Bewerber innerhalb der öffentlichen Verwaltung zu berücksichtigen sind, darf die öffentliche Einrichtung eines Mitgliedstaats gegenüber Unionsbürgern nicht danach unterscheiden, ob diese Tätigkeiten im öffentlichen Dienst dieses Mitgliedstaats oder in einem anderen Mitgliedstaat ausgeübt wurden.[268] Sieht eine Regelung die Anrechnung von Betriebszugehörigkeitszeiten innerhalb des Unternehmens oder der Unternehmensgruppe vor, so müssen auch Beschäftigungszeiten bei einer Betriebsstätte des Unternehmers in einem anderen Mitgliedstaat berücksichtigt werden. Insbesondere Anwartschaften bzw. Betriebszugehörigkeiten für eine betriebliche Rente sind uneingeschränkt anzuerkennen, wenn sie in Niederlassungen in anderen Mitgliedstaaten erworben wurden.[269] **116**

Die **Berufserfahrung** im EU-Ausland ist in gleicher Weise zu behandeln wie die im Inland erworbene Berufserfahrung, also auch unter den gleichen Bedingungen zu berücksichtigen.[270] **117**

Gleiches gilt für **Anrechnungszeiten jeder Art.** Wenn eine Regelung die Anrechnung der Wehrdienstzeit als Betriebszugehörigkeit vorsieht, so sind Wehrdienstzeiten, die in anderen Mitgliedstaaten abgeleistet wurden, in gleicher Weise zu berücksichtigen. Werden bei der Berechnung des Anspruchs auf Altersrente Kindererziehungszeiten berücksichtigt, so sind entsprechende Anrechnungszeiten in einem anderen Mitgliedstaat in die Berechnung einzubeziehen (allgemein zur Zusammenrechnung von Zeiten bei der Gewährung sozialer Leistungen s. Art. 48 AEUV, Rn. 84 ff.).[271] **118**

---

[264] EuGH, Urt. v. 21.2.2013, Rs. C–619/11 (Dumont de Chassart), ECLI:EU:C:2013:92, Rn. 54.
[265] EuGH, Urt. v. 4.7.2013, Rs. C–233/12 (Gardella), ECLI:EU:C:2013:449, Rn. 44f.
[266] EuGH, Urt. v. 10.3.2011, Rs. C–379/09 (Casteels), Slg. 2011, I–1379, Rn. 32.
[267] EuGH, Urt. v. 30.11.2000, Rs. C–195/98 (ÖGB), Slg. 2000, I–10497, Rn. 47.
[268] EuGH, Urt. v. 23.2.1994, Rs. C–419/92 (Scholz), Slg. 1994, I–505.
[269] EuGH Urt. v. 10.3.2011, Rs. C–379/09 (Casteels), Slg. 2011, I–1379, Rn. 23f.
[270] EuGH, Urt. v. 15.1.1998, Rs. C–15/96 (Schöning-Kougebetopoulou), Slg. 1998, I–47 für den Bewährungsaufstieg in Deutschland; Urt. v. 30.11.2000, Rs. C–195/98 (ÖGB), Slg. 2000, I–10497, Rn. 43 hinsichtlich der Aufstellung strengerer Anforderungen (öffentliches Interesse) bei Anerkennung ausländischer Zeiten.
[271] EuGH Urt. v. 19.7.2012, Rs. C–522/10 (Reichel-Albert), ECLI:EU:C:2012:475, Rn. 40, allerdings zur Unionsbürgerfreizügigkeit; dazu *Bokeloh*, ZESAR 2012, 487.

c) Qualifikationen, die in einem anderen Mitgliedstaat erworben wurden

119 Die Anerkennung von **Berufsqualifikationen** ist in ähnlicher Weise zu behandeln. Soweit die in einem anderen Mitgliedstaat erworbenen Qualifikationen gleichwertig sind, müssen sie anerkannt werden. Zur Frage der Gleichwertigkeit sind die Anforderungen der Berufsanerkennungsrichtlinie[272] zu beachten.

120 So dürfen Arbeitgeber zwar **Sprachkenntnisse** eines bestimmten Niveaus und entsprechende **Bescheinigungen** dieser Kenntnisse verlangen. Jedoch muss es den Arbeitnehmern, die aufgrund ihrer Tätigkeit in einem anderen Mitgliedstaat keine Möglichkeit zum Erwerb eines konkreten Zertifikats hatten, ermöglicht werden, den Nachweis von Kenntnissen auf andere Weise zu erbringen; ein Arbeitgeber oder Mitgliedstaat darf nicht verlangen, dass die betreffenden Sprachkenntnisse im Inland erworben oder durch ein ganz bestimmtes staatliches Zertifikat nachgewiesen sein müssen[273] (zur sonstigen Verwendung bestimmter Sprachen als Beschränkung der Freizügigkeit s. Rn. 130).

d) Sonstige neutrale Kriterien, die mittelbar benachteiligen können

121 Da **Fremdsprachenlektorinnen und -lektoren** typischerweise Wanderarbeitnehmer sind, erfüllen nachteilige Regelungen für diese Beschäftigtengruppe in aller Regel die Voraussetzungen für eine mittelbare Diskriminierung. Eine erleichterte Befristungsmöglichkeit kann nicht damit objektiv gerechtfertigt werden, dass der Arbeitgeber von diesen Personen Aktualität der Sprachkenntnisse erwarten darf; denn als milderes Mittel käme insofern eine Fortbildungsverpflichtung in Betracht. Auch die Tatsache, dass der Bedarf für die Beschäftigung schwankt, ist nicht nachvollziehbar auf diese Beschäftigtengruppe beschränkt.[274]

122 Auch die **Berechnung von Leistungen** auf Basis von lediglich in einem Mitgliedstaat geltenden Zahlen kann mittelbar benachteiligen. Wenn für den Abzug der Lohnsteuer bei Berechnung des Aufstockungsbetrags in der Altersteilzeit fiktiv der deutsche Lohnsteuersatz zugrunde gelegt wird und deshalb Grenzarbeitnehmer anders als Arbeitnehmer mit Wohnsitz in Deutschland nicht auf 85 % des bisherigen Nettovollzeiteinkommens kommen, ist dies eine Benachteiligung. Diese Berechnungsweise lässt sich nicht mit eventuellen administrativen Schwierigkeiten oder entsprechenden finanziellen Lasten rechtfertigen.[275]

III. Verbot der Beschränkung

1. Allgemeine Grundsätze

123 Beschränkung ist jede unterschiedslos geltende Maßnahme, die zwar keine Diskriminierung aufgrund der Staatsangehörigkeit darstellt, aber geeignet ist, die Ausübung der Arbeitnehmerfreizügigkeit zu behindern oder weniger attraktiv zu machen.[276] Mit der

---

[272] Richtlinie 2005/36/EG vom 7.5.2005 über die Anerkennung von Berufsqualifikationen, ABl. 2005, L 255/22, geändert durch Richtlinie 2013/55/EU vom 20.11.2013 über die Änderung der Richtlinie 2005/36/EG, ABl. 2013, L 354/132.
[273] EuGH, Urt. v. 6.6.2000, Rs. C–281/98 (Angonese), Slg. 2000, I–4139; Urt. v. 5.2.2015, Rs. C–317/14 (Kommission/Belgien), ECLI:EU:C:2015:63.
[274] EuGH, Urt. v. 2.8.1993, verb. Rs. C–259/91, C–331/91 u. 332/91 (Allué u.a.), Slg. 1993, I–4309; Urt. v. 20.10.1993, Rs. C–272/92 (Spotti), Slg. 1993, I–5185.
[275] EuGH, Urt. v. 28.6.2012, Rs. C–172/11 (Erny), ECLI:EU:C:2012:399, Rn. 42 ff., 48.
[276] EuGH, Urt. v. 15.12.1995, Rs. C–415/93 (Bosman), Slg. 1995, I–4921, Rn. 94 ff.; zur Herkunft aus der Keck-Rechtsprechung siehe *Weerth*, in: Lenz/Borchardt, EU-Verträge, Art. 45 AEUV, Rn. 36,

Ausübung der Arbeitnehmerfreizügigkeit ist insofern der **Zugang zu den Arbeitsmärkten** erfasst.²⁷⁷ Beschränkungen im Hinblick auf bestimmte Arbeits- oder Beendigungsbedingungen können ebenfalls behindern; dies kann allerdings nur bei unmittelbar und/oder gravierend wirkenden Beschränkungen angenommen werden.²⁷⁸

Diskriminierungen bei der Gewährung sozialer Leistungen stellen in aller Regel auch Beschränkungen dar, da sie grenzüberschreitende Erwerbstätigkeit weniger attraktiv machen. Der EuGH wendet insofern manchmal Diskriminierungsverbote und Beschränkungsverbot nebeneinander an, statt richtig von einer **Spezialität der Diskriminierungsverbote** auszugehen.²⁷⁹   124

Angelehnt an die Grundsätze zu anderen Grundfreiheiten (s. z.B. Art. 30 AEUV, Rn. 26ff., Art. 56 AEUV, Rn. 68ff.) liegt es nahe, Beschränkungen der Arbeitnehmerfreizügigkeit nur für zulässig zu halten, wenn sie durch **zwingende Gründe des Allgemeininteresses** gerechtfertigt erscheinen. Die Formulierungen des EuGH zur Rechtfertigung von Beschränkungen der Arbeitnehmerfreizügigkeit sind allerdings uneinheitlich; der EuGH spricht teilweise von »sachlichen Erwägungen«,²⁸⁰ teilweise von »(zwingenden) Gründen des Allgemeininteresses«.²⁸¹ Die Berufung auf »sachliche Erwägungen« hat der EuGH jedoch lediglich im Fall der unmittelbaren Drittwirkung, also in Bezug auf das Handeln Privater gebraucht; dort sind die Maßstäbe für staatliches Handeln ohnehin nur differenziert anzuwenden.²⁸² Die engere Anforderung der zwingenden Allgemeininteressen bezieht sich insofern auf staatliches Handeln, das die Arbeitnehmerfreizügigkeit beschränkt; dies ist nur zulässig, wenn mit ihr ein solches Ziel verfolgt wird und das Handeln »geeignet ist, dessen Erreichung zu gewährleisten, und [...] nicht über das hinausgeht, was zur Erreichung des verfolgten Ziels erforderlich ist«²⁸³ (zur Anwendung des ordre-public-Vorbehalts s. Rn. 89f.).   125

Da die **Berufsfreiheit** nach Art. 15 Abs. 2 GRC nichts am Gehalt und Inhalt der Arbeitnehmerfreizügigkeit ändert (s. Rn. 7), bringt auch diese Norm keine weitere Schranke für Beschränkungen der Grundfreiheit der Arbeitnehmerfreizügigkeit mit sich.   126

Bei der Festlegung sozialpolitischer Ziele und Mittel haben die Mitgliedstaaten einen weiten Beurteilungsspielraum.²⁸⁴ **Anerkannte zwingende Gründe des Allgemeinwohls** sind beispielsweise die Kohärenz des Steuersystems, der Schutz der öffentlichen Gesundheit, Schutz und Förderung der Amtssprache(n), die ordnungsgemäße Verwaltung der Universitäten, die Sicherung eines ausreichenden Wohnangebots, die objektive   127

38; *Epiney*, in: Vedder/Heintschel v. Heinegg, Europäisches Unionsrecht, Art. 45 AEUV, Rn. 18; *Brechmann*, in: Calliess/Ruffert, EUV/AEUV, Art. 45 AEUV, Rn. 49f.; *Schneider/Wunderlich*, in: Schwarze, EU-Kommentar, Art. 45 AEUV, Rn. 42ff.

[277] A.A. (kein geeignetes Abgrenzungskriterium) *Terhechte*, EnzEuR, Bd. 7, § 1, Rn. 73.

[278] EUArbR/*Steinmeyer*, Art. 45 AEUV, Rn. 64. Vgl. EuGH, Urt. v. 27.1.2000, Rs. C–190/98 (Graf), Slg. 2000, I–493, Rn. 24f.

[279] EuGH, Urt. v. 11.1.2007, Rs. C–208/05 (ITC), Slg. 2007, I–181, Rn. 31ff.; Urt. v. 16.2.2006, Rs. C–185/04 (Öberg), Slg. 2006, I–1453, Rn. 15ff.; einen klaren Vorrang der Diskriminierungsverbote prüft jedoch richtig Urt. v. 27.1.2000, Rs. C–190/98 (Graf), Slg. 2000, I–493, Rn. 15ff. Eine ähnliche Kritik äußert EUArbR/*Steinmeyer*, Art. 45 AEUV, Rn. 72.

[280] EuGH, Urt. v. 6.6.2000, Rs. C–281/98 (Angonese), Slg. 2000, I–4139, Rn. 42.

[281] EuGH, Urt. v. 15.12.1995, Rs. C–415/93 (Bosman), Slg. 1995, I–4921, Rn. 104; Urt. v. 11.1.2007, Rs. C–208/05 (ITC), Slg. 2007, I–181, Rn. 37; vgl. aber auch Urt. v. 10.3.2011, Rs. C–379/09 (Casteels), Slg. 2011, I–1379, Rn. 30 (»Gründe des Allgemeininteresses«).

[282] *Forsthoff*, in: Grabitz/Hilf/Nettesheim, EU, Art. 45 AEUV (September 2010), Rn. 182f.

[283] EuGH, Urt. v. 11.1.2007, Rs. C–208/05 (ITC), Slg. 2007, I–181, Rn. 37.

[284] Siehe z.B. EuGH, Urt. v. 11.1.2007, Rs. C–208/05 (ITC), Slg. 2007, I–181, Rn. 39 für beschäftigungspolitische Ziele.

Auswahl unter den besten Bewerbern, eine nationale Arbeitsmarktpolitik mit dem Ziel der Förderung von Einstellungen, die Notwendigkeit von Kontrollen durch die Arbeitsverwaltung, der Schutz von Arbeitnehmern oder eine erhebliche Gefährdung des finanziellen Gleichgewichts im nationalen Sozialversicherungssystem.[285] Haushaltserwägungen oder andere rein wirtschaftliche Motive reichen hingegen zur Rechtfertigung von Beschränkungen nicht aus.[286] Auch für das Ziel der Verwaltungsvereinfachung wird kaum überzeugend darzulegen sein, dass es nicht auch unter Wahrung der Arbeitnehmerfreizügigkeit erreicht werden kann.[287]

128 Die Erzielung einer **stärkeren Bindung an den Mitgliedstaat** reicht in aller Regel nicht zur Rechtfertigung; die Mitgliedstaaten müssen berücksichtigen, dass es gerade »zum Wesen der Arbeitnehmerfreizügigkeit« gehört, »dass die Abwanderung eines Arbeitnehmers in einen anderen Mitgliedstaat durch die Zuwanderung eines Arbeitnehmers aus einem anderen Mitgliedstaat ausgeglichen werden kann«. Auch das Ziel einer **Verhinderung des Verlusts von Fachkräften** darf nicht auf eine Weise verfolgt werden, die zu Beschränkungen bei allen Arbeitnehmern führt; die Regelungen müssen insofern zielgenau und konsistent auf das angestrebte sozialpolitische Ziel gerichtet sein, um als erforderlich angesehen werden zu können.[288] Ähnliches gilt für Befürchtungen eines Verlusts steuerlicher oder sozialversicherungsrechtlicher Leistungen; auch hier müssen die Mitgliedstaaten von einem Ausgleich durch Staatsangehörige anderer Mitgliedstaaten ausgehen.[289]

129 Soweit das Handeln kollektiver Akteure (z. B. in Kollektivverträgen) einer Kontrolle unterworfen wird, stellt sich die Frage, inwieweit diese Gründe des Allgemeinwohls geltend machen können oder müssen. In Bezug auf **Beschränkungen durch Private** kommt eine Rechtfertigung durch unternehmerische oder andere grundrechtlich geschützte Interessen in Betracht (s. Rn. 103).[290]

2. Beschränkungen durch Mitgliedstaaten: Beispiele

130 Eine Beschränkung der Arbeitnehmerfreizügigkeit stellt es dar, wenn Wanderarbeitnehmer bei Wahrnehmung ihrer Freizügigkeit Gefahr laufen, soziale Leistungen oder Anwartschaften, die im Herkunftsmitgliedstaat erworben wurden, zu verlieren. Bereits aus Art. 45 Abs. 1 AEUV ergibt sich insofern das **Recht auf Zusammenrechnung** der nach den Rechtsvorschriften mehrerer Mitgliedstaaten zurückgelegten Zeiten, das in

---

[285] *Weerth*, in: Lenz/Borchardt, EU-Verträge, Art. 45 AEUV, Rn. 41; *Epiney*, in: Vedder/Heintschel v. Heinegg, Europäisches Unionsrecht, Art. 45 AEUV, Rn. 22; *Brechmann*, in: Calliess/Ruffert, EUV/AEUV, Art. 45 AEUV, Rn. 46–48; *Schneider/Wunderlich*, in: Schwarze, EU-Kommentar, Art. 45 AEUV, Rn. 37f.
[286] EuGH, Urt. v. 17.3.2005, Rs. C–109/04 (Kranemann), Slg. 2005, I–2421, Rn. 34.
[287] Mangels Erforderlichkeit der Beschränkung ließ deshalb auch der EuGH, Urt. v. 18.1.2007, Rs. C–332/05 (Celozzi), Slg. 2007, I–563, Rn. 37 dahinstehen, ob die Ziele der Verwaltungsvereinfachung, der Gewährleistung existenzsichernder Einkünfte und der Komplexität der anzustellenden Berechnungen berechtigte Ziele darstellten.
[288] EuGH, Urt. v. 11.1.2007, Rs. C–208/05 (ITC), Slg. 2007, I–181, Rn. 39, 44.
[289] Jedenfalls in diese Richtung EuGH, Urt. v. 11.1.2007, Rs. C–208/05 (ITC), Slg. 2007, I–181, Rn. 39.
[290] EuGH, Urt. v. 16.3.2010, Rs. C–325/08 (Olympique Lyonnais), Slg. 2010, I–2177 (Förderung von Anwerbung und Ausbildung von Nachwuchsspielern); siehe auch die ausführliche Auseinandersetzung mit der Rechtsprechung des EuGH bei *Forsthoff*, in: Grabitz/Hilf/Nettesheim, EU, Art. 45 AEUV (September 2010), Rn. 181ff.

Art. 6 der Verordnung 883/2004 insofern nur kodifiziert wird (s. Art. 48 AEUV, Rn. 84 ff.).[291]

Die Verpflichtung zur **Verwendung einer bestimmten Sprache** in grenzüberschreitenden Arbeitsverträgen ist grundsätzlich geeignet, eine abschreckende Wirkung auf Arbeitnehmer und Arbeitgeber zu haben, die dieser Sprache nicht mächtig sind.[292] Sie ist in der Regel auch nicht erforderlich, um Allgemeininteressen zu verfolgen. Das Interesse an Schutz und Förderung der Amtssprache(n) sowie der Schutz der Arbeitnehmer davor, Dokumente in ihrer Muttersprache zur Kenntnis nehmen zu können, kann auch erreicht werden, wenn alternativ eine verbindliche Vertragsfassung in einer anderen allen Vertragsparteien geläufigen Sprache zulässig wäre (zu Anforderungen an den Nachweis von Sprachkenntnissen s. Rn. 120).

Wird die **Vergütung eines Arbeitsvermittlers** vom Staat nur übernommen, wenn in ein Beschäftigungsverhältnis vermittelt wird, das im Inland sozialversicherungspflichtig ist, stellt dies eine Beschränkung dar, weil Arbeitsuchende, deren finanzielle Mittel begrenzt sind, davon abgehalten werden können, in einem anderen Mitgliedstaat Arbeit zu suchen. Diese Beschränkung kann nicht mit der Erwägung gerechtfertigt werden, dass ansonsten das finanzielle Gleichgewicht des Systems der sozialen Sicherheit erheblich gefährdet sei. Der EuGH hält dies nicht für plausibel, da der Arbeitsuchende bei einer Vermittlung in einen anderen Mitgliedstaat zwar keine Sozialbeiträge im Herkunftsstaat mehr leiste, dieser jedoch auch keine Arbeitslosenunterstützung mehr zahlen müsse.[293]

Ähnlich ist es zu beurteilen, wenn ein Mitgliedstaat die **Kosten dienstlicher Reisen** nur im Inland erstattet. In diesem Fall handelt es sich jedenfalls dann um eine Beschränkung, wenn dieses finanzielle Hindernis die Betroffenen davon abhalten kann, eine (vorübergehende) Tätigkeit in einem anderen Mitgliedstaat aufzunehmen. Relevant ist dies nicht nur im Zusammenhang mit Ausbildungen wie z. B. dem Rechtsreferendariat; bei fehlender Kostenerstattung können aber insbesondere Rechtsreferendare, deren finanzielle Mittel begrenzt sind, davon abgehalten werden, eine Ausbildungsstation in einem anderen Mitgliedstaat anzutreten.[294]

Da die Wahrnehmung der Arbeitnehmerfreizügigkeit stärker als jede andere wirtschaftliche Freiheit mit der Persönlichkeit und den privaten, nicht wirtschaftlichen Interessen der Arbeitnehmerinnen und Arbeitnehmer zusammenhängt, kann fast **jede staatliche und nicht staatliche Infrastrukturbedingung** relevant werden für das Verbleiben in einem Mitgliedstaat und/oder ein Hindernis für den Wegzug darstellen. Es bedarf damit der Bestimmung einer **Wesentlichkeitsschwelle**, die auf die Beziehung zum Arbeits- und Beschäftigungsverhältnis abstellt. Hierfür ist die **Konkretisierung** in der Arbeitnehmerfreizügigkeitsverordnung 492/2011 von großer Bedeutung. So sind nicht nur Rechte in Bezug auf die »Mitnahme« von Familienangehörigen von zentraler Bedeutung für die Rechte des Arbeitnehmers oder der Arbeitnehmerin aus Art. 45 AEUV (s. Rn. 52), sondern auch Rechte in Bezug auf eine Wohnung (Art. 9 VO (EU) Nr. 492/2011). Wegen der Bedeutung für die wirtschaftliche Existenzsicherung ist auch

---

[291] EuGH, Urt. v. 4.7.2013, Rs. C–233/12 (Gardella), ECLI:EU:C:2013:449, Rn. 45 f., für den Fall einer Tätigkeit bei einer internationalen Organisation; hier war die Grundverordnung 883/2004 nicht anwendbar.
[292] EuGH, Urt. v. 16.4.2013, Rs. C–202/11 (Las), ECLI:EU:C:2013:239.
[293] EuGH, Urt. v. 11.1.2007, Rs. C–208/05 (ITC), Slg. 2007, I–181, Rn. 36 ff.
[294] EuGH, Urt. v. 17.3.2005, Rs. C–109/04 (Kranemann), Slg. 2005, I–2421, Rn. 29: Reisekostenerstattung bei Referendarinnen und Referendaren im juristischen Vorbereitungsdienst.

die Gleichbehandlung bei sozialen und steuerlichen Vergünstigungen eine relevante Infrastrukturbedingung, deren Gewährleistung als erforderlich erscheint, um die Mobilität in der Union zu ermöglichen.

135 Wie Art. 7 Abs. 2 VO (EU) Nr. 492/2011 verdeutlicht, kann auch eine bestimmte **Besteuerung** eine Beschränkung darstellen, denn wenn die Rückkehr in den Herkunftsmitgliedstaat weniger attraktiv wird, weil sie mit nachteiligen steuerlichen Folgen verbunden ist, kann dies einen Arbeitnehmer davon abhalten, seinen Herkunftsstaat zu verlassen, um von seinem Recht auf Freizügigkeit Gebrauch zu machen. Allerdings ist hier die Hoheit der Mitgliedstaaten auf dem Gebiet des Steuerrechts zu berücksichtigen; der AEUV »garantiert einem Arbeitnehmer [...] nicht, dass die Verlagerung seiner Tätigkeiten in einen anderen Mitgliedstaat [...] hinsichtlich der Besteuerung neutral ist.« Deshalb müssen sich steuerliche Vorschriften allein am Diskriminierungsverbot des Art. 7 Abs. 2 VO (EU) Nr. 492/2011 messen lassen (genauer s. Art. 46 AEUV, Rn. 34 ff.).[295]

136 Wahlrechte und andere **Rechte zur Vertretung von kollektiven Interessen der Beschäftigten** sind für das Beschäftigungsverhältnis von Bedeutung und als potenziell relevant für Zuzugs- und Wegzugsentscheidungen anzusehen. Auch insoweit gilt aber (s. Rn. 133), dass nur Ungleichbehandlungen, die gegen Art. 8 VO (EU) Nr. 492/2011 verstoßen, die Wesentlichkeitsschwelle für relevante Infrastrukturbedingung überschreiten. Nach diesen Grundsätzen bestimmt sich auch, welchen Anforderungen Regelungen über die **Unternehmensmitbestimmung** zu genügen haben (genauer zu dieser Debatte s. Art. 46 AEUV, Rn. 17).

137 Eine Beschränkung der Arbeitnehmerfreizügigkeit liegt auch vor, wenn ein nationales **Entschuldungsverfahren** ein **Wohnsitzerfordernis** aufstellt. Denn dies kann einen zahlungsunfähigen Arbeitnehmer, der so hoch verschuldet ist, dass nicht anzunehmen ist, dass er in einem überschaubaren Zeitraum die Schulden begleichen kann, davon abhalten, von seinem Recht auf Freizügigkeit Gebrauch zu machen. Zwar ist es gerechtfertigt, wenn ein Mitgliedstaat seine Bürgerinnen und Bürger davor schützen möchte, dass seine Entschuldungsmaßnahmen im Ausland möglicherweise nicht anerkannt werden. Wenn er aber gleichzeitig nicht vor Klagen und Vollstreckungsmaßnahmen im Inland wirksam schützt, darf er auch nicht den Schutz durch das Entschuldungsverfahren verwehren.[296] In Hinblick auf die Rechtfertigung des Wohnsitzerfordernisses mit der Möglichkeit der Überprüfung der finanziellen und persönlichen Situation des Schuldners gilt gleiches wie für Wohnsitzerfordernisse bei Wahrnehmung sozialer Leistungen (s. Rn. 109 ff.).

3. Beschränkungen durch Kollektivverträge, Verbände oder Arbeitgeber

138 Eine wichtige Fallgruppe der Beschränkung der Arbeitnehmerfreizügigkeit stellen Regelungen dar, mit denen Arbeitnehmer an ein bestimmtes Unternehmen oder jedenfalls an eine Beschäftigung in einem Mitgliedstaat gebunden werden sollen.[297] Dies kann durch Anreize geschehen, aber auch durch Nachteile bei einem Ortswechsel. Keinen Verstoß gegen die Arbeitnehmerfreizügigkeit stellt es insofern dar, wenn für die Entlas-

---

[295] EuGH, Urt. v. 26.4.2007, Rs. C–392/05 (Alevizos), Slg. 2007, I–3505, Rn. 75 f.
[296] EuGH, Urt. v. 8.11.2012, Rs. C–461/11 (Radziejewski), ECLI:EU:C:2012:704, Rn. 31 ff.
[297] Zu den Anforderungen aus dem Verbot der Pflichtarbeit nach Art. 4 EMRK siehe zuletzt EGMR, Urt. v. 4.6.2015, Beschwerde-Nr. 51637/12 (Chitos/Griechenland) m. Anm. *Lörcher*, HSI-Newsletter 2/2015, Anm. unter III.

sung aus einem laufenden Vertrag **Ablösesummen** verlangt werden; die hiermit verbundenen Beschränkungen der Arbeitnehmerfreizügigkeit sind durch die privatautonome Bindung gerechtfertigt. Es dürfen aber keine Ablösesummen nach Auslaufen eines befristeten Vertrags verlangt werden.[298] Gleiches gilt für die Forderung nach Entschädigungszahlungen bei einer Beendigung auf Veranlassung des Arbeitgebers.

Allerdings kann das Interesse, die Anwerbung und Ausbildung von Nachwuchskräften zu fördern, Verpflichtungen zur Rückzahlung von Ausbildungsentschädigungen rechtfertigen; die verlangte Entschädigung muss sich jedoch in der Höhe an den tatsächlichen Ausbildungskosten orientieren.[299] Eine Verlagerung des Risikos, dass sich diese Ausbildung tatsächlich verwerten lässt, ist für den Bereich des Profisports, in dem die aleatorischen Risiken sehr hoch sind, auch gerechtfertigt.[300] Außerhalb des Profisports ist gegen Klauseln, die eine **Rückzahlung von Aus- und Weiterbildungskosten** vorsehen, allerdings einzuwenden, dass sich der Wert der Fortbildung nicht in allen Fällen allein anhand der Kosten der Investition in die Aus- und Weiterbildung bestimmen lässt. Dies ist nur dann angemessen, wenn der Arbeitgeber selbst durch ein Angebot auf Fortsetzung des Vertrags zum Ausdruck gebracht hat, dass er die Nutzungsrisiken der Ausbildung selbst zu tragen bereit ist. Verzichtet jedoch der Arbeitgeber auf die Nutzung des möglichen Ertrags der Ausbildung, indem er den Arbeitnehmer entlässt oder dadurch auf den Arbeitsmarkt verweist, dass er eine Befristung auslaufen lässt,[301] kann eine Erstattung von Aus- und Weiterbildungskosten nur verlangt werden, wenn diese einen hinreichenden Wert auf dem Arbeitsmarkt hat. Erforderlich ist also, dass der Arbeitnehmer einen »geldwerten Vorteil« erlangt hat und die Aus- oder Fortbildung auch auf dem allgemeinen Arbeitsmarkt verwertbar ist.[302]

Die Festsetzung von **Fristen für Spielertransfers** im Profisport kann dem Zweck dienen, den geordneten Ablauf sportlicher Wettkämpfe sicherzustellen, da sie die Vergleichbarkeit der Ergebnisse verschiedener Team sicherstellen können. Die Fristen müssen dann aber für alle Transfers gleich bemessen sein, um die Voraussetzung der Erforderlichkeit zu erfüllen.[303]

Nachvertragliche Wettbewerbsverbote oder ähnlich wirkende **Verschwiegenheitspflichten** beschränken die Arbeitnehmerfreizügigkeit in ähnlicher Weise wie Rückzahlungsverpflichtungen, da sie den Arbeitnehmer an ein bestimmtes Unternehmen binden. Auch solche Regelungen sind nur zulässig, wenn das Unternehmen ein plausibel nachgewiesenes und konsistent verfolgtes Interesse an dem Verbot geltend machen kann. Maßstab für die Rechtmäßigkeit kann hier die Regelung sein, die Art. 20 Abs. 2 Buchst. b der Richtlinie 86/653/EWG für selbstständige Handelsvertreter[304] vorsieht. Danach ist eine Wettbewerbsabrede nur dann gültig, wenn und soweit sie »sich auf den dem Handelsvertreter zugewiesenen Bezirk oder Kundenkreis sowie auf Warengattun-

---

[298] EuGH, Urt. v. 15.12.1995, Rs. C–415/93 (Bosman), Slg. 1995, I–4921.
[299] EuGH, Urt. v. 16.3.2010, Rs. C–325/08 (Olympique Lyonnais), Slg. 2010, I–2177 im Anschluss an Urt. v. 15.12.1995, Rs. C–415/93 (Bosman), Slg. 1995, I–4921.
[300] Für diese Differenzierung siehe schon *Kocher*, GPR 2011, 132.
[301] Wie im Fall des EuGH, Urt. v. 16.3.2010, Rs. C–325/08 (Olympique Lyonnais), Slg. 2010, I–2177.
[302] So schon *Kocher*, GPR, 2011, 132 mit Nachweisen aus der Rechtsprechung des BAG.
[303] EuGH, Urt. v. 13.4.2000, Rs. C–176/96 (Lehtonen und Castors Braine), Slg. 2000, I–2681, Rn. 53 ff., insbesondere bei einem Wettkampf mit Play-Off-Phase wie bei der belgischen Basketballmeisterschaft der ersten Liga (Rn. 55).
[304] Richtlinie 86/653/EWG vom 18.12.1986 zur Koordinierung der Rechtsvorschriften der Mitgliedstaaten betreffend die selbständigen Handelsvertreter, ABl. 1986, L 382/17.

gen erstreckt, die gemäß dem Vertrag Gegenstand seiner Vertretung sind.« Auch in Arbeitsverhältnissen wird insofern zu verlangen sein, dass der mögliche Wettbewerb Interessen des Arbeitgebers konkret gefährdet.[305]

142 Entsprechendes gilt für andere Regelungen, die Arbeitnehmer an ein bestimmtes Unternehmen binden, und die es deshalb weniger attraktiv machen, von der Freizügigkeit Gebrauch zu machen (zur Portabilität betrieblicher Leistungen, insbesondere Betriebsrentenansprüche und -anwartschaften, s. Art. 48 AEUV, Rn. 43 ff.). Voraussetzung für einen Verstoß gegen das Beschränkungsverbot ist aber immer, dass die Leistung unmittelbar von der Ausübung der Freizügigkeit abhängt. Im Fall einer **Abfindung** für den unfreiwilligen Verlust des Arbeitsplatzes ist diese Voraussetzung nicht erfüllt, da der Eintritt dieser hypothetischen Beendigung zu ungewiss ist und zu indirekt auf die Freizügigkeitswahrnehmung wirkt;[306] anders kann es sein bei Abfindungen für eine Beendigung des Arbeitsverhältnisses, die der Arbeitnehmer selbst herbeiführt.

IV. Entscheidungen der nationalen Gerichte

143 Es ist die Aufgabe der mitgliedstaatlichen Gerichte, die einzelnen Aspekte des Beschäftigungsverhältnisses zu bewerten und festzustellen, ob es sich bei der ausgeübten Tätigkeit um eine tatsächliche und echte Tätigkeit handelt und ob Weisungsgebundenheit anzunehmen ist. Denn dieses verfügt allein über eine unmittelbare Kenntnis des Sachverhalts.[307] Ähnliches gilt für sonstige Anwendungsvoraussetzungen der Arbeitnehmerfreizügigkeit, soweit diese eine Bewertung der jeweiligen Tätigkeit und damit eine Subsumtion verlangen.[308] Dies gilt insbesondere für eine Bewertung der Eignung und Erforderlichkeit von Differenzierungen und Beschränkungen.

---

[305] Vgl. *Kocher*, GPR, 2011, 132 mit Hinweisen zur Rechtsprechung des BAG.
[306] EuGH, Urt. v. 27.1.2000, Rs. C–190/98 (Graf), Slg. 2000, I–493, Rn. 24 f.
[307] Siehe z. B. EuGH, Urt. v. 4.2.2010, Rs. C–14/09 (Genc), Slg. 2010, I–931, Rn. 32.
[308] Vgl. z. B. EuGH, Urt. v. 14.7.1976, Rs. C–13/76 (Donà), Slg. 1976, 1333, Rn. 14–16.

Artikel 46 AEUV [Kompetenz für Herstellung der Arbeitnehmerfreizügigkeit]

Das Europäische Parlament und der Rat treffen gemäß dem ordentlichen Gesetzgebungsverfahren und nach Anhörung des Wirtschafts- und Sozialausschusses durch Richtlinien oder Verordnungen alle erforderlichen Maßnahmen, um die Freizügigkeit der Arbeitnehmer im Sinne des Artikels 45 herzustellen, insbesondere
a) durch Sicherstellung einer engen Zusammenarbeit zwischen den einzelstaatlichen Arbeitsverwaltungen;
b) durch die Beseitigung der Verwaltungsverfahren und -praktiken sowie der für den Zugang zu verfügbaren Arbeitsplätzen vorgeschriebenen Fristen, die sich aus innerstaatlichen Rechtsvorschriften oder vorher zwischen den Mitgliedstaaten geschlossenen Übereinkünften ergeben und deren Beibehaltung die Herstellung der Freizügigkeit der Arbeitnehmer hindert;
c) durch die Beseitigung aller Fristen und sonstigen Beschränkungen, die in innerstaatlichen Rechtsvorschriften oder vorher zwischen den Mitgliedstaaten geschlossenen Übereinkünften vorgesehen sind und die den Arbeitnehmern der anderen Mitgliedstaaten für die freie Wahl des Arbeitsplatzes andere Bedingungen als den inländischen Arbeitnehmern auferlegen;
d) durch die Schaffung geeigneter Verfahren für die Zusammenführung und den Ausgleich von Angebot und Nachfrage auf dem Arbeitsmarkt zu Bedingungen, die eine ernstliche Gefährdung der Lebenshaltung und des Beschäftigungsstands in einzelnen Gebieten und Industrien ausschließen.

Literaturübersicht

Fuchs (Hrsg.), Europäisches Sozialrecht, 6. Aufl., 2013; *Hellwig/Behme*, Gemeinschaftsrechtliche Probleme der deutschen Unternehmensmitbestimmung, AG 2009, 261; *Krause*, Zur Bedeutung des Unionsrechts für die unternehmerische Mitbestimmung, AG 2012, 485; *Krause*, Zur Einbeziehung von Auslandsbelegschaften bei der Berechnung der Schwellenwerte für die Mitbestimmung und zu deren Beteiligung bei der Wahl der Arbeitnehmervertreter, ZIP 2015, 636; *Rieble/Latzel*, Inlandsmitbestimmung als Ausländerdiskriminierung bei Standortkonflikten, EuZA 4 (2011), 145–170; *Wansleben*, Zur Europarechtswidrigkeit der unternehmerischen Mitbestimmung, NZG 2014, 213.

Leitentscheidungen

Zur Verordnung (EU) Nr. 492/2011:
EuGH, Urt. v. 27.3.1985, Rs. 249/83 (Hoeckx), Slg. 1985, 973
EuGH, Urt. v. 27.11.1997, Rs. C–57/96 (Meints), Slg. 1997, I–6689
EuGH, Urt. v. 22.5.1998, Rs. C–85/96 (Martínez Sala), Slg. 1998, I–2691
EuGH, Urt. v. 18.7.2007, Rs. C–213/05 (Geven), Slg. 2007, I–6347
EuGH, Urt. v. 11.9.2008, Rs. C–228/07 (Jörn Petersen), Slg. 2008, I–6989
EuGH, Urt. v. 16.7.2009, Rs. C–208/07 (von Chamier-Glisczinski), Slg. 2009, I–6095
EuGH, Urt. v. 25.10.2012, Rs. C–367/11 (Prete), ECLI:EU:C:2012:668
EuGH, Urt. v. 21.2.2013, Rs. C–619/11 (Dumont de Chassart), ECLI:EU:C:2013:92
EuGH, Urt. v. 20.6.2013, Rs. C–20/12 (Giersch u. a.), ECLI:EU:C:2013:411

Wesentliche sekundärrechtliche Vorschriften

Richtlinie 83/183/EWG vom 28.3.1983 über Steuerbefreiungen bei der endgültigen Einfuhr persönlicher Gegenstände durch Privatpersonen aus einem Mitgliedstaat, ABl. 1983, L 105/64
Richtlinie 2004/38/EG vom 29.4.2004 über das Recht der Unionsbürger und ihrer Familienangehörigen, sich im Hoheitsgebiet der Mitgliedstaaten frei zu bewegen und aufzuhalten, ABl. 2004, L 158/77

Verordnung (EU) Nr. 492/2011 vom 5. 4. 2011 über die Freizügigkeit der Arbeitnehmer innerhalb der Union, ABl. 2011, L 141/1

Durchführungsbeschluss 2012/733/EU der Kommission vom 26. 11. 2012 zur Durchführung der Verordnung (EU) Nr. 492/2011, ABl. 2012, L 328/21

Richtlinie 2014/50/EU vom 16. 4. 2014 über Mindestvorschriften zur Erhöhung der Mobilität von Arbeitnehmern zwischen den Mitgliedstaaten durch Verbesserung des Erwerbs und der Wahrung von Zusatzrentenansprüchen, ABl. 2014, L 128/11

Richtlinie 2014/54/EU vom 16. 4. 2014 über Maßnahmen zur Erleichterung der Ausübung der Rechte, die Arbeitnehmern im Rahmen der Freizügigkeit zustehen, ABl. 2014, L 128/8

Inhaltsübersicht Rn.

A. Reichweite und Verfahren	1
B. Sekundärrecht aufgrund von Art. 46 AEUV: Überblick	9
I. Verordnung (EU) Nr. 492/2011	9
1. Gleichbehandlung in Bezug auf Beschäftigung, Entlohnung und sonstige Arbeitsbedingungen sowie Anerkennung von Qualifikationen	12
2. Gleichbehandlung bei Rechten auf Interessenvertretung	16
3. Gleichbehandlung bei sozialen Vergünstigungen	18
4. Gleichbehandlung bei steuerlichen Vergünstigungen	34
5. Gleichbehandlung bei der Berufsbildung	36
II. Richtlinie 2014/54/EU zur Erleichterung der Ausübung der Freizügigkeit	41
III. Portabilitätsrichtlinie 2014/50/EU	43
IV. Arbeitsvermittlung in der Europäischen Union	47
C. Sonstige Maßnahmen zur Förderung der Arbeitnehmerfreizügigkeit	49

A. Reichweite und Verfahren

1 Art. 46 AEUV ermächtigt das Parlament und den Rat, Rechtsakte zur Herstellung der Freizügigkeit zu erlassen. Die Norm stellt keinen unmittelbar geltenden Rechtssatz auf, sondern erfordert ein Tätigwerden des Unionsgesetzgebers. In Betracht kommen **Verordnungen oder Richtlinien**, also ausschließlich rechtsverbindliche Maßnahmen. Die Wahl des Rechtsakts (Verordnung oder Richtlinie) steht im Ermessen von Parlament und Rat. Die auf Grundlage des Art. 46 AEUV erlassenen Regelungen sind im Lichte der Art. 45–48 AEUV auszulegen.[1]

2 **Ziel** der Maßnahmen nach dieser Norm muss die Erleichterung der grenzüberschreitenden Erwerbstätigkeit sein. Allerdings benennt Art. 46 Buchst. d AEUV die **Grenzen** dieser Zielsetzung: Die Freizügigkeit darf nur gefördert werden, soweit ausgeschlossen werden kann, dass dies eine ernstliche Gefährdung der Lebenshaltung und des Beschäftigungsstands in einzelnen Gebieten und Industrien mit sich bringt.

3 Die möglichen **Regelungsgegenstände** von Rechtsakten zur Förderung der Freizügigkeit sind in Art. 46 AEUV nicht abschließend aufgeführt (»insbesondere«).[2] Sie sollen sich insbesondere auf die Verbesserung und Koordination der Arbeitsverwaltungen beziehen, und eine enge Zusammenarbeit zwischen den einzelstaatlichen Arbeitsverwaltungen sicherstellen (Buchst. a), Verwaltungspraktiken und Fristen, die übermäßig beschränkend erscheinen, beseitigen (Buchst. b), die Anwendung gleicher Verfahren für

---

[1] Vgl. EuGH, Urt. v. 21. 2. 2013, Rs. C–619/11 (Dumont de Chassart), ECLI:EU:C:2013:92, Rn. 53, für das Verhältnis von Art. 48 AEUV zur Verordnung 1408/71.

[2] *Weerth*, in: Lenz/Borchardt, EU-Verträge, Art. 46 AEUV, Rn. 4; *Epiney*, in: Vedder/Heintschel v. Heinegg, Europäisches Unionsrecht, Art. 46 AEUV, Rn. 2; *Schneider/Wunderlich* in: Schwarze, EU-Kommentar, Art. 46 AEUV, Rn. 6.

inländische und ausländische Arbeitnehmer sichern (Buchst. c) sowie generell zur Herstellung grenzüberschreitender Arbeitsmärkte beitragen (Buchst. d). Bei der Wahl der Maßnahmen, die insofern für die Förderung der Freizügigkeit am besten geeignet sind, kommt der Union ein weites Ermessen zu.[3]

Art. 46 AEUV ermächtigt zu Regelungen über **Drittstaatsangehörige**, soweit es sich um Familienangehörige von Arbeitnehmerinnen und Arbeitnehmern handelt.[4] Denn ein gewisses Maß an Freizügigkeit für Familienangehörige ist Voraussetzung für die tatsächliche Wahrnehmung der Freizügigkeit durch Arbeitnehmerinnen und Arbeitnehmer.

Maßnahmen zur Förderung der Arbeitnehmerfreizügigkeit können auch auf andere Kompetenznormen gestützt werden. Insbesondere die Sicherung erworbener Ansprüche oder Anwartschaften auf dem Gebiet der sozialen Sicherheit ist regelmäßig von großer Bedeutung für die tatsächliche Ausübung der Arbeitnehmerfreizügigkeit; **Art. 48 AEUV** ist insofern als lex specialis gegenüber Art. 46 AEUV anzusehen.[5]

Auch Maßnahmen der Sozialpolitik zur Harmonisierung auf dem Gebiet des Arbeitsrechts und der Arbeitsbedingungen können die Wahrnehmung der Freizügigkeit fördern und unterstützen. Sie sind allerdings vorrangig auf **Art. 153 AEUV** zu stützen.[6] Hier handelt es sich zwar nicht um Spezialität im technischen Sinn. Allerdings stellt Art. 153 Abs. 2 AEUV spezifische Anforderungen an das Rechtsetzungsverfahren und ist deshalb systematisch vorrangig anzuwenden.

Auch Maßnahmen über die **Anerkennung von Berufsqualifikationen** sind nicht nur für die Wahrnehmung der Dienstleistungs- und Niederlassungsfreiheit, insbesondere bei Soloselbstständigkeit von Bedeutung, sondern auch für die Wahrnehmung der Arbeitnehmerfreizügigkeit. Die Richtlinie 2005/36/EG[7] wurde deshalb nicht nur auf Art. 53 Abs. 1 AEUV, Art. 62 AEUV, sondern auch auf Art. 46 AEUV gestützt.

Für Maßnahmen nach Art. 46 AEUV gilt das **ordentliche Gesetzgebungsverfahren** im Sinne des Art. 294 AEUV.[8] Ergänzend sieht Art. 46 Einleitungssatz AEUV die Anhörung des Wirtschafts- und Sozialausschusses vor.

B. Sekundärrecht aufgrund von Art. 46 AEUV: Überblick

I. Verordnung (EU) Nr. 492/2011

Auf Grundlage von Art. 46 AEUV wurden insbesondere die Richtlinie 2004/38/EG über die Freizügigkeit der Unionsbürger sowie die Verordnung (EU) Nr. 492/2011 über

---

[3] Für Art. 48 AEUV s. EuGH, Urt. v. 16.7.2009, Rs. C–208/07 (von Chamier-Glisczinski), Slg. 2009, I–6095, Rn. 64.

[4] *Brechmann*, in: Calliess/Ruffert, EUV/AEUV, Art. 46 AEUV, Rn. 2; *Epiney*, in: Vedder/Heintschel von Heinegg, Europäisches Unionsrecht, Art. 46 AEUV, Rn. 2; *Kreuschitz*, in: GSH, Europäisches Unionsrecht, Art. 46 AEUV, Rn. 22 ff.

[5] *Brechmann*, in: Calliess/Ruffert, EUV/AEUV, Art. 46 AEUV, Rn. 2.

[6] *Brechmann*, in: Calliess/Ruffert, EUV/AEUV, Art. 46 AEUV, Rn. 2; *Schneider/Wunderlich* in: Schwarze, EU-Kommentar, Art. 46 AEUV, Rn. 5.

[7] Richtlinie 2005/36/EG vom 7.9.2005 über die Anerkennung von Berufsqualifikationen, ABl. 2005, L 255/22, geändert durch Richtlinie 2013/55/EU vom 20.11.2013 zur Änderung der Richtlinie 2005/36/EG über die Anerkennung von Berufsqualifikationen, ABl. 2013, L 354/132.

[8] *Weerth*, in: Lenz/Borchardt, EU-Verträge, Art. 46 AEUV, Rn. 1 f.; *Brechmann*, in: Calliess/Ruffert, EUV/AEUV, Art. 46 AEUV, Rn. 1, 3; *Schneider/Wunderlich* in: Schwarze, EU-Kommentar, Art. 46 AEUV, Rn. 1, 8 f.

die Freizügigkeit der Arbeitnehmer innerhalb der Union erlassen. Die zuletzt genannte Verordnung kodifizierte die frühere Verordnung (EWG) Nr. 1612/68[9]. Ihr kommt insofern besondere Bedeutung für die Auslegung des Art. 45 AEUV zu, als sie die Reichweite der Arbeitnehmerfreizügigkeit **konkretisiert**.[10] Sie enthält insbesondere Regelungen zur Verwaltungskoordinierung zwischen den Mitgliedstaaten (Art. 11–23) sowie auf EU-Ebene (Art. 21–34).[11]

10 Für die Anwendung der Verordnung (EU) Nr. 492/2011 gilt der **Arbeitnehmerbegriff** des Art. 45 AEUV (s. Art. 45 AEUV, Rn. 20 ff.).[12] Der persönliche Anwendungsbereich unterscheidet sich also vom Anwendungsbereich der Verordnungen 883/2004 und 987/2009 zur Koordinierung der Leistungen der sozialen Sicherung (s. Art. 48 AEUV, Rn. 13 ff.).

11 Die Verordnung konkretisiert Art. 45 AEUV auch insofern, als sie verdeutlicht, welche Leistungen und Rechte in Bezug auf Infrastrukturbedingungen außerhalb oder am Rande des Beschäftigungsverhältnisses als **wesentlich** und damit rechtlich relevant für Zuzugs- und Wegzugsentscheidungen angesehen werden können (s. Art. 45 AEUV, Rn. 129 ff.). Neben den unmittelbar auf das Arbeitsverhältnis (s. Rn. 12 ff., Rn. 16), die wirtschaftliche Existenzsicherung und soziale Integration (s. Rn. 18 ff.) und die Berufsbildung (s. Rn. 36 ff.) bezogenen Rechten enthält Art. 9 VO (EU) Nr. 492/2011 ein horizontal wirkendes Diskriminierungsverbot für das **Mietrecht**[13] sowie für die Erlangung von Wohnungseigentum.

1. Gleichbehandlung in Bezug auf Beschäftigung, Entlohnung und sonstige Arbeitsbedingungen sowie Anerkennung von Qualifikationen

12 Art. 7 Abs. 1 der VO (EU) Nr. 492/2011 konkretisiert Art. 45 Abs. 2 AEUV dahingehend, dass die Staatsangehörigen aller Mitgliedstaaten der Union in Bezug auf Beschäftigung, Entlohnung und sonstige **Arbeitsbedingungen** gleich zu behandeln sind.[14] Es spielt keine Rolle, ob eine Leistung aufgrund einer gesetzlichen oder vertraglichen Verpflichtung erfolgt oder für den Arbeitgeber freiwillig war.[15] Mit dem Begriff der »Entlohnung« ist das Entgelt im Sinne von Art. 157 AEUV gemeint (s. Art. 157 AEUV, Rn. 30 ff.); die Vorschrift ist auch anwendbar, soweit es um vertraglich geregelte Ansprüche geht, die aus öffentlichen Mitteln gegenfinanziert werden.[16] Art. 7 Abs. 2 der VO (EU) Nr. 492/2011 stellt nur eine besondere Ausprägung des in Art. 45 Abs. 2 AEUV enthaltenen Gleichbehandlungsgrundsatzes dar und konkretisiert diesen.[17]

13 Die Vorgaben der Art. 2, 6, 7 Abs. 1 und 4 (Gleichstellung im Arbeitsverhältnis) können als Konkretisierung und Bestätigung einer **horizontalen Wirkung** der Arbeit-

---

[9] VO (EWG) Nr. 1612/68 vom 15.10.1968 über die Freizügigkeit der Arbeitnehmer innerhalb der Gemeinschaft, ABl. 1968, L 257/2, ber. ABl. 1968, L 295/12.
[10] Im Hinblick auf die horizontale Drittwirkung EuGH, Urt. v. 12.12.1974, Rs. C–36/74 (Walrave und Koch), Slg. 1974, 1405.
[11] Siehe *Kreuschitz*, in: GSH, Europäisches Unionsrecht, Art. 46 AEUV, Rn. 9 ff.
[12] EuGH, Urt. v. 12.5.1998, Rs. C–85/96 (Martínez Sala), Slg. 1998, I–2691, Rn. 32; *Ziegler*, Arbeitnehmerbegriffe im Europäischen Arbeitsrecht, 2011, S. 152 ff. (zustimmend).
[13] Siehe dazu auch Art. 3 Abs. 1h) Richtlinie 2000/43/EG vom 29.6.2000 zur Anwendung des Gleichheitsgrundsatzes ohne Unterschied der Rasse oder der ethnischen Herkunft, ABl. 2000, L 180/22.
[14] Siehe auch *Rixen*, EnzEuR, Bd. 7, § 34, Rn. 8 ff.
[15] EuGH, Urt. v. 12.2.1974, Rs. C–152/73 (Sotgiu), Slg. 1974, 153, Rn. 8.
[16] EuGH, Urt. v. 28.6.2012, Rs. C–172/11 (Erny), ECLI:EU:C:2012:399, Rn. 35.
[17] EuGH, Urt. v. 11.9.2007, Rs. C–287/05 (Hendrix), Slg. 2007, I–6909, Rn. 53.

nehmerfreizügigkeit gelesen werden (s. Art. 45 AEUV, Rn. 77).[18] Als Konkretisierung des Art. 45 Abs. 1 AEUV ist auch Art. 8 Abs. 1 Satz 1 und 3 der Verordnung (EU) Nr. 492/2011 von Bedeutung, der gleiche gewerkschaftliche und betriebsverfassungsrechtliche Rechte garantiert (siehe auch 28 GRC sowie Art. 11 EMRK).

Darüber hinaus konkretisieren die Art. 1, 2 sowie 4 bis 6 die Anforderungen an das **öffentlichrechtliche** Aufenthalts- und Arbeitserlaubnisrecht. Art. 1 wiederholt insofern das Recht auf Zugang zum Arbeitsmarkt; die Art. 3, 4, 5 erläutern Art. 45 Abs. 2 AEUV in Hinblick auf die Gleichstellung mit Inländern bei der Arbeitsvermittlung. Art. 2 betrifft den Austausch von Stellenangeboten und Arbeitsgesuchen sowie den Abschluss und die Erfüllung von Arbeitsverträgen, während Art. 5 die von den Arbeitsämtern gewährte Hilfe behandelt.[19] Die Normen werden durch das Grundrecht des Art. 29 GRC verstärkt, wonach jeder Mensch das Recht auf **Zugang zu einem unentgeltlichen Arbeitsvermittlungsdienst** hat. Art. 8 Abs. 1 Satz 2 der Verordnung (EU) Nr. 492/2011 klärt aber, dass die Gleichbehandlung bei gewerkschaftlichen und betrieblichen Rechten nicht für die Verwaltung von Körperschaften des öffentlichen Rechts und die Ausübung eines öffentlich-rechtlichen Amtes gilt.

Von großer praktischer Bedeutung für die tatsächliche Verwirklichung der Freizügigkeit ist die **Anerkennung von Berufsqualifikationen**. Insofern wird Art. 6 der Verordnung (EU) Nr. 492/2011 aber wiederum konkretisiert durch die Richtlinie 2005/36/EG.[20]

2. Gleichbehandlung bei Rechten auf Interessenvertretung

Art. 8 Abs. 1 Satz 1 der VO (EU) Nr. 492/2011 schreibt die gleiche Behandlung hinsichtlich der Zugehörigkeit zu Gewerkschaften und der Ausübung **gewerkschaftlicher Rechte** vor. In Bezug auf Organe der **Arbeitnehmervertretung in den Betrieben** sieht Satz 3 ein passives Wahlrecht vor und setzt ein aktives Wahlrecht voraus. Dabei ist wohl vorausgesetzt, dass die Zuständigkeiten dieser Arbeitnehmervertretungen sich auf die jeweiligen Betriebe beschränken bzw. beziehen. Selbstverständlich vorausgesetzt (und hingenommen) wird, dass die Mitbestimmung im Betrieb eines Mitgliedstaats mittelbare Auswirkungen auf Betriebe in anderen Mitgliedstaaten hat.[21] Soweit es allerdings um die Interessenvertretung in der Verwaltung von Körperschaften des öffentlichen Rechts geht, können ausländische Arbeitnehmerinnen und Arbeitnehmer nach Satz 2 von Teilnahme und insbesondere Ausübung eines öffentlich-rechtlichen Amtes ausgeschlossen werden.

---

[18] EuGH, Urt. v. 12.12.1974, Rs. C–36/74 (Walrave und Koch), Slg. 1974, 1405.
[19] Vgl. EuGH, Urt. v. 19.12.2013, Rs. C–9/12 (Corman-Collins), ECLI:EU:C:2013:860, Rn. 60.
[20] Richtlinie 2005/36/EG vom 7.9.2005 über die Anerkennung von Berufsqualifikationen, ABl. 2005, L 255/22, geändert durch Richtlinie 2013/55/EU vom 20.11.2013, ABl. 2013, L 354/132. Siehe auch die Versuche einer Standardisierung von Qualifikationen, wie sie im Rahmen des Europäischen Qualifikationsrahmens für lebenslanges Lernen (EQR) diskutiert werden (Empfehlung des Europäischen Parlaments und des Rates vom 23.4.2008 zur Einrichtung des Europäischen Qualifikationsrahmens für lebenslanges Lernen, ABl. 2008, C 111/1); vgl. Entscheidung Nr. 2241/2004/EG vom 15.12.2004 über ein einheitliches gemeinschaftliches Rahmenkonzept zur Förderung der Transparenz bei Qualifikationen und Kompetenzen (Europass), ABl. 2004, L 390/6.
[21] Anders *Rieble/Latzel*, EuZA 4 (2011), 145 (146 f.; 149 ff.), die das betriebsverfassungsrechtliche Territorialitätsprinzip als Ausländerdiskriminierung bewerten (Möglichkeit der mittelbaren Diskriminierung in Verteilungskonflikten) und eine explizite Zuständigkeitsbeschneidung in Bezug auf ausländische Standorte fordern.

17 Nach diesen Grundsätzen bestimmt sich auch, welchen Anforderungen Regelungen über die **Unternehmensmitbestimmung** zu genügen haben[22] (vgl. Art. 45 AEUV, Rn. 135). Sie sind zwar vom Wortlaut des Art. 8 VO (EU) Nr. 492/2011 nicht erfasst, da es sich hier weder um unmittelbar gewerkschaftliche Rechte noch um Interessenvertretung im Betrieb im engeren Sinn geht. Nach Sinn und Zweck der Norm konkretisiert diese aber auch, unter welchen Voraussetzungen solche Regelungen als Wegzugs- und Zuzugssperre angesehen werden können, die für die Arbeitnehmerfreizügigkeit als relevant gelten. Insbesondere unterfallen Regelungen über das aktive und passive Wahlrecht zwar dem Anwendungsbereich der Norm; sie sind aber allein unter dem Gesichtspunkt der Gleichbehandlung zu beurteilen.[23] Insofern genügt es den Anforderungen des Art. 8 Abs. 1 VO (EU) Nr. 492/2011, wenn entsprechende Rechte an der Betriebszugehörigkeit anknüpfen, wie Satz 3 deutlich macht.[24]

3. Gleichbehandlung bei sozialen Vergünstigungen

18 Art. 7 Abs. 2 VO (EU) Nr. 492/2011 enthält eine Vorschrift zur Gleichbehandlung bei sozialen Leistungen. Danach genießen Wanderarbeitnehmer im Aufnahmemitgliedstaat die gleichen sozialen und steuerlichen Vergünstigungen wie die inländischen Arbeitnehmerinnen und Arbeitnehmer. Ziel ist die **Förderung der sozialen Integration** des Arbeitnehmers im Aufnahmestaat.[25] Mit dem hier aufgestellten Erfordernis der Gleichbehandlung wird teilweise ein ähnlicher Effekt wie mit einem Koordinierungssystem (Verordnung (EG) Nr. 883/2004,[26] s. Art. 48 AEUV, Rn. 9 ff.) erzielt.[27] Allerdings geht es der Verordnung 883/2004 darüber hinaus auch um die Exportfähigkeit der Leistungen.[28]

19 Aufgrund der **Spezialität** der Koordinierung der sozialen Sicherheit (s. Rn. 5) greift Art. 7 Abs. 2 VO (EU) Nr. 492/2011 nur ein, wenn nicht schon ein spezielleres Diskriminierungsverbot, insbesondere aus Verordnung (EU) Nr. 883/2004 (dort Art. 4, s. Art. 48 AEUV, Rn. 79 ff.) eingreift. Vorrang haben auch die weitergehenden Exportierbarkeits-Beschränkungen bei beitragsunabhängigen Sonderleistungen nach Art. 70 der VO (EU) Nr. 883/2004.[29]

20 Der **Begriff der sozialen Vergünstigungen** ist weit auszulegen. Er erfasst alle Vergünstigungen, die den inländischen Arbeitnehmern in erster Linie wegen ihrer objektiven Arbeitnehmereigenschaft oder wegen ihres Wohnorts im Inland allgemein gewährt wer-

---

[22] So auch *Franzen* in: Streinz, EUV/AEUV, Art. 45 AEUV, Rn. 112.
[23] So auch EUArbR/*Steinmeyer*, Art. 45 AEUV, Rn. 68. Anders *Wansleben*, NZG 2014, 213, der diese Regelungen als Beschränkung der Arbeitnehmerfreizügigkeit ansieht.
[24] Im Ergebnis genauso (zu § 7 Abs. 3 S. 1 des deutschen MitbG): *Krause*, AG 2012, 485; *Seyboth*, AuR 2012, 339; LG Landau (Pfalz), ZIP 2013, 2107 f, die allerdings bereits den Schutzbereich verneinen; anders *Hellwig/Behme*, AG 2009, 261; *Rieble/Latzel*, EuZA 4 (2011), 145 (146); LG Frankfurt am Main, ZIP 2015, 634 mit widersprechender Anmerkung von *Krause*, ZIP 2015, 636. Siehe jetzt auch Vorlagebeschluss zum EuGH von KG Berlin, ZIP 2015, 2172 (anhängig beim EuGH als Rs. C–566/15).
[25] *Steinmeyer*, in: Fuchs (Hrsg.), VO (EU) Nr. 492/2011, Artikel 7, Rn. 2; EuGH, Urt. v. 27. 9.1988, Rs. 235/87 (Matteucci), Slg. 1988, 5589, Rn. 11 (Erwerb einer beruflichen Qualifizierung und sozialer Aufstieg).
[26] VO (EU) Nr. 883/2004 vom 29. 4. 2004 zur Koordinierung des Systems der sozialen Sicherheit, ABl. 2004, L 166/1.
[27] *Steinmeyer*, in: Fuchs (Hrsg.), VO (EU) 492/2011, Artikel 7, Rn. 2.
[28] *Kreutschitz*, GSH, Europäisches Unionsrecht, Art. 45 AEUV, Rn. 105 ff.
[29] *Mrozynski*, in: Mrozynski, SGB I, 5. Aufl., 2014, § 30 Geltungsbereich, Rn. 41.

den, die deren wirtschaftliche oder soziale Lage verbessern sollen und deren Ausdehnung auf die Staatsangehörigen anderer Mitgliedstaaten deshalb als geeignet erscheint, deren Mobilität innerhalb der Union zu erleichtern.[30] Es kommt nicht darauf an, ob die Leistung an einen Arbeitsvertrag anknüpft oder nicht.[31]

Das deutsche **Erziehungsgeld** ist eine soziale Vergünstigung in diesem Sinne.[32] Ähnliches gilt für Fahrpreisermäßigungen für kinderreiche Familien und ähnliche Tarifgestaltungen im Personennahverkehr, den Schutz schwerbehinderter Menschen oder einmalige Übergangsentschädigungen bei Arbeitslosigkeit, z.B. wegen struktureller Einschnitte.[33] Auch ein (arbeitsförderungsrechtliches) **Überbrückungsgeld** für Schulabgänger (und Kinder von Arbeitnehmern im Sinne des Art. 45 AEUV) kann unter diese Norm fallen.[34] Soziale Vergünstigungen sind auch alle Leistungen, durch die der notwendige Lebensunterhalt sichergestellt werden soll, wie z. B. ein Altersmindesteinkommen an unterhaltsberechtigte Familienangehörige aufsteigender Linie oder die **Sozialhilfe**.[35]   21

Leistungen der sozialen Sicherheit sind immer auch soziale Vergünstigungen i. S. v. Art. 7 Abs. 2 VO (EU) Nr. 492/2011; hier ist aber vorrangig die Verordnung (EU) Nr. 883/2004 anwendbar (zum Anwendungsbereich s. Art. 48 AEUV, Rn. 24 ff.).[36]   22

Art. 7 Abs. 2 VO (EU) Nr. 492/2011 gilt auch für Leistungen der **Ausbildungsförderung**. Eine Förderung, die für den Lebensunterhalt und die Ausbildung zur Durchführung eines Hochschulstudiums gewährt wird, stellt eine soziale Vergünstigung dar, die ein Arbeitnehmer eines anderen Mitgliedstaats selbst in Anspruch nehmen können muss. In diesem Fall muss aber das Hochschulstudium zu einem berufsqualifizierenden Abschluss führen und fachlich mit einer früheren Berufstätigkeit im Aufnahmemitgliedstaat im Zusammenhang stehen.[37] Das Arbeitsverhältnis, das allein Grundlage der Rechte aus der Verordnung ist, darf im Verhältnis zum Studium, das durch das Stipendium finanziert werden soll, nicht nur von untergeordneter Bedeutung sein.[38]   23

Gleichbehandlung bedeutet insbesondere den Verzicht auf ein **Wohnorterfordernis**[39] oder gleichgerichtete Anforderungen wie z.B. die Voraussetzung, eine Bildungseinrichtung des Aufnahmemitgliedstaats besucht zu haben (s. Art. 45 AEUV, Rn. 110). Das   24

---

[30] EuGH, Urt. v. 18.7.2007, Rs. C–213/05 (Geven), Slg. 2007, I–6347, Rn. 12; Urt. v. 27.11.1997, Rs. C–57/96 (Meints), Slg. 1997, I–6689, Rn. 39; Urt. v. 27.3.1985, Rs. 249/83 (Hoeckx), Slg. 1985, 973, Rn. 20; Urt. v. 11.9.2008, Rs. C–228/07 (Petersen), Slg. 2008, I–6989, Rn. 49; *Mrozynski* (Fn. 28), § 30 Geltungsbereich, Rn. 41. Siehe auch den Rechtsprechungsüberblick bei *Kreutschitz*, GSH, Europäisches Unionsrecht, Art. 45 AEUV, Rn. 95 ff.
[31] *Rixen*, EnzEuR, Bd. 7, § 34, Rn. 25 ff.
[32] EuGH, Urt. v. 12.5.1998, Rs. C–85/96 (Martínez Sala), Slg. 1998, I–2691, Rn. 26.
[33] EuGH, Urt. v. 27.11.1997, Rs. C–57/96 (Meints), Slg. 1997, I–6689, Rn. 22 (Entschädigungsregelung für Arbeitnehmer in der Landwirtschaft, deren Arbeitsverhältnis wegen Flächenstilllegungen beendet worden ist); *Mrozynski* (Fn. 29), § 30 Geltungsbereich, Rn. 41.
[34] EuGH, Urt. v. 12.9.1996, Rs. C–278/94 (Kommission/Belgien), Slg. 1996, I–4307.
[35] EuGH, Urt. v. 27.3.1985, Rs. 249/83 (Hoeckx), Slg. 1985, 973, Rn. 21 f. *Mrozynski* (Fn. 29), § 30 Geltungsbereich, Rn. 41 weist insbesondere in Bezug auf Leistungen wie die Hilfe für Wohnungslose nach dem deutschen § 67 SGB XII darauf hin, dass eine Verbindung zum Arbeitsmarkt des betreffenden Mitgliedstaats verlangt werden darf.
[36] EuGH, Urt. v. 22.5.1998, Rs. C–85/96 (Martínez Sala), Slg. 1998, I–2691, Rn. 27 für das deutsche Erziehungsgeld; siehe schon Urt. v. 10.3.1993, Rs. C–111/91 (Kommission/Luxemburg), Slg. 1993, I–817, Rn. 21.
[37] EuGH, Urt. v. 21.6.1988, Rs. C–39/86 (Lair), Slg. 1988, 3161.
[38] EuGH, Urt. v. 11.9.2008, Rs. C–228/07 (Petersen), Slg. 2008, I–6989, Rn. 13, 27.
[39] EuGH, Urt. v. 27.11.1997, Rs. C–57/96 (Meints), Slg. 1997, I–6689, Rn. 42.

Erfordernis eines Wohnsitzes im Inland ist für inländische Arbeitnehmer auch im Fall sozialer Leistungen einfacher zu erfüllen ist als für Arbeitnehmer anderer Mitgliedstaaten, weil diese gerade bei Arbeitslosigkeit oder Invalidität dazu neigen, das Land ihrer ehemaligen Beschäftigung zu verlassen, um in ihr Herkunftsland zurückzukehren.[40]

25 Die Mitgliedstaaten dürfen die Gewährung der hier geregelten sozialen Vergünstigungen nicht von einer **Berufstätigkeit von bestimmter Dauer** oder eine bestimmte **Dauer der vorherigen Ausbildung** im Inland abhängig machen.[41]

26 In Hinblick auf die vorrangige Zuständigkeit der Mitgliedstaaten für sozialpolitische Leistungen können allerdings Leistungsdifferenzierungen zwischen inländischen und ausländischen Personen bei sozialen Vergünstigungen gerechtfertigt sein, die auf eine **hinreichend enge Bindung zur inländischen Gesellschaft** abstellen. Diese kann sich z. B. aus einer Eheschließung mit einem Staatsangehörigen des Aufnahmemitgliedstaats und der anschließenden Verlegung des Wohnsitzes ergeben.[42]

27 Ein maßgeblicher **Beitrag zum inländischen Arbeitsmarkt** reicht dafür in der Regel ebenfalls aus, insbesondere wenn ein Arbeitnehmer mit Abgaben zur Finanzierung der sozialpolitischen Maßnahmen dieses Staates beiträgt. Bei Wander- und Grenzarbeitnehmern ist es deshalb grundsätzlich unangemessen, die Erfüllung einer Wohnsitzvoraussetzung als Nachweis für die erforderliche Integration zu verlangen.[43] Da in der Regel bei Erfüllung der Voraussetzungen des Art. 45 AEUV (s. dort Rn. 29 ff.) eine ausreichend ins Gewicht fallende Erwerbstätigkeit in dem betreffenden Mitgliedstaat vorliegt, kann deren Fehlen nur ganz ausnahmsweise aus Gründen des Rechtsmissbrauchs ein zulässiger Rechtfertigungsgrund für die Versagung einer sozialen Vergünstigung sein.[44] Das Bestehen einer tatsächlichen Verbindung mit dem Arbeitsmarkt eines Mitgliedstaats kann sich auch daraus ergeben, dass die betreffende Person während eines ange-

---

[40] EuGH, Urt. v. 11. 9. 2008, Rs. C–228/07 (Petersen), Slg. 2008, I–6989, Rn. 55.
[41] EuGH, Urt. v. 11. 9. 2008, Rs. C–228/07 (Petersen), Slg. 2008, I–6989, Rn. 22; Urt. v. 25. 10. 2012, Rs. C–367/11 (Prete), ECLI:EU:C:2012:668, Rn. 39 ff.
[42] EuGH Urt. v. 25. 10. 2012, Rs. C–367/11 (Prete), ECLI:EU:C:2012:668, Rn. 39 ff.; zur Qualität »persönlicher Bindungen« siehe auch Art. 6 Abs. 1 Richtlinie 83/183/EWG vom 28. 3. 1983 über Steuerbefreiungen bei der endgültigen Einfuhr persönlicher Gegenstände durch Privatpersonen aus einem Mitgliedsstaat, ABl. 1983, L 105/64.
[43] EuGH, Urt. v. 14. 6. 2012, Rs. C–542/09 (Kommission/Niederlande), ECLI:EU:C:2012:346, Rn. 63 ff. Dies gilt nicht für andere Personen als Arbeitnehmer/innen oder Selbstständige (siehe EuGH, Urt. v. 11. 11. 2014, Rs. C–333/13 (Dano), ECLI:EU:C:2014:2358, Rn. 64 ff. unter Verweis auf Art. 24 Abs. 2 der Richtlinie 2004/38/EG).
[44] EuGH, Urt. v. 18. 7. 2007, Rs. C–213/05 (Geven), Slg. 2007, I–6347, Rn. 26; Urt. v. 12. 5. 1998, Rs. C–85/96 (Martínez Sala), Slg. 1998, I–2691, Rn. 26; zum Missbrauch siehe Urt. v. 6. 11. 2003, Rs. C–413/01 (Ninni-Orasche), Slg. 2003, I–13187, Rn. 46 (wenn sich ein Arbeitnehmer nur in der Absicht in einen anderen Mitgliedstaat begibt, um dort nach einer sehr kurzen Berufstätigkeit eine Förderung für Studenten in Anspruch zu nehmen). Vgl. EuGH, Urt. v. 19. 9. 2013, Rs. C–140/12 (Brey), ECLI:EU:C:2013:565, Rn. 77 ff., der eine Einzelfallprüfung für die Feststellung verlangt, ob ein Betroffener nach Art. 7 Abs. 1 Buchst. b der Richtlinie 2004/38 »das System der Sozialhilfeleistungen des Aufnahmemitgliedstaats unangemessen in Anspruch nimmt«. *Kreuschitz*, in: GSH, Europäisches Unionsrecht, Art. 45 AEUV, Rn. 83 vermutet hier einen Widerspruch zur Entscheidung »Martínez Sala«. Siehe allerdings die Einschränkung des EuGH, Urt. v. 20. 6. 2013, Rs. C–20/12 (Giersch), ECLI:EU:C:2013:411, wonach Art. 16 Abs. 1 der Richtlinie 2004/38/EG und Art. 24 Abs. 2 der Richtlinie 2004/38/EG es erlaubten, von Grenzgänger/innen eine Tätigkeit von mindestens fünf Jahren zu verlangen; zu dieser Debatte ausführlich *O'Leary*, CMLRev. 51 (2014), 608, die vermutet, dass dieses Zugeständnis des EuGH etwas damit zu tun hatte, dass über den sehr kleinen Mitgliedstaat Luxemburg zu entscheiden war (618).

messenen Zeitraums tatsächlich in dem betreffenden Mitgliedstaat eine **Beschäftigung gesucht** hat.⁴⁵

Zur Feststellung der gesellschaftlichen bzw. arbeitsmarktlichen Beziehung zum Inland müssen grundsätzlich alle Umstände akzeptiert werden, die für das Vorliegen einer tatsächlichen Verbindung zwischen der betroffenen Person und dem betroffenen räumlichen Arbeitsmarkt bzw. der inländischen Gesellschaft kennzeichnend sind, wie z.B. die Arbeitssuche, oder die Eheschließung mit einem Staatsangehörigen des Aufnahmemitgliedstaats und die anschließende Verlegung des Wohnsitzes. Es muss eine **Einzelfallprüfung** möglich sein.⁴⁶ 28

Bei **Studienbeihilfen** kann eine Benachteiligung von Grenzarbeitnehmern ausnahmsweise gerechtfertigt sein, wenn sie die Mobilität inländischer Arbeitnehmerinnen und Arbeitnehmer bzw. studierender Kinder fördern sollen. Etwas erstaunlich ist es, wenn der EuGH auch Anreize für ausländische Studierende akzeptiert, sich nach dem Studium in den Arbeitsmarkt zu integrieren; so könne mit einer Studienbeihilfe die Bedingung verbunden werden, nach Vollendung der Studien in den fördernden Mitgliedstaat zurückzukehren.⁴⁷ Denn Ziel des Art. 45 AEUV sowie der Binnenmarktintegration ist es im Gegenteil doch, einen gemeinsamen Arbeitsmarkt aller Mitgliedstaaten herzustellen; dem entspräche es umgekehrt, eine Person nicht schon aufgrund ihrer Ausbildung auf einen bestimmten räumlichen Arbeitsmarkt festzulegen.⁴⁸ 29

Zulässig ist eine Kürzung von Hilfen durch Berücksichtigung anderweitig gewährter Unterstützungen, um **Doppelleistungen** zu verhindern.⁴⁹ 30

Es ist grundsätzlich **Sache der nationalen Gerichte**, festzustellen, ob die Gegebenheiten des jeweiligen Falles eine tatsächliche Verbindung mit dem betreffenden Arbeitsmarkt belegen.⁵⁰ 31

Das Verbot der Diskriminierung bei sozialen Vergünstigungen nach Art. 7 Abs. 2 VO (EU) Nr. 492/2011 gilt auch für die **Familienangehörigen** und soll eine Behinderung der Freizügigkeit des Arbeitnehmers verhindern, die entsteht, wenn er als Unterhaltsgewährleistender gegenüber Verwandten absteigender Linie ungleich behandelt wird. Wenn die betreffenden nationalen Rechtsvorschriften für Kinder inländischer Arbeitnehmer kein Wohnorterfordernis aufstellen, darf ein solches Erfordernis daher auch nicht für Kinder von Arbeitnehmern aus anderen Mitgliedstaaten der Union gelten⁵¹ (zur Begründung aus Art. 45 AEUV s. dort Rn. 52). Allerdings setzt das Recht voraus, dass die entsprechenden Leistungen als soziale Vergünstigung für den Arbeitnehmer angesehen werden können, dieser also insbesondere weiterhin Unterhalt bezahlt⁵² oder 32

---

⁴⁵ EuGH, Urt. v. 25.10.2012, Rs. C–367/11 (Prete), ECLI:EU:C:2012:668, Rn. 40 ff.; Urt. v. 19.12.2013, Rs. C–9/12 (Corman-Collins), ECLI:EU:C:2013:860, Rn. 70.
⁴⁶ EuGH, Urt. v. 25.10.2012, Rs. C–367/11 (Prete), ECLI:EU:C:2012:668, Rn. 39 ff.; Urt. v. 14.6.2012, Rs. C–542/09 (Kommission/Niederlande), ECLI:EU:C:2012:346, Rn. 79 ff.
⁴⁷ EuGH, Urt. v. 20.6.2013, Rs. C–20/12 (Giersch), ECLI:EU:C:2013:411.
⁴⁸ Zu dieser Kritik ausführlich *O'Leary*, CMLRev. 51 (2014), 608 (613); vgl. auch als Kontrast zum Urteil »Giersch« EuGH, Urt. v. 25.10.2012, Rs. C–367/11 (Prete), ECLI:EU:C:2012:668, Rn. 45.
⁴⁹ EuGH, Urt. v. 20.6.2013, Rs. C–20/12 (Giersch), ECLI:EU:C:2013:411.
⁵⁰ EuGH, Urt. v. 25.10.2012, Rs. C–367/11 (Prete), ECLI:EU:C:2012:668, Rn. 42.
⁵¹ EuGH, Urt. v. 26.2.1992, Rs. C–3/90 (Bernini), Slg. 1992, I–1071, Rn. 28 f. Siehe auch für Familienangehörige mit Drittstaatsangehörigkeit *Kreuschitz*, in: GSH, Europäisches Unionsrecht, Art. 45 AEUV, Rn. 102.
⁵² *Forsthoff*, in: Grabitz/Hilf/Nettesheim, EU, Art. 46 AEUV (September 2010), Rn. 293; *Schneider/Wunderlich*, in: Schwarze, EU-Kommentar, Art. 46 AEUV, Rn. 87, beide m.w.N. zur Rechtsprechung des EuGH.

auf andere Weise von der Leistung profitiert, z. B. weil die Leistung »der Familie insgesamt zugute« kommt.[53] Eine soziale Vergünstigung liegt auch dann vor, wenn der Arbeitnehmer tatsächlich entlastet wird; es kommt nicht darauf an, dass z. B. die Angehörigen einen Anspruch auf Unterhalt haben.[54]

33 Eine **Studienfinanzierung**, die ein Mitgliedstaat den **unterhaltsberechtigten Kindern** von Arbeitnehmern gewährt, kann deshalb eine soziale Vergünstigung der Arbeitnehmerinnen und Arbeitnehmer sein, soweit diese ihr Kind weiter unterstützen. Obwohl das Recht aus Art. 7 Abs. 2 VO (EU) Nr. 492/2011 nur dem Arbeitnehmer zusteht, kann sich das Kind eines Wanderarbeitnehmers ebenfalls auf die Verordnung berufen, um die Finanzierung zu erhalten, wenn die Leistung nach nationalem Recht unmittelbar dem Studenten gewährt wird. Die Gewährung muss dann den gleichen Voraussetzungen unterworfen werden, wie sie für die Kinder inländischer Arbeitnehmerinnen und Arbeitnehmer gelten[55] (zur Rechtfertigung eines Wohnorterfordernisses s. Rn. 26 ff.).

4. Gleichbehandlung bei steuerlichen Vergünstigungen

34 Das Recht auf Gleichbehandlung besteht auch für **steuerliche Vergünstigungen**. Der Begriff der »steuerlichen Vergünstigungen« ist weit auszulegen und erfasst genau wie die sozialen Vergünstigungen alle Vergünstigungen, »die – ob sie an einen Arbeitsvertrag anknüpfen oder nicht – den inländischen Arbeitnehmern hauptsächlich wegen ihrer objektiven Arbeitnehmereigenschaft oder einfach wegen ihres Wohnortes im Inland[56] gewährt werden und deren Ausdehnung auf die Arbeitnehmer, die Staatsangehörige eines anderen Mitgliedstaats sind, deshalb als geeignet erscheint, deren Mobilität in der Gemeinschaft zu erleichtern«.[57]

35 Der Grundsatz der Gleichbehandlung bedeutet u. a., dass Steuern über die **Einfuhr oder Ausfuhr von Gegenständen zum privaten Gebrauch** auf objektiven Kriterien beruhen und der tatsächliche Wertverlust des besteuerten Guts für inländische und ausländische Arbeitnehmer/innen in gleicher Weise berechnet werden muss.[58] Die Richtlinie 83/183/EWG[59] dient in diesem Sinn der Förderung des freien Personenverkehrs und insofern auch der Verwirklichung der Arbeitnehmerfreizügigkeit. Sie führt zu einer steuerlichen Gleichbehandlung für Wander- und Grenzarbeitnehmer/innen, wenn diese einen »gewöhnlichen Wohnsitz« in einem anderen Land erwerben, in dem sie sich wegen beruflicher Bindungen oder wegen persönlicher Bedingungen, die enge Beziehun-

---

[53] EuGH, Urt. v. 18. 7. 2007, Rs. C–212/05 (Hartmann), Slg. 2007, I–6303, Rn. 25 f. für das deutsche Erziehungsgeld, das »geeignet [ist], die Verpflichtung des [Arbeitnehmers] zur Leistung eines Beitrags zu den Familienlasten zu verringern«.

[54] *Forsthoff*, in: Grabitz/Hilf/Nettesheim, EU, Art. 46 AEUV (September 2010), Rn. 293.

[55] EuGH, Urt. v. 26. 2. 1992, Rs. C–3/90 (Bernini), Slg. 1992, I–1071, Rn. 28 f.; Urt. v. 14. 6. 2012, Rs. C–542/09 (Kommission/Niederlande), ECLI:EU:C:2012:346, Rn. 48; Urt. v. 20. 6. 2013, Rs. C–20/12 (Giersch), ECLI:EU:C:2013:411. Ausführlich zur Studienförderung *Kreuschitz*, in: GSH, Europäische Unionsrecht, Art. 45 AEUV, Rn. 110 ff.

[56] Zur Entwicklung der Rechtsprechung des EuGH siehe z. B. *Kreuschitz*, in: GSH, Europäisches Unionsrecht, Art. 45 AEUV, Rn. 89 ff.

[57] St. Rspr., z. B. EuGH, Urt. v. 21. 6. 1988, Rs. C–39/86 (Lair), Slg. 1988, 3161, Rn. 21; *Weerth*, in: Lenz/Borchardt, EU-Verträge, Art. 45 AEUV, Rn. 48.

[58] EuGH, Urt. v. 26. 4. 2007, Rs. C–392/05 (Alevizos), Slg. 2007, I–3505, Rn. 77 f.; vgl. schon Urt. v. 11. 12. 1990, Rs. C–47/88 (Kommission/Dänemark), Slg. 1990, I–4509, Rn. 19 ff. für die Vereinbarkeit einer Zulassungssteuer für Kfz mit der Warenverkehrsfreiheit. Für weitere Beispiele siehe *Rixen*, EnzEuR, Bd. 7, § 34, Rn. 29 f.

[59] Richtlinie 83/183/EWG.

gen zwischen der Person und dem Wohnort erkennen lassen, mindestens 185 Tage im Kalenderjahr zur Wahrnehmung eines dienstlichen Auftrags von bestimmter Dauer aufhalten (Art. 6 Abs. 1 Richtlinie 83/183/EWG).[60]

5. Gleichbehandlung bei der Berufsbildung

Nach Art. 7 Abs. 3 VO (EU) Nr. 492/2011 kann jeder Arbeitnehmer der Union »mit dem gleichen Recht und unter den gleichen Bedingungen wie die inländischen Arbeitnehmer **Berufsschulen und Umschulungszentren** in Anspruch nehmen« – eine Fallgruppe sozialer Vergünstigungen.[61] Das Diskriminierungsverbot wegen der Staatsangehörigkeit, das sich insofern bereits aus Art. 18 AEUV ergibt, wird hier konkretisiert.[62] In Hinblick auf die Förderung der sozialen Integration im Aufnahmestaat sowie der beruflichen Gleichstellung soll insofern der Erwerb einer beruflichen Qualifizierung und damit der soziale Aufstieg erleichtert werden.[63] 36

Der Begriff der Berufsschule im Sinne dieser Bestimmung »bezieht sich ausschließlich auf Einrichtungen, die nur eine Ausbildung vermitteln, die entweder in eine Berufstätigkeit eingebettet oder mit einer solchen, insbesondere während einer Lehre, eng verbunden ist.«[64] Er umfasst nicht jede Bildungseinrichtung, in der eine gewisse berufliche Ausbildung vermittelt wird. **Universitäten** sind auch dann keine Berufsschulen in diesem Sinne, wenn sie Einrichtungen der Berufsausbildung sind. 37

Eine Abgabe, Einschreibe- oder **Studiengebühr** für den Zugang zum berufsbildenden Unterricht verstößt gegen das Benachteiligungsverbot, wenn sie nur von Studierenden aus anderen Mitgliedstaaten erhoben wird.[65] 38

Ein eigenes Recht auf Schul- und Berufsausbildung für die Kinder von Arbeitnehmerinnen und Arbeitnehmern regelt **Art. 10 VO (EU) Nr. 492/2011**. Diese Vorschrift verlangt nur, dass das Kind mit seinen Eltern oder einem Elternteil in der Zeit in einem Mitgliedstaat lebte, in der dort zumindest ein Elternteil als Arbeitnehmer wohnte; für Kinder, die nach Abschluss der Tätigkeit oder des Wohnens im Aufnahmestaat geboren werden, gilt sie nicht.[66] Es berechtigt die Kinder auch noch nach Abschluss der Beschäftigung des Elternteils im betreffenden Mitgliedstaat. Anders als Art. 7 Abs. 3 VO (EU) Nr. 492/2011 betrifft es nicht nur die »Lehrlings- und Berufsausbildung«, sondern darüber hinaus auch die Teilnahme am »allgemeinen Unterricht«. 39

Art. 10 Satz 2 verpflichtet die Mitgliedstaaten darüber hinaus zu »Bemühungen, durch die diesen Kindern ermöglicht werden soll, unter den besten Voraussetzungen am Unterricht teilzunehmen.« Diese **Bemühenspflicht** gleicht dem Recht auf angemessene Vorkehrungen im Sinne des Art. 5 der Richtlinie 2000/78/EG.[67] Bei einer Verletzung liegt gleichzeitig ein Verstoß gegen das Verbot der mittelbaren Diskriminierung vor.[68] 40

---

[60] Zur Auslegung bei verschiedenen wechselnden Beschäftigungsorten und im Verhältnis zu Drittstaaten siehe EuGH, Urt. v. 18.6.2015, Rs. C–9/14 (Kieback), ECLI:EU:C:2015:406.
[61] *Kreuschitz*, in: GSH, Europäisches Unionsrecht, Art. 45 AEUV, Rn. 119f.
[62] EuGH, Urt. v. 13.2.1985, Rs. C–293/83 (Gravier), Slg. 1985, 593, Rn. 26.
[63] EuGH, Urt. v. 27.9.1988, Rs. 235/87 (Matteucci), Slg. 1988, 5589, Rn. 11; *Steinmeyer* in: Fuchs (Hrsg.), Art. 7 VO (EU) 492/2011, Rn. 2.
[64] EuGH, Urt. v. 11.9.2008, Rs. C–228/07 (Petersen), Slg. 2008, I–6989, Rn. 13.
[65] EuGH, Urt. v. 13.2.1985, Rs. C–293/83 (Gravier), Slg. 1985, 593, Rn. 26.
[66] EuGH, Urt. v. 14.6.2012, Rs. C–542/09 (Kommission/Niederlande), ECLI:EU:C:2012:346, Rn. 50; Urt. v. 11.9.2008, Rs. C–228/07 (Petersen), Slg. 2008, I–6989, Rn. 31.
[67] RL 2000/78/EG vom 27.11.2000 zur Festlegung eines allgemeinen Rahmens für die Verwirklichung der Gleichbehandlung in Beschäftigung und Beruf, ABl. 2000, L 303/16.
[68] Genauer zu diesen Zusammenhängen *Kocher/Wenckebach*, SR 2013, 17ff.

II. Richtlinie 2014/54/EU zur Erleichterung der Ausübung der Freizügigkeit

41 Zur Verbesserung der Rechtsdurchsetzung wurde im Jahr 2014 die **Richtlinie 2014/54/EU** erlassen. Sie dient der Unterstützung mobiler Arbeitskräfte bei der Ausübung ihrer im AEUV und in der Verordnung (EU) Nr. 492/2011 zur Arbeitnehmerfreizügigkeit festgelegten Rechte. Sie war durch die Mitgliedstaaten bis zum 21.5.2016 umzusetzen.

42 Die Richtlinie modifiziert die Verordnung nicht, sondern setzt deren Anwendbarkeit voraus, konkretisiert sie also. Sie enthält eine Bekräftigung der Gleichbehandlungsgarantie sowie Bestimmungen zur **Verbesserung der Rechtsdurchsetzung** und zur **Information** der Betroffenen. So weist Art. 4 darauf hin, dass Verbände und andere Organisationen bei der Nutzung von Rechtsbehelfen gegen Diskriminierungen und Beschränkungen der Arbeitnehmerfreizügigkeit eine wichtige Rolle spielen können, z. B. durch Verfahrensbeitritt oder Tragung der Verfahrenskosten. Die Richtlinie schreibt allerdings keine bestimmte Form der Unterstützung vor, die Norm ist insofern also nicht unmittelbar anwendbar. Ähnliches gilt für Art. 5, der die Schaffung von Informations-, Förder- und Unterstützungsstrukturen auf nationaler Ebene vorsieht.

III. Portabilitätsrichtlinie 2014/50/EU

43 Von den Arbeitgebern verlangt das Freizügigkeitsrecht, die in Niederlassungen in anderen Mitgliedstaaten erworbenen Anwartschaften bzw. Betriebszugehörigkeiten für die betriebliche Zusatzrente uneingeschränkt **anzuerkennen**, die Wahrnehmung von Freizügigkeit also nicht zu benachteiligen (s. Art. 45 AEUV, Rn. 141).[69] Ein Recht auf **Mitnahme** erworbener Ansprüche oder Anwartschaften lässt sich der Arbeitnehmerfreizügigkeit jedoch nicht unmittelbar entnehmen.[70] Auch die Richtlinie 98/49/EG sieht lediglich eine Auszahlung von Betriebsrenten in anderen Mitgliedstaaten vor.[71]

44 Die »Portabilitätsrichtlinie« 2014/50/EU[72] soll demgegenüber nun für die betrieblichen Rentenversicherungen leisten, was die Verordnung (EU) Nr. 883/2004 für die Koordinierung der sozialversicherungsrechtlichen und staatlichen Renten leistet (s. Art. 48 AEUV, Rn. 9 ff.). Sie ist durch die Mitgliedstaaten bis zum 21.5.2018 umzusetzen. Der **sachliche Anwendungsbereich** der Richtlinie erfasst entsprechend ihrem Regelungszweck alle betrieblichen Rentenzusagen, die nicht der Verordnung (EU) Nr. 883/2004 unterliegen, ungeachtet der Finanzierungsmethode oder der Art der Leistungszusage; er ist dementsprechend weiter als der Anwendungsbereich der Pensionsfondsrichtlinie.[73]

45 Der **persönliche Anwendungsbereich** der Richtlinie beschränkt sich auf Wanderarbeitnehmer, die ihren Arbeitsplatz zwischen den EU-Mitgliedstaaten wechseln.

---

[69] EuGH, Urt. v. 10.3.2011, Rs. C–379/09 (Casteels), Slg. 2011, I–1379, Rn. 23 ff.
[70] Vgl. EuGH, Urt. v. 4.7.2013, Rs. C–233/12 (Gardella), ECLI:EU:C:2013:449, Rn. 45 f. für die Übertragung des Kapitalwerts der zuvor in einem Mitgliedstaat erworbenen Ruhegehaltsansprüche auf das Versorgungssystem eines neuen Arbeitgebers.
[71] RL 98/49/EG des Rates vom 29.6.1998 zur Wahrung ergänzender Rentenansprüche von Arbeitnehmern und Selbständigen, die innerhalb der Europäischen Gemeinschaft zu- und abwandern, ABl. 1998, L 209; zum Kontext siehe auch *Kreuschitz*, in: GSH, Europäisches Unionsrecht, Art. 46 AEUV, Rn. 14 ff.; zum Inhalt *Langer*, in: GSH, Europäisches Unionsrecht, Art. 48 AEUV, Rn. 60 f.
[72] Siehe schon den gescheiterten Versuch in diese Richtung: *Europäische Kommission*, Vorschlag einer Richtlinie zur Verbesserung der Portabilität von Zusatzrentenansprüchen vom 20.10.2005 (COD 2005/214).
[73] RL 2003/41/EG vom 3.6.2003 über die Tätigkeiten und die Beaufsichtigung von Einrichtungen der betrieblichen Altersversorgung, ABl. 2003, L 235/10 (am 27.3.2014 legte die Kommission einen Vorschlag zur Überarbeitung auch dieser Richtlinie vor, KOM(2014)167).

Die Richtlinie enthält allerdings keinen Anspruch auf Kapitaltransfer, sondern regelt 46
nur Mindestanforderungen über den Erwerb und Erhalt von Ansprüchen sowie Informationsrechte. Unverfallbarkeitsfristen dürfen nicht länger als drei Jahre sein, das Mindestalter für einen Anspruchserwerb darf nicht höher als 21 Jahre sein. Bei einem **wirtschaftlichen Erhalt erworbener Besitzstände** dürfen ausgeschiedene Arbeitnehmer nicht schlechter behandelt werden als aktive Arbeitnehmer (»faire Behandlung«). Diese Anforderungen sind als erfüllt anzusehen, wenn die Mitgliedstaaten Besitzstände im Zeitverlauf durch Instrumente wie z. B. Anpassung an Preis- oder Lohnentwicklung oder Teilhabe an erwirtschafteten Renditen vorsehen (Art. 5 Abs. 2). Entstandene Anwartschaften dürfen für Wanderarbeitnehmer nur einvernehmlich und nach vorheriger Information abgefunden werden (Art. 5 Abs. 3).[74]

IV. Arbeitsvermittlung in der Europäischen Union

Regelungen zum Arbeitsvermittlungssystem in der Europäischen Union finden sich aktuell noch in Art. 11 ff. und 38 der Arbeitnehmerfreizügigkeitsverordnung 492/2011. 47
Diese Regelungen beruhen auf Art. 46 Buchst. d AEUV, wonach geeignete Verfahren für die Zusammenführung und den Ausgleich von Angebot und Nachfrage auf dem Arbeitsmarkt geschaffen werden können.[75] Art. 18 VO (EU) Nr. 492/2011 enthält Regelungen zum Koordinierungsbüro. Ziel ist der Aufbau eines Europäischen Arbeitsamtes unter dem Namen **EURES** (European Employment Services). Dabei handelt es sich zurzeit um ein Europäisches Netz der öffentlichen Arbeitsverwaltungen, das Hilfe bei Stellensuche und Stellenbesetzung in anderen Mitgliedstaaten leisten soll;[76] EURES besteht derzeit aus einem Netz von EURES-Beratern und einer Stellen- und Bewerberdatenbank, mit der die mitgliedstaatlichen Stellendatenbanken verbunden werden.[77] Das Netz basiert auf der Entscheidung 2003/8/EG,[78] die zum 1.1.2014 durch den Durchführungsbeschluss 2012/733/EU ersetzt wurde.

Die EURES-Datenbanken sind aber unvollständig sowie für Arbeitsuchende und Arbeitgeber nicht ausreichend leicht zugänglich. Ähnliches gilt für die Beratungs- und 48
Unterstützungsleistungen. Die Kommission ist darüber hinaus der Ansicht, das Portal solle in der Lage sein, freie Stelle und Lebensläufe automatisiert abzugleichen. Sie schlägt deshalb vor, die Bestimmungen aus Kap. II und Art. 38 der Verordnung (EU) Nr. 492/2011 und dem Kommissionsbeschluss 2012/733/EU in einer Verordnung zusammenzufassen. Ziel ist es, einen flexiblen Mechanismus zu schaffen, der es den Mitgliedstaaten ermöglicht, (schrittweise) so viele Einrichtungen in das EURES-Netz einzubinden, wie sie als nützlich erachten, um die Ziele des EURES-Netzes besser erreichen zu können. Auch an eine Ausweitung des Tätigkeitsbereichs des Netzes auf Praktika und Lehrstellen ist gedacht.[79]

---

[74] Anders die bislang in Deutschland geltende Regelung des § 3 BetrAVG, die es Arbeitgebern ermöglicht, geringe Betriebsrentenanwartschaften einseitig abzufinden.
[75] *Brechmann*, in: Calliess/Ruffert, EUV/AEUV, Art. 46 AEUV, Rn. 6; *Langer*, in: Fuchs (Hrsg.), Art. 46 AEUV, Rn. 4, Art. 46 Buchst. a und b.
[76] *Langer*, in: Fuchs (Hrsg.), Art. 46 AEUV, Rn. 5.
[77] Vgl. auch *Kreuschitz*, in: GSH, Europäisches Unionsrecht, Art. 46 AEUV, Rn. 12.
[78] Entscheidung der Kommission vom 23.12.2002 zur Durchführung der Verordnung (EWG) Nr. 1612/68 des Rates hinsichtlich der Zusammenführung und des Ausgleichs von Stellenangeboten und Arbeitsgesuchen, ABl. 2003, Nr. L 5/16.
[79] *Europäische Kommission*, Vorschlag für eine Verordnung über ein Europäisches Netz der Arbeitsvermittlungen, den Zugang von Arbeitskräften zu mobilitätsfördernden Diensten und die weitere Integration der Arbeitsmärkte, KOM(2014)6.

C. Sonstige Maßnahmen zur Förderung der Arbeitnehmerfreizügigkeit

49 Weitere Projekte zur Unterstützung der Arbeitnehmerfreizügigkeit wurden jüngst durch die Annahme eines drohenden Fachkräftemangels befördert. So wurde im Jahr 2014 die Richtlinie 2014/66/EU[80] über die Bedingungen für die Einreise und den Aufenthalt von Drittstaatsangehörigen im Rahmen einer konzerninternen Entsendung (**ICT-Richtlinie**) verabschiedet. Richtlinie 2014/36/EU[81] regelt darüber hinaus Einreise und Aufenthalt von **Saisonarbeitern**.[82] Sie richten sich auf die Verbesserung der legalen Zuwanderung für Drittstaatsangehörige und sind nicht auf Art. 46, sondern auf Art. 79 Abs. 2 Buchst. a und b AEUV gestützt.[83] Hier geht es vor allem um Verwaltungsvereinfachungen und Harmonisierungen bei der innereuropäischen Mobilität für Drittstaatsangehörige; das Recht der Mitgliedstaaten zur Festsetzung von Zulassungsquoten nach Art. 79 Abs. 5 AEUV wird nicht eingeschränkt. Im Rahmen der Entsendezeit ist danach eine innereuropäische Weiterwanderungsmöglichkeit auf Grundlage der Zulassung im ersten EU-Mitgliedstaat vorgesehen. Zu beachten ist allerdings, dass z. B. den im Rahmen der ICT-Richtlinie entsandten Arbeitnehmerinnen und Arbeitnehmern grundsätzlich die gleichen Rechte zustehen wie entsandten EU-Arbeitnehmern in vergleichbarer Position und Branche (Art. 18 der Richtlinie 2014/66/EU; zur Entgeltgleichheit mit inländischen Arbeitnehmerinnen und Arbeitnehmer siehe Art. 5 Abs. 4 der Richtlinie).[84]

---

[80] RL 2014/66/EU vom 15. 5. 2014 über die Bedingungen für die Einreise und den Aufenthalt von Drittstaatsangehörigen im Rahmen eines unternehmensinternen Transfers, ABl. 2014, L 157/1.

[81] RL 2014/36/EU vom 26. 2. 2014 über die Bedingungen für die Einreise und den Aufenthalt von Drittstaatsangehörigen zwecks Beschäftigung als Saisonarbeitnehmer, ABl. 2014, L 94/375.

[82] Der Vorschlag der Kommission für eine Richtlinie über ein einheitliches Antragsverfahren für eine kombinierte Erlaubnis für Drittstaatsangehörige zum Aufenthalt und zur Arbeit im Gebiet eines Mitgliedstaates und über ein gemeinsames Bündel von Rechten für Drittstaatsangehörige, die sich rechtmäßig in einem Mitgliedstaat aufhalten (KOM(2007)638) wurde allerdings im Europäischen Parlament abgelehnt.

[83] Siehe auch Strategischer Plan zur legalen Zuwanderung (KOM(2005) 669) zur Umsetzung des Haager Programms. Darüber hinaus besteht eine Kompetenz nach Art. 153 Abs. 1g AEUV für die Regelung von Arbeitsbedingungen von Drittstaatsangehörigen.

[84] Vgl. auch Art. 15 Abs. 3 GRC.

Artikel 47 AEUV [Förderung des Austauschs junger Arbeitskräfte]

Die Mitgliedstaaten fördern den Austausch junger Arbeitskräfte im Rahmen eines gemeinsamen Programms.

Wesentliche sekundärrechtliche Vorschriften

Beschluss Nr. 1720/2006/EG vom 15.11.2006 über ein Aktionsprogramm im Bereich des lebenslangen Lernens, ABl. 2006, L 327/45

Empfehlung 2006/961/EG des Europäischen Parlaments und des Rates vom 18.12.2006 zur transnationalen Mobilität innerhalb der Gemeinschaft zu Zwecken der allgemeinen und beruflichen Bildung: Europäische Qualitätscharta für Mobilität, ABl. 2006, L 394/5

Empfehlung des Rates vom 20.1.2008 über die Mobilität junger Freiwilliger innerhalb der Europäischen Union, ABl. 2008, C 319/8

Verordnung (EU) Nr. 1288/2013 vom 11.12.2013 zur Einrichtung von »Erasmus+«, dem Programm der Union für allgemeine und berufliche Bildung, Jugend und Sport, ABl. 2013, L 347/50

Art. 47 AEUV zielt auf die Förderung der Mobilität junger Arbeitnehmerinnen und Arbeitnehmer ab und verfolgt damit nicht nur sozialpolitische, sondern in erster Linie ökonomische und politische **Ziele**.[1] Sie dient also nicht in erster Linie der beruflichen Bildung, sondern der Herstellung grenzüberschreitender Arbeitsmärkte. Allerdings steht sie in einem engen Zusammenhang mit der beruflichen Bildung (siehe Art. 165 ff. AEUV). 1

Insbesondere im Rahmen des Programms »**Leonardo da Vinci**« wurden Austauschprogramme in Form von Praxisaufenthalten in Betrieben und Berufsbildungseinrichtungen in einem anderen Mitgliedstaat gefördert. Förderungsberechtigt sind nicht nur Auszubildende, sondern auch junge Arbeitnehmerinnen und Arbeitnehmer bis zu einem Jahr nach dem Abschluss der Berufsausbildung, eines Studiums oder nach zwei Jahren Berufserfahrung. Ab 2014 wurde das Programm Leonardo da Vinci (berufliche Bildung) zusammen mit den Programmen »Comenius« (für Schule und Kindergarten), »Erasmus« (für Hochschulen) und »Grundtvig« (für die allgemeine Erwachsenenbildung) in ein »Erasmus für alle« integriert.[2] 2

Auch wenn sich die Norm auf den ersten Blick nur an die Mitgliedstaaten richtet,[3] hat sie lange Jahre in der Praxis als **Rechtsgrundlage** für die Förderung von Austauschprogrammen durch die Gemeinschaft/Union gedient.[4] Die Projekte werden aber auch in diesen Fällen nicht von der EU selbst organisiert, sondern von Institutionen oder Organisationen in den einzelnen Mitgliedstaaten. Allerdings werden die einschlägigen 3

---

[1] *Brechmann*, in: Calliess/Ruffert, EUV/AEUV, Art. 47 AEUV, Rn. 1; *Schneider/Wunderlich* in: Schwarze, EU-Kommentar, Art. 47 AEUV, Rn. 1.

[2] Verordnung (EU) Nr. 1288/2013 vom 11.12.2013 zur Einrichtung von »Erasmus+«, dem Programm der Union für allgemeine und berufliche Bildung, Jugend und Sport, ABl. 2013, L 347/50.

[3] *Schneider/Wunderlich*, in: Schwarze, EU-Kommentar, Art. 47 AEUV, Rn. 2; *Epiney*, in: Vedder/Heintschel von Heinegg, Europäisches Unionsrecht, Art. 47 AEUV, Rn. 1; *Forsthoff*, in: Grabitz/Hilf/Nettesheim, EU, Art. 47 AEUV (September 2010), Rn. 3 weist darauf hin, dass aufgrund dieser Ungewissheit das erste gemeinsame Programm noch von den im Rat vereinigten Vertretern der Regierungen der Mitgliedstaaten beschlossen wurde.

[4] Zur Bedeutung der Vorschriften in der Vergangenheit siehe insbesondere *Franzen*, in: Streinz, EUV/AEUV, Art. 47 AEUV, Rn. 1 ff.

Programme, insbesondere das Programm »Leonardo da Vinci«, heute auf die Vorschriften zur Förderung der beruflichen Bildung (Art. 165 Abs. 4, Art. 166 Abs. 4 AEUV) gestützt.[5]

---

[5] Beschluss Nr. 1720/2006/EG; siehe davor schon Beschluss 1999/382/EG des Rates über die Durchführung der zweiten Phase des gemeinschaftlichen Aktionsprogramms in der Berufsbildung »Leonardo da Vinci« (Leonardo II), gestützt auf den jetzigen Art. 147 AEUV zur Beschäftigungspolitik; Beschluss 94/819/EG des Rates über ein Aktionsprogramm zur Durchführung einer Berufsbildungspolitik der Europäischen Gemeinschaft (Leonardo I), ABl. 1994, L 340; zuerst Beschluss 87/596/EWG des Rates, Aktionsprogramm für die Berufsbildung Jugendlicher und zur Vorbereitung der Jugendlichen auf das Erwachsenen- und Erwerbsleben (PETRA).

Artikel 48 AEUV [Kompetenz für Sicherstellung der sozialen Sicherheit]

Das Europäische Parlament und der Rat beschließen gemäß dem ordentlichen Gesetzgebungsverfahren die auf dem Gebiet der sozialen Sicherheit für die Herstellung der Freizügigkeit der Arbeitnehmer notwendigen Maßnahmen; zu diesem Zweck führen sie insbesondere ein System ein, das zu- und abwandernden Arbeitnehmern und Selbstständigen sowie deren anspruchsberechtigten Angehörigen Folgendes sichert:
a) die Zusammenrechnung aller nach den verschiedenen innerstaatlichen Rechtsvorschriften berücksichtigten Zeiten für den Erwerb und die Aufrechterhaltung des Leistungsanspruchs sowie für die Berechnung der Leistungen;
b) die Zahlung der Leistungen an Personen, die in den Hoheitsgebieten der Mitgliedstaaten wohnen.
¹Erklärt ein Mitglied des Rates, dass ein Entwurf eines Gesetzgebungsakts nach Absatz 1 wichtige Aspekte seines Systems der sozialen Sicherheit, insbesondere dessen Geltungsbereich, Kosten oder Finanzstruktur, verletzen oder dessen finanzielles Gleichgewicht beeinträchtigen würde, so kann es beantragen, dass der Europäische Rat befasst wird. ²In diesem Fall wird das ordentliche Gesetzgebungsverfahren ausgesetzt. ³Nach einer Aussprache geht der Europäische Rat binnen vier Monaten nach Aussetzung des Verfahrens wie folgt vor:
a) er verweist den Entwurf an den Rat zurück, wodurch die Aussetzung des ordentlichen Gesetzgebungsverfahrens beendet wird, oder
b) er sieht von einem Tätigwerden ab, oder aber er ersucht die Kommission um Vorlage eines neuen Vorschlags; in diesem Fall gilt der ursprünglich vorgeschlagene Rechtsakt als nicht erlassen.

Literaturübersicht

Bokeloh, Das Petroni-Prinzip des Europäischen Gerichtshofes, ZESAR 2012, 121; *ders.*, Die Rechtsstellung der Selbstständigen im koordinierenden Europäischen Sozialrecht, ZESAR 2015, 156; *ders.*, Die Rechtsstellung Drittstaatsangehöriger im Europäischen Sozialrecht, ZESAR 2016, 69; *Eichenhofer*, Sozialrecht der Europäischen Union, 6. Aufl., 2015; *Fuchs* (Hrsg.), Europäisches Sozialrecht, 6. Aufl., 2013; *Wendl*, Kindergeldanspruch von Wanderarbeitnehmern im Lichte der neueren Rechtsprechung des EuGH, DStR 2012, 1894; *Ziegler*, Arbeitnehmerbegriffe im Europäischen Arbeitsrecht, 2011.

Leitentscheidungen

Zur Verordnung 883/2004:
EuGH, Urt. v. 19.6.1980, verb. Rs. 41/79, 121/79 u. 796/79 (Testa u.a.), Slg. 1980, 1979
EuGH, Urt. v. 27.3.1985, Rs. 249/83 (Hoeckx), Slg. 1985, 973
EuGH, Urt. v. 3.6.1992, Rs. C–45/90 (Paletta I), Slg. 1992, I–3423
EuGH, Urt. v. 2.5.1996, Rs. C–206/94 (Paletta II), Slg. 1996, I–2357
EuGH, Urt. v. 27.11.1997, Rs. C–57/96 (Meints), Slg. 1997, I–6689
EuGH, Urt. v. 5.3.1998, Rs. C–160/96 (Molenaar und Fath-Molenaar), Slg. 1998, I–843
EuGH, Urt. v. 22.5.1998, Rs. C–85/96 (Martínez Sala), Slg. 1998, I–2691
EuGH, Urt. v. 11.6.1998, Rs. C–275/96 (Kuusijärvi), Slg. 1998, I–3419
EuGH, Urt. v. 8.3.2001, Rs. C–215/99 (Jauch), Slg. 2001, I–1901
EuGH, Urt. v. 12.7.2001, Rs. C–157/99 (Smits und Peerbooms), Slg. 2001, I–5473
EuGH, Urt. v. 11.10.2001, verb. Rs. C–95/99 – C–98/99, C–180/99 (Khalil u.a.), Slg. 2001, I–7413
EuGH, Urt. v. 7.6.2005, Rs. C–543/03 (Dodl und Oberhollenzer), Slg. 2005, I–5049
EuGH, Urt. v. 16.5.2006, Rs. C–372/04 (Watts), Slg. 2006, I–4325
EuGH, Urt. v. 18.7.2006, Rs. C–406/04 (de Cuyper), Slg. 2006, I–6947
EuGH, Urt. v. 18.1.2007, Rs. C–332/05 (Celozzi), Slg. 2007, I–563

EuGH, Urt. v. 16.7.2009, Rs. C–208/07 (Chamier-Glisczinski), Slg. 2009, I–6095
EuGH, Urt. v. 26.11.2009, Rs. C–363/08 (Romana Slanina), Slg. 2009, I–11111
EuGH, Urt. v. 30.6.2011, Rs. C–388/09 (da Silva Martins), Slg. 2011, I–5737
EuGH, Urt. v. 21.7.2011, Rs. C–503/09 (Stewart), Slg. 2011, I–6497
EuGH, Urt. v. 12.6.2012, verb. Rs. C–611/10 und C–612/10 (Hudzinski und Wawrzyniak), ECLI:EU:C:2012:339
EuGH, Urt. v. 21.2.2013, Rs. C–619/11 (Dumont de Chassart), ECLI:EU:C:2013:92

Wesentliche sekundärrechtliche Vorschriften

Verordnung (EG) Nr. 883/2004 vom 29.4.2004 zur Koordinierung der Systeme der sozialen Sicherheit, ABl. 2004, L 166/1
Verordnung (EG) Nr. 987/2009 vom 29.4.2004 zur Koordinierung der Systeme der sozialen Sicherheit und zur Festlegung der Modalitäten für die Durchführung der Verordnung (EG) Nr. 883/2004 über die Koordinierung der Systeme der sozialen Sicherheit, ABl. 2009, L 284/1

Inhaltsübersicht

	Rn.
A. Reichweite und Verfahren	1
B. Die Verordnungen 883/2004 (Grundverordnung) und VO 987/2009 (Durchführungsverordnung)	9
I. Räumlicher Anwendungsbereich (Drittstaatensachverhalte und internationale Organisationen)	11
II. Persönlicher Anwendungsbereich	13
1. Arbeitnehmer und Selbstständige	14
2. Familienangehörige und Hinterbliebene	19
3. Drittstaatsangehörige	22
III. Sachlicher Anwendungsbereich: Leistungen der sozialen Sicherheit	24
1. Leistungen bei Krankheit und Mutterschaft (sowie gleichgestellte Leistungen bei Vaterschaft)	28
2. Leistungen bei Arbeitsunfällen und Berufskrankheiten	39
3. Leistungen bei Invalidität, Alter und Tod	41
4. Leistungen bei Arbeitslosigkeit	49
5. Familienleistungen	54
IV. Rechte und Rechtsfolgen	58
1. Möglichkeit des Leistungsexports	59
a) Anwendbares Recht	59
b) Zuständige Träger und Entscheidungen anderer Träger	62
c) Leistungsexport und Kumulierungsverbot	67
d) Beitragsunabhängige Sonderleistungen	74
2. Gleichbehandlungsgebot	79
a) Gleichstellung von Leistungen, Einkünften, Sachverhalten und Ereignissen	83
b) Zusammenrechnung von Zeiten (und Leistungen)	84
c) Verbot von Wohnsitz- und Aufenthaltserfordernissen	88
3. Verwaltungszusammenarbeit und Durchführung	90

A. Reichweite und Verfahren

1 Die Norm ermächtigt zum Erlass von Maßnahmen, die für die Herstellung der Freizügigkeit »notwendig« sind und bezweckt eine größtmögliche Förderung der Freizügigkeit von Wanderarbeitnehmer/innen und Selbstständigen;[1] mit Einbeziehung der

---

[1] EuGH, Urt. v. 21.2.2013, Rs. C–619/11 (Dumont de Chassart), ECLI:EU:C:2013:92, Rn. 53; *Weerth*, in: Lenz/Borchardt, EU-Verträge, Art. 48 AEUV, Rn. 2; *Epiney*, in: Vedder/Heintschel v.

Selbstständigen wird auch die Ausübung der Niederlassungsfreiheit erleichtert.² Die Norm ist insofern mehr als nur **lex specialis** zu Art. 46 AEUV³ (zum Verhältnis zur Verordnung (EU) Nr. 492/2011,⁴ die auf Grundlage von Art. 46 AEUV erlassen wurde, s. Art. 46 AEUV, Rn. 5). Es handelt sich um eine Grundnorm für das Sozialrecht der Europäischen Union.⁵ Eine Kompetenz der EU zur Ausgestaltung von Leistungen der sozialen Sicherheit enthält auch Art. 153 Abs. 2 Buchst. b und Abs. 1 Buchst. c AEUV (s. Art. 153 AEUV, Rn. 39 ff.).

Zu Recht geht Art. 48 AEUV davon aus, dass es für eine Entscheidung über den Wechsel des Beschäftigungsstaats von großer Bedeutung ist, ob Leistungen der sozialen Sicherheit auch dann erhalten bleiben, wenn die Vergünstigungen allein durch die Rechtsvorschriften eines Mitgliedstaats gesichert sind.⁶ Bei der **Wahl der Maßnahmen**, die insofern für die Förderung der Freizügigkeit am besten geeignet sind, kommt der Union allerdings ein weites Ermessen zu.⁷ Da die Arbeitnehmerfreizügigkeit in der Regel die Familie des Arbeitnehmers erfasst (s. Art. 45 AEUV, Rn. 52 ff.), soll über Art. 48 AEUV auch der Erhalt von Leistungen der Familienangehörigen koordiniert werden.

Rechtsakte nach Art. 48 AEUV regeln in erster Linie die Zusammenrechnung von Zeiten und den Export erworbener Leistungen; die Kompetenz ermöglicht keine Harmonisierung oder Vereinheitlichung der nationalen Systeme der sozialen Sicherheit, sondern nur deren Koordinierung. Das Unionsrecht lässt insofern also die **Zuständigkeit der Mitgliedstaaten** für die Ausgestaltung der sozialen Systeme unberührt (s. a. Art. 168 Abs. 5 AEUV). Dies bedeutet insbesondere, dass die materiellen und formellen Unterschiede zwischen den Sozialversicherungssystemen nicht berührt werden und jeder Mitgliedstaat die Voraussetzungen für die Gewährung von Leistungen eines Systems autonom festlegen kann.⁸

Art. 48 AEUV regelt das Verfahren zum Erlass von Vorschriften und stellt keinen unmittelbar geltenden Rechtssatz auf. Die Vorschrift erfordert also ein Tätigwerden des Unionsgesetzgebers. **Individuelle Rechte** können erst durch die Rechtsakte entstehen, die auf Grundlage dieser Vorschrift erlassen werden.⁹

Die Bestimmungen der auf Grundlage von Art. 48 AEUV erlassenen Verordnungen sind im Lichte der Rechtsgrundlage und insbesondere des Art. 45 AEUV **auszulegen**, der durch die Verordnungen konkretisiert wird.¹⁰

Heinegg, Europäisches Unionsrecht, Art. 48 AEUV, Rn. 2; *Becker*, in: Schwarze, EU-Kommentar, Art. 48 AEUV, Rn. 1; *Brechmann*, in: Calliess/Ruffert, EUV/AEUV, Art. 48 AEUV, Rn. 1 f.

² Vgl. *Eichenhofer*, in: Streinz, EUV/AEUV, Art. 48 AEUV, Rn. 8: »Sicherung sämtlicher Grundfreiheiten«.

³ So wohl auch *Brechmann*, in: Calliess/Ruffert, EUV/AEUV, Art. 46 AEUV, Rn. 2.

⁴ VO (EU) Nr. 492/2011 vom 5.4.2011 über die Freizügigkeit der Arbeitnehmer innerhalb der Union, ABl. 2011, L 141/1.

⁵ Zu dessen Entwicklungsgeschichte vgl. *Eichenhofer*, S. 11 ff.

⁶ EuGH, Urt. v. 18.4.2013, Rs. C–548/11 (Mulders), ECLI:EU:C:2013:249, Rn. 46.

⁷ EuGH, Urt. v. 16.7.2009, Rs. C–208/07 (Chamier-Glisczinski), Slg. 2009, I–6095, Rn. 64.

⁸ EuGH, Urt. v. 12.6.2012, verb. Rs. C–611/10 u. 612/10 (Hudzinski und Wawrzyniak), ECLI:EU:C:2012:339, Rn. 42; vgl. u. a. Urt. v. 30.6.2011, Rs. C–388/09 (da Silva Martins), Slg. 2011, I–5737, Rn. 71 m. w. N.

⁹ EuGH Urt. v. 10.3.2011, Rs. C–379/09 (Casteels), Slg. 2011, I–1379, Rn. 13 ff.

¹⁰ EuGH, Urt. v. 21.2.2013, Rs. C–619/11 (Dumont de Chassart), ECLI:EU:C:2013:92, Rn. 53; Urt. v. 12.6.2012, verb. Rs. C–611/10 u. 612/10 (Hudzinski und Wawrzyniak), ECLI:EU:C:2012:339, Rn. 46; Urt. v. 18.1.2007, Rs. C–332/05 (Celozzi), Slg. 2007, I–563, Rn. 26 (Rn. 13 zur Konkretisierung).

6 Die Mitgliedstaaten sind bei der Ausgestaltung ihrer sozialen Sicherungssysteme sowie bei Auslegung des Unionsrechts darüber hinaus gehalten, das **Primärrecht** zu beachten. Eine wichtige Rolle spielt insofern die Unionsbürgerfreizügigkeit, aus der sich eine Pflicht ergeben kann, soziale Leistungen räumlich oder persönlich zu erstrecken (Art. 21 i. V. m. Art. 18 AEUV). Typischerweise sind aber auch die Arbeitnehmerfreizügigkeit nach Art. 45 AEUV und die Dienstleistungsfreiheit nach Art. 56 AEUV hier von Relevanz.[11] Art. 34 GRC enthält darüber hinaus ein Grundrecht auf Zugang zu Leistungen der sozialen Sicherheit und auf soziale Unterstützung. Es gilt zwar nur »nach Maßgabe des Unionsrechts und der einzelstaatlichen Rechtsvorschriften und Gepflogenheiten«, kann die in Verordnungen aufgrund von Art. 48 AEUV geregelten Rechte jedoch mit grundrechtlicher Qualität versehen (s. Art. 34 GRC, Rn. 6).[12] Zu beachten ist, dass Ansprüche auf soziale Leistungen, die durch eigene Versicherungsbeiträge finanziert werden, unter den Schutz des Eigentums nach Art. 17 GRC fallen können (s. Art. 17 GRC, Rn. 18).[13]

7 Gemäß Art. 48 Abs. 1 AEUV treffen Parlament und Rat die notwendigen Maßnahmen gemäß dem **ordentlichen Gesetzgebungsverfahren** nach Art. 294 AEUV. Obwohl danach die Anhörung des Wirtschafts- und Sozialausschusses nicht verpflichtend vorgesehen ist, gab dieser bei Erlass der Verordnungen 883/2004 und 987/2009 eine Stellungnahme ab; zum Erlass der Verordnung 883/2004 wurden darüber hinaus auch die Sozialpartner und die Verwaltungskommission für die soziale Sicherheit der Wanderarbeitnehmer angehört.

8 Nach Art. 48 Abs. 2 AEUV kann ein Vertreter eines Mitgliedstaats im Rat **Einspruch** einlegen.[14] Die Erklärung Nr. 22 zu Art. 48 und 79 AEUV[15] begründet dies mit der Notwendigkeit, »den Interessen des betroffenen Mitgliedstaats gebührend Rechnung [zu tragen]«.[16] Der Einspruch muss damit begründet sein, dass der Entwurf eines Rechtsakts wichtige Aspekte des jeweiligen nationalen Systems der sozialen Sicherheit (z. B. den Geltungsbereich, die Kosten, die Finanzstruktur oder das finanzielle Gleichgewicht) beeinträchtigen würde. Das weitere Verfahren im Fall eines Einspruchs ergibt sich aus Art. 48 Abs. 2 Satz 1 und 2 AEUV; das ordentliche Gesetzgebungsverfahren wird ausgesetzt, und der Europäische Rat wird mit der Angelegenheit befasst. Der Europäische Rat entscheidet gemäß Art. 15 Abs. 4 EUV im Konsens.[17] Der Europäische Rat kann dann binnen einer Frist von vier Monaten dem Veto stattgeben und von einem

---

[11] EuGH, Urt. v. 12. 7. 2001, Rs. C–157/99 (Smits und Peerbooms), Slg. 2001, I–5473, Rn. 44 ff.; Urt. v. 16. 7. 2009, Rs. C–208/07 (Chamier-Glisczinski), Slg. 2009, I–6095, Rn. 63 (vgl. Rn. 72 in Hinblick auf die Freizügigkeitsrechte der Familienangehörigen der Versicherten); *Becker*, in: Schwarze, EU-Kommentar, Art. 48 AEUV, Rn. 11 f.

[12] Vgl. auch *Bokeloh*, ZESAR 2016, 77 zur Anwendung des Grundrechts auch für Drittstaatsangehörige.

[13] Siehe schon EuGH, Urt. v. 19. 6. 1980, verb. Rs. 41/79, 121/79 u. 796/79 (Testa u. a.), Slg. 1980, 1979, Rn. 22; zum Schutz durch die EMRK siehe z. B. EGMR, Urt. v. 15. 4. 2014, Beschwerde Nr. 21838/10 u. a. (Stefanetti u. a./Italien), Rn. 53 ff.; Urt. v. 7. 5. 2013, Beschwerden Nrn. 57665/12 u. 57657/12 (Koufaki und ADEDY/Griechenland); für einen Überblick über die EGMR-Rechtsprechung zu Sparmaßnahmen und Kürzungen siehe *Nußberger*, AuR 2014, 130 ff.

[14] Vgl. *Langer*, in: GSH, Europäisches Unionsrecht, Art. 48 AEUV, Rn. 87.

[15] Erklärung zur Schlussakte der Regierungskonferenz, die den am 13. 12. 2007 unterzeichneten Vertrag von Lissabon angenommen hat.

[16] Für Rechtsetzungsakte, die allein auf Art. 79 AEUV gestützt sind, gilt kein besonderes Verfahren.

[17] S. auch Erklärung Nr. 23 zu Art. 48 Abs. 2 AEUV zur Schlussakte der Regierungskonferenz, die den am 13. 12. 2007 unterzeichneten Vertrag von Lissabon angenommen hat.

Tätigwerden absehen (also im Sinne des Vetos das gesamte Verfahren stoppen) oder die Kommission um einen neuen Entwurf bitten. In beiden Fällen ist der ursprüngliche Vorschlag nicht mehr Gegenstand des Verfahrens (»gilt der ursprünglich vorgeschlagene Rechtsakt als nicht erlassen«) (Art. 48 Abs. 2 Satz 2 Buchst. b AEUV). Wenn das Veto erfolglos ist, beschließt der Europäische Rat den Fortgang des Gesetzgebungsverfahrens, indem es den Entwurf an den Rat zurückverweist (Art. 48 Abs. 2 Satz 2 Buchst. a AEUV).

B. Die Verordnungen 883/2004 (Grundverordnung) und VO 987/2009 (Durchführungsverordnung)

Die Verordnungen zur Mitnahme von Sozialleistungen und damit zur Koordinierung der Sozialversicherungssysteme gehörten 1958 zu den ersten Verordnungen, die im Rahmen der Europäischen Wirtschaftsgemeinschaft überhaupt erlassen wurden.[18] Die zuletzt geltende Verordnung (EWG) 1408/71 wird seit dem 1. 5. 2010 durch die Verordnung (EG) 883/2004 ersetzt (»**Grundverordnung**«), die Verordnung (EWG) 574/72 durch Verordnung (EG) 987/2009 (»**Durchführungsverordnung**«).[19]

Die Grundverordnung tritt an die Stelle von **Sozialversicherungsabkommen**, die zwischen den Mitgliedstaaten geschlossen waren (Art. 8 Abs. 1 Satz 1 VO 883/2004)[20]. Einzelne Bestimmungen solcher Abkommen gelten allerdings weiter, insbesondere soweit sie für die Berechtigten günstiger sind. Die fortgeltenden Vorschriften sind in Anhang II der Grundverordnung konstitutiv aufgeführt (Art. 8 Abs. 1 Satz 2 VO 883/2004). Nach Art. 8 Abs. 2 können die Mitgliedstaaten ergänzende Abkommen schließen, wenn diese die Rechte aus der Grundverordnung nicht einschränken (»bei Bedarf nach den Grundsätzen und im Geist dieser Verordnung«).

I. Räumlicher Anwendungsbereich (Drittstaatensachverhalte und internationale Organisationen)

Die Grundverordnung gilt im gesamten **Geltungsbereich** der Verträge gemäß Art. 52 EUV, Art. 355 AEUV. Mit Inkrafttreten der Verordnung (EU) 1231/2010[21] ist der Geltungsbereich zudem auf Grundlage des EWR-Abkommens auf die Länder Island, Liechtenstein und Norwegen sowie durch das Freizügigkeitsabkommen mit der Schweiz auf

---

[18] VO (EWG) 3/58 vom 25. 9.1958 über die soziale Sicherheit der Wanderarbeitnehmer ABl. 1958, P 30/561; VO (EWG) Nr. 4/58 vom 3. 12.1958 zur Durchführung und Ergänzung der VO 3/58, ABl. 1958, P 30/597; abgelöst durch VO (EWG) Nr. 1408/71 vom 14. 6.1971 zur Anwendung der Systeme der sozialen Sicherheit auf Arbeitnehmer und deren Familien, die innerhalb der Gemeinschaft zu- und abwandern, ABl. 1971, L 149/2 mit VO (EWG) Nr. 574/72 vom 21. 3.1972 zur Durchführung der VO 1408/71, ABl. 1972, L 74/1. Zu dieser Entwicklung siehe auch *Eichenhofer*, in: Streinz, EUV/AEUV, Art. 48 AEUV, Rn. 10 f.

[19] Zu den Begriffen »Grundverordnung« und »Durchführungsverordnung« siehe Art. 1 Abs. 1 Buchst. a und b der Durchführungsverordnung.

[20] VO (EG) Nr. 883/2004 vom 29. 4. 2004 zur Koordinierung der Systeme der sozialen Sicherheit, ABl. 2004, L 166/1.

[21] Verordnung (EU) Nr. 1231/2010 vom 24.11. 2010 zur Ausdehnung der Verordnung (EG) Nr. 883/2004 und der Verordnung (EG) Nr. 987/2009 auf Drittstaatsangehörige, die ausschließlich aufgrund ihrer Staatsangehörigkeit nicht unter diese Verordnungen fallen, ABl. 2010, L 344/1.

die Eidgenossenschaft ausgedehnt worden.[22] Sonstige Drittstaatssachverhalte werden grundsätzlich nicht in die Koordinierung einbezogen. Liegt jedoch eine ausreichende Anknüpfung zu einem Beschäftigungsverhältnis auf dem Gebiet der Union vor, sind deren Normen zu berücksichtigen.[23]

12 Wie bereits Art. 45 AEUV gelten auch die Verordnungen nicht für **rein innerstaatliche Sachverhalte**, »die mit keinem Element über die Grenzen eines einzigen Mitgliedstaats hinausweisen«[24] (s. Art. 45 AEUV, Rn. 11 ff.).

II. Persönlicher Anwendungsbereich

13 Art. 48 AEUV erfasst alle Personen, die Staatsangehörige eines Mitgliedstaats sind, sowie deren Familienangehörige unabhängig von ihrer Staatsangehörigkeit (zur Anwendung auf Familiengehörige s. Rn. 18 ff.). Die Verordnung erstreckt ihren Anwendungsbereich darüber hinaus auf **Staatenlose und Flüchtlinge** mit Wohnort in einem Mitgliedstaat, für die die Rechtsvorschriften eines oder mehrerer Mitgliedstaaten gelten oder galten (Art. 2 Abs. 1 VO 883/2004). Für diese Personen gelten zwar nicht die Verträge; jedoch sind die Mitgliedstaaten nach Art. 24 Abs. 1 Buchst. b der Genfer Flüchtlingskonvention, die Vorläufigen Europäischen Abkommen des Europarats bzw. die Gründungsmitglieder an das New Yorker Übereinkommen vom 28.9.1954 gebunden, aus denen sich eine Gleichbehandlung von Staatenlosen und Flüchtlingen im Bereich der sozialen Sicherheit ergibt.[25]

1. Arbeitnehmer und Selbstständige

14 Nach dem Wortlaut des Art. 48 AEUV sollen Rechtsvorschriften auf Grundlage dieser Norm die Koordinierung von Leistungen der »**zu- und abwandernden Arbeitnehmer[n]** und Selbstständigen sowie deren anspruchsberechtigten Angehörigen« sichern. Besondere Bedeutung haben die erlassenen Verordnungen auch für Grenzgänger im Sinne von Art. 1 Buchst. f VO 883/2004 (also für Personen, »die in einem Mitgliedstaat eine Beschäftigung oder eine selbstständige Erwerbstätigkeit ausüb[en] und in einem anderen Mitgliedstaat wohn[en], in den sie in der Regel täglich, mindestens jedoch einmal wöchentlich zurückkehr[en]«).

15 Die Grundverordnung versteht Art. 48 AEUV zu Recht so, dass es für die Koordinierung von Leistungen der sozialen Sicherheit nicht auf einen arbeitsrechtlichen, sondern

---

[22] Siehe auch die Übergangsregelung in Art. 90 Abs. 1 Buchst. c VO 883/2010.
[23] *Becker*, in: Schwarze, EU-Kommentar, Art. 48 AEUV, Rn. 9, 32 f.; EuGH, Urt. v. 29.6.1994, Rs. C–60/93 (Aldewereld), Slg. 1994, I–2991, Rn. 14 (Einstellung durch ein Unternehmen eines Mitgliedstaats und Anschluss an das System der sozialen Sicherheit dieses Staats); s. Art. 45 AEUV, Rn. 20.
[24] EuGH, Urt. v. 22.9.1992, Rs. C–153/91 (Petit), Slg. 1992, I–4973, Rn. 8 ff. (belgischer Kläger, der nur in Belgien gearbeitet hat); Urt. v. 1.4.2008, Rs. C–212/06 (Gouvernement de la communauté française and Gouvernement wallon), Slg. 2008, I–1683, Rn. 33. Genauer *Langer*, in : GSH, Europäisches Unionsrecht, Art. 48 AEUV, Rn. 25 ff.
[25] Vgl. Vorläufiges Europäisches Abkommen über Soziale Sicherheit unter Ausschluss der Systeme für den Fall des Alters, der Invalidität und zugunsten der Hinterbliebenen, sowie Vorläufiges Europäisches Abkommen über die Systeme des Sozialen Sicherheit für den Fall des Alters, der Invalidität und zugunsten der Hinterbliebenen, beide Paris, 11.12.1953; EuGH, Urt. v. 11.10.2001, verb. Rs. C–95/99 – 98/99, C–180/99 (Khalil u. a.), Slg. 2001, I–7413, Rn. 45 ff.; Siehe auch Urt. v. 22.5.1998, Rs. C–85/96 (Martínez Sala), Slg. 1998, I–2691, Rn. 11 für eine Berufung auf das Europäische Fürsorgeabkommen des Europarates vom 11.12.1953.

auf einen **sozialversicherungsrechtlichen Arbeitnehmerbegriff** ankommt. Art. 1 Buchst. a der Verordnung (EWG) Nr. 1408/71[26] definierte dafür als Arbeitnehmer jede Person, die im Rahmen eines der erfassten Systeme der sozialen Sicherheit unter den dort genannten Voraussetzungen gegen die von der Verordnung erfassten Risiken versichert ist.[27] Die Grundverordnung (die Verordnung (EWG) 1408/71 ablöst) gilt ebenfalls unabhängig vom Erwerbsstatus und verzichtet auf eine Legaldefinition des Arbeitnehmerbegriffs.[28]

Für die Koordinierung von Leistungen spielt es häufig eine Rolle, inwiefern diese an eine **Beschäftigung** anknüpfen. Unter »Beschäftigung« versteht die Grundverordnung »jede Tätigkeit oder gleichgestellte Situation, die für die Zwecke der Rechtsvorschriften der sozialen Sicherheit des Mitgliedstaats, in dem die Tätigkeit ausgeübt wird oder die gleichgestellte Situation vorliegt, als solche gilt« (Art. 1 Buchst. a VO 883/2004).[29] Erforderlich ist damit nicht, dass der oder die Beschäftigte tatsächlich an ein Sozialversicherungssystem angeschlossen ist; es reicht, dass die Voraussetzungen für einen Anschluss vorliegen.[30] Arbeitnehmer/in ist daher, wer unabhängig vom Bestehen eines Arbeitsverhältnisses nur gegen ein einziges Risiko im Rahmen eines der allgemeinen oder besonderen Systeme der sozialen Sicherheit pflichtversichert oder freiwillig versichert ist.[31] Nur für die Koordinierung von Familienleistungen gilt ein engerer Begriff (s. Rn. 55).

Als Systeme der sozialen Sicherheit werden auch die Sondersysteme für **Beamte** erfasst (Art. 1 Buchst. d und e VO 883/2004).[32]

Selbstständige waren sekundärrechtlich bereits von der VO (EWG) Nr. 1408/71 erfasst (seit deren Änderung durch VO (EWG) Nr. 1390/81)[33]. Art. 48 AEUV nennt diese Personen bzw. Beschäftigungen nun primärrechtlich als Geschützte. Die Grundverordnung verzichtet insofern auf eine autonome Definition des Selbstständigen und verweist auf das jeweilige nationale Recht der Mitgliedstaaten (Art. 1 Buchst. b VO 883/2004).

2. Familienangehörige und Hinterbliebene

Familienangehörige/r im Sinne des Art. 48 AEUV ist nach Art. 1 Buchst. i Nr. 1 VO 883/2004 »jede Person, die **in den nationalen Vorschriften**, nach denen die Leistungen gewährt werden, als Familienangehörige bestimmt oder anerkannt oder als Haushalts-

---

[26] Verordnung (EWG) Nr. 1408/71 (Fn. 18).
[27] Siehe z. B. EuGH, 10.3.2011, Rs. C–516/09 (Borger), Slg. 2011, I–1493.
[28] Für eine ausführliche Auseinandersetzung siehe *Ziegler*, S. 152 ff., die für Art. 48 AEUV allerdings den Arbeitnehmerbegriff des Art. 45 anwenden will.
[29] Kritisch EUArbR/*Steinmeyer*, Art. 48 AEUV, Rn. 12 (»konturlos«).
[30] So schon die st. Rspr. des EuGH für die Rechtslage nach VO (EWG) 1408/71, siehe EuGH, Rs. C–39/76 (Mouthaan), Slg. 1976, 1901, Rn. 7, 10.
[31] EuGH, Urt. v. 12.5.1998, Rs. C–85/96 (Martínez Sala), Slg. 1998, I–2691, Rn. 35 f zusammenfassend zur bisherigen Rechtslage nach VO (EWG) 1408/71; Urt. v. 7.6.2005, Rs. C–543/03 (Dodl und Oberhollenzer), Slg. 2005, I–5049, Rn. 34 (Arbeitsverhältnis in Freistellung/Karenz, ohne Arbeits- und Entgeltpflichten); vgl. *Weerth*, in: Lenz/Borchardt, EU-Verträge, Art. 48 AEUV, Rn. 19 f.; *Brechmann*, in: Calliess/Ruffert, EUV/AEUV, Art. 48 AEUV, Rn. 6–7.
[32] Zur Reichweite des arbeitsrechtlichen Arbeitnehmerbegriffs insofern s. Art. 45 AEUV, Rn. 29 ff.
[33] VO (EWG) Nr. 1390/81 vom 12.5.1981 zur Ausdehnung der Verordnung (EWG) Nr. 1408/71 zur Anwendung der Systeme der sozialen Sicherheit auf Arbeitnehmer und deren Familien, die innerhalb der Gemeinschaft zu- und abwandern, auf die Selbstständigen und ihre Familienangehörigen, ABl. 1971, L 143/1.

angehörige bezeichnet wird«, also jede Person, die aufgrund ihres familienrechtlichen Status eine Leistungsberechtigung vom Stammrecht des Arbeitnehmers ableitet, soweit die jeweiligen nationalen Rechtsvorschriften diese Personen als Familienangehörige anerkennen.[34]

20 Treffen die jeweiligen nationalen Rechtsvorschriften keine eigene Unterscheidung zwischen Familienangehörigen und anderen Personen, so sind als Familienangehörige **im Sinne der Verordnung** jedenfalls Ehegatte, minderjährige Kinder und unterhaltsberechtigte volljährige Kinder zu verstehen (Art. 1 i Nr. 2 VO 883/2004). Im Sinne einer grundrechtskonformen Auslegung (Art. 21 Abs. 1, Art. 51 Abs. 1 GRC) sind mit den Ehegatten im Sinne dieser Norm auch alle solche Lebenspartner geschützt, deren Partnerschaft nach dem nationalen Recht einer Ehe in Hinblick auf die Sozialleistungen funktional äquivalent ist. In Hinblick auf die Unterhaltsberechtigung kommt es allein auf das Bestehen eines Unterhaltsanspruchs an; dass der Unterhalt tatsächlich gezahlt wird, ist hier nicht von Bedeutung.[35] Eine Trennung oder Scheidung lässt den Status als Angehöriger nicht entfallen.[36] Kommt es nach den mitgliedstaatlichen Vorschriften auf das Bestehen einer **häuslichen Gemeinschaft** an, so sind diese Voraussetzungen autonom so zu verstehen, dass es darauf ankommt, ob der Unterhalt der betreffenden Person überwiegend von dem Versicherten bestritten wird.

21 Die Koordinierung der Leistungen für Hinterbliebene gilt auch für die **Hinterbliebenen von Drittstaatsangehörigen**, soweit diese dem Recht eines Mitgliedstaats unterfielen und die Hinterbliebenen selbst Staatsangehörige eines Mitgliedstaats sind oder dort als Staatenlose bzw. Flüchtlinge wohnen (Art. 2 Abs. 2 VO 883/2004).

3. Drittstaatsangehörige

22 Nach Art. 1 der Verordnung 1231/2010 (s. Rn. 11) fallen **Drittstaatsangehörige** sowie deren Familienangehörige und Hinterbliebene in den Anwendungsbereich der Grundverordnung und der Durchführungsverordnung, »die ausschließlich aufgrund ihrer Staatsangehörigkeit nicht bereits unter die genannten Verordnungen fallen«, sofern sie »ihren rechtmäßigen Wohnsitz im Hoheitsgebiet eines Mitgliedstaats haben und sich in einer Lage befinden, die nicht ausschließlich einen einzigen Mitgliedstaat betrifft.«[37] Auch insofern sind nicht nur Arbeitnehmer, Selbstständige, Beamte, Studierende und Rentner, sondern auch Nichterwerbstätige durch die Koordinierungsregeln geschützt.[38]

---

[34] *Spiegel*, in: Fuchs (Hrsg.), VO (EG) Nr. 883/2004, Art. 1, Rn. 16.
[35] EuGH, Urt. v. 26.11.2009, Rs. C–363/08 (Romana Slanina), Slg. 2009, I–11111, Rn. 28.
[36] EuGH, Urt. v. 13.2.1985, Rs. C–267/83 (Diatta), Slg. 1985, 567, Rn. 18; dies ergibt sich allerdings nicht aus dem Urt. v. 26.11.2009, Rs. C–363/08 (Romana Slanina), Slg. 2009, I–11111, Rn. 30; dort setzt der EuGH vielmehr voraus, dass das Kind selbst Angehöriger war; die Rechte ergaben sich also nicht aus dem Fortbestehen des Familienverhältnisses nach der Scheidung, sondern aus dem Verwandtschaftsverhältnis zwischen Vater und Kind (Rn. 23). Vgl. auch Art. 13 der Richtlinie 2004/38/EG vom 29.4.2004 über das Recht der Unionsbürger und ihrer Familienangehörigen, sich im Hoheitsgebiet der Mitgliedstaaten frei zu bewegen und aufzuhalten, ABl. 2004, L 158/77, wonach die Scheidung oder Aufhebung der Ehe bzw. die Beendigung der eingetragenen Partnerschaft nicht das Aufenthaltsrecht der Familienangehörigen berührt.
[37] Zur Reichweite *Langer*, in: GSH, Europäisches Unionsrecht, Art. 48 AEUV, Rn. 23; *Bokeloh*, ZESAR 2016, 70 ff.
[38] *Weerth*, in: Lenz/Borchardt, EU-Verträge, Art. 48 AEUV, Rn. 18; *Becker*, in: Schwarze, EU-Kommentar, Art. 48 AEUV, Rn. 26–28; *Brechmann*, in: Calliess/Ruffert, EUV/AEUV, Art. 48 AEUV, Rn. 4–5. Ausführlich zu Selbstständigen *Bokeloh*, ZESAR 2015, 156.

Art. 3 Abs. 1 des Beschlusses Nr. 3/80 des Assoziationsrats EWG-Türkei[39] gewährt **23**
türkischen Staatsangehörigen, die im Gebiet eines Mitgliedstaats wohnen und die die aufenthaltsrechtlichen Voraussetzungen erfüllen, das Recht auf Gleichbehandlung im Bereich der Leistungen der sozialen Sicherheit nach den nationalen Rechtsvorschriften unter den gleichen Voraussetzungen wie für eigene Staatsagenhörige.[40] Da diese Bestimmung eine klare und eindeutige Verpflichtung enthält, deren Erfüllung oder deren Wirkungen nicht vom Erlass eines weiteren Akts abhängen, ist sie als **unmittelbar anwendbar** anzusehen.[41] Anders ist dies im Hinblick auf die Regeln über die Zusammenrechnung der Versicherungszeiten; diese entfalten keine unmittelbare Wirkung in den Mitgliedstaaten.[42]

III. Sachlicher Anwendungsbereich: Leistungen der sozialen Sicherheit

Sachlicher Geltungsbereich der Grundverordnung sind alle **Leistungen der sozialen Si- 24 cherheit** (Art. 3 VO 883/2004).[43] Die Grundverordnung unterscheidet insofern »allgemeine« und »besondere«, d.h. auf Beiträgen beruhende und beitragsfreie Systeme der sozialen Sicherheit, besondere beitragsunabhängige Geldleistungen sowie entsprechende Verpflichtungen von Arbeitgebern (Art. 3 Abs. 2 und 3 VO 883/2004). Die Zuordnung wird autonom nach Unionsrecht vorgenommen und ist nicht davon abhängig, ob eine Leistung nach nationalem Recht als Leistung der sozialen Sicherheit betrachtet wird.[44] Auch darauf, ob die Leistungsgewährung eine Beitragsleistung voraussetzt, kommt es nicht an.[45] Nach der Grundverordnung kann eine Leistung vielmehr immer dann als Leistung der sozialen Sicherheit betrachtet werden kann, wenn sie sich auf eines der in Art. 1 VO 883/2004 ausdrücklich aufgezählten Risiken bezieht, den Empfängern aufgrund eines gesetzlichen Tatbestands gewährt wird und keine auf Ermessen beruhende individuelle Prüfung der persönlichen Bedürftigkeit voraussetzt.[46]

Die autonome Einordnung einer Leistung hängt dabei hauptsächlich von ihren We- **25** sensmerkmalen, ihrem **Zweck** und den Voraussetzungen ihrer Gewährung ab.[47] Es kommt nicht darauf an, ob es sich um eine arbeitsrechtliche oder eine sozialrechtliche Leistung handelt.[48] Ausdrücklich ausgenommen sind die soziale und medizinische Fürsorge und die Leistungen und Entschädigungen für Opfer von Krieg, Straftaten, Diskriminierung und ähnlicher Aufopferung (Art. 3 Abs. 5 VO 883/2004). Leistungen, durch die der allgemein notwendige Lebensunterhalt sichergestellt werden soll, fallen

---

[39] Beschluss vom 19.9.1980 über die Anwendung der Systeme der sozialen Sicherheit der Mitgliedstaaten der Europäischen Gemeinschaften auf die türkischen Arbeitnehmer und auf deren Familienangehörige, ABl. 1983, C 110/60.
[40] Genauer *Bokeloh*, ZESAR 2016, 75 ff.
[41] EuGH, Urt. v. 4.5.1999, Rs. C–262/96 (Sürül), Slg. 1999, I–2685, Rn. 60 ff.
[42] EuGH, Urt. v. 10.9.1996, Rs. C–277/94 (Taflan-Met u. a.), Slg. 1996, I–4085, Rn. 29 ff., 38.
[43] Zum Begriff der sozialen Sicherheit s. Art. 153, Rn. 39 ff.; Art. 34 GRC, Rn. 17.
[44] EuGH, Urt. v. 27.3.1985, Rs. 249/83 (Hoeckx), Slg. 1985, 973, Rn. 11; Urt. v. 18.1.2007, Rs. C–332/05 (Celozzi), Slg. 2007, I–563, Rn. 16; Urt. v. 21.7.2011, Rs. C–503/09 (Stewart), Slg. 2011, I–6497, Rn. 35.
[45] EuGH, Urt. v. 16.7.1992, Rs. C–78/91 (Hughes), Slg. 1992, I–4839, Rn. 21.
[46] EuGH, Urt. v. 27.3.1985, Rs. 249/83 (Hoeckx), Slg. 1985, 973, Rn. 12 ff.; Urt. v. 18.1.2007, Rs. C–332/05 (Celozzi), Slg. 2007, I–563, Rn. 17.
[47] EuGH, Urt. v. 18.1.2007, Rs. C–332/05 (Celozzi), Slg. 2007, I–563, Rn. 16.
[48] EUArbR/*Steinmeyer*, Art. 48 AEUV, Rn. 25 unter Hinweis auf die Einordnung der Entgeltfortzahlung im Krankheitsfall.

nicht in den sachlichen Anwendungsbereich.[49] Hier kann jedoch Art. 7 Abs. 2 der Arbeitnehmerfreizügigkeitsverordnung 492/2011 anwendbar sein (s. Art. 46 AEUV, Rn. 18 ff.). Bei Leistungen, die **mehrere Funktionen** erfüllen, reicht es aus, wenn eine dieser Funktionen sich auf eins der in Art. 1 VO 883/2004 benannten Risiken bezieht.[50]

26 Die Mitgliedstaaten können Rechtsvorschriften, Systeme und Leistungen zwingend dem Geltungsbereich **zuordnen**. Sie geben hierfür in notifizierten Erklärungen die Rechtsvorschriften und Systeme an, die von der Grundverordnung erfasst werden (vgl. Art. 9 VO 883/2004). Mit der Abgabe der Erklärung fallen die benannten Rechtsvorschriften und Systeme in ihrer Gesamtheit zwingend in den Anwendungsbereich der Grundverordnung. Aus dem Fehlen einer solchen Erklärung kann jedoch umgekehrt nicht gefolgert werden, die Leistung werde nicht von Art. 48 AEUV und der Grundverordnung erfasst.[51]

27 Die Verordnung gilt nicht für **betriebliche Systeme der sozialen Sicherheit** (vgl. auch Art. 2 Abs. 1 der Portabilitätsrichtlinie 2014/50/EU[52]; zur Abgrenzung s. Art. 157 AEUV, Rn. 46 ff.).

1. Leistungen bei Krankheit und Mutterschaft (sowie gleichgestellte Leistungen bei Vaterschaft)

28 Die Koordinierung der Leistungen bei Krankheit und Mutterschaft ist in Art. 17–35 VO 883/2004 geregelt. **Im deutschen Recht** gelten diese Vorschriften insbesondere für Leistungen der gesetzlichen Krankenversicherung (wie das Krankengeld), Leistungen der medizinischen Rehabilitation, Entgeltfortzahlung im Krankheitsfall und Leistungen bei Pflegebedürftigkeit.[53]

29 Eine **Krankheit** in diesem Sinn ist ein krankhafter Zustand, der dazu führt, dass der oder die Betroffene seine Tätigkeiten vorübergehend aussetzt[54] (zu Verfahren der Feststellung der Krankheit bzw. Arbeitsunfähigkeit, s. Rn. 66).

30 Der Abschnitt erfasst auch **Pflegeleistungen**, da diese Leistungen »im wesentlichen eine Ergänzung der Leistungen der Krankenversicherung, mit der sie auch organisatorisch verknüpft sind, [bezwecken,] um den Gesundheitszustand und die Lebensbedingungen der Pflegebedürftigen zu verbessern«.[55] Da sie jedoch in der Regel nicht darauf angelegt sind, für kurze Zeit gezahlt zu werden, können ihre Anwendungsmodalitäten den Leistungen bei Invalidität und Alter nahekommen, so dass Abgrenzungen erforderlich werden können. Wichtig ist es insbesondere, Krankheit und Pflege nicht allein deshalb als dasselbe Risiko[56] anzusehen, weil die Verordnung Pflege nicht explizit regelt.

---

[49] EuGH, Urt. v. 27.3.1985, Rs. 249/83 (Hoeckx), Slg. 1985, 973, Rn. 15.
[50] EuGH, Urt. v. 16.7.1992, Rs. C–78/91(Hughes), Slg. 1992, I–4839, Rn. 19 f.
[51] EuGH, Urt. v. 4.11.1997, Rs. C–20/96 (Snares), Slg. 1997, I–6057, Rn. 35 (Unterhaltsbeihilfe für Behinderte auf Teneriffa); Urt. v. 8.3.2001, Rs. C–215/99 (Jauch), Slg. 2001, I–1901, Rn. 17.
[52] Richtlinie 2014/50/EU des Europäischen Parlaments und des Rates vom 16.4.2014 über Mindestvorschriften zur Erhöhung der Mobilität von Arbeitnehmern zwischen den Mitgliedstaaten durch Verbesserung des Erwerbs und der Wahrung von Zusatzrentenansprüchen, s. Art. 46 AEUV, Rn. 43 ff.
[53] EuGH, Urt. v. 3.6.1992, Rs. C–45/90 (Paletta I), Slg. 1992, I–3423, Rn. 17; Urt. v. 18.1.2007, Rs. C–332/05 (Celozzi), Slg. 2007, I–563, Rn. 18.
[54] EuGH, Urt. v. 21.7.2011, Rs. C–503/09 (Stewart), Slg. 2011, I–6497, Rn. 37.
[55] EuGH, Urt. v. 5.3.1998, Rs. C–160/96 (Molenaar und Fath-Molenaar), Slg. 1998, I–843, Rn. 24 f.
[56] »Leistungen gleicher Art« im Sinne des Art. 10 der Grundverordnung.

So können Leistungen für Krankheit und für Pflege kumuliert werden, falls sie unterschiedliche Risiken abdecken.[57]

Leistungen bei **Mutterschaft** sind von Familienleistungen zu unterscheiden, die an die elterliche Sorge und nicht an die körperlichen Belastungen durch die biologische Elternschaft anknüpfen. Leistungen bei Vaterschaft sind deshalb nur dann gleichzustellen, wenn sie diese Voraussetzung erfüllen und in den ersten Lebensmonaten eines Neugeborenen gewährt werden.[58] 31

Die Verordnung unterscheidet für Leistungen bei Krankheit zwischen Sach- und Geldleistungen. Auch diese Begriffe sind unionsrechtlich autonom auszulegen.[59] **Sachleistungen** sind nach Art. 1 Buchst. va)i) VO 883/2004[60] durch den Zweck definiert, »die ärztliche Behandlung und die diese Behandlung ergänzenden Produkte und Dienstleistungen zu erbringen bzw. zur Verfügung zu stellen oder direkt zu bezahlen oder die diesbezüglichen Kosten zu erstatten.« Sie betrifft damit z. B. ambulante und stationäre Behandlungen in einem Krankenhaus[61] sowie die Kostenübernahme für ärztliche Behandlungen und Arzneimittel.[62] Zu den Sachleistungen bei Pflegebedürftigkeit gehören die Übernahme oder Erstattung der Kosten eines Pflegeheims.[63] 32

Geldleistungen sind alle Zahlungen, mit denen keine Sachleistungen vergütet werden. Hier handelt es sich im Wesentlichen um Leistungen, die dazu bestimmt sind, den Verdienstausfall des kranken Arbeitnehmers auszugleichen. In Hinblick auf Pflege kommt insofern eine vom Grad der Pflegebedürftigkeit abhängige Zusatzrente in Betracht.[64] Auch das Pflegegeld nach deutschem Recht ist als Geldleistung in diesem Sinne anzusehen, obwohl es Aufwendungen für eine Pflegeperson decken und nicht einen Verdienstausfall des Begünstigten ausgleichen soll. Jedoch ist es periodisch sowie unabhängig davon zu zahlen, ob tatsächlich Aufwendungen entstanden und nachgewiesen sind. Es handelt sich also um eine finanzielle Unterstützung, »die es ermöglicht, den Lebensstandard der Pflegebedürftigen insgesamt durch einen Ausgleich der durch ihren Zustand verursachten Mehrkosten zu verbessern«.[65] 33

Geldleistungen werden vom zuständigen Träger nach den für ihn geltenden Rechtsvorschriften **erbracht** (Art. 21 VO 883/2004; Art. 29 für Rentner). Bei Einvernehmen zwischen den Trägern kann jedoch auch der Träger des Wohn- oder Aufenthaltsorts die Leistungen für Rechnung des zuständigen Trägers erbringen (Art. 21 Abs. 1 Satz 2 VO 883/2004). Erstattungen zwischen den Trägern regelt im Übrigen Art. 35 (zum Verfahren siehe Art. 62 VO 883/2004). 34

---

[57] EuGH, Urt. v. 30. 6. 2011, Rs. C–388/09 (da Silva Martins), Slg. 2011, I–5737, Rn. 47 f., 57 ff., 81.
[58] EuGH, Urt. v. 11. 6. 1998, Rs. C–275/96 (Kuusijärvi), Slg. 1998, I–3419, Rn. 54 ff.
[59] St. Rspr., z. B. EuGH, Urt. v. 16. 7. 2009, Rs. C–208/07 (Chamier-Glisczinski), Slg. 2009, I–6095, Rn. 48.
[60] Nach Art. 1 der ÄndVO (EG) 988/2009 vom 16. 9. 2009 zur Änderung der Verordnung (EG) Nr. 883/2009 zur Koordinierung der Systeme der sozialen Sicherheit und zur Festlegung des Inhalts ihrer Anhänge, ABl. 2009, L 284/43.
[61] EuGH, Urt. v. 12. 7. 2001, Rs. C–157/99 (Smits und Peerbooms), Slg. 2001, I–5473.
[62] EuGH, Urt. v. 5. 3. 1998, Rs. C–160/96 (Molenaar und Fath-Molenaar), Slg. 1998, I–843, Rn. 31; siehe schon Urt. v. 30. 6. 1966, Rs. C–61/65 (Vaassen-Göbbels), Slg. 1966, 583.
[63] EuGH, Urt. v. 16. 7. 2009, Rs. C–208/07 (Chamier-Glisczinski), Slg. 2009, I–6095, Rn. 48.
[64] EuGH, Urt. v. 12. 6. 2012, verb. Rs. C–611/10 u. 612/10 (Hudzinski und Wawrzyniak), ECLI:EU:C:2012:339, Rn. 63.
[65] EuGH, Urt. v. 5. 3. 1998, Rs. C–160/96 (Molenaar und Fath-Molenaar), Slg. 1998, I–843, Rn. 33 ff.; siehe auch Urt. v. 8. 3. 2001, Rs. C–215/99 (Jauch), Slg. 2001, I–1901, Rn. 23 ff. zur Abgrenzung gegenüber dem Armutsrisiko.

35   **Sachleistungen** werden vom Träger des Wohnorts bzw. des Aufenthaltsorts nach dessen Rechtsvorschriften für Rechnung des zuständigen Trägers **erbracht** (zur Bestimmung des Wohnorts siehe Art. 11 VO 987/2009[66]). Der Verordnungsgeber verlangt insofern vom Träger des Wohnorts nicht, dass er Sachleistungen nach den für den zuständigen Träger geltenden Rechtsvorschriften erbringt, »mit denen der Träger des Wohnorts nicht zwangsläufig vertraut ist«[67]. Grenzgänger und deren Angehörige können Sachleistungen in beiden Mitgliedstaaten in Anspruch nehmen (Art. 17 bis 19 VO 883/2004; siehe auch Art. 22 ff. für Rentner und Rentenantragsteller).

36   Jenseits dieser Regelungen kann der zuständige Träger die Erstattung von seiner **vorherigen Genehmigung** abhängig machen (Art. 20 VO 883/2004). Dies betrifft vor allem Fälle, in denen sich ein Versicherter zur Inanspruchnahme von Sachleistungen in einen anderen Mitgliedstaat begibt. Das Genehmigungserfordernis stellt zwar einen Eingriff in die Dienstleistungs- bzw. in die Warenverkehrsfreiheit dar.[68] Diese Genehmigungspflicht kann jedoch gerechtfertigt sein, wenn sie geeignet und erforderlich ist, um eine ausgewogene, allen zugängliche ärztliche und klinische Versorgung aufrechtzuerhalten. Wanderungsströme von Patientinnen und Patienten innerhalb der Europäischen Union könnten schließlich Planungs- und Rationalisierungsanstrengungen in Frage stellen, die zur Verhinderung von Überkapazitäten oder zur Herstellung gleichgewichtiger Versorgung unternommen wurden. Die Ermöglichung solcher Planungen stellt einen zwingenden Grund des Allgemeininteresses dar, soweit sie eng mit der Finanzierung des Systems der sozialen Sicherheit verbunden ist; darüber hinaus kann sie auch eine Ausnahme aus Gründen der öffentlichen Gesundheit nach Art. 168 Abs. 7 AEUV rechtfertigen, soweit sie zur Erhaltung eines bestimmten Umfangs der medizinischen und pflegerischen Versorgung oder eines bestimmten Niveaus der Heilkunde im Inland erforderlich ist.[69]

37   Mit der neuen Grundverordnung 883/2004 wird nun hinsichtlich der Inanspruchnahme von Behandlungsleistungen in anderen Mitgliedstaaten in erster Linie auf die objektive medizinische Notwendigkeit der Behandlung abgestellt.[70] Die **Genehmigung ist zwingend zu erteilen**, wenn es nicht möglich ist, im Inland die Behandlung »innerhalb eines in Anbetracht ihres derzeitigen Gesundheitszustands und des voraussichtlichen Verlaufs ihrer Krankheit medizinisch vertretbaren Zeitraums« zu gewähren« (vgl. Art. 20 Abs. 2 Satz 2 VO 883/2004).[71] Kostenüberlegungen können eine Versagung der Genehmigung nicht rechtfertigen. Maßstab für die Rechtzeitigkeit ist eine für den Pa-

---

[66] Siehe auch Leitfaden der *Kommission* zur Feststellung des gewöhnlichen Aufenthaltsorts für die Zwecke der sozialen Sicherheit (13/01/2014).

[67] EuGH, Urt. v. 16.7.2009, Rs. C–208/07 (Chamier-Glisczinski), Slg. 2009, I–6095, Rn. 65.

[68] EuGH, Urt. v. 12.7.2001, Rs. C–157/99 (Smits und Peerbooms), Slg. 2001, I–5473, Rn. 60 (Eingriff in die Dienstleistungsfreiheit bei Wahrnehmung medizinische Tätigkeiten); Urt. v. 16.5.2006, Rs. C–372/04 (Watts), Slg. 2006, I–4325, Rn. 46 ff.

[69] EuGH, Urt. v. 16.5.2006, Rs. C–372/04 (Watts), Slg. 2006, I–4325, Rn. 71 (Planbarkeit der Zahl der Krankenanstalten, ihrer geographischen Verteilung oder der Art der jeweils angebotenen medizinischen Leistungen sei sowohl wichtig zur Gewährleistung und Zugänglichkeit eines ausgewogenen Angebots qualitativ hochwertiger Krankenhausversorgung als auch zur Kostenkontrolle); Urt. v. 12.7.2001, Rs. C–157/99 (Smits und Peerbooms), Slg. 2001, I–5473, Rn. 72 ff.; zu entsprechenden Kriterien für die Aufstellung von Listen erstattbarer Arzneimittel Urt. v. 7.2.1984, Rs. 238/82 (Duphar u. a.), Slg. 1984, 523, Rn. 17 ff.

[70] Ausführlich zum Ganzen *Becker,* in: Schwarze, EU-Kommentar, Art. 48 AEUV, Rn. 38 ff.

[71] Zum Ganzen siehe EuGH, Urt. v. 12.7.2001, Rs. C–157/99 (Smits und Peerbooms), Slg. 2001, I–5473, Rn. 92 ff.; Urt. v. 16.5.2006, Rs. C–372/04 (Watts), Slg. 2006, I–4325, Rn. 55 ff.

tienten ebenso wirksame Behandlung, wobei der individuelle Gesundheitszustand zu betrachten ist, und die Frage der Wirksamkeit und der Rechtzeitigkeit nach dem Rahmen zu beurteilen ist, wie er nach den Üblichkeiten der internationalen Medizin vertretbar erscheint. Wartelisten müssen eine individuelle Prüfung ermöglichen. Eine Kostenerstattung muss allerdings auch bei Genehmigung nur insoweit gewährt werden, als sich die Kosten im Rahmen des Anspruchs halten, den der Betroffen gegen den zuständigen Träger hat.[72]

Die Gemengelage aus Primär- und Sekundärrecht führt dazu, dass ein Versicherter nicht nur einen Kostenerstattungsanspruch aufgrund einer Kombination aus Dienstleistungsfreiheit und eigener Versicherung haben kann, sondern (wenn die Genehmigung nach Koordinierungsrecht zu Unrecht versagt wird) auch auf **Erstattung der im Ausland angefallenen Kosten**, wenn sich der rechtswidrig handelnde Träger diese Summe erspart hat.[73] Zur Konkretisierung der Rechtsprechung dient jetzt auch die Patientenrechte-Richtlinie 2011/24/EU.[74] 38

2. Leistungen bei Arbeitsunfällen und Berufskrankheiten

Auch bei den Leistungen bei Arbeitsunfällen und Berufskrankheiten unterscheidet die Grundverordnung zwischen **Geld- und Sachleistungen** (Art. 36–41 VO 883/2004). Es gelten die Regelungen für Leistungen bei Krankheit entsprechend. Sachleistungen übernimmt grundsätzlich der Träger des Wohnort- oder Aufenthaltsstaats für Rechnung des Staates, in dem der Berechtigte versichert ist. Geldleistungen erhält der Berechtigte in der Regel unmittelbar vom Träger des Versicherungsstaates (Art. 36 Abs. 2, 2a, 3 i. V. m. Art. 21 VO 883/2004).[75] 39

Die Grundverordnung regelt darüber hinaus Fragen der Leistungspflicht bei Berufskrankheiten, wenn die betreffende Person **in mehreren Mitgliedstaaten dem gleichen Risiko** ausgesetzt war; zuständig ist dann der letzte der Mitgliedstaaten, bei dem die Voraussetzungen für eine Leistung erfüllt sind (Art. 38 VO 883/2004; siehe auch Art. 39 zur Problematik der Verschlimmerung einer Krankheit). 40

3. Leistungen bei Invalidität, Alter und Tod

Leistungen bei **Invalidität** sollen das Risiko einer Erwerbsunfähigkeit eines bestimmten Grades decken, wenn wahrscheinlich ist, dass diese Erwerbsunfähigkeit bleibend oder dauerhaft sein wird.[76] Hierunter können auch kurzfristige Leistungen bei gesundheitsbedingter Arbeitsunfähigkeit fallen, wenn sie für Menschen mit einer bleibenden oder dauerhaften Behinderung in einem Kontinuitätszusammenhang mit einer langfristigen Leistung stehen; in diesem Fall können die Leistungen als eine einzige Leistung bei Invalidität angesehen werden.[77] 41

Für die **Zuständigkeit** unterscheidet die Grundverordnung, ob nach den Rechtsvorschriften, die für den Anspruchsteller gegolten haben, die Höhe der Leistungen von der 42

---

[72] Zum Ganzen siehe EuGH, Urt. v. 16.5.2006, Rs. C–372/04 (Watts), Slg. 2006, I–4325, Rn. 74 f., 131 ff.
[73] Ausführlich zum Ganzen *Becker*, in: Schwarze, EU-Kommentar, Art. 48 AEUV, Rn. 38 ff.
[74] Richtlinie 2011/24/EU vom 9.3.2011 über die Ausübung der Patientenrechte in der grenzüberschreitenden Gesundheitsversorgung, ABl. 2011, L 88/45.
[75] *Becker*, in: Schwarze, EU-Kommentar, Art. 48 AEUV, Rn. 45; *Brechmann*, in: Calliess/Ruffert, EUV/AEUV, Art. 48 AEUV, Rn. 37.
[76] EuGH, Urt. v. 21.7.2011, Rs. C–503/09 (Stewart), Slg. 2011, I–6497, Rn. 38.
[77] EuGH, Urt. v. 21.7.2011, Rs. C–503/09 (Stewart), Slg. 2011, I–6497, Rn. 43 ff.

Dauer der Versicherungs- oder Wohnzeiten unabhängig ist (»Typ A«: Art. 37–39 VO 883/2004) oder nicht (»Typ B«: Art. 44 ff.). Im ersten Fall werden Leistungen ausschließlich vom Träger des Mitgliedstaats gewährt, dessen nationale Rechtsvorschriften zum Zeitpunkt des Eintritts der Invalidität anzuwenden waren. Im zweiten Fall sind grundsätzlich die Vorschriften entsprechend anwendbar, die für die Berechnung von Leistungen bei Alter und Tod gelten (Art. 45 VO 883/2004); dies gilt auch, wenn eine Person Ansprüche nach beiden Typen erworben hat (Art. 46 VO 883/2004).

43 Mit Leistungen bei Alter sind in erster Linie **Rentenleistungen** gemeint, wobei der Begriff »Rente« im Sinne der Grundverordnung nicht nur Renten im engeren Sinn erfasst, sondern auch Kapitalabfindungen, die an deren Stelle treten können, Beitragserstattungen sowie Anpassungsbeträge und Zulagen (Art. 1 Buchst. w VO 883/2004). Insofern regelt die Grundverordnung in erster Linie Fragen der Feststellung von Leistungen, der Zusammenrechnung von Versicherungszeiten sowie des Zusammentreffens von Leistungen (Art. 50–60 VO 883/2004; zur Zusammenrechnung s. genauer s. Rn. 86 f.). Art. 53 Abs. 1 VO 883/2004 unterscheidet dabei danach, ob die Leistungsvoraussetzungen ausschließlich nach den Rechtsvorschriften des zuständigen Trägers erfüllt wurden (»autonome Leistung«, Buchst. a) oder nicht (Buchst. b). Im zweiten Fall sind ein theoretischer Betrag sowie eine »anteilige Leistung« zu berechnen.

44 Art. 30 VO 883/2004 koordiniert darüber hinaus die Erhebung der **Krankenversicherungsbeiträge** von Rentnerinnen und Rentnern.

45 **Sterbegeld** (d. h. eine einmalige Zahlung im Todesfall, Art. 1 Buchst. y VO 883/2004) ist nach Art. 42 f. exportierbar.[78]

46 Leistungen an **Hinterbliebene** wie z. B. Waisenrenten unterfallen nicht dem Kapitel über Familienleistungen,[79] sondern seit 1999 dem Kapitel über Leistungen bei Alter und Tod (Art. 69 VO 883/2004).[80]

47 Kumulieren Ansprüche von Leistungen bei Alter, Invalidität oder an Hinterbliebene aus unterschiedlichen Mitgliedstaaten, hat eine Anrechnung zu erfolgen; so sollen unbegründete **Doppelleistungen** vermieden werden. Die Anrechnungsregeln finden sich in Art. 53–55 VO 883/2004. Liegt der Gesamtbetrag der Leistungen unter der im Recht des Wohnmitgliedstaats verankerten Mindestleistung, erhält der Leistungsempfänger vom Träger des Wohnmitgliedstaats gemäß Art. 58 eine Ergänzungsleistung bis zur Höhe der Mindestleistung.

48 Während die bisherigen Koordinierungsregelungen keine Vorschriften zu **Vorruhestandsleistungen** enthielten, trifft die Grundverordnung hierzu nun erstmals Aussagen dahingehend, dass die Regeln über die Zusammenrechnung von Zeiten hier keine Anwendung finden (Art. 66 VO 883/2004).[81] Begründet wird dies damit, dass es gesetzliche Vorruhestandsregelungen nur in einer sehr begrenzten Anzahl von Mitgliedstaaten gibt (Erwägungsgrund 33 VO 883/2004). Nach Art. 1 Buchst. x handelt es sich um Vorruhestandsleistungen, wenn eine Geldleistung ab einem bestimmten Lebensalter Ar-

---

[78] *Weerth*, in: Lenz/Borchardt, EU-Verträge, Art. 48 AEUV, Rn. 35; *Becker*, in: Schwarze, EU-Kommentar, Art. 48 AEUV, Rn. 48; *Brechmann*, in: Calliess/Ruffert, EUV/AEUV, Art. 48 AEUV, Rn. 38.
[79] So aber noch in der ursprünglichen Verordnung (EWG) Nr. 1408/71 (Fn. 18).
[80] *Becker*, in: Schwarze, EU-Kommentar, Art. 48 AEUV, Rn. 41–44; *Brechmann*, in: Calliess/Ruffert, EUV/AEUV, Art. 48 AEUV, Rn. 40–43; zur Begründung siehe EuGH, Urt. v. 21. 2. 2013, Rs. C–619/11 (Dumont de Chassart), ECLI:EU:C:2013:92, Rn. 55.
[81] *Weerth*, in: Lenz/Borchardt, EU-Verträge, Art. 48 AEUV, Rn. 39; *Brechmann*, in: Calliess/Ruffert, EUV/AEUV, Art. 48 AEUV, Rn. 48.

beitnehmern, die ihre berufliche Tätigkeit eingeschränkt oder beendet haben oder ihr vorübergehend nicht mehr nachgehen, bis zu dem Lebensalter gewährt wird, in dem sie Anspruch auf Altersrente oder auf vorzeitiges Altersruhegeld geltend machen können. Der Begriff ist negativ definiert dadurch, dass es sich nicht um Leistungen bei Arbeitslosigkeit handeln und der Bezug nicht davon abhängig sein darf, dass die Betroffenen der Arbeitsverwaltung zur Verfügung stehen. Eine Vorruhestandsleistung ist auch zu unterscheiden von einer »vorgezogenen Leistung wegen Alters«, die vor dem Erreichen des Lebensalters, ab dem üblicherweise Anspruch auf Rente entsteht, gewährt und nach Erreichen dieses Lebensalters weiterhin gewährt oder durch eine andere Leistung bei Alter abgelöst wird.

4. Leistungen bei Arbeitslosigkeit

Unter Leistungen bei **Arbeitslosigkeit** im Sinne der Art. 61–65 VO 883/2004 versteht die Grundverordnung insbesondere Leistungen, die das Risiko des Einkommensverlustes decken sollen, den der Arbeitnehmer wegen des (i.d.R. unfreiwilligen) Verlustes seiner Beschäftigung erleidet, während er noch arbeitsfähig ist, einschließlich der Unterhaltsleistungen zur Förderung der beruflichen Fortbildung.[82] Für die Einordnung ist es irrelevant, ob der Empfänger sich als Arbeitsloser registrieren lassen muss oder nicht; allerdings setzt die Einordnung als Leistung bei Arbeitslosigkeit voraus, dass die Berechtigten der Arbeitsverwaltung zur Verfügung stehen.[83] Auch die Tatsache, dass eine Leistung zurückzuzahlen ist, wenn der Empfänger innerhalb einer bestimmten Zeit erneut ein Arbeitsverhältnis mit seinem früheren Arbeitgeber eingeht, spricht gegen eine Einordnung als Leistung bei Arbeitslosigkeit.[84]

49

Regelmäßige Zahlungen, die mit der Ausübung einer entgeltlichen Tätigkeit vereinbar sind und ab dem Zeitpunkt ihrer Entlassung bis zum Rentenalter gewährt werden, stellen Vorruhestandsleistungen und nicht Leistungen wegen Arbeitslosigkeit dar.[85] Einmalige Kündigungsentschädigungsleistungen und **Abfindungen** werden nicht erfasst, wenn weder die Entstehung des Leistungsanspruchs noch seine Höhe von der Dauer der Arbeitslosigkeit abhängt und die Leistung nicht regelmäßig, sondern nur einmal gezahlt wird. Dies gilt insbesondere für Leistungen, die soziale Auswirkungen von strukturellen Anpassungen ausgleichen sollen. Solche Leistungen können aber unter Art. 7 der Arbeitnehmerfreizügigkeitsverordnung 492/2011 fallen (s. Art. 46 AEUV, Rn. 15 ff.).

50

Für die **Auszahlung** ist der Träger zuständig, in dem der oder die Arbeitslose unmittelbar vor Eintritt des Versicherungsfalls Versicherungs- oder Beschäftigungszeiten oder Zeiten einer selbstständigen Tätigkeit zurückgelegt hat (Art. 61 Abs. 2 VO 883/2004). Für Begründung und Dauer des Anspruchs gilt der Grundsatz der Zusammenrechnung der in mehreren Mitgliedstaaten zurückgelegten Versicherungs- bzw. Beschäftigungszeiten (Art. 61 Abs. 1, 2). Für Grenzgänger gelten besondere Regelungen (Art. 65 VO 883/2004).

51

---

[82] EuGH, Urt. v. 27.11.1997, Rs. C–57/96 (Meints), Slg. 1997, I–6689, Rn. 24; Urt. v. 18.7.2006, Rs. C–406/04 (de Cuyper), Slg. 2006, I–6947, Rn. 27.
[83] EuGH, Urt. v. 18.7.2006, Rs. C–406/04 (de Cuyper), Slg. 2006, I–6947, Rn. 27 ff. (Leistung für über 50 Jahre alte Arbeitslose).
[84] Zum Ganzen EuGH, Urt. v. 27.11.1997, Rs. C–57/96 (Meints), Slg. 1997, I–6689, Rn. 29 ff. (Entschädigungen für Arbeitnehmer/innen in der Landwirtschaft bei Flächenstilllegungen).
[85] EuGH, Urt. v. 11.7.1996, Rs. C–25/95 (Otte), Slg. 1996, I–3745 (Subvention ohne Rechtsanspruch für Bergleute bei Verlust der Beschäftigung infolge der Umstrukturierung des deutschen Bergbaus verloren hatten).

52 Besonderheiten zum **Leistungsexport** regelt insbesondere Art. 64 VO 883/2004. Begibt sich eine vollarbeitslose Person während des Bezugs von Arbeitslosenleistungen in einen anderen Mitgliedstaat, um dort eine Beschäftigung zu suchen, bleibt der Leistungsanspruch für die Dauer von drei Monaten (verlängerbar auf sechs Monate) grundsätzlich erhalten[86] (zu den Voraussetzungen siehe Art. 64 VO 883/2004; zum Verfahren Art. 55 VO 987/2009). Kehrt der Leistungsempfänger anschließend nicht in den für die Arbeitslosenversicherung zuständigen Mitgliedstaat zurück, verliert er endgültig sämtliche Ansprüche.[87] Art. 64 VO 883/2004 beschränkt zwar den Leistungsexport, ist aber dennoch **unionsrechtskonform**. Zwar muss jedenfalls seit Erlass der GRC davon ausgegangen werden, dass entsprechende versicherungsrechtliche Ansprüche vom Schutz des Eigentums (Art. 17 GRC) erfasst werden.[88] Allerdings räumt die Grundverordnung dem Arbeitslosen insofern Rechte ein, die ihm nach den jeweiligen nationalen Vorschriften in der Regel nicht zustehen, die also nicht vom Eigentumsschutz erfasst werden. Denn er muss sich in dieser Zeit nicht zur Verfügung der Arbeitsverwaltung des zuständigen Staates halten, sondern sich nur bei der Arbeitsverwaltung des Mitgliedstaats melden, in den er sich begibt.[89]

53 Zur Rechtfertigung von **Kontrollmaßnahmen** trotz der damit verbundenen Freizügigkeitsbeschränkungen s. Art. 45 AEUV, Rn. 113, Rn. 126.

5. Familienleistungen

54 Die Koordinierung von Familienleistungen regeln Art. 67–69 VO 883/2004. **Familienleistungen** sind nach Art. 1 Buchst. z VO 883/2004 alle Sach- oder Geldleistungen zum Ausgleich von Familienlasten, also Leistungen, die »dazu dienen sollen, Arbeitnehmer mit Familienlasten dadurch sozial zu unterstützen, dass sich die Allgemeinheit an diesen Lasten beteiligt«.[90] Dazu gehört insbesondere die Gewährleistung des Unterhalts der Familie in einer Phase der Kindererziehung, auch wenn es sich um eine Entgeltersatzleistung handelt.[91] Familienleistungen liegen insbesondere vor, wenn eine Leistung davon abhängig ist, dass zur Familie des Betroffenen ein oder mehrere Kinder gehören oder wenn sich die Leistungshöhe nach dem Alter der Kinder richtet. Es ist für die Zuordnung unschädlich, wenn die Leistung über den Ausgleich von Familienlasten hinaus noch weitere Funktionen erfüllt.[92] In Deutschland sind zum Beispiel Ansprüche auf

---

[86] Zur Ermessensausübung siehe insofern EuGH, Urt. v. 19.6.1980, verb. Rs. 41/79, 121/79 u. 796/79 (Testa u.a.), Slg. 1980, 1979, Rn. 21.

[87] EuGH, Urt. v. 19.6.1980, verb. Rs. 41/79, 121/79 u. 796/79 (Testa u.a.), Slg. 1980, 1979, Rn. 11; Urt. v. 18.7.2006, Rs. C–406/04 (de Cuyper), Slg. 2006, I–6947, Rn. 48.

[88] *Jarass*, GRCh, Art. 17 GRC, Rn. 10; *Wolffgang*, in: Lenz/Borchardt, EU-Verträge, Art. 17 GRC, Rn. 4; *Calliess*, in: Calliess/Ruffert, EUV/AEUV, Art. 17 GRC, Rn. 8 m.w.N. zur Rechtsprechung des EuGH; a.A. zur Interpretation der Rechtsprechung (»offen gelassen«) *Schwarze*, in: Schwarze, EU-Kommentar, Art. 17 GRC, Rn. 3.

[89] EuGH, Urt. v. 19.6.1980, verb. Rs. 41/79, 121/79 u. 796/79 (Testa u.a.), Slg. 1980, 1979, Rn. 13f.

[90] EuGH, Urt. v. 19.9.2013, verb. Rs. C–216/12 u. 217/12 (Hliddal und Bornand), ECLI:EU:C:2013:568, Rn. 54.

[91] EuGH, Urt. v. 10.10.1996, Rs. C–245/94 u. 312/94 (Hoever und Zachow), Slg. 1996, I–4895; Urt. v. 19.9.2013, verb. Rs. C–216/12 u. 217/12 (Hliddal und Bornand), ECLI:EU:C:2013:568, Rn. 54ff. für die Ausgleichszahlung für Elternurlaub nach luxemburgischem Recht.

[92] EuGH, Urt. v. 16.7.1992, Rs. C–78/91 (Hughes), Slg. 1992, I–4839, Rn. 19f.; zur Abgrenzung unterschiedlicher Leistungen in Hinblick auf das Kumulierungsverbot s. Rn. 70ff.

Kindergeld⁹³ oder Elterngeld⁹⁴ erfasst. Leistungen zum Unterhaltsvorschuss sind von der Grundverordnung ausdrücklich ausgenommen, da sie letztlich familienrechtlichen Charakter haben und deshalb »nicht als direkte Leistungen aufgrund einer kollektiven Unterstützung zu Gunsten der Familien angesehen werden« (Erwägungsgrund 36);⁹⁵ das gleiche gilt für besondere Geburts- und Adoptionsbeihilfen (Art. 1 Buchst. z VO 883/2004 (siehe hierzu auch in Anhang I die Notifikationen der Mitgliedstaaten)).

Für die Gewährung von Familienleistungen kann als **Arbeitnehmer** nur angesehen werden, wer für den Fall der Arbeitslosigkeit pflichtversichert ist oder im Anschluss an diese Versicherung Krankengeld oder entsprechende Leistungen erhält.⁹⁶ Hat eine Person im Gebiet eines Staates jede Berufstätigkeit aufgegeben, so kann dieser Staat ein Wohnorterfordernis anwenden.⁹⁷

55

Der zuständige Träger der Familienleistung hat zugunsten der in anderen Mitgliedstaaten wohnenden Familienangehörigen die Leistungen **zu denselben Grundsätzen** wie für die im zuständigen Staat lebenden Familienangehörigen zu erbringen. Ist die Leistung auf eine bestimmte Personengruppe beschränkt (z.B. auf diejenigen, die einem besonderen Versicherungssystem angehören), so gilt diese Beschränkung auch gegenüber den Angehörigen anderer Mitgliedstaaten.⁹⁸ Knüpft die Leistung an die Einkommensteuerpflicht an, kann diese Verknüpfung für alle vorübergehend im Inland tätigen Einkommensteuerpflichtigen gelten.⁹⁹

56

Auch Familienleistungen können deshalb **exportiert** werden, selbst wenn der jeweils andere (frühere) Ehegatte die Leistung noch im früheren Wohnmitgliedstaat beziehen könnte. Dies gilt erst recht, aber nicht nur dann, wenn der Wegzug des Kindes darauf zurückzuführen ist, dass der frühere Ehegatte des Arbeitnehmers von seinem Freizügigkeitsrecht Gebrauch gemacht hat (Art. 67 VO 883/2004).¹⁰⁰ Auch eine Antikumulierungsregel (vgl. Art. 68 f. Grundverordnung) darf nach den allgemeinen Regeln (s. Rn. 73) allenfalls zur Kürzung, nicht aber zum vollständigen Ausschluss des höheren Anspruchs führen.¹⁰¹

57

IV. Rechte und Rechtsfolgen

Die Verordnung verfolgt für alle diese Leistungen das **Ziel**, die Freizügigkeit einerseits durch Gleichbehandlung, insbesondere durch die Zusammenrechnung leistungsbegründender Zeiten zu fördern (Art. 48 Satz 1 Buchst. a VO 883/2004), sowie andererseits dadurch, dass die Ausfuhr und damit die Mitnahme von Leistungen gewährleistet wird (Art. 48 Satz 1 Buchst. b VO 883/2004). Das EU-Recht garantiert jedoch einem Uni-

58

---

⁹³ EuGH, Urt. v. 20.5.2008, Rs. C–352/06 (Bosmann), Slg. 2008, I–3827.
⁹⁴ EuGH, Urt. v. 22.5.1998, Rs. C–85/96 (Martínez Sala), Slg. 1998, I–2691, Rn. 24 für das Erziehungsgeld; Urt. v. 8.5.2014, Rs. C–347/12 (Wiering), ECLI:EU:C:2014:300, Rn. 71.
⁹⁵ Anders das bisherige Recht (Verordnung 1408/71), siehe EuGH, Urt. v. 15.3.2001, Rs. C–85/99 (Offermanns), Slg. 2001, I–2261, Rn. 40 ff.
⁹⁶ EuGH, Urt. v. 12.5.1998, Rs. C–85/96 (Martínez Sala), Slg. 1998, I–2691, Rn. 42 f.
⁹⁷ EuGH, Urt. v. 20.1.2005, Rs. C–302/02 (Effing), Slg. 2005, I–553, Rn. 46 f.
⁹⁸ EuGH, Urt. v. 30.1.1997, verb. Rs. C–4/95 u. 5/95 (Stöber und Piosa Pereira), Slg. 1997, I–511, Rn. 36 (Familienleistungen im Rahmen eines Altersrentensystems für Selbstständige).
⁹⁹ EuGH, Urt. v. 12.6.2012, verb. Rs. C–611/10 u. 612/10 (Hudzinski und Wawrzyniak), ECLI:EU:C:2012:339, Rn. 78 ff.
¹⁰⁰ EuGH, Urt. v. 5.2.2002, Rs. C–255/99 (Humer), Slg. 2002, I–1205, Rn. 49; Urt. v. 26.11.2009, Rs. C–363/08 (Romana Slanina), Slg. 2009, I–11111.
¹⁰¹ EuGH, Urt. v. 12.6.2012, verb. Rs. C–611/10 u. 612/10 (Hudzinski und Wawrzyniak), ECLI:EU:C:2012:339, Rn. 78 ff.

onsbürger nicht, dass die Ausübung von Freizügigkeitsrechten hinsichtlich der Leistungen der sozialen Sicherheit keine negativen Auswirkungen haben kann und dass ein Wechsel in einen anderen Mitgliedstaat hinsichtlich der sozialen Sicherheit neutral ist.[102]

1. Möglichkeit des Leistungsexports

a) Anwendbares Recht

59   Für die Frage, welches Recht anzuwenden ist, stellt die Verordnung den allgemeinen Grundsatz auf, dass der **Beschäftigungsort** maßgeblich für Rechtsanwendung sein soll. Bei Erwerbstätigen gilt das Recht des Tätigkeitsstaats (Art. 11 Abs. 3 a, b VO 883/2004). Ist danach keine eindeutige Zuordnung möglich oder handelt es sich um Rentnerinnen und Rentner oder Arbeitslose, so ist auf den Wohnmitgliedstaat abzustellen (Art. 11 Abs. 3 Buchst. c und e VO 883/2004). Wird die Tätigkeit in einem Drittstaat ausgeübt und sind wegen der Anknüpfung der Leistung die Rechtsvorschriften des Wohnmitgliedstaats unanwendbar, ist auf die Rechtsvorschriften des Staates abzustellen, in dem der Arbeitgeber ansässig ist.[103] Denn die Vorschriften über das anwendbare Recht sollen nicht nur die gleichzeitige Anwendung von Rechtsvorschriften mehrerer Mitgliedstaaten vermeiden, sondern auch verhindern, dass im Anwendungsbereich der Grundverordnung keine Rechtsvorschriften eines Mitgliedstaats anwendbar sind.[104] Spezielle Vorschriften gelten für die freiwillige Versicherung (Art. 14 VO 883/2004) und für Beschäftigte der Europäischen Union (Art. 15).

60   Bei **mehreren Tätigkeiten in mehreren Staaten** kommt es auf den Wohnsitzstaat an, außer dort wird kein wesentlicher Teil der Tätigkeiten ausgeführt; in diesem Fall ist der Sitzstaat des Arbeitgebers maßgeblich (Art. 13 VO 883/2004; genauer auch Art. 15 VO 987/2009).

61   Um mehrere Tätigkeiten handelt es sich jedoch nicht, wenn ein Beschäftigter nur vorübergehend in einen anderen Mitgliedstaat entsandt wird. Dies ist folglich vorrangig zu prüfen.[105] Eine **Entsendung** im sozialrechtlichen Sinn liegt insofern vor, wenn die Tätigkeit in einem anderen Mitgliedstaat im Rahmen eines bestehenden Beschäftigungsverhältnisses erfolgt und nicht länger als 24 Monate dauert (Art. 12 Abs. 1, für Selbstständige 12 Abs. 2 VO 883/2004; genauer auch Art. 14 VO 987/2009).[106] Dieser Begriff der Entsendung unterscheidet sich aktuell (noch[107]) vom arbeitsrechtlichen Begriff, bei dem die Frage des vorübergehenden Charakters einer Entsendung im Einzelfall und nicht nach einer festen Zeitgrenze zu beantworten ist.[108] Im Fall der Entsendung ist ausschließlich das Recht des Ausgangsmitgliedstaats (also des Beschäftigungsmitgliedstaat) anzuwenden.[109]

---

[102] EuGH, Urt. v. 12.6.2012, verb. Rs. C–611/10 u. 612/10 (Hudzinski und Wawrzyniak), ECLI:EU:C:2012:339, Rn. 43.
[103] EuGH, Urt. v. 29.6.1994, Rs. C–60/93 (Aldewereld), Slg. 1994, I–2991, Rn. 24 f.
[104] EuGH, Urt. v. 11.6.1998, Rs. C–275/96 (Kuusijärvi), Slg. 1998, I–3419, Rn. 28 f.
[105] Vgl. EuGH, Urt. v. 16.2.1995, Rs. C–425/93 (Calle Grenzshop), Slg. 1995, I–269, Rn. 10 ff.
[106] Genauer *Steinmeyer*, in: Fuchs (Hrsg.), VO (EG) Nr. 883/2004, Art. 12, Rn. 3.
[107] Siehe Art. 2a des Vorschlags der Kommission v. 8.3.2016 für eine Änderungsrichtlinie zur Entsenderichtlinie 96/71/EG, COM(2016)128 final.
[108] Genauer *Martiny*, in: Säcker/Rixecker (Hrsg.), Münchener Kommentar zum BGB, 6. Aufl., 2015, VO (EG) 593/2008, Art. 8 Individualarbeitsverträge, Rn. 63.
[109] Zur Anwendung auf die grenzüberschreitende Arbeitnehmerüberlassung siehe EUArbR/*Steinmeyer*, Art. 48 AEUV, Rn. 40.

b) Zuständige Träger und Entscheidungen anderer Träger

Zuständiger **Träger** ist nach Art. 1 Buchst. q VO 883/2004 der Träger, bei dem die betreffende Person zum Zeitpunkt der Stellung des Antrags auf Leistungen versichert ist (i) oder der Träger, gegenüber dem die betreffende Person einen Anspruch auf Leistungen hat oder hätte, wenn sie selbst oder ihr Familienangehöriger bzw. ihre Familienangehörigen in dem Mitgliedstaat wohnen würden, in dem dieser Träger seinen Sitz hat (ii). Geht es um Verpflichtungen des Arbeitgebers hinsichtlich einer der genannten Leistungen, ist dieser zuständig (iv). 62

Auch wenn die Verordnung selbst keine Bestimmungen zur Bindungswirkung der **Feststellungen ausländischer Träger** enthält, gelten hierzu die allgemeinen Regeln, wonach die Bindungswirkung zu bejahen ist, wenn die ausländischen Feststellungen nicht fehlerhaft sind oder von einem unzuständigen Träger getroffen wurden.[110] Art. 5 Abs. 1 VO 987/2009 regelt den Grundsatz der Bindungswirkung ausdrücklich für Dokumente, in denen der Status einer Person für die Zwecke der Anwendung der Verordnungen bescheinigt wird, sowie für die zugrunde gelegten Belege. Bei Zweifeln an der Gültigkeit eines Dokuments oder der Richtigkeit des Sachverhalts kann der ausstellende Träger um Klarstellung, Überprüfung und gegebenenfalls Widerruf gebeten werden; der zuständige Träger kann dann vom Träger des Aufenthalts- und Wohnorts eine Überprüfung von Angaben verlangen (Art. 5 Abs. 2 und 3 VO 987/2009; vgl. auch Art. 87 VO 987/2009 für ärztliche Untersuchungen bei vorübergehendem Aufenthalt im Ausland). Erzielen die betreffenden Träger keine Einigung, so kann die Verwaltungskommission zu einer Vermittlung eingeschaltet werden (Art. 5 Abs. 4).[111] 63

Speziell geregelt ist die Frage der Anerkennung für eine Entscheidung über den Grad der **Invalidität**. Sie ist für den Träger jedes anderen in Betracht kommenden Mitgliedstaats grundsätzlich verbindlich (Art. 46 Abs. 3 VO 883/2004), sofern die in den Rechtsvorschriften dieser Mitgliedstaaten festgelegten Definitionen des Grads der Invalidität in Anhang VII als übereinstimmend anerkannt sind.[112] 64

Für den Fall der Anerkennung einer **Berufsunfähigkeit** regelt Art. 36 Abs. 2 VO 987/2009 das Verfahren für den Fall, dass nach den Feststellungen des zuständigen Trägers (zur Zuständigkeit s. Rn. 39) die Voraussetzungen für eine Berufskrankheit nicht vorliegen. Dieser hat dann alle Unterlagen unverzüglich dem Träger des Mitgliedstaats zu übermitteln, nach dessen Rechtsvorschriften der Betroffene zuvor eine Tätigkeit ausgeübt hat, die die betreffende Berufskrankheit verursachen kann. 65

Ist eine Leistung von der vorherigen **Feststellung der Krankheit bzw. der Arbeitsunfähigkeit** abhängig, ist der zuständige Träger der Leistung an die Feststellung des Trägers bzw. des behandelnden Arztes des Wohnmitglied- oder Aufenthaltsstaats gebunden; dies gilt auch für einen Arbeitgeber, wenn er Leistungsträger ist. Die Bindung gilt sowohl in tatsächlicher wie in rechtlicher Hinsicht. Der Träger kann jedoch eine Kontrolluntersuchung verlangen.[113] Ein nationales Gericht muss die Feststellung jedoch nicht akzep- 66

---

[110] EuGH, Urt. v. 12.3.1987, Rs. C–22/86 (Rindone), Slg. 1987, 1339 Rn. 14 f.; Urt. v. 11.3.1986, Rs. C–28/85 (Deghillage), Slg. 1986, 991, Rn. 16; Urt. v. 2.12.1997, Rs. C–336/94 (Dafeki), Slg. 1997, I–6761, Rn. 19; ausführlich *Becker*, in: Schwarze, EU-Kommentar, Art. 48 AEUV, Rn. 59.

[111] Siehe auch die Rechtsprechung zur Überprüfung von Bescheinigungen E101 im Entsenderecht EuGH, Urt. v. 10.2.2000, Rs. C–202/97 (FTS), Slg. 2000, I–883, Rn. 56, 59; Urt. v. 26.1.2006, Rs. C–2/05 (Kiere), Slg. 2006, I–1079, Rn. 24 f.; Art. 7, 16–19 der Richtlinie 2014/67/EU vom 15.5.2014 zur Durchsetzung der Richtlinie 96/71/EG über die Entsendung von Arbeitnehmern im Rahmen der Erbringung von Dienstleistungen, ABl. 2014, L 159/11.

[112] Siehe *Schuler*, in: Fuchs (Hrsg.), VO (EG) Nr. 883/2004, Art. 46, Rn. 6 ff.

[113] EuGH, Urt. v. 12.3.1987, Rs. C–22/86 (Rindone), Slg. 1987, 1339, Rn. 12; Urt. v. 3.6.1992, Rs. C–45/90 (Paletta I), Slg. 1992, I–3423, Rn. 19, 27 f.

tieren, wenn es aufgrund von Nachweisen des Arbeitgebers feststellt, dass der Arbeitnehmer die Meldung der Arbeitsunfähigkeit missbräuchlich oder betrügerisch erlangt hatte. Allerdings darf die Beweislast auch bei ernsthaften Zweifeln an der Arbeitsunfähigkeit nicht auf den Arbeitnehmer verlagert werden. Dies hätte nämlich gerade für einen Arbeitnehmer, der in einem anderen als dem zuständigen Mitgliedstaat arbeitsunfähig geworden ist, Beweisschwierigkeiten zur Folge, die das Unionsrecht vermeiden will.[114]

c) Leistungsexport und Kumulierungsverbot

67 Unabhängig von der Frage des anwendbaren Rechts gewährleistet die Grundverordnung, dass Leistungen der sozialen Sicherheit in dem Mitgliedstaat ausgezahlt werden, in dem der Berechtigte wohnt (Grundsatz des Leistungsexports). Der Grundsatz des Leistungsexports gilt **nur für Geld-, nicht für Sachleistungen** (zur Abgrenzung s. Rn. 33 ff.). Art und Umfang des Exports werden in Art. 7, 64, 70 VO 883/2004 ausgestaltet (siehe auch zu Leistungen bei Krankheit Rn. 34 ff.; zu Leistungen bei Arbeitslosigkeit Rn. 52 und zu Familienleistungen Rn. 57). Exportiert werden nur bestehende Ansprüche, nicht etwaige **Anwartschaftsrechte** (zur Zusammenrechnung von Zeiten s. Rn. 84 ff.). Dementsprechend müssen auch nicht die Kapitalwerte von Ruhegehaltsansprüchen auf Versorgungssysteme internationaler Organisationen übertragen werden.[115]

68 Der Grundsatz des Leistungsexports hat u. a. – insofern genau wie das Gleichbehandlungsgebot – ein **Verbot des Wohnsitzerfordernisses** für die Leistungsgewährung zur Folge[116] (s. Rn. 88 ff.).

69 Der Export darf nicht dazu führen, dass gleichzeitig mehrere Leistungen für dasselbe Risiko erlangt werden. Die Grundverordnung verbietet deshalb grundsätzlich die **Kumulierung** von Leistungen »gleicher Art aus derselben Pflichtversicherungszeit« (Art. 10 VO 883/2004). Dies wird grundsätzlich dadurch erreicht, dass die Anspruchsberechtigten dem System der sozialen Sicherheit nur eines Mitgliedstaats unterliegen (Erwägungsgrund 15 VO 883/2004).[117]

70 Ein Wechsel des anwendbaren Rechts darf jedoch nicht dazu führen, dass ein Arbeitnehmer **Rechte verliert**, die er gehabt hätte, wenn er nicht von seiner Freizügigkeit Gebrauch gemacht hätte.[118] Denn ein Wanderarbeitnehmer darf nicht ohne objektiven Grund schlechter gestellt werden als ein Arbeitnehmer, der seine gesamte berufliche Laufbahn in einem einzigen Mitgliedstaat zurückgelegt hat. Er darf deshalb nicht Vergünstigungen der sozialen Sicherheit mit Hinweis auf die Sicherung des Risikos durch einen anderen Mitgliedstaat verlieren, selbst wenn diese allein aufgrund nationalen Rechts gesichert sind – insbesondere wenn diese Vergünstigungen die Gegenleistung für

---

[114] EuGH, Urt. v. 2.5.1996, Rs. C-206/94 (Paletta II), Slg. 1996, I-2357, Rn. 26 f.
[115] EuGH, Urt. v. 4.7.2013, Rs. C-233/12 (Gardella), ECLI:EU:C:2013:449, Rn. 35 für einen Beamten des Europäischen Patentamts (EPA); vgl. auch *Schuler*, in: Fuchs (Hrsg.), VO (EG) Nr. 883/2004, Art. 7, Rn. 4.
[116] *Schuler*, in: Fuchs (Hrsg.), VO (EG) Nr. 883/2004, Art. 7, Rn. 1 f.
[117] *Weerth*, in: Lenz/Borchardt, EU-Verträge, Art. 48 AEUV, Rn. 25.
[118] EuGH, Urt. v. 21.10.1975, Rs. 24/75 (Petroni), Slg. 1975, 1035, Rn. 11 ff.; Urt. v. 23.3.1982, Rs. 79/81 (Baccini), Slg. 1982, 1063, Rn. 13 ff.; Urt. v. 12.6.2012, verb. Rs. C-611/10 u. 612/10 (Hudzinski und Wawrzyniak), ECLI:EU:C:2012:339, Rn. 79; Urt. v. 30.6.2011, Rs. C-388/09 (da Silva Martins), Slg. 2011, I-5737, Rn. 74 ff.; Urt. v. 20.5.2008, Rs. C-352/06 (Bosmann), Slg. 2008, I-3827, Rn. 10; siehe aber *Wendl*, DStR 2012, 1894 (1895 f.) zur Abgrenzung von Hudzinski und Wawrzyniak gegenüber Bosman.

von ihm gezahlte Beiträge darstellen. Die Antikumulierungsregeln erlauben allein eine Anrechnung der anderen Leistung; sie sollen schließlich nur diejenigen Vorteile ausgleichen und beschränken, die Berechtigte allein aufgrund der unionsrechtlichen Koordinierung erhalten.[119]

Um eine »Leistung gleicher Art« (Art. 10 VO 883/2004) handelt es sich, soweit **dasselbe Risiko** betroffen ist. Hier sind insbesondere Leistungen bei Krankheit und Leistungen bei Pflegebedürftigkeit zu unterscheiden.[120] Bei **Familienleistungen** ist zu unterscheiden, ob eine Leistung in erster Linie dem Kind dient, weil sie die mit den Bedürfnissen des Kindes zusammenhängenden Kosten decken soll und unabhängig von den Einkünften oder dem Vermögen der Familienangehörigen oder einer eventuellen Erwerbstätigkeit der Eltern gewährt wird (»Familienbeihilfen«) oder ob sie es wie das deutsche Elterngeld den Eltern ermöglichen soll, die elterliche Sorge auszuüben und den Einkommensverlust ausgleichen soll, der sich ergibt, wenn das die elterliche Sorge ausübende Elternteil vorübergehend auf die Ausübung der Berufstätigkeit verzichtet (solche »Familienleistungen« im engeren Sinn knüpfen deshalb in der Höhe in der Regel an die Einkünfte an, die durch die vorherige Erwerbstätigkeit erzielt wurden).[121] Familienleistungen und Familienbeihilfen können kumuliert werden.[122] 71

Es muss sich um Leistungen **aus derselben Pflichtversicherungszeit** handeln. Deshalb werden in der Regel zwei oder mehr Rentenansprüche nicht aufeinander angerechnet, da sie in der Regel für unterschiedliche Zeiten erworben sein werden. Mit dem Wahlrecht bei freiwilligen Versicherungen nach Art. 14 Abs. 2 VO 883/2004 soll verhindert werden, dass jemand für ein und dasselbe Risiko Beiträge bei zwei verschiedenen Systemen der sozialen Sicherheit, einer Pflichtversicherung und einer freiwilligen Versicherung zahlen muss. 72

Von besonderer Relevanz sind die Antikumulierungsvorschriften zur Verhinderung einer Überkompensation der Familienlasten. Hier soll vorrangig der Wohnsitzstaat verantwortlich sein, falls die Person, die das Sorgerecht für die Kinder hat, dort eine Erwerbstätigkeit ausübt. In diesem Fall ruht die Gewährung der Familienleistungen durch den Beschäftigungsmitgliedstaat bis zur Höhe der in den Rechtsvorschriften des Wohnmitgliedstaats vorgesehenen Familienleistungen.[123] Dies gilt auch dann, wenn diese Leistungen weniger günstig sind als die Leistungen gleicher Art in dem Mitgliedstaat, in dem die Berechtigten vorübergehend beschäftigt sind.[124] Das Unionsrecht schließt die Gewährung aber nicht aus, falls die Leistungsvoraussetzungen aus anderen Gründen des 73

---

[119] EuGH, Urt. v. 23.3.1982, Rs. 79/81 (Baccini), Slg. 1982, 1063, Rn. 13 ff.; Urt. v. 18.4.2013, Rs. C–548/11 (Mulders), ECLI:EU:C:2013:249, Rn. 46; zum dahinter stehenden allgemeinen Prinzip siehe *Schuler*, in: Fuchs (Hrsg.), VO (EG) Nr. 883/2004, Art. 10, Rn. 3 unter Hinweis auf EuGH, Urt. v. 21.10.1975, Rs. 24/75 (Petroni), Slg. 1975, 1063; Urt. v. 23.3.1982, Rs. 79/81 (Baccini), Slg. 1982, 1063; *Bokeloh*, ZESAR 2012, 121 ff.
[120] EuGH, Urt. v. 30.6.2011, Rs. C–388/09 (da Silva Martins), Slg. 2011, I–5737, Rn. 57, 81.
[121] EuGH, Urt. v. 11.6.1998, Rs. C–275/96 (Kuusijärvi), Slg. 1998, I–3419, Rn. 54 ff.; Urt. v. 8.5.2014, Rs. C–347/12 (Wiering), ECLI:EU:C:2014:300, Rn. 61 ff., 65, 69. Zur Einordnung des deutschen Erziehungsgeldes als »Familienleistung« in diesem zweiten Sinne siehe auch schon Urt. v. 18.7.2007, Rs. C–212/05 (Hartmann), Slg. 2007, I–6303, Rn. 25 f. (»geeignet, die Verpflichtung des [Arbeitnehmers] zur Leistung eines Beitrags zu den Familienlasten zu verringern«).
[122] Vgl. EuGH, Urt. v. 8.5.2014, Rs. C–347/12 (Wiering), ECLI:EU:C:2014:300 Rn. 61 ff.
[123] EuGH, Urt. v. 7.6.2005, Rs. C–543/03 (Dodl und Oberhollenzer), Slg. 2005, I–5049, Rn. 50 f.; Urt. v. 26.11.2009, Rs. C–363/08 (Romana Slanina), Slg. 2009, I–11111, Rn. 36.
[124] EuGH, Urt. v. 12.6.2012, verb. Rs. C–611/10 u. 612/10 (Hudzinski und Wawrzyniak), ECLI:EU:C:2012:339, Rn. 44.

jeweiligen nationalen Rechts erfüllt sein sollten.[125] Es regelt jedoch das Verfahren und die Anrechnung bei **mehrfachem Anspruch auf Familienleistungen gleicher Art** in unterschiedlichen Mitgliedstaaten. Art. 68 Abs. 1 VO 883/2004 enthält u. a. eine Prioritätsregel, wonach grundsätzlich die Ansprüche an erster Stelle stehen, die durch eine Beschäftigung oder selbstständige Erwerbstätigkeit ausgelöst werden; darauf folgen die durch den Bezug einer Rente ausgelösten Ansprüche und schließlich die durch den Wohnort ausgelösten Ansprüche (zum Verfahren Art. 60 VO 987/2009).

d) Beitragsunabhängige Sonderleistungen

74 Für beitragsunabhängige Sonderleistungen gilt die Grundverordnung ebenfalls (Art. 3 Abs. 3 VO 883/2004); diese Leistungen werden jedoch nicht exportiert, sondern vom Träger des Wohnorts erbracht (Art. 70 Abs. 3, 4 VO 883/2004).[126] Mit dieser Vorschrift wird vom Grundsatz der »Exportierbarkeit« der Leistungen der sozialen Sicherheit abgewichen; sie muss deshalb eng ausgelegt werden (Erwägungsgrund 37 VO 883/2004). sie können nur auf Leistungen angewendet werden, die sowohl **besonders** als auch **beitragsunabhängig** sind und die in **Anhang X der Grundverordnung** aufgeführt sind.

75 Die Gewährung beitragsunabhängiger Sonderleistungen kann legitimerweise von der **Voraussetzung eines Wohnsitzes** im Staat des zuständigen Trägers abhängig gemacht werden[127] oder von anderen Anforderungen einer tatsächlichen Verbindung mit dem leistenden Staat. Denn die hier bezeichneten Leistungen sind eng an das soziale Umfeld gebunden (Art. 70 Abs. 2 Buchst. a VO 883/2004). Der Anspruch auf solche Leistungen darf unter dieselben Einschränkungen gestellt werden wie Rechte aus der Unionsbürgerfreizügigkeits-Richtlinie 2004/38/EU[128] (dort insbesondere Art. 7). Für andere Personen als Arbeitnehmer/innen oder Selbständige erlaubt Art. 24 Abs. 2 der Richtlinie 2004/38 auch, die Leistungen vom Bestehen eines Aufenthaltsrechts abhängig zu machen.[129]

76 Die **Notifizierung** der Mitgliedstaaten zum Anhang X wirkt konstitutiv.[130] Zusätzlich ist aber zu überprüfen, ob es sich tatsächlich um eine beitragsunabhängige Sonderleistung im Sinne der Grundverordnung handelt. Für Deutschland handelt es sich um Leistungen der Grundsicherung im Alter und bei Erwerbsminderung nach Kapitel IV des Sozialgesetzbuchs (SGB) XII und die Leistungen zur Sicherung des Lebensunterhalts der Grundsicherung für Arbeitssuchende nach dem Sozialgesetzbuch (SGB) II.

77 Eine **Sonderleistung** in diesem Sinne wird über ihren Zweck definiert. Sie muss eine Leistung der sozialen Sicherheit ersetzen oder ergänzen und gleichzeitig den Charakter

---

[125] EuGH, Urt. v. 12. 6. 2012, verb. Rs. C–611/10 u. 612/10 (Hudzinski und Wawrzyniak), ECLI: EU:C:2012:339, Rn. 45.

[126] *Becker,* in: Schwarze, EU-Kommentar, Art. 48 AEUV, Rn. 57.

[127] EuGH, Urt. v. 4. 11. 1997, Rs. C–20/96 (Snares), Slg. 1997, I–6057, Rn. 42; z. B. Leistungen zur Deckung der durch den Beginn des Schuljahres der Kinder veranlasster Kosten, siehe Urt. v. 27. 9. 1988, Rs. C–313/86 (Lenoir), Slg. 1988, 5391, Rn. 16; Urt. v. 5. 5. 2011, Rs. C–537/09 (Bartlett), Slg. 2011, I–3417 (Mobilitätsbeihilfe für Behinderte); Urt. v. 18. 12. 2007, verb. Rs. C–396/05, C–419/05 u. 450/05 (Habelt u. a.), Slg. 2007, I–11895, Rn. 78, 81.

[128] RL 2004/38/EU vom 29. 4. 2004 über das Recht der Unionsbürger und ihren Familienangehörigen, sich im Hoheitsgebiet der Mitgliedstaaten frei zu bewegen und aufzuhalten, zur Änderung der Verordnung (EWG) Nr. 1612/68 und zur Aufhebung der Richtlinien 64/221/EWG, 68/360/EWG. 72/194/EWG, 73/148/EWG, 75/34/EWG, 75/35/EWG, 90/364/EWG, 90/365/EWG, ABl. 2004, L 158/77.

[129] EuGH, Urt. v. 11. 11. 2014, Rs. C–333/13 (Dano), ECLI:EU:C:2014:2358, Rn. 65.

[130] EuGH, Urt. v. 21. 7. 2011, Rs. C–503/09 (Stewart), Slg. 2011, I–6497, Rn. 67.

einer Sozialhilfeleistung aufweisen, die mit wirtschaftlichen und sozialen Gründen begründet ist, und es muss nach einer Regelung, die objektive Kriterien festlegt, über sie entschieden werden.[131] Es handelt sich also um Leistungen, die zwischen sozialer Sicherheit und Sozialhilfe stehen (Art. 70 Abs. 1 der Grundverordnung), weil sie ein Mindesteinkommen zur Bestreitung des Lebensunterhalts garantieren, das in Beziehung zu dem wirtschaftlichen und sozialen Umfeld in dem betreffenden Mitgliedstaat steht (Art. 70 Abs. 2 Buchst. a Nr. i), oder allein einem besonderen Schutz von Behinderten dienen, der eng mit dem sozialen Umfeld dieser Person in dem betreffenden Mitgliedstaat verknüpft ist (Art. 70 Abs. 2 Buchst. a Nr. ii).

Eine Leistung ist nicht allein deshalb als beitragsabhängig einzuordnen, weil sie nur den Sozialversicherten zusteht. Es kommt allein darauf an, wie die Finanzierung ermöglicht wird.[132] Maßgeblich für die Frage der **Beitragsunabhängigkeit** ist, ob die tatsächliche Finanzierung der Leistung ausschließlich durch obligatorische Steuern zur Deckung der allgemeinen öffentlichen Ausgaben erfolgt, also weder unmittelbar noch mittelbar durch Sozialbeiträge sichergestellt wird.[133] Finanzierung, Gewährung und Berechnung dürfen nicht von Beiträgen abhängen. Jedoch sind Leistungen, die zusätzlich zu einer beitragsabhängigen Leistung gewährt werden, nicht allein aus diesem Grund als beitragsabhängige Leistungen zu betrachten (Art. 70 Abs. 2 Buchst. b VO 883/2004). 78

2. Gleichbehandlungsgebot

Art. 4 VO 883/2004 enthält ein Diskriminierungsverbot, wonach Personen im Anwendungsbereich der Verordnung nicht wegen ihrer Staatsangehörigkeit benachteiligt werden dürfen. Die Verordnung wiederholt und konkretisiert insofern lediglich Art. 18, 45, 49, 56 AEUV. Das Diskriminierungsverbot bezieht sich auf unmittelbare und mittelbare Diskriminierungen wegen der Staatsangehörigkeit. Um eine **unmittelbare Diskriminierung** handelt es sich nicht nur, wenn Leistungen von der Staatsangehörigkeit abhängig gemacht werden.[134] Unmittelbare Diskriminierung liegt auch vor, wenn ein Mitgliedstaat von dem Angehörigen eines anderen Mitgliedstaats, der eine Leistung erhalten möchte, die Vorlage eines Dokuments mit konstitutiver Wirkung verlangt, während Inländer kein derartiges Dokument benötigen – also bei einer Verfahrensvorschrift.[135] Um **mittelbare Diskriminierung** handelt es sich, wenn eine Vorschrift sich eher auf die von der Grundverordnung erfassten Wanderarbeitnehmer als auf Inländer auswirkt und die Gefahr besteht, dass diese Wanderarbeitnehmer bei der Gewährung von Sozialleistungen benachteiligt werden oder es ihnen sogar praktisch unmöglich wird, in den Genuss der Leistung zu kommen – falls diese Benachteiligung nicht objektiv gerechtfertigt ist (genauer zum Begriff der mittelbaren Diskriminierung s. z. B. Art. 45 AEUV, Rn. 104). Eine Inländerdiskriminierung in Folge der Koordinierung ist durch die VO 883/2004 grundsätzlich nicht verboten.[136] 79

---

[131] EuGH, Urt. v. 29. 4. 2004, Rs. C–160/02 (Skalka), Slg. 2004, I–5613, Rn. 25; siehe z. B. EuGH, Urt. v. 19. 9. 2013, Rs. C–140/12 (Brey), ECLI:EU:C:2013:565, Rn. 48 für eine »Ausgleichszulage« zur Aufstockung der Altersrente.
[132] EuGH, Urt. v. 8. 3. 2001, Rs. C–215/99 (Jauch), Slg. 2001, I–1901, Rn. 32 f.
[133] EuGH, Urt. v. 29. 4. 2004, Rs. C–160/02 (Skalka), Slg. 2004, I–5613, Rn. 28; Urt. v. 8. 3. 2001, Rs. C–215/99 (Jauch), Slg. 2001, I–1901, Rn. 32, 33.
[134] EuGH, Urt. v. 15. 1. 1986, Rs. C–41/84 (Pinna), Slg. 1986, 1, Rn. 25.
[135] EuGH, Urt. v. 22. 5. 1998, Rs. C–85/96 (Martínez Sala), Slg. 1998, I–2691, Rn. 54.
[136] Vgl. *Langer*, in: GSH, Europäisches Unionsrecht, Art. 48 AEUV, Rn. 9.

80 Dennoch können sich für Arbeitnehmer, die von ihrer Freizügigkeit Gebrauch machen, nach wie vor **weniger günstige Gestaltungen** ergeben als für Arbeitnehmer, die ihr gesamtes Erwerbsleben in einem Mitgliedstaat verbringen. Die Koordinierung nach Art. 48 AEUV muss nicht das Ziel verfolgen, dass die Ausübung des Rechts der Erwerbstätigen auf Freizügigkeit niemals zu Veränderungen hinsichtlich der Höhe von Sozialversicherungsbeiträgen oder des sozialen Schutzes führt. So wird ein Erwerbstätiger, der in einem Mitgliedstaat abhängig beschäftigt ist und in einem anderen Mitgliedstaat eine selbständige Tätigkeit ausübt, gleichzeitig den Rechtsvorschriften zweier Mitgliedstaaten unterliegen. Da die Rechtsvorschriften auf dem Gebiet der sozialen Sicherheit nicht harmonisiert werden, muss für die Betroffenen hinsichtlich des Komplexitätsgrades der Gestaltung ihrer sozialen Absicherung nicht unter allen Umständen Neutralität sichergestellt sein.[137]

81 Allerdings dürfen solche Unterschiede nicht dazu führen, dass Beitragsleistungen erbracht werden, denen kein Anspruch auf Gegenleistungen gegenübersteht. Von Personen, die bereits eine selbständige Tätigkeit in einem anderen Mitgliedstaat ausüben, dort wohnen und einem System der sozialen Sicherheit angeschlossen sind, kann deshalb nicht verlangt werden, dass sie in einem zweiten Mitgliedstaat **weitere Beiträge** an die Sozialversicherung für (nebenberuflich) Selbständige entrichten.[138]

82 Das Gleichbehandlungsgebot der Grundverordnung 883/2004 hat **Vorrang** gegenüber dem Diskriminierungsverbot aus Art. 7 Abs. 2 der Arbeitnehmerfreizügigkeitsverordnung 492/2011 (s. auch Rn. 1).[139]

a) Gleichstellung von Leistungen, Einkünften, Sachverhalten und Ereignissen

83 Das Verbot der mittelbaren Diskriminierung hat insbesondere zur Folge, dass Leistungen, Einkünfte oder Sachverhalte aus anderen Mitgliedstaaten genauso behandelt werden wie entsprechende Leistungen, Einkünfte oder Sachverhalte im Mitgliedstaat des zuständigen Trägers. Art. 5 VO 883/2004 regelt dies explizit. Die Norm bezieht sich einerseits auf die **Gleichstellung von Rechtswirkungen** des Bezugs von Leistungen der sozialen Sicherheit oder sonstiger Einkünfte (Art. 5 Buchst. a), andererseits auf die **Gleichstellung von Sachverhalten** oder Ereignissen, die in einem anderen Mitgliedstaat eingetreten sind (Art. 5 Buchst. b). So müssen zum Beispiel Zeiten der Arbeitsunfähigkeit, für die ein Arbeitnehmer eine Leistung der Krankenversicherung in einem anderen Mitgliedstaat bezog, für die Berechnung seiner Altersrente in einem anderen Mitgliedstaat berücksichtigt werden, wenn dort solche Zeiten generell berücksichtigungsfähig sind.[140] Wenn für die Gewährung von Waisenrente über die Vollendung des 25. Lebensjahres hinaus Zeiten geleisteten Wehrdienstes berücksichtigt werden, müssen insofern auch Zeiten einbezogen werden, die in einem anderen Mitgliedstaat geleistet wurden.[141] Die Förderung von Altersteilzeit darf sich nicht auf Zeiten der Altersteilzeit beschränken, die nach den Rechtsvorschriften des fördernden Mitgliedstaats ausgeübt wird.[142]

---

[137] EuGH, Urt. v. 19.3.2002, verb. Rs. C–393/99 u. 394/99 (Inasti), Slg. 2002, I–2829, Rn. 58 f.
[138] EuGH, Urt. v. 19.3.2002, verb. Rs. C–393/99 u. 394/99 (Inasti), Slg. 2002, I–2829, Rn. 49 ff.; Urt. v. 9.3.2006, Rs. C–493/04 (Piatkowski), Slg. 2006, I–2369, Rn. 34; *Becker*, in: Schwarze, EU-Kommentar, Art. 48 AEUV, Rn. 12; *Brechmann*, in: Calliess/Ruffert, EUV/AEUV, Art. 48 AEUV, Rn. 1, 14 f.
[139] *Mrozynski*, in: Mrozynski (Hrsg.), SGB I, 5. Aufl., 2014, § 30 Geltungsbereich, Rn. 41.
[140] EuGH, Urt. 18.4.2013, Rs. C–548/11 (Mulders), ECLI:EU:C:2013:249.
[141] EuGH, Urt. v. 25.6.1997, Rs. C–131/96 (Romero), Slg. 1997, I–3659, Rn. 33.
[142] EuGH, Urt. v. 18.12.2014, Rs. C–523/13 (Larcher), ECLI:EU:C:2014:2458.

b) Zusammenrechnung von Zeiten (und Leistungen)

Ein Unterfall der Gleichstellung von Sachverhalten ist die **Anerkennung und Zusammenrechnung von Zeiten**. Bereits aus dem Diskriminierungsverbot und aus Art. 45 Abs. 1 AEUV ergibt sich ein Recht auf Zusammenrechnung der nach den Rechtsvorschriften mehrerer Mitgliedstaaten zurückgelegten Zeiten; es wird in Art. 6 VO 883/2004 kodifiziert. Der Anwendungsbereich des Art. 45 AEUV ist jedoch weiter als der der Grundverordnung und kann z. B. auch Zeiten erfassen, die bei einer internationalen Organisation entstanden sind (s. Art. 45 AEUV, Rn. 114).[143]

84

Wie schon Art. 48 Satz 1 Buchst. a AEUV formuliert, sollen Zeiten zusammengerechnet werden, die für den Erwerb und die Aufrechterhaltung des Leistungsanspruchs sowie für die Berechnung der Leistungen **nach dem innerstaatlichen Recht** berücksichtigt werden. Die zuständigen Träger eines Mitgliedstaats müssen also Zeiten, die nach den Rechtsvorschriften eines anderen Mitgliedstaats zurückgelegt wurden, wie Zeiten im eigenen Mitgliedstaat berücksichtigen, wenn hiervon der Erwerb, die Aufrechterhaltung oder das Wiederaufleben eines Leistungsanspruchs nach den Vorgaben ihrer eigenen Rechtsordnung abhängt (genauer zur Berechnung von Zeiten Art. 12 f. VO 987/2009).

85

Die Gleichbehandlung besteht in Hinblick auf Versicherungszeiten, Beschäftigungszeiten, Zeiten einer selbstständigen Erwerbstätigkeit oder Wohnzeiten. Die einschlägigen Definitionen finden sich in Art. 1 Buchst. t, u und v VO 883/2004. Die Verordnung regelt danach nicht, welche Zeiten als Beschäftigungs- oder Versicherungszeiten anzusehen sind. Dies richtet sich ausschließlich nach den Vorschriften des jeweils anzuwendenden Rechts.[144] Danach handelt es sich bei **Versicherungszeiten** um Beitragszeiten, Beschäftigungszeiten oder Zeiten einer selbstständigen Erwerbstätigkeit, die nach den Rechtsvorschriften, nach denen sie zurückgelegt worden sind oder als zurückgelegt gelten, als Versicherungszeiten bestimmt, anerkannt oder gleichgestellt sind.[145] **Beschäftigungszeiten** oder Zeiten einer selbstständigen Erwerbstätigkeit sind Zeiten, die nach den Rechtsvorschriften, nach denen sie zurückgelegt worden sind, als solche bestimmt, anerkannt oder gleichgestellt sind. **Wohnzeiten** müssen nach den Rechtsvorschriften, nach denen sie zurückgelegt worden sind oder als zurückgelegt gelten, als solche bestimmt oder anerkannt sein. Zu prüfen ist immer, ob der betreffende Zeitraum berücksichtigt worden wäre, wenn der Betreffende z. B. seinen Wohnsitz in diesem Mitgliedstaat gehabt hätte oder Staatsangehöriger dieses Mitgliedstaats gewesen wäre.[146]

86

Versicherungszeiten aus Drittstaaten werden von der Grundverordnung ebenfalls erfasst, wenn sie in einem Mitgliedstaat nach den nationalen Regeln berücksichtigt werden.[147] Auch die mit einer Stelle bei einer internationalen Organisation in einem anderen Mitgliedstaat zusammenhängenden Zeiten werden erfasst.[148]

87

---

[143] EuGH, Urt. v. 4.7.2013, Rs. C–233/12 (Gardella), ECLI:EU:C:2013:449, Rn. 45 f.
[144] EuGH, Urt. v. 20.1.2005, Rs. C–306/03 (Alonso), Slg. 2005, I–705, Rn. 30 f.; Urt. v. 18.4.2013, Rs. C–548/11 (Mulders), ECLI:EU:C:2013:249, Rn. 37.
[145] Zur Berechnung und Berücksichtigung von Kindererziehungszeiten bei Leistungen bei Invalidität, Alters- und Hinterbliebenenrenten s. Art. 44 Durchführungsverordnung.
[146] Siehe z. B. für ein Wohnsitzerfordernis bei Rentenleistungen EuGH, Urt. v. 18.4.2013, Rs. C–548/11 (Mulders), ECLI:EU:C:2013:249, Rn. 47.
[147] EuGH, Urt. v. 9.7.1987, verb. Rs. 82/86 u. 103/86 (Laborero und Sabato), Slg. 1987, 3401, Rn. 25; vgl. noch Urt. v. 10.3.1977, Rs. 75/76 (Kaucic und Kaucic), Slg. 1977, 495, Rn. 8 ff.
[148] EuGH, Urt. v. 4.7.2013, Rs. C–233/12 (Gardella), ECLI:EU:C:2013:449, Rn. 44 (Europäisches Patentamt, EPA).

c) Verbot von Wohnsitz- und Aufenthaltserfordernissen

88 Der Grundsatz der Gleichstellung von Sachverhalten und Ereignissen hat unter anderem zur Folge, dass ein **Wohnsitzkriterium** in der Regel unzulässig sein wird (s. Art. 7 VO 883/2004).[149] Die Entstehung oder Aufrechterhaltung des Anspruchs auf eine der benannten Leistungen darf nicht allein deshalb verneint werden, weil der Betroffene nicht im Gebiet des Mitgliedstaats wohnt, in dem der zahlungspflichtige Träger seinen Sitz hat.[150] Eine Ausnahme gilt nur für beitragsunabhängige Sonderleistungen, die eng an das soziale Umfeld gebunden sind (s. Rn. 74 ff.).

89 Die **Voraussetzung eines vorherigen Wohnsitzes oder Aufenthalts** im Mitgliedstaat ist zwar nicht zwangsläufig eine Wohnsitzklausel in diesem Sinne. Sie bedarf jedoch wegen ihres freizügigkeitsbeschränkenden (und mittelbar diskriminierenden[151]) Charakters ebenfalls einer Rechtfertigung.[152] Da die Mitgliedstaaten das finanzielle Gleichgewicht ihrer nationalen Systeme unabhängig vom Unionsrecht gewährleisten dürfen (s. Art. 153, Rn. 77 ff.), erkennt der Europäische Gerichtshof es insofern als legitimes Anliegen des nationalen Gesetzgebers an, sich einer tatsächlichen Verbindung zwischen Antragsteller und dem zuständigen Mitgliedstaat und damit zu vergewissern, dass die Auszahlung der Leistung keine unangemessene wirtschaftliche Belastung zur Folge hat. Die Regelung darf aber nicht über das hinausgehen, was zur Erreichung dieses Ziels erforderlich ist. Insofern darf die tatsächliche und hinreichende Verbindung nicht allein nach einem vorherigen Mindestaufenthalt beurteilen werden; denn dieser Umstand ist nicht zwangsläufig für den tatsächlichen und effektiven Grad der **Verbundenheit mit einem Mitgliedstaat** repräsentativ. Dem Antragsteller muss es als milderes Mittel offen stehen, die Verbundenheit anhand anderer Umstände nachzuweisen, wie z. B. der Verfügung über Versicherungsbeiträge im fraglichen System, Umstände aus dem familiären Kontext oder früherer langjähriger Aufenthaltszeiten.[153]

3. Verwaltungszusammenarbeit und Durchführung

90 Für die Verwaltungszusammenarbeit sind eine Verwaltungskommission und ein Beratender Ausschuss vorgesehen. Die **Verwaltungskommission**, in der je ein Vertreter jedes Mitgliedstaats sowie (mit beratender Stimme) ein Vertreter der EU-Kommission vertreten sind, behandelt und entscheidet Verwaltungs- und Auslegungsfragen im Zusammenhang mit der Grundverordnung und fördert die Zusammenarbeit zwischen den Mitgliedstaaten (Art. 71 und 72 VO 883/2004). Für die Beratung über allgemeine oder grundsätzliche Fragen sowie über die Probleme der Anwendung von Koordinierung ist ein **Beratender Ausschuss** vorgesehen, in dem jeder Mitgliedstaat mit je einem Vertreter der Regierung, der Arbeitnehmer- und der Arbeitgeberverbände vertreten ist und Stellungnahmen und Vorschläge für die Verwaltungskommission erarbeiten kann (Art. 75

---

[149] *Weerth*, in: Lenz/Borchardt, EU-Verträge, Art. 48 AEUV, Rn. 23; *Becker*, in: Schwarze, EU-Kommentar, Art. 48 AEUV, Rn. 19–22; *Brechmann*, in: Calliess/Ruffert, EUV/AEUV, Art. 48 AEUV, Rn. 18 f.
[150] EuGH, Urt. v. 21.7.2011, Rs. C–503/09 (Stewart), Slg. 2011, I–6497, Rn. 62.
[151] *Brechmann*, in: Calliess/Ruffert, EUV/AEUV, Art. 48 AEUV, Rn. 19; *Schuler*, in: Fuchs (Hrsg.), VO (EG) Nr. 883/2004, Art. 7, Rn. 2.
[152] EuGH, Urt. v. 21.7.2011, Rs. C–503/09 (Stewart), Slg. 2011, I–6497, Rn. 74 ff., 89 ff. in Hinblick auf die Unionsbürgerfreizügigkeit nach Art. 21 AEUV.
[153] EuGH, Urt. v. 21.7.2011, Rs. C–503/09 (Stewart), Slg. 2011, I–6497, Rn. 102 ff. in Hinblick auf die Unionsbürgerfreizügigkeit nach Art. 21 AEUV.

VO 883/2004).[154] Weitere Ausschüsse sind der **Fachausschuss für Datenverarbeitung** (Art. 73 VO 883/2004) sowie der **Rechnungsausschuss** (Art. 74 VO 883/2004).

Gegenstand der Durchführungsverordnung ist die Organisation einer wirksameren und engeren Zusammenarbeit zwischen den Trägern der sozialen Sicherheit (Erwägungsgrund 2) sowie zwischen den Mitgliedstaaten und der Kommission. Hier geht es einerseits um den **Datenaustausch** (Art. 2 ff. VO 987/2009) und die **Verfahren** für die Feststellung von Leistungen sowie die vorläufige Leistungsgewährung (Art. 4 ff. VO 987/2009). Gemeinsame Fristsetzungen für die Erledigung bestimmter Verpflichtungen oder für bestimmte Verwaltungsabläufe sollen zur Klärung und Strukturierung der Beziehungen zwischen den Versicherten und den Trägern beitragen (Erwägungsgrund 6 VO 987/2009).

91

Zur Ermittlung des zuständigen Trägers – d. h. die für diesen Träger geltenden Rechtsvorschriften sind anwendbar oder ihm obliegt die Gewährung bestimmter Leistungen – muss die objektive Situation des Versicherten oder seiner Familienangehörigen von den Trägern eines oder mehrerer Mitgliedstaaten geprüft werden. Um den Schutz der betreffenden Person während dieses Informationsaustauschs unter den Trägern zu gewährleisten, ist ihr **vorläufiger Anschluss** an ein System der sozialen Sicherheit vorzusehen (Erwägungsgrund 10 VO 883/2004; Art. 6 VO 987/2009).

92

Für die Zwecke von Vorschriften über die **Rückforderung** gezahlter, aber nicht geschuldeter Leistungen, die Einziehung vorläufiger Zahlungen und Beiträge, den Ausgleich und die Unterstützung bei der Beitreibung beschränkt sich die Zuständigkeit des ersuchten Mitgliedstaats auf Rechtsbehelfe in Bezug auf Vollstreckungsmaßnahmen. Für alle anderen Rechtsbehelfe ist der ersuchende Mitgliedstaat zuständig (Erwägungsgrund 20 VO 883/2004; Art. 81 der Durchführungsverordnung). Beitreibung und Durchsetzung von Forderungen sowie die Organisation von Erstattungen zwischen den Trägern regeln die Art. 62 ff., 66 ff., 75 ff. VO 987/2009.

93

---

[154] *Becker*, in: Schwarze, EU-Kommentar, Art. 48 AEUV, Rn. 60; *Brechmann*, in: Calliess/Ruffert, EUV/AEUV, Art. 48 AEUV, Rn. 52.

Kapitel 2
Das Niederlassungsrecht

Artikel 49 AEUV [Niederlassungsfreiheit]

¹Die Beschränkungen der freien Niederlassung von Staatsangehörigen eines Mitgliedstaats im Hoheitsgebiet eines anderen Mitgliedstaats sind nach Maßgabe der folgenden Bestimmungen verboten. ²Das Gleiche gilt für Beschränkungen der Gründung von Agenturen, Zweigniederlassungen oder Tochtergesellschaften durch Angehörige eines Mitgliedstaats, die im Hoheitsgebiet eines Mitgliedstaats ansässig sind.

Vorbehaltlich des Kapitels über den Kapitalverkehr umfasst die Niederlassungsfreiheit die Aufnahme und Ausübung selbstständiger Erwerbstätigkeiten sowie die Gründung und Leitung von Unternehmen, insbesondere von Gesellschaften im Sinne des Artikels 54 Absatz 2, nach den Bestimmungen des Aufnahmestaats für seine eigenen Angehörigen.

Literaturübersicht

Ahlfeld, Zwingende Erfordernisse im Sinne der Cassis de Dijon-Rechtsprechung des EuGH zu Art. 30 EGV, 1997; *Banks*, The application of the fundamental freedoms to Member State tax measures: Guarding against protectionism or second-guessing national policy choices?, E.L.Rev. 33 (2008), 482; *Basedow*, Von der deutschen zur europäischen Wirtschaftsverfassung, Tübingen, 1992; *Baßler*, Zu den »Steuerspezifika« der Grundfreiheiten des EG-Vertrages, IStR 2005, 822; *Bitterich*, Das grenzüberschreitende Interesse am Auftrag im primären Gemeinschaftsvergaberecht, EuZW 2008, 14; *Braun*, Der grenzüberschreitende Rechtformwechsel von Gesellschaften im Lichte des Konzepts und der Dogmatik der Niederlassungsfreiheit, DZWiR 2012, 411; *Cordewener*, Die EuGH-Rechtsprechung zur steuerlichen Berücksichtigung von (»finalen«) Auslandsverlusten – noch immer kein Finale in Sicht!, EuZW 2015, 295; *Dietz/Streinz*, Das Marktzugangskriterium in der Dogmatik der Grundfreiheiten, EuR 2015, 50; *Düren/Schmitz*, Zur Unionsrechtskonformität des Verlustuntergangs bei Körperschaften, GmbHR 2012, 485; *Ebenroth/Eylers*, Die innereuropäische Verlegung des Gesellschaftssitzes als Ausfluß der Niederlassungsfreiheit?, DB 1989, 363–372 und 413–417; *Eberhartinger*, Konvergenz und Neustrukturierung der Grundfreiheiten, EWS 1997, 43; *Ego*, Europäische Niederlassungsfreiheit der Kapitalgesellschaft und deutsches Gläubigerschutzrecht, 2007; *Eisenbarth/Hufeld*, Die grenzüberschreitende Verlustverrechnung in der Konsolidierungsphase, IStR 2010, 309; *Emmerich*, Kartellrecht, 13. Aufl., 2014; *Englisch*, Taxation of Cross-Border Dividends and EC Fundamental Freedoms, Intertax 2010, 197; *ders*. Nordea Bank – ein weiterer Meilenstein der EuGH-Judikatur, IStR 2014, 561; *ders.*, Verbot des Rechtsmissbrauchs – ein allgemeiner Rechtsgrundsatz des Gemeinschaftsrechts, StuW 2009, 3; *ders.*, Dividendenbesteuerung, 2005; *Epiney*, Die Rechtsprechung des EuGH im Jahr 2008: Unionsbürgerschaft, Grundfreiheiten und Gleichstellungsrecht, NVwZ 2009, 1139; *Everett*, Der Einfluss der EuGH-Rechtsprechung auf die direkten Steuern, DStZ 2006, 356; *Everling*, Das Niederlassungsrecht in der EG als Beschränkungsverbot – Tragweite und Grenzen, GS Knobbe-Keuk, 1997, S. 607; *ders.*, Niederlassungsrecht und Dienstleistungsfreiheit der Rechtsanwälte in der EG, EuR 1989, 338; *ders.*, Vertragsverhandlungen 1957 und Vertragspraxis 1987, FS von der Groeben, 1987, S. 111; *ders.*, Das Niederlassungsrecht im Gemeinsamen Markt, 1963; *Eyles*, Das Niederlassungsrecht der Kapitalgesellschaften in der Europäischen Gemeinschaft, 1990; *Frenz*, Annäherung von europäischen Grundrechten und Grundfreiheiten, NVwZ 2011, 961; *ders.*, Grundfreiheiten und Grundrechte, EuR 2003, 603; *Ganten*, Die Drittwirkung der Grundfreiheiten, 2000; *Gehring*, Kompensation der europarechtlich bedingten Erweiterung der Initiativberechtigung durch die Senkung der gerichtlichen Kontrolldichte?, Diss. Düsseldorf, 1999; *Geibel*, Unternehmenssteuerrecht im europäischen Binnenmarkt. Grundstrukturen und Entwicklungstendenzen, JZ 2007, 277; *Goette/Habersack/Kalss*, Münchener Kommentar zum Aktiengesetz, Band 7, 3. Aufl., 2012; *Grabenwarter*, Das französische Verbot der Vollverschleierung, EuGRZ 2015, 1; *Groß*, Niederlassungsrecht (Art. 3 Buchst. c, Art. 52 ff. EWG-Vertrag) im Gemeinsamen Markt, AG 1990, 530; *Haase*, Internationales und Europäisches Steuerrecht, 3. Aufl., 2011; *Hahn*, Bemerkungen zum EuGH-Urteil »Cadbury Schweppes«, IStR 2006, 667; *Hailbronner*, Prüfungspflicht der Mitgliedstaaten zur Vergleichbarkeit ausländischer Diplome und Prüfungszeugnisse, JuS 1991, 917; *ders./Nachbaur*, Niederlassungs- und Dienstleistungsfreiheit im Binnenmarkt 1992, WiVerw 1992, 57; *Hallstein*, Die europäische Gemeinschaft, Düsseldorf/Wien, 1973; *Hey*, Harmonisierung der Unternehmensbesteuerung in Europa, 1997; *Hindelang*, Die steuerliche Behandlung drittstaatlicher Dividenden und die europäischen Grundfreiheiten, IStR 2013, 77; *Hirsch*, Die aktuelle Rechtsprechung des EuGH zur Warenverkehrsfreiheit, ZEuS 1999, 503; *Hoffmann*, Die Grundfreiheiten des EG-Vertrags als koordinationsrechtliche und gleichheitsrechtliche Abwehrrechte, 2000; *Hruschka*, Anmerkung zum EuGH Urteil vom 21.2.2013, Rs. C–123/11 (A Oy), DStR 2013, 396; *Huttenlocher/Wohlrab*, Der Notar (weiterhin) als Hoheitsträger, EuZW 2012, 779; *Jaensch*, Die unmittelbare Drittwirkung der Grundfreiheiten, 1997; *Jahndorf/Kleinmanns*, Übertragung stiller Reserven ins Ausland – § 6b EStG im Lichte der Niederlassungsfreiheit, DStR 2010, 1697; *Jarass*, Elemente einer Dogmatik der Grundfreiheiten, EuR 1995, 202; *ders.*, Die Niederlassungsfreiheit in der Europäischen Gemeinschaft, RIW 1993, 1; *Kahl/Schwind*, Europäische Grundrechte und Grundfreiheiten – Grundbausteine einer Interaktionslehre, EuR 2014, 170; *Kainer*, Unternehmensübernahmen im Binnenmarktrecht, Diss., Baden-Baden, 2004; *ders.*, Die Niederlassungsfreiheit als Recht auf Rechtswahl – auch im Hinblick auf Berufs- und Gewerberecht?, in: Liebscher (Hrsg.), Harmonisierung des Wirtschaftsrechts in Deutschland, Österreich und Polen, 2007, S. 81; *ders.*, Binnenmarktrechtliche Grenzen des Übernahmerechts. Zum Einfluß der Grundfreiheiten auf das Kapitalmarkt- und Gesellschaftsrecht, ZHR 168 (2004), 542; *ders.*, Grundfreiheiten und staatliche Schutzpflichten, JuS 2000, 431; *Kindler*, Insolvenzrecht als Tätigkeitsausübungsregel, EuZW 2016, 136; *Kingreen*, Struktur der Grundfreiheiten, 1999; *Kluge*, Das Internationale Steuerrecht, 4. Aufl., 2000; *Kluth*, Auswirkungen der Dienstleistungsrichtlinie auf die Handwerks- und Gewerbeordnung, in: Leible (Hrsg.), Die Umsetzung der Dienstleistungsrichtlinie: Chancen und Risiken für Deutschland, 2008, S. 131; *Kokott/Ost*, Europäische Grundfreiheiten und nationales Steuerrecht, EuZW 2011, 496; *Kube*, EuGH-Rechtsprechung zum direkten Steuerrecht – Stand und Perspektiven, 2009; *ders.*, Die ungeschriebenen Rechtfertigungsgründe im Bereich der Steuern, in: Kruthoffer-Röwekamp (Hrsg.), Steuerwissenschaftliche Schriften 2010, S. 133; *ders.*, Grenzüberschreitende Verlustverrechnung und die Zuordnung von Verantwortung, IStR 2008, 305; *Kube/Straßburger*, Dividendenbesteuerung im Binnenmarkt, IStR 2010, 301; *Lackhoff*, Die Niederlassungsfreiheit des EGV – nur ein Gleichheits- oder auch ein Freiheitsrecht?, 1999; *Lehner*, Anmerkung zum EuGH Urteil vom 12.5.1998, Rs. C–336/96 (Doppelbesteuerung), IStR 1998, 341; *Lenaerts*, Die Entwicklung der Rechtsprechung des Gerichtshofs der Europäischen Gemeinschaften auf dem Gebiet der direkten Besteuerung, EuR 2009, 728; *Lenaerts/Bernardeau*, CDA 2007, 19; *Lübke*, Der Erwerb von Gesellschaftsanteilen zwischen Kapitalverkehrs- und Niederlassungsfreiheit, Diss., Baden-Baden, 2006; *Lüder*, Die Rolle des nationalen Markenrechts in einem europäischen Binnenmarkt, EuZW 1995, 15; *Malferrari*, Anmerkung zur Entscheidung des EuGH vom 16.6.2015, Rs. C–593/13 (Presidenza del Consiglio dei Ministri u.a./Rina Services u.a.), EUZW 2015, 640; *Manger-Nestler/Noack*, Europäische Grundfreiheiten und Grundrechte, JuS 2013, 503; *Matthies*, Die Verfassung des gemeinsamen Marktes, GS Sasse, Bd. 1, 1981, 127; *Mitschke*, Das EuGH-Urteil »National Grid Indus« vom 29.11.2011 – Eine Bestandsaufnahme und eine Bewertung aus Sicht der Finanzverwaltung, DStR 2012, 1626; *Müller-Graff*, Die horizontale Drittwirkung der Grundfreiheiten, EuR 2014, 3; *ders.*, Grundfreiheiten und Gemeinschaftsgrundrechte, FS Steinberger, 2002, 1281; *ders.*, Unternehmensinvestitionen und Investitionssteuerung im Marktrecht, 1984; Müller-Graff, Wettbewerbsregeln der Gemeineuropäischen Binnenmarkts, 1991; *Musil*, Kein europarechtliches Beschränkungsverbot für die direkten Steuern?, IStR 2001, 482; *Mussler*, Die Wirtschaftsverfassung der Europäischen Gemeinschaft im Wandel, Baden-Baden, 1998; *Nachbaur*, Niederlassungsfreiheit, Geltungsbereich und Reichweite des Art. 52 EGV im Binnenmarkt, Diss., Baden-Baden 1999; *ders.*, Art. 52 EWGV – Mehr als nur ein Diskriminierungsverbot?, EuZW 1991, S. 470–472; *Nowak/Schnitzler*, Erweiterte Rechtfertigungsmöglichkeiten für mitgliedstaatliche Beschränkungen der EG-Grundfreiheiten – Genereller Rechtsprechungswandel oder Sonderweg im Bereich der sozialen Sicherheit?, EuZW 2000, 627; *Protzen*, in: Kraft, Außensteuergesetz, 2009; *Pyszka/Nienhaus*, Gewerbesteuerliches Schachtelprivileg bei Gewinnausschüttungen sowie vororganschaftlichen Mehrabführungen an eine Organgesellschaft, DStR 2014, 1585; *Rabe*, Internationales Anwaltsrecht – Dienstleistung und Niederlassung, NJW 1987, 2185; *Reichold*, Arbeitsrechtsstandards als »Aufenthaltsmodalitäten«, ZEuP 1998, 434; *Repasi*, Drittwirkung von Grundfreiheiten, Anmerkung zur Entscheidung des EuGH vom 17.7.2008, Rs. C–94/07 (Raccanelli), EuZW 2008, 532; *ders.*, Anmerkung zur Entscheidung des EuGH vom 7.4.2011, Rs. C–291/09 (Francesco Guarnieri & Cie), Zur Frage der Prozesskostensicherheit bei einer Zahlungsklage aus Warenlieferung, EuZW 2011, 430; *Roth*, Die Niederlassungsfreiheit zwischen Beschränkungs- und Diskriminierungsverbot, GS Knobbe-Keuk, 1997, S. 729; *ders.*, Drittwirkung der Grundfreiheiten, FS Everling, 1995, S. 1231; *Roth*, Diskriminierende Regelungen des Warenverkehrs und Rechtfertigung durch die »zwingenden Erfordernisse« des Allgemeininteresses, WRP 2000, 979; *Rust*, Anforderungen an eine EG-rechtskonforme Dividendenbesteuerung, DStR 2009, 2568; *Sack*, Von »Dassonville« zu »Keck« – und zurück?, FS Bornkamm, 2014, S. 1103; *Schaumburg*, Internationales Steuerrecht, 3. Aufl., 2011; *ders./Englisch*, Europäisches Steuerrecht, 2015; *Schiefer/Quinten*, Berücksichtigung »finaler Verluste« durch grenzüberschreitende Verschmelzung – Auswirkungen des Urteils in der Rs. A Oy, IStR 2013, 261; *Schnichels*, Reichweite der Niederlassungsfreiheit, Diss., Baden-Baden, 1995; *Schön*, Der »Rechtsmissbrauch« im Europäischen Gesellschaftsrecht, FS Wiedemann, 2002, S. 1271; *ders.*, Nationaler Steuerzugriff und europäischer Binnenmarkt, IStR 2004, 289; *ders.*, Deutsche Hinzurechnungsbesteuerung und Europäische Grundfreiheiten, IStR-Beihefter 2013, 3; *Schöne*, Dienstleistungsfreiheit in der EG und deutsche Wirtschaftsaufsicht, 1989; *Schorkopf*, Die Wahrhaftigkeit im Recht der Grundfreiheiten, DÖV 2011, 260; *Schwenke*, Kapitalertragsteuer bei Steuerbesitzdividenden gemeinschaftswidrig?, IStR 2008, 473; *Schwemer*, Bindung des Gemeinschaftsgesetzgebers an die Grundfreiheiten, 1995; *Seiler/Axer*, Die EuGH-Entscheidung im Fall »Lidl Belgium« als (Zwischen-)Schritt auf dem Weg zur Abstimmung von nationaler Steuerhoheit und europäischem Recht, IStR 2008, 838; *Skouris*, Das Verhältnis der Grundfreiheiten zu den Gemeinschaftsgrundrechten, RdA-Beil. 2009, 25; *ders.*, Das Verhältnis von Grundfreiheiten und Grundrechten im europäischen Gemeinschaftsrecht, DÖV 2006, 89; *Steindorff*, Unvollkommener Binnenmarkt, ZHR 158 (1994), 149; *ders.*, Centros und das Recht auf die günstigste Rechtsordnung, JZ 1999, 1140; *ders.*, EG-Vertrag und Privatrecht, 1996; *Stewen*, Der EuGH und die nationale Steuerhoheit. – Spannungsverhältnis und Konfliktlösung, EuR 2008, 445; *Strassburger*, Die Dogmatik der Grundfreiheiten, Diss., Tübingen, 2012; *Streinz/Leible*, Die unmittelbare Drittwirkung der Grundfreiheiten – Überlegungen aus Anlass von EuGH, EuZW 2000, 468 – Angonese, EuZW 2000, 459; *Tischbirek/Specker*, in: Vogel/Lehner, DBA, 6. Aufl., 2015; *Vogt*, in: Blümich, EStG, KStG, GewStG, 128. ErgL., 2015; *Wägenbaur*, Inhalt und Etappen der Niederlassungsfreiheit, EuZW 1991, 427; *Weber-Grellet*, Neu-Justierung der EuGH-Rechtsprechung, DStR 2009, 1229; *Weiß*, Nationales Steuerrecht und Niederlassungsfreiheit, EuZW 1999, 493; *Weller/Hübner*, Anmerkung zur Entscheidung des EuGH vom 10.12.2015, C–594/14 (Kornhaas), NJW 2016, 223; *Wolfram*, Die mitgliedstaatsgerichteten Verbotstatbestände der Binnenmarktfreiheiten, 2012.

Leitentscheidungen

EuGH, Urt. v. 21.6.1974, Rs. 2/74 (Reyners), Slg. 1974, 631
EuGH, Urt. v. 12.12.1974, Rs. 36/74 (Walrave und Koch), Slg. 1974, I–1405
EuGH, Urt. v. 7.2.1979, Rs. C–115/78 (Knoors), Slg. 1979, 399
EuGH, Urt. v. 20.2.1979, Rs. 120/78 (Cassis de Dijon), Slg. 1979, 649
EuGH, Urt. v. 4.12.1986, Rs. 205/84 (Kommission/Deutschland), Slg. 1986, 3755
EuGH, Urt. v. 5.10.1988, Rs. 196/87 (Steymann), Slg. 1988, 6159
EuGH, Urt. v. 3.10.1990, Rs. C–61/89 (Bouchoucha), Slg. 1990, I–3551
EuGH, Urt. v. 25.7.1991 Rs. C–221/89 (Factortame II), Slg. 1991, I–3905
EuGH, Urt. v. 7.7.1992, Rs. C–370/90 (Singh), Slg. 1992, I–4265
EuGH, Urt. v. 31.3.1993, Rs. C–19/92 (Kraus), Slg. 1993, I–1663
EuGH, Urt. v. 24.11.1993, verb. Rs. C–267/91 und C–268/91 (Keck), Slg. 1993, I–6097
EuGH, Urt. 5.10.1994, Rs. C–23/93 (TV10), Slg. 1994, I–4795
EuGH, Urt. v. 30.11.1995, Rs. C–55/94 (Gebhard), Slg. 1995, I–4165
EuGH, Urt. v. 14.2.1995, Rs. 279/93 (Schumacker), Slg. 1995, I–225
EuGH, Urt. v. 17.6.1997, Rs. C–70/95 (Sodemare), Slg. 1997, I–3395
EuGH, Urt. v. 9.3.1999, Rs. C–212/97 (Centros), Slg. 1999, I–1459
EuGH, Urt. v. 30.9.2003, Rs. C–167/01 (Inspire Art), Slg. 2003, I–10155
EuGH, Urt. v. 11.3.2004, Rs. C–9/02 (Lasteyrie du Saillant), Slg. 2004, I–2409
EuGH, Urt. v. 7.9.2004, Rs. C–319/02 (Manninen), Slg. 2004, I–7477
EuGH, Urt. v. 5.10.2004, Rs. C–442/02 (Caixa Bank France), Slg. 2004, I–8961
EuGH, Urt. v. 13.12.2005, Rs. C–411/03 (SEVIC), Slg. 2005, I–10805
EuGH, Urt. v. 13.12.2005, Rs. C–446/03 (Marks & Spencer), Slg. 2005, I–10837
EuGH, Urt. v. 30.6.2006, Rs. C–451/03 (Servizi Ausiliari Dottori Commercialisti), Slg. 2006, I–2941
EuGH, Urt. v. 12.9.2006, Rs. C–196/04 (Cadbury Schweppes), Slg. 2006, I–7995
EuGH, Urt. v. 26.10.2006, Rs. C–65/05 (Kommission/Griechenland), Slg. 2006, I–10341
EuGH, Urt. v. 13.3.2007, Rs. C–524/04 (Test Claimants in the Thin Cap Group Litigation), Slg. 2006, I–2107
EuGH, Urt. v. 8.11.2007, Rs. C–379/05 (Amurta), Slg. 2007, I–9569

EuGH, Urt. v. 11.12.2007, Rs. C–438/05 (Viking), Slg. 2007, I–10779
EuGH, Urt. v. 13.12.2007, Rs. C–465/05 (Kommission/Italien), Slg. 2007, I–11091
EuGH, Urt. v. 19.7.2008, Rs. C–104/08 (Kurt), Slg. 2008, I–97
EuGH, Urt. v. 17.7.2008, Rs. C–389/05 (Kommission/Frankreich), Slg. 2008, I–5337
EuGH, Urt. v. 22.12.2010, Rs. C–338/09 (Yellow Cab), Slg. 2010, I–13927
EuGH, Urt. v. 29.11.2011, Rs. C–371/10 (National Grid Indus), Slg. 2011, I–12273
EuGH, Urt. v. 17.7.2014, Rs. C–48/13 (Nordea Bank), ECLI:EU:C:2014:2087

Inhaltsübersicht

	Rn.
A. Überblick	1
B. Normzweck	4
I. Die Niederlassungsfreiheit im System des Binnenmarktrechts	4
II. Niederlassungsfreiheit als Faktorfreiheit	8
C. Norminhalt	9
I. Anwendungsbereich	9
1. Räumlicher Anwendungsbereich	9
2. Sachlicher Anwendungsbereich	10
a) Grenzüberschreitende Sachverhalte	10
aa) Inländerdiskriminierung (umgekehrte Diskriminierung)	11
bb) Rückwanderungsfälle	12
cc) Grenzüberschreitende Kontrolle bei Gesellschaften	13
b) Begriff der Niederlassung	14
aa) Selbstständige Erwerbstätigkeit	15
bb) Feste Einrichtung	18
cc) Auf unbestimmte Zeit	20
dd) Unternehmerische Beteiligung; Abgrenzung zur Kapitalverkehrsfreiheit	22
c) Niederlassungsformen	25
aa) Primäre Niederlassungsfreiheit	26
bb) Sekundäre Niederlassungsfreiheit	27
cc) Abgrenzung zwischen primärer und sekundärer Niederlassungsfreiheit	28
3. Persönlicher Anwendungsbereich	29
a) Natürliche Personen	30
b) Gesellschaften und sonstige juristische Personen	32
c) Ansässigkeitserfordernis	33
d) Abgeleitete Rechte für Dritte	34
4. Adressaten	35
a) Staat, Untergliederungen und gleichgestellte Organisationen	36
b) Europäische Union	37
c) Private Personen	38
5. Erfasste Maßnahmen	43
II. Beschränkung der Niederlassungsfreiheit	44
1. Begriff der Beschränkung: Überblick	44
2. Diskriminierung	47
a) Sicherung der Wettbewerbsgleichheit als Mittel zur Wettbewerbseröffnung	47
b) Formen der Diskriminierung	50
aa) Unmittelbare und mittelbare Diskriminierung	51
(1) Unmittelbare Diskriminierung	52
(2) Mittelbare Diskriminierung	55
bb) Niederlassungsbezogene und umfeldbezogene Diskriminierung	58
3. Behinderungen	59
a) Sicherung des grenzüberschreitenden Marktzugangs	60
b) Zugangsbehinderung	62
c) Ausübungsbehinderungen	66
4. Spürbarkeitserfordernis, Kausalität	69

III. Die Rechtfertigung von Diskriminierungen und Beschränkungen der
   Niederlassungsfreiheit 70
   1. Grundsatz und Überblick 70
   2. Rechtfertigung aufgrund zwingender Gemeinwohlinteressen 71
      a) Kein abschließendes Unionsrecht; Umsetzung von Sekundärrecht 73
      b) Unterschiedslos wirkende Maßnahmen, mittelbare Diskriminierung .. 76
      c) Zwingende Gründe des Gemeinwohls 77
      d) Verhältnismäßigkeit 84
         aa) Geeignetheit 85
         bb) Erforderlichkeit 87
         cc) Angemessenheit 90
   3. Missbrauch als Einschränkung der Niederlassungsfreiheit 91
   4. Äquivalenz- und Effektivitätsgrundsatz? 92
D. Rechtsfolgen der Niederlassungsfreiheit 93
   I. Kern- und Begleitrechte 93
   II. Unmittelbare Anwendbarkeit und Rechtsfolgen 95
E. Niederlassungsfreiheit und nationales Steuerrecht 98
   I. Grundlagen 98
   II. Steuerrechtliche Beschränkungen der Niederlassungsfreiheit 100
   III. Rechtfertigung 107
      1. Anerkannte Rechtfertigungsgründe 108
         a) Kohärenz des nationalen Steuersystems 109
         b) Missbrauchsbekämpfung 115
         c) Aufteilung der Besteuerungsbefugnis[1] 121
            aa) Besteuerung stiller Reserven beim Wegzug 123
            bb) Grenzüberschreitende Verlustverrechnung – doppelte
                Verlustberücksichtigung 124
         d) Wirksame steuerliche Kontrolle und Durchsetzung des Steueranspruchs 131
      2. Nicht anerkannte Rechtfertigungsgründe 134
      3. Verhältnismäßigkeit 136
   IV. In Sonderheit: Dividendenbesteuerung 138
F. Konkurrenzen 145
   I. Verhältnis zu anderen Grundfreiheiten 146
      1. Warenverkehrsfreiheit (Art. 28 ff. AEUV) 146
      2. Arbeitnehmerfreizügigkeit (Art. 45 ff. AEUV) 147
      3. Dienstleistungsfreiheit (Art. 56 ff. AEUV) 148
      4. Kapital- und Zahlungsverkehrsfreiheit (Art. 63 AEUV) 150
   II. Sonstige Vorschriften 152
      1. Allgemeine Vertragserfüllungspflichten (Art. 4 Abs. 3 EUV) 152
      2. Allgemeines Diskriminierungsverbot (Art. 18 Abs. 1 AEUV) 153
      3. Allgemeine Personenfreizügigkeit (Art. 21 Abs. 1 AEUV) 154
      4. Verkehr (Art. 90 ff. AEUV) 155
      5. Landwirtschaft, Fischerei 156
      6. Art. 15 Abs. 2 GRC 157

A. Überblick

1   Die Gewährleistung des freien Personenverkehrs ist vor dem Hintergrund fortbestehender Regelungsunterschiede in den Mitgliedsstaaten der Europäischen Union eine große Herausforderung. Seit jeher verwirklicht sich in der Arbeits- und Erwerbsordnung zugleich die Sozialordnung auf der Basis divergierender kultureller und histori-

---

[1] EuGH, Urt. v. 13.12.2005, Rs. C–446/03 (Marks & Spencer), Slg. 2005, I–10837, Rn. 43 ff.; Urt. v. 18.7.2007, Rs. C–231/05 (Oy AA), Slg. 2007, I–373, Rn. 44 f.; Urt. v. 15.5.2008, Rs. C–414/06 (Lidl Belgium), Slg. 2008, I–3601.

scher Gegebenheiten. Aufgabe der Niederlassungsfreiheit ist die Gewährleistung der grenzüberschreitenden Freiheit zur Aufnahme einer selbstständigen oder unternehmerischen Wirtschaftstätigkeit. Ihr stehen Hemmnisse entgegen, die sich in unterschiedlichen Berufsordnungen, Ausbildungsusancen und unterschiedlichen Auffassungen über den Schutz öffentlicher Güter und Allgemeinziele ausdrücken. Eine vollständige Angleichung der nationalen Rechtsordnungen in diesem Bereich ist mit dem Grundsatz des unvollkommenen Binnenmarkts[2] ebenso unvereinbar wie mit dem Prinzip, dass die Europäische Union die nationalen, kulturellen und sozialen Identitäten zu achten hat.[3]

Der in Art. 49 AEUV (mit den Vorgängerversionen in Art. 43 EGV, 52 EWGV wortlautidentisch) geregelten Niederlassungsfreiheit obliegt es, punktuell und auf ihrer Basis erlassener Richtlinien sektoral, Freiheitsräume für die grenzüberschreitende Aufnahme wirtschaftlicher selbstständiger Betätigung zu schaffen. Damit ist die Niederlassungsfreiheit Teil des auf eine wettbewerbsverfasste Marktwirtschaft gerichteten Binnenmarktziels der Europäischen Union.

2

Wie die anderen Grundfreiheiten auch ist die Niederlassungsfreiheit **eine unmittelbar anwendbare** Regelung des Primärrechts. Sie gewährt **subjektive Rechte**, die von den Marktbürgern vor nationalen Gerichten geltend gemacht werden können.[4] Hierdurch wirken sie gleichsam als Agenten der Integration (van Gend & Loos[5]) und tragen zur erfolgreichen Entwicklung einer ehedem internationalen, heute supranationalen Organisation mit.

3

B. Normzweck

I. Die Niederlassungsfreiheit im System des Binnenmarktrechts

Die Niederlassungsfreiheit als Teil der Personenverkehrsfreiheiten in der Europäischen Union ist ein integraler Bestandteil des Binnenmarktrechts und steht auf dessen konzeptionellem Fundament.[6] Gem. Art. 26 Abs. 2 AEUV umfasst der Binnenmarkt einen Raum ohne Binnengrenzen, in dem der freie Verkehr von Waren, Personen, Dienstleistungen und Kapital gemäß den Bestimmungen der Verträge gewährleistet ist. Aufgabe des Binnenmarkts ist es einerseits, einen unbehinderten und – ausweislich des Binnenmarktprotokolls[7] – unverfälschten europäischen Wettbewerb zu ermöglichen. Insoweit verkörpert er die Grundprinzipien des europäischen Wirtschaftsordnungsrechts. Darüber hinaus hat er – wie sich gerade an den Personenverkehrsfreiheiten zeigt – politische Bedeutung und legt die notwendigen Grundlagen für eine immer tiefere

4

---

[2] Zum Begriff *Steindorff*, ZHR 158 (1994), 149 ff.; *Kainer*, Unternehmensübernahmen, S. 140 ff.
[3] In Art. 3 Abs. 3 EUV letzter Satz heißt es dazu: »Sie [die Europäische Union] wahrt den Reichtum ihrer kulturellen und sprachlichen Vielfalt und sorgt für den Schutz und die Entwicklung des kulturellen Erbes Europas.«
[4] EuGH, Urt. v. 21.6.1974, Rs. 2/74 (Reyners), Slg. 1974, 631, Rn. 32.
[5] EuGH, Urt. v. 5.2.1963, Rs. 26/62 (Van Gend & Loos), Slg. 1963, 1, 13.
[6] Vgl. zu den Grundlagen etwa *Strassburger*, S. 8 ff.; *Müller-Graff*, in: Dauses, Handbuch des EU-Wirtschaftsrechts, Abschnitt A.I., Juli 2012, Rn. 117 ff.
[7] Siehe Art. 3 Abs. 3 S. 1, 2 EUV, Art. 119 Abs. 1 AEUV, Protokoll über den Binnenmarkt und den Wettbewerb; *Terhechte*, in: Grabitz/Hilf/Nettesheim, EU, Art. 3 EUV (Mai 2014), Rn. 41; *Müller-Graff*, in: Streinz, EUV/AEUV, Art. 49 AEUV, Rn. 1; *Forsthoff*, in: Grabitz/Hilf/Nettesheim, EU, Art. 49 AEUV (März 2011), Rn. 4; EuGH, Urt. v. 21.6.1974, Rs. 2/74 (Reyners), Slg. 1974, 631, Rn. 42/43.

Integration der europäischen Mitgliedstaaten auch im Sinne einer politischen und sozialen Annäherung der in der Union zusammengeschlossenen Völker.[8] Zweck der Niederlassungsfreiheit ist die Förderung der wirtschaftlichen und sozialen Verflechtung im Bereich der selbstständigen Tätigkeiten im Binnenmarkt.[9]

5   Hierfür schafft das Binnenmarktrecht die Voraussetzungen, indem es Freiheitsrechte für die europäischen Marktbürger vorhält und ihre grenzüberschreitende Privatautonomie zum Handel und zur Mobilität garantiert. Mit dieser **Freiheitsperspektive** wird die Entstehung von Wettbewerb als marktwirtschaftliches Entdeckungs- und Koordinationsverfahren[10] ermöglicht und insoweit zugleich die Verpflichtung der Union auf den Grundsatz einer offenen Marktwirtschaft mit freiem Wettbewerb umgesetzt.[11] Darüber hinaus spiegelt sich in der Verpflichtung auf einen unverfälschten Wettbewerb die **Gleichheitsperspektive** des Binnenmarktrechts wieder, welche die Wettbewerbsgleichheit neben die Wettbewerbsermöglichung als zweiten konstituierenden Grundsatz stellt.[12] Berührungspunkte haben die Grundfreiheiten hier insbesondere mit dem Beihilferecht, insoweit Beihilfen schon begrifflich (Selektivitätsgrundsatz)[13] stets eine Beeinträchtigung der Wettbewerbsgleichheit bezwecken.[14]

6   In ihrer ursprünglichen Konzeption als Diskriminierungsverbote waren die Grundfreiheiten auf diesen Aspekt beschränkt. Der europäische Gerichtshof hat jedoch nach und nach die Freiheitsperspektive der Grundfreiheiten entfaltet, indem er sie (und auch die Niederlassungsfreiheit) schrittweise zu **(marktzugangsbezogenen) Behinderungsverboten** entwickelte.[15]

7   Im Gegensatz zur Warenverkehrs- und auch zur Dienstleistungsfreiheit gestaltete sich diese Entwicklung bei der Niederlassungsfreiheit mühevoll. Grund hierfür ist, dass die Freiheitsrechte des Binnenmarktrechts in einem Spannungsverhältnis zur grundsätzlich fortbestehenden Befugnis der Mitgliedstaaten zur Ausgestaltung ihrer Wirtschafts- und Sozialordnung stehen. Ein niederlassungsrechtliches Freiheitsrecht stellt die mitgliedstaatliche Souveränität wegen der Dauerhaftigkeit und wegen der entstehenden Wettbewerbsbeziehungen zu inländischen Unternehmen besonders auf die Pro-

---

[8] Vgl. *Müller-Graff*, in: Dauses, Handbuch des EU-Wirtschaftsrechts, Abschnitt A.I., Juli 2012, Rn. 128 ff., 139 ff.
[9] EuGH, Urt. v. 30.11.1995, Rs. C–55/94 (Gebhard), Slg. 1995, I–4165, Rn. 25; Urt. v. 21.6.1974, Rs. 2/74 (Reyners), Slg. 1974, 631, Rn. 21.
[10] Zum Primat marktgemäßer Selbststeuerung als Ziel des europäischen Integrationsrechts ausführlich *Müller-Graff*, Unternehmensinvestitionen und Investitionssteuerung im Marktrecht, S. 280 ff.
[11] Hierzu *Häde*, in: Calliess/Ruffert, EUV/AEUV, Art. 119 AEUV, Rn. 8 f.; *Müller-Graff*, EuR-Beiheft 1/2002, S. 7 (21); *ders.*, in: Dauses, Handbuch des EU-Wirtschaftsrechts, Abschnitt A.I., Juli 2012, Rn. 120 ff., 128 ff.; *Kempen*, in: Streinz, EUV/AEUV, Art. 119 AEUV, Rn. 15 f.
[12] S. *Englisch*, Wettbewerbsgleichheit im grenzüberschreitenden Handel, 2008, S. 193 ff., 220 ff.; *Strassburger*, Dogmatik, S. 13 ff.; *Nettesheim*, Jura 1994, 337 (339); *Schröder*, in: Streinz, EUV/AEUV, Art. 26 AEUV, Rn. 24; *Korte*, in: Calliess/Ruffert, Art. 26 AEUV, Rn. 12; Zum Schutz des Binnenmarkts vor Wettbewerbsverzerrungen s. ferner EuGH, Urt. v. 11.6.1991, Rs. C–300/89 (Titandioxyd), Slg. 1991, I–2867; *Schröder*, in: Streinz, EUV/AEUV, Art. 26 AEUV, Rn. 24 m.w.N.
[13] *Von Wallenberg/Schütte*, in: Grabitz/Hilf/Nettesheim, EU, Art. 107 AEUV (Mai 2014), Rn. 41 ff.
[14] Sowohl das Beihilfenrecht als auch die Grundfreiheiten verfolgen das Ziel den grenzüberschreitenden Wettbewerb zu gewährleisten bzw. zu ermöglichen und sind damit grundsätzlich parallel anwendbar, siehe *Frenz*, Handbuch Europarecht, Band 3, § 1, Rn. 8.
[15] Siehe zu dieser Entwicklung, *Korte*, in: Calliess/Ruffert, Art. 49 AEUV, Rn. 44 ff.; *Forsthoff*, in: Grabitz/Hilf/Nettesheim, EU, Art. 49 AEUV (Mai 2014), Rn. 89 ff.; ausführlich *Kainer*, Unternehmensübernahmen, S. 66 ff.

be. Zweck des Binnenmarktrechts und seiner Konzeption in der Europäischen Union ist es gerade nicht, das mitgliedstaatliche Recht, soweit es Relevanz für grenzüberschreitende Niederlassungen hat, zu vereinheitlichen. Daher wäre es mit dem Fortbestand nationaler Souveränität nicht vereinbar, jede Beeinträchtigung der grenzüberschreitenden Freiheit als rechtfertigungsbedürftige Beschränkung der Grundfreiheiten und zumal der Niederlassungsfreiheit zu bewerten.[16] Dies ist der teleologische Kern der zunächst für die Warenverkehrsfreiheit geltenden Keck-Rechtsprechung,[17] welche die Interpretation der Grundfreiheiten – ebenso wie die Formulierung der Grenzen binnenmarktrechtlicher Rechtsangleichung[18] – auf das Modell eines **unvollkommenen Binnenmarktes** zurückführt.[19] Die hierbei entwickelte und auch für die anderen Grundfreiheiten geltende **Beschränkung der Freiheitsperspektive** auf marktzugangsbehindernde Eingriffe in den Wettbewerb schützt die Mitgliedstaaten vor einem zu weitgehenden Verlust ihrer Souveränität. Dieser Schutz spielt eine besondere Rolle bei der Niederlassungsfreiheit, weil nahezu jede Regelung selbstständiger Berufe und unternehmerischer Betätigung im weitesten Sinne, sogar die allgemeinen Gründungsvoraussetzungen für Gesellschaften (z. B. Mindestkapital) die grenzüberschreitende Niederlassung weniger attraktiv machen kann; der Hinweis auf die Möglichkeit einer etwaigen Rechtfertigung oder die mögliche Einführung einer Spürbarkeitsschranke genügen als Argument gegen die unionsverfassungsrechtlich nicht bezweckte Machtverschiebung nach Luxemburg nicht.[20]

II. Niederlassungsfreiheit als Faktorfreiheit

Im System der Grundfreiheiten kommt der Niederlassungsfreiheit als Teil der Personenverkehrsfreiheiten neben der Kapitalverkehrsfreiheit die Funktion einer Faktorfreiheit zu. Dabei ermöglichen die Warenverkehrs- und die Dienstleistungsfreiheit einen Wettbewerb[21] zwischen Produzenten, die Niederlassungsfreiheit gewährleistet das Recht auf eine **freie Wahl des Standorts** mit den günstigsten Produktionsbedingungen,[22]

8

---

[16] S. *Ackermann*, RIW 1994, 189 (193); *Jestaedt/Kästle*, EWS 1994, 26 (28); *Kingreen*, Struktur der Grundfreiheiten, S. 45 f.; vgl. für die Niederlassungsfreiheit *Everling*, DB 1990, 1853 (1858); *ders.*, GS Knobbe-Keuk, S. 619 f. und – angedeutet – *W.-H. Roth*, GS Knobbe-Keuk, S. 737; Forsthoff spricht insoweit von spezifischen Zugangshindernissen und versucht mit Hilfe von Fallgruppen eine Einschränkung zu erreichen: *Forsthoff*, in: Grabitz/Hilf/Nettesheim, EU, Art. 49 AEUV (Mai 2014), Rn. 96 ff.; vgl. auch *Müller-Graff*, in: Streinz, EUV/AEUV, Art. 49 AEUV, Rn. 60 ff.
[17] EuGH, Urt. v. 24.11.1993, verb. Rs. C–267/91 u. 268/91 (Keck), Slg. 1993, I–6097, Rn. 14 ff.
[18] EuGH, Urt. v. 10.12.2002, Rs. C–491/01 (British Tabacco), Slg. 2001, I–11453, Rn. 124 ff.
[19] *Kainer*, Unternehmensübernahmen, S. 140 ff. Hieran ändert auch nichts der in den Entscheidungen EuGH, Urt. v. 4.6.2009, Rs. C–142/05 (Mickelsson und Roos), Slg. 2009, I–4273; Urt. v. 10.2.2009, Rs. C–110/05 (Kradanhänger), Slg. 2009, I–519; Urt. v. 21.6.2012, Rs. C–5/11 (Donner), ECLI:EU:C:2012:370 entwickelte Drei-Stufen-Test, der letztlich die Keck-Rechtsprechung bestätigt; ebs. *Brigola*, EuZW 2012, 248 (252 f.); *Rauber*, ZEuS 2010, 15 ff.; *Dauses/Brigola*, in: Dauses, Handbuch des EU-Wirtschaftsrechts, Abschnitt C.I., Juni 2011, Rn. 159. a. A. *Sack*, FS Bornkamm, S. 1112 ff.
[20] Anders aber im Ergebnis *Sack*, FS Bornkamm, S. 1103 ff.
[21] Vgl. *Mussler*, Die Wirtschaftsverfassung der Europäischen Gemeinschaft im Wandel. Von Rom nach Maastricht, Baden-Baden, 1998, S. 91 ff., 97 ff.; *Müller-Graff*, in: GSH, Europäisches Unionsrecht, Art. 34 AEUV, Rn. 2; *Basedow*, S. 26 ff., 39 ff.; *Kainer* Unternehmensübernahmen, S. 127 ff., 137 ff.; *Lackhoff*, S. 28.
[22] S. *Müller-Graff*, Wettbewerbsregeln des Gemeineuropäischen Binnenmarkts, S. 4 ff.; zur Niederlassungsfreiheit näher *Hallstein*, Die Europäische Gemeinschaft, 5. Aufl., Düsseldorf, Wien 1979, S. 121; *Everling*, FS von der Groeben, S. 111 (113 ff.); *W.-H. Roth*, GS Knobbe-Keuk, S. 737 ff.; *Tied-*

von wo aus wiederum die Waren- und Dienstleistungsfreiheit ausgeübt werden kann.[23] Auf diese Weise trägt Art. 49 AEUV zur Erreichung der in Art. 3 Abs. 3 EUV genannten wirtschaftlichen oder wohlfahrtsbezogenen Ziele bei: Produktionsfaktoren werden dort alloziert, wo sie den größten Nutzen erwirtschaften. Dies lässt als zentrales Prinzip erkennen, dass das niederlassungswillige Unternehmen sich im Grundsatz der inländischen Rechts- und Sozialordnung als Teil der Standortbedingungen des Aufnahmestaats unterwirft, da es widersprüchlich wäre, einen Mitgliedstaat aufgrund seiner günstigen Produktionsbedingungen auszusuchen, sich aber hinsichtlich nachteiliger Faktoren auf seine Heimatrechtsordnung zu berufen.[24] Für diesen **Grundsatz der territorialen Rechtsgeltung** (im Gegensatz zu einem ausgedehnten Herkunftslandprinzip) spricht auch Art. 49 Abs. 2 AEUV, wonach die Niederlassungsfreiheit die Aufnahme und Ausübung selbstständiger Erwerbstätigkeiten nach den Bestimmungen des Aufnahmestaates für seine eigenen Angehörigen umfasst.[25] Somit gewährleistet die Niederlassungsfreiheit primär einen **Anspruch auf diskriminierungsfreie Eingliederung in den Aufnahmestaat**. Dies schließt es andererseits nicht aus, Art. 49 AEUV auch als ein Freiheitsrecht zu begreifen, das Beschränkungen erfasst, wenn diese den Marktzugang betreffen und hierdurch die Eingliederung ver- oder behindern.

C. Norminhalt

I. Anwendungsbereich

1. Räumlicher Anwendungsbereich

9 Der räumliche Anwendungs- und Geltungsbereich der Niederlassungsfreiheit erstreckt sich auf das gesamte Hoheitsgebiet der Mitgliedstaaten gemäß Art. 52 EUV i. V. m. Art. 349, 355 AEUV. Erweitert durch das **EWR-Abkommen** umfasst er zudem Island, Liechtenstein und Norwegen.[26] Durch das »Abkommen über die Freizügigkeit« vom 21.6.1999 gilt die Niederlassungsfreiheit schließlich auch im Verhältnis der Union zur **Schweiz**.[27] Niederlassungen außerhalb der Union sind nach dem Wortlaut des Art. 49 AEUV nicht geschützt.[28]

---

je, in: GSH, Europäisches Unionsrecht, Vorb. Art. 49 AEUV, Rn. 4; *Lackhoff*, S. 29; *Schnichels*, S. 26f.

[23] S. *Tiedje*, in: GSH, Europäisches Unionsrecht, Vorb. Art. 49 AEUV, Rn. 4.

[24] Etwa *Wägenbaur*, EuZW 1991, 427 (grundsätzlich gleiche Pflichten); *Koenig/Braun/Capito*, EWS 1999, 401 (402); *Everling*, DB 1990, 1853 (1857); *Basedow*, S. 42ff.

[25] S. *Koenig/Braun/Capito*, EWS 1999, 401 (402); vgl. zum Beschränkungsverbot aber unten, Rn. 43ff.

[26] S. Art. 31–35 Beschluss 94/1/EG vom 13.12.1993 über den Abschluss des Abkommens über den Europäischen Wirtschaftsraum zwischen den Europäischen Gemeinschaften und ihren Mitgliedstaaten sowie der Republik Österreich, der Republik Finnland, der Republik Island, dem Fürstentum Liechtenstein, dem Königreich Norwegen, dem Königreich Schweden und der Schweizerischen Eidgenossenschaft, ABl. 1994, L1/1; *Schlag*, in: Schwarze, EU-Kommentar, Art. 49 AEUV, Rn. 28.

[27] *Kahil-Wolff/Mosters*, EuZW 2000, 257 (257); *Schlag*, in: Schwarze, EU-Kommentar, Art. 49 AEUV, Rn. 32.

[28] So im Ergebnis EuGH, Urt. v. 24.5.2007, Rs. C–157/05 (Holböck), Slg. 2007, I–4051, Rn. 28. Dagegen sind für die Arbeitnehmerfreizügigkeit Fälle entschieden worden, bei denen wegen eines hinreichend engen Bezuges zum Gebiet der Gemeinschaft auch eine Tätigkeit in einem Drittstaat genügte, vgl. EuGH, Urt. v. 12.12.1974, Rs. 36/74 (Walrave und Koch), Slg. 1974, I–1405, Rn. 28/29; Urt. v. 30.4.1996, Rs. C–214/94 (Boukhalfa), Slg. 1996, I–2253, Rn. 15; *Forsthoff*, in: Grabitz/Hilf/

2. Sachlicher Anwendungsbereich

a) Grenzüberschreitende Sachverhalte

Die durch Art. 49 AEUV gewährte Niederlassungsfreiheit erfasst nur grenzüberschreitende Sachverhalte[29] und betrifft folglich rein interne Niederlassungsvorgänge ohne Grenzüberschreitung nicht.[30] Dies gilt richtigerweise auch für das niederlassungsrechtliche Kapitel III der Dienstleistungsrichtlinie.[31] Erforderlich ist stets eine **grenzüberschreitende Standortentscheidung** mit dem Ziel, am neuen Standort zu produzieren oder Dienstleistungen anzubieten. Typischerweise wird die nationale Regelung den Zuzug in das eigene Hoheitsgebiet oder den Wegzug in einen anderen Mitgliedstaat betreffen; soweit nationale Regelungen infolge extraterritorialer Wirkungen den grenzüberschreitenden Zuzug in einen anderen Mitgliedstaat behindern, ist die Niederlassungsfreiheit ihrem Normzweck nach anwendbar.[32]

aa) Inländerdiskriminierung (umgekehrte Diskriminierung)

Tatbestandlich nicht vom Diskriminierungsverbot des Art. 49 Abs. 1 AEUV erfasst ist die Schlechterbehandlung reiner Inlandssachverhalte und damit vor allem eigener Staatsangehöriger im Vergleich zu EU-Ausländern (**Inländerdiskriminierung** bzw. **umgekehrte Diskriminierung**).[33] Die Niederlassungsfreiheit gilt nach Art. 49 Abs. 1 S. 1 AEUV nur für »Staatsangehörige eines Mitgliedstaats im Hoheitsgebiet eines anderen Mitgliedstaats«. Grund hierfür ist letztlich der dem Binnenmarkrecht zugrunde liegende Primat der Eigenregelung nationaler Standortbedingungen.[34] Andererseits kann eine Inländerdiskriminierung gegen das (Verfassungs-)Recht der Mitgliedstaaten verstoßen.[35] Dass mitunter das Sekundärrecht (z. B. die Dienstleistungsrichtlinie)[36] auch reine

---

Nettesheim, EU, Art. 45 AEUV (Mai 2014), Rn. 13; für die Niederlassungsfreiheit dürfte das nur eine theoretische Möglichkeit sein, ebs. *Tietje*, in: Ehlers, Grundrechte und Grundfreiheiten, § 10, Rn. 13.

[29] Vgl. dazu *Müller-Graff*, in: Streinz, EUV/AEUV, Art. 49 AEUV, Rn. 20; zu den Schwierigkeiten bei der Bestimmung der Grenzüberschreitung, wenn eine Gesellschaft von ausländischen Anteilseignern beherrscht wird, siehe *Forsthoff*, in: Grabitz/Hilf/Nettesheim, EU, Art. 49 AEUV (Mai 2014), Rn. 66 (zugleich Kritik an der Kontrolltheorie).

[30] EuGH, Urt. v. 19.7.2008, Rs. C–104/08 (Kurt), Slg. 2008, I–97, Rn. 23.

[31] Offen gelassen von EuGH, Urt. v. 1.10.2015, verb. Rs. C–340/14 und C–341/14 (Trijber), ECLI:EU:C:2015:641, Rn. 41 f.; dagegen aber GA *Szpunar*, Schlussanträge zu verb. Rs. C–340/14 u. C–341/14 (Trijber) ECLI:EU:C:2015:505, Rn. 51 ff. Zutreffend weist *Roth*, in: Dauses, Handbuch des EU-Wirtschaftsrechts, E. I., September 2015, Rn. 228, auf die Synchronisierung der Dienstleistungsrichtlinie mit den Grundfreiheiten hin; s. auch ErwG 36 der RL 2006/123/EG.

[32] Zutreffend für einen Fall grenzüberschreitender Immissionen GA *Poiares Maduro*, Schlussanträge zu Rs. C–115/08 (ČEZ), Slg. 2009, I–10265, Rn. 9 (im Fall selbst fehlte es an einer *grenzüberschreitenden* Niederlassung); a. A. *Müller-Graff*, in: Streinz, EUV/AEUV, Art. 49 AEUV, Rn. 20.

[33] EuGH, Urt. v. 19.7.2008, Rs. C–104/08 (Kurt), Slg. 2008, I–97, Rn. 21 f.; *Tiedje*, in: GSH, Europäisches Unionsrecht, Art. 49 AEUV, Rn. 124 f.; *Schlag*, in: Schwarze, EU-Kommentar, Art. 49 AEUV, Rn. 42; *Müller-Graff*, in: Streinz, EUV/AEUV, Art. 49 AEUV, Rn. 55.

[34] Mit Recht folgt auch aus dem Grundsatz der Unionsbürgerschaft nichts anderes, vgl. EuGH, Urt. v. 1.4.2008, Rs. C–212/06 (Gouvernement de la Communauté Française und Gouvernement Wallon), Slg. 2008, I–1683, Rn. 39; Urt. v. 5.6.1977, verb. Rs. C–64/96 u. C–65/96 (Uecker und Jacquet), Slg. 1997, I–3171, Rn. 23; Urt. v. 2.10.2003, Rs. C–148/02 (Garcia Avello), Slg. 2003, I–11613, Rn. 26; Urt. v. 12.7.2005, Rs. C–403/03 (Schempp). Slg. 2005, I–6421, Rn. 20.

[35] *Tiedje*, in: GSH, Europäisches Unionsrecht, Art. 49 AEUV, Rn. 125; *Streinz*, in: Streinz, EUV/AEUV, Art. 18 AEUV, Rn. 62; *Müller-Graff*, in: Streinz, EUV/AEUV, Art. 49 AEUV, Rn. 55; *Heun*, in: Dreier, GG-Kommentar, Art. 3 GG, Rn. 11; *Riese/Noll*, NVwZ 2007, 516 (520 f.).

[36] RL 2006/123/EG vom 12.12.2006 über Dienstleistungen im Binnenmarkt, ABl. 2006, L 376/36. Ablehnend *Müller-Graff*, in: Streinz, EUV/AEUV, Art. 49 AEUV, Rn. 20; *Kluth*, in: Leible,

Inlandssachverhalte erfasst, ändert an diesem Befund nichts, da das Sekundärrecht den Anwendungsbereich des Primärrechts nicht erweitern kann.[37]

bb) Rückwanderungsfälle

12 Von der tatbestandlich nicht erfassten Inländerdiskriminierung sind die sog. **Rückwanderungsfälle** zu unterscheiden, die in den Anwendungsbereich des Art. 49 AEUV fallen.[38] Dabei handelt es sich um Fälle, in denen sich ein Unionsbürger im EU-Ausland niedergelassen hatte und nunmehr in seinen Heimatstaat zur Gründung einer Niederlassung zurückwandert. Die Anwendung des Art. 49 AEUV auf Rückwanderungsfälle[39] stärkt den Standortwettbewerb und macht schon die erste Standortwahl attraktiver. Erforderlich ist jedoch eine **tatsächliche Ansiedelung im Sinne einer Standortentscheidung** und die Ausübung einer »**wirklichen wirtschaftlichen Tätigkeit**« im Zuzugsstaat.[40] Nicht ausreichend dagegen ist die bloße Wohnsitznahme in einem anderen Mitgliedstaat ohne Grenzüberschreitung der wirtschaftlichen Tätigkeit.[41] Insbesondere darf die Niederlassungsfreiheit nicht dazu genutzt werden, lediglich nationale Berufsausbildungsvorschriften zu umgehen; missbräuchliche Gestaltungen genießen keinen Schutz.[42] Nach nicht unzweifelhafter Auslegung des EuGH gilt die Rückwanderung auch als grenzüberschreitende Niederlassung, wenn im EU-Ausland lediglich eine **berufliche Qualifikation** erworben wurde und diese nunmehr im Inland zur Aufnahme einer selbstständigen Beschäftigung geltend gemacht wird.[43]

S. 133 f. Befürwortend: *Kluth*, in: Calliess/Ruffert, EUV/AEUV, Art. 59 AEUV, Rn. 24; *Europäische Kommission*, Handbuch zur Umsetzung der Dienstleistungsrichtlinie, 2007, S. 28.

[37] *Müller-Graff*, in: Streinz, EUV/AEUV, Art. 49 AEUV, Rn. 20; dies ergibt sich schon aus dem Verhältnis von Sekundärecht zu Primärrecht, dazu: *Nettesheim*, in: Grabitz/Hilf/Nettesheim, EU, Art. 288 AEUV (August 2012), Rn. 226.

[38] EuGH, Urt. v. 7.2.1979, Rs. C–115/78 (Knoors), Slg. 1979, 399, Rn. 24; Urt. v. 6.10.1981, Rs. 246/80 (Broekmeulen), Slg. 1981, 2311, Rn. 20; Urt. v. 3.10.1990, Rs. C–61/89 (Bouchoucha), Slg. 1990, I–3551, Rn. 13; Urt. v. 7.7.1992, Rs. C–370/90 (Singh), Slg. 1992, I–4265, Rn. 19 ff.; Urt. v. 31.3.1993, Rs. C–19/92 (*Kraus*), Slg. 1993, I–1663, Rn. 15 f.; Urt. v. 27.6.1996, Rs. C–107/94 (Asscher), Slg. 1996, I–3089, Rn. 32; vgl. auch *Müller-Graff*, in: Streinz, EUV/AEUV, Art. 49 AEUV, Rn. 27.

[39] Vgl. *Forsthoff*, in: Grabitz/Hilf/Nettesheim, EU, Art. 49 AEUV (April 2015), Rn. 118; *Müller-Graff*, in: Streinz, EUV/AEUV, Art. 49 AEUV, Rn. 27; aus der Rechtsprechung etwa EuGH, Urt. v. 7.2.1979, Rs. C–115/78 (Knoors), Slg. 1979, 399, Rn. 24 ff.; Urt. v. 3.10.1990, Rs. C–61/89 (Bouchoucha), Slg. 1990, I–3551, Rn. 13; Urt. v. 7.7.1992, Rs. C–370/90 (Singh), Slg. 1992, I–4265, Rn. 19; Urt. v. 27.6.1996, Rs. C–107/94 (Asscher), Slg. 1996, I–3089, Rn. 32.

[40] Vgl. EuGH, Urt. v. 9.3.1999, Rs. C–212/97 (Centros), Slg. 1999, I–1459.

[41] EuGH, Urt. v. 26.1.1993, Rs. C–112/91 (Werner), Slg. 1993, I–429, Rn. 16 f.

[42] EuGH, Urt. v. 7.2.1979, Rs. 115/78 (Knoors), Slg. 1979, 399, Rn. 24 ff.

[43] EuGH, Urt. v. 31.3.1993, Rs. C–19/92 (Kraus), Slg. 1993, I–1663, Rn. 16; zuvor schon EuGH, Urt. v. 7.2.1979, Rs. C–115/78 (*Knoors*), Slg. 1979, 399, Rn. 24; Urt. v. 3.10.1990, Rs. C–61/89 (*Bouchoucha*), Slg. 1990, I–3551, Rn. 11; hierzu *Lackhoff*, S. 62 ff. Freilich stellt sich das Problem heute nicht mehr in gleicher Schärfe, weil die Anerkennung von Diplomen im Wesentlichen (und systematisch überzeugender) durch sekundärrechtliche Regelung vorgesehen ist, vgl. insb. die RL 2005/36/EG vom 7.9.2005 über die Anerkennung von Berufsqualifikationen, ABl. 2005, L 255/2; zum Ganzen näher *Müller-Graff*, in: Streinz, EUV/AEUV, Art. 53 AEUV, Rn. 1 ff.; skeptisch auch *Jarass*, RIW 1993, 1 (2) der die vorangegangenen Entscheidungen *Knoors* und *Bouchoucha* als »wegen der Systematik der Grundfreiheiten nicht unproblematisch«, aber wegen der besonderen Bedeutung von Befähigungsnachweisen als vertretbar ansieht; *Kainer*, EnzEuR, Bd. 4, § 4, Rn. 8; *Kieninger*, ZGR 1999, 724 (730 ff.).

cc) Grenzüberschreitende Kontrolle bei Gesellschaften

Bei der **grenzüberschreitenden Beteiligung** an einer Gesellschaft liegt der relevante 13 Niederlassungsvorgang in dem kontrollbegründenden Erwerb der Anteile mit bestimmendem unternehmerischen Einfluss (s.u. Rn. 23).[44] Die kontrollierte Gesellschaft selbst kann sich hingegen nicht auf die Niederlassungsfreiheit berufen, um Beschränkungen ihrer unternehmerischen Tätigkeit abzuwehren.[45] Diese verletzen im Regelfall auch nicht die Niederlassungsfreiheit der Muttergesellschaft, da sie mit Blick auf den Erwerb der Anteile nicht marktzugangsbezogen sind.[46]

b) Begriff der Niederlassung

Die Niederlassungsfreiheit gewährleistet das Recht, den **Standort für die selbstständige** 14 **oder unternehmerische Erwerbstätigkeit** unter den Standortbedingungen eines anderen Mitgliedstaats frei zu wählen und »**in stabiler und kontinuierlicher Weise am Wirtschaftsleben**« des Sitzstaates teilzunehmen.[47] Teilweise wird dagegen entsprechend der früheren EuGH-Rechtsprechung[48] die Auffassung vertreten, dass die Abgrenzung anhand des **Schwerpunktes der Tätigkeit** erfolgen sollte; demnach wäre die Niederlassungsfreiheit einschlägig, wenn zwar von einem anderen Mitgliedstaat aus agiert wird, die Leistung aber gänzlich auf den Aufnahmemitgliedstaat gerichtet ist.[49] Die neuere Rechtsprechung[50] unterscheidet zwischen der Abgrenzung der Grundfreiheiten und einer Beschränkung der Berufung auf die Grundfreiheit in Fällen des **Missbrauchs**. So hat der EuGH in der Rechtssache TV10 die wirtschaftliche Tätigkeit der Klägerin, die sich in Luxemburg niedergelassen hatte, um von dort aus grenzüberschreitend TV-Programme in die Niederlande zu senden, unter die Dienstleistungsfreiheit subsumiert, dem Fernsehsender wegen des Missbrauchs zugleich die Berufung auf die Dienstleistungsfreiheit versagt.[51] Dementsprechend ist darauf abzustellen, ob die unternehmerische Entscheidung eine »**Eingliederung des Leistungserbringers in die Volkswirtschaft**« des Zielmitgliedstaates darstellt[52] und ob künftig unter den Standortbestimmungen des Aufnah-

---

[44] Dabei muss die Beteiligung es dem Unionsbürger ermöglichen, »einen sicheren Einfluss auf die Entscheidungen dieser Gesellschaft auszuüben und deren Tätigkeiten zu bestimmen«, vgl. EuGH, Urt. v. 6.12.2007, Rs. C–298/05 (Columbus Container Services), Slg. 2007, I–10451, Rn. 29.
[45] Vgl. *Forsthoff*, in: Grabitz/Hilf/Nettesheim, EU, Art. 49 AEUV (Mai 2014), Rn. 66; anders möglicherweise jedoch EuGH, Urt. v. 1.2.2001, Rs. C–108/96 (Mac Queen), Slg. 2001, I–837 Rn. 15 f.; Urt. v. 17.10.2002, Rs. C–79/01 (Payroll), Slg. 2002, I–8923, Rn. 25.
[46] Vgl. zum Beschränkungsbegriff unten, Rn. 43.
[47] EuGH, Urt. v. 11.3.2010, Rs. C–384/08 (Attanasio Group), Slg. 2010, I–2055, Rn. 36; s. a. Urt. v. 21.6.1974, Rs. 2/74 (Reyners) Slg. 1974, 631, Rn. 21 f.; Urt. v. 30.11.1995, Rs. C–55/94 (Gebhard), Slg. 1995, I–4165, Rn. 25; Urt. v. 11.10.2007, Rs. C–451/05 (ELISA), Slg. 2007, I–8251, Rn. 63; *Wolfram*, Verbotstatbestände, S. 71.
[48] EuGH, Urt. v. 3.12.1974, Rs. 33/74 (van Binsbergen), Slg. 1974, 1299, Rn. 13; Urt. v. 4.12.1986, Rs. 205/84 (Kommission/Deutschland), Slg. 1986, 3755, Rn. 22.; vgl. dazu *Forsthoff*, in: Grabitz/Hilf/Nettesheim, EU, Art. 49 AEUV (Mai 2014), Rn. 41.
[49] *Schöne*, Dienstleistungsfreiheit in der EG, S. 44.
[50] EuGH, Urt. 5.10.1994, Rs. C–23/93 (TV10), Slg. 1994, I–4795.
[51] EuGH, Urt. 5.10.1994, Rs. C–23/93 (TV10), Slg. 1994, I–4795, Rn. 15; dazu *Forsthoff*, in: Grabitz/Hilf/Nettesheim, EU, Art. 49 AEUV (Mai 2014), Rn. 42; *Roth*, RabelsZ 54 (1990), 63 (108 f.).
[52] GA *Darmon*, Schlussanträge zu Rs. 81/87 (Daily Mail), Slg. 1988, 5483, Rn. 3; GA *Léger*, Schlussanträge zu Rs. C–55/94 (Gebhard), Slg. 1995, I–4165, Rn. 19; EuGH, Urt. v. 12.12.1996, Rs. C–3/95 (Broede), Slg. 1996, I–6511, Rn. 22; *Pache*, in: Schulze/Zuleeg, Europarecht, § 10, Rn. 169; so im Ergebnis wohl auch *Forsthoff*, in: Grabitz/Hilf/Nettesheim, EU, Art. 49 AEUV (Mai 2014), Rn. 26 ff., der allerdings die Integration in die Volkswirtschaft als eigenes Abgrenzungskriterium sieht und die Dauerhaftigkeit lediglich als ein Indiz dafür nimmt.

memitgliedstaates produziert bzw. Dienstleistungen erbracht werden sollen. Indiziell spricht hierfür eine **örtlich verfestigte und auch kontinuierliche Tätigkeit**. Entscheidend ist, dass die wertschöpfende Tätigkeit im Sinne einer Eingliederung in den Niederlassungsstaat erfolgt.[53] Dies erscheint normzwecksstimmig, weil Art. 49 AEUV die **Standortentscheidung** des Selbstständigen schützt. Der EuGH prüft dies anhand von vier Kriterien:[54] Es muss sachlich eine selbstständige Erwerbstätigkeit (1), räumlich eine grenzüberschreitend-institutionelle Verfestigung (2) und zeitlich eine dauernde Ausübung der Tätigkeit (3) vorliegen, die qualitativ eine Teilnahme am Wirtschaftsleben in stabiler und kontinuierlicher Weise erwarten lässt. Bei der Beteiligung an Gesellschaften muss schließlich eine unternehmerische Zielsetzung überwiegen (4).

aa) Selbstständige Erwerbstätigkeit

15 Die Niederlassungsfreiheit gewährleistet gem. Art. 49 Abs. 2 AEUV ausdrücklich die Aufnahme und Ausübung selbstständiger (entgeltlicher) Erwerbstätigkeiten[55] insbesondere unternehmerischer Art in Industrie, Handel und Handwerk sowie die freien Berufe (Arzt, Architekt, Rechtsanwalt etc.).[56] Das Merkmal der Selbstständigkeit **grenzt die Niederlassungsfreiheit von der Arbeitnehmerfreizügigkeit ab**.[57] Inhaltlich schützt Art. 49 AEUV die weisungsunabhängige Erwerbstätigkeit »auf eigene Rechnung und eigenes Risiko.«[58] Dahingegen nimmt der weisungsgebundene Arbeitnehmer[59] nicht am unternehmerischen Risiko teil und befindet sich gegenüber dem Arbeitgeber in einer untergeordneten Stellung.[60] Zutreffenderweise hat der EuGH daher auf den **geschäftsführenden Alleingesellschafter** einer GmbH Art. 49 AEUV angewendet,[61] während im

---

[53] *Pache*, in: Schulze/Zuleeg, Europarecht, § 10, Rn. 169; *Tietje*, in: Ehlers, Grundrechte und Grundfreiheiten, § 10, Rn. 28 ff.

[54] EuGH, Urt. v. 25.7.1991 Rs. C–221/89 (Factortame II), Slg. 1991, I–3905, Rn. 20; Urt. v. 12.9.2006, Rs. C–196/04 (Cadbury Schweppes), Slg. 2006, I–7995, Rn. 54; Urt. v. 11.12.2007, Rs. C–438/05 (Viking), Slg. 2007, I–10779, Rn. 70; *Bröhmer*, in: Calliess/Ruffert, EUV/AEUV, Art. 49 AEUV, Rn. 12.

[55] *Frenz*, Handbuch Europarecht, Bd. 1, Rn. 2200.

[56] *Bröhmer*, in: Calliess/Ruffert, EUV/AEUV, Art. 49 AEUV, Rn. 10.

[57] *Müller-Graff*, in: Streinz, EUV/AEUV, Art. 49 AEUV, Rn. 14; Arbeitnehmerfreizügigkeit und Dienstleistungsfreiheit schließen sich aus, vgl. EuGH, Urt. v. 30.11.1995, Rs. C–55/94 (Gebhard), Slg. 1995, I–4165, Rn. 20; Urt. v. 20.5.1992, Rs. C–106/91 (Ramrath), Slg. 1992, I–3351, Rn. 16; sie können nebeneinander Anwendung finden, wenn ein Angestellter neben seiner Beschäftigung zugleich als Selbstständiger tätig wird, vgl. *Müller-Graff*, in: Streinz, EUV/AEUV, Art. 49 AEUV, Rn. 115; EuGH, Urt. v. 7.7.1988, Rs. 143/87 (Stanton/Inasti), Slg. 1988, 3877, Rn. 12; Urt. v. 7.7.1988, verb. Rs. 154/87 u. 155/87 (Inasti/Wolf), Slg. 1988, 3897, Rn. 12.

[58] *Frenz*, Handbuch Europarecht, Bd. 1, Rn. 2200; zum Begriff der Selbstständigkeit vgl. *Roth*, in: Dauses, Handbuch des EU-Wirtschaftsrechts, E. I., Februar 2014, Rn. 59. Die Zugehörigkeit des Selbstständigen zu einem bestimmten Berufsstand ist kein konstitutives Merkmal für die Annahme einer Niederlassung, EuGH, Urt. v. 30.11.1995, Rs. C–55/94 (Gebhard), Slg. 1995, I–4165, Rn. 29 ff.

[59] Arbeitnehmer ist nach ständiger Rechtsprechung eine Person, die »während einer bestimmten Zeit für einen anderen nach dessen Weisungen Leistungen erbringt, für die sie als Gegenleistung eine Vergütung erhält.«, vgl. nur EuGH, Urt. v. 26.2.1992, Rs. C–357/89 (Raulin), Slg. 1992, I–1027, Rn. 10; Urt. v. 3.7.1986, Rs. 66/85 (Lawrie-Blum), Slg. 1986, 2121, Rn. 17 f.; Urt. v. 21.6.1988, Rs. 197/86 (Brown), Slg. 1986, 3205, Rn. 21.

[60] EuGH, Urt. v. 15.12.2005, verb. Rs. C–151/04 u. 152/04 (Nadin), Slg. 2005, I–11203, Rn. 31; Urt. v. 20.11.2001, Rs. C–268/99 (Jany), Slg. 2001, I–8615, Rn. 34; *Forsthoff*, in: Grabitz/Hilf/Nettesheim, EU, Art. 45 AEUV (Mai 2014), Rn. 71.

[61] EuGH, Urt. v. 27.6.1996, Rs. C–107/94 (Asscher), Slg. 1996, I–3089, Rn. 26; *Forsthoff*, in: Grabitz/Hilf/Nettesheim, EU, Art. 45 AEUV (Mai 2014), Rn. 72.

Übrigen eine Gesellschaftereigenschaft[62] oder persönliche Nähebeziehungen[63] die Arbeitnehmereigenschaft als solche nicht aufheben. Arbeitnehmerfreizügigkeit und Niederlassungsfreiheit können auch parallel (jeweils für ihren Schutzbereich) anwendbar sein, wenn ein Arbeitnehmer, der in einem Mitgliedstaat ansässig ist, in einem anderen Mitgliedstaat zugleich einer selbstständigen Tätigkeit nachgehen möchte.[64]

Entscheidend für den Begriff der **Erwerbstätigkeit** ist letztlich der Zweck des Art. 49 AEUV, eine Standortentscheidung zur eigenständigen Teilnahme am Wettbewerb zu gewährleisten. Daher ist eine **Gewinnerzielungsabsicht nicht erforderlich**,[65] lediglich gänzlich fehlender Erwerbszweck schließt die Anwendung der Niederlassungsfreiheit aus, etwa bei rein (unentgeltlich) gemeinnütziger, politischer, religiöser[66] oder kultureller Tätigkeit,[67] ohne dass es auf die Deckung der Kosten ankommt.[68] Schließlich ist es nicht entscheidend, wer die gewerblichen Leistungen bezahlt. Daher kann etwa die Ausstellung von Gutscheinen für bestimmte Sozialleistungen im Auftrag und auf Rechnung staatlicher Institutionen unter die Niederlassungsfreiheit fallen.[69]

Eine Niederlassung im Sinne des Art. 49 AEUV setzt ferner voraus, dass die Erwerbstätigkeit **nicht vollkommen außerhalb der durch die Rechtsordnung** des jeweiligen Mitgliedstaates festgelegten Sozialordnung liegt.[70] Indes gilt dies nur in Extremfällen, die **Niederlassungsfreiheit steht nicht zur Disposition der Mitgliedstaaten**. So hatte der EuGH in der Rechtssache Jany[71] festgestellt, dass Prostitution grundsätzlich unter den Anwendungsbereich der Niederlassungsfreiheit fällt.[72] Für die praktische Rechtsanwendung ergibt sich daraus, dass auch sittlich und moralisch fragwürdige Tätigkeiten in den Schutzbereich der Niederlassungsfreiheit aufgenommen sind, selbst wenn sie von den

---

[62] EuGH, Urt. v. 10.12.1991, Rs. C–179/90 (Porto di Genova), Slg. 1991, I–5889, Rn. 13; *Forsthoff*, in: Grabitz/Hilf/Nettesheim, EU, Art. 45 AEUV (Mai 2014), Rn. 72.
[63] EuGH, Urt. v. 8.6.1999, Rs. C–337/97 (Meeusen), Slg. 1999, I–3289, Rn. 15.
[64] EuGH, Urt. v. 7.7.1988, Rs. 143/87 (Stanton), Slg. 1988, I–3877, Rn. 12.
[65] Entgeltlichkeit der Tätigkeit genügt, vgl. *Frenz*, Handbuch Europarecht, Bd. 1, Rn. 2203, 2205 f.; s. EuGH, Urt. v. 23.2.2016, Rs. C–179/14 (Kommission/Ungarn), ECLI:EU:C:2016:108, Rn. 154.
[66] Auch Religionsgemeinschaften können von der Niederlassungs- oder Dienstleistungsfreiheit insoweit erfasst sein, »als die Leistungen, die die Vereinigung ihren Mitgliedern gewährt, als mittelbare Gegenleistung für tatsächliche und echte Tätigkeiten betrachtet werden können.«, EuGH, Urt. v. 5.10.1988, Rs. 196/87 (Steymann), Slg. 1988, 6159, Rn. 14. Hier wird deutlich, dass Tätigkeiten ohne wirtschaftlichen Charakter grundsätzlich nicht von der Niederlassungsfreiheit erfasst sind; es ist zumindest eine erwerbsorientierte Durchführung nötig (so auch *Müller-Graff*, in: Streinz, EUV/AEUV, Art. 49 AEUV, Rn. 13).
[67] EuGH, Urt. v. 17.6.1997, Rs. C–70/95 (Sodemare), Slg. 1997, I–3395, Rn. 25.
[68] *Frenz*, Handbuch Europarecht, Bd. 1, Rn. 2207. Die Gründung einer Privatschule fällt unter die Niederlassungsfreiheit, EuGH, Urt. v. 15.3.1988, Rs. 147/86 (Kommission/Griechenland), Slg. 1988, 1651, Rn. 5 ff.
[69] EuGH, Urt. v. 23.2.2016, Rs. C–179/14 (Kommission/Ungarn), ECLI:EU:C:2016:108, Rn. 149 ff., 156 ff.
[70] *Müller-Graff*, in: Streinz, EUV/AEUV, Art. 49 AEUV, Rn. 12; *Forsthoff*, in: Grabitz/Hilf/Nettesheim, EU, Art. 49 AEUV (Mai 2014), Rn. 24; *Khan/Eisenhut*, in: Vedder/Heintschel v. Heinegg, Europäisches Unionsrecht, Art. 49 AEUV, Rn. 4. Für die Dienstleistungsfreiheit etwa EuGH, Urt. v. 16.12.2010, Rs. C–137/09 (Marc Michel Josemans), Slg. 2010, I–774, Rn. 34 ff.
[71] EuGH, Urt. v. 20.11.2001, Rs. C–268/99 (Jany), Slg. 2001, I–8657.
[72] Ein Drogenschmugglerring fällt hingegen nicht in den Schutzbereich der Niederlassungsfreiheit, vgl. *Khan/Eisenhut*, in: Vedder/Heintschel v. Heinegg, Europäisches Unionsrecht, Art. 49 AEUV, Rn. 4.

Mitgliedstaaten bezüglich Duldung oder Verbot unterschiedlich behandelt werden, es sei denn, die in Frage stehende Tätigkeit ist unionsweit verboten.[73]

bb) Feste Einrichtung

18 An die Voraussetzung der »festen Einrichtung« sind keine zu hohen Anforderungen zu stellen, da ansonsten der niederlassungsrechtliche Freiheitsbereich zu weit beschränkt würde.[74] Insofern spielt auch die Form der Einrichtung keine Rolle, sie kann als Büro, Geschäft, Fertigungsbetrieb, Labor, Praxis etc. unterhalten werden.[75] Entscheidend bleibt aber die auch in der **strukturellen Disposition zum Ausdruck gebrachte Standortentscheidung**. Erfolgt die wirtschaftliche Tätigkeit etwa in Form des Erwerbs und Besitzes von Grundstücken, muss zur Annahme einer festen Einrichtung eine aktive Verwaltung im Niederlassungsstaat erfolgen.[76] Dagegen fällt die Schaffung einer Einrichtung, die lediglich der Grundlage für die Erbringung vorübergehender oder gelegentlicher Dienstleistungen dient, ebenso wenig unter Art. 49 AEUV[77] wie eine zwar regelmäßige Erbringung gleicher oder ähnlicher Dienstleistung ohne Infrastruktur in einem anderen Mitgliedstaat.[78] **Anhaltspunkte für eine feste Einrichtung** sind aber immerhin die Einrichtung von Geschäftsräumen, die Einstellung von Personal und die Anschaffung von Ausrüstungsgegenständen.[79]

19 Nicht einheitlich wird beurteilt, inwieweit bereits vor der tatsächlichen[80] Aufnahme der Erwerbstätigkeit **Vorbereitungshandlungen**[81] geschützt sind. Während der Erwerb von Immobilien zur Aufnahme einer Tätigkeit von der Rechtsprechung als Teil der Niederlassung geschützt wird,[82] hat der EuGH in Factortame II die bloße Registrierung von Schiffen in Großbritannien[83] nicht ausreichen lassen, solange diese nicht tatsächlich von dort aus operieren. Allerdings kam hier die nicht verallgemeinerungsfähige Wertung zum Ausdruck, dass missbräuchliche Gestaltungen und das Erschleichen von Vergünstigungen (in Factortame II: Fischfangquoten) durch die Inanspruchnahme der Niederlassungsfreiheit verhindert werden dürfen. Richtigerweise darf diese Einschränkung nicht die Effektivität des Art. 49 AEUV mindern, allenfalls wird man – um schon die Niederlassungsentscheidung als solche dem Schutzbereich des Art. 49 AEUV zu unterstellen – fordern können, dass sich aus der Vorbereitungshandlung **mit hinreichender Sicherheit** eine Standortentscheidung ableiten lässt.[84] Dies ist im Zweifel dann der Fall,

---

[73] So im Ergebnis auch *Frenz*, Handbuch Europarecht, Bd. 1, Rn. 2211 ff.
[74] *Forsthoff*, in: Grabitz/Hilf/Nettesheim, EU, Art. 49 AEUV (Mai 2014), Rn. 38; *Müller-Graff*, in: Streinz, EUV/AEUV, Art. 49 AEUV, Rn. 18.
[75] *Schlag*, in: Schwarze, EU-Kommentar, Art. 49 AEUV, Rn. 17.
[76] EuGH, Urt. v. 11.10.2007, Rs. C–451/05 (ELISA), Slg. 2007, I–8251, Rn. 64; Urt. v. 14.9.2006, Rs. C–386/04 (Stauffer), Slg. 2006, I–8203, Rn. 19.
[77] EuGH, Urt. v. 30.11.1995, Rs. C–55/94 (Gebhard), Slg. 1995, I–4165, Rn. 27.
[78] EuGH, Urt. v. 11.12.2003, Rs. C–215/01 (Schnitzer), Slg. 2003, I–14847, Rn. 40.
[79] EuGH, Urt. v. 26.10.2010, Rs. C–97/09 (Schmelz), Slg. 2010, I–10465, Rn. 38.
[80] Vgl. *Forsthoff*, in: Grabitz/Hilf/Nettesheim, EU, Art. 49 AEUV (Mai 2014), Rn. 24 f.
[81] Vgl. *Müller-Graff*, in: Streinz, EUV/AEUV, Art. 49 AEUV, Rn. 12; *Schlag*, in: Schwarze, EU-Kommentar, Art. 49 AEUV, Rn. 26.
[82] EuGH, Urt. v. 18.6.1985, Rs. 197/84 (Steinhauser), Slg. 1985, 1819, Rn. 16; Urt. v. 14.1.1988, Rs. 63/86 (Kommission/Italien), Slg. 1988, 29, Rn. 15 f. (Anwendung der Niederlassungsfreiheit beim Anmieten von Geschäfts- und privaten Wohnräumen).
[83] EuGH, Urt. v. 25.7.1991, Rs. C–221/89 (Factortame II), Slg. 1991, I–3905, Rn. 21; *Korte*, in: Calliess/Ruffert, EUV/AEUV, Art. 49 AEUV, Rn. 25.
[84] *Roth*, in: Dauses, Handbuch des EU-Wirtschaftsrechts, Abschnitt E. I., Februar 2014, Rn. 61; vgl. auch die Sachlage bei EuGH, Urt. v. 22.12.2010, Rs. C–338/09 (Yellow Cab), Slg. 2010, I–13927, Rn. 33.

wenn die Vorbereitungshandlung Investitionen erfordert, etwa bei der Anmietung von Räumlichkeiten zur dauerhaften beruflichen Nutzung.[85] Wenn eine Voraussetzung bereits die Gründung einer festen Einrichtung verhindert, dann genügt es für die Aktivlegitimation, dass die Entscheidung für eine grenzüberschreitende Sitznahme hinreichend glaubhaft gemacht wird. So hatte der EuGH in der Rechtssache Yellow Cab über die Voraussetzung zu entscheiden, dass ein Unternehmen in dem Mitgliedstaat, in dem es sich niederlassen möchte, eine Bewilligung zum Betrieb von Kraftfahrtlinien nur dann erhält, wenn es bereits eine Niederlassung in diesem Mitgliedstaat hat. Diese Regelung verstieß nach Auffassung des EuGH gegen Art. 49 AEUV, da ein umsichtiger Wirtschaftsteilnehmer nicht bereit ist, erhebliche Investitionen vorzunehmen, wenn die spätere Erteilung der Bewilligung noch völlig unsicher ist.[86]

cc) Auf unbestimmte Zeit

Weiterhin muss die Standortentscheidung »**auf unbestimmte Zeit**« getroffen sein. Während sich der Dienstleister oder Dienstleistungsempfänger nur vorübergehend in einen anderen Mitgliedstaat begibt,[87] ist in der Formulierung des EuGH die grenzüberschreitend ausgeübte Tätigkeit »stetig und dauerhaft«[88] oder »stabil und kontinuierlich«.[89] Klare Abgrenzungskriterien hierfür fehlen.[90] Der EuGH nimmt eine Gesamtbetrachtung der Umstände des Einzelfalls vor,[91] wobei insbesondere Häufigkeit, regelmäßige Wiederkehr, Kontinuität und die zeitliche Komponente der Tätigkeit im Fokus stehen.[92] Dabei ist entscheidend, ob die Dauer des Aufenthalts vorhersehbar ist;[93] ein Indiz für die Dauerhaftigkeit stellt die Begründung einer festen Einrichtung dar (s.o. Rn. 17ff.).[94]

20

---

[85] EuGH, Urt. v. 18.6.1985, Rs. 197/84 (Steinhauser), Slg. 1985, 1819, Rn. 16.
[86] EuGH, Urt. v. 22.12.2010, Rs. C–338/09 (Yellow Cab), Slg. 2010, I–13927, Rn. 37. Dafür sprechen Verhältnismäßigkeitsgesichtspunkte, denn durch die Verweigerung beispielsweise einer erforderlichen Konzession entstehen nicht amortisierbare Aufwendungen. Da weniger belastende Mittel wie Informationen und Garantien existieren, fehlt es an der Erforderlichkeit, GA *Cruz Villalón*, Schlussanträge zu Rs. C–338/09 (Yellow Cab), Slg. 2010, I–13927, Rn. 37. Hingegen ist das Erfordernis einer Niederlassung mit Art. 49 AEUV vereinbar, wenn es zwar nach Erteilung der Erlaubnis, aber vor Aufnahme des Betriebs der Kraftfahrtlinie angewandt wird, EuGH, Urt. v. 22.12.2010, Rs. C–338/09 (Yellow Cab), Slg. 2010, I–13927, Rn. 40.
[87] *Korte*, in: Calliess/Ruffert, EUV/AEUV, Art. 49 AEUV, Rn. 26.
[88] EuGH, Urt. v. 17.6.1997, Rs. C–70/95 (Sodemare), Slg. 1997, I–3395, Rn. 24.
[89] EuGH, Urt. v. 30.11.1995, Rs. C–55/94 (Gebhard), Slg. 1995, I–4165, Rn. 25; Urt. v. 13.2.2003, Rs. C–131/01 (Kommission/Italien), Slg. 2003, I–1659, Rn. 22ff.; *Korte*, in: Calliess/Ruffert, EUV/AEUV, Art. 49 AEUV, Rn. 26.
[90] So auch *Müller-Graff*, in: Streinz, EUV/AEUV, Art. 49 AEUV, Rn. 16; *Forsthoff*, in: Grabitz/Hilf/Nettesheim, EU, Art. 49 AEUV (Mai 2014), Rn. 30.
[91] *Pache*, in: Schulze/Zuleeg, Europarecht, § 10, Rn. 169.
[92] EuGH, Urt. v. 30.11.1995, Rs. C–55/94 (Gebhard), Slg. 1995, I–4165, Rn. 27; Urt. v. 29.4.2004, Rs. C–171/02 (Kommission/Portugal), Slg. 2004, I–5645, Rn. 26; *Schlag*, in: Schwarze, EU-Kommentar, Art. 49 AEUV, Rn. 16; *Müller-Graff*, in: Streinz, EUV/AEUV, Art. 49 AEUV, Rn. 16; *Forsthoff*, in: Grabitz/Hilf/Nettesheim, EU, Art. 49 AEUV (Mai 2014), Rn. 35; EuGH, Urt. v. 30.11.1995, Rs. C–55/94 (Gebhard), Slg. 1995, I–4165, Rn. 27; *Kluth*, in: Leible, S. 138.
[93] EuGH, Urt. v. 5.10.1988, Rs. 196/87 (Steymann), Slg. 1988, 6159, Rn. 16; Urt. v. 19.10.2004, Rs. C–200/02 (Zhu und Chen), Slg. 2004, I–9925, Rn. 22; Urt. v. 16.7.2009, Rs. C–208/07 (von Chamier-Gliszinski), Slg. 2009, I–6095, Rn. 75.
[94] EuGH, Urt. v. 4.12.1986, Rs. 205/84 (Kommission/Deutschland), Slg. 1986, 3755, Rn. 21. Die sechsmalige Einziehung von Forderungen durch ein Inkassounternehmen, das in einem anderen als seinem Sitzstaat Forderungen einzieht, fällt unter die Dienstleistungs- und nicht unter die Niederlassungsfreiheit (EuGH, Urt. v. 12.12.1996, Rs. C–3/95 (Broede), Slg. 1996, I–6511, Rn. 19–22). Das ist nachvollziehbar, denn hier fehlt es sowohl an der festen Einrichtung als auch an der Dauerhaftigkeit

Beides **grenzt die Niederlassungsfreiheit von der** insoweit subsidiären (Art. 57 Abs. 3 AEUV)[95] **Dienstleistungsfreiheit ab**. Daher unterfällt eine vorübergehende[96] oder gelegentliche, nicht stabile Erwerbstätigkeit in einem anderen Mitgliedstaat, auch wenn sie mit Infrastruktur verbunden ist, den Regeln über die Dienstleistungsfreiheit.[97]

21 Illustrativ ist die **vorübergehende Gründung einer Zweigniederlassung** einer Baufirma mit dem Ziel, ein Bauwerk zu errichten; dies stellt dann eine Niederlassung im Sinne des Art. 49 AEUV dar, wenn die Tätigkeit als Produktion im Sitzstaat der Niederlassung gewertet werden kann. Umgekehrt kann eine Dienstleistung auch bei langfristigen Tätigkeiten vorliegen, wenn es sich um eine einheitliche Dienstleistung handelt, die im Rahmen eines umfangreichen Projekts letztlich vom Herkunftsstaat aus erbracht[98] oder ohne leistungsprägenden Eigenanteil im Zielstaat lediglich vertrieben wird.[99] Dasselbe gilt, wenn der Leistungserbringer die Einrichtung für die Ausübung seiner Dienstleistungsfreiheit lediglich mit der üblichen Infrastruktur ausstattet, »soweit diese für die Erbringung der fraglichen Leistung erforderlich ist.«[100] Entscheidend ist, ob eine Eingliederung erfolgt, die Dienstleistung also im Herkunfts- oder Aufnahmestaat »produziert« wird.

dd) Unternehmerische Beteiligung; Abgrenzung zur Kapitalverkehrsfreiheit

22 Das Problem der Abgrenzung der Niederlassungsfreiheit zur Kapitalverkehrsfreiheit stellt sich bei grenzüberschreitenden Beteiligungen an Gesellschaften. Entscheidend für die Abgrenzung ist nach Auffassung des EuGH, ob die jeweils zu **prüfende nationale Norm ihrem Regelungsgehalt** nach »vorwiegend«[101] eine kapitalmäßige oder unternehmerische Beteiligung adressiert.[102] Dies übersieht indes, dass die Aktivlegitimation einer

---

der Tätigkeit. Zudem ist das Inkassounternehmen nicht in der Volkswirtschaft des betreffenden Mitgliedstaats eingegliedert; weitere Nachweise dazu aus der Rechtsprechung bei *Müller-Graff*, in: Streinz, EUV/AEUV, Art. 49 AEUV, Rn. 16.

[95] EuGH, Urt. v. 5.10.1988, Rs. 196/87 (Steymann), Slg. 1988, 6159, Rn. 17; Urt. v. 30.11.1995, Rs. C–55/94 (Gebhard), Slg. 1995, I–4165, Rn. 22; *Forsthoff*, in: Grabitz/Hilf/Nettesheim, EU, Art. 49 AEUV (Mai 2014), Rn. 44f.; *Müller-Graff*, in: Streinz, EUV/AEUV, Art. 49 AEUV, Rn. 116 spricht von einem tatbestandlichen Ausschluss.

[96] Probleme bereitet die Festlegung der Mindestdauer, ab der die Niederlassungsfreiheit die Dienstleistungsfreiheit verdrängt, vgl. *Forsthoff*, in: Grabitz/Hilf/Nettesheim, EU, Art. 49 AEUV (Mai 2014), Rn. 30f.

[97] EuGH, Urt. v. 5.10.1988, Rs. 196/87 (Steymann), Slg. 1988, 6159, Rn. 16; Urt. v. 30.11.1995, Rs. C–55/94 (Gebhard), Slg. 1995, I–4165, Rn. 27; Urt. v. 17.6.1997, Rs. C–70/95 (Sodemare), Slg. 1997, I–3395, Rn. 38; Urt. v. 29.4.2004, Rs. C–171/02 (Kommission/Portugal), Slg. 2004, I–5645, Rn. 26; Urt. v. 16.7.2009, Rs. C–208/07 (von Chamier-Gliszinski), Slg. 2009, I–6095, Rn. 75; *Korte*, in: Calliess/Ruffert, EUV/AEUV, Art. 49 AEUV, Rn. 26; *Kluth*, in: Calliess/Ruffert, EUV/AEUV, Art. 57, Rn. 15.

[98] EuGH, Urt. v. 11.12.2003, Rs. C–215/01 (Schnitzer), Slg. 2003, I–14847, Rn. 30.

[99] EuGH, Urt. v. 4.12.1986, Rs. 205/84 (Kommission/Deutschland), Slg. 1986, 3755, Rn. 21; *Forsthoff*, in: Grabitz/Hilf/Nettesheim, EU, Art. 49 AEUV (Mai 2014), Rn. 49; *Roth*, RabelsZ 54 (1990), 63 (108f.).

[100] EuGH, Urt. v. 30.11.1995, Rs. C–55/94 (Gebhard), Slg. 1995, I–4165, Rn. 27.

[101] So EuGH, Urt. v. 19.7.2012, Rs. C–31/11 (Scheunemann), ECLI:EU:C:2012:481, Rn. 30.

[102] EuGH, Urt. v. 12.9.2006, Rs. C–196/04 (Cadbury Schweppes), Slg. 2006, I–7995, Rn. 31ff.; Urt. v. 12.12.2006, Rs. C–374/04 (Test Claimants in Class IV of the ACT Group Litigation), Slg. 2006, I–11673 Rn. 37f.; Urt. v. 10.5.2007, Rs. C–492/04 (Lasertec), Slg. 2007, I–3775, Rn. 19; Urt. v. 24.5.2007, Rs. C–157/05 (Holböck), Slg. 2007, I–4051, Rn. 22; Urt. v. 17.7.2008, Rs. C–207/07 (Kommission/Spanien), Slg. 2008, I–111, Rn. 35; Urt. v. 27.1.2009, Rs. C–318/07 (Persche), Slg. 2009, I–359, Rn. 28.

betroffenen Gesellschaft davon abhängt, ob die Voraussetzungen der Niederlassungsfreiheit im konkreten Sachverhalt vorliegen.

Auch der EuGH richtet sich aber bei nationalen Normen, die unterschiedslos für Kontroll- und Minderheitsbeteiligungen gelten, nach dem Vorlagesachverhalt. So findet die Niederlassungsfreiheit Anwendung, wenn im konkret zu entscheidenden Sachverhalt eine Kontrollbeteiligung vorliegt.[103] Umgekehrt ist auf Beteiligungen, »die in der alleinigen Absicht der Geldanlage erfolgen, ohne dass auf die Verwaltung und Kontrolle des Unternehmens Einfluss genommen werden soll« (Portfolioinvestitionen), Art. 63 AEUV anwendbar.[104] 23

Anwendbar ist Art. 49 AEUV bei kapitalmäßiger Beteiligung an Gesellschaften demnach nur dann, wenn »ein Angehöriger des betreffenden Mitgliedstaats am Kapital einer Gesellschaft mit Sitz in einem anderen Mitgliedstaat eine Beteiligung hält, die es ihm ermöglicht, einen **bestimmenden Einfluss** auf die Entscheidungen dieser Gesellschaft auszuüben und deren Tätigkeiten zu bestimmen«.[105] Ein **Unternehmensvertrag** oder die **Hauptversammlungsmehrheit** können diese Leitungsmacht begründen.[106] Dabei kann eine derartige Einflussmöglichkeit auch bestehen, falls keine Mehrheitsbeteiligung an der Beteiligungsgesellschaft vorliegt.[107] Ergibt sich aus der Kapitalbeteiligung eine Sperrminorität, so genügt bereits eine Beteiligung von mehr als 25 Prozent;[108] soweit eine konkrete Betrachtung zulässig ist, sollte es auf die typische Hauptversammlungsbeteiligung ankommen. 24

c) Niederlassungsformen

Hinsichtlich der Form der Niederlassung ist zu unterscheiden zwischen primärer und sekundärer Niederlassungsfreiheit. 25

aa) Primäre Niederlassungsfreiheit

Die (primäre) Niederlassung kann in Form einer erstmaligen Aufnahme (»Neuansiedlung«) der wirtschaftlichen Tätigkeit in einem neuen Mitgliedstaat oder einer grenzüberschreitenden (kompletten oder weit überwiegenden) Verlegung des Hauptsitzes (»Übersiedlung«) begründet werden.[109] Die Verlegung des Satzungssitzes genügt nicht.[110] Maßgebend ist, dass das Unternehmen mit seiner wirtschaftlichen Tätigkeit aus seiner bisherigen Integration in dem Herkunftsstaat losgelöst und in den Aufnahmestaat 26

---

[103] EuGH, Urt. v. 26.6.2008, Rs. C–284/06 (Burda), Slg. 2008, I–4571, Rn. 71 ff.; vgl. *Sedlaczek/Züger*, in: Streinz, EUV/AEUV, Art. 63 AEUV, Rn. 35.

[104] EuGH, Urt. v. 21.10.2014, Rs. C–81/09 (Idryma Typou), Slg. 2010, I–10161, Rn. 47 f.; Urt. v. 10.2.2011, Rs. C–436/08 u. 437/08 (Haribo Lakritzen Hans Riegel), Slg. 2011, I–305, Rn. 35; Urt. v. 15.9.2011, Rs. C–310/09 (Accor), Slg. 2011, I–8115, Rn. 32; Urt. v. 19.7.2013, Rs. C–31/11 (Scheunemann), ECLI:EU:C:2012:481, Rn. 23; Urt. v. 25.10.2012, Rs. C–387/11 (Kommission/Belgien), ECLI:EU:C:2012:670, Rn. 34; Urt. v. 13.11.2012, Rs. C–35/11 (Test Claimants in the FII Group Litigation), ECLI:EU:C:2012:707, Rn. 92.

[105] EuGH, Urt. v. 13.4.2000, Rs. C–251/98 (Baars), Slg. 2000, I–2787, Rn. 20 f.; Urt. v. 13.11.2012, Rs. C–35/11 (Test Claimants in the FII Group Litigation), ECLI:EU:C:2012:707, Rn. 91; s. *Lübke*, EnzEuR, Bd. 4, § 5, Rn. 43.

[106] EuGH, Urt. v. 13.4.2000, Rs. C–251/98 (Baars), Slg. 2000, I–2787, Rn. 20 f.

[107] EuGH, Urt. v. 10.5.2007, Rs. C–492/04 (Lasertec), Slg. 2007, I–3775, Rn. 21 f. Für eine Kontrollbeteiligung durch einen sicheren Entscheidungseinfluss bei einer Kapitalbeteiligung von 48 Prozent: EuGH, Urt. v. 22.12.2008, Rs. C–282/07 (Truck Center), Slg. 2008, I–10767, Rn. 28 f.

[108] EuGH, Urt. v. 19.7.2012, Rs. C–31/11 (Scheunemann), ECLI:EU:C:2012:481, Rn. 25.

[109] *Eyles*, S. 41; *Schnichels*, S. 41.

[110] S. etwa *Leible*, ZGR 2004, 531 (535).

integriert wird.[111] Eben dieser Standortwechsel stellt den Kern des Schutzbereichs von Art. 49 AEUV dar.

bb) Sekundäre Niederlassungsfreiheit

27 Darüber hinaus kann die Niederlassungsfreiheit gem. Art. 49 Abs. 1 Satz 2 AEUV auch durch Gründung von Agenturen, Zweigniederlassungen oder Tochtergesellschaften (sekundäre Niederlassungsfreiheit) ausgeübt werden. Die in Art. 49 Abs. 1 Satz 2 AEUV genannten Formen der sekundären Niederlassung sind **nicht abschließend** aufgezählt[112] und stehen Unternehmen gleichermaßen zur Verfügung.[113] Hierbei ist sowohl die Gründung von selbstständigen Einheiten (wie Tochtergesellschaften)[114] als auch von rechtlich unselbstständigen Einheiten (wie Agenturen und Zweigniederlassungen) möglich.[115] Dabei erfordert jedoch die Niederlassungsfreiheit stets eine Zuordnung der Agentur oder Zweigniederlassung zum jeweiligen Hauptsitz. So hat der EuGH im Versicherungsurteil[116] zwar entschieden, dass die sekundäre Niederlassung auch durch ein unabhängiges Büro, das beauftragt wurde, wie eine Agentur zu handeln, wahrgenommen werden kann.[117] Voraussetzung muss dann aber sein, dass zwischen der Zentrale und dem Agenten in Bezug auf die beauftragte Tätigkeit ein Weisungsrecht besteht, das es rechtfertigt, den Agenten wie eine Niederlassung zu behandeln und Art. 49 AEUV anzuwenden. In solchen Fällen ist allerdings zu beachten, dass die Niederlassungsfreiheit nur dem Unternehmen des Hauptsitzes als Auftraggeber zukommt, da in Bezug auf den Agenten ein grenzüberschreitendes Element fehlt.[118]

cc) Abgrenzung zwischen primärer und sekundärer Niederlassungsfreiheit

28 Insbesondere das Ansässigkeitserfordernis macht es erforderlich, primäre und sekundäre Niederlassungsfreiheit abzugrenzen. Dies kann in Fällen etwa einer grenzüberschreitenden Verschmelzung einer Konzerngesellschaft oder der grenzüberschreiten-

---

[111] *Eyles*, S. 41.

[112] Für die Bestimmung der Begriffe »Agentur, Zweigniederlassung und Tochtergesellschaft« kann wegen der unterschiedlichen Zielsetzung nicht auf die die Rechtsprechung zu Art. 5 Nr. 5 EuGVVO zurückgegriffen werden; Art. 5 Nr. 5 EuGVVO ist eingeschränkt auszulegen, um eine Vervielfältigung der Gerichtsstände und einem »Forum shopping« entgegenzuwirken, vgl. GA *La Pergola*, Schlussanträge zu Rs. C–212/97 (Centros), Slg. 1999, I–1459, Rn. 19.

[113] EuGH, Urt. v. 21.9.1999, Rs. C–307/97 (Saint-Gobain), Slg. 1999, I–6161, Rn. 42 f.; Urt. v. 25.2.2010, Rs. 337/08 (X Holding), Slg. 2010, I–1215, Rn. 39; *Schlag*, in: Schwarze, EU-Kommentar, Art. 49 AEUV, Rn. 20.

[114] Voraussetzung ist jedenfalls, dass die Muttergesellschaft eine unternehmerische Leitungsbefugnis hat, vgl. EuGH, Urt. v. 29.4.1999, Rs. C–311/97 (Royal Bank of Scotland), Slg. 1999, I–2651, Rn. 22.

[115] *Schlag*, in: Schwarze, EU-Kommentar, Art. 49 AEUV, Rn. 20; Vertriebsvertretungen, Montagewerke oder auch Warenlager stellen unabhängige Einheiten dar, vgl. *Roth*, in: Dauses, Handbuch des EU-Wirtschaftsrechts, Abschnitt E. I., Februar 2014, Rn. 54; Erforderlich für die Annahme einer unabhängigen Stelle ist lediglich das Vorliegen einer »Nebenstelle«, vgl. EuGH, Urt. v. 12.2.1987, Rs. C–221/85 (Kommission/Belgien), Slg. 1987, I–719, Rn. 10.

[116] EuGH, Urt. v. 4.12.1986, Rs. 205/84 (Kommission/Deutschland), Slg. 1986, 3755.

[117] EuGH, Urt. v. 4.12.1986, Rs. 205/84 (Kommission/Deutschland), Slg. 1986, 3755, Rn. 21; bestätigt in Urt. v. 6.3.2007, verb. Rs. C–338/04, C–359/04 u. 360/04 (Placanica), Slg. 2007, I–1891 Rn. 43; Urt. v. 8.9.2010, Rs. C–409/06 (Winner Wetten), Slg. 2010, I–8015 Rn. 46 f.; Urt. v. 8.9.2010, verb. Rs. C–316/07, C–358/07 – 360/07, C–409/07 u. 410/07 (Stoß), Slg. 2010, I–8069, Rn. 59 f.; kritisch hingegen *Forsthoff*, in: Grabitz/Hilf/Nettesheim, EU, Art. 49 AEUV (Mai 2014), Rn. 65; *Tietje*, in: Ehlers, Grundrechte und Grundfreiheiten, § 10, Rn. 36.

[118] Vgl. auch *Forsthoff*, in: Grabitz/Hilf/Nettesheim, EU, Art. 49 AEUV (Mai 2014), Rn. 65.

den Gründung einer Gesellschaft zweifelhaft sein. Entscheidend ist dann der **wirtschaftliche Schwerpunkt der Tätigkeit**[119] sowie die Ausgestaltung der Beziehung der verschiedenen Standorte oder Unternehmen zueinander. Herrscht das eine Unternehmen gesellschaftsrechtlich über das andere, so ist der Standort des herrschenden Unternehmens die primäre Niederlassung.[120] Im Übrigen kommt es auf den **Verwaltungssitz** an.[121]

3. Persönlicher Anwendungsbereich

Begünstigt durch die Niederlassungsfreiheit sind natürliche Personen (1) und die ihnen gem. Art. 54 AEUV gleichgestellten Gesellschaften und sonstigen juristischen Personen (2). 29

a) Natürliche Personen

Bei der Gruppe der natürlichen Personen beschränkt sich der Anwendungsbereich des Art. 49 AEUV zunächst auf die **Staatsangehörigen der Mitgliedstaaten**.[122] Den Kreis seiner Staatsangehörigen zu bestimmen, fällt in die alleinige Zuständigkeit des jeweiligen Mitgliedstaats.[123] Drittstaatsangehörige sind grundsätzlich nicht vom Schutzbereich der Niederlassungsfreiheit erfasst,[124] die Voraussetzungen für die Verleihung der Staatsangehörigkeit durch die Mitgliedstaaten werden durch die Niederlassungsfreiheit nicht berührt.[125] 30

Drittstaatsangehörige sind vom Genuss der Niederlassungsfreiheit auch dann ausgeschlossen, wenn sie im Gebiet der Union niedergelassen sind. Etwas anderes gilt, wenn sie zusätzlich die Staatsangehörigkeit eines Mitgliedstaates haben.[126] Ein unionales Niederlassungsrecht kann sich für Drittstaatsangehörige im Übrigen aus **sekundärrechtlichen Vorschriften**[127] oder **völkerrechtlichen Verträgen** ergeben. Zu letzteren zählt das Abkommen zwischen der EU und der Schweiz, das 2002 in Kraft getreten ist,[128] sowie 31

---

[119] *Eyles*, S. 41 f.; Schnichels, S. 40.
[120] *Forsthoff*, in: Grabitz/Hilf/Nettesheim, EU, Art. 49 AEUV (Mai 2014), Rn. 55.
[121] *Tiedje*, in: GSH, Europäisches Unionsrecht, Art. 49 AEUV, Rn. 38 ff. (»Entscheidungszentrum«).
[122] Entscheidend ist die Staatsangehörigkeit im Zeitpunkt der Geltendmachung des Art. 49 AEUV, vgl. EuGH, Urt. v. 7.2.1979, Rs. 136/78 (Auer), Slg. 1979, 437, Rn. 28 ff.
[123] EuGH, Urt. v. 7.7.1992, Rs. C–369/90 (Micheletti), Slg. 1992, I–4258, Rn. 10; *Müller-Graff*, in: Streinz, EUV/AEUV, Art. 49 AEUV, Rn. 27; a.A. *Zimmermann*, EuR 1995, 54 (59 ff.).
[124] *Forsthoff*, in: Grabitz/Hilf/Nettesheim, EU, Art. 49 AEUV (Mai 2014), Rn. 12.
[125] EuGH, Urt. v. 7.7.1992, Rs. C–369/90 (Micheletti), Slg. 1992, I–4258, Rn. 10; Urt. v. 20.2.2001, Rs. C–192/99 (Kaur), Slg. 2001, I–1237, Rn. 19; Urt. v. 19.10.2004, Rs. C–200/02 (Zhu und Chen), Slg. 2004, I–9925, Rn. 37.
[126] Vgl. EuGH, Urt. v. 7.7.1992, Rs. C–369/90 (Micheletti), Slg. 1992, I–4258, Rn. 11 ff.
[127] Insbesondere, wenn auch beschränkt durch Art. 11 Abs. 1, 3 Buchst. a RL 2003/109/EG vom 25.11.2003 betreffend die Rechtsstellung der langfristig aufenthaltsberechtigten Drittstaatsangehörigen, ABl. 2004, L 16/44; ferner Art. 18 RL 2009/50/EG vom 25.5.2009 über die Bedingungen für die Einreise und den Aufenthalt von Drittstaatsangehörigen zur Ausübung einer hochqualifizierten Beschäftigung, ABl. 2009, L 155/17. Für Familienangehörige gilt ein eigenes Niederlassungsrecht aus Art. 23 RL 2004/38/EG vom 29.4.2004 zur Änderung der Verordnung (EWG) Nr. 1612/68 und zur Aufhebung der Richtlinien 64/221/EWG, 68/360/EWG, 72/194/EWG, 73/148/EWG, 75/34/EWG, 75/35/EWG, 90/364/EWG, 90/365/EWG und 93/96/EWG über das Recht der Unionsbürger und ihrer Familienangehörigen, sich im Hoheitsgebiet der Mitgliedstaaten frei zu bewegen und aufzuhalten, ABl. 2004, L 158/77.
[128] Beschluss 2002/309/EG vom 4.4.2002 des Rates und – bezüglich des Abkommens über die wissenschaftliche und technische Zusammenarbeit – der Kommission über den Abschluss von sieben Abkommen mit der Schweizerischen Eidgenossenschaft, ABl. 2002, L 114, 1.

das Abkommen über den **Europäischen Wirtschaftsraum**, welches Island, Liechtenstein und Norwegen in den Binnenmarkt integriert und ihre Staatsangehörigen zu Berechtigten des Art. 31 Abs. 1 EWRA (Niederlassungsfreiheit) macht.[129] Hingegen gewährleistet das Assoziierungsabkommen mit der Türkei keine subjektiven Rechte für türkische Staatsangehörige.[130]

b) Gesellschaften und sonstige juristische Personen

32 Natürlichen Personen sind Gesellschaften und sonstige juristische Personen im Sinne des Art. 54 AEUV gleichgestellt, die nach dem Recht eines Mitgliedstaates gegründet sind und über satzungsmäßigen Sitz, Hauptverwaltung oder[131] Hauptniederlassung in der Union eine spezifische institutionelle Unionsverbindung aufweisen (s. zum Begriff näher bei Art. 54 AEUV, Rn. 6 f.).

c) Ansässigkeitserfordernis

33 Im Rahmen der **sekundären Niederlassungsfreiheit** sind darüber hinaus nur diejenigen natürlichen oder juristischen Personen berechtigt, die **im Hoheitsgebiet eines Mitgliedstaats ansässig** sind. Das bedeutet konkret, dass ein deutscher Staatsangehöriger mit Geschäftssitz[132] in einem Drittstaat zwar dann Berechtigter der Niederlassungsfreiheit ist, wenn er selbst sich in einem Mitgliedstaat niederlassen will (primäre Niederlassungsfreiheit), Gründungen von Agenturen, Zweigniederlassungen oder Tochtergesellschaften (sekundäre Niederlassungsfreiheit) jedoch nicht in den Gewährleistungsbereich des Art. 49 AEUV fallen.[133] Dasselbe gilt für nicht unionsansässige Gesellschaften. Grund hierfür ist das Unionsinteresse an einer Regulierung und Beaufsichtigung unternehmerischer Tätigkeit innerhalb der Union, die durch Anwendung der Niederlassungsfreiheit auf Zweigniederlassungen von nicht unionsansässigen Personen nicht gewährleistet wäre.[134]

d) Abgeleitete Rechte für Dritte

34 **Familienmitglieder** von Niedergelassenen und **sonstige nahestehende Personen** können sich unmittelbar auf Rechte aus Art. 49 AEUV berufen. Zwar fallen sie nicht in den Anwendungsbereich der Niederlassungsfreiheit, ihnen steht jedoch ein aus der Rechtsstellung des Niedergelassenen abgeleitetes (und insoweit eigenständiges) Aufenthalts-

---

[129] Beschluss 94/1/EG vom 13.12.1993 des Rates und der Kommission über den Abschluss des Abkommens über den Europäischen Wirtschaftsraum zwischen den Europäischen Gemeinschaften und ihren Mitgliedstaaten sowie der Republik Österreich, der Republik Finnland, der Republik Island, dem Fürstentum Liechtenstein, dem Königreich Norwegen, dem Königreich Schweden und der Schweizerischen Eidgenossenschaft, ABl. 1994, L 1/1.

[130] EuGH, Urt. v. 30.9.1987, Rs. 12/86 (Demirel), Slg. 1987, 3719, Rn. 24; Urt. v. 11.5.2000, Rs. C–37/98 (Savas), Slg. 2000, I–2927, Rn. 64 ff.; *Schlag*, in: Schwarze, EU-Kommentar, Art. 49 AEUV, Rn. 8.

[131] Unschädlich ist, dass die Gesellschaft die anderen Merkmale in einem Drittstaat aufweist, s. *Müller-Graff*, in: Streinz, EUV/AEUV, Art. 54 AEUV, Rn. 6 ff.

[132] Auf den Wohnsitz oder Ort des gewöhnlichen Aufenthalts kommt es nicht an, vgl. *Forsthoff*, in: Grabitz/Hilf/Nettesheim, EU, Art. 49 AEUV (Mai 2014), Rn. 56.

[133] Vgl. *Korte*, in: Calliess/Ruffert, EUV/AEUV, Art. 49 AEUV, Rn. 30; EuGH, Urt. v. 23.2.2006, Rs. C–253/03, Slg. 2006 (CLT-UFA), I–1831, Rn. 13; s.a. *Schlag*, in: Schwarze, EU-Kommentar, Art. 49 AEUV, Rn. 29; *Ego*, Europäische Niederlassungsfreiheit, S. 64.

[134] *Forsthoff*, in: Grabitz/Hilf/Nettesheim, EU, Art. 49 AEUV (Mai 2014), Rn. 57; *Schlag*, in Schwarze, Art. 49 AEUV, Rn. 29; *Ego*, S. 68; *Schnichels*, S. 53.

recht zu.[135] Das gilt auch für Familienangehörige aus Nicht Mitgliedstaaten.[136] Die abgeleitete Berechtigung ermöglicht es ihrem Träger, **Beschränkungen der Niederlassungsfreiheit des originär Berechtigten** zu rügen. Die Begründung hierfür ist unklar, trägt aber Züge der effet-utile Argumentation, weil sie darauf abstellt, dass die Geltendmachung abgeleiteter Rechte zur Verwirklichung der Freiheit geeignet und erforderlich ist.[137] Damit lässt sich ein **Recht auf Familiennachzug** (vgl. aber auch die RL 2004/38/EG) ebenso ableiten wie etwa Ansprüche auf Aufenthalt drittstaatsangehöriger Arbeitnehmer, denen im Sitzland ein Aufenthaltsrecht verweigert wird. Nicht zuletzt können auch scheinbar **rein innerstaatliche Sachverhalte** in den Anwendungsbereich der Niederlassungsfreiheit geraten. So wendete sich beispielsweise in der Rechtssache Halliburton[138] eine niederländische Gesellschaft – gestützt auf die Niederlassungsfreiheit – mit Erfolg gegen eine Regelung, nach der bei einer konzerninternen Umstrukturierung die Käuferin eines Grundstücks eine Verkehrssteuer zu entrichten hatte, wenn die verkaufende Konzernschwester eine ausländische Gesellschaft ist.

4. Adressaten

Adressaten der Niederlassungsfreiheit sind grundsätzlich die Mitgliedstaaten und ihnen zurechenbare Untergliederungen und Organisationen (1). Gebunden an Art. 49 AEUV sind darüber hinaus die Union (2) und unter bestimmten Voraussetzungen auch Private (3). Ausgangspunkt für die Zuordnung einer Person in den Adressatenkreis der Niederlassungsfreiheit ist ihr auf die Gewährleistung der grenzüberschreitenden Privatautonomie gerichteter Zweck (s. oben, Rn. 55).

35

a) Staat, Untergliederungen und gleichgestellte Organisationen

Primär Verpflichtete sind zunächst der Staat und seine Untergliederungen. In Deutschland betrifft dies in erster Linie die Bundesländer und Kommunen, darüber hinaus **sämtliche öffentlich-rechtlichen Körperschaften, Anstalten und Stiftungen**. Zudem hat der EuGH auch berufsständische Organisationen, insbesondere Kammern und Berufsverbände in den Adressatenkreis der Niederlassungsfreiheit einbezogen, wenn und soweit diese eine öffentliche Funktion ausüben.[139] Gleichgestellt sind **öffentliche Unternehmen**[140] sowie private Organisationen, soweit der Staat auf sie einen bestimmenden Ein-

36

---

[135] EuGH, Urt. v. 7.7.1992, Rs. C–370/90 (Singh), Slg. 1992, I–4265 sowie RL 2004/38/EG; VO (EG) Nr. 883/2004 vom 29.4.2004 zur Koordinierung der Systeme der sozialen Sicherheit, ABl. 2004, L 166/1. Vgl. *Forsthoff*, in: Grabitz/Hilf/Nettesheim, EU, Art. 49 AEUV (Mai 2014), Rn. 15 und Art. 45 AEUV (Mai 2014), Rn. 47 ff.; *Müller-Graff*, in: Streinz, EUV/AEUV, Art. 54, Rn. 27; a. A. *Pache*, in: Schulze/Zuleeg, Europarecht, § 10 Rn. 172 (direkte Anwendung des Art. 49 AEUV).

[136] EuGH, Urt. v. 7.7.1992, Rs. C–370/90 (Singh), Slg. 1992, I–4265, Rn. 23 f. Dabei darf die Niederlassungsfreiheit nicht zu einem Ersatzfreizügigkeitsrecht werden, vgl. *Forsthoff*, in: Grabitz/Hilf/Nettesheim, EU, Art. 45 AEUV (Mai 2014), Rn. 52.

[137] Vgl. Für die Gewährleistungen der VO Nr. 1612/68/EWG die Erwägung bei EuGH, Urt. v. 18.6.1987, Rs. 316/85 (Lebon), Slg. 1987, 2811 Rn. 22 f.; Urt. v. 26.2.1992, Rs. C–3/90 (Bernini), Slg. 1992, I–1071, Rn. 26.

[138] EuGH, Urt. v. 12.4.1994, Rs. C–1/93 (Halliburton), Slg. 1994, I–1137, Rn. 18 ff.

[139] EuGH, Urt. v. 22.9.1983, Rs. 271/82 (Auer II), Slg. 1983, 2727, Rn. 19; Urt. v. 14.7.1988, Rs. 38/87 (Kommission/Griechenland), Slg. 1988, 4415, Rn. 5 f.; *Nachbaur*, Niederlassungsfreiheit, S. 74; *Müller-Graff*, in: Streinz, EUV/AEUV, Art. 49 AEUV, Rn. 34.

[140] Vgl. *Streinz/Leible*, EuZW 2000, 459 (464), die die unmittelbare Anwendbarkeit der Grundfreiheiten auf Unternehmen beschränken, die mit der Erbringung von Dienstleistungen von allgemeinem wirtschaftlichen Interesse betraut sind; dies widerspricht indes der in Fn. 141 aufgeführten Rechtsprechung.

fluss ausübt oder sie mit finanziellen Mitteln ausstattet.¹⁴¹ Daher ist etwa eine privatrechtlich organisierte, aber wesentlich vom Staat finanzierte Forschungseinrichtung Adressat der Grundfreiheiten.¹⁴² In funktionaler Hinsicht sind alle Staatsgewalten, also Legislative, Judikative und Exekutive umfasst.¹⁴³

b) Europäische Union

37 Gebunden an die Niederlassungsfreiheit ist auch die EU selbst und damit ihre Organe;¹⁴⁴ die vereinzelte Gegenauffassung, die lediglich eine Beachtung der Grundfreiheiten bei der Auslegung der Kompetenzgrundlagen fordert,¹⁴⁵ befriedigt vor allem bei nicht-binnenmarktrechtlichen Kompetenzen nicht (z. B. Art. 192 AEUV).¹⁴⁶ Die Anwendbarkeit der Grundfreiheiten auf Handlungen der Unionsorgane entspricht der ganz herrschenden Lehre wie auch der Rechtsprechung des EuGH¹⁴⁷ und lässt sich mit der Binnenmarktverpflichtung der Union gut begründen. Nichts spricht dagegen, die Akte der Union in gleicher Weise wie mitgliedstaatliche Regelungen zu prüfen, insbesondere auch am Maßstab des Behinderungsverbots.¹⁴⁸ Andererseits sind **Besonderheiten** zu berücksichtigen. Der Union ist es bei ihrer Rechtsetzung aus politischen Gründen häufig versagt, und sie ist vor dem Hintergrund des Konzepts eines unvollkommenen Binnenmarkts¹⁴⁹ auch nicht verpflichtet, freiheitsschaffendes Sekundärrecht gegen politische Widerstände aus den Mitgliedstaaten »in einem Zug« zu verwirklichen. Die Beurteilung der Maßnahmen der Union muss daher wertend im Wege einer Gesamtbetrachtung erfolgen, ob sie geeignet sind, Hemmnisse für die Ausübung der Grundfreiheiten abzubauen.

---

¹⁴¹ EuGH, Urt. v. 13.7.1993, Rs. C–42/92 (Thijssen), Slg. 1993, I–4047, Rn. 9,11 (öffentliche Einrichtung mit Rechtspersönlichkeit zu Beaufsichtigung von Versicherungsunternehmen); vgl. zu Art. 34 AEUV: EuGH, Urt. v. 24.11.1982, Rs. 249/81 (Buy Irish), Slg. 1982, 4005, Rn. 10, 13 ff.; Urt. v. 13.12.1983, Rs. 222/82 (Apple and Pear), Slg. 1983, 4083, Rn. 12 ff., 16 f.; Urt. v. 18.5.1989, verb. Rs. 266/87 u. 267/87 (Royal Pharmacentical Society), Slg. 1990, I–4625, Rn. 15 f.

¹⁴² So für die *Max-Planck-Gesellschaft* mit allerdings unzutreffender Begründung: EuGH, Urt. v. 17.7.2008, Rs. C–94/07 (Raccanelli), Slg. 2008, I–5939, Rn. 44 f.

¹⁴³ *Müller-Graff*, in: Streinz, EUV/AEUV, Art. 49 AEUV, Rn. 34.

¹⁴⁴ EuGH Urt. v. 9.8.1994, Rs. C–51/93 (Meyhui), Slg. 1994, I–3879, Rn. 11; Urt. v. 11.7.1996, Rs. C–427/93 (Bristol-Myers Squibb), Slg. 1996, I–347, Rn. 36.

¹⁴⁵ GA Fennelly, Schlussanträge zu verb. Rs. C–376/98 u. 74/99 (Deutschland/Europäisches Parlament und Rat), Slg. 2000, I–8419, Rn. 58 ff., 150.

¹⁴⁶ *Müller-Graff*, in: Streinz, EUV/AEUV, Art. 49 AEUV, Rn. 37.

¹⁴⁷ So für die Warenverkehrsfreiheit EuGH, Urt. v. 17.5.1984, Rs. 15/83 (Denkavit), Slg. 1984, 2172, Rn. 15; Urt. v. 9.8.1994, Rs. C–51/93 (Meyhui), Slg. 1994, I–3879, Rn. 11; Urt. v. 13.9.2001, Rs. C–169/99 (Schwarzkopf), Slg. 2001, I–5901, Rn. 37; so für Grundfreiheiten generell: *Forsthoff*, in: Grabitz/Hilf/Nettesheim, EU, Art. 45 AEUV (September 2010), Rn. 131 ff..; *Müller-Graff*, in: Streinz, EUV/AEUV, Art. 49 AEUV, Rn. 37; *Scheffer*, Die Marktfreiheiten des EG-Vertrages als Ermessensgrenze des Gemeinschaftsgesetzgebers, 1997, S. 32 ff., 171 ff.; *Schwemer*, Bindung des Gemeinschaftsgesetzgebers an die Grundfreiheiten, 1995, S. 25 ff.; a.A. *Kingreen*, in: Calliess/Ruffert, EUV/AEUV, Art. 36 AEUV, Rn. 109 f.; ausführlich zum Streitstand *Zazoff*, Der Unionsgesetzgeber als Adressat der Grundfreiheiten, 2011, S. 70 ff.

¹⁴⁸ Vgl. *Frenz*, Handbuch Europarecht, Band 1, Rn. 337 ff. (»umfassende Geltung«).

¹⁴⁹ Zum Begriff des unvollkommenen Binnenmarkts s. *Steindorff*, ZHR 158 (1994), 149 (160); *Kainer*, Unternehmensübernahmen S. 140 ff.

c) Private Personen

Für Private ist eine Bindung an die Niederlassungsfreiheit vom EuGH bislang nur in Einzelfällen ausgesprochen worden.[150] Die rechtsstrukturelle Vergleichbarkeit des Art. 49 AEUV zu Art. 45 AEUV unter dem Oberbegriff der Personenverkehrsfreiheit erlaubt es jedoch, die zu Art. 45 AEUV ergiebige Rechtsprechung[151] auf die Niederlassungsfreiheit zu übertragen.[152] Der Gerichtshof hat die Grundlage in seiner Walrave-Entscheidung entwickelt; demnach fallen private Maßnahmen in den Anwendungsbereich der Personenverkehrsfreiheiten, soweit sie Hemmnisse einführen, die in ihrer **Wirkung einer staatlichen Maßnahme gleichkommen**.[153] Das damit entwickelte Kriterium ist vor dem Hintergrund der auf die Sicherung der grenzüberschreitenden Privatautonomie gerichteten Teleologie der Grundfreiheiten konzeptionell stimmig. Private sind daher in den Adressatenkreis der Niederlassungsfreiheit einbezogen, wenn sie aufgrund rechtlicher oder faktischer Umstände gegenüber anderen Privaten einseitig zwingende Regelungen erlassen können.[154] Daher ist zwischen kollektiv wirksamen und Individualmaßnahmen (insb. Verträgen) zu unterscheiden.

38

Bei **kollektiven Maßnahmen** wird die horizontale Anwendbarkeit der Grundfreiheiten regelmäßig zu bejahen sein, wenn und soweit kollektive Organisationen in der Lage sind, den Zugang zu beruflichen Tätigkeiten in allgemeiner Form rechtlich oder faktisch einzuschränken.[155] Daher überzeugt es, wenn die Entscheidungen eines nationalen Versicherungsbüros, das ausländische Versicherungsunternehmen an der Wahrnehmung der Niederlassungsfreiheit hindern konnte, am Maßstab des Art. 49 AEUV gemessen wurden.[156] Regelnden Charakter sieht der EuGH auch in der **Ausübung der Tarifauto-**

39

---

[150] EuGH, Urt. v. 9.6.1977, Rs. 90/76 (van Ameyde), Slg. 1977, 1099, Rn. 26 ff.; Urt. v. 11.12.2007, Rs. C–438/05 (Viking), Slg. 2007, I–10806, Rn. 32 ff.

[151] EuGH, Urt. v. 12.12.1974, Rs. 36/74 (Walrave und Koch), Slg. 1974, 1405; Urt. v. 14.7.1976, Rs. 13/76 (Donà), Slg. 1976, 1333; Urt. v. 15.12.1995, Rs. C–415/93 (Bosman), Slg. 1995, I–4921; Urt. v. 6.6.2000, Rs. C–281/98 (Angonese), Slg. 2000, I–4139.

[152] Str., Für eine unmittelbare Drittwirkung *Schaefer*, Die unmittelbare Wirkung des Verbots der nichttarifären Handelshemmnisse (Art. 30 EWGV) in den Rechtsbeziehungen zwischen Privaten, 1987, S. 189 ff.; *Steindorff*, EG-Vertrag und Privatrecht, 1996, S. 277 f.; *Ganten*, Die Drittwirkung der Grundfreiheiten, 2000, S. 56 ff., 94 ff.; *Reichold*, ZEuP 1998, 434 (447 ff.); *Repasi*, EuZW 2008, 532; *Müller-Graff*, EuR 2014, 3; a. A. *Jaensch*, Die unmittelbare Drittwirkung der Grundfreiheiten, 1997, S. 81 ff.; *Roth*, Drittwirkung der Grundfreiheiten, FS Everling, 1995, S. 1231 (1240 ff.); *Streinz/Leible*, EuZW 2000, 459 (464 ff.). Für die Niederlassungsfreiheit ausführlich *Kainer*, Unternehmensübernahmen, S. 208 ff.; eine ständige Rechtsprechung für eine horizontale Bindung des Art. 49 AEUV sieht GA *Trstenjak*, Schlussanträge zu Rs. C–171/11 (Fra.bo SpA), Slg. 2012, I–176, Rn. 28 ff., 32.

[153] So grundlegend (für Sportverbände) EuGH, Urt. v. 12.12.1974, Rs. 36/74 (Walrave und Koch), Slg. 1974, 1405, Rn. 16 ff.

[154] Vgl. GA *Trstenjak*, Schlussanträge zu Rs. C–271/08 (Kommission/Deutschland), Slg. 2010, I–183, Rn. 72 ff. (mit anderer Begründung); *dies.*, Schlussanträge zu Rs. C–171/11 (Fra.bo SpA), Slg. 2012, I–176, Rn. 32 f. In diese Richtung auch *Müller-Graff*, EuR 2014, 3 (18) (»wettbewerbsstimmiges Präferenzverhalten«). Ausführlich *Kainer*, Unternehmensübernahmen, S. 240 ff.

[155] EuGH, Urt. v. 12.12.1974, Rs. 36/74 (Walrave und Koch), Slg. 1974, 1405; Urt. v. 14.7.1976, Rs. 13/76 (Donà), Slg. 1976, 1333; Urt. v. 15.12.1995, Rs. C–415/93 (Bosman), Slg. 1995, I–4921. Für die Niederlassungsfreiheit ähnlich EuGH, Urt. v. 9.6.1977, Rs. C–90/76 (van Ameyde), Slg. 1977, 1099, Rn. 26, 28.

[156] EuGH, Urt. v. 9.6.1977, Rs. 90/76 (van Ameyde), Slg. 1977, 1099, Rn. 26, 28. Tatsächlich war das Versicherungsbüro aber mit bestimmten hoheitlichen Rechten ausgestattet, so dass sich die Bindung auch hieraus ergibt.

nomie durch **Gewerkschaften**, sowohl durch die regelnde Wirkung von Tarifverträgen[157] wie auch bei **Arbeitskampfmaßnahmen**, die daher trotz des grundrechtlich verbürgten Koalitions- und Streikrechts an die Grundfreiheiten (hier: die Niederlassungsfreiheit) gebunden sind.[158] Jedenfalls für die zweite Fallgruppe ist dem zuzustimmen. Denn durch solcherlei **kollektive Maßnahmen** einer Gewerkschaft oder einem Gewerkschaftsverband gegen ein Unternehmen mit dem Ziel, einen Tarifvertrag abzuschließen, kann eine einseitig zwingende Wirkung ausgehen, welche die grenzüberschreitende Niederlassung weniger attraktiv macht.[159]

40   Konzeptionell unschlüssig sind vereinzelt gebliebene Entscheidungen, die privatautonome Entscheidungen ohne zwingenden Charakter (z. B. die **Ablehnung eines Vertragsschlusses**) grundfreiheitlich geprüft haben.[160] Die Erstreckung auf privatrechtliche Verträge macht die Niederlassungsfreiheit prinzipiell auf jede niederlassungsrelevante private Transaktion anwendbar und gefährdet auf diese Weise die Privatautonomie normzweckwidrig, weil sie schon die bloße Vertragsablehnung als potentielle Diskriminierung unter potentiellen Rechtfertigungsvorbehalt stellt.[161] Daher sollte – entgegen der Rechtsprechung des EuGH – eine Anwendung der Niederlassungsfreiheit auf private Verträge nur ausnahmsweise dann angenommen werden, wenn eine Vertragspartei rechtlich oder faktisch über eine **Machtposition** verfügt,[162] die staatlicher Verfügungsgewalt gleichkommt.[163] Hierzu gehören Regelungsbefugnisse, in engen Grenzen aber auch Fälle erheblicher struktureller Ungleichheit oder sonstige faktischen Machtpotentiale.

41   Soweit nach diesen Grundsätzen Private Adressaten der Grundfreiheiten sind, kann ihr Verhalten insbesondere durch die unionsrechtlich geschützten Gemeinschaftsgrundrechte gerechtfertigt werden.[164] Zwingende Gründe des allgemeinen Interesses werden indes von privater Seite kaum verfolgt werden.

42   Von der Bindung Privater ist die Frage zu trennen, ob private Behinderungen der Niederlassungsfreiheit **staatliche Schutzpflichten** auslösen (mittelbare Drittwirkung). Dies wurde vom EuGH bislang für die Warenverkehrsfreiheit bejaht[165] und gilt auch für die Niederlassungsfreiheit.

---

[157] Urt. v. 16.3.2010, Rs. C–325/08 (Olympique Lyonnais), Slg. 2010, I–143, Rn. 30; Urt. v. 10.3.2011, Rs. C–379/09 (Casteels), Slg. 2011, I–131, Rn. 19 f.
[158] EuGH, Urt. v. 11.12.2007, Rs. C–438/05 (Viking), Slg. 2007, I–10779, Rn. 32 ff., 37.
[159] EuGH, Urt. v. 11.12.2007, Rs. C–438/05 (Viking), Slg. 2007, I–10779, Rn. 37; Urt. v. 18.12.2007, Rs. C–341/05 (Laval), Slg. 2007, I–11767, Rn. 98 ff.
[160] Etwa EuGH, Urt. v. 22.1.1981, Rs. 58/80 (Dansk Supermarked/Imerco), Slg. 1981, 181, Rn. 17 (für die Warenverkehrsfreiheit); Urt. v. Rs. C–281/98 (Angonese), Slg. 2000, I–4139, Rn. 30 ff. (für die Arbeitnehmerfreizügigkeit), ausdrücklich beschränkt auf das Diskriminierungsverbot; Urt. v. 17.7.2008, Rs. C–94/07 (Raccanelli), Slg. 2008, I–5939, Rn. 44 f.; kritisch auch *Streinz/Leible*, EuZW 2000, 459 (464 ff.); *Repasi*, EuZW 2008, 532; *Birkenmeyer*, EuR 2010, 662 (668 ff.).
[161] Zur Problematik allgemein s. *Kainer*, Der Gleichbehandlungsgrundsatz im Zivilrecht, im Erscheinen, § 3 III 3b, § 6 II 3.
[162] Vgl. zur Bedeutung von Machtpositionen in zivilrechtlichen Verhältnissen zusammenfassend *Kainer/Schweitzer*, in: Möslein (Hrsg.), Private Macht, 2015, § 24.
[163] Interne Richtlinien oder Weisungen genügen zur Begründung einer solchen Machtkomponente nicht, anders aber *Repasi*, EuZW 2008, 532 (533).
[164] S. *Müller-Graff*, Grundfreiheiten und Gemeinschaftsgrundrechte, FS Steinberger, 2002, S. 1281 (1296 ff.); EuGH, Urt. v. 11.12.2007, Rs. C–438/05 (Viking), Slg. 2007, I–10779, Rn. 43 ff.
[165] EuGH, Urt. v. 9.12.1997, Rs. C–265/95 (Kommission/Frankreich), Slg. 1997, I–6959; näher *Kainer*, JuS 2000, 431 ff.; *Szczekalla*, DVBl 1998, 219 ff.

5. Erfasste Maßnahmen

Von Art. 49 AEUV werden alle Maßnahmen erfasst, die sich im Einzelfall als Beschränkung der Niederlassungsfreiheit auswirken. Dies betrifft bei Mitgliedstaaten und der Europäischen Union alle **abstrakt-generellen Rechtsakte** (Gesetze, Verordnungen, Richtlinien), darüber hinaus aber auch **Verwaltungsvorschriften** und **eine hinreichend verfestigte Verwaltungspraxis**,[166] sofern es sich (als solche) nicht um Einzelfälle handelt (»bestimmter Grad an Allgemeinheit«[167]),[168] sowie **Gerichtsurteile**, **Verwaltungsakte** und **faktische Maßnahmen**.[169] Die Grundfreiheiten verbürgen subjektive Rechte, die **jede Form der Beschränkung – auch im Falle von Einzelakten**[170] – verbieten; ein Spürbarkeitserfordernis gibt es nach zutreffender Auffassung nicht (näher unten, Rn. 66).

II. Beschränkung der Niederlassungsfreiheit

1. Begriff der Beschränkung: Überblick

Art. 49 Abs. 1 AEUV verbietet »Beschränkungen der freien Niederlassung«. Ausgangspunkt der Bestimmung des niederlassungsrechtlichen Beschränkungsbegriffs ist der auf die **Gewährleistung der grenzüberschreitenden Mobilität** selbstständiger und unternehmerischer Erwerbstätiger innerhalb der Union gerichtete Zweck des Art. 49 AEUV; dieses Ziel steht im Interesse eines binnenmarktweiten Faktorwettbewerbs und kann durch diskriminierende wie auch durch nichtdiskriminierende Hindernisse gefährdet werden.

Dementsprechend hat der EuGH den Begriff der Beschränkung in ständiger Rechtsprechung weit definiert. Er fasst über Diskriminierungen hinaus alle Maßnahmen darunter, »die die Ausübung dieser Freiheit unterbinden, behindern oder weniger attraktiv machen«.[171] Maßgebliches Kriterium für das Vorliegen einer Beschränkung ist, ob die

---

[166] EuGH, Urt. v. 13.11.2003, Rs. C–153/02 (Neri), Slg. 2003, I–13555, Rn. 44.

[167] EuGH, Urt. v. 9.5.1985, Rs. 21/84 (Kommission/Frankreich), Slg. 1985, 1355, Rn. 13.

[168] St. Rspr., vgl. zur Niederlassungsfreiheit: EuGH, Urt. v. 13.11.2003, Rs. C–153/02 (Neri), Slg. 2003, I–13555, Rn. 43 f.; zur Warenverkehrsfreiheit: EuGH, Urt. v. 9.5.1985, Rs. C–21/84 (Kommission/Frankreich), Slg. 1985, 1355, Rn. 13; Urt. v. 23.9.2003, Rs. C–192/01 (Kommission/Dänemark), Slg. 2003, I–9693, Rn. 40; Urt. v. 3.5.2005, Rs. C–387/99 (Kommission/Deutschland), Slg. 2004, I–3751, Rn. 42 zu Art. 30 EGV (Art. 34 AEUV); bei Richtlinien: EuGH, Urt. v. 5.10.1995, Rs. C–440/93 (The Queen), Slg. 1995, I–2851, Rn. 21 f.; Urt. v. 26.4.2005, Rs. C–494/01 (Kommission/Irland), Slg. 2005, I–3331, Rn. 28; Roth, in: Dauses, Handbuch des EU-Wirtschaftsrechts, Abschnitt E.I., Oktober 2014, Rn. 23; Frenz, Handbuch Europarecht, Band 1, Rn. 2445.

[169] EuGH, Urt. v. 24.11.1982, Rs. 249/81 (Buy Irish), Slg. 1982, 4005, Rn. 27; Urt. v. 13.12.1983, Rs. 222/82 (Apple and Pear), Slg. 1983, 4083, Rn. 17; Müller-Graff, in: Streinz, EUV/AEUV, Art. 49 AEUV, Rn. 35.

[170] So zutreffend Müller-Graff, in: Streinz, EUV/AEUV, Art. 49 AEUV, Rn. 35. Für die Warenverkehrsfreiheit Leible/T. Streinz, in: Grabitz/Hilf/Nettesheim, EU, Art. 34 AEUV (April 2015), Rn. 58.

[171] Zur Niederlassungsfreiheit EuGH, Urt. v. 1.6.2010, verb. Rs. 570/07 u. 571/07 (Pérez und Gómez), Slg. 2010, I–4629, Rn. 53; vgl. auch Urt. v. 17.7.2008, Rs. C–389/05 (Kommission/Frankreich), Slg. 2008, I–5337, Rn. 52; Urt. v. 13.12.2007, Rs. C–465/05 (Kommission/Italien), Slg. 2007, I–11091, Rn. 17; Urt. v. 26.10.2006, Rs. C–65/05 (Kommission/Griechenland), Slg. 2006, I–10341, Rn. 48; Urt. v. 30.6.2006, Rs. C–451/03 (Servizi Ausiliari Dottori Commercialisti), Slg. 2006, I–2941, Rn. 31; Urt. v. 5.10.2004, Rs. C–442/02 (Caixa Bank France), Slg. 2004, I–8961, Rn. 11; Urt. v. 15.1.2002, Rs. C–439/99 (Kommission/Italien), Slg. 2002, I–305, Rn. 22; Urt. v. 17.10.2002, Rs. C–79/01 (Payroll Data), Slg. 2002, I–8923, Rn. 26; Urt. v. 30.3.1993, Rs. C–168/91 (Konstandinidis), Slg. 1993, I–1191, Rn. 15; Urt. v. 31.3.1993, Rs. C–19/92 (Kraus), Slg. 1993, I–1663, Rn. 32; ausführlich dazu: Eberhartinger, EWS 1997, 43 (46 ff.).

Maßnahme entweder in die Wettbewerbsgleichheit eingreift oder den Marktzugang behindert.¹⁷² Eingriffe in die Wettbewerbsgleichheit fallen unter das **Diskriminierungsverbot**; soweit Maßnahmen lediglich die Freiheit des Marktzugangs beschränken, wirkt die Niederlassungsfreiheit als (eingeschränktes) **Behinderungsverbot**.

46 Entscheidend ist stets die **Wirkung einer Maßnahme**, auf ihre Ausgestaltung kommt es nicht an. Auch eine **zukünftige Beeinträchtigung** kann bereits eine Beschränkung der Niederlassungsfreiheit darstellen¹⁷³.

2. Diskriminierung

a) Sicherung der Wettbewerbsgleichheit als Mittel zur Wettbewerbseröffnung

47 Funktionierender Wettbewerb setzt Chancengleichheit auf der rechtlichen und administrativen Ebene voraus. Jede staatliche Diskriminierung greift in den Wettbewerb ein und beeinträchtigt (u.a.) dessen Allokationsfunktion.¹⁷⁴ Daher verbietet die Niederlassungsfreiheit als spezifische Ausprägung des Art. 18 AEUV jede Diskriminierung aufgrund der Staatsangehörigkeit zur Gewährleistung der binnenmarktrechtlich grundlegenden Wettbewerbsgleichheit.¹⁷⁵ Besonders starke Beeinträchtigungen gehen von offenen Diskriminierungen aus, die daher nur nach Art. 52 AEUV gerechtfertigt werden können.

48 **Diskriminierung** ist die objektiv nicht gerechtfertigte, rechtlich unterschiedliche und zugleich benachteiligende Behandlung bei vergleichbaren Sachverhalten¹⁷⁶ bzw. die rechtlich gleiche, benachteiligende Behandlung ungleicher Sachverhalte.¹⁷⁷ Damit setzt das Vorliegen einer Diskriminierung **vergleichbare Sachverhalte** voraus.¹⁷⁸ Die Vergleichsgruppen sind im Hinblick auf das Regelungsziel der Niederlassungsfreiheit **wettbewerbsorientiert** zu entwickeln; abzustellen ist auf tatsächliche oder potentielle inländische Wettbewerber, also etwa bei Zulassungsregelungen auf vergleichbare Personen

---

¹⁷² *Müller-Graff*, in: Streinz, EUV/AEUV, Art. 49 AEUV, Rn. 39; *Frenz*, Handbuch Europarecht, Band 1, Rn. 2442; Oppermann/Classen/Nettesheim, Europarecht, § 22, Rn. 3 und § 28, Rn. 34.

¹⁷³ Vgl. EuGH, Urt. v. 5.11.2002, Rs. C–476/98 (Open skies), Slg. 2002, I–9855 Rn. 153: schon die Eingehung völkerrechtlicher Verpflichtungen und nicht erst die Versagung einer Niederlassung in der Folge kann eine Diskriminierung darstellen; *Frenz*, Handbuch Europarecht, Band 1, Rn. 2458.

¹⁷⁴ Zu den Funktionen des Wettbewerbs vgl. *Emmerich*, Kartellrecht, 13. Aufl., 2014, S. 3.

¹⁷⁵ Vgl. EuGH, Urt. v. 4.9.2014, Rs. C–474/12 (Schiebel Aircraft), Slg. 2014, I–2139, Rn. 27.

¹⁷⁶ St. Rspr., vgl. EuGH, Urt. v. 13.11.1984, Rs. 283/83 (Racke), Slg. 1984, 3791, Rn. 7; Urt. v. 8.10.1980, Rs. 810/79 (Überschär), Slg. 1980, 2747, Rn. 16; Urt. v. 16.10.1980, Rs. 147/79 (Hochstrass), Slg. 1980, 3005, Leitsatz 2; zur Niederlassungsfreiheit: EuGH, Urt. v. 17.7.2014, Rs. C–48/13 (Nordea Bank), ECLI:EU:C:2014:2087, Rn. 23f.; Urt. v. 18.3.2010, Rs. C–440/08 (Gielen), Slg. 2010, I–2323, Rn. 38; zur Arbeitnehmerfreizügigkeit: EuGH, Urt. v. 14.2.1995, Rs. 279/93 (Schumacker), Slg. 1995, I–225, Rn. 30; Urt. v. 14.9.1999, Rs. C–391/97 (Gschwind), Slg. 1999, I–5451, Rn. 21; *Korte*, in: Calliess/Ruffert, EUV/AEUV, Art. 49 AEUV, Rn. 46; *Müller-Graff*, in: Streinz, EUV/AEUV, Art. 49 AEUV, Rn. 42; für das Erfordernis einer Benachteiligung EuGH, Urt. v. 27.4.1989, Rs. 321/87 (Kommission/Belgien), Slg. 1989, 997, Rn. 12; *Jarass*, EuR 1995, 202 (215); *Nachbaur*, Niederlassungsfreiheit, S. 135.

¹⁷⁷ EuGH, Urt. v. 17.7.1997, Rs. C–354/95 (National Farmers' Union u.a.), Slg. 1997, I–4559, Rn. 61; Urt. v. 16.9.2004, Rs. C–400/02 (Merida), Slg. 2004, I–8471, Rn. 22; Urt. v. 28.6.2012, Rs. C–172/11 (Erny), ECLI:EU:C:2012:399, Rn. 40 (beide zu Art. 45 AEUV); Urt. v. 2.10.2003, Rs. C–148/02 (Garcia Avello), Slg. 2003, I–11613, Rn. 31 (zu Art. 20 i.V.m. Art. 18 AEUV); Urt. v. 7.7.2009, Rs. C–558/07 (SPCM), Slg. 2009, I–5783, Rn. 74.

¹⁷⁸ In diesem Zusammenhang ist die Aussage des EuGH zu verstehen, dass die Grundfreiheiten nicht verlangen, für den Zugang zu einem Beruf niedrigere Anforderungen zu stellen, als sie allgemein im Inland gelten, vgl. EuGH, Urt. v. 10.12.2009, Rs. C–345/08 (Peśla), Slg. 2009, I–11677 Rn. 50.

aus dem Inland. Beispielsweise sind bei Diplomvoraussetzungen für den Zugang zu einem Beruf ausländische Bewerber mit entsprechendem (ausländischem) Diplom mit inländischen Diplomierten zu vergleichen, nicht hingegen mit »jedermann«. Daher wirkt eine Zugangsregelung, die ein inländisches Diplom verlangt, (versteckt) diskriminierend.[179] Der EuGH hingegen geht häufig entweder ganz über die Vergleichbarkeitsprüfung hinweg oder lässt sich von diffusen Kriterien leiten, u. a. vom Regelungsziel der nationalen Norm.[180] Im Recht der direkten Steuern fehlt es nach nicht ganz einheitlicher[181] Auffassung des EuGH in der Regel an der Vergleichbarkeit zwischen gebietsansässigen und gebietsfremden Steuerpflichtigen, weil diese sich nicht in derselben Situation befänden (unbeschränkte vs. beschränkte Steuerpflicht).[182]

Der wettbewerbliche Begründungsansatz würde grundsätzlich dafür sprechen, auch Fälle der **Inländerdiskriminierung** (Inländer werden schlechter als Ausländer behandelt) unter Art. 49 AEUV zu subsumieren. Dem folgt der EuGH zu Recht nicht.[183] Art. 49 Abs. 2 AEUV normiert den Grundsatz der **Inländergleichbehandlung**. In Verbindung mit dem Herkunftslandprinzip würde das Verbot der Inländerdiskriminierung die Regelungsbefugnisse der Mitgliedstaaten zu stark beschneiden und auch der Integrationslogik des Binnenmarktrechts widersprechen, demzufolge die Mitgliedstaaten für ihre Standortbedingungen selbst verantwortlich sind. Keine Diskriminierungen stellen weiterhin bloße **Andersbehandlungen** dar, die im Ergebnis nicht zu einer Benachteiligung führen. So ist es etwa keine Benachteiligung, wenn Staatsangehörige anderer Mitgliedstaaten ihre Niederlassungserlaubnis ständig mitzuführen haben, wenn die gleiche Pflicht auch die eigenen Staatsangehörigen hinsichtlich des Mitführens ihres Personalausweises trifft.[184]

b) Formen der Diskriminierung

Der Grundsatz der Wettbewerbsgleichheit fordert ein **weites Verständnis des Diskriminierungsbegriffs**. Erfasst werden sowohl unmittelbare (offene, direkte) als auch mittelbare (versteckte, indirekte) Diskriminierungen. Im Grundsatz nicht entscheidend ist, ob die Diskriminierung an der Niederlassung selbst anknüpft oder lediglich das Umfeld betrifft (niederlassungsbezogen/umfeldbezogen).

aa) Unmittelbare und mittelbare Diskriminierung

Zentral ist die Differenzierung zwischen unmittelbaren und mittelbaren Diskriminierungen. Bedeutung hat dies für die Rechtfertigung; während mittelbare Diskriminierun-

---

[179] Vgl. dazu *Schnichels*, S. 92 f.; wie hier auch *Englisch*, Intertax 2010, 197 (203, 212).
[180] Vgl. etwa – dogmatisch wenig erhellend – EuGH, Urt. v. 17.7.2014, Rs. C–48/13 (Nordea Bank), ECLI:EU:C:2014:2087, Rn. 24; kritisch *Englisch*, IStR 2014, 561.
[181] S. EuGH, Urt. v. 17.7.2014, Rs. C–48/13 (Nordea Bank), ECLI:EU:C:2014:2087, Rn. 24. Eine Aufgabe des Vergleichbarkeitskriteriums, wie von GA *Kokott*, Schlussanträge zu Rs. C–48/13 (Nordea Bank), ECLI:EU:C:2014:2087, Rn. 21 ff., gefordert, geht indes über das Ziel hinaus und würde das Konzept der Diskriminierung zugunsten eines allgemeinen Beschränkungstatbestandes aufgeben.
[182] EuGH, Urt. v. 22.12.2008, Rs. C–282/07 (Truck Center), Slg. 2008, I–10767, Rn. 36 ff.; Urt. v. 14.14.2006, Rs. C–170/05 (Denkavit International und Denkavit France), Slg. 2006, I–11949, Rn. 23 f.; Urt. v. 11.8.1995, Rs. C–80/94 (Wielockx), Slg. 1995, I–2493, Rn. 24; siehe auch *Korte*, in: Calliess/Ruffert, EUV/AEUV, Art. 49 AEUV, Rn. 46.
[183] St. Rspr., vgl. EuGH, Urt. v. 8.12.1987, Rs. 20/87 (Gauchard), Slg. 1987, I–4879, Rn. 10 ff.; Urt. v. 19.6.2008, Rs. C–104/08 (Kurt), Slg. 2008, I–97, Rn. 20–24; *Schlag*, in: Schwarze, EU-Kommentar, Art. 49 AEUV, Rn. 42; *Oppermann/Classen/Nettesheim*, Europarecht, § 22, Rn. 13.
[184] EuGH, Urt. v. 27.4.1989, Rs. C–321/87 (Kommission/Belgien), Slg. 1989, 997, Rn. 12.

gen mit zwingenden Erfordernissen gerechtfertigt werden können, sind unmittelbare Diskriminierungen nur unter den engen Voraussetzungen des Art. 52 AEUV zulässig.[185]

(1) Unmittelbare Diskriminierung

52 Eine **unmittelbare Diskriminierung** liegt vor, wenn eine Maßnahme formal an die Staatsangehörigkeit (bei Unternehmen: Sitz) zum Zwecke einer Differenzierung anknüpft.[186] **Unmittelbare** Diskriminierungen können bereits an der Aufnahme der Tätigkeit als solche ansetzen[187] (Zugangsdiskriminierung) oder die Ausübungsmodalitäten für Ausländer betreffen (Ausübungsdiskriminierung). Zur **Zugangsdiskriminierung** zählen insbesondere **Inländervorbehalte**, welche die Ausübung einer bestimmten Tätigkeit Ausländern untersagen und damit objektiv unmöglich machen. Solche Vorbehalte hat es in der Vergangenheit vor allem bei klassischen freien Berufen (z. B. für Notare;[188] Rechtsanwälte;[189] Wirtschaftsprüfer;[190] Steuerberater)[191] und anderen berufskammergebundenen Berufen[192] sowie journalistischen Berufen[193] gegeben. Darüber hinaus reicht die Judikatur des EuGH zu Inländervorbehalten von der Gründung von Ergänzungsschulen und privaten Musik- und Tanzschulen oder der Abhaltung von Hauslehrerunterricht[194] bis hin zu Fremdenführern[195] und privaten Sicherheitsdiensten und Wachleuten.[196] Auch ein Inländervorbehalt bei Schiffseintragungen[197] oder für gesetzliche Vertreter einer Gesellschaft, die mit Waffen, Munition und Kriegsmaterial handelt,[198] stellen offene

---

[185] Dazu näher unten, Rn. 67.
[186] Vgl. EuGH, Urt. v. 14.2.1995, Rs. C–279/93 (Schuhmacker), Slg. 1995, I–225, Rn. 26; Urt. v. 18.3.2010, Rs. C–440/08 (Gielen), Slg. 2010, I–2323, Rn. 37; *Forsthoff*, in: Grabitz/Hilf/Nettesheim, EU, Art. 49 AEUV (März 2011), Rn. 79; *Nachbaur*, Niederlassungsfreiheit, S. 134.
[187] Vgl. EuGH, Urt. v. 24.5.2011, Rs. C–54/08 (Kommission/Deutschland), Slg. 2011, I–4355, Rn. 81 f.; dazu: *Huttenlocher/Wohlrab*, EuZW 2012, 779.
[188] EuGH, Urt. v. 24.5.2011, Rs. C–47/08 (Kommission/Belgien), Slg. 2011, I–4105, Rn. 124; Urt. v. 24.5.2011, Rs. C–50/08 (Kommission/Frankreich), Slg. 2011, I–4195 Rn. 107; Urt. v. 24.5.2011, Rs. C–51/08 (Kommission/Luxemburg), Slg. 2011, I–4231, Rn. 126; Urt. v. 24.5.2011, Rs. C–53/08 (Kommission/Österreich), Slg. 2011, I–4309, Rn. 147; Urt. v. 24.5.2011, Rs. C–54/08 (Kommission/Deutschland), Slg. 2011, I–4355, Rn. 68; Urt. v. 24.5.2011, Rs. C–61/08 (Kommission/Griechenland), Slg. 2011, I–4399, Rn. 134.
[189] EuGH, Urt. v. 21.6.1974, Rs. 2/74 (Reyners), Slg. 1974, 631, Rn. 24 ff.
[190] EuGH, Urt. v. 13.7.1993, Rs. C–42/92 (Thijssen), Slg. 1993, I–4047, Rn. 23.
[191] EuGH, Urt. v. 30.5.2006, Rs. C–451/03 (Servizi Ausiliari Dottori Commercialisti), Slg. 2006, I–291, Rn. 34 ff.
[192] EuGH, Urt. v. 14.7.1988, Rs. 38/87 (Kommission/Griechenland), Slg. 1988, 4415, Rn. 5 ff., 12.
[193] EuGH, Urt. v. 15.10.1986, Rs. 168/85 (Kommission/Italien), Slg. 1986, 2945, Rn. 10.
[194] EuGH, Urt. v. 15.3.1988, Rs. 147/86 (Kommission/Griechenland), Slg. 1988, 1637, Rn. 17.
[195] EuGH, Urt. v. 22.3.1994, Rs. C–375/92 (Kommission/Spanien), Slg. 1994, I–923, Rn. 10. Der Berufszugang wurde vom Nachweis eines Diploms abhängig gemacht, zu dem nur spanische Staatsbürger Zugang hatten.
[196] EuGH, Urt. v. 29.10.1998, Rs. C–114/97 (Kommission/Spanien), Slg. 1998, I–6717, Rn. 48; Urt. v. 31.5.2001, Rs. C–283/99 (Kommission/Italien), Slg. 2001, I–4363, Rn. 28.
[197] EuGH, Urt. v. 2.7.1991, Rs. C–221/89 (Factortame II), Slg. 1991, I–3905, Rn. 28 ff.; Urt. v. 7.3.1996, Rs. C–334/94 (Kommission/Frankreich), Slg. 1996, I–1307, Rn. 13 ff.; Urt. v. 12.6.1997, Rs. C–151/96 (Kommission/Irland), Slg. 1997, I–3327, Rn. 12; Urt. v. 27.11.1997, Rs. C–62/96 (Kommission/Griechenland), Slg. 1997, I–6725, Rn. 18; keine Diskriminierung, sondern eine Beschränkung stellt dagegen eine Regelung dar, die eine Schiffseintragung nur zulässt, wenn ein Teil der Anteilseigner und die Geschäftsführer der Reedereigesellschaft die Gemeinschafts- oder EWG Angehörigkeit besitzen, EuGH, Urt. v. 14.10.2004, Rs. C–299/02 (Kommission/Niederlande), Slg. 2004, I–9761, Rn. 19 f.
[198] EuGH, Urt. v. 4.9.2014, Rs. C–474/12 (Schiebel Aircraft), ECLI:EU:C:2014:2139, Rn. 29.

Diskriminierungen dar. Bei Unternehmen ergeben sich vergleichbare Hemmnisse z. B. aus der Nichtanerkennung der Rechtsfähigkeit bzw. der Prozessfähigkeit[199] von Gesellschaften mit Satzungssitz im Ausland[200] oder aus dem Ausschluss ausländischer Gesellschaftsformen von der Zulassung zum Wertpapiermakler.[201]

Ebenfalls unmittelbare Zugangsdiskriminierungen sind **Genehmigungspflichten** nur für Ausländer (Unternehmen mit ausländischem Sitz), zum Beispiel durch eine spezifische Genehmigungspflicht nur für ausländische Architekten zur Berufsausübung,[202] ebenso (Wohn-) **Sitzerfordernisse** nur für Ausländer, wie zum Beispiel ein Wohnsitzerfordernis zur Genehmigung einer Tätigkeit als Berater auf dem Gebiet des Verkehrs von Beförderungsmitteln[203] oder das Erfordernis der Gründung einer Gesellschaft nur für Ausländer zur Erteilung einer Fischereilizenz.[204] Auch die **Erforderlichkeit eines Bescheides** zur Feststellung der Selbstständigkeit nur für Angehörige der neuen Mitgliedstaaten[205] stellt eine subjektive Zugangsdiskriminierung dar.

53

Unmittelbar diskriminierende Ausübungsmodalitäten (**Ausübungsdiskriminierung**) können die Ausübung einer bestimmten Tätigkeit für Ausländer erschweren und wirken sich damit ebenfalls auf die Wettbewerbsgleichheit aus. Sie sind daher grundsätzlich mit dem Binnenmarkt unvereinbar. Objektiv diskriminierende Ausübungsmodalitäten sind z. B. **Inländervorbehalte** bei der Steuerbefreiung für den Erwerb von Immobilien;[206] bei Ausschreibungen zum Erwerb öffentlichen Eigentums;[207] bei der Befugnis, Rechte sowie Vermögen zu erwerben, zu nutzen oder darüber zu verfügen sowie Anleihen aufzunehmen und Zugang zu Krediten zu erhalten;[208] bei Unterhaltsvorschussansprüchen von Kindern (vgl. aber auch Rn. 58).[209]

54

(2) Mittelbare Diskriminierung

Eine **mittelbare Diskriminierung** liegt nach der ständigen Rechtsprechung des EuGH vor, »wenn dem Anschein nach neutrale Vorschriften, Kriterien oder Verfahren Staatsangehörige aus dem EU-Ausland gegenüber Inländern in besonderer Weise benachteiligen können«.[210] Die diskriminierende Wirkung tritt beispielsweise bei allgemein geltenden **Ansässigkeitserfordernissen** oder **inländischen Sprachkenntnissen** nicht offen

55

---

[199] EuGH, Urt. v. 5.11.2002, Rs. C–208/00 (Überseering), Slg. 2002, I–9919, Rn. 78 ff.
[200] Ausführlich bei Art. 54 AEUV, Rn. 9.
[201] EuGH, Urt. v. 6.6.1996, Rs. C–101/94 (Kommission/Italien), Slg. 1996, I–2691, Rn. 12 ff.
[202] EuGH, Urt. v. 28.6.1977, Rs. 11/77 (Patrick), Slg. 1977, 1199, Rn. 9 ff.
[203] EuGH, Urt. v. 29.5.2001, Rs. C–263/99 (Kommission/Italien), Slg. 2001, I–4195, Rn. 10 ff.
[204] EuGH, Urt. v. 4.10.1991, Rs. C–93/89 (Kommission/Irland), Slg. 1991, I–4569, Rn. 10 f.
[205] EuGH, Urt. v. 22.12.2008, Rs. C–161/07 (Kommission/Österreich), Slg. 2008, I–10671, Rn. 31.
[206] EuGH, Urt. v. 20.1.2011, Rs. C–155/09 (Kommission/Griechenland), Slg. 2011, I–65, Rn. 67 ff.
[207] EuGH, Urt. v. 18.6.1985, Rs. 197/84 (Steinhauser), Slg. 1985, I–1819, Rn. 14.
[208] EuGH, Urt. v. 14.1.1988, Rs. 63/86 (Kommission/Italien), Slg. 1988, I–29, Rn. 14 ff.
[209] GA *Alber*, Schlussanträge zu Rs. C–85/99 (Offermanns), Slg. 2001, I–2261, Rn. 72 f.
[210] Zur Niederlassungsfreiheit: EuGH, Urt. v. 18.3.2010, Rs. C–440/08 (Gielen), Slg. 2010, I–2323, Rn. 37; Urt. v. 13.7.1993, Rs. C–330/91 (Inland Revenue), Slg. 1993, I–4017, Rn. 14; Urt. 12.4.1994, Rs. C–1/93 (Halliburton), Slg. 1994, I–1137, Rn. 15; zur Arbeitnehmerfreizügigkeit: EuGH, Urt. v. 14.2.1995, Rs. C–279/93 (Schumacker), Slg. 1995, I–225, Rn. 26; Urt. v. 12.2.1974, Rs. 152/73 (Sotgiu), Slg. 1974, 153, Rn. 11: »die durch die Anwendung anderer Unterscheidungsmerkmale tatsächlich zu dem gleichen Ergebnis führen.«; vgl. auch EuGH, Urt. v. 12.3.1998, Rs. C–187/96 (Kommission/Griechenland), Slg. 1998, I–1095, Rn. 19: eine Vorschrift, die sich »ihrem Wesen nach eher auf Wanderarbeitnehmer als auf inländische Arbeitnehmer auswirkt«.

zutage, so dass die Maßnahme auf den ersten Blick wettbewerblich unbedenklich erscheint. Solche Erfordernisse betreffen jedoch typischerweise überwiegend ausländische Staatsangehörige oder Unternehmen und führen daher tatsächlich zu demselben Ergebnis wie eine unmittelbare Diskriminierung.[211] Der Nachweis kann statistisch geführt (**statistische Methode**)[212] oder – so die Praxis des EuGH zu Art. 49 AEUV – wertend begründet werden. Demnach liegt eine mittelbare Diskriminierung dann vor, wenn Inländer nationale Anforderungen »leichter erfüllen« oder »die Gefahr besteht«, dass diese Anforderungen Ausländer nachteilhaft betreffen.[213] Es genügt die Eignung einer Maßnahme, diese Wirkungen hervorzurufen.[214] Mittelbare Diskriminierungen sind wie unmittelbare Diskriminierungen dazu geeignet, die **Wettbewerbsgleichheit zulasten von Ausländern zu beschränken** und sind daher vom niederlassungsrechtlichen Diskriminierungsverbot erfasst.[215] Sie können gleichermaßen bereits die Niederlassung (**Zugangsdiskriminierung**) oder erst die Ausübung der Tätigkeit von Ausländern erschweren (**Ausübungsdiskriminierung**).

56 **Zweitniederlassungsverbote**[216] (keine Genehmigung bei bereits bestehender Niederlassung oder Zulassung in einem anderen Mitgliedstaat), **Ansässigkeitserfordernisse**[217] und **Qualifikationserfordernisse** (Zulassung nur bei Ausbildung oder Erwerb eines Diploms im Inland),[218] die **Nichtberücksichtigung vergleichbarer ausländischer Abschlüs-**

---

[211] EuGH, Urt. v. 7.5.1998, Rs. C–350/96 (Clean Car Autoservice), Slg. 1998, I–2521, Rn. 27 ff.
[212] Vgl. etwa zu Art. 49 AEUV: Wohnsitzerfordernis für Geschäftsführer: EuGH, Urt. v. 7.5.1998, Rs. C–350/96 (Clean Car Autoservice), Slg. 1998, I–2521, Rn. 27 ff.; zu Art. 157 AEUV: Urt. v. 13.5.1986, Rs. 170/84 (Bilka), Slg. 1986, 1607, Rn. 29; Urt. v. 31.3.1981, Rs. 96/80 (Jenkins), Slg. 1981, 911, Rn. 15; Urt. v. 27.6.1990, Rs. C–33/89 (Kowalska), Slg. 1990, I–2591, Rn. 16; zu Art. 45 AEUV: EuGH, Urt. v. 17.11.1992, Rs. C–279/89 (Kommission/Vereinigtes Königreich), Slg. 1992, I–5785, Rn. 42; Urt. v. 20.10.1993, Rs. C–272/92 (Spotti), Slg. 1993, I–5185, Rn. 18; zur Richtlinie 2000/78: EuGH, Urt. v. 11.3.2013, verb. Rs. C–335/11 und C–337/11 (Dansk Arbejdsgiverforening), ECLI:EU:C:2013:222, Rn. 69 ff. vereinfachtes Kündigungsrecht bei hohen Fehlzeiten als mittelbare Diskriminierung von Behinderten, da diese von der Regelung häufiger betroffen sind; zur RL 2000/43/EG: GA *Kokott*, Schlussanträge zu Rs. C–394/11 (Belov), ECLI:EU:C:2012:585, Rn. 99: Anbringen von Stromzählern in einer Höhe von 7m nur in Stadtteilen, in denen überwiegend Roma leben als mittelbare Diskriminierung aufgrund der ethnischen Herkunft; Art. 2 Abs. 2 RL 97/80/EG (Beweislastrichtlinie).
[213] S. EuGH, Urt. v. 23.5.1996, Rs. C–237/94 (O'Flynn), Slg. 1996, I–2617 Rn. 18; Urt. v. 21.9.2000, Rs. C–124/99 (Borawitz), Slg. 2000, I–7293 Rn. 25; Urt. v. 18.1.2007, Rs. C–332/05 (Celozzi), Slg. 2007, I–563 Rn. 24, beides für die Arbeitnehmerfreizügigkeit.
[214] EuGH, Urt. v. 23.5.1996, Rs. C–237/94 (O'Flynn), Slg. 1996, I–2617, Rn. 21 (für den Diskriminierungsbegriff der RL 1612/68/EWG).
[215] *Frenz*, Handbuch Europarecht, Band 1, Rn. 2448.
[216] Für Wirtschaftsprüfer: EuGH, Urt. v. 20.5.1992, Rs. C–106/91 (Ramrath), Slg. 1992, I–3351, Rn. 20 ff.; siehe auch Urt. v. 16.6.1992, Rs. C–351/90 (Kommission/Luxemburg), Slg. 1992, I–3945, Rn. 10, 15; für Ärzte: EuGH, Urt. v. 30.4.1986, Rs. 96/85 (Kommission/Frankreich), Slg. 1986, I–1475, Rn. 12; für Optiker: EuGH, Urt. v. 21.4.2005, Rs. C–140/03 (Kommission/Griechenland), Slg. 2005, I–3177, Rn. 28.
[217] EuGH, Urt. v. 29.10.1998, Rs. C–114/97 (Kommission/Spanien), Slg. 1998, I–6717, Rn. 44; Urt. v. 8.6.1999, Rs. C–337/97 (Meeusen), Slg. 1999, I–3289, Rn. 28 f.; Urt. v. 9.3.2000, Rs. C–355/98 (Kommission/Belgien), Slg. 2000, I–1221, Rn. 31; Urt. v. 30.3.2006, Rs. C–451/03 (Servizi Ausiliari Dottori Commercialisti), Slg. 2006, I–2941, Rn. 34; GA *Alber*, Schlussanträge zu Rs. C–243/01 (Gambelli u.a.), Slg. 2003, I–13031, Rn. 94; siehe auch *Forsthoff*, in: Grabitz/Hilf/Nettesheim, EU, Art. 49 AEUV (März 2011), Rn. 84.
[218] EuGH, Urt. v. 28.4.1977, Rs. 71/76 (Thieffry), Slg. 1977, 765, Rn. 27; Urt. v. 28.6.1977, Rs. 11/77 (Patrick), Slg. 1977, 1199, Rn. 16; Urt. v. 22.9.1983, Rs. 271/82 (Auer), Slg. 1983, 2727, Rn. 19; Urt. v. 13.11.2003, Rs. C–313/01 (Morgenbesser), Slg. 2003, I–13467, Rn. 5; Urt. v. 15.12.1983, Rs. C–5/83 (Rienks), Slg. 1983, 4233, Rn. 9 f.

se[219] bzw. Berücksichtigung lediglich unter zusätzlichen Voraussetzungen treffen typischerweise Ausländer und wirken sich wie Inländervorbehalte aus. Diskriminierend ist dabei nicht die Forderung nach einem Diplom an sich,[220] sondern die Nichtberücksichtigung vergleichbarer Abschlüsse im Herkunftsstaat.[221] Kommt ein Mitgliedstaat nach sorgfältiger Prüfung zu dem Ergebnis, dass die geforderten Kenntnisse durch ein ausländisches Diplom nachgewiesen sind, so darf er keine zusätzlichen Nachweise verlangen.[222] Gegebenenfalls muss ein partieller Zugang zu dem reglementierten Beruf gestattet werden, soweit die Qualifikation hierfür ausreichend wäre.[223] Mittelbar diskriminierend wirkt sich schließlich auch ein **intransparentes Vergabeverfahren** aus, weil hierdurch typischerweise ausländische, an der Vergabe interessierte Unternehmen ausgeschlossen werden.[224] Für diese ist es naturgemäß schwieriger als für inländische Unternehmen, die die Gegebenheiten kennen, von einem solchen Verfahren Kenntnis zu erlangen. Auch die **Verpflichtung zum Abschluss von Versicherungen** kann mittelbar diskriminierend sein, wenn diese ohne Rücksicht darauf erhoben werden, ob jemand in einem anderen Mitgliedstaat bereits versichert ist und dadurch doppelt belastet wird. Unzulässig ist es daher insbesondere, von einem Unternehmen, das in zwei Mitgliedstaaten tätig ist, Beiträge für die Sozialversicherung zu erheben, wenn dieses bereits im ersten Mitgliedstaat einem System der sozialen Sicherheit angeschlossen ist.[225]

Das Verbot des Führens einer bestimmten Geschäftsbezeichnung stellt eine versteckte Ausübungsdiskriminierung dar, wenn es Unternehmen mit ausländischem Sitz typischerweise benachteiligt (ansonsten: bloße Behinderung), die eine unionsweit einheitliche Werbekonzeption durchführen wollen.[226]

bb) Niederlassungsbezogene und umfeldbezogene Diskriminierung

Das niederlassungsrechtliche Diskriminierungsverbot beschränkt sich nicht auf Sachverhalte, die unmittelbar die Niederlassungshandlung betreffen (**niederlassungsbezogene Diskriminierung**), sondern kann darüber hinaus auch Umfeldregelungen erfassen, die sich in irgendeiner Weise auf die **Wettbewerbsfähigkeit** von grenzüberschreitend mobilen Personen oder Unternehmen auswirken können (**umfeldbezogene Diskriminierung**).[227] Um Abgrenzungsschwierigkeiten zum allgemeinen Diskriminierungsver-

---

[219] EuGH, Urt. v. 28.4.1977, Rs. 71/76 (Thieffry), Slg. 1977, 765, Rn. 27; Urt. v. 7.5.1992, Rs. C–104/91 (Borrell), Slg. 1992, I–3003, Rn. 10 f., wo nur inländische Befähigungsnachweise für Immobilienmakler akzeptiert wurden.
[220] Die Mitgliedstaaten dürfen grundsätzlich *Zugangsvoraussetzungen aufstellen, vgl.* EuGH, Urt. v. 15.10.1987, Rs. 222/86 (Heylens), Slg. 1987, 4097, Rn. 10; Urt. v. 7.5.1991, Rs. C–340/89 (Vlassopoulou), Slg. 1991, I–2357, Rn. 9; dazu *Hailbronner*, JuS 1991, 917 (919 ff.).
[221] EuGH, Urt. v. 30.11.1995, Rs. C–55/94 (Gebhard), Slg. 1995, I–4165, Rn. 36; Urt. v. 27.6.2013, Rs. C–575/11 (Nasiopoulos), ECLI:EU:C:2013:430, Rn. 19.
[222] EuGH, Urt. v. 15.10.1987, Rs. 222/86 (Heylens), Slg. 1987, 4097, Rn. 13; Urt. v. 7.5.1991, Rs. C–340/89 (Vlassopoulou), Slg. 1991, I–2357, Rn. 16 ff.; besprochen von *Hailbronner*, JuS 1991, 917 (919 ff.).
[223] Siehe EuGH, Urt. v. 27.6.2013, Rs. C–575/11 (Nasiopoulos), ECLI:EU:C:2013:430, Rn. 20 f., hinsichtlich des in Griechenland reglementierten Berufs des Physiotherapeuten, wobei der EuGH hier nicht ausdrücklich auf die Unterscheidung zwischen Diskriminierung und Behinderung eingeht.
[224] EuGH, Urt. v. 14.11.2013, Rs. C–221/12 (Belgacom), ECLI:EU:C:2013:736, Rn. 37.
[225] EuGH, Urt. v. 15.2.1996, Rs. C–53/95 (Inasti/Kemmler), Slg. 1996, I–703, Rn. 12.
[226] Vgl. EuGH, Urt. v. 11.5.1999, Rs. C–255/97 (Pfeiffer), Slg. 1999, I–2835, Rn. 20 (dort wohl als Behinderung subsumiert).
[227] *Forsthoff*, in: Grabitz/Hilf/Nettesheim, EU, Art. 49 AEUV (März 2011), Rn. 76; *Müller-Graff*, in: Streinz, EUV/AEUV, Art. 49 AEUV, Rn. 39; *Frenz*, Handbuch Europarecht, Band 1, Rn. 2452 f.

bot in Art. 18 AEUV zu vermeiden, ist ein hinreichend enger Bezug zum wirtschaftlichen Niederlassungsvorgang selbst erforderlich.[228] Der EuGH ist dahingehend weniger restriktiv und nahm eine Verletzung der Niederlassungsfreiheit schon in Fällen der **Beschränkung von Freizeittätigkeiten** von Ausländern an.[229] Solche Fälle können in den Anwendungsbereich des Art. 18 AEUV fallen; da sie sich regelmäßig nicht auf den Wettbewerb auswirken, sind sie grundsätzlich nicht an Art. 49 AEUV zu messen. Anders liegt es bei Umfelddiskriminierungen, die **Hilfsgeschäfte der Niederlassung** betreffen, wie die Anmietung von Räumen zur beruflichen Nutzung[230] oder von Wohnungen (auch der Zugang zu Sozialwohnungen, zweifelhaft),[231] Regelungen zum Immobilienerwerb,[232] die Transliteration eines Namens in ein anderes Alphabet,[233] unterschiedliche Beitragsbelastungen im Sozialversicherungsrecht,[234] Wohnsitzerfordernisse für die Studienfinanzierung der Kinder,[235] die Anerkennung der Fahrerlaubnis,[236] Benachteiligungen bei der Krankenversicherung der Angestellten von Unternehmen mit ausländischem Sitz,[237] die de facto-Vergabe von öffentlichen Aufträgen unter Verletzung des Transparenzgebots,[238] abgeleitete Aufenthaltsrechte drittstaatsangehöriger Familienangehöriger[239] und Beschränkungen des Zugangs von Arbeits- und Führungskräften.[240]

3. Behinderungen

59 Behinderungen der Niederlassungsfreiheit wirken sich auf inländische und ausländische Selbstständige oder Unternehmen rechtlich und faktisch gleich aus, unterbinden oder **behindern jedoch den Marktzugang** und damit die **Ausübung der Freiheit** oder machen sie **weniger attraktiv**.[241] Der Übergang zwischen versteckten Diskriminierungen und unterschiedslosen Beschränkungen (Behinderungen) ist fließend. Eine Differenzierung ist – im Gegensatz zu der Unterscheidung zwischen offenen und versteckten Diskriminierungen – in der Praxis nicht notwendig, da die Anforderungen an eine Rechtfertigung für beide Beschränkungsformen identisch sind.[242] Notwendig ist aber eine Abgrenzung

---

[228] Andernfalls fällt die Regelung u. U. unter das allgemeine Diskriminierungsverbot nach Art. 18 AEUV, *Pache*, in: Schulze/Zuleeg/Kadelbach, Europarecht, § 10, Rn. 184.
[229] Kauf eines Privatflugzeugs: EuGH, Urt. v. 8.7.1999, Rs. C–203/98 (Kommission/Belgien), Slg. 1999, I–4899; Kauf eines privaten Segelbootes: EuGH, Urt. v. 7.3.1996, Rs. C–334/94 (Kommission/Frankreich), Slg. 1996, I–1307; Urt. v. 12.6.1997, Rs. C–151/96 (Kommission/Irland), Slg. 1997, I–3327, Rn. 12; Urt. v. 27.11.1997, Rs. C–62/96 (Kommission/Griechenland), Slg. 1997, I–6725, Rn. 18.
[230] EuGH, Urt. v. 18.6.1985, Rs. C–197/84 (Steinhauser), Slg. 1985, 1819, Rn. 16.
[231] EuGH, Urt. v. 14.1.1988, Rs. 63/86 (Kommission/Italien), Slg. 1988, 29, Rn. 16.
[232] EuGH, Urt. v. 30.5.1989, Rs. 305/87(Kommission/Griechenland), Slg. 1989, 1461, Rn. 21 f.
[233] EuGH, Urt. v. 30.3.1993, Rs. C–168/91 (Konstandinidis), Slg. 1993, I–1191, Rn. 16 f.
[234] EuGH, Urt. v. 7.7.1988, Rs. 154/87 u. 155/87 (Wolf und Dorchain), Slg. 1988, 3897, Rn. 14.
[235] EuGH, Urt. v. 8.6.1999, Rs. C–337/97 (Meeusen), Slg. 1999, I–3289, Rn. 25.
[236] EuGH, Urt. v. 28.11.1978, Rs. 16/78 (Choquet), Slg. 1978, 2293, Rn. 4.
[237] EuGH, Urt. v. 10.7.1986, Rs. 79/85 (Segers), Slg. 1986, 2375, Rn. 15.
[238] EuGH, Urt. v. 21.7.2005, Rs. C–231/03 (Coname), Slg. 2005, I–7287, Rn. 19; Urt. v. 13.11.2007, Rs. C–507/03 (An Post), Slg. 2007, I–9777; dazu: *Bitterich*, EuZW 2008, 14 (16).
[239] EuGH, Urt. v. 7.7.1992, Rs. C–370/90 (Singh), Slg. 1992, I–4265 Rn. 21.
[240] EuGH, Urt. v. 9.3.2000, Rs. C–355/98, Slg. 2000, I–1221, Rn. 31 ff. (dort für ein Wohnsitzerfordernis für Führungskräfte).
[241] St. Rspr: EuGH, Urt. v. 18.12.2014, Rs. C–87/13 (X), ECLI:EU:C:2014:2459, Rn. 23; schon Urt. v. 31.3.1993, Kraus, C–19/92, Slg. 1993, I–1663, Rn. 32; Urt. v. 30.11.1995, Gebhard, C–55/94, Slg. 1995, I–4165, Rn. 37; *Frenz*, Handbuch Europarecht, Band 1, Rn. 2461.
[242] St. Rspr. und h.M.: EuGH, Urt. v. 22.10.2009, Rs. C–438/08 (Kommission/Portugal), Slg. 2007, I–779, Rn. 32 f.; *Forsthoff*, in: Grabitz/Hilf/Nettesheim, EU, Art. 49 AEUV (März 2011),

von der rechtfertigungsbedürftigen Behinderung des Marktzugangs von einer allgemeinen, nicht markzugangsbezogenen Standortbedingung.

a) **Sicherung des grenzüberschreitenden Marktzugangs**

Länger als bei den anderen Grundfreiheiten war unklar, ob die Niederlassungsfreiheit auch nicht diskriminierende Beschränkungen (Behinderungen) umfasst. Die Frage nach der Reichweite des Beschränkungstatbestandes des Art. 49 AEUV ist schwieriger als bei den Produktfreiheiten zu beantworten, weil mit der Ausweitung des Gewährleistungsbereichs auf ein Behinderungsverbot das Herkunftslandprinzip Anwendung findet mit der Folge, dass sich grenzüberschreitend niedergelassene Personen im Grundsatz auf die Berufsregelungen ihres Herkunftsstaates berufen könnten.[243] Auf diese Weise gerieten weite Bereiche der mitgliedstaatlichen Wirtschafts- und Sozialordnung unter die strenge Verhältnismäßigkeitskontrolle der Grundfreiheiten. Daher lag es zunächst nahe, Art. 49 AEUV im Einklang mit seinem Wortlaut (Abs. 2) als reines Diskriminierungsverbot zu interpretieren.[244] Da das Binnenmarktrecht jedoch (auch) mit der Gewährleistung grenzüberschreitender Privatautonomie[245] eine Freiheitsperspektive entfaltet, entspräche eine Interpretation des Art. 49 AEUV als bloßes Diskriminierungsverbot nicht seinem Regelungszweck. Auch unterschiedslose Behinderungen sind geeignet, dämpfend auf den Standortwettbewerb einzuwirken und die allokative Funktion des Wettbewerbs zu schwächen. Daher erfasst Art. 49 AEUV nach mittlerweile gefestigter Rechtsprechung des EuGH[246] sowie herrschender Auffassung in der Literatur[247] unterschiedslos wirkende Behinderungen.

60

Das binnenmarktrechtlich angelegte Spannungsfeld zwischen Wettbewerbseröffnung und grundsätzlichem Fortbestand nationaler Regelungsbefugnis gebietet es jedoch

61

Rn. 123; *Roth*, WRP 2000, 979 (980 ff.); in diese Richtung auch: *Hirsch*, ZEuS 1999, 503 (510 f.); vgl. Rn. 67 ff.

[243] Vgl. dazu *Kainer*, Harmonisierung des Wirtschaftsrechts, S. 81 ff.; dem liegt etwa die Rechtsprechung zur Anerkennung ausländischer Gesellschaftsformen zugrunde, dazu näher bei Art. 54 AEUV, Rn. 9 ff.

[244] Siehe etwa *Ebenroth/Eyles*, DB 1989, 363 (369 ff., 413); *Everling*, EuR 1989, 338 (343 ff.); *ders.*, Niederlassungsrecht, S. 21 ff. (jetzt aber *ders.*, in: GS Knobbe-Keuk, S. 607, 618 ff.); *Groß*, AG 1990, 530 (535 f.); *Hailbronner*, JuS 1991, 917 (919 f.); *ders./Nachbaur*, WiVerw. 1992, 57 (77 ff.); *Jarass*, RIW 1993, 1 (5); *ders.*, EuR 1995, 202 (214 f.); *Nachbaur*, EuZW 1991, 470 (471 f.); *ders.*, Niederlassungsfreiheit, S. 128 ff.; *Rabe*, NJW 1987, 2185 (2188); *Wägenbaur*, EuZW 1991, 427 (427 ff.); ausführlich die Entwicklung der Rechtsprechung nachzeichnend *Eberhartinger*, EWS 1997, 43 (46 ff.).

[245] Siehe *Müller-Graff*, in: GSH, Europäisches Unionsrecht, Art. 34 AEUV, Rn. 1 ff., 7 f.; *Müller-Graff*, in: Streinz, EUV/AEUV, Art. 49 AEUV, Rn. 5; ausführlich zum Binnenmarktkonzept *Kainer*, Unternehmensübernahmen, S. 124 ff.; vgl. Rn. 5, 37 ff.

[246] EuGH, Urt. v. 18.12.2014, Rs. C–87/13 (X), ECLI:EU:C:2014:2459, Rn. 23; Urt. v. 31.3.1993, Rs. C–19/92 (Kraus), Slg. 1993, I–1663, Rn. 32; Urt. v. 30.11.1995, Rs. C–55/94 (Gebhard), Slg. 1995, I–4165, Rn. 37. In älteren Urteilen hatte der EuGH dagegen unterschiedslos geltende Maßnahmen nicht als Berührung der Niederlassungsfreiheit angesehen: EuGH, Urt. v. 12.1.1987, Rs. 221/85 (Kommission/Belgien), Slg. 1987, 719, Rn. 11 f.; Urt. v. 15.3.1988, Rs. 147/86 (Kommission/Griechenland), Slg. 1988, I–1637, Rn. 20 f.

[247] *Fischer*, in: Lenz/Borchardt, EU-Verträge Art. 49 AEUV, Rn. 8 ff.; *Nettesheim*, in: Oppermann/Classen/Nettesheim, Europarecht, § 28, Rn. 34; *Pache*, in: Schulze/Zuleeg, Europarecht, § 10, Rn. 185; *Schlag*, in: Schwarze, EU-Kommentar, Art. 49 AEUV, Rn. 45; *Müller-Graff*, in: Streinz, EUV/AEUV, Art. 49 AEUV. Rn. 57; *Tietje*, in: Ehlers, Grundrechte und Grundfreiheiten, § 10, Rn. 53; *Korte*, in: Calliess/Ruffert, EUV/AEUV, Art. 49 AEUV, Rn. 49 ff.; *Forsthoff*, in: Grabitz/Hilf/Nettesheim, EU, Art. 49 AEUV (März 2011), Rn. 88.

andererseits, den **Tatbestand des Behinderungsverbots auf Maßnahmen zu begrenzen, welche den Marktzugang bei einer grenzüberschreitenden Niederlassung behindern**.[248] Jede Niederlassung ist immer auch mit einer Eingliederung in die innerstaatliche Rechtsordnung verbunden und wäre grundsätzlich tatbestandlich relevant für die Niederlassungsfreiheit.[249] Da es gerade der Zweck der Niederlassung ist, die Faktorbedingungen des Aufnahmestaates zu nutzen, kann nicht umgekehrt die damit verbundene Anpassung zugleich eine Beschränkung darstellen.[250] Zum Ausdruck kommt diese teleologische Rückführung des Beschränkungsbegriffs in der warenverkehrsrechtlichen Keck-Rechtsprechung des EuGH,[251] deren Übertragung auf die Niederlassungsfreiheit – wie in der Literatur teilweise vorgeschlagen[252] – durch den EuGH konzeptionell zwischenzeitlich durchgeführt wurde,[253] mit Recht unter Verzicht auf das wenig weiterführende Begriffspaar »bestimmte Verkaufsmodalitäten« und »Produktregelungen«. Eine klare Definition des Begriffs des Marktzugangs fehlt indes in der Rechtsprechung des EuGH; auf die umfangreiche Argumentation des Generalanwalts Tizzano in der Rs. Caixa Bank France für die Übertragung der Keck-Rechtsprechung auf die Niederlassungsfreiheit ist der Gerichtshof nicht eingegangen.[254]

b) Zugangsbehinderung

62 Der EuGH konkretisiert den **Begriff des Marktzugangs** immerhin soweit, dass die Möglichkeit gewährleistet sein muss, »unter Bedingungen eines normalen und wirksamen Wettbewerbs in den Markt des Aufnahmemitgliedstaats einzutreten«.[255] Regelungen, die den Marktzugang nach dieser Definition berühren, sind etwa die Erlaubnispflicht für

---

[248] Vgl. EuGH, Urt. v. 7.3.2013, Rs. C–577/11 (DKV Belgium), ECLI:EU:C:2013:146, Rn. 33; Urt. v. 29.3.2011, Rs. C–565/08 (Kommission/Italien), Rn. 46; Urt. v. 24.3.2011, Rs. C–400/08 (Kommission/Spanien), Slg. 2011, I–1915, Rn. 64; Urt. v. 10.2.2009, Rs. C–110/05 (Kommission/Italien), Slg. 2009, I–519, Rn. 37; Urt. v. 28.4.2009, Rs. C–518/06 (Kommission/Italien), Slg. 2009, I–3491, Rn. 64; Urt. v. 5.10.2004, Rs. C–442/02 (Caixa Bank France), Slg. 2004, I–8961 Rn. 11 f., 14. Hierzu ausführlich *Kainer*, Unternehmensübernahmen, S. 69 ff., 164 ff. m. w. N.; s. ferner *Drüen/Schmitz*, GmbHR 2012, 485 (487); *Epiney*, NVwZ 2009, 1139 (1143); *Korte*, in: Calliess/Ruffert, EUV/AEUV, Art. 49 AEUV, Rn. 50 ff.; *Frenz*, Handbuch Europarecht, Band 1, Rn. 2423 ff.; *Forsthoff*, in: Grabitz/Hilf/Nettesheim, EU, Art. 49 AEUV (März 2011), Rn. 96; *Müller-Graff*, in: Streinz, EUV/AEUV, Art. 49 AEUV, Rn. 58; *Kindler*, EuZW 2016, 136, 138 f.

[249] *Pache*, in: Schulze/Zuleeg, Europarecht, § 10, Rn. 186; *Tietje*, in: Ehlers, Grundrechte und Grundfreiheiten, § 10, Rn. 55.

[250] Ähnlich EuGH, Urt. v. 7.10.2004, Rs. C–379/92 (Peralta), Slg. 1994, I–3453, Rn. 34; Urt. v. 20.6.1996, Rs. C–418/93 (Semeraro Casa Uno), Slg. 1996, I–2975, Rn. 32; *Nettesheim*, in: Oppermann/Classen/Nettesheim, Europarecht, § 28, Rn. 34.

[251] Die Fortführung der Rechtsprechung akzentuiert das Marktzugangskriterium, vgl. EuGH, Urt. v. 10.2.2009, Rs. C–110/05 (Kommission/Italien), Slg. 2009, I–519, Rn. 36, 52; Urt. v. 4.6.2009, Rs. C–142/05 (Mickelsson u. Roos), Slg. 2009, I–4273, Rn. 25 ff.; Urt. v. 26.4.2012, Rs. C–456/10 (ANETT), ECLI:EU:C:2012:241, Rn. 33 ff.; Urt. v. 1.3.2012, Rs. C–484/10 (Ascafor u. Asidac), ECLI:EU:C:2012:113, Rn. 53.

[252] Vgl. z. B. *Eberhartinger*, EWS 1997, 43 (49); *Kainer*, Unternehmensübernahmen, S. 110 ff., 113 f.; vgl. auch GA *Tizzano*, Schlussanträge zu Rs. C–442/02 (Caixa Bank France), Slg. 2004, I–8961, Rn. 76.

[253] EuGH, Urt. v. 11.11.2010, Rs. C–543/08 (Kommission/Portugal), Slg. 2010, I–11241, Rn. 66 ff. (für Art. 56 AEUV); ähnlich schon Urt. v. 10.5.1995, Rs. C–384/93 (Alpine Investments), Slg. 1995, I–1141, Rn. 37.

[254] Vgl. EuGH, Urt. v. 5.10.2004, Rs. C–442/02 (Caixa Bank France), Slg. 2004, I–8961.

[255] EuGH, Urt. v. 29.3.2011, Rs. C–565/08 (Kommission/Italien), Slg. 2011, I–188, Rn. 51; jüngst Urt. v. 15.10.2015, Rs. C–168/14 (Grupo Itevelesa), ECLI:EU:C:2015:685, Rn. 67. Dazu *Dietz/Streinz*, EuR 2015, 50.

die Aufnahme einer Tätigkeit,[256] begrenzte oder auf bestimmte Gesellschaftsformen beschränkte Konzessionen im Glücksspielsektor,[257] Vorschriften über die Beteiligungsstruktur an Gesellschaften, im konkreten Fall die Vorschrift, dass sich Nichtbiologen nicht mit mehr als 25 % am Kapital einer bestimmten Gesellschaft beteiligen dürfen,[258] ein Verbot von klassischen Wettbewerbshandlungen einer Bank oder im konkreten Fall das Verbot der Verzinsung von Sichteinlagen.[259] Auch Beschränkungen bei der Führung eines akademischen Grads[260] hat der EuGH für rechtfertigungsbedürftig gehalten. Gemeinsam ist diesen Fällen, dass die **Beschränkung am Marktzutritt anknüpft**, die Regulierung also das wettbewerbliche Verhalten des grenzüberschreitend tätigen Unternehmens selbst betrifft.

Dagegen liegt eine Beschränkung nicht allein deswegen vor, weil sich Unternehmen mit den im Aufnahmemitgliedstaat geltenden Regeln erst vertraut machen müssen. Solcherlei **Anpassungskosten**, die alleine aus der Unterschiedlichkeit der Rechtsordnungen resultieren, müssen hingenommen werden.[261] Insbesondere ist eine mitgliedstaatliche Regelung nicht allein deshalb eine Behinderung, weil andere Mitgliedstaaten weniger strenge oder wirtschaftlich vorteilhaftere Vorschriften vorsehen. Der EuGH hat es daher abgelehnt, Regelungen sog. »integrierter nationaler Ordnungssysteme«, wozu insbesondere die mitgliedstaatlichen Systeme der sozialen Sicherheit gehören, vom Beschränkungsbegriff auszunehmen.[262] Zu den rechtfertigungbedürftigen Marktzugangshemmnissen gehören in erster Linie **objektive Zugangshemmnisse**, die bereits die Tätigkeit als solche verbieten oder beschränken. **Tätigkeitsverbote**, wie z. B. ein generelles Verbot der Ausübung des Berufes des Heilpraktikers[263] oder Tätigkeitsvorbehalte zu Gunsten der öffentlichen Hand sowie die Schaffung staatlicher Monopole oder die Verstaatlichung eines gesamten Wirtschaftssektors (z. B. Glücksspiel)[264] sind daher stets Beschränkungen im Sinne der Niederlassungsfreiheit. Auch **Bedarfsvorbehalte** sind darunter zu fassen,[265] z. B. quantitative Begrenzungen von neu zu errichtenden Apothe-

63

---

[256] EuGH, Urt. v. 24.3.2011, Rs. C–400/08 (Kommission/Spanien), Slg. 2011, I–1915, Rn. 64 f. (»indem sie es daran hindert, seine Tätigkeiten mittels Betriebsstätte frei auszuüben«).
[257] EuGH, Urt. v. 6.3.2007, verb. Rs. C–338/04, C–359/04 u. 360/04 (Placanica), Slg. 2007, I–1891, Rn. 42; Urt. v. 6.11.2003, Rs. C–243/01 (Gambelli u. a.), Slg. 2003, I–597, Rn. 44 ff.; Urt. v. 28.1.2016, Rs. C–375/14 (Rosanna Laezza), ECLI:EU:C:2016:60, Rn. 22 f.
[258] EuGH, Urt. v. 16.12.2010, Rs. C–89/09 (Kommission/Frankreich), Slg. 2010, I–12941, Rn. 44 f.
[259] EuGH, Urt. v. 5.10.2004, Rs. C–442/02 (Caixa Bank France), Slg. 2004, I–8961, Rn. 11 f., 14.
[260] EuGH, Urt. v. 31.3.1993, Rs. C–19/92 (Kraus), Slg. 1993, I–1663, Rn. 19.
[261] Regelungen des Lebensumfeldes sind nur bei diskriminierendem Inhalt verboten. Im Übrigen hat der Betroffene die Integrationslasten selbst zu tragen, vgl. *Forsthoff*, in: Grabitz/Hilf/Nettesheim, EU, Art. 49 AEUV (März 2011), Rn. 76–78, 115.
[262] EuGH, Urt. v. 12.7.2001, Rs. C–157/99 (Smits und Peerbooms), Slg. 2001, I–5473, Rn. 51 ff.
[263] EuGH, Urt. v. 11.7.2002, Rs. C–294/00 (Gräbner), Slg. 2002, I–6515, Rn. 40.
[264] EuGH, Urt. v. 8.9.2010, verb. Rs. C–316/07, C–358/07 – 360/07, 409/07 u. 410/07 (Stoß), Slg. 2010, I–8069, Rn. 68; zur Dienstleistungsfreiheit: EuGH, Urt. v. 8.9.2009, Rs. C–42/07 (Liga Portuguesa und Bwin Int.), Slg. 2009, I–7633, Rn. 52.
[265] EuGH, Urt. v. 10.3.2009, Rs. C–169/07 (Hartlauer), Slg. 2009, I–1721, Rn. 36; Urt. v. 1.6.2010, verb. Rs. C–570/07 u. 571/07 (Blanco Pérez und Chao Gómez), Slg. 2010, I–4629, Rn. 55; vgl. für Wettbewerbsschutz Urt. v. 15.10.2015, Rs. C–168/14 (Grupo Itevelesa), ECLI:EU:C:2015:685, Rn. 67–70.

ken[266] oder Optikergeschäften[267] auf ein einziges Geschäft pro Bezirk, das Festlegen von Mindestabständen gegenüber bereits bestehenden Geschäften[268] oder die Prüfung einer Neuansiedlung von Einzelhandelseinrichtungen auf die Einzelhandelsstruktur einer Region.[269] Bedarfsvorbehalte können u. U. auch eine mittelbare Diskriminierung darstellen, wenn hierdurch diejenigen Marktteilnehmer begünstigt werden, die bereits ortsansässig sind, während vor allem Marktteilnehmer aus anderen Mitgliedstaaten vom Marktzugang abgeschreckt werden oder ihr Marktzugang sogar ganz verhindert wird.[270] Allgemein sind bereits **Erlaubnisvorbehalte**, die die Niederlassung von der Erteilung einer vorherigen Erlaubnis abhängig machen, geeignet, die Ausübung der Niederlassungsfreiheit zu beeinträchtigen, denn eine Erlaubnis ist mit zusätzlichen Verwaltungskosten und finanziellen Belastungen verbunden. Im Übrigen werden diejenigen Wirtschaftsteilnehmer von der Ausübung einer selbstständigen Tätigkeit ausgeschossen, die im Voraus festgelegte Anforderungen nicht erfüllen, von deren Einhaltung die Erteilung dieser Erlaubnis abhängt.[271] Hierzu gehören Eintragungserfordernisse[272] sowie Zulassungs-, Genehmigungs-[273] und Registrierungsverfahren. Wird über die Erlaubnis einer Busverkehrslinie überhaupt erst entschieden, nachdem sich ein Unternehmen in dem Mitgliedstaat niedergelassen hat, hat dies eine besonders abschreckende Wirkung, da ein umsichtiger Wirtschaftsteilnehmer keine umfangreichen Investitionen vornimmt, wenn die Erteilung der Erlaubnis noch völlig ungewiss ist.[274]

64 Schließlich können auch **Zweitniederlassungsverbote**[275] oder **Wohnsitz- und Wohnsitznahmeerfordernisse**,[276] die die Zulassung einer Tätigkeit davon abhängig machen, dass am Tätigkeitsort auch ein Wohnsitz oder ein (Verwaltungs-)Sitz (einer Gesellschaft) besteht, (soweit nicht bereits eine mittelbare Diskriminierung vorliegt) eine unterschiedslose Behinderung darstellen.

---

[266] EuGH, Urt. v. 1.6.2010, Rs. C–570/07 u. 571/07 (Blanco Pérez und Chao Gómez), Slg. 2010, I–4629, Rn. 56 ff.; Urt. v. 13.2.2014, Rs. C–367/12 (Sokoll-Seebacher), ECLI:EU:C:2014:68; siehe auch EuGH, Beschl. v. 6.10.2010, Rs. C–563/08 (Sáez Sánchez und Rueda Vargas/Junta de Andalucia u. a.), Slg. 2010, I–125, Rn. 13 ff.; Beschl. v. 17.10.2010, Rs. C–217/09 (Polisseni), Slg. 2010, I–175, Rn. 15 ff.; Beschl. v. 29.11.2011, Rs. C–315/08 (Grisoli), Slg. 2011, I–139, Rn. 21 ff.
[267] EuGH, Urt. v. 26.9.2013, Rs. C–539/11 (Ottica New Line), ECLI:EU:C:2013:591, Rn. 28 ff.
[268] Mindestabstände waren auch für Einrichtungen neuer Wettanbieter (EuGH, Urt. v. 16.2.2012, Rs. C–72/10 u. 77/10 (Costa und Cifone), ECLI:EU:C:2012:80, Rn. 66; Urt. v. 12.9.2013, Rs. C–660/11 (Biasci u. a.), ECLI:EU:C:2013:550, Rn. 32) und Tankstellenanlagen (EuGH, Urt. v. 11.3.2010, Rs. C–384/08 (Attanasio), Slg. 2010, I–2655, Rn. 45) vorgeschrieben.
[269] EuGH, Urt. v. 24.3.2011, Rs. C–400/08 (Kommission/Spanien), Slg. 2011, I–1915, Rn. 66 ff.
[270] EuGH, Urt. v. 11.3.2010, Rs. C–384/08 (Attanasio), Slg. 2010, I–2655, Rn. 45.
[271] EuGH, Urt. v. 6.11.2003 – Rs. C–243/01 (Gambelli) Slg. 2003, I–13031, Rn. 50 ff.; Urt. v. 6.3.2007, verb. Rs. C–338/04, C–359/04 u. 360/04 (Placanica), Slg. 2007, I–1891 Rn. 42; Urt. v. 10.3.2009, Rs. C–169/07 (Hartlauer), Slg. 2009, I–1721, Rn. 34 f.; Urt. v. 1.6.2010, verb. Rs. C–570/07 u. 571/07 (Blanco Pérez und Chao Gómez), Slg. 2010, I–4629, Rn. 54; Urt. v. 26.9.2013, Rs. C–539/11 (Ottica New Line), ECLI:EU:C:2013:591, Rn. 26.
[272] EuGH, Urt. v. 17.10.2002, Rs. C–79/01 (Payroll), Slg. 2002, I–8923, Rn. 27.
[273] EuGH, Urt. v. 12.9.2013, Rs. C–660/11 (Biasci u. a.), ECLI:EU:C:2013:550, Rn. 21.
[274] EuGH, Urt. v. 22.12.2010, Rs. C–338/09 (Yellow Cab), Slg. 2010, I–13927, Rn. 37.
[275] Für Fahrschulen: EuGH, Beschl. v. 2.12.2005, Rs. C–117/05 (Seidl), ECLI:EU:C:2005:739, Rn. 13.
[276] EuGH, Urt. v. 18.1.2001, Rs. C–162/99 (Kommission/Italien), Slg. 2001, I–541, Rn. 20: Wohnsitzerfordernisse halten davon ab, eine sekundäre Niederlassung in einem anderen Mitgliedstaat zu gründen.

Zu den **subjektiven Zugangshemmnissen** gehören bestimmte Qualifikations- und Spracherfordernisse[277] oder Berufserfahrung im Inland[278] als Tätigkeitsvoraussetzung, allgemein also Voraussetzungen, die an die Person des Berufsträgers selbst anknüpfen. Solche Regelungen können auch mittelbar diskriminierend wirken, wenn sie typischerweise von Inländern erfüllt sind. In diese Fallgruppe gehört etwa die Nichtanerkennung ausländischer Gesellschaften in Anwendung der Sitztheorie.[279] 65

c) Ausübungsbehinderungen

Regelungen, die lediglich die **Modalitäten einer wirtschaftlichen Tätigkeit** in diskriminierungsfreier Weise betreffen (**Ausübungsregelung**), stellen **grundsätzlich keine Beschränkung** der Niederlassungsfreiheit dar, sondern gehören zu den Standortbedingungen, die für die Standortwahl maßgeblich und zu beachten sind. Ausnahmsweise kann eine Ausübungsregelung jedoch **marktzugangsbeschränkende Wirkung** entfalten, wenn sie eine **prohibitive (marktzugangsversperrende) Wirkung** hat.[280] Dies illustriert sich anhand von **Preisregelungen**, die im Prinzip die Art und Weise der Markttätigkeit regeln, jedoch marktzugangsbeschränkende Wirkung erhalten, wenn die vorgeschriebenen Preise nicht mehr kostendeckend sind oder sich in anderer Weise auf den Marktzugang auswirken. So hat der EuGH für Begrenzungen der Tarifierungsfreiheit von Versicherungsunternehmen[281] und auch für Mindesthonorare von Rechtsanwälten entschieden.[282] In beiden Fällen war für den EuGH maßgebend, dass die Preisregelungen objektive Wirkungen auf den Marktzugang entfalteten; zum einen, weil die Tarifierungsregelungen zu einer Änderung der Geschäftsstrategie veranlasst hätten, zum anderen, weil Mindestpreise einen häufig über den (Einstiegs-)Preis möglichen Marktzutritt erschweren. Dahingegen hielt der EuGH **flexible Gebührenregelungen** für Rechtsanwälte, die den Grundsatz der Privatautonomie jedenfalls nicht vollständig aufheben,[283] nicht für eine Beschränkung der Niederlassungsfreiheit. Ein Ausübungshemmnis mit markzugangsbehindernder Wirkung stellt eine Regelung dar, die das Sortiment eines Apothekers, der Inhaber einer parapharmazeutischen Verkaufsstelle ist, auf nicht verschreibungspflichtige Arzneimittel beschränkt, weil hierdurch sein Unternehmen von bestimmten Teilen des Arzneimittelmarkts ausgeschlossen wird.[284] Zu den Ausübungsbehinderungen gehören auch staatliche Sonderrechte bei Kapitalgesellschaften (**golden shares**); soweit diese einen unternehmerischen Einfluss begrenzen, ist die Niederlassungsfreiheit betroffen.[285] Staatliche Sonderrechte können prohibitive 66

---

[277] EuGH, Urt. v. 30.3.2006, Rs. C–451/03 (Calafiori), Slg. 2006, I–2941, Rn. 34 ff.; Zur Richtlinie 98/5/EG: Urt. v. 19.9.2006, Rs. C–506/04 (Wilson), Slg. 2006, I–8613, Rn. 70 ff.
[278] EuGH, Urt. v. 12.5.2005, Rs. C–278/03 (Kommission/Italien), Slg. 2005, I–2941, Rn. 13 ff.
[279] Dazu näher Art. 54 AEUV, Rn. 9 ff.
[280] Vgl. EuGH, Urt. v. 4.6.2009, Rs. C–142/05 (Mickelsson und Roos), Slg. 2009, I–4273, Rn. 25 ff. (für die Warenverkehrsfreiheit).
[281] EuGH, Urt. v. 7.3.2013, Rs. C–577/11 (DKV Belgium), Slg. 2013, I–146, Rn. 34 ff.
[282] EuGH, Urt. v. 5.12.2006, verb. Rs. C–94/04 u. 202/04 (Cipolla) Slg. 2006, I–11421, Rn. 56 ff. (dort für die Dienstleistungsfreiheit).
[283] EuGH, Urt. v. 29.3.2011, Rs. C–565/08 (Kommission/Italien), Slg. 2011, I–188, Rn. 46 ff., 53.
[284] EuGH, Urt. v. 5.12.2013, Rs. C–159/12 (Venturini), ECLI:EU:C:2013:791, Rn. 33 ff.; GA *Wahl*, Schlussanträge zu Rs. C–497/12 (Farmacia di Gullotta), ECLI:EU:C:2015:168, Rn. 48 f.
[285] EuGH, Urt. v. 13.4.2000, Rs. C–251/98 (Baars), Slg. 2000, I–2787, Rn. 22; Urt. v. 21.11.2002, Rs. C–436/00 (X und Y), Slg. 2002, I–10829, Rn. 37; Urt. v. 12.9.2006, Rs. C–196/04 (Cadbury Schweppes), Slg. 2006, I–7995, Rn. 31 bis 33; Urt. v. 13.3.2007, Rs. C–524/04 (Test Claimants in the Thin Cap Group Litigation), Slg. 2006, I–2107, Rn. 27; Urt. v. 10.5.2007, Rs. C–492/04 (Lasertec), Slg. 2007, I–3775, Rn. 20.

Wirkungen entfalten, etwa wenn sie unternehmerische Entscheidungen von staatlicher Zustimmung abhängig machen;[286] in diesem Fall liegt eine marktzugangsbehindernde Beschränkung der Niederlassungsfreiheit vor.

67 Eine marktzugangsbezogene Ausübungsbehinderung ist nicht gegeben, wenn ein Mitgliedstaat die für bestimmte Konzernverhältnisse geltende **gesamtschuldnerische Haftung der Muttergesellschaft für ihre Töchter** von der Voraussetzung abhängig macht, dass die Muttergesellschaft einen inländischen Sitz hat. Nach (eher tautologischer) Begründung des EuGH sind die Mitgliedstaaten für die Bestimmung des auf eine Verbindlichkeit eines verbundenen Unternehmens anwendbaren Rechts zuständig und dürften daher Forderungen gegen rein nationale Konzerne besser behandeln (keine Diskriminierung).[287] Zudem sei es den in einem anderen Mitgliedstaat ansässigen Muttergesellschaften nicht verwehrt, vertraglich eine gesamtschuldnerische Haftung für die Schulden ihrer Tochtergesellschaften zu vereinbaren, so dass die Niederlassung nicht weniger attraktiv sei.[288] Richtigerweise ist der Marktzugang nicht beschränkt, weil das Fehlen einer gesamtschuldnerischen Haftung mit dem Marktzugang selbst in zu mittelbarem Zusammenhang steht und nicht prohibitiv wirkt.[289] Ebenfalls nicht den Marktzugang beschränkt die auf den Direktor einer Gesellschaft englischen Rechts angewendete Haftung nach § 64 Abs. 2 S. 1 GmbHG. Nach Auffassung des EuGH betrifft die Regelung weder die Anerkennung noch die Haftung im Rahmen der Gründung bzw. Niederlassung, sondern betrifft die spätere Geschäftstätigkeit (»Tätigkeitsregel«).[290]

68 In vielen als Ausübungsbehinderung diskutierten Fällen ist die Betroffenheit des Marktzugangs fraglich, die Beschränkung der Niederlassungsfreiheit jedoch als mittelbare Diskriminierung zu bejahen; so etwa bei der Pflicht zur getrennten Buchführung einer Zweigniederlassung nach dem nationalen Recht, die »spezifisch Gesellschaften mit Sitz in einem anderen Mitgliedstaat trifft«.[291] Ähnlich ist ein Kontrahierungszwang für Versicherungen zu beurteilen, die zwar die Vertragsfreiheit ansässiger wie aus dem Ausland niedergelassener Gesellschaften gleichermaßen beeinträchtigt, letztere aber zu kostenintensiven Anpassungen der Geschäftsstrategie zwingt[292] und damit in die Wettbewerbsgleichheit eingreift.

4. Spürbarkeitserfordernis, Kausalität

69 Einem **Spürbarkeitserfordernis** wie im Rahmen des Art. 101 AEUV ist der EuGH zu Recht entgegengetreten. Auch geringfügige und unbedeutende Behinderungen können von Art. 49 AEUV erfasst sein.[293] Hierfür spricht, dass die integrationsfördernde Wir-

---

[286] Ausführlich *Lübke*, EnzEuR, Bd. 4, § 5, Rn. 93 ff.; *dies.*, Der Erwerb von Gesellschaftsanteilen zwischen Kapitalverkehrs- und Niederlassungsfreiheit, 2006.
[287] EuGH, Urt. v. 20. 6. 2013, Rs. C–186/12 (Impacto Azul), ECLI:EU:C:2013:412, Rn. 35 ff.; vgl. schon EuGH, Urt. v. 7. 2. 1984, Rs. 237/82 (Jongeneel Kaas u. a.), Slg. 1984, 483, Rn. 20.
[288] EuGH, Urt. v. 20. 6. 2013, Rs. C–186/12 (Impacto Azul), ECLI:EU:C:2013:412, Rn. 35 ff.
[289] *Drüen/Schmitz*, GmbHR 2012, 485 (487 f.).
[290] EuGH, Urt. v. 10. 12. 2015, Rs. C–594/14 (Kornhaas/Dithmar), ECLI:EU:C:2015:806, Rn. 23 ff., 28; Dazu *Kindler*, EuZW 2016, 136 ff.; *Weller/Hübner*, NJW 2016, 223 (225). Näher Art. 54 AEUV, Rn. 30 f.
[291] Vgl. etwa EuGH, Urt. v. 15. 5. 1997, Rs. C–290/95 (Futura), Slg. 1997, I–2471, Rn. 24 ff., 26.
[292] EuGH, Urt. v. 28. 4. 2009, Rs. C–518/06 (Kommission/Italien), Slg. 2009, I–3491, Rn. 67 ff.
[293] EuGH, Urt. v. 13. 3. 1984, Rs. 16/83 (Prantl), Slg. 1984, 1299, Rn. 20; Urt. v. 5. 4. 1984, verb. Rs. 177/82 u. 178/72 (Van de Haar), Slg. 1984, 1797, Rn. 13; Urt. v. 11. 3. 2004, Rs. C–9/02 (Lasteyrie du Saillant), Slg. 2004, I–2409, Rn. 43. *Thomas*, NVwZ 2009, 1202 (1202 ff., 1207); *Müller-Graff*, in: Streinz, EUV/AEUV, Art. 49 AEUV, Rn. 61. Abweichend jüngst *Sack*, in: FS Bornkamm, 2014, S. 1103 (1115 ff.); *ders.*, EWS 2011, 265 (279).

kung der Geltendmachung von Grundfreiheitenverstößen nicht von der Bedeutung einer Beschränkung im Einzelfall abhängen darf. Allerdings müssen diese noch einen hinreichend engen Bezug zur Niederlassungsfreiheit aufweisen und überdies **kausal** auf eine Zuzugsentscheidung einwirken können, sodass Maßnahmen, bei denen eine Beeinträchtigung des zwischenstaatlichen Handels **zu indirekt und zu ungewiss** ist, nicht mehr dem Beschränkungsverbot unterfallen.[294] Dasselbe gilt auch für Beeinträchtigungen, die lediglich auf hypothetischen Kausalverläufen beruhen.[295] Preisregelungen (s. o., Rn. 63 f.) können je nach der Intensität der Beschränkung der Privatautonomie marktzugangsbehindernde Wirkung entfalten; (nur) in diesem Sinne enthält das Behinderungsverbot ein Spürbarkeitserfordernis.

III. Die Rechtfertigung von Diskriminierungen und Beschränkungen der Niederlassungsfreiheit

1. Grundsatz und Überblick

Beschränkungen der Niederlassungsfreiheit sind grundsätzlich der Rechtfertigung zugänglich. In Betracht kommen sowohl die in Art. 52 AEUV genannten Rechtfertigungsgründe (zu ihnen s. die Kommentierung zu Art. 52 AEUV), als auch eine Rechtfertigung mit/durch **zwingende Interessen des Gemeinwohls**, wie sie vom EuGH in Anlehnung zur Waren- und Dienstleistungsfreiheit entwickelt und in der Gebhard-Entscheidung übertragen wurde.[296] Während sich die Bedeutung des Art. 52 AEUV auf die heute wenigen Fälle einer offenen (unmittelbaren) Diskriminierung aufgrund der Staatsangehörigkeit beschränkt, die nur unter engen Voraussetzungen gerechtfertigt sind,[297] können mittelbare Diskriminierungen und Behinderungen zusätzlich zur Wahrung zwingender Interessen des Gemeinwohls zulässig sein.[298]

70

2. Rechtfertigung aufgrund zwingender Gemeinwohlinteressen

In einer Angelegenheit, für die keine abschließende unionsrechtliche Regelung besteht, sind die Grundfreiheiten beschränkende mitgliedstaatliche Maßnahmen zulässig, wenn sie unterschiedslos anwendbar sind, der Verwirklichung zwingender Gemeinwohlinteressen dienen und verhältnismäßig sind. Ausgangspunkt dieser für alle Grundfreiheiten geltenden Rechtfertigungsregelung war die Cassis-de-Dijon-Rechtsprechung[299] des

71

---

[294] EuGH, Urt. v. 20. 6.1996, Rs. C–418/93 (Semeraro Casa Uno.), Slg. 1996, I–2975, Rn. 32.
[295] EuGH, Beschl. v. 17. 2. 2005, Rs. C–250/03 (Mauri), Slg. 2005, I–1267, Rn. 27, 42 ff. Zum Verständnis der Formel »zu ungewiss und zu mittelbar« als Kausalitätserfordernis: *Repasi*, EuZW 2011, 430.
[296] EuGH, Urt. v. 30.11.1995, Rs. C–55/94 (Gebhard), Slg. 1995, I–4165, Rn. 35; *Forsthoff*, in: Grabitz/Hilf/Nettesheim, EU, Art. 49 AEUV (März 2011), Rn. 122; *Müller-Graff*, in: Streinz, EUV/AEUV, Art. 49 AEUV, Rn. 81 f. spricht nicht von ungeschriebenen Rechtfertigungsgründen, sondern in erster Linie von immanenten Schranken; auch *Roth*, in: Dauses, Handbuch des EU-Wirtschaftsrechts, Abschnitt E. I., Oktober 2014, Rn. 99 bezeichnet die Interessen des Allgemeinwohls als immanente Schranke.
[297] EuGH, Urt. v. 30. 3. 2006, Rs. C–451/03 (Servizi Ausiliari Tottori Commercialisti), Slg. 2006, I–2941, Rn. 36; GA *Alber*, Schlussanträge zu Rs. C–311/97 (Royal Bank of Scotland), Slg. 1999, I–2651, Rn. 32.; *Roth*, in: Dauses, Handbuch des EU-Wirtschaftsrechts, Abschnitt E. I., Oktober 2014, Rn. 99; *Schlag*, in: Schwarze, EU-Kommentar, Art. 49 AEUV, Rn. 53; *Müller-Graff*, in: Streinz, EUV/AEUV, Art. 49 AEUV, Rn. 85.
[298] *Forsthoff*, in: Grabitz/Hilf/Nettesheim, EU, Art. 49 AEUV (März 2011), Rn. 123.
[299] EuGH, Urt. v. 20. 2.1979, Rs. 120/78 (Cassis de Dijon), Slg. 1979, 649.

EuGH. Die seitdem von der Rechtsprechung für Art. 34 AEUV und die anderen Grundfreiheiten zugelassenen Gemeinwohlinteressen können auch zur Rechtfertigung von Beschränkungen der Niederlassungsfreiheit angewendet werden.[300] Dasselbe gilt für die geschriebenen Rechtfertigungsgründe der Art. 36, Art. 45 Abs. 3 und Art. 52 Abs. 1 AEUV.[301] Die **dogmatische Einordnung** der ungeschriebenen Rechtfertigungsgründe war lange Zeit strittig; während sie anfangs als tatbestandsausschließende Ausnahmeregelung angesehen wurden,[302] werden sie heute überwiegend als Rechtfertigungsgründe aufgefasst,[303] ohne dass sich hieraus in der praktischen Rechtsanwendung wesentliche Unterschiede ergeben.

72 Inhaltlich kann eine Behinderung der Niederlassungsfreiheit nach der »**Gebhard-Formel**« gerechtfertigt sein, wenn die nationalen Maßnahmen (1) in nichtdiskriminierender Weise angewandt werden, (2) zwingenden Gründen des Allgemeinwohls dienen, (3) zur Verwirklichung des mit ihnen verfolgten Ziels geeignet sind und (4) nicht über das zur Erreichung des Ziels Erforderliche hinausgehen.[304] Im Kern geht es bei den Voraussetzungen für die Rechtfertigung um den Ausschluss von protektiven Maßnahmen bei gleichzeitiger Anerkennung der Notwendigkeit der Regulierung zur Erreichung und Verfolgung sozialer, sicherheitsrelevanter, ökologischer und sonstiger Gemeinwohlinteressen. Damit wird die Gebhard-Rechtsprechung dem Ziel einer sozialen Marktwirtschaft gerecht,[305] in der Wettbewerb und Sozialziele im Wege praktischer Konkordanz am Maßstab der Verhältnismäßigkeit miteinander in Ausgleich gebracht werden.

a) Kein abschließendes Unionsrecht; Umsetzung von Sekundärrecht

73 Eine Rechtfertigung mit zwingenden Gründen des Gemeinwohls ist (wie auch für eine Rechtfertigung nach Art. 52 AEUV) ausgeschlossen, wenn der Sachgegenstand bereits eine **abschließende**, auch richtlinienförmige[306] **unionsrechtliche Regelung** erfahren hat.[307] Dies folgt aus dem Vorrang des Unionsrechts und versagt es den Mitgliedstaaten, neue, von unionsrechtlichen Standards abweichende Freiverkehrshindernisse zu schaffen.[308] Zugleich erfahren die ungeschriebenen Gründe des Allgemeinwohls teilweise eine Konkretisierung durch Sekundärrecht. So enthalten die Art. 27 ff. der Richtlinie 2004/38/EG[309] Regelungen für den Begriff der öffentlichen Ordnung, Sicherheit und Gesundheit und Anhaltspunkte, die im Rahmen der Verhältnismäßigkeitsprüfung zu beachten sind.

---

[300] Vgl. *Frenz*, Handbuch Europarecht, Bd.1, Rn. 2599, 2601. Bei der Übertragung von Judizien von einer Grundfreiheit zur anderen müssen allerdings deren Unterschiede beachtet werden, etwa von der Warenverkehrsfreiheit als Produktfreiheit zur Niederlassungsfreiheit als Faktorfreiheit.
[301] So auch *Frenz*, Handbuch Europarecht, Bd. 1, Rn. 2600.
[302] *Schroeder*, in: Streinz, EUV/AEUV, Art. 43 AEUV, Rn. 74.
[303] *Streinz*, in: Grabitz/Hilf/Nettesheim, EU, Art. 43 AEUV (April 2015), Rn. 101.
[304] EuGH, Urt. v. 30.11.1995, Rs. C–55/94 (Gebhard), Slg. 1995, I–4165, Rn. 37, st. Rspr.
[305] Die soziale Marktwirtschaft ist nach Art. 3 Abs. 2 EUV Vertragsziel, siehe dazu: *Ruffert*, in: Calliess/Ruffert, EUV/AEUV, Art. 3 EUV, Rn. 25 ff.
[306] *Müller-Graff*, in: Streinz, EUV/AEUV, Art. 49 AEUV, Rn. 83.
[307] Bspw. EuGH Urt. v. 22.10.2002, Rs. C–241/01 (National Farmers Union), Slg. 2002, I–9079, Rn. 48; Urt. v. 30.9.2003, Rs. C–167/01 (Inspire Art), Slg. 2003, I–10155, Rn. 66, 69, 106; Urt. v. 1.6.2010, verb. Rs. C–570/07 u. 571/07 (Blanco Pérez und Chao Gómez), Slg. 2010, I–4629, Rn. 45, 49; *Müller-Graff*, in: Streinz, EUV/AEUV, Art. 49 AEUV, Rn. 83.
[308] Vgl. *Müller-Graff*, in: Streinz, EUV/AEUV, Art. 49 AEUV, Rn. 83.
[309] RL 2004/38/EG vom 29.4.2004 über das Recht der Unionsbürger und ihrer Familienangehörigen, sich im Hoheitsgebiet der Mitgliedstaaten frei zu bewegen und aufzuhalten, ABl. 2004, L 158/77.

Nicht unerhebliche Bedeutung erfährt in diesem Zusammenhang die Rechtsprechung 74
des EuGH zu Art. 14 der RL 2006/123/EG (**Dienstleistungsrichtlinie**). Verboten ist es
den Mitgliedstaaten demnach u.a., Dienstleister, die von der Niederlassungsfreiheit
Gebrauch machen, bei der Aufnahme und Ausübung ihrer Tätigkeit direkt oder indirekt
aus Gründen der Staatsangehörigkeit bzw. des satzungsmäßigen Sitzes zu diskriminieren. Der Gerichtshof entnimmt der Systematik der Regelung und ihrem Zweck, gravierende Beschränkungen der Niederlassungsfreiheit »systematisch und schnell« zu beseitigen, ein **Rechtfertigungsverbot**, das (außerhalb der dort vorgesehenen Ausnahmen)
eine Rechtfertigung mit zwingenden Gründen des Allgemeininteresses wie auch im
Rahmen des Art. 52 AEUV ausschließen soll.[310]

Soweit unionales Sekundärrecht einen Umsetzungsspielraum lässt, ist es hingegen 75
Aufgabe der Mitgliedstaaten das Schutzniveau unionsrechtskonform auszugestalten;
daraus resultierende Beschränkungen der Niederlassungsfreiheit müssen sich an Art. 49
AEUV messen lassen.[311]

b) Unterschiedslos wirkende Maßnahmen, mittelbare Diskriminierung

Voraussetzung für eine Rechtfertigung mit Gründen des Allgemeinwohls ist ferner, dass 76
die nationalen Maßnahmen in nichtdiskriminierender Weise angewendet werden, also
nicht zwischen In- und Ausländern differenzieren.[312] Strittig und in der Rechtsprechung
des EuGH zunächst nicht einheitlich beurteilt wird, ob auch Beschränkungen in Form
versteckter Diskriminierungen mit zwingenden Gründen des Gemeinwohls gerechtfertigt werden können.[313] Dies ist mit der überwiegenden Literatur zu bejahen[314] und begründet sich damit, dass der binnenmarktlogische Unwertgehalt einer Maßnahme mit
mittelbar benachteiligenden Wirkungen im Gegensatz zur unmittelbaren Diskriminierung erheblich geringer ist und durch den legitimen Zweck und die Verhältnismäßigkeit
ausgeglichen wird.[315] Darüber hinaus stellt sich die Abgrenzung zwischen mittelbarer
Diskriminierung von lediglich beschränkenden Maßnahmen in vielen Fällen als schwie-

---

[310] EuGH, Urt. v. 16.6.2015, Rs. C–593/13 (Rina Services), ECLI:EU:C:2015:399, Rn. 28 ff.; vgl. die Anmerkung von *Malferrari*, EuZW 2015, 640 ff.

[311] *Roth*, in: Dauses, Handbuch des EU-Wirtschaftsrechts, Abschnitt E. I., September 2015, Rn. 93.

[312] *Müller-Graff*, in: Streinz, EUV/AEUV, Art. 49 AEUV, Rn. 48.

[313] Ablehnend: EuGH, Urt. v. 29.4.1999, Rs. C–224/97 (Ciola), Slg. 1999, I–2517, Rn. 13 ff.; Urt. v. 10.1.1985, Rs. 229/83 (Leclerc), Slg. 1985, I–1, Rn. 29; zustimmend: EuGH, Urt. v. 28.4.1998, Rs. C–120/95 (Decker), Slg. 1998, I–1831, Rn. 34 ff.; Urt. v. 28.4.1998, Rs. C–158/96 (Kohll), Slg. 1998, I–1931, Rn. 35, 41.

[314] Vgl. *Schroeder*, in: Streinz, EUV/AEUV, Art. 36 AEUV, Rn. 34; *Müller-Graff*, in: Streinz, EUV/AEUV, Art. 49 AEUV, Rn. 84; *Nowak/Schnitzler*, EuZW 2000, 627 (628 f.); so auch allgemein *Frenz*, Handbuch Europarecht, Bd. 1, Rn. 3288, 3291; unentschlossen dagegen *Haratsch/Koenig/Pechstein*, Europarecht, Rn. 944.

[315] Dies zeigt sich auch darin, dass mittelbare Diskriminierungen im Rahmen der unionalen Antidiskriminierungsrichtlinien stets durch legitime Interessen gerechtfertigt werden können, vgl. Art. 2 Abs. 2 Buchst. b der RL 2000/43/EG vom 29.6.2000 zur Anwendung des Gleichbehandlungsgrundsatzes ohne Unterschied der Rasse oder der ethnischer Herkunft, ABl. 2000, L 180/22; Art. 2 Abs. 2 Buchst. b i der RL 2000/78/EG vom 27.11.2000 zur Festlegung eines allgemeinen Rahmens für die Verwirklichung der Gleichbehandlung in Beschäftigung und Beruf, ABl. 2000, L 303/19; Art. 2 Abs. 1 Buchst. b der RL 2006/54/EG vom 5.7.2006 zur Verwirklichung des Grundsatzes der Chancengleichheit und Gleichbehandlung von Männern und Frauen in Arbeits- und Beschäftigungsfragen, ABl. 2006, L 204/27; Art. 2 Buchst. b der RL 2004/113 vom 13.12.2004 zur Verwirklichung des Grundsatzes der Gleichbehandlung von Männern und Frauen beim Zugang zu und bei der Versorgung mit Gütern und Dienstleistungen, ABl. 2004, L 373/39; so im Ergebnis auch *Forsthoff*, in: Grabitz/Hilf/Nettesheim, EU, Art. 45 AEUV (September 2010), Rn. 328.

rig dar³¹⁶ und hängt zudem von der Bildung der Vergleichsgruppen ab.³¹⁷ Nicht zuletzt würde eine Beschränkung der Rechtfertigung mittelbarer Diskriminierungen auf die geschriebenen Rechtfertigungsgründe in Art. 52 AEUV wegen der Weite des Diskriminierungsbegriffs den Mitgliedstaaten umfangreiche Regelungskompetenzen abschneiden. Die Rechtsprechung des EuGH weist in diese Richtung, wenn sie die Subsumption unterschiedlich wirkender Maßnahmen sachlich auf offene Diskriminierungen beschränkt und mittelbare Ungleichbehandlungen mit den ungeschriebenen Rechtfertigungsgründen nach der Gebhard-Formel rechtfertigt.³¹⁸

c) Zwingende Gründe des Gemeinwohls

77 Welche mitgliedstaatlichen Ziele als zwingende Gründe des Gemeinwohls Beschränkungen der Niederlassungsfreiheit rechtfertigen können, ist naturgemäß nicht geregelt, sondern wurde vom EuGH im Rahmen seiner Rechtsprechung laufend fortentwickelt.³¹⁹ Leitlinie für die Abgrenzung von zwingenden Gründen des Gemeinwohls ist der Zweck der Gebhard-Rechtsprechung, den **Mitgliedstaaten Regelungsspielräume für die Verfolgung von Gemeinwohlzielen** zu verschaffen, andererseits aber übermäßige Freiheitsbeschränkungen, vor allem aber solche protektionistischer Art zu verhindern.

78 Daher scheiden zunächst **wirtschaftliche Regelungsziele** mit protektionistischer Wirkung aus.³²⁰ Keine zwingenden Gründe des Allgemeinwohls stellen deshalb die Verhinderung von Steuermindereinnahmen,³²¹ die Verwendung von Gewinnen von Unternehmen mit Ausschließlichkeitsrechten zur **Finanzierung sozialer Tätigkeiten** oder Werke,³²² die Förderung der Wirtschaft eines Mitgliedstaates³²³ und die Sicherung der Einnahmen einer öffentlichen Stiftung³²⁴ sowie die Wahrung des Arbeitsfriedens, um negative Einwirkungen von Tarifkonflikten auf die Wirtschaft des Landes zu vermeiden,³²⁵ dar. Auch **Ziele rein administrativer Art** können keinen Rechtfertigungsgrund darstellen.³²⁶

---

³¹⁶ *Nowak/Schnitzler*, EuZW 2000, 627 (631).

³¹⁷ Instruktiv dazu *Schnichels*, Reichweite der Niederlassungsfreiheit, Baden-Baden 1995, S. 89 ff.

³¹⁸ EuGH, Urt. v. 11.5.1989, Rs. 25/88 (Wurmser), Slg. 1989, I–1105, Rn. 10; Urt. v. 25.7.1991, verb. Rs. C–1/90 u. 176/90 (Aragonesa), Slg. 1991, I–11, Rn. 13; Urt. v. 10.3.1993, Rs. C–111/91 (Kommission/Luxemburg), Slg. 1993, I–817, Rn. 9–12; Urt. v. 22.10.2009, Rs. C–438/08 (Kommission/Portugal) Slg. 2009, I–10219, Rn. 33, 46 und letztlich auch EuGH, Urt. v. 12.7.2012, Rs. C–378/10 (Vale), ECLI:EU:C:2012:440, Rn. 34–40; Urt. v. 28.1.2016, Rs. C–375/14 (Rosanna Laezza), ECLI:EU:C:2016:60, Rn. 25 ff.

³¹⁹ EuGH, Urt. v. 20.2.1979, Rs. 120/78 (Cassis de Dijon), Slg. 1979, 649, Rn. 8. Begrifflich verwendet der EuGH uneinheitlich aber gleichsinnig sowohl »zwingende Gründe des Allgemeinwohls« als auch »zwingende Gründe des Allgemeininteresses«.

³²⁰ Vgl. *Müller-Graff*, in: Streinz, EUV/AEUV, Art. 49 AEUV, Rn. 85; siehe zu den wirtschaftlichen Motiven bspw. EuGH, Urt. v. 22.12.2010, Rs. C–338/09 (Yellow Cab), Slg. 2010, I–13927, Rn. 51; Urt. v. 10.7.1984, Rs. 72/83 (Campus Oil), Slg. 1984, 2727, Rn. 35; Urt. v. 17.3.2005, Rs. C–109/04 (Kranemann), Slg. 2005, I–2421, Rn. 34; Urt. v. 26.4.1988, Rs. 352/85 (Bond van Adverteerders), Slg. 1988, 2085, Rn. 34; Urt. v. 6.6.2000, Rs. C–35/98 (Verkooijen), Slg. 2000, I–4071, Rn. 48.

³²¹ EuGH, Urt. v. 8.3.2001, verb. Rs. C–397/98 u. 410/98 (Metallgesellschaft u. a.), Slg. 2001, I–1727, Rn. 59; Urt. v. 16.7.1998, Rs. C–264/96 (ICI), Slg. 1998, I–4695, Rn. 28; Urt. v. 12.12.2002, Rs. C–324/00 (Lankhorst-Hohorst), Slg. 2002, I–11779, Rn. 36; Urt. v. 21.11.2002, Rs. C–436/00 (X und Y), Slg. 2002, I–10829, Rn. 50.

³²² EuGH, Urt. v. 23.2.2016, Rs. C–179/14 (Kommission/Ungarn), ECLI:EU:C:2016:108, Rn. 167.

³²³ EuGH, Urt. v. 6.6.2000, Rs. C–35/98 (Verkooijen), Slg. 2000, I–4071, Rn. 48.

³²⁴ EuGH, Urt. v. 26.4.1988, Rs. C–352/85 (Bond van Adverteerders), Slg. 1988, I–2085, Rn. 34.

³²⁵ EuGH, Urt. v. 5.6.1997, Rs. C–398/95 (Ergasias), Slg. 1997, I–3091, Rn. 22 f.

³²⁶ EuGH, Urt. v. 4.12.1986, Rs. 205/84 (Kommission/Deutschland), Slg. 1986, 3755, Rn. 53 f.

Zugelassen als Gründe des Allgemeinwohls wurden **zum Schutz öffentlicher Interessen**: die Kontinuität der Krankenversorgung,[327] die Verbrechensvorbeugung,[328] die Erfordernisse des Systems der Sozialbeihilfe,[329] der Schutz der eigenen Amtssprache,[330] die Lauterkeit des Handelsverkehrs,[331] der Schutz des geistigen Eigentums,[332] die Beschränkung von Glücksspielen aufgrund sittlicher, religiöser, kultureller Erwägungen[333] oder zur Verhinderung von Straftaten[334] und die Raumordnung;[335] zu anderen Grundfreiheiten entwickelte und auf die Niederlassungsfreiheit übertragbare zwingenden Gründe beispielsweise: die Sicherheit der Energieversorger im Kriegs- oder Terrorfall,[336] das finanzielle Gleichgewicht des Systems der sozialen Sicherheit,[337] Umweltschutz[338] und die Bekämpfung von Alkoholismus;[339] der Schutz eines pluralistischen Rundfunkwesens.[340]

79

Zu Qualifikationsnachweisen und der Sicherung freier Berufe: den Schutz der Öffentlichkeit vor irreführender oder missbräuchlicher Führung akademischer Titel,[341] die Sicherung eines bestimmten Ausbildungsstandes,[342] die Gewährleistung standesrechtlicher Grundsätze sowie die disziplinarische Kontrolle der Anwaltstätigkeit,[343] die geordnete Rechtspflege,[344] den hohen Standard der Hochschulausbildung[345] und die Qualitätssicherung der Architektentätigkeit.[346]

80

Zum Schutz spezifisch privater Interessen: den Verbraucherschutz,[347] den Arbeitnehmerschutz,[348] den Gläubiger- und Minderheitenschutz,[349] den sozialen Schutz von Verkehrsunfallopfern,[350] der Schutz des Patientenstamms[351] und der der Rechtsuchenden.[352]

81

---

[327] EuGH, Urt. v. 30.4.1986, Rs. 96/85 (Kommission/Frankreich), Slg. 1986, 1475, Rn. 14.
[328] EuGH, Urt. v. 6.3.2007, verb. Rs. C–338/04, C–359/04 u. 360/04 (Placanica), Slg. 2007, I–1891, Rn. 52 ff.
[329] EuGH, Urt. v. 17.6.1997, Rs. C–70/95 (Sodemare), Slg. 1997, I–3395, Rn. 32.
[330] EuGH, Urt. v. 5.3.2009, Rs. C–222/07 (UTECA), Slg. 2009, I–1407, Rn. 27.
[331] EuGH, Urt. v. 13.12.2005, Rs. C–411/03 (SEVIC), Slg. 2005, I–10805, Rn. 28.
[332] EuGH, Urt. v. 11.5.1999, Rs. C–255/97 (Pfeiffer/Löwa), Slg. 1999, I–2835, Rn. 21.
[333] EuGH, Urt. v. 24.3.1994, Rs. C–275/92 (Schindler), Slg. 1994, I–1039, Rn. 60; Urt. v. 21.9.1999, Rs. C–124/97 (Läärä), Slg. 1999, I–6067, Rn. 13; Urt. v. 22.1.2015, Rs. C–463/13 (Stanley International Betting), ECLI:EU:C:2015:25, Rn. 50 ff.
[334] Urt. v. 28.1.2016, Rs. C–375/14 (Rosanna Laezza), ECLI:EU:C:2016:60, Rn. 32.
[335] EuGH, Urt. v. 24.3.2011, Rs. C–400/08 (Kommission/Spanien), Slg. 2011, I–1915, Rn. 74.
[336] Zum freien Kapitalverkehr vgl. EuGH, Urt. v. 11.11.2010, Rs. C–543/08 (Kommission/Portugal), Slg. 2010, I–11241, Rn. 84.
[337] Zum freien Dienstleistungsverkehr vgl. EuGH, Urt. v. 13.5.2003, Rs. C–385/99 (Müller-Fauré), Slg. 2003, I–2921, Rn. 73; Urt. v. 12.7.2001, Rs. C–157/99 (Smits und Peerbooms), Slg. 2001, I–5473, Rn. 72; Urt. v. 28.4.1998, Rs. C–158/96 (Kohll), Slg. 1998, I–1931, Rn. 41.
[338] Zum freien Warenverkehr vgl. EuGH, Urt. v. 20.9.1988, Rs. 302/86 (Dänische Pfandflaschen), Slg. 1988, 4607, Rn. 8; Urt. v. 7.2.1985, Rs. 240/83 (ADBHU), Slg. 1985, 531, Rn. 15; Urt. v. 9.7.1992, Rs. C–2/90 (Wallonische Abfälle), Slg. 1992, I–4431, Rn. 29.
[339] Zur Warenverkehrsfreiheit vgl. EuGH, Urt. v. 11.6.1991, verb. Rs. C–1/90 u. 176/90 (Aragonesa de Publicidad), Slg. 1991, I–4151, Rn. 26.
[340] EuGH, Urt. v. 25.7.1991, Rs. C–288/89 (Collectieve Antennevoorziening), Slg. 1991, I–4007 Rn. 23, i.V.m. dem Grundrecht auf Meinungsfreiheit aus Art. 10 EMRK.
[341] EuGH, Urt. v. 31.3.1993, Rs. C–19/92 (Kraus), Slg. 1993, I–1663, Rn. 35.
[342] EuGH, Urt. v. 30.11.1995, Rs. C–55/94 (Gebhard), Slg. 1995, I–4165, Rn. 37.
[343] EuGH, Urt. v. 19.1.1988, Rs. 292/86 (Gullung), Slg. 1988, 111, Rn. 29.
[344] EuGH, Urt. v. 12.7.1984, Rs. 10/83 (Klopp), Slg. 1984, 2971, Rn. 20.
[345] EuGH, Urt. v. 13.11.2003, Rs. C–153/02 (Neri), Slg. 2003, I–13555, Rn. 46.
[346] EuGH, Urt. v. 21.3.2002, Rs. C–298/99 (Kommission/Italien), Slg. 2002, I–3129, Rn. 38.
[347] EuGH, Urt. v. 4.12.1986, Rs. 205/84 (Kommission/Deutschland), Slg. 1986, 3755, Rn. 30 ff.
[348] EuGH, Urt. v. 11.12.2007, Rs. C–438/05 (Viking), Slg. 2007, I–10779, Rn. 77; Urt. v. 5.11.2002, Rs. C–208/00 (Überseering), Slg. 2002, I–9919, Rn. 92.
[349] EuGH, Urt. v. 9.3.1999, Rs. C–212/97 (Centros), Slg. 1999, I–1459, Rn. 34 f.; Urt. v.

82 **Zur Kohärenz und Sicherung des Steuersystems:** die Wahrung der ausgewogenen Aufteilung der Besteuerungsbefugnis zwischen den Mitgliedstaaten,[353] die Verhinderung einer doppelten Verlustberücksichtigung,[354] die Verhinderung der Steuerflucht,[355] die Wahrung der Kohärenz des Finanzsystems[356] und die Wirksamkeit der Steueraufsicht[357] (ausführlich unten, Rn. 95 ff., 106 ff.).

83 Darüber hinaus stellt nach ständiger Rechtsprechung des EuGH[358] der **Schutz von Grundrechten** ein berechtigtes Interesse dar, das grundsätzlich geeignet ist, eine Beschränkung der Grundfreiheiten[359] zu rechtfertigen.[360] Die Ausübung der Grundrechte muss mit konfligierenden Grundfreiheiten in Einklang gebracht werden und umgekehrt.[361] Dazu ist einerseits davon auszugehen, dass die Verwirklichung einer Grundfreiheit ein legitimes Ziel ist, das einem Grundrecht Grenzen setzen kann. Umgekehrt ist auch die Verwirklichung eines Grundrechts als legitimes Ziel anzuerkennen, welches

---

5.11.2002, Rs. C–208/00 (Überseering), Slg. 2002, I–9919, Rn. 92; Urt. v. 30.9.2003, Rs. C–167/01 (Inspire Art), Slg. 2003, I–10155, Rn. 135.

[350] EuGH, Urt. v. 28.4.2009, Rs. C–518/06 (Kommission/Italien), Slg. 2009, I–3491, Rn. 73 f.

[351] EuGH, Urt. v. 6.12.2007, Rs. C–456/05 (Kommission/Deutschland), Slg. 2007, I–10517, Rn. 63.

[352] EuGH, Urt. v. 19.1.1989, Rs. 292/88 (Gullung), Slg. 1988, 111, Rn. 29.

[353] EuGH, Urt. v. 13.12.2005, Rs. C–446/03 (Marks & Spencer), Slg. 2005, I–10837, Rn. 43 ff.; Urt. v. 12.9.2006, Rs. C–196/04 (Cadbury Schweppes), Slg. 2006, I–7995, Rn. 56; Urt. v. 13.3.2007, Rs. C–524/04 (Test Claimants in the Thin Cap Group Litigation), Slg. 2007, I–2107, Rn. 75; Urt. v. 29.3.2007, Rs. C–347/07 (Rewe Zentralfinanz), Slg. 2007, I–2647, Rn. 41; Urt. v. 8.11.2007, Rs. C–379/05 (Amurta), Slg. 2007, I–9569, Rn. 56.

[354] EuGH, Urt. v. 13.12.2005, Rs. C–446/03 (Marks & Spencer), Slg. 2005, I–10837, Rn. 47; Urt. v. 29.3.2007, Rs. C–347/07 (Rewe Zentralfinanz), Slg. 2007, I–2647, Rn. 47; Urt. v. 18.7.2007, Rs. C–231/05 (Oy AA), Slg. 2007, I–6373, Rn. 51.

[355] EuGH, Urt. v. 28.1.1986, Rs. 273/83 (Kommission/Frankreich), Slg. 1986, 273, Rn. 23, 25; Urt. v. 8.3.2001, verb. Rs. C–397/98 u. 419/98 (Metallgesellschaft), Slg. 2001, I–1727, Rn. 57; Urt. v. 12.12.2002, Rs. C–324/00 (Lankhorst-Hohorst), Slg. 2002, I–11779, Rn. 37; Urt. v. 15.7.2004, Rs. C–315/02 (Lenz), Slg. 2004, I–7063, Rn. 27; Urt. v. 13.12.2005, Rs. C–446/03 (Marks & Spencer), Slg. 2005, I–10837, Rn. 49.

[356] EuGH, Urt. v. 28.1.1986, Rs. 273/83 (Kommission/Frankreich), Slg. 1986, 273, Rn. 21 f.; Urt. v. 11.8.1995, Rs. C–80/94 (Wielocks), Slg. 1995, I–2493, Rn. 23; Urt. v. 8.3.2001, verb. Rs. C–397/98 u. C–419/98 (Metallgesellschaft), Slg. 2001, I–1727, Rn. 67; Urt. v. 12.12.2002, Rs. C–324/00 (Lankhorst-Hohorst), Slg. 2002, I–11779, Rn. 40; Urt. v. 7.9.2004, Rs. C–319/02 (Manninen), Slg. 2004, I–7477, Rn. 42; Urt. v. 29.3.2007, Rs. C–347/07 (Rewe Zentralfinanz), Slg. 2007, I–2647, Rn. 62; Urt. v. 13.3.2007, Rs. C–524/04 (Test Claimants in the Thin Cap Group Litigation), Slg. 2007, I–2107, Rn. 68; Urt. v. 11.3.2004, Rs. C–9/02 (Lasteyrie du Saillant), Slg. 2004, I–13031, Rn. 61, 63.

[357] EuGH, Urt. v. 15.3.1997, Rs. C–250/97 (Futura Participations), Slg. 1997, I–2471, Rn. 31; Urt. v. 28.10.1999, Rs. C–55/98 (Verstergaard), Slg. 1999, I–7641, Rn. 25; Urt. v. 14.9.2006, Rs. C–386/04 (Stauffer), Slg. 2006, I–8203, Rn. 50.

[358] Bereits vor Inkrafttreten der Grundrechtscharta EuGH, Urt. v. 12.6.2003, Rs. C–112/00 (Schmidberger), Slg. 2003, I–5659, Rn. 74.

[359] Bspw. die Berufsfreiheit (Art. 15 GRC), die unternehmerische Freiheit (Art. 16 GRC) oder das Recht auf Eigentum (Art. 17 GRC) können eine Beschränkung der Niederlassungsfreiheit rechtfertigen.

[360] Näher zum Verhältnis zwischen Grundfreiheiten und Grundrechten siehe *Frenz*, NVwZ 2011, 961; *ders.*, EuR 2002, 603; *Müller-Graff*, FS Steinberger, S. 1281; *Grabenwarter*, EuGRZ 2004, 563; *Manger-Nestler/Noack*, JuS 2013, 503; *Kahl/Schwind*, EuR 2014, 170; *Skouris*, RdA-Beil. 2009, 25; *ders.*, DÖV 2006, 89.

[361] Ein Konfliktfall bestand damals bei *Schmidberger* zwischen der Warenverkehrsfreiheit und der Versammlungsfreiheit; siehe auch GA *Trstenjak*, Schlussanträge zu Rs. C–81/09 (Idryma Typou), Slg. 2010, I–10161, Rn. 86; EuGH, Urt. v. 11.12.2007, Rs. C–438/05 (Viking Line), Slg. 2007, I–10779, Rn. 46; Urt. v. 18.12.2007, Rs. C–341/05 (Laval), Slg. 2007, I–11767, Rn. 94.

eine Grundfreiheit einschränken kann.[362] Ein angemessener Ausgleich zwischen Grundrecht und Grundfreiheit ist nur dann gegeben, wenn die Beschränkung einer Grundfreiheit durch ein Grundrecht nicht über das hinausgeht, was zur Durchsetzung des Grundrechts geeignet, erforderlich und angemessen ist.[363] Handelsbeschränkende Grundrechtsausübung muss folglich in einem angemessenen Verhältnis zum Schutz der betroffenen Grundfreiheit stehen.[364]

d) Verhältnismäßigkeit

Voraussetzung für eine Rechtfertigung ist, dass die Maßnahme verhältnismäßig, also zur Erreichung des Gemeinwohlerfolgs geeignet, erforderlich und angemessen ist.[365] Die Rechtsprechung prüft die Angemessenheit als Relation zwischen Eingriff und Gemeinwohlerfolg nur im Ausnahmefall,[366] legt dafür aber an die Geeignetheit und Erforderlichkeit **strenge Maßstäbe** an. Beide Merkmale zusammen schließen Maßnahmen mit protektionistischen Motiven von der Rechtfertigung aus[367] und begründen zudem ein eingeschränktes[368] Übermaßverbot.

84

aa) Geeignetheit

Eine Maßnahme ist geeignet, wenn sie das bezweckte Ziel jedenfalls fördert. Die **Festlegung des beabsichtigten Schutzniveaus obliegt** dabei im Grundsatz und unbeschadet einer Angemessenheitsprüfung zunächst **den Mitgliedstaaten**. Die Geeignetheit richtet sich nach dem Schutzniveau, so dass zur Erreichung eines höheren Standards stärker eingreifende Beschränkungen geeignet sein können. Ausreichend ist, »dass die Maßnahme unter Kausalitäts- und Wahrscheinlichkeitsaspekten den Geschehensablauf in die vom Mitgliedstaat beabsichtigte Richtung lenken kann«[369], den erstrebten Gemeinwohlgewinn also zumindest fördert; den Mitgliedstaaten steht dabei ein gewisser Prognosespielraum zu.[370] Als ungeeignet wäre eine mitgliedstaatliche Maßnahme umgekehrt dann zu qualifizieren, wenn diese im Hinblick auf das angestrebte Ziel wirkungslos bliebe.[371]

85

---

[362] GA *Trstenjak*, Schlussanträge zu Rs. C–81/09 (Idryma Typou), Slg. 2010, I–10161, Rn. 86.
[363] GA *Trstenjak*, Schlussanträge zu Rs. C–271/08 (Kommission/Deutschland), Slg. 2010, I–7091, Rn. 190.
[364] EuGH, Urt. v. 12. 6. 2003, Rs. C–112/00 (Schmidberger), Slg. 2003, I–5659, Rn. 82 ff.
[365] Vgl. *Pache*, in: Schulze/Zuleeg/Kadelbach, Europarecht, § 10, Rn. 192; *Forsthoff*, in: Grabitz/Hilf/Nettesheim, EU, Art. 45 AEUV (September 2010), Rn. 374.
[366] Vgl. EuGH, Urt. v. 26. 9. 2013, Rs. C–539/11 (Ottica New Line di Accardi Vincenzo), ECLI:EU:C:2013:591, Rn. 33.
[367] *Kingreen*, in: Calliess/Ruffert, EUV/AEUV, Art. 36 AEUV, Rn. 91; *Leible*, in: Grabitz/Hilf/Nettesheim, EU, Art. 29 EGV (Januar 2000), Rn. 4.
[368] Eingeschränkt ist das Übermaßverbot, weil der EuGH die Angemessenheitsprüfung nur ausnahmsweise durchführt, bspw. in: EuGH, Urt. v. 26.2.1991, Rs. C–154/89 (Kommission/Frankreich), Slg. 1991, I–687, Rn. 21 (zur Dienstleistungsfreiheit).
[369] GA *Trstenjak*, Schlussanträge zu Rs. C–81/09 (Idryma Typou), Slg. 2010, I–10161, Rn. 96; *Schroeder*, in: Streinz, EUV/AEUV, Art. 36 AEUV, Rn. 53; *Ahlfeld*, Zwingende Erfordernisse im Sinne der Cassis de Dijon-Rechtsprechung des EuGH zu Art. 30 EGV, Baden-Baden 1997, S. 239 f.
[370] GA *Trstenjak*, Schlussanträge zu Rs. C–81/09 (Idryma Typou), Slg. 2010, I–10161, Rn. 96; vgl. ferner *Schroeder*, in: Streinz, EUV/AEUV, Art. 36 AEUV, Rn. 53; EuGH, Urt. v. 15.9.1994, Rs. C–293/93 (Houtwipper), Slg. 1994, I–4249, Rn. 22; Urt. v. 9.12.1997, Rs. C–265/95 (Kommission/Frankreich), Slg. 1997, I–6959, Rn. 33; Urt. v. 15.6.1999, Rs. C–394/97 (Heinonen), Slg. 1999, I–3599, Rn. 43.
[371] GA *Trstenjak*, Schlussanträge zu Rs. C–81/09 (Idryma Typou), Slg. 2010, I–10161, Rn. 96.

86 Weiterhin fehlt es nach der Rechtsprechung des Gerichtshofs an der Geeignetheit, wenn der Mitgliedstaat bei der Verfolgung des anerkannten Gemeininteresses **nicht kohärent und systematisch** vorgeht.[372] So überzeugte etwa die Argumentation Deutschlands im Vertragsverletzungsverfahren wegen des deutschen Reinheitsgebots bei Bier nicht zuletzt deswegen nicht, weil die dem Reinheitsgebot unterfallenden angeblich gesundheitsschädlichen Zusatzstoffe in anderen Getränken zulässig waren.[373] Der Grund für das Kohärenzerfordernis liegt darin, dass der nicht verfolgte Schutz gleichartiger Gemeinwohlinteressen im Parallelfall indiziert, dass die Maßnahme letztlich protektionistischen Zwecken dient.[374] Auf dieser Linie sollte die Prüfung der Kohärenz erfolgen, was insbesondere im Hinblick auf die Vergleichbarkeit des Parallelfalls eine **Darlegungslast des Mitgliedstaates** auslöst. So hielt der EuGH in einem Fall ein österreichisches Bewilligungserfordernis mit Bedarfsprüfung zur Errichtung von Zahnambulatorien für inkohärent, weil die Errichtung von Gruppenpraxen nicht dem System der Bewilligung mit Bedarfsprüfung unterworfen sei.[375] Aus der Entscheidung geht hervor, dass der Gerichtshof von den Mitgliedstaaten in solcherlei Fällen eine hinreichend substantiierte Darlegung von Tatsachen verlangt, aus denen sich die unterschiedliche Behandlung nachvollziehbar unter Ausschluss einer protektiven Zielsetzung erklärt.[376]

bb) Erforderlichkeit

87 Eine Beschränkung der Niederlassungsfreiheit ist nur dann erforderlich, wenn der Mitgliedsstaat unter mehreren gleichermaßen geeigneten die **am wenigsten belastende Maßnahme** auswählt.[377] Grundsätzlich steht den Mitgliedstaaten bei der Wahl ihrer Mittel ein Ermessen zu, soweit diese im Rahmen verbliebener Kompetenzen für den jeweiligen Sachbereich zuständig sind.[378] Anknüpfungspunkt für die Prüfung der Erforderlichkeit ist dabei das mitgliedstaatlich bestimmte Schutzniveau, das im Standard von anderen Mitgliedstaaten abweichen kann,[379] und in Bezug dessen den Mitgliedstaaten ein Wertungsspielraum zuzuerkennen ist.[380] Dem Mitgliedstaat obliegt dabei der Nachweis, dass seine Regelung zur Erreichung des angestrebten Gemeinwohlziels erforderlich ist,[381] ohne jedoch im Einzelnen belegen zu müssen, dass sich dieses Ziel »mit keiner anderen vorstellbaren Maßnahme unter den gleichen Bedingungen erreichen« lässt.[382]

---

[372] Vgl. EuGH, Urt. v. 12.3.1987, Rs. 178/84 (Kommission/Deutschland – Reinheitsgebot), Slg. 1987, 1227, Rn. 49; Urt. v. 4.12.1986, Rs. 179/85 (Kommission/Deutschland – Schaumweinflaschen), Slg. 1986, 3879, Rn. 14; Urt. v. 7.3.1989, Rs. 215/87 (Schumacher/Hauptzollamt Frankfurt/M), Slg. 1989, 617, Rn. 21; vgl. hierzu *W.-H. Roth*, VersR 1993, 129 (137); Urt. v. 6.11.2003, Rs. C–243/01 (Gambelli), Slg. 2003, I–13076, Rn. 67; Urt. v. 6.3.2007, verb. Rs. C–338/04, C–359/04 u. C–360/04 (Placanica), Slg. 2007, I–1891, Rn. 53; Urt. v. 10.3.2009, Rs. C–169/07 (Hartlauer), Slg. 2009, I–1721, Rn. 55 ff.; Urt. v. 15.10.2015, Rs. C–168/14 (Grupo Itevelesa), ECLI:EU:C:2015:685, Rn. 76.

[373] Vgl. EuGH, Urt. v. 12.3.1987, Rs. C–178/84 (Kommission/Deutschland – Reinheitsgebot), Slg. 1987, I–1227, Rn. 49.

[374] *Frenz*, Handbuch Europarecht, Bd. 1, Rn. 3341; in diesem Sinne auch: *Schorkopf*, DÖV 2011, 260 (261).

[375] EuGH, Urt. v. 10.3.2009, Rs. C–169/07 (Hartlauer), Slg. 2009, I–1721, Rn. 55.

[376] EuGH, Urt. v. 10.3.2009, Rs. C–169/07 (Hartlauer), Slg. 2009, I–1721, Rn. 61.

[377] GA *Trstenjak*, Schlussanträge zu Rs. C–81/09 (Idryma Typou), Slg. 2010, I–10161, Rn. 65, 68; *Müller-Graff*, in: Streinz, EUV/AEUV, Art. 49 AEUV, Rn. 95.

[378] EuGH, Urt. v. 9.12.1997, Rs. C–265/95 (Kommission/Frankreich), Slg. 1997, I–6959, Rn. 33.

[379] EuGH, Urt. v. 28.4.2009, Rs. C–518/06 (Kommission/Italien), Slg. 2009, I–3491, Rn. 83.

[380] EuGH, Urt. v. 10.2.2009, Rs. C–110/05 (Kommission/Italien), Slg. 2009, I–519, Rn. 65.

[381] EuGH, Urt. v. 10.2.2009, Rs. C–110/05 (Kommission/Italien), Slg. 2009, I–519, Rn. 66.

[382] EuGH, Urt. v. 10.2.2009, Rs. C–110/05 (Kommission/Italien), Slg. 2009, I–519, Rn. 66.

Beispiele für mangelnde Erforderlichkeit wegen Bestehen milderer Mittel: Spezifische Gläubigerschutzregelungen statt genereller Versagung der Eintragung von Zweigniederlassungen ausländischer Gesellschaften;[383] Durchführung möglicher Verwaltungszusammenarbeit statt der Verpflichtung zur Sicherheitsleistung als Voraussetzung für eine Steuerstundung;[384] Sicherheitsleistung oder Abschluss eines Sicherheitsvertrages statt Festlegung eines Mindestgesellschaftskapitals zum Schutz der Kunden von Sicherheitsunternehmen;[385] Sicherheitsleistung statt inländischem Wohnsitz zur Absicherung etwaiger Geldstrafen;[386] Informationspflichten über Organe und Gesellschafter bei Ausschreibungen von Konzessionen statt des Ausschlusses börsennotierter Kapitalgesellschaften;[387] Pflicht zur Einreichung steuerlicher Unterlagen einer gebietsfremden Tochtergesellschaft zwecks Vermeidung doppelter Verlustberücksichtigung statt genereller Verweigerung der Anerkennung einer steuerlichen Einheit mit einer inländischen Muttergesellschaft;[388] Vorlage von Beweismitteln zur Ermittlung der Besteuerungsgrundlage statt Steuernachteile zur Sicherung der Wirksamkeit der Steueraufsicht;[389] Vorlage vergleichbarer verlässlicher Belege statt genereller Pflicht zur Einreichung von Originaldokumenten;[390] Pflicht zur unentgeltlichen Überlassung von Glückspielinfrastruktur nach bloßem Ablauf einer Glücksspielkonzession (anders aber bei Entzug der Konzession als Sanktionsmaßnahme).[391]

Aus dem Erforderlichkeitsgrundsatz lässt sich ferner etwa ableiten, dass zum Nachweis der notwendigen Fähigkeiten und Kenntnisse für eine bestimmte Tätigkeit eine **Gleichwertigkeitsprüfung der Befähigungsnachweise oder Diplome** aus anderen Mitgliedstaaten eine weniger belastende Maßnahme darstellt.[392] Insofern hat der Aufnahmestaat in einem Verfahren die **objektive Vergleichbarkeit** des ausländischen Befähigungsnachweises zu überprüfen.[393] Dabei sind insbesondere auch die im Rahmen eines Studiengangs oder praktischer Erfahrung sowie die berufspraktisch erworbenen Kennt-

---

[383] Vgl. etwa für die Aufrechterhaltung der öffentlichen Ordnung und Sicherheit EuGH, Urt. v. 9.3.1999, Rs. C–212/97 (Centros), Slg. 1999, I–1459, Rn. 38.
[384] EuGH, Urt. v. 7.9.2006, Rs. C–470/04 (N), Slg. 2006, I–7409, Rn. 49, 51 ff.
[385] EuGH, Urt. v. 26.1.2006, Rs. C–514/03 (Kommission/Spanien), Slg. 2006, I–963, Rn. 37.
[386] EuGH, Urt. v. 29.10.1998, Rs. C–114/97 (Kommission/Spanien), Slg. 1998, I–6717, Rn. 47; Urt. v. 9.3.1999, Rs. C–212/97 (Centros), Slg. 1999, I–1459, Rn. 34, 37.
[387] EuGH, Urt. v. 6.3.2007, verb. Rs. C–338/04, C–359/04 u. 360/04 (Placanica), Slg. 2007, I–1891, Rn. 62.
[388] EuGH, Urt. v. 27.11.2008, Rs. C–418/07 (Papillion), Slg. 2008, I–8947, Rn. 56.
[389] EuGH, Urt. v. 2.10.2008, Rs. C–360/06 (Bauer), Slg. 2008, I–7333, Rn. 41; Urt. v. 25.10.2007, Rs. C–464/05 (Geurts), Slg. 2007, I–9325, Rn. 28.
[390] EuGH, Urt. v. 21.3.2002, Rs. C–298/99 (Kommission/Italien), Slg. 2002, I–3129, Rn. 39 ff.
[391] Urt. v. 28.1.2016, Rs. C–375/14 (Rosanna Laezza), ECLI:EU:C:2016:60, Rn. 39 ff.
[392] Vgl insb. EuGH, Urt. v. 28.4.1977, Rs. 71/76 (Thieffry), Slg. 1977, 765, Rn. 20 ff.; Urt. v. 7.5.1991, Rs. C–340/89 (Vlassopoulou), Slg. 1991, I–2357, Rn. 9, 15 ff.; Urt. v. 30.11.1995, Rs. C–55/94 (Gebhard), Slg. 1995, I–4165, Rn. 36 ff.
[393] EuGH, Urt. v. 7.5.1991, Rs. C–340/89 (Vlassopoulou), Slg. 1991, I–2357, Rn. 16 f.; Urt. v. 7.5.1992, Rs. C–104/91 (Aguirre Borrell), Slg. 1992, I–3003, Rn. 11 ff.; Urt. v. 22.3.1994, Rs. C–375/92 (Kommission/Spanien), Slg. 1994, I–923, Rn. 12 ff.; Urt. v. 30.11.1995, Rs. C–55/94 (Gebhard), Slg. 1995, I–4165, Rn. 38; Urt. v. 14.9.2000, Rs. C–238/98 (Hocsman), Slg. 2000, I–6623, Rn. 23, 35; Urt. v. 13.11.2003, Rs. C–313/01 (Morgenbesser), Slg. 2003, I–13467, Rn. 67 ff.

nisse aus dem Herkunftsstaat zu berücksichtigen.[394] Erfüllt die betroffene Person die Anforderungen der vergleichbaren inländischen Ausbildung nicht oder nicht vollständig, so kann der Aufnahmestaat gegebenenfalls den Nachweis des Erwerbs der fehlenden Kenntnisse und Fähigkeiten verlangen.[395]

cc) Angemessenheit

90 Seltener[396] geht der Gerichtshof schließlich auf die Angemessenheit bzw. Verhältnismäßigkeit im engeren Sinne ein,[397] die eine Mittel-Zweck-Relation, teilweise auch als Gebotenheit bezeichnet, umschreibt.[398] Im Kern geht es dabei um den **ausgewogenen Ausgleich**[399] zwischen der Beeinträchtigung der Niederlassungsfreiheit und dem Gewicht des zwingenden Grundes, der sich in einem legitimen, erforderlichen Ziel niederschlägt.[400] In der Fremdenführerentscheidung argumentiert der EuGH, dass »die fragliche Regelung […] angesichts des Umfangs der in ihr enthaltenen Beschränkungen außer Verhältnis zum angestrebten Zweck [steht], nämlich der Aufwertung historischer Reichtümer und der bestmöglichen Verbreitung von Kenntnissen über das künstlerische und kulturelle Erbe des Mitgliedstaats, in dem die Reise durchgeführt wird«.[401] An anderer Stelle hat der Gerichtshof eine Güterabwägung gefordert, wenn er formuliert, dass sich eine Behinderung des freien Warenverkehrs nur »durch einen Zweck rechtfertigen lässt, der im Allgemeininteresse liegt und den Erfordernissen des freien Warenverkehrs vorgeht [Herv. d. Verf.]«.[402] Jedoch ist zu berücksichtigen, dass der Gerichtshof bei Güterabwägungen (der französischen Tradition folgend) regelmäßig einen gewissen

---

[394] EuGH, Urt. v. 7.5.1991, Rs. C–340/89 (Vlassopoulou), Slg. 1991, I–2357, Rn. 20; Urt. v. 13.11.2003, Rs. C–313/01 (Morgenbesser), Slg. 2003, I–13467, Rn. 71; Urt. v. 19.1.2006, Rs. C–330/03 (Colegio de Ingenieros de Caminos), Slg. 2006, I–801, Rn. 39.

[395] EuGH, Urt. v. 7.5.1991, Rs. C–340/89 (Vlassopoulou), Slg. 1991, I–2357, Rn. 19; Urt. v. 8.7.1999, Rs. C–234/97 (Bobadilla), Slg. 1999, I–4773, Rn. 32; Urt. v. 14.9.2000, Rs. C–238/98 (Hocsman), Slg. 2000, I–6623, Rn. 36; Urt. v. 13.11.2003, Rs. C–313/01 (Morgenbesser), Slg. 2003, I–13467, Rn. 70.

[396] Vgl. *Frenz*, Handbuch Europarecht, Bd.1, Rn. 2685; *Roth*, in: Dauses, Handbuch des EU-Wirtschaftsrechts, Abschnitt E.I., April 2015, Rn. 107.

[397] Der Schwerpunkt der Verhältnismäßigkeitsprüfung liegt bei der Erforderlichkeit, s. *Schroeder*, in: Streinz, EUV/AEUV, Art. 36 AEUV, Rn. 54 f., 56.

[398] EuGH, Urt. v. 20.5.1992, Rs. C–106/91 (Ramrath), Slg. 1992, I–3351, Rn. 29 f. (zur Dienstleistungsfreiheit).

[399] Eingriff und Gemeinwohlerfolg müssen in einem angemessenen Verhältnis stehen, vgl. GA Trstenjak, Schlussanträge zu Rs. C–81/09 (Idryma Typou), Slg. 2010, I–10161, Rn. 103; *Roth*, in: Dauses, Handbuch des EU-Wirtschaftsrechts, Abschnitt E.I., Oktober 2014, Rn. 98 und 103 ff.; *Lüder*, EuZW 1995, 15 ff.; *Jarass*, EuR 1995, 202 (225 f.); *Everling*, Das Niederlassungsrecht der Kapitalgesellschaften in der Europäischen Gemeinschaft. Die Überlagerung des deutschen Gesellschaftsrechts und Unternehmensrechts durch europäisches Gemeinschaftsrecht, GS Knobbe-Keuk, 1997, S. 607 (622 f.).

[400] Vgl. auch *Müller-Graff*, in: Streinz, EUV/AEUV, Art. 49 AEUV, Rn. 97.

[401] EuGH, Urt. v. 26.2.1991, Rs. C–154/89 (Kommission/Frankreich – Fremdenführer), Slg. 1991, I–659, Rn. 21; vgl. ferner Urt. v. 25.7.1991, Rs. C–76/90 (Säger/Dennemeyer), Slg. 1991, I–4221, Rn. 17 ff., 20; Urt. v. 26.4.1988, Rs. 352/85 (Bond van Adverteerdes/Niederlande), Slg. 1988, 2085, Rn. 31; Urt. v. 26.2.1991, Rs. C–180/89 (Kommission/Italien – Fremdenführer), Slg. 1991, I–709, Rn. 24; Urt. v. 26.2.1991, Rs. C–198/89 (Kommission/Griechenland – Fremdenführer), Slg. I–727, 742, Rn. 25; Urt. v. 10.7.1991, Rs. C–294/89 (Kommission/Frankreich), Slg. 1991, I–3591, Rn. 32.

[402] EuGH, Urt. v. 3.6.1999, Rs. C–33/97 (Colim NV/Bigg's Continent Noord NV), Slg. 1999, I–3175, Rn. 38.

Ermessensspielraum und Ausgestaltungsspielräume einräumt.[403] Dies läuft darauf hinaus, dass letztlich **nur ein grobes Missverhältnis** zwischen dem Schutzgut und dem Eingriffsrechtsgut eine Verletzung des Verhältnismäßigkeitsgrundsatzes darstellt.

3. Missbrauch als Einschränkung der Niederlassungsfreiheit

Eine missbräuchliche Berufung auf Art. 49 AEUV ist nach allgemeinen Regeln ausgeschlossen. Der EuGH hat den Missbrauchseinwand etwa in der zur Dienstleistungsfreiheit (Art. 49 EG, Art. 56 AEUV) ergangenen TV 10-Mediawet-Entscheidung[404] angewendet. Der Gerichtshof bejahte zwar die Anwendbarkeit der Dienstleistungsfreiheit für eine in Luxemburg ansässige TV-Station, deren Programm ausschließlich auf die benachbarte Niederlande ausgerichtet war, gestand aber den Niederlanden das Recht zu, die Fernsehsendung als inländisch zu betrachten; die Anwendung der Dienstleistungsfreiheit dürfe nicht dazu verwendet werden, sich »den Berufsregelungen zu entziehen, die auf ihn Anwendung fänden, wenn er im Gebiet dieses Staates niedergelassen wäre«.[405] Diese Überlegungen können auf die Niederlassungsfreiheit übertragen werden.[406] Die dogmatische Grundlage findet der EuGH in teleologischer Auslegung. Daher ist die Berufung auf die Grundfreiheiten dann ausgeschlossen, wenn ihre Anwendung auf **absichtlich und künstlich gestaltete Sachverhalte vom Normzweck nicht geboten** wäre.[407] Dies hat der EuGH in Centros und Inspire Art[408] mit Hinweis auf das Ziel der Niederlassungsfreiheit verneint, da es Ziel der Niederlassungsfreiheit sei, »es den nach dem Recht eines Mitgliedstaats errichteten Gesellschaften, die ihren satzungsmäßigen Sitz, ihre Hauptverwaltung oder ihre Hauptniederlassung innerhalb der Gemeinschaft haben, zu erlauben, mittels einer Agentur, Zweigniederlassung oder Tochtergesellschaft in anderen Mitgliedstaaten tätig zu werden«. Dabei stellte er isoliert auf die Freiheit der Gesellschaft ab,[409] ohne den Gesamtzusammenhang und die (hier naheliegende) Möglichkeit eines »einheitlichen Umgehungsmanövers« zu beachten (näher Art. 54 Rn. 25 ff.).[410] Im Bereich des **Steuerrechts** hat der EuGH die Rechtfertigung beeinträch-

91

---

[403] EuGH, Urt. v. 5.5.1966, verb. Rs. 18/65 u. 35/65 (Gutmann), Slg. 1966, 154, 176; Urt. v. 20.5.1983, Rs. 69/83 R (Luxemburg/Rechnungshof), Slg. 1984, 2447, Rn. 30; Urt. v. 13.11.1990, Rs. C–331/88 (Fedesa u. a.), Slg. 1990, I–4023, Rn. 22 ff.; GA *Trstenjak*, Schlussanträge zu Rs. C–81/09 (Idryma Typou), Slg. 2010, I–10161, Rn. 104. Vgl. zum ganzen Komplex *Gehring*, Senkung der gerichtlichen Kontrolldichte, S. 204 ff.
[404] EuGH, Urt. v. 5.10.1994, Rs. C–23/93 (TV10 – Mediawet), Slg. 1994, I–4795.
[405] EuGH, Urt. v. 5.10.1994, Rs. C–23/93 (TV10 – Mediawet), Slg. 1994, I–4795, Rn. 20 f.; im Anschluss an EuGH, Urt. v. 3.12.1974, Rs. 33/74 (Van Binsbergen), Slg. 1974, 1299, Rn. 13; ähnlich Urt. v. 10.1.1985, Rs. C–229/83 (Leclerc/Au blé vert), Slg. 1985, 1, Rn. 26 f.; Urt. v. 14.12.2000, Rs C–110/99 (Emsland-Stärke), Slg. 2000, I–11569, Rn. 46, 51 f.
[406] EuGH, Urt. v. 7.9.1979, Rs. 115/78 (Knoors), Slg. 1979, 399, Rn. 25; Urt. v. 9.3.1999, Rs. C–212/97 (Centros), Slg. 1999, I–1459, Rn. 24; Urt. v. 30.9.2003, Rs. C–167/01 (Inspire Art), Slg. 2003, I–10155, Rn. 136.
[407] Deutlich hierzu GA *La Pergola*, Schlussanträge zu Rs. C–212/97 (Centros), Slg. 1999, I–1459, Rn. 20; ebs. *Schön*, Der »Rechtsmissbrauch« im Europäischen Gesellschaftsrecht, 2002, FS Wiedemann, S. 1271 (1282 ff.).
[408] EuGH, Urt. v. 9.3.1999, Rs. C–212/97 (Centros), Slg. 1999, I–1459, Rn. 24; Urt. v. 30.9.2003, Rs. C–167/01 (Inspire Art), Slg. 2003, I–10155, Rn. 136–139.
[409] Näher *Schön*, Der »Rechtsmissbrauch« im Europäischen Gesellschaftsrecht, 2002, FS Wiedemann, S. 1271 (1292).
[410] Hierauf stellt zu Recht ab GA *Lenz*, Schlussanträge zu Rs. C–23/93 (TV10 – Mediawet), Slg. 1994, I–4814, Rn. 62 f.

tigender Maßnahmen zur **Bekämpfung von missbräuchlicher oder betrügerischer Steuervermeidung** zugelassen[411] (dazu näher unten, Rn. 110 ff.).

4. Äquivalenz- und Effektivitätsgrundsatz?

92 In der Rs. Vale hat der EuGH für die Frage, ob der Aufnahmemitgliedstaat im Falle einer grenzüberschreitenden Umwandlung befugt ist, das für einen solchen Vorgang maßgebende innerstaatliche Recht festzulegen und welchen Grenzen er unterliege, als (im Rahmen des Art. 49 AEUV) neue Kategorie den Äquivalenz- und Effektivitätsgrundsatz aktiviert.[412] Die hieraus in der Literatur entwickelte Auffassung, dass nur Ungleichbehandlungen im Umwandlungsrecht in den Anwendungsbereich der Niederlassungsfreiheit fallen,[413] ist nicht zutreffend. Der EuGH hat sich hier von der Rechtsprechung zur Umsetzung der Vorgaben europäischen Rechts leiten lassen und nicht passgerecht angewendet und sollte dies nicht fortführen, weil Äquivalenz- (Diskriminierungsverbot) und Effektivitätsgrundsatz (Beschränkungsverbot) die bekannten niederlassungsrechtlichen Kategorien verschleiern.[414]

D. Rechtsfolgen der Niederlassungsfreiheit

I. Kern- und Begleitrechte

93 Der Inhalt der Niederlassungsfreiheit, der anders als Art. 45 Abs. 3 AEUV nicht spezifisch ausgestaltet ist, bestimmt sich aus den Grenzen seines Anwendungsbereichs und des Beschränkungstatbestandes. In erster Linie gewährleistet Art. 49 AEUV die diskriminierungsfreie Aufnahme und Ausübung selbstständiger oder unternehmerischer Tätigkeit in einem anderen Mitgliedstaat sowie den behinderungsfreien Marktzugang. Zugleich gehen mit der Niederlassungsfreiheit bestimmte **Begleit- und Folgerechte** einher, die ihre Ausübung überhaupt erst ermöglichen, insbesondere Einreise- und Aufenthaltsrechte,[415] sofern dies zum Zwecke oder aus Anlass einer Niederlassung erfolgt oder in sonstiger Weise durch eine Niederlassung bedingt ist,[416] darüber hinaus Rechte, die im Rahmen des niederlassungsrechtlichen Diskriminierungsverbots zu beachten sind, etwa Ansprüche auf soziale Absicherung.[417] In den Gewährleistungsbereich können auch Drittstaatsangehörige (Familienangehörige oder Arbeitnehmer) des selbstständig Tätigen kommen, wenn ihre Gleichstellung (insb. Im Hinblick auf ein Aufenthaltsrecht) für die Aufnahme und Ausübung der durch Art. 49 AEUV geschützten

---

[411] EuGH, Urt. v. 13.3.2007, Rs. C–524/04 (Test Claimants), Slg. 2007, I–2107, Rn. 72 f.; Urt. v. 17.1.2008, Rs. C–105/07 (Lammers & Van Cleeff), Slg. 2008, I–173, Rn. 26; *Frenz*, Handbuch Europarecht, Bd. 1, Rn. 2608.
[412] EuGH, Urt. v. 12.7.2012, Rs. C–378/10 (Vale), ECLI:EU:C:2012:440, Rn. 48.
[413] So *Teichmann*, DB 2012, 2085, 2088; *Jaensch*, EWS 2012, 353 (357).
[414] Vgl. *Kainer*, EnzEuR, Bd. 4, § 4, Rn. 77; *Braun*, DZWiR 2012, 411 (415).
[415] Vgl. EuGH, Urt. v. 8.4.1976, Rs. 48/75 (Royer), Slg. 1976, 497, Rn. 19 ff., 31 ff.; Urt. v. 5.2.1991, Rs. C–363/89 (Roux), Slg. 1991, I–273, Rn. 22 ff.
[416] EuGH, Urt. v. 8.4.1976, Rs. 48/75 (Royer), Slg. 1976, 497, Rn. 19, 23.
[417] Vgl. *Randelzhofer/Forsthoff*, in: Grabitz/Hilf/Nettesheim, EU, vor Art. 39 EGV (Mai 2001), Rn. 188 ff.

Tätigkeit unabdingbar ist.[418] Im Einzelnen sind diese Rechte sekundärrechtlich näher ausgestaltet.[419]

Darüber hinaus müssen die Mitgliedstaaten verfahrensrechtliche Instrumente vorsehen, welche die effektive und äquivalente Durchsetzung der Rechte ermöglichen.[420] **94**

II. Unmittelbare Anwendbarkeit und Rechtsfolgen

Die Niederlassungsfreiheit ist aufgrund ihrer **unmittelbaren Anwendbarkeit**[421] von Behörden und Gerichten von Amts wegen zu berücksichtigen.[422] Widerläufiges nationales Recht bleibt wegen des Anwendungsvorrangs des Art. 49 AEUV unangewendet.[423] Soweit nationale Normen Regelungsspielräume haben, besteht eine Verpflichtung zur grundfreiheitenkonformen Auslegung.[424] Auch in diesem Falle sind die Mitgliedstaaten wegen der abschreckenden Wirkung unionsrechtswidrigen Rechts jedoch verpflichtet, ihre Rechtsordnung entsprechend anzupassen.[425] Weitere Rechtsfolgen können sich aus dem Effektivitäts- und Äquivalenzprinzip ergeben.[426] Bei qualifizierten Verstößen gegen die Niederlassungsfreiheit kann unter weiteren Voraussetzungen ein Anspruch nach den Grundsätzen der unionalen Staatshaftung ausgelöst sein.[427] **95**

Bei einem Verstoß durch die **Europäische Union** selbst gelten keine materiell-rechtlichen Besonderheiten. Insbesondere steht es nicht im Ermessen der Organe, über die Öffnung durch die Rechtfertigungsregelungen hinaus die primärrechtlich vorrangige Niederlassungsfreiheit freiheitswidrig »auszugestalten«.[428] Der EuGH hat den Organen **96**

---

[418] Etwa bei einer familienrechtlichen Nähebeziehung. Vgl. *Nachbaur*, Niederlassungsfreiheit, S. 44; so etwa EuGH, Urt. v. 23. 9. 2003, Rs. C–109/01 (Akrich), Slg. 2003, I–9607; vgl. auch Urt. v. 7. 7. 1972, Rs. C–370/90 (Singh), Slg. 1992, I–4265; Urt. v. 5. 2. 1991, Rs. C–363/89 (Roux), Slg. 1991, I–273, Rn. 23 f. Zur Bedeutung der RL 2004/38/EG in diesem Zusammenhang vgl. *Epiney*, EuR 2008, 840 (847 ff.).

[419] Vgl. zu den Sekundärrechtsakten *Wolfram*, Die mitgliedstaatsgerichteten Verbotstatbestände der Binnenmarktfreiheiten, Baden-Baden 2012, S. 71 f. (dort Fn. 179); vgl. insbesondere RL 2004/38/EG vom 29. 4. 2004 über das Recht der Unionsbürger und ihrer Familienangehörigen, sich im Hoheitsgebiet der Mitgliedstaaten frei zu bewegen und aufzuhalten, ABl. 2004, L 158/77.

[420] Zur Bedeutung des Verfahrensrechts bei der Durchsetzung subjektiver Rechte s. EuGH, Urt. v. 20. 9. 2001, Rs. C–453/99 (Courage und Crehan), Slg. 2001, I–6297, Rn. 29; Urt. v. 19. 9. 2006, Rs. C–392/04 u. 422/04 (i–21 Germany und Arcor), Slg. 2006, I–8559, Rn. 57.

[421] Grundsätzlich zur unmittelbaren Anwendbarkeit: EuGH, Urt. v. 21. 6. 1974, Rs. 2/74 (Reyners), Slg. 1974, 631, Rn. 24 ff.

[422] *Müller-Graff*, in: Streinz, EUV/AEUV, Art. 49 AEUV, Rn. 103.

[423] Leitentscheidung zum Anwendungsvorrang: EuGH, Urt. v. 15. 7. 1964, Rs. 6/64 (Costa/ENEL) Slg. 1964, 1251; Urt. v. 9. 3. 1978, Rs. 106/77 (Simmenthal II), Slg. 1978, 629, Rn. 17 f.

[424] Dazu *Kainer*, ZHR 168 (2004), 542 (561) m. w. N.

[425] Vgl. EuGH, Urt. v. 15. 3. 1988, Rs. 147/86 (Kommission/Griechenland), Slg. 1988, 1637, Rn. 15 f.

[426] *Tiedje*, in: GSH, Europäisches Unionsrecht, Art. 49 AEUV, Rn. 145.

[427] *Müller-Graff*, in: Streinz, EUV/AEUV, Art. 49 AEUV, Rn. 106; siehe auch EuGH, Urt. v. 5. 3. 1996, verb. Rs. C–46/93 u. 48/93 (Brasserie du Pêcheur), Slg. 1996, I–1029, Rn. 51.

[428] Zur Kontrolle des Sekundärrechts s. EuGH, Urt. v. 17. 5. 1984, Rs. 15/83 (Denkavit Nederland), Slg. 1984, 2171, Rn. 15; Urt. v. 11. 7. 1996, verb. Rs. C–427, 429 u. C–436/93 (Bristol-Myers Squibb u. a.), Slg. 1996, I–3457, Rn. 36; Urt. v. 25. 6. 1997, Rs. C–114/96 (Kieffer und Thill), Slg. 1997, I–3629, Rn. 27; Urt. v. 13. 9. 2001, Rs. C–169/99 (Schwarzkopf), Slg. 2001, I–5901, Rn. 37; GA *Alber*, Schlussanträge zu Rs. C–469/00 (Ravil), Slg. 2003, I–5053, Rn. 90; ebs. *Müller-Graff*, in: Streinz, EUV/AEUV, Art. 49 AEUV, Rn. 37; *Schwarze*, in: Groeben/Schwarze, EUV/EGV, Art. 34 AEUV, Rn. 294 ff.; *Matthies*, Die Verfassung des gemeinsamen Marktes, GS Sasse, Bd. 1, 1981, S. 127; siehe zur Geltung der Grundfreiheiten gegenüber der Union allgemein: *Forsthoff*, in: Grabitz/Hilf/Nettesheim, EU, Art. 45 AEUV (September 2010), Rn. 131 ff.

jedoch ein weites Ermessen zugestanden und es insbesondere für zulässig gehalten, die Verwirklichung des Binnenmarktes stufenweise zu verfolgen, wobei auch der Gesamtzusammenhang zu berücksichtigen ist.[429] Staatshaftungsrechtliche Ansprüche können auf der Grundlage des Art. 340 Abs. 2 AEUV (bei der EZB aus Art. 340 Abs. 3 AEUV) geltend gemacht werden.

97 Soweit **Private** im Rahmen der unmittelbaren Drittwirkung gegen Art. 49 AEUV verstoßen, ergeben sich die Rechtsfolgen in Ermangelung unionalen Rechts aus dem Privatrecht.[430] Kollektive Regelungen (Satzungen, Beschlüsse von Unternehmensvereinigungen etc.) ebenso wie Individualverträge sind nach § 134 BGB i.V.m. Art. 49 AEUV nichtig, gegen grundfreiheitenwidriges Verhalten kann ein Unterlassungsanspruch auf § 1004 BGB gestützt werden, Schadensersatz ist auf der Grundlage des § 823 Abs. 2 BGB zu leisten.[431] Die Ausgestaltung dieser Ansprüche und ihr Verfahren unterliegen dem Effektivitäts- und Äquivalenzprinzip. Aus Art. 4 Abs. 3 EUV i.V.m. Art. 49 AEUV ergibt sich ferner eine Schutzpflicht der Mitgliedstaaten, die auf Wiederherstellung und Sicherung der Niederlassungsfreiheit gerichtet ist.[432]

E. Niederlassungsfreiheit und nationales Steuerrecht

I. Grundlagen

98 Im Bereich des Steuerrechts besteht eine besondere Spannungslage zwischen dem europarechtlichen Binnenmarktprinzip und der mitgliedstaatlichen Steuerhoheit.[433] Während **indirekte (warenbezogene) Steuern am Maßstab des Art. 110 AEUV** gemessen werden, fallen direkte Steuern in den Anwendungsbereich der Grundfreiheiten und insbesondere der Niederlassungsfreiheit. Die Abschichtung zwischen Regelungsbefugnissen der Mitgliedstaaten und verbotenen Beschränkungen ist schwierig, weil das Recht zur Besteuerung zu den nationalen Kernkompetenzen gehört und sekundärrechtlicher Regelung durch das Einstimmigkeitsprinzip in Art. 115 AEUV (ebenso wie in Art. 113 AEUV für die indirekten Steuern)[434] weitgehend entzogen ist. Deswegen ver-

---

[429] EuGH, Urt. v. 29.2.1984, Rs. 37/83 (Rewe/Landwirtschaftskammer Rheinland), Slg. 1984, 1229, Rn. 19; *Forsthoff*, in: Grabitz/Hilf/Nettesheim, EU, Art. 45 AEUV (September 2010), Rn. 133 ff.; *Kainer*, ZHR 168 (2004), 542 (563 f.).
[430] *Müller-Graff*, in: Streinz, EUV/AEUV, Art. 49 AEUV, Rn. 109.
[431] Grundsätzlich zu den Rechtsfolgen s. *Müller-Graff*, in: Streinz, EUV/AEUV, Art. 49 AEUV, Rn. 103 ff.; zum Schadensersatz bei der Verletzung des Kartellverbots s. EuGH, Urt. v. 20.9.2001, Rs. C–453/99 (Courage und Creha), Slg. 2001, I–6297, Rn. 29.
[432] So zur Warenverkehrsfreiheit EuGH, Urt. v. 9.12.1997, Rs. C–265/95 (Kommission/Frankreich), Slg. I–1997, I–6959, Rn. 51; dazu *Kainer*, JuS 2000, 431 ff.
[433] *Stewen*, EuR 2008, 445 (446 f.); zur bei den Mitgliedstaaten verbleibenden Kompetenz über die direkte Besteuerung vgl. EuGH, Urt. v. 14.2.1995, Rs. C–279/93 (Schumacker), Slg. 1995, I–225, Rn. 21; Urt. v. 12.9.2002, Rs. C–431/01 (Merten), Slg. 2002, I–7073, Rn. 25 m.w.N.
[434] Vgl. zur Harmonisierung im Bereich der indirekten Steuern: Mehrwertsteuer-Richtlinie 2006/112/EG des Rates v. 28.11.2006 über das gemeinsame Mehrwertsteuersystem ABl. 2006, L 347/1; Richtlinie 92/12/EWG des Rates v. 25.2.1992 über das allgemeine System, den Besitz, die Beförderung und die Kontrolle verbrauchsteuerpflichtiger Waren, ABl. 1992, L 76/1. Im Bereich der direkten Steuer: Richtlinie 90/435/EWG des Rates v. 23.7.1990 über das gemeinsame Steuersystem der Mutter- und Tochtergesellschaften verschiedener Mitgliedstaaten ABl.1990, L 225/6; Richtlinie 2009/133/EG des Rates v. 19.10.2009 über das gemeinsame Steuersystem für Fusionen, Spaltungen, Abspaltungen, die Einbringung von Unternehmensteilen und den Austausch von Anteilen, die Gesellschaften verschiedener Mitgliedstaaten betreffen, sowie für die Verlegung des Sitzes einer Euro-

bleiben zahlreiche im Einzelnen nicht abgestimmte Rechtsunterschiede, die sich praktisch für grenzüberschreitend tätige Wirtschaft diskriminierend oder hemmend auswirken.[435] Da das Steuerrecht als Ausübungsmodalität abgesehen von Weg- oder Zuzugsbesteuerungen[436] nicht den Marktzugang betrifft,[437] erfasst Art. 49 AEUV grundsätzlich nur solche Steuerregelungen, die sich offen oder versteckt diskriminierend auswirken.[438]

Steuerliche Normen sind aber besonders anfällig für Eingriffe in die Wettbewerbsgleichheit: Wegen des **Territorialitätsprinzips** knüpfen Mitgliedstaaten für die Anwendbarkeit des nationalen Steuerrechts bzw. tatbestandlich regelmäßig an den Sitz eines Unternehmens bzw. an den Ort der selbstständigen Tätigkeit an, was in vielen Fällen zu offenen oder mittelbaren Diskriminierungen führt. Hinzu kommt, dass bei grenzüberschreitenden Sachverhalten u. U. mehrere Staaten einen Steueranspruch auf ein Steuergut geltend machen. Weil die Wirkung der Niederlassungsfreiheit im Bereich des Steuerrechts jedoch grundsätzlich auf die Beseitigung unmittelbarer und mittelbarer Diskriminierungen beschränkt ist, besteht **kein Zwang** für die Mitgliedstaaten, ihr Steuerrecht an das anderer Mitgliedstaaten anzupassen und insbesondere **Doppelbesteuerungen zu vermeiden**.[439] Daher hat der EuGH z. B. die Regelung einer Kraftfahrzeugsteuer in den Niederlanden nicht für den Fall beanstandet, bei dem das Fahrzeug einer grenzüberschreitend niedergelassenen Ärztin bereits im Wohnortstaat besteuert wird, wenn das Fahrzeug im Wesentlichen in beiden Mitgliedstaaten dauerhaft benutzt werden soll und diese Steuer gleich hoch ist wie für Fahrzeuge, die überwiegend im Inland genutzt werden.[440]

99

---

päischen Gesellschaft oder einer Europäischen Genossenschaft von einem Mitgliedstaat in einen anderen Mitgliedstaat, ABl. 2009, L 310/34; Richtlinie 2011/16/EU vom 15.2.2011 über die Zusammenarbeit der Verwaltungsbehörden im Bereich der Besteuerung und zur Aufhebung der Richtlinie 77/799/EWG, ABl. 1977, L 64/1; Richtlinie 2010/24/EU vom 16.3.2010 über die Amtshilfe bei der Beitreibung von Forderungen in Bezug auf bestimmte Steuern, Abgaben und sonstige Maßnahmen, ABl. 2010, L 84/1.

[435] Darstellungen im Überblick etwa bei *Roth*, in: Dauses, Handbuch des EU-Wirtschaftsrechts, Abschnitt E. I., April 2015, Rn. 120 ff.

[436] Wegzugsbesteuerungsregelungen wie bei den Rechtssachen EuGH, Urt. v. 27.9.1988, Rs. 81/87 (Daily Mail), Slg. 1988, 5483; Urt. v. 11.3.2004, Rs. C–9/02 (de Lasteyrie du Saillant), Slg. 2004, I–2409 betreffen spezifisch Niederlassungsfreiheit und diskriminieren damit die grenzüberschreitende Niederlassung; sieht man hierin keine Diskriminierung i. S. d. Art. 49 AEUV, dann liegt darin jedenfalls eine spezifische Beschränkung der Standortwahl. Ähnliches gilt für Zuzugsbesteuerungen, vgl. *Schön*, IStR 2004, 289 (297 f.).

[437] Ablehnend zum Konzept der Marktzugangsbeschränkung allerdings *Musil*, IStR 2001, 482 (486).

[438] *Korte*, in: Calliess/Ruffert, EUV/AEUV, Art. 49 AEUV, Rn. 96; *Baßler*, IStR 2005, 822 (823), der v. a. die gleichheitsrechtliche Perspektive betont; *Kokott/Ost*, EuZW 2011, 496 (498), die auf die uneinheitliche Terminologie des EuGH hinweisen; *Musil*, IStR 2001, 482 (483 ff.); die Gegenauffassung übersieht die notwendigen Beschränkungen des Beschränkungsverbotes, etwa *Lehner*, IStR 1998, 341 (342); so auch *Everling*, GS Knobbe-Keuk, 1997, S. 607 (608); *Saß*, DB 1997, 1533; *Weiß*, EuZW 1999, 493 (494); *Lenaerts/Bernardeau*, Cahiers de droit européen 2007, S. 19, Rn. 19 f. Der Gerichtshof hat im Urt. v. 6.12.2007, Rs. C–298/05 (Columbus Container Services), Slg. 2007, I–10451, Rn. 39 f., 54, ausdrücklich auf das Diskriminierungsverbot als steuerrechtlicher Beschränkungstatbestand Bezug genommen. Vgl. auch *Banks*, E.L.Rev. 33 (2008), S. 482 (505–506). Vielfach zeigt genauere Analyse des Sachverhalts eine mittelbare Diskriminierung, so etwa EuGH, Urt. v. 28.2.2008, Rs. C–293/06 (Deutsche Schell), Slg. 2008, I–1129, Rn. 27 ff.

[439] EuGH, Urt. v. 12.7.2005, Rs. C–403/03 (Schempp), Slg. 2005, I–6421, Rn. 45; Urt. v. 28.2.2008, Rs. C–293/06 (Deutsche Shell), Slg. 2008, I–1129, Rn. 43; Urt. v. 29.11.2011, Rs. C–371/10 (National Grid Indus), Slg. 2011, I–12273, Rn. 62.

[440] EuGH, Urt. v. 21.11.2013, Rs. C–302/12 (X), ECLI:EU:C:2013:756, Rn. 30 ff.; vgl. ferner Urt.

II. Steuerrechtliche Beschränkungen der Niederlassungsfreiheit

100 Steuerrechtliche Regelungen greifen auf das Ergebnis wirtschaftlicher Tätigkeit zu. Als solche betreffen sie regelmäßig nicht den Marktzugang und damit die Niederlassung als solche. Unvereinbar mit der Niederlassungsfreiheit sind daher regelmäßig nur dann, wenn Unternehmen oder Personen in ihrer niederlassungsrelevanten Tätigkeit gegenüber reinen Inlandssachverhalten benachteiligt werden.[441] Unberücksichtigt bleibt, ob der Steuerpflichtige durch spezifische Gestaltungen der Benachteiligung entgehen[442] oder fakultativ die (nicht diskriminierende Regelung für Inländer wählen konnte.[443]

101 Eine Diskriminierung liegt vor, wenn **wesentlich gleiche Sachverhalte ungleich** oder ungleiche Sachverhalte gleich behandelt werden und hierdurch Personen aufgrund ihrer Staatsangehörigkeit oder Unternehmen wegen ihres ausländischen Sitzes unmittelbar oder mittelbar benachteiligt werden.[444] Dabei ist eine Differenzierung nach dem Sitz dem Steuerrecht durchaus inhärent. Das internationale Steuerrecht kennt im Grundsatz drei Anknüpfungspunkte für die Besteuerung: das (Wohn-)Sitzprinzip (unbeschränkte Besteuerung des Welteinkommens),[445] das Quellenprinzip (beschränkte Besteuerung der wirtschaftlichen Tätigkeit im Quellenstaat)[446] und das Nationalitätsprinzip.[447] Im Ausgangspunkt muss zwischen Steuerregelungen des Quellenstaates und solchen des (steuerrechtlichen)[448] Sitzstaates differenziert werden. Während ersterer in Anwendung des internationalen Steuerrechts nur das territorial erzielte Einkommen versteuert, ergreift das Besteuerungsrecht des Sitzstaates grundsätzlich das Welteinkommen.[449]

102 Insbesondere die **Anknüpfung am Sitz** eines Unternehmens bzw. am Wohnsitz einer natürlichen Person kann zu einer steuerrechtlichen Benachteiligung führen, etwa wenn bestimmte Vorteile (Anrechnungsmöglichkeiten, Berücksichtigung persönlicher Besteuerungsfaktoren etc.) Steuerpflichtigen mit inländischem Sitz vorbehalten werden.

103 Andererseits stellt eine **Differenzierung nach dem Sitz (inländisch oder ausländisch) durch den Aufnahmestaat** alleine noch keine unzulässige (und richtigerweise keine offene)[450] Diskriminierung dar.[451] Der EuGH stellt zwar zunächst eine Ungleichbehand-

---

v. 14.11.2006, Rs. C–513/04 (Kerckhaert und Morres), Slg. 2006, I–10967, Rn. 20 ff.; Urt. v. 20.5.2008, Rs. C–194/06 (Orange European Smallcap Fund), Slg. 2008, I–3747, Rn. 41 f., 47; Urt. v. 16.7.2009, Rs. C–128/08 (Damseaux), Slg. 2009, I–6823, Rn. 26 f.; Urt. v. 8.12.2011, Rs. C–157/10 (Banco Bilbao Vizcaya Argentaria), Slg. 2011, I–13023, Rn. 38.

[441] Vgl. dazu: *Düren/Schmitz*, GmbHR 2012, 485 (487 ff.) am Beispiel des § 8c Abs. 1a KStG.
[442] EuGH, Urt. v. 26.10.1999, Rs. C–294/97 (Eurowings), Slg. 1999, I–7447; Urt. v. 26.6.2003, Rs. C–422/01 (Skandia und Ramstedt), Slg. 2003, I–6817, Rn. 30 f., 31.
[443] EuGH, Urt. v. 19.11.2015, Rs. C–632/13 (Skatteverket), ECLI:EU:C:2015:765, Rn. 40–42.
[444] Vgl. oben, Rn. 46; S. *Kokott/Ost*, EuZW 2011, 496 (497 f.); EuGH, Urt. v. 14.2.1995, Rs. C–279/93 (Schumacker), Slg. 1995, I–225, Rn. 30; Urt. v. 18.7.2007, Rs. C–182/06 (Lakebrink und Peters-Lakebrink), Slg. 2007, I–6705, Rn. 27.
[445] Vgl. *Schaumburg*, Internationales Steuerrecht, S. 9 ff.
[446] *Kofler*, in: Schaumburg/Englisch, Europäisches Steuerrecht, Rn. 14.83.
[447] *Jacobs/Endres/Spengel*, in: Jacobs, Internationale Unternehmensbesteuerung, Rn. 6 f.; vgl. § 1 Abs. 2 EStG.
[448] Vgl. zur Unterscheidung zwischen steuerrechtlichem und gesellschaftsrechtlichem Sitz *Randelzhofer/Forsthoff*, in: Grabitz/Hilf/Nettesheim, EU, vor Art. 39 EGV (Mai 2001), Rn. 223 f.
[449] Dazu EuGH, Urt. v. 15.5.1997, Rs. C–250/95 (Futura), Slg. 1997, I–2471, Rn. 20 ff.; Urt. v. 13.12.2005, Rs. C–446/03 (Marks & Spencer), Slg. 2005, I–10837, Rn. 39 f.
[450] Die Frage, ob die Differenzierung nach dem Sitz bei Unternehmen funktional der Staatsangehörigkeit bei natürlichen Personen entspricht, ist für die Rechtfertigung bedeutsam, vgl. *Müller-Graff*, in: Streinz, EUV/AEUV, Art. 49 AEUV, Rn. 51; Urt. v. 5.11.2002, Rs. C–208/00 (Überseering), Slg. 2002, I–9943, Rn. 92 ff.
[451] EuGH, Urt v. 14.2.1995, Rs. C–279/93 (Schumacker), Slg. 1995, I–225, Rn. 34 f.; Urt. v.

lung fest, prüft dann aber kontextbezogen, ob die ungleich behandelten Sachverhalte vergleichbar sind.[452] Die notwendige **Vergleichbarkeit** (mit einem ggf. fiktiven innerstaatlichen Fall) bestimmt der EuGH aus **dem Regelungsziel der mitgliedstaatlichen Steuernorm**.[453] Vergleichbar ist demnach im steuerrechtlichen Kontext ein ausländischer gegenüber dem inländischen Sachverhalt, wenn die inländische Steuernorm ersteren prinzipiell in gleicher Weise steuerlich zu erfassen sucht. Das Merkmal der Vergleichbarkeit ist normativer, nicht tatsächlicher Natur, und mangels genauen Maßstabs nicht immer leicht zu bestimmen.[454]

In der Rechtsprechung hat sich in Bezug auf die Vergleichbarkeit bei **Steuersubjekten im Inland** eine Unterscheidung zwischen objektivem und subjektivem Nettoprinzip herausgebildet.[455] Erzielt eine **natürliche Person** im Ausland Einkünfte, dann ist ihre Situation mit Blick auf die Feststellung des zu versteuernden Gewinns unter Anerkennung von Betriebsausgaben, Werbungskosten und Verlusten mit der Situation im Wohnsitzstaat vergleichbar (**objektives Nettoprinzip**), nicht aber unter Berücksichtigung persönlicher Besteuerungsfaktoren (Ehegattensplitting, Grundfreibetrag, Kinderfreibeträge, außergewöhnliche Belastungen: **subjektives Nettoprinzip**).[456] Für diese **persönlichen Besteuerungsfaktoren** gilt: inländische und ausländische Einkünfte sind grundsätzlich nicht vergleichbar,[457] weil im Wohnsitzstaat regelmäßig der Großteil des Einkommens erzielt wird und die persönlichen Besteuerungsfaktoren aufgrund ihrer Personenbezogenheit im Gegensatz zu Betriebskosten, Werbungskosten etc. im Grundsatz nur hier Berücksichtigung finden. Dies bedeutet, dass der ausländische Quellenstaat bei seiner beschränkten Besteuerung lediglich das objektive Nettoprinzip beachten muss, nicht aber die persönlichen Besteuerungsfaktoren. Insbesondere darf der Steuersatz nicht ungünstiger sein.[458] Anders liegt es, wenn der beschränkt Steuerpflichtige seine Einkünfte ausschließlich oder nahezu ausschließlich in diesem Staat erzielt[459] oder

---

12.12.2002, Rs. C–385/00 (de Groot), Slg. 2002, I–11819, Rn. 89; Urt. v. 6.7.2006, Rs. C–346/04 (Conijn), Slg. 2006, I–6137, Rn. 16. Vgl. *Stumpf*, in: Schwarze, EU-Kommentar, Art. 110 AEUV, Rn. 33 (»in der Regel in einer anderen Situation«).

[452] S. EuGH, Urt. v. 6.10.2015, Rs. C–66/14 (Finanzamt Linz), ECLI:EU:C:2015:661, Rn. 26 ff.

[453] S. EuGH, Urt. v. 6.10.2015, Rs. C–66/14 (Finanzamt Linz), ECLI:EU:C:2015:661, Rn. 31 m.w.N. Richtigerweise ist bei der Bestimmung der Vergleichbarkeit zusätzlich zu prüfen, ob die Steuerregelung Wettbewerbsrelevanz hat und damit das Binnenmarktziel betrifft. Vgl. dazu oben, Rn. 47; ebs. *Reimer*, in: Schaumburg/Englisch, Europäisches Steuerrecht, Rn. 7.152.

[454] Kritisch daher *Reimer*, in: Schaumburg/Englisch, Europäisches Steuerrecht, Rn. 7.129 ff. (»black box«).

[455] Vgl. *Kube*, EuGH-Rechtsprechung zum direkten Steuerrecht – Stand und Perspektiven, Bonn, 2009, S. 3 ff.; *Müller-Graff*, in: Streinz, EUV/AEUV, Art. 49 AEUV, Rn. 73 ff.

[456] *Müller-Graff*, in: Streinz, EUV/AEUV, Art. 49 AEUV, Rn. 73 ff.; *Seiler*, in: Grabitz/Hilf/Nettesheim, EU, Art. 113 AEUV (März 2011), Rn. 59 ff.; *Stumpf*, in: Schwarze, EU-Kommentar, Art. 110 AEUV, Rn. 33.

[457] Vgl. EuGH, Urt. v. 14.2.1995, Rs. C–279/93 (Schumacker), Slg. 1995, I–225; Urt. v. 14.9.1999, Rs. C–391/97 (Gschwind), Slg. 1999, I–5451; Urt. v. 12.12.2002, Rs. C–385/00 (de Groot), Slg. 2002, I–11819; Urt. v. 12.6.2003, Rs. C–234/01 (Gerritse), Slg. 2003, I–5933.

[458] Etwa wenn die für Steuerausländer geltende einheitliche Quellensteuer höher ist als bei Anwendung eines im Quellenstaat für Inländer geltenden progressiven Steuersatzes: EuGH, Urt. v. 19.11.2015, Rs. C–632/13 (Skatteverket), ECLI:EU:C:2015:765, Rn. 44.

[459] Nach dem herkömmlichen Berechnungsschema zur Ermittlung der Steuerschuld können solche Maßnahmen an die Bemessungsgrundlage (Altersrücklage, vgl. EuGH, Urt. v. 11.8.1995, Rs. C–80/94 (Wielockx), Slg. 1995, I–2493), an den Tarif (Splitting-Verfahren, vgl. EuGH, Urt. v. 14.2.1995, Rs. C–279/93 (Schumacker), Slg. 1995, I–225) oder an die Steuerschuld selbst anknüpfen. Vgl. ferner Rs. C–107/94 (Asscher), Slg. 1996, I–3089, Rn. 45; Urt. v. 1.7.2004, Rs. C–169/03 (Wallentin),

eine Berücksichtigung im Sitzstaat nicht möglich ist.[460] Letztlich kommt es damit für den EuGH bei der Feststellung der Vergleichbarkeit auf die Höhe der Einkünfte im Wohnsitzstaat des Steuerpflichtigen an.[461]

105 Bei **Unternehmen** ist **für die Besteuerung im Quellenstaat** das Merkmal der Vergleichbarkeit erfüllt, wenn die steuerrechtliche Regelung in das objektive Nettoprinzip eingreift, die Besteuerung also an Tatbestände anknüpft, die unmittelbar mit der wirtschaftlichen Tätigkeit zusammen hängen.[462] Daher dürfen Staaten die Einkünfte gebietsfremder Unternehmen, die von der Niederlassungsfreiheit Gebrauch gemacht haben, gegenüber inländischen Unternehmen nicht schlechter behandeln.[463] Dies ist etwa der Fall, wenn der Quellenstaat den Abzug von Betriebsausgaben[464] oder Verlusten[465] beschränkt; diskriminierend sind ferner benachteiligende Steuersätze[466] oder die Vorenthaltung von Steuervergünstigungen.[467] Für die **Besteuerung des Sitzstaates** gilt: **Betriebsstätten**, die in einem anderen Mitgliedstaat ansässig sind, befinden sich grundsätzlich nicht in einer vergleichbaren Situation mit gebietsansässigen (unbeschränkt steuerpflichtigen) Betriebsstätten im Inland. Hier wird anerkannt, dass sich die Unternehmen in jeweils unterschiedliche Rechtsordnungen mit dort gültigem Steuersystem eingegliedert haben. Anders ist dies jedoch, wenn der Staat der Hauptniederlassung die Gewinne der in anderen Mitgliedstaaten ansässigen Betriebsstätten seiner Besteuerung unterwirft[468] oder einen **Steuervorteil** in derselben Weise gewährt, wie wenn die Betriebsstätte im Inland des besteuernden Mitgliedstaates belegen wäre.[469] In diesen Fällen stellt der Mitgliedstaat über die Besteuerung der im Ausland erzielten Gewinne eine Vergleichbarkeit der unternehmerischen Tätigkeit im In- und Ausland durch die Besteuerung her. So hält der EuGH die Befreiung der von einer gebietsansässigen Gesellschaft bezogenen **Dividenden** bei gleichzeitiger Besteuerung der von einer gebietsfremden Tochtergesellschaft bezogenen Dividenden für eine Diskriminierung.[470] Schließt ein Mitgliedstaat ein **Doppelbesteuerungsabkommen** mit einem anderen Mitgliedstaat unter Verzicht auf die Besteuerung der dort erzielten Dividenden ab, so spricht dies gegen

---

Slg. 2004, I–6443, Rn. 15 ff.; Urt. v. 16. 10. 2008, Rs. C–527/06 (Renneberg), Slg. 2008, I–7735: regelmäßig dann, wenn im Quellenstaat mehr als 90 % des Welteinkommens erwirtschaftet wird.

[460] EuGH, Urt. v. 12. 6. 2003, Rs. C–234/01 (Gerritse), Slg. 2003, I–5933, Rn. 48; Urt. v. 1. 7. 2004, Rs. C–169/03 (Wallentin), Slg. 2004, I–6443, Rn. 19.

[461] S. *Reimer*, in: Schaumburg/Englisch, Europäisches Steuerrecht, Rn. 7.143.

[462] S. *Stumpf*, in: Schwarze, EU-Kommentar, Art. 110 AEUV, Rn. 33.

[463] EuGH, Urt. v. 29. 4. 1999, Rs. C–311/97 (Royal Bank of Scotland), Slg. 1999, I–2651, Rn. 28 ff.; Urt. v. 23. 2. 2006, Rs. C–253/03 (CLT-UFA), Slg. 2006, I–1831, Rn. 13; Urt. v. 14. 12. 2006, Rs. C–170/05 (Denkavit International), Slg. 2006, I–11949, Rn. 25 ff.; Urt. v. 1. 10. 2009, Rs. C–247/08 (Gaz de France), Slg. 2009, I–9225, Rn. 54.

[464] EuGH, Urt. v. 8. 7. 1999, Rs. C–254/97 (Baxter), Slg. 1998, I–4809, Rn. 10 ff. (Forschungskosten); siehe auch *Pache*, in: Schulze/Zuleeg/Kadelbach, Europarecht, § 10, Rn. 183. Vgl. ferner GA *Léger*, Schlussanträge zu Rs. C–345/04 (Centro Equestre), Slg. 2007, I–1425, Rn. 46 ff.

[465] Zulässig ist aber die Beschränkung von Verlusten aus ausländischer Tätigkeit, EuGH, Urt. v. 15. 5. 1997, Rs. C–250/95 (Futura), Slg. 1997, I–2471, Rn. 21.

[466] EuGH, Urt. v. 29. 4. 1999, Rs. C–311/97 (Royal Bank of Scotland), Slg. 1999, I–2651, Rn. 30 (eine offene Diskriminierung bejahend); Urt. v. 23. 2. 2006, Rs. C–253/03 (CLT-UFA), Slg. 1997, I–2471, Rn. 17, 22 ff.

[467] EuGH, Urt. v. 28. 1. 1986, Rs. 270/83 (Kommission/Frankreich), Slg. 1986, I–273, Rn. 20; Urt. v. 21. 9. 1999, Rs. C–307/97 (Saint-Gobain), Slg. 1999, I–6161, Rn. 36 ff.

[468] EuGH, Urt. v. 14. 12. 2006, C–170/06 (Denkavit), Slg. 2006, I–11949, Rn. 34; Urt. v. 17. 7. 2014, Rs. C–48/13 (Nordea Bank), ECLI:EU:C:2014:2087, Rn. 24.

[469] EuGH, Urt. v. 17. 12. 2015, Rs. C–388/14 (Timac Agro), ECLI:EU:C:2015:829, Rn. 28.

[470] EuGH, Urt. v. 14. 12. 2006, Rs. C–170/05 (Denkavit), Slg. 2006, I–11949, Rn. 26 ff., 34 f.

das Vorliegen einer vergleichbaren Situation.⁴⁷¹ Nach Auffassung des EuGH macht es mit Blick auf die **Besteuerung stiller Reserven bei der grenzüberschreitenden Sitzverlegung** von inländisch gegründeten Gesellschaften keinen rechtserheblichen Unterschied, ob der Sitz innerhalb des Staatsgebietes oder aber grenzüberschreitend verlegt wird.⁴⁷² Vergleichbar ist ferner etwa die **Versagung einer steuerlichen Begünstigung** durch eine Firmenwertabschreibung beim Erwerb von Tochtergesellschaften, wenn diese im Ausland ansässig sind, gegenüber dem Erwerb inländischer Gesellschaften, sofern die Abschreibung unabhängig von Gewinnen oder Verlusten der Tochtergesellschaft möglich ist.⁴⁷³

Soweit der **Herkunftsstaat das Welteinkommen besteuert** und Vergleichbarkeit gegeben ist, darf er vorbehaltlich einer Rechtfertigung nicht zwischen in- und (EU-)ausländischen Einkünfte bzw. Verlusten differenzieren. Daher ist insbesondere die Beschränkung der steuerlichen Geltendmachung von Verlusten⁴⁷⁴ bzw. der Möglichkeit einer zu einem Konzern gehörenden Gesellschaft, Verluste einer anderen, zu einem Konsortium gehörenden gebietsansässigen Gesellschaft zur Steuervergünstigung zu übertragen,⁴⁷⁵ rechtfertigungsbedürftig, ebenso etwa die Verweigerung der steuermindernden Berücksichtigung von Aktiva einer in einem anderen Mitgliedstaat belegenden Betriebstätte, wenn dies bei reinen Inlandssachverhalten zulässig ist.⁴⁷⁶

106

III. Rechtfertigung

Die Rechtfertigung von Beschränkungen der Niederlassungsfreiheit durch steuerrechtliche Regelungen folgt im Prinzip den allgemeinen Regeln, abgesehen von Fällen offener Diskriminierung⁴⁷⁷ also mit zwingenden Interessen.⁴⁷⁸ Fraglich ist die Abgrenzung bei Regelungen, welche an den Sitz des Unternehmens anknüpfen und Unternehmen mit ausländischem Sitz in einer vergleichbaren Situation schlechter behandeln. Zunächst hat der EuGH hierbei die Rechtfertigung auf Art. 52 AEUV beschränkt;⁴⁷⁹ dies überzeugt jedoch nicht, weil die Unterscheidung zwischen in- oder ausländischem Sitz konzeptionell nicht mit der Staatsangehörigkeit gleich gesetzt werden kann und es keinen Unterschied macht, ob die Differenzierung nach dem Sitz natürliche Personen (dann ohne Zweifel mittelbare Diskriminierung) oder Unternehmen trifft. Daher geht die

107

---

⁴⁷¹ EuGH, Urt. v. 11.9.2014, Rs. C–47/12 (Kronos International), ECLI:EU:C:2014:2200, Rn. 81 ff.; Urt. v. 17.12.2015, Rs. C–388/14 (Timac Agro), ECLI:EU:C:2015:829, Rn. 61 ff.
⁴⁷² EuGH, Urt. v. 29.11.2011, Rs. C–371/10 (National Grid Indus), Slg. 2011, I–12273, Rn. 38.
⁴⁷³ EuGH, Urt. v. 6.10.2015, Rs. C–66/14 (Finanzamt Linz), ECLI:EU:C:2015:661, Rn. 30 ff.
⁴⁷⁴ EuGH, Urt. v. 13.12.2006, Rs. C–46/03 (Marks&Spencer), Slg. 2005, I–10837, Rn. 32 ff.
⁴⁷⁵ EuGH, Urt. v. 1.4.2014, Rs. C–80/12 (Felixstowe Dock and Railway Company u. a.), ECLI:EU:C:2014:200, Rn. 20 f.
⁴⁷⁶ EuGH, Urt. v. 4.7.2013, Rs. C–350/11 (Argenta Spaarbank), ECLI:EU:C:2013:447, Rn. 32 ff.
⁴⁷⁷ Offene Diskriminierungen können nur gem. Art. 52 AEUV gerechtfertigt werden, vgl. EuGH, Urt. v. 22.10.2014, verb. Rs. C–344 u. 367/13 (Blanco und Fabretti), ECLI:EU:C:2014:2311, Rn. 38 ff. (zur Glücksspielbesteuerung).
⁴⁷⁸ *Weiß*, EuZW 1999, 493 (497); *Everett*, DStZ 2006, 356 ff. Praktisch ist dieses Unterscheidung für Beschränkungen der Niederlassungsfreiheit durch nationales Steuerrecht wenig relevant, weil regelmäßig nur eine mittelbare Diskriminierung vorliegt, vgl. *Englisch*, in: Schaumburg/Englisch, Europäisches Steuerrecht, Rn. 7.200 f.
⁴⁷⁹ EuGH, Urt. v. 29.4.1999, Rs. C–311/97 (Royal Bank of Scotland), Slg. 1999, I–2651, Rn. 23, 32.

neuere Rechtsprechung zutreffend davon aus, dass solcherlei Differenzierung mit zwingenden Gründen des Allgemeininteresses gerechtfertigt werden kann.[480]

1. Anerkannte Rechtfertigungsgründe

108 Der EuGH hat insbesondere die folgenden (nicht kumulativ erforderlichen)[481] Rechtfertigungsgründe als zwingende Gründe des Allgemeinwohls anerkannt.

a) Kohärenz des nationalen Steuersystems

109 Vielfach stützen sich Mitgliedstaaten zur Rechtfertigung auf die **Kohärenz des nationalen** Steuersystems.[482] Damit wird indes nicht eine abstrakte Systembezüglichkeit steuerrechtlicher Normen geschützt, weil ansonsten potentiell jede steuerrechtliche Beschränkung der Niederlassungsfreiheit gerechtfertigt wäre. Vielmehr geht es um den (richtigerweise eher dem Tatbestand[483] des Diskriminierungsverbots zuzuordnenden) **Schutz der steuerrechtlichen Belastungsgerechtigkeit**.[484]

110 Grundsätzlich kann eine steuerliche Benachteiligung nicht mit anderweitig gewährten steuerlichen Vorteilen gerechtfertigt werden[485] ebenso wenig wie ein Verweis auf etwaige einseitig gewährte Vorteile eines anderen Mitgliedstaates zulässig ist.[486] Grundfreiheitenkonform können allerdings solche Benachteiligungen sein, die durch **unmittelbar mit der Belastung zusammenhängende** Steuernormen[487] oder **bilaterale Abkommen** zur Vermeidung von Doppelbesteuerung kompensiert werden.[488]

111 Damit gewinnt die Abgrenzung des Saldierungsbereichs zulässiger Kompensationen für die erste Fallgruppe (**Kohärenz des Steuersystems**) entscheidende Bedeu-

---

[480] Für die Kapitalverkehrsfreiheit EuGH, Urt. v. 8.11.2007, Rs. C–379/05 (Amurta), Slg. 2008, I–9594, Rn. 42 ff.; Urt. v. 19.11.2009, Rs. C–540/07 (Kommission/Italien), Slg. 2008, I–1098, Rn. 49; für die Niederlassungsfreiheit sehr deutlich Urt. v. 5.11.2002, Rs. C–208/00 (Übersering), Slg. 2002, I–9943, Rn. 92.

[481] *Müller-Graff*, in: Streinz, EUV/AEUV, Art. 49 AEUV, Rn. 87; EuGH, Urt. v. 18.7.2007, Rs. C–231/05 (Oy AA), Slg. 2007, I–373, Rn. 60; Urt. v. 15.5.2008, Rs. C–414/06 (Lidl Belgium), Slg. 2008, I–3601, Rn. 39–41; *Mitschke*, DStR 2012, 1626 (1633).

[482] *Weber-Grellet*, DStR 2009, 1229 (1231).

[483] Angedeutet bei *Englisch*, in: Schaumburg/Englisch, Europäisches Steuerrecht, Rn. 7.7283 mit Rn. 7.287.

[484] Vgl. *Englisch*, in: Schaumburg/Englisch, Europäisches Steuerrecht, Rn. 7.283 ff. (mit Kritik an der teils nicht beachtenden Rechtsprechung des EuGH); *Weber-Grellet*, DStR 2009, 1229 (1231); *Kokott/Ost*, EuZW 2011, 496 (502).

[485] EuGH, Urt. v. 8.11.2007, Rs. C–379/05 (Amurta), Slg. 2007, I–9569, Rn. 75; Urt. v. 1.7.2010, Rs. C–233/09 (Dijkman), Slg. 2010, I–6649, Rn. 41; Urt. v. 6.6.2000, Rs. C–35/98 (Verkooijen), Slg. 2000, I–4071, Rn. 61; *Englisch*, in: Schaumburg/Englisch, Europäisches Steuerrecht, Rn. 7.273 ff.

[486] EuGH, Urt. v. 8.11.2007, Rs. C–379/05 (Amurta), Slg. 2007, I–9569, Rn. 78; Urt. v. 3.6.2010, Rs. C–487/08 (Kommission/Spanien), Slg. 2010, I–4843, Rn. 66.

[487] EuGH, Urt. v. 7.9.2004, Rs. C–319/02 (Manninen), Slg. 2004, I–7477, Rn. 42; Urt. v. 15.4.2010, Rs. C–96/08 (CIBA), Slg. 2010, I–2911, Rn. 47; Urt. v. 27.11.2008, Rs. C–418/07 (Papillon), Slg. 2008, I–8947, Rn. 44; Urt. v. 14.11.1995, Rs. C–484/93 (Svensson und Gustavsson), Slg. 1995, I–3955, Rn. 18; Urt. v. 27.6.1996, Rs. C–107/94 (Asscher), Slg. 1996, I–3089, Rn. 58; Urt. v. 16.7.1998, Rs. 264/96 (ICI), Slg. 1998, I–4695, Rn. 29; Urt. v. 28.10.1999, Rs. C–55/98 (Vestergaard), Slg. 1999, I–7641, Rn. 24; Urt. v. 21.11.2002, Rs. C–436/00 (X und Y), Slg. 2002, I–10829, Rn. 52; Urt. v. 17.12.2015, Rs. C–388/14 (Timac Agro), ECLI:EU:C:2015:829, Rn. 40; *Oellerich*, in: Schaumburg/Englisch, Europäisches Steuerrecht, Rn. 8.171; *Wernsmann*, in: Schulze/Zuleeg/Kadelbach, Europarecht, § 30, Rn. 116.

[488] EuGH, Urt. v. 8.11.2007, Rs. C–379/05 (Amurta), Slg. 2007, I–9569, Rn. 79. Im Gegensatz zu einseitigen Kompensationen haben sich die beteiligten Mitgliedstaaten auf ein gemeinsames Steuersystem geeinigt und können sich deswegen auf den Grundsatz der Kohärenz berufen.

tung.[489] Fehlt es an einem solchen unmittelbaren Zusammenhang, z. B. weil es um **verschiedene Steuern mit unterschiedlichen Zielen** geht,[490] die steuerrechtliche Kompensation **nicht in der Höhe exakt**[491] oder die steuerliche Behandlung **verschiedene Steuerpflichtige** betrifft, ist eine Berufung auf die Kohärenz des Steuersystems nicht möglich.[492] Unter bestimmten Umständen ist eine **Berücksichtigung der Kohärenz auch ohne Personenidentität** möglich, wenn dies mit dem Grundsatz der steuerrechtlichen Belastungsgerechtigkeit vereinbar ist. Dies setzt voraus, dass die Kompensation dasselbe steuerliche Substrat betrifft (z. B. Gewinne einer Kapitalgesellschaft und Besteuerung der Dividenden auf Seiten der Anteilseigner) und die Benachteiligung des einen Steuerpflichtigen mit dem Vorteil des anderen betragsmäßig korrespondiert.[493] Der EuGH prüft im Einzelnen, ob die jeweilige Steuerregelung auch geeignet ist, das verfolgte Ziel zu erreichen und stellt insoweit auf das Ergebnis des steuerlichen Mechanismus ab.

Insbesondere durch **Doppelbesteuerungsabkommen**, die eine einfache Besteuerung von Dividendenausschüttungen sicherstellen sollen, kann eine Diskriminierung vermieden werden. Soweit hingegen Mitgliedstaaten eine Anrechnung der Körperschaftssteuer auf **Dividenden** an gebietsansässige Muttergesellschaften beschränken, die Ausschüttung an gebietsfremde Muttergesellschaften also **doppelt besteuert** wird, liegt darin prinzipiell eine mittelbare Diskriminierung (ausführlich unten, Rn. 133 ff.)[494] Voraussetzung für eine Rechtfertigung[495] ist nach der Rechtsprechung, dass die Benachteiligung durch das Abkommen vollständig ausgeglichen[496] und die nach nationalem Recht erhobene Quellensteuer auf die in dem anderen Mitgliedstaat erhobene Steuer in

112

---

[489] Vgl. aus der Rechtsprechung: EuGH, Urt. v. 12.12.2002, Rs. C–324/00 (Lankhorst-Hohorst), Slg. 2002, I–11779; Urt. v. 18.9.2003, Rs. C–168/01 (Bosal), Slg. 2003, I–9409; Urt. v. 11.3.2004, Rs. C–9/02 (de Lasteyrie du Saillant), Slg. 2004, I–2409; Urt. v. 7.9.2004, Rs. C–319/02 (Manninen), Slg. 2004, I–7477; Urt. v. 23.2.2006, Rs. C–471/04 (Keller Holding), Slg. 2006, I–2107; Urt. v. 19.1.2006, Rs. C–265/04 (Bouanich), Slg. 2006, I–923; Urt. v. 14.12.2006, Rs. C–170/05 (Denkavit Internationaal und Denkavit France), Slg. 2006, I–11949; Urt. v. 8.11.2007, Rs. C–379/05 (Amurta), Slg. 2007, I–9569.
[490] EuGH, Urt. v. 28.1.1992, Rs. C–300/90 (Kommission/Belgien), Slg. 1992, I–249, Rn. 14 ff.; Urt. v. 26.10.1999, Rs. C–294/97 (Eurowings), Slg. 1999, I–7447, Rn. 42; Urt. v. 7.9.2004, Rs. C–319/02 (Manninen), Slg. 2004, I–7477, Rn. 43; Urt. v. 23.2.2006, Rs. C–471/04 (Keller Holdings), Slg. 2006, I–2107, Rn. 40 ff.; Urt. v. 27.11.2008, Rs. C–418/07 (Papillon), Slg. 2008, I–8947, Rn. 43 f.; Urt. v. 18.6.2009, Rs. C–303/07 (Aberdeen Property), Slg. 2009, I–5145, Rn. 72.
[491] EuGH, Urt. v. 15.7.2004 (Lenz), Slg. 2004, I–7063, Rn. 34 ff.; Urt. v. 7.9.2004, Rs. C–319/02 (Manninen), Slg. 2004, I–7477, Rn. 44 ff.
[492] So EuGH, Urt. v. 27.6.1996, Rs. C–107/94 (Asscher), Slg. 1996, I–3089, Rn. 58 f.; Urt. v. 28.10.1999, Rs. C–55/98 (Vestergaard), Slg. 1999, I–7641, Rn. 24; Urt. v. 13.4.2000, Rs. C–251/98 (Baars), Slg. 2000, I–2787, Rn. 40; Urt. v. 3.10.2002, Rs. C–136/00 (Danner), Slg. 2002, I–8147, Rn. 37 f.; Urt. v. 18.9.2003, Rs. C–168/01 (Bosal), Slg. 2003, I–9409, Rn. 30; vgl. auch *Müller-Graff*, in: Streinz, EUV/AEUV, Art. 49 AEUV, Rn. 88.
[493] EuGH, Urt. v. 7.9.2004, Rs. C–319/02 (Manninen), Slg. 2004, I–7477, Rn. 45 ff.; Urt. v. 12.12.2006, Rs. C–446/04 (FII Group Litigation), Slg. 2006, I–11753, Rn. 93 ff.; Urt. v. 6.3.2007, Rs. C–292/04 (Meilicke), Slg. 2007, I–1835, Rn. 28 ff. (jeweils für das körperschaftssteuerliche Anrechnungsverfahren).
[494] Vgl. EuGH, Urt. v. 14.12.2006, Rs. C–170/05 (Denkavit), Slg. 2006, I–11949, Rn. 26–29.
[495] Richtigerweise liegt dann aber schon keine Diskriminierung vor. In der Rs. *Amurta* lässt der EuGH die Frage offen und formuliert, dass ein Mitgliedstaat »die Beachtung seiner Verpflichtungen aus dem Vertrag dadurch sicherzustellen vermag«; s. EuGH, Urt. v. 8.11.207, Rs. C–379/05 (Amurta), Slg. 2007, I–9569, Rn. 79.
[496] EuGH, Urt. v. 19.11.2009, Rs. C–540/07 (Kommission/Italien), Slg. 2009, I–10983, Rn. 37 und ausdrücklich: GA *Mengozzi*, Schlussanträge zu Rs. C–379/05 (Amurta), Slg. 2007, I–9569, Rn. 87.

dem Umfang angerechnet wird, in dem die unterschiedliche Behandlung besteht.[497] Offen ist die Beurteilung in dem Fall, in dem sich ein Mitgliedstaat nicht an seine **bilaterale Verpflichtung zum Ausgleich der Diskriminierung** des anderen Mitgliedstaates hält.[498] Richtigerweise trifft die grundfreiheitliche Verantwortlichkeit hier den letzterem, weil eben dieser die im Doppelbesteuerungsabkommen vorgesehene Gleichbehandlung verweigert.

113 Die Anknüpfung des Rechtfertigungsgrundes an den Grundsatz der Belastungsgerechtigkeit (und damit an die Wettbewerbsgleichheit) demonstriert die Rs. Keller Holding. Hier hat der EuGH den Unmittelbarkeitszusammenhang zwischen einem Abzugsverbot für Finanzierungsaufwendungen für gebietsfremde Tochtergesellschaften als steuerlichen Nachteil und einen Vorteil in Form eines steuerfreien Dividendenbezugs von gebietsfremden Tochtergesellschaften abgelehnt. Wesentlicher Gesichtspunkt für die Entscheidung war dabei, dass für gebietsansässige Tochtergesellschaften sowohl die Finanzierungsaufwendungen steuerlich abzugsfähig waren, als auch die Dividenden steuerfrei vereinnahmt werden konnten.[499] Eine steuerliche Benachteiligung kann nicht durch einen steuerlichen Vorteil gerechtfertigt werden, der auch denen zu Gute kommt, die keine Benachteiligung erfahren.[500] Darüber hinaus bestand zwischen der Versagung der Abzugsfähigkeit von Finanzierungsaufwendungen für Tochtergesellschaften mit Sitz im Ausland und der Besteuerung ihrer Gewinne kein unmittelbarer Zusammenhang (unterschiedliche Ziele).[501]

114 Im Gegensatz hierzu bejahte der EuGH den unmittelbaren Zusammenhang in der Rechtssache Krankenheim Ruhesitz Wannsee und sah die Hinzurechnung nach § 2a Abs. 3 EStG a. F. durch die Kohärenz des nationalen Steuerrechts als gerechtfertigt an.[502] Hier hatte der Ansässigkeitsstaat Verluste einer im Ausland belegenen Betriebstätte zugunsten der inländischen Gesellschaft vorläufig zugelassen, obwohl die Besteuerung der Gewinne der Betriebstätte nach dem anwendbaren Doppelbesteuerungsabkommen dem Betriebstättenstaat zugewiesen war. In diesem Fall muss der Ansässigkeitsstaat aber auch zur Hinzurechnung späterer Gewinne der Betriebstätte berechtigt sein, soweit nicht ein Verlustvortrag zugunsten der Betriebstätte generell ausgeschlossen ist (**finale Verluste**); dies muss von dem mitgliedstaatlichen Gericht geklärt werden.[503] Die Hinzurechnung ist damit »das untrennbare und logische Pendant der vorangegangenen Berücksichtigung dieser Verluste«.[504]

---

[497] EuGH, Urt. v. 19.11.2009, Rs. C–540/07 (Kommission/Italien), Slg. 2009, I–10983, Rn. 37; Urt. v. 3.6.2010, Rs. C–487/08 (Kommission/Spanien), Slg. 2010, I–4843, Rn. 59. Vgl. *Müller-Graff*, in: Streinz, EUV/AEUV, Art. 49 AEUV, Rn. 88.
[498] *Englisch*, in: Schaumburg/Englisch, Europäisches Steuerrecht, Rn. 7.278 m. w. N.
[499] EuGH, Urt. v. 23.2.2006, Rs. C–471/04 (Keller Holding), Slg. 2006, I–2107, Rn. 41 f.
[500] EuGH, Urt. v. 23.2.2006, Rs. C–471/04 (Keller Holding), Slg. 2006, I–2107, Rn. 39 ff., 42; *Müller-Graff*, in: Streinz, EUV/AEUV, Art. 49 AEUV, Rn. 88.
[501] EuGH, Urt. v. 23.2.2006, Rs. C–471/04 (Keller Holding), Slg. 2006, I–2107, Rn. 43.
[502] EuGH, Urt. v. 23.10.2008, Rs. C–157/07 (Krankenheim Wannsee), Slg. 2008, I–8061, Rn. 42 ff.
[503] Zu den Kriterien etwa Urt. v. 17.12.2015, Rs. C–388/14 (Timac Agro), ECLI:EU:C:2015:829, Rn. 54 ff.
[504] EuGH, Urt. v. 23.10.2008, Rs. C–157/07 (Krankenheim Wannsee), Slg. 2008, I–8061, Rn. 54; ebs. Urt. v. 17.12.2015, Rs. C–388/14 (Timac Agro), ECLI:EU:C:2015:829, Rn. 52 ff. Dazu *Weber-Grellet*, DStR 2009, 1229 (1231).

b) Missbrauchsbekämpfung

Ein Beispiel für die Bekämpfung missbräuchlicher Gestaltung ist die **Hinzurechnungsbesteuerung**. Dabei handelt es sich um die Besteuerung von Einkünften einer ausländischen Tochtergesellschaft beim inländischen Gesellschafter. Ziel der Hinzurechnungsbesteuerung ist die Korrektur unberechtigter Einkommens- und Gewinnverlagerungen ins Ausland und der damit verbundenen Ausnutzung des Steuergefälles. § 7 Abs. 1 AStG ordnet daher an, dass der Gewinn einer Auslandsgesellschaft im Jahr seiner Entstehung ganz oder teilweise unmittelbar den im Inland ansässigen Gesellschaftern zugerechnet wird. Dadurch soll für die Anteilseigner der Anreiz verringert werden, Einkünfte in niedrig besteuerten Auslandsgesellschaften zu verlagern und dort zu thesaurieren.[505] In Cadbury Schweppes hatte der EuGH entschieden, dass eine englische Regelung zur Hinzurechnungsbesteuerung gegen die Niederlassungsfreiheit verstößt. Da die Zulässigkeit der Nutzung komparativer Vorteile gerade Zweck der Niederlassungsfreiheit ist, muss die Rechtfertigung auf spezifische **Missbrauchsbekämpfung** ausgerichtet sein, also darauf abzielen, künstliche Konstruktionen als Umgehungsversuche zu unterbinden.[506]

Die Berufung auf die Niederlassungsfreiheit darf nicht missbräuchlich ausgenutzt werden.[507] Daher kann zunächst das Verbot von steuerrechtlichen Gestaltungen, die rein künstlich, bar jeder wirtschaftlichen Realität und darauf ausgerichtet sind, der Anwendung der steuerrechtlichen Vorschriften des betreffenden Mitgliedstaats zu entgehen, unter dem Gesichtspunkt der **missbräuchlichen Aushöhlung der Besteuerungsbefugnis** gerechtfertigt sein.[508] Vor allem für die Fälle, die eher punktuell das spezifische Verhalten des Steuerpflichtigen sanktionieren oder auf Verfahrensfragen beschränkt sind, kann sich der Mitgliedstaat auf die **Verhinderung von Steuerumgehung und Steuerflucht** (évasion fiscale)[509] berufen.

Bei der Beurteilung des Verhaltens des Steuerpflichtigen sind daher insbesondere zu berücksichtigen, welches Ziel mit der Berufung auf die Niederlassungsfreiheit verfolgt wird,[510] ebenso der gesamte wirtschaftliche Vorgang[511] sowie eine eventuelle **betrüge-**

---

[505] *Protzen*, in: Kraft, Außensteuergesetz, 2009, § 7 AStG, Rn. 8; vgl. auch *Schön*, IStR-Beihefter 2013, 3, der insoweit von einer »Abschirmwirkung« spricht.

[506] S. o., Rn. 91; EuGH, Urt. v. 12. 9. 2006, Rs. C–196/04 (Cadbury Schweppes), Slg. 2006, I–7995, Rn. 40 ff., 51 ff. Zur Unionsrechtswidrigkeit von § 7 Abs. 1 AStG vgl. *Vogt*, in: Blümich, EStG, KStG, GewStG, 128. ErgL. 2015, § 7 AStG, Rn. 9.

[507] EuGH, Urt. v. 7. 2. 1979, Rs. 115/78 (Knoors), Slg. 1979, 399, Rn. 25; Urt. v. 9. 3. 1999, Rs. C–212/97 (Centros), Slg. 1999, I–1459, Rn. 24; Urt. v. 30. 9. 2003, Rs. C–167/01 (Inspire Art), Slg. 2003, I–10155, Rn. 136–139.

[508] EuGH, Urt. v. 12. 9. 2006, Rs. C–196/04 (Cadbury Schweppes), Slg. 2006, I–7995, Rn. 55; vgl. auch *Schön*, IStR-Beihefter 2013, 3; s. *Weber-Grellet*, DStR 2009, 1229 (1234).

[509] *Kube*, Die ungeschriebenen Rechtfertigungsgründe im Bereich der Steuern, in: Kruthoffer-Röwekamp, Steuerwissenschaftliche Schriften 2010, S. 133, 136, 153; *Müller-Graff*, in: Streinz, EUV/AEUV, Art. 49 AEUV, Rn. 87; EuGH, Urt. v. 29. 1. 1985, Rs. 270/83 (avoir fiscal), Slg. 1986, 273, Rn. 25; Urt. v. 20. 3. 1997, Rs. C–294/96 (ICI), Slg. 1998, I–4695, Rn. 26; Urt. v. 8. 3. 2001, verb. Rs. C–397/98 u. 410/98 (Metallgesellschaft), Slg. 2001, I–1727, Rn. 57; Urt. v. 12. 12. 2002, Rs. C–324/00 (Lankhorst-Hohorst), Slg. 2002, I–11779, Rn. 37; Urt. v. 15. 7. 2004, Rs. C–315/02 (Lenz), Slg. 2004, I–7063, Rn. 27; Urt. v. 13. 12. 2005, Rs. C–446/03 (Marks & Spencer), Slg. 2005, I–10837, Rn. 49; Urt. v. 12. 9. 2006, Rs. C–196/04 (Cadbury Schweppes), Slg. 2006, I–7995; Urt. v. 23. 4. 2008, Rs. C–201/05 (Test Claimants in the CFC and Dividend Group Litigation), Slg. 2008, I–2875.

[510] Vgl. auch schon EuGH, Urt. v. 9. 3. 1999, Rs. C–212/97 (Centros), Slg. 1999, I–1459, Rn. 25; Urt. v. 21. 11. 2002, Rs. C–436/00 (X und Y), Slg. 2002, I–10829, Rn. 42.

[511] EuGH, Urt. v. 14. 12. 2000, Rs. C–110/99 (Emsland Stärke), Slg. 2000, I–11569, Rn. 52; Urt. v. 5. 10. 1994, Rs. C–23/93 (TV 10), Slg. 1994, I–4795, Rn. 20 ff.; Urt. v. 10. 1. 1985, Rs. 229/83 (Le-

rische Absicht.⁵¹² Ein Hauptanwendungsfall ist die **unzulässige Steuerumgehung**. Unter diesen Begriff fasst der EuGH künstlich geschaffene, der Umgehung des Steuerrechts »bar jeder wirtschaftlichen Realität« dienende Sachverhalte.⁵¹³ Eine Rechtfertigung ist indes nur möglich, wenn die nationalen Regelungen final darauf ausgerichtet und geeignet sind, **missbräuchliche Gestaltungen zielgenau zu erfassen**.⁵¹⁴ Aus dem Verhältnismäßigkeitsprinzip ableitbar ist die Voraussetzung, dass dem Steuerpflichtigen die Möglichkeit eingeräumt werden muss, gegebenenfalls den Verdacht der missbräuchlichen Steuervermeidung zu widerlegen.⁵¹⁵

118 Dementsprechend sind die Voraussetzungen hoch: Die Ausnutzung niedriger Steuersätze im Ausland selbst stellt **keinen Missbrauch** dar,⁵¹⁶ sondern gehört – soweit dies auf einer wirtschaftlichen Allokationsentscheidung beruht – gerade zum Normzweckkern der Niederlassungsfreiheit.⁵¹⁷ Keine Umgehung stellt ferner die bloße Gewährung eines Darlehens an eine gebietsansässige Gesellschaft von einer in einem anderen Mitgliedstaat ansässigen verbundenen Gesellschaft dar.⁵¹⁸ **Nicht gerechtfertigt** ist ferner die Vorenthaltung einer Steuervergünstigung für die Übertragung von Aktien zu einem ermäßigten Preis auf eine nach dem Recht eines anderen Mitgliedstaates gegründeten Gesellschaft, da hierin allein keine Anhaltspunkte für eine missbräuchliche Steuervermeidung gesehen werden können;⁵¹⁹ die Qualifizierung einer Vergütung für Fremdkapital als verdeckte Gewinnausschüttung für Kapital, das die Gesellschaft von einem nicht zur Anrechnung von Körperschaftsteuer berechtigten Anteilseigner erhalten hat;⁵²⁰ die Gewährung eines Steuervorteils ausschließlich für Holdinggesellschaften, deren Tätigkeit ganz oder hauptsächlich im Halten der Aktien von in dem betreffenden Mitgliedstaat ansässigen Tochtergesellschaften besteht.⁵²¹

119 Andererseits können **Regelungen gerechtfertigt** werden, welche die **grenzüberschreitende Verlustverrechnung** auf nicht missbräuchliche Sachverhalte beschränken, im Übrigen aber ihre Besteuerungsbefugnis uneingeschränkt ausüben:⁵²² Regelungen, die fiktive Zinsen bei der Gewährung eines unverzinslichen Darlehens durch die gebietsansässige Muttergesellschaft an eine gebietsfremde Tochtergesellschaft hinzurechnen;⁵²³ die eine Umqualifikation von Zinszahlungen gebietsansässiger Tochtergesell-

---

clerc), Slg. 1985, 1, Rn. 27; GA *Lenz*, Schlussanträge zu Rs. C–23/93 (TV 10), Slg. 1994, I–4795, Nr. 62 ff.; vgl. *Englisch*, StuW 2009, 3 (8, 10).
⁵¹² EuGH, Urt. v. 9.3.1999, Rs. C–212/97 (Centros), Slg. 1999, I–1459, Rn. 25.
⁵¹³ EuGH, Urt. v. 16.7.1998, Rs. C–264/96 (ICI), Slg. 1998, I–4695, Rn. 26; Urt. v. 21.11.2002, Rs. 436/00 (X und Y), Slg. 2002, I–10829, Rn. 61; Urt. v. 17.12.2015, Rs. C–388/14 (Timac Agro), ECLI:EU:C:2015:829, Rn. 40.
⁵¹⁴ EuGH, Urt. v. 12.9.2006, Rs. C–196/04 (Cadbury Schweppes), Slg. 2006, I–7995, Rn. 72 ff.
⁵¹⁵ EuGH, Urt. v. 12.9.2006, Rs. C–196/06 (Cadbury Schweppes), Slg. 2006, I–8031, Rn. 70 ff.
⁵¹⁶ EuGH, Urt. v. 16.7.1998, Rs. C–264/96 (ICI), Slg. 1998, I–4695, Rn. 26; Urt. v. 29.3.2007, Rs. C–347/04 (Rewe Zentralfinanz), Slg. 2007, I–194, Rn. 43 (unter dem Gesichtspunkt der Ausgewogenheit der Besteuerung geprüft).
⁵¹⁷ EuGH, Urt. v. 9.3.1999, Rs. C–212/97 (Centros), Slg. 1999, I–1459, Rn. 27.
⁵¹⁸ EuGH, Urt. v. 17.1.2008, Rs. C–105/07 (Lammers & Van Cleeff), Slg. 2008, I–173, Rn. 28.
⁵¹⁹ EuGH, Urt. v. 21.11.2002, Rs. C–436/00 (X und Y), Slg. 2002, I–10829, Rn. 61 f.
⁵²⁰ EuGH, Urt. v. 12.12.2002, Rs. C–324/00 (Lankhoert-Hohorst), Slg. 2002, I–11779, Rn. 37.
⁵²¹ EuGH, Urt. v. 16.7.1998, Rs. C–264/96 (ICI), Slg. 1998, I–4695, Rn. 26.
⁵²² EuGH, Urt. v. 13.12.2005, C–446/03 (Marks & Spencer), Slg. 2005, I–10837, Rn. 49 und hierauf bezugnehmend Urt. v. 12.9.2006, Rs. C–196/04 (Cadbury Schweppes), Slg. 2006, I–7995, Rn. 56; Urt. v. 13.3.2007, Rs. C–524/04 (Test Claimants in the Thin Cap Group), Slg. 2007, I–2107, Rn. 75.
⁵²³ EuGH, Urt. v. 21.1.2010, Rs. C–311/08 (SGI), Slg. 2010, I–487, Rn. 68.

schaften für von der gebietsfremden Muttergesellschaft gewährte Darlehen als ausgeschüttete Gewinne vorsehen.[524]

Dogmatisch passgenau wäre es, rein künstliche Konstruktionen ohne jedweden realen wirtschaftlichen Gehalt mangels einer Eingliederung in die Volkswirtschaft des Aufnahmestaates[525] schon aus dem Anwendungsbereich der Niederlassungsfreiheit auszunehmen (Tatbestandslösung).[526]

120

c) Aufteilung der Besteuerungsbefugnis[527]

Die Mitgliedstaaten können sich ferner auf den Grundsatz einer **ausgewogenen Aufteilung der Besteuerungsbefugnis als Ausfluss des Territorialitätsprinzips**[528] berufen. Dieser Rechtfertigungsgrund gründet auf der Erkenntnis, dass die territoriale und personelle Zuordnung von Besteuerungsgütern von den Mitgliedsstaaten eigenständig festgelegt wird[529] und die Besteuerung daher ausgewogen aufgeteilt werden muss. Dabei ist es nach Auffassung des EuGH grds. sachgerecht, im Rahmen der Aufteilung der Besteuerungsbefugnisse Orientierung an der internationalen Praxis und dem OECD-Musterabkommen zu suchen.[530]

121

Eine Steuerregelung führt zu einer **angemessenen Aufteilung der Besteuerungsbefugnis**, wenn sie die **Symmetrie** zwischen dem Recht zur Besteuerung der Gewinne und der Möglichkeit, Verluste in Abzug zu bringen, wahrt.[531] Es ist daher gerechtfertigt, die Gewährung des Verlustabzugs für eine beschränkt steuerpflichtige Person auf den Verlust zu begrenzen, welcher in wirtschaftlichem Zusammenhang mit den Einnahmen steht, die die beschränkt steuerpflichtige Person im Tätigkeitsstaat erzielt. Allerdings kann das Territorialitätsprinzip nicht für die Besteuerung unbeschränkt Steuerpflichtiger im Wohnsitz- bzw. Ansässigkeitsstaat als Rechtfertigungsgrund für eine unterschiedliche Behandlung in- und ausländischer Einkünfte herangezogen werden.[532] Umgekehrt ist eine mitgliedstaatliche Regelung gerechtfertigt, die es einer Unternehmensgruppe

122

---

[524] EuGH, Urt. v. 13.3.2007, Rs. C–524/04 (Test Claimants in the Thin Cap Group), Slg. 2007, I–2107, Rn. 77; entgegen EuGH, Urt. v. 12.12.2002, Rs. C–324/00 (Lankhorst-Hohorst), Slg. 2002, I–1179, Rn. 37.

[525] Vgl. oben, Rn. 13 m.w.N.

[526] *Englisch*, in: Schaumburg/Englisch, Europäisches Steuerrecht, Rn. 7.254; ähnlich: *Hahn*, IStR 2006, 667 (669), der aber davon ausgeht, dass Missbrauchsbekämpfung als solche vom Anwendungsbereich der Grundfreiheiten ausgenommen ist.

[527] EuGH, Urt. v. 13.12.2005, Rs. C–446/03 (Marks & Spencer), Slg. 2005, I–10837, Rn. 43ff.; Urt. v. 18.7.2007, Rs. C–231/05 (Oy AA), Slg. 2007, I–373, Rn. 44f.; Urt. v. 15.5.2008, Rs. C–414/06 (Lidl Belgium), Slg. 2008, I–3601.

[528] EuGH, Urt. v. 7.9.2004, Rs. C–319/02 (Manninen), Slg. 2004, I–7477; Urt. v. 15.5.1997, Rs. C–250/95 (Futura Participations), Slg. 1997, I–2471; Urt. 7.9.2006, Rs. C–470/04 (N), Slg. 2006, I–7409, Rn. 41f.; *Seiler/Axer*, IStR 2008, 838 (841).

[529] Vgl. *Müller-Graff*, in: Streinz, EUV/AEUV, Art. 49 AEUV, Rn. 89.

[530] EuGH, Urt. v. 12.5.1998, Rs. C–336/96 (Gilly), Slg. 1998, I–2793, Rn. 31; Urt. v. 23.2.2006, Rs. C–513/03 (van Hilten-van der Heijden), Slg. 2006, I–1957, Rn. 48; Urt. v. 7.9.2006, Rs. C–470/04 (N), Slg. 2006, I–7409, Rn. 45; Urt. v. 14.11.2006, Rs. C–513/04 (Kerckhaert und Morres), Slg. 2006, I–10967, Rn. 23; *Kube*, EuGH-Rechtsprechung zum direkten Steuerrecht – Stand und Perspektiven, in: Zentrum für Europäisches Wirtschaftsrecht (Hrsg.), Vortrag Nr. 171, 2009, S. 18.

[531] EuGH, Urt. v. 17.12.2015, Rs. C–388/14 (Timac Agro), ECLI:EU:C:2015:829, Rn. 35. S. *Weber-Grellet*, DStR 2009, 1229 (1231).

[532] EuGH, Urt. v. 7.9.2004, Rs. C–319/02 (Manninen), Slg. 2004, I–7477; Urt. v. 18.9.2003, Rs. C–168/01 (Bosal), Slg. 2003, I–9409; Urt. v. 23.2.2006, Rs. C–471/04 (Keller Holding), Slg. 2006, I–2107; Urt. v. 13.12.2005, Rs. C–446/03 (Marks & Spencer), Slg. 2005, I–10837.

verwehrt, Gewinne oder Verluste nach Belieben in den einen oder anderen Mitgliedstaat zu verschieben.⁵³³

aa) Besteuerung stiller Reserven beim Wegzug

123 Die grenzüberschreitende Sitzverlegung in einen anderen Mitgliedstaat gehört – in der Wegzugs- wie in der Zuzugsdimension zum Kern des Gewährleistungsumfangs der Niederlassungsfreiheit.⁵³⁴ Folgerichtig ist jede Beschränkung des Weg- oder Zuzugs, aber auch der Überführung von Wirtschaftsgütern in einen anderen Mitgliedstaat rechtfertigungsbedürftig.⁵³⁵ Hierzu gehört die in vielen Mitgliedstaaten praktizierte **Besteuerung stiller Reserven im Falle einer Sitzverlegung**. Verliert ein Mitgliedstaat infolge der Sitzverlegung oder steuerlichen Entstrickung von Wirtschaftsgütern das Besteuerungsrecht, so folgt aus dem Territorialitätsprinzip und dem daraus ableitbaren Grundsatz einer ausgewogenen Aufteilung der Besteuerungsbefugnis das Recht der Mitgliedstaaten, unter **Wahrung des Verhältnismäßigkeitsgrundsatzes**⁵³⁶ die Niederlassungsfreiheit insoweit zu beschränken und eine Besteuerung – auch ohne Realisierung⁵³⁷ – der stillen Reserven vorzusehen.⁵³⁸ Dabei muss der Mitgliedstaat ohne die vorgezogene Besteuerung tatsächlich an der Ausübung seiner Besteuerungsbefugnisse gehindert sein, was vom nationalen Gericht festzustellen ist.⁵³⁹ Darüber hinaus muss dem Unternehmen das Recht gegeben werden, nach seiner Wahl einen **Zahlungsaufschub** zu erhalten,⁵⁴⁰ wobei eine fünfjährige Staffelung der Erhebung als verhältnismäßig angesehen werden darf.⁵⁴¹

bb) Grenzüberschreitende Verlustverrechnung – doppelte Verlustberücksichtigung

124 Einen weiteren Anwendungsbereich findet der Rechtfertigungsgrund der Aufteilung der Besteuerungsbefugnis bei der **Vermeidung einer doppelten Verlustberücksichtigung**,⁵⁴² der allerdings nicht eigenständig geltend gemacht werden kann, sondern in

---

⁵³³ EuGH, Urt. v. 13.12.2005, Rs. C–446/03 (Marks & Spencer), Slg. 2005, I–10837, Rn. 46; Urt. v. 29.3.2007, Rs. C–347/04 (Rewe Zentralfinanz), Slg. 2007, I–194, Rn. 42; Urt. v. 18.7.2007, Rs. C–231/05 (Oy AA), Slg. 2007, I–373, Rn. 55.

⁵³⁴ *Kainer*, EnzEuR, Bd. 4, § 4, Rn. 41.

⁵³⁵ EuGH, Urt. v. 11.3.2004, Rs. C–9/02 (de Lasteyrie du Saillant), Slg. 2004, I–2409, Rn. 45; Urt. v. 7.9.2006, Rs. C–470/04 (N), Slg. 2006, I–7409, Rn. 34 ff.; Urt. v. 29.11.2011, Rs. C–371/10 (National Grid), Slg. 2011, I–12273, Rn. 37 ff.; Urt. v. 18.7.2013, Rs. C–261/11 (Kommission/Dänemark), ECLI:EU:C:2013:480, Rn. 28; Urt. v. 16.4.2015, Rs. C–591/13 (Kommission/Deutschland), ECLI:EU:C:2015:230, Rn. 56; Urt. v. 21.5.2015, Rs. C–657/13 (Verder LabTec), ECLI:EU:C:2015:331, Rn. 35.

⁵³⁶ *Englisch*, in: Schaumburg/Englisch, Europäisches Steuerrecht, Rn. 7.230 ff.

⁵³⁷ EuGH, Urt. v. 23.1.2014, Rs. C–164/12 (DMC), ECLI:EU:C:2014:20, Rn. 53; Urt. v. 21.5.2015, Rs. C–657/13 (Verder LabTec), ECLI:EU:C:2015:331, Rn. 45.

⁵³⁸ EuGH, Urt. v. 7.9.2006, Rs. C–470/04 (N), Slg. 2006, I–7409, Rn. 46; Urt. v. 29.11.2011, Rs. C–371/10 (National Grid Indus), Slg. 2011, I–12273, Rn. 42 ff.; Urt. v. 21.5.2015, Rs. C–657/13 (Verder LabTec), ECLI:EU:C:2015:331, Rn. 42.

⁵³⁹ EuGH, Urt. v. 23.1.2014, Rs. C–164/12 (DMC), ECLI:EU:C:2014:20, Rn. 56.

⁵⁴⁰ EuGH, Urt. v. 29.11.2011, Rs. C–371/10 (National Grid Indus), Slg. 2011, I–12273, Rn. 73, 85; Urt. v. 16.4.2015, Rs. C–591/13 (Kommission/Deutschland), ECLI:EU:C:2015:230, Rn. 67; Urt. v. 21.5.2015, Rs. C–657/13 (Verder LabTec), ECLI:EU:C:2015:331, Rn. 48 f.

⁵⁴¹ EuGH, Urt. v. 23.1.2014, Rs. C–164/12 (DMC), ECLI:EU:C:2014:20, Rn. 64.

⁵⁴² EuGH, Urt. v. 13.12.2005, Rs. C–446/03 (Marks & Spencer), Slg. 2005, I–10837, Rn. 47; EuGH, Urt. v. 6.9.2012, Rs. C–18/11 (Philips Electronics UK), ECLI:EU:C:2012:532, Rn. 28 ff.; Urt. v. 27.11.2008, Rs. C–418/07 (Papillon), Slg. 2008, I–659, Rn. 37 ff.; Urt. v. 12.6.2014, Rs. C–39/13 (SCA Group Holding), ECLI:EU:C:2014:1758, Rn. 33 ff.; *Englisch*, in: Schaumburg/Englisch, Europäisches Steuerrecht, Rn. 7.265.

Zusammenhang mit dem Symmetriegedanken gesehen werden muss:[543] jedenfalls dann, wenn die Gewinne in die Besteuerungshoheit eines Mitgliedstaates fallen, muss stets auch die Geltendmachung entstehender Verluste möglich sein.

Soweit ein Mitgliedstaat einer Konzerngesellschaft die Verrechnung von Verlusten einer inländischen Tochtergesellschaft erlaubt, dies aber in grenzüberschreitenden Sachverhalten versagt, liegt eine rechtfertigungsbedürftige Diskriminierung vor. Das Ziel, die Besteuerungsbefugnisse zwischen den Mitgliedstaaten gerecht aufzuteilen, rechtfertigt es – nach Auffassung des EuGH i. V. m. dem Ziel der Vorbeugung von Steuerflucht[544] – grundsätzlich, die grenzüberschreitende Verrechnung von Verlusten einer Tochtergesellschaft im EU-Ausland mit Gewinnen der Muttergesellschaft auszuschließen, wenn hierdurch einer **doppelten Verlustberücksichtigung** vorgebeugt wird.[545]

125

Eine solche Regelung ist jedoch nach der im Einzelnen umstrittenen[546] Rechtsprechung des EuGH dann nicht erforderlich, wenn im Sitzstaat des Tochternehmens alle Möglichkeiten der Berücksichtigung von Verlusten endgültig erfolglos geblieben sind (»**finale Verluste**«).[547] Mitgliedstaaten dürfen also verlangen, dass Verluste der Tochtergesellschaft zunächst ihren Gewinnen entgegengerechnet (Symmetriegedanke) werden müssen und nur dann grenzüberschreitend geltend gemacht werden dürfen, wenn diese Verlustanrechnung im Sitzstaat der Tochtergesellschaft (oder Betriebsstätte) endgültig nicht mehr möglich ist; die **Beweislast** hierfür trifft das den steuerlichen Vorteil geltend machende Unternehmen.[548]

126

Den **Begriff der Finalität** hat der EuGH in mehreren Entscheidungen konkretisiert; letztgültige Klarheit ist nicht hergestellt worden. Zunächst muss die Gesellschaft **alle Möglichkeiten ausgeschöpft** haben, die Verluste im Steuerzeitraum, in dem diese entstanden sind, oder in früheren Steuerzeiträumen zu berücksichtigen, ggf. auch durch Übertragung der Verluste auf Dritte.[549] Darüber hinaus darf auch eine Berücksichtigung der Verluste in **zukünftigen Steuerzeiträumen** nicht möglich sein,[550] etwa wegen Liqui-

127

---

[543] *Englisch*, in: Schaumburg/Englisch, Europäisches Steuerrecht, Rn. 7.265; dazu EuGH, Urt. v. 23. 10. 2008, Rs. C–157/07 (Krankenheim Wannsee), Slg. 2008, I–8061, Rn. 47 ff.; zweifelnd zur Eigenständigkeit EuGH, Urt. v. 6. 9. 2012, Rs. C–18/11 (Philips Electronics UK), ECLI:EU:C:2012:532, Rn. 28.

[544] EuGH, Urt. v. 3. 2. 2015, Rs. C–172/13 (Kommission/Vereinigtes Königreich), ECLI:EU:C:2015:50, Rn. 24.

[545] EuGH, Urt. v. 13. 12. 2005, Rs. C–446/03 (Marks & Spencer), Slg. 2005, I–10837, Rn. 45; Urt. v. 19. 11. 2009, Rs. C–337/08 (X Holding), Slg. 2010, I–1215, Rn. 28 ff.; Urt. v. 21. 2. 2013, Rs. C–123/11 (A Oy), ECLI:EU:C:2013:84, Rn. 42 ff.; GA *Kokott*, Schlussanträge zu Rs. C–172/13 (Kommission/Vereinigtes Königreich), ECLI:EU:C:2014:2321, 31 ff.; vgl. *Kube*, IStR 2008, 305 (311); *Eisenbarth/Hufeld*, IStR 2010, 309 (312); *Cordewener*, EuZW 2015, 295 ff.

[546] Vgl. die kritischen Schlussanträge von GA *Geelhoed*, Schlussanträge zu Rs. C–374/04 (ACT), Slg. 2006, I–11673, Rn. 65; GA *Kokott*, Schlussanträge zu Rs. C–123/11 (A Oy), ECLI:EU:C:2012:488, Rn. 47 ff.; GA *Mengozzi*, Schlussanträge zu Rs. C–322/11 (K), ECLI:EU:C:2013:183, Rn. 80 ff.

[547] EuGH, Urt. v. 13. 12. 2005, Rs. C–446/03 (Marks & Spencer), Slg. 2005, I–10837, Rn. 45; Urt. v. 21. 2. 2013, Rs. C–123/11 (A Oy), ECLI:EU:C:2013:84, Rn. 49 f.; Urt. v. 17. 12. 2015, Rs. C–388/14 (Timac Agro), ECLI:EU:C:2015:829, Rn. 52 ff.; s. *Schnitger*, IStR 2016, 72 ff.

[548] EuGH, Urt. v. 21. 2. 2013, Rs. C–123/11 (A Oy), ECLI:EU:C:2013:84, Rn. 52 ff.

[549] EuGH, Urt. v. 13. 12. 2005, Rs. C–446/03 (Marks & Spencer), Slg. 2005, I–10837, Rn. 55.

[550] EuGH, Urt. v. 13. 12. 2005, Rs. C–446/03 (Marks & Spencer), Slg. 2005, I–10837, Rn. 53 ff.; Urt. v. 15. 3. 2008, Rs. C–414/06 (Lidl Belgium), Slg. 2008, I–3601, Rn. 49; Urt. v. 3. 2. 2015, Rs. C–172/13 (Kommission/Vereinigtes Königreich), ECLI:EU:C:2015:50, Rn. 24 ff.; Urt. v. 17. 12. 2015, Rs. C–388/14 (Timac Agro), ECLI:EU:C:2015:829, Rn. 52 ff.

dation der Tochtergesellschaft (bzw. Schließung der Betriebsstätte) wegen dauernder und vollständiger wirtschaftlicher Erfolglosigkeit.[551]

128 Hingegen begründet der **rechtliche Ausschluss eines Verlustvortrags** im Sitzstaat der Tochtergesellschaft/Betriebsstätte **nicht** eine Finalität i. S. dieser Rechtsprechung und ermöglicht damit nicht die Berücksichtigung durch die Muttergesellschaft.[552] Dies liegt in der Logik des Rechtfertigungsgrundes einer gerechten Aufteilung der Besteuerungsbefugnisse: es kann nicht zu Lasten des Sitzstaates der Muttergesellschaft gehen, wenn ein anderer Staat ungünstige steuerrechtliche Regelungen einführt. Mit eben dieser Begründung erlaubt der EuGH die Beschränkung einer Verrechnung von Wechselkursverlusten, wenn im Sitzstaat entsprechende Gewinne spiegelbildlich nicht besteuert werden und auch durch Doppelbesteuerungsabkommen nichts anderes geregelt ist.[553]

129 Schließlich sind auch solche Verluste nicht »final«, die lediglich aufgrund **privatautonomer Gestaltung** nicht berücksichtigt werden,[554] so dass letztlich nur **tatsächliche Umstände** im Quellenstaat zur Begründung eines finalen Verlusts in Betracht kommen.[555] Im Ergebnis ist die Wirkung der Niederlassungsfreiheit damit erheblich eingeschränkt und den Mitgliedstaaten ein weiter Raum eröffnet, die grenzüberschreitende Berücksichtigung von Verlusten zu versagen.[556] Dem sollte der EuGH durch eine strenge Handhabung des Verhältnismäßigkeitsprinzips entgegenwirken. Dies zeigt sich an der Entscheidung Kommission/Großbritannien, bei der auch die britische Beschränkung der Verlustverrechnung auf Verluste nicht beanstandet wurde, die »unmittelbar nach Ende« des Steuerzeitraums, in dem die Verluste entstanden sind, fest stehen.[557]

130 Keine Bedeutung für eine Rechtfertigung ist es schließlich für einen Mitgliedstaat, der über die Besteuerungsbefugnis für eine Tochtergesellschaft (bzw. Betriebstätte) im Inland verfügt, dass gewinnmindernd geltend gemachte Verluste ggf. in einem anderen Mitgliedstaat doppelt verwertet werden,[558] sofern nicht Besteuerungsbefugnisse durch Doppelbesteuerungsabkommen aufgeteilt werden.

d) Wirksame steuerliche Kontrolle und Durchsetzung des Steueranspruchs

131 Auch die **Wirksamkeit der steuerlichen Kontrolle** (effective fiscal supervision) ist als Rechtfertigungsgrund anerkannt.[559] Der Begriff ist weit zu verstehen und umfasst sämtliche Maßnahmen der Finanzbehörden mit dem Zweck, eine ordnungsgemäße Besteue-

---

[551] EuGH, Urt. v. 21. 2. 2013, Rs. C–123/11 (A Oy), ECLI:EU:C:2013:84, Rn. 52 ff.
[552] EuGH, Urt. v. 7. 11. 2013, Rs. C–322/11 (Korkein), ECLI:EU:C:2013:716, Rn. 75 ff.; Urt. v. 3. 2. 2015, Rs. C–172/13 (Kommission/Vereinigtes Königreich), ECLI:EU:C:2015:50, Rn. 33.
[553] EuGH, Urt. v. 10. 6. 2015, Rs. C–686/13 (X), ECLI:EU:C:2015:375, Rn. 38 f.; GA *Kokott*, Schlussanträge zu Rs. C–686/13 (X), ECLI:EU:C:2015:31, Rn. 30 ff.; zur Gegenkonstellation EuGH, Urt. v. 28. 2. 2008, Rs. C–293/06 (Deutsche Shell), Slg. 2008, I–1129, Rn. 44, 51.
[554] EuGH, Urt. v. 25. 2. 2010, Rs. C–337/08 (X), Slg. 2010, I–1215, Rn. 29; BFH, Urt. v. 9. 6. 2010, IStR 2010, 663 ff.; *Hruschka*, DStR 2013, 396 f.; *Schiefer/Quinten*, IStR 2013, 261, 262.
[555] EuGH, Urt. v. 23. 10. 2008, Rs. C–157/07 (Krankenheim Ruhesitz am Wannsee-Seniorenheimstatt), Slg. 2008, I–8061, Rn. 49 f.
[556] S. *Cordewener*, EuZW 2015, 295, 300 (»Demontage« der Marks & Spencer Doktrin).
[557] EuGH, Urt. v. 3. 2. 2015, Rs. C–172/13 (Kommission/Vereinigtes Königreich), ECLI:EU:C:2015:50, Rn. 24 ff. Kritisch *Cordewener*, EuZW 2015, 295, 300.
[558] S. EuGH, Urt. v. 6. 9. 2012, Rs. C–18/11 (Philips Electronics UK Ltd), ECLI:EU:C:2012:538, Rn. 28 ff.; Urt. 1. 4. 2014, Rs. C–80/12 (Felixtowe Dock and Railway Company), ECLI:EU:C:2014:200, Rn. 30; *Cordewener*, EuZW 2015, 295 f.
[559] EuGH, Urt. v. 20. 2. 1979, Rs. 120/78 (Rewe-Zentral AG), Slg. 1979, 649, Rn. 8; Urt. v. 15. 3. 1997, Rs. C–250/95 (Futura Participations), Slg. 1997, I–2471, Rn. 31; Urt. v. 8. 7. 1999, Rs. C–254/97 (Baxter), Slg. 1999, I–4809, Rn. 18.

rung im Sinne des jeweiligen Steuerrechts sicherzustellen,⁵⁶⁰ insbesondere um die Höhe der steuerbaren Einkünfte und der Steuerschuld zu bestimmen.⁵⁶¹ Zulässig sind daher etwa (zusätzliche) Buchführungs-, Aufzeichnungs-⁵⁶² oder Nachweispflichten.⁵⁶³

Zulässig sind ferner Regelungen zur **effektiven Durchsetzung des Steueranspruchs**,⁵⁶⁴ etwa die Pflicht zur Stellung von Sicherheiten⁵⁶⁵ (allerdings nur verhältnismäßig bei konkretem Nichteinbringungsrisiko)⁵⁶⁶ oder ein Steuerabzugsverfahren für einen nicht gebietsansässigen Leistungserbringer, das nach Auffassung des EuGH ein verhältnismäßiges Mittel darstellt, um die Versteuerung von Einkünften zu gewährleisten.⁵⁶⁷ **132**

Im Rahmen der Verhältnismäßigkeit muss stets geprüft werden, ob nicht ein **behördlicher Informationsaustausch** (gestützt auf die Amtshilferichtlinien⁵⁶⁸) als milderes Mittel in Betracht kommt.⁵⁶⁹ **133**

2. Nicht anerkannte Rechtfertigungsgründe

Soweit der EuGH Gründe nicht als zwingende Allgemeininteressen anerkennt, liegt dies meist an ihrer **wirtschaftlichen Natur**, die mit dem Binnenmarktprinzip konfligiert.⁵⁷⁰ Daher stellen die Vermeidung von Steuerausfällen und ähnlich **fiskalische Gründe** als solche keine zwingenden Gründe des Allgemeininteresses dar.⁵⁷¹ Zwar muss es den **134**

---

⁵⁶⁰ Vgl. auch *Haase*, Internationales und Europäisches Steuerrecht, Rn. 838 f.
⁵⁶¹ Vgl. EuGH, Urt. v. 15.3.1997, Rs. C–250/95 (Futura Participations), Slg. 1997, I–2471, Rn. 31; Urt. v. 8.7.1999, Rs. C–254/97 (Baxter), Slg. 1999, I–4809, Rn. 18.
⁵⁶² EuGH, Urt. v. 15.3.1997, Rs. C–250/95 (Futura Participations), Slg. 1997, I–2471, Rn. 31 f.
⁵⁶³ EuGH, Urt. v. 8.7.1999, Rs. C–254/97 (Baxter), Slg. 1999, I–4809, Rn. 18, hier war die Maßnahme nicht erforderlich.
⁵⁶⁴ EuGH, Urt. v. 3.10.2006, Rs. C–290/04 (FKP Scorpio), Slg. 2006, I–9461, Rn. 35; Urt. v. 12.7.2012, Rs. C–269/09 (Kommission/Spanien), ECLI:EU:C:2012:439, Rn. 64; Urt. v. 18.10.2012, Rs. C–498/10 (X), ECLI:EU:C:2012:635, Rn. 39.
⁵⁶⁵ EuGH, Urt. v. 11.3.2004, Rs. C–9/02 (de Lasteyrie du Saillant), Slg. 2004, I–2409, Rn. 47; Urt. v. 7.9.2006, Rs. C–470/04 (N), Slg. 2006, I–7409, Rn. 51, hier jedoch mangels Erforderlichkeit abgelehnt.
⁵⁶⁶ EuGH, Urt. v. 23.1.2014, Rs. C–164/12 (DMC), ECLI:EU:C:2014:20, Rn. 67 f.
⁵⁶⁷ EuGH, Urt. v. 3.10.2006, Rs. C–290/04 (FKP Scorpio), Slg. 2006, I–9461, Rn. 36.
⁵⁶⁸ S. RL 2011/16/EU vom 15.2.2011 über die Zusammenarbeit der Verwaltungsbehörden im Bereich der Besteuerung und zur Aufhebung der Richtlinie 77/799/EWG, ABl. 2011, L 64/1 und RL 2010/24/EU vom 16.3.2010 über die Amtshilfe bei der Beitreibung von Forderungen in Bezug auf bestimmte Steuern, Abgaben und sonstigen Maßnahmen, ABl. 2010, L 84/1.(
⁵⁶⁹ EuGH, Urt. v. 14.2.1995, Rs. C–279/93 (Schumacker), Slg. 1995, I–225, Rn. 21; Urt. v. 15.5.1997, Rs. C–250/95 (Futura Participations), Slg. 1997, I–2471, Rn. 36 ff.; Urt. v. 28.10.1999, Rs. C–55/98 (Vestergaard), Slg. 1999, I–7641, Rn. 20 ff.; Urt. v. 12.4.1994, Rs. C–1/93 (Halliburton), Slg. 1994, I–1137, Rn. 22; Urt. v. 12.7.2012, Rs. C–269/09 (Kommission/Spanien), ECLI:EU:C:2012: 439, Rn. 68 ff.; *Englisch*, in: Schaumburg/Englisch, Europäisches Steuerrecht, Rn. 7.298.
⁵⁷⁰ *Everett*, DStZ 2006, 356 ff. Ausführlicher oben, Rn. 111 ff.
⁵⁷¹ EuGH, Urt. v. 29.1.1985, Rs. 270/83 (avoir fiscal), Slg. 1986, 273; Urt. v. 16.7.1998, Rs. C–264/96 (ICI), Slg. 1998, I–4695, Rn. 28; Urt. v. 21.9.1999, Rs. C–307/97 (Saint-Gobain), Slg. 1999, I–6161; Urt. v. 6.6.2000, Rs. C–35/98 (Verkooijen), Slg. 2000, I–4071, Rn. 48; Urt. v. 8.3.2001, Rs. C–397/98 (Metallgesellschaft u. a.), Slg. 2001, I–1727, Rn. 59; Urt. v. 21.11.2002, Rs. C–436/00 (X und Y II), Slg. 2002, I–10829; Urt. v. 12.12.2002, Rs. C–324/00 (Lankhorst-Hohorst), Slg. 2002, I–11779; Urt. v. 18.9.2003, Rs. C–168/01 (Bosal), Slg. 2003, I–9409; Urt. v. 15.7.2004, Rs. C–315/02 (Lenz), Slg. 2004, I–7063; Urt. v. 7.9.2004, Rs. C–319/02 (Manninen), Slg. 2004, I–7477; Urt. v. 14.9.2006, Rs. C–386/04 (Stauffer), Slg. 2006, I–8203, Rn. 59; Urt. v. 11.9.2007, Rs. C–76/05 (Schwarz und Gootjes-Schwarz), Slg. 2007, I–6849, Rn. 77; Urt. v. 22.12.2010, Rs. C–287/10 (Tankreederei I), Slg. 2010, I–14233, Rn. 27; Urt. v. 10.2.2011, Rs. C–25/10 (Missionswerk Werner Heukelbach), Slg. 2011, I–497, Rn. 31; Urt. v. 7.4.2011, Rs. C–20/09 (Kommission/Portugal), Slg. 2011, I–2637, Rn. 64 f.; Urt. v. 16.6.2011, Rs. C–10/10 (Kommission/Österreich), Slg. 2011, I–5389,

Mitgliedsstaaten möglich sein, ausreichend Steuereinnahmen zu erzielen,[572] jedoch darf diese Steuerhoheit nur unter Achtung der Grundfreiheiten ausgeübt werden.[573] Insbesondere kann der Mitgliedstaat sich nicht darauf berufen, die Begünstigung bestimmter innerstaatlicher Vorgänge wirke sich weniger stark auf den Staatshaushalt aus, als die Begünstigung gleichartiger grenzüberschreitender Aktivitäten;[574] daher ist etwa auch die Beschränkung der steuerlichen Begünstigung auf inländische gemeinnützige Einrichtungen aus rein fiskalischen Gründen unzulässig.[575] Ebenso sind allgemeine **wirtschaftspolitische Motive**, wie bspw. die inländische Wirtschaft durch lenkende Steuervergünstigungen zu fördern, keine anerkannten Allgemeininteressen.[576] So stellte § 6b EStG wegen seiner **protektionistischen Wirkung** eine unzulässige Wegzugsbeschränkung dar.[577] Die Regelung ermöglichte im Falle einer Veräußerung bestimmter zu einer inländischen Betriebsstätte gehörenden Anlagevermögens den unversteuerten Abzug der Reinvestitionskosten bestimmter Ersatzwirtschaftsgüter vom Gewinn. Jedoch war der Gewinnabzug nach § 6b Abs. 4 Nr. 3 EStG auf Ersatzwirtschaftsgüter beschränkt, die zum Anlagevermögen einer inländischen Betriebsstätte gehörten. Eine derartige Benachteiligung ausländischer Investitionen stellt einen nicht zu rechtfertigenden Eingriff in Art. 49 AEUV dar.[578]

135 Nicht akzeptiert hat die Rechtsprechung die **Berufung auf fehlende Harmonisierung** zur Rechtfertigung der Förderung nationaler Interessen oder Unternehmen.[579] Unbeachtlich ist weiter der Einwand fehlender **Reziprozität** bei der Förderung bestimmter Interessen, die Behauptung gleichartiger Diskriminierungen in anderen Mitgliedstaaten oder das **Fehlen einer entsprechenden Doppelbesteuerungsvereinbarung**,[580] weil die Grundfreiheiten unbedingte Geltung beanspruchen und nicht auf Gegenseitigkeit be-

---

Rn. 40; Urt. v. 20.10.2011, Rs. C–284/09 (Kommission/Deutschland), Slg. 2011, I–9879, Rn. 83; Urt. v. 6.9.2012, Rs. C–380/11 (DI. VI. Finanziaria di Diego della Valle & C.), ECLI:EU:C:2012:552, Rn. 50; BFHE 224, 50 (55 f.).

[572] *Lenaerts*, EuR 2009, 728; *Geibel*, JZ 2007, 277 (279).

[573] EuGH, Urt. v. 14.2.1995, Rs. C–279/93 (Schumacker), Slg. 1995, I–225, Rn. 21; *Geibel*, JZ 2007, 277 (279).

[574] *Englisch*, in: Schaumburg/Englisch, Europäisches Steuerrecht, Rn. 7.219; EuGH, Urt. v. 27.1.2009, Rs. C–318/07 (Persche), Slg. 2009, I–359, Rn. 46.

[575] EuGH, Urt. v. 13.9.2006, Rs. C–386/04 (Centro di Musicologia Walter Stauffer), Slg. 2006, I–8203, Rn. 40.

[576] EuGH, Urt. v. 14.11.1995, Rs. C–484/93 (Svensson und Gustavsson), Slg. 1995, I–3955, Rn. 12 ff.; Urt. v. 6.6.2000, Rs. C–35/98 (Verkooijen), Slg. 2000, I–4071, Rn. 47 f.; Urt. v. 16.4.2015, Rs. C–591/13 (Kommission/Deutschland), ECLI:EU:C:2015:230, Rn. 63 ff., 78; vgl. auch *Repasi*, Enz-EuR, Bd. 4, § 25 Rn. 131.

[577] EuGH, Urt. v. 16.4.2015, Rs. C–591/13 (Kommission/Deutschland), ECLI:EU:C:2015:230, Rn. 54 ff.; die Unionsrechtswidrigkeit bereits annehmend vgl. *Jahndorf/Kleinmanns*, DStR 2010, 1697; ablehnend *Mitschke*, DStR 2012, 1629.

[578] EuGH, Urt. v. 16.4.2015, Rs. C–591/13 (Kommission/Deutschland), ECLI:EU:C:2015:230, Rn. 63 ff., 78.

[579] EuGH, Urt. v. 29.1.1985, Rs. 270/83 (avoir fiscal), Slg. 1986, 273; Urt. v. 28.1.1992, Rs. C–204/90 (Bachmann), Slg. 1992, I–249; Urt. v. 21.9.1999, Rs. C–307/97 (Saint-Gobain), Slg. 1999, I–6161; Urt. v. 26.10.1999, Rs. C–294/97 (Eurowings), Slg. 1999, I–7447. Dies gilt auch für Politikbereiche, für die europäischen Verträge eine Kooperation zwischen den Mitgliedstaaten vorsahen; für den Bereich Forschung und Entwicklung: EuGH, Urt. v. 10.3.2005, Rs. C–39/04 (Laboratoires Furnier), Slg. 2005, I–2057, Rn. 23; Urt. v. 16.6.2011, Rs. C–10/10 (Kommission/Österreich), Slg. 2011, I–5389, Rn. 33 ff.

[580] EuGH, Urt. v. 29.1.1985, Rs. 270/83 (avoir fiscal), Slg. 1986, 273; Urt. v. 5.7.2005, Rs. C–376/03 (D), Slg. 2005, I–5821.

ruhen.[581] Umgekehrt kommt ein Ausgleich der erlittenen Nachteile durch Vorschriften, die mit der betreffenden steuerrechtlichen Regelung in keinem inneren Zusammenhang steht, nicht in Betracht (Vorteilsausgleich),[582] da andernfalls die Rechtssicherheit und zugleich Wirkung der Grundfreiheiten eingeschränkt würde. **Verwaltungstechnische Schwierigkeiten**, etwa der Hinweis auf Probleme bei der Aufklärung ausländischer Sachverhalte sind grundsätzlich keine geeigneten Rechtfertigungsgründe.[583] Akzeptiert wurden allerdings Differenzierungen zur Sicherstellung der steuerlichen Kontrollen im Einzelfall.[584]

3. Verhältnismäßigkeit

Prinzipiell gelten für die Verhältnismäßigkeit die allgemeinen Regelungen. Die mitgliedstaatliche Steuerregelung muss geeignet und erforderlich sein, dass angestrebte Ziel zu erreichen. Der EuGH prüft dabei sehr genau, ob die Maßnahme **erforderlich** ist. Insbesondere muss eine beschränkende Steuerregelung zur Missbrauchsbekämpfung stets **auf den missbräuchlichen Teil beschränkt** sein.[585] Allgemeine Regelungen, die nicht zwischen Missbrauch und wirtschaftlich echtem Gebrauch der Niederlassungsfreiheit differenzieren, sind nicht gerechtfertigt. Nicht erforderlich ist es ferner, die Förderung eines bestimmten Bedarfs des Steuerpflichtigen auf das Staatsgebiet bzw. die Nachfrage bei innerstaatlichen Anbietern zu begrenzen.[586]

136

Verhältnismäßig ist die Regelung nur, wenn die Prinzipien der **Rechtssicherheit** und **Vorhersehbarkeit** berücksichtigt werden. Die Regelung muss klar, bestimmt und in ihren Auswirkungen voraussehbar sein.[587] Gegen das Verhältnismäßigkeitsprinzip steht i.d.R. eine **Verschiebung der Beweislast auf das Unternehmen**. So ging es in der *SIAT*-Entscheidung um die Konstellation, dass nach belgischem Recht im Ausland angefallene Betriebskosten nur dann abzugsfähig waren, wenn der Steuerpflichtige nachweist, dass sie sich auf »tatsächliche und ehrliche Geschäfte« beziehen und nicht über den üblichen Rahmen hinausgehen. Der EuGH lehnte eine Rechtfertigung der Beschränkung (der Dienstleistungsfreiheit) mit der Begründung ab, »dass der bloße Umstand, dass ein gebietsansässiger Steuerpflichtiger die Dienste eines gebietsfremden Dienstleisters in An-

137

---

[581] Vgl. aber EuGH, Urt. 5.7.2005, Rs. 376/03 (D), Slg. 2005, I–5821, Rn. 61 f., in der der EuGH die Reziprozität nutzte, um die Vergleichbarkeit in einem DBA-Fall abzulehnen.
[582] EuGH, Urt. v. 29.1.1985, Rs. 270/83 (avoir fiscal), Slg. 1986, 273; Urt. v. 13.7.1993, Rs. C–330/91 (Commerzbank), Slg. 1993, I–4017; Urt. v. 27.6.1996, Rs. C–107/94 (Asscher), Slg. 1996, I–3089; Urt. v. 21.9.1999, Rs. C–307/97 (Saint-Gobain), Slg. 1999, I–6161; Urt. v. 26.10.1999, Rs. C–294/97 (Eurowings), Slg. 1999, I–7447; Urt. v. 6.6.2000, Rs. C–35/98 (Verkooijen), Slg. 2000, I–4071; Urt. v. 15.7.2004, Rs. C–315/02 (Lenz), Slg. 2004, I–7063.
[583] EuGH, Urt. v. 12.4.1994, Rs. C–1/93 (Halliburton), Slg. 1994, I–1137, Rn. 21 f.; Urt. v. 15.7.2004, Rs. C–315/02 (Lenz), Slg. 2004, I–7063, Rn. 48; Urt. v. 27.11.2008, Rs. C–418/07 (Papillon), Slg. 2008, I–8947, Rn. 54 m.w.N.; Urt. v. 1.7.2010, Rs. C–233/09 (Dijkman), Slg. 2010, I–6649, Rn. 60; unter Hinweis auf die Amtshilferichtlinie 77/799/EWG vom 19.12.1977 über die gegenseitige Amtshilfe zwischen den zuständigen Behörden der Mitgliedstaaten im Bereich der direkten Steuern, ABl. 1977, L 336, S. 15, aufgehoben durch RL 2011/16/EU, bspw. EuGH, Urt. v. 28.1.1992, Rs. C–204/90 (Bachmann), Slg. 1992, I–249, Rn. 18 f.; Urt. v. 14.2.1995, Rs. C–279/93 (Schumacker), Slg. 1995, I–225, Rn. 43 ff.; Urt. v. 11.8.1995, Rs. C–80/94 (Wielockx), Slg. 1995, I–2493, Rn. 26.
[584] EuGH, Urt. v. 11.6.2009, Rs. C–521/07 (Kommission/Niederlande), Slg. 2009, I–4873.
[585] EuGH, Urt. v. 5.7.2012, Rs. C–318/10 (SIAT), ECLI:EU:C:2012:415, Rn. 52.
[586] EuGH, Urt. v. 26.10.2006, Rs. C–345/05 (Kommission/Portugal), Slg. 2006, I–10633, Rn. 31 ff.
[587] EuGH, Urt. v. 5.7.2012, Rs. C–318/10 (SIAT), ECLI:EU:C:2012:415, Rn. 56, 58.

spruch nimmt, **keine allgemeine Vermutung für das Vorliegen einer missbräuchlichen Praxis** begründen und deswegen keine Maßnahme rechtfertigen kann, die die Ausübung einer vom Vertrag garantierten Grundfreiheit beeinträchtigt.«[588] Daran ändert sich auch dann nichts, wenn dies aus steuerlichen Gründen geschieht oder die Tätigkeit ebenso von Dienstleistern mit Sitz im Hoheitsgebiet durchgeführt werden kann.[589] Auf die Niederlassungsfreiheit bezogen bedeutet dies, dass aus dem bloßen Umstand, dass die Tätigkeit einer Tochtergesellschaft oder beherrschten Gesellschaft in einem anderen Mitgliedstaat auch im Sitzstaat der Muttergesellschaft hätte durchgeführt werden können, nicht geschlossen werden kann, dass eine rein künstliche Gestaltung vorliegt.[590]

IV. In Sonderheit: Dividendenbesteuerung

138 Die Besteuerung von Dividenden in grenzüberschreitenden Sachverhalten fällt nach der Rechtsprechung des EuGH unter die Niederlassungsfreiheit, wenn eine Regelung auch für Situationen gilt, in denen die Muttergesellschaft entscheidenden Einfluss auf die Gesellschaft ausübt; ansonsten ist die Regelung an der Kapitalverkehrsfreiheit zu messen.[591] Grundfreiheitliche Probleme treten vor allem durch **diskriminierende Regelungen zur Vermeidung von Doppelbesteuerungen** auf. Dividenden können sowohl auf der Ebene der Tochtergesellschaft als Körperschaftsteuer wie auch auf der Ebene der Muttergesellschaft und damit **wirtschaftlich**, aber auch durch eine Quellensteuer im Sitzstaat der Tochter und körperschaftssteuerlich im Sitzstaat der Mutter **rechtlich doppelt besteuert** werden.[592]

139 In den Fällen, in denen der Anteilseigner selbst Körperschaft und der Anwendungsbereich der **Mutter-Tochter-Richtlinie**[593] eröffnet ist, wird eine Mehrfachbesteuerung allerdings sekundärrechtlich verhindert; einerseits untersagt die Richtlinie dem Sitzstaat der Tochtergesellschaft die Quellenbesteuerung der an die Muttergesellschaft ausgeschütteten Dividende (Art. 5); die Befugnis zur Besteuerung der ausschüttenden Körperschaft lässt die Richtlinie unberührt. Der Sitzstaat der Muttergesellschaft hat ein Wahlrecht, entweder die Gesellschaft von der Besteuerung der ausgeschütteten Gewinne ebenfalls freizustellen oder die hierauf erhobenen Steuern auf die Steuerschuld der Muttergesellschaft anzurechnen (Art. 4). Die Richtlinie ist anwendbar auf alle Gesellschaften in einer in Anhang 1 der Richtlinie aufgeführten Gesellschaftsformen, die der

---

[588] EuGH, Urt. v. 5.7.2012, Rs. C–318/10 (SIAT), ECLI:EU:C:2012:415, Rn. 38.
[589] EuGH, Urt. v. 5.7.2012, Rs. C–318/10 (SIAT), ECLI:EU:C:2012:415, Rn. 51.
[590] EuGH, Urt. v. 12.9.2006, Rs. C–196/04 (Cadbury Schweppes), Slg. 2006, I–7995, Rn. 69.
[591] EuGH, Urt. v. 10.4.2014, Rs. C–190/12 (Emerging Markets Series of DFA Investment Trust Company), ECLI:EU:C:2014:249, Rn. 30; Urt. v. 11.11.2010, Rs. C–543/08 (Kommission/Portugal), Slg. 2010, I–11241, Rn. 41; Urt. v. 26.6.2008, Rs. C–284/06 (Burda), Slg. 2008, I–4571, Rn. 69 m. w. N.; Urt. v. 12.12.2006, Rs. C–374/04 (Test Claimants in Class IV of the ACT Group Litigation), Slg. 2006, I–11673, Rn. 89 ff.; GA Colomer, Schlussanträge zu Rs. C–326/07 (Kommission/Italien), Slg. 2009, I–2291, Rn. 44 ff.; zum Verhältnis von Kapitalverkehrs- und Niederlassungsfreiheit vgl. *Hindelang*, IStR 2013, 77.
[592] *Kube/Straßburger*, IStR 2010, 301; vgl. auch *Hey*, Harmonisierung der Unternehmensbesteuerung in Europa, 1997, S. 249 ff.; *Englisch*, Dividendenbesteuerung, 2005, S. 1 ff.; *Schwenke*, IStR 2008, 473; *Müller-Graff*, in: Streinz, EUV/AEUV, Art. 49 AEUV, Rn. 78.
[593] Richtlinie 90/435/EWG vom 23.7.1990 Richtlinie 2011/96/EU vom 30.11.2011, über das gemeinsame Steuersystem der Mutter- und Tochtergesellschaften verschiedener Mitgliedstaaten, ABl. 2011, L 345/8, Neufassung der Richtlinie 90/435/EWG vom 23.7.1990, ABl. 1990, L 225/6.

Körperschaftssteuer unterliegen; die Muttergesellschaft muss mindestens 10 % der Anteile der Tochtergesellschaft halten.[594]

Außerhalb des Anwendungsbereichs der Richtlinie regeln mitgliedstaatliche Steuersysteme die Besteuerung von Dividenden autonom; eine wirtschaftliche oder rechtliche **Doppelbesteuerung** wird dabei vermieden.[595] In grenzüberschreitenden Fällen ist dies wegen der Unterschiedlichkeit der Steuersysteme indes nicht gewährleistet[596] und aus binnenmarktrechtlicher Sicht auch **grundsätzlich hinzunehmen**, weil die Niederlassungsfreiheit eine Abstimmung der Steuerrechtssysteme aufeinander zur Beseitigung von Doppelbesteuerungen nicht fordert.[597]

140

Insbesondere ist etwa der **Sitzstaat des Anteilseigners** nicht dazu verpflichtet, auf die körperschaftsteuerliche Erfassung der Gewinne deswegen zu verzichten, weil das steuerliche Substrat in Form einer Quellensteuer bereits im Sitzstaat der ausschüttenden Gesellschaft besteuert wurde. **Unzulässig ist aber eine Ungleichbehandlung** innerhalb eines Mitgliedstaates bei der Besteuerung von Dividenden.[598] Soweit daher ein Mitgliedstaat die Zahlung einer Quellensteuer auf die Körperschaftssteuer anrechnet, muss dies auch dann gelten, wenn die Quellensteuer im Ausland entrichtet wurde.[599] Allerdings besteht keine Pflicht, eine im anderen Mitgliedstaat gegebenenfalls höhere Quellensteuer zu berücksichtigen.[600] Einen Verstoß gegen Art. 49 AEUV stellt eine nationale Regelung dar, wonach die von einer Tochtergesellschaft ausgeschütteten Dividenden abzüglich eines Pauschalbetrages für Ausgaben und Aufwendungen vom Nettogewinn der Muttergesellschaft abgezogen werden, (nur) für inländische Tochterunternehmen aber durch andere Vorschriften eine Neutralisierung dieser »Schachtelstrafe« vorgesehen ist.[601]

141

---

[594] Näher *Tischbirek/Specker*, in: Vogel/Lehner, DBA, 6. Aufl., 2015, OECD-MA 2005 Artikel 10. Dividenden, Rn. 175.

[595] Während in Deutschland und in anderen Mitgliedsstaaten das Teileinkünftesystem praktiziert wird, hat sich daneben das Anrechnungsverfahren etabliert, vgl. *Kube/Straßburger*, IStR 2010, 302; näher dazu *Hey*, Harmonisierung der Unternehmensbesteuerung in Europa, 1997, S. 10 ff.

[596] Vgl. *Kluge*, Das Internationale Steuerrecht, 2000, S. 75 ff.; *Englisch*, Dividendenbesteuerung, 2005, S. 17, 43 ff.; *Kube/Straßburger*, IStR 2010, 302.

[597] Vgl. EuGH, Urt. v. 14.11.2006, Rs. C–513/04 (Kerckhaert), Slg. 2006, I–10967, Rn. 22 f.; Urt. v. 6.12.2007, Rs. C–298/05 (Columbus Container Services), Slg. 2007, I–10451, Rn. 43 f.; Urt. v. 28.2.2008, Rs. 293/06 (Deutsche Shell), Slg. 2008, I–1129, Rn. 43; Urt. v. 12.2.2009, Rs. C–67/08 (Block), Slg. 2009, I–883, Rn. 31; Urt. v. 16.7.2009, Rs. C–128/08 (Damseaux), Slg. 2009, I–6823, Rn. 26 f.; *Geibel*, JZ 2007, 277 (278); sie ergibt sich auch nicht aus der Kapitalverkehrsfreiheit, *Ress/Ukrow*, in: Grabitz/Hilf/Nettesheim, EU, Art. 63 AEUV (Januar 2014), Rn. 205; vgl. auch oben, Rn. 117 ff.

[598] Vgl. *Kube/Straßburger*, IStR 2010, 302 ff.; aus der Rspr. s. EuGH, Urt. v. 12.12.2006, Rs. C–374/04 (Test Claimants in Class IV of the ACT Group Litigation), Slg. 2006, I–11673, Rn. 54; Urt. v. 8.11.2007, Rs. C–379/05 (Amurta), Slg. 2007, I–9569, Rn. 24; Urt. v. 4.6.2009, Rs. C–439/07 und C–499/07(KBC Bank), Slg. 2009, I–4409, Rn. 75 ff.; Urt. v. 18.6.2009, Rs. C–303/07 (Aberdeen Property), Slg. 2009, I–5145, Rn. 28; Urt. v. 8.12.2011, Rs. C–157/10 (Banco Bilbao Vizcaya Argentaria), Slg. 2011, I–13023, Rn. 38; Urt. v. 21.11.2013, Rs. C–302/12 (X), ECLI:EU:C:2013:756, Rn. 28; *Müller-Graff*, in: Streinz, EUV/AEUV, Art. 49 AEUV, Rn. 80; *Rust*, DStR 2009, 2568.

[599] EuGH, Urt. v. 6.6.2000, Rs. C–35/98 (Verkooijen), Slg. 2000, I–4071, Rn. 34 f.; Urt. v. 15.7.2004, Rs. C–315/02 (Lenz), Slg. 2004, I–7063, Rn. 20; Urt. v. 7.9.2004, Rs. C–319/02 (Manninen), Slg. 2004, I–7477, Rn. 20.

[600] EuGH, Urt. v. 14.11.2006, Rs. C–513/04 (Mark Kerckhaert), Slg. 2006, I–10967, Rn. 19 ff.

[601] EuGH, Urt. v. 2.9.2015, Rs. C–386/14 (Groupe Steria SCA), ECLI:EU:C:2015:524, Rn. 16 ff. (zur Vergleichbarkeit s. o., Rn. 22); siehe zur Rechtslage in Deutschland: *Gosch*, KStG, 3. Aufl. 2015, § 8b, Rn. 59; FG Münster, Urt. v. 14.5.2014, Az. 10K100713 10 K 1007/13 G; dazu *Pyszka/Nienhaus*, DStR 2014, 1585.

142 Aus denselben Gründen darf auch der **Sitzstaat der ausschüttenden Gesellschaft** Gewinnausschüttungen an Steuerausländer etwa hinsichtlich der Höhe des Steuersatzes und des Abzugs der erwerbssichernden Aufwendungen an der Quelle nicht ungünstiger besteuern als Gewinnausschüttungen an Steuerinländer.[602] Das Diskriminierungsverbot ist anwendbar, weil inländische und ausländische Anteilseigner in vergleichbarer Lage sind, wenn die Gewinnausschüttung bei beiden einer Steuerpflicht unterliegt.[603]

143 So sah der EuGH in der Rechtssache Amurta über die Zulässigkeit der unterschiedlichen Quellensteuer für Dividendenzahlungen an inländische sowie an in anderen Mitgliedstaaten ansässige Gesellschaften eine Verletzung der Niederlassungsfreiheit, weil die Niederlande für Dividendenzahlungen innerhalb der EU ab einer Mindestbeteiligung von 5 % keine Quellensteuer vorsah, diese Schwelle jedoch bei ausländischen Gesellschaften mit 25 % ansetzte.[604] Sogar die **Anrechnung der Quellensteuer auf die Körperschaftsteuer** kann eine Ungleichbehandlung darstellen, wenn im besteuernden Quellenstaat ein Verfahren für diese Anrechnung nur für inländische Empfänger der Dividende vorgesehen ist während die Quellensteuer – je nach Rechtsordnung – für ausländische Empfänger eine endgültige Steuer darstellen kann.[605] Dies ist im Einzelfall vom nationalen Gericht zu prüfen,[606] wobei einseitig gewährte Vorteile im Empfängerstaat nicht berücksichtigt werden dürfen.[607] Der Mitgliedstaat kann sich aber auf Steuervorteile in einem anderen Mitgliedstaat berufen, die im Wege eines **Doppelbesteuerungsabkommens** gewährt werden. Das nationale Gericht hat dann zu bestimmen, ob das Abkommen im Ausgangsrechtsstreit zu berücksichtigen ist, und zu prüfen, ob es den Nachteil durch die ungleiche Steueranrechnung durch eine entsprechende Steuergutschrift im Empfängerstaat ausgleicht.[608]

144 Auch **unterschiedliche Nachweispflichten**, um in den Genuss einer Befreiung zu kommen, können sich mittelbar diskriminierend auswirken. Zwar dürfen die Mitgliedstaa-

---

[602] *Rust*, DStR 2009, 2568 (2572); EuGH, Urt. v. 28.1.1986, Rs. 270/83 (Kommission/Frankreich), Slg. 1986, 273, Rn. 27; Urt. v. 13.7.1993, Rs. C–330/91 (Commerzbank), Slg. 1993, I–4017, Rn. 18 f.; Urt. v. 6.6.2000, Rs. C–35/98 (Verkooijen), Slg. 2000, I–4071, Rn. 35; Urt. v. 12.6.2003, Rs. C–234/01 (Gerritse), Slg. 2003, I–5933, Rn.; Urt. v. 15.7.2004, Rs. C–315/02 (Lenz), Slg. 2004, I-7063, Rn. 20–49; Urt. v. 7.9.2004, Rs. C–319/02 (Manninen), Slg. 2004, I-7477, Rn. 20–55; Urt. v. 15.9.2011, Rs. C–310/09 (Accor), Slg. 2011, I–8115, Rn. 44; Urt. v. 13.11.2012, Rs. C–35/11 (Test Claimants in the FII Group Litigation), ECLI:EU:C:2012:707, Rn. 46; Urt. v. 23.2.2013, Rs. C–168/11 (Beker/Finanzamt Heilbronn), ECLI:EU:C:2013:117; Urt. v. 10.4.2014, Rs. C–190/12 (Emerging Markets Series of DFA Investment Trust Company), ECLI:EU:C:2014:249; Urt. v. 9.10.2014, Rs. C–326/12 (van Caster), ECLI:EU:C:2014:2269; Urt. v. 21.5.2015, Rs. C–560/13 (Wagner-Raith), ECLI:EU:C:2015:347 (mit Anmerkung: *Benecke/Staats*, IStR 2015, 516).

[603] EuGH, Urt. v. 12.12.2006, Rs. C–374/04 (Test Claimants in Class IV of the ACT Group Litigation), Slg. 2006, I–11673, Rn. 68; Urt. v. 14.12.2006, Rs. C–170/05 (Denkavit Internationaal), Slg. 2006, I–11949, Rn. 35; Urt. v. 8.11.2007, Rs. C–379/05 (Amurta), Slg. 2007, I–9569, Rn. 38; Urt. v. 18.6.2009, Rs. C–303/07 (Aberdeen Property), Slg. 2009, I–5145, Rn. 43; Urt. v. 3.6.2010, Rs. C–487/08 (Kommission/Spanien), Slg. 2010, I–4843, Rn. 51.

[604] EuGH, Urt. v. 8.11.2007, Rs. C–379/05 (Amurta), Slg. 2007, I–9569, Rn. 26. Ähnlich später bei EuGH, Urt. v. 11.6.2009, Rs. C–521/07 (Kommission/Niederlande), Slg. 2009, I–4873, Rn. 32 ff.

[605] EuGH, Urt. v. 17.9.2015, verb. Rs. C–10/14, C–14/14 u. 17/14 (J. B. G. T. Miljoen), ECLI:EU:C:2015:608, Rn. 44 ff.

[606] EuGH, Urt. v. 17.9.2015, verb. Rs. C–10/14, C–14/14 u. 17/14 (J. B. G. T. Miljoen), ECLI:EU:C:2015:608, Rn. 90.

[607] EuGH, Urt. v. 8.11.2007, Rs. C–379/05 (Amurta), Slg. 2007, I–9569, Rn. 78; Urt. v. 17.9.2015, verb. Rs. C–10/14, C–14/14 und C–17/14 (J. B. G. T. Miljoen), ECLI:EU:C:2015:608, Rn. 77.

[608] EuGH, Urt. v. 8.11.2007, Rs. C–379/05 (Amurta), Slg. 2007, I–9569, Rn. 78 f.

ten alle Belege verlangen, die ihnen für die Überprüfung der Voraussetzungen der Befreiung notwendig erscheinen.[609] Die Belege müssen jedoch nicht zwingend in Form einer Körperschaftsteuerbescheinigung vorgelegt werden. Die Behörden haben alle Bescheinigungen zu akzeptieren, die ihnen erlauben, klar und genau zu überprüfen, ob die Voraussetzungen für die Inanspruchnahme eines Steuervorteils vorliegen.[610]

F. Konkurrenzen

Der weite Regelungsbereich der Niederlassungsfreiheit wirft die Frage nach dem Verhältnis sowohl zu den anderen Grundfreiheiten als auch zu sonstigen Vorschriften. **145**

I. Verhältnis zu anderen Grundfreiheiten

1. Warenverkehrsfreiheit (Art. 28 ff. AEUV)

Warenverkehrs- und Niederlassungsfreiheit stehen bei grenzüberschreitenden, mit einer Niederlassung verbundenen Warenbewegungen gleichberechtigt nebeneinander.[611] **146**

2. Arbeitnehmerfreizügigkeit (Art. 45 ff. AEUV)

Arbeitnehmerfreizügigkeit und Niederlassungsfreiheit schließen sich gegenseitig aus.[612] Die Abgrenzung[613] erfolgt im Tatbestand beim Merkmal der selbstständigen Tätigkeit. **147**

3. Dienstleistungsfreiheit (Art. 56 ff. AEUV)

Das Verhältnis zwischen Art. 49 AEUV und Art. 56 AEUV ergibt sich schon auf Tatbestandsebene anhand der Begriff »dauerhafte und feste Einrichtung«.[614] Im Übrigen ordnet Art. 57 Abs. 3 AEUV eine subsidiäre Geltung der Dienstleistungsfreiheit an.[615] **148**

Anders liegt es, wenn ein Unternehmen über eine grenzüberschreitende Zweigniederlassung verfügt und zusätzlich vom Herkunftsstaat Dienstleistungen in den Sitzstaat (der Zweigniederlassung) erbringt. In diesem Falle sind **beide Grundfreiheiten** jeweils für ihren Schutzbereich **parallel anwendbar**. Soweit die Zweigniederlassung nicht an der Dienstleistung beteiligt ist[616] oder diese lediglich vertreibt, ohne sie selbstständig zu erbringen, ist ihr Ursprungsort der Herkunftsmitgliedstaat (Sitz der Hauptniederlassung); Beschränkungen im Staat der Zweigniederlassung sind folglich an Art. 56 AEUV **149**

---

[609] EuGH, Urt. v. 10.2.2011, Verb. Rs. C–436/08 u. 437/08 (Haribo Lakritzen Hans Riegel BetriebsgmbH und Österreichische Salinen AG), Slg. 2011, I–305, Rn. 95; Urt. v. 27.1.2009, Rs. C-318/07 (Persche), Slg. 2009, I-359, Rn. 54.
[610] EuGH, Urt. v. 30.5.2011, Rs. C–262/09 (Meilicke), Slg. 2011, I–5669, Rn. 46.
[611] *Müller-Graff*, in: Streinz, EUV/AEUV, Art. 49 AEUV, Rn. 113; *Roth*, in: Dauses, Handbuch des EU-Wirtschaftsrechts, Abschnitt E.I., April 2015, Rn. 10.
[612] EuGH, Urt. v. 30.11.1995, Rs. C–55/94 (Gebhard), Slg. 1995, I–4165, Rn. 20.
[613] Zur Abgrenzung siehe Rn. 14.
[614] *Forsthoff*, in: Grabitz/Hilf/Nettesheim, EU, Art. 49 AEUV (Mai 2014), Rn. 127, 26 ff.; siehe Rn. 17.
[615] *Müller-Graff*, in: Streinz, EUV/AEUV, Art. 49 AEUV, Rn. 116; *Roth*, RabelsZ 54 (1998), 63 (102).
[616] S. *Müller-Graff*, in: Streinz, EUV/AEUV, Art. 49, Rn. 116; *Forsthoff*, in: Grabitz/Hilf/Nettesheim, EU, Art. 49 AEUV (Mai 2014), Rn. 49; siehe außerdem *Roth*, RabelsZ 54 (1990), 63 (108 f.); *Schöne*, S. 50 ff.; *Lackhoff*, S. 142 ff.

zu messen.[617] Beschränkungen der eigenständigen wirtschaftlichen Tätigkeit der Zweigniederlassung fallen unter Art. 49 AEUV.

4. Kapital- und Zahlungsverkehrsfreiheit (Art. 63 AEUV)

150 Nach Auffassung des EuGH stehen Niederlassungs- und Kapitalverkehrsfreiheit in einem **Exklusivitätsverhältnis**.[618] Die Kapital- und Zahlungsverkehrsfreiheit ist zur Niederlassungsfreiheit zunächst tatbestandlich abzugrenzen. Richtigerweise können jedoch beide, wenn der Sachverhalt beide Schutzbereiche betrifft, parallel anwendbar sein.[619] In diesem Fall sehen Art. 49 Abs. 2 AEUV und Art. 65 Abs. 2 AEUV jeweils einen Vorrang der Rechtfertigungsregelungen der anderen Grundfreiheit vor. Eine spezifische Abgrenzungsfrage stellt sich **bei grenzüberschreitenden Beteiligungen an Gesellschaften**, wenn also in der Beteiligung nicht nur eine reine Kapitalinvestition, sondern zudem ein Niederlassungsvorgang liegt, die es dem Anteilseigner ermöglicht, auf einen sicheren und stabilen Einfluss auf die Entscheidungen der Gesellschaft auszuüben und ihre geschäftliche Tätigkeit zu bestimmen (dazu oben, Rn. 23).[620] Hier ist nur Art. 49 AEUV anwendbar.

151 Der Grund für die Subsidiarität der Kapitalverkehrsfreiheit liegt in der sonst drohenden Umgehung der Beschränkung des räumlichen und persönlichen Anwendungsbereichs der Niederlassungsfreiheit, die auf Drittstaatsangehörige und für Beschränkungen im Verhältnis zu Drittstaaten nicht anwendbar ist.[621] Das Ergebnis, lediglich bloße Kapitalbeteiligungen auf Drittstaatensachverhalte anzuwenden (und Niederlassungen mit bestimmendem Einfluss auszuschließen), ist entgegen der Kritik[622] stimmig, weil dies dem Ziel eines (welt-)offenen europäischen Kapitalmarkts entspricht, während umgekehrt unternehmerische Kapitalbeteiligungen von Drittstaatsangehörigen grundsätzlich außenwirtschaftsrechtlicher Kontrolle unterliegen sollen.[623]

---

[617] EuGH, Urt. v. 5.6.1997, Rs. C–56/96 (VT4), Slg. 1997, I–3143 Rn. 20f.; *Müller-Graff*, in: Streinz, EUV/AEUV, Art. 49, Rn. 116; *Forsthoff*, in: Grabitz/Hilf/Nettesheim, EU, Art. 49 AEUV (Mai 2014), Rn. 45 ff., 49f.; *Roth*, RabelsZ 54 (1998), 63, 102f., 108f.; anders noch EuGH, Urt. v. 4.12.1986, Rs. C–205/84 (Kommission/Deutschland), Slg. 1986, I–3755, Rn. 21; vgl. dazu überblicksartig *Schnichels*, S. 38f.; *Hübner*, JZ 1987, 330 (332); *Schwintowski*, NJW 1987, 521 ff.; kritisch *Schöne*, S. 50 ff.

[618] EuGH, Urt. v. 25.10.2007, Rs. C–464/05 (Geurts und Vogten), Slg. 2007, I–9325, Rn. 16; Urt. v. 19.7.2013, Rs. C–31/11 (Scheunemann), Slg. 2012, I–481, Rn. 30; *Sedlaczek/Züger*, in: Streinz, EUV/AEUV, Art. 63 AEUV, Rn. 34.

[619] *Forsthoff*, in: Grabitz/Hilf/Nettesheim, EU, Art. 49 AEUV (Mai 2014), Rn. 128; *Roth*, in: Dauses, Handbuch des EU-Wirtschaftsrechts, Abschnitt E. I., April 2015, Rn. 12; *Lübke*, in: Müller-Graff/Hatje, EnzEuR, Bd. 4, § 5, Rn. 47 m.w.N. Zur Entwicklung der Rechtsprechung des EuGH vgl. *Bröhmer*, in: Calliess/Ruffert, EUV/AEUV, Art. 63 AEUV, Rn. 18f.; *Lübke*, EnzEuR, Bd. 4, § 5, Rn. 44.

[620] EuGH, Urt. v. 29.3.2007, Rs. C–347/04 (Rewe Zentralfinanz), Slg. 2007, I–2647, Rn. 22, 70; Urt. v. 18.7.2007, Rs. C–231/05 (Oy AA), Slg. 2007, I–6373, Rn. 20; Urt. v. 2.10.2008, Rs. C–360/06 (Heinrich Bauer), Slg. 2008, I–7333, Rn. 27.

[621] EuGH, Urt. v. 24.5.2007, Rs. C–157/05 (Holböck), Slg. 2007, I–4051, Rn. 28; Urt. v. 10.5.2007, Rs. C–102/05 (A und B), Slg. 2007, I–3871 Rn. 29; *Lübke*, EnzEuR, Bd. 4, § 5, Rn. 37; s.a. oben, Rn. 8, 30.

[622] *Schraufl*, RIW 2007, 603 (606); *Ress/Ukrow*, in: Grabitz/Hilf/Nettesheim, EU, Art. 63 AEUV (Mai 2014), Rn. 314.

[623] So im Ergebnis auch *Lübke*, EnzEuR, Bd. 4, § 5, Rn. 48; zur Einschränkung des Kapitalmarktes für Drittstaatsangehörige siehe *Bröhmer*, in: Calliess/Ruffert, EUV/AEUV, Art. 64 AEUV, Rn. 2f.

II. Sonstige Vorschriften

1. Allgemeine Vertragserfüllungspflichten (Art. 4 Abs. 3 EUV)

Art. 49 AEUV ist gegenüber Art. 4 Abs. 3 EUV lex specialis, soweit es um mitgliedstaatliche Beschränkungen der Niederlassungsfreiheit geht.[624] Gehen Beschränkungen von Privaten aus, sind die genannten Vorschriften zusammen anzuwenden mit der Folge, dass den Mitgliedstaat eine Schutzpflicht trifft.[625]

152

2. Allgemeines Diskriminierungsverbot (Art. 18 Abs. 1 AEUV)

Ist der Anwendungsbereich besonderer Diskriminierungsverbote (wie z.B. Art. 49 AEUV) betroffen, so gehen diese in Anwendung des Spezialitätsprinzip dem allgemeinen Diskriminierungsverbot vor,[626] da es sich bei der besonderen um die spezielleren Vorschriften handelt, welche Diskriminierungen im jeweiligen Sachbereich untersagen.[627] Im Einklang mit der weiten Auslegung den Niederlassungsfreiheit unterfallen auch Regelungen, die lediglich ihrem Umfeld zuzuordnenden sind, vorrangig Art. 49 AEUV.[628]

153

3. Allgemeine Personenfreizügigkeit (Art. 21 Abs. 1 AEUV)

Aufgrund der unterschiedlichen Regelungszwecke und Anwendungsbereiche sind Art. 21 Abs. 1 AEUV und Art. 49 AEUV nebeneinander anwendbar.[629]

154

4. Verkehr (Art. 90 ff. AEUV)

Art. 49 AEUV findet aufgrund der Systematik des Vertrages auch auf Niederlassungen im Verkehrssektor uneingeschränkt Anwendung, da eine dem Art. 58 Abs. 1 AEUV entsprechende Regelung für die Niederlassungsfreiheit fehlt.[630]

155

5. Landwirtschaft, Fischerei

Im Bereich der Landwirtschaft und Seefischerei gilt das Niederlassungsrecht. Es sind im Rahmen des Art. 49 AEUV Gebietsbesonderheiten zu berücksichtigen.[631]

156

---

[624] *Müller-Graff*, in: Streinz, EUV/AEUV, Art. 49 AEUV, Rn. 110.
[625] So zum Verhältnis von Art. 28 AEUV und Art. 4 Abs. 3 AEUV bei der Warenverkehrsfreiheit EuGH, Urt. v. 9.12.1997, Rs. C–265/95 (Kommission/Frankreich), Slg. 1997, I–6959, Rn. 30 ff.; *Müller-Graff*, in: Streinz, EUV/AEUV, Art. 49 AEUV, Rn. 109; *Kainer*, JuS 2000, 431 ff.
[626] *Eyles*, Niederlassungsfreiheit, S. 49.
[627] EuGH, Urt. v. 21.6.1974, Rs. C–2/74 (Reyners), Slg. 1974, 631, Rn. 16/20; Urt. v. 14.5.1994, Rs. C–18/93 (Corsica Ferries), Slg. 1994, I–1783, Rn. 19; Urt. v. 29.2.1996, Rs. 193/94 (Skanavi), Slg. 1996, I–929, Rn. 20 f.; Urt. v. 7.3.1996, Rs. C–334/94 (Kommission/Frankreich), Slg. 1996, I–1307, Rn. 13; Urt. v. 11.3.2010, Rs. C–384/08 (Attanasio Group), Slg. 2010, I–2055, Rn. 37; *Forsthoff*, in: Grabitz/Hilf/Nettesheim, EU, Art. 49 AEUV (Mai 2014), Rn. 125; *Müller-Graff*, in: Streinz, EUV/AEUV, Art. 49 AEUV, Rn. 111.
[628] Vgl. dazu umfassend *Forsthoff*, in: Grabitz/Hilf/Nettesheim, EU, Art. 49 AEUV (Mai 2014), Rn. 125, 115, 76–78.
[629] *Müller-Graff*, in: Streinz, EUV/AEUV, Art. 49 AEUV, Rn. 112.
[630] *Müller-Graff*, in: Streinz, EUV/AEUV, Art. 49 AEUV, Rn. 119; *Forsthoff*, in: Grabitz/Hilf/Nettesheim, EU, Art. 49 AEUV (Mai 2014), Rn. 130; *Roth*, in: Dauses, Handbuch des EU-Wirtschaftsrechts, Abschnitt E. I., April 2015, Rn. 13; *Lackhoff*, Niederlassungsfreiheit, S. 161 f.
[631] *Forsthoff*, in: Grabitz/Hilf/Nettesheim, EU, Art. 49 AEUV (Mai 2014), Rn. 131; *Lackhoff*, Niederlassungsfreiheit, S. 162 f.

6. Art. 15 Abs. 2 GRC

157 Art. 15 Abs. 2 GRC vermittelt grundrechtlichen Schutz in Bezug auf die bereits durch Art. 49 ff. AEUV geschützte Niederlassungsfreiheit, allerdings in dem durch Art. 51 Abs. 1 GRC bestimmten Anwendungsbereich. Dabei sind gem. Art. 52 Abs. 2 GRC die Chartagrundrechte im Rahmen der primärrechtlichen Bedingungen und Grenzen gewährleistet. Dies spricht für eine einheitliche, homogene Auslegung.[632] Beide Rechte sind parallel anwendbar.

---

[632] In diesem Sinne auch *Müller-Graff*, in: Streinz, EUV/AEUV, Art. 49 AEUV, Rn. 120.

Artikel 50 AEUV [Kompetenz zur Verwirklichung der Niederlassungsfreiheit]

(1) Das Europäische Parlament und der Rat erlassen gemäß dem ordentlichen Gesetzgebungsverfahren und nach Anhörung des Wirtschafts- und Sozialausschusses Richtlinien zur Verwirklichung der Niederlassungsfreiheit für eine bestimmte Tätigkeit.

(2) Das Europäische Parlament, der Rat und die Kommission erfüllen die Aufgaben, die ihnen aufgrund der obigen Bestimmungen übertragen sind, indem sie insbesondere
a) im Allgemeinen diejenigen Tätigkeiten mit Vorrang behandeln, bei denen die Niederlassungsfreiheit die Entwicklung der Produktion und des Handels in besonderer Weise fördert;
b) eine enge Zusammenarbeit zwischen den zuständigen Verwaltungen der Mitgliedstaaten sicherstellen, um sich über die besondere Lage auf den verschiedenen Tätigkeitsgebieten innerhalb der Union zu unterrichten;
c) die aus innerstaatlichen Rechtsvorschriften oder vorher zwischen den Mitgliedstaaten geschlossenen Übereinkünften abgeleiteten Verwaltungsverfahren und -praktiken ausschalten, deren Beibehaltung der Niederlassungsfreiheit entgegensteht;
d) dafür Sorge tragen, dass Arbeitnehmer eines Mitgliedstaats, die im Hoheitsgebiet eines anderen Mitgliedstaats beschäftigt sind, dort verbleiben und eine selbstständige Tätigkeit unter denselben Voraussetzungen ausüben können, die sie erfüllen müssten, wenn sie in diesen Staat erst zu dem Zeitpunkt einreisen würden, in dem sie diese Tätigkeit aufzunehmen beabsichtigen;
e) den Erwerb und die Nutzung von Grundbesitz im Hoheitsgebiet eines Mitgliedstaats durch Angehörige eines anderen Mitgliedstaats ermöglichen, soweit hierdurch die Grundsätze des Artikels 39 Absatz 2 nicht beeinträchtigt werden;
f) veranlassen, dass bei jedem in Betracht kommenden Wirtschaftszweig die Beschränkungen der Niederlassungsfreiheit in Bezug auf die Voraussetzungen für die Errichtung von Agenturen, Zweigniederlassungen und Tochtergesellschaften im Hoheitsgebiet eines Mitgliedstaats sowie für den Eintritt des Personals der Hauptniederlassung in ihre Leitungs- oder Überwachungsorgane schrittweise aufgehoben werden;
g) soweit erforderlich, die Schutzbestimmungen koordinieren, die in den Mitgliedstaaten den Gesellschaften im Sinne des Artikels 54 Absatz 2 im Interesse der Gesellschafter sowie Dritter vorgeschrieben sind, um diese Bestimmungen gleichwertig zu gestalten;
h) sicherstellen, dass die Bedingungen für die Niederlassung nicht durch Beihilfen der Mitgliedstaaten verfälscht werden.

Literaturübersicht

Grundmann, Europäisches Gesellschaftsrecht, 2. Aufl., 2011; *Habersack/Verse*, Europäisches Gesellschaftsrecht, 4. Aufl., Berlin, 2011; *Lutter*, Nochmal: Die geplante europäische Gesetzgebung zu »related party transactions, EuZW 2014, 687; *Lutter/Bayer/Schmidt*, Europäisches Unternehmens- und Kapitalmarktrecht, 5. Aufl., 2012; *Luttermann*, Neue Bilanzrichtlinie: Europäisches Bewertungsrecht in prozessualer Praxis, NZG 2013, 1128; *Schneider*, Europarechtlicher Schutz vor nachteiligen Transaktionen mit nahe stehenden Unternehmen und Personen?, EuZW 2014, 641; *Müller-Graff/Teichmann* (Hrsg.), Europäisches Gesellschaftsrecht auf neuen Wegen, Baden-Baden 2010; *Teichmann*, Binnenmarktkonformes Gesellschaftsrecht, Habil., Berlin, 2011; *Teichmann*, Europäische Harmonisierung des GmbH-Rechts, NJW 2014, 3561; *Verse/Wiersch*, Die Entwicklung des europäischen Gesellschaftsrechts im Jahr 2013, EuZW 2014, 375.

Leitentscheidungen

EuGH, Urt. v. 4.12.1997, Rs. C–97/96 (Daihatsu), Slg. 1997, I–6843
EuGH, Urt. v. 9.3.1999, Rs. C–212/97 (Centros), Slg. 1999, I–1459
EuGH, Urt. v. 5.11.2002, Rs. C–208/00 (Überseering), Slg. 2002, I–9919
EuGH, Urt. v. 30.9.2003, Rs. C–167/01 (Inspire Art), Slg. 2003, I–10155

Inhaltsübersicht Rn.

A. Überblick 1
B. Normzweck 3
C. Norminhalt 5
  I. Ermächtigung des Art. 50 Abs. 2 AEUV 5
  II. Die Handlungsaufträge des Art. 50 Abs. 2 AEUV 6
    1. Buchst. a: Vorrang für Entwicklung von Produktion und Handel 7
    2. Buchst. b: Engere Zusammenarbeit der Verwaltungen 8
    3. Buchst. c: Beseitigung niederlassungserschwerender Verwaltungsverfahren und -praktiken 9
    4. Buchst. d: Möglichkeit für Arbeitnehmer selbstständig zu werden 10
    5. Buchst. e: Erwerb und Nutzung von Grundbesitz 11
    6. Buchst. f: Sicherstellung der sekundären Niederlassung 12
    7. Buchst. g: Koordinierung der Schutzvorschriften für Gesellschaften 13
       a) Voraussetzungen 14
       b) Erlassene Richtlinien 18
          aa) Gesellschaftsrechtliche Richtlinien 19
          bb) Kapitalmarktrechtliche Richtlinien 21
       c) Ausblick 22
    8. Buchst. h: Keine Verfälschung der Niederlassungsbedingungen durch Beihilfen 24

A. Überblick

1   Art. 50 AEUV ist eine **Ermächtigungsgrundlage** für den EU-Gesetzgeber zur Verwirklichung der Niederlassungsfreiheit mittels positiver Gestaltungsmaßnahmen.[1] Ihr Regelungsinhalt überschneidet sich zum Teil mit der Richtlinienkompetenz über die gegenseitige Anerkennung von Diplomen und Zeugnissen des Art. 53 AEUV sowie mit der binnenmarktrechtlichen Harmonisierungskompetenz der Art. 114 f. AEUV;[2] soweit niederlassungsrelevante Fragen nicht von Art. 50 Abs. 1, Abs. 2 AEUV erfasst sind, ist ein Rückgriff auf die Ermächtigungsgrundlagen der Art. 114, 115 AEUV möglich.[3]

2   Besondere Bedeutung hat die Vorschrift für das Europäische Gesellschaftsrecht erlangt (Art. 50 Abs. 2 Buchst. g AEUV), auf deren Grundlage zahlreiche Richtlinien erlassen wurden mit dem Ziel, gesellschaftsrechtliche Schutzvorschriften anzugleichen und damit die grenzüberschreitende Ausübung der Niederlassungsfreiheit zu erleichtern.

---

[1] *Müller-Graff*, in: Streinz, EUV/AEUV, Art. 50 AEUV, Rn. 1.
[2] *Müller-Graff*, in: Streinz, EUV/AEUV, Art. 50 AEUV, Rn. 4.
[3] *Müller-Graff*, in: Streinz, EUV/AEUV, Art. 50 AEUV, Rn. 7.

B. Normzweck

Art. 50 AEUV weist dem Europäischen Parlament und dem Rat die Kompetenz zum Erlass von Rechtsakten zur **Verwirklichung der Niederlassungsfreiheit** zu. Im Gesamtsystem des Binnenmarktrechts geht es um die sekundärrechtliche Ermöglichung grenzüberschreitender Sitznahme, damit Unternehmen in der Union ihre Standorte nach den für sie günstigsten Standortbedingungen frei wählen können.

Ausdrücklich ermächtigt Art. 50 Abs. 1 AEUV zum Erlass von Richtlinien, zulässig sind jedoch auch mildere Gestaltungsmittel wie Empfehlungen oder Stellungnahmen.[4] Ursprünglicher Zweck der Norm war die schrittweise Aufhebung diskriminierender Beschränkungen des Niederlassungsrechts in allen Bereichen durch den Erlass rechtspolitischer Gestaltungsmaßnahmen,[5] wobei den Einzelkompetenzen des Abs. 2 bei Inkrafttreten der Römischen Verträge der Charakter von Handlungsaufträgen zukam.[6] Dieser Normzweck hat auch heute trotz der unstreitig unmittelbaren Anwendbarkeit der Niederlassungsfreiheit[7] weiter Bedeutung, weil zu ihrer praktischen Gewährleistung und Effektuierung Begleit-, Koordinierungs- und Harmonisierungsmaßnahmen vielfach erforderlich bleiben.[8] Dies gilt vor allem bei faktischen Niederlassungshemmnissen durch Rechtsunterschiede, deren sinnvolle Abstimmung durch das Prinzip der gegenseitigen Anerkennung nicht wirksam geleistet, sondern am zweckmäßigsten mittels Angleichung der Schutzniveaus und Regelungsansätze bewerkstelligt wird.[9] Dadurch soll insbesondere auch den Mitgliedstaaten die Berufung auf die geschriebenen und ungeschriebenen Rechtfertigungsgründe abgeschnitten werden.[10] Insgesamt ermöglicht Art. 50 AEUV eine umfassendere Beseitigung von Niederlassungshindernissen, als dies im Wege negativer Integration durch fallweise Prüfung nationaler Regelungen am Maßstab des Art. 49 AEUV der Fall wäre.[11]

C. Norminhalt

I. Ermächtigung des Art. 50 Abs. 1 AEUV

Art. 50 Abs. 1 AEUV ermächtigt zum Erlass von Richtlinien, um die Niederlassungsfreiheit zu verwirklichen. Im Einklang mit der Rechtsprechung des EuGH zu Art. 114

---

[4] *Korte*, in: Calliess/Ruffert, EUV/AEUV, Art. 50 AEUV, Rn. 9; *Jung*, in: Schwarze, EU-Kommentar, Art. 50 AEUV, Rn. 1.
[5] *Khan/Eisenhut*, in: Vedder/Heintschel von Heinegg, Europäisches Unionsrecht, Art. 50 AEUV, Rn. 1.
[6] Zur Bedeutung des Art. 50 AEUV im Kontext der Entwicklung der Integration s. *Tiedje*, in: GSH, Europäisches Unionsrecht, Art. 50 AEUV, Rn. 2 ff.
[7] EuGH, Urt. v. 21.6.1974, Rs. 2/74 (Reyners), Slg. 1974, 631.
[8] *Khan/Eisenhut*, in: Vedder/Heintschel von Heinegg, Europäisches Unionsrecht, Art. 50 AEUV, Rn. 2.
[9] *Müller-Graff*, in: Streinz, EUV/AEUV, Art. 50 AEUV, Rn. 3.
[10] *Khan/Eisenhut*, in: Vedder/Heintschel von Heinegg, Europäisches Unionsrecht, Art. 50 AEUV, Rn. 2; *Müller-Graff*, in: Streinz, EUV/AEUV, Art. 50 AEUV, Rn. 3.
[11] *Müller-Graff*, in: Streinz, EUV/AEUV, Art. 50 AEUV, Rn. 9; *Oppermann/Classen/Nettesheim*, Europarecht, § 28, Rn. 42; vgl. zu den praktischen Schwierigkeiten der negativen Integration über Art. 49 AEUV bei der Verwirklichung der sekundären Niederlassungsfreiheit *Teichmann*, NJW 2014, 3561.

AEUV[12] sind demnach Maßnahmen zulässig, durch welche Behinderungen von grenzüberschreitenden Niederlassungen abgebaut oder aber spürbare Wettbewerbsverzerrungen zwischen Standorten gemindert oder beseitigt werden. Voraussetzung ist, dass nationale Regelungen oder Rechtsunterschiede zwischen den Mitgliedstaaten spezifische Behinderungen im Sinne einer Beschränkung der Niederlassungsfreiheit bewirken oder zu drastischen Wettbewerbsverzerrungen führen können und damit das Funktionieren des Binnenmarkts beeinträchtigen.[13] Allein der Hinweis auf bestehende Rechtsunterschiede reicht nicht.[14] Der Erlass von Richtlinien erfolgt im Wege des ordentlichen Gesetzgebungsverfahrens nach Art. 289 Abs. 1, 294 AEUV. Die allgemeinen Regelungen der Rechtsetzung gem. Art. 5 EUV sind zu beachten, insbesondere der Verhältnismäßigkeitsgrundsatz, dessen Voraussetzungen (insbesondere die Geeignetheit und Erforderlichkeit) gemäß Art. 296 Abs. 2 AEUV begründet werden müssen.[15]

II. Die Handlungsaufträge des Art. 50 Abs. 2 AEUV

6   Art. 50 Abs. 2 AEUV enthält in einem nicht abschließenden[16] Katalog (teilweise überholte)[17] Handlungsaufträge[18] an die Organe der Europäischen Union, die letztlich der Konkretisierung des Art. 50 Abs. 1 AEUV dienen.[19] Sie knüpfen an die allgemeinen Voraussetzungen des Abs. 1 an, so dass auch Richtlinien nach Abs. 2 nur unter der Voraussetzung erlassen werden können, dass sie der Beseitigung von Hemmnissen für die Niederlassungsfreiheit oder zur Beseitigung spürbarer Wettbewerbsverzerrungen dienen.

1. Buchst. a: Vorrang für Entwicklung von Produktion und Handel

7   Das Vertragsziel, mittels Richtlinien die Tätigkeiten mit Vorrang zu behandeln, bei denen die Niederlassungsfreiheit die Entwicklung der Produktion und des Handels in besonderer Weise fördert, hat angesichts des Stands der Integration[20] und der unmittelbaren Anwendbarkeit der Grundfreiheiten keinen Anwendungsbereich mehr.[21]

2. Buchst. b: Engere Zusammenarbeit der Verwaltungen

8   Nach Buchst. b ist eine enge Zusammenarbeit zwischen den zuständigen Verwaltungen der Mitgliedstaaten und – in erweiternder Auslegung – auch der Union[22] sicherzustellen, um sich über die besondere Lage auf den verschiedenen Tätigkeitsgebieten innerhalb

---

[12] EuGH, Urt. v. 5.10.2000, Rs. C–376/98 (Deutschland/Parlament und Rat), Slg. 2000, I–8419, Rn. 84, 87.
[13] *Forsthoff*, in: Grabitz/Hilf/Nettesheim, EU, Art. 53 AEUV (Oktober 2011), Rn. 12; *Müller-Graff*, in: Streinz, EUV/AEUV, Art. 53 AEUV, Rn. 1. Zur Rechtsprechung zu Art. 114 AEUV vgl. EuGH, Urt. v. 12.12.2006, Rs. C–380/03 (Tabakwerbung II), Slg. 2006, I–11573.
[14] *Müller-Graff*, in: Streinz, EUV/AEUV, Art. 50 AEUV, Rn. 8.
[15] *Müller-Graff*, in: Streinz, EUV/AEUV, Art. 50 AEUV, Rn. 8.
[16] Vgl. schon den Wortlaut (»insbesondere«) von Art. 50 Abs. 2 AEUV.
[17] *Müller-Graff*, in: Streinz, EUV/AEUV, Art. 50 AEUV, Rn. 10.
[18] Vgl. EuGH, Urt. v. 4.12.1997, Rs. C–97/96 (Daihatsu), Slg. 1997, I–6843, Rn. 21.
[19] *Forsthoff*, in: Grabitz/Hilf/Nettesheim, EU, Art. 50 AEUV (Mai 2014), Rn. 4.
[20] *Korte*, in: Calliess/Ruffert, EUV/AEUV, Art. 50 AEUV, Rn. 20.
[21] So im Ergebnis auch *Korte*, in: Calliess/Ruffert, EUV/AEUV, Art. 50 AEUV, Rn. 20; *Jung*, in: Schwarze, EU-Kommentar, Art. 50 AEUV, Rn. 5; *Müller-Graff*, in: Streinz, EUV/AEUV, Art. 50, Rn. 11; *Tiedje*, in: GSH, Europäisches Unionsrecht, Art. 50 AEUV, Rn. 11.
[22] *Forsthoff*, in: Grabitz/Hilf/Nettesheim, EU, Art. 53 AEUV (Oktober 2011), Rn. 6.

der Union zu unterrichten. Zweck ist der verstärkte Informationsaustausch zwischen den jeweiligen Verwaltungen,[23] um frühzeitig mögliche oder existierende Beschränkungen der Niederlassungsfreiheit zu erkennen und gegebenenfalls harmonisierend tätig zu werden.[24]

3. Buchst. c: Beseitigung niederlassungserschwerender Verwaltungsverfahren und -praktiken

Nach Buchst. c sind die aus innerstaatlichen Rechtsvorschriften oder vorher zwischen den Mitgliedstaaten geschlossenen Übereinkünften abgeleiteten Verwaltungsverfahren und -praktiken auszuschalten, deren Beibehaltung der Niederlassungsfreiheit entgegensteht. Diese Vorgabe hat heute keine[25] bzw. höchstens eine geringe[26] Bedeutung, wobei die Klarstellungsfunktion überwiegt.[27] Auf ihrer Grundlage sind bislang keine Richtlinien erlassen worden.[28]

9

4. Buchst. d: Möglichkeit für Arbeitnehmer selbstständig zu werden

Nach Buchst. d ist dafür Sorge zu tragen, dass Arbeitnehmer eines Mitgliedstaats, die im Hoheitsgebiet eines anderen Mitgliedstaats beschäftigt sind, dort verbleiben und eine selbstständige Tätigkeit unter denselben Voraussetzungen ausüben können, die sie erfüllen müssten, wenn sie in diesen Staat erst zu dem Zeitpunkt einreisen würden, in dem sie diese Tätigkeit aufzunehmen beabsichtigen. Ziel dieser eher mit einem Klarstellungsinteresse[29] verbundenen Vorschrift ist es, die sich aus dem Wechsel von einer abhängigen Beschäftigung in die Selbstständigkeit ergebenden Schwierigkeiten abzufedern.[30] Es wurde bisher keine Richtlinie aufgrund dieser Vorschrift erlassen.[31]

10

5. Buchst. e: Erwerb und Nutzung von Grundbesitz

Buchst. e fordert, den Erwerb und die Nutzung von Grundbesitz im Hoheitsgebiet eines Mitgliedstaats durch Angehörige eines anderen Mitgliedstaats zu ermöglichen. Dies trägt dem Umstand Rechnung, dass die Ausübung der Niederlassungsfreiheit oft mit dem Besitz, Erwerb oder der Nutzung von Grundstücken einhergeht.[32] Der Verweis auf

11

---

[23] *Jung*, in: Schwarze, EU-Kommentar, Art. 50 AEUV, Rn. 6.
[24] *Müller-Graff*, in: Streinz, EUV/AEUV, Art. 50 AEUV, Rn. 12.
[25] *Forsthoff*, in: Grabitz/Hilf/Nettesheim, EU, Art. 53 AEUV (Oktober 2011), Rn. 7; dagegen: *Tiedje*, in: GSH, Europäisches Unionsrecht, Art. 50 AEUV, Rn. 13: »Auch nach der Erkenntnis von der direkten Anwendbarkeit des Diskriminierungsverbots behält die von Buchstabe c gebotene Auslegungshilfe ihre Bedeutung, da hinderliche Verwaltungspraktiken immer wieder neu entstehen.«
[26] *Bröhmer*, in: Calliess/Ruffert, EUV/AEUV, Art. 50 AEUV, 4. Aufl., 2011, Rn. 8.
[27] *Jung*, in: Schwarze, EU-Kommentar, Art. 50 AEUV, Rn. 7.
[28] *Forsthoff*, in: Grabitz/Hilf/Nettesheim, EU, Art. 53 AEUV (Oktober 2011), Rn. 7; *Müller-Graff*, in: Streinz, EUV/AEUV, Art. 50 AEUV, Rn. 13.
[29] *Korte*, in: Calliess/Ruffert, EUV/AEUV, Art. 50 AEUV, Rn. 15.
[30] *Müller-Graff*, in: Streinz, EUV/AEUV, Art. 50 AEUV, Rn. 14; *Tiedje*, in: GSH, Europäisches Unionsrecht, Art. 50 AEUV, Rn. 14.
[31] *Forsthoff*, in: Grabitz/Hilf/Nettesheim, EU, Art. 53 AEUV (Oktober 2011), Rn. 8; *Jung*, in: Schwarze, EU-Kommentar, Art. 50 AEUV, Rn. 8; *Müller-Graff*, in: Streinz, EUV/AEUV, Art. 50 AEUV, Rn. 14.
[32] *Korte*, in: Calliess/Ruffert, EUV/AEUV, Art. 50 AEUV, Rn. 16; *Forsthoff*, in: Grabitz/Hilf/Nettesheim, EU, Art. 53 AEUV (Oktober 2011), Rn. 9 *Jung*, in: Schwarze, EU-Kommentar, Art. 50 AEUV, Rn. 9; *Müller-Graff*, in: Streinz, EUV/AEUV, Art. 50 AEUV, Rn. 15.

Art. 39 Abs. 2 AEUV verpflichtet die Organe zur Berücksichtigung der nationalen Besonderheiten und der sozialen Bedeutung der Landwirtschaft.[33] Wegen der unmittelbaren Anwendbarkeit der Niederlassungsfreiheit sind Beschränkungen des Erwerbs und der Nutzung von Grundstücken regelmäßig bereits primärrechtlich verboten;[34] praktisch ist dieser Handlungsauftrag bislang nicht geworden.

6. Buchst. f: Sicherstellung der sekundären Niederlassung

12 Der Handlungsauftrag in Buchst. f sieht vor, bei jedem in Betracht kommenden Wirtschaftszweig die Beschränkungen der sekundären Niederlassungsfreiheit aufzuheben, konkret in Bezug auf die Voraussetzungen für die Errichtung von Agenturen, Zweigniederlassungen und Tochtergesellschaften im Hoheitsgebiet eines Mitgliedstaats sowie für den Eintritt des Personals der Hauptniederlassung in ihre Leitungs- oder Überwachungsorgane. Auch hier sind zwischenzeitlich wesentliche Beschränkungen durch die Rechtsprechung des EuGH in unmittelbarer Anwendung des Art. 49 Abs. 1 Satz 2 AEUV beseitigt worden.[35] Der Regelung in Buchst. f verbleibt daher im Wesentlichen eine klarstellende Funktion.[36] Praktische Bedeutung hat sie jüngst beim Vorschlag der Kommission für eine Richtlinie über Gesellschaften mit beschränkter Haftung mit einem einzigen Gesellschafter erlangt.[37]

7. Buchst. g: Koordinierung der Schutzvorschriften für Gesellschaften

13 Große Bedeutung kommt dem Handlungsauftrag in Buchst. g als Rechtsgrundlage für die **Harmonisierung des Gesellschafts- und Kapitalmarktrechts** der einzelnen Mitgliedsstaaten zu.[38] Die Regelung sieht eine Koordination der gesellschaftsrechtlichen Bestimmungen zum Schutz der Gesellschafter und Dritter vor mit dem Ziel, diese Bestimmungen gleichwertig zu gestalten. Im systematischen Zusammenhang mit Abs. 1 ergibt sich hieraus eine **Harmonisierungsbefugnis** des mitgliedstaatlichen Gesellschaftsrechts, soweit damit Hemmnisse für die grenzüberschreitende Sitznahme im Wege primärer oder sekundärer Niederlassung abgebaut oder beseitigt werden. Der Vertrag lässt hier eine Präferenz für die positive Integration gegenüber einem Wettbewerb der Rechtsordnungen erkennen, ohne diesen andererseits aus dem Zielgemenge der Niederlassungsfreiheit auszuschließen.[39] Eine Kompetenzgrundlage zur Schaffung supranationaler Gesellschaftsformen lässt sich ihr hingegen nicht entnehmen (keine Angleichung).[40]

---

[33] Näher *Tiedje*, in: GSH, Europäisches Unionsrecht, Art. 50 AEUV, Rn. 15.
[34] Vgl. etwa EuGH, Urt. v. 30.5.1989, Rs. C–305/87 (Kommission/Griechenland), Slg. 1989, 1461, Rn. 23; Urt. v. 1.6.1999, Rs. C–302/97 (Konle), Slg. 1999, I–3099, Rn. 22; Beschränkungen beim Verkehr mit Immobilien können auch unter die Kapitalverkehrsfreiheit fallen, vgl. EuGH, Urt. v. 11.10.2007, Rs. C–451/05 (ELISA), Slg. 2007, I–8251, Rn. 64 f., 67 ff.
[35] Vgl. etwa EuGH, Urt. v. 9.3.1999, Rs. C–212/97 (Centros), Slg. 1999, I–1459; Urt. v. 30.9.2003, Rs. C–167/01 (Inspire Art), Slg. 2003, I–10155; Urt. v. 5.11.2002, Rs. C–208/00 (Überseering), Slg. 2002, I–9919. ausführlich dazu s. Art. 54 AEUV, Rn. 25 ff.
[36] *Jung*, in: Schwarze, EU-Kommentar, Art. 50 AEUV, Rn. 11.
[37] KOM (2014) 212 final.
[38] *Grundmann*, § 4, Rn. 98; *Jung*, in: Schwarze, EU-Kommentar, Art. 50 AEUV, Rn. 4.
[39] Vgl. auch *Korte*, in: Calliess/Ruffert, EUV/AEUV, Art. 50 AEUV, Rn. 21 ff.; andererseits *Habersack/Verse*, § 3, Rn. 38 f.
[40] Kompetenzgrundlage zur Schaffung supranationaler Gesellschaftsformen ist nach weit überwiegender Auffassung Art. 352 AEUV; vgl. *Eyles*, Das Niederlassungsrecht der Kapitalgesellschaften in der Europäischen Gemeinschaft, 1990, S. 132 ff.; *Forsthoff*, in: Grabitz/Hilf/Nettesheim, EU, Art. 53 AEUV (Oktober 2011), Rn. 17; *Frenz*, Jura 2012, 120; *Müller-Graff*, in: Streinz, EUV/AEUV,

a) **Voraussetzungen** 14

Aufgrund des weit gefassten Harmonisierungsfeldes des Art. 50 Abs. 2 Buchst. g AEUV können daher Regelungen erlassen werden, um die Verwirklichung der Niederlassungsfreiheit zu fördern.⁴¹ Erforderlich ist ein **marktintegrativer Bezug zur Niederlassungsfreiheit**; besteht dieser, können auch Ziele verfolgt werden, die über die bloße Beseitigung spezifischer Hemmnisse für die Niederlassungsfreiheit hinaus gehen.⁴² Allerdings hat die Frage insofern kaum noch praktische Bedeutung, als sich die Rechtsetzungsverfahren nach Art. 50, 53 und 114 AEUV mittlerweile im Wesentlichen entsprechen.⁴³

Erreicht werden soll das Ziel durch den Erlass von Richtlinien, mit denen **Schutzbestimmungen** für Gesellschafter und Dritte, soweit erforderlich, **angeglichen** werden sollen.⁴⁴ Das Gesellschaftsrecht regelt den Interessenausgleich zwischen den Gesellschaftern und den unmittelbar betroffenen Dritten.⁴⁵ In erster Linie sind damit gesellschaftsrechtliche Regelungen gemeint, inhaltlich ist die Kompetenz jedoch nicht darauf beschränkt: Es bleibt damit den durch Art. 50 AEUV ermächtigten Organen überlassen den Begriff der »Schutzbestimmung« zu definieren.⁴⁶ 15

Zwei Beschränkungen sind zu beachten. Einerseits müssen die Richtlinien Regelungen enthalten, die »den Gesellschaften« vorgeschrieben sind; dies bedeutet, dass die **Gesellschaften Adressaten** der Vorschriften sein müssen.⁴⁷ Die Kompetenz zum Erlass von Richtlinien ist ferner insoweit beschränkt, als diese »**im Interesse der Gesellschafter sowie Dritter**« sein müssen. Strittig ist diesbezüglich, wer zum Kreis der Dritten zählt. Eine enge Auslegung des Begriffes erfasst nur Gläubiger der Gesellschaft.⁴⁸ Dieser Interpretation ist die Rechtsprechung aber nicht gefolgt: Dritte sind nicht nur außerhalb der Gesellschaft stehende Personen,⁴⁹ sondern neben den Gläubigern und in Rechtsbeziehung zur Gesellschaft stehenden Personen (hierunter fallen **Beschäftigte**) auch alle jene, deren Schutzinteressen durch die Gesellschaftstätigkeit beeinträchtigt sein können.⁵⁰ 16

Die Angleichung der nationalen Rechtsordnungen im Wege von Richtlinien (nicht jedoch eine Vereinheitlichung⁵¹) ist nach allgemeinen Prinzipien nur zulässig, wenn die vorgesehenen Maßnahmen zur Zielerreichung **geeignet und erforderlich** sind (Art. 5 17

Art. 50 AEUV, Rn. 17; so auch in Bezug auf Art. 114 AEUV: EuGH, Urt. v. 2.5.2006, Rs. C–436/03 (Parlament/Rat), Slg. 2006, I–3733, Rn. 38 ff.; *Habersack/Verse*, § 3, Rn. 46.
⁴¹ *Grundmann*, § 4, Rn. 98.
⁴² EuGH, Urt. v. 4.12.1997, Rs. C–97/96 (Daihatsu), Slg. 1997, I–6843, Rn. 17 ff.; *Forsthoff*, in: Grabitz/Hilf/Nettesheim, EU, Art. 53 AEUV (Oktober 2011), Rn. 16; *Jung*, in: Schwarze, EU-Kommentar, Art. 50 AEUV, Rn. 15; *Müller-Graff*, in: Streinz, EUV/AEUV, Art. 50 AEUV, Rn. 17; *Grundmann*, § 4, Rn. 98. Auf den Zweck der Vorschrift zur Herstellung einheitlicher Rahmenbedingungen abstellend: *Habersack/Verse*, § 3, Rn. 43 f.
⁴³ *Forsthoff*, in: Grabitz/Hilf/Nettesheim, EU, Art. 53 AEUV (Oktober 2011), Rn. 16.
⁴⁴ Keine Rechtsvereinheitlichung, vgl. *Lutter/Bayer/Schmidt*, § 1, Rn. 9.
⁴⁵ *Teichmann*, Binnenmarktkonformes Gesellschaftsrecht, 2011, S. 12 ff.
⁴⁶ *Eyles* (Fn. 40), S. 136; *Jung*, in: Schwarze, EU-Kommentar, Art. 50 AEUV, Rn. 13.
⁴⁷ Dies zeigt auch der Erlass von Richtlinien im Bereich des Handels mit Wertpapieren, vgl. *Forsthoff*, in: Grabitz/Hilf/Nettesheim, EU, Art. 53 AEUV (Oktober 2011), Rn. 14.
⁴⁸ Vgl. *Forsthoff*, in: Grabitz/Hilf/Nettesheim, EU, Art. 53 AEUV (Oktober 2011), Rn. 15, der sich aber gegen die enge Auffassung ausspricht.
⁴⁹ So aber *Eyles* (Fn. 40), S. 138.
⁵⁰ EuGH, Urt. v. 4.12.1997, Rs. C–97/96 (Daihatsu), Slg. 1997, I–6843, Rn. 17 ff.; *Jung*, in: Schwarze, EU-Kommentar, Art. 50 AEUV, Rn. 12; *Lutter/Bayer/Schmidt*, § 1, Rn. 8.
⁵¹ *Forsthoff*, in: Grabitz/Hilf/Nettesheim, EU, Art. 53 AEUV (Oktober 2011), Rn. 17; *Lutter/Bayer/Schmidt*, § 1, Rn. 9.

Abs. 4 EUV).[52] Demgegenüber kommt dem **Subsidiaritätsprinzip** aus Art. 5 Abs. 1 Satz 2, Abs. 3 EUV eine eigenständige Bedeutung nicht zu, wenn bereits die »Erforderlichkeit« einer Maßnahme festgestellt wurde.[53] Rechtsangleichung kann per se nicht auf Ebene der Mitgliedstaaten ausreichend verwirklicht werden.

b) Erlassene Richtlinien

18 Auf dieser Grundlage wurden folgende gesellschaftsrechtliche und kapitalmarktrechtliche Richtlinien erlassen:

19 **aa) Gesellschaftsrechtliche Richtlinien**
– Erste Richtlinie 2009/101/EG des Europäischen Parlaments und des Rates vom 16.9.2009 zur Koordinierung der Schutzbestimmungen, die in den Mitgliedstaaten den Gesellschaften im Sinne des Artikels 48 Absatz 2 des Vertrags im Interesse der Gesellschafter sowie Dritter vorgeschrieben sind, um diese Bestimmungen gleichwertig zu gestalten (**Publizitätsrichtlinie**), ABl. 2009, L 258/11.[54] Dabei geht es um die Offenlegung bestimmter relevanter Informationen (z. B. Satzung, Organmitglieder, Vertretungsbefugte), die Gültigkeit der von der Gesellschaft eingegangenen Verpflichtungen (etwa der Vorgesellschaft oder bei über den Gegenstand des Unternehmens hinausgehenden Geschäften) und die Voraussetzungen für die Nichtigkeit einer Gesellschaft;
– Zweite Richtlinie 77/91/EWG des Rates vom 13.12.1976 zur Koordinierung der Schutzbestimmungen, die in den Mitgliedstaaten den Gesellschaften im Sinne des Artikels 58 Absatz 2 des Vertrages im Interesse der Gesellschafter sowie Dritter für die Gründung der Aktiengesellschaft sowie für die Erhaltung und Änderung ihres Kapitals vorgeschrieben sind, um diese Bestimmungen gleichwertig zu gestalten (**Kapitalrichtlinie**), ABl. 1977, L 26/1. Regelungsschwerpunkt sind Vorschriften zur Koordinierung der einzelstaatlichen Vorschriften über die Gründung der Aktiengesellschaft sowie die Aufrechterhaltung, die Erhöhung und die Herabsetzung ihres Kapitals;
– Dritte Richtlinie 2011/35/EU des Europäischen Parlaments und des Rates vom 5.4.2011 über die Verschmelzung von Aktiengesellschaften, ABl. 2011, L 110/01 (»interne« **Verschmelzungsrichtlinie**);[55] Gegenstand ist der Schutz der Rechte vor allem der Aktionäre und Gläubiger bei fusionierenden Gesellschaften (vgl. Art. 1 Abs. 1) der gleichen Rechtsordnung.
– Vierte Richtlinie 2013/34/EU des Europäischen Parlaments und des Rates vom 26.6.2013 über den Jahresabschluss, den konsolidierten Abschluss und damit verbundene Berichte von Unternehmen bestimmter Rechtsformen ABl. 2013, L 182/19 (**Bilanzrichtlinie**);[56]

---

[52] Vgl. hierzu *Teichmann*, S. 201 f.
[53] *Grundmann*, § 4, Rn. 100; *Habersack/Verse*, § 3, Rn. 45.
[54] Die Richtlinie trat an die Stelle der RL 68/151/EWG vom 9.3.1968 zur Koordinierung der Schutzbestimmungen, die in den Mitgliedstaaten den Gesellschaften im Sinne des Artikel 58 Absatz 2 des Vertrages im Interesse der Gesellschafter sowie Dritter vorgeschrieben sind, um diese Bestimmungen gleichwertig zu gestalten, ABl. 1968, L 65/8.
[55] Die Richtlinie trat an die Stelle der RL 78/855/EWG vom 9.10.1978 gemäß Artikel 54 Absatz 3 Buchstabe g) des Vertrages betreffend die Verschmelzung von Aktiengesellschaften, ABl. 1978, L 295/36.
[56] Die Richtlinie trat an die Stelle der RL 78/660/EWG vom 25.7.1978 aufgrund von Artikel 54 Absatz 3 Buchstabe g) des Vertrages über den Jahresabschluß von Gesellschaften bestimmter Rechts-

- Sechste Richtlinie 82/891/EWG des Rates vom 17.12.1982 gemäß Artikel 54 Absatz 3 Buchstabe g des Vertrages betreffend die Spaltung von Aktiengesellschaften (**Spaltungsrichtlinie**), ABl. 1982, L 378/47;
- Siebte Richtlinie 2006/43/EG des Europäischen Parlaments und des Rates vom 17.5.2006 über Abschlussprüfungen von Jahresabschlüssen und konsolidierten Abschlüssen, ABl. 2006, L 157/87;[57]
- Achte Richtlinie 85/253/EWG des Rates vom 10.4.1984 über die Zulassung der mit der Pflichtprüfung der Rechnungslegung betrauten Personen, ABl. 1984, L 126/20.[58]
- Die zehnte Richtlinie 2005/56/EG vom 26.10.2005 über die Verschmelzung von Kapitalgesellschaften aus verschiedenen Mitgliedstaaten, ABl. 2005, L 310/1; sie betrifft **grenzüberschreitende (internationale) Verschmelzungen** von Aktiengesellschaften;
- Die elfte Richtlinie 89/666/EWG des Rates vom 21.12.1989 über die Offenlegung von Zweigniederlassungen, die in einem Mitgliedstaat von Gesellschaften bestimmter Rechtsformen errichtet wurden, die dem Recht eines anderen Staates unterliegen (**Zweigniederlassungsrichtlinie**), ABl. 1989, L 395/36;
- Zwölfte Richtlinie 2009/102/EG des Europäischen Parlaments und des Rates vom 16.9.2009 auf dem Gebiet des Gesellschaftsrechts betreffend Gesellschaften mit beschränkter Haftung mit einem einzigen Gesellschafter, ABl. 2009, L 258/20 (**Einpersonengesellschaftsrichtlinie**);
- Die dreizehnte Richtlinie 2004/25/EG des Europäischen Parlaments und des Rates betreffend Übernahmeangebote, ABl. 2004, L 142/12. Am 21.4.2004 wurde die **Übernahmerichtlinie** nach langem Ringen verabschiedet. Die Richtlinie war Bestandteil des Aktionsplans für Finanzdienstleistungen und noch vom Europäischen Rat in Lissabon im März 2000 mit höchster Priorität versehen worden. Ein schon 2001 im Vermittlungsausschuss erzielter Kompromiss war zuvor nach zwölfjährigen Verhandlungen am 4.7.2001 im EP gescheitert. Die Richtlinie enthält Mindestvorgaben für Übernahmeangebote, die sich an Gesellschaften richten, die dem Recht eines Mitgliedstaats unterliegen und deren Wertpapiere zumindest zum Teil zum Handel auf einem geregelten Markt zugelassen sind.
- Richtlinie 2007/36/EG des Europäischen Parlaments und des Rates vom 11.7.2007 über die Ausübung bestimmter Rechte von Aktionären in börsennotierten Gesellschaften, ABl. 2007, L 184/17 (**Aktionärsrichtlinie**).

Eine Reihe von Richtlinien konnte nicht erlassen werden, darunter eine fünfte Richtlinie über die Struktur der Aktiengesellschaft sowie die Befugnisse und Verpflichtungen ihrer Organe (**Strukturrichtlinie**),[59] eine neunte Richtlinie über die Verbindungen zwischen Unternehmen, insbesondere über Konzerne (**Konzernrechtsrichtlinie**),[60] eine vierzehnte Richtlinie über grenzüberschreitende Sitzverlegungen (**Sitzverlegungsrichtlinie**)[61] sowie eine Richtlinie betreffend die Liquidation von Kapitalgesellschaften (**Liquidationsrichtlinie**).[62]

20

---

formen, ABl. 1978, L 222/11 und RL 83/349/EWG vom 13.6.1983 aufgrund von Artikel 54 Absatz 3 Buchstabe g) des Vertrages über den konsolidierten Abschluß, ABl. 1983, L 193/1.

[57] Richtlinie trat an die Stelle der RL 78/660/EWG und 83/349/EWG.
[58] Aufgegangen in RL 2006/43/EG.
[59] KOM (2001) 763 endg.
[60] KOM-DOK. III/1639/84, abgedruckt in ZGR 1985, 446.
[61] KOM XV/6002/97; abgedruckt in ZIP 1997, 1721. Zum Stand vgl. Bayer/Schmidt, BB 2012, 3 (4).
[62] Vgl. *Schwarz*, Europäisches Gesellschaftsrecht, 2000, S. 516ff.; *Lutter/Bayer/Schmidt*, § 9, Rn. 3.

21 **bb) Kapitalmarktrechtliche Richtlinien**
Dem Kapitalmarktrecht zuzuordnen sind u. a. folgende Richtlinien:
– Richtlinie 2001/34/EG des Europäischen Parlaments und des Rates vom 28. 5. 2001 über die **Zulassung von Wertpapieren** zur amtlichen Börsennotierung und über die hinsichtlich dieser Wertpapiere zu veröffentlichenden Informationen, ABl. 2001, L 184/1;
– Richtlinie 2003/71/EG des Europäischen Parlaments und des Rates vom 4. 11. 2003 betreffend den Prospekt, der beim öffentlichen Angebot von Wertpapieren oder bei deren Zulassung zum Handel zu veröffentlichen ist, und zur Änderung der Richtlinie 2001/34/EG (**Prospektrichtlinie**), ABl. 2003, L 345/64;
– Richtlinie 2004/109/EG des Europäischen Parlaments und des Rates vom 15. 12. 2004 zur Harmonisierung der **Transparenzanforderungen** in Bezug auf Informationen über Emittenten, deren Wertpapiere zum Handel auf einem geregelten Markt zugelassen sind, und zur Änderung der Richtlinie 2001/34/EG (Transparenzrichtlinie), ABl. 2004, L 390/38.

c) Ausblick
22 Im Bemühen, die seit dem Handlungsplan von 2003 durchaus erfolgreiche Politik zur Angleichung des Gesellschaftsrechts weiter voranzubringen, nahm die Kommission 2012 einen Aktionsplan an,[63] der drei übergeordnete Ziele zur Modernisierung des Gesellschaftsrechts und zur Verbesserung des Corporate Governance-Rahmens vorsieht:[64] (1) Zum einen die Verbesserung der Transparenz von Unternehmen für ihre Anleger mit Blick auf die im Unternehmen geltenden Regeln der Corporate Governance, darüber hinaus (2) eine verstärkte Einbeziehung der Aktionäre in die Corporate Governance etwa durch die Möglichkeit der Hauptversammlung, die Vergütungspolitik und Transaktionen der Gesellschaft besser zu überwachen; und schließlich (3) Regelungen zur generellen Förderung von Wachstum und Wettbewerbsfähigkeit europäischer Unternehmen gerade auch durch Vereinfachung grenzüberschreitender Geschäfte von kleinen und mittleren Unternehmen.
23 Einige der Initiativen, insbesondere der Erlass der Richtlinie zur Änderung der Transparenz und Prospektrichtlinie, hat die unionale Rechtspolitik bereits umgesetzt.[65] Für weitere Harmonisierung des europäischen Gesellschaftsrechts, vor allem im Bereich des GmbH-Rechts, besteht indes noch erhebliches Potential und mit Blick auf die Niederlassungsfreiheit auch Bedarf,[66] ohne dass damit einer Überreglementierung im Bereich der Aktionärsrechte das Wort geredet werden soll.[67]

---

[63] Aktionsplan: Europäisches Gesellschaftsrecht und Corporate Governance – ein moderner Rechtsrahmen für engagierte Aktionäre und besser überlebensfähige Unternehmen vom 12. 12. 2012, KOM(2012) 740 endg.
[64] S. Aktionsplan S. 5.
[65] Ausführlich zur Entwicklung des europ. Gesellschaftsrechts und Maßnahmen der Kommission: *Verse/Wiersch*, EuZW 2014, 375.
[66] Vgl. *Luttermann*, NZG 2013, 1128 (1129, 1133); *Teichmann*, NJW 2014, 3561 ff.; *Lutter*, EuZW 2014, 687 (688); *Schneider*, EuZW 2014, 641 (641 f.).
[67] Dazu etwa *Lutter*, EuZW 2014, 687 (688), der den Vorschlag der Kommission zur Änderung der Aktionärsrechte-Richtlinie (KOM(2014) 213 endg.), aufgrund seiner Unpraktikabilität für nicht annehmbar hält.

8. Buchst. h: Keine Verfälschung der Niederlassungsbedingungen durch Beihilfen

Nach Buchst. h ist sicherzustellen, dass die Bedingungen für die Niederlassung nicht durch Beihilfen der Mitgliedstaaten verfälscht werden. Die Bedeutung neben Art. 49 AEUV und Art. 107 ff. AEUV ist gering; es kommt teilweise zu Überschneidungen.[68] Relevant kann Buchst. h hauptsächlich dann werden, wenn ein Mitgliedstaat den einwandernden Unternehmen Vorteile gewährt, die den bereits ansässigen Unternehmen verwehrt bleiben,[69] da Art. 107 AEUV in solchen Fällen teilweise unanwendbar ist.[70]

24

---

[68] *Korte*, in: Calliess/Ruffert, EUV/AEUV, Art. 50 AEUV, Rn. 18; *Jung*, in: Schwarze, EU-Komm., Art. 50 AEUV, Rn. 22 ff.; *Müller-Graff*, in: Streinz, EUV/AEUV, Art. 50 AEUV, Rn. 21. Die Bedeutung bezweifelnd *Forsthoff*, in: Grabitz/Hilf/Nettesheim, EU, Art. 53 AEUV (Oktober 2011), Rn. 19.
[69] *Tiedje*, in: GSH, Europäisches Unionsrecht, Art. 50 AEUV, Rn. 17.
[70] Wird nämlich allen ausländischen Unternehmen, die sich im Inland niederlassen, ein Vorteil gewährt, so fehlt es an der für Art. 107 AEUV erforderlichen *Bestimmtheit*.

Artikel 51 AEUV [Ausübung öffentlicher Gewalt, Festlegung von Ausnahmen]

Auf Tätigkeiten, die in einem Mitgliedstaat dauernd oder zeitweise mit der Ausübung öffentlicher Gewalt verbunden sind, findet dieses Kapitel in dem betreffenden Mitgliedstaat keine Anwendung.

Das Europäische Parlament und der Rat können gemäß dem ordentlichen Gesetzgebungsverfahren beschließen, dass dieses Kapitel auf bestimmte Tätigkeiten keine Anwendung findet.

Leitentscheidungen

EuGH, Urt. v. 21.6.1974, Rs. C–2/74 (Reyners), Slg. 1974, I–631
EuGH, Urt. v. 13.7.1993, Rs. C–42/92 (Thijssen), Slg. 1993, I–4047

Inhaltsübersicht

	Rn.
A. Allgemeines	1
B. Tatbestandsvoraussetzungen	4
I. Tätigkeit im Anwendungsbereich der Niederlassungsfreiheit	4
II. Ausübung öffentlicher Gewalt	7
C. Weitere Bereichsausnahmen nach Art. 51 Abs. 2 AEUV	10

A. Allgemeines

1   Art. 51 Abs. 1 AEUV enthält als **Bereichsausnahme**[1] zur Niederlassungsfreiheit[2] eine Einschränkung des Anwendungsbereichs von Art. 49 AEUV für Tätigkeiten, die mit der Ausübung öffentlicher Gewalt verbunden sind. Art. 51 Abs. 2 AEUV gestattet die sekundärrechtliche Erweiterung der Bereichsausnahme, die im ordentlichen Gesetzgebungsverfahren beschlossen werden muss.[3] Die Regelung ist von dem Gedanken geleitet, dass die Ausübung von Staatsgewalt grundsätzlich **den eigenen Staatsangehörigen vorbehalten** bleiben soll, weil und sofern dies besondere staatsbürgerliche Loyalität voraussetzt.[4]

2   Art. 51 AEUV steht in einem systematischen Zusammenhang zu Art. 45 Abs. 4 AEUV, der die Beschäftigung in der öffentlichen Verwaltung von der Anwendung der Arbeitnehmerfreizügigkeit ausnimmt.[5] Beide Normen verfolgen zwar denselben Regelungszweck, sind aber in ihrem Anwendungsbereich keineswegs deckungsgleich. Art. 51 AEUV ist vielmehr als Ergänzung zu Art. 45 Abs. 4 AEUV zu sehen[6] – dem

---

[1] Es handelt sich nicht um einen bloßen Rechtfertigungsgrund (vgl. nur *Forsthoff*, in: Grabitz/Hilf/Nettesheim, EU, Art. 51 AEUV (Mai 2014), Rn. 6).
[2] Über die Verweisung in Art. 62 AEUV ist Art. 51 AEUV auch bei der Dienstleistungsfreiheit zu beachten.
[3] Ein Ratsbeschluss mit qualifizierter Mehrheit wie dies noch nach Art. 45 Abs. 2 EGV ausreichte, genügt nun nicht mehr.
[4] *Forsthoff*, in: Grabitz/Hilf/Nettesheim, EU, Art. 51 AEUV (Mai 2014), Rn. 4; *Kotzur*, in: Geiger/Khan/Kotzur, EUV/AEUV, Art. 51 AEUV, Rn. 4; *Müller-Graff*, in: Streinz, EUV/AEUV, Art. 51 AEUV, Rn. 3; *Roth*, in: Dauses, Handbuch des EU-Wirtschaftsrechts, Abschnitt E.I., April 2015, Rn. 41.
[5] *Schlag*, in: Schwarze, EU-Kommentar, Art. 51 AEUV, Rn. 2.
[6] So auch: *Tiedje*, in: GSH, Europäisches Unionsrecht, Art. 51 AEUV, Rn. 3.

Mitgliedstaat ist es durch ihn nun auch möglich, Private mit hoheitlichen Befugnissen auszustatten, ohne hier an das Diskriminierungsverbot des Art. 49 AEUV gebunden zu sein. Ob dieser Zweck mit Blick auf die fortgeschrittene Integration noch legitim ist,[7] kann angesichts der klaren Vertragsfassung dahingestellt bleiben. Bestehende Zweifel leiten allerdings den Rechtsanwender zur **engen Auslegung** der Bereichsausnahme.

Liegen die Voraussetzungen des Art. 51 AEUV für eine bestimmte Tätigkeit vor, so findet als **Rechtsfolge** die Niederlassungsfreiheit sachlich keine Anwendung.[8] Dies gilt gem. Art. 62 AEUV auch für die Dienstleistungsfreiheit (vgl. Art. 62, Rn. 5–10).

B. Tatbestandsvoraussetzungen

I. Tätigkeit im Anwendungsbereich der Niederlassungsfreiheit

Der Anwendungsbereich von Art. 51 AEUV ist nur eröffnet, wenn die Aufnahme einer selbstständigen oder unternehmerischen Erwerbstätigkeit begehrt wird, die Tätigkeit in dem Aufnahmemitgliedstaat jedoch hoheitlich organisiert ist und staatliche Organe oder gegebenenfalls **Privatpersonen** – z.B. als beliehene[9] Unternehmer – **im Anwendungsbereich der Niederlassungsfreiheit öffentliche Gewalt** ausüben.[10]

Mit dem Begriff der Tätigkeit hat sich der Vertrag dagegen entschieden, ganze Berufe und die mit ihnen verbundenen Aufgaben aus dem Anwendungsbereich der Niederlassungsfreiheit auszuklammern.[11] Dies hat der EuGH schon früh erkannt und entschieden, dass eine Zugangsbeschränkung im Sinne des Art. 51 AEUV nur insoweit zulässig ist, wie die Tätigkeit »eine **unmittelbare und spezifische Teilnahme** an der Ausübung öffentlicher Gewalt« darstellt.[12] Lediglich vorbereitende oder unterstützende Tätigkeiten werden davon nicht erfasst.[13]

Dies bedeutet, dass es grundsätzlich keine berufsspezifischen Bereichsausnahmen gibt, diese vielmehr im konkreten Einzelfall tätigkeitsbezogen festgestellt werden müssen.[14] Somit besteht, selbst wenn ein Beruf auch an die Ausübung öffentlicher Gewalt

---

[7] Zweifelnd etwa *Forsthoff*, in: Grabitz/Hilf/Nettesheim, EU, Art. 51 AEUV (Mai 2014), Rn. 4 (es gäbe keine berechtigten Gründe, wegen derer »Ausländern« die Übertragung hoheitlicher Aufgaben verwehrt bleiben soll, wenn der Staat hoheitliche Befugnisse in private Hand vergibt).

[8] *Müller-Graff*, in: Streinz, EUV/AEUV, Art. 51 AEUV, Rn. 10. Dabei handelt es sich um keine »Einrede« (vgl. jetzt auch *Forsthoff*, in: Grabitz/Hilf/Nettesheim, EU, Art. 51 AEUV (Mai 2014), Rn. 22), sondern vielmehr um eine von Amts wegen zu beachtende »Einwendung«.

[9] *Müller-Graff*, in: Streinz, EUV/AEUV, Art. 51 AEUV, Rn. 7. Von vornherein nicht erfasst von Art. 51 AEUV sind sog. Verwaltungshelfer (vgl. *Frenz*, Europarecht, Bd.1, Rn. 2390).

[10] *Schlag*, in: Schwarze, EU-Kommentar, Art. 51 AEUV, Rn. 3.

[11] S. *Korte*, in: Calliess/Ruffert, EUV/AEUV, Art. 51 AEUV, Rn. 10.

[12] EuGH, Urt. v. 21.6.1974, Rs. C–2/74 (Reyners), Slg. 1974, 631, Rn. 44/45; Urt. v. 5.12.1989, Rs. 3/88 (Kommission/Italien), Slg. 1989, 4035, Rn. 13; Urt. v. 13.7.1993, Rs. C–42/92 (Thijssen), Slg. 1993, I–4047, Rn. 22; Urt. v. 29.10.1998, Rs. C–114/97 (Kommission/Spanien), Slg. 1998, I–6732, Rn. 35; Urt. v. 30.3.2006, Rs. C–451/03 (Servizi Ausiliari), Slg. 2006, I–2941, Rn. 46; vgl. dazu umfassend *Frenz*, Europarecht, Bd.1, Rn. 2387ff., wonach bereits Splitter eines Berufsbildes, die mit der Ausübung öffentlicher Gewalt verbunden sind, vom Schutzbereich der Niederlassungsfreiheit ausgenommen sind (Rn. 2396).

[13] EuGH, Urt. v. 13.7.1993, Rs. C–42/92 (Thijssen), Slg. 1993, I–4047, Rn. 22; Urt. v. 30.3.2006, Rs. C–451/03 (Servizi Ausiliari), Slg. 2006, I–2941, Rn. 47; Urt. v. 29.11.2007, Rs. C–393/05 (Kommission/Österreich), Slg. 2007, I–10195, Rn. 36.

[14] *Khan/Eisenhut*, in: Vedder/Heintschel von Heinegg, Europäisches Unionsrecht, Art. 51 AEUV, Rn. 3; *Schlag*, in: Schwarze, EU-Kommentar, Art. 51 AEUV, Rn. 7.

geknüpft ist, ein **Anspruch auf Zulassung zu abtrennbaren Tätigkeiten**, für die die Voraussetzungen des Art. 51 Abs. 1 AEUV nicht erfüllt sind.[15] Die Tätigkeit eines **Rechtsanwalts** etwa ist nicht von der Niederlassungsfreiheit ausgenommen, da Rechtsberatung und -beistand sowie die Vertretung vor Gericht keine hoheitlichen Aufgaben sind.[16] Von der Ausnahme erfasst ist jedoch die Ausübung hoheitlicher Befugnisse als Mitglied der Rechtsanwaltskammer.[17] Etwas anderes gilt nur dann, wenn die Ausübung der öffentlichen Gewalt den Schwerpunkt der beruflichen Tätigkeit ausmacht.[18] Lediglich ausnahmsweise bezieht sich die Bereichsausnahme daher auf einen Beruf in seiner Gesamtheit.[19]

II. Ausübung öffentlicher Gewalt

7   Mit der Ausnahme öffentlicher Gewalt aus dem Anwendungsbereich der Niederlassungsfreiheit wird den Mitgliedstaaten Raum für ihre Organisationshoheit gelassen.[20] Es obliegt den Staaten, zu bestimmen, ob nach nationalem Verständnis eine hoheitliche Tätigkeit vorliegt. Damit Art. 51 AEUV eingreift, muss die national als hoheitlich geltende Tätigkeit jedoch auch unter den unionsrechtlich einheitlich auszulegenden Begriff der öffentlichen Gewalt fallen.[21]

8   Der Begriff der »öffentlichen Gewalt« wurde vom EuGH bisher nicht abschließend definiert, sondern lediglich in Einzelfällen **negativ abgegrenzt**[22] und damit immer restriktiver gestaltet.[23] Die Grenzen orientieren sich am Zweck der Vorschrift.[24] Im Kern geht es um Tätigkeiten, die mit der autonomen, nicht durch einen nationalen Regelungsrahmen vorbestimmten **Ausübung von Sonderrechten**, **Hoheitsprivilegien** und **Zwangsbefugnissen** verbunden sind, sei es unmittelbar oder durch Delegation.[25] Das Handeln eines Privaten durch Verwaltungsakt alleine genügt noch nicht.[26] Dies zeigt die Rechtsprechung zur TÜV-Prüfstelle,[27] zu privaten Kontrollstellen im ökologischen Landbau[28]

---

[15] EuGH, Urt. v. 21.6.1974, Rs. C–2/74 (Reyners), Slg. 1974, I–631, Rn. 46/47; Urt. v. 29.7.2007, Rs. C–404/05 (Kommission/Deutschland), Slg. 2007, I–10202, Rn. 47; *Kotzur*, in: Geiger/Khan/Kotzur, EUV/AEUV, Art. 51 AEUV, Rn. 4.

[16] EuGH, Urt. v. 21.6.1974, Rs. C–2/74 (Reyners), Slg. 1974, I–631, Rn. 51,53.

[17] *Frenz*, Europarecht, Bd. 1, Rn. 2397; *Kotzur*, in: Geiger/Khan/Kotzur, EUV/AEUV, Art. 51 AEUV, Rn. 4.

[18] *Roth*, in: Dauses, Handbuch des EU-Wirtschaftsrechts, Abschnitt E.I., April 2015, Rn. 42.

[19] *Schlag*, in: Schwarze, EU-Kommentar, Art. 51 AEUV, Rn. 7. Das ist z.B. beim Gerichtsvollzieher der Fall (vgl. *Frenz*, Europarecht, Bd. 1, Rn. 2388).

[20] *Khan/Eisenhut*, in: Vedder/Heintschel v. Heinegg, Europäisches Unionsrecht, Art. 51 AEUV, Rn. 2.

[21] *Müller-Graff*, in: Streinz, EUV/AEUV, Art. 51 AEUV, Rn. 4.

[22] *Müller-Graff*, in: Streinz, EUV/AEUV, Art. 51 AEUV, Rn. 5; *Roth*, in: Dauses, Handbuch des EU-Wirtschaftsrechts, Abschnitt E.I., April 2015, Rn. 41.

[23] *Forsthoff*, in: Grabitz/Hilf/Nettesheim, EU, Art. 51 AEUV (Mai 2014), Rn. 8, 15. Vgl. zum Folgenden auch die Beispiele bei *Frenz*, Europarecht, Bd.1, Rn. 2410ff.

[24] EuGH, Urt. v. 21.6.1974, Rs. 2/74 (Reyners), Slg. 1974, I–631, Rn. 42/43.

[25] GA *Mayras*, Schlussanträge zu Rs. 2/74 (Reyners), Slg. 1974, I–631, 665.

[26] *Forsthoff*, in: Grabitz/Hilf/Nettesheim, EU, Art. 51 AEUV (Mai 2014), Rn. 14.

[27] Hier war entscheidend, dass der portugiesische TÜV unter staatlicher Aufsicht steht, keine für hoheitliche Gewalt erforderliche Entscheidungsautonomie besitzt und keine Zwangsbefugnisse ausüben darf, vgl. EuGH, Urt. v. 22.10.2009, Rs. C–438/08 (Kommission/Portugal), Slg. 2009, I–10219, Rn. 32ff., 45. In EuGH, Urt. v. 5.10.1994, Rs. C–55/93 (van Schaick), Slg. 1994, I–4837 ist dies noch nicht explizit entschieden worden.

[28] EuGH, Urt. v. 29.11.2007, Rs. C–393/05 (Kommission/Österreich), Slg. 2007, I–10195, insbesondere Rn. 41ff.; ebenso Urt. v. 29.11.2007, Rs. C–404/05 (Kommission/Deutschland), Slg. 2007, I–10239.

sowie zu Zertifizierungseinrichtungen,[29] denen es an der hinreichenden Entscheidungsautonomie fehlte. Die **Vergabe von TÜV-Plaketten** hat der EuGH aus mehreren Gründen nicht als Ausübung hoheitlicher Gewalt angesehen, da die Vergabe der Plakette als rein technischer Akt gelte, der Private unter behördlicher Aufsicht handele, nicht über eigenständige Entscheidungsbefugnisse und insbesondere nicht über Zwangsbefugnisse verfüge.[30]

Vor allem die Rechtsprechung zu den Tätigkeiten von **Notaren** zeigt deutlich die restriktive Auslegung des Begriffs der öffentlichen Gewalt.[31] Der EuGH hat nachdrücklich betont, dass es auf die konkrete Tätigkeit ankommt und nicht darauf, ob die Tätigkeit eines bestimmten Berufsstandes national unter den Begriff der öffentlichen Gewalt fällt.[32] Die Tätigkeiten von Notaren fallen damit regelmäßig nicht in den Anwendungsbereich des Art. 51 Abs. 1 AEUV, da zum einen ihre Beurkundungstätigkeit eine [freiwillige] Willenseinigung der Parteien voraussetzt,[33] die Vollstreckbarkeit aus der Urkunde auf dem Willen der Parteien beruht[34] und – grundsätzlich – jede Partei ihren Notar frei wählen könne und damit ein **Wettbewerbsverhältnis** bestehe.[35] In diesem Sinne üben Notare folglich keine hoheitlichen Befugnisse, sondern einen freien Beruf aus. Dies gilt sogar dann, wenn Notaren der Ausspruch von Scheidungen übertragen wird, wenn die Scheidung einvernehmlich von den Parteien beantragt wird.[36] Tätigkeiten von **Ärzten** sind grundsätzlich nicht von Art. 51 AEUV erfasst, es sei denn es handelt sich um einen Amtsarzt.[37] Die als Ausübung öffentlicher Gewalt beurteilte Tätigkeit des **Veterinärarztes**, insbesondere bei der Anordnung von Notschlachtungen,[38] unterliegt nunmehr der Verordnung (EG) Nr. 882/2004,[39] die Staatsangehörigkeitsvorbehalte bei den amtlichen Aufgaben der Veterinäre, insbesondere bei Lebensmittelkontrollen, ausdrücklich untersagt.[40] Ein **privater Sicherheitsdienst** fällt nicht unter die Bereichsausnahme, soweit keine Hoheitsbefugnisse ausgeübt werden.[41] Nicht erfasst sind ferner die bloße Gründung **privater Unterrichtsanstalten**,[42] Tätigkeiten rein

---

[29] EuGH, Urt. v. 12.12.2013, Rs. C–327/12 (SOA Nazionale Costruttori), EU:C:2013:827, Slg. 52, ff.; Urt. v. 16.6.2015, Rs. C–593/13 (Rina Services), EU:C:2015:399, Rn. 20.

[30] EuGH, Rs. C–438/08, (Kommission/Portugal), Slg. 2009, I–10219, Rn. 41 ff.; ebs. Urt. v. 15.10.2015, Rs. C–168/14 (Grupo Itevelesa), EU:C:2015:685, Rn. 55 ff.; vgl. *Forsthoff*, in: Grabitz/Hilf/Nettesheim, EU, Art. 51 AEUV (Mai 2014), Rn. 8. Abw. *Müller-Graff*, in: Streinz, EUV/AEUV, Art. 51 AEUV, Rn. 8.

[31] Vgl. EuGH, Urt. v. 24.5.2011, Rs. C–54/08 (Kommission/Deutschland), Slg. 2011, I–4355; Urt. v. 24.5.2011, Rs. C–47/08 (Kommission/Belgien), Slg. 2011, I–4105; Urt. v. 24.5.2011, Rs. C–50/08 (Kommission/Frankreich), Slg. 2011, I–4195.

[32] In den Fällen der Notartätigkeiten hat der EuGH seine Reyners-Rechtsprechung (EuGH, Urt. v. 21.6.1974, Rs. C–2/74 (Reyners), Slg. 1974, I–631, Rn. 48/50) aufgegriffen, s. EuGH, Urt. v. 29.4.2010, Rs. C–160/08 (Kommission/Deutschland), Slg. 2010, I–3713, Rn. 84 ff.

[33] EuGH, Urt. v. 24.5.2011, Rs. C–54/08 (Kommission/Deutschland), Slg. 2011, I–339, Rn. 91 ff.; Urt. v. 10.9.2015, Rs. C–151/14 (Kommission/Lettland), EU:C:2015:577, Rn. 59 ff.; *Forsthoff*, in: Grabitz/Hilf/Nettesheim, Art. 51 AEUV (Mai 2014), Rn. 8.

[34] EuGH, Urt. v. 29.11.2007, Rs. C–393/05 (Kommission/Österreich), Slg. 2007, I–10195.

[35] EuGH, Urt. v. 10.9.2015, Rs. C–151/14 (Kommission/Lettland), EU:C:2015:577, Rn. 50 f., 74.

[36] EuGH, Urt. v. 10.9.2015, Rs. C–151/14 (Kommission/Lettland), EU:C:2015:577, Rn. 70 ff.

[37] *Frenz*, Europarecht, Bd.1, Rn. 2405.

[38] Vgl. *Tiedje*, in: GSH, Europäisches Unionsrecht, Art. 51 AEUV, Rn. 21.

[39] VO (EG) Nr. 882/2004 vom 29.4.2004 über amtliche Kontrollen zur Überprüfung der Einhaltung des Lebensmittel- und Futtermittelrechts sowie der Bestimmungen über Tiergesundheit und Tierschutz, ABl. 2004, L 16/1.

[40] Art. 3 ff. VO (EG) Nr. 882/2004.

[41] EuGH, Urt. v. 9.3.2000, Rs. C–355/98 (Kommission/Belgien), Slg. 2000, I–1221, Rn. 24–26.

[42] Es handelte sich um eine private Musik- und Tanzschule, vgl. EuGH, Urt. v. 13.1.1988, Rs. 147/86 (Kommission/Griechenland), Slg. 1988, 1637, Rn. 9.

technischer Natur,⁴³ die Tätigkeit als **Wirtschaftsprüfer**⁴⁴ oder gerichtlich bestellter **Verkehrsunfallsachverständiger**,⁴⁵ gerichtssachverständige **Übersetzer**⁴⁶ oder **Rettungsdienste**.⁴⁷ **Sachverständige** erleichtern den jeweiligen Behörden lediglich die Entscheidungsfindung, indem sie unterstützend tätig werden.⁴⁸ Ein hoheitliches Handeln liegt demnach auch hier nicht vor.

C. Weitere Bereichsausnahmen nach Art. 51 Abs. 2 AEUV

10 Nach Art. 51 Abs. 2 AEUV können das Europäische Parlament und der Rat im ordentlichen Gesetzgebungsverfahren weitere Tätigkeiten vom Anwendungsbereich der Niederlassungsfreiheit ausnehmen.

11 In der Praxis ist jedoch noch kein auf Art. 51 Abs. 2 AEUV gestützter Rechtsakt ergangen und es wurde von der Kommission auch keine Initiative vorgelegt. Dies ist vor dem Hintergrund des bisher erreichten Integrationsstandes auch in der Zukunft nicht zu erwarten, sodass die Vorschrift **praktisch bedeutungslos** ist.⁴⁹

12 Inhaltlich ist die Norm weit gefasst. Gestattet wird die autonome Erweiterung einer Bereichsausnahme, der textlich lediglich verfahrensrechtliche Grenzen gesetzt sind. Jedoch ist auch die Rechtsetzungsbefugnis vor dem Hintergrund des dem Binnenmarktrecht konträren Regelungszwecks eng auszulegen, sodass sekundärrechtliche Bereichsausnahmen auf spezifisch benannte Tätigkeiten begrenzt sein müssen und eine Modifikation einzelner Regeln der Art. 49 ff. AEUV unzulässig ist.⁵⁰ Darüber hinaus muss die **Verhältnismäßigkeit** gewahrt sein, sodass die Erweiterung der Bereichsausnahme in systematischer Auslegung mit Art. 52 AEUV nur zur Wahrung von Interessen möglich ist, die in ihrer Bedeutung mindestens den dort vorgesehenen Rechtfertigungsgründen gleichwertig sind.⁵¹ Nicht überzeugend ist die Auffassung, dass Art. 51 Abs. 2 AEUV lediglich deklaratorische Bedeutung habe und eine Ausweitung des Anwendungsbereichs von Abs. 1 nicht erlaube.⁵²

---

⁴³ EuGH, Urt. v. 5.12.1989, Rs. C–3/88 (Kommission/Italien), Slg. 1989, 4035, Rn. 13 (Planung, Software und Verwaltung von Datenverarbeitungssystemen).
⁴⁴ EuGH, Urt. v. 13.7.1993, Rs. C–42/92 (Thijssen), Slg. 1993, I–4047, Rn. 8 ff., 23.
⁴⁵ EuGH, Urt. v. 10.12.1991, Rs. C–306/89 (Kommission/Griechenland), Slg. 1991, I–5863, Rn. 6 ff.
⁴⁶ EuGH, Urt. v. 17.3.2011, verb. Rs. C–372/09 u. 373/09 (Josep Penarroja Fa), Slg. 2011, I–1785, Rn. 41 ff., 45.
⁴⁷ EuGH, Urt. v. 29.4.2010, Rs. C–160/08 (Kommission/Deutschland), Slg. 2010, I–3713, Rn. 57–59.
⁴⁸ Vgl. *Tiedje*, in: GSH, Europäisches Unionsrecht, Art. 51 AEUV, Rn. 23.
⁴⁹ In diesem Sinne: *Korte*, in: Calliess/Ruffert, EUV/AEUV, Art. 51 AEUV, Rn. 17; *Forsthoff*, in: Grabitz/Hilf/Nettesheim, EU, Art. 51 AEUV (Mai 2014), Rn. 23; *Kotzur*, in: Geiger/Khan/Kotzur, EUV/AEUV, Art. 51 AEUV, Rn. 5; *Müller-Graff*, in: Streinz, EUV/AEUV, Art. 51 AEUV, Rn. 11; *Schlag*, in: Schwarze, EU-Kommentar, Art. 51 AEUV, Rn. 9.
⁵⁰ *Müller-Graff*, in: Streinz, EUV/AEUV, Art. 51 AEUV, Rn. 12.
⁵¹ Ähnlich *Roth*, in: Dauses, Handbuch des EU-Wirtschaftsrechts, Abschnitt E.I., April 2015, Rn. 40; etwas weiter *Kotzur*, in: Geiger/Khan/Kotzur, EUV/AEUV, Art. 51 AEUV, Rn. 5. Anders *Forsthoff*, in: Grabitz/Hilf/Nettesheim, EU, Art. 51 AEUV (Mai 2014), Rn. 24, der eine Beschränkung der Rechtsfolgenbestimmung der Niederlassungsfreiheit als milderes Mittel vorschlägt.
⁵² Für keine konstitutive, sondern lediglich eine deklaratorische Wirkung *Korte*, in: Calliess/Ruffert, EUV/AEUV, Art. 51 AEUV, Rn. 17.

Artikel 52 AEUV [Sonderreglungen für Ausländer, Koordinierungskompetenz]

(1) Dieses Kapitel und die aufgrund desselben getroffenen Maßnahmen beeinträchtigen nicht die Anwendbarkeit der Rechts- und Verwaltungsvorschriften, die eine Sonderregelung für Ausländer vorsehen und aus Gründen der öffentlichen Ordnung, Sicherheit oder Gesundheit gerechtfertigt sind.

(2) Das Europäische Parlament und der Rat erlassen gemäß dem ordentlichen Gesetzgebungsverfahren Richtlinien für die Koordinierung der genannten Vorschriften.

Literaturübersicht

Bleckmann, Die Ausnahmen der Dienstleistungsfreiheit nach dem EWG-Vertrag, EuR 1987, 28; *Everling*, Das Niederlassungsrecht der Kapitalgesellschaften in der Europäischen Gemeinschaft. Die Überlagerung des deutschen Gesellschaftsrechts und Unternehmensrechts durch europäisches Gemeinschaftsrecht, GS Knobbe-Keuk, 1997, S. 607; *Jarass*, Die Niederlassungsfreiheit in der Europäischen Gemeinschaft RIW 1993, 1; *ders.*, EG-Recht und nationales Rundfunkrecht. Zugleich ein Beitrag über die Reichweite der Dienstleistungsfreiheit, EuR 1986, 75; *Malferrari*, Anmerkungen zu Rs. C–593/13, EuZW 2015, 638; *Reich*, Die Freiheit des Dienstleistungsverkehrs als Grundfreiheit, ZHR 1989, 571; *Roth*, Die Harmonisierung des Dienstleistungsrechts in der EG, EuR 1986, 341.

Leitentscheidungen

EuGH, Urt. v. 28.10.1975, Rs. 36/75 (Rutili), Slg. 1975, 1219
EuGH, Urt. v. 27.11.1977, Rs. C–30/77 (Bouchereau), Slg. 1977, 1999
EuGH, Urt. v. 18.5.1982, verb. Rs. 115/81 und 116/81 (Adoui), Slg. 1982, 1665
EuGH, Urt. v. 10.7.1986, Rs. 79/85 (Segers), Slg. 1986, 2375
EuGH, Urt. v. 18.6.1991, Rs. C–260/89 (ERT), Slg. 1991, I–2925
EuGH, Urt. v. 19.1.1999, Rs. C–348/96 (Calfa), Slg. 1999, I–11

Inhaltsübersicht

	Rn.
A. Überblick	1
B. Normzweck	2
C. Anwendungsbereich	3
I. Sachgegenständlicher Anwendungsbereich	3
II. Anwendbarkeit auf juristische Personen	6
D. Rechtfertigungsgründe	7
I. Öffentliche Ordnung und Sicherheit	8
II. Öffentliche Gesundheit	11
III. Allgemeine Voraussetzungen der Rechtfertigungen	13
E. Ermächtigungsgrundlage des Art. 52 Abs. 2 AEUV	17

A. Überblick

Art. 52 Abs. 1 AEUV enthält im Gewande einer ordre public-Regelung[1] einen **Rechtfertigungsvorbehalt** für unmittelbare Diskriminierungen grenzüberschreitender Niederlassungen oder Dienstleistungen.[2] Die Regelung entspricht dem Vorbehalt in Art. 45   1

---

[1] *Kotzur*, in: Geiger/Khan/Kotzur, EUV/AEUV, Art. 52 AEUV, Rn. 2; *Forsthoff*, in: Grabitz/Hilf/Nettesheim, EU, Art. 52 AEUV (Oktober 2011), Rn. 2 (»Sicherheitsventil«).

[2] Über die Verweisungsnorm des Art. 62 AEUV findet Art. 52 AEUV auch im Dienstleistungsrecht Anwendung.

Abs. 3 AEUV und ist parallel auszulegen.³ Zugleich steht die Rechtfertigung unter Verhältnismäßigkeitsvorbehalt und hat aufgrund der zu Recht strengen Anforderungen der Rechtsprechung kaum Bedeutung erlangt.⁴ Ihr ist in Abs. 2 eine Koordinierungskompetenz beigestellt, die der Union – nunmehr im ordentlichen Gesetzgebungsverfahren – gestattet, Richtlinien zu erlassen, um entsprechende mitgliedstaatliche Regelungen mit dem Ziel einer freiverkehrsermöglichenden Angleichung zu koordinieren.

B. Normzweck

2 Sonderregelungen für Ausländer widersprechen dem unionsrechtlichen Grundprinzip der Gleichbehandlung von EU-Ausländern und können wegen ihrer wettbewerbs- und integrationsfeindlichen Wirkung nur aus Gründen der öffentlichen Ordnung, Sicherheit oder Gesundheit gerechtfertigt werden. Sie sind dabei als **Ausnahmefälle** der Niederlassungsfreiheit, die zudem in **direktem Widerspruch zum Binnenmarktziel** stehen,⁵ **eng auszulegen**⁶ und beschränken sich auf elementare Schutzgüter.⁷

C. Anwendungsbereich

I. Sachgegenständlicher Anwendungsbereich

3 Nach dem Wortlaut des Art. 52 AEUV können Sonderregelungen für EU-Ausländer aus Gründen der öffentlichen Ordnung, Sicherheit oder Gesundheit gerechtfertigt werden.⁸ Seine Bedeutung erlangt Art. 52 Abs. 1 AEUV insbesondere auf dem Gebiet des Ausländer(polizei)rechts der Mitgliedstaaten.⁹ Solche Regelungen knüpfen in ihrer Differenzierung unmittelbar an die Staatsangehörigkeit an und stellen daher **unmittelbare Diskriminierungen** dar.

4 Gegenständlich erfasst Art. 52 Abs. 1 AEUV insbesondere aufenthaltsrechtliche Maßnahmen (Einreise und Aufenthalt)¹⁰ oder Beschränkungen der Aufnahme selbstän-

---

³ *Schlag*, in: Schwarze, EU-Kommentar, Art. 52 AEUV, Rn. 2; *Forsthoff*, in: Grabitz/Hilf/Nettesheim, EU, Art. 52 AEUV (Oktober 2011), Rn. 4.
⁴ *Forsthoff*, in: Grabitz/Hilf/Nettesheim, EU, Art. 52 AEUV (Oktober 2011), Rn. 5.
⁵ So auch *Müller-Graff*, in: Streinz, EUV/AEUV, Art. 52 AEUV, Rn. 2; *Frenz*, Handbuch Europarecht, Bd.1, Rn. 2569.
⁶ EuGH, Urt. v. 18.6.1991, Rs. C–260/89 (ERT), Slg. 1991, I–2925, Rn. 24; *Müller-Graff*, in: Streinz, EUV/AEUV, Art. 52 AEUV, Rn. 2.
⁷ *Forsthoff*, in: Grabitz/Hilf/Nettesheim, EU, Art. 52 AEUV (Oktober 2011), Rn. 26.
⁸ So auch *Müller-Graff*, in: Streinz, EUV/AEUV, Art. 52 AEUV, Rn. 3; *Schlag*, in: Schwarze, EU-Kommentar, Art. 52 AEUV, Rn. 3; *Forsthoff*, in: Grabitz/Hilf/Nettesheim, EU, Art. 52 AEUV (Oktober 2011), Rn. 3; *Tiedje*, in: von der Groeben/Schwarze/Hatje, EUV/AEUV, Art. 52 AEUV, Rn. 3.
⁹ *Roth*, in: Dauses, Handbuch des EU-Wirtschaftsrechts, Abschnitt E.I. 2. f, April 2015, Rn. 94; *Müller-Graff*, in: Streinz, EUV/AEUV, Art. 52 AEUV, Rn. 3; *Forsthoff*, in: Grabitz/Hilf/Nettesheim, EU, Art. 52 AEUV (Oktober 2011), Rn. 7, spricht davon, dass im originären Anwendungsbereich von Art. 52 AEUV direkte Diskriminierungen nur zu rechtfertigen sind, wenn sie von spezifisch ausländerrechtlichen Maßnahmen ausgehen.
¹⁰ Vgl. dazu EuGH, Beschl. v. 4.12.1974, Rs. 41/74 (van Duyn), Slg. 1974, 1337; Urt. v. 28.10.1975, Rs. 36/75 (Rutili), Slg. 1975, 1219; Urt. v. 27.11.1977, Rs. C–30/77 (Bouchereau), Slg. 1977, 1999; Urt. v. 18.5.1982, verb. Rs. 115/81 u. 116/81 (Adoui) Slg. 1982, 1665; Urt. v. 19.1.1999, Rs. C–348/96 (Calfa), Slg. 1999, I–11.

diger Tätigkeit oder tätigkeitsbeendender Maßnahmen.[11] Darauf ist der Anwendungsbereich der Regelung allerdings nicht beschränkt, vielmehr ist **jede Sonderregelung** mit den genannten Gründen rechtfertigbar.[12] Die Gegenauffassung, die Art. 52 Abs. 1 AEUV auf Ausländer(polizei)recht begrenzen möchte,[13] findet im Wortlaut keine Stütze, da Art. 52 AEUV anders als Art. 45 Abs. 3 AEUV gerade nicht auf das Ausländerrecht im engeren Sinne beschränkt ist, sondern sich auf alle Sonderregelungen für Ausländer bezieht.[14] Darüber hinaus ist eine solche Beschränkung vor dem Hintergrund der Offenheit des Binnenmarktrechts gegenüber zwingenden Regelungsbedürfnissen der Mitgliedstaaten und der strengen Verhältnismäßigkeitsschranke nicht geboten.

Unterschiedslos geltende Maßnahmen im Sinne von mittelbaren Diskriminierungen und einfachen Behinderungen erfasst zwar der Wortlaut des Art. 52 Abs. 1 AEUV nicht, da diese keine »Sonderregelungen« für Ausländer darstellen. Eine Rechtfertigung ist nach zutreffender Auffassung des EuGH in diesen Fällen gleichwohl möglich, dogmatisch über die immanenten Rechtfertigungsgründe, denen auch die öffentliche Ordnung, Sicherheit oder Gesundheit zuzurechnen sind,[15] argumentativ auch durch eine erweiternde Auslegung:[16] Können offen diskriminierende Maßnahmen im Rahmen des Art. 52 AEUV gerechtfertigt werden, muss dies erst Recht für unterschiedslos anwendbare Maßnahmen gelten.[17]

5

---

[11] Beachte hier Art. 27 ff. der RL 2004/38/EG über das Recht der Unionsbürger und ihrer Familienangehörigen, sich im Hoheitsgebiet der Mitgliedstaaten frei zu bewegen und aufzuhalten, zur Änderung der Verordnung (EWG) Nr. 1612/68 und zur Aufhebung der Richtlinien 64/221/EWG, 68/360/EWG, 72/194/EWG, 73/148/EWG, 75/34/EWG, 75/35/EWG, 90/364/EWG, 90/365/EWG und 93/96/EWG, ABl. 2004, L 158/77 als Konkretisierung des Art. 52 I AEUV. Die Rspr. zitiert daher in Aufenthaltssachen nicht mehr Art. 52 I AEUV selbst.

[12] Siehe *Roth*, in: Dauses, Handbuch des EU-Wirtschaftsrechts, Abschnitt E.I., April 2015, Rn. 96; *Jarass*, RIW 1993, 1, 6; zurückhaltender *Schlag*, in: Schwarze, EU-Kommentar, Art. 52 AEUV, Rn. 3; für eine lediglich »vorsichtige Erstreckung«: *Forsthoff*, in: Grabitz/Hilf/Nettesheim, EU, Art. 52 AEUV (Oktober 2011), Rn. 16; für die Anwendung auf ausländerrechtliche Regelungen vor allem, aber nicht nur, *Müller-Graff*, in: Streinz, EUV/AEUV, Art. 52 AEUV, Rn. 3; so auch: *Roth*, EuR 1986, 341 (357); hinsichtlich der Dienstleistungsfreiheit: *Reich*, ZHR 1989, 571 (582); *Jarass*, EuR 1986, 84 (85 ff.).

[13] In diese Richtung *Forsthoff*, in: Grabitz/Hilf/Nettesheim, EU, Art. 52 AEUV (Oktober 2011), Rn. 7 mit Verweis auf EuGH, Urt. v. 28.10.1975, Rs. 36/75 (Rutili), Slg. 1975, 1219, Rn. 46 f.; differenzierend: *Everling*, Das Niederlassungsrecht der Kapitalgesellschaften in der Europäischen Gemeinschaft. Die Überlagerung des deutschen Gesellschaftsrechts und Unternehmensrechts durch europäisches Gemeinschaftsrecht, GS Knobbe-Keuk, 1997, S. 607 (619).

[14] Vgl. *Bleckmann*, EuR 1987, 28 (46).

[15] Zutreffend *Müller-Graff*, in: Streinz, EUV/AEUV, Art. 52 AEUV, Rn. 4; *Roth*, in: Dauses, Handbuch des EU-Wirtschaftsrechts, Abschnitt E.I.f., April 2015, Rn. 98; *Schlag*, in: Schwarze, EU-Kommentar, Art. 52 AEUV, Rn. 3, ebs. auch *Forsthoff*, in: Grabitz/Hilf/Nettesheim, EU, Art. 52 AEUV (Oktober 2011), Rn. 3.

[16] So EuGH, Urt. v. 22.10.2009, Rs. C–438/08 (Kommission/Portugal), Slg. 2009, I–10219, Rn. 33; Urt. v. 10.3.1993, Rs. C–111/91 (Kommission/Luxemburg), Slg. 1993, I–817, Rn. 9, 10, 12; Urt. v. 1.2.2001 Rs. C–108/96 (Mac Queen), Slg. 2001, I–837, Rn. 28.

[17] Siehe *Haratsch/Koenig/Pechstein*, Europarecht, Rn. 941; *Forsthoff*, in: Grabitz/Hilf/Nettesheim, EU, Art. 45 AEUV (September 2010), Rn. 328; *Frenz*, Handbuch Europarecht, Bd. 1, Rn. 2560; *Müller-Graff*, in: Streinz, EUV/AEUV, Art. 52 AEUV, Rn. 4; *Schlag*, in, Schwarze, EU-Kommentar, Art. 52 AEUV, Rn. 3.

II. Anwendbarkeit auf juristische Personen

6 Obwohl der Wortlaut des Art. 52 AEUV eher auf natürliche Personen zugeschnitten ist,[18] besteht Einigkeit, dass geschriebene Rechtfertigungsgründe auch Sonderregelungen legitimieren können, die an juristische Personen adressiert sind.[19] Dies ergibt sich daraus, dass Art. 54 AEUV mit Blick auf die Bedeutung rechtlich konfigurierter Marktakteure zu Recht eine Gleichstellung der nach den Rechtsvorschriften eines Mitgliedstaats gegründeten Gesellschaften mit natürlichen Personen anordnet. Dem folgt auch in ständiger Rechtsprechung der EuGH.[20] Besonderheiten bei der Anwendung ergeben sich nicht.[21]

D. Rechtfertigungsgründe

7 Die Rechtfertigung von offenen Diskriminierungen kommt nur in engen Ausnahmefällen in Betracht. Dementsprechend sind die rechtfertigenden Schutzgüter abschließend[22] und eng gefasst. Es ist Aufgabe der Mitgliedstaaten, die nationalen Belange, die für eine ausländerrechtliche Sondervorschrift maßgebend sind, zu konkretisieren.[23] Bei ihrer Bestimmung haben die Mitgliedstaaten mit Blick auf besondere nationale Umstände und ihrem zeitlichen Wandel einen Ermessensspielraum, etwa bei der Frage, ob im Gebrauch von bestimmten Rauschmitteln eine erhebliche Gefährdung der Gesellschaft und damit der öffentlichen Ordnung und Sicherheit gesehen wird, sodass besondere Maßnahmen gegen Ausländer gerechtfertigt wären.[24] Dies ändert indes nichts daran, dass die Begriffe der öffentlichen Sicherheit, Ordnung und Gesundheit europarechtlich autonom zu bestimmen[25] und – wie bereits oben angesprochen – eng auszulegen sind.[26] Anhaltspunkte hierzu finden sich in der Richtlinie 2004/38/EG über das Recht der Uni-

---

[18] *Khan/Eisenhut*, in: Vedder/Heintschel von Heinegg, Europäisches Unionsrecht, Art. 52 AEUV, Rn. 3.
[19] *Forsthoff*, in: Grabitz/Hilf/Nettesheim, EU, Art. 52 AEUV (Oktober 2011), Rn. 18; *Schlag*, in: Schwarze, EU-Kommentar, Art. 52 AEUV, Rn. 4.
[20] EuGH, Urt. v. 26.4.1988, Rs. 352/85 (Bond van Adverteerders), Slg. 1988, I–2085, Rn. 31 ff.; Urt. v. 10.7.1986, Rs. 79/85 (Segers), Slg. 1986, 2375, Rn. 17; Urt. v. 29.10.1998, Rs. C–114/97 (Kommission/Spanien), Slg. 1998, I–6717, Rn. 40–43; Urt. v. 9.9.2010, Rs. C–64/08 (Engelmann), Slg. 2010, I–0000, Rn. 34; Urt. v. 22.10.2008, Rs. C–161/07 (Kommission/Österreich), Slg. 2008, I–10671, Rn. 35; Urt. v. 21.10.2010, Rs. C–546/07 (Kommission/Deutschland), Slg. 2010, I–0000, Rn. 47, 48.
[21] S. jedoch hinsichtlich Tragweite und denkbaren Fallgestaltungen *Forsthoff*, in: Grabitz/Hilf/Nettesheim, EU, Art. 52 AEUV (Oktober 2011), Rn. 18.
[22] Die abweichende Meinung von *Schroeder*, in: Streinz, EUV/AEUV, Art. 34 AEUV, Rn. 73, der für Art. 34 AEUV eine dynamische Ausweitung des Katalogs vertritt, konnte sich nicht durchsetzen; s. zu Recht (zu Art. 36 AEUV) EuGH, Urt. v. 17.6.1981, Rs. 113/80 (Kommission/Irland), Slg. 1981, 1625, Rn. 7; Urt. v.6.11.1984, Rs. 177/83 (Kohl), Slg. 1984, 3651, Rn. 19.
[23] Siehe *Frenz*, Handbuch Europarecht, Bd.1, Rn. 2575.
[24] EuGH, Urt. v. 4.12.1974, Rs. 41/74 (Van Duyn), Slg. 1974, 1337, Rn. 19; Urt. v. 19.1.1999, Rs. C–348/96 (Calfa), Slg. 1999, I–11, Rn. 22; *Tiedje*, in: GSH, Europäisches Unionsrecht, Art. 52 AEUV, Rn. 3.
[25] Zutreffend *Korte*, in: Calliess/Ruffert, EUV/AEUV, Art. 52 AEUV, Rn. 7; *Frenz*, Handbuch Europarecht, Bd.1, Rn. 2570. Letztlich dürfte daher die hier vertretene Auffassung von der etwa von *Forsthoff*, in: Grabitz/Hilf/Nettesheim, EU, Art. 52 AEUV (Oktober 2011), Rn. 23 ff., vertretenen Gegenmeinung kaum abweichen.
[26] EuGH, Urt. v. 18.6.1991, Rs. C–260/89 (ERT), Slg. 1991, I–2925, Rn. 24.

onsbürger und ihrer Familienangehörigen, sich im Hoheitsgebiet der Mitgliedstaaten frei zu bewegen und aufzuhalten.[27]

I. Öffentliche Ordnung und Sicherheit

Die Güter der öffentlichen Ordnung und Sicherheit beziehen sich auf den Schutz vor schweren Gefahren für die Existenz, Grundlagen und Einrichtungen des Staates sowie den Schutz des Lebens und der Freiheit von Individuum und Gesellschaft.[28] 8

Der Begriff der **öffentlichen Ordnung** ist unionsrechtlich in Art. 27 f. RL 2004/38/EG nur teilweise (vgl. Rn. 17 f.) bestimmt. Die Rechtsprechung hält eine Rechtfertigung nur dann für möglich, wenn die nationale Maßnahme einer tatsächlichen und hinreichend schweren Gefährdung begegnen soll, die ein Grundinteresse der Gesellschaft und ihre elementaren unverzichtbaren Grundregeln berührt.[29] Zu den Interessen gehören die in den Verträgen und der Grundrechtecharta enthaltenen Rechte und Ziele,[30] jedenfalls soweit sie im Kern betroffen sind. Anerkannt hat der Gerichtshof etwa das Interesse von Mitgliedstaaten zur Überwachung von Bevölkerungsbewegungen zur Einrichtung einer Meldepflicht für Ausländer (Meldewesen).[31] Die Berufung von Mitgliedstaaten auf die Bekämpfung lediglich abstrakter oder hypothetischer Gefahrenlagen ist hingegen unzureichend.[32] 9

Der Begriff der **öffentlichen Sicherheit** umfasst sowohl die innere als auch die äußere Sicherheit.[33] Unter die äußere Sicherheit fällt beispielsweise die Gefahr einer erheblichen Störung der auswärtigen Beziehungen oder des friedlichen Zusammenlebens der Völker.[34] Die innere Sicherheit ist betroffen, wenn es um die Funktionsfähigkeit innerstaatlicher Einrichtungen oder wichtiger öffentlicher Dienste geht oder gar das Überleben der Bevölkerung in Gefahr ist.[35] Darunter kann die Aufrechterhaltung der Sicherheit in den Hafengewässern als wesentliches Merkmal eines öffentlichen Versorgungsdienstes im Sinne des öffentlichen Interesses fallen.[36] 10

---

[27] Vgl. Art. 27 ff. RL 2004/38/EG; ABl. 2004, L 158/77.
[28] Siehe auch *Roth*, in: Dauses, Handbuch des EU-Wirtschaftsrechts, Abschnitt E. I. f, April 2015, Rn. 96; EuGH, Urt. v. 26.3.2009, Rs. C–326/07 (Kommission/Italien), Slg. 2009, I–2291, Rn. 70; Urt. v. 27.10.1977, Rs. 30/77 (Bouchereau), Slg. 1977, I–1999, Rn. 35; Urt. v. 18.5.1982, verb. Rs. 115 u. 116/81 (Adoui), Slg. 1982, 1665, Rn. 8; Urt. v. 20.11.2001, Rs. C–268/99, Slg. 2001, I–8615, Rn. 59; Urt. v. 19.1.1999, Rs. C–348/96 (Calfa), Slg. 1999, I–11, Rn. 21; Urt. v. 26.3.2009, Rs. C–326/07 (Kommission/Italien), Slg. 2009, I–2291, Rn. 70 unter Hinweis auf EuGH, Urt. v. 9.3.2000, Rs. C–355/98 (Kommission/Belgien), Slg. 2000, I–1221, Rn. 28; Urt. v. 14.3.2000, Rs. C–54/99 (Église de scientologie), Slg. 2000, I–1335, Rn. 17; Urt. v. 17.7.2008, Rs. C–207/07 (Kommission/Spanien), Slg. 2008, I–111, Rn. 47; zur Auslegung der im Rahmen der Assoziierungsregelung zwischen der Europäischen Wirtschaftsgemeinschaft und der Türkei erlassenen Bestimmungen: EuGH, Urt. v. 10.2.2000, Rs. C–340/97 (Nazli), Slg. 2000, I–957, Rn. 56–61.
[29] Siehe etwa EuGH, Urt. v. 28.10.1975, Rs. 36/75 (Rutili), Slg. 1975, 1219, Rn. 26 ff.; Urt. v. 27.11.1977, Rs. C–30/77 (Bouchereau), Slg. 1977, 1999, Rn. 33 ff.; Urt. v. 19.1.1999, Rs. C–348/96 (Calfa), Slg. 1999, I–11, Rn. 21; Urt. v. 9.3.2000, Rs. C–355/98 (Kommission/Belgien), Slg. 2000, I–1221, Rn. 28; *Müller-Graff*, in Streinz, EUV/AEUV, Art. 52 AEUV, Rn. 8.
[30] *Frenz*, Handbuch Europarecht, Bd. 1, Rn. 2574.
[31] EuGH, Urt. v. 7.7.1976, Rs. 118/75 (Watson), Slg. 1976, 1985, Rn. 17 ff.
[32] *Tiedje*, in: GSH, Europäisches Unionsrecht, Art. 52 AEUV, Rn. 24.
[33] EuGH, Urt. v. 4.10.1991, Rs. C–367/89 (Richardt), Slg. 1991, I–4621, Rn. 22.
[34] EuGH, Urt. v. 17.10.1995, Rs. 70/94 (Werner Industrie-Ausrüstungen), Slg. 1995, I–3189, Rn. 27.
[35] EuGH, Urt. v. 10.7.1984, Rs. 72/83 (Campus Oil), Slg. 1984, 2727, Rn. 34 – entschieden für die Warenverkehrsfreiheit.
[36] EuGH, Urt. v. 18.6.1998, Rs. C–266/96 (Corsica Ferries), Slg. 1998, I–3949, Rn. 60 – allerdings auf die Dienstleistungsfreiheit bezogen.

II. Öffentliche Gesundheit

11 Die **öffentliche Gesundheit** umfasst zum einen den Schutz vor Krankheitsgefahren für große Bevölkerungsteile, insbesondere vor übertragbaren epidemischen Krankheiten. Art. 29 der RL 2004/38/EG konkretisiert dies dahingehend, dass Krankheiten nur dann freizügigkeitsbeschränkende Maßnahmen rechtfertigen, wenn es sich um solche mit epidemischem Potenzial oder sonstigen übertragbaren, durch Infektionserreger oder Parasiten verursachten Krankheiten handelt, sofern gegen diese Krankheiten Maßnahmen zum Schutz der Staatsangehörigen des Aufnahmemitgliedstaats getroffen werden.

12 Zum anderen gehören hierzu auch Maßnahmen zur Aufrechterhaltung und zum Schutz des Gesundheitssystems, die beispielsweise das finanzielle Gleichgewicht[37] oder eine sichere und qualitativ hochwertige Arzneimittelversorgung der Bevölkerung sicherstellen.[38] Obwohl der mit Sicherung der Finanzierung beschriebene Rechtfertigungsgrund grundsätzlich verpönten wirtschaftlichen Charakter trägt, kann dies doch eine Beschränkung der Kostenerstattung eines Patienten für Behandlungen im Ausland rechtfertigen,[39] wenn die jeweilige Maßnahme zugleich zu einem hohen Gesundheitsschutz beiträgt.[40]

III. Allgemeine Voraussetzungen der Rechtfertigung

13 Auch bei Art. 52 AEUV sind die allgemeinen Voraussetzungen der Rechtfertigung zu beachten.[41]

14 Dies schließt eine Rechtfertigung aus, wenn eine **abschließende Unionsregelung** spezifische Regelungen zum Schutz der öffentlichen Sicherheit, Ordnung und Gesundheit trifft.[42] Zweifelhaft, vom EuGH allerdings bejaht, ist dies für Art. 14 der Dienstleistungsrichtlinie (RL 2006/123/EG);[43] da diese Regelung alleine der Durchsetzung der Niederlassungsfreiheit dient, kann daraus schwerlich abgeleitet werden, dass sämtliche öffentliche Interessen hinter dem Binnenmarktziel zurückstehen müssen. Die Auffassung des EuGH führt zu dem kaum akzeptablen Ergebnis, dass den Mitgliedstaaten im Anwendungsbereich der Dienstleistungsrichtlinie die Berufung auf Art. 52 Abs. 1 AEUV praktisch gänzlich abgeschnitten ist.

15 Darüber hinaus ist der **Verhältnismäßigkeitsgrundsatz** zu beachten.[44] Die Sonderregelung muss zunächst geeignet sein, das in Art. 52 AEUV anerkannte Schutzinteresse zu verwirklichen. Dabei ist jeder Mitgliedstaat befugt, das Schutzniveau selbst zu bestim-

---

[37] So *Frenz*, Europarecht, Bd.1, Rn. 2584; siehe auch EuGH, Urt. v. 10.3.2009, Rs. 169/07 (Hartlauer), Slg. 2009, I–1721.
[38] EuGH, Urt. v. 19.5.2009, verb. Rs. 171/07 u. 172/07 (Doc Morris), Slg. 2009, I–4171, Rn. 28.
[39] *Tiedje*, in: GSH, Europäisches Unionsrecht, Art. 52 AEUV, Rn. 36, 40.
[40] EuGH, Urt. v. 28.4.1998, Rs. C–158/96 (Kohll), Slg. 1998, I–1931, Rn. 50; Urt. v. 19.4.2007, Rs. C–444/05 (Stamatelaki), Slg. 2007, I–3185, Rn. 31; Urt. v. 5.10.2010, Rs. C–173/09 (Elchinov), Slg. 2010, I–1919, Rn. 42.
[41] Ausführlich dazu oben, Art. 49 AEUV, Rn. 67 ff.
[42] Dazu *Korte*, in: Calliess/Ruffert, EUV/AEUV, Art. 52 AEUV, Rn. 10; *Müller-Graff*, in: Streinz, EUV/AEUV, Art. 52 AEUV, Rn. 13.
[43] EuGH, Urt. v. 16.6.2015, Rs. C–593/13 (Rina Services), ECLI:EU:C:2015:399, Rn. 28 ff.; vgl. die Anmerkung von *Malferrari*, EuZW 2015, 640.
[44] EuGH, Urt. v. 6.6.1996, Rs. C–101/94 (Kommission/Italien), Slg. 1996, I–2691, Rn. 26.

men, in Bezug auf die Geeignetheit steht ihm ein Ermessensspielraum zu.[45] Eine Rechtfertigung scheitert jedoch häufig an dem gerade mit Blick auf die unmittelbare Diskriminierung strengen Erforderlichkeitskriterium. Sie scheidet insbesondere aus, wenn lediglich **generell-präventive Gründe** (etwa eine strafrechtliche Verurteilung als solche ohne Bezug zu den spezifischen Rechtfertigungsgründen des Art. 52 AEUV) geltend gemacht werden[46] oder ein ganzer Wirtschaftsbereich Inländern vorbehalten wird und die Gefahr für die öffentliche Sicherheit, Ordnung oder Gesundheit nicht von der Einreise oder dem Aufenthalt einer bestimmten Person ausgeht;[47] dies muss im Einzelfall festgestellt werden.[48]

Bei der Rechtfertigung von Sonderregelungen für Ausländer sind darüber hinaus die Grundrechte der Charta der Europäischen Union und die allgemeinen Rechtsgrundsätze, die der EuGH in seiner Rechtsprechung entwickelt hat, zu beachten.[49]   16

E. Ermächtigungsgrundlage des Art. 52 Abs. 2 AEUV

Art. 52 Abs. 2 AEUV enthält eine Ermächtigungsgrundlage zum Erlass von Richtlinien zur Koordinierung mitgliedstaatlicher Sonderregelungen durch das Europäische Parlament und den Rat. Dabei wird auf das ordentliche Gesetzgebungsverfahren gemäß Art. 289 Abs. 1, 294 AEUV verwiesen. Koordinierung meint die Angleichung mitgliedstaatlicher Sonderregelungen, um unionsweit Rechtssicherheit für Unionsbürger zu schaffen.[50] Regelungsgegenstand der auf Grundlage des Art. 52 Abs. 2 AEUV erlassenen Richtlinien kann demnach das sein, was den Mitgliedstaaten hinsichtlich nationaler Maßnahmen nach Art. 52 Abs. 1 AEUV erlaubt gewesen wäre. Wegen des systematischen Zusammenhangs zu Art. 49 Abs. 2 AEUV erlaubt die Kompetenzgrundlage ausschließlich Sonderregelungen für EU-Ausländer, nicht hingegen Sonderregelungen für Drittstaatsangehörige.[51]   17

Praktisch wurde von Art. 52 Abs. 2 AEUV bisher mit der Freizügigkeits-Richtlinie 2004/38/EG[52] nur in einem Falle Gebrauch gemacht. Sie regelt das Recht auf Ein- und Ausreise sowie das Aufenthaltsrecht von Unionsbürgern und deren Familienangehörigen und wurde durch das Freizügigkeitsgesetz[53] in deutsches Recht umgesetzt. Die Art. 27 ff. der Richtlinie konkretisieren im Wesentlichen die Rechtsprechung des EuGH   18

---

[45] EuGH, Urt. v. 16.10.2010, Rs. 89/09 (Kommission/Frankreich), Slg. 2010, I–12941, Rn. 42; *Müller-Graff*, in: Streinz, EUV/AEUV, Art. 52 AEUV, Rn. 17.
[46] Vgl. EuGH, Urt. v. 26.2.1975, Rs. 67/74 (Bonsignore), Slg. 1975, 297 Rn. 5 ff.
[47] EuGH, Urt. v. 29.10.1998, Rs. C–114/97 (Kommission/Spanien), Slg. 1998, I–6717, Rn. 42.
[48] Vgl. Art. 27 Abs. 2 RL 2004/38/EG; siehe auch *Tietje*, in: Ehlers, Grundrechte und Grundfreiheiten, § 10 IV, Rn. 60.
[49] EuGH, Urt. v. 18.6.1991, Rs. C–260/89 (ERT), Slg. 1991, I–2925, Rn. 45.
[50] *Müller-Graff*, in: Streinz, EUV/AEUV, Art. 52 AEUV, Rn. 22.
[51] So *Müller-Graff*, in: Streinz, EUV/AEUV, Art. 52 AEUV, Rn. 22.
[52] Richtlinie 2004/38/EG des Europäischen Parlaments und des Rates vom 29.4.2004 über das Recht der Unionsbürger und ihrer Familienangehörigen, sich im Hoheitsgebiet der Mitgliedstaaten frei zu bewegen und aufzuhalten, zur Änderung der Verordnung (EWG) Nr. 1612/68 und zur Aufhebung der Richtlinien 64/221/EWG, 68/360/EWG, 72/194/EWG, 73/148/EWG, 75/43/EWG, 75/35/EWG, 90/364/EWG, 90/365/EWG und 93/96/EWG, ABl. 2004, L 229/35; *Müller-Graff*, in: Streinz, EUV/AEUV, Art. 52 AEUV, Rn. 23.
[53] Freizügigkeitsgesetz/EU vom 30. Juli 2004, BGBl. I S. 1950, 1986.

zu Art. 52 Abs. 1 AEUV[54] mit Blick auf die Begriffe der öffentlichen Sicherheit, Ordnung und Gesundheit. Zwar ist die Richtlinie primär auf die Freizügigkeit von Unionsbürgern bezogen, sie lässt sich jedoch auch auf die Freiheit zur Niederlassung anwenden; wer gerechtfertigter Weise nicht einreisen darf, darf sich auch nicht niederlassen.[55]

---

[54] S. z. B. EuGH Urt. v. 26.4.1988, Rs. 352/85 (Bond van Adverteerders), Slg. 1988, 2085, Rn. 34; Urt. v. 4.5.1993, Rs. C–17/92 (FDC), Slg. 1993, I–2239, Rn. 16.
[55] Ähnlich *Schlag*, in: Schwarze, EU-Kommentar, Art. 49 AEUV, Rn. 50.

Artikel 53 AEUV [Anerkennung von Befähigungsnachweisen]

(1) Um die Aufnahme und Ausübung selbstständiger Tätigkeiten zu erleichtern, erlassen das Europäische Parlament und der Rat gemäß dem ordentlichen Gesetzgebungsverfahren Richtlinien für die gegenseitige Anerkennung der Diplome, Prüfungszeugnisse und sonstigen Befähigungsnachweise sowie für die Koordinierung der Rechts- und Verwaltungsvorschriften der Mitgliedstaaten über die Aufnahme und Ausübung selbstständiger Tätigkeiten.

(2) Die schrittweise Aufhebung der Beschränkungen für die ärztlichen, arztähnlichen und pharmazeutischen Berufe setzt die Koordinierung der Bedingungen für die Ausübung dieser Berufe in den einzelnen Mitgliedstaaten voraus.

Inhaltsübersicht   Rn.
A. Überblick und Normzweck 1
B. Voraussetzungen 6
    I. Erleichterung der Aufnahme oder Ausübung einer selbstständigen Tätigkeit .. 7
    II. Umfang der Kompetenzgrundlage 9
        1. Gegenseitige Anerkennung von Befähigungsnachweisen 10
        2. Koordinierung der Rechts- und Verwaltungsvorschriften 12
        3. Gesundheitsberufe 13
C. Rechtspolitik auf der Grundlage des Art. 53 AEUV 14
        1. Regelungsansätze in der Entwicklung 14
        2. Erfasste Rechtsbereiche 15

A. Überblick und Normzweck

Art. 53 AEUV ermächtigt die Union zu Maßnahmen, die einer **Erleichterung** der Wahrnehmung der Niederlassungs- und Dienstleistungsfreiheit (Art. 62 AEUV) dienen. Sie stellt eine für die Freizügigkeit spezielle Kompetenzvorschrift gegenüber Art. 114 AEUV dar und geht dieser vor.[1] Seit Inkrafttreten des Lissabonner Vertrages ist die Bedeutung dieser Konkurrenz gering, weil das Einstimmigkeitserfordernis (Art. 47 EG) dem ordentlichen Gesetzgebungsverfahren gewichen ist. Die Bereichsausnahme des Art. 114 Abs. 2 AEUV für Bestimmungen über die Steuer, die Freizügigkeit und die Rechte und Interessen der Arbeitnehmer entfaltet für Art. 53 Abs. 1 AEUV keine Wirkungen.[2] 1

Mit den auf dieser Grundlage erlassenen Richtlinien soll zum einen die **gegenseitige Anerkennung** von Berufszugangsregelungen in Form von **Diplomen, Prüfungszeugnissen und sonstigen Befähigungsnachweisen** geregelt und hierdurch Hindernisse abgebaut werden.[3] Die gegenseitige Anerkennung von nationalen Marktzugangsbedingungen ist eine Grundforderung des Binnenmarktrechts und wurde durch die Rechtsprechung ins- 2

---

[1] *Leible/Schröder*, in: Streinz, EUV/AEUV, Art. 114 AEUV, Rn. 9; *Korte*, in: Calliess/Ruffert, EUV/AEUV, Art. 114 AEUV, Rn. 11 f.; *Tietje*, in: Grabitz/Hilf/Nettesheim, EU, Art. 114 AEUV (März 2011), Rn. 122.
[2] *Leible/Schröder*, in: Streinz, EUV/AEUV, Art. 114 AEUV, Rn. 12, *Khan*, in: Geiger/Khan/Kotzur, EUV/AEUV, Art. 114 AEUV, Rn. 15.
[3] *Müller-Graff*, in: Streinz, AEUV/EUV, Art. 53 AEUV, Rn. 1; *Kotzur*, in: Geiger/Khan/Kotzur, EUV/AEUV, Art. 53 AEUV, Rn. 1; *Korte*, in: Calliess/Ruffert, EUV/AEUV, Art. 53 AEUV, Rn. 3.

besondere in Folge der Cassis-de-Dijon-Rechtsprechung als unmittelbar anwendbares Prinzip entwickelt.⁴ Tatsächlich hat die Rechtsprechung zunächst in Anwendung der Grundfreiheiten in zahlreichen Einzelurteilen spezifische Anerkennungspflichten festgestellt, deren Umfang vor allem durch die Anwendung des Verhältnismäßigkeitsgrundsatzes im Rahmen der Rechtfertigung umrissen ist.⁵

3   Deswegen erübrigt sich der rechtspolitische Auftrag des Art. 53 AEUV jedoch keineswegs. Die Angleichung durch positive Harmonisierung trägt dazu bei, die Anerkennung auszugestalten und auf diese Weise **Rechtssicherheit** herzustellen.⁶ Darüber hinaus ist Harmonisierung dort notwendig, wo Mitgliedstaaten sich gegenüber den Grundfreiheiten auf zwingende **Gründe des Allgemeinwohls** berufen und folglich ihre freiheitsbehindernden Maßnahmen aufrechterhalten konnten.⁷ Schließlich erfordert die behinderungsfreie Ausübung der Niederlassungsfreiheit und Dienstleistungsfreiheit, dass die unterschiedlichen Anforderungen über die Aufnahme und Ausübung selbstständiger Tätigkeiten im Sinne einer **Koordinierung** angeglichen werden.⁸ Gerade hier zeigen sich in den Mitgliedstaaten teilweise erhebliche, historisch gewachsene Unterschiede, die die grenzüberschreitende Niederlassung und Dienstleistung erschweren und einer gegenseitigen Anerkennung entgegenstehen können. Daher werden Anerkennungspflichten und die Koordinierung der Rechts- und Verwaltungsvorschriften in den meisten Richtlinien miteinander verbunden, auch, um dem im System der Anerkennung verwurzelten Grundsatz des **gegenseitigen Vertrauens** in die Gleichwertigkeit von Abschlüssen und Befähigungsnachweisen⁹ eine Grundlage zu geben. Dem entspricht, dass beide Aspekte, die in Art. 47 EGV noch in zwei Absätzen getrennt waren, nunmehr in Art. 53 Abs. 1 AEUV integriert sind.¹⁰

4   Art. 53 Abs. 2 AEUV (Art. 47 Abs. 3 EGV a. F.) kommt derzeit kaum noch eigenständige Bedeutung zu,¹¹ da für die genannten Bereiche bereits zahlreiche Koordinierungsrichtlinien erlassen wurden. Raum für die Anwendung des Art. 53 Abs. 2 AEUV bleibt demzufolge nur, sofern neue regulative Erfordernisse bei den betroffenen Gesundheitsberufen entstehen,¹² darüber hinaus müssen sich Betroffene unmittelbar auf Art. 49 AEUV berufen.¹³

---

⁴ EuGH, Urt. v. 7.5.1991, Rs. C–340/89 (Vlassopoulou), Slg. 1991, I–2357, Rn. 16, 19 f.; Urt. v. 7.5.1992, Rs. C–104/91 (Borrell), Slg. 1992, I–3003; Urt. v. 13.11.2003, Rs. C–313/01 (Morgenbesser), Slg. 2003, I–13467, Rn. 57 ff., 70; Urt. v. 16.5.2002, Rs. C–232/99 (Kommission/Spanien), Slg. 2002, I–4235, Rn. 21.
⁵ EuGH, Urt. v. 7.5.1991, Rs. C–340/89 (Vlassopoulou), Slg. 1991, I–2357, Rn. 16, 19 ff.; Urt. v. 14.9.2000, Rs. C–238/98 (Hocsman), Slg. 2000, I–6623, Rn. 23; Urt. v. 22.1.2002, Rs. C–31/00 (Dreessen), Slg. 2002, I–663, Rn. 24.
⁶ *Müller-Graff*, in: Streinz, AEUV/EUV, Art. 53 AEUV, Rn. 2.
⁷ EuGH, Urt. v. 7.11.2000, Rs. C–168/98 (Luxemburg/Parlament und Rat), Slg. 2001, I–9131, Rn. 32.
⁸ *Tiedje*, in: GSH, Europäisches Unionsrecht, Art. 53 AEUV, Rn. 2.
⁹ Vgl. beispielhaft nur EuGH, Urt. v. 23.10.2008, Rs. C–286/06 (Kommission/Spanien), Slg. 2008, I–8025, Rn. 65; *Müller-Graff*, in: Streinz, EUV/AEUV, Art. 53 AEUV, Rn. 8.
¹⁰ *Forsthoff*, in: Grabitz/Hilf/Nettesheim, EU, Art. 53 AEUV (Oktober 2011), Rn. 1; *Korte*, in: Calliess/Ruffert, EUV/AEUV, Art. 53 AEUV, Rn. 2.
¹¹ Vgl. dazu *Schlag*, in: Schwarze, EUV/AEUV, Art. 53 AEUV, Rn. 28; *Tiedje*, in: GSH, Europäisches Unionsrecht, Art. 53 AEUV, Rn. 22; *Forsthoff*, in: Grabitz/Hilf/Nettesheim, EU, Art. 53 AEUV (Oktober 2011), Rn. 22; *Khan/Eisenhut*, in: Vedder/Heintschel von Heinegg, Europäisches Unionsrecht, Art. 53 AEUV, Rn. 2.
¹² *Müller-Graff*, in: Streinz, EUV/AEUV, Art. 53 AEUV, Rn. 31.
¹³ *Forsthoff*, in: Grabitz/Hilf/Nettesheim, EU, Art. 53 AEUV (Oktober 2011), Rn. 22.

Der Erlass von Richtlinien auf der Grundlage des Art. 53 AEUV richtet sich nach dem **ordentlichen Gesetzgebungsverfahren** im Sinne des Art. 289 Abs. 1, 294 AEUV.[14]

B. Voraussetzungen

In Abs. 1 sind **zwei Komponenten** zu unterscheiden. So geht es einerseits um die Anerkennung der Diplome, Prüfungszeugnisse und sonstigen Befähigungsnachweise und andererseits um die Koordinierung der Rechts- und Verwaltungsvorschriften der Mitgliedstaaten über die Aufnahme und Ausübung selbstständiger Tätigkeiten. Abs. 2 enthält besondere Voraussetzungen für den Abbau von Beschränkungen bei der grenzüberschreitenden Aufnahme und Ausübung von Gesundheitsberufen. Darüber hinaus sind die allgemeinen Voraussetzungen der unionalen Rechtsetzung zu beachten (insb. Verhältnismäßigkeitsprinzip und Subsidiarität).

I. Erleichterung der Aufnahme oder Ausübung einer selbstständigen Tätigkeit

Voraussetzung für die Kompetenz aus Art. 53 AEUV ist, dass die Aufnahme oder Ausübung einer selbstständigen Tätigkeit[15] erleichtert wird.[16] Als Teil der binnenmarktlichen Angleichungskompetenzen sind die Voraussetzungen für eine Erleichterung mit Blick auf das auf Schaffung von möglichst unverzerrtem Wettbewerb ausgerichtete Binnenmarktziel[17] auszulegen. Daher können die zu Art. 114 AEUV entwickelten Auslegungsgrundsätze prinzipiell übertragen werden.[18]

Unter **Erleichterung** ist folglich die Beseitigung oder der stufenweise Abbau von Hindernissen oder Erschwernissen des grenzüberschreitenden Zugangs zu selbständigen wirtschaftlichen Tätigkeiten oder von **spürbaren Wettbewerbsverzerrungen** im Binnenmarkt zu verstehen.[19] Wie bei Art. 114 AEUV genügen eine **potentielle Wettbewerbsverzerrung** oder allgemeine wirtschaftliche Erwägungen[20] **nicht**, um eine Rechtssetzungskompetenz nach Art. 53 AEUV zu begründen.[21] Vielmehr müssen nationale Regelungen oder Rechtsunterschiede zwischen den Mitgliedstaaten spezifische Behinderungen im Sinne einer Beschränkung der Niederlassungs- oder Dienstleistungsfreiheit bewirken und damit das Funktionieren des Binnenmarkts selbst treffen.[22] In rechts-

---

[14] Im Gegensatz zur Vorgängervorschrift des Art. 47 EGV a. F. ist ein Einstimmigkeitserfordernis nicht mehr erforderlich.
[15] Zum Begriff der Selbstständigkeit vgl. Art. 49 AEUV, Rn. 14 ff.
[16] Vgl. zu Art. 114 AEUV: EuGH, Urt. v. 13. 5. 1997, Rs. C–233/94, Slg. 1997, I–2405, Rn. 19; Urt. v. 5. 10. 2010, Rs. C–376/98 (Tabakwerbung I), Slg. 2000, I–8419, Rn. 84, 95; Urt. v. 8. 6. 2010, Rs. C–58/08 (Vodafone), Slg. I–4999, Rn. 38.
[17] *Schröder*, in: Streinz, EUV/AEUV, Art. 26 AEUV, Rn. 21 ff.
[18] EuGH, Urt. v. 5. 10. 2000, Rs. C–376/98 (Deutschland/Parlament und Rat), Slg. 2000, I–8419, Rn. 84, 87; *Müller-Graff*, in: Streinz, EUV/AEUV, Art. 53 AEUV, Rn. 5.
[19] EuGH, Urt. 5. 10. 2010, Rs. C–376/98 (Tabakwerbung I), Slg. 2000, I–8419, Rn. 84, 87, 95; *Müller-Graff*, in: Streinz, EUV/AEUV, Art. 53 AEUV, Rn. 5.
[20] *Forsthoff*, in: Grabitz/Hilf/Nettesheim, EU, Art. 53 AEUV (Oktober 2011), Rn. 12; EuGH, Urt. v. 12. 12. 2006, Rs. C–380/03 (Tabakwerbung II), Slg. 2006, I–11573, Rn. 37.
[21] EuGH, Urt. v. 12. 12. 2006, Rs. C–380/03 (Tabakwerbung II), Slg. 2006, I–11573, Rn. 37.
[22] *Müller-Graff*, in: Streinz, EUV/AEUV, Art. 53 AEUV, Rn. 1; *Forsthoff*, in: Grabitz/Hilf/Nettesheim, EU, Art. 53 AEUV (Oktober 2011), Rn. 12. Zur Rechtsprechung zu Art. 114 AEUV vgl. EuGH, Urt. v. 12. 12. 2006, Rs. C–380/03 (Tabakwerbung II), Slg. 2006, I–11573.

politischer Hinsicht sind die Organe nicht verpflichtet, Unterschiede vollständig zu beseitigen, vielmehr genügt bereits eine **stufenförmige Erleichterung**;[23] insoweit (nicht aber für die nach Art. 5 Abs. 4 EUV notwendige Erforderlichkeit) steht ihnen ein **Ermessensspielraum** zur Verfügung.[24]

II. Umfang der Kompetenzgrundlage

9   Sachgegenständlich erlaubt Art. 53 AEUV Regelungen zur gegenseitigen Anerkennung berufsbezogener Befähigungsnachweise sowie zur Koordinierung der Berufszugangs- und Ausübungsregeln. Über den auf natürliche Personen zugeschnittenen Anwendungsbereich hinaus sind – wegen der Gleichstellung gem. Art. 54 AEUV – Regelungen auch für **juristische Personen** möglich.[25]

1. Gegenseitige Anerkennung von Befähigungsnachweisen

10   **Anerkennung** meint die rechtliche Gleichstellung von im EU-Ausland ausgestellten Befähigungsnachweisen mit solchen des Aufnahmestaates. Dies hat praktisch zur Folge, dass eine neue inländische Fachprüfung nicht erforderlich ist.[26] Der Oberbegriff der Befähigungsnachweise ist weit zu verstehen, in dem Sinne, dass sie einer Person den Zugang zum Markt ermöglichen (Marktzugangsvoraussetzung).[27] Erfasst werden nach dem nicht abschließenden Wortlaut Diplome, Prüfungszeugnisse und Befähigungsnachweise, darüber hinaus alle Anforderungen, die an die Aufnahme einer selbstständigen Tätigkeit im jeweiligen Mitgliedsstaat gestellt werden.[28]

11   Große Bedeutung hat Art. 53 AEUV für den auf die **Dienstleistungsfreiheit** erweiterten Anwendungsbereich. Hier ermöglicht die erweiterte Auslegung insbesondere den Erlass von Regelungen über die **grenzüberschreitende Anerkennung der Aufsicht im Herkunftsland**.[29] Auch die Dienstleistungsrichtlinie (RL 2006/123/EG)[30] ist auf Art. 53 Abs. 2 AEUV (Art. 47 Abs. 2 EG) gestützt.

---

[23] *Müller-Graff*, in: Streinz, EUV/AEUV, Art. 53 AEUV, Rn. 6.
[24] So hinsichtlich der Koordinierung EuGH, Urt. v. 18.4.1991, Rs. C–63/89 (Assurances du Crédit), Slg. 1991, I–1799, Rn. 11; Urt. v. 13.5.1997, Rs. C–233/94, Slg. 1997, I–2405, Rn. 43.
[25] So auch *Schlag*, in: Schwarze, EU-Kommentar, Art. 53 AEUV, Rn. 7; *Tiedje*, in: GSH, Europäisches Unionsrecht, Art. 53 AEUV, Rn. 31; *Forsthoff*, in: Grabitz/Hilf/Nettesheim, EU, Art. 53 AEUV (Oktober 2011), Rn. 17.
[26] *Müller-Graff*, in: Streinz, EUV/AEUV, Art. 53 AEUV, Rn. 9.
[27] Ebenfalls für eine weite Auslegung *Schlag*, in: Schwarze, EU-Kommentar, Art. 53 AEUV, Rn. 9.
[28] Vgl. *Forsthoff*, in: Grabitz/Hilf/Nettesheim, EU, Art. 53 AEUV (Oktober 2011), Rn. 17.
[29] Z.B. Richtlinie 92/30/EWG des Rates vom 6.4.1992 über die Beaufsichtigung von Kreditinstituten auf konsolidierter Basis, ABl. 1992, L 110/52; Richtlinie 2000/46/EG des Europäischen Parlaments und des Rates vom 18.9.2000 über die Aufnahme, Ausübung und Beaufsichtigung der Tätigkeit von E-Geld-Instituten, ABl. 2000, L 275/39; Richtlinie 2010/76/EU des Europäischen Parlaments und des Rates vom 24.11.2010 zur Änderung der Richtlinien 2006/48/EG und 2006/49/EG im Hinblick auf die Eigenkapitalanforderungen für Handelsbuch und Wiederverbriefungen und im Hinblick auf die aufsichtliche Überprüfung der Vergütungspolitik, ABl. 2010, L 329/3; Richtlinie 2010/78/EU des Europäischen Parlaments und des Rates vom 24.11.2010 zur Änderung der Richtlinien 98/26/EG, 2002/87/EG, 2003/6/EG, 2003/41/EG, 2003/71/EG, 2004/39/EG, 2004/109/EG, 2005/60/EG, 2006/48/EG, 2006/49/EG und 2009/65/EG im Hinblick auf die Befugnisse der Europäischen Aufsichtsbehörde (Europäische Bankenaufsichtsbehörde), der Europäischen Aufsichtsbehörde (Europäische Aufsichtsbehörde für das Versicherungswesen und die betriebliche Altersversorgung) und der Europäischen Aufsichtsbehörde (Europäische Wertpapier- und Marktaufsichtsbehörde), ABl. 2010, L 54/23.
[30] ABl. 2006, L 376/36.

2. Koordinierung der Rechts- und Verwaltungsvorschriften

In der Regel wurden Richtlinien sowohl auf Art. 53 Abs. 1, 1. Alt. als auch Alt. 2 AEUV 12
gestützt, da sie neben der Anerkennung zugleich auch Koordinierungselemente enthalten.[31] Die Befugnis zur Koordinierung der Rechts- und Verwaltungsvorschriften der Mitgliedstaaten über die Aufnahme und Ausübung selbstständiger Tätigkeiten durch den Erlass von Richtlinien ist auf die Angleichung der mitgliedstaatlichen Vorschriften gerichtet, die erforderlich ist, um die Aufnahme und Ausübung selbstständiger Tätigkeit zu erleichtern.[32] Funktional ist damit die Koordinierungsbefugnis wie Art. 114 AEUV als Kompetenzgrundlage zur Harmonisierung aufzufassen.[33] Inhaltlich ermöglicht dies zum einen Regelungen, welche die Voraussetzungen der Anerkennung und (soweit erforderlich) das Verfahren näher festlegen.[34] Darüber hinaus sind Koordinierungsmaßnahmen von Art. 53 AEUV jedoch nicht auf Maßnahmen beschränkt, die mit der Anerkennung eines Befähigungsnachweises zusammenhängen.[35] Hiergegen spricht nicht etwa ein auf die Erleichterung der Anerkennung begrenzter Regelungszweck;[36] richtigerweise muss Art. 53 AEUV im Regelungszusammenhang des Binnenmarkts gesehen und dementsprechend auch der Kompetenzumfang am Maßstab seiner auf die Schaffung eines möglichst behinderungsfreien und unverfälschten Wettbewerbs bestimmt werden. Wie bei Art. 114 AEUV auch sind daher Richtlinien auf der Grundlage des Art. 53 AEUV nicht auf die Regelung gerade grenzüberschreitender Sachverhalte beschränkt.[37]

3. Gesundheitsberufe

Art. 53 Abs. 2 AEUV macht durch die Hervorhebung der medizinischen Berufe deutlich, 13
dass es sich hierbei um »sensible Bereiche« handelt, die eher der Rechtfertigung mitgliedstaatlicher Beschränkungen zugängig sind.[38] Inhaltlich ergeben sich gegenüber der o. g. Voraussetzung für eine Koordinierung der Bedingungen für die Berufsausübung keine Unterschiede.

---

[31] Vgl. *Müller-Graff*, in: Streinz, EUV/AEUV, Art. 53 AEUV, Rn. 11; *Forsthoff*, in: Grabitz/Hilf/Nettesheim, EU, Art. 53 AEUV (Oktober 2011), Rn. 3.
[32] *Forsthoff*, in: Grabitz/Hilf/Nettesheim, EU, Art. 53 AEUV (Oktober 2011), Rn. 3; *Schlag*, in: Schwarze, EU-Kommentar, Art. 53 AEUV, Rn. 20.
[33] In diese Richtung *Forsthoff*, in: Grabitz/Hilf/Nettesheim, EU, Art. 53 AEUV (Oktober 2011), Rn. 19 f.; *Müller-Graff*, in: Streinz, EUV/AEUV, Art. 53 AEUV, Rn. 13.
[34] *Forsthoff*, in: Grabitz/Hilf/Nettesheim, EU, Art. 53 AEUV (Oktober 2011), Rn. 3; *Müller-Graff*, in Streinz, EUV/AEUV, Art. 53 AEUV, Rn. 14 ff.; Richtlinie 98/5/EG des Europäischen Parlaments und des Rates vom 16. 2.1998 zur Erleichterung der ständigen Ausübung des Rechtsanwaltsberufs in einem anderen Mitgliedstaat als dem, in dem die Qualifikation erworben wurde, ABl. 1998, L 77/36.
[35] *Müller-Graff*, in: Streinz, EUV/AEUV, Art. 53 AEUV, Rn. 14; *Forsthoff*, in: Grabitz/Hilf/Nettesheim, EU Art. 53 AEUV (Oktober 2011), Rn. 3. A. A. *Schlag*, in: Schwarze, EU-Kommentar, Art. 53 AEUV, Rn. 20; *Tiedje*, in: GSH, Europäisches Unionsrecht, Art. 53 AEUV, Rn. 6.
[36] So aber *Tiedje*, in: GSH, Europäisches Unionsrecht, Art. 53 AEUV, Rn. 6.
[37] Zutreffend *Müller-Graff*, in: Streinz, EUV/AEUV, Art. 53 AEUV, Rn. 14; *Roth*, in: Dauses, Handbuch des EU-Wirtschaftsrechts, Abschnitt E.I., April 2015, Rn. 212.
[38] *Forsthoff*, in: Grabitz/Hilf/Nettesheim, EU, Art. 53 AEUV (Oktober 2011), Rn. 22.

C. Rechtspolitik auf der Grundlage des Art. 53 AEUV

1. Regelungsansätze in der Entwicklung

14 Ursprünglich wurden Richtlinien für einzelne Berufe erlassen.[39] Hervorzuheben sind diesbezüglich insbesondere die Richtlinien für Rechtsanwälte[40] und Ärzte[41]. Da dieser Ansatz, jede Berufsgruppe einzeln zu regeln, sich auf Dauer als ineffizient herausstellte,[42] hat die Kommission nach und nach einen abstrakteren – horizontalen – Ansatz verfolgt.[43] So wurde 1989 die allgemeine Hochschulrichtlinie[44] verabschiedet, die die Anerkennung aller Hochschuldiplome für Unionsbürger in allen Mitgliedsstaaten sicherstellte. Den unterschiedlichen Ausbildungsstandards in den jeweiligen Mitgliedsstaaten und der damit verbundenen Gefahr für die Qualitätssicherung wurde dadurch Rechnung getragen, dass es den Mitgliedsstaaten nach Art. 4 der Richtlinie freistand, eine bestimmte Zeit an Berufserfahrung zu verlangen und gegebenenfalls Anpassungslehrgänge oder Eingangsprüfungen anzuordnen.[45] Auch die Richtlinie 2006/123/EG[46] über die **Dienstleistungen im Binnenmarkt** erfasst sämtliche Dienstleistungen und ist horizontal ausgerichtet.[47] Unter dem »horizontalen Ansatz« ist eine umfassende oder doch sachgebietsübergreifende Regelung mit einem Kodifikationsanspruch zu verstehen. Die Nutzung dieser Regelungstechnik hat den Vorteil, fehlende Kohärenz oder Wertungswidersprüche durch einen Rechtsakt »aus einem Guss« zu vermeiden, die Normierung zu effektiveren und die Anwendbarkeit zu verbessern. Diese Vorzüge überwiegen den Nachteil einer unter Umständen unzureichenden Berücksichtigung branchenspezifischer Besonderheiten.

---

[39] Eine ausführliche Zusammenstellung der historischen Entwicklung liefert *Bröhmer*, in: Calliess/Ruffert, EUV/AEUV, Art. 53 AEUV, 4. Aufl., 2011, Rn. 6–8.
[40] Richtlinie 77/249/EWG des Europäischen Parlaments und des Rates vom 16.2.1998 zur Erleichterung der tatsächlichen Ausübung des freien Dienstleistungsverkehrs der Rechtsanwälte, ABl. 1998, L 77/36.
[41] Richtlinie 93/16/EWG des Rates vom 5.4.1993 zur Erleichterung der Freizügigkeit für Ärzte und zur gegenseitigen Anerkennung ihrer Diplome, Prüfungszeugnisse und sonstigen Befähigungsnachweise, ABl. 1993, L 165/1; zwischenzeitlich geändert durch die Richtlinie 97/50/EG des Europäischen Parlaments und des Rates vom 6.10.1997 zur Erleichterung der Freizügigkeit für Ärzte und zur gegenseitigen Anerkennung ihrer Diplome, Prüfungszeugnisse und sonstigen Befähigungsnachweise, ABl. 1997, L 291/35 und die Richtlinie 98/21/EG der Kommission vom 8.4.1998 zur Änderung der Richtlinie 93/16/EWG des Rates zur Erleichterung der Freizügigkeit für Ärzte und zur gegenseitigen Anerkennung ihrer Diplome, Prüfungszeugnisse und sonstigen Befähigungsnachweise, ABl. 1998, L 119/15.
[42] Vgl. *Bröhmer* (Fn. 39), Art. 53 AEUV, Rn. 7.
[43] *Tiedje*, in: GSH, Europäisches Unionsrecht, Art. 53 AEUV, Rn. 76.
[44] Richtlinie 89/48/EWG des Rates vom 21.12.1989 über eine allgemeine Regelung zur Anerkennung der Hochschuldiplome, die eine mindestens dreijährige Berufsausbildung abschließen, ABl. 1989, L 19/16; erweitert durch die Richtlinie 92/51/EWG des Rates vom 18.6.1992 über eine zweite allgemeine Regelung zur Anerkennung beruflicher Befähigungsnachweise in Ergänzung zur Richtlinie 89/48/EWG, ABl. 1992, L 17/20; ersetzt durch die Richtlinie 2005/36/EG des Europäischen Parlaments und des Rates vom 7.9.2005 über die Anerkennung von Berufsqualifikationen hat RL 89/48/EWG über die Anerkennung von Hochschuldiplomen aufgehoben, ABl. 2005, L 255/22.
[45] Vgl. auch Erwägungsgrund 15 der Richtlinie 2005/36/EG.
[46] Richtlinie 2006/123/EG des Europäischen Parlaments und des Rates vom 12.12.2006 über Dienstleistungen im Binnenmarkt, ABl. 2006, L 376/36.
[47] Art. 2 Abs. 1 RL 2006/123/EG.

2. Erfasste Rechtsbereiche

Auf Grundlage des Art. 53 AEUV bzw. seiner Vorgängervorschriften entstanden zahlreiche Richtlinien im Bereich des Bank- und Finanzwesens[48], für Börsen- und Wertpapierdienstleistungen[49], Versicherungen[50], die allgemeine Anerkennung beruflicher Befähigungsnachweise[51], Energieversorgung[52], freie Berufe[53], Gesundheitsberufe[54], Handel[55], Medien- und Telekommunikationswesen[56], öffentliche Auftragsvergabe[57], Schutzrechteverwertung[58] u.a.m. **15**

---

[48] Vgl. zur aktuellen Entwicklung *Pötzsch*, WM 2015, 357, *Heuer/Schütt*, BKR 2016, 45.
[49] *Jesch/Koch*, BB 2016, 471; *Parmentier*, EuZW 2016, 45.
[50] *Armbrüster*, EuZW 2015, 614; *Wendt*, VersR 2015, 539.
[51] *Stork*, GewA 2015, 236.
[52] *Theobald/Werk*, in Danner/Theobald, Energierecht, Sept. 2015, § 54 EnWG, Rn. 7 ff.
[53] *Hirsch*, DNotZ 2000, 729.
[54] *Müller-Graff*, in: Streinz, EUV/AEUV, Art. 53 AEUV, Rn. 31.
[55] *Staudinger*, NJW 2011, 1974.
[56] *Rees/Ukrow*, in: Grabitz/Hilf/Nettesheim, EU, Art. 167 AEUV (August 2015), Rn. 214 ff.
[57] *Oberndörfer/Lehmann*, BB 2015, 1027.
[58] *Müller*, in: Hoeren/Sieber/Holznagel, Multimedia-Recht, 42. Aufl., 2015, Teil 7.5, Rn. 51.

Artikel 54 AEUV [Gleichstellung der Gesellschaften mit natürlichen Personen]

Für die Anwendung dieses Kapitels stehen die nach den Rechtsvorschriften eines Mitgliedstaats gegründeten Gesellschaften, die ihren satzungsmäßigen Sitz, ihre Hauptverwaltung oder ihre Hauptniederlassung innerhalb der Union haben, den natürlichen Personen gleich, die Angehörige der Mitgliedstaaten sind.

Als Gesellschaften gelten die Gesellschaften des bürgerlichen Rechts und des Handelsrechts einschließlich der Genossenschaften und die sonstigen juristischen Personen des öffentlichen und privaten Rechts mit Ausnahme derjenigen, die keinen Erwerbszweck verfolgen.

Literaturübersicht

Bayer/Schmidt, Grenzüberschreitende Sitzverlegung und grenzüberschreitende Restrukturierungen nach MoMiG, Cartesio und Trabrennbahn, ZHR 173 (2009), 735; *Behrens*, Das Internationale Gesellschaftsrecht nach dem Centros-Urteil des EuGH, IPrax 1999, 323; *Binge/Thölke*, »Everything goes!«?– Das deutsche Internationale Gesellschaftsrecht nach »Inspire Art«, DNotZ 2004, 21; *Binz/Mayer*, Die ausländische Kapitalgesellschaft & Co.KG im Aufwind? Konsequenzen aus dem »Überseering«-Urteil des EuGH v. 5.11.2002 – Rs. EUGH 5.11.2002 Aktenzeichen C–208/00 = GmbHR 2002, GMBHR 2002, 1137, GmbHR 2003, 249; *El Mahi*, Die Europäische Genossenschaft, DB 2004, 967; *Meyer-Landrut*, Europäische Wirtschaftliche Interessenvereinigung, RIW 1986, 107; *Freitag*, Der Wettbewerb der Rechtsordnungen im Internationalen Gesellschaftsrecht, EuZW 1999, 267; *Forsthoff*, EuGH fördert Vielfalt im Gesellschaftsrecht, DB 2002, 2471; *ders.*, Abschied von der Sitztheorie, BB 2002, 318; *Geyrhalter/Gänßler*, Perspektiven nach »Überseering« – wie geht es weiter?, NZG 2003, 409; *Grohmann/Gruschinske*, Beschränkungen des Wegzugs von Gesellschaften innerhalb der EU – die Rechtssache Cartesio, EuZW 2008, 463; *Göttsche*, Das Centros-Urteil des EuGH und seine Auswirkungen – Eine Bestandsaufnahme aus gesellschafts-, handels- und steuerrechtlicher Sicht, DStR 1999, 1403; *Kallmeyer*, Tragweite des Überseering-Urteils des EuGH vom 5.11.2002 zur grenzüberschreitenden Sitzverlagerung, DB 2002, 2521; *Knapp*, Überseering: Zwingende Anerkennung von ausländischen Gesellschaften? – Zugleich Anmerkungen zum Urt. des EuGH v. 5.11.2002 – Rs. C–208/00 (Überseering), DNotZ 2003, 85; *Leible*, Warten auf die Sitzverlegungsrichtlinie, FS Roth, 2011, S. 447; *Leible/Hoffmann*, Cartesio – fortgeltende Sitztheorie, grenzüberschreitender Formwechsel und Verbot materiell-rechtlicher Wegzugsbeschränkungen, BB 2009, 58; *Michalski* (Hrsg.), Kommentar zum Gesetz betreffend die Gesellschaften mit beschränkter Haftung (GmbH-Gesetz) Band 1 und 2, 2. Aufl., 2012; *Müller-Graff*, Transnationale Sitzverlegung von Kapitalgesellschaften im primären Binnenmarktrecht nach der Lissaboner Reform, FS Hellwig, 2010, S. 251 *Nave*, Die Liberalisierung der Wegzugsfreiheit in Europa, BB 2008, 1410; *Paefgen*, Gezeitenwechsel im Gesellschaftskollisionsrecht – Anmerkung zu EuGH, Urteil vom 5.11.2002 – Rs. C–208/00 = WM 2002, 2372 »Überseering«, WM 2003, 561; *Pießkalla*, Anmerkungen zur Rs. C–210/06, EuZW 2009, 81; *Schall/Barth*, Stirbt Daily Mail langsam?, NZG 2012, 414; *Schön*, Der »Rechtsmissbrauch« im europäischen Gesellschaftsrecht, FS Wiedeman, 2002, S. 1271; *Sonnenberger (Redakt.)*, Münchener Kommentar zum Bürgerlichen Gesetzbuch, Band 11: Internationales Privatrecht, Internationales Wirtschaftsrecht Einführungsgesetz zum Bürgerlichen Gesetzbuch, 5. Aufl., 2010; *Steinrötter*, Einheitliche Anknüpfung an den Gründungsort im Internationalen Gesellschaftsrecht – wider die »Geschöpf-« und die »Wechselbalgtheorie«, GPR 2012, 119; *Teichmann*, Die Einführung der Europäischen Aktiengesellschaft – Grundlagen der Ergänzung des europäischen Statuts durch den deutschen Gesetzgeber, ZGR 2002, 383; *ders.*, Gesellschaftsrecht im System der Europäischen Niederlassungsfreiheit, ZGR 2011, 639; *ders.*, Binnenmarktkonformes Gesellschaftsrecht, Habil., Berlin, 2011; *ders.*, Cartesio. Die Freiheit zum formwechselnden Wegzug, ZIP 2009, 393; *Weller*, Die »Wechselbalgtheorie«, FS Goette, 2011, S. 583; *ders.*, Wind of Change im Gesellschaftsrecht: Von den »closed« zu den »framed open societies«, ZEuP 2016, 53; *Zimmer*, Internationales Gesellschaftsrecht und Niederlassungsfreiheit: Das Rätsel vor der Lösung?, BB 2000, 1361.

Leitentscheidungen

EuGH, Urt. v. 27.9.1988, Rs. C–81/87 (Daily Mail), Slg. 1988, 5483
EuGH, Urt. v. 25.7.1991, Rs. C–221/89 (Factortame), Slg. 1991, I–3905
EuGH, Urt. v. 17.6.1997, Rs. C–70/95 (Sodemare), Slg. 1997, I–3395
EuGH, Urt. v. 9.3.1999, Rs. C–212/97 (Centros), Slg. 1999, I–1459
EuGH, Urt. v. 5.11.2002, Rs. C–208/00 (Überseering), Slg. 2002, I–9919
EuGH, Urt. v. 30.9.2003, Rs. C–167/01 (Inspire Art), Slg. 2003, I–10155
EuGH, Urt. v. 11.3.2004, Rs. C–9/02 (de Lasteyrie du Saillant), Slg. 2004, I–2409
EuGH, Urt. v. 13.12.2005, Rs. C–411/03 (Sevic), Slg. 2005, I–10805
EuGH, Urt. v. 16.12.2008, Rs. C–210/06 (Cartesio), Slg. 2008, I–9641
EuGH, Urt. v. 12.7.2012, Rs. C–378/10 (VALE), ECLI:EU:C:2012:440
EuGH, Urt. v. 10.12.2015, Rs. C–594/14 (Kornhaas/Dithmar), ECLI:EU:C:2015:806

Inhaltsübersicht Rn.

A. Normzweck 1
B. Die Gesellschaft als Berechtigte der Niederlassungsfreiheit 2
C. Beschränkungen der primären Niederlassungsfreiheit 7
   I. Anwendbarkeit der Niederlassungsfreiheit auf Sitzverlegungen 7
   II. Form- und identitätswahrender Zuzug von Gesellschaften 9
   III. Form- und identitätswahrender Wegzug 12
   IV. Grenzüberschreitende Umwandlung 17
      1. Grenzüberschreitende Verschmelzung 18
      2. Grenzüberschreitender Formwechsel 21
      3. Grenzüberschreitende Spaltung 23
D. Beschränkungen der sekundären Niederlassungsfreiheit 25
E. Niederlassungsfreiheit als Rechtsformwahlfreiheit? 29
F. Sonderanknüpfungen und Niederlassungsfreiheit 30

A. Normzweck

Zweck des Art. 54 AEUV ist es, den persönlichen Anwendungsbereich der Niederlassungsfreiheit und Dienstleistungsfreiheit (Art. 62 AEUV) und in analoger Anwendung auch der anderen Grundfreiheiten[1] auf Gesellschaften auszuweiten. Hierzu enthält Abs. 2 eine Definition der Gesellschaft, Abs. 1 begrenzt den persönlichen Anwendungsbereich der Niederlassungsfreiheit auf **nach dem Recht eines Mitgliedstaates gegründete Gesellschaften** mit einem **hinreichenden Bezug zur Union**. Darüber hinaus kommt der Norm kein eigener kollisionsrechtlicher Gehalt zu.[2] Die durch Art. 49, 54 AEUV bezweckte Mobilität für Gesellschaften hat im Binnenmarktkonzept eine besondere Bedeutung, weil unternehmerisch bedeutsame wirtschaftliche Aktivität naturgemäß ganz überwiegend von Gesellschaften getragen wird. Da Gesellschaften rechtliche Geschöpfe der Mitgliedstaaten sind, wirft die Anwendung der Niederlassungsfreiheit spezifische Fragen gesellschaftsrechtlicher Natur auf (unten C, D); in Folge der Rechtsprechung des EuGH hat sich mit der Gewährleistung grenzüberschreitender Mobilität ein begrenzter Wettbewerb der nationalen Gesellschaftsrechte ergeben.[3]

1

---

[1] Vgl. *Müller-Graff,* in: Streinz, EUV/AEUV, Art. 54 AEUV, Rn. 1.
[2] S. *Forsthoff,* in: Grabitz/Hilf/Nettesheim, EU, Art. 54 AEUV (März 2011), Rn. 2; *Jung,* in: Schwarze, EU-Kommentar, Art. 54 AEUV, Rn. 1; a. A. *Behrens,* IPrax 1999, 323 (329).
[3] Ausführlicher *Kainer,* EnzEuR, Bd. 4, § 4, Rn. 11 ff.

B. Die Gesellschaft als Berechtigte der Niederlassungsfreiheit

2 Nach Art. 54 Abs. 2 AEUV gelten als Gesellschaften alle Gesellschaften des Bürgerlichen Rechts und des Handelsrechts einschließlich der Genossenschaften und alle sonstigen juristischen Personen des öffentlichen und privaten Rechts; ausgeschlossen sind Gesellschaften, die keinen Erwerbszweck verfolgen. Im Einklang mit dem Wettbewerbsziel der Niederlassungsfreiheit (Art. 49 AEUV, Rn. 4 ff.) umfasst der **Begriff der Gesellschaft** grundsätzlich alle **nach den Rechtsvorschriften eines Mitgliedstaates wirksam gegründeten, rechtlich konfigurierten Marktakteure, die im Rechtsverkehr auftreten und entgeltlich Waren oder Dienstleistungen anbieten** (Erwerbszweck)[4], ohne dass es auf die mitgliedstaatliche Definition der Gesellschaft ankommt (»sonstige juristische Person«). Daher können auch Stiftungen, die nach deutschem Recht nicht als Gesellschaft definiert werden, unter den unionalen Begriff der Gesellschaft subsumiert werden.[5] Trotz des Wortlautes, der von »sonstigen juristischen Personen spricht«, ist keine Rechtsfähigkeit der Gesellschaft erforderlich.[6] Der Normzweck des Art. 49 AEUV erfordert eine Berechtigung der Gesellschaft als solche, die Berechtigung der Gesellschafter aus Art. 49 AEUV genügt dem nicht.

3 Der Einschluss von **juristischen Personen des öffentlichen Rechts** nimmt Bezug auf die grundsätzliche **Grundfreiheitenberechtigung öffentlicher Unternehmen** und öffentlicher juristischer Personen,[7] sofern und soweit diese wettbewerblich am Markt agieren und nicht Hoheitsrechte ausüben.[8]

4 Einen **Erwerbszweck** verfolgt (Art. 54 Abs. 2 a. E. AEUV) eine Gesellschaft, wenn sie am Wettbewerb teilnimmt,[9] wobei die Wettbewerbstätigkeit nur einen Nebenzweig der Ziele der Gesellschaft darstellen muss (z. B. ein deutscher Idealverein, der im Profifußball auch erwerbswirtschaftliche Zwecke verfolgt). Da auch solcher Wettbewerb in den Genuss der binnenmarktlichen Niederlassungsfreiheit kommt, muss die Ausnahme eng ausgelegt werden,[10] so dass nur ausschließlich nichtwirtschaftliche Zielsetzungen dem Anwendungsbereich der Art. 49, 54 AEUV entzogen sind:[11] (rein) karitative Engage-

---

[4] *Jung*, in: Schwarze, EU-Kommentar, Art. 54 AEUV, Rn. 2; *Müller-Graff*, in: Streinz, EUV/AEUV, Art. 54 AEUV, Rn. 2.

[5] Vgl. *Forsthoff*, in: Grabitz/Hilf/Nettesheim, EU, Art. 49 AEUV (März 2011), Rn. 3; *Jung*, in: Schwarze, EU-Kommentar, Art. 54 AEUV, Rn. 2; *Teichmann*, Binnenmarktkonformes Gesellschaftsrecht, S. 75; *ders.*, ZGR 2011, 639 (659 f.).

[6] So aber *Korte*, in: Calliess/Ruffert, EUV/AEUV, Art. 54 AEUV, Rn. 23; es kommt nicht auf die Rechtsfähigkeit an: *Lutter/Bayer/Schmidt*, Europäisches Unternehmens- und Kapitalmarktrecht, § 4, Rn. 12. Die französische Sprachfassung erfasst nur rechtsfähige Gesellschaften, aber französisches Gesellschaftsrecht hat ein weiteres Verständnis von Rechtsfähigkeit; s. dazu *Teichmann*, ZGR 2011, 639 (659).

[7] S. *Forsthoff*, in: Grabitz/Hilf/Nettesheim, EU, Art. 54 AEUV (Oktober 2011), Rn. 3; *Jung*, in: Schwarze, EU-Kommentar, Art. 54 AEUV, Rn. 2; *Müller-Graff*, in: Streinz, EUV/AEUV, Art. 54 AEUV, Rn. 2.

[8] *Korte*, in: Calliess/Ruffert, EUV/AEUV, Art. 54 AEUV, Rn. 24; *Jung*, in: Schwarze, EU-Kommentar, Art. 54 AEUV, Rn. 6; *Müller-Graff*, in: Streinz, EUV/AEUV, Art. 54 AEUV, Rn. 5.

[9] EuGH, Urt. v. 17. 6.1997, Rs. C–70/95 (Sodemare), Slg. 1997, I–3395, Rn. 25; *Jung*, in: Schwarze, EU-Kommentar, Art. 54 AEUV, Rn. 7; etwas enger *Forsthoff*, in: Grabitz/Hilf/Nettesheim, EU, Art. 54 AEUV (Oktober 2011), Rn. 4.

[10] *Korte*, in: Calliess/Ruffert, EUV/AEUV, Art. 54 AEUV, Rn. 9; *Müller-Graff*, in: Streinz, EUV/AEUV, Art. 54 AEUV, Rn. 3; *Tiedje*, in: GSH, Europäisches Unionsrecht, Art. 54 AEUV, Rn. 29.

[11] *Jung*, in: Schwarze, EU-Kommentar, Art. 54 AEUV, Rn. 7; *Müller-Graff*, in: Streinz, EUV/AEUV, Art. 54 AEUV, Rn. 3.

ments (z. B. Suppenküchen, Sportvereine ohne wirtschaftliche Nebenzwecke) oder hoheitliche Zwecke.¹²

Die Voraussetzung, dass die Gesellschaft **nach den Rechtsvorschriften eines Mitgliedstaates wirksam gegründet** worden ist, stellt den erforderlichen Bezug der Gesellschaft zur Union her und sichert zugleich die Anwendbarkeit des europäischen Gesellschaftsrechts zum Schutz der Minderheit und Gläubiger; auf die Nationalität der Gesellschafter im Gegensatz zur ansonsten im internationalen Gesellschaftsrecht geltenden Kontrolltheorie¹³ kommt es nicht an.¹⁴ Vor diesem Hintergrund ist es normzweckgemäß, die **unionsrechtlichen Gesellschaften** zum Anwendungsbereich des Art. 54 AEUV hinzuzunehmen,¹⁵ zumal alle bisher eingeführten europäischen Gesellschaftsformen zumindest auch auf (harmonisiertes) mitgliedstaatliches Recht gründen.

Art. 54 AEUV setzt schließlich voraus, dass die Gesellschaft entweder ihren **satzungsmäßigen Sitz, ihre Hauptverwaltung oder ihre Hauptniederlassung innerhalb der Union** hat, wobei die Erfüllung einer der drei Voraussetzungen genügt. Daher ist es etwa möglich, dass eine Gesellschaft mit Verwaltungssitz außerhalb der Europäischen Union, aber mit Satzungssitz innerhalb eines Mitgliedstaates sich auf die Niederlassungsfreiheit berufen kann; dies freilich nur dann, wenn der Gründungsstaat den Satzungssitz für den Fortbestand der Gesellschaft für ausreichend hält.¹⁶

C. Beschränkungen der primären Niederlassungsfreiheit

I. Anwendbarkeit der Niederlassungsfreiheit auf Sitzverlegungen

Die Anwendbarkeit der Niederlassungsfreiheit auf Sitzverlegungen und andere Formen grenzüberschreitender Mobilität war zunächst strittig, kann aber heute als geklärt angesehen werden.¹⁷ In seiner Daily Mail-Entscheidung¹⁸ hatte der EuGH den Wegzug

---

¹² S. etwa OLG Zweibrücken, DB 2005, 2293; *Jung*, in: Schwarze, EU-Kommentar, Art. 54 AEUV, Rn. 7.
¹³ S. *Bröhmer*, in: Calliess/Ruffert, EUV/AEUV, Art. 54 AEUV, 4. Aufl., 2011, Rn. 6; *Kegel*, S. 413 ff.; *Grossfeld*, in: Staudinger, IntGesR, 2015, Rn. 13 ff.; *Kindler*, in: Säcker/Rixecker/Oetker, Münchener Kommentar, IntHGesR, 2010, Rn. 917, 920.
¹⁴ Vgl. *Müller-Graff*, in: Streinz, EUV/AEUV, Art. 54 AEUV, Rn. 11; *Jung*, in: Schwarze, EU-Kommentar, Art. 54 AEUV, Rn. 9; *Troberg/Tiedje*, in: GSH, Europäisches Unionsrecht, Art. 54 AEUV, Rn. 24 f.; *Bröhmer*, in: Calliess/Ruffert, EUV/AEUV, Art. 54 AEUV, 4. Aufl., 2011, Rn. 6; s. auch zur Unionsrechtswidrigkeit einer Staatsangehörigkeitsvoraussetzung der Gesellschafter EuGH, Urt. v. 25. 7.1991, Rs. C–221/89 (Factortame), Slg. 1991, I–3905, Rn. 30.
¹⁵ Vgl. *Müller-Graff*, in: Streinz, EUV/AEUV, Art. 54 AEUV, Rn. 9: z. B. Europäische wirtschaftliche Interessenvereinigung (EWIV), ABl. 1985 L 199/1; zur Gründung *Meyer-Landrut*, RIW 1986, 107 (109 ff.); Europäische Gesellschaft (SE), ABl. 2001, L 294/1; *Teichmann*, ZGR 2002, 383 (409 ff.); Europäische Genossenschaft (SCE), ABl. 2004, L 207/1; *El Mahi*, DB 2004, 967.
¹⁶ Zur Funktion als Zugehörigkeitskriterium s. EuGH, Urt. v. 28. 1.1986, Rs. 270/83 (Kommission/Frankreich), Slg. 1986, 273, Rn. 18; Urt. v. 16. 7.1998, Rs. C–264/96 (ICI), Slg. 1998, I–4695, Rn. 20; Urt. v. 9. 3.1999, Rs. C–212/97 (Centros), Slg. 1999, I–1459, Rn. 20.
¹⁷ *Tiedje*, in: GSH, Europäisches Unionsrecht, Art. 54 AEUV, Rn. 49 f.; *Kainer*, EnzEuR, Bd. 4, § 4, Rn. 35.
¹⁸ EuGH, Urt. v. 27. 9.1988, Rs. C–81/87 (Daily Mail), Slg. 1988, 5483, Rn. 24 f.; *Forsthoff*, in: Grabitz/Hilf/Nettesheim, EU, Art. 54 AEUV (Oktober 2011), Rn. 28; *Peres*, Beendigung durch Liquidation, in: Schüppen/Schaub, Münchener Anwaltshandbuch Aktienrecht, 2010, § 15, Rn. 65. Auch die EG-Richtlinie 73/148 gibt nach Auffassung des EuGH einer solchen Gesellschaft nicht das Recht, den Sitz ihrer Geschäftsleitung in einen anderen Mitgliedstaat zu verlegen, da die Richtlinie nur

einer Gesellschaft aus dem Gewährleistungsbereich der Niederlassungsfreiheit ausgeschlossen[19] und dies u.a. damit begründet, dass Gesellschaften – im Gegensatz zu natürlichen Personen – rechtliche Konstrukte der jeweiligen nationalen Rechtsordnungen der Mitgliedstaaten und in ihrer rechtlichen Existenz von der Gründungsrechtsordnung abhängig seien (**Gesellschaften als »Geschöpfe« des nationalen Rechts**)[20] und sich die Rechtsordnungen der Mitgliedstaaten hinsichtlich der Anknüpfungsmerkmale ihrer nationalen Gesellschaften sowie der Möglichkeit und Modalitäten einer grenzüberschreitenden Sitzverlegung erheblich unterscheiden.[21] Diesen Unterschieden trage das Primärrecht Rechnung, indem Art. 58 EWGV (Art. 54 AEUV) den satzungsmäßigen Sitz, die Hauptverwaltung und die Hauptniederlassung einer Gesellschaft als Anknüpfungsmerkmale gleichermaßen vorsieht und die Ermöglichung der Sitzverlegung nach der Systematik des Vertrages einem in Art. 220 EWGV[22] vorgesehenen Übereinkommen der Mitgliedstaaten vorbehalten sei.[23] Inhaltlich seien die mit der Sitzverlegung verbundenen Probleme angesichts der erheblichen Unterschiede in den einzelnen Rechtsordnungen so vielfältig, dass sie nicht im Wege einer unmittelbaren Anwendung der Niederlassungsfreiheit gelöst werden könnten.[24]

8   Das Schrifttum hat die Bereichsausnahme für Wegzugskonstellationen überwiegend kritisch aufgenommen. Richtigerweise kann eine fehlende Harmonisierung kein Grund für Bereichsausnahmen im Primärrecht sein.[25] Jedenfalls für Zuzugskonstellationen[26] hat der Gerichtshof diese Bedenken überwunden (dazu unten, II.),[27] während Wegzugskonstellationen nach wie vor der Reserve der Geschöpftheorie unterliegen (dazu unten, III.).[28]

---

die Reise und den Aufenthalt von natürlichen Personen regelt, nicht jedoch auf juristische Personen analog anwendbar ist, EuGH, Urt. v. 27.9.1988, Rs. C–81/87 (Daily Mail), Slg. 1988, 5483, Rn. 16.

[19] S. *Kindler*, in: Münchener Kommentar, IntHGesR, 6. Aufl., 2015, Rn. 130 ff.; *Bröhmer*, in: Calliess/Ruffert, EUV/AEUV, Art. 54 AEUV, 4. Aufl., 2011, Rn. 18; *Nave*, BB 2008, 1410 (1411); *Knapp*, DNotZ 2003, 85; *Kallmeyer*, DB 2002, 2521 (2522); *Forsthoff*, DB 2002, 2471 (2474); *Paefgen*, WM 2003, 561 (567 f.).

[20] EuGH, Urt. v. 27.9.1988, Rs. C–81/87 (Daily Mail), Slg. 1988, 5483, Rn. 19; *Schall/Barth*, NZG 2012, 414 (415); vgl. zur sog. Geschöpftheorie *Bayer/Schmidt*, ZHR 173 (2009), 735 (742); kritisch: *Steinrötter*, GPR 2012, 119 (121 ff.); s. auch GA *Maduro*, Schlussanträge zu Rs. C–210/06 (Cartesio), Slg. 2008, I–9641, Rn. 25.

[21] EuGH, Urt. v. 27.9.1988, Rs. C–81/87 (Daily Mail), Slg. 1988, 5483, Rn. 20.

[22] Aufgehoben durch den Lissabonner Vertrag.

[23] EuGH, Urt. v. 27.9.1988, Rs. C–81/87 (Daily Mail), Slg. 1988, 5483, Rn. 21.

[24] EuGH, Urt. v. 27.9.1988, Rs. C–81/87 (Daily Mail), Slg. 1988, 5483, Rn. 23.

[25] S. *Zimmer*, BB 2000, 1361 (1365); *Forsthoff*, BB 2002, 318 (319 f.). Vgl. ferner *Freitag*, EuZW 1999, 267 (268); *Forsthoff*, BB 2002, 318 (319 f.); *Nave*, BB 2008, 1410 (1412 f.); *Grohmann/Gruschinske*, EuZW 2008, 463; *Leible/Hoffmann*, BB 2009, 58 (60); *Pießkalla*, EuZW 2009, 81 (82); *Teichmann*, ZIP 2009, 393 (396); zustimmend jedoch BayObLG, DNotZ 1999, 233 (234 f.); OLG Hamm, EuZW 1998, 31 (32); *Binge/Thölke*, DNotZ 2004, 21 (27); *Binz/Mayer*, GmbHR 2003, 249 (255); *Geyrhalter/Gänßler*, NZG 2003, 409; *Göttsche*, DStR 1999, 1403 (1405); vgl. umfassend zum Streitstand *Funke*, in: Michalski, GmbHG, § 4a, Rn. 63 ff. m.w.N.

[26] EuGH, Urt. v. 9.3.1999, Rs. C–212/97 (Centros), Slg. 1999, I–1459; Urt. v. 5.11.2002, Rs. C–208/00 (Überseering), Slg. 2002, I–9919; Urt. v. 30.9.2003, Rs. C–167/01 (Inspire Art), Slg. 2003, I–10155; Urt. v. 11.3.2004, Rs. C–9/02 (de Lasteyrie du Saillant), Slg. 2004, I–2409; Urt. v. 13.12.2005, Rs. C–411/03 (Sevic), Slg. 2005, I–10805.

[27] So *Nave*, BB 2008, 1410 (1412); *Grohmann/Gruschinske*, EuZW 2008, 463.

[28] S.u. Rn. 12 ff.

II. Form- und identitätswahrender Zuzug von Gesellschaften

Art. 49, 54 AEUV gewähren ein **unmittelbar anwendbares Recht auf form- und identitätswahrenden Zuzug**. Dies hat der EuGH in seiner Überseering-Entscheidung[29] für die Verweigerung der Anerkennung der Rechtsfähigkeit einer in den Niederlanden wirksam gegründeten BV und nach Deutschland verlegten Gesellschaft entwickelt. Demnach stehen die nach den Rechtsvorschriften der Mitgliedstaaten gegründeten Gesellschaften mit satzungsmäßigem Sitz, Hauptverwaltung oder Hauptniederlassung innerhalb der Union natürlichen Personen gleich und sind daher in allen Mitgliedstaaten anzuerkennen,[30] ohne dass die Durchsetzung der grenzüberschreitenden Mobilität von Gesellschaften vom Bestehen einer sekundärrechtlichen Regelung abhängt.[31] Die Nichtanerkennung der Rechtsfähigkeit der Überseering BV machte de facto eine Neugründung der Gesellschaft erforderlich und stellt daher eine im konkreten Fall nicht mit Gründen des Gemeinwohls (Schutz der Interessen der Gläubiger, Minderheit, Arbeitnehmer, Fiskus) zu rechtfertigende[32] Marktzugangsbeschränkung dar (»Negierung der Niederlassungsfreiheit«).[33]

9

Vielfach ist hieraus[34] der Schluss gezogen worden, dass der Gerichtshof die deutsche Sitztheorie[35] für unvereinbar mit der Niederlassungsfreiheit gehalten und fortan bei Zuzügen europäischer Gesellschaften aus dem EWR-Raum die Gründungstheorie zu gelten habe[36] mit der Folge, dass für zugezogene Gesellschaften das Gründungsstatut anwendbar sei.[37] In Deutschland wenden die Gerichte auf ausländische Gesellschaften aus EU- und EWR-Mitgliedstaaten[38] daher in Bezug auf die Gründung inklusive Kapitalaufbringung, Kapitalerhaltung, das gesamte Innenrecht, die Vertretung und die Auflösung beziehungsweise die Liquidation das Recht des Herkunftsstaates an.[39] Richtig ist jedenfalls, dass eine unmodifizierte **Umqualifikation** einer ausländischen Gesellschaft nach grenzüberschreitender Sitzverlegung in eine deutsche – rechtsfähige – Personengesellschaft[40] mit der Niederlassungsfreiheit nicht vereinbar ist. Gleichwohl enthalten Art. 49, 54 AEUV keine positive IPR-Regelung im Sinne der Gründungstheorie;[41] die

10

---

[29] EuGH, Urt. v. 5.11.2002, Rs. C–208/00 (Überseering), Slg. 2002, I–9919.
[30] EuGH, Urt. v. 5.11.2002, Rs. C–208/00 (Überseering), Slg. 2002, I–9919, Rn. 52, 58f.
[31] EuGH, Urt. v. 5.11.2002, Rs. C–208/00 (Überseering), Slg. 2002, I–9919, Rn. 55ff.
[32] Der EuGH, Urt. v. 5.11.2002, Rs. C–208/00 (Überseering), Slg. 2002, I–9919, Rn. 93, hält die Maßnahmen insoweit für unverhältnismäßig.
[33] EuGH, Urt. v. 5.11.2002, Rs. C–208/00 (Überseering), Slg. 2002, I–9919, Rn. 81.
[34] Etwa *Weller*, IPRax 2009, 202 (205): der EuGH fordere die Anerkennung der Gesellschaft »als solche«.
[35] Dazu näher *Kainer*, EnzEuR, Bd. 4, § 4, Rn. 15ff. m.w.N.
[36] *Leible/Hoffmann*, RIW 2002, 925 (930f.); *Leible*, ZGR 2004, 531 (534); *Heidenhain*, NZG 2002, 1141 (1143); *Eidenmüller*, ZIP 2002, 2233; *ders.*, NJW 2005, 1618f; *Geyrhalter/Gänßler*, NZG 2003, 409 (410); *Horn*, NJW 2004, 893 (896ff.); *Weller* S. 587; *ders.*, Europäische Rechtsformwahlfreiheit, 2004, S. 29ff., 51ff., 95ff.; s. schon *Behrens*, EuZW 2000, 385; dagegen *Altmeppen*, in: Münchener Kommentar, EurAktR B.2.II., Rn. 76; *Mansel*, RabelsZ 2006, 651 (671ff.); *Kindler*, IPRax 2009, 189 (191).
[37] BGH, NJW 2003, 1461f; BGH, NJW 2005, 3351; BGH, NJW 2005, 1648; BGH, NJW 2009, 289ff. Zum Begriff *Kainer*, in: Müller-Graff, EnzEuR Bd. 4, § 4, Rn. 20f.
[38] Für Gesellschaften aus Drittstaaten mit Ausnahme den USA verbleibt es indes bei der Geltung der Sitztheorie, vgl. BGH, NJW 2009, 289ff.
[39] Vgl. *Kindler* (Fn. 13), Rn. 543ff. (m.w.N.); *Bayer/Schmidt*, ZHR 173 (2009), 735 (739f.).
[40] So noch BGHZ 151, 204(206ff.) Dagegen *Eidenmüller*, ZIP 2002, 2233 (2238f.); *Müller-Graff*, in: Streinz, EUV/AEUV, Art. 54 AEUV, Rn. 21.
[41] Der Tenor bei Überseering sagt zunächst nur, dass der Aufnahmemitgliedstaat unter Beachtung

Anwendung nationalen Gesellschaftsrechts auf eine zugezogene Gesellschaft bewirkt nicht per se eine Beschränkung der Niederlassungsfreiheit, soweit dies nicht zu Diskriminierungen oder Hemmnissen in der Weise führt, dass der Marktzugang bei materieller Betrachtung als solcher behindert wird oder die Wettbewerbschancen der zuziehenden Gesellschaft gegenüber inländischen Konkurrenten verschlechtert werden.[42] Günstigeres Recht des Aufnahmemitgliedstaates begründet mangels Behinderung der Niederlassung auf eine zuziehende ausländische Gesellschaft keinen Verstoß gegen die Niederlassungsfreiheit.[43]

11 In besonderer Schärfe stellt sich die Frage, inwiefern Sonderanknüpfungen[44] bzw. spezifische Schutzvorschriften zulässig sind, etwa für die Existenzvernichtungshaftung, Insolvenzverschleppungshaftung, Mitbestimmung und Sonderregelungen für Gesellschafterdarlehen. Hierbei wird im Einzelfall stets zu prüfen sein, ob das Zusammenspiel verschiedener Rechtsordnungen zu nicht rechtfertigbaren Mobilitätsbeschränkungen führt (s. u., Rn. 30).[45]

III. Form- und identitätswahrender Wegzug

12 Auch der form- und identitätswahrende Wegzug einer Gesellschaft fällt grundsätzlich in den Gewährleistungsbereich des Art. 49 AEUV (**Wegzugsbeschränkungen**).[46] Zwei Fallgruppen sind zu unterscheiden: einerseits die Verhinderung des Wegzugs[47] durch die an die Sitzverlegung anknüpfende Auflösung der Gesellschaft, zum anderen an den Weg-

---

der Niederlassungsfreiheit verpflichtet ist, die Rechts- und Parteifähigkeit einer Gesellschaft zu achten, die »diese Gesellschaft nach dem Recht ihres Gründungsstaats besitzt: EuGH, Urt. v. 5. 11. 2002, Rs. C–208/00 (Überseering), Slg. 2002, I–9919, Rn. 95. Zutreffend etwa *Müller-Graff*, in: Streinz, EUV/AEUV, Art. 54 AEUV, Rn. 15; *Tiedje*, in: GSH, Europäisches Unionsrecht, Art. 54 AEUV, Rn. 60; *Kindler*, NJW 2003, 1073 (1077); *Knapp*, DNotZ 2003, 85 (91 f.); *Altmeppen*, NJW 2004, 97 (99); *Stewen*, S. 79; im Ausgangspunkt auch *Ulmer*, NJW 2004, 1201 (1203), der aber in der Anwendung des Sachrechts der GmbH im Ergebnis zur Anwendung der Gründungstheorie kommt (S. 1206 ff.). Anders BGH, NJW 2003, 1461 f. (Überseering II); *Eidenmüller*, ZIP 2002, 2233 (2241); *ders.*, JZ 2004, 24 (25); *Leible/Hoffmann*, DB 2002, 2203; *Zimmer*, BB 2003, 1 (4 f.); *Großerichter*, DStR 2003, 159 (166); *Lutter/Bayer/Schmidt* (Fn. 6), § 6, Rn. 46 ff., 49; *Bayer/Schmidt*, ZHR 173 (2009), 735 (739).

[42] Vgl. *Teichmann*, ZGR 2011, 639 (648). Folglich ist die Behandlung einer zugezogenen Kapitalgesellschaft als Personengesellschaft nicht mit der Niederlassungsfreiheit vereinbar; so aber noch *Kindler*, NJW 2003, 1073 (1077); hiergegen etwa *Weller*, IPRax 2009, 202 (205).

[43] Zutreffend *Forsthoff*, in: Grabitz/Hilf/Nettesheim, EU, Art. 54 AEUV (Oktober 2011), Rn. 40; GA *Colomer*, Schlussanträge zu Rs. C–208/00 (Überseering), Slg. 2002, I–9919, Rn. 40, 42. Anders offenbar *Eidenmüller*, NJW 2005, 1618 (1618 f.), nach welchem »jede Nicht-Anwendung des Gründungsrechts prima facie eine rechtfertigungsbedürftige Beschränkung der Niederlassungsfreiheit darstellt«.

[44] Zur Notwendigkeit s. *Kindler*, NJW 2003, 1073 (1078); *Großerichter*, DStR 2003, 159 (168); *Ulmer*, NJW 2004, 1201 ff.

[45] S. *Großerichter*, DStR 2003, 159 (168 f.); *Ulmer*, NJW 2004, 1201 (1203 ff.).

[46] EuGH, Urt. v. 27. 9.1988, Rs. C–81/87 (Daily Mail), Slg. 1988, I–5483, Rn. 16; Urt. v. 16. 7. 1998, Rs. C–264/96 (ICI), Slg. 1998, I–4695, Rn. 21; Urt. v. 18.11.1999, Rs. C–200/98 (X und Y), Slg. 1999, I–8261, Rn. 26; Urt. v. 13. 4. 2000, Rs. C–251/98 (Baar), Slg. 2000, I–2787, Rn. 28.

[47] Die Verlegung des Satzungssitzes kann infolge der Cartesio-Entscheidung (EuGH, Urt. v. 16. 12. 2008, Rs. C–210/06, Slg. 2008, I–9641, Rn. 111 ff.) im Wege einer Umwandlung erfolgen. Für die Frage, ob die Niederlassungsfreiheit eine rechtsformwahrende Verlegung des Satzungssitzes einer Gesellschaft in einen anderen Mitgliedstaat schützt, steht eine Entscheidung des Europäischen Gerichtshofes noch aus. Dagegen *Forsthoff*, in: Grabitz/Hilf/Nettesheim, EU, Art. 54 AEUV (Oktober 2011), Rn. 37; m. w.N; s. dazu noch näher Rn. 95 ff.

zug anknüpfende Lasten wie etwa die Besteuerung stiller Reserven (z. B. Daily Mail,[48] Lasteyrie du Saillant,[49] National Grid Indus,[50] Kommission/Dänemark)[51].

Beschränkungen des Wegzugs behindern wie Zuzugsbeschränkungen die grenzüberschreitende Mobilität und stehen in einem Spannungsverhältnis zum binnenmarktlichen Ziel, Gesellschaften die freie Standortwahl zu gewährleisten, um von den Standortbedingungen eines Aufnahmemitgliedstaates zu profitieren und Waren und Dienstleistungen, geschützt durch die Produktfreiheiten, von dort in den Binnenmarkt zu distribuieren.[52] Dies und das Ziel der Gleichstellung von Gesellschaften mit natürlichen Personen[53] spricht dafür, die Niederlassungsfreiheit auf alle Wegzugsbeschränkungen zu erstrecken.[54] Daher stellt etwa die nachträgliche Besteuerung von zuvor abgezogenen Verlusten, wenn eine gebietsansässige Gesellschaft eine in einem anderen Mitgliedstaat belegene Betriebsstätte an eine verbundene gebietsfremde Gesellschaft veräußert, eine Beschränkung der Niederlassungsfreiheit dar, weil damit zugleich die Niederlassung in anderen Mitgliedstaaten (Wegzug) behindert wird (zweite Fallgruppe).[55]

13

Die Rechtsprechung stellt hingegen mit Blick auf das Gesellschaftsrecht die formwahrende Wegzugsfreiheit in die Disposition des Gründungsstaates. Nach der »Geschöpftheorie« sind Gesellschaften zunächst juristische Konstrukte auf der Basis nationalen Rechts und unterliegen damit der Regelungshoheit des Gründungsstaates. Tatsächlich verbirgt sich im Verweis auf das Erfordernis der wirksamen Gründung nach den Rechtsvorschriften eines Mitgliedstaates nach zutreffender Auffassung ein Verweis des Unionsrechts auf die mitgliedstaatliche Regelungsbefugnis der Gründungsvoraussetzungen einer Gesellschaft.[56] Zugleich ist der Mitgliedstaat befugt, die Anknüpfungskriterien zu bestimmen, nach denen sich das auf eine Gesellschaft anwendbare Recht bestimmt,[57] weil Art. 54 AEUV vor dem Hintergrund unterschiedlicher Anknüpfungsleh-

14

---

[48] EuGH, Urt. v. 27. 9.1988, Rs. C–81/87 (Daily Mail), Slg. 1988, 5483. Tatsächlich ging es um ein Wegzugsverbot, solange die stillen Reserven nicht besteuert wurden.
[49] EuGH, Urt. v. 11.3.2004, Rs. C–9/02 (Lasteyrie du Saillant), Slg. 2004, I–2409; näher dazu: *Lehner*, JZ 2004, 728 (730 ff.).
[50] EuGH, Urt. v. 29.11.2011, Rs. C–371/10 (National Grid Indus), Slg. 2011, I–12273, Rn. 46 ff.
[51] EuGH, Urt. v. 18.7.2013, Rs. C–261/11 (Kommission/Dänemark), ECLI:EU:C:2013:480, Rn. 28; dazu *Sydow*, IStR 2013, 663.
[52] *Mörsdorf*, EuZW 2009, 97.
[53] Siehe dazu *Teichmann*, ZIP 2009, 393 (396, 398); a. A. *Forsthoff*, der Art. 49 AEUV auf Gesellschaften nur sinngemäß anwenden will, *Forsthoff*, EuR 2000, 167 (185).
[54] So auch der EuGH, Urt. v. 12. 9.2006, Rs. C–196/04 (Cadbury Schweppes), Slg. 2006, I–7995, Rn. 42; ausführlich Teichmann, S. 168 ff.; *Müller-Graff*, in: Streinz, EUV/AEUV, Art. 54 AEUV, Rn. 17; *ders.*, FS Hellwig, S. 265 f.; *Teichmann*, ZIP 2009, 393 (402 f.); *Bayer/Schmidt*, ZHR 173 (2009), 735 (742 ff.); *Stewen*, S. 66 f.; zur Gegenansicht vgl. *Frenzel*, EWS 2009, 158 (164); *Leible/Hoffman*, RIW 2002, 925 (932).
[55] EuGH, Urt. v. 17.7.2014, Rs. C–48/13 (Nordea Bank), Slg. 2014, I–2087, Rn. 18 ff.; S. *Burwitz*, NZG 2014, 1055 (1056 f.).
[56] EuGH, Urt. v. 12.7.2012, Rs. C–378/10 (VALE), ECLI:EU:C:2012:440, Rn. 27 ff.; Urt. v. 29.11.2011, Rs. C–371/10 (National Grid Indus), Slg. 2011, I–12273, Rn. 26 ff. m. w. N. zur Rspr.; *Forsthoff*, in: Grabitz/Hilf/Nettesheim, EU, Art. 54 AEUV (Oktober 2011), Rn. 10 ff.; *ders.*, EuR 2000, 167 (173).
[57] EuGH, Urt. v. 16.12.2008, Rs. C–210/06 (Cartesio), Slg. 2008, I–9641; Urt. v. 12.7.2012, Rs. C–378/10 (VALE), ECLI:EU:C:2012:440, Rn. 29; Urt. v. 29.11.2011, Rs. C–371/10 (National Grid Indus), Slg. 2011, I–12273, Rn. 27 m. w. N. zur Rspr.; *Roth*, in: Dauses, Handbuch des EU-Wirtschaftsrechts, Abschnitt A. I., Oktober 2008, Rn. 110; *Müller-Graff*, in: Streinz, EUV/AEUV, Art. 54 AEUV, Rn. 9; a. A. *Forsthoff*, in: Grabitz/Hilf/Nettesheim, EU, Art. 54 AEUV (Oktober 2011), Rn. 12 ff., der in Art. 54 AEUV eine reine Sachnormverweisung sieht.

ren in den Mitgliedstaaten insoweit keine Regelung trifft, aus der sich ein unionales Anknüpfungskriterium ableiten ließe.[58] Knüpft ein Mitgliedstaat an die grenzüberschreitende Sitzverlegung die Auflösung der Gesellschaft, so fällt diese schon nicht in den persönlichen Anwendungsbereich der Niederlassungsfreiheit (erste Fallgruppe).[59] Dies läuft auf eine begrenzte Freiheit zur Schaffung einer Bereichsausnahme hinaus.

15 Dem ist **nicht** zu folgen.[60] Dass diese ohnehin in der Konsequenz nicht zwingende[61] Rechtsprechung mit dem Binnenmarktprinzip nicht vereinbar ist, zeigt ein Vergleich mit natürlichen Personen, die in ihren rechtlichen Befugnissen zum Grenzübertritt ebenfalls vom nationalen Recht abhängig sind,[62] Bereichsausnahmen der Grundfreiheiten auch sonst und auch in Bereichen abgelehnt werden, in welchen die Mitgliedstaaten alleinige Rechtsetzungskompetenz haben.[63]

16 In seinem Cartesio-Urteil hat der EuGH einschränkend festgehalten, dass die Befugnis der Mitgliedstaaten zur eigenständigen Bestimmung der sach- und kollisionsrechtlichen Existenz der Gesellschaft »keinesfalls irgendeine Freistellung des nationalen Rechts über die Gründung und Auflösung von Gesellschaften von der Beachtung der Vorschriften des EG-Vertrages über die Niederlassungsfreiheit impliziert«.[64] Dies spricht für eine vorsichtige Aufgabe der strengen Geschöpftheorie: **Die Auflösung als Folge des grenzüberschreitenden Wegzugs unterliegt dem Rechtfertigungserfordernis** (str.).[65] Auch wenn in Cartesio eine Verhältnismäßigkeitsprüfung im engeren Sinne fehlt, dürfte jedenfalls ein allgemeiner Ausschluss der rechtsformwahrenden grenzüberschreitenden Sitzverlegung, wie sie sachverhaltlich bei Cartesio für Ungarn festzustellen war, nicht rechtfertigbar sein. Damit verbürgt die Niederlassungsfreiheit richtigerweise ein Recht auf form- und identitätswahrende Sitzverlegung ins Ausland auch in der Wegzugsperspektive.[66]

---

[58] S. *Forsthoff*, in: Grabitz/Hilf/Nettesheim, EU, Art. 54 AEUV (Oktober 2011), Rn. 19 ff.
[59] Zutreffend charakterisiert von *Weller*, IPRax 2009, 202 (205 f.).
[60] Ausführlich *Kainer*, in: Müller-Graff, EnzEuR, Bd. 4, § 4, Rn. 49 ff.
[61] Vgl. *Mörsdorf*, EuZW 2009, 97 (99); *Müller-Graff*, in: Streinz, EUV/AEUV, Art. 54 AEUV, Rn. 10, richtigerweise ist die mitgliedstaatliche Regelungsbefugnis stets Anlass, aber eben nicht Grenze grundfreiheitlicher Begrenzung staatlicher Regelung. Ähnlich auch *Knof/Mock*, ZIP 2009, 30 (32), die darauf hinweisen, dass die Befugnis zur Regelung der Voraussetzungen der Rechtspersönlichkeit keineswegs eine grundfreiheitlich unbeschränkte Befugnis zur Regelung ihrer Auflösung aufgrund binnenmarktlich relevanter Mobilität beinhaltet.
[62] Siehe zum Folgenden *Müller-Graff*, S. 265 f.; *Knof/Mock*, ZIP 2009, 30 (33). Für natürliche Personen ist die Ausreisefreiheit nicht beschränkt, vgl. so etwa *Roth*, in: Dauses, Handbuch des EU-Wirtschaftsrechts, Abschnitt E. I., Oktober 2008, Rn. 63, 146, 189; *Brechmann*, in: Calliess/Ruffert, EUV/AEUV, Art. 45 AEUV, Rn. 50 (für die Dienstleistungsfreiheit).
[63] Vgl. dazu EuGH, Urt. v. 11.12.2007, Rs. C–438/05 (Viking), Slg. 2007, I–10779, Rn. 40.
[64] EuGH, Urt. v. 16.12.2008, Rs. C–210/06 (Cartesio), Slg. 2008, I–9641, Rn. 112.
[65] So nachdrücklich *Müller-Graff*, in: Streinz, EUV/AEUV, Art. 54 AEUV, Rn. 19; *Teichmann*, ZIP 2009, 393 (400); *Bayer/Schmidt*, ZHR 173 (2009), 735 (742 ff.); dagegen aber *Binz/Mayer*, GmbHR 2003, 249 (253); *Forsthoff*, DB 2002, 2471.
[66] *Bayer/Schmidt*, ZHR 173 (2009), 735 (744); *Bollacher*, RIW 2009, 150 (153). Vgl. ferner *Hennrichts/Pösche/von der Laage/Klavina*, WM 2009, 2009 (2012 ff.); *Kußmaul/Richter/Ruiner*, EWS 2009, 1 (5); *Behme/Nohlen*, BB 2009, 11 (13); *Freitag*, EuZW 1999, 267 (268); *Nave*, BB 2008, 1410 (1413); *Grohmann/Gruschinske*, EuZW 2008, 463 (463 f.); *Mörsdorf*, EuZW 2009, 97 (99); ebs. auch die GA Colomer, Schlussanträge zu Rs. C–208/00 (Überseering), Slg. 2002, I–9919 (vgl. dazu *Forsthoff*, BB 2002, 318 (319)) und GA Tizzano, Schlussanträge zu Rs. C–411/03 (SEVIC), Slg. 2005, I–10805, Rn. 45; ausführlich dazu: *Geyrhalter/Weber*, NZG 2005, 837 (838).

IV. Grenzüberschreitende Umwandlung

Das Recht auf grenzüberschreitende Mobilität können Unternehmen auch in unterschiedlichen Formen der Umwandlung wahrnehmen (insb. Verschmelzung, Spaltung, Formwechsel).[67] In den bisher entschiedenen Fällen (SEVIC und Vale) wurden jeweils Satzungs- und Verwaltungssitz zusammen verlegt. 17

1. Grenzüberschreitende Verschmelzung

In der **SEVIC-Entscheidung**[68] verweigerte das Amtsgericht Neuwied die Eintragung einer geplanten **Verschmelzung**[69] der deutschen SEVIC Systems AG mit der luxemburgischen Security Vision Concept SA mit der Begründung, dass nach dem Wortlaut des § 1 Abs. 1 Nr. 1 UmwG Umwandlungen und damit auch Verschmelzungen nur unter Rechtsträgern im Inland zulässig seien.[70] Dies ist mit Art. 49, 54 AEUV nicht vereinbar.[71] Zugezogene Gesellschaften sind inländischen Gesellschaften so gleichzustellen, dass sie am Wirtschaftsleben des Aufnahmestaates teilnehmen können.[72] Da eine entsprechende Verschmelzung zwischen inländischen Gesellschaften zulässig gewesen wäre, stellte die Versagung der Eintragung durch die deutschen Behörden eine unterschiedliche Behandlung von innerstaatlichen und grenzüberschreitenden Verschmelzungen dar. Dass eine sekundärrechtliche Regelung fehlte, war unbeachtlich. Zwar lösen entsprechende Harmonisierungsmaßnahmen Probleme bei der Wahl der anwendbaren Rechtsordnung sowie praktische Fragen[73] (zwischenzeitlich ist die Verschmelzungsrichtlinie 2005/56/EG in Kraft getreten und umgesetzt worden[74]), jedoch ist die **Niederlassungsfreiheit auch bei komplexen Sachverhalten unmittelbar anwendbar**.[75] Zu Recht bejahte der EuGH die Frage, ob das deutsche Recht die grenzüberschreitende Niederlassung im Wege einer Verschmelzung[76] behinderte. 18

Im Rahmen der **Rechtfertigung** erkennt der Gerichtshof den Schutz der Interessen von Gläubigern, Minderheitsaktionären, Arbeitnehmern sowie die Wahrung der Wirksamkeit der Steueraufsicht und die Lauterkeit des Handelsverkehrs als zwingende Interessen des Allgemeinwohls an.[77] Es muss jedoch abgewogen werden, ob die genannten 19

---

[67] EuGH, Urt. v. 13.12.2005, Rs. C–411/03 (SEVIC), Slg. 2005, I–10805, Rn. 19.
[68] EuGH, Urt. v. 13.12.2005, Rs. C–411/03 (SEVIC), Slg. 2005, I–10805.
[69] Genauer: die Verschmelzung beinhaltete die Auflösung der Security Vision Concept SA ohne Abwicklung und die komplette Übertragung ihres Vermögens auf die Sevic Systems AG, *Leible*, in: Michalski, GmbHG syst. Darst. 2, B. II. 1., Rn. 33f.
[70] Die geltende Rechtslage in §§ 122a ff. UmwG geht auf die Verschmelzungsrichtlinie zurück und stellt grundsätzlich eine unionsrechtskonforme Regelung da.
[71] EuGH, Urt. v. 13.12.2005, Rs. C–411/03 (SEVIC), Slg. 2005, I–10805, Rn. 21; vgl. *Geyrhalter/Weber*, DStR 2006, 146 (146f.); nach anderer Ansicht stellte die Verschmelzung bei Sevic keinen Fall der Niederlassung dar, weil die ausländische Gesellschaft durch die Verschmelzung untergegangen sei, *Siems*, EuZW 2006, 135 (136). Diese Betrachtung verkennt indes, dass Mitgliedstaaten sich den Wirkungen der Niederlassungsfreiheit nicht durch eine konstruktive Gestaltung entziehen können dürfen.
[72] EuGH, 13.12.2005, Rs. C–411/03 (SEVIC), Slg. 2005, I–10805, Rn. 17f.
[73] S. daher kritisch *Geyrhalter/Weber*, DStR 2006, 146 (147f.); *Geyrhalter/Weber*, NZG 2005, 837; *Bungert*, BB 2006, 53 (55); *Siems*, EuZW 2006, 135 (137).
[74] Vgl. *Geyrhalter/Weber*, NZG 2005, 837; *Lutter/Bayer/Schmidt*, § 6, Rn. 36.
[75] Dazu *Siems*, EuZW 2006, 135 (136); *Geyrhalter/Weber*, NZG 2005, 837 (838).
[76] EuGH, Urt. v. 13.12.2005, Rs. C–411/03 (SEVIC), Slg. 2005, I–10805, Rn. 26; vgl. *Weber/Geyrhalter*, NZG 2005, 837; *Lutter/Bayer/Schmidt* (Fn. 6), § 6, Rn. 36.
[77] EuGH, Urt. v. 13.12.2005, Rs. C–411/03 (SEVIC), Slg. 2005, I–10805, Rn. 28. Daher sind Fälle

Interessen konkret bedroht sind.[78] Eine **generelle Versagung** grenzüberschreitender Verschmelzungen ist daher nicht erforderlich und unverhältnismäßig.[79] Damit stellt sich die Regelung des § 1 I Nr. 1 UmwG als Verstoß gegen Art. 43, 49 EGV (Art. 49, 54 AEUV) dar, ohne damit eine Pflicht zur Bereitstellung eines Umwandlungsrechts[80] zu statuieren.

20 Mit der SEVIC-Entscheidung hat der Gerichtshof ein Recht auf »Hineinverschmelzung« einer Gesellschaft in einen Aufnahmemitgliedstaat bejaht. Im Schrifttum bleibt umstritten, ob dies auch für eine »**Hinausverschmelzung**« gelten müsse (analog der Problematik eines Wegzugs).[81] Dagegen wurde geltend gemacht, dass bei Hinausverschmelzungen der Satzungssitz aufgegeben würde, was entsprechend Daily Mail und Cartesio wegen der Fortführung der »Geschöpftheorie« nicht umfassend von der Niederlassungsfreiheit geschützt sei.[82] Richtigerweise müssen für die Hinausverschmelzung im Prinzip dieselben Erwägungen greifen, wie sie bereits für den Wegzug an sich diskutiert worden sind.[83] Nicht entscheidend ist, dass der Gerichtshof ganz allgemein die Verschmelzung geprüft hat, ohne dabei zwischen Hinein- und Hinausverschmelzung zu unterscheiden,[84] oder dass die Hineinverschmelzung praktisch bedeutungslos wäre, wenn es den Mitgliedstaaten offen stünde, die Hinausverschmelzung zu untersagen, da das eine das andere voraussetzt.[85] Ausschlaggebend muss vielmehr sein, dass die Niederlassungsfreiheit, wie oben festgestellt, Freiheitsrechte für die Grenzüberschreitung bereithält und die grenzüberschreitende Mobilität von Gesellschaften dementsprechend weder vom Wegzugstaat noch vom Zuzugstaat behindert werden darf. Daher darf eine Unterscheidung von Zuzug und Wegzug nicht vorgenommen werden.[86]

2. Grenzüberschreitender Formwechsel

21 Unter die Niederlassungsfreiheit fällt auch der **grenzüberschreitende Formwechsel (Rs. Vale)**.[87] Der EuGH hatte über die Ablehnung der Eintragung der vormals italienischen Vale Costruzioni Srl als ungarische Vale Építési kft durch das zuständige ungarische Registergericht zu entscheiden; nach ungarischem Recht war die Umwandlung auf inländische Gesellschaften begrenzt. Diese Schlechterstellung zuziehender Gesellschaften stellt eine unterschiedliche Behandlung dar und ist geeignet, Gesellschaften mit Sitz in anderen Mitgliedstaaten vom Gebrauch der Niederlassungsfreiheit im Wege einer

---

denkbar, in denen ein Ausschluss der Verschmelzung zulässig wäre, s. *Forsthoff*, DStR 2006, 613 (617).

[78] *Geyrhalter/Weber*, DStR 2006, 146 (147); *Lutter/Bayer/Schmidt* (Fn. 6), § 6, Rn. 35.

[79] EuGH, Urt. v. 13.12.2005, Rs. C–411/03 (SEVIC), Slg. 2005, I–10805, Rn. 30; *Geyrhalter/Weber*, DStR 2006, 146,(147); *Drygala*, ZIP 2005, 1995 (1996); *Bungert*, BB 2006, 53 (54).

[80] S. *Forsthoff*, DStR 2006, 613 (616); *Kappe*, NZG 2006, 101 (102).

[81] S. *Gutkès*, in: Sagasser/Bula/Brünger, Umwandlungen, 2011, § 12, Rn. 13 ff.; *Siems*, EuZW 2006, 135 (136); *Spahlinger/Wegen*, NZG 2006, 721 (724).

[82] *Forsthoff*, DStR 2006, 613 (617).

[83] *Kuntz*, IStR 2006, 224 (225 f.); vgl. dazu oben Rn. 12 ff.

[84] Dazu *Bungert*, BB 2006, 53 (56).

[85] *Geyrhalter/Weber*, DStR 2006, 146 (150).

[86] So im Ergebnis für die Verschmelzung *Geyrhalter/Weber*, DStR 2006, 146 (150); *Spahlinger/Wegen*, NZG 2006, 721 (724); *Eidenmüller*, § 4, Rn. 127; *Drygala*, ZIP 2005, 1995 (1998); *Siems*, EuZW 2006, 135 (138); a. A. *Forsthoff*, DStR 2006, 613 (617).

[87] EuGH, Urt. v. 12.7.2012, Rs. C–378/10 (VALE), ECLI:EU:C:2012:440.

grenzüberschreitenden Umwandlung nach Ungarn abzuhalten.[88] Der Gerichtshof hat die ungarische Regelung offenbar als mittelbare Diskriminierung[89] angesehen und am Maßstab der Gebhard-Formel[90] geprüft. Wie auch bei SEVIC hielt der EuGH zu Recht einen generellen Ausschluss ausländischer Gesellschaften zum Schutz von zwingenden Gründen des allgemeinen Interesses[91] für nicht erforderlich.[92]

In Deutschland hat das OLG Nürnberg in der Konsequenz die grenzüberschreitende Sitzverlegung unter gleichzeitigem Formwechsel einer in Luxemburg registrierten Gesellschaft in eine GmbH zugelassen,[93] nachdem es zuvor derselben Gesellschaft noch die Anerkennung als GmbH verweigerte.[94] Nach dem deutschen Umwandlungsrecht ist ein Formwechsel jedoch nur für Gesellschaften mit Sitz im Inland möglich. Nunmehr kommt das OLG in **unionsrechtskonformer Auslegung der § 1 Abs. 1, §§ 190 ff. UmwG** zu dem Ergebnis, dass formwechselnder Rechtsträger auch eine Gesellschaft aus einem anderen Mitgliedstaat sein kann, soweit sie einer Rechtsform des § 191 Abs. 1 UmwG entspricht, die Sachgründungsvoraussetzungen der Zielgesellschaft und die Regelungen der §§ 193 f. UmwG eingehalten werden.[95]

22

3. Grenzüberschreitende Spaltung

Ebenso wie bei der grenzüberschreitenden Verschmelzung können sich Gesellschaften auch bei einer grenzüberschreitenden Spaltung auf die Niederlassungsfreiheit berufen, wenn hierin ein Niederlassungsakt begründet ist. Nach deutschem Recht ist dies allerdings problematisch: § 125 UmwG nimmt die Anwendung der §§ 122a – 122l UmwG, welche die grenzüberschreitende Verschmelzung von Kapitalgesellschaften mit Sitz in der EU als nationalen Umsetzungsakt der Verschmelzungsrichtlinie regeln, für grenzüberschreitende Spaltungen explizit aus.[96] Damit gilt für die Spaltung die allgemeine Norm des § 1 Abs. 1 UmwG mit dem Inhalt, dass der Anwendungsbereich des Umwandlungsgesetzes auf Rechtsträger mit Sitz im Inland[97] beschränkt ist, also auf solche Gesellschaften, denen deutsches Gründungsrecht zugrunde liegt oder die jenen Gesellschaften gleichgestellt sind.[98] Der Sitz stellt hierbei den Satzungs-, nicht den Verwaltungssitz in der Bundesrepublik Deutschland dar.[99] Dies war vor dem Hintergrund des früheren Rechts folgerichtig. Eine Kapitalgesellschaft, die ihren Verwaltungssitz ins Ausland verlegte, war nicht spaltungsfähig, da die Verlegung des Verwaltungssitzes

23

---

[88] EuGH, Urt. v. 12. 7. 2012, Rs. C–378/10 (VALE), ECLI:EU:C:2012:440, Rn. 36.
[89] Da nach ungarischem Recht nur ungarische Gesellschaften als Rechtsvorgänger eingetragen werden können und damit ausländische Gesellschaften praktisch vollständig von einer Umwandlung in eine ungarische Gesellschaft ausgeschlossen sind, liegt die Annahme einer unmittelbaren Diskriminierung nicht fern.
[90] S. dazu *Teichmann*, DB 2012, 2085 (2089); kritisch dagegen *Braun*, DZWiR 2012, 411 (414).
[91] Hier der Schutz der Gläubiger, Minderheitsgesellschafter und Arbeitnehmer sowie die Wirksamkeit steuerlicher Kontrollen und die Lauterkeit des Handelsverkehrs.
[92] EuGH, Urt. v. 12. 7. 2012, Rs. C–378/10 (VALE), ECLI:EU:C:2012:440, Rn. 39 f.
[93] OLG Nürnberg, DNotZ 2014, 150.
[94] OLG Nürnberg, GWR 2012, 131; dazu *Krebs*, GWR 2014, 144 (144 ff.); *Schaper*, ZIP 2014, 810 ff.; *Hushahn*, RNotZ 2014, 137 ff.
[95] Näher zur unionsrechtskonformen Auslegung s. *Schaper*, ZIP 2014, 810 (811 ff.).
[96] Hierzu eindeutig BegrRegE BR-Drucks. 548/06, S. 40 zu Nummer 18.
[97] Vgl. *Kindler* (Fn. 13), Rn. 855.
[98] Vgl. *Kindler* (Fn. 13), Rn. 857; *Asmus*, in: Haritz/Menner, UmwStG, 2010, § 15, Rn. 25.
[99] S. *Hörtnagl*, in: Schmitt/Hörtnagl/Stratz, UmwG, 2013, § 1, Rn. 26 ff., 35 ff.; *Semler*, in: Semler/Stengel, UmwG, 2012, § 1, Rn. 41 f; *Asmus* (Fn. 98), § 15, Rn. 25.

zwangsläufig zur Auflösung der Gesellschaft führte.[100] Durch das Gesetz zur Modernisierung des GmbH-Rechts und zur Bekämpfung von Missbräuchen[101] wurde dieser Regelungsstand im Rahmen der §§ 5 AktG und 4a GmbHG modifiziert. Hiernach ist es deutschen Aktiengesellschaften und Gesellschaften mit beschränkter Haftung gestattet, den Verwaltungssitz unter gleichzeitiger Beibehaltung des Satzungssitzes im Inland zu verlegen.[102] Aufgrund der neuen Rechtslage sind Hinaus- und Hineinspaltungen unter Beteiligung »deutscher« Rechtsträger mit Verwaltungssitz im Ausland ohne weiteres mit dem Wortlaut des § 1 Abs. 1 UmwG zu vereinbaren.

24 Für die Beteiligung ausländischer Rechtsträger an grenzüberschreitenden Spaltungen mit Verwaltungssitz im In- oder Ausland gilt dies nicht ohne weiteres.[103] Richtigerweise ist die **Anwendbarkeit des Umwandlungsrechts** jedoch unter Beachtung der Niederlassungsfreiheit, also für Gesellschaften im Binnenmarkt, **zu bejahen**.[104] Solch ein Fall der grenzüberschreitenden Spaltung eines ausländischen Rechtsträgers kann unter anderem vorkommen, wenn eine Gesellschaft mit Sitz im Inland Vermögens- oder Betriebsteile auf Gesellschaften mit Satzungssitz im EU-Ausland verlagert und damit ab- oder aufspaltet. Ein anderer Fall könnte der sein, dass sich eine Gesellschaft ausländischen Rechts im EU-Raum auf eine inländische Gesellschaft abspaltet. Vom Wortlaut des § 1 Abs. 1 UmwG nicht erfasst ist schließlich, wenn eine ausländische Gesellschaft mit Sitz im Inland Partei einer Spaltung ist. Diese Lücke im Recht der grenzüberschreitenden Spaltung unter Beteiligung eines ausländischen Rechtsträgers stellt eine Behinderung der Niederlassungsfreiheit oder gegebenenfalls der Kapitalverkehrsfreiheit dar[105] und muss in Anbetracht der Rechtsprechung des EuGH in den Rechtssachen SEVIC und VALE in unionsrechtskonformer Auslegung des Umwandlungsrechts geschlossen werden.[106] Entscheidend hierfür ist der Zweck der vom EuGH verfolgten Rechtsprechung, der mit Sinn und Zweck des gesellschaftsrechtlichen Umwandlungsrechts korreliert,[107] nämlich weitest gehende Befriedigung der »Zusammenarbeits- und Umgestaltungsbedürfnisse von Gesellschaften«[108] mit Sitz in verschiedenen Mitgliedstaaten zu schaffen.[109] Diese Ansicht wurde zuletzt vom EuGH in der Rechtssache VALE bestätigt.[110] Obwohl damit im Ergebnis grenzüberschreitende Spal-

---

[100] S. *Asmus* (Fn. 98), § 15, Rn. 26.
[101] MoMiG vom 23.10.2008, BGBl. I S. 2026.
[102] Vgl. *Asmus* (Fn. 98), § 15, Rn. 27.
[103] Ablehnend *Kindler* (Fn. 13), Rn. 860 ff.; *Hörtnagl* (Fn. 99), § 1, Rn. 46; a. A. *Bungert*, BB 2006, 53 (55); *Siems*, EuZW 2006, 135 (137); *Teichmann*, ZIP 2006, 355 (358); siehe auch *Asmus* (Fn. 98), § 15, Rn. 29.
[104] Ausführlich etwa *Hoffmann*, in: Gummert/Weipert, Münchner Handbuch des Gesellschaftsrecht, 2014, § 56, Rn. 14 ff.; *Bayer/Schmidt*, ZHR 173 (2009), 735 (768), jeweils m.w.N.
[105] Zur Frage der Anwendbarkeit der Niederlassungsfreiheit auf Spaltungen siehe ausführlich *Hoffmann*, in: Gummert/Weipert, Münchner Handbuch des Gesellschaftsrecht, § 56, Rn. 14 ff., der mit den SEVIC-Grundsätzen argumentiert (EuGH, Urt. v. 13.12.2005, Rs. C–411/03 (SEVIC), Slg. 2005, I–10805, Rn. 19, 21). Dort spricht der EuGH nicht nur von einer Verschmelzung, sondern von einer Umwandlung; siehe auch *Bungert*, BB 2006, 53 (55 f.). Zwingend ist das indes nicht, da eine Spaltung, wenn sie kleinere Vermögensteile einer Gesellschaft betrifft, weniger den Marktzugang einer Gesellschaft, sondern vielmehr den Marktzugang der damit verbundenen Kapitalbeteiligung verschließt. In der Praxis hat diese Differenzierung indes keine Bedeutung.
[106] So auch *Lutter/Bayer/Schmidt*, § 6, Rn. 59; EuGH, Urt. v. 13.12.2005, Rs. C–411/03 (SEVIC), Slg. 2005, I–10805, Rn. 19; *Wöhlert/Degen*, GWR 2012, 432 (433).
[107] *Sagasser/Bultmann*, in: Sagasser/Bula/Brünger, Umwandlungen, 2011, § 18, Rn. 197.
[108] EuGH, Urt. v. 13.12.2005, Rs. C–411/03 (SEVIC), Slg. 2005, I–10805, Rn. 19.
[109] *Sagasser/Bultmann* (Fn. 107), § 18, Rn. 196.
[110] EuGH, Urt. v. 12.7.2012, Rs. C–378/10 (VALE), ECLI:EU:C:2012:440, Rn. 24.

tungen in Anwendung der Grundfreiheiten grundsätzlich zulässig sind,[111] dürfte eine **Harmonisierung zur Beseitigung bestehender Rechtsunsicherheit wünschenswert** sein.[112] Das Gesagte gilt auch für eine SE, die wie eine Aktiengesellschaft zu behandeln und daher als spaltungsfähig anzusehen ist, allerdings mit der Besonderheit, dass die Verlegung des Verwaltungssitzes ins EU-Ausland unter Bestand des Satzungssitzes im Inland für die SE nicht möglich ist.[113]

D. Beschränkungen der sekundären Niederlassungsfreiheit

Mit der sekundären Niederlassungsfreiheit schützt Art. 49 Abs. 1 S. 2 AEUV die Gründung von Agenturen, Zweigniederlassungen oder Tochtergesellschaften[114] durch Angehörige eines Mitgliedstaates, die im Hoheitsgebiet eines Mitgliedstaates ansässig sind. Zweck ist es, den Unternehmen eine binnenmarktweite Tätigkeit durch die Ermöglichung der grenzüberschreitenden Gründung von rechtlich selbständigen oder unselbständigen Niederlassungen zu erleichtern,[115] wobei die weite Fassung des Schutzbereichs darauf deutet, dass es weder auf die genaue Zuordnung zu einer bestimmten Form der sekundären Niederlassung noch auf die Einhaltung einer bestimmten Rechtsform ankommt.[116] Auch auf diese Weise können günstige Standortbedingungen unterschiedlicher Mitgliedstaaten zur Optimierung der Produktion oder Dienstleistung eingesetzt werden.[117]

25

Wie auch bei der primären Niederlassungsfreiheit sind zunächst benachteiligende Ungleichbehandlungen bei der Gründung einer Agentur, Zweigniederlassung oder Tochtergesellschaft in einem anderen Mitgliedstaat verboten.[118] **Offene Diskriminierungen** knüpfen unmittelbar an den ausländischen Sitz oder Gründungsort an; **verdeckte Diskriminierungen** stellen die ausländische Gesellschaft durch neutrale Regelungen tatsächlich schlechter gegenüber inländischen Gesellschaften.[119] Das **Beschränkungsverbot** erfasst marktzugangsbehindernde, also im Grundsatz an den Gründungsakt anknüpfende Regelungen für Zweigniederlassungen, Tochtergesellschaften und Agenturen, die sich im Ergebnis behindernd auswirken oder die Niederlassung weniger attraktiv machen. Zulässig ist jedenfalls das auch in der Zweigniederlassungsrichtlinie vorgesehene Erfordernis der Eintragung in ein Register,[120] wobei die Richt-

26

---

[111] Siehe hierzu *Bayer/Schmidt*, ZIP 2012, 1481 (1490); *Wöhlert/Degen*, GWR 2012, 432 ff. (435).
[112] So *Bayer/Schmidt*, ZIP, 2012, 1481 (1492).
[113] Vgl. *Asmus* (Fn. 98), § 15, Rn. 28.
[114] Zu den Begriffen s.o. Art. 49 AEUV, Rn. 26.
[115] EuGH, Urt. v. 20.5.1992, Rs. C–106/91 (Ramrath), Slg. 1992, I–3351, Rn. 22; Urt. v. 21.4.2005, Rs. C–140/03 (Griechenland), Slg. 2005, I–3177, Rn. 28.
[116] S. *Lackhoff*, S. 173; *Müller-Graff*, in: Streinz, EUV/AEUV, Art. 49 AEUV, Rn. 23. Näher zu den einzelnen Arten sekundärer Niederlassungen vgl. *Tiedje*, in: GSH, Europäisches Unionsrecht, Art. 49 AEUV, Rn. 41 ff.
[117] S. *Lutter/Bayer/Schmidt* (Fn. 6), § 8, Rn. 47. Dazu auch schon oben, Art. 49 AEUV, Rn. 7.
[118] Vgl. zum Begriff der Diskriminierung: *Altmeppen/Ego*, in: Goette/Habersack, Münchner Kommentar AktG, 2012, B. IV. 1, Rn. 98 f.
[119] EuGH, Urt. v. 28.4.1977, Rs. 71/76 (Thieffry), Slg. 1977, I–765, Rn. 13 f.; *Nachbaur*, Niederlassungsfreiheit S. 144 ff.; *Kainer*, EnzEuR, Bd. 4, § 4, Rn. 88; *Roth*, in: Dauses, Handbuch des EU-Wirtschaftsrechts, Abschnitt E.I., Oktober 2008, Rn. 82.
[120] In Deutschland: §§ 13 d ff. HGB.

27 **Die erhebliche Bedeutung der sekundären Niederlassungsfreiheit** auf das nationale Gesellschaftsrecht machen die Entscheidungen **Centros**[122] und **Inspire Art**[123] deutlich. In beiden Fällen ging es um die Versagung der Eintragung der Zweigniederlassung einer im Ausland gegründeten Gesellschaft. Im Sachverhalt von Centros begründete die dänische Verwaltung dies damit, dass die dänischen Gründer lediglich inländische Mindestkapitalvorschriften umgehen wollten, ihre Gesellschaft in England nur über einen Briefkasten verfüge und bislang keine Geschäftstätigkeiten entfaltet habe. Da hierdurch die Freiheit der Centros Ltd. zur Gründung einer Zweigniederlassung in Dänemark beschränkt worden war, sah der Gerichtshof hierin eine – im Ergebnis ungerechtfertigte – unmittelbare[124] Verletzung der Niederlassungsfreiheit gemäß Art. 43, 48 EGV (Art. 49, 54 AEUV).[125] Die von Dänemark und den Niederlanden (Inspire Art) eingewendete Rechtsmissbräuchlichkeit[126] wird vom EuGH – im Gegensatz zu seiner Rechtsprechung in Mediawet[127] – zurückgewiesen. Es sei ein von Art. 49, 54 AEUV verbürgtes Recht, eine Gesellschaft lediglich zum Zwecke der Ausnutzung günstigeren fremden Gesellschaftsrechts im Ausland zu gründen, das Recht, eine Zweigniederlassung im Inland zu errichten.[128] Insgesamt dürfte sich das Gericht der Begründung des Generalanwalts La Pergola angeschlossen haben,[129] dass die Niederlassungsfreiheit eine Rechtswahlfreiheit umfasse.[130] Im Rahmen der Rechtfertigung verlangt das Gericht eine substantiierte Begründung und weist abstrakte Ziele wie Gläubigerschutz als unverhältnismäßig zurück,[131] zumal mildere Mittel wie etwa die Information des Verkehrs in Betracht kommen könnten.[132]

---

[121] Vgl. *Jung*, in: Schwarze, EU-Kommentar, Art. 54 AEUV, Rn. 41.
[122] EuGH, Urt. v. 9.3.1999, Rs. C–212/97 (Centros), Slg. 1999, I–1459; dazu etwa *Göttsche*, DStR 1999, 1403; *Hoor*, NZG 1999, 984; *Kindler*, NJW 1999, 1993; *Forsthoff*, EuR 2000, 167; *Goette*, DStR 2005, 197.
[123] EuGH, Urt. v. 30.9.2003, Rs. C–167/01 (Inspire Art), Slg. 2003, I–10155; dazu: *Bayer*, BB 2003, 2357; *Behrens*, IPRax 2004, 20; *Deininger*, EuLF 2004, 17; *Hirte*, EWS 2003, 521; *Kleinert*, MDR 2003, 1265; *Leible/Hoffmann*, EuZW 2003, 677; *Maul/Schmidt*, BB 2003, 2297; *Paefgen*, WuB II N. Art. 43 EG 2.04; *Rehberg*, EuLF 2004, 1; *Sandrock*, BB 2003, 2588; *Schanze/Jüttner*, AG 2003, 661; *Schmidt*, ZHR 2004, 493; *Schwenker*, IBR 2003, 640; *Triebel*, BB 2003, 2409; *Weller*, IPrax 2003, 207; *Ziemons*, ZIP 2003, 1913; *Zimmer*, NJW 2003, 3585.
[124] Damit weist der EuGH das Argument zurück, dass die Freiheitsrechte des Art. 49 AEUV einer sekundärrechtlichen Ausgestaltung bedürfen: EuGH, Urt. v. 9.3.1999, Rs. C–212/97 (Centros), Slg. 1999, I–1459, Rn. 28.
[125] EuGH, Urt. v. 9.3.1999, Rs. C–212/97 (Centros), Slg. 1999, I–1459, Rn. 19 ff.
[126] Zum Rechtsmissbrauch ausführlich *Fleischer*, JZ 2003, 865; *Schmidt-Kessel*, in: Jahrbuch junger Zivilrechtswissenschaftler, 2000, S. 61 ff.; *Schön*, S. 1271.
[127] EuGH, Urt. v. 5.10.1994, Rs. C–23/93 (TV10 – Mediawet), Slg. 1994, I–4795, Rn. 20 f.; im Anschluss an EuGH, Urt. v. 3.12.1974, Rs. 33/74 (Van Binsbergen), Slg. 1974, 1299, Rn. 13.
[128] EuGH, Urt. v. 30.9.2003, Rs. C–167/01 (Inspire Art), Slg. 2003, I–10155, Rn. 95 ff., 97, 138 unter Berufung auf EuGH, Urt. v. 9.3.1999, Rs. C–212/97 (Centros), Slg. 1999, I–1459, Rn. 16 ff. und EuGH, Urt. v. 10.7.1986, Rs. 79/85 (Segers), Slg. 1986, 2375, Rn. 16.
[129] EuGH, Urt. v. 30.9.2003, Rs. C–167/01 (Inspire Art), Slg. 2003, I–10155, Rn. 137; ebs. *Fleischer*, JZ 2003, 865 (870); kritisch (zu Centros) *Behrens*, IPRax 1999, 323; *Kieninger*, ZGR 1999, 724; *Kindler*, NJW 1999, 1993; *Leible*, NZG 1999, 300; *Roth*, ZGR 2000, 311; *Zimmer*, ZHR 164 (2000), 23.
[130] GA *La Pergola* Schlussanträge zu Rs. C–212/97 (Centros), Slg. 1999, I–1459, Rn. 20.
[131] EuGH, Urt. v. 9.3.1999, Rs. C–212/97 (Centros), Slg. 1999, I–1459, Rn. 31 ff.
[132] EuGH, Urt. v. 9.3.1999, Rs. C–212/97 (Centros), Slg. 1999, I–1459, Rn. 36 f.; zu den anderen Schutzinstrumenten vgl. *Ulmer*, NJW 2004, 1201 (1203 ff.).

In der praktischen Folge der Kernaussage, dass die Ausübung der sekundären Niederlassungsfreiheit keine dauerhafte Niederlassung am Hauptsitz und keinerlei wirtschaftliche Aktivität erfordert, entstand ein gewisser **Wettbewerb der Rechtsordnungen** mit nicht unerheblichen Folgen für das nationale Gesellschaftsrecht.[133] Da Gründer anstelle der deutschen GmbH EU-ausländische Rechtsformen wählten, die wie etwa die englischen Private Limited vor allem wegen ihrer relativ einfachen Gründung und des Fehlens eines Mindestkapitals attraktiv erscheinen, sah sich der deutsche Gesetzgeber veranlasst, mit der Unternehmergesellschaft (UG) eine deutsche Alternative entgegenzusetzen und mit § 4a GmbHG eine grenzüberschreitende Verlegung des Verwaltungssitzes zu ermöglichen, indem Verwaltungs- und Satzungssitz voneinander entkoppelt wurden.[134]

28

E. Niederlassungsfreiheit als Rechtsformwahlfreiheit?

Die Rechtsprechung des EuGH insbesondere in Centros und Inspire Art begründet **keine allgemeine Rechtsformwahlfreiheit**. Zwar hat der Gerichtshof in beiden Fällen die Berufung auf Art. 49, 54 AEUV trotz naheliegender Rechtsmissbräuchlichkeit nicht verwehrt (die jeweils in Großbritannien gegründete Gesellschaft war in ihrer Hauptniederlassung wirtschaftlich nicht aktiv), jedoch ist damit nicht (vollständig) der Grundsatz aufgegeben, dass eine Gesellschaft »**in stabiler und kontinuierlicher Weise am Wirtschaftsleben eines anderen Mitgliedstaates**« teilnehmen muss;[135] vielmehr hat der EuGH lediglich die Anforderungen an den Standortwechsel reduziert.[136] Daher fällt auch die **isolierte Verlegung des Satzungssitzes** ebenso wie der **grenzüberschreitende Formwechsel eines zuvor nur als Hülle gegründeten ausländischen Rechtsträgers** – auch unter Beachtung der Cartesio-Rechtsprechung,[137] die nicht zwischen Satzungssitz- und Verwaltungssitz unterscheidet – **nicht in den Anwendungsbereich der Niederlassungsfreiheit**.[138] Grund hierfür ist die fehlende »Mobilitätskomponente«,[139] mangels derer der Schutzbereich der Niederlassungsfreiheit nicht eröffnet ist.[140] Im Übrigen sind künst-

29

---

[133] Hierzu etwa *Altmeppen*, NJW 2004, 97 ff.; *ders.*, in: Goette/Habersack, Münchner Kommentar AktG/EurAktR, 2012, B.4.II-V; *Binge/Thölke*, DNotZ 2004, 21 ff.; *Franzen*, RdA 2004, 257; *Ulmer*, NJW 2004, 1201 ff.; *Eidenmüller*, NJW 2005, 1618 ff.; *Goette*, DStR 2005, 197 ff.; *Weller*, ZEuP 2016, 53, 64 f.

[134] S. *Bayer*, in: Lutter/Hommelhoff, GmbHG, 2012, § 4a, Rn. 1, 15 ff. Zur Bedeutung der Private Limited nach einem »Brexit« s. *Weller/Thomale/Benz*, NJW 2016, 2378.

[135] So ausdrücklich in EuGH, Urt. v. 12.9.2006, Rs. C–196/04 (Cadbury Schweppes), Slg. 2006, I–7995 Rn. 54; Urt. v. 12.7.2012, Rs. C–378/10 (VALE), ECLI:EU:C:2012:440, Rn. 34.

[136] Richtigerweise setzt ein Standortwechsel eine gewisse Integration im Herkunftsstaat voraus, ohne hier allerdings allzu großen Anforderungen zu stellen; s. *Kieninger*, ZGR 1999, 724 (734 f.); für die sekundäre Niederlassungsfreiheit Steindorff, JZ 1999, 1140 (1142 f.); dagegen *Forsthoff*, EuZW 2015, 248 (250 f.).

[137] EuGH, Urt. v. 16.12.2008, Rs. C–210/06 (Cartesio), Slg. 2008, I–9641.

[138] S. *Kindler* (Fn. 13), Rn. 831; *Leible*, in: Michalski, GmbHG syst. Darst. 2, B. II. 1., Rn. 35; *ders.*, S. 454 f.; *Leible/Hoffmann*, BB 2009, 58 (61 f.); siehe *Lutter/Bayer/Schmidt* (Fn. 6), § 6, Rn. 59.

[139] So die Begrifflichkeit bei *Lutter/Bayer/Schmidt* (Fn. 6), § 6, Rn. 59.

[140] EuGH, Urt. v. 12.9.2006, Rs. C–196/04 (Cadbury Schweppes), Slg. 2006, I–7995, Rn. 54; Urt. v. 12.7.2012, Rs. C–378/10 (VALE), ECLI:EU:C:2012:440, Rn. 34; *Lutter/Bayer/Schmidt* (Fn. 6), § 6, Rn. 59.

F. Sonderanknüpfungen und Niederlassungsfreiheit

30 Soweit auf ausländische Gesellschaften im Wege der Gründungstheorie das Gesellschaftsrecht ihres Gründungsstaates angewendet wird, ist die Niederlassungsfreiheit gewährleistet. Darüber hinaus stellt sich aber die Frage, ob **allgemeine zivil-, handels- oder insolvenzrechtliche Regelungen** eine Beschränkung der Niederlassungsfreiheit darstellen können. Dies gilt etwa für § 64 S. 1 GmbHG, der eine Haftung des Geschäftsführers einer Gesellschaft für Zahlungen nach Eintritt der Zahlungsunfähigkeit vorsieht und als eine dem Insolvenzstatut zuzurechnende Regelung[143] durchaus abschreckende und damit die Niederlassungsfreiheit beschränkende Wirkung entfalten könnte.[144] Die Frage nach der Vereinbarkeit des § 64 S. 1 GmbHG (zuvor: § 64 Abs. 2 GmbHG) mit Art. 49 AEUV hat der EuGH jüngst in seiner Kornhaas[145]-Entscheidung positiv beantwortet. Die insolvenzrechtliche und damit auch auf ausländische Gesellschaften anwendbare Haftungsregelung stelle weder die Rechtsfähigkeit einer Gesellschaft aus dem EU-Ausland in Frage (sondern setzt das Bestehen einer solchen Gesellschaft vielmehr voraus[146]) noch bestehe der Grund für die Haftung in einem unzureichenden Mindestkapital; Grund für die persönliche Haftung des Geschäftsführers ist vielmehr, Masseverkürzungen bei Zahlungsunfähigkeit im Vorfeld des Insolvenzverfahrens zulasten der Gesellschaftsgläubiger zu verhindern.[147] Da im Ergebnis weder die Gründung einer Gesellschaft noch ihre spätere Niederlassung erschwert wird, sondern lediglich im Rahmen ihrer Tätigkeit Anwendung findet, kommt der EuGH zu dem Ergebnis, dass § 64 S. 1 GmbHG mit Art. 49, 54 AEUV vereinbar ist.[148]

31 In der Sache wendet der EuGH damit das aus der Keck-Rechtsprechung[149] auf die Niederlassungsfreiheit übertragbare **Marktzugangskriterium** an,[150] wobei die Konzentration auf das Kriterium der **Tätigkeitsregelung**[151] dogmatisch ebenso wenig befriedigt wie die »Verkaufsmodalität« im Rahmen des Art. 34 AEUV. Erkennbar ist die tatbestandsbeschränkende Parallele zur Keck-Teleologie insofern, als auch hier eine unterschiedslos anwendbare Vorschrift nicht an den (bereits erfolgten) Zugang auf dem Markt

---

[141] Vgl. EuGH, Urt. v. 5.10.1994, Rs. C–23/93 (TV10 – Mediawet), Slg. 1994, I–4795, Rn. 20f.; Urt. v. 10.1.1985, Rs. 229/83 (Leclerc/Au blé vert), Slg. 1985, 1, Rn. 26f.; s. auch Urt. v. 14.12.2000, Rs. C–110/99 (Emsland-Stärke), Slg. 2000, I–11569, Rn. 46, 51f.
[142] Vgl. *Forsthoff*, EuZW 2015, 248 (251).
[143] S. EuGH, Urt. v. 4.12.2014, C–295/13 (H), ECLI:EU:C:2014:2410, Rn. 14ff.; BGH, NZG 2015, 101 (Vorlage Kornhaas); nunmehr: EuGH, Urt. v. 10.12.2015, Rs. C–594/14 (Kornhaas/Dithmar), ECLI:EU:C:2015:806; dazu *Mankowski*, NZG 2016, 281ff.; a.A. *Ulmer* NJW 2004, 1201 (1207).
[144] Ablehnend bereits *Kainer*, EnzEuR, Bd. 4, § 4, Rn. 100.
[145] EuGH, Urt. v. 10.12.2015, Rs. C–594/14 (Kornhaas/Dithmar), ECLI:EU:C:2015:806; dazu *Müller* LMK 2016, 376110.
[146] EuGH, Urt. v. 10.12.2015, Rs. C–594/14 (Kornhaas/Dithmar), ECLI:EU:C:2015:806, Rn. 25f.
[147] Vgl. etwa *H.-F. Müller*, in: Münchener Kommentar GmbHG, 2. Aufl., 2016, § 64 Rn. 1.
[148] EuGH, Urt. v. 10.12.2015, Rs. C–594/14 (Kornhaas/Dithmar), ECLI:EU:C:2015:806, Rn. 28.
[149] EuGH, Urt. v. 24.11.1993, verb. Rs. C–267/91 und C–268/91, Slg. 1993, I–6097.
[150] Ebs. *Kindler*, EuZW 2016, 136 (138f.); *Weller/Hübner* NJW 2016, 223 (225); *Müller* LMK 2016, 376110; s.a. Art. 49, Rn. 58 und die dort genannte Rechtsprechung.
[151] EuGH, Urt. v. 10.12.2015, Rs. C–594/14 (Kornhaas/Dithmar), ECLI:EU:C:2015:806, Rn. 28.

eines Mitgliedsstaats anknüpft, sondern das spätere Marktverhalten in nicht prohibitiver Weise[152] regelt.[153] Insgesamt fügt sich die Kornhaas-Entscheidung als Fortentwicklung[154] der Rechtsprechung zur grenzüberschreitenden Mobilität von Gesellschaften gut in die Dogmatik der Niederlassungsfreiheit ein.

---

[152] S. EuGH, Urt. v. 4.6.2009, Rs. C–142/05 (Mickelsson u. Roos), Slg. 2009, I–4273, Rn. 25 ff. (für die Warenverkehrsfreiheit).
[153] So auch *Weller/Hübner*, NJW 2016, 223 (225).
[154] S. aber *Weller/Hübner* NJW 2016, 223 (225): »iconic case«.

Artikel 55 AEUV [Gleichstellungsgebot bei Kapitalbeteiligung]

Unbeschadet der sonstigen Bestimmungen der Verträge stellen die Mitgliedstaaten die Staatsangehörigen der anderen Mitgliedstaaten hinsichtlich ihrer Beteiligung am Kapital von Gesellschaften im Sinne des Artikels 54 den eigenen Staatsangehörigen gleich.

Inhaltsübersicht

	Rn.
A. Rechtsfolgen	1
B. Tatbestandliche Voraussetzungen	2
I. Staatsangehörige: Natürliche Personen und Gesellschaften im Sinne des Art. 54 AEUV	2
II. Beteiligungsfähige Gesellschaften	3
III. Kapitalbeteiligung	4
C. Rechtsfolgen	5

A. Allgemeines

1 Die Regelung des Art. 55 AEUV (ex-Art. 294 EGV, Art. 221 EWGV) wurde durch den Lissabonner Vertrag systematisch zutreffend in das Kapitel der Niederlassungsfreiheit verschoben. Sie enthält ein spezifisches, Art. 18 Abs. 1 AEUV konkretisierendes Diskriminierungsverbot[1] und verpflichtet die Mitgliedsstaaten dazu, Staatsangehörige anderer Mitgliedsstaaten hinsichtlich ihrer Beteiligung am Kapital von Gesellschaften den eigenen Staatsangehörigen gleichzustellen. Zweck und Bedeutung des Art. 55 AEUV erklären sich daraus, dass mit ihr ein seit dem 1.1.1961 unmittelbar anwendbares Recht geschaffen werden sollte, um den Gemeinsamen Markt im Bereich der Kapitalbeteiligung zu liberalisieren.[2] Da Art. 55 AEUV gegenüber der Niederlassungsfreiheit[3] und der Kapitalverkehrsfreiheit[4] subsidiär ist und diese Gewährleistungen sowohl die kapitalhafte wie auch eine unternehmerische Beteiligung[5] umfassen, hat die Regelung im Grunde keinen eigenen Anwendungsbereich und damit keine Bedeutung mehr.[6] Dies gilt auch für die unternehmerische Beteiligung von nicht innerhalb der EU ansässigen Per-

---

[1] *Müller-Graff*, in: Streinz, EUV/AEUV, Art. 55 AEUV, Rn. 2 (»lex specialis«); *Jung*, in: Schwarze, EUV/AEUV, Art. 55 AEUV, Rn. 2 (»Teilkonkretisierung« des allgemeinen Diskriminierungsverbots), *Tiedje*, in: GSH, Europäisches Unionsrecht, Art. 55 AEUV, Rn. 10 (»klarstellender Inhalt«).

[2] S. *Müller-Graff*, in: Streinz, EUV/AEUV, Art. 55 AEUV, Rn. 2; *Jung*, in: Schwarze, EUV/AEUV, Art. 55 AEUV, Rn. 1. Für die Grundfreiheiten galten hingegen Übergangsfristen, die Kapitalverkehrsfreiheit ist erst seit Inkrafttreten des Maastrichter Vertrages unmittelbar anwendbar, vgl. EuGH, Urt. v. 23.2.1995, verb. Rs. C–358/93 u. 416/93 (Aldo Bordessa), Slg. 1995, I–361; Rn. 41, 47.

[3] Die unternehmerische Beteiligung am Gesellschaftskapital stellt nach ständiger Rechtsprechung eine Niederlassungshandlung dar, s. EuGH, Urt. v. 26.6.2008, Rs. C–284/06 (Burda), Slg. 2008, I–4571, Rn. 69; Urt. v. 13.4.2000, Rs. C–251/98 (Baars), Slg. 2000, I–2787, Rn. 22.

[4] Eine nicht unternehmerische Beteiligung als Anlagegesellschafter, unterhalb einer zur sicheren Einflussnahme auf die Geschicke der Gesellschaft geeigneten Schwelle, ist zwar nicht von der Niederlassungsfreiheit gedeckt, fällt aber in den Bereich der Kapitalverkehrsfreiheit, vgl. dazu *Tiedje*, in: GSH, Europäisches Unionsrecht, Art. 55 AEUV, Rn. 8 sowie Art. 63 AEUV, Rn. 65; EuGH, Urt. v. 17.7.2008, Rs. C–207/07 (Kommission/Spanien), Slg. 2008, I–111, Rn. 37, 39.

[5] Vgl. zur Abgrenzung Art. 49 AEUV, Rn. 21 ff.

[6] *Korte*, in: Calliess/Ruffert, EUV/AEUV, Art. 55 AEUV, Rn. 2; *Jung*, in: Schwarze, EU-Kommentar, Art. 55 AEUV, Rn. 1.

sonen beziehungsweise Gesellschaften, die wegen Art. 49 Abs. 1 Satz 2 AEUV nicht in den Genuss der Niederlassungsfreiheit kommen,[7] weil die subsidiäre Geltung von Art. 55 AEUV auch die Beschränkungen des Anwendungsbereichs der Niederlassungsfreiheit erfasst. Dies erklärt sich inhaltlich aus dem fortbestehenden und binnenmarktrechtlich anerkannten Regelungs- und Kontrollinteresse der in der Union zusammengeschlossenen Mitgliedstaaten.[8] Die Subsidiarität des Art. 55 AEUV kommt auch in der Rechtsprechung des EuGH zum Ausdruck, die die Vorschrift und ihre Vorgängerregelungen stets nur in Ergänzung zur Niederlassungs- oder Kapitalverkehrsfreiheit angewendet hat.[9]

B. Tatbestandliche Voraussetzungen

I. Staatsangehörige: Natürliche Personen und Gesellschaften im Sinne des Art. 54 AEUV

Der Begriff ist inhaltsgleich mit demjenigen in Art. 49 AEUV.[10] Über den Wortlaut hinaus sind nach Sinn und Zweck der Norm auch Gesellschaften im Sinne von Art. 54 AEUV aus Art. 55 AEUV aktivlegitimiert.[11]

2

II. Beteiligungsfähige Gesellschaften

Objekte der Kapitalbeteiligung sind alle Gesellschaften im Sinne von Art. 54 AEUV, also sämtliche Einheiten, die einen Erwerbszweck verfolgen, nach dem Recht eines Mitgliedsstaates gegründet worden und mit der Union durch satzungsmäßigen Sitz, Hauptverwaltung oder Hauptniederlassung verbunden sind.[12] Soweit Beteiligungen möglich sind, können neben den Kapitalgesellschaften unter anderem auch Genossenschaften, Vereine und Stiftungen erfasst sein.[13] Teils wird die Auffassung vertreten, dass normzweckgemäß auch Gesellschaften erfasst sein müssten, die nicht nach dem Recht eines Mitgliedstaates gegründet wurden, soweit sie ihren Sitz innerhalb der Union genommen haben.[14] Indes ist dies angesichts des klaren Wortlauts von Art. 55 AEUV und mit Blick auf das Kontrollinteresse der Mitgliedstaaten abzulehnen; insbesondere, soweit nur der Satzungssitz innerhalb der Union genommen wurde, fehlt es an einem hinreichenden Binnenmarktbezug.

3

---

[7] So etwa *Jung*, in: Schwarze, EU-Kommentar, Art. 55 AEUV, Rn. 3; *Müller-Graff*, in: Streinz, EUV/AEUV, Art. 55 AEUV, Rn. 3.

[8] Vgl. auch *Tiedje*, in: GSH, Europäisches Unionsrecht, Art. 55 AEUV, Rn. 3 ff.; *Müller-Graff*, in: Streinz, EUV/AEUV, Art. 55 AEUV, Rn. 2.

[9] So etwa in: EuGH, Urt. v. 25.7.1990, Rs. C–221/89 (Factortame), Slg. 1991, I–3905, Rn. 31; Urt. v. 16.12.1992, Rs. C–211/91 (Kommission/Belgien), Slg. 1992, I–6757, Rn. 14; Urt. v. 27.11.1997, Rs. C–62/96 (Kommission/Griechenland), Slg. 1997, I–6725, Rn. 10 ff.

[10] Vgl. Art. 49 AEUV, Rn. 29 f.

[11] *Jung*, in: Schwarze, EU-Kommentar, Art. 55 AEUV, Rn. 3.

[12] *Müller-Graff*, in: Streinz, EUV/AEUV, Art. 55 AEUV, Rn. 6.

[13] *Tiedje*, in: GSH, Europäisches Unionsrecht, Art. 55 AEUV, Rn. 12; *Müller-Graff*, in: Streinz, EUV/AEUV, Art. 55 AEUV, Rn. 7.

[14] *Müller-Graff*, in: Streinz, EUV/AEUV, Art. 55 AEUV, Rn. 7.

III. Kapitalbeteiligung

4 Der Begriff der Beteiligung ist weit auszulegen;[15] insbesondere ist es nicht erforderlich, dass die Beteiligung zugleich die Voraussetzungen einer Niederlassung erfüllt,[16] wie sich aus der Entstehungsgeschichte der Regelung ergibt.[17] Voraussetzung ist jedoch, dass die Beteiligung die Wirkung einer Eigenkapitalfinanzierung[18] oder eigenkapitalähnlichen Finanzierung[19] hat. Umfasst ist jede mitgliedschaftlich wirksame Investitionstätigkeit sowohl als bloße Portfolioinvestition wie auch mit unternehmerischer Zielsetzung, auch in Form einer mittelbaren Beteiligung.[20] Damit ist insbesondere auch eine treuhänderische Beteiligung[21] wie auch das Treuhandverhältnis als solches von Art. 55 AEUV geschützt. Handelt es sich bei der Beteiligung ihrerseits um einen Niederlassungsakt im Anwendungsbereich des Art. 49 AEUV, geht dieser Art. 55 AEUV vor.[22]

C. Rechtsfolgen

5 Art. 55 AEUV verbietet den Mitgliedsstaaten eine Ungleichbehandlung (zum Begriff s. Art. 49, Rn. 47 ff.) von EU-Ausländern und Staatsangehörigen im Bereich der Kapitalbeteiligung. Zugleich sind die Mitgliedsstaaten verpflichtet, wenn nötig, die erforderlichen Maßnahmen zu ergreifen, um eine solche Ungleichbehandlung für die Zukunft zu unterbinden.[23]

---

[15] *Jung*, in: Schwarze, EU-Kommentar, Art. 55 AEUV, Rn. 5.
[16] *Tiedje*, in: GSH, Europäisches Unionsrecht Art. 5 AEUV, Rn. 13.
[17] Art. 55 AEUV (zuvor Art. 294 EGV) wurde erst im Zuge des Lissabonner Vertrages in dieses Kapitel aufgenommen, ohne dass ihr Anwendungsbereich damit eingeengt werden sollte, vgl. *Müller-Graff*, in: Streinz, EUV/AEUV, Art. 55 AEUV, Rn. 8.
[18] Neben Geldeinlagen auch Sacheinlagen, soweit zulässig, siehe hierzu auch *Tiedje*, in: GSH, Europäisches Unionsrecht, Art. 55 AEUV, Rn. 13.
[19] Wie etwa ein »eigenkapitalersetzendes Darlehen«, vgl. *Müller-Graff*, in: Streinz, EUV/AEUV, Art. 55 AEUV, Rn. 9.
[20] Etwa durch Beteiligung über eine stille Gesellschaft oder Unterbeteiligung, vgl. *Tiedje*, in: GSH, Europäisches Unionsrecht, Art. 55 AEUV, Rn. 1, 8.
[21] Z.B. durch Nießbauchbestellung mit Vollrechtsübertragung oder fiduziarische Vollrechtstreuhand; vgl. auch *Jung*, in: Schwarze, EUV/AEUV, Rn. 5.
[22] *Tiedje*, in: GSH, Europäisches Unionsrecht, Art. 55 AEUV, Rn. 5.
[23] *Müller-Graff*, in: Streinz, EUV/AEUV, Art. 55 AEUV, Rn. 14.

Kapitel 3
Dienstleistungen

Artikel 56 AEUV [Dienstleistungsfreiheit]

Die Beschränkungen des freien Dienstleistungsverkehrs innerhalb der Union für Angehörige der Mitgliedstaaten, die in einem anderen Mitgliedstaat als demjenigen des Leistungsempfängers ansässig sind, sind nach Maßgabe der folgenden Bestimmungen verboten.

Das Europäische Parlament und der Rat können gemäß dem ordentlichen Gesetzgebungsverfahren beschließen, dass dieses Kapitel auch auf Erbringer von Dienstleistungen Anwendung findet, welche die Staatsangehörigkeit eines dritten Landes besitzen und innerhalb der Union ansässig sind.

Literaturübersicht:

Asemissen, Berufsanerkennung und Dienstleistungen im europäischen Binnenmarkt, Diss. iur., Halle (Saale), 2012; *Barnard*, The Substantive Law of the EU – the Four Freedoms, 4. Aufl., 2013; *Bartosch*, Dienstleistungsfreiheit versus Monopolrechte: die Fragwürdigkeit des Remailing-Urteils des EuGH vom 10. 2. 2000, NJW 2000, 2251; *Birkemeyer*, Die unmittelbare Drittwirkung der Grundfreiheiten, EuR 2010, 662; *Bronkhorst*, Freedom of establishment and freedom to provide services under the EEC-Treaty, CMLRev. 12 (1975), 245; *Calliess/Korte*, Dienstleistungsrecht in der EU, 2011; *Chalmers/Davies/Monti*, European Union law: text and materials, 3. Aufl., 2014; *Craig/de Búrca*, EU Law: text, cases, and materials, 6. Aufl., 2015; *Everling*, Die Regelung der selbständigen beruflichen Tätigkeit im Gemeinsamen Markt, BB 1958, 817; *Früh*, Verstößt die Pflicht zur Eintragung in die Handwerksrolle gegen die europäische Dienstleistungsfreiheit?, GewArch 1998, 402; *Fuchs*, Die Vereinbarkeit von Sozialversicherungsmonopolen mit dem EG-Recht, ZIAS 1996, 338; *Fuchs*, Free Movement of Services and Social Security – Quo vadis?, ELJ 8 (2002), 536; *Grabitz*, Dienstleistungsmonopole im Binnenmarkt, EWS 1990, 4; *Greaves*, Advertising restrictions and the free movement of goods and services, E. L.Rev. 23 (1998), 305; *Gundel*, Bootsliegeplatzprivilegien für Einheimische: Verstoß gegen die Dienstleistungsfreiheit und Durchbrechung der nationalen Bestandskraftregeln?, EuR 1999, 781; *Hafke*, Unsichtbare Transaktionen – Innerstaatliche Kontrollvorschriften, Devisentransfer im Rahmen des liberalisierten Dienstleistungsverkehrs, Art. 59 ff., 67 ff., 106 EWGV, EuR 1984, 392; *Hailbronner*, Öffentliche Unternehmen im Binnenmarkt – Dienstleistungsmonopole und Gemeinschaftsrecht, NJW 1991, 593; *Haltern*, Gemeinschaftsrechtliche Aspekte des Glücksspiels, 2007; *Hansen*, Full Circle: Is There a Difference Between the Freedom of Establishment and the Freedom to Provide Services?, EBLR 11 (2000), 83; *Hatzopoulos*, Regulating Services in the European Union, 2012; *Hübner*, Die Dienstleistungsfreiheit in der Europäischen Gemeinschaft und ihre Grenzen, JZ 1987, 330; *ders.*, Dienstleistungsfreiheit im Finanzdienstleistungssektor, FS Börner, 1992, S. 151; *Kluth*, Die Bindung privater Wirtschaftsteilnehmer an die Grundfreiheiten des EG-Vertrages, AöR 122 (1997), 557 ff.; *Kopp*, Werbefreiheit – Stiefkind der europäischen Deregulierung, K&R 1998, 513; *Kort*, Schranken der Dienstleistungsfreiheit im europäischen Recht, JZ 1996, 132; *Korte*, Mitgliedstaatliche Verwaltungskooperation und private Eigenverantwortung beim Vollzug des europäischen Dienstleistungsrechts, NVwZ 2007, 501; *Krause*, Wie muss der deutsche Glücksspielstaatsvertrag reformiert werden, um den europarechtlichen Vorgaben zu genügen?, GewArch 2010, 428; *Kuhn*, Die Verwirklichung des freien Dienstleistungsverkehrs im Spannungsfeld von wirtschaftlicher Handlungsfreiheit und Sozialgestaltung, Diss. iur., Freiburg, 2010; *Kugelmann*, Werbung als Dienstleistung, EuR 2001, 363; *Leible*, Die Umsetzung der Dienstleistungsrichtlinie – Chancen und Risiken für Deutschland, 2008; *Lengauer*, Drittwirkung von Grundfreiheiten, 2010; *Lottes*, Das erweiterte Zeitmoment beim Begriff Dienstleistung, EuZW 2004, 112; *Louis*, Free Movement of Tourists and Freedom of Payments in the Community: The Luisi-Carbone Judgment, CMLRev. 21 (1984), 625; *Ludwigs/Weidermann*, Drittwirkung der Europäischen Grundfreiheiten – Von der Divergenz zur Konvergenz?, Jura 2014, 152; *Müller-Graff*, Die horizontale Direktwirkung der Grundfreiheiten, EuR 2014, 3; *ders.*, Dienstleistungsfreiheit und Erbringungsformen grenzüberschreitender Dienstleistungen, FS Lukes, 1989, S. 471; *O'Leary*, Free Movement of Persons and Services, in: Craig/de Búrca

(Hrsg.), The Evolution of EU Law, 2. Aufl., 2011, S. 499; *dies./Fernández-Martín*, Judicially-Created Exceptions to the free Provision of Services, in: Andenas/Roth (Hrsg.), Services and free movement in EU law, 2003, S. 163; *Parlow*, Die EG-Dienstleistungsrichtlinie, Diss. iur., Würzburg, 2010; *Reich*, Die Freiheit des Dienstleistungsverkehrs als Grundfreiheit, ZHR 1989, 571; *ders.*, Free Movement v. Social Rights in an Enlarged Union: The Laval and Viking cases before the European Court of Justice, GLJ 9 (2008), 125; *Roth*, The European Court of Justice's Case Law on Freedom to Provide Services: Is Keck Relevant?, in: Andenas/Roth (Hrsg.), Services and free movement in EU law, 2003, S. 1; *Röthel*, Grundfreiheiten und private Normgebung – Zur unmittelbaren Drittwirkung der Grundfreiheiten auf Verbandsnormen, EuR 2001, 908; *Sack*, Auswirkungen der Art. 30, 36 und 59 ff. EG-Vertrag auf das Recht gegen den unlauteren Wettbewerb, GRUR 1998, 871; *Schepel*, Constitutionalising the Market, Marketising the Constitution, and to Tell the Difference: On the Horizontal Application of the Free Movement Provisions in EU Law, ELJ 18 (2012), 177; *Schlachter/Ohler*, Europäische Dienstleistungsrichtlinie, 2008; *Sedemund*, Die mittelbare Wirkung der Grundfreiheiten für in Drittstaaten ansässige Unternehmen nach den EuGH-Urteilen Fidium-Finanz AG und Cadbury Schweppes, BB 2006, 2781; *Snell*, True Proportionality and Free Movement of Goods and Services, EBLR 11 (2000), 50; *ders.*, Non-Discriminatory Tax Obstacles in Community Law, I. C. L. Q. 56 (2007), 339; *ders./Andenas*, Exploring the Outer Limits: Restrictions on the Free Movement of Goods and Services, in: Andenas/Roth (Hrsg.), Services and free movement in EU law, 2003, S. 69; *Speyer*, Anwendung der Cassis-de-Dijon-Doktrin und Spaltbarkeit reglementierter Tätigkeiten als neue Etappen der Dienstleistungsfreiheit, EuZW 1991, 588; *Stein*, Drittwirkung im Unionsrecht, 2016; *Steindorff*, Freedom of Services in the EEC, Fordham ILJ 11 (1988), 347; *Streinz*, Der Fall Bosman und neue Fragen, ZEuP 2005, 240; *Trautwein*, Dienstleistungsfreiheit und Diskriminierungsverbot im Europäischen Gemeinschaftsrecht, Jura 1995, 191; *van der Mei*, Cross-Border Access to Medical Care Within the European Union – Some Reflections on the Judgments in Decker and Kohll, MJ 1998, 277; *Völker*, Passive Dienstleistungsfreiheit im Europäischen Gemeinschaftsrecht, Diss. iur., Tübingen, 1990; *Weber*, Die Dienstleistungsfreiheit nach den Art. 59 ff. EG-Vertrag. Einheitliche Schranken für alle Formen der Dienstleistung?, EWS 1995, 292; *Wetzel*, Die Dienstleistungsfreiheit nach den Artikeln 59–66 des EWG-Vertrages. Ein Beitrag zu Inhalt und Wirkungen des Primärrechts, Diss. iur., Münster, 1992; *White*, Workers, establishment, and services in the European Union, 2004; *Wiegemann*, Die Liberalisierung des Dienstleistungshandels im Recht der EU und WTO, Diss. iur., Freiburg, 2008.

Leitentscheidungen

EuGH, Urt. v. 30. 4. 1974, Rs. 155/73 (Sacchi), Slg. 1974, 409
EuGH, Urt. v. 3. 12. 1974, Rs. 33/74 (Van Binsbergen/Bedrijfsvereniging voor de Metaalnijverheid), Slg. 1974, 1299
EuGH, Urt. v. 12. 12. 1974, Rs. 36/74 (Walrave und Koch/Association Union Cycliste Internationale u. a.), Slg. 1974, 1405
EuGH, Urt. v. 14. 7. 1976, Rs. 13/76 (Dona/Mantero), Slg. 1976, 1333
EuGH, Urt. v. 24. 10. 1978, Rs. 15/78 (Société générale de banque alsacienne/Koestler), Slg. 1978, 1971
EuGH, Urt. v. 18. 1. 1979, Rs. 110/78 (Ministère public u. a./Van Wesemael), Slg. 1979, 35
EuGH, Urt. v. 18. 3. 1980, Rs. 52/79 (Procureur du Roi/Debauve), Slg. 1980, 833
EuGH, Urt. v. 18. 3. 1980, Rs. 62/79 (Coditel/Ciné Vog Films), Slg. 1980, 881
EuGH, Urt. v. 17. 12. 1981, Rs. 279/80 (Webb), Slg. 1981, 3305
EuGH, Urt. v. 3. 2. 1982, verb. Rs. 62/81 u. 63/81 (Seco/EVI), Slg. 1982, 223
EuGH, Urt. v. 31. 1. 1984, verb. Rs. 286/82 u. 26/83 (Luisi und Carbone/Ministero dello Tesoro), Slg. 1984, 377
EuGH, Urt. v. 4. 12. 1986, Rs. 205/84 (Kommission/Deutschland), Slg. 1986, 3755
EuGH, Urt. v. 26. 4. 1988, Rs. 352/85 (Bond van Adverteerders/Niederländischer Staat), Slg. 1988, 2085
EuGH, Urt. v. 27. 3. 1990, Rs. C–113/89 (Rush Portuguesa/Office national d'immigration), Slg. 1990, I–1417
EuGH, Urt. v. 26. 2. 1991, Rs. C–154/89 (Kommission/Frankreich), Slg. 1991, I–659
EuGH, Urt. v. 26. 2. 1991, Rs. C–180/89 (Kommission/Italien), Slg. 1991, I–709
EuGH, Urt. v. 26. 2. 1991, Rs. C–198/89 (Kommission/Griechenland), Slg. 1991, I–727
EuGH, Urt. v. 25. 7. 1991, Rs. C–288/89 (Stichting Collectieve Antennevoorziening Gouda/Commissariaat voor de Media), Slg. 1991, I–4007
EuGH, Urt. v. 25. 7. 1991, Rs. C–76/90 (Säger/Dennemeyer), Slg. 1991, I–4221

EuGH, Urt. v. 4.10.1991, Rs. C–159/90 (Society for the Protection of Unborn Children Ireland/ Grogan u. a.), Slg. 1991, I–4685
EuGH, Urt. v. 24.3.1994, Rs. C–275/92 (H.M. Customs and Excise/Schindler), Slg. 1994, I–1039
EuGH, Urt. v. 9.8.1994, Rs. C–43/93 (Vander Elst/Office des migrations internationales), Slg. 1994, I–3803
EuGH, Urt. v. 10.5.1995, Rs. C–384/93 (Alpine Investments/Minister van Financiën), Slg. 1995, I–1141
EuGH, Urt. v. 30.11.1995, Rs. C–55/94 (Gebhard/Consiglio dell'Ordine degli Avvocati e Procuratori di Milano), Slg. 1995, I–4165
EuGH, Urt. v. 15.12.1995, Rs. C–415/93 (Union royale belge des sociétés de football association u. a./Bosman u. a.), Slg. 1995, I–4921
EuGH, Urt. v. 28.3.1996, Rs. C–272/94 (Guiot), Slg. 1996, I–1905
EuGH, Urt. v. 12.12.1996, Rs. C–3/95 (Reisebüro Broede/Sandker), Slg. 1996, I–6511
EuGH, Urt. v. 5.6.1997, Rs. C–398/95 (Syndesmos ton en Elladi Touristikon kai Taxidiotikon Grafeion/Ypourgos Ergasias), Slg. 1997, I–3091
EuGH, Urt. v. 9.7.1997, verb. Rs. C–34/95 – 36/95 (Konsumentombudsmannen/De Agostini und TV-Shop), Slg. 1997, I–3843
EuGH, Urt. v. 28.4.1998, Rs. C–158/96 (Kohll/Union des caisses de maladie), Slg. 1998, I–1931
EuGH, Urt. v. 29.4.1999, Rs. C–224/97 (Ciola), Slg. 1999, I–2517
EuGH, Urt. v. 23.11.1999, verb. Rs. C–369/96 u. 376/96 (Arblade), Slg. 1999, I–8453
EuGH, Urt. v. 11.4.2000, verb. Rs. C–51/96 u. 191/97 (Deliège), Slg. 2000, I–2549
EuGH, Urt. v. 13.4.2000, Rs. C–176/96 (Lehtonen und Castors Braine), Slg. 2000, I–2681
EuGH, Urt. v. 20.11.2001, Rs. C–268/99 (Jany u. a.), Slg. 2001, I–8615
EuGH, Urt. v. 11.7.2002, Rs. C–60/00 (Carpenter), Slg. 2002, I–6279
EuGH, Urt. v. 13.5.2003, Rs. C–385/99 (Müller-Fauré und van Riet), Slg. 2003, I–4509
EuGH, Urt. v. 6.11.2003, Rs. C–243/01 (Gambelli u. a.), Slg. 2003, I–13031
EuGH, Urt. v. 11.12.2003, Rs. C–215/01 (Schnitzer), Slg. 2003, I–14847
EuGH, Urt. v. 14.10.2004, Rs. C–36/02 (Omega), Slg. 2004, I–9609
EuGH, Urt. v. 12.5.2005, Rs. C–287/03 (Kommission/Belgien), Slg. 2005, I–3761
EuGH, Urt. v. 3.10.2006, Rs. C–452/04 (Fidium Finanz AG), Slg. 2006, I–9521
EuGH, Urt. v. 5.12.2006, Rs. C–94/04 u. 202/04 (Cipolla u. a.), Slg. 2006, I–11421
EuGH, Urt. v. 11.1.2007, Rs. C–208/05 (ITC), Slg. 2007, I–181
EuGH, Urt. v. 13.12.2007, Rs. C–465/05 (Kommission/Italien), Slg. 2007, I–11091
EuGH, Urt. v. 18.12.2007, Rs. C–341/05 (Laval un Partneri), Slg. 2007, I–11767
EuGH, Urt. v. 16.12.2010, Rs. C–137/09 (Josemans), Slg. 2010, I–13019

Wesentliche sekundärrechtliche Vorschriften

S. Übersicht zu Art. 59, 62 AEUV.

Inhaltsübersicht

	Rn.
A. Allgemeines	1
I. Entwicklung	1
II. Stellung und Bedeutung	5
III. Unmittelbare Anwendbarkeit	12
B. Anwendungsbereich	13
I. Räumlicher Anwendungsbereich	13
II. Personeller Anwendungsbereich	16
1. Begünstigte	17
a) Natürliche Personen	17
b) Juristische Personen	24
2. Verpflichtete	29
a) Mitgliedstaaten	30
b) Union	31
c) Nicht staatliche Organe	32
aa) Verbände mit Rechtsetzungsautonomie	34
bb) Private	50
cc) Staatliche Schutzpflichten	53

III. Sachlicher Anwendungsbereich	56
C. Gewährleistungsumfang	57
I. Nichtdiskriminierung	58
1. Unmittelbare Diskriminierungen	59
a) Diskriminierungstatbestand	59
b) Rechtfertigung unmittelbarer Diskriminierungen	63
2. Mittelbare Diskriminierungen	65
a) Diskriminierungstatbestand	65
b) Rechtfertigung mittelbarer Diskriminierungen	67
II. Liberalisierung	68
1. Beschränkungsverbot	69
2. Undeutlichkeit	70
3. Weites Liberalisierungsverständnis: Rs. Gebhard und Rs. Alpine Investments	71
a) Beschränkungsverbot für nicht diskriminierende Maßnahmen	71
b) Zweifel	73
4. Enges Liberalisierungsverständnis: Rs. Mobistar und Rs. Viacom	74
a) Rs. Mobistar	75
b) Rs. Viacom	77
c) Grenzziehung: Marktzugangsregulierung vs. interne Marktregulierung	79
5. Systematik der Grenzziehung: Marktzugangsregulierung/interne Marktregulierung	80
a) Parallele in der Warenverkehrsfreiheit	80
b) Ratio	81
c) Unschärfe: Umschlagen interner Marktregulierung in Marktzugangsbehinderung	84
d) Notwendigkeit und Möglichkeit der judikativen Schärfung	85
6. Regulierung des Marktzugangs und des internen Marktes in der Dienstleistungsfreiheit	86
a) Genealogische Differenz zur Warenverkehrsfreiheit	87
b) Vorsichtige Entwicklung	88
aa) Besonderheiten der Dienstleistungsmärkte	89
bb) Gesteigerte Sensibilität für mitgliedstaatliche Regulierungsspielräume	90
c) Konsequenz: Warenverkehrsfreiheit als warnendes Beispiel	91
aa) Systematische Gefahren zu weit gehender Liberalisierung	92
bb) Vergleich mit Prae-Keck	93
cc) Lösung des EuGH	94
dd) Mögliches Kriterium für Umschlag von interner Marktregulierung in Marktzugangsregulierung	95
7. Bestätigung durch Folgerechtsprechung	96
a) Beschränkungsverbot	96
b) Marktzugang	98
c) Umschlagen von interner Marktregulierung in Marktzugangsregulierung	100
8. Weitere Fallgruppen für nicht diskriminierende Maßnahmen	102
9. Rechtfertigung von Beschränkungen	107
a) Keine abschließenden Unionsvorschriften	109
b) Nichtdiskriminierung	111
c) Zwingende Gründe des Allgemeininteresses	112
d) Grundrechtskonformität	115
e) Einzelne Rechtfertigungsgruppen	116
aa) Doppelbelastungen	117
bb) Präsenzpflichten	122
cc) Inhaltsbestimmungen	123
dd) Anforderungen an den Dienstleistungserbringer	124
ee) Steuerregelungen	125
ff) Monopole und Preisregelungen	129
gg) Gesundheitsversorgung	132
hh) Sonstige Vorschriften	135

A. Allgemeines

I. Entwicklung

Art. 56 AEUV wurde seit seiner Ursprungsfassung nicht grundlegend geändert. Die Originalfassung von 1957, Art. 59 EWG, sprach von der Zielvorgabe einer schrittweisen Aufhebung der Beschränkungen des freien Dienstleistungsverkehrs nach einer Übergangsphase. Eine Erweiterung des persönlichen Anwendungsbereichs konnte durch den Rat auf Vorschlag der Kommission einstimmig erfolgen. 1992 wurde mit dem Vertrag von Maastricht aus der Einstimmigkeitsvoraussetzung eine qualifizierte Mehrheit (ex-Art. 59 EGV). Seit dem Vertrag von Amsterdam 1997 besteht die Norm des Absatzes 1 in ihrer heutigen Form (»Beschränkungen ... sind ... verboten«). Durch den Vertrag von Lissabon 2009 erlangte Art. 56 AEUV durch minimale Änderungen seine derzeitige Form. Zum einen wurde das Wort »Gemeinschaft« durch »Union« ersetzt, zum anderen die Erweiterungsmöglichkeit des Absatzes 2 dem Europäischen Parlament und dem Rat im Rahmen des ordentlichen Gesetzgebungsverfahrens aufgetragen.

Die Rechtsfolge wird in Art. 56 Abs. 1 AEUV geregelt: Beschränkungen des freien Dienstleistungsverkehrs sind verboten. Damit wird auch der Tatbestand umschrieben, den Art. 57 AEUV weiter konkretisiert. Dadurch wird deutlich, wann eine Dienstleistung vorliegt (s. Art. 57 AEUV, Rn. 5 ff.). Jedoch fehlt es an einer Legaldefinition dessen, was unter einer »Beschränkung« zu verstehen ist. Auch der Verweis auf die Sonderregime der Art. 58 ff. AEUV (Verkehrsdienstleistungen und Kapitalverkehr, Art. 58 AEUV, sowie Bereichsausnahmen und Rechtfertigungen über Art. 62 AEUV) trägt nicht zur Vereinfachung der Vorschriften bei. Auffällig ist, dass für mögliche Rechtfertigungen von Beschränkungen und Bereichsausnahmen über Art. 62 AEUV auf die Niederlassungsfreiheit verwiesen wird, was die ähnlichen Zielsetzungen der Personenfreiheiten sowie ihre Verbundenheit hervorhebt.

Obwohl vielfach die Möglichkeit bestand, mehr Übersichtlichkeit, Klarheit und Systematik in die Regelung der Dienstleistungsfreiheit zu bringen, blieben Wortlaut und Struktur überwiegend gleich. Dies ist aufgrund der wenig geglückten Systematik des Normenkomplexes zu bedauern und verleiht dem Vorwurf der Intransparenz eine gewisse Berechtigung. Art. 56 und Art. 57 AEUV vermischen Tatbestand (Art. 56 Abs. 1 AEUV, Art. 57 AEUV), Rechtsfolge (Art. 56 Abs. 1 AEUV), Konkurrenzen (Art. 57 Abs. 1 AEUV) und Kompetenzvorschriften (Art. 56 Abs. 2 AEUV).[1]

Die »Freiheit« des Dienstleistungsverkehrs beschreibt den angestrebten und bei Umsetzung des Normregimes zu erreichenden Zustand der Grundfreiheit: Der Dienstleistungsverkehr ist frei.

II. Stellung und Bedeutung

Die Dienstleistungsfreiheit, die Arbeitnehmerfreizügigkeit, die Niederlassungsfreiheit und die Kapitalverkehrsfreiheit bilden zusammen Titel III des AEUV, die »internen Politiken und Maßnahmen der Union«.[2] Art. 26 Abs. 2 AEUV erklärt die Dienstleistungsfreiheit zu einem wesentlichen Bestandteil des Binnenmarktes. Zudem stellt sie

---

[1] *Kluth*, in: Calliess/Ruffert, EUV/AEUV, Art. 56, 57 AEUV, Rn. 6.
[2] Bis zum Maastrichter Vertrag 1992 fiel die Dienstleistungsfreiheit unter die »Grundlagen der Gemeinschaft«.

einen fundamentalen Grundsatz der Verträge dar.³ Diese Bedeutung hat sich auch dadurch nicht geändert, dass die Union zunehmend den **Grundlagencharakter** der wirtschaftlichen Freiheiten relativiert und sich stattdessen einer symbolischen Politik bedient, die vermeintlich fortschrittlichere und inklusivere Mechanismen wie Unionsbürgerschaft, Grundrechte und Solidarität in den Mittelpunkt rückt; dies in der Hoffnung, die europäische Integration tiefer im Bewusstsein der Bürger zu verankern und so das soziale Legitimationsdefizit der Union zu bekämpfen. Unabhängig von der Frage, ob dies eine kluge Strategie ist, hat sich am Grundlagencharakter der Dienstleistungsfreiheit – ebenso wie an jenem der anderen Grundfreiheiten – nichts geändert. Im Gegenteil dürften angesichts strauchelnder Akzeptanz und erstarkender Fliehkräfte die Grundfreiheiten zu den noch zuverlässig belastbaren Kernelementen europäischer Integration zählen (vgl. Art. 30, Rn. 1 ff.). Hieraus ergibt sich die Notwendigkeit eines nicht allzu beschränkten Anwendungsbereichs und einer effektiven Durchsetzung. Beides ist gewährleistet. Der EuGH hat einerseits den persönlichen **Anwendungsbereich** auch auf Private ausgeweitet und den Gewährleistungsgehalt auch auf nicht diskriminierende Maßnahmen erstreckt. Er hat andererseits die unmittelbare Anwendbarkeit angenommen (vgl. Rn. 12) und damit die Möglichkeit zur **Durchsetzung** im Wege des Vorabentscheidungsverfahrens gemäß Art. 267 AEUV eröffnet, die von kaum zu überschätzender Bedeutung für die normative Härte einer unionsrechtlichen Norm ist. Auslegung und Durchsetzung ergänzen so einander.

6 Die Art. 56 ff. AEUV sind Teil einer **Regelungstrias**, die die Dienstleistungsfreiheit in der Union operationalisiert. Neben die direkt anwendbaren Art. 56 ff. AEUV (s. Rn. 12) tritt als zweiter Pfeiler die **Dienstleistungsrichtlinie**, RL 2006/123/EG (dazu die Kommentierung von Art. 59 AEUV, Rn. 14 ff.). Den dritten Pfeiler schließlich bilden **sektorspezifische Sekundärrechtsakte** für komplexe Dienstleistungen von besonderer wirtschaftlicher oder gesellschaftlicher Bedeutung. Das Verhältnis dieser drei Pfeiler zueinander ist nicht unkompliziert. Selbst wenn eine bestimmte Dienstleistung in den Anwendungsbereich der Dienstleistungsrichtlinie fällt, ist es notwendig, die spezifische Maßnahme, um die es geht, genau zu betrachten. Wenn sich die Richtlinie darauf erstreckt, ist sie anwendbar und die zu Art. 56 ff. AEUV ergangenen Urteile besitzen lediglich Bedeutung für Auslegung und Kontext. Es mag jedoch auch so liegen, dass zwar die Dienstleistung als solche in den Anwendungsbereich der Richtlinie fällt (beispielsweise Unternehmensberatung), dass aber die Maßnahme, um die es geht, Bereiche betrifft, die einen Sonderstatus genießen (etwa im Arbeitsrecht oder im Steuerrecht), oder dass bestimmte Teile der Maßnahme von Sonderregeln anderweitigen Sekundärrechts erfasst sind; dann ist wiederum auf die Rechtsprechung des EuGH zu Art. 56 ff. AEUV und/oder auf die Sonderregelung statt auf die Dienstleistungsrichtlinie abzustellen. In Anbetracht der Tatsache, dass üblicherweise viele unterschiedliche Maßnahmen angegriffen werden, ist nicht unwahrscheinlich, dass einige in den Anwendungsbereich der Dienstleistungsrichtlinie, andere in denjenigen einer Spezialregelung und wiederum andere in denjenigen der Art. 56 ff. AEUV fallen. Daher werden die drei Pfeiler üblicherweise nebeneinander zur Anwendung gelangen; dies erhöht die Wahrscheinlichkeit einer **gegenseitigen hermeneutischen Beeinflussung**.⁴

---

³ S. nur: EuGH, Urt. v. 11.2.1982, Rs. 278/80 (Chem-Tec), Slg. 1982, 439, Rn. 17; Urt. v. 16.3.1999, Rs. C–222/97 (Trummer und Mayer), Slg. 1999, I–1661, Rn. 21; Urt. v. 19.1.1999, Rs. C–348/96 (Calfa), Slg. 1999, I–11, Rn. 16.
⁴ *Chalmers/Davies/Monti*, S. 843.

Die Dienstleistungsfreiheit schützt das grenzüberschreitende Angebot von Dienstleistungen im Binnenmarkt und stellt damit einen Pfeiler der **wirtschaftlichen Betätigungsfreiheit** dar. Im Gegensatz zur Niederlassungsfreiheit stellt sie gerade nicht auf eine dauerhafte Ortsveränderung einer Person ab.[5] Die Dienstleistungsfreiheit fördert daher die **Mobilität** innerhalb des gemeinsamen Marktes. Zur Arbeitnehmerfreizügigkeit,[6] der dritten Personenfreiheit, grenzt sich die Dienstleistungsfreiheit durch die ihr zugrunde liegende **Selbstständigkeit der Leistungserbringung** ab. Für kleinere Betriebe und Selbstständige steht die Dienstleistungsfreiheit mithin im Zentrum. Sie stärkt demnach als Wirtschaftsfreiheit nicht nur große Wirtschaftsunternehmen, sondern gewährleistet auch die Chance der Integration gerade der kleineren Wirtschaftsteilnehmer in die Verwirklichung des europäischen Binnenmarktes. Dabei stellt die Dienstleistungsfreiheit zugleich ein Komplement zur Warenverkehrsfreiheit[7] dar. Während die Ware ein körperliches Produkt ist, welches im grenzüberschreitenden Verkehr vor Diskriminierung und Protektionismus geschützt werden muss, greift die gleiche Schutzrichtung auch für Dienstleistungen, die **unkörperliche Produkte** darstellen. Der immer größer werdende Sektor der grenzüberschreitenden Finanzdienstleistungen lässt neben der Kapitalverkehrsfreiheit[8] Räume, v.a. bei Finanzierungsinstrumenten, für die Dienstleistungsfreiheit offen. Die Rolle einer **Komplementärfreiheit,**[9] der wenig Beachtung geschenkt wurde, hat die Dienstleistungsfreiheit daher **weit hinter sich gelassen**. 7

Die Erklärung für das jahrelange Schattendasein der Dienstleistungsfreiheit dürfte erstens in der zunächst v.a. lokal orientierten Ausprägung der meisten Dienstleistungen liegen. Dienstleistungen, also die unkörperlichen Produkte von (menschlicher) Arbeit, sind stärker an den Erzeuger der Leistung gebunden als Waren, die allein durch ihre Körperlichkeit besser vom Leistenden getrennt werden können. Freilich relativiert sich dies heute in der zunehmend virtuell gesteuerten und viel leistungsfähigeren Infrastruktur. 8

Zweitens gab und gibt es viele einschränkende Regelungen für die Berufsgruppen der Dienstleistungserbringer in den nationalen Rechtsordnungen (Zulassungsbeschränkungen, Residenzpflichten, Mitgliedschaften).[10] Diese sind nicht vom Himmel gefallen, sondern dienen einerseits besonderen und oft nur schwer verzichtbaren **Zwecken**; andererseits sind sie häufig über lange Zeiträume gewachsen und Teil einer tief verwurzelten, nationalen **Kultur**. Beides zusammengenommen ergibt ein häufig äußerst widerständiges Amalgam aus politik-, wirtschafts- und identitätsbezogenen Argumenten, das sich dem freien Dienstleistungsverkehr beharrlich in den Weg stellt und sich leichter Liberalisierung erwehrt. 9

Drittens waren Leistungserbringer und -empfänger in der ersten Hälfte der Gemeinschaftsgeschichte nicht so beweglich. Erst ab Mitte der 1970er Jahre[11] nahm die **Mobi-** 10

---

[5] Zur Abgrenzung zur Niederlassungsfreiheit s. Rn. 69f.
[6] Zur Abgrenzung zur Arbeitnehmerfreizügigkeit s. Rn. 71.
[7] Zur Abgrenzung zur Warenverkehrsfreiheit s. Rn. 59ff.
[8] Zur Abgrenzung zur Kapitalverkehrsfreiheit s. Rn. 65ff.
[9] S. dazu Rn. 57ff.
[10] Zu einer ausführlichen Exegese der Entwicklung der Dienstleistungen s. *Calliess/Korte*, § 1, Rn. 1ff.
[11] Erste große Fälle bezüglich der Dienstleistungsfreiheit vor dem EuGH: EuGH, Urt. v. 3.12.1974, Rs. 33/74 (Van Binsbergen/Bedrijfsvereniging voor de Metaalnijverheid), Slg. 1974, 1299; Urt. v. 30.4.1974, Rs. 155/73 (Sacchi), Slg. 1974, 409; Urt. v. 15.12.1995, Rs. C–415/93 (Union royale belge des sociétés de football association u.a./Bosman u.a.), Slg. 1995, I–4921.

lität zwischen den Mitgliedstaaten exponentiell zu. Durch flexiblere und modernere Kommunikation, die Etablierung einer Freizeitwirtschaft, neue Medien und Werbung, v. a. aber auch durch Prozesse der Automatisierung in der Industrie, fand ein Strukturwandel statt. Der Dienstleistungssektor wurde zu einem **Wachstumsmarkt**.[12]

11 Der freie Dienstleistungsverkehr und die anderen Grundfreiheiten zusammen mit den Neuerungen im modernen Wirtschaftsleben sollten eine **Wechselwirkung** eingehen: Durch mehr Mobilität und eine verstärkte Nutzung der Garantien der anderen Grundfreiheiten sollte auch die Dienstleistungsfreiheit stärker ausgeübt, dadurch aber wiederum die Liberalisierung und Funktionsweise des Binnenmarktes gestärkt werden.[13] Auch der Bologna-Prozess geht mittelbar auf die Stärkung der Dienstleistungsfreiheit zurück.[14] Mittlerweile stehen Dienstleistungen im Zentrum der Entwicklung des Binnenmarktes.[15] Der EuGH hat sich der Dienstleistungsfreiheit verstärkt zugewandt[16] und durch eine stark diskutierte und umstrittene rechtsfortbildende Erweiterung des persönlichen Anwendungsbereichs sowie durch das Erfassen auch nicht diskriminierender Maßnahmen mehr Fallkonstellationen in den Schutzbereich aufgenommen und der Grundfreiheit somit auch die ihr angemessene Bedeutung zukommen lassen.[17]

---

[12] Anstieg der Beschäftigten im Dienstleistungssektor zwischen 1960 und 1990 von 40 % auf 57 %, Abfall der Beschäftigten insgesamt im gleichen Zeitraum von 41 % auf 31 %. Das Bruttosozialprodukt im Jahre 1990 setzte sich wie folgt zusammen: 3 % Landwirtschaft, 30 % Industrie, 6 % Bauwirtschaft, 14 % öffentliche Leistungen und 47 % kommerzielle Dienstleistungen. Letzterer Wert lag 2000 wiederum bei 67 %. Das gesamte Bruttoinlandsprodukt der EU stieg vom Nennwert 100 im Jahre 1960 auf 350 im Jahre 2000, der Dienstleistungsbereich hingegen stieg von 100 (1960) auf 550 (2000). Quellen: *Schäfer*, Dienstleistungskonjunkturstatistik, in: Statistik kurz gefasst, Thema 4, 13/2001; *Lindner/Cave/Delourneaux/Magdeleine*, Trade in Goods and Services: Statistical Trends and Measurement Challenges, in: Statistics Brief, OECD, October 2001, No. 1.

[13] *Spaak*-Bericht (Comité Intergouvernemental créé par la Conférence de Messine: Rapport des Chefs de Délégation aux Ministres des Affaires Etrangères [Report of the Heads of Delegation to the Ministes of Foreign Affairs]), Brüssel, 21.4.1956, S. 40 ff.

[14] *Spaak*-Bericht (Fn. 13), S. 41: Gegenseitige Anerkennung der Hochschuldiplome.

[15] *Kluth*, in: Calliess/Ruffert, EUV/AEUV, Art. 56, 57 AEUV, Rn. 4.

[16] *Barnard*, S. 365.

[17] Zur Ausweitung auch auf die **passive Dienstleistungsfreiheit** grundsätzlich: EuGH, Urt. v. 31.1. 1984, verb. Rs. 286/82 u. 26/83 (Luisi und Carbone/Ministero dello Tesoro), Slg. 1984, 377, sowie unten Rn. 79 ff.; zur Ausweitung auf **Auslandsdienstleistungen**: für reisegruppenbegleitende Fremdenführer: EuGH, Urt. v. 26.2.1991, Rs. C–154/89 (Kommission/Frankreich), Slg. 1991, I–659, Rn. 9 ff.; Urt. v. 26.2.1991, Rs. C–180/89 (Kommission/Italien), Slg. 1991, I–709, Rn. 6; Urt. v. 26.2. 1991, Rs. C–198/89 (Kommission/Griechenland), Slg. 1991, I–727, Rn. 6; Urt. v. 5.6.1997, Rs. C–398/95 (Syndesmos ton en Elladi Touristikon kai Taxidiotikon Grafeion/Ypourgos Ergasias), Slg. 1997, I–3091, Rn. 8, 13; Testamentsvollstrecker: EuGH, Urt. v. 1.7.1993, Rs. C–20/92 (Hubbard/Hamburg), Slg. 1993, I–3777, Rn. 11 f.; Seminarveranstaltung im Ausland: EuGH, Urt. v. 28.10.1999, Rs. C–55/98 (Vestergaard), Slg. 1999, I–7641, Rn. 18, sowie unten, Rn. 83 ff.; zur Ausweitung auf **Korrespondenzdienstleistungen**: EuGH, Urt. v. 30.4.1974, Rs. 155/73 (Sacchi), Slg. 1974, 409, Rn. 6; Urt. v. 18.3.1980, Rs. 52/79 (Procureur du Roi/Debauve), Slg. 1980, 833, Rn. 8; Urt. v. 18.3.1980, Rs. 62/79 (Coditel/Ciné Vog Films), Slg. 1980, 881, Rn. 12; Urt. v. 6.10.1982, Rs. 262/81 (Coditel/Ciné Vog Films II), Slg. 1982, 3381, Rn. 11; Urt. v. 26.4.1988, Rs. 352/85 (Bond van Adverteerders/Niederländischer Staat), Slg. 1988, 2085, Rn. 14 f.; Urt. v. 10.5.1995, Rs. C–384/93 (Alpine Investments/Minister van Financiën), Slg. 1995, I–1141, Rn. 19, 21; Urt. v. 29.11.2001, Rs. C–17/00 (De Coster), Slg. 2001, I–9445, Rn. 28 EuGH, Urt. v. 6.11.2003, Rs. C–243/01 (Gambelli u. a.), Slg. 2003, I–13031, Rn. 54 f., sowie unten Rn. 89 f. Zu den **nicht diskriminierenden Maßnahmen** vgl. noch Rn. 115 ff.

III. Unmittelbare Anwendbarkeit und Vorrangwirkung

Die Dienstleistungsfreiheit ist **unmittelbar anwendbar**.[18] Selbst ohne weitere Liberalisierungsmaßnahmen[19] können sich Berechtigte (Rn. 17 ff.) daher direkt auf sie berufen. Zudem genießt sie **Vorrangwirkung**. Die Dienstleistungsfreiheit stellt ein reines Abwehrrecht dar, aus ihr folgt daher kein Zulassungsanspruch.[20]

B. Anwendungsbereich

I. Räumlicher Anwendungsbereich

Der räumliche Anwendungsbereich der Dienstleistungsfreiheit erstreckt sich gemäß Art. 52 Abs. 1 EUV auf die **Hoheitsgebiete der Mitgliedstaaten** und wird durch die Bestimmungen in Art. 349 und Art. 355 AEUV ergänzt. Damit gilt die Dienstleistungsfreiheit grundsätzlich nur, wenn der Dienstleistungserbringer oder -empfänger im Hoheitsgebiet der EU ansässig ist.

Wird die Dienstleistung jedoch außerhalb der Union ausgeübt, so kann die Dienstleistungsfreiheit dann Geltung beanspruchen, wenn sich ihre Wirkungen und Rechtsbeziehungen auf ein Gebiet mit **räumlichem Bezug zur EU** niederschlagen.[21] Als hinreichend enger Bezug genügt es, wenn das der Dienstleistung zugrunde liegende Rechtsverhältnis zumindest zum Teil den nationalstaatlichen Vorschriften eines Mitgliedstaates unterliegt.[22]

Liegen alle Elemente der Betätigung, d. h. Dienstleistungserbringer, Dienstleistungsempfänger und Dienstleistungserbringung, innerhalb der Grenzen eines Mitgliedstaates, findet Art. 56 AEUV keine Anwendung (s. Art. 57 AEUV, Rn. 25).[23] Neben der Verknüpfung einer der am Leistungsverhältnis beteiligten Personen mit einem Mitgliedstaat muss daher zusätzlich ein **grenzüberschreitendes Element** vorliegen (s. Art. 57 AEUV, Rn. 25 ff.).

II. Personeller Anwendungsbereich

Die Frage, ob ein Dienstleistungsvorgang von der Dienstleistungsfreiheit erfasst ist, ist von der Frage zu trennen, ob sich die am Dienstleistungsvorgang beteiligten Personen auf die Dienstleistungsfreiheit berufen können. Träger der Dienstleistungsfreiheit können natürliche und juristische Personen sein.

---

[18] Grundlegend EuGH, Urt. v. 3.12.1974, Rs. 33/74 (Van Binsbergen/Bedrijfsvereniging voor de Metaalnijverheid), Slg. 1974, 1299, Rn. 24, 26, 27.
[19] Zur Dienstleistungsrichtlinie s. Art. 59 AEUV, Rn. 14 ff.
[20] *Kluth*, in: Calliess/Ruffert, EUV/AEUV, Art. 56, 57 AEUV, Rn. 51.
[21] EuGH, Urt. v. 12.12.1974, Rs. 36/74 (Walrave und Koch/Association Union Cycliste Internationale u. a.), Slg. 1974, 1405, Rn. 28, 29.
[22] EuGH, Urt. v. 30.4.1996, Rs. C-214/94 (Boukhalfa/Bundesrepublik Deutschland), Slg. 1996, I-2253, Rn. 16, 17 (zur Arbeitnehmerfreizügigkeit); *Forsthoff*, in: Grabitz/Hilf/Nettesheim, EU, Art. 45 AEUV (September 2010), Rn. 14.
[23] EuGH, Urt. v. 18.3.1980, Rs. 52/79 (Procureur du Roi/Debauve), Slg. 1980, 833, Rn. 9.

1. Begünstigte

a) Natürliche Personen

17 Gemäß dem Wortlaut des Art. 56 Abs. 1 AEUV muss der **Dienstleistungserbringer** Angehöriger eines Mitgliedstaates sein. Träger der Dienstleistungsfreiheit ist daher nur, wer die Staatsbürgerschaft eines Mitgliedstaates der EU innehat, mithin **Unionsbürger** im Sinne des Art. 20 Abs. 1 AEUV ist.[24] Die Unionsbürgerschaft ist zwingend mit der mitgliedschaftlichen **Staatsangehörigkeit** verknüpft und richtet sich nach den nationalen Vorgaben.[25] Ob der Dienstleistungserbringer im Staat seiner Nationalität auch ansässig ist, ist irrelevant. Er muss jedoch in irgendeinem Mitgliedstaat ansässig sein, denn Art. 56 AEUV ist auf die Verwirklichung des freien Dienstleistungsverkehrs »innerhalb der Union« gerichtet (s. Rn. 13 ff.).[26] Eine Berufung auf die Dienstleistungsfreiheit von Dienstleistenden, die außerhalb der EU ansässig sind, ist daher nicht möglich. Dies folgt nicht direkt aus dem Wortlaut. Es bestünde in diesem Fall aber kein grenzüberschreitender Bezug im Sinne des Unionsrechts (s. Art. 57 AEUV, Rn. 25 ff.). **Ansässigkeit** und **Staatsbürgerschaft** sind daher strikt zu trennen: Erstere ist Grundlage für die Frage, ob ein innereuropäisches, grenzüberschreitendes Element vorliegt (sachlicher Anwendungsbereich), letztere dafür, ob der betroffene Dienstleistungserbringer sich ratione personae auf die freie Ausübung des Dienstleistungsverkehrs berufen kann (persönlicher Anwendungsbereich).[27] Beide Merkmale treffen jedoch in der Frage zusammen, ob der Unionsbürger zur Berufung auf die Dienstleistungsfreiheit im Unionsgebiet ansässig sein muss; relevant wird diese Fallkonstellation für Unionsbürger, die nicht im Unionsgebiet ansässig sind, jedoch im Unionsgebiet eine Dienstleistung anbieten oder empfangen. Da die Dienstleistungsfreiheit kein Bürgerrecht ist,[28] und die Fallkonstellationen das grenzüberschreitende Element betreffen, handelt es sich um eine Frage des sachlichen Schutzbereiches (s. Art. 57 AEUV, Rn. 5 ff.).

18 Der Rat und das Parlament können im normalen Gesetzgebungsverfahren die Anwendbarkeit auf Drittstaatsangehörige erweitern, Art. 56 Abs. 2 AEUV. Davon wurde jedoch noch kein Gebrauch gemacht.[29] Werden Handelsabkommen mit Drittstaaten getroffen (z.B. Art. 36 Abs. 1 EWR[30]), so könnte deren Staatsangehörigen aber vertraglich die Dienstleistungsfreiheit zuerkannt werden.

19 Auch der **Dienstleistungsempfänger** kann Träger des subjektiven Rechts[31] der Dienstleistungsfreiheit sein.[32] Das folgt nicht direkt aus dem Wortlaut des Art. 56 AEUV, wohl

---

[24] EuGH, Urt. v. 3.10.2006, Rs. C–290/04 (FKP Scorpio Konzertproduktionen), Slg. 2006, I–9461, Rn. 67; *Calliess/Korte*, § 3, Rn. 57; *Holoubek*, in: Schwarze, EU-Kommentar, Art. 56, 57 AEUV, Rn. 49.

[25] *Magiera*, in: Streinz, EUV/AEUV, Art. 20 AEUV, Rn. 26 f.

[26] *Barnard*, S. 367.

[27] So ähnlich auch *Randelzhofer/Forsthoff*, in: Grabitz/Hilf/Nettesheim, EU, Art. 56, 57 AEUV (März 2011), Rn. 21 ff.

[28] *Kluth*, in: Calliess/Ruffert, EUV/AEUV, Art. 56, 57 AEUV, Rn. 36.

[29] Zu den Richtlinienentwürfen: Vorschlag für eine Richtlinie des Europäischen Parlaments und des Rates über die Bedingungen für die Entsendung von Arbeitnehmern mit Staatsangehörigkeit eines dritten Landes im Rahmen der grenzüberschreitenden Erbringung von Dienstleistungen, ABl. 1999, C 67/12 und Vorschlag für eine Richtlinie des Rates zur Ausdehnung der grenzüberschreitenden Dienstleistungsfreiheit auf in der Gemeinschaft niedergelassene Staatsangehörige dritter Länder, ABl. 1999, C 67/17.

[30] Abkommen über den Europäischen Wirtschaftsraum, ABl. 1999, L 1/1.

[31] *Pache*, in: Ehlers, Grundrechte und Grundfreiheiten, § 11, Rn. 6; *Müller-Graff*, in: Streinz, EUV/AEUV, Art. 56 AEUV, Rn. 43.

[32] Grundlegend: EuGH, Urt. v. 31.1.1984, verb. Rs. 286/82 u. 26/83 (Luisi und Carbone/Ministero dello Tesoro), Slg. 1984, 377.

aber aus der Tatsache, dass jede Beschränkung des Dienstleistungsempfängers mittelbar eine Beschränkung des Dienstleistungserbringers bedeutet.[33] Umstritten ist, ob der Dienstleistungsempfänger auch Unionsbürger sein muss. Dabei sind zwei Konstellationen zu unterscheiden: erstens Fälle, in denen der Dienstleistende eine Verletzung der Dienstleistungsfreiheit rügt, und zweitens Fälle, in denen der Dienstleistungsempfänger eine Verletzung der Dienstleistungsfreiheit rügt.

Beruft sich ein Unionsbürger als Dienstleistungserbringer auf die Dienstleistungsfreiheit, so ist unerheblich, welche Staatsangehörigkeit der Dienstleistungsempfänger besitzt.[34] Es kann für die Ausübung der Dienstleistungsfreiheit keinen Unterschied machen, ob etwa der in Frankreich ansässige Geschäftspartner des spanischen Dienstleistungserbringers die französische, deutsche oder marokkanische Staatsbürgerschaft innehat. Die Versagung der Rechte für den EU-Bürger würde sonst vom Zufall abhängen. Für den effektiven Schutz der Rechte des EU-Bürgers ist vielmehr wichtig, dass ihm eine möglichst weitgehende Beteiligung am Wirtschaftsleben ermöglicht wird. 20

Umstritten ist dagegen, ob der Dienstleistungsempfänger selbst Unionsbürger sein muss, wenn er sich auf die Dienstleistungsfreiheit berufen will. 21

Einerseits sollen die Vorzüge des Binnenmarktes nur seinen Angehörigen zugutekommen. Konsequenterweise müsste derjenige, der ein Recht geltend machen will, auch Unionsbürger sein,[35] sofern nicht entsprechendes Sekundärrecht nach Art. 56 Abs. 2 AEUV erlassen wurde. Gerade der Wortlaut des Art. 56 Abs. 2 AEUV suggeriert, dass bei Anwendung des Absatzes 1 – also immer dann, wenn gerade kein Sekundärrecht vorliegt – nur Unionsbürger erfasst sind. Art. 56 AEUV nennt andererseits aber explizit nur den Dienstleistungserbringer und verhält sich nicht zur Staatsangehörigkeit des Dienstleistungsempfängers. Vielmehr muss der Leistungsempfänger nach dem Wortlaut der Norm lediglich in einem anderen Mitgliedstaat ansässig sein. Es ist daher davon auszugehen, dass die Staatsangehörigkeit unerheblich ist.[36] 22

Für die Eröffnung des Anwendungsbereichs der Dienstleistungsfreiheit sind daher zwingend nur die Unionsbürgerschaft des Dienstleistungserbringers sowie die Ansässigkeit beider Beteiligter in einem Mitgliedstaat notwendig. 23

b) Juristische Personen

Über Art. 62, 54 Abs. 1 AEUV kann sich der Schutz der Garantie des freien Dienstleistungsverkehrs auch auf Gesellschaften erstrecken. Hat eine Gesellschaft ihren satzungsmäßigen Sitz und ihre Hauptniederlassung oder Hauptverwaltung innerhalb der Union und wurde sie nach den Rechtsvorschriften eines Mitgliedstaates gegründet, so wird sie natürlichen Personen, die Angehörige eines Mitgliedstaates sind, gleichgestellt. Art. 54 Abs. 1 AEUV stellt zwei Voraussetzungen auf, während Absatz 2 das Merkmal »Gesellschaft« präzisiert. 24

Die Gesellschaft muss nach den Vorschriften eines Mitgliedstaates gegründet worden sein. Sie muss nach bestimmten mitgliedstaatlichen Normen entstehen und unter 25

---

[33] *Müller-Graff*, in: Streinz, EUV/AEUV, Art. 56 AEUV, Rn. 53.
[34] *Randelzhofer/Forsthoff*, in: Grabitz/Hilf/Nettesheim, EU, Art. 56, 57 AEUV (März 2011), Rn. 24; *Müller-Graff*, in: Streinz, EUV/AEUV, Art. 56 AEUV, Rn. 52.
[35] *Holoubek*, in: Schwarze, EU-Kommentar, Art. 56, 57 AEUV, Rn. 56.
[36] *Müller-Graff*, in: Streinz, EUV/AEUV, Art. 56 AEUV, Rn. 54; *Calliess/Korte*, § 3, Rn. 58; anders: *Randelzhofer/Forsthoff*, in: Grabitz/Hilf/Nettesheim, EU, Art. 56, 57 AEUV (März 2011), Rn. 22; *Holoubek*, in: Schwarze, EU-Kommentar, Art. 56, 57 AEUV, Rn. 56.

Wahrung der nationalen Rechtsordnung weiterhin Bestand haben.[37] Das mitgliedstaatliche Recht entscheidet also darüber, ob eine Gesellschaft wirksam entstanden ist und noch existiert. Diese Anforderung stellt die Parallele zur Unions- bzw. Staatsangehörigkeit natürlicher Personen dar[38]: Auch diese richtet sich allein nach dem nationalen Recht und darf nicht erloschen sein.

26   Die Feststellung der Unionszugehörigkeit, also das Vorliegen einer institutionellen Unionsverbindung, wird durch die drei Varianten[39] des Bestehens des satzungsgemäßen Sitzes, der Hauptverwaltung oder Hauptniederlassung in einem Mitgliedstaat vorgenommen. Der **satzungsgemäße Sitz** richtet sich nach den Gründungsdokumenten der Gesellschaft.[40] Die **Hauptverwaltung** liegt an dem Ort, an dem die Willensbildung für die Gesellschaft und die Unternehmensleitung stattfinden.[41] Die **Hauptniederlassung** hingegen ist dort, wo der tatsächliche Geschäftsschwerpunkt liegt. Anknüpfungspunkt hierfür ist die Konzentration der wesentlichen Personal- und Sachmittel.[42] Deutlich wird, dass der Normtext allein an die Gesellschaft anknüpft, die Staatsangehörigkeit der einzelnen Gesellschafter ist unerheblich.[43]

27   Aufgrund der drei Varianten kann es zu einer kumulativen Anknüpfung kommen. Eine Gesellschaft kann daher »mehrstaatig« sein. Das stellt allerdings kein Problem für die Anwendung der Dienstleistungsfreiheit dar, wenn mindestens ein Anknüpfungspunkt innerhalb der Union liegt,[44] denn anhand der vorgestellten Kriterien soll keine Feststellung des anwendbaren mitgliedstaatlichen Rechts erfolgen, sondern bloß die Unionszugehörigkeit der Gesellschaft beurteilt werden.[45] Nicht möglich ist hingegen, dass ein Unternehmen, welches außerhalb der Union gegründet wurde, ohne wirtschaftliche Integration in einem Mitgliedstaat Dienstleistungen in einem anderen Mitgliedstaat unter dem Schutz der Dienstleistungsfreiheit anbietet. Die wirtschaftliche Basis, d.h. die Hauptniederlassung oder Hauptverwaltung, muss sich zuerst in einem Mitgliedstaat etablieren, bevor zeitlich begrenzte Dienstleistungen in einem anderen Mitgliedstaat ausgeführt werden können.[46]

28   Gleichzeitig erweitert und beschränkt Art. 54 Abs. 2 AEUV die durch Absatz 1 erfassten Gesellschaften. Ein weiteres Verständnis des Begriffs »Gesellschaften« ergibt

---

[37] EuGH, Urt. v. 16.12.2008, Rs. C–210/06 (Cartesio), Slg. 2008, I–9461, Rn. 104; *Calliess/Korte*, § 3, Rn. 60.

[38] EuGH, Urt. v. 28.1.1986, Rs. 270/83 (Kommission/Frankreich), Slg. 1986, 273, Rn. 18; Urt. v. 10.7.1986, Rs. 79/85 (Segers/Bedrijfsvereniging voor Bank- en Verzekeringswezen, Groothandel en Vrije Beroepen), Slg. 1986, 2375, Rn. 13; Urt. v. 13.7.1993, Rs. C–330/91 (The Queen/Inland Revenue Commissioners, ex parte Commerzbank), Slg. 1993, I–4017, Rn. 13; Urt. v. 16.7.1998, Rs. C–264/96 (Imperial Chemical Industries/Colmer), Slg. 1998, I–4695, Rn. 20; Urt. v. 9.3.1999, Rs. C–212/97 (Centros), Slg. 1999, I–1459, Rn. 20.

[39] EuGH, Urt. v. 16.12.2008, Rs. C–210/06 (Cartesio), Slg. 2008, I–9461, Rn. 106.

[40] *Calliess/Korte*, § 3, Rn. 60.

[41] *Calliess/Korte*, § 3, Rn. 60.

[42] *Calliess/Korte*, § 3, Rn. 60.

[43] Trotzdem stellt der EuGH bei Gesellschaftsgebilden, die aus Mutter- und Tochterunternehmen bestehen, als Anknüpfungspunkt für den Grenzübertritt zum Teil auf den Sitz der Mutterunternehmen ab: EuGH, Urt. v. 1.2.2001, Rs. C–108/96 (Mac Queen u.a.), Slg. 2001, I–837, Rn. 16; Urt. v. 17.10.2002, Rs. C–79/01 (Payroll u.a.), Slg. 2002, I–8923, Rn. 25.

[44] *Calliess/Korte*, § 3, Rn. 60.

[45] *Forsthoff*, in: Grabitz/Hilf/Nettesheim, EU, Art. 54 AEUV (Oktober 2011), Rn. 15.

[46] EuGH, Urt. v. 3.10.2006, Rs. C–290/04 (FKP Scorpio Konzertproduktionen), Slg. 2006, I–9461, Rn. 66ff.; Urt. v. 3.10.2006, Rs. C–452/04 (Fidium Finanz AG), Slg. 2006, I–9521, Rn. 50; *Craig/de Búrca*, S. 822.

sich aus der Auffangfunktion der Nennung der »**sonstigen juristischen Personen**«, so dass auch Gesellschaftsformen erfasst werden, die nach dem nationalen Recht keine juristischen Personen sind.[47] Voraussetzung ist nur, dass sie über eine rechtlich verfestigte Struktur verfügen, die ein Auftreten im Rechtsverkehr erlaubt.[48] Dafür spricht auch, dass Art. 54 Abs. 2 AEUV Gesellschaften des »bürgerlichen Rechts und des Handelsrechts« erfasst.[49] Eingeschränkt wird der Anwendungskreis allerdings durch die Notwendigkeit des **Verfolgens eines Erwerbszwecks**. Dies gilt, trotz der undeutlichen Fassung des deutschen Normtextes, für alle Gesellschaften und nicht nur für die »sonstigen juristischen Personen«.[50] Gesellschaften, die sich auf die Dienstleistungsfreiheit berufen können, können daher auch staatliche und kommunale Einrichtungen sein.[51] Die Beschränkung auf Gesellschaften, die einen **Erwerbszweck verfolgen**, hat v. a. funktionale Gründe: Wettbewerbsverzerrungen sollen vermieden werden. Denn Gesellschaften, die nach ihrer Binnenstruktur gerade keine Gewinnerzielungsabsicht haben, werden oft gefördert oder (quer-)subventioniert. Diesen Gesellschaften soll dadurch aber kein Vorteil im Konkurrenzkampf mit den privatwirtschaftlich handelnden Gesellschaften, auf die der freie Binnenmarkt ausgerichtet ist, erwachsen. Die Forderung nach einem Erwerbszweck der Gesellschaften ist daher auch nicht gleichzusetzen mit der Voraussetzung des Art. 57 Abs. 1 AEUV, wonach die Dienstleistungen in der Regel gegen ein Entgelt erbracht werden müssen (s. Art. 57 AEUV, Rn. 20 ff.). Denn auch eine Dienstleistung, die nicht zum Erwerbszweck angeboten wird, kann gegen ein Entgelt erfolgen. Kritische Fallgruppen sind hier die Anerkennung von weltanschaulichen oder religiösen Gruppen.[52] Eindeutig aus dem Anwendungsbereich herausgenommen werden aber durch die Forderung nach der Verfolgung eines Erwerbszwecks die Mitgliedstaaten sowie ihre Teilstaaten und Gemeinden selbst.[53] Ihnen ist die Berufung auf die Dienstleistungsfreiheit versagt.

2. Verpflichtete

Art. 56 ff. AEUV bezeichnen nicht den Verpflichtungsadressaten der Regelungen. Wie die anderen Grundfreiheiten verpflichtet aber auch die Dienstleistungsfreiheit in erster Linie die Mitgliedstaaten und die Union selbst.[54] Allerdings können auch Private zur Beachtung der Dienstleistungsfreiheit verpflichtet werden.

29

---

[47] So z. B. im deutschen Recht die Gesellschaft bürgerlichen Rechts (GbR) gemäß §§ 705 ff. BGB.
[48] *Forsthoff*, in: Grabitz/Hilf/Nettesheim, EU, Art. 54 AEUV (Oktober 2011), Rn. 3.
[49] *Calliess/Korte*, § 3, Rn. 60.
[50] Art. 54 Abs. 2 AEUV französische Fassung: »Par sociétés, on entend les sociétés de droit civil ou commercial, y compris les sociétés coopératives, et les autres personnes morales relevant du droit public ou privé, à l'exception des sociétés qui ne poursuivent pas de but lucratif.« Englischer Normtext: »›Companies or firms‹ means companies or firms constituted under civil or commercial law, including cooperative societies, and other legal persons governed by public or private law, save for those which are non-profit-making.«
[51] *Kluth*, in: Calliess/Ruffert, EUV/AEUV, Art. 56, 57 AEUV, Rn. 40.
[52] Dazu: *Forsthoff*, in: Grabitz/Hilf/Nettesheim, EU, Art. 54 AEUV (Oktober 2011), Rn. 6.
[53] *Forsthoff*, in: Grabitz/Hilf/Nettesheim, EU, Art. 54 AEUV (Oktober 2011), Rn. 7.
[54] *Kluth*, in: Calliess/Ruffert, EUV/AEUV, Art. 56, 57 AEUV, Rn. 41; *Randelzhofer/Forsthoff*, in: Grabitz/Hilf/Nettesheim, EU, Art. 56, 57 AEUV (März 2011), Rn. 73; *Ehlers*, in: ders., Grundrechte und Grundfreiheiten, § 7, Rn. 48 f.

a) Mitgliedstaaten

30 Da die Regelungen der Dienstleistungsfreiheit **unmittelbar anwendbar**[55] sind (s. Rn. 12), sind sie von allen mitgliedstaatlichen Behörden und Gerichten zu beachten. Alle mitgliedstaatlichen Maßnahmen – also alle Akte, durch die staatliche Hoheitsgewalt ausgeübt wird – müssen der Dienstleistungsfreiheit gerecht werden. Dazu zählen die unmittelbare und mittelbare Bundes- und Landesverwaltung genauso wie die Kommunalverwaltung und Maßnahmen von Trägern funktionaler Selbstverwaltung.[56] Auch Kommunen, Körperschaften, Stiftungen und Anstalten des öffentlichen Rechts und hoheitlich handelnde Standesorganisationen (Kammern, Innungen) sind Verpflichtete.[57] Ob tatsächlich staatliches Handeln vorliegt, wird durch den funktionalen Staatsbegriff bestimmt.[58] Aufgrund des **Anwendungsvorranges** des Unionsrechts darf der Dienstleistungsfreiheit entgegenstehendes nationales Recht nicht angewendet werden.[59]

b) Union

31 Auch die Unionsorgane selbst sind an die Dienstleistungsfreiheit gebunden. Akte der Union, die gegen sie verstoßen, können im Wege der Nichtigkeitsklage gemäß Art. 263 AEUV, der inzidenten Normenkontrolle gemäß Art. 277 AEUV und durch das Vorabentscheidungsverfahren gemäß Art. 267 AEUV angegriffen werden.

c) Nicht staatliche Organe

32 Neben den staatlichen und supranationalen Organen können auch private Organe an die Dienstleistungsfreiheit gebunden sein. Die Erweiterung des Verpflichtungsadressatenkreises wird zumeist unter dem Begriff Drittwirkung zusammengefasst.[60] Dieser aus der Grundrechtsdogmatik bekannte Begriff[61] wird auf die Grundfreiheiten übertragen.[62] Da die Grundfreiheiten zum Teil eine gemeinsame Systematik und Parallelität aufweisen,[63]

---

[55] EuGH, Urt. v. 3.12.1974, Rs. 33/74 (Van Binsbergen/Bedrijfsvereniging voor de Metaalnijverheid), Slg. 1974, 1299, Rn. 34, 36.

[56] *Kluth*, in: Calliess/Ruffert, EUV/AEUV, Art. 56, 57 AEUV, Rn. 41.

[57] EuGH, Urt. v. 24.11.1982, Rs. 249/81 (Kommission/Irland (Buy Irish)), Slg. 1982, 4005, Rn. 23 f.; *Calliess/Korte*, § 3, Rn. 99.

[58] EuGH, Urt. v. 30.11.1995, Rs. C–55/94 (Gebhard/Consiglio dell'Ordine degli Avvocati e Procuratori di Milano), Slg. 1995, I–4165, Rn. 1 ff.; *Holoubek*, in: Schwarze, EU-Kommentar, Art. 56, 57 AEUV, Rn. 64. Daher können auch Handlungen juristischer Personen des Privtarechts dem Staat zuzurechnen sein, wenn sie im Eigentum des Staates stehen oder seiner Kontrolle unterliegen, EuGH, Urt. v. 4.12.1997, verb. Rs. C–253/96 – 258/96 (Kampelmann u.a./Landschaftsverband Westfalen-Lippe u.a.), Slg. 1997, I–6907, Rn. 46.

[59] Grundsatzentscheidung des EuGH, Urt. v. 15.7.1964, Rs. C–6/64 (Costa/E.N.EL.), Slg. 1964, 1141.

[60] Auch verwendete Begriffe sind: (unmittelbare) horizontale Anwendbarkeit; horizontale Direktwirkung; unmittelbare Direktwirkung.

[61] *Müller-Franken*; in: Schmidt-Bleibtreu/Hofmann/Henneke (Hrsg.), Kommentar zum Grundgesetz, 2014, Vorbem. v. Art. 1, Rn. 21 f.; *Antoni*, in: Hömig (Hrsg.), Grundgesetz für die Bundesrepublik Deutschland – Handkommentar, 2013, Die Grundrechte, Rn. 6; *Jarass*, in: Jarass/Pieroth (Hrsg.), Grundgesetz für die Bundesrepublik Deutschland. Kommentar, 2012, Art. 1, Rn. 50; *Pieroth/Schlink*, Grundrechte Staatsrecht II, 2015, § 5 II 3, Rn. 190 ff.; *Bumke/Voßkuhle*, Casebook Verfassungsrecht, 2015, Rn. 219 ff.; *Hufen*, Staatsrecht II, 2014, § 7, Rn. 8.

[62] *Ludwigs/Weidermann*, Jura 2014, 152; kritisch dagegen: *Müller-Graff*, EuR 2014, 3 (3 f.).

[63] Eine grobe Trennung gebietet sich zwischen den personen- und den produktbezogenen Grundfreiheiten, zur gemeinsamen Systematik: *Birkemeyer*, EuR 2010, 662 (673 ff.). Gegen die Sonderstellung der Warenverkehrsfreiheit gemäß Art. 34 AEUV jüngst EuGH, Urt. v. 12.7.2012, Rs. C–171/11 (Fra.bo), ECLI:EU:C:2012:453.

kann die Thematik der Drittwirkung nicht isoliert an einer der Personenfreiheiten nachvollzogen werden. Inwieweit eine Übertragung einzelner Entscheidungen auf alle Grundfreiheiten geboten ist, kann allerdings erst nach einer genaueren Analyse von Entscheidung und Kontext festgestellt werden. Für die Dienstleistungsfreiheit ergibt sich indes eine Vorreiterrolle: Die ersten Entscheidungen zur Drittwirkung von Grundfreiheiten ergingen zu ihr.[64] Noch nicht entschieden ist, in welchem Umfang und in welchen Grenzen eine Drittwirkung anzunehmen ist. Sinnvoll ist eine Trennung zwischen den verschiedenen Spielarten der Drittwirkung und einer unterschiedlichen Qualifizierung der betroffenen Privaten.[65] Die hinkende Akzeptanz in Deutschland kann vielleicht auch mit der überkommenen Haltung der deutschen Rechtswissenschaft zur unmittelbaren Drittwirkung der Grundrechte erklärt werden.[66] Sie lässt die Drittwirkungsdogmatik im Bereich der Grundfreiheiten als ein noch nicht voll erschlossener »Fremdkörper« erscheinen.[67] Interessanter als dogmatische Argumente zur Systematik dürften freilich die Richtungsentscheidungen und Wirkungen der EuGH-Rechtsprechung zu diesem Thema und ihre Würdigung sein.

Von unmittelbarer Drittwirkung wird gesprochen, wenn sich ein Privater gegenüber einem anderen Privaten unmittelbar auf eine Norm berufen kann, die eigentlich primär das Verhältnis vom Bürger zum Staat regeln soll. Wird also zusätzlich das Verhältnis zu einem anderen Privaten geregelt, so ist dieser »Dritter«.[68] Mittelbar ist die Drittwirkung, wenn sich die Privaten nicht untereinander auf die Normen berufen können, jedoch der Staat bei der Erstellung, Anwendung und Auslegung der Normen die Grundfreiheiten berücksichtigen muss und z. B. durch Schutzpflichten die Grundfreiheiten sichert. 33

aa) **Verbände mit Rechtsetzungsautonomie**
Schon Mitte der 1970er Jahre hat sich der EuGH zu einer Anwendbarkeit der Vorschriften auch auf private Vereinigungen bekannt, die **kollektive Regelungen** in **rechtlicher Autonomie** im Arbeits- und Dienstleistungsbereich setzen. In der Rs. Walrave[69] wurden an die Staatsangehörigkeit anknüpfende, benachteiligende Regelungen der Internationalen Radsportunion (Union Cycliste Internationale, UCI), einem privatrechtlichen Verein, an der Dienstleistungsfreiheit gemessen. Der EuGH begründete seine Entscheidung mit dem **effet utile**: Können Arbeitsbedingungen und Dienstleistungsmodalitäten von privaten Vereinen gesetzt werden, so verlöre das Europarecht an Effektivität, wenn diese Regelungen nicht auch an der Dienstleistungsfreiheit gemessen 34

---

[64] EuGH, Urt. v. 12.12.1974, Rs. 36/74 (Walrave und Koch/Association Union Cycliste Internationale u. a.), Slg. 1974, 1405; Urt. v. 14.7.1976, Rs. 13/76 (Dona/Mantero), Slg. 1976, 1333; Urt. v. 15.12.1995, Rs. C–415/93 (Union royale belge des sociétés de football association u. a./Bosman u. a.), Slg. 1995, I–4921; Urt. v. 11.4.2000, verb. Rs. C–51/96 u. 191/97 (Deliège), Slg. 2000, I–2549; Urt. v. 11.12.2007, Rs. C–438/05 (The International Transport Workers' Federation und The Finnish Seamen's Union), Slg. 2007, I–10779; Urt. v. 18.12.2007, Rs. C–341/05 (Laval un Partneri), Slg. 2007, I–11767.

[65] So auch *Calliess/Korte*, § 3, Rn. 97 ff.; *Lengauer*, S. 166; *H. Parpart*, Die unmittelbare Bindung Privater an die Personenverkehrsfreiheiten im europäischen Gemeinschaftsrecht, 2003, S. 6 ff.

[66] Während in der Grundsatzentscheidung BAGE 1, 185 die unmittelbare Drittwirkung der Grundrechte in Deutschland noch vertreten wird, ist dies nun nicht mehr der Fall, vgl. BAG, NJW 1984, 1142 (1142 f.); *Stein*, S. 15 ff.

[67] *Röthel*, EuR 2001, 908 (909).

[68] *K. Preedy*, Die Bindung Privater an die Grundfreiheiten, 2005, S. 19.

[69] EuGH, Urt. v. 12.12.1974, Rs. 36/74 (Walrave und Koch/Association Union Cycliste Internationale u. a.), Slg. 1974, 1405.

werden könnten. Zudem bestünde die Gefahr einer uneinheitlichen Anwendung der Dienstleistungsfreiheit.[70] Entscheidend war dabei, dass die UCI die rechtliche Autonomie besaß, bindende Regelungen für ihre Mitglieder zu treffen. Eine Umgehung der Regeln der UCI war für deren Mitglieder nicht möglich. Für die Kläger erwies sich die Normsetzung der UCI wie die eines Staates: Eine Unterwerfung unter die autonom gesetzten Normen war nicht zu umgehen. Ein Über-/Unterordnungsverhältnis lag vor. Es handelte sich mithin um eine unmittelbare Verpflichtung einer **intermediären Gewalt im Innenverhältnis**.[71]

35 Der **Wortlaut** des Art. 56 AEUV lässt eine solche Interpretation zu; er richtet sich nicht ausdrücklich an die Unionsorgane und Mitgliedstaaten, sondern lässt den Verpflichtungsadressaten offen.[72] Lediglich Art. 57 Abs. 3 AEUV ist an die Mitgliedstaaten gerichtet.[73] Jedoch ist Art. 56 AEUV insgesamt nicht gerade durch systematische Vollständigkeit geprägt, so dass der Verweis auf Absatz 3 allein nicht tragen kann (und den EuGH, der stark wirkungs- und kontextorientiert judiziert, ohnehin nicht überzeugen könnte). Als Argument der **systematischen Auslegung** wird kritisch vertreten, dass allein die Art. 101, 102 AEUV die Rechtsbeziehungen zwischen Privaten im Binnenmarkt regelten.[74] Natürlich richten sich die Wettbewerbsbestimmungen an private Unternehmen; freilich richten sie sich nicht an Private schlechthin.[75] Zudem geht aus ihnen nicht hervor, dass es dabei sein Bewenden haben soll und sie die Verpflichtung von Privaten erschöpfend behandeln.[76]

36 Entscheidend für den EuGH – jedenfalls in der frühen Phase der Walrave-Entscheidung Mitte der 1970er Jahre – dürfte der **Effektivitätsgedanke** gewesen sein.[77] Die Entscheidung fiel 1974, im gleichen Jahr wie die Entscheidungen des EuGH in den Rs. Dassonville,[78] van Duyn[79] und die Solange I-Entscheidung des Bundesverfassungsgerichts.[80] Das Gemeinschaftsrecht war noch keineswegs in ähnlicher Weise etabliert und gesichert wie heute; die großen dogmatischen Neuerungen supranationalen und quasi-verfassungsrechtlichen Gemeinschaftshandelns waren entweder von Luxemburg noch nicht vorgetragen oder von den Mitgliedstaaten noch nicht vollständig akzeptiert. Der EuGH engagierte sich in erster Linie für die verhandlungssichere Normativität des Gemeinschaftsrechts und bemühte sich mit allen ihm zur Verfügung stehenden Mitteln, dessen Effektivität durchzusetzen. In diesen Kontext gehört auch die Walrave-Entscheidung, und zumindest mit dem Wissen, das wir heute haben, ist die Entscheidung rückblickend zu loben; sie hat maßgeblich dazu beigetragen, das Gemeinschaftsrecht zu konstitutionalisieren.

37 Hinzu kommt, dass daneben auch gute Gründe dienstleistungsbezogener Natur für die Entscheidung streiten. Privatrechtssubjekte mit autonomer Regulierungsmacht, de-

---

[70] EuGH, Urt. v. 12.12.1974, Rs. 36/74 (Walrave und Koch/Association Union Cycliste Internationale u. a.), Slg. 1974, 1405, Rn. 16, 19.
[71] So auch *Calliess/Korte*, § 3, Rn. 99; zum Begriff: *Ludwigs/Weidermann*, Jura 2014, 152 (154); *Lengauer*, S. 165 f.
[72] *Calliess/Korte*, § 3, Rn. 99; *Stein*, S. 24 f.
[73] *Müller-Graff*, in: Streinz, EUV/AEUV, Art. 56 AEUV, Rn. 65.
[74] So z. B. *Kluth*, AöR 122 (1997), 557 (572 f.).
[75] *Müller-Graff*, EuR 2014, 3 (13 f.).
[76] So auch *Müller-Graff*, in: Streinz, EUV/AEUV, Art. 56 AEUV, Rn. 65.
[77] Zustimmend *Lengauer*, S. 165 f.; *Stein*, S. 27 ff.
[78] EuGH, Urt. v. 11.7.1974, Rs. 8/74 (Dassonville), Slg. 1974, 837.
[79] EuGH, Urt. v. 4.12.1974, Rs. 41/74 (Van Duyn/Home Office), Slg. 1974, 1337.
[80] BVerfGE 37, 271.

ren Mitglieder den so gesetzten Regeln unentrinnbar ausgesetzt sind, können durch ihre Handlungen den freien Dienstleistungsverkehr in ähnlicher Weise einschränken wie staatliche Maßnahmen. Eine Verkürzung der Garantien der Dienstleistungsfreiheit liegt gleichermaßen vor. Dies gilt umso mehr, als der Trend in Richtung einer zunehmenden Delegierung regulatorischer Aufgaben vom Staat auf Private in unterschiedlicher Form geht.

Gleichzeitig ist aber zu berücksichtigen, dass privatrechtlich organisierte Vereine oder Verbände üblicherweise die Interessen ihrer Mitglieder vertreten; ihre Handlungsfreiheit in mancher Hinsicht europarechtlich zu begrenzen, bedeutet also auch, Individuen in Teilen die Möglichkeit abzuschneiden, ihre Interessen kollektiv zu organisieren und zum Ausdruck zu bringen. Es ist offenkundig, dass dies auch ein grundrechtliches Problem ist.[81] **38**

Undeutlich blieb in der Rs. Walrave die Reichweite der horizontalen Anwendung. Bei den Regelungen der UCI handelte es sich um Normen, die aufgrund ihrer Anknüpfung an die Staatsangehörigkeit benachteiligend wirkten. Damit befand sich die Fallkonstellation in systematischer Nähe zum in Art. 18 AEUV als Leitmotiv der Verträge[82] festgelegten **Diskriminierungsverbot** aufgrund der Staatsangehörigkeit, das in die Auslegung der Grundfreiheit miteingespielt wird und bei kollektiven Regelungen, die gegenüber einer Vielzahl von Personen wirken, auch unmittelbar zwischen Privaten wirkt.[83] In der Rs. Donà[84] bestätigte der EuGH seinen Befund aus der Rs. Walrave.[85] Unbeantwortet blieb damit zunächst die Frage, ob auch ein zwischen Privaten wirkendes Beschränkungsverbot an der horizontalen Wirkung teilhaben würde. Diese wurde noch nicht gleich gestellt, da das Beschränkungsverbot für die Dienstleistungsfreiheit erst Anfang der 1990er Jahre fruchtbar gemacht wurde. **39**

Die bejahende Antwort auf diese Frage gab der EuGH 1995 im Urteil Bosman.[86] Er knüpfte an die Argumentation aus der Rs. Walrave an[87] und stellte sodann klar, dass die Dienstleistungsfreiheit intermediäre Gewalten nicht nur im Sinne eines Diskriminierungsverbots, sondern auch vollumfänglich als **Beschränkungsverbot** bindet.[88] Der EuGH argumentierte, dass sich die Gefahr einer Schutzlücke ergeben könnte, wenn das Beschränkungsverbot durch uneinheitliche Regelungen in den Mitgliedstaaten unterschiedlich ausgestaltet werden könnte. Die Rs. Bosman beschäftigte sich allerdings mit einer beschränkenden Regel für Profi-Fußballer. Da Herr Bosman nicht selbstständig, sondern in weisungsabhängiger Tätigkeit angestellt war, betraf der Fall die Arbeitnehmerfreizügigkeit. Durch das gemeinsame System und die **Parallelität der Grundfreiheiten** – gerade der Personenfreiheiten wie der Arbeitnehmer- und Dienstleistungs- **40**

---

[81] *Stein*, S. 29 f.
[82] *Epiney*, in: Calliess/Ruffert, EUV/AEUV, Art. 18 AEUV, Rn. 1 f.
[83] *Epiney*, in: Calliess/Ruffert, EUV/AEUV, Art. 18 AEUV, Rn. 40; *Müller-Graff*, in: Streinz, EUV/AEUV, Art. 56 AEUV, Rn. 67.
[84] EuGH, Urt. v. 14. 7. 1976, Rs. 13/76 (Dona/Mantero), Slg. 1976, 1333.
[85] EuGH, Urt. v. 12. 12. 1974, Rs. 36/74 (Walrave und Koch/Association Union Cycliste Internationale u. a.), Slg. 1974, 1405, Rn. 17 f.
[86] EuGH, Urt. v. 15. 12. 1995, Rs. C–415/93 (Union royale belge des sociétés de football association u. a./Bosman u. a.), Slg. 1995, I–4921.
[87] EuGH, Urt. v. 15. 12. 1995, Rs. C–415/93 (Union royale belge des sociétés de football association u. a./Bosman u. a.), Slg. 1995, I–4921, Rn. 82 f.; *Kluth*, AöR 122 (1997), 557 (560).
[88] EuGH, Urt. v. 15. 12. 1995, Rs. C–415/93 (Union royale belge des sociétés de football association u. a./Bosman u. a.), Slg. 1995, I–4921, Rn. 96, 114.

freiheit[89] – kann aber die Rechtsprechung des EuGH auf die Dienstleistungsfreiheit übertragen werden.[90] Es ist nämlich eher ein lediglich technischer Unterschied, ob eine wirtschaftliche Tätigkeit selbständig oder in einem Abhängigkeitsverhältnis durchgeführt wird;[91] der Radius von Freiheit und Beschränkung sollte hierdurch nicht beeinflusst werden. Im Urteil Deliège[92] bestätigte der EuGH ausdrücklich die Geltung des Beschränkungsverbotes der Dienstleistungsfreiheit aus Art. 56 AEUV für Verbände mit Rechtsetzungsbefugnis.[93] Diese Rechtsprechung hat sich kontinuierlich fortgesetzt mit der Folge, dass die Prinzipien horizontaler Anwendung für Dienstleistungs-, Arbeitnehmer- und Niederlassungsfreiheit praktisch identisch zu sein scheinen.[94]

41   Gerade die Rs. Deliège verdeutlicht aber auch, dass der EuGH sensibel für die Kontexte seiner Horizontalrechtsprechung ist. Die Rs. Walrave, Bosman und Deliège sind Fälle aus dem Bereich des Sports. Sport genießt in der Bevölkerung einen grundsätzlich anderen Status als wirtschaftliche Aktivitäten. Natürlich ist der moderne Sport durchprofessionalisiert, mit der Konsequenz, dass es um Karrieren, viel Geld und damit auch um wirtschaftliche Aktivität geht. Doch Sport ist zugleich ein Bereich, der große Emotionen weckt und Gemeinschaftlichkeit und Identitätsbezüge aufweist, die heute nicht selten als eher harmloser Ersatz für entzündlichere, nationale Gemeinschaftsrituale dienen. Das Anlegen eines ökonomischen Maßstabs ist in den Augen vieler daher eine Kategorieverwechselung, weshalb diese Urteile auch einer heftigen Debatte ausgesetzt waren: Art. 56 AEUV bezieht sich eben unzweideutig auf wirtschaftliche Aktivitäten. Die Rechtsprechung des EuGH nimmt hierauf Rücksicht, denn sie ist deutlich von dem Bemühen geprägt, die wirtschaftlichen Elemente des Sports von denjenigen zu trennen, die inhärenter Teil der Sportregeln sind. Dies wurde in der Rs. Deliège deutlich. Dort ging es um die Weigerung der belgischen Judo-Liga, Frau Deliège, eine Judokämpferin, für eine Teilnahme an einem Judowettkampf auszuwählen. Der EuGH trennte die Nominierungsfrage vom Begriff des Wirtschaftslebens ab und verneinte eine Beschränkung der Dienstleistungsfreiheit mit dem Hinweis, es sei die natürliche Aufgabe von Turnierveranstaltern und Sportverbänden, die geeigneten Regeln aufzustellen.[95] Hier erscheinen Auswahlregeln als Proprium des Sports, nicht als Teil des Wirtschaftslebens, welcher nach Art. 56 AEUV zu beurteilen ist.

42   In den innerhalb von sieben Tagen entschiedenen Rs. Viking[96] und Laval[97] wurde das Diskriminierungs- und Beschränkungsverbot auch auf **intermediäre Gewalten im Außenverhältnis** erweitert.[98] In beiden Fällen handelten Gewerkschaften. In der Rs. Viking forderte der Gewerkschaftsverbund ITF seine Mitglieder (über 600 Einzelgewerk-

---

[89] *Birkemeyer*, EuR 2010, 662 (675 f.).
[90] *Birkemeyer*, EuR 2010, 662 (673 f.).
[91] *Stein*, S. 32.
[92] EuGH, Urt. v. 11. 4. 2000, verb. Rs. C–51/96 u. 191/97 (Deliège), Slg. 2000, I–2549.
[93] EuGH, Urt. v. 11. 4. 2000, verb. Rs. C–51/96 u. 191/97 (Deliège), Slg. 2000, I–2549, Rn. 47.
[94] EuGH, Urt. v. 6. 6. 2000, Rs. C–281/98 (Roman Angonese), Slg. 2000, I–4139; Urt. v. 13. 4. 2000, Rs. C–176/96 (Lehtonen und Castors Braine), Slg. 2000, I–2681; Urt. v. 11. 12. 2007, Rs. C–438/05 (The International Transport Workers' Federation und The Finnish Seamen's Union), Slg. 2007, I–10779.
[95] EuGH, Urt. v. 11. 4. 2000, verb. Rs. C–51/96 u. 191/97 (Deliège), Slg. 2000, I–2549.
[96] EuGH, Urt. v. 11. 12. 2007, Rs. C–438/05 (The International Transport Workers' Federation und The Finnish Seamen's Union), Slg. 2007, I–10779.
[97] EuGH, Urt. v. 18. 12. 2007, Rs. C–341/05 (Laval un Partneri), Slg. 2007, I–11767.
[98] Beide Urteile entstanden im Rahmen von Vorabentscheidungsersuchen gemäß Art. 234 EG (jetzt Art. 267 AEUV).

schaften in der ganzen Welt) dazu auf, nicht mit einer bestimmten Reederei über Beschäftigungsbedingungen auf einem bestimmten Schiff zu verhandeln, um so dessen Umflaggung in ein kostengünstigeres Land zu verhindern. Da die Betreibergesellschaft, die finnische Reederei Viking, so keine Arbeiter für ihr Schiff unter der neuen, lettischen Flagge fand, scheiterte die Umflaggung. Ausgangsfrage war, ob sich die Handlungen der ITF an der Niederlassungsfreiheit messen lassen müssen.

In der Rs. Laval stoppten Arbeiter, die der Gewerkschaft Byggnadsarbetareförbundet angehörten, die Belieferung aller von dem lettischen Unternehmen Laval betriebenen Baustellen in Schweden, da sich dessen Arbeiter keinem Tarifvertrag anschlossen und Laval auch nicht bereit war, den dann üblichen schwedischen Durchschnittslohn zu zahlen. Die Baustellen von Laval konnten somit weitaus günstiger betrieben werden, es entstand ein großer Wettbewerbsvorteil. Die Gewerkschaft befürchtete eine Schlechterbehandlung und -entlohnung der von Laval entsandten Arbeiter sowie eine Unterminierung der eigenen lokalen Standards für die heimischen Arbeiter. Die Vorlagefrage des schwedischen Arbeitsgerichts betraf u. a. die Vereinbarkeit der Handlungen des Byggnadsarbetareförbundet mit der Dienstleistungsfreiheit. **43**

In beiden Fällen wurde eine Grundfreiheit durch die Ausübung einer kollektiven Maßnahme, durch einen Streik, beschränkt. Neben dem Problem der Eröffnung des Anwendungsbereichs der Grundfreiheiten[99] stellte sich v. a. die Frage, ob Aktionen der Verbände den Grundfreiheiten unterfallen, da sie sich diesmal nicht gegen bzw. an ihre eigenen Mitglieder, sondern an Außenstehende wandten und zudem als Streikmaßnahmen keinen regulativen Charakter aufwiesen. **44**

Dem **fehlenden regulativen Charakter** der Streikmaßnahmen wandte der EuGH sich zu, indem er darauf hinwies, dass die Kampfmaßnahmen gezielt darauf aus waren, einen Tarifvertrag abzuschließen. Der übergeordnete Handlungszweck der Maßnahmen war mithin, die Ermächtigung zur Gestaltung von Verträgen für die abhängige Erwerbsarbeit zu erlangen.[100] Die Arbeitskampfmaßnahmen waren daher untrennbar mit den Tarifverträgen verknüpft.[101] **45**

---

[99] Eine Aussperrung vom Streikrecht aus dem Anwendungsbereich der Grundfreiheiten ergibt sich zumindest nicht aus Art. 153 Abs. 5 AEUV, da auch im Rahmen der mitgliedstaatlichen Kompetenz diese das EU-Recht zu beachten haben (EuGH, Urt. v. 11.12.2007, Rs. C-438/05 (The International Transport Workers' Federation und The Finnish Seamen's Union), Slg. 2007, I-10779, Rn. 41; Urt. v. 18.12.2007, Rs. C-341/05 (Laval un Partneri), Slg. 2007, I-11767, Rn. 86 ff. Die Ausprägung von Art. 153 Abs. 5 AEUV in der sog. Monti-VO [VO 2679/98 vom 7.12.1998] spricht jedoch in Art. 2 i. V. m. Erwägungsgrund 4 nur von Maßnahmen zur Sicherung der Warenverkehrsfreiheit, die das Streikrecht nicht behindern dürfen. Die Dienstleistungsrichtlinie [RL 2006/123/EG v. 12.12.2006] hingegen bestimmt in Erwägungsgrund 14, dass sie nicht in das Streikrecht und das Recht der Arbeitskampfmaßnahmen eingreift.). Auch die Qualifikation des Streikrechts als Grundrecht nach den Verfassungen der Mitgliedstaaten sowie Art. 28 GRC nimmt es nicht aus dem Anwendungsbereich der Grundfreiheiten heraus: Auch Grundrechte können beschränkt werden, wie es in Art. 28 GRC angelegt ist. Dort wird das Streikrecht nur »nach dem Unionsrecht« gewährleistet (EuGH, Urt. v. 11.12.2007, Rs. C-438/05 (The International Transport Workers' Federation und The Finnish Seamen's Union), Slg. 2007, I-10779, Rn. 44, 47; Urt. v. 18.12.2007, Rs. C-341/05 (Laval un Partneri), Slg. 2007, I-11767, Rn. 95).

[100] EuGH, Urt. v. 11.12.2007, Rs. C-438/05 (The International Transport Workers' Federation und The Finnish Seamen's Union), Slg. 2007, I-10779, Rn. 65; Urt. v. 18.12.2007, Rs. C-341/05 (Laval un Partneri), Slg. 2007, I-11767, Rn. 96–100. So auch *Ludwigs/Weidermann*, Jura 2014, 152 (157).

[101] EuGH, Urt. v. 11.12.2007, Rs. C-438/05 (The International Transport Workers' Federation und The Finnish Seamen's Union), Slg. 2007, I-10779, Rn. 36.

46 In der Rs. Viking scheint der EuGH aber über dieses Argument hinauszugehen, indem er auch Private miteinbezieht, die nicht über quasi-legislative Befugnisse verfügen:

»[64] Hinzuzufügen ist, dass sich aus der Rechtsprechung des Gerichtshofs ... entgegen dem Vorbringen insbesondere der ITF nicht ergibt, dass die genannte Auslegung auf quasiöffentliche Einrichtungen oder auf Vereinigungen beschränkt wäre, die eine Regelungsfunktion wahrnehmen und über quasilegislative Befugnisse verfügen.

[65] Dieser Rechtsprechung lässt sich nämlich kein Hinweis darauf entnehmen, dass sie auf Vereinigungen oder Einrichtungen beschränkt wäre, die eine Regelungsfunktion wahrnehmen und über quasilegislative Befugnisse verfügen. Im Übrigen ist festzustellen, dass gewerkschaftliche Organisationen der Arbeitnehmer dadurch, dass sie die ihnen aufgrund der Koalitionsfreiheit zustehende autonome Befugnis ausüben, mit den Arbeitgebern und berufsständischen Organisationen über die Arbeits- und Vergütungsbedingungen der Arbeitnehmer zu verhandeln, an der Gestaltung der Verträge zur kollektiven Regelung der abhängigen Erwerbstätigkeit mitwirken.«[102]

Aus dieser Passage kann man herauslesen, dass die Anwendung der Dienstleistungsfreiheit auf Gewerkschaften nicht darin begründet ist, dass diese einen besonderen rechtlichen Status – quasi-regulatorische Befugnisse durch die Kompetenz, Tarifverträge abzuschließen – genießen, sondern darin, dass sie durch ihre Maßnahmen einfach die Grundfreiheiten beeinträchtigen. Dass es hier um die Niederlassungsfreiheit ging, macht keinen Unterschied; es gibt keinen Grund, warum der EuGH diesen Ansatz nicht auch für Dienstleistungen fruchtbar machen sollte. Hauptreferenz hierfür ist die Rs. Walrave.

47 Die Rs. Viking und Laval wurden sehr kontrovers diskutiert. Hierfür gibt es einen guten Grund, der gerade im Vergleich mit der Rs. Walrave deutlich wird. Die Rechtsprechungslinie, die der EuGH mit dem Urteil Walrave begann, unterwirft die wirtschaftliche Freiheit privater Arbeitgeber und anderer mächtiger Organisationen den Begrenzungen der Grundfreiheiten, die Individuen vor Diskriminierungen aus Gründen der Staatsangehörigkeit schützen. Marktmacht wird mit anderen Worten unter Berufung auf quasi-verfassungsrechtliche Rechte gekürzt. In der Rs. Viking hingegen wird das verfassungsrechtlich garantierte Recht von Gewerkschaften, die Interessen ihrer Mitglieder u. a. durch Arbeitskampfmaßnahmen zu vertreten, im Hinblick auf die vertraglich gewährleisteten Rechte der Arbeitgeber zur Freiheit des Dienstleistungsverkehrs und der Niederlassung gekürzt. Das Argument, dass es sich hier um zwei fundamental unterschiedliche Auffassungen des Binnenmarktes handelt, ist einsichtig. In der ersten zeigt sich der Vorrang des staatlichen Schutzes vor dem »Markt« im Wege der Einhegung privater Gestaltungsmacht durch die Auferlegung individualrechtlicher und öffentlicher Werte. In der zweiten zeigt sich ein Übergewicht neoliberaler Werte im Wege der Einhegung verfassungsrechtlich garantierter sozialer Rechte durch die Auferlegung wirtschaftlicher Freiheit. Zugespitzt könnte man von einer Kollision sozialer Marktwirtschaft und freier Marktwirtschaft sprechen.[103] Eine eigene normative Verortung zwischen diesen beiden Polen muss jedem Einzelnen überlassen bleiben; die Konstruktion eines Kontinuums statt einer Opposition, wie der EuGH sie vornimmt, ist freilich fragwürdig.

48 Auf die von der vorhergehenden Rechtsprechungslinie nicht erfasste Sonderkonstellation der Wirkung der Maßnahmen im Außenverhältnis geht der EuGH nicht gesondert ein. Er bedient sich aber des soeben skizzierten Effektivitätsgedankens.[104] Der freie

---

[102] EuGH, Urt. v. 11.12.2007, Rs. C–438/05 (The International Transport Workers' Federation und The Finnish Seamen's Union), Slg. 2007, I–10779, Rn. 64f.
[103] Zum Ganzen *Schepel*, ELJ 18 (2012), 177.
[104] EuGH, Urt. v. 11.12.2007, Rs. C–438/05 (The International Transport Workers' Federation

Binnenmarkt wäre gefährdet, wenn staatliche Maßnahmen durch Maßnahmen von Verbänden ersetzt werden könnten. Für die Beschränkung ist es unerheblich, ob sie durch eine staatliche Norm oder einen Tarifvertrag ausgelöst wird. Die Tarifverträge sind durch ihre Stellung und die Macht der Gewerkschaften nahezu für jedermann effektiv verbindlich.[105]

Das Diskriminierungs- und das Beschränkungsverbot der Dienstleistungsfreiheit gilt also (mindestens) für Verbände, die eine autonome Rechtsetzungskompetenz haben[106] und im Innenverhältnis gegenüber ihren Mitgliedern oder im Außenverhältnis gegenüber Dritten agieren. Trotz der Kritik[107] ist diese Rechtsprechungslinie weithin gesichert.[108] **49**

bb) Private

Aus dem Argument der funktionalen Äquivalenz[109] von staatlichem und Verbandshandeln ließ sich lange ableiten, dass private Individuen – also nicht in Verbänden organisierte Private – nicht durch die Dienstleistungsfreiheit verpflichtet werden können. **50**

Die Rs. Angonese[110] brach mit dieser Linie des EuGH. Eine Bozener Bank forderte von Bewerbern ein Sprachzeugnis, das nur nach einer Prüfung bei den Bozener Behörden und für Ausländer – mochten diese auch bilingual sein – nur mit Schwierigkeiten rechtzeitig erhältlich war. Der EuGH urteilte, dass eine solche **Diskriminierung** aufgrund der Staatsangehörigkeit die Arbeitnehmerfreizügigkeit einschränkt. Das in Art. 45 AEUV enthaltene Diskriminierungsverbot gilt somit auch für private Wirtschaftsteilnehmer.[111] **51**

Ob dieses Ergebnis auch auf die Dienstleistungsfreiheit übertragen werden kann, ist nicht ganz klar. Durch die Folgerechtsprechung[112] ist deutlich geworden, dass es sich bei der Rs. Angonese nicht um einen Einzelfall handelte, der als Ausnahmeentscheidung des EuGH zu betrachten wäre. Dienstleistungs- und Arbeitnehmerfreizügigkeit unterscheiden sich durch das Element der Abhängigkeit der Leistungserbringung (s. auch Rn. 7). Der strukturelle Unterschied zwischen den beiden Grundfreiheiten liegt also darin, dass der Arbeitnehmer dem Arbeitgeber in einem Über-/Unterordnungsverhältnis gegenübersteht, während der Dienstleistungserbringer selbstständig agiert. Dies mag einerseits auch ein Argument gegen die Übertragbarkeit sein: Das Argument der funktionalen Äquivalenz greift bei der Bindung einfacher Privater nur bei der Arbeitnehmerfreizügigkeit. Die Gefährdungswirkung für den hindernisfreien Markt resultiert insoweit aus dem Machtgefälle zwischen Arbeitgeber und Arbeitnehmer. Diskriminierende Arbeitgeber können ebenso wie staatliche Stellen die Arbeitnehmerfreizügigkeit **52**

---

und The Finnish Seamen's Union), Slg. 2007, I–10779, Rn. 57 ff.; Urt. v. 18. 12. 2007, Rs. C–341/05 (Laval un Partneri), Slg. 2007, I–11767, Rn. 98.

[105] GA *Poiares Maduro*, Schlussanträge zu Rs. C–438/05 (The International Transport Workers' Federation und The Finnish Seamen's Union), Slg. 2007, I–10779, Rn. 37 ff., 45.

[106] *Calliess/Korte*, § 3, Rn. 99; *Röthel*, EuR 2001, 908 (910); *Ludwigs/Weidermann*, Jura 2014, 152 (154 ff.); *Müller-Graff*, EuR 2014, 3 (15).

[107] Statt vieler *Kluth*, AöR 122 (1997), 557 ff.; *Ehlers*, in: ders., Grundrechte und Grundfreiheiten, § 7, Rn. 53 mit weiteren Aufzählungen in Fn. 177, dort auch weitere Nachweise.

[108] *Ludwigs/Weidermann*, Jura 2014, 152 (154 ff.); *Röthel*, EuR 2001, 908 (909).

[109] *Ludwigs/Weidermann*, Jura 2014, 152 (156).

[110] EuGH, Urt. v. 6. 6. 2000, Rs. C–281/98 (Roman Angonese), Slg. 2000, I–4139.

[111] EuGH, Urt. v. 6. 6. 2000, Rs. C–281/98 (Roman Angonese), Slg. 2000, I–4139, Rn. 36.

[112] EuGH, Urt. v. 17. 7. 2008, Rs. C–94/07 (Raccanelli), Slg. 2008, I–5939, Rn. 48; Urt. v. 27. 2. 2014, Rs. C–172/11 (Erny), ECLI:EU:C:2014:157.

einschränken.¹¹³ An dieser Machtposition mag es aber im Rahmen der Dienstleistungsfreiheit fehlen.¹¹⁴ Andererseits deutet die Formulierung des EuGH in der Rs. Viking (s. Rn. 46) darauf hin, dass es nicht ausschließlich auf die funktionale Äquivalenz ankommt. Der EuGH könnte sich auch in Richtung Effektivitätsprinzip bewegen; je mehr Konstellationen vom Anwendungsbereich der Dienstleistungsfreiheit ergriffen werden, desto effektiver wirkt sie offenkundig. Dies würde dem EuGH auch ein gehöriges Maß an methodischem Spielraum eröffnen, die er für die einzelfallbezogene Beurteilung des jeweiligen Kontextes nutzen könnte.

cc) Staatliche Schutzpflichten

53 Auch über eine Schutzpflichtenkonstellation könnte ein Schutz vor Eingriffen Privater in die Dienstleistungsfreiheit gelingen. Im Bereich der Warenverkehrsfreiheit hat der EuGH einen solchen Schutz über die Konstruktion einer mittelbaren Drittwirkung vorgenommen. Während er einmalig in der Rs. Dansk Supermarked¹¹⁵ eine direkte Bindung Privater annahm, kehrte er der unmittelbaren Drittwirkung der Warenverkehrsfreiheit den Rücken.¹¹⁶ Er entwickelte jedoch ab Ende der 1990er Jahre eine Schutzpflichtendogmatik durch die Rs. Spanische Erdbeeren¹¹⁷ und Schmidberger.¹¹⁸ Die Warenverkehrsfreiheit gebietet den Staaten, in Verbindung mit Art. 4 Abs. 3 Satz 2 EUV, alle erforderlichen und geeigneten Maßnahmen gegen Handlungen Privater zu ergreifen, damit diese nicht den freien Warenverkehr beeinträchtigen.¹¹⁹ Grenze des dem Staat dabei zustehenden Ermessensspielraums ist das Untermaßverbot.¹²⁰

54 Fraglich ist, ob diese **Schutzpflichtendogmatik** auf die Dienstleistungsfreiheit übertragen werden kann. Der Effektivitätsgedanke lässt eine Übertragung zu: Es sind Konstellationen denkbar, in denen eine private dienstleistungsbeschränkende Maßnahme nur durch einen staatlichen Hoheitsakt verhindert bzw. verändert werden kann.¹²¹ Ein Anspruch gegen den privat Handelnden wäre in solchen Fällen nicht so effektiv wie ein Anspruch gegen den Staat auf lenkendes Eingreifen. Auch liegt kein Alternativverhältnis von mittelbarer und unmittelbarer Drittwirkung vor. Je nach Verfahren kann nur der Staat zur Verantwortung gezogen werden (Vertragsverletzungsverfahren gemäß Art. 258 AEUV), eine Klage gegen einzelne Private wäre ineffektiv. Auch die **Sonderstellung der Warenverkehrsfreiheit** innerhalb der Drittwirkungsrechtsprechung spricht

---

¹¹³ *Stein*, S. 46.
¹¹⁴ *Ludwigs/Weidermann*, Jura 2014, 152 (158). Anders dagegen *Birkemeyer*, EuR 2010, 662 (675 f.), der eine Übertragbarkeit durch die Konvergenz der Dienstleistungsfreiheit und Arbeitnehmerfreizügigkeit annimmt; *P. Förster*, Die unmittelbare Drittwirkung der Grundfreiheiten, 2006, S. 38.
¹¹⁵ EuGH, Urt. v. 22.1.1981, Rs. 58/80 (Dansk Supermarked), Slg. 1981, 181, Rn. 17.
¹¹⁶ EuGH, Urt. v. 1.10.1987, Rs. 311/85 (Vlaamse Reisebureaus), Slg. 1987, 3801, Rn. 30; Urt. v. 5.4.1984, verb. Rs. 177/82 u. 178/82 (Van de Haar), Slg. 1984, 1797; Urt. v. 13.12.1984, Rs. 251/83 (Haug-Adrion), Slg. 1984, 4277; Urt. v. 6.6.2002, Rs. C–159/00 (Sapod Audic), Slg. 2002, I–5031, Rn. 74.
¹¹⁷ EuGH, Urt. v. 9.12.1997, Rs. C–265/95 (Kommission/Frankreich (Bauernproteste)), Slg. 1997, I–6959, Rn. 30 ff.
¹¹⁸ EuGH, Urt. v. 12.6.2003, Rs. C–112/00 (Schmidberger), Slg. 2003, I–5659.
¹¹⁹ EuGH, Urt. v. 9.12.1997, Rs. C–265/95 (Kommission/Frankreich (Bauernproteste)), Slg. 1997, I–6959, Rn. 32, 39, 66 ff.; Urt. v. 12.6.2003, Rs. C–112/00 (Schmidberger), Slg. 2003, I–5659, Rn. 59–64.
¹²⁰ EuGH, Urt. v. 9.12.1997, Rs. C–265/95 (Kommission/Frankreich (Bauernproteste)), Slg. 1997, I–6959, Rn. 33 ff.; Urt. v. 12.6.2003, Rs. C–112/00 (Schmidberger), Slg. 2003, I–5659, Rn. 82.
¹²¹ *Meurer*, EWS 1998, 196 (202).

nicht gegen eine Übertragbarkeit, da der EuGH auf dem Weg ist, diese aufzuheben.[122] Eine Kumulation von staatlichen Schutzpflichten und einer unmittelbaren Drittwirkung der Dienstleistungsfreiheit ist daher im Sinne des effet utile am wirksamsten.[123] Die Schutzpflichten ergeben dann jedenfalls eine mittelbare Drittwirkung der Dienstleistungsfreiheit für intermediäre Organisationen und Private, die nicht in Verbänden organisiert sind.

Zusammenfassend ist festzuhalten, dass das der Dienstleistungsfreiheit innewohnende Diskriminierungs- sowie Beschränkungsverbot im Innen- und Außenverhältnis intermediäre Gewalten bindet. Zudem wird ein Schutz der Gewährleistungen der Grundfreiheit durch die Schutzpflichten des Mitgliedstaates vermittelt, diese mittelbare Drittwirkung trifft auch (einfache) Private. Durch die Erweiterung des Verpflichtungsadressatenkreises muss auch die Möglichkeit zur Rechtfertigung beschränkender Maßnahmen angepasst werden. 55

III. Sachlicher Anwendungsbereich

Zum sachlichen Anwendungsbereich s. Art. 57 AEUV, Rn. 5 ff. 56

C. Gewährleistungsumfang

Der Gewährleistungsumfang der Dienstleistungsfreiheit hat sich trotz einer im Wesentlichen identischen Normsituation im Laufe der Jahre verändert. Die Bewegung ging von der klassischen **Diskriminierungsprüfung** in die Richtung einer Ergänzung durch **Beschränkungsverbote**, die den Anwendungsbereich von Art. 56 f. AEUV auf nicht diskriminierende Maßnahmen der Mitgliedstaaten ausdehnten; genealogisch handelte es sich insoweit um eine gegenüber der Warenverkehrsfreiheit gegensätzliche Entwicklung (dazu noch Rn. 87 ff.). Der Anwendungsbereich der Dienstleistungsfreiheit, der von der Definition der »Beschränkung« in Art. 56 AEUV abhängt, steuert die Rechtfertigungsnotwendigkeit; gemeinsam stellen diese beiden dogmatischen Instrumente ein feines Steuerungsinstrument zur Verfügung, das differenzierende und fallangemessene Lösungen erlaubt. 57

I. Nichtdiskriminierung

Außer Frage stand von Anfang an, dass Art. 56 AEUV sowohl die unmittelbare als auch die mittelbare Diskriminierung auf der Grundlage der Staatsangehörigkeit untersagt (dazu sogleich, Rn. 59 ff.). Einen normativen Hinweis gibt insoweit Art. 57 Abs. 3 a. E. AEUV; der EuGH hat sich hierzu frühzeitig und weitgehend unmissverständlich eingelassen.[124] Eine Diskriminierung kann an die produkt- oder an die personenbezogene Komponente der Dienstleistungsfreiheit anknüpfen. Diskriminierungen, die an die un- 58

---

[122] EuGH, Urt. v. 12. 7. 2012, Rs. C–171/11 (Fra.bo), ECLI:EU:C:2012:453.
[123] *Röthel*, EuR 2001, 908 (913 f.); *Ludwigs/Weidermann*, Jura 2014, 152 (158, 162 f.).
[124] Vgl. etwa EuGH, Urt. v. 3. 12. 1974, Rs. 33/74 (Van Binsbergen/Bedrijfsvereniging voor de Metaalnijverheid), Slg. 1974, 1299; Urt. v. 26. 11. 1975, Rs. 39/75 (Coenen/Sociaal Economische Raad), Slg. 1975, 1547; Urt. v. 25. 7. 1991, Rs. C–288/89 (Stichting Collectieve Antennevoorziening Gouda/Commissariaat voor de Media), Slg. 1991, I–4007; Urt. v. 4. 5. 1993, Rs. C–17/92 (Federación de Distribuidores Cinematográficos/Etat espagnol), Slg. 1993, I–2239; Urt. v. 26. 10. 1999, Rs. C–294/97 (Eurowings Luftverkehr), Slg. 1999, I–7447.

körperliche Leistung selbst anknüpfen, sind daher ebenso verboten wie eine gegen den Erbringer oder Empfänger der Dienstleistung gerichtete diskriminierende Belastung.

1. Unmittelbare Diskriminierungen

a) Diskriminierungstatbestand

59 Jede **unmittelbare, direkte** oder **offene** Diskriminierung aufgrund der Staatsangehörigkeit ist verboten.[125] Art. 57 Abs. 3 AEUV stellt das Gebot der **Inländergleichbehandlung** auf. Eine Diskriminierung ist jede Schlechterbehandlung in vergleichbaren Sachverhalten oder jede benachteiligende Gleichbehandlung in ungleichen Sachverhalten.[126] Offen bzw. unmittelbar ist eine diskriminierende Regelung, wenn sie das unzulässige Differenzierungskriterium, Staatsangehörigkeit oder Ansässigkeit, in den Tatbestand aufnimmt und daran eine für die Einheimischen günstige oder für die Ausländischen ungünstige Rechtsfolge anknüpft.[127]

60 Das kann durch eine Anknüpfung an eine **unmittelbare personenbezogene Komponente** geschehen. Eine personenbezogene, unmittelbare Diskriminierung liegt vor, wenn an die Person des Dienstleistungserbringers (oder der dienstleistungserbringenden Gesellschaft) angeknüpft wird, um den Marktzugang zu verhindern.[128] Dazu gehören in erster Linie Staatsangehörigkeits- oder Inländervorbehalte, die den Kreis der Dienstleistungsausübungsberechtigten begrenzen.[129] Dabei muss die Diskriminierung nicht mit dem Marktzugang verknüpft sein.[130]

61 Als direkte, personenbezogene Diskriminierungen gelten u. a. die Möglichkeit zum Grundstückserwerb in Grenzgebieten nur für Inländer,[131] unterschiedliche Eintrittsentgelte für Museen je nach Staatsangehörigkeit des Besuchers,[132] das Auferlegen einer Pflicht zur Leistung einer Prozesskostensicherheit nur für Ausländer,[133] Staatsangehörigkeit des Landes als Voraussetzung dafür dort Fremdenführer zu sein,[134] ein Staatsangehörigkeitserfordernis des Eigentümers eines Schiffes zur Erlangung einer Flagge[135] oder das Erfordernis, die Staatsangehörigkeit des Landes zu besitzen, in dem private Sicherheitsdienste angeboten werden.[136]

62 Leistungen können keine Nationalität haben und im Gegensatz zu Waren kann zum Teil auch die Bestimmung eines Herkunftstaates schwer sein. Trotzdem können diskriminierende Maßnahmen auch an produktbezogene Aspekte der Dienstleistung anknüpfen. Eine **unmittelbare produktbezogene Diskriminierung** liegt vor, wenn eine

---

[125] EuGH, Urt. v. 12.12.1996, Rs. C–3/95 (Reisebüro Broede/Sandker), Slg. 1996, I–6511, Rn. 25.
[126] EuGH, Urt. v. 14.2.1995, Rs. C–279/93 (Finanzamt Köln-Altstadt/Schumacker), Slg. 1995, I–225, Rn. 30; Urt. v. 7.5.1998, Rs. C–390/96 (Lease Plan Luxembourg/Belgische Staat), Slg. 1998, I–2553, Rn. 34.
[127] EuGH, Urt. v. 16.1.2003, Rs. C–388/01 (Kommission/Italien), Slg. 2003, I–721, Rn. 12 ff.
[128] *Kluth*, in: Calliess/Ruffert, EUV/AEUV, Art. 56, 57 AEUV, Rn. 54.
[129] *Calliess/Korte*, § 3, Rn. 79.
[130] EuGH, Urt. v. 2.2.1989, Rs. 186/87 (Cowan/Trésor public), Slg. 1989, 195, Rn. 17. Der EuGH entschied, dass eine Entschädigung aufgrund eines nicht aufklärbaren, gewalttätigen Überfalls auch an Touristen ausgezahlt werden muss.
[131] EuGH, Urt. v. 30.5.1989, Rs. 305/87 (Kommission/Griechenland), Slg. 1989, 1461, Rn. 27.
[132] EuGH, Urt. v. 15.3.1994, Rs. C–45/93 (Kommission/Spanien), Slg. 1994, I–911, Rn. 10.
[133] EuGH, Urt. v. 1.7.1993, Rs. C–20/92 (Hubbard/Hamburg), Slg. 1993, I–3777, Rn. 15.
[134] EuGH, Urt. v. 22.3.1994, Rs. C–375/92 (Kommission/Spanien), Slg. 1994, I–923.
[135] EuGH, Urt. v. 7.3.1996, Rs. C–334/94 (Kommission/Frankreich), Slg. 1996, I–1307.
[136] EuGH, Urt. v. 29.10.1998, Rs. C–114/97 (Kommission/Spanien), Slg. 1998, I–6717.

Maßnahme auf die Herkunft der Dienstleistung abstellt,[137] oder wenn an eine Dienstleistung eine bestimmte, sonst nur inländischen Dienstleistungen innewohnende Anforderung gestellt wird.[138]

b) Rechtfertigung unmittelbarer Diskriminierungen

Unmittelbare Diskriminierungen können nur über den engen vertraglichen Rechtfertigungstatbestand des Art. 52 AEUV, der über Art. 62 AEUV auch für die Dienstleistungsfreiheit anwendbar ist, legitimiert werden (s. Art. 62 AEUV, Rn. 3 ff.). Rechtfertigungen sind mithin nur über **Gründe der öffentlichen Sicherheit, Ordnung und Gesundheit** möglich.[139] Andere Rechtfertigungsgründe, insbesondere die offenen Rechtfertigungsgründe der »zwingenden Erfordernisse«, stehen bei einer offenen Diskriminierung nicht zur Verfügung. Darin unterscheidet sich die Rechtfertigung einer offenen von der einer verdeckten Diskriminierung: Wer nicht offen an das Merkmal der Herkunft der Dienstleistung anknüpft, findet sich auf der Rechtfertigungsebene privilegiert. Dies ist keine Überraschung, sondern lang stehende Rechtsprechung in der Warenverkehrsfreiheit (vgl. Art. 34 AEUV, Rn. 219 ff.; Art. 36 AEUV, Rn. 24 ff.). Sie knüpft inhaltlich an die dogmatische Konstruktion des Gleichheitssatzes der US-amerikanischen Verfassung an, die nach »verdächtigen« und »unverdächtigen« Unterscheidungen differenziert und bei »verdächtigen« Unterscheidungen einen strengeren Prüfmaßstab anlegt. Das Unionsrecht kennt als »verdächtige« Unterscheidung diejenige nach Staatsangehörigkeit oder Herkunft und behandelt sie daher strenger als verdeckte Diskriminierungen oder nicht diskriminierende Beschränkungen. Ob die Porösität dieser Unterscheidung, die in der Warenverkehrsfreiheit feststellbar ist, auf die Dienstleistungsfreiheit durchschlägt, ist derzeit noch offen. Angesichts der Tatsache, dass es sich eigentlich um eine rechtspolitische Anomalie handelt – warum sollte sich ein Mitgliedstaat, der aus legitimen Gründen eine offen diskriminierende Maßnahme erlässt, nicht auch auf die zwingenden Erfordernisse berufen dürfen? –, spricht aber jedenfalls bei produktbezogenen statt personenbezogenen Diskriminierungen wenig dagegen (s. Art. 62 AEUV, Rn. 8 ff.).

63

Bei Vorliegen einer Bereichsausnahme (Art. 62, 51 AEUV) ist eine Rechtfertigung einer Diskriminierung an anderen Grundsätzen zu messen. Grundsätzlich handelt es sich aber nicht um eine Rechtfertigung der Beschränkung der Dienstleistungsfreiheit, sondern um die Verkürzung ihres Schutzbereichs.[140]

64

---

[137] EuGH, Urt. v. 4.5.1993, Rs. C–17/92 (Federación de Distribuidores Cinematográficos/État espagnol), Slg. 1993, Rn. 14.
[138] EuGH, Urt. v. 25.7.1991, Rs. C–353/89 (Kommission/Niederlande), Slg. 1991, I–4069, insbesondere Rn. 38; das gilt z. B. auch bei der Forderung, dass für die Ausführung einer Dienstleistung die inländische Sprache vorgeschrieben wird, *Kluth*, in: Calliess/Ruffert EUV/AEUV, Art. 56, 57 AEUV, Rn. 55.
[139] *Craig/de Búrca*, S. 832.
[140] Zu den Voraussetzungen: EuGH, Urt. v. 29.10.1998, Rs. C–114/97 (Kommission/Spanien), Slg. 1998, I–6717, Rn. 43; Urt. v. 30.3.2006, Rs. C–451/03 (Servizi Ausiliari Dottori Commercialisti), Slg. 2006, I–2941, Rn. 45; s. auch Art. 62 AEUV, Rn. 2.

2. Mittelbare Diskriminierungen

a) Diskriminierungstatbestand

65 Nicht nur offen an die Staatsangehörigkeit, Ansässigkeit oder Herkunft anknüpfende Diskriminierungen werden vom EuGH als verbotene Restriktionen erfasst, sondern auch versteckte, d.h. nicht explizit an die Ansässigkeit oder Staatsangehörigkeit anknüpfende Diskriminierungen.[141] Die regulierende Maßnahme stützt sich auf ein scheinbar unverdächtiges Differenzierungskriterium, das aber so ausgestaltet ist, dass es zu größeren Belastungen der nicht einheimischen Dienstleistung kommt. Formell ist die Maßnahme also scheinbar unterschiedslos anwendbar, faktisch trifft sie die ausländische Leistung stärker. **Mittelbare personenbezogene Diskriminierungen** knüpfen nicht direkt an die Staatsangehörigkeit oder Ansässigkeit an, unterscheiden also objektiv nicht zwischen In- und Ausländern, erreichen aber eine solche Unterscheidung, da sie durch die getroffene Regelung in Anbetracht der tatsächlichen Umstände negative Auswirkungen auf EU-Ausländer haben. Das Differenzierungskriterium der Maßnahme knüpft an ein vermeintlich neutrales Kriterium an, wirkt sich aber tatsächlich diskriminierend aus. Die Grenze zu Beschränkungen (s. Rn. 69 ff.) ist fließend und nicht immer bestimmbar.[142] **Mittelbare produktbezogene Diskriminierungen** können abgabenrechtliche Vorschriften darstellen, die inländische Produkte, z.B. durch Quersubventionierung, begünstigen.

66 Die häufigste Form mittelbarer Diskriminierung ist die Forderung einer **Anwesenheits- bzw. Präsenzpflicht**.[143] Inländische wie ausländische Gesellschaften oder natürliche Personen werden von Präsenzpflichten gleichermaßen betroffen. Jedoch werden sie von den inländischen Dienstleistungserbringern regelmäßig erfüllt, wohingegen sie für ausländische Dienstleistungserbringer nur unter – im Vergleich zu Ortsansässigen – erschwerten Bedingungen erbracht werden können.[144] Als indirekte Diskriminierungen gelten auch das Verbot für Nichtansässige, Coffeeshops zu betreten;[145] das Erfordernis für Angehörige von Sicherheitsunternehmen, in der Landessprache einen Treueeid auf das Staatsoberhaupt zu schwören;[146] die Vergabe von Bootsliegeplätzen nur an Gebietsansässige;[147] die Möglichkeit für gebietsansässige Firmen, den Mindestlohn zu umgehen, wenn für nichtansässige Firmen diese Möglichkeit nicht besteht;[148] oder die alleinige Auftragsvergabe an Unternehmen mit Sitz im Auftragsstaat.[149]

---

[141] EuGH, Urt. v. 3.2.1982, verb. Rs. 62/81 u. 63/81 (Seco/EVI), Slg. 1982, 223, Rn. 8.
[142] *Randelzhofer/Forsthoff*, in: Grabitz/Hilf/Nettesheim, EU, Art. 56, 57 AEUV (März 2011), Rn. 95.
[143] *Kluth*, in: Calliess/Ruffert, EUV/AEUV, Art. 56, 57 AEUV, Rn. 56.
[144] Das schließt die Festlegung von Präsenzpflichten durch das Sekundärrecht aber nicht aus, s. Art. 4 der RL 2000/26/EG vom 16.5.2000 zur Angleichung der Rechtsvorschriften der Mitgliedstaaten über die Kraftfahrzeug-Haftpflichtversicherung und zur Änderung der RL 73/239/EWG und 88/357/EWG des Rates (Vierte Kraftfahrzeughaftpflicht-Richtlinie), ABl. 2000, L 181/65 in der Fassung der RL 2005/14/EG vom 11.5.2005 zur Änderung der Richtlinien 72/166/EWG, 84/5/EWG, 88/357/EWG und 90/232/EWG des Rates sowie der Richtlinie 2000/26/EG des Europäischen Parlaments und des Rates über die Kraftfahrzeug-Haftpflichtversicherung, ABl. 2005, Nr. L 149/14.
[145] EuGH, Urt. v. 16.12.2010, Rs. C-137/09 (Josemans), Slg. 2010, I-13019, Rn. 58 f.
[146] EuGH, Urt. v. 13.12.2007, Rs. C-465/05 (Kommission/Italien), Slg. 2007, I-11091, Rn. 45 ff.
[147] EuGH, Urt. v. 29.4.1999, Rs. C-224/97 (Ciola), Slg. 1999, I-2517, Rn. 13.
[148] EuGH, Urt. v. 24.1.2002, Rs. C-164/99 (Portugaia Construções), Slg. 2002, I-787, Rn. 22 ff.
[149] EuGH, Urt. v. 3.6.1992, Rs. C-360/89 (Kommission/Italien), Slg. 1992, I-3401, Rn. 8.

b) Rechtfertigung mittelbarer Diskriminierungen

Eine Rechtfertigung von indirekten Diskriminierungen erfolgt wie die Rechtfertigung von Beschränkungen. Insbesondere ist ein Zugriff auf die offene Kategorie der »zwingenden Erfordernisse« möglich. Eine Abgrenzung von direkten und indirekten Diskriminierungen hat daher eine Auswirkung auf die Rechtfertigungsebene (s. Rn. 107), da unterschiedliche Anforderungen gestellt werden. Im Gegensatz zum allgemeinen Diskriminierungsverbot gemäß Art. 18 AEUV ist aber eine Differenzierung von Beschränkungen und indirekten Diskriminierungen auf Tatbestandsseite nicht nötig, da die Dienstleistungsfreiheit beide Tatbestände als rechtfertigungsbedürftig einstuft (s. Rn. 107 ff.).[150]

67

II. Liberalisierung

Wie bei den anderen Grundfreiheiten auch, besteht die Nagelprobe für Reichweite und Biss der Dienstleistungsfreiheit darin, was unter einer verbotenen »Beschränkung« zu verstehen ist (für die Parallelfrage bei Abgaben mit gleicher Wirkung wie Zölle vgl. Art. 30, Rn. 26 ff.; für die Parallelfrage bei Maßnahmen mit gleicher Wirkung wie mengenmäßigen Beschränkungen vgl. Art. 34 AEUV, Rn. 58 ff.). Auch hier lautet die Gretchenfrage, ob sich das Verbot auf diskriminierende Maßnahmen beschränkt oder darüber hinaus auch nicht diskriminierende Maßnahmen erfasst und damit ein echtes Liberalisierungssystem errichtet. Diese grundlegende Entscheidung, die im Kern aller wirtschaftlichen Integrationssysteme angesiedelt ist und einmal grundsätzlich beantwortet werden muss, steuert nicht nur die nachgelagerte Frage der Rechtfertigungsbedürftigkeit und -fähigkeit, sondern auch den Zuschnitt des Binnenmarktes in dem betroffenen Bereich.

68

1. Beschränkungsverbot

Dass Art. 56 AEUV auch nicht diskriminierende Maßnahmen ergreifen soll, deutete sich mit der Rs. Säger,[151] spätestens seit der Rs. Gebhard[152] an und wird inzwischen auch vom EuGH als gefestigte Rechtsprechung beschrieben:

69

> »Nach ständiger Rechtsprechung verlangt Artikel 59 des Vertrages [jetzt Art. 56 AEUV] nicht nur die Beseitigung jeder Diskriminierung des in einem anderen Mitgliedstaat ansässigen Dienstleistenden aufgrund seiner Staatsangehörigkeit, sondern auch die Aufhebung aller Beschränkungen – selbst wenn sie unterschiedslos für inländische Dienstleistende wie für solche aus anderen Mitgliedstaaten gelten –, sofern sie geeignet sind, die Tätigkeiten des Dienstleistenden, der in einem anderen Mitgliedstaat ansässig ist und dort rechtmäßig ähnliche Dienstleistungen erbringt, zu unterbinden, zu behindern oder weniger attraktiv zu machen«.[153]

---

[150] *Randelzhofer/Forsthoff*, in: Grabitz/Hilf/Nettesheim, EU, Art. 56, 57 AEUV (März 2011), Rn. 95.
[151] Jedenfalls damals in der wissenschaftlichen Rezeption unterschätzt: EuGH, Urt. v. 25. 7. 1991, Rs. C–76/90 (Säger/Dennemeyer), Slg. 1991, I–4221, Rn. 12: »Zunächst ist darauf hinzuweisen, daß Artikel 59 EWG-Vertrag [jetzt Art. 56 AEUV] nicht nur die Beseitigung sämtlicher Diskriminierungen des Dienstleistungserbringers aufgrund seiner Staatsangehörigkeit, sondern auch die Aufhebung aller Beschränkungen – selbst wenn sie unterschiedslos für einheimische Dienstleistende wie für Dienstleistende anderer Mitgliedstaaten gelten – verlangt, wenn sie geeignet sind, die Tätigkeit des Dienstleistenden, der in einem anderen Mitgliedstaat ansässig ist und dort rechtmäßig ähnliche Dienstleistungen erbringt, zu unterbinden oder zu behindern.«
[152] EuGH, Urt. v. 30. 11. 1995, Rs. C–55/94 (Gebhard/Consiglio dell'Ordine degli Avvocati e Procuratori di Milano), Slg. 1995, I–4165.
[153] EuGH, Urt. v. 23. 11. 1999, verb. Rs. C–369/96 u. 376/96 (Arblade), Slg. 1999, I–8453, Rn. 33.

2. Undeutlichkeit

70 Der genaue Zuschnitt der Prüfung nicht diskriminierender Maßnahmen – und damit der Anwendungsbereich von Art. 56 AEUV – sind jedoch noch undeutlich. Der Zusatz »… sofern sie geeignet sind, die Tätigkeiten des Dienstleistenden … zu unterbinden, zu behindern oder weniger attraktiv zu machen« verunklart das Bild, da offen bleibt, was damit gemeint ist – ob nämlich gezeigt werden muss, dass die unterschiedslos anwendbare Maßnahme unterschiedliche Wirkung besitzt und die Dienstleistungshandlungen des ausländischen Dienstleisters nachteiliger betrifft als die des einheimischen oder ob das Verbot bereits ohne jeden Vergleich ausgelöst wird.

3. Weites Liberalisierungsverständnis: Rs. Gebhard und Rs. Alpine Investments

a) Beschränkungsverbot für nicht diskriminierende Maßnahmen

71 In der Rs. Gebhard,[154] die zwar die Niederlassungsfreiheit betraf, aber eine offene Formulierung für alle Grundfreiheiten wählte und zu Recht auch für die Dienstleistungsfreiheit in Anspruch genommen wird, schien viel darauf hinzudeuten, dass nicht diskriminierende Maßnahmen erfasst, Vergleiche zwischen Aus- und Inland daher ohne Relevanz sein würden und es sich um ein »echtes« Liberalisierungsregime in Form eines Beschränkungsverbots handele.[155]

72 Auch in der Rs. Alpine Investments[156] spiegelt sich auf den ersten Blick dieses weite Liberalisierungsverständnis im Sinne eines auf nicht diskriminierende Maßnahmen anwendbaren Beschränkungsverbots wider. Die Niederlande erließen ein Verbot der Praxis des »cold calling«, also der Praxis, mit Privatleuten ohne deren vorherige schriftliche Zustimmung telefonisch Kontakt aufzunehmen. Dieses Verbot erstreckte sich auch auf das »cold calling« von Kunden in anderen Mitgliedstaaten, in denen »cold calling« nicht verboten war. Sein Ziel bestand im Schutz des Vertrauens der Verbraucher in den Finanzmarkt, traf jedoch auf Widerspruch eines Unternehmens, das diese Praxis auch gegenüber Kunden in Deutschland verwendete und einen Verstoß gegen die Dienstleistungsfreiheit monierte. Der EuGH sah in der Regelung eine Beschränkung des freien Dienstleistungsverkehrs, denn »[e]in solches Verbot nimmt den betroffenen Wirtschaftsteilnehmern … ein schnelles und direktes Mittel der Werbung und der Kontaktaufnahme mit potentiellen Kunden in anderen Mitgliedstaaten. Es kann deshalb eine Beschränkung des grenzüberschreitenden freien Dienstleistungsverkehrs darstellen.«[157] Ähnlich wie in der Rs. Gebhard stellt der EuGH also nicht auf Diskriminierung, sondern auf tatsächliche Handelsbeschränkung ab und fragt danach, ob die Regelung geeignet ist, die Tätigkeit des Dienstleistungserbringers zu unterbinden, zu behindern oder weniger attraktiv zu machen.

Vgl. auch EuGH, Urt. v. 15.3.2001, Rs. C–165/98 (Mazzoleni und ISA), Slg. 2001, I–2189; Urt. v. 25.10.2001, Rs. C–49/98 (Finalarte u. a.), Slg. 2001, I–7831.

[154] EuGH, Urt. v. 30.11.1995, Rs. C–55/94 (Gebhard/Consiglio dell'Ordine degli Avvocati e Procuratori di Milano), Slg. 1995, I–4165.

[155] EuGH, Urt. v. 30.11.1995, Rs. C–55/94 (Gebhard/Consiglio dell'Ordine degli Avvocati e Procuratori di Milano), Slg. 1995, I–4165, Rn. 37.

[156] EuGH, Urt. v. 10.5.1995, Rs. C–384/93 (Alpine Investments/Minister van Financiën), Slg. 1995, I–1141.

[157] EuGH, Urt. v. 10.5.1995, Rs. C–384/93 (Alpine Investments/Minister van Financiën), Slg. 1995, I–1141, Rn. 28.

b) Zweifel

Freilich stellen sich aufgrund der Fallkonstellation Zweifel ein. Es lässt sich nämlich ohne Weiteres argumentieren, dass das Verbot des »cold calling« stärkere Wirkung bei Kontakten mit weiter entfernten Kunden als mit lokal ansässigen Kunden zeitigt und es sich daher eigentlich um eine Maßnahme mit unterschiedlicher Wirkung – eine mittelbare Diskriminierung – handelt. Der EuGH geht auf diesen Aspekt allerdings nicht ein, so dass die Rs. Alpine Investments üblicherweise als Hinweis auf ein diskriminierungsunabhängiges Beschränkungsverbot gelesen wird.

4. Enges Liberalisierungsverständnis: Rs. Mobistar und Rs. Viacom

Ein konturierterer Zugang zur Frage nach der Reichweite des Art. 56 AEUV ergibt sich aus der Rechtsprechungsfolge Mobistar,[158] Viacom[159] und Kommission/Italien.[160]

a) Rs. Mobistar

In der Rs. Mobistar ging es um Abgaben, die eine Gemeinde für die Bereitstellung von Mobilfunkanlagen wie Sendetürme und -masten erhob. Die Abgaben für diese Anlagen, die für nationalen wie für grenzüberschreitenden Mobilfunk notwendig waren, wurden mit dem Argument in Zweifel gezogen, dass die Auferlegung zusätzlicher Kosten eine Beschränkung des Aufbaus des grenzüberschreitenden Mobilfunknetzes darstelle. Der EuGH urteilte:

»[29] Nach der Rechtsprechung des Gerichtshofes schreibt Artikel 59 EG-Vertrag [jetzt Art. 56 AEUV] nicht nur die Beseitigung jeder Diskriminierung von in einem anderen Mitgliedstaat ansässigen Dienstleistenden aufgrund ihrer Staatsangehörigkeit, sondern auch die Aufhebung aller Beschränkungen vor – selbst wenn sie unterschiedslos für inländische Dienstleistende wie für solche aus anderen Mitgliedstaaten gelten –, sofern sie geeignet sind, die Tätigkeiten eines Dienstleistenden, der in einem anderen Mitgliedstaat ansässig ist und dort rechtmäßig ähnliche Dienstleistungen erbringt, zu unterbinden oder zu behindern (vgl. Urteil vom 9. August 1994 in der Rechtssache C–43/93, Vander Elst, Slg. 1994, I–3803, Randnr. 14, und Urteil De Coster, Randnr. 29).

[30] Außerdem hat der Gerichtshof bereits entschieden, dass jede nationale Regelung gegen Artikel 59 [jetzt Art. 56 AEUV] verstößt, die die Erbringung von Dienstleistungen zwischen Mitgliedstaaten gegenüber der Erbringung von Dienstleistungen erschwert, die innerhalb eines einzigen Mitgliedstaats stattfindet (Urteil De Coster, Randnr. 30 und die dort angeführte Rechtsprechung sowie Randnr. 39).

[31] Dagegen erfasst Artikel 59 EG-Vertrag [jetzt Art. 56 AEUV] nicht Maßnahmen, deren einzige Wirkung es ist, zusätzliche Kosten für die betreffende Leistung zu verursachen, und die die Erbringung von Dienstleistungen zwischen Mitgliedstaaten in gleicher Weise wie deren Erbringung innerhalb eines einzigen Mitgliedstaats berühren.«[161]

Insbesondere die in Rn. 31 des Urteils formulierte Einschränkung unterscheidet den Ansatz in der Rs. Mobistar von dem breit angelegten Beschränkungskonzept, das sich aus den Rs. Gebhard und Alpine Investments herauslesen lässt.

---

[158] EuGH, Urt. v. 8.9.2005, verb. Rs. C–544/03 u. 545/03 (Mobistar und Belgacom Mobile), Slg. 2005, I–7723.
[159] EuGH, Urt. v. 17.2.2005, Rs. C–134/03 (Viacom Outdoor), Slg. 2005, I–1167.
[160] EuGH, Urt. v. 28.4.2009, Rs. C–518/06 (Kommission/Italien), Slg. 2009, I–3491.
[161] EuGH, Urt. v. 8.9.2005, verb. Rs. C–544/03 u. 545/03 (Mobistar und Belgacom Mobile), Slg. 2005, I–7723, Rn. 29 ff.

b) Rs. Viacom

77 Ähnliches zeigt sich auch in der Rs. Viacom, die eine parallele Konstellation betraf, nämlich die Erhebung einer »kommunalen Werbungssteuer«, welche für das Anbringen von Werbeplakaten anfällt. Dies mache es für lokale Anbieter von Plakatwerbung schwerer, ausländische Kunden anzuziehen. Der EuGH urteilte:

»[37] Zur Beantwortung der Frage, ob die Erhebung einer Abgabe wie der Werbungssteuer durch die Gemeindebehörden eine mit Artikel 49 EG [jetzt Art. 56 AEUV] unvereinbare Beeinträchtigung darstellt, ist zunächst festzustellen, dass eine solche Steuer unterschiedslos für alle Dienstleistungen gilt, die mit einer Außenwerbung und öffentlichen Plakatanschlägen im Gebiet der betreffenden Gemeinde verbunden sind. Die Vorschriften über die Erhebung dieser Steuer sehen somit keine unterschiedliche Behandlung nach dem Ort der Niederlassung des Erbringers oder des Empfängers der Plakatdienstleistungen oder nach dem Ursprung der Erzeugnisse oder Dienstleistungen vor, die Gegenstand der verbreiteten Werbebotschaften sind.

[38] Weiter ist festzustellen, dass diese Steuer nur für Außenwerbung, die die Benutzung durch die Gemeinden verwalteten öffentlichen Raumes bedingt, erhoben wird und dass ihr Betrag auf eine Höhe festgesetzt wird, die im Vergleich zum Wert der Dienstleistungen, die ihr unterworfen sind, als niedrig angesehen werden kann. Ihre Erhebung ist somit jedenfalls nicht geeignet, die Werbungsdienstleistungen, die im Gebiet der betreffenden Gemeinden erbracht werden sollen – auch wenn diese wegen des Ortes der Niederlassung des Erbringers oder des Empfängers der Dienstleistungen grenzüberschreitenden Charakter haben sollten – zu verhindern, zu behindern oder weniger attraktiv zu machen.«[162]

78 Der EuGH macht hier deutlich, dass die Auferlegung zusätzlicher Abgaben, die in gleicher Weise für Dienstleistungen innerhalb des Mitgliedstaates erhoben werden, keine Beschränkung der Dienstleistungsfreiheit darstellen, weil sie die Erbringung der Dienstleistung nicht verhindern, behindern oder weniger attraktiv machen.

c) Grenzziehung: Marktzugangsregulierung vs. interne Marktregulierung

79 Damit wird auch die Grenzziehung zum breiten Liberalisierungsansatz in den Rs. Gebhard und Alpine Investments deutlich. In der Rs. Alpine Investments ging es um das Verbot einer Verkaufsstrategie, die den Zugang zum ausländischen Markt beschränkte. Das umfassende Beschränkungsverbot knüpfte also an eine mitgliedstaatliche Regulierung des Marktzugangs an. Demgegenüber macht der EuGH in den Rs. Mobistar und Viacom deutlich, dass allein die unterschiedslose Auferlegung zusätzlicher Kosten die Dienstleistungsfreiheit nicht verletzt, wenn es sich nicht um eine diskriminierende Maßnahme handelt. Der Marktzugang selbst ist hier nicht betroffen; in diesem Fall also wird nicht an einem breiten Beschränkungsverbots-Maßstab gemessen, sondern am schmaleren Nichtdiskriminierungs-Maßstab.

5. Systematik der Grenzziehung: Marktzugangsregulierung/interne Marktregulierung

a) Parallele in der Warenverkehrsfreiheit

80 Sowohl die Unterscheidung der Konstellationen als auch die Unterscheidung der in Stellung gebrachten Maßstäbe sind aus der Warenverkehrsfreiheit bestens bekannt. Dort unterscheidet im Bereich der finanziellen Handelshindernisse bereits das Normenregime nach Marktzugang (Art. 28, 30 AEUV) und interner Marktregulierung (Art. 110 AEUV). Der für finanzielle Behinderungen des Marktzugangs einschlägige Maßstab ist ein strenges Beschränkungsverbot; der für finanzielle Handelshemmnisse, die durch steuerliche Diskriminierungen entstehen, einschlägige Maßstab ist ein Diskriminierungs-

---

[162] EuGH, Urt. v. 17.2.2005, Rs. C–134/03 (Viacom Outdoor), Slg. 2005, I–1167, Rn. 37 f.

und Protektionismusverbot. Im Bereich der nicht finanziellen Handelshemmnisse existiert zwar nur ein Normenregime (Art. 34 ff. AEUV), doch hat der EuGH durch die Keck- und Post-Keck-Rechtsprechung begonnen, eine Differenzierung einzuziehen zwischen Marktzugangsbehinderungen und Beschränkungen, die durch interne Marktregulierung entstehen. Erstere werden in der Tradition der Dassonville- und Cassis de Dijon-Rechtsprechung[163] am Maßstab eines strengen Beschränkungsverbots gemessen, Letztere in der Tradition der Keck-Rechtsprechung[164] am Maßstab eines Diskriminierungs- und Protektionismusverbots (vgl. Rn. 94).

b) Ratio

Diese Unterscheidung ist auch sinnvoll. Ist der Abbau von Handelshemmnissen grundsätzlich und unabhängig von der Reziprozität wohlfahrtssteigernd, spricht viel dafür, Marktzugangshindernisse zu verbieten. Der Zugang zu den Märkten anderer Länder ist gerade die Voraussetzung dafür, dass sich die Logik der internationalen Arbeitsteilung, Spezialisierung und zusätzlicher Wertschöpfung realisieren kann. Ein Beschränkungsverbot setzt diese Logik am besten um. Demgegenüber existieren gute Gründe, Maßnahmen zur internen Marktregulierung nicht einem Beschränkungs-, sondern nur einem Diskriminierungsverbot zu unterwerfen. Maßnahmen zur internen Marktregulierung zielen häufig nicht auf grenzüberschreitende Warenflüsse, sondern auf ganz andere Dinge, die neben der Handelsliberalisierung im kollektiven Bewusstsein einer demokratischen Gesellschaft ebenfalls eine wichtige Rolle spielen. Anders als Maßnahmen, die auf die Beschränkung des Marktzutritts für fremde Waren zugeschnitten sind, sind Maßnahmen zur internen Marktregulierung solche, mit Hilfe derer demokratische Gemeinschaften ihre Werte, ihre Hoffnungen und ihr Leben miteinander organisieren. Solche Maßnahmen ausschließlich unter dem Blickwinkel ihrer – möglicherweise negativen – Wirkung auf grenzüberschreitende Warenströme zu beurteilen, würde dem Wesen dieser Normen nicht gerecht.

81

Hinzu kommen realpolitische Erwägungen. Finanzielle Maßnahmen zur internen Marktregulierung sind Steuer- und Abgabenerhebungen. Das Recht hierzu aber ist für jeden souveränen Nationalstaat ein Kernbereich autonomer Handlungskompetenz. Kein Staat, auch kein demokratischer, aufgeklärter, offener Verfassungsstaat im 21. Jahrhundert, wird leichtfertig auf diese Kompetenz verzichten wollen. Gerade moderne Verfassungsstaaten, die sich als Vorsorge- und Sozialstaaten verstehen und dieses Staatsziel auch massiv finanzieren müssen, sind darauf angewiesen, Steuern zu erheben und die Erträge nach eigenem Ermessen zu distribuieren.[165] Ein Beschränkungsregime für finanzielle Maßnahmen zur internen Marktregulierung (Steuern) wäre grotesk. Ähnliches gilt für nicht finanzielle Maßnahmen zur internen Marktregulierung. Der moderne Staat ist ein regulierender Staat. Ohne Regulierung könnte kein moderner Staat die Staatsziele erfüllen, die Demokratien als Kern ihrer Existenzberechtigung begreifen. Jede marktinterne Regulierung unter Generalverdacht zu stellen oder sogar zu verbieten, weil sie negative Auswirkungen auf den grenzüberschreitenden Warenhandel zeitigen könnte, wäre einseitig und ultimativ fatal.

82

---

[163] EuGH, Urt. v. 11.7.1974, Rs. 8/74 (Dassonville), Slg. 1974, 837; Urt. v. 20.2.1979, Rs. 120/78 (Rewe/Bundesmonopolverwaltung für Branntwein), Slg. 1979, 649.
[164] EuGH, Urt. v. 24.11.1993, verb. Rs. C-267/91 u. 268/91 (Keck und Mithouard), Slg. 1993, I-6097.
[165] Zu einer Kritik unter demokratischen Gesichtspunkten vgl. *Haltern*, VVDStRL 73 (2014), 103.

83 Die Unterscheidung von Marktzugangsregulierung und interner Marktregulierung, die die Anwendbarkeit der Unterscheidung von Beschränkungsverbot und Diskriminierungsverbot organisiert, spiegelt insofern die Spannung zwischen nationaler Regulierungsautonomie einerseits und internationalrechtlicher Bindung mit dem Ziel der Integration andererseits.

c) Unschärfe: Umschlagen interner Marktregulierung in Marktzugangsbehinderung

84 Freilich ist der Bereich der internen Marktregulierung nicht in jeder Hinsicht trennscharf vom Bereich der Marktzugangsregulierung abzugrenzen; die Unterscheidung ist vielmehr durch eine Unschärferelation gekennzeichnet.[166] Für das Gebiet der nicht finanziellen Handelshemmnisse liegt dies zum Teil in Unschärfen der Keck-Formel begründet.[167] Zum einen fragt diese nach der »tatsächlichen« Diskriminierung, die sich insbesondere anhand von ökonomischen Marktanalysen entscheidet; diese aber werden vom EuGH selten mit ökonomischem Ernst behandelt. Zum anderen flicht Keck eine Marktzugangsprüfung ein. Eine rein formale Lösung der Abgrenzung ist nicht einfach möglich. Der Grund liegt darin, dass aufgrund der Vielgestaltigkeit der nicht finanziellen Regelungs- und Behinderungsmöglichkeiten das »Inverkehrbringen« erschwert werden kann. So betont der EuGH etwa, dass »ein Werbeverbot [also eine interne marktregulierende Maßnahme], wie es im Ausgangsverfahren begehrt wird, das Inverkehrbringen dieser Waren und somit deren Zugang zum Markt erheblich erschweren würde«.[168] Interne Marktregulierung und Marktzugangsbehinderung sind im nicht finanziellen Bereich weniger sauber auseinanderzuhalten als im finanziellen Bereich. Man mag von einem Umschlagen der internen Marktregulierung in eine Marktzugangsbehinderung oder einer Skala steigender Intensität sprechen; hier liegt der Kern der Einsicht, die Generalanwalt *Jacobs* in der Rs. Leclerc-Siplec veranlasste, einen de minimis-Test einzufordern.[169]

d) Notwendigkeit und Möglichkeit der judikativen Schärfung

85 Trotz dieser zutreffenden Kritik ist an der Unterscheidung zwischen Marktzugang und interner Marktregulierung festzuhalten. Denn zum einen ist sie vom Vertrag vorgegeben (Art. 28, 30 AEUV einerseits, Art. 110 AEUV andererseits). Zum anderen muss die Linie eben irgendwo gezogen werden – und diese Linie ist immerhin judizierbar. Wo genau das Umschlagen von interner Marktregulierung in Marktzugangsregulierung stattfindet, muss vom EuGH von Fall zu Fall entschieden werden.

---

[166] *Hatzopoulos*, CMLRev. 29 (1995), 1427; *Chalmers/Davies/Monti*, S. 811; *Haltern*, Europarecht, Rn. 1708 f.
[167] Keck-Formel: EuGH, Urt. v. 24.11.1993, verb. Rs. C–267/91 u. 268/91 (Keck und Mithouard), Slg. 1993, I–6097, Rn. 16.
[168] EuGH, Urt. v. 4.11.1997, Rs. C–337/95 (Parfums Christian Dior/Evora), Slg. 1997, I–6013; vgl. auch EuGH, Urt. v. 10.5.1995, Rs. C–384/93 (Alpine Investments/Minister van Financiën), Slg. 1995, I–1141, Rn. 35, 38; GA *Stix-Hackl*, Schlussanträge zu Rs. C–322/01 (Deutscher Apothekerverband), Slg. 2003, I–14887, Rn. 79.
[169] GA *Jacobs*, Schlussanträge zu Rs. C–412/93 (Lecler-Siplec/TF1 und M6), Slg. 1995, I–179, Rn. 38 ff.

6. Regulierung des Marktzugangs und des internen Marktes in der Dienstleistungsfreiheit

Eben diese Unterscheidung übernimmt der EuGH in seine Rechtsprechung zur Dienstleistungsfreiheit. Wie bei nicht finanziellen Hemmnissen für den Warenhandel ist sie nicht im Wortlaut der Norm angelegt, doch sprechen gute, fast zwingende Gründe dafür, im Spannungsfeld von Integration und mitgliedstaatlicher Regulierungsautonomie auf sie zurückzugreifen. 86

a) Genealogische Differenz zur Warenverkehrsfreiheit.

Genealogisch unterscheidet sich die EuGH-Rechtsprechung zu Art. 56 AEUV von jener zu Art. 34 AEUV: Statt zunächst ein ausgreifendes Beschränkungsregime zu errichten, das Reichweite der Norm und Toleranz der Mitgliedstaaten überspannt und dann durch ein temperierendes Diskriminierungsverbot angepasst wird, errichtet der EuGH hier zunächst ein einfaches Diskriminierungsverbotsregime (indem er, ähnlich wie in der frühen Rechtsprechung zur Niederlassungsfreiheit, die Anwendbarkeit von Art. 56 AEUV auf echte, nicht diskriminierende Maßnahmen ausdrücklich ausschließt[170]), das er dann durch ein vorsichtiges Liberalisierungsregime härtet. Dies hat gute Gründe. Die Warenverkehrsfreiheit besaß zunächst einen anderen Stellenwert, sowohl im ökonomischen als auch im Integrationsprozess. Die Bedeutung des Dienstleistungshandels war demgegenüber nicht von vornherein offensichtlich, sondern hat sich erst im Laufe der Zeit gezeigt. Als sie nicht länger zu übersehen war – Anfang der 1990er Jahre, als sich auch das GATT des Dienstleistungshandels annahm und sich dessen Mitgliedstaaten im Rahmen der Uruguay-Runde zum Abschluss des GATS durchrangen –, war die Zeit gekommen, die erstarkte Bedeutung in erstarkte Regeln zu übersetzen. Die Rs. Säger, Gebhard und Alpine Investments stammen aus exakt dieser Periode.[171] 87

b) Vorsichtige Entwicklung

Ihre Wirkkraft war kein Urknall, sondern blieb außerhalb der dogmatischen Debatten begrenzt; der Vorschlag der Kommission für die Dienstleistungsrichtlinie[172] aus dem Jahr 2004, der das große Ziel der Deregulierung und Stärkung des Wettbewerbs im Dienstleistungssektor anstrebte (s. zur Dienstleistungsrichtlinie Art. 59 AEUV, Rn. 14 ff.), ist ein eindrucksvoller Zeuge dieser nur begrenzten Wirkung. Die praktische Umsetzung des Beschränkungsverbotsansatzes schien vom EuGH nur vorsichtig angegangen zu werden. 88

aa) Besonderheiten der Dienstleistungsmärkte

Hierfür gibt es Gründe. Einige sind in den Besonderheiten der Dienstleistungsmärkte zu finden. Es war mit erheblichem Widerstand der mitgliedstaatlichen Regierungen zu 89

---

[170] Etwa EuGH, Urt. v. 18.3.1980, Rs. 52/79 (Procureur du Roi/Debauve), Slg. 1980, 833, Rn. 16; Urt. v. 24.10.1978, Rs. 15/78 (Société générale alsacienne de banque/Koestler), Slg. 1978, 1971, Rn. 6. Kritik des Generalanwalts: GA *Jacobs*, Schlussanträge zu Rs. C-159/90 (Society for the Protection of Unborn Children Ireland/Grogan), Slg. 1991, I-4685, Rn. 19 ff.

[171] EuGH, Urt. v. 25.7.1991, Rs. C-76/90 (Säger/Dennemeyer), Slg. 1991, I-4221; Urt. v. 30.11.1995, Rs. C-55/94 (Gebhard/Consiglio dell'Ordine degli Avvocati e Procuratori di Milano), Slg. 1995, I-4165; Urt. v. 10.5.1995, Rs. C-384/93 (Alpine Investments/Minister van Financiën), Slg. 1995, I-1141.

[172] KOM (2004) 2.

rechnen, die verstärkte Zuwanderung aus mittel- und osteuropäischen Staaten befürchteten; zudem stand die Komplexität und gesellschaftliche Sensibilität vieler Dienstleistungen – deren Ausdruck heute die Liste der nicht von der Dienstleistungsrichtlinie erfassten Dienstleistungen ist, vgl. Art. 2 Abs. 2 und 3 RL 2006/123/EG – einer umfassenden Liberalisierung im Weg.

bb) Gesteigerte Sensibilität für mitgliedstaatliche Regulierungsspielräume

90 Der vielleicht noch wichtigere Grund für die nur begrenzte Wirkkraft des judikativen Liberalisierungsansatzes aber mag in dem gesteigerten Bewusstsein für mitgliedstaatliche Regulierungsautonomie liegen. Ausgetragen wurde der Streit über die genaue Austarierung des Spannungsfeldes zwischen Autonomie und Integration anhand des Topos der Kompetenzen. Dieser fand verstärkt juristisch statt: So fällte etwa 1993 das Bundesverfassungsgericht sein Maastricht-Urteil, das den Begriff der »ausbrechenden Rechtsakte« auf die politische Landkarte eintrug.[173] Keine sechs Wochen später reagierte der EuGH mit dem Keck-Urteil,[174] das einen Teil des Warenhandels aus dem Beschränkungsverbot herauslöst und nur noch einer Diskriminierungsprüfung zuführt. Der EuGH bewies exakt in dem Moment, in dem er Schritte zur Liberalisierung des in seiner Bedeutung gewachsenen Dienstleistungshandels durch die Einführung eines Beschränkungsverbots auch bei nicht diskriminierenden Maßnahmen unternimmt, ein ausgeprägtes Gespür für die Gefahr, hierbei zu weit zu gehen und die mitgliedstaatliche Kompetenz zur Regulierung gesellschaftlich, politisch und kulturell sensibler Dienstleistungen zu stark einzuschränken.

c) Konsequenz: Warenverkehrsfreiheit als warnendes Beispiel

91 Niederschlag in der Rechtsprechung zur Dienstleistungsfreiheit findet dieses Gespür – neben dem kuriosen Mangel an wirklich durchgreifenden Beschränkungsverbotsentscheidungen – schließlich in den Rs. Mobistar und Viacom. In der Tat sind beide nicht nur Ausdruck einer gelungenen gerichtlichen Verarbeitung rechtspolitischer Anforderungen, sondern weisen zudem deutliche Parallelen zur Beschränkungsverbots-beschränkenden Rechtsprechung in der Warenverkehrsfreiheit auf.

aa) Systematische Gefahren zu weit gehender Liberalisierung

92 Wäre die Auferlegung einer Abgabe mit gleichen Wirkungen für den einheimischen und ausländischen Dienstleistungsmarkt eine Beschränkung der Dienstleistungsfreiheit, würde praktisch jede dienstleistungsrelevante Abgabe oder Regelung in den Anwendungsbereich von Art. 56 AEUV fallen und den Mitgliedstaat zur Rechtfertigung zwingen – mit den gleichen, desaströsen Konsequenzen wie im Warenverkehr. Erstens würde der Druck auf die Rechtfertigungsnorm enorm steigen, was in Anbetracht der Tatsache, dass es sich um eine eng auszulegende Ausnahmevorschrift handelt, nicht unproblematisch ist; zudem ist ein in das Normsystem eingebauter, konservativer Spin die Folge, da alle sozialen, umwelt- und verbraucherschützenden Maßnahmen an einem ökonomischen Maßstab, dem freien Dienstleistungsverkehr, gemessen werden müssen. Zweitens würde der EuGH hierdurch noch mehr ins Zentrum heikler gesellschaftlicher Fragen rücken, was seine Akzeptanz und seine institutionelle Position bedrohen könnte.

---

[173] BVerfGE 89, 155.
[174] EuGH, Urt. v. 24.11.1993, verb. Rs. C–267/91 u. 268/91 (Keck und Mithouard), Slg. 1993, I–6097.

Drittens wäre in all diesen Fällen die ERT-Situation[175] einschlägig und damit die Anwendbarkeit der Unionsgrundrechte auf Maßnahmen der Mitgliedstaaten stark ausgeweitet, was zu institutionellen Weiterungen im Verhältnis der Gerichte zueinander führen würde. Viertens schließlich würde beständig eine Harmonisierungskompetenz für die Union ausgelöst, Art. 114 AEUV, da die Einschlägigkeit des Art. 56 AEUV und die anschließende Rechtfertigung der mitgliedstaatlichen Maßnahme nichts weniger als eine gerichtlich festgestellte, harmonisierungsbedürftige Marktfragmentierung bedeutete.[176]

bb) Vergleich mit Prae-Keck

Damit wären Intention und Grenzen des Art. 56 AEUV deutlich überschritten. Diese Situation erinnert stark an die Prae-Keck-Situation in der Warenverkehrsfreiheit. Dem Beschränkungsverbot des Art. 34 AEUV unterfielen auch solche Maßnahmen, die unterschiedslos anwendbar sind, die eingeführte und einheimische Produkte rechtlich und tatsächlich in gleicher Weise berühren, die zwar das Importvolumen im innerunionalen Handel absenken können, die aber den Marktzugang nicht versperren oder stärker behindern, als sie dies für inländische Erzeugnisse tun. Diese »echten« unterschiedslos anwendbaren Maßnahmen lösten nicht nur die Rechtfertigungsbedürfigkeit der Maßnahme (mit den gerade dargestellten Konsequenzen) aus, sondern ließen auch die Grenze des Anwendungsbereiches der Verbotsnorm selbst verschwimmen, da kaum noch Maßnahmen denkbar waren, die nicht von der Definition der »Maßnahmen gleicher Wirkung« ergriffen waren – ein Geburtsfehler des seit der Rs. Dassonville[177] weit verstandenen Beschränkungsverbots.

93

cc) Lösung des EuGH

Die Rs. Mobistar und Viacom lösen diese Probleme, indem sie zwar am grundsätzlichen Zuschnitt von Art. 56 AEUV als Beschränkungsverbot nicht rütteln, dessen Anwendungsbereich aber beschränken: Reine Abgabenbelastungen, die – wie bestimmte Verkaufsmodalitäten – auch für alle betroffenen Wirtschaftsteilnehmer gelten, die ihre Tätigkeit im Inland ausüben, und die den Absatz der inländischen und nicht inländischen Dienstleistungen rechtlich wie tatsächlich in der gleichen Weise berühren, sind keine Beschränkungen der Grundfreiheit. Der EuGH nimmt also wiederum – wie in der Rs. Keck – die »echten« unterschiedslos anwendbaren Maßnahmen unter bestimmten Voraussetzungen aus dem Anwendungsbereich des Beschränkungsverbots heraus und unterwirft sie lediglich einem Diskriminierungs- und Protektionismusverbot.

94

dd) Mögliches Kriterium für Umschlagen von interner Marktregulierung in Marktzugangsregulierung

Auch das Problem einer nicht trennscharfen Abgrenzung von Marktzugang und interner Marktregulierung (vgl. Rn. 84) findet bei näherem Hinsehen Berücksichtigung in der Rs. Viacom. In der Diskussion der Frage, ob eine Marktzugangsbeschränkung vorliegt, argumentiert der EuGH damit, »... dass [der Werbungssteuer-] Betrag auf eine

95

---

[175] Seit EuGH, Urt. v. 18.6.1991, Rs. C-260/89 (ERT/DEP), Slg. 1991, I-2925, ausführlich *Haltern*, Europarecht, Rn. 1102 ff.
[176] Vgl. zu diesen Konsequenzen einer überbordenden Beschränkungsverbots-Rechtsprechung in der Warenverkehrsfreiheit *Haltern*, Europarecht, Rn. 1588 ff., 1670 ff.
[177] EuGH, Urt. v. 11.7.1974, Rs. 8/74 (Dassonville), Slg. 1974, 837.

Höhe festgesetzt wird, die im Vergleich zum Wert der Dienstleistungen, die ihr unterworfen sind, als niedrig angesehen werden kann«.[178] Hierin kann man den Versuch erblicken, mit Hilfe eines de minimis-Tests in nascendo einzelfallbezogen Klarheit über die Möglichkeit eines Umschlagens von interner Marktregulierung in Marktzugangsbeschränkung zu gewinnen.

7. Bestätigung durch Folgerechtsprechung

a) Beschränkungsverbot

96 Die nachfolgende Rechtsprechung bestätigt diese Ansätze. Ein interessantes Beispiel ist die Rs. Kommission/Italien,[179] in der der EuGH zu beurteilen hatte, ob der nach italienischem Recht vorgeschriebene Kontrahierungszwang von Haftpflichtversicherungsunternehmen mit jedem Kraftfahrzeughalter gegen die Dienstleistungsfreiheit verstößt. Derartige Versicherungspflichten sind sozial fortschrittlich, weil sie Versicherungszugang für alle, auch für Risikopersonen, garantieren; bei Versicherungen sind sie wenig beliebt, weil sie Leute aufnehmen müssen, die sich als kostspielig herausstellen könnten. Als Argument für eine Verletzung von Art. 56 AEUV wurde vorgebracht, dass die Versicherungspflicht ausländische Versicherungsanbieter davon abhalten könnte, Versicherungen in Italien anzubieten.

97 Der EuGH urteilte zunächst deutlich hinsichtlich des Beschränkungsverbots auch für nicht diskriminierende Maßnahmen:

»[62] Nach ständiger Rechtsprechung betrifft der Begriff ›Beschränkung‹ im Sinne von Art. 43 EG und 49 EG [jetzt Art. 49 und 56 AEUV] die Maßnahmen, die die Ausübung der Niederlassungsfreiheit oder des freien Dienstleistungsverkehrs verbieten, behindern oder weniger attraktiv machen (Urteil CaixaBank France, Randnr. 11, sowie Urteile vom 13. Dezember 2007, Kommission/Italien, C–465/05, Slg. 2007, I–11091, Randnr. 17, und vom 17. Juli 2008, Kommission/Frankreich, C–389/05, Slg. 2008, I–0000, Randnr. 52).

[63] In Bezug auf die Frage, wann eine unterschiedslos anwendbare Maßnahme wie der hier streitige Kontrahierungszwang unter diesen Begriff fallen kann, ist daran zu erinnern, dass eine Regelung eines Mitgliedstaats nicht allein deshalb eine Beschränkung im Sinne des EG-Vertrags darstellt, weil andere Mitgliedstaaten in ihrem Gebiet ansässige Erbringer gleichartiger Dienstleistungen weniger strengen oder wirtschaftlich interessanteren Vorschriften unterwerfen (vgl. in diesem Sinne Urteile vom 10. Mai 1995, Alpine Investments, C–384/93, Slg. 1995, I–1141, Randnr. 27, und vom 12. Juli 2005, Schempp, C–403/03, Slg. 2005, I–6421, Randnr. 45).

[64] Hingegen umfasst der Begriff der Beschränkung die von einem Mitgliedstaat getroffenen Maßnahmen, die, obwohl sie unterschiedslos anwendbar sind, den Marktzugang von Unternehmen aus anderen Mitgliedstaaten betreffen und somit den innergemeinschaftlichen Handel behindern (vgl. in diesem Sinne Urteile Alpine Investments, Randnrn. 35 und 38, und CaixaBank France, Randnr. 12).«[180]

b) Marktzugang

98 Der EuGH stellt also deutlich auf die Frage ab, ob der Marktzugang behindert ist. Die Zulassung ausländischer Anbieter ist durch den Kontrahierungszwang nicht berührt; ein Hindernis für den Zugang zum italienischen Kraftfahrzeug-Haftpflichtversicherungsmarkt ergibt sich daraus also nicht.[181] Doch der EuGH prüft weiter und denkt sich tief in die Unternehmensstrategien der Versicherer ein:

---

[178] EuGH, Urt. v. 17. 2. 2005, Rs. C–134/03 (Viacom Outdoor), Slg. 2005, I–1167, Rn. 38.
[179] EuGH, Urt. v. 28. 4. 2009, Rs. C–518/06 (Kommission/Italien), Slg. 2009, I–3491.
[180] EuGH, Urt. v. 28. 4. 2009, Rs. C–518/06 (Kommission/Italien), Slg. 2009, I–3491, Rn. 62 ff.
[181] EuGH, Urt. v. 28. 4. 2009, Rs. C–518/06 (Kommission/Italien), Slg. 2009, I–3491, Rn. 65.

»[67] In einem Bereich wie dem Versicherungssektor betrifft eine solche Maßnahme den Marktzugang der betroffenen Wirtschaftsteilnehmer, insbesondere wenn sie die Versicherungsunternehmen nicht nur dazu verpflichtet, alle Risiken zu übernehmen, die ihnen angeboten werden, sondern auch eine maßvolle Tarifgestaltung verlangt wird.

[68] Da er die Versicherungsunternehmen, die auf dem italienischen Markt tätig werden, verpflichtet, jeden möglichen Kunden aufzunehmen, kann dieser Kontrahierungszwang nämlich in Bezug auf Organisation und Investitionen bedeutende zusätzliche Belastungen für diese Unternehmen mit sich bringen.

[69] Damit sie auf dem italienischen Markt unter Bedingungen tätig werden können, die im Einklang mit dem italienischen Recht stehen, müssen diese Unternehmen ihre Geschäftspolitik und -strategie überdenken, u. a. indem sie ihr Angebot an Versicherungsleistungen erheblich erweitern.

[70] Da der Kontrahierungszwang für diese Unternehmen Anpassungen und Kosten von solchem Umfang nach sich zieht, wird der Zugang zum italienischen Markt durch diese Verpflichtung weniger attraktiv gemacht und verringert im Fall des Zugangs die Möglichkeit der betroffenen Unternehmen, ohne Weiteres mit den traditionell in Italien ansässigen Unternehmen wirksam in Wettbewerb zu treten (vgl. in diesem Sinne Urteil CaixaBank France, Randnrn. 13 und 14).

[71] Folglich beschränkt der Kontrahierungszwang die Niederlassungsfreiheit und den freien Dienstleistungsverkehr.«[182]

Die Umstellung, so der EuGH, führt für ausländische Unternehmen zu einer enormen Anpassungsnotwendigkeit der eigenen Geschäftspolitik und -strategie; diese Anpassungen und die damit verbundenen Kosten machen den Zugang zum Markt weniger attraktiv und stellen insoweit eine Marktzugangsbeschränkung dar.

99

c) Umschlagen von interner Marktregulierung in Marktzugangsregulierung

Dies ist kein Widerspruch zu den Rs. Mobistar[183] und Viacom[184] (oben Rn. 74 ff.). Immerhin bewegt sich diese Konstellation, anders als die vorgenannten, in der Nähe einer mittelbaren Diskriminierung, denn die Unternehmensstrategien der in Italien ansässigen Versicherungsunternehmen sind bereits auf den Kontrahierungszwang und die damit verbundenen Risiken abgestimmt. Der EuGH sieht in der Rs. Kommission/Italien, anders als in den Rs. Mobistar und Viacom, die unterschiedslos anwendbare Norm, die Strategieanpassungen und Kosten verursacht, als Marktzugangsbehinderung. Der Unterschied besteht wohl in der Qualität der aufgebürdeten Verteuerung. Während die Zusatzkosten in den Rs. Mobistar und Viacom »als niedrig angesehen werden«[185] können, bringt der Kontrahierungszwang in der Rs. Kommission/Italien »bedeutende zusätzliche Belastungen«[186] mit sich; die Unternehmen müssen ihr Angebot »erheblich erweitern«;[187] die Anpassungen und Kosten sind »von solchem Umfang«,[188] dass die interne Marktregulierung in ein Marktzugangshindernis umschlägt. Wieder sind Anzeichen für die Relevanz einer de minimis-Prüfung sichtbar (vgl. bereits Rn. 84, 95).

100

Dazu passt die Feststellung, dass allein die Notwendigkeit, das Recht des Gaststaates beachten zu müssen, für eine Marktzugangsbeschränkung nicht ausreicht. Dies zeigt sich deutlich an den Fällen, in denen es um Kappungsgrenzen für Rechtsanwaltsgebühren oder Zinsen ging.[189] Auch hier ließe sich argumentieren, dass die jeweiligen Ge-

101

---

[182] EuGH, Urt. v. 28.4.2009, Rs. C-518/06 (Kommission/Italien), Slg. 2009, I-3491, Rn. 67 ff.
[183] EuGH, Urt. v. 8.9.2005, Rs. C-544/03 (Mobistar und Belgacom Mobile), Slg. 2005, I-7723.
[184] EuGH, Urt. v. 17.2.2005, Rs. C-134/03 (Viacom Outdoor), Slg. 2005, I-1167.
[185] Vgl. EuGH, Urt. v. 8.9.2005, Rs. C-544/03 (Mobistar und Belgacom Mobile), Slg. 2005, I-7723; Urt. v. 17.2.2005, Rs. C-134/03 (Viacom Outdoor), Slg. 2005, I-1167, Rn. 38.
[186] EuGH, Urt. v. 28.4.2009, Rs. C-518/06 (Kommission/Italien), Slg. 2009, I-3491, Rn. 68.
[187] EuGH, Urt. v. 28.4.2009, Rs. C-518/06 (Kommission/Italien), Slg. 2009, I-3491, Rn. 69.
[188] EuGH, Urt. v. 28.4.2009, Rs. C-518/06 (Kommission/Italien), Slg. 2009, I-3491, Rn. 70.
[189] EuGH, Urt. v. 29.3.2011, Rs. C-565/08 (Kommission/Italien), Slg. 2011, I-2101; Urt. v. 12.7.2012, Rs. C-602/10 (SC Volksbank România), ECLI:EU:C:2012:443.

schäftsmodelle und -strategien angepasst werden müssen, da es ansonsten an der Wettbewerbsfähigkeit fehlt. In beiden Fällen konnte die fehlende Wettbewerbsfähigkeit aber nicht glaubhaft gemacht werden; der EuGH befand die Wirkung als »zu ungewiss und zu mittelbar«.[190] Die Betonung des **Wettbewerbsgedankens** durchzieht alle betreffenden Urteile (Kommission/Italien,[191] vgl. oben Rn. 96), doch bedarf es des entsprechend nachweisenden Materials, um den EuGH von einer Marktzutrittsbehinderung zu überzeugen.[192]

8. Weitere Fallgruppen für nicht diskriminierende Maßnahmen

102 Der EuGH ist insbesondere in den drei folgenden **Fallgruppen** von einer Marktzugangsbeschränkung durch nicht diskriminierende Maßnahmen der Mitgliedstaaten ausgegangen.[193]

103 Eine erste Kategorie umfasst **Zulassungserfordernisse**. Der EuGH sieht in einer nationalen Regelung, die die Erbringung bestimmter Dienstleistungen von der Erteilung einer behördlichen Erlaubnis abhängig macht, eine Beschränkung der Dienstleistungsfreiheit.[194] In diese Kategorie fällt eine beträchtliche Anzahl von Fällen betreffend die Regulierung privater Sicherheitsfirmen – auch wenn eine starke Regulierung dieser Firmen grundsätzlich nachvollziehbar erscheint.[195] So hielt der EuGH die Voraussetzung, dass private Sicherheitsdienste und Detekteien sowie deren Führungskräfte nach geltendem niederländischem Recht im Besitz einer Erlaubnis sein müssen, für eine nicht gerechtfertigte Marktzugangsbeschränkung.[196] In der Rs. Private Sicherheitsdienste[197] standen gleich mehrere Erfordernisse auf dem Prüfstand. So nahm der EuGH Marktzugangsbeschränkungen an in Bezug auf Rechtsvorschriften, die das Erfordernis eines Treueids auf die Italienische Republik und ihr Staatsoberhaupt für Wachleute aufstellten;[198] ebenso für die Verpflichtung, jede Änderung im Unternehmensbetrieb vom Präfekten genehmigen zu lassen[199] und in Bezug auf die Vorschrift, eine Sicherheit bei einer Hinterlegungs- und Konsignationskasse zu hinterlegen.[200] Ebenfalls stellt nach dem EuGH die Einräumung einer Befugnis für den Präfekten, über die Höhe eines Referenzpreises und die Genehmigung der von den Wirtschaftsteilnehmern vorgeschlagenen Preise zu entscheiden – wobei die Nichtgenehmigung der Preise der Erteilung einer

---

[190] EuGH, Urt. v. 12.7.2012, Rs. C–602/10 (SC Volksbank România), ECLI:EU:C:2012:443, Rn. 81.
[191] EuGH, Urt. v. 28.4.2009, Rs. C–518/06 (Kommission/Italien), Slg. 2009, I–3491, Rn. 70.
[192] So auch *Chalmers/Davies/Monti*, S. 813. Dort wird jedoch davon ausgegangen, dass das Umschlagen in ein Marktzugangshindernis – Keck-analog – die Ausnahme ist und im Laufe der Zeit kleiner werden wird. Das dürfte in einer Union, in der die Mitgliedstaaten zunehmend dünnhäutig auf (zumindest so empfundene) Kompetenzanmaßungen reagieren, voraussichtlich nicht der Fall sein.
[193] Vgl. *Barnard*, S. 388 f.
[194] EuGH, Urt. v. 7.10.2004, Rs. C–189/03 (Kommission/Niederlande), Slg. 2004, I–9289, Rn. 17; s. auch EuGH, Urt. v. 9.8.1994, Rs. C–43/93 (Vander Elst/Office des migrations internationales), Slg. 1994, I–3803; Urt. v. 21.3.2002, Rs. C–451/99 (Cura Anlagen), Slg. 2002, I–3193; Urt. v. 20.2.2001, Rs. C–205/99 (Analir u. a.), Slg. 2001, I–1271; Urt. v. 1.12.1998, Rs. C–410/96 (Ambry), Slg. 1998, I–7875.
[195] *Chalmers/Davies/Monti*, S. 826.
[196] EuGH, Urt. v. 7.10.2004, Rs. C–189/03 (Kommission/Niederlande), Slg. 2004, I–9289.
[197] EuGH, Urt. v. 13.12.2007, Rs. C–465/05 (Kommission/Italien), Slg. 2007, I–11091.
[198] EuGH, Urt. v. 13.12.2007, Rs. C–465/05 (Kommission/Italien), Slg. 2007, I–11091, Rn. 46 f.
[199] EuGH, Urt. v. 13.12.2007, Rs. C–465/05 (Kommission/Italien), Slg. 2007, I–11091, Rn. 103 f.
[200] EuGH, Urt. v. 13.12.2007, Rs. C–465/05 (Kommission/Italien), Slg. 2007, I–11091, Rn. 109 ff.

Lizenz entgegensteht –, für die Wirtschaftsteilnehmer eine Marktzugangsbeschränkung dar.[201] Besonders aufmerksam zeigte sich der EuGH dabei insbesondere dann, wenn die behördliche Erlaubnis auf bestimmte Provinzen begrenzt ist.[202]

Eine zweite Kategorie betrifft die Regulierung von **Glücksspielen**.[203] Auch diese Kategorie zeichnet sich durch ein aufgeladenes Spannungsfeld aus: Auf der einen Seite steht der Wunsch nach strenger Kontrolle, um Betrug, Geldwäsche und Spielsucht zu verhindern, auf der anderen Seite steht der Verdacht des Profitinteresses und der kontrollierten Marktzugangsbeschränkung. Diese Abwägung nimmt der EuGH im Rahmen einer strikten Kohärenzkontrolle vor, wonach eine Rechtfertigung davon abhängt, ob der Mitgliedstaat sein Regelungsanliegen in »kohärenter und systematischer« Weise verfolgt.[204] In dieser Kategorie sieht der EuGH in einer Vielzahl von Fällen eine Beschränkung der Dienstleistungsfreiheit als gegeben an. In der Rs. Anomar stellte der EuGH beispielsweise eine Beschränkung des freien Dienstleistungsverkehrs in Bezug auf Regelungen zum Glücksspiel fest, die die Veranstaltung von und die Teilnahme an diesen Spielen auf bestimmte Orte beschränkten und die unterschiedslos für portugiesische Staatsangehörige und für Staatsangehörige anderer Mitgliedstaaten galten.[205] Auch die italienische Regelung, die die Ausübung von Tätigkeiten im Glücksspielsektor ohne eine vom Staat erteilte Konzession oder polizeiliche Genehmigung unter Strafandrohung verbot, stellte nach dem EuGH eine Beschränkung des freien Dienstleistungsverkehrs dar;[206] gleiches gilt für das Verbot, die Erbringung von auf Sportereignisse bezogenen Wettdienstleistungen, die von einem Leistungserbringer organisiert werden, der seinen Sitz in einem anderen Mitgliedstaat als dem hat, in dem die Vermittler ihre Tätigkeit ausüben, zu erleichtern, und zwar auch dann, wenn die Vermittler in demselben Mitgliedstaat wie die Empfänger der Dienstleistungen ansässig sind.[207] Auch in Bezug auf **Monopolregelungen** machte der EuGH deutlich, dass er in der Regelung eines Mitgliedstaates, die die Veranstaltung und die Bewerbung von Glücksspielen einer Ausschließlichkeitsregelung zugunsten eines einzigen Veranstalters unterwirft und es allen anderen – auch den in einem anderen Mitgliedstaat ansässigen – Veranstaltern untersagt, im Hoheitsgebiet des Mitgliedstaates von dieser Regelung erfasste Dienstleistungen über das Internet anzubieten, eine Beschränkung des freien Dienstleistungsverkehrs sieht.[208] Dies trifft ebenso auf eine Ausschließlichkeitsregelung für die Veranstaltung von Pferdewetten außerhalb der Rennplätze zugunsten eines einzigen – unmittelbar kontrollierten – Wirtschaftsteilnehmers zu.[209] Wenig überraschend führte der EuGH außer-

104

---

[201] EuGH, Urt. v. 13.12.2007, Rs. C–465/05 (Kommission/Italien), Slg. 2007, I–11091, Rn. 123.

[202] Dies gilt umso mehr, als es zum Zeitpunkt der einschlägigen Urteile 103 Provinzen in Italien gab, EuGH, Urt. v. 13.12.2007, Rs. C–465/05 (Kommission/Italien), Slg. 2007, I–11091, Rn. 59; Urt. v. 18.7.2007, Rs. C–134/05 (Kommission/Italien), Slg. 2007, I–6251, Rn. 64.

[203] Dazu *Haltern*, Gemeinschaftsrechtliche Aspekte des Glücksspiels, S. 17 ff.

[204] EuGH, Urt. v. 6.11.2003, Rs. C–243/01 (Gambelli u.a.), Slg. 2003, I–13031, Rn. 67; Urt. v. 6.3.2007, Rs. C–338/04 (Placanica), Slg. 2007, I–1891, Rn. 53; Urt. v. 8.9.2009, Rs. C–42/07 (Liga Portuguesa de Futebol Profissional und Bwin International), Slg. 2009, I–7633, Rn. 61.

[205] EuGH, Urt. v. 11.9.2003, Rs. C–6/01 (Anomar u.a.), Slg. 2003, I–8621, Rn. 66.

[206] EuGH, Urt. v. 6.3.2007, Rs. C–338/04 (Placanica), Slg. 2007, I–1891, Rn. 53, 42; Urt. v. 6.11.2003, Rs. C–243/01 (Gambelli u.a.), Slg. 2003, I–13031, Rn. 59.

[207] EuGH, Urt. v. 6.3.2007, Rs. C–338/04 (Placanica), Slg. 2007, I–1891, Rn. 53, 42; Urt. v. 6.11.2003, Rs. C–243/01 (Gambelli u.a.), Slg. 2003, I–13031, Rn. 58.

[208] EuGH, Urt. v. 3.6.2010, Rs. C–258/08 (Ladbrokes Betting & Gaming und Ladbrokes International), Slg. 2010, I–4757, Rn. 16; vgl. auch EuGH, Urt. v. 8.9.2010, Rs. C–46/08 (Carmen Media Group), Slg. 2010, I–8419, Rn. 52.

[209] EuGH, Urt. v. 30.6.2011, Rs. C–212/08 (Zeturf), Slg. 2011, I–5633, Rn. 37.

dem aus, dass durch jegliche Beschränkungen, die das Glücksspielangebot im Internet betreffen, den Anbietern, die außerhalb des betroffenen Mitgliedstaates, in dem die Dienstleistungsempfänger die Dienstleistungen in Anspruch nehmen, ansässig sind, im Vergleich zu den in diesem Mitgliedstaat ansässigen Anbietern ein Vermarktungsmittel genommen werde, das für den unmittelbaren Zugang zu diesem Markt besonders wirksam sei.[210]

105 Drittens können auch nicht diskriminierende Regelungen, die sich auf **Werbemaßnahmen** beziehen, Marktzugangsbeschränkungen darstellen.

106 In der Rs. Gourmet war ein schwedisches Verbot von Werbeanzeigen für alkoholische Getränke Streitgegenstand.[211] Der EuGH stellte – unter Rückgriff auf sein Urteil in der Rs. Alpine Investments[212] – fest, dass ein solches Verbot angesichts des internationalen Charakters des Marktes der Werbung für die Kategorie von Erzeugnissen, für die das Verbot gilt, auch dann, wenn sie keinen diskriminierenden Charakter hat, das grenzüberschreitende Angebot von Anzeigenraum in besonderer Weise beeinträchtigt und daher eine Beschränkung des freien Dienstleistungsverkehrs darstellt.[213] In der Rs. Bacardi bestanden Zweifel, ob das französische Verbot der Fernsehwerbung für in Frankreich vertriebene alkoholische Getränke mit dem Gemeinschaftsrecht vereinbar ist, soweit es sich um indirekte Fernsehwerbung in der Form handelt, dass während der Übertragung von in anderen Mitgliedstaaten stattfindenden, binationalen Sportveranstaltungen Werbetafeln auf dem Bildschirm zu sehen sind.[214] Der EuGH urteilte:

> »[35] Erstens ist festzustellen, dass eine Fernsehwerbungsregelung wie die im Ausgangsverfahren streitige eine Beschränkung des freien Dienstleistungsverkehrs im Sinne des Artikels 59 EG-Vertrag [Art. 56 AEUV] darstellt. Zum einen beschränkt sie nämlich insofern den freien Verkehr von Werbungsdienstleistungen, als die Eigentümer von Werbetafeln jede Werbung für alkoholische Getränke dann vorsorglich ablehnen müssen, wenn die Möglichkeit besteht, dass die Sportveranstaltung in Frankreich übertragen wird. Zum anderen unterbindet diese Regelung die Erbringung von Dienstleistungen, die in der Ausstrahlung von Fernsehprogrammen bestehen. Die französischen Sender müssen nämlich jede Übertragung von Sportereignissen ablehnen, bei der Werbetafeln mit Werbung für in Frankreich vertriebene alkoholische Getränke zu sehen wären. Darüber hinaus können Veranstalter von außerhalb Frankreichs stattfindenden Sportereignissen die Übertragungsrechte nicht an französische Sender verkaufen, wenn bei der Ausstrahlung der diesen Sportereignissen gewidmeten Fernsehprogramme indirekte Fernsehwerbung für diese alkoholischen Getränke mit ausgestrahlt werden könnte.«[215]

9. Rechtfertigung von Beschränkungen

107 Auch und gerade nicht diskriminierende Beschränkungen des freien Dienstleistungsverkehrs können gerechtfertigt werden. Neben den geschriebenen Rechtfertigungstatbeständen der Art. 62, 52 AEUV, die auch für (unmittelbare) Diskriminierungen gelten (s. Rn. 111 f., Art. 62 AEUV, Rn. 3 ff.), besteht für Marktzugangsbeschränkungen (und mittelbare Diskriminierungen) die zusätzliche Möglichkeit einer Rechtfertigung über die vom EuGH entwickelte Formel der »zwingenden Erfordernisse«.[216] Die Vorausset-

---

[210] EuGH, Urt. v. 30. 6. 2011, Rs. C–212/08 (Zeturf), Slg. 2011, I–5633, Rn. 74; vgl. auch EuGH, Urt. v. 8. 9. 2010, Rs. C–46/08 (Carmen Media Group), Slg. 2010, I–8419, Rn. 52.
[211] EuGH, Urt. v. 12. 6. 2008, Rs. C–458/06 (Gourmet Classic), Slg. 2008, I–4207, Rn. 35.
[212] EuGH, Urt. v. 10. 5. 1995, Rs. C–384/93 (Alpine Investments/Minister van Financiën), Slg. 1995, I–1141, Rn. 35.
[213] EuGH, Urt. v. 12. 6. 2008, Rs. C–458/06 (Gourmet Classic), Slg. 2008, I–4207, Rn. 39.
[214] EuGH, Urt. v. 27. 9. 2001, Rs. C–253/99 (Bacardi France), Slg. 2001, I–6493, Rn. 23.
[215] EuGH, Urt. v. 27. 9. 2001, Rs. C–253/99 (Bacardi France), Slg. 2001, I–6493, Rn. 35.
[216] EuGH, Urt. v. 12. 12. 1996, Rs. C–3/95 (Reisebüro Broede/Sandker), Slg. 1996, I–6511.

zungen entsprechen jenen der Warenverkehrsfreiheit (s. Art. 34 AEUV, Rn. 223; Art. 36 AEUV, Rn. 24 ff.) und gelten nunmehr für alle Grundfreiheiten.[217] In Bereichen, in denen **keine abschließenden Unionsregeln** bestehen, dürfen Beschränkungen **nicht diskriminierend** sein, müssen ein **legitimes Allgemeininteresse** verfolgen und dem **Grundsatz der Verhältnismäßigkeit** entsprechen.[218] Die unterschiedslos anwendbare Maßnahme muss **geeignet** sein, das von ihr verfolgte legitime Ziel zu erreichen, und darf dabei in ihrer Wirkung nicht über das zur Erreichung **erforderliche** Maß hinausgehen.[219] Auf diese beiden Voraussetzungen geht der EuGH explizit in seiner Rechtfertigungsformel ein.[220] Zudem prüft der EuGH auch die Verhältnismäßigkeit im engeren Sinne, wenn er etwa ausführt, dass die zwingenden Erfordernisse in einem angemessenen Verhältnis zum angestrebten Ziel stehen müssen,[221] oder wenn er den Begriff der Verhältnismäßigkeit als Kurzformel heranzieht, um zu begründen, warum strengere Vorschriften eines Mitgliedstaates im Vergleich zu weniger strengen nicht automatisch unverhältnismäßig sind.[222] Zudem müssen die Beschränkungen mit den **Grundrechten** vereinbar sein.[223] Die Voraussetzungen bauen aufeinander auf und sind in der vom EuGH festgelegten Reihenfolge zu prüfen. Fehlt es an einem vorhergehenden Kriterium, so sind die nachfolgenden keiner Prüfung mehr zu unterziehen.[224]

Neben der Möglichkeit, eine Beschränkung der Dienstleistungsfreiheit zu rechtfertigen (s. Rn. 107) kann ein bestimmtes staatliches Verhalten schon tatbestandlich nicht als Beschränkung zu verstehen sein und so gar nicht erst rechtfertigungsbedürftig werden. Eine Abgrenzung von rechtfertigungsfähiger Beschränkung und einer schon tatbestandlich nicht erfassten Maßnahme ist nötig, da nur bei einer erfassten Beschränkung der EuGH zu einer Entscheidung berufen ist. Liegt nämlich in der auf den ersten Blick beschränkenden staatlichen Maßnahme eine ordnungs- oder strafrechtliche Schranke, welche sich in ganz allgemeiner Weise an alle Teilnehmer des Rechtsverkehrs wendet und gerade keine spezifischen Auswirkungen auf Dienstleistungserbringer hat, bleibt die alleinige mitgliedstaatliche Zuständigkeit bestehen.[225]

108

---

[217] EuGH, Urt. v. 30.11.1995, Rs. C–55/94 (Gebhard/Consiglio dell'Ordine degli Avvocati e Procuratori di Milano), Slg. 1995, I–4165, Rn. 37.

[218] EuGH, Urt. v. 30.11.1995, Rs. C–55/94 (Gebhard/Consiglio dell'Ordine degli Avvocati e Procuratori di Milano), Slg. 1995, I–4165, Rn. 37; Urt. v. 23.11.1999, verb. Rs. C–369/96 u. 376/96 (Arblade), Slg. 1999, I–8453, Rn. 34; Urt. v. 25.7.1991, Rs. C–76/90 (Säger/Dennemeyer), Slg. 1991, I–4221, Rn. 34; Urt. v. 24.1.2002, Rs. C–164/99 (Portugaia Construções), Slg. 2002, I–787, Rn. 19.

[219] *Barnard*, S. 391 ff.

[220] EuGH, Urt. v. 30.11.1995, Rs. C–55/94 (Gebhard/Consiglio dell'Ordine degli Avvocati e Procuratori di Milano), Slg. 1995, I–4165, Rn. 37; Urt. v. 12.12.1996, Rs. C–3/95 (Reisebüro Broede/Sandker), Slg. 1996, I–6511, Rn. 28; Urt. v. 21.3.2002, Rs. C–451/99 (Cura Anlagen), Slg. 2002, I–3193, Rn. 32; Urt. v. 17.7.2008, Rs. C–500/06 (Corporation Dermoestética), Slg. 2008, I–5785, Rn. 35.

[221] EuGH, Urt. v. 9.7.1997, verb. Rs. C–34/95 – 36/95 (Konsumentombudsmannen/De Agostini und TV-Shop), Slg. 1997, I–3843, Rn. 54.

[222] EuGH, Urt. v. 10.5.1995, Rs. C–384/93 (Alpine Investments/Minister van Financiën), Slg. 1995, I–1141, Rn. 51; Urt. v. 12.12.1996, Rs. C–3/95 (Reisebüro Broede/Sandker), Slg. 1996, I–6511, Rn. 42; Urt. v. 11.7.2002, Rs. C–294/00 (Gräbner), Slg. 2002, I–6515, Rn. 46; Urt. v. 26.1.2006, Rs. C–514/03 (Kommission/Spanien), Slg. 2006, I–963, Rn. 49.

[223] EuGH, Urt. v. 11.7.2002, Rs. C–60/00 (Carpenter), Slg. 2002, I–6279, Rn. 40.

[224] GA *Mischo*, Schlussanträge zu Rs. C–224/97 (Ciola), Slg. 1999, I–2517, Rn. 23.

[225] Ebenso wird in der RL 2006/123/EG vom 12.12.2006 über Dienstleistungen im Binnenmarkt, ABl. 2006, L 376/36 ein besonderer Dienstleistungsbezug der Beeinträchtigung gefordert, s. Art. 59 AEUV, Rn. 19; *Holoubek*, in: Schwarze, EU-Kommentar, Art. 56, 57 AEUV, Rn. 94.

a) Keine abschließende Unionsvorschrift

109 Besteht im zu regelnden Bereich abschließendes Unionsrecht, würde eine einseitige Maßnahme eines Mitgliedstaates die Harmonisierung aufbrechen und neue Hindernisse für den gemeinsamen Markt schaffen. Daher ist es den Mitgliedstaaten verboten, im Bereich abschließender Unionsregeln eigene (gegebenenfalls weitere) Beschränkungen aufzustellen.[226] Im Bereich des Binnenmarktes haben die Union und die Mitgliedstaaten eine geteilte Kompetenz gemäß Art. 4 Abs. 2 Buchst. a AEUV; beide können gemäß Art. 2 Abs. 2 Satz 1 AEUV gesetzgeberisch tätig werden und verbindliche Rechtsakte erlassen. Die Mitgliedstaaten können dies gemäß Art. 2 Abs. 2 Satz 2 AEUV jedoch nur, »sofern und soweit« die Union ihre Zuständigkeit nicht ausgeübt hat. Eine **Sperrwirkung** für mitgliedstaatliches Handeln ergibt sich aus **Richtlinien** (Art. 288 Abs. 3 AEUV) und beginnt grundsätzlich mit Ablauf ihrer Umsetzungsfrist.[227]

110 Wann eine Unionsregelung abschließend ist, kann grundsätzlich in Anknüpfung an die Warenverkehrsfreiheit nach der dort entwickelten Cassis de Dijon-Rechtsprechung[228] beurteilt werden (s. Art. 34 AEUV, Rn. 168 ff.). Ausschlaggebend für die Beurteilung ist v. a. die Frage, ob die Richtlinie nur Mindeststandards festlegen will, also einen eigenen Handlungsspielraum für die Mitgliedstaaten erhält, oder ob sie abschließend sein soll und so einzelstaatliche Schutzvorschriften ausschließt. Dies ist, unter Berücksichtigung von Formulierung, Zielsetzung und Regelungskontext, für jede Unionsregel im Einzelfall zu entscheiden.[229]

b) Nichtdiskriminierung

111 Die staatliche Maßnahme muss unterschiedslos auf alle Marktteilnehmer unabhängig vom Staat der Ansässigkeit anwendbar sein. Auch Beschränkungen, die ein legitimes Ziel verfolgen, dürfen nicht offen diskriminieren.[230] Liegt doch eine unmittelbar diskriminierende Beschränkung vor, so kann eine Rechtfertigung nur über die geschriebenen Rechtfertigungsgründe (s. Rn. 107 f.) erfolgen. Als erste Stufe des Rechtfertigungstests ist daher die Abgrenzung von unmittelbarer Diskriminierung und Beschränkung vorzunehmen, welche die weiteren Kriterien vorgibt. Nur unterschiedslos anwendbare Maßnahmen können über die zwingenden Gründe des Allgemeininteresses gerechtfertigt werden. **Indirekte Diskriminierungen** sind genauso wie Beschränkungen zu rechtfertigen. Im Rahmen der Verhältnismäßigkeitsprüfung ist der Grad der ungleichen Belastung dann aber miteinzubeziehen (s. Rn. 107).

---

[226] EuGH, Urt. v. 17.7.2008, Rs. C–389/05 (Kommission/Frankreich), Slg. 2008, I–5337, Rn. 67; *Müller-Graff*, in: Streinz, EUV/AEUV, Art. 56 AEUV, Rn. 100.

[227] Etwas anderes gilt nur, wenn die Verwirklichung des Ziels der Richtlinie bereits durch eine mitgliedstaatliche Maßnahme vor Ablauf der Umsetzungsfrist ernsthaft gefährdet wird. Sodann kann es zu einer **Vorwirkung** der Richtlinie kommen, s. EuGH, Urt. v. 22.11.2005, Rs. C–144/04 (Mangold), Slg. 2005, I–9981, Rn. 67 ff.; *Haltern*, Europarecht, Rn. 729 ff.

[228] EuGH, Urt. v. 20.2.1979, Rs. 120/78 (Rewe/Bundesmonopolverwaltung für Branntwein), Slg. 1979, 649.

[229] Die Rechtfertigungsgründe der Dienstleistungsrichtlinie (RL 2006/123/EG vom 12.12.2006 über Dienstleistungen im Binnenmarkt, ABl. 2006, L 376/36) sind abschließend und lassen keinen Spielraum für mitgliedstaatliche Sondervorschriften, s. Art. 59 AEUV, Rn. 12 ff.

[230] EuGH, Urt. v. 25.7.1991, Rs. C–288/89 (Stichting Collectieve Antennevoorziening Gouda/Commissariaat voor de Media), Slg. 1991, I–4007, Rn. 11; Urt. v. 26.4.1988, Rs. 352/85 (Bond van Adverteerders/Niederländischer Staat), Slg. 1988, 2085, Rn. 32.

c) Zwingende Gründe des Allgemeininteresses

Eine beschränkende Maßnahme muss, um rechtfertigungsfähig zu sein, ein legitimes Allgemeininteresse verfolgen, welches mit den Zielen der Union im Einklang steht.[231] Die Liste der Interessen, die den Anforderungen genügen, ist weder primärrechtlich festgeschrieben noch abgeschlossen und wird, als regelmäßig wiederkehrende Frage, stetig vom EuGH erweitert.[232] Für Dienstleistungen, die der Dienstleistungsrichtlinie[233] unterfallen, gelten nur die dort in Art. 16 eröffneten Rechtfertigungsmöglichkeiten sowie die sog. »schwarze Liste« (s. Art. 59 AEUV, Rn. 23). Neben die in Art. 62, 52 AEUV explizit aufgeführten Gründe des Gesundheitsschutzes und der öffentlichen Sicherheit und Ordnung (s. Art. 62 AEUV, Rn. 3 ff.) treten daher flexiblere Mechanismen zur Rechtfertigung von Beschränkungen hinzu.

112

Rein **wirtschaftliche Gründe** können allerdings nicht genügen (s. Art. 36 AEUV, Rn. 61).[234] Als rein wirtschaftliche oder wirtschaftspolitische Gründe, und daher als ungeeignet zur Rechtfertigung, hat der EuGH z. B. das Interesse an der Wahrung des Arbeitsfriedens,[235] die Sicherung der Einnahmen öffentlicher Einrichtungen[236] oder das Interesse an der Erhaltung einer Einkommensquelle angesehen (s. Rn. 130).[237] Liegt das Ziel der unterschiedslos anwendbaren Maßnahme in der **Erleichterung der Verwaltungsarbeit**, so genügt auch dies nicht für eine Rechtfertigung.[238] Administrative Erleichterungen wie die Vereinfachung der Versicherungsaufsicht[239] oder eine einfachere Qualitätskontrolle[240] sind als Beschränkungsmotive nicht zulässig.[241] Welches Ziel eine Maßnahme verfolgt, müssen die nationalen Gerichte objektiv auslegen;[242] der EuGH bewahrt sich hier freilich, wie überhaupt im Bereich der Verhältnismäßigkeit, mannigfache Möglichkeiten, diese Auslegung zu hinterfragen. Das ist weder überraschend noch illegitim: Die Verhältnismäßigkeit ist einer der Orte, an dem der EuGH mit spitzer Feder und kleinen Schrauben Wesentliches entscheiden kann; je wichtiger ihm der Bereich und seine eigene Aussage dazu sind, desto eher wird er die Verhältnismäßigkeit (und auch

113

---

[231] *Craig/de Búrca*, S. 833 f.
[232] *Holoubek*, in: Schwarze, EU-Kommentar, Art. 56, 57 AEUV, Rn. 112; *Craig/de Búrca*, S. 835.
[233] RL 2006/123/EG vom 12.12.2006 über Dienstleistungen im Binnenmarkt, ABl. L 376/36.
[234] EuGH, Urt. v. 26.4.1988, Rs. 352/85 (Bond van Adverteerders/Niederländischer Staat), Slg. 1988, 2085, Rn. 34; Urt. v. 25.7.1991, Rs. C–288/89 (Stichting Collectieve Antennevoorziening Gouda/Commissariaat voor de Media), Slg. 1991, I–4007, Rn. 11; Urt. v. 5.6.1997, Rs. C–398/95 (Syndesmos ton en Elladi Touristikon kai Taxidiotikon Grafeion/Ypourgos Ergasias), Slg. 1997, I–3091, Rn. 23; Urt. v. 28.4.1998, Rs. C–158/96 (Kohll/Union des caisses de maladie), Slg. 1998, I–1931, Rn. 41; Urt. v. 29.4.1999, Rs. C–224/97 (Ciola), Slg. 1999, I–2517, Rn. 16; Urt. v. 24.1.2002, Rs. C–164/99 (Portugaia Construções), Slg. 2002, I–787, Rn. 26; Urt. v. 13.5.2003, Rs. C–385/99 (Müller-Fauré und van Riet), Slg. 2003, I–4509, Rn. 72.
[235] EuGH, Urt. v. 5.6.1997, Rs. C–398/95 (Syndesmos ton en Elladi Touristikon kai Taxidiotikon Grafeion/Ypourgos Ergasias), Slg. 1997, I–3091, Rn. 23.
[236] EuGH, Urt. v. 25.7.1991, Rs. C–288/89 (Stichting Collectieve Antennevoorziening Gouda/Commissariaat voor de Media), Slg. 1991, I–4007, Rn. 11.
[237] EuGH, Urt. v. 21.10.1999, Rs. C–67/98 (Zenatti), Slg. 1999, I–7289; Urt. v. 8.9.2010, verb. Rs. C–316/07, 358/07, 359/07, 360/07, 409/07 u. 410/07 (Stoß), Slg. 2010, I–8069; Urt. v. 8.9.2010, Rs. C–46/08 (Carmen Media Group), Slg. 2010, I–8419, Rn. 52; Urt. v. 8.9.2009, Rs. C–42/07 (Liga Portuguesa de Futebol Profissional und Bwin International), Slg. 2009, I–7633.
[238] EuGH, Urt. v. 23.11.1999, verb. Rs. C–369/96 u. 376/96 (Arblade), Slg. 1999, I–8453, Rn. 37; Urt. v. 3.10.2000, Rs. C–58/98 (Corsten), Slg. 2000, I–7919, Rn. 42.
[239] EuGH, Urt. v. 4.12.1986, Rs. 205/84 (Kommission/Deutschland), Slg. 1986, 3755, Rn. 54.
[240] EuGH, Urt. v. 3.2.1983, Rs. 29/82 (Van Luipen), Slg. 1983, 151, Rn. 12.
[241] *Müller-Graff*, in: Streinz, EUV/AEUV, Art. 56 AEUV, Rn. 108.
[242] EuGH, Urt. v. 25.10.2001, Rs. C–49/98 (Finalarte u. a.), Slg. 2001, I–7831, Rn. 40 f.

die Prüfung des legitimen Ziels) an sich ziehen. Da es in einem derart komplexen und kontextabhängigen Feld wie demjenigen des Verhältnisses zwischen EuGH und mitgliedstaatlichen Gerichten keine festen, insbesondere keine dogmatisch determinierten Regeln geben kann, wer wann was zu tun oder zu lassen hat, ist das auch nicht anstößig, sondern notwendiger Teil des Instrumentariums des EuGH, seine eigene übernationale und damit nicht immer gesicherte Stellung und Legitimation zu handhaben.[243] Dass eine solch wichtige Frage wie die der Verhältnismäßigkeit (einschließlich der Bestimmung des legitimen Ziels) in den Verantwortungsbereich der mitgliedstaatlichen Gerichte fällt, dient zumeist besonderen, für die Judikativarchitektur und v. a. die Stellung des EuGH wichtigen strategischen Erwägungen.[244] Ob das Ziel wiederum legitim im Sinne der Rechtsprechung der Union ist, kann nur der EuGH entscheiden;[245] hier behält er sich auch formal regelmäßig das letzte Wort vor.

114 Ein dogmatisches Abarbeiten der einzelnen Voraussetzungen der Verhältnismäßigkeit ist daher zu starr, um den unterschiedlichen Erfordernissen, die der EuGH durch seine Rechtsprechung bedienen muss, gerecht zu werden. Die Verhältnismäßigkeit wird als flexibles Instrument eingesetzt. Dabei behandelt der EuGH verschiedene Politikbereiche unterschiedlich. Je nach Maßnahme können etwa der Wirkungsgewinn oder die Proportionalität im Vordergrund der Prüfung stehen. Durch die Prüfung der Verhältnismäßigkeit im Rahmen der Rechtfertigung erhält sich der EuGH damit seine unabdingbare Freiheit, Entscheidungen in ihrem Kontext zu treffen.

d) Grundrechtskonformität

115 Besonders in seiner frühen Rechtsprechung ist der EuGH noch nicht auf das Erfordernis der Grundrechtskonformität von Beschränkungen eingegangen.[246] Jedoch steht spätestens seit dem Urteil in der Rs. Carpenter[247] fest, dass Beschränkungen des freien Dienstleistungsverkehrs nicht nur ein legitimes Allgemeininteresse verfolgen und dabei verhältnismäßig sein, sondern zusätzlich auch die **Grundrechte respektieren** müssen.[248] Eine Übereinstimmung mit den Grundrechten, welche sich aus den Vorgaben der EMRK, der Grundrechtecharta und den Verfassungstraditionen der Mitgliedstaaten ergeben können (Art. 6 EUV), muss daher eingehalten werden. Dabei geht der EuGH so weit, dass die Beschränkung, die nicht grundrechtskonform ist, nicht mit der Dienstleistung verknüpft sein muss, sondern den Dienstleistungserbringer auch nur rein als

---

[243] Beispiel: Verhältnismäßigkeitsprüfungen in den Geschwisterurteilen: EuGH, Urt. v. 11.12.2007, Rs. C–438/05 (The International Transport Workers' Federation und The Finnish Seamen's Union), Slg. 2007, I–10779, Rn. 80 (mitgliedstaatliche Gerichte); Urt. v. 18.12.2007, Rs. C–341/05 (Laval un Partneri), Slg. 2007, I–11767, Rn. 101–111 (EuGH selbst).
[244] Dazu etwa *Haltern*, VerwArch 2005, 311 ff.
[245] *Craig/de Búrca*, S. 833 f.
[246] EuGH, Urt. v. 30.11.1995, Rs. C–55/94 (Gebhard/Consiglio dell'Ordine degli Avvocati e Procuratori di Milano), Slg. 1995, I–4165, Rn. 37; Urt. v. 3.12.1974, Rs. 33/74 (Van Binsbergen/Bedrijfsvereniging voor de Metaalnijverheid), Slg. 1974, 1299, Rn. 10/12 ff.; Urt. v. 23.11.1999, verb. Rs. C–369/96 u. 376/96 (Arblade), Slg. 1999, I–8453, Rn. 34; Urt. v. 25.7.1991, Rs. C–76/90 (Säger/Dennemeyer), Slg. 1991, I–4221, Rn. 34; Urt. v. 24.1.2002, Rs. C–164/99 (Portugaia Construções), Slg. 2002, I–787, Rn. 19.
[247] EuGH, Urt. v. 11.7.2002, Rs. C–60/00 (Carpenter), Slg. 2002, I–6279.
[248] EuGH, Urt. v. 11.7.2002, Rs. C–60/00 (Carpenter), Slg. 2002, I–6279, Rn. 40.

Privatperson treffen kann.²⁴⁹ Allerdings kann der Schutz von Grundrechten auch einen zwingenden Grund des Allgemeininteresses darstellen.²⁵⁰

e) Einzelne Rechtfertigungsgruppen

Der Rechtsrahmen für Dienstleistungen, den ein Mitgliedstaat aufbaut, bewegt sich im Spannungsfeld zwischen dem aus dem Gedanken der Liberalisierung herrührenden Herkunftslandprinzip²⁵¹ und den Ordnungsinteressen eines Staates. Eine pauschalisierte, aus dogmatischen Konstrukten hergeleitete Aussage, wann eine Beschränkung rechtfertigbar ist, muss daher einer Einzelfallbetrachtung weichen. Der EuGH bewegt sich mit seiner Rechtsprechung trotz des Erhalts seiner Flexibilität jedoch nicht in einem luftleeren Raum. Durch die vielfältige Rechtsprechungspraxis haben sich Fallgruppen herausgebildet, in denen der EuGH Bewertungslinien erschaffen hat. Anhand des legitimen Ziels kann er so in der Prüfung der Verhältnismäßigkeit das Ergebnis feinjustieren.

116

aa) Doppelbelastungen

Doppelbelastungen ergeben sich für grenzüberschreitende Dienstleistungserbringer immer dann, wenn sie Regulierungen ihres Herkunfts- sowie Regulierungen ihres Aufnahmestaates unterworfen werden.²⁵² Eine solche Doppelbelastung kann z.B. in der Forderung von bestimmten **Zulassungserfordernissen** für die Dienstleistungserbringer liegen. Verglichen mit einem rein innerstaatlich agierenden Dienstleistenden, der sich nur einem Regelungsregime unterwerfen muss, ist er sodann zweifach belastet. Solche Doppelbelastungen können daher einerseits indirekte Diskriminierungen darstellen.²⁵³ Andererseits gelten die Regulierungen für die ansässigen Dienstleistenden genauso und müssen von diesen auch erfüllt werden. Im Gegensatz zu Ansässigkeitserfordernissen oder Präsenzpflichten (s. Rn. 122), welche von den eigenen Staatsangehörigen meist schon »nebenbei« erfüllt werden, müssen **Qualifikationsnachweise** von allen Dienstleistern in gleicher Weise erbracht werden. Gleiches gilt für Regelungen, die für die Erbringung einer Dienstleistung Bestimmungen aufstellen. So können z.B. Arbeitssicherheitsmaßnahmen in den Mitgliedstaaten unterschiedlich sein. Für einen Dienstleistungserbringer, der einmalig in einem fremden Staat tätig wird, ergeben sich durch ihre Beachtung erhebliche Umstellungen bei der Ausführung. Er muss sich gegebenenfalls an unterschiedliche Vorschriften anpassen, je nachdem, in welchem Land er tätig wird. Die Ausübung seiner Dienstleistung wird ihm, im Gegensatz zum national tätig werdenden Dienstleister, erheblich erschwert und unattraktiver gemacht. Jedoch ist es ein legitimes Interesse des reglementierenden Staates, Arbeitssicherheitsvorschriften zu erlassen. Eine diskriminierende und protektionistische Intention ist dabei nicht zwangsweise gegeben.

117

---

²⁴⁹ EuGH, Urt. v. 11.7.2002, Rs. C–60/00 (Carpenter), Slg. 2002, I–6279, Rn. 46. Im Urteil Carpenter wurde die Ehefrau eines Dienstleistungserbringers wegen Verstößen gegen Einwanderungsgesetze des Landes verwiesen. Dadurch sah das Gericht die Dienstleistungsfreiheit des Ehemanns verletzt, da sein Recht auf Achtung des Familienlebens (Art. 8 EMRK) nicht gewahrt wurde. Kritisch dazu: *Müller-Graff*, in: Streinz, EUV/AEUV, Art. 56 AEUV, Rn. 115.
²⁵⁰ Für die Menschenwürde: EuGH, Urt. v. 14.10.2004, Rs. C–36/02 (Omega), Slg. 2004, I–9609.
²⁵¹ EuGH, Urt. v. 18.1.1979, Rs. 110/78 (Ministère public u.a./Van Wesemael), Slg. 1979, 35, Rn. 39.
²⁵² *Holoubek*, in: Schwarze, EU-Kommentar, Art. 56, 57 AEUV, Rn. 90; *Randelzhofer/Forsthoff*, in: Grabitz/Hilf/Nettesheim, EU, Art. 56, 57 AEUV (März 2011), Rn. 136 ff.
²⁵³ EuGH, Urt. v. 9.7.1997, Rs. C–222/95 (SCI Parodi/Banque de Bary), Slg. 1997, I–3899, Rn. 19.

118 Gibt ein Staat **Zulassungs- oder Genehmigungserfordernisse** vor, so sind diese als erfasste Beschränkungen der Dienstleistungsfreiheit rechtfertigungsbedürftig.[254] Das gilt sowohl für die Zulassung oder Genehmigung als solche als auch für die Anforderungen, die die Voraussetzung für die Erteilung derselben darstellen, da beide Regelungsbereiche den Markt für ausländische Dienstleistungserbringer verschließen können. Damit eine Rechtfertigung gelingen kann, muss die Beschränkung nicht diskriminierend sein und Gründe des Allgemeininteresses verfolgen, denen nicht schon durch die Regelungen des Staates, denen der Dienstleistungserbringer normalerweise unterliegt, Rechnung getragen wird. Bezüglich der Einhaltung der aufgestellten Regelung und der verfolgten Interessen muss die Beschränkung sachlich geboten sein und darf nicht über das zur Erreichung des Ziels Notwendige hinausgehen, muss also verhältnismäßig sein. Darunter fällt auch, dass eine nachträgliche Kontrolle, im Gegensatz zu einer präventiven Maßnahme, zu spät kommen müsste, um die Interessen zu schützen.[255] Beispielsweise stellt es eine nicht rechtfertigungsfähige Doppelbelastung dar, wenn ein Arbeitgeber Beiträge zur Sozialversicherung beisteuern muss, wenn eine gleichwertige Leistung schon im Ansässigkeitsstaat erbracht wird.[256] Eine Beschränkung kann daher nicht rechtfertigbar sein, wenn die Voraussetzungen zur Erbringung der Dienstleistung im Herkunftsstaat gleichwertig zur Beschränkung selbst sind und nur anerkannt werden müssten; es ist das Herkunftslandprinzip anzuwenden.[257] Die Ratio läuft insoweit parallel zu derjenigen in der Rs. Cassis de Dijon[258] (s. Art. 34 AEUV, Rn. 174).

119 Auch **verwaltungsprozedurale Voraussetzungen** für die Aufnahme einer Dienstleistungstätigkeit stellen rechtfertigungsbedürftige Beschränkungen des freien Dienstleistungsverkehrs dar. So ist z. B. das Fordern der Eintragung in eine Handwerksrolle eine Beschränkung des freien Dienstleistungsverkehrs, da es die Aufnahme der Arbeit von der Zahlung einer Gebühr und von dem Nachweis mehrerer Dokumente abhängig macht und so zeitlich verschiebt.[259] Der EuGH stellte fest, dass solche Voraussetzungen den Dienstleistungserbringer in nicht unerheblicher Weise belasten, da sie nur temporär in einem anderen Mitgliedsstaat agieren. So können selbst niedrigste administrative Hürden den Zugang zum neuen Markt verschließen[260] und damit einen Verstoß gegen Art. 56, 57 AEUV darstellen; dies schließt an die Ratio des EuGH an, de minimis-Tests grundsätzlich abzulehnen (s. Art. 34 AEUV, Rn. 164, Art. 30 AEUV, Rn. 32). Zwar stellen das Aufrechterhalten eines hohen Qualitätsniveaus und damit einhergehend der Verbraucherschutz ein legitimes Ziel dar, wenn aber dadurch die Dienstleistung **verzögert** oder ihre **Aufnahme erschwert** wird, handelt es sich um eine **unverhältnismäßige Maßnahme**, die nicht gerechtfertigt werden kann.[261] Dabei überprüft der EuGH nicht nur die Verhältnismäßigkeit auf die soeben genannten Aspekte (s. Rn. 113, 107), er

---

[254] EuGH, Urt. v. 17. 12. 1981, Rs. 279/80 (Webb), Slg. 1981, 3305, Rn. 20; Urt. v. 9. 8. 1994, Rs. C–43/93 (Vander Elst/Office des migrations internationales), Slg. 1994, I–3803, Rn. 15; Urt. v. 3. 10. 2000, Rs. C–58/98 (Corsten), Slg. 2000, I–7919, Rn. 34.
[255] EuGH, Urt. v. 22. 1. 2002, Rs. C–390/99 (Canal Satélite Digital), Slg. 2002, I–607, Rn. 39.
[256] EuGH, Urt. v. 23. 11. 1999, verb. Rs. C–369/96 u. 376/96 (Arblade), Slg. 1999, I–8453, Rn. 52.
[257] EuGH, Urt. v. 23. 11. 1999, verb. Rs. C–369/96 u. 376/96 (Arblade), Slg. 1999, I–8453, Rn. 56 ff., insbesondere Rn. 58; Urt. v. 7. 2. 2002, Rs. C–279/00 (Kommission/Italien), Slg. 2002, I–1425, Rn. 34.
[258] EuGH, Urt. v. 20. 2. 1979, Rs. 120/78 (Rewe/Bundesmonopolverwaltung für Branntwein), Slg. 1979, 649.
[259] EuGH, Urt. v. 3. 10. 2000, Rs. C–58/98 (Corsten), Slg. 2000, I–7919, Rn. 45 ff.
[260] *Chalmers/Davies/Monti*, S. 826.
[261] EuGH, Urt. v. 3. 10. 2000, Rs. C–58/98 (Corsten), Slg. 2000, I–7919, Rn. 47.

nimmt in die Bewertung der Maßnahme auch mit auf, ob die Prozedur tatsächlich der Sicherung eines öffentlichen Interesses dient. Kann nicht nachgewiesen werden, dass eine Maßnahme dem Erfordernis des **Wirkungsgewinns** entspricht, mithin also **geeignet** ist, so ist sie, selbst wenn ihre tatsächlichen Belastungen sehr gering ausfallen, unverhältnismäßig.[262]

Auch das Fordern einer bestimmten **Qualifikation** stellt immer eine Beschränkung der Dienstleistungsfreiheit dar, da dadurch der Marktzugang behindert werden kann. Eine Rechtfertigung kann jedoch gelingen, wenn die entsprechende Vorschrift eine **Ausnahmeregelung** für Leistungserbringer aus einem anderen Mitgliedstaat vorsieht. Ohne Ausnahmetatbestände kann eine solche Regelung den im EU-Ausland erworbenen Qualifikationen keine Rechnung tragen und ist daher in jedem Falle unverhältnismäßig. So ist z. B. das Fordern eines **nationalen Diploms** für Fremdenführer unzulässig.[263] Auch sind Vorschriften nicht zu rechtfertigen, die keinen Unterschied zwischen Anforderungen für Dienstleister und Anforderungen für eine dauerhafte Niederlassung gewähren, denn durch die Negierung der Unterschiede der beiden Grundfreiheiten werden die Gewährleistungen der Dienstleistungsfreiheit in ihr Gegenteil verkehrt.[264] Der Bereich der Berufsqualifikationen ist jedoch durch die Berufsanerkennungsrichtlinie[265] weitestgehend sekundärrechtlich harmonisiert (s. Art. 59 AEUV, Rn. 27 ff.). 120

Beschränkende Verwaltungsvorschriften können jedoch nicht nur von dem Staat aufgestellt werden, in dem die Dienstleistung tatsächlich durchgeführt wird, sondern auch vom **Exportstaat**. Dieser muss sich daher einem umgedrehten Anerkennungsprinzip[266] unterwerfen: Er muss die Importbeschränkungen, denen die Dienstleistung im Importstaat unterliegt, anerkennen und darf nicht ebenfalls gleichwertige Exportbeschränkungen aufstellen. Dabei muss aber nicht das Risiko einer Schutzlücke eingegangen werden, so dass es zur Sicherung bestimmter Standards zu Doppelregelungen kommen kann.[267] Regelungen des Exportstaates müssen sich damit auch an der Dienstleistungsfreiheit messen lassen, sind aber genauso wie die vorherrschenden Importregelungen einer Rechtfertigung zugänglich.[268] 121

bb) Präsenzpflichten

Anwesenheits- und Präsenzpflichten stellen eine der häufigsten Formen mittelbarer Diskriminierungen dar. Sie werden hauptsächlich in stark regulierten Bereichen, etwa der Sicherheitsindustrie, gefordert.[269] Inländische wie ausländische Gesellschaften oder natürliche Personen werden von Präsenzpflichten erst einmal gleichermaßen betroffen. Jedoch werden sie von den inländischen Dienstleistungserbringern jedenfalls regelmäßig erfüllt, wohingegen sie für ausländische Dienstleistungserbringer nur unter – im 122

---

[262] EuGH, Urt. v. 19.12.2012, Rs. C–577/10 (Kommission/Belgien), ECLI:EU:C:2012:814, Rn. 57.
[263] EuGH, Urt. v. 22.3.1994, Rs. C–375/92 (Kommission/Spanien), Slg. 1994, I–923, Rn. 21.
[264] EuGH, Urt. v. 3.10.2000, Rs. C–58/98 (Corsten), Slg. 2000, I–7919, Rn. 45; *Chalmers/Davies/Monti*, S. 808; *Randelzhofer/Forsthoff*, in: Grabitz/Hilf/Nettesheim, EU, Art. 56, 57 AEUV (März 2011), Rn. 134.
[265] RL 2005/36/EG vom 7.9.2005 über die Anerkennung von Berufsqualifikationen, ABl. 2005, L 255/22.
[266] *Müller-Graff*, in: Streinz, EUV/AEUV, Art. 56 AEUV, Rn. 114.
[267] S. EuGH, Urt. v. 10.5.1995, Rs. C–384/93 (Alpine Investments/Minister van Financiën), Slg. 1995, I–1141, Rn. 48 sowie oben, Rn. 118 ff.
[268] EuGH, Urt. v. 14.7.1994, Rs. C–379/92 (Peralta), Slg. 1994, I–3453, Rn. 40 ff.
[269] EuGH, Urt. v. 13.12.2007, Rs. C–465/05 (Kommission/Italien), Slg. 2007, I–11091, Rn. 61.

Vergleich zu Ortsansässigen – erschwerten Bedingungen erbracht werden können.[270] Als indirekte, nicht rechtfertigbare Diskriminierungen gelten z. B. die Vergabe von Bootsliegeplätzen nur an Gebietsansässige[271] oder die alleinige Auftragsvergabe an Unternehmen mit Sitz im Auftragsstaat.[272] Auch das Erfordernis für Angehörige von Sicherheitsunternehmen, in der Landessprache einen Treueeid auf das Staatsoberhaupt zu schwören, stellt eine Verletzung der Dienstleistungsfreiheit dar.[273] Insbesondere die Pflicht von Unternehmen zur Niederlassung in einem Mitgliedstaat und die Pflicht, dass die Dienstleistungsausübenden in diesem Staat leben, verletzen die Dienstleistungsfreiheit.[274] Die angeführten Rechtfertigungsgründe für das Fordern einer Präsenzpflicht lässt der EuGH nicht gelten: Eine bessere Überwachung der Firmen und ihrer Mitarbeiter kann durch weniger einschneidende Maßnahmen erreicht werden. Für eine verhältnismäßige, aber effektive Kontrolle sollen die Behörden der Staaten miteinander kooperieren und Informationen austauschen (**Kooperationsprinzip** als Maßstab der **Erforderlichkeit**[275]), zudem können Kontrollen von Firmen und Individuen innerhalb Europas unabhängig von ihrem Sitz durchgeführt werden.[276] Präsenzpflichten sind daher **unverhältnismäßig**.[277] Als verhältnismäßig hat der EuGH aber das Verbot für Nichtansässige, Coffeeshops zum Verzehr und Erwerb von nichtalkoholischen Getränken und Speisen zu betreten, anerkannt, da das Verbot in kohärenter und geeigneter Weise das Ziel der Drogenbekämpfung verfolge.[278] Ob die Möglichkeit für gebietsansässige Unternehmen, den Mindestlohn zu umgehen, wenn für nichtansässige Unternehmen diese Möglichkeit

---

[270] Das schließt die Festlegung von Präsenzpflichten durch das Sekundärrecht aber nicht aus, s. Art. 4 der RL 2000/26/EG vom 16.5.2000 zur Angleichung der Rechtsvorschriften der Mitgliedstaaten über die Kraftfahrzeug-Haftpflichtversicherung und zur Änderung der RL 73/239/EWG und 88/357/EWG des Rates (Vierte Kraftfahrzeughaftpflicht-Richtlinie), ABl. 2000, L 181/65 in der Fassung der RL 2005/14/EG vom 11.5.2005 zur Änderung der Richtlinien 72/166/EWG, 84/5/EWG, 88/357/EWG und 90/232/EWG des Rates sowie der Richtlinie 2000/26/EG des Europäischen Parlaments und des Rates über die Kraftfahrzeug-Haftpflichtversicherung, ABl. 2005, Nr. L 149/14.

[271] EuGH, Urt. v. 29.4.1999, Rs. C–224/97 (Ciola), Slg. 1999, I–2517, Rn. 13.

[272] EuGH, Urt. v. 3.6.1992, Rs. C–360/89 (Kommission/Italien), Slg. 1992, I–3401, Rn. 8, 14 f.

[273] EuGH, Urt. v. 13.12.2007, Rs. C–465/05 (Kommission/Italien), Slg. 2007, I–11091, Rn. 45 ff., 51.

[274] EuGH, Urt. v. 13.12.2007, Rs. C–465/05 (Kommission/Italien), Slg. 2007, I–11091, Rn. 58; Urt. v. 9.3.2000, Rs. C–355/98 (Kommission/Belgien), Slg. 2000, I–1221, Rn. 27.

[275] Für den freien Warenverkehr: EuGH, Urt. v. 8.2.1983, Rs. 124/81 (Kommission/Vereinigtes Königreich), Slg. 1983, 203, Rn. 30; Urt. v. 22.3.1983, Rs. 42/82 (Kommission/Frankreich), Slg. 1983, 1013, Rn. 36. Für die Dienstleistungsfreiheit: EuGH, Urt. v. 29.11.2007, Rs. C–393/05 (Kommission/Österreich), Slg. 2007, I–10195, Rn. 58; Urt. v. 29.11.2007, Rs. C–404/05 (Kommission/Deutschland), Slg. 2007, I–10239, Rn. 56; Urt. v. 21.10.2004, Rs. C–445/03 (Kommission/Luxemburg), Slg. 2004, I–10191, Rn. 46.

[276] EuGH, Urt. v. 9.3.2000, Rs. C–355/98 (Kommission/Belgien), Slg. 2000, I–1221, Rn. 33, 34; Urt. v. 29.11.2007, Rs. C–393/05 (Kommission/Österreich), Slg. 2007, I–10195, Rn. 54 ff., insbesondere Rn. 58; Urt. v. 29.11.2007, Rs. C–404/05 (Kommission/Deutschland), Slg. 2007, I–10239, Rn. 55 f.; ähnlich zur Niederlassungsfreiheit: EuGH, Urt. v. 12.7.1984, Rs. 107/83 (Ordre des avocats au barreau de Paris/Klopp), Slg. 1984, 2971, Rn. 21.

[277] EuGH, Urt. v. 3.12.1974, Rs. 33/74 (Van Binsbergen/Bedrijfsvereniging voor de Metaalnijverheid), Slg. 1974, 1299, Rn. 17; Urt. v. 9.3.2000, Rs. C–355/98 (Kommission/Belgien), Slg. 2000, I–1221, Rn. 27, 32; Urt. v. 4.12.1986, Rs. 205/84 (Kommission/Deutschland), Slg. 1986, 3755, Rn. 28 ff., insbesondere Rn. 33; zur Niederlassungsfreiheit in einem übertragbaren Fall: EuGH, Urt. v. 14.10.2004, Rs. C–299/02 (Kommission/Niederlande), Slg. 2004, I–9761, Rn. 33; Urt. v. 29.11.2007, Rs. C–393/05 (Kommission/Österreich), Slg. 2007, I–10195, Rn. 54; Urt. v. 29.11.2007, Rs. C–404/05 (Kommission/Deutschland), Slg. 2007, I–10239, Rn. 52; *Chalmers/Davies/Monti*, S. 826.

[278] EuGH, Urt. v. 16.12.2010, Rs. C–137/09 (Josemans), Slg. 2010, I–13019, Rn. 60 ff.

nicht besteht, verhältnismäßig ist, entscheidet sich anhand der Wirksamkeit der Maßnahme in Bezug auf ihr Ziel, den Arbeitnehmerschutz.[279] Der EuGH überlässt diese Entscheidung dem sachnäheren Gericht und überantwortet ihm die Kompetenz zur Entscheidung.[280]

cc) Inhaltsbestimmungen

Betreffen staatliche Regelungen den **Inhalt einer Dienstleistung**, geben sie also zumindest teilweise den Leistungsinhalt vor, so müssen sie am Beschränkungsverbot gemessen werden,[281] da sie ausländischen Unternehmern den Zugang zum Markt erschweren können. Darunter fällt grundsätzlich, als schärfste Form der Inhaltskontrolle, das **Verbot** einer bestimmten Tätigkeit.[282] Das sachnahe Gericht des Mitgliedstaates hat sodann anhand der vorgegeben Leitlinien des EuGH die Entscheidung zu treffen, ob zwingende Gründe des Allgemeininteresses eine solche Maßnahme zu rechtfertigen vermögen.[283] Etwas anderes gilt nur, wenn die Union eine ausdrückliche Entscheidung fällt, eine bestimmte Tätigkeit aus ihrem Wirtschaftskreislauf herauszunehmen.[284] Die geächtete Tätigkeit fällt sodann nicht in den Schutzbereich der Dienstleistungsfreiheit (s. Art. 57 AEUV, Rn. 41 ff.). Dies ist äußerst selten.

123

dd) Anforderungen an den Dienstleistungserbringer

Neben Bestimmungen, die die Art und Ausübung der Dienstleistung betreffen, existieren auch solche, die Vorgaben für den Erbringer der Dienstleistung treffen. So musste sich der EuGH mit dem Fall befassen, dass Schweden nur nicht profitorientierten und öffentlichen Einrichtungen das Anbieten von Glücksspiel erlaubte. Zusätzlich wurde Werbung für ausländische Anbieter von Glücksspiel, die nicht den schwedischen Kriterien entsprachen, verboten.[285] Dadurch war der schwedische Glücksspielmarkt ausländischen, profitorientierten Anbietern verschlossen. Da aber die Nichtvermischung von Profit und Glücksspiel ein Grundsatz der schwedischen Glücksspielregulation ist und in **kohärenter und systematischer Weise** öffentliche Interessen verfolgt,[286] hielt der EuGH das Verbot aufrecht und für verhältnismäßig.[287] Anders hingegen urteilte der EuGH in einem italienischen Fall, in dem Unternehmen, die in zulässiger Weise Steuergelder eintrieben, eine gewisse Mindestgröße haben mussten. Die Limitierung auf

124

---

[279] EuGH, Urt. v. 24. 1. 2002, Rs. C–164/99 (Portugaia Construções), Slg. 2002, I–787, Rn. 29.
[280] EuGH, Urt. v. 24. 1. 2002, Rs. C–164/99 (Portugaia Construções), Slg. 2002, I–787, Rn. 29 f.
[281] EuGH, Urt. v. 9. 7. 1997, verb. Rs. C–34/95 – 36/95 (Konsumentombudsmannen/De Agostini und TV-Shop), Slg. 1997, I–3843, Rn. 50 ff.; Urt. v. 28. 4. 2009, Rs. C–518/06 (Kommission/Italien), Slg. 2009, I–3491, Rn. 66 ff.
[282] EuGH, Urt. v. 4. 10. 1991, Rs. C–159/90 (Society for the Protection of Unborn Children Ireland/Grogan u. a.), Slg. 1991, I–4685 (Informationen über legale Abtreibungskliniken im Ausland); Urt. v. 24. 10. 1978, Rs. 15/78 (Société générale alsacienne de banque/Koestler), Slg. 1978, 1971 (die Einklagbarkeit von Schulden, die sich nach nationalem Recht aus nicht legalen Rechtsgeschäften ergeben); Urt. v. 6. 11. 2003, Rs. C–243/01 (Gambelli u. a.), Slg. 2003, I–13031 (Sportwetten); Urt. v. 24. 3. 1994, Rs. C–275/92 (H.M. Customs and Excise/Schindler), Slg. 1994, I–1039 (Lotterie); Urt. v. 20. 11. 2001, Rs. C–268/99 (Jany u. a.), Slg. 2001, I–8615 (Prostitution).
[283] EuGH, Urt. v. 9. 7. 1997, verb. Rs. C–34/95 – 36/95 (Konsumentombudsmannen/De Agostini und TV-Shop), Slg. 1997, I–3843, Rn. 52 ff.
[284] EuGH, Urt. v. 16. 12. 2010, Rs. C–137/09 (Josemans), Slg. 2010, I–13019 (in Bezug auf Cannabis).
[285] EuGH, Urt. v. 8. 7. 2010, Rs. C–447/08 (Sjöberg und Gerdin), Slg. 2010, I–6921.
[286] EuGH, Urt. v. 10. 3. 2009, Rs. C–169/07 (Hartlauer), Slg. 2009, I–1721, Rn. 55.
[287] EuGH, Urt. v. 8. 7. 2010, Rs. C–447/08 (Sjöberg und Gerdin), Slg. 2010, I–6921, Rn. 39 ff.

Unternehmen mit einer gewissen Mindestgröße ist unverhältnismäßig. Die Rechtfertigung, dass solche Dienstleistungserbringer weniger wahrscheinlich insolvent würden, gelingt nicht. Andere Maßnahmen, die kleineren Akteuren nicht absolut den Markt verschießen, können aber verhältnismäßig sein.[288]

ee) Steuerregelungen

125 Obgleich das Steuerrecht eine der letzten[289] nationalstaatlichen Hochburgen innerhalb der Unionsordnung ist, können unterschiedliche Besteuerungen zu Beschränkungen des Dienstleistungsverkehrs führen. Trotz des nationalen Monopols ihrer Erhebung, bewegen sich die die Steuerpflicht auslösenden Tätigkeiten nicht mehr nur im einzelstaatlichen Rahmen. Das Unionsrecht muss bei ihrer Erhebung beachtet werden.[290] Dabei kann die unterschiedliche Besteuerung gleicher Tätigkeiten, d.h. die Steuer an sich, in verschiedenen Mitgliedstaaten keine Beeinträchtigung der Grundfreiheit darstellen.[291] Die unterschiedlichen Steuersysteme sind originär hoheitlicher mitgliedstaatlicher Natur und können nicht verglichen werden.[292] Allerdings kann ein Staat auf seinem Territorium zu besteuernde Wirtschaftsteilnehmer unterschiedlich behandeln. Die häufigste Form ist dabei die **unterschiedliche Besteuerung aufgrund des Unternehmenssitzes**. Werden z.B. Lottogewinne von nationalen Lotterieanbietern nicht so hoch versteuert wie Lottogewinne von ausländischen Anbietern, erhalten letztere eine schlechtere Marktstellung und das Anbieten ihrer Leistung wird ihnen weniger attraktiv gemacht.[293] Diese Beschränkung des freien Dienstleistungsverkehrs kann nicht gerechtfertigt werden.[294] Der EuGH überprüft dabei genau, ob die angegebenen Ziele (Schutz der öffentlichen Ordnung, Gesundheit und Erhalt der Sozialordnung) überhaupt verfolgt werden oder von der Maßnahme gefördert werden können. Dort, wo der EuGH keinen Wirkungsgewinn sieht, verweigert er die Rechtfertigung.[295] Das gilt auch bei einer indirekten Diskriminierung von ausländischen Fernsehanbietern durch die Besteuerung von Satellitenschüsseln, nicht aber von Kabelanschlüssen. Ausländische Programme können zumeist nicht in das nationale Kabelnetz eingespeist werden, daher sind Dienstleistungsempfänger auf Satellitenschüsseln angewiesen. Durch die zusätzliche Besteuerung wird ihnen, genauso wie den Dienstleistungserbringern, die Leistung ungerechtfertigter Weise erschwert.[296] Der Rückgriff auf ästhetische Aspekte des Stadtbildes durch das vermehrte Anbringen von Satellitenschüsseln gelingt nicht, was wohl auch am Kontext der Entscheidung liegen mag. Satellitenschüsseln werden häufig von Immigranten genutzt; gegen diese Gruppe ästhetische Aspekte heranzuführen ist spiegelbildlich für

---

[288] EuGH, Urt. v. 10.5.2012, Rs. C–357/10 (Duomo Gpa u.a.), ECLI:EU:C:2012:283, Rn. 42 ff.
[289] Andeutend: EuGH, Urt. v. 26.10.1999, Rs. C–294/97 (Eurowings Luftverkehr), Slg. 1999, I–7447, Rn. 32.
[290] EuGH, Urt. v. 11.8.1995, Rs. C–80/94 (Wielockx/Inspecteur der directe belastingen), Slg. 1995, I–2493, Rn. 16; Urt. v. 16.7.1998, Rs. C–264/96 (Imperial Chemical Industries/Colmer), Slg. 1998, I–4695, Rn. 19; Urt. v. 29.4.1999, Rs. C–311/97 (Royal Bank of Scotland), Slg. 1999, I–2651, Rn. 19; Urt. v. 6.6.2000, Rs. C–35/98 (Verkooijen), Slg. 2000, I–4071, Rn. 32.
[291] *Barnard*, S. 403.
[292] *Craig/de Búrca*, S. 839 f.
[293] EuGH, Urt. v. 6.10.2009, Rs. C–153/08 (Kommission/Spanien), Slg. 2009, I–9735, Rn. 30.
[294] EuGH, Urt. v. 6.10.2009, Rs. C–153/08 (Kommission/Spanien), Slg. 2009, I–9735, Rn. 36 ff.
[295] EuGH, Urt. v. 6.10.2009, Rs. C–153/08 (Kommission/Spanien), Slg. 2009, I–9735, Rn. 46.
[296] EuGH, Urt. v. 29.11.2001, Rs. C–17/00 (De Coster), Slg. 2001, I–9445, Rn. 35, 39.

den Umgang der Gesellschaft mit ihnen. Der EuGH urteilt bewusst strikt, um den diskriminierenden Effekt zu beseitigen.[297]

Auch einzelne Steuervergünstigungen, die zwischen nationalen Anbietern unterscheiden und sie nicht gleichmäßig treffen, können eine Beschränkung für ausländische Anbieter darstellen. Solange manche nationale Unternehmen bevorzugt werden, kann das andere Anbieter – mithin auch ausländische – vom Marktzugang abhalten.[298] Auch Regelungen, die Steuerbefreiungen nur für Dienstleistungserbringer für nationale Unternehmen vorsehen, sind nicht rechtfertigbar, da sie die Aufnahme der Tätigkeit in einem anderen Mitgliedstaat unverhältnismäßig unattraktiver machen.[299]

126

Beschränkende Besteuerungen können jedoch gerechtfertigt werden. Dies kann über den Grund der **steuerlichen Kohärenz** gelingen. Dafür muss aber ein unmittelbarer Zusammenhang zwischen den abzugsfähigen Beiträgen des Steuerpflichtigen und der Besteuerung an ihn ausgezahlter Beiträge vorliegen.[300] Fehlt es daran, besteht keine Kohärenz zwischen den Zielen einer von Ausländern zu zahlenden Abgabe und der Verwendung der Steuer der Einheimischen, so ist eine Rechtfertigung zweifelhaft.[301] Im kulturellen und sprachlichen Bereich ist der EuGH großzügig bezüglich nationaler Anliegen. Aus Gründen der Sprachvielfalt kann z. B. eine Steuerregelung, die vorschreibt, wieviel Prozent der Einnahmen eines TV-Senders für nationalsprachige Filme reinvestiert werden müssen, gerechtfertigt werden, obwohl sie den Absatz von nicht nationalsprachigen Filmen verringern kann.[302] Da es sich um ein tief kulturell eingebettetes Element nationaler Identität handelt, agiert der EuGH hier weniger streng (allgemein dazu Art. 36 AEUV, Rn. 67).

127

Auch die **Effizienz der Steuereintreibung** kann einen unterschiedlichen Steuerabzug von inländischen und ausländischen Dienstleistungserbringern rechtfertigen.[303] Eine Rechtfertigung kann auch über das Ziel der Bekämpfung der Steuerflucht gelingen,[304] allerdings reicht eine allgemeine Annahme, dass es zu Steuerhinterziehung kommen könne, nicht aus, um eine Beschränkung zu rechtfertigen.[305] Eine die Dienstleistungsfreiheit betreffende Beschränkung kann hingegen nicht gerechtfertigt werden, wenn dadurch der geringere Steuersatz im Sitzland des Unternehmens ausgeglichen werden soll.[306]

128

ff) Monopole und Preisregelungen

Dienstleistungsmonopole haben, im Gegensatz zu Handelsmonopolen gemäß Art. 37 AEUV, keine eigene Vorschrift in den Verträgen. Die Vorschrift über Handelsmonopole ist auch nicht analog anwendbar (s. Art. 37 AEUV, Rn. 1 ff.). Jedoch sind beide Kom-

129

---

[297] EuGH, Urt. v. 29.11.2001, Rs. C–17/00 (De Coster), Slg. 2001, I–9445, Rn. 38.
[298] EuGH, Urt. v. 17.11.2009, Rs. C–169/08 (Presidente del Consiglio dei Ministri), Slg. 2009, I–10821, Rn. 39; *Chalmers/Davies/Monti*, S. 810.
[299] EuGH, Urt. v. 18.12.2007, Rs. C–281/06 (Jundt), Slg. 2007, I–12231, Rn. 55 ff.
[300] EuGH, Urt. v. 3.10.2002, Rs. C–136/00 (Danner), Slg. 2002, I–8147, Rn. 37.
[301] EuGH, Urt. v. 17.11.2009, Rs. C–169/08 (Presidente del Consiglio dei Ministri), Slg. 2009, I–10821, Rn. 48 ff.
[302] EuGH, Urt. v. 5.3.2009, Rs. C–222/07 (UTECA), Slg. 2009, I–1407, Rn. 21 ff.
[303] EuGH, Urt. v. 3.10.2006, Rs. C–290/04 (FKP Scorpio Konzertproduktionen), Slg. 2006, I–9461, Rn. 35 f.
[304] EuGH, Urt. v. 9.11.2006, Rs. C–433/04 (Kommission/Belgien), Slg. 2006, I–10653, Rn. 35; Urt. v. 8.7.1999, Rs. C–254/97 (Baxter u. a.), Slg. 1999, I–4809, Rn. 18.
[305] EuGH, Urt. v. 9.11.2006, Rs. C–433/04 (Kommission/Belgien), Slg. 2006, I–10653, Rn. 35.
[306] EuGH, Urt. v. 26.10.1999, Rs. C–294/97 (Eurowings Luftverkehr), Slg. 1999, I–7447, Rn. 43.

plexe vergleichbar. Anforderungen, die das Unionsrecht an den Monopolbetrieb selbst stellt, sind an den Wettbewerbsregeln der Art. 101 ff. AEUV zu messen. Regelungen, die aber die Einrichtung und Ausgestaltung von Monopolen betreffen, können die Dienstleistungsfreiheit berühren und damit rechtfertigungsbedürftig sein.[307]

130 Das Bestehen eines **Dienstleistungsmonopols** stellt für sich genommen bereits eine Beschränkung der Dienstleistungsfreiheit durch Einschränkung des Marktzuganges dar und muss daher gerechtfertigt werden.[308] Bei der Rechtfertigung ist jedoch den Mitgliedstaaten ein Ermessensspielraum bezüglich der Form der Durchsetzung ihrer Ziele (Monopole, Beschränkungen oder Verbote) zuzugestehen. Jedoch ist auch die Ausgestaltung der Maßnahme zu überprüfen. Die Errichtung eines Monopols, welches im Rahmen der Verträge ausgestaltet ist, kann also gerechtfertigt werden. Dabei ist neben den allgemeinen Grundsätzen zur Rechtfertigung von Beschränkungen v. a. Art. 106 Abs. 2 AEUV zu berücksichtigen. Dienstleistungsmonopole im Bereich eines allgemeinen wirtschaftlichen Interesses sind mithin privilegiert.[309] Fernsehmonopole sind grundsätzlich zulässig, wenn nicht durch die Zusammenfassung von Ausstrahlungs- und Übermittlungsmonopol eine Benachteiligung ausländischer Programmanbieter einhergeht.[310] Unzulässig ist aber ein Monopol auf werbefinanziertes Fernsehen.[311] Ein Monopol auf das Anbieten von Glücksspiel ist aus Gründen des Verbraucherschutzes und zum Schutz der Sozialordnung zuzulassen, allerdings nicht, wenn das Monopol nur aufrecht erhalten wird, um das Glücksspiel als Einnahmequelle zu erhalten.[312]

131 Ein Öffnungsmechanismus für ausländische Märkte ist häufig der Preis einer Leistung. Gerade in gesättigten Märkten kann ein Einstieg nur über einen konkurrenzfähigen Preis gelingen. Vorschriften, die die **Preisgestaltung** einer Dienstleistung betreffen, können daher die Grundfreiheiten beschränken.[313] Preisgestaltungen, die über einen Qualitätssicherungsaspekt vorwiegend dem **Verbraucherschutz** dienen,[314] sind jedoch einer Rechtfertigung zugänglich. Dazu allerdings muss die preisregulatorische Maßnahme überhaupt tauglich sein, dem Ziel zu dienen, und darf nicht über das hinaus-

---

[307] *Randelzhofer/Forsthoff*, in: Grabitz/Hilf/Nettesheim, EU, Art. 56, 57 AEUV (März 2011), Rn. 113.
[308] EuGH, Urt. v. 28.6.1983, Rs. 271/81 (Amélioration de l'élevage/Mialocq), Slg. 1983, 2057, Rn. 10; Urt. v. 25.7.1991, Rs. C–353/89 (Kommission/Niederlande), Slg. 1991, I–4069, Rn. 34; Urt. v. 21.10.1999, Rs. C–67/98 (Zenatti), Slg. 1999, I–7289, Rn. 27.
[309] EuGH, Urt. v. 23.10.1997, Rs. C–157/94 (Kommission/Niederlande), Slg. 1997, I–5699, Rn. 32; Urt. v. 23.10.1997, Rs. C–158/94 (Kommission/Italien), Slg. 1997, I–5789, Rn. 43; Urt. v. 23.10.1997, Rs. C–159/94 (Kommission/Frankreich), Slg. 1997, I–5815, Rn. 49.
[310] EuGH, Urt. v. 18.6.1991, Rs. C–260/89 (ERT/DEP), Slg. 1991, I–2925, Rn. 22.
[311] EuG, Urt. v. 8.7.1999, Rs. T–266/97 (Vlaamse Televisie Maatschappij/Kommission), Slg. 1999, II–2329, Rn. 106–123.
[312] EuGH, Urt. v. 21.10.1999, Rs. C–67/98 (Zenatti), Slg. 1999, I–7289, Rn. 36; Urt. v. 8.9.2010, verb. Rs. C–316/07, 358/07, 359/07, 360/07, 409/07 u. 410/07 (Stoß), Slg. 2010, I–8069, Rn. 107 f.; Urt. v. 8.9.2010, Rs. C–46/08 (Carmen Media Group), Slg. 2010, I–8419, Rn. 52, Rn. 71; Urt. v. 8.9.2009, Rs. C–42/07 (Liga Portuguesa de Futebol Profissional und Bwin International), Slg. 2009, I–7633, Rn. 61 ff.
[313] Zur Warenverkehrsfreiheit: EuGH, Urt. v. 24.1.1978, Rs. 82/77 (Van Tiggele), Slg. 1978, 25, Rn. 13/15; Urt. v. 29.1.1985, Rs. 231/83 (Cullet/Leclerc), Slg. 1985, 305, Rn. 31. Zur Niederlassungsfreiheit: EuGH, Urt. v. 5.10.2004, Rs. C–442/02 (CaixaBank France), Slg. 2004, I–8961, Rn. 12. Zur Dienstleistungsfreiheit: EuGH, Urt. v. 7.3.2013, Rs. C–577/11 (DKV Belgium), ECLI:EU:C:2013:146, Rn. 37.
[314] EuGH, Urt. v. 5.12.2006, verb. Rs. C–94/04 u. 202/04 (Cipolla u. a.), Slg. 2006, I–11421; Urt. v. 3.10.2006, Rs. C–452/04 (Fidium Finanz AG), Slg. 2006, I–9521, Rn. 64; Urt. v. 7.3.2013, Rs. C–577/11 (DKV Belgium), ECLI:EU:C:2013:146, Rn. 40.

gehen, was zur Erreichung des Ziels nötig ist.³¹⁵ Der EuGH unterwirft Preisregelungen daher einer **Geeignetheits- und Erforderlichkeitsprüfung**. Die Entscheidung, ob eine Preisregelung eine Einschränkung des freien Dienstleistungsverkehrs aber tatsächlich rechtfertigen kann, überlässt er dem **mitgliedstaatlichen Gericht**.³¹⁶ Nur dieses kann die Charakteristiken des Marktes so genau einschätzen, dass ein von allen Akteuren akzeptierbares Ergebnis gefunden werden kann. So können in bestimmten Regionen oder Mitgliedstaaten Preisregelungen einer Branche zulässig, in einer anderen hingegen unzulässig sein. Es kommt im **Einzelfall** auf die **Ausgestaltung des Marktes** und die zu schützenden Güter an. Der EuGH kann dies nicht entscheiden, ohne bevorteilend zu wirken. Daher überlässt er die Entscheidung dem Ausgangsgericht, gibt aber Hinweise und Aspekte vor, die bei der Beantwortung der Frage anleiten können.³¹⁷ Er vermeidet dabei die Rolle des Spielverderbers, kann aber trotzdem regulierend eingreifen.

gg) Gesundheitsversorgung

Unabhängig davon, ob ein Mitgliedstaat seinen Bürgern ein kostenloses Gesundheitssystem zur Verfügung stellt, stellen Gesundheitsdienstleistungen Dienstleistungen im Sinne der Verträge dar.³¹⁸ Sobald ein Dienstleistungsempfänger³¹⁹ eines Mitgliedstaates in einen anderen reist, um dort eine Gesundheitsleistung in Anspruch zu nehmen, sind die Art. 56 ff. AEUV berührt, da diese Leistung entgeltlich erbracht wird.³²⁰ Traditionell wurden von den nationalen Versicherungen nur Kosten für Behandlungen übernommen, die im Mitgliedstaat selbst ausgeführt wurden. Dadurch wird die Inanspruchnahme einer Gesundheitsdienstleistung im EU-Ausland unattraktiver gemacht.³²¹ Eine Beschränkung des freien Dienstleistungsverkehrs liegt auch vor, wenn die Kostenübernahme einer Behandlung im Ausland nur mit vorheriger Autorisierung der Kostenübernahmestelle möglich ist.³²² 132

Der EuGH hat die staatlichen Rechtfertigungsmöglichkeiten hierbei **sehr eng** gefasst. Nationale Beschränkungen wurden zumeist aufgrund des **öffentlichen Gesundheitsschutzes** erlassen. Durch die Abwanderung von Patienten könne das öffentliche Gesundheitswesen in Gefahr geraten: Die medizinische Infrastruktur könne durch geringere Patientenzahlen geschwächt werden, da ihre Aufrechterhaltung nur bei optimaler Auslastung durch Patienten wirtschaftlich sei. Zudem verfügen manche Gesundheitssysteme über Wartelisten, die Behandlungen nach ihren Kosten an das Jahresbudget der Gesundheitsfürsorge koppeln. Patienten, die ihre Behandlungen im Ausland ausführen lassen, umgehen dieses System. Der EuGH hat mit seiner Linie gegenüber wirtschaftli- 133

---

³¹⁵ EuGH, Urt. v. 5.12.2006, verb. Rs. C–94/04 u. 202/04 (Cipolla u.a.), Slg. 2006, I–11421, Rn. 64 a.E.; Urt. v. 5.10.2004, Rs. C–442/02 (CaixaBank France), Slg. 2004, I–8961, Rn. 17; Urt. v. 7.3.2013, Rs. C–577/11 (DKV Belgium), ECLI:EU:C:2013:146, Rn. 38.
³¹⁶ EuGH, Urt. v. 5.12.2006, verb. Rs. C–94/04 u. 202/04 (Cipolla u.a.), Slg. 2006, I–11421, Rn. 65; Urt. v. 7.3.2013, Rs. C–577/11 (DKV Belgium), ECLI:EU:C:2013:146, Rn. 47.
³¹⁷ *Chalmers/Davies/Monti*, S. 824.
³¹⁸ *Barnard*, S. 405 ff.
³¹⁹ EuGH, Urt. v. 16.5.2006, Rs. C–372/04 (Watts), Slg. 2006, I–4325, Rn. 87.
³²⁰ Daran ändert auch die gegebenenfalls erfolgende Kostenübernahme durch einen nationalen Gesundheitsdienst nichts, EuGH, Urt. v. 13.5.2003, Rs. C–385/99 (Müller-Fauré und van Riet), Slg. 2003, I–4509, Rn. 103; Urt. v. 16.5.2006, Rs. C–372/04 (Watts), Slg. 2006, I–4325, Rn. 89.
³²¹ EuGH, Urt. v. 28.4.1998, Rs. C–158/96 (Kohll/Union des caisses de maladie), Slg. 1998, I–1931, Rn. 32–35; Urt. v. 16.5.2006, Rs. C–372/04 (Watts), Slg. 2006, I–4325, Rn. 86.
³²² EuGH, Urt. v. 28.4.1998, Rs. C–158/96 (Kohll/Union des caisses de maladie), Slg. 1998, I–1931, Rn. 34 f.; Urt. v. 16.5.2006, Rs. C–372/04 (Watts), Slg. 2006, I–4325, Rn. 98.

chen Rechtfertigungsgründen nicht gebrochen und rein wirtschaftliche Aspekte des Gesundheitsschutzes als Rechtfertigung zurückgewiesen.[323] Erst wenn ein Staat darlegen kann, dass die Konsequenzen einer Vielzahl von Patientenabwanderungen so groß wären, dass die **Stabilität und das System des öffentlichen Gesundheitswesens** bedroht wären, kann eine Rechtfertigung gelingen.[324]

134 Die Ablehnung von Behandlungen im Ausland, weil diese nicht »normal« seien, kann nicht gerechtfertigt werden. Eine Begrenzung der Übernahme auf bestimmte Behandlungsarten kann zwar erfolgen, allerdings müssten diese nach dem **Stand der internationalen Medizin** und nicht nach dem, was in (nationalen) ärztlichen Kreisen üblich sei, festgelegt werden.[325] Die Behandlung in ausländischen Krankenhäusern hingegen kann unter bestimmten Voraussetzungen reglementiert werden, da sich dadurch tatsächlich eine **Bedrohung für das öffentliche Gesundheitswesen** ergeben kann.[326] Für eine Krankenhausleistung im Ausland müssen daher die Kosten nur übernommen werden, wenn sie im eigenen Land nicht rechtzeitig erfolgen kann.[327] Wartelistensysteme können daher zwar aufrecht erhalten werden, jedoch ist bei der Auslegung, ob eine Behandlung noch »rechtzeitig« erfolgen kann, auf den konkreten Einzelfall abzustellen. Kostenfragen dürfen dabei nicht berücksichtigt werden. Hingegen sind der Gesundheitszustand des Patienten, seine medizinische Vorgeschichte und die Auswirkungen der Krankheit auf seine Berufstätigkeit zu berücksichtigen.[328] Die Wartelisten, zusammen mit einer vorherigen Autorisation der Behandlung im Ausland, dürfen auch nicht zu einem **langsamen, teuren und uneffektiven bürokratischen Marathon** führen, der die Behandlung verzögert.[329] Die Rechtsprechung des EuGH hat sich in der Richtlinie über die Ausübung der Patientenrechte niedergeschlagen.[330]

hh) Sonstige Vorschriften

135 Sonstige Vorschriften, die bezüglich einer Dienstleistung nicht tätigkeitsbezogen oder inhaltsbestimmend sind, also nur das Umfeld des Dienstleistenden regeln,[331] bilden keine Beschränkungen des Dienstleistungsverkehrs.[332] Sie sind lediglich am Diskriminierungsverbot des Art. 18 AEUV und gegebenenfalls an anderen vertraglichen Vorschriften zu messen, solange sie keine Doppelbelastungen für den Dienstleistungserbringer oder -empfänger darstellen (s. Rn. 117 ff.).

---

[323] EuGH, Urt. v. 16.5.2006, Rs. C–372/04 (Watts), Slg. 2006, I–4325, Rn. 103; Urt. v. 13.5.2003, Rs. C–385/99 (Müller-Fauré und van Riet), Slg. 2003, I–4509, Rn. 72.
[324] *Chalmers/Davies/Monti*, S. 817.
[325] EuGH, Urt. v. 12.7.2001, Rs. C–157/99 (Smits und Peerbooms), Slg. 2001, I–5473, Rn. 92 ff.
[326] S. ausführlich zu den Gefahren eines grenzüberschreitenden Gesundheitssektors für das nationale Gesundheitswesen: *Hatzopoulos*, CMLRev. 39 (2002), 683.
[327] EuGH, Urt. v. 12.7.2001, Rs. C–157/99 (Smits und Peerbooms), Slg. 2001, I–5473, Rn. 103.
[328] EuGH, Urt. v. 12.7.2001, Rs. C–157/99 (Smits und Peerbooms), Slg. 2001, I–5473, Rn. 104; Urt. v. 13.5.2003, Rs. C–385/99 (Müller-Fauré und van Riet), Slg. 2003, I–4509, Rn. 90; Urt. v. 16.5.2006, Rs. C–372/04 (Watts), Slg. 2006, I–4325, Rn. 62.
[329] EuGH, Urt. v. 12.7.2001, Rs. C–157/99 (Smits und Peerbooms), Slg. 2001, I–5473, Rn. 90.
[330] RL 2011/24/EU vom 9.3.2011 über die Ausübung der Patientenrechte in der grenzüberschreitenden Gesundheitsversorgung, ABl. 2011, L 88/45.
[331] Anders aber wohl: EuGH, Urt. v. 11.7.2002, Rs. C–60/00 (Carpenter), Slg. 2002, I–6279.
[332] *Randelzhofer/Forsthoff*, in: Grabitz/Hilf/Nettesheim, EU, Art. 56, 57 AEUV (März 2011), Rn. 152, 157.

Artikel 57 AEUV [Dienstleistungen]

Dienstleistungen im Sinne der Verträge sind Leistungen, die in der Regel gegen Entgelt erbracht werden, soweit sie nicht den Vorschriften über den freien Waren- und Kapitalverkehr und über die Freizügigkeit der Personen unterliegen.
Als Dienstleistungen gelten insbesondere:
a) gewerbliche Tätigkeiten,
b) kaufmännische Tätigkeiten,
c) handwerkliche Tätigkeiten,
d) freiberufliche Tätigkeiten.
Unbeschadet des Kapitels über die Niederlassungsfreiheit kann der Leistende zwecks Erbringung seiner Leistungen seine Tätigkeit vorübergehend in dem Mitgliedstaat ausüben, in dem die Leistung erbracht wird, und zwar unter den Voraussetzungen, welche dieser Mitgliedstaat für seine eigenen Angehörigen vorschreibt.

Literaturübersicht:

S. Übersicht zu Art. 56 AEUV.

Leitentscheidungen

S. Übersicht zu Art. 56 AEUV.

Wesentliche sekundärrechtliche Vorschriften

S. Übersicht zu Art. 59, 62 AEUV.

Inhaltsübersicht

	Rn.
A. Allgemeines	1
I. Entwicklung	1
II. Stellung und Bedeutung	3
III. Unmittelbare Anwendbarkeit und Vorrangwirkung	4
B. Sachlicher Anwendungsbereich	5
I. Begriff der Dienstleistung	5
1. Negativformulierung des Art. 57 AEUV	6
a) Warenverkehr	7
b) Kapitalverkehr	13
c) Niederlassungsfreiheit	17
d) Arbeitnehmerfreizügigkeit	19
2. Entgeltlichkeit der Tätigkeit	20
II. Grenzüberschreitendes Element	25
1. Aktive Dienstleistungsfreiheit	27
2. Passive Dienstleistungsfreiheit	28
3. Auslandsdienstleistungen	31
4. Korrespondenzdienstleistungen	37
5. Rein innerstaatliche Sachverhalte	39
III. Verbotene Tätigkeiten	41
IV. Beispiele des Art. 57 Abs. 2 AEUV	50

A. Allgemeines

I. Entwicklung

1 Art. 57 AEUV wurde, abgesehen von seiner Nummerierung, seit der Ursprungsfassung im EWG-Vertrag nicht geändert.[1]

2 Die Vorschriften Art. 56 AEUV und Art. 57 AEUV sind durch die Vermischung von Rechtsfolge, Tatbestand und Konkurrenzen unübersichtlich (s. Art. 56 AEUV, Rn. 3).

II. Stellung und Bedeutung

3 Der Tatbestand der Dienstleistungsfreiheit wird in Art. 56 AEUV (s. Art. 56 AEUV, Rn. 13 ff.) und Art. 57 AEUV beschrieben; diese beiden Artikel sind daher zusammenzulesen. Aus Art. 57 AEUV ergibt sich, wann eine Dienstleistung vorliegt (**sachlicher Anwendungsbereich**). Zudem regelt Art. 57 AEUV die Konkurrenzen zu den anderen Grundfreiheiten. Trotz der **Negativformulierung** in Art. 57 Abs. 1 AEUV (s. Rn. 6 ff.) ist die Dienstleistungsfreiheit mehr als eine reine Komplementärfreiheit und stellt einen Stützpfeiler der Binnenmarktwirtschaft dar (s. Art. 56 AEUV, Rn. 5 ff.).

III. Unmittelbare Anwendbarkeit und Vorrangwirkung

4 Zur unmittelbaren Anwendbarkeit der Dienstleistungsfreiheit und ihrer Vorrangwirkung, s. Art. 56 AEUV, Rn. 12.

B. Sachlicher Anwendungsbereich

I. Begriff der Dienstleistung

5 Maßgeblich für die Dienstleistungsfreiheit ist der Begriff der Dienstleistung. Dieser wird im Vertrag nicht umfassend definiert. Gleichwohl ist die Dienstleistung als originärer Begriff des Unionsrechts zu betrachten und kann nicht mit anderen Begriffsbestimmungen – etwa derjenigen der Volkswirtschaftslehre, die als Dienstleistung alle Wirtschaftsleistungen ansieht, die nicht Waren oder Urprodukte herstellt[2] – gleichgesetzt werden.[3] Art. 57 AEUV gibt das Rüstzeug zur Definition des Begriffs. Zusammen mit der Rechtsprechung des EuGH ergibt sich somit ein begrenztes, jedoch erweiterungsfähiges Bild.

1. Negativformulierung des Art. 57 AEUV

6 Durch die Negativformulierung in Art. 57 Abs. 1 AEUV definiert sich die Dienstleistung zunächst durch die Abgrenzung von den anderen Grundfreiheiten. Schwierigkeiten der

---

[1] Art. 60 EWG, Art. 50 EGV [Amsterdam], Art. 50 EGV [Nizza] und Art. 57 AEUV sind alle wortgleich.

[2] *Black/Hasimzade/Myles*, Oxford – Dictionary of Economics, 2013, »Services: Economic goods which do not take a tangible and storable form. In some cases these require the physical presence of the customer, as for example with hairdressing, medical treatment, or live entertainment. In other cases services can be performed at a distance: for example, legal representation or insurance.«

[3] *Khan/Eisenhut*, in: Vedder/Heintschel v. Heinegg, Europäisches Unionsrecht, Art. 56 AEUV, Rn. 9; *Randelzhofer/Forsthoff*, in: Grabitz/Hilf/Nettesheim, EU, Art. 56, 57 AEUV (März 2011), Rn. 32.

Abgrenzung ergeben sich aus der Stellung der Dienstleistungsfreiheit als Personen- und Produktfreiheit.[4]

a) Warenverkehr

Eine Dienstleistung liegt gemäß Art. 57 Abs. 1 AEUV dann nicht vor, wenn es sich um eine dem freien Warenverkehr gemäß Art. 28 ff. AEUV unterfallende **Leistung** handelt. Die Warenverkehrsfreiheit bezieht sich grundlegend auf körperliche Gegenstände[5] und damit auf Waren im Sinne des Art. 28 Abs. 2 AEUV (s. Art. 28 AEUV, Rn. 32 ff.). Ist die Leistung dagegen ein nicht körperlicher Gegenstand, wird sie von der Dienstleistungsfreiheit erfasst.[6] Unbedeutend für die Abgrenzung Ware/Dienstleistung ist der wirtschaftliche Wert.[7]

7

Abgrenzungsbedürftig hingegen sind Fälle von **vermischten Leistungen**. Können die Leistungen voneinander abgegrenzt werden (eine Ware wird verbunden mit einer Dienstleistung geliefert), so müssen beide Leistungen getrennt und ihrer Natur nach unter den Gesichtspunkten der jeweiligen Grundfreiheit betrachtet werden.[8] Zu trennen sind daher z. B. die Ausstrahlung von Fernsehsendungen (Dienstleistungsverkehr) und der Vertrieb der dazu benötigen Materialien (Warenverkehr)[9] oder die Einführung und Aufstellung von **Spielautomaten** (Warenverkehr) und deren Betrieb (Dienstleistungsverkehr).[10] Auch die Lieferung einer EDV-Anlage und die Installation eines **Betriebsprogramms** sind danach trennbar.[11]

8

Sind zwei Leistungen nicht voneinander trennbar, so kommt es auf den **Schwerpunkt** der Leistung nach ihrem im Vordergrund stehenden Inhalt an.[12] Der dominierende Teil der Leistung lässt dann eine Einordnung in die entsprechende Grundfreiheit zu.[13] Dabei kann die Warenverkehrsfreiheit – durchaus entgegen der durch die in Art. 57 AEUV gewählten Formulierung aufkommenden Vermutung – hinter der Dienstleistungsfreiheit zurückstehen. Im Rahmen einer Bewirtungstätigkeit, d. h. der Zurverfügungstellung von Gaststätte, Infrastruktur, Bedienung, Beratung und Information der Kunden hinsichtlich der zur Verfügung stehenden **Getränke**, stellt die Abgabe des einzelnen Getränks nur einen Bestandteil dar, der als **Annex zur Dienstleistung** zu sehen ist und nicht selbst unter die Warenverkehrsfreiheit fällt.[14] Auch der Verkauf von Esswaren und Getränken in Coffeeshops stellt eine untergeordnete Leistung im Gegensatz zur Bewirtungstätigkeit dar und fällt daher mit der Bewirtungsleistung insgesamt unter die Dienstleistungsfreiheit.[15] Der Verkauf von und Handel mit Cannabis selbst fällt jedoch nicht

9

---

[4] *Müller-Graff*, in: Streinz, EUV/AEUV, Art. 56 AEUV, Rn. 7; *Randelzhofer/Forsthoff*, in: Grabitz/Hilf/Nettesheim, EU, Art. 62 AEUV (März 2011), Rn. 3.
[5] *Chalmers/Davies/Monti*, S. 787.
[6] *Lux*, in: Lenz/Borchardt, EU-Verträge, Art. 56, 57 AEUV, Rn. 8.
[7] EuGH, Urt. v. 9.7.1992, Rs. C–2/90 (Kommission/Belgien (Wallonischer Abfall)), Slg. 1992, I–4431, Rn. 27; *Randelzhofer/Forsthoff*, in: Grabitz/Hilf/Nettesheim, EU, Art. 56, 57 AEUV (März 2011), Rn. 36.
[8] EuGH, Urt. v. 30.4.1974, Rs. 155/73 (Sacchi), Slg. 1974, 409.
[9] EuGH, Urt. v. 11.9.2003, Rs. C–6/01 (Anomar u. a.), Slg. 2003, I–8621, Rn. 55.
[10] EuGH, Urt. v. 21.9.1999, Rs. C–124/97 (Läärä u. a.), Slg. 1999, I–6067, Rn. 20, 24.
[11] *Holoubek*, in: Schwarze, EU-Kommentar, Art. 56, 57 AEUV, Rn. 29.
[12] *Lux*, in: Lenz/Borchardt, EU-Verträge, Art. 56, 57 AEUV, Rn. 8.
[13] EuGH, Urt. v. 25.3.2004, Rs. C–71/02 (Karner), Slg. 2004, I–3025, Rn. 46; Urt. v. 22.1.2002, Rs. C–390/99 (Canal Satélite Digital), Slg. 2002, I–607, Rn. 31; Urt. v. 14.10.2004, Rs. C–36/02 (Omega), Slg. 2004, I–9609, Rn. 26.
[14] EuGH, Urt. v. 10.3.2005, Rs. C–491/03 (Hermann), Slg. 2005, I–2025, Rn. 26.
[15] EuGH, Urt. v. 16.12.2010, Rs. C–137/09 (Josemans), Slg. 2010, I–13019, Rn. 49.

unter das EU-Recht (dazu noch Rn. 47 ff.).[16] Auch die Versendung und Einfuhr von **Lotterielosen** stellt nur einen unselbstständigen Anhang zur Dienstleistungserbringung des Lotteriebetriebs dar.[17] Die Lieferung von **Decodiergeräten** steht der Dienstleistung der Übertragung kostenpflichtiger Rundfunksendungen nach.[18] Auch die im nationalstaatlichen Recht schwer zu verortende waren- und dienstleistungsmischende Vertragsform[19] des **Leasings** hat der EuGH in die Dienstleistungsfreiheit eingeordnet,[20] ebenso die für ein **Franchisesystem** erworbenen Franchisegegenstände.[21]

10 Jedoch können selbstverständlich auch die Aspekte des Warenverkehrs überwiegen. Die Beratung, die gleichzeitig mit dem Verkauf von **Kontaktlinsen** erfolgt, stellt nur einen Annex zum freien Warenverkehr dar;[22] der Dienstleistungscharakter überwiegt nicht und muss auch nicht additiv beachtet werden. Gleiches gilt für den **Druck von Zeitungen** in einem anderen Mitgliedstaat.[23] Zwar stellt der Druckvorgang eine Dienstleistung dar, sie bildet aber nur die Grundlage für die Manifestation des Druckerzeugnisses. Modalitäten über den Vertrieb von Waren unterliegen ebenfalls den Bestimmungen des freien Warenverkehrs, so stellt eine **Versteigerung** nur den Dienst zur Erlangung der Ware dar.[24] Beim Vertrieb von Filmen über **Videokassetten** überwiegt der Warencharakter der Kassette.[25] Anders hingegen liegt der Schwerpunkt, wenn der Hauptleistungsgegenstand die Rechte für die **Aufführung von Filmen** betrifft. Die Bänder, die zur Aufführung der Filme benötigt werden, stellen sodann wiederum den Warenannex zur Dienstleistungsfreiheit dar.[26]

11 Stehen sich beide Grundfreiheiten gleichberechtigt gegenüber und ist kein Schwerpunkt auszumachen, so ist die in Frage stehende Maßnahme an beiden Grundfreiheiten zu messen.[27]

12 Die Bespiele zeigen, dass trotz der negativen Abgrenzung der Dienstleistungsfreiheit diese keinesfalls automatisch zurücksteht, wenn der freie Warenverkehr betroffen ist.

---

[16] EuGH, Urt. v. 16.12.2010, Rs. C–137/09 (Josemans), Slg. 2010, I–13019, Rn. 37 ff., da der illegale Handel mit Drogen nicht zum Teil des Wirtschaftskreislaufes der Union werden soll. Der Grundsatz der Dienstleistungsfreiheit stellt, ebenso wie das europäische Zoll- oder Steuerrecht, ein Mittel zur Schaffung eines Raumes der Freiheit, der Sicherheit und des Rechts dar und soll zum Wohlergehen der Völker der Welt beitragen (GA *Bot*, Schlussanträge zu Rs. C–137/09 (Josemans), Slg. 2010, I–13019, Rn. 92); zum Zugangsverbot ausführlich: *Koppensteiner*, ZfRV 2011, 52 (53).
[17] EuGH, Urt. v. 24.3.1994, Rs. C–275/92 (H.M. Customs and Excise/Schindler), Slg. 1994, I–1039, Rn. 22.
[18] EuGH, Urt. v. 4.10.2011, verb. Rs. C–403/08 u. 429/08 (Football Association Premier League u.a.), Slg. 2011, I–9083.
[19] Für Franchising: *Dickersbach*, in: Ermann (Hrsg.), BGB-Kommentar, 2011, Band 1, Vorbem. § 581, Rn. 20; für Leasing: *Ehlert*, in: Bamberger/Roth (Hrsg.), BGB, 2012, Band 1, § 535, Rn. 48.
[20] EuGH, Urt. v. 21.3.2002, Rs. C–451/99 (Cura Anlagen), Slg. 2002, I–3193, Rn. 18; Urt. v. 26.10.1999, Rs. C–294/97 (Eurowings Luftverkehr), Slg. 1999, I–7447, Rn. 33.
[21] EuGH, Urt. v. 14.10.2004, Rs. C–36/02 (Omega), Slg. 2004, I–9609, Rn. 25 ff.
[22] EuGH, Urt. v. 2.12.2010, Rs. C–108/09 (Ker-Optika), Slg. 2010, I–12213, Rn. 37, 39, 43, 47.
[23] EuGH, Urt. v. 7.5.1985, Rs. 18/84 (Kommission/Frankreich), Slg. 1985, 1339, Rn. 12.
[24] EuGH, Urt. v. 30.4.1991, Rs. C–239/90 (SCP Boscher u.a./British Motors Wright u.a.), Slg. 1991, I–2023, Rn. 7 f.
[25] EuGH, Urt. v. 11.7.1985, verb. Rs. 60/84 u. 61/84 (Cinéthèque/Fédération nationale des cinémas français), Slg. 1985, 2605, Rn. 10 f.
[26] EuGH, Urt. v. 4.5.1993, Rs. C–17/92 (Federación de Distribuidores Cinematográficos/État espagnol), Slg. 1993, I–2239, Rn. 10 f.
[27] EuGH, Urt. v. 22.1.2002, Rs. C–390/99 (Canal Satélite Digital), Slg. 2002, I–607, Rn. 32.

Die Dienstleistungsfreiheit ist keineswegs subsidiär,[28] sondern hat einen eigenständigen Anwendungsbereich, der deutlich über eine Auffangfunktion hinausgeht.[29]

b) Kapitalverkehr

Der Kapitalverkehr bildet einen Unterfall des Dienstleistungsverkehrs,[30] wurde aber als selbstständige Freiheit aus der Dienstleistungsfreiheit ausgegliedert und in den Art. 63 ff. AEUV als eigenständige Grundfreiheit geregelt. **13**

Erfolgen im Rahmen von unternehmerischen Dienstleistungen aus der Finanzbranche jedoch Kapitalbewegungen, so ist eine Abgrenzung notwendig. Ein Fall der Dienstleistungsfreiheit liegt zumindest in dem folgenden Drei-Personen-Verhältnis vor: Transferiert die Bank auf Weisung des Kunden Geld an einen anderen Kunden, so ist das Rechtsgeschäft zwischen Bank und Kunde eine Dienstleistung, da die Bank kein eigenes Geld einsetzt.[31] Das Rechtsgeschäft zwischen den Kunden hingegen ist gesondert und nach seinen Modalitäten zu bewerten. **14**

Die **Ein- und Ausfuhr von Bargeld** und **Inhaberschecks** stellt, auch wenn sie als Zahlung für Waren oder Dienstleistungen erfolgt, einen Fall des Kapitaltransfers dar.[32] Der materielle Transfer von Vermögenswerten stellt daher keine Dienstleitung dar. Geldwerte und handelbare Dokumente, die sich wie Wertpapiere zum Handel eignen, fallen jedoch unter die Dienstleistungsfreiheit, wenn sie Dritten eine Genehmigung zur Ausübung einer Tätigkeit ausstellen (**Fischereierlaubnis**).[33] Trotz der Gegenständlichkeit der Urkunde fällt diese aber, unbegründeter Weise, nicht unter die Warenverkehrsfreiheit.[34] Bankdienstleistungen, die nicht an den Kapitalverkehr gekoppelt sind, unterliegen allein der Dienstleistungsfreiheit (z. B. **Schließfachvergabe, Anlageberatung, Immobilienberatung**).[35] Die Wahrnehmung von **Urheberrechten** sowie die **Verwaltung von Schutz- und Verwertungsrechten** an geistigem Eigentum für die Rechteinhaber stellt eine Dienstleistung dar.[36] Die Überlassung von **Lizenzen** ist nach einem zeitlichen Moment zu beurteilen: Erfolgt die Überlassung im Sinne einer Vermietung, also zeitlich begrenzt, so liegt in der Überlassung eine Dienstleistung. Wird dagegen die Lizenz dauerhaft und endgültig übertragen, so muss die Transaktion an den Anforderungen der Kapitalverkehrsfreiheit gemessen werden.[37] **15**

Statt differenzierte Kriterien zur Abgrenzung der Dienstleistungs- und Kapitalverkehrsfreiheit zu schaffen, richtet der EuGH eine kumulative Anwendung im Sinne eines Parallelitätskonzepts ein.[38] Es besteht **kein Exklusivitätsverhältnis**, sondern eine nebeneinander bestehende Anwendbarkeit beider Vorschriftenkomplexe. Der EuGH geht **16**

---

[28] Anders aber *Bröhmer*, in: Calliess/Ruffert, EUV/AEUV, Art. 63, Rn. 46.
[29] EuGH, Urt. v. 3. 10. 2006, Rs. C–452/04 (Fidium Finanz AG), Slg. 2006, I–9521, Rn. 31, 32; so auch *Holoubek*, in: Schwarze, EU-Kommentar, Art. 56, 57 AEUV, Rn. 31.
[30] Darlehensgewährung, Wertpapierkauf etc. stellen schon im allgemeinen Sprachgebrauch »Finanzdienstleistungen« dar, s. auch *Bröhmer*, in: Calliess/Ruffert, EUV/AEUV, Art. 63 AEUV, Rn. 37.
[31] *Ress/Ukrow*, in: Grabitz/Hilf/Nettesheim, EU, Art. 63 AEUV (Januar 2014), Rn. 302.
[32] EuGH, Urt. v. 23. 2. 1995, verb. Rs. C–358/93 u. 416/93 (Bordessa u. a.), Slg. 1995, I–361, Rn. 14.
[33] EuGH, Urt. v. 21. 10. 1999, Rs. C–97/98 (Jägerskiöld), Slg. 1999, I–7319, Rn. 36 ff.
[34] EuGH, Urt. v. 21. 10. 1999, Rs. C–97/98 (Jägerskiöld), Slg. 1999, I–7319, Rn. 39.
[35] *Kotzur*, in: Geiger/Khan/Kotzur, EUV/AEUV, Art. 58 AEUV, Rn. 3; *Pache*, in: Ehlers, Grundrechte und Grundfreiheiten, § 11, Rn. 45.
[36] EuGH, Urt. v. 20. 10. 1993, verb. Rs. C–92/92 u. 326/92 (Phil Collins), Slg. 1993, I–5145, Rn. 24.
[37] *Holoubek*, in: Schwarze, EU-Kommentar, Art. 56, 57 AEUV, Rn. 32.
[38] *Bröhmer*, in: Calliess/Ruffert, EUV/AEUV, Art. 63, Rn. 41.

dabei sogar so weit, dass er bei einem Verstoß gegen die Dienstleistungsfreiheit auch einen Verstoß gegen die Kapitalverkehrsfreiheit annimmt.[39] So urteilte er z.B., dass **Verbraucherkredite** unter beide Grundfreiheiten fallen.[40]

c) **Niederlassungsfreiheit**

17 Die Niederlassungsfreiheit ist originär betroffen, wenn ein Unionsangehöriger in stabiler und kontinuierlicher Weise am Wirtschaftsleben eines anderen Mitgliedstaates als seines Herkunftsstaates teilnehmen will, um daraus Nutzen zu ziehen.[41] Dazu gehört die Niederlassung in einem anderen Mitgliedstaat zum Zwecke der Aufnahme und Ausübung einer selbstständigen Erwerbstätigkeit.[42] Gegenüber der Niederlassungsfreiheit ist die Dienstleistungsfreiheit subsidiär.[43] Die Ausübung der Dienstleistung muss aber keineswegs nur kurzfristig erfolgen. Zur Abgrenzung gegenüber der Niederlassungsfreiheit besteht trotzdem die Notwendigkeit eines zeitlichen Moments, und zwar bezogen auf den **Aufenthalt** des Dienstleistungserbringers im Mitgliedstaat der Dienstleistungserbringung. Eine präzise Trennung ist schwer möglich.[44] Jedenfalls ist dann nur die Niederlassungsfreiheit einschlägig, wenn eine **volkswirtschaftliche Integration** des Dienstleistungserbringers erfolgt ist.[45] Für die Bewertung, ob eine lediglich vorübergehende Tätigkeit vorliegt, bestehen folgende Kriterien: **Dauer**, **Häufigkeit**, **Kontinuität** und **Wiederkehr der Leistung**.[46] Auch beim Streben nach einer dauerhaften, volkswirtschaftlichen Integration im anderen Mitgliedstaat ist, unabhängig von dem bisherigen Erfolg dieser Bemühungen, die Niederlassungsfreiheit einschlägig.[47] Die Zeit, die der Dienstleistungserbringer im Schutz der Dienstleistungsfreiheit im Erbringerstaat verbringen kann, ist nicht auf die reine Dienstleistungsausführungszeit begrenzt. Erfasst werden auch alle **vorbereitenden Handlungen**, wie z.B. die Abgabe eines Angebots. Auch werbende Tätigkeiten fallen unter die Dienstleistungsfreiheit, wenn sie keinen Selbstzweck erfüllen, sondern Vorbereitungshandlungen für die kommenden Dienstleistungen darstellen. Dient die **Werbung** der Information von Kunden und deren Einführung in die angebotenen Dienstleistungen, so stellt sie keine eigene Dienstleistung dar. Die Durchsetzung von Ansprüchen aus dem Dienstleistungsvertrag sowie seine Abwicklung fallen auch unter die Dienstleistungsfreiheit. Nicht als ausschlaggebendes Kriterium für die Abgrenzung kann die Ausstattung mit einer eigenen **Infrastruktur** herangezogen werden. Die Ausstattung mit eigenen Geschäftsräumen, wie etwa einer

---

[39] EuGH, Urt. v. 28.4.1998, Rs. C–118/96 (Safir/Skattemyndigheten i Dalarnas län), Slg. 1998, I–1897, Rn. 34f.

[40] EuGH, Urt. v. 3.10.2006, Rs. C–452/04 (Fidium Finanz AG), Slg. 2006, I–9521, Rn. 43.

[41] EuGH, Urt. v. 11.3.2010, Rs. C–384/08 (Attanasio Group), Slg. 2010, I–2055; Urt. v. 30.11.1995, Rs. C–55/94 (Gebhard/Consiglio dell'Ordine degli Avvocati e Procuratori di Milano), Slg. 1995, I–4165, Rn. 25; Urt. v. 11.10.2007, Rs. C–451/05 (ELISA), Slg. 2007, I–8251, Rn. 63.

[42] *Kluth*, in: Calliess/Ruffert, EUV/AEUV, Art. 56, 57 AEUV, Rn. 15.

[43] EuGH, Urt. v. 12.12.1996, Rs. C–3/95 (Reisebüro Broede/Sandker), Slg. 1996, I–6511, Rn. 19.

[44] *Chalmers/Davies/Monti*, S. 787.

[45] GA *Léger*, Schlussanträge zu Rs. C–55/94 (Gebhard/Consiglio dell'Ordine degli Avvocati e Procuratori di Milano), Slg. 1995, I–4165, Rn. 19; *Randelzhofer/Forsthoff*, in: Grabitz/Hilf/Nettesheim, EU, Art. 56, 57 AEUV (März 2011), Rn. 41.

[46] EuGH, Urt. v. 13.2.2003, Rs. C–131/01 (Kommission/Italien), Slg. 2003, I–1659, Rn. 22; Urt. v. 11.12.2003, Rs. C–215/01 (Schnitzer), Slg. 2003, I–14847, Rn. 27; Urt. v. 30.11.1995, Rs. C–55/94 (Gebhard/Consiglio dell'Ordine degli Avvocati e Procuratori di Milano), Slg. 1995, I–4165, Rn. 27f.

[47] EuGH, Urt. v. 8.9.2009, Rs. C–42/07 (Liga Portuguesa de Futebol Profissional und Bwin International), Slg. 2009, I–7633.

Praxis, Kanzlei oder einem Büro, steht dem Charakter der Dienstleistungsfreiheit nicht entgegen, wenn diese für die Ausübung der Dienstleistung benötigt werden.[48] Da auch Dienstleistungen erbracht werden können, die über Jahre andauern (z. B. Versicherungsdienstleistungen), ist der genaue Grad der Integration nicht zu bestimmen.[49] V. a. wird im Zeitpunkt der Aufnahme der Dienstleistungserbringung oft noch nicht absehbar sein, in welchem Umfang diese im anderen Mitgliedstaat angeboten werden wird.

Verlegt aber ein Unternehmen seine **Hauptniederlassung** in einen anderen Mitgliedstaat, um nationalstaatliche Restriktionen zu umgehen und von dort aus unter günstigeren Anforderungen seine Dienstleistungen weiter in gleichem Maße im Ursprungsstaat anzubieten, so qualifiziert der EuGH dies als **Umgehungstatbestand**, der nicht von der Dienstleistungsfreiheit geschützt wird, sondern gegebenenfalls der Niederlassungsfreiheit unterfällt.[50] 18

d) Arbeitnehmerfreizügigkeit

Die Abgrenzung der Dienstleistungsfreiheit zur Arbeitnehmerfreizügigkeit (Art. 45 ff. AEUV) erfolgt allein über das Kriterium der Selbstständigkeit der Dienstleistungserbringung. Wird die Dienstleistung in abhängiger Beschäftigung erbracht, so sind eventuelle Restriktionen an der Arbeitnehmerfreizügigkeit zu messen. Abgrenzungsfragen stellen sich daher bei der Bewertung einer Leistung als selbstständig oder abhängig. **Prostitution** gilt als Dienstleistung im Sinne des Art. 57 AEUV, wenn sie in eigener Verantwortung gegen ein Entgelt ausgeübt wird, welches dem Dienstleistungserbringer vollständig ausgezahlt wird.[51] Wird ein Dienstleistungserbringer an der Entsendung seiner Arbeitskräfte, die zur Erbringung einer Dienstleistung in einen anderen Mitgliedstaat reisen, gehindert, so ist die Dienstleistungsfreiheit Maßstab für die Überprüfung der Restriktionen.[52] Dabei können sich der Dienstleistungserbringer, der Dienstleistungsempfänger und auch der Beschäftigte selbst auf die Dienstleistungsfreiheit berufen.[53] 19

2. Entgeltlichkeit der Tätigkeit

Gemäß Art. 57 Abs. 1 AEUV muss die Leistung »in der Regel gegen ein Entgelt« erbracht werden. Daraus ergeben sich zwei Konsequenzen. Erstens wird klar, dass es sich um Leistungen mit wirtschaftlichem Charakter handeln muss, d. h. um Leistungen, die zu erwerbswirtschaftlichen Zwecken ausgeübt werden.[54] Zweitens werden durch die Formulierung Ausnahmen zugelassen.[55] Das Entgelt muss die wirtschaftliche Gegenleistung der erbrachten Dienstleistung darstellen.[56] Wird eine Leistung also nur aus 20

---

[48] EuGH, Urt. v. 30.11.1995, Rs. C–55/94 (Gebhard/Consiglio dell'Ordine degli Avvocati e Procuratori di Milano), Slg. 1995, I–4165, Rn. 27.
[49] EuGH, Urt. v. 11.12.2003, Rs. C–215/01 (Schnitzer), Slg. 2003, I–14847, Rn. 31.
[50] EuGH, Urt. v. 17.6.1997, Rs. C–70/95 (Sodemare u. a./Regione Lombardia), Slg. 1997, I–3395, Rn. 14.
[51] EuGH, Urt. v. 20.11.2001, Rs. C–268/99 (Jany u. a.), Slg. 2001, I–8615, Rn. 71.
[52] EuGH, Urt. v. 27.3.1990, Rs. C–113/89 (Rush Portuguesa/Office national d'immigration), Slg. 1990, I–1417, Rn. 17; Urt. v. 3.2.1982, verb. Rs. 62/81 u. 63/81 (Seco/EVI), Slg. 1982, 223, Rn. 6 f.
[53] EuGH, Urt. v. 25.10.2001, verb. Rs. C–49/98, 50/98, 52/98 – 54/98 u. 68/98 – 71/98 (Finalarte u. a.), Slg. 2001, I–7831, Rn. 22; so auch *Randelzhofer/Forsthoff*, in: Grabitz/Hilf/Nettesheim, EU, Art. 56, 57 AEUV (März 2011), Rn. 40.
[54] *Holoubek*, in: Schwarze, EU-Kommentar, Art. 56, 57 AEUV, Rn. 19.
[55] EuGH, Urt. v. 18.12.2007, Rs. C–281/06 (Jundt), Slg. 2007, I–12231, Rn. 33.
[56] *Barnard*, S. 371.

sozialen, moralischen oder politischen Zwecken angeboten, fällt sie nicht unter die Dienstleistungsfreiheit.[57] Zielen hingegen **soziale** oder **religiöse** Einrichtungen mit ihren Dienstleistungen auf einen Erwerbszweck ab, sind diese von der Dienstleistungsfreiheit erfasst.[58] Auch wirtschaftliche Tätigkeiten der **öffentlichen Hand** fallen darunter,[59] allerdings nicht der **Betrieb einer Lehranstalt** (Schule, Universität), wenn sie von der öffentlichen Hand fast oder ganz ausschließlich getragen wird.[60] In diesem Fall handelt der Staat nicht aus wirtschaftlichen Gründen, sondern um seinem sozialen, kulturellen und bildungspolitischen Auftrag gerecht zu werden.[61] Anders verhält es sich freilich im Hinblick auf Studiengänge, die von Studierenden bezahlt werden und von den Hochschulen (auch) mit Gewinnerzielungsabsicht angeboten werden, etwa bestimmte LL.M.-Programme oder Masterprogramme. In diesem Fall überspielt die Eigenschaft der anbietenden Institution als staatsfinanzierte Organisation nicht die Eigenschaft der Leistung als Dienstleistung und Art. 56 AEUV ist anwendbar.[62]

21 Fraglich ist, ob neben dem Abzielen auf erwerbswirtschaftliche Zwecke auch eine **Gewinnerzielungsabsicht** vorliegen muss.[63] Schon aufgrund der schwierigen Abgrenzbarkeit von Gewinnerzielungsabsicht und erwerbswirtschaftlichem Handeln wäre es schwierig, eine solche zu fordern. Die Dienstleistungsfreiheit dient der Herstellung eines gemeinsamen Binnenmarktes, der wirtschaftlichen Integration und Zusammenarbeit. Dieser Sinn und Zweck gebietet es nicht, Leistungen, die vom Leistenden lediglich **kostendeckend** erbracht werden, aus dem Schutz herauszunehmen, denn auch in ihnen liegt ein wirtschaftlicher Wert. Allerdings kommt es dadurch zu der etwas eigenartigen Situation, dass die Motivation des Dienstleistungsempfängers für die Frage, ob eine Dienstleistung vorliegt, relevant ist, während die Motivation des Dienstleistenden dies nicht in gleichem Maße ist.[64]

22 Auch das erzwungene Abführen etwaiger Gewinne an den Staat ändert nichts an der Entgeltlichkeit der Tätigkeit.[65]

23 Das Entgelt muss nicht vom Dienstleistungsempfänger an den Dienstleistungserbringer erbracht werden, auch Dritte können den wirtschaftlichen Vorteil vermitteln,[66] z. B. **Krankenkassen**.[67] Auch das gerichtliche Eintreiben von Forderungen als **Inkassounternehmen** ist eine Dienstleistung.[68]

---

[57] EuGH, Urt. v. 4.10.1991, Rs. C–159/90 (Society for the Protection of Unborn Children Ireland/Grogan u. a.), Slg. 1991, I–4685, Rn. 14, 15, 22 ff.
[58] EuGH, Urt. v. 5.10.1988, Rs. 196/87 (Steymann/Staatssecretaris van Justitie), Slg. 1988, 6159, Rn. 14.
[59] EuGH, Urt. v. 24.3.1994, Rs. C–275/92 (H.M. Customs and Excise/Schindler), Slg. 1994, I–1039, Rn. 36.
[60] EuGH, Urt. v. 18.12.2007, Rs. C–281/06 (Jundt), Slg. 2007, I–12231, Rn. 30.
[61] EuGH, Urt. v. 27.9.1988, Rs. 263/86 (Belgischer Staat/Humbel und Edel), Slg. 1988, 5363, Rn. 18.
[62] So wohl das EuGH, Urt. v. 20.5.2010, Rs. C–56/09 (Zanotti), Slg. 2010, I–4517, Rn. 32 ff. Erste Hinweise hierauf bereits im EuGH, Urt. v. 7.12.1993, Rs. C–109/92 (Wirth), Slg. 1993, I–6447; auch EuGH, Urt. v. 11.9.2007, Rs. C–318/05 (Kommission/Deutschland), Slg. 2007, I–6957.
[63] Für eine Gewinnerzielungsabsicht in einem weiten Verständnis etwa: *Kluth*, in: Calliess/Ruffert, EUV/AEUV, Art. 56, 57 AEUV, Rn. 11; dagegen: *Müller-Graff*, in: Streinz, EUV/AEUV, Art. 56 AEUV, Rn. 21; *Holoubek*, in: Schwarze, EU-Kommentar, Art. 56, 57 AEUV, Rn. 19.
[64] *Chalmers/Davies/Monti*, S. 808.
[65] EuGH, Urt. v. 24.3.1994, Rs. C–275/92 (H.M. Customs and Excise/Schindler), Slg. 1994, I–1039, Rn. 35.
[66] EuGH, Urt. v. 11.4.2000, verb. Rs. C–51/96 u. 191/97 (Deliège), Slg. 2000, I–2549, Rn. 56; Urt. v. 26.4.1988, Rs. 352/85 (Bond van Adverteerders/Niederländischer Staat), Slg. 1988, 2085, Rn. 16.
[67] EuGH, Urt. v. 12.7.2001, Rs. C–157/99 (Smits und Peerbooms), Slg. 2001, I–5473, Rn. 56.

Die Frage der Entgeltlichkeit wirkt sich darauf aus, wie Dienstleistungen der öffentlichen Hand finanziert werden. Können die Einrichtungen des Gesundheitswesens etwa umsonst in Anspruch genommen werden, ist die Dienstleistungsfreiheit wohl nicht der rechtliche Maßstab. Werden Leistungen des Gesundheitswesens hingegen nur dann gewährt, wenn eine Krankenversicherung von privaten Versicherungsunternehmen erstanden wurde und der Erwerb dieser Versicherung durch bedürftige Menschen durch die Zahlungen des vermögenderen Teils der Bevölkerung quersubventioniert wird, dürfte die Dienstleistungsfreiheit einschlägig sein. Ähnliches dürfte für das Hochschulwesen gelten. Nirgends wird so deutlich wie hier, dass die Interaktion der Dienstleistungsfreiheit mit den Grundentscheidungen des Wohlfahrtsstaates hochkomplex ist. Auch die Argumentationsschemata sind außergewöhnlich. Während die Mitgliedstaaten die Nichtanwendung der Dienstleistungsfreiheit häufig offen mit fiskalischen Argumenten begründen, stützen sich klagende Individuen – etwa im brisanten und komplexen Bereich des Gesundheitswesens – auf Argumente, die mit wirtschaftlicher Freiheit sehr viel weniger zu tun haben als mit ihrer gesundheitlichen und persönlichen Situation. Die insgesamt ausgewogene, aber doch weit reichende Rechtsprechung des EuGH in diesem Bereich lässt sich vielleicht damit begründen, dass die individuellen Kläger dadurch einfacher die moralische Seite in den Vordergrund rücken können als kommerzielle Wirtschaftsteilnehmer.[69]

II. Grenzüberschreitendes Element

Gemäß Art. 56 AEUV müssen die Dienstleistungen ein transnationales, innerunionales Moment enthalten. Eine Dienstleistung liegt daher nur vor, wenn sie weder rein innerstaatlich noch von außerhalb der Union erbracht wird. Ausschlaggebend ist dabei (zumeist, zur Weiterentwicklung s. Rn. 37) das Merkmal der **Ansässigkeit** der am Leistungsaustausch Beteiligten. Ist der Dienstleistungserbringer oder -empfänger nicht im Unionsgebiet ansässig, so ist eine Berufung auf die Dienstleistungsfreiheit durch ihn nicht möglich. Solche Vorgänge können keine Dienstleistung im Sinne der Grundfreiheit darstellen. Die Grenzüberschreitung wird daher zum Teil als konstitutives Element gesehen.[70]

Es gibt verschiedene Arten, in der die Grenzüberschreitung Form annehmen kann. Allen gemein ist, dass mindestens ein Element des Leistungsaustausches in einem anderen als dem ursprünglichen Mitgliedstaat stattfindet. Die Grenzüberschreitung kann vom Dienstleistungserbringer, aber auch vom Dienstleistungsempfänger durchgeführt werden. Zudem ist möglich, dass nur die Dienstleistung in den anderen Mitgliedstaat überführt wird oder dass beide Parteien zusammen in einen anderen Mitgliedstaat reisen.

1. Aktive Dienstleistungsfreiheit

Art. 56 Abs. 1, 57 Abs. 3 AEUV erfassen vom Wortlaut her den offensichtlichen Grundfall[71] der **aktiven** oder **positiven Dienstleistungsfreiheit**. Der in einem Mitgliedstaat an-

---

[68] EuGH, Urt. v. 12.12.1996, Rs. C–3/95 (Reisebüro Broede/Sandker), Slg. 1996, I–6511, Rn. 23 f.
[69] *Chalmers/Davies/Monti*, S. 833; vgl. dazu *Newdick*, Disrupting the Community: Saving Public Health Ethics from the EU Internal Market, in: van de Gronden/Szyszak/Neergaard/Krajewski (Hrsg.), Health Care and the EU, 2011, S. 211.
[70] Etwa *Holoubek*, in: Schwarze, EU-Kommentar, Art. 56, 57 AEUV, Rn. 23.
[71] *Randelzhofer/Forsthoff*, in: Grabitz/Hilf/Nettesheim, EU, Art. 57 AEUV (März 2011), Rn. 52 f.

sässige Dienstleistungserbringer überquert die Grenze zu einem anderen Mitgliedstaat, um dort eine Dienstleistung für einen dort ansässigen Dienstleistungsempfänger zu erbringen.[72] Dienstleistender und Dienstleistungsempfänger sind dabei in unterschiedlichen Mitgliedstaaten ansässig;[73] der Dienstleistungserbringer ist **gebietsfremd**. Die mitgliedstaatliche Nationalität der Geschäftspartner ist nicht relevant,[74] der Dienstleistende muss lediglich Staatsangehöriger eines Mitgliedstaates sein.[75]

2. Passive Dienstleistungsfreiheit

28 Im Gegensatz zu der in Art. 56 Abs. 1, 57 Abs. 3 AEUV positiv kodifizierten aktiven Dienstleistungsfreiheit verlässt bei der passiven Dienstleistungsfreiheit[76] der Dienstleistungsempfänger den Staat seiner Ansässigkeit, um die Dienstleistung in einem anderen Mitgliedstaat zu empfangen.[77] Dabei gilt das zur aktiven Dienstleistungsfreiheit Gesagte: Auf die mitgliedstaatliche Staatsangehörigkeit der Dienstleistungspartner kommt es für die Beantwortung der Frage nach der Grenzüberschreitung nicht an, entscheidend ist die Ansässigkeit in verschiedenen Mitgliedstaaten.

29 Aktive und passive Dienstleistungsfreiheit können sich insofern ergänzen, als dass ein Dienstleistungserbringer für Werbung, Vertragsabschluss und Beratung in den Mitgliedstaat des Dienstleistungsempfängers reist, die tatsächliche Ausführung der Dienstleistung aber in dem Mitgliedstaat erbracht wird, in dem der Dienstleistungserbringer ansässig ist. Auch hier wird die Dienstleistung zwischen Gebietsfremden ausgetauscht.[78]

30 Die Einbeziehung der Dienstleistungsempfangsfreiheit[79] gewährt einem großen Wachstumsmarkt den Schutz der Grundfreiheit: Der gesamte **Tourismussektor** kann davon profitieren. Daher ist die Erweiterung der Anwendbarkeit auf diese vom Wortlaut der Normen nicht ausdrücklich erfassten Konstellationen im Sinne einer effektiven Liberalisierung des Binnenmarktes geboten. Damit wird auch die Fixierung der Grundfreiheiten auf aktiv am Wirtschaftsleben teilnehmende Verbraucher aufgebrochen (s. Art. 56 AEUV, Rn. 17 ff.).[80] Offenkundig hatte diese Rechtsprechungslinie Einfluss auf die Entwicklung der Rechtsprechung zur Unionsbürgerschaft, die sich vom Konzept des »Marktbürgers« weitgehend verabschiedet hat.[81]

---

[72] Dies war etwa die Konstellation im Urteil EuGH, Urt. v. 3.12.1974, Rs. 33/74 (Van Binsbergen/Bedrijfsvereniging voor de Metaalnijverheid), Slg. 1974, 1299, wo ein in Belgien ansässiger Anwalt in die Niederlande reiste, um dort ansässige Mandanten zu beraten.
[73] Die Ansässigkeit stellt das Abgrenzungskriterium zur Niederlassungsfreiheit dar, s. Rn. 17 f.
[74] *Holoubek*, in: Schwarze, EU-Kommentar, Art. 56, 57 AEUV, Rn. 51.
[75] S. Art. 56 AEUV, Rn. 17 ff.
[76] *Völker*, S. 23 ff.
[77] Leitentscheidung ist hier EuGH, Urt. v. 31.1.1984, verb. Rs. 286/82 u. 26/83 (Luisi und Carbone/Ministero dello Tesoro), Slg. 1984, 377, in dem zwei in Italien Ansässige nach Deutschland reisten, um dort medizinische Behandlungen in Anspruch zu nehmen. Vgl. auch EuGH, Urt. v. 2.2.1989, Rs. 186/87 (Cowan/Trésor public), Slg. 1989, 195.
[78] Wie etwa der Abschluss eines Vertrages über eine Reisedienstleistung in einem Mitgliedstaat und deren Ausführung sodann im Heimatstaat des Dienstleistungserbringers.
[79] EuGH, Urt. v. 31.1.1984, verb. Rs. 286/82 u. 26/83 (Luisi und Carbone/Ministero dello Tesoro), Slg. 1984, 377.
[80] *Kluth*, in: Calliess/Ruffert, EUV/AEUV, Art. 56, 57 AEUV, Rn. 31.
[81] Etwa *Haltern*, Europarecht und das Politische, 2005, Kap. 7.

3. Auslandsdienstleistungen

Der EuGH hat durch seine Rechtsfortbildung auch Auslandsdienstleistungen in den Schutz des freien Dienstleistungsverkehrs gemäß Art. 56 ff. AEUV einbezogen.[82] Eine Auslandsdienstleistung liegt vor, wenn Dienstleistungsempfänger und Dienstleistungserbringer im selben Mitgliedstaat ansässig sind, zur Ausführung der Dienstleistung jedoch in einen anderen Mitgliedstaat reisen. Das grenzüberschreitende Moment liegt nicht mehr in der unterschiedlichen Ansässigkeit der Leistungspartner, sondern im Ort der Ausführung.

Diese Ausweitung ergibt im Hinblick auf die Ausrichtung der Verträge – Liberalisierung des Binnenmarktes, Abbau von Handelshemmnissen, Art. 2 EUV – jedenfalls dann Sinn, wenn sich, wie in den klassischen Fällen der aktiven und passiven Dienstleistungsfreiheit, ein Dienstleistungsbeteiligter mit ausländischen Rechtsregeln konfrontiert sieht, die ihn in seiner Dienstleistungsfreiheit beschränken. Auch in den sog. **Fremdenführerfällen**[83] liegt diese Konstellation vor: Ein Reiseveranstalter (oder selbstständiger Fremdenführer) fährt mit einer Reisegruppe aus dem Staat seiner Ansässigkeit in einen anderen Mitgliedstaat, um dort die Reisegruppe zu leiten. Der Einreisestaat (in den entschiedenen Fällen Frankreich,[84] Italien[85] und Griechenland[86]) behindert die Dienstleistung »Reisegruppenleitung« durch nationale Vorschriften, die inländische Reiseführer bevorzugen sollen (etwa durch die Forderung bestimmter Diplome, Registrierungen etc. für die Zulassung). Das grenzüberschreitende Moment liegt im Angebot der Dienstleistung »Reiseleitung« im anderen Mitgliedstaat, und genau gegen deren Behinderung wenden sich die Betroffenen. Das Erfordernis einer **Leistung zwischen Gebietsfremden** wird durch den **Austausch der Dienstleistung im anderen Mitgliedstaat** ersetzt.[87] Einem Vergleich mit den Konstellationen der aktiven und passiven Dienstleistungsfreiheit hält die Auslandsdienstleistung in diesen Fällen folglich stand, da sich der Betroffene gegen die Rechtsregeln des Staates wendet, in dem die Dienstleistung ausgetauscht wird. Der Ausübungsstaat ist nicht nur Schauplatz der Dienstleistung, sondern er bietet auch den **Rechtsrahmen für die Behinderung**.

---

[82] Für reisegruppenbegleitende Fremdenführer: EuGH, Urt. v. 26.2.1991, Rs. C–154/89 (Kommission/Frankreich), Slg. 1991, I–659, Rn. 9 ff.; Urt. v. 26.2.1991, Rs. C–180/89 (Kommission/Italien), Slg. 1991, I–709, Rn. 6; Urt. v. 26.2.1991, Rs. C–198/89 (Kommission/Griechenland), Slg. 1991, I–727, Rn. 6; Urt. v. 5.6.1997, Rs. C–398/95 (Syndesmos ton en Elladi Touristikon kai Taxidiotikon Grafeion/Ypourgos Ergasias), Slg. 1997, I–3091, Rn. 8, 13; für Testamentsvollstrecker: EuGH, Urt. v. 1.7.1993, Rs. C–20/92 (Hubbard/Hamburg), Slg. 1993, I–3777, Rn. 11 f.; Urt. v. 5.6.1997, Rs. C–398/95 (Syndesmos ton en Elladi Touristikon kai Taxidiotikon Grafeion/Ypourgos Ergasias), Slg. 1997, I–3091, Rn. 8, 13; Seminarveranstaltung im Ausland: EuGH, Urt. v. 28.10.1999, Rs. C–55/98 (Vestergaard), Slg. 1999, I–7641, Rn. 18.
[83] EuGH, Urt. v. 26.2.1991, Rs. C–154/89 (Kommission/Frankreich), Slg. 1991, I–659, Rn. 9 ff.; Urt. v. 26.2.1991, Rs. C–180/89 (Kommission/Italien), Slg. 1991, I–709, Rn. 6; Urt. v. 26.2.1991, Rs. C–198/89 (Kommission/Griechenland), Slg. 1991, I–727, Rn. 6; Urt. v. 5.6.1997, Rs. C–398/95 (Syndesmos ton en Elladi Touristikon kai Taxidiotikon Grafeion/Ypourgos Ergasias), Slg. 1997, I–3091, Rn. 8, 13.
[84] EuGH, Urt. v. 26.2.1991, Rs. C–154/89 (Kommission/Frankreich), Slg. 1991, I–659.
[85] EuGH, Urt. v. 26.2.1991, Rs. C–180/89 (Kommission/Italien), Slg. 1991, I–709.
[86] EuGH, Urt. v. 26.2.1991, Rs. C–198/89 (Kommission/Griechenland), Slg. 1991, I–727.
[87] So auch *Randelzhofer/Forsthoff*, in: Grabitz/Hilf/Nettesheim, EU, Art. 56, 57 AEUV (März 2011), Rn. 57.

33 Anders verhielt es sich in den Rs. Vestergaard[88] und ITC.[89] In der Rs. Vestergaard hatte der EuGH den Fall eines Wirtschaftsprüfers aus Dänemark vorliegen, der an einer Weiterbildung in Griechenland teilnahm, die von einem in Dänemark ansässigen Unternehmen ausgerichtet wurde. Das dänische Steuerrecht untersagte ihm, seine in Griechenland entstandenen Kosten genauso wie Kosten für Fortbildungsveranstaltungen im Inland abzurechnen. Anders als in den Fremdenführerfällen wurden hier also die Rechtsnormen des Staates gerügt, in welchem sowohl Dienstleistungsempfänger als auch -erbringer ansässig waren. Der andere Mitgliedstaat war lediglich der Ort der Ausführung der Dienstleistung, sein Rechtsregime spielte jedoch keine Rolle für die Bewertung der Behinderung der freien Dienstleistungsausübung. In der Rs. ITC beauftragte ein deutscher Klient mit Hilfe eines Vermittlungsgutscheines der Bundesagentur für Arbeit die private deutsche Arbeitsvermittlungsstelle ITC, die ihm eine sozialversicherungspflichtige Arbeitsanstellung bei einem in den Niederlanden ansässigen Unternehmen beschaffte. Die Bundesagentur für Arbeit weigerte sich daraufhin, den Gutschein, der der ITC die durch die Ausführung des Dienstauftrages entstanden Kosten begleichen sollte, zu zeichnen. ITC rügte eine Verletzung ihrer Dienstleistungsfreiheit. Beauftragung, Zahlung und Ansässigkeit aller Beteiligten der Dienstleistung »Arbeitsvermittlung« fanden in Deutschland statt; genauso lag die Beschränkung der Dienstleistung durch die Nichterstattung der Kosten allein im deutschen Recht.[90] In beiden Fällen liegt kein zwingender Auslandsbezug vor: Der Staat, in dem die Dienstleistung (zum Teil) abgeleistet wird, ist austauschbar und für die Einordnung des Sachverhalts und für seine Bewertung unerheblich. Im Unterschied zu den sog. Fremdenführerfällen liegt hier gerade **keine Kumulation von verschiedenen Rechtsordnungen** vor, die Grundlage für die Behinderung des freien Dienstleistungsverkehrs ist.

34 Der EuGH, der beide Fälle gleichwohl an der Dienstleistungsfreiheit maß, wurde für diese Rechtsprechung kritisiert: Er erfasse Sachverhalte, in denen zwar ein Schutzbedürfnis gegeben sei, jedoch gerichtet gegen das Land der eigenen Ansässigkeit, in dem keine Gebietsfremdheit herrscht. Das Unionsrecht sei nicht der richtige Maßstab für die Lösung solcher Konflikte und die Grenze zu reinen Inlandssachverhalten werde immer undeutlicher.[91] Zudem schaffe der EuGH einen Widerspruch zu seiner Rechtsprechung bezüglich der Verlegung einer Hauptniederlassung zur Umgehung von nationalstaatlichen Restriktionen, die er als Umgehungstatbestand aus dem Schutz der Dienstleistungsfreiheit herausnimmt (s. Rn. 18): Die Ableistung eines Teiles der Dienstleistung im Ausland kann genauso zur Umgehung von nationalen Regelungen genutzt werden. Der EuGH ging auf diese Fragen nicht ein. Allerdings nahm GA *Léger* in seinen Schlussanträgen zur Rs. ITC dazu näher Stellung. Der Generalanwalt sah einen **wesentlichen Bestandteil** der Dienstleistung im Suchen der neuen Arbeitsstätte im Ausland.[92] Auch wenn der erfolgreich abgeschlossene Arbeitsvertrag keinen Teil der Dienstleistung zwischen dem Kunden und ITC darstellt, mussten doch Angestellte der ITC für die Dienstleistung – die Arbeitsvermittlung – in die Niederlande reisen und dort Kontakte aufbauen und erhalten. Ein wesentlicher Bestandteil der Arbeitsvermittlungsleistung wurde

---

[88] EuGH, Urt. v. 28.10.1999, Rs. C–55/98 (Vestergaard), Slg. 1999, I–7641.
[89] EuGH, Urt. v. 11.1.2007, Rs. C–208/05 (ITC), Slg. 2007, I–181.
[90] Vgl. § 421g SGB III, §§ 1, 3 SGB IV, § 30 SGB I.
[91] *Randelzhofer/Forsthoff*, in: Grabitz/Hilf/Nettesheim, EU, Art. 57 AEUV (März 2011), Rn. 60; *Kluth*, in: Calliess/Ruffert, EUV/AEUV, Art. 56, 57 AEUV, Rn. 34.
[92] GA *Léger*, Schlussanträge zu Rs. C–208/05 (ITC), Slg. 2007, I–181, Rn. 120.

somit in den Niederlanden durchgeführt.⁹³ Genauso verhielt es sich in der Rs. Vestergaard. Ein essenzieller Teil der Dienstleistung »Fortbildung«, nämlich die Fortbildung selbst, wurde in einem anderen Mitgliedstaat als dem Staat der Ansässigkeit der Leistungsparteien erbracht.

Deutlich wird, dass der EuGH den Anwendungsbereich des Art. 56 AEUV dadurch über das hinausgehend, was der Wortlaut vermuten lässt, ausgedehnt hat. Neben der ausdrücklich gewährten aktiven Dienstleistungsfreiheit wird auch ihr passiver Gebrauch geschützt. Mit der Erfassung von Auslandssachverhalten wurde das Kriterium, welches den Anwendungsbereich der Dienstleistungsfreiheit eröffnet, von der Gebietsfremdheit der Leistungsaustauschenden zunächst auf die Gebietsfremdheit der Leistung und dann auf die Gebietsfremdheit des Leistungsortes erweitert. Es ist offenkundig, dass dies die Messlatte deutlich tiefer legt und das Kriterium des grenzüberschreitenden Bezugs immer weniger die Funktion erfüllt, Konstellationen aus dem Zugriff der Dienstleistungsfreiheit auszuscheiden. Man mag dies kritisieren, etwa mit dem Argument, dass die Behinderung nicht durch das Vorliegen unterschiedlicher Rechtsordnungen entsteht. Jedoch liegt diese Rechtsprechung ganz auf der Linie eines zunehmend integrierten Binnenmarktes, in dem der Auslandsbezug eine zunehmend marginale Rolle spielt. Er hat Staub angesetzt in einer Union, die sich immer mehr als politischen Raum kollektiver Identität begreift und in dieser Vorstellung Unterstützung vom EuGH erhält. Die Rechtsprechung zur Unionsbürgerschaft, in der das Kriterium des grenzüberschreitenden Bezugs nun praktisch ohne Bedeutung ist, illustriert dies.⁹⁴ Ob dies von den Unionsbürgern auch angenommen wird, ist eine andere Frage. Sie ändert aber nichts daran, dass sowohl die politischen Organe als auch der EuGH auf diesem Weg voranschreiten. **35**

Zudem kann man die heraufbeschworene Gefahr des Zusammenbruchs der Grenze zum reinen Inlandssachverhalt, die sicher besteht, auch von der anderen Seite her betrachten: Warum sollte man die mitgliedstaatlichen Rechtsordnungen in den Rs. Vestergaard und ITC ungeschoren lassen? Es dürfte kaum triftige oder gar durchschlagende Gründe geben, Fortbildungen in Griechenland schlechter zu behandeln als solche in Deutschland, ebenso wenig wie es nachvollziehbar ist, die Arbeitssuche auf das Inland zu begrenzen oder sie jedenfalls gegenüber solcher Suche zu privilegieren, die auch das Unionsgebiet mit in den Blick nimmt. Gerade das ist doch das Ziel des Binnenmarktes: Ein unionsweiter Markt für Arbeit, Fortbildung und Dienstleistungen ohne Beschränkungen, in dem sich der mobile Unionsbürger frei bewegen und seine Dienstleistungen in einer Weise anbieten oder in Anspruch nehmen kann, die nicht weniger attraktiv ist als im Inland. Umgehungsgefahren, die sich hiermit nicht in Einklang bringen lassen (wie dem in der Sommerfrische arbeitenden Rechtsanwalt), kann der EuGH jederzeit mit dem flexiblen Instrument des »wesentlichen Dienstleistungsbestandteils« begegnen. **36**

4. Korrespondenzdienstleistungen

Der immer stärkere Einsatz von Kommunikationsmitteln erlaubt es, dass die Parteien einer Leistungsbeziehung nicht mehr am selben Ort sein müssen (z. B. Online-Dienstleistungen).⁹⁵ Damit steigt auch der Bedarf einer Eingliederung solcher Leistungen in das System der Grundfreiheiten. Die Warenverkehrsfreiheit scheidet dafür in Anbetracht **37**

---
⁹³ *Chalmers/Davies/Monti*, S. 805.
⁹⁴ EuGH, Urt. v. 8.3.2011, Rs. C-34/09 (Ruiz Zambrano), Slg. 2011, I-1177; Besprechung dazu *Vitzthum*, EuR 2011, 550.
⁹⁵ *Barnard*, S. 368.

der meist unkörperlichen Natur der Produkte aus; offensichtlich gehören sie in die Dienstleistungsfreiheit.[96] Bei einer Korrespondenzdienstleistung übertritt weder der Dienstleistungsempfänger noch der Dienstleistungserbringer eine mitgliedstaatliche Grenze. Lediglich die Dienstleistung an sich wird in den anderen Mitgliedstaat versendet bzw. dort ausgeführt. Das personelle Element der Dienstleistungsfreiheit tritt hier fast vollständig zurück: Das Produkt der Leistung überquert – wie bei der Warenverkehrsfreiheit – eine Grenze.[97] Beschränkungen werden an Art. 56 AEUV gemessen, beispielsweise eine mitgliedstaatliche Regelung, die Unternehmen die Praxis des »cold calling« – also die telefonische Kontaktierung von Kunden ohne deren vorherige Zustimmung – auch im Hinblick auf Kunden in anderen Mitgliedstaaten untersagt.[98]

38 Die vom EuGH entschiedenen Sachkonstellationen behandeln überwiegend Rundfunk- und Televisionsbeiträge,[99] die in einem Mitgliedstaat produziert und in einem anderen ausgestrahlt werden.

5. Rein innerstaatliche Sachverhalte

39 Sachverhalte ohne jeglichen Auslandsbezug – ohne relevanten grenzüberschreitenden Aspekt[100] – eröffnen nicht den Anwendungsbereich der Dienstleistungsfreiheit (s. Rn. 25 ff.).[101] Fallkonstellationen, in denen die eigenen Staatsangehörigen durch Regelungen schlechter gestellt werden als EU-Bürger, die sich in einem entsprechenden Fall auf die Dienstleistungsfreiheit berufen können (sog. **umgekehrte Diskriminierung** oder **Inländerdiskriminierung**), fallen nicht in den Anwendungsbereich der Dienstleistungsfreiheit. Ausgeschlossen ist dagegen nicht, dass sich Ansässige eines Staates gegen selbigen wenden, weil dieser die Ausübung ihrer Dienstleistungsfreiheit behindert.[102]

40 Selbst wenn ein rein innerstaatlicher Sachverhalt gegeben ist, legen mitgliedstaatliche Gerichte dem EuGH von Zeit zu Zeit Ersuchen um Vorabentscheidungen vor, wenn das nationale Recht eine Gleichstellungsklausel vorsieht und eine Rechtsposition verleiht, die Angehörigen anderer Mitgliedstaaten im Falle der Einschlägigkeit von Unionsrecht

---

[96] S. auch Abgrenzung Art. 34 AEUV, Rn. 4 ff.
[97] *Randelzhofer/Forsthoff*, in: Grabitz/Hilf/Nettesheim, EU, Art. 56, 57 AEUV (März 2011), Rn. 54; *Chalmers/Davies/Monti*, S. 803.
[98] EuGH, Urt. v. 10.5.1995, Rs. C–384/93 (Alpine Investments/Minister van Financiën), Slg. 1995, I–1141. Dazu bereits Art. 56 AEUV, Rn. 72.
[99] EuGH, Urt. v. 30.4.1974, Rs. 155/73 (Sacchi), Slg. 1974, 409, Rn. 6; Urt. v. 18.3.1980, Rs. 52/79 (Procureur du Roi/Debauve), Slg. 1980, 833, Rn. 8; Urt. v. 18.3.1980, Rs. 62/79 (Coditel/Ciné Vog Films), Slg. 1980, 881, Rn. 12; Urt. v. 6.10.1982, Rs. 262/81 (Coditel/Ciné Vog Films II), Slg. 1982, 3381, Rn. 11; Urt. v. 26.4.1988, Rs. 352/85 (Bond van Adverteerders/Niederländischer Staat), Slg. 1988, 2085, Rn. 14 f.; Urt. v. 10.5.1995, Rs. C–384/93 (Alpine Investments/Minister van Financiën), Slg. 1995, I–1141, Rn. 19, 21; Urt. v. 29.11.2001, Rs. C–17/00 (De Coster), Slg. 2001, I–9445, Rn. 28; Urt. v. 6.11.2003, Rs. C–243/01 (Gambelli u.a.), Slg. 2003, I–13031, Rn. 54 f.
[100] *Forsthoff*, in: Grabitz/Hilf/Nettesheim, EU, Art. 45 AEUV (September 2010), Rn. 54.
[101] EuGH, Urt. v. 23.4.1991, Rs. C–41/90 (Höfner und Elser/Macrotron), Slg. 1991, I–1979, Rn. 37; Urt. v. 19.3.1992, Rs. C–60/91 (Batista Morais), Slg. 1992, I–2085, Rn. 7; Urt. v. 7.12.1995, Rs. C–17/94 (Gervais u.a.), Slg. 1995, I–4353, Rn. 24, 26; Urt. v. 16.1.1997, Rs. C–134/95 (USSL N° 47 DI BIELLA/INAIL), Slg. 1997, I–195, Rn. 19 (mit Bezugnahme auf: EuGH, Urt. v. 28.1.1992, Rs. C–332/90 (Steen/Deutsche Bundespost), Slg. 1992, I–341, Rn. 9; Urt. v. 16.2.1995, verb. Rs. C–29/94, 30/94, 31/94, 32/94, 33/94, 34/94 u. 35/94 (Aubertin u.a.), Slg. 1995, I–301, Rn. 9.
[102] *Randelzhofer/Forsthoff*, in: Grabitz/Hilf/Nettesheim, EU, Art. 56, 57 AEUV (März 2011), Rn. 63.

zukäme. Da die mitgliedstaatlichen Gerichte hierfür das Unionsrecht kennen müssen, antwortet der EuGH auf solche Vorlagen.[103]

III. Verbotene Tätigkeiten

Die besondere Nähe der Dienstleistungsfreiheit zu brisanten Fragen der gesellschaftlichen Werte und den daraus folgenden mitgliedstaatlichen Entscheidungen zeigt sich bei dem Problem, ob die Illegalität einer Tätigkeit ihren Charakter als Dienstleistung ausschließt. Die Frage taucht immer dann auf, wenn eine Tätigkeit in einem Mitgliedstaat verboten, in einem anderen Mitgliedstaat aber rechtmäßig ist und ein dort ansässiger Leistungserbringer diese Leistung auch grenzüberschreitend in dem anderen Mitgliedstaat anbieten will. Der verbietende Mitgliedstaat mag über gute Gründe verfügen, die Leistungserbringung zu unterbinden; die vorgelagerte Frage aber ist, ob es sich dabei überhaupt um eine Dienstleistung im Sinne der Art. 56 f. AEUV handelt. Es führt regelmäßig zu intensiven politischen und gesellschaftlichen Diskussionen, wenn sich der verbietende Mitgliedstaat für sein Verbot unter der wirtschaftsrechtlichen Ratio der Dienstleistungsfreiheit vor dem EuGH rechtfertigen muss, obwohl seine demokratisch ausgehandelte social choice auf den konsentierten Grundwerten der Gesellschaft beruht. In Anbetracht der Themen, um die es geht – Schwangerschaftsabbruch, riskante Börsentransaktionen, Glücksspiel, Prostitution und Drogenhandel –, ist dies nicht verwunderlich.

41

In der Rs. Koestler stand die Frage nach einklagbaren Schulden aus Differenzgeschäften (Termingeschäften) an der Pariser Börse im Raum. Das deutsche Gericht hielt die Schulden für nicht einklagbar, da sie **Spielschulden** gemäß § 762 BGB, § 764 a. F. BGB darstellten und auch der ordre-public-Vorbehalt aus Art. 30 a. F. EGBGB (nun Art. 6 EGBGB) einer gerichtlichen Geltendmachung entgegenstehe.[104] Die aus legalen Geschäften in Frankreich entstammenden Schulden könnten damit in Deutschland, da sie nach dem deutschen Recht nicht legal waren, nicht geltend gemacht werden. Der EuGH urteilte, dass die Differenzgeschäfte als kaufmännische Tätigkeit unter den Schutz der Art. 56, 57 AEUV fallen, unabhängig davon, ob sie in Deutschland als illegal angesehen werden.[105] Normen, die aufgrund des Internationalen Privatrechts nicht angewendet werden würden und die Tätigkeiten regeln, die eine Dienstleistung darstellen, werden an der Grundfreiheit gemessen.

42

Der EuGH hat auch entschieden, dass Glücksspiele (**Sportwetten**,[106] **Lotterien**[107]) grundsätzlich den freien Dienstleistungsverkehr berühren. Dass Glücksspiele in den Mitgliedstaaten traditionell verboten oder stark reguliert seien, ändere daran nichts. Da Glücksspiel eine entgeltliche Tätigkeit darstellt, falle es unter die Dienstleistungsfreiheit. Die Erholungs- und Spielkomponenten träten dahinter zurück.[108] Auch **private**

43

---

[103] EuGH, Urt. v. 22.12.2010, Rs. C–245/09 (Omalet), Slg. 2010, I–13771, Rn. 15; Urt. v. 12.7.2012, Rs. C–602/10 (SC Volksbank România), ECLI:EU:C:2012:443.
[104] EuGH, Urt. v. 24.10.1978, Rs. 15/78 (Société générale alsacienne de banque/Koestler), Slg. 1978, 1971.
[105] EuGH, Urt. v. 24.10.1978, Rs. 15/78 (Société générale alsacienne de banque/Koestler), Slg. 1978, 1971, Rn. 3; Deutschland konnte die Beschränkung des freien Dienstleistungsverkehrs jedoch rechtfertigen, s. Rn. 5 ebd.
[106] EuGH, Urt. v. 6.11.2003, Rs. C–243/01 (Gambelli u. a.), Slg. 2003, I–13031.
[107] EuGH, Urt. v. 24.3.1994, Rs. C–275/92 (H.M. Customs and Excise/Schindler), Slg. 1994, I–1039.
[108] EuGH, Urt. v. 24.3.1994, Rs. C–275/92 (H.M. Customs and Excise/Schindler), Slg. 1994, I–1039, Rn. 31 ff.

Vermittler von Wetten im Ausland können sich als Dienstleistungserbringer auf Art. 56, 57 AEUV berufen.[109] Ein mitgliedstaatliches Verbot, Glücksspiel im **Internet** anzubieten,[110] beeinträchtigt zudem den Dienstleistungsempfänger.[111] Werden ausländische private Anbieter vom Anbieten des **Automatenspiels** ausgeschlossen, da dies nur öffentlich-rechtlichen Vereinigungen vorbehalten ist, so ist auch hier die Dienstleistungsfreiheit beeinträchtigt.[112] Den Mitgliedstaaten steht jedoch ein großer Ermessensspielraum bei der Rechtfertigung zu (s. Art. 62 AEUV, Rn. 5 ff.).

44 Mit Verweis auf seine Rechtsprechung zum Glücksspiel erklärte der EuGH auch **Prostitution** als von der Dienstleistungsfreiheit geschützt.[113] Obwohl die Prostitution in vielen Mitgliedstaaten verboten ist und in anderen zumindest Regulierungen unterliegt, stellt sie eine entgeltliche Dienstleistung und damit einen Teil des Wirtschaftslebens der Union dar. Die Dienstleistungsfreiheit kann jedoch nicht zur Anwendung gelangen, wenn die Dienstleistung nicht selbstständig, sondern in abhängiger Erwerbsarbeit im Sinne der Arbeitnehmerfreizügigkeit erbracht wird (s. Rn. 19).[114]

45 Im Gegensatz zu den Regelungen betreffend Glücksspiel und Prostitution verbieten alle Mitgliedstaaten **Schwangerschaftsabbrüche**, doch sind sie unter Umständen, die von Mitgliedstaat zu Mitgliedstaat unterschiedlich sind, zum Teil erlaubt beziehungsweise straffrei. Ausnahme ist Irland,[115] das die Abtreibung sogar verfassungsrechtlich verbietet.[116] Der EuGH hatte in der Rs. Grogan zu entscheiden, ob die Verbreitung von Informationen in Irland über Abtreibungen im Ausland eine Dienstleistung darstellte.[117] Der EuGH entschied, dass ein Schwangerschaftsabbruch als erlaubte medizinische Tätigkeit, die freiberuflich gegen Entgelt ausgeübt wird, als eine Dienstleistung im Sinne der Verträge anzusehen ist.[118] Auch die Verbreitung von Informationen über die Möglichkeit, einen Schwangerschaftsabbruch im Ausland vornehmen zu lassen, kann unter den freien Dienstleistungsverkehr fallen.[119] Deutlich stellt der EuGH klar, dass es nicht seine

---

[109] EuGH, Urt. v. 6.3.2007, Rs. C–338/04 (Placanica), Slg. 2007, I–1891, Rn. 42.
[110] EuGH, Urt. v. 8.9.2010, Rs. C–46/08 (Carmen Media Group), Slg. 2010, I–8419, Rn. 41 ff.; Urt. v. 15.9.2011, Rs. C–347/09 (Dickinger und Ömer), Slg. 2011, I–8185, Rn. 32.
[111] EuGH, Urt. v. 3.6.2010, Rs. C–203/08 (Sporting Exchange), Slg. 2010, I–4695, Rn. 23, 24; Urt. v. 8.7.2010, Rs. C–447/08 (Sjöberg und Gerdin), Slg. 2010, I–6921, Rn. 32.
[112] EuGH, Urt. v. 21.9.1999, Rs. C–124/97 (Läärä u. a.), Slg. 1999, I–6067, Rn. 27, 29.
[113] EuGH, Urt. v. 20.11.2001, Rs. C–268/99 (Jany u. a.), Slg. 2001, I–8615, Rn. 56, 49.
[114] EuGH, Urt. v. 20.11.2001, Rs. C–268/99 (Jany u. a.), Slg. 2001, I–8615, Rn. 33.
[115] Für eine Zusammenfassung der Entwicklung zum irischen Abtreibungsrecht s. *Barnard*, S. 373 ff.
[116] Art. 40 Abs. 3 UAbs. 3 Satz 1 Bunreacht na hÉireann: »The State acknowledges the right to life of the unborn and, with due regard to the equal right to life of the mother, guarantees in its laws to respect, and, as far as practicable, by its laws to defend and vindicate that right.«
[117] EuGH, Urt. v. 4.10.1991, Rs. C–159/90 (Society for the Protection of Unborn Children Ireland/Grogan u. a.), Slg. 1991, I–4685.
[118] EuGH, Urt. v. 4.10.1991, Rs. C–159/90 (Society for the Protection of Unborn Children Ireland/Grogan u. a.), Slg. 1991, I–4685, Rn. 21; so auch GA *van Gerven*, Schlussanträge zu Rs. C–159/90 (Society for the Protection of Unborn Children Ireland/Grogan u. a.), Slg. 1991, I–4685, Rn. 10.
[119] EuGH, Urt. v. 4.10.1991, Rs. C–159/90 (Society for the Protection of Unborn Children Ireland/Grogan u. a.), Slg. 1991, I–4685, Rn. 24 ff. Da aber die Verbreiter der Informationen in keiner Beziehung zu den Kliniken im Ausland standen, fällt ihr Verhalten unter die Ausübung der Meinungs- und Informationsfreiheit, die von der wirtschaftlichen Tätigkeit der Kliniken im Ausland unabhängig ist, ebd., Rn. 24–27.

Aufgabe ist, die Tätigkeiten, die Dienstleistungen darstellen, moralisch zu bewerten. Dies sei und bleibe Sache der Mitgliedstaaten.[120]

Insgesamt hat der EuGH damit eine stabile Rechtsprechungslinie entwickelt. Selbstständige, entgeltliche Tätigkeiten unterfallen, trotz eines etwaigen Verbots in einem oder mehreren Mitgliedstaaten, der Dienstleistungsfreiheit. Moralische Argumente lässt der EuGH nicht gelten und misst sich auch nicht die Kompetenz zu, über sie zu Gericht zu sitzen: In all diesen Fällen stellte der EuGH darauf ab, dass die Leistung in manchen Mitgliedstaaten nicht verboten sei und es nicht seine Sache sei, »die Beurteilung, die vom Gesetzgeber in den Mitgliedstaaten vorgenommen worden ist, in denen die betreffenden Tätigkeiten legal ausgeübt werden, durch seine eigene Beurteilung zu ersetzen.«[121] Dies setzt voraus, dass die betreffende Leistung jedenfalls in einigen Mitgliedstaaten rechtmäßig ist. Auf Seiten der **Rechtfertigung** aber überlässt er den Mitgliedstaaten einen weiten Spielraum, in dem auch und gerade sittliche Überlegungen seitens der Mitgliedstaaten eine entscheidende Rolle spielen können (s. Art. 62 AEUV, Rn. 3 ff.). 46

Einzige Ausnahme scheint die Rs. Josemans zu sein. Der EuGH urteilte, dass der Verkauf und Handel mit **Cannabis** außerhalb der Verwendung für medizinische und wissenschaftliche Zwecke nicht Teil des Wirtschaftslebens und damit dem Anwendungsbereich der Grundfreiheiten entzogen sei.[122] 47

Eigentlich lag jedoch eine mit der Rs. Grogan vergleichbare Situation vor. Eine in einem Mitgliedstaat erlaubte Tätigkeit wird in anderen Mitgliedstaaten verboten. Der EuGH ließ diese Tätigkeit nun aber nicht den Grundfreiheiten unterfallen, sondern nahm sie von deren Anwendbarkeit aus. Inwieweit der EuGH hier eine Bereichsausnahme schaffen wollte und auf welcher Grundlage dies geschehen sollte, ist nicht klar. Aus der Forderung einer Rechtfertigung von Beschränkungen der Dienstleistungsfreiheit folgt aber, dass eine Herausnahme einer Tätigkeit aus dem Anwendungsbereich erst recht einer primärrechtlichen Grundlage bedarf.[123] Eine geschriebene Bereichsausnahme für den Verkauf und Handel mit Drogen ist im Primärrecht nicht erkennbar. Lediglich Art. 168 Abs. 1 AEUV fordert bei der Durchführung und Festlegung aller Unionsmaßnahmen die Sicherstellung eines hohen Gesundheitsschutzniveaus. Art. 83 AEUV lässt Richtlinien zu Mindestvorschriften über die Strafbarkeit von illegalem Drogenhandel zu. Durch eine systematisch-teleologische Auslegung der Dienstleistungsfreiheit in Verbindung nit den genannten Vorschriften[124] kann eine Nichtanwendbarkeit nur knapp begründet werden. Der EuGH hatte jedoch schon Anfang der 1980er Jahre entschieden, dass keine Zollschuld auf illegale Betäubungsmittel entstehen kann.[125] Dieser Überlegung kann man folgen: Der illegale Handel mit Drogen soll nicht zum Teil des Wirtschaftskreislaufes der Union werden. Der Grundsatz der Dienstleistungsfreiheit stellt, ebenso wie das europäische Zoll- oder Steuerrecht, ein Mittel zur Schaffung eines 48

---

[120] EuGH, Urt. v. 4. 10. 1991, Rs. C–159/90 (Society for the Protection of Unborn Children Ireland/Grogan u. a.), Slg. 1991, I–4685, Rn. 20.
[121] EuGH, Urt. v. 4. 10. 1991, Rs. C–159/90 (Society for the Protection of Unborn Children Ireland/Grogan u. a.), Slg. 1991, I–4685.
[122] EuGH, Urt. v. 16. 12. 2010, Rs. C–137/09 (Josemans), Slg. 2010, I–13019, Rn. 41.
[123] *Purnhagen,*, EuZW 2011, 219 (225).
[124] *Purnhagen,*, EuZW 2011, 219 (225).
[125] EuGH, Urt. v. 5. 2. 1981, Rs. 50/80 (Horvath/Hauptzollamt Hamburg-Jonas), Slg. 1981, 385, Rn. 13; Urt. v. 26. 10. 1982, Rs. 221/81 (Wolf/Hauptzollamt Düsseldorf), Slg. 1982, 3681, Rn. 13; Urt. v. 28. 2. 1984, Rs. 294/82 (Einberger/Hauptzollamt Freiburg), Slg. 1984, 1177, Rn. 13.

Raums der Freiheit, der Sicherheit und des Rechts dar und soll zum Wohlergehen der Völker der Welt beitragen.[126] Die Herausnahme des Drogenhandels aus dem regulierten Wirtschaftskreislauf ist damit Ausdruck der Haltung der Union und der Mitgliedstaaten gegenüber dem illegalen Drogenhandel, die auch in mehreren internationalen Übereinkommen[127] zum Ausdruck kommt. Dass auch Cannabis als »weiche« Droge, deren Verkauf und Handel in den Niederlanden unter bestimmten Umständen nach dem Opportunitätsprinzip geduldet wird,[128] an den harten Kriterien gemessen wird und auch ihr teilweise legaler Verkauf in den Niederlanden nicht in den Wirtschaftskreislauf miteinbezogen wird, mag mit der Angst vor der Öffnung eines Einfallstores begründet werden können.

49 Verbotene Tätigkeiten unterfallen daher grundsätzlich dem EU-Recht, jedoch besteht ein weiter Ermessensspielraum der Mitgliedstaaten, Restriktionen zu rechtfertigen. Nur in Ausnahmebereichen, in denen die Politik der Union, gestützt auf internationale Abkommen, eine Tätigkeit als so schädlich und gefährlich einstuft, dass sie ganz verboten werden soll, kann eine Herausnahme aus dem Anwendungsbereich der Dienstleistungsfreiheit stattfinden. Damit wird erreicht, dass sich solche Tätigkeiten nicht auf den Schutz des Binnenmarktes berufen können und kein Rechtfertigungsdruck für die Mitgliedstaaten und die Union entsteht. Solche Tätigkeiten sollen nicht mit dem Binnenmarkt in Verbindung gebracht werden. Dies gilt jedoch nur ganz ausnahmsweise.

IV. Beispiele des Art. 57 Abs. 2 AEUV

50 Art. 57 Abs. 2 AEUV zählt Tätigkeiten auf, die typischerweise als Dienstleistung erbracht werden. Die Aufzählung ist nicht abschließend (»insbesondere«). Der EuGH hat durch seine Spruchpraxis viele Beispiele und Abgrenzungen beigebracht. Er hat u. a. folgende Leistungen als Dienstleistungen anerkannt: Leistungen der Altersversorgung;[129] der Arbeitnehmerüberlassung;[130] der Arbeitsplatzvermittlung;[131] Architektenleistungen;[132] die Auftragsvergabe;[133] Bauleistungen;[134] die Beteiligung an Fernsehsendern;[135] Bedienung von Anzeigekunden;[136] Leistungen von Detekteien;[137] die Verbreitung von Fernsehsendungen;[138] den Filmverleih;[139] Finanzdienstleistungen (s. auch

---

[126] GA *Bot*, Schlussanträge zu Rs. C–137/09 (Josemans), Slg. 2010, I–13019, Rn. 92.
[127] Art. 71 Schengener Durchführungsübereinkommen; Einheits-Übereinkommen von 1961 über Suchtstoffe (*Recueil des traités des Nations unies,* Bd. 520, Nr. 7515); Übereinkommen von 1971 über psychotrope Stoffe (*Recueil des traités des Nations unies,* Bd. 1019, Nr. 14956).
[128] EuGH, Urt. v. 16. 12. 2010, Rs. C–137/09 (Josemans), Slg. 2010, I–13019, Rn. 12 ff.
[129] EuGH, Urt. v. 3. 10. 2002, Rs. C–136/00 (Danner), Slg. 2002, I–8147.
[130] EuGH, Urt. v. 17. 12. 1981, Rs. 279/80 (Webb), Slg. 1981, 3305.
[131] EuGH, Urt. v. 18. 1. 1979, verb. Rs. 110/78 u. 111/78 (Ministère public u. a./Van Wesemael), Slg. 1979, 35.
[132] EuGH, Urt. v. 21. 3. 2002, Rs. C–298/99 (Kommission/Italien), Slg. 2002, I–3129.
[133] EuGH, Urt. v. 18. 12. 2007, Rs. C–532/03 (Kommission/Irland), Slg. 2007, I–11353.
[134] EuGH, Urt. v. 3. 2. 1982, verb. Rs. 62/81 u. 63/81 (Seco/EVI), Slg. 1982, 223.
[135] EuGH, Urt. v. 3. 2. 1993, Rs. C–148/91 (Veronica Omroep Organisatie/Commissariaat voor de Media), Slg. 1993, I–487.
[136] EuGH, Urt. v. 11. 7. 2002, Rs. C–60/00 (Carpenter), Slg. 2002, I–6279.
[137] EuGH, Urt. v. 7. 10. 2004, Rs. C–189/03 (Kommission/Niederlande), Slg. 2004, I–9289.
[138] EuGH, Urt. v. 30. 4. 1974, Rs. 155/73 (Sacchi), Slg. 1974, 409.
[139] EuGH, Urt. v. 4. 5. 1993, Rs. C–17/92 (Federación de Distribuidores Cinematográficos/État espagnol), Slg. 1993, I–2239.

Rn. 13 ff.);[140] Forschung;[141] Fortbildungsleistungen;[142] Franchising;[143] Fremdenführerleistungen;[144] professionellen Fußballsport;[145] Gaststättenbetrieb;[146] Handwerkerleistungen;[147] Leistungen von Inkassobüros (inklusive der gerichtlichen Eintreibung von Forderungen);[148] die Kreditvergabe;[149] Künstlervermittlung;[150] Leasing;[151] Lehrtätigkeiten;[152] das Anbieten und die Teilnahme an Glücksspiel, Lotterie und Wetten;[153] das Veranstalten von Messen;[154] medizinische Behandlungen;[155] Mobilfunkdienstleistungen;[156] Leistungen eines Patentanwalts;[157] Postdienstleistungen;[158] Prostitution (s. auch Rn. 44);[159] professioneller Radsport;[160] Leistungen eines Rechtsbeistandes;[161] Rechtsberatung einschließlich der gerichtlichen Vertretung;[162] Reinigungsarbeiten;[163] Produktion von Rundfunk- und Fernsehsendungen;[164] Schulunterricht;[165] Seeschifffahrt;[166] ärztlichen Schwangerschaftsabbruch (s. auch Rn. 45);[167] Leistungen privater Sicherheitsdienste;[168] Steuerberatung;[169] technische Überwachung von Kraftfahrzeugen;[170] Testaments-

---

[140] EuGH, Urt. v. 4.3.2004, Rs. C–334/02 (Kommission/Frankreich), Slg. 2004, I–2229.
[141] EuGH, Urt. v. 10.3.2005, Rs. C–39/04 (Laboratoires Fournier), Slg. 2005, I–2057.
[142] EuGH, Urt. v. 11.7.2002, Rs. C–294/00 (Gräbner), Slg. 2002, I–6515.
[143] EuGH, Urt. v. 14.10.2004, Rs. C–36/02 (Omega), Slg. 2004, I–9609.
[144] EuGH, Urt. v. 26.2.1991, Rs. C–154/89 (Kommission/Frankreich), Slg. 1991, I–659.
[145] EuGH, Urt. v. 14.7.1976, Rs. 13/76 (Dona/Mantero), Slg. 1976, 1333.
[146] EuGH, Urt. v. 16.12.2010, Rs. C–137/09 (Josemans), Slg. 2010, I–13019.
[147] EuGH, Urt. v. 11.12.2003, Rs. C–215/01 (Schnitzer), Slg. 2003, I–14847.
[148] EuGH, Urt. v. 12.12.1996, Rs. C–3/95 (Reisebüro Broede/Sandker), Slg. 1996, I–6511.
[149] EuGH, Urt. v. 14.11.1995, Rs. C–484/93 (Svensson und Gustavsson/Ministre du Logement und de l'Urbanisme), Slg. 1995, I–3955.
[150] EuGH, Urt. v. 3.10.2006, Rs. C–290/04 (FKP Scorpio Konzertproduktionen), Slg. 2006, I–9461.
[151] EuGH, Urt. v. 21.3.2002, Rs. C–451/99 (Cura Anlagen), Slg. 2002, I–3193.
[152] EuGH, Urt. v. 18.12.2007, Rs. C–281/06 (Jundt), Slg. 2007, I–12231.
[153] EuGH, Urt. v. 24.3.1994, Rs. C–275/92 (H.M. Customs and Excise/Schindler), Slg. 1994, I–1039.
[154] EuGH, Urt. v. 15.1.2002, Rs. C–439/99 (Kommission/Italien), Slg. 2002, I–305.
[155] EuGH, Urt. v. 31.1.1984, verb. Rs. 286/82 u. 26/83 (Luisi und Carbone/Ministero dello Tesoro), Slg. 1984, 377.
[156] EuGH, Urt. v. 8.9.2005, verb. Rs. C–544/03 u. 545/03 (Mobistar und Belgacom Mobile), Slg. 2005, I–7723.
[157] EuGH, Urt. v. 13.2.2003, Rs. C–131/01 (Kommission/Italien), Slg. 2003, I–1659.
[158] EuGH, Urt. v. 18.12.2007, Rs. C–220/06 (Asociación Profesional de Empresas de Reparto y Manipulado de Correspondencia), Slg. 2007, I–12175.
[159] EuGH, Urt. v. 20.11.2001, Rs. C–268/99 (Jany u.a.), Slg. 2001, I–8615.
[160] EuGH, Urt. v. 12.12.1974, Rs. 36/74 (Walrave und Koch/Association Union Cycliste Internationale u.a.), Slg. 1974, 1405.
[161] EuGH, Urt. v. 3.12.1974, Rs. 33/74 (Van Binsbergen/Bedrijfsvereniging voor de Metaalnijverheid), Slg. 1974, 1299.
[162] EuGH, Urt. v. 19.1.1988, Rs. 292/86 (Gullung/Conseils de l'ordre des avocats du barreau de Colmar und de Saverne), Slg. 1988, 111.
[163] EuGH, Urt. v. 9.3.2000, Rs. C–358/98 (Kommission/Italien), Slg. 2000, I–1255.
[164] EuGH, Urt. v. 25.7.1991, Rs. C–353/89 (Kommission/Niederlande), Slg. 1991, I–4069.
[165] EuGH, Urt. v. 11.9.2007, Rs. C–318/05 (Kommission/Deutschland), Slg. 2007, I–6957.
[166] EuGH, Urt. v. 17.5.1994, Rs. C–18/93 (Corsica Ferries/Corpo dei piloti del porto di Genova), Slg. 1994, I–1783.
[167] EuGH, Urt. v. 4.10.1991, Rs. C–159/90 (Society for the Protection of Unborn Children Ireland/Grogan u.a.), Slg. 1991, I–4685.
[168] EuGH, Urt. v. 29.10.1998, Rs. C–114/97 (Kommission/Spanien), Slg. 1998, I–6717.
[169] EuGH, Urt. v. 30.3.2006, Rs. C–451/03 (Servizi Ausiliari Dottori Commercialisti), Slg. 2006, I–2941.
[170] EuGH, Urt. v. 5.10.1994, Rs. C–55/93 (Van Schaik), Slg. 1994, I–4837.

vollstreckung;[171] Reisende (Touristen, Studien- und Geschäftsreisende) als Dienstleistungsempfänger;[172] Unterhaltungsveranstaltungen;[173] Jagdrechtüberlassungen;[174] Vermietung;[175] Versicherungsleistungen;[176] Tätigkeiten von Versicherungsmaklern;[177] Werbung;[178] Wertpapiertermingeschäfte;[179] Wertpapierdienstleistungen[180] und Wirtschaftsprüfungen.[181]

---

[171] EuGH, Urt. v. 1.7.1993, Rs. C–20/92 (Hubbard/Hamburg), Slg. 1993, I–3777.
[172] EuGH, Urt. v. 31.1.1984, verb. Rs. 286/82 u. 26/83 (Luisi und Carbone/Ministero dello Tesoro), Slg. 1984, 377.
[173] EuGH, Urt. v. 15.2.2007, Rs. C–345/04 (Centro Equestro da Lezíria Grande), Slg. 2007, I–1425.
[174] EuGH, Urt. v. 15.7.2010, Rs. C–70/09 (Hengartner und Gasser), Slg. 2010, I–7233.
[175] EuGH, Urt. v. 4.12.2008, Rs. C–330/07 (Jobra), Slg. 2008, I–9099.
[176] EuGH, Urt. v. 4.12.1986, Rs. 220/83 (Kommission/Frankreich), Slg. 1986, 3663.
[177] EuGH, Urt. v. 26.11.1975, Rs. 39/75 (Coenen/Sociaal Economische Raad), Slg. 1975, 1547.
[178] EuGH, Urt. v. 26.4.1988, Rs. 352/85 (Bond van Adverteerders/Niederländischer Staat), Slg. 1988, 2085.
[179] EuGH, Urt. v. 24.10.1978, Rs. 15/78 (Société générale alsacienne de banque/Koestler), Slg. 1978, 1971.
[180] EuGH, Urt. v. 10.5.1995, Rs. C–384/93 (Alpine Investments/Minister van Financiën), Slg. 1995, I–1141.
[181] EuGH, Urt. v. 20.5.1992, Rs. C–106/91 (Ramrath/Ministre de la Justice), Slg. 1992, I–3351.

Artikel 58 AEUV [Verkehrsdienstleistungen; Kapitalverkehr]

(1) Für den freien Dienstleistungsverkehr auf dem Gebiet des Verkehrs gelten die Bestimmungen des Titels über den Verkehr.

(2) Die Liberalisierung der mit dem Kapitalverkehr verbundenen Dienstleistungen der Banken und Versicherungen wird im Einklang mit der Liberalisierung des Kapitalverkehrs durchgeführt.

Literaturübersicht

Frenz, Die Abgrenzung der EU-Verkehrspolitik zu den allgemeinen Vertragsbestimmungen, NZV 2010, 430; *Frohnmeyer/Mückenhausen*, EG-Verkehrsrecht, 4. Aufl., 2004; *Jannott*, Die Reichweite der Dienstleistungsfreiheit im Güterkraftverkehr der EG, Diss. iur., Göttingen, 1990; *Weyand*, Die Vollendung des Binnenmarktes im Güterkraftverkehr, Diss. rer. pol., Tübingen, 1996; sowie die Übersicht zu Art. 56 AEUV.

Leitentscheidungen

EuGH, Urt. v. 13.7.1989, Rs. C–4/88 (Lambregts Transportbedrijf/Belgischer Staat), Slg. 1989, 2583
EuGH, Urt. v. 17.5.1994, Rs. C–18/93 (Corsica Ferries/Corpo dei piloti del porto di Genova), Slg. 1994, I–1783
EuGH, Urt. v. 14.7.1994, Rs. C–379/92 (Peralta), Slg. 1994, I–3453
EuGH, Urt. v. 5.10.1994, Rs. C–381/93 (Kommission/Frankreich), Slg. 1994, I–5145
EuGH, Urt. v. 18.6.1998, Rs. C–266/96 (Corsica Ferries France/Gruppo Antichi Ormeggiatori del porto di Genova u.a.), Slg. 1998, I–3949
EuGH, Urt. v. 22.12.2010, Rs. C–338/09 (Yellow Cab Verkehrsbetrieb), Slg. 2010, I–13927

Inhaltsübersicht

	Rn.
A. Entwicklung	1
B. Regelungsinhalt	2
I. Dienstleistungsfreiheit im Verkehrssektor	3
II. Dienstleistungsfreiheit im Bereich des Kapital- und Zahlungsverkehrs	8

A. Entwicklung

Art. 58 AEUV entspricht dem Wortlaut des ex-Art. 51 EGV in der Fassung des Vertrages von Amsterdam. Durch den Vertrag von Maastricht wurden die bis dahin getrennt behandelten Vorschriften über den Kapitalverkehr und den Zahlungsverkehr in Art. 73b EGV zusammengezogen. Dass dabei der Wortlaut des Art. 58 Abs. 2 AEUV nicht um den Zahlungsverkehr ergänzt wurde, ist als redaktionelles Versehen zu verstehen.[1] Art. 58 Abs. 2 AEUV bezieht sich mithin auf den Kapital- und den Zahlungsverkehr. 1

B. Regelungsinhalt

Durch Art. 58 Abs. 1 AEUV wird der Anwendungsbereich der Dienstleistungsfreiheit verkürzt, indem der **Bereich des Verkehrs ausgeschlossen** wird. Für Verkehrsdienst- 2

---

[1] Vgl. *Tiedje*, in: GSH, Europäisches Unionsrecht, Art. 58 AEUV, Rn. 12, Fn. 24.

leistungen wurde aufgrund ihrer Besonderheiten ein eigenes Regelungsregime in den Art. 90 ff. AEUV geschaffen. Art. 58 Abs. 2 AEUV statuiert eine **Abstimmungspflicht** zwischen Vorschriften über Dienstleistungen im Banken- und Versicherungssektor und Regelungen, die im Zuge der Liberalisierung des Kapital- und Zahlungsverkehrs erlassen werden.[2]

I. Dienstleistungsfreiheit im Verkehrssektor

3   Die Vorschriften, die bei der Gründung der EWG in den einzelnen Mitgliedstaaten den Verkehr und dessen Verwaltung umfassend regelten, wichen stark voneinander ab. Um den großen Unterschieden Rechnung zu tragen, wurden Dienstleistungen im Bereich des Verkehrs daher aus dem allgemeinen Regime der Art. 56 ff. AEUV ausgenommen, da eine langsamere Anpassungspolitik als bei der allgemeinen Dienstleistungsfreiheit erforderlich war.[3] Im **Verkehrssektor** ist die Dienstleistungsfreiheit daher **nicht unmittelbar anwendbar**.[4] Durch sekundärrechtliche Ausformungen[5] ist ein der Dienstleistungsfreiheit entsprechendes Schutzlevel jedoch heute auch im Verkehrssektor weitestgehend verwirklicht.[6]

---

[2] *Kluth*, in: Calliess/Ruffert, EUV/AEUV, Art. 58 AEUV, Rn. 1 f.
[3] Vgl. zu den Besonderheiten des Verkehrssektors: Kommission, Denkschrift über die Grundausrichtung der gemeinsamen Verkehrspolitik, 1961, Anhänge, S. 14 ff.
[4] EuGH, Urt. v. 13.7.1989, Rs. C–4/88 (Lambregts Transportbedrijf/Belgischer Staat), Slg. 1989, 2583, Rn. 9; Urt. v. 22.12.2010, Rs. C–338/09 (Yellow Cab Verkehrsbetrieb), Slg. 2010, I–13927, Rn. 29; *Randelzhofer/Forsthoff*, in: Grabitz/Hilf/Nettesheim, EU, Art. 58 AEUV (März 2011), Rn. 1.
[5] Für den **Straßengüterkraftverkehr**: VO (EWG) Nr. 3164/76 vom 16.12.1976 über das Gemeinschaftskontingent für den Güterkraftverkehr zwischen den Mitgliedstaaten, ABl. 1976, L 357/1; sodann: VO (EWG) Nr. 1841/88 vom 21.6.1988 zur Änderung der VO (EWG) Nr. 3164/76 über das Gemeinschaftskontingent für den Güterkraftverkehr zwischen den Mitgliedstaaten, ABl. 1988, L 163/1; VO (EWG) Nr. 881/92 vom 26.3.1992 über den Zugang zum Güterkraftverkehrsmarkt in der Union für Beförderungen aus oder nach einem Mitgliedstaat oder durch einen oder mehrere Mitgliedstaaten, ABl. 1992, L 95/1; für die internationalen **Straßengütertransporte**: VO (EWG) Nr. 4058/89 vom 21.12.1989 über die Preisbildung im Güterkraftverkehr zwischen den Mitgliedstaaten, ABl. 1989, L 390/1; VO (EWG) Nr. 3916/90 vom 21.12.1990 über Maßnahmen bei Krisen auf dem Güterkraftverkehrsmarkt, ABl. 1990, L 375/10; für den grenzüberschreitenden **Personenverkehr mit Kraftomnibussen**: VO (EWG) Nr. 684/92 vom 16.3.1992 zur Einführung gemeinsamer Regeln für den grenzüberschreitenden Personenverkehr mit Kraftomnibussen, ABl. 1992, L 74/1, geändert durch VO (EG) Nr. 11/98 vom 11.12.1997 zur Änderung der VO (EWG) Nr. 684/92 zur Einführung gemeinsamer Regeln für den grenzüberschreitenden Personenverkehr mit Kraftomnibussen, ABl. 1998, L 4/1; VO (EG) Nr. 1073/2009 vom 21.10.2009 über gemeinsame Regelungen für den Zugang zum grenzüberschreitenden Personenkraftverkehrsmarkt und zur Änderung der VO (EG) Nr. 561/2006, ABl. 2009, L 300/8; für den grenzüberschreitenden **Eisenbahnverkehr**: RL 91/440/EWG vom 29.7.1991 zur Entwicklung der Eisenbahnunternehmen der Gemeinschaft, ABl. 1991, L 237/25; RL 2008/57/EG vom 17.6.2008 über die Interoperabilität des Eisenbahnsystems in der Gemeinschaft, ABl. 2008, L 191/1; RL 2008/110/EG vom 16.12.2008 zur Änderung der RL 2004/49/EG über die Eisenbahnsicherheit in der Gemeinschaft, ABl. 2008, L 345/62; für den **Binnenschifffahrtsverkehr**: VO (EG) Nr. 1356/96 vom 8.7.1996 über gemeinsame Regeln zur Verwirklichung der Dienstleistungsfreiheit im Binnenschiffsgüter- und -personenverkehr zwischen Mitgliedstaaten, ABl. 1996, L 175/7; RL 96/75/EG vom 19.11.1996 über die Einzelheiten der Befrachtung und der Frachtratenbildung im innerstaatlichen und grenzüberschreitenden Binnenschiffsgüterverkehr in der Gemeinschaft, ABl. 1996, L 304/12.
[6] Zur Genese der Konkretisierung der Dienstleistungsfreiheit im Verkehrssektor vgl. *Boeing/Maxian Rusche/Kotthaus*, in: Grabitz/Hilf/Nettesheim, EU, Art. 90 AEUV (Oktober 2011), Rn. 171, 155 ff.

Freilich ist zu erwähnen, dass dies eine durchaus schleppende Entwicklung war, die keineswegs 4
nur auf die von der Kommission angeführte »langsame Anpassungspolitik« (s. Rn. 3) zurückzuführen ist. Der Bereich der Gemeinsamen Verkehrspolitik war durch den Versuch des EuGH (in Zusammenarbeit mit der Kommission) zur Beschleunigung gekennzeichnet. Die Strategie hierfür war eine Verknüpfung des Einstimmigkeitsprinzips mit dem Grundsatz der Sperrwirkung. In der Rs. AETR hatte der EuGH entschieden: »Insbesondere sind in den Bereichen, in denen die Gemeinschaft zur Verwirklichung einer vom Vertrag vorgesehenen gemeinsamen Politik Vorschriften erlassen hat, die in irgendeiner Form gemeinsame Rechtsnormen vorsehen, die Mitgliedstaaten weder einzeln noch selbst gemeinsam handelnd berechtigt, mit dritten Staaten Verpflichtungen einzugehen, die diese Normen beeinträchtigen.«[7] Dadurch versuchte der EuGH, einen starken Anreiz für Kooperation zu setzen, da andernfalls ein ganzer Politikbereich ungeregelt bleiben würde. Im Bereich der Gemeinsamen Agrar- und Fischereipolitik war diese Strategie außerordentlich erfolgreich.[8] Im Verkehrssektor scheiterte sie jedoch, da die Voraussetzung für das Gelingen – Nichtregulierung eines bestimmten Sektors ist keine gangbare Option – nicht gegeben war. Anders als in der Agrar- und Fischereipolitik war die Verkehrspolitik viel weniger durch Fragen der Hochsubventionierung und des Schutzes natürlicher Ressourcen (Überfischung) geprägt. Dogmatisch drohte also die Sperrwirkung, was die Mitgliedstaaten veranlasste, jede Maßnahme, die die Sperrwirkung ausgelöst hätte, durch Vetoeinlegung zu verhindern; Nicht Handeln war hier kein gangbarer Weg.

Obwohl der EuGH aus Titel VI eine Verpflichtung der Unionsorgane zu einer schritt- 5
weisen Liberalisierung des Verkehrssektors ableitet,[9] gilt die **Anwendungssperre** der allgemeinen Dienstleistungsfreiheit auch, wenn durch die Organe keine Liberalisierung stattfindet.[10] Durch das Unterlassen von Liberalisierungsmaßnahmen nach Art. 91 AEUV leben somit die Art. 56 ff. AEUV im Verkehrssektor nicht wieder auf. Indessen sperrt Art. 58 Abs. 1 AEUV weder die Anwendung der Niederlassungsfreiheit noch des allgemeinen Diskriminierungsverbots.[11]

Ist in einem bestimmten Bereich eine Harmonisierung erfolgt, so sind erstrangig die 6
Sekundärrechtsregeln vor den Bestimmungen der Verträge heranzuziehen. Jedoch geben die allgemeinen Vorschriften zur Dienstleistungsfreiheit den Rahmen vor, nach dem die Liberalisierung erfolgen soll.[12] Neben der Verpflichtung zum Erlass von **Liberalisierungsmaßnahmen** sind daher auch die Grundsätze der Art. 56 ff. AEUV als inhaltlicher Maßstab bei deren Auslegung zu berücksichtigen.[13] Das gilt insbesondere dann, wenn das Sekundärrecht Art. 56 f. AEUV ähnelt oder auf die Dienstleistungsfreiheit verweist.[14]

---

[7] EuGH, Urt. v. 31.3.1971, Rs. 22/70 (Kommission/Rat), Slg. 1971, 263, Rn. 15, 19.
[8] EuGH, Urt. v. 5.5.1981, Rs. 804/79 (Kommission/Vereinigtes Königreich), Slg. 1981, 1045; dazu ausführlich *Haltern*, Europarecht, Rn. 215 ff.
[9] EuGH, Urt. v. 22.5.1985, Rs. 13/83 (Parlament/Rat), Slg. 1985, 1513, Rn. 64 ff.
[10] EuGH, Urt. v. 7.11.1991, Rs. C–17/90 (Pinaud Wieger/Bundesanstalt für den Güterfernverkehr), Slg. 1991, I–5253, Rn. 10 ff.; Urt. v. 13.12.1989, Rs. C–49/89 (Corsica Ferries France/Direction générale des douanes), Slg. 1989, 4441, Rn. 10 ff.; Urt. v. 13.7.1989, Rs. C–4/88 (Lambregts Transportbedrijf/Belgischer Staat), Slg. 1989, 2583, Rn. 9 ff.
[11] EuGH, Urt. v. 25.1.2011, Rs. C–382/08 (Neukirchinger), Slg. 2011, I–139, Rn. 29.
[12] EuGH, Urt. v. 22.5.1985, Rs. 13/83 (Parlament/Rat), Slg. 1985, 1513, Rn. 65 f.
[13] EuGH, Urt. v. 18.6.1998, Rs. C–266/96 (Corsica Ferries France/Gruppo Antichi Ormeggiatori del porto di Genova u. a.), Slg. 1998, I–3949, Rn. 55 ff.; Urt. v. 14.7.1994, Rs. C–379/92 (Peralta), Slg. 1994, I–3453, Rn. 13 f.; GA *Kokott*, Schlussanträge zu Rs. C–456/04 (Agip Petroli), Slg. 2006, I–3395, Rn. 30.
[14] EuGH, Urt. v. 14.7.1994, Rs. C–379/92 (Peralta), Slg. 1994, I–3453, Rn. 13, 36 ff., insbesondere Rn. 42; Urt. v. 5.10.1994, Rs. C–381/93 (Kommission/Frankreich), Slg. 1994, I–5145, Rn. 10 ff., insbesondere Rn. 12 f.; Urt. v. 18.6.1998, Rs. C–266/96 (Corsica Ferries France/Gruppo Antichi Ormeggiatori del porto di Genova u. a.), Slg. 1998, I–3949, Rn. 59 ff.; Urt. v. 20.2.2001, Rs. C–205/99

7 Gemäß Art. 100 Abs. 1 AEUV erfassen die Verkehrsdienstleistungen die Beförderung von Personen und Gütern im Eisenbahn-, Straßen-, und Binnenschiffsverkehr und, in Verbindung mit Art. 100 Abs. 2 AEUV, auch die Luft- und Seeschifffahrt.[15] Ob eine Tätigkeit (noch) eine Verkehrsdienstleistung darstellt, kann angesichts der umfassenden Aktivitäten gerade im Bereich von Hilfs- und Zuarbeiten Abgrenzungsschwierigkeiten bereiten. Grundsätzlich gilt, dass eine Tätigkeit umso eher unter das Verkehrsdienstleistungsregime fällt, je enger sie mit dem **Beförderungsvorgang** verbunden ist. Lotsendienste[16] sowie das Festtauen von Schiffen im Hafen[17] gelten demnach als Verkehrsdienstleistung. Hängt eine Dienstleistung jedoch eher indirekt mit dem Beförderungsvorgang zusammen, wie z. B. eine Reisevermittlung, technische Kontrollen der Beförderungsmittel und das Betreiben von Lagerhallen, so unterfällt diese der allgemeinen Dienstleistungsfreiheit.[18]

II. Dienstleistungsfreiheit im Bereich des Kapital- und Zahlungsverkehrs

8 Durch die Regelung des Art. 58 Abs. 2 AEUV wird die Liberalisierung der Dienstleistungsfreiheit im Bereich der Banken und Versicherungen mit der Liberalisierung des Kapitalverkehrs in Einklang gebracht. Daher konnte die in Art. 56 AEUV angeordnete unmittelbare Wirkung der Dienstleistungsfreiheit in den angekoppelten Bereichen nicht zum Tragen kommen, solange nicht auch der Kapital- und Zahlungsverkehr liberalisiert war. Die Dienstleistungsfreiheit war daher bis zur unmittelbaren Wirkung des Verbots der Beschränkungen des Kapital- und Zahlungsverkehrs von dessen **sekundärrechtlicher Harmonisierung** abhängig.[19] Durch die Ablösung der unmittelbaren Wirkung vom sekundärrechtlichen Harmonisierungsstand (1.1.1994) wurde jedoch eine umfassende **Liberalisierung** dergestalt erreicht, dass auch Beschränkungen von Dienstleistungen im Kapital- und Zahlungsverkehr nun mit unmittelbarer Wirkung verboten sind. Art. 58 Abs. 2 AEUV ist damit weitestgehend obsolet.[20]

(Analir u. a.), Slg. 2001, I–1271; Rn. 20 ff.; Urt. v. 26.6.2001, Rs. C–70/99 (Kommission/Portugal), Slg. 2001, I–4845, Rn. 21 f.; Urt. v. 19.2.2002, Rs. C–295/00 (Kommission/Italien), Slg. 2002, I–1737, Rn. 9; Urt. v. 13.6.2002, verb. Rs. C–430/99 u. 431/99 (Sea-Land Service und Nedlloyd Lijnen), Slg. 2002, I–5235, Rn. 30 f.; Urt. v. 14.11.2002, Rs. C–435/00 (Geha Naftiliaki EPE u. a.), Slg. 2002, I–10615, Rn. 20 f.; Urt. v. 6.2.2003, Rs. C–92/01 (Stylianakis), Slg. 2003, I–1291, Rn. 23 f.

[15] Die Unterscheidung der Verkehrsarten in Absatz 1 und 2 war wegen unterschiedlicher Abstimmungsmodalitäten für Rechtsakte noch bis zur Einheitlichen Europäischen Akte relevant, ist aber heute praktisch bedeutungslos, vgl. *Stadler*, in: Schwarze, EU-Kommentar, Art. 100 AEUV, Rn. 1; *Boeing/Maxian Rusche*, in: Grabitz/Hilf/Nettesheim, EU, Art. 100 AEUV (Oktober 2011), Rn. 35 ff.

[16] EuGH, Urt. v. 17.5.1994, Rs. C–18/93 (Corsica Ferries/Corpo dei piloti del porto di Genova), Slg. 1994, I–1783, Rn. 17, 23 ff.

[17] EuGH, Urt. v. 18.6.1998, Rs. C–266/96 (Corsica Ferries France/Gruppo Antichi Ormeggiatori del porto di Genova u. a.), Slg. 1998, I–3949, Rn. 59 f.

[18] Für diese Tätigkeiten wurde jedoch teilweise spezielles Sekundärrecht erlassen, vgl. dazu die (nicht mehr in Kraft befindliche) RL 82/470/EWG vom 29.6.1982 über Maßnahmen zur Förderung der tatsächlichen Ausübung der Niederlassungsfreiheit und des freien Dienstleistungsverkehrs für die selbstständigen Tätigkeiten bestimmter Hilfsgewerbetreibender des Verkehrs und der Reisevermittler (ISIC-Gruppe 718) sowie der Lagerhalter (ISIC-Gruppe 720), ABl. 1982, L 213/1; EuGH, Urt. v. 10.12.1991, Rs. C–306/89 (Kommission/Griechenland), Slg. 1991, I–5863.

[19] EuGH, Urt. v. 14.11.1995, Rs. C–484/93 (Svensson und Gustavsson/Ministre du Logement und de l'Urbanisme), Slg. 1995, I–3955, Rn. 11; Urt. v. 9.7.1997, Rs. C–222/95 (SCI Parodi/Banque de Bary), Slg. 1997, I–3899, Rn. 13 f.

[20] Vgl. *Glaesner*, in: Schwarze, EU-Kommentar, Art. 63 AEUV, Rn. 1 ff.; *Sedlaczek/Züger*, in: Streinz, EUV/AEUV, Art. 63 AEUV, Rn. 7 ff.; *Randelzhofer/Forsthoff*, in: Grabitz/Hilf/Nettesheim, EU, Art. 58 AEUV (März 2011), Rn. 6.

Eine eigenständige Bedeutung kommt der Vorschrift nur noch im Bereich von neuen **9**
Liberalisierungsmaßnahmen im Kapital- und Zahlungsverkehr zu. Das Gebot, diese mit
den Liberalisierungsmaßnahmen im Dienstleistungsverkehr abzustimmen, bleibt bestehen.[21]

---

[21] *Müller-Graff*, in: Streinz, EUV/AEUV, Art. 58 AEUV, Rn. 9.

Artikel 59 AEUV [Liberalisierungsmaßnahmen]

(1) Das Europäische Parlament und der Rat erlassen gemäß dem ordentlichen Gesetzgebungsverfahren und nach Anhörung des Wirtschafts- und Sozialausschusses Richtlinien zur Liberalisierung einer bestimmten Dienstleistung.

(2) Bei den in Absatz 1 genannten Richtlinien sind im Allgemeinen mit Vorrang diejenigen Dienstleistungen zu berücksichtigen, welche die Produktionskosten unmittelbar beeinflussen oder deren Liberalisierung zur Förderung des Warenverkehrs beiträgt.

Literaturübersicht

Albath/Giesler, Das Herkunftslandprinzip in der Dienstleistungsrichtlinie – eine Kodifizierung der Rechtsprechung?, EuZW 2006, 38; *Asemissen*, Berufsanerkennung und Dienstleistungen im europäischen Binnenmarkt, Diss. iur., Halle (Saale), 2012; *Barnard*, Unravelling the Services Directive, CMLRev. 45 (2008), 323; *Baur/Büchner/Brosius-Gersdorf*, Die Europäische Dienstleistungsrichtlinie: Herausforderung für die Kommune, 2010; *Barnard*, The Substantive Law of the EU – The Four Freedoms, 4. Aufl., 2013; *Berscheid/Kirschbaum*, Freie Berufe in der EG. Berufsausübung in einem anderen Mitgliedstaat. Anerkennung von Berufsabschlüssen, 1991; *Calliess*, Europäischer Binnenmarkt und europäische Demokratie: Von der Dienstleistungsfreiheit zur Dienstleistungsrichtlinie – und wieder Retour?, DVBl 2007, 336; *ders./Korte*, Dienstleistungsrecht in der EU, 2011; *Everling*, Niederlassungsfreiheit und freier Dienstleistungsverkehr in der Europäischen Wirtschaftsgemeinschaft: die Allgemeinen Programme zur Aufhebung der Beschränkungen, BB 1961, 1257; *FIDE*, The New Services Directive of the European Union, 2008; *Frenz*, Die Berufsanerkennungsrichtlinie und verbliebene sektorale Richtlinien, GewArch 2011, 377; *Kluth/Rieger*, Die neue EU-Berufsanerkennungsrichtlinie – Regelungsgehalt und Auswirkungen für Berufsangehörige und Berufsorganisationen, EuZW 2005, 486; *dies.*, Die gemeinschaftsrechtlichen Grundlagen und berufsrechtlichen Wirkungen von Herkunftslandprinzip und Bestimmungslandprinzip – Eine Analyse am Beispiel von Dienstleistungs- und Berufsanerkennungsrichtlinie, GewArch 2006, 1; *Leible*, Die Umsetzung der Dienstleistungsrichtlinie – Chancen und Risiken für Deutschland, 2008; *Lemur/Haake*, Ausgesuchte Rechtsfragen der Umsetzung der Dienstleistungsrichtlinie, EuZW 2009, 65; *Möstl*, Wirtschaftsüberwachung von Dienstleistungen im Binnenmarkt – Grundsätzliche Überlegungen aus Anlass der Pläne für eine Dienstleistungsrichtlinie, DÖV 2006, 281; *Parlow*, Die EG-Dienstleistungsrichtlinie, Diss. iur., Würzburg, 2010; *Schlachter/Ohler*, Europäische Dienstleistungsrichtlinie, 2008; *Waschkau*, EU-Dienstleistungsrichtlinie und Berufsanerkennungsrichtlinie, Diss. iur., Köln, 2007; *Weidtmann-Neuer*, EG-Dienstleistungsrichtlinie, 2. Aufl., 2010.

Leitentscheidungen

S. Übersicht zu Art. 56 AEUV.

Wesentliche sekundärrechtliche Vorschriften

Allgemeines Programm zur Aufhebung der Beschränkungen des freien Dienstleistungsverkehrs vom 18.12.1961, ABl. 1962, 32 ff.
RL 96/71/EG vom 16.12.1996 über die Entsendung von Arbeitnehmern im Rahmen der Erbringung von Dienstleistungen, ABl. 1997, L 18/1
VO (EWG) Nr. 1408/71 vom 14.6.1971 über die Anwendung der Systeme der sozialen Sicherheit auf Arbeitnehmer und Selbstständige sowie deren Familienangehörige, die innerhalb der Gemeinschaft zu- und abwandern, ABl. 1971, L 149/2
RL 77/249/EWG vom 22.3.1977 zur Erleichterung der tatsächlichen Ausübung des freien Dienstleistungsverkehrs der Rechtsanwälte, ABl. 1977, L 78/17
RL 89/552/EWG vom 3.10.1989 zur Koordinierung bestimmter Rechts- und Verwaltungsvorschriften der Mitgliedstaaten über die Ausübung der Fernsehtätigkeit, ABl. 1989, L 298/23
RL 2005/36/EG vom 7.9.2005 über die Anerkennung von Berufsqualifikationen, ABl. 2005, L 255/22
RL 2006/123/EG vom 12.12.2006 über Dienstleistungen im Binnenmarkt, ABl. 2006, L 376/36
RL 2013/55/EU vom 20.11.2013 zur Änderung der RL 2005/36/EG über die Anerkennung von

Berufsqualifikationen und der VO (EU) Nr. 1024/2012 über die Verwaltungszusammenarbeit mit Hilfe des Binnenmarkt-Informationssystems (»IMI-Verordnung«), ABl. 2013, L 354/132

Inhaltsübersicht

	Rn.
A. Bedeutung der Vorschrift	1
I. Allgemeines	1
II. Liberalisierungsmaßnahmen	6
III. Art. 59 AEUV als Kompetenzgrundlage	7
IV. Prioritätsvorgabe in Absatz 2	8
B. Sekundärrechtsetzung im Dienstleistungsbereich	9
I. Das Allgemeine Programm	10
II. Die Europäische Dienstleistungsrichtlinie	14
1. Anwendungsbereich	16
2. Regelungsumfang	19
a) Erfasste Beeinträchtigungen	21
b) Adressatenkreis	26
III. Berufsanerkennungsrichtlinie	27
IV. Entsenderichtlinie	33

A. Bedeutung der Vorschrift

I. Allgemeines

Art. 59 AEUV eröffnet den Unionsorganen die Möglichkeit, rechtspolitische Gestaltungsmaßnahmen zur Liberalisierung von Dienstleistungen durch Sekundärrecht zu schaffen. Dabei werden inhaltliche Regelungen und das einzuhaltende Verfahren vorgegeben. Ursprünglich sah Art. 59 AEUV den Erlass eines **allgemeinen Programms** vor, welches der Aufhebung der Beschränkungen des freien Dienstleistungsverkehrs dienen sollte. Dieses wurde 1961 durch den Rat aufgestellt,[1] noch bevor die erste Stufe der Verwirklichung der Dienstleistungsfreiheit am 1.1.1970 durch die unmittelbare Wirksamkeit der Gewährleistungen abgeschlossen wurde. Der auf die Aufhebung der Beschränkungen gerichtete ursprüngliche Absatz 1 der Vorschrift war somit zeitlich wie sachlich obsolet und wurde auch nicht in den Vertrag von Amsterdam wieder aufgenommen.[2] Absatz 2 wurde mit inhaltlichen Änderungen zu Absatz 1, Absatz 3 ersetzte Absatz 2. Die direkte Vorgängervorschrift war Art. 52 EGV, welche nur bezüglich der Einführung des **ordentlichen Gesetzgebungsverfahrens** geändert wurde. Der Vorschrift kommt jedoch keine große Bedeutung mehr zu (s. Rn. 3, 5).

Trotz der unmittelbaren Anwendbarkeit der Dienstleistungsfreiheit (s. Art. 56 AEUV, Rn. 12) verbleiben noch Bereiche, in denen die Hindernisse für den Gemeinsamen Markt existieren. Die Mitgliedstaaten können durch eine Berufung auf Rechtfertigungsgründe (s. Art. 56 AEUV, Rn. 107 ff.) die Dienstleistungsfreiheit in zulässiger Weise einschränken. Liberalisierungsmaßnahmen im Sekundärrecht harmonisieren diese Restbereiche und bauen die verbliebenen Beschränkungen ab.[3]

Die Bedeutung der Sekundärrechtsetzung in der Dienstleistungsfreiheit geht freilich darüber hinaus. Im Vergleich zum Warenverkehr ist der Dienstleistungsverkehr zum

---

[1] Allgemeines Programm zur Aufhebung der Beschränkungen des freien Dienstleistungsverkehrs vom 18.12.1961, ABl. 1962, 32 ff.
[2] *Kluth*, in: Calliess/Ruffert, EUV/AEUV, Art. 59 AEUV, Rn. 4.
[3] *Kotzur*, in: Geiger/Khan/Kotzur, EUV/AEUV, Art. 62 AEUV, Rn. 8.

Ersten durch eine höhere rechtliche Komplexität gekennzeichnet, die sich bereits daraus ergibt, dass die Modi der Dienstleistungserbringung vielfältiger sind. Zum Zweiten handelt es sich, wiederum in Abgrenzung vom Warenverkehr, um einen Bereich von deutlich und kontinuierlich steigender wirtschaftlicher Bedeutung. Zum Dritten ist der Dienstleistungsverkehr, angesiedelt zwischen Waren- und Personenfreiheiten, eine Grundfreiheit, die häufig mit Fragen der Migration einhergeht. Damit besetzt sie einen außerordentlich sensiblen Raum in der Wahrnehmung der Mitgliedstaaten und ihrer Bürger. Zum Vierten schließlich ist die Variabilität und Dynamik dessen, was eine Dienstleistung ist, gegenüber der Warenverkehrsfreiheit nochmals erhöht; Entwicklungen technologischer Natur besitzen hier deutlich verkomplizierende Konsequenzen. Gegenüber dieser außerordentlichen Komplexität, Dynamik und Variabilität liest sich Art. 56 AEUV unterkomplex. Bereits aus der Anlage der Norm ergeben sich Zweifel, ob es ihr gelingen kann, die gesellschaftliche und ökonomische Entwicklung im Dienstleistungsbereich angemessen zu steuern. Hinzu kommt, dass – wiederum im Gegensatz zur Warenverkehrsfreiheit – der liberalisierende Ansatz des Beschränkungsverbots erst im Laufe der Zeit in der Rechtsprechung Platz gegriffen hat und sich die judikative Operationalisierung der Dienstleistungsfreiheit erst langsam warmlaufen konnte. Zusammengenommen verdichtet sich dieser Befund zutreffend in der Bewertung, dass es der Rechtsprechung nicht entscheidend gelungen ist, die Hindernisse, welche die Mitgliedstaaten dem freien Dienstleistungsverkehr in den Weg stellen, effektiv zu beseitigen.

4   Die Alternativstrategie zu einer Differenzierung der Rechtsprechung besteht daher darin, die anwendbaren Normen zu differenzieren. Dies geschieht im Wege der Setzung von Sekundärrecht. Hier bieten sich mehrere Vorteile. Erstens wird es möglich, durch sektorspezifisch angepasste Regeln einen Grad von Bereichsgenauigkeit zu erreichen, welcher der Vielfalt der zu regulierenden Dienstleistungen Rechnung trägt, ohne zugleich dogmatische Prinzipien immer weiter zu schwächen. Zweitens kann nun eine politikgesteuerte Priorisierung stattfinden, die nicht von den Zufälligkeiten der unsteuerbaren Klagebegehren, aufgrund derer der EuGH nur tätig werden kann, abhängig ist. Drittens findet ein Forumswechsel von der gerichtlichen in die politische Arena statt, in der in Anbetracht der vielen politischen und wertgeladenen Entscheidungen das Thema auch besser aufgehoben ist. Viertens ist es den Mitgliedstaaten nun möglich, ihre Bedenken, Besorgnisse und Bedrängnisse im Legislativprozess zu äußern statt sie nur im Rahmen einer streng formalisierten, ökonomischer Ratio unterliegenden und dadurch insgesamt beschränkten Rechtfertigungsprüfung in Luxemburg vorzutragen. Wie die Entstehungsgeschichte der Dienstleistungsrichtlinie gezeigt hat, spricht in der politischen Arena auch mehr für einen letztlich durchschlagenden Erfolg der Bedenken, auch wenn dieser aufgrund der qualifizierten Mehrheitsabstimmung nicht vollständig garantiert ist. Freilich stehen dem Nachteile gegenüber. Insbesondere stellt sich die Frage, ob die Prinzipien der primärrechtlichen Dienstleistungsfreiheit durch die Masse an spezifischem Sekundärrecht nicht zunehmend überlagert werden. Auch zur Transparenz und einfachen Handhabung tragen die vielen Sekundärrechtsakte nicht unbedingt bei.

5   Durch Art. 59 AEUV können Regelungen zur **Liberalisierung** des Dienstleistungsverkehrs geschaffen werden. Die Norm geht dadurch über ihre Parallelvorschrift für die Niederlassungsfreiheit (Art. 50 AEUV), die von einer »Verwirklichung der Niederlassungsfreiheit« spricht, hinaus. Liberalisierung wird im Vertrag selten genannt[4] und ist

---

[4] Art. 59, 60 AEUV (Dienstleistungsfreiheit); Art. 58 Abs. 2, 64 Abs. 3 AEUV (Kapitalverkehrsfreiheit); Art. 207 Abs. 1 (gemeinsame Handelspolitik).

nicht lediglich als Abbau von Regelungen zu verstehen, sondern im Sinne einer Abschaffung von Ein- und Ausfuhrverboten, Genehmigungsvorbehalten und mengenmäßigen Beschränkungen, mithin als Abbau von Hindernissen (s. Art. 34 AEUV, Rn. 68 ff.).[5] Damit kann eine Liberalisierung im Sinne dieser Vorschrift über das Niveau hinausgehen, welches durch Art. 56, 57 AEUV erreicht wurde. Bedeutung können Richtlinien gemäß Art. 59 Abs. 1 AEUV folglich für solche Bereiche erlangen, in denen sog. zwingende Gründe (s. Art. 56 AEUV, Rn. 112 ff.) eine Behinderung der Dienstleistungsfreiheit rechtfertigen.[6]

II. Liberalisierungsmaßnahmen

Art. 59 Abs. 1 AEUV gibt dem Europäischen Parlament und dem Rat als Liberalisierungsinstrument den Erlass von Richtlinien für **bestimmte Dienstleistungen** an die Hand. Das Verfahren ist das ordentliche Gesetzgebungsverfahren nach Art. 294 AEUV, obligatorisch muss vorher der Wirtschafts- und Sozialausschuss angehört werden, Art. 304 Abs. 1 Satz 1, Art. 59 Abs. 1 AEUV. Fraglich ist, ob aus dem Wortlaut des Absatzes 1 folgt, dass für jede Dienstleistung eine **gesonderte Richtlinie** erlassen werden muss.[7] Die bestehenden Eigenheiten unterschiedlicher Dienstleistungen sprechen für eine Ausdifferenzierung, der Verwaltungsaufwand sowie die unvermeidliche Redundanz dagegen. Jedenfalls verzichtet der unionale Gesetzgeber oft auf eine Aufspaltung in verschiedene Richtlinien und zieht Vorschriften über mehrere Dienstleistungsbereiche zusammen.[8] Seit Verfolgung der Binnenmarktstrategie 2001 sind v. a. die Berufsanerkennungsrichtlinie[9] sowie die Richtlinie über Dienstleistungen im Binnenmarkt[10] als dienstleistungsübergreifende Richtlinien erlassen worden. Beide Richtlinien wurden allerdings nicht auf der Rechtsgrundlage des Art. 59 AEUV erlassen (s. Rn. 14 ff., 27 ff.).

6

III. Art. 59 AEUV als Kompetenzgrundlage

Art. 59 AEUV steht in enger Beziehung zu Art. 53 AEUV, der für die Dienstleistungsfreiheit über Art. 62 AEUV Anwendung findet. Art. 53 AEUV regelt die Ermächtigung für das Europäische Parlament und den Rat zum Erlass von Richtlinien im Bereich der gegenseitigen Anerkennung von Diplomen, Prüfungszeugnissen und Qualifikationen sowie der Koordinierung der Rechts- und Verwaltungsvorschriften für die Aufnahme

7

---

[5] *Vedder/Lorenzmeier*, in: Grabitz/Hilf, EU, Art. 133 EGV (Mai 2008), Rn. 61; *Kluth*, in: Calliess/Ruffert, EUV/AEUV, Art. 59 AEUV, Rn. 5.
[6] *Randelzhofer/Forsthoff*, in: Grabitz/Hilf/Nettesheim, EU, Art. 59 AEUV (März 2011), Rn. 2.
[7] So aber *Holoubek*, in: Schwarze, EU-Kommentar, Art. 59 AEUV, Rn. 1; *Kahn/Eisenhut*, in: Vedder/Heintschel v. Heinegg, Europäisches Unionsrecht, Art. 59 AEUV, Rn. 2; *Müller-Graff*, in: Streinz, EUV/AEUV, Art. 59 AEUV, Rn. 4; anders *Randelzhofer/Forsthoff*, in: Grabitz/Hilf/Nettesheim, EU, Art. 59 AEUV (März 2011), Rn. 2; *Kluth*, in: Calliess/Ruffert, EUV/AEUV, Art. 59 AEUV, Rn. 10.
[8] So z.B. RL 73/183/EWG vom 28.6.1973 zur Aufhebung der Beschränkungen der Niederlassungsfreiheit und des freien Dienstleistungsverkehrs für selbständige Tätigkeiten der Kreditinstitute und anderer finanzieller Einrichtungen, die jedoch auch nicht Art. 54 EWG als Rechtsgrundlage nennt (aufgehoben durch RL 2000/12/EG vom 20.3.2000 über die Aufnahme und Ausübung der Tätigkeit der Kreditinstitute).
[9] RL 2005/36/EG vom 7.9.2005 über die Anerkennung von Berufsqualifikationen, ABl. 2005, L 255/22.
[10] RL 2006/123/EG vom 12.12.2006 über Dienstleistungen im Binnenmarkt, ABl. 2006, L 376/36.

und Ausübung selbstständiger Tätigkeiten (s. Art. 62 AEUV, Rn. 11 ff.). Da der Unionsgesetzgeber dazu überging, einer einzelfallorientierten Rechtsetzungspraxis auf unionaler Ebene für alle Dienstleistungen eine Politik der Mindestharmonisierung zusammen mit gegenseitiger Anerkennung von nationalen Dienstleistungsvorschriften vorzuziehen,[11] wird an Stelle von Art. 59 AEUV fast nur noch Art. 62 AEUV i. V. m. Art. 53 AEUV als Rechtsgrundlage für Liberalisierungsrichtlinien herangezogen.[12] Art. 53 AEUV ist nicht in dem Sinne spezieller, dass die Vorschrift Art. 59 AEUV verdrängen würde. Vielmehr beinhaltete Art. 53 a. F. EGV schon die Rechtsetzungsermächtigung für das Parlament, welche erst durch den Vertrag von Lissabon in Art. 59 AEUV eingefügt wurde. Der EuGH hat die Rolle des Parlaments in der Gesetzgebung vehement gestärkt.[13] Liegt die Kompetenz zur Rechtsetzung eines bestimmten Aktes in zwei (oder mehr) Vorschriften der Verträge, ist diejenige zu wählen, die dem Parlament die meisten Rechte einräumt. Eine Aushebelung der Beteiligung von Organen durch die Wahl einer anderen (auch einschlägigen) Rechtsgrundlage macht den erlassenen Akt nichtig.[14] Die Art. 62, 53 AEUV dem Art. 59 AEUV vorzuziehen entsprach daher der Rechtsauffassung des EuGH. Erst durch die Aufstufung der Rolle des Parlaments von einem bloßen Anhörungs- zu einem Rechtsetzungsakteur durch den Vertrag von Lissabon könnte Art. 59 AEUV nun wieder aufleben. Ob jedoch die einmal bestehende Praxis geändert wird, ist offen. Eine Tendenz dazu ist jedenfalls bislang noch nicht zu erkennen.

IV. Prioritätsvorgabe in Absatz 2

8   Art. 59 Abs. 2 ist Ausdruck der lange vorherrschenden, auf den Warenverkehr ausgerichteten Politik der Union. Dem Erlass von Richtlinien, die den Warenverkehr fördern oder die Produktionskosten unmittelbar beeinflussen, ist ein zeitlicher Vorrang vor anderen Richtlinien zu geben. Die Aufforderung richtet sich an Parlament und Rat.[15] Durch die Beibehaltung der Norm auch nach dem Lissabonner Vertrag ist klargestellt, dass die Vorrangregelung weiterhin Anwendung findet. Allerdings fehlt es ihr für eine wirkliche Bedeutung im Sinne einer Einklagbarkeit an Prägnanz in der Formulierung. Da der Vorrang nur »im Allgemeinen« gilt, kann wohl keine Richtlinie durch dessen Missachtung als rechtswidrig gelten.[16] Immerhin wird die Beachtung der Warenverkehrsfreiheit normativ betont.

---

[11] *Kluth*, in: Calliess/Ruffert, EUV/AEUV, Art. 59 AEUV, Rn. 6.
[12] *Randelzhofer/Forsthoff*, in: Grabitz/Hilf/Nettesheim, EU, Art. 59 AEUV (März 2011), Rn. 4; *Kahn/Eisenhut*, in: Vedder/Heintschel v. Heinegg, Europäisches Unionsrecht, Art. 59 AEUV, Rn. 4.
[13] EuGH, Urt. v. 11.6.1991, Rs. C-300/89 (Kommission/Rat), Slg. 1991, I-2867, Rn. 17-20.
[14] EuGH, Urt. v. 11.6.1991, Rs. C-300/89 (Kommission/Rat), Slg. 1991, I-2867, Rn. 20; Urt. v. 29.10.1980, Rs. 138/79 (Roquette/Rat), Slg. 1980, 3333, Rn. 33; Urt. v. 29.10.1980, Rs. 139/79 (Maizena/Rat), Slg. 1980, 3393, Rn. 34.
[15] *Randelzhofer/Forsthoff*, in: Grabitz/Hilf/Nettesheim, EU, Art. 59 AEUV (März 2011), Rn. 3.
[16] *Müller-Graff*, in: Streinz, EUV/AEUV, Art. 59 AEUV, Rn. 6; *Kluth*, in: Calliess/Ruffert, EUV/AEUV, Art. 59 AEUV, Rn. 11; *Randelzhofer/Forsthoff*, in: Grabitz/Hilf/Nettesheim, EU, Art. 59 AEUV (März 2011), Rn. 3.

B. Sekundärrechtsetzung im Dienstleistungsbereich

Die Erbringung von Dienstleistungen stellt einen der stärksten Wachstumsmärkte innerhalb der Union dar (s. Art. 56 AEUV, Rn. 10). Der stetig wachsende Markt muss sich dabei auf die Neuschöpfung von Dienstleistungen in der technisierten Gesellschaft einstellen. Durch die Vielschichtigkeit und damit einhergehende Komplexität von Dienstleistungen, gerade auch aufgrund ihrer fehlenden Stofflichkeit (s. Art. 57 AEUV, Rn. 5 ff.), ist die Erbringung von Dienstleistungen besonders durch Protektionismus bedroht. Die Unionsorgane sind daher im Bereich der Dienstleistungsfreiheit besonders gefordert, durch Sekundärrechtsetzung die Primärrechtsvorschriften zu schärfen.[17] Das so geschaffene Sekundärrecht ist vom Rechtsanwender vor dem Primärrecht heranzuziehen.

9

I. Das Allgemeine Programm

Das Allgemeine Programm zur Aufhebung der Beschränkungen des freien Dienstleistungsverkehrs[18] wurde vom Rat am 18.12.1961 aufgrund der ursprünglichen Art. 63 Abs. 1 (s. Rn. 1), 106 und 227 Abs. 2 EWG erlassen. Noch vor Ende der ersten Stufe sollten durch das Programm die Beschränkungen des freien Dienstleistungsverkehrs innerhalb der Europäischen Wirtschaftsgemeinschaft aufgehoben werden. Das Programm legte einen gestuften Zeitplan fest, nachdem Liberalisierungsmaßnahmen durch Erlass und Umsetzung weiterer Richtlinien bis zum Ablauf der Übergangszeit am 31.12.1969 beziehungsweise bis zum Eintritt in die Endphase des Gemeinsamen Marktes umgesetzt werden sollten.[19]

10

Das Programm ist in sechs Abschnitte gegliedert, die jeweils inhaltliche Vorgaben zur Liberalisierung aufstellen und somit die Gewährleistungen der Dienstleistungsfreiheit schärfen. Das zeigt sich v. a. in Abschnitt III des Programms, welcher Ausdruck eines **weiten Verständnisses** der Dienstleistungsfreiheit durch den Rat ist: Der Abschnitt behandelt diejenigen Verhaltensweisen der Mitgliedstaaten, die als Beschränkungen der Grundfreiheit gelten. Dabei werden versteckte und indirekte Diskriminierungen erfasst sowie Diskriminierungen, die an die Leistung selbst und nicht an die Person des Dienstleistungserbringers anknüpfen. Auch die geschützten Verhaltensweisen sind weit gefasst; abgedeckt werden z. B. der Erwerb von Grund und Boden,[20] die Inanspruchnahme staatlicher Beihilfen[21] oder die Teilnahme an öffentlichen Ausschreibungen.[22] Abschnitt IV ordnet eine **Inländergleichbehandlung** an. Da die Vorschriften zur Dienstleistungsfreiheit im Vertrag zum Zeitpunkt des Erlasses des Allgemeinen Programms noch nicht unmittelbar anwendbar waren, ging Abschnitt IV deutlich über die bis dahin geltenden Gewährleistungen im Vertrag hinaus.

11

---

[17] *Calliess/Korte*, vor § 5.
[18] Allgemeines Programm zur Aufhebung der Beschränkungen des freien Dienstleistungsverkehrs vom 18.12.1961, ABl. 1962, 32 ff.
[19] *Frenz*, Handbuch Europarecht, Band 1, § 1, Rn. 2951.
[20] Allgemeines Programm zur Aufhebung der Beschränkungen des freien Dienstleistungsverkehrs vom 18.12.1961, ABl. 1963, 32, 33, Abschnitt III, A., (d).
[21] Allgemeines Programm zur Aufhebung der Beschränkungen des freien Dienstleistungsverkehrs vom 18.12.1961, ABl. 1962, 32, 33, Abschnitt III, A., (g).
[22] Allgemeines Programm zur Aufhebung der Beschränkungen des freien Dienstleistungsverkehrs vom 18.12.1961, ABl. 1962, 32, 33, Abschnitt III, A, (b).

12 Begünstigte der Dienstleistungsfreiheit sind nach Abschnitt I des Allgemeinen Programms **Staatsangehörige** der Mitgliedstaaten, die innerhalb der Gemeinschaft ansässig sind, sowie Gesellschaften, die ihren Sitz in der Gemeinschaft haben und nach den Rechtsvorschriften eines Mitgliedstaates gegründet wurden (s. Art. 56 AEUV, Rn. 24 ff.). Die Aufnahme der **Gesellschaften** entspricht der vertraglichen Verweisung von Art. 66 EWG auf Art. 58 EWG, die den heutigen Art. 62 und 54 AEUV entsprechen. In Abschnitt II wird ein zeitliches Limit von zwei Jahren vorgegeben, in dem die Mitgliedstaaten Rechts- und Verwaltungsvorschriften zur Ein- und Ausreise und zum Aufenthalt von Angehörigen anderer Mitgliedstaaten abschaffen sollen, wenn nicht Gründe der öffentlichen Ordnung, Sicherheit oder Gesundheit etwas Gegenteiliges rechtfertigen. Ein detaillierter Zeitplan für die Umsetzung der Aufhebung der Beschränkungen ist in Abschnitt V vorgesehen. Abschnitt VI verpflichtet die Mitgliedstaaten zum Erlass von Richtlinien über die gegenseitige Anerkennung von Befähigungsnachweisen wie Diplomen und Zeugnissen sowie zur Anpassung von Rechts- und Verwaltungsvorschriften.[23] Damit kann das Allgemeine Programm als **Vorreiter** der Berufsanerkennungsrichtlinie gelten.

13 Die zeitliche Umsetzung des Programms scheiterte bei vielen Dienstleistungen. Gerade bei den freien Berufen war eine Rechtsangleichung aufgrund der politischen Auseinandersetzungen nur mit einer zeitlichen Verzögerung möglich.[24] Das Allgemeine Programm hat heute, durch die unmittelbare Anwendbarkeit der Primärvorschriften, keine eigene Funktion mehr,[25] kann jedoch als Grundlage für die weitere Entwicklung der Dienstleistungsfreiheit gelten.

II. Die Europäische Dienstleistungsrichtlinie

14 Zur weiteren Konkretisierung der Dienstleistungsfreiheit verabschiedeten Rat und Parlament am 12.12.2006 nach einem langen Beratungsprozess die Richtlinie über die Dienstleistungen im Binnenmarkt.[26] Ziel der Richtlinie war es, administrative und rechtliche Hindernisse im Dienstleistungsmarkt abzubauen und dadurch das Bruttoinlandsprodukt (BIP) zu stärken.[27] Der ursprüngliche Kommissionsvorschlag sah wesentlich weitgehendere Verpflichtungen der Mitgliedstaaten vor, als sich tatsächlich in der Richtlinie niedergeschlagen haben. Dies geht v. a. auf den Widerstand des Europäischen Parlaments und der Mitgliedstaaten zurück.[28] So wurde das Herkunftslandprinzip nicht wie ursprünglich[29] von der Kommission vorgeschlagen als Analogie zum Cassis-de-Dijon-Urteil[30] des EuGH in die Richtlinie aufgenommen. Doch auch die abgeänderte Richtlinie krankte an der Umsetzung durch die Mitgliedstaaten. Die Umsetzungsfrist (28.12.2009) wurde nicht von allen Mitgliedstaaten eingehalten, so dass die Kommis-

---

[23] *Kluth*, in: Calliess/Ruffert, EUV/AEUV, Art. 59 AEUV, Rn. 20.
[24] *Oppermann*, BB 1964, 563 (566 ff.).
[25] *Randelzhofer/Forsthoff*, in: Grabitz/Hilf/Nettesheim, EU, Art. 59 AEUV (März 2011), Rn. 1; *Kluth*, in: Calliess/Ruffert, EUV/AEUV, Art. 59 AEUV, Rn. 21.
[26] RL 2006/123/EG vom 12.12.2006 über Dienstleistungen im Binnenmarkt, ABl. 2006, L 376/36.
[27] *Barnard*, S. 414.
[28] *Kluth/Rieger*, GewArch 2006, 1 (4).
[29] Vorschlag für eine Richtlinie des Europäischen Parlaments und des Rates über Dienstleistungen im Binnenmarkt KOM/2004/0002 endg.
[30] EuGH, Urt. v. 20.2.1979, Rs. 120/78 (Rewe/Bundesmonopolverwaltung für Branntwein), Slg. 1979, 649.

sion Vertragsverletzungsverfahren gegen einige Staaten einleitete.[31] Die 118 Erwägungsgründe, die bei der Auslegung der Richtlinie zu berücksichtigen sind, zeichnen ein Abbild der Kontroversen.

Die Dienstleistungsrichtlinie erfasst ein weites Feld an Dienstleistungen (Handel und Vertrieb, Tourismusdienste, Vermietung und Leasing, Bau- und Handwerksdienstleistungen, Dienstleistungen im Immobilienbereich, Aus- und Weiterbildungsangebote, Beherbergungs- und Gastronomiedienstleistungen sowie die meisten Dienstleistungen freier Berufe). Durch sie werden etwa 40 % des EU-BIP berührt. Freilich fallen viele andere Dienstleistungen, insbesondere solche sensibler Natur, aus dem Anwendungsbereich heraus (s. Rn. 17). 15

1. Anwendungsbereich

Die Dienstleistungsrichtlinie definiert eine Dienstleistung in Art. 4 Nr. 1 als »jede von Artikel 50 des Vertrags [jetzt Art. 57 AEUV] erfasste **selbstständige Tätigkeit**, die in der Regel gegen Entgelt erbracht wird«, und sie gilt für alle »Dienstleistungen, die von einem **in einem Mitgliedstaat niedergelassenen Dienstleistungserbringer** angeboten werden« (Art. 2 Abs. 1 RL 2006/123/EG). Damit sind auch reine Inlandssachverhalte erfasst, ein grenzüberschreitendes Moment wird nicht gefordert. Geschützt werden daher nicht nur Dienstleistungserbringer, die im Binnenmarkt agieren, sondern auch Dienstleistungsbeziehungen, die sich im rein nationalen Markt abspielen und keinen Unionsbezug haben. Dadurch wird einer Inländerdiskriminierung Einhalt geboten.[32] Die Dienstleistungsrichtlinie betrifft jedoch darüber hinaus keine unionsexternen Aspekte, v. a. nicht Verhandlungen im Rahmen des Allgemeinen Abkommens über den Handel mit Dienstleistungen (GATS).[33] 16

Durch die Herausnahme bestimmter Tätigkeiten in Art. 2 Abs. 2 RL 2006/23/EG wird ihr Anwendungsbereich beschränkt. Die Richtlinie findet **keine Anwendung** auf Dienstleistungen nicht wirtschaftlicher Art von allgemeinem Interesse: Finanzdienstleistungen (Kreditgewährung, Versicherung, Altersvorsorge, Wertpapierhandel, Geldanlagen, Anlageberatungen); Verkehrsdienstleistungen (s. Art. 58 AEUV, Rn. 3 ff.); Dienstleistungen von Leiharbeitsagenturen; Gesundheitsdienstleistungen (öffentlicher sowie privater Natur); Dienstleistungen im Bereich audiovisueller Dienste (Kino- und Filmbereich); Glücksspiel; Dienstleistungen, die mit der Ausübung öffentlicher Gewalt gemäß Art. 51 AEUV verbunden sind; soziale Dienstleistungen (inklusive Sozialwohnungen, Kinderbetreuung, soziale Leistungen gemeinnütziger Einrichtungen); private Sicherheitsdienste sowie Tätigkeiten von Notaren und Gerichtsvollziehern. Außerdem gilt die Richtlinie nach Art. 2 Abs. 3 nicht für den Bereich der Steuern.[34] Zudem betrifft die Richtlinie gemäß Art. 3 Abs. 2 nicht das **internationale Privatrecht**, insbesondere nicht dessen Regelungen zum nationalen **Verbraucherschutz**.[35] 17

---

[31] Verfahren wurden gegen Österreich, Deutschland und Griechenland eingeleitet, Press Release, KOM http://europa.eu/rapid/press-release_IP-11-1283_de.htm.
[32] *Kluth*, in: Calliess/Ruffert, EUV/AEUV, Art. 59 AEUV, Rn. 24.
[33] *Kluth*, in: Calliess/Ruffert, EUV/AEUV, Art. 59 AEUV, Rn. 27.
[34] *Calliess/Korte*, § 5, Rn. 11 ff.
[35] *Kluth*, in: Calliess/Ruffert, EUV/AEUV, Art. 59 AEUV, Rn. 26; *Calliess/Korte*, § 5, Rn. 303 ff.

18 Die Dienstleistungsrichtlinie ist gegenüber der **Berufsanerkennungsrichtlinie**[36] subsidiär[37] und geht auch anderen Gemeinschaftsakten, die spezifische Aspekte einer Dienstleistung regeln, nach (Art. 3 Abs. 1).[38]

2. Regelungsumfang

19 Die Dienstleistungsrichtlinie regelt auch die Niederlassungsfreiheit. Die Vereinfachung von Verwaltungsvorschriften (Kapitel 2) dient, ebenso wie das Kapitel 3 (Niederlassungsfreiheit der Dienstleistungserbringer), gerade nicht Dienstleistern, die sich auf die Dienstleistungsfreiheit im Sinne der Art. 56 ff. AEUV berufen möchten, da für eine solche Dienstleistung primärrechtlich gerade kein vorheriges behördliches Verfahren vonnöten ist (s. Art. 56 AEUV, Rn. 103).[39] Die Dienstleistungsrichtlinie ist also zugleich und nicht nur nachrangig eine **Niederlassungsrichtlinie**.

20 Mittelpunkt für die **Dienstleistungserbringer** ist **Art. 16** der Richtlinie. Art. 16 gibt vor, welche Regelungen von den Mitgliedstaaten nicht getroffen werden dürfen, da sie die Dienstleistungsfreiheit unzulässig beschränken würden.[40] Grundsätzlich gilt, dass der Mitgliedstaat, in dem die Dienstleistung erbracht wird, die freie Ausübung und Aufnahme der Dienstleistung gewährleistet. Ausnahmen von Art. 16 sind nur in streng reglementierten Ausnamefällen gestattet (Art. 18). Der **Dienstleistungsempfänger** kann sich auf **Art. 19** der Richtlinie berufen.

a) Erfasste Beeinträchtigungen

21 Art. 16 Abs. 1 gibt dabei exemplarisch ein Prüfschema vor, um festzustellen, ob ein Mitgliedstaat unzulässige Anforderungen an Dienstleistungserbringer stellt. Eine Legaldefinition der Anforderungen findet sich in Art. 4 Nr. 7 und erfasst jegliche Auflagen, Verbote, Bedingungen oder Beschränkungen. Jedoch bedarf es eines konkreten **Dienstleistungsbezugs**, damit eine Anforderung an Art. 16 Abs. 1 gemessen werden kann. Vorschriften, die Dienstleistungserbringer nur im Zuge ihrer Wirtschaftstätigkeit betreffen (z.B. Straßenverkehrsvorschriften, Raumordnungs- und Baurecht, Stadtplanung und Bodennutzung sowie verwaltungsrechtliche Sanktionen für eine Nichteinhaltung der genannten Regelungskomplexe) und von Privaten oder anderen Wirtschaftsteilnehmern genauso beachtet werden müssen, sind nicht an der Anforderungstrias zu messen.[41] Wann eine dienstleistungsspezifische Anforderung vorliegt, ist daher durch Ermittlung einer Sonderbetroffenheit der Dienstleistungserbringer festzustellen. Neben der genauen Untersuchung des Regelungsbereichs der Anforderung sowie ihrer ratio legis, kann die Einbeziehung branchentypischer Anforderungen und des Tätigkeitsbezugs der Regelung Indikator sein.[42] Es bleibt daher eine Frage des **Einzelfalls**, ob sich spezifische oder ausschließliche Belastungen für den Unternehmer ergeben.

---

[36] RL 2005/36/EG vom 7.9.2005 über die Anerkennung von Berufsqualifikationen, ABl. 2005, L 255/22.
[37] Gleiches gilt für die RL 96/71/EG vom 16.12.1996 über die Entsendung von Arbeitnehmern im Rahmen der Erbringung von Dienstleistungen, ABl. 1997, L 18/1; die VO 1408/71 (EWG) vom 14.6.1971 über die Anwendung der Systeme der sozialen Sicherheit auf Arbeitnehmer und Selbständige sowie deren Familienangehörige, die innerhalb der Gemeinschaft zu- und abwandern, ABl. 1971, L 149/2; die RL 89/552/EWG vom 3.10.1989 zur Koordinierung bestimmter Rechts- und Verwaltungsvorschriften der Mitgliedstaten über die Ausübung der Fernsehtätigkeit, ABl. 1989, L 298/23.
[38] *Calliess/Korte*, § 5, Rn. 2.
[39] *Kluth*, in: Calliess/Ruffert, EUV/AEUV, Art. 59 AEUV, Rn. 28.
[40] *Kluth*, in: Calliess/Ruffert, EUV/AEUV, Art. 59 AEUV, Rn. 29.
[41] S. Erwägungsgrund (9) der RL 2006/123/EG vom 12.12.2006 (s. Fn. 10).
[42] *Calliess/Korte*, § 6, Rn. 18 f.

Nicht generell verboten wird den Mitgliedstaaten aber, Reglementierungen für Dienstleistungen vorzunehmen. Diese dürfen aber nicht gegen folgende **Grundsätze** verstoßen: a) **Nichtdiskriminierung** (die Anforderung darf weder direkt noch indirekt aufgrund der Staatsangehörigkeit diskriminieren), b) **Erforderlichkeit** (die Anforderung muss aus Gründen der öffentlichen Ordnung, der öffentlichen Sicherheit, der öffentlichen Gesundheit oder des Schutzes der Umwelt gerechtfertigt sein), c) **Verhältnismäßigkeit** (die Anforderung muss zur Verwirklichung des mit ihr verfolgten Ziels geeignet sein und darf nicht über das hinausgehen, was zur Erreichung dieses Ziels erforderlich ist). Eine Anforderung erfasst abstrakte wie konkrete Maßnahmen, die aus Sicht des Dienstleistungserbringers eine beeinträchtigende Wirkung haben.[43]

Additiv unterliegen die Mitgliedstaaten gemäß **Art. 16 Abs. 2** bei der Reglementierung von Dienstleistungserbringern, die in einem anderen Mitgliedstaat niedergelassen sind, der sog. **schwarzen Liste**,[44] welche die Rechtsprechung des EuGH umsetzt. Das Aufstellen folgender Anforderungen ist **verboten**: a) eine **Niederlassungspflicht** im Hoheitsgebiet des Mitgliedstaates,[45] b) Genehmigungs-[46] oder **Registrierungspflicht**,[47] c) das Verbot des Aufbaus einer Infrastruktur,[48] d) Anstellungszwang,[49] e) Ausweiszwang,[50] f) Verbot integraler[51] Ausrüstungsgegenstände (mit Ausnahmen für Anforderungen, die für den Schutz der Gesundheit und der Sicherheit am Arbeitsplatz nötig sind)[52] und g) die in Art. 19 der Richtlinie genannten Beschränkungen des Dienstleistungsverkehrs. Über Art. 16 Abs. 2 Buchst. g wird eine Verknüpfung der Regelungen für den Dienstleistungserbringer und Dienstleistungsempfänger hergestellt. Art. 16 Abs. 2 hat **absoluten Verbotscharakter**.[53]

Art. 16 orientiert sich an der Rechtsprechung des EuGH zur Dienstleistungsfreiheit und setzt die dort konkret genannten Anforderungen um (s. Rn. 21).[54] Lediglich Art. 16 Abs. 3 der Richtlinie geht noch über diese Anforderungen hinaus und fasst die Rechtfertigungstatbestände enger als die Rechtsprechung des EuGH. Er verweist gerade nicht auf Art. 4 Nr. 8, welcher zwingende Gründe des Allgemeininteresses legaldefiniert, sondern formuliert die Rechtfertigungsgründe aus. Neben den Rechtfertigungsgründen der öffentlichen Ordnung, der öffentlichen Sicherheit, der öffentlichen Gesundheit und des Schutzes der Umwelt[55] **fehlt** der vom EuGH[56] anerkannte Grund des **Verbraucher-**

---

[43] *Calliess/Korte*, § 6, Rn. 20.
[44] *Kluth*, in: Calliess/Ruffert, EUV/AEUV, Art. 59 AEUV, Rn. 31; *Calliess/Korte*, § 6, Rn. 34.
[45] Sehr deutlich: EuGH, Urt. v. 15.1.2002, Rs. C–439/99 (Kommission/Italien), Slg. 2002, I–305, Rn. 30.
[46] EuGH, Urt. v. 22.1.2002, Rs. C–390/99 (Canal Satélite Digital), Slg. 2002, I–607, Rn. 41.
[47] EuGH, Urt. v. 3.10.2000, Rs. C–58/98 (Corsten), Slg. 2000, I–7919, Rn. 45 ff.
[48] EuGH, Urt. v. 21.3.2002, Rs. C–298/99 (Kommission/Italien), Slg. 2002, I–3129, Rn. 56 f.
[49] EuGH, Urt. v. 5.6.1997, Rs. C–398/95 (Syndesmos ton en Elladi Touristikon kai Taxidiotikon Grafeion/Ypourgos Ergasias), Slg. 1997, I–3091, Rn. 19.
[50] EuGH, Urt. v. 9.3.2000, Rs. C–355/98 (Kommission/Belgien), Slg. 2000, I–1221, Rn. 39.
[51] *Calliess/Korte*, § 6, Rn. 43.
[52] EuGH, Urt. v. 22.1.2002, Rs. C–390/99 (Canal Satélite Digital), Slg. 2002, I–607, Rn. 3.
[53] Ausführlich zum Meinungsstand s. *Calliess/Korte*, § 6, Rn. 27 ff.
[54] S. die Nachweise in Rn. 21; *Kluth*, in: Calliess/Ruffert, EUV/AEUV, Art. 59 AEUV, Rn. 29.
[55] Im Sinne des Art. 11 AEUV.
[56] EuGH, Urt. v. 18.1.1979, verb. Rs. 110/78 u. 111/78 (Ministère public u.a./Van Wesemael), Slg. 1979, 35, Rn. 27, 28; Urt. v. 4.12.1986, Rs. 220/83 (Kommission/Frankreich), Slg. 1986, 3663, Rn. 20; Urt. v. 12.12.1996, Rs. C–3/95 (Reisebüro Broede/Sandker), Slg. 1996, I–6511, Rn. 31 ff., 39; Urt. v. 21.9.1999, Rs. C–124/97 (Läärä u.a.), Slg. 1999, I–6067, Rn. 33; Urt. v. 5.12.2006, verb. Rs. C–94/04 u. 202/04 (Cipolla u.a.), Slg. 2006, I–11421, Rn. 64.

schutzes.⁵⁷ Erwägungen zum Verbraucherschutz können demnach im Anwendungsbereich der Richtlinie nicht mehr zu einer Rechtfertigung von nationalen Anforderungen an Dienstleistungen herangezogen werden.⁵⁸ Der Richtliniengesetzgeber vertraut auf das durch die Verbraucherschutzrichtlinien etablierte System des Verbraucherschutzes.⁵⁹ Die öffentliche Sicherheit, Gesundheit und Ordnung gehen auf Art. 62, 52 AEUV zurück und können analog interpretiert werden.⁶⁰ Art. 16 Abs. 3 kann aufgrund des absoluten Verbotscharakters von Absatz 2 die dort aufgeführten Anforderungen nicht rechtfertigen. Art. 16 Abs. 3 stellt damit Rechtfertigungsmöglichkeiten für die verbleibenden, nur unter Absatz 1 fallenden Maßnahmen dar.

25 In Art. 19 und 20 der Dienstleistungsrichtlinie wird der Bedeutung des Schutzes des **Dienstleistungsempfängers** Rechnung getragen. Zur Unterstützung der passiven Dienstleistungsfreiheit (s. Art. 57 AEUV, Rn. 28 ff.) werden wiederum anhand der Rechtsprechung des EuGH unzulässige Beschränkungen des Dienstleistungsempfangs genannt. Dabei gilt v.a. das Verbot der Diskriminierung aufgrund der Staatsangehörigkeit (Art. 20). Zudem darf keine Genehmigungspflicht zur Annahme einer Dienstleistung durch nationale Regelungen statuiert werden (Art. 19 Buchst. a) sowie keine diskriminierenden Beschränkungen zur Erlangung finanzieller Unterstützung auferlegt werden (Art. 19 Buchst. b). Zur weiteren Unterstützung der Dienstleistungsempfänger sind Regelungen zur Informationsbereitstellung und Unterstützung niedergelegt (Art. 21 f.). Als Quellen können die Mitgliedstaaten die nach Art. 6 der Richtlinie zwingend geschaffenen einheitlichen Ansprechpartner benennen.

b) Adressatenkreis

26 Beeinträchtigungen nach Art. 16 und 19 der Richtlinie müssen von einem tauglichen Adressaten ausgegangen sein, um ein Verbot auszulösen. Dieser wird in Art. 4 Nr. 7 festgelegt. Erfasst werden das Recht der Mitgliedstaaten, die Rechtsprechung und Verwaltungspraxis, mithin Handlungen aller drei Gewalten. Zudem werden auch Maßnahmen von Berufsverbänden und **kollektive Regelungen** von Berufsvereinigungen erfasst, die in Ausübung von Rechtsautonomie erlassen wurden. Diese Ausweitung entspricht der Rechtsprechung des EuGH und soll verhindern, dass trotz eines Abbaus mitgliedstaatlicher Regelungen durch die Schaffung kollektiver Regelungen eine Behinderung der Dienstleistungsfreiheit bestehen bleibt (s. Art. 56 AEUV, Rn. 34 ff.). Sie steht allerdings quer zum Primärrecht, da Richtlinien sich gemäß Art. 288 Abs. 3 AEUV nur an die Mitgliedstaaten richten und nur für diese verbindlich sind.⁶¹ Aus Art. 4 Nr. 7 der Richtlinie kann sich damit nur eine Schutzpflicht der Mitgliedstaaten im Anwendungsbereich des Art. 16 ergeben. Diese kann v.a. durch Regelungen im Bereich des Art. 16 Abs. 1 Satz 2 ausgeübt werden (Gewährleistung der freien Annahme und freien Ausübung von Dienstleistungstätigkeiten). Die Schutzpflicht kann auch durch richtlinienkonforme Auslegung des nationalenRechts erfüllt werden – eine Pflicht, die sich aber auch schon primärrechtlich aus Art. 4 Abs. 3 EUV ergibt.⁶² **Private** sind jedenfalls schon allein durch die Nichtnennung in Art. 4 Nr. 7 der Richtlinie keine tauglichen Adressaten

---

⁵⁷ *Lemor*, EuZW 2007, 135 (139).
⁵⁸ *Calliess/Korte*, § 6, Rn. 63.
⁵⁹ *Kluth*, in: Calliess/Ruffert, EUV/AEUV, Art. 59 AEUV, Rn. 32.
⁶⁰ *Calliess/Korte*, § 6, Rn. 65.
⁶¹ *Nettesheim*, in: Grabitz/Hilf/ders., EU, Art. 288 AEUV (August 2012), Rn. 109.
⁶² EuGH, Urt. v. 10.4.1984, Rs. 14/83 (Von Colson und Kamann/Land Nordrhein-Westfalen), 1984, 1891, Rn. 26; *von Bogdandy/Schill*, in: Grabitz/Hilf/Nettesheim, EU, Art. 4 EUV (September 2013), Rn. 74.

(s. zur Einbeziehung Privater als Adressaten der Dienstleistungsfreiheit: Art. 56 AEUV, Rn. 50 ff.).[63] Ausgenommen sind auch Tarifverträge der Sozialpartner.[64]

III. Berufsanerkennungsrichtlinie

Die Berufsanerkennungsrichtlinie[65] des Europäischen Parlaments und des Rates vom 7.9.2005 fasst 15 bestehende Richtlinien über die Anerkennung beruflicher Befähigungsnachweise zusammen. Sie stellte die erste Modernisierung des gemeinschaftlichen Systems auf Grundlage einer bereichsbezogenen Regelungskonzeption dar. Sie erfasst dabei Tätigkeiten, die als Dienstleistung oder als selbstständige Erwerbstätigkeit im Rahmen der Niederlassungsfreiheit ausgeübt werden können. Die reglementierten Berufe werden sechs unterschiedlichen Qualifikationsniveaus zugeordnet (Art. 11).[66] Für die schon harmonisierten Berufe[67] gilt weiterhin der Mechanismus der **automatischen Anerkennung** gemäß Art. 21 der Richtlinie bei einer Niederlassung in einem anderen Mitgliedstaat. Dabei werden die Ausbildungsvoraussetzungen, Ausbildungsnachweise und Regelungen zur Ausübung der Tätigkeit festgelegt. Die noch nicht durch Richtlinien erfassten Berufe sind darüber hinaus auch in die Berufsanerkennungsrichtlinie aufgenommen, so dass das freie Berufsrecht nun, mit Ausnahme des Berufs des Rechtsanwalts,[68] vollständig koordiniert ist.[69]

27

Für die Richtlinie ist der Begriff des **reglementierten Berufs** zentral. Dieser meint nach Art. 3 Abs. 1 Buchst. a »eine berufliche Tätigkeit oder eine Gruppe beruflicher Tätigkeiten, bei der die Aufnahme oder Ausübung oder eine der Arten der Ausübung direkt oder indirekt durch Rechts- und Verwaltungsvorschriften an den Besitz bestimmter Berufsqualifikationen gebunden ist; eine Art der Ausübung ist insbesondere die Führung einer Berufsbezeichnung, die durch Rechts- oder Verwaltungsvorschriften auf Personen beschränkt ist, die über eine bestimmte Berufsqualifikation verfügen.« Außerdem gelten gemäß Art. 3 Abs. 2 die von Mitgliedern der im Anhang der Richtlinie aufgezählten Verbände und Organisationen ausgeübten Berufe als reglementierte.[70] Es kommt mithin darauf an, ob die Aufnahme oder Ausübung der beruflichen Tätigkeit an eine bestimmte Qualifikation gebunden ist.[71]

28

Um eine Niederlassung im Sinne der Niederlassungsfreiheit gemäß Art. 49 ff. AEUV von einer Ausübung des Berufs als Dienstleistung abzugrenzen, wird, entsprechend der

29

---

[63] *Calliess/Korte*, § 6, Rn. 24.
[64] Was sich schon aus Art. 1 Abs. 7 Satz 2 der Richtlinie ergibt und hier somit nur klarstellende Funktion haben kann.
[65] RL 2005/36/EG vom 7.9.2005 über die Anerkennung von Berufsqualifikationen, ABl. 2005, L 255/22.
[66] Die unterste Stufe des Befähigungsnachweises ist derjenige, der schlicht durch eine Behörde ausgestellt wird.
[67] Ärzte, Art. 24 ff.; Krankenpfleger für allgemeine Pflege, Art. 31 ff.; Zahnärzte, Art. 34 ff.; Tierärzte, Art. 38 ff.; Hebammen, Art. 40 ff.; Apotheker, Art. 44 ff. und Architekten, Art. 56 ff.
[68] Es gilt in diesem Bereich weiterhin die RL 77/249/EWG vom 22.3.1977 zur Erleichterung der tatsächlichen Ausübung des freien Dienstleistungsverkehrs der Rechtsanwälte, ABl. 1977, L 78/17; *Khan/Eisenhut*, in: Vedder/Heintschel v. Heinegg, Europäisches Unionsrecht, Art. 62 AEUV, Rn. 10.
[69] *Kluth*, in: Calliess/Ruffert, EUV/AEUV, Art. 59 AEUV, Rn. 34.
[70] Der Anhang I der RL 2005/36/EG enthält 43 Verbände und Organisationen aus der Republik Irland und dem Vereinigten Königreich wie z.B. Institution of Engineers of Ireland, The Association of Certified Accountants, Chartered Institute of Bankers, Chartered Society of Physiotherapy, British Psychological Society, Institute of Measurement and Control.
[71] *Kluth*, in: Calliess/Ruffert, EUV/AEUV, Art. 59 AEUV, Rn. 34.

Rechtsprechung des EuGH (s. Art. 57 AEUV, Rn. 17 ff.), auf die Dauer, die Häufigkeit, die regelmäßige Wiederkehr und die Kontinuität der Dienstleistung abgestellt (Art. 5 Abs. 2). Grundsätzlich müssen ausreichende Sprachkenntnisse (Art. 53) für eine Berufsausübung vorliegen. Ärzte und Zahnärzte müssen zudem eine Kassenzulassung vorweisen können (Art. 55).

30 Zentral für die Dienstleistungsfreiheit sind die Art. 5 ff. der Richtlinie. Eine Beschränkung der Ausübung desselben Berufs, zu dem der Dienstleistungserbringer in einem anderen Mitgliedstaat zugelassen ist, ist verboten. Ebenso darf die Ausübung eines nicht reglementierten Berufs, der mindestens zwei Jahre innerhalb der letzten zehn Jahre in einem anderen Mitgliedstaat ausgeübt wurde, nicht eingeschränkt werden (Art. 5 Abs. 1). Im Gegensatz zur Niederlassungsfreiheit wird damit auf eine formelle Gleichwertigkeitsprüfung verzichtet. Ob es sich bei dem Beruf um »denselben« handelt, wird in Art. 4 Abs. 2 umschrieben. Die Berufe müssen vergleichbar sein, jedoch nicht zwingend unter der gleichen Berufsbezeichnung ausgeübt werden.[72]

31 Dienstleistungserbringer unterliegen aber gemäß Art. 5 Abs. 3 dem **Bestimmungslandprinzip,** also den im Aufnahmestaat vorherrschenden berufsständischen Regelungen. Für den Verbraucher beziehungsweise Dienstleistungsempfänger bietet das den Vorteil, dass er sich nicht mit den Vorschriften anderer Mitgliedstaaten auseinandersetzen muss und sich an Bekanntes halten kann.[73] Jedoch sind die Regelungen im Gegensatz zur Niederlassungsfreiheit modifiziert. Es entfällt die Pflicht, sich bei der Berufsausübung in einem anderen Mitgliedstaat bei einer dortigen Berufsorganisation eintragen zu lassen (Art. 6). Würde von diesem Erfordernis nicht abgesehen werden, würde gegen das Primärrecht verstoßen werden, welches gemäß Art. 56 AEUV schon darin eine Beschränkung sieht, dass eine Dienstleistung weniger attraktiv gemacht wird (s. dazu Art. 56 AEUV, Rn. 97).[74] Die Mitgliedstaaten können jedoch gemäß Art. 7 der Richtlinie verlangen, dass sich der Dienstleistungserbringer bei den zuständigen Behörden im Aufnahmestaat meldet, und kann dazu gemäß Art. 8 auch Informationen über den Dienstleistungserbringer aus dem Niederlassungsstaat anfordern. Zudem kann der Dienstleistungserbringer zu einer Pro-Forma-Mitgliedschaft in einer Berufsorganisation eingetragen werden, wenn dadurch in keiner Weise die Ausübung der Dienstleistung verzögert oder erschwert wird (Art. 6 Buchst. a). Die automatische Eintragung wird v. a. bei Berufen eingesetzt, bei denen eine Überwachung durch eine Berufsorganisation durchgeführt wird.[75]

32 Um die Freizügigkeit der Fachkräfte zu erhöhen, wurde die Berufsanerkennungsrichtlinie 2013 modernisiert.[76]

IV. Entsenderichtlinie

33 Die Richtlinie über die Entsendung von Arbeitnehmern im Rahmen der Erbringung von Dienstleistungen vom Europäischen Parlament und Rat vom 16.12.1996 wurde aufgrund von Art. 62, 53 Abs. 1, 2 AEUV erlassen.[77] Sie gilt für Unternehmen mit Sitz in

---

[72] *Kluth*, in: Calliess/Ruffert, EUV/AEUV, Art. 59 AEUV, Rn. 37.
[73] *Kluth*, in: Calliess/Ruffert, EUV/AEUV, Art. 59 AEUV, Rn. 38.
[74] *Kluth/Rieger*, EuZW 2005, 486 (489).
[75] *Kluth*, in: Calliess/Ruffert, EUV/AEUV, Art. 59 AEUV, Rn. 40.
[76] RL 2013/55/EU vom 20.11.2013 zur Änderung der RL 2005/36/EG über die Anerkennung von Berufsqualifikationen und der VO (EU) Nr. 1024/2012 über die Verwaltungszusammenarbeit mit Hilfe des Binnenmarkt-Informationssystems (»IMI-Verordnung«), ABl. 2013, L 354/132.
[77] RL 96/71/EG vom 16.12.1996 über die Entsendung von Arbeitnehmern im Rahmen der Erbringung von Dienstleistungen, ABl. 1997, L 18/1.

einem Mitgliedstaat, die zur Ausübung von Dienstleistungen ihre Arbeitnehmer in einen anderen Mitgliedstaat entsenden (Art. 1 RL 2013/55/EU). Ziel der Richtlinie ist es, einen rechtlichen Rahmen für die Entsendung von Arbeitnehmern zur Erbringung einer Dienstleistung in einem anderen Mitgliedstaat zu schaffen. Dabei sollen bestimmte Mindestbedingungen garantiert werden (Höchstarbeitszeiten, Mindestruhezeiten, Mindesturlaub, Mindestlohnsätze, Sicherheit, Gesundheit und Hygiene am Arbeitsplatz, Schwangerschaftsschutz sowie die Gleichbehandlung von Männern und Frauen). Es gilt dabei das **Bestimmungslandprinzip** (s. Rn. 30).[78] Umsetzungsfrist für die Richtlinie war der 16.12.1999. Die Entsenderichtlinie geht der Dienstleistungsrichtlinie vor (s. Rn. 18). Sie wurde in Deutschland durch das Arbeitnehmer-Entsendegesetz[79] umgesetzt.

---

[78] *Kreuzer/Wagner*, in: Dauses, Handbuch des EU-Wirtschaftsrechts, Abschnitt Q, EL 19, Rn. 200.
[79] Nunmehr: Arbeitnehmer-Entsendegesetz vom 20.4.2009, BGBl. I S. 799.

Artikel 60 AEUV [Weitergehende Liberalisierung]

Die Mitgliedstaaten bemühen sich, über das Ausmaß der Liberalisierung der Dienstleistungen, zu dem sie aufgrund der Richtlinien gemäß Artikel 59 Absatz 1 verpflichtet sind, hinauszugehen, falls ihre wirtschaftliche Gesamtlage und die Lage des betreffenden Wirtschaftszweigs dies zulassen.

Die Kommission richtet entsprechende Empfehlungen an die betreffenden Staaten.

Literaturübersicht

S. Übersicht zu Art. 56 AEUV.

Leitentscheidungen

S. Übersicht zu Art. 56 AEUV.

1 Trotz der Wiederaufnahme der Vorschrift in die Verträge (ex-Art. 53 EGV [Nizza]) und der geringfügigen Wortlautänderung[1] nach dem Vertrag von Lissabon, ist die Vorschrift **obsolet**. Ihre Bedeutung verlor sie mit dem Ablauf der Übergangszeit am 1.1.1970 (s. Art. 56 AEUV, Rn. 12; Art. 59 AEUV, Rn. 10 ff.),[2] da die unmittelbare Anwendbarkeit der Vorschriften die Forderung des Art. 60 Abs. 1 AEUV erfüllt. Die Beibehaltung der Vorschrift nach dem Vertrag von Amsterdam vermag dieses Urteil nicht zu revidieren, sondern kann als redaktionelles Versehen verstanden werden. Alle Parallelvorschriften der Verträge wurden tatsächlich aufgehoben.[3]

2 Art. 60 AEUV spielte aber auch vor 1970 eine nur untergeordnete Rolle. Aus der Vorschrift erwächst keine Rechtspflicht der Mitgliedstaaten, den Empfehlungen der Kommission zu folgen; es handelt sich um eine reine **Absichtserklärung**. Durch die Bekundung des guten Willens jedoch müssen die Staaten unter einem gewissen Rechtfertigungsdruck gestanden haben. Eine Empfehlung der Kommission von 1964,[4] die zur Verstärkung der Wirksamkeit einer Richtlinie zur Liberalisierung des Dienstleistungsverkehrs im Filmwesen ausgesprochen wurde, stützte sich gerade nicht auf Art. 60 AEUV, sondern auf Art. 211 EGV a.F. Die Kommission hat nie eine Empfehlung nach Art. 60 AEUV ausgesprochen, was die fehlende Relevanz der Vorschrift offenbart.

---

[1] Nach dem Wortlaut der Vorschrift i.d.F. bis einschließlich Art. 53 EGV [Nizza] waren die Mitgliedstaaten **bereit**, über das Ausmaß der Liberalisierung **hinauszugehen**.
[2] *Kluth*, in: Calliess/Ruffert, EUV/AEUV, Art. 60 AEUV, Rn. 1; Grundlegend EuGH, Urt. v. 3.12. 1974, Rs. 33/74 (Van Binsbergen/Bedrijfsvereniging voor de Metaalnijverheid), Slg. 1974, 1299, Rn. 24, 26.
[3] Art. 15 Abs. 2 EGV a.F. für die Senkung der Zollsätze; Art. 24 EGV a.F. für die Änderung der Zollsätze; Art. 35 EGV a.F. für die Beseitigung mengenmäßiger Einfuhr- bzw. Ausfuhrbeschränkungen; Art. 71 Abs. 2 EWGV für die Liberalisierung des Kapitalverkehrs und Art. 106 EWGV für die Liberalisierung des Zahlungsverkehrs.
[4] Empfehlung der Kommission an die Mitgliedstaaten 64/242/EWG vom 8.4.1964 über die in Art. 11 der ersten Richtlinie auf dem Gebiet des Filmwesens vorgesehene Bescheinigung zur Anerkennung von Filmen als Filme eines Mitgliedstaates, ABl. 1964, 63/1025.

Artikel 61 AEUV [Übergangsregelung]

Solange die Beschränkungen des freien Dienstleistungsverkehrs nicht aufgehoben sind, wendet sie jeder Mitgliedstaat ohne Unterscheidung nach Staatsangehörigkeit oder Aufenthaltsort auf alle in Artikel 56 Absatz 1 bezeichneten Erbringer von Dienstleistungen an.

Literaturübersicht

S. Übersicht zu Art. 56 AEUV.

Leitentscheidung

EuGH, Urt. v. 26.11.1975, Rs. 39/75 (Coenen/Sociaal Economische Raad), Slg. 1975, 1547

Wesentliche sekundärrechtliche Vorschriften

S. Übersicht zu Art. 59, 62 AEUV.

Art. 61 AEUV entspricht im Wortlaut seinen Vorgängerversionen (ex-Art. 54 EGV [Nizza]) und stellt durch die »solange...nicht«-Formulierung eine Reminiszenz an die Zeit vor Ablauf der Übergangszeit (01.1.1970) dar.[1] Die **Gleichbehandlungspflicht** ist in der Dienstleistungsfreiheit nach Art. 56 ff. AEUV vollkommen aufgegangen. Ein eigenständiger Regelungsgehalt von Art. 61 AEUV verbleibt damit nicht (s. Rn. 3). Eine Streichung der Vorschrift, wie es bei den Parallelvorschriften ex-Art. 33 Abs. 1 und 44 Abs. 1 EGV [Nizza] geschehen ist, wäre auch hier geboten gewesen.[2]

Bevor die Beschränkungen für den Dienstleistungsverkehr aufgehoben wurden, beinhaltete Art. 61 AEUV ein **Gleichbehandlungsgebot** im Anwendungsbereich der noch bestehenden mitgliedstaatlichen Beschränkungen.[3] Bei der Anwendung der beschränkenden Vorschriften durften die Mitgliedstaaten nicht zwischen Angehörigen verschiedener Staaten unterscheiden. Allein durch die Wortlautexegese bleibt unklar, ob das so ausgesprochene **Meistbegünstigungsprinzip** nur für Unionsbürger oder auch für Drittstaatsangehörige Geltung beanspruchen kann. Jedoch verweist Art. 61 AEUV a.E. auf die Dienstleistungserbringer nach Art. 56 Abs. 1 AEUV. Dieser Artikel wiederum bezieht sich nur auf Angehörige der Mitgliedstaaten (s. Art. 56 AEUV, Rn. 17 ff.).[4] Eine Ausdehnung der Gewährleistung auf Drittstaatsangehörige ist somit nur nach einem Anwendungsbeschluss des Rates nach Art. 56 Abs. 2 AEUV möglich.[5]

---

[1] EuGH, Urt. v. 26.11.1975, Rs. 39/75 (Coenen/Sociaal Economische Raad), Slg. 1975, 1547, Rn. 8, 11.

[2] *Müller-Graff*, in: Streinz, EUV/AEUV, Art. 61 AEUV, Rn. 1; *Randelzhofer/Forsthoff*, in: Grabitz/Hilf/Nettesheim, EU, Art. 61 AEUV (März 2011), Rn. 1, 3; *Khan/Eisenhut*, in: Vedder/Heintschel v. Heinegg, Europäisches Unionsrecht, Art. 61 AEUV, Rn. 1 ff.

[3] *Kluth*, in: Calliess/Ruffert, EUV/AEUV, Art. 61 AEUV, Rn. 1; *Müller-Graff*, in: Streinz, EUV/AEUV, Art. 61 AEUV, Rn. 4; *Khan/Eisenhut*, in: Vedder/Heintschel v. Heinegg, Europäisches Unionsrecht, Art. 61 AEUV, Rn. 1 ff.

[4] *Holoubek*, in: Schwarze, EU-Kommentar, Art. 61 AEUV, Rn. 1; *Müller-Graff*, in: Streinz, EUV/AEUV, Art. 61 AEUV, Rn. 5; *Khan/Eisenhut*, in: Vedder/Heintschel v. Heinegg, Europäisches Unionsrecht, Art. 61 AEUV, Rn. 1 ff.

[5] Davon wurde jedoch noch kein Gebrauch gemacht, zu den **Richtlinienentwürfen**: Vorschlag für eine Richtlinie des Europäischen Parlaments und des Rates über die Bedingungen für die Entsendung von Arbeitnehmern mit Staatsangehörigkeit eines dritten Landes im Rahmen der grenzüberschrei-

Dienstleistungserbringende Unionsbürger dürfen daher nicht aufgrund ihrer Staatsangehörigkeit oder dem Land ihrer Ansässigkeit benachteiligt oder bevorzugt werden.[6]

3   Der **zeitliche Geltungsbereich** der Vorschrift knüpft formell betrachtet nicht an die Übergangszeit, sondern an das Bestehen von Beschränkungen an, und wirkt damit noch fort, da immer noch **gerechtfertigte Beschränkungen** der Dienstleistungsfreiheit in den Rechtsordnungen der Mitgliedstaaten bestehen. Gleichwohl verbleibt der Norm kein eigenständiger Anwendungsbereich, denn bestehende Beschränkungen müssen gerechtfertigt sein (s. Art. 56 AEUV, Rn. 107 ff.). Dafür gibt es nur zwei Möglichkeiten: Bei einer Rechtfertigung über Art. 62, 52 AEUV sind die Vorschriften leges speciales zu Art. 61 AEUV. Eine Beschränkung, die nicht unterschiedslos auf alle Unionsbürger angewendet wird, kann nicht aus zwingenden Erfordernissen des Allgemeininteresses gerechtfertigt sein (s. Art. 56 AEUV, Rn. 63, 67, 107 ff.).[7] Art. 61 AEUV wird daher seit der Umsetzung der unmittelbaren Anwendbarkeit der Dienstleistungsfreiheit von ihr konsumiert.

---

tenden Erbringung von Dienstleistungen, ABl. 1999, C 67/12 und Vorschlag für eine Richtlinie des Rates zur Ausdehnung der grenzüberschreitenden Dienstleistungsfreiheit auf in der Gemeinschaft niedergelassene Staatsangehörige dritter Länder, ABl. 1999, C 67/17.
  [6] Die Sonderregelung in Abschnitt IV des Allgemeinen Programms (s. Art. 59 AEUV, Rn. 10 ff.) über die Regelungen zwischen den Benelux-Staaten ist mit dem Vertrag vereinbar, Art. 350 AEUV.
  [7] *Kluth*, in: Calliess/Ruffert, EUV/AEUV, Art. 61 AEUV, Rn. 2; *Müller-Graff*, in: Streinz, EUV/AEUV, Art. 61 AEUV, Rn. 3; *Kotzur*, in: Geiger/Khan/Kotzur, EUV/AEUV, Art. 61 AEUV, Rn. 2.

Artikel 62 AEUV [Entsprechende Anwendung von Vorschriften des Niederlassungsrechts]

Die Bestimmungen der Artikel 51 bis 54 finden auf das in diesem Kapitel geregelte Sachgebiet Anwendung.

Literaturübersicht

S. Übersicht zu Art. 56 AEUV.

Leitentscheidungen

S. Übersicht zu Art. 56 AEUV.

Wesentliche sekundärrechtliche Vorschriften

RL 64/221/EWG vom 25.2.1964 zur Koordinierung der Sondervorschriften für die Einreise und den Aufenthalt von Ausländern, soweit sie aus Gründen der öffentlichen Ordnung, Sicherheit oder Gesundheit gerechtfertigt sind, ABl. 1964, L 56/850, ergänzt durch RL 73/148/EWG vom 21.5.1973, ABl. 1973, L 172/14; RL 93/38/EWG vom 14.6.1993 zur Koordinierung der Auftragsvergabe durch Auftraggeber im Bereich der Wasser-, Energie- und Verkehrsversorgung sowie der Telekommunikation, ABl. 1993, L 199/84

RL 92/50/EWG vom 18.6.1992 über die Koordinierung der Verfahren zur Vergabe öffentlicher Dienstleistungsaufträge, ABl. 1992, L 209/1

RL 2004/17/EG vom 31.3.2004 zur Koordinierung der Zuschlagserteilung durch Auftraggeber im Bereich der Wasser-, Energie- und Verkehrsversorgung sowie der Postdienste, ABl. 2004, L 134/1

RL 2004/18/EG vom 31.3.2004 über die Koordinierung der Verfahren zur Vergabe öffentlicher Bauaufträge, Lieferaufträge und Dienstleistungsaufträge, ABl. 2004, L 134/114

Inhaltsübersicht

	Rn.
A. Allgemeines	1
B. Verweis auf Art. 51 AEUV	2
C. Verweis auf Art. 52 AEUV	3
I. Allgemeines	3
II. Grundsätzliche Regelungen	5
III. Personenbezogene Diskriminierungen	7
IV. Leistungsbezogene Diskriminierungen	8
D. Verweis auf Art. 53 AEUV	11
E. Verweis auf Art. 54 AEUV	16

A. Allgemeines

Art. 62 AEUV erklärt über eine Verweisung vier Vorschriften der Niederlassungsfreiheit für die Dienstleistungsfreiheit für entsprechend anwendbar. Dabei ist Art. 62 AEUV, abgesehen von einer Anpassung an die Neunummerierung, wortgleich mit seinen Vorgängervorschriften (ex-Art. 55 EGV [Nizza], ex-Art. 55 EGV [Amsterdam], ex-Art. 55 EWG).[1] Der Norm liegt das Verständnis zugrunde, dass die Niederlassungsfreiheit und die Dienstleistungsfreiheit strukturell gleich seien. Diese bei der Schaffung 1

---

[1] *Müller-Graff*, in: Streinz, EUV/AEUV, Art. 62 AEUV, Rn. 1; *Kotzur*, in: Geiger/Khan/Kotzur, EUV/AEUV, Art. 62 AEUV, Rn. 1; *Holoubek*, in: Schwarze, EU-Kommentar, Art. 62 AEUV, Rn. 1.

der Verträge noch vorherrschende Ansicht hat sich gewandelt.² Die **Parallelität der Grundfreiheiten** ergab sich aus der Entwicklung der Grundfreiheiten, die sich bei der Dienstleistungsfreiheit v. a. auf den Abbau von Regulierungen des Dienstleistungserbringers bezog (s. Art. 57 AEUV, Rn. 27f.).³ Beiden Grundfreiheiten lag somit vornehmlich ein personelles Element zugrunde. Die Niederlassungsfreiheit ist eine reine Personenfreiheit (s. Art. 49 AEUV, Rn. 4f.), die Dienstleistungsfreiheit hingegen vereint personelle und produktbezogene Aspekte, hat damit eine Zwitterstellung inne (s. Art. 57 AEUV, Rn. 5ff.) und ist durch die nur vorübergehende Tätigkeit in einem anderen Mitgliedstaat gekennzeichnet (s. Art. 57 AEUV, Rn. 17f.). Teilweise sind daher, neben der allgemeinen Verweisung und Anwendung der zur Niederlassungsfreiheit entwickelten Anwendungsformen, Abweichungen für die Dienstleistungsfreiheit nötig.⁴

B. Verweis auf Art. 51 AEUV

2 Gemäß Art. 62, 51 AEUV erstreckt sich die Dienstleistungsfreiheit nicht auf Tätigkeiten, die im Aufnahmemitgliedstaat mit der **Ausübung öffentlicher Gewalt**⁵ verbunden sind. Das Europäische Parlament und der Rat können gemeinsam im ordentlichen Gesetzgebungsverfahren weitere bestimmte Tätigkeiten festlegen, die aus dem Anwendungsbereich der Dienstleistungsfreiheit herausgenommen werden sollen. Dies ist jedoch noch nicht geschehen.⁶ Art. 62, 51 AEUV bilden damit eine **Bereichsausnahme** für Tätigkeiten, die **hoheitlicher Art** sind. Art. 62, 51 AEUV stellen damit keinen Rechtfertigungsgrund dar, sondern verkürzen den Schutzbereich der Freiheiten.⁷ Tätigkeiten, die mit der Ausübung öffentlicher Gewalt verbunden sind, kann ein Mitgliedstaat seinen Staatsangehörigen vorbehalten.⁸ Die Mitgliedstaaten dürfen die Grundfreiheit jedoch nur soweit einschränken, wie es zur Wahrung ihrer Interessen, die durch Art. 51 AEUV geschützt werden, unbedingt notwendig ist.⁹ Daher können nicht ganze Berufsgruppen, sondern **nur einzelne Tätigkeiten** von der Bereichsausnahme erfasst werden.¹⁰

---

² *Randelzhofer/Forsthoff*, in: Grabitz/Hilf/Nettesheim, EU, Art. 62 AEUV (März 2011), Rn. 1; *Holoubek*, in: Schwarze, EU-Kommentar, Art. 62 AEUV, Rn. 1.
³ *Holoubek*, in: Schwarze, EU-Kommentar, Art. 62 AEUV, Rn. 1; *Kotzur*, in: Geiger/Khan/Kotzur, EUV/AEUV, Art. 62 AEUV, Rn. 1; *Müller-Graff*, in: Streinz, EUV/AEUV, Art. 62 AEUV, Rn. 3.
⁴ *Randelzhofer/Forsthoff*, in: Grabitz/Hilf/Nettesheim, EU, Art. 62 AEUV (März 2011), Rn. 1; *Müller-Graff*, in: Streinz, EUV/AEUV, Art. 62 AEUV, Rn. 4.
⁵ Zur autonomen Definition durch den EuGH: EuGH, Urt. v. 3.7.1986, Rs. 66/85 (Lawrie-Blum/Land Baden-Württemberg), Slg. 1986, 2121, Rn. 27.
⁶ *Kotzur*, in: Geiger/Khan/Kotzur, EUV/AEUV, Art. 62 AEUV, Rn. 2.
⁷ *Holoubek*, in: Schwarze, EU-Kommentar, Art. 56, 57 AEUV, Rn. 45.
⁸ *Müller-Graff*, in: Streinz, EUV/AEUV, Art. 62 AEUV, Rn. 5; Rn. 2; *Kluth*, in: Calliess/Ruffert, EUV/AEUV, Art. 62 AEUV, Rn. 2.
⁹ EuGH, Urt. v. 15.3.1988, Rs. 147/86 (Kommission/Griechenland), Slg. 1988, 1637, Rn. 7; mit Erwähnung der Dienstleistungsfreiheit: Urt. v. 29.10.1998, Rs. C–114/97 (Kommission/Spanien), Slg. 1998, I–6717, Rn. 43; Urt. v. 30.3.2006, Rs. C–451/03 (Servizi Ausiliari Dottori Commercialisti), Slg. 2006, I–2941, Rn. 45.
¹⁰ Mit Beispielen: *Holoubek*, in: Schwarze, EU-Kommentar, Art. 56, 57 AEUV, Rn. 45; *Müller-Graff*, in: Streinz, EUV/AEUV, Art. 62 AEUV, Rn. 6f.; *Kotzur*, in: Geiger/Khan/Kotzur, EUV/AEUV, Art. 62 AEUV, Rn. 2.

C. Verweis auf Art. 52 AEUV

I. Allgemeines

Art. 62, 52 AEUV geben dem Mitgliedstaat die Möglichkeit, aus Gründen der **öffentlichen Ordnung, Sicherheit oder Gesundheit** Sonderregelungen für Ausländer im Bereich der Dienstleistungsfreiheit zu rechtfertigen. Art. 62, 52 AEUV sind, wie alle ordre-public-Vorbehalte, eng auszulegen.[11] Zur Koordinierung der Sondervorschriften wurde die Richtlinie 64/221/EWG[12] geschaffen. Gerade bei Art. 62, 52 AEUV kommt die **Zwitterstellung** der Dienstleistungsfreiheit zwischen Produkt- und Personenfreiheit besonders zum Tragen. In Fällen, in denen die Dienstleistungsfreiheit als Personenfreiheit angesprochen wird, mithin bei einer Diskriminierung des Dienstleistungserbringers oder -empfängers im Rahmen einer **personenbezogenen** Erbringungsform[13] der Dienstleistung, bestehen keine großen Unterschiede zur Niederlassungsfreiheit. Beide Grundfreiheiten können, unter Einbeziehung der vorübergehenden Natur der Dienstleistungsfreiheit, parallel behandelt werden. Tritt die Einschränkung der Dienstleistungsfreiheit jedoch **produktbezogen** auf, muss differenziert werden.[14] Für beide Fälle gelten jedoch die Grundsätze, die sich aus Art. 52 AEUV ergeben. 3

Neben die vertraglich kodifizierte Möglichkeit zur Rechtfertigung einer Beschränkung der Dienstleistungsfreiheit treten die **zwingenden Gründe des Allgemeininteresses** (in Parallele zu den »zwingenden Erfordernissen« der Cassis de Dijon-Rechtsprechung, s. Art. 34 AEUV, Rn. 165 ff.). Die Ratio entspricht derjenigen der Warenverkehrsfreiheit: Die geschriebenen Rechtfertigungsgründe sind exklusiv formuliert und statisch, also gewissermaßen auf die gesellschaftlichen Sensibilitäten und technologischen Bedingungen zum Zeitpunkt des Normerlasses (1957) eingefroren. Dass dies der Dynamik des Dienstleistungsmarktes im Jahr 2016 nicht gerecht wird, liegt auf der Hand. Die Dynamisierung findet durch die Öffnung der Ziele statt, auf die sich ein Mitgliedstaat bei der beschränkenden Regulierung legitimerweise berufen darf. Für die Dienstleistungsfreiheit gilt dies auch deshalb in besonderem Maße, weil die vertraglich kodifizierten legitimen Ziele viel beschränkter sind als diejenigen des Art. 36 AEUV. Zu den Einzelheiten der Rechtfertigungsmöglichkeiten aufgrund zwingender Erfordernisse des Allgemeininteresses, s. Art. 56 AEUV, Rn. 112 ff. 4

II. Grundsätzliche Regelungen

Die durch die Niederlassungsfreiheit hergebrachten allgemeinen Grundsätze zu Art. 52 AEUV gelten auch in Anwendung auf die Dienstleistungsfreiheit.[15] Als Ausnahme zum 5

---

[11] EuGH, Urt. v. 15.6.2000, Rs. C–348/97 (Kommission/Deutschland), Slg. 2000, I–4429, Rn. 23; *Holoubek*, in: Schwarze, EU-Kommentar, Art. 62 AEUV, Rn. 3; *Kotzur*, in: Geiger/Khan/Kotzur, EUV/AEUV, Art. 62 AEUV, Rn. 3; *Khan/Eisenhut*, in: Vedder/Heintschel v. Heinegg, Europäisches Unionsrecht, Art. 62 AEUV, Rn. 7; *Kluth*, in: Calliess/Ruffert, EUV/AEUV, Art. 62 AEUV, Rn. 2.
[12] RL 64/221/EWG vom 25.2.1964 zur Koordinierung der Sondervorschriften für die Einreise und den Aufenthalt von Ausländern, soweit sie aus Gründen der öffentlichen Ordnung, Sicherheit oder Gesundheit gerechtfertigt sind, ABl. 1964, L 56/850, ergänzt durch RL 73/148/EWG vom 21.5.1973, ABl. 1973, L 172/14.
[13] Dienstleistungsimport mittels aktiver Dienstleistungsfreiheit, s. Art. 57 AEUV, Rn. 27.
[14] *Randelzhofer/Forsthoff*, in: Grabitz/Hilf/Nettesheim, EU, Art. 62 AEUV (März 2011), Rn. 3; *Müller-Graff*, in: Streinz, EUV/AEUV, Art. 62 AEUV, Rn. 9.
[15] *Müller-Graff*, in: Streinz, EUV/AEUV, Art. 62 AEUV, Rn. 10.

Primärrecht ist Art. 52 AEUV eng auszulegen.[16] Zudem sind bei der Auslegung die allgemeinen Rechtsgrundsätze, inklusive der Unionsgrundrechte, zu beachten. Dabei müssen die Sonderregelungen mit den in der **Grundrechtecharta** niedergelegten Grundrechten übereinstimmen. Andererseits können die Mitgliedstaaten jedoch auch Sonderregelungen zum Schutz ihrer nationalen Grundrechte erlassen (öffentliche Ordnung).[17] Etwaige Sonderregelungen müssen dem Grundsatz der **Verhältnismäßigkeit** entsprechen[18] und einen unmittelbaren Zusammenhang zur Gefährdung aufweisen.[19]

6 Die **öffentliche Sicherheit und Ordnung** ist nur betroffen, wenn eine tatsächliche, hinreichend schwere Gefährdung vorliegt, die ein Grundinteresse der **Union** berührt.[20] Es handelt sich dabei um unionsrechtliche Begriffe. Ein Rückgriff auf das nationale Polizei- und Ordnungsrecht ist daher nur bedingt möglich.[21] Die Richtlinie 64/221/EWG konkretisiert die Begriffe. Allgemeine kulturpolitische Ziele stellen z. B. kein Grundinteresse der Union in diesem Sinne dar.[22] Gleiches gilt für Ziele wirtschaftlicher Art (s. Art. 56 AEUV, Rn. 113).[23] Mit dem Rechtfertigungstatbestand der **öffentlichen Gesundheit** kann der freie Dienstleistungsverkehr im Bereich der klinischen und ärztlichen Versorgung eingeschränkt werden. Dazu muss aber die Erhaltung eines bestimmten Umfangs der medizinischen und pflegerischen Versorgung im Inland für die Gesundheit oder sogar das Überleben der Bevölkerung erforderlich sein.[24] Die öffentliche Gesundheit wird durch Art. 4 der Richtlinie 64/221/EWG konkretisiert und ausgesprochen eng ausgelegt.[25] Die Mitgliedstaaten dürfen sich außerhalb der dort genannten Krankheiten nicht mehr auf das Schutzgut der öffentlichen Gesundheit berufen. Gleichwohl darf nicht der gesamte Gesundheitssektor aus dem Gewährleistungsbereich der Grundfreiheiten ausgenommen werden (s. auch Art. 56 AEUV, Rn. 132 ff.).[26]

---

[16] EuGH, Urt. v. 15.6.2000, Rs. C–348/97 (Kommission/Deutschland), Slg. 2000, I–4429, Rn. 23; Urt. v. 9.3.2000, Rs. C–355/98 (Kommission/Belgien), Slg. 2000, I–1221, Rn. 28; *Holoubek*, in: Schwarze, EU-Kommentar, Art. 62 AEUV, Rn. 3; *Kotzur*, in: Geiger/Khan/Kotzur, EUV/AEUV, Art. 62 AEUV, Rn. 3; *Khan/Eisenhut*, in: Vedder/Heintschel v. Heinegg, Europäisches Unionsrecht, Art. 62 AEUV, Rn. 7; *Kluth*, in: Calliess/Ruffert, EUV/AEUV, Art. 62 AEUV, Rn. 2.

[17] *Müller-Graff*, in: Streinz, EUV/AEUV, Art. 62 AEUV, Rn. 10.

[18] *Holoubek*, in: Schwarze, EU-Kommentar, Art. 62 AEUV, Rn. 3.

[19] EuGH, Urt. v. 26.4.1988, Rs. 352/85 (Bond van Adverteerders/Niederländischer Staat), Slg. 1988, 2085, Rn. 36; EuGH, Urt. v. 19.1.1999, Rs. C–348/96 (Calfa), Slg. 1999, I–11, Rn. 24; Urt. v. 5.11.2002, Rs. C–466/98 (Kommission/Vereinigtes Königreich), Slg. 2002, I–9427, Rn. 57.

[20] EuGH, Urt. v. 27.10.1977, Rs. 30/77 (Regina/Bouchereau), Slg. 1977, 1999, Rn. 33, 35; Urt. v. 19.1.1999, Rs. C–348/96 (Calfa), Slg. 1999, I–11, Rn. 21; Urt. v. 5.11.2002, Rs. C–466/98 (Kommission/Vereinigtes Königreich), Slg. 2002, I–9427, Rn. 57; Urt. v. 15.9.2011, Rs. C–347/09 (Dickinger und Ömer), Slg. 2011, I–8185, Rn. 82.

[21] Es besteht aber ein Einschätzungsspielraum der Mitgliedstaaten, der aus der Auslegungsbedürftigkeit des Begriffs herrührt, EuGH, Urt. v. 14.10.2004, Rs. C–36/02 (Omega), Slg. 2004, I–9609, Rn. 31 m. w. N.; *Bröhmer*, in: Calliess/Ruffert, EUV/AEUV, Art. 52, Rn. 4.

[22] EuGH, Urt. v. 4.5.1993, Rs. C–17/92 (Federación de Distribuidores Cinematográficos/État espagnol), Slg. 1993, I–2239, Rn. 20.

[23] EuGH, Urt. v. 26.4.1988, Rs. 352/85 (Bond van Adverteerders/Niederländischer Staat), Slg. 1988, 2085, Rn. 34.

[24] EuGH, Urt. v. 28.4.1998, Rs. C–158/96 (Kohll/Union des caisses de maladie), Slg. 1998, I–1931, Rn. 51; Urt. v. 5.10.2010, Rs. C–173/09 (Elchinov), Slg. 2010, I–8889, Rn. 42 ff.

[25] Gemäß Anhang A. sind dies nur: 1. Quarantänepflichtige Krankheiten, 2. Tuberkulose, 3. Syphilis und 4. Parasitäre Krankheiten und Leiden, wenn im Mitgliedstaat schon Vorschriften über den Schutz von Inländern über die Krankheiten bestehen.

[26] EuGH, Urt. v. 7.5.1986, Rs. 131/85 (Gül/Regierungspräsident Düsseldorf), Slg. 1986, 1573, Rn. 17; Urt. v. 28.4.1998, Rs. C–158/96 (Kohll/Union des caisses de maladie), Slg. 1998, I–1931, Rn. 46.

III. Personenbezogene Diskriminierungen

Soll eine Sonderregelung eines Mitgliedstaates gerechtfertigt werden, die an die personenbezogenen Eigenschaften des Dienstleistungserbringers oder -empfängers anknüpft, so ergibt sich kein Unterschied zur Auslegung des Art. 52 Abs. 1 AEUV im Bereich der Niederlassungsfreiheit.[27] Beide Grundfreiheiten verfolgen hier eine parallele Schutzrichtung. 7

IV. Leistungsbezogene Diskriminierungen

Soll eine beschränkende Regelung gerechtfertigt werden, die nicht an die Personen der Dienstleistungsbeziehung anknüpft, sondern an die Dienstleistung selbst, ist statt an die Nationalität an die **Herkunft der Dienstleistung** anzuknüpfen.[28] Sodann gelten die gleichen Grundsätze wie bei der Anknüpfung an eine Person im Rahmen der Dienstleistungsfreiheit (s. Rn. 5 f.).[29] Fraglich ist jedoch, ob im Rahmen der Diskriminierung einer Dienstleistung niedrigere Anforderungen genügen könnten. 8

Die Dienstleistungsfreiheit hat **strukturelle Parallelen zur Warenverkehrsfreiheit** (s. Art. 34 AEUV, Rn. 8 ff.). Beide sind Produktfreiheiten[30] (s. Art. 57 AEUV, Rn. 7 ff.). In Betracht käme daher eine Auslegung von Art. 52 in Anlehnung an **Art. 36 AEUV**, der die Möglichkeiten zur Rechtfertigung von Beeinträchtigungen der Warenverkehrsfreiheit wiedergibt. Die Schutzgüter, die unter Art. 36 AEUV vom EuGH anerkannt werden,[31] sind viel weiter als diejenigen unter Art. 52 AEUV (s. Rn. 5 f.). Die engen Ausnahmemöglichkeiten bei der Anknüpfung an Personen ergeben sich aus ihrer **Individualität**. Nur an ihr persönliches Verhalten kann angeknüpft werden. Es liegen mithin nur Einzelfallentscheidungen vor. Bei der Anknüpfung an Produkte hingegen besteht gerade keine Individualität, sondern es werden Regelungen für bestimmte Produktgruppen getroffen. Nicht dem einzelnen, individuellen Branntwein wird der Marktzugang erschwert oder unmöglich gemacht, sondern einer bestimmten Klasse von Branntweinen insgesamt.[32] Eine generelle Regelung muss gerechtfertigt werden. Da diese aber nicht an Individuen mit Grundrechten sondern an Produkte anknüpft, ist der Rechtfertigungsspielraum entgegen der ersten Intuition weiter. 9

Der EuGH erkennt die Unterschiede zwischen Niederlassungs- und Dienstleistungsfreiheit und die Parallelen zwischen letzterer und der Warenverkehrsfreiheit. Im Fall Corsica Ferries wählte er eine sehr weite Auslegung der öffentlichen Sicherheit.[33] In den 10

---

[27] *Randelzhofer/Forsthoff*, in: Grabitz/Hilf/Nettesheim, EU, Art. 62 AEUV (März 2011), Rn. 4.
[28] EuGH, Urt. v. 26.4.1988, Rs. 352/85 (Bond van Adverteerders/Niederländischer Staat), Slg. 1988, 2085, Rn. 32; Urt. v. 25.7.1991, Rs. C–288/89 (Stichting Collectieve Antennevoorziening Gouda/Commissariaat voor de Media), Slg. 1991, I–4007, Rn. 11; Urt. v. 25.7.1991, Rs. C–353/89 (Kommission/Niederlande), Slg. 1991, I–4069, Rn. 15; Urt. v. 4.5.1993, Rs. C–17/92 (Federación de Distribuidores Cinematográficos/État espagnol), Slg. 1993, I–2239, Rn. 16; Urt. v. 18.7.2007, Rs. C–490/04 (Kommission/Deutschland), Slg. 2007, I–6095, Rn. 86.
[29] *Randelzhofer/Forsthoff*, in: Grabitz/Hilf/Nettesheim, EU, Art. 62 AEUV (März 2011), Rn. 6.
[30] *Müller-Graff*, in: Streinz, EUV/AEUV, Art. 56 AEUV, Rn. 7; *Randelzhofer/Forsthoff*, in: Grabitz/Hilf/Nettesheim, EU, Art. 62 AEUV (März 2011), Rn. 3; *Leible/T. Streinz*, in: Grabitz/Hilf/Nettesheim, EU, Art. 34 AEUV (Januar 2015), Rn. 28 ff.
[31] *Kingreen*, in: Calliess/Ruffert, EUV/AEUV, Art. 36 AEUV, Rn. 37 ff.
[32] EuGH, Urt. v. 20.2.1979, Rs. 120/78 (Rewe/Bundesmonopolverwaltung für Branntwein), Slg. 1979, 649; *Müller-Graff*, in: Streinz, EUV/AEUV, Art. 56 AEUV, Rn. 11; *Randelzhofer/Forsthoff*, in: Grabitz/Hilf/Nettesheim, EU, Art. 62 AEUV (März 2011), Rn. 9.
[33] EuGH, Urt. v. 18.6.1998, Rs. C–266/96 (Corsica Ferries France/Gruppo Antichi Ormeggiatori

Rs. Kohll[34] und Decker[35] wurde der EuGH noch deutlicher. In der Rs. Decker prüfte der EuGH die Warenverkehrsfreiheit und stellte fest, dass rein wirtschaftliche Gründe den freien Warenverkehr nicht beschränken können. Dabei stellte er auf zwingende Gründe des Allgemeininteresses ab, die hier im **Gesundheitsschutz** (wie er lediglich im Sinne des Art. 36 AEUV zu verstehen ist) lagen.[36] In der Rs. Kohll musste sich der EuGH mit der Rechtfertigung eines Eingriffs in die Dienstleistungsfreiheit gemäß Art. 62, 52 AEUV befassen. Dabei verwies er direkt auf Art. 36 AEUV und ein dazu ergangenes Urteil und zitierte wörtlich die Ausführungen in der Rs. Decker.[37] Seitdem hat der EuGH im Rahmen der Dienstleistungsfreiheit immer wieder den engen Wortlaut des Art. 52 AEUV verlassen und den reinen Gesundheitsschutz aus Art. 36 AEUV (zur Abgrenzung zur öffentlichen Gesundheit im Sinne des Art. 52 Abs. 1 AEUV, s. Rn. 6) miteinbezogen.[38] Auch die öffentliche Sicherheit wird vom EuGH mit dem einen größeren Rechtfertigungsspielraum lassenden Art. 36 AEUV ausgelegt.[39] Im Rahmen von Rechtfertigungen dienstleistungsbezogener Diskriminierungen im Sinne der Art. 62, 52 AEUV ist daher mit dem EuGH eine weite Auslegung in Annährung an Art. 36 AEUV zu wählen.[40]

D. Verweis auf Art. 53 AEUV

11   Art. 53 AEUV ermächtigt das Europäische Parlament und den Rat, im ordentlichen Gesetzgebungsverfahren Richtlinien für die gegenseitige Anerkennung von Diplomen, Prüfungszeugnissen und sonstigen Befähigungsnachweisen sowie für die Koordinierung der Rechts- und Verwaltungsvorschriften über die Aufnahme und Ausübung einer selbstständigen Tätigkeit zu erlassen. Art. 62, 53 AEUV stellen die **zentralen Ermächtigungsnormen** zur Richtliniengesetzgebung im Bereich der Dienstleistungsfreiheit dar (s. Art. 59 AEUV, Rn. 1 ff.). Durch die hohe Relevanz der wechselseitigen Anerkennung von Befähigungsnachweisen für die Ausübung einer Dienstleistung in einem fremden Mitgliedstaat verdrängen Art. 62, 53 AEUV zumeist Art. 59 AEUV als Wahl der Rechtsgrundlage (s. dazu Art. 59 AEUV, Rn. 7). Dienstleistungserbringer sind auf die Anerkennung ihrer Qualifikationsnachweise stark angewiesen, da sie durch die nur vorübergehende Leistungsbringung gerade keine vollständige Inklusion in den fremden Markt wünschen. Ein Nachholen der dortigen Qualifizierung oder die individuelle An-

---

del porto di Genova u. a.), Slg. 1998, I–3949, Rn. 45. Der EuGH erkannte an, dass die Forderung nach dem Bereitstellen eines allgemeinen Festmacherdienstes in Häfen durch die öffentliche Sicherheit gerechtfertigt ist.

[34] EuGH, Urt. v. 28.4.1998, Rs. C–158/96 (Kohll/Union des caisses de maladie), Slg. 1998, I–1931.
[35] EuGH, Urt. v. 28.4.1998, Rs. C–120/95 (Decker/Caisse de maladie des employés privés), Slg. 1998, I–1831.
[36] EuGH, Urt. v. 28.4.1998, Rs. C–120/95 (Decker/Caisse de maladie des employés privés), Slg. 1998, I–1831, Rn. 39.
[37] EuGH, Urt. v. 28.4.1998, Rs. C–158/96 (Kohll/Union des caisses de maladie), Slg. 1998, I–1931, Rn. 41.
[38] EuGH, Urt. v. 8.3.2001, Rs. C–405/98 (Gourmet International Products), Slg. 2001, I–1795, Rn. 40; Urt. v. 11.7.2002, Rs. C–294/00 (Gräbner), Slg. 2002, I–6515, Rn. 42; Urt. v. 13.7.2004, Rs. C–429/02 (Bacardi France), Slg. 2004, I–6613, Rn. 37; Urt. v. 19.4.2007, Rs. C–444/05 (Stamatelaki), Slg. 2007, I–3185, Rn. 31.
[39] EuGH, Urt. v. 30.3.2006, Rs. C–451/03 (Servizi Ausiliari Dottori Commercialisti), Slg. 2006, I–2941, Rn. 37 f.
[40] *Randelzhofer/Forsthoff*, in: Grabitz/Hilf/Nettesheim, EU, Art. 62 AEUV (März 2011), Rn. 10 ff.

erkennung von Nachweisen durch Behörden würde die Ausübung der Dienstleistungsfreiheit weniger attraktiv machen,[41] mithin beeinträchtigen (s. Art. 56 AEUV, Rn. 120 ff.).[42]

Das auf Grundlage des Art. 53 AEUV erlassene Sekundärrecht behandelt meist Niederlassungsfreiheit und Dienstleistungsfreiheit gemeinsam,[43] große Unterschiede in der Anwendung ergeben sich nicht.[44] Im Bereich der Koordinierungsgesetzgebung nach Art. 62, 53 Abs. 1, 2. Alt. AEUV muss für die Dienstleistungsfreiheit jedoch auf ihre Eigenschaft als **Produktfreiheit** eingegangen werden: Behinderungen der Grundfreiheit können sich auch aus Vorschriften ergeben, die nicht an die Ausübung der Tätigkeit anknüpfen, sondern an das Produkt selbst. Im Sinne einer **zweckmäßigen Auslegung** der Norm müssen daher auch alle Koordinierungsmaßnahmen, die an die Dienstleistung selbst anknüpfen, erfasst werden.[45]   12

Eine Dienstleistung im Sinne der Art. 56 ff. kann in einem anderen Mitgliedstaat als dem der eigenen Angehörigkeit nur **ausgeübt** werden, eine **Aufnahme** der Tätigkeit würde eine Niederlassung im Sinne der Art. 49 ff. AEUV voraussetzen (s. Art. 57 AEUV, Rn. 17 f.). Eine Reduzierung der Kompetenz zum Erlass von Richtlinien nur bezüglich einer »Ausübung« ist aber nicht zweckdienlich. Die Abgrenzung von Vorschriften, die nur die Ausübung und nicht die Aufnahme einer Tätigkeit betreffen, ist kaum durchführbar und zum Teil von nationalen Rechtsvorschriften abhängig. Eine einheitliche europäische Abgrenzung ist daher nicht vorstellbar[46] und nicht nötig.   13

Art. 53 Abs. 2 AEUV ist, auch im Bereich der Dienstleistungsfreiheit, durch Umsetzung der Koordinierungsvorgabe obsolet geworden.[47]   14

Der Bereich des **öffentlichen Auftragswesens** wurde durch mehrere Richtlinien mit dem Ziel, Unternehmen aller Mitgliedstaaten den gleichberechtigten Zugang zur Vergabe von öffentlichen Aufträgen zu gewährleisten und deren Vergabeverfahren nachprüfen zu lassen, koordiniert.[48] Dabei wurden Regelungen für den Bereich der öffentlichen Auftragsvergabe von Bauaufträgen,[49] den Bereich der Wasser-, Energie- und Verkehrsversorgung und des Telekommunikationssektors[50] und den Bereich aller sonstigen Reparaturen, Wartungen und der Personenbeförderung[51] auf Art. 62, 53 Abs. 1 AEUV gestützt.[52] Dadurch soll eine echte Öffnung nationaler Märkte erreicht und Protektio-   15

---

[41] EuGH, Urt. v. 17. 2. 2005, Rs. C–134/03 (Viacom Outdoor), Slg. 2005, I–1167, Rn. 38; Urt. v. 8. 9. 2005, verb. Rs. C–544/03 u. 545/03 (Mobistar und Belgacom Mobile), Slg. 2005, I–7723, Rn. 30 f.
[42] *Müller-Graff*, in: Streinz, EUV/AEUV, Art. 56 AEUV, Rn. 13; *Randelzhofer/Forsthoff*, in: Grabitz/Hilf/Nettesheim, EU, Art. 62 AEUV (März 2011), Rn. 16.
[43] So z. B. die Berufsanerkennungsrichtlinie, RL 2005/36/EG vom 7. 9. 2005, ABl. 2005, L 255/22.
[44] *Randelzhofer/Forsthoff*, in: Grabitz/Hilf/Nettesheim, EU, Art. 62 AEUV (März 2011), Rn. 17.
[45] *Khan/Eisenhut*, in: Vedder/Heintschel v. Heinegg, Europäisches Unionsrecht, Art. 62 AEUV, Rn. 9; *Randelzhofer/Forsthoff*, in: Grabitz/Hilf/Nettesheim, EU, Art. 62 AEUV (März 2011), Rn. 19.
[46] *Randelzhofer/Forsthoff*, in: Grabitz/Hilf/Nettesheim, EU, Art. 62 AEUV (März 2011), Rn. 18.
[47] *Korte*, in: Calliess/Ruffert, EUV/AEUV, Art. 53 AEUV, Rn. 6; *Khan/Eisenhut*, in: Vedder/Heintschel v. Heinegg, Europäisches Unionsrecht, Art. 62 AEUV, Rn. 8.
[48] *Kotzur*, in: Geiger/Khan/Kotzur, EUV/AEUV, Art. 62 AEUV, Rn. 8.
[49] RL 97/37/EWG vom 14. 6. 1993 zur Koordinierung der Verfahren zur Vergabe öffentlicher Bauaufträge, ABl. 1993, L 199/54.
[50] RL 93/38/EWG vom 14. 6. 1993 zur Koordinierung der Auftragsvergabe durch Auftraggeber im Bereich der Wasser-, Energie- und Verkehrsversorgung sowie der Telekommunikation, ABl. 1993, L 199/84.
[51] RL 92/50/EWG vom 18. 6. 1992 über die Koordinierung der Verfahren zur Vergabe öffentlicher Dienstleistungsaufträge, ABl. 1992, L 209/1.
[52] Zur Vereinfachung und Aufnahme aller Änderungen wurden im Jahr 2004 zwei neue Richtlinien

nismus entschieden entgegengetreten werden.[53] Weitere wichtige, auf Art. 62, 53 Abs. 1 AEUV gestützte Sekundärrechtsakte sind die Dienstleistungsrichtlinie,[54] die Berufsanerkennungsrichtlinie[55] und die Entsenderichtlinie[56] (s. Art. 59 AEUV, Rn. 14 ff.).

E. Verweis auf Art. 54 AEUV

16 Über Art. 62, 54 AEUV wird der personelle Anwendungsbereich der Dienstleistungsfreiheit von natürlichen Personen als Dienstleistungserbringer und -empfänger auf juristische Personen ausgedehnt (s. Art. 56 AEUV, Rn. 24 ff.).

---

erlassen: RL 2004/17/EG vom 31.3.2004 zur Koordinierung der Zuschlagserteilung durch Auftraggeber im Bereich der Wasser-, Energie- und Verkehrsversorgung sowie der Postdienste, ABl. 2004, L 134/1 und die RL 2004/18/EG vom 31.3.2004 über die Koordinierung der Verfahren zur Vergabe öffentlicher Bauaufträge, Lieferaufträge und Dienstleistungsaufträge, ABl. 2004, L 134/114.

[53] EuGH, Urt. v. 11.1.2005, Rs. 26/03 (Stadt Halle und RPL Lochau), Slg. 2005, I-1, Rn. 23; *Kotzur*, in: Geiger/Khan/Kotzur, EUV/AEUV, Art. 62 AEUV, Rn. 8.

[54] RL 2006/123/EG vom 12.12.2006 über Dienstleistungen im Binnenmarkt, ABl. 2006, L 376/36.

[55] RL 2005/36/EG vom 7.9.2005 über die Anerkennung von Berufsqualifikationen, ABl. 2005, L 255/22.

[56] RL 96/71/EG vom 16.12.1996 über die Entsendung von Arbeitnehmern im Rahmen der Erbringung von Dienstleistungen, ABl. 1997, L 18/1.

Kapitel 4
Der Kapital- und Zahlungsverkehr

Artikel 63 AEUV [Freier Kapital- und Zahlungsverkehr]

(1) Im Rahmen der Bestimmungen dieses Kapitels sind alle Beschränkungen des Kapitalverkehrs zwischen den Mitgliedstaaten sowie zwischen den Mitgliedstaaten und dritten Ländern verboten.

(2) Im Rahmen der Bestimmungen dieses Kapitels sind alle Beschränkungen des Zahlungsverkehrs zwischen den Mitgliedstaaten sowie zwischen den Mitgliedstaaten und dritten Ländern verboten.

Literaturübersicht

Bröhmer, Terrorismus und freier Kapitalverkehr, EuZW 2002, 353; *Ebke*, Kapitalverkehrskontrollen und das Internationale Privatrecht nach der Bulgarien-Entscheidung des Bundesgerichtshofs, WM 1994, 1357; *Geiger*, Beschränkungen von Direktinvestitionen aus Drittstaaten, 2013; *Germelmann*, Konkurrenz von Grundfreiheiten und Missbrauch von Gemeinschaftsrecht – Zum Verhältnis von Kapitalverkehrs- und Niederlassungsfreiheit in der neueren Rechtsprechung, EuZW 2008, 596; *Hafke*, Zur Freiheit des Zahlungs-, des Geld- und des Kapitalverkehrs in der Europäischen Gemeinschaft, WM 1985, 309; *Hafke*, Rechtliche Fragen von Wertsicherungsvereinbarungen vor und nach Eintritt in die Währungsunion, WM 1997, 693; *Hahn*, Die Organisation für wirtschaftliche Zusammenarbeit und Entwicklung (OECD), ZaöRV 22 (1962) 49; *Hahn/Häde*, Währungsrecht, 2. Aufl., 2010; *Hammen*, Erlaubnisfreiheit alternativer Anlageinstrumente, europarechtliches Transparenzgebot und Kapitalverkehrsfreiheit, WM 2008, 1901; *Herrmann*, Währungshoheit, Währungsverfassung und subjektive Rechte, 2010; *Hindelang*, Direktinvestitionen und die Europäische Kapitalverkehrsfreiheit im Drittstaatenverhältnis, JZ 2009, 829; *Hirsbrunner/Seidl*, Ein Urteil für die Festung Europa im Dienstleistungsbereich?, EuR 2007, 503; *Hofmeister/Hofmeister*, Rechtmäßigkeit von Kapitalverkehrskontrollen im Falle eines Austritts aus der Eurozone, ZRP 2012, 196; *Hüttemann/Helios*, Zum grenzüberschreitenden Spendenabzug in Europa nach dem EuGH-Urteil vom 27.1.2009, Persche, DB 2009, 701; *Kemmerer*, Urteilsanmerkung zu EuGH, Urt. v. 26.4.2012, Rs. C–578/10 bis C–580/10 (Staatssecretaris van Financiën/L. A. C. van Putten), EuZW 2012, 554; *Kilian*, Verstößt das VW-Gesetz gegen die Kapitalverkehrsfreiheit?, NJW 2007, 1508; *Klees*, Kurzkommentar zu EuGH, Urt. v. 2.6.2005, Rs. C–174/04 (Kommission/Italien), EWiR 2005, 597; *Klement*, Verstaatlichung statt Regulierung?, EuZW 2014, 57; *Klostermeyer*, Staatliche Übernahmeabwehr und die Kapitalverkehrsfreiheit zu Drittstaaten, 2011; *Kolo/Wälde*, Capital Transfer Restrictions under Modern Investment Treaties, in: Reinisch (Hrsg.), Standards of Investment Protection, 2008, S. 205; *Krause*, Von »goldenen Aktien«, dem VW-Gesetz und der Übernahmerichtlinie, NJW 2002, 2747; *Lecheler/Germelmann*, Zugangsbeschränkungen für Investitionen aus Drittstaaten im deutschen und europäischen Energierecht, 2010; *Lippert*, Der EuGH und die Goldenen Aktien, Jura 2009, 342; *Martinez Sorio*, Urteilsanmerkung zu EuGH, Urt. v. 4.6.2002, Rs. C–367/98 (Kommission/Portugal), DVBl 2002, 1106; *Ostry/Ghosh/Habermeier/Chamon/Qureshi/Reinhardt*, Capital Inflows: The Role of Controls, IMF Staff Position Note, SPN/10/04, 19.2.2010; *Pfeil*, Freier Kapitalverkehr und § 110 I Nr. 2 BewG, RIW 1996, 788; *Pießkalla*, Urteilsanmerkung zu EuGH, Urt. v. 28.9.2006, Rs. C–282/04 u. a. (Kommission/Niederlande), EuZW 2006, 724; *Ress*, Urteilsanmerkung zu EuGH, Urt. v. 23.2.1993, verb. Rs. C–358/93 u. C–416/93 (Bordessa u. a.), JZ 1995, 1008; *Riedel*, Rechtsbeziehungen zwischen dem Internationalen Währungsfonds und der Welthandelsorganisation, 2008; *Ruge*, Goldene Aktien und EG-Recht, EuZW 2002, 421; *Ruge*, Urteilsanmerkung zu EuGH, Urt. v. 13.5.2003, Rs. C–98/01 (Kommission/Großbritannien und Nordirland), EuZW 2003, 540; *Sander*, Volkswagen vor dem EuGH – der Schutzbereich der Kapitalverkehrsfreiheit am Scheideweg, EuZW 2005, 206; *Smits*, The end of claustrophobia: European Court requires free travel payments, E.L.Rev. 9 (1984), 192; *von Hippel*, Fremdnützige Vermögenstransfers – ein Anwendungsfall der Kapitalverkehrsfreiheit?, EuZW 2005, 7; *Wachter*, Urteilsanmerkung zu EuGH, Urt. v. 22.4.2010, Rs. C–510/08 (Mattner/Finanzamt Velbert), DB 2010, 931; *Wellige*, Weg mit dem VW-Gesetz, EuZW 2007, 427; *Wunderlich*, Urteilsanmerkung zu EuGH, Urt. v. 18.12.2007, Rs. C–101/05 (Skatteverket/A).

Leitentscheidungen

EuGH, Urt. v. 23.11.1978, Rs. 7/78 (Thompson u. a.), Slg. 1978, 2247
EuGH, Urt. v. 11.11.1981, Rs. 203/80 (Casati), Slg. 1981, 2595
EuGH, Urt. v. 31.1.1984, Rs. 286/82 u. 26/81 (Luisi u. Carbone/Ministero del Tesoro), Slg. 1984, 377
EuGH, Urt. v. 24.6.1986, Rs. 157/85 (Brugnoni u. Ruffinengo/Cassa di Risparmio di Genova e Imperia), Slg. 1986, 2013
EuGH, Urt. v. 14.7.1988, Rs. 308/86 (Ministère public/Lambert), Slg. 1988, 4369
EuGH, Urt. v. 21.9.1988, Rs. 267/86 (van Eycke/ASPA), Slg. 1988, 4769
EuGH, Urt. v. 3.2.1993, Rs. C–148/91 (Vereniging Veronic Omroep Organisatie/Commissariaat voor de Media), Slg. 1993, I–487
EuGH, Urt. v. 23.2.1995, verb. Rs. C–358/93 u. C–416/93 (Bordessa u. a.), Slg. 1995, I–361
EuGH, Urt. v. 14.11.1995, Rs. C–484/93 (Svensson u. Gustavsson/Ministre du Logement et de l'Urbanisme), Slg. 1995, I–3955
EuGH, Urt. v. 14.12.1995, verb. Rs. C–163/94, C–165/94 u. C–250/94 (Sanz de Lera u. a.), Slg. 2005, I–4821
EuGH, Urt. v. 9.7.1997, Rs. C–222/95 (Société civile immobilière Parodi/Banque H. Albert de Bary et Cie), Slg. 1997, I–3899
EuGH, Urt. v. 12.5.1998, Rs. C–336/96 (Gilly/Directeur des services fiscaux du Bas-Rhin), Slg. 1998, I–2793
EuGH, Urt. v. 16.3.1999, Rs. C–222/97 (Trummer u. Mayer), Slg. 1999, I–1661
EuGH, Urt. v. 1.6.1999, Rs. C–302/97 (Konle/Österreich), Slg. 1999, I–3099
EuGH, Urt. v. 14.3.2000, Rs. C–54/99 (Association Église de scientologie de Paris/Premièr ministre), Slg. 2000, I–1335
EuGH, Urt. v. 6.6.2000, Rs. C–35/98 (Staatssecretaris van Financiën/Verkooijen), Slg. 2000, I–4071
EuGH, Urt. v. 26.9.2000, Rs. C–478/98 (Kommission/Belgien), Slg. 2000, I–7587
EuGH, Urt. v. 11.1.2001, Rs. C–464/98 (Westdeutsche Landesbank Girozentrale/Stefan), Slg. 2001, I–173
EuGH, Urt. v. 5.3.2002, verb. Rs. 515/99, C–519/99–524/99 u. C–526/99–540/99 (Reisch u. a./Bürgermeister der Landeshauptstadt Salzburg u. a.), Slg. 2002, I–2157
EuGH, Urt. v. 4.6.2002, Rs. C–367/98 (Kommission/Portugal), Slg. 2001, I–4731
EuGH, Urt. v. 4.6.2002, Rs. C–483/99 (Kommission/Frankreich), Slg. 2002, I–4781
EuGH, Urt. v. 4.6.2002, Rs. C–503/99 (Kommission/Belgien), Slg. 2002, I–4809
EuGH, Urt. v. 16.1.2003, Rs. C–388/01 (Kommission/Italien), Slg. 2003, I–721
EuGH, Urt. v. 15.3.2003, Rs. C–98/01 (Kommission/Vereinigtes Königreich), Slg. 2003, I–4641
EuGH, Urt. v. 13.5.2003, Rs. C–463/00 (Kommission/Spanien), Slg. 2003, I–4581
EuGH, Urt. v. 7.9.2004, Rs. C–319/02 (Manninen), Slg. 2004, I–7477
EuGH, Urt. v. 2.6.2005, Rs. C–174/04 (Kommission/Italien), Slg. 2005, I–4933
EuGH, Urt. v. 5.7.2005, Rs. C–376/03 (D.), Slg. 2005, I–5852
EuGH, Urt. v. 1.12.2005, Rs. C–213/04 (Burtscher/Stauderer), Slg. 2005, I–10309
EuGH, Urt. v. 19.1.2006, Rs. C–265/04 (Bouanich/Skatteverket), Slg. 2006, I–923
EuGH, Urt. v. 21.2.2006, Rs. C–152/03 (Ritter-Coulais/Finanzamt Germersheim), Slg. 2006, I–1711
EuGH, Urt. v. 14.9.2006, Rs. C–386/04 (Centro di Musicologia Walter Stauffer/Finanzamt München für Körperschaften), Slg. 2006, I–8203
EuGH, Urt. v. 28.9.2006, verb. Rs. C–282/04 u. C–283/04 (Kommission/Niederlande), Slg. 2006, I–9141
EuGH, Urt. v. 13.3.2007, Rs. C–524/04 (Test Claimants in the Thin Cap Group Litigation/Commissioners of Inland Revenue), Slg. 2007, I–2107
EuGH, Urt. v. 24.5.2007, Rs. C–157/05 (Holböck/Finanzamt Salzburg-Land), Slg. 2007, I–4051
EuGH, Urt. v. 18.10.2007, Rs. C–101/05 (Skatteverket/A), Slg. 2007, I–11531
EuGH, Urt. v. 23.10.2007, Rs. C–112/05 (Kommission/Deutschland), Slg. 2007, I–8995
EuGH, Urt. v. 17.1.2008, Rs. C–256/06 (Jäger/Finanzamt Kusel/Landstuhl), Slg. 2008, I–123
EuGH, Urt. v. 27.1.2009, Rs. C–318/07 (Persche/Finanzamt Lüdenscheid), Slg. 2009, I–359
EuGH, Urt. v. 12.2.2009, Rs. C–67/08 (Block/Finanzamt Kaufbeuren), Slg. 2009, I–883
EuGH, Urt. v. 26.3.2009, Rs. C–326/07 (Kommission/Italienische Republik), Slg. 2009, I–2291
EuGH, Urt. v. 11.6.2009, Rs. C–521/07 (Kommission/Niederlande), Slg. 2009, I–4873
EuGH, Urt. v. 17.9.2009, Rs. C–182/08 (Glaxo Wellcome GmbH & Co. KG/Finanzamt München II), Slg. 2009, I–8591
EuGH, Urt. v. 1.10.2009, Rs. C–567/07 (Minister voor Wonen, Wijken en Integratie/Woningstichting Sint Servatius), Slg. 2009, I–9021

EuGH, Urt. v. 15.10.2009, Rs. C–35/08 (Grundstücksgemeinschaft Busley u. Cibrian Fernandez/Finanzamt Stuttgart-Körperschaften), Slg. 2009, I–9807
EuGH, Urt. v. 22.4.2010, Rs. C–510/08 (Mattner/Finanzamt Velbert), Slg. 2010, I–3553
EuGH, Urt. v. 8.7.2010, Rs. C–171/08 (Kommission/Portugiesische Republik), Slg. 2010, I–6813
EuGH, Urt. v. 31.3.2011, Rs. C–450/09 (Schröder/Finanzamt Hameln), Slg. 2011, I–2497
EuGH, Urt. v. 16.6.2011, Rs. C–10/10 (Kommission/Österreich), Slg. 2011, I–5389
EuGH, Urt. v. 30.6.2011, Rs. C–262/09 (Meilicke u.a./Finanzamt Bonn-Innenstadt), Slg. 2011, I–5669
EuGH, Urt. v. 20.10.2011, Rs. C–284/09 (Kommission/Deutschland), Slg. 2011, I–9879
EuGH, Urt. v. 10.11.2011, Rs. C–212/09 (Kommission/Portugal), Slg. 2011, I–10889
EuGH, Urt. v. 21.12.2011, Rs. C–271/09 (Kommission/Polen), Slg. 2011, I–13613
EuGH, Urt. v. 26.4.2012, verb. Rs. C–578/10 – C–580/10 (Staatssecretaris van Financëen/van Putten u.a.), EuZW 2012, 551
EuGH, Urt. v. 10.5.2012, verb. Rs. C–338/11 – C–347/11 (Santander Asset Management SGIIC SA u.a./Directeur des résidents à l'étranger et des services généraux), WM 2012, 1174
EuGH, Urt. v. 7.6.2012, Rs. C–39/11 (VBV Vorsorgekasse AG/Finanzmarktaufsichtsbehörde), RIW 2012, 554
EuGH, Urt. v. 25.10.2012, Rs. C–387/11 (Kommission/Belgien), IStR 2012, 971
EuGH, Urt. v. 8.11.2012, Rs. C–244/11 (Kommission/Griechenland), EuZW 2013, 29
EuGH, Urt. v. 8.11.2012, Rs. C–342/10 (Kommission/Finnland), EWS 2012, 517
EuGH, Urt. v. 28.2.2013, Rs. C–168/11 (Beker/Finanzamt Heilbronn), EuZW 2013, 631
EuGH, Urt. v. 8.5.2013, Rs. C–197/11 (Libert u.a./Flämische Regierung u.a.), EuZW 2013, 507
EuGH, Urt. v. 3.10.2013, Rs. C–282/12 (Itelcar – Automóveis de Aluguer Lda/Fazenda Pública), EWS 2013, 419
EuGH, Urt. v. 17.10.2013, Rs. C–181/12 (Welte/Finanzamt Velbert), RIW 2013, 887
EuGH, Urt. v. 22.10.2013, verb. Rs. C–105/12 – C–107/12 (Niederlande/Essent u.a.), EuZW 2014, 61
EuGH, Urt. v. 7.11.2013, Rs. C–322/11 (K), EWS 2013, 472
EuGH, Urt. v. 23.1.2014, Rs. C–164/12 (DMC Beteiligungs GmbH/Finanzamt Hamburg-Mitte), EuZW 2014, 273
EuGH, Urt. v. 13.3.2014, Rs. C–375/12 (Bouanich/Directeur des services fiscaux de la Drome), ECLI:EU:C:2014:138.
EuGH, Urt. v. 10.4.2014, Rs. C–190/12 (Emerging Markets Series of DFA Investment Company/Dyrektor Izby Skarbowej w Bydgoszczy), ECLI:EU:C:2014:249
EuGH, Urt. v. 4.9.2014, Rs. C–211/13 (Kommission/Deutschland), ECLI:EU:C:2014:2148
EuGH, Urt. v. 11.9.2014, Rs. C–47/12 (Kronos International/Finanzamt Leverkusen), ECLI:EU:C:2014:2200
EuGH, Urt. v. 21.5.2015, Rs. C–560/13 (Finanzamt Ulm/Wagner-Raith), ECLI:EU:C:2015:347
EuGH, Urt. v. 16.7.2015, Rs. C–485/14 (Kommission/Frankreich), ECLI:EU:C:2015:506
EuGH, Urt. v. 17.9.2015, Rs. C–589/13 (F.E. Familienprivatstiftung Eisenstadt/Unabhängiger Finanzsenat, Außenstelle Wien), ECLI:EU:C:2015:612
EuGH, Urt. v. 17.9.2015, verb. Rs. C–10/14, C–14/14, C–17/14 (Miljoen u.a./Staatssecreteris van Financien), ECLI:EU:C:2015:608
Schlussanträge GA *Bot* v. 12.6.2012, Rs. C–283/11 (Sky Österreich GmbH/Österreichischer Rundfunk), BeckRS 2012, 81387
Schlussanträge GA *Mengozzi* v. 6.11.2013, Rs. C–190/12 (Emerging Markets Series of DFA Investment Trust Company/Dyrektor Izby Skarbowej w Bydgoszczy), ECLI:EU:C:2013:710
Schlussanträge GA *Cruz Villalon* v. 7.11.2013, Rs. C–47/12 (Kronos International Inc./Finanzamt Leverkusen), BeckRS 2013, 82146
Schlussanträge GA *Kokott* v. 2.10.2014, Rs. C–133/13 (Q), ECLI:EU:C:2014:2255

Wesentliche sekundärrechtliche Vorschriften

Erste Richtlinie zur Durchführung des Art. 67 des Vertrages vom 12.7.1960, ABl. 1960, Nr. 43/921
Zweite Richtlinie des Rates vom 18.12.1962 (63/21/EWG), ABl. 1963, Nr. 9/62
Richtlinie 72/156/EWG vom 21.3.1972 zur Regulierung der internationalen Finanzströme und zur Neutralisierung ihrer unerwünschten Wirkungen auf die binnenwirtschaftliche Liquidität, ABl. 1972, L 91/13
Richtlinie 85/583/EWG des Rates vom 20.12.1985 zur Änderung der Richtlinie vom 11.5.1960 zur Durchführung des Artikels 67 des Vertrages, ABl. 1985, L 372/39

Richtlinie 86/566/EWG des Rates vom 17.11.1986 zur Änderung der Ersten Richtlinie vom 11. Mai 1960 zur Durchführung des Artikels 67 des Vertrages, ABl. 1986, L 332/22
Richtlinie 88/361/EWG des Rates vom 24.6.1988 zur Durchführung von Artikel 67 des Vertrages, ABl. 1988, L 178/5

Inhaltsübersicht

	Rn.
A. Entwicklung/Vorläuferregelungen	1
I. EWG-Vertrag	1
II. Liberalisierung im Wege von Richtlinien	7
III. Maastrichter Vertrag und Folgeregelungen	8
B. Kapital- und Zahlungsverkehr: Grundlagen	9
I. Gemeinsamkeiten und Unterschiede	9
II. Bedeutung der Freiheiten für (wirtschaftliche) Ziele der EU	10
III. Ordnungspolitischer Rahmen der Liberalisierung	12
C. Persönlicher Schutzbereich: Verpflichtete und Berechtigte	13
D. Sachlicher Schutzbereich	16
I. Kapitalverkehr	16
II. Zahlungsverkehr	20
E. Grenzüberschreitender Verkehr von Kapital und Zahlungen	21
I. Kriterien der »Zwischenstaatlichkeit«	21
II. Besonderheiten insbesondere im Verhältnis zu Drittstaaten	22
F. Unmittelbare Wirkung von Kapital- und Zahlungsverkehrsfreiheit	24
G. Beschränkungen der Grundfreiheit(en)	27
I. Beschränkungs- einschl. Diskriminierungsverbot	27
II. Beschränkungen (i.e.S.)	29
H. Rechtfertigung von nationalen Beschränkungen	31
I. Explizite und »ungeschriebene« Rechtfertigungsgründe	31
II. Schranken-Schranken	34
I. Verhältnis zu anderen Grundfreiheiten	35
I. Niederlassungsfreiheit	35
II. Weitere	37
J. Kapital- und Zahlungsverkehr im Wirtschaftsvölkerrecht	38

A. Entwicklung/Vorläuferregelungen

I. EWG-Vertrag

1 Von allen vier bzw. fünf Grundfreiheiten hat die Regelung zum **Kapitalverkehr** seit ihrer ersten Verankerung im EWG-Vertrag (Art. 67 ff.) die **größten Veränderungen** erfahren. Bis zum Maastricht-Vertrag[1] kam es nur zu Änderungen (Liberalisierungen) auf der Ebene des Sekundärrechts (s. Rn. 7 ff.); seit 1994 hat sich der Wandel jedoch auch im Vertragstext selbst niedergeschlagen. Die weiteren Modifikationen bis zur letzten Neufassung durch den Lissabon-Vertrag[2] sind eher gering und überwiegend formeller Art (s. Rn. 8). Die zunächst verstreuten und auf diverse andere Grundfreiheiten abgestimmten Vorschriften zum **Zahlungsverkehr** (Art. 67 Abs. 2, 106 EWGV) sind seit der Novellierung von Maastricht ebenfalls nur noch im Zusammenhang mit dem Kapitalverkehr geregelt (s. Rn. 8). Auch oder gar primär auf Kapital- oder Zahlungsverkehr gemünzte **Beschränkungen** aus **politischen Gründen** (»restriktive Maßnahmen« bzw. Sanktionen) finden heute ihre spezielle Rechtsgrundlage in Art. 75 bzw. Art. 215 AEUV; diesen

---

[1] Vom 7.2.1992, ABl. 1992, C 191/1.
[2] Vom 13.12.2007, ABl. 2008, C 115/1.

Bestimmungen gingen Art. 301 und 60 EGV sowie Art. 228a und 73g EGV voraus.[3] Zuvor war hierfür (außerhalb der Reichweite der Gemeinsamen Handelspolitik nach Art. 113 EWGV) auch bei Embargo-Beschlüssen des UN-Sicherheitsrates nur eine Koordination mitgliedstaatlicher Maßnahmen nach Art. 224 EWGV (heute: Art. 347 AEUV) vorgesehen.[4]

Die **ursprünglichen** primärrechtlichen **Regeln** zum (freien) **Kapitalverkehr** trennten auch äußerlich sichtbar **Beschränkungen** oder **Diskriminierungen** zwischen **Mitgliedern des »Gemeinsamen Marktes«** gegenüber solchen in Bezug auf **Drittstaaten**. Auch untereinander ordnete Art. 67 Abs. 1 EWGV eine Beseitigung der beiden Arten von Hindernissen durch die Mitgliedstaaten nur bedingt an, soweit dies nämlich »für das Funktionieren des Gemeinsamen Marktes notwendig« sei. Art. 68 (Abs. 1 und 2) EWGV enthielt Liberalisierungsvorgaben und Diskriminierungsverbote[5] in Bezug auf die Anwendung der fortbestehenden innerstaatlichen Bestimmungen. Lediglich Art. 69 EWGV normierte eine Ermächtigung an den Rat, die für die »schrittweise Durchführung« des Art. 67 EWGV »erforderlichen **Richtlinien**« zu treffen. Dies bezog sich auch auf die »mit dem Kapitalverkehr zwischen den Mitgliedstaaten zusammenhängenden laufenden Zahlungen«, sofern nicht schon auf nationaler Ebene bis zum Ende der ersten Stufe (s. Art. 8 EWGV: 31.12.1961) bestehende Beschränkungen aufgehoben wurden. Auf »Devisenrecht«[6] begrenzt statuierte Art. 71 EWGV in Abs. 1 schließlich für die Mitgliedstaaten ein eher weiches Verschlechterungsverbot im Hinblick auf Kapitalverkehr (und, wie bei Art. 69 EWGV, damit zusammenhängende laufende Zahlungen) sowie eine auch Beziehungen zu dritten Ländern erfassende bedingte Bereitschaft zu weitergehender Liberalisierung von grenzüberschreitenden Kapitalbewegungen, »soweit ihre Wirtschaftslage, insbesondere der Stand ihrer Zahlungsbilanz, dies zulässt« (Abs. 2). Eine gewisse Koordinierung hierbei konnte allein über **Empfehlungen** (Art. 189 Abs. 5 EWGV; Art. 288 Abs. 5 AEUV) der Kommission herbeigeführt werden; dabei war, ähnlich wie beim Erlass von Richtlinien nach Art. 69 EWGV, der Währungsausschuss (Art. 105 EWGV; s. Art. 142 AEUV, Rn. 20) zu beteiligen (Art. 71 Abs. 3 EWGV). Von Anfang berücksichtigte auf diese Weise das Primärrecht die enge **Verbindung zwischen Währungswesen und Kapital-/Zahlungsverkehr**.

Gegenüber **Drittstaaten** waren lediglich einstimmig zu beschließende **Richtlinien des Rates** »zur schrittweisen Koordinierung der Devisenpolitik der Mitgliedstaaten« vorgesehen »mit dem Ziel, »ein Höchstmaß an Liberalisierung zu erreichen« (Art. 70 Abs. 1 EWGV). Art. 70 Abs. 2 EWGV ermächtigte die **Mitgliedstaaten** (auch insoweit) zu »geeigneten Maßnahmen« zur Behebung von »Schwierigkeiten«, die sich aus Umgehungsversuchen von Gemeinschaftsangehörigen ergeben könnten, und räumte dem **Rat** hier (nur) ein Recht ein, **Korrekturen** übermäßiger Beschränkungen zu verlangen. Art. 72 EWGV hielt die Mitgliedstaaten an, die **Kommission** »über die zu ihrer Kenntnis gelangenden Kapitalbewegungen nach und aus dritten Ländern« auf dem Laufenden zu halten. Auch insofern war auf Gemeinschaftsebene diesem Organ lediglich die Kompetenz eingeräumt, ihm zweckdienlich erscheinende unverbindliche »**Stellungnahmen**« an einzelne oder alle Mitgliedsländer zu richten.

---

[3] Vgl. etwa *Bröhmer*, EuZW 2002, 353; EuGH, Urt. v. 16.11.2011, Rs. C–548/09 P (Bank Melli Iran/Rat der EU u. a.), Slg. 2011, I–11381, Rn. 58 ff.
[4] Dazu *Hofmeister/Hofmeister*, ZRP 2012, 196 (199).
[5] So auch Art. 42 Abs. 1 EWR-Abkommen (s. Rn. 22).
[6] Zum Terminus s. *Schefold*, Devisenrecht, in: Schimansky/Bunte/Lwowski, Bankrechts-Handbuch, 4. Aufl., 2011, § 117, Rn. 3; *Hahn/Häde*, § 2, Rn. 11.

4   Beim **Zahlungsverkehr** traf Art. 106 EWGV keine explizite Unterscheidung zwischen (nicht näher definierten) Zahlungen innerhalb der Gemeinschaft wie nach bzw. aus Drittstaaten; aus dem Kontext ergab sich jedoch ein klarer Bezug allein auf Zahlungen **innerhalb des Gemeinsamen Marktes**. Eine »stand still«-Bestimmung (bzw. ein **Verschlechterungsverbot**) im Hinblick auf »Beschränkungen« (Art. 106 Abs. 3 UAbs. 1 EWGV) erfasste nur Transfers, die sich auf bestimmte »unsichtbare Transaktionen« bezogen;[7] die Liste zu Anhang III erstreckte sich von Seefrachten bis Ausstattungen und schrieb ein entsprechendes **OEEC**-Dokument[8] fort. Art. 106 Abs. 1 UAbs. 1 EWGV verpflichtete die Mitgliedstaaten, im Einklang mit dem jeweiligen Stand der Liberalisierung des Waren-, Dienstleistungs- und Kapitalverkehrs Zahlungen in der **Währung** des Mitgliedstaates, in dem der Gläubiger oder der Begünstigte ansässig ist, zu genehmigen (Satz 1).[9] Soweit nur derartige Zahlungsbeschränkungen galten, waren diese gem. Art. 106 Abs. 2 EWGV durch entsprechende Anwendung der Vorschriften über die Beseitigung mengenmäßiger Beschränkungen des Warenverkehrs (Art. 30 ff. EWGV), die Liberalisierung der Dienstleistungen (Art. 59 ff. EWGV) und den freien Kapitalverkehr (s. insbes. Art. 68 Abs. 2 EWGV) schrittweise aufzuheben. Der Transfer von Kapitalbeträgen und Arbeitsentgelten musste erst und nur insoweit gestattet werden, wie auch der innergemeinschaftliche Personenverkehr nach dem EWG-Vertrag liberalisiert war (Art. 106 Abs. 1 UAbs. 1 Satz 2 EWGV). Generell bekundeten auch für den Zahlungsverkehr die Mitgliedstaaten ihre Bereitschaft, hierüber hinauszugehen, »soweit ihre Wirtschaftslage im allgemeinen und der Stand ihrer Zahlungsbilanz im besonderen dies zulassen« (Art. 106 Abs. 1 UAbs. 2 EWGV). Nur **nachrangig** gegenüber den Vorschriften in Abs. 1 und 2 sowie zum freien Kapitalverkehr verwies Art. 106 Abs. 3 UAbs. 2 auf die Bestimmungen der Art. 63–65 EWGV, d. h. die dort normierte Ermächtigung des Rats, auf Vorschlag der Kommission und nach Anhörung des Wirtschafts- und Sozialausschusses sowie der »Versammlung« Liberalisierungs-**Richtlinien** (Art. 189 Abs. 3 EWGV) zu erlassen (Art. 64 EWGV). Zudem schrieb Art. 65 EWGV vor, (noch) bestehende Beschränkungen »ohne Unterscheidung nach Staatsangehörigkeit oder Aufenthaltsort« auf alle in Art. 59 Abs. 1 EWGV bezeichneten Erbringer von Dienstleistungen anzuwenden, d. h. auf alle »Angehörige der Mitgliedstaaten, die in einem anderen Staat der Gemeinschaft als demjenigen des Leistungsempfängers ansässig sind« (heute: Art. 61 i. V. m. Art. 56 Abs. 1 AEUV). Art. 106 Abs. 4 EWGV schließlich hielt die Mitgliedstaaten zur Verständigung hinsichtlich ihrer jeweiligen Maßnahmen an. Art. 106 EWGV wurde für eine kurze Übergangszeit durch Art. 73h EGV aufrechterhalten (s. Rn. 8).

5   Art. 73 EWGV enthielt eine **Schutzklausel**, die durch Art. 108, 109 EWGV, die Vorläuferregelungen zu Art. 143, 144 AEUV, abgerundet wurde. Wenn »Kapitalbewegungen Störungen im Funktionieren des Kapitalmarkts eines Mitgliedstaats zur Folge« hatten, so konnte (und musste auf dessen Verlangen) die **Kommission** diesen Staat nach Anhörung des Währungsausschusses **ermächtigen**, auf dem Gebiet des **Kapitalverkehrs** Schutzmaßnahmen zu treffen, und hierzu Bedingungen und Einzelheiten festlegen; der **Rat** war jedoch zu einer Korrektur befugt (Abs. 1). Wurde das sich in Schwierigkeiten befindende Mitglied »aus Gründen der Geheimhaltung oder Dringlichkeit« von sich aus tätig, so waren Kommission und andere Mitgliedstaaten von diesen (für notwendig er-

---

[7] Erweitert durch Art. 6 der Richtlinie 1960 (s. Rn. 7).
[8] Vgl. *Hahn*, ZaöRV 22 (1962), 49 (93 f.).
[9] Vgl. EuGH, Urt. v. 14.7.1988, Rs. 308/86 (Ministère public/Lambert), Slg. 1988, 4369, Rn. 16.

achteten) Maßnahmen spätestens bei ihrem Inkrafttreten zu unterrichten. Die Kommission konnte dann nach Anhörung des Währungsausschusses dem betreffenden Mitgliedstaat aufgeben, die Maßnahmen zu ändern oder aufzuheben (Abs. 2). Die Bestimmung wurde nicht in den Maastricht-Vertrag übernommen, ebenso wenig die Regelung in Art. 68 Abs. 3 EWGV, nach der »Anleihen zur mittelbaren oder unmittelbaren Finanzierung eines Mitgliedstaats oder seiner Gebietskörperschaften« in einem anderen Mitgliedstaat nur dann »aufgelegt oder untergebracht« werden durften, wenn sich die beteiligten Staaten darüber verständigt hatten[10] (unbeschadet des Art. 22 des Protokolls über die EIB-Satzung).[11]

Von Anfang an knüpften sowohl die Kapital- als auch die Zahlungsverkehrsregelungen **nicht** wie die anderen Grundfreiheiten **direkt** an der **Staatsangehörigkeit** (eines **Mitgliedslandes**) eines oder gar beider Parteien einer Transaktion an (s. Rn. 13). Da aber **Diskriminierungen** aus diesem Grunde und aus dem weiteren des **Wohn- bzw. Aufenthaltsortes** verboten wurden, folgt hieraus mittelbar, dass jedenfalls **Unionsbürger** und **unionsansässige Personen Träger** beider Freiheiten sind und auch, dass an alle »Beschränkungen« ebenfalls für beide Personengruppen der Maßstab (heute) des Art. 63 AEUV anzulegen ist (s. Rn. 13 f.).

II. Liberalisierung im Wege von Richtlinien

Die **erste Richtlinie** zur Durchführung des Art. 67 EWGV (1960)[12] erfasste obligatorisch zu erteilende mitgliedstaatliche Devisengenehmigungen für bestimmte Kapitalverkehrstransaktionen (Art. 1–3 i. V. m. Anlage I, Listen A – C),[13] im Falle des Art. 3 jedoch (nach Abs. 2) nur, wenn dadurch die »Verwirklichung der Wirtschaftspolitik eines Mitgliedstaates« nicht »behindert« wurde. Im Rahmen jährlicher Überprüfungen sollten gegebenenfalls weitere Liberalisierungen durch Änderung der Listen erfolgen (Art. 4). Art. 5 Abs. 2 hielt die Mitgliedstaaten zu möglichst einfachen Formalitäten an.[14] Wenig später brachte eine **zweite Richtlinie** kleinere Ergänzungen und Änderungen, vor allem der Anlagen I und II.[15] Die **nächsten Modifikationen** erfolgten erst nach mehr als 20 Jahren, nämlich 1985[16] und 1986; der zuletzt genannte Rechtsakt[17] hob Art. 2 auf und ersetzte in Art. 3 Abs. 1 Liste C durch Liste B sowie in Art. 7 Abs. 2 (Pflicht zur Unterrichtung der Kommission über mitgliedstaatliche Änderungen von Vorschriften zu dort erwähnten Arten des Kapitalverkehrs) Liste D durch Liste C. Eine grundlegende **Reform** brachte die **vierte Liberalisierungsrichtlinie** 1988,[18] die an die Stelle eines Regelwerks aus dem Jahr 1972[19] trat, das bezogen war auf die »Regulierung der internationalen

---

[10] So auch Art. 42 Abs. 2 EWR-Abkommen (Rn. 22).
[11] ABl. 2010, C 83/251.
[12] ABl. 1960, Nr. 43/921.
[13] Vgl. dazu EuGH, Urt. v. 3.12.1987, Rs. 194/84 (Kommission/Griechenland), Slg. 1987, 4737, Rn. 9; Urt. v. 4.2.1988, Rs. 143/86 (East u. a./Cuddy), Slg. 1988, 625, Rn. 10 ff.; Urt. v. 9.7.1997, Rs. C–222/95 (Société civile immobilière Parodi/Banque H. Albert de Bary et Cie), Slg. 1997, I–3899, Rn. 14.
[14] Vgl. dazu EuGH, Urt. v. 24.6.1986, Rs. 157/85 (Brugnoni u. Ruffinengo/Cassa di Risparmio di Genova e Imperia), Slg. 1986, 2013, Rn. 22 f.
[15] ABl. 1963, Nr. 9/62.
[16] ABl. 1985, L 372/39.
[17] ABl. 1986, L 332/22 (3. Liberalisierungsrichtlinie).
[18] ABl. 1988, L 178/5.
[19] ABl. 1972, L 91/13.

Finanzströme und zur Neutralisierung ihrer unerwünschten Wirkungen auf die binnenwirtschaftliche Liquidität«. Dort waren (in Art. 1) allein die Mitgliedstaaten zur Schaffung geeigneter normativer Vorkehrungen angehalten worden und sollten deren Einsatz unter der »Regie« von Kommission und anderer EG-Gremien koordinieren (Art. 2 Abs. 2).

III. Maastrichter Vertrag und Folgeregelungen

8 Nach Art. 73a EGV in der Neufassung des **Maastricht-Vertrags** wurden mit Wirkung vom 1.1.1994 Art. 67–73 EWGV durch Art. 73b – 73g EGV ersetzt. Art. 73h EGV übernahm Art. 106 EWGV seinem Inhalt nach für den Zeitraum vom 1.11. – 31.12. 1993; hernach finden sich Kapital- und Zahlungsverkehr in einem gemeinsamen Kapitel 4. Art. 73b EGV wurde in der **Amsterdamer Version**[20] zu Art. 56 EGV und ist nunmehr Art. 63 AEUV; Art. 73c und 73e EGV wurden später zu Art. 57 EGV, in **Nizza**[21] leicht modifiziert und sind heute als Art. 64 AEUV eingeordnet. Aus Art. 73d EGV wurde in Amsterdam Art. 58 EGV, heute (um Abs. 4 ergänzt) Art. 65 AEUV. Art. 73f EGV wurde bei der Neunummerierung zu Art. 59 EGV und ist jetzt Art. 66 AEUV.

B. Kapital- und Zahlungsverkehr: Grundlagen

I. Gemeinsamkeiten und Unterschiede

9 Die Zusammenfassung beider Grundfreiheiten in einem **einzigen Kapitel** und die (fast) wörtlich übereinstimmende Festlegung des jeweiligen räumlichen **Anwendungsbereichs** in Art. 63 Abs. 1 bzw. Abs. 2 AEUV verdecken zunächst, dass in den weiteren Vorschriften doch einige **Unterschiede** bestehen, teils bei **Tatbestandsmerkmalen** (wie bei Art. 64, 65 Abs. 1 Buchst. b und 66 AEUV), teils (auch) bei zulässigen »**Beschränkungen**« (wie bei Art. 64 und 65 Abs. 2 AEUV).

II. Bedeutung der Freiheiten für (wirtschaftliche) Ziele der EU

10 Die Definition des »**Binnenmarktes**« in Art. 26 Abs. 2 AEUV erwähnt lediglich den (innergemeinschaftlichen) freien Verkehr von Kapital, nicht explizit auch Zahlungen. Allein auf Kapitalverkehr bezogen ist (indirekt) auch der Kontrollmaßstab in Art. 65 Abs. 4 AEUV (i.V.m. Art. 64 Abs. 3). Die frühere Verknüpfung zwischen vermögenswerter Leistung und finanziell-monetärer Gegenleistung (= Zahlung, s. Rn. 20) ist im Lissabon-Vertrag nicht mehr enthalten. Allerdings wird die **Rechtsangleichungsbefugnis** des Art. 114 AEUV auch und gerade für Rechtsakte im Hinblick auf den Zahlungsverkehr herangezogen[22] und gehört es ferner zu den »grundlegenden Aufgaben« des **ESZB**, das reibungslose Funktionieren der Zahlungssysteme zu fördern (Art. 127 Abs. 2, 4. Gedstr. AEUV).

11 Der Einfluss von Kapitalbewegungen auf das Funktionieren der **(Wirtschafts- und) Währungsunion** (Art. 3 Abs. 4 EUV,[23] Art. 119 Abs. 2 AEUV) wird in Art. 66 AEUV

---

[20] ABl. 1997, C 340/1.
[21] ABl. 2000, C 364/1.
[22] Vgl. *Bröhmer*, in: Calliess/Ruffert, EUV/AEUV, Art. 63 AEUV, Rn. 79.
[23] Vgl. *Sommermann*, in: Blanke/Mangiameli, TEU, Art. 3, Rn. 48 ff.; *Hafke*, WM 1997, 693 (695).

zwar nur im Hinblick auf Drittstaaten thematisiert, gilt aber auch im Verhältnis zu Mitgliedstaaten, deren Währung noch nicht der Euro ist (Art. 139 Abs. 1 AEUV). Hierauf gründet die auch den Zahlungsverkehr umfassende **Prüfungs- und Berichtskompetenz** des **Wirtschafts- und Finanzausschusses** nach Art. 134 Abs. 2, 4. Gedstr. (und Abs. 4) AEUV. Allgemeine Aufgabe dieses Gremiums ist es aber, die Koordinierung der mitgliedstaatlichen Politiken in dem für das Funktionieren des Binnenmarktes erforderlichen Umfang zu fördern (Art. 134 Abs. 1 AEUV). Als einem in eine plötzliche Zahlungsbilanzkrise geratenen Mitgliedstaat mit Ausnahmeregelung eröffnete **Schutzmaßnahmen** kommen ihrerseits auch **Kapital(– oder Zahlungs)verkehrsbeschränkungen** in Betracht, die jedoch nur ein Mindestmaß an Störungen im Funktionieren des Binnenmarktes hervorrufen dürfen (s. Art. 144 AEUV, Rn. 11 ff.).

III. Ordnungspolitischer Rahmen der Liberalisierung

Die **Wirtschafts(- und Währungs)politik** von Union und Mitgliedstaaten ist dem »Grundsatz einer **offenen Marktwirtschaft** mit **freiem Wettbewerb**« verpflichtet (Art. 119 Abs. 1, 2 und Art. 120 Satz 2 AEUV). Die EU muss freilich (wie auch die Mitgliedstaaten nach je nationalem Verfassungsrecht, Deutschland etwa nach Art. 20 Abs. 1, 28 Abs. 1 Satz 1 GG) **sozialen Aspekten** bei Politiken wie Maßnahmen generell angemessen Rechnung tragen (Art. 9 AEUV). Nach wie vor kommt der Union auf dem Gebiet des Binnenmarktes (anders als bei der Währungs- und Wirtschaftspolitik im Euroraum, Art. 3 Abs. 1 Buchst. c, 5 Abs. 1 UAbs. 2 AEUV) nur eine »geteilte« Zuständigkeit zu und hat sie bei (allgemeiner) Wirtschafts- und Sozialpolitik lediglich **Koordinierungsbefugnisse** (Art. 5 Abs. 1 UAbs. 1, Abs. 3 AEUV). Damit bleibt es insoweit bei Rechtsetzung, Rechtsanwendung und -auslegung bei der Geltung der **Grundsätze** der begrenzten Einzelermächtigung, der Subsidiarität und der Verhältnismäßigkeit (Art. 5 EUV).[24]

12

C. Persönlicher Schutzbereich: Verpflichtete und Berechtigte

Aus dem Zusammenhang mit Art. 64 und 66 AEUV folgt, dass sich das **Beschränkungsverbot** in Art. 63 AEUV nicht nur an die **Mitgliedstaaten** (als Ganze) richtet, sondern auch **EU-Organe** bindet und den Verpflichteten auf beiden Ebenen (neue) »Beschränkungen« nur in engem Rahmen erlaubt sind. Weder daraus noch aus dem Erfordernis der grenzüberschreitenden Transaktion (s. Rn. 21) ergibt sich aber explizit, wen die jeweilige Grundfreiheit **begünstigt** oder wem sie gar unmittelbar ein **Recht verleiht**. Eine Begrenzung der Berechtigung auf im Unionsgebiet ansässige Personen (und Unternehmen, s. Rn. 14) ist weder nach Wortlaut noch nach Historie oder Systematik zwingend. Selbst außerhalb der EU residierende Angehörige von Drittstaaten könnten (als aktive, gebende wie als passive, empfangende) Teilnehmer am Kapital- oder Zahlungsverkehr erfasst werden, wenn Art. 64 AEUV nicht als abrundende Ausprägung des Schutzbereichs, sondern als spezieller Fall erlaubter oder doch zulässiger »Beschränkungen« erachtet würde (s. Art. 64 AEUV, Rn. 12, 18). Dies gilt gleichermaßen für Transaktionen von oder zu sich in Drittländern aufhaltenden Unionsbürgern. Auch die »Ausnahmen« in Art. 64 AEUV beziehen sich zwar auf **Zu- und Abflüsse**, unterscheiden aber nicht nach der Nationalität der von Maßnahmen begünstigend oder belastend Betroffenen.

13

---

[24] Vgl. *A. Weber*, in: Blanke/Mangiameli, TEU, Art. 5, Rn. 5 ff.

14   Daher ist auch die Abgrenzung zwischen EU- und einem Drittstaat zugehörigen **Unternehmen** (»Gesellschaften«) weniger bedeutsam; angesichts des Wortlauts von Art. 54 Abs. 1 AEUV können die dort für deren »Nationalität« genannten Kriterien (Gründung, Sitz) aber nur analog herangezogen werden. **Träger** der Freiheit (s. Rn. 6) sind, wieder in entsprechender Anwendung des Art. 54 Abs. 2 AEUV, auch **öffentliche Unternehmen**, selbst juristische Personen des öffentlichen Rechts, wenn und soweit sie »einen Erwerbszweck verfolgen«.[25] **Nicht** einbezogen sind daher zum einen **Zentralbanken** (sowohl im Rahmen des ESZB als auch bei Mitgliedstaaten mit Ausnahmeregelungen und bei Drittländern), zum andern **Sozialversicherungen** (»Systeme sozialer Sicherheit«); der für »Unternehmen« i. S. v. Art. 101 AEUV kennzeichnende wirtschaftliche Charakter kann bei letzteren ausgeschlossen werden, wenn das System als Umsetzung des Grundsatzes der Solidarität (Art. 3 Abs. 3 UAbs. 2 EUV)[26] zu erachten ist und eine staatliche Aufsicht gewährleistet, dass eine »Aufgabe rein sozialer Natur« ausgeübt wird.[27]

15   Das in Art. 55 AEUV in Bezug auf die Niederlassungsfreiheit statuierte Gebot, Staatsangehörige anderer Mitgliedstaaten hinsichtlich ihrer **Beteiligung am Kapital von Gesellschaften** den eigenen Staatsangehörigen gleich zu stellen, umfasst im Hinblick auf Art. 54 Abs. 1 AEUV nicht nur natürliche Personen. Relevant wird diese Regelung aber nur dort, wo kein Kapitalverkehr i. S. v. Direktinvestitionen (s. Rn. 16, 19) vorliegt, und nicht im Verhältnis zu (Angehörigen von) Drittstaaten.

D. Sachlicher Schutzbereich

I. Kapitalverkehr

16   Die **Abgrenzung** von »Kapital«- gegenüber »Zahlungsverkehr« wie zu **anderen Grundfreiheiten** (Niederlassung, s. Rn. 35 f., Finanz-Dienstleistungsverkehr) kann sich an den in Art. 64 AEUV explizit aufgeführten **Formen von Kapitalbewegungen** ausrichten (s. Art. 64 AEUV, Rn. 5 ff.) und jedenfalls insoweit auch an das vor 1994 entstandene Sekundärrecht (s. Rn. 7) anknüpfen. Dessen Außer Kraft treten und sein Nachrang lassen jedoch lediglich zu, der dort vorgenommenen Systematik indizielle Bedeutung einzuräumen, zumal sie an ökonomischen Kriterien ausgerichtet ist.[28] Eine allgemeine (Legal-)Definition fehlt. »**Kapital**« als Gegenstand des Verkehrs beschränkt sich nicht auf tatsächlich bewegliche Objekte. Vielmehr ist, wie die Einbeziehung von Immobilieninvestitionen belegt, die darauf bezogene **rechtliche Verfügungsmacht** maßgeblich.

---

[25] Dass auch Geschäfte betr. »Vermögenswerte oder Verbindlichkeiten der Mitgliedstaaten und der anderen Verwaltungsstellen und öffentlichen Einrichtungen« erfasst werden, ergibt sich aus der Nomenklatur im Anhang I der Richtlinie 88/361/EWG; vgl. dazu EuGH, Urt. v. 21. 12. 2011, Rs. C–271/09 (Kommission/Polen), Slg. 2011, I–13613, Rn. 41.

[26] Vgl. *Sommermann*, in: Blanke/Mangiameli, TEU, Art. 3, Rn. 38; *Oeter*, ebd., Art. 21, Rn. 18.

[27] Vgl. EuGH, Urt. v. 5. 3. 2009, Rs. C–350/07 (Kattner Stahlbau GmbH/Maschinenbau- und Metall-Be-rufsgenossenschaft), Slg. 2009, I–1513, Rn. 37, 42 f., 66.

[28] Der EuGH stellt regelmäßig ohne weiteres auf die Liste im Anhang der Richtlinie 88/361/EWG ab; s. nur EuGH, Urt. v. 16. 3. 1999, Rs. C–222/97 (Trummer u. Mayer), Slg. 1999, I–1661, Rn. 20 f.; Urt. v. 13. 5. 2003, Rs. C–463/00 (Kommission/Spanien), Slg. 2003, I–4581, Rn. 52 f.; GA *Mengozzi*, Schlussanträge zu Rs. C–322/11 (K), IStR 2013, 312, Rn. 20 f.; *Herrmann*, S. 369; *Geige*r, S. 132 f.; *Sedlaczek/Züger*, in: Streinz, EUV/AEUV, Art. 63 AEUV, Rn. 18.

Auch bei Bewegung von **Geld**-Kapital (unabhängig von der je maßgeblichen Währung)[29] ist eine Verknüpfung mit einem Transfer von Sachen[30] (wie bei Bargeld) weder notwendig noch üblich; jedoch bezog das Richtlinienrecht auch dessen »Ein- und Ausfuhr« (XII.A des Anhangs) und darüber hinaus die »Zahlungsmittel aller Art« ein (XII.B.). Bei »**physischem**« **Transport** von solchen »Waren« (einschl. Wertpapieren) muss freilich wegen der unterschiedlichen Reichweite von Kapital- und Warenverkehrsfreiheit eine Zuordnung erfolgen:[31] Nur soweit ein Schwerpunkt – anders als bei gesetzlichen Zahlungsmitteln und Gegenständen, bei denen das Recht aus dem »Papier« zwar dem am Papier folgt, aber jenes wirtschaftlich viel wichtiger ist – nicht eindeutig auszumachen ist, kommen beide nebeneinander zur Anwendung.

Oft (vor allem für die Abgrenzung zum Zahlungsverkehr), aber **nicht** notwendig relevant ist die **Einseitigkeit** der Wertübertragung,[32] nur bei einzelnen Formen von Kapitalbewegungen (vor allem solchen »mit persönlichem Charakter«, Ziff. XI des Richtlinienanhangs, s. Rn. 19) ist sie gegeben. Ebenso wenig muss Kapitalverkehr die Erfüllung einer vertraglichen oder gesetzlichen Verpflichtung bezwecken. Bei Austauschgeschäften sind bei der Einordnung stets die jeweiligen Leistungen/Vorgänge zu unterscheiden, etwa Darlehenshingabe und -tilgung einer-, Zinszahlung andererseits. **17**

Kapitalverkehr muss auch nicht zwingend mit Gewinnerzielungsabsicht, als **Anlage** (Investition) erfolgen. Hat eine (monetäre) Transaktion allein die Tilgung einer Verbindlichkeit zum Ziel und ist auch keine (grenzüberschreitende) Allokationsentscheidung intendiert, handelt es sich um Zahlungsverkehr; auch insoweit ist aber das Vorliegen einer Gegenleistung nur ein Anzeichen für diese Zuordnung (s. Rn. 20). **18**

Neben den bereits in Art. 64 AEUV erwähnten **Formen** (Direktinvestitionen[33] und sonstige Investitionen,[34] insbesondere in Immobilien; Geschäfte mit Kapitalmarktpapieren) umfasste die **Liste von 1988** grenzüberschreitende (s. Rn. 21) Geschäfte mit (d. h. Zulassung von und Transaktionen mit) Anteilscheinen von »Organismen für gemeinsame Anlagen in Wertpapiere« (OGAW, Ziff. IV.),[35] andere am Geldmarkt gehandelte[36] **19**

---

[29] *Herrmann*, S. 370; EuGH, Urt. v. 16.3.1999, Rs. C–222/97 (Trummer u. Mayer), Slg. 1999, I–1661, Rn. 26.

[30] Zur unentgeltlichen Gebrauchsüberlassung eines Pkw s. EuGH, Urt. v. 26.4.2012, verb. Rs. C–578/10–580/10 (Staatssecretaris van Financeen/van Putten u.a.), EuZW 2012, 551, Rn. 31ff.

[31] Vgl. bereits EuGH, Urt. v. 23.11.1978, Rs. 7/78 (Thompson u.a.), Slg. 1978, 2247, Rn. 25; Urt. v. 11.11.1981, Rs. C–203/80 (Casati), Slg. 1981, 2595, Rn. 11f.; Urt. v. 23.2.1995, verb. Rs. C–358/93 u. Rs. C–416/93 (Bordessa u.a.), Slg. 1995, I–361, Rn. 12f., 16f.; Urt. v. 14.12.1995, verb. Rs. C–163/94, C–165–94 u. C–250/94 (Sanz de Lera u.a.), Slg. 1995, I–4821, Rn. 17, 24; *Pfeil*, RIW 1996, 788ff.

[32] Vgl. *von Hippel*, EuZW 2005, 7 (7).

[33] Vgl. EuGH, Urt. v. 22.10.2013, verb. Rs. C–105/12 – C–107/12 (Niederlande/Essent u.a.), EuZW 2012, 550, Rn. 40.

[34] Auch Portfolioinvestitionen werden erfasst; s. EuGH, Urt. v. 10.11.2011, Rs. C–212/09 (Kommission/Portugal), Slg. 2011, I–10889, Rn. 47 m.w.N; speziell zu Immobilien EuGH, Urt. v. 1.12.2011, Rs. C–250/08 (Kommission/Belgien), Slg. 2011, I–12366, Rn. 36; zum Bezug von Dividenden EuGH, Urt. v. 6.6.2000, Rs. C–35/98 (Staatssecretaris van Financien/Verkooijen), Slg. 2000, I–4071, Rn. 28f.

[35] Vgl. dazu EuGH, Urt. v. 10.5.2012, verb. Rs. C–338/11– 347/11 (Santander Asset Management SGIIC SA u.a./Directeur des résidents à l'étranger et des services généraux), WM 2012, 1174, Rn. 12ff.; Urt. v. 21.5.2015, Rs. C–560/13 (FA Ulm/Wagner-Raith), Rn. 24f.; zu Definitionen auch EuGH, Urt. v. 7.6.2012, Rs. C–39/11 (VBV Vorsorgekasse AG/Finanzmarktaufsichtsbehörde), RIW 2012, 554, Rn. 21.

[36] D.h. »Schatzwechsel und andere marktfähige Kassenscheine, Einlagenzertifikate, Bankakzepte, Schatzscheine und andere gleich gestellte Instrumente«.

Beteiligungspapiere[37] und Schuldverschreibungen[38] (V.), Kontokorrent- und Termingeschäfte mit »Finanzinstitutionen« (VI.), kurz-, mittel- und langfristige Kredite im Zusammenhang mit Handelsgeschäften oder Dienstleistungen, an denen ein »Gebietsansässiger« beteiligt ist (VII.)[39] sowie weitere, kommerzielle Darlehen (»financial loans«) und Finanzkredite (VIII.),[40] Bürgschaften, andere Garantien und Pfandrechte (IX.)[41] sowie Transferzahlungen in Erfüllung von Lebens-, Kredit- und anderen Versicherungsverträgen (X.). **Allgemeinere Kategorien** umfassen Im- und Export bestimmter Vermögenswerte (XII.; s. Rn. 16), Kapitalverkehr mit »persönlichem Charakter« (XI.; von privaten Darlehen[42] über Schenkungen,[43] Stiftungen,[44] familien- und erbrechtlichen Kapitaltransfers[45] bis hin zu Vermögensbewegungen im Migrationskontext) und schließlich unter »sonstigem Kapitalverkehr« (XIII.) außer Erbschaftssteuern (A.) und »Übertragungen« und Transferzahlungen hierfür in Bezug auf Urheberrechte, Patente, gewerbliche Muster, Warenzeichen und Erfindungen (D.) Fälle von Rückabwicklung (C.), um mit »Verschiedenem« (F.) zu schließen.[46]

II. Zahlungsverkehr

20 Zwar stellt eine Zahlung häufig und im Wirtschaftsleben regelmäßig eine (finanzielle) **Gegenleistung** für eine Lieferung oder Leistung dar;[47] gleichwohl ist die Freiheit des

---

[37] Vgl. EuGH, Urt. v. 7. 6. 2012, Rs. C–39/11 (VBV Vorsorgekasse AG/Finanzmarktaufsichtsbehörde), RIW 2012, 554, Rn. 21.
[38] D. h. »marktfähige Wertpapiere mit einer Laufzeit von zwei Jahren und länger ab dem Zeitpunkt der Emission, bei denen der Zinssatz und die Bedingungen für die Tilgung und Zinszahlung bei der Emission festgesetzt wurden«.
[39] Vgl. EuGH, Urt. v. 14. 11. 1995, Rs. C–484/93 (Svensson u. Gustavsson/Ministre du Logement et de l'Urbanisme), Slg. 1995, I–3955, Rn. 7; Urt. v. 3. 10. 2013, Rs. C–282/12 (Itelcar – Automóveis de Aluguer Lda/Fazenda Pública), EWS 2013, 419, Rn. 14.
[40] D. h. »Finanzierungen aller Art«, einschließlich »Hypothekardarlehen, Konsumentenkredite, Finance-Leasing-Verträge, Substitutionskreditlinien und andere Effekten-Emissionsfazilitäten«.
[41] Vgl. EuGH, Urt. v. 11. 1. 2001, Rs. C–464/98 (Westdeutsche Landesbank Girozentrale/Stefan), Slg. 2001, I–173, Rn. 6; Urt. v. 16. 3. 1999, Rs. C–222/97 (Trummer u. Mayer), Slg. 1999, I–1661, Rn. 30.
[42] Vgl. EuGH, Urt. v. 26. 4. 2012, verb. Rs. C–578/10 – C–580/10 (Staatssecretaris van Financeen/van Putten u. a.), EuZW 2012, 551, Rn. 32 ff.
[43] Vgl. EuGH, Urt. v. 22. 4. 2010, Rs. C–510/08 (Mattner/Finanzamt Velbert), Slg. 2010, I–3553, Rn. 19 f.; *Wachter*, DB 2010, 931.
[44] Vgl. EuGH, Urt. v. 27. 1. 2009, Rs. C–318/07 (Persche/Finanzamt Lüdenscheid), Slg. 2009, I–359, Rn. 24 f.; Urt. v. 16. 6. 2011, Rs. C–10/10 (Kommission/Österreich), Slg. 2011, I–5389, Rn. 24.
[45] Vgl. EuGH, Urt. v. 17. 1. 2008, Rs. C–256/06 (Jäger/Finanzamt Kusel/Landstuhl), Slg. 2008, I–123, Rn. 25; Urt. v. 12. 2. 2009, Rs. C–67/08 (Block/Finanzamt Kaufbeuren), Slg. 2009, I–883, Rn. 20; Urt. v. 25. 3. 2010, Rs. C–35/09 (Ministero dell'economia e delle finanze/Speranza), Slg. 2009, I–6577, Rn. 18 f.; Urt. v. 31. 3. 2011, Rs. C–450/09 (Schröder/Finanzamt Hameln), Slg. 2011, I–2497, Rn. 26 f.; Urt. v. 19. 7. 2012, Rs. C–31/11 (Scheunemann), EuZW 2012, 751, Rn. 22; Urt. v. 17. 10. 2013, Rs. C–181/12 (Welte/Finanzamt Velbert), RIW 2013, 887, Rn. 20; Urt. v. 4. 9. 2014, Rs. C–211/13 (Kommission/Deutschland), Rn. 40 ff.; Urt. v. 16. 6. 2015, Rs. C–485/14 (Kommission/Frankreich), Rn. 21 f.; BFH, DB 2011, 214 (215); *von Hippel*, EuZW 2005, 7 (9 f.); zu Spenden und deren steuerlichen Behandlung s. EuGH, Urt. v. 27. 1. 2009, Rs. C–318/07 (Persche/Finanzamt Lüdenscheid), Slg. 2009, I–359, Rn. 26 f.; Urt. v. 16. 6. 2011, Rs. C–10/10 (Kommission/Österreich), Slg. 2011, I–5389, Rn. 26; *Hüttemann/Helios*, DB 2009, 701 ff.
[46] Die Liste ist also nicht erschöpfend, s. EuGH, Urt. v. 31. 3. 2011, Rs. C–450/09 (Schröder/Finanzamt Hameln), Slg. 2011, I–2497, Rn. 25; Urt. v. 7. 11. 2013, Rs. C–322/11 (K), EWS 2013, 472, Rn. 20; *Hofmeister/Hofmeister*, ZRP 2012, 196 (197); *Geiger*, S. 133.
[47] Zu Schulgeld s. BFHE 237, 223 (227).

(grenzüberschreitenden, s. Rn. 21) Zahlungsverkehrs **nicht stets** ein bloßer **Annex** zu anderen Grundfreiheiten. Auch muss eine Zahlung nicht mit einem (rechtswirksamen) Grundgeschäft verbunden sein. **Zahlungszweck** ist aber immer die Änderung (der Höhe) einer **Geldverbindlichkeit**, für dessen Erreichen werden Zahlungsmittel eingesetzt. Findet dabei (zugleich) ein körperlicher Transfer (von Banknoten oder Münzen als gesetzlichen Zahlungsmitteln) statt, bleiben diese taugliches Objekt der »laufenden Zahlung«; ohne eine solche Verknüpfung, aber auch bei nicht für den Geldumlauf bestimmten Gedenk- o. ä. Münzen[48] würde hingegen Kapital im- oder exportiert (s. Rn. 16).

E. Grenzüberschreitender Verkehr von Kapital und Zahlungen

I. Kriterien der »Zwischenstaatlichkeit«

»Zwischenstaatlich« ist der eine wie der andere Verkehr nur dann, wenn dabei die **(Staats-)Grenze** zumindest eines anderen Mitglieds- oder Dritt-Staats **überschritten** wird. Rein innerstaatliche Sachverhalte werden (auch) von (diesen) Grundfreiheiten nicht erfasst.[49] Bei verkörpertem Kapital wie bei Bargeld ist der einfachste Fall der **Transport** über eine Staatsgrenze hinweg; fehlt dieser objektive Bezug, kommt eine Anknüpfung an die **Ansässigkeit** des Inhabers der Verfügungsrechte in Betracht. Dies ist sowohl dann gegeben, wenn **Wohn-/regelmäßiger Aufenthaltsort** und **Kapitalanlage-/Zahlungs-** bzw. **Erfüllungsort** in verschiedenen Staaten liegen, von denen mindestens einer der EU angehören muss, als – zumindest bei Kapitalverkehr – auch dann, wenn die an einer Transaktion Beteiligten im selben Land ansässig sind, aber über einen in einem anderen Staat belegenen Vermögenswert verfügen (»**binnenmarktrelevante Allokationsentscheidung**«).[50] Irrelevant ist dabei die jeweilige Staatsangehörigkeit natürlicher Personen (s. Rn. 6). Ein grenzüberschreitender **Ortswechsel** kann ebenfalls Kapitalverkehr mit sich bringen oder nach sich ziehen, wie die Migrationskonstellationen (s. Rn. 19) zeigen. Bei einem hinreichend engen oder gar zwingenden Zusammenhang mit der Ein- oder Auswanderung dürfte dann allerdings nur die Freiheit des Personenverkehrs anwendbar sein (zur Niederlassungsfreiheit s. Art. 64 AEUV, Rn. 9).

21

II. Besonderheiten insbesondere im Verhältnis zu Drittstaaten

Zwischen EU-Mitgliedstaaten verbieten Kapital- wie Zahlungsverkehrsfreiheit alle ungerechtfertigten Beschränkungen von Transaktionen zwischen in verschiedenen oder auch in ein und demselben EU-Land Ansässigen (s. Rn. 21). Der Wortlaut des Art. 63 AEUV macht zudem in beiden Absätzen keine Unterschiede beim Anwendungsbereich der Gewährleistung im **Verhältnis zu Nichtmitglied- bzw. Drittstaaten**.[51] Im Hinblick auf die differenzierte Reichweite zulässiger »Beschränkungen« wie anderer Maßnahmen ist

22

---

[48] Ähnlich wohl *Bröhmer*, in: Calliess/Ruffert, EUV/AEUV, Art. 63 AEUV, Rn. 17.
[49] Bezogen auf Erbschaften und Schenkungen s. EuGH, Urt. v. 31.3.2011, Rs. C–450/09 (Schröder/Finanzamt Hameln), Slg. 2011, I–2497, Rn. 26, Urt. v. 17.9.2015, Rs. C–589/13 (F.E. Familienprivatstiftung Eisenstadt/Unabhängiger Finanzsenat, Außenstelle Wien), Rn. 37: Fälle, die mit keinem ihrer wesentlichen Elemente über die Grenzen eines Mitgliedstaats hinausweisen.
[50] *Klostermeyer*, S. 169; ähnlich *Sedlaczek/Züger*, in: Streinz, EUV/AEUV, Art. 63 AEUV, Rn. 26.
[51] Krit. *Bröhmer*, in: Calliess/Ruffert, EUV/AEUV, Art. 63 AEUV, Rn. 6; wie hier *Wunderlich*, EuZW 2008, 122 (123).

dabei zunächst die in Art. 355 AEUV getroffene Abgrenzung maßgeblich (s. Art. 64 AEUV, Rn. 11). Überseeische Länder und Gebiete einzelner Mitgliedstaaten (**ÜLG**) unterliegen einem speziellen Regime (Art. 198 ff. AEUV): Nach deren aktueller Ausgestaltung durch einen Ratsbeschluss 2013[52] ist der Zahlungsverkehr im Verhältnis zur EU vollständig liberalisiert, der Kapitalverkehr hingegen nur eingeschränkt (Art. 59 des Rechtsaktes). Umgekehrt sind die drei (weiteren) **EWR**-Staaten nur formal Drittländer: Da die hier relevante völkervertragliche Regelung (s. Art. 64 AEUV, Rn. 10) weitgehend dem heutigen Unionsprimärrecht entspricht, kommen gegen die EFTA-Mitglieder Island, Liechtenstein und Norwegen zwar Maßnahmen nach Art. 64 oder 66 AEUV in Frage, sie müssen dann aber (auch) mit Art. 40 Satz 1 des EWR-Abkommens[53] vereinbar sein (Art. 216 Abs. 2 AEUV). Im Verhältnis zu anderen **Partnerstaaten von Assoziierungsverträgen** nach Art. 217 AEUV, etwa mit diversen Mittelmeeranrainerstaaten, erstreckt sich die Spannweite der Bestimmungen zu »laufenden Zahlungen und Kapitalverkehr« von EWR-ähnlich weiten Freiheitsverbürgungen[54] bis zu nur schrittweise vorgesehener Liberalisierung von Kapitalbewegungen.[55]

23 Zu »vertragslosen« **Drittstaaten** zählen nicht nur Länder ohne (einschlägige) bilaterale völkerrechtliche Abkommen mit der EU, sondern auch **andere Mitglieder der WTO** (deren Gründungsmitglied die Union ist, Art. XI Abs. 1 WTOÜ).[56] Die beiden relevanten »multilateralen« Abkommen (nach Art. II Abs. 2 WTOÜ), nämlich **GATS** und **TRIMs**,[57] erfassen teils, wie letzteres (s. Art. 1), nur (waren-) »handelsbezogene Investitionsmaßnahmen«, teils aber auch das Erbringen von Dienstleistungen in einem anderen Mitgliedsland mittels »kommerzieller Präsenz« (Art. I Abs. 2 Buchst. c i. V. m. Art. XXVIII Buchst. d). Jedoch gehören Art. XVI (Marktzugang) und Art. XVII (Inländergleichbehandlung) des GATS nicht zu den ohne weiteres geltenden »allgemeinen« Verpflichtungen dieses Abkommens,[58] und Art. 2 Abs. 1 des TRIMs-Abkommens verbietet, Bezug nehmend auf Art. XI GATT, nicht-tarifäre Beschränkungen allein in Bezug auf Waren (»goods«).[59] Aus Regelungen der **OECD**[60] wie des **IWF**[61] ergibt sich für die EU keine vertragliche Bindung; zudem wären diese jedenfalls für Kapitalverkehr bei

---

[52] Beschluss 2013/755/EU des Rates vom 25. 11. 2013 über die Assoziierung der überseeischen Länder und Gebiete mit der Europäischen Union (»Übersee-Assoziationsbeschluss«), ABl. 2013, L 344/1.
[53] Vgl. EuGH, Urt. v. 8. 11. 2012, Rs. C–342/10 (Kommission/Finnland), EWS 2012, 517, Rn. 53 m. w. N.; Urt. v. 25. 10. 2012, Rs. C–387/11 (Kommission/Belgien), IStR 2012, 971, Rn. 88; zur Parallele zu Art. 63 AEUV s. EuGH, Urt. v. 11. 6. 2009, Rs. C–521/07 (Kommission/Niederlande), IStR 2009, 470, Rn. 33; Urt. v. 16. 6. 2011, Rs. C–10/10 (Kommission/Österreich), ECLI:EU:C:2011:399, Rn. 42; Urt. v. 1. 12. 2011, Rs. C–250/08 (Kommission/Belgien), Slg. 2011, I–12366, Rn. 83; Urt. v. 20. 10. 2011, Rs. C–284/09 (Kommission/Deutschland), Slg. 2011, I–9879, Rn. 96; Urt. v. 25. 10. 2012, Rs. C–387/11 (Kommission/Belgien), IStR 2012, 971, Rn. 88; Urt. v. 16. 6. 2015, Rs. C–485/14 (Kommission/Frankreich), ECLI:EU:C:2015:506, Rn. 23 ff., 28.
[54] S. etwa Art. 31–34 des Europa-Mittelmeer-Abkommens zwischen EG/Mitgliedstaaten und Israel v. 20. 11. 1995, ABl. 2000, L 147/3.
[55] Vgl. Art. 38–40 des gemischten Abkommens mit Algerien v. 22. 4. 2002, ABl. 2005, L 265/2.
[56] Vom 15. 4. 1994, ABl. 1994, L 336/3; Art. 163–167 des Assoziierungsabkommens mit Chile v. 10. 6. 2002, ABl. 2002, L 352/3.
[57] Agreement on Trade-Related Investment Measures, ABl. 1994, L 336/100.
[58] Hierzu ausführlich *Geiger*, S. 264 ff.
[59] Wie hier *Geiger*, S. 285 f.
[60] Vgl. Art. 1, 4 des Übereinkommens vom 14. 12. 1960 zum Mitgliederkreis (BGBl. II 1961 S. 1150/1151); dazu *Geiger*, S. 289 ff.
[61] Zur Mitgliedschaft s. Art. II des Abkommens v. 1./22. 7. 1944 (BGBl. II 1952 S. 637); *Hahn/Häde*, § 28, Rn. 36.

weitem schwächer als die Vorgaben des Art. 63 Abs. 1 AEUV.[62] Das Recht des IWF enthält auch kein umfassendes oder striktes Verbot mitgliedstaatlicher Beschränkungen für »laufende Zahlungen« (Art. VIII Abs. 2 i. V. m. Art. XXX Buchst. d IWFÜ), nach wie vor sind vielmehr zahlreiche Länder nach Art. XIV von dieser Vorschrift ausgenommen.[63]

F. Unmittelbare Wirkung von Kapital- und Zahlungsverkehrsfreiheit

Eine **unmittelbare Wirkung** des zunächst an EU-Mitgliedstaaten gerichteten Verbots in Art. 63 Abs. 1 bzw. Abs. 2 AEUV zugunsten von Personen und »Gesellschaften« (s. Rn. 14) – um den Binnenmarkt (auch insoweit) zu vollenden und abzusichern – ist angesichts des eindeutigen, unbedingten Wortlauts der Vorschrift **in Bezug auf andere EU-Länder** naheliegend, da seit der Neufassung ab 1994 (s. Rn. 1) insoweit keine Unterschiede mehr zu den anderen Grundfreiheiten ersichtlich sind.[64] Daraus folgt jedoch trotz mangelnder Differenzierung im Normtext nicht ohne weiteres das gleiche Ergebnis auch für den Kapitalverkehr **Drittstaaten** gegenüber, selbst wenn systematisch die Direktwirkung nicht (mehr) von einem Handeln von Unionsorganen nach Art. 64 Abs. 2, 3 AEUV abhängt.[65] Obgleich umfassend freier Kapitalverkehr auch wesentliche Bedeutung für Errichtung und Funktionieren der (Wirtschafts- und) Währungsunion zwischen allen, aber nur den EU-Mitgliedstaaten hat, erfasst die ausschließliche Unionszuständigkeit für »Gemeinsame Handelspolitik« (Art. 3 Abs. 1 Buchst. e AEUV) aber nur »ausländische Direktinvestitionen« und damit lediglich eine wichtige, aber mitnichten alle Formen des Kapitalverkehrs nach und aus Drittstaaten.[66] Eine unmittelbare Wirkung dieser Grundfreiheit (wie auch der des Zahlungsverkehrs) ist daher insoweit insgesamt fraglich.[67]

Eine Einschränkung der unmittelbaren Wirkung kann sich andererseits freilich weder im Hinblick auf die (irrelevante, s. Rn. 13) Nationalität der Berechtigten noch auf territoriale Kriterien ergeben: Die in Art. 65 Abs. 1 Buchst. a AEUV genannten **Orte** (des Wohnsitzes oder der Kapitalanlage) können sich sowohl auf das Unionsgebiet als auch auf das Gebiet eines Drittlands beziehen, und **Kapitalnehmer** sind weder schwächer noch anders geschützt als **Kapitalgeber**, wie die Differenzierungen bei mehreren Regel-Formen des Kapitalverkehrs zeigen (s. Rn. 19). Gleiches gilt für Zahler und Zahlungsempfänger. Die Gewährleistung bezieht und beschränkt sich allerdings auf den (grenzüberschreitenden) **Transfer**, die Kapital-»Bewegung«. Hingegen sollten auch bei Kapital- und Zahlungsverkehr wie bei den anderen Grundfreiheiten **nicht-diskriminierende interne Maßnahmen der Marktregulierung** im Wege einer teleologischen Reduktion aus dem Anwendungsbereich des Art. 63 AEUV herausgenommen werden.[68] Im Bereich des **Steuerrechts** liegt zudem ein Umkehrschluss aus Art. 65 Abs. 1 Buchst. a nahe:

---

[62] Vgl. Rn. 38.
[63] Vgl. IMF, Annual Report on Exchange Arrangements and Exchange Restrictions 2014, 80 ff.
[64] Vgl. EuGH, Urt. v. 18.10.2007, Rs. C–101/05 (Skatteverket/A), Slg. 2007, I–11531, Rn. 21, sowie bereits Urt. v. 14.12.1995, verb. Rs. C–163/94, 165/94 u. C–250/94 (Sanz de Lera u.a.), Slg. 2005, I–4821, Rn. 41, 47.
[65] Vgl. Rn. 2, 4; *Klostermeyer*, S. 252 ff.; *Geiger*, S. 184 f.
[66] Vgl. näher *Geiger*, S. 76 ff.
[67] Ähnlich *Sedlaczek/Züger*, in: Streinz, EUV/AEUV, Art. 63 AEUV, Rn. 21.
[68] *Klostermeyer*, S. 233 ff.; *Geiger*, S. 186 ff.

Andere als die beiden dort genannten **Unterscheidungskriterien** sind bereits grundsätzlich mit Art. 63 AEUV unvereinbar, nur bei jenen kommt eine Rechtfertigung in Betracht. Darüber hinaus folgt daraus und zudem aus Art. 65 Abs. 3 AEUV, dass alle **diskriminierenden Regelungen oder Maßnahmen** (s. Rn. 27 f.) unabhängig von Grad und Ausmaß ihrer (beeinträchtigenden) Wirkung auf grenzüberschreitende Kapital- oder Zahlungs-Transaktionen vom Verbot des Art. 63 AEUV erfasst werden.[69]

26   Soweit damit die unmittelbare Wirkung der Kapital- wie der Zahlungsverkehrsfreiheit auch im Verhältnis zu Drittstaaten und dort Ansässigen eingreift, bedeutet das allerdings nicht, wie Art. 64 AEUV (Abs. 3) für den Kapitalverkehr ausdrücklich klarstellt, dass insoweit nicht weiter reichende Beschränkungen zulässig sind als für Verkehr zwischen Mitgliedstaaten und/oder dafür (auch) andere Rechtfertigungsgründe und -maßstäbe herangezogen werden dürfen (s. Rn. 31 ff.).[70]

G. Beschränkungen der Grundfreiheit(en)

I. Beschränkungs- einschl. Diskriminierungsverbot

27   Auch wenn von (willkürlichen) **Diskriminierungen** nur noch in Art. 65 Abs. 3 AEUV gehandelt wird, betrifft das **Verbot »aller« Beschränkungen** nicht nur jede freiheitsverkürzende, sondern auch, wenn nicht gar besonders jede diskriminierende Maßnahme, sowohl von mitgliedstaatlichen Stellen als auch der EU-Organe selbst.[71] Bei einer Diskriminierung wird ein **grenzüberschreitender Sachverhalt** unterschiedlich, nämlich entweder **schlechter behandelt** als der gleiche oder zumindest vergleichbare inländische, oder es erfolgt eine Gleichbehandlung, obwohl unterschiedliche Situationen gegeben sind. Den **Vergleichsmaßstab** bildet hier die »Nationalität« des Kapitals (bzw. der Transaktion); dafür ist der Rückgriff auf die Ansässigkeit der (am Transfer) Beteiligten notwendig (s. Rn. 14).

28   Eine Parallele zu anderen Grundfreiheiten besteht ferner in der Unterscheidung zwischen **offenen** (direkten) und **verdeckten** (indirekten) **Diskriminierungen**, um zu verhindern, dass durch ein Abstellen auf andere Unterscheidungsmerkmale als das primäre (s. Rn. 27) das Verbot umgangen wird; die Differenzierung wird auf der Rechtfertigungsebene bedeutsam. Direkte Diskriminierungen setzen unmittelbar an (fremder) Herkunft oder Ziel des Kapital- oder Zahlungsverkehrs (bzw. an der Ansässigkeit der Beteiligten) an und verbieten diesen (ganz oder teilweise) oder erschweren ihn im Vergleich zum Verkehr innerhalb eines Mitgliedstaates bzw. der Union. Hierunter fallen jedenfalls »**devisenrechtliche**« **Maßnahmen**, aber auch vielfältige selektive **Abgabenbelastungen oder -vergünstigungen**. Indirekte Diskriminierungen bedienen sich sekundärer, scheinbar neutraler Kriterien, gehen jedoch regelmäßig (und beabsichtigt) mit einer Benachteiligung des (Kapital- oder Zahlungs-)Verkehrs mit ausländischen Staaten einher, führen also zum gleichen Resultat wie eine offene Diskriminierung. Wichtige

---

[69] Vgl. EuGH, Urt. v. 16. 6. 2015, Rs. C–485/14 (Kommission/Frankreich), ECLI:EU:C:2015:506, Rn. 23 ff.
[70] Ähnlich *Wunderlich*, EuZW 2008, 122 (124); *Hindelang*, JZ 2009, 829 (835 ff.).
[71] Vgl. EuGH, Urt. v. 4. 6. 2002, Rs. C–367/98 (Kommission/Portugal), Slg. 2001, I–4731, Rn. 44; *Sedlaczek/Züger*, in: Streinz, EUV/AEUV, Art. 63 AEUV, Rn. 10, 14.

Beispiele sind Differenzierungen nach der **Staatsan- oder -zugehörigkeit** einer Person oder im Hinblick auf die transaktionsrelevante **Währung**.[72]

II. Beschränkungen (i.e.S.)

Bei anderen Beschränkungen – also solchen generell nicht-diskriminierender Art – kann ebenfalls weiter unterschieden werden zwischen **gezielten** (finalen) **Eingriffen** in die Freiheiten der Beteiligten (insbesondere Ver- oder Gebote, Genehmigungserfordernisse,[73] andere quantitative oder qualitative Vorgaben)[74] und sonstigen Maßnahmen mit gleicher Wirkung, die also (nur) **tatsächlich geeignet** sind, den Kapital- oder Zahlungsverkehr zu **behindern**, indem sie derartige Transaktionen weniger attraktiv machen bzw. davon abhalten,[75] auch wenn diese Regelungen (etwa Melde-/Anzeigepflichten; staatliche Sonderaktien/»golden shares«)[76] nicht faktisch prohibitiv in Bezug auf grenzüberschreitende Kapitalflüsse oder Zahlungsbewegungen wirken. Eine derart **weite Auslegung** des Schutzbereichs hat aber zur notwendigen **Folge** (erneut ähnlich wie bei und nach dem Vorbild anderer Grundfreiheiten), neben den explizit normierten Rechtfertigungsgründen für nationale Beschränkungs-Maßnahmen (nach Art. 65 AEUV) mit dem EuGH auch weitere, »ungeschriebene« zu bejahen (s. Rn. 31 ff.). Grenzen setzen einer solchen Rechtsfortbildung zum einen das Diskriminierungsverbot, zum andern rechtmäßige Regelungen und Maßnahmen auf Unionsebene nach Art. 64 Abs. 2 oder Abs. 3 AEUV. »**Zwingende Erfordernisse**« des (nationalen) »**Allgemeininteresses**« sind systematisch kaum eindeutig einzuordnen. Da sie bewirken, dass dem umfassend formulierten Verbot des Art. 63 AEUV zuwiderlaufende mitgliedstaatliche Maßnahmen als mit dem Unionsrecht vereinbar zu erachten sind, sollten sie weniger »immanente Schranken« des Tatbestands der Grundfreiheiten als eine Legitimation für deren unionsrechtskonforme Einschränkung darstellen. 29

Darüber hinaus könnten **Modalitäten**, die für alle an einer Kapital- oder Zahlungsverkehrstransaktion Beteiligten gelten und weder rechtlich noch tatsächlich zu einer Schlechterstellung von Tätigkeiten mit Auslandsbezug führen, in Anlehnung an die Rechtsprechung zum Warenverkehr gänzlich aus dem Anwendungsbereich des Art. 63 AEUV herausfallen. Dies gilt vor allem für den allgemeinen, **neutralen rechtlichen** 30

---

[72] Vgl. EuGH, Urt. v. 9.7.1997, Rs. C–222/95 (Société civile immobilière Parodi/Banque H. Albert de Bary et Cie), Slg. 1997, I–3899, Rn. 26 f.

[73] Vgl. EuGH, Urt. v. 13.5.2003, Rs. C–463/00 (Kommission/Spanien), Slg. 2003, I–4581, Rn. 61; Urt. v. 7.6.2012, Rs. C–39/11 (VBV Vorsorgekasse AG/Finanzmarktaufsichtsbehörde), RIW 2012, 554, Rn. 24 f.

[74] Vgl. EuGH, Urt. v. 22.10.2013, verb. Rs. C–105/12 – C–107/12 (Niederlande/Essent u.a.), EuZW 2014, 61, Rn. 41 f.

[75] Vgl. EuGH, Urt. v. 26.9.2000, Rs. C–478/98 (Kommission/Belgien), Slg. 2000, I–7587, Rn. 18; Urt. v. 8.5.2013, verb. Rs. C–197/11, C–203/11 (Libert u.a./Flämische Regierung u.a.), EuZW 2013, 507, Rn. 44, 47; Urt. v. 7.11.2013, Rs. C–322/11 (K), EWS 2013, 472, Rn. 22 f. m.w.N.; Urt. v. 17.9.2015, verb. Rs. C–10/14, C–14/14, C–17/14 (Miljoen u.a./Staatssecretaris van Financien), ECLI:EU:C:2015:608, Rn. 44; *Herrmann*, S. 370; *Klostermeyer*, S. 226 f.

[76] Vgl. vor allem EuGH, Urt. v. 4.6.2002, Rs. C–503/99 (Kommission/Belgien), Slg. 2002, I–4809, Rn. 43, 46; Urt. v. 4.6.2002, Rs. C–483/99 (Kommission/Frankreich), Slg. 2002, I–4781, Rn. 43, 47; Urt. v. 4.6.2002, Rs. C–367/98 (Kommission/Portugal), Slg. 2001, I–4731, Rn. 47, 52; Urt. v. 13.5.2003, Rs. C–463/00 (Kommission/Spanien), Slg. 2003, I–4581, Rn. 66, 70 f.; Urt. v. 28.9.2006, verb. Rs. C–282/04 u. C–283/04 (Kommission/Niederlande), Slg. 2006, I–9141, Rn. 22 ff.; Urt. v. 10.11.2011, Rs. C–212/09 (Kommission/Portugal), Slg. 2011, I–10889, Rn. 50 ff.; *Bröhmer*, in: Calliess/Ruffert, EUV/AEUV, Art. 63 AEUV, Rn. 48 ff.

»Rahmen« für wirtschaftliche Aktivitäten – damit auch für den Einsatz von Kapital und die Vornahme von Zahlungen –, wie er sich in den national weiterhin divergierenden »normalen«[77] Vorschriften zum Gesellschafts-, Kapitalmarkt- oder sonstigen Wirtschaftsrecht[78] zeigt.[79]

H. Rechtfertigung von nationalen Beschränkungen

I. Explizite und »ungeschriebene« Rechtfertigungsgründe

31 Zur Rechtfertigung von mitgliedstaatlichen »Beschränkungen« (s. Rn. 27 ff.) stehen ebenso wie bei anderen Grundfreiheiten explizit normierte, »geschriebene« (s. Art. 65 AEUV, Rn. 5 ff.) und von der EuGH-Judikatur entwickelte,[80] von der Literatur weithin gebilligte[81] »ungeschriebene« Rechtfertigungsgründe bereit; diese können sich nie auf »rein wirtschaftliche Motive« bzw. »Gründe«[82] stützen. »Maßnahmen« der EU-Organe aufgrund von Art. 64 Abs. 2 oder Abs. 3 AEUV müssen sich hingegen nicht direkt an Art. 63 AEUV, sondern lediglich an den Grundrechten der betroffenen Personen oder Gesellschaften und (dabei) an allgemeinen Grundsätzen des Unionsprimärrechts ausrichten (s. Art. 64 AEUV, Rn. 18, 22).

32 Eine Durchsicht der Rechtsprechung zeigt eine gewisse generelle Struktur (dem Grunde nach) akzeptierter Beschränkungen: Zum einen finden sich **allgemeine**, aber auch eher **bereichs-/branchenspezifische** Gründe, zum andern lässt sich zwischen legitimen **Zielsetzungen** und deren Durchsetzung bzw. **Kontrolle** unterscheiden. Als Dienstleistung von allgemeinem Interesse ist die Bereitstellung eines postalischen Universaldienstes eingeordnet.[83] Auch Pensionsfonds werden als Einrichtungen qualifiziert, die Aufgaben von allgemeinem wirtschaftlichem Interesse erfüllen.[84] Sachlich damit eng verwandt ist die Sicherstellung des Funktionierens bestimmter wichtiger (zur Infrastruktur zählender) Versorgung – mit Erdöl,[85] Elektrizität,[86] Telekommunikation[87]

---

[77] Vgl. EuGH, Urt. v. 15.3.2003, Rs. C–98/01 (Kommission/Vereinigtes Königreich), Slg. 2003, I–4641, Rn. 48.
[78] Vgl. EuGH, Urt. v. 16.3.1999, Rs. C–222/97 (Trummer u. Mayer), Slg. 1999, I–1661, Rn. 30.
[79] Ähnlich EuGH, Urt. v. 10.11.2011, Rs. C–212/09 (Kommission/Portugal), Slg. 2011, I–10889, Rn. 63 f.
[80] S. Rn. 32.
[81] Vgl. ausführlich *Ress/Ukrow*, in: Grabitz/Hilf/Nettesheim, EU, Art. 63 AEUV (Januar 2014), Rn. 177 ff.
[82] Vgl. EuGH, Urt. v. 16.1.2003, Rs. C–388/01 (Kommission/Italien), Slg. 2003, I–721, Rn. 22; Urt. v. 17.3.2005, Rs. C–109/04 (Kranemann/Nordrhein-Westfalen), Slg. 2005, I–2421, Rn. 34; Urt. v. 22.10.2013, verb. Rs. C–105/12 – C–107/12 (Niederlande/Essent u.a.), EuZW 2012, 550, Rn. 51.
[83] Vgl. EuGH, Urt. v. 28.9.2006, verb. Rs. C–282/04 u. C–283/04 (Kommission/Niederlande), Slg. 2006, I–9141, Rn. 38; *Pießkalla*, EuZW 2006, 724 (725); EuGH, Urt. v. 20.6.2002, verb. Rs. C–388/00 u. C–429/00 (Radiosistemi), Slg. 2002, I–5845, Rn. 44.
[84] Vgl. EuGH, Urt. v. 21.12.2011, Rs. C–271/09 (Kommission/Polen), Slg. 2011, I–13613, Rn. 55, 71; Urt. v. 7.6.2012, Rs. C–39/11 (VBV Vorsorgekasse AG/Finanzmarktaufsichtsbehörde), RIW 2012, 554, Rn. 28, 31.
[85] Vgl. EuGH, Urt. v. 4.6.2002, Rs. C–503/99 (Kommission/Belgien), Slg. 2002, I–4809, Rn. 45 ff.; Urt. v. 4.6.2002, Rs. C–483/99 (Kommission/Frankreich), Slg. 2002, I–4781, Rn. 47 f.; Urt. v. 10.11.2011, Rs. C–212/09 (Kommission/Portugal), Slg. 2011, I–10889, Rn. 82.
[86] Vgl. EuGH, Urt. v. 8.11.2012, Rs. C–244/11 (Kommission/Griechenland), EuZW 2013, 29, Rn. 65 (Bezug zur »öffentlichen Sicherheit«); *Martinez Sotia*, DVBl 2002, 1106 (1108)
[87] Vgl. EuGH, Urt. v. 13.5.2003, Rs. C–463/00 (Kommission/Spanien), Slg. 2003, I–4581, Rn. 71

(betr. Netz, Dienstleistungen, Geräte).[88] Auch raumplanerische Ziele können (im Zusammenhang mit höherer Sicherheit für diesbezügliche Rechtsgeschäfte) Beschränkungen legitimieren,[89] wohl auch das Ziel der Erhaltung des »nationalen Natur- und Kulturerbes«.[90] Weitere grundsätzlich bedeutsame Motive sind Förderung von Forschung und Entwicklung (Art. 179 Abs. 2 AEUV),[91] Schaffung und Erhaltung von Medienvielfalt,[92] Schutz eines pluralistischen, nicht-kommerziellen Rundfunksystems[93] oder auch Sozialwohnungspolitik,[94] Verbraucherschutz,[95] Förderung der ländlichen Entwicklung.[96] Hingegen sollen **nicht** ausreichen das Interesse an einer Stärkung der Wettbewerbsstruktur des fraglichen Marktes[97] oder die Absicht des Schutzes von Arbeitnehmern und Minderheitsaktionären.[98] Bei Art. 345 AEUV **differenziert** der EuGH: Einerseits könne diese Vorschrift eine »Beschränkung der Vorschriften über den freien Kapitalverkehr« nicht rechtfertigen; das bedeute aber nicht, dass das gesetzgeberische Interesse, das der Zuordnung des Eigentums (konkret: am Energieverteilnetzbetreiber) zugrunde liegt, nicht als zwingender Grund des Allgemeininteresses berücksichtigt werden dürfe.[99] Schließlich sind relevant speziell für das **Steuerrecht** (s. Art. 65 AEUV, Rn. 15 ff.): eine ausgewogene Aufteilung der Steuerbefugnis zwischen den Mitgliedstaaten, u. a. zur Wahrung der Symmetrie zwischen dem Recht zur Besteuerung der Gewinne und der Möglichkeit, Verluste in Abzug zu bringen,[100] die Vermeidung einer

---

m. w. N.; zur Sicherung der Energieversorgung (durch Förderung ausreichender Investitionen in Netze) auch EuGH, Urt. v. 22.10.2013, verb. Rs. C–105/12 – C–107/12 (Niederlande/Essent u. a.), EuZW 2014, 61, Rn. 59.

[88] Vgl. EuGH, Urt. v. 20.6.2002, verb. Rs. C–388/00 u. C–429/00 (Radiosistemi), Slg. 2002, I–5845, Rn. 44 (zum Warenverkehr).

[89] Vgl. EuGH, Urt. v. 1.12.2005, Rs. C–213/04 (Burtscher/Stauderer), Slg. 2005, I–10309, Rn. 45 f.; *Bröhmer*, in: Calliess/Ruffert, EUV/AEUV, Art. 65 AEUV, Rn. 28.

[90] So GA *Kokott*, Schlussanträge zu Rs. C–133/33 (Q), Rn. 31 ff.

[91] Vgl. EuGH, Urt. v. 10.3.2005, Rs. C–39/04 (Laboratoires Fournier SA), Slg. 2005, I–2057, Rn. 23; Urt. v. 16.6.2011, Rs. C–10/10 (Kommission/Österreich), Slg. 2011, I–5389, Rn. 37; *Hüttemann*, EuZW 2011, 641.

[92] S. Art. 21 Abs. 4 VO (EG) Nr. 139/2004; vgl. EuGH, Urt. v. 26.6.1997, Rs. C–368/95 (Vereinigte Familiapress/Zeitungsverlags- und -vertriebs GmbH/Heinrich Bauer Verlag), Slg. 1997, I–3689, Rn. 20; zu grundrechtlichen Aspekten auch GA *Bot*, Schlussanträge zu Rs. C–283/11 (Sky Österreich GmbH/Österreichischer Rundfunk), BeckRS 2012, 81387, Rn. 42 ff.

[93] Vgl. EuGH, Urt. v. 3.2.1993, Rs. C–148/91 (Vereniging Veronica Omroep Organisatie/Commissariaat voor de Media), Slg. 1993, I–487, Rn. 9 f.; *Bröhmer*, in: Calliess/Ruffert, EUV/AEUV, Art. 65 AEUV, Rn. 13.

[94] *Bröhmer*, in: Calliess/Ruffert, EUV/AEUV, Art. 65 AEUV, Rn. 29; EuGH, Urt. v. 1.10.2009, Rs. C–567/07 (Minister voor Wonen, Wijken en Integratie/Woningstichting Sint Servatius), Slg. 2009, I–9021, Rn. 28 (Bezug zur »öffentlichen Ordnung«); *Ress/Ukrow*, in: Grabitz/Hilf/Nettesheim, EU, Art. 65 AEUV (Januar 2014), Rn. 67.

[95] Vgl. EuGH, Urt. v. 22.10.2013, verb. Rs. C–105/12 – C–107/12 (Niederlande/Essent u. a.), EuZW 2014, 61, Rn. 58.

[96] Vgl. das Vertragsverletzungsverfahren gegen Lettland wegen Beschränkungen des Erwerbs landwirtschaftlicher Flächen s. IP/15/4877 v. 29.4.2015.

[97] Vgl. EuGH, Urt. v. 4.6.2002, Rs. C–367/98 (Kommission/Portugal), Slg. 2001, I–4731, Rn. 52; Urt. v. 2.6.2005, Rs. C–174/04 (Kommission/Italien), Slg. 2005, I–4933, Rn. 37; *Klees*, EWiR 2005, 597 (598).

[98] Vgl. EuGH, Urt. v. 23.10.2007, Rs. C–112/05 (Kommission/Deutschland), Slg. 2007, I–8995, Rn. 91.

[99] Vgl. EuGH, Urt. v. 22.10.2013, verb. Rs. C–105/12 – C–107/12 (Essent u. a.), ECLI:EU:C:2013:677, Rn. 53; differenzierend *Klostermeyer*, S. 345 ff.; ferner *Geiger*, S. 251 ff.; *Klement*, EuZW 2014, 57 (59 f.).

[100] Vgl. EuGH, Urt. v. 3.10.2013, Rs. C–282/12 (Itelcar – Automóveis de Aluger Lda/Fazenda

doppelten Berücksichtigung von Verlusten,[101] die Gewährleistung der Wirksamkeit steuerlicher Kontrollen.[102] Auch sind nationale Maßnahmen, die den freien Kapitalverkehr beschränken, (nur dann) aus Gründen der Bekämpfung der Steuerhinterziehung und -flucht zu rechtfertigen, wenn sie sich »speziell auf rein künstliche, jeder wirtschaftlichen Realität bare Gestaltungen bezieht, deren einziger Zweck ist, die Steuer zu umgehen, die normalerweise auf die durch Tätigkeiten im Inland erzielten Gewinne zu zahlen ist«.[103]

33 Bei geschriebenen wie bei ungeschriebenen Rechtfertigungsgründen gilt zum Verhältnis von Zweck und Mittel.[104] Eine nationale Regelung muss geeignet sein, die Verwirklichung des mit ihr verfolgten Zieles zu gewährleisten, und darf nicht über das hinausgehen, was zur Erreichung dieses Zieles erforderlich ist, um dem Kriterium der **Verhältnismäßigkeit** zu entsprechen.[105] So muss etwa ein »System vorheriger behördlicher Genehmigungen« in angemessenem Verhältnis zu dem verfolgten Ziel stehen, das gleiche Ziel darf also nicht durch weniger restriktive Maßnahmen, namentlich durch ein System nachträglicher Anmeldungen, erreicht werden können.[106] Generell muss ein solches System »auf objektiven und nicht diskriminierenden Kriterien beruhen, die den betroffenen Unternehmen im Voraus bekannt sind«, und muss jedem von einer derartigen einschränkenden Maßnahme Betroffenen der Rechtsweg offen stehen.[107]

II. Schranken-Schranken

34 Nach Wortlaut und Systematik des Art. 65 AEUV (Abs. 3) setzen die beiden dort genannten, sich ergänzenden, aber unterschiedlichen Anforderungen (s. Art. 65 AEUV, Rn. 23 f.) jeglichen grundsätzlich zulässigen nationalen Beschränkungen ihrerseits **unionsrechtliche Grenzen**. Explizit betreffen diese nur Maßnahmen nach Art. 65 Abs. 1 oder 2 AEUV. Im Falle »ungeschriebener« Rechtfertigungsgründe könnte eine Diskri-

---

Pública), EWS 2013, 419, Rn. 50 f. Zur Bewertung unterschiedlicher Methoden vgl. EuGH, Urt. v. 11. 9. 2014, Rs. C–47/12 (Kronos International/Finanzamt Leverkusen), Rn. 65 ff.

[101] Vgl. EuGH, Urt. v. 3. 10. 2013, Rs. C–282/12 (Itelcar – Automóveis de Aluguer Lda/Fazenda Pública), EWS 2013, 419, Rn. 56.

[102] Vgl. EuGH, Urt. v. 30. 6. 2011, Rs. C–262/09 (Meilicke u. a./Finanzamt Bonn-Innenstadt), Slg. 2011, I–5669, Rn. 41; Urt. v. 3. 10. 2013, Rs. C–282/12 (Itelcar – Automóveis de Aluguer Lda/Fazenda Pública), EWS 2013, 419, Rn. 34; Urt. v. 4. 9. 2014, Rs. C–211/13 (Kommission/Deutschland), Rn. 58 ff.

[103] Vgl. EuGH, Urt. v. 13. 3. 2007, Rs. C–524/04 (Test Claimants in the Thin Cap Group Litigation/Commissioners of Inland Revenue), Slg. 2007, I–2107, Rn. 72, 74; Urt. v. 17. 2. 2009, Rs. C–182/08 (Glaxo Wellcome GmbH & Co. KG/Finanzamt München II), Slg. 2009, I–8591, Rn. 89; Urt. v. 5. 7. 2012, Rs. C–318/10 (SIAT/Belgien), EuZW 2012, 823, Rn. 50; Urt. v. 7. 11. 2013, Rs. C–322/11 (K), EWS 2013, 472, Rn. 61.

[104] Vgl. EuGH, Urt. v. 28. 9. 2006, verb. Rs. C–282/04 u. C–283/04 (Kommission/Niederlande), Slg. 2006, I–9141, Rn. 39 f.; Urt. v. 30. 6. 2011, Rs. C–262/09 (Meilicke u. a./Finanzamt Bonn-Innenstadt), Slg. 2011, I–5669, Rn. 42; *Musil*, EuZW 2011, 647.

[105] Vgl. EuGH, Urt. v. 7. 9. 2004, Rs. C–319/02 (Manninen), Slg. 2004, I–7477, Rn. 29; Urt. v. 2. 6. 2005, Rs. C–174/04 (Kommission/Italien), Slg. 2005, I–4933, Rn. 3.

[106] Vgl. EuGH, Urt. v. 14. 12. 1995, verb. Rs. C–163/94, C–165/94 u. C–250/94 (Sanz de Lera u. a.), Slg. 2005, I–4821, Rn. 23 ff.; Urt. v. 1. 6. 1999, Rs. C–302/97 (Konle/Österreich), Slg. 1999, I–3099, Rn. 44; Urt. v. 4. 6. 2002, Rs. C–367/98 (Kommission/Portugal), Slg. 2001, I–4731, Rn. 50; Urt. v. 20. 2. 2001, Rs. C–205/99 (Analir u. a./Administración General del Estado), Slg. 2001, I–1271, Rn. 35; Urt. v. 5. 3. 2002, Rs. C–515/99 (Reisch), Slg. 2002, I–2157, Rn. 37.

[107] Vgl. EuGH, Urt. v. 20. 2. 2001, Rs. C–205/99 (Analir u. a./Administración General del Estado), Slg. 2001, I–1271, Rn. 38.

minierung ohnehin nur bei Art. 65 Abs. 1 Buchst. a AEUV relevant werden, darf aber auch dann nicht »willkürlich« sein. »Verschleierte« Beschränkungen sind ebenso wenig nur dann verboten, wenn sie sich auf explizit normierte Gründe stützen könnten.

I. Verhältnis zu anderen Grundfreiheiten

I. Niederlassungsfreiheit

Insbesondere Kapitalverkehr ist an mehreren Stellen direkt mit Niederlassungsregeln **verknüpft**; damit erscheint ein genereller oder umfassender Vorrang der einen Gruppe von Vorschriften vor der anderen eher fernliegend. Während die Erweiterung der zulässigen (nationalen) Beschränkungen durch Art. 65 Abs. 2 AEUV allenfalls insofern streitig ist, ob sie auch den Zahlungsverkehr umfasst (s. Art. 65 AEUV, Rn. 24), ist die genaue Bestimmung und gegenseitige Abgrenzung des jeweiligen Anwendungsbereichs im Rahmen des Art. 64 AEUV fundamental. Damit zusammen hängt (und ihr geht sogar voraus) jedoch die Antwort auf die Frage nach dem allgemeinen Verhältnis von Art. 63 zu Art. 64 AEUV, speziell zur persönlichen, **sachlichen und räumlichen Reichweite** der Freiheit(en) von Kapitel 4. Denn Niederlassungsfreiheit isoliert betrachtet ist allein Unionsbürgern und -gesellschaften innerhalb des Binnenmarkts gewährleistet,[108] als Regelung nur für Beziehungen zu dritten Staaten hätte Art. 64 AEUV dann insoweit nur deklaratorische Bedeutung.

35

Die neuere **EuGH-Rechtsprechung** geht von einem Überschneidungsbereich zwischen Kapitalverkehrs- und Niederlassungsfreiheit aus und stellt bei der Abgrenzung auf den Gegenstand der Beschränkungsvorschrift ab;[109] wesentlich sei der Schwerpunkt der intendierten Regelung.[110] Für eine nicht vom Ausmaß des Einflusses eines Investors abhängige und damit **parallele Anwendbarkeit** beider Grundfreiheiten im Bereich des Beteiligungserwerbs (zu anderen Konstellationen oben, Rn. 21) spricht dagegen zum einen das Art. 64 Abs. 1, 65 Abs. 2 und 49 Abs. 2 AEUV zugrunde liegende gemeinsame System, zum andern Sinn und Zweck des umfassend gewährleisteten freien Kapitalverkehrs, die gerade Drittstaaten gegenüber nicht über eine Verdrängung durch die Niederlassungsfreiheit obsolet werden darf.[111] Bei der steuerlichen Behandlung von

36

---

[108] Vgl. EuGH, Urt. v. 19.7.2012, Rs. C–31/11 (Scheunemann), EuZW 2012, 751, Rn. 33; GA *Cruz Villalon*, Schlussanträge zu Rs. 47/12 (Kronos International Inc./Finanzamt Leverkusen), BeckRS 2013, 82146, Rn. 50.

[109] Vgl. EuGH, Urt. v. 10.2.2011, Rs. C–436/08 (Haribo Lakritzen Hans Riegel BetriebsgmbH), Slg. 2011, I–305, Rn. 34; Urt. v. 8.11.2012, Rs. C–244/11 (Kommission/Griechenland), EuZW 2013, 29, Rn. 29f.; Urt. v. 25.10.2012, Rs. C–387/11 (Kommission/Belgien), IStR 2012, 971, Rn. 33; Urt. v. 3.10.2013, Rs. C–282/12 (Itelcar – Automóveis de Aluguer Lda/Fazenda Pública), EWS 2013, 419, Rn. 16 ff. m. w. N.

[110] Vgl. EuGH, Urt. v. 25.10.2007, Rs. C–464/05 (Geurts), Slg. 2007, I–9325, Rn. 16; Urt. v. 19.7.2012, Rs. C–31/11 (Scheunemann), EuZW 2012, 751, Rn. 30; zustimmend *Musil*, EuZW 2012, 753 (teleologische Erwägungen); EuGH, Urt. v. 23.1.2014, Rs. C–164/12 (DMC Beteiligungs GmbH/Finanzamt Hamburg-Mitte), EuZW 2014, 273, Rn. 29 ff.; dazu *Bünning*, EuZW 2014, 277 f.; EuGH, Urt. v. 5.2.2014, Rs. C–385/12 (Hervis Sport), ECLI:EU:C:2014:47, Rn. 22 ff.; ferner BFH, DB 2012, 2665 (2267 f.).

[111] Ähnlich *Geiger*, S. 154; BFH, DB 2011, 624 (625); GA *Cruz Villalon*, Schlussanträge zu Rs. 47/12 (Kronos International Inc./Finanzamt Leverkusen), BeckRS 2013, 82146, Rn. 54, 61; GA *Mengozzi*, Schlussanträge zu Rs. C–190/12 (Emerging Markets Series of DFA Investment Trust Company/Dyrektor Izby Skarbowej w Bydgoszczy), Rn. 16 ff.; wohl auch EuGH, Urt. v. 10.11.2011, Rs.

Dividenden erachtet auch der EuGH die Höhe der Beteiligung für irrelevant und allein Art. 63 AEUV für maßgeblich[112].

II. Weitere

37 Schnittmengen zum **Warenverkehr** ergeben sich vor allem bei Wertpapieren, Bargeld und anderen mit Sachen verbundenen Zahlungsmitteln; hier sollte die Hauptfunktion Vorrang vor dem Trägermedium haben.[113] Für **Dienstleistungsverkehr** gelten inhaltlich die Ausführungen zur Niederlassungsfreiheit (s. Rn. 35 f.) entsprechend; formal ergibt sich jedoch aus Art. 57 Abs. 1 AEUV bei Überschneidungen eine Subsidiarität zumindest gegenüber den Kapitalverkehrsregeln.[114] Umgekehrt werden als Entgelt für die Erbringung von Dienstleistungen getätigte Zahlungen dort nicht explizit erfasst, und auch der spezielle Fall des Art. 59 Abs. 2 AEUV betrifft nur den Bezug zu Kapitalverkehr.[115] Die Genese des Art. 63 Abs. 2 AEUV spricht aber für eine weiterhin bestehende Parallelität der Liberalisierung von Dienstleistungen und darauf bezogenem Zahlungsverkehr.[116] Maßnahmen bezüglich grenzüberschreitender Zahlungen von Lohn oder Sozialleistungen (im Binnenmarkt) an ausländische »Arbeitnehmer« werden demgemäß allein an Art. 45 ff. gemessen, zumal dort das verpönte Differenzierungskriterium in der Staatsangehörigkeit von Mitgliedern dieser Personengruppe besteht.[117] Ein Umkehrschluss aus Art. 65 Abs. 2 ist nicht geboten, auch weil der Fokus nur auf Niederlassung (als weiterem Fall von **Personenverkehr**) bereits aus dem Zusammenhang mit Art. 64 folgt (Art. 64 AEUV, Rn. 4, 9).

J. Kapital- und Zahlungsverkehr im Wirtschaftsvölkerrecht

38 Art. VI Abs. 3 des **IWF**-Übereinkommens (IWFÜ) verbietet auch den EU-Mitgliedstaaten als dessen Vertragsparteien[118] nicht, die zur **Kontrolle** internationaler **Kapitalbewegungen** notwendigen Maßnahmen zu treffen[119]. Bei der Handhabung solcher Kon-

---

C–212/09 (Kommission/Portugal), Slg. 2011, I–10889, Rn. 44 m.w.N.; Urt. v. 25.10.2012, Rs. C–387/11 (Kommission/Belgien), IStR 2012, 971, Rn. 35; wenig klar *Sedlaczek/Züger*, in: Streinz, EUV/AEUV, Art. 63 AEUV, Rn. 35; anders aber EuGH, Urt. v. 10.4.2014, Rs. C–190/12 (Emerging Markets Series of DFA Investment Trust Company/Dyrektor Izby Skarbowej w Bydgoszczy), ECLI:EU:C:2014:249, Rn. 30 f.
[112] Vgl. EuGH, Urt. v. 11.9.2014, Rs. C–47/12 (Kronos International/Finanzamt Leverkusen), ECLI:EU:C:2014:2200, Rn. 51 ff.; Urt. v. 10.4.2014, Rs. C–190/12 (Emerging Markets Series), ECLI:EU:C:2014:249, Rn. 30 ff.; Urt. v. 28.2.2013, Rs. C–168/11(Beker/Finanzamt Heilbronn), EuZW 2013, 631, Rn. 23 ff.; für Nebeneinander aber EuGH, Urt. v. 13.3.2014, Rs. C–375/12 (Bouanich), ECLI:EU:C:2014:138, Rn. 57 ff.
[113] Ebenso wohl *Sedlaczek/Züger*, in: Streinz, EUV/AEUV, Art. 63 AEUV, Rn. 39.
[114] *Bröhmer*, in: Calliess/Ruffert, EUV/AEUV, Art. 63 AEUV, Rn. 37.
[115] Vgl. schon EuGH, Urt. v. 21.9.1988, Rs. 267/86 (Van Eycke), Slg. 1988, 4769, Rn. 22 f.; Urt. v. 14.11.1995, Rs. C–484/93 (Svensson u. Gustavsson/Ministre du Logement et de l'Urbanisme), Slg. 1995, I–3955, Rn. 11; Urt. v. 9.7.1997, Rs. C–222/95 (Société civile immobilière Parodi/Banque H. Albert de Bary et Cie), Slg. 1997, I–3899, Rn. 17.
[116] Ähnlich *Ress*, JZ 1995, 1008 (1010).
[117] Vgl. aber EuGH, Urt. v. 21.2.2006, Rs. C–152/03 (Ritter-Coulais/Finanzamt Germersheim), Slg. 2006, I–1711, Rn. 29, 31; *Bröhmer*, in: Calliess/Ruffert, EUV/AEUV, Art. 63 AEUV, Rn. 81.
[118] Aktueller Stand unter: https://www.imf.org/external/np/sec/memdir/memdate.htm (27.9.2016).
[119] Vgl. BGH, NJW 1994, 390 (391); BGH, EuZW 1994, 351 (352); krit. *Ebke*, WM 1994, 1357 (1360 ff.). Zur ökonomischen Bewertung vgl. *Ostry et al.*, 3 ff.

trollen dürfen aber weder Zahlungen für »laufende Geschäfte« eingeschränkt noch Übertragungen von Mitteln zur Erfüllung von Verbindlichkeiten ungebührlich verzögert werden. **Ausnahmen** gelten zum einen bei für »knapp« erklärten Währungen; hier darf das betr. IWF-Mitglied nach Konsultation mit den Fondsorganen den freien Devisenverkehr insoweit zeitweilig beschränken (Art. VII Abs. 3 Buchst. b IWFÜ). Zum andern darf allgemein jedes Mitglied, das seinen Übergangsstatus nach Art. XIV IWFÜ beibehalten hat,[120] bestehende Zahlungs- und Überweisungsbeschränkungen für laufende internationale Geschäfte beibehalten und wechselnden Umstände anpassen. Art. XIV Abs. 2 hält solche Staaten aber zu autonomer oder vertraglicher Liberalisierung so rasch und so weit wie möglich an.

Die **WTO**-Vorschriften enthalten ihrerseits Bestimmungen über den Zahlungsverkehr. Dadurch wird die EU allerdings nicht stärker gebunden, als wenn sie selbst auch Mitglied des IWF wäre, sondern müsste allenfalls bei diesbezüglichen Kontrollen oder Beschränkungen im Einklang mit Art. VIII IWFÜ handeln (s. Art. XV Abs. 9 Buchst. a GATT; s. Art. 66 AEUV, Rn. 16), dürfte also Restriktionen nur mit Zustimmung der Fondsorgane treffen (Abs. 2 Buchst. a)[121] und hätte diskriminierende Währungspraktiken zu vermeiden (Abs. 3).[122] 39

Soweit die EU – bereits heute und künftig vermehrt im Rahmen von Abkommen zur Förderung und zum Schutz von **Direktinvestitionen** in (und aus) Drittländern – **völkervertraglich** bi- oder auch multilateral Regelungen zu Kapital- und/oder Zahlungsverkehr vereinbart, muss sie dabei ebenfalls die primärrechtlichen Vorgaben (nicht zuletzt aus Art. 64 Abs. 2 und 3 AEUV) einhalten. Die zunächst weiter geltenden zahlreichen »Kapitalschutzverträge« zwischen EU-Mitgliedstaaten und Drittländern[123] (und zudem auch solche zwischen einzelnen [heutigen] Mitgliedsländern der EU)[124] können ihrerseits (nationale) »Beschränkungen« des Kapital- und Zahlungsverkehrs beinhalten und müssen dann den Maßstäben des Art. 64 Abs. 1 oder des Art. 65 Abs. 1–3 AEUV genügen;[125] die EU-Partei ist in solchen Fällen gehalten, alle geeigneten Maßnahmen[126] zu treffen, um **Unvereinbarkeiten** mit dem (primären) Unionsrecht zu **beheben** (Art. 351 Abs. 2 Satz 1 AEUV) – etwa durch Kündigung[127] – und dabei auch nötigenfalls eine gemeinsame Haltung mit anderen Unionsmitgliedern anzustreben (Satz 2).[128] 40

Trotz Wegfall des Art. 293, 2. Gedstr. EGV mit Inkrafttreten des Lissabon-Vertrags bleiben die EU-Mitgliedstaaten in Ermangelung gemeinschaftlicher Vereinheitlichungs- 41

---

[120] Vgl. Rn. 23; *Herrmann*, S. 251.
[121] *Riedel*, S. 179 ff.; *Herrmann*, S. 252.
[122] *Riedel*, S. 181 f.
[123] Im Hinblick auf Deutschland von Ägypten (v. 5.7.1974, BGBl. II 1977 S. 1145, ersetzt durch Abkommen v. 16.6.2005, BGBl. II 2007 S. 94) bis zur Zentralafrikanischen Republik (v. 23.8.1965, BGBl.II1967S. 1657);Liste:https://www.bmwi.de/DE/Themen/Aussenwirtschaft/Investitionsschutz/investitionsschutzvertraege.html (27.9.2016).
[124] Z. B. zwischen Deutschland und Griechenland v. 27.3.1961, BGBl. II 1963 S. 216; mit Portugal v. 16.9.1980, BGBl. II 1982 S. 56; mit Rumänien v. 25.6.1996, BGBl. II 1998 S. 645.
[125] Vgl. EuGH, Urt. v. 3.3.2009, Rs. C–249/06 (Kommission/Schweden), Slg. 2009, I–1335, Rn. 25 ff.; Urt. v. 3.3.2009, Rs. C–205/06 (Kommission/Österreich), Slg. 2009, I–1301, Rn. 26 ff.; Urt. v. 19.11.2009, Rs. C–118/07 (Kommission/Finnland), ECLI:EU:C:2009:715, Rn. 18 ff.; *Lecheler/Germelmann*, S. 46 ff.
[126] EuGH, Urt. v. 3.3.2009, Rs. C–205/06 (Kommission/Österreich), Slg. 2009, I–1301, Rn. 41 f.
[127] Dies ist Ziel eines Vertragsverletzungsverfahrens gegen fünf Mitgliedstaaten; vgl. Pressemitteilung der Europäischen Kommission v. 18.6.2015, IP/15/5198.
[128] Vgl. EuGH, Urt. v. 3.3.2009, Rs. C–205/06 (Kommission/Österreich), Slg. 2009, I–1301, Rn. 44; *Geiger*, S. 305 ff.; s. a. Art. 64 AEUV, Rn. 24.

oder Harmonisierungsmaßnahmen zuständig, die Kriterien für die Besteuerung des Einkommens und des Vermögens festzulegen, um **Doppelbesteuerung** gegebenenfalls im Vertragswege zu beseitigen.[129] In diesem Zusammenhang können die Mitgliedstaaten im Rahmen bilateraler Abkommen die Anknüpfungspunkte für die Aufteilung der Steuerhoheit festlegen.[130] Andererseits gestattet oder rechtfertigt dies nicht, in **Doppelbesteuerungsabkommen** (DBA) gegen Unionsrecht verstoßende Diskriminierungen vorzusehen.[131] Vielmehr muss es die Anwendung eines solchen völkerrechtlichen Vertrages erlauben, die Wirkungen einer sich aus nationalem Recht ergebenden unterschiedlichen Behandlung auszugleichen (**Neutralisierung**)[132].

---

[129] Vgl. EuGH, Urt. v. 28.2.2013, Rs. C–168/11 (Beker/Finanzamt Heilbronn), EuZW 2013, 631, Rn. 32; Urt. v. 7.11.2013, Rs. C–322/11 (K), EWS 2013, 472, Rn. 41, m.w.N.

[130] Vgl. EuGH, Urt. v. 19.1.2006, Rs. C–265/04 (Bouanich/Skatteverket), Slg. 2006, I–923, Rn. 49; ferner Urt. v. 12.5.1998, Rs. C–336/96 (Gilly/Directeur des services fiscaux du Bas-Rhin), Slg. 1998, I–2793, Rn. 24, 30; s.a. Art. 64 AEUV, Rn. 16.

[131] Vgl. EuGH, Urt. v. 20.10.2011, Rs. C–284/09 (Kommission/Deutschland), Slg. 2011, I–9879, Rn. 63; Urt. v. 8.11.2012, Rs. C–342/10 (Kommission/Finnland), EWS 2012, 517, Rn. 34; Urt. v. 28.2.2013, Rs. C–168/11 (Beker/Finanzamt Heilbronn), EuZW 2013, 631, Rn. 34f.; Urt. v. 13.3.2014, Rs. C–375/12 (Bouanich), ECLI:EU:C:2014:138, Rn. 82ff.; Urt. v. 17.9.2015, Rs. C–589/13 (F.E. Familienprivatstiftung Eisenstadt/Unabhängiger Finanzsenat, Außenstelle Wien), ECLI:EU:C:2015:612, Rn. 64, 71.

[132] Vgl. EuGH, Urt. v. 17.9.2015, verb. Rs. C–10/14, C–14/14, C–17/14 (Miljoen u.a./Staatssecretaris van Financien), ECLI:EU:C:2015:608, Rn. 79f.

Artikel 64 AEUV [Ausnahmen für den Kapitalverkehr mit Drittstaaten]

(1) ¹Artikel 63 berührt nicht die Anwendung derjenigen Beschränkungen auf dritte Länder, die am 31. Dezember 1993 aufgrund einzelstaatlicher Rechtsvorschriften oder aufgrund von Rechtsvorschriften der Union für den Kapitalverkehr mit dritten Ländern im Zusammenhang mit Direktinvestitionen einschließlich Anlagen in Immobilien, mit der Niederlassung, der Erbringung von Finanzdienstleistungen oder der Zulassung von Wertpapieren zu den Kapitalmärkten bestehen. ²Für in Bulgarien, Estland und Ungarn bestehende Beschränkungen nach innerstaatlichem Recht ist der maßgebliche Zeitpunkt der 31. Dezember 1999.

(2) Unbeschadet der anderen Kapitel der Verträge sowie ihrer Bemühungen um eine möglichst weit gehende Verwirklichung des Zieles eines freien Kapitalverkehrs zwischen den Mitgliedstaaten und dritten Ländern beschließen das Europäische Parlament und der Rat gemäß dem ordentlichen Gesetzgebungsverfahren Maßnahmen für den Kapitalverkehr mit dritten Ländern im Zusammenhang mit Direktinvestitionen einschließlich Anlagen in Immobilien, mit der Niederlassung, der Erbringung von Finanzdienstleistungen oder der Zulassung von Wertpapieren zu den Kapitalmärkten.

(3) Abweichend von Absatz 2 kann nur der Rat gemäß einem besonderen Gesetzgebungsverfahren und nach Anhörung des Europäischen Parlaments Maßnahmen einstimmig beschließen, die im Rahmen des Unionsrechts für die Liberalisierung des Kapitalverkehrs mit Drittländern einen Rückschritt darstellen.

Literaturübersicht

Buschle, Urteilsanmerkung zu EuGH, Urt. v. 25.1.2007, Rs. C–370/05 (Festersen), EuZW 2007, 218; *Geiger*, Beschränkungen von Direktinvestitionen aus Drittstaaten, 2013; *Glöckner*, Grundverkehrsbeschränkungen und Europarecht, EuR 2000, 592; *Gramlich*, Rechtsgestalt, Regelungstypen und Rechtsschutz bei grenzüberschreitenden Investitionen, 1984; *Jochum*, Urteilsanmerkung zu EuGH, Urt. v. 17.10.2013, Rs. C–181/12 (Welte), EuZW 2014, 32; *Klostermeyer*, Staatliche Übernahmeabwehr und die Kapitalverkehrsfreiheit zu Drittstaaten, 2011; *Terhechte*, Art. 351 AEUV, das Loyalitätsgebot und die Zukunft mitgliedstaatlicher Investitionsschutzverträge nach Lissabon, EuR 2010, 517; *Tietje*, EU-Investitionsschutz und -förderung zwischen Übergangsregelungen und umfassender europäischer Auslandsinvestitionspolitik, EuZW 2010, 647; *St. Weber*, Kapitalverkehr und Kapitalmärkte im Vertrag über die Europäische Union, EuZW 1992, 561; ferner Literaturhinweise zu Art. 63 AEUV.

Leitentscheidungen

EuGH, Urt. v. 13.7.2000, Rs. C–423/98 (Albore), Slg. 2000, I–5965
EuGH, Urt. v. 29.9.2003, Rs. C–452/01 (Ospelt u. a.), Slg. 2003, I–9743
EuGH, Urt. v. 12.12.2006, Rs. C–446/04 (Test Claimants in the FII Group Litigation/Commissioners of Inland Revenue), Slg. 2006, I–11753
EuGH, Urt. v. 25.1.2007, Rs. C–370/05 (Festersen), Slg. 2007, I–1129
EuGH, Urt. v. 11.2.2010, Rs. C–541/08 (Fokus Invest/FIAG), Slg. 2010, I–1025
EuGH, Urt. v. 5.5.2011, Rs. C–384/09 (Prunus u. a./Directeur des services fiscaux), Slg. 2011, I–3319
EuGH, Urt. v. 8.12.2011, Rs. C–157/10 (Banco Bilbao Vizcaya Argentaria/Administración General del Estado), EuZW 2012, 272
EuGH, Urt. v. 10.4.2014, Rs. C–190/12 (Emerging Market Series of DFA Investment Trust Company), ZIP 2014, 1579
EuGH, Urt. v. 5.6.2014, verb. Rs. 24/12, 27/12 (X BV, TBG Ltd./Staatssecretaris van Financien), ECLI:EU:C:2014:1385
EuGH, Urt. v. 21.5.2015, Rs. C–560/13 (Finanzamt Ulm/Wagner-Raith), ECLI:EU:C:2015:347

Wesentliche sekundärrechtliche Vorschriften

Richtlinie des Rates vom 28.6.1973 zur Aufhebung der Beschränkungen der Niederlassungsfreiheit und des freien Dienstleistungsverkehrs für selbständige Tätigkeiten der Kreditinstitute und anderer finanzieller Einrichtungen (73/183/EWG), ABl. 1973, L 194/1
Richtlinie des Rates vom 20.12.1985 zur Koordinierung der Rechts- und Verwaltungsvorschriften betreffend bestimmte Organismen für gemeinsame Anlagen in Wertpapieren (OGAW) (85/611/EWG), ABl. 1985, L 375/3
Richtlinie des Rates vom 24.6.1988 zur Durchführung von Artikel 67 des Vertrages (88/361/EWG), ABl. 1988, L 178/5
Richtlinie des Rates vom 3.6.2003 im Bereich der Besteuerung von Zinserträgen (2003/48/EG), ABl. 2003, L 157/38, geändert durch Richtlinie vom 24.3.2014 (2014/48/EU), ABl. 2014, L 111/50

Inhaltsübersicht   Rn.

A. Entwicklung/Vorläufer 1
B. Anwendungsbereich 2
   I. Systematik 2
   II. Gemeinsamkeiten 4
      1. Sachlicher Anwendungsbereich 4
      2. Räumlicher Anwendungsbereich 10
C. »Alte« Beschränkungen – »stand still«-Klausel 12
D. »Neue« Unions-Maßnahmen 18
   I. Allgemeine Regelungskompetenz (Abs. 2) 18
   II. De-Liberalisierung (Abs. 3) 21
E. Rechtsschutz 25
   I. Nationale Beschränkungen (Abs. 1) 25
   II. »Maßnahmen« nach Art. 64 Abs. 2 bzw. Abs. 3 26

A. Entwicklung/Vorläufer

1   Die **Vorläufernorm** zu Art. 64 AEUV ist wie die anderen Vorschriften von Kapitel 4 durch den Maastricht-Vertrag[1] in das EU-Primärrecht aufgenommen worden, mit Wirkung zum 1.1.1994 (Art. 73a EGV). Zunächst galten jedoch zwei sich ergänzende Vorschriften, Art. 73c und 73e. Der Inhalt der ersten findet sich heute in Art. 64 Abs. 1 Satz 1 sowie Abs. 2 und 3 AEUV wieder, letztere, eine Übergangsregelung mit sachlich breiterem Anwendungsbereich (ursprünglich nur für zwei Jahre, bis 31.12.1995), wird noch für drei später der Union beigetretene Länder mit einem um weitere vier Jahre nach hinten verschobenen anderen Stichtag (Ende 1999) aufrechterhalten. Im Verhältnis zur Fassung in Art. 57 EGV[2] sind (in Art. 64 Abs. 2 und 3 AEUV) redaktionelle Änderungen erfolgt; der bisherige Abs. 2 Satz 2 wurde zu Abs. 3, zudem wurde das Rechtsetzungsverfahren in Abs. 2 wie Abs. 3 n.F. modifiziert.

---

[1] Vom 7.2.1992 (ABl. 1992, C 191/1), Art. G, D.14., 15; dazu *St. Weber*, EuZW 1992, 561.
[2] Zur Umnummerierung s. Art. 12 des Amsterdam-Vertrags vom 2.10.1997, ABl. 1997, C 340/1.

B. Anwendungsbereich

I. Systematik

Ob Art. 64 AEUV als **Bereichsausnahme** von Art. 63 AEUV oder (erst/nur) als Recht- 2
fertigung einer »Beschränkung«, d. h. als **Eingriff** in eine der beiden dort normierten
Grundfreiheiten anzusehen ist, ist zumindest prozessual bedeutsam; der Vergleich mit
den Formulierungen des Art. 26 und Art. 52 AEUV spricht für letzteres.[3] Eindeutig ist
hingegen, dass sich Art. 64 AEUV in der Sache nur mit Vorschriften bzw. Maßnahmen
für den »**Kapitalverkehr**« befasst und räumlich allein mit Beziehungen zu »**dritten**«
Staaten (s. Rn. 10 ff.). Der Bereich von **Beschränkungen** und anderen **Maßnahmen** ist in
Abs. 1 Satz 1, Abs. 2 und 3 auf die jeweils gleichen **Teilaspekte** im Zusammenhang mit
dem Kapitalverkehr begrenzt, anders – ohne solche Eingrenzung – dagegen in Abs. 1
Satz 2. Bestehende (**alte**) Beschränkungen können ihre Legitimation aus **einzelstaatlichem** (bei Abs. 1 Satz 2 zeitweilig nur aus diesem) oder aus **Gemeinschafts-/Unionsrecht** beziehen. **Neue Maßnahmen** erfassen explizit nicht nur Beschränkungen, angesichts der umfassenden Freiheits-Gewährleistung in Art. 63 AEUV werden sie gleichwohl häufig Restriktionen beinhalten bzw. sich als solche auswirken (Art. 63 AEUV,
Rn. 27 ff.). Erhöhte (prozedurale) Anforderungen gelten nach Art. 64 Abs. 3 AEUV,
wenn geltende Beschränkungen nicht nur beibehalten, verlängert oder (formell) modifiziert, sondern daneben oder statt ihrer neue eingeführt werden sollen.

Im Hinblick auf beschränkbare **Teilbereiche** des Kapitalverkehrs (s. Rn. 2, 4 ff.) er- 3
geben sich **Überschneidungen** mit anderen primärrechtlichen Bestimmungen und
knüpft die Vorschrift auch terminologisch eng an die wesentliche (4.) Liberalisierungs-
Richtlinie von 1988[4] an: So zählen »**ausländische Direktinvestitionen**« seit dem Lissabon-Vertrag[5] zu den Gegenständen der **Gemeinsamen Handelspolitik** (Art. 207 AEUV);
der Richtlinien-Anhang unterscheidet in Ziff. I. »Direktinvestitionen« von »Gebietsfremden« im »Inland« (A.) von solchen »Gebietsansässiger« im »Ausland« (B.). Das
Verhältnis von »**Niederlassung**«(sfreiheit) gem. Art. 49 ff. AEUV und freiem Kapitalverkehr – thematisiert auch in Art. 49 Abs. 2, 65 Abs. 2 AEUV – wird etwa bei Erwerb
und Nutzung von »**Grundbesitz**« (d. h. »land and buildings«) in einem Gastland relevant
(s. Art. 50 Abs. 2 Buchst. e AEUV).[6] Die ebenfalls ausdrücklich erwähnten »**Anlagen in
Immobilien**« (»investment in real estate«) werden auch schon, soweit sie deren Kriterien erfüllen, bei Direktinvestitionen (im Ausland) eingeordnet, wie bereits in Ziff. I., II.
des Richtlinien-Anhangs – damit erlangen beide Seiten der Transaktion und beide von
ihr betroffenen Staaten (Herkunfts- und Gastland) Bedeutung. Für »**Finanzdienstleistungen**«, d. h. im Wesentlichen Bank- oder Versicherungsdienstleistungen[7] stellt auch
Art. 58 Abs. 2 AEUV eine Koppelung mit dem Kapitalverkehr her; Art. 64 AEUV betrifft allerdings nur das **Erbringen**, nicht (auch) das (passive) **Entgegennehmen** bzw.
Nutzen solcher Dienstleistungen (i.S.v. Art. 57 AEUV).[8] Notwendig ist jedenfalls ein

---

[3] Anders wohl *Bröhmer*, in: Calliess/Ruffert, EUV/AEUV, Art. 64 AEUV, Rn. 3; *Ress/Ukrow*, in: Grabitz/Hilf/Nettesheim, EU, Art. 64 AEUV (Januar 2014), Rn. 4, 19.
[4] 88/361/EWG, Anhang.
[5] Vom 13. 12. 2007; konsolidierte Fassung des AEUV in ABl. 2012, C 326/47.
[6] Vgl. EuGH, Urt. v. 5. 3. 2002, verb. Rs. C–515/99 u. a. (Reisch u. a./Salzburg u. a.), Slg. 2002, I–2157, Rn. 29; Urt. v. 25. 1. 2007, Rs. C–370/05 (Festersen), Slg. 2007, I–1129, Rn. 22; *Glöckner*, EuR 2000, 592 (601 f.); *Buschle*, EuZW 2007, 218.
[7] Relevant ist insoweit der differenzierende Katalog in Ziff. III. – X. des Richtlinienanhangs.
[8] Nicht differenzierend *Sedlaczek/Züger*, in: Streinz, EUV/AEUV, Art. 64 AEUV, Rn. 16.

hinreichend enger Kausalzusammenhang zwischen Kapitalbewegung und Erbringung der Finanzdienstleistung[9]. Die »**Zulassung von Wertpapieren am Kapitalmarkt**« schließlich war in Ziff. III.B. des Richtlinien-Anhangs erfasst, und deren Einbeziehung in die Liste der Kapitalbewegungen wurde dort in der Vorbemerkung (2. Abs., 3. Gedstr.) näher erläutert (s. Rn. 5).

II. Gemeinsamkeiten

1. Sachlicher Anwendungsbereich

4 Die **Definition** von »Kapitalverkehr« – einheitlich für alle drei Absätze von Art. 64 AEUV – ist dieselbe wie in Art. 63 Abs. 1 AEUV (und Art. 65 Abs. 1 Buchst. b, 66 AEUV).[10] Dies gilt auch für die einzelnen ausdrücklich und abschließend aufgeführten **Kategorien** (s. Rn. 3), die, anders als der deutsche Text (»im Zusammenhang mit« – dagegen im Englischen«: »involving«) vermuten lässt, zum Kapitalverkehr gehören, nämlich einzelne **spezielle Ausprägungen** desselben sind. **Beispiele** für Beschränkungen der **Niederlassungsfreiheit** (und des freien Dienstleistungsverkehrs für selbstständige Tätigkeiten von Kreditinstituten und anderen finanziellen Einrichtungen) enthielt eine Richtlinie aus 1973, die auch explizit mit dem Kapitalverkehr verbundene Dienstleistungen (i.S.v. Art. 58 Abs. 2 AEUV) und Dienstleistungen im Wertpapiergeschäft betraf (Art. 1 Abs. 2, 3).[11] Dazu zählen Diskriminierungen in der Behördenpraxis (Art. 3 Abs. 1), beim Beitritt zu Berufsverbänden (Art. 4) sowie bei der Anerkennung von Dokumenten über im Herkunftsland erlangte Qualifikationen oder anderen ausländischen, inhaltlich gleichwertigen Bescheinigungen. Als mit Kapitalverkehr verbundene »Bankdienstleistungen« wurden in Anhang 1 A des Rechtsakts von 1973 insbesondere »kommerzielle und finanzielle **Auskünfte**« genannt, ferner »Vermögensverwaltung« bei Erbschaften, unter 1 B eine Vielzahl von Aktivitäten bezüglich an Börsen gehandelter Wertpapiere.

5 Die **Gliederung und Abgrenzung von Kapitalbewegungen** in Anhang I zur Richtlinie 88/361/EWG bildet nach wie vor eine wesentliche Vorgabe für die Auslegung des neueren Primärrechts, speziell des Art. 64 AEUV. Auch die der Auflistung vorausgehende **Erläuterung** bleibt dabei erhellend, wenn dort klargestellt wird, dass »alle für die Durchführung des Kapitalverkehrs erforderlichen Geschäfte [,] Abschluss und Ausführung der Transaktion und damit zusammenhängende Transferzahlungen« einbezogen würden, des Weiteren auch der »Zugang des Marktteilnehmers zu allen Finanzverfahren, die auf dem für die Durchführung des Geschäfts in Anspruch genommenen Markt zur Verfügung stehen«.

6 »**Direktinvestitionen**« (Ziff. I des Richtlinienanhangs) sind daher »im weitesten Sinne« zu verstehen, sie umfassen »Investitionen jeder Art durch natürliche Personen, Handels-, Industrie- oder Finanzunternehmen zur Schaffung oder Aufrechterhaltung dauerhafter und direkter Beziehungen zwischen denjenigen, die die Mittel bereitstellen, und den Unternehmern oder Unternehmen, für die die Mittel zum Zwecke einer wirtschaftlichen Tätigkeit bestimmt sind«.[12] Als **wichtigste Fälle** werden genannt:

---

[9] So EuGH, Urt. v. 21.5.2015, Rs. C–560/13 (FA Ulm/Wagner-Raith), ECLI:EU:C:2015:347, Rn. 42 ff.
[10] Dazu näher Art. 63 AEUV, Rn. 16 ff.
[11] 73/183/EWG v. 28.3.1973.
[12] Dazu vertiefend BFH, Urt. v. 6.8.2013, VIII R 39/12, Rn. 88 ff. (Beteiligung an einem Fonds nach dem früheren § 18 Abs. 3 AuslInvestmG).

- Gründung und Erweiterung von Zweigniederlassungen (Filialen) oder neuen Unternehmen (rechtlich selbstständigen Tochtergesellschaften), die ausschließlich dem Geldgeber gehören, und vollständige Übernahme bestehender Unternehmen,
- Beteiligung an neuen oder bereits bestehenden Unternehmen zur Schaffung oder Aufrechterhaltung **dauerhafter Wirtschaftsbeziehungen**; bei Aktiengesellschaften muss dabei »das im Besitz einer natürlichen Person oder eines anderen Unternehmens oder sonstigen Inhabers befindliche Aktienpaket entweder nach den bestehenden nationalen Rechtsvorschriften für Aktiengesellschaften oder aus anderen Gründen den Aktieninhabern die Möglichkeit (geben), sich tatsächlich an der Verwaltung dieser Gesellschaft oder an deren Kontrolle zu beteiligen«,
- langfristige Darlehen (d. h. mit einer Laufzeit von mehr als fünf Jahren) zur Schaffung oder Aufrechterhaltung dauerhafter Wirtschaftsbeziehungen, vor allem Darlehen, einschließlich solcher von »Finanzinstitutionen«,[13] die »von Muttergesellschaften an Tochtergesellschaften oder an Gesellschaften, an denen eine Beteiligung besteht, gewährt werden«; ferner solche, »die mit einer Gewinnbeteiligung verbunden sind«; einbezogen sind auch die »Kredit- oder Darlehensrückzahlungen«,
- »Reinvestitionen von Erträgen« zur Aufrechterhaltung dauerhafter Wirtschaftsbeziehungen.

Erfasst werden sowohl Direktinvestitionen von »**Gebietsfremden**« im In- als auch solche von »**Gebietsansässigen**« im Ausland, d. h. »natürlichen und juristischen Personen« nach je nationalem Recht im Sinne der Begriffsbestimmungen der in den einzelnen Mitgliedstaaten geltenden »devisenrechtlichen« Vorschriften. »**Immobilieninvestitionen**«, definiert als »Kauf von bebauten und unbebauten Grundstücken sowie Bau von Gebäuden zu Erwerbszwecken oder persönlichen Zwecken durch Privatpersonen«, einschließlich der »Nießbrauchsrechte, Grunddienstbarkeiten und Erbbaurechte«, fallen ebenfalls unter Ziff. I, wenn sie der allgemeinen Definition entsprechen.[14] **Ziff. II** des Richtlinienanhangs (»Immobilien-Investitionen«) bezieht sich nur auf Kapitalverkehr, der davon noch **nicht erfasst** wurde; geboten ist eine enge Auslegung[15]. Die Erläuterung zur Nomenklatur (s. Rn. 5) stellt klar, dass zudem »die **Liquidation** oder Abtretung der gebildeten Guthaben, die **Repatriierung** des Erlöses aus dieser Liquidation« (d. h. »Verkaufserlöse einschließlich etwaiger Wertzuwachs, Beträge aus Rückzahlungen, Erlöse aus Zwangsvollstreckung usw.«) oder »die **Verwendung** dieses Erlöses an Ort und Stelle« als Kapitalverkehr anzusehen sind. 7

Unter Ziff. III des Richtlinienanhangs wird (neben anderen) »**Geschäften mit Wertpapieren**, die normalerweise **am Kapitalmarkt gehandelt** werden«,[16] auch die »**Zulassung** von Wertpapieren« an diesem Markt eingeordnet, soweit sie nicht bereits unter Ziff. I fällt oder es sich um »Anteilscheine von Organismen für gemeinsame Anlagen 8

---

[13] Einbezogen sind hier »Banken, Sparkassen und Spezialinstitute für kurz-, mittel- und langfristige Kredite sowie Versicherungsgesellschaften, Bausparkassen, Kapitalanlagegesellschaften und sonstige Institutionen ähnlicher Art«.
[14] Vgl. EuGH, v. 13.7.2000, Rs. C–423/98 (Albore), Slg. 2000, I–4965, Rn. 14; Urt. v. 1.12.2005, Rs. C–213/04 (Stauderer), Slg. 2005, I–10309, Rn. 39; Urt, v. 1.10.2009, Rs. C–567/07 (Minister voor Wonen, Wiken en Integratie/Woningstichting Sint Servatius), Slg. 2009, I–9021, Rn. 20; Urt. v. 1.12.2011, Rs. C–250/08 (Kommission/Belgien), IStR 2012, 67, Rn. 36; *Glöckner*, EuR 2000, 592 (605 f.).
[15] EuGH v. 17.10.2013, Rs. C–181/12 (Welte), EuZW 2014, 27, Rn. 29, 36, 38; ebenso *Jochum*, EuZW 2014, 32 (32).
[16] Vgl. EuGH, Urt. v. 6.6.2000, Rs. C–35/98 (Staatssecretaris van Financien/Verkooijen), Slg. 2000, I–4071, Rn. 28 f.

handelt« (Ziff. IV.).[17] Dazu zählen nicht nur die **Einführung** (»in einem formellen Verfahren erfolgende Zulassung«) von dort nicht näher definierten »Wertpapieren«[18] an der Börse oder einem anderen »amtlich anerkannten Geldmarkt«, sondern auch deren »**Emission**« (d.h. Verkauf durch öffentliches Angebot) und »**Unterbringung**«/Platzierung – direkter Verkauf durch Emittenten oder Emissionskonsortium – sowohl (im Hinblick auf den Sitz des Ausstellers) inländischer Papiere an ausländischen Kapitalmärkten als auch im umgekehrten Verhältnis.

9 Kapitalverkehr »im Zusammenhang mit der **Niederlassung**« beinhaltet nur Kapitalbewegungen, die nicht schon Teil der freien Niederlassung, d.h. der Aufnahme und Ausübung selbstständiger Erwerbstätigkeiten sowie der Gründung und Leitung von Unternehmen oder des Beteiligungserwerbs sind, Art. 49 Abs. 2 und 55 AEUV (s. Art. 63 AEUV, Rn. 15). Art. 49 Abs. 1 Satz 2 AEUV erstreckt den Anwendungsbereich dieser Grundfreiheit auch auf die Errichtung von Agenturen, Zweigniederlassungen und (vollständigen) Tochterunternehmen. Zwar umfasst schon die Niederlassungsfreiheit auch **Begleitrechte** (Einreise und Aufenthalt) für Unternehmer, Gründer oder Manager, jedoch nicht auch Kapital(ex- und -)import, soweit dieser nicht rechtlich zwingende Voraussetzung für eine zulässige Betätigung im Gaststaat ist, wie insbesondere bei gesellschafts- oder aufsichtsrechtlichen (Mindest-)Kapitalanforderungen.[19] Insoweit ist daher die zusätzliche Gewährleistung konstitutiv.

2. Räumlicher Anwendungsbereich

10 Art. 64 AEUV betrifft ausschließlich »Beschränkungen« (Abs. 1) oder andere »Maßnahmen« (Abs. 2, 3) für den Kapitalverkehr mit »**dritten Ländern**«. Dazu zählen zunächst sämtliche Staaten, die **nicht Mitglied der EU** sind. Im Hinblick auf die drei anderen EWR-Staaten sieht jedoch Art. 40 des **EWR**-Abkommens[20] vor, dass Kapitalverkehr auch in Bezug auf Berechtigte, die in den »**EFTA-Staaten**« (Art. 2 Buchst. b) ansässig sind, »keinen Beschränkungen und keiner Diskriminierung aufgrund der Staatsangehörigkeit der Parteien oder des Anlageortes« unterliegt.[21] Die Durchführungsbestimmungen dazu in Anhang XII können nach Art. 98 des EWR-Abkommens durch Beschluss des Gemeinsamen EWR-Ausschusses (Art. 92 ff.) geändert werden.

---

[17] Anknüpfend an die erste OGAW-Richtlinie (85/611/EWG) bezieht sich die Vorschrift auf »Organismen, deren Zweck es ist, von ihnen beschaffte Gelder nach dem Grundsatz der Risikostreuung für gemeinsame Rechnung in Wertpapieren oder anderweitig anzulegen, und deren Anteile auf Verlangen der Anteilsinhaber nach Maßgabe der für sie geltenden gesetzlichen, vertraglichen oder satzungsmäßigen Bedingungen unmittelbar oder mittelbar zu Lasten des Vermögens dieser Organismen zurückgenommen oder ausgezahlt werden. Diesen Rücknahmen oder Auszahlungen gleichgestellt sind Handlungen, mit denen ein Organismus für gemeinsame Anlagen sicherstellen will, dass der Börsenkurs seine Anteile nicht erheblich von deren Nettoinventarwert abweicht. Diese Organismen können nach einzelstaatlichem Recht die Vertragsform (von einer Verwaltungsgesellschaft verwaltete Investmentfonds), die Form des Trust (›unit trust‹) oder die Satzungsform (Investmentgesellschaft) haben«, wobei ein »unit trust« als Investmentfonds gilt.
[18] Erwähnt werden im Kontext der Definitionen aber Aktien, andere Wertpapiere mit Beteiligungscharakter und Schuldverschreibungen (mit mindestens zweijähriger Laufzeit).
[19] Vgl. etwa Art. 12 der Richtlinie 2013/36/EU vom 26.6.2013 über Zugang zur Tätigkeit von Kreditinstituten und die Beaufsichtigung von Kreditinstituten und Wertpapierfirmen, ABl. 2013, L 176/338 i.V.m. Art. 26 der VO (EU) Nr. 575/2013 vom 26.6.2013 über Aufsichtsanforderungen an Kreditinstitute und Wertpapierfirmen, ABl. 2013, L 176/1.
[20] Vom 2.5.1992, BGBl. II 1993 S. 267; s.a. Art. 66 AEUV, Rn. 17.
[21] Dazu EuGH, Urt. v. 29.9.2003, Rs. C–452/01(Ospelt u.a.), Slg. 2003, I–9743, Rn. 25 ff.

Ursprünglich wurde dort allein auf die Richtlinie 88/361/EWG Bezug genommen; seither sind nur wenige zahlungsverkehrsrelevante Rechtsakte eingefügt worden.[22]

Für die Assoziierung der überseeischen Länder und Hoheitsgebiete (**ÜLG**) von vier 11
EU-Mitgliedstaaten (Art. 355 Abs. 2 AEUV i. V. m. Anhang II) sind in Art. 198 ff. AEUV Vorgaben für die notwendige »Durchführungsgesetzgebung« enthalten;[23] mangels abweichender Sonderregelungen im Austritts-Protokoll[24] gilt dieser Rahmen auch für **Grönland**. Angesichts des Fehlens spezieller Vorschriften über den Kapitalverkehr in EUV oder AEUV sind diese Territorien daher »**Drittstaaten**«,[25] ebenso gem. Art. 355 Abs. 5 Buchst. a AEUV die **Färöer**[26] und nach Buchst. b die **Kanalinseln** sowie die **Isle of Man**.[27] Hingegen gelten für die in Art. 355 Abs. 1 AEUV aufgelisteten außereuropäischen Gebiete bzw. Inseln die Unions-Verträge, sie zählen zum Unionsgebiet. Zwar wären hier nach Art. 349 AEUV Sonderregelungen möglich; Kapitalverkehr wird dort allerdings zumindest nicht ausdrücklich genannt. Auch **Gibraltar** gehört zur EU, gem. Art. 355 Abs. 3 AEUV sowie Art. 28 der Beitrittsakte Großbritanniens.[28] Die von EU-Territorium umschlossenen **Kleinstaaten** (Andorra, Monaco, San Marino, Vatikanstaat) haben mit der Union z. B. Abkommen für die Einführung der Euro-Währung[29] und die Besteuerung von Zinserträgen[30] getroffen, jedoch nicht in Bezug auf Kapitalverkehr, so dass sie insoweit »normale« Drittländer bleiben.

C. »Alte« Beschränkungen – »stand still«-Klausel

Für einzelne Teilbereiche, insoweit aber in Bezug auf **alle EU-Mitglieder**, auch die erst 12
nach 1994 beigetretenen, bewirkt die Grundfreiheit des Art. 63 AEUV nicht, dass zu diesem Datum geltende Kapitalverkehrsbeschränkungen entfallen (unwirksam werden) oder doch baldmöglichst aufgehoben werden müssen. Nach dem je nationalen Recht eines EU-Staates bis Ende 1993 (s. Rn. 1, 17) gültig zustande gekommene Rechtsvorschriften (unabhängig von deren Einordnung in die innerstaatliche Normenhierarchie) bleiben **in Kraft**, bis (bei Befristung) ihre Geltungsdauer endet oder der betr. Mitgliedstaat sie wirksam aufhebt – was zulässig, aber nicht unionsrechtlich geboten ist.[31] Eine **Korrektur der nationalen Vorschrift** kann auch durch eine Maßnahme des Rats nach

---

[22] Zuletzt durch Beschluss Nr. 86/13 v. 3.5.2013, ABl. 2013, L 291/51 (SEPA-VO).
[23] Vgl. EuGH, Urt. v. 5.5.2011, Rs. C–384/09 (Prunus u.a./Directeur des services fiscaux), Slg. 2011, I–3319, Rn. 20.
[24] Vgl. *Schmalenbach*, in: Calliess/Ruffert, EUV/AEUV, Art. 204 AEUV, Rn. 2 ff.
[25] Vgl. Art. 63 AEUV, Rn. 22 f.; dazu auch EuGH, Urt. v. 5.6.2014, verb. Rs. C–24/12, 27/12 (X BV u.a./Staatssecretaris van Financiën), ECLI:EU:C:2014:1385, Rn. 48 f.
[26] Protokoll Nr. 2 zur Beitrittsakte 1972 (ABl. 1972, L 73/14) befasst sich nicht mit Kapital- oder Zahlungsverkehr; vgl. *Schmalenbach*, in: Calliess/Ruffert, EUV/AEUV, Art. 355 AEUV, Rn. 12.
[27] Protokoll Nr. 3 zur Beitrittsakte 1972 betrifft nicht Kapital- oder Zahlungsverkehr; speziell zu Jersey EuGH, Urt. v. 8.11.2005, Rs. C–293/02 (Jersey Produce Marketing Organisation), Slg. 2005, I–9543, Rn. 44.
[28] Vgl. *Schmalenbach*, in: Calliess/Ruffert, EUV/AEUV, Art. 355 AEUV, Rn. 9; Einschränkungen gelten nur bei Agrarprodukten und Umsatzsteuer, s. EuGH, Urt. v. 21.7.2005, Rs. C–349/03 (Kommission/Vereinigtes Königreich), Slg. 2005, I–7321, Rn. 41 ff.
[29] Andorra: ABl. 2011, C 369/1; Monaco: ABl. 2012, C 310/1; San Marino: ABl. 2012, C 121/5; Vatikan(staat): ABl. 2010, C 28/13.
[30] Bezogen auf die Richtlinie 2003/48/EG, ABl. 2003, L 157/38, z. B. Abkommen mit San Marino: ABl. 2004, L 381/33. Zu Perspektiven vgl. COM(2012) 680 final v. 20.11.2012.
[31] *Geiger*, S. 202; krit. *Hindelang*, JZ 2009, 829 (839).

Art. 64 Abs. 2 (oder Abs. 3) AEUV erfolgen, etwa mit dem Ziel einer Harmonisierung auf Unionsebene (s. Rn. 18 ff.).[32] **Bestandsschutz für »Alt«-Regelungen** gründet zwar im Respekt vor mitgliedstaatlicher Souveränität, erfasst aber nur bis zum Stichtag erlassene und (durch Publikation) wirksam gewordene Vorschriften.[33] Für eine später verabschiedete und verkündete, aber mit Rückwirkung versehene Bestimmung bietet Art. 64 Abs. 1 (Satz 1) AEUV als bloßes **Verschlechterungsverbot** keine tragfähige Rechtsgrundlage, vielmehr könnte deren Übereinstimmung mit Unionsrecht nur im Rahmen von Art. 65 AEUV herbeigeführt werden.

13 Dass nur für **einzelne**, nicht für alle seit 1994 der EU beigetretenen[34] neuen **Mitglieder** in Art. 64 Abs. 1 Satz 2 AEUV der normale **Stichtag** (s. Rn. 12) **hinausgeschoben** wurde, ist unbedenklich, weil die Sonderregelung jeweils von allen anderen EU-Ländern bei der Ratifizierung der diesbezüglichen **Beitrittsakte(n)** gebilligt wurde. 2003 wurden dabei – damals als weiterer Satz bei Art. 57 Abs. 1 EGV – Regelungen zu **Estland** und **Ungarn** aufgenommen,[35] 2005 diese Bestimmung um **Bulgarien** ergänzt.[36] Darüber hinaus gelten **weitere landesspezifische Besonderheiten**, die jeweils im Zusammenhang mit dem Beitritt zur EG/EU nur in der jeweiligen Akte festgelegt worden sind: für **Dänemark** für den Erwerb von Zweitwohnungen,[37] für **Finnland** in Bezug auf Erwerb und Besitz von Grundeigentum durch nicht-regionale Personen auf den Aland-Inseln (s. Art. 355 Abs. 4 AEUV);[38] für **Malta** bezüglich des Erwerbs von Immobilieneigentum als Zweitwohnsitz, mit gewissen Maßgaben.[39] Auch für 2004 und **später** der EG/EU **beigetretene Staaten** (außer Estland, Ungarn und Bulgarien) bleiben nationale Bestimmungen im Hinblick auf Erwerb von **Zweitwohnungen** und/oder von **land- und forstwirtschaftlichen Flächen** sowie Wäldern durch gebietsfremde Angehörige anderer EU- oder EWR-Staaten[40] – allerdings nur befristet – in Kraft. Zuletzt wurde dies für **Kroatien** normiert.[41] Bereits vor Ablauf der mehrjährigen Frist ist jedoch eine Überprüfung auf weitere Notwendigkeit hin vorgesehen (und gegebenenfalls eine vorzeitige Verkürzung der **Übergangszeit** zulässig); andererseits kommt in Ausnahmefälle auf Antrag des betr. EU-Staates auch eine Frist-Verlängerung in Betracht. Befristete, in Bezug auf **Island** und **Norwegen** aber auch unbefristete Vorbehalte (für die Fischereibranche) zugunsten bisherigen nationalen Rechts ergeben sich auch aus Art. 40 und Anhang XII des **EWR-Abkommens** (s. Rn. 10).

14 Die Fortschreibung der »alten« bereichsspezifischen nationalen Beschränkungen des (sekundären) Gemeinschafts-/Unionsrechts hindert die **EU-Organe** nicht an deren spä-

---

[32] Eine unionsrechtliche Verpflichtung besteht allerdings nicht; *Ress/Ukrow*, in: Grabitz/Hilf/Nettesheim, EU, Art. 64 AEUV (Januar 2014), Rn. 20.

[33] Präzisierend EuGH, Urt. v. 24.5.2007, Rs. C–157/05 (Holböck), Slg. 2007, I–4051, Rn. 39 ff.; Urt. v. 5.5.2011, Rs. C–384/09 (Prunus u.a./Directeur des services fiscaux), Slg. 2011, I–3319, Rn. 34; *Geiger*, S. 202.

[34] Für andere Nicht-Gründungsstaaten galten ebenfalls Übergangsregeln; vgl. etwa zu Spanien EuGH, Urt. v. 8.12.2011, Rs. C–157/10 (Banco Bilbao Vizcaya Argentaria/Administración General del Estado), EuZW 2012, 272, Rn. 25.

[35] Art. 24 der Beitrittsakte v. 16.4.2003, ABl. 2003, L 236/33 (Anhang VI) bzw. 48 (Anhang X).

[36] Art. 20 des Protokolls 2005, ABl. 2005, L 157/29 (Anhang 6).

[37] Protokoll Nr. 1 zum EUV (i.d.F. v. 7.2.1992), ABl. Nr. C 191/1 (68); vgl. EuGH, Urt. v. 25.1.2007, Rs. C–370/05 (Festersen), Slg. 2007, I–1129, Rn. 45 f.; *Glöckner*, EuR 2000, 592 (593, 606 f.).

[38] Art. 1, 1.Gedstr. Protokoll Nr. 2 zur Beitrittsakte v. 24.6.1994, ABl. 1994, C 241/9 (352).

[39] Protokoll Nr. 6 zur Beitrittsakte v. 16.4.2003, ABl. 2003, L 236/931 (947).

[40] Im Hinblick auf Art. 40 des EWR-Abkommens (s. Rn. 10).

[41] Art. 18 der Beitrittsakte v. 9.12.2011 und Anhang V, Ziff. 3, ABl. 2012, L 112/21.

terer **Änderung**, sowohl in Richtung auf eine weitere Liberalisierung (nach Art. 64 Abs. 2 AEUV) als auch mit dem Ziel der Einführung neuer bzw. schärferer Restriktionen. Die Bekräftigung der (Primär-)Rechtmäßigkeit des Status Quo soll vielmehr verhindern, dass Angehörige dritter Staaten deren Vereinbarkeit mit Art. 63 (Abs. 1) AEUV bestreiten, indem sie sich auf die unmittelbare Anwendbarkeit dieser Grundfreiheit (s. Art. 63 AEUV, Rn. 24 ff.) berufen. Sie dient so der Sicherung eines für notwendig erachteten **außenwirtschaftspolitischen Handlungsspielraums** gegenüber Drittländern zur Gewährleistung von Gegenseitigkeit.[42]

Die Auswahl und Abgrenzung der allgemeinen Ausnahmebereiche in Art. 64 Abs. 1 wie in Abs. 2 AEUV richtete sich nicht zuletzt daran aus, ob und wieweit bereits damals geltendes Recht **reziprokes Vorgehen** im Verhältnis zu Drittstaaten vorsah, also eine weitere oder gar völlige Liberalisierung (einschließlich der zeitlichen Dimension) nur dann anstrebt, wenn und soweit auch die jeweils andere Seite zu einem sachlich und zeitlich parallelen Handeln bereit ist. Anders als in Art. 7 Abs. 1 UAbs. 2 der RL 88/361/EWG werden »Gegenseitigkeitsbedingungen« jedoch nicht mehr ausdrücklich erwähnt. 15

»Alte« **nationale Beschränkungen** fanden und finden sich vor allem im Bereich der Direktinvestitionen in politisch brisanten und/oder infrastrukturell wichtigen Sektoren,[43] aber auch in (bilateralen) Verträgen, wie etwa Doppelbesteuerungsabkommen.[44] Zu »Maßnahmen aufgrund **gemeinschaftsrechtlicher Vorschriften**« zählen Reziprozitätsvorschriften in einer Reihe von Verordnungen[45] oder Richtlinien.[46] 16

Der jeweils **relevante Stichtag** ist in Art. 64 Abs. 1 AEUV nur scheinbar klar durch die Datumsangabe (und das Ende des genannten Tages) bestimmt. Der exakte Anknüpfungspunkt für das Verschlechterungsverbot kann davon abweichen, denn maßgeblich für den Vergleich und dessen Ergebnis ist der die stärker beschränkende Wirkung auslösende Vorgang, etwa die Aufhebung oder Verringerung einer bisherigen Abgabenvergünstigung. Maßgeblich ist stets der **Regelungszusammenhang**.[47] Erfasst werden also auch die Konstellationen, dass eine neue Maßnahme getroffen wird, die im Wesentlichen mit einer früheren übereinstimmt oder die ein Hindernis, das nach altem Recht der Ausübung der gemeinschaftlichen Rechte und Freiheiten entgegenstand, abmildert oder gänzlich beseitigt.[48] 17

---

[42] Vgl. *Klostermeyer*, S. 249 f.
[43] Oft dort, wo auch »zwingende Gründe des Allgemeininteresses« als gegeben angesehen werden, etwa bei der Energieversorgung; s. EuGH, Urt. v. 22.10.2013, verb. Rs. 105/12 –107/12 (Niederlande/Essent u. a.), Rn. 59; Art. 11 der Richtlinie 2009/72/EG v. 13.8.2009, ABl. 2009, L 211/55; § 4b EnWG; zu Formen und Strukturen bereits *Gramlich*, S. 380 ff.; ferner EuGH, Urt. v. 14.3.2000, Rs. C–54/99 (Église de scientologie/Premier ministre), Slg. 2000, I–1335, Rn. 7, 17.
[44] Vgl. Art. 63 AEUV, Rn. 41.
[45] VO (EG) Nr. 1008/2008/EWG des Europäischen Parlaments und des Rates v. 24.9.2008 über gemeinsame Vorschriften für die Durchführung von Luftverkehrsdiensten in der Gemeinschaft, ABl. 2008, L 293/3, mit Beschränkungen für Direktinvestitionen (kein Kontrollerwerb, Art. 4 f.).
[46] Vgl. Art. 47 f. der Richtlinie 2013/36/EU; Art. 15 der Richtlinie 2004/39/EG v. 21.4.2004 betr. Märkte für Finanzinstrumente, ABl. 2004, L 145/1, allerdings »insbesondere« auf Niederlassungsrecht gestützt.
[47] *Bröhmer*, in: Calliess/Ruffert, EUV/AEUV, Art. 64 AEUV, Rn. 7.
[48] So EuGH, Urt. v. 10.4.2014, Rs. C–190/12 (Emerging Market Series of DFA Investment Trust Company), ECLI:EU:C:2014:249, Rn. 48 ff.; Urt. v. 11.2.2010, Rs. C–541/08 (Fokus Invest/FIAG), Slg. 2010, I–1025, Rn. 42, Bezug nehmend auf Urt. v. 24.5.2007, Rs. C–157/05 (Holböck), Slg. 2007, I–4051, Rn. 41; Urt. v. 12.12.2006, Rs. C–446/04 (Test Claimants in the FII Group Litigation/Commissioners of Inland Revenue), Slg. 2006, I–11753, Rn. 190 ff.; Urt. v. 1.6.1999, Rs. C–302/97 (Konle/Republik Österreich), Slg. 1999, I–3099, Rn. 27 ff.

D. »Neue« Unions-Maßnahmen

I. Allgemeine Regelungskompetenz (Abs. 2)

18 Maßnahmen nach Abs. 2 sind nur »unbeschadet der anderen Kapitel der Verträge« zulässig, müssen sich also vor allem inhaltlich auch und vorab an **primärrechtlichen Vorgaben** messen lassen, nicht zuletzt an wirtschaftlichen Grundrechten der Adressaten. Vorrangiges Ziel der Unions-Rechtsetzung, obgleich zumindest im deutschen Normtext[49] erst an zweiter Stelle genannt, ist die **möglichst weitgehende Verwirklichung des freien Kapitalverkehrs auch im Verhältnis zu Drittstaaten**. Auf EU-Ebene können dem jedenfalls auf den in Art. 64 AEUV bezeichneten Gebieten aber öffentliche Interessen entgegenstehen, so dass insoweit keine unbedingte Anforderung an Parlament und Rat gestellt wird, und bei ablehnendem Verhalten eines Drittstaates muss es bis auf weiteres bei »**Bemühungen**« um Liberalisierung bleiben.[50] Soweit aber Maßnahmen unternehmerische Freiheit oder Eigentumsgrundrecht (Art. 16, 17 GRC)[51] tangieren, nötigen die primärrechtlichen Bindungen und Maßgaben zu einer Prüfung, ob sie im Hinblick darauf geeignet und erforderlich erscheinen.[52]

19 Zur **Rechtsform** der »Maßnahmen« verlautet Abs. 2 nichts Näheres, ebenso wenig wie Abs. 3. Angesichts des nach Art. 63 Abs. 1 AEUV auch hierfür geltenden umfassenden Beschränkungsverbots muss ihr Schwerpunkt auf einer zeitlich gestreckt und sachlich begrenzt erfolgenden Einebnung von vorhandenen unnötigen **Hindernissen** und nicht gerechtfertigten **Ungleichbehandlungen** liegen. Auch hier ist der Regelungszusammenhang entscheidend, die nach außen sichtbare, objektive Intention von Neuregelungen muss auf Abbau von »Beschränkungen« abzielen; jedoch müssen nicht notwendig alle Elemente der »Maßnahme« für alle Adressaten und sonstigen Betroffenen eine begünstigende Wirkung herbeiführen. Dass (i.S.v. Art. 288 Abs. 5 AEUV) rechtlich unverbindliche Maßnahmen in Betracht kommen, ist nicht gänzlich ausgeschlossen; bereits bestehende Rechtsakte können aber nur durch solche gleicher Qualität modifiziert werden.

20 Wie auch sonst auf Vorschlag der Kommission, obliegt es Europäischem Parlament und Rat, im **ordentlichen Gesetzgebungsverfahren** (Art. 289 Abs. 1, 294 AEUV) die je gebotenen zulässigen Maßnahmen zu treffen. Im Unterschied zu Abs. 3 besteht hier ein **Ermessen** nur im Hinblick auf **Wahl der Mittel** und des **Zeitpunktes**. Ein Untätigbleiben würde dem unbedingten Geltungsanspruch von Art. 63 Abs. 1 AEUV zuwider laufen. Im Rat genügt hier qualifizierte Mehrheit (Art. 16 Abs. 3–5 EUV,[53] Art. 238 Abs. 2 AEUV).

II. De-Liberalisierung (Abs. 3)

21 Art. 64 Abs. 3 AEUV erfasst den gleichen Bereich von Themen, für die nach Abs. 2 Parlament und Rat »Maßnahmen« treffen dürfen, bezieht sich ebenfalls nur auf »Kapitalverkehr« und schließlich auf das Verhältnis von EU und »dritten Ländern« (s.

---

[49] Anders im Englischen, wo »the objective of free movement of capital« am Satzanfang steht.
[50] Ähnlich *Geiger*, S. 204.
[51] Zum umfassenden Schutzbereich von Art. 16 *Ruffert*, in: Calliess/Ruffert, EUV/AEUV, Art. 16 GRC, Rn. 1f.
[52] Vgl. nur *Ruffert*, in: Calliess/Ruffert, EUV/AEUV, Art. 16 GRC, Rn. 5; wie hier *Geiger*, S. 255 ff.
[53] Dazu näher *Edjaharian*, in: Blanke/Mangiameli, TEU, Art. 16 EUV, Rn. 86 ff.

Rn. 10 f.). Unterschiede bestehen hingegen bei **Zuständigkeit** für und **Verfahren** der Rechtsetzung (einschließlich der erforderlichen Mehrheit im Rat) sowie bei der den aktuellen Stand der Liberalisierung revidierenden **Ausrichtung** der Maßnahmen. Auf die Ermächtigung nach Abs. 3 muss (bzw. darf) nur zurückgegriffen werden, wenn und soweit auf Unionsebene geltendes Recht geändert werden soll, also nicht, wenn diese Modifizierung bisher fortgeltendes nationales Recht (nach Abs. 1 bzw. aufgrund von Vorbehalten einzelner Beitrittsakte, s. Rn. 13) betrifft. Ein »**Rückschritt**« setzt stets einen wertenden Vergleich zwischen bisherigem und geplantem künftigen (normativen) Zustand voraus; dabei ist nicht die Intention der an der Rechtsetzung Beteiligten relevant, sondern eine objektive, neutrale Analyse, ob und wie weit neue oder weiter reichende Beschränkungen einschließlich Belastungen eingeführt werden (sollen).[54]

Angesichts der **Zielrichtung** erfasst Art. 64 Abs. 3 AEUV als »Maßnahmen« nur materielle wie auch prozedurale »**Beschränkungen**«, auch dies im gleichen, weit verstandenen Sinne wie bei Art. 63 (s. Art. 63 AEUV, Rn. 27 ff.). Maßgeblich bleibt das in Art. 64 Abs. 2 AEUV normierte **Gebot**, sich um eine möglichst weitgehende Verwirklichung des Ziels eines freien Kapitalverkehrs zu bemühen (s. Rn. 18), so dass Deliberalisierungsmaßnahmen **sachlich und zeitlich begrenzt** sein sollten. Ein vorschnelles Handeln wird bereits durch das Erfordernis der **Einstimmigkeit** (Art. 238 Abs. 4 AEUV) im Rat verhindert. Auch insofern findet die Regelung eine auf steuerliche Fragen beschränkte Fortsetzung in Art. 65 Abs. 4 AEUV. Dort hat freilich auch die Kommission die Befugnis, Maßnahmen in Form eines Beschlusses gegenüber einem Mitgliedstaat zu treffen, und entscheidet dann, wie auch sonst, mit einfacher Mehrheit (s. Art. 65 AEUV, Rn. 27).

22

Den rechtlichen Status Quo negativ verändernde »Maßnahmen« müssen notwendig ihrerseits rechtsverbindlich sein, daher kommen hierfür nur Rechtsakte nach Art. 288 Abs. 2, 3 oder 4 AEUV in Betracht. Auf Vorschlag der Kommission (Art. 17 Abs. 2 EUV)[55] entscheidet der Rat in einem **besonderen Gesetzgebungsverfahren** (Art. 289 Abs. 2 AEUV); das Parlament ist zuvor lediglich, aber immerhin anzuhören.

23

Nicht unter Abs. 3 fallen Klauseln in noch von Mitgliedstaaten geschlossenen bilateralen **Investitionsschutzabkommen**. Ungeachtet der Einbeziehung von ausländischen Direktinvestitionen in die zur ausschließlichen Zuständigkeit der EU gehörende Gemeinsame Handelspolitik (s. Rn. 3) zählt die in diesen Verträgen behandelte Materie nicht zum aktuellen »Rahmen des Unionsrechts« – und binden die Abkommen den Rat formal ohnehin nicht.[56] Erst bei künftigen von der EU selbst vereinbarten Investitionsschutzverträgen (s. Art. 63 AEUV, Rn. 40) stellt sich die Frage des Verhältnisses von Art. 64 Abs. 2 AEUV und insbesondere Abs. 3 zu Art. 207, 218 AEUV.[57]

24

---

[54] Ähnlich *Ress/Ukrow*, in: Grabitz/Hilf/Nettesheim, EU, Art. 64 AEUV (Januar 2014), Rn. 24; *Sedlaczek/Züger*, in: Streinz, EUV/AEUV, Art. 64 AEUV, Rn. 20.
[55] Vgl. *Gianfrancesco*, in: Blanke/Mangiameli, TEU, Art. 17 EUV, Rn. 58 ff.
[56] Nicht gesehen von *Bröhmer*, in: Calliess/Ruffert, EUV/AEUV, Art. 64 AEUV, Rn. 9.
[57] Vgl. *Tietje*, EuZW 2010, 647 (648, 651); *Terhechte*, EuR 2010, 517 (520 ff.); s. a. Art. 63 AEUV, Rn. 40.

E. Rechtsschutz

I. Nationale Beschränkungen (Abs. 1)

25 Bei nationalen Maßnahmen kann ggf. vor mitgliedstaatlichen Gerichten deren Unionsrechtswidrigkeit gerügt und kann oder muss dann zur Klärung ein Vorabentscheidungsersuchen an den EuGH (Art. 267 AEUV) gerichtet werden; eine Rechtsverletzung wäre gegeben, wenn der zeitliche und sachliche Rahmen für den Erlass mitgliedstaatlicher Rechtsvorschriften nicht eingehalten würde bzw. worden wäre.

II. »Maßnahmen« nach Art. 64 Abs. 2 bzw. Abs. 3

26 Gegen Unionsrechtsakte kommen (Nichtigkeits-)Rechtsbehelfe von Mitgliedstaaten (nach Art. 263 Abs. 2 AEUV) und von betroffenen Personen oder Unternehmen in Betracht, letztere jedoch nur, wenn sie durch eine rechtsverbindliche »Maßnahme« unmittelbar und individuell berührt werden (Art. 263 Abs. 4 AEUV); dafür sind allein EU-Gerichte zuständig (Art. 256 AEUV).

Artikel 65   AEUV [Nationale Beschränkungen]

(1) Artikel 63 berührt nicht das Recht der Mitgliedstaaten,
a) die einschlägigen Vorschriften ihres Steuerrechts anzuwenden, die Steuerpflichtige mit unterschiedlichem Wohnort oder Kapitalanlageort unterschiedlich behandeln,
b) die unerlässlichen Maßnahmen zu treffen, um Zuwiderhandlungen gegen innerstaatliche Rechts- und Verwaltungsvorschriften, insbesondere auf dem Gebiet des Steuerrechts und der Aufsicht über Finanzinstitute, zu verhindern, sowie Meldeverfahren für den Kapitalverkehr zwecks administrativer oder statistischer Information vorzusehen oder Maßnahmen zu ergreifen, die aus Gründen der öffentlichen Ordnung oder Sicherheit gerechtfertigt sind.

(2) Dieses Kapitel berührt nicht die Anwendbarkeit von Beschränkungen des Niederlassungsrechts, die mit den Verträgen vereinbar sind.

(3) Die in den Absätzen 1 und 2 genannten Maßnahmen und Verfahren dürfen weder ein Mittel zur willkürlichen Diskriminierung noch eine verschleierte Beschränkung des freien Kapital- und Zahlungsverkehrs im Sinne des Artikels 63 darstellen.

(4) [1]Sind keine Maßnahmen nach Artikel 64 Absatz 3 erlassen worden, so kann die Kommission oder, wenn diese binnen drei Monaten nach der Vorlage eines entsprechenden Antrags des betreffenden Mitgliedstaats keinen Beschluss erlassen hat, der Rat einen Beschluss erlassen, mit dem festgelegt wird, dass die von einem Mitgliedstaat in Bezug auf ein oder mehrere Drittländer getroffenen restriktiven steuerlichen Maßnahmen insofern als mit den Verträgen vereinbar anzusehen sind, als sie durch eines der Ziele der Union gerechtfertigt und mit dem ordnungsgemäßen Funktionieren des Binnenmarkts vereinbar sind. [2]Der Rat beschließt einstimmig auf Antrag eines Mitgliedstaats.

Literaturübersicht

Amler, Direkte Steuern, EG-Grundfreiheiten und die deutsche Unternehmenssteuerreform, 2009; Commission Staff Working Document on the movement of capital and the freedom of payments, SWD(2015) 58 final, 5.3.2015, *Dautzenberg*, Die Kapitalverkehrsfreiheit des EG-Vertrages, der Steuervorbehalt des Art. 73d EGV und die Folgen für die Besteuerung, RIW 1998, 537; *Dopsch/Wutscher*, Beschränkungen der Kapital- und Zahlungsverkehrsfreiheit am Beispiel der Maßnahmen im Rahmen der Zypernkrise, EuZW 2014, 729; *Grieser/Faller*, Europarechtswidrigkeit der Nichtanrechenbarkeit deutscher Quellensteuern bei beschränkt steuerpflichtigen Kapitalgesellschaften, DB 2011, 2798; *Grundmann*, Nationales Währungsrecht und EG-Kapitalverkehrsfreiheit, EWS 1990, 214; *Hindelang/Köhler*, Der Einfluss der Grundfreiheiten auf direkte Steuern, JuS 2014, 405; *Hohmann/John*, Ausfuhrrecht, 2002; *Kokott/Ost*; Europäische Grundfreiheiten und nationales Steuerrecht, EuZW 2011, 496; *Kreibohm*, Der Begriff der Steuer im Europäischen Gemeinschaftsrecht, 2004; *Krolop*, Das Verhältnis von Kapitalverkehrsfreiheit und Niederlassungsfreiheit bei Investoren aus Drittstaaten, in: Čech/Krolop, Folgen der aktuellen europäischen Rechtsentwicklung für die grenzüberschreitende Mobilität von Gesellschaften, S. 241, 2008 (abrufbar unter http://windbichler.rewi.hu-berlin.de/Kapfreiheit_Prag_2.pdf); *ders.*, Schutz vor Staatsfonds und anderen ausländischen Kapitalmarktakteuren unter Ausblendung des Kapitalmarktrechts?, EuZW 2008, 40; *Lehner*, Urteilsanmerkung zu EuGH, Urt. v. 6.6.2000, Rs. 35/98 (Staatssecretaries van Financien/Verkooijen), RIW 2000, 724; *Marchgraber*, Übertragung stiller Reserven und Unionsrecht, SWI 2012, 361; *Martini*. Zu Gast bei Freunden?: Staatsfonds als Herausforderung an das europäische und internationale Recht, DÖV 2008, 314; *Pfeil*, Freier Kapitalverkehr und § 110 I Nr. 2 BewG, RIW 1996, 788; *Preisser*, Sovereign Wealth Funds, 2013; *Streinz*; Europarecht: Kapitalverkehrsfreiheit, JuS 2010, 934; *Voland*, Rechtsschutz gegen Maßnahmen der Investitionskontrolle im Außenwirtschaftsrecht, EuZW 2010, 132; *Weerth*, KSt-Anrechnung über die Grenze – »a never ending story«?, DB 2011, 1617; *Weller*, Ausländische Staatsfonds zwischen Fusionskontrolle, Außenwirtschaftsrecht und Grundfreiheiten, ZIP 2008, 857; ferner Literaturhinweise zu Art. 63 AEUV.

Leitentscheidungen

EuGH, Urt. v. 15.7.2004, Rs. C–315/02 (Lenz/Finanzlandesdirektion für Tirol), Slg. 2004, I–7063
EuGH, Urt. v. 18.7.2007, Rs. C–231/05 (Oy AA), Slg. 2007, I–6373
EuGH, Urt. v. 8.11.2007, Rs. C–379/05 (Amurta SGPS/Inspecteur van de Belastingsdienst/Amsterdam), Slg. 2007, I–9569
EuGH, Urt. v. 11.9.2008, Rs. C–43/07 (Arens-Sikken/Staatssecretaris van Financien), Slg. 2008, I–6887
EuGH, Urt. v. 1.10.2009, Rs. 567/07 (Minister voor Wonen, Wijken en Integratie/Woningstichting Sint Servatius), Slg. 2009, I–9021
EuGH, Urt. v. 10.2.2010, Rs. C–25/10 (Missionswerk Werner Heukelbach e.V./État belge), Slg. 2011, I–497
EuGH, Urt. v. 10.2.2011, verb. Rs. C–436/08 u. C–437/08 (Haribo Lakritzen Hans Riegel BetriebsgmbH u.a./FA Linz), EuZW 2011, 728
EuGH, Urt. v. 6.6.2013, Rs. C–383/10 (Kommission/Belgien), EuZW 2013, 670
EuGH, Urt. v. 3.10.2013, Rs. C–282/12 (Itelcar – Automóveis de Aluguer Lda/Fazenda Pública), ECLI:EU:C:2013:629
EuGH, Urt. v. 10.4.2014, Rs. C–190/12 (Emerging Markets Series of DFA Investment Trust Company), ECLI:EU:C:2014:249
EuGH, Urt. v. 11.9.2014, Rs. C–489/13 (Verest u. Gerards/Belgischer Staat), ECLI:EU:C:2014:2210
EuGH, Urt. v. 9.10.2014, Rs. C–326/12 (van Caster u. van Caster/Finanzamt Essen-Süd), ECLI:EU:C:2014:2269
EuGH, Urt. v. 24.2.2015, Rs. C–559/13 (Finanzamt Dortmund-Unna/Grünewald), EuZW 2015, 480
GA *Jacobs*, Schlussanträge zu Rs. C–443/99, Rs. C–143/00 (Merck, Sharp & Dohme GmbH/Paranova Pharmazeutika Handels GmbH u.a.), Slg. 2002, I–3703
GA *Kokott*, Schlussanträge zu Rs. C–337/08 (X Holding B.V.), Slg. 2010, I–1215
GA *Sharpston*, Schlussanträge zu Rs. C–342/10 (Kommission/Finnland), BeckRS 2012, 81501
GA *Wathelet*, Schlussanträge zu Rs. C–326/12 (van Caster/Finanzamt Essen-Süd), BeckRS 2013, 82211

Wesentliche sekundärrechtliche Vorschriften

Erste Richtlinie zur Durchführung des Art. 67 des Vertrages vom 12.7.1960, ABl. 1960, Nr. 43/921
Richtlinie 88/361/EWG des Rates vom 24.6.1988 zur Durchführung von Artikel 67 des Vertrages, ABl. 1988, L 178/5
Richtlinie 2003/48/EG des Rates vom 3.6.2003 im Bereich der Besteuerung von Zinserträgen, ABl. 2003, L 157/38
Richtlinie 2004/38/EG des Europäischen Parlaments und des Rates vom 29.4.2004 über das Recht der Unionsbürger und ihrer Familienangehörigen, sich im Hoheitsgebiet der Mitgliedstaaten frei zu bewegen und aufzuhalten, ABl. 2004, L 158/77
Verordnung (EG) Nr. 883/2004 des Europäischen Parlaments und des Rates vom 29.4.2004 zur Koordinierung der Systeme der sozialen Sicherheit, ABl. 2004, L 166/1
Verordnung (EG) Nr. 1889/2005 des Europäischen Parlaments und des Rates vom 26.10.2005 über die Überwachung von Barmitteln, die in die Gemeinschaft oder aus der Gemeinschaft verbracht werden, ABl. 2005, L 309/9
Verordnung (EU) Nr. 575/2013 vom 26.6.2013 über Aufsichtsanforderungen an Kreditinstitute und Wertpapierfirmen, ABl. 2013, L 176/1
Richtlinie 2013/36/EU vom 26.6.2013 über den Zugang zur Tätigkeit von Kreditinstituten und die Beaufsichtigung von Kreditinstituten und Wertpapierfirmen, ABl. 2013, L 176/338

Inhaltsübersicht

	Rn.
A. Entwicklung/Vorläufer	1
B. Verhältnis zu den anderen Vorschriften des 4. Kapitels	2
C. Zulässige mitgliedstaatliche Maßnahmen	5
I. Spezifische Zwecke	5
1. Verhinderung von Zuwiderhandlungen gegen innerstaatliche Rechts- und Verwaltungsvorschriften	5
2. Meldeverfahren (nur) für den Kapitalverkehr für bestimmte Zwecke	9
3. Gründe der öffentlichen Ordnung oder öffentlichen Sicherheit	11

II. Primärrechtlich erlaubte Beschränkungen der Niederlassungsfreiheit 14
    1. Mit Ausübung öffentlicher Gewalt verbundene Tätigkeiten 14
    2. Sonderregelungen für Ausländer aus Gründen der öffentlichen Ordnung,
       Sicherheit oder Gesundheit 15
  III. Spezielle Regeln in Bezug auf mitgliedstaatliches Steuerrecht 17
  IV. »Ungeschriebene« Rechtfertigungsgründe 20
  V. Relevanz des Art. 65 AEUV für Zahlungsverkehrsfreiheit? 23
D. Unionsrechtliche Schranken für mitgliedstaatliche Maßnahmen 24
  I. Missbrauchsverbot 24
    1. Gegenstand des Verbots 24
    2. Inhalt der Verbots – Tatbestandsalternativen 25
E. Verfahren auf Unionsebene in Steuersachen 28

A. Entwicklung/Vorläufer

Bis auf den erst mit dem Lissabon-Vertrag[1] angefügten Abs. 4 findet sich die Vorschrift 1
inhaltlich fast gleich lautend **zunächst** in **Art. 73d EGV** (Maastricht)[2] und seit der Änderung von Amsterdam[3] in Art. 58 EGV. Außer der Anpassung des Bezugs (statt auf Art. 73b bzw. Art. 56 EGV nunmehr auf Art. 63 AEUV) ist eine Modifizierung in Abs. 2 erfolgt, der nicht mehr nur die Vereinbarkeit mit »diesem« Vertrag (dem EG[V]) fordert, sondern mit den »Verträgen«, also auch mit den Vorschriften des EUV sowie nach dem 1.12.2009 in Kraft getretenen Beitrittsabkommen.[4] Zuvor erübrigten sich ausdrückliche Vorbehalte zugunsten nationaler Maßnahmen angesichts der nach Art. 67 Abs. 1, 68 ff. EWGV nur schwachen Kompetenzen auf Gemeinschaftsebene (s. Art. 63 AEUV, Rn. 1 ff.).

B. Verhältnis zu den anderen Vorschriften des 4. Kapitels

Der erste Satzteil von Art. 65 Abs. 1 AEUV zieht eine Grenze zwischen **unionsrechtlicher Gewährleistung** freien Kapital- und Zahlungsverkehrs zwischen Mitgliedstaaten wie gegenüber Drittländern (in Art. 63 AEUV) und dem »Recht« jedes EU-Mitglieds, bestimmte eigene Vorschriften weiter »anzuwenden« und vor allem auch künftig gewisse unerlässliche »Maßnahmen« zu ergreifen. Insoweit bleibt es damit bei **nationaler Zuständigkeit**. »Anwendbar« sind bis auf weiteres auch neben Art. 63, 64 und 65 Abs. 1 AEUV fort geltende mitgliedstaatliche »Beschränkungen« der Niederlassungsfreiheit nach Art. 49, 54 AEUV, die sich auf Art. 51 Abs. 1 oder Art. 52 Abs. 1 AEUV stützen können. Beide in Art. 65 Abs. 2 AEUV in Bezug genommenen Vorschriften enthalten jedoch jeweils in Abs. 2 auch Unionskompetenzen, die den Vorbehalt wieder in unterschiedlicher Art relativieren (s. Rn. 14 ff.). Selbst soweit aber nationale Vorschriften, Maßnahmen und (damit verbundene) »Verfahren« dem Grunde nach gem. Art. 65 Abs. 1 oder 2 AEUV zulässig bleiben, müssen sie zwei zentralen und generellen, wie bei Warenverkehrsbeschränkungen in Art. 36 Satz 2 AEUV[5] explizit normierten **Vorgaben** 2

---

[1] Vom 13.12.2007, ABl. 2008, C 115/1.
[2] Vom 7.2.1992, ABl. 1992, C 191/1.
[3] Vom 2.10.1997, ABl. 1997, C 340/1.
[4] Bislang allein mit Kroatien (v. 5.11.2011, ABl. 2012, L 112/7).
[5] Hier Art. XX GATT nachgebildet; vgl. *Ress/Ukrow*, in: Grabitz/Hilf/Nettesheim, EU, Art. 65 AEUV (Januar 2014), Rn. 69.

des **Unionsrechts** Rechnung tragen, nämlich **Transparenz** und **Nichtdiskriminierung** (Art. 65 Abs. 3 AEUV; s. Rn. 24 ff.).

3   Art. 65 Abs. 4 AEUV knüpft unmittelbar an den Umstand an, dass noch keine Unions-»Maßnahme« nach Art. 64 Abs. 3 AEUV beschlossen worden sind (s. Art. 64 AEUV, Rn. 21 ff.), und gestattet in diesem Fall, allerdings nur für eine spezifische Konstellation, nämlich bei »**steuerlichen**« **Maßnahmen**, eine **Genehmigung nationaler Akte** durch **Kommission** oder **Rat**.

4   Im Unterschied zu Art. 64[6] und 66 AEUV befasst sich Art. 65 AEUV ausschließlich mit Art und Ausmaß der **Zulässigkeit nationaler Maßnahmen**, die sich sowohl auf Kapital- als auch auf Zahlungsverkehr beziehen können, soweit eine konkrete Tatbestandsvariante dem nicht entgegensteht. Indirekt werden auch mitgliedstaatliche Zuständigkeiten im Bereich des Niederlassungsrechts bekräftigt (s. Rn. 2). Insofern ist das Ziel der Vorschrift eine **lückenlose Erfassung** wirtschaftlich eng miteinander verbundener grenzüberschreitender Vorgänge – eine Absicht, die auch zu Beginn von Art. 49 Abs. 2 und in Art. 55 AEUV zum Ausdruck kommt.[7]

C. Zulässige mitgliedstaatliche Maßnahmen

I. Spezifische Zwecke

1. Verhinderung von Zuwiderhandlungen gegen innerstaatliche Rechts- und Verwaltungsvorschriften

5   Die beiden ersten in Art. 65 Abs. 1 Buchst. b AEUV genannten Zwecke waren bereits in Art. 4 Abs. 1 der Richtlinie 88/361/EWG enthalten.[8] Deren Erwägungsgrund 2 besagte hierzu nur, die Mitgliedstaaten müssten »die notwendigen Maßnahmen zur Steuerung der Bankenliquidität treffen können« (insoweit allein beschränkt auf dieses Ziel). Begründungserwägung 8 forderte die Kommission auf, die Frist bis zur Anwendung dieser Richtlinie (d. h. 1.7.1990, Art. 6 Abs. 1) zu nutzen, um Vorschläge zu unterbreiten, »die darauf abzielen, Gefahren von Steuerumgehungen, Steuerflucht und Steuerhinterziehung infolge der Unterschiede bei den nationalen Besteuerungsregeln zu vermindern«; der Rat solle innerhalb der Frist darüber befinden. Vorläuferregelungen zu Art. 65 Abs. 1 Buchst. a AEUV waren in der Richtlinie jedoch ebenso wenig enthalten wie zur 3. Variante von Buchst. b.

6   Nationale Regelungen auf dem Gebiet des (gesamten) **Steuerrechts** (»taxation«)[9] sowie der »**Aufsicht**« über »**Finanzinstitute**«[10] werden als wichtige **Beispiele** genannt, auch andere **mitgliedstaatliche »Rechts«- und »Verwaltungsvorschriften«** werden jedoch von

---

[6] Auf Art. 95, 135 EGV (= Art. 114, 33 AEUV) basiert die Verordnung (EG) Nr. 1889/2005 über die Überwachung von Barmitteln, die in die Gemeinschaft oder aus ihr erbracht werden, ABl. 2005, L 309/9.
[7] Ähnlich *Bröhmer*, in: Calliess/Ruffert, EUV/AEUV, Art. 65 AEUV, Rn. 47 f.
[8] Schon die 1. Liberalisierungsrichtlinie 1960 erfasste das Verhindern von Zuwiderhandlungen und (noch in weiterem Ausmaß als später, Rn. 6 ff.) die Kontrolle der »Art« und der »tatsächlichen Durchführung« von »Geschäften« oder »Transferzahlungen« (Art. 5 Abs. 1).
[9] Zur unionsrechtlichen Definition s. *Kreibohm*, S. 70 ff.; ähnlich § 3 Abs. 1 AO.
[10] Hierher zählen die weithin unionsweit harmonisierten Vorschriften zum Banken-, Zahlungsdienste- und Versicherungsaufsichtsrecht (s. Rn. 7), in Deutschland also KWG, ZAG und VAG je mit Nebengesetzen und Durchführungsvorschriften.

der 1. Variante von Buchst. b erfasst.[11] Der Wortlaut geht damit über außenwirksames Gesetzes- oder Verordnungsrecht hinaus und bezieht weitere (allgemeine) Bestimmungen ein, deren Einhaltung nach nationalem Recht geboten bzw. deren Missachtung mit Sanktionierung bedroht ist. Notwendig ist freilich ein **Bezug** solcher Maßnahmen (Reaktionen) bzw. schon der verletzten Bestimmung zu grenzüberschreitendem Kapital- oder Zahlungsverkehr. Eine präventive Abwehr von »Zuwiderhandlungen« setzt nicht voraus, dass die bevorstehende (Rechts-)Verletzung vorwerfbar ist. Jedoch dienen gerade auch straf- oder ordnungswidrigkeitenrechtliche Vorschriften (wie z. B. § 19 Abs. 3 Nr. 1a AWG,[12] § 81 AWV[13]) nicht nur der (repressiven) Ahndung von Rechtsverstößen, sondern sollen auch, wenn nicht sogar primär durch In Aussicht stellen eines empfindlichen Übels einem inkriminierten Verhalten generell vorbeugen. »**Verhinderungs**«-**Maßnahmen** müssen zwar objektiv geeignet sein, eine Zuwiderhandlung ganz oder teilweise zu verhüten, verlieren diese Zielsetzung[14] aber nicht im Nachhinein dadurch, dass sie im Einzelfall fehlschlagen. Das exemplarisch angeführte Feld der »**prudential supervision**« kann insoweit verallgemeinert werden, als behördliche Zugangs- und laufende Kontrollen typische Präventivmaßnahmen der **Gefahrenabwehr** darstellen.

Für die Ein- und Abgrenzung von »**Finanzinstituten**« (»financial institutions«) kann auf die Begriffsbestimmung zur Nomenklatur im Anhang der Richtlinie 88/361/EWG zurückgegriffen werden (s. Art. 64 AEUV, Rn. 6): Danach werden umfasst diverse »Kreditinstitute« sowie »Versicherungsgesellschaften, Bausparkassen, Kapitalanlagegesellschaften und sonstige Institutionen ähnlicher Art«. Da diese Gliederung »nach der ökonomischen Natur« der Vorgänge erfolgt ist, kommt eine Anknüpfung an die formaljuristischen bereichsspezifischen Definitionen des EU-Banken- bzw. Versicherungsaufsichtsrechts[15] nur ergänzend in Betracht. 7

Variante 1 von Buchst. b erlaubt nur »Maßnahmen«, die zur Verhinderung von Zuwiderhandlungen »**unerlässlich**« (»requisite« bzw. »indispensable«) sind.[16] Damit wird eine höhere Messlatte angelegt als in Variante 3, wo Maßnahmen lediglich »**gerechtfertigt**« (»justified«) sein müssen (s. Rn. 11). Geboten ist also eine strikte Prüfung der **Verhältnismäßigkeit** zwischen Zweck und Mitteln, sowohl dem Grunde als auch der Höhe nach. »Maßnahmen« können rechtsetzender, administrativer oder richterlicher Art sein, auch Instrumente des Strafrechts scheiden nicht von vornherein aus (s. Rn. 6). 8

2. Meldeverfahren (nur) für den Kapitalverkehr für bestimmte Zwecke

Die Erhebung von Informationen für (nationale) **behördliche** (»administrative«) oder (speziell staatlich-)**statistische** Zwecke durch Auferlegung von Melde- bzw. Anzeigepflichten gegenüber Wirtschaftsteilnehmern wäre nur dann eine »unerlässliche« Maßnahme, wenn und soweit das Erlangen der notwendigen Erkenntnisse von Amts we- 9

---

[11] So schon EuGH, Urt. v. 23.2.1995, verb. Rs. C–358/93 u. C–416/93 (Bordessa u. a.), Slg. 1995, I–361, Rn. 21 f.; *Geiger*, S. 227.
[12] Außenwirtschaftsgesetz (AWG) v. 6.6.2013 (BGBl. I 2013 S. 1482).
[13] Außenwirtschaftsverordnung (AWV) v. 2.8.2013 (BGB. I 2013 S. 2865).
[14] Vgl. EuGH, Urt. v. 7.6.2012, Rs. C–39/11 (VBV Vorsorgekasse AG/Finanzmarktaufsichtsbehörde), RIW 2012, 554, Rn. 30 m. w. N.
[15] Etwa Art. 4 Abs. 1 Nr. 1 der VO (EU) Nr. 575/2013; Art. 3 Abs. 1 Nr. 1 RL 2013/36/EU; anders wohl *Ress/Ukrow*, in: Grabitz/Hilf/Nettesheim, EU, Art. 65 AEUV (Januar 2014), Rn. 39.
[16] Zum Verhältnis Anmelde- und Genehmigungspflicht schon EuGH, Urt. v. 23.2.1995, verb. Rs. C–358/93 u. C–416/93 (Bordessa u. a.), Slg. 1995, I–361, Rn. 24 ff.; ferner Urt. v. 13.5.2003, Rs. C–463/00 (Kommission/Spanien), Slg. 2003, I–4581, Rn. 78; ferner *Geiger*, S. 227 f.

gen/durch einseitig-hoheitliche Kontrollinstrumente nicht möglich ist. Erfolgen Zuwiderhandlungen im Rahmen eines »Meldeverfahrens«, kann schon nach Variante 1 von Buchst. b vorgegangen werden (s. Rn. 6). Jedoch geht es bei Variante 2 nicht um die Verhinderung von Fehlverhalten, sondern primär um angemessene Kooperation mit »Besitzern« von für die Erfüllung öffentlicher Aufgaben oder die Gesellschaft insgesamt **nützlichen Informationen**. Diese Zwecke legitimieren dabei den Auskunftspflichtigen entstehende Belastungen jedenfalls dann, wenn die Ausgestaltung der jeweiligen Verfahren nicht ihrerseits ein unnötiges (Handels-)Hemmnis bildet. Auch hängt die Zulässigkeit der Datengewinnung nicht davon ab, dass eine Kostenüberwälzung auf die für das Meldeverfahren zuständige Stelle normiert wird oder tatsächlich in Betracht kommt. Variante 2 erfasst aber lediglich »**Kapital**«-, nicht auch »**Zahlungsverkehr**«; in Bezug auf letzteren könnten nationale Beschränkungen nur auf die Varianten 1 oder 3 gestützt werden.[17]

10 In Fortführung bisherigen Rechts (und gestützt auf § 11 AWG n. F.)[18] enthält die 2013 novellierte **AWV** (s. Rn. 6) drei »**Meldepflichten**« für den Kapital(- und weitere für den Zahlungs)verkehr, nämlich bezüglich Vermögen von Inländern im Aus- und Ausländern im Inland (§§ 64, 65) sowie »Forderungen und Verbindlichkeiten« gegenüber Ausländern (§ 66). Ergänzende Regeln zu Meldefristen, Meldestellen und Einreichungsweg sowie zu Ausnahmen finden sich dort in §§ 71–73; schuldhafte Verstöße stellen eine Ordnungswidrigkeit nach § 81 Abs. 2 Nr. 19 AWV dar, mit einer Bußgeldandrohung bis zu 30.000 Euro (§ 19 Abs. 3 Nr. 1 b, Abs. 6 AWG).

3. Gründe der öffentlichen Ordnung oder öffentlichen Sicherheit

11 Enger als andere Vorbehalte zugunsten mitgliedstaatlicher »Maßnahmen« oder **Beschränkungen** nennt Variante 3 von Buchst. b lediglich zwei Rechtfertigungsgründe, nämlich »öffentliche Ordnung«[19] und »öffentliche Sicherheit«.[20] Diese **Termini des Unionsrechts** finden sich bei allen Grundfreiheiten (etwa auch in Art. 36 Satz 1 oder 45 Abs. 3 AEUV) und weisen in ihrer jeweiligen Bedeutung keine wesentlichen Unterschiede untereinander auf.[21] Im Sinne einer bei Ausnahmevorschriften gebotenen **engen Auslegung**[22] fordert der EuGH hierfür stets, es müsse eine »tatsächliche und hinreichend schwere Gefährdung« vorliegen, die »ein Grundinteresse der Gesellschaft« berühre; zudem werden »rein wirtschaftliche Zwecke« ausgeschlossen.[23] Wenig plausibel ist es

---

[17] Nur im Ergebnis wie hier *Sedlaczek/Züger*, in: Streinz, EUV/AEUV, Art. 65 AEUV, Rn. 36.
[18] Nachfolgeregelung zu § 26 AWG (Fassung 1961); dazu *Just*, in: Hohmann/John, Ausfuhrrecht, 2002, § 26 AWG, Rn. 1 ff.; *Geiger*, S. 229.
[19] Bsp. Gewährleistung der Achtung der Menschenwürde; s. EuGH, Urt. v. 14.10.2004, Rs. C–36/02 (Omega Spielhallen- und Automatenaufstellungs GmbH/Stadt Bonn), Slg. 2004, I–9609, Rn. 31, 33 ff.; nicht: »wirtschaftliche Gründe«, s. EuGH, Urt. v. 14.11.1995, Rs. C–484/93 (Svensson u. Gustavsson/Ministre du Logement et de l'Urbanisme), Slg. 1995, I–3955, Rn. 15; Urt. v. 16.1.2003, Rs. C–388/01 (Kommission/Italien), Slg. 2003, I–721, Rn. 19.
[20] Bsp.: Sicherstellung der Energieversorgung im Krisen-, Kriegs- und Terrorfall, so EuGH, Urt. v. 10.11.2011, Rs. C–212/09 (Kommission/Portugal), Slg. 2011, I–10889, Rn. 82; Urt. v. 14.2.2008, Rs. C–274/06 (Kommission/Spanien), BeckRS 2010, 91823, Rn. 38; allgemein zur »äußeren« Sicherheit EuGH, Urt. v. 13.7.2000, Rs. C–423/98 (Albore), Slg. 2000, I–5965, Rn. 18 f.
[21] Ebenso *Bröhmer*, in: Calliess/Ruffert, EUV/AEUV, Art. 65 AEUV, Rn. 11; *Geiger*, S. 230 f.
[22] Vgl. EuGH, Urt. v. 14.10.2004, Rs. C–36/02 (Omega Spielhallen- und Automatenaufstellungs GmbH/Stadt Bonn), Slg. 2004, I–9609, Rn. 30, Bezug nehmend auf Urt. v. 4.12.1974, Rs. C–41/74 (van Duyn/Home Office), Slg. 1974, 1337, Rn. 18; *Geiger*, S. 230.
[23] Vgl. EuGH, Urt. v. 7.6.2012, Rs. C–39/11 (VBV Vorsorgekasse AG/Finanzmarktaufsichtsbe-

freilich, eine Beeinträchtigung der »öffentlichen Ordnung« zu verneinen, dann aber die Motive einer Regelung als ungeschriebenen Rechtfertigungsgrund (s. Art. 63 AEUV, Rn. 31 ff.) heranzuziehen.[24] Den **Mitgliedstaaten** eröffnet diese Variante zulässiger Beschränkungen ein Mindestmaß an **Beurteilungsspielraum**, ab wann Art und Ausmaß der Störung eine Reaktion erfordern. Die Verhinderung von Zuwiderhandlungen gegen Vorschriften zur Gewährleistung von Ordnung und/oder Sicherheit wird bereits von der ersten Variante (in spezieller Weise) erfasst (s. Rn. 6), so dass nur mehr andere Maßnahmen als Gegenstand der dritten Variante verbleiben. Für diese reicht eine angemessene **sachliche Rechtfertigung** durch einen der beiden Gründe aus, der striktere Maßstab der »Unerlässlichkeit« (s. Rn. 8) wird nicht angelegt.

Das 2013 novellierte deutsche **AWG** (s. Rn. 6) nimmt in § 4 Abs. 1 Nr. 4 direkt auf die »öffentliche Ordnung oder Sicherheit« der Bundesrepublik Deutschland (u. a.) i. S. v. Art. 65 Abs. 1 AEUV Bezug, als Grundlage für die Anordnung (durch Rechtssatz oder Einzelmaßnahme) von Beschränkungen oder Handlungspflichten insbesondere für den **Erwerb von (Anteilen an) inländischen Unternehmen durch »unionsfremde«** Erwerber (§ 5 Abs. 2 Satz 1 AWG). Gefordert wird hierfür nach Satz 2 eine »tatsächliche und hinreichend schwere« Gefährdung, »die ein Grundinteresse der Gesellschaft berührt«.[25] Bereits anlässlich der inhaltsgleichen früheren Regelung (§ 7 Abs. 2 Nr. 6)[26] hatte sich eine heftige Diskussion darüber entsponnen, ob dabei den gemeinschaftsrechtlichen Vorgaben ausreichend genügt worden sei. Durch die Beibehaltung der bisherigen Vorschriften manifestiert der Gesetzgeber, er sei hiervon weiterhin überzeugt.[27] Diese Bewertung kann sich auch auf die (ebenfalls unveränderte) »weiche« Ausgestaltung der Durchführungsregelungen stützen, die eine Unbedenklichkeitsbescheinigung auf Antrag des Erwerbers vorsehen (§§ 58, 61 AWV) und eine Untersagungs- oder andere, weniger gravierende restriktive Anordnungen nur innerhalb eines kurzen Zeitraums erlauben (§§ 59, 62 AWV).[28] **12**

Die Einführung von **Kapitalverkehrskontrollen** durch **Zypern** im März 2013 wurden hingegen seitens der Kommission nicht nur als Maßnahme der »öffentlichen Ordnung« qualifiziert, sondern auch als ungeschriebener »zwingender Grund des Allgemeininteresses« erachtet,[29] bezogen auf die Stabilität der Finanzmärkte und des Bankensystems dieses EU-Mitglieds.[30] **13**

---

hörde), RIW 2012, 554, Rn. 29; s. bereits Urt. v. 30.10.1977, Rs. 30/77 (Regina/Bouchereau), Slg. 1977, 1999, Rn. 35, Rs. C–54/99, Rn. 17; ferner *Geiger*, S. 232 ff.; *Dopsch/Wutscher*, EuZW 2014, 729 (732).

[24] Zweifelnd beim sozialen Wohnungswesen EuGH, Urt. v. 1.10.2009 (Minister voor Wonen, Wijken en Integratie/Woningstichting Sint Servatius), Rs. C–567/07, Rn. 28, dann aber ungeschriebene Rechtfertigung bejahend, a. a. O., Rn. 30 f.

[25] Mit sprachlich direktem Bezug zur EuGH-Judikatur, etwa Urt. v. 30.10.1977, Rs. 30/77 (Regina/Bouchereau), Slg. 1977, 1999, Rn. 35; dazu *Krolop*, EuZW 2008, 40 (43); *Voland*, EuZW 2010, 132 (136).

[26] Vgl. *Lecheler/Gemmelmann*, S. 165 ff.; *Klostermeyer*, Staatliche Übernahmeabwehr und die Kapitalverkehrsfreiheit zu Drittstaaten, 2011, S. 326 ff.; *Preisser*, S. 83 ff.; krit. *Geiger*, S. 243 ff.; *Martini*, DÖV 2008, 314 (317 ff.); *Weller*, ZIP 2008, 857 (861 ff.).

[27] Vgl. BT-Drs. 17/11127 v. 22.10.2012, 21 ff.

[28] Vgl. bereits BT-Drs. 16/10730 v. 30.10.2008, S. 11, 12 ff.,; BT-Drs. 16/11898 v. 11.2.2009, S. 7, 9 f.; *Krolop*, S. 3 ff.

[29] Pressemitteilung der Europäischen Kommission v. 28.3.2013, IP/13/298; Commissions Staff Working Document, 25 f. Zu den griechischen Krisen-Maßnahmen im Sommer 2015 s. Pressemitteilung v. 29.6.2015, STATEMENT/15/5271.

[30] Krit. *Hofmeister/Hofmeister*, ZRP 2012, 196 (198); differenzierend *Dopsch/Wutscher*, EuZW 2014, 729 (731 ff.).

II. Primärrechtlich erlaubte Beschränkungen der Niederlassungsfreiheit

1. Mit Ausübung öffentlicher Gewalt verbundene Tätigkeiten

14 Art. 51 Abs. 1 AEUV respektiert die Souveränität jedes EU-Mitgliedslandes, indem dessen Recht bekräftigt wird, für bestimmte Tätigkeiten den **Anwendungsbereich** der Niederlassungsfreiheit für Staatsangehörige und Gesellschaften aus anderen Mitgliedstaaten dadurch zu verkleinern, dass diese mit der je **eigenen Staatsgewalt** verbunden werden oder bleiben. Insoweit ist die Vorschrift eng mit Art. 345 AEUV verknüpft, da ein derartiger Vorbehalt gerade durch entsprechende Ausgestaltung der Eigentumsordnung (»Verstaatlichung«) ins Werk gesetzt werden kann.[31] Andererseits ist auch »Ausübung öffentlicher Gewalt« ein **Terminus des Unionsrechts** und ist es daher folgerichtig, dass Parlament und Rat im ordentlichen Gesetzgebungsverfahren (Art. 289 Abs. 1, 294 AEUV) zur Konkretisierung der (dann für alle EU-Mitglieder) ausgenommenen Tätigkeiten befugt sind (Art. 51 Abs. 2 AEUV). Insoweit stellt Art. 65 Abs. 2 AEUV einen **Gleichlauf von Kapitalverkehrs- und Niederlassungsfreiheit** sicher,[32] da beide in der Praxis häufig miteinander einhergehen (s. Art. 64 AEUV, Rn. 3, 9); für Beschränkungen beider Grundfreiheiten ist die Schranken-Schranke des Art. 65 Abs. 3 AEUV maßgeblich.

2. Sonderregelungen für Ausländer aus Gründen der öffentlichen Ordnung, Sicherheit oder Gesundheit

15 Bereits in Art. 5 Abs. 3 der 1. Liberalisierungsrichtlinie 1960 (s. Rn. 5) verlautete, Beschränkungen des Kapitalverkehrs, »die sich aus der Regelung der Niederlassung in einem Mitgliedstaat ergeben«, würden durch den Rechtsakt nur insoweit aufgehoben, »als die Mitgliedstaaten in Durchführung der Art. 52 bis 58 des (EWG-)Vertrages verpflichtet sind, die Niederlassungsfreiheit herzustellen«; damit wurde auch auf Art. 56 EWGV, die Vorläuferregelung von Art. 52 AEUV Bezug genommen. Richtlinie 1988/361/EWG (s. Rn. 5) ließ »Niederlassungsgeschäfte« ebenfalls unberührt. Bis dato bleiben daher (jetzt gestützt auf Primärrecht) mitgliedstaatliche »Rechts- und Verwaltungsvorschriften« (s. Rn. 6) in Kraft bzw. können neu erlassen werden, selbst wenn sie dem Diskriminierungsverbot aus Art. 49 (i.V.m. Art. 54) oder Art. 55 AEUV widersprechen, indem sie **Staatsangehörige und Gesellschaften aus anderen EU-Ländern besonders**, d. h. auch schlechter als die eigenen Bürger und Unternehmen **behandeln**. Über Art. 65 Abs. 2 AEUV kommt es allerdings nicht zu einer Erweiterung des relevanten Personenkreises auf Drittstaatsangehörige. Die Ungleichbehandlung durch nationales Recht muss gerechtfertigt sein und darf schon im Rahmen des Art. 52 Abs. 1 AEUV nicht weiter reichen, als der sie jeweils legitimierende Zweck erfordert. Außer »**öffentlicher Ordnung**« und »**öffentlicher Sicherheit**«, die in gleicher Weise auszulegen sind wie in Art. 65 Abs. 1 Buchst. b AEUV (s. Rn. 11), ist als **dritter Grund** die »**öffentliche Gesundheit**« geeignet, staatliche Sonderregelungen zu stützen. Wie bei den beiden anderen handelt es sich auch dabei um einen Begriff des Unionsrechts, der eher sprachlich als inhaltlich von der parallelen Bestimmung für den Warenverkehr (Art. 36 Satz 1 AEUV) abweicht.[33]

---

[31] Art. 345 AEUV allein beinhaltet freilich keine Bereichsausnahme; vgl. Art. 63 AEUV, Rn. 32.
[32] Ähnlich *Bröhmer*, in: Calliess/Ruffert, EUV/AEUV, Art. 65 AEUV, Rn. 47; *Ress/Ukrow*, in: Grabitz/Hilf/Nettesheim, EU, Art. 65 AEUV (Januar 2014), Rn. 63; *Geiger*, S. 141 ff.
[33] So auch EuGH, Urt. v. 26.3.2009, Rs. C–326/07 (Kommission/Italien), Slg. 2009, I–2291,

Anders als bei Art. 51 AEUV ist in Art. 52 Abs. 2 nicht nur ein Recht, sondern eine **16**
Pflicht für Maßnahmen von Unionsorganen (Parlament und Rat) normiert und werden
sowohl Form, nämlich »Richtlinien« gem. Art. 288 Abs. 3 AEUV, als auch generelle
Zielrichtung vorgegeben – »Koordinierung« nationaler Vorschriften, also keine Harmonisierung oder gar Ersetzung durch EU-Recht. Eine spezielle Relevanz der hierauf
gestützten Regelungen[34] für Kapital- oder Zahlungsverkehr besteht freilich nicht.

III. Spezielle Regeln in Bezug auf mitgliedstaatliches Steuerrecht

Wie die Vielzahl der einschlägigen Verfahren vor EU-Gerichten zeigt, hat die Regelung **17**
in Buchst. a von Abs. 1, eine »**tax law exemtion**«, praktisch die weitaus größte Bedeutung. Diese reicht allerdings nur soweit, wie (so bei indirekten Steuern) nicht bereits
Harmonisierungsmaßnahmen nach Art. 113 AEUV[35] oder aufgrund weiterer unionaler
Ermächtigungen (gem. Art. 115 i. V. m. Art. 114 Abs. 2 AEUV) getroffen worden sind,
d. h. in dem »ihnen«, den Mitgliedstaaten verbliebenen Bereich dieser geteilten Kompetenz (Art. 4 Abs. 1 AEUV). Des Weiteren bezieht sich Buchst. a aus dem Kontext
heraus ebenfalls nur auf Sachverhalte mit grenzüberschreitender Relevanz zwischen
Mitgliedstaaten oder im Verhältnis zu Drittländern (s. Art. 63 AEUV, Rn. 21): Der je
unterschiedliche territoriale Anknüpfungspunkt bezweckt oder bewirkt Ungleichbehandlungen zwischen In- und Ausland, gestattet aber zugleich nicht nur, dass Steuerpflichten an Wohnsitz und/oder Ort der Vermögens-Anlage anknüpfen dürfen, sondern
besagt auch bzw. darüber hinaus, dass eine Besteuerung ausländischer bzw. auslandsbezogener Sachverhalte dem Grunde nach unionsrechtlich unbedenklich ist.

Erlass und Anwendung **mitgliedstaatlichen Steuerrechts** müssen gleichwohl neben **18**
den **Vorgaben des Art. 65 Abs. 3** AEUV (s. Rn. 24 ff.) auch weiteren **primärrechtlichen
Bestimmungen** entsprechen. Der EuGH hat bereits vor Inkrafttreten des Art. 73d Abs. 1
Buchst. a EGV die Gemeinschaftsrechtskonformität nationaler Steuervorschriften bejaht, wenn bestimmte Unterscheidungen, insbesondere nach dem Wohnort eines Steuerpflichtigen, »auf **Situationen** angewendet« werden, die »**nicht objektiv vergleichbar**«[36] oder durch »**zwingende Gründe des Allgemeininteresses**, insbesondere die Kohärenz der Steuerregelung, **gerechtfertigt**«[37] sind; nicht jede Steuerregelung, die
zwischen Steuerpflichtigen nach ihrem Wohnort oder nach dem Staat ihrer Kapitalanlage unterscheidet, ist jedoch ohne Weiteres unionsrechtskonform.[38] Im Hinblick auf die

---

Rn. 45; Urt. v. 2. 12. 2010, Rs. C–108/09 (Ker-Optika bt/ÀNTZ), EuZW 2011, 112, Rn. 58 (Gesundheitsschutz); Urt. v. 21. 6. 2012, Rs. C–84/11 (Susisalo u. a.), NJW 2012, 2868, Rn. 27 f., 37; Urt. v. 26. 9. 2013, Rs. C–539/11 (Ottica New Line di Accardi Vincenzo/Comune di Campobello di Mazara), GesR 2013, 689, Rn. 33 ff., Bezug nehmend auf Art. 168 Abs. 1 AEUV und Art. 35 GRC.

[34] Vgl. insbes. »Freizügigkeits«-RL 2004/38/EG, »Koordinierungs«-VO (EG) 883/2004 betr. Systeme der sozialen Sicherheit.

[35] Vgl. *Ress/Ukrow*, in: Grabitz/Hilf/Nettesheim, EU, Art. 65 AEUV (Januar 2014), Rn. 12.

[36] Grundlegend dazu EuGH, Urt. v. 14. 2. 1995, Rs. C–279/93 (FA Köln-Altstadt/Schumacker), Slg. 1995, I–225, Rn. 30 ff.; *Hindelang/Köhler*, JuS 2014, 405 (406). In Bezug auf unbeschränkte und beschränkte Steuerpflicht vgl. EuGH, Urt. v. 4. 9. 2014, Rs. C–211/13 (Kommission/Deutschland), Rn. 51 f.; Urt. v. 24. 2. 2015, Rs. C–559/13 (FA Dortmund-Unna/Grünewald), EuZW 2015, 480, Rn. 24 ff.

[37] Vgl. bereits EuGH, Urt. v. 28. 1. 1992, Rs. C–204/90 (Bachmann/Belgien), Slg. 1992, I–249, Rs. 21 ff.; Rs. C–300/90, Rn. 14 ff.; Urt. v. 4. 9. 2014, Rs. C–211/13 (Kommission/Deutschland), Rn. 55 f.; *Kokott/Ost*, EuZW 2011, 496 (500 ff.).

[38] Vgl. EuGH, Urt. v. 7. 11. 2013, Rs. C–322/11 (K), EWS 2013, 472, Rn. 34; Urt. v. 10. 4. 2014, Rs. C–190/12 (Emerging Markets Series), Rn. 55; *Geiger*, S. 207.

aktuelle Bestimmung zieht der EuGH nunmehr als Begründung zudem[39] die (gebotene) Unterscheidung zwischen einer nach Art. 65 Abs. 1 Buchst. a AEUV erlaubten Ungleichbehandlung und einer nach Art. 65 Abs. 3 AEUV verbotenen willkürlichen Diskriminierung heran.[40] Für **Fälle wirtschaftlicher Doppelbesteuerung** ergebe sich daraus als »allgemeine Regel«, dass Mitgliedstaaten Maßnahmen treffen können, um eine mehrfache Belastung der von einer gebietsansässigen Gesellschaft ausgeschütteten Gewinne zu vermeiden oder abzuschwächen, und dass sich Dividenden beziehende gebietsansässige und gebietsfremde Anteilseigner nicht unbedingt in einer vergleichbaren Situation befinden.[41] Kapitalverkehrsfreiheit verpflichtet keinen Mitgliedstaat dazu, seine Steuervorschriften auf diejenigen eines anderen Mitgliedstaates so abzustimmen, dass in allen Situationen eine Besteuerung gewährleistet ist, die jede sich aus nationalen Steuerregelungen ergebende Ungleichheit beseitigt, da Entscheidungen, die ein Steuerpflichtiger in Bezug auf eine Investition im Ausland trifft, »je nach Falle mehr oder weniger vorteilhaft oder nachteilig für ihn sein können«.[42]

19 Die seit den 90er Jahre rapide anwachsende Judikatur zu unionsrechtlichen Vorgaben und Schranken in Bezug auf einzelstaatliche direkte Steuern bei grenzüberschreitender Tätigkeit muss sich mit komplexen Regelungen befassen, deren grundlegendes Ziel es ist, eine **Verminderung des inländischen Besteuerungssubstrats** durch dessen Transfer in andere Staaten, durch Vermeidung der Anerkennung ausländischer Steuern (Zahlungspflichten) oder dort entstandener Verluste oder durch eine Steuerumgehung zu **verhindern**. In der inzwischen kaum mehr übersehbaren Kasuistik muss je konkret darüber befunden werden, ob berechtigte Ziele mit angemessenen Mitteln umgesetzt worden sind. Daher sind gerade auf diesem Gebiet die meisten »**ungeschriebenen**« Rechtfertigungsgründe vorgetragen und teils auch anerkannt worden. Wird deren Vorliegen bejaht, so ist zugleich jedenfalls das Vorliegen einer »willkürlichen« Diskriminierung ausgeschlossen, regelmäßig aber auch eine »verschleierte« Beschränkung zu verneinen, wenn und weil die Rechtfertigung ein Transparenzelement beinhaltet.

IV. »Ungeschriebene« Rechtfertigungsgründe

20 Trotz (und gerade wegen) der durch die Wertung als **Ausnahme von der Regel** des Art. 63 AEUV (s. Rn. 11) »engen« Auslegung des Art. 65 AEUV (Abs. 1, 2) sind heute

---

[39] Zur Fortführung der traditionellen Maßstäbe EuGH, Urt. v. 10.5.2012, verb. Rs. C–338/11 – C–347/11 (Santander Asset Management SGIIC SA u.a./Directeur des résidents à l'étranger et des services généraux), WM 2012, 1174, Rn. 23, unter Bezug auf Urt. v. 6.6.2000, Rs. C–35/98 (Staatssecretaris van Financiën/Verkoooijen), Slg. 2000, I–4071, Rn. 43; Urt. v. 7.9.2004, Rs. C–319/02 (Manninen), Slg. 2004, I–7477, Rn. 43; Urt. v. 1.12.2011, Rs. C–250/08 (Kommission/Belgien), Slg. 2011, I–12366, Rn. 51.

[40] Vgl. GA *Sharpston*, Schlussanträge zu Rs. C–342/10 (Kommission/Finnland), BeckRS 2012, 81501, Rn. 38; Urt. v. 10.2.2011, verb. Rs. C–436/08 u. C–437/08 (Haribo Lakritzen Hans Riegel BetriebsgmbH u.a./FA Linz), EuZW 2011, 728, Rn. 58; Urt. v. 7.11.2013, Rs. C–322/11 (K), EWS 2013, 472, Rn. 36; Urt. v. 10.5.2012, verb. Rs. C–338/1111 – C–347/11 (Santander Asset Management SGIIC SA u.a./Directeur des résidents à l'étranger et des services généraux), WM 2012, 1174, Rn. 23.

[41] Vgl. GA *Sharpston*, Schlussanträge zu Rs. C–342/10 (Kommission/Finnland), BeckRS 2012, 81501, Rn. 39 ff.; *Hindelang/Köhler*, JuS 2014, 405 (408); ferner Art. 63 AEUV, Rn. 41.

[42] Vgl. EuGH, Urt. v. 28.2.2008, Rs. C–293/06 (Deutsche Shell GmbH/FA für Großunternehmen Hamburg), Slg. 2008, I–1129, Rn. 43; Urt. v. 23.10.2008, Rs. C–157/07 (FA für Körperschaften III Berlin/Krankenheim Ruhesitz am Wannsee-Seniorenheimstatt GmbH), Slg. 2008, I–8061, Rn. 50; Urt. v. 7.11.2013, Rs. C–322/11 (K), EWS 2013, 472, Rn. 80.

eine **Vielzahl weiterer Gründe** prinzipiell anerkannt, bei deren Vorliegen nationale Beschränkungen des Kapital- oder Zahlungsverkehrs gleichwohl mit Unionsrecht vereinbar sein können. Dies entspricht der auch bei anderen Grundfreiheiten und dort schon früher praktizierten **Vorgehensweise**, die letztlich daraus resultiert, dass zunächst sowohl (sachlicher) Anwendungs-/Schutzbereich als auch »Beschränkungen« desselben (s. Art. 63 AEUV, Rn. 27 ff.) jeweils extensiv interpretiert werden, aus der allgemeinen integrationsfreundlichen Zielsetzung heraus, die Verwirklichung eines vollständigen Binnenmarktes voranzutreiben. Die Anerkennung hinreichend gewichtiger »Allgemein(wohl)interessen« als materielle Gegenposition zur **Gewährleistung legitimer nationaler (nicht-wirtschaftlicher) Belange** ist dann eine logische Folge;[43] andererseits zählen hierzu weder wirtschafts- oder währungspolitisch motivierte Restriktionen,[44] und für Zahlungsbilanzfragen enthalten Art. 143, 144 AEUV eine abschließende, vorrangige Regelung.[45] **Prozedural** bleibt es jedoch in Anbetracht des zugrunde liegenden Regel-Ausnahmeverhältnisses bei der Darlegungs- und (materiellen) Beweislast des einzelnen Mitgliedstaats, und die konkrete Abwägung erfolgt nicht durch einen außenstehenden Dritten, sondern durch insoweit nicht gänzlich neutrale EU-Gerichte. Trotz der unabhängigen Stellung dieser Richter und der allgemeinen Aufgabe, die »Wahrung des Rechts« bei der Auslegung und Anwendung der (EU-)Verträge zu sichern (Art. 19 EUV),[46] bleiben wegen dieser institutionellen Vorprägung gerichtlicher Erkenntnisse Zweifel, ob nationale Interessen auf Unionsebene stets angemessene Berücksichtigung finden (können).

Speziell im Hinblick auf Art. 65 Abs. 1 Buchst. a AEUV wird die »Notwendigkeit der Wahrung einer **ausgewogenen Aufteilung der Besteuerungsbefugnis zwischen den Mitgliedstaaten** insbesondere dann anerkannt«, wenn damit »Verhaltensweisen verhindert werden sollen, die geeignet sind, das Recht eines Mitgliedstaats auf Ausübung seiner Steuerhoheit für die in seinem Hoheitsgebiet durchgeführten Tätigkeiten zu gefährden«.[47] Das ebenfalls generell akzeptierte Erfordernis, »**Kohärenz**« zu wahren,[48] setzt zudem einen »unmittelbaren Zusammenhang zwischen dem betreffenden steuerlichen Vorteil und dessen Ausgleich durch eine bestimmte steuerliche Belastung« voraus, die im Hinblick auf das jeweils verfolgte Ziel zu beurteilen ist.[49] Stets bekräftigt wird das

21

---

[43] Ähnlich *Sedlaczek/Züger*, in: Streinz, EUV/AEUV, Art. 65 AEUV, Rn. 31.
[44] *Geiger*, S. 254.
[45] *Herrmann*, Währungshoheit, Währungsverfassung und subjektive Rechte, 2010, S. 374; s. Art. 144 AEUV, Rn. 10.
[46] Vgl. *Arnull*, in: Blanke/Mangiameli, TEU, Art. 19, Rn. 14 f.; *Amler*, S. 68 ff.
[47] Vgl. EuGH, Urt. v. 18. 7. 2007, Rs. C–231/05 (Oy AA), Slg. 2007, I–6373, Rn. 54; Urt. v. 8. 11. 2007, Rs. C–379/05 (Amurta SGPS/Inspecteur van de Belastingsdienst/Amsterdam), Slg. 2007, I–9569, Rn. 58; Urt. v. 19. 6. 2009, Rs. 303/07 (Aberdeen Property Fininvest Alpha Oy), Slg. 2009, I–5145, Rn. 66 f.; Urt. v. 20. 10. 2011, Rs. C–284/09 (Kommission/Deutschland), Slg. 2011, I–9879, Rn. 47, Rn. 77; Urt. v. 10. 5. 2012, verb. Rs. C–338/11 – C–347/11 (Santander Asset Management SGIIC SA u. a./Directeur des résidents à l'étranger et des services généraux), WM 2012, 1174, Rn. 47; Urt. v. 10. 4. 2014, Rs. C–192/12 (Emerging Markets Series), Rn. 98; *Amler*, S. 238 ff.; *Marchgraber*, SWI 2012, 361 (363 ff.); *Geiger*, S. 210 ff.
[48] Vgl. EuGH, Urt. v. 28. 1. 1992, Rs. C–204/90 (Bachmann/Belgien), Slg. 1992, I–249, Rn. 21; Urt. v. 23. 10. 2008, Rs. C–157/07(FA für Körperschaften III Berlin/Krankenheim Ruhesitz am Wannsee-Seniorenheimstatt GmbH), Slg. 2008, I–8061, Rn. 43; *Amler*, S. 221 ff.; *Marchgraber*, SWI 2012, 361 (367 f.); *Geiger*, S. 214 ff.
[49] Vgl. EuGH, Urt. v. 27. 11. 2008, Rs. C–418/07 (Société Papillon/Ministère du Budget, des Comptes publics et de la Fonction publique), Slg. 2008, I–8947, Rn. 44; Urt. v. 19. 6. 2009, Rs. C–303/07 (Aberdeen Property Fininvest Alpha Oy), Slg. 2009, I–5145, Rn. 72; Urt. v. 7. 11. 2013, Rs. C–322/11

berechtigte Interesse an einer Gewährleistung der **Wirksamkeit der steuerlichen Kontrolle** bzw. Aufsicht[50] sowie der **Steuereinziehung**[51].

22 Wird in einem ersten Schritt die objektive Vergleichbarkeit (s. Rn. 18) von grenzüberschreitendem und inländischem Sachverhalt (geprüft und) bejaht, so können auch weitere Rechtfertigungen aus zwingenden Gründen des Allgemeininteresses zum Zuge kommen: der Grundsatz der Territorialität,[52] die Bekämpfung von Steuerhinterziehung[53] oder -flucht[54] sowie von missbräuchlichen Praktiken[55] und auch die Verhinderung einer doppelten Berücksichtigung von Verlusten.[56] Offen gelassen wurde, ob das Ziel der Förderung innerstaatlicher Ausbildung anzuerkennen sei.[57] Eine Legitimation kann aber nicht auf drohende Steuerausfälle bzw. Verringerung der Steuereinnahmen gestützt werden[58], ebenso wenig auf verwaltungstechnische Hindernisse[59]. Stets müssen Maßnahmen verhältnismäßig, insbesondere erforderlich sein.[60]

V. Relevanz des Art. 65 AEUV für Zahlungsverkehrsfreiheit?

23 Die früher bestehende systematische **Trennung zwischen Kapital- und Zahlungsverkehrsfreiheit** (s. Art. 63 AEUV, Rn. 1 ff.) zeigt sich explizit nur noch bei der zweiten Variante von Buchst. b des Art. 65 Abs. 1 AEUV (s. Rn. 9). Zu Beginn dieses (ersten) Absatzes hingegen wird ansonsten von einem **Nebeneinander** beider Freiheiten ausgegangen; daher liegt es auf der Hand, diese Parallele beim Anwendungsbereich auch auf

---

(K), EWS 2013, 472, Rn. 66 (gegeben bei demselben Steuerpflichtigen und derselben Besteuerung, ebd., Rn. 70); *Hindelang/Köhler*, JuS 2014, 405 (407).

[50] Vgl. EuGH, Urt. v. 20.10.2011, Rs. C–284/09 (Kommission/Deutschland), Slg. 2011, I–9879, Rn. 49; Urt. v. 6.6.2013, Rs. C–383/10 (Kommission/Belgien), IStR 2013, 503, Rn. 51 ff. (zu Art. 56 AEUV); GA *Mengozzi*, Schlussanträge zu Rs. C–190/12 (Emerging Markets Series of DFA Investment Trust Company/Dyrektor Izby Skarbowej w Bydgoszczy), Rn. 84 ff.; *Amler*, S. 263 ff.; *Hindelang/Köhler*, JuS 2014, 405 (407); *Geiger*, S. 224 ff.

[51] Vgl. EuGH, Urt. v. 9.10.2014, Rs. C–316/12 (van Caster/FA Essen-Süd), Rn. 46.

[52] Vgl. EuGH, Urt. v. 15.5.1997, Rs. C–250/95 (Futura Participations SA), Slg. 1997, I–2471, Rn. 22; *Ress/Ukrow*, in: Grabitz/Hilf/Nettesheim, EU, Art. 65 AEUV (Januar 2014), Rn. 23; *Amler*, S. 248 ff.

[53] Vgl. EuGH, Urt. v. 28.10.2012, Rs. C–72/09 (Établissements Rimbaud SA), Slg. 2010, I–10659, Rn. 33 ff.; ferner Urt. v. 7.11.2013, Rs. C–322/11 (K), EWS 2013, 472, Rn. 60 (keine allgemeine Vermutung der Steuerhinterziehung bei Immobilienveräußerung mit Verlust).

[54] Vgl. EuGH, Urt. v. 21.1.2010, Rs. C–311/08 (Société de Gestion Industrielle), Slg. 2010, I–487, Rn. 65; s. a. GA *Kokott*, Schlussanträge zu Rs. C–337/08 (X Holding B. V.), Slg. 2010, I–1215, Rn. 71 f.

[55] Vgl. EuGH, Urt. v. 22.12.2012, Rs. C–287/10 (Tankreederei I SA), Slg. 2010, I–4233, Rn. 28; Urt. v. 3.10.2013, Rs. C–282/12 (Itelcar), ECLI:EU:C:2013:629, Rn. 34 f.; ferner *Amler*, S. 250 ff.; *Hindelang/Köhler*, JuS 2014, 405 (407); *Geiger*, S. 220 ff.

[56] Vgl. EuGH, Urt. v. 15.5.2008, Rs. C–414/06 (Lidl Belgium GmbH & Co. KG), Slg. 2008, I–3601, Rn. 42; Urt. v. 24.2.2015, Rs. C–559/13 (Grünewald), EuZW 2015, 480, Rn. 48 f.

[57] Vgl. EuGH, Urt. v. 16.6.2011, Rs. C–10/10 (Kommission/Österreich), Slg. 2011, I–5389, Rn. 38.

[58] Vgl. EuGH, Urt. v. 7.9.2004, Rs. C–319/02 (Manninen), Slg. 2004, I–7477, Rn. 49; Urt. v. 20.10.2011, Rs. C–284/09 (Kommission/Deutschland), Slg. 2011, I–9879, Rn. 83; Urt. v. 10.4.2014, Rs. C–190/21 (Emerging Markets Series), Rn. 102 f.; *Amler*, S. 268; *Hindelang/Köhler*, JuS 2014, 405 (408); *Geiger*, S. 208 f.

[59] Vgl. EuGH, Urt. v. 9.10.2014, Rs. C–326/12 (van Caster/FA Essen-Süd), ECLI:EU:C:2014: 2269, Rn. 54; dort auch zur Möglichkeit grenzüberschreitender Amtshilfe in Steuerangelegenheiten (a.a.O., Rn. 53).

[60] *Hindelang/Köhler*, JuS 2014, 405 (407). Vgl. etwa EuGH, Urt. v. 3.10.2013, Rs. C–282/12 (Itelcar), ECLI:EU:C:2013:629, Rn. 38 ff.; Urt. v. 11.9.2014, Rs. C–489/13 (Verest u. Gerards/Belgischer Staat), ECLI:EU:C:2014:2210, Rn. 29 ff.

das Thema zulässiger **Beschränkungen** zu übertragen und daher insbesondere auf der Basis von Art. 65 Abs. 1 und 2 AEUV mitgliedstaatliche Restriktionen auch des grenzüberschreitenden Zahlungsverkehrs zu erlauben. In der Folge ist für deren nähere Ausgestaltung (in Bezug auf Maßnahmen wie Verfahren, s. Rn. 24) ebenfalls Art. 65 Abs. 3 AEUV maßgeblich.

D. Unionsrechtliche Schranken für mitgliedstaatliche Maßnahmen

I. Missbrauchsverbot

1. Gegenstand des Verbots

Art. 65 Abs. 3 AEUV spricht von in Abs. 1 und 2 genannten »**Maßnahmen**« und »**Verfahren**«. Auch in anderen Sprachfassungen werden allerdings »measures« und (spezielle, s. Rn. 9) »procedures« ausdrücklich nur in Abs. 1 Buchst. b erwähnt, während Buchst. a allein von »Vorschriften« (»provisions«), Abs. 2 von »Beschränkungen (»restrictions«) handelt. Kapitel 4 verwendet aber auch an anderer Stelle, in Art. 64 Abs. 2 und 3, 65 Abs. 4 und 66 AEUV, »Maßnahmen« offenbar als **Oberbegriff**; diese können in Form von Vorschriften ergehen, Beschränkungen enthalten und zudem Verfahrensaspekte betreffen. Daher beziehen sich die Kapital- und Zahlungsverkehrsfreiheit[61] vor missbräuchlicher Verkürzung sichernden **(Schranken-)Schranken** in Abs. 3 auf alle in den vorhergehenden Absätzen behandelten Themen und betreffen auch (ansonsten unionsrechtskonforme) Maßnahmen und Verfahren auf dem Gebiet des Niederlassungsrechts (s. Rn. 14 f.). 24

2. Inhalt der Verbots – Tatbestandsalternativen

Die beiden Tatbestandsalternativen des Missbrauchsverbots haben eine **Parallele** beim Warenverkehr in Art. 36 Satz 2 AEUV und letztlich ihren **Ursprung** im Eingangs(halb)satz des Art. XX **GATT**,[62] für »Dienstleistungen« (gem. Art. I GATS)[63] enthält Art. XIV dieses ebenfalls multilateralen **WTO**-Abkommens eine gleichlautende Bestimmung[64]. Zudem verbietet Art. VIII Abs. 3 des **IWF**-Übereinkommens[65] den Vertragsparteien zumindest »diskriminierende« Währungspraktiken. 25

Das weite Verständnis des »**Beschränkungs**«-Begriffs (s. Rn. 20) schließt wie bei Art. 63 AEUV auch bei Art. 65 Abs. 3 Ungleichbehandlungen mit ein.[66] Art. 65 Abs. 1 Buchst. a AEUV liegt diese umfassende Konzeption ebenfalls zugrunde, und zudem werden dort objektiv feststellbare (örtliche) **Kriterien** angeführt (s. Rn. 17), die eine unterschiedliche steuerliche Behandlung rechtfertigen (können). Eine Kennzeichnung als »**willkürlich**« setzt daher zumindest voraus, dass derartige Merkmale fehlen.[67] Eine 26

---

[61] Ebenso *Bröhmer*, in: Calliess/Ruffert, EUV/AEUV, Art. 65 AEUV, Rn. 49.
[62] Vgl. oben, Rn. 2.
[63] Vom 15.4.1994, ABl. 1994, L 336/190.
[64] Vgl. *Martini*, DÖV 2008, 314 (321).
[65] Vom 1./22.7.1944, aktuelle Fassung unter: https://www.imf.org/external/pubs/ft/aa/pdf.aa.pdf (27.9.2016). Vgl. Art. 63 AEUV, Rn. 38.
[66] Vgl. *Hindelang/Köhler*, JuS 2014, 405 (407).
[67] Vgl. (wenig differenziert) EuGH, Urt. v. 15.7.2004, Rs. C–315/02 (Lenz/Finanzlandesdirektion für Tirol), Slg. 2004, I–7063, Rn. 27, 48; Urt. v. 4.4.2006, Rs. C–386/04 (Centro di Musicologia Walter Stauffer/FA München für Körperschaften), Slg. 2006, I–8203, Rn. 31 f.; Urt. v. 17.1.2008, Rs.

Diskriminierungsabsicht muss aber nicht vorliegen; es reicht aus, wenn das verpönte Mittel aus Sicht eines Dritten nicht aus (konkreten) sachlichen Gründen[68] gewählt wird, so dass die gängige Einordnung als »Missbrauchsverbot«[69] nicht unbedenklich erscheint. Auch »**Verschleierungen**« müssen nicht bewusst erfolgen und können nicht zuletzt eine ungerechtfertigte Ungleichbehandlung verdecken. **Anwendungsbereiche** für diese Alternative finden sich vor allem beim Vollzug von Maßnahmen bzw. bei dabei praktizierten Formalitäten, wenn etwa Anzeige- oder Meldevorschriften bürokratisch und schleppend gehandhabt werden, und/oder bestimmten Personen/Gruppen gegenüber besonders umständlich verfahren wird.[70] Jedenfalls ist eine unterschiedliche Behandlung stets nur dann gerechtfertigt, »wenn sie nicht über das hinausgeht, was zum Erreichen des mit der Regelung verfolgten Ziels erforderlich ist«.[71]

27 Der Vermeidung von mit dem Binnenmarkt unvereinbaren Verzerrungen des Kapitalverkehrs zwischen Mitgliedstaaten dient auch eine Richtlinie[72] in Bezug auf die Besteuerung von Zinserträgen, die zwar auf Art. 94 EGV (= Art. 113 AEUV) gestützt ist, aber explizit die Vorgängerregeln zu Art. 65 Abs. 1 und 3 AEUV heranzieht, um zu begründen, warum nationale Regeln zur Bekämpfung von Missbrauch und Steuerhinterziehung nicht ausreichen und eine Unionsmaßnahme zur Koordinierung insbesondere der steuerlichen Behandlung von Zins(erträg)en erforderlich ist (Erwägungsgründe 3–6 und 10). Das Verbot gem. Art. 65 Abs. 3 AEUV umfasst nicht nur autonome nationale Regelungen, sondern auch in Verträgen mit anderen (Mitglieds- oder Dritt-)Staaten enthaltene Bestimmungen, wie die mit europäischen Kleinstaaten[73] sowie mit Liechtenstein[74] und der Schweiz[75] zur Abrundung der »Zinsrichtlinie« getroffenen Abkommen.

E. Verfahren auf Unionsebene in Steuersachen

28 Wenngleich Art. 64 AEUV weder nationale noch europäische steuerliche Maßnahmen ausdrücklich erwähnt, so sind doch alle vier in Art. 64 Abs. 2 AEUV (und 3) aufgeführten Bereiche des Kapitalverkehrs **mit Steuerfragen eng verknüpft** und werden grenz-

---

C–256/06 (Jäger/Finanzamt Kusel/Landstuhl), Slg. 2008, I–123, Rn. 41 f.; Urt. v. 10.2.2010, Rs. C–25/10 (Missionswerk Werner Heukelbach e.V./État belge), Slg. 2011, 497, Rn. 28 f.; Urt. v. 31.3.2011, Rs. C–450/09 (Schröder/Finanzamt Hameln), Slg. 2011, I–2497, Rn. 35.

[68] *Bröhmer*, in: Calliess/Ruffert, EUV/AEUV, Art. 65 AEUV, Rn. 52.
[69] So *Ress/Ukrow*, in: Grabitz/Hilf/Nettesheim, EU, Art. 65 AEUV (Januar 2014), Rn. 68.
[70] Vgl. GA *Wathelet*, Schlussanträge zu Rs. C–326/12 (van Caster), BeckRS 2013, 82211, Rn. 45 ff.; EuGH, Urt. v. 30.6.2011, Rs. C–262/09 (Meilicke u.a. /Finanzamt Bonn-Innenstadt), Slg. 2011, I–5669, Rn. 40; Urt. v. 27.1.2009, Rs. C–318/07 (Persche/Finanzamt Lüdenscheid), Slg. 2009, I–359, Rn. 72; ferner GA *Jacobs*, verb. Schlussanträge zu Rs. C–443/99 u. Rs. C–143/00 (Merck, Sharp & Dohme GmbH / Paranova Pharmazeutika Handels GmbH u.a.), Slg. 2002, I–3703, Rn. 87 ff. (zum Warenverkehr); ferner *Bröhmer*, in: Calliess/Ruffert, EUV/AEUV, Art. 65 AEUV, Rn. 33; *Ress/Ukrow*, in: Grabitz/Hilf/Nettesheim, EU, Art. 65 AEUV (Januar 2014), Rn. 70.
[71] Vgl. EuGH, Urt. v. 11.9.2008, Rs. C–43/07 (Arens-Sikken/Staatssecretaris van Financien), Slg. 2008, I–6887, Rn. 52 f.; Urt. v. 22.4.2010, Rs. C–510/08 (Mattner/Finanzamt Velbert), Slg. 2010, I–3553, Rn. 34; BFH, DB 2011, 214 (216); *Marchgraber*, SWI 2012, 361 (368 f.); *Sedlaczek/Züger*, in: Streinz, EUV/AEUV, Art. 65 AEUV, Rn. 52.
[72] Vom 3.6.2003 (2003/48/EG), ABl. 2003, L 157/38.
[73] Andorra, 15.11.2004, ABl. 2004, L 359/33; San Marino, 7.12.2004, ABl. 2004, L 381/33; Monaco, 7.12.2004, ABl. 2005, L 19/55.
[74] Vom 7.12.2004, ABl. 2004, L 379/84.
[75] Vom 26.10.2004, ABl. 2004, L 385/30 und L 385/51.

überschreitende Kapitalbewegungen oft auch durch unterschiedliche Besteuerung ausgelöst. Jedoch hat die **EU** in Steuersachen nur **begrenzte Regelungskompetenzen** (Art. 113, 114 Abs. 2 AEUV), wie auch Art. 65 Abs. 1 Buchst. a AEUV zeigt. Treffen also einzelne Mitgliedstaaten (neue) restriktive steuerliche Maßnahmen gegenüber einzelnen Drittländern (s. Art. 64 AEUV, Rn. 21 ff.) und ist ein Vorgehen hiergegen auf Unionsebene »nur« durch den Rat nach Art. 64 Abs. 3 AEUV nicht (sofort) möglich oder unzulässig, kommt es daher nicht ohne weiteres zu einem diesbezüglichen EU-Rechtsakt (und zugleich zu einer Aufhebung der nationalen Maßnahmen). Art. 65 Abs. 4 AEUV bezweckt deshalb, in solchen Fällen immerhin ein **Mindestmaß an Übereinstimmung mit Zielen und Konzeptionen der Union** sicher zu stellen.

Eine Kontrolle nationaler restriktiver steuerlicher Maßnahmen (jeder Art) durch Unionsorgane erfolgt nur, wenn der Mitgliedstaat, der diese trifft, es beantragt.[76] Schließt die **Kommission** nicht binnen drei Monaten nach Antragseingang (»Vorlage«) das Verfahren mit einer (für den Antragsteller positiven oder negativen) Entscheidung (s. Art. 250 Abs. 1 AEUV) ab, geht die Zuständigkeit auf den **Rat** über, wenn ein Mitgliedstaat – nicht zwingend der ursprüngliche Antragsteller – dies begehrt. Ein die Unionsrechtskonformität bejahender Ratsbeschluss kann nur **einstimmig** (s. Art. 238 Abs. 4 AEUV) erfolgen; zeitliche Vorgaben hierfür enthält Art. 65 Abs. 4 AEUV nicht. 29

Der **Maßstab** für die Billigung nationaler steuerlicher Maßnahmen durch Kommission oder Rat ist relativ vage: Zum einen wird gefordert, die Maßnahme müsse durch mindestens ein »Ziel« der Union (Art. 3 EUV)[77] – also nicht durch mehrere oder gar alle – »gerechtfertigt«, zum andern und zusätzlich, sie müsse mit dem »ordnungsgemäßen Funktionieren« des »Binnenmarktes« (Art. 26 AEUV) vereinbar sein.[78] Nur »insofern« ist die Feststellung der Konformität mit EUV bzw. AEUV vorgesehen; weitere Kriterien bleiben damit außer Betracht. Eine Verpflichtung zur Änderung oder Aufhebung der nationalen Regelung kennt Art. 65 Abs. 4 AEUV nicht; diese kann allenfalls als Ergebnis eines Verfahrens vor dem EuGH wegen Vertragsverletzung eintreten (Art. 258, 259 AEUV). 30

---

[76] Zu Recht krit. bezüglich der mehrdeutigen Formulierung *Bröhmer*, in: Calliess/Ruffert, EUV/AEUV, Art. 65 AEUV, Rn. 55; abweichend *Ress/Ukrow*, in: Grabitz/Hilf/Nettesheim, EU, Art. 65 AEUV (Januar 2014), Rn. 76.

[77] Zu deren Dichte und Verbindlichkeit *Sommermann*, in: Blanke/Mangiameli, TEU, Art. 3, Rn. 5 ff.

[78] *Ress/Ukrow*, in: Grabitz/Hilf/Nettesheim, EU, Art. 65 AEUV (Januar 2014), Rn. 79: Keine Beschränkung weiterer Grundfreiheiten.

Artikel 66 AEUV [Kurzfristige Schutzmaßnahmen]

Falls Kapitalbewegungen nach oder aus dritten Ländern unter außergewöhnlichen Umständen das Funktionieren der Wirtschafts- und Währungsunion schwerwiegend stören oder zu stören drohen, kann der Rat auf Vorschlag der Kommission und nach Anhörung der Europäischen Zentralbank gegenüber dritten Ländern Schutzmaßnahmen mit einer Geltungsdauer von höchstens sechs Monaten treffen, wenn diese unbedingt erforderlich sind.

Literaturübersicht

Herrmann, Währungshoheit, Währungsverfassung und subjektive Rechte, 2010; *Hofmeister/Hofmeister*, Rechtmäßigkeit von Kapitalverkehrskontrollen im Falle eines Austritts aus der Eurozone, ZRP 2012, 196; *Klostermeyer*, Staatliche Übernahmeabwehr und die Kapitalverkehrsfreiheit zu Drittstaaten, 2011; *Kolo/Wälde*, Capital Transfer Restrictions under Modern Investment Treaties, in: Reinisch (Hrsg.), Standards of Investment Protection, 2008, S. 205; *Riedel*, Rechtsbeziehungen zwischen dem Internationalen Währungsfonds und der Welthandelsorganisation, 2008.

Leitentscheidungen

EuGH, Urt. v. 3.3.2009, Rs. C–205/06 (Kommission/Österreich), Slg. 2009, I–1301
EuGH, Urt. v. 3.3.2009, Rs. C–249/06 (Kommission/Schweden), Slg. 2009, I–1335
EuGH, Urt. v. 19.11.2009, Rs. C–118/07 (Kommission/Finnland), Slg. 2009, I–10889

Wesentliche sekundärrechtliche Vorschrift

Richtlinie des Rates vom 24.6.1988 zur Durchführung von Artikel 67 des Vertrages (88/361/EWG), ABl. 1988, L 178/5

Inhaltsübersicht

	Rn.
A. Entwicklung	1
B. Allgemeiner Anwendungsbereich	2
C. Voraussetzungen für (Schutz-)Maßnahmen auf Unionsebene	3
D. »Schutzmaßnahmen«	9
E. Zuständigkeiten, Verfahren, Rechtsschutz	13
F. Völkerrechtlicher Rahmen	16

A. Entwicklung

1   Im Hinblick auf die ursprünglich nur schrittweise herzustellende Freiheit des Kapitalverkehrs im Verhältnis zu Drittstaaten nach Art. 70 ff. EWGV (s. Art. 63 AEUV, Rn. 2 f.) sowie die später, 1987[1] bzw. 1993[2] erfolgte Aufnahme des Ziels einer Wirtschafts- und Währungsunion (WWU) in das EU-Primärrecht kam es zu echten **Vorgängerregeln** des heutigen Art. 66 AEUV erst mit Inkrafttreten des **Maastricht-Vertrages**. Freilich enthielt schon Art. 73 EWGV eine in manchen Punkten ähnliche Vorschrift für den Fall von »Kapitalbewegungen«, die »Störungen im Funktionieren des Kapitalmarkts eines Mitgliedstaats zur Folge« haben (s. Art. 63 AEUV, Rn. 5). Diese Vorschrift stand hernach

---

[1] Einheitliche Europäische Akte vom 17./28.2.1986, ABl. 1987, L 169/1, Art. 20 Abs. 1.
[2] Maastricht-Vertrag vom 7.2.1992, ABl. 1992, C 191/1, Art. G (B.4, D.25).

eher Modell für Art. 73g EGV und dann Art. 60 EGV, insbesondere was Zuständigkeiten und Verfahren betrifft. Art. 7 Abs. 2 der 4. Liberalisierungs-Richtlinie[3] sah mit Wirkung ab 1.7.1990, d. h. dem später auch als Start (der ersten Stufe) der WWU bestimmten Datum vor, dass, falls »kurzfristige Kapitalbewegungen großen Umfangs aus oder nach Drittländern die interne oder externe monetäre oder finanzielle Lage der Mitgliedstaaten oder mehrerer von ihnen ernsthaft stören oder schwerwiegende Spannungen in den Wechselkursbeziehungen in der Gemeinschaft oder zwischen der Gemeinschaft und Drittländern verursachen«, die Mitgliedstaaten über »alle Maßnahmen, die gegebenenfalls zur Abhilfe der aufgetretenen Schwierigkeiten zu treffen sind«, im Ausschuss der Präsidenten der Zentralbanken (s. Art. 142 AEUV, Rn. 2) und im Währungsausschuss (s. Art. 142 AEUV, Rn. 20) beraten, entweder auf Initiative der Kommission oder eines Mitgliedslandes.[4] Erstmals im **Primärrecht** normiert wurde die Regelung eines Vorgehens auf Unionsebene in Art. 73 f. EGV, ab 1.1.1994, dem Inkrafttreten der **2. Stufe der WWU**, dann in Art. 59 EGV. 2009 wurde lediglich die Erwähnung der qualifizierten Mehrheit im Rat gestrichen. Im Hinblick auf Art. 16 Abs. 3 AEUV bedeutet dies jedoch keine inhaltliche Änderung.[5]

B. Allgemeiner Anwendungsbereich

Art. 66 AEUV (als Befugnis zur Einschränkung der Grundfreiheit aus Art. 63 Abs. 1 AEUV) gleicht Art. 64 Abs. 2, 3 AEUV insoweit, als beide Regelungen sich zum einen nur auf **Kapitalverkehr** (»movement/s of capital«)[6] beziehen, sodann allein das Verhältnis zu **dritten Staaten** und drittens einzig Maßnahmen auf **Unionsebene** betreffen.[7] Allerdings unterscheiden sich die primärrechtlichen Bestimmungen im Hinblick auf Zuständigkeiten, Verfahren, Voraussetzungen, Art und Dauer der vorgesehenen Maßnahmen. Befristete **Schutzmaßnahmen** (»safeguard measures«) ermöglicht explizit nur Art. 66 AEUV und beschränkt diese auf **wirtschaftliche Gründe**.[8] Soweit dabei (notwendig) ein Rückschritt gegenüber dem aktuellen Stand der Kapitalverkehrs-Liberalisierung erfolgt, könnten solche Maßnahmen in der Sache zwar auch stattdessen auf Art. 64 Abs. 3 AEUV gestützt werden, diese Variante wäre allerdings nur begrenzt, bezogen auf bestimmte Arten von Kapitalbewegungen zulässig (s. Rn. 9; Art. 64 AEUV, Rn. 21 ff.).

2

---

[3] 88/361/EWG v. 24.6.1988, ABl. 1988, L 178/5.
[4] Ähnlich für das Verhältnis zwischen EG-Mitgliedstaaten Art. 3 (Abs. 1) RL 88/361/EWG.
[5] Anders *Bröhmer*, in: Calliess/Ruffert, EUV/AEUV, Art. 66 AEUV, Rn. 7, *Ress/Ukrow*, in: Grabitz/Hilf/Nettesheim, EU, Art. 66 AEUV (Januar 2014), Rn. 17, jedoch ohne Art. 16 Abs. 3 EUV zu beachten. Zur neuen Definition der qualifizierten Mehrheit s. *Edjaharian*, in: Blanke/Mangiameli, TEU, Art. 16 EUV, Rn. 88 ff.
[6] Anders *Bröhmer*, in: Calliess/Ruffert, EUV/AEUV, Art. 66 AEUV, Rn. 2, der übersieht, dass die Divergenz des Normtextes nur in der deutschen Fassung besteht.
[7] Vgl. bereits *Kiemel*, in: GS, EUV/EGV, Art. 59 EGV, Rn. 1, 5.
[8] So schon *Kiemel*, in: GS, EUV/EGV, Art. 59 EGV, Rn. 2.

C. Voraussetzungen für (Schutz-)Maßnahmen auf Unionsebene

3 Schutzmaßnahmen kommen nur beim **kumulativen Vorliegen** von **vier Voraussetzungen** in Betracht: Die Vorschrift (bzw. ihre Vorläuferinnen, s. Rn. 1) greift (1) nur bei Vorliegen »außergewöhnlicher« Umstände[9] ein, ist daher auf **Ausnahmefälle** beschränkt. Die exzeptionelle Lage muss (2) gerade in Bezug zu Kapitalbewegungen nach Drittstaaten[10] (aus dem Gebiet der EU) bzw. aus solchen Ländern in die Union bestehen, diese auslösen oder nach Höhe oder Richtung erheblich beeinflussen. Kapitalex- oder -import muss (3) das Funktionieren der (Wirtschafts- und) Währungsunion – nicht notwendig (auch) der EU als solcher – »schwerwiegend« stören bzw. eine solche gravierende Beeinträchtigung muss zumindest unmittelbar bevorstehen. Schließlich (4) müssen (befristete) Schutzmaßnahmen gegen Drittstaaten zur Verhinderung oder Behebung dieser Störung »unbedingt erforderlich« sein. Im Hinblick auf diese erheblichen Hürden hat Art. 66 AEUV bislang keine praktische Bedeutung erlangt.[11]

4 Anlass der (bereits eingetretenen oder doch akut drohenden) Störung können allein die **EU-Außengrenzen** (s. Rn. 3) **überschreitende Kapitalbewegungen** sein, deren Freiheit auch im Verhältnis zu unionalen »Beschränkungen« (s. Art. 63 AEUV, Rn. 27 ff.)[12] durch Art. 63 Abs. 1 AEUV grundsätzlich verbürgt wird.[13] Hingegen werden Zahlungsverkehrstransaktionen nicht von Art. 66 AEUV erfasst. Ausmaß oder Volatilität der Kapitalflüsse sind zunächst unerheblich, ebenso deren exakte typologische Zuordnung zu einzelnen im Anhang zur Richtlinie 88/361/EWG (s. Rn. 1) aufgelisteten Formen (s. Art. 63 AEUV, Rn. 16 ff.), auch wenn nicht jede derselben gleichermaßen störend wirken dürfte. Die nach draußen oder in das Unionsgebiet fließenden Kapitalströme müssen nicht notwendig der einzige Auslöser der Störung sein, aber zumindest wesentlich zu deren Entstehung oder Vergrößerung (s. Rn. 5) bei(ge)tragen (haben). Die Zahl der dabei involvierten Drittstaaten ist sekundär; auch einzelne externe Länder/Währungen können eine Störung auslösen, der Normtext ist insoweit offen gehalten.

5 Aus diesen Kapitalbewegungen muss nicht nur eine bloße Beeinträchtigung, sondern eine nicht näher charakterisierte **»schwerwiegende« Störung** des ordnungsgemäßen Funktionierens der WWU (s. Rn. 6) resultieren. Das ebenfalls einbezogene »Drohen« kann sowohl gegeben sein, wenn eine bereits vorhandene Störung sich auszuweiten oder zu vertiefen anschickt, als auch dann, wenn eine gravierende negative Abweichung vom Normalzustand unmittelbar bevorsteht. Je größer das wahrscheinliche Ausmaß der Störung, desto eher und umfassender ist **präventives** Handeln angezeigt. Auf die voraussichtliche Dauer der Störung stellt Art. 66 nicht ab; auch und gerade **kurzfristige** (»erratische«) Fluktuationen können rasche Reaktionen rechtfertigen oder gar erzwin-

---

[9] Bsp. bei *Ress/Ukrow*, in: Grabitz/Hilf/Nettesheim, EU, Art. 66 AEUV (Januar 2014), Rn. 15; *Kiemel*, in: GS, EUV/EGV, Art. 59 EGV, Rn. 6.

[10] Diese Gruppe ist im Rahmen der Art. 63 ff. AEUV einheitlich zu verstehen; s. Art. 63 AEUV, Rn. 22 f., Art. 64 AEUV, Rn. 11.

[11] So *Bröhmer*, in: Calliess/Ruffert, EUV/AEUV, Art. 66 AEUV, Rn. 1; *Ress/Ukrow*, in: Grabitz/Hilf/Nettesheim, EU, Art. 66 AEUV (Januar 2014), Rn. 21; *Herrmann*, S. 376.

[12] Zu insoweit spezifischen Zielen (»die Glaubwürdigkeit der einheitlichen Gemeinschaftswährung auf den Weltfinanzmärkten und die Aufrechterhaltung der Finanzzentren von weltweiter Bedeutung in den Mitgliedstaaten sicherzustellen«) s. EuGH, Urt. v. 18.12.2007, Rs. C–101/05 (Skatteverket/A), Slg. 2007, I–11531, Rn. 31, anknüpfend an GA *Bot*, Schlussanträge zu Rs. C–101/05 (Skatteverket/A), Slg. 2007, I–11531, Rn. 77.

[13] *Hofmeister/Hofmeister*, ZRP 2012, 196 (198 f.).

gen.¹⁴ Anlass für eine abzuwehrende Beeinträchtigung müssen nicht zwingend oder primär wirtschaftliche, sondern können auch nicht-wirtschaftliche (politische) Gründe im Unionsgebiet wie außerhalb desselben sein.

Eine Gefahr für das (anders als in Art. 136 Abs. 1 AEUV nicht näher präzisierte) »**Funktionieren**«¹⁵ **der WWU** bezieht sich auf deren allgemeine Konzeption und Struktur (Art. 3 Abs. 4 EUV, 119 Abs. 1, 2 AEUV). Negative Auswirkungen brauchen daher nicht notwendig bei allen oder auch nur einzelnen Teilnehmern des Eurosystems einzutreten oder zu gewärtigen sein, und sind auch relevant, wenn sie Mitgliedstaaten (noch) mit Ausnahmeregelung (Art. 139 Abs. 1 AEUV) betreffen. Im einen wie im andern Fall bezieht sich das »Funktionieren« nicht auf die Lage in der Gesamtheit der WWU- bzw. sonstigen Unions-Mitglieder oder doch mehrerer von ihnen; vielmehr reicht eine kritische Situation in einem **einzigen Land** aus, wenn und soweit ein »Überschwappen« auf andere und damit ein Ansteckungseffekt droht. Maßstab für das »normale« bzw. »ordnungsgemäße« Funktionieren der WWU¹⁶ ist vor allem das Erreichen und Einhalten der **Konvergenzkriterien** (Art. 140 Abs. 1 AEUV), aber darüber hinaus und generell die Beachtung der für alle Unionsländer geltenden **Grundsätze** des Art. 119 AEUV (Abs. 3).¹⁷

6

Beeinträchtigungen des Funktionierens der WWU müssen nicht stets oder auch nur regelmäßig beide Aspekte – Koordinierung der Wirtschafts- und Fiskalpolitik einer-, einheitliche Geld- und Wechselkurspolitik der Euro-Länder bzw. Währungspolitik der Mitgliedstaaten mit Ausnahmeregelung andererseits – gemeinsam betreffen. Art. 66 AEUV behandelt allerdings (im Einklang mit der generellen Unterscheidung im Primärrecht, etwa auch in Art. 215 AEUV) **EU-Länder**, deren Währung (noch) nicht der Euro ist, **nicht als »Drittstaaten«** (s. Rn. 3). Gegenüber störenden Kapitalbewegungen in diesem besonderen Binnen-Verhältnis kommen daher **Abwehr- oder Korrekturmaßnahmen** auf Unionsebene nur über Art. 143 oder Art. 144 AEUV in Betracht.¹⁸

7

»**Erforderlichkeit**« des Schutzes wird vorausgesetzt sowohl für das »Ob« von Gegenmaßnahmen als auch für das »Wie« (Art, Adressat, Umfang) und das »Wie lange«. Nur das letzte, **zeitliche Element** wird konkretisiert, indem Art. 66 AEUV eine Höchstdauer von 6 Monaten¹⁹ ab Wirksamwerden der Maßnahme festlegt. Die zusätzliche Kenn-

8

---

¹⁴ *Klostermeyer*, S. 254. Die Vorschrift ist nicht wie früher auf »kurzfristige« Bewegungen beschränkt, Maßnahmen sollen aber »sofort anwendbar« sein; s. EuGH, Urt. v. 3.3.2009, Rs. C–249/06 (Kommission/Schweden), Slg. 2009, I–1335, Rn. 36 f.; Urt. v. 19.11.2009, Rs. C–118/07 (Kommission/Finnland), Slg. 2009, I–10889, Rn. 30 f.; ferner Urt. v. 3.3.2009, Rs. C–205/06 (Kommission/Österreich), Slg. 2009, I–1301, Rn. 41 f. (Klausel, »die regionalen Organisationen bestimmte Zuständigkeiten vorbehalten soll und es somit ermöglichen soll, etwaig vom Rat erlassene Maßnahmen zur Beschränkung des Kapital- und Zahlungsverkehrs anzuwenden«, ist grundsätzlich geeignet, Unvereinbarkeit zu beheben); vertiefend GA *Sharpston*, Schlussanträge zu Rs. C–118/07 (Kommission/Finnland), Slg. 2009, I–10889, Rn. 32 ff.
¹⁵ Ähnlich *Bröhmer*, in: Calliess/Ruffert, EUV/AEUV, Art. 66 AEUV, Rn. 6.
¹⁶ S. (im Hinblick auf den Binnenmarkt) z. B. Art. 65 Abs. 4 AEUV; dazu Art. 65 AEUV, Rn. 26 ff.
¹⁷ Vgl. *Herrmann*, S. 375; ähnlich *Ress/Ukrow*, in: Grabitz/Hilf/Nettesheim, EU, Art. 66 AEUV (Januar 2014), Rn. 10, 12.
¹⁸ *Bröhmer*, in: Calliess/Ruffert, EUV/AEUV, Art. 66 AEUV, Rn. 4.
¹⁹ Der Zeitraum knüpft offensichtlich an Art. 3 Abs. 4 RL 1988/361/EWG an (*Kiemel*, in: GS, EUV/EGV, Art. 59 EGV, Rn. 10); für das Verhältnis zu Drittstaaten enthielt der Rechtsakt in Art. 7 jedoch keine parallele Vorgabe. Als Argument für die Unzulässigkeit von »Transferklauseln« in (herkömmlichen) bilateralen Investitionsschutzabkommen herangezogen von GA *Maduro*, Schlussanträge zu Rs. C–205/06, Slg. 2009, I–1301, Rn. 4, 52, wonach es »schwer vorstellbar« sei, dass Maßnahmen nach Art. 64 Abs. 2 oder 66 »innerhalb dieser Frist erlassen und gegen die Länder verhängt werden können, die Vertragspartner Österreichs und Schwedens sind«.

zeichnung als »unbedingt« notwendig bezieht sich auf alle drei genannten Aspekte und bekräftigt, dass ein Einschreiten aufgrund von Art. 66 AEUV nur als letzter Ausweg (»**ultima ratio**«) gemeint und zu verstehen ist.[20]

D. »Schutzmaßnahmen«

9   Unions-Maßnahmen nach Art. 66 AEUV richten sich gegen störende Kapitalbewegungen und greifen dabei in die in Art. 63 AEUV gewährleistete Grundfreiheit ein.[21] Hierdurch veranlasste **Beschränkungen können** dabei nicht nur den **Kapitalverkehr** betreffen, sondern auch den **Zahlungsverkehr** (s. Rn. 10),[22] jedoch im Hinblick auf Stellung und Kontext der Vorschrift nicht auch Tätigkeiten, die durch andere Grundfreiheiten gewährleistet sind. Art. 66 AEUV berechtigt (anders als Art. 65 Abs. 1, 2 AEUV) ausschließlich **EU-Organe** zum Handeln. Insoweit liegt eine gewisse Überschneidung mit Art. 64 Abs. 2 und 3 AEUV vor (s. Rn. 2). Jedoch überwiegen die Unterschiede zwischen den Vorschriften bei weitem: Art. 64 AEUV erlaubt auch in Abs. 3 nicht nur temporäre Maßnahmen und stellt für deren Erlass nicht (wie Art. 66 AEUV, Rn. 3ff.) weitere materielle Voraussetzungen auf.

10   Die vorgesehenen »**Schutzmaßnahmen**« werden außer durch den ersten Wortbestandteil nicht weiter nach Art, Form oder Inhalt präzisiert. Auch ist nicht eindeutig normiert, wem der Schutz zu Gute kommen soll, insbesondere ob sich dieser auf allein oder besonders bedrohte einzelne EU-Staaten beschränken darf oder sogar muss – ob deren Währung nun bereits der Euro ist oder (noch) nicht. Letztlich bestimmt sich dies nach der **konkreten schwerwiegenden Beeinträchtigung** (s. Rn. 5). Im Hinblick auf Gegenstand und Zweck des Schutzes kommt eine **umfassende Suspendierung** von Wirtschaftsbeziehungen anders als bei Art. 215 im Verhältnis zu einem oder mehreren störenden Drittländern **nicht** in Betracht; Maßnahmen dürfen sich auch **nicht** – im Unterschied zu Art. 75 oder 215 AEUV – **direkt gegen einzelne Personen, Unternehmen oder nicht-staatliche Einheiten** richten. Mittelbar dienen Ver- bzw. Gebote,[23] Genehmigungserfordernisse oder indirekte Steuerungsinstrumente aber ebenfalls dazu, auf das Finanzgebaren einzelner (meist privater) gebietsansässiger oder -fremder Wirtschaftsteilnehmer mit dem Ziel einer Verhaltensänderung einzuwirken, so dass diese durchaus **unmittelbar und individuell betroffen** sein können.

11   Art. 66 AEUV enthält eine **Ermächtigung**, keine Verpflichtung zum Handeln. Soweit der Erlass von Maßnahmen gegen störenden Kapitalex- oder -import zugleich güter- oder leistungswirtschaftliche Tätigkeiten von Einzelpersonen oder Unternehmen betrifft und erschwert, sind zwar auch und primär andere Grundfreiheiten, wie Warenverkehrs- oder Dienstleistungsfreiheit, bzw. (wirtschaftliche) Grundrechte betroffen. Insoweit greift ebenfalls die strikte Voraussetzung, dass nur »unbedingt erforderliche« Maßnahmen in Art. 66 AEUV eine tragfähige Rechtsgrundlage finden.[24] Daher ist die

---

[20] *Herrmann*, S. 375; *Klostermeyer*, S. 255; *Ress/Ukrow*, in: Grabitz/Hilf/Nettesheim, EU, Art. 66 AEUV (Januar 2014), Rn. 13; *Kiemel*, in: GS, EUV/EGV, Art. 59 EGV, Rn. 8.
[21] *Bröhmer*, in: Calliess/Ruffert, EUV/AEUV, Art. 66 AEUV, Rn. 3.
[22] *Ress/Ukrow*, in: Grabitz/Hilf/Nettesheim, EU, Art. 66 AEUV (Januar 2014), Rn. 5, wobei nicht ganz klar ist, ob dies auch schon den Tatbestand der Vorschrift betreffen soll; enger wohl *Kiemel*, in: GS, EUV/EGV, Art. 59 EGV, Rn. 9.
[23] Wie das bis 2001 in § 6a AWG a. F. geregelte Bardepot; s. *Herrmann*, S. 376.
[24] Ähnlich *Ress/Ukrow*, in: Grabitz/Hilf/Nettesheim, EU, Art. 66 AEUV (Januar 2014), Rn. 19.

Befristung (s. Rn. 8) zwar nicht absolut, weil sie **mehrmalige**, aufeinander folgende Maßnahmen nicht verhindert; jedoch müssen vor jeder weiteren zunächst erneut alle Voraussetzungen geprüft und bejaht werden.[25]

Die Notwendigkeit der **Eignung** einer Schutzmaßnahme zur Störungsabwehr oder 12
-minderung ist ebenfalls Teil des »unbedingt Erforderlichen«. Ob die gewünschte Wirkung tatsächlich bei dem/den Adressaten eintritt, ist nicht maßgeblich; ist das der Fall, drängt sich jedoch eine vorzeitige Aufhebung des Rechtsakts (s. Rn. 14) auf. Allerdings erlaubt Art. 66 AEUV nur (gezielte) Maßnahmen gegen den oder die störenden (Dritt-) Staaten, gebietet also **selektives Vorgehen**.[26]

E. Zuständigkeiten, Verfahren, Rechtsschutz

Über Art, Inhalt, Ziel und Adressaten von Schutzmaßnahmen wird im **Zusammenwirken** von **Kommission, Rat und Europäischer Zentralbank** (EZB) entschieden. Für die 13
EZB handelt primär deren Rat, da hierbei (zunächst) keine Durchführungsmaßnahme vorliegt – und wenn/soweit er keine Befugnisübertragung an das Direktorium der EZB vorgenommen hat (s. Art. 12.1 UAbs. 1 Satz 3, 5 ESZB-Satzung). Die **EZB** ist zum Kommissionsvorschlag nur **anzuhören**, im Hinblick auf ihren Sachverstand und ihre spezifische allgemeine Kompetenz für Währungspolitik (Art. 127 AEUV).[27] Die Zuständigkeitsverteilung zwischen den Organen ähnelt der bei Art. 219 AEUV, allerdings stehen bei Art. 66 AEUV nicht Fragen der Wechselkurspolitik im Vordergrund: Der **Rat der Union** – in der regulären Zusammensetzung, d. h. einschließlich der Vertreter der Mitgliedstaaten mit Ausnahmeregelung[28] – darf (wie auch sonst, Art. 17 Abs. 2 EUV)[29] nur auf der Basis einer Vorlage der **Kommission** handeln; es gilt Art. 293 AEUV.[30] Weitere Organe, etwa das Europäische Parlament (wie bei Art. 219 Abs. 1 AEUV), oder sonstige Einrichtungen der EU wirken nicht mit, ebenso wenig (i.d.R.) Direktorium oder Erweiterter Rat der EZB oder einzelne oder alle Mitgliedstaaten der Union. Einzige Ausnahme ist die in Art. 134 Abs. 2, 3. Gedstr. AEUV vorgesehene (interne) Beteiligung des **Wirtschafts- und Finanzausschusses** an den Arbeiten des Rates.

Schutzmaßnahmen richten sich gegen störendes Verhalten von an Kapitalbewegungen beteiligten Personen, d. h. zwar formal gegen »dritte Länder« (s. Rn. 3), in der Sache 14
aber je nach Richtung der unerwünschten Kapitalflüsse auch gegen dort – bzw. im Unionsgebiet – ansässige (private) Unternehmen. Anders als Art. 75 oder 215 AEUV verdeutlicht Art. 66 AEUV dies jedoch nicht explizit. **Bezweckt** wird die Verhinderung oder Korrektur der Beeinträchtigung. Die getroffenen Maßnahmen müssen daher gegenüber den jeweiligen Adressaten **rechtsverbindlich** sein, so dass für solche Maßnahmen die Formen der **Verordnung** (Art. 288 Abs. 2 AEUV), aber auch des **Beschlusses**

---

[25] Es geht also um eine zweite oder dritte Maßnahme, nicht um eine Verlängerung; ebenso *Bröhmer*, in: Calliess/Ruffert, EUV/AEUV, Art. 66 AEUV, Rn. 7; *Ress/Ukrow*, in: Grabitz/Hilf/Nettesheim, EU, Art. 66 AEUV (Januar 2014), Rn. 18.
[26] Dass die Vorschrift keine Basis für »reziprozitätssichernde Maßnahmen« bilde (so *Klostermeyer*, S. 255), ist zu unbestimmt und jedenfalls nicht uneingeschränkt zutreffend.
[27] Vgl. *Kiemel*, in: GS, EUV/EGV, Art. 59 EGV, Rn. 11.
[28] *Ress/Ukrow*, in: Grabitz/Hilf/Nettesheim, EU, Art. 66 AEUV (Januar 2014), Rn. 20.
[29] Vgl. *Gianfrancesco*, in: Blanke/Mangiameli, TEU, Art. 17 EUV, Rn. 58 ff.
[30] Notwendig ist weiterhin nach Art. 16 Abs. 3 AEUV qualifizierte Mehrheit; anders aber *Bröhmer*, in: Calliess/Ruffert, EUV/AEUV, Art. 66 AEUV, Rn. 7.

(Art. 288 Abs. 4 AEUV) nahe liegen; für das Verhältnis beider Rechtsakte gilt Art. 296 Abs. 1 AEUV, für die notwendige Begründung Art. 296 Abs. 2 AEUV, für Veröffentlichung und Inkrafttreten Art. 297 Abs. 2 AEUV.

15 **Rechtsschutz** für unmittelbar und individuell betroffene (natürliche oder juristische) Personen (s. Rn. 10) besteht nach Maßgabe von Art. 263 Abs. 3 AEUV. Sowohl Kommission als auch Rat kommt jedoch angesichts der diversen »offenen« Termini des Art. 66 AEUV ein weitreichender **Prognose-, Beurteilungs- und Ermessensspielraum** zu.[31] Trotz ihrer Sachkunde hat hierbei die Auffassung der EZB kein besonderes Gewicht, da (auch wirtschafts- oder währungs)politische Umstände von Kommission oder Rat anders eingeschätzt werden können und dürfen; eine Meinungsdivergenz zwischen den beteiligten Organen könnte allerdings ein Indiz für einen Verstoß gegen Art. 66 AEUV sein.[32]

F. Völkerrechtlicher Rahmen

16 Als Nichtmitglied unterliegt die EU keinen direkten Bindungen aus dem **IWF**-Übereinkommen.[33] Im Hinblick auf Art. 3 Abs. 5 EUV[34] und Art. 219 AEUV ist jedoch eine Kooperation mit den zuständigen Fondsorganen und inhaltlich eine Ausrichtung von Schutzmaßnahmen an Art. VI Abs. 3, VIII Abs. 2 und XIV Abs. 2 des Übereinkommens geboten (s. Art. 63 AEUV, Rn. 38). Bezüglich mit Waren- oder Dienstleistungsverkehr verknüpfter Zahlungen sind EU-Organe gehalten, mitgliedschaftliche Verpflichtungen aus der **WTO**-Zugehörigkeit einzuhalten (Art. XVI Abs. 4 i. V. m. Art. XI Abs. 1 WTO-Übereinkommen),[35] wie sie sich aus Art. XV GATT[36] und Art. XI, XII GATS[37] (als »multilateralen« WTO-Abkommen) sowie dem zu letzterem gehörenden (5.) Protokoll über Finanzdienstleistungen[38] ergeben. Keine strikt rechtsverbindlichen Vorgaben ergeben sich aus den beiden einschlägigen **OEEC/OECD**-Kodizes,[39] zumal die EU über die Kommission an der Arbeit der dort eingerichteten Ausschüsse lediglich teilnimmt (s. Art. 220 Abs. 1 AEUV). Da die jeweils in Art. 7 der Kodizes normierten »Abweichungsklauseln« sich nur teilweise mit Art. 66 AEUV decken, ist gegenüber OECD-Mitgliedstaaten, die nicht der EU angehören, zumindest ein Bemühen geschuldet, hinter den erreichten Liberalisierungsstand nur so wenig und kurz wie möglich zurückzufallen.

17 Gegenüber den drei Nicht-EU-Mitgliedern des **Europäischen Wirtschaftsraums** (»EFTA-Staaten«: Island, Liechtenstein, Norwegen) trifft Art. 40 EWR-Abkommen[40]

---

[31] Vgl. *Ress/Ukrow*, in: Grabitz/Hilf/Nettesheim, EU, Art. 66 AEUV (Januar 2014), Rn. 15; *Herrmann*, S. 376.
[32] Ähnlich *Bröhmer*, in: Calliess/Ruffert, EUV/AEUV, Art. 66 AEUV, Rn. 7; *Ress/Ukrow*, in: Grabitz/Hilf/Nettesheim, EU, Art. 66 AEUV (Januar 2014), Rn. 18.
[33] BGBl. II 1978, 15; zur bisher letzten (7.) Änderung s. BT-Drs. 17/8839 v. 5.3.2012.
[34] *Dazu Sommermann*, in: Blanke/Mangiameli, TEU, Art. 3 EUV, Rn. 51 f.
[35] Vom 15.4.1994, ABl. 1994, L 336/3.
[36] Vgl. *Riedel*, S. 172 ff.; *Kolo/Wälde*, S. 212.
[37] Vgl. *Riedel*, S. 176 f.
[38] Zur Genehmigung seitens der EU s. Ratsbeschluss v. 14.12.1998 (1999/61/EG), ABl. 1999, L 20/38; Text des Protokolls als Anhang.
[39] OECD Code of Liberalisation of Capital Movements, 2013; (OECD) Code of Liberalisation of Current Invisible Operations, 2013; verfügbar unter: https://www.oecd.org/pensions/private-pensions/InvisibleOperations_WebEnglish.pdf (27.9.2016); dazu *Kolo/Wälde*, S. 209 f.; *Kiemel*, in: GS, EUV/EGV, Art. 59 EGV, Rn. 15.
[40] Vom 2.5.1992, BGBl. II 1993, 267; zur Parallelität zu Art. 63 AEUV s. EuGH, Urt. v. 1.12.2011, Rs. C–250/08 (Kommission/Belgien), IStR 2012, 67, Rn. 83, m. w. N.

i.V.m. Anhang XII eine Sonderregelung: Bis auf weiteres gilt insoweit die Richtlinie 88/361/EWG (s. Rn. 1) mit Anpassungen auch bezüglich des Art. 3 fort, d.h. bezogen auf Schutzmaßnahmen gegenüber »kurzfristige[n] Kapitalbewegungen von außergewöhnlichem Umfang, die starke Spannungen auf den Devisenmärkten hervorrufen und die die Durchführung der Geld- und Devisenpolitik eines Mitgliedstaats ernstlich stören, insbesondere mit der Folge beträchtlicher Veränderungen der binnenwirtschaftlichen Liquidität«. Insoweit gelten die gleichen Mitteilungs- und Konsultationspflichten (nach Art. 45 des Abkommens) wie bei »erlaubten Schutzmaßnahmen« nach Art. 43[41] und auch parallele Verfahrensregelungen (nach Protokoll 18 zum EWR-Abkommen[42] sowie dessen Art. 44).

---

[41] Vgl. EFTA-Gerichtshof, Urt. v. 14.12.2011, Rs. E–3/–11 (Sigmarsson/Zentralbank Islands), ABl. 2012, C 291/15.
[42] BGBl. II 1993 S. 402.

Titel V
Der Raum der Freiheit, der Sicherheit und des Rechts

Kapitel I
Allgemeine Bestimmungen

Artikel 67 AEUV [Raum der Freiheit, der Sicherheit und des Rechts]

(1) Die Union bildet einen Raum der Freiheit, der Sicherheit und des Rechts, in dem die Grundrechte und die verschiedenen Rechtsordnungen und -traditionen der Mitgliedstaaten geachtet werden.

(2) [1]Sie stellt sicher, dass Personen an den Binnengrenzen nicht kontrolliert werden, und entwickelt eine gemeinsame Politik in den Bereichen Asyl, Einwanderung und Kontrollen an den Außengrenzen, die sich auf die Solidarität der Mitgliedstaaten gründet und gegenüber Drittstaatsangehörigen angemessen ist. [2]Für die Zwecke dieses Titels werden Staatenlose den Drittstaatsangehörigen gleich-gestellt.

(3) Die Union wirkt darauf hin, durch Maßnahmen zur Verhütung und Bekämpfung von Kriminalität sowie von Rassismus und Fremdenfeindlichkeit, zur Koordinierung und Zusammenarbeit von Polizeibehörden und Organen der Strafrechtspflege und den anderen zuständigen Behörden sowie durch die gegenseitige Anerkennung strafrechtlicher Entscheidungen und erforderlichenfalls durch die Angleichung der strafrechtlichen Rechtsvorschriften ein hohes Maß an Sicherheit zu gewährleisten.

(4) Die Union erleichtert den Zugang zum Recht, insbesondere durch den Grundsatz der gegenseitigen Anerkennung gerichtlicher und außergerichtlicher Entscheidungen in Zivilsachen.

Literaturübersicht

Azoulai/de Vries (eds.), EU Migration Law. Legal Complexities and Political Rationales, 2014; *Baldaccini/Guild/Toner* (eds.), Whose Freedom, Security and Justice? EU Immigration and Asylum Law and Policy, 2007; *Baker/Harding*, From past imperfect to future perfect? A Longitudinal Study of the Third Pillar, E.L.Rev. 34 (2009), 25; *Bast*, Aufenthaltsrecht und Migrationssteuerung, 2011; *ders.*, Illegaler Aufenthalt und europarechtlicher Gesetzgebung, ZAR 2012, 1; *Battjes*, European Asylum Law and International Law, 2006; *Bieber/Monar* (eds.), Justice and Home Affairs in the European Union, 1995; *Böse*, Der Grundsatz der gegenseitigen Anerkennung unter dem Vertrag von Lissabon, in: Ambos (Hrsg.), Europäisches Strafrecht post-Lissabon, 2011, S. 45; *ders.*, Konturen und Perspektiven der strafjustiziellen Zusammenarbeit, in: Leible/Terhechte (Hrsg.), Europäisches Rechtsschutz- und Verfahrensrecht, 2014, S. 1357 ff.; *Böse* (Hrsg.), Europäisches Strafrecht – mit polizeilicher Zusammenarbeit, 2013; *Braum*, Das Prinzip der gegenseitigen Anerkennung – Historische Grundlagen und Perspektiven europäischer Strafrechtsentwicklung, GA 2005, 681; *Brummund*, Kohärenter Grundrechtsschutz im Raum der Freiheit, der Sicherheit und des Rechts, 2011; *Cullen/Gilmore* (eds.), Crime sans Frontières, 1998; *de Zwaan/Goudappel* (eds.), Freedom, Security and Justice in the EU – Implementation of the Hague Programme 2004, 2006; *Dittrich*, der Schutz der Unionsbürger durch die justitielle Zusammenarbeit, in: Müller-Graff (Hrsg.), Europäische Zusammenarbeit in den Bereichen Justiz und Inneres, 1996, S. 101; *Eckes/Konstadinidis* (eds.), Crime within the Area of Freedom, Security and Justice, A European Public Order, 2011, S. 85; *Fastenrath/Skerka*, Sicherheit im Schengenraum nach dem Wegfall der Grenzkontrollen, ZEuS 2009, 219; *Fijnaut/Ouwerkerk* (eds.), The Future of Police and Judicial Cooperation in the European Union, 2010; *H. G. Fischer*, Justiz und innere Sicherheit im EU-Recht. Die EU als Raum der Freiheit, der Sicherheit und des Rechts, 2014; *K. H. Fischer*, Der Vertrag von Lissabon, 2008; *Fröhlich*, Das Asylrecht im Rahmen des Unionsrechts.

2011; *Gebauer/Wiedmann* (Hrsg.), Zivilrecht unter europäischem Einfluss, 2. Aufl., 2010; *Gleß*, Zum Prinzip der gegenseitigen Anerkennung, ZStW 116 (2004), 353; *Griebenow*, Demokratie- und Rechtsstaatsdefizite in Europa: Die europäische Zusammenarbeit im Bereich Inneres und Justiz, 2004; *Groß*, Migrationsrelevante Freiheitsrechte der EU-Grundrechtecharta, ZAR 2013, 106; *Guild/Carrera/Eggenschwiler* (eds.), The Area of Freedom, Security and Justice ten years on: Successes and future challenges under the Stockholm Programme, 2010; *Hailbronner*, European Immigration and Asylum Law under the Amsterdam Treaty, CMLRev. 35 (1998), 1047; *ders.*, Raum der Freiheit, der Sicherheit und des Rechts, in: Hummer/Obwexer (Hrsg.), Der Vertrag von Lissabon, 2009, S. 361; *ders.*(Hrsg.), EU Immigration and Asylum Law – Commentary, 2010; *Hecker*, Zur Europäisierung des Ausländerrechts, ZAR 2011, 46; *Herlin-Karnell*, Subsidiarity in the Area of EU Justice and Home Affairs– A Lost Cause?, ELJ 15 (2009), 351; *dies.*, The Lisbon Treaty: A Critical Analysis of Its Impact on EU Criminal Law, eucrim 2010, 59; *Hess*, Europäisches Zivilprozessrecht, 2010; *Heger*, Perspektiven des Europäischen Strafrechts nach Lissabon, ZIS 2009, 406; *Higgins/Hailbronner* (eds.), Migration and Asylum Law and Policy in the European Union, 2004; *Hofmann/Löhr*(Hrsg.), Europäisches Flüchtlings- und Einwanderungsrecht. Eine kritische Zwischenbilanz, 2008; *Juppe*, Die gegenseitige Anerkennung strafrechtlicher Entscheidungen in Europa, Historische Grundlagen – Aktuelle und zukünftige Problembereiche, 2007; *Kämmerer*, Das Urteil des Europäischen Gerichtshofs im Fall Kadi: Ein Triumph der Rechtsstaatlichkeit?, EuR 2009, 114; *Kainer*, Der Raum der Freiheit, der Sicherheit und des Rechts nach dem Verfassungsvertrag, in: Jopp/Matl (Hrsg.), der Vertrag über eine Verfassung für Europa, 2005, S. 283; *Kostakopoulou*, The Area of Freedom, Security and Justice and the European Union´s Constitutional Dialogue, in: Barnard (ed.), The Fundamentals of European Law Revisited: The Impact of the Constitutional Dialogue, 2007, S. 153; *Kubiciel*, Das »Lissabon«-Urteil und seine Folgen für das Europäische Strafrecht, GA 2010, 99; *Kugelmann*, Europäische Polizeiliche Kooperation, in: Böse (Hrsg.), Europäisches Strafrecht mit polizeilicher Zusammenarbeit, 2013, S. 631; *Labayle*, L´Espace de liberté, sécurité et justice dans la Constitution pour l´Europe, RTDE 2005, 437; *Leible*, Strukturen und Perspektiven der justiziellen Zusammenarbeit in Zivilsachen, in: Leible/Terhechte (Hrsg.), Europäisches Rechtsschutz- und Verfahrensrecht, 2014, S. 433 ff.; *Leible/Terhechte* (Hrsg.), Europäisches Rechtsschutz- und Verfahrensrecht, 2014; *Lenaerts*, The contribution of the European Court of Justice to the Area of Freedom, Security and Justice, I. C. L. Q. 2010, 255; *Lindahl* (ed.), A Right to Inclusion and Exclusion? Normative Fault Lines of the EU´s Area of Freedom, Security and Justice, 2010; *Merli*, Innere Sicherheit als eine europäische Aufgabe?, in: Iliopoulos-Strangas/Diggelmann/Bauer, Rechtsstaat, Freiheit und Sicherheit, 2010, S. 367; *ders.* (Hrsg.), Der Raum der Freiheit, der Sicherheit und des Rechts und die Osterweiterung der Europäischen Union, 2001; *Mitsilegas*, The Third Wave of Third Pillar Law: Which Direction for EU Criminal Justice?, E.L.Rev. 34 (2009), 523; *ders.*, European criminal law and resistance to communiarisation after Lisbon, NJECL 2010, 458; *Molle*, The Economics of European Integration, 1991; *Meyer*, Verfahren der strafjustiziellen Zusammenarbeit, in: Leible/Terhechhte (Hrsg.), Europäisches Rechtsschutz- und Verfahrensrecht, 2014, S. 1379 ff.; *ders.*, Das Strafrecht im Raum der Freiheit, der Sicherheit und des Rechts, EuR 2011, 169; *Möstl*, Preconditions and limits of mutual recognition, CMLRev. 47 (2010), 405; *Monar*, Die Vertragsreformen von Lissabon in den Bereichen Inneres und Justiz: verstärkte Handlungsfähigkeit, Kontrolle und Differenzierung, integration 2008, 381; *Monar/Morgan* (eds.), The Third Pillar of the European Union, 1994; *Monnet*, Mémoires, 1976; *Mrozek,* Organleihe an den Außengrenzen Europas, DÖV 2010,886; *Müller-Graff*, The Legal Bases of the Third Pillar and its Position in the Framework of the Union Treaty, CMLRev 31 (1994), 493; *ders.*, Die Europäische Zusammenarbeit in den Bereichen Justiz und Inneres, FS Everling, Band I, 1995, S. 295; *ders.*, Europäische Zusammenarbeit in den Bereichen Justiz und Inneres, in: Müller-Graff (Hrsg.), Europäische Zusammenarbeit in den Bereichen Justiz und Inneres, 1996, S. 11; *ders.* Justiz und Inneres nach Amsterdam – Die Neuerungen in erster und dritter Säule, integration 1997, 271; *ders.*, Institutionelle und materielle Reformen in der Zusammenarbeit in den Bereichen Justiz und Inneres, in: Hummer (Hrsg.), Die Europäische Union nach dem Vertrag von Amsterdam, 1998, S. 259; *ders.*, Die fortentwickelnde Übernahme des Acquis der »Dritten Säule« in die »Erste Säule« der Union, in Hummer (Hrsg.), Rechtsfragen in der Anwendung des Amsterdamer Vertrages, 2001, S. 53; *ders.*, Die ziviljustizielle Zusammenarbeit im »Raum der Freiheit, der Sicherheit und des Rechts« im System des Europäischen Verfassungsvertrags, FS Jayme, 2004, S. 1323; *ders.* (Hrsg.), Der Raum der Freiheit, der Sicherheit und des Rechts, 2005; *ders.*, Verfassungsvertragliche Neuerungen und Rekonstruktion des »Raums der Freiheit, der Sicherheit und des Rechts«, in: Hummer/Obwexer (Hrsg.), Der Vertrag über eine Verfassung für Europa, 2007, S. 283; *ders.*, Der Raum der Freiheit, der Sicherheit und des Rechts in der Lissabonner Reform, EuR-Beiheft 1/2009, 105; *ders.*, Die Marktfreiheiten als Herzstück der europäischen Wettbewerbsidee: Funktion und Wirkungen, in: Blanke/Scherzberg/Wegner (Hrsg.), Dimensionen des Wettbewerbs, 2010, S. 329;

ders., Der Raum der Freiheit, der Sicherheit und des Rechts: Integrationswert für Bürger und Gesellschaft, Mitgliedstaaten und Union, integration 2012, 10; *ders.*, »Nous ne coalisonspas des états, nous unissons des hommes« – Variationen zu *Jean Monnet*, FS Riedel, 2013, S. 429; *ders.*, Gegenseitige Anerkennung im Europäischen Unionsrecht, in: ZVglRWiss 111 (2012), 72; *Müller-Graff/Kainer*, Asyl-, Einwanderungs- und Visapolitik, Jahresbericht, in: Weidenfeld/Wessels (Hrsg.) Jahrbuch der Europäischen Integration 1997/98 bis 2011, 1998–2012; *Müller-Graff/Repasi*, Asyl-, Einwanderungs- und Visapolitik, Jahresbericht, in: Weidenfeld/Wessels (Hrsg.), Jahrbuch der Europäischen Integration, seit 2012; *Nanz*, Visapolitik und Einwanderungspolitik in der Europäischen Union, in: Müller-Graff (Hrsg.), Europäische Zusammenarbeit in den Bereichen Justiz und Inneres, 1996, S. 63; *Nettesheim*, Grundrechtskonzeptionen des EuGH im Raum der Freiheit, der Sicherheit und des Rechts, EuR 2009, 24; *Pache* (Hrsg.), Die Europäische Union – Ein Raum der Freiheit, der Sicherheit und des Rechts?, 2005; *Peers*, EU Justice and Home Affairs Law, 3rd ed., 2011; *ders.*, Mission accomplished? EU Justice and Home Affairs Law after the Treaty of Lisbon, CMLRev. 48 (2011), 661; *Pelkmans/Beuter*, Binnenmarktpolitik, in: Weidenfeld/Wessels (Hrsg.), Jahrbuch der Europäischen Integration 1985, 1986, S. 149; *Piris*, The Lisbon Treaty, 2010; *Rijken*, Re-balancing security and and justice: protection of fundamental rights in police and judicial cooperation in criminal matters, CMLRev. 47 (2010), 1455; *Ruffert*, Der Raum der Freiheit, der Sicherheit und des Rechts nach dem Reformvertrag – Kontinuierliche Verfassungsgebung in schwierigem Terrain, in: Pernice (Hrsg.), Der Vertrag von Lissabon: Reform der EU ohne Verfassung?, 2008, S. 169; *Rupprecht*, Justiz und Inneres nach dem Amsterdamer Vertrag, integration 1997, 264; *Semmler*, Das Instrument der Mehrjahresprogramme in der europäischen Justiz- und Innenpolitik, integration 2009, 63; *Schoppa*, Europol im Verbund der Europäischen Sicherheitsagenturen, 2013; *Schutte*, Judicial Cooperation under the Union Treaty, in: Monar/Morgan (eds.), The Third Pillar of the European Union, 1994, S. 181; *Sharpston*, First Steps towards an EU Jurisprudence on the Area of Freedom, Security and Justice (AFSJ), in: Iliopoulos-Strangas/Diggelmann/Bauer (Hrsg.), Rechtsstaat, Freiheit und Sicherheit in Europa, 2010, S. 435; *Sieber*, Die Zukunft des Europäischen Strafrechts, ZStW 121 (2009), 1; *Suhr*, Die polizeiliche und justizielle Zusammenarbeit in Strafsachen nach dem »Lissabon«-Urteil des Bundesverfassungsgerichts, ZEuS 2009, 687; *Taschner*, Schengen, 1997; *Thym*, Ungleichzeitigkeit und europäisches Verfassungsrecht, 2004; *ders.*, Migrationsverwaltungsrecht, 2010; *ders* Freizügigkeit in Europa als Modell? EU-Migrationspolitik zwischen Offenheit und Abschottung, EuR 2011, 487; *Vernimmen-Van Tiggelen/Surano/Weyenbergh* (eds.), The future of mutual recognition in crimnial matters in the European Union/L´avenir de la reconaissance mutuelle en matière pénale dans l´Union européenne, 2009; *Walker*(ed.), Europe´s Area of Freedom, Security and Justice, 2004; *A. Weber*, Migration im Vertrag von Lissabon, ZAR 2008, 55; *S. Weber*, Justizielle Zusammenarbeit in Strafsachen und parlamentarische Demokratie, EuR 2008, 88; *Weyhenbergh*, Approximation of criminal laws, the Constitutional Treaty and the Hague Programme, CMLRev. 42 (2005), 1567; *Zeder*, Gegenwart und Zukunft der gegenseitigen Anerkennung im Strafrecht, ÖJZ 2009, 992; *Zimmermann*, Tendenzen zur Strafrechtsangleichung in der EU – dargestellt anhand der Bestrebungen zur Bekämpfung von Terrorismus, Rassismus und illegaler Beschäftigung, ZIS 2009, 1; *Zuleeg* (Hrsg.), Europa als Raum der Freiheit, der Sicherheit und des Rechts, 2007; *Zypries*, Europa als Raum der Freiheit, der Sicherheit und des Rechts, in: Hofmann/Zimmermann (Hrsg.), Eine Verfassung für Europa, 2005, S. 105.

Inhaltsübersicht

	Rn.
A. Normzweck und Normherkunft	1
B. Normaufbau	10
C. Normstellung im System des Unionsrechts	11
I. Teleologischer Eigenstand: Der grenzkontrollfreie Binnenraum der Union	12
II. Die Dienstfunktion des RFSR für die Leitzieltrias der Union	15
1. Förderung des Friedens	16
2. Förderung der Werte der Union	17
3. Förderung des Wohlergehens der Völker der Union	18
III. Flankierende Förderung des Binnenmarktes	19
IV. Flankierende Förderung der unionsbürgerlichen Freizügigkeit	20
V. Die primärrechtlich eingeschränkte Gewährleistung des RFSR	21
1. Die (unvollständige) territoriale Erstreckung des RFSR	22
a) Das Recht des RFSR im Allgemeinen	24
aa) Vereinigtes Königreich und Irland	25
bb) Dänemark	27

b) Der Schengen-Besitzstand im RSFR	29
2. Die (politisch ausfüllungsbedürftige) integrationstheoretische Fundierung des RFSR	32
3. Die (rechtspolitisch delegierende) primärrechtliche Kontur des RFSR	33
D. Die Sicherstellung eines grenzkontrollfreien Binnenraums der Union (Art. 67 Abs. 2 AEUV)	34
E. Die Gewährleistung eines hohen Maßes an innerer Sicherheit (Art. 67 Abs. 3 AEUV)	35
F. Die Erleichterung des Zugangs zum Recht (Art. 67 Abs. 4 AEUV)	39
G. Achtung der Grundrechte und der mitgliedstaatlichen Rechtsordnungen (Art. 67 Abs. 1 AEUV)	40

A. Normzweck und Normherkunft

Art. 67 AEUV, dessen Formulierung auf Art. III–257 VVE zurückgeht, bündelt und strukturiert in Fortsetzung des Art. 3 Abs. 2 EUV das aus vier Leitworten zusammengesetzte, konzeptionell vom Primärrecht nicht abschließend definierte, sondern politisch höchst ausfüllungsbedürftige Ziel des seit dem Reformvertrag von Amsterdam (Art. 29 EUV a. F. und Art. 61 EGV) vertraglich so genannten **Raums der Freiheit, der Sicherheit und des Rechts (RFSR)**. Die Norm selbst enthält keine Kompetenzgrundlage.[1] Die Gewährleistung des RFSR ist neben der Errichtung des Binnenmarktes und der Wirtschafts- und Währungsunion sowie dem gemeinsamen auswärtigen Handeln eines der vier in Art. 3 EUV aufgeführten operativen Hauptziele der Union zur Verwirklichung deren Leitzieltrias (Art. 3 Abs. 1 EUV). Sie hat **identitätsstiftendes Potenzial** (vgl. Art. 77 AEUV, Rn. 1) und erfordert ein vielschichtiges **Zusammenwirken** von Union und Mitgliedstaaten.[2] Es ist der Verzicht der teilnehmenden Staaten, das geographische Zeichen ihrer Staatlichkeit zueinander mit physischen Barrieren zu zeigen. Die Schaffung eines nachhaltigen RFSR ist ein großes Abenteuer ins Ungewisse,[3] sowohl in der Richtung als auch im Ausgleich widerstreitender Werte und in den Einzelheiten.[4] Seine heutige primärrechtliche Ausprägung ist Ergebnis eines vielstufigen rechtspolitischen Entwicklungsprozesses[5] (s. unten Rn. 7 f.). 1

Das Ziel des RFSR wird in Art. 3 Abs. 2 EUV bündig als Angebot eines »Raum(s) ... ohne Binnengrenzen« an die **Unionsbürgerinnen und Unionsbürger** bezeichnet, »in dem ... der freie Personenverkehr gewährleistet ist«, mithin als ein allgemeiner (nicht auf Binnenmarktakteure begrenzter) unionsbürgerlicher **Freizügigkeitsraum** akzentuiert. Jedoch fokussiert Art. 67 Abs. 2 AEUV diesen auf einen Raum ohne Binnengrenzkontrollen, so dass – als in der Sachnatur tatsächlicher Kontrollfreiheit liegende Kon- 2

---

[1] *Herrnfeld*, in: Schwarze, EU-Kommentar, Art. 67 AEUV, Rn. 1 u. 15 f.
[2] Speziell für die politische Ausgestaltung der Migrationspolitik *Thym*, EuR 2011, 487 (511); speziell zum Ausländerrecht *Hecker*, ZAR 2011, 46 (51).
[3] *Sharpston*, S. 435.
[4] *Sharpston*, S. 435.
[5] Vgl. die einzelnen Schritte umfänglich zusammenfassend dargestellt bei *Suhr*, in: Calliess/Ruffert, EUV/AEUV, Art. 67 AEUV, Rn. 6–37 (Binnenmarkt, Schengener Programm, Vertragsstufen von Maastricht, Amsterdam, Nizza, Verfassungsvertrag, Regierungskonferenz 2007, Programme von Wien, Tampere, Haag und Stockholm, sowie Grundsatzentscheidungen des EuGH in der seinerzeitigen dritten Säule) sowie Rn. 38–61 (Neuerungen des Vertrages von Lissabon); s. auch *Herrnfeld*, in: Schwarze, EU-Kommentar, Art. 67 AEUV, Rn. 9 ff. sowie umfängliche vergleichende Darstellung des Verhältnisses des Titels V zur Rechtslage vor dem Vertrag von Lissabon *Herrnfeld*, in: Schwarze, EU-Kommentar, Art. 67 AEUV, Rn. 2 ff.; *H.G. Fischer*, S. 9 ff.

sequenz – auch **Personen ohne Unionsbürgerschaft** (Drittstaatsangehörige, Staatenlose) faktisch mit einbezogen sind (so ausdrücklich Art. 77 Abs. 1 Buchst. a AEUV). Allerdings haben diese unionsgrundrechtlich nicht dasselbe Bewegungs- und Aufenthaltsrecht wie Unionsbürger[6] (so ausdrücklich Art. 45 Abs. 1 und 2 GRC), doch kann der Unionsgesetzgeber eine gleichwertige Rechtsstellung gewähren, ist dazu aber primärrechtlich nicht verpflichtet.[7] Primäres Anliegen (unbeschadet von Sekundärzuschreibungen[8]) ist mithin die Sicherung eines **rechtlich** und **faktisch befriedeten grenzkontrollfreien Binnenraums** – im Sinne eines einheitlichen Gebiets[9] – für jedermann, also die Gewährleistung der kontrollfreien Grenzüberschreitung unabhängig von der Staatsangehörigkeit[10] und damit unabhängig von der Unionsbürgerschaft (Art. 20, 21 AEUV).[11] Er kann sich für Nicht-Unionsbürger über die Kontrollfreiheit hinaus auch zu einem Freizügigkeitsraum mittels Sekundärrecht im Rahmen der Kompetenzen der Union entwickeln.[12] Der grenzkontrollfreie Binnenraum symbolisiert territorial die politische Zusammengehörigkeit der Union.[13]

3 Die den RSFR kennzeichnende Kontrollfreiheit ist unabhängig von einer grenzüberschreitenden Markttätigkeit im Sinne der transnationalen Marktzugangs-Grundfreiheiten des **Binnenmarktes** (Art. 26 Abs. 2 AEUV) sicherzustellen.[14] Zwar wurde der RFSR

---

[6] *Hoppe*, in: Lenz/Borchardt, EU-Verträge, Art. 77 AEUV, Rn. 6; *Stern/Tohidipur*, EnzEuR, Bd. 10, § 14, Rn. 27; s. auch EuGH, Urt. v. 22.10.2009, Rs. C–261/08 und C–348/08 (Garcia und Cabrera), Slg. 2009, I–10143, Rn. 43 (zu Art. 62 EGV) zu den Einzelheiten des Freizügigkeitsrechts der Unionsbürger innerhalb der Union vgl. Richtlinie 2004/38/EG vom 29.4.2004, gestützt auf Art. 12, 18, 40, 44, 52 EGV, über das Recht der Unionsbürger und ihrer Familienangehörigen, sich im Hoheitsgebiet der Mitgliedstaaten frei zu bewegen und aufzuhalten zur Änderung der Verordnung (EWG) Nr. 1612/68 und zur Aufhebung der Richtlinien 64/221/EWG, 68/360/EWG, 72/194/EWG, 73/148/EWG, 75/34/EWG, 75/35/EWG, 90/364/EWG, 90/365/EWG und 93/96/EWG, ABl. 2004, L 158/77; zu seiner Auswirkung auf das Freizügigkeitsgesetz *Brinkmann*, ZAR 2014, 213 (214 f.); s. auch *Thym*, ZAR 2014, 220.

[7] *Thym*, in: Grabitz/Hilf/Nettesheim, EU, Art. 79 AEUV (September 2010), Rn. 6 (mit Hinweis auf das unionsbürgerlich identitätsstiftende Potenzial dieser Unterscheidung) und Rn. 20 ff.; s. auch *ders.*, EuR 2011, 487 (510): EUV bezweckt »keine Maximierung kosmopolitischer Freizügigkeit«.

[8] Dazu Auffächerung bei *Herrnfeld*, in: Schwarze, EU-Kommentar, Art. 67 AEUV, Rn. 6 f.

[9] Zum Raumgedanken im Unionsrecht und seiner schillernden Eigenheit vgl. *Müller-Graff*, EuR-Beiheft 1/2009, 105, 106 ff.; s. auch *Thym*, in: Grabitz/Hilf/Nettesheim, EU, Art. 77 AEUV (September 2010), Rn. 6; *Monar*, S. 755 ff. Die Akzentsetzung im RFSR auf einen »Europäischen Rechtsraum« (so *Breitenmoser/Weyeneth*, in: GSE, Europäisches Unionsrecht, Vorb. Art. 67–76 AEUV, Rn. 39) überhöht allerdings diesen Aspekt im Vergleich zum Primäranliegen des grenzkontrollfreien Binnenraums.

[10] *Röben*, in: Grabitz/Hilf/Nettesheim, EU, Art. 67 AEUV (Mai 2014), Rn. 10.

[11] *Müller-Graff*, EuR-Beiheft 1/2009, 105 (110); *Herrnfeld*, in: Schwarze, EU-Kommentar, Art. 67 AEUV, Rn. 7 f.; *Meyer*, EuR 2011, 169 (189).

[12] Die Kontrollfreiheit an den Binnengrenzen ist nicht gleichbedeutend mit dem Recht, sich im Hoheitsgebiet aller Mitgliedstaaten frei zu bewegen und aufzuhalten. Für Unionsbürger ist dies durch Art. 20 Abs. 2 Buchst. a AEUV und die Richtlinie 2004/38/EG vom 29.4.2004, ABl. 2004, L 158/77, gewährleistet. Für Drittstaatsangehörige bedarf dies des Erlasses sekundärrechtlicher Vorschriften (Art. 77 Abs. 2 Buchst. c AEUV, Art. 79 Abs. 2 Buchst. b AEUV; s. auch Art. 45 Abs. 2 GRC). Insoweit kann die terminologische Gleichsetzung von Kontrollfreiheit und Freizügigkeitsraum missverständlich wirken.

[13] Vgl. *Röben*, in: Grabitz/Hilf/Nettesheim, EU, Art. 67 AEUV (Mai 2014), Rn. 17, der die »Beseitigung der Binnengrenzen als Punkte sichtbarer (mitglied)staatlicher Souveränität« als zentral bedeutsam »für das Selbstverständnis der Union als einer politischen Einheit mit territorial, nicht personal definierter Zuständigkeit« bezeichnet; *Kotzur*, in: Geiger/Khan/Kotzur, EUV/AEUV, Art. 67 AEUV, Rn. 1: »integrationsfreudig harmonisierendes Pathos« mit »Inklusions- und Exklusionslogik.«

[14] *Frenz*, Handbuch Europarecht, Band 6, Rn. 2700, Rn. 2794.

zunächst vom Ziel der Gewährleistung des marktbezogenen Raums ohne Binnengrenzen, in dem der freie Verkehr von Waren, Personen, Dienstleistungen und Kapital gewährleistet ist,[15] als flankierendes Programm angetrieben (s. unten Rn. 8 f.). Er ist davon jedoch seit der Vertragsreform von Lissabon konzeptionell und kompetenziell entkoppelt, auch wenn es diesem inzident weiterhin dient und ohne dessen Grundlage als realistisches politisches Projekt schwer vorstellbar ist.

Der kontrollfreie Binnenraum setzt die **verlässliche Sicherung der Außengrenzen** der teilnehmenden Mitgliedstaaten voraus.[16] Die Begriffe »**Binnengrenzen**« und »**Außengrenzen**« knüpfen grundsätzlich an Art. 52 EUV an, weisen Besonderheiten im Schengenraum auf[17] und sind sekundärrechtlich ausgestaltet (im Einzelnen s. Art. 77 AEUV, Rn. 22 und 29). Die Verwirklichung des Binnenraums des RFSR beinhaltet eine absichernde **außenpolitische Dimension** in seinen verschiedenen Elementen der Zugangspolitiken und der Kriminalitätsbekämpfung.[18] 4

Der Reformvertrag von Lissabon hat die mit den Begriffen von Freiheit und Recht über die Kontrollfreiheit hinausgehende **qualitative Dimension** des RFSR textlich mit der Qualifikation verstärkt, dass in ihm »die Grundrechte und die verschiedenen Rechtsordnungen und -traditionen der Mitgliedstaaten geachtet werden.«[19] In dieser Akzentuierung mag man die normative Vorkehrung gegen ein besonderes Gefährdungspotential des Vorhabens für Grundrechtsschutz und mitgliedstaatliche Identität und Souveränität erkennen.[20] Positiv signalisiert die Formulierung in Verbindung mit der Gesamtheit der Bestimmungen über den RFSR das anspruchsvolle Aufgabenverständnis der Europäischen Union als eines dauerhaften **Raums der geschützten Freiheit** der Einzelnen: geschützt vor Grundrechtseingriffen durch **Grundrechte**,[21] geschützt vor Bedrohungen(vor allem vor schweren grenzüberschreitenden Straftaten und vor unkontrollierten Außengrenzen) durch Sicherheitsvorkehrungen[22] und geschützt vor 5

---

[15] *Müller-Graff*, EuR-Beiheft 1/2009, 105 (110); zur Herkunft: *ders.*, CMLRev. 31 (1994), 493 (501 ff.), *ders.*, FS Everling, S. 925 (940); *ders.*, Europäische Zusammenarbeit in den Bereichen Justiz und Inneres, S. 11 (S. 20 ff.); zur Entwicklung *ders.*, Institutionelle und materielle Reformen in der Zusammenarbeit in den Bereichen Justiz und Inneres, S. 259 (260).

[16] *Kugelmann*, in: Schulze/Zuleeg, Europarecht, § 41, Rn. 9; *Stern/Tohidipur*, EnzEuR, Bd. 10, § 14, Rn. 25.

[17] S. unten Rn. 29 ff.

[18] Vgl. dazu im Einzelnen bei den jeweiligen Bestimmungen. Umfänglich ausgefalteter Überblick über die »externe« Dimension des RFSR und deren Herausforderungen an die EU bei *Herrnfeld*, in: Schwarze, EU-Kommentar, Art. 67 AEUV, Rn. 42 ff.; s. auch *Stern/Tohidipur*, EnzEuR, Bd. 10, § 14, Rn. 1 ff.

[19] Als Elaboration von Verbindungslinien des RFSR zum Grundrechtsschutz und zur Rechtsstaatlichkeit s. *Weiß/Satzger*, in: Streinz, EUV/AEUV, Art. 67 AEUV, Rn. 27, 30; zum Grundrechtsschutz auch *Nettesheim*, EuR 2009, 24; *Suhr*, in Calliess/Ruffert, EUV/AEUV, Art. 67 AEUV, Rn. 51; *Hoppe*, in: Lenz/Borchardt, EU-Verträge, Art. 67 AEUV, Rn. 1; *Rijken*, CMLRev. 47 (2010), 1455; die Erwähnung der Grundrechte wird als Ausweis der »Grundrechtssensibilität« des RFSR verstanden von *Röben*, in: Grabitz/Hilf/Nettesheim, EU, Art. 67 AEUV (Mai 2014), Rn. 75; zur Freiheitsdimension gegenüber dem Staat *Herrnfeld*, in: Schwarze, EU-Kommentar, Art. 67 AEUV, Rn. 7 a. E.; *Monar*, S. 758.

[20] So *Suhr*, in: Calliess/Ruffert, EUV/AEUV, Art. 67 AEUV, Rn. 2; speziell zur Souveränitätssensibilität *Herrnfeld*, in: Schwarze, EU-Kommentar, Art. 67 AEUV, Rn. 13 mit Brückenschlag zu Art. 4 Abs. 2 EUV (Achtung nationaler Identität).

[21] Zu den verschiedenen Ebenen des Grundrechtsschutzes im RFSR *Brummund*; des Weiteren zum Grundrechtsschutz im RFSR z. B. *Egger*, EuZW 2005, 652; *Nettesheim*, EuR 2009, 24; *Weinzierl*, ZAR 2010, 260; *Zeder*, EuR 2012, 34; *Groß*, ZAR 2013, 106.

[22] Einengend *Kotzur*, in: Geiger/Khan/Kotzur, EUV/AEUV, Art. 67 AEUV, Rn. 3, 9, schreibt dem

Rechtlosigkeit durch (mitgliedstaatsspezifisch justiziell gesicherte und unionsrechtlich umrahmte) **Rechtsstaatlichkeit**[23]. Diesem Zielvieleck sind **Schutzkonflikte** (insbesondere zwischen dem Sicherheitsziel und dem Grundrechtsschutz) und **Antagonismen** zwischen transnationaler Freiheit und dem Verlangen nach Sicherheit[24] vorgezeichnet und Ausbalancierungserfordernisse[25] inhärent. Man mag den angestrebten Raum eine Vision nennen.[26] Sie hat sich (unbeschadet von Forderungen nach Primärrechtsänderungen) einerseits innerhalb der in den Art. 67 bis 89 AEUV aufgeführten Kompetenzkonkretisierungen und rechtsstaatlichen Vorkehrungen (mithin des »Rechts« im spezifisch justiziellen Sinne) zu bewegen,[27] ist jedoch andererseits von diesem Rahmen inhaltlich im Einzelnen nicht abschließend determiniert, sondern kann die Ausübung der von diesen Normen eröffneten politischen Gestaltungsspielräume[28] inspirieren. Dies gilt insbesondere auch für die Lösung von Schutzkonflikten. Auf den Zielpunkt eines derart qualifizierten binnengrenzkontrollosen Raums, auf dessen Voraussetzungen (Zugangspolitiken) und Folgeprobleme (grenzüberschreitende Kriminalität) sind die für die **Justiz- und Innenpolitik** relevanten Art. 67 bis 89 AEUV ausgerichtet (mit Ausnahme des allerdings über den allgemeinen Rechtsstaatsgedanken des »europäischen Ziviljustizraums« verbundenen Art. 81 AEUV).

6   Zu diesem Zweck sind die den RFSR nach dem Vertragskonzept konstituierenden **vier Politikbereiche** (Zugangspolitiken, ziviljustizielle Zusammenarbeit, strafjustizielle und polizeiliche Zusammenarbeit) durch den **Reformvertrag von Lissabon** im Sinne des Konzepts des Verfassungsvertrags[29] **systematisch zusammengeführt**. Sie sind **insgesamt in Rechtsaktformen, Beschlussverfahren und Rechtsschutz supranationalisiert**[30] (unbe-

---

RFSR eine primär sicherheitspolitische Aufgabe an den Außengrenzen zum Ausgleich des Wegfalls der Grenzkontrollen zu.
[23] Mit dem Bezug auf die Rechtsordnungen und Rechtstraditionen der Mitgliedstaaten in Art. 67 Abs. 1 AEUV wird der nach Art. 2 Satz 2 EUV verpflichtend rechtsstaatliche Charakter der Mitgliedstaaten angesprochen.
[24] *Rosenau/Petrus*, in: Vedder/Heinschel v. Heinegg, Europäisches Unionsrecht, Art. 67 AEUV, Rn. 5 mit der Forderung nach Beachtung der praktischen Konkordanz mit Vorrang des Schutzes der Freiheitsrechte in Zweifelsfällen; s. auch *Rijken*, CMLRev. 47 (2010), 1455.
[25] So die billigenswerten Bekundungen des Europäischen Rates in seinen sacheinschlägigen Erklärungen; vgl. *Herrnfeld*, in: Schwarze, EU-Kommentar, Art. 67 AEUV, Rn. 7.
[26] Für eine »der sprachlichen Höhe des Dreiklangs gerecht werdende Vision« plädieren *Weiß/Satzger*, in: Streinz, EUV/AEUV, Art. 67 AEUV, Rn. 37.
[27] Auf den vom RFSR gemeinten, speziell justiziellen Aspekt weisen andere Sprachfassungen präziser hin als die deutsche Version, die mit »System« das gesamte Rechtssystem zu erfassen scheint; vgl. demgegenüber der französische Begriff »justice« statt »droit« und der englische Begriff »justice« statt »law«. Demgegenüber erfasst die Charakterisierung »Rechtsgemeinschaft«, mit der *Hallstein* treffend die Europäischen Gemeinschaften bezeichnete, insgesamt die rechtliche Fundierung und Arbeitsweise der Europäischen Union. Aus dem »Raum ... des Rechts« in Art. 3 Abs. 2 EUV und Art. 67 Abs. 1 AEUV lässt sich daher auch nicht der Gedanke einer Vereinheitlichung der mitgliedstaatlichen Gesamtrechtsordnungen ableiten (so zutreffend *Weiß/Satzger*, in: Streinz, EUV/AEUV, Art. 67 AEUV, Rn. 30), zumal selbst in dem vom RFSR erfassten justiziellen Ausschnitt die Achtung der verschiedenen Rechtsordnungen und Rechtstraditionen der Mitgliedstaaten hervorgehoben wird. Letzteres schließt jedoch im Interesse der Rechtsstaatlichkeit als Grundlage gegenseitiger Anerkennung nicht den Erlass strafverfahrensrechtlicher Mindestvorschriften (Art. 82 Abs. 2 AEUV) und zivilverfahrensrechtlicher Vorschriften aus (Art. 81 Abs. 2 AEUV).
[28] »Spielraum für eine weitere Entwicklung der Politik« (*Weiß/Satzger*, in: Streinz, EUV/AEUV, Art. 67 AEUV, Rn. 25).
[29] Art. III–257 ff. VVE; s. auch *Weiß/Satzger*, in: Streinz, EUV/AEUV, Art. 67 AEUV, Rn. 14.
[30] Zuvor unterlag die justizielle und polizeiliche Zusammenarbeit in Strafsachen dem intergouvernementalen Sonderregime der Art. 29 ff. EUV a. F.; zur Supranationalisierung und Zusammenfüh-

schadet der Übergangsvorschriften),³¹ damit zugleich vor allem in den zuvor noch intergouvernementalen Bereichen **unionsrechtlich stärker demokratisiert**³² und mit einer deutlichen **Kompetenzerweiterung** der europäischen Ebene (s. unten Rn. 5) sowie einem **verstärkten Rechtsschutz**³³ versehen worden. Dies beinhaltet für die **Rechtspolitik** in den erfassten Bereichen im Interesse gesteigerter Handlungsfähigkeit und Legitimation der EU³⁴ die grundsätzliche Anwendbarkeit des ordentlichen Gesetzgebungsverfahrens (Art. 289 Abs. 1, 294 AEUV), unbeschadet einer Reihe definierter Ausnahmen in Einzelvorschriften (namentlich Art., 77 Abs. 3, 81 Abs. 3, 86, 87 Abs. 3, 89 AEUV sowie das »Notbremseverfahren« in Art. 82 Abs. 3, 83 Abs. 3 AEUV³⁵ sowie in Art. 87 Abs. 2 AEUV³⁶). Damit verbunden sind das Initiativmonopol der Kommission (Ausnahme in Art. 76 AEUV), die Legislativmacht des Europäischen Parlaments und die politikerleichternde Möglichkeit qualifizierter Mehrheitsentscheidungen im Rat sowie die je nach Kompetenznorm festgelegte Verfügbarkeit supranationaler Rechtsaktformen (Art. 288 AEUV).³⁷ Zugleich bedeutet die Supranationalisierung durch den Vertrag von Lissabon für den **Rechtsschutz** die grundsätzliche Einbeziehung des gesamten Bereichs in die allgemeinen Verfahrenszuständigkeiten des EuGH (namentlich Art. 258, 263, 267

---

rung z. B. *Müller-Graff*, EuR-Beiheft 1/2009, 105 (119 ff.); *Suhr*, in: Calliess/Ruffert, EUV/AEUV, Art. 67 AEUV, Rn. 39 ff.; *Weiß/Satzger*, in: Streinz, EUV/AEUV, Art. 67 AEUV, Rn. 2; *Herdegen*, Europarecht, § 20, Rn. 1; *Streinz*, Europarecht, Rn. 993; *Frenz*, Handbuch Europarecht, Band 6, Rn. 2716; zur Lokation in der früheren Vertragsarchitektur *Monar*, S. 764 ff.

³¹ Art. 9 des Protokolls Nr. 36 über die Übergangsbestimmungen: Fortdauernde Rechtswirkung der Rechtsakte, die vor Inkrafttreten des Vertrags von Lissabon auf der Grundlage des EUV angenommen wurden, bis zu ihrer Aufhebung, Nichtigerklärung oder Änderung; dies betrifft insbesondere die Rechtswirkung von Rahmenbeschlüssen der ehemaligen dritten Säule; dazu *Herrnfeld*, in: Schwarze, EU-Kommentar, Art. 67 AEUV, Rn. 37; zu den zeitlich nach Art. 10 Abs. 3 des Protokolls Nr. 36 bis zum 30.11.2014 beschränkten Übergangsbestimmungen, *Herrnfeld*, in: Schwarze, EU-Kommentar, Art. 67 AEUV, Rn. 38 f., 41; speziell zum Vereinigten Königreich *Herrnfeld*, in: Schwarze, EU-Kommentar, Art. 67 AEUV, Rn. 40; zur Wirkung von Rahmenbeschlüssen im innerstaatlichen Recht z. B. *Adam*, EuZW 2005, 559; *Baddenhausen/Pietsch*, DVBl 2005, 1562; zu Problemen des Rahmenbeschlusses *Lagodny/Wiederin/Winkler* (Hrsg.), Probleme des Rahmenbeschlusses am Beispiel des Europäischen Haftbefehls, 2007; zur Rolle des EuGH *Ludwig*, Die Rolle des EuGH im Bereich Justiz und Inneres nach dem Vertrag von Amsterdam, 2002; s. auch *Reichelt*, Die Rechtmäßigkeitskontrolle von Rahmenbeschlüssen und Beschlüssen gemäß Art. 35 Abs. 6 EU, 2004; *Haltern*, JZ 2007, 772.

³² Dazu im Einzelnen *Suhr*, in: Calliess/Ruffert, EUV/AEUV, Art. 67 AEUV, Rn. 44 ff.; *Weber*, EuR 2008, 88; als Kritik der früheren Rechtslage *Griebenow*.

³³ Zu den verstärkenden Einzelelementen *Suhr*, in: Calliess/Ruffert, EUV/AEUV, Art. 67 AEUV, Rn. 48 ff. (Stufenweise Vervollständigung; Art. 263 Abs. 1 Satz 2 AEUV: Rechtsschutz gegen Agenturen; Grundrechtsschutz).

³⁴ *Monar*, integration 2008, 381.

³⁵ Dieses auf Initiative eines Mitgliedstaats den Europäischen Rat befassende Verfahren (in den Bereichen der Festlegung strafverfahrensrechtlicher und strafrechtlicher Mindestvorschriften) führt im Kern zum Konsenserfordernis wie in der seinerzeitigen »dritten Säule«. Allerdings gilt, falls ein Einvernehmen nicht erzielt wird, aber mindestens neuen Mitglieder eine Verstärkte Zusammenarbeit im Sinne des Art. 20 EUV auf der Grundlage des betreffenden Entwurfs einer Richtlinie begründen möchten, nach fristgebundener Mitteilung dieses Vorhabens an das Europäische Parlament, den Rat und die Kommission, die erforderliche Ermächtigung gemäß Art. 20 Abs. 2 EUV und Art. 329 Abs. 1 AEUV als erteilt.

³⁶ In diesem Fall erfordert das Verfahren anders als in Art. 82 Abs. 3 AEUV und Art. 83 Abs. 3 AEUV den Antrag einer Gruppe von mindestens neun Mitgliedstaaten).

³⁷ *Weiß/Satzger*, in: Streinz, EUV/AEUV, Art. 67 AEUV, Rn. 16.

AEUV),[38] unbeschadet der Beschränkung durch Art. 276 AEUV und den Übergangsregeln für Rechtsakte der seinerzeitigen »dritten Säule«.[39]

7 Die Art. 67 bis 89 AEUV sind das Ergebnis einer **konzeptionell folgerichtigen Entwicklung**. Sie begann außerhalb der Gemeinschaftsintegration zunächst eher informell[40] und sodann mit dem namentlich auch vom Binnenmarktziel des Freiverkehrs ohne Binnengrenzkontrollen angetriebenen **Schengen-Abkommen** v. 14. 6.1985 zum schrittweisen Abbau der Kontrollen an den gemeinsamen Grenzen zwischen fünf der seinerzeitigen EWG-Mitgliedstaaten (Belgien, Deutschland, Frankreich, Luxemburg, Niederlande),[41] welches das **Schengener Durchführungsübereinkommen** v. 19. 6.1990 (**SDÜ**) nach sich zog.[42] Sie setzte sich sodann im **Vertrag von Maastricht** fort, der neun als »Angelegenheiten gemeinsamen Interesses« bezeichnete Bereiche der souveränitätssensiblen[43] Justiz- und Innenpolitik der Mitgliedstaaten zusammenfügte und als intergouvernemental ausgestaltete »**dritte Säule**« (JIZ oder ZBJI) der Europäischen Union in deren einheitlichen institutionellen Rahmen einfügte (Art. K-K.9 EUV Maastricht).[44] Danach überführte der **Reformvertrag von Amsterdam** mit dem neuen säulenübergreifenden Begriff und Ziel des »Raums der Freiheit, der Sicherheit und des Rechts« den größten Teil dieser Bereiche (fünf von neun) in die zur supranationalen »ersten Säule« der Union zählende Europäische Gemeinschaft (Art. 61–69 EGV; mit Rücksichtsnormen auf nationale Souveränitätsvorbehalte, so namentlich Art. 68 EGV)[45] und leitete mit dem beigefügten **Protokoll (Nr. 19) über den in den Rahmen der Europäischen Union einbezogenen Schengen-Besitzstand** dessen schrittweise Einfügung in das Gemeinschafts- oder Unionsrecht ein.[46] Er beließ nur noch die polizeiliche und justizielle Zusammenarbeit in Strafsachen (PJZS) in dem intergouvernementalen Sonderregime

---

[38] *Weiß/Satzger*, in: Streinz, EUV/AEUV, Art. 67 AEUV, Rn. 15.

[39] Vgl. Art. 10 Protokoll über die Übergangsbestimmungen, ABl. 2010, C 83/322 (mit Besonderheiten für Britannien).

[40] Zum Beginn in intergouvernementalen Arbeitsgruppen: *Hoppe*, in: Lenz/Borchardt, EU-Verträge, Vorb. zu Art. 67 AEUV, Rn. 2 (zur weiteren Entwicklung über die Vertragsstufen bis zum Stockholmer Programm v. 2010 bündig Rn. 3 ff.); s. auch *Röben*, in: Grabitz/Hilf/Nettesheim, EU, Art. 67 AEUV (Mai 2014), Rn. 1; zur TREVI-Zusammenarbeit *H. G. Fischer*, S. 10 f.; zum Instrument der Mehrjahresprogramme *Semmler*, integration 2009, 63; als wertende Analyse *Baker/Harding*, E.L.Rev. 34 (2009), 25; umfassende Darstellung der Entwicklung: *Breitenmoser/Weyeneth*, in: GSH, Europäisches Unionsrecht, Vorb. Art. 67–76 AEUV, Rn. 1–38; *Progin-Theuerkauf*, ebd., Vorb. Art. 77–80 AEUV, Rn. 1–14; *ders.*, ebd., Art. 77 AEUV, Rn. 1–2.

[41] Dazu im Einzelnen *Taschner*, Schengen, 1997; zum Binnenmarktziel *Müller-Graff*, Binnenmarktziel und Rechtsordnung, 1989; zur Entwicklung bündig *Weiß/Satzger*, in: Streinz, EUV/AEUV, Art. 67 AEUV, Rn. 4, 6 f.; Bieber/Epiney/Haag, Die EU, § 20, Rn. 13 ff.; *Streinz*, Europarecht, Rn. 998 ff.; *Kotzur*, in: Geiger/Khan/Kotzur, EUV/AEUV, Art. 67 AEUV, Rn. 6 f.; *Herdegen*, Europarecht, § 20, Rn. 5 ff.; *Frenz*, Handbuch Europarecht, Band 6, Rn. 2723 ff., 2736 ff.

[42] Dazu im Einzelnen *Taschner*, Schengen, 1997; *Bieber*, NJW 1994, 294; zur Schengen-Entwicklung umfänglich z. B. *Kugelmann*, in: Schulze/Zuleeg, Europarecht, § 41, Rn. 102–134; s. auch *Stern/Tohidipur*, EnzEuR, Bd. 10, § 14, Rn. 3 ff.

[43] Zur verfassungsrechtlichen Sensibilität dieser Bereiche in Deutschland im Einzelnen und der dazu einschlägigen Rechtsprechung des Bundesverfassungsgerichts *Röben*, in: Grabitz/Hilf/Nettesheim, EU, Art. 67 AEUV (Mai 2014), Rn. 23 ff.

[44] *Müller-Graff*, Europäische Zusammenarbeit in den Bereichen Justiz und Inneres, S. 11 ff.; *ders.*, FS Everling, S. 925 ff.; *Röben*, in: Grabitz/Hilf/Nettesheim, EU, Art. 67 AEUV (Mai 2014), Rn. 2.

[45] *Müller-Graff*, Institutionelle und materielle Reformen in der Zusammenarbeit in den Bereichen Justiz und Inneres, S. 259 ff.; *Weiß/Satzger*, in: Streinz, EUV/AEUV, Art. 67 AEUV, Rn. 5; *Röben*, in: Grabitz/Hilf/Nettesheim, EU, Art. 67 AEUV (Mai 2014), Rn. 3.

[46] ABl. 2008, C 115/290.

der »dritten Säule«,[47] reformierte dieses allerdings zugleich deutlich in Orientierung auf die »erste« Säule (insbesondere durch Einführung spezifisch definierter Handlungsformen[48] und durch eine spezifische Rechtswegeröffnung zum EuGH),[49] wenn auch ohne unmittelbar anwendbare Normen zu schaffen oder sekundärrechtlich zu ermöglichen[50] und ohne das »Gemeinschaftsverfahren« zu übertragen.[51] Er schuf dadurch Abgrenzungsprobleme für die Kompetenzfrage in Schnittbereichen beider Säulen,[52] die durch den Vertrag von Nizza nicht beseitigt wurden.[53] Sie sind nunmehr infolge der vom **Verfassungsvertrag** konzeptionell vorgespurten[54] Supranationalisierung durch den **Reformvertrag von Lissabon** überwunden.[55] Ob die Entwicklung damit abgeschlossen ist,[56] ist angesichts verbliebener Sondernormen zugunsten mitgliedstaatlicher Souveränität (Art. 72, 79 Abs. 5 AEUV), den genannten Ausnahmevorschriften vom ordentlichen Gesetzgebungsverfahren und im Rechtsschutz sowie dem Kompetenzzuschnitt in den Art. 82 bis 89 AEUV spekulativ und angesichts der seit 2015 eingetretenen neuen Herausforderungen der Union im Migrationsgeschehen eher zweifelhaft.

Zugleich hat der Reformvertrag von Lissabon den Auftrag zum schrittweisen Aufbau eines RFSR (Art. 61 EGV) in eine Bestandsbeschreibung überführt (Art. 3 Abs. 2 EUV: »bietet« einen RFSR; Art. 67 AEUV: »bildet« einen RFSR),[57] die im Licht der zahlreichen, seit mehr als zwei Jahrzehnten verwirklichten Maßnahmen einen realen Hintergrund hat. Allerdings wechselt damit die Aufgabenbeschreibung in Richtung seiner Sicherung und Optimierung und erhebt dieses Ziel ebenso wie Ziele des Binnenmarktes und der Wirtschafts- und Währungsunion zu einer **Daueraufgabe** der EU. Dazu sind die **Kompetenzen** der nunmehr mit eigener Rechtspersönlichkeit versehenen (Art. 47 EUV) und zugleich in der Rechtsnachfolge der EG stehenden EU (Art. 1 Abs. 3 Satz 3 EUV) deutlich **ausgeweitet** worden:[58] erstens infolge der Zuerkennung der Rechtspersönlichkeit an die EU, die dadurch auch in der polizeilichen und justiziellen Zusammenarbeit in Strafsachen (PJZS) rechtliches Zurechnungssubjekt europäischer Maßnahmen geworden ist; zweitens infolge des Wegfalls des Erfordernisses der Binnenmarktförderung in den zuvor daran gebundenen Kompetenznormen (s. unten Rn. 8 ff., 10); drittens infolge thematischer und/oder konzeptioneller Erweiterungen in den erfassten Politikbereichen. Letzteres betrifft bei den **Zugangspolitiken** zur Union namentlich Art. 77 Abs. 1

8

---

[47] *Rupprecht*, integration 1997, 264, 26 f.; *Müller-Graff*, integration 1997, 271, 275 f.
[48] So insbesondere die Schaffung der Rechtsaktformen »Rahmenbeschluss« und Beschluss (Art. 34 EUV a. F.).
[49] So Art. 35 EUV a. F.
[50] *Röben*, in: Grabitz/Hilf/Nettesheim, EU, Art. 67 AEUV (Mai 2014), Rn. 5.
[51] Dies zeigte sich namentlich in der im Vergleich zur seinerzeitigen EG reduzierten Rolle von Kommission (Art. 36 Abs. 2 EUV a. F.) und Europäischem Parlament (Art. 39 EUV a. F.).
[52] Vgl. z. B. EuGH, Urt. v. 13. 9. 2005, Rs. C–176/03 (Kommission/Rat,), Slg. 2005, I–7879; *Weiß/Satzger*, in: Streinz, EUV/AEUV, Art. 67 AEUV, Rn. 8.
[53] Zu der lediglich punktuellen Entwicklung der »dritten« Säule durch den Vertrag von Nizza *Röben*, in: Grabitz/Hilf/Nettesheim, EU, Art. 67 AEUV (Mai 2014), Rn. 4.
[54] So Art. III–257 bis Art. III–277 VVE; dazu *Müller-Graff*, Verfassungsvertragliche Neuerungen und Rekonstruktion des »Raums der Freiheit, der Sicherheit und des Rechts«, S. 283 ff.; *Labayle*, RTDE 2005, 437.
[55] *Müller-Graff*, EuR-Beiheft 1/2009, 105; *Hailbronner*, Verfassungsvertragliche Neuerungen und Rekonstruktion des »Raums der Freiheit, der Sicherheit und des Rechts«, S. 361; *Kainer*, S. 283.
[56] So *Weiß/Satzger*, in: Streinz, EUV/AEUV, Art. 67 AEUV, Rn. 8.
[57] Vgl. die akribische Textstufenentwicklung vom EGV über den VVE zum Vertrag von Lissabon bei *Weiß/Satzger*, EUV/AEUV, in: Streinz, EUV/AEUV, Art. 67 AEUV, Rn. 9.
[58] *Müller-Graff*, EuR-Beiheft 1/2009, 105 (111 ff.).

Buchst. c und Abs. 2 Buchst. d AEUV (Integriertes Grenzschutzsystem), Art. 77 Abs. 3 AEUV (Vereinheitlichung von Pässen, Personalausweisen, Aufenthaltstiteln und diesen gleichgestellten Dokumenten), Art. 78 AEUV (Asylpolitik mit ausgeweiteter thematischer Zielrichtung auf ein gemeinsames europäisches Asylsystem und ohne Beschränkung auf Mindeststandards), Art. 79 AEUV (mit thematisch ausgeweiteter Zielrichtung auf eine gemeinsame Einwanderungspolitik unter Einschluss von Integrationsförderung und Bekämpfung des Menschenhandels).

9   In der **strafjustiziellen Zusammenarbeit**[59] erfasst die thematische Weiterung ein breites Spektrum: Art. 82 Abs. 1 UAbs. 2 und Abs. 2 AEUV (mit dem sehr anspruchsvollen Prinzip der gegenseitigen Anerkennung gerichtlicher Urteile und Entscheidungen; mit Zuständigkeitskonsequenzen für die Festlegung entsprechender Regeln und Verfahren, für die Weiterbildungsförderung und für den Erlass von Mindestvorschriften für Strafverfahren), Art. 83 Abs. 1 AEUV (mit Zuständigkeitskonsequenzen für den Erlass von Mindestvorschriften zur Festlegung von Straftaten und Strafen in einem erweiterten Kreis besonders schwerer Kriminalität mit grenzüberschreitender Dimension), Art. 84 AEUV (Förderung der mitgliedstaatlichen Kriminalprävention), Art. 85 AEUV (Einleitung strafrechtlicher Ermittlungsverfahren oder Vorschläge von Eurojust zur Einleitung strafrechtlicher Verfolgungsmaßnahmen an mitgliedstaatliche Behörden) sowie Art. 86 AEUV (Einsetzung einer Europäischen Staatsanwaltschaft zur Bekämpfung von Straftaten zum Nachteil finanzieller Interessen der Union). Art. 83 Abs. 2 AEUV ermöglicht überdies unter den von ihm genannten Voraussetzungen in Sachbereichen außerhalb des RFSR die akzessorische Mindestangleichung strafrechtlicher Vorschriften (Straftaten und – die frühere Rechtsprechung des EuGH überschreitend[60]– auch Strafen). In der **polizeilichen Zusammenarbeit**[61] erfolgten thematische Detailerweiterungen: Art. 87 Abs. 2 Buchst. c AEUV (gemeinsame Ermittlungstechniken), Art. 87 Abs. 3 AEUV (operative Zusammenarbeit) und Art. 88 Abs. 2 Buchst. a AEUV (Europol: Einbeziehung von Drittstaaten in den Informationsverkehr). In der **ziviljustiziellen Zusammenarbeit**[62] ist der ausdrückliche Themenkatalog in Art. 81 AEUV im Vergleich zu Art. 65 EGV erweitert (namentlich: effektiver Zugang zum Recht, Entwicklung alternative Streitbeilegungsverfahren, Förderung der Weiterbildung von Richtern und Justizbediensteten).

---

[59] Zu deren System und Einzelfacetten umfassend *Böse* (Hrsg.), Europäisches Strafrecht; s. auch *Böse*, Konturen und Perspektiven der strafjustiziellen Zusammenarbeit, S. 1357; *Meyer*, Verfahren der strafjustiziellen Zusammenarbeit, S. 1379 ff.; *ders.*, EuR 2011, 169; *Eckes/Konstadinidis*; *Herlin-Karnell*, eucrim 2010, 59; als Vergleich zum Entwicklungsstand 1998 *Cullen/Gilmore* (eds.), S. 85 ff. und 1996 die Beiträge von *Kühne* und *Bruggemann*, in: Müller-Graff, Der Raum der Freiheit, der Sicherheit und des Rechts; zu den Perspektiven *Heger*, ZIS 2009, 406; *Sieber*, ZStW 121 (2009), 1; *Mitsilegas*, E.L.Rev. 34 (2009), 523; zu den Widerständen *ders.*, NJECL 2010, 458; zu den Grenzen des Grundgesetzes im Lissabon-Urteil des Bundesverfassungsgerichts *Suhr*, ZEuS 2009, 687; *Meyer*, NStZ 2009, 657; *Kubiciel*, GA 2010, 99.
[60] Vgl. dazu noch EuGH, Urt. v. 23.10.2007, Rs. C–440/05 (Kommission/Rat), Slg. 2007, I–9097, Rn. 70 f.
[61] Dazu systematisierend *Kugelmann*, S. 631 ff.; zur Umsetzung des Haager Programms *Fijnaut*, The Hague Programme and Police Cooperation between the Member States of the EU, in: de Zwaan/Goudappel (eds.), S. 233 ff.; zur Sicherheit nach dem Wegfall der Grenzkontrollen im Schengenraum *Fastenrath/Skerka*, ZEuS 2010, 219; zu den Perspektiven *Fijnaut/Ouwerkerk*.
[62] Dazu *Leible*, S. 433; umfassend *Leible/Terhechte*, §§ 15–29; *Gebauer/Wiedmann*, Zivilrecht unter europäischem Einfluss, 2. Aufl., 2010, S. 1367 ff.; zur Systemeinbettung *Müller-Graff*, FS Jayme, S. 1323 ff.

B. Normaufbau

Die programmatisch gefasste Formulierung des Art. 67 Abs. 1 AEUV verdeckt das operative Primärziel insoweit, als sie dieses voraussetzt und die Aufmerksamkeit sofort auf das Gebot der Achtung der Grundrechte und der verschiedenen Rechtsordnungen und Rechtstraditionen der Mitgliedstaaten im RFSR lenkt (s. unten G; Rn. 40). Dies fixiert indes nur Maßstäbe, die bei der Verwirklichung der drei Unterziele des RFSR einzuhalten sind, wie sie von den Absätzen 2 bis 4 gekennzeichnet werden: die Sicherstellung eines **binnengrenzkontrolllosen Freizügigkeitsraums** für Personen unter dessen Absicherung nach außen mittels gemeinsamer Zugangspolitiken (Kontrollen an den Außengrenzen, Einwanderung, Asyl) (s. unten D; Rn. 34), die Gewährleistung eines **hohen Maßes an Sicherheit** (insbesondere durch Verhütung und Bekämpfung der Kriminalität, Zusammenarbeit von Polizeibehörden und Organen der Strafrechtspflege, gegenseitige Anerkennung strafrechtlicher Entscheidungen, Strafrechtsangleichung) (s. unten E; Rn. 35) und die Erleichterung des »**Zugangs zum Recht**« (insbesondere durch den Grundsatz der gegenseitigen Anerkennung gerichtlicher und außergerichtlicher Entscheidungen in Zivilsachen) (s. unten F; Rn. 39).

10

C. Normstellung im System des Unionsrechts

Der von Art. 67 AEUV umschriebene RFSR hat seit der Vertragsreform von Lissabon infolge der grundsätzlichen Entkoppelung seiner Einzelnormen vom Binnenmarktziel teleologischen Eigenstand (I.; Rn. 12), der im Dienst der Leitzieltrias der Union steht (II.; Rn. 15), und flankiert fördernd sowohl die binnenmarktliche (III.; Rn. 19) als auch der unionsbürgerliche Freizügigkeit (IV.; Rn. 20), ist allerdings primärrechtlich schwächer gewährleistet als der Binnenmarktraum der Union (V.; Rn. 21).

11

I. Teleologischer Eigenstand: Der grenzkontrollfreie Binnenraum der Union

Der **teleologische Eigenstand** des RFSR der Union nach der Vertragsreform von Lissabon besteht in der Sicherstellung eines grenzkontrolllosen Binnenraums der Union für jedermann. Vor der Vertragsreform von Lissabon waren die von dem (seit der Vertragsreform von Amsterdam so genannten und unmittelbar an den binnenmarktrechtlichen Titel III über die Freizügigkeit, den freien Dienstleistungs- und Kapitalverkehr angefügten) RFSR umschlossenen Politikbereiche im EG-Vertrag unter Titel IV als »Visa, Asyl, Einwanderung und anderen Politiken betreffend den freien Personenverkehr« rubriziert (Art. 61–69 EGV), in den von Anfang an allerdings die Bestimmung über die ziviljustitielle Zusammenarbeit (Art. 65 AEUV) konzeptionell nicht passte. Der klare **Binnenmarktbezug im EGV** erklärt sich aus dem mit der **Einheitlichen Europäischen Akte** angestoßenen Ziel, im Interesse der Verschmelzung der einzelstaatlichen Marktgebiete zu einem gemeinsamen Wirtschaftsraum »ohne Binnengrenzen, in dem der freie Verkehr von Waren, Personen, Dienstleistungen und Kapital ... gewährleistet ist« (heute Art. 26 Abs. 2 AEUV) die Binnengrenzkontrollen von Personen und Waren gänzlich zu beseitigen.[63] Zur Verwirklichung und dauerhaften Sicherung eines derartigen Frei-

12

---

[63] Vgl. zur Beseitigung der »materiellen« Grenzen namentlich den Anschub zur diesbezüglichen Vertragsreform durch die Kommission der Europäischen Gemeinschaften: Vollendung des Binnen-

zügigkeitsraums konnte aber allein die Abschaffung der Kontrollen nicht ausreichen. Denn damit ist zum einen faktisch unvermeidbar auch ein kontrollfreier grenzüberschreitenden Verkehr von Drittstaatsangehörigen verbunden.[64] Derartige Freizügigkeit im Inneren zwischen verschiedenen Staaten erfordert mithin flankierende Maßnahmen, insbesondere eine gemeinsame Politik an den Außengrenzen zu Drittstaaten gegenüber dem **Zugang von Drittstaatsangehörigen**. Folgerichtig wurden die Kontrollen an den Außengrenzen, die Visaerfordernisse, die Asylgewährung und die Einwanderungspolitik zu »Angelegenheiten gemeinsamen Interesses«, wie sie von Art. K.1 EUV (Maastrichter Fassung) in der dritten (intergouvernementalen) Säule der Europäischen Union von Maastricht auch prägnant bezeichnet wurden. Zum anderen erforderte das Ziel, den binnenmarktlichen Raum ohne Binnengrenzkontrollen zu verwirklichen, auch Vorkehrungen gegen die dadurch erhöhten Gefahren **grenzüberschreitender Kriminalität**.[65]

13   Die europäische Integrationserfassung dieser Politiken, angetrieben durch das Binnenmarktkonzept (»**Überschwappeffekt**«)[66], spiegelte sich nach der Vergemeinschaftung der Zugangspolitiken (Kontrollen an den Außengrenzen, Asyl, Einwanderung) durch den Vertrag von Amsterdam in den Voraussetzungen der für die EG geschaffenen Kompetenznormen wider.[67] So ermächtigte Art. 61 Buchst. a EGV den Rat zu »Maßnahmen zur Gewährleistung des freien Personenverkehrs nach Artikel 14« (scil.: binnenmarktliche Freizügigkeit, insbesondere der Arbeitnehmer, der Selbständigen, der Unternehmen, der Dienstleistenden und der Dienstleistungsempfänger, aber auch der am freien Waren-, Kapital- und Zahlungsverkehr Beteiligten) »in Verbindung mit unmittelbar damit zusammenhängenden flankierenden Maßnahmen in Bezug auf die Kontrolle an den Außengrenzen, Asyl und Einwanderung«. Art. 62 Ziff. 1 EGV nahm für die Sicherstellung der Kontrolllosigkeit an den Binnengrenzen den Bezug zu Art. 14 EGV nochmals ausdrücklich auf (»Maßnahmen, die nach Artikel 14 sicherstellen,…«). Und Art. 65 EGV stellte für die Handlungskompetenz der EG im Bereich der ziviljustiziellen Zusammenarbeit diesen Bezug in der Umschreibung der davon ins Auge gefassten Maßnahmen mit den Worten her: »Maßnahmen im Bereich der justiziellen Zusammenarbeit in Zivilsachen mit grenzüberschreitenden Bezügen, die, soweit sie für das reibungslose Funktionieren des Binnenmarktes erforderlich sind, … zu treffen sind«.

14   Dieser sachliche Legitimationsbezug der europäischen Verbandskompetenz zu Maßnahmen in den genannten Bereichen des RFSR zum Binnenmarktziel ist vom Vertrag von Lissabon in den Art. 67 ff. AEUV **aufgehoben**[68] und hat die Zuständigkeit daher

---

marktes. Weißbuch der Kommission an den Europäischen Rat. Juni 1985, Rn. 24 ff. Zur Entstehung *Pelkmans/Beuter*, S. 149. Zum Binnenmarktbezug z. B. auch *Röben*, in: Grabitz/Hilf/Nettesheim, EU, Art. 67 AEUV (Mai 2014), Rn. 1; *Weiß/Satzger*, in: Streinz, EUV/AEUV, Art. 67 AEUV, Rn. 5; Rosenau/Petrus, in: Vedder/Heintschel v. Heinegg, Europäisches Unionsrecht, Art. 67 AEUV, Rn. 2; *Frenz*, Handbuch Europarecht, Band 6, Rn. 2696.

[64] Ebenso z. B. *Weiß/Satzger*, in: Streinz, EUV/AEUV, Art. 67 AEUV, Rn. 7; *Frenz*, Handbuch Europarecht, Band 6, Rn. 2702, 2709.

[65] Ebenso z. B. *Weiß/Satzger*, in: Streinz, EUV/AEUV, Art. 67 AEUV, Rn. 8; *Frenz*, Handbuch Europarecht, Band 6, Rn. 2702.

[66] Auch: »Spill over«-These; dazu allgemein *Röben*, in: Grabitz/Hilf/Nettesheim, EU, Art. 67 AEUV (Mai 2014), Rn. 19; s. auch *Kotzur*, in: Geiger/Khan/Kotzur, EUV/AEUV, Art. 67 AEUV, Rn. 1; *Stern/Tohidipur*, EnzEuR, Bd. 10, § 14, Rn. 26.

[67] Vgl. die Bezugnahme auf den freien Personenverkehr des Binnenmarktes in Art. 61 Buchst. a EGV, Art. 62 Ziff. 1 EGV und auf das reibungslose Funktionieren des Binnenmarktes in Art. 65 EGV.

[68] Vgl. als umfängliche Textanalyse der Neuerungen im Vergleich zur Textlage vor dem Reformvertrag von Lissabon *Weiß/Satzger*, in: Streinz, EUV/AEUV, Art. 67 AEUV, Rn. 12; s. auch *Frenz*, Handbuch Europarecht, Band 6, Rn. 2794.

erweitert.⁶⁹ Er klingt lediglich noch in der Ermächtigung zu Maßnahmen zur ziviljustiziellen Zusammenarbeit nach. Art. 81 Abs. 2 AEUV thematisiert hier ein Tätigwerden der Union »insbesondere wenn dies für das reibungslose Funktionieren des Binnenmarkts erforderlich ist«. Die Union ist aber auch hier wie im gesamten Spektrum des RFSR nicht auf eine Begründung ihrer Maßnahmen aus Gesichtspunkten der Binnenmarktförderung begrenzt oder zu ihr verpflichtet, wiewohl ein derartiger Nachweis ihren Vorschlägen (zusätzliche) Überzeugungskraft verleihen kann. Das Ziel der Sicherstellung des binnengrenzkontrolllosen Freizügigkeitsraums hat jedenfalls seit der Reform von Lissabon zweifelsfrei teleologischen Eigenstand,⁷⁰ ist insoweit »emanzipiert«⁷¹ und entfaltet eine **zusätzliche »sinnstiftende Funktion«** für die europäische Integration,⁷² die auch im Aufstieg des RFSR an die Tête der vier operativen Hauptziele in Art. 3 Abs. 2 bis 5 EUV zum Ausdruck kommt⁷³ und der Union auch allgemeine Wertschätzung zu vermitteln geeignet ist.⁷⁴ Ob es auch ein realpolitisch selbst tragendes Ziel für den europäischen Zusammenhalt unabhängig vom Ziel der von Grenzkontrollen ungehinderten binnenmarktlichen Freizügigkeit für Marktakteure wäre, ist spekulativ.

II. Die Dienstfunktion des RFSR für die Leitzieltrias der Union

Der teleologische Eigenstand des RFSR entbindet diesen jedoch nicht von seiner Dienstfunktion für die übergreifende **Leitzieltrias der Union**, wie sie in Art. 3 Abs. 1 EUV niedergelegt ist. Danach ist es Ziel der Union, »den Frieden, ihre Werte und das Wohlergehen ihrer Völker zu fördern.« Zur Verwirklichung jedes dieser Ziele kann die Bildung eines RFSR beitragen.⁷⁵

15

1. Förderung des Friedens

Unbestritten ist die befriedende Wirkung der europäischen Integration in der Mitte des Kontinents im Allgemeinen, ungeachtet spezifischer Krisenlagen im Einzelnen. Dies hat zahlreiche Ursachen, zuvörderst die pazifizierend wirkende Wirtschaftsverflechtung freiheitlich-demokratischer Staaten im Rahmen stabiler Institutionen. Aber auch Gedanke und Verwirklichung eines allgemeinen Freizügigkeitsraums der Union im Sinne eines RFSR können zu diesem friedlichen Zusammenhalt ihren Beitrag leisten.⁷⁶ Für Menschen, die sich ohne Kontrolle über Staatsgrenzen hinweg bewegen können, relativiert sich die Bedeutung der Grenzziehung. Die physische Kontrolllosigkeit beseitigt zwar nicht die Erfahrung der sprachlichen, kulturellen, sozialen, wirtschaftlichen, rechtlichen und politischen Eigenheiten und Andersartigkeiten in anderen Staaten. Gleich-

16

---

⁶⁹ *Müller-Graff*, EuR-Beiheft 1/2009, 105 (115); *Thym*, in: Grabitz/Hilf/Nettesheim, EU, Art. 77 AEUV (September 2010), Rn. 5.
⁷⁰ *Müller-Graff*, EuR-Beiheft 1/2009, 105 f.; *Monar*, integration 2008, 379, 380; *Hoppe*, in: Lenz/Borchardt, EU-Verträge, Art. 77 AEUV, Rn. 3; *Thym*, in: Grabitz/Hilf/Nettesheim, EU, Art. 77 AEUV (September 2010), Rn. 5.
⁷¹ *Weiß/Satzger*, in: Streinz, EUV/AEUV, Art. 67 AEUV, Rn. 11, 12.
⁷² So prägnant *Weiß/Satzger*, in: Streinz, EUV/AEUV, Art. 67 AEUV, Rn. 10; s. auch Rn. 13: drittes großes europäisches Integrationsprojekt; *Thym*, in: Grabitz/Hilf/Nettesheim, EU, Art. 77 AEUV (September 2010), Rn. 5.
⁷³ Zur Formulierungsentwicklung im jetzigen Art. 3 EUV *Weiß/Satzger*, in: Streinz, EUV/AEUV, Art. 67 AEUV, Rn. 11.
⁷⁴ *Monar*, integration 2008, 379.
⁷⁵ *Müller-Graff*, integration 2012, 100 (103).
⁷⁶ *Müller-Graff*, integration 2012, 100 (103).

wohl bietet das Konzept des RFSR die Möglichkeit, die Eigenheiten und Andersartigkeiten im jeweils individuellen grenzüberschreitenden Bewegungs-, und Handlungskreis unschwer aufzunehmen, zu gewichten, in Unterschieden spezifische Antworten auf vergleichbare oder verschiedene Lebensherausforderungen zu verstehen und im Vergleich die eigenen Eigenheiten zu erkennen und einzuordnen. Ein besonders entwickeltes Erfahrungslabor dieser Art bildet der Erasmus-Austausch von Studierenden, dank dessen diese in anderen Mitgliedstaaten andere lokale akademische Verständnisse und Stile und andere lokale Sprachen und Studierende anderer Länder erleben. Sie verinnerlichen den erfahrenen ausländischen Ort und dessen tradierte Kultur in ihrer Biographie und bilden individuelle grenzüberschreitende Beziehungen. Bei derartiger Imprägnierung wäre es verwunderlich, Konflikte wegen Andersartigkeiten oder unterschiedlicher Interessen in staatlich kriegerische Lösungsversuche ableiten zu lassen.

2. Förderung der Werte der Union

17 Ein allgemeiner Freizügigkeitsraum im Sinne eines RFSR der Union kann auch einen fördernden Beitrag zur Verwirklichung der von Art. 3 AEUV angesprochenen »Werte der Union« leisten.[77] Sie sind in Art. 2 EUV im Einzelnen normativ substantiiert als »die Achtung der Menschenwürde, Freiheit, Demokratie, Gleichheit, Rechtsstaatlichkeit und die Wahrung der Menschenrechte einschließlich der Rechte der Personen, die Minderheiten angehören.« Auf diesen Werten soll sich nach Art. 2 EUV nicht nur die Union gründen, sondern sie sollen auch allen Mitgliedstaaten gemeinsam sein und dies »in einer Gesellschaft …, die sich durch Pluralismus, Nichtdiskriminierung, Toleranz, Gerechtigkeit, Solidarität und die Gleichheit von Frauen und Männern auszeichnet.« Der Text des Art. 2 EUV ist indikativ gefasst (»gründet«; »sind … gemeinsam«). Tatsächlich liegt darin aber nicht eine (erhofft richtige) empirische Feststellung, sondern ein Sollenskonzept für Union, Mitgliedstaaten und Gesellschaft. Dieses versucht die sprachliche Erfassung der gewollten, aufgeklärt entspannten europäischen Lebensweise für das 21. Jahrhundert: Toleranz durch Vielfalt und Toleranz für Vielfalt, ohne dadurch aber die Missachtung der Grundwerte zu tolerieren. Das Potenzial von Gedanke und Verwirklichung des RFSR, dieses Wertekonzept zu fördern, liegt einerseits in der Verständigung über die für einen RFSR einschlägige Rechtspolitik der Union und andererseits insbesondere in der gesellschaftlichen Verankerung. Ein barrierefreier Freizügigkeitsraum erleichtert den Berechtigten das grenzüberschreitende Zusammenkommen und den Austausch von Menschen ganz im Sinne des *Jean Monnet* zugeschriebenen Wortes »Nous ne coalisons pas des États, nous unissons des hommes.«[78] Insbesondere im transnationalen Gespräch über Einzelthemen aller Art kommt es zum wertenden Vergleich und darin inzident (und meist unbemerkt) zur individuellen Verständigung über Unterschiede und Gemeinsamkeiten von Wertorientierungen. Soweit diese sich mit den von Art. 2 EUV imaginierten Werten decken, können sie (mittels hermeneutisch-osmotischer Verständigung) deren Gemeinsamkeit und (mittels handelnssteuernder Umsetzung) deren Verwirklichung fördern.

---

[77] *Müller-Graff*, integration 2012, 100 (104).
[78] *Monnet*, Mémoires, 1976, S. 7; dazu *Müller-Graff*, FS Riedel, S. 429.

3. Förderung des Wohlergehens der Völker der Union

Ein allgemeiner Freizügigkeitsraum im Sinne eines RFSR der Union ist auch dem von Art. 3 EUV hervorgehobenen Leitziel der Förderung des Wohlergehens der Völker der Union dienlich.[79] Dieses hat eine materielle und eine immaterielle Dimension. Zu beiden trägt ein RFSR bei. Die interne Grenzkontrolllosigkeit fördert im Einklang mit der ursprünglich flankierenden Funktion der Marktintegration die transnationale wirtschaftliche Verflechtung des Binnenmarktes mit seinen erwarteten positiven gesamtwirtschaftlichen Auswirkungen in der Union. Zugleich vermag idealbildlich ein RFSR das allgemeine gesellschaftliche Wohlbefinden zu steigern: namentlich über das Bewusstsein der eigenen weitläufigen Bewegungsfreiheit in einem gesicherten und rechtlich verlässlichen Raum und in Verbindung mit allgemeinen Vorteilen infolge des gesamtwirtschaftlichen Nutzens des ungehinderten Binnenmarktes. Allerdings setzt gerade die Förderung des sozialen Wohlbefindens voraus, das die durch den Binnenmarkt entstehenden gesamtwirtschaftlichen Vorteile auch in angemessener Weise der Bevölkerung in allen Mitgliedstaaten zugute kommen und vermittelt werden.[80]

III. Flankierende Förderung des Binnenmarktes

Neben dem teleologischen Eigenstand des operativen Ziels eines grenzkontrollfreien Binnenraums im Sinne eines RFSR der Union erfüllt dieses zugleich unverändert die Aufgabe, die Freizügigkeitsrechte des Binnenmarkts (Art. 26 Abs. 2 AEUV) flankierend zu fördern.[81] Dies betrifft insbesondere die subjektiven Rechte der Arbeitnehmerfreizügigkeit (Art. 45 ff. AEUV), die Niederlassungsfreiheit der Selbständigen und Gesellschaften (Art. 49 ff., 54) sowie die aktive und passive Dienstleistungsfreiheit im Allgemeinen (Art. 56 ff. AEUV) und speziell im Verkehrsbereich (Art. 90 ff. AEUV). Es erstreckt sich aber auch auf die subjektiven Rechte aus den annexen Freizügigkeitserfordernissen zur Verwirklichung der Waren-, Kapital- und Zahlungsfreiheit (Art. 28 ff., 63 ff. AEUV). Zwar bestimmt das Recht des RFSR nicht den Inhalt der Grundfreiheiten des Binnenmarktes. Dies erfolgt im Einzelnen durch die einschlägigen Bestimmungen der Art. 28 ff. AEUV. Allerdings wird das Ziel des binnenmarktlichen Raums »ohne Binnengrenzen«, wie von Art. 26 Abs. 2 AEUV ausdrücklich angestrebt, unter dem Gesichtspunkt eines Raums ohne Binnengrenzkontrollen gerade dadurch erreicht, dass die Union im Rahmen eines RFSR sicherstellt, dass Personen an den Binnengrenzen nicht kontrolliert werden (Art. 67 Abs. AEUV).

IV. Flankierende Förderung der unionsbürgerlichen Freizügigkeit

Zugleich fördert die Sicherstellung des binnenkontrolllosen Binnenraums die unionsbürgerliche Freizügigkeit. Nach Art. 21 Abs. 1 AEUV, den Art. 45 Abs. 1 GRC im Kern wiederholt, hat jeder Unionsbürger »das Recht, sich im Hoheitsgebiet der Mitgliedstaa-

---

[79] *Müller-Graff*, integration 2012, 100 (105).
[80] Wegen des das Binnenmarktkonzept prägende Prinzips des komparativen Kostenvorteils bzw. des Wettbewerbsprinzips können regional asymmetrische Wirkungen für Industriebesatz, Beschäftigung und Besteuerbarkeit eintreten und daher das Bedürfnis hervorrufen, seitens der Union über Fonds (namentlich Kohäsionsfonds) beispielsweise wettbewerbsertüchtigende infrastrukturelle Maßnahmen zu fördern oder kompensatorisch zu wirken.
[81] S. auch *Suhr*, in: Calliess/Ruffert, EUV/AEUV, Art. 67 AEUV, Rn. 77: »Komplementärziel«; *Stern/Tohidipur*, EnzEuR, Bd. 10, § 14, Rn. 26 (»unausgesprochen präsent«).

ten vorbehaltlich der in den Verträgen und in den Durchführungsvorschriften vorgesehenen Beschränkungen und Bedingungen frei zu bewegen und aufzuhalten.« Zwar spricht dieser Wortlaut nicht ausdrücklich von einem Ausreise- und Einreiserecht eines Unionsbürgers, doch ergibt sich dieses aus dem Zweck des Art. 21 Abs. 1 AEUV, dem Unionsbürger umfassende Mobilität innerhalb der Union, also zwischen und in den Mitgliedstaaten, zu gewährleisten.[82] Demgegenüber besagt Art. 21 Abs. 1 AEUV nichts über ein Recht eines Unionsbürgers, diese Freizügigkeit ohne Personenkontrolle an den Binnengrenzen wahrnehmen zu können. Diese Kontrollfreiheit wird erst durch die rechtspolitische Verwirklichung des Zieles des Art. 67 Abs. 2 AEUV hergestellt. Art. 21 AEUV besagt auch nichts über ein Recht zu einer wirtschaftlichen Betätigung eines Unionsbürgers in einem anderen Mitgliedstaat.[83] Dieses ergibt sich aus den vorrangig einschlägigen transnationalen Marktzugangs-Grundfreiheiten sowie, da das Bemühen eines Unionsbürgers um eine wirtschaftliche Betätigung in einem anderen Mitgliedstaat im Geltungsbereich des Unionsrechts erfolgt, aus der damit verbundenen Anwendbarkeit der Berufsfreiheit des Art. 15 Abs. 1 GRC gegenüber mitgliedstaatlichen Behinderungen (Art. 51 Abs. 1 GRC im Sinne der Åkerberg Fransson Formel[84]) und den in Art. 15 Abs. 2 GRC wiederholten Rechten auf Arbeitnehmerfreizügigkeit, Niederlassung und Erbringung von Dienstleistungen.[85] Eine Beiziehung auch des Art. 21 Abs. 1 AEUV gegen mitgliedstaatliche Behinderungen unter dem Gesichtspunkt, dass der eine wirtschaftliche Tätigkeit suchende Unionsbürger sich im Rahmen seines allgemeinen Freizügigkeitsrechts in einem anderen Mitgliedstaat bewegt, ist wegen der speziellen Regelungen der Grundfreiheiten zweifelhaft.[86]

V. Die primärrechtlich eingeschränkte Gewährleistung des RFSR

21 Der von Art. 67 AEUV i. V. m. Art. 3 Abs. 2 EUV umschriebene allgemeine Freizügigkeitsraum im Sinne des RFSR ist primärrechtlich schwächer gewährleistet als der Binnenmarktraum. Beide aktivieren den auch für andere Dimensionen der Unionsintegration intonierten europäischen Raumgedanken[87] und fußen hierbei auf der Vorstellung der Union als eines gemeinschaftlichen Raums ohne Binnengrenzen, füllen diesen jedoch primärrechtlich unterschiedlich aus. Dies gilt für die territoriale Erstreckung (1; Rn. 22 ff.), die integrationstheoretische Fundierung (2; Rn. 32) und die primärrechtliche Konturierung (3; Rn. 33).

1. Die (unvollständige) territoriale Erstreckung des RFSR

22 Bereits in der territorialen Erstreckung des RFSR zeigen sich primärrechtliche Abschläge zum Binnenmarktraum der Union. Zwar verspricht Art. 3 Abs. 2 EUV, dass die Union ihren Bürgerinnen und Bürgern einen RFSR ohne Binnengrenzen »bietet«. Jedoch löst das Primärrecht diese Zusage nicht in demselben territorialen Umfang ein wie

---

[82] *Hatje*, in: Schwarze, EU-Kommentar, Art. 21 AEUV, Rn. 9; *Magiera*, in: Streinz, EUV/AEUVV, Art. 21 AEUV, Rn. 14.
[83] *Becker*, EuR 1999, 522, 532; *Hatje*, in: Schwarze, EU-Kommentar, Art. 18 EGV, Rn. 10.
[84] EuGH, Urt. v. 26.2.2013, Rs. C–617/10 (Åkerberg Fransson), ECLI:EU:C:2013:105, Rn. 19.
[85] Zum Verhältnis in der Auslegung Art. 52 Abs. 2 GRC.
[86] Ableitung aus der Arbeitnehmerfreizügigkeit durch EuGH, Urt. v. 15.10.1987, Rs. 222/86 (Heylens), Slg. 1987, 4097, Rn. 14.
[87] Zum europäischen Raumdenken in den Konzepten zur Europäischen Union *Müller-Graff*, EuR-Beiheft 1/2009, 105 (106 ff.).

die Errichtung eines binnenmarktlichen Raums (Art. 3 Abs. 3 EUV). Während dieser grundsätzlich alle Hoheitsgebiete der Mitgliedstaaten gleichermaßen umfasst (im Einklang mit dem räumlichen Geltungsbereich der Verträge gemäß Art. 52 EUV und der Feinabstimmung der Art. 355 AEUV, Art. 204 AEUV), ist der Umfang des maßgeblichen Unionsrechts des RSFR, abgesehen von den Übergangs-Sonderbestimmungen der Beitrittsakte von 2003, 2005 und 2011 für Neumitglieder, bereits primärrechtlich im Hinblick auf drei Mitgliedstaaten (Vereinigtes Königreich, Irland, Dänemark) **abgeschwächt**. Überdies ermöglichen Vorschriften im Bereich der strafjustiziellen und polizeilichen Zusammenarbeit in bestimmten Fragen (Art. 82 Abs. 3 AEUV, Art. 83 Abs. 3 AEUV, Art. 86 Abs. 1 AEUV, Art. 87 Abs. 3 AEUV) jeweils mindestens neun Mitgliedstaaten den Weg in die **differenzierte Integration** der Verstärkten Zusammenarbeit im Sinne des Art. 20 EUV.

Für die drei genannten Staaten begrenzen detaillierte und unterschiedlich ausgestaltete Protokolle[88] die verpflichtende Teilnahme[89] und schaffen eine beklagenswerte (und unwürdige) Zersplitterung, Intransparenz und Komplexität im Einzelnen.[90] Dies beinhaltet eine **primärrechtlich fixierte Form verstärkter Zusammenarbeit**,[91] deren fragmentierende Wirkungen zwar ausweislich mehrerer Erklärungen wohlwollender Einstellung (zu Einzelfragen), welche auf der Regierungskonferenz abgegeben wurden,[92] politisch gedämpft werden sollen, jedoch die rechtliche Grundkonstruktion unberührt lassen. Für die Anwendungspraxis besteht die unschöne Lage, bei jedem Sekundärrechtsakt der EU im RFSR überprüfen zu müssen, ob oder inwieweit und im Falle Dänemarks mit welcher Rechtsnatur er auch im Verhältnis zu dem betreffenden Mitgliedstaat maßgeblich ist. Hierbei ist zwischen dem Recht des RFSR im Allgemeinen und dem so genannten Schengen-Teil des RFSR zu unterscheiden.

a) Das Recht des RFSR im Allgemeinen

In der Rechtslage zum Recht des RFSR im Allgemeinen ist zwischen dem Vereinigten Königreich und Irland einerseits und Dänemark andererseits zu unterscheiden.

---

[88] Protokoll Nr. 1 zum Vertrag von Lissabon zur Änderung der Protokolle; vgl. *K. G. Fischer*, Der Vertrag von Lissabon, 2008, S. 492; zu den Protokollen 2–5 zum Amsterdamer Vertrag und der damit eingeleiteten Absonderung *Kretschmer*, in: Vedder/Heintschel v. Heinegg, EVV, Art. III–257 EVV, Rn. 14 ff.; übersichtlich zu den Sonderwegen der drei Staaten *Hoppe*, in: Lenz/Borchardt, EU-Verträge, Vorb. zu Art. 67 AEUV, Rn. 7 ff.; ausführlich *Herrnfeld*, in: Schwarze, EU-Kommentar, Art. 67 AEUV, Rn. 34 ff.; s. auch *Haratsch/Koenig/Pechstein*, Europarecht, Rn. 1043; *Bieber/Epiney/Haag*, Die EU, § 17, Rn. 8 ff.; *Frenz*, Handbuch Europarecht, Band 6, Rn. 2747 ff.; *Breitenmoser/Weyeneth*, in: GSH, Europäisches Unionsrecht, Vorb. Art. 67–76 AEUV, Rn. 61 ff.

[89] Zur politischen Genese dieser Sonderpositionen ausführlich *Thym*, in: Grabitz/Hilf/Nettesheim, EU, Art. 77 AEUV (September 2010), Rn. 12 ff. (»Ungleichzeitigkeit der Grenzkontroll- und Visapolitik«).

[90] Zur zusätzlichen Verstärkung dieser Lage durch Ausstiegsmöglichkeiten aus zuvor übernommenen Rechtsakten im Zuge von Änderungsrechtsakten nach den Änderungen der Protokolle Nr. 19 (Schengen) und Nr. 21 im Zuge des Vertrag von Lissabon *Thym*, in: Grabitz/Hilf/Nettesheim, EU, Art. 77 AEUV (September 2010), Rn. 13; zur Intransparenz *ders*. WHI-Paper 3/2009: The Evolution of Supranational Differentiation, http://www.whi-berlin.eu/documents/whi-paper0309.pdf (2.2.2017); s. auch *Herrnfeld*, in Schwarze, EU-Kommentar, Art. 67 AEUV, Rn. 5 (»Raum à la carte«), der auch in den »Notbremseverfahren« (Art. 82 Abs. 3 AEUV und Art. 83 Abs. 3 AEUV) ein Zersplitterungspotenzial sieht.

[91] *Weiß/Satzger*, in: Streinz, EUV/AEUV, Art. 67 AEUV, Rn. 48; zur Differenzierung s. auch *Monar*, S. 773 ff.

[92] Erklärungen 44–48, 56, 61; vgl. *K.H. Fischer*, S. 467.

aa) Vereinigtes Königreich und Irland

25 Art. 1 **Protokoll (Nr. 21)** über die Position des Vereinigten Königreichs und Irlands[93] legt als **Grundsatz** fest, dass sich beide Staaten nicht an der Annahme von Maßnahmen durch den Rat beteiligen, die nach Titel V (Art. 67 AEUV bis Art. 89 AEUV) vorgeschlagen werden.[94] Die Vorschriften des Titel V, nach diesem Titel beschlossene Maßnahmen (einschließlich internationaler Übereinkünfte der Union) und darauf bezogene Auslegungsentscheidungen des EuGH sind für beide Staaten nicht bindend oder anwendbar (Art. 2). Dies gilt auch für Maßnahmen, mit denen eine bestehende Maßnahme geändert wird, die für eines der Länder bindend ist (Art. 4a Protokoll; in diesem Fall besteht die Möglichkeit, dass im Falle einer Nichtbeteiligung an der Änderung die Bindung an die bestehende Maßnahme vom Rat im Verfahren des Art. 4a Abs. 2 Protokoll aufgehoben wird und der dann nicht mehr beteiligte Staat durch Beschluss des Rates etwaige unmittelbar finanzielle Folgen aus der Nichtfortführung der Beteiligung zu tragen hat). Daneben sichert das Protokoll über die Anwendung bestimmter Aspekte des Art. 26 AEUV auf das Vereinigte Königreich und Irland beiden Staaten unter den dort genannten Voraussetzungen das Recht zur Durchführung von Kontrollen einreisewilliger Personen an ihren Grenzen mit anderen Mitgliedstaaten, ungeachtet, u. a., des Art. 77 AEUV, sowie den übrigen Mitgliedstaaten dieses Recht gegenüber einreisewilligen Personen aus diesen beiden Staaten.[95]

26 Art. 1 des Protokolls (Nr. 21) beinhaltet allerdings nur den Grundsatz. Davon bestehen folgende **Ausnahmen**. Erstens bezieht sich die Nichtbeteiligung Irlands gemäß Art. 9 Protokoll nicht auf Art. 75 AEUV (Kapital- und zahlungsbezogene Maßnahmen zur Terrorismusbekämpfung). Zweitens hat Irland das Recht, dem Rat schriftlich mitzuteilen, dass das Protokoll nicht mehr für Irland gelten soll (Art. 8 Protokoll). Drittens steht beiden Ländern gemäß Art. 3 Abs. 1 Protokoll das Recht zu, sich entweder an der Annahme und Anwendung einer Maßnahme zu beteiligen (durch schriftliche Mitteilung des Beteiligungswillens an den Präsidenten des Rates innert drei Monaten nach der Vorlage eines Vorschlags oder einer Initiative; Art. 3 Abs. 1 Protokoll;[96] dazu Erklärung Nr. 56 von Irland zur festen Absicht, sein Beteiligungsrecht »im größten Umfang wahrzunehmen, der ihm möglich erscheint«[97]) oder nach der Annahme einer Maßnahme jederzeit der Kommission und dem Rat mitzuteilen, dass es die Maßnahmen anzunehmen wünscht (Art. 4 Protokoll mit der Folge der sinngemäßen Anwendung des Verfah-

---

[93] ABl. 2010, C 83/299; hinzu kommt das Protokoll Nr. 20 über die Anwendung bestimmter Aspekte des Artikels 26 des AEUV auf das Vereinigte Königreich und auf Irland, wonach auch im Rahmen des Binnenmarktrechts Einreisekontrollen im Verhältnis zwischen diesen Staaten und den anderen Mitgliedstaaten zulässig sind. Zur Sonderregelung z. B. *Herrnfeld*, in: Schwarze, EU-Kommentar, Art. 67 AEUV, Rn. 35 f.; *Bieber/Epiney/Haag*, Die EU, § 17, Rn. 8 f.; *Frenz*, Handbuch Europarecht, Rn. 2747 ff.

[94] Nicht einleuchtend ist angesichts dieser Abstinenz die Mitwirkung britischer und irischer Mitglieder bei Entscheidungen über derartige Maßnahmen im Europäischen Parlament; vgl. *Hailbronner*, CMLRev. 35 (1998), 1063 f.; *Weiß/Satzger*, in Streinz, EUV/AEUV, Art. 67 AEUV, Rn. 49.

[95] Protokoll v. 2.10.1997, ABl. 1997, C 340/97, zuletzt geändert durch Art. 1 Nr. 19 Protokoll Nr. 1 zum Vertrag von Lissabon v. 13.12.207, ABl. 2007, C 306/165.

[96] Es handelt sich dabei um eine »gestaltende« Mitteilung; vgl. *Röben*, in: Grabitz/Hilf/Nettesheim, EU, Art. 67 AEUV (Mai 2014), Rn. 43; zu Einzelheiten der Beschlussfassung im Falle der Ausübung der Option *Röben*, in: Grabitz/Hilf/Nettesheim, EU, Art. 67 AEUV (Mai 2014), Rn. 43.

[97] Vgl. Erklärung Nr. 56 Irlands zu Artikel 3 des Protokolls über die Position des Vereinigten Königreichs und Irlands hinsichtlich des Raums der Freiheit, der Sicherheit und des Rechts, ABl. 2012, C 326/358.

rens des Art. 331 Abs. 1 AEUV). Beides gilt auch bei Maßnahmen im Sinne des Art. 4a Protokoll. Sobald eine derartige Bindung an eine Maßnahme erfolgt, gelten hinsichtlich dieser Maßnahme für den betreffenden Staat die einschlägigen Vorschriften der Verträge (Art. 6 Protokoll). Es tritt mithin eine unionsrechtliche Bindung ein. Nicht von diesen Einschermöglichkeiten (»Opt-In«) berührt ist allerdings das Protokoll (Nr. 19) über den in den Rahmen der Europäischen Union einbezogenen Schengen-Besitzstand (Art. 7 Protokoll), wodurch eine Beteiligung an diesem nicht ohne Zustimmung aller Schengen-Staaten möglich ist (Einstimmigkeitsprinzip gemäß Art. 4 Protokoll Nr. 19). Das davon aufgeworfene Abgrenzungsproblem, ob eine neue Maßnahme (als Weiterentwicklung) dem Schengen-Besitzstand zuzuordnen ist (dann Art. 4 Protokoll Nr. 19) oder darüber hinaus geht (dann Art. 3, 4 und 4a Protokoll Nr. 21),[98] ist nach dem Nähegrad der telelogischen Verbindung einer Maßnahme zum Kern des Schengen-Besitzstandes zu entscheiden.[99]

bb) Dänemark

Für Dänemark gilt gemäß Art. 1 Protokoll Nr. 22 über die Position Dänemarks[100] gleichermaßen der **Grundsatz** der Nichtbeteiligung an der Annahme von Maßnahmen durch den Rat, die nach Titel V (Art. 67 AEUV bis Art. 89 AEUV) vorgeschlagen werden. Auch für Dänemark sind die Vorschriften des Titel V, nach diesem Titel beschlossene Maßnahmen (einschließlich internationaler Verträge der Union) und darauf bezogene Auslegungsentscheidungen des EuGH nicht bindend oder anwendbar (Art. 2 Protokoll). Dies gilt auch für die gemäß Art. 16 AEUV festgelegten Vorschriften über die Verarbeitung personenbezogener Daten durch die Mitgliedstaaten im Rahmen der Ausübung von Tätigkeiten, die in den Anwendungsbereich der Art. 82 AEUV bis Art. 89 AEUV fallen (Art. 2a Protokoll). 27

Von diesem Grundsatz enthält das Protokoll mehrere **Ausnahmen.** Erstens bezieht sich die Nichtbeteiligung Dänemarks nicht auf »die Anwendung von Maßnahmen zur Bestimmung derjenigen Drittländer, deren Staatsangehörige beim Überschreiten der Außengrenzen der Mitgliedstaaten im Besitz eines Visums sein müssen, sowie auf Maßnahmen zur einheitlichen Visumgestaltung« (Art. 6 Protokoll). Zweitens binden die in der Zeit vor dem Lissabonner Reformvertrag im Rahmen der »dritten Säule« beschlossenen Rechtsakte weiterhin Dänemark (Art. 2 Protokoll), mithin auch unverändert mit nur völkerrechtlicher, also nicht unionsrechtlicher Bindungskraft. Drittens ist Dänemark nach Art. 1 des Schengen-Protokolls zur Verstärkten Zusammenarbeit des Schengen-Besitzstandes ermächtigt, hat aber das Recht, innert sechs Monaten nach Beschlussfassung des Rates über einen Vorschlag oder eine Initiative zur Ergänzung des Schengen-Besitzstands zu entscheiden, ob es diese Maßnahme in nationales Recht umsetzt, und begründet im bejahenden Falle für diese Maßnahme eine lediglich völkerrechtliche Verpflichtung zu den übrigen Mitgliedstaaten, für die diese Maßnahme bindend ist (Art. 4 Protokoll). Viertens hat Dänemark das Recht, den anderen Mitgliedstaaten mitzuteilen, Teil I des Protokolls (Art. 1 bis 4) durch die Bestimmungen des Protokollanhangs zu 28

---

[98] Zum Problem *Weiß/Satzger*, in: Streinz, EUV/AEUV, Art. 67 AEUV, Rn. 51; in der Rechtsprechung EuGH, Urt. v. 18.12.2007, Rs. C–137/05 (Vereinigtes Königreich/Rat), Slg. 2007, I–11593, Rn. 49 ff.
[99] Ähnlich *Thym*, Ungleichzeitigkeit und europäisches Verfassungsrecht, 2004, S. 98.
[100] ABl. 2010, C 93/295; dazu z.B. *Herrnfeld*, in: Schwarze, EU-Kommentar, Art. 67 AEUV, Rn. 34; *Bieber/Epiney/Haag*, Die EU, § 20, Rn. 10; *Frenz*, Handbuch Europarecht, Band 6, Rn. 2755 ff.

ersetzen (Art. 8 Protokoll) mit der Folge, dass es nach fristgebundener schriftlicher Mitteilung seiner Beteiligungsbereitschaft am Erlass und an der Anwendung einer vorgeschlagenen Maßnahme an den Präsidenten des Rates mitwirken kann oder dass es nach Erlass einer Maßnahme dem Rat und der Kommission jederzeit mitteilen kann, dass es die Maßnahme annehmen will (Art. 4 Anhang; Rechtsfolge: sinngemäße Anwendung des Art. 331 AEUV). Fünftens hat Dänemark das Recht, den übrigen Mitgliedstaaten jederzeit mitzuteilen, dass es von dem Protokoll insgesamt oder zum Teil keinen Gebrauch mehr machen will (Art. 7 Protokoll; Rechtsfolge: unionsrechtliche Bindung an sämtliche einschlägige Maßnahmen einschließlich der bisher nur völkerrechtlich bindenden Maßnahmen des Schengen-Besitzstandes; Art. 8 Abs. 2 Protokoll).

b) Der Schengen-Besitzstand im RFSR

29 Auch nach dem Reformvertrag von Lissabon kommt dem Schengen-Besitzstand im Recht des RFSR eine (begrenzte) Sonderstellung zu. Der im Jahre 1999 durch einen Ratsbeschluss definierte[101] **Schengen-Besitzstand** war außerhalb des Gemeinschaftsrechts auf der Grundlage des Schengener Übereinkommens zwischen Belgien, Deutschland, Frankreich, Luxemburg und den Niederlanden betreffend den schrittweisen Abbau der Kontrollen an den gemeinsamen Grenzen v. 14.6.1985 und des Schengener Durchführungsübereinkommens v. 19.6.1990[102] (SDÜ) entstanden.[103] Durch den Amsterdamer Reformvertrag wurde er in den Unionsrahmen einbezogen und in dessen Gefolge die jeweilige Rechtsgrundlage für die einzelnen Bestimmungen und Beschlüsse, die den Schengen-Besitzstand bildeten, je nach deren Inhalt durch die Beschlüsse 1999/435/EG[104] und 1999/436/EG[105] des Rates v. 20.5.1999 nach Maßgabe der einschlägigen Bestimmungen des EGV und EUV festgelegt.[106] Dadurch erfolgte eine inhaltsabhängige Aufteilung des Schengen-Besitzstandes auf die »erste« (supranationale) und »dritte« (intergouvernementale) Säule (scil.: ohne Beeinträchtigung des supranationalen Gemeinschaftsrechts).[107] Mit der Zusammenfügung der beiden Säulenteile des RFSR durch den Reformvertrag von Lissabon ist diese Aufteilung überholt. Der Schengen-Besitzstand ist nunmehr Lissabon-Unionsrecht für die teilnehmenden Staaten.[108]

---

[101] Art. 1 Beschluss 1999/436/EG des Rates vom 20.5.1999 zur Festlegung der Rechtsgrundlagen für die einzelnen Bestimmungen und Beschlüsse, die den Schengen-Besitzstand bilden, nach Maßgabe der einschlägig des Vertrags zur Gründung der Europäischen Gemeinschaft und des Vertrags über die Europäische Union, ABl. 1999, L 176/17.
[102] BGBl. 1993 II S. 1013.
[103] S. o. Rn. 7.
[104] Beschluss 1999/435/EG vom 20.5.1999 zur Bestimmung des Schengen-Besitzstands zwecks Festlegung der Rechtsgrundlagen für jede Bestimmung und jeden Beschluss, die diesen Besitzstand bilden, nach Maßgabe der einschlägigen Bestimmungen des Vertrags zur Gründung der Europäischen Gemeinschaft und des Vertrags über die Europäische Union, ABl. 1999, L–176/1.
[105] Beschluss 1999/436/EG vom 20.5.1999 zur Festlegung der Rechtsgrundlagen für die einzelnen Bestimmungen und Beschlüsse, die den Schengen-Besitzstand bilden, nach Maßgabe der einschlägigen Bestimmungen des Vertrags zur Gründung der Europäischen Gemeinschaft und des Vertrags über die Europäische Union, ABl. 1999, L 176/17.
[106] Vgl. ABl. 1999, L 176/1 (gestützt auf Art. 2 Abs. 1 UAbs. 2 S. 1 des Schengen-Protokolls zum Vertrag von Amsterdam); ABl. 1999, L 176/17 (gestützt auf Art. 2 Abs. 2 UAbs. 2 S. 2 des Schengen-Protokolls zum Vertrag von Amsterdam).
[107] Art. 134 SDÜ; zum Verhältnis von Art. 5, 15 SDÜ zur Richtlinie 64/221/EG EuGH, Urt. v. 31.1.2006, Rs. C–503/03 (Kommission/Spanien), Slg. 2006,. I–1097, Rn. 49 ff. (unter Bezugnahme auf die Erklärung der Vertragsstaaten v. 18.4.1996).
[108] *Röben*, in: Grabitz/Hilf/Nettesheim, EU, Art. 67 AEUV (Mai 2014), Rn. 137.

Allerdings behalten die Rechtsakte der früheren »dritten Säule«[109] bis zu ihrer Aufhebung, Änderung oder Nichterklärung »Rechtswirkung« (Art. 9 Protokoll über die Übergangsbestimmungen[110]). Dies ist als die ihnen eigene Rechtswirkung der früheren »dritten Säule« zu verstehen (soweit nicht der Ablauf der Übergangsregelung im Sinne des Art. 10 des Protokolls über die Übergangsbestimmungen am 30.11.2014 gilt). Der unionsrechtliche Charakter für Rechtsakte auf Grund von Vorschlägen und Initiativen auf der Grundlage des Schengen-Besitzstandes ergibt sich aus Art. 5 des Protokolls (Nr. 19) über den in den Rahmen der Europäischen Union einbezogenen Schengen-Besitzstand (**Schengen-Protokoll**).[111]

Die Unterscheidung zwischen dem Schengen-Besitzstand im Recht des RFSR und dem übrigen Recht des RFSR hat allerdings **nachwirkende rechtliche Bedeutung**. Art. 1 Schengen-Protokoll ermächtigt die in darin genannten Mitgliedstaaten (darunter auch Dänemark) ausdrücklich, »untereinander eine **Verstärkte Zusammenarbeit** in den Bereichen der vom Rat festgelegten Bestimmungen, die den Schengen-Besitzstand bilden, zu begründen«,[112] und Art. 5 Abs. 1 Schengen-Protokoll enthält die Ermächtigung im Sinne des Art. 329 AEUV zur Fortentwicklung. Die Verstärkte Zusammenarbeit muss unter Beachtung der einschlägigen Bestimmungen von EUV und AEUV erfolgen (Art. 1 S. 2 Schengen-Protokoll) sowie richtigerweise unter Beachtung des gesamten, für alle Mitgliedstaaten verbindlichen primären und sekundären Unionsrechts,[113] namentlich auch der GRC. Eine Besonderheit der Schengen-Zusammenarbeit besteht darin, dass die **Drittstaaten Island** und **Norwegen** (wegen des Wunsches der Mitgliedstaaten Dänemark, Finnland und Schweden am Erhalt der grenzkontrollfreien Nordischen Passunion mit diesen beiden Staaten) bei der Durchführung des Schengen-Besitzstandes und seiner Weiterentwicklung durch ein Abkommen assoziiert sind (Art. 6 Schengen-Protokoll i. V. m. dem Assoziierungsübereinkommen[114]), ohne dass dies jedoch ein Stimmrecht bei der Annahme von fortentwickelnden Rechtsakten im Entscheidungsprozess

30

---

[109] Zu diesem Besitzstand im Einzelnen z. B. *Röben*, in: Grabitz/Hilf/Nettesheim, EU, Art. 67 AEUV (Mai 2014), Rn. 155 ff.; *Frenz*, Handbuch Europarecht, Band 6, Rn. 2728 ff.
[110] ABl. 2007, C 306/159 (163).
[111] Protokoll über den in den Rahmen der Europäischen Union einbezogenen Schengen-Besitzstand v. 2.10.1997, ABl. 2007, C 340/93, zuletzt geändert durch Art. 1 Abs. 18 Protokoll Nr. 1 zum Lissabonner Vertrag v. 13.12.2007, ABl. 2007, C 306/165 (182), ber. ABl. 2009, C 290/1; s. auch ABl. 2010, C 83/290.
[112] Zum Format der Verstärkten Zusammenarbeit vgl. Art. 20 EUV i. V. m. Art. 326 ff. AEUV. Für die Schengen-Zusammenarbeit anwendbar sind Art. 332 AEUV – Art. 334 AEUV, nicht aber Art. 331 AEUV; vgl. *Röben*, in: Grabitz/Hilf/Nettesheim, EU, Art. 67 AEUV (Mai 2014), Rn. 133 ff.
[113] Vgl. *Röben*, in: Grabitz/Hilf/Nettesheim, EU, Art. 67 AEUV (Mai 2014), Rn. 142.
[114] Vgl. Übereinkommen zwischen dem Rat der Europäischen Union und der Republik Island und dem Königreich Norwegen über die Assoziierung der beiden letztgenannten Staaten bei der Umsetzung, Anwendung und Entwicklung des Schengen-Besitzstands v. 18.5.1999, BGBl 2000 II S. 1106; dazu Beschluss 1999/437/EG des Rates vom 17.5.1999 zum Erlaß bestimmter Durchführungsvorschriften, ABl. 1999, L 176/31; zur Inkraftsetzung des Schengen-Besitzstandes in Dänemark, Finnland und Schweden sowie in Island und Norwegen, vgl. Beschluss 2000/777/EG des Rates vom 1.12.2000, ABl. 2000, L 309/24; zum Verhältnis von Island und Norwegen zu Irland und dem Vereinigten Königreich in diesem Bereich vgl. den Beschluss 2000/29/EG des Rates vom 28.6.1999 zur Genehmigung des entsprechenden Übereinkommens, ABl. 2000, L 15/1.

beinhaltet.[115] Ähnliche Assoziierungsabkommen zum Schengen-Besitzstand bestehen mit der **Schweiz**[116] und mit **Liechtenstein**.[117]

31   **Besonderheiten** zum Recht des RFSR im Allgemeinen bestehen im Schengenteil, von Übergangsregelungen für neue Mitgliedstaaten abgesehen,[118] für das Vereinigte Königsreich, Irland und Dänemark.[119] Eine Beteiligung des **Vereinigten Königreichs** und **Irlands** an der Anwendung einzelner oder aller Bestimmungen des Schengen-Besitzstand auf diese kann nicht mittels des einfachen Einscherverfahrens des Art. 3 Abs. 1 des Protokolls Nr. 21[120] und auch nicht über Art. 331 AEUV erfolgen, sondern nur über Art. 4 des Schengen-Protokolls (Einstimmigkeit im Rat der Schengen-Mitglieder und des betreffenden Staates), wobei nach einem derartigen Beschluss ein Revokationsrecht der Beteiligungsmitteilung des Vereinigten Königreichs und Irlands für einen Vorschlag oder eine Initiative auf der Grundlage des Schengen-Besitzstandes nach Art. 5 Abs. 1 Schengen-Protokoll innert drei Monaten besteht (Art. 5 Abs. 2 Schengen-Protokoll). Beide Länder beteiligen sich auf dieser Grundlage an Teilen des Schengen-Besitzstandes.[121] Allerdings scheiterten auch mehrere mit dem Rat streitige Beteiligungsanträge des Vereinigten Königreichs vor dem EuGH: mangels Ermächtigung durch Art. 4 Schengen-Protokoll[122] bzw. wegen Weiterentwicklung der Bestimmungen des Schengen-Besitzstandes, an dem das Vereinigte Königreich nicht beteiligt ist.[123] **Dänemark** ist demgegenüber gemäß Art. 1 Schengen-Protokoll zur Verstärkten Zusammenarbeit im Schengen-Besitzstand ermächtigt, allerdings sind für die Beteiligung **Dänemarks** am Erlass von Maßnahmen, die eine »Weiterentwicklung des Schengen-Bestandes« darstellen, sowie für die Umsetzung und Anwendung dieser Maßnahmen in Dänemark die Sonderbestimmungen von Protokoll (Nr. 22) über die Position Dänemarks[124] maßgeblich (Art. 3 Schengen-Protokoll). Im Falle der Ersetzung von Teil I des Protokolls (Nr. 22) durch dessen Anhang wechseln sechs Monate nach Wirksamwerden der Mitteilung der Schengen-Besitzstand und die zu Ergänzung erlassenen Maßnahmen, die für Dänemark bis dahin völkerrechtlich verbindlich waren, in eine unionsrechtliche Bindung (Art. 8 Abs. 2 Protokoll Nr. 22).

---

[115] *Thym*, in: Grabitz/Hilf/Nettesheim, EU, Art. 77 AEUV (September 2010), Rn. 19.
[116] Vgl. dazu Beschluss 2004/860/EG des Rates vom 25.10.2004, ABl. 2004, L 370/78 zur Genehmigung des entsprechenden Übereinkommens.
[117] Vgl. dazu den Beschluss 2011/842/EU des Rates vom 13.12.2011 über die vollständige Anwendung der Bestimmungen des Schengen-Besitzstandes im Fürstentum Liechtenstein, ABl. 2011, L 334/27; zum Schengener Informationssystem bereits Beschluss 2011/352/EU des Rates vom 9.6.2011, ABl. 2011, L 160/84.
[118] Dazu *Röben*, in: Grabitz/Hilf/Nettesheim, EU, Art. 67 AEUV (Mai 2014), Rn. 151.
[119] Dazu bündig *Hoppe*, in: Borchardt/Lenz, EU-Verträge, Vorb. zu Art. 67 AEUV, Rn. 15.
[120] S. oben Rn. 26.
[121] Vereinigtes Königreich gemäß Beschluss 2000/365/EG des Rates vom 29.5.2000, ABl. 2000, L 131/43; dazu Beschluss 2004/926/EG des Rates vom 22.12.2004, ABl. 2004, L 395/70; Beschluss 2004/926/EG. Irland gemäß Beschluss 2002/192/EG, ABl. 2002, L 64/20.
[122] Aus diesem Grund verneint wurde die Beteiligung an FRONTEX, EuGH, Urt. v. 18.12.2007, Rs. C–77/05 (Vereinigtes Königreich/Rat), Slg. 2007, I–11459, Rn. 63, 68; an der Beteiligung an VO 2252/2004 -Sicherheitsmerkmale und biometrische Daten in Pässen-, Urt. v. 18.12.2007, C–137/05 (Vereinigtes Königreich/Rat), Slg. 2007, I–11593, Rn. 50; zu Urteilen *Bieber/Epiney/Haag*, Die EU, § 20, Rn. 12.
[123] So hinsichtlich des VIS-Beschlusses 2008/633/JI, EuGH, Urt. v. 26.10.2010, Rs. C–482/08 (Vereinigtes Königreich/Rat), Slg. 2010, I–10413, Rn. 42 ff., 62.
[124] ABl. 2010, C 93/295.

2. Die (politisch ausfüllungsbedürftige) integrationstheoretische Fundierung des RFSR

Das Konzept eines RFSR der Union ist im Vergleich zu demjenigen des Binnenmarktes theoretisch (bislang) weniger konzise fundiert.[125] Zwar lässt es sich auf die Leitzieltrias der Union beziehen (s. oben Rn. 15 ff.), beruht aber auf vergleichsweise weniger verifizier- oder falsifizierbaren Annahmen und ist infolgedessen in seinen konkreten Anforderungen **politisch** in hohem Maße **ausfüllungsbedürftig** und **ausfüllungsfähig**.[126] Als Konsequenz vereint Titel V des Vertragsteils über die internen Politiken der Union verschiedene Ermächtigungen der Union zum Handeln in verschiedenen Politikbereichen unter dem Leitziel, einen Binnenbewegungsraum ohne Binnengrenzkontrollen von Personen zu ermöglichen. Demgegenüber orientiert sich das Binnenmarktkonzept im Ansatz eng an der Annahme der Erzielung eines gesamtwirtschaftlichen Optimums im Sinne des (erprobten und schlichten) Prinzips des komparativen Kostenvorteils[127] für die Union insgesamt mittels Gewährleistung des freien transnationalen Verkehrs aller Produktionsfaktoren und Produkte in einem Ordnungsrahmen der Sicherung zwingender sozialer Schutzgüter (Art. 26 Abs. 2 AEUV) mit dem darin liegenden Potenzial eines binnenmarktweiten Wettbewerbs.[128] Es setzt sich in seiner Wurzel aus drei Komponenten zusammen:[129] erstens dem wettbewerbstheoretischen Gedanken der effizienzoptimalen Ressourcenallokation in einem definierten Raum, zweitens dem gesellschaftstheoretischen Gedanken der legitimierenden Privatautonomie in diesem Raum und drittens dem integrationstheoretischen Gedanken der transnational vernetzenden Privatautonomie. Im Vergleich dazu ist die Schaffung und Formung des RSFR zuallererst der politischen Ausgestaltung durch die Unionsorgane, allerdings im Rahmen der primärrechtlichen Vorgaben und Leitplanken, anvertraut (s. unten Art. 77 ff. AEUV).

3. Die (rechtspolitisch delegierende) primärrechtliche Konturierung des RFSR

In Konsequenz der politisch ausfüllungsbedürftigen integrationstheoretischen Fundierung weist das Primärrecht zum RFSR in der Konturierung der Rechtsnatur seiner Bestimmungen einen signifikanten Unterschied zu derjenigen des Binnenmarktraums auf. Es **fehlen** primärrechtlich **unmittelbar anwendbare Gewährleistungen** mit subjektiven Rechten der Einzelnen[130] wie sie im Binnenmarktrecht insbesondere in Gestalt der trans-

---

[125] *Müller-Graff*, EuR-Beiheft 1/2009, 105 (109 f.); *ders.*, Europäische Zusammenarbeit in den Bereichen Justiz und Inneres, S. 11 (14 ff.); *Kainer*, S. 283 (286 ff., 305); *Thym*, Migrationsverwaltungsrecht, 2010, S. 96 f.; *ders.*, in: Grabitz/Hilf/Nettesheim, EU, Art. 77 AEUV (September 2010), Rn. 6, der deshalb skeptisch gegenüber der Entwicklung eines einheitlichen Konzepts ist und eine Entwicklung der Teilbereiche nach eigener Sachlogik erwartet. Im Bereich der Zugangspolitiken (Art. 77–79 AEUV) wird man allerdings eine innere Stimmigkeit anstreben müssen. Gegen eine schematisierende Aufteilung in drei Teilräume (Freiheit, Sicherheit, Recht) wegen der sich wechselseitig bedingenden Elemente zu Recht *Suhr*, in: Calliess/Ruffert, EUV/AEUV, Art. 67 AEUV, Rn. 75.
[126] *Müller-Graff*, EuR-Beiheft 1/209, 105 (111 f.); *Herrnfeld*, in: Schwarze, EU-Kommentar, Art. 67 AEUV, Rn. 6 (»vielfältigen Interpretationen zugänglich«); *Bast*, Aufenthaltsrecht und Migrationssteuerung, 2011, S. 145.
[127] *Molle*, The Economics of European Integration, 1991, S. 10; *Füller*, Grundlagen und inhaltliche Reichweite der Warenverkehrsfreiheiten nach dem EG-Vertrag, 2000, S. 21.
[128] *Müller-Graff*, in: EnzEuR, Bd. 1, § 9 Rn. 7; *ders.*, Die Marktfreiheiten als Herzstück der europäischen Wettbewerbsidee: Funktion und Wirkungen, S. 329.
[129] *Müller-Graff*, EuR-Beiheft 1/2009, 105 (109).
[130] So auch *Streinz*, Europarecht, Rn. 994; zu Art. 67 AEUV *Herrnfeld*, in: Schwarze, EU-Kommentar, Art. 67 AEUV, Rn. 1, 14 f., 28; *Graf Vitzthum*, ELR 2010, 236 (238 f.); a. A. *Röben*, in: Grabitz/Hilf/Nettesheim, EU, Art. 67 AEUV (Mai 2014), Rn. 63 ff., der dann allerdings nur wenige Nor-

nationalen Marktzugangs-Grundfreiheiten bestehen (Art. 28 ff. AEUV, Art. 15 Abs. 2 GRC).[131] Die unionsbürgerliche Freizügigkeit ist unabhängig vom RFSR garantiert (Art. 21 AEUV; Art. 45 Abs. 1 GRC). In diesem Licht ist der Einzelne mithin »passiver Begünstigter des RFSR«.[132] Anders als im Binnenmarktraum setzt das Primärrecht für die Verwirklichung des RFSR in den Art. 67 ff. AEUV demgegenüber allein auf die **Ermächtigungen** der Unionsorgane zu politischen, insbesondere rechtspolitischen Maßnahmen im Rahmen der Programmvorschriften. Maßgeblich sind für die Binnengrenzkontrolllosigkeit und das Grenzregime an den Außengrenzen einschließlich der Visapolitik Art. 77 AEUV, für das Asylrecht Art. 78 AEUV, für die Einwanderungspolitik Art. 79 AEUV, für die ziviljustizielle Zusammenarbeit Art. 81 AEUV, für die strafjustizielle Zusammenarbeit Art. 82 ff. AEUV und für die polizeiliche Zusammenarbeit Art. 87 ff. AEUV. Inwieweit und mit welchem Inhalt diese Ermächtigungen von den Unionsorganen genutzt werden, ist mithin der jeweiligen integrationspolitischen Handlungsbereitschaft und Handlungsfähigkeit der Unionsorgane überlassen. Lediglich bei vollständiger Untätigkeit käme eine Untätigkeitsklage gemäß Art. 265 AEUV in Betracht, durch die jedoch eine spezifische RFSR-politische Maßnahme nicht (oder kaum) erzwungen werden kann. Tatsächlich verfolgt die EG/EU jedoch bereits seit dem Vertrag von Maastricht ein umfängliches, höchst **dynamisch sich entwickelndes Verwirklichungsprogramm** des RFSR mit stetig neuen Mehrjahresprogrammen und einer nahezu unüberschaubaren Vielzahl von Einzelmaßnahmen[133] (vgl. dazu im Einzelnen insbesondere Art. 75 AEUV, Art. 77–79 AEUV, Art. 81 AEUV, Art. 82–89 AEUV).

men aufführt: Art. 67 Abs. 1 AEUV (der indes hinsichtlich der Grundrechte lediglich eine zu Art. 6 EUV repetitive Referenznorm darstellt), Art. 67 Abs. 2 Satz 2 AEUV (der nur insoweit unmittelbar anwendbar sein kann, als eine Bezugsnorm des RFSR unmittelbar anwendbar ist), Art. 70 Satz 1 AEUV (nicht nachvollziehbar), Art. 78 Abs. 1 Satz 2 AEUV (jedoch wegen der Bezugsnormen nicht hinreichend bestimmt).

[131] Zur unmittelbaren Anwendbarkeit der Grundfreiheiten vgl. zur Warenverkehrsfreiheit für die Zollunion z. B. EuGH, Urt. v. 5. 2. 1963, Rs. 26/62 (van Gend & Loos), Slg. 1963, 1; Urt. v. 1. 7. 1969, Rs. 2 u. 3/69 (Sociaal Fonds voor de Diamantarbeiders/Indiamex), Slg. 1963, 1609, Rn. 22/23; zu (heute) Art. 34 AEUV Urt. v. 22. 3. 1977, Rs. 74/76 (Ianelli/Meroni), Slg. 1997, 557, Rn. 13; zu (heute) Art. 35 AEUV Urt. v. 9. 6. 1992, Rs. C–47/90 (Delhaize), Slg. 1992, I–3669, Rn. 28; zu (heute) Art. 37 AEUV Urt. v. 3. 2. 1076, Rs. 59/75 (Manghera), Slg. 1976, 91, Rn. 15/16; zur Arbeitnehmerfreizügigkeit Urt. v. 15. 10. 1969 (Ugliola), Slg. 1969, 363, Rn. 7; zur Niederlassungsfreiheit von Selbständigen Urt. v. 21. 6. 1974 (Reyners), Slg. 1974, 631, Rn. 29; zur Niederlassungsfreiheit von Gesellschaften Urt. v. 9. 3. 1999, Rs. C–212/97 (Centros), Slg. 1999, I–1459, Rn. 21/22; zur Dienstleistungsfreiheit Urt. v. 3. 12. 1974, Rs. 33/74 (van Binsbergen), Slg. 1974, 1299, Rn. 27; zur Kapital- und Zahlungsverkehrsfreiheit Urt. v. 18. 12. 2007, Rs. C–101/05 (A), Slg. 2007, I–11531, Rn. 21, 27.
[132] *Monar*, S. 786 ff.
[133] Zur konzeptionellen Entwicklung anhand des Wiener Aktionsplans, der Beschlüsse von Tampere, des Haager Programms und zuletzt des Stockholmer Programms zusammenfassend mit den jeweiligen Schwerpunkten z. B. *Kugelmann*, in: Schulze/Zuleeg, Europarecht, § 41, Rn. 6–23, sowie speziell zur Migrationspolitik *Kugelmann*, in: Schulze/Zuleeg, Europarecht, § 41, Rn. 24–38 und zum statistischen Taubenschlagbild Deutschlands im Migrationsgeschehen im Jahre 2007 *Kugelmann*, in: Schulze/Zuleeg, Europarecht, § 41, Rn. 41.

D. Die Sicherstellung eines grenzkontrollfreien Binnenraums in der Union (Art. 67 Abs. 2 AEUV)

Erstes primärrechtlich genanntes Aktionsziel der Union für die Bildung eines RFSR ist die Sicherstellung eines grenzkontrollfreien Binnenraums (Art. 67 Abs. 2 AEUV).[134] Die dauerhafte Verwirklichung dieses Raums im Inneren erfordert eine im Grundsatz gemeinsame Haltung zum Zugang von Personen von außen zu den mitgliedstaatlichen Hoheitsgebieten unter den Gesichtspunkten der Kontrolle der Außengrenzen (scil. gegenüber Drittstaaten) gegenüber **Personen** jedweder staatsbürgerlicher Kategorie (auch von Unionsbürgern und Staatenlosen) und der Visa-, Asyl- und Einwanderungspolitik im Hinblick auf **Drittstaatsangehörige**. Diesen stellt Art. 62 Abs. 2 Satz 2 AEUV für die Zwecke des Titels V **Staatenlose** gleich. Während Art. 67 Abs. 2 Satz 1 AEUV nicht unmittelbar anwendbar ist, ist S. 2 insoweit unmittelbar anwendbar, als eine Bezugsnorm im Recht des RFSR unmittelbar anwendbar ist.[135] Unterschiedliche mitgliedstaatliche Politiken in diesen Fragen können in einem Raum ohne Binnengrenzkontrollen die Zugangspolitiken anderer Mitgliedstaaten unterlaufen. Sie vermögen daher potenziell die Bereitschaft der Mitgliedstaaten zu erschweren oder zu verhindern, an den Binnengrenzen auf Personenkontrollen zu verzichten. Folgerichtig dazu ermächtigen die Art. 77–80 AEUV die Unionsorgane auf der Grundlage und in den Grenzen der jeweiligen Einzelkompetenz zu einer Vergemeinschaftung dieser Politiken. Damit erlangt eine der **schwierigsten Aufgaben** in der weltweiten Vernetzung, nämlich die Bestimmung des **rechten Maßes** zwischen **Offenheit** und **Abgrenzung** in den Migrationsbewegungen der Gegenwart und in diesem Rahmen auch die Migrationssteuerung, die Dimension eines (auch) europapolitischen und unionsrechtlichen Themas. Die Organe der Union haben sich bei der Bewältigung dieser Gestaltungsherausforderung konzeptionell und in Einzelmaßnahmen letztlich an dem jeweils politisch zu bestimmenden und zu verantwortenden **komplexen Gesamtwohl** der Union, ihrer Bürger und Mitgliedstaaten im Rahmen ihrer Ziele, ihrer Kompetenzen und ihrer Wertebindung (Art. 13 Abs. EUV) sowie ihrer völkerrechtlichen Verpflichtungen (vgl. namentlich Art. 78 AEUV) zu orientieren. Als allgemeine Regeln für die Ausgestaltung dieser gemeinsamen Politik legt Art. 67 Abs. 2 AEUV die Prinzipien der Solidarität zwischen den Mitgliedstaaten (im Einzelnen Art. 80 AEUV), der Angemessenheit gegenüber Drittstaatsangehörigen[136] und der Gleichstellung von Staatenlosen mit Drittstaatsangehörigen (»für die Zwecke dieses Titels«) fest. Hinzu kommen die beiden übergreifenden Prinzipien der Achtung der Grundrechte und der Achtung der verschiedenen Rechtsordnungen und Rechtstraditionen der Mitgliedstaaten (Art. 67 Abs. 1 AEUV).

34

---

[134] S. oben Rn. 2; *Röben*, in: Grabitz/Hilf/Nettesheim, EU, Art. 67 AEUV (Mai 2014), Rn. 55.

[135] Unbestimmt weit für unmittelbare Anwendbarkeit demgegenüber *Röben*, in: Grabitz/Hilf/Nettesheim, EU, Art. 67 AEUV (Mai 2014), Rn. 16. Die Ablehnung einer »self-executing«-Wirkung durch *Breitenmoser/Weyeneth*, in: GSH, Europäisches Unionsrecht, Art. 67 AEUV, Rn. 95 bezieht sich nur auf S. 1 (»stellt sicher«).

[136] Zur Relevanz des Art. 8 Abs. 1 EMRK für die Angemessenheitsprüfung eines Eingriffs *Hoppe*, in: Lenz/Borchardt, EU-Verträge, Art. 67 AEUV, Rn. 2 unter Hinweis auf EuGH, Urt. v. 27. 6. 2006, Rs. C–540/03 (Europäisches Parlament/Rat), Slg. 2006, I–5769.

E. Die Gewährleistung eines hohen Maßes an innerer Sicherheit (Art. 67 Abs. 3 AEUV)

35 Zweites der Union primärrechtlich aufgetragenes Aktionsziel für die Bildung eines RFSR ist die Gewährleistung eines **hohen Maßes an Sicherheit** (Art. 67 Abs. 3 AEUV). Diese Aufgabe als europäische auszuweisen,[137] mag im Lichte der Nationalität der Sicherheitskräfte überraschen. Sie ist aber zuallererst Ausdruck der Einsicht, dass eine dauerhafte Verwirklichung des allgemeinen Freizügigkeitsraums im Inneren der Union eines koordinierten effektiven Vorgehens gegen **grenzüberschreitende Kriminalität** im Binnenraum bedarf.[138] Die Union selbst kann die innere Sicherheit indes nicht gewährleisten. Ihr fehlen die dazu erforderlichen physischen Machtmittel. Das dazu erforderliche Gewaltmonopol liegt, territorial jeweils begrenzt, unverändert bei den einzelnen Mitgliedstaaten. Daher ist die Union zur Verwirklichung eines RFSR auf die Loyalität der für die innere Sicherheit zuständigen Organe der Mitgliedstaaten angewiesen (Art. 4 Abs. 3 EUV).

36 Allerdings beauftragt Art. 67 Abs. 3 AEUV in Verbindung mit den nachfolgenden Einzelermächtigungen die Union zur Regelbildung und Koordinierung im Bereich der inneren Sicherheit. Ohne entsprechende Koordinierung können in einem Raum ohne Binnengrenzkontrollen die jeweiligen mitgliedstaatlichen Regeln und Politiken der Kriminalitätsverhütung und Kriminalitätsbekämpfung durch den unkontrollierten Landeswechsel von Personen geschwächt werden und damit die Bereitschaft der Mitgliedstaaten schmälern oder beseitigen, auf Personenkontrollen an den Binnengrenzen zu verzichten. Folgerichtig dazu beauftragt Art. 67 Abs. 3 AEUV die Union, auf die Gewährleistung eines hohen Sicherheitsniveaus »durch Maßnahmen zur Verhütung und Bekämpfung von Kriminalität…, zur Koordinierung und Zusammenarbeit von Polizeibehörden und Organen der Strafrechtspflege und den anderen zuständigen Behörden sowie durch die gegenseitige Anerkennung strafrechtlicher Entscheidungen und erforderlichenfalls durch die Angleichung der strafrechtlichen Rechtsvorschriften« »hinzuwirken«. Die Einzelermächtigungen der Unionsorgane zur Verwirklichung dieses Ziels finden sich in den Art. 82 ff. AEUV, Art. 87 ff. AEUV für die strafjustizielle und polizeiliche Zusammenarbeit und betreffen vor allem Fälle von (definitionsoffener[139]) **schwerer Kriminalität** (Art. 85 Abs. 1 AEUV, Art. 86 Abs. 4 AEUV, Art. 88 Abs. 1 AEUV) oder **besonders schwerer Kriminalität** (Art. 83 Abs. 1 AEUV) mit jeweils **grenzüberschreitender Dimension**.

37 Die Verwirklichung des anspruchsvollen und im Schrifttum teils sehr skeptisch betrachteten[140] Grundsatzes der **gegenseitigen Anerkennung gerichtlicher Urteile und Ent-**

---

[137] Zur Bejahung der inneren Sicherheit als europäische Aufgabe *Merli*, S. 367 (402).
[138] *Monar*, S. 759 ff.; *Breitenmoser/Weyeneth*, in: GSH, Europäisches Unionsrecht, Art. 67 AEUV, Rn. 117.
[139] Vgl. die unterschiedlichen Listen nach Art. 2 Abs. 1 Buchst. d Beschluss 2008/633/JI des Rates vom 23. 6. 2008 über den Zugang der benannten Behörden der Mitgliedstaaten und von Europol zum Visainformationssystem (VIS) für Datenabfragen zum Zwecke der Verhütung, Aufdeckung und Ermittlung terroristischer und sonstiger schwerwiegender Straftaten, ABl. 2008, L 218/129, unter Bezugnahme auf Art. 2 Abs. 2 des Rahmenbeschlusses 2002/584/JI des Rates vom 13. 6. 2002 über den Europäischen Haftbefehl und die Übergabeverfahren zwischen Mitgliedstaaten, ABl. 2002, L 190/1 und im Anhang des Beschlusses des Rates vom 6. 4. 2009 zur Errichtung des Europäischen Polizeiamtes (Europol), ABl. 2009, L 121/37.
[140] Vgl. z. B. *Böse*, Das Prinzip der gegenseitigen Anerkennung in der transnationalen Strafrechtspflege in der EU, FS Maiwald, 2003, S. 233 (246 ff.); *ders.*, Der Grundsatz der gegenseitigen Aner-

scheidungen (Art. 82 Abs. 1 AEUV) ist angesichts des mitgliedstaatlich unterschiedlichen Zustands der Regeln und der Durchführung von Strafverfahren nicht ohne ein Mindestmaß verlässlicher Harmonisierung im Einklang mit den Prinzipien der Rechtsstaatlichkeit und des Grundrechtsschutzes (Beschuldigtenrechte) verantwortbar.[141] Für die gesamte Politik zur Koordinierung der inneren Sicherheit gelten die den RFSR übergreifenden Prinzipien einerseits der Achtung der **verschiedenen Rechtsordnungen und Rechtstraditionen** der Mitgliedstaaten[142] und andererseits des **Grundrechtsschutzes** (Art. 67 Abs. 1 AEUV), wobei allerdings Maßnahmen der Union diejenigen mitgliedstaatliche Regeln oder Praktiken nicht achten dürfen, die unterhalb des Niveaus des Grundrechtsschutzes des Art. 6 EUV stehen. Der Abwägung zwischen Erfordernissen der inneren Sicherheit und Erfordernissen des mehrgliedrigen Grundrechtsschutzes des Art. 6 EUV und hierbei insbesondere der Grundrechte-Charta kommt in der Gestaltung und Durchführung dieser Politik besondere Bedeutung zu.[143]

Zusätzlich zum Auftrag der Koordinierung der inneren Sicherheit verpflichtet Art. 67 Abs. 3 AEUV die Unionsorgane auch darauf, auf die Gewährleistung eines hohen Maßes an Sicherheit durch Maßnahmen zur **Verhütung und Bekämpfung von Rassismus und Fremdenfeindlichkeit** hinzuwirken. Dieses Ziel greift über die Koordination im Bereich der Kriminalitätsbekämpfung hinaus und setzt nicht die Strafbarkeit eines konkreten Verhaltens in den Mitgliedstaaten voraus.[144] Es ist derart zu verstehen, dass Personen, die sich in einem Mitgliedstaat aufhalten oder im Freizügigkeitsraum der Union bewegen, sich auch im gesellschaftlichen Verkehr an fremden Orten sicher und undiskriminiert fühlen können sollen. Art. 67 Abs. 3 AEUV perzipiert mit dieser zusätzlichen Aufgabe mögliche Folgeprobleme eines allgemeinen Freizügigkeitsraums, die sich in faktischer sozialer Abwehr des freizügigen Zugangs von Personen niederschlagen können. Als ein transnationales Gemeinwesen[145] mit Unionsbürgern von mittlerweile 28 verschiedenen Staatsangehörigkeiten und aufenthaltsberechtigten Personen aus aller Welt ist die Union jedoch in besonderem Maße darauf angewiesen, dass in ihr ein gesellschaftliches Klima der **Toleranz** und **Nichtdiskriminierung** obwaltet, wie es Art. 2 Satz 2 EUV pointiert zum Ausdruck bringt.

38

---

kennung unter dem Vertrag von Lissabon, S. 45; *Gleß*, Zum Prinzip der gegenseitigen Anerkennung, ZStW 116 (2004), 353; *Juppe*, Die gegenseitige Anerkennung strafrechtlicher Entscheidungen in Europa, Historische Grundlagen – Aktuelle und zukünftige Problembereiche, 2007, S. 127 ff.; *Hekker*, Europäisches Strafrecht, 3. Aufl., 2010, S. 449 ff.; *Zeder*, ÖJZ 2009, 992; *Vernimmen-VanTiggelen/Surano/Weyembergh*; zu den historischen Grundlagen *Braum*, GA 2005, 681.

[141] Vgl. zu diesem Problemkreis ausführlich *Herrnfeld*, in: Schwarze, EU-Kommentar, Art. 67 AEUV, Rn. 17 ff., Rn. 20 ff., Rn. 24 f., Rn. 26 ff. m. z. N.; s. auch *Weiß/Satzger*, in: Streinz, EUV/AEUV, Art. 67 AEUV, Rn. 34 m. w. N.

[142] *Röben*, in: Grabitz/Hilf/Nettesheim, EU, Art. 67 AEUV, Rn. 92 sieht diese Achtung insbesondere in den Regeln zum materiellen und formellen Strafrecht konkretisiert.

[143] Nachdrücklich betont von *Weiß/Satzger*, in: Streinz, EUV/AEUV, Art. 67 AEUV, Rn. 33; s. ausführlich *Röben*, in: Grabitz/Hilf/Nettesheim, EU, Art. 67 AEUV (Mai 2014), Rn. 75 ff.

[144] So auch schon zu Art. 29 Abs. 1 EUV a. F. *Böse*, in: Schwarze, EU-Kommentar, Art. 29 EUV a. F., Rn. 6.

[145] Zu dieser Qualifikation *Müller-Graff*, in: Dauses, Handbuch des EU-Wirtschaftsrechts, Abschnitt A. I., Juli 2012, Rn. 58.

F. Die Erleichterung des Zugangs zum Recht (Art. 67 Abs. 4 AEUV)

39 Das Primärrecht verbindet mit dem Ziel der Bildung eines RFSR als dritte Aufgabe auch die **Erleichterung des Zugangs zum Recht**, bezieht diesen aber nicht, wie Art. 67 Abs. 1 AEUV anzudeuten scheint, auf die Achtung der Grundrechte, sondern »insbesondere« auf den Grundsatz der gegenseitigen Anerkennung gerichtlicher und außergerichtlicher Entscheidungen in **Zivilsachen** (Art. 67 Abs. 4 AEUV). Die konzeptionelle Stimmigkeit dieses Auftrags zur Sicherstellung des allgemeinen Freizügigkeitsraums (keine Personenkontrolle an den Binnengrenzen) ist zweifelhaft. Ein unmittelbarer Zusammenhang zwischen ziviljustizieller Zusammenarbeit und Freizügigkeit ist schwerlich erkennbar, wie insbesondere die Entfaltung der Ermächtigungsnorm zur ziviljustiziellen Zusammenarbeit in Art. 81 Abs. 2 AEUV zeigt. Dort geht es nach dessen Text, »insbesondere wenn dies für das reibungslose Funktionieren des Binnenmarkts erforderlich ist«, um die gegenseitige Anerkennung und die Vollstreckung gerichtlicher und außergerichtlicher Entscheidungen zwischen den Mitgliedstaaten,[146] die grenzüberschreitende Zustellung gerichtlicher und außergerichtlicher Schriftstücke, die Vereinbarkeit der in den Mitgliedstaaten geltenden Kollisionsnormen und Vorschriften zur Vermeidung von Kompetenzkonflikten, die Zusammenarbeit bei der Erhebung von Beweismitteln, den effektiven Zugang zum Recht, die Beseitigung von Hindernissen für die reibungslose Abwicklung von Zivilverfahren (erforderlichenfalls durch Förderung der Vereinbarkeit der in den Mitgliedstaaten geltenden zivilrechtlichen Verfahrensvorschriften), die Entwicklung von alternativen Methoden für die Beilegung von Streitigkeiten und die Förderung der Weiterbildung von Richtern und Justizbediensteten. Diese thematische Palette deutet nicht auf eine nähere konzeptionelle Verbindung zum Ziel der Bildung eines RFSR (Art. 3 Abs. 2 EUV) als vielmehr zu demjenigen der Errichtung eines Binnenmarktes (Art. 3 Abs. 3 EUV), wiewohl dieses die in Art. 81 Abs. 2 AEUV genannten Einzelziele nicht ausschöpft. Die Lokation der ziviljustiziellen Zusammenarbeit in den Vorschriften des RFSR erklärt sich historisch daraus, dass mit der Schaffung der dritten Säule in der Union von Maastricht auch diese Zusammenarbeit im intergouvernementalen (also nicht supranationalen) Bereich der neun Gegenstände von gemeinsamen Interesse in den Bereich Justiz und Inneres angesiedelt wurde.[147] Im Zuge der teilweisen Vergemeinschaftung dieser Gegenstände durch den Vertrag von Amsterdam (Überführung in die erste Säule der ursprünglichen Union) gelangte die ziviljustizielle Zusammenarbeit in die neuen Bestimmungen des EGV zum RFSR.[148] Diese Lokation setzt sich im AEUV fort, obwohl diese Verbindung konzeptionell nicht überzeugt.

---

[146] Ausführlich zum Grundsatz der gegenseitigen Anerkennung *Herrnfeld*, in: Schwarze, EU-Kommentar, Art. 67 AEUV, Rn. 29 ff., Rn. 32 f. m. z. N.; *Breitenmoser/Weyeneth*, in: GSH, Europäisches Unionsrecht, Art. 67 AEUV, Rn. 162 ff.; zur gegenseitigen Anerkennung im Prozessrecht *Hess*, Europäisches Zivilprozessrecht, 2010, S. 94 ff.; als allgemeines Konzept des Unionsrechts *Müller-Graff*, ZVglRWiss 111 (2012), 72.
[147] Vgl. Art. K.1 Ziff. 6 EUV; dazu *Dittrich*, S. 101 (105 ff.); *Schutte*, S. 181 ff.
[148] *Müller-Graff*, integration 1997, 271 (273).

G. Achtung der Grundrechte und der mitgliedstaatlichen Rechtsordnungen (Art. 67 Abs. 1 AEUV)

Für die gesamte Spannbreite eines RFSR setzt Art. 61 Abs. 1 AEUV den verbindlichen Maßstab, die Grundrechte und die verschiedenen Rechtsordnungen und Rechtstraditionen der Mitgliedstaaten zu achten. Die Achtung der Grundrechte[149] ist wegen Art. 6 EUV und der GRC eine repetitive Erinnerung, soweit es um Unionsmaßnahmen und deren Durchführung durch die Mitgliedstaaten geht (Art. 51 Abs. 1 GRC). Aber auch der Grundrechtsschutz im Bereich davon nicht erfasster Maßnahmen der Mitgliedstaaten ist diesen bereits von Art. 2 Satz 2 EUV aufgegeben. Demgegenüber bildet das Gebot der Achtung der mitgliedstaatlichen Rechtsordnungen und Rechtstraditionen einen spezifischen, hoch auslegungsoffenen und auslegungsbedürftigen rechtspolitischen Vorbehalt im Hinblick auf die Ausgestaltung von Maßnahmen im Bereich des RFSR durch die Union.[150]

40

---

[149] Als Ausfaltung der im RSFR besonders betroffenen Grundrechte vgl. *Breitenmoser/Weyeneth*, in: GSH, Europäisches Unionsrecht, Art. 67 AEUV, Rn. 44 ff.

[150] Beispielsweise akzentuierte Hervorhebung speziell des Strafrechts als »Sinnbild nationaler Souveränität« durch *Rosenau/Petrus*, in: Vedder/Heintschel v. Heinegg, Europäisches Unionsrecht, Art. 67 AEUV, Rn. 6. Als »Wiederholung« des in Art. 4 Abs. 2 EUV enthaltenen Grundsatzes der nationalen Identität der Mitgliedstaaten wird Art. 67 Abs. 1 AEUV verstanden von *Breitenmoser/Weyeneth*, in: GSH, Europäisches Unionsrecht, Art. 67 AEUV, Rn. 79; sie verbinden damit u. a. die (selbstverständliche) Achtung der Zuständigkeitsverteilung im RFSR, die unterschiedliche Ausgestaltung des Organisations- und Verfahrensrechts (freilich mit Einschränkungen), die Abgrenzung zwischen Justiz- und Polizeibehörden, die Verwendung der Rechtsform der Richtlinie und den operativen Vollzugsvorbehalt zugunsten der Mitgliedstaaten.

Artikel 68 AEUV [Strategische Leitlinien]

Der Europäische Rat legt die strategischen Leitlinien für die gesetzgeberische und operative Programmplanung im Raum der Freiheit, der Sicherheit und des Rechts fest.

Literaturübersicht

S. Art. 67 AEUV.

Inhaltsübersicht Rn.

A. Normzweck 1
B. Strategische Leitlinien 3
C. Nutzung in der Praxis 5

A. Normzweck

1 Art. 68 AEUV, dessen Formulierung auf Art. III–258 VVE zurückgeht, **konkretisiert** die allgemeine **politische Impulsfunktion** des **Europäischen Rates** für die Union (Art. 15 Abs. 1 EUV) in Parallele zu Art. 26 Abs. 1 EUV (für die GASP) und damit ein »intergouvernementales Element«[1] für die Bildung eines Raums der Freiheit, der Sicherheit und des Rechts (RFSR) (Art. 67 Abs. 1 AEUV, Art. 3 Abs. 2 EUV). Während der Europäische Rat auf Grund seiner mitgliedstaatlich exekutiv-höchstrangigen Zusammensetzung[2] nach Art. 15 Abs. 1 EUV (in Fortführung des Art. 4 EUV a. F.) damit betraut ist, der Union insgesamt die für ihre Entwicklung erforderlichen Impulse zu geben und die allgemeinen politischen Zielvorstellungen und Prioritäten hierfür festzulegen, befestigt Art. 68 AEUV diese Aufgabe im RSFR dahingehend, die »strategischen Leitlinien für die gesetzgeberische und operative Programmplanung« festzulegen. Art. 68 AEUV benennt hierbei auch den legislativen Bereich, durchbricht aber mit der Beschränkung auf die »Programmplanung« nicht den grundsätzlichen Ausschluss des Europäischen Rates von der Gesetzgebung der Union (Art. 15 Abs. 1 Satz 2 EUV). Für die Gesetzgebung gelten die allgemeinen Regeln (Art. 289 AEUV), wobei allerdings in den Fällen der Art. 82 Abs. 3 AEUV, Art. 83 Abs. 3 AEUV, Art. 86 Abs. 1 UAbs. 2 AEUV und Art. 87 Abs. 3 UAbs. 2 AEUV sowie bei Fortentwicklung des Schengen-Besitzstands[3] der Europäische Rat unter den jeweils einschlägigen Voraussetzungen eingeschaltet werden kann. **Weder** schafft Art. 68 AEUV dem Europäischen Rat ein **Initiativrecht**[4] noch **begrenzt**er unionsrechtlich das **Vorschlagsrecht** der **Kommission** bzw. das Initiativrecht eines Viertels der Mitgliedstaaten nach Art. 76 AEUV auf leitlinienkonforme Maßnahmen (str.).[5] Wegen der Funktion der Kommission nach Art. 17 EUV ist auch deren po-

---

[1] *Suhr*, in: Calliess/Ruffert, EUV/AEUV, Art. 68 AEUV, Rn. 1; *Kotzur*, in: Geiger/Khan/Kotzur, EUV/AEUV, Art. 68 AEUV, Rn. 1; s. auch *Breitenmoser/Weyeneth*, in: GSH, Europäisches Unionsrecht, Art. 68 AEUV, Rn. 2.
[2] *Röben*, in: Grabitz/Hilf/Nettesheim, EU, Art. 78 AEUV (März 2011), Rn. 1 verbindet damit höhere innerstaatliche Transparenz- und Legitimationserwartungen und daher eine »besondere Steuerungsfunktion« im souveränitätssensiblen RFSR.
[3] Art. 5 Abs. 4 Schengen-Protokoll, ABl. 1997, C 340/93, zuletzt geändert durch Art. 1 Abs. 18 Protokoll Nr. 1 zum Lissabonner Vertrag, ABl. 2007, C 306/165, ber. ABl. 1999, L 290/1.
[4] *Frenz*, Handbuch Europarecht, Band 6, Rn. 2809 f.
[5] A.A. *Röben*, in: Grabitz/Hilf/Nettesheim, EU, Art. 68 AEUV (Mai 2014), Rn. 5; zum Initiativ-

litische Bindung im Einzelnen zweifelhaft, wie sie vom Rat in seiner Kritik am Aktionsplan der Kommission zur Umsetzung des Stockholmer Programms des Europäischen Rates mit markanter Formulierung (»alleiniger Bezugsrahmen für die politische und operative Agenda« der EU) gefordert wurde.[6] Eine Bindung des Europäischen Parlaments im Rechtsetzungsverfahren kommt nicht in Betracht (s. dazu und zum Rat unten Rn. 4).

Die Hervorhebung der Impulsrolle des Europäischen Rates ist kodifikatorisch zwar überflüssig, für den im Einzelnen politisch zu definierenden und teils hoch sensiblen RFSR[7] aber sachdienlich, um einem Aktionismus nicht abgestimmter Einzelmaßnahmen durch ein **inhaltlich kohärentes Entwicklungsprogramm** eines RFSR entgegenzuwirken und zugleich den mitgliedstaatlichen exekutiven Rückhalt in diesem **souveränitäts- und öffentlichkeitssensiblen Politikbereich** zu aktivieren und zu fördern. Sie erklärt sich außerdem zum einen als entwicklungshistorische Erbschaft aus dem **intergouvernementalen Ursprung** des heutigen RFSR-Konzepts in der seinerzeitigen dritten Säule (»Justiz und Inneres«) der Europäischen Union von Maastricht.[8] In ihr oblag dem Rat hinsichtlich konkreter Maßnahmen die zentrale Handlungsrolle gemäß Art. K.3 EUV i. d. F. des Vertrages von Maastricht auf Initiative eines Mitgliedstaats oder in den Bereichen von Art. K.1 Nr. 1 bis 6 auch der Kommission.[9] Auch nach der Vertragsreform von Lissabon haben sich noch zahlreiche souveränitätsschonende Elemente erhalten (so namentlich Art. 72, 76 Buchst. b, 77 Abs. 3, 79 Abs. 5, 81 Abs. 3, 82 Abs. 3, 83 Abs. 3, 86, 87 Abs. 3, 89, 276 AEUV). Zum anderen inkorporiert die Hervorhebung strategischer Leitlinien des Europäischen Rates eine schon nach dem Vertrag von Amsterdam mit dem **Wiener Aktionsplan** einsetzende[10] und sich zu mehrjährigen programmatischen Vorgaben des Europäischen Rates verdichtende **Praxis** in Gestalt der Fünfjahresprogramme von **Tampere** (2000–2005)[11] und **Den Haag** (2005–2010)[12] sowie sachspezifischer Einzelprogramme,[13] darunter des Europäischen Paktes zu Einwanderung und Asyl von 2008.[14] Unmittelbar nach dem Inkrafttreten des Reformvertrages von Lissabon kam

---

recht der Kommission *Hoppe*, in: Lenz/Borchardt, EU-Verträge, Art. 68 AEUV, Rn. 2; wie hier z. B. *Herrnfeld*, in: Schwarze, EU-Kommentar, Art. 68 AEUV, Rn. 2; s. auch *Breitenmoser/Weyeneth*, in: GSH, Europäisches Unionsrecht, Art. 68 AEUV, Rn. 14 (trotz Rn. 8: »zu orientieren hat«).

[6] Vgl. die ausführliche Schilderung dieses bemerkenswerten Vorgangs bei *Suhr*, in: Calliess/Ruffert, EUV/AEUV, Art. 68 AEUV, Rn. 6, der die Leitlinien nach Art. 68 AEUV immerhin, aber lediglich als »nicht einklagbares« »politisches Lenkungsinstrument« versteht (ebd., Rn. 5); s. zu dem Konflikt mit der Kommission auch *Herrnfeld*, in: Schwarze, EU-Kommentar, Art. 68 AEUV, Rn. 2.

[7] Vgl. oben Art. 67 AEUV, Rn. 4, 27; s. auch *Herrnfeld*, in: Schwarze, EU-Kommentar, Art. 68 AEUV, Rn. 1; *Hoppe*, in: Lenz/Borchardt, EU-Verträge, Art. 68 AEUV, Rn. 1; *Suhr*, in: Calliess/Ruffert, EUV/AEUV, Art. 68 AEUV, Rn. 1.

[8] *Hoppe*, in: Lenz/Borchardt, EU-Verträge, Art. 68 AEUV, Rn. 1; *Rosenau/Petrus*, in: Vedder/Heintschel v. Heinegg, Europäisches Unionsrecht, Art. 68 AEUV, Rn. 1.

[9] *Müller-Graff*, in: Müller-Graff (Hrsg.), Europäische Zusammenarbeit in den Bereichen Justiz und Inneres, 1995, S. 11 (30).

[10] Wiener Aktionsplan des Rates und der Kommission v. 3.12.1998, ABl. 1999, C 19, SN 200/99; zum Instrument der Mehrjahresprogramme *Semmler*, integration 2009, 63.

[11] Schlussfolgerungen des Vorsitzes des Europäischen Rates v. 15. und 16.10.1999,

[12] Haager Programm des Rates, ABl. 2005, C 53/1; Aktionsprogramm: ABl. 2005, C 1981/1; zur Umsetzung de Zwaan/Goudappel (eds.) (2006); s. auch *Weyhembergh*, CMLRev. 42(2005), 1567; zu dessen zivilverfahrensrechtlichen Komponenten z. B. *Wagner*, IPrax 2005, 494.

[13] Namentlich zur Drogenbekämpfung, Bekämpfung der organisierten Kriminalität und Terrorismusbekämpfung sowie zur inneren Sicherheit; vgl. Auflistung und Nachweise bei *Herrnfeld*, in: Schwarze, EU-Kommentar, Art. 68 AEUV, Rn. 4.

[14] Rat der Europäischen Union v. 24.9.2008: 13440/08 – ASIM 72.

es zur Fortsetzung dieses Planungsusus durch die Verabschiedung des erneut auf fünf Jahre angelegten **Stockholmer Programms** (2010–2015).[15]

B. Strategische Leitlinien

3   Art. 68 AEUV beschränkt den Europäischen Rat auf die Festlegung strategischer Leitlinien für die gesetzgeberische und operative Programmplanung. Strategische Leitlinien sind keine Rechtsaktform. Sie sind **unionsrechtlich unverbindlich**,[16] können aber zweifelsohne faktisch signifikante **politische Wirkung** gegenüber anderen Akteuren entfalten[17] und beinhalten vor allem eine **politische Selbstbindung** des Europäischen Rats. Ihre Kennzeichnung als »strategisch« enthebt sie dem Bereich von Detailvorgaben und der Versuchung zur Vorformulierung legislativer Vorschläge. Ihre Akzentuierung »für die gesetzgeberische und operative Programmplanung« ermöglicht aber auch konkretere politische Aussagen. Der Europäische Rat wird dadurch aber nicht zu einem Organ europäischer Gesetzgebung.[18]

4   Die Formulierung legislativer Vorschläge obliegt im ordentlichen Gesetzgebungsverfahren zuallererst der Initiativaufgabe der Kommission und den Entscheidungen von Europäischem Parlament und Rat (Art. 289 Abs. 1 AEUV). Infolgedessen können strategische Leitlinien des Europäischen Rates in der operativen Praxis der Gesetzgebung der dazu berufenen Organe der Union leer laufen. Den Rat in diesem Zusammenhang als »ausführendes Organ« im Verhältnis zum Europäischen Rat verstehen zu wollen,[19] ist wegen seiner eigenständigen Organfunktion (Art. 16 Abs. 1 EUV) zweifelhaft und unterschätzt zudem dessen Eigendynamik angesichts der regelmäßig längerfristig angelegten Programmplanung des Europäischen Rates einerseits und der wechselnden Vertretung, Zusammensetzung und politischen Akzentsetzungen und Rücksichten nationaler Regierungen andererseits. Von der Kommission wurden diesbezügliche Probleme und Hürden bei der Verwirklichung des Haager Programms aufgezeigt.[20] Das Europäische Parlament ist per se nicht an strategische Leitlinien gebunden.[21]

---

[15] Vgl. Beschlüsse des Europäischen Rates v. 2.12.2009, 17024/09 das Stockholmer Programm – Ein Offenes und sicheres Europa im Dienste und zum Schutz der Bürger, ABl. 2010, C 115/1; Aktionsplan zur Umsetzung KOM (2010) 171 endg.; dazu z. B. *Sensburg*, FÜR 2010, 158; *Kietz/Parkes*, das Stockholmer Programm, SWP-Aktuell 51, August 2009; Guild/Carrera/Eggenschwiler (eds.), The European Union's area of freedom, security and justice ten years on, 2010; speziell zu dessen Leitlinien für die zivijustielle Zusammenarbeit *Wagner*, IPrax 2010, 97.

[16] S. o. Rn. 1; *Herrnfeld*, in: Schwarze, EU-Kommentar, Art. 68 AEUV, Rn. 2.

[17] *Frenz*, Handbuch Europarecht, Band 6, Rn. 2809; ohne weitere Differenzierung der Adressaten für eine »politische Bindungswirkung« *Herrnfeld*, in: Schwarze, EU-Kommentar, Art. 68 AEUV, Rn. 2; s. aber hier Rn. 1 und 4.

[18] *Weiß*, in: Streinz, EUV/AEUV, Art. 68 AEUV, Rn. 7; kritisch gegenüber der Leitlinienkompetenz im Gesamtgefüge des Unionshandelns *Kotzur*, in: Geiger/Khan/Kotzur, EUV/AEUV, Art. 68 AEUV, Rn. 3.

[19] So etwa *Weiß*, in: Streinz, EUV/AEUV, Art. 68 AEUV, Rn. 1; vorsichtiger *Suhr*, in: Calliess/Ruffert, EUV/AEUV, Art. 68 AEUV, Rn. 5: unverbindliche Orientierung.

[20] KOM (2009) 263 endg., IV.

[21] *Breitenmoser/Weyeneth*, in: GSH, Europäisches Unionsrecht, Art. 68 AEUV, Rn. 9.

C. Nutzung in der Praxis

Programmatische Entwürfe des Europäischen Rates zur Bildung und Gestaltung eines RFSR in definierten Zeithorizonten haben seit der terminologischen Kreation dieses Konzepts durch den Vertrag von Amsterdam **Tradition**.[22] Hierfür stehen die bereits vor Inkrafttreten des Reformvertrages von Lissabon oben genannten Programme (Rn. 2), die unmittelbar nach dessen Inkrafttreten mit einem erneuten Fünfjahresprogramm (Stockholmer Programm; s. oben Rn. 2) weitergeführt wurden. Sie wurden jeweils auf ein breites Spektrum von Maßnahmen im Bereich der Zugangspolitiken (Schutz der Außengrenzen, Asyl- und Einwanderungspolitik), der zivil- und strafjustiziellen sowie polizeilichen Zusammenarbeit mit jeweils unterschiedlichen Schwerpunkten entsprechend dem Entwicklungsstand des RFSR ausgerichtet. So akzentuiert das Stockholmer Programm sowohl den Grundrechtsschutz als auch die Verbesserung der Zusammenarbeit in der Kriminalitätsbekämpfung und die Sicherung der Zugangskontrollen.[23]

5

Derartige Programme (oder »strategische Leitlinien«) sind für die Verwirklichung eines RFSR essentiell, da die primärrechtlichen Bestimmungen über den RSFR weder unmittelbar anwendbare Bestimmungen und subjektive Rechte enthalten[24] noch auf einem kohärenten theoretischen Konzept beruhen wie das Binnenmarktkonzept.[25] Die Detaildefinition und Verwirklichung der für einen RFSR erforderlichen Maßnahmen bedarf daher politischer (und im Gefolge) rechtspolitischer Konkretisierung. Die Gefahr, dass es hierbei zu nicht abgestimmten Einzelmaßnahmen kommt, kann durch strategische Leitlinien gebannt oder gedämpft werden, die eine innere Kohärenz vorzeichnen. Der Europäische Rat hat insoweit die Aufgabe, konzeptionell überzeugende Entwicklungslinien aufzuzeigen.

6

Tatsächlich haben die genannten bisherigen programmatischen Vorgaben des Europäischen Rates mit ihren politischen Arbeitsvorgaben ganz maßgeblich Initiativen der Kommission befördert[26] und zur Annahme einer hoch beachtlichen Vielzahl und thematischen Breite von Maßnahmen geführt.[27] Sie haben eine kontinuierlich dynamische Entwicklung eines breiten Themenspektrums ausgelöst, deren Ergebnisse im Einzelnen namentlich bei der Nutzung der Kompetenzen der zuständigen Unionsorgane in den Art. 7 ff., 81, 82 ff., 87 ff. AEUV aufgeführt sind.

7

---

[22] Vgl. ausführliche Zusammenfassung bei *Herrnfeld*, in: Schwarze, EU-Kommentar, Art. 68 AEUV, Rn. 3 (beginnend mit Nr. 48 der Schlussfolgerungen des Europäischen Rates von Cardiff v. 15./16. 6.1998).
[23] Vgl. oben Fn. 7.
[24] Vgl. oben Art. 67 AEUV, Rn. 33.
[25] Vgl. oben Art. 67 AEUV, Rn. 32.
[26] Zur maßgeblichen Rolle des Europäischen Rates *Thym*, Europäische Einwanderungspolitik, in: Hoffmann/Löhr, Europäisches Flüchtlings- und Einwanderungsrecht, 2008, S. 187.
[27] Vgl. zu dieser Entwicklung im Einzelnen die Jahresberichte von *Müller-Graff/Kainer* und *Müller-Graff/Repasi* in den Jahrbüchern zur Europäischen Integration; zum Haager Programm s. auch *Weiß*, in: Streinz, EUV/AEUV, Art. 68 AEUV, Rn. 3, unbeschadet der gemischten Einschätzung der Kommission hinsichtlich der Programmverwirklichung in KOM (2009) 263 endg., IV.

Artikel 69 AEUV [Achtung des Subsidiaritätsprinzips]

Die nationalen Parlamente tragen bei Gesetzgebungsvorschlägen und -initiativen, die im Rahmen der Kapitel 4 und 5 vorgelegt werden, Sorge für die Achtung des Subsidiaritätsprinzips nach Maßgabe des Protokolls über die Anwendung der Grundsätze der Subsidiarität und der Verhältnismäßigkeit.

Literaturübersicht

S. Art. 67 AEUV.

Inhaltsübersicht

	Rn.
A. Normzweck	1
B. Gegenstand, Orientierung, Adressaten und Verfahren der »Sorgetragung«	4
C. Rechtsnatur der »Sorgetragung«	5
D. Wächterfunktion der nationalen Parlamente in der Praxis der RFSR-Initiativen	6

A. Normzweck

1 Art. 69 AEUV, dessen Formulierung auf Art. III–259 VVE zurückgeht, akzentuiert für Gesetzgebungsvorschläge und Gesetzgebungsinitiativen der Europäischen Union **speziell** in den Bereichen der **strafjustiziellen und polizeilichen Zusammenarbeit** (Art. 82–89 AEUV) die **Wächteraufgabe** der **nationalen Parlamente** für die Achtung des **Subsidiaritätsprinzips**. Die Aussage, dass die nationalen Parlamente »Sorge« nach Maßgabe des Protokolls über die Anwendung der Grundsätze der Subsidiarität und der Verhältnismäßigkeit (Subsidiaritätsprotokoll)[1] tragen, ist repetitiv zu Art. 5 Abs. 3 UAbs. 2 Satz 2 EUV und Art. 12 Buchst. b EUV, wenn auch unter Nutzung eines anderen Verbs,[2] ohne aber eine unterschiedliche Bedeutung zu beinhalten.[3] Sie ist daher kodifikatorisch zwar überflüssig[4] bzw. deklaratorisch[5] und ohne zusätzliche rechtliche Bedeutung,[6] jedoch in den betroffenen, besonders souveränitäts- und grundrechtsrelevanten Sachgegenständen politisch verständlich.[7] Sie schließt die Sorgetragung nach

---

[1] Protokoll (Nr. 2), ABl. 2010, C 83/206.
[2] Formulierung »tragen Sorge« im Unterschied zu »achten« bzw. »sorgen«
[3] *Hoppe*, in: Lenz/Borchardt, EU-Verträge, Art. 69 AEUV, Rn. 1; *Breitenmoser/Weyeneth*, in: GSH, Europäisches Unionsrecht, Art. 69 AEUV, Rn. 11.
[4] *Kretschmer*, in: Vedder/Heintschel v. Heinegg, EVV, Art. III–259 EVV, Rn. 5; *Kotzur*, in: Geiger/Khan/Kotzur, EUV/AEUV, Art. 69 AEUV, Rn. 2; *Kainer*, Der Raum der Freiheit, der Sicherheit und des Rechts nach dem Verfassungsvertrag, in: Jopp/Matl (Hrsg.), Der Vertrag über eine Verfassung für Europa, 2005, S. 283 (303).
[5] *Huber*, in: Streinz, EUV/AEUV, Art. 69 AEUV, Rn. 4; *Rosenau/Petrus*, in: Vedder/Heintschel v. Heinegg, Europäisches Unionsrecht, Art. 69 AEUV, Rn. 3; für »eigenständige Bedeutung« *Breitenmoser/Weyeneth*, in: GSH, Europäisches Unionsrecht, Art. 69 AEUV, Rn. 13, doch lassen sich die dafür genannten Gründe vom allgemeinen Subsidiaritätsprinzip erfassen.
[6] *Hölscheidt*, integration 2008, 254 (262); *Herrnfeld*, in: Schwarze, EU-Kommentar, Art. 69 AEUV, Rn. 2.
[7] S. unten Rn. 3; *Kotzur*, in: Geiger/Khan/Kotzur, EUV/AEUV, Art. 69 AEUV, Rn. 2: »symbolmächtige Bekräftigung«; *Hoppe*, in: Lenz/Borchardt, EU-Verträge, Art. 69 AEUV, Rn. 2; *Huber*, in: Streinz, EUV/AEUV, Art. 69 AEUV, Rn. 5; *Suhr*, in: Calliess/Ruffert, EUV/AEUV, Art. 69 AEUV, Rn. 6; *Herrnfeld*, in: Schwarze, EU-Kommentar, Art. 69 AEUV, Rn. 1 und 2; s. auch *Herlin-Karnell*, E.L.Rev. 29 (2009), 351.

Maßgabe des Subsidiaritätsprotokolls in den anderen Kapiteln des Raums der Freiheit, der Sicherheit und des Rechts (RFSR) nicht aus.[8] Der Inhalt des unionsrechtlichen Subsidiaritätsprinzips im Sinne des Art. 69 AEUV i. V. m. Art. 5 Abs. 3 EUV ist unabhängig von mitgliedstaatlichen Grundsätzen dieser Art auszulegen. Es ist als Kompetenzausübungsprinzip insbesondere nicht inhaltsidentisch mit dem auch die Kompetenzzuweisung einbeziehenden Subsidiaritätsgrundsatz des Art. 23 Abs. 1 GG.

Das Subsidiaritätsprotokoll hat zum Ziel, die Einhaltung der Grundsätze der Subsidiarität und Verhältnismäßigkeit (Art. 5 Abs. 3 und 4 EUV) **politisch** abzusichern.[9] Hierfür sind (neben den Organen der Union) auch die nationalen Parlamente miteinbezogen (Art. 6 bis 8 des Subsidiaritätsprotokolls). Sie fungieren danach als **nationale parlamentarisch-demokratische Kontrolleure** im Interesse der **Wahrung mitgliedstaatlicher Aktionsspielräume** gegenüber legislatorischen Maßnahmen der Union, die nach ihrer politischen Bewertung den Anforderungen des Subsidiaritäts- und Verhältnismäßigkeitsprinzips zuwiderlaufen. Denn in den Bereichen der geteilten Zuständigkeit der Union (Art. 4 AEUV) sind die Mitgliedstaaten unionsrechtlich nur dann gehindert, ihre Zuständigkeit wahrzunehmen, sofern und soweit die Union ihre Zuständigkeit ausgeübt hat (Art. 3 Abs. 2 AEUV). Das Protokoll gibt den nationalen Parlamenten zwar kein Mitgestaltungsrecht im unionalen Gesetzgebungsverfahren, wohl aber ex ante ein politisches Frühwarnrecht (Art. 6 und 7 Subsidiaritätsprotokoll) gegenüber der Ausübung einer geteilten Kompetenz durch die Union und ex post die Rechtsschutzmöglichkeit des Nichtigkeitsverfahren vor dem EuGH (Art. 8 Subsidiaritätsprotokoll). 2

Die besondere Hervorhebung des Subsidiaritätsprotokolls durch Art. 69 AEUV speziell für Maßnahmen im Bereich der strafjustiziellen und polizeilichen Zusammenarbeit und die spezifische Intonation der Rolle der nationalen Parlamente nach diesem Protokoll im Bereich der Art. 82–89 AEUV als »Sorgetragung« erklärt sich aus den betroffenen **Sachgegenständen**. Das transnationale Zusammenwirken von mitgliedstaatlicher Strafjustiz und Polizei wurde seit dessen erstmals im Vertrag von Maastricht primärrechtlich gezielter Thematisierung als Gegenstand gemeinsamen Interesses als **besonders souveränitätssensibel** erkannt, wie namentlich auch die seinerzeitige Begrenzung des Initiativrechts zu deren Erörterung im Rat auf die Mitgliedstaaten zeigte.[10] Zugleich sind sie in besonderem Maße **demokratie-** und **grundrechtssensibel**.[11] Im sukzessiven Gang der seit Aufnahme in das Primärrecht zwar nicht politisch, aber konzeptionell vorgezeichneten[12] Überführung der einzelnen Sachgegenstände der ursprünglichen dritten Säule der Union von Maastricht in die Vergemeinschaftung mit supranationalen Verfahren wurden sie vom Vertrag von Amsterdam noch ausgespart und erst vom Vertrag von Lissabon als letzte Sachbereiche erfasst. Das Bundesverfassungsgericht versteht die Strafrechtspflege in seinem Lissabon-Urteil als besonders sensiblen Akt der 3

---

[8] *Hoppe*, in Lenz/Borchardt, EU-Verträge, Art. 69 AEUV, Rn. 1.
[9] Zur Diskussion um die rechtlichen Durchsetzung des Subsidiaritätsprinzips bei dessen Einführung als positiviertes Prinzip (heute Art. 5 Abs. 3 EUV) unter dem Stichwort: »Justiziabilität« vgl. einerseits skeptisch z. B. *Hochbaum*, DÖV 1992, 285 (292); *Blanke*, DÖV 1993, 421; andererseits jedoch als überwiegende Auffassung z. B. *Pipkorn*, EuZW 1992, 699 (700); *Lambers*, EuR 1993, 229 (240); *Pieper*, DVBl 1993, 705 (272); *v. Borries*, EuR 1994, 275 (282); *Müller-Graff*, ZHR 159 (1995), 34 (56); zurückhaltend *Calliess*, in: Calliess/Ruffert, EUV/AEUV, Art. 5 EUV, Rn. 32, 36 ff., 41.
[10] Initiativrecht nur bei Mitgliedstaaten: Art. K.3 Abs. 2 EUV von Maastricht.
[11] *Huber*, in: Streinz, EUV/AEUV, Art. 69 AEUV, Rn. 5; zum Strafrecht *Rosenau/Petrus*, in: Vedder/Heintschel v. Heinegg, Europäisches Unionsrecht, Art. 69 AEUV, Rn. 2.
[12] Dazu *Müller-Graff*, in: Müller-Graff (Hrsg.), Europäische Zusammenarbeit in den Bereichen Justiz und Inneres, 2005, S. 11 (38 f.).

Selbstbestimmung des politischen Primärraums (im Sinne des jeweiligen Mitgliedstaats) über das »rechtsethische Minimum« einer Gesellschaft gegen unerträgliches Sozialverhalten[13] und zählt sie zu den Kernbereichen der Staatlichkeit.[14] Die ausdrückliche Betonung der Sorgetragung der nationalen Parlamente um das Subsidiaritätsprinzip bei legislatorischen Aktivitäten der Union in diesen Bereichen spiegelt deren spezifische Souveränitäts-,[15] Demokratie- und Rechtsstaatsdimension.

B. Gegenstand, Orientierung, Adressaten und Verfahren der »Sorgetragung«

4 Gegenstand der von Art. 69 AEUV thematisierten »Sorgetragung« für die Achtung des Subsidiaritätsprinzips sind Gesetzgebungsvorschläge und -initiativen, die im Rahmen der Art. 82–89 AEUV vorgelegt werden. Art. 69 AEUV bezieht sich damit auf Art. 289 Abs. 3 AEUV.[16] Danach sind **Gesetzgebungsakte** diejenigen Rechtsakte, die gemäß einem Gesetzgebungsverfahren (Art. 289 Abs. 1 und 2 AEUV) angenommen werden. Die Orientierung der Sorgetragung richtet sich auf die Achtung des Subsidiaritätsprinzips nach Maßgabe des **Subsidiaritätsprotokolls**.[17] Nach dem Subsidiaritätsprinzip wird die Union gemäß Art. 5 Abs. 3 UAbs. 1 EUV in den Bereichen, die nicht in ihre ausschließliche Zuständigkeit fallen, nur tätig, »sofern und soweit die Ziele der in Betracht gezogenen Maßnahmen von den Mitgliedstaaten weder auf zentraler noch auf regionaler oder lokaler Ebene ausreichend verwirklicht werden können, sondern vielmehr wegen ihres Umfangs oder ihrer Wirkungen auf Unionsebene besser zu verwirklichen sind.« Adressaten der »Sorgetragung« nach Art. 69 AEUV sind die **nationalen Parlamente**. Diese Eigenschaft eines Organs wird nach nationalem Recht definiert und kann daher auch mehr als ein Gremium (in Deutschland: Bundestag und Bundesrat als zweite Kammer des Parlaments) umfassen.[18] Den nationalen Parlamenten stehen zur Verwirklichung der von Art. 69 AEUV angesprochenen »Sorgetragung« die **Verfahren** der politischen **Subsidiaritätsrüge** (Art. 6 und 7 Subsidiaritätsprotokoll) und der gerichtlichen **Subsidiaritätsklage** (Art. 8 Subsidiaritätsprotokoll) zur Verfügung. Für die Subsidiaritätsrüge gilt beim Entwurf eines Gesetzgebungsaktes auf der Grundlage des **Art. 76 AEUV** betreffend den RFSR im Vergleich zu den allgemeinen Regeln die Besonderheit, dass die Überprüfungspflicht der Kommission bereits ausgelöst wird, wenn die Anzahl begründeter Stellungnahmen, wonach der Entwurf eines Gesetzgebungsaktes nicht mit dem Subsidiaritätsprinzip im Einklang steht, ein Viertel (statt ein Drittel) der Gesamtzahl der den nationalen Parlamenten zugewiesenen Stimmen erreicht (**Art. 7 Abs. 2 Subsidiaritätsprotokoll**).

---

[13] BVerfGE 123, 267 (410 f.); *Müller-Graff*, Das Parlament, APuZ 18/2010, 27 f.
[14] BVerfGE 123, 267 (408).
[15] *Kotzur*, in: Geiger/Khan/Kotzur, EUV/AEUV, Art. 69 AEUV, Rn. 1,
[16] *Röben*, in: Grabitz/Hilf/Nettesheim, EU, Art. 69 AEUV (Mai 2014), Rn. 8.
[17] S. oben Rn. 1 und Fn. 1.
[18] *Röben*, in: Grabitz/Hilf/Nettesheim, EU, Art. 69 AEUV (Mai 2014), Rn. 5 und 6.

C. Rechtsnatur der »Sorgetragung«

Die indikative Formulierung »tragen… Sorge« ist in ihrem rechtlichen Gehalt undeutlich. Als Bestandteil einer Vertragsnorm stellt sie nicht einen Zustand fest. Sie postuliert auch nicht nur eine Erwartung, sondern hat **Sollenscharakter** in Form eines Aufrufs.[19] Sie als eine unionsrechtliche Verpflichtung nationaler Parlamente anzusehen, würde andererseits eine Obligation postulieren, die weder durchsetzbar noch sanktionierbar wäre. Am ehesten ist Art. 69 AEUV daher mit der Rechtsfigur einer **Obliegenheit** vergleichbar. Im Zivilrecht bedeutet deren Nichterfüllung, dass bestimmte Vorteile nicht eintreten. Ähnlich ist die Lage in Art. 69 AEUV. Trägt ein nationales Parlament nicht Sorge im Sinne der Vorschrift, gelangt ein eventuelles Subsidiaritätsbedenken nicht auf dem Wege des Art. 7 des Subsidiaritätsprotokolls der Kommission zur Kenntnis und kann nicht mittels dieses Instruments eine Überprüfung des Legislativvorschlags auslösen.

5

D. Die Wächterfunktion der nationalen Parlamente in der Praxis der RFSR-Initiativen

Ob und inwieweit sich das durch das Subsidiaritätsprotokoll eingeführte unionsrechtliche Instrumentarium der nationalen Parlamente in der Praxis für die Anwendung der Grundsätze der Subsidiarität und der Verhältnismäßigkeit im Allgemeinen und in den Art. 82 bis 89 AEUV im Besonderen als **zielführend** erweist, ist eine **offene Frage**. Speziell für die Wachsamkeit von Bundestag und Bundesrat sind hier hinsichtlich der Nutzung der Zuständigkeiten der Union im Bereich des RFSR Vorgaben des innerstaatlichen Rechts zu beachten. Sie ergeben sich zwar nicht aus den Bestimmungen zu Subsidiaritätsrüge und Subsidiaritätsklage der § 11 und 12 Integrationsverantwortungsgesetz,[20] lassen sich aber aus Aussagen des Bundesverfassungsgerichts im Lissabon-Urteil entwickeln. Danach sind zum einen die im Rahmen des RFSR eingefügten supranationalen Kompetenzen »strikt – keinesfalls extensiv« auszulegen.[21] Zum anderen fordert das Urteil eine jeweils besondere Rechtfertigung der Zuständigkeitsnutzung,[22] insbesondere die Darlegung einer »besonderen Notwendigkeit«, besonders schwere Kriminalität gemeinsam zu bekämpfen.[23] Diese Vorgaben des Urteils lassen sich als eine verfassungsrechtlich verschärfte Verpflichtung von Bundestag und Bundesrat zur Subsidiaritätsprüfung und, gegebenenfalls, als verfassungsrechtliche Pflicht deuten, die Subsidiaritätsrüge nach dem Subsidiaritätsprotokoll zu erheben.

6

---

[19] Für Appellfunktion *Huber*, in: Streinz, EUV/AEUV, Art. 69 AEUV, Rn. 4.
[20] Gesetz über die Wahrnehmung der Integrationsverantwortung des Bundestages und des Bundesrates in Angelegenheiten der Europäischen Union (Integrationsverantwortungsgesetz) – IntVG v. 22. 9. 2009 (BGBl. 2009 I S. 3822).
[21] BVerfGE 123, 267 (410).
[22] BVerfGE 123, 267 (410).
[23] Die besondere Notwendigkeit soll nicht schon vorliegen, »wenn die Organe einen entsprechenden politischen Willen gebildet haben«; BVerfGE 123, 267 (410).

Artikel 70 AEUV [Durchführung der Unionspolitik]

Unbeschadet der Artikel 258, 259 und 260 kann der Rat auf Vorschlag der Kommission Maßnahmen erlassen, mit denen Einzelheiten festgelegt werden, nach denen die Mitgliedstaaten in Zusammenarbeit mit der Kommission eine objektive und unparteiische Bewertung der Durchführung der unter diesen Titel fallenden Unionspolitik durch die Behörden der Mitgliedstaaten vornehmen, insbesondere um die umfassende Anwendung des Grundsatzes der gegenseitigen Anerkennung zu fördern. Das Europäische Parlament und die nationalen Parlamente werden vom Inhalt und den Ergebnissen dieser Bewertung unterrichtet.

Literaturübersicht

S. Art. 67 AEUV.

Inhaltsübersicht

	Rn.
A. Normzweck	1
B. Bewertungsverfahren	2
C. Erlassverfahren	7
D. Kompetenznutzung	8

A. Normzweck

1 Der vom Reformvertrag von Lissabon (auf der konzeptionellen Grundlage des Art. III–260 VVE und im Lichte bisheriger Erfahrungen und Praktiken) neu geschaffene, an Überlegungen im und zum Haager Programm anknüpfende[1] und auf Erfahrungen aufbauende[2] Art. 70 AEUV verleiht der Union für die Bildung eines Raums der Freiheit, der Sicherheit und des Rechts (RFSR) die Zuständigkeit zum Einsatz eines **strukturierten Instruments** zum Zweck der **optimalen Verwirklichung** ihrer Politik. Er ermächtigt den Rat, auf Vorschlag der Kommission ein von den Mitgliedstaaten in Zusammenarbeit mit der Kommission zu verwirklichendes **System** zur **Bewertung** der Durchführung der RSFR-Politik der Union durch die mitgliedstaatlichen Behörden (nicht durch Unionsstellen) einzurichten. Dies lässt die Einleitung einer gerichtlichen Überprüfung mitgliedstaatlichen Umsetzungsverhaltens durch ein Vertragsverletzungsverfahren im Sinne der Art. 258 bis 260 AEUV unberührt.[3] Zugrunde liegt die realitätsnahe Annahme (und Tatsache), dass die Umsetzung der potenziell weit reichenden und komplexen Unionspolitik in einem RSFR (Art. 67 AEUV) sowohl technisch-administrativ als auch wegen ihrer Souveränitätsrelevanz Schwierigkeiten und unterschiedliche Auffassungen in den mitgliedstaatlichen Verwaltungen verursachen kann. Regelmäßige, auf Wunsch des Europäischen Rates erstattete Berichte der Kommission im Sinne von »Fortschrittsanzei-

---

[1] *Hoppe*, in: Lenz/Borchardt, EU-Verträge, Art. 70 AEUV, Rn. 1.
[2] Vgl. als Überblick über die bisherige Praxis mit Überwachungs- und Evaluierungsverfahren der Union im Bereich des RFSR vor Inkrafttreten des Lissabonner Vertrages KOM (2006) 332 endg., Anhang 2; *Herrnfeld*, in: Schwarze, EU-Kommentar, Art. 70 AEUV, Rn. 4; zu den Umsetzungsproblemen *Breitenmoser/Weyeneth*, in: GSH, Europäisches Unionsrecht, Art. 70 AEUV, Rn. 4f.
[3] *Breitenmoser/Weyeneth*, in: GSH, Europäisches Unionsrecht, Art. 70 AEUV, Rn. 20; *Weiß*, in: Streinz, EUV/AEUV, Art. 70 AEUV, Rn. 9.

gern« begleiteten die Entwicklung des RFSR bereits seit dem Programm von Tampere⁴ und verdeutlichten zunehmend das im Bericht zur Umsetzung des Haager Programms auch ausgesprochene Erfordernis einer »gründlichen Evaluierung«⁵ und »partnerschaftlichen Diskussion mit den anderen EU-Institutionen und den Mitgliedstaaten«.⁶ Der von Art. 70 AEUV ermöglichte (und mit der **VO (EU) Nr. 1053/2013** genutzte⁷) Erlass von Maßnahmen für ein Verfahren zur »objektiven und unparteiischen Bewertung« der mitgliedstaatlichen administrativen Praxis, das im Ergebnis zu deren Verbesserung und zur Steigerung der Umsetzungsbereitschaft⁸ führt, kann im Idealfall Vertragsverletzungsverfahren nach Art. 258 bis 260 AEUV erübrigen (Präventivfunktion).⁹ Die Bewertung zielt aber vor allem auf die Schaffung **wechselseitigen Vertrauens** in die verlässliche Handhabung der Durchführung der RSFR-Politik der Union.¹⁰ Art. 70 AEUV enthält dementsprechend Grundvorschriften zum (möglichen) Bewertungsverfahren (s. B; Rn. 2 ff.) und zum Erlassverfahren (s. C; Rn. 7 ff.).

B. Bewertungsverfahren

Art. 70 AEUV legt nicht selbst die Einzelheiten eines Bewertungsverfahrens fest, normiert aber **Eckdaten**. Innerhalb dieser delegiert die Vorschrift die Festlegung an den Rat und belässt mit der Formulierung »Bewertung der Durchführung der unter diesen Titel fallenden Unionspolitik« dem Rat auch die Möglichkeit, verschiedene, auf den jeweiligen Politiksektor im RFSR maßgeschneiderte Bewertungsverfahren zu konzipieren. Die von Art. 70 AEUV hierfür vorgegebenen Eckdaten sind **viergliedrig**. Sie betreffen den zu bewertenden Bewertungsgegenstand (Objekt), den Bewertungszweck (Zweck), die Bewertungsmaßstäbe (Maßstäbe) und die Bewertungsbeteiligten (Beteiligte).

2

Der **Bewertungsgegenstand** ist die **Durchführung** der unter den RFSR-Titel fallenden Unionspolitik durch die **mitgliedstaatlichen Behörden** (nicht durch Einrichtungen der Union).¹¹ Erfasst ist also das gesamte Spektrum der von **Art. 67–89 AEUV** erfassten Unionspolitik, soweit sie der »Durchführung« durch die »Behörden« der Mitgliedstaaten bedarf. **Behörden** sind nach herkömmlichem Begriffsverständnis administrative Einrichtungen, nicht aber auch Gerichte im Rahmen ihrer Unabhängigkeit. Da allerdings zum Bewertungszweck nach Art. 70 AEUV »insbesondere« die Förderung der umfassenden Anwendung des Grundsatzes der gegenseitigen Anerkennung zählt, ist es

3

---

⁴ Vgl. dazu KOM (2004) 401 endg. (Bilanz des Tampere-Programms und Perspektiven), S. 1; Europäischer Rat, Schlussfolgerungen des Vorsitzes v. 4./5.11.2004, DE/04/5, S. 12.
⁵ KOM(2006) 331 endg. (Umsetzung des Haager Programms: Weitere Schritte), S. 2.
⁶ KOM(2006) 331 endg. (Umsetzung des Haager Programms: Weitere Schritte), S. 15 f.
⁷ VO (EU) Nr. 1053/2013 zur Einführung eines Evaluierungs- und Überwachungsmechanismus für die Überprüfung der Anwendung des Schengen-Besitzstandes und zur Aufhebung des Beschlusses des Exekutivausschusses vom 16.9.1998 bezüglich der Errichtung des Ständigen Ausschusses Schengener Durchführungsübereinkommen, ABl. 2013, L 205/27.
⁸ *Hoppe*, in Lenz/Borchardt, EU-Verträge, Art. 70 AEUV (Mai 2014), Rn. 5; *Rosenau/Petrus*, in: Vedder/Heintschel v. Heinegg, Europäisches Unionsrecht, Art. 70 AEUV, Rn. 1.
⁹ *Röben*, in: Grabitz/Hilf/Nettesheim, EU, Art. 70 AEUV (Mai 2014), Rn. 5; *Kotzur*, in: Geiger/Khan/Kotzur, EUV/AEUV, Art. 70 AEUV, Rn. 2; *Rosenau/Petrus*, in: Vedder/Heintschel v. Heinegg, Europäisches Unionsrecht, Art. 70 AEUV, Rn. 2; *Frenz*, Handbuch Europarecht, Band 6, Rn. 2814 (»informative Rückkoppelung«).
¹⁰ Pointiert *Herrnfeld*, in: Schwarze, EU-Kommentar, Art. 70 AEUV, Rn. 3.
¹¹ *Herrnfeld*, in: Schwarze, EU-Kommentar, Art. 70 AEUV, Rn. 8.

nicht unzulässig, bei einer Durchführungsbewertung auch die Rechtsprechung mitgliedstaatlicher Gerichte zu berücksichtigen, ohne dass allerdings in irgendeiner Weise die gerichtliche Unabhängigkeit dadurch berührt werden darf. Der Begriff der **Durchführung** ist im Lichte des Normzwecks (optimale Verwirklichung) sowohl Handeln als auch Unterlassen. Es geht damit in erster Linie mithin um die mitgliedstaatliche Umsetzung, nicht hingegen um die Überprüfung, ob einzelne Maßnahmen der RFSR-Politik der Union sinnfällig, akzeptanzfähig und praktikabel sind. Gleichwohl bietet eine derartige Bewertung, die zunächst eine Aufnahme des Sachstandes erfordert, die Chance, **Einsichten** im Detail zu gewinnen, die, rückgekoppelt zur Unionspolitik, zu deren Optimierung oder Korrektur führen können. Darin lässt sich auch der wesentliche Sinn der ausdrücklichen Anordnung des Art. 70 Satz 2 AEUV sehen, dass das Europäische Parlament und die nationalen Parlamente (denen nach Art. 69 AEUV die Sorgetragung für die Achtung des Subsidiaritätsprinzips aufgegeben ist) vom Inhalt und den Ergebnissen der Bewertung unterrichtet werden.

4   Der **Bewertungszweck**, der politisch im Einzelnen unterschiedlich akzentuiert werden kann,[12] ist nach Art. 70 AEUV ein zweifacher: zum einen geht es um eine allgemeine Evaluation der Durchführung der RSFR-Politik der Union im Interesse deren **optimaler Verwirklichung**, zum anderen speziell um die Förderung der umfassenden Anwendung des (im RFSR nicht unmittelbar anwendbaren)[13] Grundsatzes der **gegenseitigen Anerkennung**. Die Hervorhebung dieses bei der zivil- und strafjustiziellen Zusammenarbeit ausdrücklich niedergelegten (Art. 67 Abs. 3 und 4, 81 Abs. 1, 82 Abs. 2 AEUV), unionsrechtlich aber nicht auf diese Bereiche beschränkten Prinzips[14] unterstreicht, dass es sich bei dessen Verwirklichung um die besondere Herausforderung der Schaffung **allseitigen Vertrauens in die mitgliedstaatliche Befolgung der EU-Maßnahmen** handelt.[15] Vertrauen lässt sich nicht normativ dekretieren. Erhöhte Evaluationserfordernisse spiegeln nicht grundlos Skepsis.[16] Speziell im justiziellen Bereich ist die Akzeptanz und Verwirklichung des Prinzips der gegenseitigen Anerkennung gefährdet, wenn unterschiedliche Grade der gelebten Rechtsstaatlichkeit der Gerichte und des tatsächlichen Grundrechtsschutzes[17] zwischen den Mitgliedstaaten bestehen. Essentiell für den grenzkontrollfreien Binnenraum der Union ist vor allem die Verlässlichkeit der Umsetzung der EU-Maßnahmen im Bereich des Zugangs zu den Hoheitsgebieten der Mitgliedstaaten (Sicherung der Außengrenzen,[18] Kontrolle an den Außengrenzen, Visa-, Asyl- und Einwanderungspolitik). Ist diese Verlässlichkeit nicht bei allen teilnehmenden Mitgliedstaaten gewährleistet, ist die Kontrollfreiheit beim Überschreiten der Binnengrenzen latent gefährdet. Unter diesem Gesichtspunkt gewinnt die einer Bewertung und Per-

---

[12] Vgl. dazu die unterschiedlichen politischen Interpretationen von Evaluierungsverfahren vor dem Vertrag von Lissabon *Herrnfeld*, in: Schwarze, EU-Kommentar, Art. 70 AEUV, Rn. 2.
[13] *Herrnfeld*, in: Schwarze, EU-Kommentar, Art. 70 AEUV, Rn. 7; tendenziell a. A. *Röben*, in: Grabitz/Hilf/Nettesheim, EUV/AEUV, Art. 70 AEUV (Mai 2014), Rn. 9.
[14] *Müller-Graff*, ZVglRWiss 111 (2012), 72; *Möstl*, CMLRev. 47 (2010) 405.
[15] *Weiß*, in: Streinz, EUV/AEUV, Art. 70 AEUV, Rn. 6; *Hoppe*, in: Lenz/Borchardt, EU-Verträge, Art. 70 AEUV, Rn. 3; *Suhr*, in: Calliess/Ruffert, EUV/AEUV, Art. 70 AEUV, Rn. 3; *Herrnfeld*, in: Schwarze, EU-Kommentar, Art. 70 AEUV, Rn. 3.
[16] Als Ausdruck vorhandenen Misstrauens verstanden von *Frenz*, Handbuch Europarecht, Band 6, Rn. 2815.
[17] *Röben*, in: Grabitz/Hilf/Nettesheim, EU, Art. 70 AEUV (Mai 2014), Rn. 11 sieht den Grundsatz der gegenseitigen Anerkennung in dem »gemeinsamen Grundrechtsfundament der Union und der Mitgliedstaaten, das wiederum in der EMRK konvergiert« begründet.
[18] *Weiß*, in: Streinz, EUV/AEUV, Art. 70 AEUV, Rn. 6.

spektiventwicklung vorangehende nüchterne Feststellung des Sachstandes und daraus folgender möglicher Rückwirkungen auf die Prioritäten der Unionspolitik besonderes Gewicht.

Art. 70 AEUV benennt als Eckdaten der **Bewertungsmaßstäbe** für Evaluationsverfahren, dass dadurch »eine objektive und unparteiische Bewertung« erfolgen soll. Dies ist die traditionell Gerichten als unabhängigen Einrichtungen wesensmäßige Aufgabe. Inwieweit sie von administrativ und/oder politisch geprägten Gremien oder Verfahren geleistet werden kann, an denen nicht den Richtern gleichwertig persönlich und sachlich unabhängige Personen mitwirken, ist zweifelhaft. Der Auftrag zu »**objektiver** Bewertung« verkennt nicht, dass eine Bewertung ein bewertendes Subjekt voraussetzt. Er beinhaltet aber die Aufforderung, dass sich die bewertenden Personen des Problems einfließender »subjektiver« oder herkunftsgeprägter Präferenzen bei ihrer Bewertung bewusst bleiben und diese entweder, soweit als möglich, vermeiden oder durch strikte Ausrichtung an konsensfähigen (und in diesem intersubjektivem Sinne »objektiven«) Kriterien neutralisieren oder jedenfalls offen legen. Gleiches gilt für den Maßstab einer »**unparteiischen**« Bewertung. Im Kontext einer Bewertung der Durchführung der RFSR-Politik durch mitgliedstaatliche Behörden bedeutet dies insbesondere, den Sichtwinkel der Bewertung nicht durch eine spezifische (europäische oder mitgliedstaatliche) Behördensicht präjudizieren zu lassen. 5

Die von Art. 70 AEUV genannten **Bewertungsbeteiligten** sind nur in einer Hinsicht eindeutig: die Kommission ist »in Zusammenarbeit« beteiligt. Offen bleibt aber die Anordnung, dass »die Mitgliedstaaten« die Bewertung vornehmen. Dies ist, soweit es nicht eine Selbstevaluation darstellt, als Vorgang unter Gleichgestellten(»peer-review«)zu verstehen,[19] ohne dass deshalb eine organisatorische Führung durch den Rat ausgeschlossen ist.[20] Drei Varianten von Bewertungsverfahren der Durchführung, jeweils in Zusammenarbeit mit der – allerdings nicht selbst primär wertenden[21] – Kommission kommen in Betracht: durch einen Mitgliedstaat hinsichtlich seiner eigenen Behörden (Selbstbewertung); durch einen Mitgliedstaat unter Beteiligung anderer Mitgliedstaaten hinsichtlich der eigenen Behörden (kooperative Bewertung); durch andere Mitgliedstaaten (Fremdbewertung). Angesichts dieser verschiedenen Konfigurationsmöglichkeiten, die von Art. 70 AEUV nicht ausgeschlossen sind, unterfällt die Regelung dieser Frage der Kompetenz des Rates zur Festlegung der Einzelheiten. 6

C. Erlassverfahren

Art. 70 AEUV ermächtigt den **Rat**, auf **Vorschlag der Kommission** Maßnahmen zur Festlegung von Einzelheiten eines Bewertungsverfahrens zu erlassen. Der Rat kann nach der allgemeinen Regel mit **qualifizierter Mehrheit** entscheiden (Art. 16 Abs. 3 EUV). Infolge der Befugnis zum Erlass von »**Maßnahmen**« ermöglicht die Norm dem Rat die Nutzung des Spektrums der Handlungsformen des Art. 288 AEUV[22] ebenso wie 7

---

[19] *Herrnfeld*, in: Schwarze, EU-Kommentar, Art. 70 AEUV, Rn. 5.
[20] Sogar für die »Federführung« des Rates *Herrnfeld*, in: Schwarze, EU-Kommentar, Art. 70 AEUV, Rn. 5.
[21] Pointiert als Gebot, sich »einer eigenen Wertung zu enthalten«, verstanden von *Hoppe*, in: Lenz/Borchardt, EU-Verträge, Art. 70 AEUV, Rn. 2.
[22] *Breitenmoser/Weyeneth*, in: GSH, Europäisches Unionsrecht, Art. 70AEUV, Rn. 10; *Röben*, in: Grabitz/Hilf/Nettesheim, EU, Art. 70 AEUV (Mai 2014), Rn. 17; *Hoppe*, in: Lenz/Borchardt, EU-

andere Maßnahmen. Soweit er hierbei eine Verordnung, eine Richtlinie oder einen Beschluss erlässt, handelt es sich nicht um ein Gesetzgebungsverfahren,[23] weder um ein ordentliches (Art. 289 Abs. 1 AEUV) noch um ein besonderes (Art. 289 Abs. 2 AEUV), da das Europäische Parlament nicht beteiligt ist (anders im Falle der Bewertung der Tätigkeit von Eurojust: Art. 85 Abs. 1 UAbs. 3 AEUV). Dieses ist lediglich wie die nationalen Parlamente über Inhalt und Ergebnisse der Bewertung zu unterrichten. Infolgedessen ist die Festlegung der Einzelheiten durch eine Verordnung, eine Richtlinie oder einen Beschluss zwar ein Rechtsakt, aber **kein Gesetzgebungsakt** (Art. 289 Abs. 3 AEUV). Die bloße Ergebnisunterrichtung der **nationalen Parlamente** wirkt allerdings widersprüchlich zum aktiven Beteiligungsauftrag »an den Mechanismen zur Bewertung der Durchführung der Unionspolitiken ... nach Artikel 70« (Art. 12 Buchst. c EUV).

D. Kompetenznutzung

8 Auf die Zuständigkeit des Art. 70 AEUV gestützt ist die **VO (EU) Nr. 1053/2013**, mit der ein **Evaluierungs- und Überwachungsmechanismus für die Überprüfung der Anwendung des Schengen-Besitzstandes** eingeführt wurde.[24] Die Verordnung ist sachbedingt komplex ausgestaltet. Ihre Regelungen betreffen thematisch im Einzelnen u. a.: die Präzisierung von Zweck und Geltungsbereich des »Mechanismus« (Art. 1); die Aufteilung der Zuständigkeiten (Art. 3: der Kommission obliegt eine »allgemeine Koordinierungsfunktion« hinsichtlich der »Erstellung der jährlichen und mehrjährigen Programme, der Fragebögen und der Zeitpläne für die Besichtigungen und die Abfassung der Evaluierungsberichte und Empfehlungen«; sie »sorgt ... für die Folgemaßnahmen zu den Evaluierungsberichten und Empfehlungen und deren Überwachung«); das (detaillierte) Spektrum von Inhalt und Technik der Evaluierungen (Art. 4); Vorgaben für die Ausarbeitung eines mehr- und einjährigen Evaluierungsprogramms (Art. 5 und 6); die Erstellung von Risikoanalysen von Frontex (Art. 7) und anderer Einrichtungen der Union (Art. 8); Vorgaben für die Erarbeitung und Aktualisierung des Standard-Fragebogens (Art. 9), die Ortsbesichtigungen (Art. 10 und 13), die an den Evaluierungen teilnehmenden Sachverständigen (Art. 12), die Evaluierungsberichte (Art. 14), die Empfehlungen (Art. 15) sowie die Folgemaßnahmen und deren Überwachung (Art. 16). Erst die Praxis wird erweisen, inwieweit dieses Regelwerk tatsächlich einen Zustand befördert, in dem alle teilnehmenden Mitgliedstaaten den Schengen-Besitzstand verlässlich verwirklichen.

Verträge, Art. 70 AEUV, Rn. 2; Präferenz für Beschluss *Herrnfeld*, in: Schwarze, EU-Kommentar, Art. 70 AEUV, Rn. 3.
[23] *Weiß*, in: Streinz, EUV/AEUV, Art. 70 AEUV, Rn. 1, 4.
[24] ABl. 2013, L 295/27; zuvor vgl. die sacheinschlägige Mitteilung der Kommission KOM (2006) 332 endg.

Artikel 71 AEUV [Ständiger Ausschuss]

¹Im Rat wird ein ständiger Ausschuss eingesetzt, um sicherzustellen, dass innerhalb der Union die operative Zusammenarbeit im Bereich der inneren Sicherheit gefördert und verstärkt wird. ²Er fördert unbeschadet des Artikels 240 die Koordinierung der Maßnahmen der zuständigen Behörden der Mitgliedstaaten. ³Die Vertreter der betroffenen Einrichtungen und sonstigen Stellen der Union können an den Arbeiten des Ausschusses beteiligt werden. ⁴Das Europäische Parlament und die nationalen Parlamente werden über die Arbeiten des Ausschusses auf dem Laufenden gehalten.

Literaturübersicht

S. Art. 67 AEUV.

Inhaltsübersicht   Rn.
A. Normzweck...   1
B. Aufgaben des ständigen Ausschusses   2
C. Organzuordnung und Zusammensetzung   8
D. Institutionelle Verbindungen 9

A. Normzweck

Art. 71 AEUV, der auf die Formulierung des Art. III–261 VVE und konzeptionell auf 1
Art. 36 EUV a. F. und Art. K.4 EUV i. d. F. von Maastricht zurückgeht,[1] ist eine durch
Sekundärrecht zu aktivierende **einrichtungsschaffende** Norm zu dem Zweck, mittels
eines ständigen Ausschusses im **Rat** die **operative Zusammenarbeit** in Fragen der **inneren Sicherheit** fördernd und verstärkend zu institutionalisieren. Art. 71 AEUV ist ein
Sonderfall im Verhältnis zu Art. 242 AEUV (str.),[2] da es sich um einen »im Rat« einzusetzenden Ausschuss handelt. Er wurde durch den (teleologisch vertretbar) auf
Art. 240 Abs. 3 AEUV gestützten Beschluss 2010/131/EU des Rates vom 25.2.2010
eingesetzt[3] (**COSI** = Comité permanent de coopération opérationnelle en matière de
sécurité intérieur), ohne dass dadurch der so genannte »Art. 36 Ausschuss« (CATS =
Comité de l´article trente-six) und der Strategische Ausschuss für Einwanderungs-,
Grenz- und Asylfragen (SAEGA/SCIFA) ersetzt wurden.[4] Allerdings wurde die Not-

---
[1] *Röben*, in: Grabitz/Hilf/Nettesheim, Art. 71 AEUV (Mai 2014), Rn. 1; *Hoppe*, in: Lenz/Borchardt, EU-Verträge, Art. 71 AEUV, Rn. 1; zur Entwicklung *Herrnfeld*, in: Schwarze, EU-Kommentar, Art. 71 AEUV, Rn. 2; *Breitenmoser/Weyeneth*, in: GSH, Europäisches Unionsrecht, Art. 71 AEUV, Rn. 1 ff.
[2] *Hoppe*, in: Lenz/Borchardt, EU-Verträge, Art. 71 AEUV, Rn. 2; a. A. *Suhr*, in: Calliess/Ruffert, EUV/AEUV, Art. 71 AEUV, Rn. 7 f.
[3] Beschluss des Rates 2010/131/EU vom 25.2.2010 zur Einsetzung des Ständigen Ausschusses für die operative Zusammenarbeit im Bereich der inneren Sicherheit ABl. 2010, L 52/50; *Röben*, in: Grabitz/Hilf/Nettesheim, EU, Art. 71 AEUV (Mai 2014), Rn. 5. Beschluss ist nach *Suhr*, in: Calliess/Ruffert, EUV/AEUV, Art. 71 AEUV, Rn. 7, der Art. 242 AEUV für einschlägig hält, wegen Verletzung wesentlicher Formvorschriften (unterbliebene Anhörung der Kommission) rechtswidrig (ebd., Rn. 8).
[4] Zum CATS *Herrnfeld*, in: Schwarze, EU-Kommentar, Art. 71 AEUV, Rn. 1 (ersetzt wurde die EPCTF = Task Force der Europäischen Polizeichefs; ebd., Rn. 7); skeptisch gegenüber der Notwendigkeit eines eigenen Gremiums zwischen spezialisierten Ratsarbeitsgruppen und dem AStV *Suhr*, in: Calliess/Ruffert, EUV/AEUV, Art. 71 AEUV, Rn. 3.

wendigkeit des Fortbestehens beider Ausschüsse der Prüfung durch den AStV »unter der Berücksichtigung der Effizienz und Kohärenz der Arbeitsstrukturen des Rates« unterzogen und deren Beratungen auf »strategische Fragen« konzentriert, »zu denen COSI keinen Beitrag leisten kann«.[5] Wie mit jedem ständigen Ausschuss ist auch mit dem COSI die Erwartung verbunden, dadurch die Verantwortung für eine Daueraufgabe zu verstetigen und zielgerichtete professionelle Expertise zu bündeln und zu entwickeln. Zu diesem Zweck umschreibt Art. 71 AEUV grobstrichig die Aufgaben des ständigen Ausschusses (siehe B; Rn. 2 ff.), legt seine Organzuordnung fest (siehe C; Rn. 8) und klärt die institutionellen Verflechtungen innerhalb der Union (siehe D; Rn. 9).

B. Aufgaben des ständigen Ausschusses

2   Sachgegenständlicher Bereich der Aufgaben des von Art. 71 AEUV vorgesehenen ständigen Ausschusses ist (enger als beim CATS)[6] die Förderung und Verstärkung der **operativen Zusammenarbeit** im Bereich der **inneren Sicherheit**. Der Begriff der inneren Sicherheit wird von der Bestimmung nicht näher definiert, erschließt sich jedoch aus dem Kontext der Vorschrift als Bestandteil der Allgemeinen Bestimmungen zum Raum der Freiheit, der Sicherheit und des Rechts (RFSR). Soweit in dessen Rahmen Fragen der inneren Sicherheit auftreten (insbesondere in der strafjustiziellen und polizeilichen Zusammenarbeit und hierbei namentlich hinsichtlich der in Art. 83 Abs. 1 AEUV aufgeführten Bekämpfung des Terrorismus und des illegalen Waffenhandels, aber auch im Bereich der Außengrenzkontrollen und der sonstigen Zugangspolitiken), fallen sie in den Arbeitsbereich des Ausschusses. Zusätzlich beauftragt Art. 222 Abs. 3 UAbs. 2 AEUV den Ausschuss des Art. 71 AEUV, den Rat zum Zweck der Festlegung der Einzelheiten für die Anwendung der Solidaritätsklausel des Art. 222 AEUV zu unterstützen.

3   Im Sinne dieser weiten, nach kohärenter Abstimmung verlangenden Aufgabe ist die Umschreibung des Auftrags im **Beschluss 2010/131/EU des Rates zur Einsetzung des Ständigen Ausschusses für die operative Zusammenarbeit im Bereich der inneren Sicherheit**[7] gefasst. Dadurch ist dem Ausschuss zum einen die Aufgabe übertragen, die Koordinierung der operativen Maßnahmen der für den Bereich der inneren Sicherheit zuständigen mitgliedstaatlichen Behörden zu erleichtern und zu verstärken.[8] Zum anderen soll er zugleich auch in denjenigen Bereichen eine wirksame operative Zusammenarbeit und Koordinierung nach Maßgabe der Bestimmungen über den RSFR erleichtern und gewährleisten, die von der Zusammenarbeit der Zollbehörden abgedeckt werden oder in die Zuständigkeit der für die Kontrolle und den Schutz der Außengrenzen verantwortlichen Behörden fallen; dies gilt unbeschadet der Mandate von Eurojust, Europol, Frontex und anderer einschlägiger Einrichtungen.[9] Folgerichtig zum primär-

---

[5] Vgl. dazu Ratsdokumente 16070/09, 16072/09, 17182/11, 17187/11, 5269/12 (S. 9).
[6] *Herrnfeld*, in: Schwarze, EU-Kommentar, Art. 71 AEUV, Rn. 3; s. auch *Breitenmoser/Weyeneth*, in: GSH, Europäisches Unionsrecht, Art. 71 AEUV, Rn. 5 (»Zuständigkeit zur Förderung der Koordinierung, nicht jedoch zur Koordinierung selbst«).
[7] ABl. 2010, L 52/50; zur Praxis der fachbehördlichen Beschickung des COSI durch die Mitgliedstaaten *Herrnfeld*, in: Schwarze, EU-Kommentar, Art. 71 AEUV, Rn. 4.
[8] Art. 2 des Beschlusses 2010/131/EU.
[9] Art. 3 Abs. 1 Satz 1 des Beschlusses 2010/131/EU.

rechtlichen Zweck wird von dem Beschluss auch eine (gegebenenfalls bestehende) Zuständigkeit für die strafjustizielle Zusammenarbeit festgelegt.[10] Art. 3 Abs. 3 des Beschlusses nimmt zudem ausdrücklich die Aufgabe des Art. 222 Abs. 3 UAbs. 2 AEUV auf, den Rat bei dessen Aufgabe der Festlegung der Einzelheiten für die Anwendung der Solidaritätsklausel zu unterstützen (Solidarität in Fällen, in denen ein Mitgliedstaat von einem Terroranschlag, einer Naturkatastrophe oder einer von Menschen verursachten Katastrophe betroffen ist). Unberührt bleibt gemäß Art. 71 Satz 2 AEUV für die Koordinierung der Maßnahmen der zuständigen Behörden der Mitgliedstaaten die Zuständigkeit des Ausschusses der Ständigen Vertreter der Regierungen der Mitgliedstaaten nach Art. 240 AEUV;[11] er ist wegen seiner sachbereichsübergreifend politischen (und auch legislativ vorbereitenden) Zuständigkeit dem mit Fragen des RFSR befassten COSI übergeordnet.[12]

Mangels eigener Durchsetzungsgewalt der Union gegen Gefährder oder Störer der inneren Sicherheit ist der Ausschuss nach Art. 71 AEUV folgerichtig darauf beschränkt, die **operative Zusammenarbeit der Mitgliedstaaten** zu fördern und zu verstärken.[13] 4

Beide Begriffe sind primärrechtlich nicht näher definiert. **Operatives Vorgehen** bedeutet physische Umsetzung von Konzepten der inneren Sicherheit im RFSR. Auch wenn deren Definition durch die jeweils zuständigen Unionsorgane erfolgt, bleiben für deren Durchführung die Mitgliedstaaten zuständig. Im Einklang damit schließt Art. 4 Abs. 1 des Beschlusses 2010/131/EU eine Beteiligung des Ausschusses an der Durchführung von Operationen aus und bekräftigt die diesbezügliche Zuständigkeit der Mitgliedstaaten. 5

Die **Förderung** und **Verstärkung** dieses Zusammenwirkens ist daher vor allem in der koordinierungsorientierten Beratung zu sehen.[14] Sie kann in drei Richtungen erfolgen, die den Ausschuss in eine Mittelposition zwischen Rat, Agenturen der EU und mitgliedstaatliche Verwaltungen bringt (»Scharnierfunktion«[15]). erstens kann er **Stellungnahmen für den Rat** erarbeiten(Aufgabe »nach oben«),[16] zweitens die Zusammenarbeit zwischen den **Agenturen der EU** fördern (»horizontale« Aufgabe)[17] und drittens die Maßnahmen der zuständigen **mitgliedstaatlichen Behörden koordinieren** (Aufgabe »nach unten«[18]). Nur die letztgenannte Aufgabe wird von Art. 71 AEUV ausdrücklich erwähnt (Satz 2), doch umfasst die Formulierung von Art. 71 Satz 1 AEUV (»sicherzustellen, dass … gefördert und verstärkt wird«) auch die beiden erstgenannten 6

---

[10] Art. 3 Abs. 1 Satz 2 des Beschlusses 2010/131/EU.
[11] Zur Praxis des Verhältnisses zwischen COSI und AStV II vgl. *Herrnfeld*, in: Schwarze, EU-Kommentar, Art. 71 AEUV, Rn. 5.
[12] *Röben*, in: Grabitz/Hilf/Nettesheim, EU, Art. 71 AEUV (Mai 2014), Rn. 8 f. sieht die Abgrenzung in den Aufgaben zwischen den eher technischen Fragen (COSI) und den allgemeinen politisch/institutionellen Fragen (Ausschuss der Ständigen Vertreter); s. auch *Dannecker*, in: Streinz, EUV/AEUV, Art. 71 AEUV, Rn. 5; *Hoppe*, in: Lenz/Borchardt, EU-Verträge, Art. 71 AEUV, Rn. 3.
[13] *Kotzur*, in: Geiger/Khan/Kotzur, EUV/AEUV, Art. 71 AEUV, Rn. 3; *Breitenmoser/Weyeneth*, in: GSH, Europäisches Unionsrecht, Art. 71 AEUV, Rn. 6.
[14] Darin besteht auch der tatsächliche Tätigkeitsschwerpunkt des COSI: sowohl Beratungen zu operativen Fragen der inneren Sicherheit als auch in der Förderung der Koordinierung der Zusammenarbeit von Agenturen der EU; dazu mit Arbeitsnachweisen ausführlich *Herrnfeld*, in: Schwarze, EU-Kommentar, Art. 71 AEUV, Rn. 10 ff.
[15] *Roeben*, in: Grabitz/Hilf/Nettesheim, EU, Art. 71 AEUV (Mai 2014), Rn. 6.
[16] *Dannecker*, in: Streinz, EUV/AEUV, Art. 71 AEUV, Rn. 4.
[17] *Herrnfeld*, in: Schwarze, EU-Kommentar, Art. 71 AEUV, Rn. 11.
[18] *Dannecker*, in: Streinz, EUV/AEUV, Art. 71 AEUV, Rn. 3.

Aufgaben.[19] Art. 3 Abs. 2 des Beschlusses 2010/131/EU listet unter den Aufgaben des Ausschusses die Bewertung der allgemeinen Ausrichtung und der Effizienz der operativen Zusammenarbeit, die Feststellung etwaiger Mängel und Versäumnisse und die Abgabe geeigneter konkreter Empfehlungen, um diese zu beheben.

7   Zur Frage der Beteiligung des Ausschusses an der Ausarbeitung von **Rechtsakten** macht der Wortlaut des Art. 71 AEUV keine Aussage.[20] Gleichwohl lässt sich die Nichtbeteiligung aus Einzelelementen der Einbettung des Ausschusses im System des Funktions- und Institutionszusammenhangs ableiten: Aufgabe ist die Koordinierung der operativen Zusammenarbeit; der Ausschuss wird »im Rat« eingerichtet; die Zuständigkeit des AStV bleibt »unbeschadet«; das Europäische Parlament wird nur informiert. Dies spricht für eine Funktionsbegrenzung auf administrative und beratende Aufgaben des Art. 71-Ausschusses[21] im Unterschied zu legislativen Aufgaben. Im Einklang damit steht Art. 4 Abs. 2 des Beschlusses 2013/131/EU, der eine Beteiligung des Ausschusses **ausdrücklich ausschließt**.[22]

C. Organzuordnung und Zusammensetzung

8   Folgerichtig zum generellen Kompetenzverhältnis zwischen Union und Mitgliedstaaten im Bereich der operativen Gewährleistung der inneren Sicherheit siedelt Art. 71 AEUV den Ausschuss **im Rat** an. Er fungiert damit als dessen Hilfseinrichtung.[23] Eine primärrechtliche Vorgabe der **Zusammensetzung** besteht nicht. Die Festlegung auf eine Zusammensetzung »aus hohen Beamten« in der Vorgängernorm (Art. 36 EUV a.F.) wurde vom Lissabonner Vertrag nicht übernommen. Insoweit ist der Rat frei. Auch der Beschluss 2010/131/EU des Rates enthält dazu keine genaueren Angaben, so dass es dem Rat frei steht, auch einschlägige Experten ohne Qualifikation als »hohe Beamte« einzubeziehen.

D. Institutionelle Verbindungen

9   Die institutionellen Verbindungen des Ausschusses sind primärrechtlich von Art. 71 AEUV in vierfacher Hinsicht geregelt. Erstens ist der Ausschuss **Teileinrichtung des Rates** (Satz 1). Zweitens bleibt die Zuständigkeit des **Ausschusses der Ständigen Vertreter** (Art. 240 AEUV) unberührt (Satz 2). Drittens können Vertreter der **betroffenen Einrichtungen und sonstigen Stellen der Union** an den Ausschussarbeiten beteiligt werden (Satz 3), müssen es aber nicht. Die Aufforderung zur Beteiligung und deren Ausge-

---

[19] Für die erstgenannte Aufgabe: *Dannecker*, in: Streinz, EUV/AEUV, Art. 71 AEUV, Rn. 4.
[20] *Herrnfeld*, in: Schwarze, EU-Kommentar, Art. 71 AEUV, Rn. 8.
[21] So auch für »eine klare Aufteilung von exekutiven und legislativen Aufgaben« im Interesse der »Übersichtlichkeit und der Gewaltenteilung« *Dannecker*, in: Streinz, EUV/AEUV, Art. 71 AEUV, Rn. 5; ebenso *Hoppe*, in: Lenz/Borchardt, EU-Verträge, Art. 71 AEUV, Rn. 3; *Röben*, in: Grabitz/Hilf/Nettesheim, EU, Art. 71 AEUV (Mai 2014), Rn. 6; *Rosenau/Petrus*, in: Vedder/Heintschel v. Heinegg, Europäisches Unionsrecht, Art. 71 AEUV, Rn. 2.
[22] *Suhr*, in: Calliess/Ruffert, EUV/AEUV, Art. 71 AEUV, Rn. 10.
[23] *Kotzur*, in: Geiger/Kahn/Kotzur, EUV/AEUV, Art. 71 AEUV, Rn. 2: »integraler Bestandteil des Rates«; ebenso *Rosenau/Petrus*, in: Vedder/Heintschel v. Heinegg, Europäisches Unionsrecht, Art. 70 AEUV, Rn. 3.

staltung (Frage- und Rederecht) stehen dem Ausschuss frei.[24] Zu den betroffenen Einrichtungen sind insbesondere die mitgliedstaatlichen Innen- und Justizbehörden zu rechnen, zu den sonstigen Stellen der Union namentlich die Kommission[25] und, wie von Art. 5 Abs. 1 des Beschlusses 2010/131/EU zutreffend namentlich hervorgehoben, Eurojust, Europol und Frontex sowie »andere einschlägige Einrichtungen« (deren Mandate nach Art. 3 Abs. 1 unbeschadet bleiben). Viertens werden das **Europäische Parlament** und die **nationalen Parlamente** über die Ausschussarbeiten auf dem Laufenden gehalten (Satz 4), ohne dass ein bestimmter Informationsumfang vorgeschrieben ist. Dies ist im Lichte der potenziell grundrechts- und souveränitätsrelevanten Agenda nicht unbedenklich.[26] Geboten ist daher eine dem jeweiligen Sachgegenstand angemessene[27] und regelmäßige[28] Unterrichtung.

---

[24] *Dannecker*, in: Streinz, EUV/AEUV, Art. 71 AEUV, Rn. 9.
[25] *Kotzur*, in. Geiger/Khan/Kotzur, EUV/AEUV, Art. 71 AEUV, Rn. 3; *Dannecker*, in: Streinz, EUV/AEUV, Art. 71 AEUV, Rn. 8 und 11; *Breitenmoser/Weyeneth*, in: GSH, Europäisches Unionsrecht, Art. 71 AEUV, Rn. 17.
[26] *Hoppe*, in: Lenz/Borchardt, EU-Verträge, Art. 71 AEUV, Rn. 5.
[27] Eine umfassende Berichtspflicht fordert *Hoppe*, in: Borchardt/Lenz, EU-Verträge, Art. 71 AEUV, Rn. 5; geschmeidiger auf den Einzelfall abstellend *Kretschmer*, in: Vedder/Heintschel v. Heinegg, EVV, Art. III–261 EVV, Rn. 2.
[28] *Suhr*, in: Calliess/Ruffert, EUV/AEUV, Art. 71 AEUV, Rn. 12.

Artikel 72 AEUV [Nicht berührte Zuständigkeiten der Mitgliedstaaten]

Dieser Titel berührt nicht die Wahrnehmung der Zuständigkeiten der Mitgliedstaaten für die Aufrechterhaltung der öffentlichen Ordnung und den Schutz der inneren Sicherheit.

Literaturübersicht

S. Art. 67 AEUV.

Inhaltsübersicht   Rn.
A. Normzweck 1
B. Aufrechterhaltung der öffentlichen Ordnung 4
C. Schutz der inneren Sicherheit 6

A. Normzweck

1   Art. 72 AEUV, der in seiner Formulierung auf Art. III–262 VVE, Art. 64 Abs. 1 EGV und Art. 33 EUV a. F. sowie inhaltlich auf Art. K.2 Abs. 2 EUV und Art. 100c Abs. 5 EGV i. d. F. von Maastricht zurückgeht, stellt klar, dass der Titel über den Raum der Freiheit, der Sicherheit und des Rechts (RSFR) nicht die **Wahrnehmung der Zuständigkeiten** der Mitgliedstaaten für die **Aufrechterhaltung der öffentlichen Ordnung** und den **Schutz der inneren Sicherheit** berührt. Dies ist sowohl faktisch als auch rechtlich zu verstehen.[1] Die Norm steht im Einklang mit dem Gebot der Achtung der grundlegenden staatlichen Funktionen (Art. 4 Abs. 2 Satz 2 und 3 EUV: »Aufrechterhaltung der öffentlichen Ordnung« und »Schutz der nationalen Sicherheit«). Die Bestimmung beinhaltet nur eine der verschiedenen ausdrücklich benannten Kompetenzgrenzen der Union im RFSR im Sinne mitgliedstaatlicher »Kompetenzreservate«[2] (andere sind namentlich Art. 77 Abs. 4 AEUV: Festlegung der Staatsgrenzen; Art. 79 Abs. 5 AEUV: Festlegung der Einreisezahlen arbeitssuchender Drittstaatsangehörige aus Drittländern; Art. 88 Abs. 3 Satz 2 AEUV: Anwendung von Zwangsmaßnahmen).[3] Das Verständnis dieser Norm im Schrifttum schillert.[4] Von seinem Wortlaut her scheint Art. 72 AEUV zwar nicht die Zuständigkeit der Mitgliedstaaten in den von Titel V mit geteilten Zuständigkeiten der Union versehenen Bereichen (Art. 4 Abs. 2 Buchst. j AEUV) unberührt zu lassen, sondern nur deren **Wahrnehmung**.[5] Da die Wahrnehmung aber unentflechtbarer Teil der Kompetenz ist, lässt die Norm insoweit eben doch auch die mitgliedstaatlichen **Zuständigkeiten** gegenüber Maßnahmen der Union unberührt[6] und schützt auch gegen

---

[1] Im Ergebnis ebenso *Herrnfeld*, in: Schwarze, EU-Kommentar, Art. 72 AEUV, Rn. 3: unberührt bleiben Einzelmaßnahmen der Polizei und der Strafverfolgungsbehörden wie auch das hierfür anwendbare Recht.
[2] Begriff bei *Röben*, in: Grabitz/Hilf/Nettesheim, EU, Art. 72 AEUV (Mai 2014), Rn. 7; ähnlich *Herrnfeld*, in: Schwarze, EU-Kommentar, Art. 72 AEUV, Rn. 3 (»Kompetenzbegrenzung zulasten der Union«).
[3] *Röben*, in: Grabitz/Hilf/Nettesheim, EU, Art. 72 AEUV (Mai 2014), Rn. 6 und 8.
[4] So auch *Hoppe*, in: Lenz/Borchardt, EUV/AEUV, Art. 72 AEUV, Rn. 2; *Rossi*, in: Calliess/Ruffert, EUV/AEUV, Art. 72 AEUV, Rn. 4.
[5] *Weiß*, in: Streinz, EUV/AEUV, Art. 72 AEUV, Rn. 2.
[6] *Breitenmoser/Weyeneth*, in: GSH, Europäisches Unionsrecht, Art. 72 AEUV, Rn. 3 (»Zustän-

eine extensive Auslegung von Unionskompetenzen. Innerhalb des sachgegenständlich definierten Anwendungsbereichs des Art. 72 AEUV lässt sich daher eine Bindung an gegebenenfalls bestehendes, aber die Wahrnehmung der von Art. 72 AEUV genannten mitgliedstaatlichen Zuständigkeiten hinderndes Unionsrecht nicht annehmen.[7] Auch die Bindung der Mitgliedstaaten nach Art. 51 Abs. 1 GRC setzt ausdrücklich voraus, dass es um die »Durchführung des Rechts der Union« geht. Sie wird von der *Åkerberg*-Rechtsprechung des EuGH als »in den Geltungsbereich des Unionsrechts« fallend verstanden,[8] der von Art. 72 AEUV gerade begrenzt wird. Umgekehrt begründet Art. 72 AEUV keine Verpflichtung der Mitgliedstaaten, bestimmte Maßnahmen zu ergreifen.[9]

Art. 72 AEUV als Rechtfertigungsgrund für eventuelle Abweichungen vom Unionsrecht zu verstehen,[10] ist daher missverständlich bzw. unzutreffend,[11] wenn damit die Erfordernisse der Eignung, Erforderlichkeit und Verhältnismäßigkeit einer einschlägigen mitgliedstaatlichen Maßnahme (z. B. eines Polizeieinsatzes) verbunden werden. Denn damit träte das ein, was Art. 72 AEUV gerade ausschließt. Art. 72 AEUV enthält vielmehr eine **Bereichsausnahme** von Unionskompetenzen und Unionsrecht. Das kann man als »Kernbereich der nationalen Verantwortlichkeit« bezeichnen.[12] Das Subsidiaritätsprinzip des Art. 5 Abs. 3 AEUV findet daher mangels Kompetenz der Union in Art. 72 AEUV keinen Ansatz.[13] Entscheidend für die Grenzziehung der Zuständigkeiten der Union und der Anwendbarkeit unionsrechtlicher Regeln ist vielmehr die (unionsrechtliche) Definition des Ausnahmebereichs (s. unten Rn. 4 ff.). Die Abgrenzungsfrage stellt sich etwa für Personenkontrollen an den Binnengrenzen bei konkret[14] gewaltgefährdeten Großveranstaltungen (z. B. internationalen Fußballspielen),[15] um die Einreise gewaltorientierter Personen zu verhindern.[16] Die vordergründige Unterscheidung zwischen Zuständigkeit und Wahrnehmung wird in den Art. 23 ff. der VO (EU) Nr. 562/2006 (Schengener Grenzkodex)[17] sichtbar, die die vorübergehende Wiedereinführung von Kontrollen beim Überschreiten der Binnengrenzen im Falle einer schwerwiegenden Bedrohung der öffentlichen Ordnung oder inneren Sicherheit unionsrechtlich inhaltlich und prozedural zu kanalisieren versuchen (Zeitraum von höchstens 30

---

digkeitsverteilung«) und Rn. 5 (Auslegungshilfe und -schranke bei der Interpretation der Zuständigkeitsbestimmungen); s. auch *Hoppe*, in: Lenz/Borchardt, EUV/AEUV, Art. 72 AEUV, Rn. 3: »keine Regelungskompetenz der Union«; *Rossi*, in: Calliess/Ruffert, EUV/AEUV, Art. 72 AEUV, Rn. 5; *Graßhof*, in: Schwarze, EU-Kommentar, Art. 72 AEUV, Rn. 1.

[7] So aber *Röben*, in: Grabitz/Hilf/Nettesheim, EU, Art. 72 AEUV (Mai 2014), Rn. 21 ff.; wie hier die ganz überwiegende Meinung, z. B. *Herrnfeld*, in: Schwarze, EU-Kommentar, Art. 72 AEUV, Rn. 3; *Suhr*, in: Calliess/Ruffert, EUV/AEUV, Art. 72 AEUV, Rn. 1 und 5; *Graf Vitzthum*, ELR 2010, 236 (239).

[8] EuGH, Urt. v. 26.2.2013, Rs. C–617/10 (Åkerberg Fransson), ECLI:EU:C:2013:105, Rn. 21.

[9] *Herrnfeld*, in: Schwarze, EU-Kommentar, Art. 72 AEUV, Rn. 4.

[10] Z. B. *Weiß*, in: Streinz, EUV/AEUV, Art. 72 AEUV, Rn. 4.

[11] Treffend *Hoppe*, in: Lenz/Borchardt, EUV/AEUV, Art. 72 AEUV, Rn. 3.

[12] So *Hoppe*, in: Lenz/Borchardt, EUV/AEUV, Art. 72 AEUV, Rn. 3.

[13] Zutreffend *Herrnfeld*, in: Schwarze, EU-Kommentar, Art. 72 AEUV, Rn. 7.

[14] Die Nachvollziehbarkeit de Gefährdung der öffentlichen Ordnung fordert auch *Weiß*, in: Streinz, EUV/AEUV, Art. 72 AEUV, Rn. 5 Fn. 7.

[15] Es muss sich also nicht um ganz außergewöhnliche Situationen handeln; so aber *Kretschmer*, in: Vedder/Heintschel v. Heinegg, EVV, Art. III–262 EVV, Rn. 2; wie hier *Weiß*, in: Streinz, EUV/AEUV, Art. 72 AEUV, Rn. 4; wohl auch *Breitenmoser/Weyeneth*, in: GSH, Europäisches Unionsrecht, Art. 72 AEUV, Rn. 20.

[16] *Weiß*, in: Streinz, EUV/AEUV, Art. 72 AEUV, Rn. 4.

[17] VO (EU) Nr. 562/2006 vom 15.3.2006 über einen Gemeinschaftskodex für das Überschreiten der Grenzen durch Personen (Schengener Grenzkodex), ABl. 2006, L 105/1.

Tagen oder für die Dauer der schwerwiegenden Bedrohung, falls ihre Dauer 30 Tage überschreitet).

3   Art. 72 AEUV parallelisiert den Gedanken der einzelstaatlichen Verantwortlichkeit für die öffentliche Ordnung und Sicherheit in anderen Zusammenhängen des Unionsrechts, dort allerdings regelmäßig als Rechtfertigungsgrund (z. B. Art. 36, 45 Abs. 3, 52 Abs. 1 AEUV). Er ist Ausdruck der elementaren Tatsache, dass das **Gewaltmonopol** (namentlich Polizei und Strafverfolgung) unverändert bei jedem Mitgliedstaat für sein Hoheitsgebiet liegt (und nach Ansicht des Bundesverfassungsgerichts zum Kernbereich demokratischer mitgliedstaatlicher Selbstbestimmung zählt)[18]. Daraus folgt auch die unveränderte Zuständigkeit der Mitgliedstaaten für die Aufrechterhaltung der öffentlichen Ordnung und der Gewährleistung der inneren Sicherheit in ihrem jeweiligen Hoheitsgebiet (Art. 4 Abs. 2 Satz 2 EUV).[19] Dazu korrespondiert der Umstand, dass Art. 3 Abs. 2 EUV zwar verkündet, dass die Union ihren Bürgerinnen und Bürgern einen RFSR »bietet«, sie aber keine operativen Mittel hat, um die Aufrechterhaltung der öffentlichen Ordnung und der inneren Sicherheit aus eigener Kompetenz und Kraft zu gewährleisten. Sie verfügt über keine eigene Exekutivgewalt (Polizei, Strafvollzug), sondern ist insoweit auf die Erfüllung der Loyalitätspflicht der Mitgliedstaaten (Art. 4 Abs. 3 EUV) angewiesen. Aus demselben Grund der Verantwortung jedes Mitgliedstaats für die öffentliche Ordnung und die innere Sicherheit in seinem Hoheitsgebiet untersagt **Art. 88 Abs. 3 Satz 1 AEUV** Europol operative Maßnahmen im Hoheitsgebiet eines Mitgliedstaats ohne dessen Zustimmung. Sie dürfen nur in Verbindung und in Absprache mit den Behörden des Mitgliedstaats oder der Mitgliedstaaten ergriffen werden, deren Hoheitsgebiet betroffen ist. Überdies bestätigt Art. 88 Abs. 3 Satz 2 AEUV, dass die Anwendung von Zwangsmaßnahmen ausschließlich den zuständigen einzelstaatlichen Behörden vorbehalten bleibt. Eine Begrenzung des unionsrechtlichen Zugriffs auf die mitgliedstaatliche Aufrechterhaltung der öffentlichen Ordnung und inneren Sicherheit besteht nach **Art. 276 AEUV** auch gegenüber der Unionsgerichtsbarkeit, die allerdings nicht die gesamte Breite des RFSR erfasst, sondern nur die Art. 82 bis 89 AEUV, mithin nicht die Zulässigkeit von Binnengrenzkontrollen oder Kontrollen gleicher Wirkung.[20] Sie ist nach Art. 276 AEUV unzuständig, bei der Ausübung ihrer Befugnisse im Rahmen der Bestimmungen der Kapitel über die strafjustizielle und polizeiliche Zusammenarbeit die Gültigkeit der Verhältnismäßigkeit von Maßnahmen der Polizei oder anderer Strafverfolgungsbehörden eines Mitgliedstaats oder der Wahrnehmung der Zuständigkeiten der Mitgliedstaaten für die Aufrechterhaltung der öffentlichen Ordnung und der inneren Sicherheit zu überprüfen.

---

[18] BVerfGE 123, 267 (358).
[19] *Herrnfeld*, in: Schwarze, EU-Kommentar, Art. 72 AEUV, Rn. 1.
[20] Daher überprüfte der EuGH zu Recht die unionsrechtliche Zulässigkeit von Identitätskontrollen jeder Person unabhängig von deren Verhalten und vom Vorliegen besonderer Umstände, aus denen sich die Gefahr einer Beeinträchtigung der öffentlichen Ordnung ergibt, in einem Gebiet mit einer Tiefe von 20 km entlang der Landesgrenze dieses Staates zu den Vertragsstaaten des SDÜ: EuGH, Urt. v. 22. 6. 2010, Rs. C–188/10 u. 189/10 (Melki und Abdeli), Slg. 2010, I–5665, Rn. 58 ff.

B. Aufrechterhaltung der öffentlichen Ordnung

Die Aufrechterhaltung der öffentlichen Ordnung in Art. 72 AEUV ist **normzweckspezifisch** zu verstehen. Ein Rekurs auf einen allgemeinen »ordre public«[21] bleibt unsubstantiiert.[22] Während die Rechtfertigung von Beschränkungen der Warenverkehrsfreiheit aus Gründen der öffentlichen Ordnung (Art. 36 AEUV) die Sicherung der hoheitlich festgelegten, unverzichtbaren Grundregeln, die im Interesse der politischen und sozialen Struktur der Gesellschaft von einem Mitgliedstaat erlassen werden, gegen tatsächliche und hinreichend schwerwiegende Gefährdungen beinhaltet,[23] richtet sich Art. 72 AEUV als Bereichsausnahme im Kontext des RSFR insbesondere auf die tatsächliche Aufrechterhaltung der Ordnung im Sinne des jeweiligen nationalen Polizeirechts und Strafrechts.[24] Sie umschließt aber wegen Art. 67 Abs. 1 AEUV auch die Funktionsfähigkeit der mitgliedstaatlichen Rechtsordnung und kann sogar auf die innere Sicherheit bezogene außenpolitische Erwägungen umfassen.[25] Wird Art. 72 AEUV entgegen der hier vertretenen Auffassung als Rechtfertigungsgrund verstanden,[26] stellt sich die (streitige) Frage, ob sich der vom EuGH verfolgte Grundsatz der engen **Auslegung** von Ausnahmen von den Marktgrundfreiheiten[27] auf die Auslegung des Begriffs der öffentlichen Ordnung (und desjenigen der inneren Sicherheit) sowie deren Aufrechterhaltung übertragen lässt.[28] Dies ist schon deshalb zweifelhaft, weil es nicht um die Einschränkung primärrechtlicher subjektiver Rechte des transnationalen Marktzugangs und damit eines essentiellen materiellen integrationsrechtlichen Konzepts des grenzüberschreitenden Zusammenfindens geht, sondern um die Grenzbestimmung der Zuständigkeit der Union.[29] Zur Wahrnehmung mitgliedstaatlicher Zuständigkeiten passt die ohnehin unklare Kategorie der engen Auslegung nicht. Eine enge Auslegung lässt sich wegen dieser Kompetenzfrage auch nicht aus dem Gesichtspunkt begründen, die »ohnehin schon durchbrochene Einheitlichkeit der Justiz- und Innenpolitik nicht weiter zu unterlaufen«.[30]

4

---

[21] So z.B. *Rosenau/Petrus*, in: Vedder/Heintschel v. Heinegg, Europäisches Unionsrecht, Art. 72 AEUV, Rn. 2; *Rossi*, in: Calliess/Ruffert, EUV/AEUV, Art. 72 AEUV, Rn. 1.
[22] Zu Recht kritisch gegenüber diesem Kürzel *Herrnfeld*, in: Schwarze, EU-Kommentar, Art. 72 AEUV, Rn. 1; *Breitenmoser/Weyeneth*, in: GSH, Europäisches Unionsrecht, Art. 72 AEUV, Rn. 24.
[23] *Müller-Graff*, in: GS, EUV/EGV, Art. 30 EGV, Rn. 50.
[24] Die von *Röben*, in: Grabitz/Hilf/Nettesheim, EU, Art. 72 AEUV (Mai 2014), Rn. 10 zusätzlich genannten »Fallgruppen« öffentlicher Ordnung und Sicherheit sind gleichermaßen mit Polizei- und/oder Strafrecht verbunden; ähnlich die Illustration von *Frenz*, Handbuch Europarecht, Band 6, Rn. 2796, 2798; vgl. auch *Breitenmoser/Weyeneth*, in: GSH, Europäisches Unionsrecht, Art. 72 AEUV, Rn. 8 (»fundamentale polizeiliche Güter«).
[25] *Weiß*, in: Streinz, EUV/AEUV, Art. 72 AEUV, Rn. 7 unter Bezugnahme auf die Erklärung Nr. 19 zur Schlussakte des Amsterdamer Vertrages.
[26] S. oben Rn. 2.
[27] Vgl. bereits EuGH, Urt. v. 19.12.1961, Rs. 7/61 (Kommission/Italien), Slg. 1961, 695, 720; st. Rspr.; z.B. EuGH, Urt. v. 19.3.1991, Rs. C–205/89 (Kommission/Griechenland), Slg. 1991, I–1361, Rn. 9.
[28] Dafür *Weiß*, in: Streinz, EUV/AEUV, Art. 72 AEUV, Rn. 5; *Kotzur*, in: Geiger/Khan/Kotzur, EUV/AEUV, Art. 72 AEUV, Rn. 2; *Rosenau/Petrus*, in: Vedder/Heintschel v. Heinegg, Europäisches Unionsrecht, Art. 72 AEUV, Rn. 3; dagegen *Rossi*, in: Calliess/Ruffert, EUV/AEUV, Art. 72 AEUV, Rn. 7; *Herrnfeld*, in: Schwarze, EU-Kommentar, Art. 72 AEUV, Rn. 9.
[29] Kompetenzaspekt zu Recht hervorgehoben von *Rossi*, in: Calliess/Ruffert, EUV/AEUV, Art. 72 AEUV, Rn. 7.
[30] So aber *Weiß*, in: Streinz, EUV/AEUV, Art. 72 AEUV, Rn. 5; gegen die Passfähigkeit des Gedankens der »engen Auslegung« s. *Breitenmoser/Weyeneth*, in: GSH, Europäisches Unionsrecht, Art. 72 AEUV, Rn. 24.

5 Allerdings sind die Begriffe der (mitgliedstaatlichen) öffentlichen Ordnung und deren Aufrechterhaltung im Sinne des Art. 72 AEUV **unionsrechtlich** zu bestimmen,[31] wobei im Rahmen der Art. 82 bis 89 AEUV die Überprüfung der Wahrnehmung der mitgliedstaatlichen Zuständigkeiten für die Aufrechterhaltung der öffentlichen Ordnung und den Schutz der inneren Sicherheit durch den EuGH gemäß Art. 276 AEUV ausgeschlossen ist.[32] Überdies kommt dem jeweiligen Mitgliedstaat angesichts der jeweils spezifischen gesellschaftlichen, politischen und kulturellen Verhältnisse ein wesentlicher **Beurteilungsspielraum** zu,[33] dessen Nutzung er aber in einem Einzelfall gegebenenfalls nachvollziehbar und überprüfbar darzulegen hat.[34] Einen kontrollfrei selbst definierbaren Blankofreischein für die Reichweite der Bereichsausnahme enthält Art. 72 AEUV nicht.[35] Eine Eingrenzung des Begriffs der **öffentlichen Ordnung** auf »fundamentale Merkmale der nationalen Rechtsordnung«[36] lässt sich in Art. 72 AEUV aber nicht ebenso einleuchtend wie in Art. 36 AEUV begründen (s. oben Rn. 3) und könnte nicht alle im Bereich des entwicklungsoffenen RFSR auftretende Problemlagen erfassen. Das Prinzip der engen Auslegung von Gründen zur Einschränkung von Grundfreiheiten ist nicht auf die Kompetenzabgrenzungsfrage des Art. 72 AEUV übertragbar (s. oben Rn. 3), wobei auch das Abweichen von einer abschließenden Unionsregelung bei Berufung auf Art. 72 AEUV eine Kompetenzfrage ist.[37] Indes beinhaltet der Begriff der **Aufrechterhaltung**, dass die öffentliche Ordnung nicht schon bei jeder Verletzung der mitgliedstaatlichen Rechts- und Sozialordnung (z. B. Überschreiten von Geschwindigkeitsgrenzen) gefährdet ist, sondern die unionsrechtliche Abschirmung des Art. 72 AEUV erst bei »beträchtlichen« Gefahren[38] gegenüber RFSR-Maßnahmen aktivierbar ist. Diese Einschränkung liefert zwar kein trennscharfes Kriterium, verweist aber auf das Erfordernis einer Abwägung zwischen den Anforderungen des RFSR und dem einzelstaatlichen Ordnungsinteresse. Ob es im Einzelfall um die nach Art. 72 AEUV unberührte Wahrnehmung der Zuständigkeiten zur Aufrechterhaltung der öffentlichen Ordnung geht, ist durch wertende Zusammenschau von Art und Intensität der Gefährdung sowie der eingesetzten Maßnahmen aus einer verständigen ex-ante Lageanalyse zu beurteilen.

---

[31] *Röben*, in: Grabitz/Hilf/Nettesheim, EU, Art. 72 AEUV (Mai 2014), Rn. 9; *Rossi*, in: Calliess/Ruffert, EUV/AEUV, Art. 72 AEUV, Rn. 6; *Herrnfeld*, in: Schwarze, EU-Kommentar, Art. 72 AEUV, Rn. 8; *Kotzur*, in: Geiger/Khan/Kotzur, EUV/AEUIV, Art. 72 AEUV, Rn. 2; *Frenz*, Handbuch Europarecht, Band 6, Rn. 2797.

[32] *Herrnfeld*, in: Schwarze, EU-Kommentar, Art. 72 AEUV, Rn. 8: »enge Grenzen« für die Überprüfung der Berechtigung eines Mitgliedstaats, sich auf Art. 72 AEUV zu berufen.

[33] *Röben*, in: Grabitz/Hilf/Nettesheim, EU, Art. 72 AEUV (Mai 2014), Rn. 12; *Rossi*, in: Calliess/Ruffert, EUV/AEUV, Art. 72 AEUV, Rn. 7; s. auch im Kontext der Niederlassungsfreiheit in Assoziierungsabkommen mit ostmitteleuropäischen Staaten EuGH, Urt. v. 20.11.2001, Rs. 268/99 (Jany u.a.), Slg. 2001, I–8615, Rn. 60 (»keine einheitliche Werteskala«, jedoch mit Einschränkung im Falle der Diskriminierung aus Gründen der Staatsangehörigkeit).

[34] So im Ergebnis auch *Weiß*, in: Streinz, EUV/AEUV, Art. 72 AEUV, Rn. 6: »Einschätzungsspielraum, den der EuGH durch Zurücknahme seiner Kontrolldichte zu respektieren hat« und Forderung einer »substantiierten Begründung«.

[35] Im Ergebnis ebenso *Herrnfeld*, in: Schwarze, EU-Kommentar, Art. 72 AEUV, Rn. 5 und 6 mit Anführung verschiedener Szenarien.

[36] So *Weiß*, in Streinz, EUV/AEUV, Art. 72 AEUV, Rn. 6; a. A. *Graßhof*, in: Schwarze, EU-Kommentar, Art. 64 EGV, Rn. 5.

[37] Auch in einem derartigen Fall ist daher eine Übertragung des engen Auslegungsprinzips nicht passfähig; a. A. tendenziell *Herrnfeld*, in: Schwarze, EU-Kommentar, Art. 72 AEUV, Rn. 10 (»käme in Betracht«).

[38] So *Hailbronner*, CMLRev. 35 (1988), 1052; *Kotzur*, in: Geiger/Khan/Kotzur, EUV/AEUV, Art. 72 AEUV, Rn. 2.

C. Schutz der inneren Sicherheit

Auch der Begriff des Schutzes der inneren Sicherheit, der im Rahmen des RFSR ein Schlüsselziel für den allgemeinen Freizügigkeitsraum darstellt, ist **normspezifisch** auszulegen. Innere Sicherheit ist ein Teilbereich der öffentlichen Ordnung. Sie bedeutet die begründete allgemeine Gewissheit, dass Personen im Gebiet eines Mitgliedstaats üblicherweise nicht Opfer von Gewalttätigkeiten und anderen Straftaten werden. Dazu zählt die Gewährleistung des staatlichen Gewaltmonopols und der Lebensgrundlagen der Bevölkerung, mithin auch der Bestand des Staates und die Funktionsfähigkeit seiner wesentlichen Einrichtungen.[39] Die Bestimmung des angestrebten Sicherheitsgrades und der dazu erforderlichen Schutzmaßnahmen steht grundsätzlich im Beurteilungsspielraum jedes Mitgliedstaats. Für die unionsrechtliche Auslegung des Begriffs des Schutzes der inneren Sicherheit gilt dasselbe wie für Maßnahmen zur Aufrechterhaltung der öffentlichen Ordnung insgesamt.

6

---

[39] Vgl. dazu z. B. *Hoppe*, in: Lenz/Borchardt, EUV/AEUV, Art. 72 AEUV, Rn. 4; *Rossi*, in: Calliess/Ruffert, EUV/AEUV, Art. 72 AEUV, Rn. 7a; *Breitenmoser/Weyeneth*, in: GSH, Europäisches Unionsrecht, Art. 72 AEUV, Rn. 7; ähnlich *Rosenau/Petrus*, in: Vedder/Heintschel v. Heinegg, Europäisches Unionsrecht, Art. 72 AEUV, Rn. 2; *Frenz*, Handbuch Europarecht, Band 6, Rn. 2797. Die darin genannten Beispiele gehen auf die Formulierung des EuGH zu Elementen der öffentlichen Sicherheit in Art. 36 AEUV zurück, die er anhand der Bedeutung von Erdölerzeugnissen als Energiequelle für die moderne Wirtschaft im Urt. v. 10. 7.1984, Rs. 72/83 (Campus Oil), Slg. 1984, 2727, Rn. 34 (Existenz des Staates, Funktionieren seiner Einrichtungen und seiner wichtigen öffentlichen Dienste, das Überleben der Bevölkerung) aufführte.

Artikel 73 AEUV [Zusammenarbeit der Mitgliedstaaten in eigener Verantwortung]

Es steht den Mitgliedstaaten frei, untereinander und in eigener Verantwortung Formen der Zusammenarbeit und Koordinierung zwischen den zuständigen Dienststellen ihrer für den Schutz der nationalen Sicherheit verantwortlichen Verwaltungen einzurichten, die sie für geeignet halten.

Literaturübersicht

S. Art. 67 AEUV und zusätzlich: *Hummer*, der Vertrag von Prüm – Schengen III?, EuR 2007, 517.

Inhaltsübersicht

	Rn.
A. Normzweck	1
B. Zwischenstaatliche Kooperationsformen	3
C. Unionsrechtliche Grenzen	4

A. Normzweck

1   Art. 73 AEUV, der auf die Regierungskonferenz von 2007 zurückgeht,[1] ist eine Konsequenz sowohl aus der Zuordnung des Raums der Freiheit, der Sicherheit und des Rechts (RFSR) in den Bereich der geteilten Zuständigkeiten (Art. 4 Abs. 2 Buchst. j AEUV)[2] als auch aus der Festlegung des Art. 72 AEUV, dass der Titel über den RFSR nicht die Wahrnehmung der Zuständigkeiten der Mitgliedstaaten für den Schutz der inneren Sicherheit berührt,[3] bezieht aber mit der terminologischen Akzentuierung der (bereits im Achtungsgebot des Art. 4 Abs. 2 Satz 2 und 3 EUV aufgeführten) begrifflich unklaren[4] »**nationalen**« Sicherheit auch die außenpolitische Komponente von Sicherheit ein (str.).[5] Gleichwohl ist er wegen der systematischen Lokation in Titel V im Sinne der vom RFSR angestrebten Sicherheit des Binnenraums zu verstehen.[6] Der Zustand der inneren Sicherheit (bzw. Unsicherheit) kann aber auch vom Zustand der äußeren Sicherheit (bzw. Unsicherheit) beeinflusst werden. Die Vorschrift verleiht den Mitgliedstaaten kein Recht, sondern **stellt** deren vorgegebenes **Recht klar**,[7] untereinander und in eigener Verantwortung Formen der Zusammenarbeit und Koordinierung zwischen den

---

[1] *Herrnfeld*, in: Schwarze, EU-Kommentar, Art. 73 AEUV, Rn. 1; *Piris*, The Lisbon Treaty, 2010, S. 191.
[2] *Weiß*, in: Streinz, EUV/AEUV, Art. 73 AEUV, Rn. 1.
[3] *Röben*, in: Grabitz/Hilf/Nettesheim, EU, Art. 73 AEUV (Mai 2014), Rn. 6.
[4] *Herrnfeld*, in: Schwarze, EU-Kommentar, Art. 73 AEUV, Rn. 2.
[5] A.A. *Röben*, in: Grabitz/Hilf/Nettesheim, EU, Art. 73 AEUV (Mai 2014), Rn. 9; wie hier *Hoppe*, in: Lenz/Borchardt, EU-Verträge, Art. 73 AEUV, Rn. 1.
[6] Für ein engeres (auf die Sicht des jeweiligen nationalen Rahmens begrenztes) Verständnis als in Art. 72 AEUV *Herrnfeld*, in: Schwarze, EU-Kommentar, Art. 73 AEUV, Rn. 2, doch ist dies eine zweifelhaft künstliche (und unklare) Grenzziehung zu der mit der EU geteilten Aufgabe des RFSR.
[7] *Herrenfeld*, in: Schwarze, EU-Kommentar, Art. 73 AEUV, Rn. 3; *Breitenmoser/Weyeneth*, in: GSH, Europäisches Unionsrecht, Art. 73 AEUV, Rn. 8, die allerdings darüber hinaus der Norm einen eigenständigen Vertragsschließungsvorbehalt zugunsten der Mitgliedstaaten gegen die Sperrwirkung des Art. 2 Abs. 2 AEUV zuschreiben (Rn. 9); dessen bedarf es jedoch nicht, soweit Art. 72 AEUV greift.

(von den Mitgliedstaaten selbst zu bestimmenden) zuständigen Dienststellen ihrer für den Schutz der nationalen Sicherheit verantwortlichen Verwaltungen einzurichten.[8] Dies war auch schon unter der Geltung des Art. 66 EGV möglich.[9] Ein Fall einer Verstärkten Zusammenarbeit im Sinne des Art. 20 EUV liegt darin nicht.[10]

Rechtspolitisch denkbar ist es, die Mitgliedstaaten im Unionsinteresse zu verpflichten, die grenzübergreifende Zusammenarbeit zum Schutz der jeweiligen nationalen Sicherheit generell im Rahmen der Organe der Union abzustimmen. Demgegenüber hält Art. 73 AEUV jedoch fest, dass (unbeschadet der durch den Reformvertrag von Lissabon aufgefüllten supranationalen Zuständigkeiten der Union und unbeschadet des in diesem Bereich geltenden Unionsrechts und der Unionszuständigkeiten im Rahmen der GASP) eine **bilaterale oder multilaterale Zusammenarbeit außerhalb des institutionellen Rahmens** der Union unionsrechtlich grundsätzlich zulässig ist.[11] Dies berücksichtigt realitätsnah den Umstand, dass ein operativ effektiver Schutz der nationalen Sicherheit ohnehin nur auf Ebene der jeweils dafür verantwortlichen mitgliedstaatlichen Dienststellen bewerkstelligt werden kann. Die Mitgliedstaaten werden durch Art. 73 AEUV jedoch nicht aus ihrer Bindung an gegebenenfalls einschlägiges Unionsrecht entlassen (vgl. unten Rn. 4 und Art. 74 AEUV). 2

B. Zwischenstaatliche Kooperationsformen

Art. 73 AEUV stellt es zu diesem Zweck den Mitgliedstaaten ohne jegliche Vorgabe frei, diejenigen zwischenstaatlichen Formen der Zusammenarbeit und Koordinierung einzurichten, die sie für geeignet halten. Dies betrifft **beide** von der Norm genannte **Kooperationsvarianten**: sowohl die Kooperation durch Zusammenwirken der zuständigen Dienststellen (Zusammenarbeit) als auch die Kooperation durch planmäßige Abstimmung der Dienststellen (Koordinierung). Die dazu geeigneten **Formen**, darunter auch ein Personalaustausch,[12] liegen in der Hand der Mitgliedstaaten. Auch die rechtliche Form der Zusammenarbeit und Koordinierung steht den Mitgliedstaaten frei: situativ oder dauerhaft, informell oder völkervertraglich. Ein einschlägiger **völkervertraglicher Fall** der Zusammenarbeit ist der Vertrag über die Vertiefung der grenzüberschreitenden Zusammenarbeit, insbesondere zur Bekämpfung des Terrorismus, der grenzüberschreitenden Kriminalität und der illegalen Migration v. 27.5.2005 (**Vertrag von Prüm**).[13] Signatarstaaten sind eine Teilmenge der Mitgliedstaaten der EU und Norwe- 3

---

[8] *Röben*, in: Grabitz/Hilf/Nettesheim, EU, Art. 73 AEUV (Mai 2014), Rn. 5; *Hoppe*, in: Lenz/Borchardt, EU-Verträge, Art. 73 AEUV, Rn. 1; *Rossi*, in: Calliess/Ruffert, EUV/AEUV, Art. 73 AEUV, Rn. 4; *Breitenmoser/Weyeneth*, in: GSH, Europäisches Unionsrecht, Art. 73 AEUV, Rn. 11 (»alle (…) zuständigen Strafjustiz- und Verwaltungsbehörden«).

[9] A.A. *Kotzur*, in: Geiger/Khan/Kotzur, EUV/AEUV, Art. 73 AEUV, Rn. 1 und Art. 74 AEUV, Rn. 1; *Rosenau/Petrus*, in: Vedder/Heintschel v. Heinegg, Europäisches Unionsrecht, Art. 73 AEUV, Rn. 1.

[10] *Herrnfeld*, in: Schwarze, EU-Kommentar, Art. 73 AEUV, Rn. 4; *Breitenmoser/Weyeneth*, in: GSH, Europäisches Unionsrecht, Art. 73 AEUV, Rn. 15 und 22.

[11] *Weiß*, in: Streinz, EUV/AEUV, Art. 73 AEUV, Rn. 1.

[12] *Kotzur*, in: Geiger/Khan/Kotzur, EUV/AEUV, Art. 73 AEUV, Rn. 2; Nachweis zu Programmen der Gemeinschaft im Rahmen des Art. 66 EGV *Schmahl*, in: GS, EUV/EGV, Art. 66 EGV, Rn. 2.

[13] Vertrag über die Vertiefung der grenzüberschreitenden Zusammenarbeit, insbesondere zur Bekämpfung des Terrorismus, der grenzüberschreitenden Kriminalität und der illegalen Migration, BGBl. 2006 II S. 626 und BGBl. 2006 I S. 1458; dazu *Hummer*, EuR 2007, 517 ff.; *Herrnfeld*, in: Schwarze, EU-Kommentar, Art. 67 AEUV, Rn. 12.

gen. Sein Inhalt umfasst thematisch u. a.: Fragen des Datenaustauschs (DNA-Analyse-Dateien, automatisierter Abruf und Abgleich von DNA-Profilen, automatisierter Abruf von daktyloskopischen Daten, automatisierter Abruf von Daten aus Fahrzeugregistern); die Übermittlung nicht-personenbezogener Informationen und personenbezogener Daten; die Übermittlung von Informationen zur Verhinderung terroristischer Straftaten; Flugsicherheitsbegleiter; Dokumentenberater zur Bekämpfung illegaler Migration; die Unterstützung bei Rückführungen; gemeinsame Polizeieinsätze; sowie die Nacheile und die Hilfeleistung bei Großereignissen, Katastrophen und schweren Unglücksfällen.

C. Unionsrechtliche Grenzen

4   Art. 73 AEUV stellt lediglich klar, dass die Mitgliedstaaten nicht daran gehindert sind, zwischenstaatliche Kooperationsformen der für den Schutz der nationalen Sicherheit verantwortlichen Administrationen einzurichten, die sie für geeignet halten (zur Klarstellung oben Rn. 1). Eine Entlassung aus der Pflicht, gegebenenfalls einschlägiges Unionsrecht zu beachten, liegt darin nicht.[14] Im Gegenteil haben die Mitgliedstaaten insbesondere die **unionsrechtlichen Vorgaben** zu beachten, die im Rahmen des Art. 74 AEUV vom Rat erlassen werden, um die Verwaltungszusammenarbeit zwischen den zuständigen Dienststellen der Mitgliedstaaten in den Bereichen des Titels über den RFSR zu gewährleisten.[15] Eine Bindung der zwischenstaatlichen Kooperation an die GRC besteht nur, soweit Art. 72 AEUV nicht entgegensteht und eine konkrete Maßnahme als »Durchführung des Rechts der Union« (Art. 51 GRC) zu qualifizieren ist.[16]

---

[14] *Weiß*, in: Streinz, EUV/AEUV, Art. 73 AEUV, Rn. 1; *Röben*, in: Grabitz/Hilf/Nettesheim, Art. 73 AEUV (Mai 2014), Rn. 6 und 13; *Rossi*, in: Calliess/Ruffert, EUV/AEUV, Art. 73 AEUV, Rn. 5; *Herrnfeld*, in: Schwarze, EU-Kommentar, Art. 73 AEUV, Rn. 3 und 5; *Breitenmoser/Weyeneth*, in: GSH, Europäisches Unionsrecht, Art. 73 AEUV, Rn. 21.

[15] A.A. *Röben*, in: Grabitz/Hilf/Nettesheim, EU, Art. 73 AEUV (Mai 2014), Rn. 2 und 7, nach dem die »Verfügbarkeit« eines Rahmens wirksamer Zusammenarbeit der Mitgliedstaaten nach Art. 73 AEUV »einem Handeln des Rates nach Art. 74 AEUV entgegensteht«. Diese Folgerung überspannt jedoch den Normzweck des Art. 73 AEUV.

[16] Zu pauschal daher der generelle Ausschluss durch *Hoppe*, in: Lenz/Borchardt, EU-Verträge, Art. 73 AEUV, Rn. 2.

Artikel 74 AEUV [Verwaltungszusammenarbeit]

¹Der Rat erlässt Maßnahmen, um die Verwaltungszusammenarbeit zwischen den zuständigen Dienststellen der Mitgliedstaaten in den Bereichen dieses Titels sowie die Zusammenarbeit zwischen diesen Dienststellen und der Kommission zu gewährleisten. ²Dabei beschließt er auf Vorschlag der Kommission vorbehaltlich des Artikels 76 und nach Anhörung des Europäischen Parlaments.

Literaturübersicht

S. Art. 67 AEUV, zusätzlich: *Zöller*, Eurojust, EJN und Europäische Staatsanwaltschaft, in: Böse (Hrsg.), Europäisches Strafrecht, 2013, S. 787.

Inhaltsübersicht

		Rn.
A.	Normzweck	1
B.	Gewährleistungsmaßnahmen der Verwaltungszusammenarbeit	2
	I. Maßnahmen	2
	II. Gewährleistung der Zusammenarbeit	3
C.	Erlassverfahren	8
D.	Normkonkurrenzen	9

A. Normzweck

Art. 74 AEUV, dessen Formulierung auf Art. III–263 VVE und konzeptionell auf Art. 66 EGV (für die dort erfassten Bereiche des Raums der Freiheit, der Sicherheit und des Rechts (RFSR) zurückgeht, ist eine **Kompetenznorm** für den Erlass von Maßnahmen zur Verwaltungszusammenarbeit zwischen den nach dem jeweiligen innerstaatlichen Recht zuständigen mitgliedstaatlichen Dienststellen und diesen mit der Kommission. Sie ist **grundsätzlich eine Unterstützungszuständigkeit** (Art. 2 Abs. 5 AEUV und Art. 6 S. 2 Buchst. g AEUV),[1] erlaubt aber auch die Anordnung einer **Kooperationspflicht**.[2] Die Vorschrift trägt der Notwendigkeit Rechnung, dass die operativ effektive und einheitliche Verwirklichung des Sekundärrechts der Europäischen Union das Zusammenwirken von **Verwaltungsdienststellen** im Allgemeinen und des grenzüberschreitenden Zusammenwirkens von Verwaltungsdienststellen ohne außenpolitische Dienstwegerfordernisse im Besonderen erfordert[3] (»einheitlicher Behördenraum«[4]). Dieses ist als eine spezielle positivierte Ausprägung des Prinzips der loyalen Zusammenarbeit (Art. 4 Abs. 3 EUV) zunehmend im Primärrecht verankert worden (vgl. neben Art. 197 AEUV

1

---

[1] *Röben*, in: Grabitz/Hilf/Nettesheim, EU, Art. 74 (Mai 2014), Rn. 11; *Herrnfeld*, in: Schwarze, EU-Kommentar, Art. 74 AEUV, Rn. 2; weiter gehend entnehmen *Breitenmoser/Weyeneth*, in: GSH, Europäisches Unionsrecht, Art. 74 AEUV, Rn. 13 dem Wortlaut (»erlässt Maßnahmen«) eine Verpflichtung des Rates zum Tätigwerden.
[2] *Breitenmoser/Weyeneth*, in: GSH, Europäisches Unionsrecht, Art. 74 AEUV, Rn. 17, die dies aus der ausdrücklichen Zielsetzung (»zu gewährleisten«) ableiten.
[3] *Weiß*, in: Streinz, EUV/AEUV, Art. 74 AEUV, Rn. 2 und 3 mit dem Hinweis auf die Erfordernisse von abgestimmtem Verhalten, kohärentem Vollzug, wechselseitiger Hilfestellungen und Informationsaustausch; *Hoppe*, in: Lenz/Borchardt, EU-Verträge, Art. 74 AEUV, Rn. 2; s. auch »einheitlicher Behördenraum«; *Stern/Tohidipur*, EnzEuR, Bd. 10, Rn. 28 (»dirigierte Verwaltungskooperation«).
[4] *Röben*, in: Grabitz/Hilf/Nettesheim, EU, Art. 74 AEUV (Mai 2014), Rn. 3.

beispielsweise auch Art. 33, 73, 82 Abs. 1 Buchst. d, 87 AEUV). Sachgegenständlich ist Art. 74 AEUV anders als Art. 73 AEUV nicht auf die mitgliedstaatlich zuständigen Dienststellen der für den Schutz der nationalen Sicherheit verantwortlichen Verwaltungen begrenzt, sondern erstreckt sich auf die zuständigen Dienststellen der Mitgliedstaaten im **gesamten Aufgabenspektrum** des Titels über den **RFSR** (Art. 67 ff. AEUV). Vom Wortlaut erfasst sind Verwaltungsdienststellen, nicht aber auch Gerichte,[5] doch können diese insoweit einbezogen werden, als sie justizadministrativ im Rahmen der justiziellen Zusammenarbeit im Sinne der Art. 81, 82 ff. AEUV tätig werden[6] und nicht bereits die dafür vorrangig anwendbaren Art. 81, 82 ff. AEUV einschlägig sind[7] und überdies die richterliche Unabhängigkeit nicht berührt wird. Sie ist jedoch nur eine allgemeine Bestimmung, die hinter Spezialvorschriften im RFSR zurücktritt (s. unten Rn. 9). Daher liegt ihr Anwendungsbereich im Wesentlichen im Bereich der Zusammenarbeit in den Zugangspolitiken (Grenzkontrollen, Visa-, Einwanderungs- und Asylpolitik).[8] Zum anderen beschränkt sie sich anders als Art. 73 AEUV nicht auf die Zusammenarbeit der **mitgliedstaatlichen Dienststellen**untereinander (»**horizontale**« Zusammenarbeit), sondern erstreckt sich zusätzlich auch auf die Zusammenarbeit zwischen den nationalen Dienststellen und der **Kommission** (»**vertikale**« Zusammenarbeit).[9]

B. Gewährleistungsmaßnahmen der

Verwaltungszusammenarbeit

I. Maßnahmen

2 Die dem Rat in Art. 74 AEUV zur Verfügung stehenden **Maßnahmen** erfassen alle Instrumente des Art. 288 AEUV, mithin namentlich Verordnungen, Richtlinien und Beschlüsse, die auf der Grundlage des Art. 74 AEUV erlassen werden.[10] Dabei gilt die **Harmonisierungssperre** der Unterstützungskompetenzen gemäß Art. 2 Abs. 5 UAbs. 2 AEUV.

---

[5] Gegen eine Erstreckung der Zusammenarbeit zwischen Richtern daher *Peers*, EU Justice and Home Affairs, 3rd Edition., 2011, S. 673.
[6] Maßgeblich ist der Kooperationszweck »zugunsten eines Verwaltungsverfahrens«; vgl. *Breitenmoser/Weyeneth*, in: GSH, Europäisches Unionsrecht, Art. 74 AEUV, Rn. 11; Ähnlich auch *Herrnfeld*, in: Schwarze, EU-Kommentar, Art. 74 AEUV, Rn. 3; *Röben*, in Grabitz/Hilf/Nettesheim, EU, Art. 74 AEUV (Mai 2014), Rn. 7 (unklar aber Rn. 8: »justizielle Tätigkeiten«).
[7] *Weiß*, in Streinz, EUV/AEUV, Art. 74 AEUV, Rn. 6.
[8] *Weiß*, in: Streinz, EUV/AEUV, Art. 67 AEUV, Rn. 7.
[9] Dazu und zum Gedanken des Europäischen Verwaltungsverbundes *Weiß*, in: Streinz, EUV/AEUV, Art. 74 AEUV, Rn. 1 und 2 sowie monographisch *ders.*, Der Europäische Verwaltungsverbund. Grundfragen, Kennzeichen, Herausforderungen, 2010. Zum Begriffspaar »horizontal/vertikal« auch *Rossi*, in: Calliess/Ruffert, EUV/AEUV, Art. 74 AEUV, Rn. 1.
[10] *Breitenmoser/Weyeneth*, in: GSH, Europäisches Unionsrecht, Art. 74 AEUV, Rn. 21; *Röben*, in: Grabitz/Hilf/Nettesheim, EU, Art. 74 AEUV (Mai 2014), Rn. 15; *Herrnfeld*, in: Schwarze, EU-Kommentar, Art. 74 AEUV, Rn. 3; als Formen der Verwaltungszusammenarbeit sind sowohl die Amtshilfe als auch die allgemeine Verwaltungszusammenarbeit umfasst; vgl. *Breitenmoser/Weyeneth*, in: GSH, Europäisches Unionsrecht, Art. 74 AEUV, Rn. 24; zu den souveränitäts- und individualbezogenen Schranken ebd., Rn. 26 ff.

II. Gewährleistung der Zusammenarbeit

Art. 74 AEUV ermächtigt den Rat nicht zu eigenen Verwaltungsmaßnahmen oder zur Zusammenarbeit mit den Verwaltungen der Mitgliedstaaten oder der Kommission. Vielmehr kommt ihm die Befugnis zu, Maßnahmen zu erlassen, die die Verwaltungszusammenarbeit sowohl in der horizontalen als auch in der vertikalen Dimension **gewährleisten**. Das **inhaltliche** Spektrum derartiger organisatorisch, technisch und finanzierungsförderlich unterlegter Gewährleistung ist breit: es reicht von der traditionellen und elektronischen Informationsvernetzung einschließlich der Einrichtung funktionsfähiger interner Kommunikationssysteme über die Verpflichtung zur Festlegung der jeweiligen funktionalen Kontaktpartner der Zusammenarbeit in den verschiedenen Dienststellen bis hin zum Austausch von Angehörigen der betroffenen Dienststellen und zur Schaffung zentraler Einrichtungen.[11] Die entweder bereits auf Art. 74 AEUV oder auf der Grundlage der Vorgängervorschrift des Art. 66 EGV (und anderer Bestimmungen wie Art. 31, 34 Abs. 2 EUV a. F. oder Vorläufernormen) erlassenen Maßnahmen zur Verwaltungszusammenarbeit illustrieren die Bandbreite derartiger Gewährleistungsmaßnahmen.

3

Es handelt sich namentlich erstens um eindrucksvoll vielfältige Mechanismen der **Informationsvernetzung**: so die Errichtung des computergestützten Europäischen Bildspeicherungssystem **FADO** zur Bekämpfung der Dokumentenfälschung;[12] die Förderung transeuropäischer Telematiknetze für Verwaltungen (**IDA**);[13] die Einrichtung eines sicheren web-gestützten Informations- und Koordinierungsnetzes für die Migrationsbehörden der Mitgliedstaaten (**ICONET**);[14] sowie die Einrichtung eines Mechanismus zur **gegenseitigen Information über asyl- und einwanderungspolitische Maßnahmen** mit der mitgliedstaatlichen Pflicht zur baldmöglichsten internetgestützten Mitteilung von Maßnahmen (Rechtsvorschriften, endgültigen höchstrichterlichen Gerichtsentscheidungen, politischen Absichten, langfristigen Planungen) mit »beträchtlichen« grenzüberschreitenden Auswirkungen auf andere Mitgliedstaaten oder die Union insgesamt.[15] Dazu zählen auch das europäische Integrationsnetzwerk (**EMN**) mit dem Ziel der Deckung des Informationsbedarfs der Unionsorgane sowie der mitgliedstaatlichen Behörden und Einrichtungen zur Migrations- und Asylthematik[16] und die Festlegung eines Austausch-, Informations- und Kooperationsprogramms im Bereich der Ausweisdokumente (**SHERLOCK**).[17] Des Weiteren rechnen dazu die Einrichtung des technisch fort-

4

---

[11] *Weiß*, in: Streinz, EUV/AEUV, Art. 74 AEUV, Rn. 4; *Herrnfeld*, in: Schwarze, EU-Kommentar, Art. 74, Rn. 2; *Röben*, in: Grabitz/Hilf/Nettesheim, EU, Art. 74 AEUV (Mai 2014), Rn. 12; *Hoppe*, in: Lenz/Borchardt, EU-Verträge, Art. 74 AEUV, Rn. 3.

[12] Gemeinsame Maßnahme des Rates 98/700/JI vom 3.12.1998 (gestützt auf Art. K.3 Abs. 2 Buchst. b EUV a. F.) betreffend die Errichtung eines Europäischen Bildspeicherungssystems, ABl. 1998, L 333/4.

[13] Entscheidung Nr. 1719/1999 des Europäischen Parlaments und des Rates vom 12.7.1999 (gestützt auf Art. 156 Abs. 1 EGV) über Leitlinien einschließlich der Festlegung von Projekten von gemeinsamem Interesse für transeuropäische Netze zum elektronischen Datenaustausch zwischen Verwaltungen (IDA), ABl. 1999, L 203/1 (geändert: ABl. 2002, L 316/4).

[14] Entscheidung 2005/267/EG des Rates vom 16.3.2005, ABl. 2005, L 83/48 (gestützt auf den seinerzeitigen Art. 66 EGV).

[15] Entscheidung 2006/688/EG des Rates vom 5.10.2006, ABl. 2006, L 283/40 (gestützt auf den seinerzeitigen Art. 66 EGV).

[16] Art. 1 der Entscheidung 2008/381/EG des Rates vom 14.5.2008 (gestützt auf Art. 66 EGV) zur Errichtung eines Europäischen Migrationsnetzwerkes, ABl. 2008, L 131/7.

[17] Gemeinsame Maßnahme 96/637/JI des Rates vom 28.10.1996 (gestützt auf K.3. EUV i. d. F. von Maastricht), ABl. 1996, L 287/7.

entwickelten Schengener Informationssystems der zweiten Generation (**SIS II**)[18] für die nationalen Sicherheitsbehörden, Europol und Eurojust zum Zweck der datenbankgestützten **Personen- und Sachfahndung** im Schengenraum (namentlich auch mit Informationen von Ausschreibungen von Drittstaatsangehörigen zur Einreise-oder Aufenthaltsverweigerung) sowie das Visa-Informationssystem **VIS**,[19] das u. a. zum Zweck hat, das Visumsantragsverfahren zu erleichtern, die Umgehung der Kriterien zur Bestimmung des für die Antragsprüfung zuständigen Mitgliedstaats zu verhindern und die Kontrollen an den Außengrenzen und im Hoheitsgebiet der Mitgliedstaaten zu erleichtern (Art. 2 der VIS-VO; auch mittels des Austausches von Fingerabdrücken: Art. 9 Ziff. 6 VIS-VO).[20]

5   Zweitens wurden **kombinierte Netzwerke** geschaffen: so namentlich das **Netz von Verbindungsbeamten für Einwanderungsfragen**,[21] mit dem es um die Kooperation der von den Mitgliedstaaten in Drittstaaten entsandte Vertreter geht, die Kontakte zu den Gastlandbehörden zur Bekämpfung der illegalen Einwanderung, der Rückkehr illegaler Einwanderung und der Steuerung legaler Migration unterhalten; das **Europäische Justizielle Netz in Strafsachen**[22] mit dem Ziel der Stärkung der justiziellen Zusammenarbeit in Strafsachen; und das **Europäische Justizielle Netz für Zivil- und Handelssachen**[23] mit dem Ziel, die justizielle Zusammenarbeit zwischen den Mitgliedstaaten in Zivil- und Handelssachen zu erleichtern (namentlich die reibungslose Abwicklung von Verfahren mit grenzüberschreitenden Bezügen, die wirksame und praktische Umsetzung von Unionsrechtsakten oder zwischen zwei oder mehreren Mitgliedstaaten geltenden Übereinkommen sowie die Einrichtung und Unterhaltung eines Informationssystems für die Öffentlichkeit).

---

[18] Dazu namentlich VO (EG) Nr. 1987/2006 vom 20.12.2006 (gestützt auf Art. 62 Nr. 2 Buchst. a, Art. 63 Nr. 3 Buchst. b, Art. 66 EGV) über die Einrichtung, den Betrieb und die Nutzung des Schengener Informationssystems der zweiten Generation (SIS II), ABl. 2006, L 381/4; VO (EU) Nr. 1273/2012 des Rates v. 20.12.2012 (gestützt auf Art. 74 AEUV) über die Migration vom Schengener Informationssystem(SIS I +) zum Schengener Informationssystem der zweiten Generation (SIS II), ABl. 2012, L 359/32, das die VO (EG) 1104/2008 des Rates vom 24.10.2008 über die Migration vom Schengener Informationssystem (SIS I +) zum Schengener Informationssystem der zweiten Generation (SIS II), ABl. 2008, L 299/1 (gestützt auf den seinerzeitigen Art. 66 EGV) neu fasst.

[19] VO (EG) Nr. 767/2008 des Europäischen Parlaments und des Rates vom 9.7.2008 über das Visa-Informationssystem (VIS) und den Datenaustausch über Visa für einen kurzfristigen Aufenthalt, ABl. 2008, L 218/60 (gestützt auf die seinerzeitigen Art. 62 Nr. 2 Buchst. b Ziff. ii EGV und Art. 66 EGV).

[20] VO (EU) Nr. 1077/2011 vom 25.10.2011 zur Errichtung einer Europäischen Agentur für das Betriebsmanagement von IT-Großsystemen im Raum der Freiheit, der Sicherheit und des Rechts, ABl. 2011, L 285/1 (gestützt auf Art. 74, 77 Abs. 2 Buchst. a und b, 78 Abs. 2 Buchst. e, Abs. 79 Abs. 2 Buchst. c, Art. 82 Abs. 1 Buchst. d, Art. 85 Abs. 1, Art. 87 Abs. 2 Buchst. a, Art. 88 Abs. 2 AEUV).

[21] VO (EG) Nr. 377/2004 des Rates vom. 19.2.2004 zur Schaffung eines Netzes von Verbindungsbeamten für Einwanderungsfragen, ABl. 2004, L 64/1 (gestützt auf die seinerzeitigen Art. 63 Abs. 3 Buchst. b und Art. 66 EGV); zuletzt geändert durch VO (EU) Nr. 493/2011 vom 5.4.2011, ABl. 2011, L 141/13.

[22] Beschluss 2008/976/JHA des Rates vom 16.12.2008, gestützt auf Art. 31 und Art. 34 Abs. 2 Buchst. c EUV über das europäische Justizielle Netz, ABl. 2008, L 348/130, der die Gemeinsame Maßnahme 98/428/JI des Rates vom 29.6.1998, gestützt auf Art. K.3 EUV (ABl. 1998, L 191/4) ersetzte. Dazu *Zöller*, S. 787 (812 ff.).

[23] Entscheidung 568/2009/EG des Europäischen Parlaments und des Rates vom 18.6.2009, ABl. 2009, L 186/35 (gestützt auf die seinerzeitigen Art. 61 Buchst. c und d, Art. 66 und Art. 67 Abs. 2 EGV), die die Entscheidung des Rates 2001/470/EG des Rates vom 28.5.2001 2001/470/EG über die Errichtung eines Europäischen Netzes für Zivil- und Handelssachen, ABl. 2001, L 174/25 (gestützt auf die seinerzeitigen Art. 61 Buchst. c und d, Art: 66 und Art. 67 Abs. 1 EGV) ändert.

Drittens entstanden **zentrale Einrichtungen**: so namentlich die Europäische Agentur für die operative Zusammenarbeit an den Außengrenzen der Mitgliedstaaten **FRONTEX**[24] mit der Aufgabe der Verbesserung des »integrierten« Schutzes der Außengrenzen der Mitgliedstaaten (darunter auch die Zusammenstellung von Soforteinsatzteams für Grenzsicherungszwecke –**RABIT**)[25], die nunmehr allerdings ausdrücklich von Art. 77 Abs. 2 Buchst. d AEUV angesprochen wird.[26] Des Weiteren wurde schon früh das Informations-, Reflexions- und Austauschzentrum im Zusammenhang mit dem Überschreiten der Außengrenzen und der Einwanderung (**CIREFI**) geschaffen.[27] In jüngerer Zeit wurde bereits auf der Grundlage der Art. 74 AEUV und Art. 78 Abs. 1 und 2 AEUV das **Unterstützungsbüro für Asylfragen (EASO)** mit dem Aufgabentableau ins Leben gerufen, zur besseren Umsetzung des gemeinsamen europäischen Asylsystems (GEAS) beizutragen, die Zusammenarbeit der Mitgliedstaaten im Asylbereich zu stärken und Mitgliedstaaten zu unterstützen, deren Asyl- und Aufnahmesysteme einem besonderen Druck ausgesetzt sind.[28] Auch die bereits auf Art. 74 AEUV und weitere Ermächtigungsgrundlagen gestützte Errichtung der **Europäischen Agentur für das Betriebsmanagement von IT-Großsystemen im Bereich des RFSR**,[29] der die Verantwortung für das Betriebsmanagement von SIS II, VIS und Eurodac übertragen ist, ist hierzu zu rechnen. Die die Union seit 2015 treffenden großen Migrationsherausforderungen aus Drittstaaten verlangen nach einer nachhaltigen Stärkung dieser zentralen Einrichtungen. 6

Viertens kam es zu weiteren Formen des **sonstigen Austauschs**[30] und der **Ausbildungsförderung** von Spezialisten im Bereich des RFSR, so namentlich in Form der Pflege der Arbeitsbeziehungen von Asylrechtspraktikern im Rahmen von **EURASIL**[31] (mit Erfahrungsaustausch über die Asylsituation, Fallstudien und dem Vergleich der Spruchpraxis) in Fortsetzung des früheren **CIREA**.[32] Zu dieser Kategorie lassen sich auch zählen: die breit angelegte »horizontale« Gemeinsame Maßnahme 95/401/JI;[33] die auf den Aus- 7

---

[24] VO (EG) Nr. 2007/2004 des Rates vom 26. 10. 2004 zur Errichtung einer Europäischen Agentur für die operative Zusammenarbeit an den Außengrenzen der Mitgliedstaaten der Europäischen Union, ABl. 2004, L 349/1 (gestützt auf die seinerzeitigen Art. 62 Abs. 2 Buchst. a und Art. 66 EGV; zur Kritik an der Wahl dieser Ermächtigungsgrundlage vgl. *Weiß*, in: Streinz, EUV/AEUV, Art. 74 AEUV, Rn. 13).

[25] Vgl. Art. 4 VO (EU) Nr. 863/2007, ABl. 2007, L 199/30.

[26] Daher sind künftig alle Maßnahmen, die nicht nur eine Zusammenarbeit mitgliedstaatlicher Behörden beinhalten (wie die Aufstellung von Soforteinsatzteams für Grenzsicherungszwecke; VO (EU) 863/2007 des Europäischen Parlamentes und des Rates v. 11. 7. 2007, ABl. 2007, L 199/30), auf diese Ermächtigungsgrundlage zu stützen; s. auch *Weiß*, in Streinz, EUV/AEUV, Art. 74 AEUV, Rn. 13.

[27] Schlussfolgerungen des Rates vom 30. 11. 1994, ABl. 1996, C 274/50.

[28] VO (EU) Nr. 439/2010 vom 19. 5. 2010 zur Einrichtung eines Europäischen Unterstützungsbüros für Asylfragen, ABl. 2010, L 132/11 (gestützt auf Art. 74 und Art. 78 Abs. 1 und 2 AEUV).

[29] VO (EU) Nr. 1077/2011 vom 25. 10. 2011 zur Errichtung einer Europäischen Agentur für das Betriebsmanagement von IT-Großsystemen im Raum der Freiheit, der Sicherheit und des Rechts, ABl. 2011, L 285/1 (gestützt auf Art. 74, 77 Abs. 2 Buchst. a und b, 78 Abs. 2 Buchst. e, Abs. 79 Abs. 2 Buchst. c, Art. 82 Abs. 1 Buchst. d, Art. 85 Abs. 1, Art. 87 Abs. 2 Buchst. a, Art. 88 Abs. 2 AEUV).

[30] Namentlich sacheinschlägige Beamtenaustauschprogramme (z. B. das nunmehr durch ARGO ersetzte Programm ODYSSEUS, ABl. 1998, L 99/2); dazu *Frenz*, Handbuch Europarecht, Band 6, Rn. 2825.

[31] KOM SEC (2006) 109 i. V. m. KOM (2006) 67 endg.

[32] *Weiß*, in: Streinz, EUV/AEUV, Art. 74 AEUV, Rn. 16.

[33] Art. 1 Gemeinsame Maßnahme 95/401/JI des Rates vom 25. 9. 1995 betreffend Maßnahmen zur Umsetzung des Art. K.1 EUV (gestützt auf Art. K.3 Abs. 2 Buchst. b), ABl. 1995, L 238/1: »Ausbil-

tausch von Verbindungsrichtern und Verbindungsstaatsanwälten gerichtete Gemeinsame Maßnahme 96/277/JI;[34] das frühere Aktionsprogramm für Verwaltungszusammenarbeit in den Bereichen Außengrenzen, Visa, Asyl und Einwanderung (**ARGO**);[35] sowie das frühere Rahmenprogramm für die polizeiliche und justizielle Zusammenarbeit in Strafsachen (**AGIS**),[36] fortgeführt als spezifisches Programm »**Strafjustiz**« als Teil des Generellen Programms »Grundrechte und Justiz«.[37]

C. Erlassverfahren

8 Art. 74 Satz 2 AEUV sieht ein **besonderes Erlassverfahren** für Rechtsakte und andere Maßnahmen vor. Der Erlass einer Maßnahme erfolgt auf Vorschlag der Kommission und nach Anhörung des Parlaments durch den Rat (Art. 16 Abs. 3 EUV). Allerdings ist das Initiativmonopol der Kommission für den Teilbereich der strafjustiziellen und polizeilichen Zusammenarbeit (Art. 82 ff., 87 ff. AEUV) durch Art. 76 AEUV durchbrochen, der insoweit Art. 34 Abs. 2 Satz 2 EUV a. F., wenn auch mit Einführung eines Quorums der Mitgliedstaaten, fortführt. Danach können Rechtsakte in diesen beiden Bereichen durch den Rat auch auf Initiative eines Viertels der Mitgliedstaaten erlassen werden.

D. Normkonkurrenzen

9 Art. 74 AEUV ist lediglich eine allgemeine Kompetenzbestimmung mit einem besonderen Erlassverfahren für Rechtsakte, die nur zur Anwendung kommt, soweit nicht **Spezialvorschriften** zum Erlass von Maßnahmen zur Verwaltungszusammenarbeit im RFSR vorgehen. Dies gilt im Spektrum der Teilbereiche des RFSR, soweit es dabei speziell um Verwaltungszusammenarbeit (nicht um richterliche Tätigkeit) geht, für die ziviljustizielle Zusammenarbeit (Art. 81 AEUV), für die strafjustizielle Zusammenarbeit (Art. 82 ff. AEUV, hierbei namentlich Art. 82 Abs. 2 Buchst. c und d, 84 und 85 AEUV), und für die polizeiliche Zusammenarbeit (Art. 87 ff. AEUV, hierbei namentlich Art. 88 AEUV sowie Art. 89 AEUV zur Regelung staatenübergreifender Maßnahmen der in Art. 81 und 82 AEUV genannten mitgliedstaatlichen Behörden)[38]. Insbesondere die Zusammenarbeit der Strafverfolgungs- und Vollstreckungsbehörden unterfällt dem vorrangig anwendbaren **Art. 82 Abs. 1 Buchst. d AEUV** (Erleichterung der »Zusam-

---

dungsmaßnahmen, Sammlung und Austausch von Informationen und Erfahrungen, Seminare, Untersuchungen, Veröffentlichungen sowie andere operative Maßnahmen zur Unterstützung der Kooperationstätigkeit der Union«

[34] Gemeinsame Maßnahme 96/277/JI des Rates vom 22.4.1996 betreffend den Rahmen für den Austausch von Verbindungsrichtern/-staatsanwälten zur Verbesserung der justitiellen Zusammenarbeit zwischen den Mitgliedstaaten der Europäischen Union (gestützt auf Art. K.3 Abs. 2 Buchst. b), ABl. 1996, L 105/1; dazu *Herrnfeld*, in, Schwarze, EU-Kommentar, Art. 74 AEUV, Rn. 11.

[35] Entscheidung 2002/463/EG des Rates vom 19.6.2002 (gestützt auf Art. 66 EGV), ABl. 2002, L 161/11; geändert durch Entscheidung 2004/463/EG des Rates vom 13.12.2004, ABl. 2004, L 371/48.

[36] Beschluss 2002/630/JI des Rates vom 22.7.2002 (gestützt auf Art. 30 Abs. 1, 31, 34 Abs. 2 Buchst. c EUV a. F.), ABl. 2002, L 203/5.

[37] Beschluss 2007/126/JI des Rates vom 12.2.2007 (Art. 31, 34 Abs. 2 Buchst. c EUV a. F.), ABl. 2007, L 58/13; dazu *Herrnfeld*, in: Schwarze, EU-Kommentar, Art. 74 AEUV, Rn. 10.

[38] *Röben*, in: Grabitz/Hilf/Nettesheim, EU, Art. 74 AEUV (Mai 2014), Rn. 5; *Breitenmoser/Weyeneth*, in: GSH, Europäisches Unionsrecht, Art. 74 AEUV, Rn. 37.

menarbeit zwischen den Justizbehörden oder entsprechenden Behörden der Mitgliedstaaten im Rahmen der Strafverfolgung sowie des Vollzugs und der Vollstreckung von Entscheidungen«), für den das ordentliche Gesetzgebungsverfahren Anwendung findet (Art. 82 Abs. 2 AEUV i. V. m. Art. 289, Abs. 1, 293 AEUV). Gleichermaßen geht in der polizeilichen Zusammenarbeit das ordentliche Gesetzgebungsverfahren gemäß **Art. 87 Abs. 2 AEUV** vor. Die Bestimmung betrifft die polizeiliche Zusammenarbeit zwischen allen zuständigen Behörden der Mitgliedstaaten, einschließlich der Polizei, des Zolls und anderer auf die Verhütung oder die Aufdeckung von Straftaten sowie entsprechende Ermittlungen spezialisierte Strafverfolgungsbehörden. **Art. 72, 73 AEUV** sperren nicht die Anwendbarkeit der Unterstützungszuständigkeit des Art. 74 AEUV.[39] Art. 74 AEUV ist eine Spezialvorschrift der Verwaltungszusammenarbeit im Sinne des **Art. 197 Abs. 3 Satz 2 AEUV.**

---

[39] *Röben*, in: Grabitz/Hilf/Nettesheim, EU, Art. 74 AEUV (Mai 2014), Rn. 16.

Artikel 75 AEUV [Terrorismusbekämpfung]

(1) Sofern dies notwendig ist, um die Ziele des Artikels 67 in Bezug auf die Verhütung und Bekämpfung von Terrorismus und damit verbundener Aktivitäten zu verwirklichen, schaffen das Europäische Parlament und der Rat gemäß dem ordentlichen Gesetzgebungsverfahren durch Verordnungen einen Rahmen für Verwaltungsmaßnahmen in Bezug auf Kapitalbewegungen und Zahlungen, wozu das Einfrieren von Geldern, finanziellen Vermögenswerten oder wirtschaftlichen Erträgen gehören kann, deren Eigentümer oder Besitzer natürliche oder juristische Personen, Gruppierungen oder nichtstaatliche Einheiten sind.
(2) Der Rat erlässt auf Vorschlag der Kommission Maßnahmen zur Umsetzung des in Absatz 1 genannten Rahmens.
(3) In den Rechtsakten nach diesem Artikel müssen die erforderlichen Bestimmungen über den Rechtsschutz vorgesehen sein.

Literaturübersicht

S. Art. 67 AEUV.

Inhaltsübersicht

	Rn.
A. Normzweck und Systemstellung	1
B. Terrorismusverhütung und Terrorismusbekämpfung	6
C. Zweistufigkeit der Verhütung und Bekämpfung	9
I. Rahmenregelung für kapital- und zahlungsbezogene Verwaltungsmaßnahmen	10
II. Einzelmaßnahmen	17
D. Rechtsschutz	18

A. Normzweck und Systemstellung

1 Art. 75 AEUV, dessen Formulierung im Wesentlichen auf Art. III–160 VVE zurückgeht und der sich von Art. 60 EGV[1] systemlokativ[2] und inhaltlich deutlich unterscheidet,[3] ist eine spezielle (nicht eine vorangehende Entscheidung im Rahmen der GASP erfordernde[4]) **Kompetenznorm**(geteilte Kompetenz gemäß Art. 4 Abs. 2 Buchst. j AEUV), die vom Reformvertrag von Lissabon eingefügt wurde. Sie ergänzt Art. 83 Abs. 1 UAbs. 1 und 2 AEUV.[5] Sie gibt der Union eine klare, unter das Gebot der Verhältnismäßigkeit gestellte (»sofern dies notwendig ist«) Zuständigkeit, um im Rahmen der Ziele des

---

[1] Zu dessen praktischer Bedeutung vgl. die umfängliche Auflistung der jüngeren, auf ihn gestützten Rechtsakte bei *Bröhmer*, in: Calliess/Ruffert, EUV/AEUV, 4. Aufl., 2011, Art. 75 AEUV, Rn. 1 Fn. 3.
[2] Bestandteil von Titel V (RFSR) statt des Kapitels zum freien Kapital- und Zahlungsverkehr und des Weiteren in den Voraussetzungen entkoppelt von der GASP (bei Art. 60 EGV verbunden über Art. 301 EGV).
[3] *Bröhmer*, in: Calliess/Ruffert, EUV/AEUV, Art. 75 AEUV, Rn. 1; Nachfolgenorm der Art. 60 Abs. 1, 301 EGV ist eher Art. 215 Abs. 1 AEUV; *Herrnfeld*, in: Schwarze, EU-Kommentar, Art. 75 AEUV, Rn. 1 und 5; *Harings*, in: GSH, Europäisches Unionsrecht, Art. 75 AEUV, Rn. 1; *Peers*, EU Justice and Home Affairs Law, 3rd ed., 2011, S. 58.
[4] *Herrnfeld*, in: Schwarze, EU-Kommentar, Art. 75 AEUV, Rn. 7.
[5] *Röben*, in: Grabitz/Hilf/Nettesheim, EU, Art. 75 AEUV (Mai 2014), Rn. 19.

Raums der Freiheit, der Sicherheit und des Rechts (RFSR) (Art. 67 AEUV), insbesondere zum Schutz der inneren Sicherheit, spezifische und insbesondere (und insoweit weiter als Art. 60 EGV)[6] **individualgerichtete**[7] Maßnahmen für die Verhütung und Bekämpfung von **Terrorismus** (insoweit enger als Art. 60 EGV[8]) zu ergreifen. In dem angestrebten, aus den Mitgliedstaaten gebildeten grenzkontrollfreien Binnenraum der Union für Personen ist dies infolge des dadurch ermöglichten faktischen Freiverkehrs eine besondere Herausforderung.

Art. 75 AEUV ermächtigt daher die Union, im ordentlichen Gesetzgebungsverfahren einen Rahmen für Verwaltungsmaßnahmen in Bezug auf **Kapitalbewegungen** und **Zahlungen** zu schaffen. Die Vorschrift zielt darauf, die **Finanzierung terroristischer Aktivitäten**, unabhängig von der rechtlichen Qualifikation deren Akteure (Begünstigte), durch natürliche[9] oder juristische Personen (auch des öffentlichen Rechts[10] -str. für Drittstaaten), Gruppierungen oder nichtstaatlichen Einheiten (Begünstigende) zu verhindern oder zu schwächen[11] (zur Rechtfertigungswirkung gegenüber Art. 63 AEUV s. unten Rn. 16), unabhängig davon, ob sich die Begünstigenden außerhalb oder innerhalb der EU befinden.[12] Während Art. 75 Abs. 1 AEUV speziell einen Rahmen für Verwaltungsmaßnahmen im Auge hat, ist für die **im Rahmen der GASP** gegen (Dritt-)Staaten und deren hoheitlich tätige Einrichtungen gerichtete Maßnahmen Art. 215 Abs. 1 AEUV[13] und gegen natürliche oder juristische Personen sowie Gruppierungen

2

---

[6] Zu der insoweit begrenzten Tragweite des Art. 60 EGV EuGH, Urt. v. 3. 9. 2008, Rs. C–402/05 P u. Rs. C–415/05 P (Kadi und Al Barakaat/Rat), Slg. 2008, I–6351, Rn. 168 ff.

[7] *Ohler*, in: Streinz, EUV/AEUV, Art. 75 AEUV, Rn. 1; *Harings*, in: GSH, Europäisches Unionsrecht, Art. 75 AEUV, Rn. 15; im Unterschied zu staatengerichteten Sanktionen, auf die Art. 60 EGV i. V. m. Art. 301 EGV ausgerichtet waren; dazu *Röben*, in: Grabitz/Hilf/Nettesheim, EU, Art. 75 AEUV (Mai 2014), Rn. 1 und 4; *Herrnfeld*, in: Schwarze, EU-Kommentar, Art. 75 AEUV, Rn. 1; *Kotzur*, in: Geiger/Khan/Kotzur, EUV/AEUV, Art. 75 AEUV, Rn. 1; *Khan/Eisenhut*, in: Vedder/Heintschel v. Heinegg, Europäisches Unionsrecht, Art. 75 AEUV, Rn. 1; *Frenz*, Handbuch Europarecht, Band 6, Rn. 2829.

[8] Art. 75 AEUV erfasst daher z. B. nicht Maßnahmen gegen Drogen- und Menschenhandel oder organisierte Kriminalität, soweit diese nicht eine terroristische Dimension annehmen: *Bröhmer*, in: Calliess/Ruffert, EUV/AEUV, Art. 75 AEUV, Rn. 1 mit dem zutreffenden Hinweis, dass »jede Form von Terrorismus, die von mehreren vorbereitet und getragen wird« zugleich organisierte Kriminalität ist (Rn. 4); s. auch *Khan/Eisenhut*, in: Vedder/Heintschel v. Heinegg, Europäisches Unionsrecht, Art. 75 AEUV, Rn. 3.

[9] Unionsbürger, Drittstaatsangehörige, Staatenlose; vgl. *Röben*, in: Grabitz/Hilf/Nettesheim, EU, Art. 75 AEUV (Mai 2014), Rn. 26.

[10] *Hoppe*, in: Lenz/Borchardt, EU-Verträge, Art. 75 AEUV, Rn. 2; *Khan/Eisenhut*, in: Vedder/Heintschel v. Heinegg, Europäisches Unionsrecht, Art. 75 AEUV, Rn. 3; wohl auch *Kotzur*, in: Geiger/Khan/Kotzur, EUV/AEUV. Art. 75 AEUV, Rn. 3; a. A. *Ohler*, in: Streinz, EUV/AEUV, Art. 75 AEUV, Rn. 17 (Maßnahmen »gegen« Drittstaaten unzulässig); mit Einschränkung auf Drittstaaten, gegen die Resolutionen des Sicherheitsrats der VN gerichtet sind *Herrnfeld*, in: Schwarze, EU-Kommentar, Art. 75 AEUV, Rn. 10 und wohl generell gegenüber Drittstaaten in Rn. 15 mit Hinweis auf die außenpolitische Dimension (letztere Variante setzt aber einen GASP-Beschluss voraus, der aber keineswegs zwingend eine Resolution des Sicherheitsrats der VN voraussetzt).

[11] *Ohler*, in: Streinz, EUV/AEUV, Art. 75 AEUV, Rn. 2, 17; *Khan/Eisenhut*, in: Vedder/Heintschel v. Heinegg, Europäisches Unionsrecht, Art. 75 AEUV, Rn. 3.

[12] *Herrnfeld*, in: Schwarze, EU-Kommentar, Art. 75 AEUV, Rn. 9; *Suhr*, in: Calliess/Ruffert, EUV/AEUV, Art. 75 AEUV, Rn. 5.

[13] *Hoppe*, in: Lenz/Borchardt, EU-Verträge, Art. 75 AEUV, Rn. 3; *Khan/Eisenhut*, in: Vedder/Heintschel v. Heinegg, Europäisches Unionsrecht, Art. 75 AEUV, Rn. 5; anders *Ohler*, in: Streinz, EUV/AEUV, Art. 75 AEUV, Rn. 17, der Art. 215 AEUV generell für drittstaatgerichtete Maßnahmen gegen Drittstaaten für einschlägig hält.

oder nichtstaatliche Einheiten gerichtete restriktive Maßnahmen Art. 215 Abs. 2 AEUV[14] einschlägig.

3   Art. 75 AEUV ermöglicht daher insbesondere das »Einfrieren« von Geldern, finanziellen Vermögenswerten oder wirtschaftlichen Erträgen (s. unten Rn. 16) von des Terrorismus begründet verdächtigen Personen und Organisationen. Dies geschieht durch die aus Gründen der öffentlichen Sicherheit gerechtfertigte **Inpflichtnahme Dritter**, nämlich der mit jenen in aktuellen oder potentiellen finanziellen Transaktionsverbindungen stehenden natürlichen oder juristischen Personen.[15] Zur Listung der des Terrorismus Verdächtigen kann die Union aus eigenem Antrieb oder auf Grund völkerrechtlicher Verpflichtung tätig werden. Auch soweit eine völkerrechtliche Bindung besteht oder angenommen wird (die Bindung der Union an die Charta der Vereinten Nationen und an Resolutionen des Sicherheitsrates ist streitig),[16] sind umsetzende Maßnahmen richtigerweise nicht von der Beachtung des Primärrechts und daher namentlich nicht von der **Beachtung der GRC** befreit.[17] Sie sind mithin einer Überprüfung ihrer Vereinbarkeit mit dem Primärrecht durch die Unionsgerichtsbarkeit zugänglich.

4   Sachgegenständlich nicht von Art. 75 AEUV (insoweit anders zugeschnitten als Art. 215 AEUV)[18] erfasste individualgerichtete Maßnahmen, die ein Beschluss nach Art. 23 ff. EUV vorsieht (z. B. Reisebeschränkungen), sind auf **Art. 215 Abs. 2 und 3 AEUV** zu stützen.[19] Für staatengerichtete Maßnahmen zur Aussetzung, Einschränkung oder vollständigen Einstellung der Wirtschafts- und Finanzbeziehungen ist Art. 215 Abs. 1 AEUV die einschlägige Rechtsgrundlage.[20]

5   Die Nichtbeteiligung **Irlands** bezieht sich nicht auf Art. 75 AEUV (s. oben Art. 67 AEUV, Rn. 26), wohl aber diejenige des **Vereinigten Königreichs**.[21] Dieses hat jedoch seine Beteiligungsabsicht nach Art. 3 des Protokolls Nr. 21 zur Schlussakte der Regierungskonferenz zum Lissabonner Vertrag erklärt.[22] Zur rechtlichen Sonderlage Britanniens, Dänemarks und Irlands s. oben Art. 67 AEUV, Rn. 22 ff.

---

[14] So EuGH, Urt. v. 19.7.2012, Rs. C–130/10 (Europäisches Parlament/Rat), ECLI:EU:C:2012: 472, Rn. 75 mit Bezug auf VO (EU) Nr. 1286/2009 zur Änderung der VO (EG) Nr. 881/202 (ABl. 2002, L 139/9.

[15] Die betroffenen Dritten erschließen sich im Einzelnen aus der Kombination der Definitionen einerseits für »Gelder«, »finanzielle Vermögenswerte« und »wirtschaftliche Erträge« und andererseits des »Einfrierens« insbesondere in der VO (EG) Nr. 2580/2001 (ABl. 2001, L 344/70).

[16] *Ohler*, in: Streinz, EUV/AEUV, Art. 75 AEUV, Rn. 27; zur Anerkennung der Bindung der EU an die Charta der VN vgl. Erklärung Nr. 13 Abs. 3 (zur Schlussakte der Regierungskonferenz, die den am 13. Dezember 2007 unterzeichneten Vertrag von Lissabon angenommen hat) zur Gemeinsamen Außen- und Sicherheitspolitik, Rat der Europäischen Union v. 30.4.2008 (OR, fr), Dok. 6655/1/08 Rev 1, S. 434; *Röben*, in: Grabitz/Hilf/Nettesheim, EU, Art. 75 AEUV (Mai 2014), Rn. 6 (mit umfangreicher Darstellung des völkerrechtlichen Rahmens).

[17] Grundlegend: EuGH Urt. v. 3.9.2008, Rs. C–402/05 P u. C–415/05 P (Kadi und Al Bakaraat/ Rat), Slg. 2008, I–6351, Rn. 308.

[18] Missverständlich ist allerdings die Kennzeichnung als »lex specialis«; so aber *Röben*, in. Grabitz/ Hilf/Nettesheim, EU, Art. 75 AEUV (Mai 2014), Rn. 27; *Peers*, S. 59; kritisch dazu *Herrnfeld*, in, Schwarze, EU-Kommentar, Art. 75 AEUV, Rn. 18.

[19] *Harings*, in: GSH, Europäisches Unionsrecht, Art. 75 AEUV, Rn. 13.

[20] *Röben*, in: Grabitz/Hilf/Nettesheim, EU, Art. 75 AEUV (Mai 2014), Rn. 20.

[21] Vgl. oben Art. 67 AEUV, Rn. 25.

[22] Erklärung (Nr. 65) des Vereinigten Königreichs und Nordirland zu Art. 75 AEUV, ABl. 2007, C 306/231.

B. Terrorismusverhütung und Terrorismusbekämpfung

Die Ermächtigung dient allein der Verhütung und Bekämpfung von Terrorismus und 6
damit verbundener Aktivitäten. Eine Nominaldefinition von **Terrorismus** enthält das
Primärrecht nicht.[23] Der Begriff ist unionsrechtlich autonom zu bestimmen.[24] Nach herkömmlichem Verständnis ist nicht bereits jede gegen Leib, Leben, Freiheit oder die
öffentliche Sicherheit gerichtete Straftat ein terroristischer Akt. Vielmehr erhält sie
diesen Charakter aus ihrer besonderen Zielrichtung, dadurch ein Gemeinwesen
und/oder seine Bevölkerung zu bedrohen. Auf der Linie dieses Verständnisses liegt die
(primärrechtlich nicht verbindliche, aber in ihrer Kernaussage persuasive) Definition
einer terroristischen Handlung, wie sie bereits in Art. 1 Abs. 3 des **Gemeinsamen Standpunkts 2001/931/GASP über die Anwendung besonderer Maßnahmen zur Bekämpfung des Terrorismus**[25] und in Art. 1 Abs. 1 des **Rahmenbeschlusses 2002/475/JI zur
Terrorismusbekämpfung**[26] vorgenommen wurde. Danach wird diese durch ein objektives und ein subjektives Element gekennzeichnet. **Objektiv** muss ein Anschlag auf das
Leben oder die körperliche Unversehrtheit von Menschen, eine Entführung oder Geiselnahme oder eine gemeingefährliche(von den beiden Vorschriften im Einzelnen bezeichnete), nach einzelstaatlichem Recht als Straftat definierte vorsätzliche Handlung[27]
vorliegen, die durch die Art ihrer Begehung oder den jeweiligen Kontext ein Land oder
eine internationale Organisation ernsthaft schädigen kann. **Subjektiv** muss diese Handlung mit dem Ziel vorgenommen werden, entweder die Bevölkerung auf schwerwiegende Weise einzuschüchtern oder eine Regierung oder eine internationale Organisation rechtswidrig zu einem bestimmten Verhalten zu zwingen (Handeln, Unterlassen)

---

[23] Kritisch zu diesem Zustand aus Gründen der Rechtsstaatlichkeit und des Grundrechtsschutzes *Ohler*, in: Streinz, EUV/AEUV, Art. 75 AEUV, Rn. 14; a. A. *Hoppe*, in: Lenz/Borchardt, EU-Verträge, Art. 75 AEUV, Rn. 2.

[24] *Harings*, in: GSH, Europäisches Unionsrecht, Art. 75 AEUV, Rn. 7; im Ergebnis ebenso *Bröhmer*, in: Calliess/Ruffert, EUV/AEUV, Art. 75 AEUV, Rn. 4.

[25] Gemeinsamer Standpunkt 2001/931/GASP des Rates vom 27.12.2001 (gestützt auf Art. 15 und 34 EUV a. F.) über die Anwendung besonderer Maßnahmen zur Bekämpfung des Terrorismus, ABl. 2001, L 344/93.

[26] Rahmenbeschluss 2002/475/JI des Rates vom 13.6.2002 (gestützt auf Art. 29, 31 Buchst. e, Art. 34 Abs. 2 Buchst. b EUV a. F.) zur Terrorismusbekämpfung, ABl. 2002, L 164/3; zuletzt geändert durch Art. 1 ÄndRB 2008/919/JI vom 28.11.2008, ABl. 2008, L 330/21.

[27] Im Einzelnen nach Art. 1 Abs. 3 des Gemeinsamen Standpunktes 2001/931/GASP: »d) weit reichende Zerstörungen an einer Regierungseinrichtung oder einer öffentlichen Einrichtung, einem Verkehrssystem, einer Infrastruktureinrichtung, einschließlich eines Informatiksystems, einer festen Plattform, die sich auf dem Festlandsockel befindet, einem allgemein zugänglichen Ort oder einem Privateigentum, die Menschenleben gefährden oder zu erheblichen wirtschaftlichen Verlusten führen können; e) Kapern von Luft- und Wasserfahrzeugen oder von anderen öffentlichen Verkehrsmitteln oder Güterverkehrsmitteln; f) Herstellung, Besitz, Erwerb, Beförderung oder Bereitstellung oder Verwendung von Schusswaffen, Sprengstoffen, Kernwaffen, biologischen und chemischen Waffen sowie die Forschung und Entwicklung in Bezug auf biologische und chemische Waffen; g) Freisetzung gefährlicher Stoffe oder Herbeiführung eines Brandes, einer Explosion oder einer Überschwemmung, wenn dadurch das Leben von Menschen in Gefahr gebracht wird; h) Manipulation oder Störung der Versorgung mit Wasser, Strom oder anderen lebenswichtigen natürlichen Ressourcen, wenn dadurch das Leben von Menschen in Gefahr gebracht wird; i) Drohung mit der Begehung einer der unter den Buchstaben a) bis h) genannten Straftaten; j) Anführen einer terroristischen Vereinigung; k) Beteiligung an den Aktivitäten einer terroristischen Vereinigung einschließlich durch Bereitstellung von Informationen oder materiellen Mitteln oder durch jegliche Art der Finanzierung ihrer Aktivitäten in dem Wissen, dass diese Beteiligung zu den kriminellen Aktivitäten der Gruppe beiträgt.« Die Buchstaben j) und k) finden sich nicht in Art. 1 Abs. 1 des Rahmenbeschlusses 2002/475/JI.

oder die politischen, verfassungsrechtlichen, wirtschaftlichen oder sozialen Grundstrukturen eines Landes oder einer internationalen Organisation ernsthaft zu destabilisieren oder zu zerstören. Straftaten im Zusammenhang mit einer terroristischen Vereinigung oder im Zusammenhang mit terroristischen Aktivitäten sowie Beihilfe, Anstiftung und Versuch sind von gesonderten Regeln erfasst.[28]

7 Art. 75 AEUV **unterscheidet nicht** nach der **Quelle** oder dem **Umfang** der terroristischen Maßnahmen oder des terroristischen Ziels. Die auf der Grundlage des Art. 75 AEUV zu verhütenden oder zu bekämpfenden Erscheinungen des Terrorismus können demzufolge regionaler, nationaler, europäischer oder darüber hinausgehender internationaler Dimension[29] sowie staatlicher oder nicht-staatlicher Urheberschaft[30] sein. Allerdings ist aus Wortlaut und systematischem Kontext des Art. 75 AEUV zu schließen, dass es sich um Terrorismus handeln muss, der der Verwirklichung des von Art. 67 AEUV angestrebten **RFSR** zuwiderläuft. Dies bedeutet aber nicht, dass für Art. 75 AEUV nur »grenzüberschreitende Formen des Terrorismus« relevant sind.[31] Vielmehr kann die Verwirklichung eines allgemeinen Freizügigkeitsraums der Union gerade auch durch regionale Formen des Terrorismus gefährdet sein. Wegen dieses Ziels ist eine Abgrenzung nach der Grenzüberschreitung des Terrorismus nicht sinnfällig. Zur Abgrenzung zu Art. 42 Abs. 7 EUV s. Art. 42 EUV.

8 Der Begriff der **Verhütung** von Terrorismus ließe sich philologisch vom Begriff der Bekämpfung als abgedeckt ansehen. Im normativen Kontext des Art. 75 AEUV ist er jedoch neben denjenigen der Bekämpfung gestellt. Daher ist es plausibel, zwischen beiden Begriffen zu unterscheiden. Verhütung von Terrorismus lässt sich als Prävention verstehen, wie sich insbesondere aus den romanophonen Sprachfassungen des Art. 75 AEUV ableiten lässt.[32] Dieser Begriff ist weit zu verstehen und umfasst Vorfeld- und Vorsorgemaßnahmen gegen das Aufkommen und die Verwirklichung terroristischer Bestrebungen. Demgegenüber setzt die **Bekämpfung** an einer bereits manifesten Gefährdung und insbesondere auch an bereits begangenen terroristischen Akten an.[33]

C. Zweistufigkeit der Verhütung und Bekämpfung

9 Zur Verhütung und Bekämpfung des Terrorismus gibt Art. 75 AEUV der Union ein zweistufiges Instrumentarium in die Hand: den Erlass eines Rahmens für kapital- und zahlungsverkehrbezogene Verwaltungsmaßnahmen (I; Rn. 6 ff.) und den Erlass von Einzelmaßnahmen zur Umsetzung dieses Rahmens (II; Rn. 13).

I. Rahmenregelung für kapital- und zahlungsbezogene Verwaltungsmaßnahmen

10 Art. 75 AEUV sieht als erste Stufe den Erlass eines Rahmens in Form einer Verordnung (Art. 288 Abs. 2 AEUV) gemäß dem ordentlichen Gesetzgebungsverfahren (Art. 289

---

[28] Art. 2 bis 4 RB 2002/475/JI; s. auch Art. 1 GS 2001/931/GASP.
[29] *Ohler*, in: Streinz, EUV/AEUV, Art. 75 AEUV, Rn. 13; *Kotzur*, in: Geiger/Khan/Kotzur, EUV/AEUV, Art. 75 AEUV, Rn. 4.
[30] *Bröhmer*, in: Calliess/Ruffert, EUV/AEUV, Art. 75 AEUV, Rn. 4.
[31] So aber *Ohler*, in: Streinz, EUV/AEUV, Art. 75 AEUV, Rn. 13.
[32] Vgl. *Ohler*, in: Streinz, EUV/AEUV, 75 AEUV, Rn. 15.
[33] *Ohler*, in: Streinz, EUV/AEUV, Art. 75 AEUV, Rn. 15; *Harings*, in: GSH, Europäisches Unionsrecht, Art. 75 AEUV, Rn. 8 (für ein weites Verständnis von »Verhütung« und »Bekämpfung«).

Abs. 1, 294 AEUV) »für Verwaltungsmaßnahmen in Bezug auf Kapitalbewegungen und Zahlungen« vor, **sofern** dies zur Zielerreichung des Art. 67 AEUV im Hinblick auf die Verhütung und Bekämpfung des Terrorismus **notwendig** ist. Diese Entscheidung steht im politischen Beurteilungsspielraum der beteiligten Organe,[34] die dabei allerdings, wie stets, rechtlich an das Verhältnismäßigkeitsprinzip (Art. 5 Abs. 4 EUV) gebunden sind. Dieses erfordert in diesem Handlungsbereich wegen dessen hoher Grundrechtsrelevanz besondere Aufmerksamkeit,[35] auch wenn ihm vom Schrifttum in diesem Bereich teils keine allzu große praktische Bedeutung beigemessen wird.[36] Einzelmaßnahmen außerhalb eines derartig inhaltlich legitimierenden Rahmens sind dadurch grundsätzlich ausgeschlossen. Damit nicht im Einklang steht die überkommene Praxis spezifischer Umsetzungsverordnungen von Sanktionsresolutionen des Sicherheitsrats der Vereinten Nationen.[37] Sie widerspricht Art. 5 Abs. 2 Satz 1 EUV. Das von Art. 75 AEUV angeordnete zweistufige Verfahren ist sinnfällig, um ein konzeptionell kohärentes Vorgehen zur Verhütung und Bekämpfung von Terrorismus zu ermöglichen. Zu diesem Rahmen kann nach Art. 75 AEUV sachgegenständlich das Einfrieren von Geldern, finanziellen Vermögenswerten oder wirtschaftlichen Erträgen gehören, deren Eigentümer oder Besitzer natürliche oder juristische Personen, Gruppierungen oder nichtstaatliche Einheiten sind. Auch der Erlass von Verfahrensregeln ist von der Kompetenz umfasst.[38]

11 Der Sache nach entstand eine Art Rahmenregelung mit Ausführungsmaßnahme bereits vor der Einfügung des Art. 75 AEUV zum Jahresende von 2001 im Erfahrungslicht des Anschlags auf das World Trade Center in New York durch zwei Akte, die wegen der Säulenstruktur der früheren Union auf unterschiedliche Rechtsgrundlagen gestützt wurden: innerhalb der intergouvernementalen Säule der Gemeinsamen Außen- und Sicherheitspolitik der **Gemeinsame Standpunkt 2001/931/GASP** des Rates **über die Anwendung besonderer Maßnahmen zur Bekämpfung des Terrorismus**[39] und innerhalb der supranationalen Gemeinschaftssäule die **VO (EG) Nr. 2580/2001 des Rates über spezifische, gegen bestimmte Personen und Organisationen gerichtete restriktive Maßnahmen zur Bekämpfung des Terrorismus**.[40] Auch nach der Vertragsreform von Lissabon ist eine derartige Rechtsaktaufteilung grundsätzlich je nach sachgegenständlicher Schwerpunktsetzung möglich: nunmehr in der Rechtsgrundlage zwischen Art. 75 AEUV (RFSR) und Art. 28, 29 EUV (GASP).[41] Dies bedeutet, dass der Inhalt des Gemeinsamen Standpunkts 2001/931/GASP als Maßnahme der inneren Sicherheit in der Union heute auf Art. 75 AEUV zu stützen ist.[42] Zur Abgrenzung zu Art. 42 Abs. 7 EUV s. Art. 42 EUV.

12 Hierbei nimmt der **Gemeinsame Standpunkt 2001/931/GASP** in seiner Begründung die Erklärung des Europäischen Rates v. 21. 9. 2001 auf, dass die Bekämpfung des Ter-

---

[34] Der Sache nach ebenso *Herrnfeld*, in: Schwarze, EU-Kommentar, Art. 75 AEUV, Rn. 7.
[35] *Röben*, in: Grabitz/Hilf/Nettesheim, EU, Art. 75 AEUV (Mai 2014), Rn. 30 und 31.
[36] *Bröhmer*, in: Calliess/Ruffert, EUV/AEUV, Art. 75 AEUV, Rn. 1 ff.
[37] *Ohler*, in: Streinz, EUV/AEUV, Art. 75, Rn. 4.
[38] *Hoppe*, in: Lenz/Borchardt, EU-Verträge, Art. 75 AEUV, Rn. 4.
[39] Gemeinsamer Standpunkt 201/931/GASP des Rates vom 27. 12. 2001 (gestützt auf Art. 15 und 34 EUV a. F.), ABl. 2001 L 344/93.
[40] VO (EG) Nr. 2580/2001 des Rates vom 27. 12. 2001 (gestützt auf Art. 60, 301, 308 EGV), ABl. 2001, L 344/70; mehrfach geändert; zuletzt geändert durch DVO (EU) 646/2013 der Kommission v. 4. 7. 2013 (ABl. 2013, L 187/4).
[41] Ebenso *Ohler*, in: Streinz, EUV/AEUV, Art. 75 AEUV, Rn. 5.
[42] Zutreffend *Ohler*, in: Streinz, EUV/AEUV, Art. 75 AEUV, Rn. 5.

rorismus wegen dessen Herausforderung für die Welt und Europa eines der vorrangigen Ziele der EU sein wird. Er bezieht sich zugleich auf die Resolution 1373/2001 des Sicherheitsrats der Vereinten Nationen v. 28. 9. 2001 und deren Strategiefestlegung zur Terrorismusbekämpfung, insbesondere zur Bekämpfung der Terrorismusfinanzierung, und erklärt zu deren Umsetzung zusätzliche Maßnahmen der EU durch ein Tätigwerden der Gemeinschaft und der Mitgliedstaaten (im Rahmen der polizeilichen und justiziellen Zusammenarbeit in Strafsachen) für erforderlich. Er enthält neben den Definitionen der beiden grundlegenden Begriffe (»Personen, Vereinigungen und Körperschaften, die an terroristischen Handlungen beteiligt sind«; »terroristische Handlung«[43]) die **Regeln für die Aufstellung der individualisierenden Liste** (bei Personen: Name, Geburtsdatum, Geburtsort, Identitätskarte) der vom Einfrieren ihrer Vermögenswerte oder wirtschaftlichen Ressourcen betroffenen Personen, Gruppen und Körperschaften. Dieses Verfahren findet auf **zwei Ebenen** statt:[44] zunächst auf nationaler Ebene und sodann auf Unionsebene. Erforderlich ist, dass eine zuständige (mitgliedstaatliche) Behörde »gestützt auf ernsthafte und schlüssige Beweise oder Indiziengegenüber den betreffenden Personen, Vereinigungen oder Körperschaften einen Beschluss gefasst hat, bei dem es sich um die Aufnahme von Ermittlungen oder um Strafverfolgung wegen einer terroristischen Handlung oder des Versuchs, eine terroristische Handlung zu begehen, daran teilzunehmen oder sie zu erleichtern oder um eine Verurteilung für derartige Handlungen handelt« (Art. 2 Abs. 4 des Gemeinsamen Standpunktes). Die zuständigen (mitgliedstaatlichen) Behörden agieren hierbei im Hinblick auf die Definition einer terroristischen Straftat auf der Grundlage deren Angleichung durch den **Rahmenbeschluss 2002/475/JI** des Rates **zur Terrorismusbekämpfung**.[45] Es ist dann Sache des Rates, ob er eine betreffende Person, Vereinigung oder Körperschaft »auf der Grundlage genauer Informationen bzw. der einschlägigen Akten«, aus denen sich ein derartiger Beschluss der mitgliedstaatlichen Behörde ergibt, einstimmig auf die Liste setzt.[46] Eine unzureichende Dokumentenlage genügt nicht.[47]

13 Die hohe **Grundrechtsrelevanz** einer derartigen Listung ist offenkundig und erfordert daher eine Wahrung der **Verteidigungsrechte** auf beiden Ebenen.[48] Allerdings muss eine erstmalige Maßnahme zum Einfrieren von Geldern zur Wahrung ihres Überraschungseffekts vor ihrer Umsetzung nicht angekündigt werden,[49] so dass die Mitteilung der zur Last gelegten Umstände und die Anhörung des Betroffenen erst mit dem Beschluss oder danach erfolgen kann, dann jedoch so früh wie möglich erfolgen muss.[50] Bei der Wahrung der Verteidigungsrechte können auf nationaler Ebene Beschränkungen aus Gründen der öffentlichen Ordnung und Sicherheit sowie der Aufrechterhaltung der inter-

---

[43] Vgl. im Einzelnen oben Rn. 6.
[44] Kurzbeschreibung des Verfahrens in EuG, Urt. v. 12. 12. 2006, Rs. T–228/02 (Organisation des Modjahedines du peuple d'Iran/Rat), Slg. 2006, II–4665, Rn. 117.
[45] Rahmenbeschluss 2002/475/JI des Rates vom 13. 6. 2002 (gestützt auf Art. 29, 31 Buchst. e, 34 Abs. 2 Buchst. b EUV a. F.) zur Terrorismusbekämpfung, ABl. 2002, L 164/3.
[46] Art. 2 Abs. 3 der VO (EG) Nr. 2580/2001.
[47] *Ohler*, in: Streinz, EUV/AEUV, Art. 75, Rn. 8.
[48] EuG, Urt. v. 12. 12. 2006, Rs. T–228/02 (Organisation des Modjahedines du peuple d'Iran/Rat), Slg. 2006, II–4665, Rn. 119 ff.
[49] EuG, Urt. v. 12. 12. 2006, Rs. T–228/02 (Organisation des Modjahedines du peuple d'Iran/Rat), Slg. 2006, II–4665, Rn. 128.
[50] EuG, Urt. v. 12. 12. 2006, Rs. T–228/02 (Organisation des Modjahedines du peuple d'Iran/Rat), Slg. 2006, II–4665, Rn. 129.

nationalen Beziehungen gerechtfertigt sein.[51] Auf Unionsebene, auf der im Verfahren zum Einfrieren von Geldern die Wahrung der Verteidigungsrechte nach der Rechtsprechung des EuG einen »relativ eingeschränkten Gegenstand hat«,[52] ist demzufolge (im Falle des Beschlusses einer zuständigen mitgliedstaatlichen Behörde) eine Äußerung des Betroffenen zur Zweckmäßigkeit und Begründetheit des Beschlusses »normalerweise« nicht mehr erforderlich, »da diese Fragen nur vor der fraglichen Behörde oder vor dem vom Betroffenen angerufenen zuständigen nationalen Gericht bereits erörtert werden können.«[53] Die Einschränkung auf den »Normalfall« ist sinnvoll, wenn als solcher nur derjenige angesehen wird, in dem die unionsrechtlich gebotenen rechtsstaatlichen und grundrechtlichen Standards (Art. 2 Satz 2 EUV) im nationalen Verfahren gewahrt wurden. Ist dies jedoch nicht der Fall, ist eine zusätzliche Prüfung angezeigt.[54] Dem Rat von einem Mitgliedstaat übermittelte Informationen und Beweisumstände, die der zuständigen nationalen Behörde nicht zur Prüfung vorgelegen haben, werden vom EuG zu Recht als neue zur Last gelegte Umstände angesehen, die grundsätzlich eine Anhörung auf Unionsebene erfordern.[55]

Unabhängig von diesem zweistufigen Verfahren (Mitgliedstaat/Union) können auch **14** Personen, Vereinigungen und Körperschaften, die vom **Sicherheitsrat der Vereinten Nationen** »als mit dem Terrorismus in Verbindung stehend« bezeichnet worden sind oder gegen die er Sanktionen angeordnet hat, in die Liste der EU aufgenommen werden (Art. 1 Abs. 4 des Gemeinsamen Standpunkts 2001/931/GASP).[56] Soweit in den Fällen der Listung durch den VN-Sicherheitsrat aber keine Anhörung erfolgt oder kein Rechtsschutz vorgesehen ist, erfordert die Umsetzung derartiger Beschlüsse des VN-Sicherheitsrates durch das zuständige Unionsorgan[57] zur Wahrung der Verteidigungsrechte der

---

[51] EuG, Urt. v. 12.12.2006, Rs. T–228/02 (Organisation des Modjahedines du peuple d´Iran/Rat), Slg. 2006, II–4665, Rn. 119.

[52] EuG, Urt. v. 12.12.2006, Rs. T–228/02 (Organisation des Modjahedines du peuple d´Iran/Rat), Slg. 2006, II–4665, Rn. 126.

[53] Im Einzelnen mit differenzierten Begründungen EuG, Urt. v. 12.12.2006, Rs. T–228/02 (Organisation des Modjahedines du peuple d´Iran/Rat), Slg. 2006, II–4665, Rn. 121 ff.

[54] Nachdrücklich *Ohler*, in: Streinz, EUV/AEUV, Art. 75 AEUV, Rn. 8 für die Fälle »offensichtlicher, schwerwiegender Mängel« des mitgliedstaatlichen Verfahrens, in denen er eine Rückverweisung der Angelegenheit an den betreffenden Mitgliedstaat für geboten hält.

[55] EuG, Urt. v. 12.12.2006, Rs. T–228/02 (Organisation des Modjahedines du peuple d´Iran/Rat), Slg. 2006, II–4665, Rn. 125.

[56] Zum Verfahren allgemein *Röben*, in: Grabitz/Hilf/Nettesheim, EU, Art. 75 AEUV (Mai 2014), Rn. 52; zur »gebotenen« »Beachtung der im Rahmen der Vereinten Nationen übernommenen Verpflichtungen« EuGH, Urt. v. 3.9.2008, verb. C–402/05 P u. C–415/08 (Kadi und Al Bakaraat/Rat), Slg. 2008, I–6351, Rn. 293 (allerdings ohne nähere Behandlung der Rechtsgrundlage der »übernommenen Verpflichtungen«). Speziell zur Umsetzung der VN-Sicherheitsresolution 1390 (2002) in den GS 2002/402 GASP des Rates vom 27.5.2002 – gestützt auf Art. 15 EUV- betreffend restriktive Maßnahmen gegen Mitglieder der Al-Qaida-Organisation und andere mit ihnen verbündeten Personen, Gruppen, Unternehmen und Einrichtungen (ABl. 2002, L 139/4), zuletzt geändert durch Beschluss 2011/487/GASP des Rates v. 1.8.2011 (ABl. 2011, L 199/73) sowie in die VO (EG) Nr. 881/2002 des Rates v. 27.5.2002 – gestützt auf Art. 60, 301, 308 EGV – über die Anwendung bestimmter spezifischer restriktiver Maßnahmen gegen bestimmte Personen und Organisationen, die mit Osama bin Laden dem Al-Qaida-Netzwerk und den Taliban in Verbindung stehen (…) (ABl. 2002, L 139/9), zuletzt geändert durch Art. 1 ÄndDVO (EU) 2015/167 der Kommission vom 3.2.2015 (ABl. 2015, L 28/40) ebd., Rn. 53 ff.: zum verwaltungsverfahrensrechtlichen Rechtsbehelf vor der Kommission nach VO (EG) Nr. 1286/2009 des Rates v. 22.12.2009 (ABl. 2009, L 346/42) *Röben* in: Grabitz/Hilf/Nettesheim, EU, Art. 75 AEUV (Mai 2014), Rn. 57 ff.

[57] Nach Art. 7 Abs. 1 VO (EG) Nr. 881/2002 ist die Kommission ermächtigt, die Liste des Anhang I auf der Grundlage der Entscheidungen des Sicherheitsrates der Vereinten Nationen oder des Sankti-

Betroffenen nach der Rechtsprechung des EuGH grundsätzlich deren Anhörung,[58] wobei die Mitteilung und Anhörung der betroffenen Person oder Organisation nicht vor der erstmaligen Listung erfolgen muss.[59] Kommt es jedoch nicht sobald wie möglich zu der entsprechenden Mitteilung der zur Last gelegten Umstände und zur Anhörung dazu, um den Adressaten die fristgemäße Wahrnehmung ihres Rechts auf gerichtlichen Rechtsschutz zu ermöglichen, stellt dies eine Verletzung dieses Grundrechts dar[60] (Art. 47 GRC); eine Verordnung, die allein oder in Verbindung mit anderen Rechtsakten eine derartige Mitteilungs- und Anhörungspflicht nicht vorsieht, steht im Widerspruch zum Primärrecht.[61]

15 Art. 6 Abs. 2 des Gemeinsamen Standpunkts 2001/931/GASP legt des Weiteren eine halbjährige **Überprüfungspflicht** fest, ob der Verbleib der Gelisteten auf der Liste noch gerechtfertigt ist. Im Falle eines Folgebeschlusses über das Einfrieren von Geldern erfordert die Wahrung der Verteidigungsrechte des Betroffenen die Mitteilung der Informationen und Akten, die nach Ansicht des Rates seinen Verbleib auf der Liste rechtfertigen.[62] Unabhängig von dem Gemeinsamen Standpunkt lässt sich eine grundsätzliche Überprüfungspflicht wegen der Grundrechtsrelevanz der Listung bereits primärrechtlich begründen.[63] Der Gemeinsame Standpunkt sieht auch dessen fortlaufende Überprüfung vor (Art. 6).

16 Zur Umsetzung des Gemeinsamen Standpunkts legt die **VO (EG) Nr. 2580/2001**[64] die Einzelheiten dessen operativer Verwirklichung detailliert fest: hierbei, insbesondere die Bestimmungen der Schlüsselbegriffe »**Gelder, andere finanzielle Vermögenswerte und wirtschaftliche Ressourcen**«,[65] des »Einfrierens«, der »Finanzdienstleistungen« und der

---

onsausschusses zu ändern oder zu ergänzen. Zur Vereinbarkeit dieser Delegation auch im Rahmen des Art. 75 Abs. 2 AEUV, der eine Umsetzung durch den Rat vorsieht, *Ohler*, in: Streinz, EUV/AEUV, Art. 75 AEUV, Rn. 11.

[58] EuGH, Urt. v. 3.9.2008, verb. Rs. C–402/02 P u. C–415/02 P (Kadi und Al Bakaraat/Rat), Slg. 2008, I–6351, Rn. 334.

[59] EuGH, Urt. v. 3.9.2008, verb. Rs. C–402/02 P u. C–415/02 P (Kadi und Al Bakaraat/Rat), Slg. 2008, I–6351, Rn. 336, 338.

[60] EuGH, Urt. v. 3.9.2008, verb. Rs. C–402/02 P u. Rs. 415/02 P (Kadi und Al Bakaarat/Rat), Slg. 208, I–6351, Rn. 348 ff.

[61] So im Falle der VO (EG) Nr. 881/2002 des Rates (ABl. 2002 L 139/9): EuGH, Urt. v. 3.9.2008, verb. Rs. C–402/12 P u. C–415/02 P (Kadi und Al Bakaraat/Rat), Slg. 2008, I–6351, Rn. 353.

[62] EuG, Urt. v. 12.12.206, Rs. T–228/02 (Organisation des Modjahedines du peuple d'Iran/Rat), Slg. 2006, II–4665, Rn. 126.

[63] *Ohler*, in: Streinz, EUV/AEUV, Art. 75 AEUV, Rn. 12.

[64] VO (EG) Nr. 2580/2001 des Rates v. 27.12.2001 (gestützt auf Art. 60, 301, 308 EGV) über spezifische, gegen bestimmte Personen und Organisationen gerichtete restriktive Maßnahmen zur Bekämpfung des Terrorismus, ABl. 2001, L 344/70; zuletzt geändert durch DVO (EU) 646/2013 der Kommission v. 4.7.2013, ABl. 2013, L 187/4.

[65] S. dazu auch die noch weiter detaillierten Definitionen von »Gelder« und »wirtschaftliche Ressourcen« in Art. 1 Nr. 1 und 2 VO (EG) 881/2002, ABl. 2002, L 139/9. »Gelder« wird danach definiert als »finanzielle Vermögenswerte oder wirtschaftliche Vorteile jeder Art einschließlich von – aber nicht beschränkt auf – Bargeld, Schecks, Geldforderungen, Wechsel, Geldanweisungen oder andere Zahlungsmittel, Guthaben bei Finanzinstituten oder anderen Einrichtungen, Guthaben auf Konten, Schulden und Schuldverschreibungen, öffentlich und privat gehandelte Wertpapiere und Schuldtitel einschließlich Aktien und Anteilen, Wertpapierzertifikate, Obligationen, Schuldscheine, Optionsscheine, Pfandbriefe, Derivate; Zinserträge, Dividenden oder andere Einkünfte oder Wertzuwächse aus Vermögenswerten; Kredite, Rechte auf Verrechnung, Bürgschaften, Vertragserfüllungsgarantien oder andere finanzielle Zusagen; Akkreditive, Konnossemente, Sicherungsübereignungen, Dokumente zur Verbriefung von Anteilen an Fondsvermögen oder anderen und jedes andere Finanzierungsinstrument für Ausfuhren.«

»Kontrolle über eine juristische Person, Vereinigung oder Körperschaft« (Art. 1 der Verordnung). Zwar kann die Verordnung als Sekundärrecht nicht den Inhalt des gleichlautenden Begriffs des Art. 75 Abs. 1 AEUV determinieren, bietet aber einen Überzeugungsanhalt für deren Verständnis. Zentral sind hierbei mehrere Elemente. Erstens zählt dazu die weite Fassung des »**Einfrierens**« als »die Verhinderung jeglicher Form von Bewegungen, Transfers, Veränderungen, Verwendung von Geldmitteln und Handel mit ihnen, die deren Volumen, Beträge, Belegenheit, Eigentum, Besitz, Eigenschaften oder Zweckbestimmung verändern oder andere Veränderungen bewirken, mit denen eine Nutzung der Mittel einschließlich der Vermögensverwaltung ermöglicht wird« (Art. 1 Nr. 2);[66] damit ist jede derartige (innerstaatliche, innerunionale oder drittstaatauswärtige) Transaktion Dritter mit einem Gelisteten untersagt (Art. 75 AEUV **rechtfertigt** die Einschränkung von Art. 63 AEUV).[67] Zweitens zählen dazu die Anordnung des Einfrierens (**Einfrierungsgebot**) der betroffenen Vermögenswerte und wirtschaftlichen Ressourcen, die einer gelisteten[68] natürlichen oder juristischen Person, Vereinigung oder Körperschaft »gehören oder in deren Eigentum stehen oder von ihr verwahrt werden« (Art. 2 Abs. 1 Buchst. a), das (von Art. 75 AEUV nicht ausdrücklich aufgeführte, aber teleologisch umfasste) **Bereitstellungsverbot** derartiger Werte zugunsten eines Gelisteten (Art. 2 Abs. 1 Buchst. b) sowie das (gleichfalls von Art. 75 AEUV umfasste) **Verbot der Erbringung von Finanzdienstleistungen** an diesen (Art. 2 Abs. 2). Drittes Zentralelement ist die Aufgabe des Rates zur einstimmigen **Erstellung**, **Überprüfung** und **Änderung der Liste** (Art. 2 Abs. 3).[69] Das Einfrierungsgebot und die Bereitstellungs- und Finanzdienstleistungsverbote richten sich an eine unbestimmte Vielzahl von Adressaten,[70] insbesondere an die Erbringer von Finanzdienstleistungen im Sinne des Art. 1 Abs. 3 der Verordnung. Die weiteren Bestimmungen enthalten, u. a., ein Umgehungsverbot, die Nichtanwendung des Bankgeheimnisses und Regeln über Ausnahmegenehmigungen.

II. Einzelmaßnahmen (Art. 75 Abs. 2 AEUV)

Zur Umsetzung des nach Art. 75 Abs. 1 AEUV erlassenen Rahmens kann es sodann zu **operativen einzelnen Maßnahmen** der Union kommen. Als eine derartige Maßnahme ist insbesondere die Listung einer Person, Vereinigung oder Körperschaft mit den dadurch ausgelösten Rechtsfolgen (Einfrierungsgebot, Bereitstellungsverbot, Verbot der Erbringung von Finanzdienstleistungen) anzusehen. Tatsächlich erfolgt diese derzeit auf der Grundlage des Gemeinsamen Standpunktes 2001/931/GASP und der VO (EG) Nr. 2580/2001. Sieht man in dieser Listung indes schwerpunktmäßig eine Maßnahme der inneren Sicherheit,[71] ist als Rechtsgrundlage nach Erlass einer Rahmenverordnung

17

---

[66] S. dazu auch die Definitionen des »Einfrierens« in Art. 1 Nr. 3 und 4 VO (EG) Nr. 881/2002, ABl. 2002, L 139/9.
[67] *Röben*, in: Grabitz/Hilf/Nettesheim, EU, Art. 75 AEUV (Mai 2014), Rn. 25, *Harings*; in: GSH, Europäisches Unionsrecht, Art. 75 AEUV, Rn. 5.
[68] Zur Unterscheidung zwischen außerhalb und innerhalb der Union ansässigen oder terroristisch tätigen Gelisteten hinsichtlich des Sanktionsregimes der VO (EG) Nr. 2580/2001; vgl. *Herrnfeld*, in: Schwarze, EU-Kommentar, Art. 75 AEUV, Rn. 4. Art. 75 AEUV erfordert eine derartige Differenzierung nicht; ebd., Rn. 9.
[69] Jüngste Aktualisierung der Liste: Beschluss 2014/72/GASP des Rates v. 10. 2. 2014, ABl. 2014, L 40/56.
[70] *Ohler*, in: Streinz, EUV/AEUV, Art. 75 AEUV, Rn. 6.
[71] S. oben Rn. 11.

gemäß Art. 75 Abs. 1 Satz 2 AEUV das Verfahren nach Art. 75 Abs. 2 AEUV einschlägig. Dies beinhaltet den Erlass entsprechender Verwaltungsmaßnahmen des Rates auf Vorschlag der Kommission (Art. 75 Abs. 2 AEUV), der mit qualifizierter Mehrheit erfolgen kann (Art. 16 Abs. 3 EUV). Dies weicht vom Einstimmigkeitsprinzip in Art. 3 Abs. 2 VO (EG) Nr. 2580/201 und Art. 31 Abs. 1 EUV ab. **Instrumentell** steht ihm das gesamte Spektrum der rechtsverbindlichen Handlungsformen des Art. 288 AEUV zur Verfügung.[72] Soweit er dabei Rechtsakte erlässt, handelt es sich mangels Mitwirkung des Europäischen Parlaments nicht um Gesetzgebungsakte (Art. 289 Abs. 3 AEUV). Eine Ermächtigung der Kommission durch den Rat zur Umsetzung von Listungs-Beschlüssen des VN-Sicherheitsrates in das Unionsrecht, wie in Art. 7 VO (EG) Nr. 881/2001 vorgesehen, ist primärrechtlich nicht ausgeschlossen.[73] Zuständigkeit und Verfahren zum Abschluss internationaler Verträge richten sich nach Art. 216, 218 AEUV, die Zusammenarbeit mit den Vereinten Nationen nach Art. 220 AEUV.[74] Die Einbettung einer Art. 75 AEUV zuzuordnenden Maßnahme in den Bereich der nach Art. 23f. EUV verfolgten Politik (GASP) beseitigt nicht die Einschlägigkeit der Zuständigkeit nach Art. 75 AEUV.[75]

D. Rechtsschutz (Art. 75 Abs. 3 AEUV)

18 Art. 75 Abs. 3 AEUV schreibt ausdrücklich vor, dass in den Rechtsakten, die nach Art. 75 AEUV erlassen werden (das gilt für Abs. 1 und 2 gleichermaßen), »die erforderlichen Bestimmungen« über den Rechtsschutz enthalten sein müssen. Diese Anordnung ist für die vom Rat verhängten Verwaltungsmaßnahmen gegen Einzelpersonen rechtsstaatlich geboten,[76] in ihrer unionsrechtlichen Substanz allerdings deklaratorisch.[77] Denn der Rechtsschutz ist bereits primärrechtlich durch **Art. 263 Abs. 4 AEUV** gewährleistet. Danach kann jede natürliche oder juristische Person beim Gerichtshof der Europäischen Union unter den Bedingungen von Art. 263 Abs. 1 und 2 AEUV Klage erheben gegen die an sie gerichteten oder sie unmittelbar und individuell betreffenden Handlungen sowie gegen Rechtsakte mit Verordnungscharakter, die sie unmittelbar betreffen und keine Durchführungsmaßnahmen nach sich ziehen. Dies ist bei der Aufführung von Personen auf Sanktionslisten der Fall.[78] Inhaltlich geht es hierbei nament-

---

[72] *Harings*, in: GSH, Europäisches Unionsrecht, Art. 75 AEUV, Rn. 19; a. A. *Röben*, in: Grabitz/Hilf/Nettesheim, EU, Art. 75 AEUV (Mai 2014), Rn. 38: nur Verordnung und Beschluss.

[73] *Ohler*, in: Streinz, EUV/AEUV, Art. 75 AEUV, Rn. 11.

[74] *Röben*, in: Grabitz/Hilf/Nettesheim, EU, Art. 75 AEUV (Mai 2014), Rn. 18; zur Begründung der Außenkompetenz für Verträge mit Drittstaaten zur Bekämpfung der Finanzierung des internationalen Terrorismus *Harings*, in: GSH, Europäisches Unionsrecht, Art. 75 AEUV, Rn. 3.

[75] *Röben*, in: Grabitz/Hilf/Nettesheim, EU, Art. 75 AEUV (Mai 2014), Rn. 20.

[76] *Kotzur*, in: Geiger/Khan/Kotzur, EUV/AEUV, Art. 75 AEUV, Rn. 5: »hohe Grundrechtsrelevanz«; s. auch Erklärung Nr. 25 (zur Schlussakte) zu den Artikeln 61h und 188k des Vertrages über die Arbeitsweise der Europäischen Union, ABl. 2007, C 306/231; ähnlich *Hoppe*, in: Lenz/Borchardt, EU-Verträge, Art. 75 AEUV, Rn. 5; zu Formulierungsmöglichkeiten der Bestimmungen *Khan/Eisenhut*, in: Vedder/Heintschel v. Heinegg, Europäisches Unionsrecht, Art. 75 AEUV, Rn. 8; zur unterschiedlichen judikativen Kontrolldichte (Tatbestandsvoraussetzungen des Art. 75 Abs. 1 AEUV; Rechtsfolgenseite) *Harings*, in: GSH, Europäisches Unionsrecht, Art. 75 AEUV, Rn. 24.

[77] *Ohler*, in: Streinz, EUV/AEUV, Art. 75 AEUV, Rn. 25; *Harings*, in: GSH, Europäisches Unionsrecht, Art. 75 AEUV, Rn. 25 entnimmt Art. 75 Abs. 3 eine Hinweispflicht des europäischen Gesetzgebers auf die Rechtsschutzmöglichkeiten gegenüber dem/den Betroffenen.

[78] *Ohler*, in: Streinz, EUV/AEUV, Art. 75 AEUV, Rn. 25.

lich zum einen um die Einhaltung der **Verfahrensregeln** und insbesondere den Schutz der **Verteidigungsrechte**, namentlich des Anspruchs auf rechtliches Gehör, dessen Nichtbeachtung vor der Listung eine ungerechtfertigte Beschränkung des Eigentumsrechts darstellen kann,[79] und des Rechts auf effektive gerichtliche Kontrolle (Art. 47 GRC), dessen fristgemäße Wahrnehmung die baldmöglichste Mitteilung der Listungsbegründung erfordert.[80] Zum anderen hat die mit der Listung und dem Einfrierungsgebot verbundene **Einschränkung der Eigentumsgarantie** (Art. 17 GRC) den Voraussetzungen des Art. 52 GRC zu genügen. Das Einfrierungsgebot ist eine Sicherungsmaßnahme, die die betreffende Person zwar nicht enteignet, aber diese in der Nutzung ihres Eigentums erheblich beeinträchtigt,[81] jedoch der von der Union anerkannten und dem Gemeinwohl dienenden Zielsetzung der Bekämpfung der Bedrohungen der Sicherheit dient und ein dazu erforderliches und nicht unverhältnismäßiges Mittel darstellt.[82] Die primärrechtlichen Standards des Unionsrechts für den Rechtsschutz gelten auch für die Umsetzung[83] einer **Resolution des Sicherheitsrats** der Vereinten Nationen in Unionsrecht.[84] Im Falle eines Schadens infolge qualifizierten Verstoßes einer unionsrechtlichen Maßnahme gegen Primärrecht ist die Union gemäß Art. 340 Abs. 2 AEUV ersatzpflichtig.[85] Beschlüsse des Rates über individualgerichtete restriktive Maßnahmen auf der Grundlage der Art. 23 ff. EUV (GASP) unterliegen gemäß **Art. 275 Abs. 2 AEUV** der Rechtmäßigkeitskontrolle durch den EuGH.

---

[79] So im Fall EuGH, Urt. v. 3.9.2008, Rs. C–402/05 P u. 415/05 P (Kadi und Al Bakaraat/Rat), Slg. 2008, I–6351, Rn. 367 ff., 370.

[80] So schon vor Inkrafttreten der GRC auf der Grundlage des Grundsatzes des effektiven gerichtlichen Rechtsschutzes als allgemeinem Grundsatz des Gemeinschaftsrechts EuGH, Urt. v. 3.9.2008, verb. Rs. C–402/05 P u. 415/02 P (Kadi und Al Bakaraat/Rat), Slg. 2008, I–6351, Rn. 335.

[81] So schon vor Inkrafttreten der GRC auf der Grundlage des Eigentumsrechts als allgemeinem Grundsatz des Gemeinschaftsrechts EuGH, Urt. v. 3.9.2008, verb. Rs. C–402/05 P u. 415/05 P (Kadi und Al Bakaraat/Rat), Slg. 2008, I–6351, Rn. 355, 358; s. auch schon EuG, Urt. v. 12.7.2006, Rs. T–253/02 (Ayadi), Slg. 2006, II–2139, Rn. 121.

[82] EuGH, Urt. v. 3.9.2008, verb. Rs. C–402/05 P u. C–415/05 P (Kadi und Al Bakaraat/Rat), Slg. 2008, I–6351, Rn. 363.

[83] S. dazu oben Rn. 14.

[84] EuGH, Urt. v. 3.9.2008, verb. Rs. C–402/05 P u. C–415/05 P (Kadi und Al Bakaraat/Rat), Slg. 2008, I–6351, Rn. 281 ff., 286 (zur Überprüfung des Umsetzungsaktes, nicht der internationalen Übereinkunft) und Rn. 305 ff.; bestätigt von EuGH, Urt. v. 18.7.2013, Rs. C–584/10 P, Rs. C–593/10 P u. C–595/10 P (Kadi II), ECLI:EU:C:2013:518, Rn. 66, 97 ff. mit detaillierten Ausführungen zum Umfang der Verteidigungsrechte und zum Recht auf effektiven gerichtlichen Rechtsschutz; s. auch *Ohler*, in: Streinz, EUV/AEUV, Art. 75 AEUV, Rn. 26; *Harings*, in: GSH, Europäisches Unionsrecht, Art. 75 AEUV, Rn. 22 f.; ausführlich zur erst genannten Entscheidung *Röben*, in: Grabitz/Hilf/Nettesheim, EU, Art. 75 AEUV (Mai 2014), Rn. 42 ff.

[85] *Röben*, in: Grabitz/Hilf/Nettesheim, EU, Art. 75 AEUV (Mai 2014), Rn. 47 hält die EU auch generell für Schäden aus Durchführungsmaßnahmen einer Verordnung durch nationale Behörden für ersatzpflichtig. Das ist in dieser Allgemeinheit abzulehnen.

Artikel 76 AEUV [Zuständigkeit für Rechtsakte]

Die in den Kapiteln 4 und 5 genannten Rechtsakte sowie die in Artikel 74 genannten Maßnahmen, mit denen die Verwaltungszusammenarbeit in den Bereichen der genannten Kapitel gewährleistet wird, werden wie folgt erlassen:
a) auf Vorschlag der Kommission oder
b) auf Initiative eines Viertels der Mitgliedstaaten.

Literaturübersicht

S. Art. 67 AEUV.

Inhaltsübersicht

	Rn.
A. Normzweck	1
B. Verfahrensbesonderheiten	2
C. Sachlicher Anwendungsbereich	5

A. Normzweck

1 Art. 76 AEUV, dessen Formulierung auf Art. III–264 VVE zurückgeht, enthält eine vom Grundsatz des Vorschlagsmonopols der Kommission für Gesetzgebungsakte der Union (Art. 17 Abs. 2 EUV) abweichende[1] **spezielle Regelung** für das **Initiativrecht** für **Rechtsakte** (im Sinne von Gesetzgebungsakten) der Union im Bereich der **strafjustiziellen und polizeilichen Zusammenarbeit** (Art. 82 ff., 87 ff. AEUV) und für Maßnahmen der **Verwaltungszusammenarbeit** in diesen Bereichen gemäß **Art. 74 AEUV**. Sie gibt den **Mitgliedstaaten** in diesem sachgegenständlich beschränkten Bereich neben der **Kommission** ein eigenes Recht zum Anschub eines europäischen Rechtsetzungsverfahrens, ist im Hinblick auf Gesetzgebungsakte ein Anwendungsfall des Art. 289 Abs. 4 AEUV und gibt einem Viertel der Mitgliedstaaten die Möglichkeit, die Abänderungshürde des Art. 293 Abs. 1 AEUV für Kommissionsvorschläge (Einstimmigkeit) mit einer eigenen Initiative zu unterlaufen. In Art. 76 Buchst. b AEUV hallt die Herkunft der europäischen Erfassung der betroffenen, besonders mit der mitgliedstaatlichen Souveränität verknüpften[2] Gegenstandsbereiche aus der intergouvernementalen dritten Säule der Europäischen Union von Maastricht nach.[3] Unabhängig vom Vorschlagenden (Buchst. a) oder Buchst. b) gilt für Entwürfe eines Gesetzgebungsaktes auf der Grundlage des Art. 76 AEUV die reduzierte Befassungsschwelle für begründete Stellungnahmen na-

---

[1] *Breitenmoser/Weyeneth*, in: GSH, Europäisches Unionsrecht, Art. 76 AEUV, Rn. 5; *Kotzur*, in: Geiger/Khan/Kotzur, EUV/AEUV, Art. 76 AEUV, Rn. 2; *Rossi*, in: Calliess/Ruffert, EUV/AEUV, Art. 76 AEUV, Rn. 2.

[2] *Breitenmoser/Weyeneth*, in: GSH, Europäisches Unionsrecht, Art. 76 AEUV, Rn. 6; *Weiß*, in: Streinz, EUV/AEUV, Art. 76 AEUV, Rn. 2.

[3] Zuvor Art. 34 Abs. 2 Satz 2 EUV a.F.; insoweit ein »Relikt« *Herrnfeld*, in: Schwarze, EU-Kommentar, Art. 76 AEUV, Rn. 1, das in der Praxis aber durchaus genutzt wird; vgl. insbesondere Richtlinie 2010/64/EU v. 20.10.2010 (gestützt auf Art. 82 Abs. 2 UAbs. 2 Buchst. b AEUV) über das Recht auf Dolmetschleistungen und Übersetzungen in Strafverfahren, ABl. 2010, L 280/1; zu weiteren Beispielen s. *Herrnfeld*, in: Schwarze, EU-Kommentar, Art. 76 AEUV, Rn. 5; zur Entwicklung seit Art. K.3 Abs. 2 EUV i. d. F. von Maastricht *Rossi*, in: Calliess/Ruffert, EUV/AEUV, Art. 76 AEUV, Rn. 2.

tionaler Parlamente nach Art. 7 Abs. 2 UAbs. 2 Satz 2 des **Protokolls (Nr. 2)** über die Anwendung der Grundsätze der Subsidiarität und Verhältnismäßigkeit.

B. Verfahrensbesonderheiten

Während im ordentlichen Gesetzgebungsverfahren Rechtsakte nach der allgemeinen Regel des Art. 289 Abs. 1 AEUV nur auf Vorschlag der Kommission angenommen werden können, eröffnet Art. 76 AEUV in seinem Anwendungsbereich daneben auch **einem Viertel** der Mitgliedstaaten (bei der derzeitigen Mitgliederzahl von 28 also 7) die Möglichkeit, ein Gesetzgebungsverfahren (zum erstmaligen Erlass oder zur Änderung) unabhängig von einer entsprechenden Initiative der Kommission in Gang zu setzen (z. B. im Rahmen von Eurojust gemäß Art. 85 Abs. 2 AEUV), auch wenn daraufhin ein Vorschlag von der Kommission erfolgt. Ein Vorrangverhältnis zwischen beiden Initiativformen besteht nicht.[4] Art. 76 Buchst. b AEUV trägt zum einen der Annahme Rechnung, dass Bedürfnisse einer effektiven Verwaltungszusammenarbeit auf Ebene der Mitgliedstaaten unmittelbar erkennbar werden können. Zum anderen schließt die Vorschrift aber doch aus, dass ein Rechtsetzungsverfahren allein von einem einzigen Mitgliedstaat initiiert werden kann, wie dies unter der Vorgängerregelung des Art. 34 Abs. 2 Satz 2 EUV a. F. möglich war. Dies verhindert, dass sich die Unionsorgane im Rahmen eines Rechtsetzungsverfahrens mit den Sonderinteressen eines einzelnen Mitgliedstaats beschäftigen müssen.[5] Schließlich besteht durch diese Möglichkeit die Chance, dass Mitgliedstaaten nicht eine Verstärkte Zusammenarbeit im Sinne des Art. 20 EUV i. V. m. Art. 326 ff. AEUV oder ein Zusammenwirken außerhalb der EU etablieren, welche die angesprochenen Bereiche des Raums der Freiheit, der Sicherheit und des Rechts (RFSR) betrifft.

2

Soweit ein **ordentliches Gesetzgebungsverfahren** nach **Art. 76 Buchst. b AEUV** eingeleitet wird, gilt für die qualifizierte Mehrheit im Rat die von Art. 16 Abs. 4 EUV abweichende Sondervorschrift des **Art. 238 Abs. 2 AEUV** (72 % der Mitglieder des Rates, sofern die von ihnen vertretenen Mitgliedstaaten zusammen mindestens 65 % der Unionsbevölkerung ausmachen). In den Fällen, in denen in Anwendung der Verträge nicht alle Mitglieder stimmberechtigt sind, gilt für die Entscheidungen, die im Rat mit qualifizierter Mehrheit getroffen werden können, das abgewandelte Mehrheitserfordernis des **Art. 238 Abs. 3 Buchst. b AEUV** von 72 % derjenigen Mitglieder des Rates, die die beteiligten Mitgliedstaaten vertreten, wobei die von ihnen vertretenen Mitgliedstaaten zusammen mindestens 65 % der Bevölkerung der beteiligten Mitgliedstaaten ausmachen müssen. Für Beschlüsse des Rates zur **Abänderung** einer Initiative nach Art. 76 Buchst. b AEUV ist nicht Art. 293 Abs. 1 AEUV (Einstimmigkeitserfordernis) anwendbar, sondern die allgemeine Regel des Art. 16 Abs. 3 EUV (qualifizierte Mehrheit).[6] Soweit eine Initiative nach Art. 76 Buchst. b AEUV einen Rechtsakt betrifft, der im ordentlichen Gesetzgebungsverfahren zu erlassen ist, finden die verfahrensrechtli-

3

---

[4] *Röben*, in: Grabitz/Hilf/Nettesheim, EU, Art. 76 AEUV (Mai 2014), Rn. 15.
[5] *Weiß*, in: Streinz, EUV/AEUV, Art. 76 AEUV, Rn. 3; *Kotzur*, in: Geiger/Khan/Kotzur, EUV/AEUV, Art. 76 AEUV, Rn. 2; *Rossi*, in; Calliess/Ruffert, EUV/AEUV, Art. 76 AEUV, Rn. 2b; *Herrnfeld*, in: Schwarze, EU-Kommentar, Art. 76 AEUV, Rn. 2; *Breitenmoser/Weyeneth*, in: GSH, Europäisches Unionsrecht, Art. 76 AEUV, Rn. 13.
[6] *Röben*, in: Grabitz/Hilf/Nettesheim, EU, Art. 76 AEUV (Mai 2014), Rn. 12.

chen Sonderbestimmungen des **Art. 293 Abs. 15 AEUV** Anwendung. Für die Vorlage des Entwurfs eines Gesetzgebungsakts durch eine Gruppe von Mitgliedstaaten (Fall des Art. 76 Buchst. b AEUV)gelten Art. 6 Abs. 2 und Art. 7 Abs. 1 UAbs. 1 sowie Abs. 2 UAbs. 2 **Protokoll (Nr. 2)** über die Anwendung der Grundsätze der Subsidiarität und der Verhältnismäßigkeit.

4   Wird ein ordentliches Gesetzgebungsverfahren nach **Art. 76 Buchst. a AEUV** eingeleitet, gilt **Art. 16 Abs. 4 EUV** und in den Fällen, in denen in Anwendung der Verträge nicht alle Mitglieder stimmberechtigt sind, für die Entscheidungen, die im Rat mit qualifizierter Mehrheit getroffen werden können, in Abweichung von Art. 16 Abs. 4 EUV **Art. 238 Abs. 3 Buchst. a AEUV**.

C. Sachlicher Anwendungsbereich

5   Art. 76 AEUV **begrenzt** den Anwendungsbereich der Erweiterung des Initiativrechts durch Buchst. b in sachgegenständlicher Hinsicht. Zum einen unterfallen ihm nur Rechtsakte in den Bereichen der **strafjustiziellen** und **polizeilichen Zusammenarbeit**, wie sie in den Art. 82 bis 89 AEUV geregelt ist. Zum anderen sind die in Art. 74 AEUV genannten Maßnahmen erfasst, die die **Verwaltungszusammenarbeit** in diesen Bereichen gewährleisten.[7]

---

[7] *Breitenmoser/Weyeneth*, in: GSH, Europäisches Unionsrecht, Art. 76 AEUV, Rn. 8; zu den seit 2010 bereits erfolgten Initiativen aus dem Kreis der Mitgliedstaaten ebd., Rn. 23 (Dolmetschleistungen und Übersetzungen in Strafverfahren; Europäische Ermittlungsanordnung in Strafsachen; Europäische Schutzanordnung).

Kapitel 2
Politik im Bereich Grenzkontrollen, Asyl und Einwanderung

Artikel 77   AEUV [Binnengrenzen, Außengrenzen und Visapolitik]

(1) Die Union entwickelt eine Politik, mit der
a) sichergestellt werden soll, dass Personen unabhängig von ihrer Staatsangehörigkeit beim Überschreiten der Binnengrenzen nicht kontrolliert werden;
b) die Personenkontrolle und die wirksame Überwachung des Grenzübertritts an den Außengrenzen sichergestellt werden soll;
c) schrittweise ein integriertes Grenzschutzsystem an den Außengrenzen eingeführt werden soll.

(2) Für die Zwecke des Absatzes 1 erlassen das Europäische Parlament und der Rat gemäß dem ordentlichen Gesetzgebungsverfahren Maßnahmen, die folgende Bereiche betreffen:
a) die gemeinsame Politik in Bezug auf Visa und andere kurzfristige Aufenthaltstitel;
b) die Kontrollen, denen Personen beim Überschreiten der Außengrenzen unterzogen werden;
c) die Voraussetzungen, unter denen sich Drittstaatsangehörige innerhalb der Union während eines kurzen Zeitraums frei bewegen können;
d) alle Maßnahmen, die für die schrittweise Einführung eines integrierten Grenzschutzsystems an den Außengrenzen erforderlich sind;
e) die Abschaffung der Kontrolle von Personen gleich welcher Staatsangehörigkeit beim Überschrei-ten der Binnengrenzen.

(3) Erscheint zur Erleichterung der Ausübung des in Artikel 20 Absatz 2 Buchstabe a genannten Rechts ein Tätigwerden der Union erforderlich, so kann der Rat gemäß einem besonderen Gesetzgebungsverfahren Bestimmungen betreffend Pässe, Personalausweise, Aufenthaltstitel oder diesen gleichgestellte Dokumente erlassen, sofern die Verträge hierfür anderweitig keine Befugnisse vorsehen. Der Rat beschließt einstimmig nach Anhörung des Europäischen Parlaments.

(4) Dieser Artikel berührt nicht die Zuständigkeit der Mitgliedstaaten für die geografische Festlegung ihrer Grenzen nach dem Völkerrecht.

Literaturübersicht

S. Art. 67 AEUV. Zusätzliche Literatur zu Art. 77 AEUV: *Guild/Carrera*, EU-Borders and their controls. Preventing unwanted movement of people in Europa?, CEPS Essay 6/14 (November 2013); *Hailbronner*, Visa Regulations and Third Country Nationals in EC-Law, CMLRev. 31 (1994), 987; *Heberlein*, Das Visa-Informationssystem (VIS) – ein neues Instrument der europäischen Visapolitik, BayVBl. 2009, 167; *Fischer-Lescano/Tohidipur*, Europäisches Grenzkontrollregime, ZaöRV 67 (2007), 1219; *Kelcher*, Das Europäische Visumrecht, 2012; *Lehnert*, Frontex und operative Maßnahmen an den europäischen Außengrenzen. Verwaltungskooperation – materiellrechtliche Grundlagen – institutionelle Kontrolle, 2014; *Meloni*, Visa Policy within the European Union Structure, 2006; *Müller-Graff*, Whose Responsibilities are Frontiers?, in: Anderson/Bort (eds.), The Frontiers of Europe, 1997, S. 2; *Nanz*, Visapolitik und Einwanderungspolitik der Europäischen Integration, in: Müller-Graff (Hrsg.), 1996, S. 63; *Peers/Guild/Tomkin*, EU Immigration and Asylum Law (Text and Commentary), Vol. 1: Visa and Borders, 2nd. ed., 2012; *Westphal/Brakemeier*, NVwZ 2010, 621.

Inhaltsübersicht   Rn.

A. Normzweck, Normaufbau und Normstellung im Gesamtsystem des Unionsrechts .   1
B. Stellung der Norm im Gesamtsystem des Unionsrechts   2
C. Programmnorm (Abs. 1)   4
D. Kompetenznormen (Abs. 2 und 3)   5
 I. Das Konzept der Sachbereiche (Abs. 2 Buchst. a – e und Abs. 3)   5
 II. Rechtsetzungsverfahren   7
  1. Grundsatz: ordentliches Gesetzgebungsverfahren (Abs. 2)   7
  2. Besonderes Gesetzgebungsverfahren (Abs. 3)   8
E. Die Kompetenzschranke der geographischen Grenzfestlegung (Abs. 4)   9
F. Die Kompetenznutzung: Grundzüge des Sekundärrechts   10
 I. Inhaltliche Vielgestaltigkeit 10
 II. Das Sekundärrecht der Einzelbereiche (Überblick)   11
  1. Das Recht der Visapolitik (Buchst. a) 11
   a) Visumspflicht und Visumerteilung 15
   b) Verfahren und Voraussetzungen der Visumerteilung 17
   c) Zusammenarbeit der mitgliedstaatlichen Visabehörden 19
  2. Das Recht der Außengrenzkontrollen (Buchst. b)   20
  3. Freizügigkeitsrecht von Drittstaatsangehörigen innerhalb der Union
   (Buchst. c) 24
  4. Integriertes Grenzkontrollsystem (Buchst. d)   26
  5. Kontrollfreiheit an den Binnengrenzen (Buchst. e)   29

A. Normzweck, Normaufbau und Normstellung im Gesamtsystem des Unionsrechts

1   Art. 77 AEUV, dessen Formulierung in den Absätzen 1, 2 und 4 auf Art. III–264 VVE zurückgeht, zielt (in Weiterentwicklung des Art. 62 EGV) als **Programm- und Kompetenznorm** auf die Gewährleistung eines allgemeinen **grenzkontrollfreien Binnenraums** der Union. Es ist ein bereits seit 1985 von der Europäischen Kommission für die Binnenmarktintegration und Gemeinschaftsbildung angestrebtes Vorhaben.[1] Die Norm strebt ein erlebbares, »materiell«[2] (physisch) **grenzbarrierefreies Unionsterritorium**, das mit der damit verbundenen Unterscheidung zwischen Binnenraum und Außenraum ein **identitätsstiftendes Potenzial** innerhalb der EU beinhaltet.[3] Es ist ein geographischer Raum, der an den Zutrittsstellen der Außengrenzen von auf die EU hinweisenden Schildern symbolisiert wird[4] (zum Begriff der Binnengrenzen und Außengrenzen unten

---

[1] Vgl. Kommission der Europäischen Gemeinschaften, Vollendung des Binnenmarkts: Weißbuch der Kommission an den Europäischen Rat, KOM(85) 310, Juni 1985, Ziff. 24 ff., 27 ff. Zur Entstehung *Pelkmans/Beuter*, Binnenmarktpolitik, Jahrbuch der Europäischen Integration 1985, S. 149 ff.; als Stellungnahme vgl. z. B. Wissenschaftlicher Beirat beim Bundesministerium für Wirtschaft, Stellungnahme zum Weißbuch der Kommission über den Binnenmarkt, 1986.

[2] So die Kennzeichnung der Grenzkontrollen als »materielle Schranken« im Weißbuch der Kommission an den Europäischen Rat, KOM(85) 310, Juni 1985 (Fn. 1), Ziff. 24.

[3] Zur Identitätsstiftung *Thym*, in: Grabitz/Hilf/Nettesheim, EU, Art. 77 AEUV (September 2010), Rn. 7 m. w. N.; ambivalent *Kotzur*, in: Geiger/Khan/Kotzur, EUV/AEUV, Art. 67 AEUV, Rn. 1; »Inklusions- und Exklusionslogik«; ähnlich *Graßhof*, in: Schwarze, EU-Kommentar, Art. 77 AEUV, Rn. 1 (»zentraler Bestandteil der Unionsidentität«); zum Integrationswert des RFSR für Bürger und Gesellschaft, Mitgliedstaaten und Union *Müller-Graff*, integration 2012, 100.

[4] *Kugelmann*, in: Schulze/Zuleeg, Europarecht, § 41, Rn. 133; zur Schildergestaltung Entscheidung 2004/581/EG des Rates vom 29. 4. 2004 (gestützt auf Art. 62 Nr. 2 Buchst. a EGV) zur Festlegung von Mindestangaben auf Schildern an Außengrenzübergängen, ABl. 2004, L 261/19.

Rn. 22, 29). Personen sollen, unabhängig von ihrer Staatsangehörigkeit, beim Überschreiten der Binnengrenzen nicht kontrolliert werden (»Schengen-Nucleus«). Die vollständig kontrollfreie Grenzüberquerung ist faktisch nur möglich, wenn sie jeden betrifft.[5] Der damit angestrebte Wegfall von Binnengrenzkontrollen erstreckt sich infolge des Wesens der Kontrolllosigkeit notwendigerweise auch auf Drittstaatsangehörige, macht damit aber den Zugang über die Außengrenzen der Mitgliedstaaten konsequenterweise zu einer Angelegenheit von gemeinsamem Interesse der Mitgliedstaaten und damit zu einem Unionsthema. Art. 77 AEUV ist zu diesem Zweck zugleich Programm- und Kompetenznorm für **flankierende** Maßnahmen zur Ermöglichung des grenzkontrollfreien Binnenraums speziell durch Maßnahmen zur **Kontrolle** des Grenzübertritts an den **Außengrenzen** der Mitgliedstaaten. Diese Maßnahmen sind mithin nicht nur Folge, sondern Voraussetzungen des Ziels des Art. 67 Abs. 2 Satz 1 AEUV.[6] Andernfalls würde der Zugang von Drittstaatsangehörigen zum Hoheitsgebiet eines (teilnehmenden) Mitgliedstaats, beispielsweise infolge dessen unzureichender Außengrenzkontrollen oder dessen vergleichsweise liberalerer Visapolitik, jenen den faktisch unkontrollierten Zugang zu allen anderen, am Raum der Freiheit, der Sicherheit und des Rechts (RSFR) teilnehmenden Mitgliedstaaten ermöglichen, auch wenn diese Mitgliedstaaten eine derartige Einreise in ihr Hoheitsgebiet nicht wünschen. Abs. 1 enthält das Zielprogramm des **Grenzkonzepts** der Union im Sinne einer Offenheit im Inneren und eines Kontrollregimes nach außen. Es ist **nicht unmittelbar anwendbar**. Abs. 2 und 3 beinhalten die inhaltlichen, prozeduralen und instrumentellen Kompetenzbestimmungen für Maßnahmen der Union. Abs. 4 enthält eine spezifische Beschränkung dieser Befugnisse im Hinblick auf die geografische Festlegung der mitgliedstaatlichen Grenzen nach dem Völkerrecht.

B. Stellung der Norm im Gesamtsystem des Unionsrechts

Art. 77 AEUV wirkt als **Teilnorm des RFSR** zugleich flankierend zugunsten des in Art. 3 Abs. 3 EUV i. V. m. Art. 26 Abs. 2 AEUV bereits seit dem Weißbuch der Kommission zur Vollendung des Binnenmarktes vom Juni 1985[7] und sodann in der Einheitlichen Europäischen Akte[8] postulierten Zieles eines **Binnenmarktraums ohne Binnengrenzen** für die Marktakteure.[9] Dieses koinzidierte mit dem außerhalb des Gemeinschaftsrechts stehenden **Schengener Abkommen** von fünf Mitgliedstaaten zum schrittweisen Abbau der Kontrollen an den gemeinsamen Grenzen[10] und war zugleich Antrieb der Entwicklung des sacheinschlägigen **Schengen-Besitzstandes** auf der Grundlage des Schengener

2

---

[5] *Hoppe*, in: Lenz/Borchardt, EU-Verträge, Art. 77 AEUV, Rn. 5.
[6] *Weiß*, in: Streinz, EUV/AEUV, Art. 77 AEUV, Rn. 8; *Kotzur*, in: Geiger/Khan/Kotzur, EUV/AEUV, Art. 77 AEUV, Rn. 1; *Stern/Tohidipur*, EnzEuR, Bd. 10, § 14, Rn. 25.
[7] Weißbuch der Kommission an den Europäischen Rat, KOM(85) 310, Juni 1985 (Fn. 1).
[8] Einheitliche Europäische Akte vom 17./28. 2.1986, in Kraft getreten am 1. 7.1987 (BGBl. 1986 II S. 1104); zum Inhalt z. B. *Ehlermann*, CMLRev. 24 (1987), 659; zur Entstehungsgeschichte z. B. *Glaesner*, EuR 1986, 119.
[9] *Müller-Graff*, Binnenmarktziel und Rechtsordnung, 1989.
[10] Übereinkommen von Schengen vom 14.6.1985 zwischen den Regierungen der Staaten der Benelux-Wirtschaftsunion, der Bundesrepublik Deutschland und der Französischen Republik betreffend den schrittweisen Abbau der Kontrollen an den gemeinsamen Grenzen; dazu *Taschner*, Schengen, 1997.

Durchführungsübereinkommens (SDÜ),[11] der schließlich durch den Reformvertrag von Amsterdam in den Rahmen der Europäischen Union als Teil des seitdem so genannten RFSR überführt wurde[12] (zur Gesamtentwicklung s. oben Art. 67 AEUV, Rn. 7). Zugleich fördert Art. 77 AEUV die **unionsbürgerliche Freizügigkeit** des Art. 21 AEUV (s. oben Art. 67 AEUV, Rn. 20).

3   Ungeachtet dieser flankierenden Funktion für Binnenmarkt und unionsbürgerliche Freizügigkeit ist Art. 77 AEUV Teil des Primärrechts zur Verwirklichung des operativen Hauptziels der Union, einen RFSR im Sinne von Art. 3 Abs. 2 EUV und Art. 67 AEUV zu gewährleisten. Der RSFR hat im Verhältnis zum Binnenmarktziel (Art. 3 Abs. 2 EUV und Art. 26 Abs. 2 AEUV) seit dem Reformvertrag von Lissabon auch primärrechtlich **konzeptionellen Selbststand**[13] (s. oben Art. 67 AEUV, Rn. 12 ff.), wiewohl er diesem auch weiterhin dient (s. oben Art. 67 AEUV, Rn. 19). Allerdings erfasst der Anwendungsbereich des Art. 77 AEUV, soweit es um die Entwicklung des RFSR geht, anders als das Primärrecht des Binnenmarkts nicht alle Mitgliedstaaten gleichermaßen, sondern bildet einen primärrechtlichen Fall einer **differenzierten Integration**. Das **Vereinigte Königreich**, **Irland** und **Dänemark** nehmen durch die im Einzelnen detaillierten Ausnahmeprotokolle Nr. 21 und 22 eine Sonderposition ein.[14] Diese Länder beteiligen sich nicht an der Annahme von Maßnahmen im Titel über den RFSR.[15] Jedoch können Britannien und Irland maßnahmebezogen einscheren, indem das betreffende Land innerhalb von drei Monaten nach der Vorlage eines Vorschlags oder einer Initiative beim Rat dessen Präsidenten schriftlich mitteilt, dass es sich an der Annahme und Anwendung der betreffenden Maßnahme beteiligen möchte,[16] wohingegen für Dänemark diese Regelung nur nach einer speziellen protokolländernden Mitteilung gilt.[17] Die Voraussetzungen für den Wegfall der Grenzkontrollen sind derzeit bei **Bulgarien, Kroatien, Rumänien** und **Zypern** noch nicht erfüllt (s. unten Rn. 22). Zur Teilnahme von **Island, Norwegen**, Liechtenstein und der **Schweiz** am Schengenraum s. oben Art. 67 AEUV, Rn. 30.

C. Programmnorm (Abs. 1)

4   Das im Rahmen des Art. 77 AEUV zu verwirklichende Teilprogramm zugunsten eines RFSR wird in Absatz 1 als **Daueraufgabe** der Union mit **drei** konzeptionell (und damit politisch)[18] aufeinander bezogenen **Hauptelementen** des angestrebten Grenzsystems

---

[11] Übereinkommen vom 19.6.1990 zur Durchführung des Übereinkommens von Schengen vom 14.6.1985 zwischen den Regierungen der Staaten der Benelux-Wirtschaftsunion, der Bundesrepublik Deutschland und der Französischen Republik betreffend den schrittweisen Abbau der Kontrollen an den gemeinsamen Grenzen, ABl. 2000, L 239/19; s. auch *Progin-Theuerkauf*, in: GSH, Europäisches Unionsrecht, Vorb. Art. 77–80 AEUV, Rn. 1.

[12] *Müller-Graff*, integration 1997, 271; *Hailbronner/Thiery*, EuR 1998, 583 (585 ff.); s. zur Gesamtentwicklung auch oben Art. 67 AEUV, Rn. 4 f.

[13] Zur Entwicklung des teleologischen Eigenstands s. oben Art. 67 AEUV, Rn. 12 ff., Rn. 14; zutreffend *Thym*, in: Grabitz/Hilf/Nettesheim, EU, Art. 77 AEUV (September 2010), Rn. 5: »konzeptionelle Entkoppelung vom Binnenmarkt«; s. auch *Monar*, integration 2008, 379, 380; *Hailbronner*, in: Hailbronner/Wilms, Recht der EU, Art. 61 EGV, Rn. 31; *Hoppe*, in: Lenz/Borchardt, EU-Verträge, Art. 77 AEUV, Rn. 3; *Progin-Theuerkauf*, in: GSH, Europäisches Unionsrecht, Art. 77 AEUV, Rn. 3.

[14] Vgl. dazu im Einzelnen oben Art. 67 AEUV, Rn. 22 ff.

[15] Art. 1 Protokoll 21, Art. 1 Protokoll 22.

[16] Art. 3 Protokoll 21.

[17] Art. 8 Protokoll 22 i. V. m. Art. 3 des Anhangs zu Protokoll 22.

[18] Der textlichen Neuerung, von einer »Politik« statt von »Maßnahmen« zu sprechen, will *Weiß*, in: Streinz, EUV/AEUV, Art. 7 AEUV, Rn. 4, ein »neues Selbstverständnis« entnehmen.

umschrieben und dadurch ein **Kohärenzgebot**[19] für die einzelnen Maßnahmen vorgegeben. Erstens geht es im Inneren der Union darum, sicherzustellen, dass Personen unabhängig von ihrer Staatsangehörigkeit beim Überschreiten der Binnengrenzen nicht kontrolliert werden (Buchst. a: **Kontrollfreiheit im Binnenraum**; s. auch schon Art. 67 Abs. 2 AEUV). Zweitens ist zu diesem Zweck die Personenkontrolle und wirksame Überwachung des Grenzübertritts an den Außengrenzen sicherzustellen (Buchst. b: **Zugangsüberwachung an den Außengrenzen**). Drittens soll hierzu – eine Neuerung des Reformvertrags von Lissabon -[20] ein integriertes Grenzschutzsystem an den Außengrenzen schrittweise eingeführt werden (Buchst. d: **Integriertes Grenzschutzsystem an den Außengrenzen**).[21] Dieses Programmziel wird in den Kompetenzbestimmungen der Absätze 2 und 3 in einzelne Sachbereiche aufgefächert.

D. Kompetenznormen (Abs. 2 und 3)

I. Das Konzept der Sachbereiche (Abs. 2 Buchst. 1 a – e und Abs. 2)

Art. 77 Abs. 2 AEUV entfaltet das Programmziel des Abs. 1 in fünf konzeptionell miteinander verbundene Sachbereiche, in denen die Union in **geteilter Zuständigkeit** (Art. 4 Abs. 2 Buchst. j AEUV i. V. m. Art. 2 Abs. 2 AEUV) unter Bindung an das Subsidiaritätsprinzip (Art. 5 Abs. 3 EUV)[22] tätig werden kann. Aus deren Reihung ist ersichtlich, dass das von Art. 77 Abs. 1 Buchst. a AEUV angepeilte Primärziel des **grenzkontrollfreien Personenverkehrs** in der Union als Voraussetzung dessen dauerhafter Gewährleistung die gemeinsame Reglementierung und verlässliche Kontrolle des Zugangs von Personen von außen (Drittstaaten) in die Mitgliedstaaten der Union hat.[23] Daher durchaus einleuchtend erscheint das Hauptziel der »Abschaffung der Kontrolle von Personen gleich welcher Staatsangehörigkeit beim Überschreiten der Binnengrenzen« (Buchst. e) in der Reihung der programmatisch vorgesehenen Maßnahmen als der fünfte Bereich von Unionsmaßnahmen nach vier Sachbereichen des den Wegfall der Binnengrenzkontrollen absichernden gemeinsamen Zugangsregimes. In funktionaler Sortierung von Zugangsüberwachung und Zugangsberechtigung geht es hierbei (unbeschadet der beiden Sonderbereiche der Art. 78, 79 AEUV und unbeschadet auch von Einreiseverweigerungen gegenüber bestimmten Einzelpersonen im Rahmen der Art. 23 ff. EUV[24] und von einreiserelevanten Bestimmungen in Handels- und Assoziierungsabkommen[25]) um vier Teilelemente. Erstens ist ein System der Kontrolle von Personen (nicht nur Drittstaatsangehöriger) beim Überschreiten der (infolge der staat-

5

---

[19] Ebenso *Graßhof*, in: Schwarze, EU-Kommentar, Art. 77 AEUV, Rn. 2.
[20] *Weiß*, in Streinz, EUV/AEUV, Art. 77 AEUV, Rn. 4.
[21] S. unten Rn. 26.
[22] *Thym*, in: Grabitz/Hilf/Nettesheim, EU, Art. 77 AEUV (September 2010), Rn. 17, der allerdings die Mitgliedstaaten zu einer »einseitigen Gewährleistung der Grenzüberwachung« außerstande sieht.
[23] *Kotzur*, in: Geiger/Khan/Kotzur, EUV/AEUV, Art. 77 AEUV, Rn. 6.
[24] *Thym*, in: Grabitz/Hilf/Nettesheim, EU, Art. 77 AEUV (September 2010), Rn. 25.
[25] *Thym*, in: Grabitz/Hilf/Nettesheim, EU, Art. 77 AEUV (September 2010), Rn. 27 f. mit der Konsequenz des Anwendungsvorrangs unmittelbar anwendbarer Bestimmungen in völkerrechtlichen Abkommen der EU gegenüber davon abweichendem EU-(Zugangs-)Sekundärrecht.; zur Visumsfreiheit türkischer Staatsangehöriger, die Dienstleistungen erbringen, im Rahmen des 41. Zusatzprotokolls zum Assoziierungsabkommen EWG-Türkei v. 12.9.1963 s. EuGH, Urt. v. 19.2.2009, Rs. C-228/06 (Soysal und Savatli), Slg. 2009, I-1031, Rn. 43 ff., 62.

lichen Gebietshoheit unter der Kontrolle des jeweiligen Mitgliedstaats stehenden)[26] Außengrenzen (Buchst. b: **Außengrenzkontrollen**) einzurichten. Hierbei unterliegen zweitens die Zugangsmodalitäten für kurzfristige Aufenthalte von Nicht-Unionsbürgern einer »gemeinsame(n) Politik in Bezug auf Visa und andere kurzfristige Aufenthaltstitel« (Buchst. a: **gemeinsame Politik kurzfristiger Aufenthaltsgestattung**). Drittens sind Voraussetzungen festzulegen, »unter denen sich Drittstaatsangehörige innerhalb der Union während eines kurzen Zeitraums frei bewegen können« (Buchst. c: **kurzzeitige Freizügigkeit für aufenthaltsberechtigte Drittstaater**; dies ergibt sich nicht bereits von selbst aus dem Zugangsrecht in das Gebiet eines einzelnen Mitgliedstaats). Und viertens soll dies alles **im Schutzrahmen eines verlässlichen Grenzschutzsystems** erfolgen (Buchst. d.: »alle Maßnahmen, die für die schrittweise Einführung eines integrierten Grenzschutzsystems an den Außengrenzen erforderlich sind«). Die sachgegenständliche Zuständigkeit der Union umfasst auch die Regelung der zieldienlichen Verwaltungsverfahren.[27] In welchem Umfang die Union diese Kompetenzen nutzt, obliegt der politischen Gestaltungshoheit und Gestaltungsfähigkeit ihrer Organe.[28] Soweit die Voraussetzungen des Art. 3 Abs. 2 AEUV erfüllt sind, erlangt die Union eine ausschließliche Zuständigkeit für den Abschluss **internationaler Übereinkünfte** (Art. 216 AEUV i. V. m. Art. 2 Abs. 1 AEUV) im sachgegenständlichen Bereich[29] (unbeschadet der analogen Anwendung des Art. 351 AEUV auf bestehende Verträge der Mitgliedstaaten).

6 Speziell für den Bereich der **unionsbürgerschaftlichen Rechte** der Bewegungs- und Aufenthaltsfreiheit im Hoheitsgebiet der Mitgliedstaaten (Art. 20 Abs. 2 Buchst. a AEUV) erweitert Art. 77 Abs. 3 AEUV die Verbandskompetenz der Union in den **Dokumentenbereich** (Pässe, Aufenthaltstitel oder diesen gleichgestellte Dokumente«). Dies ist eine Abkehr von Art. 18 Abs. 3 EGV und lex specialis zu Art. 21 Abs. 2 AEUV,[30] um die Ausübung eines kurzfristigen Aufenthaltsrechts zu erleichtern, sofern hierfür ein Tätigwerden der Union erforderlich ist und das Unionsrecht anderweitig keine Befugnisse vorsieht.[31] Zu letzteren zählt Art. 77 Abs. 2 Buchst. b AEUV, der die Zuständigkeit für Regelungen der Verlässlichkeit der von den Mitgliedstaaten ausgestellten Pässen beinhaltet[32] (derzeit VO (EG) Nr. 2252/2004[33]; dazu unten Rn. 21). Die Schaffung dieser Unionszuständigkeit ist eine bemerkenswerte Novität des Reformvertrags von Lissabon.[34]

---

[26] *Thym*, in: Grabitz/Hilf/Nettesheim, EU, Art. 77 AEUV (September 2010), Rn. 8 m. w. N.; s. auch *Müller-Graff*, S. 11, S. 13 ff.
[27] *Thym*, in: Grabitz/Hilf/Nettesheim, Art. 77 AEUV (September 2010), Rn. 18 (»Annexbefugnis«).
[28] *Müller-Graff*, EuR-Beiheft 1/2009, S. 108 (S. 111 f.); *Thym*, in: Grabitz/Hilf/Nettesheim, EU, Art. 77 AEUV (September 2010), Rn. 16.
[29] *Thym*, in: Grabitz/Hilf/Nettesheim, EU, Art. 77 AEUV (September 2010), Rn. 19 und 26.
[30] *Weiß*, in: Streinz, EUV/AEUV, Art. 7 AEUV, Rn. 1, 40.
[31] In dieser Eingrenzung sieht *Kotzur*, in: Geiger/Khan/Kotzur, EUV/AEUV, Art. 77 AEUV, Rn. 13, einen Ausdruck des »Subsidiaritätsdenkens«.
[32] *Thym*, in: Grabitz/Hilf/Nettesheim, EU, Art. 77 AEUV (September 2010), Rn. 43.
[33] VO (EG) Nr. 2252/2004 vom 13. 12. 2004 über Normen für Sicherheitsmerkmale und biometrische Daten von den Mitgliedstaaten ausgestellten Pässen und Reisedokumente, ABl. 2004, L 385/1.
[34] Nach *Weiß*, in: Streinz, EUV/AEUV, Art. 7 AEUV, Rn. 1 die »gewichtigste Neuerung« neben der textlichen Ersetzung von Einzelmaßnahmen durch eine »gemeinsame Politik« der Union (scil.: hinsichtlich von Visa und anderen kurzfristigen Aufenthaltstiteln) und neben der Kompetenzklärung für ein integriertes Grenzschutzsystem an den Außengrenzen; s. auch *Progin-Theuerkauf*, in: GSH, Europäisches Unionsrecht, Art. 77 AEUV, Rn. 22 (»bedeutende Erweiterung der Kompetenzen der Union«).

II. Rechtsetzungsverfahren

1. Grundsatz: ordentliches Gesetzgebungsverfahren (Abs. 2)

Für die Wahrnehmung der Verbandskompetenzen von Art. 77 Abs. 2 AEUV gilt das **ordentliche Gesetzgebungsverfahren** (Art. 289 Abs. 1, 294 AEUV). Innerhalb dessen beschließt der Rat mit **qualifizierter Mehrheit** (Art. 16 Abs. 3 EUV). Die komplexen Verfahrensregeln der Vorgängernorm (Art. 67 EGV) sind überwunden.[35] Da Art. 77 Abs. 2 AEUV zum Erlass von »Maßnahmen« befugt, ist die Politik der Union instrumentell nicht auf bestimmte Tätigkeitsformen beschränkt. Vielmehr stehen bei der Ausübung der Befugnisse des Art. 77 Abs. 2 AEUV alle in Art. 288 AEUV genannten Handlungsformen und auch der Abschluss völkerrechtlicher Verträge zur Verfügung.[36] Gesetzgebungsakte können nach Art. 290 Abs. 1 AEUV die Kommission ermächtigen, Rechtsakte ohne Gesetzescharakter mit allgemeiner Geltung zur Ergänzung oder Änderung »nicht wesentlicher Vorschriften« des ermächtigenden Gesetzgebungsaktes zu erlassen (**delegierte Rechtsakte**[37]). Sie sind insbesondere für die technische Seite der Visa- und Grenzkontrollpolitik von Bedeutung.[38] Die Delegation wesentlicher Aspekte eines Bereichs ist jedoch ausgeschlossen (Art. 290 Abs. 2 AEUV).

7

2. Besonderes Gesetzgebungsverfahren (Abs. 3)

Für den Erlass von Bestimmungen im Rahmen der Erleichterung der unionsbürgerlichen Rechte nach Art. 77 Abs. 3 AEUV findet demgegenüber ein **besonderes Gesetzgebungsverfahren** im Sinne des Art. 289 Abs. 2 AEUV Anwendung. Hierbei beschließt der Rat **einstimmig** nach Anhörung des Europäischen Parlaments (Art. 77 Abs. 3 Satz 2 AEUV). Diese Besonderheit erklärt sich aus der Verbindung des Dokumentenbereichs mit dem einzelstaatlichen Ordnungsrecht.

8

E. Die Kompetenzschranke der geographischen Grenzfestlegung (Abs. 4)

Art. 77 Abs. 4 zieht den Unionskompetenzen die unionsrechtlich selbstverständliche Schranke, dass Art. 77 AEUV die Zuständigkeit der Mitgliedstaaten für die geographische Festlegung ihrer Grenzen nach dem Völkerrecht nicht berührt. Die Bestimmung ist **deklaratorisch**.[39] Sie lässt sich bereits aus Art. 4 Abs. 2, Art. 52 EUV und dem Gesamtkonzept der Union als eines gesellschaftsvertragsartigen Gemeinwesens[40] grundsätzlich

9

---

[35] *Kotzur*, in: Geiger/Khan/Kotzur, EUV/AEUV, Art. 77 AEUV, Rn. 11.
[36] *Rossi*, in: Calliess/Ruffert, EUV/AEUV, Art. 77 AEUV, Rn. 4.
[37] Art. 290 Abs. 3 AEUV.
[38] *Thym*, in: Grabitz/Hilf/Nettesheim, EU, Art. 77 AEUV (September 2010), Rn. 11; vgl. z.B. Art. 32f. VO (EG) Nr. 562/2006 vom 15.3.2006 über einen Gemeinschaftskodex für das Überschreiten der Grenzen durch Personen (Schengener Grenzkodex), ABl. 2006, L 105/1; Art. 50ff. VO (EG) Nr. 810/2009 vom 13.7.2009 über einen Visakodex der Gemeinschaft (Visakodex), ABl. 2009, L 243/1.
[39] *Kotzur*, in: Geiger/Khan/Kotzur, EUV/AEUV, Art. 77 AEUV, Rn. 14; *Petrus/Rosenau*, in: Vedder/Heintschel v. Heinegg, Europäisches Unionsrecht, Art. 77 AEUV, Rn. 18; *Progin-Theuerkauf*, in: GSH, Europäisches Unionsrecht, Art. 77 AEUV, Rn. 23.
[40] *Müller-Graff*, in: Dauses, Handbuch des EU-Wirtschaftsrecht, Abschnitt A.I., Juli 2012, Rn. 58ff.

souveräner Staaten ableiten, denen im Rahmen des Völkerrechts das originäre Selbstbestimmungsrecht ihrer geographischen Konfiguration zukommt.[41] Die Existenz des Art. 77 Abs. 4 AEUV erklärt sich aus der Sorge vor Auswirkungen des Schengen-Prozesses auf den britisch-spanischen Streit um den Status von Gibraltar.[42]

F. Die Kompetenznutzung: Grundzüge des Sekundärrechts

I. Inhaltliche Vielgestaltigkeit

10 Die Union/Gemeinschaft hat von den (nunmehr seit dem Reformvertrag von Lissabon) in Art. 77 AEUV aufgeführten Zuständigkeiten breitflächig Gebrauch gemacht.[43] Das Ergebnis ist ein inhaltlich vielgestaltiges Sekundärrecht, das zum Zweck der Ermöglichung eines unionsintern kontrollfreien Grenzübertritts von Personen die zahlreichen Regeln des Überschreitens der Außengrenzen der Mitgliedstaaten zu Drittstaaten konzeptionsgesteuert und in seinen Grundlinien schlüssig miteinander verbindet. Sie umfassen entsprechend dem Thementableau des Art. 77 Abs. 2 AEUV die Visapolitik, die Außengrenzkontrolle einschließlich eines integrierten Grenzschutzsystems an den Außengrenzen, die Freizügigkeit von Drittstaatsangehörigen innerhalb der Union und die Kontrollfreiheit an den Binnengrenzen der Union.

II. Das Sekundärrecht der Einzelbereiche (Überblick)

1. Das Recht der Visapolitik (Buchst. a)

11 Art. 77 Abs. 2 Buchst. a AEUV ermächtigt die Union zum Erlass von Maßnahmen im Bereich der gemeinsamen Politik in Bezug auf Visa und andere kurzfristige Aufenthaltstitel (geteilte Zuständigkeit: Art. 4 Abs. 2 Buchst. j AEUV) und überwindet damit die kleinteilige Auflistung der erfassten Einzelfragen in der Vorgängernorm (Art. 62 Nr. 2 Buchst. b EGV) zugunsten einer politisch kohärenten Konzeptermöglichung einschließlich des Quersupports für die Grenzsicherung und Zugangssteuerung.[44] Der **Zugang von Drittstaatsangehörigen** zum Hoheitsgebiet eines Mitgliedstaats bestimmt sich grundsätzlich nach dessen Regeln,[45] wobei (vorbehaltlich Art. 8 EMRK und unbeschadet Art. 7 GRC sowie des internationalen Flüchtlingsrechts zum Grundsatz der Nichtzurückweisung) grundsätzlich kein völkerrechtlich begründetes Einreiserecht besteht.[46]

---

[41] *Müller-Graff*, S. 11.
[42] *Thym*, in Grabitz/Hilf/Nettesheim, EU, Art. 77 AEUV (September 2010), Rn. 44.
[43] Zur Visumspolitik und Kontrollpolitik an den Außengrenzen zusammenfassend *Kugelmann*, in: Schulze/Zuleeg, Europarecht, § 41, Rn. 135–147; *Fischer*, Europarecht, S. 37 ff.
[44] *Weiß*, in: Streinz, EUV/AEUV, Art. 77 AEUV, Rn. 7 sieht in diesem Präzisierungs- und Auflistungsverzicht eine »geringfügige« Kompetenzausweitung; *Thym*, in: Grabitz/Hilf/Nettesheim, EU, Art. 77 AEUV (September 2010), Rn. 20 ff. sieht darin einen »ganzheitliche(n) Politikansatz für kurzfristige Aufenthaltstitel« mit Zuständigkeit für Flughafentransitvisa und mit weitem Beurteilungsspielraum in der Gewichtung der Kriterienselektion (Grenzüberwachung, strategische außenpolitische Erwägungen) sowie der Förderung einer wirksamen Grenzüberwachung; systematisch zum europäischen Visumrecht und seinen Auswirkungen auf das deutsche Ausländerrecht *Kelcher*, Europäisches Visumsrecht, 2012.
[45] *Thym*, in: Grabitz/Hilf/Nettesheim, EU, Art. 77 AEUV (September 2010), Rn. 8; *Müller-Graff*, S. 11, 14. S. auch im Rahmen der EMRK EGMR, Urt. v. 15.11.1996, Beschwerde-Nr. 22414/93 (Chahal/Vereinigtes Königreich) = NVwZ 1997, 1093, Rn. 73.
[46] *Thym*, in: Grabitz/Hilf/Nettesheim, EU, Art. 77 AEUV (September 2010), Rn. 8 unter Hinweis

Der Zugang erfordert je nach Rechtslage eine Zugangsgenehmigung (**Visum** = lat.: Sichtvermerk) oder ist genehmigungsfrei. Die Frage des **Visumerfordernisses** ist mittlerweile umfänglich durch sekundäres Unionsrecht geregelt. Außerhalb der hierfür maßgeblichen Normen (Rn. 12 ff.) ist der kleine Grenzverkehr mit Drittstaaten durch eine »**Grenzübertrittsgenehmigung für den kleinen Grenzverkehr**« gemäß den Regeln der VO (EG) Nr. 1931/2006[47] **visumsfrei** gestellt, um sicherzustellen, dass die Landesaußengrenzen von Mitgliedstaaten zu benachbarten Drittstaaten nicht den Handel, den sozialen und kulturellen Austausch oder die regionale Zusammenarbeit hemmen. Zum Recht der **Außengrenzkontrollen** und **Rechtsschutz** s. unten Rn. 20 ff.

Die Entscheidung über ein **Visumerfordernis** und gegebenenfalls über die Voraussetzungen der Erteilung eines Visums erfolgte ursprünglich allein nach den Regeln des jeweiligen Staates. Seit Beginn des Schengen-Prozesses (initiiert von einer Teilmenge von Mitgliedstaaten außerhalb der seinerzeitigen Europäischen Gemeinschaft[48]) hat die mit dem Ziel der Binnengrenzkontrollfreiheit zwangsläufig einhergehende[49] Europäisierung der Visapolitik und ihrer Regeln **schrittweise** über die Reformverträge von Maastricht,[50] Amsterdam[51] und Lissabon[52] den heutigen primärrechtlichen Unionsaquis erreicht und die partikulare mitgliedstaatliche Visapolitik für einen **kurzfristigen Aufenthalt** weitgehend durch die **Visapolitik der Union** abgelöst. Das Recht der längerfristigen Aufenthaltsberechtigungen (ebenso wie die auch nur kurzfristige Einreise zum Zweck der Erwerbstätigkeit)[53] unterfällt demgegenüber den Regeln über die Einwanderungspolitik (vgl. Art. 79 AEUV). Die **Abgrenzung** zwischen Kurzfristigkeit und Langfristigkeit wird von Art. 77 AEUV nicht zeitlich starr bestimmt, so dass die Festlegung der Höchstdauer der Kurzfristigkeit dem Sekundärrecht überlassen ist.[54] Allerdings wird sie im internationalen Verkehr üblicherweise als Drei-Monats-Zeitraum verstanden,[55] doch ist die EU auf diesen Usus nicht verpflichtet[56] (s. auch Art. 79 AEUV, Rn. 18). 12

Art. 10 Abs. 1 SDÜ hat einen über die gegenseitige Anerkennung nationaler Visa hinausgehenden **einheitlichen Sichtvermerk** mit dreimonatiger Gültigkeit für alle 13

---

auf die Ausnahme des Art. 8 EMRK (EGMR, Urt. v. 21.12.2000, Beschwerde-Nr. 31465/96 (Sen/Niederlande), InfAuslR 2002, 334, Rn. 37 ff., 42) und auf die stärkere Bindung der EMRK in Fragen der Abschiebung und des Asyls.

[47] VO (EG) Nr. 1931/2006 vom 20.12.2006 (gestützt auf Art. 62 Nr. 2 Buchst. a EGV) zur Festlegung von Vorschriften über den kleinen Grenzverkehr an den Landesaußengrenzen der Mitgliedstaaten sowie zur Änderung der Bestimmungen des Übereinkommens von Schengen, ABl. 2006, L 405/1, ber. ABl. 2007, L 29/3; zuletzt geändert durch VO (EU) Nr. 1342/2011, ABl. 2011, L 347/41).

[48] S. oben Rn. 2.

[49] S. oben Rn. 1.

[50] *Müller-Graff*, Die Europäische Zusammenarbeit in den Bereichen Justiz und Inneres, FS Everling, Band II, 1995, S. 925 ff.

[51] *Müller-Graff*, integration 1997, 271.

[52] *Müller-Graff*, EuR-Beiheft 1/2009, 105.

[53] Unabhängig von der Aufenthaltsdauer: vgl. *Thym*, in: Grabitz/Hilf/Nettesheim, EU, Art. 77 AEUV (September 2010), Rn. 24.

[54] *Weiß*, in: Streinz, EUV/AEUV, Art. 77 AEUV, Rn. 7.

[55] *Röben*, in: Grabitz/Hilf, EU, Art. 62 EGV (Mai 1999), Rn. 21; *Weiß*, in: Streinz, EUV/AEUV, Art. 77 AEUV, Rn. 7; *Rosenau/Petrus*, in: Vedder/Heintschel v. Heinegg, Europäisches Unionsrecht, Art. 77 AEUV, Rn. 12; *Thym*, in: Grabitz/Hilf/Nettesheim, EU, Art. 77 AEUV (September 2010), Rn. 24.

[56] Zutreffend *Weber*, ZAR 2008, 55 (56); *Thym*, in: Grabitz/Hilf/Nettesheim, EU, Art. 77 AEUV (September 2010), Rn. 24.

Schengen-Staaten eingeführt (**Schengenvisum**).[57] Die Voraussetzungen dessen Erteilung sind durch den Beschluss einer **Gemeinsamen Konsularischen Instruktion** (GKI) festgelegt.[58]

14 Zwar wird ein Visum weiterhin vom jeweiligen Mitgliedstaat ausgestellt, jedoch sind dessen Erfordernis, Voraussetzungen und Erteilungsverfahren unionsrechtlich geregelt. Der Sinn dieser Regelungen liegt darin, den an der Binnengrenzkontrolllosigkeit beteiligten Staaten die Gewissheit zu geben, dass die Erteilung eines Visums an einen Drittstaatsangehörigen durch einen anderen Staat nach einheitlichen Standards erfolgte.[59] Einschlägig sind insbesondere die Verordnungen zur Festlegung der **visumspflichtigen** und **von der Visumspflicht befreiten** Drittstaatsangehörigen (a; Rn. 15), zu den Verfahren und Voraussetzungen zur Visumserteilung (b; Rn. 17) und zur Zusammenarbeit der mitgliedstaatlichen Behörden (c; Rn. 19). **Vereinfachte Zugangsregeln** gelten für den **kleinen** Grenzverkehr an den Landesaußengrenzen der Mitgliedstaaten gemäß der VO (EG) Nr. 1931/2006[60] (s. oben Rn. 11).

15 a) **Visumspflicht und Visumsbefreiung** Das Zugangserfordernis eines Visums für Drittstaatsangehörige für Aufenthalte bis zu höchstens drei Monaten (**Visumspflicht**) ebenso wie die **Befreiung** von der Visumspflicht ist nach dem **Prinzip der Staatangehörigkeit** festgelegt von der (auf Art. 62 Nr. 2 Buchst. b Ziff. i EGV gestützten) **VO (EG) Nr. 539/2001**[61] »zur Aufstellung der **Liste der Drittländer**, deren Staatsangehörige beim

---

[57] ABl. 2000, L 239/19; Art. 10 aufgehoben und ersetzt durch Art. 2 Nr. 3, 56 Abs. 1 der VO (EG) Nr. 810/2009 des Europäischen Parlaments und des Rates v. v. 13.7.2009 über einen Visakodex der Gemeinschaft, ABl. 2009 L 243/1.

[58] Gemeinsame Konsularische Instruktion an die diplomatischen Missionen und die konsularischen Vertretungen, die von Berufskonsularbeamten geleitet werden (aufgeführt unter der Bezugsnummer SCH/COM-ex(99) 13 in Anhang A des Beschlusses 1999/435/EG des Rates vom 20.5.1999 -gestützt auf Art. 2 Abs. 1 UAbs. 2 S. 1 des Schengen-Protokolls- zur Bestimmung des Schengen-Besitzstands zwecks Festlegung der Rechtsgrundlagen für jede Bestimmung und jeden Beschluss, die diesen Besitzstand bilden, nach Maßgabe der einschlägigen Bestimmungen nach Maßgabe des Vertrags zur Gründung der Europäischen Gemeinschaft und des Vertrags über die Europäische Union (ABl. 1999, L 176/1 und veröffentlicht in ABl. 2000, L 239/317); mehrfach geändert auf der Grundlage der VO (EG) Nr. 789/2001 vom 24.4.2001 – gestützt auf Art. 62 Nr. 2 und 3 EGV- mit der dem Rat Durchführungsbefugnisse im Hinblick auf bestimmte detaillierte Vorschriften und praktische Verfahren zur Prüfung von Visumanträgen vorbehalten werden, ABl. 2001 L 116/2, und der VO (EG) Nr. 790/2001 vom 24.4.2001 – gestützt auf Art. 62 Nr. 2 Buchst. a und b EGV und Art. 67 EGV- zur Übertragung von Durchführungsbefugnissen an den Rat im Hinblick auf bestimmte detaillierte Vorschriften und praktische Verfahren für die Durchführung der Grenzkontrollen und die Überwachung der Grenzen, ABl. 2001, L 116/5; aufgehoben durch Art. 39 Abs. 2 Buchst. d VO (EG) Nr. 562/2006, ABl. 2006, L 105/1; GKI zuletzt geändert durch VO (EG) Nr. 390/2009 vom 23.4.2009 zur Änderung der Gemeinsamen Konsularischen Instruktion an die diplomatische Mission und die konsularischen Vertretungen, die von Berufskonsularbeamten geleitet werden, hinsichtlich der Aufnahme biometrischer Identifikatoren einschließlich Bestimmungen über die Organisation der Entgegennahme und Bearbeitung von Visumanträgen, ABl. 2009, L 131/1; dessen Art. 2 aufgehoben durch Art. 56 Abs. 2 Buchst. g VO (EG) Nr. 810/2009 vom 13.7.2009 über einen Visakodex der Gemeinschaft, ABl. 2009, L 243/1, ber. ABl. 2013, L 154/10.

[59] *Weiß*, in: Streinz, EUV/AEUV, Art. 77 AEUV, Rn. 8.

[60] VO (EG) Nr. 1931/2006 vom 20.12.2006 (gestützt auf Art. 62 Nr. 2 Buchst. a EGV) zur Festlegung von Vorschriften über den kleinen Grenzverkehr an den Landesaußengrenzen der Mitgliedstaaten sowie zur Änderung der Bestimmungen des Übereinkommens von Schengen, ABl. 2006, L 405/1; ber. ABl. 2007, L 29/3; zuletzt geändert durch VO (EU) 1342/2011, ABl. 2011, L 347/41.

[61] VO (EG) Nr. 539/2001 vom 15.3.2001 zur Aufstellung der Liste der Drittländer, deren Staatsangehörige beim Überschreiten der Außengrenzen im Besitz eines Visums sein müssen, sowie der Liste der Drittländer, deren Staatsangehörige von dieser Visumspflicht befreit sind, ABl. 2001, L 81/1, zuletzt geändert durch Art. 1 ÄndVO (EU) Nr. 509/2014, ABl. 2014, L 149/67.

Überschreiten der Außengrenzen im Besitz eines Visums sein müssen, sowie der Liste der Drittländer, deren Staatsangehörige von dieser Visumspflicht befreit sind«[62] (gilt nicht für Britannien und Irland). Sie beinhaltet eine (als Ergebnis politischer Entscheidungen in einem Bündel von Kriterien[63] festgelegte)abschließende Vereinheitlichung der visapflichtigen Drittstaatsangehörigen (Art. 1 Abs. 1 i. V. m. Anhang I: so genannte **Negativliste**) und der von der Visapflicht befreiten Drittstaatsangehörigen (Art. 1 Abs. 2 i. V. m. Anhang II: so genannte **Positivliste**). Von ihr dürfen die Mitgliedstaaten infolge des Anwendungsvorrangs der unmittelbar anwendbaren abschließenden Regelung, unbeschadet der in Art. 4 der VO (EG) Nr. 539/2001 enthaltenen engen Ausnahmen (u.a.: Inhaber von Diplomatenpässen, Dienstpässen; Amtspässen oder Sonderpässen; ziviles Flug- und Schiffspersonal; Schüler; u. a. m.), nicht abweichen.[64] Sie sind in ihrer Visapolitik lediglich gegenüber Angehörigen von Staaten frei, die von keiner der beiden Listen erfasst sind.[65]

Das Visum **berechtigt** nach Art. 2 der VO (EG) Nr. 539/2001 i. V. m. Art. 2 Nr. 2 Buchst. a der VO (EG) Nr. 810/2009 zur Durchreise durch das Hoheitsgebiet der Mitgliedstaaten oder zu einem geplanten Aufenthalt in diesem Gebiet von höchstens 90 Tagen je Zeitraum von 180 Tagen (zu Fragen der unionsinternen Freizügigkeit s. Art. 77 Abs. 2 Buchst. c AEUV). Das einheitliche Visum (s. oben Rn. 13) ist gemäß Art. 2 Nr. 3 VO (EG) Nr. 810/2009 ein für das gesamte Hoheitsgebiet der (teilnehmenden) Mitgliedstaaten gültiges Visum (im Unterschied zu einem Visum mit räumlich beschränkter Gültigkeit gemäß Art. 2 Nr. 4 VO (EG) Nr. 810/2009). Ein **Recht auf Erwerbstätigkeit** während des Aufenthalts wird **nicht** begründet.[66] Es kann von der Union für kurzfristige Aufenthalte (anders als bei längerfristigen Aufenthalten: Art. 79 Abs. 2 Buchst. b AEUV[67]) auch nicht sekundärrechtlich begründet werden; Art. 77 Abs. 2 Buchst. c AEUV bezieht sich nur auf die Bewegungsfreiheit.[68] Im Gegenteil können Mitgliedstaaten für die von der Visumspflicht befreiten Personen, die während ihres Aufenthalts einer Erwerbstätigkeit nachgehen, Ausnahmen von der Visumsbefreiung vorsehen.[69]

b) Verfahren und Voraussetzungen der Visumserteilung Soweit ein Drittstaatsangehöriger nach der VO (EG) Nr. 539/2001 visumspflichtig ist, legt die noch auf Art. 62 Nr. 2 Buchst. a und b Ziff. ii EGV gestützte **VO (EG) Nr. 810/2009 über einen Visakodex der Gemeinschaft**[70] in detaillierter Weise die **Verfahren und Voraussetzungen zur Erteilung von Visa** für die Durchreise durch das Hoheitsgebiet der Mitgliedstaaten oder für den geplanten Aufenthalt in diesem Gebiet von höchstens 90 Tagen je Zeitraum von 180

---

[62] VO (EG) Nr. 539/2001 vom 15. 3. 2001 zur Aufstellung der Liste der Drittländer, deren Staatsangehörige beim Überschreiten der Außengrenzen im Besitz eines Visums sein müssen, sowie der Liste der Drittländer, deren Staatsangehörige von dieser Visumspflicht befreit sind, ABl. 2001, L 81/1, zuletzt geändert durch Art. 1 ÄndVO (EU) Nr. 509/2014, ABl. 2014, L 149/67.
[63] Dazu *Rossi*, in: Calliess/Ruffert, EUV/AEUV, Art. 77 AEUV, Rn. 15.
[64] *Weiß*, in: Streinz, EUV/AEUV, Art. 77 AEUV, Rn. 10; a. A. noch *Bergmann*, in Lenz/Borchardt (Hrsg.), EU- und EG-Vertrag, 4. Aufl., 2006, Art. 62 EGV, Rn. 7.
[65] *Weiß*, in: Streinz, EUV/AEUV, Art. 77 AEUV, Rn. 10.
[66] *Rossi*, in: Calliess/Ruffert, EUV/AEUV, Art. 77 AEUV, Rn. 14.
[67] S. unten Art. 79 AEUV, Rn. 20.
[68] *Weiß*, in: Streinz, EUV/AEUV, Art. 77 AEUV, Rn. 11.
[69] Art. 4 Abs. 3 VO (EG) Nr. 539/2001.
[70] VO (EG) Nr. 810/2009 vom 13. 7. 2009 über einen Visakodex der Gemeinschaft (Visakodex), ABl. 2009, L 243/1, ber. ABl. 2013, L 154/10; dazu *Westphal/Brakemeier*, NVwZ 2010, 621; *Stern/Tohidipur*, EnzEuR, Bd. 10, § 14, Rn. 38 f.

Tagen fest.[71] Sie gilt nicht für Britannien und Irland.[72] Im Einzelnen enthält sie nach Allgemeinen Bestimmungen (darunter den **Definitionen** für »Visum«, »einheitliches Visum«, Visum mit räumlich beschränkter Gültigkeit«, »Visum für den Flughafentransit« und Vorschriften zum Visum für den Flughafentransit[73]) detaillierte Einzelvorschriften. Sie enthalten Regeln, u. a., zu den am Antragsverfahren beteiligten **Behörden** (Art. 4 bis 8, darunter Art. 5 mit detaillierter Bestimmung der für die Prüfung und Bescheidung eines Antrags auf ein einheitliches Visum zuständigen Mitgliedstaats -in der Reihenfolge Reiseziel, Hauptreiseziel, Außengrenzeneinreise- sowie für die Zuständigkeit beim Antrag auf ein einheitliches Visum zum Zweck der Durchreise oder auf ein Visum zum Flughafentransit); und zum **Antrag** (Art. 9 bis 17, darunter u. a. zu den Einreichungsmodalitäten, dem Antragsformular, dem Reisedokument, den biometrischen Identifikatoren, den Belegen, der Reisekrankenversicherung und der Visumsgebühr). Weitere Bestimmungen betreffen die **Prüfung** des Antrags, die **Entscheidung** über die **Visumerteilung** (Art. 18 bis 23; darunter u. a. zur Überprüfung der Zuständigkeit des Konsulats, der Zulässigkeit des Antrags, der Prüfung der Einreisevoraussetzungen und der Risikobewertung, der vorherigen Konsultation der zentralen Behörden anderer Mitgliedstaaten und der Entscheidung über den Antrag) und die Visumerteilung (Art. 24 bis 32, darunter u. a. zur Erteilung eines einheitlichen Visums, zur Erteilung eines Visums mit räumlich beschränkter Gültigkeit, zur Erteilung eines Visums für den Flughafentransit, zum Ausfüllen der Visummarke, zu den Rechten aufgrund eines erteilten Visums und zur Visumsverweigerung). Ferner finden sich Vorschriften zur **Änderung** eines bereits erteilten Visums (Art. 33 bis 34: Verlängerung, Annullierung, Aufhebung) und zu den an den **Außengrenzen** erteilten Visa (Art. 35 bis 36) sowie zu der Verwaltung und **Organisation** (Art. 37 bis 47, darunter u. a. zu der Organisation der Visumstellen, den Mitteln für die Antragsprüfung und für Kontrollen in den Konsulaten, dem Verhalten des Personals, den Formen der Zusammenarbeit, der Inanspruchnahme von Honorarkonsuln, der Verschlüsselung und sicheren Datenübermittlung und der Information der Öffentlichkeit). Weitere Regeln betreffen die Schengen-Zusammenarbeit vor Ort (Art. 48) und sonstige Fragen (Art. 49 bis 58).

18 Bereits durch die auf den seinerzeitigen Art. 100c Abs. 3 EGV gestützte **VO (EG) Nr. 1683/95**[74] wurde die im Schengen-Prozess entwickelte **einheitliche Visamarke** für die EU eingeführt.[75] Diese wurde zwecks Erfüllung entwickelter Sicherheitsanforderungen mittels zusätzlicher technischer Erfordernisse modernisiert durch die auf Art. 62 Abs. 2 Buchst. b Ziff. ii EGV gestützte **VO (EG) Nr. 333/2002** über die einheitliche Gestaltung des Formblatts für die Anbringung eines Visums, das die Mitgliedstaaten den Inhabern eines von dem betreffenden Mitgliedstaat nicht anerkannten Reisedokuments erteilen.[76]

---

[71] Unter Änderung oder Aufhebung früherer Rechtsakte: zu Änderungen vgl. Art. 54 und 55 VO (EG) 810/2009; zu Aufhebungen (darunter GM 96/197/JI, VO (EG) Nr. 789/2001, VO (EG) Nr. 1091/2001; VO (EG) Nr. 415/203) vgl. Art. 56 VO (EG) 810/2009. Zum Ausschluss einer Zeitraumverlängerung mittels unmittelbar aneinander anschließende einzelstaatliche Visa durch das einheitliche Visum *Weiß*, in: Streinz, EUV/AEUV, Art. 7 AEUV, Rn. 13.
[72] Präambelerwägungen 36 und 37.
[73] Zur Beseitigung der Kompetenzzweifel dieser Regelung nach früherem Recht durch Art. 77 AEUV *Weiß*, in: Streinz, EUV/AEUV, Art. 77 AEUV, Rn. 19.
[74] VO (EG) Nr. 1683/95 vom 29.5.1995 über eine einheitliche Visagestaltung, ABl. 1995, L 164/1.
[75] VO (EG) Nr. 1683/95 vom 29.5.1995 über eine einheitliche Visagestaltung, ABl. 1995, L 164/1.
[76] VO (EG) Nr. 333/2002 vom 18.2.2002 über die einheitliche Gestaltung des Formblatts für die Anbringung eines Visums, das die Mitgliedstaaten den Inhabern eines von dem betreffenden Mitgliedstaat nicht anerkannten Reisedokuments erteilen, ABl. 2002, L 53/4.

c) Zusammenarbeit der mitgliedstaatlichen Visabehörden Zum Zweck der **verwaltungstechnischen Absicherung der Umsetzung** der gemeinsamen Visumspolitik im Nebeneinander der mit der Visumerteilung befassten Mitgliedstaaten (namentlich zur Verbesserung der konsularischen Zusammenarbeit und der Konsultation zwischen zentralen Visumbehörden; zur Vereinfachung des Visaantragsverfahrens; sowie zur Erleichterung von Kontrollen an den Außengrenzübergangsstellen und innerhalb des Hoheitsgebiets der Mitgliedstaaten) und zum Zweck der **Vermeidung von unerwünschten Folgen** aus diesem Nebeneinander (namentlich »Visum-Shopping«) wurde mit der (auf Art. 66 EGV gestützten) Entscheidung 2004/512/EG[77] des Rates das Visa-Informationssystem (VIS) als System für den Austausch von Visa-Daten zwischen den Mitgliedstaaten geschaffen.[78] Dieses ist nunmehr im Hinblick auf Zweck, Funktionen und Zuständigkeiten durch die (auf Art. 62 Nr. 2 Buchst. b Ziff. ii EGV und Art. 66 EGV gestützte) **VO (EG) Nr. 767/2008** über das **Visa-Informationssystem (VIS)** und den Datenaustausch zwischen den Mitgliedstaaten über Visa für einen kurzfristigen Aufenthalt (**VIS-Verordnung**) detailliert geregelt[79] (und künftig auf Art. 77 Abs. 2 Buchst. a AEUV zu stützen).[80] Sie legt die Bedingungen und Verfahren für den Datenaustausch zwischen Mitgliedstaaten über Anträge auf Erteilung eines Visums für einen kurzfristigen Aufenthalt und für die diesbezüglichen Entscheidungen (einschließlich Annullierung, Aufhebung, Verlängerung) zu den in Art. 2 der VIS-Verordnung aufgelisteten Zwecken fest. Zur Ersetzung mitgliedstaatlicher Konsulate und deren transnationaler Zusammenarbeit oder Bündelung in einem Drittstaat durch ein **Konsulat der Union** ermächtigt Art. 77 Abs. 2 Buchst. a AEUV **nicht**.[81]

19

2. Das Recht der Außengrenzkontrollen (Buchst. b)

Art. 77 Abs. 2 Buchst. b AEUV ermächtigt die Union zum Erlass von Maßnahmen im Bereich der Kontrollen, denen Personen beim Überschreiten der Außengrenzen unterzogen werden (geteilte Zuständigkeit: Art. 4 Abs. 2 Buchst. j AEUV). Die Norm betrifft nur die Kontrollsicherung, nicht auch die unter Art. 77 Abs. 2 Buchst. a AEUV und Art. 79 AEUV fallenden materiellen Voraussetzungen der Einreise von Drittstaatsangehörigen.[82] Die verlässliche **Personenkontrolle** (Identität, Fortbewegungsmittel, mitgeführte Sachen)[83] **an den Außengrenzen** der Mitgliedstaaten (des von Art. 77 Abs. 2 Buchst. b AEUV gemeinten Schengenraums)[84] nach einem einheitlichen Standard ist

20

---

[77] Entscheidung 2004/512/EG vom 8. 6. 2004 zur Einrichtung des Visa-Informationssystems (VIS), ABl. 2004, L 213/5; dazu *Heberlein*, BayVBl. 2009, 167 ff.
[78] Entscheidung 2004/512/EG vom 8. 6. 2004 zur Einrichtung des Visa-Informationssystems (VIS), ABl. 2004, L 213/5; dazu *Heberlein*, BayVBl. 2009, 167 ff.
[79] VO (EG) Nr. 767/2008 vom 9. 7. 2008 über das Visa-Informationssystem (VIS) und den Datenaustausch zwischen den Mitgliedstaaten über Visa für einen kurzfristigen Aufenthalt (VIS-Verordnung), ABl. 2008, L 218/60; dazu *Stern/Tohidipur*, EnzEuR, Bd. 10, § 14, Rn. 39.
[80] *Thym*, in: Grabitz/Hilf/Nettesheim, EU, Art. 77 AEUV (September 2010), Rn. 22.
[81] *Thym*, in: Grabitz/Hilf/Nettesheim, EU, Art. 77 AEUV (September 2010), Rn. 23, der eine derartige Unionszuständigkeit auch im Rahmen des Europäischen Auswärtigen Dienstes (Art. 27 Abs. 3 EUV) wegen Art. 40 EUV zutreffend verneint.
[82] *Hoppe*, in: Lenz/Borchardt, EU-Verträge, Art. 77 AEUV, Rn. 7.
[83] Sekundärrechtlich aufgeführt von Art. 7 Abs. 1 und 2 VO (EG) Nr. 562/2006 vom 15. 3. 2006, ABl. 2006, L 105/1, zuletzt geändert durch Art. 1 ÄndVO (EU) Nr. 1051/2013 vom 22. 10. 2013, ABl. 2013, L 295/1.
[84] S. unten Rn. 22; *Thym*, in: Grabitz/Hilf/Nettesheim, EU, Art. 77 AEUV (September 2010), Rn. 29.

Voraussetzung für einen dauerhaften Raum ohne Binnengrenzkontrollen zwischen den Mitgliedstaaten der Union.[85] Die Kontrolle an den Außengrenzen (zur sekundärrechtlichen Definition der Außengrenzen s. unten Rn. 22) betrifft Drittstaatsangehörige und Unionsbürger gleichermaßen. So wenig beim Verzicht auf Binnengrenzkontrollen zwischen beiden Gruppen unterschieden werden kann, so wenig kann dies bei der Kontrolle des Zugangs zum Hoheitsgebiet eines Mitgliedstaats über dessen Außengrenzen geschehen. Allerdings kann sie wegen der unterschiedlichen unionsrechtlichen Freizügigkeitsposition von Drittstaatsangehörigen und Unionsbürgern (und ihrer Familienangehörigen) mit differenzierter Intensität ausgestaltet werden (namentlich Kontrollprogramm, getrennte Kontrollspuren).[86] Da die Wahrnehmung der Außengrenzkontrolle durch die Mitgliedstaaten erfolgt, bedarf es einheitlicher Standards und deren wirksamer Anwendung durch alle teilnehmenden Mitgliedstaaten (scil.: unter Achtung der Grundrechte der betroffenen Personen), damit sich jeder Mitgliedstaat auf den anderen verlassen kann. Damit wird jeder Mitgliedstaat mittels des im Rechtsetzungsverfahren der Union verbindlich festgelegten Unionsstandards zum **Hüter** der darin aufgenommenen **Interessen** aller anderen Mitgliedstaaten: einer für alle und alle für einen. **Unberührt** bleibt nach dem Protokoll (Nr. 23) über die Außenbeziehungen der Mitgliedstaaten hinsichtlich des Überschreitens der Außengrenzen die Zuständigkeit der Mitgliedstaaten für die Aushandlung und den Abschluss von Übereinkünften mit Drittländern, sofern sie mit dem Unionsrecht und anderen internationalen Übereinkünften im Einklang stehen.[87] Dadurch wird zwar die geteilte Zuständigkeit der Union nicht beeinträchtigt;[88] jedoch widerspräche es der Intention des Protokolls, wenn sie über Art. 3 Abs. 2 AEUV in eine ausschließliche Zuständigkeit mutieren könnte.[89] Sachverhaltlich betrifft Protokoll Nr. 23 vor allem den Grenzverkehr und die Kontrollkooperation mit Nachbarstaaten.[90] Zum **integrierten Grenzschutzsystem** (Art. 77 Abs. 2 Buchst. d AEUV) s. unten Rn. 26 ff.; zu weiteren Formen transnationaler Zusammenarbeit vgl. Art. 73 AEUV und Art. 74 AEUV.

21 Zwecks Schaffung eines einheitlichen Standards im Recht der Außengrenzkontrollen kam es bereits durch die auf Art. 62 Abs. 2 Buchst. a EGV gestützte **VO (EG) Nr. 2252/2004** zur Festlegung einheitlicher Normen für **Sicherheitsmerkmale** und **bio-**

---

[85] *Rosenau/Petrus*, in: Vedder/Heintschel v. Heinegg, Europäisches Unionsrecht, Art. 77 AEUV, Rn. 7; zum europäischen Grenzkontrollregime *Fischer-Lescano/Tohidipur*, ZaöRV 67 (2007), 1219 ff.; als Analyse der Kontrolltechnologien *Guild/Carrera*, S. 1 ff.
[86] Grundsätzlich unbedenklich daher die Differenzierung in Art. 7 Abs. 2 und 3 und Art. 9 der VO (EG) Nr. 562/2006, ABl. 2006, L 105/1, zuletzt geändert durch Art. 1 ÄndVO (EU) Nr. 1051/2013, ABl. 2013, L 295/1. Die Sonderposition einzelner Mitgliedstaaten im Schengenraum (s. oben Rn. 3 und Art. 67 AEUV, Rn. 18 ff.) ändert nichts daran, dass für deren Staatsangehörige das Gleichbehandlungsgebot mit den übrigen Unionsbürgern gemäß Art. 18 AEUV gilt.
[87] ABl. 2010, C 83/304; s. auch Erklärung Nr. 36 zu Art. 218 AEUV über die Aushandlung und den Abschluss internationaler Übereinkünfte betreffend den Raum der Freiheit, der Sicherheit und des Rechts durch die Mitgliedstaaten. Als politisch umstrittenes Beispiel vgl. das italienisch-libysche Abkommen über Freundschaft, Partnerschaft und Zusammenarbeit v. 30. 8. 2008; zu dessen Text vgl. Senat der Italienischen Republik, XVI. Legislaturperiode, Nr. 1333, S. 6 ff. (Parlamentarische Mitschriften).
[88] So zu Recht *Weiß*, in: Streinz, EUV/AEUV, Art. 77 AEUV, Rn. 25; s. auch *Röben*, in: Grabitz/Hilf/Nettesheim, EU, Art. 67 AEUV (Mai 2014), Rn. 39.
[89] Im Ergebnis ebenso *Weiß*, in: Streinz, EUV/AEUV, Art. 77 AEUV, Rn. 25; *Kotzur*, in: Geiger/Khan/Kotzur, EUV/AEUV, Art. 77 AEUV, Rn. 6; *Thym*, in: Grabitz/Hilf/Nettesheim, EU, Art. 77 AEUV (September 2010), Rn. 39.
[90] *Röben*, in: Grabitz/Hilf/Nettesheim, EU, Art. 67 AEUV (Mai 2014), Rn. 39.

metrische Daten in den von den Mitgliedstaaten ausgestellten Pässen und Reisedokumenten.[91] Die einheitlichen Standards für das **Überschreiten der Außengrenzen**, der **Einreisevoraussetzungen für Drittstaatsangehörige**, der **Grenzkontrollen** an den Außengrenzen und der **Einreiseverweigerung** sind (unter Aufhebung von Vorgängerbestimmungen, darunter der Art. 2 bis 8 SDÜ) durch die auf Art. 62 Nr. 1 und Nr. 2 Buchst. a EGV gestützte **VO (EG) Nr. 562/2006** über einen Gemeinschaftskodex für das Überschreiten der Grenzen durch Personen (**Schengener Grenzkodex**) festgelegt.[92]

Außengrenzen sind in Fortführung des Art. 1 SDÜ[93] nach Art. 2 Nr. 2 des Schengener Grenzkodex »die Landgrenzen der Mitgliedstaaten, einschließlich der Fluss- und Binnenseegrenzen, der Seegrenzen und der Flughäfen sowie der Flussschifffahrts-, See- und Binnenhäfen, soweit sie nicht Binnengrenzen sind«. Es handelt sich bei den Außengrenzen mithin um diejenigen Grenzen, die nicht gemeinsame Landgrenzen der Mitgliedstaaten (einschließlich der Fluss- und Binnenseegrenzen), der Flughäfen der Mitgliedstaaten für Binnenflüge und der See-, Flussschifffahrts- und Binnenseehäfen der Mitgliedstaaten für regelmäßige Fährverbindungen sind (Art. 2 Nr. 1). Die Außengrenzen dürfen nur an den vom jeweiligen Staat festgelegten **Grenzübergangsstellen** und während der **festgesetzten Verkehrsstunden** überschritten werden (Art. 4 Abs. 1) und zwar nach Maßgabe der einschlägigen Kontrollregeln (Art. 6 ff.). Hierbei sind Mitgliedstaaten diejenigen Vertragsstaaten des Schengensystems, für die dieses vollständig in Kraft gesetzt ist,[94] mithin nicht alle Mitgliedstaaten der EU,[95] jedoch vier assoziierte Staaten (Norwegen, Island, Schweiz, Liechtenstein). Als Nicht-Schengenstaaten führen die von Italien umschlossenen Mikrostaaten San Marino und Vatikanstaat keine Grenzkontrollen durch;[96] ebenso wenig das an Frankreich angrenzende Monaco (wegen der Seegrenze nicht unproblematisch); faktisch ist dies auch für das zwischen Spanien und Frankreich liegende Andorra der Regelfall. 22

Speziell für einen **Drittstaatsangehörigen** gelten beim Überschreiten der Außengrenzen mehrere unionsrechtliche, von Art. 5 aufgelistete **Einreisevoraussetzungen**, darunter namentlich der Besitz von Reisedokumenten, die ihn zum Überschreiten der Grenze berechtigen, und gegebenenfalls der Besitz eines gültigen Visums. Ferner muss er den Zweck und die Umstände des beabsichtigten Aufenthalts belegen und über ausreichende Mittel zur Bestreitung des Lebensunterhalts für die Dauer des beabsichtigten Aufenthalts und für die Rückreise in den Herkunftsstaat oder für die Durchreise in einen Drittstaat, in dem seine Zulassung gewährleistet ist, verfügen oder in der Lage sein, diese 23

---

[91] VO (Nr.) 2252/2004 vom 13. 12. 2004, ABl. 2004, L 385/1; zuletzt geändert durch Art. 1 ÄndVO (EG) Nr. 444/2009, ABl. 1999, L 142/1.
[92] VO (EG) Nr. 562/2006 vom 15. 3. 2006 über einen Gemeinschaftskodex für das Überschreiten der Grenzen durch Personen (Schengener Grenzkodex), ABl. 2006, L 105/1; zuletzt geändert durch VO (EU) Nr. 1051/2013, ABl. 2013, L 295/1; dazu *Stern/Tohidipur*, EnzEuR, Bd. 10, § 14, Rn. 31 ff.; *Progin-Theuerkauf*, in: GSH, Europäisches Unionsrecht, Art. 77 AEUV, Rn. 5 ff.
[93] »Land- und Seegrenzen sowie die Flug- und Seehäfen der Vertragsparteien, soweit sie nicht Binnengrenzen sind«
[94] *Weiß*, in: Streinz, EUV/AEUV, Art. 7 AEUV, Rn. 20. Zum (mehrstufigen) Inkraftsetzungsverfahren im Einzelnen vgl. *Schwob*, Die rechtlichen Grundlagen der Inkraftsetzung des Schengen-Besitzstandes am Beispiel von Bulgarien und Rumänien, Mai 2014 (https://www.tu-chemnitz.de/phil/europastudien/Publikationen/Download_aies/AIES_13_Schwob.pdf (2. 2. 2017)).
[95] Nicht dazu zählen auf Grund der Ausnahmeprotokolle Britannien und Irland, zu denen daher Außengrenzen bestehen, sowie die EU-Staaten, für die das Schengensystem noch nicht in Kraft gesetzt ist (derzeit Rumänien, Bulgarien, Kroatien, Zypern). Demgegenüber nimmt Dänemark ungeachtet seiner Sonderposition im RFSR am Schengenbestand der Binnengrenzkontrolllosigkeit teil.
[96] *Weiß*, in: Streinz, EUV/AEUV, Art. 77 AEUV, Rn. 20, Fn. 41.

Mittel rechtmäßig zu erwerben. Des Weiteren darf ein Drittstaatsangehöriger nicht im **Schengener Informationssystem (SIS II)**[97] zur Einreiseverweigerung ausgeschrieben sein und »keine Gefahr für die öffentliche Ordnung, die innere Sicherheit, die öffentliche Gesundheit oder die internationalen Beziehungen eines Mitgliedstaats darstellen« und »insbesondere nicht in den nationalen Datenbanken der Mitgliedstaaten zur Einreiseverweigerung aus denselben Gründen ausgeschrieben worden sein.« Der Schengener Grenzkodex enthält für das Regime an den Außengrenzen des Weiteren Regeln zur Durchführung der Grenzkontrollen, zur Grenzüberwachung und zur Einreiseverweigerung (Art. 6 bis 13), zu Personal und finanziellen Mitteln für Grenzkontrollen und zur Zusammenarbeit der Mitgliedstaaten (Art. 14 bis 16) sowie zu Sonderfragen (Art. 17 bis 18). Sind die Voraussetzungen zur Einreise nicht erfüllt, muss die **Einreise verweigert** werden, sofern nicht ein Ausnahmetatbestand des Art. 5 Abs. 4 einschlägig ist, wobei die Anwendung der Regeln zum Asylrecht oder internationalen Schutz oder zur Ausstellung von Visa für längerfristige Aufenthalte unberührt bleibt (Art. 13 Abs. 1). Sind die Einreisevoraussetzungen erfüllt, kann die Einreise gestattet werden, ohne dass allerdings ein Anspruch auf Einreise entsteht,[98] doch können zurückgewiesene Personen ein Rechtsmittel einlegen (Art. 13 Abs. 3).[99]

3. Freizügigkeit von Drittstaatsangehörigen innerhalb der Union (Buchst. c)

24   Art. 77 Abs. 2 Buchst. c AEUV ermächtigt die Union zum Erlass von Maßnahmen zu den Voraussetzungen, unter denen sich Drittstaatsangehörige innerhalb der Union während eines kurzen Zeitraums frei bewegen können (geteilte Zuständigkeit: Art. 4 Abs. 2 Buchst. j AEUV). Nicht erfasst ist davon (wegen Art. 79 Abs. 5 AEUV) der Beschäftigungszugang.[100] Wie in Art. 77 Abs. 2 Buchst. a AEUV ist die Höchstdauer der Kurzfristigkeit primärrechtlich nicht definiert, so dass die Union auch hier einen gewissen Gestaltungsspielraum im Umkreis der herkömmlichen Dreimonatsfrist hat.[101] Hintergrund dieser Ermächtigung ist der Umstand, dass das rechtmäßige Überschreiten der Außengrenzen eines Mitgliedstaats durch einen visumspflichtigen oder von der Visumspflicht befreiten Drittstaatsangehörigen (oder Staatenlosen) und dessen rechtmäßiger Aufenthalt in einem Mitgliedstaat diesem **noch kein Recht** zur grenzüberschreitenden

---

[97] VO (EG) Nr. 1987/2006 vom 20.12.2006, gestützt auf Art. 62 Nr. 2 Buchst. a, 63 Nr. 3 Buchst. b und 66 EGV, über die Einrichtung, den Betrieb und die Nutzung des Schengener Informationssystems der zweiten Generation (SIS II), ABl. 2006, L 411/78; zur »Migration« von SIS I+ zu SIS II: VO (EG) Nr. 1104/2008 vom 24.10.2008 (gestützt auf Art. 66 EGV), ABl. 2008, L 299/1, zuletzt geändert durch Art. 20 Abs. 1 ÄndVO (EU) Nr. 1273/2012, ABl. 2012, L 359/52; Beschluss des Rates 2008/839/JI des Rates vom 24.10.2008, ABl. 2008, L 299/43; zuletzt geändert durch Art. 20 Abs. 1 ÄndVO (EU) Nr. 1272/2012, ABl. 2012, L 359/21; zu Feingliederungen (N.SIS, C.SIS, SIRENE, INPOL: *Hoppe*, in: Lenz/Borchardt, EU-Verträge, Art. 77 AEUV, Rn. 8; *Frenz*, Handbuch Europarecht, Band 6, Rn. 2850 ff.; s. auch *Stern/Tohidipur*, EnzEuR, Bd. 10, § 14, Rn. 37; analytisch auch *Heussner*, Informationssysteme im Europäischen Verwaltungsverbund, 2007, S. 111 ff.

[98] *Weiß*, in: Streinz, EUV/AEUV, Art. 77 AEUV, Rn. 21.

[99] Ist dieses erfolgreich, sieht Art. 13 Abs. 3 einen Anspruch auf Berichtigung des ungültig gemachten Einreisestempels und anderer Streichungen oder Vermerke durch den Mitgliedstaat vor, der die Einreise verweigert hat. Art. 6b und 23 SDÜ und Art. 11 des Schengener Grenzkodex (VO (EG) Nr. 562/2006) verpflichten einen Mitgliedstaat nicht zu einer Ausweisungsentscheidung gegen einen illegal aufhältigen Drittstaatsangehörigen; so jedenfalls EuGH, Urt. v. 22.10.2009, Verb. Rs. C–261/08 und C–348/08 (Zurita García), Slg. 2009, I–10143, Rn. 66.

[100] *Thym*, in Grabitz/Hilf/Nettesheim, EU, Art. 77 AEUV (September 2010), Rn. 33.

[101] *Weiß*, in: Streinz, EUV/AEUV, Art. 77 AEUV (September 2010), Rn. 26.

Freizügigkeit zwischen den Mitgliedstaaten oder zum Aufenthalt in einem anderen Mitgliedstaat geben (sofern er nicht über ein Schengenvisum verfügt)[102]. Vielmehr ist hierfür grundsätzlich das Recht des einzelnen Mitgliedstaates maßgeblich.[103] Ein von der Kommission im Juli 2001 vorgelegter Richtlinienvorschlag, nach dem Drittstaatsangehörige während drei Monaten frei reisen können sollten, wenn sie im Besitz eines gültigen Reisedokuments und gegebenenfalls eines Visums oder eines Aufenthaltstitels sind,[104] ist zurückgezogen worden.[105]

Drittstaatsangehörige mit Schengenvisum (s. oben Rn. 13 f.) und sichtvermerksfreie 25 Drittstaatsangehörige genießen unter den Voraussetzungen und Bedingungen der Art. 19 ff. SDÜ[106] eine begrenzte **Reisefreiheit** innerhalb der Union. Sie haben, wenn sie Inhaber eines **einheitlichen** Sichtvermerks und rechtmäßig in das Hoheitsgebiet einer der Vertragsparteien eingereist sind, nach Art. 19 Abs. 1 SDÜ das Recht, sich während der Gültigkeitsdauer des Sichtvermerks und bei Erfüllung bestimmter Einreisevoraussetzungen (Art. 5 Abs. 1 Buchst. a, c, d und e) frei in dem Hoheitsgebiet aller Vertragsparteien bewegen. Dies vermittelt ein (begrenztes) Aufenthaltsrecht, nicht auch ein Beschäftigungsrecht,[107] und löst eine Meldepflicht bei den zuständigen Behörden des Staates aus, in dessen Hoheitsgebiet die Einreise erfolgt (Art. 22 SDÜ: nach Wahl jeder Vertragspartei bei Einreise oder binnen drei Arbeitstagen nach der Einreise). Darauf bezieht sich Art. 45 Abs. 2 GRC, ohne selbst zum Inhalt der Freizügigkeit und Aufenthaltsfreiheit beizutragen. **Sichtvermerksfreien Drittstaatsangehörigen** steht unter den Voraussetzungen des Art. 20 Abs. 1 SDÜ dasselbe Recht zu, höchstens jedoch drei Monate innerhalb einer Frist von sechs Monaten von dem Datum der ersten Einreise an,[108] doch kann ein Vertragsstaat in Ausnahmefällen oder auf Grund von Altabkommen die Aufenthaltszeit über drei Monate verlängern.[109] Unter den Voraussetzungen des Art. 21 SDÜ steht auch Drittstaatsangehörigen, die Inhaber eines gültigen, von **einer der Vertragsparteien ausgestellten Aufenthaltstitels** und eines gültigen Reisedokuments oder die Inhaber eines vorläufigen Aufenthaltstitels und eines von dieser Vertragspartei ausgestellten Reisedokuments sind, ein dreimonatiges Reiserecht zu. Diese Bestimmungen sind hinreichend bestimmt und unbedingt formuliert und begründen daher **subjektive Rechte** der Betroffenen.[110] Ein nationales Visum für einen längerfristigen Aufenthalt kann ab dem ersten Tag seiner Gültigkeit für höchstens drei Monate unter bestimmten Voraussetzungen gleichzeitig als einheitliches Visum für einen kurzfristigen Aufenthalt gelten (Art. 1 VO (EG) Nr. 1091/2001).[111] Für **Schüler** aus Drittstaaten mit Wohnsitz in einem Mitgliedstaat gelten unter den Voraussetzungen des auf den ehemaligen Art. K.3 Abs. 2 Buchst. b EUV gestützten **Beschlusses 94/795/JI**[112] Reiseerleichterungen (Vi-

---

[102] Zum Schengenvisum s. Rn. 13.
[103] *Weiß*, in: Streinz, EUV/AEUV, Art. 77 AEUV, Rn. 27; *Thym*, in: Grabitz/Hilf/Nettesheim, Art. 77 AEUV (September 2010), Rn. 32.
[104] KOM (2001) 388 endg., ABl. 2001, C 270/244.
[105] ABl. 2006, C 64/3.
[106] ABl. 2000, L 239/19.
[107] *Weiß*, in: Streinz, EUV/AEUV, Art. 77 AEUV, Rn. 28.
[108] Zur Definition des Begriffs der ersten Einreise EuGH, Urt. v. 3.10.206, Rs. C–241/05 (Bot), Slg. 2006, I–9627 Rn. 37 ff.
[109] Art. 20 Abs. 2 SDÜ.
[110] *Weiß*, in: Streinz, EUV/AEUV, Art. 77 AEUV, Rn. 28.
[111] ABl. 2001, L 150/5.
[112] Beschluss 94/795/JI des Rates vom 30.11.1994 über die vom Rat aufgrund von Artikel K.3 Absatz 2 Buchstabe b des Vertrages über die Europäische Union beschlossene gemeinsame Maßnahme

sumsfreiheit), wenn sie als Mitglied einer Schülergruppe einer allgemeinbildenden Schule im Rahmen eines **Schulausflugs** für einen Kurzaufenthalt in einen anderen Mitgliedstaat oder durch einen anderen Mitgliedstaat reisen.

4. Integriertes Grenzschutzsystem (Buchst. d)

26 Art. 77 Abs. 2 Buchst. d AEUV ermächtigt die Union zum Erlass aller Maßnahmen, die für die schrittweise Einführung eines **integrierten Grenzschutzsystems** an den Außengrenzen erforderlich sind (geteilte Zuständigkeit: Art. 4 Abs. 2 Buchst. j AEUV), ohne dass jedoch der funkelnde Begriff des integrierten Systems sachgegenständlich und rechtlich-konstruktiv näher definiert wird. Diese Zuständigkeit steht in funktionaler Verbindung mit derjenigen zur verlässlichen und wirksamen Personenkontrolle an den Außengrenzen (Buchst. b), greift aber perspektivisch weit darüber und auch über die nach Art. 74 AEUV mögliche Zusammenarbeit hinaus. In der Zielrichtung geht es mit dem Gedanken eines integrierten Grenzschutzsystems um die Herstellung eines **koordinierten, einheitlich hohen Schutzstandards der Außengrenzen**,[113] auch in deren territorialem Hinterland,[114] namentlich durch operative Maßnahmen und Zusammenarbeit,[115] finanzielle Förderung[116] sowie Ausrüstung und Ausbildung. Dazu zählt auch die Förderung der Rückbringung außerhalb der Hoheitsgewässer geretteter Personen an sichere Herkunftsufer,[117] soweit darin kein Verstoß gegen Art. 78 AEUV liegt. Kompetenziell ermöglicht Art. 77 Abs. 2 Buchst. d AEUV der EU daher die Perspektive eines **koordinierten gemeinsamen operativen Grenzschutzes** der Mitgliedstaaten (unter Einschluss der Bildung einer gemeinsamen Grenzschutztruppe),[118] **nicht** aber auch die Ersetzung oder Parallelisierung des mitgliedstaatlichen Grenzschutzes durch einen supranationalen Grenzschutz der EU mit Direktvollzugsbefugnissen.[119] Eine Ausgestaltung der Zusammenarbeit der Mitgliedstaaten in eigener Verantwortung gemäß Art. 73 AEUV bleibt insoweit möglich, als dadurch nicht gegen Regelungen auf Grundlage des Art. 77 Abs. 2 Buchst. d AEUV verstoßen wird. Zum Protokoll (Nr. 23) über die Außenbeziehungen der Mitgliedstaaten hinsichtlich des Überschreitens der Außengrenzen oben Rn. 20. Eine Gesamtbetrachtung der bisherigen Rechtsentwicklung des integrierten Grenzschutzsystems lässt dieses als eine »**rechtliche Hybride**« aus unions- und

---

über Reiseerleichterungen für Schüler von Drittstaaten mit Wohnsitz in einem Mitgliedstaat, ABl. 1994, L 327/1.

[113] *Weiß*, in: Streinz, EUV/AEUV, Art. 77 AEUV, Rn. 31. Zu den Verordnungsvorschlägen der Kommission zur Einführung eines Systems zur Erfassung der Ein- und Ausreisedaten von Drittstaatsangehörigen (EES) und eines Registrierungsprogramms für Reisende (RTP) vgl. *Rossi*, in Calliess/Ruffert, EUV/AEUV, Art. 77 AEUV, Rn. 28b und 28c.

[114] *Thym*, in: Grabitz/Hilf/Nettesheim, EU, Art. 77 AEUV (September 2010), Rn. 34.

[115] S. unten Rn. 27 f.

[116] Zum Europäischen Außengrenzenfonds vgl. Art. 80 AEUV, Rn. 5.

[117] So der Vorschlag der britischen Innenministerin *Theresa May*, The Times, 13. 5. 2015: »aktives Rückführungsprogramm« (http://www.thetimes.co.uk/tto/opinion/thunderer/article4438589.ece (2.2.2017)).

[118] *Suhr*, in: Calliess/Ruffert, EUV/AEUV, Art. 67 AEUV, Rn. 53; *Rossi*, in: Calliess/Ruffert, EUV/AEUV, Art. 77 AEUV, Rn. 35 mit Hinweis auf die Vorstufe der »Border Guard Teams« (EBGT) gemäß VO (EU) Nr. 1168/2011 (ABl. 2011 L 304/1); *Weiß*, in: Streinz, EUV/AEUV, Art. 77 AEUV, Rn. 32.

[119] Ebenso *Thym*, in: Grabitz/Hilf/Nettesheim, EU, Art. 77 AEUV (September 2010), Rn. 37; *Weber*, ZAR 2008, 55 (56).

nationalrechtlichen Bestimmungen mit Elementen einer transnationalen Organleihe erscheinen.[120]

Auf **Koordinierung**, nicht Ersetzung, des mitgliedstaatlichen Grenzschutzes zielt die Errichtung einer **Europäischen Agentur für die operative Zusammenarbeit an den Außengrenzen** der Mitgliedstaaten der Europäischen Union (**FRONTEX**) durch die auf die seinerzeitigen Art. 62 Abs. 2 Buchst. a EGV und Art. 66 EGV gestützte **VO (EG) Nr. 2007/2004**.[121] Ungeachtet der seinerzeitigen Bedenken gegen die für die Einrichtung zugrunde gelegten Zuständigkeitsnormen[122] ist die Union seit der Einfügung des Art. 77 Abs. 2 Buchst. d AEUV zur Schaffung einer derartigen Agentur zweifelsfrei befugt. Deren wesentliche Aufgaben sind nach dem Katalog des Art. 2 dieser Verordnung: die Koordinierung der operativen Zusammenarbeit der (teilnehmenden) Mitgliedstaaten beim Schutz der Außengrenzen; die Unterstützung der Mitgliedstaaten bei der Ausbildung von Grenzschutzbeamten einschließlich der Festlegung gemeinsamer Ausbildungsnormen; die Durchführung von Risikoanalysen; die Verfolgung der Entwicklung der für den Außengrenzenschutz erheblichen Forschung; die Unterstützung der Mitgliedstaaten in Situationen, die eine verstärkte technische und operative Unterstützung an den Außengrenzen erfordern und die Bereitstellung der notwendigen Unterstützung für die Mitgliedstaaten bei der Organisation gemeinsamer Rückführungsaktionen. Die Agentur ist eine **Unionseinrichtung** mit **eigener Rechtspersönlichkeit** (Art. 15). 27

Eine wesentliche Ergänzung erfuhr der Aufgabenkreis der Agentur durch die Einrichtung eines Mechanismus zur Bildung von **Soforteinsatzteams für Grenzsicherungszwecke (RABIT)**[123] durch die ebenfalls auf Art. 62 Nr. 2 Buchst. a EGV und Art. 66 EGV gestützte **VO (EG) Nr. 863/2007**.[124] Zweck dieses »Mechanismus« ist es nach Art. 1, »für die rasche operative und zeitlich befristete Unterstützung eines darum ersuchenden Mitgliedstaats zu sorgen, der einem plötzlichen und außergewöhnlichen Druck ausgesetzt ist, insbesondere durch den Zustrom von einer großen Zahl von Drittstaatsangehörigen an bestimmten Stellen der Außengrenzen, die versuchen, illegal in sein Hoheitsgebiet einzureisen.« Festgelegt wird darin im Einzelnen auch, welche Aufgaben und Befugnisse die Mitglieder des Soforteinsatzteams während Operationen in einem anderen Mitgliedstaat wahrnehmen dürfen (Art. 6 ff.). In der rechtlichen Konstruktion lässt sich ein Element transnationaler Organleihe erkennen.[125] Ein weiterer Schritt im Aufbau des integrierten Grenzschutzsystems erfolgt mit der im Dezember 2013 begon- 28

---

[120] *Mrozek*, DÖV 2010, 886 (893 f.).
[121] VO (EG) Nr. 2004/2007 vom 26.10.2004 zur Errichtung einer Europäischen Agentur für die operative Zusammenarbeit an den Außengrenzen der Mitgliedstaaten der Europäischen Union, ABl. 2004, L 349/1, erg. durch VO (EU) Nr. 1168/2011 vom 25.10.2011 vom 25.10.2011, ABl. 2011, L 304/1; dazu *Fischer-Lescano/Tohidipur*, ZaöRV 67 (2007), 1219; *Stern/Tohidipur*, in: EnzEuR, Bd. 10, § 14, Rn. 40 ff.; zur »Schaffung eines europäischen Korpus von Grenzschutzbeamten« ebd., Rn. 58 und zur »Fixierung einer menschenrechtsgeleiteten Grenzschutzkultur« ebd., Rn. 60; als Analyse der Verwaltungskooperation, der materiellen Rechtsgrundlagen und oder institutionellen Kontrolle *Lehnert*.
[122] *Weiß*, in: Streinz, EUV/AEUV, Art. 77 AEUV, Rn. 32.
[123] Abkürzung für »Rapid Border Intervention Team«.
[124] VO (EG) Nr. 863/2007 vom 11.7.2007 über einen Mechanismus zur Bildung von Soforteinsatzteams für Grenzsicherungszwecke und zur Änderung der Verordnung (EG) Nr. 2007/2004 des Rates hinsichtlich des Mechanismus und der Regelung der Aufgaben und Befugnisse von abgestellten Beamten, ABl. 2007, L 199/30.
[125] Vgl. als Analyse des Rechtsrahmens der FRONTEX/RABIT-Einsätze *Mrozek*, DÖV 2010, 886 (887 ff., 891); darstellend *Frenz*, Handbuch Europarecht, Band 6, Kapitel 17, Rn. 2866 ff.

nenen Einrichtung eines Europäischen Grenzüberwachungssystems (**EUROSUR**). Es soll mittels verbesserter technisch moderner Methoden und Informationsaustausch rechtzeitig Erkenntnisse über irreguläre Migrationsbewegungen gewinnen, um in geeigneter Weise frühzeitig reagieren und dadurch auch Seewegmigranten vor Lebensgefahren schützen zu können.[126] Die realen Anforderungen an die Leistungsfähigkeit »eines« integrierten Grenzschutzsystems sind seit 2015 in aller Deutlichkeit erkennbar.

5. Kontrollfreiheit an den Binnengrenzen (Buchst. e)

29 Art. 77 Abs. 2 Buchst. e AEUV ermächtigt die Union zum Erlass von Maßnahmen zur **Abschaffung der Kontrolle von Personen** gleich welcher Staatsangehörigkeit beim **Überschreiten der Binnengrenzen** (im Sinne des Schengenraums).[127] Auch dies ist eine geteilte Zuständigkeit: Art. 4 Abs. 2 Buchst. j AEUV. Hierbei handelt es sich, obwohl in den Einzelzuständigkeiten des Art. 77 Abs. 2 AEUV letztgereiht, um das Leitziel des RFSR (Art. 67 Abs. 2 Satz 1 AEUV, Art. 77 Abs. 1 Buchst. a AEUV). Begünstigt sind davon alle Personen: Unionsbürger (auch Briten und Iren),[128] Drittstaatsangehörige und Staatenlose. Dies ist Folge des Wesens der Kontrolllosigkeit, die bei ausschließlicher Verfügbarkeit klassischer Kontrolltechnik (Passkontrolle) nicht selektiv sein kann. Die in Art. 77 Abs. 2 vorgenannten Bereiche der Buchst. a bis d und die dazu von der Union ergriffenen Maßnahmen dienen dem Zweck, die Voraussetzungen für den grenzkontrollfreien Binnenraum der Union durch Kompensationsmaßnahmen an den Außengrenzen dauerhaft zu ermöglichen. Demgegenüber befugt Art. 77 Abs. 2 Buchst. e AEUV die Union, auch für den Personenverkehr über die staatlichen Binnengrenzen innerhalb der Union rechtliche Regeln zu treffen. Diese Kompetenz ist erforderlich, da unmittelbar anwendbare Vorschriften des Primärrechts, namentlich die transnationalen Marktzugangs-Grundfreiheiten des Binnenmarktes (Art. 26 Abs. 2 AEUV) und die unionsbürgerliche Freizügigkeit (Art. 21 AEUV), nicht schon eine vollständige Kontrollfreiheit des gesamten grenzüberschreitenden Personenverkehrs innerhalb der Union vermitteln. So steht die unionsbürgerliche Freizügigkeit allein Unionsbürgern zu und nur auf diese sind auch die personenbezogenen Grundfreiheiten der Arbeitnehmerfreizügigkeit (Art. 45 AEUV), der Niederlassungsfreiheit (Art. 49 AEUV) und der aktiven Dienstleistungsfreiheit (Art. 56 AEUV) zugeschnitten. Darüber hinaus lässt sich den Grundfreiheiten trotz des Idealverständnisses des sie umfassenden binnenmarktlichen Raums ohne Binnengrenzen eine gänzliche Kontrollfreiheit beim Überschreiten der Binnengrenzen nicht zwingend entnehmen.[129] Selbst wenn dies angenommen wür-

---

[126] http://frontex.europa.eu/intelligence/eurosur (2.2.2017); s. VO (EU) Nr. 1052/2013, ABl. 2013, L 295/11; *Rosenau/Petrus*, in: Vedder/Heintschel v. Heinegg, EUV/AEUV, Art. 77 AEUV, Rn. 10; im Einzelnen: *Stern/Tohidipur*, EnzEuR, Bd. 10, § 14, Rn. 51. Zur Überwachung der Seeaußengrenzen im Rahmen der von FRONTEX koordinierten operativen Zusammenarbeit VO (EU) Nr. 656/2014, ABl. 2014, L 189/93.

[127] Vgl. Art. 1 SDÜ: »die gemeinsamen Landgrenzen der Vertragsparteien sowie ihre Flughäfen für die Binnenflüge und ihre Seehäfen für die regelmäßigen Fährverbindungen ausschließlich von und nach dem Gebiet der Vertragsparteien ohne Fahrtunterbrechung in außerhalb des Gebiets gelegenen Häfen; s. auch *Thym*, in: Grabitz/Hilf/Nettesheim, EU, Art. 77 AEUV (September 2010), Rn. 40; zu den Voraussetzungen der Abschaffung der Binnengrenzkontrollen s. unten Rn. 30.

[128] *Weiß*, in: Streinz, EUV/AEUV, Art. 77, Rn. 36.

[129] Zur Diskussion dieser Auslegungsfrage im Licht der Einfügung des Binnenmarktziels durch die Einheitliche Europäische Akte *Müller-Graff*, EuR 1989, 107 (127); vgl. auch EuGH, Urt. v. 21.9.1999, C-378/97 (Wijsenbeek), Slg. 1999, I-6207, Rn. 39 ff.

de, wäre eine nur für die Unionsbürger geltende Kontrollfreiheit faktisch beim technischen Stand der Kontrolltechnik jedoch nicht ohne Vergewisserung über ihre Unionsbürgerschaft durchführbar, um sie von grenzüberschreitenden Drittstaatsangehörigen unterscheiden zu können. Allerdings begründet die Kontrollfreiheit für **Drittstaatsangehörige** noch **kein Einreiserecht**[130] oder die **Befreiung vom Mitführen mitgliedstaatlich vorgesehener Dokumente**.[131] Daneben gewährleistet **Art. 72 AEUV** den Mitgliedstaaten die Wahrnehmung ihrer Zuständigkeit für die Aufrechterhaltung der öffentlichen Ordnung und den Schutz der inneren Sicherheit, die jedoch nicht gleichwirkend zu Grenzübertrittskontrollen sein darf (dazu Rn. 30).

Folgerichtig enthält daher der **Schengener Grenzkodex (VO (EG) Nr. 562/2006)**[132] auch Regelungen zu den **Binnengrenzen**. Er legt in Umsetzung des Leitziels des RFSR mit allgemeiner und unmittelbarer Geltung in jedem teilnehmenden Mitgliedstaat den **Grundsatz** fest, dass die Binnengrenzen unabhängig von der Staatsangehörigkeit der betreffenden Personen an jeder Stelle **ohne Personenkontrollen** überschritten werden dürfen (Art. 20). Die Norm bezieht sich nur auf den Kontrollaspekt, beinhaltet aber keine Aussage über das Bewegungs- und Aufenthaltsrecht in einem der teilnehmenden Staaten (s. oben Rn. 29). Überdies gilt die Kontrollfreiheit nur im Verhältnis zwischen denjenigen Staaten, die am Schengensystem rechtswirksam teilnehmen, wozu es neben der Verwirklichung der Schengen-Vorgaben zur Sicherung der Außengrenzen und der Integration in das SIS eines einstimmigen[133] **Beschlusses des Rates** bedarf.[134] **Grenzkontrollen** sind nach Art. 2 Nr. 9 legaldefiniert als diejenigen Maßnahmen, die an einer Grenze unabhängig von jedem anderen Anlass ausschließlich auf Grund des beabsichtigten oder bereits durchgeführten Grenzübertritts durchgeführt werden.[135] Unberührt von Art. 20 bleiben die in Art. 21 aufgeführten Kontrollen innerhalb des Hoheitsgebietes eines Mitgliedstaates, wobei die Ausübung polizeilicher Befugnisse (namentlich Schleierfahndung) nicht die gleiche Wirkung wie Grenzübertrittskontrollen haben darf (**Verbot der gleichwirkenden Ausübung von Polizeibefugnissen**), und zwar auch nicht in Grenzgebieten. Eine gleichwirkende Ausübung liegt vor, wenn im Grenzgebiet jede Person ohne substantiierten Grund polizeilich jederzeit kontrolliert werden darf. Als unvereinbar mit den Art. 20 und 21 Buchst. a VO 562/2006 wurde vom EuGH daher eine mitgliedstaatliche Regelung beurteilt, die die Polizeibehörden befugte, in einem Gebiet mit einer Tiefe von 20 km entlang der Landgrenze dieses Staates zu den Vertragstaaten des SDÜ die Identität jeder Person unabhängig von deren Verhalten und

30

---

[130] *Rossi*, in: Calliess/Ruffert, EUV/AEUV, 4. Aufl., 2011, Art. 77 AEUV, Rn. 8.
[131] Art. 21 Buchst. c VO (EG) Nr. 562/2006; *Weiß*, in: Streinz, EUV/AEUV, Art. 77 AEUV, Rn. 37.
[132] ABl. 2006, L 105/1.
[133] So für Bulgarien und Rumänien Art. 4 Abs. 2 UAbs. 2 Beitrittsakte Bulgarien und Rumänien v. 25.4.2005, ABl. 2005, L 157/203, ber. ABl. 2011, L 347/62 (mit detaillierter Regelung der stimmberechtigten Mitglieder); gleichlautend Art. 4 Abs. 2 UAbs. 2 Beitrittsakte Kroatien v. 9.11.2011, ABl. 2012, L 112 /21; Art. 3 Abs. 2 UAbs. 2 Beitrittsakte 2003 – »Osterweiterung« sowie Malta und Zypern – ABl. 2003, L 236/1; für den Fall eines Antrags von Irland und Britannien auf Anwendung einzelner oder aller Bestimmungen des Besitzstandes auf sie Art. 4 Protokoll Nr. 19 zum Vertrag von Lissabon.
[134] *Rossi*, in: Calliess/Ruffert, EUV/AEUV, Art. 7 AEUV, Rn. 9; *Weiß*, in: Streinz, EUV/AEUV, Art. 77 AEUV, Rn. 5.
[135] Zum noch spezielleren Begriff der »Grenzübertrittskontrollen« vgl. Art. 1 Nr. 10 des Schengener Grenzkodex: Kontrollen an Grenzübergangsstellen zum Zweck der Feststellung, »ob die betreffenden Personen mit ihrem Fortbewegungsmittel und den von ihnen mitgeführten Sachen in das Hoheitsgebiet der Mitgliedstaaten einreisen oder aus dem Hoheitsgebiet der Mitgliedstaaten ausreisen dürfen.«

vom Vorliegen besonderer Umstände, aus denen sich die Gefahr einer Beeinträchtigung der öffentlichen Ordnung ergibt, zu kontrollieren, um die Einhaltung der gesetzlichen Bestimmungen in Bezug auf den Besitz, das Mitführen und das Vorzeigen von Urkunden und Bescheinigungen zu überprüfen, ohne dass diese Regelung den Rahmen für diese Befugnis vorgibt, der gewährleistet, dass die tatsächliche Ausübung der Befugnis nicht die gleiche Wirkung wie Grenzübertrittskontrollen haben kann.[136] Die Mitgliedstaaten trifft auch die Pflicht, »alle Hindernisse für den flüssigen Verkehr an den Straßenübergängen der Binnengrenzen (zu beseitigen), insbesondere Geschwindigkeitsbegrenzungen, die nicht ausschließlich auf Gesichtspunkten der Verkehrssicherheit beruhen.« (Art. 22 S. 1). Allerdings legt Art. 22 zugleich fest, dass »die Mitgliedstaaten darauf vorbereitet sein (müssen), Abfertigungsstellen für den Fall einzurichten, dass an den Binnengrenzen wieder Grenzkontrollen eingeführt werden.«

31 Der Schengener Grenzkodex enthält auch die Regeln, welche die Mitgliedstaaten unter bestimmten Voraussetzungen zur **vorübergehenden Wiedereinführung von Grenzkontrollen an den Binnengrenzen** berechtigen (Art. 23 bis 30). Dies ist eine Konditionierung der Abschaffung der Kontrollen, die von Art. 77 Abs. 2 Buchst. e AEUV gedeckt ist[137] und zugleich mit den nicht berührten Zuständigkeiten der Mitgliedstaaten nach Art. 72 AEUV im Einklang stehen muss.[138] In dem in den Art. 23 ff. des Grenzkodex berücksichtigten potentiellen Bedürfnis kommt eine politische Bewertung zum Ausdruck, die **unter außergewöhnlichen Umständen** in bestimmten Fällen den Preis für die binnengrenzkontrollfreie Freizügigkeit als zu hoch ansieht, wenn damit ein die **öffentliche Ordnung oder innere Sicherheit ernsthaft bedrohender**[139] Zustrom von Personen einhergeht (so etwa der Zustrom gewaltbereiter Personen bei sportlichen oder politischen Großveranstaltungen[140] oder der Zustrom nicht einreiseberechtigter Drittstaatsangehöriger). Art. 23 des Grenzkodex **begrenzt** die **Dauer** der zulässigen Wiedereinführung von Kontrollen auf höchstens 30 Tage oder auf die vorhersehbare Dauer, falls die ernsthafte Bedrohung diesen Zeitraum überschreitet, und unterwirft sie einem strengen Verhältnismäßigkeitsgrundsatz. Der Grenzkodex unterscheidet hierbei zwischen dem Verfahren bei vorhersehbaren Fällen (Art. 24) und dem Verfahren bei dringenden Fällen (Art. 25). In **vorhersehbaren Fällen**, derentwegen ein Mitgliedstaat die vorübergehende Wiedereinführung von Binnengrenzkontrollen beabsichtigt, hat er die anderen Mitgliedstaaten und die Kommission spätestens vier Wochen vorher oder, wenn das Erfordernis zeitnäher auftritt, so schnell wie möglich in Kenntnis zu setzen und eine Reihe von Angaben zu übermitteln (Gründe, Tragweite, Grenzübergangsstellen, Zeitpunkt, Dauer). Dadurch wird ein Konsultationsverfahren eingeleitet, um gegebenenfalls eine Zusammenarbeit zwischen den Mitgliedstaaten zu organisieren, die Verhältnismäßigkeit zu überprüfen und bestehende Bedrohungen zu untersuchen (Art. 24 Abs. 3). Wenn die öffentliche Ordnung oder die innere Sicherheit eines Mitgliedstats ein **sofortiges Handeln** erfordern, kann der betreffende Mitgliedstaat ausnahmsweise an

---

[136] EuGH, Urt. v. 22.6.2010, Rs. C–188/10 (Melki), Slg. 2010, I–5665, Rn. 75

[137] Abschaffung der Binnengrenzkontrollen als »gestaltungsfähige Politik«: *Thym*, in: Grabitz/Hilf/Nettesheim, EU, Art. 77 AEUV (September 2010), Rn. 41.

[138] Nicht zutreffend ist die Ansicht, Art. 23 VO 562/2006 als auf Art. 72 AEUV gestützt anzusehen (so aber *Weiß*, in: Streinz, EUV/AEUV, Art. 77 AEUV, Rn. 38), da Art. 72 AEUV der Union keine Regelungskompetenz verleiht.

[139] Dies ist die von Art. 23 Abs. 1 VO (EG) 562/2006 ausdrücklich genannte allgemeine Voraussetzung für eine Wiedereinführung von Grenzkontrollen.

[140] Beispiele bei *Thym*, in: Grabitz/Hilf/Nettesheim, EU, Art. 77 AEUV (September 2010), Rn. 41.

den Binnengrenzen unverzüglich Grenzkontrollen wieder einführen, wobei er zur unverzüglichen Benachrichtigung der anderen Mitgliedstaaten und der Kommission mit Begründung verpflichtet ist (Art. 25). Die Jurisdiktion des **EuGH** erstreckt sich auf die Einhaltung der Vorgaben der Art. 23 ff., **soweit** die mitgliedstaatlichen Maßnahmen **nicht** als Maßnahmen oder Zuständigkeitswahrnehmung im Rahmen der polizeilichen und strafjustiziellen Zusammenarbeit im Sinne des Art. 276 AEUV zu qualifizieren sind.

Artikel 78 AEUV [Schutz von Drittstaatsangehörigen und Staatenlosen; Asylpolitik]

(1) ¹Die Union entwickelt eine gemeinsame Politik im Bereich Asyl, subsidiärer Schutz und vorübergehender Schutz, mit der jedem Drittstaatsangehörigen, der internationalen Schutz benötigt, ein angemessener Status angeboten und die Einhaltung des Grundsatzes der Nicht-Zurückweisung gewährleistet werden soll. ²Diese Politik muss mit dem Genfer Abkommen vom 28. Juli 1951 und dem Protokoll vom 31. Januar 1967 über die Rechtsstellung der Flüchtlinge sowie den anderen ein-schlägigen Verträgen im Einklang stehen.

(2) Für die Zwecke des Absatzes 1 erlassen das Europäische Parlament und der Rat gemäß dem ordentlichen Gesetzgebungsverfahren Maßnahmen in Bezug auf ein gemeinsames europäisches Asylsystem, das Folgendes umfasst:

a) einen in der ganzen Union gültigen einheitlichen Asylstatus für Drittstaatsangehörige;
b) einen einheitlichen subsidiären Schutzstatus für Drittstaatsangehörige, die keinen europäischen Asylstatus erhalten, aber internationalen Schutz benötigen;
c) eine gemeinsame Regelung für den vorübergehenden Schutz von Vertriebenen im Falle eines Massenzustroms;
d) gemeinsame Verfahren für die Gewährung und den Entzug des einheitlichen Asylstatus beziehungsweise des subsidiären Schutzstatus;
e) Kriterien und Verfahren zur Bestimmung des Mitgliedstaats, der für die Prüfung eines Antrags auf Asyl oder subsidiären Schutz zuständig ist;
f) Normen über die Aufnahmebedingungen von Personen, die Asyl oder subsidiären Schutz beantragen;
g) Partnerschaft und Zusammenarbeit mit Drittländern zur Steuerung des Zustroms von Personen, die Asyl oder subsidiären beziehungsweise vorübergehenden Schutz beantragen.

(3) ¹Befinden sich ein oder mehrere Mitgliedstaaten aufgrund eines plötzlichen Zustroms von Drittstaatsangehörigen in einer Notlage, so kann der Rat auf Vorschlag der Kommission vorläufige Maßnahmen zugunsten der betreffenden Mitgliedstaaten erlassen. ²Er beschließt nach Anhörung des Europäischen Parlaments.

Literaturübersicht

S. Art. 67 AEUV, sowie zusätzlich: *Achermann*, Schengen und Asyl, in: Achermann/Bieber/Epiney/Wehner (Hrsg.), Schengen und die Folgen, 1995, S. 85 ff.; *Basse/Burbaum/Richard*, Das »zweite Richtlinienumsetzungsgesetz« im Überblick, ZAR 2011, 361; *Deibel*, Die Neuregelung des Aufenthaltsrechts durch das Zweite Richtlinienumsetzungsgesetz, ZAR 2012, 148; *Fröhlich*, Das Asylrecht im Rahmen des Unionsrechts, 2011; *Hailbronner/Higgins*, Migration and Asylum Law and Policy in the European Union, 2004, S. 455; *Hailbronner/Thym*, Vertrauen im europäischen Asylsystem, NVwZ 2012, 406; *Hruschka*, The (reformed) Dublin III Regulation – a tool for enhanced effectiveness and higher standards of protection?, 15 ERA Forum 15 (2014), 469; *Huber*, Das Dubliner Übereinkommen, NVwZ 1998, 150; *Kugelmann*, Asylagenda 2010 – Dimensionen des gemeinsamen europäischen Asylsystems, ZAR 20107, 81; *Kluth*, Reichweite und Folgen der Europäisierung des Ausländer- und Asylrechts, ZAR 2006, 1; *Marx*, Handbuch zum Flüchtlingsschutz. Erläuterungen zur Qualifikationsrichtlinie, 2. Aufl., 2012; *Peers*, Reconciling the Dublin system with European fundamental rights and the Charter, 15 ERA Forum 15 (2014), 485; *Schieffer*, Die Zusammenarbeit der Mitgliedstaaten in den Bereichen Asyl und Einwanderung, 1998; *Schmahl*, Die Vergemeinschaftung der Asyl- und Flüchtlingspolitik, ZAR 2001, 3; *Weinzierl*, Flüchtlinge: Schutz und Abwehr in der erweiterten EU, 2005.

Schutz von Drittstaatsangehörigen und Staatenlosen; Asylpolitik **Art. 78 AEUV**

Inhaltsübersicht

Rn.

A. Normzweck und Normaufbau	1
B. Stellung der Norm im Gesamtsystem des Unionsrechts	3
C. Programm- und Leitbestimmungen (Abs. 1)	5
D. Kompetenznormen (Abs. 2 und 3)	6
I. Das Konzept der Sachbereiche	6
II. Verfahren der Kompetenznutzung	9
1. Systemerrichtung: ordentliches Gesetzgebungsverfahren (Abs. 2)	9
2. Notlage: Sonderverfahren für vorläufige Maßnahmen bei Notlage (Abs. 3)	10
E. Die Kompetenznutzung: Grundzüge des Sekundärrechts	11
I. Vielgestaltigkeit des unionsrechtlichen Acquis der Asylpolitik	11
II. Das Sekundärrecht der Einzelbereiche des Art. 78 Abs. 2 AEUV (Überblick)	12
1. Einheitlicher Asylstatus für Drittstaatsangehörige (Buchst. a)	12
a) Voraussetzungen	13
b) Statusinhalt	15
2. Einheitlicher subsidiärer Schutzstatus (Buchst. b)	16
3. Vorübergehender Schutz für Vertriebene (Buchst. c)	19
4. Gemeinsame Verfahren für Gewährung und Entzug (Buchst. d)	22
5. Prüfungszuständigkeit (Buchst. e)	28
6. Aufnahmebedingungen für Schutzsuchende (Buchst. f)	38
7. Kooperation mit Drittländern (Buchst. g)	43
F. Notlagensituation (Art. 78 Abs. 3 AEUV)	44

A. Normzweck und Normaufbau

Ebenso wie Artikel 77 AEUV und Artikel 79 AEUV ist Artikel 78 AEUV, dessen Formulierung auf Art. III–266 VVE zurückgeht,[1] eine **Programm-** und **Kompetenznorm** für **flankierende** Maßnahmen der Union, um den angestrebten allgemeinen **grenzkontrollfreien Binnenraum** der Union mittels konzeptionell in sich stimmiger Regelung des Zugangs von Personen zu den Hoheitsgebieten der Mitgliedstaaten zu ermöglichen, im Falle des Art. 78 AEUV von **Drittstaatsangehörigen** oder **Staatenlosen, die internationalen Schutzbenötigen**. Er ist anders als die Vorgängernorm des Art. 63 Nr. 1 und 2 EGV nicht auf den Erlass von Mindestnormen begrenzt[2] und ermöglicht eine kohärente Asyl- und Flüchtlingspolitik.[3] Die Vergemeinschaftung der Zugangspolitiken und deren unionsrechtlich verbindliche Durchsetzung hat mehrere Aufgaben zu lösen und ist in der Vertragssystematik funktionsteilig auf drei Normen verteilt: die Kontrolle des Grenzübertritts von Personen an den Außengrenzen der Mitgliedstaaten zu Drittstaaten (Artikel 77 AEUV), die Frage der Einwanderung in die Mitgliedstaaten und den grenzkontrollfreien Binnenraum der Union (Artikel 79 AEUV) und die (angesichts des andauernden Migrationsinteresses in die Europäische Union besonders herausfordernde) Frage einer gemeinsamen Schutzpolitik der Union für Drittstaatsangehörige (**nicht**

1

---

[1] Speziell zum Asylrecht als Gegenstand europäischer Integration *Fröhlich*, S. 127 ff.; zur historischen Entwicklung von Schengen bis Lissabon *Progin-Theuerkauf*, in: GSH, Europäisches Unionsrecht, Art. 78 AEUV, Rn. 1–12.
[2] *Weiß*, in: Streinz, EUV/AEUV, Art. 78 AEUV, Rn. 3; zudem gilt für das Beschlussverfahren statt des komplexen Art. 67 EGV das ordentliche Gesetzgebungsverfahren (Art. 78 Abs. 2 AEUV); *Kotzur*, in: Geiger/Khan/Kotzur, EUV/AEUV, Art. 78 AEUV, Rn. 7.
[3] *Hoppe*, in: Lenz/Borchardt, EU-Verträge, Art. 78 AEUV, Rn. 2 und 6; *Rosenau/Petrus*, in: Vedder/Heintschel v. Heinegg, Europäisches Unionsrecht, Art. 78 AEUV, Rn. 1; *Graßhof*, in: Schwarze, EU-Kommentar, Art. 78 AEUV, Rn. 6; *Frenz*, Handbuch Europarecht, Band 6, Rn. 2874.

Unionsbürger[4]) und Staatenlose, die internationalen Schutz benötigen. Dieser letztgenannten Aufgabe dient Artikel 78 AEUV, der das Ergebnis einer bereits mit dem Dubliner Übereinkommen v. 15.6.1990[5] und dem Schengener Durchführungsübereinkommen v. 19.6.1990 (SDÜ)[6] einsetzenden sukzessive über die Vertragsstationen von Maastricht, Amsterdam und Lissabon »europäisierenden« Entwicklung[7] ist. Die Union bewegt sich damit in einem Feld, in dem sie zwar Normen setzen und finanzielle Förderung bereitstellen kann, für die Gestaltung und Verwirklichung ihrer Politik aber ganz wesentlich auf die **loyale Zusammenarbeit der Mitgliedstaaten** und der **lokalen Gemeinwesen** angewiesen ist. Inwieweit sie daher das Ziel des Art. 78 Abs. 1 AEUV, »jedem« Drittstaatsangehörigen, der internationalen Schutz benötigt, einen angemessenen Schutz anzubieten, faktisch (insbesondere bei Massenmigrationen) einlösen kann, ist unklar.

2   Auch die Erfüllung dieser Aufgabe ist eine Voraussetzung für die dauerhaft verlässliche Verwirklichung eines Raums ohne Binnengrenzkontrollen. Denn diese ist gefährdet, wenn einzelne Mitgliedstaaten den infolge offener Binnengrenzen unschwer aus anderen Mitgliedstaaten möglichen faktischen Zustrom von asylsuchenden Drittstaatsangehörigen (sei es wegen der Attraktivität höherer Anerkennungsquoten und besserer Versorgungsleistungen –»Asyl-Shopping«-,[8] sei es wegen der Nichtumsetzung unionsrechtlich verbindlicher Regeln der Flüchtlingspolitik durch andere Mitgliedstaaten) als einen zu hohen Preis für die Binnengrenzkontrollfreiheit in der Union bewerten. Zu diesem Zweck enthält der in seiner Formulierung auf Art. III–266 VVE zurückgehende Art. 78 Abs. 1 AEUV das der Union primärrechtlich seitens der Mitgliedstaaten aufgegebene abstrakte Zielprogramm einer (in sich stimmigen)[9] gemeinsamen Politik im Sinne des Angebots eines angemessenen Schutzes und der Einhaltung des Grundsatzes der Nicht-Zurückweisung. Die Vorschrift ist **nicht unmittelbar anwendbar**. Sie begründet **kein Recht auf Asyl**,[10] das deshalb auch nicht aus Art. 18 GRC abgeleitet werden kann,

---

[4] Art. 78 AEUV befasst sich nur mit Drittstaatsangehörigen, nicht mit Unionsbürgern (a.A. *Weiß*, in: Streinz, EUV/AEUV, Art. 78 AEUV, Rn. 7); wie hier z.B. *Rossi*, in: Calliess/Ruffert, EUV/AEUV, Art. 78 AEUV, Rn. 7. Für Unionsbürger ist das Protokoll Nr. 24 über die Gewährung von Asyl für Staatsangehörige von Mitgliedstaaten der Europäischen Union maßgeblich, wonach »die Mitgliedstaaten füreinander für alle rechtlichen und praktischen Zwecke im Zusammenhang mit Asylangelegenheiten als sichere Herkunftsländer (gelten)« und daher nur unter engen, vom Protokoll spezifizierten Voraussetzungen ein Asylantrag eines Staatsangehörigen eines Mitgliedstaats von einem anderen Mitgliedstaat berücksichtigt oder zur Bearbeitung zugelassen werden darf; dazu *Kotzur*, in: Geiger/Khan/Kotzur, EUV/AEUV, Art. 78 AEUV, Rn. 5; *Rosenau/Petrus*, in: Vedder/Heintschel v. Heinegg, Europäisches Unionsrecht, Art. 78 AEUV, Rn. 14; *Progin-Theuerkauf*, in: GSH, Europäisches Unionsrecht, Art. 78 AEUV, Rn. 15.

[5] BGBl. 1994 II S. 792; dazu *Müller-Graff*, The Dublin Convention. Pioneer and Lesson for Third Pillar Conventions, in: Bieber/Monar (Hrsg.), Justice and Home Affairs in the European Union, 1995, S. 49ff.

[6] ABl. 2000, L 239/13.

[7] Zu den Einzelschritten bündig *Thym*, in: Grabitz/Hilf/Nettesheim, EU, Art. 78 AEUV (März 2011), Rn. 1f.; als breit angelegte Untersuchung der Zusammenarbeit der Mitgliedstaaten auf der Grundlage des Maastrichter Vertrages vgl. *Schieffer*; insgesamt zur Entwicklung des RSFR s. oben Art. 67 AEUV, Rn. 7.

[8] Zur Situation der Asylantragszahlen im Jahre 1994 in Deutschland und zu den (potentiellen) Meriten und Problemen der EU-weiten Entwicklung eines Flüchtlingsschutzsystems durch die Asylrechtsharmonisierung *Thym*, in: Grabitz/Hilf/Nettesheim, EU, Art. 78 AEUV (März 2011), Rn. 3ff.

[9] *Weiß*, in: Streinz, EUV/AEUV, Art. 78 AEUV, Rn. 1, spricht sogar von der »Vision einer gemeinsamen Asyl- und Flüchtlingspolitik«.

[10] *Weiß*, in: Streinz, EUV/AEUV, Art. 78 AEUV, Rn. 4 und Rn. 6; *Rossi*, in: Calliess/Ruffert,

weil dieser sich seinerseits auf die Maßgeblichkeit der Verträge, also auch Art. 78 AEUV, und die Genfer Flüchtlingskonvention (GFK) bezieht.[11] Allerdings unterlegt Art. 19 Abs. 2 GRC im Umfang seiner Formulierung[12] den Grundsatz der Nicht-Zurückweisung in Art. 78 Abs. 1 AEUV mit einem subjektiven Recht.[13] Art. 78 Abs. 2 AEUV beinhaltet die inhaltlichen, prozeduralen und instrumentellen Kompetenzbestimmungen für das Tätigwerden der Union und Abs. 3 speziell diejenigen für die Bewältigung einer Notlage eines oder mehrerer Mitgliedstaaten aufgrund eines plötzlichen Zustroms von Drittstaatsangehörigen.

B. Stellung der Norm im Gesamtsystem des Unionsrechts

Ebenso wie Artikel 77 AEUV dient auch Art. 78 AEUV neben der dauerhaften Absicherung eines allgemeinen unionalen **Freizügigkeitsraums** flankierend zugleich dem Ziel des **unionsbürgerlichen Freizügigkeitsraums** gemäß Art. 21 AEUV und der Ermöglichung eines **Binnenmarktraums** ohne mitgliedstaatliche Binnengrenzkontrollen von Personen (Art. 26 Abs. 2 AEUV). Mit derartigen Kontrollen wäre ohne eine gemeinsame Politik wegen latent unterschiedlicher mitgliedstaatlicher Ausprägungen ihrer politischen Konzepte und Praxis gegenüber schutzsuchenden und schutzbedürftigen Drittstaatsangehörigen und Staatenlosen zu rechnen. 3

Auch für Art. 78 AEUV gilt, dass er im Verhältnis zum Binnenmarktziel seit der Vertragsreform von Lissabon primärrechtlich **konzeptionellen Selbststand** aufweist. Die im seinerzeitigen Art. 61 Buchst. a EGV niedergelegte Zielbindung bestimmter Maßnahmen auf der Grundlage der kompetenziellen Vorgängernormen (Art. 63 Ziff. 1 Buchst. a und Ziff. 2 Buchst. a EGV i. V. m. Art. 61 Buchst. a EGV) ist weggefallen. Einer Rechtfertigung aus Gründen der Förderung des Binnenmarktes bedarf es für asylpolitische Maßnahmen nicht mehr. Auch entfaltet Art. 78 AEUV nicht zwingend dieselbe territoriale Reichweite wie das Primärrecht des Binnenmarkts, da auch er dem primärrechtlichen **Differenzierungsregime** unterliegt, das im Einzelnen die detaillierten Ausnahmeprotokolle Nr. 21 und 22 vom Schengenraum für Britannien, Irland und Dänemark einschließlich der Einschermöglichkeiten für diese Länder festlegen[14] (s. im Einzelnen oben Art. 67 AEUV, Rn. 22 ff.). 4

EUV/AEUV, Art. 78 AEUV, Rn. 3; auch nicht die GFK: *Thym*, in: Grabitz/Hilf/Nettesheim, EU, Art. 78 AEUV (März 2011), Rn. 9, der allerdings im Verbot der Zurückweisung an der Staatsgrenze »eine begrenzte subjektive Ausrichtung« des Art. 33 GFK erkennt.

[11] Zur GFK *Rossi*, in: Calliess/Ruffert, EUV/AEUV, Art. 18 GRC, Rn. 3 und Art. 78 AEUV, Rn. 9; zu Art. 18 GRC als Gewährleistung von Rechten »im Asyl« *Schmahl*, ZAR 2001, 11; *Weiß*, in: Streinz, EUV/AEUV, Art. 78 AEUV, Rn. 4; zu Art. 18 GRC *Frenz*, Handbuch Europarecht, Band 4, Rn. 1113 ff.; Band 6, Rn. 2879.

[12] Verbot der Abschiebung, Ausweisung oder Auslieferung in/an einen Staat, in dem für betroffene Person »das ernsthafte Risiko der Todesstrafe, der Folter oder einer anderen unmenschlichen oder erniedrigenden Strafe oder Behandlung besteht.«

[13] *Weiß*, in: Streinz, EUV/AEUV, Art. 78 AEUV, Rn. 4; sowie Rn. 6 zur Parallelisierung des Art. 19 Abs. 2 GRC zu Art. 3 EMRK und teilweisen Parallelisierung zu Art. 33 GFK.

[14] Für Britannien und Irland Art. 1 Protokoll Nr. 21 (zu den Einschermöglichkeiten Art. 3); für Dänemark Art. 1 Protokoll Nr. 22 (zu den Einschermöglichkeiten Art. 8 i. V. m. Art. 3 des Anhangs zu Protokoll 22).

C. Programm- und Leitbestimmungen (Abs. 1)

5 Art. 78 Abs. 1 AEUV umschreibt das im Rahmen dieser Vorschrift gegenüber einem Drittstaatsangehörigen oder Staatenlosen, der internationalen Schutz benötigt, von der Union politisch (und rechtsgebunden) zu verwirklichende Teilprogramm des angestrebten RFSR mit **vier** konzeptionell aufeinander bezogenen normativen **Orientierungspunkten**. Sie verdichten eine langjährige integrationspolitische Entwicklung,[15] die die Ansätze und Erfahrungen der dritten Säule des Unionsvertrags von Maastricht, des Amsterdamer Reformvertrags, des Aktionsprogramms von Tampere[16] und des Haager Programms[17] aufnimmt und zusammenhängend präzisiert. Erstens ist eine gemeinsame Schutzpolitik für die genannten Personen im Bereich Asyl, subsidiärer Schutz und vorübergehender Schutz zu entwickeln (**Gemeinsamkeit der Schutzpolitik**). Zweitens ist hierbei der Grundsatz der Nicht-Zurückweisung zu gewährleisten (**Nicht-Zurückweisung**). Drittens ist derartigen Personen ein angemessener Status anzubieten (**Angemessenes Statusangebot**), wobei die Angemessenheit primärrechtlich nicht definiert wird, aber nicht unter den Standards der einschlägigen internationalen Verträge liegen darf.[18] Denn viertens muss die von der Union verfolgte Politik mit dem Genfer Abkommen vom 28. 7. 1951 und dem Protokoll vom 31. 1. 1967 über die Rechtsstellung der Flüchtlinge (**Genfer Flüchtlingskonvention, GFK**[19]) und anderen einschlägigen Verträgen (scil.: Asylpolitik) im Einklang stehen (**Völkerrechtskonformität**). Letzteres ist eine **primärrechtlich begründete** Verpflichtung der Union, die auch diejenigen sacheinschlägigen völkerrechtlichen Verträge für das Handeln der Union maßgeblich macht, bei denen sie nicht selbst Vertragspartei und deshalb nicht schon völkerrechtlich gebunden ist (wie namentlich die GFK und die EMRK).[20] Daraus folgt die Pflicht der Union zur **völkerrechtskonformen Gestaltung** ihrer Politik und ihrer Rechtsakte (mit der Konsequenz der

---

[15] Vgl. als Skizze dieser Entwicklung z. B. *Jahn/Maurer/Oetzmann/Riesch*, Asyl- und Migrationspolitik der EU. Ein Kräftespiel zwischen Freiheit, Recht und Sicherheit, Diskussionspapier der FG 1, 2006/9. 7. 2006 SWP Berlin.

[16] Europäischer Rat v. 15. und 16. 10. 1999: Schlussfolgerungen des Vorsitzes: Auf dem Weg zu einer Union der Freiheit, der Sicherheit und des Rechts: Die Meilensteine von Tampere – A. Eine gemeinsame Asyl- und Migrationspolitik der EU: Partnerschaft mit Herkunftsländern, ein Gemeinsames Europäisches Asylsystem, Gerechte Behandlung von Drittstaatsangehörigen, Steuerung der Migrationsströme.

[17] Europäischer Rat v. 4. und 5. 11. 2004; Haager Programm zur Stärkung von Freiheit, Sicherheit und Recht in der Europäischen Union, ABl. 2005, C 53/1; dazu Mitteilung der Kommission an den Rat und das Europäische Parlament v. 10. 5. 2005, KOM(2005) 184, ABl. 2005, C 236/9.

[18] Ebenso *Weiß*, in: Streinz, EUV/AEUV, Art. 78 AEUV, Rn. 5 und Rn. 8, der darin einen Mindeststandard sieht, ohne jedoch auszuschließen, dass die Angemessenheit im Einzelfall darüber liegen kann.

[19] Zum thematischen Verhältnis von GFK und EU-Sekundärrecht bündig *Thym*, in: Grabitz/Hilf/Nettesheim, EU, Art. 78 AEUV (März 2011), Rn. 10; zum thematischen Selbststand des gerichtlichen Rechtsschutzes von Art. 47 GRC und Art. 6, 13 EMRK gegenüber dem Flüchtlingsvölkerrecht *Thym*, in: Grabitz/Hilf/Nettesheim, EU, Art. 78 AEUV (März 2011), Rn. 13.

[20] Prägnant schreibt *Weiß*, in: Streinz, EUV/AEUV, Art. 78 AEUV, Rn. 5 dieser Verpflichtung daher eine »konstitutive unionsrechtliche Bedeutung« zu. Zu der dadurch begründeten unionsrechtlichen Bedeutung namentlich der GFK ebenso *Thym*, in: Grabitz/Hilf/Nettesheim, EU, Art. 78 AEUV (März 2011), Rn. 6 und Rn. 16 ff.; etwas grobkörnig *Hoppe*, in: Lenz/Borchardt, EU-Verträge, Art. 78 AEUV, Rn. 4 (»Vorrang des völkerrechtlichen Besitzstandes«); mehrdeutig *Rossi*, in: Calliess/Ruffert, EUV/AEUV, Art. 78 AEUV, Rn. 8 (»Völkerrechtsvorbehalt«). Zu weiteren »anderen einschlägigen Verträgen« sind auch der IPbpR (ICCPR) von 1966 und die VN-Antifolterkonvention (CAT) von 1968 zu rechnen; vgl. *Progin-Theuerkauf*, in: GSH, Europäisches Unionsrecht, Art. 78 AEUV, Rn. 14.

Möglichkeit einer Rechtmäßigkeitskontrolle anhand der GFK in den Verfahren der Art. 263 Abs. 2 AEUV, Art. 267 Abs. 1 Buchst. b AEUV, Art. 277 AEUV[21]) und die Pflicht zur **völkerrechtsfreundlichen Auslegung** ihres Sekundärrechts[22] in der jeweils völkerrechtlich gebotenen Auslegung.[23] Dadurch wird zugleich verhindert, dass es zu Verpflichtungen der Mitgliedstaaten aus Maßnahmen der Union kommt, die im Widerspruch zu Verpflichtungen von Mitgliedstaaten aus entsprechenden Verträgen stehen.[24]

D. Kompetenznormen (Abs. 2 und 3)

I. Das Konzept der Sachbereiche

Art. 78 Abs. 2 AEUV entfaltet die Programm- und Leitbestimmungen des Abs. 1 in die Komplexität von sieben konzeptionell miteinander verflochtenen materiellen und prozeduralen[25] Sachbereichen, in denen die Union kraft dieser begrenzten Einzelermächtigung (Art. 5 Abs. 2 EUV) »für die Zwecke des Absatzes 1«[26] in **geteilter** Zuständigkeit tätig werden kann (Art. 3 Abs. 2 Buchst. j AEUV i. V. m. Art. 2 Abs. 2 AEUV). Sie decken die Schaffung eines innen- und außenpolitisch kohärenten Systems ab, mithin eine die Außen- und Binnendimension umfassende, in sich schlüssige Asylpolitik im Sinne eines **Gemeinsamen Europäischen Asylsystems (GEAS)**, wie es bereits im Aktionsprogramm von Tampere von 1999 angesprochen[27] und im Haager Programm vom November 2004 skizziert worden war[28] und im Interesse der Zielsetzung unionsrechtlich vereinheitlichend zu fundieren ist.[29] Im Inneren geht es zur Vermeidung von Personenkontrollen an den zwischenstaatlichen Grenzen wegen unerwünschter Migration infolge unterschiedlicher mitgliedstaatlicher Schutzpolitiken um die Fragen des (differenzierten) Status und Schutzes von Drittstaatsangehörigen (Buchst. a-c), um die zu dessen Erlangung und Innehabungsdauer anzuwendenden Verfahren (Buchst. d-e) sowie um die substanziellen Aufnahmebedingungen (Buchst. f). Nach außen zielt Art. 78 AEUV auf Kooperation mit Drittstaaten zur Migrationssteuerung (Buchst. g).

6

---

[21] In der Sache ebenso *Thym*, in: Grabitz/Hilf/Nettesheim, EU, Art. 78 AEUV (März 2011), Rn. 16.

[22] Vgl. zu dieser Pflicht schon hinsichtlich der Richtlinie 2004/83, EuGH, Urt. v. 2.3.2010, Rs. C–175/08, C–176/08, C–178/08, C–179/08 (Abdulla u. a.), Slg. 2010, I–1493, Rn. 53.

[23] Dazu im Einzelnen mit Vorschlägen für die Gerichtspraxis *Thym*, in: Grabitz/Hilf/Nettesheim, EU, Art. 78 AEUV (März 2011), Rn. 7 f. und Rn. 16.

[24] Für diesen Zweck zweifelhaft ist deshalb die Annahme, dass unter »anderen einschlägigen Verträgen« im Sinne des Art. 78 Abs. 1 AEUV nur solche zu verstehen sind, die von allen Mitgliedstaaten ratifiziert sind; so aber *Thym*, in: Grabitz/Hilf/Nettesheim, EU, Art. 78 AEUV (März 2011), Rn. 19.

[25] Zur Kompetenz in beiden Dimensionen (materielles Recht in Buchst. a-c und Verfahrensrecht in Buchst. d-f): *Rossi*, in: Calliess/Ruffert, EUV/AEUV, Art. 78 AEUV, Rn. 12.

[26] Zur Unklarheit der Formulierung »Zwecke des Absatzes 1« *Rossi*, in: Calliess/Ruffert, EUV/AEUV, Art. 78 AEUV, Rn. 11.

[27] Nachweis s. oben Rn. 5 Fn. 17.

[28] Nachweis s. oben Rn. 5 Fn. 18; vgl. dazu *Kugelmann*, ZAR 2007, 81.

[29] Der Gedanke eines GEAS wird im Schrifttum teleologisch plausibel mit dem Auftrag zu einer weitgehenden, regelmäßig nicht mit dem Subsidiaritätsprinzip konfligierenden Europäisierung des Asylrechts und dessen Auslegung in Zweifelsfällen zugunsten der Einheitlichkeit konnotiert (vgl. *Thym*, in: Grabitz/Hilf/Nettesheim, EU, Art. 78 AEUV (März 2011), Rn. 15 und 21), allerdings auch mit Grenzen bei Maßnahmen im operativen und verfahrensrechtlichen Bereich (*Thym*, in: Grabitz/Hilf/Nettesheim, EU, Art. 78 AEUV (März 2011), Rn. 34, 37). Zur Entwicklung des Konzepts eines GEAS *Stern/Tohidipur*, EnzEuR, Bd. 10, § 14, Rn. 63 ff.

7   In der Reihung der Bereiche an die Spitze gestellt ist das den gemeinsamen unionalen Raum aufnehmende Thema eines »in der ganzen Union gültigen einheitlichen Asylstatus für Drittstaatsangehörige« (Buchst. a: **einheitlicher Asylstatus**), gefolgt von einem davon abgesetzten Format eines »einheitlichen subsidiären Schutzstatus für Drittstaatsangehörigen die keinen europäischen Asylstatus erhalten, aber internationalen Schutz benötigen« (Buchst. b: **subsidiärer Schutzstatus**) und ergänzt von dem Sonderinstrument einer »gemeinsamen Regelung für den vorübergehenden Schutz von Vertriebenen im Falle eines Massenzustroms (Buchst. c: **vorübergehender Schutz**). Angesichts der gewichtigen Bedeutung des Verfahrens für Erlangung, Verweigerung und Verlust des Asylstatus oder des subsidiären Schutzstatus für Flüchtlinge erstreckt Art. 78 Abs. 2 AEUV die Agenda der Union, auch darauf, unterschiedlich attraktive oder abschreckende mitgliedstaatliche Ausgestaltungen (mit entsprechend unterschiedlichen Antrags- und Migrationswirkungen für die einzelnen Mitgliedstaaten) zu vermeiden. Die Bestimmung erfasst daher folgerichtig auch die Themen eines »gemeinsamen Verfahrens für die Gewährung und den Entzug« sowohl des einheitlichen Asylstatus als auch des subsidiären Schutzstatus (Buchst. d: **Statusverfahren**) und die Festlegung der »Kriterien und Verfahren zur Bestimmung des Mitgliedstaats, der für die Prüfung eines Antrags auf Asyl oder subsidiären Schutz zuständig ist« (Buchst. e: **Verfahrenszuständigkeit**). Da sich eine unterschiedliche Behandlung von Statusantragstellern in den einzelnen Mitgliedstaaten[30] nicht minder gewichtig auf den Zustrom von Drittstaatsangehörigen auswirken und eine innerunionale Sekundärmigration auslösen kann, benennt Art. 78 Abs. 2 AEUV als Aufgabenbereich der Union gleichermaßen die Festlegung von »Aufnahmebedingungen« derartiger Antragsteller (Buchst. f: **Aufnahmebedingungen**). Zur faktischen Entlastung des mit diesen Elementen angestrebten gemeinsamen europäischen Asylsystems vor seiner Überforderung durch den Zustrom von Asylbewerbern oder Antragstellern auf subsidiären oder vorübergehenden Schutz beauftragt die Vorschrift die Union schließlich konsequent auch mit dem Bemühen um »Partnerschaft und Zusammenarbeit mit Drittländern« zur Steuerung eines derartigen Zustroms (Buchst. g: **kooperative Zustromsteuerung**). In allen diesen Bereichen ermächtigt Art. 78 Abs. 2 AEUV die Union zu »**Maßnahmen**«. Damit ist sie nicht auf bestimmte Handlungsformen beschränkt, sondern kann insbesondere alle der in Art. 288 AEUV aufgeführten Rechtsakte einsetzen.

8   Als flankierenden Sachbereich weist Art. 78 Abs. 3 AEUV, dessen Formulierung auf Art. III–266 VVE zurückgeht und der Art. 64 Abs. 2 EGV fortentwickelt, der Union zusätzlich eine Handlungsbefugnis im Falle einer **mitgliedstaatlichen Notlage** zu, die »aufgrund eines plötzlichen Zustroms von Drittstaatsangehörigen« entsteht. In diesem Fall kann der Rat auf Vorschlag der Kommission und nach Anhörung des Europäischen Parlaments **vorläufige Maßnahmen** zugunsten des oder der betreffenden Mitgliedstaaten erlassen. Eine Notlage ist eine ungewöhnlich intensive[31] Belastung oder Gefähr-

---

[30] Vgl. zu dieser Diskrepanz die Beurteilung des EGMR der Überstellung eines afghanischen Antragstellers von Belgien nach Griechenland im Jahre 2009 als Verstoß Griechenlands gegen Art. 3 EMRK (Verbot unmenschlicher oder erniedrigender Behandlung) wegen der dortigen Haft- und Lebensbedingungen und gegen Art. 13 EMRK (Recht auf wirksame Beschwerde) wegen der Mängel des dortigen Asylverfahrens sowie als Verstoß Belgiens gegen Art. 3 EMRK wegen Überstellung trotz Kenntnis der konventionswidrigen Zustände in Griechenland und gegen Art. 13 EMRK wegen Fehlens eines wirksamen Rechtsbehelfs gegen die Überstellung (EGMR, Urt. v. 21.1.2011, Beschwerde-Nr. 30696/09 (M.S.S./Belgien und Griechenland), DÖV 2011, 324.
[31] Mithin »nicht schon jede spürbare Veränderung« und auch nicht »per se« eine stärkere finanzielle Belastung: so *Rossi*, in: Calliess/Ruffert, EUV/AEUV, Art. 78 AEUV, Rn. 32.

dungssituation namentlich der Versorgung oder der inneren Sicherheit, auch im Sinne einer politischen Destabilisierung.[32] Art. 78 Abs. 3 AEUV ermöglicht als **Maßnahmen** die der Sachlage nach politischer Einschätzung angemessenen, insbesondere finanziellen und sonstigen Unterstützungsleistungen, nicht aber die Suspension von Rechtsakten der Union (str.).[33] Eine »möglichst gleichmäßige Belastung der Mitgliedstaaten« ist nicht geboten.[34] Auf Art. 78 Abs. 3 AEUV gestützt ist der Flüchtlingsverteilungsbeschluss des Rates v. 22. 9. 2015 zugunsten von Italien und Griechenland.[35]

II. Verfahren der Kompetenznutzung

1. Systemerrichtung: ordentliches Gesetzgebungsverfahren (Abs. 2)

Art. 78 Abs. 2 AEUV sieht für die »Maßnahmen in Bezug auf ein gemeinsames europäisches Asylsystem« das **ordentliche Gesetzgebungsverfahren** vor (Art. 289 Abs. 1, 294 AEUV). Innerhalb dessen beschließt der Rat mit qualifizierter Mehrheit (Art. 16 Abs. 3 EUV). Mit diesem Verfahren und der nicht auf eine bestimmte Handlungsform begrenzten Befugnis hat die Union die rechtlichen Instrumente und die nach derzeitigem Primärrecht hierzu höchst mögliche demokratische Legitimation zur Errichtung eines dauerhaften und stabilen Gesamtsystems. Die Gesetzgebungsakte können nach Art. 291 AEUV die Kommission ermächtigen, Rechtsakte ohne Gesetzgebungscharakter mit allgemeiner Geltung zur Ergänzung oder Änderung bestimmter nicht wesentlicher Vorschriften des betreffenden Gesetzgebungsaktes zu erlassen. Zur Sonderstellung des Vereinigten Königreichs, Irlands und Dänemarks vgl. Art. 67 AEUV, Rn. 22 ff.

9

2. Notlage: Sonderverfahren für vorläufige Maßnahmen bei Notlage (Abs. 3)

Ein **besonderes**, nicht als Gesetzgebungsverfahren ausgewiesenes Verfahren gilt für die Wahrnehmung der Verbandskompetenz der Union zum Erlass vorläufiger Maßnahmen in der Notlage eines oder mehrerer Mitgliedstaaten im Sinne des Art. 78 Abs. 3 AEUV (s. oben Rn. 8). In diesem Fall entscheidet der **Rat** (mit qualifizierter Mehrheit; Art. 16 Abs. 3 EUV) auf Vorschlag der Kommission. Das Europäische Parlament ist auf Anhörung beschränkt.

10

---

[32] *Hoppe*, in: Lenz/Borchardt, EU-Verträge, Art. 78 AEUV, Rn. 17 (auch: »konkrete Gefahr erheblicher Destabilisierung«); *Rossi*, in: Calliess/Ruffert, EUV/AEUV, Art. 78 AEUV, Rn. 32; *Graßhof*, in: Schwarze, EU-Kommentar, Art. 78 AEUV, Rn. 24.
[33] Wie hier zu Gesetzgebungsakten nach Art. 78 Abs. 2 AEUV *Thym*, in: Grabitz/Hilf/Nettesheim, EU, Art. 78 AEUV (Mai 2011), Rn. 48; a. A. *terSteeg*, Das Einwanderungskonzept der EU, 2006, S. 158; für die Möglichkeit einer vorübergehenden Einführung eines Visumszwangs z. B. *Graßhof*, in: Schwarze, EU-Kommentar, Art. 78 AEUV, Rn. 26, doch legitimiert Art. 75 Abs. 3 AEUV nicht zur Suspension einer im ordentlichen Gesetzgebungsverfahren erlassenen Bestimmung.
[34] So aber *Kotzur*, in: Geiger/Khan/Kotzur, EUV/AEUV, Art. 78 AEUV, Rn. 11.
[35] Rat 12098/15 ASIM 87.

E. Die Kompetenznutzung: Grundzüge des Sekundärrechts

I. Vielgestaltigkeit des unionsrechtlichen Acquis der Asylpolitik

11 Die Union/Gemeinschaft ist im Bereich der heute in Art. 78 AEUV aufgeführten Zuständigkeiten zur Entwicklung einer gemeinsamen Asylpolitik in vielfältiger und mittlerweile konzeptionell umfassender Weise und in zügiger Entwicklung (mit teils kurzlebigen Rechtsakten) tätig geworden.[36] Im Rahmen des Schengen-Prozesses außerhalb der Union/Gemeinschaft ergriffene Maßnahmen sind im Gefolge des Vertrags von Amsterdam in das Gemeinschaftsrecht inkorporiert worden.[37] Als Ergebnis dieser Entwicklung stellt sich das von der Union geschaffene Recht der Asylpolitik in der Auffächerung der von Art. 78 Abs. 2 AEUV aufgelisteten Bereiche vielgestaltig dar. Seine Einzelelemente werden konzeptionell und inhaltlich vom Ziel eines funktionsfähigen **Gemeinsamen Europäischen Asylsystems (GEAS)** zusammengehalten, wie es bereits vom Aktionsprogramm von Tampere 1999 angesprochen[38] und im Haager Programm von 2004 aufgefächert wurde,[39] vom Stockholmer Programm von 2009 fortgeführt[40] und institutionell durch das Europäische Unterstützungsbüro für Asylfragen[41] zusätzlich befördert wird. Im **Praxistest** eines quantitativ hohen Zustroms von Drittstaatsangehörigen zeigen sich allerdings seit 2015 zunehmend Grenzen der Bereitschaft und Fähigkeit einzelner Mitgliedstaaten, das unionsrechtlich verbindliche System umzusetzen. Die Nichtbefolgung dieser Regeln gefährdet jedoch das RFSR-Grundziel der Kontrollfreiheit von Personen an den Binnengrenzen der Union.

II. Das Sekundärrecht der Einzelbereiche des Art. 78 Abs. 2 AEUV (Überblick)

1. Einheitlicher Asylstatus für Drittstaatsangehörige (Buchst. a)

12 Art. 78 Abs. 2 Buchst. a AEUV ermächtigt die Union zur Schaffung eines in der ganzen Union gültigen einheitlichen Asylstatus für Drittstaatsangehörige und Staatenlose (nicht für Unionsbürger; für sie gilt im Übrigen jeder Mitgliedstaat primärrechtlich als sicherer Herkunftsstaat[42]). Dies ist eine geteilte Zuständigkeit nach Art. 4 Abs. 2

---

[36] Vgl. die Auflistung der wichtigsten, auf Art. 63 AEUV gestützten Richtlinien bei *Rossi*, in: Calliess/Ruffert, EUV/AEUV, Art. 78 AEUV, Rn. 4; als zusammenfassende Erörterung z. B. *Kugelmann*, in: Schulze/Zuleeg, Europarecht, § 14, Rn. 148–193, *H. G. Fischer*, S. 82 ff.; ausführlich und vertiefend zur Entwicklung des Asylrechts als europäisches Integrationsthema zur Entstehung eines gemeinsamen Asylraums der Mitgliedstaaten zum GEAS *Fröhlich*, S. 127 ff., S. 135 ff., S. 155 ff., S. 193 ff.; als Zwischenstände im Jahre 2001 *Schmahl*, ZAR 2001, 3; im Jahre 2004 *Hailbronner/Higgins*, S. 455 und *Weinzierl*; im Jahre 2007 *Kugelmann*, ZAR 2007, 81; zur derzeitigen Ausfaltung *Stern/Tohidipur*, EnzEuR, Bd. 10, § 14, Rn. 63 ff.

[37] Protokoll zur Einbeziehung des Schengen-Besitzstandes in den Rahmen der Europäischen Union, ABl. 1997, C 340/93.

[38] S. oben Rn. 5, Fn. 16.

[39] S. oben Rn. 5, Fn. 17.

[40] Das Stockholmer Programm – Ein offenes und sicheres Europa im Dienste und zum Schutz der Bürger, ABl. 2010, C 115/1.

[41] Dazu oben Art. 74 AEUV, Rn. 6.

[42] So Protokoll Nr. 24 über die Gewährung von Asyl für Staatsangehörige von Mitgliedstaaten der Europäischen Union, ABl. 2008, L 115/305, wonach »in Anbetracht des Niveaus des Schutzes der Grundrechte und Grundfreiheiten in den Mitgliedstaaten der Europäischen Union … die Mitgliedstaaten füreinander für alle rechtlichen und praktischen Zwecke im Zusammenhang mit Asylangele-

Buchst. j AEUV, wiewohl kein Mitgliedstaat in der Lage wäre, verbindlich einen derart einheitlichen Status zu kreieren. Diese Kompetenz zielt auf die Vereinheitlichung des **materiellen Asylrechts**, um zu vermeiden, dass es im binnengrenzkontrolllosen Freizügigkeitsraum der Union zu einer Wanderbewegung von Flüchtlingen auf Grund unterschiedlicher **Voraussetzungen** und **Folgen** der **Asylgewährung** kommt. Folgerichtig zu diesem Ziel erlaubt Art. 78 Abs. 2 Buchst. a AEUV nicht nur eine Mindestharmonisierung wie die Vorgängervorschrift des Art. 63 Nr. 1 Buchst. c EGV, sondern eine **Vollharmonisierung**[43] bzw. abschließende Vollregelung. Kommt es dazu, ist es den Mitgliedstaaten unionsrechtlich verwehrt, einen besseren Status zu schaffen. Die Ausgestaltung des Status im Einzelnen liegt zwar grundsätzlich in der **Gestaltungshoheit** der Union, jedoch muss die unionsrechtliche Regelung mit der **GFK** und anderen einschlägigen Verträgen im Einklang stehen (Art. 78 Abs. 1 Satz 1 AEUV), kann aber den einheitlichen Status zugunsten betroffener Personen günstiger definieren.[44] So ermöglicht Art. 78 Abs. 2 Buchst. a AEUV beispielsweise die Zuerkennung eines (nicht bereits mit dem Asylstatus begriffsnotwendig verbundenen) Freizügigkeitsrechts zwischen den Mitgliedstaaten oder eines unionsweit gültigen Status, ohne die Union allerdings zu einer derartigen Ausgestaltung des Asylstatus zu verpflichten.[45]

a) **Voraussetzungen**

Zu den **Voraussetzungen** der Asylgewährung erfolgte nach Schaffung der ursprünglichen dritten Säule (»Justiz und Inneres«) der Union von Maastricht, welche die Asylpolitik als einen von neun Gegenständen gemeinsamen Interesses der Mitgliedstaaten aufführte,[46] eine erste Vereinheitlichung durch den (intergouvernementalen) **gemeinsamen Standpunkt 96/196/JI** betreffend die harmonisierte Anwendung der **Definition des Begriffs »Flüchtling«** in Artikel 1 GFK über die Rechtsstellung der Flüchtlinge.[47] Er knüpfte am Kriterium der GFK für die Zuerkennung der Flüchtlingseigenschaft an, mithin am Bestehen einer wohlbegründeten Furcht vor Verfolgung wegen der Rasse, der Religion, der Nationalität, der politischen Überzeugung oder der Zugehörigkeit zu einer

13

---

genheiten als sichere Herkunftsländer (gelten).« Die Präambelbegründung sollte allerdings an der Spitze präziser die Verpflichtung der Mitgliedstaaten auf die gemeinsamen Werte des Art. 2 Satz 2 EUV führen. Aus diesem Orientierungspunkt ergeben sich schlüssig die im Protokoll Nr. 24 Ausnahmen für die Berücksichtigung oder Bearbeitungszulassung des Asylantrags eines Staatsangehörigen eines Mitgliedstaats in einem anderen Mitgliedstaat.

[43] *Weiß*, in: Streinz, EUV/AEUV, Art. 78 AEUV, Rn. 11; *Thym*, in: Grabitz/Hilf/Nettesheim, EU, Art. 78 AEUV (März 2011), Rn. 22 (allerdings mit zweifelhafter Ausdehnung des Gedankens der Abweichungsfestigkeit auf die Auslegung der unter der Primärrechtslage vor Lissabon-Beschränkung auf Mindestnormen- erlassenen. Mittlerweile aufgehobenen Richtlinie 2004/83/EG); *Hoppe*, in: Lenz/Borchardt, EU-Verträge, Art. 78 AEUV, Rn. 6.

[44] Zweifelhaft wäre daher das Postulat einer »Kongruenz« zwischen dem einheitlichen Asylstatus der EU und dem Flüchtlingsbegriff der GFK (so *Thym*, in: Grabitz/Hilf/Nettesheim, EU, Art. 78 AEUV (März 2011), Rn. 23), die eine günstigere unionsrechtliche Definition sperrte. Zutreffend daher die Ablehnung einer »Vollidentität«, die schon wegen der Konkretisierungsbedürftigkeit der GFK ausscheidet (*Thym*, in: Grabitz/Hilf/Nettesheim, EU, Art. 78 AEUV (März 2011), Rn. 24).

[45] Ebenso *Thym*, in: Grabitz/Hilf/Nettesheim, EU, Art. 78 AEUV (März 2011), Rn. 26.

[46] *Müller-Graff*, Europäische Zusammenarbeit in den Bereichen Justiz und Inneres, in: Müller-Graff (Hrsg.), Europäische Zusammenarbeit in den Bereichen Justiz und Inneres, S. 11 (S. 14 ff.).

[47] Gemeinsamer Standpunkt 96/196/JI vom 4.3.1996 – vom Rat aufgrund von Artikel K.3 des Vertrags über die Europäische Union festgelegt – betreffend die harmonisierte Anwendung des Begriffs »Flüchtling« in Artikel 1 des Genfer Abkommens vom 28.7.1951 über die Rechtsstellung der Flüchtlinge ABl. 1996, L 63/2.

bestimmten sozialen Gruppe, und präsisierte sodann für den unionsinternen Gebrauch u. a. die Begriffe der wohlbegründeten Furcht, der Verfolgung, der Ursache der Verfolgung (Ziff. 5) und der einzelnen Verfolgungsgründe (Ziff. 7). Als für die Flüchtlingsqualifikation erhebliche Verfolgung wurde diejenige definiert, die von einem Organ der Staatsgewalt oder von Parteien oder Organisationen, die den Staat beherrschen, ausgeht (Ziff. 5.1). Demgegenüber kam eine relevante Verfolgung durch Dritte nur in Betracht, wenn sie sich gegen einzelne Personen richtet und von den Behörden gefördert oder gebilligt wird (Ziff. 5.2). Diese Regeln wurden sodann, teils in zusätzlicher Detaillierung, auf die Ebene verbindlichen Gemeinschaftsrechts gehoben. Dies erfolgte durch die (mittlerweile nach Art. 40 der Richtlinie 2011/95/EU[48] im Wesentlichen **aufgehobenen) Richtlinie 2004/83/EG** über Mindestnormen für die Anerkennung und den Status von Drittstaatsangehörigen oder Staatenlosen als Flüchtlinge oder als Personen, die anderweitig internationalen Schutz benötigen, und über den Inhalt des zu gewährenden Schutzes.[49] Ihre Umsetzung beinhaltete einen teils beachtlichen Änderungsbedarf in den mitgliedstaatlichen Rechtsordnungen,[50] führte zu mehreren Vertragsverletzungsverfahren wegen Fristversäumnis[51] und zu der (nicht überraschenden) Erkenntnis, dass die praktische Handhabung der angeglichenen Vorschriften in den einzelnen Mitgliedstaaten divergiert.[52]

14 Maßgeblich für die **Anerkennung** von Drittstaatsangehörigen oder Staatenlosen als Personen mit Anspruch auf internationalen Schutz, für einen **einheitlichen Status** für Flüchtlinge oder für Personen mit Anrecht auf subsidiären Schutz und für den **Inhalt** des zu gewährenden Schutzes ist nunmehr die auf Art. 78 Abs. 2 Buchst. a und b gestützte **Richtlinie 2011/95/EU**[53] (**Qualifikationsrichtlinie**). Sie enthält Mindestnormen zur Entscheidung über die Qualifikation als schutzberechtigte Person und zur Bestimmung des

---

[48] RL 2011/95/EU vom 13.12.2011 über Normen für die Anerkennung von Drittstaatsangehörigen oder Staatenlosen als Personen mit Anspruch auf internationalen Schutz, für einen einheitlichen Statuts für Flüchtlinge oder für Personen mit Anrecht auf subsidiären Schutz und für den Inhalt des zu gewährenden Schutzes, ABl. 2011, L 337/9.

[49] RL 2004/83/EG vom 29.4.2004 über Mindestnormen für die Anerkennung von Drittstaatsangehörigen oder Staatenlosen als Flüchtlinge oder als Personen, die anderweitig internationalen Schutz benötigen und über den Inhalt des zu gewährenden Schutzes, ABl. 2004, L 304/12; zu dieser seinerzeitigen Rechtslage ausführlich *Fröhlich*, S. 225 ff.; s. auch *Hailbronner*, ZAR 2008, 209, 265; *Weiß*, in: Streinz, EUV/AEUV, Art. 78 AEUV, Rn. 13-Rn. 15; *Hoppe*, in: Lenz/Borchardt, EU-Verträge, Art. 78 AEUV, Rn. 7; *Duchrow*, ZAR 2004, 339; *Hruschka/Löhr*, ZAR 2007, 180.

[50] So etwa in Deutschland bei den Asylgründen: dazu *Weiß*, in: Streinz, EUV/AEUV, Art. 78 AEUV, Rn. 13; zur Umsetzung vgl. Gesetz zur Umsetzung aufenthalts- und asylrechtlicher Richtlinien der Europäischen Union, BGBl. 2007 I S. 1970.

[51] EuGH, Urt. v. 5.2.2009, Rs. C–293/08 (Kommission/Finnland), Slg. 2009, I–15; Urt. v. 30.4.2009, Rs. C–256/08 (Kommission/Vereinigtes Königreich), Slg. 2009, I–71; Urt. v. 14.5.2009, Rs. 322/08 (Kommission/Schweden), Slg. 2009, I–81; Urt. v. 9.7.2009, Rs. C–272/08 (Kommission/Spanien), Slg. 2009, I–118.

[52] So Mitteilung der Kommission an das Europäische Parlament, den Rat, den Europäischen Wirtschafts- und Sozialausschuss und den Ausschuss der Regionen – Künftige Asylstrategie – Ein integriertes Konzept für den EU-weiten Schutz, KOM (2008) 360endg., S. 3; Mitteilung der Kommission an das Europäische Parlament und den Rat: Ein Raum der Freiheit, der Sicherheit und des Rechts im Dienste der Bürger, KOM (2009) 262 endg., S. 5.

[53] Richtlinie 2011/95/EU des Europäischen Parlaments und des Rates v. 13.12.2011 über die Normen für die Anerkennung von Drittstaatsangehörigen und Staatenlosen als Personen mit Anspruch auf internationalen Schutz, für einen einheitlichen Status für Flüchtlinge oder für Personen mit Anrecht auf subsidiären Schutz und für den Inhalt des zu gewährenden Schutzes, ABl. 2011, L 337/9; als umfassende Kommentierung: *Marx*; als ausführliche Analyse *Stern/Tohidipur*, EnzEuR, Bd. 10, § 14, Rn. 79 ff.

Schutzinhalts, so dass die Mitgliedstaaten insoweit günstigere Normen erlassen können, sofern sie mit der Richtlinie vereinbar sind (Art. 3).⁵⁴ Damit wird freilich das spezifische RFSR-Ziel, innerunionale Attraktivitätsunterschiede zu vermeiden (Begrenzung der »Sekundärmigration« zwischen den Mitgliedstaaten), schon normativ nicht zwingend fixiert. Für die **Anerkennung als Flüchtling** definiert die Richtlinie die relevanten Verfolgungshandlungen in unionsrechtlich verbindlicher Konkretisierung des Verfolgungsbegriffs der GFK (Art. 9), die Verfolgungsgründe (Art. 10) sowie die Erlöschensgründe (Art. 11) und Anerkennungsausschlussgründe (Art. 12). Festgelegt sind auch die Regeln zur Prüfung von Anträgen auf internationalen Schutz (Art. 4: Prüfung der Tatsachen und Umstände; Art. 5: der aus Nachfluchtgründen entstehende Bedarf an internationalem Schutz), wobei in diesem Kapitel sich auch die Regelung der substanziellen Fragen findet, von welchen für die Qualifikation erheblichen Akteuren die Verfolgung oder ein ernsthafter Schaden ausgehen kann (Art. 6: Staat; Parteien oder Organisationen, die den Staat oder einen wesentlichen Teil des Staatsgebietes beherrschen; nichtstaatliche Akteure, sofern die vorgenannten Akteure einschließlich internationaler Organisationen erwiesenermaßen nicht in der Lage oder nicht willens sind, Schutz vor Verfolgung oder ernsthaftem Schaden im Sinne des Art. 7 zu bieten). Werden von einem Antragsteller die erforderlichen Voraussetzungen erfüllt, ist die Flüchtlingseigenschaft zuzuerkennen (Art. 13). Gleichermaßen geregelt sind die Vorschriften zu deren Aberkennung, Beendigung oder Ablehnung der Verlängerung Art. 14).

b) Statusinhalt

Der unionsrechtlich vorgesehene **Inhalt des unionsrechtlichen Asylstatus im Sinne internationalen Schutzes** ist – unbeschadet der in der GFK verankerten Rechte- gleichfalls von der **Richtlinie 2011/95/EU**⁵⁵ festgelegt. Hierzu zählen namentlich: die Ausstellung eines Aufenthaltstitels für mindestens drei Jahre mit Verlängerungsmöglichkeit (Art. 24; für Familienangehörige ist eine geringere Dauer möglich); die Ausstellung von Reisedokumenten (Art. 25); die Bewegungsfreiheit innerhalb eines Mitgliedstaats zu den jeweils vorgesehenen Bedingungen (Art. 33); der Zugang zur unselbständigen oder selbständigen Erwerbstätigkeit (Art. 26), zum Bildungssystem (Art. 27), zu Verfahren für die Anerkennung von Befähigungsnachweisen (Art. 28), zu Sozialhilfeleistungen (Art. 29), zur medizinischen Versorgung (Art. 30), zu Wohnraum (Art. 32) und zu Integrationsmaßnahmen (Art. 34).

15

2. Einheitlicher subsidiärer Schutzstatus (Buchst. b)

Art. 78 Abs. 2 Buchst. b AEUV ermächtigt (in Fortsetzung des Art. 63 Nr. 2 Buchst. a EGV) die Union zur Schaffung eines einheitlichen subsidiären Schutzstatus für Drittstaatsangehörige, die keinen europäischen Asylstatus im Sinne von Art. 78 Abs. 2 Buchst. a AEUV erhalten, aber internationalen Schutz benötigen (nach Art. 4 Abs. 2 Buchst. j AEUV geteilte Zuständigkeit). Dies ist eine sich infolge von Bürgerkriegen zunehmend häufende Situation.⁵⁶ Die Festlegung von Voraussetzungen, Dauer, Rechts-

16

---

⁵⁴ Vgl. allerdings die Konditionierung für eine nationale Besserstellung unter der Vorgängerrichtlinie durch den EuGH, Urt. v. 9.11.2010, Rs. C–57/09 und Rs. 101/09 (B und D), NVwZ 2011, 285, Rn. 121: keine Schutzform mit Verwechslungsgefahr zur Rechtsstellung des Flüchtlings; dazu *Hoppe*, in: Lenz/Borchardt, EU-Verträge, Art. 78 AEUV, Rn. 7.
⁵⁵ ABl. 2011, L 337/9 (s. Fn. 53).
⁵⁶ *Weiß*, in: Streinz, EUV/AEUV, Art. 78 AEUV, Rn. 17; *Hoppe*, in: Lenz/Borchardt, EU-Verträge, Art. 78 AEUV, Rn. 8.

folgen (mit oder ohne Anlehnung an den sekundärrechtlichen Asylstatus nach Art. 78 Abs. 2 Buchst. a AEUV) und auch von Differenzierungen eines derartigen Status steht in der **Gestaltungshoheit des Unionsgesetzgebers**. Sie ist nicht von der GFK eingeschränkt[57] oder von anderen völkerrechtlichen Vorgaben determiniert, wohl aber aus dem Begriff des internationalen Schutzbedürfnisses, dem eine Eingrenzung auf »unfreiwillige« Migrationslagen innewohnt.[58] Die Auslegung unionsrechtlichen Sekundärrechts hat autonom zu erfolgen, sofern sich dieses nicht auf unionsrechtsexterne Maßstäbe (z. B. Art. 3 EMRK) bezieht.[59]

17 Auch von dieser Kompetenz hat die Union nunmehr mit Erlass der **Richtlinie 2011/95/EU**[60] (in Nachfolge der auf Art. 63 Abs. 1 Nr. 1 Buchst. c, Nr. 2 Buchst. c und Nr. 3 Buchst. a gestützten Richtlinie 2004/83/EG[61]) Gebrauch gemacht. Danach ist einem Drittstaatsangehörigen oder Staatenlosen, der die einschlägigen Voraussetzungen (Art. 4 bis 8, 15 bis 17) erfüllt, der subsidiäre Schutzstatus des Unionsrechts zuzuerkennen (Art. 18). Eine Person mit **Anspruch auf subsidiären Schutz** ist nach der Legaldefinition des Art. 2 Buchst. f der Richtlinie ein Drittstaatsangehöriger oder Staatenloser, der zwar die Voraussetzungen der Anerkennung als Flüchtling nicht erfüllt, jedoch »stichhaltige Gründe für die Annahme vorgebracht hat, dass er bei einer Rückkehr in sein Herkunftsland« (oder bei einem Staatenlosen in das Land seines vorherigen gewöhnlichen Aufenthalts) »tatsächlich Gefahr liefe, einen ernsthaften Schaden im Sinne des Artikel 15 zu erleiden … und der den Schutz dieses Landes nicht in Anspruch nehmen kann oder wegen dieser Gefahr nicht in Anspruch nehmen will.« Als ernsthafter Schaden gelten nach Art. 15: die Verhängung oder Vollstreckung der Todesstrafe; Folter oder unmenschliche oder erniedrigende Behandlung oder Bestrafung eines Antragstellers im Herkunftsland; oder eine ernsthafte individuelle Bedrohung des Lebens oder der Unversehrtheit einer Zivilperson infolge willkürlicher Gewalt im Rahmen eines internationalen oder innerstaatlichen bewaffneten Konflikts. Letzteres betrifft insbesondere Bürgerkriege. Hierbei setzt nach billigenswerter Rechtsprechung des EuGH zur wortidentischen Vorgängervorschrift (Art. 15 der Richtlinie 2004/83/EG) das Vorliegen einer ernsthaften individuellen Bedrohung des Lebens oder Unversehrtheit der Person nicht voraus, dass diese beweist, dass sie aufgrund von ihrer persönlichen Situation innewohnenden Umständen »spezifisch« betroffen ist. Vielmehr kann eine derartige Bedrohung auch dann angenommen werden, »wenn der den bestehenden bewaffneten Konflikt kennzeichnende Grad willkürlicher Gewalt … ein so hohes Niveau erreicht, dass stichhaltige Gründe für die Annahme bestehen, dass eine Zivilperson bei einer Rückkehr in das betreffende Land oder gegebenenfalls in die betroffene Region allein durch ihre Anwesenheit im Gebiet dieses Landes oder dieser Region tatsächlich Gefahr liefe, einer solchen Bedrohung ausgesetzt zu sein.«[62]

18 Der derzeitige sekundärrechtliche **Inhalt des subsidiären Schutzstatus** des Unionsrechts entspricht grundsätzlich demjenigen des unionsrechtlichen Flüchtlingsstatus, wie er sich aus den Regelungen über den Inhalt des internationalen Schutzes der Richtlinie

---

[57] *Thym*, in: Grabitz/Hilf/Nettesheim, EU, Art. 78 AEUV (März 2011), Rn. 29.
[58] Deshalb für eine Ausgrenzung der »freiwilligen« Wirtschaftsmigration *Thym*, in: Grabitz/Hilf/Nettesheim, EU, Art. 78 AEUV (März 2011), Rn. 29.
[59] Vgl. zu dieser Abgrenzung EuGH, Urt. v. 17. 2. 2009, Rs. C–465/07 (Elgafaji), Slg. 2009, I–921, Rn. 28.
[60] ABl. 2011, L 337/9; dazu s. oben Fn. 53.
[61] ABl. 2004, L 304/12; zu dieser *Hailbronner*, ZAR 2008, 209, 265.
[62] EuGH, Urt. v. 17. 2. 2009, Rs. C–465/07 (Elgafaji), Slg. 2009, I–921, Rn. 43.

2011/95/EU ergibt (s. oben Rn. 15), soweit diese nicht Abweichendes bestimmt (Art. 20 Abs. 2). Letzteres betrifft im Vergleich zum Flüchtlingsstatus vor allem die verbindliche Mindestdauer des Aufenthaltstitels, der lediglich ein Jahr beträgt (Art. 24 Abs. 2), ferner Reisedokumente (Art. 25 Abs. 2) und die Gewährung von Sozialleistungen (Art. 29 Abs. 2: Beschränkbarkeit auf »Kernleistungen«).

3. Vorübergehender Schutz von Vertriebenen (Buchst. c)

Art. 78 Abs. 2 Buchst. c AEUV ermächtigt die Union, eine gemeinsame Regelung für den **vorübergehenden Schutz** von Vertriebenen im Falle eines **Massenzustroms** zu schaffen (geteilte Zuständigkeit: Art. 4 Abs. 2 Buchst. j AEUV). Die Vorschrift fußt inhaltlich auf der Vorgängernorm des Art. 63 Nr. 2 Buchst. a EGV, fokussiert ihren Anwendungsbereich jedoch enger auf den Massenzustrom (während die Vorgängernorm sich auf Vertriebene bezog, die nicht in ihr Herkunftsland zurückkehren können).[63] Hierbei geht es **nicht** um die Zuerkennung eines Asylstatus oder eines subsidiären Schutzstatus, sondern um die rasche Gewährung eines vorübergehenden Schutzes in einer Sondersituation und infolgedessen um eine weniger individualisierte Prüfung. Die Festlegung der Voraussetzungen und Rechtsfolgen liegt in der **Gestaltungshoheit des Unionsgesetzgebers**.[64] Völkerrechtliche Einschränkungen bestehen nicht. Die Inanspruchnahme des vorübergehenden Schutzes versperrt nicht die Möglichkeit der individuellen Zuerkennung des Flüchtlingsstatus im Sinne der GFK, des Asylstatus oder eines subsidiären Schutzstatus.[65]

19

Auf die Vorgängernorm in Verbindung mit dessen Buchst. b gestützt erließ die EG die **Richtlinie 2001/55/EG** des Rates vom 20. 7. 2009 **über Mindestnormen für die Gewährung vorübergehenden Schutzes im Falle eines Massenzustroms von Vertriebenen und Maßnahmen zur Förderung einer ausgewogenen Verteilung der Belastungen**, die mit der Aufnahme dieser Personen und den Folgen dieser Aufnahme verbunden sind, auf die Mitgliedstaaten.[66] Die **Dauer** des danach unionsrechtlich verbindlichen vorübergehenden Schutzes (unbeschadet günstigerer Regelungen der Mitgliedstaaten: Art. 3 Abs. 5) beträgt ein Jahr (gegebenenfalls mit automatischer Verlängerung um jeweils sechs Monate, höchstens jedoch um ein Jahr) (Art. 4). Dass der Fall eines Massenzustroms von Vertriebenen besteht, wird auf Vorschlag der Kommission durch einen (mit qualifizierter Mehrheit fassbaren) **Beschluss des Rates** festgestellt, der die spezifischen Personengruppen beschreibt, denen vorübergehender Schutz gewährt wird, und den Zeitpunkt des Beginns des vorübergehenden Schutzes festlegt sowie eine Schätzung des Umfangs der Wanderbewegungen von Vertriebenen enthält (Art. 5). Die Mitgliedstaaten können den vorübergehenden Schutz weiteren aus den gleichen Gründen vertriebenen und demselben Herkunftsland oder derselben Herkunftsregion kommenden Personengruppen gewähren (Art. 7 Abs. 1).

20

Der Anwendungsbereich der Regelungen wird von den Begriffen der Vertriebenen und des Massenzustroms markiert. **Vertriebene** sind nach deren Art. 2 Buchst. c der

21

---

[63] *Weiß*, in: Streinz, EUV/AEUV, Art. 78 AEUV, Rn. 19.
[64] *Thym*, in: Grabitz/Hilf/Nettesheim, EU, Art. 78 AEUV (März 2011), Rn. 33.
[65] *Thym*, in: Grabitz/Hilf/Nettesheim, EU, Art. 78 AEUV (März 2011), Rn. 32.
[66] ABl. 2001, L 212/12; dazu als Überblick *Stern/Tohidipur*, EnzEuR, Bd. 10, § 14, Rn. 113–116; als ausführliche Kommentierung *Skordas*, in: Hailbronner (Hrsg.), EU Immigration and Asylum Law – Commentary, 2010, S. 803 ff.; zum historischen Entstehungshintergrund *Progin-Theuerkauf*, in: GSH, Europäisches Unionsrecht, Art. 78 AEUV, Rn. 19.

Richtlinie 2001/55 Drittstaatsangehörige oder Staatenlose, die ihr Herkunftsland oder ihre Herkunftsregion haben verlassen müssen oder nach einem Aufruf internationaler Organisationen evakuiert wurden und wegen der in diesem Land herrschenden Lage nicht sicher und dauerhaft zurückkehren können und die gegebenenfalls in den Anwendungsbereich internationaler oder nationaler Regelungen internationalen Schutzes fallen (insbesondere Art. 1 Abschnitt A GFK). Als **Massenzustrom** definiert Art. 2 Buchst. d der Richtlinie 2001/55/EG den Zustrom einer großen Zahl Vertriebener, die aus einem bestimmten Land oder einem bestimmten Gebiet kommen, wobei es unerheblich ist, ob der Zustrom spontan oder unterstützt durch ein Evakuierungsprogramm erfolgte. Der Beschluss des Rates löst eine Reihe von in der Richtlinie vorgesehenen **Pflichten der Mitgliedstaaten** gegenüber den betroffenen Personen aus (Art. 8 – Art. 16), darunter: die Ausstellung eines Aufenthaltstitels; die Genehmigung der Ausübung einer abhängigen oder selbständigen Erwerbstätigkeit während der Zeit des vorübergehenden Schutzes (mit der Möglichkeit einer arbeitsmarktpolitischen Vorrangregelung für Unionsbürger, Staatsangehörige der Vertragsparteien des EWR-Abkommens sowie Drittstaatsangehörigen mit rechtmäßigem Aufenthalt, die Arbeitslosengeld beziehen); die angemessene Unterbringung oder Gewährung von Mitteln für eine Unterkunft; die Gewährung notwendiger Hilfe in Form von Sozialleistungen und Leistungen zur Sicherung des Lebensunterhalts sowie hinsichtlich der medizinischen Versorgung. Art. 15 enthält Bestimmungen zur Familienzusammenführung. Unter dem Gesichtspunkt der »Solidarität« innerhalb der Union zwischen den Mitgliedstaaten beinhaltet die Richtlinie auch Bestimmungen zu Fragen der finanziellen Unterstützung, der von den Mitgliedstaaten zu bestimmenden Aufnahmekapazitäten und deren Überschreitung sowie zur zwischenstaatlichen Kooperation (Art. 24 – Art. 26).

4. Gemeinsame Verfahren für Gewährung und Entzug (Buchst. d)

22 Art. 78 Abs. 2 Buchst. d AEUV ermächtigt (in Fortsetzung des Art. 63 Nr. 1 Buchst. d EGV) die Union zur Festlegung gemeinsamer Verfahren[67] für die Gewährung und den Entzug des einheitlichen Asylstatus beziehungsweise des subsidiären Schutzstatus (geteilte Zuständigkeit: Art. 4 Abs. 2 Buchst. j AEUV). Sinn ist die **Vermeidung unterschiedlicher Verfahrensregeln** und **Praktiken** in den Mitgliedstaaten, die zu einem Zustrom der Schutzsuchenden in die Mitgliedstaaten mit den ihnen günstiger erscheinenden Verfahren führen. Die dafür relevanten und der Zuständigkeit des Art. 78 Abs. 2 Buchst. d AEUV unterfallenden Verfahrensmerkmale sind vielfältig: sie spannen sich von der Begrifflichkeit, der Ausstattung und fachlicher Kompetenz der zuständigen Behörden und den Voraussetzungen des Verfahrenszugangs über die Verfahrensgarantien für Antragsteller, die Bedingungen des prüfungsbezogenen Bleiberechts und die Prüfungsdauer bis zum Rechtsschutz.[68] Dies unterstreicht die maßgebliche Rolle des Asylverfahrensrechts für die Funktionsfähigkeit des primärrechtlich projektierten GEAS.[69] Die sachdienlichen Vorgaben obliegen einerseits der **Gestaltungshoheit des Uni-**

---

[67] *Kotzur*, in: Geiger/Khan/Kotzur, EUV/AEUV, Art. 78 AEUV, Rn. 8 sieht darin »die entscheidende Innovation«.
[68] Dies kann auch Gerichtsverfahren im Rahmen der nach Art. 67 AEUV gebotenen Achtung der verschiedenen Rechtstraditionen betreffen; vgl. *Hoppe*, in: Lenz/Borchardt, EU-Verträge, Art. 78 AEUV, Rn. 10.
[69] *Thym*, in: Grabitz/Hilf/Nettesheim, EU, Art. 78 AEUV (März 2011), Rn. 34 für das Europäische Unterstützungsbüro für Asylfragen, VO (EU) Nr. 439/2010 vom 19.5.2010 zur Einrichtung eines Europäischen Unterstützungsbüros für Asylfragen, ABl. 2010, L 132/11.

onsgesetzgebers im Rahmen der GRC, doch hat er andererseits den Grundsatz der (auch mit Art. 4 Abs. 2 EUV verbundenen) **Verfahrensautonomie der Mitgliedstaaten**[70] gebührend zu beachten. Art. 78 Abs. 2 Buchst. b AEUV enthält keine ausdrückliche Zuständigkeit für die Errichtung einer einheitlichen Asylbehörde der Union, ermöglicht aber die Unterstützung der mitgliedstaatlichen Behörden.[71] Inwieweit sich das sekundärrechtlich zu fassende Vereinheitlichungsziel in der tatsächlichen Anwendungspraxis aller Mitgliedstaaten niederschlagen wird, bleibt nach den bisherigen Erfahrungen eine offene Frage.[72] **Nicht** unter Art. 78 Abs. 2 Buchst. d AEUV fallen die **inhaltlichen Kriterien** für Zuerkennung und Verlust des Asylstatus oder des subsidiären Schutzstatus (dazu oben Art. 78 Abs. 2 Buchst. a und b AEUV). Unter den Gesichtspunkten der Zuständigkeit und des legislativen Erlassverfahrens ist die Qualifikation einer Regelung als prozedural oder inhaltlich (z. B. Regeln zum sicheren Herkunftsstaat) wegen der breit gefächerten Einzelkompetenzen des Art. 78 Abs. 2 AEUV und des dafür einheitlichen Gesetzgebungsverfahrens praktisch unerheblich.

Auf die Kompetenzgrundlage des Art. 78 Abs. 2 Buchst. d AEUV gestützt ist die **Richtlinie 2013/32/EU** des Europäischen Parlaments und des Rates vom 26. 6. 2013 zu **gemeinsamen Verfahren für die Zuerkennung und Aberkennung internationalen Schutzes**[73] (**Asylverfahrensrichtlinie**), wie er im Einzelnen in der Qualifikationsrichtlinie 2011/95/EU festgelegt ist.[74] Sie hat die auf den ehemaligen Art. 63 Abs. 1 Nummer 1 Buchst d EGV gestützte Richtlinie 2005/85/EG[75] abgelöst. Zum Zweck der Einführung gemeinsamer Verfahren und damit zur Harmonisierung der mitgliedstaatlichen Asylverfahren (unbeschadet günstigerer einzelstaatlicher Bestimmungen: Art. 5) enthält die Richtlinie eine **definierte Nomenklatur** von Begriffen für das Asylverfahrensrecht (Art. 2), so insbesondere für die Termini »Antrag auf internationalen Schutz«, »Asylbehörde«, »Flüchtling«, »Person mit Anspruch auf subsidiären Schutz«, »bestandskräftige Entscheidung«, »Folgeantrag«, »Aberkennung des internationalen Schutzes«.

23

Zur **institutionellen** Gewährleistung funktionsfähiger Verfahren in allen Mitgliedstaaten verpflichtet Art. 4 der Richtlinie 2013/32/EU die Mitgliedstaaten zur Benennung der zuständigen **Behörden** und zu deren **angemessenen sächlichen und personellen Ausstattung** für die Erfüllung ihrer Aufgaben (namentlich »kompetentes Personal in ausreichender Zahl«, »hinreichende Schulung«).

24

Die einzuhaltenden **Grundsätze** des Verfahrens zielen zum übergreifenden Zweck einer höchst möglichen individuellen Beurteilungsgerechtigkeit des Einzelantrags in

25

---

[70] Dazu generell *Krönke*, Die Verfahrensautonomie der Mitgliedstaaten der Europäischen Union, 2013.
[71] *Thym*, in: Grabitz/Hilf/Nettesheim, Art. 78 AEUV (März 2011), Rn. 37.
[72] *Weiß*, in: Streinz, EUV/AEUV, Art. 78 AEUV, Rn. 31.
[73] ABl. 2013, L 180/60; als ausführliche Analyse s. *Stern/Tohidipur*, EnzEuR, Bd. 10, § 14, Rn. 98 ff.
[74] Bl. 2011, L 337/9; s. oben Rn. 14.
[75] RL 2005/85/EG vom 1. 12. 2005 über Mindestnormen für Verfahren in den Mitgliedstaaten zur Zuerkennung und Aberkennung der Flüchtlingseigenschaft, ABl. 2005, L 326/13; dazu ausführlich *Fröhlich*, S. 246 ff.; *Spijkerboer/Arbaoui*, in: Hailbronner (Hrsg.), EU Immigration and Asylum Law – Commentary, 2010, S. 1227 ff.; *Renner*, ZAR 2004, 305; zur Nichtigkeit einzelner ihrer Bestimmungen (aus verfahrensrechtlichen Gründen) EuGH, Urt. v. 6. 5. 2008, Rs. C–133/06 (Europäisches Parlament/Rat), Slg. 2008, I–3189; zum Inhalt im Einzelnen noch *Weiß*, in: Streinz, EUV/AEUV, Art. 78 AEUV, Rn. 24–30; zu den davor bestehenden Ratsentschließungen vom 20. 6. 1995 (ABl. 1995, C 274/13) und 26. 6. 1997 (ABl. 1997, C 221/23) sowie zu den Schlussfolgerungen v. 30. 11./1. 12. 1992 über sichere Herkunftsstaaten und die Entschließung zu einem einheitlichen Konzept zu Aufnahmedrittländern *Weiß*, in: Streinz, EUV/AEUV, Art. 78 AEUV, Rn. 23.

ihrer Gesamtheit auf eine **höchst mögliche prozedurale Einzelfallgerechtigkeit** auf Grund angemessener und vollständiger Prüfung des Einzelantrags mit zügigem Abschluss der Antragsprüfung bei gleichzeitiger **Vermeidung einer Überlastung** des Prüfungssystems mit dem damit verbundenen Folgeaufwand durch unnötige Verfahren oder eines Systemmissbrauchs. Die von der Richtlinie hierfür vorgesehenen Einzelbestimmungen beinhalten neben vergleichsweise klar handzuhabenden Regeln sachbedingt auch zahlreiche unbestimmte Rechtsbegriffe und Wertungserfordernisse.

26 Im Einzelnen betreffen die Vorgaben der Richtlinie u. a.: Gewährleistungen des **Verfahrenszugangs** (Art. 6, 7: hierbei namentlich die tatsächliche Möglichkeit der Antragstellung, die zügige Registrierung nach Antragstellung und die Antragstellung Minderjähriger); des Weiteren die Berechtigung zum **prüfungsbegrenzten Verbleib** im Mitgliedstaat (Art. 9: während der Prüfung des Antrags); sodann bestimmte Anforderungen an die Antragsprüfung (Art. 10) und an die Entscheidung der Asylbehörde (Art. 11); ferner **Garantien für Antragsteller** (Art. 12, hierbei namentlich die Nutzung einer dem Schutzsuchenden verständlichen Sprache oder gegebenenfalls die Beiziehung eines Dolmetschers, das Recht zur Verbindungsaufnahme mit dem UNHCR oder bestimmten anderen beratenden Organisationen und die Vermittlung verfahrensrelevanter Informationen); des weiteren **Kooperationspflichten des Antragstellers** (Art. 13) und das Recht des Antragstellers auf persönliche Anhörung (Art. 14 – Art. 17); sowie zusätzlich das differenziert ausgestaltete Recht auf Rechts- und verfahrenstechnische Auskünfte und auf Rechtsberatung und -vertretung in verschiedenen Verfahrensphasen (Art. 19 – Art. 23).

27 Die Richtlinie beinhaltet detaillierte Bestimmungen für das so genannte **erstinstanzliche Verfahren** (Art. 31 – Art. 43). Hinsichtlich der **Dauer** ist vorgeschrieben, dass es »so rasch wie möglich« zum Abschluss gebracht werden soll (**Zügigkeitsgrundsatz**; Art. 31 Abs. 2) und setzt dafür eine **Sechs-Monats-Frist** fest, die mit der Stellung des förmlichen Antrags beginnt (Art. 31 Abs. 3 S. 1) bzw. im Falle eines nach der Verordnung (EU) Nr. 604/2013[76] zu behandelnden Antrags nach Erfüllung der hierfür einschlägigen Voraussetzungen (Art. 31 Abs. 3 S. 2: Bestimmung des für die Antragstellung zuständigen Mitgliedstaats; Anwesenheit des Antragstellers im Hoheitsgebiet dieses Antragstellers; Betreuung von der zuständigen Behörde). Die Frist kann unter bestimmten Voraussetzungen **verlängert** (höchstens um neun Monate; Art. 31 Abs. 3 S. 3) oder der Abschluss des Prüfverfahrens **aufgeschoben** werden (im Falle »einer aller Voraussicht nach vorübergehenden ungewissen Lage im Herkunftsstaat«: Art. 31 Abs. 4). In jedem Fall ist das Prüfungsverfahren nach maximal 21 Monaten nach der förmlichen Antragstellung abzuschließen (**Verfahrenshöchstdauer**: Art. 31 Abs. 5). Zugleich werden den Mitgliedstaaten **Beschleunigungsmöglichkeiten** vorgezeichnet (Art. 31 Abs. 7 und 8) und zwar insbesondere für »begründet erscheinende« Anträge und Anträge von Schutzbedürftigen im Sinne des Art. 22 der Richtlinie 2013/33/EU[77] (Art. 31 Abs. 7) sowie für Anträge von Antragstellern aus einem sicheren Herkunftsstaat und für Fälle eines verfahrensmissbräuchlichen Verhaltens des Antragstellers (z. B. falsche Angaben oder Dokumente; mutwillige Beseitigung eines Identitäts- oder Reisedokuments; Antrag mit alleiniger Verzögerungs- oder Behinderungsabsicht der Voll-

---

[76] Verordnung (EU) Nr. 604/2013 vom 26. 6. 2013 zur Festlegung der Kriterien und Verfahren zur Bestimmung des Mitgliedstaats, der für die Prüfung eines von einem Drittstaatsangehörigen oder Staatenlosen in einem Mitgliedstaat gestellten Antrags auf internationalen Schutz zuständig ist, ABl. 2013, L 180/31; s. unten Rn. 26.
[77] Richtlinie 2013/33/EU vom 26. 6. 2013 zur Festlegung von Normen für die Aufnahme von Personen, die internationalen Schutz beantragen, ABl. 2013, L 180/96.

streckung einer bereits getroffenen oder unmittelbar bevorstehenden, zur Abschiebung führenden Entscheidung; Versäumnis der rechtzeitigen Anmeldung oder Antragstellung einer unrechtmäßig in das Hoheitsgebiet des Mitgliedstaats eingereisten oder aufhältlichen Person; Verweigerung der Abnahme der Fingerabdrücke). Weitere kleinteilige Verfahrensvorschriften betreffen Einzelfragen der Zulässigkeitsprüfung (Art. 33 und Art. 34), den Begriff des ersten Asylstaats (Art. 35), Begriff, Bestimmung und Konzept des sicheren Herkunftsstaats (Art. 36, Art. 37) und das Konzept des sicheren Drittstaats (Art. 38, Art. 39); sowie Folgeanträge (Art. 40 – Art. 42), Verfahren an der Grenze oder in Transitzonen (Art. 43 – Art. 44), Verfahren zur Aberkennung des internationalen Schutzes (Art. 44 – Art. 45) und die Rechtsbehelfe (Art. 46).

5. Prüfungszuständigkeit (Buchst. e)

Art. 78 Abs. 2 Buchst. e AEUV ermächtigt (in Fortsetzung des Art. 63 Nr. 1 Buchst. a EGV) die Union zur Festlegung der Kriterien und Verfahren zur **Bestimmung des prüfungszuständigen Mitgliedstaats** für einen Antrag auf Asyl oder subsidiären Schutz (geteilte Zuständigkeit der Union: Art. 4 Abs. 2 Buchst. j AEUV). Die Bestimmung des für die Stellung eines Asylantrags zuständigen Mitgliedstaats zählt in der Entwicklung der Gegenstände gemeinsamen Interesses der Mitgliedstaaten im Bereich der Asylpolitik zu den ersten Fragenkreisen, in denen es in Gestalt des so genannten Dubliner Übereinkommens vom 15.6.1990 zu einer (zunächst völkervertraglichen) Abstimmung außerhalb der EU kam.[78] Auslösender Grund war das Bedürfnis, den für einen Schutzsuchenden zuständigen Staat nach klaren und handhabbaren Kriterien zu bestimmen und dadurch eine Vervielfachung von Asylverfahren infolge Antragstellung derselben Person bei verschiedenen Staaten zu vermeiden. Die Festlegung der Bestimmungskriterien und des damit gegebenenfalls verbundenen Überstellungsverfahrens eines Antragstellers von einem Mitgliedstaat in einen anderen liegt nach Art. 78 Abs. 2 Buchst. e AEUV in der **Gestaltungshoheit des Unionsgesetzgebers**.

28

Nach der Vergemeinschaftung dieses Fragenkreises und der Verbesserung der Kriterien des Dubliner Übereinkommens[79] durch die Verordnung Nr. 343/2003/EG (Dublin II),[80] die sich zunächst nicht, seit dem 1.6.2006 aber auch auf Dänemark erstreckte[81] und deren Regeln über gesonderte Vereinbarungen auch im Verhältnis zu den vier EFTA-Staaten Island, Liechtenstein, Norwegen und Schweiz maßgeblich wurden,[82] ist nun-

29

---

[78] ABl. 1997, C 254/1; dazu *Müller-Graff*, The Dublin Convention: Pioneer and Lesson for Third-Pillar-Conventions, in: Bieber/Monar, Justice and Home Affairs in the European Union, 1995, S. 49 ff.; *Huber*, NVwZ 1998, 150; *Löper*, ZAR 2000, 16; zum seinerzeitigen Verhältnis des Dublin Übereinkommens und des SDÜ *Weiß*, in: Streinz, EUV/AEUV, Art. 78 AEUV, Rn. 33.

[79] Vgl. dazu Beschluss Nr. 2006/188/EG des Rates vom 21.2.2006 über den Abschluss des Übereinkommens zwischen der Europäischen Gemeinschaft und dem Königreich Dänemark zur Ausdehnung auf Dänemark der Verordnung (EG) Nr. 343/2003.

[80] VO (EU) Nr. 343/2003/EG vom 18.2.2003 zur Festlegung der Kriterien und Verfahren zur Bestimmung des Mitgliedstaats, der für die Prüfung eines von einem Drittstaatsangehörigen in einem Mitgliedstaat gestellten Asylantrag zuständig ist, ABl. 2003, L 50/1: als Kommentar *Filzwieser/Liebminger*, Dublin II-Verordnung: Das Europäische Asylzuständigkeitssystem, 2. Aufl., 2007; als Kritik von Dublin II z. B. *Marx*, ZAR 2012, 188 ff.; s. auch *Frenz*, Handbuch Europarecht, Band 6, Rn. 2884 ff.; *Rossi*, in: Calliess/Ruffert, EUV/AEUV, Art. 78 AEUV, Rn. 21; zum Rechtsschutz *Lehnert/Pelzer*, ZAR 2010, 41.

[81] *Weiß*, in: Streinz, EUV/AEUV, Art. 78 AEUV, Rn. 32.

[82] Vgl. dazu im Verhältnis zu Island und Norwegen ABl. 2006, L 57/15 und 16 und ABl. 2001, L 93/38; im Verhältnis zur Schweiz ABl. 2008 L 53/5; im Verhältnis zu Liechtenstein ABl. 2011, L 160/37 und 39.

mehr als Teil des Gemeinsamen Europäischen Asylsystems (GEAS) ein neuer Rechtsakt maßgeblich: die auf Art. 78 Abs. 2 Buchst. e AEUV gestützte **Verordnung (EU) Nr. 604/2013** des Europäischen Parlaments und des Rates vom 26. 6. 2013 zur **Festlegung der Kriterien und Verfahren zur Bestimmung des Mitgliedstaats, der für die Prüfung eines** von einem Drittstaatsangehörigen oder Staatenlosen in einem Mitgliedstaat gestellten **Antrags auf internationalen Schutz zuständig ist**[83] (**Dublin III**). Sie beruht auf dem Grundsatz, dass für die Prüfung eines Antrags auf internationalen Schutz nur ein einziger Mitgliedstaat zuständig ist, der nach den in der Verordnung niedergelegten Kriterien (Art. 7 – Art. 17) bestimmt wird (Art. 3 Abs. 1), wobei es allerdings im Ermessen jedes Mitgliedstaats steht, auch wenn er nach den Kriterien der Verordnung nicht zuständig ist, einen bei ihm gestellten Antrag zu prüfen und dadurch der zuständige Mitgliedstaat im Sinne der Verordnung zu werden (**Zuständigkeitswechsel** nach Art. 17).

30 Die von der Verordnung (EU) Nr. 604/2013 (in Nachfolge der VO (EG)Nr. 343/2003) festgelegten **Kriterien** (bei deren Erfüllung allerdings kein Anspruch des Schutzsuchenden begründet wird)[84] stehen in einer Rangfolge, bei deren Anwendung von der Situation des Zeitpunkts auszugehen ist, zu dem der Antragsteller seinen Antrag zum ersten Mal in einem Mitgliedstaat stellt (Art. 7 Abs. 1 und 2). Die Kriterien lassen sich schwerlich nach einem einheitlichen Zurechnungsprinzip ordnen.[85] Vielmehr sind in ihrem Bestimmungsgewicht für die Zuständigkeit gereiht nach Familiennähe, legalem Aufenthalt, illegalem Zugang und sonstigen Anknüpfungsmerkmalen.

31 So gilt für die Zuständigkeitsbestimmung erstens (**1.**) das Kriterium der **Familiennähe** bei Antragstellung eines **unbegleiteten Minderjährigen** (Definition: Art. 2 Buchst. j), indem am rechtmäßigen Aufenthalt eines »Familienangehörigen« (Definition: Art. 2 Buchst. g), eines der Geschwister oder (nachrangig) eines »Verwandten« (Definition: Art. 2 Buchst. h) in einem Mitgliedstaat (Art. 8 Abs. 1 und 2) angeknüpft wird. Hierbei ist im Falle des Aufenthalts derartiger Bezugspersonen in mehr als einem Mitgliedstaat das Wohl des unbegleiteten Minderjährigen für die Bestimmung des zuständigen Mitgliedstaats ausschlaggebend (Art. 8 Abs. 3). Fehlt es an einer derartigen Bezugsperson, so ist derjenige Mitgliedstaat zuständig, in dem der Antrag gestellt wird, sofern es dem Wohl des Minderjährigen dient (Art. 8 Abs. 4). Hierzu liegt in Reaktion auf eine Entscheidung des EuGH zur Auslegung der Vorgängerverordnung 343/2003/EG[86] ein Änderungsvorschlag der Kommission v. 26. 6. 2014 vor.[87] Bei **anderen Antragstellern** ist für die Prüfung derjenige Mitgliedstaat zuständig, in dem ein »Familienangehöriger« (s. o.) in seiner Eigenschaft als Begünstigter internationalen Schutzes aufenthaltsberechtigt ist oder (nachrangig) in dem er einen derartigen noch nicht in der Sache erstbeschiedenen Antrag gestellt hat, sofern die betreffende Person diesen Wunsch schriftlich kundtut (Art. 9 und Art. 10). Sonderregeln gelten für so genannte **Familienverfahren** im Sinne des Antrags mehrerer Personen (Art. 11).

---

[83] ABl. 2013, L 180/31; als erste Bewertungen *Stern/Tohidipur*, EnzEuR, Bd. 10, § 14, Rn. 70 ff.; vgl. *Hruschka*, ERA Forum 15 (2014), 469; *Peers*, ERA Forum 15 (2014), 485.

[84] So zur Vorgänger-Verordnung Nr. 343/2003/EG *Weiß*, in: Streinz, EUV/AEUV, Art. 78 AEUV, Rn. 35; *Röben*, in: Grabitz/Hilf, EU, Art. 63 EGV (Mai 1999), Rn. 21.

[85] Anders zum Dubliner Übereinkommen *Weiß*, in: Streinz, EUV/AEUV, Art. 78 AEUV, Rn. 35: »Verursachungsprinzip« in dem Sinne, dass die Zuständigkeit den Staat trifft, »der am stärksten an der Einreise oder dem Aufenthalt des Asylbewerbers im Gebiet der Mitgliedstaaten beteiligt war.« Das erfasst aber nicht zwingend das Kriterium des Verwandtschaftsverhältnisses.

[86] EuGH, Urt. v. 6. 6. 2013, Rs. C–648/11 (MA, VT, DA), ECLI:EU:C:2013:367, 735.

[87] KOM (2014) 382 endg.

Zweitens (2.) ist für die Bestimmung des prüfungszuständigen Mitgliedstaats das Kriterium des **legalen Aufenthalts** maßgeblich: so der Besitz eines von einem Mitgliedstaat ausgestellten gültigen **Aufenthaltstitels** oder eines von einem Mitgliedstaat erteilten gültigen **Visums** (Art. 12). 32

Drittens (3.) richtet sich die Prüfungszuständigkeit nach dem Ort des **illegalen Überschreitens der Außengrenze** (Land-, See- oder Luftgrenze) durch einen aus einem Drittstaat kommenden Antragsteller (Art. 13). Faktisch bewirkt die Regelung des Art. 13, die auf den Erstzugang zum Gebiet eines Mitgliedstaats abstellt, eine hohe Zuständigkeitsbelastung der den geographischen Migrationswegen nächststehenden Staaten (derzeit insbesondere Griechenland, Italien, Spanien),[88] wobei allerdings bei Überstellung an den zuständigen Mitgliedstaat **Art. 3 Abs. 2 der VO (EU) Nr. 603/2013** (»systemische Risiken«) und **Art. 4 GRC** korrigierend zu beachten sind (s. Rn. 35).[89] Die faktische Belastungslage der besonders betroffenen Mitgliedstaaten erfordert eine nachhaltige Aktivierung von finanziellen, technischen und personellen Beistandsleistungen im Sinne des **Solidaritätsgebots** des **Art. 80 AEUV**. 33

Viertens (4.) sind als **sonstige Kriterien** maßgeblich: die **visafreie Einreise** in einen Mitgliedstaat (Art. 14) und die Antragstellung im **internationalen Transitbereich des Flughafens** eines Mitgliedstaats (Art. 15). 34

Lässt sich anhand der aufgeführten Kriterien der zuständige Mitgliedstaat **nicht bestimmen**, so ist fünftens (5.) nach Art. 3 Abs. 2 Satz 1 der Dublin-III-VO der erste Mitgliedstaat, in dem der Antrag auf internationalen Schutz gestellt wurde, für dessen Prüfung zuständig. Lässt er sich bestimmen, kann der Antragsteller aber nicht überstellt werden, weil wesentliche Gründe für die Annahme bestehen, dass das Asylverfahren und die Aufnahmebedingungen für Antragsteller in diesem Staat systemische Schwachstellen aufweisen, die eine Gefahr einer unmenschlichen oder entwürdigenden Behandlung im Sinne von Art. 4 GRC mit sich bringen, ist nach Art. 3 Abs. 2 S. 2 der die Zuständigkeit prüfende Mitgliedstaat gehalten, die Kriterienprüfung fortzusetzen, um festzustellen, ob ein anderer Mitgliedstaat als zuständig bestimmt werden kann. Kann eine Überstellung danach nicht vorgenommen werden, wird der die Zuständigkeit prüfende Mitgliedstaat der zuständige Mitgliedstaat (Art. 3 Abs. 2 Satz 3). 35

Das **Verfahren** zur Bestimmung des zuständigen Mitgliedstaats ist einzuleiten, sobald in einem Mitgliedstaat erstmals ein Antrag auf internationalen Schutz gestellt wird (Art. 20 Abs. 1). Die **operative Verwirklichung** dieses kriteriengeordneten Konzepts, den zuständigen Mitgliedstaat zu bestimmen, erfordert Kenntnisse der Behörden über die Identität, die Einreise und gegebenenfalls einen früheren, in einem anderen Mitgliedstaat gestellten Asylantrag eines Schutzsuchenden. Der Erleichterung der Anwendung des Dublin-Systems gegenüber Versuchen zur Verschleierung von Zugangsort und Itinerar eines Antragstellers[90] dient der Vergleich von Fingerabdrücken nach dem **Eurodac-System**, das ursprünglich von der auf Art. 63 Nr. 1 Buchst. a EGV gestützten Verordnung (EG) Nr. 2725/2000 geschaffen wurde und nunmehr auf der (u.a. auf Art. 78 Abs. 2 Buchst. e gestützten) **Verordnung (EG) Nr. 603/2013** beruht.[91] Eurodac 36

---

[88] *Hoppe*, in: Lenz/Borchardt, EU-Verträge, Art. 78 AEUV, Rn. 13.
[89] Vgl. EuGH, Urt. v. 21.12.2011, Rs. C–411/10 u. C–493/10 (N.S.), NVwZ 2012, 417, Rn. 94, 106, 113; dazu *Hailbronner/Thym*, NVwZ 2012, 406; vgl. ferner zur Begrenzung durch Art. 3 EMRK: EGMR, Urt. v. 21.1.2011, Beschwerde-Nr. 30696/09 (M.S.S./Belgien und Griechenland), NVwZ 2011, 413; dazu *Thym*, ZAR 2011, 368.
[90] *Thym*, in: Grabitz/Hilf/Nettesheim, EU, Art. 78 AEUV (März 2011), Rn. 39.
[91] Verordnung (EU) Nr. 603/2013 des Europäischen Parlaments und des Rates v. 26.6.2013 über

besteht aus einer rechnergestützten zentralen Fingerabdruck-Datenbank (»Zentralsystem«) und einer Kommunikationsinfrastruktur zwischen dem Zentralsystem und den Mitgliedstaaten, die ein verschlüsseltes virtuelles Netz für Eurodoc-Dateien zur Verfügung stellt (Art. 3). Nach Art. 9 der Verordnung sind die Mitgliedstaaten verpflichtet, jeder Person, die internationalen Schutz beantragt und mindestens 14 Jahre alt ist, umgehend den Abdruck aller Finger abzunehmen und dem Zentralsystem die Fingerabdruckdaten und die von der Verordnung im Einzelnen bezeichneten Daten (Herkunftsmitgliedstaat, Ort und Zeitpunkt der Stellung des Schutzantrags; Geschlecht; vom Herkunftsmitgliedstaat verwendete Kennnummer; Zeitpunkt der Abnahme der Fingerabdrücke; Zeitpunkt der Übermittlung an das Zentralsystem; Benutzerkennwort)»so bald wie möglich«, spätestens aber 72 Stunden nach Antragstellung zu übermitteln.

37   Den nach den Regeln der VO (EU) Nr. 604/2013 bestimmten zuständigen Mitgliedstaat treffen die die von der Verordnung festgelegten **Pflichten**. Dazu zählen: die **Aufnahmepflicht** eines Antragstellers unter bestimmten Voraussetzungen und die **Prüfungs-** und **Entscheidungspflicht** (Art. 18). Die Aufnahmepflicht erstreckt sich namentlich auch auf denjenigen, der in einem **anderen** Mitgliedstaat einen Antrag gestellt hat (Art. 18 Abs. 1 Buchst. a). Die Pflichten erlöschen unter bestimmten Voraussetzungen des Verlassens des Hoheitsgebiets der Mitgliedstaaten (Art. 19 Abs. 2 und 3). Hält der Mitgliedstaat, in dem ein Antrag auf internationalen Schutz gestellt wurde, einen anderen Mitgliedstaat für prüfungszuständig, kann er ein Aufnahmeersuchen an diesen richten (Art. 21). Dieser hat darüber innerhalb einer Zweimonatsfrist zu entscheiden (Art. 22).

6. Aufnahmebedingungen für Schutzsuchende (Buchst. f)

38   Art. 78 Abs. 2 Buchst. f AEUV ermächtigt (in Fortentwicklung des Art. 63 Nr. 1 Buchst. b EGV[92]) die Union zur Festlegung von Normen über die Aufnahmebedingungen von Personen, die Asyl oder subsidiären Schutz beantragen (geteilte Zuständigkeit; Art. 4 Abs. 2 Buchst. j AEUV). Auch mit dieser Vereinheitlichungskompetenz, die zahlreiche Einzelfragen des Aufenthalts während des Antragsprüfungsverfahrens umfasst (so namentlich Aufenthaltsort, Bewegungsfreiheit, Familieneinheit, materielle Unterstützung, medizinische Versorgung, Zugang zum Bildungssystem und Arbeitsmarkt), soll die **Binnenmigration** der Schutzsuchenden in der Union **verhindert** werden.[93] Die Einzelausgestaltung obliegt der **Gestaltungshoheit des Unionsgesetzgebers** im Rahmen

---

die Einrichtung von Eurodac für den Abgleich von Fingerabdruckdaten zum Zwecke der effektiven Anwendung der Verordnung (EU) Nr. 604/2013 zur Festlegung der Kriterien und Verfahren zur Bestimmung des Mitgliedstaats, der für die Prüfung eines von einem Drittstaatsangehörigen oder Staatenlosen in einem Mitgliedstaat gestellten Antrags auf internationalen Schutz zuständig ist[,] und über der Gefahrenabwehr und Strafverfolgung dienende Anträge der Gefahrenabwehr- und Strafverfolgungsbehörden der Mitgliedstaaten und Europols auf den Abgleich mit Eurodac-Daten sowie zur Änderung der Verordnung (EU) Nr. 1077/2011 zur Errichtung einer Europäischen Agentur für das Betriebsmanagement von IT-Großsystemen im Raum der Freiheit, der Sicherheit und des Rechts (Neufassung), ABl. 2013, L 180/1; die Vorgängerregelung war: Verordnung (EG) Nr. 2725/2000 des Rates vom 11.12.2000 über die Einrichtung von »Eurodac« für den Vergleich von Fingerabdrücken zum Zwecke der effektiven Anwendung des Dubliner Abkommens, ABl. 2000, L 316/1, aufgehoben durch Art. 45 Abs. 1 VO (EU) 603/2013 vom 26.6.2013; zur zahlenmäßigen Bedeutung dieses Informationssystems für Deutschland *Thym*, in: Grabitz/Hilf/Nettesheim, EU, Art. 78 AEUV (März 2011), Rn. 39.

[92] Art. 78 Abs. 2 Buchst. f AEUV enthält nicht mehr die Begrenzung auf Mindestnormen.

[93] *Weiß*, in: Streinz, EUV/AEUV, Art. 78 AEUV, Rn. 41; *Hoppe*, in: Lenz/Borchardt, EU-Verträge, Art. 78 AEUV, Rn. 15.

der GRC.⁹⁴ In Verbindung mit Art. 80 Satz 2 AEUV ermächtigt Art. 78 Abs. 2 Buchst. f AEUV auch zur finanziellen Unterstützung mitgliedstaatlicher Vorhaben zur Versorgung von Schutzsuchenden während der Prüfverfahrens.⁹⁵ Zur Rechtslage nach Antragsablehnung vgl. Art. 79 AEUV.

Auf Art. 78 Abs. 2 Buchst. f AEUV beruht folgerichtig die **Richtlinie 2013/33/EU** des europäischen Parlaments und des Rates vom 26. 6. 2013 zur **Festlegung von Normen für die Aufnahme von Personen, die internationalen Schutz beantragen.**⁹⁶ Sie hat die auf den früheren Art. 63 Abs. 1 Nr. 1 Buchst. b EGV gestützte Richtlinie 2003/9/EG zur Festlegung von Mindestnormen für die Aufnahme von Asylbewerbern⁹⁷ in den Mitgliedstaaten abgelöst (Art. 32). Zweck der Richtlinie ist die Sicherstellung einer **unionsweiten Gleichbehandlung** von Antragstellern in allen Phasen und Arten einschlägiger Verfahren und in allen Räumlichkeiten und Einrichtungen für die Unterbringung von Antragstellern,⁹⁸ um im Einklang mit Art. 78 Abs. 2 Buchst. f AEUV eine **Sekundärmigration** von Antragstellern infolge unterschiedlicher mitgliedstaatlicher Aufnahmevorschriften **einzudämmen.**⁹⁹ Dies ist angesichts unterschiedlicher Ausgangsvoraussetzungen im Vergleich der Mitgliedstaaten ein folgerichtiges, für die praktische Umsetzung allerdings anspruchsvolles Ziel, weshalb die Richtlinie die Mitgliedstaaten verpflichtet, Personal mit der »nötigen Grundausbildung« und die »erforderlichen Ressourcen« für die Anwendung der Richtlinie bereitzustellen (Art. 29). 39

Konzeptioneller Orientierungspunkt der angestrebten unionsweiten Gleichbehandlung ist die Festlegung und Verwirklichung von Aufnahmenormen, die Antragstellern »ein **menschenwürdiges Leben** ermöglichen und **vergleichbare Lebensbedingungen in allen Mitgliedstaaten** gewährleisten.«¹⁰⁰ Angesichts ungleicher allgemeiner Lebensbedingungen in den verschiedenen Mitgliedstaaten und deren Regionen ist die Ausrichtung auf »vergleichbare« Bedingungen dann nicht realitätsfern, wenn »Vergleichbarkeit« als »Gleichwertigkeit« in Relation zu den Lebensbedingungen in dem jeweiligen Mitgliedstaat verstanden wird. Damit gerät allerdings das RFSR-Ziel der Eindämmung von innerunionalen Attraktivitätsunterschieden für Schutzsuchende in den Hintergrund. Die Mitgliedstaaten können im Widerspruch zum Ziel der unionsweiten Gleichbehandlung günstigere Bestimmungen für die im Rahmen der Aufnahmebedingungen gewährten Vorteile erlassen oder beibehalten (Art. 4). 40

Der Anwendungsbereich erstreckt sich auf alle Antragsteller während ihres Bleiberechts im Hoheitsgebiet eines Mitgliedstaats und deren vom Antrag auf internationalen Schutz nach einzelstaatlichem Recht erfassten Familienangehörige (Art. 3). Im Einzelnen enthält die Richtlinie detaillierte Regelungen über die im Rahmen der Aufnahmebedingungen gewährten Vorteile (Art. 5 – Art. 19). Sie betreffen, u. a., den Aufenthaltsort und die Bewegungsfreiheit (Art. 7), enthalten ein Verbot der Inhaftnahme allein wegen der Eigenschaft als Antragsteller im Sinne der Richtlinie 2013/32/EU¹⁰¹ (Art. 8 41

---

⁹⁴ *Thym*, in: Grabitz/Hilf/Nettesheim, EU, Art. 78 AEUV (März 2011), Rn. 42.
⁹⁵ *Thym*, in: Grabitz/Hilf/Nettesheim, EU, Art. 78 AEUV (März 2011), Rn. 43.
⁹⁶ ABl. 2013, L 180/96; als Analyse s. *Stern/Tohidipur*, EnzEuR, Bd. 10, § 14, Rn. 106 ff.
⁹⁷ RL 2003/9/EG vom 27. 1. 2003 zur Festlegung von Mindestnormen für die Aufnahme von Asylbewerbern in Mitgliedstaaten, ABl. 2003, L 31/18; dazu *Fröhlich*, S. 215 ff.
⁹⁸ Erwägungsgrund 8.
⁹⁹ Erwägungsgrund 12.
¹⁰⁰ Erwägungsgrund 11; zur diesbezüglichen Problematik in Griechenland EuGH, Urt. v. 21. 12. 2011, Rs. C–411/ 10 u. Rs. C–493/10 (N.S.), NVwZ 2012, 417, Rn. 34 ff.
¹⁰¹ S. oben Rn. 23.

Abs. 1) und legen einen Numerus Clausus der Gründe einer Inhaftnahme (Art. 8 Abs. 2 und 3, Art. 11 Abs. 2 und 3) sowie Garantien für in Haft befindliche Antragsteller (Art. 9, Art. 10, Art. 11 Abs. 1) fest. Sie enthalten den Grundsatz der Wahrung der Familieneinheit (Art. 12). Die Richtlinie verpflichtet die Mitgliedstaaten, dass Antragsteller ab Stellung des Antrags auf internationalen Schutz im Rahmen der Aufnahme materielle Leistungen in Anspruch nehmen können (Art. 17 Abs. 1), die einem angemessenen Lebensstandard entsprechen, der den Lebensunterhalt sowie den Schutz der physischen und psychischen Gesundheit gewährleistet (Art. 17 Abs. 2). Die Mitgliedstaaten können die Gewährung materieller Leistungen an bestimmte Bedingungen knüpfen (Art. 17 Abs. 3 bis 5). Auch regelt die Richtlinie Modalitäten der im Rahmen der Aufnahme gewährten materiellen Leistungen (Art. 18) und Voraussetzungen für deren Einschränkung oder Entzug (Art. 20). Die Mitgliedstaaten sind auch verpflichtet, Minderjährigen spätestens drei Monate nach Antragstellung auf internationalen Schutz den Zugang zum Bildungssystem zu gestatten (Art. 14) und Antragstellern spätestens neun Monate nach Antragstellung, sofern die zuständige Behörde noch keine erstinstanzliche Entscheidung getroffen hat und dies dem Antragsteller nicht zur Last gelegt werden kann, den Zugang zum Arbeitsmarkt zu ermöglichen (Art. 15). Überdies haben die Mitgliedstaaten dafür Sorge zu tragen, dass Antragsteller die erforderliche medizinische Versorgung erhalten, die »zumindest« die Notversorgung und die unbedingt erforderliche Behandlung von Krankheiten und schweren psychischen Störungen umfasst (Art. 19 Abs. 1).

42 Des Weiteren enthält die Richtlinie besondere Bestimmungen für die spezielle Situation von Personen mit besonderen Schutzbedürfnissen wie Minderjährigen, unbegleiteten Minderjährigen, älteren Menschen, Schwangeren, Alleinerziehenden mit minderjährigen Kindern, Opfern des Menschenhandels, Personen mit schweren körperlichen Erkrankungen, Personen mit psychischen Störungen und Personen, die Folter, Vergewaltigung oder besonders schwere Formen psychischer, physischer oder sexueller Gewalt erlitten haben (Art. 21 – Art. 25). Die Mitgliedstaaten haben ein Rechtsbehelfsystem bei Entscheidungen sicherzustellen, die die Gewährung, den Entzug oder die Einschränkung von Vorteilen im Sinne der Richtlinie betreffen (Art. 26).

7. Kooperation mit Drittländern (Buchst. g)

43 Art. 78 Abs. 2 Buchst. g AEUV ermächtigt die Union zu Maßnahmen der **Partnerschaft und Zusammenarbeit mit Drittländern** zur Steuerung von Personen, die Asyl oder subsidiären Schutz beziehungsweise vorübergehenden Schutz beantragen (geteilte Zuständigkeit, Art. 4 Abs. 2 Buchst. j AEUV, unbeschadet Art. 3 Abs. 2 AEUV). Sie trägt dem Erfordernis einer transnationalen Bewältigung des Migrationsphänomens im Interesse der wirksamen Durchführung der Asylpolitik der EU Rechnung.[102] Schon vor Einfügung dieser neuen Zuständigkeit durch den Reformvertrag von Lissabon war die Gemeinschaft in diese Richtung tätig geworden, so namentlich mit dem auf Art. 179 EGV und Art. 181a EGV gestützten Programm für die finanzielle und technische Hilfe für Drittländer im Asyl- und Migrationsbereich (**AENEAS**)[103] und dem Vorschlag der Kommis-

---

[102] *Thym*, in: Grabitz/Hilf/Nettesheim, EU, Art. 78 AEUV (März 2011), Rn. 44 f. mit dem weitergehenden Verständnis der Norm auch als Grundlage für einen »globalen Ansatz« für einen effektiven Flüchtlingsschutz und zur Migrationssteuerung.
[103] VO (EG) Nr. 491/2004 vom 10.3.2004, ABl. 2004, L 80/1, aufgehoben durch Art. 39 Ziff. 1 Buchst. c der auf Art. 179 Abs. 1 gestützten VO(EG) Nr. 1905/2006 vom 18.12.2006 zur Schaffung eines Finanzierungsinstruments für die Entwicklungszusammenarbeit, ABl. 2006, L 378/41.

sion zur Entwicklung **regionaler Schutzprogramme** im Sinne des finanziell und personell unterstützen Aufbaus von Schutzkapazitäten (namentlich die Einrichtung von Flüchtlingslagern) in Drittländern.[104] Dieses Konzept ist im Licht der GFK und der in Art. 21 EUV niedergelegten Grundsätze der Außenpolitik der Union umstritten.[105] Unionsrechtlich bestehen keine grundsätzlichen Bedenken gegen Prüfverfahren von Schutzanträgen, die Mitgliedstaaten auf dem Gebiet von Drittstaaten durchführen, solange dabei die Einhaltung der GRC und der GFK gewährleistet ist.[106] Auch im Falle eines mitgliedstaatlichen Abkommens mit einem Drittstaat ist der Mitgliedstaat neben der Beachtung des Unionsrechts an die EMRK gebunden.[107] Zielführend ist in jedem Fall, seitens der Union und ihren Mitgliedstaaten darauf hinzuwirken, positive wirtschaftliche und politische Verhältnisse in Drittländern zu fördern, die Fluchtbewegungen eindämmen.

F. Notlagensituation (Art. 78 Abs. 3 AEUV)

Zur Kompetenz des Rates im Falle einer Notlagensituation eines oder mehrerer Mitgliedstaaten aufgrund eines plötzlichen Zustroms von Drittstaatsangehörigen s. oben Rn. 8 und 10. Auf diese Zuständigkeit stützte der Rat am 22. 9. 2015 den mit qualifizierter Mehrheit (gegen Rumänien, die Slowakei, Tschechien und Ungarn) gefassten (und vor dem EuGH angefochtenen) Beschluss, um zur Entlastung von Italien und Griechenland 120.000 Flüchtlinge auf die Mitgliedstaaten zu verteilen.[108]

44

---

[104] KOM (2010) 410; KOM (2005) 388; *Thym*, in: Grabitz/Hilf/Nettesheim, EU, Art. 78 AEUV (März 2011), Rn. 45.

[105] Zur Problematik des Verständnisses des non-refoulement (nur Ausweisungsverbot oder auch Abweisungsverbot an der Grenze) sowie der schwierigen Schutzlage in einzelnen der in Betracht gezogenen Drittländer (z. B. Weißrussland) *Weiß*, in: Streinz, EUV/AEUV, Art. 78 AEUV, Rn. 45.

[106] Ebenso *Thym*, in: Grabitz/Hilf/Nettesheim, EU, Art. 78 AEUV (März 2011), Rn. 47.

[107] EGMR, Urt. v. 23. 2. 2012, Beschwerde-Nr. 22765/09 (Hirsi Jaama u. a./Italien), NVwZ 2012, 809.

[108] Beschluss (EU) 2015/1601 des Rates v. 22. 9. 2015 zur Einführung von vorläufigen Maßnahmen im Bereich des internationalen Schutzes zugunsten von Italien und Griechenland, ABl. 2015, L 248/80.

Artikel 79 AEUV [Einwanderungspolitik]

(1) Die Union entwickelt eine gemeinsame Einwanderungspolitik, die in allen Phaseneine wirksame Steuerung der Migrationsströme, eine angemessene Behandlung von Drittstaatsangehörigen, die sich rechtmäßig in einem Mitgliedstaat aufhalten, sowie die Verhütung und verstärkte Bekämpfung von illegaler Einwanderung und Menschenhandel gewährleisten soll.

(2) Für die Zwecke des Absatzes 1 erlassen das Europäische Parlament und der Rat gemäß dem ordentlichen Gesetzgebungsverfahren Maßnahmen in folgenden Bereichen:

a) Einreise- und Aufenthaltsvoraussetzungen sowie Normen für die Erteilung von Visa und Aufenthaltstiteln für einen langfristigen Aufenthalt, einschließlich solcher zur Familienzusammenfüh- rung, durch die Mitgliedstaaten;

b) Festlegung der Rechte von Drittstaatsangehörigen, die sich rechtmäßig in einem Mitgliedstaat aufhalten, einschließlich der Bedingungen, unter denen sie sich in den anderen Mitgliedstaaten frei bewegen und aufhalten dürfen;

c) illegale Einwanderung und illegaler Aufenthalt, einschließlich Abschiebung und Rückführung solcher Personen, die sich illegal in einem Mitgliedstaat aufhalten;

d) Bekämpfung des Menschenhandels, insbesondere des Handels mit Frauen und Kindern.

(3) Die Union kann mit Drittländern Übereinkünfte über eine Rückübernahme von Drittstaats-angehörigen in ihr Ursprungs- oder Herkunftsland schließen, die die Voraussetzungen für die Einreise in das Hoheitsgebiet eines der Mitgliedstaaten oder die Anwesenheit oder den Aufenthalt in diesem Gebiet nicht oder nicht mehr erfüllen.

(4) Das Europäische Parlament und der Rat können gemäß dem ordentlichen Gesetzgebungsverfahren unter Ausschluss jeglicher Harmonisierung der Rechtsvorschriften der Mitgliedstaaten Maß-nahmen festlegen, mit denen die Bemühungen der Mitgliedstaaten um die Integration der sich recht-mäßig in ihrem Hoheitsgebiet aufhaltenden Drittstaatsangehörigen gefördert und unterstützt werden.

(5) Dieser Artikel berührt nicht das Recht der Mitgliedstaaten, festzulegen, wie viele Drittstaatsangehörige aus Drittländern in ihr Hoheitsgebiet einreisen dürfen, um dort als Arbeitnehmer oder Selbstständige Arbeit zu suchen.

Literaturübersicht

S. dazu Art. 67 AEUV; zusätzlich: *Allenberg/Küblbeck*, Rückführungsmonitoring, ZAR 2011, 304; *Basse/Burbaum/Richard*, Das »zweite Richtlinienumsetzungsgesetz« im Überblick, ZAR 2011, 361; *Bast*, Aufenthaltsrecht und Migrationssteuerung, 2011; *ders.*, Illegaler Aufenthalt und europarechtliche Gesetzgebung, ZAR 2012, 1; *Collier*, Einwanderungsdebatte: Massenmigration und Zusammenhalt, http://www.faz.net/aktuell/wirtschaft/nationalismus-massenmigration-und-zusammenhalt–13471044.html (2.6.2015); *Deibel*, Die Neuregelung des Aufenthaltsrechts durch das Zweite Richtlinienumsetzungsgesetz, ZAR 2012, 148; *Eichenhofer*, Zur Bewertung der Kommissionsvorschläge zur Arbeitsmigration – Europa- und sozialrechtliche Rahmenbedingungen und historische Erfahrungen, ZAR 2008, 81; *Franßen-de la Cerda*, Die Vergemeinschaftung der Rückführungspolitik, ZAR 2008, 377 und ZAR 2009, 17; *Groenendijk*, Rechtliche Konzepte der Integration im EG-Migrationsrecht, ZAR 2004, 123; *ders.*, Familienzusammenführung als Recht nach Gemeinschaftsrecht, ZAR 2006, 191; *Groß/Tryjanowski*, Der Status von Drittstaatsangehörigen im Migrationsrecht der EU – eine kritische Analyse, Der Staat 2009, 259; *Hailbronner*, Langfristig aufenthaltsberechtigte Drittstaatsangehörige, ZAR 2004, 163; *Hauschild*, Neues europäisches Einwanderungsrecht: Das Daueraufenthaltsrecht von Drittstaatsangehörigen, ZAR 2003, 350; *ders.*, Neues Europäisches Einwanderungsrecht: Das Recht auf Familienzusammenführung, ZAR 2003, 266; *Hofmann*, Die Freizügigkeit von Drittstaatsangehörigen, in: Merli (Hrsg.), Der Raum der Freiheit, der Sicherheit und des Rechts und die Osterweiterung der Europäischen Union, 2001, S. 163; *Hörich*, Die Rückführungsrichtlinie: Entstehungsgeschichte, Regelungsinhalt und Hauptprobleme, ZAR 2011, 281; *Huber*, Das 2. Richtlinienumsetzungsgesetz und weitere Änderungen im Ausländerrecht, NVwZ 2012, 385; *Knauff*, Europäische Einwanderungspolitik: Grundlagen und aktuelle Entwicklungen, ZEuS 2004, 11; *Kuczynski/Solka*, Die Hochqualifiziertenrichtlinie, ZAR 2009, 219; *Kugelmann*, Spielräume und Chancen einer europäischen Einwanderungspolitik, ZAR 1998, 243; *Laas*, Die Entstehung eines europäischen Migrationsverwaltungsraums: Eine Untersuchung aus der Perspektive des deutschen und spanischen Rechts, 2008; *Peers/Guild/Acosta/Groenendijk/Moreno-Lax*, EU Immigration and Asylum Law (Text and Commentary), Vol. 2: EU Immigration Law, 2nd. ed., 2012; *Nanz*, Visapolitik und Einwanderungspolitik, in: Müller-Graff (Hrsg.), Europäische Zusammenarbeit in den Bereichen Justiz und Inneres, 1996, S. 63; *Rossi*, Die verwaltungsrechtliche Steuerung von Integration und Migration, Die Verwaltung 40 (2007), 382; *Schieffer*, Die Zusammenarbeit der EU-Mitgliedstaaten in den Bereichen Asyl und Einwanderung, 1998; *Schöllhorn*, Die Familienzusammenführung mit Drittstaatsangehörigen in der Europäischen Union, 2006; *Schröder*, Die Fördermöglichkeiten bei der Rückkehr von Ausländern mit Finanzinstrumenten der EU, ZAR 2006, 8; *ter Steeg*, Das Einwanderungskonzept der EU, 2006; *Thiele*, Einwanderung im Europäischen Gemeinschaftsrecht, EuR 2007, 419; *Thym*, Europäische Einwanderungspolitik: Grundlagen, Gegenstand und Grenzen, in: Hofmann/Löhr (Hrsg.), Europäisches Flüchtlings- und Einwanderungsrecht, 2008, S. 183; *ders.*, Migrationsverwaltungsrecht, 2010; *Voglrieder*, Die Sanktionsrichtlinie: ein weiterer Schritt auf dem Weg zu einer umfassenden Migrationspolitik der EU, ZAR 2009, 168; *Walter*, Familienzusammenführung in Europa, 2009; *Welte*, Zur Ausweisung in der Form einer Rückkehrentscheidung, ZAR 2012, 424.

Inhaltsübersicht

	Rn.
A. Normzweck und Normaufbau	1
B. Stellung der Norm im Gesamtsystem des Unionsrechts	6
C. Programmbestimmungen (Abs. 1)	8
D. Kompetenzbestimmungen (Abs. 2 bis 4)	11
I. Konzept der Sachbereiche	11
II. Verfahren der Kompetenznutzung	14
1. Binnenbereich: ordentliches Gesetzgebungsverfahren	14
2. Außenbereich: Übereinkünfte mit Drittländern (Abs. 3)	15
E. Kompetenznutzung: Grundzüge des Sekundärrechts	16
I. Aktivitäten in der Einwanderungspolitik	16
II. Das Sekundärrecht der Einzelbereiche (Abs. 2) und Rückübernahme (Abs. 3)	17
1. Einreise-, Aufenthalts- und Titelerteilungsvoraussetzungen (Abs. 2 Buchst. a)	17
a) Horizontale Regelungen	21
b) Sektorale Regelungen	24
2. Rechte von Drittstaatsangehörigen (Abs. 2 Buchst. b)	25
3. Illegale Einwanderung und illegaler Aufenthalt (Abs. 2 Buchst. c)	31
a) Präventive Maßnahmen	32
b) Rückführung illegal aufhältiger Drittstaatsangehöriger	36
4. Rückübernahmeabkommen (Abs. 3)	39
5. Bekämpfung des Menschenhandels (Abs. 2 Buchst. d)	41
F. Die Förderung von Integrationsmaßnahmen (Abs. 2 Buchst. d)	43
G. Der mitgliedstaatliche Kontingentvorbehalt zum Schutz der Arbeitsmärkte (Abs. 5)	46

A. Normzweck und Normaufbau

Art. 79 AEUV, dessen Formulierung im Wesentlichen auf Art. III–267 VVE zurückgeht, komplettiert (in Fortsetzung des Art. 63 Nr. 3 und 4 EGV) die Trias der **Programm-** und **Kompetenznormen** der Union zur flankierenden Absicherung des grenzkontrollfreien Binnenraums der Union (Art. 67 AEUV) mittels der Verfolgung gemeinsamer Zugangspolitiken nach außen (zur integrationskonzeptionellen Bedeutung des RFSR s. oben Art. 67 AEUV, Rn. 1 ff.). Während Art. 77 AEUV auf eine Kontrolle des Grenzübertritts von Personen an den Außengrenzen der Mitgliedstaaten zu Drittstaaten und der Politik für kurzfristige Aufenthaltstitel (außer zum Zweck der Erwerbstätigkeit)[1] nach gemeinsamen Standards zielt und Art. 78 AEUV die gemeinsame Asyl- und ergänzende Schutzpolitik und damit auch einen tendenziell (wenn auch keineswegs notwendig) vorübergehenden[2] Aufenthalt zum Gegenstand hat, regelt Art. 79 AEUV die primärrechtlichen Grundlagen einer auf tendenziell dauerhafte Zuwanderung gerichteten **gemeinsamen Einwanderungspolitik gegenüber Drittstaatsangehörigen**. Er erfasst damit Kernbereiche des traditionellen Ausländerrechts.[3] Nicht dem Art. 79 AEUV unterfällt der Zuzug drittstaatsangehöriger Familienangehöriger von Unionsbürgern[4] und erst recht nicht die insbesondere von Art. 21 AEUV, Art. 45 ff. AEUV, Art. 49 ff. AEUV gewährleistete innerunionale Migrationsfreiheit von Unionsbürgern[5] sowie die im Rahmen des EWR vereinbarte Zuzugsfreiheit von Staatsangehörigen der am EWR teilnehmenden EFTA-Staaten.[6]

2 Wie die beiden anderen Teilpolitiken des Zugangs zu den Mitgliedstaaten soll eine gemeinsame Einwanderungspolitik zuallererst ein unkoordiniertes mitgliedstaatliches Vorgehen verhindern, das einen asymmetrischen Zustrom von Drittstaatsangehörigen in einzelne Mitgliedstaaten hervorrufen und infolge der faktischen grenzkontrollfreien Bewegungsmöglichkeit innerhalb der Union[7] Grenzkontrollbedürfnisse anderer Mitgliedstaaten auslösen könnte. Zu diesem Zweck normiert Art. 79 Abs. 1 AEUV ein im Vergleich zu den Vorgängervorschriften politisch geschärftes,[8] wiewohl abstraktes und nur schwach politikdirigierendes[9] Zielprogramm für eine gemeinsame, in sich stimmige aktive[10] und abgestimmte[11] Einwanderungspolitik. Ihr sind allerdings zugleich von Art. 79 Abs. 4 und 5 AEUV gewichtige primärrechtliche Grenzen gezogen.

---

[1] *Thym*, in: Grabitz/Hilf/Nettesheim, EU, Art. 77 AEUV (September 2010), Rn. 24.
[2] *Kotzur*, in: Geiger/Khan/Kotzur, EUV/AEUV, Art. 79 AEUV, Rn. 1.
[3] *Graßhof*, in: Schwarze, EU-Kommentar, Art. 79 AEUV, Rn. 1; *Thym*, in: Grabitz/Hilf/Nettesheim, EU, Art. 79 AEUV (September 2010), Rn. 1; zum Status von Drittstaatsangehörigen im Unionsrecht *Groß/Tryjanowski*, Der Staat 2009, 259.
[4] *Hoppe*, in: Lenz/Borchardt, EU-Verträge, Art. 79 AEUV, Rn. 1; vgl. im Einzelnen Richtlinie 2004/38/EG vom 29. 4. 2004 über das Recht der Unionsbürger und ihrer Familienangehörigen, sich im Hoheitsgebiet der Mitgliedstaaten frei zu bewegen und aufzuhalten, zur Änderung der Verordnung (EWG) Nr. 1612/68 und zur Aufhebung der Richtlinien 64/221/EWG. 68/360/EWG, 72/194/EWG, 73/148/EWG. 75/34/EWG, 75/35/EWG, 90/364/EWG, 90/365/EWG, und 93/96/EWG, ABl. 2004, L 158/77.
[5] *Rossi*, in: Calliess/Ruffert, EUV/AEUV, Art. 79 AEUV, Rn. 4; vgl. im Einzelnen Richtlinie 2004/38/EG (s. oben Fn. 4).
[6] Vgl. z. B. Art. 28, 31 EWR-Abkommen.
[7] *Kotzur*, in: Geiger/Khan/Kotzur, EUV/AEUV, Art. 79 AEUV, Rn. 1.
[8] *Weiß*, in: Streinz, EUV/AEUV, Art. 79 AEUV, Rn. 2; *Progin-Theuerkauf*, in: GSH, Europäisches Unionsrecht, Art. 79 AEUV, Rn. 9 (»neues Selbstverständnis dieses Politikbereichs«) und Rn. 12.
[9] *Bast*, ZAR 2012, 1 (6).
[10] *Thym*, in: Grabitz/Hilf/Nettesheim, EU, Art. 79 AEUV (September 2010), Rn. 15; *Stern/Tohidipur*, EnzEuR, Bd. 10, § 14, Rn. 122 ff.; *Kotzur*, in: Geiger/Khan/Kotzur, EUV/AEUV, Art. 79 AEUV, Rn. 6 (»umfassende Migrationspolitik«); *Hoppe*, in: Lenz/Borchardt, EU-Verträge, Art. 79 AEUV, Rn. 2; *Rosenau/Peters*, in: Vedder/Heintschel v. Heinegg, Europäisches Unionsrecht, Art. 79 AEUV, Rn. 1; *Graßhof*, in: Schwarze, EU-Kommentar, Art. 79 AEUV, Rn. 4; ähnlich *Rossi*, in: Calliess/Ruffert, EUV/AEUV, Art. 79 AEUV, Rn. 3, der auf die Kompetenzerweiterung im Vergleich zu Art. 63 EGV abstellt.
[11] Zum Potenzial des europäischen Verwaltungsverbunds im Einwanderungsrecht *Laas*, Die Entstehung eines europäischen Migrationsverwaltungsraums, 2008; allgemein systembildend zur Migrationsverwaltung *Thym*, Migrationsverwaltung, 2010; zur verwaltungsrechtlichen Steuerung von Migration und Integration *Rossi*, Die Verwaltung 40 (2007), 383.

Die angestrebte Gemeinsamkeit mit ihren inhaltlichen Anforderungen ist ein **sehr anspruchsvolles Vorhaben**[12] für ein transnationales Gemeinwesen aus derzeit 28 Staaten und ihren Bevölkerungen. Einwanderung erfordert Öffnungsentscheidungen, verändert die Zusammensetzung von Bevölkerungen[13] und entwickelt die Standards des Zusammenlebens von Gesellschaften. Es wäre unrealistisch, in diesen Fragen eine einheitliche Grundeinstellung in der Bevölkerung und Politik aller Mitgliedstaaten vorauszusetzen. Unterschiedliche Grundhaltungen in den in der Union vereinten Staaten und Völkern zur Wünschbarkeit von Einwanderung sind daher in Rechnung zu stellen und machen die Formung und Durchführung einer gemeinsamen Einwanderungspolitik zu einer konzeptionell und operativ **schwierigen Aufgabe**.[14] Ihre Ausrichtung und Ausgestaltung im Widerstreit und Wechselspiel **verschiedener Leitvorstellungen** zur Migrationspolitik (Wirtschaftsnutzen, Demographiesteuerung, Sicherheitsgewährleistung, Identitätsbewahrung, Individualrechtsschutz)[15] ist daher im Rahmen der Leitpunkte des Art. 79 Abs. 1 AEUV (s. unten Rn. 4) zu Recht den **politischen Entscheidungen der Unionsorgane** vorbehalten. Art. 79 Abs. 1 AEUV ist **nicht unmittelbar anwendbar**. Die Maßnahmen der Union sind in ihrer Ausgestaltung an die **GRC** gebunden (hier insbesondere Art. 4, 7, 15 Abs. 3, 19, 27–38 GRC).

3

Art. 79 AEUV enthält für die Einwanderungspolitik anders als Art. 78 Abs. 1 AEUV keine Bezugnahme auf das **Völkerrecht**. Dieses ist daher für die Ausgestaltung oder Wirksamkeit des Sekundärrechts nur unter den hohen allgemeinen Voraussetzungen des Völkergewohnheitsrechts[16] oder im Falle von migrationsrelevanten Bestimmungen in Abkommen der EU mit Drittstaaten[17] maßgeblich. Es ist zudem für die Inhaltsbestimmung des unionsrechtlichen Grundrechtsschutzes als Rechtserkenntnisquelle (zur EMRK Art. 6 Abs. 3 EUV, Art. 53 Abs. 3 GRC) nutzbar.[18]

4

Die Absätze 2 bis 4 von Art. 79 AEUV enthalten die inhaltlichen, prozeduralen und instrumentellen Kompetenzbestimmungen. Abs. 5 beinhaltet eine spezifische Beschränkung dieser Befugnisse hinsichtlich der Beschäftigungsmigration von Drittstaatsangehörigen. Er fixiert die Unberührtheit des Rechts der Mitgliedstaaten, über den zahlenmäßigen Umfang dieser Einwanderung in ihr jeweiliges Hoheitsgebiet zu bestimmen.

5

---

[12] Zutreffend *Rossi*, in: Calliess/Ruffert, EUV/AEUV, Art. 79 AEUV, Rn. 6.
[13] Kritisch gegenüber einer »zu starken ethnisch-kulturellen Diversität« unter dem Gesichtspunkt des sozialen Zusammenhalts *Collier*, s. Literaturübersicht.
[14] *Weiß*, in: Streinz, EUV/AEUV, Art. 79 AEUV, Rn. 10 konstatiert als »tradierte Grundlinie« »die einer extrem restriktiven Einwanderungspolitik« im Hinblick auf die Zuwanderung zur Arbeitsaufnahme; zu der im Vergleich zu Grenzschutz, Visa- und Asylpolitik später einsetzenden Thematisierung und Umsetzung der Europäisierung der Einwanderungspolitik *Thym*, in: Grabitz/Hilf/Nettesheim, EU, Art. 79 AEUV (September 2010), Rn. 1 ff., der die fehlende Einigkeit zwischen den Mitgliedstaaten und innerhalb der Organe der EU über die konzeptionelle Grundlage für die Ausgestaltung konstatiert (Rn. 3).
[15] Übersichtlich zu den möglichen verschiedenen Akzentsetzungen und ihrer Bedeutung in der bisherigen Entwicklung *Thym*, in: Grabitz/Hilf/Nettesheim, EU, Art. 79 AEUV (September 2010), Rn. 4; dazu gründlich vertiefend die Analyse *Bast*, Aufenthaltsrecht und Migrationssteuerung, 2011, S. 67 ff., S. 75 ff.
[16] Vgl. z. B. EuGH, Urt. v. 16.6.1998, C–162/96 (Racke), Slg. 1998, I–3655, Rn. 45 ff.; st. Rspr.
[17] So insbesondere das Assoziierungsabkommen EU-Türkei; dazu *Thym*, in: Grabitz/Hilf/Nettesheim, EU, Art. 79 AEUV (September 2010), Rn. 12.
[18] Zu Art. 3 und 8 EMRK im Verhältnis zu Art. 4, 7, 19 GRC *Thym*, in: Grabitz/Hilf/Nettesheim, EU, Art. 79 AEUV (September 2010), Rn. 10 f.; zu anderen, von allen Mitgliedstaaten (im Unterschied zu nicht von allen Mitgliedstaaten) ratifizierten Konventionen *Thym*, in: Grabitz/Hilf/Nettesheim, EU, Art. 79 AEUV (September 2010), Rn. 9.

Zur **Sonderstellung** des **Vereinigten Königreichs, Irlands** und **Dänemarks** vgl. Art. 67 AEUV, Rn. 22 ff.

B. Stellung der Norm im Gesamtsystem des Unionsrechts

6   Art. 79 AEUV dient ebenso wie Art. 77 AEUV und Art. 78 AEUV der dauerhaften Ermöglichung des **grenzkontrollfreien Binnenraums** der Union und damit der kontrollfreien Freizügigkeit der **Unionsbürger** nach Art. 21 AEUV und der marktaktiven Akteure in dem von Art. 3 Abs. 3 EUV i. V. m. Art. 26 Abs. 2 AEUV angestrebten **Binnenmarktraum** ohne Binnengrenzen (und darin auch ohne Binnengrenzkontrollen), in dem der freie grenzübergreifende Verkehr wirtschaftlich tätiger Personen nach den Bestimmungen der Verträge gewährleistet ist. Art. 79 AEUV überlagert jedoch **nicht** die Rechtswirkungen zugunsten derjenigen Drittstaatsangehörigen, die entweder infolge der Wahrnehmung einer transnationalen Marktzugangsfreiheit des Binnenmarktes durch eine dazu berechtigte andere Person entweder primärrechtlich **annexbegünstigt** sind (wie die Arbeitnehmer eines nach Art. 56 AEUV dienstleistenden Unternehmens) oder denen derartige Vorteile durch binnenmarktfördernde Maßnahmen der Union sekundärrechtlich zugutekommen (wie Familienangehörigen von Arbeitnehmern im Sinne des Art. 45 AEUV).[19]

7   Ungeachtet der Entstehungsgründe für die seinerzeitige Klassifizierung der Einwanderungspolitiken der Mitgliedstaaten als Gegenstand gemeinsamen Interesses in der dritten Säule (»Justiz und Inneres«) der Union von Maastricht[20] hatte das Vorhaben der gemeinsamen Einwanderungspolitik anders als das Ziel der gemeinsamen Politik der Außengrenzkontrollen und Teile der gemeinsamen Asylpolitik auch schon vor der Vertragsreform von Lissabon kompetenzrechtlich einen von Erfordernissen der Binnenmarktintegration unabhängigen **Eigenstand**. Einer Rechtfertigung von Maßnahmen der Union aus Gründen der Binnenmarktförderung bedurfte und bedarf es nicht.

C. Programmbestimmungen (Abs. 1)

8   Art. 79 Abs. 1 AEUV richtet die im Rahmen dieser Vorschrift zu entwickelnde Politik auf vier konzeptionell miteinander verbundene **Leitpunkte** einer gemeinsamen Einwanderungspolitik aus, die sich nicht in isolierten Einzelaktionen erschöpft[21] und weiter als nur der – einwärts gerichtete – Zugang zur dauerhaften Ansässigkeit zu verstehen ist, sondern auch Abschiebung und Rückführung umfasst.[22] Erstens ist eine gemeinsame Einwanderungspolitik zu entwickeln (**Gemeinsamkeit der Einwanderungspolitik**). Zweitens ist diese auf die Gewährleistung einer in allen Phasen wirksamen Steuerung der Migrationsströme auszurichten (**Migrationssteuerung**). Drittens sind hierbei Drittstaatsangehörige (und Staatenlose, Art. 67 Abs. 2 Satz 2 AEUV), die sich rechtmäßig in

---

[19] *Weiß*, in: Streinz, EUV/AEUV, Art. 79 AEUV, Rn. 14.
[20] Dazu rechnet insbesondere die flankierende Funktion zu dem angestrebten Binnenmarkt als einem Raum ohne Binnengrenzkontrollen; vgl. Art. 67 AEUV, Rn. 4.
[21] Ähnlich *Weiß*, in: Streinz, EUV/AEUV, Art. 79 AEUV, Rn. 2.
[22] Zum AEUV-Verständnis des Migrationsrechts als »Prozess rechtlichen Statuswandels« *Thym*, in: Grabitz/Hilf/Nettesheim, Art. 79 AEUV (September 2010), Rn. 16 m. w. N.

einem Mitgliedstaat aufhalten, angemessen zu behandeln (**Angemessenheitsstandard**),[23] wobei dieser Formulierung wegen ihres spezifischen Kontextes und der klaren, sich auf alle Drittstaatsangehörigen beziehenden Aussage des Art. 67 Abs. 2 Satz 1 AEUV nicht die Zulässigkeit eines nicht angemessenen Umgangs mit unrechtmäßig aufhältigen Drittstaatsangehörigen entnommen werden kann.[24] Auch ohne ausdrückliche Anordnung sind die Grundrechtsstandards der GRC einzuhalten. Viertens sind zugleich die illegale Einwanderung und der Menschenhandel zu verhüten und verstärkt zu bekämpfen (**Illegalitätsbekämpfung**).

Diese Leitpunkte determinieren nicht bereits die Ausrichtung auf eine zugangsfördernde oder zurückhaltende, eine allgemeine oder differenzierende Einwanderungspolitik.[25] Sie belassen den politischen Entscheidungen großen Gestaltungsspielraum. Die Präzisierung unterliegt zudem dem bereits allgemein bestehenden **Kohärenzgebot** des Art. 7 AEUV für die Politik und Maßnahmen der Union in ihren verschiedenen Handlungsbereichen. Dieses erfordert in der Gesamtagenda der Zugangspolitik des RFSR, die Einwanderungspolitik mit der Asyl- und Visapolitik sinnvoll abzustimmen. Dies ist auch das laufend sichtbar werdende tatsächliche Bemühen der Union,[26] so beispielsweise schon in dem vom Europäischen Rat angenommenen kohärenzbetonenden »Europäischen Pakt zu Einwanderung und Asyl« v. 24.9.1998.[27] Zusätzlich ist aber auch die Kohärenz im Sinne der Widerspruchsfreiheit zu anderen Vertragszielen (Art. 3 EUV) zu wahren.[28]

9

Die **Schwerpunktsetzung** der zugangspolitischen Gesamtagenda liegt im **Beurteilungsspielraum** der politisch zuständigen Unionsorgane und erfährt daher seit Jahren unterschiedliche Beurteilungen.[29] Insbesondere wird oftmals angemahnt, die Aufmerksamkeit für die Integration legaler Einwanderer und die Grundrechtsdimension nicht gegenüber der Rückführung nicht aufenthaltsberechtigter Personen in den Hintergrund treten zu lassen.[30] Diesem Petitum entspricht das Stockholmer Programm von 2009.[31] Das Ziel einwanderungspolitischer Gemeinsamkeit, das seine Legitimation aus dem Ziel der Kontrollfreiheit an den Binnengrenzen ableitet, erfordert die Abstimmung jedes migrationspolitischen Gestaltungsschritts mit dessen potentiellen Auswirkungen auf die Gewährleistung des grenzkontrollfreien Binnenraums. Daher beeinflusst zwar das mitgliedstaatliche Bestreben, illegale Zuwanderung insbesondere zum Schutz ihrer Arbeitsmärkte abzuwehren, erheblich die Migrationspolitik der Union und deren sekundärrechtliche Ausgestaltung,[32] führt aber zugleich zur Notwendigkeit, die Kriterien der

10

---

[23] Zur Beurteilungsoffenheit dieses Maßstabs *Thym*, in: Grabitz/Hilf/Nettesheim, EU, Art. 79 AEUV (September 2010), Rn. 17; *Graßhof*, in: Schwarze, EU-Kommentar, Art. 79 AEUV, Rn. 5.
[24] *Weiß*, in: Streinz, EUV/AEUV, Art. 79 AEUV, Rn. 8; *Graßhof*, in: Schwarze, EU-Kommentar, Art. 70 AEUV, Rn. 5.
[25] *Thym*, in: Grabitz/Hilf/Nettesheim, EU, Art. 79 AEUV (September 2010), Rn. 15.
[26] *Weiß*, in: Streinz, EUV/AEUV, Art. 79 AEUV, Rn. 2.
[27] Ratsdokument 13440/08 (OR.fr), S. 4 (kohärenter Ansatz »unerlässlich«).
[28] Vgl. dazu den bemerkenswerten konkreten Hinweis von *Thym*, in: Grabitz/Hilf/Nettesheim, EU, Art. 79 AEUV (September 2010), Rn. 14, auf Art. 21 Abs. 2 Buchst. d EUV, aus dessen Auftrag zur Förderung der nachhaltigen Entwicklung in den Entwicklungsländern mit dem vorrangigen Ziel der Armutsbeseitigung er eine Schranke gegen die Abwerbung qualifizierter Migranten ableitet.
[29] Dazu *Thym*, in: Grabitz/Hilf/Nettesheim, EU, Art. 79 AEUV (September 2010), Rn. 4.
[30] Vgl. *Weiß*, in: Streinz, EUV/AEUV, Art. 79 AEUV, Rn. 3.
[31] Das Stockholmer Programm – Ein offenes und sicheres Europa im Dienste und zum Schutz der Bürger, ABl. 2010, C 115/1.
[32] Das Problem der illegalen Einwanderung wird als »Antriebskraft« der Staaten zu einer gemeinsamen Migrationspolitik bezeichnet von *Weiß*, in: Streinz, EUV/AEUV, Art. 79 AEUV, Rn. 9.

D. Kompetenzbestimmungen (Abs. 2 bis 4)

I. Konzept der Sachbereiche

11 Art. 79 Abs. 2 und 3 AEUV beinhalten die Verbandszuständigkeit der Union zur Entwicklung einer gemeinsamen Einwanderungspolitik im Hinblick auf Drittstaatsangehörige (sofern sie nicht zugleich Unionsbürger sind) und Staatenlose, auch wenn sie Familienangehörige eines Unionsbürgers sind,[33] in fünf aufeinander abgestimmten Sachbereichen, in denen die Union in **geteilter** Zuständigkeit (Art. 3 Abs. 2 Buchst. j AEUV i.V.m. Art. 2 Abs. 2 AEUV) und damit im Rahmen des Subsidiaritätsprinzips (Art. 5 Abs. 3 EUV)[34] tätig wird. Art. 79 Abs. 4 AEUV enthält eine Förderzuständigkeit im Sinne von Art. 2 Abs. 5 AEUV. Diese Zuständigkeiten umfassen jedoch **nicht** die inhaltliche Regelung des quantitativen Zugangs von Drittstaatsangehörigen aus Drittländern in das Hoheitsgebiet der Mitgliedstaaten, um dort als Arbeitnehmer Arbeit zu suchen oder sich als Selbständige niederzulassen (Abs. 5), und ebenso wenig Einbürgerungsfragen. Sie betreffen vielmehr vor allem den **formellen Rahmen der Einwanderung**. Drei der von Art. 79 AEUV aufgeführten Sachbereiche betreffen die legale Einwanderung (Rn. 12), die drei anderen die Abwehr illegaler Einwanderung und des Menschenhandels (s. Rn. 13).

12 Für die **legale Einwanderung** ist der Union zuallererst aufgegeben, in der Frage der mitgliedstaatlichen »Einreise- und Aufenthaltsvoraussetzungen« sowie der Normen »für die Erteilung von Visa und Aufenthaltstiteln für einen langfristigen Aufenthalt« (einschließlich solcher zur Familienzusammenführung) Maßnahmen zu erlassen (Abs. 2 Buchst. a: **Einreise- und Aufenthaltsregeln der regulären Einwanderung**)[35]. Zugleich begründet die Vorschrift eine Handlungszuständigkeit für die Festlegung der Rechte der in einem Mitgliedstaat aufenthaltsberechtigten Drittstaatsangehörigen und der Bedingungen der Freizügigkeit und des Aufenthaltsrechts in anderen Mitgliedstaaten (Abs. 2 Buchst. b: **Rechte aufenthaltsberechtigter Drittstaatsangehöriger**)[36] sowie zur Förderung und Unterstützung der Bemühungen der Mitgliedstaaten um deren Integration, wobei jedoch jegliche Harmonisierung mitgliedstaatlicher Rechtsvorschriften ausgeschlossen ist (Abs. 4: **Integration aufenthaltsberechtigter Drittstaatsangehöriger**).

13 Zugleich erklärt Art. 79 Abs. 2 AEUV die Union für zuständig für Maßnahmen im Bereich der illegalen Einwanderung und des illegalen Aufenthalts, einschließlich der Abschiebung und Rückführung illegal in einem Mitgliedstaat aufhältiger Personen

---

[33] Allerdings unter Berücksichtigung ihrer Sonderstellung nach sonstigem Unionsrecht (z.B. Art. 9 ff., Art. 16 ff., Art. 20 Richtlinie 2004/38/EG, ABl. 2004, L 158/57, ber. ABl. 2004, L 229/35; dazu *Thym*, in: Grabitz/Hilf/Nettesheim, EU, Art. 79 AEUV (September 2010), Rn. 19.

[34] Zu dessen vergleichsweise stärkerer Bedeutung im Rahmen des Art. 79 AEUV als in den Art. 77 und 78 AEUV im Hinblick auf Vorhaben einer Vollharmonisierung differenziert *Thym*, in: Grabitz/Hilf/Nettesheim, EU, Art. 79 AEUV (September 2010), Rn. 18.

[35] Als Vergleichsanalyse zum früheren Art. 63 Nr. 3 und 4 EGV *Weiß*, in: Streinz, EUV/AEUV, Art. 79 AEUV, Rn. 3: so namentlich Wegfall der Beschränkung auf Mindestnormen und beim Normerlass zu Visa und Aufenthaltstitel Wegfall der Beschränkung auf Verfahrensnormen.

[36] Vergleichsanalyse zur Vorgängernorm *Weiß*, in: Streinz, EUV/AEUV, Art. 79 AEUV, Rn. 3.

(Abs. 2 Buchst. c: **Illegaler Zugang und Aufenthalt**). Hierbei ist die Union nunmehr auch ausdrücklich befugt, mit Drittländern Übereinkünfte über eine Rückübernahme von solchen Personen in ihr Ursprungs- oder Herkunftsland zu schließen (Abs. 3: **Rückübernahmeabkommen**). Auch weist die Vorschrift der Union nunmehr ausdrücklich die geteilte Zuständigkeit zu, den Menschenhandel, insbesondere mit Frauen und Kindern, zu bekämpfen (Abs. 2 Buchst. d: **Bekämpfung des Menschenhandels**).

II. Verfahren der Kompetenznutzung

1. Binnenbereich: ordentliches Gesetzgebungsverfahren

Der Erlass der in Art. 79 AEUV Abs. 2 und 4 AEUV genannten, im Wesentlichen den Binnenbereich der Union betreffenden Maßnahmen erfolgt im **ordentlichen Gesetzgebungsverfahren**, in dem auf Vorschlag der Kommission das Europäische Parlament sowie der Rat (dieser mit qualifizierter Mehrheit) entscheiden (Art. 289 Abs. 1 AEUV, Art. 294 AEUV). Die in diesem Verfahren erlassenen Rechtsakte sind Gesetzgebungsakte (Art. 289 Abs. 3 AEUV), die die Kommission zum Erlass delegierter Rechtsakte ermächtigen (Art. 290 AEUV) oder der Kommission oder dem Rat Durchführungsbefugnisse (Art. 291 Abs. 2 AEUV) übertragen können. Für die Festlegung von Förder- und Unterstützungsmaßnahmen nach Abs. 4 (Förderung der mitgliedstaatlichen Bemühungen um die Integration der aufenthaltsberechtigten Drittstaatsangehörigen) ist jegliche Harmonisierung mitgliedstaatlicher Rechtsvorschriften ausgeschlossen (Kompetenzschranke). Für den Entwurf eines Gesetzgebungsaktes nach Art. 79 Abs. 2 AEUV von Bedeutung ist die **Erklärung Nr. 22** zum Vertrag von Lissabon, wonach die Regierungskonferenz davon ausgeht, dass den Interessen des betroffenen Mitgliedstaats »gebührend Rechnung getragen wird«, wenn der Entwurf »wichtige Aspekte, wie den Geltungsbereich, die Kosten oder die Finanzstruktur des Systems der sozialen Sicherheit eines Mitgliedstaats verletzen oder das finanzielle Gleichgewicht dieses Systems beeinträchtigen würde.« Damit ist die mitgliedstaatliche **finanzielle Tragkraft** als ein legitimer und zu beachtender Bestimmungsfaktor in der Konzipierung und Begrenzung gesetzpolitischer Initiativen der Kommission hervorgehoben.

14

2. Außenbereich: Übereinkünfte mit Drittländern

Zur Effektuierung der zwischen legaler und illegaler Einwanderung unterscheidenden Politik ermächtigt Art. 79 Abs. 3 AEUV die Union zum Abschluss von Übereinkünften mit Drittländern (Art. 216 AEUV). Hierauf ist das Verfahren des Art. 218 AEUV anwendbar.

15

E. Kompetenznutzung: Grundzüge des Sekundärrechts

I. Aktivitäten in der Einwanderungspolitik

Die Union/Gemeinschaft konnte im Bereich der seit der Vertragsreform von Lissabon in Art. 79 AEUV aufgeführten Zuständigkeiten zur Entwicklung einer gemeinsamen Einwanderungspolitik trotz zahlreicher Maßnahmen[37] nicht in derselben konzeptionell um-

16

---

[37] S. unten Rn. 17 ff.; zu weiteren früheren Maßnahmen vor Inkrafttreten des Vertrages von Amsterdam *Rossi*, in: Calliess/Ruffert, EUV/AEUV, Art. 79 AEUV, Rn. 13; als zusammenfassende Dar-

fassenden Weise tätig werden wie in den Bereichen der Visapolitik (Art. 77 AEUV) und der Asylpolitik (Art. 78 AEUV). Dies ist Folge des vergleichsweise engeren Zuschnitts ihrer Zuständigkeiten (namentlich Abs. 5), der sich wiederum aus potenziell unterschiedlichen Haltungen in der vielschichtigen Frage einer dauerhaften Zuwanderung von Drittstaatsangehörigen erklärt. Für eine aktive Einwanderungspolitik und Integration von Drittstaatsangehörigen spricht, dass eine überlegt gesteuerte Migration einer nur reaktiven situativen Haltung entgegenwirkt und der demographischen Entwicklung und den wirtschaftlichen Bedürfnissen in der Union zuträglich sein kann. Der aufgewachsene sekundärrechtliche Bestand zielt auf diese Gesamtheit gemeinsamer idealtypischer Normen für den Umgang mit der rechtmäßigen und unrechtmäßigen Einwanderung in die Mitgliedstaaten. Ihrer präskriptiven Natur ist wesensimmanent, dass ihre Umsetzung in heterogenen gesellschaftlichen, wirtschaftlichen, politischen und kulturellen Wirklichkeiten der Mitgliedstaaten auf Schwierigkeiten stoßen kann und eine stete Herausforderung darstellt.

II. Das Sekundärrecht der Einzelbereiche (Abs. 2) und Rückübernahmeabkommen (Abs. 3) (Überblick)

1. Einreise-, Aufenthalts- und Titelerteilungsvoraussetzungen (Abs. 1 Buchst. a)

17 Art. 79 Abs. 2 Buchst. a AEUV ermächtigt die Union (in Fortsetzung von Art. 63 Nr. 3 Buchst. a EGV) zur Festlegung von Einreise- und Aufenthaltsvoraussetzungen sowie von Normen für die Erteilung von Visa und Aufenthaltstiteln für einen **langfristigen Aufenthalt**, einschließlich solcher zur Familienzusammenführung, durch die Mitgliedstaaten (geteilte Zuständigkeit: Art. 4 Abs. 2 Buchst. j AEUV). Dies deckt sachgegenständlich grundsätzlich das gesamte Spektrum der **materiellen** und **prozeduralen Voraussetzungen**[38] (unter Achtung der mitgliedstaatlichen Verfahrensautonomie[39]) ebenso wie allgemeine und nach Personengruppen oder Tätigkeiten differenzierte Regeln ab und umfasst auch solche des Arbeitsmarktzugangs, unbeschadet der Kompetenzschranke des Art. 79 Abs. 5 AEUV.[40] Hingegen unterfällt die Ausprägung der Rechte eines Aufenthaltsberechtigten Art. 79 Abs. 2 Buchst. b AEUV (s. unten Rn. 18 ff.). Zu den Voraussetzungen des Aufenthaltsrechts zählen auch diejenigen dessen Verlusts und die damit verknüpften Regeln der Ausweisung. Die Vorschrift ermächtigt jedoch **nicht** zu Regelungen des Erwerbs und Verlusts der Staatsangehörigkeit eines Mitgliedstaats[41] und ebenso wenig zur Errichtung einer Unionsbehörde zur unmittelbaren Durchführung des einschlägigen Unionsrechts,[42] ermöglicht aber die Schaffung eines

---

stellung z. B. *Stern/Tohidipur*, EnzEuR, Band 10, § 14 Rn. 117 ff.; *Kugelmann*, in: Schulze/Zuleeg, Europarecht, § 41, Rn. 194–228; *ders.*, ZAR 1998, 243; *Knauff*, ZEuS 2004, 11; *Thiele*, EuR 2007, 419; *H. G. Fischer*, S. 94 ff.; als Analyse der Zusammenarbeit der Mitgliedstaaten auf der Grundlage des Vertrags von Maastricht vgl. *Schieffer*; als Analyse des Einwanderungskonzepts der EU *ter Steeg*.

[38] *Thym*, in: Grabitz/Hilf/Nettesheim, EU, Art. 79 AEUV (September 2010), Rn. 23, Rn. 24 ff., Rn. 28 (vom Erteilungsbegriff erfasst sind namentlich Verwaltungsverfahren, Aufenthaltstitelgestaltung und gerichtlicher Rechtsschutz).

[39] Zu diesem Gesichtspunkt s. oben Art. 78 AEUV, Rn. 21.

[40] *Thym*, in: Grabitz/Hilf/Nettesheim, EU, Art. 79 AEUV (September 2010), Rn. 25.

[41] Art. 79 AEUV berührt in keiner Weise die Zuständigkeit der Mitgliedstaaten, über Erwerb und Verlust ihrer Staatsangehörigkeit zu befinden; zur bisherigen Rechtsprechung z. B. EuGH, Urt. v. 11.11.1999, C–179/98 (Mesbah), Slg. 1999, I–7955, Rn. 29; st. Rspr.; Urt. v. 2.3.2010, C–135/08 (Rottmann), Slg. 2010, I–1449, Rn. 39.

[42] *Thym*, in: Grabitz/Hilf/Nettesheim, EU, Art. 79 AEUV (September 2010), Rn. 28.

dem VIS (s. oben Art. 77 AEUV, Rn. 19) vergleichbaren zwischenstaatlichen Informationssystems.[43]

Die Bestimmung verknüpft den Begriff der »Einwanderungspolitik« mit dem Merkmal der **Langfristigkeit**, das zu kurzfristigen Aufenthalten abgrenzt, die nicht der Einwanderungspolitik unterfallen. Eine ausdrückliche zeitliche Grenzlinie enthält das Primärrecht nicht. Infolge der früheren, durch den Reformvertrag von Lissabon allerdings weggefallenen Drei-Monats-Regelung für Visa in Art. 62 Nr. 2 Buchst. b EGV wirkt indes bei der Gestaltung des Sekundärrechts die überkommene Vorstellung, einen längeren Aufenthalt als drei Monate als »langfristig« im Sinne des Art. 79 AEUV zu verstehen.[44] Primärrechtlich zwingend ist dies nicht, so dass eine zeitlich klar bezifferte primärrechtlich Grenze zwischen den kurzfristigen Aufenthaltstiteln in Art. 77 Abs. 2 Buchst. a AEUV und den langfristigen Aufenthaltstiteln in Art. 79 Abs. 2 Buchst. a AEUV nicht besteht und dementsprechend auch nicht zwischen den beiden Zuständigkeitsvorschriften. Insoweit hat der Unionsgesetzgeber einen Gestaltungsspielraum.[45] Da andererseits eine Unterscheidung zwischen einer anfänglich geplanten dauerhaften und einer nur vorübergehend angelegten Aufenthaltsintention keinen Präzisierungsgewinn erwarten lässt und zudem ein fluides subjektives Element beinhaltet (z.B. Ausbildungs- oder Studienaufenthalt), spricht im Interesse eines objektiven Trennkriteriums nichts dagegen, sekundärrechtlich an der überkommenen Auffassung der **Drei-Monats-Grenzlinie** für die Unterscheidung zwischen kurz- und langfristigen Aufenthaltstiteln grundsätzlich festzuhalten.[46] Der Anwendungsbereich des Visakodex (Verordnung (EG) Nr. 810/2009)[47] ist auf Visa für einen Aufenthalt von höchstens drei Monaten begrenzt.[48]

18

Aufenthaltstitel sind mitgliedstaatliche Genehmigungen der Aufenthaltsberechtigung.[49] Art. 79 Abs. 2 Buchst. a AEUV bezieht sich **nur** auf die **Einreise** und den **Aufenthalt**, nicht aber auf die in Buchst. b angesprochenen Folgefragen der Festlegung der Rechte der aufenthaltsberechtigten Drittstaatsangehörigen (z.B. Zugang zu einer Erwerbstätigkeit).[50] Wegen Art. 79 Abs. 5 AEUV sind auch Regelungen für Einreise und Aufenthalt zu einer kurzfristigen Arbeitstätigkeit Art. 79 Abs. 2 Buchst. a AEUV zuzuordnen.[51] Die Zuständigkeit nach Art. 79 Abs. 2 Buchst. a AEUV überlagert nicht diejenige der Union im Hinblick auf Drittstaatsangehörige, die sie auf Grund der Wahrnehmung der transnationalen Marktzugangs-Grundfreiheiten anderer Personen begünstigt.[52]

19

Eine dem Visakodex (Verordnung (EG) Nr. 810/2009) für Verfahren und Voraussetzungen zur Erteilung kurzfristiger Visa[53] gleichartig **zusammen- und umfassende Regelung** ist von der Union/Gemeinschaft für die Erteilung von Visa und Aufenthaltstiteln für einen langfristigen Aufenthalt bislang **nicht** erlassen worden. Allerdings sind nach

20

---

[43] *Thym*, in: Grabitz/Hilf/Nettesheim, EU, Art. 79 AEUV (September 2010), Rn. 28.
[44] »Tradiertes Verständnis«, *Weiß*, in: Streinz, EUV/AEUV, Art. 79 AEUV, Rn. 12.
[45] *Thym*, in: Grabitz/Hilf/Nettesheim, EU, Art. 79 AEUV (September 2010), Rn. 24.
[46] Im Ergebnis ebenso *Weiß*, in Streinz, EUV/AEUV, Art. 79 AEUV, Rn. 12.
[47] VO (EG) Nr. 810/2009 vom 13.7.2009 über einen Visakodex der Gemeinschaft, ABl. 2009, L 243/1.
[48] ABl. 2009, L 243/1.
[49] *Rossi*, in: Calliess/Ruffert, EUV/AEUV, Art. 79 AEUV, Rn. 12.
[50] *Weiß*, in: Streinz, EUV/AEUV, Art. 79 AEUV, Rn. 15.
[51] *Thym*, in: Grabitz/Hilf/Nettesheim, EU, Art. 79 AEUV (September 2010), Rn. 25.
[52] S. oben Rn. 6.
[53] ABl. 2009, L 243/1; vgl. dazu oben Art. 77 AEUV, Rn. 17ff.

den noch auf die dritte Säule des Vertrages von Maastricht gestützten ersten Maßnahmen in Gestalt von Entschließungen des Rates über die Beschränkungen für die Einreise von Drittstaatsangehörigen zur Ausübung einer Beschäftigung[54] und hinsichtlich der Beschränkungen für die Zulassung von Drittstaatsangehörigen in das Hoheitsgebiet der Mitgliedstaaten zur Ausübung einer selbständigen Erwerbstätigkeit[55] sodann seit 2002 mehrere **horizontale** (im Sinne von querschnittigen) und **sektorale** (im Sinne von tätigkeitsbezogenen) **Regelungen** in Kraft gesetzt worden. Aufgehoben durch den Visakodex[56] ist die Verordnung 1091/2001/EG.[57]

a) Horizontale Regelungen

21 Zu den **horizontalen** (also nicht auf spezifische, sektoral definierte Personengruppen beschränkten) Regelungen zählt die im Licht ihres Inhalts unvollständig titulierte, auf den seinerzeitigen Art. 63 Nr. 3 und 4 EGV gestützte **Richtlinie 2003/109/EG** des Rates vom 25.11.2003 **betreffend die Rechtsstellung der langfristig aufenthaltsberechtigten Drittstaatsangehörigen**.[58] Sie normiert nicht nur die Rechtsstellung eines langfristig Aufenthaltsberechtigten (insoweit Gegenstand von Art. 79 Abs. 2 Buchst. b AEUV), sondern enthält auch **Bedingungen für die Zuerkennung einer derartigen Rechtsstellung** (Art. 5 und 6: feste und regelmäßige Einkünfte, die ohne Inanspruchnahme der Sozialhilfeleistungen des betreffenden Mitgliedstaats für den eigenen Lebensunterhalt und den seiner Familienangehörigen ausreichen; Krankenversicherung; Erfüllung von Integrationsanforderungen des nationalen Rechts) und Voraussetzungen (Unbedenklichkeit im Licht der öffentlichen Ordnung und Sicherheit) sowie Bestimmungen für das **Verfahren zur Erlangung** einer derartigen Rechtsstellung (Art. 7; sowie Art. 9 und 10 zu Entzug und Verlust).

22 Gleichermaßen ohne Beschränkung auf spezifische, sektoral definierte Personengruppen ausgelegt ist die auf Art. 63 Nr. 3 Buchst. a EGV gestützte **Richtlinie 2003/86/EG** des Rates vom 22.9.2003 **betreffend das Recht auf Familienzusammenführung**.[59] Die Gültigkeit einzelner ihrer Bestimmungen wurde vom Europäischen Parlament in einem Nichtigkeitsverfahren vor dem EuGH mit dem Argument der Unvereinbarkeit mit einzelnen Grundrechten, im Ergebnis erfolglos, angegriffen.[60] Die Richtlinie findet Anwendung, wenn der die Zusammenführung Begehrende (»Zusammenführender« im Sinne von Art. 2 Buchst. c) im Besitz eines von einem Mitgliedstaat ausgestellten Aufenthaltstitels mit mindestens einjähriger Gültigkeit ist, begründete Aussicht darauf hat, ein dauerhaftes Aufenthaltsrecht zu erlangen, und seine Famili-

---

[54] ABl. 1996, C 274/3.
[55] ABl. 1996, C 274/7.
[56] ABl. 2009, L 243/1.
[57] VO (EG) Nr. 1091/2001 des Rates vom 28.5.2011 über den freien Personenverkehr mit einem Visum für den längerfristigen Aufenthalt (gestützt auf Art. 62 Nr. 2 Buchst. b Ziff. ii EGV und Art. 63 Ziff. 3 Buchst. a EGV), ABl. 2001, L 150/4.
[58] ABl. 2004, L 16/44; geändert durch Richtlinie 2011/51/EU, ABl. 2011, L 132/1; dazu *Hauschild*, ZAR 2003, 350; komprimierte Analyse *Stern/Tohidipur*, EnzEuR, Bd. 10, § 14, Rn. 135 ff.; ausführliche Kommentierung *Handoll*, in: Hailbronner (Hrsg.), S. 589 ff.
[59] ABl. 2003 L 251/12; dazu *Hauschild*, ZAR 2003, 266; *Groenendijk*, ZAR 2006, 191; komprimierte Analyse *Stern/Tohidipur*, EnzEuR, Bd. 10, § 14, Rn. 128 ff.; ausführliche Kommentierung *Hailbronner/Carlitz*, in: Hailbronner (Hrsg.), EU Immigration and Asylum Law – Commentary, S. 149 ff.; monographische Untersuchung *Schöllhorn*; umfassende Analyse der Familienzusammenführung in Europa *Walter*.
[60] EuGH, Urt. v. 27.6.2006, C–540/03 (Europäisches Parlament/Rat), Slg. 2006, I–5769.

enangehörige Drittstaatsangehörige sind (Art. 3 Abs. 1). Von der Richtlinie **begünstigte Familienangehörige** sind zwingend der Ehegatte[61] und minderjährige Kinder (Art. 4 Abs. 1). Im Übrigen steht es den Mitgliedstaaten frei, weiteren in Art. 4 Abs. 2 und 3 aufgeführten Familienangehörigen (weiter Begriff)[62] die Einreise und den Aufenthalt gemäß dieser Richtlinie zu gestatten. Im Einzelnen enthält die Richtlinie detaillierte Bedingungen für die Ausübung des Rechts auf Familienzusammenführung, u. a.: Regelungen zum Verfahren (Art. 5); Nachweiserfordernisse, dass der Zusammenführende über Wohnraum, Krankenversicherung und feste und regelmäßige Einkünfte verfügt, die ohne Inanspruchnahme der Sozialhilfeleistungen des betreffenden Mitgliedstaats für seinen eigenen Lebensunterhalt und den seiner Familienangehörigen ausreichen (Art. 7 Abs. 1); Beteiligung an Integrationsmaßnahmen des nationalen Rechts (Art. 7 Abs. 2); Mindestdauer (nicht über zwei Jahre) des rechtmäßigen Aufenthalts des Zusammenführenden vor der Nachreise seiner Familienangehörigen nach nationalem Recht (Art. 8); Genehmigung der Einreise (Art. 13); Rechte der Familienangehörigen im Wesentlichen in Parallele zu denjenigen des Zusammenführenden (Art. 14: Zugang zu allgemeiner Bildung, zu einer selbständigen oder unselbständigen Erwerbstätigkeit – allerdings mit Arbeitsmarktprüfungsvorbehalt-, zu beruflicher Beratung, Ausbildung, Fortbildung und Umschulung); Recht auf einen eigenen Aufenthaltstitel, der unabhängig von dem des Zusammenführenden ist, spätestens nach fünfjährigem Aufenthalt (Art. 15); Gründe für eine Antragsablehnung und für den Entzug oder die Verweigerung der Verlängerung eines Aufenthaltstitels (Art. 16); Rechtsbehelfe (Art. 18).

Ohne spezifisch sektoral definierte Beschränkung ausgelegt ist ferner die auf den früheren Art. 63 Nr. 3 EGV gestützte **Verordnung (EG) Nr. 1030/2002** des Rates vom **13. 6. 2002 zur einheitlichen Gestaltung des Aufenthaltstitels für Drittstaatsangehörige**.[63] Ihr Zweck ist es, durch einen fälschungssicheren Aufenthaltstitel einem aufenthaltsberechtigten Drittstaatsangehörigen den einfachen und verlässlichen Nachweis seiner legalen Anwesenheit zu ermöglichen und durch den Schutz des Aufenthaltstitels vor Fälschungen und Verfälschungen illegale Einwanderung und illegalen Aufenthalt zu verhindern und zu bekämpfen.[64] Sie enthält daher detaillierte Einzelregelungen zu den notwendigen Informationen und technischen Anforderungen. Im Einklang mit diesen Regelungen konzipiert[65] ist die auf Art. 79 Abs. 2 Buchst. a und b AEUV gestützte **Richtlinie 2011/98** des Europäischen Parlaments und des Rates vom 13. 12. 2011 **über ein einheitliches Verfahren zur Beantragung einer kombinierten Erlaubnis für Drittstaatsangehörige**, sich im Hoheitsgebiet eines Mitgliedstaats **aufzuhalten und zu arbeiten,** sowie über ein **gemeinsames Bündel von Rechten für Drittstaatsarbeitnehmer,** die sich rechtmäßig in einem Mitgliedstaat aufhalten.[66] Sie dient in ihrem zugangsrechtlichen Teil dem Ziel, das Verfahren für die Zulassung dieser Personen zu vereinfachen (Art. 1

23

---

[61] Davon ausgenommen ist allerdings im Mehrehenfall, in dem bereits ein Ehegatte mit dem Zusammenführenden im Hoheitsgebiet eines Mitgliedstaats lebt. In diesem Fall verbietet art. 4 Abs. 4 bereits die Familienzusammenführung eines weiteren Ehegatten.
[62] *Rossi*, in: Calliess/Ruffert, EUV/AEUV, Art. 79 AEUV, Rn. 15.
[63] ABl. 2002, L 157/1; sie ersetzte die auf Art. K.3 EUV gestützte Gemeinsame Maßnahme 97/11/JI des Rates vom 16. 12. 1996 zur einheitlichen Gestaltung der Aufenthaltstitel, ABl. 1997, L 7/1; ber. ABl. 1998, L 313/29; darauf war gestützt: Beschluss des Rates vom 3. 12. 1998 über gemeinsame Normen für die Eintragung in den einheitlichen Aufenthaltstiteln (98/701/JI), ABl. 1998, L 333//8; zuletzt geändert ABl. 1999, L 57/36.
[64] Erwägungsgrund 5.
[65] Erwägungsgrund 14.
[66] ABl. 2011, L 343/1; dazu *Stern/Tohidipur*, EnzEuR, Bd. 10, § 14, Rn. 142 ff.

Abs. 1 Buchst. a). Eingeführt wird dadurch die kombinierte Erlaubnis in Form eines von einem Mitgliedstaat ausgestellten Aufenthaltstitels, der es einem Drittstaatsangehörigen gestattet, sich rechtmäßig im Hoheitsgebiet eines Mitgliedstaats zu Arbeitszwecken aufzuhalten (Art. 2 Buchst. c und Art. 6). Zu diesem Zweck beinhaltet die Richtlinie Regelungen zum einheitlichen Antragsverfahren und zur kombinierten Erlaubnis (Art. 4 bis 11), unbeschadet günstigerer Vorschriften der Mitgliedstaaten (Art. 13 Abs. 2).

b) Sektorale Regelungen

24 Die **sektoralen** Regelungen des Sekundärrechts betreffen den Zugang von **tätigkeitsbezogen definierten Gruppen** von Drittstaatsangehörigen. Einschlägig sind in der zeitlichen Reihenfolge des Erlasses des entsprechenden Rechtsaktes: erstens die auf den seinerzeitigen Art. 63 Abs. 1 Nr. 3 Buchst. a und Nr. 4 EGV gestützte (sich in legislativer Reform befindliche)[67] **Richtlinie 2004/114/EG** des Rates vom 13. 12. 2004 über die Bedingungen für die Zulassung von Drittstaatsangehörigen zur Absolvierung eines **Studiums** oder zur Teilnahme an einem **Schüleraustausch**, einer **unbezahlten Ausbildungsmaßnahme** oder einem **Freiwilligendienst**;[68] zweitens die auf den seinerzeitigen Art. 63 Abs. 1 Nr. 3 Buchst. a und Nr. 4 EGV gestützte (und sich ebenfalls in legislativer Reform befindliche)[69] **Richtlinie 2005/71/EG** des Rates vom 12. 10. 2005 über ein besonderes Zulassungsverfahren für Drittstaatsangehörige zum Zwecke der **wissenschaftlichen Forschung**;[70] drittens die zum Zweck der Anwerbung tüchtiger Drittstaatsangehöriger erlassene und auf den seinerzeitigen Art. 63 Abs. 1 Nr. 3 Buchst. a und Nr. 4 EGV gestützte **Richtlinie 2009/50/EG** des Rates vom 25. 5. 2009 über die Bedingungen für die Einreise und den Aufenthalt von Drittstaatsangehörigen zur Ausübung einer **hochqualifizierten Beschäftigung**[71] (so genannte Blaue Karte); viertens die auf Art. 79 Abs. 2 Buchst. a und b AEUV gestützte **Richtlinie 2014/36/EU** des Europäischen Parlaments und des Rates vom 26. 2. 2014 über die Bedingungen für die Einreise und den Aufenthalt von Drittstaatsangehörigen zwecks Beschäftigung als **Saisonarbeiter**;[72] und fünftens die gleichfalls auf Art. 79 Abs. 2 Buchst. a und b AEUV gestützte **Richtlinie 2014/66/EU** des Europäischen Parlaments und des Rates vom 15. 5. 2014 über die Bedingungen für die Einreise und den Aufenthalt von Drittstaatsangehörigen im Rahmen eines **unternehmensinternen Transfers**.[73]

---

[67] KOM(2013) 151 endg.
[68] ABl. 2004, L 375/12; dazu *Stern/Tohidipur*, EnzEuR, Bd. 10, § 14, Rn. 161 ff.; *Weiß*, in: Streinz, EUV/AEUV, Art. 79 AEUV, Rn. 19; ausführliche Kommentierung *Hailbronner/Schieber*, in: Hailbronner (Hrsg.), EU Immigration and Asylum Law – Commentary, S. 287 ff.
[69] KOM(2013) 151 endg.
[70] ABl. 2005, L 289/15; dazu als Analyse *Stern/Tohidipur*, EnzEuR, Bd. 10, § 14, Rn. 158 ff.; als ausführliche Kommentierung von *Hailbronner*, in: Hailbronner (Hrsg.), EU Immigration and Asylum Law – Commentary, S. 365 ff.
[71] ABl. 2009, L 175/17; dazu *Stern/Tohidipur*, EnzEuR, Bd. 10, § 14, Rn. 164 ff.; *Kuczynski/Solka*, ZAR 2009, 219; skeptisch gegenüber der Attraktivität der Regelung *Weiß*, in: Streinz, EUV/AEUV, Art. 79 AEUV, Rn. 21.
[72] ABl. 2014, L 94/375.
[73] ABl. 2014, L 157/1.

2. Rechte von Drittstaatsangehörigen (Abs. 2 Buchst. b)

Art. 79 Abs. 2 Buchst. b AEUV ermächtigt (in Fortentwicklung des Art. 63 Nr. 4 EGV) 25
die Union, die Rechte von Drittstaatsangehörigen festzulegen, die sich rechtmäßig in einem Mitgliedstaat aufhalten, einschließlich der Bedingungen, unter denen sie sich in den anderen Mitgliedstaaten frei bewegen und aufhalten dürfen (geteilte Zuständigkeit: Art. 4 Abs. 2 Buchst. j AEUV). Damit können zum einen auch der Zugang zur Beschäftigung[74] und zum anderen die Bedingungen für die Bewegungs- und Aufenthaltsfreiheit in anderen Mitgliedstaaten (Weiterwanderung[75]) erfasst werden. Auch die Ausprägung der Rechte eines Aufenthaltsberechtigten liegt im **politischen Gestaltungsermessen** des Unionsgesetzgebers im Rahmen seiner grundrechtlichen oder völkervertraglichen Bindungen (s. oben Rn. 3).

Das für diesen Fragenkreis derzeit maßgebliche Sekundärrecht findet sind vor allem 26
in der bereits auf die (engere) Vorgängernorm des Art. 63 Nr. 3 und 4 EGV gestützten **Richtlinie 2003/109/EG betreffend die Rechtsstellung der langfristig aufenthaltsberechtigten Drittstaatsangehörigen**[76] (**Daueraufenthaltsrichtlinie**). Sie regelt zwei Fragenkreise: zum einen die Voraussetzungen, unter denen ein Mitgliedstaat einem aufenthaltsberechtigten Drittstaatsangehörigen die Rechtsstellung eines langfristig Aufenthaltsberechtigten erteilen oder entziehen kann, und die mit dieser Rechtsstellung verbundenen Rechte (Art. 4 bis 13; dazu Rn. 27) sowie zum anderen die Bedingungen eines derart Berechtigten in einem anderen Mitgliedstaat als in demjenigen, der ihm diese Rechtsstellung zuerkannt hat (Art. 14 bis 23; dazu Rn. 28). Der **persönliche Anwendungsbereich** erstreckt sich auf Drittstaatsangehörige, die sich rechtmäßig langfristig im Hoheitsgebiet eines Mitgliedstaats aufhalten, doch bestehen Ausnahmen vom Langfristigkeitserfordernis (u.a. bei Aufenthalten zwecks Studiums oder Berufsausbildung, zwecks vorübergehenden Schutzes, zwecks vorübergehender Tätigkeit wie etwa als Au-pair, Saisonarbeitnehmer oder entsandter Arbeitnehmer) (Art. 3). **Grundvoraussetzung** für die Erteilung der Rechtsstellung eines langfristig Aufenthaltsberechtigten durch einen Mitgliedstaat ist ein unmittelbar vor der Antragstellung liegender **fünfjähriger ununterbrochener rechtmäßiger Aufenthalt** in seinem Hoheitsgebiet (Art. 4 mit Regelungen zu den bei der Zeitraumberechnung einfließenden oder nicht einfließenden Zeiten). Zu den **weiteren Bedingungen** zählen namentlich der Nachweis fester und regelmäßiger Einkünfte, die ohne Inanspruchnahme der Sozialhilfeleistungen des betreffenden Mitgliedstaats für seinen eigenen Lebensunterhalt und den seiner Familienangehörigen ausreichen, und einer landesüblichen Krankenversicherung[77] (Art. 5 Abs. 1), die Erfüllung der Integrationsanforderungen des nationalen Rechts (Art. 5 Abs. 2) und die Unbedenklichkeit aus Gründen der öffentlichen Ordnung und Sicherheit (Art. 6).

Sind die Voraussetzungen erfüllt, erkennt der Mitgliedstaat dem Drittstaatsangehörigen im Antragsverfahren die **Rechtsstellung** eines langfristig Aufenthaltsberechtigten zu (Art. 7 Abs. 3), ohne dass ihm dabei ein Ermessen zukommt.[78] Diese ist dauerhaft, 27

---

[74] *Weiß*, in: Streinz, EUV/AEUV, Art. 79 AEUV, Rn. 25; *Hoppe*, in: Lenz/Borchardt, EU-Verträge, Art. 79 AEUV, Rn. 5.
[75] *Thym*, in: Grabitz/Hilf/Nettesheim, EU, Art. 79 AEUV (September 2010), Rn. 29.
[76] ABl. 2004, L 16/44; dazu *Hailbronner*, ZAR 2004, 163; ausführliche Kommentierung *Handol*, in: Hailbronner (Hrsg.), EU Immigration and Asylum Law – Commentary, S. 589 ff.; als Analyse s. *Stern/Tohidipur*, EnzEuR, Bd. 10, § 14, Rn. 135 ff.
[77] »Krankenversicherung, die im betreffenden Mitgliedstaat sämtliche Risiken abdeckt, die in der Regel auch für die eigenen Staatsangehörigen abgedeckt sind.«
[78] *Weiß*, in: Streinz, EUV/AEUV, Art. 79 AEUV, Rn. 27.

wird als »langfristige Aufenthaltsberechtigung – EG« bescheinigt, ist mindestens fünf Jahre gültig und wird, erforderlichenfalls auf Antrag, ohne weiteres verlängert (Art. 8). Diese Rechtsstellung beinhaltet die **grundsätzliche Gleichbehandlung mit eigenen Staatsangehörigen** in den von Art. 11 Abs. 1 aufgezählten Gebieten, unbeschadet der nach Art. 11 Abs. 2 bis 4 den Mitgliedstaaten **möglichen Beschränkungen** (z. B. Erfordernis des Wohnsitzes oder des gewöhnlichen Aufenthaltsortes im Hoheitsgebiet des betreffenden Mitgliedstaats in bestimmten Bereichen; Nachweis erforderlicher Sprachkenntnisse für den Zugang zur allgemeinen oder beruflichen Bildung). Vom Gleichbehandlungsgrundsatz der Richtlinie sind **sachgegenständlich** namentlich benannt: Zugang zu einer unselbständigen oder selbständigen Erwerbstätigkeit (ausgenommen zu solchen, die mit der Ausübung öffentlicher Gewalt verbunden sind); allgemeine und berufliche Bildung (einschließlich Stipendien und Ausbildungsbeihilfen nach nationalem Recht); Anerkennung der berufsqualifizierenden Befähigungsnachweise gemäß dem einschlägigen nationalen Recht; soziale Sicherheit, Sozialhilfe und Sozialschutz im Sinne des nationalen Rechts (in der Sozialhilfe und im Sozialschutz beschränkbar auf »Kernleistungen«); steuerliche Vergünstigungen; Zugang zu Waren und Dienstleistungen sowie zur Lieferung von Waren und zur Erbringung von Dienstleistungen für die Öffentlichkeit und zu Verfahren für den Erhalt von Wohnraum; Vereinigungsfreiheit sowie Mitgliedschaft und Betätigung in einer Gewerkschaft, einem Arbeitgeberverband oder einer sonstigen Berufsgruppenorganisation; freier Zugang zum gesamten Hoheitsgebiet eines Mitgliedstaats. Die auf Art. 79 Abs. 2 Buchst. b AEUV gestützte **Verordnung (EU) Nr. 1231/2010**[79] erstreckt zudem die Verordnung (EG) Nr. 883/2004[80] (Koordinierung der Systeme sozialer Sicherheit) und die Verordnung (EG) Nr. 987/2009[81] (Festlegung der Modalitäten für die Durchführung der Verordnung (EU) Nr. 1231/2010) auf Drittstaatsangehörige, die ausschließlich aufgrund ihrer Staatsangehörigkeit nicht bereits unter diese Regelungen fallen, und auf ihre Familienangehörigen und ihre Hinterbliebenen, wenn sie ihren rechtmäßigen Wohnsitz im Hoheitsgebiet eines Mitgliedstaats haben und sich in einer Lage befinden, die nicht ausschließlich einen einzigen Mitgliedstaat betrifft. Zum Schutz des langfristig Aufenthaltsberechtigten kann eine Ausweisung nur unter den Voraussetzungen des Art. 12 der Verordnung (EG) Nr. 2003/109/EG erfolgen. Die Rechtsstellung als solche kann unter bestimmten Voraussetzungen entzogen werden (Art. 9).

28 Mit der Rechtsstellung als langfristig Aufenthaltsberechtigter verbunden ist unter den Bedingungen und Einschränkungsmöglichkeiten der Art. 14 bis 23 Richtlinie 2003/109/EG ein über drei Monate hinausgehendes **Aufenthaltsrecht** des Drittstaatsangehörigen **im Hoheitsgebiet anderer Mitgliedstaaten** als in demjenigen des die Rechtsstellung zuerkennenden Mitgliedstaats (Art. 14 Abs. 1).[82] Zum Schutz mitgliedstaatlicher Politikautonomie wird ein derartiges Recht jedoch nicht durch dauerhafte oder unbefristete Aufenthaltstitel begründet, für deren Ausstellung ein Mitgliedstaat güns-

---

[79] VO (EU) Nr. 1231/2010 vom 24. 11. 2010 zur Ausdehnung der Verordnung (EG) Nr. 883/2004 und der Verordnung (EG) Nr. 987/2009 auf Drittstaatsangehörige, die ausschließlich aufgrund ihrer Staatsangehörigkeit nicht bereits unter diese Verordnung fallen, ABl. 2010, L 344/1.

[80] VO (EG) Nr. 883/2004 vom 29. 4. 2004 zur Koordinierung der Systeme der sozialen Sicherheit, ABl. 2004, L 166/1.

[81] VO (EG) Nr. 987/2009 vom 16. 9. 2009 zur Festlegung der Modalitäten für die Durchführung der Verordnung (EG) Nr. 883/2004 über die Koordinierung der Systeme der sozialen Sicherheit, ABl. 2004, L 284/1.

[82] Zur Freizügigkeit vor der VO (EG) Nr. 2003/109 *Hofmann*, S. 163 ff.

tigere Voraussetzungen als diejenige der Richtlinie vorgesehen hat (Art. 13 S. 2). Als Gründe, aus denen sich ein langfristig Aufenthaltsberechtigter in einem zweiten Mitgliedstaat aufhalten kann, benennt Art. 14 Abs. 2 neben der Ausübung einer unselbständigen oder selbständigen Erwerbstätigkeit (deren Ermöglichung arbeitsmarktpolitischen Voraussetzungen unterworfen werden kann; Art. 14 Abs. 3) und neben der Absolvierung eines Studiums oder einer Berufsausbildung schließlich in undefinierter Weise den Grund »für sonstige Zwecke«; dies erfordert aber jedenfalls eine nachvollziehbare Substanziierung. Erforderlich für den Erwerb eines über drei Monate hinausgehenden Aufenthaltsrechts in einem zweiten Mitgliedstaat ist die Erteilung eines entsprechenden Aufenthaltstitels durch diesen (Art. 19 Abs. 2). Dieser ist unverzüglich, spätestens drei Monate nach der Einreise des langfristig Aufenthaltsberechtigten bei den zuständigen Behörden dieses Mitgliedstaats zu beantragen (Art. 15 Abs. 1). Sind die im Einzelnen in den Art. 14 bis 16 aufgeführten Voraussetzungen erfüllt und stehen Gründe der öffentlichen Ordnung, Sicherheit und Gesundheit nicht entgegen, wird ein verlängerbarer Aufenthaltstitel ausgestellt (Art. 19 Abs. 2). Auf Antrag kann dem langfristig Aufenthaltsberechtigten auch vom zweiten Mitgliedstaat diese Rechtsstellung zuerkannt werden (Art. 23).

Einschlägig für die Rechte von längerfristig sich in einem Mitgliedstaat aufhaltenden Drittstaatsangehörigen ist des Weiteren die auf Art. 79 Abs. 2 Buchst. a und b AEUV gestützte **Richtlinie 2011/98/EU**[83] zu den Rechten von **Drittstaatsarbeitnehmern im Falle einer kombinierten Erlaubnis** für Aufenthalt und Arbeit.[84] Die kombinierte Erlaubnis verbindet das Recht auf Einreise und Aufenthalt im Hoheitsgebiet des ausstellenden Mitgliedstaats mit dem Recht auf freien Zugang zum gesamten Hoheitsgebiet des ausstellenden Mitgliedstaats und der Ausübung der konkreten Beschäftigung, die mit der kombinierten Erlaubnis genehmigt wurde (Art. 11). Zugleich verleiht sie Drittstaatsarbeitnehmern das grundsätzliche Recht auf Gleichbehandlung mit den Staatsangehörigen des Aufenthaltsstaats im Rahmen der Einzelbestimmungen und Einschränkungsmöglichkeiten der Richtlinie im Hinblick auf die Arbeitsbedingungen, die Vereinigungsfreiheit, die allgemeine und berufliche Bildung, die Anerkennung beruflicher Befähigungsnachweise, die Zweige der sozialen Sicherheit nach der Verordnung (EG) Nr. 883/2004,[85] die Steuervergünstigungen (soweit der Arbeitnehmer als steuerlich ansässig gilt), den Waren- und Dienstleistungszugang und die Beratungsdienste der Arbeitsämter (Art. 12). 29

Jeweils auf Art. 79 Abs. 2 Buchst. a und b AEUV gestützte **sektorale** Richtlinien betreffen Drittstaatsangehörige als beschäftigte Saisonarbeiter und im Rahmen eines unternehmensinternen Transfers. Bedingungen für die Einreise und den Aufenthalt zum Zweck einer Beschäftigung als **Saisonarbeiter** und deren Rechte (unbeschadet günstigerer unionsrechtlicher, völkervertraglicher oder mitgliedstaatlicher Bestimmungen) sind Gegenstand der **Richtlinie 2014/36/EU**.[86] Sie gilt auch für Aufenthalte von nicht mehr als 90 Tagen, unbeschadet des Schengen-Besitzstandes, insbesondere des Visa- 30

---

[83] RL 2011/98/EU vom 13.12.2011 über ein einheitliches Verfahren zur Beantragung einer kombinierten Erlaubnis für Drittstaatsangehörige, sich im Hoheitsgebiet eines Mitgliedstaates aufzuhalten und zu arbeiten, sowie über ein gemeinsames Bündel von Rechten für Drittstaatsarbeitnehmer, die sich rechtmäßig in einem Mitgliedstaat aufhalten, ABl. 2011, L 343/1; dazu als Analyse Stern/Tohidipur, EnzEuR, Bd. 10, § 14, Rn. 142 ff.
[84] ABl. 2013, L 343/1.
[85] ABl. 2004, L 166/1.
[86] ABl. 2014, L 94/375.

kodex,[87] des Schengener Grenzkodex[88] und der Visa-Verordnung (EG) Nr. 539/2001[89] (Art. 1 Abs. 2). »Saisonarbeitnehmer« ist ein Drittstaatsangehöriger, der sich rechtmäßig und vorübergehend im Hoheitsgebiet eines Mitgliedstaats aufhält, um im Rahmen eines oder mehrerer abgeschlossener befristeter Arbeitsverträge eine saisonabhängige Tätigkeit auszuüben (Art. 3 Buchst. b). Die Richtlinie enthält Kriterien und Anforderungen für die Zulassung (differenziert nach der Länge des vorgesehenen Aufenthalts bis zu oder über 90 Tage: Art. 5 und 6), eine Liste der Ablehnungsgründe (Art. 8) und die Voraussetzungen des Entzugs der Genehmigung (Art. 9), berührt aber nicht das Recht der Mitgliedstaaten zur Festlegung der Zahl der Drittstaatsangehörigen, die zum Zweck der Saisonarbeit einreisen dürfen (Art. 7). Dies steht im Einklang mit Art. 79 Abs. 5 AEUV. Der Inhalt der Rechte infolge der Genehmigung zum Zwecke der Saisonarbeit einschließlich des Gleichbehandlungsgrundsatzes mit den Staatsangehörigen des Aufnahmemitgliedstaats parallelisiert in Art. 22 und 23 zu einem Gutteil diejenigen der kombinierten Erlaubnis (s. oben Rn. 29). Die Bedingungen für die Einreise und den Aufenthalt von Drittstaatsangehörigen im Rahmen eines **unternehmensinternen Transfers** sind von der **Richtlinie 2014/66/EU** festgelegt.[90] Sie betrifft einen Aufenthalt von mehr als 90 Tagen (Art. 1 Buchst. a), regelt die Zulassungsbedingungen (Art. 5 bis 9), Verfahren und Aufenthaltstitel (Art. 10 bis 16) und die damit verbundenen Rechte (Art. 17 bis 19) und beinhaltet auch sehr detaillierte und differenzierte Regeln zur Mobilität innerhalb der Union (Art. 1 Buchst. b, Art. 20 bis 23).

3. Illegale Einwanderung und illegaler Aufenthalt (Abs. 2 Buchst. c)

31 Art. 79 Abs. 2 Buchst. c AEUV ermächtigt (in Fortführung von Art. 63 Nr. 3 Buchst. b EGV) die Union zu Maßnahmen im Bereich der **illegalen Einwanderung** und des **illegalen Aufenthalts**, einschließlich der Abschiebung und Rückführung solcher Personen, die sich illegal in einem Mitgliedstaat aufhalten (geteilte Zuständigkeit: Art. 4 Abs. 2 Buchst. j AEUV). Die Bestimmung deckt sowohl Regelungen und Unterstützungs- und Koordinierungsmaßnahmen zur Verhinderung des Zugangs (Vorfeldmaßnahmen) als auch solche zur Beendigung eines illegalen Aufenthalts nach Zugang (freiwillige Rückkehr sowie Abschiebung und Rückführung durch die Mitgliedstaaten, nicht aber unmittelbare Durchführungsmaßnahmen der Union).[91] Zur Erfüllung dieser Aufgabe, der zuallererst ein effektiver **Grenzschutz** dient (Art. 77 Abs. 2 AEUV) und die teilweise, wie einige bisherige Rechtsakte ausweisen, im Schnittfeld zu strafrechtlichen Sanktionsthemen siedelt,[92] ist die Gemeinschaft/Union bereits vor der Vertragsreform von Lis-

---

[87] Verordnung (EG) Nr. 810/2009, ABl. 2009, L 243/1, ber. ABl. 2013, L 154/10; zuletzt geändert ABl. 2013, L 182/1.
[88] Verordnung (EG) Nr. 562/2006, ABl. 2006, L 105/1.
[89] Verordnung (EG) Nr. 539/2001 vom 15. 3. 2001 zur Aufstellung der Liste der Drittländer, deren Staatsangehörige beim Überschreiten der Außengrenzen im Besitz eines Visums sein müssen, sowie der Liste der Drittländer, deren Staatsangehörige von dieser Visumspflicht befreit sind, ABl. 2001, L 81/1.
[90] ABl. 2014, L 157/1.
[91] *Thym*, in: Grabitz/Hilf/Nettesheim, EU, Art. 79 AEUV (September 2010), Rn. 32 ff.
[92] So werden strafrechtliche Teilaspekte behandelt von den auf Art. 61 Buchst. a EGV und Art. 63 Nr. 3 Buchst. b EGV gestützten Richtlinien 2001/51/EG, ABl. 2001, L 18/45 (Art. 4: Sanktionen gegen Beförderungsunternehmen) und 2002/90/EG, ABl. 2002, L 328/17 (Definition der »Beihilfe« zur unerlaubten Ein- und Durchreise und zum unerlaubten Aufenthalt) und von der auf Art. 63 Nr. 3 Buchst. b EGV gestützten Richtlinie 2009/52/EG, ABl. 2009, L 168/24 (Art. 9 ff.: Definition von Straftaten, strafrechtliche Sanktionen, Verantwortlichkeit juristischer Personen).

Einwanderungspolitik Art. 79 AEUV

sabon legislativ umfänglich tätig geworden. Ziel dieser Maßnahmen war es, auf eine Harmonisierung der Mittel zur Bekämpfung der illegalen Einwanderung und der illegalen Beschäftigung sowie zur Verbesserung der einschlägigen **Kontrollverfahren**[93] (darunter auch mittels Schaffung eines einheitlich gestalteten, fälschungssicheren Aufenthaltstitels für Drittstaatsangehörige; s. oben Rn. 23) hinzuwirken und insbesondere einerseits der illegalen Einreise **vorzubeugen** und andererseits illegal Eingereiste oder sich Aufhaltende **rückzuführen** sowie ein **Monitoring** der Durchführung unionsrechtlicher Akte durch die Mitgliedstaaten zu ermöglichen.[94] Zudem sind die einschlägigen Bestimmungen des SDÜ in den Unionsrahmen einbezogen worden.[95]

a) Präventive Maßnahmen

Zu den beschlossenen präventiven Maßnahmen zählen (abgesehen von denjenigen zur Gewährleistung eines wirksamen Grenzschutzes durch alle beteiligte Staaten (dazu Art. 77 Abs. 2 AEUV) u. a. Programme im **Grenzvorbereich** wie namentlich Kontrollen bei der Abfertigung von Flügen aus Drittstaaten nach Mitgliedstaaten der Union,[96] **Rückbeförderungspflichten** von Beförderungsunternehmen (Rn. 35), sanktionsbewehrte **Verbote der Beihilfe zum illegalen Zugang und Aufenthalt** (Rn. 33) und an Arbeitgeber gerichtete Beschäftigungsverbote für Drittstaatsangehörige ohne rechtmäßigen Aufenthalt (Rn. 34) sowie die Bekämpfung von **Scheinehen**.[97] Auf die Verhütung illegalen Zugangs im Vorfeld zielt auch das Konzept der **Regionalen Schutzprogramme** in Drittstaaten[98] (s. Art. 78 AEUV, Rn. 43). 32

In Erwartung **präventiver** Wirkungen von Sanktionen gegen die Förderung der illegalen Einreise durch Dritte verpflichtet die auf die seinerzeitigen Artikel 61 Buchst. a EGV und Art. 63 Nr. 3 Buchst. b EGV gestützte **Richtlinie 2002/90/EG des Rates vom 28. 11. 2002 zur Definition der Beihilfe zur unerlaubten Ein- und Durchreise und zum unerlaubten Aufenthalt**[99] die Mitgliedstaaten zur Festlegung »angemessener« (sowie wirksamer und abschreckender) »Sanktionen« gegen diejenigen, die Drittstaatsangehörigen vorsätzlich behilflich sind, in das Hoheitsgebiet eines Mitgliedstaats unter Verletzung dessen Einreise- oder Durchreiserecht einzureisen oder durchzureisen, oder zu Gewinnzwecken Drittstaatsangehörigen vorsätzlich zu helfen, sich im Hoheitsgebiet eines Mitgliedstaats unter Verletzung dessen Aufenthaltsrechts aufzuhalten (Art. 1 und Art. 3). Hierbei sind Anstifter und Gehilfen sowie Versuchshandlungen einzubeziehen (Art. 2). Inwieweit diese Vorkehrungen tatsächlich präventiv der Förderung der illegalen Einreise entgegenwirken, entzieht sich objektiver Messbarkeit. Tatsächlich ist das Schlepper- und Schleuserwesen (mit menschenverachtenden Praktiken und Todesfol- 33

---

[93] So schon die auf Art. K.3 Abs. 2 EUV (Maastricht) gestützte Empfehlung 96/C 5/01 des Rates v. 22. 12. 1995, ABl. 1996, C 5/1.
[94] Hierzu Beschluss 96/749/JI des Rates vom 16. 12. 1996, gestützt auf Art. K.3. Abs. 2 Buchst. a EUV (Maastricht), zur Beobachtung der Durchführung der vom Rat erlassenen Rechtsakte im Bereich der illegalen Einwanderung, der Rückübernahme, der illegalen Beschäftigung von Staatsangehörigen dritter Länder und der Zusammenarbeit bei der Vollstreckung von Ausweisungsanordnungen, ABl. 1996, L 342/5.
[95] Hierzu zählen namentlich Art. 23 Abs. 2 bis 5, Art. 24 bis Art. 27 SDÜ.
[96] Gemeinsamer Standpunkt 96/622/JI des Rates vom 25. 10. 1996, gestützt auf Art. K.3 Abs. 2 Buchst. a EUV (Maastricht), ABl. 1996, L 281/1.
[97] Vgl. dazu die auf Art. K.1 Nr. 3 EUV (Maastricht) gestützte Entschließung 97/C 382/01 des Rates vom 4. 12. 1997 über Maßnahmen zur Bekämpfung von Scheinehen, ABl. 1997, C 382/1.
[98] KOM (2010) 410; KOM (2005) 388.
[99] ABl. 2002, L 328/17.

gen), insbesondere von Nordafrika und dem Nahen Osten nach Südeuropa, ungebrochen.

34 Gegen eine andere Form der Förderung rechtswidriger Einwanderung richten sich Maßnahmen zur Bekämpfung illegaler Beschäftigung von Drittstaatsangehörigen. Unter den hierzu ergriffenen Maßnahmen maßgeblich ist vor allem[100] die auf Art. 63 Nr. 3 Buchst. b EGV gestützte **Richtlinie 2009/52/EG des Europäischen Parlaments und des Rates vom 11. 6. 2009 über Mindeststandards für Sanktionen und Maßnahmen gegen Arbeitgeber, die Drittstaatsangehörige ohne rechtmäßigen Aufenthalt beschäftigen**.[101] Sie verbietet eine derartige Beschäftigung (Art. 3) und verpflichtet die Mitgliedstaaten, die Verletzung dieses Beschäftigungsverbots »mit wirksamen, angemessenen und abschreckenden Sanktionen« gegen den Arbeitgeber, namentlich auch finanzieller und strafrechtlicher Art, zu ahnden (Art. 5 bis 12). Daneben sieht sie vor, dass die Mitgliedstaaten die Arbeitgeber zur Überprüfung der Aufenthaltsberechtigung vor Beschäftigungsaufnahme, zur Nachweissicherung und zur Mitteilung des Beschäftigungsbeginns an die zuständige Behörde verpflichten (Art. 4). Des Weiteren verpflichtet sie die Mitgliedstaaten, dass wirksame Verfahren zur Erleichterung der Einreichung von Beschwerden illegal beschäftigter Drittstaatsangehöriger zur Verfügung stehen (Art. 13) und wirksame und angemessene Kontrollinspektionen der Aufenthaltsberechtigung beschäftigter Drittstaatsangehöriger durchgeführt werden und zwar vorrangig in den für die Verletzung des Beschäftigungsverbots besonders anfälligen Beschäftigungsbereichen (Art. 14).

35 Eine Sonderfrage der Kontrolle der Zuwanderungsströme und der Bekämpfung der illegalen Einwanderung betrifft die auf Art. 61 Buchst. a EGV und Art. 63 Nr. 3 Buchst. b EGV gestützte **Richtlinie 2001/51/EG des Rates vom 28. 6. 2001** zur Ergänzung der Regelungen nach Artikel 26 des Übereinkommens zur Durchführung des Übereinkommens von Schengen vom 14. 6. 1985.[102] Sie verpflichtet die Mitgliedstaaten, **Beförderungsunternehmen** in die Pflicht zu nehmen, die Drittstaatsangehörige in das Hoheitsgebiet der Mitgliedstaaten verbringen, denen die Einreise verweigert wird. Sie sind insbesondere, falls sie zur Rückbeförderung nicht imstande sind, dazu zu verpflichten, unverzüglich eine anderweitige Rückbeförderungsmöglichkeit zu finden und die entsprechenden Kosten zu übernehmen oder bei nicht unverzüglicher Rückbeförderung die Kosten für Aufenthalt und Rückreise zu tragen (Art. 3). Zugleich beinhaltet die Richtlinie zum Zweck einer abschreckenden, wirksamen und angemessenen Sanktionierung der Beförderungsunternehmen eine Harmonisierung des Sanktionsrahmens derart, dass die anwendbare finanzielle Sanktion nicht unter einem Höchstbetrag von € 5000 je beförderte Person oder nicht unter einem Mindestbetrag von € 3000 oder der auf jede Zuwiderhandlung pauschal angewandte Höchstbetrag nicht unter € 500.000, ungeachtet der Anzahl der beförderten Personen, liegt (Art. 4). Unbeschadet davon bleibt die Möglichkeit der Mitgliedstaaten, andere Sanktionen wie beispielsweise ein Verbot der Fortsetzung der Fahrt, die Beschlagnahme und Einziehung des Verkehrsmittels oder die zeitweilige Aussetzung oder den Entzug der Betriebsgenehmigung zu

---

[100] Vgl. des Weiteren die Empfehlung 96/C 304/01 des Rates vom 27. 9.1996 zur Bekämpfung der illegalen Beschäftigung von Drittstaatsangehörigen, ABl. 1996, C 304/1.
[101] ABl. 2009, L 168/24; dazu z. B. *Voglrieder*, ZAR 2009, 168; *Stern/Tohidipur*, EnzEuR, Bd. 10, § 14, Rn. 156 f.; ausführliche Kommentierung *Schierle*, in: Hailbronner (Hrsg.), EU Immigration and Asylum Law – Commentary, S. 533 ff.; zur Umsetzung im deutschen Recht *Basse/Burbaum/Richard*, ZAR 2011, 361 (366 f.).
[102] ABl. 2001, L 187/45.

verhängen (Art. 5). Für die Beförderungsunternehmen ist im jeweiligen nationalen Recht das effektive Recht auf Verteidigung und Rechtsbehelf vorzusehen (Art. 6).

b) Rückführung illegal aufhältiger Drittstaatsangehöriger

Die **Rückführung** illegal aufhältiger Drittstaatsangehöriger ist Gegenstand verschiedener normativer Maßnahmen der Gemeinschaft/Union.[103] Die bisherige Rechtsetzung zum illegalen Aufenthalt wird von *Bast* als weder rigide (im Sinne mancher Drittstaaten) noch permissiv (im Sinne der US-amerikanischen Haltung) bewertet.[104] Zentral ist hierbei die auf den seinerzeitigen Art. 63 Abs. 3 Buchst. b EGV gestützte, umstrittene[105] **Richtlinie 2008/115/EG des Europäischen Parlaments und des Rates vom 16.12.2008 über gemeinsame Normen und Verfahren in den Mitgliedstaaten zur Rückführung illegal aufhältiger Drittstaatsangehöriger**.[106] Sie sind im Einklang mit den einschlägigen Grundrechten einschließlich der Verpflichtung zum Schutz von Flüchtlingen und zur Achtung der Menschenwürde anzuwenden (Art. 1). Einzuhalten ist der Grundsatz der Nichtzurückweisung und in gebührender Weise zu berücksichtigen sind das Kindeswohl, die familiären Bindungen und der Gesundheitszustand des betroffenen Drittstaatsangehörigen (Art. 5). Die Richtlinie statuiert die **Verpflichtung der Mitgliedstaaten** zum Erlass einer **Rückkehrentscheidung** gegen alle illegal in ihrem Hoheitsgebiet aufhältigen Drittstaatsangehörigen, unbeschadet bestimmter Ausnahmen (Art. 6 Abs. 1).[107] Für die **freiwillige Ausreise**, soweit sie nicht aus bestimmten Gründen ausgeschlossen ist (Art. 7 Abs. 4), ist grundsätzlich eine angemessene Frist zwischen sieben und dreißig Tagen vorzusehen (Art. 7 Abs. 1). Ist eine derartige Frist aus den genannten Gründen nicht eingeräumt oder erfolgt die Ausreise nicht innerhalb der eingeräumten Frist, haben die Mitgliedstaaten alle erforderlichen Maßnahmen zur Vollstreckung der Rückkehrentscheidung zu ergreifen (Art. 8 Abs. 1). Hierbei kann eine getrennte Anordnung der **Abschiebung** erlassen werden (Art. 8 Abs. 3). Zwangsmaßnahmen zur Durchführung der Abschiebung von Widerstand leistenden Drittstaatsangehörigen müssen verhältnismäßig sein und nach dem einzelstaatlichen Recht im Einklang mit den Grundrechten und unter gebührender Berücksichtigung der Menschenwürde und körperlichen Unversehrtheit des Betroffenen angewandt werden und dürfen nicht über die

---

[103] Vgl. neben den im Text aufgeführten Maßnahmen auch die auf Art. K.1. Nr. 3 Buchst. c gestützte Empfehlung 96/C 5/02 des Rates vom 22.12.1995 betreffend die Abstimmung und Zusammenarbeit bei Rückführungsmaßnahmen, ABl. 1996, C 5/3, ber. ABl. 1996, C 53/16; die auf Art. K.1 Nr. 3 Buchst. c EUV (Maastricht) gestützte Empfehlung des Rates vom 30.11.1994 bezüglich der Einführung eines Standarddokuments für die Rückführung von Staatsangehörigen dritter Länder, ABl. 1996, C 274/18; die auf Art. K.1 EUV (Maastricht) gestützte Entschließung 97/C 221/03 des Rates vom 26.6.1997 betreffend unbegleitete minderjährige Staatsangehörige dritter Länder, ABl. 1997, C 221/23.

[104] *Bast*, ZAR 2012, 1 (6), der periodische Legalisierungsprogramme für illegal aufhältige Drittstaatsangehörige vorschlägt.

[105] *Franßen-de la Cerda*, ZAR 2008, 378.

[106] ABl. 2008, L 348/98; zu Entstehungsgeschichte, Anwendungsbereich und Verfahrenablauf *Hörich*, ZAR 2011, 281; zu den Umsetzungsanforderungen *Franßen-de la Cerda*, ZAR 2009, 19; als Kurzfassung *Frenz* ZESAR 10/10, 399 ff.; als Analyse *Stern/Tohidipur*, EnzEuR, Bd. 10, § 14, Rn. 145 ff.; als ausführliche Kommentierung *Schieffer*, in: Hailbronner (Hrsg.), EU Immigration and Asylum Law – Commentary; zur Umsetzung im deutschen Recht *Basse/Burbaum/Richard*, ZAR 2011, 361 (364 ff.); *Deibel*, ZAR 2012, 148; *Huber*, NVwZ 2012, 385. Zum Rückführungsmonitoring *Allenberg/Küblbeck*, ZAR 2011, 304; zur Rechtsprechung des EuGH zu Einzelfragen *Progin-Theuerkauf*, in: GSH, Europäisches Unionsrecht, Art. 79 AEUV, Rn. 24.

[107] Zur Ausweisung in der Form einer Rückkehrentscheidung *Welte*, ZAR 2012, 424.

Grenzen des Vertretbaren hinausgehen (Art. 8 Abs. 4; zur Inhaftnahme für die Zwecke der Abschiebung speziell Art. 15 bis 18). Die Verknüpfung der Rückkehrentscheidung mit einem Einreiseverbot ist in bestimmten Fällen obligatorisch, ansonsten fakultativ (Art. 11). Die Richtlinie enthält detaillierte Verfahrensgarantien (Art. 12 bis 14).

37 Die **Förderung der freiwilligen Rückkehr** ist nach Ablauf des für den Zeitraum 2008 bis 2013 geschaffenen Europäischen Rückkehrfonds[108] nunmehr ein Teilziel des 2014 auf der Grundlage der Art. 78 Abs. 2 AEUV und Art. 79 Abs. 2 bis 4 AEUV eingerichteten **Asyl-, Migrations- und Integrationsfonds (AMIF)**,[109] aus dem auch Hilfen bei freiwilliger Rückkehr gefördert werden können (einschließlich Gesundheitschecks und medizinischer Hilfe, Reisevorbereitungen, Hilfszahlungen und Beratung vor und nach der Rückkehr: Art. 12 Buchst. c). Noch auf einen Beschluss des Rates im Rahmen der dritten Säule von Maastricht geht die Verpflichtung der Mitgliedstaaten zur jährlichen **Berichterstattung** über Regelungen zur Unterstützung der freiwilligen Rückkehr von Drittstaatsangehörigen in ihr Herkunftsland zurück.[110]

38 Nach der auf den früheren Art. 63 Nr. 3 EGV gestützten **Richtlinie 2001/40/EG des Rates vom 28.5.2001 über die gegenseitige Anerkennung von Entscheidungen über die Rückführung von Drittstaatsangehörigen**[111] soll in bestimmten Fällen die Rückführungsentscheidung eines Mitgliedstaats (Art. 3) gegenüber einem Drittstaatsangehörigen, der sich in einem anderen Mitgliedstaat aufhält, anerkannt werden können (Art. 1). Dies ermöglicht die Vollstreckung einer derartigen Entscheidung durch den anderen Mitgliedstaat und verhindert, dass sich ein Betroffener der Vollziehung mittels Aufenthaltsverlagerung in einen anderen Mitgliedstaat entzieht (Vereitelung durch Weitermigration).[112] Bei den von der Richtlinie betroffenen Fällen einer Rückführungsentscheidung (Art. 3) handelt es sich zum einen um solche, die getroffen werden aus Gründen einer schwerwiegenden und akuten Gefahr für die öffentliche Sicherheit und Ordnung oder die nationale Sicherheit bei Verurteilung aufgrund einer Straftat, die mit einer Freiheitsstrafe von mindestens einem Jahr bedroht ist, oder bei begründetem Verdacht schwerer Straftaten oder konkreter Hinweise auf die Planung solcher Taten im Hoheitsgebiet eines Mitgliedstaats; zum anderen um solche wegen Verstoßes gegen die innerstaatlichen Einreise- und Aufenthaltsvorschriften.

4. Rückübernahmeabkommen (Abs. 3)

39 Zum Abschluss von **Rückübernahmeabkommen** mit Drittstaaten hinsichtlich der Drittstaatsangehörigen, die die Einreise, Anwesenheits- oder Aufenthaltsvoraussetzungen

---

[108] Entscheidung Nr. 575/207 EG des Europäischen Parlaments und des Rates vom 23.5.2007, gestützt auf Art. 63 Nr. 2 Buchst. b EGV und Art. 63 Nr. 3 Buchst. b EGV, zur Einrichtung des Europäischen Rückkehrfonds für den Zeitraum von 2008 bis 2013 innerhalb des Generellen Programms »Solidarität und Steuerung der Migrationsströme«, ABl. 2007, L 144/45; aufgehoben durch Art. 30 VO (EU) Nr. 516/2014, ABl. 2014, L 150/68.

[109] Art. 3 Abs. 2 Buchst. c und Art. 11 der Verordnung (EU) Nr. 516/2014 vom 16.4.2014 zur Einrichtung des Asyl-, Migrations- und Integrationsfonds, zur Änderung der Entscheidung 2008/381/EG des Rates und zur Aufhebung der Entscheidungen Nr. 573(2007/EG und Nr. 575/2007/EG des Europäischen Parlaments und des Rates und der Entscheidung 2007/435/EG des Rates, ABl. 2014, L 150/168.

[110] Beschluss 97/340/JI des Rates vom 26.5.1997, gestützt auf Art. K.3 Abs. 2 Buchst. a EUV (Maastricht) über den Informationsaustausch betreffend die Hilfen für die freiwillige Rückkehr von Drittstaatsangehörigen, ABl. 1997, L 147/3.

[111] ABl. 2001, L 149/34.

[112] *Weiß*, in: Streinz, EUV/AEUV, Art. 79 AEUV, Rn. 32.

nicht oder nicht mehr erfüllen, ist die Union seit der Vertragsreform von Lissabon nach Art. 79 Abs. 3 AEUV **ausdrücklich** ermächtigt. Diese Zuständigkeit musste zuvor aus dem von der Rechtsprechung entwickelten allgemeinen Gedanken der völkervertraglichen Annexbefugnis im Falle der Erforderlichkeit für die Wahrnehmung einer internen Zuständigkeit, im vorliegenden Falle des Art. 63 Nr. 3 Buchst. b EGV (Rückführung illegal aufhältiger Personen), abgeleitet werden.[113] Unklar ist für die Kategorisierung der Zuständigkeit des Art. 79 Abs. 3 AEUV, ob diese bei Erfüllung der Voraussetzungen des Art. 3 Abs. 2 AEUV (insbesondere Notwendigkeit zur Ausübung einer internen Zuständigkeit) trotz der Zuordnung des RFSR zu den geteilten Kompetenzen der Union (Art. 4 Abs. 2 Buchst. j AEUV) als ausschließliche zu qualifizieren ist. Dies ist zu bejahen.[114] Die Mitgliedstaaten sind daher erst dann am Abschluss eines Rückübernahmeabkommens mit einem Drittstaat gehindert, wenn die Union ihre Zuständigkeit nach Art. 79 Abs. 3 AEUV ausgeübt hat. Soweit Rückübernahmebestimmungen in Abkommen mit anderen Inhalten enthalten sind, sind die dafür maßgeblichen Zuständigkeitsregeln zu beachten.[115] Die von der Union verfolgte Rückführungspolitik ist zu ihrer wirksamen Durchführung notwendig auf die Zusammenarbeit mit den Heimat- oder Herkunftsstaaten illegal aufhältiger Drittstaatsangehöriger angewiesen, die aber häufig auf Schwierigkeiten stößt.[116] Hierfür sind Rückübernahmeabkommen ein wichtiges Instrument, um praktische Probleme bei der operativen Umsetzung[117] zu vermeiden.[118] Die Entscheidung über das Erfordernis eines konkreten Abkommens und die darin anzustrebenden Regelungen obliegt der politischen Entscheidungshoheit der nach Art. 218 AEUV beteiligten Organe der Union unter kohärenter Achtung (Art. 7 AEUV) der allgemeinen Ziele ihres auswärtigen Handelns gemäß Art. 3 Abs. 5 und Art. 21 EUV.[119]

Die Union hat mittlerweile **zahlreiche** derartiger **Abkommen** (zu den Rückübernahmepflichten eigener und teils auch fremder Staatsangehöriger, dem Rückübernahmeverfahren, der Durchbeförderung, der Kostentragung und dem Datenschutz) abgeschlossen, namentlich (in der Reihenfolge ihrer Unterzeichnung)[120] mit Hongkong,[121]

40

---

[113] *Weiß*, in: Streinz, EUV/AEUV, Art. 79 AEUV, Rn. 43.
[114] A.A. *Weiß*, in: Streinz, EUV/AEUV, Art. 79 AEUV, Rn. 43 a. E. Allerdings keine Sperre aus der Rückführungs-Richtlinie 2008/115/EG (s. oben Rn. 36) mangels Bestimmungen über die operative Zusammenarbeit mit Drittstaaten *Thym*, in: Grabitz/Hilf/Nettesheim, EU, Art. 79 AEUV (September 2010), Rn. 36.
[115] So beispielsweise im Falle von Abkommen mit quantitativen Regelungen des Zugangs von Drittstaatsangehörigen zu mitgliedstaatlichen Arbeitsmärkten (wegen Art. 79 Abs. 5 AEUV gemischtes Abkommen); *Thym*, in Grabitz/Hilf/Nettesheim, Art. 79 AEUV (September 2010), Rn. 37.
[116] *Progin-Theuerkauf*, in: GSH, Europäisches Unionsrecht, Art. 79 AEUV, Rn. 28. Die Bedeutung der Zusammenarbeit mit Drittstaaten bei den Zugangspolitiken artikuliert auch Art. 78 Abs. 2 Buchst. g AEUV (Steuerung des Zustroms).
[117] Zu diesen *Thym*, in: Grabitz/Hilf/Nettesheim, EU, Art. 79 AEUV (September 2010), Rn. 36.
[118] Zur Wirksamkeit von Rückübernahmeabkommen *Kohls*, Wirksamkeit von Wiedereinreisesperren und Rückübernahmeabkommen – Fokus-Studie der deutschen nationalen Kontaktstelle für das Europäische Migrationsnetzwerk (EMN), 2014 mit kurzem Hinweis darauf, dass die Anwendung der EU-Rückübernahmeabkommen grundsätzlich funktioniert (S. 28).
[119] Zur globalen Perspektive einer »entwicklungsfreundlichen Migrationspolitik« *Thym*, in: Grabitz/Hilf/Nettesheim, EU, Art. 79 AEUV (September 2010), Rn. 38.
[120] Vgl. dazu die Tabelle 10 bei *Kohls* (Fn. 118), S. 24.
[121] Abkommen zwischen der Europäischen Gemeinschaft und der Regierung der Sonderverwaltungsregion Hong Kong der Volksrepublik China über die Rücknahme von Personen mit unbefugtem Aufenthalt, ABl. 2004, L 17/25.

Macau,[122] Sri Lanka,[123] Albanien,[124] Russland,[125] Ukraine,[126] Serbien,[127] Montenegro,[128] Mazedonien,[129] Bosnien und Herzegowina,[130] Moldau[131] Pakistan,[132] Georgien,[133] Armenien,[134] Kap Verde,[135] Aserbeidschan[136] und der Türkei[137] (zusätzlich Erklärung EU – Türkei v. 18.3.2016)[138]. Verhandlungsmandate bestehen für Algerien, Marokko, Armenien, China und Weißrussland.[139] Die menschenrechtliche Unbedenklichkeit dieser Abkommen ist Gegenstand von Diskussionen.[140]

5. Bekämpfung des Menschenhandels (Abs. 2 Buchst. d)

41 Art. 79 Abs. 2 Buchst. d AEUV ermächtigt die Union nunmehr ausdrücklich[141] zu Maßnahmen zur Bekämpfung des Menschenhandels, insbesondere des Handels mit Frauen und Kindern (geteilte Zuständigkeit: Art. 4 Abs. 2 Buchst. j AEUV). Ohne diese Bestim-

---

[122] Abkommen zwischen der Europäischen Gemeinschaft und der Sonderverwaltungsregion Macau der Volksrepublik China über die Rückübernahme von Personen mit unbefugtem Aufenthalt, ABl. 2004, L 143/99.
[123] Abkommen zwischen der Europäischen Gemeinschaft und der Demokratischen Sozialistischen Republik Sri Lanka über die Rückübernahme von Personen mit unbefugtem Aufenthalt, ABl. 2005, L 124/43.
[124] Abkommen zwischen der Europäischen Gemeinschaft und der Republik Albanien über die Rückübernahme von Personen mit unbefugtem Aufenthalt, ABl. 2005, L 124/22.
[125] Abkommen zwischen der Europäischen Gemeinschaft und der Russischen Föderation über die Rückübernahme, ABl. 2007, L 129/40.
[126] Abkommen zwischen der Europäischen Gemeinschaft und der Ukraine über die Rückübernahme von Personen, ABl. 2007, L 332/48.
[127] Abkommen zwischen der Europäischen Gemeinschaft und der Republik Albanien über die Rückübernahme von Personen mit unbefugtem Aufenthalt, ABl. 2007, L 334/45.
[128] Abkommen zwischen der Europäischen Gemeinschaft und der Republik Montenegro über die Rückübernahme von Personen mit unbefugtem Aufenthalt, ABl. 2007, L 334/25.
[129] Abkommen zwischen der Europäischen Gemeinschaft und der ehemaligen jugoslawischen Republik Mazedonien über die Rückübernahme von Personen mit unbefugtem Aufenthalt, ABl. 2007, L 334/1.
[130] Abkommen zwischen der Europäischen Gemeinschaft und Bosnien und Herzegowina über die Rückübernahme von Personen mit unbefugtem Aufenthalt, ABl. 2007, L 334/65.
[131] Abkommen zwischen der Europäischen Gemeinschaft und der Republik Moldau über die Rückübernahme von Personen mit unbefugtem Aufenthalt, ABl. 2007, L 334/148.
[132] Abkommen zwischen der Europäischen Gemeinschaft und der Islamischen Republik Pakistan über die Rückübernahme von Personen ohne Aufenthaltsgenehmigung, ABl. 2010, L 287/52.
[133] Abkommen zwischen der Europäischen Union und Georgien über die Rückübernahme von Personen mit unbefugtem Aufenthalt, ABl. 2011, L 44/1.
[134] Abkommen zwischen der Europäischen Union und der Republik Armenien über die Rückübernahme von Personen mit unbefugtem Aufenthalt, ABl. 2013, L 289/13.
[135] Abkommen zwischen der Europäischen Union und der Republik Kap Verde über die Rückübernahme von Personen mit unbefugtem Aufenthalt, ABl. 2013, L 282/15.
[136] Abkommen zwischen der Europäischen Union und der Republik Aserbeidschan über die Rückübernahme von Personen mit unbefugtem Aufenthalt, ABl. 2014, L 128/17.
[137] Abkommen zwischen der Europäischen Union und der Republik Türkei über die Rückübernahme von Personen mit unbefugtem Aufenthalt, ABl. 2014, L 134/3.
[138] Erklärung EU-Türkei; v. 18.3.2016 zur Bewältigung der Migrationskrise: Pressemitteilung 144/16 des Europäischen Rates.
[139] *Kohls* (Fn. 118), S. 23; *Progin-Theuerkauf*, in: GSH, Europäisches Unionsrecht, Art. 79 AEUV, Rn. 29.
[140] Vgl. dazu *Weiß*, in: Streinz, EUV/AEUV, Art. 79 AEUV, Rn. 48; Peers/Rogers (Hrsg.), EU Immigration and Asylum Law, S. 894.
[141] Zur Kompetenzlage vor der Vertragsreform von Lissabon *Weiß*, in: Streinz, EUV/AEUV, Art. 79 AEUV, Rn. 40.

mung könnten entsprechende Maßnahmen auf Art. 79 Abs. 2 Buchst. c AEUV gestützt werden.[142] In diesem Bereich war die Union bereits vor der Vertragsreform von Lissabon tätig geworden, insbesondere neben der Verabschiedung von Plänen[143] auch normativ mit dem Rahmenbeschluss 2002/629/JI.[144] Dieser wurde ersetzt durch die auf Art. 82 AEUV und Art. 83 Abs. 1 AEUV, also auf Zuständigkeiten im Bereich der strafjustiziellen Zusammenarbeit, gestützten **Richtlinie 2011/36/EU** des Europäischen Parlaments und des Rates vom 5. 4. 2011 **zur Verhütung und Bekämpfung des Menschenhandels und zum Schutz seiner Opfer**.[145] Sie legt Mindestvorschriften zur Definition von Straftaten und Strafen im Bereich Menschenhandel fest und beinhaltet zugleich gemeinsame Bestimmungen zur Stärkung der Prävention und des Opferschutzes unter Berücksichtigung der Geschlechterperspektive (Art. 1).

Hinsichtlich der Drittstaatsangehörigen, die **Opfer** des Menschenhandels sind oder derer, denen Beihilfe zur illegalen Einwanderung geleistet wurde und die mit den zuständigen Behörden bei der Bekämpfung des Menschenhandels oder der Beihilfe zur illegalen Einwanderung kooperieren, legt **Richtlinie 2004/81/EG** des Rates vom 29. 4. 2004 die Voraussetzungen für die Erteilung eines **befristeten Aufenthaltstitels** fest, der an die Dauer der maßgeblichen innerstaatlichen Verfahren geknüpft ist.[146] Sie lässt aber günstigere Bestimmungen der Mitgliedstaaten zu (Art. 4). Opfer von Straftaten im Zusammenhang mit Menschenhandel sind auch erfasst. wenn diese illegal in einen Mitgliedstaat eingereist sind (Art. 3 Abs. 1). Im Einzelnen beinhaltet die Richtlinie Bestimmungen zum Verfahren der Erteilung des Aufenthaltstitels (Art. 5 bis 8), zur Behandlung der Inhaber eines derartigen Aufenthaltstitels (Art. 9 bis 12) sowie zur Nichtverlängerung und zum Entzug (Art. 13 und 14). 42

F. Die Förderung von Integrationsmaßnahmen (Abs. 4)

Art. 79 Abs. 4 AEUV ermächtigt die Union zur Förderung und Unterstützung der Bemühungen der Mitgliedstaaten um die **Integration der sich rechtmäßig in ihrem Hoheitsgebiet aufhaltenden Drittstaatsangehörigen**, schließt aber zugleich jegliche Harmonisierung der Rechtsvorschriften der Mitgliedstaaten auf dieser Rechtsgrundlage[147] aus (**Harmonisierungsverbot**). Diese Regel ist sinnfällig, da es bei der Integration von Drittstaatsangehörigen zuallererst um die Hilfestellung deren Einbeziehung in das lokale Umfeld und damit um eine Aufgabe geht, die jeweils **ortsbezogen** anzugehen und dem Umfeld angemessen zu definieren und vorzunehmen ist. Dass die hierfür von den Mitgliedstaaten wahrgenommenen Einzelaufgaben auch durch Unionsmaßnahmen, na- 43

---

[142] So auch *Thym*, in: Grabitz/Hilf/Nettesheim, EU, Art. 79 AEUV (September 2010), Rn. 35.
[143] ABl. 2005, C 311/1.
[144] Rahmenbeschluss des Rates vom 19. 7. 2002 zur Bekämpfung des Menschenhandels, ABl. 2002, C 203/1.
[145] ABl. 2011, L 101/1.
[146] ABl. 2004, L 261/19.
[147] Dies schließt nicht akzessorisch integrationsförderliche Wirkungen von auf einen anderen Zweck gerichteten Angleichungsmaßnahmen auf Grund anderer Zuständigkeiten aus, doch darf Art. 79 Abs. 4 AEUV dadurch nicht umgangen werden; zutreffend *Thym*, in: Grabitz/Hilf/Nettesheim, EU, Art. 79 AEUV (September 2010), Rn. 41 f. (daher keine »Verpflichtung zum Besuch eines Integrationskurses mit einheitlichem EU-Lehrplan« auf der Grundlage des Art. 79 Abs. 2 Buchst. a AEUV).

mentlich mittels finanzieller und werteorientiert-konzeptioneller[148] Förderung, zu unterstützen sind, findet seine Begründung darin, dass die Einwanderung auch als Ergebnis der zum Zweck der Verwirklichung des RFSR von der Union verfolgten Einwanderungspolitik angesehen werden kann. Die kompetenzkategoriale Zuordnung der Zuständigkeit der Union zu Art. 4 AEUV oder Art. 6 AEUV ist primärrechtlich unpräzise. Die Kompetenz ist, obwohl sie dem in geteilter Zuständigkeit stehenden RFSR zugehört (Art. 4 Abs. 2 Buchst. j AEUV), als **Unterstützungszuständigkeit** im Sinne des Art. 2 Abs. 5 UAbs. 2 AEUV ausgestaltet, ohne aber im Katalog der Unterstützungszuständigkeiten des Art. 6 AEUV aufgeführt zu sein.[149]

44   **Gelingende soziale Integration** ist essentiell für den **gesellschaftlichen Frieden** und **Zusammenhalt**[150] und für eine harmonische Entwicklung der von Art. 2 Satz 2 EUV ins Auge gefassten Gesellschaft, die sich nach dieser Norm durch Pluralismus, Nichtdiskriminierung, Toleranz, Gerechtigkeit, Solidarität und die Gleichheit von Männern und Frauen auszeichnen soll. Zu Recht haben die Organe der Union die Integration von Einwanderern in zunehmendem Maße zum Gegenstand politischer Ziele gemacht. Bereits die Schlussfolgerungen des Vorsitzes des Europäischen Rates von Tampere von 1999 forderten, die **Rechtsstellung der Drittstaatsangehörigen** derjenigen der Staatsangehörigen der Mitgliedstaaten anzunähern und hierbei denjenigen, die sich in einem Mitgliedstaat rechtmäßig aufgehalten haben und einen langfristigen Aufenthaltstitel besitzen, in diesem Mitgliedstaat »eine Reihe einheitlicher Rechte« zu gewähren, »die sich so nahe wie möglich an diejenigen der EU-Bürger anlehnen« wie beispielsweise das Recht auf Wohnsitznahme, das Recht auf Bildung und das Recht auf Ausübung einer nichtselbständigen oder selbständigen Arbeit sowie die Anwendung des Grundsatzes der Nichtdiskriminierung gegenüber den Bürgern des Wohnsitzstaates.[151] Sie billigten auch die Fernperspektive, Drittstaatsangehörigen, die auf Dauer rechtmäßig ansässig sind, die Möglichkeit zu bieten, die Staatsangehörigkeit des Mitgliedstaats zu erwerben, in dem sie ansässig sind.[152] Das Haager Programm von 2004 faltete **die leitenden Prinzipien für die Integration** von Drittstaatsangehörigen weiter auf und markierte hierbei insbesondere die fortlaufende wechselseitige Prozesshaftigkeit, den Respekt vor den Grundwerten der Union und den Grundrechten aller Menschen sowie das Erfordernis grundlegender Fertigkeiten, die die Teilhabe in der Gesellschaft ermöglichen.[153] In ihrer Europäischen Agenda zur Integration von Drittstaatsangehörigen v. 20.7.2011 bezeichnet die Kommission die Integration von Drittstaatsangehörigen als eine »**kollektive Aufgabe**«, die darauf abzielt, »durch die Schaffung günstiger Voraussetzungen für

---

[148] Insbesondere eine Ausrichtung an Art. 2 EUV; so zu Recht *Thym*, in: Grabitz/Hilf/Nettesheim, EU, Art. 79 AEUV (September 2010), Rn. 40.

[149] Im Ergebnis ebenso *Weiß*, in: Streinz, EUV/AEUV, Art. 79 AEUV, Rn. 45; *Thym*, in: Grabitz/Hilf/Nettesheim, EU, Art. 79 AEUV (September 2010), Rn. 39; *Rossi*, in: Calliess/Ruffert, EUV/AEUV, Art. 79 AEUV, Rn. 33.

[150] *Weiß*, in: Streinz, EUV/AEUV, Art. 79 AEUV, Rn. 46; ähnlich *Thym*, EuR 2011, 487 (507) zur kulturellen und sprachlichen Integration; s. auch *Rosenau/Petrus*, in: Vedder/Heintschel v. Heinegg, Europäisches Unionsrecht, Art. 79 AEUV, Rn. 12; zu Problemen der Integrationspolitik *Luft*, ZAR 2007, 261.

[151] Europäischer Rat v. 15. und 16.10.1999, Schlussfolgerungen des Vorsitzes Ziff. 21.

[152] Europäischer Rat v. 15. und 16.10.1999, Schlussfolgerungen des Vorsitzes Ziff. 21; zu den rechtlichen Konzepten der Integration *Groenendijk*, ZAR 2004, 123.

[153] ABl. 2005, C 53/1 unter III. 1.5.

eine wirtschaftliche, gesellschaftliche kulturelle und politische Teilhabe der Zuwanderer die Vorteile von Migration zu nutzen.«[154]

Zur **finanziellen Unterstützung** der Integration von Drittstaatsangehörigen richtete der Rat mit der auf Art. 63 Nr. 3 Buchst. a EGV gestützten Entscheidung 2007/435/EG den Europäischen Fonds für die Integration von Drittstaatsangehörigen für den Zeitraum von 2007 bis 2013 ein.[155] Seit dem 1. 1. 2014 und bis zum 31. 12. 2020 erfolgt die Förderung nunmehr als Teilaufgabe des **Asyl-, Migrations- und Integrationsfonds** (**AMIF**), der durch die auf Art. 78 Abs. 2 AEUV und Art. 79 Abs. 2 und 4 AEUV gestützte **Verordnung (EU) Nr. 516/2014**[156] neu geschaffen wurde.[157] Förderbar sind daraus u. a. »Maßnahmen zur Heranführung von Drittstaatsangehörigen an die Aufnahmegesellschaft und zur Erleichterung der Anpassung an diese«, »Bildungs- und Ausbildungsmaßnahmen, auch Sprachschulung und vorbereitende Maßnahmen zur Erleichterung des Eintritts in den Arbeitsmarkt« und »Maßnahmen zur Stärkung der Eigenverantwortlichkeit und der Fähigkeit von Drittstaatsangehörigen, für den eigenen Lebensunterhalt zu sorgen.« 45

G. Der mitgliedstaatliche Kontingentvorbehalt zum Schutz der Arbeitsmärkte (Abs. 5).

Art. 79 Abs. 5 AEUV zieht der Zuständigkeit der Union für die Einwanderungspolitik die ausdrückliche Grenze des mitgliedstaatlichen Kontingentvorbehalts zum Schutz der Arbeitsmärkte.[158] Diese Vorschrift hat zur normlogischen Voraussetzung, dass Art. 79 Abs. 2 AEUV grundsätzlich auch sekundärrechtliche Regelungen des Arbeitsmarktzugangs umfasst (str.);[159] dies ergibt sich schon aus Buchst. b (s. oben Rn. 25). Darauf aufbauend bestimmt Abs. 5, dass Art. 79 AEUV nicht das Recht der Mitgliedstaaten berührt, eine **quantitative Höchstgrenze für die Einreise** von als Arbeitnehmer oder Selbständige **arbeitsuchenden Drittstaatsangehörigen** aus Drittländern in ihr Hoheitsgebiet festzulegen. Diese Formulierung zielt auf die zu diesem spezifischen Zweck Einreisewilligen (»Primärzugang«), nicht aber auch auf diejenigen, die im Rahmen eines Aufenthaltsrechts (z. B. im Rahmen des Art. 78 Abs. 2 AEUV) sekundärrechtlich Zu- 46

---

[154] Mitteilung der Kommission an das Europäische Parlament, den Rat, den Europäischen Wirtschafts- und Sozialausschuss und den Ausschuss der Regionen: KOM (2011) 455 endg., Ziff. 2.
[155] ABl. 2007, L 168/18.
[156] VO (EU) Nr. 516/2014 vom 16. 4. 2014 zur Einrichtung des Asyl-, Migrations- und Integrationsfonds, zur Änderung der Entscheidung 2008/381/EG des Rates und zur Aufhebung der Entscheidungen Nr. 573/2007/EG und Nr. 575/2007/EG des Europäischen Parlaments und des Rates und der Entscheidung 2007/435 des Rates, ABl. 2014, L 150/168.
[157] Verordnung (EU) Nr. 516/2014 vom 16. 4. 2014 zur Einrichtung des Asyl-, Migrations- und Integrationsfonds, zur Änderung der Entscheidung 2008/381/EG des Rates und zur Aufhebung der Entscheidungen Nr. 573/2007/EG und Nr. 575/2007/EG des Europäischen Parlaments und des Rates und der Entscheidung 2007/435 des Rates, ABl. 2014, L 150/168. Vgl. dazu *Rossi*, in: Calliess/Ruffert, EUV/AEUV, Art. 78 AEUV, Rn. 29a
[158] Dazu *Thym*, Europäische Einwanderungspolitik: Grundlagen, Gegenstand und Grenzen, in: Hoffmann/Löhr (Hrsg.), Europäisches Flüchtlings- und Einwanderungsrecht, 2008, S. 185; zur Bewertung der Kommissionsvorschläge zur Arbeitsmigration *Eichenhofer*, ZAR 2008, 81.
[159] Wie hier *Thym*, in: Grabitz/Hilf/Nettesheim, EU, Art. 79 AEUV (September 2010), Rn. 43; *Progin-Theuerkauf*, in: GSH, Europäisches Unionsrecht, Art. 79 AEUV, Rn. 35; a. A. z. B. *Hoppe*, in: Lenz/Borchardt, EU-Verträge, Art. 77 AEUV, Rn. 10; *Rosenau/Petrus*, in: Vedder/Heintschel v. Heinegg, Europäisches Unionsrecht, Art. 79 AEUV, Rn. 14.

gang zum Arbeitsmarkt erlangen (»uneigentlicher« Arbeitsmarktzugang).[160] Unionsrechtliche Öffnungsregeln für den Zugang von sich rechtmäßig aufhaltenden Drittstaatsangehörigen zum Arbeitsmarkt im Rahmen dieser Kontingente sind auf der Grundlage dieses Verständnisses entbehrlich.[161] Den Mitgliedstaaten bleibt unbenommen, zur Kompensation des »uneigentlichen« Arbeitsmarktzugangs den Umfang des Primärzugangs nach ihren politischen Gestaltungsvorstellungen zu beschränken.

---

[160] *Thym*, in: Grabitz/Hilf/Nettesheim, EU, Art. 79 AEUV (September 2010), Rn. 44; *Frenz*, Handbuch Europarecht, Band 6, Rn. 2900; *Progin-Theuerkauf*, in: GSH, Europäisches Unionsrecht, Art. 79 AEUV, Rn. 36.

[161] A.A. wegen eines anderen Verständnisses der Reichweite des Art. 79 Abs. 5 AEUV *Weiß*, in: Streinz, EUV/AEUV, Art. 79 AEUV, Rn. 49.

Artikel 80 AEUV [Solidarität]

¹Für die unter dieses Kapitel fallende Politik der Union und ihre Umsetzung gilt der Grundsatz der Solidarität und der gerechten Aufteilung der Verantwortlichkeiten unter den Mitgliedstaaten, einschließlich in finanzieller Hinsicht. ²Die aufgrund dieses Kapitels erlassenen Rechtsakte der Union enthalten, immer wenn dies erforderlich ist, entsprechende Maßnahmen für die Anwendung dieses Grundsatzes.

Literaturübersicht

S. Art. 67 AEUV.

Inhaltsübersicht

	Rn.
A. Normzweck	1
B. Solidaritätsgrundsatz	2
C. Grundsatz der gerechten Verantwortlichkeitsverteilung	3
D. Verpflichtung zu entsprechender Rechtsaktgestaltung	4
E. Die Umsetzung in der europäischen Flüchtlings- und Asylpolitik	5

A. Normzweck

Art. 80 Satz 1 AEUV, dessen Formulierung auf Art. III–268 VVE zurückgeht, enthält eine **spezielle Grundsatznorm** der **Solidarität** und der **gerechten Verantwortlichkeitsverteilung** unter den Mitgliedstaaten im Hinblick auf die Ausführungskonsequenzen der Unionspolitik der Art. 77–79 AEUV. Er adressiert Union und Mitgliedstaaten. Die Bestimmung betrifft damit Lasten, die sich aus den gemeinsamen Zugangspolitiken und der unterschiedlichen geographischen Lage der Mitgliedstaaten zu den Hauptmigrationswegen bzw. der unterschiedlichen Aufnahmekapazität und Aufnahmebereitschaft der Mitgliedstaaten[1] asymmetrisch für diese ergeben können, mithin aus der Umsetzung der (im Interesse aller am internen grenzkontrollfreien Binnenraum teilnehmenden Mitgliedstaaten erlassenen) gemeinsamen Regeln für Außengrenzkontrollen, Asyl- und Einwanderungspolitik. In besonderem Maße geht es hierbei um die Verteilung der Kosten, die aus der proportional ungleich verteilten Aufnahme von Flüchtlingen und Vertriebenen entstehen[2] (insbesondere auch im Gefolge der Maßgeblichkeit des ersten Gebietskontakts gemäß Art. 13 der Dublin-III-Verordnung für die Prüfungszuständigkeit eines Asylantrags)[3]. Jedoch ist Art. 80 AEUV anders als noch die Vorgängervorschrift des Art. 63 Nr. 2 Buchst. b EGV nicht auf diesen Ausschnitt der Unionspolitik beschränkt, sondern erfasst den gesamten Bereich der in den Art. 77–79 AEUV aufgeführ- 1

---

[1] Vgl. zum Hintergrund der Entstehungsgeschichte der Forderung nach gerechter Lastenverteilung zwischen den Mitgliedstaaten zunächst aus der unterschiedlichen Destinationskonzentration der Asylbewerber (namentlich auf Deutschland) und sodann aus den Lasten der Außengrenzkontrollen und der Dublin-Zuständigkeiten der süd- und osteuropäischen Mitgliedstaaten für Asylverfahren *Thym*, in: Grabitz/Hilf/Nettesheim, EU, Art. 80 AEUV (September 2010), Rn. 1; s. auch *Progin-Theuerkauf*, in: GSH, Europäisches Unionsrecht, Art. 80 AEUV, Rn. 2.

[2] *Hoppe*, in: Lenz/Borchardt, EU-Verträge, Art. 80 AEUV, Rn. 1; *Rosenau/Petrus*, in: Vedder/Heintschel v. Heinegg, Europäisches Unionsrecht, Art. 80 AEUV, Rn. 1; *Rossi*, in: Calliess/Ruffert, EUV/AEUV, Art. 80 AEUV, Rn. 3; *Graßhof*, in: Schwarze, EU-Kommentar, Art. 80 AEUV, Rn. 1.

[3] S. oben Art. 78 AEUV, Rn. 27.

ten Politiken, namentlich auch die Außengrenzensicherung, die die Mitgliedstaaten migrationsgeographisch unterschiedlich fordert. Im Hinblick auf das Solidaritätsprinzip wiederholt die Vorschrift Art. 67 Abs. 2 AEUV. Angesichts dieser ausdrücklichen Regelung erübrigt sich für die Praxis die Frage, ob derselbe Grundsatz auch aus dem Prinzip der loyalen Zusammenarbeit des Art. 4 Abs. 3 EUV ableitbar ist, wonach sich die Union und die Mitgliedstaaten gegenseitig bei der Erfüllung der Aufgaben unterstützen, die sich aus den Verträgen ergeben. Erfordernis und Nutzen eines wechselseitigen Unterstützungsinteresses für den Erfolg der Migrationssteuerung in der EU liegen auf der Hand.[4] Art. 80 AEUV ist mangels hinreichender Bestimmtheit **nicht unmittelbar anwendbar**. Art. 80 Satz 2 AEUV ist anders als Art. 63 Abs. 2 Buchst. b AEUV auch **keine eigene Kompetenznorm**,[5] verpflichtet aber die Union für die Gestaltung einschlägiger Rechtsakte auf der Grundlage der Art. 77–79 AEUV zu einer entsprechenden Konkretisierung, wenn diese im Zusammenhang eines derartigen Rechtsaktes erforderlich ist. Art. 80 AEUV ist insoweit nicht nur appellativ,[6] auch wenn sie keine Vorgaben für konkrete Maßnahmen beinhaltet.[7]

B. Solidaritätsgrundsatz

2   Der Begriff der Solidarität ist unbestimmt. Er wird im Unionsrecht in **unterschiedlichen Zusammenhängen** verwendet.[8] Teils appelliert er in sprachlich akzentuierter Weise an das Verständnis der Union als politisches Gemeinwesen (so in der fünften Präambelerwägung des EUV zum Verhältnis der Völker in der EU; in Art. 3 Abs. 3 UAbs. 3 EUV zum Verhältnis der Mitgliedstaaten; in Art. 24 Abs. 2 und 3 EUV und Art. 31 Abs. 1 UAbs. 2 Satz 3 EUV zum Verhältnis der Mitgliedstaaten speziell in der GASP; in Art. 122 Abs. 1 AEUV für der Wirtschaftslage angemessene Maßnahmen der Union insbesondere im Falle gravierender Schwierigkeiten in der Versorgung mit bestimmten Waren, vor allem im Energiebereich; in Art. 194 Abs. 1 AEUV für die Energiepolitik der Union; in Art. 222 AEUV im Verhältnis der Union und ihrer Mitgliedstaaten bei der Belastung eines Mitgliedstaats durch einen Terroranschlag oder eine Katastrophe natürlicher oder von Menschen verursachter Art). Teils thematisiert er andere Beziehungen (so Art. 2 Satz 2 EUV die »Gesellschaft«; Art. 3 Abs. 3 UAbs. 2 EUV das Verhältnis der Generationen; Titel V der GRC die Arbeits- und Sozialbeziehungen; Art. 3 Abs. 5 Satz 2 EUV und Art. 21 Abs. 1 EUV das nach außen gerichtete Handeln auf internationaler Ebene). Jeweils handelt es sich um einen **normativen Zweckbegriff**, der im

---

[4] *Thym*, Migrationsverwaltungsrecht, 2010, S. 364 ff.; *ders.*, in: Grabitz/Hilf/Nettesheim, EU, Art. 80 AEUV (September 2010), Rn. 2.
[5] *Weiß*, in: Streinz, EUV/AEUV, Art. 80 AEUV, Rn. 3; *Thym*, in: Grabitz/Hilf/Nettesheim, EU, Art. 80 AEUV (September 2010), Rn. 4; *Progin-Theuerkauf*, in: GSH, Europäisches Unionsrecht, Art. 80 AEUV, Rn. 4.
[6] A.A. *Rosenau/Petrus*, in: Vedder/Heintschel v. Heinegg, Europäisches Unionsrecht, Art. 80 AEUV, Rn. 1; *Rossi*, in: Calliess/Ruffert, EUV/AEUV, Art. 80 AEUV, Rn. 1.
[7] Programmatisch und nicht justiziabel: *Graßhof*, in: Schwarze, EU-Kommentar, Art. 80 AEUV, Rn. 4.
[8] *Groenendijk*, Solidarität im europäischen Einwanderungs- und Asylrecht, in: Barwig/Beichel-Benedetti/Brinkmann (Hrsg.), Solidarität, 2013, S. 41 (41); zur Bedeutung des Solidaritätsgedankens für den Zusammenhalt der Union *Progin-Theuerkauf*, in: GSH, Europäisches Unionsrecht, Art. 80 AEUV, Rn. 3.

Kontext des Zwecks der konkreten Vorschrift auszulegen ist.[9] In Art. 80 AEUV beinhaltet er die Pflicht zur wechselseitigen Unterstützung bei der Verwirklichung der Unionspolitik der Grenzkontrollen sowie der Asyl- und Einwanderungspolitik im Falle von Problemen für einen oder mehrere Mitgliedstaaten. Dies kann beispielsweise beim massiven Zustrom von Drittstaatsangehörigen in einen Mitgliedstaat der Fall sein. Zur Bewältigung einer derartigen Notlage gibt Art. 78 Abs. 3 AEUV der Union unter den dort genannten Voraussetzungen eine Handlungsbefugnis, ohne dass dadurch jedoch die Solidaritätsverpflichtung des Art. 80 AEUV unter den Mitgliedstaaten suspendiert wird. Sie umschließt ausdrücklich auch die finanzielle Dimension. Als weitere Formen der Solidarität kommen die praktische Zusammenarbeit und Hilfe, die Aufgabenteilung und die Umsiedlung von Flüchtlingen in Betracht.[10] Als Grundsatz für die Unionspolitik im Bereich der Zugangspolitiken legitimiert er die Union auch zu Solidaritätsmaßnahmen im Verhältnis zu **Drittstaaten**,[11] beispielsweise bei Maßnahmen benachbarter Staaten, die dadurch den Migrationsdruck auf die Europäische Union abfedern.

C. Grundsatz der gerechten Verantwortlichkeitsaufteilung

Der Grundsatz der gerechten Verantwortlichkeitsverteilung ist sprachlich mit demjenigen des Grundsatzes der Solidarität vereint, hat jedoch gleichwohl im Verhältnis zu diesem **konzeptionellen Eigenstand**. Auch er ist ein normativer Zweckbegriff und daher im Kontext des Art. 80 AEUV auszulegen. Er gilt unabhängig von einer Problemlage für einen oder mehrere Mitgliedstaaten im Sinne des Solidaritätsgrundsatzes als allgemeine Richtschnur für die Umsetzung der Unionspolitik in den von Art. 77–79 AEUV erfassten Bereichen und umschließt neben der technischen Seite auch die finanzielle Dimension. Speziell in Problemlagen, die eine wechselseitige Unterstützung der Mitgliedstaaten erfordern, stellt er dem Solidaritätsgrundsatz das – seiner Natur nach zuvörderst als Appell zu verstehende – **Gerechtigkeitspostulat** in der Verteilung von Verantwortlichkeiten zur Seite. Er gibt damit unterschiedlichen Verständnissen des Solidaritätsinhalts in abstracto und in casu einen leitenden Orientierungspunkt für Entscheidungen der Aufteilung der Verantwortlichkeit: sowohl für legislative Entscheidungen für typologisch perzipierte Problemlagen als auch für die situative Bewältigung einer Problemlage.

3

---

[9] Zweifelhaft sind daher Erwartungen an eine rechtserhebliche Aussagekraft eines verallgemeinerten Solidaritätsprinzips; in Art. 80 AEUV als »Appell« zum wechselseitigen mitgliedstaatlichen Beistand, aber auch als konkrete Handlungspflicht verstanden von *Kotzur*, in: Geiger/Khan/Kotzur, EUV/AEUV, Art. 80 AEUV, Rn. 1 und 2.

[10] Vgl. dazu Mitteilung der Kommission vom 2. 12. 2011 über verstärkte EU-interne Solidarität im Asylbereich. Eine EU-Agenda für weitergehende Teilung der Verantwortung und mehr gegenseitiges Vertrauen, KOM(2011) 835 endg.; dazu *Groenendijk* (Fn. 8), S. 44 f. sowie zu Solidaritätsformen im Bereich der Einwanderung, ebd., S. 46 f., und zu Grenzen der Solidarität, ebd., S. 50 ff. Für einen Verteilschlüssel der Asylbewerber *Progin-Theuerkauf*, in: GSH, Europäisches Unionsrecht, Art. 80 AEUV, Rn. 6.

[11] *Weiß*, in: Streinz, EUV/AEUV, Art. 80 AEUV, Rn. 1.

D. Verpflichtung zu entsprechender Rechtsaktgestaltung

4 Angesichts der hohen Abstraktheit und operativen Unbestimmtheit der beiden Grundsätze des Art. 80 Satz 1 AEUV **verpflichtet** Art. 80 Satz 2 AEUV die einschlägige Rechtsetzung der Union in den Bereichen der Art. 77–79 AEUV (innerhalb oder außerhalb eines Gesetzgebungsverfahrens im Sinne des Art. 289 AEUV) zur **operativen Konkretisierung** (»Anwendung«) »dieses Grundsatzes«. Ob dies bei einem bestimmten Rechtsakt erforderlich ist, unterliegt dem **politischen Beurteilungsspielraum** der im Einzelfall zuständigen Rechtsetzungsorgane der Union.[12] Gleiches gilt für die Ausgestaltung »entsprechender Maßnahmen« in einem Rechtsakt. Er kann neben Informationsaustausch, Training, technischer und personeller Unterstützung und finanziellem Beistand[13] auch zur Entlastung der am stärksten vom Flüchtlingszustrom betroffenen Mitgliedstaaten (so derzeit namentlich Griechenland, Italien und Spanien) eine Quotenregelung der Verteilung von Flüchtlingen unter den Mitgliedstaaten enthalten.[14]

E. Die Umsetzung im Bereich der europäischen Flüchtlings- und Asylpolitik

5 Die Umsetzung der Grundsätze des Art. 80 AEUV erfährt ihre Bewährungsprobe in besonderem Maße in der europäischen Flüchtlings- und Asylpolitik hinsichtlich der Mitgliedstaaten am Mittelmeer, die (derzeit) am stärksten dem Zugang von Migranten aus Drittstaaten ausgesetzt sind. Auf der Grundlage der (engeren) Vorgängervorschrift (Art. 63 Nr. 2 Buchst. b EGV) wurde bereits im Jahre 2000 ein **Europäischer Flüchtlingsfonds** errichtet, »um das Tragen der Belastungen zu unterstützen und zu erleichtern, die für die Mitgliedstaaten mit der Aufnahme von Flüchtlingen und vertriebenen Personen und den Folgen dieser Aufnahme verbunden sind.«[15] Zunächst angelegt auf eine Laufzeit von fünf Jahren[16] wurde er durch sukzessive, jeweils zeitraumdefinierte Errichtungsbeschlüsse fortgesetzt und in seinen Aufgaben erweitert und ausdifferenziert[17] und ist nunmehr in den **Asyl-, Migrations- und Integrationsfonds (AMIF)** (mit

---

[12] *Thym*, in: Grabitz/Hilf/Nettesheim, EU, Art. 80 AEUV (September 2010), Rn. 4.
[13] Zu diesen Maßnahmen z. B. *Rossi*, in: Calliess/Ruffert, EUV/AEUV, Art. 80 AEUV, Rn. 4 f.
[14] Letztlich unentschieden *Weiß*, in: Streinz, EUV/AEUV, Art. 80 AEUV, Rn. 4 (»zwar mag man bezweifeln«) mit der Überlegung, dass eine Quotenregelung »nicht der Förderung der gerechten Lastenaufteilung diente, sondern sie unmittelbar festlegte«, jedoch ist das Erfordernis einer derartigen Unterscheidung in Art. 80 AEUV nicht vorgegeben.
[15] Art. 1 Abs. 1 der Entscheidung 2000/596/EG des Rates v. 28. 9. 2000 über die Errichtung eines Europäischen Flüchtlingsfonds, ABl. 2000 L 252/12. Auf dessen Förderungsaufgabe bezogen sich unter der Kapitelüberschrift »Solidarität« auch Art. 24 bis 26 der Richtlinie 2001/55/EG des Rates v. 20. 7. 2001 (gestützt auf Art. 63 Nr. 2 Buchst: a und b EGV) über Mindestnormen für die Gewährung vorübergehenden Schutzes im Falle eines Massenzustroms von Vertriebenen und Maßnahmen zur Förderung einer ausgewogenen Verteilung der Belastungen, die mit der Aufnahme dieser Personen und den Folgen dieser Aufnahme verbunden sind, auf die Mitgliedstaaten, ABl. 2001, L 212/12.
[16] 1. 1. 2000 bis 31. 12. 2004.
[17] Entscheidung 2004/94/EG des Rates v. 2. 12. 2004 über die Errichtung eines Europäischen Flüchtlingsfonds für den Zeitraum 2005–2010, ABl. 2004, L 381/52; Entscheidung 573/2007/EG des Europäischen Parlaments und des Rates v. 23. 5. 2007 zur Einrichtung des Europäischen Flüchtlingsfonds für den Zeitraum 2008 bis 2013 innerhalb des Generellen Programms »Solidarität und Steuerung der Migrationsströme« und zur Aufhebung der Entscheidung 204/94/EG des Rates, ABl. 2007, L 144/1.

Laufdauer bis zum 31.12.2020) überführt.[18] Er bezweckt, »einen Beitrag zur effizienten Steuerung der Migrationsströme und zur Durchführung, Konsolidierung und Weiterentwicklung der gemeinsamen Asylpolitik, der Politik des subsidiären und vorübergehenden Schutzes und der gemeinsamen Einwanderungspolitik zu leisten.«[19] Zu diesem Zweck enthält die den Fonds einrichtende Verordnung detaillierte Bestimmungen über die Ziele der finanziellen Unterstützung und die förderfähigen Maßnahmen, den allgemeinen Rahmen für deren Durchführung, die bereitgestellten finanziellen Ressourcen und deren Verteilung, die Grundsätze und Verfahren zur Festlegung der gemeinsamen Neuansiedlungsprioritäten der Union und die finanzielle Unterstützung des Europäischen Migrationsnetzwerkes. Die Aufgaben des Fonds erstrecken sich auch auf **Rückkehrmaßnahmen**[20] (zu deren Förderung bereits 2007 ein Europäischer Rückkehrfonds für den Zeitraum 2008 bis 2013 eingerichtet worden war)[21] und auf die **Integration von Drittstaatsangehörigen**[22] (zu deren Förderung ebenfalls 2007 ein Europäischer Fonds für die Integration von Drittstaatsangehörigen für den Zeitraum 2007 bis 2013 geschaffen worden war;[23] kritisch evaluiert durch den Europäischen Rechnungshof).[24] In diesen Zusammenhang des Rahmenprogramms »Solidarität und Steuerung der Migrationsströme«[25] gehörte auch der gleichfalls für diesen Zeitraum eingerichtete **Außengrenzenfonds**.[26]

Solidaritätsartig wirken auch andere Maßnahmen wie beispielsweise Grenzsicherungsmaßnahmen von Frontex.[27] Demgegenüber besteht bislang im Rahmen des so genannten »Dublin«-Systems für die nach definierten Nähekriterien erfolgende Bestimmung des für die Prüfung eines Asylantrags zuständigen Mitgliedstaats[28] **kein** unionsrechtlich vorgegebenes ergänzendes **Verteilungssystem für Asylbewerber**. Jenseits der Möglichkeit

6

---

[18] VO (EU) Nr. 516/2014 vom. 16.4.2014 (gestützt auf Art. 78 Abs. 2 und Art. 79 Abs. 2 bis 4 AEUV) zur Einrichtung des Asyl-, Migrations- und Integrationsfonds, zur Änderung der Entscheidung 2008/381/EG des Rates und zur Aufhebung der Entscheidungen Nr. 573/207/EG und Nr. 575/2037/EG des Europäischen Parlaments und des Rates und der Entscheidung 2007/435/EG des Rates, ABl. 2014, L 150/168. Vgl. dazu *Rossi*, in: Calliess/Ruffert, EUV/AEUV, Art. 78 AEUV, Rn. 29a.
[19] Art. 4 der VO (EU) Nr. 516/2014, ABl. 2014 L 150/168.
[20] Art. 11 ff. der VO (EU)Nr. 516/2014.
[21] Entscheidung 575/2007/EG des Europäischen Parlaments und des Rates v. 23.5.2007 (gestützt auf Art. 63 Nr. 2 Buchst. b und Art. 63 Nr. 3 Buchst. b EGV) zur Einrichtung des Europäischen Rückkehrfonds für den Zeitraum 2008 bis 2013 innerhalb des Generellen Programms »Solidarität und Steuerung der Migrationsströme«, ABl. 2007, L 144/45.
[22] Art. 8ff. der VO (EU)Nr. 516/2014.
[23] Entscheidung 2007/35 des Rates vom 25.6.2007 (gestützt auf Art. 63 Nr. 3 Buchst. a EGV) zur Einrichtung des Europäischen Fonds für die Integration von Drittstaatsangehörigen für den Zeitraum von 2007 bis 2013 innerhalb des Generellen Programms »Solidarität und Steuerung der Migrationsströme«, ABl. 2007, L 168/18.
[24] Europäischer Rechnungshof, Sonderbericht – Der Außengrenzenfonds trug zu mehr finanzieller Solidarität bei, allerdings muss die Ergebnismessung verbessert und zusätzlicher EU-Mehrwert geschaffen werden, 2014.
[25] Mitteilung der Kommission vom 6.4.2005 an den Rat und das Europäische Parlament – Aufstellung eines Rahmenprogramms für Solidarität und die Steuerung der Migrationsströme für den Zeitraum 2007 bis 2013, KOM (2005) 122 endg.
[26] Entscheidung 574/2007/EG des Europäischen Parlaments und des Rates v. 23.5.2007 (gestützt auf Art. 62 Nr. 2 EGV) zur Einrichtung des Außengrenzenfonds für den Zeitraum von 2008 bis 2013 innerhalb des Generellen Programms »Solidarität und Steuerung der Migrationsströme«, ABl. 2007, L 144/22.
[27] Dazu oben Art. 77 AEUV, Rn. 27f.
[28] Vgl. zu »Dublin III« im Einzelnen oben Art. 78 AEUV, Rn. 21ff.

zur freiwilligen Zuständigkeitsübernahme (nach Art. 17 VO Nr. 604/2013/EU)[29] haben sich die Mitgliedstaaten insoweit aber bei der Bewältigung asymmetrischer Folgen der »Umsetzung« (im Sinne der Ausführung des Systems) der Politik der Union an den Grundsätzen des Art. 80 AEUV zu orientieren.

---

[29] ABl. 2013, L 180/31; kritisch zu diesem »Selbsteintrittsrecht« wegen Förderung der »unrechtmäßigen Binnenwanderung innerhalb der Union« im Vergleich zur freiwilligen Bereitschaft von Mitgliedstaaten, eine bestimmte Anzahl von Asylbewerbern zu übernehmen, *Thym*, in: Grabitz/Hilf/Nettesheim, EU, Art. 80 AEUV (September 2010), Rn. 6.

Kapitel 3
Justizielle Zusammenarbeit in Zivilsachen

Artikel 81 AEUV [Justizielle Zusammenarbeit mit grenzüberschreitendem Bezug]

(1) ¹Die Union entwickelt eine justizielle Zusammenarbeit in Zivilsachen mit grenzüberschreitendem Bezug, die auf dem Grundsatz der gegenseitigen Anerkennung gerichtlicher und außergerichtlicher Entscheidungen beruht. ²Diese Zusammenarbeit kann den Erlass von Maßnahmen zur Angleichung der Rechtsvorschriften der Mitgliedstaaten umfassen.

(2) Für die Zwecke des Absatzes 1 erlassen das Europäische Parlament und der Rat, insbesondere wenn dies für das reibungslose Funktionieren des Binnenmarkts erforderlich ist, gemäß dem ordentlichen Gesetzgebungsverfahren Maßnahmen, die Folgendes sicherstellen sollen:

a) die gegenseitige Anerkennung und die Vollstreckung gerichtlicher und außergerichtlicher Entscheidungen zwischen den Mitgliedstaaten;
b) die grenzüberschreitende Zustellung gerichtlicher und außergerichtlicher Schriftstücke;
c) die Vereinbarkeit der in den Mitgliedstaaten geltenden Kollisionsnormen und Vorschriften zur Vermeidung von Kompetenzkonflikten;
d) die Zusammenarbeit bei der Erhebung von Beweismitteln;
e) einen effektiven Zugang zum Recht;
f) die Beseitigung von Hindernissen für die reibungslose Abwicklung von Zivilverfahren, erforderlichenfalls durch Förderung der Vereinbarkeit der in den Mitgliedstaaten geltenden zivilrechtlichen Verfahrensvorschriften;
g) die Entwicklung von alternativen Methoden für die Beilegung von Streitigkeiten;
h) die Förderung der Weiterbildung von Richtern und Justizbediensteten.

(3) ¹Abweichend von Absatz 2 werden Maßnahmen zum Familienrecht mit grenzüberschreitendem Bezug vom Rat gemäß einem besonderen Gesetzgebungsverfahren festgelegt. ²Dieser beschließt einstimmig nach Anhörung des Europäischen Parlaments.

¹Der Rat kann auf Vorschlag der Kommission einen Beschluss erlassen, durch den die Aspekte des Familienrechts mit grenzüberschreitendem Bezug bestimmt werden, die Gegenstand von Rechtsakten sein können, die gemäß dem ordentlichen Gesetzgebungsverfahren erlassen werden. ²Der Rat beschließt einstimmig nach Anhörung des Europäischen Parlaments.

¹Der in Unterabsatz 2 genannte Vorschlag wird den nationalen Parlamenten übermittelt. ²Wird dieser Vorschlag innerhalb von sechs Monaten nach der Übermittlung von einem nationalen Parlament abgelehnt, so wird der Beschluss nicht erlassen. ³Wird der Vorschlag nicht abgelehnt, so kann der Rat den Beschluss erlassen.

Literaturübersicht

Basedow, The Communitarization of the Conflict of Laws under the Treaty of Amsterdam, CMLRev. 37 (2000), 687; *ders.*, Brexit und das Privat- und Wirtschaftsrecht, ZEuP 2016, 567; *Besse*, Die justizielle Zusammenarbeit in Zivilsachen nach dem Vertrag von Amsterdam und das EuGVÜ, ZEuP 1999, 107; *Bischoff*, Die Europäische Gemeinschaft und die Haager Konferenz für Internationales Privatrecht, ZEuP 2008, 334; *Coester-Waltjen*, Die Europäisierung des Zivilprozessrechts, Jura 2006, 914; *Dethloff*, Europäische Vereinheitlichung des Familienrechts, AcP 204 (2004), 544; *Dethloff/Haus-*

child, Familienrecht im Rahmen der justiziellen Zusammenarbeit in Zivilsachen – Das besondere Gesetzgebungsverfahren gem. Art. 81 III AEUV, FPR 2010, 489; *Dohrn*, Die Kompetenzen der Europäischen Gemeinschaft im Internationalen Privatrecht, 2004; *Drappatz*, Die Überführung des internationalen Zivilverfahrensrechts in eine Gemeinschaftskompetenz nach Art. 65 EGV, 2002; *Frattini*, European Area of Civil Justice – Has the EU-Policy Reached its Limits?, ZEuP 2006, 225; *Frenz*, Raum der Freiheit, der Sicherheit und des Rechts, Jura 2012, 701; *Hau*, Zivilsachen mit grenzüberschreitendem Bezug, GS Unberath, 2015, S. 139; *Hess*, Der Binnenmarktprozess, JZ 1998, 1021; *ders.*, Die »Europäisierung« des internationalen Zivilprozessrechts durch den Amsterdamer Vertrag – Chancen und Gefahren, NJW 2000, 23; *ders.*, Aktuelle Perspektiven der Europäischen Prozessrechtsangleichung, JZ 2001, 573; *ders.*, Die Integrationsfunktion des europäischen Zivilprozessrechts, IPRax 2001, 389; *ders.*, Die Konstitutionalisierung des Europäischen Privat- und Verfahrensrechts, JZ 2005, 540; *ders.*, Neue Rechtsetzungsakte und Rechtsetzungsmethoden im Europäischen Justizraum, ZSR 124 II (2005), 183; *ders.*, Methoden der Rechtsfindung im Europäischen Zivilprozessrecht, IPRax 2006, 248; *ders.*, Back to the Past: BREXIT und das europäische internationale Privat- und Verfahrensrecht, IPRax 2016, 409; *Jung/Baldus* (Hrsg.), Differenzierte Integration im Gemeinschaftsprivatrecht, 2007; *Kerameus*, Angleichung des Zivilprozessrechts in Europa – einige grundlegende Aspekte, RabelsZ 66 (2002), 1; *Knöfel*, Judizielle Loyalität in der Europäischen Union, EuR 2010, 618; *Kohler*, Europäisches Kollisionsrecht zwischen Amsterdam und Nizza, 2001; *ders.*, Systemwechsel im Europäischen Anerkennungsrecht: Von der EuGVVO zur Abschaffung des Exequatur, in: Mansel (Hrsg.), Vergemeinschaftung des Kollisionsrechts, 2002, S. 147; *ders.*, Der europäische Justizraum für Zivilsachen und das Gemeinschaftskollisionsrecht, IPRax 2003, 401; *ders.*, Einheitliche Kollisionsnormen für Ehesachen in der Europäischen Union: Vorschläge und Vorbehalte, FPR 2008, 193; *Kreuzer*, Die Europäisierung des Internationalen Privatrechts, in: Müller-Graff (Hrsg.), Gemeinsames Privatrecht in der Europäischen Gemeinschaft, 1993, S. 373; *ders.*, Stand und Perspektiven des Europäischen IPR, RabelsZ 70 (2006), 1; *Leisle*, Außenkompetenz und Konkurrenzen nach Vergemeinschaftung der Brüsseler Übereinkommen, ZEuP 2002, 316; *Mansel*, Anerkennung als Grundprinzip des Europäischen Rechtsraums, RabelsZ 70 (2006), 651; *ders.*, Vereinheitlichung des internationalen Erbrechts in der Europäischen Gemeinschaft – Kompetenzfragen und Regelungsgrundsätze, FS Ansay, 2006, S. 185; *Mansel/Thorn/Wagner*, Europäisches Kollisionsrecht, IPRax 2009, 1; IPRax 2010, 1; IPRax 2011, 1; IPRax 2012, 1; IPRax 2013, 1; IPRax 2014, 1; IPRax 2015, 1; IPRax 2016, 1; *Martiny*, Die Entwicklung des Europäischen Internationalen Familienrechts – ein juristischer Hürdenlauf, FPR 2008, 187; *Meyring*, Die Reform der Bereiche Justiz und Inneres durch den Amsterdamer Vertrag, EuR 1999, 309; *Micklitz/Rott*, Vergemeinschaftung des EuGVÜ in der VO (EG) Nr. 44/2001, EuZW 2001, 325; *Müller-Graff*, Die zivilJustizielle Zusammenarbeit im »Raum der Freiheit, der Sicherheit und des Rechts« im System des Europäischen Verfassungsvertrags, FS Jayme, 2004, S. 1323; *ders.*, Der Raum der Freiheit, der Sicherheit und des Rechts – Der primärrechtliche Rahmen, in: Müller-Graff (Hrsg.), Raum der Freiheit, der Sicherheit und des Rechts, 2005, S. 11: *Netzer*, Status quo und Konsolidierung des Europäischen Zivilverfahrensrechts. Vorschlag zum Erlass einer EuZPO, 2011; *Nielsen*, Denmark and EU Civil Cooperation, ZEuP 2016, 300; *Pfeiffer*, Die Vergemeinschaftung des Internationalen Privat- und Verfahrensrechts, in: Müller-Graff (Hrsg.), Raum der Freiheit, der Sicherheit und des Rechts, 2005, S. 75; *Pirrung*, Übereinkommen zur justiziellen Zusammenarbeit, in: Schulte-Nölke/Schulze (Hrsg.), Europäische Privatrechtsangleichung, 1999, S. 341; *Pirrung*, Zur Beteiligung Großbritanniens an der justiziellen Zusammenarbeit in Zivilsachen – mögliche Verluste der EU bei einem Austritt des Vereinigten Königreichs aus der EU, FS Müller-Graff, 2015, S. 425; *Remien*, European Private international Law, The European Community and its emerging area of freedom, security and justice, CMLRev. 38 (2001), 53; *Roth*, Europäische Kollisionsrechtsvereinheitlichung, EWS 2011, 314; *Saastamoinen*, The European Private International Law and the Charter of Fundamental Rights, FS van Loon, 2013, S. 503; *Schack*, Die Entwicklung des europäischen Internationalen Zivilverfahrensrechts – aktuelle Bestandsaufnahme und Kritik, FS Leipold, 2009, S. 317; *Schelo*, Rechtsangleichung im Europäischen Zivilprozessrecht, Diss. iur., Münster, 1999; *Stumpf*, EG-Rechtsetzungskompetenzen im Erbrecht, EuR 2007, 291; *M. Stürner*, Die EuVTVO als Baustein des Europäischen Zivilprozessrechts, FS Simotta, 2012, S. 563; *ders.*, Grenzüberschreitender kollektiver Rechtsschutz in der EU – internationalverfahrensrechtliche und kollisionsrechtliche Probleme, in: Brömmelmeyer (Hrsg.), Die EU-Sammelklage – Status und Perspektiven, 2013, S. 109; *ders.*, Fiktive Inlandszustellungen und europäisches Recht, zugleich Besprechung von EuGH, 19.12.2012, Rs. C–325/11 – *Alder* ./. *Orłowska* und von BGH, Urt. v. 2.2.2011, VIII ZR 190/10, ZZP 126 (2013), 137; *ders.*, Die Vollstreckung aus ausländischen Zivilurteilen nach der Brüssel Ia-VO, DGVZ 2016, 215; *R. Wagner*, EG-Kompetenz für das Internationale Privatrecht in Ehesachen?, RabelsZ 68 (2004), 120; *ders.*, Zur Vereinheitlichung des Internationalen Privat- und Zivilverfahrensrechts sieben Jahre nach

In-Kraft-Treten des Amsterdamer Vertrags, EuZW 2006, 424; *ders.*, Zur Kompetenz der Europäischen Gemeinschaft in der justiziellen Zusammenarbeit in Zivilsachen, IPRax 2007, 290; *ders.*, Die politischen Leitlinien zur justiziellen Zusammenarbeit in Zivilsachen im Stockholmer Programm, IPRax 2010, 97; *ders.*, Aktuelle Entwicklungen in der europäischen justiziellen Zusammenarbeit in Zivilsachen, NJW 2010, 1707; NJW 2011, 1404; NJW 2012, 1333; NJW 2013, 1653; NJW 2014, 1862; NJW 2015, 1796; NJW 2016, 1774; *ders.*, Die Rechtsinstrumente der justiziellen Zusammenarbeit in Zivilsachen – Eine Bestandsaufnahme, NJW 2013, 3128; *ders.*, Fünfzehn Jahre justizielle Zusammenarbeit in Zivilsachen, IPRax 2014, 217.

Leitentscheidungen

EuGH, Urt. v. 1.7.1993, Rs. C–20/92 (Hubbard/Hamburger), Slg. 1993, I–3777
EuGH, Urt. v. 9.12.2003, Rs. C–116/02 (Erich Gasser GmbH/MISAT Srl), Slg. 2003, I–14693
EuGH, Urt. v. 1.3.2005, Rs. C–281/02 (Owusu/Jackson), Slg. 2005, I–1383
EuGH, Gutachten 1/03 vom 7.2.2006 (Parallelübereinkommen Lugano), Slg. 2006, I–1145
EuGH, Urt. v. 19.12.2012, Rs. C–325/11 (Alder/Orłowska), NJW 2013, 443

Wesentliche sekundärrechtliche Vorschriften[1]

Verordnung (EG) Nr. 1346/2000 des Rates vom 29.5.2000 über Insolvenzverfahren, ABl. 2000, L 160/1 (EuInsVO)
Verordnung (EG) Nr. 44/2001 des Rates vom 22.12.2000 über die gerichtliche Zuständigkeit und die Anerkennung und Vollstreckung von Entscheidungen in Zivil- und Handelssachen, ABl. 2001, L 12/1 (EuGVVO oder Brüssel I-VO)
Verordnung (EG) Nr. 1206/2001 des Rates vom 28.5.2001 über die Zusammenarbeit zwischen den Gerichten der Mitgliedstaaten auf dem Gebiet der Beweisaufnahme in Zivil- oder Handelssachen, ABl. 2001, L 174/1 (EuBeweisVO)
Richtlinie 2002/8/EG des Rates vom 27.1.2003 zur Verbesserung des Zugangs zum Recht bei Streitsachen mit grenzüberschreitendem Bezug durch Festlegung gemeinsamer Mindestvorschriften für die Prozesskostenhilfe in derartigen Streitsachen, ABl. 2003, L 26/41 (PKH-RL)
Verordnung (EG) Nr. 2201/2003 des Rates vom 27.11.2003 über die Zuständigkeit und die Anerkennung und Vollstreckung von Entscheidungen in Ehesachen und in Verfahren betreffend die elterliche Verantwortung und zur Aufhebung der Verordnung (EG) Nr. 1347/2000, ABl. 2003, L 338/1 (EuEheVO II oder Brüssel IIa-VO)
Verordnung (EG) Nr. 805/2004 des Europäischen Parlaments und des Rates vom 21.4.2004 zur Einführung eines Europäischen Vollstreckungstitels für unbestrittene Forderungen, ABl. 2004, L 143/15 (EuVTVO)
Verordnung (EG) Nr. 1896/2006 des Europäischen Parlaments und des Rates vom 12.12.2006 zur Einführung eines Europäischen Mahnverfahrens, ABl. 2006, L 399/1 (EuMahnVO)
Verordnung (EG) Nr. 861/2007 des Europäischen Parlaments und des Rates vom 11.7.2007 zur Einführung eines europäischen Verfahrens für geringfügige Forderungen, ABl. 2007, L 199/1 (EuBagatellVO)
Verordnung (EG) Nr. 864/2007 des Europäischen Parlaments und des Rates vom 11.7.2007 über das auf außervertragliche Schuldverhältnisse anzuwendende Recht (»Rom II«), ABl. 2007, L 199/40 (Rom II-VO)
Verordnung (EG) Nr. 1393/2007 des Europäischen Parlaments und des Rates vom 13.11.2007 über die Zustellung gerichtlicher und außergerichtlicher Schriftstücke in Zivil- oder Handelssachen in den Mitgliedstaaten (»Zustellung von Schriftstücken«) und zur Aufhebung der Verordnung (EG) Nr. 1348/2000 des Rates, ABl. 2007, L 324/79 (EuZustVO)
Richtlinie 2008/52/EG des Europäischen Parlaments und des Rates vom 21.5.2008 über bestimmte Aspekte der Mediation in Zivil- und Handelssachen, ABl. 2008, L 136/3 (MediationsRL)
Verordnung (EG) Nr. 593/2008 des Europäischen Parlaments und des Rates vom 17.6.2008 über das auf vertragliche Schuldverhältnisse anzuwendende Recht (Rom I), ABl. 2008, L 177/6 (Rom I-VO)

---

[1] Siehe auch die Zusammenstellung in der Datenbank EUR-Lex, abrufbar unter http://eur-lex.europa.eu (12.9.2016). Über die aktuellen Entwicklungen informieren die jährlichen Beiträge von *R. Wagner* in der NJW (siehe Literaturverzeichnis); siehe auch *R. Wagner*, IPRax 2014, 217. Über den Stand des europäischen Kollisionsrechts berichten seit 2009 jährlich *Mansel/Thorn/Wagner* in der IPRax (siehe Literaturverzeichnis).

Verordnung (EG) Nr. 4/2009 des Rates vom 18.12.2008 über die Zuständigkeit, das anwendbare Recht, die Anerkennung und Vollstreckung von Entscheidungen und die Zusammenarbeit in Unterhaltssachen, ABl. 2009, L 7/1 (EuUnthVO)
Verordnung (EU) Nr. 1259/2010 des Rates vom 20.12.2010 zur Durchführung einer Verstärkten Zusammenarbeit im Bereich des auf die Ehescheidung und Trennung ohne Auflösung des Ehebandes anzuwendenden Rechts, ABl. 2010, L 343/10 (Rom III-VO)
Verordnung (EU) Nr. 650/2012 des Europäischen Parlaments und des Rates vom 4.7.2012 über die Zuständigkeit, das anzuwendende Recht, die Anerkennung und Vollstreckung von Entscheidungen und die Annahme und Vollstreckung öffentlicher Urkunden in Erbsachen sowie zur Einführung eines Europäischen Nachlasszeugnisses, ABl. 2012, L 201/107 (EuErbVO)
Verordnung (EU) Nr. 1215/2012 des Europäischen Parlaments und des Rates vom 12.12.2012 über die gerichtliche Zuständigkeit und die Anerkennung und Vollstreckung von Entscheidungen in Zivil- und Handelssachen (Neufassung), ABl. 2012, L 351/1 (EuGVVO II oder Brüssel Ia-VO)
Verordnung (EU) Nr. 606/2013 des Europäischen Parlaments und des Rates über die gegenseitige Anerkennung von Schutzmaßnahmen in Zivilsachen, ABl. 2013, L 181/4
Verordnung (EU) Nr. 655/2014 des Europäischen Parlaments und des Rates vom 15.5.2014 zur Einführung eines Verfahrens für einen Europäischen Beschluss zur vorläufigen Kontenpfändung im Hinblick auf die Erleichterung der grenzüberschreitenden Eintreibung von Forderungen in Zivil- und Handelssachen, ABl. 2014, L 189/59
Verordnung (EU) Nr. 2015/848 des Europäischen Parlaments und des Rates vom 20.5.2015 über Insolvenzverfahren (Neufassung), ABl. 2015, L 141/19
Verordnung (EU) Nr. 2015/2421 des Europäischen Parlaments und des Rates vom 16.12.2015 zur Änderung der Verordnung (EG) Nr. 861/2007 zur Einführung eines europäischen Verfahrens für geringfügige Forderungen und der Verordnung (EG) Nr. 1896/2006 zur Einführung eines Europäischen Mahnverfahrens, ABl. 2015, L 341/1
Verordnung (EU) Nr. 2016/1103 des Rates vom 24.6.2016 zur Durchführung einer Verstärkten Zusammenarbeit im Bereich der Zuständigkeit, des anzuwendenden Rechts und der Anerkennung und Vollstreckung von Entscheidungen in Fragen des ehelichen Güterstands, ABl. 2016 L 183/1
Verordnung (EU) Nr. 2016/1104 des Rates vom 24.6.2016 zur Durchführung der Verstärkten Zusammenarbeit im Bereich der Zuständigkeit, des anzuwendenden Rechts und der Anerkennung und Vollstreckung von Entscheidungen in Fragen güterrechtlicher Wirkungen eingetragener Partnerschaften, ABl. 2016 L 183/30

Inhaltsübersicht Rn.

I. Regelungszusammenhang	1
1. Bedeutung der Vorschrift	1
2. Entwicklung der Kompetenzgrundlage	2
3. Weitere Entwicklungslinien: Differenzierte Integration und Konsolidierung	5
II. Die justizielle Zusammenarbeit in Zivilsachen, Abs. 1	9
1. Grundlagen	9
2. Grundsatz der gegenseitigen Anerkennung	12
3. Grenzüberschreitende Bezüge	17
4. Drittstaatensachverhalte; Außenkompetenz	19
5. Konkurrenzen	20
III. Kompetenz im Bereich der justiziellen Zusammenarbeit in Zivilsachen, Abs. 2	26
1. Anerkennung und Vollstreckung von Entscheidungen zwischen den Mitgliedstaaten, Buchst. a	28
2. Zustellung, Buchst. b	33
3. Internationales Privatrecht, Buchst. c Var. 1	36
4. Vorschriften zur Vermeidung von Kompetenzkonflikten, Buchst. c Var. 2	41
5. Erhebung von Beweismitteln, Buchst. d	45
6. Effektiver Rechtsschutz, Buchst. e	47
7. Allgemeine Harmonisierungskompetenz für Zivilverfahren, Buchst. f	50
8. Alternative Streitschlichtung, Buchst. g	51
9. Weiterbildung von Richtern und Justizpersonal, Buchst. h	53
IV. Sonderregelungen für Familiensachen, Abs. 3	55

I. Regelungszusammenhang

1. Bedeutung der Vorschrift

Der Vertrag von Amsterdam hat der EU umfangreiche Kompetenzen im Bereich der justiziellen Zusammenarbeit übertragen. Darin wird ein **eigenständiger Politikbereich** gesehen, der gleichrangig steht zu den weiteren Bereichen der Zusammenarbeit auf dem Gebiet der Inneren Sicherheit und der Gemeinsamen Außenpolitik. Im AEUV finden sich entsprechende Vorschriften in Art. 67 Abs. 1 und 4 sowie in Art. 81 AEUV. Letztere Vorschrift verschafft der EU – im Gegensatz zu ihrer Vorgängernorm Art. 65 EGV – als Ermächtigungsgrundlage[2] eine Kompetenz für Maßnahmen zur Rechtsangleichung in grenzüberschreitenden Zivilrechtsstreitigkeiten. Diese umfasst insbesondere das Internationale Zivilverfahrensrecht, das Internationale Privatrecht, die außergerichtliche Streitschlichtung, die Schulung von Richtern, die Zustellung von Schriftstücken sowie die Beweisaufnahme im Ausland. Der weite Begriff der Maßnahmen umfasst **alle Handlungsformen** der Union i.S.d. Art. 288 AEUV sowie unter den Voraussetzungen des Art. 216 AEUV auch internationale Verträge.[3] In inhaltlicher Hinsicht werden **alle Zivilsachen** erfasst, also weite Teile des bürgerlichen Vermögensrechts, aber auch das Erbrecht und sogar das Familienrecht. Die Maßnahmen werden im ordentlichen Gesetzgebungsverfahren nach Art. 294 AEUV erlassen, nur für den Bereich des Familienrechts gilt das Einstimmigkeitsprinzip (s. Rn. 55). Weiterhin gelten die allgemeinen Kompetenzschranken der Subsidiarität und der Verhältnismäßigkeit (Art. 5 Abs. 3 und 4 EUV). Der Prozess der Rechtsangleichung hat mit der Verabschiedung der ersten Verordnungen in den Jahren 2000/01[4] eingesetzt und seither wesentlich an Dynamik gewonnen.[5] Ziel der erstrebten Vereinheitlichung des Rechts der einzelnen Mitgliedstaaten in den genannten Bereichen ist es, im Interesse eines funktionierenden Binnenmarktes allen Unionsbürgern einen **erleichterten Zugang zu den Gerichten** anderer Mitgliedstaaten und einen verbesserten Rechtsschutz zu verschaffen.[6]

1

2. Entwicklung der Kompetenzgrundlage

Die justizielle Zusammenarbeit ist ein vergleichsweise neuer Aspekt des Binnenmarktes. Im EWG-Vertrag von 1957 war noch keine Kompetenz zur Rechtsangleichung in diesem Bereich vorgesehen. Vielmehr oblag es den Mitgliedstaaten auf der Grundlage von Art. 220 EWGV in der damaligen Fassung, im Wege der **intergouvernementalen Zusammenarbeit**, also auf traditionellem völkerrechtlichem Weg, den Abbau von Förmlichkeiten für die gegenseitige Anerkennung und Vollstreckung richterlicher Entscheidungen und Schiedssprüchen zu betreiben. Nach längeren Vorarbeiten wurde schließlich das Brüsseler Gerichtsstands- und Vollstreckungsübereinkommen (EuGVÜ) am 27.9.1968 verabschiedet; es trat am 1.2.1973 in Kraft. Das Übereinkommen enthielt Vorschriften zur internationalen Zuständigkeit, der Anerkennung und Vollstreckung sowie zur Regelung von positiven Kompetenzkonflikten in Zivil- und Handelssachen.

2

---

[2] Vgl. zu diesem Aspekt *Leible*, in: Streinz, EUV/AEUV, Art. 81 AEUV, Rn. 4.
[3] *Rossi*, in: Calliess/Ruffert, EUV/AEUV, Art. 81 AEUV, Rn. 16.
[4] Dabei handelt es sich um folgende (heute überwiegend bereits revidierte) Verordnungen der sog. ersten Generation: EuInsVO, EuEheVO I, EuZustVO I, EuGVVO I, EuBeweisVO.
[5] Siehe etwa *Coester-Waltjen*, Jura 2006, 914; *Hess*, Europäisches Zivilprozessrecht, 2010, § 2, Rn. 2 ff.
[6] *Rossi*, in: Calliess/Ruffert, EUV/AEUV, Art. 81 AEUV, Rn. 1; *Leible*, in: Streinz, EUV/AEUV, Art. 81 AEUV, Rn. 5.

3   Ein wesentlicher Gesichtspunkt für den Erfolg des Übereinkommens in der Praxis war, dass die Kompetenz zur Auslegung des EuGVÜ von den Vertragsstaaten dem EuGH überantwortet worden war.[7] Dadurch wurde die gemeinschaftsorientierte, integrationsfreundliche Auslegung des Übereinkommens erst ermöglicht. Das EuGVÜ wurde zum Wegbereiter für das Parallelabkommen von Lugano, das mit den Staaten der Europäischen Freihandelsassoziation (EFTA) geschlossen wurde;[8] auf seiner Grundlage wurde die EuGVVO geschaffen.[9]

4   Die rechtliche Basis für diese **Vergemeinschaftung** der durch das EuGVÜ begründeten justiziellen Zusammenarbeit hatte der am 1.11.1993 in Kraft getretene Vertrag von Maastricht geschaffen, der eine entsprechende intergouvernementale Zusammenarbeit der Mitgliedstaaten im Rahmen der »Dritten Säule« (Justiz und Inneres) ansiedelte. Es war dann der Vertrag von Amsterdam, mit dessen Inkrafttreten am 1.5.1999 der Aufbau eines »Raumes der Freiheit, der Sicherheit und des Rechts« angestrebt wurde, und mit dem die justizielle Zusammenarbeit vergemeinschaftet wurde, indem erstmals eine echte Kompetenz der EG für diesen Bereich geschaffen wurde.[10] Diese schließt zwar den aus der Sicht der Mitgliedstaaten besonders sensiblen Bereich des Familienrechts ein, jedoch verlangt Abs. 3 für den Erlass entsprechender Rechtsakte Einstimmigkeit im Rat (s. Rn. 55).

3. Weitere Entwicklungslinien: Differenzierte Integration und Konsolidierung

5   Der dornenreiche Entstehungsprozess der Rom III-Verordnung (s. Rn. 55) zeigt, dass die Rechtsangleichung in einer Union mit derzeit 28 Mitgliedstaaten eine permanente Zerreißprobe bedeutet. Die in einigen Bereichen bereits praktizierte **differenzierte Integration** ist auch für den Bereich der justiziellen Zusammenarbeit Realität.[11] Der Rückgriff auf das Instrument der Verstärkten Zusammenarbeit (Art. 20, 326 ff. AEUV) ist letztlich nur dem Umstand geschuldet, dass der für die Maßnahmen im Bereich des Familienrechts nach Art. 81 Abs. 3 AEUV erforderliche Konsens aller Mitgliedstaaten nicht immer zu erreichen ist und dass eine partielle Harmonisierung besser ist als überhaupt keine.

---

[7] Rechtsgrundlage ist das Protokoll betreffend die Auslegung des Übereinkommens vom 27.9.1968 über die gerichtliche Zuständigkeit und die Vollstreckung gerichtlicher Entscheidungen in Zivil- und Handelssachen durch den Gerichtshof, unterzeichnet zu Luxemburg am 3.6.1971, ABl. 1975, L 204/28.

[8] Übereinkommen über die gerichtliche Zuständigkeit und die Vollstreckung gerichtlicher Entscheidungen in Zivil- und Handelssachen, geschlossen in Lugano am 16.9.1988, BGBl. II 1995, S. 221. Das Übereinkommen wurde inzwischen ersetzt durch das Übereinkommen über die gerichtliche Zuständigkeit und die Anerkennung und Vollstreckung von Entscheidungen in Zivil- und Handelssachen vom 30.10.2007, ABl. 2007, L 339/3.

[9] Siehe *Micklitz/Rott*, EuZW 2001, 325; zur Entwicklung auch *Leible*, EnzEuR, Bd. 3, § 14, Rn. 35 ff.

[10] Aus der umfangreichen Literatur dazu etwa *Besse*, ZEuP 1999, 107; *Pirrung*, in: Schulte-Nölke/Schulze (Hrsg.), Europäische Privatrechtsangleichung, S. 341; *Schelo*, Rechtsangleichung im Europäischen Zivilprozessrecht; *Basedow*, CMLRev. 37 (2000), 687; *Drappatz*, S. 88 ff.; *Hess*, JZ 1998, 1021; *ders.*, NJW 2000, 23; *ders.*, JZ 2001, 573; *ders.*, IPRax 2001, 389; *Meyring*, EuR 1999, 309; *Kohler*, Europäisches Kollisionsrecht zwischen Amsterdam und Nizza, 2001; *ders.*, in: Mansel (Hrsg.), Vergemeinschaftung des Kollisionsrechts, 2002, S. 147; *ders.*, IPRax 2003, 401; *R. Wagner*, IPRax 2007, 290.

[11] Siehe dazu die Beiträge in *Jung/Baldus* (Hrsg.), Differenzierte Integration im Gemeinschaftsprivatrecht, 2007.

Ohnehin nehmen drei Mitgliedstaaten im Bereich der justiziellen Zusammenarbeit 6
Sonderrollen ein: Großbritannien, Irland und Dänemark haben **Vorbehalte** bezüglich
des IV. Teils des EG-Vertrags (Art. 69 EGV Amsterdam/Nizza) erklärt. Für die ersten
beiden Staaten bedeutet dies, dass sie bei jeder Maßnahme eigens ihre Mitwirkung
erklären müssen.[12] Im Falle von Dänemark war hingegen ursprünglich nicht einmal
eine solche Mitwirkung im Einzelfall möglich. Der Vertrag von Lissabon hat dies etwas
abgeschwächt, so dass bislang für zwei Verordnungen, die EuGVVO[13] und die EuZust-
VO,[14] mit Wirkung vom 1.7.2007 Erstreckungsabkommen in Kraft getreten sind, die
den Anwendungsbereich dieser Rechtsakte auf Dänemark ausdehnen.[15]

Die Harmonisierung im Bereich der justiziellen Zusammenarbeit ist bislang durch 7
eine Vielzahl von nicht unbedingt aufeinander abgestimmten Einzelmaßnahmen gekennzeichnet. Die weitere Entwicklung wird zeigen, ob diese Fragmentierung der eigentlich auf Rechtsangleichung gerichteten Vorschriften der justiziellen Zusammenarbeit zunimmt, oder ob die vielfach empfohlene **Konsolidierung** vor allem im Bereich des
Europäischen Zivilverfahrensrechts ernsthaft in Angriff genommen wird.[16] Die in den
letzten Jahren in Kraft getretenen Verordnungen der zweiten Generation, insbesondere
die Europäische Bagatellverordnung, könnten erste Bausteine für ein echtes europäisches Zivilverfahren darstellen.[17] Für den Bereich des Kollisionsrechts wird verschiedentlich eine sog. Rom 0-VO gefordert, die übergreifende Institute des europäischen
Kollisionsrechts in einer Art Allgemeinem Teil einheitlich regelt.[18]

Vorerst steht jedoch die **Überarbeitung des gegenwärtigen Besitzstandes** im Vorder- 8
grund. Dabei dominierte jedenfalls seit dem Jahr 2009[19] die Revision der für die justizielle Zusammenarbeit zentralen EuGVVO.[20] Nach den ursprünglichen Plänen der
Kommission[21] sollte eine vollständige **Abschaffung des Exequaturverfahrens** für sämt-

---

[12] Zu den Konsequenzen eines möglichen Austritts Großbritanniens aus der EU für die justizielle Zusammenarbeit *Pirrung*, S. 425; *Basedow*, ZEuP 2016, 567; *Hess*, IPRax 2016, 409.

[13] Abkommen v. 19.10.2005 zwischen der Europäischen Gemeinschaft und dem Königreich Dänemark über die gerichtliche Zuständigkeit und die Anerkennung und Vollstreckung von Entscheidungen in Zivil- und Handelssachen, ABl. 2005, L 299/62. Dies gilt auch für die revidierte EuGVVO: ABl. 2013, L 79/4.

[14] Abkommen v. 19.10.2005 zwischen der Europäischen Gemeinschaft und dem Königreich Dänemark über die Zustellung gerichtlicher und außergerichtlicher Schriftstücke in Zivil- und Handelssachen, ABl. 2005, L 300/55.

[15] Näher *Nielsen*, ZEuP 2016, 300; *Hess*, in: Grabitz/Hilf/Nettesheim, EU, Art. 81 AEUV (September 2010), Rn. 59 ff.

[16] *Schack*, FS Leipold, 2009, S. 317; *R. Wagner*, NJW 2010, 1707; *ders.*, IPRax 2010, 97; *Pfeiffer*, S. 75; *Frattini*, ZEuP 2006, 225. Zu Methodenfragen im europäischen Verfahrensrecht insbesondere *Hess*, JZ 2005, 540; *ders.*, ZSR 124 II (2005), 183; *ders.*, IPRax 2006, 248.

[17] *M. Stürner*, JbItalR 23 (2010), 93; *ders.*, FS Simotta, S. 563. Konkrete Vorschläge bei *Netzer*, S. 271 ff.; siehe auch *Kern*, JZ 2012, 389 sowie mit weiterem Fokus *Leible*, EnzEuR, Bd. 3, § 14, Rn. 96 ff.

[18] Dazu die Beiträge in *Leible/Unberath* (Hrsg.), Brauchen wir eine Rom 0-Verordnung?, 2013, sowie (selbst ablehnend) *Wilke*, GPR 2012, 334. Zur Zusammenarbeit der EU mit der Haager Konferenz für Internationales Privatrecht *Bischoff*, ZEuP 2008, 334.

[19] Grundlage war der im September 2007 von *Hess*, *Pfeiffer* und *Schlosser* vorgelegte »Report on the Application of the Regulation Brussels I in the Member States« (Study JLS/C4/2005/03).

[20] Siehe daneben vor allem den Vorschlag für eine Verordnung des Europäischen Parlaments und des Rates zur Änderung der Verordnung (EG) Nr. 1346/2000 des Rates über Insolvenzverfahren vom 12.12.2012, KOM (2012) 744 endg.

[21] Grünbuch der Kommission vom 21.4.2009, Überprüfung der Verordnung (EG) Nr. 44/2001 des Rates über die gerichtliche Zuständigkeit und die Anerkennung und Vollstreckung von Entscheidungen in Zivil- und Handelssachen, KOM (2009) 175 endg.

liche dieser Verordnung unterfallenden Titel erfolgen.[22] Der Verordnungsentwurf vom 14.12.2010[23] hatte dies umgesetzt. Danach sollte der Schuldner im Vollstreckungsstaat grundsätzlich nur auf einen außerordentlichen Rechtsbehelf zurückgreifen dürfen, der eine Rüge von gravierenden Verfahrensfehlern ermöglicht (Art. 46 EuGVVO-E). Das Exequaturverfahren sollte lediglich noch für zwei Fälle beibehalten werden: zum einen bei Entscheidungen, welche die Verletzung von Persönlichkeitsrechten betreffen und zum anderen bei Entscheidungen, welche in Verfahren des kollektiven Rechtsschutzes ergangen sind.[24] In beiden Fällen besteht nach Ansicht der Kommission noch kein hinreichend vergleichbarer Standard in den Mitgliedstaaten, der ein gegenseitiges Vertrauen rechtfertigt. Die nachfolgende Diskussion in der Fachöffentlichkeit und auch innerhalb der Gesetzgebungsorgane der EU war kontrovers.[25] Die am 12.12.2012 verabschiedete Neufassung der EuGVVO[26] hat dann zwar das Exequaturverfahren abgeschafft, die bereits bestehenden Anerkennungsversagungsgründe jedoch vollständig beibehalten.[27] Diese werden auf einen entsprechenden Antrag des Vollstreckungsschuldners in einem gesonderten Verfahren überprüft.[28]

II. Die justizielle Zusammenarbeit in Zivilsachen, Abs. 1

1. Grundlagen

9   Der reibungslosen justiziellen Zusammenarbeit bei grenzüberschreitenden Sachverhalten kommt im Binnenmarkt erhebliche Bedeutung zu. Abs. 1 Satz 1 formuliert daher den Auftrag an die Union, eine justizielle Zusammenarbeit in Zivilsachen mit grenzüberschreitendem Bezug zu entwickeln.[29] Die Grundfreiheiten erfordern den Abbau von Hindernissen für den grenzüberschreitenden Handel mit Waren und Dienstleistungen und für den freien Verkehr von Personen und Kapital. Ein Aspekt hiervon ist die Durchsetzung von Rechten im Klageweg. So kann eine im Recht der Mitgliedstaaten angelegte Erschwerung der Klagemöglichkeit für Angehörige anderer Mitgliedstaaten eine **Beeinträchtigung der Grundfreiheiten** darstellen.[30] Dies kann etwa Hindernisse bei der Klageerhebung betreffen, wie sie in der Regelung des § 91 ZPO a. F. enthalten waren: Diese Vorschrift enthielt die Verpflichtung eines Klägers mit Wohnsitz im Ausland, auf Verlangen des Beklagten eine Prozesskostensicherheit für den Fall der Klageabweisung zu hinterlegen. Der EuGH sah darin einen Verstoß gegen Primärrecht.[31]

---

[22] Das Stockholmer Programm des Rates von Dezember 2009 (ABl. 2010, C 115/1) enthielt ebenfalls die Zielsetzung der Abschaffung des Exequaturverfahrens. Siehe dazu *Sensburg*, GPR 2010, 158.
[23] Vorschlag für eine Verordnung des Europäischen Parlaments und des Rates über die gerichtliche Zuständigkeit und die Anerkennung und Vollstreckung von Entscheidungen in Zivil- und Handelssachen (Neufassung), KOM (2010) 748 endg.
[24] Zu internationalprivat- und -verfahrensrechtlichen Fragen des kollektiven Rechtsschutzes *M. Stürner*, Grenzüberschreitender kollektiver Rechtsschutz, S. 109; speziell zur Unterlassungsklage *Stadler*, EnzEuR, Bd. 3, § 27, Rn. 10 ff.
[25] Vgl. exemplarisch *Schlosser*, IPRax 2010, 101; *Hess*, IPRax 2011, 125.
[26] VO (EU) Nr. 1215/2012 des Europäischen Parlaments und des Rates vom 12.12.2012 über die gerichtliche Zuständigkeit und die Anerkennung und Vollstreckung von Entscheidungen in Zivil- und Handelssachen (Neufassung), ABl. 2012, L 351/1.
[27] Siehe dazu *Cadet*, EuZW 2013, 218; *Pohl*, IPRax 2013, 109; *Domej*, RabelsZ 78 (2014), 508; *Stadler/Klöpfer*, ZEuP 2015, 732; *M. Stürner*, DGVZ 2016, 215.
[28] Siehe Art. 46 ff. i. V. m. Art. 45 EuGVVO II.
[29] Eine Erzwingung der Erfüllung dieser Aufgabe durch die Mitgliedstaaten im Wege der Untätigkeitsklage nach Art. 265 AEUV kommt indessen angesichts der weiten Formulierung in Abs. 1 Satz 1 nicht in Betracht, vgl. *Rossi*, in: Calliess/Ruffert, EUV/AEUV, Art. 81 AEUV, Rn. 4.
[30] S. *Leible*, EnzEuR, Bd. 3, § 14, Rn. 5 ff.

Im Kontext des Art. 81 AEUV geht es jedoch nicht so sehr um den Abbau von Hindernissen für den grenzüberschreitenden Rechtsverkehr, welche die Rechtsordnungen der Mitgliedstaaten enthalten, sondern umgekehrt um dessen **aktive Erleichterung** durch den Erlass entsprechender Rechtsakte. So enthält eine der ersten Verordnungen im Bereich der justiziellen Zusammenarbeit, die EuGVVO,[32] detaillierte Regelungen zur **gerichtlichen Zuständigkeit**. Auf diese Weise werden im Recht der verschiedenen Mitgliedstaaten möglicherweise bestehenden konkurrierenden Zuständigkeiten, die dazu führen können, dass gleichzeitig Klagen wegen derselben Sache anhängig gemacht werden, durch einheitliche Regelungen ersetzt, so dass das sog. forum shopping zumindest eingeschränkt wird (s. noch Rn. 11). Weiterhin enthält die EuGVVO Vorschriften über die **Anerkennung und Vollstreckung** von Entscheidungen in anderen Mitgliedstaaten (s. Rn. 12 ff.). Auch dieser Aspekt ist für den Binnenmarkt von Bedeutung. Hat etwa ein in Frankreich ansässiger Verkäufer dort erfolgreich Kaufpreisklage gegen einen in Deutschland wohnenden Käufer erhoben, so bringt ihm dieser gerichtliche Titel wenig, wenn er daraus nicht auch in Deutschland in das Vermögen des Käufers vollstrecken kann. Die EuGVVO enthält insbesondere den Grundsatz, dass jeder Mitgliedstaat Urteile aus anderen Mitgliedstaaten anerkennt, und dass die Anerkennung und Vollstreckbarerklärung nur in ganz bestimmten Ausnahmefällen verweigert werden kann.

Zu den bestimmenden Faktoren des grenzüberschreitenden Rechtsverkehrs gehört auch das **Internationale Privatrecht**. Dieses hat die Aufgabe, bei Sachverhalten mit Auslandsberührung das anwendbare Recht zu bestimmen. Im Ausgangspunkt bestimmt jeder Staat selbst, welche Kollisionsregeln in diesen Fällen zur Anwendung gelangen. Binnenmarktrelevanz kann dem Internationalen Privatrecht in mehrfacher Hinsicht zukommen. Zunächst wird der grenzüberschreitende Rechtsverkehr bereits durch die Wahl unterschiedlicher Anknüpfungsmomente erschwert. Abhängig von der gerichtlichen Zuständigkeit ist es dann möglich, dass auf denselben rechtlichen Sachverhalt unterschiedliches Sachrecht angewandt wird. Die dadurch resultierende Rechtsunsicherheit vermag den Rechtsverkehr im Binnenmarkt erheblich zu beeinträchtigen. Selbst die Schaffung einheitlicher Zuständigkeitsnormen kann dies nicht vollständig verhindern, so lange darin konkurrierende Gerichtsstände eröffnet werden.[33] Auch dann besteht die Gefahr fort, dass die unterschiedlichen Anknüpfungen für die planmäßige Auswahl eines besonders vorteilhaften Forums ausgenutzt werden (sog. **forum shopping**). Schließlich kann nur durch die Schaffung einheitlicher Kollisionsnormen verhindert werden, dass es zu Wettbewerbsverzerrungen für Anbieter aus verschiedenen Mitgliedstaaten kommt. Die in jüngerer Vergangenheit erlassenen Verordnungen regeln daher regelmäßig sowohl Fragen der Internationalen Zuständigkeit als auch solche des anwendbaren Rechts.[34]

---

[31] EuGH, Urt. v. 1.7.1993, Rs. C–20/92 (Hubbard/Hamburger), Slg. 1993, I–3777 sowie Urt. v. 7.4.2011, Rs. C–291/09 (Francesco Guarnieri & Cie/Vandevelde Eddy VOF), Slg. 2011, I–2685. Siehe weiter Urt. v. 10.2.1994, Rs. C–398/92 (Mund & Fester/Hatrex), Slg. 1994, I–467 zum dinglichen Arrest sowie Urt. v. 19.12.2012, Rs. C–325/11 (Alder/Orłowska), NJW 2013, 443 zur Zustellungsfiktion bei Auslandszustellungen (dazu *M. Stürner*, ZZP 126 [2013], 137).

[32] Ebenso die EuInsVO und die EuEheVO.

[33] So hat die EuGVVO zwar ein einheitliches Zuständigkeitsregime für den Binnenmarkt geschaffen. Dadurch wird aber keineswegs für jeden Sachverhalt immer nur ein einziges Forum eröffnet. Im Gegenteil sind konkurrierende Zuständigkeiten teilweise rechtspolitisch durchaus erwünscht, so etwa für den Deliktsgerichtsstand (Art. 7 Nr. 2 EuGVVO II).

[34] So insbesondere die EuErbVO sowie indirekt auch die EuUnthVO (durch Verweis auf das Haager Unterhaltsprotokoll); auch die beiden Verordnungen zum Güterrecht folgen diesem Muster. Gescheitert ist der Ansatz allerdings beim Scheidungsrecht (zu beidem s. Rn. 55).

2. Grundsatz der gegenseitigen Anerkennung

12 Der grenzüberschreitende Rechtsverkehr in Zivil- und Handelssachen hat zwei wesentliche Säulen: den Grundsatz der **gegenseitigen Anerkennung**, den Abs. 1 nochmals ausdrücklich betont (»beruht«), sowie das Postulat der **Erleichterung des Zugangs zum Recht**, hervorgehoben in Art. 67 Abs. 4 AEUV.[35] Von den beiden politisch möglichen Alternativen, der wechselseitigen Anerkennung sowie der unionsrechtlichen Harmonisierung der mitgliedstaatlichen Rechtsvorschriften, wird damit in Abs. 1 die erstere verwirklicht;[36] letztere wird nach Abs. 1 Satz 2 aber nicht vollständig ausgeschlossen.[37]

13 Der Grundsatz der wechselseitigen Anerkennung gerichtlicher und außergerichtlicher Entscheidungen führt im Grundsatz zu einer **Titelfreizügigkeit** im Binnenmarkt; dies liegt ganz in der Logik der Freizügigkeit, die durch die Grundfreiheiten für Waren, Dienstleistungen, Personen und Kapital verwirklicht wird.[38] Die Titelfreizügigkeit wird über eine Art **prozessuales Herkunftslandprinzip** realisiert: Ein Mitgliedstaat, in dem die Anerkennung der Wirkungen einer gerichtlichen oder außergerichtlichen Entscheidung begehrt wird, sieht von einer eigenen Überprüfung dieser Entscheidung ab und vertraut darauf, dass die prozessualen Standards des Erststaates den eigenen jedenfalls prinzipiell entsprechen.

14 Bislang ist eine solche Freizügigkeit nur mit Einschränkungen erreicht (s. Rn. 30 ff.). Regelmäßig geht jedenfalls der Vollstreckung einer ausländischen Entscheidung ein besonderes Verfahren im Zweitstaat voraus, das sog. **Exequatur-Verfahren**, in dem der Schuldner bestimmte Einwendungen vorbringen kann. Für die Vollstreckung von Entscheidungen auf dem Gebiet der Zivil- und Handelssachen hat die Revision der EuGVVO diese Hürde bereits formell beseitigt; hier bleiben jedoch auf Einrede des Vollstreckungsschuldners die materiellen Anerkennungsversagungsgründe bestehen (s. Rn. 8). Fernziel der weiteren Harmonisierung ist die Beseitigung jeglicher Anerkennungsversagungsgründe im Vollstreckungsstaat, was zu einer vollständigen Titelfreizügigkeit und Verwirklichung des Grundsatzes der gegenseitigen Anerkennung führen würde (zu Teilbereichen, in denen dies bereits Realität ist – insbesondere im Rahmen der EuVTVO, der EuMahnVO und der EuBagatellVO s. Rn. 31). Die zurückliegende Diskussion um die Revision dieses Rechtsaktes zeigt jedoch, dass das für einen solch weitgehenden Schritt erforderliche Vertrauen in die Justizsysteme der anderen Mitgliedstaaten jedenfalls derzeit noch nicht uneingeschränkt vorhanden ist.[39] Als Konsequenz bestehen im Verordnungsrecht derzeit nicht weniger als fünf verschiedene Modelle der grenzüberschreitenden Vollstreckung, was in der Rechtspraxis nicht gerade zur höheren Akzeptanz des europäischen Verfahrensrechts beitragen dürfte.[40]

15 Gleichberechtigt neben dem Grundsatz der gegenseitigen Anerkennung steht das Postulat des **erleichterten Zugangs zum Recht**. Rechtspositionen sind im Binnenmarkt – wie auch sonst – nur insoweit werthaltig, als sie auch gerichtlich durchgesetzt werden

---

[35] *Hess*, in: Grabitz/Hilf/Nettesheim, EU, Art. 81 AEUV (September 2010), Rn. 31.
[36] Vgl. zu den möglichen Gründen hierfür *Rosenau/Petrus*, in: Vedder/Heintschel v. Heinegg, Europäisches Unionsrecht, Art. 81 AEUV, Rn. 2.
[37] *Rossi*, in: Calliess/Ruffert, EUV/AEUV, Art. 81 AEUV, Rn. 6.
[38] *Hess*, in: Grabitz/Hilf/Nettesheim, EU, Art. 81 AEUV (September 2010), Rn. 32. Zum Anerkennungsprinzip grundlegend *Mansel*, RabelsZ 70 (2006), 651.
[39] Siehe auch *Stadler*, IPRax 2004, 2, mit der programmatisch-zweifelnden Frage: Wie viel Beschleunigung verträgt Europa?
[40] Näher *Stadler/Klöpfer*, ZEuP 2015, 732 (764 ff.) mit der berechtigten Forderung nach einem einheitlichen Vollstreckungssystem.

können. Abs. 2 Buchst. e gibt der EU insoweit eine eigene Harmonisierungskompetenz (s. Rn. 47 ff.). Diesbezüglich schaffen aber letztlich sämtliche Rechtsakte Verbesserungen im grenzüberschreitenden Rechtsverkehr, sei es nun im Bereich der internationalen Zuständigkeit, der Urteilsanerkennung oder auch der erleichterten Beschaffung von Beweismitteln.

Von der »Beseitigung von Hindernissen für die reibungslose Abwicklung von Zivilverfahren«, die Abs. 2 Buchst. f anspricht, ist man damit aber noch ein gutes Stück entfernt. Die grenzüberschreitende Zusammenarbeit der mitgliedstaatlichen Gerichte könnte in einigen Punkten noch intensiviert werden, etwa dahin, dass in bestimmten Fällen ein Verfahren an das Gericht eines anderen Mitgliedstaates verwiesen werden kann.[41] Zu beachten ist dabei, dass die Rechtsangleichungskompetenz der EU in diesem Bereich nicht stets und unbedingt nur dann gegeben ist, wenn eine **Verbesserung des Binnenmarktes** bezweckt wird. Vielmehr steht bei allen Maßnahmen, die nach dieser Vorschrift ergriffen werden können, der Aufbau eines Raumes der Freiheit, der Sicherheit und des Rechts im Vordergrund.[42] Damit unterscheidet sich Abs. 2 deutlich von der Kompetenznorm des Art. 114 AEUV (dort Rn. 54 ff.).[43]

16

3. Grenzüberschreitende Bezüge

Ausweislich seines Wortlauts in Abs. 1 enthält Art. 81 AEUV eine Kompetenz lediglich für Rechtsetzungsmaßnahmen in Zivilsachen mit »grenzüberschreitendem Bezug«. Welche Anforderungen an dieses Tatbestandsmerkmal zu stellen sind, ist unklar.[44] Die Kommission hatte stets eine **potentiell grenzüberschreitende Dimension** für ausreichend gehalten, da immer mit einer Auslandsvollstreckung oder einer gegenseitigen Anerkennung gerechnet werden müsse.[45] Nach Auffassung des juristischen Dienstes des Rates sollte hingegen ein unmittelbarer Auslandsbezug erforderlich sein.[46] Im Herbst 2005 verständigten sich Kommission, Rat und Parlament darauf, dass die Anwendung des ex-Art. 65 EGV (nunmehr Art. 81 AEUV) einen (unmittelbaren) grenzüberschreitenden Bezug erfordert, der sich daraus ergeben soll, dass die Streitparteien ihren Wohnsitz bzw. Sitz in verschiedenen Mitgliedstaaten haben.[47] Dies haben etwa Art. 3 EuMahnVO und Art. 3 EuBagatellVO umgesetzt.

17

Der EuGH versteht die Tatbestandsvoraussetzungen des ex-Art. 65 EGV (nunmehr Art. 81 AEUV) seit der Rechtssache Owusu weit; es sei nicht erforderlich, dass die auf dieser Grundlage erlassenen Regelungen einen »tatsächlichen und hinreichenden Bezug

18

---

[41] Ansätze enthält Art. 15 EuEheVO II für Streitigkeiten betreffend die elterliche Verantwortung.
[42] *Müller-Graff*, FS Jayme, S. 1323.
[43] Zur nicht immer trennscharfen Abgrenzung zwischen beiden Kompetenzgrundlagen näher *Hess*, in: Grabitz/Hilf/Nettesheim, EU, Art. 81 AEUV (September 2010), Rn. 8 ff.
[44] Näher *Hau*, S. 139.
[45] Vgl. Begründung des Kommissionsvorschlags zur Einführung eines europäischen Verfahrens für geringfügige Forderungen vom 15.3.2005, KOM (2005) 87 endg.; vgl. auch *Rehm*, FS Heldrich, 2005, S. 955 (963), der im Binnenmarkt den grenzüberschreitenden Bezug für fast automatisch gegeben ansieht.
[46] Vgl. Gutachten vom 17.4.2002, Dok. 7862/02, Rn. 8 ff. Dieser Auffassung hat sich der Rat der Justizminister angeschlossen (Dok. 9241/02 vom 27.5.2002, Rn. 12). In diesem Sinne auch Gutachten vom 30.6.2005, Dok. 10748/05, Rn. 20.
[47] Näher dazu *Hess*, in: Grabitz/Hilf/Nettesheim, EU, Art. 81 AEUV (September 2010), Rn. 27. Auch das Bundesverfassungsgericht hat in der Lissabon-Entscheidung betont, dass die Kompetenznorm des Art. 81 AEUV einen grenzüberschreitenden Bezug fordert, s. BVerfGE 123, 267 (415).

zum Funktionieren des Binnenmarktes« aufweisen.[48] Teilweise wird dies so interpretiert, dass auf dieser Grundlage eine **allgemeine Harmonisierung der mitgliedstaatlichen Prozessrechte** als zulässiger Regelungszweck anzusehen sei.[49] Dieser Ansatz scheint sich deutlich von dem insoweit engeren interinstitutionellen Kompromiss von Kommission, Rat und Parlament zu unterscheiden.[50] Die Entscheidung des EuGH bezieht sich jedoch in erster Linie auf die Regelung von Kompetenzkonflikten und Anerkennung und Vollstreckung gerichtlicher Entscheidungen mit Auslandsbezug. Dem Judikat kann daher lediglich (aber immerhin) entnommen werden, dass ein Auslandsbezug zu zwei Mitgliedstaaten und damit eine Binnenmarktanknüpfung im engen Sinn für die genannten Bereiche nicht erforderlich ist (zur Frage der Kompetenz zur Regelung reiner Drittstaatensachverhalte sogleich Rn. 19). Insgesamt erscheint eine zurückhaltende Haltung vorzugswürdig. Ein einheitliches europäisches Erkenntnisverfahren wäre auf der Grundlage des Art. 81 AEUV nicht möglich. Auch auf der Grundlage der EuGH-Rechtsprechung kann ein irgendwie potentiell vorhandener Auslandsbezug für sich genommen nicht ausreichen, um eine Kompetenz zu begründen. Andernfalls hätte das Tatbestandsmerkmal des grenzüberschreitenden Bezugs keine Bedeutung mehr.[51] Gerade die Vermeidung einer unbeschränkten Kompetenz zur Vereinheitlichung des Zivilprozessrechts war aber das Ziel der Einschränkungen in der Vorgängernorm des ex-Art. 65 EGV.[52] Damit wird nicht ausgeschlossen, dass die EU Regelungen für besondere Erkenntnisverfahren erlassen kann, die bei in diesem Sinne grenzüberschreitenden Sachverhalten Anwendung finden können. Beispiele hierfür bieten die EuMahnVO und insbesondere die EuBagatellVO (s. Rn. 31).[53]

4. Drittstaatensachverhalte; Außenkompetenz

19 Nicht ausdrücklich angesprochen wird in Art. 81 AEUV die Kompetenz zur Regelung von Drittstaatensachverhalten. Darunter werden solche Sachverhalte verstanden, deren grenzüberschreitender Bezug sich ausschließlich hinsichtlich eines oder mehrerer Nicht-Mitgliedstaaten ergibt. Der Zweck der justiziellen Zusammenarbeit und damit die Kompetenz aus Art. 81 AEUV scheint sich bereits aus dem Wortlaut heraus in der Regelung von Binnenmarktsachverhalten zu erschöpfen. Dies bestätigt auch Abs. 2 der Vorschrift, der ein reibungsloses Funktionieren des Binnenmarktes postuliert. Die Harmonisierung der Rechtsbeziehungen der Mitgliedstaaten zu Drittstaaten trägt schließlich kaum zur Erreichung dieses Zwecks bei.[54] Gleichwohl erfassen zahlreiche Rechtsakte der justiziellen Zusammenarbeit dem Wortlaut nach auch Drittstaatensachverhal-

---

[48] EuGH, Urt. v. 1.3.2005, Rs. C–281/02 (Owusu/Jackson), Slg. 2005, I–1383, Rn. 33 f. Die Entscheidung ist zum EuGVÜ ergangen, das staatsvertragliches Recht ist und kein auf ex-Art. 65 EGV gestütztes Verordnungsrecht, legt aber aufgrund der allgemeinen Formulierung Verallgemeinerungsfähigkeit nahe.
[49] *Hess*, Europäisches Zivilprozessrecht, 2010, § 2, Rn. 14; vgl. dazu im Kontext der EuErbVO auch *Mansel*, FS Ansay, S. 195 ff.
[50] Siehe zur Umsetzung dieses Kompromisses in der EuMahnVO, *Wagner*, EuZW 2006, 424.
[51] *Hess* (Fn. 49), § 2, Rn. 12; *Netzer*, S. 14; *Remien*, CMLRev. 38 (2001), 53 (75 f.). Für eine weite Auslegung *Rossi*, in: Calliess/Ruffert, EUV/AEUV, Art. 81 AEUV, Rn. 12.
[52] *Netzer*, S. 15; vgl. auch *Hess* (Fn. 49), § 2, Rn. 11 ff.
[53] Dazu im Einzelnen *Hess*, in: Grabitz/Hilf/Nettesheim, EU, Art. 81 AEUV (September 2010), Rn. 29. Vgl. zur EuBagatellVO *M. Stürner*, EnzEuR, Bd. 3, § 23, Rn. 28 sowie allgemein zur Europäisierung des Erkenntnisverfahrens *M. Stürner*, JbItalR 23 (2010), S. 93.
[54] Vgl. beispielhaft die Kritik zur EuErbVO von *Kindler*, IPRax 2010, 44 (48); *Majer*, ZEV 2011, 445 (448 f.).

te.⁵⁵ Dies steht im Einklang mit der Owusu-Rechtsprechung des EuGH (oben Rn. 18). Eine Rechtfertigung ergibt sich weiter daraus, dass zum einen wegen der im Binnenmarkt geltenden Titelfreizügigkeit bereits **potentielle Bezüge zum Binnenmarkt** ausreichend sein sollen,⁵⁶ zum anderen mit der Praktikabilitätserwägung, dass auf diese Weise ein zweispuriges Regime aus europäischen Regeln für Binnenmarktsachverhalte und mitgliedstaatlichen Regeln für (reine) Drittstaatensachverhalte vermieden wird.⁵⁷ Schließlich lässt sich anführen, dass der Binnenmarktbezug in Abs. 2 im Gegensatz zur Vorgängervorschrift des Art. 65 EGV nur noch beispielhaft (»insbesondere«) genannt wird.

Von Drittstaatensachverhalten zu unterscheiden ist die **Außenkompetenz** der EU im Bereich der justiziellen Zusammenarbeit. Hier kommt der Kommission eine Vertretungsbefugnis der Union für den Bereich des Internationalen Privat- und Verfahrensrechts zu.⁵⁸ Dies hat der EuGH hinsichtlich des Übereinkommens von Lugano entschieden.⁵⁹   20

5. Konkurrenzen

Gewisse Überschneidungen der Kompetenz für die justizielle Zusammenarbeit ergeben sich insbesondere mit der allgemeinen Binnenmarktkompetenz des Art. 114 AEUV, ggf. in Verbindung mit der Kompetenz für Verbraucherschutz aus Art. 169 AEUV. Auch das Verhältnis zu Art. 21 AEUV sowie zu Art. 82 AEUV und zu Art. 352 AEUV ist klärungsbedürftig.   21

Der **Binnenmarktkompetenz** aus Art. 26, 114 AEUV kommt zentrale Bedeutung in der EU zu. Auf sie gestützte Maßnahmen müssen eine tatsächliche, erkennbare Beseitigung von Handelshemmnissen bezwecken.⁶⁰ Auch die Harmonisierung des Internationalen Privat- und Verfahrensrechts kann in diesem Sinne binnenmarktfördernd wirken.⁶¹ Allerdings ist Art. 81 AEUV wegen der expliziten Aufzählung der sachlichen Reichweite als lex specialis zu Art. 114 AEUV anzusehen.⁶² Nur dann, wenn es an einem spezifisch grenzüberschreitenden Kontext fehlt, greift Art. 81 AEUV nicht. Gemischte Rechtsakte sind ggf. auf beide Kompetenzgrundlagen zu stützen.⁶³ Praktisch wirkt sich dies allerdings wegen des weitgehend parallel laufenden Gesetzgebungsverfahrens kaum aus: Lediglich die in Art. 114 Abs. 1 Satz 2 AEUV vorgesehene Anhörung des Wirtschafts- und Sozialausschusses fällt im Rahmen von Art. 81 Abs. 2 AEUV weg.   22

Unterschiedliche nationale Bestimmungen des Internationalen Privat- und Verfahrensrechts lassen sich auch als Hindernisse für die **Personenfreizügigkeit** aus Art. 21 AEUV interpretieren, sofern sie den Grenzübertritt beschränken.⁶⁴ Indessen enthält   23

---

⁵⁵ Man spricht vom allseitigen Anwendungsbereich solcher Verordnungen, vgl. Art. 2 Rom I-VO, Art. 3 Rom II-VO, Art. 4 Rom III-VO, Art. 20 EuErbVO. Im Bereich des Prozessrechts siehe Art. 3 EuUnthVO mit Erwägungsgrund Nr. 15.
⁵⁶ So etwa *Leible/Engel*, EuZW 2004, 7 (9) zur Rom II-VO; allgemein auch *Rossi*, in: Calliess/Ruffert, EUV/AEUV, Art. 81 AEUV, Rn. 14.
⁵⁷ Siehe näher *Mansel*, FS Ansay, S. 195 ff.
⁵⁸ Näher dazu *Leisle*, ZEuP 2002, 316.
⁵⁹ EuGH, Gutachten 1/03 v. 7.2.2006 (Parallelübereinkommen Lugano), Slg. 2006, I–1145, Rn. 134 ff.; näher *Hess*, in: Grabitz/Hilf/Nettesheim, EU, Art. 81 AEUV (September 2010), Rn. 17 f.
⁶⁰ EuGH, Urt. v. 5.10.2000, Rs. C–376/98 (Tabakwerbeverbot), Slg. 2000, I–8419, Rn. 83.
⁶¹ *Hess*, in: Grabitz/Hilf/Nettesheim, EU, Art. 81 AEUV (September 2010), Rn. 8.
⁶² Wohl allg. Meinung, siehe nur *Leible*, in: Streinz, EUV/AEUV, Art. 81 AEUV, Rn. 52.
⁶³ Siehe die in Art. 46b Abs. 3 EGBGB aufgezählten Richtlinien.
⁶⁴ Solche Hindernisse können etwa im Namensrecht liegen, vgl. EuGH, Urt. v. 2.10.2003, Rs. C–

Art. 21 Abs. 2 AEUV eine Subsidiaritätsklausel, so dass die Vorschrift gegenüber Art. 81 AEUV allenfalls zur Schließung von eventuellen Kompetenzlücken heranzuziehen ist (Art. 21 AEUV, Rn. 9, 37).

24 Klärungsbedürftig ist weiter das Verhältnis von Art. 81 zu Art. 82 AEUV, der eine Kompetenz für die justizielle Zusammenarbeit in **Strafsachen** beinhaltet. Praktisch bedeutsam wird dies durch das für Art. 82 AEUV abweichend geregelte Initiativrecht (Art. 76 Buchst. b AEUV). Dies zeigt sich an der von zwölf Mitgliedstaaten getragenen Initiative für eine Richtlinie über die europäische Schutzanordnung (dazu noch Rn. 31), die auf Art. 82 Abs. 1 Buchst. d AEUV gestützt worden war.[65] Für die Abgrenzung kommt es nicht darauf an, welche Behörde eine solche Schutzanordnung erlässt, sondern in autonomer Auslegung des Begriffs der Strafsache auf den **repressiven Charakter** einer solchen Maßnahme.[66]

25 Die allgemeine **Auffangklausel** des Art. 352 AEUV spielt im Bereich des Internationalen Privat- und Verfahrensrechts kaum eine Rolle. Sie wurde etwa im Zusammenhang mit dem Verordnungsvorschlag der Kommission für ein Gemeinsames Europäisches Kaufrecht[67] diskutiert, das jedoch seinem Eigenverständnis nach gerade keine kollisionsrechtlichen Vorschriften enthält.[68]

III. Die einzelnen Kompetenzen im Bereich der justiziellen Zusammenarbeit in Zivilsachen, Abs. 2

26 Abs. 2 zählt die Kompetenzbereiche anders als noch Art. 65 EGV (»schließen ein«) **abschließend** auf.[69] Im Ergebnis führt dies freilich aufgrund der Weite der Formulierungen (vgl. insbesondere Abs. 2 Buchst. e und Buchst. f) kaum zu einer Änderung der bisherigen Rechtslage. Dies gilt umso mehr, als dem Rat aufgrund seiner Leitlinienkompetenz aus Art. 68 AEUV eine gewisse Steuerungsmöglichkeit verbleibt.[70] Ein Rechtsakt kann auch auf mehrere Kompetenzgrundlagen des Abs. 2 gestützt werden. Festzuhalten ist, dass Harmonisierungsmaßnahmen auf dem Gebiet des materiellen Zivilrechts weiterhin nur auf die allgemeine Binnenmarktkompetenz des Art. 114 AEUV gestützt werden können.[71]

148/02 (Garcia Avello), Slg. 2003, I–11613; Urt. v. 14.10.2008, Rs. C–353/06 (Grunkin-Paul), Slg. 2008, I–7639; Urt. v. 22.12.2010, Rs. C–208/09 (Sayn-Wittgenstein), Slg. 2010, I–13718.

[65] Initiative des Königreichs Belgien, der Republik Bulgarien, der Republik Estland, des Königreichs Spanien, der Französischen Republik, der Italienischen Republik, der Republik Ungarn, der Republik Polen, der Portugiesischen Republik, Rumäniens, der Republik Finnland und des Königreichs Schweden im Hinblick auf den Erlass einer Richtlinie des Europäischen Parlaments und des Rates über die europäische Schutzanordnung, ABl. 2010, C 69/5.

[66] *Hess*, in: Grabitz/Hilf/Nettesheim, EU, Art. 81 AEUV (September 2010), Rn. 16; *Leible*, in: Streinz, EUV/AEUV, Art. 81 AEUV, Rn. 55.

[67] Vorschlag für eine Verordnung über ein Gemeinsames Europäisches Kaufrecht vom 11.10.2011, KOM(2011) 635 endg.

[68] Näher *M. Stürner*, in: Reithmann/Martiny (Hrsg.), Internationales Vertragsrecht, 8. Aufl., 2015, Rn. 6.190ff.

[69] *Leible*, in: Streinz, EUV/AEUV, Art. 81 AEUV, Rn. 19; *Rossi*, in: Calliess/Ruffert, EUV/AEUV, Art. 81 AEUV, Rn. 7; *Hoppe*, in: Lenz/Borchardt, EU-Verträge, Art. 81 AEUV, Rn. 3; *Müller-Graff*, Der Raum der Freiheit, der Sicherheit und des Rechts – Der primärrechtliche Rahmen, S. 11 (19) (zu Art. 65 EGV); *Frenz*, Jura 2012, 701 (704); *Rosenau/Petrus*, in: Vedder/Heintschel v. Heinegg, Europäisches Unionsrecht, Art. 81 AEUV, Rn. 8; a.A. *Hess*, in: Grabitz/Hilf/Nettesheim, EU, Art. 81 AEUV (September 2010), Rn. 38.

[70] *Leible*, in: Streinz, EUV/AEUV, Art. 81 AEUV, Rn. 19.

[71] Dazu auch *Rossi*, in: Calliess/Ruffert, EUV/AEUV, Art. 81 AEUV, Rn. 15.

Abs. 2 ist im Vergleich zu seiner Vorgängernorm Art. 65 EGV weiter gefasst, denn 27
nach dem Wortsinn erfasst das **Erforderlichkeitskriterium** (»insbesondere wenn dies für
das reibungslose Funktionieren des Binnenmarkts erforderlich ist«) nur den Binnen-
marktaspekt. Art. 65 Abs. 1 EGV enthielt noch ein deutlich engeres Erforderlichkeitskriterium. Nach ihm kam eine justizielle Harmonisierung nur dann in Betracht, »soweit« das Funktionieren des Binnenmarkts betroffen war. Nach der Neuregelung in
Art. 81 AEUV können nunmehr grundsätzlich auch **Gründe jenseits des Binnenmarktes**
für eine Angleichung in Zivilsachen auf europäischer Ebene sprechen. Jedoch muss auch
in diesen Fällen wegen des allgemeinen Subsidiaritätsprinzips des Art. 5 Abs. 1 i. V. m.
Art. 3 EUV, welches Art. 69 AEUV für den Kontext der justiziellen Zusammenarbeit
besonders betont, die Erforderlichkeit einer Harmonisierung festgestellt werden.[72]

1. Anerkennung und Vollstreckung von Entscheidungen zwischen den Mitgliedstaaten, Buchst. a

Bei der Anerkennung und Vollstreckung von Entscheidungen zwischen den Mitglied- 28
staaten handelt es sich um einen der zentralen Bereiche der justiziellen Zusammenarbeit, da diese unmittelbar auf die Verwirklichung dieses in Art. 67 Abs. 4 AEUV genannten und von Art. 81 Abs. 1 AEUV wiederholten Grundsatzes gerichtet ist. Die Regelungskompetenz des Art. 81 Abs. 2 Buchst. a AEUV geht deutlich weiter als der
sachliche Anwendungsbereich des früheren EuGVÜ. Sie schließt Rechtsakte auf den
seinerzeit ausgeschlossenen Gebieten, insbesondere dem Personenstandsrecht, der
Rechts- und Handlungsfähigkeit, dem Vertretungsrecht und dem Erb- und Güterstands-
recht ein.

Eine Reihe von Verordnungen wurde bereits auf der Grundlage von Abs. 2 Buchst. a 29
(bzw. ihrer Vorgängernorm, Art. 65 Buchst. a, 3. Gedstr. EGV) erlassen.[73] Diese Rechtsakte führen in aller Regel zu einer Erleichterung der Prozessführung in grenzüberschreitenden Streitigkeiten und zu einer Beschleunigung des Verfahrens insgesamt. Von
erheblicher Bedeutung ist für die Parteien eines Zivilverfahrens in vielen Fällen weiterhin, ob eine Vollstreckung, also eine zwangsweise Durchsetzung der im Prozess erstrit-
tenen und vom Gericht titulierten Forderung, auch in anderen Mitgliedstaaten problemlos möglich ist. Diesbezüglich bestehende Hindernisse sind geeignet, einen Forderungs-
inhaber von der gerichtlichen Geltendmachung seiner Forderung abzuhalten, da ihm ein
Titel im Ergebnis nichts nutzt, wenn er ihn nicht oder nur mit erheblichem Aufwand
vollstrecken kann. Abs. 2 Buchst. a schafft daher eine Kompetenz zur Rechtsvereinheitlichung in diesem Bereich.

Dahinter steht das bereits erwähnte **Anerkennungsprinzip**, das auch in Abs. 1 pro- 30
minente Erwähnung gefunden hat (s. Rn. 12 ff.). Eine ganze Reihe von Rechtsakten
enthält entsprechende Regelungen, allen voran die EuGVVO, die EuEheVO sowie die
EuInsVO. Diese Verordnungen der »ersten Generation« verwirklichen das Anerkennungsprinzip jedoch nur mit Einschränkungen: So ist auf der Grundlage der EuGVVO in
demjenigen Mitgliedstaat, in dem die Vollstreckung erfolgen soll, ein besonderes Verfahren durchzuführen, mit dem Ziel, das ausländische Urteil für vollstreckbar zu er-

---

[72] BVerfGE 123, 167 (415); *Streinz*, Der Vertrag von Lissabon und die Privatrechtsangleichung, in: M. *Stürner* (Hrsg.), Vollharmonisierung im Europäischen Verbraucherrecht?, 2010, S. 23 (35 ff.); *Rosenau/Petrus*, in: Vedder/Heintschel v. Heinegg, Europäisches Unionsrecht, Art. 81 AEUV, Rn. 7.
[73] EuGVVO; EuEheVO; EuInsVO; EuVTVO; EuMahnVO; EuBagatellVO; EuUnthVO; EuErbVO; Verordnung (EU) Nr. 606/2013; Verordnung (EU) Nr. 655/2014.

klären (sog. **Exequatur-Verfahren**; zur Abschaffung im Rahmen der Revision der EuGVVO s. Rn. 8). Darin kann der Schuldner gewisse Einwände gegen die Vollstreckung vorbringen, etwa derart, dass ihm im Urteilsstaat kein rechtliches Gehör gewährt worden sei, oder dass die Anerkennung und Vollstreckung gegen den ordre public des Forumstaates verstößt.

31 Die »zweite Generation« zivilprozessualer Verordnungen verzichtet hingegen auf dieses Exequatur-Verfahren. Zuerst war es im Jahre 2004 die EuVTVO, die unter bestimmten Umständen eine **unionsweite Titelfreizügigkeit** für Titel über unbestrittenen Forderungen herbeiführte. Ebenso funktionieren auch die EuMahnVO, die EuBagatellVO, sowie – mit Einschränkungen – die EuUnthVO und die EuErbVO. Auch die sog. European Protection Order verzichtet auf ein Exequatur-Verfahren. Die Initiative zu diesem Rechtsakt wurde zwar ursprünglich auf Art. 82 AEUV gestützt, da solche Maßnahmen in einigen Mitgliedstaaten von Strafgerichten erlassen werden.[74] Die nunmehr verabschiedete Verordnung über die gegenseitige Anerkennung von Schutzmaßnahmen in Zivilsachen[75] erging jedoch auf der Grundlage von Art. 81 AEUV; sie ist als Ergänzung zur Richtlinie über die Europäische Schutzanordnung gedacht.[76] Die Verordnung geht der EuGVVO vor, lässt aber die Bestimmungen der EuEheVO II unberührt (Art. 1 VO (EU) Nr. 606/2013). Sie gilt für Schutzmaßnahmen, die von der jeweils zuständigen Stelle zugunsten einer gefährdeten Person ergehen; diese werden ohne Exequatur-Verfahren in allen anderen Mitgliedstaaten anerkannt (Art. 4, 5 VO (EU) Nr. 606/2013).

32 Bis auf die letztgenannten Verordnungen sind diese Rechtsakte der »zweiten Generation« **optional**, der Gläubiger hat mithin ein Wahlrecht, ob er etwa ein europäisches Mahnverfahren einleitet, oder auf das entsprechende Verfahren des jeweiligen nationalen Rechts zurückgreift.[77] Der Unterschied zeigt sich aber in der Vollstreckung in anderen Mitgliedstaaten: Während am Ende eines europäischen Mahnverfahrens ein Titel steht, der europaweit ohne weitere Zwischenschritte vollstreckbar ist (vgl. Art. 19 EuMahnVO), musste bisher für den Vollstreckungsbescheid, der am Ende eines nach nationalem Recht durchgeführten Mahnverfahrens steht, noch in jedem Mitgliedstaat, in dem eine Vollstreckung durchgeführt werden soll, in einem Exequaturverfahren die Vollstreckbarkeitserklärung erwirkt werden – ein zusätzlicher Verfahrensschritt, der zu Verzögerungen führt und weitere Verfahrenskosten auslöste. Dieser Verfahrensschritt wurde zwar im Zuge der Revision der EuGVVO abgeschafft; gleichwohl kann der Schuldner noch immer in einem speziellen Verfahren Anerkennungsversagungsgründe vortragen.[78]

---

[74] Questionnaire to delegations in view of the possible presentation by Spain and other Member States of an initiative for a Council Framework Decision on the European Protection Order, 13577/09 COPEN 176 vom 23.9.2009. Zur Abgrenzung zwischen beiden Kompetenzgrundlagen *Hess*, in: Grabitz/Hilf/Nettesheim, EU, Art. 81 AEUV (September 2010), Rn. 16.
[75] Verordnung (EU) Nr. 606/2013. Vorausgegangen war der Vorschlag für eine Verordnung des Europäischen Parlaments und des Rates über die gegenseitige Anerkennung von Schutzmaßnahmen in Zivilsachen, KOM (2011) 276 endg. vom 18.5.2011.
[76] Richtlinie 2011/99/EU des Europäischen Parlaments und des Rates vom 13.12.2011 über die Europäische Schutzanordnung, ABl. 2011, L 338/2.
[77] Zur Optionalität solcher Rechtsakte *M. Stürner*, EnzEuR, Bd. 3, § 23, Rn. 12 ff.
[78] Zur Gegenüberstellung beider Verfahren *M. Stürner*, DGVZ 2016, 215.

2. Zustellung, Buchst. b

Die Zustellung von gerichtlichen und außergerichtlichen Schriftstücken wird vielfach als ein **Hoheitsakt** angesehen. Muss grenzüberschreitend zugestellt werden, so stellt sich das Problem, dass der Gerichtsstaat auf dem Territorium eines anderen Staates nicht hoheitlich tätig werden kann; er ist auf die Rechtshilfe dieses Staates angewiesen. Zur Vereinfachung dieses aufgrund von Sprach- und Übersetzungsproblemen oft recht schwergängigen und langwierigen Verfahrens wurde auf der Grundlage von Abs. 2 Buchst. b bereits im Jahre 2000 die EuZustVO erlassen; sie wurde 2007 novelliert. Sie regelt die grenzüberschreitende Übermittlung gerichtlicher und außergerichtlicher Schriftstücke zwischen den Mitgliedstaaten. Die eigentlichen Zustellungsvorgänge sind aber, wie Art. 7 Abs. 1 EuZustVO zeigt, ausgeklammert, so dass insoweit weiterhin die Verfahrensrechte des ersuchenden und ersuchten Staates – in Deutschland etwa die §§ 167 ff. ZPO – von Bedeutung sind. 33

Jeder Mitgliedstaat richtet danach **Empfangs- und Übermittlungsstellen** ein, an die das Zustellungsersuchen zu richten ist. Daneben gibt es eine Zentralstelle, die für die Erteilung von Auskünften an Übermittlungsstellen sowie zur Abwicklung von Problemen zuständig ist. Anders als im normalen Rechtshilfeverkehr erfolgt die Übermittlung von Schriftstücken direkt zwischen Übermittlungsstelle und Empfangsstelle. Möglich ist sogar auch die postalische Direktzustellung durch Einschreiben mit Rückschein (Art. 14 EuZustVO). 34

Die EuZustVO ist in ihrem **Geltungsbereich abschließend**. Sie ist nach der Entscheidung des EuGH in der Sache Alder/Orłowska nicht fakultativ;[79] es besteht mithin keine Wahlmöglichkeit des erkennenden Gerichts zwischen den auf europäischer Ebene und den im Forumstaat vom jeweiligen autonomen nationalen Recht vorgesehenen Zustellungsmöglichkeiten. Die Zustellung unterscheidet sich damit von der Beweisaufnahme: Hier besteht mit der EuBeweisVO ebenso ein sekundärrechtliches Instrument, das Regeln für den grenzüberschreitenden Rechtsverkehr enthält (s. Rn. 45 f.). Die EuBeweisVO ist indessen als Instrument der Rechtshilfe in der Interpretation des EuGH in der Sache Lippens/Kortekaas nur als zusätzliche Möglichkeit gedacht, Beweis zu erheben.[80] Das erkennende Gericht kann daneben auch auf die Beweisvorschriften seines autonomen nationalen Rechts zurückgreifen. 35

3. Internationales Privatrecht, Buchst. c, Var. 1

Neben den bislang rechtspolitisch eher dominierenden Bereich des Zivilverfahrensrechts ist in den letzten Jahren zunehmend auch das **Internationale Privatrecht** (IPR, auch als Kollisionsrecht bezeichnet) getreten.[81] Während das Zivilverfahrensrecht den Ablauf von Zivilverfahren und insbesondere die Anerkennung und Vollstreckung von Entscheidungen in anderen Mitgliedstaaten regelt, ist es die Aufgabe des IPR, das auf einen Sachverhalt mit Auslandsberührung anwendbare (Sach-)Recht zu bestimmen. Denn es ist keinesfalls so, dass ein deutsches Gericht immer auch deutsches (Sach-)Recht anwendet; vielmehr muss es auf der Grundlage der Regeln des IPR ermitteln, nach welcher Rechtsordnung der Fall zu entscheiden ist. 36

---

[79] EuGH, Urt. v. 19.12.2012, Rs. C-325/11 (Alder/Orłowska), NJW 2013, 443, siehe dazu *M. Stürner*, ZZP 126 (2013), 137.
[80] EuGH, Urt. v. 6.9.2012, Rs. C-170/11 (Lippens u.a./Kortekaas u.a.), NJW 2012, 3771, Rn. 30 ff.; ebenso Urt. v. 21.2.2013, Rs. C-332/11 (ProRail BV/Xpedys NV u.a.), EuZW 2013, 313, Rn. 49. Siehe aber auch Urt. v. 28.4.2005, Rs. C-104/03 (St. Paul Dairy), Slg. 2005, I-3481, Rn. 23.
[81] Dazu bereits *Kreuzer*, Die Europäisierung des Internationalen Privatrechts, S. 373.

37 Damit besitzt dieser Rechtsbereich auch für die justizielle Zusammenarbeit in Europa große Bedeutung: Wenn es für einen Raum der Freiheit, der Sicherheit und des Rechts von überragender Wichtigkeit ist, ein verlässliches und klares System der gerichtlichen Zuständigkeiten zu schaffen, so gilt dies ebenso für die Frage des anwendbaren Rechts. Ziel muss es sein, dass für einen bestimmten Fall ein und dasselbe Recht zur Anwendung gelangt, unabhängig davon, welches mitgliedstaatliche Gericht ihn zu entscheiden hat. Anderenfalls bestünde immer die unerwünschte Tendenz zum sog. forum shopping, also der bewussten Auswahl eines Gerichtsstandes, um die dort in rechtlicher und tatsächlicher Hinsicht bestehenden Vorteile auszunutzen.[82]

38 Zu diesem Zweck wurde bereits 1980 – damals noch im Rahmen der intergouvernementalen Zusammenarbeit (s. Rn. 2) – das **Römische Schuldvertragsübereinkommen** geschaffen (EVÜ),[83] das Kollisionsregeln für grenzüberschreitende Vertragsverhältnisses enthielt. Das EVÜ brachte eine im Vergleich zum bisherigen auf ex-Art. 95 EGV (nunmehr Art. 114 AEUV) gestützten, punktuellen »Richtlinienkollisionsrecht« wesentlich systematischere Regelung des Kollisionsrechts. Im Zuge der Vergemeinschaftung der Kompetenz im Bereich der justiziellen Zusammenarbeit wurde in Abs. 2 Buchst. c auch eine Kompetenz für das IPR eingeführt.[84]

39 Sieht man einmal vom Bereich des Insolvenzrechts ab, wo bereits die im Jahre 2000 in Kraft getretene EuInsVO einige Kollisionsnormen enthält, hat es gleichwohl vergleichsweise lange gedauert, bis die ersten Rechtsakte erlassen wurden. Den Anfang machte zu Beginn des Jahres 2009 die sog. Rom II-Verordnung, die Kollisionsregeln für außervertragliche Schuldverhältnisse enthält; Ende 2009 trat dann die Rom I-Verordnung über vertragliche Schuldverhältnisse in Kraft und löste das EVÜ ab. Damit gelten für weite Bereiche des binnenmarktrelevanten Schuldrechts **unionsweit einheitliche Kollisionsregeln**.[85] Hinzugetreten sind Kollisionsvorschriften für das Scheidungsrecht in der sog. Rom III-Verordnung (Rechtsgrundlage hierfür ist Art. 81 Abs. 3 AEUV, s. dazu noch unten Rn. 55), für das Unterhaltsrecht in der EuUnthVO (in Verbindung mit dem Haager Unterhaltsprotokoll) und für das Erb- und Nachlassrecht in der EuErbVO. Zuletzt wurden im Wege der Verstärkten Zusammenarbeit Verordnungen über das Güterrecht in ehelichen Gemeinschaften und bei eingetragenen Lebenspartnerschaften verabschiedet,[86] die ebenfalls auf Art. 81 Abs. 3 AEUV gestützt wurden.

40 Alle diese Rechtsakte verwirklichen das kollisionsrechtliche Ziel, in abstrakt-genereller Weise für die ihrem Regelungsbereich unterfallenden Sachverhalte dasjenige Sachrecht (oder diejenigen Sachrechte) zu bestimmen, zu welcher der Sachverhalt die engste Verbindung aufweist. Das sog. **Herkunftslandprinzip**, das im Recht der Urteilsanerkennung eine bedeutsame Rolle spielt, kommt im IPR nur teilweise zum Tragen. So ist etwa bei einem grenzüberschreitenden Kaufvertrag regelmäßig, d. h. dann, wenn die

---

[82] *Leible*, in: Streinz, EUV/AEUV, Art. 81 AEUV, Rn. 29.
[83] Übereinkommen von Rom über das auf vertragliche Schuldverhältnisse anzuwendende Recht vom 19.6.1980, konsolidierte Fassung, ABl. 1998, C 27/34.
[84] Siehe *Dohrn*, passim. Zur Bedeutung der Grundrechtecharta für das EU-IPR *Saastamoinen*, S. 503.
[85] Allgemein dazu *Kreuzer*, RabelsZ 70 (2006), 1; *Roth*, EWS 2011, 314.
[86] Vorausgegangen waren der Vorschlag der Kommission vom 16.3.2011 für eine Verordnung des Rates über die Zuständigkeit, das anzuwendende Recht, die Anerkennung und die Vollstreckung von Entscheidungen im Bereich des ehelichen Güterrechts, KOM (2011) 126 endg., sowie für eine Verordnung des Rates über die Zuständigkeit, das anzuwendende Recht, die Anerkennung und die Vollstreckung von Entscheidungen im Bereich des Güterrechts eingetragener Partnerschaften, KOM (2011) 127 endg.

Parteien nichts anderes bestimmen, das Recht des Verkäufers anwendbar (Art. 4 Abs. 1 Buchst. a Rom I-VO). Nicht entscheidend ist danach, wo die vertragliche Leistung zu erfüllen war oder gewesen wäre. Anders wird das anwendbare Recht dagegen etwa im Deliktsrecht bestimmt: Im Falle einer grenzüberschreitenden Körperverletzung ist das Recht am Schadenseintritt einschlägig (Art. 4 Abs. 1 Rom II-VO).

4. Vorschriften zur Vermeidung von Kompetenzkonflikten, Buchst. c, Var. 2

Ein Kernbereich der justiziellen Zusammenarbeit betrifft die internationale Zuständigkeit für Zivilverfahren. Sie betrifft die Verteilung gerichtlicher Kompetenzen zwischen den Mitgliedstaaten. Diesbezüglich enthält Abs. 2 Buchst. c eine Kompetenz zur Rechtsangleichung. Es steht im Interesse des Rechtsverkehrs im Binnenmarkt, ein klares und vorhersehbares System der Zuständigkeiten zu haben, um **Mehrfach- und Parallelverfahren** möglichst zu verhindern. Hier existieren mit der EuGVVO Regelungen für Zivil- und Handelssachen, mit der EuEheVO für Ehesachen, mit der EuInsVO für grenzüberschreitende Insolvenzverfahren, mit der EuUnthVO für Unterhaltsverfahren sowie mit der EuErbVO für den Bereich der Erb- und Nachlasssachen. Es geht bei diesen Verordnungen folglich nicht um eine Zusammenarbeit der Gerichte im eigentlichen Sinne, vielmehr wird abstrakt-generell festgelegt, bei den Gerichten welches Mitgliedstaates Klagen in den genannten Bereichen erhoben werden können. Dadurch wird aber keineswegs für jeden Sachverhalt immer nur ein einziges Forum in einem Mitgliedstaat eröffnet (s. Rn. 11, 43)

41

Die generelle Regel ist, dass ein Gerichtsstand stets am **Wohnsitz des Beklagten** gegeben ist (actor sequitur forum rei, siehe etwa Art. 4 Abs. 1 i. V. m. Art. 62, Art. 63 EuGVVO II oder Art. 3 Buchst. a EuUnthVO). Daneben existiert aber eine ganze Reihe weiterer, besonderer Gerichtsstände, welche die Vielfältigkeit der rechtlichen Zusammenhänge und die Besonderheiten der einzelnen Rechtsverhältnisse widerspiegelt. So enthält etwa die Europäische Unterhaltsverordnung einen Gerichtsstand am Wohnsitz des Unterhaltsgläubigers (Art. 3 Buchst. b EuUnthVO). Dahinter steht ein klarer Schutzgedanke: Derjenige, der Unterhalt fordert, wird sich typischerweise in einer schwächeren Position als der Unterhaltsschuldner befinden, weshalb bei Unterhaltsklagen eine Abweichung von der Regel des Beklagtengerichtsstandes gerechtfertigt erscheint. Ähnliches gilt etwa unter bestimmten Umständen für Klagen von Verbrauchern gegen Unternehmer nach Art. 17, 18 EuGVVO II. Wieder andere Gerichtsstände weichen aus Gründen der Sachnähe vom Wohnsitzgerichtsstand ab. So sind Klagen, die dingliche Rechte an Grundstücken betreffen, gemäß Art. 24 Nr. 1 EuGVVO II ausschließlich am Gericht desjenigen Bezirks zu erheben, in dem sich das fragliche Grundstück befindet. Möglich ist in vielen Fällen auch eine parteiautonome Vereinbarung des zuständigen Gerichts im Rahmen der sog. Prorogation, etwa nach Art. 25 EuGVVO II.

42

Es kann durchaus vorkommen, dass für ein und denselben Sachverhalt zwei oder sogar mehrere Gerichtsstände in Betracht kommen und an diesen auch Klage erhoben wird. In diesen Fällen entsteht die Notwendigkeit der **Koordination von Parallelverfahren**. Abs. 2 Buchst. c enthält auch für diesen Aspekt eine ausdrückliche Kompetenzvorschrift. Sowohl die EuGVVO II, als auch die EuEheVO II, die EuInsVO, die EuUnthVO und die EuErbVO enthalten daher Vorschriften, die Kompetenzkonflikte lösen sollen. Im Interesse der Rechtsklarheit und Vorhersehbarkeit stützen sich alle Rechtsakte auf ein **striktes Prioritätsprinzip**. Dies hat zur Folge, dass das später angerufene Gericht nicht selbst über seine Kompetenz entscheiden kann, sondern das Verfahren so lange auszusetzen hat, bis das zuerst angerufene Gericht eine entsprechende Entscheidung getroffen hat.

43

44 Dieses Prioritätsprinzip kann dahin ausgenutzt werden, dass eine Partei, die eine Klage fürchtet, an einem bekannt langsamen Gerichtsstand eine entsprechende Gegenklage (etwa eine negative Feststellungsklage des Inhalts, dass der geltend zu machende Anspruch nicht besteht) erhebt. Solche wegen der für die Erstklage typischerweise gewählten Gerichtsstaaten plastisch als italienische (oder früher auch belgische) **Torpedos** bezeichnete Klagen vermögen eine später erhobene Klage des Gegners für einen erheblichen Zeitraum zu blockieren.[87] Angesichts dieses unbefriedigenden Ergebnisses hat die Revision der EuGVVO dem prorogierten Gericht einen Zuständigkeitsvorrang eingeräumt: Das zuerst angerufene Gericht hat das Verfahren so lange auszusetzen, bis das vereinbarte Gericht über seine Zuständigkeit entschieden hat.[88]

5. Erhebung von Beweismitteln, Buchst. d

45 Neben der Zustellung hat insbesondere die **grenzüberschreitende Beweiserhebung** hohe praktische Relevanz. Das Beweismittelrecht umfasst alle Regelungen über die Zulässigkeit, die Arten, die Voraussetzungen, die Modalitäten und die Grenzen der in einem Zivilprozess heranzuziehenden Beweise. Bei der Beweiserhebung handelt es sich wiederum um einen **Hoheitsakt**, der ohne Zustimmung des Zweitstaates nicht vorgenommen werden kann, und bezüglich dessen der Erststaat normalerweise auf den Rechtshilfeweg verwiesen ist. Zur Vereinfachung und zur Beschleunigung des Beweisverfahrens soll die Kompetenz in Abs. 2 Buchst. d beitragen. Noch auf der Grundlage der Art. 61 Buchst. c, Art. 65, Art. 67 Abs. 1 EGV wurde im Jahre 2001 die EuBeweisVO erlassen.[89] Danach kann unter Umständen sogar eine direkte Beweisaufnahme auf dem Gebiet eines anderen Mitgliedstaates erfolgen. Ungeklärt sind jedoch praktisch bedeutsame Fragen wie diejenige, ob ein in einem anderen Mitgliedstaat ansässiger Zeuge auch per Videokonferenz vernommen werden kann.

46 Die EuBeweisVO ist nach der Rechtsprechung des EuGH **fakultativ**.[90] Sie ist nur als zusätzliche Möglichkeit gedacht, Beweis zu erheben. Das erkennende Gericht kann daneben auch auf die Beweisvorschriften seines autonomen nationalen Rechts zurückgreifen (zur abweichenden Interpretation hinsichtlich der EuZustVO s. Rn. 35).

6. Effektiver Rechtsschutz, Buchst. e

47 Zentral für den angestrebten Raum der Freiheit, der Sicherheit und des Rechts ist das auch durch Art. 47 GRC sowie Art. 67 Abs. 4 AEUV betonte Desiderat, dass allen Bürgern ein **effektiver Zugang zur Justiz** offensteht. Neben den bereits beschriebenen, allgemeinen Aspekten dieses Postulats (s. dazu oben Rn. 12, 15) wurden auf der Grundlage von Abs. 2 Buchst. e auch einige konkrete Maßnahmen ergriffen, die einen erleichterten Zugang zur Justiz verschaffen sollen:

---

[87] EuGH, Urt. v. 9.12.2003, Rs. C–116/02 (Erich Gasser GmbH/MISAT Srl), Slg. 2003, I–14693.
[88] Art. 31 Abs. 2 EuGVVO II. Auch hier besteht freilich Missbrauchspotential; zum sog. umgekehrten Torpedo etwa *Stadler/Klöpfer*, ZEuP 2015, 732 (756 f.).
[89] Die sog. Enforcement-RL (Richtlinie 2004/48/EG des Europäischen Parlaments und des Rates vom 29.4.2004 zur Durchsetzung der Rechte des geistigen Eigentums [berichtigte Fassung], ABl. 2004, L 195/16) enthält ebenfalls beweisrechtliche Regelungen, wurde aber auf Art. 95 EGV (nunmehr Art. 114 AEUV) gestützt.
[90] EuGH, Urt. v. 6.9.2012, Rs. C–170/11 (Lippens u. a./Kortekaas u. a.), NJW 2012, 3771; dazu *Knöfel*, IPRax 2013, 231; *Kern*, GPR 2013, 49. Ebenso EuGH, Urt. v. 21.2.2013, Rs. C–332/11 (ProRail BV/Xpedys NV u. a.), EuZW 2013, 313, Rn. 49; siehe aber auch Urt. v. 28.4.2005, Rs. C–104/03 (St. Paul Dairy), Slg. 2005, I–3481, Rn. 23.

Die erste betrifft die sog. **Prozesskostenhilfe-Richtlinie**. Diese garantiert natürlichen **48** Personen, dass für sie der nach ihrem Heimatrecht einschlägige Prozesskostenhilfestandard auch bei grenzüberschreitenden Streitigkeiten gilt. Das hier verwirklichte Herkunftslandprinzip führt zwar nicht zu einer Angleichung der Prozesskostenhilfestandards in den Mitgliedstaaten, erlaubt aber eine grenzüberschreitende Verfahrensteilnahme, ohne dass mögliche Nachteile der jeweiligen lex fori für die ausländische Partei zum Tragen kämen.

Die zweite Maßnahme ist weniger auf die Schaffung solcher prozessualer Mindest- **49** standards gerichtet, als vielmehr auf die Information über die in den Mitgliedstaaten bestehenden Verfahrensvorschriften. Zur Erleichterung des Zugangs zur Justiz wurden das **Europäische Justizielle Netz in Zivil- und Handelssachen** (s. dazu unten Rn. 54) sowie der **Europäische Justizatlas** eingerichtet.[91] Darin finden sich in allen Amtssprachen der Union Informationen über die Gerichtssysteme der Mitgliedstaaten. Ferner sind dort Formulare abrufbar, die zur grenzüberschreitenden Forderungsdurchsetzung benötigt werden oder die zur Kommunikation zwischen Justizbehörden der verschiedenen Mitgliedstaaten benutzt werden können.

7. Allgemeine Harmonisierungskompetenz für Zivilverfahren, Buchst. f

Bemerkenswert ist die in Abs. 2 Buchst. f enthaltene Kompetenz der EU zur Beseitigung **50** von Hindernissen für die reibungslose Abwicklung von Zivilverfahren in der Union und die Förderung der Vereinbarkeit der in den Mitgliedstaaten geltenden zivilrechtlichen Verfahrensvorschriften. Bei unbefangener Betrachtungsweise ließe sich aus dem Wortlaut dieser Vorschrift eine sehr weitreichende Befugnis zur Harmonisierung der Verfahrensrechte aller Mitgliedstaaten ableiten. Denn die darin als Ziel genannte reibungslose Abwicklung von Zivilverfahren könnte letztlich nur auf der Grundlage eines einheitlichen europäischen Verfahrensrechts realisiert werden. Nur wenn jedes mitgliedstaatliche Gericht ein und dieselben Verfahrensvorschriften anzuwenden hätte, wären alle denkbaren Hindernisse für ein reibungsloses Verfahren absolut ausgeschlossen. Indessen besteht weitgehende Einigkeit darin, dass sich die Harmonisierung auf **grenzüberschreitende Verfahren** zu beschränken hat (s. oben Rn. 17 f.),[92] so dass die für rein innerstaatliche Verfahren geltenden Rechtsvorschriften der Mitgliedstaaten nicht angetastet werden können. Dementsprechend enthalten auch die Rechtsakte der »zweiten Generation«, insbesondere die EuVTVO, die EuMahnVO und die EuBagatellVO, nur Verfahrensvorschriften, die grenzüberschreitende Rechtsstreitigkeiten betreffen. Gleichwohl wurde damit eine Entwicklung angestoßen, die für die Herausbildung eines Europäischen Zivilverfahrens von hoher Bedeutung sein wird. Denn die genannten Rechtsakte haben zwar nur sektorielle Bedeutung, enthalten aber zumindest in Ansätzen den Plan eines Zivilverfahrens, und könnten damit als Vorbild zum einen für ein in Zukunft entstehendes europäisches Instrument im Bereich des Verfahrensrechts dienen, zum anderen aber den mitgliedstaatlichen Gesetzgebern als Modell bei möglichen Reformen ihrer eigenen Verfahrensrechte dienen und auf diese Weise eine autonome Harmonisierung herbeiführen.[93]

---

[91] Siehe http://ec.europa.eu/justice_home/judicialatlascivil/html/index_de.htm (13.9.2016).
[92] *Hess* (Fn. 49), § 2, Rn. 26. Siehe dazu allgemein auch *Kerameus*, RabelsZ 66 (2002), 1.
[93] *M. Stürner*, EnzEuR, Bd. 3, § 23, Rn. 82.

8. Alternative Streitschlichtung, Buchst. g

51 In ähnlicher Weise wie die eben geschilderten Maßnahmen dienten ursprünglich auch solche Maßnahmen der Erleichterung des Zugangs zur Justiz, die den **Zugang zu alternativen Streitschlichtungsmechanismen** erleichterten. Eine dahingehende Forderung wurde von der Kommission erstmals im Jahre 1993 im Grünbuch »Zugang der Verbraucher zum Recht und Beilegung von Rechtsstreitigkeiten der Verbraucher im Binnenmarkt« formuliert.[94] Nunmehr enthält Abs. 2 Buchst. g eine eigenständige Kompetenzgrundlage. Hierauf stützt sich die **Mediationsrichtlinie** aus dem Jahr 2008. Diese gilt – entgegen den ursprünglichen Plänen, die eine umfassendere Regelung der Mediationsverfahren vorsahen – nur für die grenzüberschreitende Mediation, und auch hier erfasst sie nur den Grenzbereich zwischen gerichtlichen und außergerichtlichen Verfahren. Es ist ihr erklärtes Ziel, den »Zugang zur alternativen Streitbeilegung zu erleichtern und die gütliche Beilegung von Streitigkeiten zu fördern, indem zur Nutzung der Mediation angehalten und für ein ausgewogenes Verhältnis zwischen Mediation und Gerichtsverfahren gesorgt wird« (Art. 1 Abs. 1 Mediationsrichtlinie).

52 Nicht auf Art. 81, sondern auf Art. 169 i. V. m. Art. 114 AEUV gestützt wurden die Richtlinie über **alternative Streitbeilegung** in Verbraucherangelegenheiten(ADR-RL)[95] sowie die Verordnung über Online-Streitbeilegung in Verbraucherangelegenheiten (ODR-VO).[96] Beide Rechtsakte weisen zwar Bezüge zur justiziellen Zusammenarbeit auf. Im Vordergrund stand dabei aber offenbar die Förderung des Wachstums und des Vertrauens in den Binnenmarkt. Beides soll durch die Bereitstellung von einfachen und kostengünstigen Möglichkeiten zur Beilegung von Streitigkeiten bewirkt werden.[97] Insbesondere wegen des Vorrangs von Art. 81 vor Art. 114 AEUV (Rn. 22) wird indessen vielfach davon ausgegangen, dass ein Kompetenzverstoß vorliegt.[98]

9. Weiterbildung von Richtern und Justizpersonal, Buchst. h

53 Neben der in der bisherigen Darstellung im Vordergrund stehenden Kompetenz zum Erlass von Rechtsakten kann die EU nach Abs. 2 Buchst. h auch Maßnahmen zur Förderung der Weiterbildung von Richtern und Justizbeamten ergreifen. Denn das Funktionieren der justiziellen Zusammenarbeit hängt maßgeblich davon ab, inwieweit die mit einer grenzüberschreitenden Zivilsache befassten Richter mit den rechtlichen und tatsächlichen Abläufen solcher Verfahren vertraut sind. Die Möglichkeit der grenzüberschreitenden Beweisaufnahme nach der EuBeweisVO nützt wenig, wenn sie der Richterschaft nicht bekannt ist oder keine praktische Erfahrung in ihrer Anwendung besteht. In diesem Bereich geht es also im Wesentlichen um Schulungen, aber auch in ganz allgemeiner Weise um die **Herausbildung von Vertrauen** in die justizielle Zusammenarbeit.[99]

---

[94] KOM (1993) 576 endg.
[95] Richtlinie 2013/11/EU Europäischen Parlaments und des Rates vom 21. 5. 2013 über die alternative Beilegung verbraucherrechtlicher Streitigkeiten und zur Änderung der Verordnung (EG) Nr. 2006/2004 und der Richtlinie 2009/22/EG (Richtlinie über alternative Streitbeilegung in Verbraucherangelegenheiten), ABl. 2013, L 165/63.
[96] Verordnung (EU) Nr. 524/2013 des Europäischen Parlaments und des Rates vom 21. 5. 2013 über die Online-Beilegung verbraucherrechtlicher Streitigkeiten und zur Änderung der Verordnung (EG) Nr. 2006/2004 und der Richtlinie 2009/22/EG (Verordnung über Online-Streitbeilegung in Verbraucherangelegenheiten), ABl. 2013, L 165/1.
[97] Siehe die Erwägungsgründe Nr. 1–11 ADR-RL.
[98] *Eidenmüller/Engel*, ZIP 2013, 1704 (1706 f.); eingehend *Rühl*, FS W.-H. Roth, 2015, S. 459.

Zu diesem Zwecke wurde im Jahre 2002 das **Europäische Justizielle Netz in Zivil-** 54
sachen aufgebaut,[100] das frei im Internet zugänglich ist.[101] Seine Funktion ist es zum
einen, die Kooperation zwischen Gerichten und Justizbehörden der einzelnen Mitgliedstaaten zu verbessern, zum anderen soll es Informationen über die verfahrensmäßigen
Abläufe nach dem Recht aller Mitgliedstaaten in Form von Datenbanken zur Verfügung
stellen. Die Bedeutung der im Rahmen des Justiziellen Netzes bestehenden Kontaktstellen wurde verstärkt,[102] damit diese ihre Aufgabe, die Gerichte und Justizbehörden
bei der Durchführung von Rechtshilfeersuchen gerade auch in sprachlicher Hinsicht zu
unterstützen, besser erfüllen können. In Deutschland wurde aufgrund der föderalen
Struktur in jedem Bundesland eine eigene Kontaktstelle eingerichtet; seit 2007 fungiert
jedoch das Bundesamt für Justiz als »Bundeskontaktstelle«.[103] Daneben richtet jeder
Mitgliedstaat sog. Zentralstellen ein, die insbesondere mit der Weiterleitung von Rechtshilfeersuchen betraut sind und den grenzüberschreitenden Rechtsverkehr entscheidend
erleichtern und beschleunigen sollen.

IV. Sonderregelungen für Familiensachen, Abs. 3

Dass die EU gemäß Abs. 3 auch außerhalb der binnenmarktrelevanten Bereiche des 55
Vertragsrechts und der außervertraglichen Schuldverhältnisse Rechtsetzungskompetenzen hat, mag auf den ersten Blick etwas überraschen.[104] Dies wird verständlich, wenn
man den Fokus erweitert und über den Binnenmarkt hinaus auf die Schaffung eines
Raumes der Freiheit, der Sicherheit und des Rechts richtet. Hier erscheint es durchaus
plausibel, dass zur Verbesserung der **Personenfreizügigkeit** Maßnahmen zur Harmonisierung des Güterrechts, des Scheidungsrechts oder des Kindschaftsrechts erfolgen.[105]
Gleichwohl wird dieser Bereich aus Sicht der Mitgliedstaaten als besonders sensibel und
eng verbunden mit der nationalen kulturellen Identität angesehen. Abs. 3 schreibt daher abweichend von dem für alle anderen Rechtsangleichungsmaßnahmen einschlägigen Mitentscheidungsverfahren für den Bereich des Familienrechts das **Einstimmigkeitsprinzip** im Rat fest;[106] das Parlament hat nur ein Anhörungsrecht, das sich in seltenen Fällen, d.h. bei Einstimmigkeit im Rat, zu einer echten Mitentscheidungsbefugnis
verdichten kann (sog. »Rendezvous-Klausel«, Abs. 3 UAbs. 2). Diese Einstimmigkeit
führt naturgemäß zu einer erheblichen Erschwerung, wenn nicht gar zu einem Scheitern
des jeweiligen Rechtsetzungsverfahrens. So konnte die Rom III-VO zum Scheidungsrecht überhaupt nur im Verfahren der Verstärkten Zusammenarbeit (Art. 20, 326 ff.

---

[99] Siehe den Beschluss Nr. 1149/2007/EG des Europäischen Parlaments und des Rates vom
25.9.2007 zur Auflegung des spezifischen Programms »Ziviljustiz« als Teil des Generellen Programms »Grundrechte und Justiz« für den Zeitraum 2007–2013, ABl. 2007, L 257/16. Zur richterli-
chen Loyalität *Knöfel*, EuR 2010, 618.
[100] Entscheidung des Rates Nr. 2001/470/EG vom 28.5.2001 über die Errichtung eines Europäischen Justiziellen Netzes für Zivil- und Handelssachen, ABl. 2001, L 174/25.
[101] Siehe http://ec.europa.eu/civiljustice/index_de.htm (13.9.2016). Derzeit wird die Migration in
das Europäische Justizportal vorbereitet.
[102] Entscheidung Nr. 568/2009/EG des Europäischen Parlaments und des Rates vom 18.6.2009
zur Änderung der Entscheidung 2001/470/EG des Rates über die Einrichtung eines Europäischen
Justiziellen Netzes für Zivil- und Handelssachen, ABl. 2009, L 168/35.
[103] Dazu *R. Wagner*, IPRax 2007, 87.
[104] *R. Wagner*, RabelsZ 68 (2004), 120.
[105] Dazu *Dethloff*, AcP 204 (2004), 544; *Stumpf*, EuR 2007, 291.
[106] Siehe etwa *Kohler*, FPR 2008, 193; *Dethloff/Hauschild*, FPR 2010, 489.

AEUV) realisiert werden;[107] sie gilt mittlerweile für 16 der 28 Mitgliedstaaten.[108] Gleiches gilt für die beiden Vorschläge zum Güterrecht:[109] Nach jahrelangen zähen Verhandlungen konnte keine Einstimmigkeit erzielt werden, so dass auch hier das Verfahren der Verstärkten Zusammenarbeit eingeleitet wurde. Die nunmehr verabschiedeten Verordnungen gelten für 18 der 28 Mitgliedstaaten.[110]

---

[107] Siehe zum Entstehungsprozess *Martiny*, FPR 2008, 187.
[108] Vgl. Art. 3 Nr. 1 Rom III-VO i. V. m. Beschluss 2010/405/EU des Rates vom 12.7.2010 über die Ermächtigung zu einer Verstärkten Zusammenarbeit im Bereich des auf die Ehescheidung und Trennung ohne Auflösung des Ehebandes anzuwendenden Rechts, ABl. 2010, L 189/12. Teilnehmende Mitgliedstaaten sind danach: Belgien, Bulgarien, Deutschland, Spanien, Frankreich, Italien, Lettland, Luxemburg, Ungarn, Malta, Österreich, Portugal, Rumänien und Slowenien. Mit Wirkung vom 22.5.2014 gilt die Rom III-VO auch für Litauen, vgl. Beschluss der Kommission vom 21.11.2012 zur Bestätigung der Teilnahme Litauens an der Verstärkten Zusammenarbeit im Bereich des auf die Ehescheidung und Trennung ohne Auflösung des Ehebandes anzuwendenden Rechts, ABl. 2012, L 323/18. Mit Wirkung vom 29.7.2015 gilt die Rom III-VO auch für Griechenland, vgl. Beschluss der Kommission vom 27.1.2014 zur Bestätigung der Teilnahme Griechenlands an der Verstärkten Zusammenarbeit im Bereich des auf die Ehescheidung und Trennung ohne Auflösung des Ehebandes anzuwendenden Rechts (2014/39/EU), ABl. 2014, L 23/41.
[109] Siehe oben Fn. 86.
[110] Teilnehmende Mitgliedstaaten sind: Belgien, Bulgarien, die Tschechische Republik, Deutschland, Griechenland, Spanien, Frankreich, Kroatien, Italien, Luxemburg, Malta, die Niederlande, Österreich, Portugal, Slowenien, Finnland, Schweden und Zypern.

Kapitel 4
Justizielle Zusammenarbeit in Strafsachen

Artikel 82 AEUV [Justizielle Zusammenarbeit in Strafsachen]

(1) Die justizielle Zusammenarbeit in Strafsachen in der Union beruht auf dem Grundsatz der gegenseitigen Anerkennung gerichtlicher Urteile und Entscheidungen und umfasst die Angleichung der Rechtsvorschriften der Mitgliedstaaten in den in Absatz 2 und in Artikel 83 genannten Bereichen.
Das Europäische Parlament und der Rat erlassen gemäß dem ordentlichen Gesetzgebungsverfahren Maßnahmen, um
a) Regeln und Verfahren festzulegen, mit denen die Anerkennung aller Arten von Urteilen und gerichtlichen Entscheidungen in der gesamten Union sichergestellt wird;
b) Kompetenzkonflikte zwischen den Mitgliedstaaten zu verhindern und beizulegen;
c) die Weiterbildung von Richtern und Staatsanwälten sowie Justizbediensteten zu fördern;
d) die Zusammenarbeit zwischen den Justizbehörden oder entsprechenden Behörden der Mitgliedstaaten im Rahmen der Strafverfolgung sowie des Vollzugs und der Vollstreckung von Entscheidungen zu erleichtern.

(2) ¹Soweit dies zur Erleichterung der gegenseitigen Anerkennung gerichtlicher Urteile und Entscheidungen und der polizeilichen und justiziellen Zusammenarbeit in Strafsachen mit grenzüberschreitender Dimension erforderlich ist, können das Europäische Parlament und der Rat gemäß dem ordentlichen Gesetzgebungsverfahren durch Richtlinien Mindestvorschriften festlegen. ²Bei diesen Mindestvorschriften werden die Unterschiede zwischen den Rechtsordnungen und -traditionen der Mitgliedstaaten berücksichtigt.
Die Vorschriften betreffen Folgendes:
a) die Zulässigkeit von Beweismitteln auf gegenseitiger Basis zwischen den Mitgliedstaaten;
b) die Rechte des Einzelnen im Strafverfahren;
c) die Rechte der Opfer von Straftaten;
d) sonstige spezifische Aspekte des Strafverfahrens, die zuvor vom Rat durch Beschluss bestimmt worden sind; dieser Beschluss wird vom Rat einstimmig nach Zustimmung des Europäischen Parlaments erlassen.

Der Erlass von Mindestvorschriften nach diesem Absatz hindert die Mitgliedstaaten nicht daran, ein höheres Schutzniveau für den Einzelnen beizubehalten oder einzuführen.

(3) ¹Ist ein Mitglied des Rates der Auffassung, dass ein Entwurf einer Richtlinie nach Absatz 2 grundlegende Aspekte seiner Strafrechtsordnung berühren würde, so kann es beantragen, dass der Europäische Rat befasst wird. ²In diesem Fall wird das ordentliche Gesetzgebungsverfahren ausgesetzt. ³Nach einer Aussprache verweist der Europäische Rat im Falle eines Einvernehmens den Entwurf binnen vier Monaten nach Aussetzung des Verfahrens an den Rat zurück, wodurch die Aussetzung des ordentlichen Gesetzgebungsverfahrens beendet wird.
¹Sofern kein Einvernehmen erzielt wird, mindestens neun Mitgliedstaaten aber eine Verstärkte Zusammenarbeit auf der Grundlage des betreffenden Entwurfs einer Richtlinie begründen möchten, teilen diese Mitgliedstaaten dies binnen derselben Frist dem Europäischen Parlament, dem Rat und der Kommission mit. ²In diesem Fall gilt die

Ermächtigung zu einer Verstärkten Zusammenarbeit nach Artikel 20 Absatz 2 des Vertrags über die Europäische Union und Artikel 329 Absatz 1 dieses Vertrags als erteilt, und die Bestimmungen über die Verstärkte Zusammenarbeit finden Anwendung.

Literaturübersicht

Bock, Das europäische Opferrechtspaket: zwischen substantiellem Fortschritt und blindem Aktionismus, ZIS 2013, 210; *Böhm*, Der Europäische Haftbefehl im Lichte des Grundsatzes der gegenseitigen Anerkennung und die praktische Umsetzung im nationalen Auslieferungsrecht, StraFo 2013, 177; *Böse*, Die Europäische Ermittlungsanordnung – Beweistransfer nach neuen Regeln, ZIS 2015, 152; *ders.*, Der Grundsatz der Verfügbarkeit von Informationen in der strafrechtlichen Zusammenarbeit der EU, 2007; *Braum*, Das Prinzip der gegenseitigen Anerkennung. Historische Grundlagen und Perspektiven europäischer Strafrechtsentwicklung, GA 2005, 681; *Claverie-Rousset*, The admissibility of evidence in criminal proceedings between European Union Member States, EuCLR 2013, 152; *Eisele*, Jurisdiktionskonflikte in der Europäischen Union: Vom nationalen Strafanwendungsrecht zum Europäischen Kollisionsrecht?, ZStW 125 (2013), 1; *European Criminal Policy Initiative*, Manifest zum Europäischen Strafverfahrensrecht, ZIS 2013, 412; *Esser*, Initiativen der Europäischen Union zur Harmonisierung der Beschuldigtenrechte, FS Wolter, 2013, S. 1329; *Gleß*, Die »Verkehrsfähigkeit von Beweisen« im Strafverfahren, ZStW 115 (2003), 131; *Hecker*, Die Europäische Beweisanordnung, in: Marauhn (Hrsg.), Bausteine eines europäischen Beweisrechts, 2007, S. 28; *Heger*, Europäische Beweissicherung – Perspektiven der strafrechtlichen Zusammenarbeit in Europa, ZIS 2007, 547; *Herrnfeld*, Der Vorrang hält – aber noch eine Frage offen, FS Schwarze, 2014, S. 81; *Kaufhold*, Gegenseitiges Vertrauen. Wirksamkeitsbedingung und Rechtsprinzip der justiziellen Zusammenarbeit im Raum der Freiheit, der Sicherheit und des Rechts, EuR 2012, 408; *Kirsch*, Schluß mit lustig! Verfahrensrechte im Europäischen Strafrecht, StraFo 2008, 449; *Leutheusser-Schnarrenberger*, Der Europäische Haftbefehl und das Prinzip der gegenseitigen Anerkennung justizieller Entscheidungen, FS B. Hirsch, 2006, S. 103; *Małolepszy/Hochmayr/Nalewajko* (Hrsg.), Europäischer Haftbefehl und Übergabeverfahren zwischen Deutschland und Polen, 2012; *Morgenstern*, Strafvollstreckung im Heimatstaat – der geplante EU-Rahmenbeschluss zur transnationalen Vollstreckung von Freiheitsstrafen, ZIS 2008, 76; *Nalewajko*, Grundsatz der gegenseitigen Anerkennung: Eckstein der justiziellen Zusammenarbeit in Strafsachen in der Europäischen Union?, 2010; *Nestler*, Europäisches Strafprozessrecht, ZStW 116 (2004), 332; *Noltenius*, Strafverfahrensrecht als Seismograph der Europäischen Integration, ZStW 122 (2010), 604; *Polakiewicz*, Durchsetzung von EMRK-Standards mit Hilfe des EU-Rechts?, EuGRZ 2010, 11; *Roger*, Europäisierung des Strafverfahrens – oder nur der Strafverfolgung?, GA 2010, 27; *Satzger*, Grund- und menschenrechtliche Grenzen für die Vollstreckung eines Europäischen Haftbefehls? – »Verfassungsgerichtliche Identitätskontrolle« durch das BVerfG vs. Vollstreckungsaufschub bei außergewöhnlichen Umständen nach dem EuGH, NStZ 2016, 514; *Schallmoser*, Europäischer Haftbefehl und Grundrechte, 2012; *Schünemann*, Ein Kampf ums europäische Strafrecht – Rückblick und Ausblick, FS Szwarc, 2009, S. 109; *Sieber/Satzger/v. Heintschel-Heinegg* (Hrsg.), Europäisches Strafrecht, 2. Aufl., 2014; *Sinn* (Hrsg.), Jurisdiktionskonflikte bei grenzüberschreitender Kriminalität, 2012; *Staudigl/Weber*, Europäische Bewährungsüberwachung, NStZ 2008, 17; *Vogel/Matt*, Gemeinsame Standards für Strafverfahren in der Europäischen Union, StV 2007, 206; *Weber*, Justizielle Zusammenarbeit in Strafsachen und parlamentarische Demokratie, EuR 2008, 88; *Zeder*, Gegenwart und Zukunft der gegenseitigen Anerkennung in Strafsachen in der EU, ÖJZ 2009, 992; *Zimmermann*, Die Europäische Ermittlungsanordnung: Schreckgespenst oder Zukunftsmodell für grenzüberschreitende Strafverfahren?, ZStW 127 (2015), 143; s. auch Literaturangaben zu Art. 50 GRC.

Leitentscheidungen

EuGH, Urt. v. 16.6.2005, Rs. C–105/03 (Pupino), Slg. 2005, I–5285
EuGH, Urt. v. 3.5.2007, Rs. C–303/05 (Advocaten voor de Wereld VZW/Leden van de Ministerraad), Slg. 2007, I–3633
EuGH, Urt. v. 17.7.2008, Rs. C–66/08 (Kozłowski), Slg. 2008, I–6041
EuGH, Urt. v. 6.10.2009, Rs. C–123/08 (Wolzenburg), Slg. 2009, I–9621
EuGH, Urt. v. 16.11.2010, Rs. C–261/09 (Mantello), Slg. 2010, I–11477
EuGH, Urt. v. 5.9.2012 Rs. C–42/11 (Lopes Da Silva Jorge), ECLI:EU:C:2012:517
EuGH, Urt. v. 29.1.2013, Rs. C–396/11 (Radu), ECLI:EU:C:2013:39

EuGH, Urt. v. 26. 2. 2013, Rs. C–399/11 (Melloni), ECLI:EU:C:2013:107
EuGH, Urt. v. 30. 5. 2013, Rs. C–168/13 PPU (Jeremy F.), ECLI:EU:C:2013:358
EuGH, Urt. v. 16. 7. 2015, Rs. C–237/15 PPU (Francis Lanigan), ECLI:EU:C:2015:474
EuGH, Urt. v. 15. 10. 2015, Rs. C–216/14 (Gavril Covaci), ECLI:EU:C:2015:686
EuGH, Urt. v. 5. 4. 2016, verb. Rs. C–404/15 (Aranyosi und Căldăraru, ECLI:EU:C:2016:198)
EuGH, Urt. v. 1. 6. 2016, Rs. C–241/154 (Bob-Dogi), ECLI:EU:C:2016:385

Wesentliche sekundärrechtliche Vorschriften

Rahmenbeschluss (Rb) 2002/584/JI vom 13. 6. 2002 über den Europäischen Haftbefehl und die Übergabeverfahren zwischen den Mitgliedstaaten (RbEuHb), ABl. 2002, L 190/1, geändert durch Rb 2009/299/JI, ABl. 2009, L 81/24
RL 2010/64/EU vom 20. 10. 2010 über das Recht auf Dolmetschleistungen und Übersetzungen in Strafverfahren, ABl. 2010, L 280/1
RL 2012/13/EU vom 22. 5. 2012 über das Recht auf Belehrung und Unterrichtung in Strafverfahren, ABl. 2012, L 142/1
RL 2013/48/EU vom 22. 10. 2013 über das Recht auf Zugang zu einem Rechtsbeistand in Strafverfahren und in Verfahren zur Vollstreckung des Europäischen Haftbefehls sowie über das Recht auf Benachrichtigung eines Dritten bei Freiheitsentzug und das Recht auf Kommunikation mit Dritten und mit Konsularbehörden während des Freiheitsentzugs, ABl. 2013, L 294/1
RL 2014/41/EU vom 3. 4. 2014 über die Europäische Ermittlungsanordnung (EEA-RL), ABl. 2014, L 130/1
RL 2016/343/EU vom 9. 3. 2016 über die Stärkung bestimmter Aspekte der Unschuldsvermutung und des Rechts auf Anwesenheit in der Verhandlung in Strafverfahren, ABl. 2016, L 65/1
RL 2016/800/EU vom 11. 5. 2016 über Verfahrensgarantien in Strafverfahren für Kinder, die Verdächtige oder beschuldigte Personen in Strafverfahren sind, ABl. 2016, L 132/1

Inhaltsübersicht

	Rn.
A. Justizielle Zusammenarbeit in Strafsachen	1
I. Überblick	1
II. Begriff	2
III. Entwicklung	3
IV. Kritik	4
B. Gegenseitige Anerkennung (Abs. 1)	5
I. Grundsatz	5
II. Funktionsweise	7
III. Kritik	11
IV. Gegenstand: gerichtliche Urteile und Entscheidungen	14
V. Maßnahmen (UAbs. 2)	15
1. Festlegung von Regeln und Verfahren (Buchst. a)	16
2. Verhinderung und Beilegung von Kompetenzkonflikten (Buchst. b)	18
3. Weiterbildung von Richtern, Staatsanwälten und Justizbediensteten (Buchst. c)	19
4. Erleichterung der Zusammenarbeit im Rahmen der Strafverfolgung, des Vollzugs und der Vollstreckung von Entscheidungen (Buchst. d)	20
VI. Schranken	22
VII. Verfahren	23
C. Angleichung des Strafverfahrensrechts (Abs. 2, 3)	24
I. Allgemeines	24
II. Gegenstand (Abs. 2 UAbs. 2)	25
1. Zulässigkeit von Beweismitteln (Buchst. a)	25
2. Rechte des Einzelnen im Strafverfahren (Buchst. b)	27
3. Rechte der Opfer (Buchst. c)	29
4. Sonstige spezifische Aspekte des Strafverfahrens (Buchst. d)	30
III. Voraussetzungen und Grenzen	31
1. Erforderlichkeit	31
2. Mindestvorschriften unter Berücksichtigung der Rechtsordnungen und -traditionen	32
3. Sonstige Schranken	34

IV. Verfahren 35
   1. Ordentliches Gesetzgebungsverfahren 35
   2. Notbremse-Mechanismus (Abs. 3) 36

A. Justizielle Zusammenarbeit in Strafsachen

I. Überblick

1   Art. 82 Abs. 1 UAbs. 1 AEUV enthält die Kurzfassung des Programms der justiziellen Zusammenarbeit in Strafsachen. Der Grundsatz der gegenseitigen Anerkennung wird zum Leitmotiv der Zusammenarbeit erklärt. Zugleich wird betont, dass die Zusammenarbeit die Rechtsangleichung miteinschließt, die nach Maßgabe von Absatz 2 (Strafprozessrecht) und Art. 83 AEUV (materielles Strafrecht) zu erfolgen hat. Art. 82 Abs. 1 UAbs. 2 AEUV listet die Kompetenztitel für die gegenseitige Anerkennung von gerichtlichen Entscheidungen und damit eng zusammenhängende Maßnahmen auf. Nur soweit dies zur Erleichterung der gegenseitigen Anerkennung und der Zusammenarbeit in Strafsachen mit grenzüberschreitender Dimension erforderlich ist, darf eine Angleichung des Strafverfahrensrechts in den in Absatz 2 genannten Bereichen vorgeschrieben werden. Die Harmonisierung hat sich auf die Festlegung von Mindestvorschriften zu beschränken, die ein höheres Schutzniveau für den Einzelnen in den Mitgliedstaaten zulassen. Absatz 3 räumt den Mitgliedstaaten zum Schutz grundlegender Aspekte ihrer Strafrechtsordnungen ein Vetorecht ein, mit dem sie das Zustandekommen einer unionsweit geltenden Richtlinie zur Harmonisierung des Strafverfahrensrechts verhindern können.

II. Begriff

2   Die Bezeichnung »justizielle Zusammenarbeit in Strafsachen« wird im AEUV einerseits als Überbegriff für alle Formen der Kooperation der Mitgliedstaaten im Bereich der Strafverfolgung und -vollstreckung verwendet. In dieser Funktion umfasst der Begriff auch die Angleichung des materiellen Strafrechts und des Strafprozessrechts.[1] In seinem Kernbereich bezeichnet der Begriff die wechselseitige Unterstützung der Mitgliedstaaten untereinander, aber auch die Unterstützung eines Mitgliedstaates durch die Institutionen der Union, die ihrerseits auf Kooperation fußt.[2] Gegenstand der Kooperation sind »Strafsachen«. Dabei handelt es sich um Verfahren, die zur Verhängung einer strafrechtlichen Sanktion führen können oder die eine solche Sanktion vollstrecken. Zu den **strafrechtlichen Sanktionen** zählen neben der Strafe i. e. S. vorbeugende (sichernde) Maßnahmen, wie die Unterbringung gefährlicher Straftäter oder die Einziehung von Tatwerkzeugen, sowie Maßnahmen zur Gewinnabschöpfung, wie der Verfall (s. Art. 83 AEUV, Rn. 43).[3] Aus der weiten Fassung des Kompetenztitels in Art. 82 Abs. 1 UAbs. 2 Buchst. d AEUV ist zu schließen, dass auch das **Administrativsanktionenrecht** zu den »Strafsachen« gehört (s. Rn. 20).[4] Die Ergänzung »justiziell« verdeutlicht, dass die in

---

[1] Art. 82 Abs. 1 UAbs. 1 AEUV; Überschrift des 4. Kapitels von Titel V AEUV.
[2] Vgl. *Vogel/Eisele*, in: Grabitz/Hilf/Nettesheim, EU, Art. 82 AEUV (August 2015), Rn. 16.
[3] Vgl. die Definition von »Strafsachen« bei *Böse*, in: Schwarze, EU-Kommentar, Art. 82 AEUV, Rn. 8; *Vogel/Eisele*, in: Grabitz/Hilf/Nettesheim, EU, Art. 82 AEUV (August 2015), Rn. 12.
[4] Im Ergebnis auch *Böse*, in: Schwarze, EU-Kommentar, Art. 82 AEUV, Rn. 8; *Vogel/Eisele*, in: Grabitz/Hilf/Nettesheim, EU, Art. 82 AEUV (August 2015), Rn. 12. A. A. *Wasmeier/Jour-Schröder*, in: GS, EUV/EGV, Art. 29 EUV, Rn. 21 ff.

Kapitel 5 geregelte polizeiliche Zusammenarbeit nicht erfasst wird. Die Mitwirkung von Polizeiorganen an der Strafverfolgung unterfällt aber dem Begriff der justiziellen Zusammenarbeit in Strafsachen.[5]

III. Entwicklung

Die justizielle Zusammenarbeit in Strafsachen nahm ihren Anfang in Arbeitsgruppen, die von den nationalen Regierungen eingerichtet wurden.[6] Einige Mitgliedstaaten intensivierten die Zusammenarbeit durch das Schengener Durchführungsübereinkommen (SDÜ).[7] Der Vertrag von Maastricht enthielt die erste primärrechtliche Grundlage für die justizielle Zusammenarbeit in Strafsachen.[8] Die Zusammenarbeit erfolgte in der sogenannten »dritten Säule« durch intergouvernementale Handlungsformen unter Wahrung der Souveränitätsansprüche der Mitgliedstaaten. Bei dieser Zuordnung beließ es der Vertrag von Amsterdam, der den Schengen-Besitzstand in den Unionsrahmen integrierte. Das im Oktober 1999 vom Europäischen Rat beschlossene Programm von Tampere brachte besondere Dynamik in die Zusammenarbeit, indem es den Grundsatz der gegenseitigen Anerkennung auf Strafsachen übertrug.[9] Die Sonderrolle der polizeilichen und justiziellen Zusammenarbeit in Strafsachen wurde schließlich durch den Lissabonner Vertrag beendet, der diese in das nunmehr supranationale Unionsrecht überführte.[10] Dabei folgte der Reformvertrag weitgehend dem Entwurf eines Europäischen Verfassungsvertrags.

3

IV. Kritik

Obwohl die Rechtsakte im Rahmen der justiziellen Zusammenarbeit in Strafsachen nunmehr grundsätzlich im ordentlichen Gesetzgebungsverfahren zu erlassen sind,[11] besteht nach wie vor ein **demokratisches Defizit**. Zwar könnte die demokratische Legitimation der Rechtsetzung auch über das Europäische Parlament, das nunmehr gleichberechtigt mit dem Rat über die Rechtsakte entscheidet, erreicht werden.[12] Dem Euro-

4

---

[5] Vgl. Art. 82 Abs. 1 UAbs. 2 Buchst. d AEUV (»Zusammenarbeit zwischen […] entsprechenden Behörden der Mitgliedstaaten im Rahmen der Strafverfolgung«), Art. 82 Abs. 2 UAbs. 1 AEUV (»zur Erleichterung […] der polizeilichen und justiziellen Zusammenarbeit in Strafsachen mit grenzüberschreitender Dimension«); *Böse*, in: Schwarze, EU-Kommentar, Art. 82 AEUV, Rn. 8; siehe auch *Vogel/Eisele*, in: Grabitz/Hilf/Nettesheim, EU, Art. 82 AEUV (August 2015), Rn. 15.
[6] Dazu *Hecker*, Europäisches Strafrecht, 5. Aufl., 2014, § 5, Rn. 26 ff.
[7] Übereinkommen zur Durchführung des Übereinkommens von Schengen vom 14.6.1985 zwischen den Regierungen der Staaten der Benelux-Wirtschaftsunion, der BRD und der Französischen Republik betreffend den schrittweisen Abbau der Kontrollen an den gemeinsamen Grenzen vom 19.6.1990, BGBl. II 1993 S. 1013 ff.
[8] Art. K des Vertrags.
[9] Schlussfolgerungen des Vorsitzes, Europäischer Rat von Tampere, 15. und 16.10.1999, http://www.europarl.europa.eu/summits/tam_de.htm?textMode=on (1.2.2016).
[10] Zu den Vorbehalten betreffend das Vereinigte Königreich, Irland und Dänemark siehe Art. 1 und 2 Protokoll Nr. 21 über die Position des Vereinigten Königreichs und Irlands hinsichtlich des Raums der Freiheit, der Sicherheit und des Rechts, ABl. 2012, C 326/295, und Protokoll Nr. 22 über die Position Dänemarks, ABl. 2012, C 326/295.
[11] Zur Ausnahme innerhalb der akzessorischen Kompetenz zur Strafrechtsangleichung s. Art. 83 AEUV, Rn. 49.
[12] *Böse*, in: Schwarze, EU-Kommentar, Art. 82 AEUV, Rn. 12; *Meyer*, Strafrechtsgenese in Internationalen Organisationen, 2012, S. 871 ff.; vgl. auch *Weber*, EuR 2008, 88 (99 f.). Ablehnend BVerfGE 123, 267 (347 ff.); *Noltenius*, ZStW 122 (2010), 604 (619 ff.).

päischen Parlament kommt aber weder ein Initiativrecht zu, noch ist der Grundsatz der Wahlrechtsgleichheit gewährleistet. Zudem ist das Rechtsetzungsverfahren stärker als im nationalen Kontext durch die Exekutive geprägt; eine »europäische Öffentlichkeit« ist kaum vorhanden. Das demokratische Defizit erscheint im rechtsstaatlich sensiblen Strafrecht, das mehr als andere Rechtsgebiete durch kulturelle und historische Besonderheiten geprägt ist, besonders problematisch.[13] Zur Kritik speziell am Grundsatz der gegenseitigen Anerkennung s. Rn. 11 ff.

B. Gegenseitige Anerkennung (Abs. 1)

I. Grundsatz

5 Gegenseitige Anerkennung bedeutet, dass ein Mitgliedstaat eine justizielle Entscheidung, die in einem anderen Mitgliedstaat rechtmäßig ergangen ist, ohne inhaltliche Überprüfung als rechtmäßige Entscheidung anerkennt und Hilfe zu ihrer Vollstreckung leistet. Es handelt sich um eine vereinfachte und beschleunigte Form der Rechtshilfe mit weitreichender Pflicht zur Hilfeleistung.[14] Als ein Rechtsprinzip ist der Grundsatz der gegenseitigen Anerkennung nicht unmittelbar anwendbar, sondern bedarf der konkreten Ausformung durch Sekundärrecht.[15]

6 Der Grundsatz der gegenseitigen Anerkennung entspringt den wirtschaftlichen Grundfreiheiten. Im europäischen Binnenmarkt ermöglicht er den freien Verkehr von Waren und Dienstleistungen auch in jenen Bereichen, die noch nicht Gegenstand einer Harmonisierung waren. Der Europäische Rat erklärte im Programm von Tampere den Grundsatz zum »**Eckstein« der justiziellen Zusammenarbeit**.[16] Angesichts der Widerstände, die einer Harmonisierung des Straf- und Strafverfahrensrechts entgegengebracht wurden, wurde gleichsam der zweite Schritt – die unionsweite Vollstreckbarkeit von justiziellen Entscheidungen – vor dem ersten Schritt – der Harmonisierung der Rechtsordnungen – vollzogen. An die Stelle vergleichbarer straf- und strafverfahrensrechtlicher Mindeststandards sollte das gegenseitige Vertrauen in die Rechtsstaatlichkeit der Strafrechtspflege treten.[17]

II. Funktionsweise

7 Den bisherigen Rechtsakten lässt sich folgender typischer Ablauf der gegenseitigen Anerkennung in Strafsachen entnehmen:[18] Anzuerkennen sind die der Entscheidung zugrunde gelegten Tatsachen, das ihr zugrunde liegende materielle und formelle Recht sowie die Rechtsfolgen der Entscheidung; eine Überprüfung ist in den Rechtsakten nicht

---

[13] BVerfGE 123, 267 (359 f., 364 f., 373 f., 408 f.). Instruktiv zum »demokratischen Defizit« *Nettesheim*, in: Grabitz/Hilf/Nettesheim, EU, Art. 10 EUV (August 2015), Rn. 47 ff. Vgl. auch *Braum*, GA 2005, 681 (688 ff.); *Noltenius*, ZStW 122 (2010), 604 (610 f.); *Schünemann*, FS Szwarc, S. 118.
[14] Vgl. *Böse*, in: Schwarze, EU-Kommentar, Art. 82 AEUV, Rn. 15.
[15] *Vogel/Eisele*, in: Grabitz/Hilf/Nettesheim, EU, Art. 82 AEUV (August 2015), Rn. 17, 21.
[16] Fn. 9.
[17] Vgl. EuGH, Urt. v. 11.2.2003, verb. Rs. C–187/01 u. C–385/01 (Gözütok und Brügge), Slg. 2003, I–1345, Rn. 32 f.; *Zeder*, ÖJZ 2009, 992 (996). Zu Funktion und Gehalt des Topos »gegenseitiges Vertrauen« näher *Kaufhold*, EuR 2012, 408 ff.
[18] Vgl. zum Folgenden instruktiv *Vogel/Eisele*, in: Grabitz/Hilf/Nettesheim, EU, Art. 82 AEUV (August 2015), Rn. 26 ff.

vorgesehen.[19] Die anzuerkennende Entscheidung wird nicht unmittelbar vollstreckt, sondern die zuständige Justizbehörde des Vollstreckungsstaates erlässt nach Prüfung der Anerkennungsvoraussetzungen eine nationale Anordnung zur Vollstreckung (sog. Exequaturentscheidung). Nahezu alle Rechtsakte sehen die Verwendung eines standardisierten Formulars vor, um die Entscheidung über die Anerkennung zu beschleunigen. Dieses Formular ist – zumeist gemeinsam mit der zugrunde liegenden Entscheidung des Ausstellungsstaates[20] – unmittelbar an die zuständige Justizbehörde des Vollstreckungsstaates zu übermitteln. Das in der traditionellen Rechtshilfe vorgesehene politische Bewilligungsverfahren entfällt. Um das Verfahren noch weiter zu beschleunigen, sind regelmäßig kurze Fristen für die Anerkennungsentscheidung festgelegt oder diese hat »unverzüglich« zu erfolgen.[21]

Traditionelle Rechtshilfehindernisse entfallen oder werden zurückgedrängt: Die Mitgliedstaaten sind zur Rechtshilfe verpflichtet; sie dürfen die Anerkennung der Entscheidung nicht wegen mangelnder Gegenseitigkeit verweigern.[22] Der Ablehnungsgrund des Fehlens beiderseitiger Strafbarkeit darf nur noch eingeschränkt geltend gemacht werden. Die Mehrheit der Rechtsakte verpflichtet für eine unbestimmte[23] Liste von Straftaten dazu, die Entscheidung auch dann anzuerkennen, wenn das ihr zugrunde liegende Verhalten im Vollstreckungsstaat straflos ist.[24] Die Auslieferung kann nicht mit dem Hinweis auf die politische, militärische oder fiskalische Natur der Straftaten abgelehnt werden. Auch eigene Staatsangehörige sind grundsätzlich auszuliefern.[25]

8

Als **Ablehnungsgründe** werden in den bisherigen Rechtsakten akzeptiert: das Fehlen oder die Unvollständigkeit des ausgefüllten Formulars;[26] eine Verletzung des Grundsatzes ne bis in idem; das Fehlen beiderseitiger Strafbarkeit, soweit keine Katalogtat vorliegt;[27] die Verjährung der Strafverfolgung oder der Strafvollstreckung nach den Rechtsvorschriften des Vollstreckungsstaates bei Gerichtsbarkeit nach seinem eigenen Strafrecht; Immunitäten, Befreiungen oder Vorrechte nach dem Recht des Vollstreckungsstaats, die die Vollstreckung unmöglich machen; das Fehlen einer strafrechtlichen Verantwortlichkeit im Vollstreckungsstaat aufgrund des Alters der Person; der

9

---

[19] Siehe nur Art. 6 Hs. 1 Rb 2005/214/JI i. d. F. Rb 2009/299/JI: »Die zuständigen Behörden im Vollstreckungsstaat erkennen eine gemäß Artikel 4 übermittelte Entscheidung ohne jede weitere Formalität an [...]«.
[20] Der EuGH hat klargestellt, dass ein Europäischer Haftbefehl auf einer gesonderten nationalen justiziellen Entscheidung beruhen muss; Urt. v. 1.6.2016, Rs. C–241/15 (Bob-Dogi), ECLI:EU:C:2016:385. Die Übermittlung der zugrunde liegenden Entscheidung ist allerdings nach dem RbEuHb nicht erforderlich. Ob dies mit der EMRK vereinbar ist, erscheint zweifelhaft; *Vogel/Eisele*, in: Grabitz/Hilf/Nettesheim, EU, Art. 82 AEUV (August 2015), Rn. 30.
[21] Siehe nur Art. 17 Rb 2002/584/JI sowie Art. 17 Rb 2006/738/JI.
[22] Zu den Problemen in der Praxis *Nalewajko*, Zwischen Theorie und Praxis der Übergabeverfahren, in: Małolepszy/Hochmayr/Nalewajko (Hrsg.), S. 105 (118).
[23] Der EuGH sah darin keinen Verstoß gegen den »nullum crimen«-Grundsatz; Urt. v. 3.5.2007, Rs. C–303/05 (Advocaten voor de Wereld/Leden van de Ministerraad), Slg. 2007, I–3633; kritisch hierzu *Braum*, wistra 2007, 401 (404 f.).
[24] Zur Kritik am Verzicht auf die beiderseitige Strafbarkeit *Schünemann*, StraFo 2003, 344 (347 f.).
[25] Zu den nach dem RbEuHb verbleibenden Möglichkeiten, eigene Staatsbürger vor einer Auslieferung zu schützen, *Hochmayr*, Schutz eigener Staatsbürger vor Auslieferung, in: Małolepszy/Hochmayr/Nalewajko (Hrsg.), Auslieferung eigener Staatsbürger, 2013, S. 31.
[26] Teils mit dem zusätzlichen Erfordernis einer Fristsetzung zur Vervollständigung bzw. Berichtigung.
[27] Teils auch bei Abgabe einer Erklärung, am Erfordernis der beiderseitigen Strafbarkeit auch für Katalogtaten festzuhalten; z.B. Art. 7 Abs. 4 Rb 2008/909/JI i. d. F. Rb 2009/299/JI.

Vorrang des Territorialitätsprinzips; der Vorrang der Gerichtsbarkeit des Vollstreckungsstaates; das Fehlen beiderseitiger extraterritorialer Strafgewalt bei Handlungen in Drittstaaten; das Vorliegen einer Abwesenheitsentscheidung unter anderem dann, wenn die betroffene Person nicht rechtzeitig auf offizielle Weise über den Verhandlungstermin und -ort in Kenntnis gesetzt wurde;[28] teils eine Erheblichkeitsgrenze.[29] Zu Recht wird kritisiert, dass »noch kein überzeugendes System der Ablehnungs- oder Versagungsgründe entwickelt worden« ist und Ablehnungsgründe wegen Verletzung europäischer Grundrechte (s. Rn. 13) oder politischer Verfolgung weitgehend fehlen.[30] Die jüngst erlassene EEA-RL[31] sieht als erstes Instrument der gegenseitigen Anerkennung die Möglichkeit vor, aus bestimmten Gründen die angeforderte Maßnahme durch eine andere zu ersetzen.[32]

10 Der Betroffene kann im Vollstreckungsstaat nur das Nichtvorliegen der Anerkennungsvoraussetzungen oder die Rechtswidrigkeit der Vollstreckungshandlung geltend machen.[33] Er hat keine Möglichkeit, Rechtsbehelfe gegen die sachlichen Voraussetzungen der Anordnung oder die ihr zugrunde liegende Entscheidung zu erheben. Diesbezügliche Mängel muss er im Ausstellungsstaat rügen.

III. Kritik

11 Die Übertragung des Grundsatzes der gegenseitigen Anerkennung auf Strafsachen stößt auf gewichtige Einwände.[34] Während die gegenseitige Anerkennung im Bereich des Binnenmarkts der wirtschaftlichen Liberalisierung dient, also freiheitserweiternd wirkt, ist die Wirkung in Strafsachen gerade entgegengesetzt. Hier bezieht sich der Grundsatz auf Eingriffe in staatlich gewährleistete bürgerliche Freiheitsrechte und macht diese im gesamten Unionsgebiet vollstreckbar.[35] Nur ausnahmsweise wirkt sich die gegenseitige Anerkennung in Strafsachen zugunsten des Beschuldigten aus.[36] Zugleich wird es dem Betroffenen erschwert, gerichtlichen **Rechtsschutz** zu erlangen. Gegen die Anordnung selbst kann er allein im Anordnungsstaat die dort gewährten Rechtsschutzmöglichkeiten wahrnehmen. Dies ist für den Betroffenen regelmäßig ungleich schwieriger, weil er weder die Rechtsordnung noch die Sprache kennt und der Zugang zu einem Rechts-

---

[28] Rb 2009/299/JI des Rates vom 26.2.2009 zur Änderung der Rahmenbeschlüsse 2002/584/JI (u.a.), zur Stärkung der Verfahrensrechte von Personen und zur Förderung der Anwendung des Grundsatzes der gegenseitigen Anerkennung auf Entscheidungen, die im Anschluss an eine Verhandlung ergangen sind, zu der die betroffene Person nicht erschienen ist.
[29] Z.B. keine Vollstreckung einer noch zu verbüßenden Freiheitsstrafe von weniger als vier Monaten (Art. 2 Abs. 1 Rb 2002/584/JI) oder von Geldstrafen unter 70 EUR (Art. 7 Abs. 2 Buchst. h Rb 2005/214/JI).
[30] *Vogel/Eisele*, in: Grabitz/Hilf/Nettesheim, EU, Art. 82 AEUV (August 2015), Rn. 36 f.
[31] RL 2014/41/EU vom 3.4.2014 über die Europäische Ermittlungsanordnung, ABl. 2014, L 130/1. Überblick bei *Brodowski*, ZIS 2015, 79 (94 ff.).
[32] Art. 10 Abs. 1 und Abs. 3 EEA-RL; siehe *Böse*, ZIS 2015, 152 (155 ff.); *Zimmermann*, ZStW 127 (2015), 143 (162 ff.).
[33] Zur Zulässigkeit, im Vollstreckungsstaat einen Rechtsbehelf mit aufschiebender Wirkung vorzusehen, auch wenn dieser im Rechtsakt (hier: RbEuHb) nicht vorgesehen ist, EuGH, Urt. v. 30.5.2013, Rs. C-168/13 PPU (Jeremy F.), ECLI:EU:C:2013:358, Rn. 51 ff.
[34] Für viele siehe nur *Braum*, GA 2005, 681 ff.
[35] *Leutheuser-Schnarrenberger*, S. 106 f.; *Nettesheim*, EuR 2009, 24 (40 f.).
[36] Für die Möglichkeit, Freiheitsstrafen und Bewährungsmaßnahmen im Heimatstaat des Verurteilten zu vollstrecken, siehe Art. 5 Nr. 3 RbEuHb i.d.F. Rb 2009/299/JI; Art. 3 Abs. 1, Art. 4 Abs. 1 Buchst. a i.V.m. Art. 8 Abs. 1 Rb 2008/909/JI i.d.F. Rb 2009/299/JI bzw. Art. 1 Abs. 1, 5 Abs. 1 i.V.m. Art. 8 Abs. 1 Rb 2008/947/JI i.d.F. Rb 2009/299/JI.

beistand erschwert ist.³⁷ Überdies ist nicht garantiert, dass der Betroffene sowohl im Ausstellungs- als auch im Vollstreckungsstaat einen Verteidiger hat.³⁸ Für den Europäischen Haftbefehl hat hier die RL 2013/48/EU vom 22.10.2013 über das Recht auf Zugang zu einem Rechtsbeistand in Strafverfahren und in Verfahren zur Vollstreckung des Europäischen Haftbefehls (…) Abhilfe geschaffen.³⁹

Ebenso problemträchtig ist es, einzelne Elemente des Strafverfahrens herauszugreifen und durch die gegenseitige Anerkennung in eine andere Rechtsordnung zu implementieren. Dadurch kann das austarierte System von Eingriffsbefugnissen und Rechtsschutzvorkehrungen, das eine Strafverfahrensordnung bildet, in Schieflage geraten.⁴⁰ Zusätzlich besteht die Gefahr, dass die Strafverfolgungsorgane nach jener Rechtsordnung vorgehen, die am verfolgungsfreundlichsten ist (»**forum shopping**«).⁴¹ 12

Das für die gegenseitige Anerkennung unabdingbare gegenseitige Vertrauen setzt effektive straf- und strafverfahrensrechtliche Standards, die über die Mindeststandards der EMRK hinausgehen und die Besonderheiten grenzüberschreitender Strafverfahren berücksichtigen, voraus. Diese sind allerdings erst in Ansätzen vorhanden. Ein weiteres Problem ist, dass im Strafrecht – im Unterschied zum Binnenmarktrecht – ein **ordre-public-Vorbehalt** fehlt.⁴² Eine (drohende) Verletzung europäischer Grundrechte bildet in den Rechtsakten überwiegend keinen (expliziten) Ablehnungsgrund.⁴³ Der Vorrang der Grundrechte vor der gegenseitigen Anerkennung folgt jedoch schon aus der Hierarchie des Unionsrechts. Während die Grundrechte Bestandteil des Primärrechts sind (Art. 6 Abs. 1 EUV), gehören die Ausprägungen des (nicht unmittelbar anwendbaren) Grundsatzes der gegenseitigen Anerkennung zum Sekundärrecht. Die Wahrung der Grundrechte ist deshalb dem Grundsatz der gegenseitigen Anerkennung übergeordnet.⁴⁴ In konsequenter Fortentwicklung der Soering-Judika- 13

---

³⁷ *Kirsch*, StraFo 2008, 449 (454 f.).
³⁸ Zu der Forderung einer »doppelten« notwendigen Verteidigung *Nestler*, ZStW 116 (2004), 332 (340).
³⁹ Art. 10 Abs. 1 und 4 RL 2013/48/EU, ABl. 2013, L 294/1.
⁴⁰ »Patchworkartige Strafprozessordnung«; siehe *Rosenau/Petrus*, in: Vedder/Heintschel v. Heinegg, Europäisches Unionsrecht, Art. 82 AEUV, Rn. 4; vgl. auch *Kotzurek*, ZIS 2006, 123 (125); *Perron*, ZStW 109 (1997), 281 (288). Beispielsweise kann auch das in Art. 2 Buchst. c ii) EEA-RL vorgesehene Validierungsverfahren Bedenken im Hinblick auf einen im Vollstreckungsstaat geltenden Richtervorbehalt nicht vollständig ausräumen, da die Validierung auch durch die Staatsanwaltschaft erfolgen kann. Zwar bestimmt Art. 2 Buchst. d EEA-RL, dass gegebenenfalls eine richterliche Genehmigung im Vollstreckungsstaat erforderlich ist; allerdings ist dem Richter dort die Prüfung des Tatverdachts entzogen; dazu *Böse*, ZIS 2015, 152 (157 f.); *Zimmermann*, ZStW 127 (2015), 143 (167 f.); zu den Schwächen des Prinzips der gegenseitigen Anerkennung gerade im Bereich des Beweistransfers siehe auch *Claverie-Rousset*, EuCLR 2013, 152 (156 ff.).
⁴¹ *Suhr*, in: Calliess/Ruffert, EUV/AEUV, Art. 82 AEUV, Rn. 5; vgl. auch *Nestler*, ZStW 116 (2004), 332 (342 f.); *Weigend*, ZStW 116 (2004), 275 (293).
⁴² *European Criminal Policy Initiative*, ZIS 2013, 412 (419). Skeptisch gegenüber der Leistungsfähigkeit eines europäischen ordre public in Strafsachen allerdings *Braum*, GA 2005, 681 (694).
⁴³ Nach Art. 11 Abs. 1 Buchst. f EEA-RL (dazu *Zimmermann*, ZStW 127 [2015], 143 [157 ff.]) und Art. 20 Abs. 3 Rb 2005/214/JI vom 24.2.2005 über die Anwendung des Grundsatzes der gegenseitigen Anerkennung von Geldstrafen und Geldbußen, ABl. 2005, L 76/16, kann die Vollstreckung für den Fall der Unvereinbarkeit mit europäischen Grundrechten versagt werden. Im Übrigen wird lediglich klargestellt, dass der Rechtsakt »nicht die Pflicht [berührt], die Grundrechte und die allgemeinen Rechtsgrundsätze, wie sie in Art. 6 des Vertrags über die Europäische Union niedergelegt sind, zu achten«; z.B. Art. 1 Abs. 3 RbEuHb i.d.F. Rb 2009/299/JI.
⁴⁴ EuGH, Urt. v. 30.5.2013, Rs. C–168/13 PPU (Jeremy F.), ECLI:EU:C:2013:358, Rn. 50: »Der Grundsatz der gegenseitigen Anerkennung, auf den sich das System des Europäischen Haftbefehls stützt, beruht nämlich seinerseits auf dem gegenseitigen Vertrauen der Mitgliedstaaten darauf, dass

tur des EGMR⁴⁵ ist einem Mitgliedstaat, der trotz der schon eingetretenen oder drohenden Grundrechtsverletzung eine justizielle Entscheidung anerkennt, die Grundrechtsverletzung zuzurechnen, weil gerade die Anerkennung die Verletzung eintreten lässt oder diese prolongiert.⁴⁶ Jene Mitgliedstaaten, die eine Verletzung der Grundrechte als Ablehnungsgrund akzeptieren,⁴⁷ tragen dieser menschenrechtlichen Verantwortung Rechnung. Der Auffassung des EuGH, die gegenseitige Anerkennung dürfe nur aus den im jeweiligen Rechtsakt ausdrücklich genannten Gründen abgelehnt werden,⁴⁸ ist zu widersprechen.⁴⁹ Diese jüngst entschärfte⁵⁰ Judikatur macht zugleich die Dringlichkeit deutlich, dass die Union ihrer Mitverantwortung für die Einhaltung der Grundrechte nachkommt⁵¹ und in die Rechtsakte zur gegenseitigen Anerkennung den Ablehnungsgrund einer (drohenden) Verletzung europäischer Grundrechte aufnimmt. Die ausdrückliche Aufnahme eines entsprechenden Ablehnungsgrunds in die EEA-RL ist zu begrüßen.⁵²

---

ihre jeweiligen nationalen Rechtsordnungen in der Lage sind, einen gleichwertigen und wirksamen Schutz der auf Unionsebene und insbesondere in der Charta anerkannten Grundrechte zu bieten [...]«; vgl. zur grundrechtskonformen Auslegung von Sekundärrechtsakten auch EuGH, Urt. v. 16.7.2015, Rs. C–237/15 PPU (Francis Lanigan), ECLI:EU:C:2015:474, Rn. 53 f. GA *Mengozzi*, Schlussanträge zu Rs. C–42/11 (Lopes Da Silva Jorge), ECLI:EU:C:2012:151, Rn. 28: »Somit muss – und Art. 1 Abs. 3 des Rahmenbeschlusses 2002/584 soll daran erinnern – bei der Anwendung des Grundsatzes der gegenseitigen Anerkennung im Sinne des genannten Rahmenbeschlusses die Wahrung der Grundrechte [...] oberstes Gebot sein.« Siehe auch *Vogel/Eisele*, in: Grabitz/Hilf/Nettesheim, EU, Art. 82 AEUV (August 2015), Rn. 40.
⁴⁵ EGMR, Urt. v. 7.7.1989, Beschwerde-Nr. 1/1989/161/217 (Soering/Vereinigtes Königreich), NJW 1990, 2183.
⁴⁶ *Vogel/Eisele*, in: Grabitz/Hilf/Nettesheim, EU, Art. 82 AEUV (August 2015), Rn. 40; siehe auch *Böse*, in: Schwarze, EU-Kommentar, Art. 82 AEUV, Rn. 16.
⁴⁷ Z.B. § 73 Satz 2 IRG; § 19 Abs. 4 österreichisches Bundesgesetz »Justizielle Zusammenarbeit in Strafsachen mit den Mitgliedstaaten der Europäischen Union« (EU-JZG), BGBl. I Nr. 36/2004 i.d.F. BGBl. I Nr. 107/2014.
⁴⁸ EuGH, Urt. v. 26.2.2013, Rs. C–399/11 (Melloni), ECLI:EU:C:2013:107, Rn. 35 ff.; EuGH, Urt. v. 29.1.2013, Rs. C–396/11 (Radu), ECLI:EU:C:2013:39, Rn. 36; in diese Richtung bereits EuGH, Urt. v. 1.12.2008, Rs. C–338/08 PPU (Leymann und Pustovarov), Slg. 2008, I–8983, Rn. 51; EuGH, Urt. v. 16.11.2010, Rs. C–261/09 (Mantello), Slg. 2010, I–11477, Rn. 36.
⁴⁹ Deutlich BVerfG, NJW 2016, 1149.
⁵⁰ Der EuGH akzeptiert nunmehr in engen Grenzen einen europäischen ordre public; EuGH, Urt. v. 5.4.2016, verb. Rs. C–404/15 u. C–659/15 PPU (Aranyosi und Căldăraru), ECLI:EU:C:2016:198, Rn. 82 ff., 104: Unter »außergewöhnlichen Umständen« seien Beschränkungen der Grundsätze der gegenseitigen Anerkennung und des gegenseitigen Vertrauens zwischen den Mitgliedstaaten möglich. Bei Anhaltspunkten einer »echten Gefahr« unmenschlicher oder erniedrigender Behandlung von Häftlingen im Ausstellungsmitgliedstaat müsse der Vollstreckungsstaat die Vollstreckung eines Europäischen Haftbefehls aufschieben. S. dazu *Satzger*, NStZ 2016, 514. Vgl. bereits KOM (2011) 175, S. 7, wonach keine Pflicht zur Vollstreckung eines Europäischen Haftbefehls besteht, wenn die Übergabe zur Verletzung von Grundrechten des Verfolgten wegen inakzeptabler Haftbedingungen führen würde.
⁵¹ Vgl. EuGH, Urt. v. 8.4.2014, verb. Rs. C–293/12 u. C–594/12 (Digital Rights Ireland), ECLI:EU:C:2014:238, Rn. 47 ff.; »Gewährleistungsverantwortung«: *Vogel/Eisele*, in: Grabitz/Hilf/Nettesheim, EU, Art. 82 AEUV (August 2015), Rn. 86; *Böse*, in: Schwarze, EU-Kommentar, Art. 82 AEUV, Rn. 35; *Herrnfeld*, FS Schwarze, S. 97 f.; *Schallmoser*, S. 124 ff.; vgl. auch *Roger*, GA 2010, 27 (29). Siehe auch Initiativbericht des Europäischen Parlaments vom 24.1.2014 (2013/2109[INL]), Erwägungsgrund C., F. (i) sowie Pkt. 7 d).
⁵² Vgl. Fn. 43. Anders als in der EEA-RL sollte der Ablehnungsgrund aber obligatorischer Natur sein.

IV. Gegenstand: gerichtliche Urteile und Entscheidungen

Der gegenseitigen Anerkennung sind ausschließlich Entscheidungen, die ein **richterliches Organ** gefällt hat, zugänglich (Art. 82 Abs. 1 UAbs. 1, UAbs. 2 Buchst. a AEUV). Der Grund für diese Beschränkung liegt darin, dass gerichtliche Entscheidungen den Garantien von Art. 6 EMRK, Art. 47 GRC zu entsprechen haben und damit besonders vertrauenswürdig sind.[53] Nicht-gerichtlichen Entscheidungen kommt dieses Vertrauen nicht zu. Sie können auch nicht über Art. 82 Abs. 1 UAbs. 2 Buchst. d AEUV zum Gegenstand der gegenseitigen Anerkennung gemacht werden. Der Vertragstext beschränkt die gegenseitige Anerkennung bereits programmatisch auf gerichtliche Urteile und Entscheidungen (Art. 82 Abs. 1 UAbs. 1 AEUV) und unterscheidet auch im Übrigen deutlich zwischen der gegenseitigen Anerkennung und der (bloßen) Erleichterung der Zusammenarbeit.[54] Würde man dies anders sehen, wäre Art. 82 Abs. 1 UAbs. 2 Buchst. a AEUV überflüssig, weil die gegenseitige Anerkennung gerichtlicher Entscheidungen ohnedies von Buchst. d erfasst wäre. Die Mitgliedstaaten können mithin seit der Vertragsreform zur gegenseitigen Anerkennung von Entscheidungen von Staatsanwaltschaften oder im Vorverfahren beteiligten Polizeibehörden nicht mehr verpflichtet werden.[55] Diese Begrenzung wird in der EEA-RL nicht hinreichend beachtet.[56] Es spielt im Übrigen keine Rolle, in welchem Verfahrensstadium die gerichtliche Entscheidung getroffen wurde. Auch richterliche Entscheidungen im Vorverfahren, Rechtsmittelverfahren, Vollstreckungsverfahren oder Rechtshilfeverfahren können zum Gegenstand der gegenseitigen Anerkennung gemacht werden.[57]

14

V. Maßnahmen (UAbs. 2)

Zur konkreten Ausformung des Grundsatzes der gegenseitigen Anerkennung ermächtigt Art. 82 Abs. 1 UAbs. 2 AEUV den Rat und das Europäische Parlament, Maßnahmen im ordentlichen Gesetzgebungsverfahren zu erlassen. Zur Handlungsform s. Rn. 23. Die Aufzählung der Bereiche, die Gegenstand entsprechender Maßnahmen sein dürfen, ist abschließend.[58] Buchst. a betrifft die gegenseitige Anerkennung im eigentlichen Sinn. Buchst. b-d beziehen sich auf Maßnahmen zur Stärkung des wechselseitigen Vertrauens als Grundlage der gegenseitigen Anerkennung. Aus dem Wortlaut von Art. 82 Abs. 1 UAbs. 1 AEUV und der Systematik des Art. 82 AEUV[59] folgt, dass nach Maßgabe des

15

---

[53] Vgl. *Vogel/Eisele,* in: Grabitz/Hilf/Nettesheim, EU, Art. 82 AEUV (August 2015), Rn. 42 f.; *Satzger,* in: Streinz, EUV/AEUV, Art. 82 AEUV, Rn. 9.

[54] Art. 82 Abs. 1 UAbs. 2 Buchst. a und d, Abs. 2 AEUV.

[55] So auch *Safferling,* Internationales Strafrecht, 2011, § 10, Rn. 76. Dagegen erwägen *Vogel/Eisele,* in: Grabitz/Hilf/Nettesheim, EU, Art. 82 AEUV (August 2015), Rn. 44, vor dem Hintergrund anderer Sprachfassungen (»judgements and judicial decisions«; »jugements et décisions judiciaires«) Entscheidungen von Staatsanwaltschaften und Polizeibehörden einzubeziehen, wenn diesen eine »in der Sache unabhängige, unparteiische Sachprüfung nach Recht und Gesetz vorausgegangen ist«; zustimmend *Böse,* in: Schwarze, EU-Kommentar, Art. 82 AEUV, Rn. 24. Der EuGH setzt die Entscheidung einer Justizbehörde mit einer gerichtlichen Kontrolle gleich, was für die hier vertretene engere Auslegung spricht; EuGH, Urt. v. 30.5.2013, Rs. C–168/13 PPU (Jeremy F.), ECLI:EU:C:2013:358, Rn. 45 ff.

[56] Art. 2 Buchst. c EEA-RL.

[57] *Vogel/Eisele,* in: Grabitz/Hilf/Nettesheim, EU, Art. 82 AEUV (August 2015), Rn. 43.

[58] Siehe nur *Satzger,* in: Streinz, EUV/AEUV, Art. 82 AEUV, Rn. 17.

[59] Die Angleichung des Strafverfahrensrechts darf gemäß Art. 82 Abs. 2 AEUV nur durch Richtlinien erfolgen und ist auf bestimmte Aspekte des Strafverfahrens beschränkt. Die für die Rechtsangleichung unabdingbare Notbremse des Absatzes 3 kommt nur in Bezug auf Absatz 2 zur Anwendung.

Art. 82 Abs. 1 UAbs. 2 AEUV nur die grenzüberschreitende Zusammenarbeit (Rechtshilfe) geregelt werden darf, nicht das innerstaatliche Strafprozessrecht.[60]

1. Festlegung von Regeln und Verfahren (Buchst. a)

16 Die Ermächtigung bezieht sich auf die sekundärrechtliche Umsetzung des Anerkennungsprinzips. Sie ist auf gerichtliche Entscheidungen beschränkt (s. Rn. 14). Auf der Grundlage von Art. 31 EUV a. F. wurden zahlreiche Rechtsakte verabschiedet, die nunmehr grundsätzlich unter diese Kompetenznorm fielen:[61]
- Rb 2002/584/JI vom 13. 6. 2002 über den Europäischen Haftbefehl und die Übergabeverfahren zwischen den Mitgliedstaaten (RbEuHb), ABl. 2002, L 190/1, geändert durch Rb 2009/299/JI, ABl. 2009, L 81/24
- Rb 2003/577/JI vom 22. 7. 2003 über die Vollstreckung von Entscheidungen über die Sicherstellung von Vermögensgegenständen oder Beweismitteln in der Europäischen Union, ABl. 2003, L 196/45
- Rb 2005/214/JI vom 24. 2. 2005 über die Anwendung des Grundsatzes der gegenseitigen Anerkennung von Geldstrafen und Geldbußen, ABl. 2005, L 76/16, geändert durch Rb 2009/299/JI, ABl. 2009, L 81/24
- Rb 2006/738/JI vom 6. 10. 2006 über die Anwendung des Grundsatzes der gegenseitigen Anerkennung auf Einziehungsentscheidungen, ABl. 2006, L 328/59, geändert durch Rb 2009/299/JI, ABl. 2009, L 81/24
- Rb 2008/675/JI vom 24. 7. 2008 zur Berücksichtigung der in anderen Mitgliedstaaten der Europäischen Union ergangenen Verurteilungen in einem neuen Strafverfahren, ABl. 2008, L 220/32
- Rb 2008/909/JI vom 27. 11. 2008 über die Anwendung des Grundsatzes der gegenseitigen Anerkennung auf Urteile in Strafsachen, durch die eine freiheitsentziehende Strafe oder Maßnahme verhängt wird, für die Zwecke ihrer Vollstreckung in der Europäischen Union, ABl. 2008, L 327/27, geändert durch Rb 2009/299/JI, ABl. 2009, L 81/24
- Rb 2008/947/JI vom 27. 11. 2008 über die Anwendung des Grundsatzes der gegenseitigen Anerkennung auf Urteile und Bewährungsentscheidungen im Hinblick auf die Überwachung von Bewährungsmaßnahmen und alternativen Sanktionen, ABl. 2008, L 337/102, geändert durch Rb 2009/299/JI, ABl. 2009, L 81/24
- Rb 2008/978/JI vom 18. 12. 2008 über die Europäische Beweisanordnung zur Erlangung von Sachen, Schriftstücken und Daten zur Verwendung in Strafsachen (RbEBA), ABl. 2008, L 350/60, aufgehoben durch Art. 1, 9. Gedstr. VO (EU) 2016/95 vom 20. 1. 2016 zur Aufhebung bestimmter Rechtsakte im Bereich der polizeilichen und justiziellen Zusammenarbeit in Strafsachen, ABl. 2016, L 26/9
- Rb 2009/299/JI vom 26. 2. 2009 (…) zur Förderung der Anwendung des Grundsatzes der gegenseitigen Anerkennung auf Entscheidungen, die im Anschluss an eine Verhandlung ergangen sind, zu der die betroffene Person nicht erschienen ist, ABl. 2009, L 81/24

---

[60] *Böse*, in: Schwarze, EU-Kommentar, Art. 82 AEUV, Rn. 22; *Satzger*, in: Streinz, EUV/AEUV, Art. 82 AEUV, Rn. 19 f.; *Vogel/Eisele*, in: Grabitz/Hilf/Nettesheim, EU, Art. 82 AEUV (August 2015), Rn. 50. *Satzger* und *Vogel/Eisele* halten aber »dienende Begleitregelungen« zum nationalen Strafverfahrensrecht für zulässig.
[61] Die Rechtsakte haben nach Art. 9 des Protokolls Nr. 36 über die Übergangsbestimmungen, ABl. 2012, C 326/322, ihre Gültigkeit behalten.

– Rb 2009/829/JI vom 23.10.2009 über die Anwendung des Grundsatzes der gegenseitigen Anerkennung auf Entscheidungen über Überwachungsmaßnahmen als Alternative zur Untersuchungshaft, ABl. 2009, L 294/20

Nach Inkrafttreten der Vertragsreform wurden die Richtlinie über die Europäische Schutzanordnung und die EEA-RL erlassen, die sich jeweils auf Art. 82 Abs. 1 UAbs. 2 Buchst. a und d AEUV stützen.[62] Erstere betrifft allerdings rein präventive Maßnahmen zum Schutz vor strafbaren Handlungen, die keine »Strafsache« im Sinne von Art. 82 AEUV (s. Rn. 2) darstellen.[63] Zudem enthält Art. 82 AEUV keine Ermächtigung, zur gegenseitigen Anerkennung von nicht-gerichtlichen Entscheidungen anzuweisen (s. Rn. 14). Aus dem letztgenannten Grund sind auch gegen die EEA-RL kompetenzrechtliche Bedenken anzumelden.[64]

2. Verhinderung und Beilegung von Kompetenzkonflikten (Buchst. b)

Diese Kompetenznorm steht in engem Zusammenhang mit dem Doppelverfolgungsverbot nach Art. 54 ff. SDÜ und Art. 50 GRC. Das Doppelverfolgungsverbot schützt erst dann vor einer mehrfachen Strafverfolgung, wenn eine erste bestandskräftige Entscheidung wegen derselben Tat vorliegt (s. Art. 50 GRC, Rn. 23). Die bis zu diesem Zeitpunkt zulässige **parallele Strafverfolgung** bedeutet eine erhebliche Belastung des Beschuldigten. Auch stellt sie aus europäischer Perspektive keinen sinnvollen Einsatz der Ressourcen der Strafverfolgungsbehörden dar.[65] Durch eine Maßnahme nach Art. 82 Abs. 1 UAbs. 2 Buchst. b AEUV sollen Kompetenzkonflikte von vornherein verhindert oder beigelegt werden. Ein erster, allerdings unzureichender Ansatz hierzu ist der auf der Grundlage von Art. 31 Buchst. d EUV a.F. erlassene Rahmenbeschluss zur Vermeidung und Beilegung von Kompetenzkonflikten.[66] Die Ermächtigung erstreckt sich nicht nur auf positive, sondern auch auf negative Kompetenzkonflikte.[67] Eine Harmonisierung des Strafanwendungsrechts, das innerstaatlich überwiegend im materiellen Strafrecht, teils im Strafprozessrecht geregelt ist,[68] ist auf dieser Grundlage nicht zulässig, weil Art. 82 Abs. 1 UAbs. 1 AEUV die Rechtsangleichung auf die in Abs. 2 und in Art. 83 AEUV genannten Bereiche beschränkt.[69]

---

[62] RL 2011/99/EU vom 13.12.2011 über die Europäische Schutzanordnung, ABl. 2011, L 338/2; EEA-RL, ABl. 2014, L 130/1.
[63] Siehe die Bedenken der Kommission, referiert in Ratsdok. 8703/10 vom 19.4.2010, S. 3; Beschluss des Bundesrates zur Initiative für eine Richtlinie des Europäischen Parlaments und des Rates über die europäische Schutzanordnung, 26.3.2010, BR-Drs. 43/10. Zweifelnd auch *Bock*, ZIS 2013, 201 (210). A.A. *Vogel/Eisele*, in: Grabitz/Hilf/Nettesheim, EU, Art. 82 AEUV (August 2015), Rn. 13.
[64] Vgl. Art. 2 Buchst. c EEA-RL; vgl. auch Rn. 14.
[65] Zu den Nachteilen einer parallelen Strafverfolgung näher *Eisele*, ZStW 125 (2013), 1 (6 ff.).
[66] Rb 2009/948/JI vom 30.11.2009 zur Vermeidung und Beilegung von Kompetenzkonflikten in Strafverfahren, ABl. 2009, L 328/42. Zu den Defiziten des Rahmenbeschlusses und alternativen Lösungsmöglichkeiten *Sinn*, Modellentwürfe eines Regelungsmechanismus zur Vermeidung von Jurisdiktionskonflikten, in: Sinn (Hrsg.), S. 575 (577 f.); *Zimmermann*, Strafgewaltkonflikte in der Europäischen Union, 2015, S. 305 ff., 320 ff.; zusammenfassender Überblick bei *Eisele*, ZStW 125 (2013), 1 (21 ff.).
[67] Ebenso *Vogel/Eisele*, in: Grabitz/Hilf/Nettesheim, EU, Art. 82 AEUV (August 2015), Rn. 73.
[68] *Sinn*, Das Strafanwendungsrecht als Schlüssel zur Lösung von Jurisdiktionskonflikten? Rechtsvergleichende Beobachtungen, in: Sinn (Hrsg.), S. 501 (502 f.).
[69] *Safferling*, Internationales Strafrecht, § 10, Rn. 75. Im Ergebnis auch *Eisele*, ZStW 125 (2013), 1 (12 ff.) mit Verweis auf den strafrechtsspezifischen Schonungsgrundsatz und das Verhältnismäßigkeitsprinzip. A.A. *Vogel/Eisele*, in: Grabitz/Hilf/Nettesheim, EU, Art. 82 AEUV (August 2015), Rn. 74, für eine flächendeckende Harmonisierung des Strafanwendungsrechts aber am in Art. 4

Die Einbindung von Eurojust ermöglicht Art. 85 Abs. 1 UAbs. 2 Buchst. c AEUV.[70]

3. Weiterbildung von Richtern, Staatsanwälten und Justizbediensteten (Buchst. c)

19 Zur Effektivierung der gegenseitigen Anerkennung, aber auch zur Förderung des für die gegenseitige Anerkennung notwendigen Vertrauens können Weiterbildung und Austausch von Richtern, Staatsanwälten und sonstigen Justizbediensteten gefördert werden, beispielsweise durch Programme zur Finanzierung von Weiterbildungsmaßnahmen oder durch die Schaffung von Institutionen der Weiterbildung oder von gemeinsamen Datenbanken für den zur Weiterbildung notwendigen Wissenstransfer.[71] Zu bemängeln ist, dass die Förderung von Weiterbildungsmaßnahmen grenzüberschreitend tätiger Strafverteidiger nicht einbezogen ist.[72]

4. Erleichterung der Zusammenarbeit im Rahmen der Strafverfolgung, des Vollzugs und der Vollstreckung von Entscheidungen (Buchst. d)

20 Nach Buchst. d können Maßnahmen zur Erleichterung der Zusammenarbeit im Rahmen der Strafverfolgung sowie des Vollzugs und der Vollstreckung von Entscheidungen beschlossen werden. Die Ermächtigung reicht weit, denn sie umfasst auch die Zusammenarbeit von den Justizbehörden entsprechenden Behörden sowie die Erleichterung des Vollzugs und der Vollstreckung nicht-gerichtlicher Entscheidungen. Zudem braucht die Zusammenarbeit lediglich »im Rahmen« der Strafverfolgung sowie des Vollzugs und der Vollstreckung zu erfolgen. In erster Linie ist an die Kooperation bei Verfahren zur Verhängung und Vollstreckung von Administrativsanktionen zu denken.[73] Auf der Grundlage von Buchst. d können auch, soweit nicht eigene Kompetenzgrundlagen bestehen,[74] Kontaktstellennetze für den direkten Austausch geschaffen werden, wie das bereits 1998 errichtete Europäische Justizielle Netz (EJN).[75] Die Zusammenarbeit im Bereich der Vollstreckung von Entscheidungen erfolgte in den letzten Jahren durch die Übertragung des Grundsatzes der gegenseitigen Anerkennung. Da Buchst. a für die gegenseitige Anerkennung eine spezielle Ermächtigungsgrundlage vorsieht, die auf gerichtliche Entscheidungen beschränkt ist, kann Buchst. d allerdings nicht für die gegen-

---

Abs. 2, 3 EUV verankerten strafrechtlichen Schonungsgrundsatz und am Verhältnismäßigkeitsprinzip des Art. 5 Abs. 4 EUV scheitert.

[70] Schon nach dem derzeitigen Rahmenbeschluss 2009/948/JI ist Eurojust mit Vermittlungsaufgaben betraut.

[71] *Kotzur*, in: Geiger/Khan/Kotzur, EUV/AEUV, Art. 82 AEUV, Rn. 8; *Rosenau/Petrus* in: Vedder/Heintschel v. Heinegg, Europäisches Unionsrecht, Art. 82 AEUV, Rn. 13.

[72] *Vogel/Eisele*, in: Grabitz/Hilf/Nettesheim, EU, Art. 82 AEUV (August 2015), Rn. 77. VO (EU) Nr. 1382/2013 vom 17. 12. 2013 zur Errichtung des Programms »Justiz« für den Zeitraum 2014 bis 2020, ABl. 2013, L 354/73, die u. a. der Erleichterung der justiziellen Zusammenarbeit in Zivil- und Strafsachen dient, bezieht in Art. 6 Abs. 1 Buchst. b Schulungsmaßnahmen für Angehörige (allgemein) der Rechtsberufe und der Rechtspflege ein.

[73] *Vogel/Eisele*, in: Grabitz/Hilf/Nettesheim, EU, Art. 82 AEUV (August 2015), Rn. 66, nennen als Beispiele für »entsprechende Behörden« »Verwaltungsbehörden mit Strafverfolgungsbefugnissen wie Steuer- oder Zollbehörden sowie Vollzugs- und Vollstreckungsbehörden aller Art bis hin zur Gerichtshilfe«. Als nicht-justizielle Entscheidungen kämen »Anordnungen von Steuer- oder Vollzugsbehörden […] in Strafsachen« in Betracht.

[74] Für Eurojust s. Art. 85 AEUV.

[75] Das Netz beruht aktuell auf dem Beschluss des Rates 2008/976/JI über das Europäische Justizielle Netz, ABl. 2008, L 348/130.

seitige Anerkennung nicht-gerichtlicher Entscheidungen herangezogen werden. Es gibt demnach keinen Kompetenztitel für die gegenseitige Anerkennung nicht-gerichtlicher Entscheidungen (s. Rn. 14).

Der Erleichterung der Zusammenarbeit im Rahmen der Strafverfolgung und der Vollstreckung von Entscheidungen dient auch der **Austausch von Daten**.[76] Hinzuweisen ist insoweit auf das Schengener Informationssystem, den Prümer Vertrag,[77] den Beschluss 2005/671/JI vom 20.9.2005 über den Informationsaustausch und die Zusammenarbeit betreffend terroristische Straftaten[78] und den Beschluss 2009/316/JI vom 6.4.2009 zur Errichtung des Europäischen Strafregisterinformationssystems (ECRIS)[79] i.V.m. dem Rahmenbeschluss 2009/315/JI vom 26.2.2009 über die Durchführung und den Inhalt des Austauschs von Informationen aus dem Strafregister zwischen den Mitgliedstaaten.[80] Mit dem Rahmenbeschluss 2008/977/JI vom 27.11.2008 über den Schutz personenbezogener Daten[81] wurde eine erste Maßnahme gegen den unzureichenden Schutz des Grundrechts auf Datenschutz ergriffen. Der Rahmenbeschluss wurde jüngst durch eine Richtlinie ersetzt.[82]

VI. Schranken

Bei der Ausübung der Kompetenz sind die für jede geteilte Zuständigkeit geltenden Schranken zu beachten: Die Maßnahme muss mit den grundlegenden politischen und verfassungsmäßigen Strukturen der Mitgliedstaaten vereinbar sein (Art. 4 Abs. 2 EUV; Art. 67 Abs. 1 AEUV). Sie darf nur dann erlassen werden, wenn ihre Ziele von den Mitgliedstaaten nicht ausreichend verwirklicht werden können, sondern wegen ihres Umfangs oder ihrer Wirkungen auf Unionsebene besser zu verwirklichen sind (Subsidiaritätsprinzip, Art. 5 Abs. 3 EUV). Dazu bedarf es des Nachweises von Defiziten der bisherigen Zusammenarbeit, die ein Tätigwerden des Unionsgesetzgebers erforderlich machen.[83] Des Weiteren darf die Maßnahme nicht über das zur Erreichung der Ziele der Verträge erforderliche Maß hinausgehen (Verhältnismäßigkeitsprinzip, Art. 5 Abs. 4 EUV). Nicht zuletzt muss die Maßnahme mit den Grundrechten (Art. 6 EUV) vereinbar sein. Im Hinblick auf die **Mitverantwortung der Union** für die Wahrung der Grundrechte bei der justiziellen Zusammenarbeit ist bereits in den Sekundärrechtsakten dafür Sorge zu tragen, dass es nicht zu Grundrechtsverletzungen kommt (s. Rn. 13). Ein Unionsrechtsakt muss »klare und präzise Regeln für die Tragweite« des Eingriffs in die Grundrechte »und die Anwendung der fraglichen Maßnahme vorsehen und Mindestanforderungen aufstellen […], die einen wirksamen Schutz […] vor Missbrauchsrisiken« gewährleisten.[84]

---

[76] Eine Kompetenzgrundlage für den Datenaustausch zu Zwecken der polizeilichen Zusammenarbeit enthält Art. 87 Abs. 1, Abs. 2 Buchst. a AEUV.
[77] BGBl. II 2006, S. 626.
[78] ABl. 2005, L 253/22.
[79] ABl. 2009, L 93/33.
[80] ABl. 2009, L 93/23.
[81] ABl. 2008, L 350/60, berichtigt in ABl. 2014, L 52/18.
[82] RL 2016/680/EU vom 27.4.2016 zum Schutz natürlicher Personen bei der Verarbeitung personenbezogener Daten durch die zuständigen Behörden zum Zwecke der Verhütung, Aufdeckung, Untersuchung oder Verfolgung von Straftaten oder der Strafvollstreckung sowie zum freien Datenverkehr und zur Aufhebung des Rahmenbeschlusses 2008/977/JI des Rates, ABl. 2016, L 119/89.
[83] *Vogel/Eisele*, in: Grabitz/Hilf/Nettesheim, EU, Art. 82 AEUV (August 2015), Rn. 60.
[84] EuGH, Urt. v. 8.4.2014, verb. Rs. C-293/12 u. C-594/12 (Digital Rights Ireland), ECLI:EU:

VII. Verfahren

23 Die Maßnahmen sind im ordentlichen Gesetzgebungsverfahren zu erlassen (Art. 293 ff. AEUV). Das Initiativrecht kommt neben der Kommission einem Viertel der Mitgliedstaaten zu (Art. 76 Buchst. b AEUV). Als Handlungsform ist die Richtlinie zu bevorzugen. Von einer Verordnung darf im Hinblick auf den Verhältnismäßigkeitsgrundsatz (Art. 5 Abs. 4 EUV) nur ausnahmsweise Gebrauch gemacht werden. Daneben sind allgemeinverbindliche Beschlüsse möglich.[85] Das **Notbremse-Verfahren** ist nach dem eindeutigen Wortlaut des Art. 82 Abs. 3 AEUV auf Maßnahmen nach Absatz 1 **nicht anwendbar**.[86] Der gefundene Kompromiss in der umstrittenen Frage, ob qualifizierte Mehrheitsentscheidungen in der justiziellen Zusammenarbeit in Strafsachen zulässig sind, bestand nämlich darin, nur bei der Angleichung des Straf- und Strafverfahrensrechts ein »weiches« Vetorecht zuzulassen. Unberücksichtigt blieb, dass auch die gegenseitige Anerkennung mit grundlegenden Aspekten der Strafrechtsordnung unvereinbar sein kann. Den überstimmten Mitgliedstaaten bleibt insoweit nur die Möglichkeit einer Nichtigkeitsklage wegen Missachtung der nationalen Identität (Art. 4 Abs. 2 EUV).[87]

C. Angleichung des Strafverfahrensrechts (Abs. 2, 3)

I. Allgemeines

24 Der Angleichung des Strafverfahrensrechts kommt eine lediglich komplementäre Funktion zu.[88] Eine Harmonisierung darf nur erfolgen, soweit sie zur Erleichterung der gegenseitigen Anerkennung und der polizeilichen und justiziellen Zusammenarbeit in Strafsachen mit grenzüberschreitender Dimension erforderlich ist. Durch die Festlegung von Mindeststandards soll das wechselseitige Vertrauen in die rechtsstaatliche Verfahrensweise eines anderen Mitgliedstaates als Grundlage der gegenseitigen Anerkennung bestärkt werden.[89] Diese funktionale Konzeption der Angleichungsermächtigung bedingt zugleich die Grenzen ihrer Ausübung (s. Rn. 31). »Strafverfahren« meint alle Verfahren in Strafsachen im unionsrechtlichen (weiten) Sinne (s. Rn. 2).[90] Die für eine Angleichung in Betracht kommenden Aspekte des Strafverfahrens werden in UAbs. 2 aufgezählt. Da eine Erweiterung auf »sonstige spezifische Aspekte des Strafverfahrens« gemäß Buchst. d einen einstimmigen Ratsbeschluss und die Zustimmung des Europäischen Parlaments erfordert, ist die Aufzählung als abschließend zu verstehen.

C:2014:238, Rn. 54, 65. Siehe auch Rn. 60 ff.: Soweit mit Unionsrechtsakten eine Einschränkung von Grundrechten verbunden ist, muss der Unionsgesetzgeber selbst notwendige grundrechtsschützende Mechanismen, z. B. materiell- und verfahrensrechtliche Voraussetzungen vorsehen; vgl. *Satzger*, Internationales und Europäisches Strafrecht, 7. Aufl., 2016, § 7, Rn. 16.

[85] *Böse*, in: Schwarze, EU-Kommentar, Art. 82 AEUV, Rn. 19.
[86] *Böse*, in: Schwarze, EU-Kommentar, Art. 82 AEUV, Rn. 21; *Suhr*, in: Calliess/Ruffert, EUV/AEUV, Art. 82 AEUV, Rn. 11. Eine analoge Anwendbarkeit erwägend *Satzger*, in: Streinz, EUV/AEUV, Art. 82 AEUV, Rn. 19, 21; ablehnend *Vogel/Eisele*, in: Grabitz/Hilf/Nettesheim, EU, Art. 82 AEUV (August 2015), Rn. 50.
[87] *Hatje*, in: Schwarze, EU-Kommentar, Art. 4 EUV, Rn. 17.
[88] *Satzger* in: Streinz, EUV/AEUV, Art. 82 AEUV, Rn. 11.
[89] *Böse*, in: Schwarze, EU-Kommentar, Art. 82 AEUV, Rn. 35; *Vogel/Eisele*, in: Grabitz/Hilf/Nettesheim, EU, Art. 82 AEUV (August 2015), Rn. 47, 85; *Zöller*, Neue unionsrechtliche Strafgesetzgebungskompetenzen nach dem Vertrag von Lissabon, FS Schenke, 2009, S. 579 (593).
[90] Vgl. *Vogel/Eisele,* in: Grabitz/Hilf/Nettesheim, EU, Art. 82 AEUV (August 2015), Rn. 87.

II. Gegenstand (Abs. 2 UAbs. 2)

1. Zulässigkeit von Beweismitteln (Buchst. a)

Die Ermächtigung bezieht sich auf die Zulassung von in einem anderen Mitgliedstaat nach dort geltendem Recht gewonnenen Beweisen. Art. 82 Abs. 2 UAbs. 2 Buchst. a AEUV ermächtigt insoweit zum Erlass von Mindestvorschriften zur **Verwertung von Auslandsbeweisen** und – im erforderlichen Maße – zu den diesbezüglich vorausgesetzten Standards der Beweiserhebung.[91] Die Schaffung von Mindestvorschriften über die Zulassung von (erhobenen) Beweismitteln bedeutet keine gegenseitige Anerkennung von Beweismitteln. Ungeachtet der Erwähnung des Gegenseitigkeitserfordernisses dienen die Mindestvorschriften nur mittelbar der gegenseitigen Anerkennung, indem sie das Vertrauen in die Rechtsstaatlichkeit der Strafrechtspflege stärken.[92] Auch die gegenseitige Anerkennung von Beweisanordnungen oder eine sonstige Kooperation bei der grenzüberschreitenden Beweiserhebung ist nicht Gegenstand dieser Kompetenznorm: Die Europäische Ermittlungsanordnung selbst richtet sich grundsätzlich nach der Prozessordnung des Anordnungsstaates, ihre Vollstreckung nach dem Recht des Vollstreckungsstaates.[93] Eine Angleichung findet also nicht statt, vielmehr handelt es sich um (bloße) Rechtshilfe, die in den Anwendungsbereich des Art. 82 Abs. 1 UAbs. 2 AEUV fällt.[94]

Nach Art. 86 Abs. 3 AEUV sind in der Verordnung zur Einsetzung einer Europäischen Staatsanwaltschaft auch Regeln für die Zulässigkeit von Beweismitteln festzulegen. Diese bestimmen, unter welchen Voraussetzungen ein mitgliedstaatliches Gericht Beweise zulassen muss, die von der Europäischen Staatsanwaltschaft in einem anderen Mitgliedstaat nach dessen Verfahrensrecht erhoben wurden.[95] Im Unterschied hierzu können nach Art. 82 Abs. 2 UAbs. 2 Buchst. a AEUV nur mittels Richtlinie **Mindestvorschriften** über die Zulässigkeit von im Ausland erhobenen Beweismitteln festgelegt werden. Mindestvorschriften können nicht dazu verpflichten, nach ausländischem Recht gewonnene Beweismittel zu verwerten. Sie können nur die Grenzen der Verwertbarkeit von Auslandsbeweisen festlegen und auf diese Weise dazu beitragen, dass sich in der Union Mindeststandards für die Beweiserhebung und -verwertung etablieren. Eine

---

[91] *Böse*, in: Schwarze, EU-Kommentar, Art. 82 AEUV, Rn. 44; *Satzger*, in: Streinz, EUV/AEUV, Art. 82 AEUV, Rn. 58 f.; *Vogel/Eisele*, in: Grabitz/Hilf/Nettesheim, EU, Art. 82 AEUV (August 2015), Rn. 97; vgl. auch *Gleß*, ZStW 115 (2003), 131 (139 ff.).

[92] Vgl. *Böse*, in: Schwarze, EU-Kommentar, Art. 82 AEUV, Rn. 44. Siehe auch das Haager Programm, KOM (2005) 184 endg.: »Für die Schaffung gegenseitigen Vertrauens und die Umsetzung des Grundsatzes der gegenseitigen Anerkennung im Bereich der Strafjustiz spielt die Annäherung gewisser prozessrechtlicher Vorschriften und die Einführung von Mindeststandards (ne bis in idem, Beweiserhebung, Abwesenheitsurteile) eine wesentliche Rolle.«

[93] *Böse*, ZIS 2015, 152 ff.; *Gleß*, Europäisches Beweisrecht, in: Sieber/Satzger/v. Heintschel-Heinegg (Hrsg.), S. 692 f. Bemerkenswert ist allerdings der in Art. 2 Buchst. c EEA-RL vorgesehene »Justizvorbehalt« für die Anordnung, da dieser gegebenenfalls über die Anforderungen hinausgeht, die bei der innerstaatlichen Beweiserhebung im Anordnungsstaat zu beachten wären.

[94] *Böse*, in: Schwarze, EU-Kommentar, Art. 82 AEUV, Rn. 44; *Satzger*, in: Streinz, EUV/AEUV, Art. 82 AEUV, Rn. 58; *Vogel/Eisele*, in: Grabitz/Hilf/Nettesheim, EU, Art. 82 AEUV (August 2015), Rn. 97. A. A. *Rosenau/Petrus*, in: Vedder/Heintschel v. Heinegg, Europäisches Unionsrecht, Art. 82 AEUV, Rn. 16.

[95] *Vogel/Eisele*, in: Grabitz/Hilf/Nettesheim, EU, Art. 86 AEUV (August 2015), Rn. 58. Siehe Art. 30 Abs. 1 des Vorschlags für eine Verordnung über die Errichtung einer Europäischen Staatsanwaltschaft, COM(2013) 534 final; zur Kritik siehe Ratsdok. 6490/14 vom 19.2.2014, S. 4; zum aktuellen Stand siehe Ratsdok. 10830/16 vom 11.7.2016 (Art. 31).

allgemeine Harmonisierung des Beweisgewinnungs- und -verwertungsrechts durch die Union ist nicht zulässig.[96] Soweit die Mitgliedstaaten die Regeln nicht überobligatorisch auch auf Inlandsbeweise anwenden, wird die Richtlinie zu einem Nebeneinander des innerstaatlichen und des unionsrechtlichen Beweissystems führen. Da nur Mindestvorschriften bestimmt werden dürfen, bleiben strengere innerstaatliche Standards für die Erhebung und Zulassung von Beweismitteln unberührt (s. Rn. 32).[97]

2. Rechte des Einzelnen im Strafverfahren (Buchst. b)

27 Auf der Grundlage von Art. 82 Abs. 2 UAbs. 2 Buchst. b AEUV können Mindestvorschriften über die Rechte des Einzelnen im Strafverfahren festgelegt werden. Ein unionsweiter Mindeststandard an Verfahrensrechten, der über die Mindestgarantien der EMRK und der GRC hinausgeht, ist unabdingbar für das vom Grundsatz der gegenseitigen Anerkennung vorausgesetzte wechselseitige Vertrauen in die Rechtsstaatlichkeit aller Mitgliedstaaten. Notwendig sind insbesondere prozessuale Mindestrechte für Verfahren, die der gegenseitigen Anerkennung, wie der Vollstreckung des Europäischen Haftbefehls, dienen. Da der EGMR bislang die Anwendung von Art. 6 EMRK auf Übergabeverfahren ablehnt, besteht insoweit eine Schutzlücke.[98] Gleichwohl hat sich die Union erst spät zu einer Verbesserung der **Rechte des Beschuldigten** durchgerungen. 2009 legte der Rat einen »Fahrplan zur Stärkung der Verfahrensrechte von Verdächtigen oder Beschuldigten in Strafverfahren« vor.[99] Von diesem wurden bisher folgende Maßnahmen beschlossen: die Richtlinie über das Recht auf Dolmetschleistungen und Übersetzungen in Strafverfahren,[100] die Richtlinie über das Recht auf Belehrung in Strafverfahren,[101] die Richtlinie über das Recht auf Zugang zu einem Rechtsbeistand in Strafverfahren und in Verfahren zur Vollstreckung des Europäischen Haftbefehls sowie über das Recht auf Benachrichtigung eines Dritten bei Freiheitsentzug und das Recht auf Kommunikation mit Dritten und mit Konsularbehörden während des Freiheitsentzugs,[102] die Richtlinie über die Stärkung bestimmter Aspekte der Unschuldsvermutung und des Rechts auf Anwesenheit in der Verhandlung in Strafverfahren,[103] sowie die Richtlinie über Verfahrensgarantien in Strafverfahren für Kinder, die Verdächtige oder beschuldigte Personen in Strafverfahren sind.[104] Die weiteren im »Fahrplan« vorgese-

---

[96] Argumento »Zulässigkeit von Beweismitteln […] zwischen den Mitgliedstaaten«; vgl. *Vogel/Eisele*, in: Grabitz/Hilf/Nettesheim, EU, Art. 82 AEUV (August 2015), Rn. 97.
[97] Einschränkend *Böse*, in: Schwarze, EU-Kommentar, Art. 82 AEUV, Rn. 53: das innerstaatliche Verwertungsverbot müsse sich unmittelbar auf ein subjektives Recht zurückführen lassen.
[98] EGMR, Ent. v. 7.10.2008, Beschwerde-Nr. 41138/05 (Monedero Angora/Spanien) (im Internet abrufbar unter: http://www.echr.coe.int); vgl. *Polakiewicz*, EuGRZ 2010, 11 (17).
[99] Entschließung des Rates vom 30.11.2009 über einen Fahrplan zur Stärkung der Verfahrensrechte von Verdächtigen oder Beschuldigten in Strafverfahren, ABl. 2009, C 295/1. Der Fahrplan wurde ins Stockholmer Programm aufgenommen; ABl. 2010, C 115/1, 10; hierzu *Esser*, FS Wolter, S. 1336 ff. Zu den erfolglosen früheren Ansätzen, den Schutz des Beschuldigten zu verbessern, *Kirsch*, StraFo 2008, 449 (456 f.).
[100] RL 2010/64/EU vom 20.10.2010 über das Recht auf Dolmetschleistungen und Übersetzungen in Strafverfahren, ABl. 2010, L 280/1. Hierzu EuGH, Urt. v. 15.10.2015, Rs. C–216/14 (Gavril Covaci), ECLI:EU:C:2015:686.
[101] RL 2012/13/EU vom 22.5.2012 über das Recht auf Belehrung und Unterrichtung in Strafverfahren, ABl. 2012, L 142/1.
[102] Siehe bei Fn. 39.
[103] RL 2016/343/EU vom 9.3.2016 über die Stärkung bestimmter Aspekte der Unschuldsvermutung und des Rechts auf Anwesenheit in der Verhandlung in Strafverfahren, ABl. 2016, L 65/1.
[104] RL 2016/800/EU vom 11.5.2016 über Verfahrensgarantien in Strafverfahren für Kinder, die Verdächtige oder beschuldigte Personen in Strafverfahren sind, ABl 2016, L 132/1.

henen Maßnahmen betreffen die Prozesskostenhilfe sowie besondere Garantien für schutzbedürftige Verdächtige oder Beschuldigte.

Über die Kompetenznorm können auch Mindestrechte anderer Verfahrensbeteiligter (»Rechte des Einzelnen«) festgelegt werden, namentlich von **Zeugen**.[105] Für die Rechte von Opfern stellt Buchst. c eine spezielle Kompetenznorm dar.[106] Die Rechte der Träger von Hoheitsgewalt, wie von Richtern und Staatsanwälten, sind nicht von Buchst. b erfasst.[107] Die Mindestvorschriften müssen sich auf subjektive Rechte der Verfahrensbeteiligten beziehen. Objektive Gewährleistungen, wie das Unmittelbarkeitsprinzip, sind im Hinblick auf die Erweiterungsklausel in Buchst. d nicht Gegenstand der Angleichung, selbst wenn sie mittelbar individualschützende Wirkungen entfalten.[108]

28

3. Rechte der Opfer (Buchst. c)

Über diese Kompetenznorm können die Verfahrensrechte der Opfer im Strafprozess angeglichen werden. Die »Rechte der Opfer von Straftaten« könnten auch Rechte außerhalb des Strafverfahrens, wie das Recht auf Entschädigung, umfassen. Es ist allerdings zweifelhaft, ob Opferrechte außerhalb des Strafverfahrens die justizielle Zusammenarbeit in Strafsachen betreffen.[109] Die Union hat schon früh einen Rahmenbeschluss zum Schutz der Opfer von Straftaten erlassen, der inzwischen durch eine Richtlinie ersetzt wurde. Darin finden sich auch Regelungen zur Opferentschädigung.[110] Darüber hinaus wurden entsprechende Regelungen in strafrechtsangleichenden Richtlinien auf diesen Kompetenztitel gestützt.[111]

29

4. Sonstige spezifische Aspekte des Strafverfahrens (Buchst. d)

Die aufgezählten Bereiche können ohne Vertragsänderung durch einstimmigen Beschluss des Rates nach Zustimmung des Europäischen Parlaments erweitert werden.[112] Die Erweiterung hat sich auf »spezifische Aspekte des Strafverfahrens« zu beschränken. Eine umfassende Harmonisierung der Strafprozessordnungen oder der prozes-

30

---

[105] *Vogel/Eisele*, in: Grabitz/Hilf/Nettesheim, EU, Art. 82 AEUV (August 2015), Rn. 103 und *Böse*, in: Schwarze, EU-Kommentar, Art. 82 AEUV, Rn. 46 nennen darüber hinaus Sachverständige.

[106] *Böse*, in: Schwarze, EU-Kommentar, Art. 82 AEUV, Rn. 46; a. A. *Vogel/Eisele*, in: Grabitz/Hilf/Nettesheim, EU, Art. 82 AEUV (August 2015), Rn. 103, denen zufolge sich Buchst. b und c überschneiden.

[107] Siehe nur *Böse*, in: Schwarze, EU-Kommentar, Art. 82 AEUV, Rn. 46.

[108] *Böse*, in: Schwarze, EU-Kommentar, Art. 82 AEUV, Rn. 47; *Satzger*, in: Streinz, EUV/AEUV, Art. 82 AEUV, Rn. 60; *Vogel/Eisele*, in: Grabitz/Hilf/Nettesheim, EU, Art. 82 AEUV (August 2015), Rn. 102.

[109] *Vogel/Eisele*, in: Grabitz/Hilf/Nettesheim, EU, Art. 82 AEUV (August 2015), Rn. 110. Bejahend *Böse*, in: Schwarze, EU-Kommentar, Art. 82 AEUV, Rn. 49.

[110] Art. 9 Rb 2001/220/JI vom 15.3.2001 über die Stellung des Opfers im Strafverfahren, ABl. 2001, L 82/1; Art. 16 RL 2012/29/EU vom 25.10.2012 über Mindeststandards für die Rechte, die Unterstützung und den Schutz von Opfern von Straftaten sowie zur Ersetzung des Rahmenbeschlusses 2001/220/JI, ABl. 2012, L 315/57. Zur Richtlinie *Bock*, ZIS 2013, 201 ff.

[111] Art. 18 ff. RL 2011/93/EU vom 13.12.2011 zur Bekämpfung des sexuellen Missbrauchs und der sexuellen Ausbeutung von Kindern sowie der Kinderpornografie sowie zur Ersetzung des Rahmenbeschlusses 2004/68/JI des Rates, ABl. 2011, L 335/1; Art. 11 ff. RL 2011/36/EU vom 5.4.2011 zur Bekämpfung des Menschenhandels, zum Schutz der Opfer und zur Ersetzung des Rahmenbeschlusses des Rates der EU 2002/629/JI, ABl. 2011, L 101/1.

[112] Bei Anwendung des allgemeinen Brückenverfahrens nach Art. 48 Abs. 7 EUV ist der deutsche Vertreter im Rat auf Anweisung des Bundestags verpflichtet, einen Antrag auf Befassung des Europäischen Rats zu stellen; § 9 Abs. 1 Integrationsverantwortungsgesetz.

sualen Grundprinzipien ist nicht zulässig. Festgelegt werden könnten beispielsweise europäische Mindeststandards für Wiederaufnahmeverfahren in Strafsachen.

III. Voraussetzungen und Grenzen

1. Erforderlichkeit

31 Die Angleichung des Strafverfahrensrechts steht unter dem Vorbehalt, dass sie entweder zur Erleichterung der gegenseitigen Anerkennung oder der polizeilichen und justiziellen Zusammenarbeit in Strafsachen mit grenzüberschreitender Dimension erforderlich ist (s. auch Art. 67 Abs. 3 AEUV). Der Prüfungsmaßstab ist strenger als für Maßnahmen nach Art. 82 Abs. 1 AEUV.[113] Die Erforderlichkeit ist zu bejahen, wenn die Nichteinhaltung von Mindeststandards in der Anerkennungs- und Kooperationspraxis als merkliches Hemmnis empfunden würde.[114] Geht es um die Festlegung von Mindestrechten (UAbs. 2 Buchst. b und c), muss ein echter »Zuwachs an Rechten« (Mehrwert) feststellbar sein. Die bloße Wiedergabe bereits bestehender Garantien genügt nicht.[115]

2. Mindestvorschriften unter Berücksichtigung der Unterschiede der Rechtsordnungen und -traditionen

32 Der Begriff »Mindestvorschriften«[116] wird durch UAbs. 3 determiniert, wonach das Schutzniveau für den Einzelnen in den Mitgliedstaaten höher sein darf. »Mindestvorschriften« betreffend die Zulässigkeit von Beweismitteln (Buchst. a) können vor diesem Hintergrund nur Festlegungen sein, unter welchen Voraussetzungen Auslandsbeweise zugelassen werden dürfen. Es geht mithin um den Schutz vor der Übernahme von ausländischen Beweismitteln, deren Erhebung nicht den Mindeststandards entspricht.[117] Soweit es um Rechte geht (Buchst. b und c), können nur Mindestrechte festgelegt werden. UAbs. 3 lässt auch einen höheren Schutz anderer Verfahrensbeteiligter als des Beschuldigten, wie der Opfer (Buchst. c) oder Zeugen (Buchst. b), zu. Mit jeder Stärkung der Position eines Verfahrensbeteiligten ist allerdings regelmäßig eine Schwächung der Position eines anderen Verfahrensbeteiligten verbunden.[118] Dieser Umstand verdeutlicht die Dringlichkeit, unionsweite Mindestrechte des Beschuldigten festzulegen, welche die Fairness der europäischen Strafverfolgung gewährleisten.

33 Bei der Festlegung der Mindestvorschriften sind – über die allgemeine Pflicht zur Achtung der nationalen Identität (Art. 4 Abs. 2 EUV) hinaus – die Unterschiede zwischen den Rechtsordnungen und -traditionen der Mitgliedstaaten zu berücksichtigen. Den Mitgliedstaaten sind inhaltliche Gestaltungsspielräume zu belassen, die ein system- und traditionsgerechtes Einpassen der Regelungen in das jeweilige Strafverfahrensrecht

---

[113] *Böse,* in: Schwarze, EU-Kommentar, Art. 82 AEUV, Rn. 36.
[114] *Vogel/Eisele,* in: Grabitz/Hilf/Nettesheim, EU, Art. 82 AEUV (August 2015), Rn. 95 mit den Beispielen Abwesenheitsurteil und Zugang zu einem Wahlverteidiger.
[115] *Böse,* in: Schwarze, EU-Kommentar, Art. 82 AEUV, Rn. 46; *Vogel/Matt,* StV 2007, 206 (211).
[116] Die mangelnde Klarheit des Begriffs moniert *Weigend,* ZStW 116 (2004), 290 f.
[117] In diese Richtung auch *Satzger,* in: Streinz, EUV/AEUV, Art. 82 AEUV, Rn. 58; *Vogel/Eisele,* in: Grabitz/Hilf/Nettesheim, EU, Art. 82 AEUV (August 2015), Rn. 99 f. *Weigend,* ZStW 116 (2004), 291 lässt dagegen offen, ob die Mindestvorschriften zur Verwertung von nach ausländischem Recht gewonnenen Beweismitteln verpflichten dürfen.
[118] *Satzger,* in: Streinz, EUV/AEUV, Art. 82 AEUV, Rn. 54 und *Vogel/Eisele,* in: Grabitz/Hilf/Nettesheim, EU, Art. 82 AEUV (August 2015), Rn. 93 schlagen vor, die gegensätzlichen Schutzinteressen in praktische Konkordanz zu bringen.

ermöglichen. Sie müssen sich demnach an die verschiedenen Gerichtsorganisationen, Verfahrensstrukturen und Gerichtsverfassungen der Mitgliedstaaten anpassen lassen, d. h. sowohl für das adversatorische als auch das inquisitorische Verfahrensmodell, den Einsatz von Berufs- oder Laienrichtern, die vorgesehenen Instanzenzüge und Prozessmaximen, wie das Legalitäts- oder Opportunitätsprinzip, geeignet sein.[119] Es besteht somit ein »**strafrechtsspezifischer Schonungsgrundsatz**«.[120]

3. Sonstige Schranken

Die allgemeinen Schranken der Verhältnismäßigkeit (Art. 5 Abs. 4 EUV) und Subsidiarität (Art. 5 Abs. 3 EUV) sind weitestgehend in den bereits genannten spezielleren Grenzen konkretisiert.[121] **34**

IV. Verfahren

1. Ordentliches Gesetzgebungsverfahren

Die Mindestvorschriften sind in Form von Richtlinien zu beschließen. Verordnungen sind – anders als im Rahmen der Ermächtigung nach Art. 82 Abs. 1 UAbs. 2 AEUV – nicht zulässig. Die Richtlinien werden von Rat und Europäischem Parlament auf Vorschlag der Kommission oder auf Initiative eines Viertels der Mitgliedstaaten im ordentlichen Gesetzgebungsverfahren (Art. 293 ff. AEUV) erlassen. Der Ausübung der Kompetenz nach Art. 82 Abs. 2 UAbs. 2 Buchst. d AEUV ist ein spezielles Verfahren vorgeschaltet (s. Rn. 30). **35**

2. Notbremse-Mechanismus (Abs. 3)

Ist der Ratsvertreter der Auffassung, dass die vorgeschlagene Richtlinie grundlegende Aspekte der Strafrechtsordnung des repräsentierten Mitgliedstaates berühren würde, kann er beantragen, dass der Europäische Rat befasst wird. Der Antrag kann auch erst nach der Abstimmung im Rat gestellt werden, weil es sich auch zu diesem Zeitpunkt noch um den »Entwurf einer Richtlinie« handelt. Es kann also abgewartet werden, ob es gelingt, eine Sperrminorität zu erzielen.[122] **36**

Zu den »**grundlegenden Aspekten der Strafrechtsordnung**« gehören im Rahmen von Art. 82 Abs. 2 AEUV insbesondere nationale Verfassungsprinzipien, wie Richtervorbehalte, die vom nationalen Gesetzgeber gewählte Struktur des Strafverfahrens oder die prozessualen Grundsätze.[123] Da Sinn und Zweck des Notbremse-Mechanismus die Schonung der nationalen Strafrechtsordnungen ist, kommt den Mitgliedstaaten ein erheblicher Beurteilungsspielraum zu (»Auffassung«). Eine Überprüfung durch den EuGH ist grundsätzlich ausgeschlossen. Denkbar erscheint nur eine Missbrauchskontrolle durch den EuGH, um zu verhindern, dass das Notbremse-Verfahren offenkundig **37**

---

[119] Vgl. auch *Böse*, in: Schwarze, EU-Kommentar, Art. 82 AEUV, Rn. 36.
[120] *Satzger*, Die Europäisierung des Strafrechts, 2001, S. 166 ff.; vgl. auch *Böse*, in: Schwarze, EU-Kommentar, Art. 82 AEUV, Rn. 36; *Vogel/Eisele*, in: Grabitz/Hilf/Nettesheim, EU, Art. 82 AEUV (August 2015), Rn. 91.
[121] Vgl. *Satzger*, in: Streinz, EUV/AEUV, Art. 82 AEUV, Rn. 55.
[122] Vgl. *Vogel*, Die Strafgesetzgebungskompetenzen der Europäischen Union nach Art. 83, 86 und 325 AEUV, in: Ambos (Hrsg.), Europäisches Strafrecht post-Lissabon, 2011, S. 41 (44 f.).
[123] *Böse*, in: Schwarze, EU-Kommentar, Art. 82 AEUV, Rn. 40; vgl. auch *Vogel/Eisele*, in: Grabitz/Hilf/Nettesheim, EU, Art. 82 AEUV (August 2015), Rn. 117.

als politisches Druckmittel eingesetzt wird.[124] Vor diesem Hintergrund ist zu verlangen, dass das jeweilige Ratsmitglied die Umstände und Argumente darlegt, die seine Auffassung, der Richtlinienentwurf würde grundlegende Aspekte berühren, stützen.[125] In Umsetzung der Vorgaben des Bundesverfassungsgerichts[126] ist der deutsche Ratsvertreter nach § 9 Abs. 1 Integrationsverantwortungsgesetz verpflichtet, von der Notbremse auf Anweisung des Bundestags Gebrauch zu machen. Nach Aussetzung des Gesetzgebungsverfahrens im Rat führt der Europäische Rat eine Aussprache durch und bemüht sich, innerhalb von vier Monaten ein Einvernehmen über den Richtlinienvorschlag herzustellen. Wird ein Einvernehmen erreicht, verweist der Europäische Rat den Entwurf zur Annahme an den Rat und das Gesetzgebungsverfahren wird fortgesetzt. Hat die Vermittlung des Europäischen Rates keinen Erfolg, ist der Zugang zu einer **Verstärkten Zusammenarbeit** für eine Gruppe von mindestens neun Mitgliedstaaten erleichtert: Die Absicht zur Verstärkten Zusammenarbeit ist innerhalb von vier Monaten nach der formalen Aussetzung des Gesetzgebungsverfahrens dem Europäischen Parlament, dem Rat und der Kommission mitzuteilen. Diese Anzeige bewirkt eine Fiktion der nach Art. 20 Abs. 2 EUV und Art. 329 Abs. 1 AEUV erforderlichen Ermächtigung. Scheitert eine Einigung im Europäischen Rat, kann die betreffende Gruppe nicht mehr an einer Verstärkten Zusammenarbeit gehindert werden.

---

[124] *Böse*, in: Schwarze, EU-Kommentar, Art. 82 AEUV, Rn. 40; *Satzger*, in: Streinz, EUV/AEUV, Art. 82 AEUV, Rn. 67; vgl. *Vogel/Eisele*, in: Grabitz/Hilf/Nettesheim, EU, Art. 82 AEUV (August 2015), Rn. 117 f.
[125] *Böse*, in: Schwarze, EU-Kommentar, Art. 82 AEUV, Rn. 40; *Suhr*, in: Calliess/Ruffert, EUV/AEUV, Art. 82 AEUV, Rn. 50.
[126] BVerfGE 123, 267 (413 f.).

Artikel 83 AEUV [Straftaten mit grenzüberschreitender Dimension]

(1) Das Europäische Parlament und der Rat können gemäß dem ordentlichen Gesetzgebungsverfahren durch Richtlinien Mindestvorschriften zur Festlegung von Straftaten und Strafen in Bereichen besonders schwerer Kriminalität festlegen, die aufgrund der Art oder der Auswirkungen der Straftaten oder aufgrund einer besonderen Notwendigkeit, sie auf einer gemeinsamen Grundlage zu bekämpfen, eine grenzüberschreitende Dimension haben.

Derartige Kriminalitätsbereiche sind: Terrorismus, Menschenhandel und sexuelle Ausbeutung von Frauen und Kindern, illegaler Drogenhandel, illegaler Waffenhandel, Geldwäsche, Korruption, Fälschung von Zahlungsmitteln, Computerkriminalität und organisierte Kriminalität.

[1]Je nach Entwicklung der Kriminalität kann der Rat einen Beschluss erlassen, in dem andere Kriminalitätsbereiche bestimmt werden, die die Kriterien dieses Absatzes erfüllen. [2]Er beschließt einstimmig nach Zustimmung des Europäischen Parlaments.

(2) [1]Erweist sich die Angleichung der strafrechtlichen Rechtsvorschriften der Mitgliedstaaten als unerlässlich für die wirksame Durchführung der Politik der Union auf einem Gebiet, auf dem Harmonisierungsmaßnahmen erfolgt sind, so können durch Richtlinien Mindestvorschriften für die Festlegung von Straftaten und Strafen auf dem betreffenden Gebiet festgelegt werden. [2]Diese Richtlinien werden unbeschadet des Artikels 76 gemäß dem gleichen ordentlichen oder besonderen Gesetzgebungsverfahren wie die betreffenden Harmonisierungsmaßnahmen erlassen.

(3) [1]Ist ein Mitglied des Rates der Auffassung, dass der Entwurf einer Richtlinie nach den Absätzen 1 oder 2 grundlegende Aspekte seiner Strafrechtsordnung berühren würde, so kann es beantragen, dass der Europäische Rat befasst wird. [2]In diesem Fall wird das ordentliche Gesetzgebungsverfahren ausgesetzt. [3]Nach einer Aussprache verweist der Europäische Rat im Falle eines Einvernehmens den Entwurf binnen vier Monaten nach Aussetzung des Verfahrens an den Rat zurück, wodurch die Aussetzung des ordentlichen Gesetzgebungsverfahrens beendet wird.

[1]Sofern kein Einvernehmen erzielt wird, mindestens neun Mitgliedstaaten aber eine Verstärkte Zusammenarbeit auf der Grundlage des betreffenden Entwurfs einer Richtlinie begründen möchten, teilen diese Mitgliedstaaten dies binnen derselben Frist dem Europäischen Parlament, dem Rat und der Kommission mit. [2]In diesem Fall gilt die Ermächtigung zu einer Verstärkten Zusammenarbeit nach Artikel 20 Absatz 2 des Vertrags über die Europäische Union und Artikel 329 Absatz 1 dieses Vertrags als erteilt, und die Bestimmungen über die Verstärkte Zusammenarbeit finden Anwendung.

Literaturübersicht

Ambos (Hrsg.), Europäisches Strafrecht post-Lissabon, 2011; *Böse*, Die Entscheidung des Bundesverfassungsgerichts zum Vertrag von Lissabon und ihre Bedeutung für die Europäisierung des Strafrechts, ZIS 2010, 76; *ders.* (Hrsg.), Europäisches Strafrecht mit polizeilicher Zusammenarbeit, 2013; *Braum*, Europäische Strafgesetzlichkeit, 2003; *ders.*, Europäisches Strafrecht im Fokus konfligierender Verfassungsmodelle. Stoppt das Bundesverfassungsgericht die europäische Strafrechtsentwicklung?, ZIS 2009, 418; *Cerriza*, The New Market Abuse Directive, eucrim 2014, 85; *Dorra*, Strafrechtliche Legislativkompetenzen der Europäischen Union. Eine Gegenüberstellung der Kompetenzlage vor und nach dem Vertrag von Lissabon, 2013; *European Criminal Policy Initiative*, Manifest zur Europäischen Kriminalpolitik, ZIS 2009, 697; *Hassemer*, Strafrecht in einem europäischen Verfassungsvertrag, ZStW 116 (2004), 304; *Hecker*, Sind die nationalen Grenzen des Strafrechts überwindbar? Die Harmonisierung des materiellen Strafrechts in der Europäischen Union, JA 2007, 561; *Hefendehl*, Europäisches Strafrecht: bis wohin und nicht weiter?, ZIS 2006, 229; *Heger*, Die Europäisierung des deutschen Umweltstrafrechts, 2009; *ders.*, Perspektiven des Europäischen Strafrechts nach dem Vertrag von Lissabon. Eine Durchsicht des (wohl) kommenden EU-Primärrechts vor dem Hintergrund des Lissabon-Urteils des BVerfG vom 30. 6. 2009, ZIS 2009, 406; *Herlin-Karnell*, What Principles Drive (or Should Drive) European Criminal Law?, GLJ 2010, 1115; *Joerden/Szwarc* (Hrsg.), Europäisierung des Strafrechts in Polen und Deutschland. Rechtsstaatliche Grundlagen, 2007; *Klip/van der Wilt* (Hrsg.), Harmonisation and harmonising measures in criminal law, 2002; *Kubiciel*, Das »Lissabon«-Urteil und seine Folgen für das Europäische Strafrecht, GA 2010, 99; *Ligeti*, Strafrecht und strafrechtliche Zusammenarbeit in der Europäischen Union, 2005; *Maiwald*, Harmonisierung ohne Harmonie? Zur Bedeutung der Strafrechtsdogmatik für Art. 83 AEUV, FS Frisch, 2013, S. 1375; *Meyer*, Das Strafrecht im Raum der Freiheit, der Sicherheit und des Rechts, EuR 2011, 169; *Pastor Muñoz*, Europäisierung des Strafrechts und mitgliedstaatliche nationale Besonderheiten in der Europäischen Union, GA 2010, 84; *Satzger*, Die Europäisierung des Strafrechts, 2001; *Schaut*, Europäische Strafrechtsprinzipien, 2012; *Scheffler*, Strafgesetzgebungstechnik in Deutschland und Europa, 2006; *Schröder*, Die Europäisierung des Strafrechts nach Art. 83 Abs. 2 AEUV am Beispiel des Marktmissbrauchsrechts: Anmerkungen zu einem Fehlstart, HRRS 2013, 253; *Sieber*, Die Zukunft des Europäischen Strafrechts, ZStW 121 (2009), 1; *Sieber/Satzger/v. Heintschel-Heinegg* (Hrsg.), Europäisches Strafrecht, 2. Aufl., 2014; *Tamarit Sumulla*, Gegenseitige Kenntnis und gegenseitige Anerkennung als Grundlagen für die Konzeption eines europäischen strafrechtlichen Sanktionensystems, FS Tiedemann, 2008, S. 1413; *Tiedemann* (Hrsg.), Wirtschaftsstrafrecht in der Europäischen Union, 2002; *Walter*, Inwieweit erlaubt die Europäische Verfassung ein europäisches Strafgesetz?, ZStW 117 (2005), 912; *Weigend*, Der Entwurf einer Europäischen Verfassung und das Strafrecht, ZStW 116 (2004), 275; *Zimmermann*, Wann ist der Einsatz von Strafrecht auf europäischer Ebene sinnvoll?, ZRP 2009, 74; *ders.*, Tendenzen der Strafrechtsangleichung in der EU – dargestellt anhand der Bestrebungen zur Bekämpfung von Terrorismus, Rassismus und illegaler Beschäftigung, ZIS 2009, 1; *Zöller*, Europäische Strafgesetzgebung, ZIS 2009, 340; *ders.*, Neue unionsrechtliche Strafgesetzgebungskompetenzen nach dem Vertrag von Lissabon, FS Schenke, 2009, S. 579.

Wesentliche sekundärrechtliche Vorschriften

S. Rn. 18 ff., 36

Inhaltsübersicht

	Rn.
A. Allgemeines	1
I. Einordnung	1
II. Überblick	3
III. Entwicklung	4
IV. Kritik	5
B. Originäre Kompetenz zur Strafrechtsangleichung (Abs. 1)	9
I. Allgemeine Voraussetzungen	9
1. Besonders schwere Kriminalität	10
2. Grenzüberschreitende Dimension	13
3. Erforderlichkeit	14
II. Erfasste Kriminalitätsbereiche (UAbs. 2) und bisherige Rechtsakte	15
III. Erweiterung auf andere Kriminalitätsbereiche (UAbs. 3)	28
C. Akzessorische Kompetenz zur Strafrechtsangleichung (Abs. 2)	30
I. Allgemeines	30
II. Unerlässlichkeit	34
III. Bisherige Rechtsakte	36
D. Mindestvorschriften	38
I. Allgemeines	38
II. Zur Festlegung von Straftaten	40
III. Zur Festlegung von Strafen	43
1. Vorgaben zur Strafart	43
2. Vorgaben zur Strafhöhe	45
E. Schranken	48
F. Verfahren	49
I. Allgemeines	49
II. Notbremse-Mechanismus (Abs. 3)	50

A. Allgemeines

I. Einordnung

Art. 83 AEUV ist der Kompetenztitel für die Angleichung des materiellen Strafrechts. 1
Im Unterschied zu einer Vereinheitlichung bezweckt eine Angleichung der Strafvorschriften nicht die Schaffung identischer Strafvorschriften, sondern allein ihre **Annäherung**, d. h. die Verringerung der größten Unterschiede zwischen den nationalen Vorschriften.[1] Die Handlungsform ist aus diesem Grund die Richtlinie. Den Mitgliedstaaten ist ein Umsetzungsspielraum zu belassen, den sie nach eigenem Ermessen im Lichte des Ziels der Richtlinie ausfüllen dürfen (Art. 288 UAbs. 3 AEUV). Zur Schwierigkeit, dieses Wesenselement einer Richtlinie mit Mindestvorschriften über Straftaten und Strafen zu vereinbaren, s. Rn. 7.

Im Rahmen des Leitbilds eines Raums der Freiheit, der Sicherheit und des Rechts 2
weist Art. 67 Abs. 3 AEUV (auch) der Strafrechtsangleichung die Aufgabe zu, erforderlichenfalls zu einem hohen Maß an Sicherheit beizutragen. Auf das freiheitsbedrohende Potential des Strafrechts und das damit verbundene Spannungsverhältnis zum »Raum der Freiheit« geht der Vertragstext nicht ein.[2] Art. 82 Abs. 1 UAbs. 1 AEUV scheint die Strafrechtsangleichung zusätzlich in einen Zusammenhang mit dem Grundsatz der gegenseitigen Anerkennung zu stellen. Der in der Regelung angedeutete Zusammenhang wird allerdings durch die Ausformung von Art. 83 AEUV entkräftet, der auf diesen Grundsatz nicht Bezug nimmt. Eine »dienende Rolle« der Harmonisierung des materiellen Strafrechts gegenüber dem Grundsatz der gegenseitigen Anerkennung[3] lässt sich dem Vertragstext daher nicht entnehmen. Vielmehr kann das Ziel einer strafrechtsangleichenden Richtlinie – der Rechtsgüterschutzfunktion des Strafrechts entsprechend – nur der Schutz eines unionsweit anerkannten, besonders wichtigen Rechtsguts sein.[4]

II. Überblick

Gegenstand der Strafrechtsangleichung sind nach Art. 83 Abs. 1 UAbs. 1 AEUV Bereiche besonders schwerer Kriminalität mit grenzüberschreitender Dimension. Die ab- 3

---

[1] *Delmas-Marty* (Hrsg.), Corpus Juris der strafrechtlichen Regelungen zum Schutz der finanziellen Interessen der Europäischen Union, 1998, S. 22. Deutlich anderssprachige Fassungen von Art. 83 Abs. 2 AEUV: »approximation of criminal laws and regulations of the Member States«; »le rapprochement des dispositions législatives et réglementaires des États membres en matière pénale«; »la aproximación de las disposiciones legales y reglamentarias de los Estados miembros en materia penal«. Von einer »Annäherung der Strafvorschriften« sprach auch Art. 29 Abs. 2, 3. Gedstr. EUV a. F. Allgemeine Überlegungen zur Strafrechtsharmonisierung bei *Klip/van der Wilt* (Hrsg). Siehe auch *Vogel*, Begriff und Ziele der Harmonisierung, in: Böse (Hrsg.), § 7.
[2] Zur Notwendigkeit, das Spannungsverhältnis von Freiheit und Sicherheit in ein Gleichgewicht zu bringen, *Hassemer*, ZStW 116 (2004), 304 (310 ff.). Aufschlussreich zu den »versteckten« politischen Zielen der Strafrechtsharmonisierung *Vogel*, Why is the harmonisation of penal law necessary? A comment, in: Klip/van der Wilt (Hrsg.), S. 55 (59 f.).
[3] So *Satzger*, in: Streinz, EUV/AEUV, Art. 83 AEUV, Rn. 3.
[4] *European Criminal Policy Initiative*, ZIS 2009, 697. Hingegen kann das Ziel einer strafrechtsangleichenden Richtlinie nicht in unionsweiten Mindestvorschriften über Straftaten und Strafen liegen, da die Strafrechtsangleichung nicht Selbstzweck sein darf; *Vogel/Eisele*, in: Grabitz/Hilf/Nettesheim, EU, Art. 83 AEUV (August 2015), Rn. 8; *Satzger*, in: Streinz, EUV/AEUV, Art. 83 AEUV, Rn. 3.

schließende Aufzählung der Bereiche in UAbs. 2 kann durch einstimmigen Ratsbeschluss erweitert werden (UAbs. 3). Neben diese originäre Kompetenz zur Strafrechtsangleichung tritt in Abs. 2 die Ermächtigung zur Strafrechtsangleichung in bereits harmonisierten Politikbereichen. Die Strafrechtsangleichung erfolgt im supranationalen Rechtsetzungsverfahren durch Richtlinien, die regelmäßig im ordentlichen Gesetzgebungsverfahren, also im Rat mit zumindest qualifizierter Mehrheit und mit Zustimmung des Europäischen Parlaments, erlassen werden. Demokratiepolitisch besonders bedenklich ist, dass Richtlinien im Rahmen von Art. 83 Abs. 2 AEUV auch ohne Mitwirkung des Europäischen Parlaments beschlossen werden können (s. Rn. 49). Den Souveränitätsvorbehalten der Mitgliedstaaten wurde durch Verankerung einer »Notbremse« in Art. 83 Abs. 3 AEUV Rechnung getragen. Sieht ein Mitgliedstaat grundlegende Aspekte seiner Strafrechtsordnung berührt, kann er durch sein Veto das Zustandekommen einer unionsweit geltenden Richtlinie verhindern.

III. Entwicklung

4 Die Strafrechtsangleichung hat in der Europäischen Union eine junge Tradition. Der Vertrag von Maastricht sah den Abschluss von Übereinkommen zur Bekämpfung der illegalen Einwanderung, der Drogenabhängigkeit, von internationalen Betrügereien und zur justiziellen Zusammenarbeit in Strafsachen vor.[5] Auf dieser Grundlage beschlossen die Mitgliedstaaten eine Angleichung der Betrugs- und Bestechungsdelikte sowie der Geldwäsche.[6] Im Vertrag von Amsterdam wurde die Strafrechtsangleichung das erste Mal ausdrücklich erwähnt. Der Vertrag ermächtigte zur Annäherung der Strafvorschriften der Mitgliedstaaten durch die »schrittweise Annahme von Maßnahmen zur Festlegung von Mindestvorschriften über die Tatbestandsmerkmale strafbarer Handlungen und die Strafen in den Bereichen organisierte Kriminalität, Terrorismus und illegaler Drogenhandel«.[7] Die Aufzählung wurde als nicht abschließend verstanden.[8] Die Strafrechtsharmonisierung erfolgte im Rahmen der dritten Säule durch intergouvernementale Zusammenarbeit. Als rechtliches Instrument kam vorwiegend der Rahmenbeschluss zum Einsatz. Diese speziell für die polizeiliche und justizielle Zusammenarbeit in Strafsachen geschaffene Handlungsform erforderte eine einstimmige Entscheidung des Rates; dem Europäischen Parlament kam lediglich ein Anhörungsrecht zu.[9] Obwohl eine ausdrückliche Ermächtigung der Europäischen Gemeinschaft zur Angleichung des Strafrechts fehlte, erließ diese Richtlinien zur Strafrechtsangleichung in Politikbereichen, die in ihre Zuständigkeit fielen.[10] Der EuGH billigte dieses Vorgehen,

---

[5] Art. K.1 Nr. 3 Buchst. c, Nr. 4, Nr. 5, Nr. 7 und K.3 Abs. 2 Buchst. c Vertrag von Maastricht.
[6] Übereinkommen aufgrund von Artikel K.3 des Vertrags über die Europäische Union über den Schutz der finanziellen Interessen der Europäischen Gemeinschaften, ABl. 1995, C 316/49; Protokoll aufgrund von Artikel K.3 des Vertrags über die Europäische Union zum Übereinkommen über den Schutz der finanziellen Interessen der Europäischen Gemeinschaften, ABl. 1996, C 313/2; Übereinkommen aufgrund von Artikel K.3 Abs. 2 Buchstabe c des Vertrags über die Europäische Union über die Bekämpfung der Bestechung, an der Beamte der Europäischen Gemeinschaften oder der Mitgliedstaaten der Europäischen Union beteiligt sind, ABl. 1997, C 195/2; Zweites Protokoll aufgrund von Artikel K.3 des Vertrags über die Europäische Union zum Übereinkommen über den Schutz der finanziellen Interessen der Europäischen Gemeinschaften, ABl. 1997, C 221/12.
[7] Art. 29 Abs. 2, 3. Gedstr. i. V. m. Art. 31 Abs. 1 Buchst. e EUV a. F.
[8] *Geiger*, EUV/EGV, 4. Aufl., 2004, Art. 31 EUV, Rn. 1.
[9] Art. 34 Abs. 2 Buchst. b EUV a. F.
[10] RL 2005/35/EG vom 7. 9. 2005 über die Meeresverschmutzung durch Schiffe und Einführung von Sanktionen für Verstöße, ABl. 2005, L 255/11, geändert durch RL 2009/123/EG, ABl. 2009, L

stellte dabei aber klar, dass in der Richtlinie die Art und das Maß der strafrechtlichen Sanktion nicht vorgegeben werden dürfen.¹¹ Diese als rechtsfortbildend kritisierte¹² Judikatur hat mit Inkrafttreten der Vertragsreform ihre Relevanz verloren. Nunmehr bietet Art. 83 Abs. 2 AEUV eine eindeutige Rechtsgrundlage für die Angleichung des Strafrechts in harmonisierten Politikbereichen. Die Regelung des Art. 83 AEUV folgt weitgehend den in Art. III–271 des Verfassungsentwurfs vorgesehenen Änderungen.

IV. Kritik

Nicht nur im Ausgangspunkt (s. Rn. 2), auch in ihrer konkreten Ausformung ist die Strafrechtsangleichung in der Union durch eine **punitive Ausrichtung** gekennzeichnet. In der Richtlinie kann nur die Untergrenze der Strafbarkeit vorgegeben werden. Die Union ist indes nicht ermächtigt, die Mitgliedstaaten zu einer Entkriminalisierung anzuweisen (s. Rn. 38). Eine ausgeglichene Kriminalpolitik ist auf dieser Grundlage nicht möglich. Die Ermächtigung zur Strafrechtsangleichung in harmonisierten Politikbereichen (Art. 83 Abs. 2 AEUV) drückt zudem ein instrumentelles Verständnis von Strafrecht aus, das die Besonderheiten dieses Rechtsgebiets missachtet. Als jenes Rechtsgebiet, das am intensivsten in die grundrechtlich geschützte Sphäre des Bürgers eingreift und stigmatisierende Wirkung hat, darf das Strafrecht nur als ultima ratio zum Schutz gesellschaftlich anerkannter wichtiger Rechtsgüter eingesetzt werden. Die effiziente Durchführung einer Unionspolitik kann für sich genommen den Einsatz von Strafrecht nicht legitimieren.¹³ 5

Als rechtsstaatlich besonders sensibles Rechtsgebiet bedarf das Strafrecht einer hohen **demokratischen Legitimation**, die trotz Einbindung des Europäischen Parlaments in die Rechtsetzung nicht ausreichend gewährleistet ist (s. Art. 82 AEUV, Rn. 4). Richtlinien im Rahmen des Art. 83 Abs. 2 AEUV sind in dieser Hinsicht noch bedenklicher, weil sie in einem besonderen Gesetzgebungsverfahren ohne Mitentscheidung des Europäischen Parlaments beschlossen werden können.¹⁴ 6

Auch die Handlungsform führt zu Friktionen. Mindestvorschriften über Straftaten und Strafen lassen sich nur schwer mit dem Wesen einer Richtlinie (s. Art. 288 UAbs. 3 AEUV) vereinbaren. Sie nehmen den Mitgliedstaaten die Wahl, ob und in welchem Ausmaß sie zur Zurückdrängung der Verhaltensweisen ihr Kriminalstrafrecht einsetzen. Infolge detailreicher Vorgaben in den Richtlinien bleiben den Mitgliedstaaten nur mehr »kosmetische« oder marginale Abweichungen möglich.¹⁵ 7

Mit dem Anwachsen strafrechtsangleichender Rechtsakte erweist es sich zunehmend als problematisch, dass die Rechtsakte nicht ausreichend aufeinander abgestimmt 8

280/52; RL 2008/99/EG vom 19. 11. 2008 über den strafrechtlichen Schutz der Umwelt, ABl. 2008, L 328/28; RL 2009/52/EG vom 18. 6. 2009 über Mindeststandards für Sanktionen und Maßnahmen gegen Arbeitgeber, die Drittstaatsangehörige ohne rechtmäßigen Aufenthalt beschäftigen, ABl. 2009, L 168/24.

¹¹ EuGH, Urt. v. 13. 9. 2005, Rs. C–176/03 (Rb über den strafrechtlichen Schutz der Umwelt), Slg. 2005, I–7879; EuGH, Urt. v. 23. 10. 2007, Rs. C–440/05 (Rb zur Bekämpfung der Verschmutzung durch Schiffe), Slg. 2007, I–9097.

¹² Siehe nur *Heger*, JZ 2006, 310; *Zimmermann*, NStZ 2008, 662.

¹³ *Satzger*, Grundsätze eines europäischen Strafrechts, in: Böse (Hrsg.), § 2, Rn. 30.

¹⁴ Zum Ganzen BVerfGE 123, 267 (410 f.); *Ambos*, Internationales Strafrecht, 4. Aufl., 2014, § 11, Rn. 9; *Hefendehl*, ZIS 2006, 161 (166); *Kubiciel*, GA 2010, 99 (102); *Satzger*, KritV 2008, 17 (34); *Zimmermann*, ZRP 2009, 74 (75); *Zöller*, ZIS 2009, 340 (349).

¹⁵ Exemplarisch *Duttge*, Vorbereitung eines Computerbetruges: Auf dem Weg zu einem »grenzenlosen« Strafrecht, FS Weber, 2004, S. 285 (307 f.).

sind.[16] Es ist oft schwierig, die Vorgaben stimmig ins innerstaatliche Strafrecht einzufügen. Der Anspruch, unionsweit Mindeststrafen festzulegen, ist in dieser Hinsicht besonders konfliktträchtig. Denn im Sanktionenrecht sind ausnehmend große Unterschiede zwischen den Rechtsordnungen der Mitgliedstaaten feststellbar.[17] Die Annahme, die Vorgabe von Mindesthöchststrafen würde die Abschreckungswirkung erhöhen und zu einer Angleichung der Strafen führen, ist durch empirische Untersuchungen widerlegt. Nach dem internationalen Stand der Forschung gilt es als erwiesen, dass allein von strengeren Strafdrohungen keine gesteigerte Abschreckungswirkung ausgeht.[18] Untersuchungen der Strafzumessungspraxis haben zudem gezeigt, dass die Obergrenze des Strafrahmens nur eine untergeordnete Rolle bei der Strafzumessung spielt.[19] Bekanntlich lassen sich selbst innerhalb ein und derselben Rechtsordnung regionale Strafzumessungsdisparitäten feststellen.[20] Vor diesem Hintergrund sollte von der Mindestvorgabe einer Strafrahmenobergrenze oder gar einer Strafrahmenuntergrenze abgesehen werden (s. Rn. 46).

B. Originäre Kompetenz zur Strafrechtsangleichung (Abs. 1)

I. Allgemeine Voraussetzungen

9 Art. 83 Abs. 1 UAbs. 1 AEUV ermächtigt zur Harmonisierung des Strafrechts in Bereichen besonders schwerer Kriminalität, die eine grenzüberschreitende Dimension aufweisen. Aus der Nennung dieser Erfordernisse an zentraler Stelle, vor dem Katalog der Kriminalitätsbereiche, folgt, dass diese nicht nur für die Erweiterungsklausel des UAbs. 3 zu beachten sind. Es handelt sich um eine generelle Begrenzung der Kompetenznorm, die auch vor einer Harmonisierung der Strafvorschriften in den in UAbs. 2 aufgezählten Deliktsbereichen zu prüfen ist.[21]

1. Besonders schwere Kriminalität

10 Der Bereich muss der besonders schweren Kriminalität zuzuordnen sein. Vorausgesetzt ist eine im Vergleich zur »schweren Kriminalität mit grenzüberschreitender Dimension« in Art. 86 Abs. 4 AEUV gesteigerte Schwere.[22] Für diese Zuordnung kann nicht einfach

---

[16] *Satzger*, KritV 2008, 17 (34). Teils sind sogar Unstimmigkeiten innerhalb desselben Rechtsakts feststellbar; hierzu *Zimmermann*, ZRP 2009, 74 (76). Für den Versuch einer Systematisierung der Rechtsakte siehe *Killmann*, Systematisierung, in: Sieber/Satzger/v. Heintschel-Heinegg (Hrsg.), S. 294 ff.; auf allgemeiner Ebene *Sieber*, ZStW 121 (2009), 1 (2 ff.).

[17] Für den schwierigen Versuch einer Kategorisierung der strafrechtlichen Sanktionensysteme in Europa siehe *Tamarit Sumulla*, S. 1419 ff.

[18] *Akers/Sellers*, Criminological theories. Introduction, Evaluation, and Application, 2012, S. 18 ff.

[19] *Schott*, Gesetzliche Strafrahmen und ihre tatrichterliche Handhabung, 2004, S. 288 ff.

[20] Dies gilt selbst für kleine Mitgliedstaaten, wie Österreich, wo ein erhebliches Ost-West-Gefälle feststellbar ist; *Birklbauer/Hirtenlehner*, JRP 2006, 287 ff. Die Autoren sehen in lokalen Justizkulturen eine Erklärung für das Strafgefälle.

[21] Vgl. *Satzger*, in: Streinz, EUV/AEUV, Art. 83 AEUV, Rn. 10; *Zimmermann*, Jura 2009, 844 (847); im Ergebnis auch *Meyer*, EuR 2011, 169 (177); *Vogel/Eisele*, in: Grabitz/Hilf/Nettesheim, EU, Art. 83 AEUV (August 2015), Rn. 53. A. A. *Zöller*, FS Schenke, S. 588 f.

[22] Zu weiteren in den Verträgen gebrauchten Abstufungen *Suhr*, in: Calliess/Ruffert, EUV/AEUV, Art. 83 AEUV, Rn. 17. Vgl. auch die umgangssprachliche Unterscheidung zwischen Bagatelldelikten, leichter Kriminalität, mittelschwerer Kriminalität, Schwerkriminalität und Schwerstkriminalität; *Clages*, Kriminalistik 2008, 589 (590).

die Wertung einer nationalen Strafrechtsordnung herangezogen werden.[23] Ein europäischer Maßstab für »besonders schwere Kriminalität« fehlt allerdings. Bedenkenswert erscheint ein flexibles Modell, das das betroffene Rechtsgut, das Ausmaß der Beeinträchtigung, den Deliktstyp sowie den Verschuldensgrad in den Blick nimmt: Unzweifelhaft stellt die vorsätzliche Verletzung hochrangiger Rechtsgüter, wie Leben, Gesundheit oder sexuelle Selbstbestimmung, besonders schwere Kriminalität dar. Für eine vorsätzliche konkrete Gefährdung hochrangiger Rechtsgüter gilt dies dann, wenn diese in großem Ausmaß gefährdet sind. Eine grob fahrlässige Verletzung kann allenfalls dann als besonders schwere Kriminalität eingestuft werden, wenn ein Rechtsgut höchster Wertigkeit, wie der Schutz und die Erhaltung der natürlichen Lebensgrundlagen, in großem Ausmaß betroffen ist.[24]

Jedenfalls einer Harmonisierung entzogen ist **Bagatellkriminalität**, wie der Erwerb und Besitz von Drogen zum Eigenkonsum.[25] Auch zur Pönalisierung von Vorfeldhandlungen, die definitionsgemäß von einer Rechtsgutsverletzung entfernt sind, darf grundsätzlich nicht angewiesen werden. 11

Für einige der in Art. 83 Abs. 1 UAbs. 2 AEUV genannten Kriminalitätsbereiche, nämlich Geldwäsche, Korruption und Computerkriminalität, ist die Zuordnung zu besonders schwerer Kriminalität fraglich, weil sie keine Rechtsgüter von besonders hohem Rang betreffen. Die Kompetenzgrundlage zur Angleichung des Strafrechts steht in diesen Bereichen auf tönernen Füßen. 12

2. Grenzüberschreitende Dimension

Die grenzüberschreitende Dimension des Kriminalitätsbereichs kann sich nach UAbs. 1 erstens aus der Art der Straftaten – d. h. der typischerweise grenzüberschreitenden Begehungsweise – ergeben, wie das bei Terrorismus, Menschenhandel oder illegalem Drogenhandel der Fall ist. Zweitens können die Auswirkungen der Straftaten typischerweise grenzüberschreitend sein, wie bei der Fälschung von Zahlungsmitteln. Dabei ist es ausreichend, wenn zwei Mitgliedstaaten von den Straftaten betroffen sind.[26] Hinsichtlich der dritten Alternative – die grenzüberschreitende Dimension wird aus einer besonderen Notwendigkeit, die Straftaten auf einer gemeinsamen Grundlage zu »bekämpfen«[27], abgeleitet – besteht Einigkeit darüber, dass nicht schon ein entsprechender politischer Wille der Unionsorgane diese Notwendigkeit begründen kann.[28] 13

---

[23] So aber *Rosenau/Petrus*, in: Vedder/Heintschel v. Heinegg, Europäisches Unionsrecht, Art. 83 AEUV, Rn. 12, die unter besonders schwerer Kriminalität »besonders qualifizierte Verbrechen, die nach deutschen Vorstellungen eine Mindeststrafe von drei bis fünf Jahren Freiheitsstrafe voraussetzen«, verstehen. – Welche Straftaten nach Auffassung des deutschen Gesetzgebers als besonders schwer einzustufen sind, zeigt der Deliktskatalog in § 138 d StGB. Den Straftaten ist gemeinsam, dass sie für die Allgemeinheit gefährlich sind und sich gegen hochrangige Rechtsgüter richten; *Sternberg-Lieben*, in: Schönke/Schröder (Hrsg.), Strafgesetzbuch, 29. Aufl., 2014, § 138, Rn. 7.
[24] Vgl. *Vogel/Eisele*, in: Grabitz/Hilf/Nettesheim, EU, Art. 83 AEUV (August 2015), Rn. 41: »Besonders schwere Kriminalität verletzt oder gefährdet Rechtsgüter oder rechtlich geschützte Interessen von besonders hohem Rang, ist besonders sozialschädlich und Ausdruck besonders hoher krimineller Energie, wie es beispielsweise beim Terrorismus oder Menschenhandel der Fall ist.« Vgl. auch *Böse*, in: Schwarze, EU-Kommentar, Art. 83 AEUV, Rn. 4.
[25] Vgl. *Böse*, in: Schwarze, EU-Kommentar, Art. 83 AEUV, Rn. 4.
[26] Vgl. Art. 86 Abs. 4 AEUV: »mehr als einen Mitgliedstaat betreffende Straftaten«; *Dorra*, S. 195 f.
[27] Zur unpassenden »kriegerischen Wortwahl«, von der in vielen europäischen Rechtsakten zur Strafrechtsharmonisierung Gebrauch gemacht wird, *Scheffler*, S. 110 ff.
[28] *Satzger*, in: Streinz, EUV/AEUV, Art. 83 AEUV, Rn. 9 m. w. N.

Eine eigenständige Bedeutung des Kriteriums erscheint fraglich.[29] In der Auslegung des Bundesverfassungsgerichts darf »nur die grenzüberschreitende Dimension eines konkreten Straftatbestands von den europäischen Rahmenvorschriften angesprochen« werden.[30] Diese Beschränkung wird allerdings für die meisten der Kriminalitätsbereiche nicht durchführbar sein, weil sich die grenzüberschreitende Dimension nicht ausreichend abschichten lässt. Es muss daher genügen, dass die von der Richtlinie erfassten Straftaten typischerweise grenzüberschreitend begangen werden oder Auswirkungen über die Staatsgrenzen hinaus haben.[31]

3. Erforderlichkeit

14 Eine Strafrechtsharmonisierung darf im Rahmen von Art. 83 Abs. 1 AEUV nur dann erfolgen, wenn sie erforderlich ist. Dies folgt aus der Leitlinie des Art. 67 Abs. 3 AEUV sowie dem Subsidiaritätsgrundsatz. Die Strafrechtsangleichung ist nicht erforderlich, wenn weniger eingriffsintensive – insbesondere zivilrechtliche oder verwaltungsrechtliche – Maßnahmen ausreichen. Im Kriterium der Erforderlichkeit kommt mithin die Ultima-ratio-Funktion des Strafrechts zum Ausdruck.[32] Die Erforderlichkeit ist auch dann zu verneinen, wenn der Bereich bereits ausreichend harmonisiert ist, etwa durch völkerrechtliche Verträge, die von den Mitgliedstaaten umfassend ratifiziert wurden.[33] Besonders begründungsbedürftig ist die Erforderlichkeit von Mindest(höchst-)strafen, da sie – bei zweifelhaftem Mehrwert der Maßnahme (s. Rn. 46) – tief in das Sanktionensystem der Mitgliedstaaten eingreifen.

II. Erfasste Kriminalitätsbereiche (UAbs. 2) und bisherige Rechtsakte

15 Art. 83 Abs. 1 UAbs. 2 AEUV zählt die für eine originäre Strafrechtsharmonisierung in Betracht kommenden Kriminalitätsbereiche auf. Aus dem Wortlaut von UAbs. 2 und dem Umstand, dass eine Erweiterung der Bereiche nach UAbs. 3 Einstimmigkeit erfor-

---

[29] BVerfGE 123, 267 (410 f.); *Ambos/Rackow*, ZIS 2009, 397 (402); *Rosenau/Petrus*, in: Vedder/Heintschel v. Heinegg, Europäisches Unionsrecht, Art. 83 AEUV, Rn. 11; *Satzger*, in: Streinz, EUV/AEUV, Art. 83 AEUV, Rn. 9; *Walter*, ZStW 117 (2005), 912 (926); vgl. auch *Meyer*, EuR 2011, 169 (178 f.). Nach *Vogel/Eisele*, in: Grabitz/Hilf/Nettesheim, EU, Art. 83 AEUV (August 2015), Rn. 42 geht es um Straftaten, die nach ihrer Art und ihren Auswirkungen die Union selbst betreffen; dies ablehnend *Böse*, in: Schwarze, EU-Kommentar, Art. 83 AEUV, Rn. 6, der das Kriterium auf die Erleichterung der gegenseitigen Anerkennung bezieht.
[30] BVerfGE 123, 267 (413).
[31] So im Ergebnis auch *Vogel/Eisele*, in: Grabitz/Hilf/Nettesheim, EU, Art. 83 AEUV (August 2015), Rn. 44, die auf den Unionsbesitzstand und die Gefahr verweisen, dass ein »inkohärentes Nebeneinander von unangeglichenen [Grund-?]Tatbeständen ohne grenzüberschreitende Dimension und angeglichenen [Qualifikations-]Tatbeständen mit solcher Dimension entstünde«.
[32] Musterbestimmungen als Orientierungspunkte für die Beratungen des Rates im Bereich des Strafrechts, 16452/2/09 REV 2 JAI 868 DROIPEN 160, Schlussfolgerung (1). Den Ultima-ratio-Grundsatz betont auch die Entschließung des Europäischen Parlaments vom 22.5.2012 zum EU-Ansatz zum Strafrecht (2010/2310 [INI]), Erwägungsgrund I sowie Pkt. 3. Das Europäische Parlament verlangt in diesem Zusammenhang einen »praktischen Mehrwert« für die Europäisierung der nationalen Strafvorschriften. Siehe auch Mitteilung der Kommission – »Auf dem Weg zu einer europäischen Strafrechtspolitik: Gewährleistung der wirksamen Durchführung der EU-Politik durch das Strafrecht«, KOM (2011) 573, S. 7 f.
[33] *Böse,* in: Schwarze, EU-Kommentar, Art. 83 AEUV, Rn. 22. Für Beispiele strafrechtsangleichender europäischer Rechtsakte, die kaum über bereits bestehende internationale Abkommen hinausgehen, siehe *Scheffler*, S. 93 ff.

dert, folgt, dass die **Aufzählung abschließend** ist.[34] Eine deliktsübergreifende Harmonisierungsmaßnahme, wie Vorgaben für die Sicherstellung und Einziehung von Erträgen aus Straftaten, hat sich daher auf die ausdrücklich genannten Bereiche zu beschränken.[35] Die Aufzählung orientiert sich an jenen Kriminalitätsbereichen, die schon vor Inkrafttreten des AEUV Gegenstand einer strafrechtlichen Harmonisierung waren.[36] Der Bereich »Rassismus und Fremdenfeindlichkeit« wurde nicht aufgenommen. Der bestehende Rahmenbeschluss[37] kann aber durch eine Richtlinie ersetzt werden, die auf Art. 83 Abs. 2 i. V. m. Art. 19 Abs. 1 AEUV gestützt wird;[38] einer Erweiterung der aufgezählten Kriminalitätsbereiche gem. Art. 83 Abs. 1 UAbs. 3 AEUV bedarf es nicht.

Der Kritik an der Unbestimmtheit des Katalogs[39] ist entgegenzuhalten, dass Kompetenznormen naturgemäß nicht am verfassungsrechtlichen Bestimmtheitsgebot zu messen sind. Die Anforderungen, die das Prinzip der begrenzten Einzelermächtigung (Art. 5 Abs. 1 EUV) an die Bestimmtheit einer Kompetenznorm stellt, sind erfüllt, wenn man die begrenzenden Kriterien des UAbs. 1 ernst nimmt (s. Rn. 9 ff.).[40]

16

Die vor Inkrafttreten des Vertrags von Lissabon beschlossenen Rechtsakte zur Strafrechtsharmonisierung behalten bis zu ihrer Aufhebung oder Änderung durch eine Richtlinie ihre Gültigkeit.[41] In den von Art. 83 Abs. 1 UAbs. 2 AEUV genannten Bereichen wurden bisher folgende Rechtsakte beschlossen:

17

Terrorismus: Rb 2002/475/JI vom 13. 6. 2002 zur Terrorismusbekämpfung (RbTerr), ABl. 2002, L 164/3; geändert durch Rb 2008/919/JI vom 28. 11. 2008 zur Änderung des Rahmenbeschlusses 2002/475/JI zur Terrorismusbekämpfung, ABl. 2008, L 330/21. – Terrorismus unterscheidet sich von gewöhnlicher Kriminalität vor allem durch die terroristische Motivation des Täters. Eine strafrechtsangleichende Richtlinie muss sich auf eine Harmonisierung der spezifisch terroristischen Begehungsweise einer Straftat beschränken. Die Kompetenznorm ermächtigt nicht dazu, die Strafvorschriften über gewöhnliche Kriminalität anzugleichen.[42]

18

Menschenhandel: RL 2011/36/EU vom 5. 4. 2011 zur Verhütung und Bekämpfung des Menschenhandels und zum Schutz seiner Opfer sowie zur Ersetzung des Rahmenbeschlusses 2002/629/JI des Rates, ABl. 2011, L 101/1.

19

---

[34] Einhellige Meinung; siehe nur *Satzger*, in: Streinz, EUV/AEUV, Art. 83 AEUV, Rn. 6.
[35] Siehe Art. 2 Nr. 6 i. V. m. Art. 3 RL 2014/42/EU vom 3. 4. 2014 über die Sicherstellung und Einziehung von Tatwerkzeugen und Erträgen aus Straftaten in der Europäischen Union, ABl. 2014, L 127/39, berichtigt in ABl. 2014, L 138/114. Wegen dieser Beschränkung werden die bestehenden Rechtsakte zur Einziehung nur teilweise ersetzt; vgl. Art. 14 RL 2014/42/EU. Zur Unübersichtlichkeit der Rechtslage *Zeder*, JSt 2012, 74 (75 f.).
[36] *Ambos/Rackow*, ZIS 2009, 397 (402) bemängeln zu Recht die Heterogenität der aufgelisteten Kategorien.
[37] Rb 2008/913/JI vom 28. 11. 2008 zur strafrechtlichen Bekämpfung bestimmter Formen und Ausdrucksweisen von Rassismus und Fremdenfeindlichkeit, ABl. 2008, L 328/55.
[38] *Böse*, in: Schwarze, EU-Kommentar, Art. 83 AEUV, Rn. 8, 15; vgl. auch *Herrnfeld*, in: Schwarze, EU-Kommentar, Art. 67 AEUV, Rn. 16. Entgegen *Hecker*, Europäisches Strafrecht, 5. Aufl., 2015, § 11, Rn. 4 kann die Angleichung des Strafrechts in diesem Bereich nicht auf Art. 67 Abs. 3 AEUV gestützt werden. Zum einen stellt der Wortlaut der Regelung keine Verbindung dieser Bereiche zur Strafrechtsangleichung her. Zum anderen ist die Kompetenznorm des Art. 83 AEUV lex specialis zur Zielbestimmung des Art. 67 AEUV.
[39] *Braum*, ZIS 2009, 418 (421); *Kubiciel*, GA 2010, 99 (101 f.); *Satzger*, in: Streinz, EUV/AEUV, Art. 83 AEUV, Rn. 11; *Weigend*, ZStW 116 (2004), 275 (285 f.); *Zöller*, FS Schenke, S. 588.
[40] Als ausreichend bestimmt erachten die Aufzählung: *Böse*, in: Schwarze, EU-Kommentar, Art. 83 AEUV, Rn. 9; *Tiedemann*, Wirtschaftsstrafrecht. Besonderer Teil, 3. Aufl., 2011, Rn. 41; *Vogel/Eisele*, in: Grabitz/Hilf/Nettesheim, EU, Art. 83 AEUV (August 2015), Rn. 51.
[41] Art. 9 des Protokolls Nr. 36 über die Übergangsbestimmungen, ABl. 2010, C 83/322.
[42] *Zöller*, FS Schenke, S. 588.

20 **Sexuelle Ausbeutung von Frauen und Kindern:** RL 2011/93/EU vom 13.12.2011 zur Bekämpfung des sexuellen Missbrauchs und der sexuellen Ausbeutung von Kindern sowie der Kinderpornografie sowie zur Ersetzung des Rahmenbeschlusses 2004/68/JI des Rates, ABl. 2011, L 335/1, berichtigt durch ABl. 2012, L 18/7. – Sexualstraftaten, wie der sexuelle Missbrauch von Kindern oder eine Vergewaltigung, haben nicht typischerweise ausbeuterischen Charakter. Auch eine grenzüberschreitende Begehungsweise ist für diese Straftaten nicht charakteristisch. Die auf Art. 83 Abs. 1 AEUV gestützte Richtlinie zur Bekämpfung des sexuellen Missbrauchs von Kindern ist daher teilweise kompetenzwidrig.[43]

21 **Illegaler Drogenhandel:** Rb 2004/757/JI vom 25.10.2004 zur Festlegung von Mindestvorschriften über die Tatbestandsmerkmale strafbarer Handlungen und die Strafen im Bereich des illegalen Drogenhandels, ABl. 2004, L 335/8. Inzwischen liegt ein Vorschlag für eine Richtlinie zur Änderung dieses Rahmenbeschlusses hinsichtlich der Drogendefinition vor, der auf Art. 83 Abs. 1 AEUV gestützt ist und eine Neufassung des Art. 1 Nr. 1 Rb 2004/757/JI vorsieht.[44] – Bei dieser Ermächtigung ist fraglich, ob sie auf den Handel im eigentlichen Sinn beschränkt ist oder jeden illegalen Umgang mit Drogen erfasst.[45] Erwerb und Besitz zum Eigenkonsum weisen weder einen Bezug zu Drogenhandel auf, noch besitzen sie charakteristischerweise eine grenzüberschreitende Dimension oder stellen besonders schwere Kriminalität dar; sie sind daher von der Kompetenznorm nicht umfasst.[46]

22 **Illegaler Waffenhandel:** RL 91/477/EWG vom 18.6.1991 über die Kontrolle des Erwerbs und des Besitzes von Waffen, ABl. 1991, L 256/51; geändert durch RL 2008/51/EG zur Änderung der Richtlinie 91/477/EWG des Rates über die Kontrolle des Erwerbs und des Besitzes von Waffen vom 21.5.2008, ABl. 2008, L 179/5. Die Richtlinie verpflichtet allerdings nicht zum Erlass von Kriminalsanktionen (s. Art. 16). – Die Straftaten müssen einen Bezug zum Waffenhandel aufweisen. Für Erwerb und Besitz zum persönlichen Gebrauch fehlt dieser Bezug.[47] Eine Richtlinie könnte insbesondere Verstöße gegen ein Waffenembargo erfassen.[48]

23 **Geldwäsche:** RL 2005/60/EG vom 26.10.2005 zur Verhinderung der Nutzung des Finanzsystems zum Zwecke der Geldwäsche und der Terrorismusfinanzierung, ABl. 2005, L 309/15 (ohne Pflicht zum Erlass von Kriminalsanktionen); Rb 2001/500/JI vom 26.6.2001 über Geldwäsche sowie Ermittlung, Einfrieren, Beschlagnahme und Einziehung von Tatwerkzeugen und Erträgen aus Straftaten, ABl. 2001, L 182/1, teilweise ersetzt durch RL 2014/42/EU vom 3.4.2014 über die Sicherstellung und Einziehung von Tatwerkzeugen und Erträgen aus Straftaten in der Europäischen Union, ABl. 2014, L 127/39, berichtigt in ABl. 2014, L 138/114.[49] – Geldwäsche stellt eine Anschlussstraftat dar, für die eine grenzüberschreitende Begehungsweise charakteristisch ist. Fragwürdig ist aber die Zuordnung zu besonders schwerer Kriminalität (s. Rn. 12).

---

[43] Vgl. *Böse*, in: Schwarze, EU-Kommentar, Art. 83 AEUV, Rn. 11; *Satzger*, in: Streinz, EUV/AEUV, Art. 83 AEUV, Rn. 14; für ein weites Verständnis des Kompetenztitels dagegen *Vogel/Eisele*, in: Grabitz/Hilf/Nettesheim, EU, Art. 83 AEUV (August 2015), Rn. 56.

[44] KOM(2013) 618 endg.; zum aktuellen Stand siehe Ratsdok. 9046/14 vom 7.5.2014. Hierzu *Brodowski*, ZIS 2016, 106 (113).

[45] Für eine weite Interpretation *Vogel/Eisele*, in: Grabitz/Hilf/Nettesheim, EU, Art. 83 AEUV (August 2015), Rn. 57.

[46] Vgl. *Böse*, in: Schwarze, EU-Kommentar, Art. 83 AEUV, Rn. 12.

[47] Anders *Vogel/Eisele*, in: Grabitz/Hilf/Nettesheim, EU, Art. 83 AEUV (August 2015), Rn. 58.

[48] *Tiedemann* (Fn. 40), Rn. 50.

[49] Vgl. Art. 14 RL 2014/42/EU.

Korruption: Übereinkommen vom 26.5.1997 über die Bekämpfung der Bestechung, an der Beamte der Europäischen Gemeinschaften oder der Mitgliedstaaten der Europäischen Union beteiligt sind, ABl. 1997, C 195/2; Protokoll vom 27.9.1996 zum vorgenannten Übereinkommen, ABl. 1996, C 313/2; Rb 2003/568/JI vom 22.7.2003 zur Bekämpfung der Bestechung im privaten Sektor, ABl. 2003, L 192/54. – Man wird eine typischerweise grenzüberschreitende Begehungsweise bejahen können. Es ist aber fraglich, ob man bei diesen Straftaten von besonders schwerer Kriminalität sprechen kann. Das gilt insbesondere für die Bestechung im privaten Bereich.[50]

Fälschung von Zahlungsmitteln: RL 2014/62/EU vom 15.5.2014 zum strafrechtlichen Schutz des Euro und anderer Währungen gegen Geldfälschung und zur Ersetzung des Rahmenbeschlusses 2000/383/JI des Rates, ABl. 2014, L 151/1;[51] Rb 2001/413/JI vom 28.5.2001 zur Bekämpfung von Betrug und Fälschung im Zusammenhang mit unbaren Zahlungsmitteln, ABl. 2001, L 149/1.

Computerkriminalität: RL 2013/40/EU über Angriffe auf Informationssysteme und zur Ersetzung des Rahmenbeschlusses 2005/222/JI des Rates, ABl. 2013, L 218/8. – Eine typischerweise grenzüberschreitende Begehungsweise liegt vor, um besonders schwere Kriminalität handelt es sich aber nur in besonderen Fallgestaltungen. Allgemeine Straftaten, die bloß mit Hilfe eines Computers begangen werden, wie die Verbreitung von Kinderpornografie im Internet, sind im Hinblick auf das Prinzip der begrenzten Einzelermächtigung nicht erfasst.[52]

Organisierte Kriminalität: Rb 2008/841/JI vom 24.10.2008 zur Bekämpfung der organisierten Kriminalität, ABl. 2008, L 300/42. – Typischerweise von einer kriminellen Organisation begangene allgemeine Straftaten sind einer Harmonisierung über diese Ermächtigungsnorm nicht zugänglich.[53]

26

27

III. Erweiterung auf andere Kriminalitätsbereiche (UAbs. 3)

UAbs. 3 ermöglicht es, auf neue Entwicklungen der Kriminalität zu reagieren und – ohne Änderung der Verträge – die in UAbs. 2 angeführten Kriminalitätsbereiche zu erweitern. Im betreffenden Kriminalitätsbereich muss es empirisch belegt[54] seit dem Inkrafttreten der Verträge zu neuen Entwicklungen gekommen sein, die eine Strafrechtsangleichung erforderlich machen. Der Bereich muss die allgemeinen Voraussetzungen von UAbs. 1 erfüllen, also besonders schwere Kriminalität mit grenzüberschreitender Dimension darstellen. Schließlich muss der Bereich den in UAbs. 2 ausdrücklich genannten Deliktsbereichen vergleichbar abgrenzbar sein. Unzulässig wäre eine Erweiterung auf umfassende Kriminalitätsbereiche, wie die Jugendkriminalität als solche.[55]

28

In formeller Hinsicht setzt ein Erweiterungsbeschluss Einstimmigkeit im Rat und die Zustimmung des Europäischen Parlaments voraus. Das Einstimmigkeitserfordernis

29

---

[50] *Tiedemann* (Fn. 40), Rn. 49, fordert eine Beschränkung auf Bestechlichkeit und Bestechung.
[51] Hierzu *Brodowski*, ZIS 2015, 79 (87).
[52] *Walter*, ZStW 117 (2005), 912 (928). A. A. *Böse*, in: Schwarze, EU-Kommentar, Art. 83 AEUV, Rn. 13; *Vogel/Eisele*, in: Grabitz/Hilf/Nettesheim, EU, Art. 83 AEUV (August 2015), Rn. 62; *Tiedemann* (Fn. 40), Rn. 48.
[53] *Böse*, in: Schwarze, EU-Kommentar, Art. 83 AEUV, Rn. 14; *Vogel/Eisele*, in: Grabitz/Hilf/Nettesheim, EU, Art. 83 AEUV (August 2015), Rn. 63.
[54] *Böse*, in: Schwarze, EU-Kommentar, Art. 83 AEUV, Rn. 16; *Satzger*, in: Streinz, EUV/AEUV, Art. 83 AEUV, Rn. 21; *Vogel/Eisele*, in: Grabitz/Hilf/Nettesheim, EU, Art. 83 AEUV (August 2015), Rn. 65; *Walter*, ZStW 117 (2005), 912 (926).
[55] *Vogel/Eisele*, in: Grabitz/Hilf/Nettesheim, EU, Art. 83 AEUV (August 2015), Rn. 66 mit weiteren Beispielen; zustimmend *Böse*, in: Schwarze, EU-Kommentar, Art. 83 AEUV, Rn. 16.

wahrt die Souveränitätsinteressen der Mitgliedstaaten.[56] Das Bundesverfassungsgericht deutet die Vorschrift als eine (verdeckte) Klausel zur Vertragsänderung, bei welcher der Parlamentsvorbehalt aus Art. 23 Abs. 1 Satz 2 GG zum Tragen kommt.[57] Die geforderte demokratische Rückbindung erfolgte in § 7 Abs. 1 Integrationsverantwortungsgesetz. Danach darf der deutsche Ratsvertreter einem Erweiterungsbeschluss erst dann zustimmen, wenn ihn Bundestag und Bundesrat durch Gesetz hierzu ermächtigt haben.[58]

C. Akzessorische Kompetenz zur Strafrechtsangleichung (Abs. 2)

I. Allgemeines

30   Der EuGH sieht die Mitgliedstaaten durch das Loyalitätsgebot (Art. 4 Abs. 3 EUV) verpflichtet, aus eigener Initiative Verstöße gegen Unionsrecht mit wirksamen, verhältnismäßigen und abschreckenden Sanktionen zu ahnden.[59] Darüber hinausgehend ermöglicht es Art. 83 Abs. 2 AEUV, die Mitgliedstaaten gezielt dazu anzuweisen, ihr Kriminalstrafrecht zum Schutz von Unionsinteressen einzusetzen. Im Unterschied zu Art. 83 Abs. 1 AEUV ist die Strafrechtsharmonisierung nicht auf besonders schwere Kriminalität mit grenzüberschreitender Dimension beschränkt.[60] Die Kritik des Bundesverfassungsgerichts, es handle sich um eine »gravierende Ausdehnung der Zuständigkeit zur Strafrechtspflege im Vergleich zur bislang geltenden Rechtslage«,[61] lässt außer Acht, dass der EuGH schon vor der Vertragsreform den Erlass strafrechtsangleichender Richtlinien akzeptierte, auch wenn diese keine Vorgaben zu Strafart und Strafhöhe enthalten durften (s. Rn. 4).[62]

31   Art. 83 Abs. 2 AEUV ist heute die **einzige Kompetenznorm**, auf deren Grundlage die Mitgliedstaaten dazu angewiesen werden können, Unionsrecht durch ihr Strafrecht abzusichern. Eine derartige Richtlinie lässt sich weder auf die Kompetenznorm zur Angleichung des jeweiligen Politikbereichs noch auf allgemeine Ermächtigungen zur Rechtsangleichung, wie Art. 114 ff. oder Art. 352 AEUV, stützen.[63] Der Reformvertrag hat der vom EuGH anerkannten Annexkompetenz die Grundlage entzogen. Auch die in Art. 325 Abs. 4 AEUV vorgesehenen Maßnahmen zur Verhütung und Bekämpfung von Betrügereien, die sich gegen die finanziellen Interessen der Union richten, können nur über Art. 83 Abs. 2 AEUV strafrechtlich flankiert werden.[64]

---

[56] Nach Art. 48 Abs. 7 EUV können durch einstimmigen Ratsbeschluss mit Zustimmung des Europäischen Parlaments die Anforderungen an das Zustandekommen eines Erweiterungsbeschlusses auf eine qualifizierte Mehrheit gesenkt werden. In Deutschland ist für die Übertragung dieser Kompetenz-Kompetenz die vorherige Zustimmung von Bundestag und Bundesrat durch ein Gesetz nach Art. 23 Abs. 1 Satz 2 GG notwendig; § 4 Abs. 1 Integrationsverantwortungsgesetz.
[57] BVerfGE 123, 267 (412 f.).
[58] Für dieses Gesetz genügt nach Art. 23 Abs. 1 Satz 2 GG eine einfache Mehrheit; eingehend *Suhr*, in: Calliess/Ruffert, EUV/AEUV, Art. 83 AEUV, Rn. 20 ff.
[59] EuGH, Urt. v. 21. 9.1989, Rs. C–68/88 (Griechischer Mais), Slg. 1989, 2985, Rn. 24.
[60] *Satzger*, in: Streinz, EUV/AEUV, Art. 83 AEUV, Rn. 26 mit Nachweisen auch zur Gegenansicht.
[61] BVerfGE 123, 267 (411).
[62] *Suhr*, in: Calliess/Ruffert, EUV/AEUV, Art. 83 AEUV, Rn. 29.
[63] *Böse*, in: Schwarze, EU-Kommentar, Art. 83 AEUV, Rn. 30: »Sperrwirkung«; *Satzger*, in: Streinz, EUV/AEUV, Art. 83 AEUV, Rn. 25; *Vogel/Eisele*, in: Grabitz/Hilf/Nettesheim, EU, Art. 83 AEUV (August 2015), Rn. 76.
[64] Überzeugend *Böse*, in: Schwarze, EU-Kommentar, Art. 83 AEUV, Rn. 31; i. d. S. auch die All-

Die übliche Bezeichnung von Art. 83 Abs. 2 AEUV als »Annexkompetenz« ist nicht **32** treffend, weil es sich nicht (mehr) um eine bloß stillschweigend mitübertragene Gesetzgebungskompetenz[65] handelt. Auch sollte vermieden werden, das Strafrecht als Anhängsel zu anderen Kompetenznormen zu bezeichnen. Um die Anknüpfung der Zuständigkeit an harmonisierte Politikbereiche zum Ausdruck zu bringen, wird vorliegend der Begriff **»akzessorische Kompetenz«** verwendet.

Kommen für eine Richtlinie sowohl Abs. 1 als auch Abs. 2 des Art. 83 AEUV als **33** Kompetenzgrundlage in Betracht, sollte die Abgrenzung nach dem objektiven Schwerpunkt des geplanten Rechtsakts erfolgen. Geht es vorrangig darum, Harmonisierungsmaßnahmen durch das Strafrecht abzusichern, ist Art. 83 Abs. 2 AEUV die einschlägige Kompetenzgrundlage. Zielt der geplante Rechtsakt maßgeblich darauf, ein kriminologisches Phänomen als solches zurückzudrängen, muss den Anforderungen des Art. 83 Abs. 1 AEUV entsprochen werden. Aber auch eine Kombination der beiden Kompetenzgrundlagen erscheint möglich, soweit das gleiche Rechtsetzungsverfahren zur Anwendung kommt.[66]

II. Unerlässlichkeit

Die Angleichung des Strafrechts muss sich als unerlässlich für die wirksame Durchfüh- **34** rung der Politik der Union in einem harmonisierten Gebiet erweisen. Auf dem betreffenden Gebiet müssen bereits – innerhalb der Zuständigkeit der Union – Harmonisierungsmaßnahmen erfolgt sein. Es ist nicht zulässig, in einer ersten Richtlinie zur Harmonisierung des Gebiets die Mitgliedstaaten zur Strafrechtsangleichung anzuweisen, sondern es müssen zunächst weniger eingriffsintensive Maßnahmen versucht werden. Erst wenn sich diese als nicht ausreichend erwiesen haben, darf eine Strafrechtsangleichung angeordnet werden.[67] Das Kriterium der »Unerlässlichkeit« stellt **gesteigerte Anforderungen** an die Erforderlichkeit der Strafrechtsangleichung.[68] Es kann nicht derselbe weitreichende Einschätzungs- und Bewertungsspielraum wie beim Erlass nationaler Strafgesetze zugestanden werden.[69] Vielmehr ist zu fordern, dass die schon vorgenommenen Harmonisierungsmaßnahmen einer empirisch belegten Evaluation unterzogen werden. Nur wenn sich die bisherigen Maßnahmen als sinnvoll erweisen und zugleich

---

gemeine Ausrichtung des Rates zum Vorschlag für eine Richtlinie über die strafrechtliche Bekämpfung von gegen die finanziellen Interessen der Europäischen Union gerichtetem Betrug, Ratsdok. 10729/13 vom 10.6.2013; vgl. auch Ergebnis der ersten Lesung des Europäischen Parlaments, Ratsdok. 9024/14 vom 29.4.2014, S. 4. Dagegen ist nach Ansicht der Kommission die geplante Richtlinie auf Art. 325 Abs. 4 AEUV zu stützen; KOM (2012) 363 endg., S. 7. Näher zur Gegenansicht, wonach Art. 325 Abs. 4 AEUV eine Ermächtigung zur Strafrechtsangleichung oder sogar zum Erlass von supranationalem Strafrecht umfasst, *Hecker* (Fn. 38), § 4, Rn. 81 f.

[65] Zu diesem Charakteristikum einer Annexkompetenz *Tiedemann* (Fn. 40), Rn. 39; vgl. auch *Nettesheim*, in: Grabitz/Hilf/Nettesheim, EU, Art. 1 AEUV (August 2015), Rn. 13.

[66] Zum Ganzen *Dorra*, S. 264 f. Dagegen nimmt *Böse*, in: Schwarze, EU-Kommentar, Art. 83 AEUV, Rn. 32 einen Vorrang des Art. 83 Abs. 2 AEUV an.

[67] *Böse*, in: Schwarze, EU-Kommentar, Art. 83 AEUV, Rn. 26; *Suhr*, in: Calliess/Ruffert, EUV/AEUV, Art. 83 AEUV, Rn. 25. A.A. *Vogel/Eisele*, in: Grabitz/Hilf/Nettesheim, EU, Art. 83 AEUV (August 2015), Rn. 78: eine »logische Sekunde« zwischen den beiden Rechtsakten sei ausreichend.

[68] *Böse*, in: Schwarze, EU-Kommentar, Art. 83 AEUV, Rn. 28. Überlegungen, die »Unerlässlichkeit« auf den Raum der Freiheit, der Sicherheit und des Rechts zu beziehen, bei *Meyer*, EuR 2011, 169 (186 ff.).

[69] A.A. *Vogel/Eisele*, in: Grabitz/Hilf/Nettesheim, EU, Art. 83 AEUV (August 2015), Rn. 93.

eine nachweisbare Gefährdung durch Kriminalität besteht, die nur durch eine Annäherung der Strafvorschriften beseitigt werden kann, darf eine strafrechtliche Harmonisierungsmaßnahme ergriffen werden.[70]

35 Das Erfordernis eines Mindestmaßes an Harmonisierungsdichte ergibt sich daraus, dass die Strafrechtsangleichung nur zur Durchsetzung von unionsrechtlich harmonisiertem Recht erfolgen darf. Die Richtlinie darf nicht zur Kriminalisierung einer Verhaltensnorm anweisen, die von der Harmonisierungsmaßnahme nicht wenigstens implizit erfasst ist.[71] Darüber hinaus muss die Richtlinie zum Schutz eines unionsweit anerkannten, besonders wichtigen Rechtsguts erforderlich sein; die wirksame Durchführung der Unionspolitik darf nicht Selbstzweck der Richtlinie sein.[72] In diesem Rahmen ist auch die **Bagatellgrenze** zu beachten. Es ist nicht zulässig, die Mitgliedstaaten zur Kriminalisierung von Handlungen anzuweisen, deren Unrechtsgehalt minimal ist, etwa nur in der Verletzung von Formvorschriften besteht.[73]

III. Bisherige Rechtsakte

36 Auf der Grundlage der vom EuGH gebilligten Annexkompetenz (s. Rn. 4) wurden vor Inkrafttreten des Reformvertrags folgende Richtlinien erlassen:
– RL 2005/35/EG vom 7. 9. 2005 über die Meeresverschmutzung durch Schiffe und Einführung von Sanktionen für Verstöße, ABl. 2005, L 255/11, geändert durch RL 2009/123/EG, ABl. 2009, L 280/52.
– RL 2008/99/EG vom 19. 11. 2008 über den strafrechtlichen Schutz der Umwelt, ABl. 2008, L 328/28.
– RL 2009/52/EG vom 18. 6. 2009 über Mindeststandards für Sanktionen und Maßnahmen gegen Arbeitgeber, die Drittstaatsangehörige ohne rechtmäßigen Aufenthalt beschäftigen, ABl. 2009, L 168/24.

Inzwischen wurde mit der RL 2014/57/EU über strafrechtliche Sanktionen bei Marktmanipulation (Marktmissbrauchs-RL) ein Rechtsakt zum Kapitalmarktmissbrauch auf Grundlage des Art. 83 Abs. 2 AEUV erlassen.[74]

37 Die Europäische Kommission schlägt in ihrer Mitteilung zu einer europäischen Strafrechtspolitik an erster Stelle eine strafrechtliche Absicherung der Harmonisierungsmaßnahmen auf dem Finanzsektor und der Bekämpfung von gegen die finanziellen Interessen der Europäischen Union gerichtetem Betrug vor. Als weitere mögliche Bereiche werden Straßenverkehr, Datenschutz, Zollbestimmungen, Umweltschutz, Fischereipolitik und Binnenmarktpolitik genannt.[75]

---

[70] Vgl. BVerfGE 123, 267 (411 f.): »Damit […] die Ermächtigung zur Strafgesetzgebung im Annex als übertragen angenommen werden kann, muss nachweisbar feststehen, dass ein gravierendes Vollzugsdefizit tatsächlich besteht und nur durch Strafandrohung beseitigt werden kann.« Die Kommission fordert eine »umfassende Analyse in den Folgeabschätzungen« sowie die Aushebung statistischer Daten in den Mitgliedstaaten; Mitteilung der Kommission (Fn. 32), KOM (2011) 573, S. 7 ff. Dem Bundesverfassungsgericht zustimmend *Ambos/Rackow*, ZIS 2009, 397 (403); *Kubiciel*, GA 2010, 99 (105 f.); *Satzger*, in: Streinz, EUV/AEUV, Art. 83 AEUV, Rn. 27; *Zimmermann*, Jura 2009, 844 (850); *Zöller*, FS Schenke, S. 592.

[71] Vgl. *Vogel/Eisele*, in: Grabitz/Hilf/Nettesheim, EU, Art. 83 AEUV (August 2015), Rn. 79. *Walter*, ZStW 117 (2005), 912 (929) fordert sogar ein ausdrückliches europarechtliches Verbot des Verhaltens als Anknüpfungspunkt für die Strafbarkeit.

[72] Siehe Rn. 2. Vgl. hierzu *Prittwitz*, Lissabon als Chance zur kriminalpolitischen Neubesinnung. Das Manifest zur Europäischen Kriminalpolitik, in: Ambos (Hrsg.), S. 29 (34).

[73] Siehe die bedenklichen Beispiele aus der RL über den strafrechtlichen Schutz der Umwelt bei *Zimmermann*, ZRP 2009, 74 (75 f.).

[74] ABl. 2014, L 173/179. Hierzu *Brodowski*, ZIS 2015, 79 (86 f.) und *Cerriza*, eucrim 2014, 85 ff.

D. Mindestvorschriften

I. Allgemeines

»Mindestvorschriften zur Festlegung von Straftaten und Strafen« bestimmen das Minimum an Strafbarkeit in einem Deliktsbereich. Die Mitgliedstaaten dürfen die vorgegebene **strafrechtliche Untergrenze** nicht unterschreiten. Es bleibt ihnen aber unbenommen, zusätzliche Verhaltensweisen zu kriminalisieren oder eine schwerere Strafe anzudrohen. Art. 83 AEUV räumt der Union nach h.M. keine Befugnis ein, auf die Mitgliedstaaten strafbarkeitslimitierend einzuwirken.[76] Die Union kann daher eine später als überschießend erkannte Richtlinienanweisung nicht mit verbindlicher Wirkung zurücknehmen. Denn da Gegenstand der neuen Richtlinie wiederum nur Mindestvorschriften sein können, bietet die Richtlinie keine Handhabe, die Mitgliedstaaten zu einer Entkriminalisierung anzuweisen. Zur Kritik an der einseitigen Ausrichtung der Strafrechtsharmonisierung s. Rn. 5.

38

Bei der Festlegung der Mindestvorschriften ist auf die Vereinbarkeit mit den vorhandenen Instrumenten zur Strafrechtsangleichung zu achten **(horizontale Kohärenz)**. Der Rat hat zu diesem Zweck Musterbestimmungen entworfen, die eine einheitliche Handhabung von Vorschriften des Allgemeinen Teils gewährleisten sollen (s. Rn. 41). Noch anspruchsvoller ist es, die Vereinbarkeit der Vorgaben mit dem innerstaatlichen Strafrecht sicherzustellen **(vertikale Kohärenz)**. Insoweit sind die Mitgliedstaaten in die Mitverantwortung genommen, im Rat und im Europäischen Parlament auf die Vereinbarkeit der Richtlinie mit ihrer Strafrechtsordnung hinzuwirken und erforderlichenfalls von der Notbremse in Art. 83 Abs. 3 AEUV Gebrauch zu machen.

39

II. Zur Festlegung von Straftaten

Mindestvorschriften über Straftaten[77] sind Vorgaben, welche Verhaltensweisen mindestens unter Strafe zu stellen sind. Die Anweisungskompetenz erstreckt sich naturgemäß auf alle Tatbestandsmerkmale der Straftat; neben der Tathandlung sind die Bezugspunkte der Verhaltensweise, wie das Tatobjekt und der Erfolg, festzulegen.[78] Fraglich ist, wie detailliert die Vorgaben sein dürfen. Schon aus dem Wesen der Richtlinie folgt, dass den Mitgliedstaaten ein **Umsetzungsspielraum** zu belassen ist. Sie müssen zwischen mehreren Umsetzungsmaßnahmen wählen können.[79] Die Strafvorschriften dürfen nicht aus-

40

---

[75] Mitteilung der Kommission (Fn. 32), KOM (2011) 573, S. 11 f. Siehe den Vorschlag vom 11.7.2012 für eine Richtlinie des Europäischen Parlaments und des Rates über die strafrechtliche Bekämpfung von gegen die finanziellen Interessen der Europäischen Union gerichtetem Betrug, KOM (2012) 363 endg.; zum aktuellen Stand siehe Ratsdok. 9804/16 vom 3.6.2016.

[76] Für viele *Satzger*, in: Streinz, EUV/AEUV, Art. 83 AEUV, Rn. 2. *Böse*, in: Schwarze, EU-Kommentar, Art. 83 AEUV, Rn. 17 erwägt ein abweichendes Verständnis des Terminus »Mindestvorschriften« im Sinne einer Obergrenze für das nationale Strafrecht. Allerdings lasse sich diese Sichtweise mit der Beschränkung der Harmonisierungskompetenz auf die Bereiche besonders schwerer Kriminalität nicht vereinbaren. Die Union sei »allenfalls in Ausnahmekonstellationen (zB Kriminalisierung von Vorfeldhandlungen, Grundrechtskollisionen, […])« sowie auf der Rechtsfolgenseite zur Festlegung einer Obergrenze für das innerstaatliche Strafrecht befugt.

[77] In anderen Sprachfassungen »Mindestvorschriften über die Definition von Straftaten« (»minimum rules concerning the definition of criminal offences«; »des règles minimales relatives à la définition des infractions pénales«; »normas mínimas relativas a la definición de las infracciones penales«).

[78] Vgl. Art. 31 Abs. 1 Buchst. e EU-Vertrag von Amsterdam: »Tatbestandsmerkmale strafbarer Handlungen«.

[79] *Hecker*, JA 2007, 561 (565).

formuliert werden, sonst käme die Richtlinie inhaltlich einer kompetenzrechtlich nicht zulässigen Verordnung gleich.[80] Daher ist es auch nicht zulässig, in einer Richtlinie nach Art. 83 Abs. 2 AEUV dazu anzuweisen, in einer Verordnung vorgegebene Verhaltensnormen unter Strafe zu stellen.[81] Das Bundesverfassungsgericht betont, dass den Mitgliedstaaten »substantielle Ausgestaltungsspielräume« bleiben müssen. Mindestvorschriften für einen vollständigen Deliktsbereich seien nicht zulässig. Nur einzelne »Tatbestandsvarianten« dürften festgelegt werden.[82]

41 Art. 83 AEUV beinhaltet auch die Ermächtigung, für den betreffenden Deliktsbereich Mindestvorschriften zum **Allgemeinen Teil** des Strafrechts zu beschließen.[83] Eine Angabe zur subjektiven Tatseite ist sogar zwingend geboten. Würde die Richtlinie die Strafbarkeit nicht auf Vorsatz oder Fahrlässigkeit beschränken, sondern eine verschuldensunabhängige strafrechtliche Verantwortlichkeit vorschreiben, verstieße sie gegen das Schuldprinzip.[84] Eine über einzelne Deliktsbereiche hinaus gehende Kompetenz zur Angleichung des Allgemeinen Teils des Strafrechts kommt der Union nicht zu. Daher wäre es nicht zulässig, in einer Richtlinie allgemeine Regeln der Straftatlehre zu definieren.[85] Maßgeblich ist das nationale Verständnis der Erscheinungsformen der Straftat.[86] Die Musterbestimmungen des Rates stellen folgende Leitlinien für den Allgemeinen Teil des Strafrechts auf: Die Richtlinie sei grundsätzlich auf vorsätzliches Verhalten zu beschränken; nur bei besonderer Wichtigkeit des zu schützenden Rechtsguts dürfe grob fahrlässiges Verhalten erfasst werden.[87] Verletzungsdelikte sollten die Regel, Gefährdungsdelikte die Ausnahme sein und eine konkrete Gefährdung erfordern. Abstrakte Gefährdungsdelikte seien nur bei besonderer Bedeutung des geschützten Rechtsguts zulässig. Das gelte auch für Ausdehnungen der Strafbarkeit ins Vorfeld von Verletzungsdelikten.[88]

42 Die bisherigen Rechtsakte[89] sehen durchweg die Strafbarkeit des Versuchs und der Beteiligung vor. Zu einer Bestrafung von Unterlassen wird nur vereinzelt angewiesen.[90] Die meisten Rechtsakte beziehen sich ausschließlich auf vorsätzliches Handeln. Dane-

---

[80] Vgl. *Hecker* (Fn. 38), § 8, Rn. 7.
[81] Vgl. *Schröder*, HRRS 2013, 253 (261).
[82] BVerfGE 123, 267 (412 f.).
[83] Siehe nur *Böse*, in: Schwarze, EU-Kommentar, Art. 83 AEUV, Rn. 18.
[84] Es ist nicht abschließend geklärt, ob der Schuldgrundsatz ein allgemeiner Rechtsgrundsatz des Unionsrechts ist. Bei Anweisung zur Einführung einer verschuldensunabhängigen strafrechtlichen Haftung könnten die Mitgliedstaaten aber jedenfalls von der Notbremse Gebrauch machen (s. auch Rn. 51). Zum Ganzen vgl. *Schaut*, S. 232 ff. Zur Unzulässigkeit einer verschuldensunabhängigen Haftung siehe auch Musterbestimmungen des Rates (Fn. 32), Schlussfolgerung 8; *Böse*, in: Schwarze, EU-Kommentar, Art. 83 AEUV, Rn. 18; *Vogel/Eisele*, in: Grabitz/Hilf/Nettesheim, EU, Art. 83 AEUV (August 2015), Rn. 35. Auch Schuldvermutungen wären mit dem Schuldprinzip nicht zu vereinbaren; a. A. *Schaut*, S. 241 ff.
[85] Vgl. *Hecker* (Fn. 38), § 8, Rn. 38; *Satzger*, in: Streinz, EUV/AEUV, Art. 83 AEUV, Rn. 34.
[86] Beispielhaft zur Verschiedenheit dogmatischer Begrifflichkeiten *Maiwald*, S. 1383 ff.
[87] Musterbestimmungen des Rates (Fn. 32), Schlussfolgerung 6 und 7; Entschließung des Europäischen Parlaments (2010/2310 [INI]) (Fn. 32), Erwägungsgrund J, Pkt. 4. Kritisch zur Einbeziehung von Fahrlässigkeit *Zimmermann*, ZRP 2009, 74 (76).
[88] Musterbestimmungen des Rates (Fn. 32), Schlussfolgerung 5.
[89] Siehe zum Folgenden auch die Aufstellung von *Killmann*, Systematisierung, in: Sieber/Satzger/v. Heintschel-Heinegg (Hrsg.), S. 296 ff.
[90] Z. B. Betrug zulasten der finanziellen Interessen der EU durch Verschweigen einer Information unter Verletzung einer spezifischen Pflicht; Art. 1 Abs. 1 Buchst. a, 2. Gedstr. und Buchst. b, 2. Gedstr. des Übereinkommens vom 26.7.1995 zum Schutz der finanziellen Interessen der Europäischen Gemeinschaften, ABl. 1995, C 316/49.

ben weisen einige Richtlinien dazu an, grob fahrlässiges Handeln unter Strafe zu stellen.[91] Vereinzelt wird – vor allem im Rahmen einer überschießenden Innentendenz – auf eine spezielle Vorsatzform abgestellt.[92] Manche Rechtsakte knüpfen die Strafbarkeit an eine bloße abstrakte Gefährdung an.[93] Hinzu kommen Rechtsakte, die die Strafbarkeit – teils sogar erheblich – ins Vorfeld einer Verletzung verlagern.[94] Andere Rechtsakte verlangen immerhin eine konkrete Gefährdung.[95] Nahezu jeder strafrechtsangleichende Rechtsakt enthält Regelungen über die Verantwortlichkeit juristischer Personen, die aber nicht den Einsatz des Kriminalstrafrechts verlangen. Teils wird auf strafbarkeitsausschließende Umstände hingewiesen, deren Umsetzung in das Ermessen der Mitgliedstaaten gestellt wird.[96] Regelungen über die Verjährung finden sich in den bisherigen strafrechtsangleichenden Rechtsakten nur vereinzelt.[97] Regelmäßig wird die Ausübung der Gerichtsbarkeit nach dem Territorialitätsprinzip und dem aktiven Personalitätsprinzip angeordnet.[98]

III. Zur Festlegung von Strafen

1. Vorgaben zur Strafart

Der Begriff »Strafe« ist im Hinblick auf andere Sprachfassungen des Vertragstexts, die den Ausdruck »Sanktionen« gebrauchen, weit als **sämtliche Kriminalsanktionen** umfassend auszulegen.[99] Der Begriff bezieht sich mithin nicht allein auf die Strafe im engen

43

---

[91] Art. 4 Abs. 2 Buchst. c RL 2011/36/EU; Art. 9 Buchst. f RL 2011/93/EU; Art. 3 Abs. 1 RL 2008/99/EG; Art. 4 Abs. 1 i. V. m. 5a Abs. 1; Art. 5a Abs. 3 RL 2005/35/EG i. d. F. RL 2009/123/EG (»Vorsätzlichkeit, Leichtfertigkeit oder grobe Fahrlässigkeit«).

[92] Art. 4 Abs. 4 RL 2011/93/EU (»wissentlich«); Art. 9 Abs. 1 Buchst. d RL 2009/52/EG (»obwohl er weiß, dass diese Person Opfer von Menschenhandel ist«); Art. 2 Abs. 1 Buchst. c Rb 2004/757/JI (»mit dem Ziel, eine der unter Buchstabe a) aufgeführten Handlungen vorzunehmen«); Art. 3 Abs. 1 Buchst. c RL 2014/62/EU (»Absicht, in Umlauf zu bringen«); Art. 2 Buchst. a Rb 2008/841/JI (»in Kenntnis entweder des Ziels und der allgemeinen Tätigkeit der kriminellen Vereinigung oder der Absicht der Vereinigung, die betreffenden Straftaten zu begehen«).

[93] Z.B. Art. 3 Abs. 1 Buchst. a i. V. m. Abs. 2 Buchst. a RbTerr i. d. F. Rb 2008/919/JI; Art. 4 1 i. V. m. 5a Abs. 1 RL 2005/35/EG i. d. F RL 2009/123/EG.

[94] Z.B. Art. 2 Buchst. c, Art. 4 Rb 2001/413/JI; Art. 1 Abs. 1 Buchst. c i. V. m. Abs. 2 Buchst. c RbTerr i. d. F. Rb 2008/919/JI; Art. 2 Buchst. b Rb 2008/841/JI; Art. 6 RL 2011/93/EU. Ebenso stellt die strafrechtliche Erfassung von Erwerb und Besitz von Kinderpornographie sowie des Zugriffs auf Kinderpornographie (Art. 5 Abs. 2 und 3 RL 2011/93/EU) eine Vorverlagerung der Strafbarkeit dar, da die Delinquenten nicht im Nachhinein für den schon geschehenen sexuellen Missbrauch, sondern nur allenfalls für künftige Produktionen von kinderpornographischen Erzeugnissen verantwortlich gemacht werden können; siehe *Hochmayr*, Strafbarer Besitz von Gegenständen, 2005, S. 31 ff.

[95] Z. B. Art. 1 Buchst. h RbTerr i. d. F. Rb 2008/919/JI; Art. 4 Abs. 2 Buchst. c RL 2011/36/EU; Art. 9 Buchst. f RL 2011/93/EU.

[96] Art. 5 Abs. 7, 8 RL 2011/93/EU; Art. 4 Abs. 7, 8 RL 2011/93/EU; Art. 5 Abs. 7, 8 RL 2011/93/EU; Art. 8 RL 2011/93/EU.

[97] Art. 15 Abs. 2 RL 2011/93/EU verpflichtet die Mitgliedstaaten sicherzustellen, dass bestimmte Delikte während eines hinlänglich langen Zeitraums nach Erreichen der Volljährigkeit durch das Opfer entsprechend der Schwere der betreffenden Straftat strafrechtlich verfolgt werden können. Der Vorschlag einer Richtlinie vom 11. 7. 2012 über die strafrechtliche Bekämpfung von gegen die finanziellen Interessen der Europäischen Union gerichtetem Betrug, COM(2012) 363 final, sieht in Art. 12 Regelungen zu den Verjährungsfristen vor, über die bislang keine endgültige Einigung erzielt werden konnte (vgl. Ratsdok. 8604/15 vom 7. 5. 2015, S. 1 f.).

[98] Z. B. Art. 9 Abs. 1 Buchst. a und c RbTerr i. d. F. Rb 2008/919/JI.

[99] Vgl. *Vogel/Eisele*, in: Grabitz/Hilf/Nettesheim, EU, Art. 83 AEUV (August 2015), Rn. 37. Für die Herausbildung europäischer Mindestkriterien des strafrechtlichen Charakters von Sanktionen *Zimmermann*, NStZ 2008, 662 (667).

Sinn als die gezielte Zufügung eines Übels zur Missbilligung der Tat, die schuldhaftes Handeln zur Voraussetzung hat. Vielmehr erstreckt er sich auf »vorbeugende« bzw. »sichernde Maßnahmen«, wie Berufsverbote oder die Einziehung gefährlicher Gegenstände.[100] Diese Kriminalsanktionen unterscheiden sich von der Strafe im engen Sinn dadurch, dass sie keine schuldhafte Tatbegehung erfordern, sondern an die Gefährlichkeit einer Person oder Sache anknüpfen, die sich in einer Anlassstat äußerte. Darüber hinaus wird eine dritte Kategorie von strafrechtlichen Sanktionen, die sogenannte Gewinnabschöpfung, erfasst. Diese Sanktionen bezwecken, dem Täter Vermögenswerte, die er im Zusammenhang mit der Straftat erlangt hat, zu entziehen, entsprechend der Prämisse, dass sich die Begehung von Straftaten auch finanziell nicht lohnen soll. Ein Beispiel ist der Verfall von Vermögensvorteilen, die der Täter im Zusammenhang mit der Straftat erlangt hat.[101]

44 Fraglich ist, ob der Begriff »Strafe« (»sanctions«) auch **Administrativsanktionen** umfasst. Diese reichen in manchen Mitgliedstaaten bis zum Freiheitsentzug und erfüllen die Merkmale einer Strafe im Sinne von Art. 6 EMRK.[102] Sie beinhalten aber ein geringeres Maß an Vorwerfbarkeit. Zur Zurückdrängung besonders schwerer Kriminalität (Art. 83 Abs. 1 AEUV) sind Administrativsanktionen nicht geeignet. Im Anwendungsbereich von Art. 83 Abs. 2 AEUV wäre der Einsatz dieser Sanktionen grundsätzlich denkbar. Allerdings wären dann Mitgliedstaaten, die kein Verwaltungsstrafrecht oder Ordnungswidrigkeitenrecht kennen, gezwungen, Kriminalstrafen vorzusehen, um die Verpflichtungen der Richtlinie zu erfüllen. Die Lösung kann – dem Bagatellprinzip entsprechend (s. Rn. 35) – nur sein, Straftaten, für deren Zurückdrängung Administrativsanktionen ausreichen, nicht in eine Richtlinie nach Art. 83 Abs. 2 AEUV aufzunehmen. Administrativsanktionen dürfen demnach in einer strafrechtsangleichenden Richtlinie nicht vorgesehen werden.[103]

2. Vorgaben zur Strafhöhe

45 Die Rechtsakte zur Strafrechtsangleichung enthielten ursprünglich die auf die Rechtsprechung des EuGH[104] zurückgehende Forderung nach abschreckenden, wirksamen und verhältnismäßigen Strafen. Zusätzlich sollten die Mitgliedstaaten für schwere Fälle Freiheitsstrafen androhen, die zur Auslieferung berechtigen.[105] Seit dem Vertrag von Amsterdam dürfen **Mindesthöchststrafen** vorgegeben werden, d. h. die Mitgliedstaaten dürfen dazu angewiesen werden, eine bestimmte Strafobergrenze nicht zu unterschreiten.[106] Für jene Mitgliedstaaten, in denen die Strafdrohungen traditionell niedriger angesetzt sind, erwies es sich jedoch als problematisch, die ziffernmäßig vorgegebenen

---

[100] Z. B. Art. 10 und 11 RL 2011/93/EU; Art. 4 Abs. 3 Rb 2003/568/JI.
[101] In den Rechtsakten werden diese Sanktionen regelmäßig mit der Einziehung gefährlicher Gegenstände zu einer Kategorie zusammengefasst; z. B. Art. 11 RL 2011/93/EU: Einziehung von Tatwerkzeugen und von Erträgen aus Straftaten. Zur Abgrenzung der Kriminalsanktionen näher *Hochmayr*, ZStW 124 (2012), 64 (65 ff.).
[102] *Grabenwarter/Pabel*, Europäische Menschenrechtskonvention, 5. Aufl., 2012, § 24, Rn. 19.
[103] Für den Ausschluss von Administrativsanktionen auch *Vogel/Eisele*, in: Grabitz/Hilf/Nettesheim, EU, Art. 83 AEUV (August 2015), Rn. 37.
[104] EuGH, Urt. v. 21. 9. 1989, Rs. 68/88 (Griechischer Mais), Slg. 1989, 2985, Rn. 24.
[105] Z. B. Art. 6 Rb 2001/413/JI.
[106] Strafrechtsangleichende Richtlinien im Rahmen der »Annexkompetenz« durften dagegen keine Vorgaben zu Art und Maß der Strafe enthalten; EuGH, Urt. v. 23. 10. 2007, Rs. C–440/05 (Rb zur Bekämpfung der Verschmutzung durch Schiffe), Slg. 2007, I–9097, Rn. 70.

Freiheitsstrafen in ihr Sanktionssystem zu integrieren. Als Kompromisslösung einigte man sich 2002 im Rat auf ein System von vier Strafniveaus.[107] Trotz gegenteiliger Bekenntnisse halten sich neuere Richtlinien nicht konsequent an diese sinnvolle Beschränkung der Strafniveaus.[108]

Der Wortlaut ließe es zu, auch eine minimale Strafuntergrenze zu bestimmen. Die Integration von Strafuntergrenzen in das innerstaatliche Sanktionssystem wäre indes noch schwieriger als jene von Mindesthöchststrafen zu bewältigen. Denn nicht alle Mitgliedstaaten kennen **Mindeststrafen**.[109] Auch können Mindeststrafen die Systemstrukturen betreffen und weitreichende Auswirkungen haben, etwa auf die Strafbarkeit des Versuchs oder die Möglichkeit einer Strafaussetzung zur Bewährung. Deshalb ist die Festlegung von Mindeststrafen als ein nicht erforderlicher Eingriff in das Strafrecht der Mitgliedstaaten abzulehnen.[110]

Hervorzuheben ist, dass als zu hoch empfundene Strafdrohungen zum Verlust der Wirksamkeit des Strafrechts führen und daher dem Effektivitätsprinzip zuwiderlaufen.[111] Auch gilt es international als erwiesen, dass höheren Strafdrohungen alleine keine gesteigerte abschreckende Wirkung zukommt.[112] Aus diesen Gründen und wegen der Schwierigkeiten, Mindest(höchst-)strafen in einer stimmigen, die Schuldangemessenheit von Strafe wahrenden Weise ins innerstaatliche Strafrecht zu integrieren, ist es vorzugswürdig, es den Mitgliedstaaten zu überlassen, wirksame, angemessene und abschreckende strafrechtliche Sanktionen vorzusehen (s. Rn. 8).[113]

46

---

[107] Schlussfolgerungen über einen Ansatz zur Angleichung von Strafen, Ratsdok. 9141/02 vom 27.5.2002: Soweit die Forderung nach der Androhung wirksamer, verhältnismäßiger und abschreckender Sanktionen nicht genügt, sind für die Freiheitsstrafe folgende Höchststrafen vorzusehen: mindestens 1 Jahr bis zu 3 Jahre, mindestens 2 Jahre bis zu 5 Jahre, mindestens 5 Jahre bis zu 10 Jahre, mindestens 10 Jahre. Da die vorgegebene Mindesthöchststrafe stets überschritten werden darf, kommt es nur auf die untere Grenze an; *Böse*, in: Schwarze, EU-Kommentar, Art. 83 AEUV, Rn. 21. Zur Genese des Ratsbeschlusses *Vermeulen*, Where do we currently stand with harmonisation in Europe?, in: Klip/van der Wilt (Hrsg.), S. 65 (75 f.); *Zeder*, öAnwBl 2008, 249 (254).

[108] Ein besonderes Negativbeispiel ist die RL 2011/93/EU. Die Richtlinie sieht sechs Sanktionsniveaus (Mindeststrafen von 1, 2, 3, 5, 8 und 10 Jahren) vor.

[109] Zu Frankreich Commission Staff Working Document, 5.2.2013, SWD (2013) 19 final, S. 19. Zu den Niederlanden *Vander Beken*, Freedom, security und justice in the European Union. A plea for alternative views on harmonisation, in: Klip/van der Wilt (Hrsg.), S. 95 (98); *Went*, Das Opportunitätsprinzip im niederländischen und schweizerischen Strafverfahren, 2012, S. 247.

[110] *Böse*, in: Schwarze, EU-Kommentar, Art. 83 AEUV, Rn. 20; *Satzger*, in: Streinz, EUV/AEUV, Art. 83 AEUV, Rn. 33. An der in Art. 5 Abs. 4 des Vorschlags einer Richtlinie zum strafrechtlichen Schutz des Euro und anderer Währungen gegen Geldfälschung vorgesehenen Mindeststrafe (KOM [2013] 42 final) wurde im Rechtsetzungsverfahren nicht festgehalten; vgl. Art. 5 RL 2014/62/EU; in Bezug auf Art. 8 Abs. 1 des (auf Art. 325 Abs. 4 AEUV gestützten) Vorschlags für eine Richtlinie des Europäischen Parlaments und des Rates über die strafrechtliche Bekämpfung von gegen die finanziellen Interessen der Europäischen Union gerichtetem Betrug (KOM [2012] 363 endg.) hat das Parlament in erster Lesung Abänderungen angenommen; die Mindeststrafen sind entfallen, vgl. Ratsdok. 9024/14 vom 29.4.2014, S. 15.

[111] *Herlin-Karnell*, GLJ 2010, 1115 (1122).

[112] *Akers/Sellers* (Fn. 18).

[113] Musterbestimmungen des Rates (Fn. 32), Schlussfolgerung 10; *Böse*, in: Schwarze, EU-Kommentar, Art. 83 AEUV, Rn. 21, 29 m.w.N. Ohnedies fallen die Strafdrohungen in den Mitgliedstaaten auch bei Vorgabe von Mindesthöchststrafen höchst unterschiedlich aus; siehe nur Commission Staff Working Document, 5.2.2013, SWD(2013) 19 final, S. 7.

47 In manchen Rechtsakten werden zusätzlich **Erschwerungs-**[114] und **Milderungsgründe** vorgegeben; letztere sind nur fakultativ umzusetzen.[115]

E. Schranken

48 Die Strafrechtsangleichung wird durch die **Grundrechte** begrenzt (Art. 67 Abs. 1 AEUV, Art. 6 EUV).[116] Beispielsweise folgt aus Art. 49 Abs. 1 Satz 1 GRC, dass nur ein Verhalten – also ein Tun oder Unterlassen – für strafbar erklärt werden darf. Es wäre grundrechtswidrig, von den Mitgliedstaaten zu verlangen, einen Zustand unter Strafe zu stellen.[117] Bei der Vorgabe von Mindest(höchst-)strafen ist insbesondere Art. 49 Abs. 3 GRC zu berücksichtigen, wonach das Strafmaß zur Straftat nicht unverhältnismäßig sein darf. Zusätzlich sind die verschiedenen Rechtsordnungen und -traditionen der Mitgliedstaaten zu achten (Art. 67 Abs. 1 AEUV, Art. 4 Abs. 2 EUV). Damit wird die europäische Kriminalpolitik in die Mitverantwortung dafür genommen, dass sich die europäischen Vorgaben ohne Wertungsfriktionen in die Strafrechtsordnungen der Mitgliedstaaten integrieren lassen.[118] Der bei jeder Ausübung einer geteilten Zuständigkeit zu wahrende Subsidiaritätsgrundsatz (Art. 5 Abs. 1, 3 EUV) betrifft das »Ob« der Strafrechtsangleichung und kommt in der Voraussetzung der Erforderlichkeit bzw. Unerlässlichkeit zum Ausdruck (s. Rn. 14, 34). Für das Ausmaß der Intervention, also das »Wie« der Strafrechtsangleichung, ist das Verhältnismäßigkeitsprinzip zu beachten, dem zufolge die Strafrechtsharmonisierung nicht über das zur Erreichung des mit ihr angestrebten Ziels Erforderliche hinausgehen darf (Art. 5 Abs. 4 EUV). Dieses Prinzip setzt voraus, dass die Strafrechtsangleichung zur Zielerreichung geeignet und die den Mitgliedstaaten auferlegten Belastungen im Verhältnis zu den angestrebten Zielen angemessen sind.[119] Aus der Zusammenschau der Prinzipien lässt sich ein **strafrechtsspezifischer Schonungsgrundsatz** ableiten, wonach in die nationalen Strafrechtsordnungen nur besonders behutsam eingegriffen werden darf.[120] Einer Missachtung der Schranken kann mit Nichtigkeitsklage nach Art. 263 AEUV entgegengetreten werden.[121]

---

[114] Art. 9 RL 2011/93/EU; Art. 9 Abs. 5 RL 2013/40/EU; Art. 3 Abs. 2 Rb 2008/841/JI.
[115] Art. 6 RbTerr i. d. F. Rb 2008/919/JI; Art. 9 Rb 2004/757/JI; Art. 4 Rb 2008/841/JI.
[116] Siehe auch Entschließung des Europäischen Parlaments (2010/2310 [INI]) (Fn. 32), Pkt. 2; Mitteilung der Kommission (Fn. 32), KOM (2011) 573, 7.
[117] Unter diesem Gesichtspunkt erweisen sich die verschiedentlich vorgesehenen Kriminalisierungspflichten hinsichtlich des Besitzes von Gegenständen, wie in Art. 5 Abs. 2 RL 2011/93/EU, als bedenklich. Zur gebotenen grundrechtskonformen teleologischen Reduktion auf ein Verhalten, nämlich die Herbeiführung und Aufrechterhaltung von Gewahrsam, *Hochmayr* (Fn. 94), S. 57 ff., 133 ff.
[118] Vgl. *Pastor Muñoz*, GA 2010, 84. Die Wichtigkeit der Wahrung der vertikalen Kohärenz betonen auch: Mitteilung der Kommission, KOM(2011) 573 endg., S. 3 f.; Entschließung des Europäischen Parlaments (2010/2310 [INI]) (Fn. 33), Erwägungsgründe H, N, O, Pkt. 6, 10, 11–13, 19.
[119] Vgl. *Haratsch/Koenig/Pechstein*, Europarecht, Rn. 176. Zu den Belastungen durch eine strafrechtsangleichende Richtlinie zählen auch die Regelungsdichte sowie die »von ihr erzwungene Abkehr von eingespielten Verfahren oder die systemwidrige Durchbrechung bewährter nationaler Rechtsstrukturen«; *Hecker*, iurratio 2009, 81 (85).
[120] *Satzger*, S. 166 ff.; zustimmend Entschließung des Europäischen Parlaments (2010/2310 [INI]) (Fn. 32), Erwägungsgründe D, E sowie Pkt. 1; BVerfGE 113, 273 (300); *Hecker*, iurratio 2009, 81 (85); *Heger*, ZIS 2009, 406 (409); *Pastor Muñoz*, GA 2010, 84 (98).
[121] *Vogel/Eisele*, in: Grabitz/Hilf/Nettesheim, EU, Art. 83 AEUV (August 2015), Rn. 45.

F. Verfahren

I. Allgemeines

Im Rahmen von Art. 83 Abs. 1 und Abs. 2 AEUV kommen ausschließlich Richtlinien zum Einsatz.[122] Neben der Kommission kann ein Viertel der Mitgliedstaaten eine solche Richtlinie initiieren (Art. 76 AEUV). Während eine Richtlinie nach Maßgabe des Art. 83 Abs. 1 AEUV stets im ordentlichen Gesetzgebungsverfahren zu erlassen ist, erfolgt die Strafrechtsangleichung nach Art. 83 Abs. 2 AEUV im gleichen Gesetzgebungsverfahren wie die jeweilige Harmonisierungsmaßnahme. Zwar ist das Initiativrecht eines Viertels der Mitgliedstaaten abgesichert (»unbeschadet des Artikels 76«), nicht jedoch die Mitwirkung des Europäischen Parlaments. Beispielsweise kommt dem Europäischen Parlament nach Art. 113 AEUV bei der Harmonisierung der Rechtsvorschriften über indirekte Steuern lediglich ein Anhörungsrecht zu. Würde in diesem Bereich eine Strafrechtsangleichung erfolgen, wäre dem Wortlaut nach die Zustimmung des Europäischen Parlaments nicht erforderlich. Es sollten alle Möglichkeiten genutzt werden, dieses aus demokratischer Sicht unerträgliche Ergebnis zu korrigieren.[123]

49

II. Notbremse-Mechanismus (Abs. 3)

Zum Schutz der verschiedenen Rechtsordnungen und -traditionen der Mitgliedstaaten sieht Art. 83 Abs. 3 AEUV einen Notbremse-Mechanismus vor. Würde nach der Auffassung eines Mitgliedstaates ein Richtlinienentwurf grundlegende Aspekte seiner Strafrechtsordnung berühren,[124] kann dieser die Befassung des Europäischen Rats beantragen und solchermaßen die Aussetzung des Verfahrens herbeiführen. Eine Annahme der Richtlinie im Wege einer **Verstärkten Zusammenarbeit** bleibt indessen möglich.[125] Die Regelung entspricht Art. 82 Abs. 3 AEUV (s. Art. 82 AEUV, Rn. 36 f.). Sie kann ihrem Wortlaut zufolge nur zur Aussetzung des ordentlichen Gesetzgebungsverfahrens führen (Art. 83 Abs. 3 Satz 2 und 3 AEUV). Soweit im Rahmen von Art. 83 Abs. 2 AEUV ein besonderes Gesetzgebungsverfahren anzuwenden ist, das nicht ohnedies eine einstimmige Entscheidung des Rates erfordert, ist eine analoge Anwendung der Regelung geboten.[126]

50

---

[122] *Vogel/Eisele*, in: Grabitz/Hilf/Nettesheim, EU, Art. 83 AEUV (August 2015), Rn. 28. *Hecker* (Fn. 38), § 8, Rn. 6, hält es für mit Art. 83 Abs. 2 EUV vereinbar, in einer Verordnung die »richtliniengleiche« Verpflichtung vorzusehen, einen Verstoß gegen ein Verbot oder Gebot zu kriminalisieren.

[123] *Vogel/Eisele*, in: Grabitz/Hilf/Nettesheim, EU, Art. 83 AEUV (August 2015), Rn. 89, zufolge ist es denkbar, entgegen dem Wortlaut durch korrigierende Auslegung im Hinblick auf das unionsrechtliche Demokratieprinzip eine Mitentscheidung des Parlaments vorzusehen. Zweifelnd *Böse*, in: Schwarze, EU-Kommentar, Art. 83 AEUV, Rn. 33. Eine gewisse Abhilfe bietet Art. 48 Abs. 7 UAbs. 2 EUV, wonach der Rat beschließen kann, den Gesetzgebungsakt im ordentlichen Gesetzgebungsverfahren zu erlassen; vgl. *Dorra*, S. 233 f. Von dieser Möglichkeit wird allerdings kaum Gebrauch gemacht werden, soweit – wie nach Art. 113 AEUV – eine einstimmige Entscheidung des Rates vorausgesetzt ist. Zur Kritik an dem demokratischen Defizit s. auch *Kretschmer*, in: Vedder/Heintschel v. Heinegg, EVV, Art. III–271, Rn. 17.

[124] Für eine ähnliche Einschränkung siehe »FATF 40 Recommendations«, 2003, Empfehlung A.1.: »Countries may provide that the offence of money laundering does not apply to persons who committed the predicate offence, where this is required by fundamental principles of their domestic law.«

[125] Zu diesem Widerspruch *Herlin-Karnell*, GLJ 2010, 1115 (1124 f.).

[126] *Dorra*, S. 253 f.

51 Wie bei Art. 82 Abs. 3 AEUV ist den Mitgliedstaaten bei der Beurteilung, welche Gesichtspunkte als grundlegend anzusehen sind, ein erheblicher Einschätzungsspielraum einzuräumen.[127] Die »**grundlegenden Aspekte der Strafrechtsordnung**« betreffen in Art. 83 Abs. 3 AEUV vornehmlich das materielle Recht und das Sanktionenrecht; aber auch strafprozessuale Grundsatzentscheidungen können tangiert sein. Von der Notbremse kann unstreitig dann Gebrauch gemacht werden, wenn der Richtlinienentwurf gegen innerstaatliche verfassungsrechtliche Grundsätze verstößt, wie den Gesetzlichkeitsgrundsatz, Schuldgrundsatz, Nemo-tenetur-Grundsatz, Verhältnismäßigkeitsgrundsatz oder die Begrenzung auf ein Tat-Schuldstrafrecht.[128] Zu den eine Strafrechtsordnung prägenden Grundsätzen gehören des Weiteren die Ultima-ratio- und die Rechtsgüterschutzfunktion des Strafrechts,[129] die innere Kohärenz des nationalen Strafrechts, die im Strafrechtssystem verwendeten Abstufungen von Vorsatz und Fahrlässigkeit wie das Konzept der »recklessness« im englischen Recht, das Beteiligungssystem,[130] die Straflosigkeit des untauglichen Versuchs im italienischen Recht,[131] der Rücktritt vom Versuch, das Doppelverwertungsverbot, die grundsätzliche Straflosigkeit von Vorbereitungshandlungen oder die (weitgehende) Beschränkung der Vermögensdelikte auf vorsätzliches Handeln.[132] Auch kriminalpolitische Grundsatzentscheidungen und Leitlinien prägen eine Strafrechtsordnung. Das gilt etwa in der Drogenpolitik[133], hinsichtlich Euthanasie und Schwangerschaftsabbruch, der Wertschätzung der freien Rede,[134] des den Täuschungsschutz prägenden Verbraucherleitbildes[135] oder der Entkriminalisierung im Bereich leichter und mittlerer Kriminalität.[136] Im Sanktionenrecht sind die Zulässigkeit von Sanktionsarten, wie der lebenslangen Freiheitsstrafe, ein System niedriger Grundstrafdrohungen[137] sowie die innere Kohärenz des innerstaatlichen Sanktionensystems zu nennen.[138] An strafprozessualen Grundsatzentscheidungen kann etwa die Verwirklichung des Legalitäts- oder des Opportunitätsprinzips von einem Richtlinienentwurf zum materiellen Strafrecht betroffen sein.

---

[127] *Heger*, ZIS 2009, 406 (414); *Zimmermann*, Jura 2009, 844 (848).
[128] Für viele siehe *Dannecker*, Jura 2006, 173 (177).
[129] Einschließlich des »harm principle«; *Hefendehl*, ZIS 2006, 229 (232).
[130] Vgl. *Walter*, ZStW 117 (2005), 912 (916).
[131] *Maiwald*, S. 1380f.
[132] Vgl. *Hecker* (Fn. 38), § 8, Rn. 57; *Heger*, ZIS 2009, 406 (414f.); *Satzger*, in: Streinz, EUV/AEUV, Art. 83 AEUV, Rn. 37.
[133] *Böse*, in: Schwarze, EU-Kommentar, Art. 83 AEUV, Rn. 24; *Heger*, ZIS 2009, 406 (415).
[134] *Kubiciel*, GA 2010, 99 (112).
[135] Hierzu *Dannecker*, Jura 2006, 173 (174f., 177).
[136] Hierzu werden in manchen Mitgliedstaaten materiell-rechtliche Lösungen gewählt – siehe die Möglichkeit der tätigen Reue bei Vermögensdelikten nach § 167 öStGB oder die Strafausschließungsgründe für die fahrlässige leichte Körperverletzung nach § 88 Abs. 2 öStGB –, in anderen Mitgliedstaaten vorrangig prozessuale Lösungen, wie die Ausgestaltung als Antrags- und Privatklagedelikt im dStGB und das Opportunitätsprinzip in §§ 153ff. dStPO.
[137] Ein solches System kennen einige nordische Mitgliedstaaten, die Niederlande sowie Österreich; siehe *Elholm*, Strafrechtliche Maßnahmen der EU – verstärkte Repression in den nordischen Ländern, FS Heike Jung, 2007, S. 135 (151).
[138] *Heger*, ZIS 2009, 406 (414f.); *Satzger*, in: Streinz, EUV/AEUV, Art. 83 AEUV, Rn. 37.

Artikel 84 AEUV [Kriminalprävention]

Das Europäische Parlament und der Rat können gemäß dem ordentlichen Gesetzgebungsverfahren unter Ausschluss jeglicher Harmonisierung der Rechtsvorschriften der Mitgliedstaaten Maßnahmen festlegen, um das Vorgehen der Mitgliedstaaten im Bereich der Kriminalprävention zu fördern und zu unterstützen.

Literaturübersicht

Albrecht/Entorf (Hrsg.), Kriminalität, Ökonomie und Europäischer Sozialstaat, 2003; *Bodewig*, Die offene Methode der Koordinierung in der EU, der Lissabon-Prozess und der Verfassungskonvent, EuZW 2003, 513; *Fijnaut/Paoli*, Organised Crime in Europe – Concepts, Patterns and Control Policies in the European Union and Beyond, 2004; *Mennens/Dalamanga/Kalamara*, Developing an EU level offence classification system: EU study to implement the action plan to measure crime and criminal justice, 2009; *Ostendorf*, Chancen und Risiken von Kriminalprävention, ZRP 2001, 151; *Stenger*, Kriminalprävention in Südosteuropa: Multinationales Projekt zur Förderung und Entwicklung, Kriminalistik 2008, 656.

Wesentliche sekundärrechtliche Vorschriften

Beschluss 2009/902/JI vom 30.11.2009 zur Einrichtung eines Europäischen Netzes für Kriminalprävention (ENKP) und zur Aufhebung des Beschlusses 2001/427/JI, ABl. 2009, Nr. L 321/44

VO (EU) Nr. 513/2014 vom 16.4.2014 zur Schaffung eines Instruments für die finanzielle Unterstützung der polizeilichen Zusammenarbeit, der Kriminalprävention und Kriminalitätsbekämpfung und des Krisenmanagements im Rahmen des Fonds für die innere Sicherheit und zur Aufhebung des Beschlusses 2007/125/JI des Rates, ABl. 2014, L 150/93

Inhaltsübersicht

	Rn.
A. Allgemeines	1
B. Regelungsgegenstand	2
I. Kriminalprävention	2
II. Fördernde und unterstützende Maßnahmen	6
III. Grenzen	7
IV. Verfahren	8
C. Bisherige Maßnahmen (Überblick)	9
I. Netzwerke	9
II. Kriminalpolitische Aktionspläne und Maßnahmen	10
III. Finanzielle Förderung	11

A. Allgemeines

Die Zielbestimmung des Art. 67 Abs. 3 AEUV nennt als erste Aufgabe der Maßnahmen, die zu einem hohen Maß an Sicherheit beitragen sollen, die Verhütung von Kriminalität. Sie betont damit die Wichtigkeit, der Begehung von Straftaten vorzubeugen. Auch der Kompetenztitel des Art. 84 AEUV trägt dem Umstand Rechnung, dass der Aufbau eines Raums der Freiheit, der Sicherheit und des Rechts ein ausgewogenes Verhältnis zwischen präventiven und repressiven Maßnahmen voraussetzt.[1] Obwohl die Union keine

1

---

[1] Vgl. Abschlussbericht der Gruppe X »Freiheit, Sicherheit und Recht«, CONV 426/02 v. 2.12.2002, http://european-convention.europa.eu/pdf/reg/de/02/cv00/cv00426.de02.pdf (15.2.2016), S. 12.

Möglichkeit hat, auf eine Entkriminalisierung hinzuwirken (s. Art. 83 AEUV, Rn. 5), ist somit die Kriminalpolitik der Union in den Verträgen nicht ausschließlich repressiv angelegt. Die Verhütung von Straftaten ist zudem Ausdruck einer grund- und menschenrechtlichen Schutzpflicht, deren Adressat gemäß Art. 6 EUV auch die Union ist.[2] Der Kompetenztitel des Art. 84 AEUV beschränkt die Union allerdings darauf, das Vorgehen der Mitgliedstaaten zu fördern und zu unterstützen. Eine Harmonisierung der Rechtsvorschriften ist ausdrücklich untersagt. Die Beschränkung ist darauf zurückzuführen, dass die Kriminalprävention kein exakt abgrenzbarer Politikbereich ist, sondern Überschneidungen zu anderen Materien, wie Sozial- und Bildungspolitik, auftreten und insoweit nicht in nationale Kompetenzen eingegriffen werden soll.[3] Für die Verhütung von Straftaten bleiben demnach in erster Linie die Mitgliedstaaten zuständig. Art. 84 AEUV stellt damit eine Ausnahme vom Grundsatz dar, dass die Union im Raum der Freiheit, der Sicherheit und des Rechts die Zuständigkeit mit den Mitgliedstaaten teilt (Art. 2 Abs. 2, Art. 4 Abs. 2 Buchst. j AEUV). Die Zuständigkeit erinnert an jene für Unterstützungs-, Koordinierungs- und Ergänzungsmaßnahmen i. S. v. Art. 2 Abs. 5 AEUV.[4] Obwohl Art. 84 AEUV die erste Ermächtigungsgrundlage auf dem Gebiet der Kriminalprävention darstellt,[5] wurden bereits unter Berufung auf die frühere Zielbestimmung in Art. 29 Abs. 2 EUV a. F. Maßnahmen zur Verhütung von Kriminalität beschlossen (s. Rn. 9 ff.).

B. Regelungsgegenstand

I. Kriminalprävention

2   Der Begriff »Kriminalprävention« umfasst alle Instrumente, die eine Reduktion von Delinquenz bezwecken. Die Befugnisnorm bezieht sich dabei allein auf die Zurückdrängung von Straftaten.[6] Präventionsmaßnahmen gegen deviantes, also anti-soziales oder dissoziales Verhalten, sind von der Ermächtigung nicht umfasst.[7] Ebenso wenig liegen solche Maßnahmen im Anwendungsbereich der Ermächtigung, die das Unsicherheitsgefühl der Bevölkerung verringern sollen, wenn diesen Ängsten keine tatsächlichen Kriminalitätsrisiken zugrunde liegen. Die gegenteilige sekundärrechtliche Definition von Kriminalprävention im Beschluss 2009/902/JI[8] ist für die Interpretation des

---

[2] *Vogel/Eisele*, in: Grabitz/Hilf/Nettesheim, EU, Art. 84 AEUV (August 2015), Rn. 3.
[3] *Suhr*, in: Calliess/Ruffert, EUV/AEUV, Art. 84 AEUV, Rn. 1.
[4] *Vogel/Eisele*, in: Grabitz/Hilf/Nettesheim, EU, Art. 84 AEUV (August 2015), Rn. 5; vgl. auch *Satzger*, in: Streinz, EUV/AEUV, Art. 84 AEUV, Rn. 4.
[5] Die Bestimmung entspricht im Wesentlichen Art. III–272 des gescheiterten Verfassungsvertrages.
[6] Siehe den Wortlaut (»Kriminalprävention«; »crime prevention«; »prévention du crime«).
[7] *Vogel/Eisele*, in: Grabitz/Hilf/Nettesheim, EU, Art. 84 AEUV (August 2015), Rn. 10; zweifelnd auch *Satzger*, in: Streinz, EUV/AEUV, Art. 84 AEUV, Rn. 4. Siehe dagegen die Mitteilung der Kommission an den Rat und an das Europäische Parlament – Kriminalprävention in der Europäischen Union vom 12. 3. 2004, KOM(2004) 165 endg., S. 5.
[8] Art. 2 Abs. 2 Satz 1 Beschluss 2009/902/JI vom 30. 11. 2009 zur Einrichtung eines Europäischen Netzes für Kriminalprävention (ENKP) und zur Aufhebung des Beschlusses 2001/427/JI, ABl. 2009, L 321/44: »Kriminalprävention umfasst alle Maßnahmen, die zum Ziel haben oder dazu beitragen, dass Kriminalität und Unsicherheitsgefühle bei den Bürgern entweder durch direkte Abschreckung vor kriminellen Aktivitäten oder durch Strategien und Maßnahmen zur Verringerung des kriminellen Potenzials und der Ursachen der Kriminalität sowohl in quantitativer als auch in qualitativer Hinsicht zurückgedrängt werden.«

Primärrechts nicht verbindlich. Auch der Umstand, dass sich die Betroffenen in ihrer Freiheit beschränkt fühlen, rechtfertigt es nicht, die Kompetenznorm über den Wortlaut hinausgehend auszulegen.[9]

Der Kompetenztitel erfasst in erster Linie die primäre und sekundäre Kriminalprävention.[10] Die **primäre Kriminalprävention** nimmt die Behebung allgemeiner Kriminalitätsursachen in den Blick, beispielsweise durch Bildung, Aufklärung und Integration oder die Optimierung von Umwelt- und Sozialbedingungen. Die **sekundäre Kriminalprävention** findet ihren Ansatzpunkt in der konkreten Situation, in der möglicherweise Straftaten begangen werden. Sie geschieht täterbezogen (z. B. durch polizeiliche Ver- und Gebote), situationsbezogen (z. B. durch Verwendung technischer Kontrollmittel wie Schließ-, Überwachungs- und Alarmanlagen) oder opferbezogen (z. B. Lehrgänge für Selbstverteidigung). Situationsbezogene, sekundäre Kriminalprävention ist auch durch Mechanismen zur Verhinderung von Technologiemissbrauch denkbar.[11] Neben staatlichen Maßnahmen der Kriminalprävention können auch private Maßnahmen gefördert und unterstützt werden.[12] Ein grenzüberschreitender Bezug ist nicht vorausgesetzt, zumal die Union nur fördernd und unterstützend tätig werden darf.

Die **tertiäre Kriminalprävention** strebt die Verhütung von Rückfällen an. Der überwiegende Teil dieser Vorkehrungen, wie Strafvollzug, Beschlagnahme und Einziehung von Tatmitteln, unterfällt nicht dem Kompetenztitel des Art. 84 AEUV, weil es sich dabei um Sanktionen handelt, die eine Strafe im unionsrechtlich weiten Sinn darstellen (s. Art. 83 AEUV, Rn. 43). Dass die Sanktionen auch präventive Zwecke erfüllen, macht sie nicht zu Maßnahmen der Kriminalprävention. Insoweit kommen der Union daher ausschließlich die in Art. 82 und 83 AEUV enthaltenen Kompetenzen zu.[13]

Mit der polizeilichen Aufgabe der Verhütung von Straftaten (Art. 87 AEUV) teilt die Kriminalprävention im Rahmen von Art. 84 AEUV ihren Gegenstand. Maßgebliches Abgrenzungskriterium soll die »polizeiliche Natur der Zusammenarbeit, also die auf Informationsmanagement, Gefahrenabwehr und Ermittlungen und operatives Handeln ausgerichtete Tätigkeit« bilden.[14] Es erscheint indes fraglich, ob dieses Kriterium eine trennscharfe Abgrenzung ermöglicht, zumal die Polizei auch zu den Akteuren im Rahmen von Art. 84 AEUV zählt[15] und die Kriminalprävention danach auch polizeiliche Ver- und Gebote sowie polizeiliche Maßnahmen umfasst, die verhindern, dass ein Straftäter erneut straffällig wird.[16]

---

[9] Vgl. *Vogel/Eisele*, in: Grabitz/Hilf/Nettesheim, EU, Art. 84 AEUV (August 2015), Rn. 6 f.; vgl. auch *Volkmann*, NVwZ 2009, 216 (222). Für die Einbeziehung von (bloßen) Unsicherheitsgefühlen dagegen *Böse*, in: Schwarze, EU-Kommentar, Art. 84 AEUV, Rn. 3; *Kotzur*, in: Vedder/Heintschel v. Heinegg, Europäisches Unionsrecht, Art. 84 AEUV, Rn. 2; *Satzger*, in: Streinz, EUV/AEUV, Art. 84 AEUV, Rn. 3.

[10] Hierzu *Vogel/Eisele*, in: Grabitz/Hilf/Nettesheim, EU, Art. 84 AEUV (August 2015), Rn. 7.

[11] Beispielsweise durch Ausstattung von Farbkopierern mit Programmen, die Banknoten erkennen und eine sofortige Unbrauchbarmachung entsprechender Kopien bewirken; hierzu *Kube/Bach/Erhardt/Glaser*, ZRP 1990, 301 und *Kube*, ZRP 1993, 419.

[12] Vgl. Art. 2 Abs. 2 Satz 2 Beschluss 2009/902/JI (Fn. 8); für viele *Böse*, in: Schwarze, EU-Kommentar, Art. 84 AEUV, Rn. 3.

[13] Vgl. auch *Vogel/Eisele*, in: Grabitz/Hilf/Nettesheim, EU, Art. 84 AEUV (August 2015), Rn. 9.

[14] *Röben*, in: Grabitz/Hilf/Nettesheim, EU, Art. 87 AEUV (August 2015), Rn. 14; in diesem Sinne auch *Böse*, in: Schwarze, EU-Kommentar, Art. 87 AEUV, Rn. 4: »Die Ermächtigung ist auf sämtliche Behörden anwendbar, die derartige ›polizeiliche‹ Aufgaben wahrnehmen.«

[15] *Böse*, in: Schwarze, EU-Kommentar, Art. 84 AEUV, Rn. 3.

[16] *Vogel/Eisele*, in: Grabitz/Hilf/Nettesheim, EU, Art. 84 AEUV (August 2015), Rn. 7. Siehe zum einheitlichen Instrument der finanziellen Unterstützung Rn. 11.

II. Fördernde und unterstützende Maßnahmen

6 Die Union soll ein mitgliedstaatliches Vorgehen im Bereich der Kriminalprävention fördern und unterstützen. Es steht ihr nicht zu, selbständig Maßnahmen einzuleiten oder den Mitgliedstaaten spezifische Vorgehensweisen aufzuerlegen. Dagegen dürfte es ihr gestattet sein, Maßnahmen anzuregen, die in den Mitgliedstaaten bislang unbekannt sind.[17] Eine Harmonisierung der mitgliedstaatlichen Rechtsvorschriften ist ausdrücklich untersagt. In Betracht kommen beispielsweise Finanzierungshilfen für konkrete Präventionsvorhaben, die Konsolidierung und Vernetzung mitgliedstaatlicher Präventionskampagnen und -institute, die Optimierung der Ausbildung und Kooperation von Experten, sonstige Maßnahmen zur Verbesserung der internationalen Zusammenarbeit (z. B. Erfahrungsaustausch), Datenerhebungs- und -verarbeitungsmaßnahmen, die Abstimmung statistischer Vorgehensweisen, um Strategien der Kriminalprävention unionsweit besser vergleichen und bewerten zu können, sowie gemeinsame Forschungsvorhaben und Aufklärungsprogramme.[18] Die Koordinierung mitgliedstaatlicher Präventionsmaßnahmen ist anders als in Art. 2 Abs. 5, Art. 6 AEUV von Art. 84 AEUV nicht erfasst. Sie kann nur mittels nicht verbindlicher Unionsmaßnahmen erfolgen, deren Übernahme den Mitgliedstaaten freigestellt ist.[19]

III. Grenzen

7 Maßnahmen, die gegen Grund- und Menschenrechte verstoßen, darf die Union weder fördern noch unterstützen (Art. 6 EUV).[20] Zusätzlich ist der Verhältnismäßigkeitsgrundsatz zu beachten. Kriminalpräventive Maßnahmen, die mit einem Übermaß an Überwachung, Kontrolle und Intervention oder der Erhebung eines Generalverdachts[21] verbunden sind, sind auch aus diesem Grund von einer Förderung und Unterstützung ausgeschlossen (Art. 5 Abs. 4 EUV). Dem Subsidiaritätsgrundsatz (Art. 5 Abs. 3 EUV) trägt bereits die Ausgestaltung der Kompetenznorm – Beibehaltung der mitgliedstaatlichen Zuständigkeit für die Kriminalprävention und Beschränkung der Union auf unterstützende und fördernde Maßnahmen – weitgehend Rechnung.[22]

IV. Verfahren

8 Die fördernden und unterstützenden Maßnahmen sind im ordentlichen Gesetzgebungsverfahren gemäß Art. 294 AEUV zu beschließen. Grundsätzlich stehen sämtliche Handlungsformen des Art. 289 Abs. 1, Art. 288 AEUV zur Verfügung. Da eine Rechtsangleichung jedoch ausgeschlossen ist, kommt Richtlinien in diesem Bereich keinerlei Re-

---

[17] *Vogel/Eisele*, in: Grabitz/Hilf/Nettesheim, EU, Art. 84 AEUV (August 2015), Rn. 12.
[18] *Böse*, in: Schwarze, EU-Kommentar, Art. 84 AEUV, Rn. 4; *Satzger*, in: Streinz, EUV/AEUV, Art. 84 AEUV, Rn. 4; *Vogel/Eisele*, in: Grabitz/Hilf/Nettesheim, EU, Art. 84 AEUV (August 2015), Rn. 12; vgl. auch Mitteilung der Kommission »Kriminalprävention in der Europäischen Union« vom 12. 3. 2004, KOM (2004) 165 endg., S. 16.
[19] *Vogel/Eisele*, in: Grabitz/Hilf/Nettesheim, EU, Art. 84 AEUV (August 2015), Rn. 13; vgl. auch *Böse*, in: Schwarze, EU-Kommentar, Art. 84 AEUV, Rn. 4; instruktiv zur offenen Methode der Koordinierung *Bodewig*, EuZW 2003, 513.
[20] *Vogel/Eisele*, in: Grabitz/Hilf/Nettesheim, EU, Art. 84 AEUV (August 2015), Rn. 4; zur Notwendigkeit, auch bei kriminalpräventiven Maßnahmen rechtsstaatliche Grundsätze zu wahren, *Ostendorf*, ZRP 2001, 151.
[21] Vgl. *Ostendorf*, ZRP 2001, 151 (153).
[22] *Böse*, in: Schwarze, EU-Kommentar, Art. 84 AEUV, Rn. 4.

levanz zu.[23] Die Maßnahmen sind vorrangig in Form von (allgemein)verbindlichen Beschlüssen zu erlassen (Art. 288 UAbs. 4 AEUV). Daneben sind Verordnungen (Art. 288 UAbs. 2 AEUV) denkbar. Zudem kommen unverbindliche Maßnahmen (s. Art. 288 UAbs. 5 AEUV) in Betracht, deren Annahme kein ordentliches Gesetzgebungsverfahren voraussetzt.[24]

C. Bisherige Maßnahmen (Überblick)

I. Netzwerke

Bereits 2001 wurde das **Europäische Netz für Kriminalprävention** (ENKP/EUCPN) mit Sitz in Brüssel gegründet.[25] Zu den Aufgaben dieses Netzwerkes zählt in erster Linie die Sammlung und Bewertung von Informationen über Präventionspraktiken und -strategien sowie die Beratung von Rat und Kommission.[26] Für die Unterstützung und Förderung nationaler Projekte und Maßnahmen zur Kriminalprävention sowie den Erfahrungsaustausch wurden in den Mitgliedstaaten Kontaktstellen installiert.[27] Das URBACT-Programm[28] wurde von der Kommission initiiert und hat sich den Erfahrungsaustausch und die Vernetzung von Sachverständigen auf kommunaler Ebene zum Ziel gesetzt. Das European Forum for Urban Security (EFUS)[29] will den Kontakt und Austausch lokaler Amtsträger hinsichtlich städtischer Kriminalität intensivieren.

9

II. Kriminalpolitische Aktionspläne und Maßnahmen

Die Kommission hat im Rahmen politischer Strategien und Aktionspläne Präventionskonzepte für einzelne Kriminalitätsbereiche vorgelegt, z. B. im Hinblick auf Korruption,[30] Drogenkriminalität,[31] organisierte Kriminalität,[32] Computerkriminalität,[33] Terro-

10

---

[23] S. aber Rn. 10.
[24] *Vogel/Eisele*, in: Grabitz/Hilf/Nettesheim, EU, Art. 84 AEUV (August 2015), Rn. 15; vgl. auch *Böse*, in: Schwarze, EU-Kommentar, Art. 84 AEUV, Rn. 5.
[25] Gegründet durch Beschluss 2001/427/JI vom 28.5.2001 zur Einrichtung eines Europäischen Netzes für Kriminalprävention, ABl. 2001, L 153/1; Neugründung durch Beschluss 2009/902/JI (Fn. 8), ABl. 2009, L 321/44; Website des ENKP: http://www.eucpn.org (10.2.2016).
[26] Art. 4 des Beschlusses 2009/902/JI.
[27] Für Deutschland die Bundesministerien des Innern und der Justiz sowie das Deutsche Forum für Kriminalprävention; zum letztgenannten *Künast/Köhler*, ZRP 2002, 132.
[28] http://urbact.eu (10.2.2016).
[29] http://www.efus.eu/en/ (10.2.2016).
[30] Mitteilung der Kommission an das Europäische Parlament, den Rat und den Europäischen Wirtschafts- und Sozialausschuss – Korruptionsbekämpfung in der EU vom 6.6.2011, KOM (2011) 308 endg.; siehe auch Korruptionsbekämpfungsbericht der EU vom 3.2.2014, KOM(2014) 38 endg.
[31] EU-Drogenaktionsplan (2013–2016), ABl. 2013, C 351/1.
[32] Mitteilung der Kommission an den Rat und an das Europäische Parlament über Prävention und Bekämpfung der organisierten Kriminalität im Finanzbereich vom 16.4.2004, KOM (2004) 262 endg.; Mitteilung der Kommission an den Rat und das Europäische Parlament – Entwicklung eines Strategiekonzepts für die Bekämpfung der organisierten Kriminalität vom 2.6.2005, KOM (2005) 232 endg.
[33] Mitteilung der Kommission an das Europäische Parlament, den Rat und den Ausschuss der Regionen – Eine allgemeine Politik zur Bekämpfung der Internetkriminalität vom 22.5.2007, KOM (2007) 267 endg.

rismus³⁴ sowie die Prävention allgemeiner Kriminalitätserscheinungen.³⁵ Neuerdings wird in strafrechtsangleichenden Richtlinien zu Präventionsmaßnahmen angewiesen.³⁶ Die Vorschriften wurden auf Art. 82 Abs. 2 und Art. 83 Abs. 1 AEUV gestützt. Im Hinblick darauf, dass die spezielle Ermächtigungsnorm des Art. 84 AEUV es untersagt, die Mitgliedstaaten zu präventiven Maßnahmen anzuweisen, erscheint die Kompetenz der Union zum Erlass solcher Regelungen allerdings fragwürdig.

III. Finanzielle Förderung

11 Die Union beteiligt sich an der (Ko-)Finanzierung von Kampagnen, Projekten und Initiativen zur Kriminalprävention, aktuell durch das Instrument für die finanzielle Unterstützung der polizeilichen Zusammenarbeit, der Kriminalprävention und Kriminalitätsbekämpfung und des Krisenmanagements im Gesamtrahmen des Fonds für die innere Sicherheit (ISF).³⁷

---

³⁴ Mitteilung der Kommission an den Rat und an das Europäische Parlament – Terroranschläge – Prävention, Vorsorge und Reaktion vom 20.10.2004, KOM (2004) 698 endg.
³⁵ Mitteilung der Kommission (Fn. 18), KOM (2004) 165 endg.
³⁶ Art. 18 RL 2011/36/EU vom 5.4.2011 zur Verhütung und Bekämpfung des Menschenhandels und zum Schutz seiner Opfer sowie zur Ersetzung des Rahmenbeschlusses 2002/629/JI des Rates, ABl. 2011, L 101/1; Art. 22, 23 RL 2011/93/EU vom 13.12.2011 zur Bekämpfung des sexuellen Missbrauchs und der sexuellen Ausbeutung von Kindern sowie der Kinderpornografie sowie zur Ersetzung des Rahmenbeschlusses 2004/68/JI des Rates, ABl. 2011, L 335/1, berichtigt durch ABl. 2012, L 18/7. *Vogel/Eisele*, in: Grabitz/Hilf/Nettesheim, EU, Art. 84 AEUV (August 2015), Rn. 17 halten Präventionsmaßnahmen auch in Richtlinien für zulässig, wenn sie im Bereich anderer Kompetenzgrundlagen als Begleitmaßnahmen getroffen werden, da man Art. 84 AEUV insoweit nicht als abschließende Regelung ansehen könne.
³⁷ VO (EU) Nr. 513/2014 vom 16.4.2014 zur Schaffung eines Instruments für die finanzielle Unterstützung der polizeilichen Zusammenarbeit, der Kriminalprävention und Kriminalitätsbekämpfung und des Krisenmanagements im Rahmen des Fonds für die innere Sicherheit und zur Aufhebung des Beschlusses 2007/125/JI des Rates, ABl. 2014, L 150/93. Bis zum 31.12.2013 erfolgte die finanzielle Förderung durch das Rahmenprogramm »Sicherheit und Schutz der Freiheitsrechte«, das in spezifische Programme, wie »Kriminalprävention und Kriminalitätsbekämpfung« (ISEC), aufgegliedert war; Beschluss 2007/125/JI vom 12.2.2007 zur Auflegung des spezifischen Programms »Kriminalprävention und Kriminalitätsbekämpfung« als Teil des Generellen Programms »Sicherheit und Schutz der Freiheitsrechte« für den Zeitraum 2007–2013, ABl. 2007, L 58/7, aufgehoben durch VO (EU) Nr. 513/2014.

Artikel 85 AEUV [Eurojust]

(1) Eurojust hat den Auftrag, die Koordinierung und Zusammenarbeit zwischen den nationalen Behörden zu unterstützen und zu verstärken, die für die Ermittlung und Verfolgung von schwerer Kriminalität zuständig sind, wenn zwei oder mehr Mitgliedstaaten betroffen sind oder eine Verfolgung auf gemeinsamer Grundlage erforderlich ist; Eurojust stützt sich dabei auf die von den Behörden der Mitgliedstaaten und von Europol durchgeführten Operationen und gelieferten Informationen.

¹Zu diesem Zweck legen das Europäische Parlament und der Rat gemäß dem ordentlichen Gesetzgebungsverfahren durch Verordnungen den Aufbau, die Arbeitsweise, den Tätigkeitsbereich und die Aufgaben von Eurojust fest. ²Zu diesen Aufgaben kann Folgendes gehören:
a) Einleitung von strafrechtlichen Ermittlungsmaßnahmen sowie Vorschläge zur Einleitung von strafrechtlichen Verfolgungsmaßnahmen, die von den zuständigen nationalen Behörden durchgeführt werden, insbesondere bei Straftaten zum Nachteil der finanziellen Interessen der Union;
b) Koordinierung der unter Buchstabe a genannten Ermittlungs- und Verfolgungsmaßnahmen;
c) Verstärkung der justiziellen Zusammenarbeit, unter anderem auch durch die Beilegung von Kompetenzkonflikten und eine enge Zusammenarbeit mit dem Europäischen Justiziellen Netz.

Durch diese Verordnungen werden ferner die Einzelheiten für die Beteiligung des Europäischen Parlaments und der nationalen Parlamente an der Bewertung der Tätigkeit von Eurojust festgelegt.

(2) Im Rahmen der Strafverfolgungsmaßnahmen nach Absatz 1 werden die förmlichen Prozesshandlungen unbeschadet des Artikels 86 durch die zuständigen einzelstaatlichen Bediensteten vorgenommen.

Literaturübersicht

Ambos, Internationales Strafrecht, 4. Aufl., 2014; *Brodowski*, Strafrechtsrelevante Entwicklungen in der Europäischen Union – ein Überblick, ZIS 2013, 455; *Weyembergh*, An Overall Analysis of the Proposal for a Regulation on Eurojust, eucrim 2013, 127; *Zeder*, Ausbau der Einrichtungen zur Zusammenarbeit (Teil 1: Eurojust), JSt 2010, 179; *Zöller*, Eurojust, EJN und Europäische Staatsanwaltschaft, in: Böse (Hrsg.), Europäisches Strafrecht mit polizeilicher Zusammenarbeit, 2013, 787.

Inhaltsübersicht

	Rn.
A. Allgemeines	
I. Regelungsinhalt	1
II. Errichtung von Eurojust: Die Eurojust-Beschlüsse 2002 und 2008	2
III. Gegenwärtige Gestalt von Eurojust im Überblick	4
1. Organisation	4
2. Arbeitsweise	5
3. Tätigkeitsbereich	6
4. Aufgaben	7
5. Außenbeziehungen	8
IV. Aktuelle Entwicklungen: Verordnungsvorschlag der Kommission	9
B. Allgemeiner Auftrag von Eurojust – Abs. 1 UAbs. 1	
I. Koordinierungstätigkeit bei der Ermittlung und Verfolgung schwerer Kriminalität	11
II. Betroffenheit mehrerer Mitgliedstaaten oder Erforderlichkeit einer Verfolgung auf gemeinsamer Grundlage	18

    III. Verhältnis zu den Strafverfolgungsbehörden der Mitgliedstaaten sowie zu
         Europol 20
C. Verordnungsermächtigungen – Abs. 1 UAbs. 2, UAbs. 3
    I. Ordentliches Gesetzgebungsverfahren 22
    II. Mögliche Verordnungsinhalte ....
        1. Aufbau, Arbeitsweise und Tätigkeitsbereich 24
        2. Aufgaben
           a) Allgemeines 30
           b) Einleitung von Ermittlungsmaßnahmen 31
           c) Vorschläge zur Einleitung von Verfolgungsmaßnahmen 33
           d) Koordinierungsfunktion 34
           e) Verstärkung der justiziellen Zusammenarbeit 35
           f) Verordnungsvorschlag der Kommission 38
        3. Beteiligung der Parlamente an der Bewertung der Tätigkeit von Eurojust .. 39
D. Fehlende Kompetenz zu förmlichen Prozesshandlungen – Abs. 2 41

A. Allgemeines

I. Regelungsinhalt

1 Art. 85 AEUV bildet die **primärrechtliche Grundlage** für die »Europäische Stelle für justizielle Zusammenarbeit« (Eurojust).[1] Plastisch lässt sich Eurojust als das »strafjustizielle Gegenstück zu Europol« bezeichnen.[2] Art. 85 Abs. 1 UAbs. 1 AEUV umschreibt den **allgemeinen Auftrag** von Eurojust, während Abs. 1 UAbs. 2 die Kompetenz der Union normiert, durch Verordnungen den Aufbau, die Arbeitsweise, den Tätigkeitsbereich und die Aufgaben von Eurojust festzulegen. Zudem werden in den Buchst. a-c dieser Vorschrift beispielhaft einzelne Aufgaben angeführt, die Gegenstand einer solchen **Eurojust-Verordnung** sein können. Die bereits in Art. 12 Buchst. c EUV (s. Art. 12 EUV, Rn. 36) angesprochene Beteiligung der Parlamente an der Bewertung der Tätigkeit von Eurojust findet sich erneut in Art. 85 Abs. 1 UAbs. 3 AEUV. Art. 85 Abs. 2 AEUV schreibt primärrechtlich fest, dass die Bediensteten von Eurojust keine förmlichen Prozesshandlungen vornehmen, sondern diese vielmehr nur durch die zuständigen einzelstaatlichen Bediensteten gesetzt werden dürfen. Der Hinweis auf Art. 86 AEUV (»unbeschadet des Artikels 86«) macht deutlich, dass dies für eine (künftige) Europäische Staatsanwaltschaft nicht gilt (s. Art. 86 AEUV, Rn. 22).[3]

II. Errichtung von Eurojust: Die Eurojust-Beschlüsse 2002 und 2008

2 Ein entscheidender Schritt[4] zur Einrichtung von Eurojust wurde beim **Europäischen Rat von Tampere** am 15./16.10.1999 gesetzt. Denn gemäß den Schlussfolgerungen Nr. 46 dieses Gipfels sollte »zur Verstärkung der Bekämpfung der schweren organisierten Kriminalität (...) eine Stelle (EUROJUST) eingerichtet werden (...), in der von den einzel-

---

[1] *Suhr*, in: Calliess/Ruffert, EUV/AEUV, Art. 85 AEUV, Rn. 1; *Zöller*, EnzEuR, Bd. 9, § 21, Rn. 5; *Kotzur*, in: Geiger/Khan/Kotzur, EUV/AEUV, Art. 85 AEUV, Rn. 1, spricht von der »Europäischen Einheit für justizielle Zusammenarbeit« bzw. von Eurojust als eine »europäische Justizbehörde«.
[2] *Kotzur*, in: Geiger/Khan/Kotzur, EUV/AEUV, Art. 85 AEUV, Rn. 3; *Zöller*, EnzEuR, Bd. 9, § 21, Rn. 2.
[3] *Dannecker*, in: Streinz, EUV/AEUV, Art. 85 AEUV, Rn. 11.
[4] Zu weiteren Anstößen für die Schaffung von Eurojust s. *Vogel/Eisele*, in: Grabitz/Hilf/Nettesheim, EU, Art. 85 AEUV (August 2015), Rn. 1.

nen Mitgliedstaaten nach Maßgabe ihrer Rechtsordnung entsandte Staatsanwälte, Richter oder Polizeibeamte mit gleichwertigen Befugnissen zusammengeschlossen sind.« Anknüpfend an diese politische Festlegung wurde Eurojust mittels Ratsbeschluss im Jahre 2002 (**1. Eurojust-Beschluss**) ins Leben gerufen.[5] Eine erste primärrechtliche Verankerung erfuhr Eurojust durch den am 1. 2. 2003 in Kraft getretenen Vertrag von Nizza; darin war Eurojust in der umfassenden Regelung über die strafrechtliche Zusammenarbeit im Rahmen der (damaligen) 3. Säule enthalten (**Art. 29 und 31 EUV-Nizza**).[6]

Noch innerhalb des früheren Primärrechts (Art. 31 Abs. 2 EUV-Nizza) entwickelten sich Bestrebungen zu einer Reform von Eurojust. So legte die Kommission auf Basis des Haager Programms am 23. 10. 2007 eine Mitteilung über die Rolle von Eurojust und des Europäischen Justiziellen Netzes bei der Bekämpfung der organisierten Kriminalität und des Terrorismus in der EU vor.[7] Diese Reformanliegen führten schließlich zum **2. Eurojust-Beschluss** des Rates vom 16. 12. 2008.[8] Dieser Beschluss ist gemäß Art. 9 des Protokolls Nr. 36 über die Übergangsbestimmungen vom 13. Dezember 2007 auch nach dem Inkrafttreten des Vertrages von Lissabon weiterhin in Geltung. Allerdings kam es mit dem Inkrafttreten des Vertrages von Lissabon auch zu einer »Lissabonisierung« der Rechtsgrundlagen von Eurojust; denn künftige Modifizierungen des Eurojust-Beschlusses sind nur unter Einhaltung der in Art. 85 AEUV genannten Kautelen zulässig.[9] Außerdem war die Übergangsregelung bis zum 1. 12. 2014 befristet: Da bis zu diesem Zeitpunkt keine Eurojust-Verordnung auf Basis des Art. 86 AEUV erlassen wurde, wird das frühere Sekundärrecht dem nunmehr supranationalisierten Sekundärrecht gleichgestellt; dies bedeutet, dass der Eurojust-Beschluss zu einer supranationalen Verordnung »mutiert« ist.[10] Zudem ist der Eurojust-Beschluss primärrechtskonform auszulegen: Im Beschluss enthaltene Befugnisse von Eurojust, die über Art. 85 AEUV hinausgehen, müssen auf den primärrechtlich zulässigen Umfang reduziert werden.[11]

III. Gegenwärtige Gestalt von Eurojust im Überblick

1. Organisation

Gemäß Art. 1 Eurojust-Beschluss ist Eurojust eine Institution der EU mit **Rechtspersönlichkeit** und Sitz in Den Haag. Die EU-Staaten entsenden für mindestens vier Jahre **nationale Mitglieder** an Eurojust; diese müssen Staatsanwälte, Richter oder Polizeibe-

---

[5] Beschluss des Rates 2002/187/JI vom 28. 2. 2002 über die Errichtung von Eurojust zur Verstärkung der Bekämpfung der schweren Kriminalität, ABl. 2002, L 63/1; näher zur Entstehungsgeschichte *Böse*, in: Schwarze, EU-Kommentar, Art. 85 AEUV, Rn. 1; *Dannecker*, in: Streinz, EUV/AEUV, Art. 85 AEUV, Rn. 1; *Suhr*, in: Calliess/Ruffert, EUV/AEUV, Art. 85 AEUV, Rn. 6 ff.; *Vogel/Eisele*, in: Grabitz/Hilf/Nettesheim, EU, Art. 85 AEUV (August 2015), Rn. 2 ff.; *Zöller*, EnzEuR, Bd. 9, § 21, Rn. 3 f.

[6] *Dannecker*, in: Streinz, EUV/AEUV, Art. 85 AEUV, Rn. 1; *Suhr*, in: Calliess/Ruffert, EUV/AEUV, Art. 85 AEUV, Rn. 2, 4; *Kotzur*, in: Geiger/Khan/Kotzur, EUV/AEUV, Art. 85 AEUV, Rn. 1; *Zeder*, JSt 2010, 179.

[7] KOM (2007) 644.

[8] Beschluss des Rates 2009/436/JI zur Stärkung von Eurojust und zur Änderung des Beschlusses 2002/187/JI, ABl. 2009, L 138/14; s. *Dannecker*, in: Streinz, EUV/AEUV, Art. 85 AEUV, Rn. 2; *Suhr*, in: Calliess/Ruffert, EUV/AEUV, Art. 85 AEUV, Rn. 8.

[9] *Vogel/Eisele*, in: Grabitz/Hilf/Nettesheim, EU, Art. 85 AEUV (August 2015), Rn. 4; s. auch *Böse*, in: Schwarze, EU-Kommentar, Art. 85 AEUV, Rn. 2.

[10] *Böse*, in: Schwarze, EU-Kommentar, Art. 85 AEUV, Rn. 2; *Zöller*, EnzEuR, Bd. 9, § 21, Rn. 5.

[11] *Böse*, in: Schwarze, EU-Kommentar, Art. 85 AEUV, Rn. 2; *Vogel/Eisele*, in: Grabitz/Hilf/Nettesheim, EU, Art. 85 AEUV (August 2015), Rn. 7; *Zöller*, EnzEuR, Bd. 9, § 21, Rn. 12.

amte mit gleichwertigen Befugnissen sein (Art. 9 ff. Eurojust-Beschluss). Der Präsident von Eurojust (Amtszeit: 3 Jahre) wird aus dem Kreis der nationalen Mitglieder von diesen gewählt. Die nationalen Mitglieder können entweder einzeln oder gemeinschaftlich als Kollegium tätig werden (Art. 5 ff. Eurojust-Beschluss). Das Kollegium ist für die Organisation und Funktionsweise von Eurojust verantwortlich. Daneben besitzt Eurojust ein Sekretariat, das durch einen Verwaltungsdirektor geleitet wird. Ein Datenschutzbeauftragter und eine unabhängige Kontrollinstanz überwachen den Datenschutz.[12] Die Finanzierung von Eurojust ist in den Art. 34 ff. Eurojust-Beschluss näher geregelt. Daraus ergibt sich vor allem, dass die nationalen Mitglieder Eurojusts von ihren Herkunftsstaaten finanziert werden, während die übrigen Finanzmittel Eurojusts von der Union bereitzustellen sind.[13]

2. Arbeitsweise

5   Wie im Schrifttum zutreffend betont wird, lässt sich aus Art. 6 Eurojust-Beschluss eine vorrangig »**horizontale**« **Arbeitsweise** Eurojusts ableiten, d. h. die meisten Aufgaben Eurojusts werden unmittelbar zwischen den nationalen Mitgliedern jener Mitgliedstaaten, die bei den betreffenden Ermittlungen oder Verfolgungen zusammenarbeiten, erledigt.[14] Die Vernetzung der jeweiligen nationalen Mitglieder erfolgt dabei über ein innerstaatliches **Eurojust-Koordinierungssystem**, das sich aus nationalen Eurojust-Anlaufstellen und weiteren Kontaktstellen zusammensetzt (Art. 12 Eurojust-Beschluss).[15] Zudem wurde gemäß Art. 5a Eurojust-Beschluss ein Koordinierungsdauerdienst (KoDD) für dringende Fälle eingerichtet, der täglich rund um die Uhr über eine einheitliche Kontaktstelle erreichbar ist. Das Kollegium ist gemäß Art. 5 Abs. 1 Buchst. b Eurojust-Beschluss nur ausnahmsweise zuständig. In diesen Fällen kann es allerdings in Bezug auf die in Art. 4 Abs. 1 Eurojust-Beschluss genannten Kriminalitätsformen und Straftaten (dazu Rn. 6) die zuständigen Behörden der betroffenen Mitgliedstaaten mit entsprechender Begründung ersuchen, Ermittlungen zu führen oder die Strafverfolgung aufzunehmen (s. Art. 7 Buchst. a Eurojust-Beschluss). Zutreffend wird in der Literatur hervorgehoben, dass die Arbeitsweise von Eurojust in diesen Konstellationen dann auch »**vertikale**« **Elemente** in sich trägt.[16]

3. Tätigkeitsbereich

6   Eurojust entfaltet primär **Koordinierungstätigkeiten**. Es werden innerhalb des Zuständigkeitsbereichs von Eurojust Ermittlungs- und Strafverfolgungsmaßnahmen, die in den Mitgliedstaaten im Gange sind, koordiniert. Dies erfolgt durch die Organisation von Koordinierungssitzungen sowie durch Förderung der Zusammenarbeit zwischen den

---

[12] *Vogel/Eisele*, in: Grabitz/Hilf/Nettesheim, EU, Art. 85 AEUV (August 2015), Rn. 32; zu problematischen Lücken im Datenschutz s. *Böse*, in: Schwarze, EU-Kommentar, Art. 85 AEUV, Rn. 7; ausführlich zum Rechtsschutz gegen Maßnahmen und Entscheidungen von Eurojust *Dannecker*, in: Streinz, EUV/AEUV, Art. 85 AEUV, Rn. 17 ff.

[13] S. zum Ganzen *Böse*, in: Schwarze, EU-Kommentar, Art. 85 AEUV, Rn. 3; *Suhr*, in: Calliess/Ruffert, EUV/AEUV, Art. 85 AEUV, Rn. 13; *Vogel/Eisele*, in: Grabitz/Hilf/Nettesheim, Art. 85 AEUV (August 2015), Rn. 32; *Kotzur*, in: Geiger/Khan/Kotzur, EUV/AEUV, Art. 85 AEUV, Rn. 3 f.; *Zeder*, JSt 2010, 179, 181; *Zöller*, EnzEuR, Bd. 9, § 21, Rn. 6 ff.

[14] *Vogel/Eisele*, in: Grabitz/Hilf/Nettesheim, EU, Art. 85 AEUV (August 2015), Rn. 33.

[15] *Vogel/Eisele*, in: Grabitz/Hilf/Nettesheim, EU, Art. 85 AEUV (August 2015), Rn. 33.

[16] *Vogel/Eisele*, in: Grabitz/Hilf/Nettesheim, EU, Art. 85 AEUV (August 2015), Rn. 33; s. auch *Böse*, in: Schwarze, EU-Kommentar, Art. 85 AEUV, Rn. 5.

zuständigen Behörden der Mitgliedstaaten, insbesondere durch Erleichterung der Erledigung von Rechtshilfeersuchen und Rechtsakten, die auf dem Grundsatz der gegenseitigen Anerkennung beruhen (Art. 3 Eurojust-Beschluss). Die sachliche Zuständigkeit von Eurojust entspricht prinzipiell derjenigen von Europol (Art. 4 Abs. 1 Buchst. a Eurojust-Beschluss; s. Art. 88 AEUV, Rn. 16 ff.). Außerdem hat Eurojust das Europäische Parlament, den Rat und die Kommission insbesondere durch Jahresberichte über seine Tätigkeit zu unterrichten (Art. 32 Eurojust-Beschluss).[17]

4. Aufgaben

Gemäß den Art. 6 und 7 Eurojust-Beschluss haben die nationalen Mitglieder und das Kollegium von Eurojust vor allem die Aufgabe, sich an die zuständigen Behörden der betreffenden Mitgliedstaaten mit dem **Ersuchen** zu wenden, **Ermittlungen zu führen**; ferner hat Eurojust jegliche justizielle Zusammenarbeit der Mitgliedstaaten in Strafsachen zu unterstützen, was insbesondere für die Vollstreckung von Rechtsakten nach dem Grundsatz der gegenseitigen Anerkennung gilt; ausdrücklich als Aufgabe von Eurojust ist auch eine Zusammenarbeit mit dem Europäische Justizielle Netz (EJN, s. dazu Rn. 37) angeführt. Zur Erfüllung dieser Agenda setzt Eurojust die Möglichkeiten elektronischer Datenverarbeitung ein; bedeutsam ist in diesem Zusammenhang, dass innerhalb von Eurojust ein **elektronisches Fallbearbeitungssystem** vorhanden ist (Art. 16 Eurojust-Beschluss).[18] Zugriff auf die personenbezogenen Daten haben nur die nationalen Mitglieder Eurojusts (und ihre Mitarbeiter) sowie befugte Mitarbeiter von Eurojust.[19]

7

5. Außenbeziehungen

Eurojust unterhält mit dem **EJN** (Art. 25a Eurojust-Beschluss,), mit **Europol** und dem Europäischen Amt für Betrugsbekämpfung **OLAF** (Art. 26 Eurojust-Beschluss)[20] sowie auch mit Drittstaaten und dritten Organisationen (Art. 26a ff. Eurojust-Beschluss) rege Außenkontakte.[21]

8

IV. Aktuelle Entwicklungen: Verordnungsvorschlag der Kommission

Die Kommission hat am 17.7.2013 einen **Vorschlag für eine Verordnung des Europäischen Parlaments und des Rates betreffend Eurojust**[22] auf Basis des Art. 85 AEUV unterbreitet. Sollte diese Verordnung, die im ordentlichen Gesetzgebungsverfahren zu

9

---

[17] S. zum Ganzen *Vogel/Eisele*, in: Grabitz/Hilf/Nettesheim, EU, Art. 85 AEUV (August 2015), Rn. 34; *Zöller*, EnzEuR, Bd. 9, § 21, Rn. 9.
[18] S. zum Ganzen *Böse*, in: Schwarze, EU-Kommentar, Art. 85 AEUV, Rn. 6; *Dannecker*, in: Streinz, EUV/AEUV, Art. 85 AEUV, Rn. 9; *Vogel/Eisele*, in: Grabitz/Hilf/Nettesheim, EU, Art. 85 AEUV (August 2015), Rn. 35; *Zöller*, EnzEuR, Bd. 9, § 21, Rn. 25.
[19] *Dannecker*, in: Streinz, EUV/AEUV, Art. 85 AEUV, Rn. 9; *Kotzur*, in: Geiger/Khan/Kotzur, EUV/AEUV, Art. 85 AEUV, Rn. 5; *Böse*, in: Schwarze, EU-Kommentar, Art. 85 AEUV, Rn. 6.
[20] Ausführlich zum Verhältnis von Eurojust zu Europol, EJN und OLAF *Dannecker*, in: Streinz, EUV/AEUV, Art. 85 AEUV, Rn. 24 ff.
[21] S. zum Ganzen *Zöller*, EnzEuR, Bd. 9, § 21, Rn. 29 ff.; *Ambos*, § 13, Rn. 18.
[22] Vorschlag für eine Verordnung des Europäischen Parlaments und des Rates betreffend die Agentur der Europäischen Union für justizielle Zusammenarbeit in Strafsachen (Eurojust), KOM (2013) 535 endg; mittlerweile konnte dazu im Rat eine Allgemeine Ausrichtung erzielt werden (s. Ratsdok. 6643/15 vom 27.2.2015.

beschließen ist (s. Rn. 22 f.), in Kraft treten, würde die auf diese Weise eingesetzte Agentur Eurojust zur **Rechtsnachfolgerin** des bisherigen Eurojust (Art. 1 Abs. 2 des Verordnungsentwurfs). Ziel dieser Verordnung ist es, einen einheitlichen und modernisierten Rechtsrahmen für Eurojust zu schaffen. Bemerkenswert dabei ist zum einen, dass Eurojust gemäß Art. 3 Abs. 1 dieses Vorschlages nicht für Straftaten zuständig sein soll, die in den Zuständigkeitsbereich der Europäischen Staatsanwaltschaft fallen. Zum anderen ist hervorzuheben, dass künftig ein **Datenschutzbeauftragter** Eurojusts sowie der **Europäische Datenschutzbeauftragte** die Verarbeitung personenbezogener Daten bei Eurojust überwachen sollen (Art. 31 und Art. 34b des Entwurfs).[23]

10 An Eurojust in seiner derzeitigen Ausgestaltung sind alle EU-Mitgliedstaaten beteiligt. Sollte der von der Kommission unterbreitete Verordnungsvorschlag angenommen und Eurojust damit auf eine neue Rechtsgrundlage gestellt werden, so kann nach derzeitiger Rechtslage Dänemark nicht an Eurojust teilnehmen.[24] Ferner können das Vereinigte Königreich und Irland binnen drei Monaten nach Vorlage des Verordnungsvorschlages erklären, dass sie teilnehmen.[25] Die neue Eurojust-Agentur wird daher entweder für 25, 26 oder 27 Mitgliedstaaten zustande kommen. Es muss folglich darauf Bedacht genommen werden, dass das neue Eurojust mit den Resten des alten Eurojust **koexistieren** kann.[26]

B. Allgemeiner Auftrag von Eurojust – Abs. 1 UAbs. 1

I. Koordinierungstätigkeit bei der Ermittlung und Verfolgung schwerer Kriminalität

11 Nach Art. 85 Abs. 1 UAbs. 1 Hs. 1 AEUV hat Eurojust den Auftrag, die **Koordinierung und Zusammenarbeit zwischen den nationalen Strafverfolgungsbehörden** zu unterstützen und zu verstärken. Dies gilt jedoch nur in Bezug auf solche Behörden, die für die Ermittlung und Verfolgung von schwerer Kriminalität zuständig sind; zudem müssen zwei oder mehr Mitgliedstaaten betroffen oder eine Strafverfolgung auf gemeinsamer Grundlage erforderlich sein. Dabei stützt sich Eurojust gemäß Art. 85 Abs. 1 UAbs. 1 Hs. 2 AEUV auf die von den Behörden der Mitgliedstaaten und von Europol durchgeführten Operationen und gelieferten Informationen.

12 Der Grundsatz der begrenzten Einzelermächtigung (Art. 4 Abs. 1 EUV) gilt auch in Bezug auf Eurojust. Demzufolge darf Eurojust nur solche Aufgaben wahrnehmen, die in Art. 85 Abs. 1 UAbs. 1 AEUV genannt sind; eine **extensive Auslegung** dieser Vorschrift, d. h. eine Aufgabenzuweisung an Eurojust über den Wortlaut der Bestimmung hinaus, ist daher **unzulässig**.[27] Eine konkrete Befugnisausübung durch Eurojust kann freilich nicht auf Basis des Art. 85 Abs. 1 AEUV selbst erfolgen; diese Bestimmung bildet vielmehr nur den primärrechtlichen Rahmen für die Kompetenzen Eurojusts. Damit Eurojust die in Art. 85 Abs. 1 UAbs. 1 AEUV aufgezählten Aufgaben und Befugnisse tatsächlich

---

[23] S. zum Entwurf *Weyembergh*, eucrim 2013, 127 ff.; s. auch *Brodowski*, ZIS 2013, 462.
[24] Protokoll Nr. 22 über die Position Dänemarks, ABl. 2012, C 326/299; *Zeder*, JSt 2010, 182.
[25] Protokoll Nr. 21 über die Position des Vereinigten Königreichs und Irlands hinsichtlich des Raums der Freiheit, der Sicherheit und des Rechts, ABl. 2012, C 326/295; *Zeder*, JSt 2010, 182.
[26] *Zeder*, JSt 2010, 182.
[27] *Vogel/Eisele*, in: Grabitz/Hilf/Nettesheim, EU, Art. 85 AEUV (August 2015), Rn. 7; *Böse*, in Schwarze, EU-Kommentar, Art. 85 AEUV, Rn. 4.

wahrnehmen kann, bedarf es gem. Art. 85 Abs. 1 UAbs. 2 AEUV eines eigenen Sekundärrechtsaktes, namentlich einer Verordnung.[28]

Nach Art. 85 Abs. 1 UAbs. 1 AEUV ist der Auftrag von Eurojust darauf beschränkt, die Koordinierung und Zusammenarbeit zwischen den nationalen Strafverfolgungsbehörden zu unterstützen und zu verstärken. Eurojust darf also selbst **keine Ermittlungs- und Verfolgungstätigkeit** entfalten; dies lässt sich auch anhand Art. 85 Abs. 2 AEUV, der die Vornahme förmlicher Prozesshandlungen ausdrücklich den nationalstaatlichen Bediensteten vorbehält (s. Rn. 41 f.), ersehen.[29] Die Aktivitäten von Eurojust sind daher ausschließlich auf die Tätigkeit nationaler Strafverfolgungsbehörden (insbesondere Staatsanwaltschaften und Kriminalpolizei) gerichtet, sofern diese im Einzelfall auch tatsächlich für die Ermittlung und Verfolgung schwerer Kriminalität (dazu Rn. 16) zuständig sind.[30]

13

Der Auftrag Eurojusts, die Koordinierung und Zusammenarbeit zwischen den nationalen Behörden zu **unterstützen** (Art. 85 Abs. 1 UAbs. 1 AEUV) bedeutet, dass Eurojust diesen Behörden technische, organisatorische oder juristische Hilfe leistet; primär stellt Eurojust dabei den mitgliedstaatlichen Behörden faktische oder rechtliche Informationen hinsichtlich der betreffenden Strafsache zur Verfügung.[31] Eurojust hat gemäß Art. 85 Abs. 1 UAbs. 1 AEUV aber auch die Aufgabe, die Koordinierung und Zusammenarbeit zwischen den nationalen Behörden zu **verstärken**. Dies wird vor allem dadurch erreicht, dass Eurojust auf eine Beilegung von Kompetenzkonflikten hinwirkt sowie die Einschaltung des Europäischen Justiziellen Netzes forciert; eine Verstärkung der Koordinierung und Zusammenarbeit liegt auch in der Einsetzung von Gemeinsamen Ermittlungsgruppen, an denen sich Eurojust dann auch beteiligen kann.[32]

14

Gemäß Art. 85 Abs. 1 UAbs. 1 darf sich die unterstützende und koordinationsverstärkende Tätigkeit Eurojusts ausdrücklich nur auf die **Ermittlung und Verfolgung** schwerer Kriminalität beziehen. *Vogel/Eisele* heben zu Recht hervor, dass das deutsche Strafverfahrensrecht eine Unterscheidung zwischen Ermittlung und Verfolgung nicht kennt, während in anderen Mitgliedstaaten diese Differenzierung aber durchaus gängig ist.[33] Da es sich bei einer bloß vorbeugenden Verbrechensbekämpfung weder um Ermittlung noch um Verfolgung schwerer Kriminalität handelt, liegt diese außerhalb des Zuständigkeitsbereichs von Eurojust; sie ist vielmehr Teil der polizeilichen Zusammenarbeit gemäß Art. 87 AEUV.[34] Das Gleiche gilt – entgegen *Vogel/Eisele*[35] – für »Vor-, Vorfeld- und Strukturermittlungen ohne konkreten Tatverdacht«.

15

Der Begriff »**schwere Kriminalität**« wird weder im EUV noch im AEUV legal definiert.[36] Dazu zählen aber jedenfalls die in Art. 83 Abs. 1 UAbs. 2 AEUV genannten

16

---

[28] S. *Vogel/Eisele*, in: Grabitz/Hilf/Nettesheim, EU, Art. 85 AEUV (August 2015), Rn. 7.
[29] *Vogel/Eisele*, in: Grabitz/Hilf/Nettesheim, EU, Art. 85 AEUV (August 2015), Rn. 11; *Böse*, in: Schwarze, EU-Kommentar, Art. 85 AEUV, Rn. 4.
[30] *Böse*, in: Schwarze, EU-Kommentar, Art. 85 AEUV, Rn. 4; *Vogel/Eisele*, in: Grabitz/Hilf/Nettesheim, EU, Art. 85 AEUV (August 2015), Rn. 11.
[31] S. *Vogel/Eisele*, in: Grabitz/Hilf/Nettesheim, EU, Art. 85 AEUV (August 2015), Rn. 11.
[32] *Vogel/Eisele*, in: Grabitz/Hilf/Nettesheim, EU, Art. 85 AEUV (August 2015), Rn. 11.
[33] In: Grabitz/Hilf/Nettesheim, EU, Art. 85 AEUV (August 2015), Rn. 8.
[34] *Vogel/Eisele*, in: Grabitz/Hilf/Nettesheim, EU, Art. 85 AEUV (August 2015), Rn. 8; s. auch *Böse*, in: Schwarze, EU-Kommentar, Art. 85 AEUV, Rn. 4; nicht eindeutig *Kretschmer*, in: Vedder/Heintschel v. Heinegg, EVV, Art. III–273, Rn. 2: Die Tätigkeit von Eurojust sei nicht auf »konkret aburteilende Strafverfahren« beschränkt.
[35] In: Grabitz/Hilf/Nettesheim, EU, Art. 85 AEUV (August 2015), Rn. 8.
[36] *Rosenau/Petrus*, in: Vedder/Heintschel v. Heinegg, Europäisches Unionsrecht, Art. 85 AEUV,

Bereiche »besonders« schwerer Kriminalität, wie z. B. Menschenhandel, sexuelle Ausbeutung von Frauen und Kindern oder illegaler Drogenhandel.[37] Ferner ist Eurojust für andere schwere Kriminalitätsbereiche (außerhalb der »besonders schweren«) zuständig.[38] Der in Art. 4 Eurojust-Beschluss genannte Zuständigkeitsbereich von Eurojust ist primärrechtskonform und damit einschränkend auf schwere Kriminalität zu reduzieren. So fällt z. B. Betrug nur dann in den Aufgabenbereich von Eurojust, wenn es sich um eine schwere Betrugsform handelt. Es ist demnach bei den in Art. 4 Eurojust-Beschluss angeführten Straftaten immer zu prüfen, ob es sich um ein der Schwerkriminalität zuzuordnendes Delikt handelt; sollte dies im Einzelfall zu verneinen sein, ist ein Tätigwerden von Eurojust ausgeschlossen.[39] Aus Art. 85 Abs. 1 UAbs. 2 Buchst. a AEUV ergibt sich, dass **Straftaten zum Nachteil der finanziellen Interessen der EU** jedenfalls in den Kompetenzbereich von Eurojust fallen.[40]

17 Die mit dem Vertrag von Lissabon erfolgende Beschränkung der Zuständigkeit Eurojusts auf Fälle der Schwerkriminalität lässt daran zweifeln, dass es sich bei Eurojust immer noch um eine **»Clearingstelle«** handelt.[41] Denn wäre dies der Fall, müsste Eurojust auch bei Fällen der Bagatell- oder Normalkriminalität seine Koordinierungstätigkeit entfalten; demzufolge ist eher das Europäische Justizielle Netz als eine solche allgemeine Clearingstelle anzusehen.[42]

II. Betroffenheit mehrerer Mitgliedstaaten oder Erforderlichkeit einer Verfolgung auf gemeinsamer Grundlage

18 Eurojust darf ferner nur dann koordinierend und unterstützend tätig werden, wenn zwei oder mehr Mitgliedstaaten betroffen sind oder eine Verfolgung auf gemeinsamer Grundlage erforderlich ist. Dies ist für jeden Einzelfall bzw. jedes einzelne Ermittlungsverfahren gesondert festzustellen (keine generalisierende Betrachtung).[43] Klärungsbedürftig ist, ob die betreffenden Straftaten oder aber die Ermittlungs- und Verfolgungstätigkeit eine grenzüberschreitende Dimension aufweisen müssen. Da es sich bei Art. 85 AEUV um eine verfahrensrechtliche Vorschrift handelt, genügt es im Unterschied zu Art. 83 Abs. 1 AEUV, dass die **Ermittlungen oder Verfolgungen grenzüberschreitend dimensio-**

Rn. 3; *Suhr*, in: Calliess/Ruffert, EUV/AEUV, Art. 85 AEUV, Rn. 10; s. auch *Dannecker*, in: Streinz, EUV/AEUV, Art. 85 AEUV, Rn. 6.

[37] *Böse*, in: Schwarze, EU-Kommentar, Art. 85 AEUV, Rn. 4; *Vogel/Eisele*, in: Grabitz/Hilf/Nettesheim, EU, Art. 85 AEUV (August 2015), Rn. 9; ebenso *Kretschmer*, in: Vedder/Heintschel v. Heinegg, EVV, Art. III–273, Rn. 4; näher dazu Art. 83 AEUV, Rn. 15 ff.

[38] *Vogel/Eisele*, in: Grabitz/Hilf/Nettesheim, EU, Art. 85 AEUV (August 2015), Rn. 9; *Dannecker*, in: Streinz, EUV/AEUV, Art. 85 AEUV, Rn. 6; zu eng daher *Kotzur*, in: Geiger/Khan/Kotzur, EUV/AEUV, Art. 85 AEUV, Rn. 8: Eurojust dient der Unterstützung nationaler Behörden bei der kooperativen Bekämpfung transnationaler »Schwerstkriminalität«.

[39] *Rosenau/Petrus*, in: Vedder/Heintschel v. Heinegg, Europäisches Unionsrecht, Art. 85 AEUV, Rn. 4; *Vogel/Eisele*, in: Grabitz/Hilf/Nettesheim, EU, Art. 85 AEUV (August 2015), Rn. 9; *Zöller*, EnzEuR, Bd. 9, § 21, Rn. 12.

[40] S. *Dannecker*, in: Streinz, EUV/AEUV, Art. 85 AEUV, Rn. 6; *Kretschmer*, in: Vedder/Heintschel v. Heinegg, EVV, Art. III–273, Rn. 4.

[41] Dafür aber z. B. *Rosenau/Petrus*, in: Vedder/Heintschel v. Heinegg, Europäisches Unionsrecht, Art. 85 AEUV, Rn. 6, *Zöller*, EnzEuR, Bd. 9, § 21, Rn. 2: »Dokumentations- und Clearingstelle«.

[42] Überzeugend *Vogel/Eisele*, in: Grabitz/Hilf/Nettesheim, EU, Art. 85 AEUV (August 2015), Rn. 18; ebenso *Grotz*, in: Sieber/Satzger/v. Hentschel-Heinegg, Europäisches Strafrecht, § 45 Rn. 15 f.

[43] *Böse*, in: Schwarze, EU-Kommentar, Art. 85 AEUV, Rn. 4.

niert sind; dies ist bereits dann der Fall, wenn die Ermittlung oder Verfolgung eine grenzüberschreitende Zusammenarbeit in Strafsachen erfordert, etwa durch Übergabe des Beschuldigten oder in Fällen eines staatenübergreifenden Beweistransfers.[44] Ermittlungen oder Strafverfolgungen, die bloß in einem Mitgliedstaat erfolgen, sind dagegen nicht ausreichend.[45] Demgegenüber ist es nicht notwendig, dass jener Straftat, die der Ermittlung oder Verfolgung zugrunde liegt, eine grenzüberschreitende Begehungsweise innewohnt, wie z. B. illegaler Drogenhandel oder im Internet zugänglich gemachte Kinderpornographie.[46]

Auch hinsichtlich des ebenfalls in Art. 85 Abs. 1 UAbs. 1 AEUV genannten Erfordernisses einer Verfolgung auf gemeinsamer Grundlage ist ein prozessualer Maßstab anzulegen. Von einer solchen Erforderlichkeit ist folglich bereits dann auszugehen, wenn sich die Verfolgung nur im Falle eines koordinierten Vorgehens **mehrerer Mitgliedstaaten auf gemeinsamer Basis** zielführend erweist; dies ist etwa (schon) dann der Fall, wenn gegen eine international agierende kriminelle oder terroristische Organisation ermittelt wird.[47]

III. Verhältnis zu den Strafverfolgungsbehörden der Mitgliedstaaten sowie zu Europol

Eurojust stützt sich zur Erfüllung seines Auftrages gemäß Art. 85 Abs. 1 UAbs. 1 Hs. 2 AEUV zum einen auf die **von den Behörden der Mitgliedstaaten sowie von Europol durchgeführten Operationen und gelieferten Informationen**. Dies ist eine logische Konsequenz aus dem Umstand, dass es Eurojust nicht gestattet ist, selbst Ermittlungs- und Verfolgungshandlungen zu setzen (s. Rn. 13). Daraus ergibt sich unmittelbar, dass Eurojust darauf angewiesen ist, von den nationalen Strafverfolgungsbehörden, aber auch von Europol, mit entsprechenden Informationen versorgt zu werden.[48]

Regelungen zum Verhältnis zwischen Eurojust und Europol finden sich in dem am 1.1.2010 in Kraft getretenen »**Agreement between Eurojust and Europol**«. Dieses Agreement beruht auf Art. 26 Abs. 1 Buchst. a sowie Abs. 2 Eurojust-Beschluss.[49] Daraus sowie aus einer Zusammenschau aus Art. 85 und Art. 87 AEUV erhellt, dass Eurojust und Europol »voneinander unabhängige, selbständige Institutionen mit unterschiedlichen Aufträgen und Aufgaben sind«.[50] Vor allem aber ist **Eurojust kein justizielles Kontrollorgan von Europol** (sog. »Justizfreiheit« Europols).[51]

---

[44] *Vogel/Eisele*, in: Grabitz/Hilf/Nettesheim, EU, Art. 85 AEUV (August 2015), Rn. 10.
[45] *Vogel/Eisele*, in: Grabitz/Hilf/Nettesheim, EU, Art. 85 AEUV (August 2015), Rn. 10.
[46] *Vogel/Eisele*, in: Grabitz/Hilf/Nettesheim, EU, Art. 85 AEUV (August 2015), Rn. 10.
[47] *Vogel/Eisele*, in: Grabitz/Hilf/Nettesheim, EU, Art. 85 AEUV (August 2015), Rn. 10.
[48] *Vogel/Eisele*, in: Grabitz/Hilf/Nettesheim, EU, Art. 85 AEUV (August 2015), Rn. 12 f.
[49] *Vogel/Eisele*, in: Grabitz/Hilf/Nettesheim, EU, Art. 85 AEUV (August 2015), Rn. 13; *Dannecker*, in: Streinz, EUV/AEUV, Art. 85 AEUV, Rn. 24.
[50] *Vogel/Eisele*, in: Grabitz/Hilf/Nettesheim, EU, Art. 85 AEUV (August 2015), Rn. 13.
[51] *Dannecker*, in: Streinz, EUV/AEUV, Art. 85 AEUV, Rn. 24; *Vogel/Eisele*, in: Grabitz/Hilf/Nettesheim, EU, Art. 85 AEUV (August 2015), Rn. 13.

C. Verordnungsermächtigungen – Abs. 1 UAbs. 2, UAbs. 3

I. Ordentliches Gesetzgebungsverfahren

22 Gemäß Art. 85 Abs. 1 UAbs. 2 und 3 AEUV sind der Rat und das Parlament dazu ermächtigt, im ordentlichen Gesetzgebungsverfahren Verordnungen zu erlassen, in denen der Aufbau, die Arbeitsweise, der Tätigkeitsbereich und die Aufgaben von Eurojust festgelegt werden; ferner können die Einzelheiten für die Beteiligung des Europäischen Parlaments und der nationalen Parlamente an der Bewertung der Tätigkeit von Eurojust Gegenstand einer solchen Verordnung sein. Aufgrund der Weitergeltung des Eurojust-Beschlusses auch nach dem Inkrafttreten des Vertrages von Lissabon (s. Rn. 3) ist diese Verordnungsermächtigung **allein für künftige Änderungen von Eurojust** bedeutsam.[52] Diese haben also im Wege einer unmittelbar wirksamen Verordnung zu erfolgen. Die Kompetenz zur Verordnungserlassung ist gegenüber dem früheren Primärrecht eine **gravierende Neuerung**; denn unmittelbar geltendes Unionsrecht konnte nach dem Vertrag von Nizza im Bereich der strafrechtlichen Zusammenarbeit gerade nicht erlassen werden (s. Art. 34 Abs. 2 UAbs. 1 Buchst. c EUV-Nizza).[53]

23 Art. 85 Abs. 1 UAbs. 2 schreibt ausdrücklich vor, dass derartige Eurojust-Verordnungen im ordentlichen Gesetzgebungsverfahren zu erlassen sind. Es entscheiden daher der **Rat und das Parlament gemeinsam**. Im Rat ist eine **qualifizierte Mehrheit** erforderlich, während im Europäischen Parlament die einfache Mehrheit genügt (s. Art. 289 und 294 AEUV). Initiativen für derartige Verordnungen können entweder auf Vorschlag der Kommission[54] auf Basis des Art. 85 AEUV unterbreitet oder auf Vorschlag eines Viertels der Mitgliedstaaten (derzeit also mindestens 7) erlassen werden (Art. 76 AEUV). Während der Eurojust-Beschluss durch entsprechende Umsetzungsgesetze in innerstaatliches Recht zu transformieren war, wird eine künftige Eurojust-Verordnung in jedem Mitgliedstaat **unmittelbar anwendbar** sein; nationaler Umsetzungsgesetzgebung bedarf es also nicht (Art. 288 AEUV).[55]

II. Mögliche Verordnungsinhalte

1. Aufbau, Arbeitsweise und Tätigkeitsbereich

24 Verordnungen nach Art. 85 Abs. 1 UAbs. 2 AEUV können den Aufbau, die Arbeitsweise und die Tätigkeitsbereiche von Eurojust näher konkretisieren. Unter »**Aufbau**« sind Rechtsform, Sitz und Organisationsstruktur, aber auch die personelle und finanzielle Ausstattung von Eurojust gemeint.[56] Im Wege einer solchen Verordnung wäre es daher etwa auch zulässig, den bisherigen Aufbau Eurojusts (s. Rn. 4) entsprechend zu modifizieren.[57]

25 Auch die **Arbeitsweise** von Eurojust kann Gegenstand einer derartigen Verordnung sein. Dazu zählen der interne Geschäftsablauf Eurojusts (inkl. der Datenverarbeitung), aber auch Regelungen über den Datenschutz bzw. über die Außenbeziehungen Euro-

---

[52] S. *Vogel/Eisele*, in: Grabitz/Hilf/Nettesheim, EU, Art. 85 AEUV (August 2015), Rn. 14.
[53] S. *Vogel/Eisele*, in: Grabitz/Hilf/Nettesheim, EU, Art. 85 AEUV (August 2015), Rn. 15.
[54] S. aktuell den Vorschlag der Kommission vom 17.7.2013 betreffend Eurojust (Fn. 22).
[55] *Zeder*, JSt 2010, 179, 182.
[56] *Vogel/Eisele*, in: Grabitz/Hilf/Nettesheim, EU, Art. 85 AEUV (August 2015), Rn. 16; *Böse*, in: Schwarze, EU-Kommentar, Art. 85 AEUV, Rn. 9.
[57] S. *Vogel/Eisele*, in: Grabitz/Hilf/Nettesheim, EU, Art. 85 AEUV (August 2015), Rn. 16.

justs zu den Behörden der Mitgliedstaaten, zu anderen EU-Institutionen, zu Drittstaaten sowie zu internationalen Organisationen.[58] Auch in diesem Bereich ist es primärrechtlich ohne Weiteres zulässig, die bisherige Arbeitsweise Eurojusts (s. Rn. 5) mittels Verordnung zu adaptieren.[59]

Eine Verordnung nach Art. 85 Abs. 1 UAbs. 2 AEUV kann sich ferner auf den **Tätigkeitsbereich** von Eurojust beziehen. Damit ist die Zuständigkeit von Eurojust gemeint, welche freilich ohnehin bereits primärrechtlich durch Art. 85 Abs. 1 UAbs. 1 AEUV entsprechend determiniert wird (s. Rn. 11 ff.). Über diese allgemeinen Kompetenzzuweisungen des Primärrechts hinaus kann eine Eurojust-Verordnung insbesondere jene Tätigkeiten Eurojusts konkretisieren, die als eine Unterstützung und Verstärkung der Koordinierung bzw. Zusammenarbeit zwischen den nationalen Strafverfolgungsbehörden einzustufen sind. Dazu zählt z. B. die Festlegung, »ob und in welchem Umfang Informationen an zuständige nationale Behörden zu übermitteln oder ob auch fallübergreifende Analysen zu erstellen sind«.[60] 26

Der **Vorschlag der Kommission für eine Verordnung betreffend Eurojust**[61] sieht in der Organisationsstruktur Eurojusts eine **doppelte Governance-Ebene** vor. Demnach soll das Kollegium in zwei klar differenzierten Sitzungsformationen auftreten, je nachdem, ob operative Aufgaben oder Verwaltungsaufgaben behandelt werden (Art. 10 des Vorschlages). Ferner ist ein neu eingerichteter Exekutivausschuss vorgesehen, der für die Vorbereitung von Verwaltungsaufgaben zuständig ist; einige dieser Verwaltungsaufgaben kann dieser auch selbst übernehmen (näher Art. 16 ff. des Vorschlages). Weiters enthält der Vorschlag in Art. 8 eine einheitliche Umschreibung der Befugnisse nationaler Mitglieder. 27

Die bisherige Arbeitsweise Eurojusts (wie etwa das innerstaatliche Eurojust-Koordinierungssystem, der Koordinierungsdauerdienst, das Fallbearbeitungssystem) wird in dem Vorschlag der Kommission zu großen Teilen beibehalten. Die Überwachung der gesamten Verarbeitung personenbezogener Daten obliegen einem internen Datenschutzbeauftragten sowie dem **Europäischen Datenschutzbeauftragten**; dieser übernimmt auch sämtliche Aufgaben der mit dem Eurojust-Beschluss eingerichteten gemeinsamen Kontrollinstanz (näheres dazu in Art. 31 ff. des Verordnungsvorschlages). 28

Die **Zuständigkeit Eurojusts** erstreckt sich nach Art. 3 des Vorschlages auf die im Anhang 1 des Vorschlages aufgezählten Straftaten. Dazu zählen z. B. organisierte Kriminalität, Terrorismus, vorsätzliche Tötung, schwere Körperverletzung, Drogenhandel, Geldwäsche, Menschenhandel, Bestechung, Betrugsdelikte, gegen die finanziellen Interessen der EU gerichtete Straftaten, Völkermord, Verbrechen gegen die Menschlichkeit oder Kriegsverbrechen. Eurojust ist nach dem Vorschlag ferner für sog. Zusammenhangtaten zuständig, d. h. für solche Straftaten, die mit den in Anhang 1 angeführten Delikten im Zusammenhang stehen. Dazu zählen etwa Straftaten, die begangen werden, um die in Anhang 1 genannten kriminellen Handlungen zu erleichtern oder durchzuführen. Für Straftaten, die in den Zuständigkeitsbereich der Europäischen Staatsanwaltschaft fallen, besteht demgegenüber ausdrücklich keine Zuständigkeit Eurojusts. 29

---

[58] *Vogel/Eisele*, in: Grabitz/Hilf/Nettesheim, EU, Art. 85 AEUV (August 2015), Rn. 17; *Böse*, in: Schwarze, EU-Kommentar, Art. 85 AEUV, Rn. 9.
[59] *Vogel/Eisele*, in: Grabitz/Hilf/Nettesheim, EU, Art. 85 AEUV (August 2015), Rn. 17.
[60] *Vogel/Eisele*, in: Grabitz/Hilf/Nettesheim, EU, Art. 85 AEUV (August 2015), Rn. 18.
[61] Fn. 22.

2. Aufgaben

a) Allgemeines

30 Mit Verordnungen nach Art. 85 Abs. 1 UAbs. 2 AEUV können ferner die Aufgaben von Eurojust näher konkretisiert werden. In den Buchst. a-c dieser Vorschrift wird näher aufgelistet, was zu diesen Aufgaben im Einzelnen gehören kann (s. Rn. 31 ff.). Dabei handelt es sich allerdings **nicht um eine abschließende Aufzählung** (arg. »kann […] gehören«).[62] Freilich müssen die einzelnen Aufgaben – entsprechend dem Grundsatz der begrenzten Einzelermächtigung (Art. 5 Abs. 2 EUV) – von dem durch Art. 85 Abs. 1 UAbs. 1 AEUV festgelegten generellen Kompetenzbereich Eurojusts umfasst sein (s. Rn. 11 ff.).[63]

b) Einleitung von Ermittlungsmaßnahmen

31 Gemäß Art. 85 Abs. 1 UAbs. 2 Buchst. a AEUV ist die Einleitung von strafrechtlichen Ermittlungsmaßnahmen eine potentielle Aufgabe von Eurojust, die im Wege einer Verordnung festgelegt werden kann. Im Schrifttum wird zunächst mit Recht darauf hingewiesen, dass sich – entgegen dem irreführenden Wortlaut – dieser mögliche Verordnungsinhalt nicht auf selbständige Ermittlungsmaßnahmen Eurojusts (samt den allenfalls dazu gehörigen förmlichen Prozesshandlungen; s. Art. 85 Abs. 2 AEUV und dazu Rn. 41 f.) bezieht; so ist Eurojust beispielsweise nicht befugt, einen Haftbefehl oder eine Sicherstellungsanordnung zu erlassen (s. Rn. 13).[64] Darüber hinaus ist aber umstritten, ob Eurojust im Verordnungswege die Kompetenz übertragen werden kann, strafrechtliche Ermittlungen eigenständig (d. h. ohne Einbeziehung mitgliedstaatlicher Strafverfolgungsbehörden) einzuleiten.[65] Ausgehend von dem in Art. 85 Abs. 1 UAbs. 1 AEUV umschriebenen generellen Auftrag Eurojusts, der – lediglich – in einer Unterstützung und Verstärkung der Koordinierung nationaler Strafverfolgungsbehörden besteht (dazu Rn. 11 ff), ist eine Kompetenz Eurojusts zur selbständigen (d. h. ohne Zwischenschaltung nationaler Verfolgungsbehörden erfolgender) Ermittlungseröffnung jedoch abzulehnen. Die Verordnungskompetenz bezieht sich vielmehr (bloß) auf die **Einleitung von strafrechtlichen Ermittlungsmaßnahmen durch die nationalen Behörden auf Initiative von Eurojust**.[66]

32 Zu klären bleibt noch, ob es sich hierbei um eine Anweisungs- oder eine bloße Vorschlagskompetenz handelt. Der Wortlaut des Art. 85 Abs. 1 UAbs. 2 Buchst. a AEUV spricht dafür, dass Eurojust im Verordnungswege ermächtigt werden darf, die Strafver-

---

[62] *Böse*, in: Schwarze, EU-Kommentar, Art. 85 AEUV, Rn. 10; *Dannecker*, in: Streinz, EUV/AEUV, Art. 85 AEUV, Rn. 7; *Kotzur*, in: Geiger/Khan/Kotzur, EUV/AEUV, Art. 85 AEUV, Rn. 9: offener Katalog; *Vogel/Eisele*, in: Grabitz/Hilf/Nettesheim, EU, Art. 85 AEUV (August 2015), Rn. 19; *Zerdick*, in: Lenz/Borchardt, EU-Verträge, Art. 85 AEUV, Rn. 7; a. A. *Suhr*, in: Calliess/Ruffert, EUV/AEUV, Art. 85 AEUV, Rn. 11.

[63] *Vogel/Eisele*, in: Grabitz/Hilf/Nettesheim, EU, Art. 85 AEUV (August 2015), Rn. 19.

[64] *Vogel/Eisele*, in: Grabitz/Hilf/Nettesheim, EU, Art. 85 AEUV (August 2015), Rn. 20; *Böse*, in: Schwarze, EU-Kommentar, Art. 85 AEUV, Rn. 10; *Dannecker*, in: Streinz, EUV/AEUV, Art. 85 AEUV, Rn. 7.

[65] Dafür *Dannecker*, in: Streinz, EUV/AEUV, Art. 85 AEUV, Rn. 7, und *Rosenau/Petrus*, in: Vedder/Heintschel v. Heinegg, Europäisches Unionsrecht, Art. 85 AEUV, Rn. 7, nach denen Eurojust Ermittlungsverfahren auch selbständig einleiten könne bzw. Eurojust ein strafprozessuales Initiativrecht habe; ähnlich *Zerdick*, in: Lenz/Borchardt, EU-Verträge, Art. 85 AEUV, Rn. 3, der von einer »eigenständigen Ermittlungszuständigkeit« Eurojusts spricht.

[66] *Vogel/Eisele*, in: Grabitz/Hilf/Nettesheim, EU, Art. 85 AEUV (August 2015), Rn. 20; *Böse*, in: Schwarze, EU-Kommentar, Art. 85 AEUV, Rn. 10.

folgungsbehörden der Mitgliedstaaten zur Einleitung von Ermittlungsmaßnahmen **anzuweisen**; denn eine weitere Kompetenz von Eurojust bezieht sich auf »Vorschläge« zur Einleitung von strafrechtlichen Verfolgungsmaßnahmen, und zwischen der Einleitung von Verfolgungsmaßnahmen und bloß darauf gerichteten Vorschlägen gibt es einen Unterschied (s. Rn. 33).[67] Freilich kann Eurojust die nationalen Strafverfolgungsbehörden nicht dazu veranlassen, konkrete Ermittlungsmaßnahmen vorzunehmen oder bestimmte Ermittlungsschritte zu setzen, sondern nur strafrechtliche Ermittlungsmaßnahmen *überhaupt* einzuleiten (**generelle Anweisungskompetenz**).[68] Für diese Auslegung spricht auch Erklärung Nr. 27 der Regierungskonferenz 2007 zu Art. 85 Abs. 1 UAbs. 2 AEUV, wonach auf diese Vorschrift gründende Verordnungen den nationalen Vorschriften und Verfahrensweisen im Zusammenhang mit der Einleitung strafrechtlicher Ermittlungsmaßnahmen Rechnung tragen sollen (Rücksichtnahmegebot).[69]

c) **Vorschläge zur Einleitung von Verfolgungsmaßnahmen**

Eine weitere Aufgabe von Eurojust besteht gemäß Art. 85 Abs. 1 UAbs. 2 Buchst. a Alt. 2 AEUV in Vorschlägen zur Einleitung von strafrechtlichen Verfolgungsmaßnahmen. Dabei handelt es sich um eine **bloße Vorschlagskompetenz**. Eurojust ist daher nicht dazu befugt, die Strafverfolgungsbehörden der Mitgliedstaaten mit Bindungswirkung dazu anzuweisen, konkrete strafrechtliche Verfolgungsmaßnahmen zu setzen.[70] Nach deutschem Strafverfahrensrecht ist zwar jede Ermittlungsmaßnahme gleichzeitig auch eine Strafverfolgungsmaßnahme, sodass hierzulande ein Unterschied zwischen Buchst. a Alt. 1 und Buchst. a Alt. 2 kaum besteht.[71] Doch gibt es EU-Staaten, deren Strafprozessrecht eine strikte Trennung zwischen Ermittlungsakten und Verfolgungsmaßnahmen vorsieht; in diesen Staaten zählen zu den Verfolgungshandlungen typischerweise am Ende eines Ermittlungsverfahrens angesiedelte Prozessakte, wie z.B. »Anklagen, Anträge auf Erlass von Strafbefehlen oder auch mit Auflagen und Weisungen verbundene Verfahrenseinstellungen«.[72]

33

d) **Koordinierungsfunktion**

Aufgabe von Eurojust ist gemäß Art. 85 Abs. 1 UAbs. 2 Buchst. b AEUV auch die Koordinierung der unter Buchst. a genannten Ermittlungs- und Verfolgungsmaßnahmen (s. Rn. 31 ff.). Demzufolge hat Eurojust auf eine **gegenseitige Abstimmung der Ermittlungs- und Verfolgungshandlungen** unter den zuständigen Behörden der Mitgliedstaaten hinzuwirken; eine solche könnte z.B. durch ein von Eurojust organisiertes »Koordinierungstreffen« der beteiligten Strafverfolgungsbehörden erreicht werden.[73]

34

---

[67] *Vogel/Eisele*, in: Grabitz/Hilf/Nettesheim, EU, Art. 85 AEUV (August 2015), Rn. 20.
[68] *Vogel/Eisele*, in: Grabitz/Hilf/Nettesheim, EU, Art. 85 AEUV (August 2015), Rn. 20; *Böse*, in: Schwarze, EU-Kommentar, Art. 85 AEUV, Rn. 10.
[69] S. *Böse*, in: Schwarze, EU-Kommentar, Art. 85 AEUV, Rn. 10; *Suhr*, in: Calliess/Ruffert, EUV/AEUV, Art. 85 AEUV, Rn. 4; *Vogel/Eisele*, in: Grabitz/Hilf/Nettesheim, EU, Art. 85 AEUV (August 2015), Rn. 20.
[70] *Vogel/Eisele*, in: Grabitz/Hilf/Nettesheim, EU, Art. 85 AEUV (August 2015), Rn. 21.
[71] S. *Vogel/Eisele*, in: Grabitz/Hilf/Nettesheim, EU, Art. 85 AEUV (August 2015), Rn. 21.
[72] *Vogel/Eisele*, in: Grabitz/Hilf/Nettesheim, EU, Art. 85 AEUV (August 2015), Rn. 21.
[73] Näher *Vogel/Eisele*, in: Grabitz/Hilf/Nettesheim, EU, Art. 85 AEUV (August 2015), Rn. 23; s. auch *Böse*, in: Schwarze, EU-Kommentar, Art. 85 AEUV, Rn. 10.

e) Verstärkung der justiziellen Zusammenarbeit

35 Eurojust hat gemäß Art. 85 Abs. 1 UAbs. 2 Buchst. c AEUV ferner die Aufgabe, die justizielle Zusammenarbeit zwischen den Mitgliedstaaten zu verstärken. Als Maßnahmen zur Verstärkung dieser Zusammenarbeit nennt Buchst. c demonstrativ[74] die **Beilegung von Kompetenzkonflikten** und eine **enge Zusammenarbeit mit dem Europäischen Justiziellen Netz**.

36 Gemäß Art. 82 Abs. 1 UAbs. 2 Buchst. b AEUV werden das Europäische Parlament und der Rat zu legislativen Maßnahmen zur Verhinderung und Beilegung von Kompetenzkonflikten ermächtigt (näher dazu oben Art. 82 AEUV, Rn. 18). Die Zielrichtung des Art. 85 Abs. 1 UAbs. 2 Buchst. c AEUV ist dagegen **institutioneller Natur**, indem Eurojust dabei eine wesentliche Rolle zur Konfliktbeilegung überantwortet wird.[75] Schon nach geltendem Sekundärrecht hat Eurojust in diesem Kontext eine wichtige Funktion; denn gemäß Art. 6 Abs. 1 Buchst. a Ziff. ii und Art. 7 Abs. 1 Buchst. a Ziff. ii Eurojust-Beschluss kann Eurojust die zuständigen Behörden der betroffenen Mitgliedstaaten ersuchen, »sich damit einverstanden zu erklären, dass eine andere zuständige Behörde gegebenenfalls besser in der Lage ist, zu bestimmten Tatbeständen Ermittlungen zu führen oder die Strafverfolgung aufzunehmen«. In Zukunft könnte aber im Verordnungswege der institutionelle Einfluss Eurojusts bei der Beilegung von Kompetenzkonflikten noch vergrößert werden.[76]

37 Mit dem Beschluss 2008/976/JI vom 16.12.2008 über das **Europäische Justizielle Netz** (EJN-Beschluss) wurde für das EJN eine neue sekundärrechtliche Grundlage geschaffen.[77] Das EJN besteht gemäß Art. 2 Abs. 1 EJN-Beschluss »aus den für die internationale justizielle Zusammenarbeit zuständigen Zentralbehörden, den Justizbehörden oder anderen zuständigen Behörden«. Herzstück des Netzwerks sind die nationalen Kontakt- und Anlaufstellen, die in jedem Mitgliedstaat einzurichten sind (Art. 2 Abs. 3–5 EJN-Beschluss). Zudem verfügt das EJN über ein Sekretariat, das für die Verwaltung des Netzes verantwortlich ist (Art. 2 Abs. 8 EJN-Beschluss). Gemäß Art. 4 EJN-Beschluss kommt dem EJN vor allem die Aufgabe zu, die strafjustizielle Zusammenarbeit zwischen den Mitgliedstaaten, insbesondere bei der Verfolgung der schweren Kriminalität, zu erleichtern; dies soll vor allem dadurch erreicht werden, dass die nationalen Kontaktstellen untereinander möglichst zweckdienliche Direktkontakte herstellen. Diese Tätigkeitsbereiche des EJN überlappen sich zum Teil mit den Aufgaben von Eurojust (s. Rn. 30 ff); es ist daher folgerichtig, dass eine enge Zusammenarbeit von Eurojust und EJN nunmehr ausdrücklich im Primärrecht verankert ist.[78] Die enge Verbindung von Eurojust zum EJN zeigt sich auch an dem Umstand, dass das Sekretariat des EJN zum Eurojust-Personal gehört und dort als eine eigenständige Organisationseinheit fungiert.[79] Nähere Vorschriften zur Abgrenzung der Kompetenzen dieser beiden Institutionen finden sich gegenwärtig in Art. 25a ff. Eurojust-Beschluss sowie in Art. 10 EJN-Beschluss.[80]

---

[74] *Vogel/Eisele*, in: Grabitz/Hilf/Nettesheim, EU, Art. 85 AEUV (August 2015), Rn. 24.
[75] *Vogel/Eisele*, in: Grabitz/Hilf/Nettesheim, EU, Art. 85 AEUV (August 2015), Rn. 25.
[76] S. *Vogel/Eisele*, in: Grabitz/Hilf/Nettesheim, EU, Art. 85 AEUV (August 2015), Rn. 26, die etwa daran denken, Eurojust Kontrollaufgaben bei der Bewältigung des Problems des »forum-shoppings« zuzuweisen; s. auch *Böse*, in: Schwarze, EU-Kommentar, Art. 85 AEUV, Rn. 10, der diesbezüglich eine Entscheidung durch ein unabhängiges Gericht für vorzugswürdig hält.
[77] ABl. 2008, L 348/130.
[78] S. *Vogel/Eisele*, in: Grabitz/Hilf/Nettesheim, EU, Art. 85 AEUV (August 2015), Rn. 27.
[79] *Suhr*, in: Calliess/Ruffert, EUV/AEUV, Art. 85 AEUV, Rn. 14; *Zerdick*, in: Lenz/Borchardt, EU-Verträge, Art. 85 AEUV, Rn. 2.
[80] Näher *Vogel/Eisele*, in: Grabitz/Hilf/Nettesheim, EU, Art. 85 AEUV (August 2015), Rn. 27.

f) Verordnungsvorschlag der Kommission

Die Arten des Tätigwerdens von Eurojust sind im Vorschlag der Kommission betreffend Eurojust[81] unter dem Titel »**Operative Aufgaben von Eurojust**« in Art. 4 geregelt. Der Inhalt dieser Bestimmung deckt sich weitgehend mit den oben (s. Rn. 31 ff.) genannten Ausführungen; so kann Eurojust etwa die zuständigen Behörden der Mitgliedstaaten ersuchen, Ermittlungen einzuleiten, Informationen zur Verfügung zu stellen oder eine Koordinierung zwischen diesen vornehmen. In Art. 4 Abs. 1 Buchst. d des Verordnungsvorschlages ausdrücklich genannt ist die Zusammenarbeit von Eurojust mit dem EJN. Die Kooperation und Koordination dieser Einrichtungen wird insbesondere durch Maßnahmen wie die Inanspruchnahme der Dokumentationsdatenbank des EJN verstärkt. Ferner kann Eurojust eigene Beiträge in diese Datenbank einbringen, um diese zu verbessern.

3. Beteiligung der Parlamente an der Bewertung der Tätigkeit von Eurojust

Verordnungen hinsichtlich Eurojust können gemäß Art. 85 Abs. 2 UAbs. 3 AEUV ferner die Einzelheiten für die **Beteiligung des Europäischen Parlaments und der nationalen Parlamente** an der Bewertung der Tätigkeit von Eurojust festlegen. Art. 85 Abs. 2 UAbs. 3 AEUV sieht zwar keine klassische parlamentarische Kontrolle Eurojusts vor, wohl aber wird damit eine »**doppelte demokratische Rückbindung**« (Ebene der Mitgliedstaaten und der Union) etabliert.[82] Schon Art. 70 AEUV legt fest, dass die gesamte Unionspolitik des Raumes der Freiheit, der Sicherheit und des Rechts einer Evaluierung durch die Behörden der Mitgliedstaaten zu unterwerfen ist; von dieser Bewertung sind außerdem das Europäische Parlament und die nationalen Parlamente zu unterrichten (näher Art. 70 AEUV, Rn. 2 ff.). Ferner garantiert Art. 12 Buchst. c EUV ausdrücklich auch die Beteiligung der nationalen Parlamente betreffend die »Bewertung der Tätigkeit von Eurojust« (s. Art. 12 EUV, Rn. 36). Auch im Eurojust Beschluss (Art. 41a) ist eine unabhängige externe Evaluierung im Abstand von fünf Jahren vorgesehen, deren Gegenstand vor allem die Leistung, Wirksamkeit und die Effizienz von Eurojust sind. Dieser Evaluierungsbericht wird gemäß Art. 41a Abs. 3 Eurojust-Beschluss allerdings nur dem Europäischen Parlament sowie dem Rat und der Kommission zugeleitet. Den Parlamenten der Mitgliedstaaten wird der Bericht hingegen nicht übermittelt.[83] Die parlamentarische Evaluierung Eurojusts wird sich auf die Aufgabenwahrnehmung, die strategische Ausrichtung, auf die Effizienz des Ressourceneinsatzes und ähnliche Aspekte zu beschränken haben; jedenfalls sollte eine politische Bewertung der operativen Tätigkeit Eurojusts tunlichst unterbleiben.[84]

Der **Verordnungsvorschlag der Kommission** betreffend Eurojust[85] sieht eine **umfassende Einbindung** des Europäischen Parlaments sowie der nationalen Parlamente vor. So muss Eurojust gemäß Art. 55 des Verordnungsvorschlages seinen Jahresbericht nicht nur an den Rat, sondern auch an das Europäische Parlament und die nationalen Parlamente übermitteln; das Europäische Parlament kann hierzu Bemerkungen und Schlussfolgerungen abgeben. Die Erfüllung der Eurojust treffenden Informations- und Konsul-

---

[81] Fn. 22.
[82] *Kotzur*, in: Geiger/Khan/Kotzur, EUV/AEUV, Art. 85 AEUV, Rn. 10; s. auch *Böse*, in: Schwarze, EU-Kommentar, Art. 85 AEUV, Rn. 11.
[83] *Vogel/Eisele*, in: Grabitz/Hilf/Nettesheim, EU, Art. 85 AEUV (August 2015), Rn. 28.
[84] *Zeder*, JSt 2010, 181.
[85] Fn. 22.

tationspflichten werden auch dadurch gewährleistet, dass das Europäische Parlament den Präsidenten des Kollegiums ersuchen kann, Eurojust betreffende Angelegenheiten zu erörtern und den Jahresabschluss vorzustellen. Darüber hinaus hat Europol dem Europäischen Parlament und den nationalen Parlamenten die Ergebnisse von Studien und Strategieprojekten, die von Eurojust erstellt oder in Auftrag gegebenen wurden, die mit Dritten geschlossenen Arbeitsvereinbarungen sowie den Jahresbericht des Europäischen Datenschutzbeauftragten zur Information zu übermitteln.

D. Fehlende Kompetenz zu förmlichen Prozesshandlungen – Abs. 2

41 Mitarbeiter von Eurojust ist es gemäß Art. 85 Abs. 2 AEUV nicht gestattet, im Rahmen der in Art. 85 Abs. 1 AEUV genannten Strafverfolgungsmaßnahmen (s. Rn. 30 ff.) förmliche Prozesshandlungen zu setzen. Diese sind vielmehr durch die **zuständigen einzelstaatlichen Bediensteten** vorzunehmen. Aus diesem **Souveränitätsvorbehalt**[86] erhellt, dass Eurojust sich zwar an konkreten Ermittlungs- und Verfolgungsmaßnahmen der nationalen Strafverfolgungsbehörden in unterstützender und koordinierender Art und Weise beteiligen darf, selbst aber keine exekutiven Befugnisse hat.[87] Aus der Bezugnahme auf Art. 86 AEUV (»unbeschadet des Art. 86«) ist freilich abzuleiten, dass einer künftigen Europäischen Staatsanwaltschaft sehr wohl exekutive Befugnisse übertragen werden sollen (s. Art. 86 AEUV, Rn. 22 f., 32).

42 Unter »**förmlichen Prozesshandlungen**« sind all jene Ermittlungs- und Verfolgungsmaßnahmen gemeint, die den zuständigen nationalen Strafverfolgungsbehörden nach jeweils anwendbarem nationalen Recht (insbesondere also nach den Strafprozessordnungen der Mitgliedstaaten) obliegen; dazu zählen vor allem strafprozessuale Zwangsmaßnahmen (z. B. Sicherstellungen, Festnahmen, Hausdurchsuchungen), aber etwa auch Zeugen- oder Beschuldigtenvernehmungen.[88] Sowohl deren Anordnung als auch deren Ausführung fällt in die alleinige Kompetenz der nationalen Strafverfolgungsbehörden.[89] Zu beachten ist demgegenüber freilich Art. 9a Abs. 1 Eurojust-Beschluss, wonach ein nationales Mitglied von Eurojust die ihm nach nationalem Recht übertragenen Befugnisse »in seiner Eigenschaft als zuständige nationale Behörde nach Maßgabe des einzelstaatlichen Rechts« ausübt. Die Befugnisse der Bediensteten von Eurojust, welche diese als (zugleich) mitgliedstaatliche Strafverfolgungsorgane haben, werden durch Art. 85 Abs. 2 AEUV folglich nicht tangiert.[90] Zudem sind die nationalen Mitglieder von

---

[86] *Kotzur*, in: Geiger/Khan/Kotzur, EUV/AEUV, Art. 85 AEUV, Rn. 11; *Rosenau/Petrus*, in: Vedder/Heintschel v. Heinegg, Europäisches Unionsrecht, Art. 85 AEUV, Rn. 8; *Dannecker*, in: Streinz, EUV/AEUV, Art. 85 AEUV, Rn. 11; *Vogel/Eisele*, in: Grabitz/Hilf/Nettesheim, EU, Art. 85 AEUV (August 2015), Rn. 29.

[87] *Böse*, in: Schwarze, EU-Kommentar, Art. 85 AEUV, Rn. 12; *Dannecker*, in: Streinz, EUV/AEUV, Art. 85 AEUV, Rn. 11; *Rosenau/Petrus*, in: Vedder/Heintschel v. Heinegg, Europäisches Unionsrecht, Art. 85 AEUV, Rn. 8; *Vogel/Eisele*, in: Grabitz/Hilf/Nettesheim, EU, Art. 85 AEUV (August 2015), Rn. 29; *Zerdick*, in: Lenz/Borchardt, EU-Verträge, Art. 85 AEUV, Rn. 7; s. auch BVerfGE 123, 267 (407).

[88] S. *Böse*, in: Schwarze, EU-Kommentar, Art. 85 AEUV, Rn. 12; *Vogel/Eisele*, in: Grabitz/Hilf/Nettesheim, EU, Art. 85 AEUV (August 2015), Rn. 29.

[89] *Vogel/Eisele*, in: Grabitz/Hilf/Nettesheim, EU, Art. 85 AEUV (August 2015), Rn. 29; *Böse*, in: Schwarze, EU-Kommentar, Art. 85 AEUV, Rn. 12.

[90] *Vogel/Eisele*, in: Grabitz/Hilf/Nettesheim, EU, Art. 85 AEUV (August 2015), Rn. 30; *Böse*, in: Schwarze, EU-Kommentar, Art. 85 AEUV, Rn. 12.

Eurojust gemäß Art. 9 f. Eurojust-Beschluss befugt, sich an gemeinsamen Ermittlungsgruppen zu beteiligen.[91]

---

[91] S. auch den Rahmenbeschluss über gemeinsame Ermittlungsgruppen, ABl. 2002, L 162/1; näher dazu *Vogel/Eisele*, in: Grabitz/Hilf/Nettesheim, EU, Art. 85 AEUV (August 2015), Rn. 31.

Artikel 86 AEUV [Europäische Staatsanwaltschaft]

(1) ¹Zur Bekämpfung von Straftaten zum Nachteil der finanziellen Interessen der Union kann der Rat gemäß einem besonderen Gesetzgebungsverfahren durch Verordnungen ausgehend von Eurojust eine Europäische Staatsanwaltschaft einsetzen. ²Der Rat beschließt einstimmig nach Zustimmung des Europäischen Parlaments.
¹Sofern keine Einstimmigkeit besteht, kann eine Gruppe von mindestens neun Mitgliedstaaten beantragen, dass der Europäische Rat mit dem Entwurf einer Verordnung befasst wird. ²In diesem Fall wird das Verfahren im Rat ausgesetzt. ³Nach einer Aussprache verweist der Europäische Rat im Falle eines Einvernehmens den Entwurf binnen vier Monaten nach Aussetzung des Verfahrens an den Rat zur Annahme zurück.
¹Sofern kein Einvernehmen erzielt wird, mindestens neun Mitgliedstaaten aber eine Verstärkte Zusammenarbeit auf der Grundlage des betreffenden Entwurfs einer Verordnung begründen möchten, teilen diese Mitgliedstaaten dies binnen derselben Frist dem Europäischen Parlament, dem Rat und der Kommission mit. ²In diesem Fall gilt die Ermächtigung zu einer Verstärkten Zusammenarbeit nach Artikel 20 Absatz 2 des Vertrags über die Europäische Union und Artikel 329 Absatz 1 dieses Vertrags als erteilt, und die Bestimmungen über die Verstärkte Zusammenarbeit finden Anwendung.
(2) ¹Die Europäische Staatsanwaltschaft ist, gegebenenfalls in Verbindung mit Europol, zuständig für die strafrechtliche Untersuchung und Verfolgung sowie die Anklageerhebung in Bezug auf Personen, die als Täter oder Teilnehmer Straftaten zum Nachteil der finanziellen Interessen der Union begangen haben, die in der Verordnung nach Absatz 1 festgelegt sind. ²Die Europäische Staatsanwaltschaft nimmt bei diesen Straftaten vor den zuständigen Gerichten der Mitgliedstaaten die Aufgaben der Staatsanwaltschaft wahr.
(3) Die in Absatz 1 genannte Verordnung legt die Satzung der Europäischen Staatsanwaltschaft, die Einzelheiten für die Erfüllung ihrer Aufgaben, die für ihre Tätigkeit geltenden Verfahrensvorschriften sowie die Regeln für die Zulässigkeit von Beweismitteln und für die gerichtliche Kontrolle der von der Europäischen Staatsanwaltschaft bei der Erfüllung ihrer Aufgaben vorgenommenen Prozesshandlungen fest.
(4) ¹Der Europäische Rat kann gleichzeitig mit der Annahme der Verordnung oder im Anschluss daran einen Beschluss zur Änderung des Absatzes 1 mit dem Ziel einer Ausdehnung der Befugnisse der Europäischen Staatsanwaltschaft auf die Bekämpfung der schweren Kriminalität mit grenzüberschreitender Dimension und zur entsprechenden Änderung des Absatzes 2 hinsichtlich Personen, die als Täter oder Teilnehmer schwere, mehr als einen Mitgliedstaat betreffende Straftaten begangen haben, erlassen. ²Der Europäische Rat beschließt einstimmig nach Zustimmung des Europäischen Parlaments und nach Anhörung der Kommission.

Literaturübersicht

Ambos, Internationales Strafrecht, 4. Aufl., 2014; *Brodowski*, Strafrechtsrelevante Entwicklungen in der Europäischen Union – ein Überblick, ZIS 2013, 455; *Delmas-Marty* (Hrsg.), Corpus juris der strafrechtlichen Regelungen zum Schutz der finanziellen Interessen der Union, 1998; *Hecker,* Europäisches Strafrecht, 5. Aufl., 2015; *ders.*, Der Vertrag von Lissabon und das Europäische Strafrecht, iurratio 2009, 81; *Lingenthal*, Eine Europäische Staatsanwaltschaft »ausgehend von Eurojust«?, ZEuS 2010, 79; *Mansdörfer*, Das europäische Strafrecht nach dem Vertrag von Lissabon – oder Europäisierung des Strafrechts unter nationalstaatlicher Mitverantwortung, HRRS 2010, 1 ff.; *Nürnberger*, Die zukünftige Europäische Staatsanwaltschaft – Eine Einführung, ZJS 2009, 494; *Safferling*, Internationales Strafrecht, 2011; *Satzger*, Internationales und Europäisches Strafrecht, 7. Aufl., 2016; *Weber*,

Der Raum der Freiheit, der Sicherheit und des Rechts im Vertrag von Lissabon, BayVBl. 2008, 485; *Weigend*, Der Entwurf einer Europäischen Verfassung und das Strafrecht, ZStW 2004, 275 ff.; *van den Wyngaert*, Eurojust and the European Public Prosecutor in the Corpus Juris Model: Water and Fire?, in: Walker (Hrsg.), Europe's Area of Freedom, Security and Justice, 2004, S. 124; *Zeder*, Europastrafrecht aktuell – Der Vorschlag zur Errichtung einer Europäischen Staatsanwaltschaft: Große – kleine – keine Lösung? JSt 2013, 173; *Zöller*, Eurojust, EJN und Europäische Staatsanwaltschaft, in: Böse (Hrsg.), Europäisches Strafrecht mit polizeilicher Zusammenarbeit, 2013, 787.

Inhaltsübersicht

	Rn.
A. Allgemeines	
I. Regelungsinhalt	1
II. Entstehungsgeschichte im Überblick	4
III. Aktuelle Entwicklungen: Verordnungsvorschlag der Kommission	5
B. Ermächtigung und Verfahren zur Errichtung einer Europäischen Staatsanwaltschaft – Abs. 1	
I. Bekämpfung von Straftaten zum Nachteil der finanziellen Interessen der Union	7
II. Verordnung gemäß einem besonderen Gesetzgebungsverfahren	11
1. Einstimmiger Ratsbeschluss und Zustimmung des Europäischen Parlaments	11
2. Verstärkte Zusammenarbeit	13
3. Verhältnis zu Eurojust	17
C. Prinzipielle Zuständigkeit und Befugnisse der Europäischen Staatsanwaltschaft – Abs. 2	
I. Strafrechtliche Untersuchung und Verfolgung sowie Erhebung der Anklage	22
II. Aufgaben vor den Gerichten der Mitgliedstaaten	23
III. Verhältnis zu Europol	26
D. Verordnungsinhalte – Abs. 3	
I. Satzung	28
II. Einzelheiten zur Aufgabenerfüllung	30
III. Verfahrensvorschriften	32
IV. Zulässigkeit von Beweismitteln	35
V. Gerichtliche Kontrolle	37
E. Ermächtigung zur Erweiterung der Befugnisse – Abs. 4	
I. Allgemeines	39
II. Erfasste Straftaten	40
III. Verfahren	42

A. Allgemeines

I. Regelungsinhalt

Art. 86 AEUV bildet die **primärrechtliche Grundlage für die Schaffung einer Europäischen Staatsanwaltschaft (EStA)**. Eine solche kann nach dem Vertrag von Lissabon allein durch eine unmittelbar anwendbare **Verordnung**, die im besonderen Gesetzgebungsverfahren erlassen werden muss, eingerichtet werden. Nach dem insoweit eindeutigen Wortlaut des Art. 86 Abs. 1 AEUV ist die Etablierung einer EStA als bloße Möglichkeit vorgesehen, sie ist also keineswegs zwingend vorgeschrieben (arg: »kann der Rat«).[1] **1**

Art. 86 Abs. 1 AEUV umschreibt die **generelle Ermächtigung** der Union zur Schaffung einer EStA zur Bekämpfung von Straftaten zum Nachteil der finanziellen Interes- **2**

---

[1] *Dannecker*, in: Streinz, EUV/AEUV, Art. 86 AEUV, Rn. 5; *Suhr*, in: Calliess/Ruffert, EUV/AEUV, Art. 86 AEUV, Rn. 1.

sen der EU sowie das dabei einzuhaltende (besondere) Gesetzgebungsverfahren. Zudem ermöglicht es diese Vorschrift, eine EStA allenfalls auch im Wege der Verstärkten Zusammenarbeit zu errichten.

3 Die **nähere Zuständigkeit** der EStA wird in Art. 86 Abs. 2 AEUV festgelegt. Abs. 3 normiert, welche **Inhalte** eine allfällige Verordnung zur Errichtung einer EStA aufweisen muss. Art. 86 Abs. 4 AEUV schließlich enthält eine **Ermächtigung zur Erweiterung der Befugnisse** der EStA (Kompetenzerweiterungsklausel). Insgesamt kombiniert Art. 86 AEUV eine grundsätzlich starre primärrechtliche Kompetenzvorschrift mit einer flexibel einsetzbaren Ermächtigung zur Erweiterung der Zuständigkeiten einer EStA.[2]

II. Entstehungsgeschichte im Überblick

4 Ein erste Erwähnung fand die EStA 1997 im sog. **Corpus Juris** der strafrechtlichen Regelungen zum Schutz der finanziellen Interessen der Union; dabei handelt es sich um eine vom Europäischen Parlament und der Kommission ins Leben gerufene Expertenstudie.[3] Darin wird in den Art. 18 ff. die Einrichtung einer EStA für die Verfolgung bestimmter Straftaten gegen die finanziellen Interessen der Union vorgeschlagen.[4] Am 11.12.2001 folgte ein von der Kommission stammendes **Grünbuch zum strafrechtlichen Schutz der finanziellen Interessen der Europäischen Gemeinschaften und zur Schaffung einer Europäischen Staatsanwaltschaft**.[5] Im Vertrag von Nizza konnten sich die Mitgliedstaaten jedoch nicht auf eine primärrechtliche Verankerung einer EStA verständigen.[6] Im am Ende gescheiterten **Vertrag über eine Verfassung für Europa** (EVV) vom 29.10.2004 war demgegenüber eine EStA vorgesehen, deren Zuständigkeit grundsätzlich auf Straftaten zum Nachteil der finanziellen Interessen der Union beschränkt war (Art. III–274 Abs. 1 Satz 1 EVV); allerdings sah Art. III–274 Abs. 4 EVV die Möglichkeit vor, die Befugnisse der EStA auf die Bekämpfung schwerer Kriminalität mit grenzüberschreitender Dimension auszudehnen, was freilich einen einstimmigen Beschluss des Europäischen Rats nach Zustimmung des Europäischen Parlaments und Anhörung der Kommission voraussetzte.[7] Die **geltende Fassung** des Art. 86 AEUV entspricht weitgehend Art. III–274 EVV.[8] Anders als in der Vorläuferbestimmung wird in Art. 86 AEUV jedoch für die Einsetzung einer EStA eine Verordnung vorausgesetzt (s. Rn. 11 ff.). Außerdem ist in Art. 86 Abs. 1 UAbs. 2 AEUV bei fehlender Einstimmigkeit im Rat ein mit dem »Notbremseverfahren« der Art. 82 Abs. 3 UAbs. 1, Art. 83 Abs. 3 UAbs. 1 AEUV vergleichbares Verfahren festgelegt, das bei fehlendem Einvernehmen die Möglichkeit eröffnet, eine EStA im Wege der verstärkten Zusammenarbeit einzurichten (Art. 86 Abs. 1 UAbs. 3 AEUV; s. Rn. 13 ff.).[9]

---

[2] *Dannecker*, in: Streinz, EUV/AEUV, Art. 86 AEUV, Rn. 4.
[3] *Delmas-Marty*, S. 48 ff.; s. dazu *Vogel/Eisele*, in: Grabitz/Hilf/Nettesheim, EU, Art. 86 AEUV (August 2015), Rn. 1; *Zerdick*, in: Lenz/Borchardt, EU-Verträge, Art. 86 AEUV, Rn. 1.
[4] *Dannecker*, in: Streinz, EUV/AEUV, Art. 86 AEUV, Rn. 1; *Nürnberger*, ZJS 2009, 494 (496).
[5] KOM (2001) 715 endg.
[6] *Böse*, in: Schwarze, EU-Kommentar, Art. 86 AEUV, Rn. 1; *Zöller*, EnzEuR, Bd. 9, § 21, Rn. 71.
[7] S. *Zöller*, EnzEuR, Bd. 9, § 21, Rn. 73.
[8] *Böse*, in: Schwarze, EU-Kommentar, Art. 86 AEUV, Rn. 1.
[9] Näher zur Entstehungsgeschichte *Dannecker*, in: Streinz, EUV/AEUV, Art. 86 AEUV, Rn. 1 f.; *Suhr*, in: Calliess/Ruffert, EUV/AEUV, Art. 86 AEUV, Rn. 2 ff.; *Vogel/Eisele*, in: Grabitz/Hilf/Nettesheim, EU, Art. 86 AEUV (August 2015), Rn. 1 ff.; *Zöller*, EnzEuR, Bd. 9, § 21, Rn. 70 ff.

III. Aktuelle Entwicklungen: Verordnungsvorschlag der Kommission

Die Kommission hat am 17. 7. 2013 einen auf Art. 86 AEUV beruhenden »**Vorschlag für eine Verordnung des Rates über die Errichtung der Europäischen Staatsanwaltschaft**« vorgelegt.[10] Ziel dieser Verordnung ist es, eine selbständig neben Eurojust bestehende und mit eigener Rechtspersönlichkeit ausgestattete, dezentral aufgebaute EStA einzurichten und ihre konkrete Arbeitsweise festzulegen (s. Art. 1 und 3 des Vorschlages). Aufgabe einer EStA soll nach diesem Vorschlag alleine die strafrechtliche Bekämpfung von Straftaten zum Nachteil der finanziellen Interessen der Union sein (Art. 4 des Vorschlages). Gemäß Art. 6 des Vorschlages soll die EStA einen Europäischen Staatsanwalt, seine Stellvertreter sowie in jedem Mitgliedstaat sog. »Abgeordnete Europäische Staatsanwälte« umfassen.[11]

Dieser Kommissionsvorschlag muss im Rat **einstimmig** beschlossen werden (Art. 86 Abs. 1 UAbs. 1 Satz 2; s. Rn. 11). Aufgrund starker politischer Vorbehalte gegen eine EStA in einigen Mitgliedstaaten ist ein einstimmiger Beschluss im Rat freilich äußerst unwahrscheinlich.[12] Sollte eine EStA überhaupt ins Leben gerufen werden, wird sich dies in absehbarer Zeit daher wohl nur über die verstärkte Zusammenarbeit nach Art. 86 Abs. 1 UAbs. 3 AEUV realisieren lassen (s. Rn. 13 ff.).[13]

B. Ermächtigung und Verfahren zur Errichtung einer Europäischen Staatsanwaltschaft – Abs. 1

I. Bekämpfung von Straftaten zum Nachteil der finanziellen Interessen der Union

Nach Art. 86 Abs. 1 UAbs. 1 AEUV hat die EStA die Aufgabe, Straftaten zum Nachteil der finanziellen Interessen der Union zu bekämpfen. Unter den Begriff »**Straftaten**« im Sinne des Art. 86 Abs. 1 UAbs. 1 AEUV sind allein solche Verhaltensweisen zu subsumieren, die eine **Kriminalstrafe** (insbesondere Freiheits- und/oder Geldstrafe) nach sich ziehen können; bloß mit Verwaltungsstrafe zu ahndende Delikte genügen demnach nicht.[14] Neben Art. 86 Abs. 1 UAbs. 1 AEUV widmet sich auch Art. 325 Abs. 1 AEUV der Bekämpfung von Straftaten (»Betrügereien und sonstige rechtswidrige Handlungen«), die sich gegen die finanziellen Interessen der Union richten. Während es sich jedoch bei Art. 86 AEUV um eine verfahrensrechtliche Vorschrift handelt, zählt Art. 325 AEUV zu den Kompetenzbestimmungen: Von Teilen des Schrifttums wird aus Art. 325 AEUV die Kompetenz der Union zu originärer (supranationaler) Strafrechts-

---

[10] KOM (2013) 534 endg; mittlerweile mit einem »consolidated text«, s. Ratsdok. 10830/16 vom 11. 7. 2016.
[11] Eingehend zum Entwurf *Zeder*, JSt 2013, 173 (174 ff.); s. auch *Brodowski*, ZIS 2013, 455 (460 ff.).
[12] S. *Böse*, in: Schwarze, EU-Kommentar, Art. 86 AEUV, Rn. 1; *Zeder*, JSt 2013, 173 (180); s. auch *Dannecker*, in: Streinz, EUV/AEUV, Art. 86 AEUV, Rn. 5: »strikte Ablehnung einiger Mitgliedstaaten gegenüber einer EStA«.
[13] *Böse*, in: Schwarze, EU-Kommentar, Art. 86 AEUV, Rn. 2; *Dannecker*, in: Streinz, EUV/AEUV, Art. 86 AEUV, Rn. 5; *Zeder*, JSt 2013, 173 (179 f.).
[14] *Vogel/Eisele*, in: Grabitz/Hilf/Nettesheim, EU, Art. 86 AEUV (August 2015), Rn. 21.

setzung zum Schutz ihrer finanziellen Interessen abgeleitet (näher dazu unten Art. 325 AEUV, Rn. 35 ff. m. w. N.).[15]

Der Begriff des »**Nachteils für die finanziellen Interessen der Union**« ist ein spezifisch unionsrechtlicher Terminus; er ist daher autonom, d. h. insbesondere unabhängig von mitgliedstaatlichen Nachteilsbegriffen, zu interpretieren.[16] »**Finanzielle Interessen**« der EU sind dann tangiert, wenn die betreffende Straftat den Vermögenshaushalt der Union (als Verkörperung sämtlicher Vermögenswerte der EU) schmälert.[17] Die Entstehungsgeschichte der EStA mit ihrer steten Nähe zur strafrechtlichen Bekämpfung des Betruges zum Nachteil der Union rechtfertigt es dagegen nicht, auch die Sicherheit und Zuverlässigkeit des Euro als Währung der Eurozone zu den finanziellen Interessen im Sinne des Art. 86 Abs. 1 AEUV zu zählen.[18]

8 **Straftaten zum Nachteil der finanziellen Interessen der EU** sind daher insbesondere Betrug, Unterschlagung, Untreue (vor allem die sog. »Haushaltsuntreue« nationaler oder europäischer Amtsträger auf Kosten des Unionshaushalts), Subventionsmissbrauch sowie Abgaben- und Zollhinterziehung, aber auch Urkundenfälschung bzw. Korruptionsdelikte, wenn durch solche Taten die finanziellen Interessen der Union geschädigt werden; ebenso zählt die Geldwäscherei an Erträgen, die aus solchen Straftaten herrühren, zu jenen Delikten, die von der EStA verfolgt werden können.[19]

9 Die EStA ist gemäß Art. 86 Abs. 1 UAbs. 1 AEUV dazu berufen, solche Straftaten zum Nachteil der finanziellen Interessen der EU zu bekämpfen. Wie sich aus Art. 86 Abs. 2 AEUV ergibt, ist damit eine **Bekämpfung durch Strafverfolgung** (insbesondere strafrechtliche Untersuchung sowie allenfalls Anklageerhebung) gemeint.[20] Dazu gehören auch Maßnahmen, die eine künftige Strafverfolgung erleichtern sollen, wie zB die Einrichtung und das Führen von Registern in Bezug auf solche Verfahren, bei denen keine Anklage erhoben wurde.[21] Die allgemeine »Verbrechensverhütung« (vorbeugende Verhinderung der Begehung von Straftaten – sog. Kriminalprävention) ist demgegenüber keine Bekämpfung von Straftaten im Sinne des Art. 86 AEUV.[22] Strukturermittlungen in kriminellen Organisationen, die auf keinem konkreten Tatverdacht gründen, gehören ebenso wenig zum Zuständigkeitsbereich einer EStA.[23]

---

[15] I.d.S. z. B. *Hecker*, Iurratio 2009, 85; *Mansdörfer*, HRRS 2010, 18; *Satzger*, Internationales und Europäisches Strafrecht, § 8 Rn. 25.
[16] *Vogel/Eisele*, in: Grabitz/Hilf/Nettesheim, EU, Art. 86 AEUV (August 2015), Rn. 22; *Zöller*, EnzEuR, Bd. 9, § 21, Rn. 85.
[17] *Vogel/Eisele*, in: Grabitz/Hilf/Nettesheim, EU, Art. 86 AEUV (August 2015), Rn. 22.
[18] *Böse*, in: Schwarze, EU-Kommentar, Art. 86 AEUV, Rn. 5; a. A. *Vogel/Eisele*, in: Grabitz/Hilf/Nettesheim, EU, Art. 86 AEUV (August 2015), Rn. 22.
[19] S. zum Ganzen *Böse*, in: Schwarze, EU-Kommentar, Art. 86 AEUV, Rn. 5; *Dannecker*, in: Streinz, EUV/AEUV, Art. 86 AEUV, Rn. 6; *Vogel/Eisele*, in: Grabitz/Hilf/Nettesheim, EU, Art. 86 AEUV (August 2015), Rn. 23; *Zerdick*, in: Lenz/Borchardt, EU-Verträge, Art. 86 AEUV, Rn. 8; *Zöller*, EnzEuR, Bd. 9, § 21, Rn. 85.
[20] *Vogel/Eisele*, in: Grabitz/Hilf/Nettesheim, EU, Art. 86 AEUV (August 2015), Rn. 20; *Zöller*, EnzEuR, Bd. 9, § 21, Rn. 86: »Ahndung von Straftaten durch eine supranationale Strafverfolgungsbehörde«.
[21] *Vogel/Eisele*, in: Grabitz/Hilf/Nettesheim, EU, Art. 86 AEUV (August 2015), Rn. 20.
[22] *Vogel/Eisele*, in: Grabitz/Hilf/Nettesheim, EU, Art. 86 AEUV (August 2015), Rn. 20; *Böse*, in: Schwarze, EU-Kommentar, Art. 86 AEUV, Rn. 5; *Zöller*, EnzEuR, Bd. 9, § 21, Rn. 86.
[23] *Böse*, in: Schwarze, EU-Kommentar, Art. 86 AEUV, Rn. 5; *Zöller*, EnzEuR, Bd. 9, § 21, Rn. 86: »ausschließlich repressive Maßnahmen«; a. A. *Vogel/Eisele*, in: Grabitz/Hilf/Nettesheim, EU, Art. 86 AEUV (August 2015), Rn. 20.

Die in Art. 86 Abs. 2 AEUV enthaltene Ermächtigung, Straftaten zum Nachteil der 10
finanziellen Interessen der Union im Verordnungswege »festzulegen«, umfasst nicht die
materiellrechtliche Angleichung (Harmonisierung) der in Betracht kommenden Tatbestände; sie betrifft vielmehr alleine die **prozessuale Zuständigkeit der EStA**.[24] Die gegenteilige Auslegung wäre mit einer Umgehung der besonderen Kompetenzvorschriften für eine Strafrechtsharmonisierung (Art. 83 Abs. 2 AEUV bzw. Art. 325 Abs. 4 AEUV) verbunden.[25]

II. Verordnung gemäß einem besonderen Gesetzgebungsverfahren

1. Einstimmiger Ratsbeschluss und Zustimmung des Europäischen Parlaments

Eine EStA kann gemäß Art. 86 Abs. 1 UAbs. 1 Satz 1 AEUV nur durch **Verordnungen** 11
eingesetzt werden, die in einem besonderen Gesetzgebungsverfahren erlassen werden
müssen. Solche Verordnungen müssen demnach **im Rat einstimmig** beschlossen werden;
zudem ist die **Zustimmung des Europäischen Parlaments** erforderlich (Art. 86 Abs. 1
UAbs. 1 Satz 1 AEUV). Ein **Initiativrecht** für eine solche Verordnung haben gemäß
Art. 76 AEUV die Kommission oder (mindestens) ein Viertel der Mitgliedstaaten (also
derzeit sieben). Ein entsprechender Verordnungsentwurf der Kommission bzw. eines
Viertels der Mitgliedstaaten wird daraufhin im Rat und im Europäischen Parlament
beraten (s. Art. 16 Abs. 1 EUV). Für die Zustimmung im Parlament ist gemäß Art. 231
AEUV Stimmenmehrheit ausreichend, weil das Erfordernis der Einstimmigkeit in
Art. 86 Abs. 1 UAbs. 1 Satz 2 AEUV allein mit der Beschlussfassung im Rat verknüpft
ist.[26] Hat das Europäische Parlament seine Zustimmung zum Verordnungsentwurf erteilt, ist dieser nur dann angenommen, wenn sämtliche Mitglieder im Rat dafür stimmen;
jeder Mitgliedstaat verfügt somit über ein Vetorecht im Rat.[27] Stimmt das Europäische
Parlament einem Verordnungsentwurf zur Errichtung einer EStA hingegen nicht zu,
kann der Rat die Verordnung – selbst bei Einstimmigkeit im Rat – nicht annehmen.

Eine nach Art. 86 AEUV erlassene Verordnung hat allgemeine Geltung, sie ist in allen 12
ihren Teilen verbindlich und sie **gilt unmittelbar in jedem Mitgliedstaat**, ohne dass es
eines Umsetzungsgesetzes bedarf (Art. 288 Abs. 2 AEUV).

2. Verstärkte Zusammenarbeit

Wird im Rat keine Einstimmigkeit über einen Verordnungsentwurf zur Errichtung einer 13
EStA erzielt (d.h. hat zumindest ein Mitgliedstaat im Rat sein Veto gegen den Entwurf
eingelegt), kann eine Gruppe von **mindestens neun Mitgliedstaaten** beantragen, dass der
Europäische Rat (bestehend aus dem Präsidenten des Europäischen Rates, dem Präsidenten der Kommission sowie den Staats- und Regierungschefs der Mitgliedstaaten;
Art. 15 Abs. 2 EUV) mit dem Verordnungsentwurf befasst wird. In diesem Fall wird das
Verfahren im Rat ausgesetzt. Im Europäischen Rat muss dann binnen vier Monaten nach

---

[24] *Vogel/Eisele*, in: Grabitz/Hilf/Nettesheim, EU, Art. 86 AEUV (August 2015), Rn. 48 f.; *Böse*, in: Schwarze, EU-Kommentar, Art. 86 AEUV, Rn. 6.
[25] *Vogel/Eisele*, in: Grabitz/Hilf/Nettesheim, EU, Art. 86 AEUV (August 2015), Rn. 48 f.; *Böse*, in: Schwarze, EU-Kommentar, Art. 86 AEUV, Rn. 6.
[26] *Böse*, in: Schwarze, EU-Kommentar, Art. 86 AEUV, Rn. 13; *Suhr*, in: Calliess/Ruffert, EUV/AEUV, Art. 86 AEUV, Rn. 9; *Vogel/Eisele*, in: Grabitz/Hilf/Nettesheim, EU, Art. 86 AEUV (August 2015), Rn. 25.
[27] *Vogel/Eisele*, in: Grabitz/Hilf/Nettesheim, EU, Art. 86 AEUV (August 2015), Rn. 25.

Verfahrensaussetzung eine Aussprache stattfinden, um ein Einvernehmen herbeizuführen. Ist ein solches Einvernehmen erzielt worden, verweist der Europäische Rat das Verfahren an den Rat zurück, wodurch die Aussetzung des Verfahrens beendet wird (Art. 86 Abs. 1 UAbs. 2 AEUV).

14 Konnte im Europäischen Rat kein Einvernehmen hergestellt werden, ist die Verordnungsinitiative als solche gescheitert. Es kann aber gemäß Art. 86 Abs. 1 UAbs. 3 AEUV zu einer **Verstärkten Zusammenarbeit** von mindestens neun Mitgliedstaaten kommen. Dazu ist es erforderlich, dass die betreffenden Mitgliedstaaten ihren Willen, durch Verordnung eine EStA im Wege der Verstärkten Zusammenarbeit zu begründen, dem Europäischen Parlament, dem Rat und der Kommission binnen vier Monaten nach Verfahrensaussetzung mitteilen. Ist diese Mitteilung fristgerecht erfolgt, gilt die Ermächtigung zu einer Verstärkten Zusammenarbeit nach Art. 20 Abs. 2 EUV und Art. 329 Abs. 1 AEUV als erteilt, sodass die Bestimmungen über die Verstärkte Zusammenarbeit Anwendung finden.

15 Rat und Kommission überwachen, dass eine im Wege der Verstärkten Zusammenarbeit eingesetzte EStA die Verträge und das Recht der Union achtet und mit der Politik der Union im Einklang steht (Art. 326 Abs. 1, Art. 334 AEUV). Insbesondere müssen die Zuständigkeiten, Rechte und Pflichten der nicht beteiligten Mitgliedstaaten respektiert werden; diese Mitgliedstaaten wiederum dürfen der Durchführung einer im Wege der Verstärkten Zusammenarbeit errichteten EStA nicht im Wege stehen (Art. 327 AEUV). Dies bedeutet vor allem, dass für eine auf diese Weise ins Leben gerufene EStA ein striktes **Territorialitätsprinzip** gilt: Die EStA kann nur auf dem Territorium jener Mitgliedstaaten ihre Zuständigkeit entfalten, die sie mittels Verstärkter Zusammenarbeit eingesetzt haben; sie darf also dann nur in diesen Mitgliedstaaten »ermitteln, Anklage erheben und die Aufgaben der Staatsanwaltschaft vor den Gerichten wahrnehmen«.[28]

16 Sollte sich eine EStA überhaupt realisieren lassen, ist aufgrund der starken Vorbehalte einzelner Mitgliedstaaten gegen eine EStA deren **Einrichtung über die verstärkte Zusammenarbeit die realpolitisch wahrscheinlichste Variante** (s. Rn. 6).

3. Verhältnis zu Eurojust

17 Nach Art. 86 Abs. 1 AEUV kann eine EStA nur »**ausgehend von Eurojust**« eingesetzt werden. Fraglich ist, wie diese Wendung zu interpretieren ist. Einzelne Autoren legen diese dahingehend aus, dass dem gesamten Verfahren bzw. den Verordnungen zur Errichtung einer EStA eine Initiative von Eurojust vorangehen müsse.[29] Dies überzeugt freilich nicht; denn die Mitgliedstaaten im einstimmig beschließenden Rat wollten sich bei der Frage der Errichtung einer EStA »gewiss nicht von einer Eurojust-Initiative abhängig machen«.[30] Überwiegend wird die Formulierung »ausgehend von Eurojust« dahin gedeutet, dass eine EStA als **institutionelle Fort- oder Weiterentwicklung von Eurojust** einzusetzen sei.[31]

---

[28] *Vogel/Eisele*, in: Grabitz/Hilf/Nettesheim, EU, Art. 86 AEUV (August 2015), Rn. 32.
[29] *Weber*, BayVBl. 2008, 485 (488).
[30] *Vogel/Eisele*, in: Grabitz/Hilf/Nettesheim, EU, Art. 86 AEUV (August 2015), Rn. 15; ähnlich *Lingenthal*, ZEuS 2010, 79 (99).
[31] Mit jeweils unterschiedlicher Nuancierung: So könne nach *Weigend*, ZStW 2004, 275 (300), die EStA nur als Teil von Eurojust errichtet werden, sei es als intrainstitutionell unabhängiger Teil, sei es als teil- oder vollintegrierter Teil; demgegenüber treten *van den Wyngaert*, in: Walker, Europe's Area of

Gegen diese Auffassung spricht zunächst die **Systematik** des AEUV: Schon der Umstand, dass der AEUV mit Art. 86 der EStA eine eigenständige Vorschrift mit spezieller Ermächtigungsgrundlage widmet, spricht dagegen, die Einsetzung einer EStA auf eine Weiterentwicklung von Eurojust zu begrenzen.[32] Ferner sind dieser Ansicht **teleologische Erwägungen** entgegenzuhalten; denn die EStA hat andere Aufgaben und Kompetenzen als Eurojust und ist zudem im Vergleich zu Eurojust, das auf einer »horizontalen« (Kollegial-)Struktur fußt, eher vertikal strukturiert.[33]

18

Die außerdem vertretene Ansicht, Art. 86 AEUV ermögliche es ausschließlich, Eurojust mittel- und langfristig in eine EStA umzuwandeln,[34] zieht verfahrensrechtliche Schwierigkeiten nach sich; denn eine solche Umwandlung von Eurojust wäre formal nur durch eine **Novellierung des Eurojust-Beschlusses** im Wege einer Verordnung des Rates möglich.[35] Eine solche Verordnung würde dann aber ein **janusköpfiges Gesetzgebungsverfahren** erfordern: Die neue Verordnung müsste, soweit sie Eurojust zu einer EStA ausbaut, im besonderen Gesetzgebungsverfahren beschlossen werden (Art. 86 Abs. 1 UAbs. 1 AEUV), soweit sie hingegen damit verbundene andere Modifikationen des Eurojust-Beschlusses betrifft, im allgemeinen Gesetzgebungsverfahren (vgl. Art. 85 Abs. 1 UAbs. 2 AEUV). Dies ist eine äußerst unpraktikable und wenig sinnvolle Vorgangsweise.[36]

19

Der Unionsgesetzgeber kann folglich in der Frage, wie eine EStA eingerichtet werden soll, gänzlich frei entscheiden. Vieles spricht dafür, eine EStA neben Eurojust durch eine Verordnung im besonderen Gesetzgebungsverfahren als **selbständige Behörde mit Rechtspersönlichkeit** zu installieren; mittels dieser Verordnung kann der Unionsgesetzgeber der EStA eine Struktur zuteil werden lassen, die sich von jener Eurojusts unterscheidet.[37] Da es das Primärrecht jedoch ausdrücklich verlangt, die EStA »ausgehend von Eurojust« zu installieren, ist der Unionsgesetzgeber dazu gezwungen, »das Verhältnis beider Behörden zueinander im Sinne eines Verhältnisses möglichst **weitgehender Synergie, Kooperation und Komplementarität** zu bestimmen und insoweit gegebenenfalls auch den Eurojust-Beschluss anzupassen«.[38] Zu diesem Zweck erscheint es vor allem naheliegend, ein Mitglied aus der EStA in den Mitgliederkreis Eurojusts aufzunehmen und zwischen beiden Institutionen umfangreiche wechselseitige Kooperatio-

20

Freedom, Security and Justice, 228 f. und *Lingenthal*, ZEuS 2010, 79 (101), dafür ein, dass es zunächst zwei eigenständige Behörden geben werde, die jedoch schrittweise zusammengeführt werden sollen; nach *Kotzur*, in: Geiger/Khan/Kotzur, EUV/AEUV, Art. 86 AEUV, Rn. 5 »würde Eurojust gleichsam in der Europäischen Staatsanwaltschaft aufgehen«; ebenso *Kretschmer*, in: Vedder/Heintschel v. Heinegg, EVV, Art. III–273, Rn. 4; s. zum Ganzen auch *Dannecker*, in: Streinz, EUV/AEUV, Art. 86 AEUV, Rn. 15; für eine Zusammenführung von Art. 85 und Art. 86 AEUV bei der nächsten Revision der Art. 82 ff. AEUV *Suhr*, in: Calliess/Ruffert, EUV/AEUV, Art. 86 AEUV, Rn. 14.

[32] *Vogel/Eisele*, in: Grabitz/Hilf/Nettesheim, EU, Art. 86 AEUV (August 2015), Rn. 17; *Böse*, in: Schwarze, EU-Kommentar, Art. 86 AEUV, Rn. 4; *Zöller*, EnzEuR, Bd. 9, § 21, Rn. 81.

[33] *Vogel/Eisele*, in: Grabitz/Hilf/Nettesheim, EU, Art. 86 AEUV (August 2015), Rn. 17.

[34] Z. B. *Böse*, in: Schwarze, EU-Kommentar, Art. 86 AEUV, Rn. 4; *Lingenthal*, ZEus 2010, 79 (100 f.).

[35] *Vogel/Eisele*, in: Grabitz/Hilf/Nettesheim, EU, Art. 86 AEUV (August 2015), Rn. 17.

[36] *Vogel/Eisele*, in: Grabitz/Hilf/Nettesheim, EU, Art. 86 AEUV (August 2015), Rn. 17; *Zöller*, EnzEuR, Bd. 9, § 21, Rn. 81.

[37] *Vogel/Eisele*, in: Grabitz/Hilf/Nettesheim, EU, Art. 86 AEUV (August 2015), Rn. 18; *Zöller*, EnzEuR, Bd. 9, § 21, Rn. 81.

[38] Treffend *Vogel/Eisele*, in: Grabitz/Hilf/Nettesheim, EU, Art. 86 AEUV (August 2015), Rn. 18; ebenso *Zöller*, EnzEuR, Bd. 9, § 21, Rn. 81.

nen festzulegen.[39] Ferner könnten solche Zuständigkeiten Eurojusts, die sich auf Straftaten beziehen, für welche (auch) die EStA zuständig ist, an die EStA übertragen werden.[40]

21 Auch nach dem Vorschlag der Kommission für eine Verordnung zur Errichtung der EStA[41] ist die EStA eine **von Eurojust getrennte, mit eigener Rechtspersönlichkeit ausgestattete Einrichtung der Union**, die freilich mit Eurojust zusammen arbeiten und von Eurojust verwaltungstechnisch unterstützt werden soll (Art. 3 des Vorschlages).

C. Prinzipielle Zuständigkeit und Befugnisse der Europäischen Staatsanwaltschaft – Abs. 2

I. Strafrechtliche Untersuchung und Verfolgung sowie Erhebung der Anklage

22 Die grundsätzliche Zuständigkeit einer EStA ist gemäß Art. 86 Abs. 2 AEUV auf die Untersuchung und Verfolgung von Straftaten gegen die finanziellen Interessen der Union bezogen. Eine Unterscheidung zwischen **strafrechtlicher Untersuchung und Verfolgung** kennt das deutsche Strafverfahrensrecht – im Gegensatz zu anderen Rechtsordnungen – nicht: Sobald ein Ermittlungsverfahren eröffnet ist, beginnt die Strafverfolgung und damit auch die Untersuchung.[42] Die Formulierung in Art. 86 Abs. 2 AEUV stellt jedenfalls klar, dass die EStA dazu berufen ist, bei Verdacht einer Straftat zum Nachteil der finanziellen Interessen der Union ein **strafrechtliches Ermittlungsverfahren einzuleiten und zu führen**. Ferner ist die EStA zuständig für die Erhebung der Anklage in solchen Verfahren.[43] Die Anklage ist dabei vor den zuständigen Strafgerichten der Mitgliedstaaten einzubringen. Nähere Vorschriften, z. B. zur konkreten Ausgestaltung der Anklageschrift, sind im Verordnungsweg zu erlassen (Art. 86 Abs. 3 AEUV; s. Rn. 28 ff.).[44]

II. Aufgaben vor den Gerichten der Mitgliedstaaten

23 Die EStA muss nach Art. 86 Abs. 2 AEUV **Anklage vor den zuständigen Gerichten der Mitgliedstaaten** erheben, zumal der Vertrag von Lissabon keine Kompetenz der Union zur Schaffung einer europäische Strafgerichtsbarkeit vorsieht.[45] In dem auf die Anklageerhebung folgenden weiteren Strafverfahren (insbesondere in der Hauptverhandlung) nimmt die EStA dann vor den zuständigen Strafgerichten der Mitgliedstaaten die Aufgaben der Staatsanwaltschaft wahr (Art. 86 Abs. 2 Satz 2 AEUV). Dies bedeutet, dass die EStA zur **Verfahrenspartei** mit Rechten und Pflichten wird und gegebenenfalls auch gegen das Urteil Rechtsmittel einlegen kann (»**Supranationalisierung**« der Straf-

---

[39] *Vogel/Eisele*, in: Grabitz/Hilf/Nettesheim, EU, Art. 86 AEUV (August 2015), Rn. 18.
[40] *Vogel/Eisele*, in: Grabitz/Hilf/Nettesheim, EU, Art. 86 AEUV (August 2015), Rn. 18; *Böse*, in: Schwarze, EU-Kommentar, Art. 86 AEUV, Rn. 4.
[41] Fn. 10.
[42] *Vogel/Eisele*, in: Grabitz/Hilf/Nettesheim, EU, Art. 86 AEUV (August 2015), Rn. 37.
[43] *Zöller*, EnzEuR, Bd. 9 § 21, Rn. 87; *Safferling*, § 12, Rn. 30; missverständlich insoweit *Zerdick*, in: Lenz/Borchardt, EU-Verträge, Art. 86 AEUV, Rn. 2: »Die Anklageerhebung […] bliebe indessen weiterhin vollständig auf der nationalen Ebene angesiedelt«.
[44] *Vogel/Eisele*, in: Grabitz/Hilf/Nettesheim, EU, Art. 86 AEUV (August 2015), Rn. 38; *Böse*, in: Schwarze, EU-Kommentar, Art. 86 AEUV, Rn. 9; *Zöller*, EnzEuR, Bd. 9, § 21, Rn. 87.
[45] *Vogel/Eisele*, in: Grabitz/Hilf/Nettesheim, EU, Art. 86 AEUV (August 2015), Rn. 41.

verfolgung).⁴⁶ Im Haupt- und Rechtsmittelverfahren richten sich die Aufgaben und Befugnisse der EStA nach innerstaatlichem Recht.⁴⁷

In Art. 86 AEUV nicht geregelt ist die Frage, **welches Strafverfahrensrecht** für eine 24 EStA anzuwenden ist, wenn sie ihre staatsanwaltlichen Funktionen vor den zuständigen Strafgerichten der Mitgliedstaaten ausübt. Denkbar wäre, dass die EStA nach den jeweiligen nationalen Strafprozessvorschriften, nach einem noch zu schaffenden (autonomen) europäischen Strafverfahrensrecht oder aber nach einem gemischten System (subsidiäre Anwendbarkeit des nationalen Strafprozessrechts, soweit das europäische Strafprozessrecht eine Lücke enthält) tätig wird.⁴⁸

Nach dem **Vorschlag der Kommission für eine Verordnung zur Errichtung der EStA**⁴⁹ 25 soll ein Mischsystem etabliert werden. Demnach wird zunächst festgelegt, dass der Europäische Staatsanwalt sowie die Abgeordneten Europäischen Staatsanwälte in Bezug auf die Strafverfolgung und Anklägerhebung die gleichen Befugnisse wie mitgliedstaatliche Staatsanwälte haben (Art. 27). Ferner unterliegen die Ermittlungen und Strafverfolgungsmaßnahmen der EStA gemäß Art. 11 Abs. 3 des Vorschlages dabei primär den Regelungen der Verordnung; sollte die Verordnung tatsächlich in Kraft treten, wäre damit erstmals genuines supranationales europäisches Strafverfahrensrecht geschaffen (s. Rn. 32). Soweit allerdings eine Frage in der Verordnung nicht geregelt ist, gilt das Recht jenes Mitgliedstaates, in dem die Ermittlungs- bzw. Strafverfolgungsmaßnahme vorgenommen wird. Sollte eine Frage sowohl im einzelstaatlichen Recht als auch in der Verordnung geregelt sein, geht die Verordnung vor.

III. Verhältnis zu Europol

Nach Art. 86 Abs. 2 AEUV kann die EStA ihre Zuständigkeit »gegebenenfalls in Verbindung mit Europol« ausüben. Dies bedeutet, dass die EStA bei der Verfolgung von 26 Straftaten zum Nachteil der finanziellen Interessen der Union im Bedarfsfall **mit Europol Verbindung aufnehmen** kann. Die EStA kann sich bei ihren Ermittlungen zum einen solcher Informationen bedienen, die ihr von Europol zur Verfügung gestellt werden; zum anderen kann Europol die EStA bei den Ermittlungen in den Mitgliedstaaten auf vielfältige Weise unterstützen.⁵⁰ Freilich handelt es sich bei Europol nicht um eine operative »EU-Kriminalpolizei«, die von einer EStA angewiesen werden könnte, Ermittlungen (unter Einschluss allfälliger Zwangsmaßnahmen, wie z. B. einer Festnahme) in den Mitgliedstaaten vorzunehmen (s. Art. 88 AEUV, Rn. 32).⁵¹ Vielmehr muss sich die EStA bei der Wahrnehmung ihrer Ermittlungsaufgaben auf die **Strafverfolgungsbehörden der Mitgliedstaaten** (insbesondere die nationalen kriminalpolizeilichen Einheiten) stützen.⁵²

---

⁴⁶ *Böse*, in: Schwarze, EU-Kommentar, Art. 86 AEUV, Rn. 9, 11; eingehend *Vogel/Eisele*, in: Grabitz/Hilf/Nettesheim, EU, Art. 86 AEUV (August 2015), Rn. 41 f.; s. auch *Kotzur*, in: Geiger/Khan/Kotzur, EUV/AEUV, Art. 86 AEUV, Rn. 6: »weitreichende Souveränitätsrestriktionen der Mitgliedstaaten«.
⁴⁷ *Böse*, in: Schwarze, EU-Kommentar, Art. 86 AEUV, Rn. 11; *Zerdick*, in: Lenz/Borchardt, EU-Verträge, Art. 86 AEUV, Rn. 9; s. auch *Zöller*, EnzEuR, Bd. 9, § 21, Rn. 87.
⁴⁸ Näher zum Ganzen *Vogel/Eisele*, in: Grabitz/Hilf/Nettesheim, EU, Art. 86 AEUV (August 2015), Rn. 43.
⁴⁹ Fn. 10.
⁵⁰ *Vogel/Eisele*, in: Grabitz/Hilf/Nettesheim, EU, Art. 86 AEUV (August 2015), Rn. 39; *Dannecker*, in: Streinz, EUV/AEUV, Art. 86 AEUV, Rn. 16.
⁵¹ *Vogel/Eisele*, in: Grabitz/Hilf/Nettesheim, EU, Art. 86 AEUV (August 2015), Rn. 40.
⁵² *Vogel/Eisele*, in: Grabitz/Hilf/Nettesheim, EU, Art. 86 AEUV (August 2015), Rn. 40.

27 Nach dem **Vorschlag der Kommission für eine Verordnung zur Errichtung der EStA**[53] entwickelt die EStA »eine besondere Beziehung zu Europol«, welche insbesondere mit einem **Austausch von Informationen** verbunden ist (Art. 58 des Vorschlages). So erhält die EStA gemäß Art. 21 Abs. 1 des Verordnungsvorschlages auf Antrag alle sachdienlichen Informationen von Europol und kann zudem bei Europol Analysen für ein konkretes Ermittlungsverfahren beantragen.

D. Verordnungsinhalte – Abs. 3

I. Satzung

28 Gemäß Art. 86 Abs. 3 AEUV muss die Verordnung zur Errichtung einer EStA unter anderem die für diese Staatsanwaltschaft maßgebliche Satzung enthalten. Bestandteil einer solchen Satzung sind jedenfalls Vorschriften über die konkrete Zusammensetzung und den Sitz der EStA; ferner müssen in einer solchen Satzung die Rechtsnatur der EStA sowie das für Europäische Staatsanwälte maßgebliche Auswahl- bzw. Ernennungsverfahren geregelt werden.[54] Schließlich müssen sich in einer solchen Satzung Bestimmungen über die Rechtsstellung der Europäischen Staatsanwälte (Immunitäts-, Weisungs- und Entlohnungsfragen), über die Binnenorganisation der EStA sowie über das Verhältnis der EStA zu anderen EU-Institutionen finden.[55]

29 Der **Vorschlag der Kommission für eine Verordnung zur Errichtung der EStA**[56] enthält eine solche Satzung. Denn in diesem Vorschlag werden unter anderem der Status, die Organisation, der Aufbau sowie die Rechtsnatur einer EStA näher geregelt (siehe insbesondere Art. 3 ff. des Vorschlages). Gleiches gilt für die Rechtsstellung der Europäischen Staatsanwälte (Art. 8 ff. des Vorschlages) sowie die externen Beziehungen der EStA zu anderen Institutionen der Union (Art. 56 ff. des Vorschlages).

II. Einzelheiten zur Aufgabenerfüllung

30 Die Verordnung zur Installierung einer EStA hat ferner die Einzelheiten für die Erfüllung der Aufgaben dieser Staatsanwaltschaft festzuschreiben (Art. 86 Abs. 3 AEUV). Es geht also um eine nähere Ausgestaltung der zentralen Aufgaben der EStA, die sich aus Art. 86 Abs. 2 AEUV (s. Rn. 22 ff.) ergeben. Die Verordnung wird also im Einzelnen regeln müssen, für **welche Delikte** konkret die EStA zuständig ist; für diese Delikte wird sich in der Verordnung auch eine entsprechende Definition finden müssen.[57] Verordnungsgegenstand müsste wohl auch die Handhabung sog. »gemischter Fälle« sein, die nicht nur strafbare Verhaltensweisen zum Nachteil der finanziellen Interessen der EU enthalten, sondern auch solche, bei denen ein solcher Konnex fehlt.[58] Auch die nähere Ausgestaltung der **Zusammenarbeit der EStA mit den mitgliedstaatlichen Strafverfolgungsbehörden** (insbesondere Kriminalpolizei, Staatsanwaltschaft) sowie mit europäi-

---

[53] Fn. 10.
[54] *Vogel/Eisele*, in: Grabitz/Hilf/Nettesheim, EU, Art. 86 AEUV (August 2015), Rn. 51; *Böse*, in: Schwarze, EU-Kommentar, Art. 86 AEUV, Rn. 3.
[55] Näher *Vogel/Eisele*, in: Grabitz/Hilf/Nettesheim, EU, Art. 86 AEUV (August 2015), Rn. 51 f.
[56] Fn. 10.
[57] *Vogel/Eisele*, in: Grabitz/Hilf/Nettesheim, EU, Art. 86 AEUV (August 2015), Rn. 54.
[58] *Vogel/Eisele*, in: Grabitz/Hilf/Nettesheim, EU, Art. 86 AEUV (August 2015), Rn. 54; *Böse*, in: Schwarze, EU-Kommentar, Art. 86 AEUV, Rn. 7.

schen Institutionen (Eurojust, Europol, EJN und OLAF) wird wohl Bestandteil der Errichtungsverordnung einer EStA sein müssen.[59]

In dem **Vorschlag der Kommission für eine Verordnung zur Errichtung der EStA**[60] sind Regelungen vorgesehen, welche die Zuständigkeit der EStA im Einzelnen festschreiben (Art. 12–14 des Vorschlages). So ist nach Art. 12 des Vorschlages die EStA ausschließlich für die Verfolgung von **Straftaten zum Nachteil der finanziellen Interessen der Union** zuständig. Diese Straftaten sollen dann in einer noch zu beschließenden **Richtlinie** näher umschrieben werden. Hierin zeigt sich, dass die Kommission – zu Recht (s. Rn. 10) – in Art. 86 AEUV keine Kompetenz der EU dahin gehend verankert sieht, Straftaten zum Nachteil der finanziellen Interessen der EU im Verordnungsweg zu benennen, d. h. materielle Strafrechtsharmonisierung gestützt auf Art. 86 AEUV zu betreiben. Bei »gemischten Fällen« (Rn. 30) ist die EStA nach Art. 13 des Entwurfs dann zuständig, wenn der Schwerpunkt auf jenen Straftaten liegt, die zum Nachteil der finanziellen Interessen der Union begangen wurden.[61] Des Weiteren bestimmt Art. 14 des Vorschlages, dass die EStA für die Verfolgung solcher Straftaten dann zuständig ist, wenn die Straftat entweder ganz oder teilweise im Hoheitsgebiet eines oder mehrerer Mitgliedstaaten begangen wurde oder aber die Straftat von einem Staatsangehörigen eines Mitgliedstaates oder von Bediensteten der Union bzw. Mitgliedern von Unionsorganen verwirklicht wurde.

III. Verfahrensvorschriften

Nach Art. 86 Abs. 3 AEUV hat die Verordnung zur Errichtung einer EStA auch die für ihre Tätigkeit geltenden Verfahrensvorschriften zu enthalten. Mit dieser primärrechtlichen Ermächtigung wird die Schaffung eines »**genuinen europäischen Strafprozessrechts**« im Verordnungswege ermöglicht.[62] Der Schwerpunkt eines solchen Verfahrensrechts liegt im **Ermittlungsverfahren**; denn die EStA ist gemäß Art. 86 Abs. 2 AEUV primär für die strafrechtliche Untersuchung und Verfolgung sowie Anklageerhebung zuständig (s. Rn. 22).[63] Zentrale Inhalte der Verordnung werden daher insbesondere die zulässigen Ermittlungsmaßnahmen, die Entscheidung über eine Beendigung des Ermittlungsverfahrens (Einstellung oder Erhebung der Anklage) sowie die Kriterien für die Auswahl jenes Mitgliedstaates, in dem Anklage erhoben wird, sein.[64]

Die EStA übt staatsanwaltschaftliche Befugnisse (auch) vor den zuständigen Gerichten der Mitgliedstaaten aus (s. Rn. 23 ff.). Daher muss eine EStA-Verordnung auch entsprechende Regelungen über die Art und Weise dieser Befugnisausübung enthalten;

---

[59] *Vogel/Eisele*, in: Grabitz/Hilf/Nettesheim, EU, Art. 86 AEUV (August 2015), Rn. 55.
[60] Fn. 10.
[61] S. *Vogel/Eisele*, in: Grabitz/Hilf/Nettesheim, EU, Art. 86 AEUV (August 2015), Rn. 54.
[62] So treffend *Vogel/Eisele*, in: Grabitz/Hilf/Nettesheim, EU, Art. 86 AEUV (August 2015), Rn. 56; s. auch *Böse*, in: Schwarze, EU-Kommentar, Art. 86 AEUV, Rn. 9; *Zöller*, EnzEuR, Bd. 9, § 21, Rn. 93: die EStA als »Keimzelle eines europäischen Verfahrensrechts«; kritisch zur allfälligen Gemengelage zwischen mitgliedstaatlichen Strafprozessordnungen und dem »fallspezifisch teileuropäisierten Strafverfahren« *Kotzur*, in: Geiger/Khan/Kotzur, EUV/AEUV, Art. 86 AEUV, Rn. 7: »neue Unübersichtlichkeit«; ähnlich *Safferling*, § 12, Rn. 33: »Prozessrechtsmix«; demgegenüber sei es nach *Dannecker*, in: Streinz, EUV/AEUV, Art. 86 AEUV, Rn. 11, den Beteiligten des Strafverfahrens durchaus zumutbar, »sich auch mit europäischem Recht auseinanderzusetzen«.
[63] *Vogel/Eisele*, in: Grabitz/Hilf/Nettesheim, EU, Art. 86 AEUV (August 2015), Rn. 56.
[64] Näher *Vogel/Eisele*, in: Grabitz/Hilf/Nettesheim, EU, Art. 86 AEUV (August 2015), Rn. 57; *Böse*, in: Schwarze, EU-Kommentar, Art. 86 AEUV, Rn. 9.

Vorschriften dagegen, welche die mitgliedstaatlichen Gerichtszuständigkeiten oder das von den jeweilgen nationalen Gerichten anzuwendende Strafverfahrensrecht betreffen, können nicht Gegenstand dieser Verordnung sein.[65] Demzufolge sind für die EStA in einem allfälligen **Hauptverfahren** (nach erfolgter Anklagerhebung) grundsätzlich die einschlägigen Bestimmungen der jeweiligen **nationalen Strafprozessrechte** maßgebend.[66]

34 Derartige Verfahrensvorschriften sind im **Vorschlag der Kommission für eine Verordnung zur Errichtung der EStA**[67] enthalten (Art. 15 ff.). Darin finden sich insbesondere Regelungen zur Führung der Ermittlungen, zu den Ermittlungsmaßnahmen der EStA und zu den Verfahrensgarantien.

IV. Zulässigkeit von Beweismitteln

35 Gegenstand der Errichtungsverordnung einer EStA können gemäß Art. 86 Abs. 3 AEUV auch »Regeln für die Zulässigkeit von Beweismitteln« vor dem jeweils zuständigen nationalen Strafgericht sein. Solche Vorschriften erscheinen aus unionsrechtlicher Sicht vor allem deshalb sinnvoll, weil ein alleiniges Abstellen auf nationales Recht zu **Beweisverwertungsproblemen** führen könnte. So könnte z. B. der Fall eintreten, dass Beweise, die von der EStA in einem anderen Mitgliedstaat unter Einhaltung des dort geltenden Strafprozessrechts gewonnen wurden, von jenem Mitgliedstaat, in dem die EStA Anklage erhoben hat, nicht zugelassen werden.[68] Denkbar wäre etwa eine Regelung in der Verordnung, wonach solche Beweise, die in einem Mitgliedstaat auf gesetzeskonforme Weise erlangt wurden, auch in allen anderen Mitgliedstaaten akzeptiert und in einem allfälligen Strafverfahren zugelassen werden müssen.[69]

36 Der **Vorschlag der Kommission für eine Verordnung zur Errichtung der EStA**[70] geht einen vom **Prinzip der gegenseitigen Anerkennung** geprägten, anderen Weg (Art. 30 des Vorschlages). Danach sind die von der EStA vor dem Prozessgericht beigebrachten **Beweismittel grundsätzlich ohne Validierung oder ein sonstiges rechtliches Verfahren zulässig**, und zwar selbst dann, wenn das innerstaatliche Recht des Mitgliedstaates, in dem das Gericht seinen Sitz hat, andere Vorschriften für die Erhebung oder Beibringung dieser Beweismittel enthält. Die Beweismittel dürfen allerdings dann nicht verwendet werden, wenn sich ihre Zulassung nach Auffassung des Gerichts negativ auf die Fairness des Verfahrens (Art. 47 GRC) oder die Verteidigungsrechte (Art. 48 GRC) auswirken würde. Diese Einschränkungen sind äußerst unbestimmt; sie dürften den Versuch darstellen, der diesbezüglich geäußerten Kritik im Schrifttum zu begegnen. So wird insbesondere – zu Recht – kritisiert, dass die Erhebung und Verwendung von Beweismitteln nicht aus dem verfahrensrechtlichen Kontext herausgelöst werden dürfen und dass die Wahrnehmung der Beschuldigtenrechte durch die fehlende Kenntnis der fremden Rechtsordnung beeinträchtigt wird.[71]

---

[65] *Vogel/Eisele*, in: Grabitz/Hilf/Nettesheim, EU, Art. 86 AEUV (August 2015), Rn. 56.
[66] *Vogel/Eisele*, in: Grabitz/Hilf/Nettesheim, EU, Art. 86 AEUV (August 2015), Rn. 56; *Zöller*, EnzEuR, Bd. 9, § 21, Rn. 95; s. auch *Ambos*, § 13, Rn. 22.
[67] Fn. 10.
[68] *Vogel/Eisele*, in: Grabitz/Hilf/Nettesheim, EU, Art. 86 AEUV (August 2015), Rn. 58; s. auch *Böse*, in: Schwarze, EU-Kommentar, Art. 86 AEUV, Rn. 12.
[69] Siehe *Vogel/Eisele*, in: Grabitz/Hilf/Nettesheim, EU, Art. 86 AEUV (August 2015), Rn. 58 mit Verweis auf das Grünbuch der Kommission (s. Rn. 4 mit Fn. 5).
[70] Fn. 10.
[71] *Dannecker*, in: Streinz, EUV/AEUV, Art. 86 AEUV, Rn. 12 m. w. N.

V. Gerichtliche Kontrolle

Die Verordnungsermächtigung bezieht sich gemäß Art. 86 Abs. 3 AEUV schließlich auch darauf, Regelungen für die gerichtliche Kontrolle der von der EStA bei der Erfüllung ihrer Aufgaben vorgenommenen Prozesshandlungen festzulegen. Hintergrund dieser Vorschrift ist das in Art. 47 Abs. 1 GRC verankerte **Grundrecht auf einen wirksamen Rechtsbehelf**.[72] Eine gerichtliche Kontrolle muss jedenfalls für jene Ermittlungs- und Zwangsmaßnahmen eingeräumt werden, die in die **Grundrechte der Betroffenen** eingreifen, wie z. B. Festnahme und Untersuchungshaft, Hausdurchsuchung und Beschlagnahme, aber etwa auch eine Nachrichtenüberwachung.[73] Solange es in der EU kein Gericht gibt, das diese Aufgabe übernehmen könnte, wie z. B. eine »Europäische Vorverfahrenskammer«[74], muss diese Rechtskontrolle von den **nationalen Gerichten** gewährleistet werden.[75]

37

Der **Vorschlag der Kommission für eine Verordnung zur Errichtung der EStA**[76] enthält diesbezüglich in Art. 36 den Hinweis, dass die EStA »bei der Annahme verfahrensrechtlicher Maßnahmen in Wahrnehmung ihrer Aufgaben (…) zum Zwecke der gerichtlichen Kontrolle als einzelstaatliche Behörde« anzusehen ist. Dies bedeutet, dass eine gerichtliche Kontrolle der von der EStA gesetzten Handlungen auf dieselbe Art und Weise möglich ist, wie sie das **innerstaatliche Recht** in Bezug auf nationale Staatsanwälte vorsieht. Nach dem Entwurf soll somit die gerichtliche Kontrolle der EStA auf nationaler Ebene erfolgen.[77]

38

E. Ermächtigung zur Erweiterung der Befugnisse – Abs. 4

I. Allgemeines

Art. 86 Abs. 4 AEUV normiert eine Ermächtigung des Europäischen Rates, die Befugnisse der EStA über den in Art. 86 Abs. 1 AEUV festgelegten Deliktsbereich der Straftaten zum Nachteil der finanziellen Interessen der Union (s. Rn. 7 ff.) hinaus zu erweitern. Der Europäische Rat muss dabei – nach Anhörung der Kommission und Zustimmung des Europäischen Parlaments – einen einstimmigen Beschluss fassen. Art. 86 Abs. 4 AEUV stellt – so wie Art. 83 Abs. 1 UAbs. 3 AEUV (Art. 83 AEUV, Rn. 3 u. 28 f.) – einen **Kompetenzerweiterungstatbestand** (sog. »Brückenklausel«) dar.[78] Da Art. 86 Abs. 4 AEUV implizit auch eine Änderung des Textes des Art. 86 Abs. 1 und 2 AEUV ermöglicht, ist darin ein auf einen bestimmten Teilbereich beschränktes »vereinfachtes

39

---

[72] *Vogel/Eisele*, in: Grabitz/Hilf/Nettesheim, EU, Art. 86 AEUV (August 2015), Rn. 59; *Böse*, in: Schwarze, EU-Kommentar, Art. 86 AEUV, Rn. 10.
[73] *Vogel/Eisele*, in: Grabitz/Hilf/Nettesheim, EU, Art. 86 AEUV (August 2015), Rn. 59.
[74] S. *Hecker*, Europäisches Strafrecht, § 14 Rn. 35.
[75] Nach *Böse*, in: Schwarze, EU-Kommentar, Art. 86 AEUV, Rn. 10, ist eine Zuständigkeit eines europäischen Gerichts infolge der supranationalen Ausrichtung der EStA sachgerechter, sodass (auch) er für die Schaffung einer »Europäischen Vorverfahrenskammer« eintritt; ähnlich *Vogel/Eisele*, in: Grabitz/Hilf/Nettesheim, EU, Art. 86 AEUV (August 2015), Rn. 59: Lösung auf nationaler Ebene sei kritisch zu sehen.
[76] Fn. 10.
[77] Abgesehen von der Möglichkeit, den EuGH im Rahmen eines Vorabentscheidungsverfahrens anzurufen (Art. 36 Abs 2 des Vorschlags).
[78] *Vogel/Eisele*, in: Grabitz/Hilf/Nettesheim, EU, Art. 86 AEUV (August 2015), Rn. 60; *Dannecker*, in: Streinz, EUV/AEUV, Art. 86 AEUV, Rn. 6.

Vertragsänderungsverfahren« zu erblicken; für die Bundesrepublik Deutschland bedeutet dies, dass sie einer Erweiterung der Befugnis nach Art. 86 Abs. 4 AEUV nur **nach vorheriger Zustimmung von Bundestag und Bundesrat** und nur in der Rechtsform eines Gesetzes nach Art. 23 Abs. 1 Satz 2 GG wirksam zustimmen kann (§ 7 Abs. 1 IntVG).[79] Wird die EStA lediglich im Wege einer Verstärkten Zusammenarbeit nach Art. 86 Abs. 1 UAbs. 3 AEUV eingerichtet, so kann der Zuständigkeitsbereich einer auf diese Weise geschaffenen EStA richtiger Ansicht nach nicht auf weitere Kriminalitätsbereiche ausgedehnt werden.[80]

II. Erfasste Straftaten

40 Die Kompetenzen der EStA dürfen nach Art. 86 Abs. 4 AEUV ausdrücklich nur auf **schwere Kriminalität mit grenzüberschreitender Dimension** ausgedehnt werden. Die Texterung dieser Vorschrift ähnelt jener des Art. 83 Abs. 1 UAbs. 1 AEUV, in der freilich eine »besonders« schwere Kriminalität vorausgesetzt wird. Daraus ergibt sich, dass die Zuständigkeit der EStA jedenfalls um jene Kriminalitätsbereiche erweitert werden darf, die zu einer Harmonisierungstätigkeit der EU nach Art. 83 Abs. 1 AEUV ermächtigen können (s. Art. 83 AEUV, Rn. 15 ff.).[81] Zudem ist es nach Art. 86 Abs. 4 AEUV prinzipiell möglich, weitere schwere, wenn auch nicht i. S. von Art. 83 Abs. 1 AEUV »besonders« schwere Kriminalitätsbereiche mit grenzüberschreitendem Ausmaß in den Kompetenzbereich der EStA einzubeziehen; da allerdings auch hier die Grundsätze der Verhältnismäßigkeit und Subsidiarität (Art. 5 Abs. 1 Satz 2 EUV) zu wahren sind, dürfte sich die praktische Bedeutung dieser Kompetenzerweiterungsmöglichkeit in Grenzen halten.[82] Unabhängig davon erfordert es der Grundsatz der begrenzten Einzelermächtigung (Art. 5 Abs. 1 Satz 1 EUV), dass jene Kriminalitätsfelder, auf welche die Kompetenzen der EStA ausgedehnt werden, deutlich und bestimmt bezeichnet werden.[83]

41 Zusätzlich ergibt sich aus Art. 86 Abs. 4 AEUV, dass eine Ausdehnung der Befugnisse der EStA nur hinsichtlich solcher Personen in Betracht kommt, die als Täter oder Teilnehmer **schwere, mehr als einen Mitgliedstaat betreffende Straftaten** begangen haben. Von einer schweren Straftat lässt sich nur dann sprechen, wenn die Tat auch im Einzelfall einen hohen Unrechts- und Schuldgehalt aufweist; Bagatelldelikte genügen demnach ebenso wenig wie mittelschwere Durchschnittsstraftaten,[84] wie z. B. Einbruchsdiebstahl. Für das Erfordernis, dass eine Straftat mehr als einen Mitgliedstaat betrifft, gelten die gleichen Auslegungsgrundsätze wie in Art. 85 Abs. 1 AEUV für Eurojust (s. Art. 85 AEUV, Rn. 18) und in Art. 88 Abs. 1 AEUV für Europol: Maßgebend ist, ob die Straftat im konkreten Fall Bezugspunkte zu zwei oder mehr Mitgliedstaaten offenbart.[85] Dies kann dadurch geschehen, dass die jeweiligen Tathandlungen in zwei oder mehr Mitgliedstaaten gesetzt wurden, der »Tatererfolg in zwei oder mehr Mitgliedstaaten eingetreten

---

[79] BVerfGE 113, 267 (436); *Böse*, in: Schwarze, EU-Kommentar, Art. 86 AEUV, Rn. 8; *Dannecker*, in: Streinz, EUV/AEUV, Art. 86 AEUV, Rn. 6; *Suhr*, in: Calliess/Ruffert, EUV/AEUV, Art. 86 AEUV, Rn. 25; *Zerdick*, in: Lenz/Borchardt, EU-Verträge, Art. 86 AEUV, Rn. 12.
[80] Eingehend *Dannecker*, in: Streinz, EUV/AEUV, Art. 86 AEUV, Rn. 7.
[81] *Vogel/Eisele*, in: Grabitz/Hilf/Nettesheim, EU, Art. 86 AEUV (August 2015), Rn. 61; *Böse*, in: Schwarze, EU-Kommentar, Art. 86 AEUV, Rn. 8; *Dannecker*, in: Streinz, EUV/AEUV, Art. 86 AEUV, Rn. 6; *Zöller*, EnzEuR, Bd. 9, § 21, Rn. 88.
[82] *Vogel/Eisele*, in: Grabitz/Hilf/Nettesheim, EU, Art. 86 AEUV (August 2015), Rn. 61.
[83] *Vogel/Eisele*, in: Grabitz/Hilf/Nettesheim, EU, Art. 86 AEUV (August 2015), Rn. 61.
[84] S. *Vogel/Eisele*, in: Grabitz/Hilf/Nettesheim, EU, Art. 86 AEUV (August 2015), Rn. 62.
[85] *Vogel/Eisele*, in: Grabitz/Hilf/Nettesheim, EU, Art. 86 AEUV (August 2015), Rn. 62.

ist« oder aber die Tatbeteiligten zwar in einem Mitgliedstaat ihr strafbares Verhalten vorgenommen haben, der Taterfolg aber gleichwohl in einem anderen Mitgliedstaat eingetreten ist.[86]

III. Verfahren

An eine Erweiterung der Kompetenzen der EStA sind hohe Anforderungen gestellt. Eine solche ist gemäß Art. 86 Abs. 4 AEUV nur möglich, wenn der **Europäischen Rat** (bestehend aus dem Präsidenten des Europäischen Rates, dem Präsidenten der Kommission sowie den Staats- und Regierungschefs der Mitgliedstaaten; Art. 15 Abs. 2 EUV) diese einstimmig beschließt. Die Initiative für eine solche Befugniserweiterung der EStA (und damit für eine vereinfachte Vertragsänderung) kann von der **Kommission** oder den **Mitgliedstaaten** ausgehen (Art. 76 AEUV); im letztgenannten Fall muss die Kommission angehört werden.[87] Zudem muss das **Europäische Parlament** mehrheitlich zustimmen (s. Art. 231 Abs. 1 AEUV).[88] 42

Der eine Erweiterung der Befugnisse der EStA enthaltende **Beschluss** kann frühestens zeitgleich mit der Annahme der Verordnung, durch die eine EStA eingesetzt wird (Art. 86 Abs. 1 AEUV; s. Rn. 7 ff.), gefasst werden. Damit die EStA tatsächlich mit erweiterten Befugnissen ausgestattet wird, bedarf es zusätzlich einer entsprechenden Umsetzung dieser Kompetenzerweiterung im Wege einer **Verordnung** des Rates und des Parlaments im besonderen Gesetzgebungsverfahren (**zweistufiges Verfahren**); dies kann bereits in der Verordnung, durch die eine EStA eingesetzt wird, erfolgen, aber auch durch eine spätere Änderungsverordnung.[89] Denn ein Beschluss nach Art. 86 Abs. 4 AEUV erweitert alleine die Ermächtigungsgrundlage in Art. 86 Abs. 1 und 2 AEUV, vermag die EStA aber noch nicht mit diesen erweiterten Befugnissen auszustatten.[90] 43

---

[86] *Vogel/Eisele*, in: Grabitz/Hilf/Nettesheim, EU, Art. 86 AEUV (August 2015), Rn. 62.
[87] *Böse*, in: Schwarze, EU-Kommentar, Art. 86 AEUV, Rn. 8; *Vogel/Eisele*, in: Grabitz/Hilf/Nettesheim, EU, Art. 86 AEUV (August 2015), Rn. 63; die Frage einer Anwendbarkeit des Art. 76 AEUV letztlich offen lassend *Suhr*, in: Calliess/Ruffert, EUV/AEUV, Art. 86 AEUV, Rn. 20.
[88] *Vogel/Eisele*, in: Grabitz/Hilf/Nettesheim, EU, Art. 86 AEUV (August 2015), Rn. 63; *Böse*, in: Schwarze, EU-Kommentar, Art. 86 AEUV, Rn. 8.
[89] *Vogel/Eisele*, in: Grabitz/Hilf/Nettesheim, EU, Art. 86 AEUV (August 2015), Rn. 63; *Böse*, in: Schwarze, EU-Kommentar, Art. 86 AEUV, Rn. 8.
[90] *Vogel/Eisele*, in: Grabitz/Hilf/Nettesheim, EU, Art. 86 AEUV (August 2015), Rn. 63.

Kapitel 5
Polizeiliche Zusammenarbeit

Artikel 87 AEUV [Polizeiliche Zusammenarbeit]

(1) Die Union entwickelt eine polizeiliche Zusammenarbeit zwischen allen zuständigen Behörden der Mitgliedstaaten, einschließlich der Polizei, des Zolls und anderer auf die Verhütung oder die Aufdeckung von Straftaten sowie entsprechende Ermittlungen spezialisierter Strafverfolgungsbehörden.

(2) Für die Zwecke des Absatzes 1 können das Europäische Parlament und der Rat gemäß dem ordentlichen Gesetzgebungsverfahren Maßnahmen erlassen, die Folgendes betreffen:
a) Einholen, Speichern, Verarbeiten, Analysieren und Austauschen sachdienlicher Informationen;
b) Unterstützung bei der Aus- und Weiterbildung von Personal sowie Zusammenarbeit in Bezug auf den Austausch von Personal, die Ausrüstungsgegenstände und die kriminaltechnische Forschung;
c) gemeinsame Ermittlungstechniken zur Aufdeckung schwerwiegender Formen der organisierten Kriminalität.

(3) ¹Der Rat kann gemäß einem besonderen Gesetzgebungsverfahren Maßnahmen erlassen, die die operative Zusammenarbeit zwischen den in diesem Artikel genannten Behörden betreffen. ²Der Rat beschließt einstimmig nach Anhörung des Europäischen Parlaments.

¹Sofern keine Einstimmigkeit besteht, kann eine Gruppe von mindestens neun Mitgliedstaaten beantragen, dass der Europäische Rat mit dem Entwurf von Maßnahmen befasst wird. ²In diesem Fall wird das Verfahren im Rat ausgesetzt. ³Nach einer Aussprache verweist der Europäische Rat im Falle eines Einvernehmens den Entwurf binnen vier Monaten nach Aussetzung des Verfahrens an den Rat zur Annahme zurück.

¹Sofern kein Einvernehmen erzielt wird, mindestens neun Mitgliedstaaten aber eine Verstärkte Zusammenarbeit auf der Grundlage des betreffenden Entwurfs von Maßnahmen begründen möchten, teilen diese Mitgliedstaaten dies binnen derselben Frist dem Europäischen Parlament, dem Rat und der Kommission mit. ²In diesem Fall gilt die Ermächtigung zu einer Verstärkten Zusammenarbeit nach Artikel 20 Absatz 2 des Vertrags über die Europäische Union und Artikel 329 Absatz 1 dieses Vertrags als erteilt, und die Bestimmungen über die Verstärkte Zusammenarbeit finden Anwendung.

Das besondere Verfahren nach den Unterabsätzen 2 und 3 gilt nicht für Rechtsakte, die eine Weiterentwicklung des Schengen-Besitzstands darstellen.

Literaturübersicht

Kugelmann, Europäische Polizeiliche Kooperation, in: Böse (Hrsg.) Europäisches Strafrecht mit polizeilicher Zusammenarbeit, 2013, 631.

Inhaltsübersicht

	Rn.
A. Allgemeines	
I. Regelungsinhalt	1
II. Entstehungsgeschichte	4
B. Polizeiliche Zusammenarbeit zwischen den zuständigen Behörden der Mitgliedstaaten – Abs. 1	7
C. Maßnahmen nach dem ordentlichen Gesetzgebungsverfahren – Abs. 2	10

I. Informationsgewinnung, Informationsverarbeitung, Informationsaustausch – Buchst. a 10
II. Personelle und technische Zusammenarbeit – Buchst. b 18
III. Gemeinsame Ermittlungstechniken – Buchst. c 19
IV. Verfahren 20
D. Operative Zusammenarbeit nach dem besonderen Gesetzgebungsverfahren – Abs. 3 22
I. Allgemeine Vorgangsweise 22
II. Verstärkte Zusammenarbeit 30
E. Sonderstellung von Dänemark, Irland und dem Vereinigten Königreich 32

A. Allgemeines

I. Regelungsinhalt

Nachdem die Art. 82–86 AEUV primärrechtliche Bestimmungen zur EU-weiten justiziellen Zusammenarbeit in Strafsachen enthalten, finden sich in den Art. 87–89 AEUV Regelungen zur **polizeilichen Zusammenarbeit** in der EU. Art. 87 AEUV enthält dabei **grundsätzliche Vorschriften** zur polizeilichen Zusammenarbeit zwischen den zuständigen Behörden der Mitgliedstaaten, während in Art. 88 AEUV das Europäische Polizeiamt (Europol) und in Art. 89 AEUV die grenzüberschreitende Ermittlungstätigkeit einer gesonderten primärrechtlichen Normierung zugeführt werden. Die in den Art. 87–89 AEUV näher umschriebene europäische polizeiliche Kooperation bildet – neben der Asyl- und Einwanderungspolitik bzw. den Grenzkontrollen, der justiziellen Zusammenarbeit in Zivilsachen und der justiziellen Zusammenarbeit in Strafsachen – eine von vier Säulen des Raumes der Freiheit, der Sicherheit und des Rechts.[1]

Aus Art. 87 AEUV ergibt sich eine Kompetenz der EU zur rechtlichen Regelung der polizeilichen Zusammenarbeit zwischen den Mitgliedstaaten der EU (**Normsetzungskompetenz**).[2] Dabei umschreibt Art. 87 Abs. 1 AEUV – gleichsam als Zielbestimmung – zunächst einen **generellen Auftrag** der Union, eine polizeiliche Zusammenarbeit zwischen allen zuständigen Behörden der Mitgliedstaaten zu entwickeln.[3] Darüber hinaus ist die Rechtsetzungskompetenz der EU in diesem Bereich danach differenziert, ob es sich um eine **nicht-operative** (Art. 87 Abs. 2 AEUV) oder um eine **operative** polizeiliche Zusammenarbeit (Art. 87 Abs. 3 AEUV) handelt.[4] Für die in Art. 87 Abs. 2 AEUV angeführten nicht-operativen Maßnahmen wird das ordentliche Gesetzgebungsverfahren (qualifizierter Mehrheitsbeschluss im Rat, Mehrheitsentscheidung des Europäischen Parlaments)[5] für anwendbar erklärt. Art. 87 Abs. 3 AEUV nimmt demgegenüber die operative Zusammenarbeit vom ordentlichen Gesetzgebungsverfahren aus. In diesem Bereich beschließt der Rat – so wie früher nach Art. 30 Abs. 1 EUV a. F. – einstimmig nach (bloßer) Anhörung des Europäischen Parlaments. Allerdings ist ein erleichterter Zugang zur verstärkten Zusammenarbeit vorgesehen, falls keine Einstimmigkeit zustande kommt, eine Gruppe von mindestens neun Mitgliedstaaten aber dennoch Maß-

---

[1] *Kugelmann*, EnzEuR, Bd. 9, § 17, Rn. 1.
[2] S. *Zerdick*, in: Lenz/Borchardt, EU-Verträge, Art. 87 AEUV, Rn. 1.
[3] *Suhr*, in: Calliess/Ruffert, EUV/AEUV, Art. 87 AEUV, Rn. 2.
[4] *Böse*, in: Schwarze, EU-Kommentar, Art. 87 AEUV, Rn. 3.
[5] S. im Detail Art. 289 und Art. 294 AEUV. Für die Mehrheitserfordernisse im Rat finden sich in Art. 3 des Protokolls (Nr. 36) über die Übergangsbestimmungen, ABl. 2010, C 83/201 (322) komplexe Übergangsregelungen.

3   Art. 87 Abs. 2 Buchst. a-c und Abs. 3 UAbs. 1 AEUV nennen vier inhaltlich sehr weit umschriebene **Felder der polizeilichen Zusammenarbeit**, in denen die Union zur Gesetzgebung (Erlass von Maßnahmen) ermächtigt wird: Informationsbeschaffung, Informationsverarbeitung und Informationsaustausch, Aus- und Weiterbildung, gemeinsame Ermittlungstechniken und die operative Zusammenarbeit. Diese Aufzählung ist abschließend.[6] Der in den Abs. 2 und 3 gesteckte Rahmen ist im Sinne des Abs. 1 auszufüllen.[7]

II. Entstehungsgeschichte

4   Ein erstes primärrechtliches Bekenntnis zur grenzüberschreitenden polizeilichen Zusammenarbeit innerhalb der EU fand sich im **Vertrag von Maastricht** (Art. K.2 ff.).[8] Der **Vertrag von Amsterdam** erweiterte die polizeiliche Zusammenarbeit (Art. 30 EUV a. F.),[9] während der Vertrag von Nizza die polizeiliche Zusammenarbeit unverändert ließ.

5   Der nicht in Kraft getretene **Vertrag über eine Verfassung für Europa** sah keine neuen Zuständigkeiten vor. Vielmehr war die polizeiliche Zusammenarbeit ebenfalls Bestandteil der Überführung der intergouvernemental organisierten ehemaligen dritten Säule in das allgemeine Vertragsregime (Art. III–275 EVV). Statt der bisher für Maßnahmen innerhalb der dritten Säule erforderlichen Einstimmigkeit im Rat und (bloßer) Anhörung des Europäischen Parlaments war damit auch für die grenzüberschreitende polizeiliche Zusammenarbeit grundsätzlich das ordentliche Gesetzgebungsverfahren vorgesehen. Für die operative Zusammenarbeit sollte es jedoch beim Erfordernis eines einstimmigen Ratsbeschlusses bleiben.[10]

6   Der **Vertrag von Lissabon** schuf keine neuen Zuständigkeiten der EU, sondern übernahm in Art. 87 Abs. 1 und 2 AEUV weitgehend die im Verfassungsvertrag vorgesehenen Regelungen (d. h. grundsätzliche Anwendbarkeit des ordentlichen Gesetzgebungsverfahrens anstatt Einstimmigkeitserfordernis im Rat auch bei Maßnahmen der polizeilichen Zusammenarbeit).[11] Neu ist jedoch der erleichterte Zugang der Mitgliedstaaten zur verstärkten Zusammenarbeit für den Fall, dass im Rat keine Einstimmigkeit in Bezug auf Maßnahmen der operativen Zusammenarbeit herstellbar ist (Art. 87 Abs. 3 AEUV).[12] Zudem können seit dem Vertrag von Lissabon auch die Rechtsakte im Bereich der polizeilichen Zusammenarbeit vollumfänglich durch den EuGH gerichtlich überprüft werden (s. Art. 276 AEUV).[13]

---

[6] *Böse*, in: Schwarze, EU-Kommentar, Art. 87 AEUV, Rn. 5; *Zerdick*, in: Lenz/Borchardt, EU-Verträge, Art. 87 AEUV, Rn. 4.

[7] S. *Suhr*, in: Calliess/Ruffert, EUV/AEUV, Art. 87 AEUV, Rn. 11.

[8] *Böse*, in: Schwarze, EU-Kommentar, Art. 87 AEUV, Rn. 1; *Suhr*, in: Calliess/Ruffert, EUV/AEUV, Art. 87 AEUV, Rn. 3; näher *Kugelmann*, EnzEuR, Bd. 9, § 17, Rn. 13.

[9] S. *Suhr*, in: Calliess/Ruffert, EUV/AEUV, Art. 87 AEUV, Rn. 3; näher *Kugelmann*, EnzEuR, Bd. 9, § 17, Rn. 14.

[10] S. *Suhr*, in: Calliess/Ruffert, EUV/AEUV, Art. 87 AEUV, Rn. 4.

[11] *Böse*, in: Schwarze, EU-Kommentar, Art. 87 AEUV, Rn. 1; *Kugelmann*, EnzEuR, Bd. 9, § 17, Rn. 18; *Rosenau/Petrus*, in: Vedder/Heintschel v. Heinegg, Europäisches Unionsrecht, Art. 87 AEUV, Rn. 3.

[12] *Suhr*, in: Calliess/Ruffert, EUV/AEUV, Art. 87 AEUV, Rn. 5.

[13] *Zerdick*, in: Lenz/Borchardt, EU-Verträge, Art. 87 AEUV, Rn. 2.

B. Polizeiliche Zusammenarbeit zwischen den zuständigen Behörden der Mitgliedstaaten – Abs. 1

In Art. 87 Abs. 1 AEUV fordert sich die Union gleichsam selbst zur Entwicklung einer polizeilichen Zusammenarbeit zwischen allen zuständigen Behörden der Mitgliedstaaten auf.[14] Umfasst sind alle Behörden, die nach nationalem Recht für die Verhütung oder Aufdeckung von Straftaten zuständig und auf entsprechende Ermittlungsarbeit spezialisiert sind.[15] Der Begriff **Verhütung** beinhaltet auch die verdachtslose Informationserhebung zur präventiven Gefahrenabwehr, während die Termini **Aufdeckung** und **Ermittlung** die polizeiliche Strafverfolgung meinen, welche einen entsprechenden Anfangs-Tatverdacht voraussetzt (repressives Handeln).[16]

7

Zu den in Art. 87 Abs. 1 AEUV genannten Behörden zählen in erster Linie **Polizei- und Zollbehörden**, aber etwa auch die **Finanzbehörden**.[17] Staatsanwaltschaften sowie Strafgerichte sind von Art. 87 AEUV dagegen nicht umfasst, weil diese Behörden zur gesondert geregelten justiziellen Zusammenarbeit in Strafsachen gehören (Art. 82 ff. AEUV). Maßgebliches Abgrenzungskriterium zu den Art. 82 ff. AEUV ist somit die ausschließlich polizeiliche Natur der Zusammenarbeit in Art. 87 AEUV.[18]

8

Materiell ist der Anwendungsbereich des Art. 87 AEUV nicht auf die Bekämpfung schwerer, grenzüberschreitender Kriminalität beschränkt; vielmehr ist die **Verhütung und Bekämpfung sämtlicher Formen von Straftaten** Gegenstand dieser Bestimmung.[19]

9

C. Maßnahmen nach dem ordentlichen Gesetzgebungsverfahren – Abs. 2

I. Informationsgewinnung, Informationsverarbeitung, Informationsaustausch – Buchst. a

Art. 87 Abs. 2 Buchst. a AEUV sieht eine Regelungskompetenz der EU im Bereich der Informationssammlung und des Informationsaustausches vor. Gesetzgeberische Maßnahmen der EU nach Art. 87 Abs. 2 Buchst. a AEUV können demnach das Einholen, Speichern, Verarbeiten, Analysieren und Austauschen sachdienlicher Informationen betreffen.[20] Nach der sehr weiten, zum Teil zirkulären Definition des Rates handelt es sich beim Begriff »**Information**« um »alle Informationen oder strafrechtlichen Erkenntnisse, die die zuständigen Behörden der Mitgliedstaaten benötigen und die ihnen nach dem einschlägigen Rechtsrahmen zur Verfügung stehen, um das Ziel einer Verbesserung

10

---

[14] Plastisch *Kugelmann*, EnzEuR, Bd. 9, § 17, Rn. 44: Art. 87 AEUV »enthält einen Handlungsauftrag und die Kompetenzen für seine Verwirklichung.«
[15] S. *Röben*, in: Grabitz/Hilf/Nettesheim, EU, Art. 87 AEUV (Mai 2014), Rn. 12; *Zerdick*, in: Lenz/Borchardt, EU-Verträge, Art. 87 AEUV, Rn. 3.
[16] *Kugelmann*, EnzEuR, Bd. 9, § 17, Rn. 55 ff.; *Rosenau/Petrus*, in: Vedder/Heintschel v. Heinegg, Europäisches Unionsrecht, Art. 87 AEUV, Rn. 4.
[17] *Böse*, in: Schwarze, EU-Kommentar, Art. 87 AEUV, Rn. 4; *Zerdick*, in: Lenz/Borchardt, EU-Verträge, Art. 87 AEUV, Rn. 3; eingehend zum Begriff der Strafverfolgungsbehörden *Kugelmann*, EnzEuR, Bd. 9, § 17, Rn. 45 ff.
[18] *Röben*, in: Grabitz/Hilf/Nettesheim, EU, Art. 87 AEUV (Mai 2014), Rn. 14.
[19] *Böse*, in: Schwarze, EU-Kommentar, Art. 87 AEUV, Rn. 4.
[20] Siehe zum Ganzen *Kugelmann*, EnzEuR, Bd. 9, § 17, Rn. 61 ff.

der inneren Sicherheit in der EU im Interesse der Unionsbürger zu erreichen.«[21] Die in Art. 87 Abs. 2 Buchst. a AEUV enthaltene Ermächtigung bezieht sich auf Daten, die von der **Polizei** selbst erhoben wurden, aber auch auf Daten, die von **Privaten** gespeichert wurden, wie z. B. Verbindungsdaten der Telekommunikationsunternehmen oder Geldwäschereimeldungen von Kreditinstituten.[22]

11 Dem **Datenaustausch mittels automatisierter Informationssammlungen** kommt im Rahmen der polizeilichen Zusammenarbeit große praktische Bedeutung zu. In diesem Bereich bestehen zahlreiche einschlägige EU-Rechtsakte, die im Folgenden nur überblicksweise angeführt werden können:[23]

12 – Mit dem Schengen-Besitzstand wurde neben der allgemeinen Grundlage des polizeilichen Informationsaustausches (Art. 39 SDÜ) auch das Fahndungssystem des **Schengener Informationssystems** (SIS I und II; Art. 92 ff. SDÜ) in das Unionsrecht einbezogen.[24] Das SIS sollte die Kontrolldefizite kompensieren, die mit der – durch das Abkommen vom Schengen ermöglichten – Grenzöffnung einhergingen.[25]

13 – Das 2004 beschlossene **Visainformationssystem (VIS)** ermöglicht den Mitgliedstaaten den Austausch von Visadaten. Der Beschluss des Rates vom 23. 6. 2008 über den Zugang der benannten Behörden der Mitgliedstaaten und von Europol zum VIS für Datenabfragen zum Zwecke der Verhütung, Aufdeckung und Ermittlung terroristischer und sonstiger schwerwiegender Straftaten[26] regelt u. a. die Bedingungen, unter denen Polizei, Staatsanwaltschaften und Europol auf das VIS zu präventiven oder repressiven Zwecken zugreifen dürfen.[27]

14 – Für den Zollbereich wurde ein eigenes **Zollinformationssystem** geschaffen, das u. a. ein EU-weites Aktennachweissystem enthält.[28]

15 – Des Weiteren wurde mit Beschluss des Rates vom 23. 6. 2008[29] der **Prümer Vertrag**, der ursprünglich zwischen sieben Mitgliedstaaten[30] auf völkerrechtlicher Basis außerhalb des Rechtsrahmens der EU abgeschlossen wurde, in das Unionsrecht überführt. Auch hier liegt ein Schwerpunkt auf dem Datenaustausch.[31]

16 – Weitere bedeutsame **Rechtsakte der grenzüberschreitenden polizeilichen Zusammenarbeit** sind:
– der Beschluss des Rates vom 19. 12. 2002 über die Anwendung besonderer Maß-

---

[21] Ratsdok. 16637/09; s. auch *Zerdick*, in: Lenz/Borchardt, EU-Verträge, Art. 87 AEUV, Rn. 5.
[22] *Böse*, in: Schwarze, EU-Kommentar, Art. 87 AEUV, Rn. 6.
[23] Eingehend zu diesen z. B. *Böse*, in: Schwarze, EU-Kommentar, Art. 87 AEUV, Rn. 7; *Rosenau/Petrus*, in: Vedder/Heintschel v. Heinegg, Europäisches Unionsrecht, Art. 87 AEUV, Rn. 6 ff.; *Suhr*, in: Calliess/Ruffert, EUV/AEUV, Art. 87 AEUV, Rn. 13 ff.; *Zerdick*, in: Lenz/Borchardt, EU-Verträge, Art. 87 AEUV, Rn. 6 ff.
[24] *Böse*, in: Schwarze, EU-Kommentar, Art. 87 AEUV, Rn. 7.
[25] Näher *Böse*, in: Schwarze, EU-Kommentar, Art. 87 AEUV, Rn. 7; *Dannecker*, in: Streinz, EUV/AEUV, Art. 87 AEUV, Rn. 7 ff.; *Kugelmann*, EnzEuR, Bd. 9, § 17, Rn. 93 ff.; *Zerdick*, in: Lenz/Borchardt, EU-Verträge, Art. 87 AEUV, Rn. 12 f.
[26] ABl. 2008, L 218/129.
[27] *Dannecker*, in: Streinz, EUV/AEUV, Art. 87 AEUV, Rn. 12; *Zerdick*, in: Lenz/Borchardt, EU-Verträge, Art. 87 AEUV, Rn. 14.
[28] *Zerdick*, in: Lenz/Borchardt, EU-Verträge, Art. 87 AEUV, Rn. 11; näher dazu *Dannecker*, in: Streinz, EUV/AEUV, Art. 87 AEUV, Rn. 11.
[29] ABl. 2008, L 210/12.
[30] Belgien, Deutschland, Frankreich, Luxemburg, Niederlande, Österreich, Spanien.
[31] *Dannecker*, in: Streinz, EUV/AEUV, Art. 87 AEUV, Rn. 13; *Suhr*, in: Calliess/Ruffert, EUV/AEUV, Art. 87 AEUV, Rn. 14; s. auch *Röben*, in: Grabitz/Hilf/Nettesheim, EU, Art. 87 AEUV (Mai 2014), Rn. 44; eingehend *Kugelmann*, EnzEuR, Bd. 9, § 17, Rn. 96 ff.

nahmen im Bereich der polizeilichen und justiziellen Zusammenarbeit bei der Bekämpfung von Terrorismus[32],
– der Beschluss des Rates vom 20.9.2005 über den Informationsaustausch und die Zusammenarbeit betreffend terroristische Straftaten[33],
– der Rahmenbeschluss des Rates vom 18.12.2006 über die Vereinfachung des Austauschs von Informationen und Erkenntnissen zwischen den Strafverfolgungsbehörden der Mitgliedstaaten der Europäischen Union (sog. »Schwedische Initiative«)[34].

Da die Reichweite der in Art. 87 Abs. 2 Buchst. a AEUV angeführten Maßnahmen zur Informationsbeschaffung und -verarbeitung potentiell sehr umfangreich ist, sind Regelungen zum **Schutz personenbezogener Daten** von essentieller Bedeutung.[35] Teils bestehen Sonderregelungen.[36] Ansonsten ist – neben grundrechtlichen Vorgaben – für den Datenschutz der Rahmenbeschluss des Rates vom 27.11.2008 über den Schutz personenbezogener Daten, die im Rahmen der polizeilichen und justiziellen Zusammenarbeit in Strafsachen verarbeitet werden, maßgeblich.[37] Primärrechtliche Grundlage für den Erlass neuer Rechtsakte zum Datenschutz ist Art. 16 AEUV.[38]

17

II. Personelle und technische Zusammenarbeit – Buchst. b

Diese Bestimmung ermöglicht rechtliche Maßnahmen der EU im Bereich von **polizeilichen Austausch-, Ausbildungs- und Kooperationsprogrammen**. Hier wurden seit der Aufnahme der polizeilichen und justiziellen Zusammenarbeit in Strafsachen in die frühere dritte Säule umfangreiche Aktivitäten seitens der Union gesetzt.[39] So wurde im Jahre 2001 ein europäisches Netz für Kriminalprävention[40] eingerichtet, das die Zusammenarbeit sowie den Informations- und Erfahrungsaustausch fördern soll.[41] Am 22.12.2000 beschloss der Rat die Errichtung einer **europäischen Polizeiakademie (EPA)**.[42] Damit soll die Zusammenarbeit der nationalen Ausbildungseinrichtungen (u.a. durch Mitwirkung der EPA an der Schulung von hochrangigen Führungskräften der Polizeieinheiten der Mitgliedstaaten) verstärkt werden.[43] 2005 wurde die EPA gestützt auf Art. 30 EUV a. F. auf eine neue Grundlage gestellt.[44] Zudem wurden per Rahmenbeschluss[45] gemeinsame Standards für eine Akkreditierung kriminaltechnischer Dienste, die Labortätigkeiten durchführen (z.B. Erstellung von DNA-Profilen), festgelegt.[46]

18

---

[32] ABl. 2003, Nr. L 16/68.
[33] ABl. 2005, Nr. L 253/22.
[34] ABl. 2006, Nr. L 386/89; näher hierzu *Kugelmann*, EnzEuR, Bd. 9, § 17, Rn. 113 ff.; *Röben*, in: Grabitz/Hilf/Nettesheim, EU, Art. 87 AEUV (Mai 2014), Rn. 43.
[35] *Zerdick*, in: Lenz/Borchardt, EU-Verträge, Art. 87 AEUV, Rn. 5.
[36] S. *Suhr*, in: Calliess/Ruffert, EUV/AEUV, Art. 87 AEUV, Rn. 18.
[37] ABl. 2008, L 350/60.
[38] *Böse*, in: Schwarze, EU-Kommentar, Art. 87 AEUV, Rn. 6.
[39] *Suhr*, in: Calliess/Ruffert, EUV/AEUV, Art. 87 AEUV, Rn. 19; *Kugelmann*, EnzEuR, Bd. 9, § 17, Rn. 69.
[40] Beschluss des Rates vom 28.5.2001, ABl. 2001, L 153/1.
[41] *Suhr*, in: Calliess/Ruffert, EUV/AEUV, Art. 87 AEUV, Rn. 19.
[42] ABl. 2000, L 336/1.
[43] *Kugelmann*, EnzEuR, Bd. 9, § 17, Rn. 69; *Rosenau/Petrus*, in: Vedder/Heintschel v. Heinegg, Europäisches Unionsrecht, Art. 87 AEUV, Rn. 12; *Suhr*, in: Calliess/Ruffert, EUV/AEUV, Art. 87 AEUV, Rn. 20; *Zerdick*, in: Lenz/Borchardt, EU-Verträge, Art. 87 AEUV, Rn. 21.
[44] Beschluss des Rates vom 20.9.2005, ABl. 2005, L 256/63.
[45] Rahmenbeschluss Nr. 2009/905/JI, ABl. 2009, L 322/14.
[46] *Böse*, in: Schwarze, EU-Kommentar, Art. 87 AEUV, Rn. 10.

Allerdings soll nach den Vorstellungen der Kommission die EPA vollauf in ein neu gestaltetes Europol aufgehen (s. Art. 88 AEUV, Rn. 14).

III. Gemeinsame Ermittlungstechniken – Buchst. c

19 Diese Bestimmung ermöglicht Maßnahmen im Bereich gemeinsamer Ermittlungstechniken, allerdings beschränkt auf solche Techniken, die der **Aufdeckung schwerwiegender Formen von organisierter Kriminalität** dienen.[47] »Schwerwiegende Formen« organisierter Kriminalität sind etwa von kriminellen Organisationen ausgehender Terrorismus[48] oder Prostitutionshandel. Anders als nach früherem Recht besteht aber keine Beschränkung auf die bloße Bewertung von Ermittlungstechniken, sodass eine Angleichung der mitgliedstaatlichen Ermittlungstechniken im Bereich schwerer organisierter Kriminalität auf diese Bestimmung gestützt werden kann.[49]

IV. Verfahren

20 Die in Art. 87 Abs. 2 AEUV angeführten Maßnahmen sind durch das Europäische Parlament und den Rat im **ordentlichen Gesetzgebungsverfahren** zu beschließen; im Rat ist dazu eine qualifizierte Mehrheit erforderlich, während im Europäischen Parlament die einfache Mehrheit genügt (s. Art. 289 und 294 AEUV). Das Recht, Maßnahmen nach Art. 87 Abs. 2 AEUV vorzuschlagen, haben gemäß Art. 76 AEUV die Kommission sowie (mindestens) ein Viertel der Mitgliedstaaten (derzeit also 7).

21 Bei den auf der Grundlage von Art. 87 Abs. 2 AEUV erlassenen Rechtsakten kann es sich um **Verordnungen** (Art. 288 Abs. 2 AEUV), **Richtlinien** (Art. 288 Abs. 3 AEUV) oder um **Beschlüsse** (Art. 288 Abs. 4 AEUV) handeln (arg: »Maßnahmen«).[50]

D. Operative Zusammenarbeit nach dem besonderen Gesetzgebungsverfahren – Abs. 3

I. Allgemeine Vorgangsweise

22 Nach Art. 87 Abs. 3 AEUV kann der Rat Maßnahmen erlassen, welche die operative Zusammenarbeit der zuständigen Behörden (Abs. 1; s. Rn. 7 f.) der Mitgliedstaaten betreffen. Diese Sonderregelung erklärt sich aus der besonderen Sensibilität der betroffenen Materie, für welche die Mitgliedstaaten aufgrund bestehender stärkerer Souveränitätsvorbehalte weiterhin das **Einstimmigkeitserfordernis** aufrechterhalten wollten.[51] Abgeschwächt wird dieses Erfordernis allerdings durch die Möglichkeit einer bestimmten Anzahl von Mitgliedstaaten, den Europäischen Rat zu befassen, und den – darauf aufbauenden – erleichterten Zugang zur verstärkten Zusammenarbeit.

23 Der Begriff der **operativen Zusammenarbeit** meint jede gemeinsame Abstimmung oder Koordination in Bezug auf konkrete Maßnahmen auf dem Gebiet der **polizeilichen**

---

[47] Näher dazu *Kugelmann*, EnzEuR, Bd. 9, § 17, Rn. 74 f.
[48] S. *Böse*, in: Schwarze, EU-Kommentar, Art. 87 AEUV, Rn. 11.
[49] *Böse*, in: Schwarze, EU-Kommentar, Art. 87 AEUV, Rn. 11; *Dannecker*, in: Streinz, EUV/AEUV, Art. 87 AEUV, Rn. 19.
[50] *Kugelmann*, EnzEuR, Bd. 9, § 17, Rn. 58.
[51] *Böse*, in: Schwarze, EU-Kommentar, Art. 87 AEUV, Rn. 3; *Rosenau/Petrus*, in: Vedder/Heintschel v. Heinegg, Europäisches Unionsrecht, Art. 87 AEUV, Rn. 21.

Gefahrenabwehr und der **polizeilichen Strafverfolgung**.[52] Eine operative Zusammenarbeit unmittelbar zwischen den zuständigen Behörden soll eine effizientere Alternative zur oft schwerfälligen Amtshilfe darstellen.[53] Es geht hier also um die Abstimmung und Durchführung einzelner konkreter Maßnahmen der polizeilichen Strafverfolgungsbehörden der Mitgliedstaaten.[54] Zu beachten ist dabei jeweils das Recht des Mitgliedstaates, in dem der Einsatz erfolgt.[55]

Beispiele für Formen operativer Zusammenarbeit sind: 24

– **Gemeinsame Ermittlungsgruppen**: Darunter sind Gruppen von Beamten mehrerer Mitgliedstaaten zu verstehen, die auf dem Hoheitsgebiet eines oder mehrerer Mitgliedstaaten Ermittlungen durchführen. Solche Ermittlungsgruppen haben in jedem der betroffenen Hoheitsgebiete Eingriffsbefugnisse. Der Einsatz ist entsprechend den Vorschriften des betreffenden Staates durchzuführen und von den Beamten dieses Staates zu leiten.[56] Umstritten ist, ob eine über den Einzelfall hinausgehende Institutionalisierung von Ermittlungsgruppen durch Art. 87 AEUV gedeckt wäre.[57] Aktuell gültige Rechtsgrundlagen solcher gemeinsamer Ermittlungsgruppen finden sich in Art. 13 EU-RhÜbk[58], Art. 24 Prümer Vertrag[59], Art. 24 Neapel-II-Übereinkommen[60] und im Rahmenbeschluss 2002/465/JI des Rates vom 13. 6. 2002 über gemeinsame Ermittlungsgruppen (ABl. 2002, L 162/1).[61] Der konkrete Umfang und die Grenzen der Eingriffsrechte im Hoheitsgebiet des betroffenen Staates sind dabei gemäß Art. 89 AEUV festzulegen (s. Art. 89 AEUV, Rn. 9 ff.).[62]

– **Grenzüberschreitende Observation** (z. B. Art. 40 SDÜ): Dies ist eine im Inland begonnene und auf fremdem Territorium fortgesetzte planmäßige Beobachtung von Personen oder Objekten für Zwecke polizeilicher Tätigkeit. Die observierenden Beamten sind hier an das Recht des Aufenthaltsstaates und an Anweisungen der dortigen Behörden gebunden. Die Ausübung hoheitlicher Befugnisse ist stark eingeschränkt (näher Art. 89 AEUV, Rn. 12).[63] 25

– **Grenzüberschreitende Nacheile** (z. B. Art. 41 SDÜ): Beamte verfolgen eine flüchtige 26

---

[52] S. *Kugelmann*, EnzEuR, Bd. 9, § 17, Rn. 77: »Fall des konkreten Tätigwerdens von Bediensteten der Strafverfolgungsbehörden«.

[53] S. *Dannecker*, in: Streinz, EUV/AEUV, Art. 87 AEUV, Rn. 21.

[54] *Böse*, in: Schwarze, EU-Kommentar, Art. 87 AEUV, Rn. 13.

[55] *Suhr*, in: Calliess/Ruffert, EUV/AEUV, Art. 87 AEUV, Rn. 24; *Röben*, in: Grabitz/Hilf/Nettesheim, EU, Art. 87 AEUV (Mai 2014), Rn. 33.

[56] *Röben*, in: Grabitz/Hilf/Nettesheim, EU, Art. 87 AEUV (Mai 2014), Rn. 52.

[57] Dagegen *Dannecker*, in: Streinz, EUV/AEUV, Art. 87 AEUV, Rn. 26; dafür *Böse*, in: Schwarze, EU-Kommentar, Art. 87 AEUV, Rn. 13, infolge der offenen Formulierung in Art. 87 Abs. 3 AEUV.

[58] Übereinkommen – gemäß Artikel 34 des Vertrags über die Europäische Union vom Rat erstellt – Rechtshilfe in Strafsachen zwischen den Mitgliedstaaten der Europäischen Union vom 29. 5. 2000, BGBl. II 2005, S. 651.

[59] Vertrag über die Vertiefung der grenzüberschreitenden Zusammenarbeit, insbesondere zur Bekämpfung des Terrorismus, der grenzüberschreitenden Kriminalität und der illegalen Migration, BGBl. II 2006, S. 626.

[60] Übereinkommen vom 18. 12. 1997 aufgrund von Art. K.3 des Vertrages über die Europäische Union über die gegenseitige Amtshilfe und Zusammenarbeit der Zollverwaltungen, BGBl. II 2002, S. 1387.

[61] *Dannecker*, in: Streinz, EUV/AEUV, Art. 87 AEUV, Rn. 26.

[62] *Böse*, in: Schwarze, EU-Kommentar, Art. 87 AEUV, Rn. 13; *Zerdick*, in: Lenz/Borchardt, EU-Verträge, Art. 87 AEUV, Rn. 25; näher zum Ganzen *Kugelmann*, EnzEuR, Bd. 9, § 17, Rn. 81 und 133 ff.

[63] *Dannecker*, in: Streinz, EUV/AEUV, Art. 87 AEUV, Rn. 22.

27 – **Austausch von Verbindungsbeamten** (z. B. Art. 47 SDÜ): Hierbei handelt es sich um eine Form ständiger Zusammenarbeit, die den Informationsfluss zwischen den Mitgliedstaaten verbessern soll (s. auch Art. 87 Abs. 2 Buchst. b AEUV und dazu Rn. 18).[65]

28 – **Kontrollierte Lieferungen**: Diese Art der Zusammenarbeit wurde ursprünglich zur Bekämpfung des Drogenhandels entwickelt. Die Behörden eines Staates erlauben und kontrollieren hierbei auf Ersuchen eines anderen Staates die Ein-, Durch- und Ausfuhr verbotener Waren, um die Verfolgung der Hintermänner zu ermöglichen.[66] Die Überwachung solcher Lieferungen richtet sich nach dem Recht des ersuchten Staates. Die Befugnis zur Leitung, zur Kontrolle und zum Einschreiten liegt bei den Behörden dieses Staates. Aktuell gültige Rechtsgrundlagen für solche kontrollierten Lieferungen sind Art. 71 SDÜ, Art. 12 EU-RhÜbk und Art. 22 Neapel-II-Übereinkommen.[67]

29 Solche Maßnahmen (Verordnungen, Richtlinien oder Beschlüsse) im Bereich der operativen Zusammenarbeit können vom Rat unter (bloßer) Anhörung des Europäischen Parlaments in einem **besonderen Gesetzgebungsverfahren** erlassen werden. Dabei ist **Einstimmigkeit** aller im Rat vertretenen Mitgliedstaaten erforderlich.

II. Verstärkte Zusammenarbeit

30 Gelingt es nicht, im Rat Einstimmigkeit herzustellen, kann der **Europäische Rat** (bestehend aus dem Präsidenten des Europäischen Rates, dem Präsidenten der Kommission sowie den Staats- und Regierungschefs der Mitgliedstaaten; Art. 15 Abs. 2 EUV) mit dem Entwurf einer Maßnahme nach Art. 87 Abs. 3 AEUV befasst werden. In diesem Fall wird das Verfahren im Rat ausgesetzt. Bei einem Einvernehmen im Europäischen Rat verweist dieser den Entwurf binnen vier Monaten nach Aussetzung des Verfahrens an den Rat zur Annahme zurück (Art. 87 Abs. 3 UAbs. 2 AEUV). Kommt dagegen auch im Europäischen Rat kein Einvernehmen zustande, so kann eine Gruppe von **mindestens neun Mitgliedstaaten** eine verstärkte Zusammenarbeit begründen. Dazu ist es erforderlich, dass diese Mitgliedstaaten binnen einer Frist von vier Monaten ihr Vorhaben dem Europäischen Parlament, dem Rat und der Kommission mitteilen. In diesem Fall gilt die Ermächtigung zu einer Verstärkten Zusammenarbeit nach Art. 20 Abs. 2 EUV und Art. 329 Abs. 1 AEUV als erteilt (ohne dass es im Gegensatz zu Art. 329 AEUV eines Antrages an die Kommission oder eines Beschlusses des Rates bedarf), und die Bestimmungen über die Verstärkte Zusammenarbeit finden Anwendung (Art. 87 Abs. 3 UAbs. 3 AEUV). Hierin liegt eine erhebliche Erleichterung für die Mitgliedstaaten, da die Zustimmung zur Verstärkten Zusammenarbeit ansonsten nur schwer zu erlangen ist.[68]

31 Von dieser Regelung (Befassung des Europäischen Rates und allfällige Verstärkte Zusammenarbeit) ist die **Weiterentwicklung des Schengen-Besitzstandes** gemäß Art. 87

---

[64] *Dannecker*, in: Streinz, EUV/AEUV, Art. 87 AEUV, Rn. 23.
[65] *Dannecker*, in: Streinz, EUV/AEUV, Art. 87 AEUV, Rn. 25.
[66] *Dannecker*, in: Streinz, EUV/AEUV, Art. 87 AEUV, Rn. 27.
[67] *Dannecker*, in: Streinz, EUV/AEUV, Art. 87 AEUV, Rn. 27.
[68] *Dannecker*, in: Streinz, EUV/AEUV, Art. 87 AEUV, Rn. 20; *Kugelmann*, EnzEuR, Bd. 9, § 17, Rn. 86.

Abs. 3 UAbs. 4 AEUV **ausdrücklich ausgenommen**. Denn die Zusammenarbeit auf Basis des Schengen-Aquis ist ohnehin bereits für sich genommen eine besondere Form der verstärkten Zusammenarbeit, für die spezielle Regelungen gelten.[69] In diesem Bereich bleibt es daher ausnahmslos beim Einstimmigkeitserfordernis nach Art. 87 Abs. 3 UAbs. 1 AEUV (Rn. 29).[70]

E. Sonderstellung von Dänemark, Irland und dem Vereinigten Königreich

Nach dem Protokoll (Nr. 21) über die Position des Vereinigten Königreichs und Irlands hinsichtlich des Raums der Freiheit, der Sicherheit und des Rechts sind diese beiden Mitgliedstaaten weiterhin an der polizeilichen Zusammenarbeit **grundsätzlich nicht beteiligt**; sie haben allerdings die Möglichkeit, ihre Teilnahme an einer konkreten Maßnahme nach Art. 87 AEUV zu erklären (»Opt-In«).[71] Gleiches gilt grundsätzlich nach dem Protokoll (Nr. 22) über die Position Dänemarks, wobei Dänemark jederzeit erklären kann, an dieses Protokoll nicht mehr gebunden zu sein.[72]

32

---

[69] *Böse*, in: Schwarze, EU-Kommentar, Art. 87 AEUV, Rn. 16; *Röben*, in: Grabitz/Hilf/Nettesheim, EU, Art. 87 AEUV (Mai 2014), Rn. 37; *Suhr*, in: Calliess/Ruffert, EUV/AEUV, Art. 87 AEUV, Rn. 24.
[70] *Rosenau/Petrus*, in: Vedder/Heintschel v. Heinegg, Europäisches Unionsrecht, Art. 87 AEUV, Rn. 22.
[71] *Zerdick*, in: Lenz/Borchardt, EU-Verträge, Art. 87 AEUV, Rn. 33.
[72] *Zerdick*, in: Lenz/Borchardt, EU-Verträge, Art. 87 AEUV, Rn. 34.

Artikel 88 AEUV [Europol]

(1) Europol hat den Auftrag, die Tätigkeit der Polizeibehörden und der anderen Strafverfolgungsbehörden der Mitgliedstaaten sowie deren gegenseitige Zusammenarbeit bei der Verhütung und Bekämpfung der zwei oder mehr Mitgliedstaaten betreffenden schweren Kriminalität, des Terrorismus und der Kriminalitätsformen, die ein gemeinsames Interesse verletzen, das Gegenstand einer Politik der Union ist, zu unterstützen und zu verstärken.

(2) ¹Das Europäische Parlament und der Rat legen gemäß dem ordentlichen Gesetzgebungsverfahren durch Verordnungen den Aufbau, die Arbeitsweise, den Tätigkeitsbereich und die Aufgaben von Europol fest. ²Zu diesen Aufgaben kann Folgendes gehören:

a) Einholen, Speichern, Verarbeiten, Analysieren und Austauschen von Informationen, die insbesondere von den Behörden der Mitgliedstaaten oder Drittländern beziehungsweise Stellen außerhalb der Union übermittelt werden.

b) Koordinierung, Organisation und Durchführung von Ermittlungen und von operativen Maßnahmen, die gemeinsam mit den zuständigen Behörden der Mitgliedstaaten oder im Rahmen gemeinsamer Ermittlungsgruppen durchgeführt werden, gegebenenfalls in Verbindung mit Eurojust.

Durch diese Verordnungen werden ferner die Einzelheiten für die Kontrolle der Tätigkeiten von Europol durch das Europäische Parlament festgelegt; an dieser Kontrolle werden die nationalen Parlamente beteiligt.

(3) ¹Europol darf operative Maßnahmen nur in Verbindung und in Absprache mit den Behörden des Mitgliedstaats oder der Mitgliedstaaten ergreifen, deren Hoheitsgebiet betroffen ist. ²Die Anwendung von Zwangsmaßnahmen bleibt ausschließlich den zuständigen einzelstaatlichen Behörden vorbehalten.

Literaturübersicht

Albrecht/Janson, Die Kontrolle des Europäischen Polizeiamtes durch das Europäische Parlament nach dem Vertrag von Lissabon und dem Europol-Beschluss, EuR 2012, 230; *Ambos,* Internationales Strafrecht, 4. Aufl., 2014; *Brodowski,* Strafrechtsrelevante Entwicklungen in der Europäischen Union – ein Überblick, ZIS 2013, 455; *Ruthig,* Europol, in: Böse (Hrsg.) Europäisches Strafrecht mit polizeilicher Zusammenarbeit, 2013, 749.

Inhaltsübersicht

	Rn.
A. Allgemeines	
I. Regelungsinhalt	1
II. Entstehung und Entwicklung von Europol	4
III. Aktuelle Gestalt von Europol im Überblick	9
1. Organisation	9
2. Arbeitsweise	10
3. Tätigkeitsbereich	11
4. Aufgaben	12
5. Außenbeziehungen	13
IV. Aktuelle Entwicklungen: Europol-Verordnung	14
B. Allgemeiner Auftrag von Europol – Abs. 1	16
C. Verordnungsermächtigungen – Abs. 2 UAbs. 1, UAbs. 2	16
I. Ordentliches Gesetzgebungsverfahren	21
II. Mögliche Verordnungsinhalte	23
1. Aufbau, Arbeitsweise und Tätigkeitsbereich	23
2. Aufgaben	27

a) Allgemeines		27
b) Informationsverarbeitung		28
c) Ermittlungen und operativen Maßnahmen		32
3. Kontrolle der Tätigkeiten von Europol durch die Parlamente		35
D. Rechtschutz gegen Maßnahmen von Europol		38
I. Datenschutz		38
1. Geltende Rechtslage		38
a) Von einem Mitgliedstaat eingegebene Daten		38
b) Von Europol eingegebene Daten		39
2. Europol-VO		41
II. Rechtschutz gegen operative Maßnahmen		42

A. Allgemeines

I. Regelungsinhalt

Art. 88 Abs. 1 AEUV enthält den **allgemeinen Auftrag** Europols. Dieser besteht darin, die Tätigkeit und die Zusammenarbeit nationaler Polizeibehörden und anderer Strafverfolgungsbehörden bei der Verhütung und Bekämpfung bestimmter schwerer Straftaten zu unterstützen und zu verstärken.[1] **1**

Durch Art. 88 Abs. 2 AEUV wird die EU ermächtigt, den Aufbau, die Arbeitsweise, den Tätigkeitsbereich sowie die Aufgaben von Europol durch **Verordnung** festzulegen. Die auf dieser Rechtsgrundlage erlassenen Verordnungen sollen Europol stärken und zu einer behutsamen Kompetenzerweiterung führen, u. a. durch die Möglichkeit der Einführung einer – beschränkten – eigenständigen Ermittlungszuständigkeit Europols (operative Maßnahmen gemäß Art. 88 Abs. 2 Buchst. b und Abs. 3 AEUV).[2] Ausdrücklich klargestellt wird freilich, dass Bedienstete Europols keine Zwangsmaßnahmen anwenden dürfen; deren Vornahme bleibt den mitgliedstaatlichen Behörden vorbehalten (Art. 88 Abs. 3 AEUV). Verordnungen nach Art. 88 Abs. 2 AEUV haben ferner Regelungen über die Kontrolle der Tätigkeiten Europols durch das Europäische Parlament zu enthalten. Vorgesehen ist diesbezüglich auch eine Beteiligung nationaler Parlamente.[3] **2**

Verordnungen nach Art. 88 AEUV unterliegen gemäß Art. 88 Abs. 2 Satz 1 AEUV dem **ordentlichen Gesetzgebungsverfahren** (Art. 294 AEUV). **3**

II. Entstehung und Entwicklung von Europol

Bereits im Vertrag von Maastricht war die Bildung von Europol vorgesehen. Auf der Grundlage des Art. K. 3 des Vertrags über die EU wurde 1995 das **Europol-Übereinkommen** abgeschlossen, das am 1.10.1998 in Kraft trat. Somit wurde Europol als eine **zwischenstaatliche Einrichtung** gegründet, die erst im Jahre 1999 nach der notwendigen Ratifizierung des Übereinkommens durch alle Mitgliedstaaten voll arbeitsfähig war und am 1.7.1999 seine Tätigkeit aufnahm. Die Einrichtung galt als internationale Organisation mit eigener Rechtspersönlichkeit.[4] **4**

Art. K. 1 Nr. 9 des Vertrags über die EU sah die Aufgabe Europols im Aufbau eines unionsweiten Systems zum Austausch von Informationen. Protokolle vom **5**

---
[1] *Böse*, in: Schwarze, EU-Kommentar, Art. 88 AEUV, Rn. 4.
[2] *Zerdick*, in: Lenz/Borchardt, EU-Verträge, Art. 88 AEUV, Rn. 5.
[3] *Röben*, in: Grabitz/Hilf/Nettesheim, EU, Art. 88 AEUV (Mai 2014), Rn. 2.
[4] *Suhr*, in: Calliess/Ruffert, EUV/AEUV, Art. 88 AEUV, Rn. 11.

30.11.2000⁵, 28.11.2002⁶ und vom 27.11.2003⁷ ergänzten das Europol-Übereinkommen. Der am 1.5.1999 in Kraft getretene **Vertrag von Amsterdam** führte zu einer (moderaten) Erweiterung der polizeilichen Zusammenarbeit und der Befugnisse von Europol.⁸ Die operative Zusammenarbeit der Polizeibehörden, an der Europol im Sinne des Art. 30 EUV a.F. unterstützend und koordinierend mitwirken sollte, unterlag der Kontrolle durch die jeweilige nationale Gerichtsbarkeit.⁹ Der am 1.2.2003 in Kraft getretene Vertrag von Nizza brachte keine Änderungen im Bereich Europols mit sich.¹⁰ Der **Vertrag über eine Verfassung für Europa** sah u. a. Erweiterungen der Aufgaben und Änderungen der politischen Kontrolle Europols vor.¹¹

6   Die im Verfassungsvertrag vorgesehenen Modifikationen sind in den **Vertrag von Lissabon** übernommen worden und am 1.12.2009 in Kraft getreten. So werden die nationalen Parlamente an der Kontrolle von Europol gemäß Art. 88 Abs. 2 UAbs. 2 AEUV i.V.m. Art. 12 Buchst. c EUV beteiligt.¹² Außerdem dürfen Bedienstete Europols unter der Maßgabe des Art. 88 Abs. 3 i.V.m. Abs. 2 UAbs. 1 Buchst. b AEUV operativ tätig werden (begrenzte Ermittlungszuständigkeit Europols; s. Rn. 32 ff.).¹³ Ferner führt die mit dem Vertrag von Lissabon verbundene »Supranationalisierung« der polizeilichen Zusammenarbeit (s. Art. 87 AEUV, Rn. 2) dazu, dass die nähere sekundärrechtliche Ausgestaltung von Europol mittels – unmittelbar anwendbarer – Verordnung zu erfolgen hat.¹⁴ Zudem untersteht Europol nunmehr vollständig der Gerichtsbarkeit des EuGH (s. Art. 263 Abs. 4 und 5 AEUV).

7   Der **Europol-Beschluss**¹⁵ vom 6.4.2009 ersetzte am 1.1.2010 das Europol-Übereinkommen.¹⁶ Dadurch wurde Europol zu einer Agentur der EU, die mit Mitteln aus dem EU-Haushalt finanziert wird. Der Beschluss führte zu einem einfacheren Verfahren für Änderungen und Ergänzungen, da an die Stelle ratifikationsbedürftiger Übereinkommen die Form des Beschlusses trat.¹⁷ Inhaltlich entspricht der Europol-Beschluss weitgehend dem Europol-Übereinkommen.

8   Das Inkrafttreten des Vertrags von Lissabon bedeutete nicht die automatische Unwirksamkeit des Europol-Beschlusses, obwohl nach Art. 88 Abs. 2 AEUV die Grund-

---

⁵ Protokoll über die Errichtung eines Europäischen Polizeiamts (Europol-Übereinkommen) zur Änderung von Artikel 2 und des Anhangs jenes Übereinkommens, ABl. 2000, C 358/2.
⁶ Protokoll zur Änderung des Übereinkommens über die Errichtung eines Europäischen Polizeiamts (Europol-Übereinkommen) und des Protokolls über die Vorrechte und Immunitäten für Europol, die Mitglieder der Organe, die stellvertretenden Direktoren und die Bediensteten von Europol, ABl. 2002, C 312/2.
⁷ Protokoll aufgrund von Art. 43 Abs. 1 des Übereinkommens über die Errichtung eines Europäischen Polizeiamts (Europol-Übereinkommen) zur Änderung dieses Übereinkommens, ABl. 2004, C 2/3.
⁸ Art. 29 Abs. 2 und Art. 30 EUV a.F.; *Suhr*, in: Calliess/Ruffert, EUV/AEUV, Art. 88 AEUV, Rn. 4.
⁹ *Suhr*, in: Calliess/Ruffert, EUV/AEUV, Art. 88 AEUV, Rn. 4.
¹⁰ *Suhr*, in: Calliess/Ruffert, EUV/AEUV, Art. 88 AEUV, Rn. 5.
¹¹ *Ruthig*, EnzEuR, Bd. 9, § 20, Rn. 6.
¹² *Zerdick*, in: Lenz/Borchardt, EU-Verträge, Art. 88 AEUV, Rn. 5.
¹³ *Suhr*, in: Calliess/Ruffert, EUV/AEUV, Art. 88 AEUV, Rn. 7.
¹⁴ *Böse*, in: Schwarze, EU-Kommentar, Art. 88 AEUV, Rn. 2.
¹⁵ Beschluss 2009/371/JI des Rates vom 6.4.2009 zur Errichtung des Europäischen Polizeiamts (Europol), ABl. 2009, L 121/37.
¹⁶ *Ruthig*, EnzEuR, Bd. 9, § 20, Rn. 7; *Zerdick*, in: Lenz/Borchardt, EU-Verträge, Art. 88 AEUV, Rn. 4.
¹⁷ *Suhr*, in: Calliess/Ruffert, EUV/AEUV, Art. 88 AEUV, Rn. 12; s. auch *Ruthig*, EnzEuR, Bd. 9, § 20, Rn. 9.

lagen Europols mittels Verordnung im Wege der ordentlichen Gesetzgebung festzulegen sind (s. Rn. 21 f.).[18] Dies wird durch **Art. 9 des Protokolls über die Übergangsbestimmungen** zum Lissabonner Vertrag[19] ermöglicht, der bestimmt, dass Rechtsakte der Union, die vor dem Inkrafttreten des Vertrags von Lissabon auf der Grundlage des EUV angenommen wurden, so lange Rechtswirkung behalten, bis sie aufgehoben, für nichtig erklärt oder geändert werden. Mit der am 1. 6. 2016 in Kraft getretenen **Europol-Verordnung**[20] (Rn. 14 f.) verliert der Europol-Beschluss ab dem 1. 5. 2017 (s. Art. 77 Abs. 2 der VO) jedoch seine Wirksamkeit.

III. Aktuelle Gestalt von Europol im Überblick

1. Organisation

Durch den Europol-Beschluss hat sich Europol von einer internationalen Organisation, deren Grundlage das Europol-Übereinkommen war (s. Rn. 4), in eine **Agentur der EU** gewandelt.[21] Gemäß Art. 2 Europol-Beschluss besitzt Europol **Rechtspersönlichkeit** und hat seinen Sitz in Den Haag (Art. 1 Abs. 1 UAbs. 1 Europol-Beschluss). Nach Art. 36 Europol-Beschluss sind die Organe von Europol der **Verwaltungsrat** und der **Direktor**. Der Verwaltungsrat setzt sich aus einem Vertreter je Mitgliedstaat und einem Vertreter der Kommission zusammen (Art. 36 Europol-Beschluss). Der Verwaltungsrat entscheidet gemäß Art. 37 Abs. 8 Europol-Beschluss mit einer Mehrheit von zwei Dritteln seiner Mitglieder über generelle Fragen außerhalb der täglichen Praxis.[22] Insbesondere hat der Verwaltungsrat jährlich (nach Stellungnahme der Kommission) ein Arbeitsprogramm für die künftigen Tätigkeiten von Europol zu verabschieden (Art. 37 Abs. 10 Buchst. b Europol-Beschluss); ferner kontrolliert er die Amtsführung des Direktors (Art. 37 Abs. 9 Buchst. b Europol-Beschluss). Der Direktor wird gemäß Art. 38 Europol-Beschluss vom Rat mit qualifizierter Mehrheit aus einer vom Verwaltungsrat vorgelegten Liste für vier Jahre ernannt. Der Direktor führt die Geschäfte von Europol; nach Art. 38 Abs. 4 Buchst. a ist er u. a. verantwortlich für die Erfüllung der Europol übertragenen Aufgaben. Die Finanzierung Europols obliegt der EU; das Haushaltsrecht der Union findet auf Europol Anwendung.[23]

9

2. Arbeitsweise

Zur Erfüllung seiner Aufgaben unterhält Europol das **Europol-Informationssystem** (Art. 11 ff. Europol-Beschluss).[24] Art. 12 Abs. 1 Europol-Beschluss bestimmt, dass Daten über Personen, die nach Maßgabe des innerstaatlichen Rechts des betreffenden Mitgliedstaates einer Straftat, für die Europol zuständig ist, verdächtigt werden oder

10

---

[18] *Dannecker*, in: Streinz, EUV/AEUV, Art. 88 AEUV, Rn. 3; *Ruthig*, EnzEuR, Bd. 9, § 20, Rn. 17.
[19] Protokoll über die Übergangsbestimmungen des Vertrags über die Arbeitsweise der Europäischen Union, ABl. 2010, C 83/322.
[20] Verordnung (EU) 2016/794 des Europäischen Parlaments und des Rates vom 11. 5. 2016 über die Agentur der Europäischen Union für die Zusammenarbeit auf dem Gebiet der Strafverfolgung (Europol) und zur Ersetzung und Aufhebung der Beschlüsse 2009/371/JI, 2009/934/JI, 2009/935/JI, 2009/936/JI und 2009/968/JI des Rates, ABl. 2016, L 135/53.
[21] *Böse*, in: Schwarze, EU-Kommentar, Art. 88 AEUV, Rn. 3.
[22] *Dannecker*, in: Streinz, EUV/AEUV, Art. 88 AEUV, Rn. 5.
[23] *Böse*, in: Schwarze, EU-Kommentar, Art. 88 AEUV, Rn. 3; ausführlich zur Organisation von Europol *Ruthig*, EnzEuR, Bd. 9, § 20, Rn. 24 ff.
[24] Dazu eingehend *Ruthig*, EnzEuR, Bd. 9, § 20, Rn. 46 ff.; s. auch *Ambos*, § 13, Rn. 9.

aufgrund einer solchen Straftat verurteilt worden sind, aufgenommen werden dürfen. Ebenso erlaubt ist die Aufnahme von Daten über Personen, bei denen faktische Anhaltspunkte oder triftige Gründe vorliegen, dass sie künftig solche Straftaten begehen werden. Zusätzlich kann Europol nach Art. 14 ff. Europol-Beschluss Arbeitsdateien zu Analysezwecken erstellen. Diese enthalten nach Art. 14 Abs. 1 Europol-Beschluss Informationen über Zeugen, Opfer, Kontakt- und Begleitpersonen und Personen, die Informationen über eine betreffende Straftat liefern können. Dadurch werden die in den Mitgliedstaaten bestehenden Informationssammlungen ergänzt, aber nicht ersetzt.[25] Die gesammelten Daten werden nach Art. 5 Abs. 1 Buchst. f Europol-Beschluss verwendet für Bewertungen der Bedrohungslage, strategische Analysen und allgemeine Lageberichte sowie zu Bewertungen der Bedrohung durch die organisierte Kriminalität.[26] **Nationale Stellen** schaffen eine Verbindung zwischen Europol und den Behörden der Mitgliedstaaten (Art. 8 Europol-Beschluss). Jede nationale Stelle entsendet mindestens einen **Verbindungsbeamten**, der für den Austausch von Informationen verantwortlich ist (Art. 9 Europol-Beschluss).

3. Tätigkeitsbereich

11 Die **sachliche Zuständigkeit** Europols ist in Art. 4 Abs. 1 und 3 Europol-Beschluss geregelt. Erfasst sind die organisierte Kriminalität, Terrorismus und die im Anhang zum Europol-Beschluss angeführten Arten schwerer Kriminalität.[27] Ferner ist Europol gemäß Art. 4 Abs. 3 Europol-Beschluss für die damit im Zusammenhang stehenden Delikte zuständig.[28]

4. Aufgaben

12 Art. 5 Europol-Beschluss nennt die Aufgaben Europols. Die Hauptfunktionen Europols sind die **Sammlung, der Austausch und die Analyse von Daten** sowie die **Unterstützung und Koordinierung der Ermittlungen nationaler Polizeibehörden** u. a. durch die in Art. 6 Europol-Beschluss geregelte Teilnahme an gemeinsamen Ermittlungsgruppen. Dabei unterliegt das Personal von Europol gemäß Art. 6 Abs. 6 Europol-Beschluss dem innerstaatlichen Recht des betroffenen Mitgliedstaats. Art. 7 Europol-Beschluss räumt Europol die Möglichkeit ein, Ersuchen um die Einleitung strafrechtlicher Ermittlungen an nationale Behörden zu richten; nach Art. 7 Abs. 2 Europol-Beschluss ist Eurojust, das dieselbe Befugnis hat, davon in Kenntnis zu setzen. Ablehnende Entscheidungen der Mitgliedstaaten sind zu begründen. Europol ist ferner Zentralstelle im Hinblick auf den Schutz des Euro gegen Fälschung (Art. 5 Abs. 5 Europol-Beschluss).[29]

5. Außenbeziehungen

13 Europol unterhält Kooperationsbeziehungen zu **Drittstaaten** und **internationalen Organisationen**, insbesondere zu Interpol. Im Vordergrund steht auch hier der Austausch von Informationen (Art. 22 ff. Europol-Beschluss).[30]

---

[25] *Röben*, in: Grabitz/Hilf/Nettesheim, EU, Art. 88 AEUV (Mai 2014), Rn. 15.
[26] *Zerdick*, in: Lenz/Borchardt, EU-Verträge, Art. 88 AEUV, Rn. 12.
[27] *Ambos*, § 13, Rn. 7; *Zerdick*, in: Lenz/Borchardt, EU-Verträge, Art. 88 AEUV, Rn. 7; eingehend *Ruthig*, EnzEuR, Bd. 9, § 20, Rn. 37 ff.
[28] *Zerdick*, in: Lenz/Borchardt, EU-Verträge, Art. 88 AEUV, Rn. 7.
[29] Eingehend zum Ganzen *Ruthig*, EnzEuR, Bd. 9, § 20, Rn. 41 ff.
[30] Näher dazu *Ruthig*, EnzEuR, Bd. 9, § 20, Rn. 54 f.

IV. Aktuelle Entwicklungen: Europol-Verordnung

Das Europäische Parlament und der Rat haben auf Basis des Art. 88 AEUV im ordentlichen Gesetzgebungsverfahren (s. Rn. 21 f.) am 11.5.2016 eine Verordnung über Europol erlassen (s. Rn. 8). Diese VO gilt gem. Art. 77 Abs. 2 der VO ab dem 1.5.2017. Mit diesem Zeitpunkt wird die durch die VO eingesetzte »**Agentur der EU für die Zusammenarbeit auf dem Gebiet der Strafverfolgung**« (Europol) Rechtsnachfolgerin des bisherigen Europol (Art. 1 Abs. 2 Europol-VO).

14

Ausweislich der Erwägungsgründe 2 ff. der VO sowie der Begründung des Kommissionsvorschlages[31] verfolgt diese VO folgende Ziele:
- **Anpassung von Europol an die Anforderungen des Vertrages von Lissabon** (neuer rechtlicher Rahmen; Mechanismus für die Kontrolle der Tätigkeiten Europols durch das Europäische Parlament und die nationalen Parlamente).
- Weiterentwicklung von Europol i. S. des Stockholmer Programmes[32] zu einem »**Knotenpunkt des Informationsaustauschs zwischen den Strafverfolgungsbehörden der Mitgliedstaaten**«.
- Übertragung **neuer Verantwortlichkeiten** an Europol, damit Europol umfassendere Unterstützung für die Strafverfolgungsbehörden der Mitgliedstaaten leisten kann.
- Sicherstellung einer **soliden Datenschutzregelung** für Europol durch Verschärfung der Bestimmungen zum Datenschutz.
- **Bessere Steuerung** von Europol durch Erhöhung seiner Effizienz.[33]

15

B. Allgemeiner Auftrag von Europol – Abs. 1

Art. 88 Abs. 1 AEUV sieht den Auftrag von Europol darin, die präventiven wie repressiven Tätigkeiten nationaler Polizeibehörden und anderer Strafverfolgungsbehörden der Mitgliedstaaten sowie deren gegenseitige Zusammenarbeit im Bereich bestimmter, schwerer Verbrechen zu unterstützen und zu verstärken.[34] Dieser **Unterstützungsauftrag** ist sachlich auf grenzüberschreitende, d.h. mindestens zwei Mitgliedstaaten betreffende schwere Kriminalität, Terrorismus und Kriminalitätsformen, die ein gemeinsames Interesse verletzen, das bereits Gegenstand einer Politik der Union ist, beschränkt.[35]

16

Der in Art. 88 Abs. 1 AEUV verwendete Begriff der **schweren Kriminalität** wird in den Verträgen nicht definiert. Art. 4 Abs. 1 Europol-Beschluss enthält Konkretisierungen der Formen von Kriminalität, die in den Zuständigkeitsbereich von Europol fallen. Neben der organisierten Kriminalität und dem – ohnehin in Art. 88 Abs. 1 AEUV eigens angeführten – Terrorismus sind dies die im Anhang zum Europol-Beschluss angeführten Arten schwerer Kriminalität, wie z. B. illegaler Drogenhandel, Menschenhandel, vorsätzliche Tötung, Raub, Betrug und sexueller Missbrauch.[36] Nach Art. 4 Abs. 3 Europol-

17

---

[31] KOM (2013) 173 endg., S. 6.
[32] ABl. 2010, C 115/1.
[33] S. zum Entwurf *Brodowski*, ZIS 2013, 455 (463 f.).
[34] *Kotzur*, in: Geiger/Khan/Kotzur, EUV/AEUV, Art. 88 AEUV, Rn. 3.
[35] *Zerdick*, in: Lenz/Borchardt, EU-Verträge, Art. 88 AEUV, Rn. 7.
[36] *Dannecker*, in: Streinz, EUV/AEUV, Art. 88 AEUV, Rn. 10; *Zerdick*, in: Lenz/Borchardt, EU-Verträge, Art. 88 AEUV, Rn. 7.

Beschluss fallen auch die mit solchen schweren Kriminalitätsformen zusammenhängenden Delikte in den Zuständigkeitsbereich von Europol.[37]

18 Unter **Terrorismus** versteht die EU Straftaten, »die durch die Art ihrer Begehung oder den jeweiligen Kontext ein Land oder eine internationale Organisation ernsthaft schädigen können, wenn sie mit dem Ziel begangen werden, die Bevölkerung auf schwer wiegende Weise einzuschüchtern« oder »öffentliche Stellen oder eine internationale Organisation rechtswidrig zu einem Tun oder Unterlassen zu zwingen« oder »die politischen, verfassungsrechtlichen, wirtschaftlichen oder sozialen Grundstrukturen eines Landes oder einer internationalen Organisation ernsthaft zu destabilisieren oder zu zerstören.«[38]

19 Kriminalitätsformen, die ein **gemeinsames Interesse** verletzen, das Gegenstand einer Politik der Union ist, müssen ein gemeinsames Vorgehen der Mitgliedstaaten aufgrund der Folgen der Straftaten erfordern. Dieses gemeinsame Interesse ist insbesondere dann Gegenstand einer Politik der Union, wenn einschlägige Rechtsakte erlassen wurden, jedoch auf einer anderen materiellen Grundlage als der des Art. 88 AEUV.[39]

20 Die **Europol-Verordnung**[40] hält an dieser Zuständigkeitsfestlegung für Europol fest. Nach Art. 3 Abs. 1 dieser VO unterstützt und verstärkt Europol die Tätigkeit der Mitgliedstaaten sowie deren Zusammenarbeit bei der Verhütung und Bekämpfung der in Anhang 1 der VO aufgeführten, **zwei oder mehr Mitgliedstaaten betreffenden Formen von schwerer Kriminalität, Terrorismus und sonstiger Kriminalitätsformen, die ein gemeinsames Interesse verletzen, das Gegenstand einer Politik der Union ist**. Zu den im Anhang 1 der VO genannten Straftaten zählen z. B. illegaler Drogenhandel, Geldwäscherei, Menschenhandel, vorsätzliche Tötung, Raub, Betrug, Korruption, Geldfälschung oder illegaler Waffenhandel. Zudem stellt Art. 3 Abs. 2 Europol-VO klar, dass Europol auch für die Bekämpfung solcher Straftaten zuständig ist, die im Zusammenhang mit den genannten Kriminalitätsformen stehen. Dies ist etwa bei Straftaten der Fall, die begangen werden, um kriminelle Handlungen, die in den Zuständigkeitsbereich von Europol fallen, zu erleichtern oder durchzuführen.

C. Verordnungsermächtigungen – Abs. 2 UAbs. 1, UAbs. 2

I. Ordentliches Gesetzgebungsverfahren

21 Art. 88 Abs. 2 UAbs. 1 und 2 AEUV ermächtigen den Rat und das Europäische Parlament, im ordentlichen Gesetzgebungsverfahren **Verordnungen** zu erlassen, in denen der Aufbau, die Arbeitsweise, der Tätigkeitsbereich und die Aufgaben von Europol sowie Einzelheiten für die Beteiligung des Europäischen Parlaments und der nationalen Parlamente an der Kontrolle der Tätigkeiten von Europol geregelt sind. Die zu erlassende Verordnung tritt dann an die Stelle der derzeit geltenden Grundlagen Europols, die im Europol-Beschluss[41] festgelegt sind.[42]

---

[37] *Zerdick*, in: Lenz/Borchardt, EU-Verträge, Art. 88 AEUV, Rn. 7.
[38] Rahmenbeschluss des Rates 2002/475/JI, ABl. 2002, L 164; s. *Röben*, in: Grabitz/Hilf/Nettesheim, EU, Art. 88 AEUV (Mai 2014), Rn. 7.
[39] *Röben*, in: Grabitz/Hilf/Nettesheim, EU, Art. 88 AEUV (Mai 2014), Rn. 8.
[40] Fn. 20.
[41] Fn. 15.
[42] *Röben*, in: Grabitz/Hilf/Nettesheim, EU, Art. 88 AEUV (Mai 2014), Rn. 13.

Für derartige Verordnungen ist ausdrücklich das ordentlichen Gesetzgebungsverfahren (Art. 294 AEUV) vorgesehen; es entscheiden der **Rat und** das **Parlament gemeinsam**. Im Rat ist eine **qualifizierte Mehrheit** erforderlich, während im Europäischen Parlament die einfache Mehrheit genügt (s. Art. 289 und 294 AEUV). Nach Art. 76 AEUV können diese Verordnungen auf Vorschlag der Kommission oder auf Initiative (mindestens) eines Viertels der Mitgliedstaaten (derzeit also sieben) erlassen werden.

II. Mögliche Verordnungsinhalte

1. Aufbau, Arbeitsweise und Tätigkeitsbereich

Auf der Grundlage von Art. 88 Abs. 2 UAbs. 1 AEUV erlassene Verordnungen können den Aufbau, die Arbeitsweise und die Tätigkeitsbereiche Europols regeln. »**Aufbau**« meint Rechtsform, Sitz und Organisation von Europol sowie Personalwesen und Fragen der Finanzierung (s. Rn. 9). So kann Europol beispielsweise als rechtsfähige internationale Organisation oder auch als Agentur der EU eingerichtet werden.[43]

Zum Begriff der **Arbeitsweise** zählt jegliches Tätigwerden Europols, das der Erfüllung seiner Aufgaben dient, wie etwa die Aufnahme bestimmter Daten in das Europol-Informationssystem. Darunter fallen auch Regelungen über den Datenschutz und über die Außenbeziehungen Europols zu Drittstaaten oder internationalen Organisationen (s. Rn. 10).

Verordnungen nach Art. 88 Abs. 2 UAbs. 1 AEUV können auch die **Zuständigkeit** (= Tätigkeitsbereich) von Europol bestimmen (s. Rn. 11).

Die **Europol-VO**[44] sieht in Art. 9 Regelungen zur Verwaltungs- und Leitungsstruktur Europols vor. Danach umfasst die Verwaltungs- und Leitungsstruktur Europols einen Verwaltungsrat, einen Exekutivdirektor sowie jedes sonstige bei Bedarf vom Verwaltungsrat eingesetzte beratende Gremium.

2. Aufgaben

a) Allgemeines

Verordnungen nach Art. 88 Abs. 2 UAbs. 1 AEUV können ferner die Aufgaben von Europol unter Berücksichtigung des Art. 88 Abs. 1 AEUV festlegen bzw. konkretisieren.[45] Die Buchst. a und b nennen mögliche, **nicht abschließend** angeführte Aufgabenbereiche (arg. »kann«); durch Verordnungen können jedoch weitere bestimmt werden.[46] So umschreibt die **Europol-VO**[47] in Art. 4 der VO die Aufgaben Europols auch deutlich umfassender als Art. 88 Abs. 2 UAbs. 1.

b) Informationsverarbeitung

Art. 88 Abs. 2 UAbs. 1 Buchst. a AEUV sieht als erste mögliche Aufgabe Europols das Einholen, Speichern, Verarbeiten, Analysieren und Austauschen von Informationen. Diese können neben Stellen der Union von den Behörden der Mitgliedstaaten (nationale

---

[43] *Röben*, in: Grabitz/Hilf/Nettesheim, EU, Art. 88 AEUV (Mai 2014), Rn. 12.
[44] Fn. 20.
[45] *Röben*, in: Grabitz/Hilf/Nettesheim, EU, Art. 88 AEUV (Mai 2014), Rn. 14.
[46] *Kotzur*, in: Geiger/Khan/Kotzur, EUV/AEUV, Art. 88 AEUV, Rn. 6; *Zerdick*, in: Lenz/Borchardt, EU-Verträge, Art. 88 AEUV, Rn. 10; a.M. *Suhr*, in: Calliess/Ruffert, EUV/AEUV, Art. 88 AEUV, Rn. 16; *Ruthig*, EnzEuR, Bd. 9, § 20, Rn. 12.
[47] Fn. 20.

Stellen), Drittstaaten oder Einrichtungen außerhalb der Union stammen.[48] Zur Erfüllung dieser Aufgabe unterhält Europol das **Europol-Informationssystem**. Zusätzlich kann Europol Arbeitsdateien zu Analysezwecken anlegen (s. Rn. 10).

29 Der Zugriff auf Analysedateien des Informationssystems erfolgt über ein **Indexsystem**. Dieses muss gemäß Art. 15 Abs. 1 Europol-Beschluss so ausgestaltet sein, dass für den Abrufenden ersichtlich ist, ob eine Datei Informationen enthält, die er für die Erfüllung seiner Aufgaben braucht; Rückschlüsse oder Verknüpfungen bezüglich einzelner Daten dürfen nach Abs. 3 nicht möglich sein.[49] Unmittelbaren Zugriff auf das Informationssystem haben ausschließlich die nationalen Stellen, Verbindungsbeamte, der Direktor und die stellvertretenden Direktoren sowie dazu ermächtigte Europol-Bedienstete.[50]

30 Art. 88 Abs. 2 UAbs. 1 Buchst. a AEUV gibt sehr genau die aktuelle Organisation, die angewendeten Methoden und die Instrumente Europols wieder; der zu erlassenden Verordnung wird daher primärrechtlich sehr **wenig Raum für Veränderungen** des gegenwärtigen Zustandes von Europol eingeräumt.[51]

31 Die **Europol-VO**[52] sieht in den Art. 17–22 umfassende Regelungen zur Informationsverarbeitung durch Europol vor. So darf Europol die zur Verfügung gestellten Informationen gemäß Art. 18 Europol-VO des Vorschlages zum Zwecke einer »Kreuzprobe« (Ermittlung eines Zusammenhanges zwischen Informationen), einer strategischen oder themenbezogenen Analyse oder zum Zwecke einer operativen Analyse in Einzelfällen verarbeiten. Zugriff auf die von Europol verarbeiteten Informationen haben nach der VO die Mitgliedstaaten, das Europol-Personal sowie Eurojust und OLAF (Art. 20 und 21 Europol-VO).

c) Ermittlungen und operative Maßnahmen

32 Gemäß Art. 88 Abs. 2 UAbs. 1 Buchst. b AEUV kann Europol die Aufgabe übertragen werden, Ermittlungen und operative Maßnahmen zu koordinieren, zu organisieren und durchzuführen. Damit sind nicht eigene Ermittlungen und operative Maßnahmen von Europol gemeint, sondern solche, die **gemeinsam mit den Behörden der Mitgliedstaaten** oder im Rahmen **gemeinsamer Ermittlungsgruppen** (s. dazu Art. 87 AEUV, Rn. 24) sowie gegebenenfalls mit Beteiligung von Eurojust durchgeführt werden.[53] Art. 88 Abs. 3 Satz 1 AEUV normiert eine zusätzliche Voraussetzung für das Tätigwerden Europols im Rahmen operativer Maßnahmen; sie dürfen nur in Verbindung und in Absprache mit den Behörden des Mitgliedstaates, dessen Hoheitsgebiet betroffen ist, ergriffen werden.[54] Die **Anwendung von Zwangsmaßnahmen** bleibt ausschließlich den zuständigen **mitgliedstaatlichen Behörden** vorbehalten (Art. 88 Abs. 3 Satz 2 AEUV). Damit ist klargestellt, dass Europol auch weiterhin keine Exekutivbefugnisse im Sinne nationaler Polizeieinheiten zukommen; im Bereich der Ermittlungstätigkeit nimmt Europol vielmehr eine Koordinations- und Unterstützungsaufgabe wahr.[55]

---

[48] *Zerdick*, in: Lenz/Borchardt, EU-Verträge, Art. 88 AEUV, Rn. 11.
[49] *Böse*, in: Schwarze, EU-Kommentar, Art. 88 AEUV, Rn. 6.
[50] *Dannecker*, in: Streinz, EUV/AEUV, Art. 88 AEUV, Rn. 14.
[51] *Dannecker*, in: Streinz, EUV/AEUV, Art. 88 AEUV, Rn. 15.
[52] Fn. 20.
[53] *Röben*, in: Grabitz/Hilf/Nettesheim, EU, Art. 88 AEUV (Mai 2014), Rn. 18; *Suhr*, in: Calliess/Ruffert, EUV/AEUV, Art. 88 AEUV, Rn. 22.
[54] *Dannecker*, in: Streinz, EUV/AEUV, Art. 88 AEUV, Rn. 18; *Ruthig*, EnzEuR, Bd. 9, § 20, Rn. 59; *Zerdick*, in: Lenz/Borchardt, EU-Verträge, Art. 88 AEUV, Rn. 14.
[55] *Ambos*, § 13, Rn. 6; *Kotzur*, in: Geiger/Khan/Kotzur, EUV/AEUV, Art. 88 AEUV, Rn. 13; *Suhr*,

Verordnungen nach Art. 88 Abs. 2 UAbs. 1 Buchst. b AEUV erweitern dennoch den Wirkungsbereich von Europol im Hinblick auf operative Tätigkeiten.[56] Die in Art. 5 Abs. 1 Buchst. a-c Europol-Beschluss normierten Funktionen Europols beschränken sich auf die bloße Unterstützung und Beratung mitgliedstaatlicher Ermittlungen. Buchst. d der Vorschrift räumt Europol die Möglichkeit ein, Ersuchen zur Einleitung von Ermittlungen an die zuständigen Behörden der Mitgliedstaaten zu stellen.[57] Diese müssen einem solchen Ersuchen jedoch nicht zustimmen; die Schaffung gemeinsamer Ermittlungsgruppen obliegt somit derzeit ausschließlichen den Mitgliedstaaten.[58] Art. 88 Abs. 2 UAbs. 1 Buchst. b AEUV bedeutet für Europol folglich eine **Aufwertung zum mitverantwortlich handelnden Partner nationaler Behörden**.[59]

33

Die **Europol-VO**[60] konkretisiert die in Art. 88 Abs. 2 UAbs. 1 Buchst. b AEUV angeführten Aufgaben Europols in Art. 4. Nach Art. 4 Abs. 1 Buchst. d hat Europol z. B. die Befugnis, an gemeinsamen Ermittlungsgruppen mitzuwirken; diese Mitwirkungsbefugnis erstreckt sich grundsätzlich auf alle Tätigkeiten dieser Ermittlungsgruppen sowie auf den Informationsaustausch. Ausdrücklich klargestellt wird im Einklang mit Art. 88 Abs. 3 Satz 2 AEUV (s. Rn. 32), dass Bedienstete Europols keine Zwangsmaßnahmen anwenden dürfen (Art. 4 Abs. 5 der VO).

34

3. Kontrolle der Tätigkeiten von Europol durch die Parlamente

Art. 88 Abs. 2 UAbs. 2 AEUV enthält den Auftrag, in den nach Art. 88 Abs. 2 UAbs. 1 Buchst. a und b zu erlassenden Verordnungen Einzelheiten für die Kontrolle Europols durch das Europäische Parlament[61] unter Beteiligung der nationalen Parlamente festzulegen.[62] Bereits Art. 12 Buchst. c EUV spricht von der Einbeziehung der nationalen Parlamente in die politische Kontrolle von Europol.

35

Die Hauptzuständigkeit hat beim **Europäischen Parlament** zu liegen. Instrumente der parlamentarischen Kontrolle können insbesondere eine Pflicht zur regelmäßigen Berichterstattung sowie allenfalls die Einrichtung eines Untersuchungsausschusses sein.[63] Der Europol-Beschluss genügt diesen Anforderungen gegenwärtig nicht; vorgesehen sind darin z. B. lediglich die Zustimmung des Europäischen Parlaments zum Haushaltsplan von Europol und die Beteiligung des Europäischen Parlaments am Erlass von Durchführungsregelungen.[64]

36

In der **Europol-VO**[65] finden sich Bestimmungen zur parlamentarischen Kontrolle Europols in den Art. 51 und 52. So müssen gemäß Art. 51 Abs. 2 Buchst. a der VO z. B. der Vorsitzende des Verwaltungsrates und der Exekutivdirektor auf Verlangen vor dem

37

---

in: Calliess/Ruffert, EUV/AEUV, Art. 88 AEUV, Rn. 22; näher dazu *Ruthig*, EnzEuR, Bd. 9, § 20, Rn. 60 ff., der mit Recht auf die relative Unbestimmtheit des Begriffs »Zwangsmaßnahmen« hinweist.
[56] *Dannecker*, in: Streinz, EUV/AEUV, Art. 88 AEUV, Rn. 17.
[57] *Suhr*, in: Calliess/Ruffert, EUV/AEUV, Art. 88 AEUV, Rn. 22.
[58] *Zerdick*, in: Lenz/Borchardt, EU-Verträge, Art. 88 AEUV, Rn. 14.
[59] *Dannecker*, in: Streinz, EUV/AEUV, Art. 88 AEUV, Rn. 17; *Kotzur*, in: Geiger/Khan/Kotzur, EUV/AEUV, Art. 88 AEUV, Rn. 13.
[60] Fn. 20.
[61] Insoweit kritisch *Dannecker*, in: Streinz, EUV/AEUV, Art. 88 AEUV, Rn. 31, der das Europäische Parlament für eine effektive Überwachung Europols als »zu schwerfällig« erachtet.
[62] *Dannecker*, in: Streinz, EUV/AEUV, Art. 88 AEUV, Rn. 31.
[63] *Röben*, in: Grabitz/Hilf/Nettesheim, EU, Art. 88 AEUV (Mai 2014), Rn. 20.
[64] Näher *Albrecht/Janson*, EuR 2012, 230; *Suhr*, in: Calliess/Ruffert, EUV/AEUV, Art. 88 AEUV, Rn. 24.
[65] Fn. 20.

Europäischen Parlament und Vertretern der nationalen Parlamente erscheinen, um Europol betreffende Angelegenheiten zu erörtern. Zudem müssen dem Europäischen Parlament sowie den nationalen Parlamenten im Zusammenhang mit den Zielen Europols stehende Risikobewertungen, strategische Analysen und allgemeine Lageberichte sowie die Ergebnisse von Studien und Evaluierungen, die von Europol in Auftrag gegeben wurden, übermittelt werden (Art. 51 Abs. 3 Europol-VO).

D. Rechtsschutz gegen Maßnahmen von Europol

I. Datenschutz

1. Geltende Rechtslage

a) Von einem Mitgliedstaat eingegebene Daten

38 Für Daten, die von einem Mitgliedstaat in das Europol-Informationssystem eingegeben wurden, findet das **nationale Datenschutzrecht** des jeweiligen Mitgliedstaates Anwendung.[66] Nach Art. 27 Europol-Beschluss muss das nationale Datenschutzrecht die im Übereinkommen des Europarates vom 28.1.1981 über den Schutz des Menschen bei der automatischen Verarbeitung personenbezogener Daten[67] normierten Grundsätze erfüllen. Nach Maßgabe des nationalen Rechts und unter Berücksichtigung der nach Art. 27 Europol-Beschluss geforderten Mindeststandards haben die Mitgliedstaaten nationale Kontrollinstanzen zu errichten, die allfällige Datenübermittlungen und -abrufe sowie Dateneingaben überwachen.[68] Jede Person kann sich an diese Einrichtungen wenden und diese ersuchen, die Rechtmäßigkeit der Eingabe von Daten, von denen sie betroffen sind, deren Übermittlung sowie den Abruf zu prüfen (Art. 33 Abs. 2 Europol-Beschluss). Rechtsschutz gegen Handlungen nationaler Kontrollinstanzen ist im nationalen Recht zu suchen.[69]

b) Von Europol eingegebene Daten

39 Die Prüfung, ob durch die Speicherung, Verarbeitung oder Übermittlung von Daten durch Europol Rechte einzelner Personen verletzt werden, obliegt gemäß Art. 34 Europol-Beschluss der sog. **gemeinsamen Kontrollinstanz**. Ferner kann bei dieser gemeinsamen Kontrollinstanz nach Art. 32 Europol-Beschluss Beschwerde gegenüber nicht stattgegebenen Anträgen auf Auskunft, Berichtigung oder Löschung eingelegt werden. Diese Beschwerdemöglichkeit steht auch bei Säumnis offen.[70] Für Schadenersatzansprüche Einzelner haftet im Sinne der Art. 52 und 53 Europol-Beschluss Europol selbst oder der Mitgliedstaat, in dem der Schadensfall eingetreten ist, unter Maßgabe des jeweiligen innerstaatlichen Rechts. Geschädigte haben ferner einen Anspruch auf Unterlassung oder auf Widerruf gegen Europol (Art. 53 Abs. 3 Europol-Beschluss).

---

[66] *Dannecker*, in: Streinz, EUV/AEUV, Art. 88 AEUV, Rn. 20.
[67] BGBl. II 1985, S. 538 ff.; in der Bundesrepublik Deutschland seit 1.10.1985 in Kraft (BGBl. II 1985 S. 1134).
[68] *Dannecker*, in: Streinz, EUV/AEUV, Art. 88 AEUV, Rn. 20.
[69] *Dannecker*, in: Streinz, EUV/AEUV, Art. 88 AEUV, Rn. 20; s. zum Ganzen auch *Ruthig*, EnzEuR, Bd. 9, § 20, Rn. 64 ff.
[70] *Dannecker*, in: Streinz, EUV/AEUV, Art. 88 AEUV, Rn. 21; eingehend *Ruthig*, EnzEuR, Bd. 9, § 20, Rn. 76 ff.

Zwar ist eine **gerichtliche Überprüfung** der Entscheidungen der gemeinsamen Kon- 40
trollinstanz nicht vorgesehen, obwohl Art. 6 Abs. 1 EUV i. V. m. Art. 47 GRC einen
solchen Rechtsschutz gegen hoheitliches Handeln einer Einrichtung der EU fordert.[71]
Doch nach der Rechtsprechung des EuG müssen Handlungen einer Unionseinrichtung,
die Rechtswirkungen gegenüber Dritten erzeugen, einer gerichtlichen Überprüfung zugänglich sein.[72] Dieser Vorgabe ist durch die Supranationalisierung der polizeilichen
Zusammenarbeit im Zuge des Vertrages von Lissabon Genüge getan. Denn der Betroffene kann nunmehr gegen den ablehnenden Bescheid der Kontrollinstanz **Nichtigkeitsklage** (Art. 263 Abs. 1 Satz 2 u. Abs. 4 AEUV) **beim EuGH** erheben.[73]

2. Europol-VO

Die **Europol-VO**[74] sieht in den Art. 28–46 umfassende Datenschutzgarantien vor. So 41
haben betroffene Personen unter bestimmten Voraussetzungen Auskunfts-, Berichti-
gungs-, Löschungs- und Sperrungsrechte. Als verantwortliches Organ für die Einhaltung
der Rechtmäßigkeit der Datenverarbeitung benennt Art. 41 Europol-VO einen dem
Europol-Personal angehörenden Datenschutzbeauftragten. Ferner üben auch nationale
Behörden entsprechende Kontrollfunktionen aus (Art. 42 Europol-VO). Als zentrale
Rechtsschutzinstanz fungiert der Europäische Datenschutzbeauftragte (Art. 43 f. und
47 f. der VO).

II. Rechtschutz gegen operative Maßnahmen

Rechtsschutz gegen operative Maßnahmen Europols in Form gemeinsamer Ermittlungs- 42
gruppen gewähren **nationale Gerichte**. Handlungen von Europol-Mitarbeitern sind derjenigen nationalen Behörde zuzuordnen, welche die Ermittlungen durchführt.[75]

Erlässt der Rat eine Verordnung auf Grundlage von Art. 88 AEUV, der Europol nach 43
Art. 88 Abs. 2 Satz 2 Buchst. b Alt. 2 AEUV die Teilnahme an gemeinsamen operativen
Maßnahmen mit den zuständigen Behörden der Mitgliedstaaten ermöglicht, kommt als
Rechtsschutzgericht entweder der EuGH oder das jeweilige nationale Gericht in Frage.
Der **EuGH** ist dann zuständig, wenn die Maßnahme Europol zuzurechnen ist (s. Art. 48
und Art. 49 Abs. 2 und Abs. 4 Europol-VO); ist die Maßnahme hingegen nationalen
Stellen zuzurechnen, sind die **nationalen Gerichte** zuständig.[76]

---

[71] *Röben*, in: Grabitz/Hilf/Nettesheim, EU, Art. 88 AEUV (Mai 2014), Rn. 26; *Rosenau/Petrus*, in: Vedder/Heintschel v. Heinegg, Europäisches Unionsrecht, Art. 88 AEUV, Rn. 12.
[72] EuG, Urt. v. 8.10.2008, Rs. T–411/06 (Sogelma), Slg. 2008, II–2771, Rn. 37.
[73] *Ambos*, § 13, Rn. 11; *Böse*, in: Schwarze, EU-Kommentar, Art. 88 AEUV, Rn. 9; *Ruthig*, EnzEuR, Bd. 9, § 20, Rn. 79 f.; s. auch *Dannecker*, in: Streinz, EUV/AEUV, Art. 88 AEUV, Rn. 22; *Röben*, in: Grabitz/Hilf/Nettesheim, EU, Art. 88 AEUV (Mai 2014), Rn. 26.
[74] Fn. 20.
[75] *Dannecker*, in: Streinz, EUV/AEUV, Art. 88 AEUV, Rn. 25.
[76] *Dannecker*, in: Streinz, EUV/AEUV, Art. 88 AEUV, Rn. 27.

Artikel 89 AEUV [Grenzüberschreitendes Tätigwerden]

¹Der Rat legt gemäß einem besonderen Gesetzgebungsverfahren fest, unter welchen Bedingungen und innerhalb welcher Grenzen die in den Artikeln 82 und 87 genannten zuständigen Behörden der Mitgliedstaaten im Hoheitsgebiet eines anderen Mitgliedstaats in Verbindung und in Absprache mit dessen Behörden tätig werden dürfen. ²Der Rat beschließt einstimmig nach Anhörung des Europäischen Parlaments.

Literaturübersicht

Krüßmann, Besondere Formen der grenzüberschreitenden Zusammenarbeit, in: Böse (Hrsg.), Europäisches Strafrecht mit polizeilicher Zusammenarbeit, 2009, 679; *Kugelmann*, Europäische Polizeiliche Kooperation, in: Böse (Hrsg.), Europäisches Strafrecht mit polizeilicher Zusammenarbeit, 2009, 631.

Inhaltsübersicht   Rn.

A. Allgemeines
   I. Regelungsinhalt 1
   II. Entstehungsgeschichte 5
   III. Sekundärrecht vor Inkrafttreten des Art. 89 AEUV 6
B. Zuständige Behörden 8
C. Zustimmung des betroffenen Mitgliedstaates 9
D. Tätigwerden auf fremdem Staatsgebiet 10
E. Besonderes Gesetzgebungsverfahren 14

A. Allgemeines

I. Regelungsinhalt

1 Art. 89 AEUV ermächtigt und beauftragt den Rat, **Regelungen über Art und Umfang des grenzüberschreitenden Tätigwerdens von Polizei-, Justiz- und Zollbehörden innerhalb der EU** zu treffen; mit solchen Vorschriften können die Bedingungen und Grenzen festgelegt werden, in denen Polizei-, Justiz- und Zollbehörden eines Mitgliedstaates in einem anderen Mitgliedstaat Ermittlungs- und Verfolgungsmaßnahmen setzen dürfen.[1] Diese primärrechtliche Ermächtigung zeigt die zunehmende Bedeutung einer **grenzüberschreitenden polizeilichen und justiziellen Kooperation** in der EU im Bereich der Strafverfolgung: Sie trägt der Notwendigkeit eines gewissen Maßes an grenzüberschreitender Tätigkeit nationaler Polizei-, Justiz- und Zollbehörden in einem Raum der Freiheit, Sicherheit und des Rechts ohne Binnengrenzen Rechnung.[2] Denn eine effektive Bekämpfung der inter- und transnational agierenden Kriminalität ist nur dann möglich, wenn auch die Strafverfolgungsbehörden nicht an den mitgliedstaatlichen Grenzen Halt machen müssen.[3] Folglich müssen die Mitgliedstaaten der EU hoheitliche Handlungen von Behörden anderer Mitgliedstaaten auf ihrem Territorium dulden; da damit freilich

---

[1] *Kotzur*, in: Geiger/Khan/Kotzur, EUV/AEUV, Art. 89 AEUV, Rn. 1; *Suhr*, in: Calliess/Ruffert, EUV/AEUV, Art. 89 AEUV, Rn. 1; *Zerdick*, in: Lenz/Borchardt, EU-Verträge, Art. 85 AEUV, Rn. 1.
[2] *Epiney*, in: Vedder/Heintschel v. Heinegg, Europäisches Unionsrecht, Art. 89 AEUV, Rn. 1.
[3] *Dannecker*, in: Streinz, EUV/AEUV, Art. 89 AEUV, Rn. 2; *Röben*, in: Grabitz/Hilf/Nettesheim, EU, Art. 89 AEUV (Mai 2014), Rn. 2.

die Souveränität des jeweiligen Mitgliedstaates tangiert wird, ist ein solches Tätigwerden »fremder« Strafverfolgungsbehörden an enge Voraussetzungen geknüpft.[4]

So ist aufgrund des damit verbundenen Eingriffs in die Gebietshoheit des jeweils betroffenen Mitgliedstaates die Rechtsetzung in diesem Bereich dem **besonderen Gesetzgebungsverfahren** unterworfen; dieses erfordert Einstimmigkeit unter den aktuell 28 Mitgliedern im Rat.[5] Auf diese Weise muss kein Mitgliedstaat auf seinem Territorium hoheitliche Handlungen von Behörden anderer Mitgliedstaaten aufgrund von Regelungen dulden, denen er selbst nicht zugestimmt hat.[6] 2

Art. 89 AEUV stellt die primärrechtliche Grundlage dafür dar, den **Schengen-Besitzstand** (mit den Möglichkeiten grenzüberschreitender Observation und Nacheile; s. Rn. 12 f. und Art. 87 AEUV, Rn. 25 f.) in das geltende Unionsrecht zu integrieren.[7] 3

Mittels eines auf Art. 89 AEUV gestützten Rechtsaktes kann allein das Tätigwerden von Strafverfolgungsbehörden auf dem **Staatsgebiet eines anderen EU-Mitgliedstaates** näher determiniert werden; Aktivitäten der Strafverfolgungsbehörden auf dem Territorium von Drittstaaten bedürfen eines entsprechenden völkerrechtlichen Vertrages auf Basis der Art. 216 ff. i. V. m. Art. 89 AEUV.[8] 4

II. Entstehungsgeschichte

Vorbild des Art. 89 AEUV ist **Art. 32 EUV a. F.**, der durch den Vertrag von Amsterdam in den EUV aufgenommen wurde. Eine erste Nachfolgeregelung fand sich im Vertrag über eine Verfassung für Europa. Voraussetzung für einen Beschluss des Rates war nach **Art. III–277 EVV** Einstimmigkeit nach Anhörung des Europäischen Parlaments. Diese Regelung wurde mit dem Inkrafttreten des Vertrages von Lissabon am 1. 12. 2009 in den Art. 89 AEUV übernommen.[9] Art. 32 EUV a. F. wurde durch Art. 89 AEUV also in eine eigenständige Ermächtigungsgrundlage umgewandelt.[10] Inhaltlich orientiert sich Art. 89 AEUV jedoch weitgehend an Art. 32 EUV a. F.[11] 5

III. Sekundärrecht vor Inkrafttreten des Art. 89 AEUV

Bislang ist kein Rechtsakt auf der Grundlage des Art. 89 AEUV erlassen worden. In **früheren Rechtsinstrumenten** der Union lassen sich jedoch **Regelungen mit ähnlichen Zielsetzungen** finden.[12] Beispiele hierfür sind der Beschluss des Rates über die Verbesserung der Zusammenarbeit zwischen den Spezialeinheiten der Mitgliedstaaten in Krisensituationen[13]; die Überführung des Prümer Vertrags, der gemeinsame Einsatzformen zur Gefahrenabwehr vorsieht (z. B. gemeinsame Streifendienste), in das EU-Recht[14]; das Übereinkommen über die Rechtshilfe in Strafsachen zwischen den Mitgliedstaaten der 6

---

[4] *Dannecker*, in: Streinz, EUV/AEUV, Art. 89 AEUV, Rn. 2.
[5] *Epiney*, in: Vedder/Heintschel v. Heinegg, Europäisches Unionsrecht, Art. 89 AEUV, Rn. 2.
[6] *Dannecker*, in: Streinz, EUV/AEUV, Art. 89 AEUV, Rn. 2; *Suhr*, in: Calliess/Ruffert, EUV/AEUV, Art. 89 AEUV, Rn. 6.
[7] *Dannecker*, in: Streinz, EUV/AEUV, Art. 89 AEUV, Rn. 3.
[8] *Röben*, in: Grabitz/Hilf/Nettesheim, EU, Art. 89 AEUV (Mai 2014), Rn. 9.
[9] *Suhr*, in: Calliess/Ruffert, EUV/AEUV, Art. 89 AEUV, Rn. 4 ff.
[10] *Böse*, in: Schwarze, EU-Kommentar, Art. 89 AEUV, Rn. 1.
[11] *Dannecker*, in: Streinz, EUV/AEUV, Art. 89 AEUV, Rn. 1.
[12] *Zerdick*, in: Lenz/Borchardt, EU-Verträge, Art. 85 AEUV, Rn. 5.
[13] ABl. 2008, L 210/73.
[14] ABl. 2008, L 210/1.

Europäischen Union[15] (Art. 13 regelt die Bildung gemeinsamer Ermittlungsgruppen) sowie das EU-Übereinkommen über die gegenseitige Amtshilfe im Zollbereich[16] (Art. 22 hat kontrollierte Lieferungen, Art. 23 die verdeckte Ermittlung zum Gegenstand).[17]

7 Ein am 18.7.2005 von der Kommission vorgelegter **Vorschlag** sollte einen einheitlichen Rahmen für die Durchführung und Weiterentwicklung grenzüberschreitender Zusammenarbeit schaffen.[18] Dieser Vorschlag wurde jedoch 2009 wegen mangelnder Einstimmigkeit im Rat zurückgezogen, nachdem die Verhandlungen bereits 2006 ausgesetzt wurden.[19]

B. Zuständige Behörden

8 Die in Art. 89 AEUV festgelegte Regelungskompetenz bezieht sich auf die in den Art. 82 und Art. 87 AEUV genannten zuständigen Behörden; dazu zählen **Polizei-, Justiz-, Strafvollzugs- und Zollbehörden**.[20] Justizbehörden sind insbesondere die Staatsanwaltschaften und die Strafgerichte.[21]

C. Zustimmung des betroffenen Mitgliedstaates

9 Nach Art. 89 AEUV hat jegliches Tätigwerden auf fremdem Staatsgebiet »**in Verbindung und in Absprache**« mit den Behörden des betroffenen Mitgliedstaates zu erfolgen. Es muss also zumindest eine aktive Beteiligung dieses Mitgliedstaates vorliegen; bloßes In-Kenntnis-Setzen genügt dieser Anforderung nicht.[22] Daraus lässt sich ein **prinzipielles Zustimmungserfordernis** ableiten. Diese Voraussetzung eines Mindestmaßes an Koordination schließt Amtshandlungen gegen den Willen des betroffenen Staates explizit aus.[23]

---

[15] ABl. 2000, C 197/1.
[16] ABl. 1998, C 24/1.
[17] S. zum Ganzen *Krüßmann*, EnzEuR, Bd. 9, § 18, Rn. 33 ff., 42 ff.; *Röben*, in: Grabitz/Hilf/Nettesheim, EU, Art. 89 AEUV (Mai 2014), Rn. 19; *Suhr*, in: Calliess/Ruffert, EUV/AEUV, Art. 89 AEUV, Rn. 2 f.; *Zerdick*, in: Lenz/Borchardt, EU-Verträge, Art. 89 AEUV, Rn. 5 ff.
[18] KOM (2005) 317 endg., ABl. 2006, C 49/37; s. *Suhr*, in: Calliess/Ruffert, EUV/AEUV, Art. 89 AEUV, Rn. 13.
[19] ABl. 2009, C 71/17.
[20] *Dannecker*, in: Streinz, EUV/AEUV, Art. 89 AEUV, Rn. 6.
[21] *Böse*, in: Schwarze, EU-Kommentar, Art. 89 AEUV, Rn. 2; *Röben*, in: Grabitz/Hilf/Nettesheim, EU, Art. 89 AEUV (Mai 2014), Rn. 8; *Zerdick*, in: Lenz/Borchardt, EU-Verträge, Art. 85 AEUV, Rn. 2.
[22] *Dannecker*, in: Streinz, EUV/AEUV, Art. 89 AEUV, Rn. 4; *Böse*, in: Schwarze, EU-Kommentar, Art. 89 AEUV, Rn. 2.
[23] *Dannecker*, in: Streinz, EUV/AEUV, Art. 89 AEUV, Rn. 4; *Suhr*, in: Calliess/Ruffert, EUV/AEUV, Art. 89 AEUV, Rn. 6; a. M. *Röben*, in: Grabitz/Hilf/Nettesheim, EU, Art. 89 AEUV (Mai 2014), Rn. 12, nach dem ein solches Zustimmungserfordernis »in Fällen besonderer Dringlichkeit entfallen« könne.

D. Tätigwerden auf fremdem Staatsgebiet

Die Art des Tätigwerdens der genannten Behörden ist in Art. 89 AEUV nicht näher umschrieben. Erfasst sind daher grundsätzlich alle **hoheitlichen Ermittlungshandlungen** (insbesondere grenzüberschreitende Observation und Nacheile, Einsatz gemeinsamer Ermittlungsgruppen, verdeckte Ermittlung oder kontrollierte Lieferungen) sowie **schlicht hoheitliches Tätigwerden** (z. B. gemeinsame Polizeistreifen) der Behörden eines Mitgliedstaates auf dem Hoheitsgebiet eines anderen Mitgliedstaates.[24]

10

Regelungen für grenzüberschreitende Observation und Nacheile finden sich gegenwärtig in den **Art. 40 und 41 des Schengener Durchführungsübereinkommens (SDÜ)**. Dieses wurde durch das dem Vertrag von Amsterdam beigefügte Schengen-Protokoll als Teil des Schengen-Acquis in den Rechtsrahmen der EU integriert.[25] Rechtsgrundlage für Änderungen und Erweiterungen der Art. 40 bis 43 SDÜ ist Art. 89 AEUV, der, wie schon zuvor Art. 32 EUV a. F., vor allem in diesem Bereich praktische Relevanz erlangen wird.[26]

11

Observation ist die Beobachtung einer verdächtigen Person oder einer solchen, die zur Identifizierung oder Auffindung einer verdächtigen Person führen kann, zum Zwecke der Informationserhebung (s. Art. 87 AEUV, Rn. 25).[27] Die in Art. 40 Abs. 4 SDÜ genannten Beamten dürfen die Observation auf dem Hoheitsgebiet eines anderen Mitgliedstaates fortsetzen, wenn die Zustimmung des betroffenen Mitgliedstaates über ein Rechtshilfeersuchen erwirkt wurde (Art. 40 Abs. 1 SDÜ). Gemäß Art. 40 Abs. 7 SDÜ kann bei besonderer Dringlichkeit der Angelegenheit das Zustimmungserfordernis entfallen (s. aber Rn. 9); eine nachträgliche Genehmigung des betroffenen Mitgliedstaates ist aber einzuholen. Zu beachten sind die Beschränkungen des Art. 40 Abs. 3 Buchst. a bis h SDÜ, die den zuständigen Beamten u. a. den Gebrauch von Waffen, den Zutritt zu Wohnungen und die Festnahme von Personen untersagen.[28]

12

Nacheile ermöglicht es den in Art. 40 Abs. 4 SDÜ genannten Beamten, die Verfolgung einer Person, die auf frischer Tat betreten wird oder aus einer Untersuchungs- oder Strafhaft entflohen ist, auf dem Hoheitsgebiet eines anderen Mitgliedstaates fortzusetzen (s. Art. 87 AEUV, Rn. 26).[29] Allein der Umstand, dass die Modalitäten der Ausübung des Nacheilerechts (insbesondere Festhalterecht, räumliche oder zeitliche Begrenzung der Nacheile, Straftatenkatalog) nach Art. 41 Abs. 9 i. V. m. Abs. 2, 3 und 4 SDÜ in Erklärungen der Mitgliedstaaten festgelegt sind, belegt die Uneinheitlichkeit und Unübersichtlichkeit der gegenwärtigen Rechtslage.[30] Es ist daher zu hoffen, dass möglichst rasch Rechtsakte auf Basis des Art. 89 AEUV erlassen werden, die zu einer Vereinheitlichung und Klarstellung der Rechtslage auf dem Gebiet des grenzüberschreitenden behördlichen Tätigwerdens beitragen.

13

---

[24] *Böse*, in: Schwarze, EU-Kommentar, Art. 89 AEUV, Rn. 2; *Dannecker*, in: Streinz, EUV/AEUV, Art. 89 AEUV, Rn. 5; *Zerdick*, in: Lenz/Borchardt, EU-Verträge, Art. 85 AEUV, Rn. 2.
[25] ABl. 1999, L 176/1; ABl. 2000, L 239/1.
[26] *Dannecker*, in: Streinz, EUV/AEUV, Art. 89 AEUV, Rn. 7.
[27] Z. B. *Röben*, in: Grabitz/Hilf/Nettesheim, EU, Art. 89 AEUV (Mai 2014), Rn. 10.
[28] *Suhr*, in: Calliess/Ruffert, EUV/AEUV, Art. 89 AEUV, Rn. 9.
[29] *Dannecker*, in: Streinz, EUV/AEUV, Art. 89 AEUV, Rn. 8.
[30] *Dannecker*, in: Streinz, EUV/AEUV, Art. 89 AEUV, Rn. 8; *Böse*, in: Schwarze, EU-Kommentar, Art. 89 AEUV, Rn. 3; *Suhr*, in: Calliess/Ruffert, EUV/AEUV, Art. 89 AEUV, Rn. 11; s. auch *Kugelmann*, EnzEuR, Bd. 9, § 17, Rn. 92.

E. Besonderes Gesetzgebungsverfahren

14 Die Ermächtigung des Art. 89 AEUV zur Rechtsetzung unterliegt gemäß Art. 89 Satz 1 AEUV einem besonderen Gesetzgebungsverfahren (Art. 289 Abs. 2 AEUV). Nach Art. 89 Satz 2 AEUV hat der Rat **einstimmig nach** (bloßer) **Anhörung des Europäischen Parlaments** zu beschließen. Anders als im ordentlichen Gesetzgebungsverfahren (Art. 294 AEUV) hat hier also das Europäische Parlament kein Zustimmungsrecht (kein Mitentscheidungsverfahren).

15 Die Form des zu erlassenden Rechtsaktes wird in Art. 89 AEUV nicht näher determiniert. In Betracht kommen folglich nach Art. 289 Abs. 2 AEUV eine **Verordnung**, eine **Richtlinie** oder ein **Beschluss**.[31] Gemäß Art. 76 AEUV haben die Kommission oder mindestens ein Viertel der Mitgliedstaaten (derzeit also 7) ein entsprechendes Initiativrecht.

---

[31] *Zerdick*, in: Lenz/Borchardt, EU-Verträge, Art. 85 AEUV, Rn. 3; einschränkend *Röben*, in: Grabitz/Hilf/Nettesheim, EU, Art. 89 AEUV (Mai 2014), Rn. 13: Verordnung und Richtlinie.

Titel VI
Der Verkehr

Artikel 90 AEUV [Gemeinsame Verkehrspolitik]

Auf dem in diesem Titel geregelten Sachgebiet werden die Ziele der Verträge im Rahmen einer gemeinsamen Verkehrspolitik verfolgt.

Literaturübersicht

Basedow, Die Bahnprivatisierung und das Gemeinschaftsrecht, EuZW 2007, 65; *Brandenberg,* Entwicklungen in der Eisenbahnregulierung aus europäischer Sicht, EuZW 2009, 359; *Frenz,* Die europäische Verkehrspolitik nach dem AEUV, TranspR 2010, 419; *ders.*, Die Abgrenzung der EU-Verkehrspolitik zu den allgemeinen Vertragsbestimmungen, NZV 2010, 430; *Funke,* Europaweite Ahndung von Verkehrsverstößen: EU-Richtlinie über den Halterdatenaustausch, NZV 2012, 361; *Schmitt,* Die Harmonisierung der Wettbewerbsbedingungen in der EG-Binnenverkehrspolitik, EuZW 1993, 305; *Thym,* Der Binnenmarkt und die »Freiheit der Lüfte« – Anmerkung zum Urteil des Gerichtshofs vom 5.11.2002 Rs. C–476/98 (Kommission gegen Deutschland), EuR 2003, 277.

Leitentscheidungen

EuGH, Urt. v. 31.3.1971, Rs. 22/70 (AETR), Slg. 1971, 263
EuGH, Urt. v. 22.5.1985, Rs. 13/83 (Parlament/Rat), Slg. 1985, 1513
EuGH, Urt. v. 4.4.1974, Rs. 167/73 (Kommission/Frankreich), Slg. 1994, 359
EuGH, Urt. v. 5.11.2002, Rs. C–476/98 (Kommission/Deutschland), Slg. 2002, I–9855
EuGH, Urt. v. 24.4.2007, Rs. C–523/04 (Kommission Niederlande), Slg. 2007, I–3314
EuGH, Urt. v. 23.10.2007, Rs. C–440/05 (Kommission/Rat), Slg. 2007, I–9128

Wesentliche sekundärrechtliche Vorschriften
Straßenverkehr

VO (EWG) Nr. 4058/89 vom 21.12.1989 über die Preisbildung im Güterkraftverkehr zwischen den Mitgliedstaaten, ABl. 1989, L 390/1
Verordnung (EWG) Nr. 3916/90 des Rates vom 21.12.1990 über Maßnahmen bei Krisen auf dem Güterkraftverkehrsmarkt, ABl. 1990, L 375/10
RL 92/6/EWG vom 10.2.1992 über Einbau und Benutzung von Geschwindigkeitsbegrenzern für bestimmte Kraftfahrzeugklassen in der Gemeinschaft, ABl. 1992, L 57/27
VO (EG) Nr. 12/98 vom 11.12.1997 über die Bedingungen für die Zulassung von Verkehrsunternehmern zum Personenkraftverkehr innerhalb eines Mitgliedstaats in dem sie nicht ansässig sind, ABl. 1998, L 4/10
RL 2004/54/EG vom 29.4.2004 über Mindestanforderungen an die Sicherheit von Tunneln im transeuropäischen Straßennetz, ABl. 2007, L 204/30, zuletzt geändert durch die VO (EG) Nr. 596/2009 vom 18.6.2009, ABl. 2009, L 188/14 (87 f.)
RL 2006/126/EG vom 20.12.2006 über den Führerschein, ABl. 2006, L 403/18
RL 2007/46/EG vom 5.9.2007 zur Schaffung eines Rahmens für die Genehmigung von Kraftfahrzeugen und Kraftfahrzeuganhängern sowie von Systemen, Bauteilen und selbstständigen technischen Einheiten für diese Fahrzeuge, ABl. 2007, L 263/1
RL 2008/96/EG vom 19.11.2008 über ein Sicherheitsmanagement für die Straßenverkehrsinfrastruktur, ABl. 2008, L 319/59
RL 2009/33/EG vom 23.4.2009 über die Förderung sauberer und energieeffizienter Straßenfahrzeuge, ABl. 2009, L 120/5
VO (EG) Nr. 1071/2009 vom 21.10.2009 zur Festlegung gemeinsamer Regeln für die Zulassung zum Beruf des Kraftverkehrsunternehmers und zur Aufhebung der Richtlinie 96/26/EG des Rates, ABl. 2009, L 300/51
VO (EG) Nr. 1072/2009 vom 21.10.2009 über gemeinsame Regeln für den Zugang zum Markt des grenzüberschreitenden Güterkraftverkehrs, ABl. 2009, L 300/72

VO (EG) Nr. 1073/2009 vom 21.10.2009 über gemeinsame Regeln für den Zugang zum grenzüberschreitenden Personenkraftverkehrsmarkt und zur Änderung der Verordnung (EG) Nr. 561/2006, ABl. 2009, L 300/88

RL 2010/40/EG vom 7.7.2010 zum Rahmen für die Einführung intelligenter Verkehrssysteme im Straßenverkehr und für deren Schnittstellen zu anderen Verkehrsträgern, ABl. 2010, L 207/1

Eisenbahnverkehr

Sog. »Erstes Eisenbahnpaket«, bestehend aus:

RL 91/440/EG vom 29.7.1991 zur Entwicklung der Eisenbahnunternehmen der Gemeinschaft, ABl. 1991, L 237/25

RL 95/18/EG vom 19.6.1995 über die Erteilung von Genehmigungen an Eisenbahnunternehmen, ABl. 1995, L 143/70

RL 95/19/EG vom 19.6.1995 über die Zuweisung von Fahrwegkapazität der Eisenbahn und die Berechnung von Wegeentgelten, ABl. 1995, L 143/75

RL 2001/12/EG vom 26.2.2001 zur Änderung der Richtlinie 91/440/EWG des Rates zur Entwicklung der Eisenbahnunternehmen der Gemeinschaft, ABl. 2001, L 75/1

RL 2001/105/EG vom 19.12.2001 zur Änderung der Richtlinie 94/57/EG des Rates über gemeinsame Vorschriften und Normen für Schiffsüberprüfungs- und -besichtigungsorganisationen, ABl. 2002, L 19/9

RL 2001/14/EG vom 26.2.2001 über die Zuweisung von Fahrwegkapazität der Eisenbahn, die Erhebung von Entgelten für die Nutzung von Eisenbahninfrastruktur und die Sicherheitsbescheinigung, ABl. 2001, L 75/29

Sog. »Drittes Eisenbahnpaket«, bestehend aus:

VO (EG) Nr. 1370/2007 vom 23.10.2007 über öffentliche Personenverkehrsdienste auf Schiene und Straße und zur Aufhebung der Verordnungen (EWG) Nr. 1191/69 und (EWG) Nr. 1107/70 des Rates, ABl. 2007, L 315/1

VO (EG) Nr. 1371/2007 vom 23.10.2007 über die Rechte und Pflichten der Fahrgäste im Eisenbahnverkehr, ABl. 2007, L 315/14

RL 2007/58/EG vom 23.10.2007 zur Änderung der Richtlinie 91/440/EWG des Rates zur Entwicklung der Eisenbahnunternehmen der Gemeinschaft sowie der Richtlinie 2001/14/EG über die Zuweisung von Fahrwegkapazität der Eisenbahn und die Erhebung von Entgelten für die Nutzung von Eisenbahninfrastruktur, ABl. 2007, L 315/44

RL 2007/59/EG vom 23.10.2007 über die Zertifizierung von Triebfahrzeugführern, die Lokomotiven und Züge im Eisenbahnsystem in der Gemeinschaft führen, ABl. 2007, L 315/51

Sog. »Viertes Eisenbahnpaket«, bestehend aus:

Pressemitteilung der Europäischen Kommission vom 30.1.2013, MEMO/13/45

Beschluss des Rates vom 10.12.2015 betreffend den Standpunkt des Rates im Hinblick auf die Annahme einer neuen Verordnung über die Eisenbahnagentur der Europäischen Union und zur Aufhebung der Verordnung (EG) Nr. 881/2004, Interinstitutional File: 2013/0014 (COD)

Beschluss des Rates vom 10.12.2015 über den Erlass einer Verordnung des Europäischen Parlamentes und des Rates über Eisenbahnsicherheit, Interinstitutional File: 2013/0016 (COD)

Beschluss des Rates vom 10.12.2015 über den Erlass einer Richtlinie des Europäischen Parlamentes und des Rates über die Interoperabilität der Eisenbahnsysteme innerhalb der Europäischen Union; Interinstitutional File: 2013/0015 (COD)

Beschlüsse der Europäischen Kommission vom 26.1.2016 gem. Art. 294 Abs. 6 AEUV betreffend das Vierte Eisenbahnpaket, Kommissionsdokumente: COM (2016) 36 f., COM (2016) 35 f.; COM (2016) 33 f.

VO (EU) 2016/796 vom 11.5.2016 über die Eisenbahnagentur der Europäischen Union, ABl. 2016, L 138/1

RL (EU) 2016/797 vom 11.5.2016 über die Interoperabilität des Eisenbahnsystems der Europäischen Union, ABl. 2016 L 138/44

RL (EU) 2016/798 vom 11.5.2016 über die Eisenbahnsicherheit, ABl. 2016, L 138/102

Binnenschifffahrt

RL 91/672/EWG vom 16. 12.1991 über die gegenseitige Anerkennung der einzelstaatlichen Schifferpatente für den Binnenschiffsgüter- und -personenverkehr, ABl. 1991, L 373/29

RL 96/50/EG vom 23. 7.1996 über die Harmonisierung der Bedingungen für den Erwerb einzelstaatlicher Schifferpatente für den Binnenschiffsgüter- und -personenverkehr in der Gemeinschaft, ABl. 1996, L 235/31

VO (EG) Nr. 1356/96 vom 8. 7.1996 über gemeinsame Regeln zur Verwirklichung der Dienstleistungsfreiheit im Binnenschiffsgüter- und -personenverkehr zwischen Mitgliedstaaten, ABl. 1996, L 175/7

RL 96/75/EG des Rates vom 19. 11.1996 über die Einzelheiten der Befrachtung und der Frachtratenbildung im innerstaatlichen und grenzüberschreitenden Binnenschiffsgüterverkehr in der Gemeinschaft, ABl. 1996, L 304/12

RL 2006/87/EG vom 12. 12. 2006 über die technischen Vorschriften für Binnenschiffe und zur Aufhebung der Richtlinie 82/714/EWG des Rates, ABl. 2006, L 389/1

RL 2008/68/EG vom 24. 9. 2008 über die Beförderung gefährlicher Güter im Binnenland, ABl. 2008, L 260/13

VO (EU) Nr. 1177/2010 vom 24. 11. 2010 über die Fahrgastrechte im See- und Binnenschiffsverkehr, ABl. 2010, L 334/1

RL 2014/112/EU des Rates vom 19. 12. 2014 zur Durchführung der von der Europäischen Binnenschifffahrts Union (EBU), der Europäischen Schifferorganisation (ESO) und der Europäischen Transportarbeiter-Föderation (ETF) geschlossenen europäischen Vereinbarung über die Regelung bestimmter Aspekte der Arbeitszeitgestaltung in der Binnenschifffahrt, ABl. 2014, L 367/68

Bereichsübergreifendes Sekundärrecht

RL 2008/68/EG vom 24. 9. 2008 über die Beförderung gefährlicher Güter im Binnenland, ABl. 2008, L 260/13

Inhaltsübersicht

	Rn.
A. Ziele und Schwerpunkte der unionsrechtlichen Politik in diesem Bereich	1
I. Allgemein	1
II. Straßenverkehr	3
III. Eisenbahnverkehr	10
1. Überblick	10
2. Die einzelnen Eisenbahnpakete	13
a) Erstes Eisenbahnpaket	14
b) Zweites Eisenbahnpaket	15
c) Drittes Eisenbahnpaket	16
d) Viertes Eisenbahnpaket	17
IV. Binnenschifffahrt	23
V. Kombinierter Verkehr	28
VI. Bereichsübergreifendes Sekundärrecht	29
VII. Weißbücher	31
VIII. Leitlinien der Union für den Aufbau des transeuropäischen Verkehrsnetzes	36
B. Verhältnis zu anderen Vorschriften und Politiken des AEUV	39
I. Verhältnis zu den Politikzielen des AEUV	39
II. Architektur von Titel VI (Der Verkehr)	46
C. Wirtschaftliche Bedeutung des Verkehrssektors	48
D. Tatbestände der Vorschrift	49
I. Begriff des »Verkehrs« als Sachgebiet von Titel VI	49
II. »Ziele der Verträge«	51
III. Rolle der »gemeinsamen Verkehrspolitik«	52
E. Außendimension der Verkehrspolitik	53

A. Ziele und Schwerpunkte der unionsrechtlichen Politik in diesem Bereich

I. Allgemein

1 Von großer Bedeutung für die Entwicklung der gemeinsamen Verkehrspolitik war ein Urteil des Gerichtshofes aus dem Jahre 1985,[1] in dem der Gerichtshof aufgerufen war, über eine **Untätigkeitsklage** des Europäischen Parlamentes gegen den Rat zu entscheiden. Das Parlament hatte dem Rat das Versäumnis vorgeworfen, zum Ablauf der Übergangszeit im Bereich des internationalen Verkehrs und des Marktzugangs von Verkehrsunternehmen außerhalb ihres Sitzmitgliedstaates die Dienstleistungsfreiheit sichergestellt zu haben. Konkret warf das Parlament dem Rat vor, über 16 zum damaligen Zeitpunkt vorliegende Gesetzgebungsvorschläge der Europäischen Kommission nicht verbindlich entschieden zu haben. Tatsächlich war der Gerichtshof der Meinung, dass der Rat verpflichtet war, die Dienstleistungsfreiheit vor Ablauf der Übergangszeit in diesem Bereich sicherzustellen und dass er insoweit mangels Annahme der erforderlichen Gesetzgebungsakte in rechtswidriger Weise untätig geblieben war.

2 Seit diesem Untätigkeitsurteil des EuGH wurde das EU-Verkehrsrecht durch **zahlreiche sekundärrechtliche Vorschriften** konkretisiert. Hierbei lassen sich die Verkehrsträger Straße, Eisenbahn und Binnenschiffsverkehr unterscheiden. Hinzu kommt der kombinierte Verkehr, bei dem mehrere Verkehrsträger zu einem einheitlichen Transportvorgang verbunden werden.[2] Die sekundärrechtlichen Vorschriften orientieren sich zumeist an dieser Systematik und enthalten **spezifische Regelungen zum jeweiligen Verkehrsträger**. Zusätzlich existieren **bereichsübergreifende Regelungen**, welche mehrere Verkehrsträger betreffen. Die wohl größte Regelungsdichte hat dabei der Straßenverkehr erfahren. Allein für die technische Ausstattung von Kfz. sowie land- und forstwirtschaftlichen Maschinen nebst deren Zubehör existieren ca. 90 Richtlinien.[3] Nicht in diesem Abschnitt behandelt werden sekundärrechtliche Vorschriften zur Regelung des Seeschiffverkehrs und der Luftfahrt. Diese richten sich ausweislich des Art. 100 Abs. 2 AEUV nicht nach den Vorschriften des Titels VI über die gemeinsame Verkehrspolitik, sondern sind allein an Art. 100 Abs. 2 AEUV sowie dem sonstigen Primärrecht zu messen. Trotz der Vielfalt an sekundärrechtlichen Vorschriften ist eine **Systematik** erkennbar. So finden sich – mit unterschiedlicher Gewichtung – für nahezu jeden Verkehrssektor Regelungen zu Verkehrssicherheit, Arbeitszeiten und -bedingungen (Sozialvorschriften), Passagier- bzw. Fahrgastrechten, Preisbildung und Marktzugang wobei sich die einzelnen Bereiche teilweise überschneiden. Besonders ausgeprägt ist insoweit der Regelungsbereich Sicherheit. Deren Ausbau wird insbesondere durch technische Vorschriften vorangetrieben.

II. Straßenverkehr

3 Im Straßenverkehr wurden verschiedene technische Vorgaben in Form von Richtlinien erlassen, die zur Verkehrssicherheit beitragen sollen. Zu nennen ist die RL 92/6/EWG

---

[1] EuGH, Urt. v. 22.5.1985, Rs. 13/83 (Parlament/Rat), Slg. 1985, 1513.
[2] *Schäfer,* in: Bergmann (Hrsg.), Handlexikon der Europäischen Union, 4. Aufl., 2012, Kapitel »Verkehrspolitik, gemeinsame (GVP)« Abschnitt I.
[3] *Stadler,* in: Schwarze, EU-Kommentar, Art. 91 AEUV, Rn. 39; Art. 90 AEUV, Rn. 26; eine Zwischenbilanz der Harmonisierungsbestrebungen stellt *Schmitt,* EuZW 1993, 305 (306) auf.

vom 10.2.1992 über Einbau und Benutzung von Geschwindigkeitsbegrenzern für bestimmte Kraftfahrzeugklassen in der Gemeinschaft.[4] Bei vier- und mehrrädrigen Kraftfahrzeugen gilt die Rahmenrichtlinie 2007/46/EG des Europäischen Parlaments und des Rates vom 5.9.2007 zur Schaffung eines Rahmens für die Genehmigung von Kraftfahrzeugen und Kraftfahrzeuganhängern sowie von Systemen, Bauteilen und selbstständigen technischen Einheiten für diese Fahrzeuge.[5] Zur Unfallverhütung schreibt die RL 2007/38/EG[6] die Nachrüstung von in der Gemeinschaft zugelassenen schweren Lastkraftwagen mit Spiegeln vor. Ebenfalls zur Verbesserung der Verkehrssicherheit legt die RL 2006/126/EG[7] gemeinsame Vorschriften für den europäischen Führerschein fest.

Neben den technischen Vorgaben existieren in mehreren Bereichen Vorschriften die die Verhütung von Unfällen zum Gegenstand haben. So wurde in Reaktion auf eine Reihe schwerer Unfälle die RL 2004/54/EG über Mindestanforderungen an die Sicherheit von Tunneln im transeuropäischen Straßennetz[8] erlassen. Die RL 2008/96/EG über ein Sicherheitsmanagement für die Straßenverkehrsinfrastruktur[9] verpflichtet die Mitgliedsstaaten zudem, bei neuen Straßenprojekten eine Sicherheitsfolgenabschätzung und Straßenverkehrssicherheitsaudits durchzuführen. Bei bereits bestehenden Straßen muss deren Sicherheit evaluiert und eingestuft werden. Zur besseren Evaluierung und Erfassung von Unfällen sieht die RL 93/704/EG[10] die Einrichtung einer gemeinschaftlichen Datenbank über Verkehrsunfälle vor. Eine ähnliche Zielrichtung verfolgt die RL 2011/82/EU zur Erleichterung des grenzüberschreitenden Austauschs von Informationen über die Straßenverkehrssicherheit gefährdende Delikte.[11] Zu nennen ist schließlich die Rahmenrichtlinie 2010/40/EG für die Einführung intelligenter Verkehrssysteme im Straßenverkehr und für deren Schnittstellen zu anderen Verkehrsträgern.[12]

4

Eine gesonderte Regelung haben zudem die **Gefahrguttransporte** in der RL 95/50/EG[13] erfahren, welche das das einheitliche Verfahren für die Kontrolle für den Transport gefährlicher Güter auf der Straße festlegt.

5

Ein weiterer Regelungsbereich, der sich teilweise mit dem Bereich Sicherheit überschneidet kodifiziert **Sozialvorschriften** betreffend die Arbeitszeiten- und -bedingungen. Insoweit sind insbesondere die VO (EG) Nr. 561/2006[14] und die RL 2002/15/EG[15] zu nennen, welche die maximalen Lenkzeiten und die Mindestruhezeiten für im gewerblichen Sektor tätige Kraftfahrer festlegen. Diese RL wird durch das Europäische Übereinkommen über die Arbeit des im internationalen Straßenverkehr arbeitenden

6

---

[4] ABl. 1992, L 57/27.
[5] ABl. 2007, L 263/1.
[6] ABl. 2007, L 184/25.
[7] ABl. 2006, L 403/18.
[8] ABl. 2007, L 204/30; zuletzt geändert durch die VO (EG) Nr. 596/2009 des Europäischen Parlamentes und des Rates vom 18.6.2009, ABl. 2009, L 188/14 (87).
[9] ABl. 2008, L 319/59.
[10] ABl. 1993, L 329/63.
[11] ABl. 2011, L 288/1. Siehe hierzu eingehend *Funke*, NZV 2012, 361.
[12] ABl. 2010, L 207/1.
[13] ABl. 1995, L 249/35.
[14] Verordnung (EG) Nr. 561/2006 vom 15.3.2006 zur Harmonisierung bestimmter Sozialvorschriften im Straßenverkehr und zur Änderung der Verordnungen (EWG) Nr. 3821/85 und (EG) Nr. 2135/98 des Rates sowie zur Aufhebung der Verordnung (EWG) Nr. 3820/85 des Rates, ABl. 2006, L 102/1.
[15] Richtlinie 2002/15/EG vom 11.3.2002 zur Regelung der Arbeitszeit von Personen, die Fahrtätigkeiten im Bereich des Straßentransports ausüben, ABl. 2002, L 80/35.

Personals (AETR)[16] ergänzt, welches neben weiteren Voraussetzungen in Art. 6 ff. auch die Lenk- und Ruhezeiten regelt. Um eine effektive Überprüfung der Ruhe- und Lenkzeiten zu gewährleisten, schreibt die VO (EWG) Nr. 3812/85[17] vor, dass in alle Nutzfahrzeuge ein elektronisches Kontrollgerät eingebaut werden muss. Schließlich stellt die RL 2003/59/EG[18] Regeln zur Grundqualifikation und Weiterbildung von Fahrern bestimmter Kraftfahrzeuge auf. Die VO (EU) Nr. 181/2011[19] regelt die **Fahrgastrechte** im Kraftomnibusverkehr.

7 Eine weitere Gruppe von Regelungen betrifft den **Marktzugang**. Für den Straßenverkehr legt die VO (EG) Nr. 1071/2009[20] fest, unter welchen Bedingungen die Zulassung zum Beruf des Kraftverkehrsunternehmers zu erteilen ist. Entscheidend sind hierbei fachliche Eignung, Zuverlässigkeit und finanzielle Leistungsfähigkeit des Unternehmers. Hinzu kommen die VO (EG) Nr. 1072/2009[21] über den Zugang zum Markt des grenzüberschreitenden Güterverkehrs und die VO (EG) Nr. 1073/2009[22] über den Zugang zum grenzüberschreitenden Personenverkehrsmarkt. Von VO (EG) Nr. 1072/2009 wird dabei auch die **Kabotage** – also der Transport von Gütern innerhalb eines Mitgliedsstaats durch einen nicht in diesem Mitgliedstaat ansässigen Unternehmer[23] – erfasst. Zu beachten ist insoweit aber VO (EWG) Nr. 3916/90,[24] welche es den Mitgliedstaaten im Falle schwerer Marktstörungen gestattet, geeignete Schutzmaßnahmen bei der Kommission zu beantragen. Gemäß VO (EWG) Nr. 4058/89[25] herrscht Preisbildungsfreiheit im grenzüberschreitenden Güterkraftverkehr zwischen den Mitgliedsstaaten. Die Preisregulierung im innerstaatlichen Verkehr ist hingegen weiterhin gestattet.

8 Weiterhin existieren **internationale Abkommen**. Hinzuweisen ist zum einen auf das Abkommen zwischen der Europäischen Gemeinschaft und der Schweizerischen Eidgenossenschaft über den Güter- und Personenverkehr auf Schiene und Straße[26] und die VO (EWG) Nr. 56/83 des Rates vom 16.12.1982 zur Durchführung des Übereinkommens über die Personenbeförderung im grenzüberschreitenden Gelegenheitsverkehr mit Kraftomnibussen (ASOR).[27] Da die letztgenannte Verordnung ein sog. geschlossenes Abkommen betrifft, das den Beitritt weiterer Vertragsparteien nicht zulässt, wurde 2002 mit den Staaten Mittel- und Osteuropas, der Türkei und den westlichen Balkanstaaten das Interbus-Abkommen[28] abgeschlossen, welches dem ASOR vergleichbare Liberalisierungsmaßnahmen vorsieht.

9 Im Bereich **Umwelt** stellt die RL 2009/33/EG des Europäischen Parlaments und des Rates vom 23.4.2009 über die Förderung sauberer und energieeffizienter Straßenfahr-

---

[16] ABl. 1978, L 95/1.
[17] Verordnung (EWG) Nr. 3821/85 vom 20.12.1985 über das Kontrollgerät im Straßenverkehr, ABl. 1985, L 370/8.
[18] ABl. 2003, L 226/4.
[19] ABl. 2011, L 55/1.
[20] ABl. 2009, L 300/51.
[21] ABl. 2009, L 300/72.
[22] ABl. 2009, L 300/88.
[23] *Boeing/Kotthaus/Maxian Rusche,* in: Grabitz/Hilf/Nettesheim, EU, Art. 91 AEUV (April 2012), Rn. 75.
[24] Verordnung (EWG) Nr. 3916/90 des Rates vom 21.12.1990 über Maßnahmen bei Krisen auf dem Güterkraftverkehrsmarkt, ABl. 1990, L 375/10.
[25] ABl. 1989, L 390/1.
[26] ABl. 2002, L 114/91.
[27] ABl. 1983, L 10/1.
[28] ABl. 2002, L 321/13.

zeuge[29] eine wichtige sekundärrechtliche Regelung dar. Auch die RL 2004/52/EG über die Interoperabilität elektronischer Mautsysteme[30] dient ausweislich ihrer Erwägungen der Umwelt indem sie Staus und das damit verbundene umweltschädliche Anhalten und Wiederanlassen der Fahrzeuge verringert. Daneben dienen elektronische Mautsysteme der Unfallverhütung. An dieser Stelle sei auf die Existenz zahlreicher EU-Umweltnormen hingewiesen, welche indirekte Auswirkungen auf den Straßenverkehr zeitigen.[31]

III. Eisenbahnverkehr

1. Überblick

Im Eisenbahnsektor regelt die RL 2004/49/EG,[32] zuletzt geändert durch die RL 2008/110/EG,[33] die **Eisenbahnsicherheit** in der Gemeinschaft indem sie die Zuständigkeiten und die Schaffung einer Sicherheitsbehörde vorschreibt und die unabhängige Untersuchung von Unfällen regelt. Zusätzlich stellt die RL 2008/57/EG[34] Grundsätze auf, um die Interoperabilität zwischen den unterschiedlichen europäischen Eisenbahnsystemen herzustellen. Dies betrifft etwa signaltechnische und elektrische Ausrüstungen.[35] Zur Unterstützung der Kommission im Bereich Sicherheit und Interoperabilität wurde durch die VO (EG) Nr. 881/2004[36] die Europäische Eigenbahnagentur (ERA = European Railway Agency) geschaffen. 10

Für das Eisenbahnpersonal wurde die RL 2005/47/EG[37] eingeführt, welche deren **Arbeitszeiten und -bedingungen** mit einem Verweis auf ein zwischen den europäischen Transportarbeitergewerkschaften (ETF) und der europäischen Eisenbahnunion (CER) geschlossenes Abkommen regelt. Die **Passagierrechte** werden von der VO (EG) Nr. 1371/2007 des Europäischen Parlaments und des Rates vom 23. 10. 2007 über die Rechte und Pflichten der Fahrgäste im Eisenbahnverkehr[38] erfasst. 11

Der Bahnverkehr ist insoweit speziell, dass es nur ein nicht substituierbares Schienennetz gibt, auf das sämtliche Eisenbahnunternehmen angewiesen sind. Das macht diskriminierungsfreie **Marktzugangsvoraussetzungen** für diesen Sektor in besonderem Maße notwendig. Dieser Besonderheit trägt die RL 2012/34/EU[39] Geltung. Diese legt in Art. 17 Abs. 3 zunächst fest, dass ein Eisenbahnunternehmen, welches den Anforderungen der Richtlinie genügt einen Anspruch auf eine Genehmigung hat auf deren Grundlage es in jedem Mitgliedsstaat operieren kann. Die VO enthält zudem Regeln über die Wege- und Dienstleistungsentgelte (Art. 29 bis 37) und über die Zuweisung von Fahrwegskapazitäten (Art. 38 bis 54). Zur Überwachung der Infrastrukturunternehmen und 12

---

[29] ABl. 2009, L 120/5.
[30] ABl. 2007, L 204/30.
[31] *Boeing/Kotthaus/Maxian Rusche,* in: Grabitz/Hilf/Nettesheim, EU, Art. 91 AEUV (April 2012), Rn. 108.
[32] ABl. 2004, L 164/44.
[33] ABl. 2008, L. 345/62.
[34] ABl. 2008, L 191/1.
[35] *Stadler,* in: Schwarze, EU-Kommentar, Art. 91 AEUV, Rn. 42.
[36] ABl. 2006, L 403/18.
[37] ABl. 2005, L 195/15.
[38] ABl. 2007, L 315/14.
[39] Richtlinie 2012/34/EU vom 21. 11. 2012 zur Schaffung eines einheitlichen europäischen Eisenbahnraums, ABl. 2012, L 343/32.

der Entgelte müssen die Mitgliedsstaaten gem. Art. 30 der Richtlinie eine unabhängige Regulierungsstelle schaffen.

2. Die einzelnen Eisenbahnpakete

13 Die Liberalisierung und Harmonisierung des europäischen Eisenbahnmarktes erfolgte durch die sogenannten Eisenbahnpakete. Anfang des neuen Jahrtausends war der grenzüberschreitende Eisenbahnmarkt noch kaum liberalisiert und lag im Hinblick auf die Marktöffnung weit hinter den übrigen Verkehrsträgern zurück.[40] Um dieser Entwicklung entgegenzuwirken hat die Kommission in drei sogenannten Eisenbahnpaketen **Liberalisierungs- und Harmonisierungsmaßnahmen** vorangetrieben. Diese Entwicklung setzt sich im jüngst angenommenen Vierten Eisenbahnpaket fort.

a) Erstes Eisenbahnpaket

14 Durch das Erste Eisenbahnpaket sollte der europäische Schienengüterverkehrsmarkt für den Wettbewerb geöffnet werden.[41] Es umfasst die RL 2001/12/EG[42] und die RL 2001/13/EG,[43] welche die RL 91/440/EG[44] und die RL 95/18/EG[45] fortentwickelten und die RL 2001/14/EG,[46] welche die RL 95/19/EG[47] ersetzt. Eine wichtige – wenn auch zwischenzeitlich durch das Vierte Eisenbahnpaket in der Erweiterung befindliche – Maßnahme war hierbei die Trennung zwischen dem Betrieb der Infrastruktur und der Erbringung von Verkehrsdienstleistungen durch die Änderung der RL 91/440/EWG.[48] Danach mussten die Mitgliedsstaaten Maßnahmen treffen, die sicherstellen, dass getrennte Gewinn- und Verlustrechnungen und getrennte Bilanzen für die Erbringung von Verkehrsdienstleistungen einerseits und für den Betrieb der Infrastruktureinrichtungen andererseits erstellt und veröffentlicht werden. Außerdem sah Art. 6 der durch RL 2001/12/EG geänderten RL 91/440/EG die Trennung bestimmter wesentlicher Funktionen des Eisenbahnunternehmens als Infrastrukturbetreiber und/oder die Einrichtung einer unabhängigen Eisenbahnregulierungsstelle vor die die Kontrolle und Verwirklichung eines diskriminierungsfreien Zugangs gewährleistet.[49] Um einen angemessenen, nicht diskriminierenden Zugang zum europäischen Schienennetz im grenzüberschreitenden Schienenverkehr zu gewährleisten wurden in der RL 2001/14/EG[50] Regelungen

---

[40] *Martinez*, in: Calliess/Ruffert, EUV/AEUV, Art. 91 AEUV, Rn. 8; *Basedow*, EuZW 2007, 65 (65); *Brandenberg*, EuZW 2009, 359 (359 f.); *Frenz*, TranspR 2010, 419 (424).

[41] *Boeing/Kotthaus/Maxian Rusche*, in: Grabitz/Hilf/Nettesheim, EU, Art. 91 AEUV (April 2012), Rn. 135; *Brandenberg*, EuZW 2009, 359 (359).

[42] ABl. 2001, L 75/1.

[43] ABl. 2002, L 13/9.

[44] Richtlinie 91/440/EWG vom 29. 7. 1991 zur Entwicklung der Eisenbahnunternehmen der Gemeinschaft, ABl. 1991, L 237/25; dazu *Schmitt*, EuZW 1993, 305 (308).

[45] Richtlinie 95/18/EG vom 19. 6. 1995 über die Erteilung von Genehmigungen an Eisenbahnunternehmen, ABl. 1995, L 143/70.

[46] Richtlinie 2001/14/EG vom 26. 2. 2001 über die Zuweisung von Fahrwegkapazität der Eisenbahn, die Erhebung von Entgelten für die Nutzung von Eisenbahninfrastruktur und die Sicherheitsbescheinigung, ABl. 2001, L 75/29.

[47] Richtlinie 95/19/EG vom 19. 6. 1995 über die Zuweisung von Fahrwegkapazität der Eisenbahn und die Berechnung von Wegeentgelten, ABl. 1995, L 143/75.

[48] ABl. 1991, L 237/25.

[49] RL 2001/12/EG, 2. Erwägungsgrund, ABl. 2011, L 75/1; *Boeing/Kotthaus/Maxian Rusche*, in: Grabitz/Hilf/Nettesheim, EU, Art. 91 AEUV (April 2012), Rn. 135.

[50] ABl. 2001, L 75/29.

über die Zuweisung von Fahrwegkapazitäten und die Erhebung von Nutzungsentgelten kodifiziert.

b) Zweites Eisenbahnpaket.

Aufgrund der stockenden Umsetzung des ersten Eisenbahnpakets in die nationalen Rechtsordnungen,[51] wurde zur Erweiterung und Beschleunigung der Marktöffnung im Eisenbahnsektor 2002 das Zweite Eisenbahnpaket vorgelegt. Hierdurch sollte die vollständige Öffnung des inländischen und grenzüberschreitenden Eisenbahngüterverkehrsmarktes bereits 2006 statt wie ursprünglich geplant 2008 herbeigeführt werden.[52]

c) Drittes Eisenbahnpaket

Das Dritte Eisenbahnpaket hatte insbesondere die Öffnung des grenzüberschreitenden Personenverkehrs zum Gegenstand.[53] Es besteht im Wesentlichen aus der VO (EG) Nr. 1370/2007[54] über die Beauftragung und Finanzierung öffentlicher Personenverkehrsdienste auf Schiene und Straße, der VO (EG) Nr. 1371/2007[55] zur Stärkung der Rechte der Fahrgäste im Eisenbahnverkehr, der RL 2007/58/EG[56] zur Öffnung des Markts für grenzüberschreitende Personenverkehrsdienste und der RL 2007/59/EG[57] über die Zertifizierung von Triebfahrzeugführern. Daneben enthält das Dritte Maßnahmenpaket Regelungen zur Verbesserung der Interoperabilität.

d) Viertes Eisenbahnpaket.

Am 30.1.2013 hat die **Kommission** das Vierte Eisenbahnpaket angenommen und in das Gesetzgebungsverfahren eingebracht.[58] Dabei konzentrierte sich der Vorschlag auf vier Kernbereiche. Zum einen sollen Züge und anderes Rollmaterial nur eine **EU-weit geltende Zulassung** benötigen. Gleiches soll für die **Sicherheitsbescheinigung** gelten. Gleichzeitig soll die **Europäische Eisenbahnagentur (ERA) zur einzigen Anlaufstelle** für den Erhalt solcher Genehmigungen werden. Der Vorschlag der Kommission sah hierzu die Änderung der RL 2004/49/EG[59] über Eisenbahnsicherheit in der Gemeinschaft, der RL 2008/57/EG[60] über die Interoperabilität des Eisenbahnsystems in der Gemeinschaft und der VO (EG) Nr. 881/2004[61] zur Errichtung einer Europäischen Eisenbahnagentur vor.

Des Weiteren verfolgte die Kommission im Vierten Eisenbahnpaket die Stärkung der Infrastrukturbetreiber und die **verstärkte Trennung von Infrastruktur und Fahrbetrieb**. Bisher bestand für die Unternehmen lediglich die Verpflichtung der getrennten Buchführung und die Trennung der wesentlichen Funktionen von Infrastrukturbetreibern.

---

[51] *Boeing/Kotthaus/Maxian Rusche,* in: Grabitz/Hilf/Nettesheim, EU, Art. 91 AEUV (April 2012), Rn. 135.
[52] *Boeing/Kotthaus/Maxian Rusche,* in: Grabitz/Hilf/Nettesheim, EU, Art. 91 AEUV (April 2012), Rn. 136.
[53] *Epiney,* in: Dauses, Handbuch des EU-Wirtschaftsrechts, Abschnitt L, April 2003, Rn. 395; *Brandenberg,* EuZW 2009, 359 (359 f.).
[54] ABl. 2007, L 315/1.
[55] ABl. 2007, L 315/14.
[56] ABl. 2007, L 315/44.
[57] ABl. 2007, L 315/51.
[58] Pressemitteilung der Europäischen Kommission vom 30.1.2013, MEMO/13/45.
[59] ABl. 2004, L 164/44.
[60] ABl. 2008, L 191/1.
[61] ABl. 2004, L 164/1.

Dies könne zu einem ineffizienten Infrastrukturbetrieb, Wettbewerbsverzerrungen und einem unfairen Marktzugang führen. Um dem entgegenzuwirken, werden mehrere Maßnahmen vorgeschlagen. Zum einen sollen die Infrastrukturbetreiber gestärkt werden, indem die Kernfunktionen des Schienennetzes, wie die Planung von Infrastrukturinvestitionen, der laufende Betrieb, die Instandhaltung und die Fahrplanerstellung ihrer Kontrolle unterstellt werden. Zum markt- und bedarfsgerechten Ausbau der Schienennetze schlägt die Kommission einen Koordinierungsausschuss vor, in dem alle Nutzer ihre Interessen zum Ausdruck bringen können. Zudem schlägt die Kommission verschiedene Maßnahmen zur Verbesserung der grenzübergreifenden Zusammenarbeit zwischen den Infrastrukturbetreibern vor. Schließlich plädiert sie – angesichts zahlreicher Belege für Diskriminierungen gegenüber Drittunternehmen – für eine betriebliche und finanzielle Unabhängigkeit der Infrastrukturbetreiber von den Verkehrsbetreibern.

19 Unter dem Gesichtspunkt der Effizienzförderung sollte ferner der inländische Schienenpersonenverkehr für neue Marktteilnehmer und Dienste geöffnet werden. Hierzu sollen die **Verkehrsdienste** in Zukunft noch häufiger **öffentlich ausgeschrieben** werden. Daher schlug die Kommission eine Änderung der VO (EG) 1370/2007[62] dahingehend vor, dass solche Ausschreibungen künftig verbindlich vorzuschreiben sind. Hinzukommen sollte eine Änderung der RL 2012/34/EU,[63] um die Märkte für inländische Schienenpersonverkehrsdienste zu öffnen, wobei es auch hier die Möglichkeit von Zugangsbeschränkungen gibt, sofern die Wirtschaftlichkeit eines öffentlichen Dienstleistungsauftrags gefährdet ist.

20 Unter dem Gesichtspunkt des **Marktzugangs** sollte Neubewerbern zudem der Zugang zu den ausgesprochen teuren Schienenfahrzeugen erleichtert werden. Gegenwärtig sind in mindestens acht Mitgliedsstaaten hauptsächlich die etablierten Eisenbahnunternehmen Eigentümer der Schienenfahrzeuge. Deren Bereitschaft, selbige unternehmensfremden Betreibern zu attraktiven Bedingungen zur Verfügung zu stellen, sei typischerweise gering. Um dieser Tendenz entgegenzuwirken, schlägt die Kommission vor, dass die jeweils zuständigen Behörden das Eigentum an den Fahrzeugen erwerben. Möglich sei auch die Gründung einer Leasinggesellschaft. Außerdem regt die Kommission an, auf freiwilliger Basis nationale unternehmensübergreifende Fahrscheinsysteme einzurichten.

21 Schließlich sollten weitere **Maßnahmen zum Schutz der Beschäftigten** eingeführt werden, um die fachliche Qualifikation und Motivation der Arbeitnehmer im Eisenbahnsektor aufrecht zu erhalten. Entsprechend der RL 2009/38/EG[64] über den Europäischen Betriebsrat müssen europaweit tätige Eisenbahnunternehmen Betriebsräte einrichten und am Ausschuss für Sozialen Dialog im Eisenbahnsektor teilnehmen. Zudem sollen die Mitgliedstaaten bei der Vergabe öffentlicher Dienstleistungsaufträge die Möglichkeit haben den neuen Auftragnehmer zur Übernahme der bisherigen Beschäftigten zu verpflichten.

22 Ende Februar 2014 stimmt das EU-Parlament in erster Lesung diesen Vorschlägen jedoch nur teilweise zu. Während es sich mehrheitlich für eine EU-weite Zulassung von Schienenfahrzeugen durch die Europäische Eisenbahnagentur und ein neues Ausschreibungsverfahren aussprach, stimmte es gegen die von der Kommission geforderte strenge Aufspaltung von Schienennetz und Fahrbetrieb.[65] Ihr Abänderungsvorschlag

---

[62] ABl. 2007, L 315/1.
[63] ABl. 2012, L 343/32.
[64] ABl. 2009, L 122/28.
[65] Pressemitteilung des Europäischen Parlaments vom 26. 2. 2014, Nr. 201402221IPR36635, S. 1.

Nr. 18 zum bestehenden Regelwerk der Richtlinie 2012/34/EU hatte wie folgt gelautet: »Die Mitgliedstaaten sollten deshalb verpflichtet werden sicherzustellen, dass nicht ein und dieselbe juristische oder natürliche Person das Recht hat, die **Kontrolle über einen Infrastrukturbetreiber und gleichzeitig die Kontrolle über ein oder Rechte an einem Eisenbahnunternehmen** auszuüben. Umgekehrt sollte die **Kontrolle über ein Eisenbahnunternehmen die Möglichkeit ausschließen, die Kontrolle über ein oder Rechte an einem Infrastrukturbetreiber** auszuüben.« Dagegen beschloss das Parlament als geänderten Text diese – deutlich weichere – Fassung: »Diese Richtlinie, mit der die Schaffung eines freien, nicht verzerrten Wettbewerbs zwischen allen Eisenbahnunternehmen angestrebt wird, **schließt für ein Eisenbahnunternehmen die Möglichkeit aus, ein vertikal integriertes Modell** gemäß Artikel 3 beizubehalten.«[66] Das weitere Verfahren richtet sich nach Art. 294 Abs. 3 AEUV, wonach dieser Standpunkt dem Rat zugeleitet wird. Das Gesetzgebungsverfahren wurde am 11.5.2016 abgeschlossen.[67]

IV. Binnenschifffahrt

Auch im Sektor der Binnenschifffahrt – welche von der Seeschifffahrt zu unterscheiden ist – wurden zahlreiche technische Vorgaben erlassen. Hier ist auf die RL 2006/87/EG vom 12.12.2006 über die technischen Vorschriften für Binnenschiffe hinzuweisen.[68] Ergänzend hierzu regelt die RL 2009/100/EG[69] die gegenseitige Anerkennung der Papiere mit denen die Einhaltung der Sicherheitsstandards bestätigt wird. Die RL 2005/44/EG[70] und die VOen (EG) Nrn. 414–416/2007[71] regeln die Einführung harmonisierter Binnenschifffahrtsinformationsdienste (RIS = River Information Services).

Es wurden auch Regelungen über den Erwerb von Schiffsführerpatenten erlassen. Die RL 91/672/EWG[72] verpflichtet die Mitgliedsstaaten zur Anerkennung der Schifferpatente eines anderen Mitgliedsstaates während die RL 96/50/EG[73] die Bedingungen für den Erwerb einzelstaatlicher Schifferpatente für den Binnenschiffsgüter- und -personenverkehr in der Gemeinschaft harmonisiert.

Umfangreiche Regelungen finden sich auch zum Marktzugang. VO (EG) Nr. 1356/96[74] gewährleistet die Dienstleistungsfreiheit im Binnenschiffsgüter- und -personenverkehr zwischen den Mitgliedstaaten, wenn diese die Bedingungen der VO (EWG) Nr. 3921/91[75] für die Zulassung von Verkehrsunternehmen für den Binnen-

---

[66] Vgl. für die sich gegenüberstehenden Fassungen die Dokumentation auf der Homepage des Europäischen Parlaments: http://www.europarl.europa.eu/sides/getDoc.do?type=TA&reference=20140226&secondRef=TOC&language=DE (2.2.2017), Texte (Teil 1), S. 70.
[67] Beschlüsse der Europäischen Kommission vom 26.1.2016 gem. Art. 294 Abs. 6 AEUV zum Vierten Eisenbahnpaket, Kommissionsdokumente COM (2016) 36 f., COM (2016) 35 f., COM (2016) 33 f. Siehe eingangs die Auflistung wesentlicher sekundärrechtlicher Vorschriften.
[68] ABl. 2006, L 389/1.
[69] Richtlinie 2009/100/EG vom 16.9.2009 über die gegenseitige Anerkennung von Schiffsattesten für Binnenschiffe, ABl. 2009, L 259/8.
[70] ABl. 2005, L 255/152.
[71] ABl. 2007, L 105/1 (35, 88).
[72] ABl. 1991, L 373/29.
[73] ABl. 1996, L 235/31.
[74] ABl. 1996, L 175/7.
[75] ABl. 1991, L 373/29.

schiffsverkehr eines Mitgliedsstaates erfüllen. Die VO (EWG) Nr. 3921/91[76] legt die Bedingungen für die Zulassung von Verkehrsunternehmen zum Binnenschiffsgüter- und Personenverkehr innerhalb eines Mitgliedsstaates fest in dem dieses nicht ansässig ist (Kabotage). An dieser Stelle sei auch auf die besondere Marktzugangsregelung VO (EWG) 2919/85[77] hinsichtlich des Zugangs zum Rhein hingewiesen.

26 Für den internationalen Verkehr erklärt die RL 2008/68/EG[78] die im internationalen Verkehr geltenden internationalen Abkommen für Binnenmarkttransporte hinsichtlich aller Verkehrsmittel für anwendbar. Bei den genannten Abkommen handelt es sich um ADR (Transport auf der Straße), RID (Eisenbahn) sowie ADN (Binnenwasserstraßen) und ADNR (Rhein).

27 Die RL 96/75/EG[79] regelt die Einzelheiten der Befrachtung und der Frachtratenbildung im innerstaatlichen und grenzüberschreitenden Binnenschiffsgüterverkehr der Gemeinschaft. Art. 7 der RL sieht – vergleichbar der Regelung im Straßenverkehr – vor, dass im Falle schwerer Marktstörungen des geeignete Schutzmaßnahmen durch die Kommission getroffen werden. Schließlich regelt die VO (EU) Nr. 1177/2010[80] die Fahrgastrechte im Binnenschifffahrts- und Seeverkehr.

V. Kombinierter Verkehr

28 Der kombinierte Verkehr ist als eigenständiger Verkehrsträger anerkannt, wobei insbesondere die Kombinationen Straße-Schiene, Schiene-Seeschifffahrt sowie Binnenschiff-Seeschiff verbreitet sind.[81] Dessen Sonderbehandlung beruht auf der Wertung, dass dieser eine umweltfreundliche Alternative zum Transport mit einem einzelnen Verkehrsmittel ist.[82] Aus diesem Grund kodifiziert die RL 92/106/EWG,[83] zuletzt geändert durch die RL 2006/103/EG[84] die steuerliche Vorzugsbehandlung des kombinierten Verkehrs und dessen Befreiung von jeder Genehmigungspflicht und Kontingentierung.

VI. Bereichsübergreifendes Sekundärrecht

29 Neben den genannten sektorspezifischen Regelungen existiert **bereichsübergreifendes Sekundärrecht**. Zu nennen ist hier die RL 2000/84/EG zur Regelung der Sommerzeit.[85] Die Notwendigkeit dieser Regelung wird insbesondere mit der Funktionsfähigkeit der Sektoren Verkehr und Kommunikation begründet.[86]

30 Die RL 2008/68/EG[87] erklärt die im internationalen Verkehr geltenden internatio-

---

[76] ABl. 1991, L 373/1.
[77] ABl. 1985, L 280/4.
[78] Richtlinie 2008/68/EG vom 24. 9. 2008 über die Beförderung gefährlicher Güter im Binnenland, ABl. 2008, L 260/13.
[79] ABl. 1996, L 304/12.
[80] ABl. 2010, L 334/1.
[81] *Schäfer* (Fn. 2).
[82] *Epiney*, in: Dauses, Handbuch des EU-Wirtschaftsrechts, Abschnitt L, April 2003, Rn. 424.
[83] Richtlinie 92/106/EWG vom 7. 12.1992 über die Festlegung gemeinsamer Regeln für bestimmte Beförderungen im kombinierten Güterverkehr zwischen Mitgliedstaaten, ABl. 1992, L 368/38.
[84] ABl. 2006, L 363/344.
[85] ABl. 2000, L 31/21.
[86] *Boeing/Kotthaus/Maxian Rusche*, in: Grabitz/Hilf/Nettesheim, EU, Art. 91 AEUV (April 2012), Rn. 37.
[87] ABl. 2008, L 260/13.

nalen Abkommen für **Transporte gefährlicher Güter** im europäischen Binnenland hinsichtlich aller Landverkehrsmittel für anwendbar. Bei den genannten Abkommen handelt es sich um ADR (Transport gefährlicher Güter auf der Straße), RID (Eisenbahn) sowie ADN (Binnenwasserstraßen) und ADNR (Rhein).

VII. Weißbücher

Die periodisch veröffentlichte langfristige verkehrspolitische Planung der Europäischen Union manifestiert sich in regelmäßig veröffentlichten Weißbüchern der Europäischen Kommission, die jeweils für Zehnjahresabschnitte die Ziele der Verkehrspolitik definieren und sehr weitgehend detaillierte Aktionspläne vorgeben. Das **erste Weißbuch** wurde unter dem Titel »Die künftige Entwicklung der gemeinsamen Verkehrspolitik« am 2.12.1992 vorgestellt.[88] Neben der Öffnung der einzelnen Verkehrsmärkte und insbesondere der schrittweisen Abschaffung von Kabotageverboten konzentrierte sich das »Globalkonzept« des damaligen Weißbuches auf vier wesentliche Politikziele, die auch heute noch im Mittelpunkt der strategischen Schwerpunkte der EU-Verkehrspolitik liegen: Steigerung der Infrastrukturinvestitionen und Stärkung des Wirtschaftlichkeits- und Wettbewerbsgedankens in der Verkehrswirtschaft, Verbesserung der Sicherheit der Verkehrsteilnehmer, sozialpolitische Maßnahmen sowie die Verbesserung von Umweltschutz und Energieeinsparungsmaßnahmen im Verkehrssektor. Auch die damalige Verkehrspolitik kannte bereits Planungsgrundsätze für transeuropäische Verkehrsnetze.[89]

31

In ihrem **zweiten Weißbuch** vom 12.9.2001 (»Die europäische Verkehrspolitik bis 2010: Weichenstellungen für die Zukunft«)[90] schlug die Kommission nahezu 60 Maßnahmen vor, die sich auf die »Revitalisierung des Schienenverkehrs«, die Förderung des See- und Binnenschiffsverkehrs sowie die Schaffung gemeinsamer Regeln für den Luftverkehr bei gleichzeitiger Verbesserung der Sicherheitsstandards sowie des Umweltschutzes im Luftverkehr konzentrierten. Erstmals stand auch die Schaffung eines gemeinschaftsrechtlichen Rahmens zur Gewährleistung von Passagierrechten im Luftverkehr auf der Agenda der gemeinschaftlichen Verkehrspolitik.

32

In ihrer »Halbzeitbilanz zum Verkehrsweißbuch« des Jahres 2001 stellte die Europäische Kommission weitere Forderungen für die Schaffung einer »nachhaltigen Mobilität für unseren Kontinent« auf.[91] In diesem Bericht konstatierte die Kommission den bedeutenden Beitrag des Verkehrs zum Wirtschaftswachstum, erklärte sich aber zugleich besorgt über die erhöhten Umweltkosten, die insbesondere auf das ungleiche Wachstum des Güter- und Personenverkehrs auf der Straße im Verhältnis zum Schienenverkehr zurückzuführen war.[92] Das **aktuelle Weißbuch** datiert vom 28.3.2011 und führt den Titel »Fahrplan zu einem einheitlichen europäischen Verkehrsraum – Hin zu einem wettbewerbsorientierten und ressourcenschonenden Verkehrssystem«[93] Die diesem Weißbuch beigefügte Liste der Initiativen[94] lässt eine **nochmalige Intensivierung der politischen Initiativen** der Europäischen Kommission erkennen. An erster Stelle steht der Wunsch der Kommission zur Realisierung eines »wirklichen Binnenmarktes für

33

---

[88] KOM (92) 494 endg. v. 2.12.1992.
[89] Presserklärung der Europäischen Kommission vom 2.12.1992, IP/92/63.
[90] KOM (2001) 370 endg.
[91] KOM (2006) 314 endg.
[92] KOM (2006) 314 endg., S. 8 ff.
[93] KOM (2011) 144 endg. vom 28.3.2011.
[94] KOM (2011) 144 endg. vom 28.3.2011, Anhang I, S. 21 ff.

Schienenverkehrsdienste«. In diesem Zusammenhang nennt das Weißbuch vier Initiativen: Die Einführung einer obligatorischen Vergabe öffentlicher Dienstleistungsaufträge für den Schienenpersonenverkehr im Rahmen von Ausschreibungen; die Schaffung einer einheitlichen Genehmigung von Fahrzeugtypen sowie einheitlicher Sicherheitsbescheinigungen für Eisenbahnunternehmen zur Überwindung des derzeit noch auf technischer Ebene zersplitterten Schienenverkehrsmarktes; die Entwicklung eines integrierten, auch die Wegeentgelte einschließenden Konzepts für die Verwaltung von Güterverkehrskorridoren sowie die Verbesserung des diskriminierungsfreien Zugangs zur Schieneninfrastruktur durch strukturelle Trennung zwischen dem Betrieb der Infrastruktur und der eigentlichen Verkehrsdienstleistung. Für die schon stärker fortgeschrittene **Integration des europäischen Luftraums** benennt das Weißbuch lediglich zwei weniger konkret gefasst Ziele, nämlich die Verwirklichung eines nahtlosen einheitlichen europäischen Luftraums und die Einführung des künftigen Flugverkehrsmanagementsystems (SESAR) sowie die Konsolidierung der Beziehungen zwischen der Europäischen Union und Eurocontrol.

34 Für den **Bereich der Flughafenwirtschaft** benennt die Kommission die Änderung der Zeitnischenverordnung zur Förderung einer effizienteren Nutzung der Flughafenkapazität sowie die Verbesserung des Rechtsrahmens für hochwertige Flughafendienstleistungen einschließlich der Bodenabfertigungsdienste als Schwerpunkt ihrer Politik, dies verbunden mit der Aufstellung von Plänen zur Überwindung von Kapazitätsengpässen im Flughafenbereich, vor allem durch eine starke Integration zwischen Flughafen und Schienennetz.

35 Die **Seeverkehrs- und Hafenpolitik** der Kommission konzentriert sich auf die Schaffung sog. »Blauer Gürtel« für einen ungehinderten Seeverkehr sowie den Abbau von Beschränkungen in der Erbringung von Hafendienstleistungen. Weiter beabsichtigt die Kommission, die derzeit noch ausbaufähige Nutzung der Kapazitäten des Binnenschiffsverkehrs zu verstärken. Als Ziele ihrer Politik für den Güterkraftverkehr benennt de Kommission die Überprüfung der Rechtsangleichung im Bereich der Straßenbenutzungsentgelte sowie der Sozial- und Sicherheitsvorschriften. Ferner will die Kommission offenbar weiterhin vorhandene Beschränkungen der Kabotage untersuchen sowie bestimmte technische Fragen des Güterkraftverkehrs (z. B. Gewicht von Batterien, verbesserte Aerodynamik) neu untersuchen. Neben diesen auf den jeweiligen Verkehrsträger ausgerichteten Maßnahmenpakete enthält das Weißbuch auch eine Fülle von Initiativen zur Verbesserung der Arbeitsbedingungen, der Verkehrssicherheit (»Vision Null« für die Straßenverkehrssicherheit), die weitere Verbesserung der Passagierrechte sowie einen umfassenden Technologie- und Innovationsplan. Hieran schließt sich eine Liste der weiteren **Verbesserung der Umweltverträglichkeit des Verkehrs** an (z. B. Kennzeichnung der CO^2 Emissionen im Kraftverkehr sowie der Kraftstoffeffizienz von Fahrzeugen). Ein neues Kapitel betrifft die Organisation der sog. »integrierten urbanen Mobilität«, somit die Verbesserung der Verkehrs- und Umweltbedingungen des Stadtverkehrs. Das Weißbuch befasst sich mit umfangreichen Maßnahmenvorschlägen für die Verbesserung und Integration von Infrastruktur und deren Finanzierung sowie die Umstrukturierung verkehrsbezogener Steuern und Abgaben. Der letzte Abschnitt der Maßnahmenliste betrifft die externe Dimension, insbesondere die verkehrs- und umweltpolitische Zusammenarbeit mit Drittstaaten im Bereich des Luftverkehrs.

VIII. Leitlinien der Union für den Aufbau des transeuropäischen Verkehrsnetzes

Während es sich bei den soeben erläuterten Weißbüchern der Europäischen Kommission um nicht verrechtlichte allgemeine politische Programmerklärungen handelt, agieren die Unionsorgane in ihrer Politik zur Schaffung eines transeuropäischen Verkehrsnetzes auf der Grundlage quasi-gesetzlicher Leitlinien. Die ersten Leitlinien dieser Art wurden vom Europäischen Parlament und vom Rat im Jahre 1996 verabschiedet.[95] Diese Leitlinien wurden im Jahre 2010 durch den Beschluss Nr. 661/2010/EU des Europäischen Parlamentes und des Rates neu gefasst.[96] Wesentlicher Inhalt dieser Leitlinien sind die **Verbesserung der europäischen Infrastrukturen**, insbesondere der **grenzüberschreitenden Infrastruktur** sowie der **Interoperabilität verschiedener Verkehrsträgersysteme**, im Mittelpunkt der Politik der Kommission stehen die **Planung und Vergabe von Gemeinschaftszuschüssen**. Für die Gewährung dieser Gemeinschaftszuschüsse haben Parlament und Rat eine eigene Verordnung erlassen.[97] Derzeit befindet sich eine Neufassung der Leitlinien im Gesetzgebungsverfahren. Die Kommission hat am 19.10.2011 einen Vorschlag für eine neue Verordnung des Europäischen Parlamentes und des Rates über die Aufstellung dieser Leitlinien in das Gesetzgebungsverfahren eingebracht.[98]

36

Als **Rechtsgrundlage** dieser Verordnung ist **Art. 172 AEUV** vorgesehen. Die Begründung des Vorschlages konstatiert zwar, die Verkehrsinfrastruktur innerhalb der Europäischen Union sei »an sich heute gut entwickelt«,[99] es bestehe aber »sowohl geographisch als auch innerhalb der Verkehrsträger und zwischen ihnen noch immer eine starke Fragmentierung«.[100] Deshalb sollten sich die neuen Leitlinien fünf wesentlicher Probleme annehmen: Die noch immer bestehenden mangelnden Verbindungen im grenzüberschreitenden Verkehr, die Überwindung der Qualitätsunterschiede und der Infrastrukturkapazitäten für Ost-West Verbindungen, die Verbesserung der Anschlüsse zwischen unterschiedlichen Verkehrsträgern im multimodalen Verkehr, insbesondere der Ausbau von Güterterminals, die Steigerung von Investitionen in Verkehrsinfrastrukturen die zu einer Reduktion der verkehrsbedingten Treibhausgasemissionen um 60 % bis zum Jahr 2050 beitragen sollen sowie die Überwindung von unterschiedlichen technischen Vorschriften, die die Interoperabilität der Verkehrsträger im Binnenmarkt erschwert.[101]

37

Der Verordnungsvorschlag enthält eine sehr engmaschige Planung für die Zusammenarbeit zwischen Mitgliedstaaten und Kommission in diesem Bereich sowie in Art. 54 Abs. 3 eine Ermächtigung an die Kommission zum Erlass delegierter Rechtsakte, die nach dem in Art. 56 Abs. 5 der Leitlinien vorgesehenen Verfahren in Kraft treten, wenn weder das Europäische Parlament noch der Rat innerhalb von zwei Monaten nach

38

---

[95] Entscheidung Nr. 1692/96/EG des Europäischen Parlamentes und des Rates vom 23.7.1996 über gemeinschaftliche Leitlinien für den Aufbau eines transeuropäischen Verkehrsnetzes, ABl. 1996, L 228/1, Überarbeitung durch Entscheidung Nr. 884/2004/EG vom 29.4.2004, ABl. 2004 L 167/1, berichtigt in ABl. 2004, L 201/1.
[96] ABl. 2010, L 204/1.
[97] VO (EG) Nr. 680/2007 vom 20.7.2007 über die Grundregeln für die Gewährung von Gemeinschaftszuschüssen für transeuropäische Verkehrs- und Energienetze, ABl. 2007, L 162/1.
[98] KOM (2011) 650 endg.
[99] KOM (2011) 650 endg., S. 2.
[100] KOM (2011) 650 endg., S. 2.
[101] KOM (2011) 650 endg., S. 3.

Unterrichtung von dem jeweiligen Vorschlag Einwände gegen diese Maßnahme erhoben haben. Am 22.3.2012 haben die Verkehrsminister der EU-Mitgliedstaaten diesen Verordnungsvorschlag gebilligt. In der hierzu ergangenen Pressemitteilung der Europäischen Kommission vom selben Tage werden folgende Vorhaben der Verkehrskernnetzplanung genannt, die bis zum Jahre 2030 umgesetzt werden sollen: Anbindung 68 wichtiger europäischer Häfen an das Eisenbahn- und Straßenverkehrsnetz, die Schienenverkehrsanbindung von 37 Großflughäfen an Ballungsgebiete, der Bau von 15.000 km Eisenbahnstrecken, die für den Hochgeschwindigkeitsverkehr ausgelegt sind sowie 37 große Vorhaben, mit denen Kapazitätsengpässe im grenzüberschreitenden Verkehr abgebaut werden sollen.[102] Die Leitlinien sind am 11.12.2013 als VO (EU) Nr. 1315/2013 in Kraft getreten.[103]

B. Verhältnis zu anderen Vorschriften und Politiken des AEUV

I. Verhältnis zu den Politikzielen des AEUV

39 In ihrer politischen Terminologie verwendet die Europäische Kommission den Begriff des **Verkehrsbinnenmarktes** ebenso wie die Begrifflichkeit des »einheitlichen europäischen Verkehrsraums«.[104] Dies legt ein Verständnis nah, demzufolge die Verkehrspolitik ein Freiheitsrecht gewährleistet, das den Grundfreiheiten über den Waren- und Dienstleistungsverkehr strukturell angenähert ist. Demgegenüber zeigte die Lektüre der Art. 90 ff. AEUV jedoch, dass es sich bei diesem Titel des Vertrages **im Wesentlichen um kompetenzielle Vorschriften** handelt, die nur in den Artikeln 92 und 95 AEUV Diskriminierungsverbote enthalten, insoweit also materiellrechtliche Regelungen treffen, die den Regeln über die Grundfreiheiten vom Grundtypus vergleichbar wären. Insofern fehlt es an einer eigenständigen Freiheit der Erbringung von Verkehrsleistungen in der Europäischen Union, die auf demselben normhierarchischen Niveau wie die Regeln der Art. 28 ff. oder 56 ff. AEUV Vorrang vor den zahlreichen Vorschriften des Sekundärrechts genießen würden, die die Verkehrsfreiheit herstellen sollen. Dies entspricht der Natur der **Verkehrswirtschaft als Querschnittsmaterie**, die sowohl der Realisierung der Binnenmarkfreiheiten dient als auch selbst einen Binnenmarkt konstituiert.[105]

40 Ein diese Stoßrichtung verfolgendes Grundsatzurteil fällte der Gerichtshof erstmals in der Sache »**Kommission/Frankreich**«,[106] in der über bestimmte Beschränkungen für ausländische Staatsangehörige in der Beschäftigung auf Schiffen der französischen Handelsmarine zu entscheiden war. Frankreich hatte geltend gemacht, die Regeln über den Verkehrssektor schafften eine Bereichsausnahme von den Grundfreiheiten, hier über die Freizügigkeit der Arbeitnehmer. Der Gerichtshof trat diesem Argument jedoch entgegen, die »Vorschriften über die gemeinsame Verkehrspolitik dien[t]en nicht dazu, diese Grundsatzbestimmungen außer Kraft zu setzen, sondern gerade dazu, **ihnen Wirk-**

---

[102] Presserklärung der Europäischen Kommission vom 22.3.2012, IP/12/301.
[103] ABl. 2013, L 348/1.
[104] *Europäische Kommission*, Weissbuch vom 28.3.2011, KOM (2011) 144 endg., Rn. 6, 36.
[105] *Erdmenger*, in: GS, EUV/EGV, Vor Art. 70–80 EGV, Rn. 1; *Epiney* in: Dauses, Handbuch des EU-Wirtschaftsrechts, Abschnitt L, April 2003, Rn. 6; *Martinez,* in: Calliess/Ruffert, EUV/AEUV, Art. 90 AEUV, Rn. 14.
[106] EuGH, Urt. v. 4.4.1974, Rs. 167/73 (Kommission/Frankreich), Slg. 1994, 359.

samkeit zu verleihen und sie durch gemeinsame Aktionen auszufüllen«.[107] Hieraus folge, dass die Anwendung der Grundfreiheiten »auf dem Gebiet des Verkehrs für die Mitgliedstaaten nicht bloß eine Befugnis, sondern eine Verpflichtung darstelle«.[108]

Damit artikulieren sich die Freiheitsrechte des Verkehrsbinnenmarktes über die jeweils betroffenen Grundfreiheiten. Zwar verweist Art. 58 Abs. 1 AEUV für den freien **Dienstleistungsverkehr** auf den Vorrang der Vorschriften des Titels über den Verkehr, nach der Rechtsprechung des Gerichtshofes[109] ist aber von der vollen Geltung der Regel über den Dienstleistungsverkehr auch im Verkehrssektor auszugehen.[110] Auch die **Warenverkehrsfreiheit** ist im Bereich des Verkehrs voll zu realisieren, so prüfte etwa der Gerichtshof auf Antrag der Kommission bestimmte Beschränkungen des alpenquerenden LKW-Verkehrs, die von der Tiroler Landesregierung im Interesse des Umwelt- und Gesundheitsschutzes aufgestellt worden waren, anhand der Art. 28 ff. AEUV.[111]

41

Nach Art. 4 Abs. 2 Buchst. g AEUV fällt die Verkehrspolitik in den Bereich der zwischen den Mitgliedstaaten und der Union **geteilten Zuständigkeiten**. Dies schlug sich bereits in der oben geschilderten Rechtsprechung nieder, wonach die Außenzuständigkeit der Europäischen Gemeinschaft/Union immer dann anzunehmen ist, wenn der Gemeinschafts-/Unionsgesetzgeber in einem bestimmten Bereich der Verkehrspolitik durch den Erlass von Vorschriften des Sekundärrechts tätig geworden ist.

42

Bei dem Erlass von Rechtsvorschriften für den Verkehrssektor sind die in den Querschnittsklauseln der Art. 8 ff. AEUV genannten anderen Politikziele der Europäischen Union zu beachten, namentlich der in Art. 11 AEUV hervorgehobene **Umweltschutz**. In diesem Zusammenhang gelangte der Gerichtshof im Jahr 2007 zu der Schlussfolgerung, dass »der Umweltschutz ein Ziel sei, das auch Bestandteil der gemeinsamen Verkehrspolitik [sei]«.[112] Die sich hieraus ergebende Beschränkung der Gestaltungsmöglichkeiten des Gesetzgebers ist jedoch begrenzt. So ist den Querschnittsklauseln kein generelles Vorrangverhältnis zwischen der ein oder anderen Politik zu entnehmen.[113] Vielmehr bedeutet die Querschnittsvorschrift lediglich, dass im Rahmen der generell in den jeweiligen verkehrspolitischen Bereich bestehenden Politik umweltpolitische Aspekte erkannt und berücksichtigt sein müssen, es ist noch nicht einmal erforderlich, dass der einzelne Gesetzgebungsakt konkret auf umweltpolitische Belange Rücksicht nimmt, es genügt, dass dies generell für die Gesamtheit der in diesem Bereich bestehenden Rechtsakte gilt.[114] Im Verhältnis zu den allgemeinen Vorschriften des Vertrages über die Wettbewerbspolitik kennt Titel VI. Sondervorschriften nur für Verkehrsbeihilfen (Art. 93 und 98 AEUV). Anders als in Titel III (Landwirtschaft und Fischerei) kennen die Regeln über die Verkehrspolitik keine Vorschrift wie Art. 42 AEUV für den Bereich des Agrarmarktes, wonach die Regeln über den Wettbewerb erst dann Anwendung finden, wenn der Gesetzgeber entsprechende sekundärrechtliche Vorschriften erlässt.

43

---

[107] EuGH, Urt. v. 4.4.1974, Rs. 167/73 (Kommission/Frankreich), Slg. 1994, 359, Rn. 24/26.
[108] EuGH, Urt. v. 4.4.1974, Rs. 167/73 (Kommission/Frankreich), Slg. 1994, 359, Rn. 29/33.
[109] EuGH, Urt. v. 22.5.1985, Rs. 13/83 (Parlament/Rat), Slg. 1985, 1513, Rn. 62.
[110] *Stadler*, in: Schwarze, EU-Kommentar, Art. 90 AEUV, Rn. 3; *Frenz*, NZV 2010, 430 (430 f.).
[111] EuGH, Urt. v. 15.11.2005, Rs. C–320/03 (Kommission/Österreich), Slg. 2005, I–9871; Urt. v. 21.12.2011, Rs. C–28/09 (Kommission/Österreich), Slg. 2011, I–13525; *Stadler*, in: Schwarze, EU-Kommentar, Art. 90 AEUV, Rn. 6.
[112] EuGH, Urt. v. 23.10.2007, Rs. C–440/05 (Kommission/Rat), Slg. 2007, I–9128, Rn. 60.
[113] Vgl. *Epiney*, in: Dauses, Handbuch des EU-Wirtschaftsrechts, Abschnitt L, April 2013, Rn. 148 ff.
[114] GA *Geelhoed*, Schlussanträge zu Rs. C–161/04 (Österreich/Parlament und Rat), Slg. 2006, I–7184, Rn. 59.

44 Über das Verhältnis der verkehrspolitischen Kompetenzen der Union zu den Erfordernissen des **Umweltschutzes** entschied der Gerichtshof im Jahre 2007 im Rahmen einer Nichtigkeitsklage der Kommission gegen den Rat. Gegenstand des Angriffs war ein Rahmenbeschluss des Rates zur Verstärkung des strafrechtlichen Rahmens zur Bekämpfung der Verschmutzung durch Schiffe.

45 Die allgemeinen wettbewerbsrechtlichen Vorschriften der **Art. 101 und 102 AEUV** sind **im Verkehrssektor voll anwendbar**, »Besonderheiten des Verkehrs« mögen bei der Marktabgrenzung oder der wettbewerbsökonomischen Bewertung einer bestimmten Konstellation zu berücksichtigen sein, schaffen aber kein Sonderwettbewerbsrecht für den Verkehrssektor.[115]

II. Architektur von Titel VI (Der Verkehr)

46 Titel VI (Der Verkehr) ist im Vergleich zu anderen Unionspolitiken **vergleichsweise archaisch angelegt**, die Vorschriften sind seit Inkrafttreten des EWG-Vertrages nur wenig verändert worden. Im Vergleich z. B. zu den Vorschriften in Titel III über die Landwirtschaft- und die Fischereipolitik fehlt es in Titel VI an einer primärrechtlich detaillierten Vorprägung der von der Union im Einzelnen zu erlassenden Vorschriften. Anders etwa als Art. 38 Abs. 1 AEUV für die Landwirtschaft kennt Titel VI noch nicht einmal eine allgemeine Definition des Begriffes Verkehr und der hiermit verbundenen Terminologie. Dies ist wohl Ausdruck des Umstandes, dass die vertragsgebenden Staaten zum Zeitpunkt der Gründung der Gemeinschaft sehr heterogene Interessen hatten, was die Regulierung des Verkehrssektors angeht. Auf der einen Seite standen die auch im Verkehrssektor exportorientierten Niederlande, die zu diesem Zeitpunkt bereits über eine fortschrittliche Verkehrswirtschaft verfügten, auf der anderen Seite die staatswirtschaftlich orientierten großen Flächenstaaten Deutschland und Frankreich.[116]

47 Art. 91 AEUV definiert in relativ allgemeiner Form die vom Gesetzgeber der Gemeinschaft/Union durchzuführenden Maßnahmen der Verkehrspolitik, Art. 92 AEUV definiert vorbehaltlich des Erlasses sekundärrechtlicher Vorschriften ein allgemeines Diskriminierungsverbot. Art. 93 AEUV erhebt den Anspruch auf unter Umständen abweichende Regeln über staatliche Beihilfen für den Verkehrssektor, Art. 94 AEUV statuiert das Gebot bei der Regelung von Beförderungsentgelten und Beförderungsbedingungen »auf die wirtschaftliche Lage der Verkehrsunternehmer« Rücksicht zu nehmen. Art. 95 AEUV erweitert das allgemeine Diskriminierungsverbot, Art. 96 AEUV statuiert über das Beihilfeverbot hinausgehende Verbote für Unterstützungsmaßnahmen, die »in irgendeiner Weise der Unterstützung oder dem Schutz eines oder mehrerer bestimmter Unternehmen oder Industrien dienen«. Aus Art. 97 AEUV ergibt sich eine Sonderregelung für die Inrechnungstellung von Abgaben oder Gebühren durch den Verkehrsunternehmer, speziell für die Durchführung des Grenzüberganges. Art. 98 AEUV (Teilungsklausel) ist mit der Vollendung der Wiedervereinigung Deutschlands obsolet geworden. Die Art. 99 und 100 AEUV enthalten wiederum kompetenzielle Vorschriften. Insofern ist den Vorschriften des Titels VI **relativ wenig materiellrechtlicher Gehalt** zu entnehmen, die Verwirklichung der Freiheiten des Verkehrsbinnenmarktes beruht somit **fast ausschließlich auf den Vorschriften des Sekundärrechts** sowie dem

---

[115] *Martinez*, in: Calliess/Ruffert, Art. 90 AEUV, Rn. 30; *Frenz*, NZV 2010, 430 (433).
[116] *Boeing/Maxian Rusche/Kotthaus*, in: Grabitz/Hilf/Nettesheim, EU, Art. 90 AEUV (Oktober 2011), Rn. 1.

als Träger der Verkehrsfreiheit heranzuziehenden **Grundfreiheiten**, wie etwa der Warenverkehrs- oder der Dienstleistungsfreiheit.

C. Wirtschaftliche Bedeutung des Verkehrssektors

Die Europäische Kommission begreift den Verkehrssektor nicht lediglich als Hilfspolitik zur Verwirklichung von Wirtschaftswachstum im industriellen und im allgemeinen Dienstleistungssektor des Binnenmarktes, sondern sieht diesen auch **als eigenen Wirtschaftszweig**. Nach Aussagen des 2011 veröffentlichten Weißbuchs beschäftigt der Verkehrssektor in der Europäischen Union rd. 10 Mio. Menschen und macht rd. 5 % des Bruttoinlandsproduktes der EU-Mitgliedstaaten aus.[117] Nach einem von der Europäischen Kommission im Jahr 2012 veröffentlichten verkehrsstatistischen Überblick[118] erwirtschaftete der EU-Transportsektor unter Einschluss von Post- und Kurierdienstleistungen im Jahr 2009 eine Bruttowertschöpfung von 533 Mrd. Euro. Von den ungefähr 10,6 Mio. Beschäftigten in diesem Bereich entfielen 55 % auf den Landtransport (unter Einschluss von Straßen, Schienen, Binnenschifffahrtsverkehr und Rohrleitungswirtschaft), 2 % im Seeschifffahrtsverkehr, 4 % im Luftverkehr sowie 22 % in der Bewirtschaftung von Lagerhaltung und anderen Hilfstätigkeiten. 17 % entfielen auf Post- und Kurierdienste.[119] Im Modalsplit des Güterverkehrs überwiegt der Straßengüterverkehr mit durchgängig über 42 % im Verhältnis zu den bis 12 % für den Schienen- und 3–4 % für den Binnenschifffahrtsverkehr. Der Seeverkehr ist mit 36–37 % über den Betrachtungszeitraum (1995–2010) stabil. Während im Bereich der EU ein leichter Rückgang des Schienengüterverkehrs im Verhältnis zum Straßengüterverkehr zu verzeichnen ist, nahm in den USA,[120] die als Vergleichsmarkt angeführt werden, der ohnehin schon überwiegende Modalsplitanteil des Schienengüterverkehrs von 37,3 % im Jahr 1990 auf 45,3 % im Jahr 2007 zu, während der Straßengüterverkehr im Vergleichszeitraum lediglich von 29,8 % (1990) auf 32,8 % im Jahr 2007 zunahm. Im Bereich des Passagierverkehrs überwiegt in der EU der Straßenverkehr noch deutlicher mit einem Anteil von rd. 80 % (KFZ-Verkehr). Auf den Busverkehr entfielen in dem Berichtsjahr 2010 8,9 %, auf den Schienenpersonenverkehr (ohne Straßenbahn- und U-Bahn-Verkehr) dagegen nur 7 %.[121] In den USA ist der dominierende Anteil des Straßenverkehrs noch bedeutender. Hier entfällt auf den Schienenpersonenverkehr lediglich ein Anteil von unter 1 %.[122]

48

D. Tatbestände der Vorschrift

I. Begriff des »Verkehrs« als Sachgebiet von Titel VI

Der Begriff »Verkehr« wird im AEUV nicht näher definiert. Allerdings grenzt Art. 100 AEUV den tatbestandlichen Anwendungsbereich des Verkehrs ein auf die dort in Abs. 1

49

---

[117] KOM (2011) 144 endg. v. 28.3.2011, S. 5.
[118] *Europäische Kommission*, EU Transport in figures, statistical pocketbook, 2012.
[119] *Europäische Kommission* (Fn. 117), S. 19.
[120] *Europäische Kommission* (Fn. 117), S. 44.
[121] *Europäische Kommission* (Fn. 117), S. 47.
[122] *Europäische Kommission* (Fn. 117), S. 52.

genannten Beförderungsarten des Eisenbahn, des Straßen und des Binnenschiffsverkehrs sowie vorbehaltlich zu erlassender Gesetzgebungsvorschriften nach Art. 100 Abs. 2 AEUV auch der Seeschifffahrtsverkehr und die Luftfahrt.[123] Titel VI nimmt in keiner der Vorschriften eine Trennung zwischen dem Verkehr als Verkehrsbetrieb, d. h. der eigentlichen Beförderung in einem Verkehrsmittel und dem Bau und der Instandhaltung der hierfür erforderlichen Infrastruktur vor. Insofern verfolgt der Wortlaut des Vertrages lange vor den gesetzgeberischen Initiativen zur Trennung (unbundling) von Netz und Betrieb eine **gesamtheitliche Sicht** des Verkehrs, die auch **nicht auf rein verkehrswirtschaftliche Aspekte begrenzt** ist, sondern auch die soziale, umweltpolitische oder die den Verbraucherschutz betreffenden Komponenten des Verkehrs betreffen.

50 Ebenso wenig nimmt Titel VI eine Unterscheidung zwischen Güter- und Personenverkehr oder zwischen grenzüberschreitendem und innerstaatlichem (z. B. städtischem öffentlichen Personennahverkehr) oder enthielte eine Unterscheidung zwischen eigenwirtschaftlichem Verkehr auf der einen Seite und bezuschusstem Verkehr im Rahmen der Wahrnehmung von Aufgaben im allgemeinen wirtschaftlichen Interesse. Dementsprechend finden sich auch zu allen Aspekten des Verkehrs konkretisierende Gesetzgebungsakte der Gemeinschaft bzw. nunmehr der Union. Ob auch Randbereiche des Verkehrs, wie etwa der **Seilbahnverkehr** »eigentlich« Gesetzgebungsakte nach dem Titel VI erforderlich machten oder wie durch den Erlass der Seilbahnrichtlinie 2000/9/EG geschehen, auf die allgemeine Binnenmarktkompetenz in Art. 95 EGV gestützt wurde,[124] dürfte eine Frage von letztlich geringer praktischer Relevanz sein, nachdem Gesetzgebungsakte der Verkehrspolitik gem. Art. 91 Abs. 1 bzw. Art. 100 Abs. 2 AEUV ebenfalls Rat und Parlament obliegen. Eine gewisse Bedeutung mag die Frage allerdings für die Reichweite der Sonderregeln des Beihilferechts nach Art. 93 AEUV haben.[125] Offenbar vorherrschend ist allerdings das Verständnis, dass Verkehr im Sinne von Titel VI die **Beförderung in einem selbst beweglichen Verkehrsmittel** voraussetzt, so dass nach allgemeiner Ansicht der Transport von flüssigen oder gasförmigen Rohstoffen (wie etwa Mineralöl, Gase oder Chemikalien) in **Rohrleitungen** nicht in den Anwendungsbereich der Verkehrspolitik fällt.[126] Insgesamt ist der Verkehrsbegriff von Titel VI sehr viel weiter gefasst als der des Art. 170 Abs. 1 AEUV, der sich auf die Verkehrsinfrastruktur in ihrer Funktion als Trägerin transeuropäischer Netze bezieht.

II. »Ziele der Verträge«

51 Art. 90 AEUV verwendet die Begrifflichkeit der »Ziele der Verträge«. Nach Art. 1 Abs. 2 Satz 2 AEUV sind dies der EUV und der AEUV. Der normative Gehalt der Vorschrift erschöpft sich hier in der Aussage, dass alle im Sachgebietsbereich des Verkehrs verfolgten »Ziele der Verträge«, also **in erster Linie die Herstellung der vollen**

---

[123] *Frenz*, TranspR 2010, 419 (420).
[124] *Epiney*, in: Dauses, Handbuch des EU-Wirtschaftsrechts, Abschnitt L, April 2003, Rn. 43; *Frenz*, TranspR 2010, 419 (419).
[125] In der Beihilferechtspraxis der Kommission werden Seilbahnen als Verkehrsmittel i. S. v. Art. 90 bzw. 93 AEUV angesehen, vgl. Mitteilung der Kommission »Beihilferegelung zu Gunsten von Seilbahnen«, ABl. 2002, C 172/2; Entscheidung der Kommission vom 27. 6. 2012, State aid SA.34056 (Cable car for London), Rn. 49 ff.
[126] *Epiney*, in: Dauses, Handbuch des EU-Wirtschaftsrechts, Abschnitt L, April 2003, Rn. 43; *Barents/Slot*, Sectoral Policies, in: McDonnell/Kapteyn/Mortelmans/Timmermans (Hrsg.), The law of the European Union and the European Community, 2008, S. 1180, Rn. 3.1.4.

Dienstleistungsfreiheit,[127] im Rahmen einer gemeinsamen Verkehrspolitik verfolgt werden. »Ziele« der Verträge sind aber auch alle anderen Politikziele und Zuständigkeiten der Union einschließlich der in den Art. 8ff. AEUV festgelegten Zielen, die im Rahmen der Querschnittsklauseln zu verfolgen sind.

III. Rolle der »gemeinsamen Verkehrspolitik«

Die Begrifflichkeit der »gemeinsamen Verkehrspolitik« wurde vom Gerichtshof vor bereits längerer Zeit als »zusammenhängendes Regelwerk« bezeichnet bzw. als »eine Gesamtheit von Maßnahmen, die geeignet wären, eine gemeinsame Verkehrspolitik darzustellen«.[128] Im Schrifttum findet sich auch die Definition des »einheitlichen und systematischen Vorgehens bei allen hoheitlichen Maßnahmen, die zur Erreichung der Vertragsziele auf dem Gebiet des Verkehrs erforderlich sind«.[129] Mit der Begrifflichkeit der »gemeinsamen« Verkehrspolitik verbindet sich allerdings **keine Aussage über die kompetenzielle Aufteilung** der Zuständigkeiten zwischen Union und Mitgliedstaaten. Maßgeblich hierfür ist ausschließlich Art. 4 Abs. 2 Buchst. c AEUV, wonach die Verkehrspolitik in den Bereich der geteilten Zuständigkeit fällt.[130] Insofern besteht Gleichklang mit der Landwirtschaftspolitik, die nach Art. 4 Abs. 2 Buchst. d ebenfalls den Bereichen der geteilten Zuständigkeit zugewiesen ist und die nach Art. 38 Abs. 1 ebenfalls als »gemeinsame« Agrar- und Fischereipolitik bezeichnet wird. Dagegen fällt die »gemeinsame Handelspolitik« i.S.v. Art. 207 Abs. 1 AEUV in die ausschließliche Zuständigkeit der Union nach Art. 3 Abs. 1 Buchst. e AEUV. Der Begriff »gemeinsam«, der sich über die verschiedenen Vorgängerfassungen der zitierten Bestimmungen tradiert hat, ist somit nicht von besonderer juristischer Trennschärfe.

52

E. Außendimension der Verkehrspolitik

Lange Zeit war im Primärrecht nicht ausdrücklich geregelt, unter welchen Voraussetzungen die Gemeinschaft über die Zuständigkeit zum Abschluss völkerrechtlicher Verträge mit Drittstaaten oder zwischenstaatlichen Organisationen verfügte. Inzwischen ist diese Frage in Art. 216 Abs. 1 AEUV im Sinne der nachfolgend zu schildernden Rechtsprechung des Gerichtshofes geregelt. Danach genießt die Union – ohne dass hierfür verkehrspolitische Sonderregeln bestünden – die völkerrechtliche Vertragsabschlusskompetenz, »wenn der Abschluss einer Übereinkunft im Rahmen der Politik der Union entweder zur Verwirklichung eines der in den Verträgen festgesetzten Ziele erforderlich oder in einem verbindlichen Rechtsakt der Union vorgesehen ist oder aber gemeinsame Vorschriften beeinträchtigen oder deren Anwendungsbereich ändern könnte«. Der Wortlaut dieser Vorschrift kodifiziert die vom Gerichtshof in seinem vielzitierten **»AETR-Urteil«** entwickelte Lehre von der »Annex-Außenkompetenz«.[131] Im AETR-

53

---

[127] *Stadler,* in: Schwarze, EU-Kommentar, Art. 90 AEUV, Rn. 4.
[128] EuGH, Urt. v. 22.5.1985, Rs. 13/83 (Europäisches Parlament und Kommission/Rat und Niederlande), Slg. 1985, 1556, Rn. 46, 47.
[129] *Boeing/Maxian Rusche/Kotthaus,* in: Grabitz/Hilf/Nettesheim, EU, Art. 90 AEUV (Oktober 2011), Rn. 18.
[130] *Boeing/Maxian Rusche/Kotthaus,* in: Grabitz/Hilf/Nettesheim, EU, Art. 90 AEUV (Oktober 2011), Rn. 18.
[131] *Khan,* in: Geiger/Khan/Kotzur, EUV/AEUV, Art. 216 AEUV, Rn. 6.

Urteil[132] hatte der Gerichtshof der Gemeinschaft eine Kompetenz zum Abschluss völkerrechtlicher Abkommen im Bereich des Verkehrssektors immer dann zuerkannt, wenn ein Vertragsschluss durch die Mitgliedstaaten deren Verpflichtung verletzen würde, »alle Maßnahmen zu unterlassen, welche die Verwirklichung der Ziele des Vertrages gefährden könnten« (abgeleitet aus Art. 5 EWG-Vertrag).[133] Dies ist immer dann der Fall, wenn auf der Ebene des Sekundärrechts bereits Rechtsakte erlassen worden sind, die in den sachlichen Anwendungsbereich des in Rede stehenden völkerrechtlichen Abkommens fallen.[134]

54 Diesen Rechtssatz bestätigte der Gerichtshof in seinem sogenannten »**Open Skies**«-**Urteilen**, in denen sich die Kommission gegen den Abschluss bilateraler völkerrechtlicher Abkommen mehrerer Mitgliedstaaten mit den Vereinigten Staaten von Amerika im Bereich des internationalen Luftverkehrs gewandt hatte. In den Leitsätzen des Urteils.[135] Die entsprechende Ratio des Urteils findet Ausdruck in folgendem Leitsatz: »Die Gemeinschaft erwirbt aufgrund der Ausübung ihrer internen Zuständigkeit eine Außenkompetenz, wenn die völkerrechtlichen Verpflichtungen in den Anwendungsbereich der gemeinsamen Rechtnormen fallen oder jedenfalls ein Gebiet erfassen, das bereits weitgehend von solchen Rechtsnormen erfasst ist. Im letztgenannten Fall können die Mitgliedstaaten außerhalb des Rahmens der Gemeinschaftsorgane völkerrechtliche Verpflichtungen nicht eingehen, auch wenn kein Widerspruch zwischen diesen Verpflichtungen und den Gemeinschaftsvorschriften besteht«.[136] Somit folgt die Außenkompetenz der Europäischen Union dem Erlass sekundärrechtlicher Vorschriften durch die Organe der Union. Diese Formel beschreibt die Außenkompetenzen der Union im Bereich der Verkehrspolitik jedoch nicht abschließend. Vielmehr besteht eine stillschweigende Befugnis, die Gemeinschaft gegenüber Drittstaaten zu verpflichten, auch dann, »sofern die Beteiligung der Gemeinschaft an der völkerrechtlichen Vereinbarung notwendig ist, um eines der Ziele der Gemeinschaft zu erreichen« dies gilt auch, wenn zu diesem Zeitpunkt sekundärrechtliche Rechtsakte noch nicht erlassen worden sind.[137] In dem eben zitierten Gutachten erklärte es der Gerichtshof somit auch für gerechtfertigt, dass an einem solchen völkerrechtlichen Abkommen neben der Gemeinschaft auch eine Reihe von Mitgliedstaaten beteiligt war.[138] Dieses System »gemischter Zuständigkeiten« besteht auch heute noch.[139] Die Regeln der AETR-Doktrin hat der Gerichtshof zuletzt gewissermaßen lehrbuchartig in seinem Gutachten 1/03 zur Abschlusskompetenz der Gemeinschaft für das Lugano-Übereinkommen zusammengefasst.[140]

---

[132] EuGH, Urt. v. 31.3.1971, Rs. 22/70 (AETR), Slg. 1971, 263.
[133] EuGH, Urt. v. 31.3.1971, Rs. 22/70 (AETR), Slg. 1971, 263, Rn. 20, 22.
[134] *Stadler,* in: Schwarze, EU-Kommentar, Art. 90 AEUV, Rn. 13.
[135] Vgl. beispielhaft das hierzu gegen die Bundesrepublik Deutschland ergangene Urteil des EuGH, Urt. v. 5.11.2002, Rs. C–476/98 (Kommission/Deutschland), Slg. 2002, I–9855. Dazu eingehend *Thym*, EuR 2003, 277.
[136] EuGH, Urt. v. 5.11.2002, Rs. C–476/98 (Kommission/Deutschland), Slg. 2002, I–9855, 9859f., Leitsatz 6, Unterabsatz 3; Urt. v. 24.4.2007, Rs. C–523/04 (Kommission/Niederlande), Slg. 2007, I–3267, Rn. 75.
[137] EuGH, Gutachten 1/76 v. 26.4.1977 (Stilllegungsfonds für die Binnenschifffahrt), Slg. 1977, 741, Rn. 4.
[138] EuGH, Gutachten 1/76 v. 26.4.1977 (Stilllegungsfonds für die Binnenschifffahrt), Slg. 1977, 741, Rn. 7.
[139] *Stadler*, in: Schwarze, EU-Kommentar, Art. 90 AEUV, Rn. 14.
[140] EuGH, Gutachten 1/03 v. 7.2.2006 (Übereinkommen von Lugano), Slg. 2006, I–1145, Rn. 114 ff.

Artikel 91 AEUV [Umsetzung der gemeinsamen Verkehrspolitik]

(1) Zur Durchführung des Artikels 90 werden das Europäische Parlament und der Rat unter Berücksichtigung der Besonderheiten des Verkehrs gemäß dem ordentlichen Gesetzgebungsverfahren und nach Anhörung des Wirtschafts- und Sozialausschusses sowie des Ausschusses der Regionen
a) für den internationalen Verkehr aus oder nach dem Hoheitsgebiet eines Mitgliedstaats oder für den Durchgangsverkehr durch das Hoheitsgebiet eines oder mehrerer Mitgliedstaaten gemeinsame Regeln aufstellen;
b) für die Zulassung von Verkehrsunternehmern zum Verkehr innerhalb eines Mitgliedstaats, in dem sie nicht ansässig sind, die Bedingungen festlegen;
c) Maßnahmen zur Verbesserung der Verkehrssicherheit erlassen;
d) alle sonstigen zweckdienlichen Vorschriften erlassen.

(2) Beim Erlass von Maßnahmen nach Absatz 1 wird den Fällen Rechnung getragen, in denen die Anwendung den Lebensstandard und die Beschäftigungslage in bestimmten Regionen sowie den Betrieb der Verkehrseinrichtungen ernstlich beeinträchtigen könnte.

Literaturübersicht

Siehe Art. 90 AEUV sowie im Besonderen *Basedow*, Die Bahnprivatisierung und das Gemeinschaftsrecht, EuZW 2007, 65; *Brandenberg*, Entwicklungen in der Eisenbahnregulierung aus europäischer Sicht, EuZW 2009, 359.

Leitentscheidungen

EuGH, Urt. v. 22.5.1985, Rs. 13/83 (Parlament/Rat), Slg. 1985, 1513
EuGH, Urt. v. 28.11.1978, Rs. 97/78 (Fritz Schumalla), Slg. 1978, 2311
EuGH, Urt. v. 17.7.1997, verb. Rs. C–248/95 u. C–249/95 (SAM Schifffahrt und Stapf), Slg. 1979, I–4475

Wesentliche sekundärrechtliche Vorschriften

Siehe Art. 90 AEUV

Inhaltsübersicht

	Rn.
A. Ziele und Schwerpunkte der unionsrechtlichen Politik in diesem Bereich	1
I. Straßenverkehr	1
II. Eisenbahnverkehr	6
III. Binnenschifffahrt	7
B. Tatbestände der Vorschrift	8
I. Gesetzgebungskompetenz und Gesetzgebungsverfahren	8
II. Die »Besonderheiten des Verkehrs«	11
III. Dienstleistungsfreiheit für den internationalen Verkehr (Buchst. a)	13
IV. Zulassung der Kabotage (Buchst. b)	16
V. Verbesserung der Verkehrssicherheit (Buchst. c)	20
VI. Sonstige zweckdienliche Vorschriften (Buchst. d)	21
VII. Die Sozialklausel in Abs. 2 der Vorschrift	23

A. Ziele und Schwerpunkte der unionsrechtlichen Politik in diesem Bereich

I. Straßenverkehr

1   Gestützt auf Art. 91 AEUV wurden im sog. »Road Package 2009«[1] die VO (EG) Nr. 1071/2009[2] über die Zulassung zum Beruf des Kraftverkehrsunternehmers und die VO (EG) Nr. 1072/2009[3] über den Zugang zum grenzüberschreitenden Personenverkehrsmarkt erlassen. Beide dienen der Liberalisierung des gemeinschaftlichen Güterkraftverkehrmarktes.

2   Das Funktionieren des Marktes für internationale Straßengütertransporte wird v. a. durch die VO (EWG) Nr. 4058/89[4] und die VO (EWG) Nr. 3916/90[5] gewährleistet. VO (EWG) Nr. 4058/89 beendete mit Wirkung zum 1. 1. 1990 jede staatlich beeinflusste Preissetzung. Zur Abfederung der Folgen dieser Liberalisierungsmaßnahme wurde die VO (EWG) Nr. 3916/90 eingeführt, die es im Falle eines deutlichen und anhaltenden Marktungleichgewichts (namentlich bei Angebotsüberhang) erlaubt, die Tätigkeit bestehender und den Marktzugang neuer Verkehrsunternehmen zu beschränken.

3   Auch der grenzüberschreitende Personenverkehr mit Kraftomnibussen ist seit der Änderung und Ergänzung der VO (EWG) Nr. 684/92[6] durch VO (EWG) Nr. 11/98[7] weitgehend liberalisiert. Zu beachten ist allerdings die am 4. 12. 2011 in Kraft getretene VO (EG) 1073/2009[8] über den Zugang zum grenzüberschreitenden Personenverkehrsmarkt.

4   Ein weiterer wichtiger Bestandteil der europäischen Verkehrspolitik ist der Kabotageverkehr. Dieser wird im Personenkraftverkehr durch die VO (EG) Nr. 12/98[9] und die VO (EG) Nr. 1073/2009[10] geregelt. Im Güterkraftverkehr gilt die VO (EG) Nr. 1072/2009.[11]

5   Eine umfangreiche Regelungsdichte weist der auf Art. 91 Abs. 1 Buchst. c AEUV basierende Bereich der **Verkehrssicherheit** auf. Systematisch lässt sich dieser in technische Vorschriften, die die Konstruktion von Fahrzeugen und Verkehrswegen betreffen, und verhaltensbezogene Vorschriften, die das Verhalten der Verkehrsteilnehmer

---

[1] *Martinez*, in: Calliess/Ruffert, EUV/AEUV, Art. 91 AEUV, Rn. 13.
[2] ABl. 2009, L 300/51.
[3] ABl. 2009, L 300/72.
[4] Verordnung (EWG) Nr. 4058/89 vom 21. 12. 1989 über die Preisbildung im Güterkraftverkehr zwischen den Mitgliedstaaten, ABl. 1989, L 390/1.
[5] Verordnung (EWG) Nr. 3916/90 vom 21. 12. 1990 über Maßnahmen bei Krisen auf dem Güterkraftverkehrsmarkt, ABl. 1990, L 375/10.
[6] ABl. 1992, L 74/1.
[7] ABl. 1998, L 71/1.
[8] ABl. 2009, L 300/88.
[9] Verordnung (EG) Nr. 12/98 vom 11. 12. 1997 über die Bedingungen für die Zulassung von Verkehrsunternehmern zum Personenkraftverkehr innerhalb eines Mitgliedstaats in dem sie nicht ansässig sind, ABl. 1998, L 4/10.
[10] Verordnung (EG) Nr. 1073/2009 vom 21. 10. 2009 über gemeinsame Regeln für den Zugang zum grenzüberschreitenden Personenkraftverkehrsmarkt und zur Änderung der Verordnung (EG) Nr. 561/2006, ABl. 2009, L 300/88.
[11] Verordnung (EG) Nr. 1072/2009 vom 21. 10. 2009 über gemeinsame Regeln für den Zugang zum Markt des grenzüberschreitenden Güterkraftverkehrs, ABl. 2009, L 300/72.

steuern sollen, gliedern. Eine umfassende Aufstellung der einschlägigen Vorschriften ist der Website der Europäischen Kommission entnehmen.[12]

II. Eisenbahnverkehr

Für die Liberalisierung und Harmonisierung des Eisenbahnverkehrs spielten die Eisenbahnpakete eine zentrale Rolle. Insoweit wird auf die Darstellung zu Art. 90 AEUV und dort auf Rn. 17–21 verwiesen. 6

III. Binnenschifffahrt

Im Sektor der Binnenschifffahrt herrschte aufgrund zahlreicher völkerrechtlicher Abkommen seit langem ein sehr liberales Marktordnungsregime.[13] Dieses wurde durch die VO (EG) Nr. 1356/96[14] und die RL 96/75/EG[15] europarechtlich kodifiziert. 7

B. Tatbestände der Vorschrift

I. Gesetzgebungskompetenz und Gesetzgebungsverfahren

Art. 91 AEUV betont die gemeinsame Gesetzgebungszuständigkeit des Europäischen Parlamentes und des Rates für den Erlass von Durchführungsvorschriften zu Art. 90 AEUV. Art. 91 Abs. 1 AEUV verweist auf das »**ordentliche Gesetzgebungsverfahren**« i. S. v. Art. 294 AEUV. Gegenüber der Vorgängerfassung der Vorschrift, welche die Rolle des Parlamentes nicht ausdrücklich im Tatbestand benannt hatte (dort war in Art. 71 Abs. 1 EGV nur der »Rat« benannt), bewirkt die Neufassung nur scheinbar eine Aufwertung des Parlamentes. Auch nach der Vorgängerfassung galt für den Erlass von verkehrspolitischen Maßnahmen nach Art. 71 Abs. 1 EGV das Verfahren der Mitentscheidung nach Art. 251 EGV, dem wiederum das ordentliche Gesetzgebungsverfahren nach Art. 294 AEUV entspricht.[16] Damit folgt das Gesetzgebungsverfahren für verkehrspolitische Maßnahmen nach Art. 91 Abs. 1 AEUV dem Verfahren für den Erlass von Vorschriften der Binnenmarktgesetzgebung nach Art. 114 Abs. 1 AEUV. Zugleich entspricht das Verfahren aber auch der speziellen verkehrspolitischen Kompetenzzuweisung an Parlament und Rat in Art. 100 Abs. 2 AEUV, der in der neuen Fassung ebenfalls auf das ordentliche Gesetzgebungsverfahren verweist, soweit Vorschriften über die **Seeschifffahrt und die Luftfahrt** betroffen sind. Nur hier hat sich eine Änderung gegenüber dem bisherigen Rechtszustand ergeben, weil nach Art. 80 Abs. 2 Satz 1 EGV der Rat noch mit qualifizierter Mehrheit entscheiden konnte. 8

Wichtig ist die begrenzte Reichweite der Vorschrift von Art. 91 AEUV – ratione materiae – im Verhältnis zu Art. 100 Abs. 2 AEUV. Art. 91 Abs. 1 AEUV bezieht sich 9

---

[12] http://ec.europa.eu/transport/road_safety/specialist/policy/index_en.htm (2.2.2017).
[13] *Martinez*, in: Calliess/Ruffert, EUV/AEUV, Art. 91 AEUV, Rn. 62.
[14] Verordnung (EG) Nr. 1356/96 vom 8.7.1996 über gemeinsame Regeln zur Verwirklichung der Dienstleistungsfreiheit im Binnenschiffsgüter- und -personenverkehr zwischen Mitgliedstaaten, ABl. 1996, L 175/7.
[15] Richtlinie 96/75/EG vom 19.11.1996 über die Einzelheiten der Befrachtung und der Frachtratenbildung im innerstaatlichen und grenzüberschreitenden Binnenschiffsgüterverkehr in der Gemeinschaft, ABl. 1996, L 304/12.
[16] GA *Kokott*, Schlussanträge zu Rs. C–267/11 P (Kommission/Lettland), ECLI:EU:C:2013:46, Rn. 55.

auf die Durchführung von Art. 90 AEUV, der wiederum auf die »in diesem Titel geregelten Sachgebiete« Bezug nimmt. Dies sind nach Art. 100 Abs. 1 AEUV jedoch nur der **Eisenbahn-, der Straßen- und der Binnenschiffsverkehr**, somit nicht der in Art. 100 Abs. 2 AEUV einer gesonderten Regelung vorbehaltene Seeschifffahrtsverkehr und die Luftfahrt. Da die jeweiligen Gesetzgebungsverfahren einander völlig angeglichen sind, besteht der einzige Unterschied zwischen den beiden Vorschriften in dem Grad der Verpflichtung, dem Parlament und Rat unterliegen. Nach Art. 91 Abs. 1 AEUV »werden« diese Gesetzgebungsorgane die erforderlichen Vorschriften zur Verwirklichung der Dienstleistungsfreiheit im Verkehrssektor erlassen. Nach Art. 100 Abs. 2 AEUV besteht eine vergleichbare Verpflichtung von Parlament und Rat im Bereich der Seeschifffahrt und der Luftfahrt dagegen nicht, weil diese Vorschrift lediglich als Befugnisnorm formuliert ist, d. h. Parlament und Rat »können« nach dem ordentlichen Gesetzgebungsverfahren Vorschriften für die Seeschifffahrt und die Luftfahrt erlassen.

10 Die Herausstellung der Rolle von Parlament und Rat in Art. 91 Abs. 1 AEUV beseitigt jedoch nicht das Initiativrecht für Gesetzgebungsvorhaben, das nach Art. 294 Abs. 2 AEUV allein bei der Europäischen Kommission liegt. Auch diese Akzentuierung ist jedoch inzwischen müßig, weil die Frist für den Erlass entsprechender Vorschriften durch den Rat nach der Vorgängerbestimmung in Art. 75 Abs. 1 EWGV bereits mit Ablauf der sogenannten zweiten Stufe der Übergangszeit am 31.12.1969 abgelaufen war.[17] Diese Verpflichtungsregelung führte bekanntlich zu dem Untätigkeitsurteil des Gerichtshofes aus dem Jahr 1985.[18]

II. Die »Besonderheiten des Verkehrs«

11 Die in Abs. 1 der Vorschrift hervorgehobenen »Besonderheiten des Verkehrs« haben in der bisherigen Rechtsprechungstätigkeit des Gerichtshofes keinen richtungsweisenden Niederschlag gefunden. Bisher steht eine »amtliche« Definition der »Besonderheiten« im Sinne dieser Formel aus. Bereits in der frühen Diskussion stellte sich die Grundsatzfrage, ob dieser Formulierung in dem damaligen Art. 75 Abs. EWGV ein Bekenntnis zu einer bestimmten ordnungspolitischen Struktur der Verkehrswirtschaft zu entnehmen sei, also entweder einer **gemeinwirtschaftlichen Verkehrspolitik mit hoher Staatsquote und entsprechenden Monopolrechten** oder aber ein **Bekenntnis zum freien Wettbewerb**. Da der Vertrag auch in der damaligen Fassung in dieser Frage neutral ausgerichtet war, wurde bereits 1960 im maßgeblichen Schrifttum die Forderung abgelehnt, diese Vorschrift sei in dem Sinne zu lesen, dass ein freier Wettbewerb im Verkehrssektor auszuschließen sei.[19] Im späteren Schrifttum konzentriert sich die Diskussion auf weniger ordnungspolitische Ausrichtungsstreitigkeiten, sondern vielmehr auf bestimmte faktische Besonderheiten des Verkehrs, wie etwa die »Unmöglichkeit, auf Lager zu produzieren, die Unpaarigkeit der Verkehrsströme (Rückladungsproblem) oder die Tatsache, dass die Leistung in räumlicher Erstreckung erbracht wird«.[20] Im modernen Schrifttum wird demgegenüber als Besonderheit des Verkehrs die Bindung der Verkehrsleistung an eine bestimmte Infrastruktur hervorgehoben, ebenso die »Mobilität

---

[17] *Erdmenger*, in: GBTE, EWGV, Art. 75, Rn. 2; *Jung*, in: Calliess/Ruffert, EUV/AEUV, 4. Aufl., 2011, Art. 91 AEUV, Rn. 3.
[18] EuGH, Urt. v. 22.5.1985, Rs. 13/83 (Parlament/Rat), Slg. 1985, 1513.
[19] *Everling*, in: W/E/G/S, EWG, Art. 75, Rn. 2.
[20] *Erdmenger*, in: GBTE, EWGV, Art. 75, Rn. 22.

der Produktionsmittel« sowie der »hohe Grad der Ersetzbarkeit gewerblicher Verkehrsleistungen durch Eigenproduktion (Werksverkehr oder individualisierter Kraftverkehr)«.[21]

Völlig ohne Bedeutung ist diese Formulierung jedenfalls im Rahmen der Gesetzgebungstätigkeit nicht geblieben. So erließ der Rat im Jahr 1962 die insoweit erste Spezialverordnung über die Anwendung der **Wettbewerbsregeln** des Vertrages auf den Verkehrssektor (Verordnung Nr. 141) und verfügte unter Berufung auf die »Besonderheiten des Verkehrs« und dem damit verbundenen damals bestehenden Mangel an gemeinschaftlichen Vorschriften zur Regulierung desselben, dass die kartellrechtlichen Vorschriften der Verordnung Nr. 17/1962 vorerst keine Anwendung auf wettbewerbsrelevante Vereinbarungen im Verkehrssektor finden sollten.[22] Die daraufhin erlassene VO (EWG) Nr. 1017/68 über die Anwendung von Wettbewerbsregeln auf dem Gebiet des Eisenbahn- Straßen- und Binnenschiffsverkehrs erkannte in ihren Begründungserwägungen ausdrücklich an, dass als eine Besonderheit des Verkehrs die »gemeinsame Finanzierung oder Anschaffung von Transportmaterial zur gemeinsamen Verwendung durch bestimmte Unternehmensgemeinschaften« (gemeint war die völkerrechtliche Organisation **Eurofima**) berücksichtigt werden müsse. Diese Erwägung fand sodann Niederschlag in Art. 1 der Verordnung, auch in Art. 3 der Verordnung wurden für den Verkehrssektor Ausnahmen vom Kartellverbot vorgesehen, die mit Rücksicht auf die technischen Besonderheiten des Verkehrssektors weitergingen, als dies im Bereich der allgemeinen Wirtschaft vorgesehen war.[23] Diese Formulierungen finden sich in ähnlicher Form auch in der Nachfolgeverordnung aus dem Jahr 2009.[24] Dagegen beruft sich der Gesetzgeber der das Vergabe- und Beihilferecht in Anwendung auf den ÖPNV betreffende Verordnung (EG) Nr. 1370/2007, die ein echtes Sonderrecht für den Verkehrssektor schafft, das von dem allgemeinen Vergabe- und Beihilferecht deutlich abweicht, nicht auf die »Besonderheiten des Verkehrssektors«.[25]

III. Dienstleistungsfreiheit für den internationalen Verkehr (Buchst. a)

Nach Art. 91 Abs. 1 Buchst. a AEUV sind Parlament und Rat dazu verpflichtet, gemeinsame Regeln aufzustellen für den »internationalen Verkehr aus oder nach dem Hoheitsgebiet eines Mitgliedstaates und für den Durchgangsverkehr durch das Hoheitsgebiet eines oder mehrerer Mitgliedstaaten«. Es ist dies der weitreichende Auftrag des Vertrages an den Gesetzgeber, den grenzüberschreitenden Verkehr gegenüber dem Ausgangszustand weitgehend abgeschotteter Märkte durchgängig zu liberalisieren. Vorgefunden hatte der Vertragsgeber eine Situation, in der zwar grenzüberschreitende Dienstleistungen des Verkehrs durchaus möglich und erlaubt waren, echte Konkurrenz durch ausländische Verkehrsunternehmen jedoch nur in sehr eingeschränktem Maße zugelassen war. So wird in der damals führenden Kommentierung der Rechtszustand im

---

[21] *Boeing/Kotthaus/Maxian Rusche*, in: Grabitz/Hilf/Nettesheim, EU, Art. 91 AEUV (April 2012), Rn. 14.
[22] VO (EWG) Nr. 141 vom 26.11.1962, ABl. 1962, Nr. 124/2751.
[23] VO (EWG) Nr. 1017/68 des Rates vom 18.7.1968 über die Anwendung von Wettbewerbsregeln auf dem Gebiet des Eisenbahn-, Straßen- und Binnenschiffsverkehrs, ABl. 1968, L 175/1; vgl. hierzu GA *Lenz*, Schlussanträge zu Rs. C–264/95 P (Kommission/UIC), Slg. 1996, I–1289, Rn. 31 ff.
[24] VO (EG) Nr. 169/2009 vom 26.2.2009, ABl. 2009, L 61/1.
[25] Verordnung (EG) Nr. 1370/2007 vom 23.10.2007 über öffentliche Personenverkehrsdienste auf Schiene und Straße und zur Aufhebung der Verordnungen (EWG) Nr. 1191/69 und (EWG) Nr. 1107/70 des Rates, ABl. 2007, L 315/1.

Jahr 1983 noch wie folgt beschrieben: »Eisenbahnen können Beförderungsleistungen nur auf ihrem eigenen Schienennetz erbringen. In der Tat ist in den meisten Mitgliedstaaten die Kabotage im gewerblichen Straßenverkehr den eigenen, dort ansässigen Unternehmen vorbehalten. Dies gilt häufig auch für die Binnenschifffahrt außerhalb des Rheinbeckens«.[26]

14 Seiner Formulierung nach bezieht sich Art. 91 Abs. 1 Buchst. a AEUV auf alle denkbaren Spielarten des zwischenstaatlichen Verkehrs, d. h. sowohl den **Quell- und Zielverkehr (Wechselverkehr)** im Verhältnis zwischen zwei Mitgliedstaaten, im Verhältnis zwischen einem Mitgliedstaat und einem Drittstaat, als auch den Transitverkehr sowohl im Verhältnis zwischen drei Mitgliedstaaten als auch zwischen einem Drittstaat, von dem aus oder in den ein Transitverkehr von einem anderen oder in einen anderen Mitgliedstaat der Union durchgeführt wird. Die wesentlichen Hindernisse für die Gewährleistung des Dienstleistungsverkehrs in all diesen Dimensionen waren Staatsangehörigkeitserfordernisse, die Knüpfung einer Transporterlaubnis an das Erfordernis eines Betriebssitzes in einem bestimmten Mitgliedstaat, Kontingentierungsregelungen, Mengenbegrenzungen[27] oder aber andere Begrenzungsregelungen, die nach außen nicht protektionistisch, sondern mit angeblichen Erfordernissen etwa des Umweltschutzes begründet wurden.[28]

15 Im Rahmen seines verkehrspolitischen Ermessens ist der Unionsgesetzgeber bei der **Realisierung der Dienstleistungsfreiheit** jedoch im Verhältnis der einzelnen Verkehrsträger zueinander **unterschiedlich rasch** vorgegangen. Während im Bereich des Güterkraftverkehrs, des Kraftomnibusverkehrs aber auch im Bereich der Binnenschifffahrt eine Liberalisierung zum Teil bereits in den Achtziger- und Neunzigerjahren realisiert wurde,[29] vollzog sich die Liberalisierung der Eisenbahnmärkte mit geringerer Geschwindigkeit.[30]

IV. Zulassung der Kabotage (Buchst. b)

16 Die Liberalisierung des grenzüberschreitenden Verkehrs wird durch die Regel in Art. 91 Abs. 1 Buchst. b AEUV ergänzt für die Situation des Binnenverkehrs innerhalb eines bestimmten Mitgliedstaates, der auch für Unternehmen aus einem anderen Mitgliedstaat geöffnet werden muss. Diese Situation wird gemeinhin mit dem aus der Küstenschifffahrt stammenden Begriff der »**Kabotage**« bezeichnet.[31] Die Aufhebung der Kabotageverbote ist nach wie vor ein **kontroverses politisches Thema**, wenn die jeweils betroffene nationale Transportwirtschaft gegen die Zulassung ausländischer Konkurrenten, namentlich im Frachtverkehr, Argumente wie Lohn- und Sozialdumping geltend macht. Am weitesten fortgeschritten ist die Durchdringung ausländischer Dienst-

---

[26] *Erdmenger,* in: GBTE, EWGV, Art. 75, Rn. 33.
[27] *Stadler,* in: Schwarze, EU-Kommentar, Art. 91 AEUV, Rn. 7.
[28] Vgl. etwa die frühere Kontingentierungsregelung für den alpenquerenden LKW Verkehr durch Österreich nach dem sog. Ökopunkte-Protokoll, EuGH, Urt. v. 11. 9. 2003, Rs. C–445/00 (Österreich/Rat), Slg. 2003, I–8549; GA *Geelhoed,* Schlussanträge zu Rs. C–161/04 (Österreich/Parlament und Rat), Slg. 2006, I–7184, Rn. 2.
[29] *Stadler,* in: Schwarze, EU-Kommentar, Art. 91 AEUV, Rn. 8 ff.; *Boeing/Kotthaus/Rusche,* in: Grabitz/Hilf/Nettesheim, EU, Art. 91 AEUV (April 2012), Rn. 119 ff., 152 ff.
[30] *Basedow,* EuZW 2007, 65 (65); *Brandenberg,* EuZW 2009, 359 (359 f.); *Boeing/Kotthaus/Maxian Rusche,* in: Grabitz/Hilf/Nettesheim, EU, Art. 91 AEUV (April 2012), Rn. 132 ff.
[31] *Boeing/Kotthaus/Maxian Rusche,* in: Grabitz/Hilf/Nettesheim, EU, Art. 91 AEUV (April 2012), Rn. 19.

leistungsmerkmale im Wege der Kabotage im Bereich des Straßengüterverkehrs, wo die bis 1998 geltenden Kabotagekontingente vollständig aufgehoben wurden.[32] Jedoch hat der Unionsgesetzgeber im Anschluss an politische Streitigkeiten mit den Mitgliedstaaten[33] die Kabotage im Bereich des Güterkraftverkehrs aber auch des Personenkraftverkehrs nicht vollständig zugelassen, sondern im Rahmen sehr ausführlicher Vorschriften, die auch ausdrücklich mit »Kabotage« übertitelt sind, sowohl dem Zulassungsverfahren nach als auch teilweise der Menge nach, beschränkt.[34] So ist gemäß Art. 8 Abs. 1 der VO (EG) Nr. 1072/2009 ein in einem Mitgliedstaat niedergelassener Güterkraftverkehrsunternehmer, der über eine Gemeinschaftslizenz verfügt, und dessen Fahrer – wenn dieser Staatsangehöriger eines Drittlandes ist, muss er eine Fahrerbescheinigung mit sich führen – zwar zur Durchführung von Kabotage berechtigt. Hierbei darf er jedoch gemäß Art. 8 Abs. 2 VO (EG) Nr. 1072/2009 innerhalb von 7 Tagen nach der Auslieferung der Güter im Rahmen der grenzüberschreitenden Lieferung nur **maximal drei Kabotagebeförderungen** durchführen. Die grenzüberschreitende Beförderung und die einzelnen Kabotagelieferungen sind vom Verkehrsunternehmer durch eindeutige Belege nachzuweisen. Vorbehaltlich der Anwendung von Gemeinschaftsvorschriften unterliegt die Durchführung der Kabotage – in dem von Art. 9 Abs. 1 Buchst. a – e VO (EG) Nr. 1072/2009 bestimmten Umfang – den Rechts- und Verwaltungsvorschriften des jeweiligen Mitgliedstaates.

Im Personenkraftverkehr ist die Kabotage gemäß Art. 15 VO (EG) Nr. 1073/2009 lediglich zugelassen für die Sonderformen des Linienverkehrs (sofern hierfür ein Vertrag zwischen dem Veranstalter und dem Verkehrsunternehmer besteht), für den Gelegenheitsverkehr und – vorbehaltlich der in Art. 15 Buchst. c VO (EG) Nr. 1073/2009 genannten Ausnahmen – für Linienverkehr, der von einem im Aufnahmemitgliedstaat nicht ansässigen Verkehrsunternehmer im Rahmen eines grenzüberschreitenden Linienverkehrsdienstes entsprechend dieser Verordnung durchgeführt wird. Die Kabotage im Bereich des Binnenschifffahrtsverkehrs ist hingegen praktisch nicht beschränkt.[35] 17

Im **Eisenbahnverkehr** ist der Marktzugang und damit auch der Zugang zur Kabotage anders als in den beiden eben geschilderten Verkehrsarten auf den Zugang zu dem unternehmerisch betriebenen Schienennetz sowie in sehr viel größerem Maße als im Güterkraft-, Personenkraft- oder Schiffsverkehr auf die technische Interoperabilität der System angewiesen. Diese Besonderheiten werden durch die Richtlinie 2012/34/EU berücksichtigt.[36] Sedes materiae des Marktzugangsanspruches und damit der Zugang zur Kabotage ist Art. 17 Abs. 3 der Richtlinie i. V. m. den Vorschriften der Richtlinie über den Infrastrukturzugang eines Unternehmens im Besitz einer Betriebsgenehmigung nach Art. 17 Abs. 1. Art. 17 Abs. 3 verschafft einem Eisenbahnunternehmen einen Genehmigungsanspruch, wenn die im Wesentlichen gewerberechtlichen ausgestat- 18

---

[32] *Boeing/Kotthaus/Maxian Rusche*, in: Grabitz/Hilf/Nettesheim, EU, Art. 91 AEUV (April 2012), Rn. 75.

[33] Vgl. die ausführliche Schilderung der Hintergründe bei *Boeing/Kotthaus/Maxian Rusche*, in: Grabitz/Hilf/Nettesheim, EU, Art. 91 AEUV (April 2012), Rn. 75/56.

[34] Verordnung (EG) Nr. 1072/2009 vom 21. 10. 2009, ABl. 2009, L 300/72, dort Art. 8 ff. (Güterkraftverkehr); Verordnung Nr. 1073/2009, ABl. 2009, L 300/88, dort Art. 14 ff. (Personenkraftverkehr).

[35] *Boeing/Kotthaus/Maxian Rusche*, in: Grabitz/Hilf/Nettesheim, EU, Art. 91 AEUV (April 2012), Rn. 154 unter Hinweis auf Verordnung (EWG) Nr. 3921/91 vom 16. 12. 1991, ABl. 1991, L 373/1.

[36] ABl. 2012, L 343/22.

teten Anspruchsvoraussetzungen (Zuverlässigkeit, Eignung, finanzielle Leistungsfähig) gegeben sind. Nach Art. 23 Abs. 1 erstreckt sich die »Gültigkeit der Genehmigung auf das gesamte Gebiet der Union«.

19 Der Umstand, dass der Gemeinschaftsgesetzgeber den Zugang zur Kabotage in einzelnen Bereichen nicht vollständig realisiert hat, mag unbefriedigend sein, trägt aber den oben genannten Widerständen vor allem im Bereich der Tarifparteien Rechnung und dürfte insoweit vertragskonform sein, als Art. 91 Abs. 1 Buchst. b AEUV den Gesetzgeber lediglich auffordert, die »Bedingungen« für die Zulassung ausländischer Verkehrsunternehmen zur Kabotage zu regeln, nicht aber sämtliche Beschränkungen aufzuheben.[37]

V. Verbesserung der Verkehrssicherheit (Buchst. c)

20 Die Ermächtigungsnorm in Buchst c, die sich auf den Erlass von »Maßnahmen zur Verbesserung der Verkehrssicherheit« bezieht, war im ursprünglichen Vertragstext des EWG-Vertrages nicht enthalten. Die Bestimmung geht auf den Vertrag von Maastricht zurück.[38] Die Ergänzung der Marktzugangsregeln in Buchst. a und Buchst. b des Absatzes 1 trug dem Umstand Rechnung, dass eine vollständige oder weitgehend vollständige Liberalisierung der Verkehrsdienste in der Europäischen Union für die betroffenen Wirtschaftszweige, aber auch für die Bevölkerung nur dann akzeptabel ist, wenn zuvor bestehende Unterschiede in den Sicherheitsanforderungen an die Transportmittel, vor allem im Straßenverkehr, durch Harmonisierungsmaßnahmen beseitigt werden. Die Harmonisierung dieser Vorschriften hat zugleich unmittelbare Binnenmarktrelevanz, weil durch die Vereinheitlichung der technischen Anforderungen an die Fahrzeuge die Notwendigkeit sicherheitsbedingter Grenzkontrollen oder sonstiger Beschränkungen im grenzüberschreitenden Verkehr entfällt.[39] Der **Begriff der Verkehrssicherheit** wird weit verstanden und betrifft nicht nur die öffentlich-rechtliche Zulassung von Kraftfahrzeugen, sondern auch die Anforderungen an die Ausbildung und das Lenkverhalten der Fahrzeugführer. Ein offener Streitpunkt besteht mit Rücksicht auf das Subsidiaritätsgebot des Art. 5 EUV in der Frage, ob diese unionsrechtliche Gesetzgebungskompetenz auch auf bisher nicht harmonisierte Aspekte der Verkehrssicherheit, wie etwa Geschwindigkeitsregeln etc. ausgedehnt werden solle.[40]

VI. Sonstige zweckdienliche Vorschriften (Buchst. d)

21 Diese Bestimmung, die in der Ursprungsfassung des EWG-Vertrags in dem damaligen Art. 75 Abs. 1 Buchst. c enthalten war, ermächtigt Parlament und Rat zum Erlass »aller sonstigen zweckdienlichen Vorschriften«, die zur Durchführung des verkehrspolitischen Auftrages der Union erforderlich sind. Es handelt sich hierbei um eine Auffangbestimmung (Generalklausel),[41] die dem Gesetzgeber kompetenziell gesehen ein sehr weites Ermessen einräumt, das nach den bisherigen Rechtsprechungen kaum prakti-

---

[37] Vgl. hierzu *Boeing/Kotthaus/Maxian Rusche*, in: Grabitz/Hilf/Nettesheim, EU, Art. 91 AEUV (April 2012), Rn. 20.
[38] *Boeing/Kotthaus/Maxian Rusche*, in: Grabitz/Hilf/Nettesheim, EU, Art. 91 AEUV (April 2012), Rn. 24.
[39] *Stadler*, in: Schwarze, EU-Kommentar, Art. 91 AEUV, Rn. 15.
[40] *Stadler*, in: Schwarze, EU-Kommentar, Art. 91 AEUV, Rn. 14 m. w. N.
[41] *Boeing/Kotthaus/Maxian Rusche*, in: Grabitz/Hilf/Nettesheim, EU, Art. 91 AEUV (April 2012), Rn. 28.

schen Einschränkungen unterliegt. So war der Gerichtshof bereits im Jahr 1977 der Auffassung, dass aufgrund dieser Bestimmung **auch völkerrechtliche Abkommen mit Drittstaaten** geschlossen werden könnten, auf deren Grundlage eine »internationale öffentlich rechtliche Anstalt« (damaliger europäischer Stilllegungsfonds für die Binnenschifffahrt) gegründet werden könnten.[42] In dem Urteil »Schumalla« entschied der Gerichtshof, dass auf dieser Rechtsgrundlage auch Bestimmungen erlassen werden können, die für den Güterfernverkehr auf der Straße den **sozialen Schutz des Fahrers, die Sicherheit des Straßenverkehrs und die Gleichheit der Wettbewerbsbedingungen** zwischen den Verkehrsunternehmen betreffen, dies zu einem Zeitpunkt, als es die heutige Rechtsgrundlage für Maßnahmen zur Verbesserung der Verkehrssicherheit in Art. 91 Abs. 1 Buchst. c AEUV noch nicht gab.[43]

Schließlich ist auch der Begriff der »Zweckdienlichkeit« nur begrenzt justiziabel. Diese Frage stellte sich in einem Vorabentscheidungsverfahren betreffend das damalige Prämiensystem für Abwrackmaßnahmen im Binnenschiffsverkehr, das dazu beitragen sollte, die **Überkapazitäten auf dem Binnenwasserstraßenverkehr** zu verringern. Das OVG Nordrhein-Westfalen hatte dem Gerichtshof die Frage vorgelegt, ob die Rechtsgültigkeit der von der Gemeinschaft erlassenen Verordnung über das **Abwrackwesen** wegfalle, wenn sich der von den Verordnungen vorausgesetzte gesetzgeberische Zweck durch das Abwrackregime nicht habe erreichen lassen, damit also die »Zweckdienlichkeit« des Gesetzgebungsaktes i. S. v. Art. 91 Abs. 1 Buchst d AEUV (damals Art. 75 Abs. 1 Buchst c EWGV) entfallen sei. Der Gerichtshof betonte das weite wirtschaftspolitische Ermessen, das der Rat im Rahmen der Ausübung seiner Gesetzgebungsbefugnisse auch im Bereich der Verkehrspolitik genieße, prüfte sodann aber die von dem OVG vorgebrachten Einwände gegen die fortbestehende Zweckdienlichkeit des Regimes, schloss sich jedoch der kritischen Haltung des OVG zu dem wirtschaftlichen Erfolg der Abwrackregelung im Ergebnis nicht an.[44]

VII. Die Sozialklausel in Abs. 2 der Vorschrift

Art. 91 Abs. 2 AEUV ist durch den Lissabonner Vertrag neu gefasst worden. In der ursprünglichen Formulierung, die seit Inkrafttreten der Römischen Verträge weitgehend unverändert geblieben ist, galt in Abweichung von Abs. 1 der Vorschrift (Mitentscheidungsverfahren nach Art. 251 EGV) bei all denjenigen »Vorschriften über die Grundsätze der Verkehrsordnung, deren Anwendung die Lebenshaltung und die Beschäftigungslage in bestimmten Gebieten sowie den Betrieb der Verkehrseinrichtungen ernstlich beeinträchtigen könnte«, das **Einstimmigkeitsprinzip**.[45] Diese Tatbestandsmerkmale, die im frühen Schrifttum auf Situationen bezogen wurden, in denen Sozialtarife erhöht werden müssten oder die Bedienung unrentabler Strecken entfalle,[46] ist soweit ersichtlich ohne praktische Relevanz geblieben,[47] führte aber in der Praxis immerhin dazu, dass der Rat in sozialpolitischen heiklen Verkehrsvorhaben großen Wert

---

[42] EuGH, Gutachten 1/76 v. 26.4.1977 (Stilllegungsfonds für die Binnenschifffahrt), Slg. 1977, 741, Rn. 5.
[43] EuGH, Urt. v. 28.11.1978, Rs. 97/78 (Fritz Schumalla), Slg. 1978, 2311, Rn. 3, 6.
[44] EuGH, Urt. v. 17.7.1997, verb. Rs. C–248/95 u. C–249/95 (SAM Schifffahrt und Stapf), Slg. 1979, I–4475, Rn. 21 ff.
[45] *Jung,* in: Calliess/Ruffert, EUV/AEUV, Art. 91 AEUV, Rn. 48, 49.
[46] *Everling,* in: W/E/G/S, EWG, Art. 75, Rn. 12.
[47] *Erdmenger,* in: GBTE, EWGV, Art. 75, Rn. 20.

darauf legte, dass alle Mitgliedstaaten mit einer entsprechenden Reformmaßnahme einverstanden waren.[48] Dieses Einstimmigkeitserfordernis ist nun abgeschafft, die Vorschrift verlangt vom Gesetzgeber nur noch, den Fällen »Rechnung zu tragen«, in denen »die Anwendung den Lebensstandard und die Beschäftigungslage in bestimmten Regionen sowie den Betrieb der Verkehrseinrichtungen ernstlich beeinträchtigen könnte«. Den Tatbestandsmerkmalen nach dürfte sich dies auf all diejenigen Vorschriften oder Maßnahmen beziehen, die im Anwendungsbereich von Dienstleistungen im allgemeinen wirtschaftlichen Interesse die Erfordernisse des Universaldienstes absenken oder durch Liberalisierungsmaßnahmen privaten Verkehrsanbietern ein »Rosinenpicken« erlauben. Auch wenn die Vorschrift gerade in der Abgrenzung zu ihrer Vorgängerfassung nicht den Eindruck einer echten rechtlichen Begrenzung gesetzgeberischer Ermessensspielräume nahelegt, dürfte sie trotzdem jedenfalls **insoweit justiziabel** sein, als sie **denselben Grad an rechtlicher Verpflichtung** schafft, **wie die Querschnittsklauseln der Art. 8 ff. AEUV**, die ihrerseits auch die Verpflichtung aufstellen, die Union müsse bestimmten Politikzielen bei Maßnahmen mit primär anderer Zielsetzung »Rechnung tragen«.

---

[48] *Boeing/Kotthaus/Maxian Rusche*, in: Grabitz/Hilf/Nettesheim, EU, Art. 91 AEUV (April 2012), Rn. 32.

Artikel 92 AEUV [Verbot der Diskriminierung ausländischer Verkehrsunternehmer]

Bis zum Erlass der in Artikel 91 Absatz 1 genannten Vorschriften darf ein Mitgliedstaat die verschiedenen, am 1. Januar 1958 oder, im Falle später beigetretener Staaten, zum Zeitpunkt ihres Beitritts auf diesem Gebiet geltenden Vorschriften in ihren unmittelbaren oder mittelbaren Auswirkungen auf die Verkehrsunternehmer anderer Mitgliedstaaten im Vergleich zu den inländischen Verkehrsunternehmern nicht ungünstiger gestalten, es sei denn, dass der Rat einstimmig eine Maßnahme billigt, die eine Ausnahmeregelung gewährt.

Literaturübersicht

Siehe Art. 90 AEUV sowie im Besonderen *Kainer/Ponterlitschek*, Einführung von nationalen Straßenbenutzungsgebühren für Pkw: Verstoß gegen das europarechtliche Diskriminierungsverbot?, ZRP 2013, 198; *Korte/Gurreck*, Die europarechtliche Zulässigkeit der sog. PKW-Maut, EuR 2014, 420; *Langeloh*, Die verfassungs- und unionsrechtliche Rechtfertigung einer zulassungsortabhängigen Autobahnnutzungsgebühr, DÖV 2014, 365; *Münzing*, Die Einführung einer PKW-Maut in Deutschland, NZV 2014, 197; *Reimer*, Infrastruktur zwischen ÖPP und Nutzerprinzip: Reformansätze der Bundesfernstraßenfinanzierung und die neue »PKW-Maut«, DVBl 2015, 1405; *Windoffer*, Mindestlohn, Straßenbenutzungsgebühr, »Uber Apps: Unionsrechtliche Herausforderungen des Verkehrsgewerberechts, GewArch 2015, 377; *Zabel*, Die geplante Infrastrukturabgabe (»PKW-Maut«) im Lichte von Artikel 92 AEUV, NVwZ 2015, 186; *ders.*, Infrastrukturabgabengesetz, Reglungsinhalt und verfassungsrechtliche sowie europarechtliche Würdigung, NVwZ 2015, 1241.

Leitentscheidungen

EuGH, Urt. v. 19.5.1992, Rs. C–195/90 (Kommission/Deutschland), Slg. 1992, I–3175
EuGH, Urt. v. 31.3.1993, verb. Rs. C–184/91 u. C–221/91 (Oorburg und van Messem), Slg. 1993, I–1657

Inhaltsübersicht

	Rn.
A. Tatbestand der Vorschrift	1
I. Historischer Zweck der Vorschrift	1
II. Auslegung der Vorschrift	2
B. Leitentscheidungen des EuGH und Vereinbarkeit nationaler Straßenbenutzungsgebühren mit dem Diskriminierungsverbot	3
I. Rechtsprechung zu Verkehrsbeschränkungen	3
II. Art. 92 AEUV und Grenzen der Einführung nationaler Straßenbenutzungsgebühren	5

A. Tatbestand der Vorschrift

I. Historischer Zweck der Vorschrift

Art. 92 AEUV enthält eine **Stillhalteverpflichtung**, die sich an alle Mitgliedstaaten der Europäischen Union richtet. Der ursprüngliche EWG-Vertrag enthielt verschiedene Stillhalteverpflichtungen dieser Art, die zum Teil auch ähnlich formuliert waren wie der damalige Art. 76 EWGV, so in den damaligen Art. 12, 31, 53, 62 und 106 Abs. 3

1

EWGV.[1] Diese Stillhalteverpflichtungen trugen dem Umstand Rechnung, dass zum Zeitpunkt des Inkrafttretens des EWG-Vertrages noch keine sekundärrechtliche Gesetzgebung existierte, die die verschiedenen **Binnenmarktaufträge des Vertrages** hätten umsetzen und konkretisieren können. Der Vertrag sollte den zum Zeitpunkt seines Inkrafttretens **bereits erreichten Liberalisierungs- oder Integrationsstatus gegen Verschlechterungen der Situation ausländischer Unternehmer schützen**. In der heutigen Fassung des Vertrages findet sich eine vergleichbare Vorschrift nur noch in Art. 37 Abs. 2 AEUV, die aber inzwischen bedeutungslos geworden ist.[2] Gleichwohl ist auch die Bedeutung von Art. 92 AEUV bisher gering, weil es auf der Ebene des sekundären Unionsrechts hinreichend viele Vorschriften gibt, denen Beschränkungsmaßnahmen der Mitgliedstaaten widersprechen würden, ohne dass es des Rückgriffs auf Art. 92 AEUV bedürfte. Dies gilt auch mit Rücksicht auf die Situation in »später beigetretenen Staaten«, die in Art. 92 AEUV erwähnt sind, weil das Gros des verkehrsbinnenmarktrechtlichen Sekundärrechts zum Zeitpunkt des jeweiligen Beitritts als acquis communautaire Inhalt der nationalrechtlichen Vorschriften des jeweiligen Beitrittskandidaten geworden ist. Erneut aktuell könnte Art. 92 AEUV allerdings werden, falls die Europäische Kommission oder andere Mitgliedstaaten ein Vertragsverletzungsverfahren gegen die Einführung einer PKW-Maut auf deutschen Fernstraßen vor den EuGH bringen sollten.[3]

II. Auslegung der Vorschrift

2   Die Vorschrift untersagt den Mitgliedstaaten eine Verschlechterung der rechtlichen und wirtschaftlichen Betätigungsmöglichkeiten der »Verkehrsunternehmer anderer Mitgliedstaaten im Vergleich zu den inländischen Verkehrsunternehmern«. Zu bewerten ist der Istzustand vor und nach Inkrafttreten der Änderung, die am Maßstab von Art. 92 AEUV zu prüfen ist.[4] Dagegen folgt aus Art. 92 AEUV **kein generelles Verbot, die Tätigkeitsvoraussetzungen für inländische und ausländische Verkehrsunternehmen gleichermaßen zu ändern**. Die Mitgliedstaaten sind somit nach Art. 92 AEUV durchaus befugt, die Rechtslage zu Ungunsten der verkehrswirtschaftlichen Betätigungsmöglichkeiten zu verändern, wenn sich dies für inländische und ausländische Verkehrsunternehmen gleich ungünstig auswirkt.[5] Insoweit ergibt sich aus Art. 92 AEUV eine vergleichsweise eng gefasste Beschränkung.[6] Die von Art. 92 AEUV verbotenen »Vorschriften«, aus denen sich eine Schlechterstellung ausländischer Verkehrsunternehmen ergibt, sind nach der Rechtsprechung des Gerichtshofes nicht nur

---

[1] *Everling*, in: W/E/G/S, EWG, Art. 76.
[2] *Boeing/Kotthaus/Maxian Rusche*, in: Grabitz/Hilf/Nettesheim, EU, Art. 92 AEUV (April 2012), Rn. 1.
[3] Vgl. hierzu *Korte/Gurreck*, EuR 2014, 420, 427; *Langeloh*, DÖV 2014, 365, 370; *Münzig*, NZV 2014, 197, 198; *Hillgruber*, Rechtsgutachten über die Vereinbarkeit der Einführung einer Infrastrukturabgabe für Kraftfahrzeuge mit einem zulässigen Gesamtgewicht von bis zu 3,5 Tonnen auf dem deutschen Fernstraßennetz mit dem Recht der Europäischen Union, auf der Internetseite der Universität Bonn veröffentlichtes Privatgutachten vom 17.10.2014, S. 12–27; *Reimer*, DVBl 2015, 1405, 1411; *Windoffer*, GewArch 2015, 377, 379 ff.; *Zabel*, NVwZ 2015, 168; *ders.*, NVwZ 2015, 1241, 1247.
[4] *Stadler*, in: Schwarze, EU-Kommentar, Art. 92 AEUV, Rn. 4.
[5] EuGH, Urt. v. 19.5.1992, Rs. C–195/90 (Kommission/Deutschland), Slg. 1992, I–3175, Rn. 21.
[6] *Boeing/Kotthaus/Maxian Rusche*, in: Grabitz/Hilf/Nettesheim, EU, Art. 92 AEUV (April 2012), Rn. 7.

solche der Gesetzgebung im engeren Sinne, sondern auch Regeln einer bestimmten Verwaltungspraxis.[7]

Der Rat ist ermächtigt, den Mitgliedstaaten einen **Dispens** von dem Standstill-Gebot des Art. 92 AEUV zu erteilen. Da für eine solche Entscheidung ein einstimmiges Votum des Rates erforderlich ist, ist diese Befreiungsmöglichkeit – soweit ersichtlich – nicht praktisch relevant geworden.

B. Leitentscheidungen des EuGH und Vereinbarkeit nationaler Straßenbenutzungsgebühren mit dem Diskriminierungsverbot

I. Rechtsprechung zu Verkehrsbeschränkungen

Soweit ersichtlich hat sich der EuGH bisher zweimal vertieft mit der Auslegung von Artikel 92 AEUV befasst; in beiden Verfahren waren Verkehrsbeschränkungen betroffen, die von der Gesetzgebung der Bundesrepublik Deutschland ausgingen. Der prominentere Fall wurde durch Urteil des Gerichtshofes vom 19.5.1992 entschieden; er betraf die zeitgleiche Einführung einer für in- und ausländische Verkehrsunternehmen geltenden Gebühr (**Maut**) für die Benutzung von Bundesfernstraßen mit schweren **LKW** und einer Senkung der Kraftfahrzeugsteuer für inländische Halter schwerer Lastfahrzeuge und Anhänger. Das Verfahren wurde wegen der erheblichen politischen Bedeutung dieser Maßnahme von der Europäischen Kommission mit großem Nachdruck betrieben, insgesamt fünf Mitgliedstaaten traten dem Rechtsstreit auf Seiten der Kommission als Streithelfer bei. Dem Urteil des Gerichtshofes in diesem Vertragsverletzungsverfahren ging ein einstweiliges Anordnungsverfahren voraus, in dem der Präsident des Gerichtshofes einem Antrag der Kommission gegen das neue Mautgesetz durch Beschluss vom 12.7.1990 stattgab. In seinem Urteil stellte der Gerichtshof wegen der durch die Kombination der beiden Gesetze erreichten Verschlechterung der Wettbewerbsbedingungen speziell für ausländische LKW-Kraftfahrzeugunternehmen einen Verstoß gegen Art. 92 AEUV (damals Art. 76 EWGV) fest.[8]

3

Ein knappes Jahr später urteilte der Gerichtshof im Rahmen eines Vorabentscheidungsersuchens über die Veränderung der **Verwaltungspraxis deutscher Binnenschifffahrtsbehörden**, die von einem niederländischen und einem belgischen Schiffsführer in Abweichung von einer früheren liberaleren Praxis die Vorlage eines deutschen Befähigungszeugnisses im Sinne der Binnenschifferpatent-Verordnung verlangt hatten, während zuvor die Vorlage des entsprechenden ausländischen Patentes für die Nutzung von Binnenwasserstraßen ausreichend gewesen war. Auch hier entschied der Gerichtshof, dass die Änderung der Verwaltungspraxis, den die beiden ausländischen Binnenschifffahrtsunternehmer unterworfen waren, einen Verstoß gegen Art. 92 AEUV darstelle.[9]

4

---

[7] EuGH, Urt. v. 31.3.1993, verb. Rs. C–184/91 u. C–221/91 (Oorburg und van Messem), Slg. 1993, I–1657, Rn. 76.
[8] EuGH, Urt. v. 19.5.1992, Rs. C–195/90 (Kommission/Deutschland), Slg. 1992, I–3175.
[9] EuGH, Urt. v. 31.3.1993, verb. Rs. C–184/91 u. C–221/91 (Oorburg und van Messem), Slg. 1993, I–1657.

II. Art. 92 AEUV und Grenzen der Einführung nationaler Straßenbenutzungsgebühren

5   Einen Schwerpunkt der europäischen Verkehrspolitik sieht die Kommission ausweislich ihres Anfang 2011 veröffentlichten **Weißbuchs** in der Einführung einheitlicher Straßenbenutzungsgebühren. In dem Abschnitt »Richtige Preissetzung und Vermeidung von Verzerrungen« hält sie eine verstärkte Belastung der Nutzer mit den Infrastrukturkosten nach dem Verursacherprinzip für zweckmäßig und betont dabei die Notwendigkeit der Angleichung der Wettbewerbsbedingungen zwischen den Mitgliedstaaten.[10] Diesen Standpunkt konkretisiert sie anhand einer im **Mai 2012 publizierten Mitteilung**, in welcher sie die aus ihrer Sicht maßgeblichen Grundsätze der Ausgestaltung nationaler Straßenbenutzungsgebühren für PKW darlegt.[11] So wiederholt sie die Prämissen des Weißbuches und weist einerseits auf das **Verursacherprinzip/Nutzerprinzip** sowie die **Vermeidung jeglicher unmittelbarer und mittelbarer Diskriminierung** hin; andererseits betont die Kommission, dass es den Mitgliedstaaten mangels einschlägiger EU-Rechtsvorschriften **grundsätzlich frei stehe**, ein entsprechendes **Gebührensystem zu errichten**.[12] Dabei seien ihnen aber insbesondere durch primärrechtliche Vorschriften – etwa in Form des Diskriminierungsverbots gemäß Art. 18 AEUV – und durch den Verhältnismäßigkeitsgrundsatz Grenzen gesetzt. Ein mit dem AEUV **in Einklang stehendes Gebührensystem** solle im Wesentlichen (i) aufgrund der konkreten Nutzungsabhängigkeit vorzugsweise als Mautsystem ausgestaltet sein, (ii) bei einer zeitabhängigen Gebühr auch sog. Kurzzeitgebühren (wöchentlich und monatlich) erfassen, (iii) indirekte Diskriminierungen ausschließen, (iv) für die Erhebung und Entrichtung der Gebühr mehrere Optionen bieten sowie (v) transparent kommuniziert werden.[13]

6   Die Wirkung und Aussagekraft dieser Mitteilung ist **ambivalent zu beurteilen**. Denn es handelt sich bei ihr nicht um einen verbindlichen Rechtsakt i. S. v. Art. 288 AEUV und bleiben dogmatische Fragen zurück. So ist zum einen schon die in der Einleitung der Mitteilung durch unterschiedliche Spiegelstriche gekennzeichnete begriffliche Trennung zwischen »Nutzerprinzip« und »Verursacherprinzip« unklar.[14] Zum anderen fragt sich, warum die Kommission auf das allgemeine Diskriminierungsverbot gemäß Art. 18 AEUV, nicht aber auf das für den Verkehrssektor spezielle Verbot gemäß Art. 92 AEUV abstellt.[15] Unabhängig davon werden in der Mitteilung die durch den AEUV gezogenen Grenzen für nationale Straßennutzungsgebühren mit Blick auf den als Grundlage des Nutzerprinzips dienenden Verhältnismäßigkeitsgrundsatz und mit Blick auf das Diskriminierungsverbot zutreffend umrissen und die Grundsätze des EuGH zur Mautentscheidung von 1992[16] berücksichtigt. Gerade an diesen beiden Anforderungen und den Empfehlungen der Kommission werden sich künftige nationale Initiativen messen las-

---

[10] *Europäische Kommission*, Weißbuch vom 28.3.2011, Fahrplan zu einem einheitlichen europäischen Verkehrsraum – Hin zu einem wettbewerbsorientierten und ressourcenschonenden Verkehrssystem, KOM (2011), 144 endgültig, Rn. 58 f.
[11] *Europäische Kommission*, Mitteilung vom 14.5.2012 über die Erhebung nationaler Straßenbenutzungsgebühren auf leichte Privatfahrzeuge, KOM (2012), 199 endgültig.
[12] *Europäische Kommission*, Mitteilung vom 14.5.2012 über die Erhebung nationaler Straßenbenutzungsgebühren auf leichte Privatfahrzeuge, KOM (2012), 199 endgültig, S. 2 und 3. Zu den bisher in der EU existierenden Gebührensystemen siehe dort S. 4.
[13] Siehe zu diesen Vorgaben im Einzelnen, KOM (2012), 199 endgültig, S. 4–11.
[14] Vgl. KOM (2012), 199 endgültig, S. 2.
[15] Siehe KOM (2012), 199 endgültig, S. 5.
[16] Siehe zuvor Rn. 3.

sen müssen und steht hier der **jüngste deutsche gesetzgeberische Vorstoß** zur Einführung einer zeitabhängigen Benutzungsgebühr für in- und ausländische Pkw auf Autobahnen kombiniert mit einer Steuerentlastung für Inländer in der Kritik.[17]

---

[17] Kritisch *Kainer/Ponterlitschek*, ZRP 2013, 198; siehe auch die Verweise in Fn. 3.

Artikel 93 AEUV [Verkehrsbeihilfen]

Mit diesem Vertrag vereinbar sind Beihilfen, die den Erfordernissen der Koordinierung des Verkehrs oder der Abgeltung bestimmter, mit dem Begriff des öffentlichen Dienstes zusammenhängender Leistungen entsprechen.

Literaturübersicht

Bayreuther, Konzessionsvergabe im öffentlichen Personenverkehr – Betriebsübergang durch behördliche Anordnung?, NZA 2009, 582; *Deuster,* Endspurt zur VO (EG) Nr. 1370/2007: Handlungsbedarf für die Liniengenehmigung (Teil 1), IR 2009, 202; *ders.,* Endspurt zur VO (EG) Nr. 1370/2007: Handlungsbedarf für die Liniengenehmigung (Teil 2), IR 2009, 346; *Fuchs,* Was ist ein »durchschnittliches, gut geführtes Unternehmen«? Zum Urteil des EuGH in der Rs. »ALTMARK TRANS«, ZEuS 2007, 561; *Haats/Richter,* Auswirkungen des Inkrafttretens der EU-Verordnung 1370/2007 auf die ertragsteuerliche Behandlung der Leistungen der Gesellschafter bzw. Träger öffentlicher Verkehrsunternehmen an kommunale Verkehrsbetriebe, IR 2010, 149; *Hübner,* Neue Vergaberegeln für den ÖPVN unter der Verordnung (EG) Nr. 1370/2007, VergabeR 2009, 363; *Kramer,* Abwehrrechte gegen das Marktverhalten interner Betreiber und privilegierter Unternehmen nach der neuen VO (EG) 1370/2007, IR 2010, 80; *Nettesheim,* Das neue Dienstleistungsrecht des ÖPNV – Die Verordnung (EG) Nr. 1370/2007, NVwZ 2009, 1449; *Otting/Scheps,* Direktvergabe von Verkehrsdienstleistungen nach der neuen Verordnung (EG) Nr. 1370/2007, NVwZ 2008, 499; *Otting/Soltesz/Melcher,* Verkehrsverträge vor dem Hintergrund des Europäischen Beihilferechts – Verwaltungsrichter weisen Brüssel in die Schranken, EuZW 2009, 444; *Polster,* Der Rechtsrahmen für die Vergabe von Eisenbahnverkehrsleistungen, NZBau 2010, 662; *ders.,* Die Zukunft der (Direkt-)Vergabe von SPNV-Aufträgen, NZBau 2011, 209; *Pünder,* Beschränkungen der In-house-Vergabe im öffentlichen Personenverkehr, NJW 2010, 263; *ders.,* Die Vergabe von Personenverkehrsdienstleistungen in Europa und die völkerrechtlichen Vorgaben des WTO-Beschaffungsübereinkommens; *ders.,* Die Vergabe von Dienstleistungsaufträgen im Eisenbahnverkehr, EuR 2010, 774; *Röbke/Rechten,* Voraussetzungsfreie Direktvergabe von SPNV-Leistungen möglich?, NZBau 2010, 680; *Saxinger,* Übergangsregelungen, Legisvakanz und Vorwirkungen der Verordnung (EG) Nr. 1370/2007, EuZW 2009, 449; *Schmitz/Winkelhüsener,* Vergaberechtliche Handlungsoptionen und deren beihilferechtliche Konsequenzen, EuZW 2011, 52; *Schön,* Die neue ÖPNV-Verordnung und ihre Auswirkung auf die interkommunale Zusammenarbeit, KommJur 2009, 334; *Schröder,* Die Direktvergabe im straßengebundenen ÖPNV – Selbsterbringung und interne Betreiberschaft, NVwZ 2010, 862; *ders.,* Inhalt, Gestaltung und Praxisfragen des wettbewerblichen Vergabeverfahrens nach der neuen europäischen ÖPNV-Verordnung, NVwZ 2008, 1288; *von Wallenberg,* Der Mautkompromiß auf dem Prüfstand des europäischen Beihilfenrechts, TranspR 2007, 398; *Winnes/Schwartz/Mietzsch,* Zu den Auswirkungen der VO 1370/07 für den öffentlichen Nahverkehr in Deutschland, EuR 2009, 290; *Wittig/Schimanek,* Sondervergaberecht für Verkehrsdienstleistungen – Die neue EU-Verordnung über öffentliche Personenverkehrsdienste auf Schiene und Straße, NZBau 2008, 222; *Ziekow,* Die Direktvergabe von Personenverkehrsdiensten nach der Verordnung (EG) Nr. 1370/2007 und die Zukunft eigenwirtschaftlicher Verkehre, NVwZ 2009, 865.

Leitentscheidungen

EuGH, Urt. v. 12.10.1978, Rs. 156/77 (Kommission/Belgien), Slg. 1978, 1881
EuGH, Urt. v. 24.7.2003, Rs. C–280/00 (Altmark Trans und Regierungspräsidium Magdeburg), Slg. 2003, I-7747
EuGH, Urt. v. 7.5.2009, Rs. C–504/07 (Antrop), Slg. 2009, I–3687, Rn. 28
EuG, Urt. v. 16.3.2004, Rs. T–157/01 (Danske Busvognmaend/Kommission), Slg. 2004, II–923, Rn. 68
EuGH, Urt. v. 6.10.2015, Rs. C–303/13 P (Kommission/Andersen), ECLI:EU:C:2015:647

Wesentliche sekundärrechtliche Vorschriften

Siehe die Liste zu Art. 90 AEUV und im Besonderen:
Verordnung (EWG) Nr. 1191/69 vom 26.6.1969 über das Vorgehen der Mitgliedstaaten bei mit dem Begriff des öffentlichen Dienstes verbundenen Verpflichtungen auf dem Gebiet des Eisenbahn-, Straßen- und Binnenschiffsverkehrs, ABl. 1969, L 156/1
VO (EWG) Nr. 1192/69 vom 26.6.1969 über gemeinsame Regeln für die Normalisierung der Konten der Eisenbahnunternehmen, ABl. 1969, L 156/8
VO (EWG) Nr. 1107/70 vom 4.6.1970 über Beihilfen im Eisenbahn-, Straßen- und Binnenschiffsverkehr, ABl. 1970, L 130/1
VO (EWG) Nr. 1893/91 vom 20.6.1991 zur Änderung der Verordnung (EWG) Nr. 1191/69 über das Vorgehen der Mitgliedstaaten bei mit dem Begriff des öffentlichen Dienstes verbundenen Verpflichtungen auf dem Gebiet des Eisenbahn-, Straßen- und Binnenschiffsverkehrs, ABl. 1991, L 169/1
VO (EG) Nr. 1370/2007 vom 23.10.2007 über öffentliche Personenverkehrsdienste auf Schiene und Straße und zur Aufhebung der Verordnungen (EWG) Nr. 1191/69 und (EWG) Nr. 1107/70 des Rates, ABl. 2007, L 315/1

Inhaltsübersicht

	Rn.
A. Ziele und Schwerpunkte der unionsrechtlichen Politik in diesem Bereich	1
I. Allgemein	1
II. Verordnung (EWG) Nr. 1191/69 und Weißbuch der Kommission	2
III. Verordnung (EWG) Nr. 1107/70	5
IV. Verordnung (EWG) Nr. 1192/69	6
V. Verordnung (EG) Nr. 1370/2007	8
VI. Leitlinien der Kommission (2008)	12
B. Überblick über die Rechtsprechung der Unionsgerichte	13
C. Tatbestandsmerkmale der Vorschrift	16
I. Vergleich mit Art. 107 Abs. 2 und Abs. 3 AEUV	16
II. Direkte Anwendung von Art. 93 AEUV	18
III. Koordinierungsbeihilfen	19
IV. Abgeltungsbeihilfen	21
V. Kennzeichen der Beihilfepolitik im Verkehrssektor	23
1. Sanierungshilfen	24
2. Infrastrukturfinanzierung	27
3. Beihilfen für öffentliche Personenverkehrsdienste	29

A. Ziele und Schwerpunkte der unionsrechtlichen Politik in diesem Bereich

I. Allgemein

Zur Konkretisierung des sehr allgemein gehaltenen Artikels 93 AEUV, dessen Formulierung sich seit Inkrafttreten der Römischen Verträge nicht geändert hat, hat die Gemeinschaft bereits früh, nämlich in den Jahren 1969 und 1970 detaillierte sekundärrechtliche Vorschriften erlassen, die die Auslegung des Art. 93 AEUV und die beihilfenrechtliche Praxis auch in jüngerer Zeit noch lange geprägt haben. Es sind dies die **Verordnungen (EWG) Nr. 1191/69, Nr. 1192/69 und Nr. 1107/70** des Rates.[1] Alle diese Regelwerke verwenden ein heute archaisch wirkendes Vokabular, das im Lichte moderner Erfahrungen des Beihilferechts zum Teil schwer verständlich ist.

---

[1] Vgl. die Übersicht bei *Jung*, in: Calliess/Ruffert, EUV/AEUV, Art. 93 AEUV, 4. Aufl., 2011, Rn. 11 ff.

II. Verordnung (EWG) Nr. 1191/69 und Weißbuch der Kommission

2 Die Verordnung (EWG) Nr. 1191/69 des Rates vom 26.6.1969[2] befasst sich mit dem **Ausgleich von Verpflichtungen** (der Sache nach hoheitlich auferlegte Verkehrsbedienungspflichten), die im Bereich des Eisenbahn-, des Straßen- und des Binnenschiffsverkehrs **Defizite der jeweiligen Verkehrsbetriebe** verursachen. Dieser Ausgleich kann nach der Verordnung beihilferechtskonform und notifizierungsfrei (vgl. Art. 17 Abs. 2 der Verordnung) durchgeführt werden. Damit war die Verordnung Nr. 1191/69 für einen Zeitraum von 40 Jahren **das maßgebliche Regelwerk** für die öffentliche Bezuschussung namentlich von Leistungen des öffentlichen Personennahverkehrs im Schienen- und im Kraftomnibusverkehr. Die Verordnung wurde im Jahr 1991 maßgeblich modernisiert, als der Gesetzgeber durch die Verordnung (EWG) Nr. 1893/91[3] als Alternativkonzept zur hoheitlichen Auferlegung von Verkehrsleistungen den **Abschluss von Verkehrsverträgen ermöglichte**, deren wirtschaftliche Gegenleistung nicht mehr in einer Ausgleichszahlung bestehen sollte, sondern in Gestalt eines zwischen Aufgabenträger und Verkehrsunternehmen ausgehandelten »Preises« i. S. v. Art. 14 Abs. 2 Buchst. b der Verordnung.

3 In ihrem Weißbuch mit dem Titel »**Eine Strategie zur Revitalisierung der Eisenbahn in der Gemeinschaft**« aus dem Jahr 1996 begründet die Kommission diesen Systemwechsel mit der mangelnden Effizienz der damaligen Organisationsform, d. h. der hoheitlichen Auferlegung von Nahverkehrsaufgaben gegen Zahlung einer administrativ vorgegebenen Entschädigung. An die Stelle treten sollte **ein transparent festgesetzter Ausgleich**, der zwischen der öffentlichen Hand und dem Verkehrsunternehmen im Vorhinein vereinbart wird, dies mit der Folge, dass die »Verantwortung für Unkosten und Verluste« dann bei dem Verkehrsunternehmen läge, »was für diese[s] einen Anreiz zur Verbesserung der Wirtschaftlichkeit darstellt«.[4]

4 Die Verordnung 1191/69 ist durch das Inkrafttreten der Verordnung (EG) Nr. 1370/2007[5] (siehe zu ihr sogleich Rn. 8 ff.) mit Wirkung zum 3.12.2009 bzw. im Bereich der Güterbeförderungsdienste mit Wirkung zum 3.12.2012 **außer Kraft getreten**.

III. Verordnung (EWG) Nr. 1107/70

5 Die **Verordnung (EWG) Nr. 1107/70**[6] bezog sich mit breitem Anwendungsbereich auf Beihilfen zu Gunsten der Verkehrstätigkeit im Eisenbahn-, Straßen- und Binnenschiffverkehr. Die Verordnung erklärte die allgemeinen Vorschriften des Beihilferechts für in diesem Sektor anwendbar und erlaubte sowohl **Koordinierungsbeihilfen als auch Ab-**

---

[2] VO (EWG) Nr. 1191/69 vom 26.6.1969 über das Vorgehen der Mitgliedstaaten bei mit dem Begriff des öffentlichen Dienstes verbundenen Verpflichtungen auf dem Gebiet des Eisenbahn-, Straßen- und Binnenschiffsverkehrs, ABl. 1969, L 156/1.

[3] VO (EWG) Nr. 1893/91 vom 20.6.1991 zur Änderung der Verordnung (EWG) Nr. 1191/69 über das Vorgehen der Mitgliedstaaten bei mit dem Begriff des öffentlichen Dienstes verbundenen Verpflichtungen auf dem Gebiet des Eisenbahn-, Straßen- und Binnenschiffsverkehrs, ABl. 1991, L 169/1.

[4] *Europäische Kommission*, Weißbuch vom 30.7.1996: Eine Strategie zur Revitalisierung der Eisenbahn in der Gemeinschaft, KOM (96) 421 endg., Rn. 62.

[5] VO (EG) Nr. 1370/2007 vom 23.10.2007 über öffentliche Personenverkehrsdienste auf Schiene und Straße und zur Aufhebung der Verordnungen (EWG) Nr. 1191/69 und (EWG) Nr. 1107/70 des Rates, ABl. 2007, L 315/1.

[6] VO (EWG) Nr. 1107/70 vom 4.6.1970 über Beihilfen im Eisenbahn-, Straßen- und Binnenschiffsverkehr, ABl. 1970, L 130/1.

geltungsbeihilfen (der Terminologie von Art. 93 AEUV folgend, siehe Rn. 19 f. und 21 f.). Im Bereich der Koordinierungsbeihilfen waren nach Art. 3 Abs. 1 UAbs. 1 Buchst. b der Verordnung Nr. 1107/70 vor allem Ausgleichsregelungen zu erwähnen, die Verkehrsunternehmen für die darin bestehenden Nachteile gewährt werden konnten, dass sie mit **anderen Verkehrsträgern in Konkurrenz** standen, die mit den Baulasten der von ihnen benutzten Verkehrswege (also Straßen und Binnenschifffahrtskanäle) nicht belastet waren. Diese Formulierung findet sich auch nach Außerkrafttreten der Verordnung 1107/70 in Art. 9 Abs. 2 Buchst. a der Verordnung (EG) Nr. 1370/2007. Für die meisten Beihilfen, die in den Anwendungsbereich dieser Verordnung fielen, war das Notifizierungsverfahren nach Art. 108 Abs. 3 AEUV anzuwenden. Zu erheblicher Entscheidungspraxis, vor allem zu streitigen Entscheidungen, ist es in diesem Bereich jedoch soweit ersichtlich nicht gekommen. Die Verordnung Nr. 1107/70 ist später **durch** Art. 10 Abs. 2 der **Verordnung Nr. 1370/2007 zum 3. 12. 2009 aufgehoben worden** (siehe Rn. 8 ff.). Als Begründung für die weitgehend ersatzlose Ablösung der Verordnung benennt der Gesetzgeber der Verordnung Nr. 1370/2007 in Begründungserwägung Nr. 37 den Umstand, dass die Verordnung Nr. 1107/70 »heute als überholt [galt], da sie die Anwendung von Art. 73 des Vertrages einschränkt, ohne eine angemessene Rechtsgrundlage für die Zulassung derzeitiger Investitionsregelungen, insbesondere im Hinblick auf Investitionen in Verkehrsinfrastrukturen im Rahmen einer öffentlich-privaten Partnerschaft, zu bieten«.[7]

IV. Verordnung (EWG) Nr. 1192/69

Weiterhin in Kraft befindlich ist die **Verordnung (EWG) Nr. 1192/69** des Rates vom 26. 6. 1969 über »Gemeinsame Regeln für die **Normalisierung der Konten der Eisenbahnunternehmen**«.[8] Als »Normalisierung der Konten« beschreibt die Verordnung in Art. 2 den finanziellen Ausgleich all derjenigen Lasten der Staatseisenbahnunternehmen, die sich aus einem Vergleich zu der wirtschaftlichen Situation der »Unternehmen der anderen Verkehrsarten« ergeben, insbesondere der Lasten, die sich aus dem öffentlich-rechtlichen Personalstatut der Beschäftigten ergeben. Diese Sonderlasten sind in Art. 4 der Verordnung und in einem Anhangsapparat zu der Verordnung einzeln aufgezählt, hierzu gehören etwa auch die besonderen Pensionslasten der Eisenbahnunternehmen (Art. 4 Abs. 1 Buchst. c) oder aber die öffentlich rechtliche Verpflichtung, »mehr Personal einzustellen als betriebsnotwendig ist« (Art. 4 Abs. 2 Buchst. a). Die Ausgleichszahlungen im Sinne der Verordnung unterliegen nach Art. 13 Abs. 2 nicht dem Notifizierungsgebot des Art. 108 Abs. 3 AEUV.

6

Am 30. 1. 2013 hat die Kommission einen **Vorschlag zur ersatzlosen Aufhebung** der Verordnung (EWG) Nr. 1192/69 vorgelegt.[9] Die Begründung des Verordnungsvorschlages verweist darauf, dass die Verordnung aus einer Zeit lange vor Inkrafttreten der Liberalisierung des Schienenverkehrsmarktes stamme, in der staatlich kontrollierte Unternehmen Monopoldienstleistungen innerhalb abgeschotteter nationaler Märkte erbrachten und in denen Netz und Betrieb nicht getrennt gewesen seien. Jetzt nach In-

7

---

[7] *Martinez*, in: Calliess/Ruffert, EUV/AEUV, Art. 93 AEUV, Rn. 4, 5.
[8] VO (EWG) Nr. 1192/69 vom 26. 6. 1969 über gemeinsame Regeln für die Normalisierung der Konten der Eisenbahnunternehmen, ABl. 1969, L 156/8.
[9] *Europäische Kommission*, Vorschlag für eine Verordnung zur Aufhebung der VO (EWG) Nr. 1192/69 des Rates über gemeinsame Regeln für die Normalisierung der Konten der Eisenbahnunternehmen, KOM (213) 26/2.

krafttreten der verschiedenen »**Eisenbahnpakete**«[10] und der damit verbundenen wettbewerblichen Ausrichtung der Eisenbahnverkehrsmärkte seien die Befreiungstatbestände der Verordnung Nr. 1191/69 nicht mehr zeitgemäß. Dies gelte insbesondere für den in der Verordnung vorgesehen Ausgleich von Mehrkosten der Beamtenversorgung, weil »Eisenbahnunternehmen nach den Grundsätzen geführt werden müssen, die für Handelsgesellschaften gelten«.[11] Im Übrigen sei es nicht mehr mit der Marktentwicklung vereinbar, dass die Verordnung nur für 36 in der Verordnung ausdrücklich genannte Eisenbahnunternehmen gelte und nicht für deren Konkurrenten. Schließlich konstatierte die Kommission, dass die alte Verordnung von den Mitgliedstaaten nur noch selten und auch mit betragsmäßig geringen Beihilfesummen in Anspruch genommen worden sei. Sie schildert dort drei Kategorien von Beihilfearten. Kategorie I. betraf Entschädigungen bei Arbeitsunfällen, Kategorie III. Ausgleichsleistungen für Rentenzahlungen und die – in der jüngeren Vergangenheit betragsmäßig bedeutendste Kategorie II. – den Ausgleich von Infrastrukturinvestitionen für Kreuzungsanlagen. Diese Zahlungen könnten zukünftig nach Art. 8 der Richtlinie 2012/34/EU als Finanzierung der Funktion eines Infrastrukturbetreibers gerechtfertigt sein, bedürften dann aber einer gesonderten Notifizierung.[12] Für die Notifizierung der anderen Ausgleichskategorien sieht die Kommission offenbar keine Notwendigkeit.

V. Verordnung (EG) Nr. 1370/2007

8 Nach Durchlaufen eines langen und kontroversen Gesetzgebungsverfahrens, das seinen Ausgang in einem ersten Kommissionsvorschlag im Jahr 2000 genommen hatte,[13] trat am 3.12.2009 die **Verordnung (EG) Nr. 1370/2007**[14] in Kraft. Diese Verordnung schafft für den Bereich des **öffentlichen Personennahverkehrs ein Konzept des regulierten Wettbewerbs**[15] und erstreckt sich sowohl auf die vergaberechtlichen als auch die beihilferechtlichen Regeln, die für den öffentlichen Personennahverkehr auf Schiene und Straße maßgeblich sind.[16] Die Verordnung beruht auf dem Konzept des Ausschreibungswettbewerbes, den die öffentlichen Aufgabenträger vor der Vergabe öffentlicher Dienstleistungsaufträge über ÖPNV-Leistungen durchlaufen müssen, kennt hierfür jedoch bedeutende Ausnahmen, etwa im Bereich der sogenannten **Inhouse-Vergabe**,[17] also der Vergabe von Aufträgen an »interne Betreiber«, der Sache nach kommunale Unternehmen im Eigentum des jeweiligen Aufgabenträgers (Art. 5 Abs. 2 der Verordnung) sowie für die Vergabe von Schienenpersonenverkehrsleistungen (Art. 5 Abs. 6 der Verordnung).

---

[10] Siehe hierzu die Erläuterungen bei Art. 90 AEUV, Rn. 13 ff.
[11] *Europäische Kommission*, Vorschlag für eine Verordnung zur Aufhebung der VO (EWG) Nr. 1192/69 des Rates über gemeinsame Regeln für die Normalisierung der Konten der Eisenbahnunternehmen, KOM (213) 26/2, S. 2.
[12] KOM (213) 26/2, S. 5.
[13] *Fehling*, in: Kaufmann/Lübbig/Prieß/Pünder, VO (EG) 1370/2007, 2010, Einleitung, Rn. 57.
[14] VO (EG) Nr. 1370/2007 (Fn. 5). Eingehend *Deuster*, IR 2009, 202; *ders.*, IR 2009, 346.
[15] *Nettesheim*, NVwZ 2009, 1449.
[16] Allgemein zur VO Nr. 1370/2007 siehe aus dem umfangreichen Schrifttum etwa *Hübner*, VergabeR 2009, 363; *Kramer*, IR 2010, 80; *Nettesheim*, NVwZ 2009, 1449; *Otting/Scheps*, NVwZ 2008, 499; *Polster*, NZBau 2010, 662; *Pünder*, EuR 2010, 774; *Saxinger*, EuZW 2009, 449; *Winnes/Schwartz/Mietzsch*, EuR 2009, 290. Speziell zu arbeitsrechtlichen Aspekten siehe *Bayreuther*, NZA 2009, 582, zu ertragssteuerlichen Fragen *Haats/Richter*, IR 2010, 149, zur Direktvergabe eingehend *Röbke/Rechten*, NZBau 2010, 680, *Schröder*, NVwZ 2010, 862 und *Ziekow*, NVwZ 2009, 865.
[17] *Pünder*, NJW 2010, 263.

Die beihilferechtlichen Regelungen der Verordnung beruhen auf der Annahme, dass ausgeschriebene Verträge per se notifizierungsfrei sind, nicht ausgeschriebene Verträge hinsichtlich der Ausgleichsleistung für die gemeinwirtschaftliche Verpflichtung so gestaltet sein müssen, dass sie dem Anhang zu der Verordnung entsprechen (Art. 6 Abs. 1 Satz 2 der Verordnung). Er ist – in vereinfachter Form – der sog. **Altmark-Formel** des EuGH aus dem Jahr 2003 nachbildet.[18] In diesem Sinne verordnungskonforme Ausgleichsleistungen sind nach Art. 9 Abs. 1 Satz 1 der Verordnung mit dem Gemeinsamen Markt vereinbar und nach Abs. 1 Satz 2 dieser Vorschrift von der Anmeldepflicht nach Art. 108 Abs. 3 AEUV befreit. 9

Trotz der vergleichsweise detaillierten Regelung der Verordnung bleiben sowohl im Bereich des Vergabe- als auch des Beihilferechts viele Fragen offen. Im Bereich des Beihilferechts gilt dies insbesondere für die **Bemessung des »angemessenen Gewinns«** i. S. v. Ziff. 2 des Anhangs zu der Verordnung. Die Europäische Kommission, die für die Anwendung dieser Verordnung mit zwei Generaldirektionen zuständig ist – Generaldirektion Wettbewerb für das Beihilferecht und Generaldirektion MOVE für das Vergaberecht und die allgemeinen Vorschriften der Verordnung – hat hierzu im Jahre 2014 die sogenannte »Mitteilung der Kommission über die Auslegungsleitlinien zu der Verordnung (EG) Nr. 1370/2007 über öffentliche Personenverkehrsdienste auf Schiene und Straße« bekannt gemacht, die einzelne Auslegungsvorschläge und Rechtsmeinungen der Kommission zu verschiedenen Fragen der Anwendung der Verordnung enthält.[19] Überdies ist die Verordnung Nr. 1370/2007 kürzlich novelliert worden im Rahmen des sogenannten vierten Eisenbahnpakets.[20] 10

Wichtig für die neuere Rechtspraxis ist auch die Meinungsverschiedenheit über die mögliche **rückwirkende Anwendung der Verordnung Nr. 1370/2007** auf Nahverkehrssachverhalte, die zum Teil lange vor Inkrafttreten der Verordnung begründet worden sind. Das Gericht ist kürzlich der Auffassung der Kommission entgegengetreten, die Regeln über die zeitliche Geltung der Verordnung Nr. 1370/2007 rechtfertigten eine solche rückwirkende Anwendung.[21] Dies schien zunächst auch die Auffassung des Gerichtshofes zu sein, wie sich aus der urteilseinleitenden Darstellung der Rechtsnormen in anderem Zusammenhang ergibt.[22] In seinem Urteil vom 6.10.2015 wählt der Gerichtshof jedoch einen differenzierenden Ansatz, der auch bei einheitlichen Verträgen, die über einen längeren Zeitraum Anwendung gefunden haben, die Geltung der Vorschriften des alten und neuen Rechts auf den jeweiligen vor Inkrafttreten der Verordnung Nr. 1370/2007 abgeschlossenen Vertrag im Sinne eines gleitenden Übergangs zum Inkrafttreten der soeben genannten Verordnung festmacht. Das bedeutet, dass Zahlungen, die vor Inkrafttreten der Verordnung am 3.12.2009 geleistet wurden, nach der Verordnung Nr. 1191/69 zu prüfen sind, Zahlungen, die in den danach liegenden Zeitraum fallen, unterliegen dagegen den Regelungen der Verordnung Nr. 1370/2007.[23] Das auf diese Weise vom Gerichtshof gewonnene Ergebnis einer gleitenden Anwendung 11

---

[18] *Otting/Scheps*, NVwZ 2008, 499. Zur Rechtsprechung des EuGH siehe unten Rn. 13.
[19] Europäische Kommission, Mitteilung über die Auslegungsleitlinien zu der Verordnung (EG) Nr. 1370/2007 über öffentliche Personenverkehrsdienste auf Schiene und Straße, ABl. 2014, C 9/2.
[20] Siehe hierzu die Erläuterungen bei Art. 90 AEUV, Rn. 17 ff.
[21] EuG, Urt. v. 20.3.2013, Rs. T–92/11 (Andersen/Kommission), ECLI:EU:T:2013:143.
[22] EuGH, Urt. v. 22.12.2010, Rs. C–338/09 (Yellow Cab Verkehrsbetrieb), ECLI:EU:C:2010:814, Slg. 2010, I–1329, Rn. 9, 10.
[23] EuGH, Urt. v. 6.10.2015, Rs. C–303/13 P (Kommission/Andersen), ECLI:EU:C:2015:647, Rn. 53 ff.

beider Verordnungen auf längerfristige Verträge vermag nicht zu überzeugen, weil Verträge dieser Art, die in der Regel auf einem großen Kapitaleinsatz beruhen, langfristig kalkuliert sind und nicht auf die Änderung der materiell rechtlichen Vorschriften ausgerichtet sind. Überzeugender wäre es gewesen, einen nach altem Recht abgeschlossenen langfristigen Vertrag als einen einheitlichen und in der Vergangenheit abgeschlossenen Sachverhalt anzusehen.

VI. Leitlinien der Kommission (2008)

12 Als Softlaw-Instrument der Beihilfeaufsicht hat die Kommission im Jahre 2008 – auch zur Ablösung der Verordnung 1107/70[24] – sogenannte »**Gemeinschaftliche Leitlinien für staatliche Beihilfen an Eisenbahnunternehmen**«[25] veröffentlicht. Diese Leitlinien betreffen Vorhaben der staatlichen Förderung für die Finanzierung von **Schieneninfrastruktur,** Beihilfen zur Anschaffung und Erneuerung von Fahrzeugen, Maßnahmen der Schuldentilgung, Umstrukturierungsbeihilfen im Güterverkehr, Koordinierungsbeihilfen sowie Forschungs- und Entwicklungsbeihilfen. In einem letzten Abschnitt befinden sich auch Regeln über die graduelle Abschaffung der staatlichen Bürgschaften zugunsten von Eisenbahnunternehmen.[26]

B. Überblick über die Rechtsprechung der Unionsgerichte

13 Die weitere Entwicklung zum Verständnis von Art. 93 AEUV und der Auslegung ihrer Tatbestandsmerkmale ist durch wichtige Entscheidungen der Unionsgerichte gekennzeichnet. Sie befassen sich sämtlich mit der staatlichen Förderung des öffentlichen Personennahverkehrs. Die bedeutendste Entscheidung des Gerichtshofes, die für die Entwicklung des allgemeinen Beihilferechts fast epochale Auswirkungen hatte, ist zweifellos das sog. »**Altmark**«-Urteil aus dem Jahr 2003.[27] Ausgangspunkt dieser Rechtsstreitigkeit war die Anwendung der oben beschriebenen Verordnung Nr. 1191/69[28] auf die Erbringung von Busverkehrsleistungen in Sachsen-Anhalt. Die in diesem Urteil entwickelte Formel zur Bestimmung des Beihilfetatbestandes bei Ausgleichszahlungen für die Übernahme und Erfüllung von Gemeinwohlverpflichtungen durch private Unternehmen hat über ein ganzes Jahrzehnt die Diskussion um die Rolle von Service Public-Verpflichtungen im europäischen Beihilferecht bestimmt.[29] Nach der **Altmark-Formel** ist eine solche Ausgleichsleistung nur dann beihilfefrei, wenn das betreffende Unternehmen tatsächlich mit der Erfüllung von Gemeinwohlverpflichtungen betraut ist, und diese Verpflichtungen klar definiert sind, wenn die Ausgleichsparameter zuvor objektiv und transparent aufgestellt worden sind, wenn die Ausgleichszahlung nicht über das

---

[24] Vgl. besonders Erwägung Nr. 37 der VO (EG) Nr. 1370/2007 (Fn. 5).
[25] *Europäische Kommission*, Mitteilung, Gemeinschaftliche Leitlinien für staatliche Beihilfen an Eisenbahnunternehmen, ABl. 2008, C 184/13.
[26] Siehe im Einzelnen Mitteilung der Europäischen Kommission, ABl. 2008, C 184/13, Rn. 22 ff., 27 ff., 41 ff., 62 ff., 85 ff., 113 ff. und 118 ff.
[27] EuGH, Urt. v. 24.7.2003, Rs. C–280/00 (Altmark Trans und Regierungspräsidium Magdeburg), Slg. 2003, I–7747. Kritisch zu den dort entwickelten Kriterien *Otting/Soltesz/Melcher*, EuZW 2009, 444 (447 f.).
[28] VO (EWG) Nr. 1191/69 (Fn. 2).
[29] Vgl. hierzu ausführlich die Kommentierung zu Art. 107 AEUV.

hinausgeht, was erforderlich ist, um die Kosten der Erfüllung der Gemeinwohlverpflichtung unter Berücksichtigung der dabei erzielten Einnahmen und eines angemessenen Gewinns ganz oder teilweise zu decken und wenn es sich bei dem begünstigten Unternehmen um ein durchschnittlich, gut geführtes Unternehmen[30] handelt, das mit den notwendigen Mitteln ausgestattet ist, um den gestellten Gemeinwohlanforderungen zu genügen.[31]

In seinem Urteil vom 16. 3. 2007 in der Sache »**Combus**«, entschied das Gericht über staatliche Beihilfen an ein in der Umstrukturierung befindliches Busverkehrsunternehmen Dänemarks und kam zu der Schlussfolgerung, dass nach der Verordnung Nr. 1191/69, die eine »besonders günstige Genehmigungsregelung« enthält, nur solche Beihilfen zulässig sind, »die für die Erbringung von öffentlichen Verkehrsdiensten als solchen unmittelbar und ausschließlich erforderlich sind«. Darüber hinausgehende Beihilfen, die z. B. der Überwindung einer allgemeinen unternehmerischen Krise dienen, sind nach dieser Verordnung von der Genehmigung ausgeschlossen.[32]

14

Mit der Genehmigung von Beihilfen für hoheitlich auferlegte Gemeinwohlverpflichtungen des öffentlichen Personennahverkehrs befasst sich der Gerichtshof in der Rechtssache »**Antrop**«, dies mit dem Ergebnis, dass Beihilfen, die den detaillierten Vorgaben dieser Verordnung nicht entsprechen, weder nach dieser Verordnung, noch außerhalb dieser Verordnung allgemein nach Art. 107 Abs. 1 AEUV genehmigt werden können.[33]

15

C. Tatbestandsmerkmale der Vorschrift

I. Vergleich mit Art. 107 Abs. 2 und Abs. 3 AEUV

Art. 93 AEUV wirkt auf den ersten Blick im Vergleich zu den detaillierten Genehmigungstatbeständen der Art. 107 Abs. 2 und Abs. 3 AEUV wie eine reine Ermächtigungsnorm, die ihrerseits wenig subsumtionsfähige Tatbestandmerkmale enthält und daher der Konkretisierung durch Gesetzgebung auf der Ebene sekundären Unionsrechts (siehe dazu im Einzelnen Rn. 1 ff.) bedarf. Diese Schlussfolgerung greift allerdings insoweit zu kurz, als auch Art. 107 Abs. 3 AEUV etwa in Gestalt des Genehmigungstatbestandes in Buchst. c äußerst weitgefasste rein volkswirtschaftliche Begriffe enthält, die in der konkreten Subsumptionspraxis durch die Europäische Kommission eine Vielzahl völlig unterschiedlicher Beihilfeformen, wie etwa Regionalbeihilfen einerseits und Umstrukturierungsbeihilfen auf der anderen Seite, abdecken. Der wesentliche Unterschied zu Art. 107 Abs. 3 AEUV liegt allerdings in der Formulierung der Vorschrift, weil nach Art. 93 AEUV Beihilfen, die den dort genannten Tatbestandsmerkmalen genügen **mit den Verträgen vereinbar »sind«**, während nach Art. 107 Abs. 3 AEUV die Vereinbarkeitserklärung mit dem Binnenmarkt im Ermessen der Europäischen Kommission steht.

16

---

[30] Eingehend zur Frage, was unter einem solchen zu verstehen ist *Fuchs*, ZEuS 2007, 561.
[31] Teilweise wörtlich zitiert nach EuGH, Urt. v. 24. 7. 2003, Rs. C–280/00 (Altmark Trans und Regierungspräsidium Magdeburg), Slg. 2003, I–7747, Rn. 87 ff., zuletzt zitiert in der Rs. des EuGH, Urt. v. 8. 5. 2013, verb. Rs. C–197/11 – C–203/11 (Libert/Flämische Regierung), ECLI:EU:C:2013: 288, EuZW 2013, 507, Rn. 87 ff.
[32] EuG, Urt. v. 16. 3. 2004, Rs. T–157/01 (Danske Busvognmaend/Kommission), Slg. 2004, II–923, Rn. 68.
[33] EuGH, Urt. v. 7. 5. 2009, Rs. C–504/07 (Antrop), Slg. 2009, I–3687, Rn. 28.

Thomas Lübbig

Der Formulierung nach entspricht Art. 93 AEUV somit der Struktur von Art. 107 Abs. 2 AEUV, der seinerseits ebenfalls von einem **gebundenen Ermessen der Europäischen Kommission** ausgeht.

17 Zu weitgehend erscheint die Schlussfolgerung, dass wegen dieser Formulierung eine Vereinbarkeitserklärung durch die Europäische Kommission nicht erforderlich sei,[34] dies entspricht auch nicht der Rechtsanwendungspraxis zu Art. 107 Abs. 2 AEUV.[35] Der Sache nach dürfte die Annahme gebundenen Ermessens jedoch keine große Rolle spielen, weil die Kommission stets die Möglichkeit hat, ihre politischen Vorstellungen aufgrund der extrem weitgefassten Tatbestandsmerkmale als Auslegungsergebnis durchzusetzen.

II. Direkte Anwendung von Art. 93 AEUV

18 In der Rechtspraxis ist **umstritten**, ob die Kommission befugt ist, **staatliche Beihilfen allein in direkter Anwendung** von Art. 93 AEUV – also ohne Anwendung von Sekundärrecht – zu genehmigen. In der Rechtsprechung ist durch das zuvor erwähnte **Combus-Urteil** des EuG insoweit entschieden worden, dass sich die Mitgliedstaaten »außerhalb der im abgeleiteten Gemeinschaftsrecht genannten Fälle« nicht mehr »unmittelbar« auf Art. 93 AEUV berufen könnten, weil die vom Rat erlassenen Verordnungen (damals die Verordnungen Nr. 1191/69 und 1107/70[36]) abschließend die Voraussetzungen regelten, unter denen Verkehrsbeihilfen im Anwendungsbereich von Art. 93 AEUV genehmigt werden könnten.[37] Diese Aussage dürfte jedoch auf einem **Missverständnis** des vom EuG zitierten Urteils des **EuGH im Fall »Altmark«** beruhen. Im Altmark-Urteil hatte der Gerichtshof nämlich lediglich entschieden, dass im Anwendungsbereich einer der sekundärrechtlichen Verordnungen nicht mehr geprüft werden müsse, ob die betreffenden Zuschüsse »mit den Bestimmungen des Primärrechts vereinbar« seien.[38] Tatsächlich hat die Europäische Kommission auch in jüngerer Praxis durchaus Genehmigungsentscheidungen erlassen, die allein auf Art. 93 AEUV und nicht zusätzlich oder diesen Tatbestand verdrängend auf Vorschriften des Sekundärrechts gestützt worden sind. Es handelt sich hierbei um Genehmigungsentscheidungen betreffend Verkehrsinfrastrukturbeihilfen.[39]

---

[34] Vgl. *Stadler,* in: Schwarze, EU-Kommentar, Art. 93 AEUV, Rn. 1.

[35] *Mederer,* in: Schröter/Jacob/Mederer, Kommentar zum Europäischen Wettbewerbsrecht, 2003, Art. 87 Abs. 2 EGV, Rn. 124.

[36] Siehe zu ihnen Rn. 2 ff. und Rn. 5.

[37] So EuG, Urt. v. 16.3.2004, Rs. T–157/01 (Danske Busvognmaend/Kommission), Slg. 2004, II–923, Rn. 100; s. a. *Martinez,* in: Calliess/Ruffert, EUV/AEUV, Art. 93 AEUV, Rn. 5.

[38] EuGH, Urt. v. 24.7.2003, Rs. C–280/00 (Altmark Trans), Slg. 2003, I–7747, Rn. 107, 108. Zum Altmark-Urteil eingehend Rn. 13.

[39] Europäische Kommission, Entscheidung v. 20.12.2011, Beihilfe SA.33434 (2011/N) – Frankreich, für multimodale Baumaßnahmen im Hafen von Le Havre, Rn. 51; Europäische Kommission, Entscheidung v. 17.10.2012, Staatliche Beihilfe SA.34501 (2012/N) – Deutschland, Ausbau des Binnenhafens Königs Wusterhausen/Wildau, Rn. 26; Europäische Kommission, Entscheidung v. 5.12.2012, Staatliche Beihilfe SA.34638 (2012/N) – Deutschland, Beihilferegelung für ein elektronisches Fahrgeldmanagement und rechnergesteuerte Betriebsleitsysteme in Westfalen-Lippe, Rn. 34.

III. Koordinierungsbeihilfen

Der erste Genehmigungstatbestand der Vorschrift bezieht sich auf Beihilfen, »die den Erfordernissen der Koordinierung des Verkehrs entsprechen«. Der Gerichtshof hat allgemein zur Beschreibung der Tatbestandsmerkmale von Art. 93 AEUV in einem frühen Urteil entschieden, diese Vorschrift betreffe »Beihilfen für den Verkehr nur in ganz bestimmten Fällen und nur dann, wenn sie den allgemeinen Interessen der Gemeinschaft nicht abträglich [seien]«.[40] Die **Kommission** wählt zur näheren Definition der Reichweite einer Koordinierungsbeihilfe in ihrer Praxis die Formulierung, das »Konzept der Koordinierung des Verkehrs« habe eine »Bedeutung, die **über die einfache Unterstützung** der Entwicklung einer wirtschaftlichen Tätigkeit **hinausgeht**«. Koordinierungsbeihilfen müssten deshalb auf die »Entwicklung des Verkehrssektors im gemeinsamen Interesse« abzielen.[41] Im **Schrifttum** wird hierzu die Auffassung vertreten, dass Koordinierungsbeihilfen überhaupt nur dann zulässig seien, wenn »**das freie Spiel der Marktkräfte durch Marktversagen gehemmt**« werde, so dass ein staatlicher Koordinierungsbedarf überhaupt nur dann in Frage komme, wenn »wettbewerbsfähige Märkte fehlten oder der Markt versage, wie z. B. bei negativen externen Effekten oder öffentlichen Gütern«.[42]

19

Eine **sekundärrechtliche Konkretisierung** erfuhr der Begriff der Koordinierung des Verkehrs durch Art. 3 Abs. 1 der inzwischen außer Kraft getretenen Verordnung (EWG) Nr. 1107/70.[43] In ihren gemeinschaftlichen **Leitlinien für staatliche Beihilfen an Eisenbahnunternehmen** im Jahr 2008 schlägt die Kommission eine Fallgruppenbildung vor, die der Ausfüllung dieses Tatbestandsmerkmales dienen soll. Ausgangspunkt der Überlegung ist auch hier, dass in einem »effizienten liberalisierten Wirtschaftsbereich die Marktkräfte selbst koordinierend wirken«.[44] Aus diesem Grund besteht aus Sicht der Kommission heute im Vergleich zu dem früheren nicht liberalisierten Marktzustand ein geringerer Koordinierungsbedarf. Die von der Kommission entwickelten **Fallgruppen** für Koordinierungsbeihilfen sind folgende (wörtlich zitiert nach dem Wortlaut der Leitlinien):

20

– Beihilfen für die Nutzung der Infrastruktur zu Gunsten von Eisenbahnunternehmen, die mit Ausgaben für die von ihnen benutzten Verkehrswege belastet sind, welche Unternehmen anderer Verkehrsarten nicht zu tragen haben;
– Beihilfen zur Verringerung der externen Kosten, durch die Verkehrsverlagerung auf die Schiene gefördert werden sollen, da diese gegenüber anderen Verkehrsträgern, z. B. der Straße, weniger externe Kosten verursacht;
– Beihilfen zur Förderung der Interoperabilität und, sofern sie der Koordinierung des Verkehrs dienen, zur Verbesserung der Sicherheit, Beseitigung technischer Hindernisse und Verringerung von Lärmemissionen;

---

[40] EuGH, Urt. v. 12.10.1978, Rs. 156/77 (Kommission/Belgien), Slg. 1978, 1881, Rn. 10.
[41] Europäische Kommission, Entscheidung v. 15.6.2011, Staatliche Beihilfe SA.3224 – Niederlande, Entwicklung des Alblasserdam Container Transferium, Rn. 24; Europäische Kommission, Entscheidung v. 5.12.2012, Staatliche Beihilfe SA.34638 – Deutschland, Beihilferegelung für ein elektronisches Fahrgeldmanagement und rechnergesteuerte Betriebsleitsysteme in Westfalen-Lippe, Rn. 32.
[42] *Boeing/Maxian Rusche*, in: Grabitz/Hilf/Nettesheim, EU, Art. 93 AEUV (Oktober 2011), Rn. 19.
[43] VO (EWG) Nr. 1107/70 des Rates vom 4.6.1970 über Beihilfen im Eisenbahn-, Straßen- und Binnenschiffsverkehr, ABl. 1970, L 130/1. Zum Hintergrund dieser Verordnung siehe Rn. 5.
[44] Mitteilung der Europäischen Kommission (Fn. 25), Rn. 90. Zu weiteren in den Leitlinien aufgegriffenen Materien Rn. 12.

- Beihilfen für Forschung und Entwicklung, die den Erfordernissen der Koordinierung des Verkehrs entsprechen.[45]

Diese Fallgruppen werden in den Leitlinien sodann weiter konkretisiert.

IV. Abgeltungsbeihilfen

21 Die zweite Fallgruppe zulässiger Beihilfen i. S. v. Art. 93 AEUV sind Beihilfen zur »Abgeltung bestimmter, mit dem Begriff des öffentlichen Dienstes zusammenhängender Leistungen«. Diese Fallgruppe betrifft Beihilfen für den nicht eigenwirtschaftlich organisierten Verkehr, insbesondere den **öffentlichen Personennahverkehr**. Dieser war lange Zeit durch das Sekundärrecht der Verordnung Nr. 1191/69[46] in dem Sinne geprägt, dass die öffentliche Hand dem Verkehrsunternehmer »Verpflichtungen des öffentlichen Dienstes« einseitig auferlegen konnte, namentlich die Betriebspflicht, die Beförderungspflicht und die Tarifpflicht.[47] Durch die Verordnung (EWG) Nr. 1893/91[48] hat der Gemeinschaftsgesetzgeber diesem Regime eine modernere Variante an die Seite gestellt, nämlich die Möglichkeit, **zwischen öffentlichem Aufgabenträger und privatem Verkehrsunternehmen** Verträge über die Leistungserbringung im öffentlichen Personennahverkehr abzuschließen.[49]

22 Mit dem Inkrafttreten der **Verordnung Nr. 1370/2007**[50] ist dieses Regime durch eine neue Ordnung der Beihilfevorschriften in der Anwendung auf den ÖPNV abgelöst worden. Diese Verordnung verwendet die Begrifflichkeit des »öffentlichen Dienstleistungsauftrags« (vgl. Art. 3 der Verordnung) sowie der »gemeinwirtschaftlichen Verpflichtung« (vgl. Art. 2 Buchst e der Verordnung). Je nachdem, ob es sich bei dem öffentlichen Dienstleistungsauftrag um einen wettbewerblich ausgeschriebenen oder einen direkt vergebenen Auftrag handelt, muss die »Ausgleichsleistung für gemeinwirtschaftliche Verpflichtungen (s. die Definition in Art. 2 Buchst. g) den Vorgaben des Anhangs zu der Verordnung entsprechen, um gem. Art. 9 mit dem Gemeinsamen Markt vereinbar zu sein«. Soweit diese Vereinbarkeit besteht, ist die Zahlung der Ausgleichsleistung von der Anmeldepflicht nach Art. 108 Abs. 3 AEUV befreit (Art. 9 Abs. 1 Satz 2 der Verordnung). Die Gemeinschaftlichen Leitlinien für staatliche Beihilfen an Eisenbahnunternehmen, die die Europäische Kommission im Jahr 2008 veröffentlicht hat, beziehen sich ausdrücklich nicht auf Beihilfen für die Erbringung öffentlicher Leistungen i. S. d. Verordnungen Nr. 1191/69 und Nr. 1370/2007.[51]

V. Kennzeichen der Beihilfepolitik im Verkehrssektor

23 Die Beihilfepolitik der Europäischen Kommission i. S. v. Art. 93 AEUV befasst sich nur mit dem Landverkehr, die wettbewerbspolitisch bedeutende Beihilfepraxis der Kommission und auch der Unionsgerichte zu Beihilfen im Luftfahrtsektor fällt außerhalb des Anwendungsbereiches von Art. 93 AEUV und richtet sich ausschließlich nach den Genehmigungskriterien in Art. 107 Abs. 3 AEUV. Was den Modalsplit innerhalb des Land-

---

[45] Mitteilung der Europäischen Kommission (Fn. 25), Rn. 98.
[46] VO (EWG) Nr. 1191/69 (Fn. 2). Zum Hintergrund dieser Verordnung siehe Rn. 2 ff.
[47] *Boeing/Maxian Rusche*, in: Grabitz/Hilf/Nettesheim, EU, Art. 93 AEUV (Oktober 2011), Rn. 32.
[48] VO (EWG) Nr. 1893/91 (Fn. 3).
[49] Europäische Kommission (Fn. 4), Weißbuch, Rn. 62. Siehe auch Rn. 3 f.
[50] VO (EG) Nr. 1370/2007 (Fn. 5). Zu ihr siehe Rn. 8 ff.
[51] Mitteilung der Europäischen Kommission (Fn. 25), Rn. 19.

verkehrs angeht, so dominiert eindeutig in der Fallpraxis der Eisenbahnsektor sowie die Errichtung von Infrastruktureinrichtungen für den multimodalen Verkehr.[52]

Innerhalb des Eisenbahnsektors sind drei **Politikschwerpunkte** der Europäischen Kommission festzustellen:

1. Sanierungshilfen

Weiterhin verhält es sich so, dass eine Reihe von **Staatseisenbahnen stark überschuldet** sind und ohne staatliche Hilfen zum Ausgleich von Betriebsverlusten nicht lebensfähig wären. Das Europäische Beihilferecht verfolgt in diesem Zusammenhang einen Sanierungsauftrag, den die Europäische Kommission schon im Jahr 1996 mit folgenden Zielen formuliert hat (wörtliches Zitat aus dem damaligen Weißbuch):
– Die Mitgliedstaaten sollten die Altlasten der Eisenbahnen abbauen;
– die Eisenbahnen sollten nach kommerziellen Gesichtspunkten betrieben werden;
– die Mitgliedstaaten sollten einen vollen Ausgleich für öffentliche Dienste und außergewöhnliche Sozialkosten zahlen.[53]

24

Diese Politik artikulierte sich auch im Sekundärrecht, so in Art. 7 Abs. 3 der **Richtlinie 91/440/EWG**.[54] Danach können die Mitgliedstaaten »dem Betreiber der Infrastruktur« unter Wahrung des allgemeinen Beihilfenrechts »Mittel zuweisen, die in angemessenem Verhältnis zu den Aufgaben, der Größe und dem Finanzbedarf insbesondere für Neuinvestitionen, stehen«. Zusätzlich zu dieser großzügigen Regelung für Infrastrukturhilfen sieht Art. 9 der Richtlinie vor, dass die Mitgliedstaaten – ebenfalls unter Wahrung des allgemeinen Beihilfenrechts – verpflichtet sind, die öffentlichen Eisenbahnunternehmen durch **Entschuldungsmaßnahmen finanziell zu sanieren**. Die Nachfolgevorschriften dieser Regelungen finden sich unter der Überschrift »Finanzielle Sanierung« nunmehr in Abschnitt 3 (Art. 8 und 9) der Richtlinie 2012/34/EU zur Schaffung eines einheitlichen europäischen Eisenbahnraums.[55]

25

Neben der Fortschreibung der Regeln über die Finanzierung der Infrastruktur sieht Art. 9 Abs. 1 weiterhin vor, dass die Mitgliedstaaten dazu beitragen müssen, die **Verschuldung der öffentlichen Eisenbahnunternehmen**, d.h. nicht nur der Infrastruktur, sondern auch der eigentlichen Verkehrsunternehmen soweit abzubauen, dass bei diesen »eine Geschäftsführung auf gesunder finanzieller Basis möglich ist«. Auch die im Jahr 2008 veröffentlichten Gemeinschaftlichen Leitlinien für staatliche Beihilfen an Eisenbahnunternehmen sehen in einem eigenen Abschnitt Vorgaben für die beihilferechtliche Prüfung solcher Schuldentilgungsmaßnahmen vor.[56] Danach sind weiterhin unter den besonderen Voraussetzungen, die durch die vorzitierten Richtlinien geschaffen sind, Entschuldungsmaßnahmen, der Sache nach somit Betriebsbeihilfen an öffentliche Eisenbahnunternehmen möglich, ohne dass die in allen anderen Wirtschaftssektoren für

26

---

[52] Vgl. Europäische Kommission, Entscheidung v. 9.2.2001, Sache N 597/2000 – Niederlande, Beihilfe für Anschlussbahnen für Unternehmen an das Binnenwasserstraßennetz; Europäische Kommission, Entscheidung v. 12.11.2008, Sache N 195/2008 – Polen, Investitionsbeihilfen für den kombinierten Verkehr; Europäische Kommission, Entscheidung v. 11.12.2008, Sache N 651/2008 – Belgien, Finanzierung von Containerterminals für den intermodalen Verkehr.
[53] Europäische Kommission (Fn. 4), Weißbuch, Rn. 26.
[54] RL 91/440/EWG vom 29.7.1991 zur Entwicklung der Eisenbahnunternehmen der Gemeinschaft, ABl. 1991, L 237/25.
[55] RL 2012/34/EU vom 21.11.2012 zur Schaffung eines einheitlichen europäischen Eisenbahnraums ABl. 2012, L 343/32.
[56] Mitteilung der Europäischen Kommission (Fn. 25), Rn. 41 ff.

solche Maßnahmen anwendbaren Umstrukturierungsvorgaben zwingend einzuhalten wären.[57] Wichtiger Teil dieser Politik zur Überwindung der staatswirtschaftlichen Strukturen im Eisenbahnsektor ist auch die Vorgabe der Kommission, wonach staatliche Bürgschaften zugunsten von Eisenbahnunternehmen, die diese weitgehend als bestehende Beihilfen betrachtet, abzuschaffen.[58]

2. Infrastrukturfinanzierung

27 Ein weiterer Schwerpunkt der Beihilfepolitik der Europäischen Kommission im Bereich des Landverkehrs, die sich insbesondere in einer recht beachtlichen Zahl von Einzelentscheidungen niederschlägt, ist die **Prüfung von staatlichen Maßnahmen zur Finanzierung des Baus und der Erweiterung von Verkehrsinfrastrukturen**, insbesondere von Gleisanlagen. Ausgangspunkt dieser Politik sind der Befund und die Erfahrung, dass effiziente Infrastrukturen nicht nur wichtige Voraussetzungen für einen modernen und leistungsfähigen Verkehr, sondern generell wichtig für die volkswirtschaftliche Entwicklung sind. Hinzu kommt, dass der Schienenverkehr in einem evidenten Wettbewerbsverhältnis zum Straßenverkehr steht (das gilt sowohl für den Personen- als auch für den Güterverkehr), in dem abgesehen von Mautsystemen und Einzelfällen des privatfinanzierten Autobahnbaus der Staat ebenfalls als Hauptträger der Straßenbaulast und ihrer Finanzierung fungiert.[59] Auch wenn es sich bei den geförderten Infrastruktureinrichtungen in der Regel um solche handelt, die sich innerhalb eines Mitgliedstaates befinden und keine zwischenstaatlichen Außengrenzen überschreiten, vertritt die Europäische Kommission in ständiger Praxis die Auffassung, dass der **zwischenstaatliche Handel** durch diese Finanzierungsmaßnahmen gleichwohl beeinträchtigt werden könnte, weil der öffentliche Verkehrssektor generell für den Wettbewerb geöffnet sei.[60] Die Genehmigungskriterien der Kommission für solche Maßnahmen konzentrieren sich in ständiger Praxis auf einen allgemeinen **Balancing-Test**, wonach die Beihilfe dann nach Art. 93 AEUV mit dem Binnenmarkt vereinbar angesehen wird, wenn sie zu einem Ziel von gemeinsamem Interesse beiträgt, erforderlich ist und einen Anreizeffekt hat, angemessen ist, wenn die durch sie finanzierte Infrastruktur allen Anbietern von Verkehrsleistungen diskriminierungsfrei zur Verfügung steht und wenn die Beihilfe keine Wettbewerbsverzerrung bewirkt, die dem gemeinsamen Interesse zuwiderläuft.[61] Der **diskriminierungsfreie Zugang** aller Nutzer bezieht sich jeweils auf die nachgelagerte Nutzergruppe. Bei der Finanzierung reiner Infrastrukturbauten, die in einem getrennten Unternehmen aktiviert sind, muss der diskriminierungsfreie Zugang für alle Verkehrsbetriebsunternehmen gewährleistet sein, bei integrierten Unternehmen bezieht sich der diskriminierungsfreie Zugang auf die Fahrgäste.[62] Ungeachtet dieser inzwischen

---

[57] Mitteilung der Europäischen Kommission (Fn. 25), Rn. 53 ff.
[58] Mitteilung der Europäischen Kommission (Fn. 25), Rn. 118 ff.
[59] Mitteilung der Europäischen Kommission (Fn. 25), Rn. 98 Buchst a und Rn. 102.
[60] Europäische Kommission, Entscheidung v. 5.12.2012, Staatliche Beihilfe SA.34638 (2012/N) – Deutschland: Beihilferegelung für ein elektronisches Fahrgeldmanagement und rechnergesteuertes Betriebsleitsystem in Westfalen-Lippe, Rn. 25.
[61] Europäische Kommission, Entscheidung. v. 5.12.2012 (Fn. 39), Rn. 34; Europäische Kommission, Entscheidung v. 20.12.2011, Staatliche Beihilfe SA.33434 (2011/N) – Frankreich: Beihilfen für eine multimodale Baumaßnahme im Hafen von Le Havre, Rn. 56; Europäische Kommission, Entscheidung. v. 27.6.2012, Staatliche Beihilfe SA.34056 (2012/N) – Vereinigtes Königreich: Cable car for London, Rn. 52; Europäische Kommission, Entscheidung v. 17.10.2012, Staatliche Beihilfe SA.34501 (2012/N) – Deutschland, Ausbau des Binnenhafens Königs Wusterhausen/Wildau, Rn. 31.
[62] Europäische Kommission, Entscheidung v. 27.6.2012, Staatliche Beihilfe SA.34056 (Fn. 61), Rn. 60.

etablierten Praxis, ist die Kommission allerdings weiterhin der Auffassung, dass die Finanzierung der Haupteisenbahninfrastruktur eines Mitgliedstaates wegen ihres häufig jedenfalls natürlichen Monopolcharakters als geschlossenes geographisches System außerhalb des Beihilfetatbestandes liegt, weil eine Beeinträchtigung des Handels zwischen Mitgliedstaaten nicht zu besorgen sei.[63]

Zum Teil erlaubt die Kommission auf dieser Grundlage die 100 %-ige staatliche Finanzierung von Maßnahmen des Infrastrukturbaus, in einigen Entscheidungen vertritt sie jedoch auch die Auffassung, eine Beihilfeintensität von 30 bzw. von 50 % sei Voraussetzung der Genehmigungsfähigkeit ihrer Politik in diesem Bereich (Reaktivierung von Gleisanschlüssen).[64]

3. Beihilfen für öffentliche Personenverkehrsdienste

Obwohl die **alte Verordnung Nr. 1191/69**[65] sehr detaillierte Regelungen über die Zulässigkeit öffentlicher Ausgleichsleistungen für auferlegte Verkehrspflichten und recht großzügige Regeln für die Beihilferechtskonformität von frei verhandelten Verkehrsverträgen enthielt, befasst sich die Europäische Kommission in einer ganzen Reihe von zum Teil sehr kleinteiligen Fällen mit der Anwendung dieser Verordnung auf den öffentlichen Personennahverkehr; diese Praxis setzt sie auch unter der Geltung der ihrerseits **sehr detaillierten Verordnung Nr. 1370/2007**[66] fort.[67] Zum Teil betreffen diese Fälle aber auch Beihilferegelungen aus der Zeit vor der Liberalisierung des Nahverkehrssektors, die spätestens am 3. Dezember 2009 mit dem Inkrafttreten der Verordnung Nr. 1370/2007 eingetreten ist.[68] Im Schwerpunkt prüft die Europäische Kommission in diesen Fällen, ob die dem Verkehrsunternehmen obliegende öffentliche Personenverkehrsdienstleistung ausreichend klar definiert ist, ob sich die vorgesehene Ausgleichsleistung auf die Abgeltung dieses Auftrages beschränkt und ob der Vertrag ausreichende Kontrollen zur Vermeidung einer **Überkompensation** bzw. zur Begrenzung der Vergütung auf eine angemessene Rendite vorsieht.[69] Für diesen Bereich ist im Jahr 2014 die

---

[63] Europäische Kommission, Entscheidung v. 17.7.2002, Staatliche Beihilfe Nr. N 356/2002 – United Kingdom Network Rail, Rn. 75, 76; Entscheidung v. 23.7.2015, Staatliche Beihilfe SA.39078 – Financing of the Fehmarn Belt fixed link project, Rn. 55; Entscheidung v. 21.8.2015, Staatliche Beihilfe SA.39177 – The Intermodal Development of the Port of Baja, Rn. 54.

[64] Europäische Kommission, Entscheidung. v. 30.7.2007, Staatliche Beihilfe Nr. N 95/2007 – Deutschland: Investitionen zum Erwerb, Erhalt, Bau- und Ausbau von Eisenbahninfrastrukturanlagen im Land Sachsen-Anhalt, Rn. 17; E. v. 10.9.2009, Staatliche Beihilfe N 184/2009 – Deutschland: Richtlinie zur Förderung des Neu- und Ausbaus sowie der Reaktivierung von privaten Gleisanschlüssen, Rn. 13; Europäische Kommission, Entscheidung v. 9.6.2010, Staatliche Beihilfe N 640/2008 – Deutschland: Förderung der Verkehrsinfrastruktur in Sachsen, Rn. 94.

[65] VO (EWG) Nr. 1191/69 (Fn. 2). Zu ihr im Einzelnen Rn. 2 ff.

[66] VO (EG) Nr. 1370/2007 (Fn. 5). Zu ihr im Einzelnen Rn. 8 ff.

[67] Europäische Kommission, Entscheidung v. 18.7.2007 (Verfahrenseröffnungsentscheidung), Staatliche Beihilfe C 31/07 (ex NN 17/07) – Irland: Beihilfen zu Gunsten der Unternehmen Dublin Bus und Irish Bus, ABl. Nr. C 217/44; Europäische Kommission, Entscheidung v. 23.2.2011, Staatliche Beihilfe C 58/06 (ex NN 98/05) – Deutschland – Beihilfen für Bahnen der Stadt Monheim und der Rheinischen Bahngesellschaft, ABl. 2011, L 210/1; Europäische Kommission, Entscheidung v. 27.6.2012, State aid SA.34056 (2012/N) – Vereinigtes Königreich: Cable car for London (genehmigt außerhalb des Anwendungsbereiches der VO Nr. 1370/2007, direkt am Maßstab von Art. 93; Europäische Kommission, Entscheidung v. 2.10.2013, Staatliche Beihilfe SA.33037 – Italien: Beihilfen an das Busverkehrsunternehmen Simet, Pressemitteilung IP/13/902 v. 2.10.2013.

[68] Europäische Kommission, Entscheidung v. 15.10.2014, Staatliche Beihilfe SA.20580 (C 31/07) – Irland, State Aid for Córas Iompair Éireann Bus Companies (Dublin Bus and Irish Bus), Rn. 215.

[69] Vgl. die vorstehend zitierten Entscheidungen sowie Europäische Kommission, Entscheidung v.

sogenannte »**Mitteilung der Kommission über die Auslegungsleitlinien zu der Verordnung (EG) Nr. 1370/2007 über öffentliche Personenverkehrsdienste auf Schiene und Straße**« bekannt gemacht worden, die sich sowohl mit den vergabe- als auch den beihilferechtlichen Vorschriften der Verordnung befasst.[70]

26.11.2008, Sache C 3/2008 – Tschechische Republik: Ausgleich für Busunternehmen in Südmähren, ABl. 2008, L 97/14; Europäische Kommission, Beschluss v. 24.2.2010, Staatliche Beihilfe C 41/08 (ex NN 35/08) – Königreich Dänemark: Verkehrsdienstleistungsverträge zwischen dem dänischen Verkehrsministerium und Danske Statsbaner, ABl. 2011, L 7/1; Europäische Kommission, Arbeitspapier der Kommissionsdienststellen über die Anwendung der EU-Beihilfevorschriften auf Dienstleistungen von allgemeinem wirtschaftlichen Interesse seit 2005 und die Ergebnisse der öffentlichen Konsultation v. 23.3.2001, SEC (2001) 397 Abschnitt 3.1.3.

[70] Europäische Kommission, Mitteilung über die Auslegungsleitlinien zu der Verordnung (EG) Nr. 1370/2007 über öffentliche Personenverkehrsdienste auf Schiene und Straße, ABl. 2014, C 9/2.

Artikel 94 AEUV [Berücksichtigung der wirtschaftlichen Lage der Verkehrsunternehmer]

Jede Maßnahme auf dem Gebiet der Beförderungsentgelte und -bedingungen, die im Rahmen der Verträge getroffen wird, hat der wirtschaftlichen Lage der Verkehrsunternehmer Rechnung zu tragen.

Literaturübersicht

Siehe Art. 90 AEUV sowie im Besonderen *Steinborn*, Neue Lenk- und Ruhezeiten, TranspR 2007, 460.

Leitentscheidung

EuGH, Urt. v. 9.9.2004, verb. Rs. C–184/02 u. C–223/02 (Spanien u. Finnland/Parlament u. Rat), Slg. 2004, I-7829

Sekundärrechtliche Vorschriften

RL 2002/15/EG vom 11.3.2002 zur Regelung der Arbeitszeit von Personen, die Fahrtätigkeiten im Bereich des Straßentransports ausüben, ABl. 2002, L 80/35

VO (EG) Nr. 561/2006 vom 15.3.2006 zur Harmonisierung bestimmter Sozialvorschriften im Straßenverkehr und zur Änderung der VO (EWG) Nr. 3821/85 und (EG) Nr. 2135/98 sowie zur Aufhebung der Verordnung (EWG) Nr. 3820/85, ABl. 2006, L 102/1

Inhaltsübersicht

		Rn.
A.	Rechtsprechung des EuGH	1
B.	Wesentlicher Inhalt der Vorschrift	2

A. Rechtsprechung des EuGH

Soweit ersichtlich ist Art. 94 AEUV nur in einem einzigen Fall relevant für die Entscheidungspraxis des Gerichtshofes geworden. Es handelt sich um die zur gemeinsamen Verhandlung verbundenen Nichtigkeitsklagen Spaniens und Finnlands gegen die von Rat und Parlament erlassene **Richtlinie 2002/15/EG**[1] vom 11.3.2002 zur Regelung der Arbeitszeit von Personen, die Fahrtätigkeiten im Bereich des Straßentransportes ausüben. Beide Mitgliedstaaten hatten gegen diese Richtlinie verschiedene Angriffspunkte vorgebracht, so unter anderem Einwände gegen die von Rat und Parlament gewählte Rechtsgrundlage sowie gegen die Reichweite des mit der Richtlinie verbundenen Eingriffs in das Grundrecht auf freie Berufsausübung. Ein weiterer Klagegrund bestand in dem Vorwurf, die Richtlinie verstoße gegen Art. 74 EGV (nunmehr Art. 94 AEUV). Der Gerichtshof **lehnte jedoch die Annahme eines Verstoßes der Richtlinie gegen diese Vorschrift ab**, dies unter Hinweis auf das weite Ermessen, das der Gemein- 1

---

[1] RL 2002/15/EG vom 11.3.2002 zur Regelung der Arbeitszeit von Personen, die Fahrtätigkeiten im Bereich des Straßentransports ausüben, ABl. 2002, L 80/35. Siehe zu Lenk- und Ruhezeiten nunmehr auch VO (EG) Nr. 561/2006 vom 15.3.2006 zur Harmonisierung bestimmter Sozialvorschriften im Straßenverkehr und zur Änderung der VO (EWG) Nr. 3821/85 und (EG) Nr. 2135/98 sowie zur Aufhebung der Verordnung (EWG) Nr. 3820/85, ABl. 2006, L 102/1. Zum ganzen Fragenkreis eingehend *Steinborn*, TranspR 2007, 460.

schaftsgesetzgeber beim Erlass zweckdienlicher Maßnahmen im Hinblick auf die gemeinsame Verkehrspolitik genieße und den Umstand, dass die Richtlinie zwar die »Modalitäten der Ausübung der beruflichen Tätigkeit eines selbstständigen Kraftfahrers« regele, die Freiheit zur Ausübung dieser Tätigkeit »aber nicht in ihrem Bestand [antaste]«.[2]

B. Wesentlicher Inhalt der Vorschrift

2   Nach Art. 94 AEUV muss jede Maßnahme auf dem Gebiet der Beförderungsentgelte und -bedingungen der wirtschaftlichen Lage der Verkehrsunternehmer Rechnung tragen. Qualifiziert wird diese Aussage durch den Zusatz, dass es sich um Maßnahmen handeln muss, die im Rahmen der Verträge getroffen werden, somit Maßnahmen im Rahmen des EUV und des AEUV (vgl. Art. 1 Abs. 2 Satz 2 AEUV). Adressaten der Vorschrift sind somit in erster Linie die Unionsorgane, wenn sie Maßnahmen auf der Grundlage der Verträge ergreifen. Theoretisch können nach der Formulierung der Vorschrift auch die Mitgliedstaaten Adressaten der Vorschrift sein, etwa wenn sie nach Art. 2 Abs. 3 AEUV im Rahmen der Verträge ihre Wirtschafts- und Beschäftigungspolitik koordinieren. Art. 94 AEUV verlangt von den Adressaten der Vorschrift lediglich ein »Rechnung tragen«, die Vorschrift stellt somit ein »bloßes **Berücksichtigungsgebot**« dar.[3] Die Unionsorgane unterliegen somit demselben Grad an rechtlicher Verpflichtung wie nach den Querschnittsklauseln der Art. 9, 12 und 13 AEUV, die ebenfalls ein »Rechnung tragen« postulieren. Nach dem oben zitierten Urteil des Gerichtshofes ist die **Reichweite dieser rechtlichen Verpflichtung gering**, lediglich eine Maßnahme, die diese Verpflichtung völlig außer Acht lässt und auch nicht im Kontext anderer Regelungen des Unionsrechts erkennen lässt, dass der Gesetzgeber diesen Umstand berücksichtigt hat, könnte gegen Art. 94 AEUV verstoßen.

3   Die Vorschrift ist auf **Maßnahmen** beschränkt, die **im Sinne von Art. 100 Abs. 1 AEUV** Titel VI des Vertrages betreffen, sie gilt somit nur für den Eisenbahn-, den Straßen- und den Binnenschiffsverkehr und könnte somit nicht über Art. 100 Abs. 2 AEUV auf die Seeschifffahrt oder die Luftfahrt ausgedehnt werden.[4] Art. 94 AEUV bezieht sich auf Regeln über die Beförderungsentgelte und Beförderungsbedingungen. Dieser Begriff wird weit verstanden, er erfasst nicht nur Regelungen, die unmittelbar das Entgeltsystem oder die Transportbedingungen betreffen, sondern generell auch »solche Maßnahmen, die die Kosten steigern und sich damit auf die Rentabilität von Verkehrsunternehmen auswirken, also mittelbar die Entgelte beeinflussen«.[5] Art. 94 AEUV soll die Eigenwirtschaftlichkeit der Verkehrsunternehmer schützen, die Bestimmung richtet sich somit ihrer Tendenz nach **gegen eine hoheitliche Bewirtschaftungspolitik**, die etwa

---

[2] EuGH, Urt. v. 9.9.2004, verb. Rs. C–184/02 u. C–223/02 (Spanien u. Finnland/Parlament u. Rat), Slg. 2004, I–7829, Rn. 54–56, 68.
[3] GA *Stix-Hackl*, Schlussanträge zu verb. Rs. C–184/02 u. C–223/02 (Spanien u. Finnland/Parlament u. Rat), Slg. 2004, I–7793, Rn. 164.
[4] GA *Lenz*, Schlussanträge zu verb. Rs. 209/84–213/84 (Ministère Public/Asjes), Slg. 1986, 1427, 1433.
[5] Zweifelnd GA *Stix-Hackl*, Schlussanträge zu verb. Rs. C–184/02 u. C–223/02 (Spanien u. Finnland/Parlament u. Rat), Slg. 2004, I–7793, Rn. 164, in diesem Sinne offenbar der EuGH, Urt. v. 9.9.2004, verb. Rs. C–184/02 u. C–223/02 (Spanien u. Finnland/Parlament u. Rat), Slg. 2004, I–7829, Rn. 68.

im Interesse rein sozialpolitischer Ziele den Verkehrsunternehmen ohne entsprechenden öffentlichen Ausgleich Tarife oder andere Betriebsbedingungen vorschreiben würde, die in großem Stil zu Verlustgeschäften führen würden.[6] Es werden durch die Vorschrift aber nicht alle Belastungen ausgeschlossen, die sich auf die Rentabilität eines Verkehrsunternehmens auswirken könnten, sondern nur solche »welche die Rentabilität oder den Bestand der Unternehmen ernstlich gefährden«.[7] Angesichts der weitgehenden Preisfreiheit, die inzwischen im europäischen Verkehrssektor herrscht, ist die **praktische Bedeutung von Art. 94 AEUV** als **gering** einzuschätzen.[8] Relevant für die Gesetzgebung war Art. 94 AEUV etwa beim Erlass der Verordnung (EG) Nr. 1370/2007, da die Verordnung aber davon ausgeht, dass die Ausgleichsleistung, die für die Übernahme von öffentlichen Dienstleistungsaufträgen im Bereich des ÖPNV gewährt wird, dem Verkehrsunternehmer einen angemessenen Gewinn gewährleisten darf, hält sich die Gesetzgebung im Rahmen der von Art. 94 AEUV ausgehenden Verpflichtung.[9]

---

[6] Ähnlich *Stadler*, in: Schwarze, EU-Kommentar, Art. 94 AEUV, Rn. 2.
[7] *Everling*, in: W/E/G/S, EWG, Art. 78, Rn. 3.
[8] *Martinez*, in: Calliess/Ruffert, EUV/AEUV, Art. 91 AEUV, Rn. 6.
[9] ABl. 2007, L 351/1, dort Ziff. 2 des Anhanges.

Artikel 95 AEUV [Verbot von Diskriminierungen]

(1) Im Verkehr innerhalb der Union sind Diskriminierungen verboten, die darin bestehen, dass ein Verkehrsunternehmer in denselben Verkehrsverbindungen für die gleichen Güter je nach ihrem Herkunfts- oder Bestimmungsland unterschiedliche Frachten und Beförderungsbedingungen anwendet.

(2) Absatz 1 schließt sonstige Maßnahmen nicht aus, die das Europäische Parlament und der Rat gemäß Artikel 91 Absatz 1 treffen können.

(3) Der Rat trifft auf Vorschlag der Kommission und nach Anhörung des Europäischen Parlaments und des Wirtschafts- und Sozialausschusses eine Regelung zur Durchführung des Absatzes 1.

Er kann insbesondere die erforderlichen Vorschriften erlassen, um es den Organen der Union zu ermöglichen, für die Beachtung des Absatzes 1 Sorge zu tragen, und um den Verkehrsnutzern die Vorteile dieser Bestimmung voll zukommen zu lassen.

(4) Die Kommission prüft von sich aus oder auf Antrag eines Mitgliedstaats die Diskriminierungsfälle des Absatzes 1 und erlässt nach Beratung mit jedem in Betracht kommenden Mitgliedstaat die erforderlichen Beschlüsse im Rahmen der gemäß Absatz 3 getroffenen Regelung.

Literaturübersicht

Siehe Art. 90 AEUV.

Wesentliche sekundärrechtliche Vorschrift

VO (EWG) Nr. 11 vom 27.6.1960 über die Beseitigung von Diskriminierungen auf dem Gebiet der Frachten und Beförderungsbedingungen gemäß Artikel 79 Absatz (3) des Vertrages zur Gründung der Europäischen Wirtschaftsgemeinschaft, ABl. 1960, L 52/1121, geändert durch VO (EWG) Nr. 3626/84, ABl. 1984, L 335/4, und VO (EG) Nr. 569/2008, ABl. 2008, L 161/1

Inhaltsübersicht

	Rn.
A. Ziele und Schwerpunkte der unionsrechtlichen Politik in diesem Bereich	1
B. Inhalt der Vorschrift	4

A. Ziele und Schwerpunkte der unionsrechtlichen Politik in diesem Bereich

1 Der Rat hat früh auf der Grundlage des damaligen Art. 79 Abs. 3 EWGV (nunmehr Art. 95 Abs. 3 AEUV) die **Verordnung Nr. 11** über die Beseitigung von Diskriminierungen auf dem Gebiet der Frachten- und Beförderungsbedingungen vom 27.6.1960 erlassen.[1] Diese Verordnung Nr. 11, die weiterhin in Kraft ist, ermächtigt die Kommission ähnlich wie die später erlassene Kartellverwaltungsverordnung Nr. 17 zu einem direkten Verwaltungsverfahren gegenüber den betroffenen Unternehmen und den Mitglied-

---

[1] VO (EWG) Nr. 11 vom 27.6.1960 über die Beseitigung von Diskriminierungen auf dem Gebiet der Frachten und Beförderungsbedingungen gemäß Artikel 79 Absatz (3) des Vertrages zur Gründung der Europäischen Wirtschaftsgemeinschaft, ABl. 1960, L 52/1121, geändert durch VO (EWG) Nr. 3626/84, ABl. 1984, L 335/4, und VO (EG) Nr. 569/2008, ABl. 2008, L 161/1.

staaten. Die Verordnung sieht ein eigenes Verwaltungsverfahren vor, das bei Zuwiderhandlungen gem. Art. 18 auch mit empfindlichen Sanktionen abgeschlossen werden kann. Nach Art. 2 gilt die Verordnung für alle Beförderungen im innergemeinschaftlichen Verkehr und im Verkehr mit Drittstaaten sowie assoziierten Ländern, dies allerdings immer nur für den Streckenanteil, der in der Gemeinschaft liegt. Die Verordnung erfasst nach Art. 3 auch den kombinierten Verkehr, wenn ein Beförderungsvertrag von »mehreren aufeinanderfolgenden Verkehrsunternehmen ausgeführt« wird. Verboten ist nach Art. 4 Abs. 1 eine Diskriminierung, die darin besteht, »dass ein Verkehrsunternehmer auf denselben Verkehrsverbindungen für die gleichen Güter je nach ihrem Herkunfts- oder Bestimmungsland unterschiedliche Frachten- und Beförderungsbedingungen anwendet«.

Trotz des Verbotscharakters dieser Vorschrift wird nach Art. 4 abs. 1 Satz 2 der VO die **privatrechtliche Gültigkeit der Frachtverträge nicht berührt**. Nach Art. 4 Abs. 2 der VO sind nicht nur die Frachten und Beförderungen selbst verboten, wenn sie eine solche Diskriminierung mit sich bringen, sondern auch deren Anwendung. Die Verordnung sieht umfangreiche Melde- und Dokumentationspflichten vor und erlaubt der Kommission nach Art. 11 und 12 die Einholung von Auskünften sowohl bei den betroffenen Unternehmen als auch den Mitgliedstaaten. Die nicht fristgerechte oder wissentlich falsche Beantwortung der Auskunftsverlangen der Kommission kann nach Art. 17 mit einer Sanktion (Geldbuße) geahndet werden. Art. 14 der VO sieht die Möglichkeit einer Nachprüfung vor Ort vor, die nach Art. 14 Abs. 2 Buchst. c auch den »Zutritt zu allen Räumlichkeiten, Grundstücken und Fahrzeugen der Unternehmen« einschließt.

2

Die in Art. 18 vorgesehenen Sanktionen für einen Verstoß gegen die Diskriminierungsverbote der Verordnung können mit **Sanktionen** in Höhe einer Geldbuße bis zu dem zwanzigfachen Betrag des auf der jeweiligen Strecke erzielten oder verlangten Beförderungsgeldes geahndet werden. Widersetzt sich ein Unternehmen einer Beseitigungsanordnung der Kommission, so kann nach Art. 18 Abs. 2 der Verordnung für jeden Diskriminierungsfall eine Sanktion bis zu einem Höchstbetrag von zehntausend Rechnungseinheiten verhängt werden. Art. 19 stellt jedoch klar, dass die Sanktionsentscheidungen nach Art. 17 und 18 nicht strafrechtlicher Natur sind. Zu gerichtlich anhängig gemachten Anwendungsfällen der Verordnung 11 ist es soweit ersichtlich jedenfalls in jüngerer Zeit nicht gekommen. Ein Verfahren der Kommission wegen der Seehafentarife der Deutsche Bahn ist von der Europäischen Kommission nach den Wettbewerbsvorschriften geführt worden und nicht in Anwendung der Verordnung Nr. 11.[2]

3

B. Inhalt der Vorschrift

Art. 95 Abs. 1 AEUV normiert ein **striktes Diskriminierungsverbot**, das in seinem Adressatenkreis **weit über die Diskriminierungsverbote des Marktbeherrschungsrechts** nach Art. 102 Abs. 2 Buchst. c AEUV **hinausgeht**. Anders als im Missbrauchsrecht des Art. 102 AEUV richtet sich das Verbot nach Art. 95 Abs. 1 AEUV an jedes Verkehrsunternehmen in der Union, nicht nur an Unternehmen in marktbeherrschender Stellung. Auch ist das Diskriminierungsverbot absolut ausgeprägt, nicht verlangt wird – wie in

4

---

[2] *Boeing/Kotthaus/Maxian Rusche*, in: Grabitz/Hilf/Nettesheim, EU, Art. 95 AEUV (April 2012), Rn. 21; EuGH, Urt. v. 27.4.1999, Rs. C–436/97 P (Deutsche Bahn/Kommission), Slg. 1999, I–2387.

Art. 102 Abs. 2 Buchst. b AEUV – eine Beeinträchtigung des Wettbewerbs. Zudem sieht Art. 95 Abs. 1 AEUV eine Rechtfertigung diskriminierenden Verhaltens jedenfalls nicht ausdrücklich vor. Art. 95 Abs. 1 AEUV ist von der Vorstellung geprägt, dass von diskriminierenden Frachtbedingungen ein **Hindernis für den freien Warenverkehr** in der Europäischen Union ausgehen könnte. Diese Vorstellung mag bereits zur Zeit der im Wesentlichen staatlich organisierten Verkehrswirtschaft **fragwürdig** gewesen sein, im Kontext der heutigen globalisierten Wirtschaft wirkt das Verbot **antiquiert**.

5 Dem Tatbestand nach ist das Verbot zwar an einen breiten Adressatenkreis gerichtet, betrifft aber nur Beförderungen »in **denselben Verkehrsverbindungen für die gleichen Güter**« und nur eine Diskriminierung nach dem »Herkunfts- oder Bestimmungsland« der entsprechenden Frachtgüter. Es kommt somit auf die Identität von Versand- und Bestimmungsort, die Identität des Frachtgutes und die Identität des Verkehrsmittels an, der konkrete Anwendungsbereich der Vorschrift ist somit vergleichsweise eng.[3] Diskriminierende Tarife, die auf zwei verschiedenen – miteinander durchaus im Wettbewerb stehenden – Frachtrouten zum Tragen kommen, fallen daher nicht in den Anwendungsbereich des Verbotes. Auch sind nach dem Wortlaut der Vorschrift nur Frachtverkehre erfasst, nicht jedoch der Personenverkehr.[4]

6 In der Literatur wird die **Frage** diskutiert, ob das Verbot von Art. 95 Abs. 1 AEUV in der Fassung durch den Vertrag von Lissabon nunmehr **unmittelbar anwendbares Unionsrecht** geworden ist oder ob es zu seiner Durchsetzung weiterer Rechtsakte des Rates bedarf.[5] Der geänderte Wortlaut von Art. 95 Abs. 1 AEUV spricht für die direkte Anwendbarkeit. Der Umstand, dass nach Abs. 2 bis Abs. 4 der Vorschrift noch weitere Ausführungsakte möglich sind, dürfte diesem Befund nicht entgegenstehen. Auch im Bereich der Wettbewerbsregeln verhält es sich so, dass Art. 101 Abs. 1 AEUV ein unmittelbar anwendbares Verbot enthält, obwohl in Art. 103 AEUV Ermächtigungsvorschriften zum Erlass von Durchführungsregeln enthalten sind. Solange es jedoch außerhalb der Verordnung Nr. 11 an Sanktionsmöglichkeiten durch die Behörden der Mitgliedstaaten fehlt, dürfte diese Frage relativ **wenig Praxisrelevanz** haben. Auf der Grundlage eines unmittelbar anwendbaren Verbotes könnte aber im Wege der zivilrechtlichen Unterlassungsklage gegen einen diskriminierenden Verkehrstarif vorgegangen werden. In diesem Zusammenhang stellt sich auch die interessante Frage, ob die ausdrückliche Regelung in Art. 4 Abs. 1 Satz 2 der Verordnung Nr. 11, wonach das Verbot die Gültigkeit privatrechtlicher Verträge nicht berührt, noch primärrechtskonform aufrechterhalten werden kann, nachdem Art. 95 Abs. 1 AEUV nun ausdrücklich als Verbot des primären Unionsrechts formuliert ist. Naheliegend wäre hier tatsächlich die Annahme einer **Nichtigkeit entsprechender Verträge auf der Grundlage der zivilrechtlichen Vorschriften (§§ 134, 138 BGB)**.

7 Art. 95 Abs. 1 AEUV enthält eine **Öffnungsklausel** gegenüber spezielleren Gesetzgebungsmaßnahmen des Parlamentes und des Rates nach Art. 91 Abs. 1 AEUV, die von dem strikten Verbot des Abs. 1 aus übergeordneten Gründen abweichen können.[6]

---

[3] *Jung*, in: Calliess/Ruffert, EUV/AEUV, 4. Aufl., 2011, Art. 95 AEUV, Rn. 4.
[4] Vgl. aber *Boeing/Kotthaus/Maxian Rusche*, in: Grabitz/Hilf/Nettesheim, EU, Art. 95 AEUV (April 2012), Rn. 5, die bei Preisdiskriminierung im Bereich des Personenverkehrs Art. 18 AEUV für anwendbar halten.
[5] *Boeing/Kotthaus/Maxian Rusche*, in: Grabitz/Hilf/Nettesheim, EU, Art. 95 AEUV (April 2012), Rn. 1 (unmittelbar anwendbar); dagegen *Jung*, in: Calliess/Ruffert, EUV/AEUV, Art. 95, Rn. 5.
[6] *Martinez*, in: Calliess/Ruffert, EUV/AEUV, Art. 95 AEUV, Rn. 5.

Die Ermächtigungsvorschriften in Art. 95 Abs. 3 AEUV weichen auch von den sonst im Verkehrssektor nach Art. 91 AEUV aber auch Art. 100 Abs. 2 AEUV anwendbaren Regeln über das ordentliche Gesetzgebungsverfahren ab, als dass hier **nur eine Anhörung des Europäischen Parlamentes** vorgesehen ist. Soweit ersichtlich sind aber keine Vorschriften nach Art. 95 Abs. 3 AEUV ergangen.

Leitentscheidungen des EuGH zu dieser Vorschrift sind gleichfalls **nicht bekannt**. In den Schlussanträgen des Generalanwaltes *Jacobs* zu einer Nichtigkeitsklage der Bundesrepublik Deutschland gegen die Kommission, die allerdings die Verhängung von Sanktionen im Agrarsektor betraf, wird Art. 95 AEUV am Rande erwähnt, dies mit der Aussage, dass Abs. 3 der Vorschrift in der damaligen Fassung (Art. 79 Abs. 3 EWGV) so zu verstehen sei, dass nach dieser Vorschrift auch Sanktionen verhängt werden könnten.[7]

---

[7] GA *Jacobs*, Schlussanträge zu Rs. C–240/90 (Deutschland/Kommission), Slg. 1992, I–5404, 5409.

Artikel 96 AEUV [Verbot von Unterstützungsmaßnahmen; Ausnahmen]

(1) Im Verkehr innerhalb der Union sind die von einem Mitgliedstaat auferlegten Frachten und Beförderungsbedingungen verboten, die in irgendeiner Weise der Unterstützung oder dem Schutz eines oder mehrerer bestimmter Unternehmen oder Industrien dienen, es sei denn, dass die Kommission die Genehmigung hierzu erteilt.

(2) Die Kommission prüft von sich aus oder auf Antrag eines Mitgliedstaats die in Absatz 1 bezeichneten Frachten und Beförderungsbedingungen; hierbei berücksichtigt sie insbesondere sowohl die Erfordernisse einer angemessenen Standortpolitik, die Bedürfnisse der unterentwickelten Gebiete und die Probleme der durch politische Umstände schwer betroffenen Gebiete als auch die Auswirkungen dieser Frachten und Beförderungsbedingungen auf den Wettbewerb zwischen den Verkehrsarten.

Die Kommission erlässt die erforderlichen Beschlüsse nach Beratung mit jedem in Betracht kommenden Mitgliedstaat.

(3) Das in Absatz 1 genannte Verbot trifft nicht die Wettbewerbstarife.

Literaturübersicht

Siehe Art. 90 AEUV.

Leitentscheidungen

EuGH, Urt. v. 7.12.1993, Rs. C–6/92 (Federmineraria/Kommission), Slg. 1993, I–6374
EuGH, Urt. v. 9.7.1969, Rs. 1/69 (Italienische Republik/Kommission), Slg. 1969, 278

Inhaltsübersicht Rn.

A. Inhalt der Vorschrift 1
B. Entscheidungspraxis des EuGH 5

A. Inhalt der Vorschrift

1   Bei Art. 96 AEUV handelt es sich um eine spezielle Ausprägung des Beihilfeverbotes nach Art. 107 Abs. 1 AEUV i.V.m. Art. 93 AEUV.[1] Die Norm beschreibt einen spezifischen Subventionstatbestand, nämlich die Förderung von Unternehmen der verladenden Industrie – wie die unten in Rn. 5 und 6 genannten Beispiele zeigen, z.B. der Lebensmittel- oder der Bergbauwirtschaft –, die durch **nichtkostendeckende Frachttarife** eines Verkehrsunternehmens in einem bestimmten Mitgliedstaat in wettbewerbsverzerrender Weise begünstigt werden. Erfasst ist sowohl der Fall der Begünstigung eines einzelnen Unternehmens als auch einer ganzen Gruppierung von Unternehmen oder Industrien. Von welchem Verkehrsträger die Begünstigung ausgeht, wird in Art. 96 Abs. 1 AEUV nicht näher bestimmt. Wegen des eingeschränkten Anwendungsbereiches von Titel VI auf den Landverkehr (vgl. Art. 100 Abs. 1 AEUV), sind jedoch nur diese Verkehrsarten betroffen.

2   Verboten ist nur die Unterstützung, die sich aus einem präferenziellen Tarif ergibt, der **von einem Mitgliedstaat auferlegt** wird. Die Initiative zur Senkung des Tarifes muss

---

[1] *Martinez*, in: Calliess/Ruffert, EUV/AEUV, Art. 96 AEUV, Rn. 2.

somit von staatlichen Stellen ausgehen.² Somit wäre ein präferenzieller Tarif, der autonom von einem Verkehrsunternehmen – auch einem staatlichen Verkehrsunternehmen – beschlossen würde, von dem Verbot des Art. 96 Abs. 1 AEUV nicht erfasst. Insofern besteht Gleichklang zu den Vorschriften über staatliche Beihilfen, weil auch hier in vergleichbaren Sachverhalten eine dem Staat zurechenbare Entscheidung des entsprechenden Unternehmens erforderlich wäre.³

Praktische Anwendungsfälle aus den letzten zwanzig Jahren sind nicht bekannt und in einem System der Rücknahme staatlicher Kontrolle im Eisenbahnsektor, wie sie von den verschiedenen Liberalisierungsmaßnahmen der Europäischen Gemeinschaft ausgegangen ist, auch **schwer vorstellbar**. Jedenfalls dürfte es in solchen Fällen typischerweise an der »Auferlegung« des jeweiligen präferenziellen Tarifes fehlen. Denkbar ist gleichwohl eine zwar nicht hoheitlich auferlegte, aber im Sinne der Rechtsprechung zum Beihilferecht zurechenbar veranlasste Tarifsenkung, die dann zwar nicht mehr in den Anwendungsbereich von Art. 96 Abs. 1 AEUV fiele, wohl aber nach Art. 107 Abs. 1 AEUV verboten bzw. genehmigungsbedürftig wäre. 3

Nach Art. 96 Abs. 3 AEUV sind Wettbewerbstarife von dem Verbot ausgenommen. Damit grenzt der Vertrag im unternehmerischen Wettbewerb frei aufgestellte und vereinbarte Tarife von hoheitlich genehmigten bzw. auferlegten Tarifen ab. Nur letztere unterliegen dem Verbot.⁴ 4

B. Entscheidungspraxis des EuGH

Soweit ersichtlich waren Entscheidungen nach Art. 96 AEUV zweimal Gegenstand von Nichtigkeitsklagen vor dem Europäischen Gerichtshof, der erste Fall betraf eine Klage der italienischen Regierung gegen eine Kommissionsentscheidung vom 31.10.1968, die der Italienischen Republik aufgab, bestimmte **präferenzielle Transporttarife der Eisenbahn** für landwirtschaftliche Erzeugnisse aus Süditalien schrittweise anzupassen bzw. aufzuheben.⁵ In seinem Urteil vom 9.7.1969 unterstrich der EuGH das weite Entscheidungsermessen, das die Europäische Kommission nach Art. 96 Abs. 2 AEUV (damals Art. 80 Abs. 2 EWGV) genieße. Dieser Entscheidungsspielraum erlaube ihr eine weite Beurteilung der standortpolitischen Tatbestandsmerkmale der Vorschrift und ebenso auch ein weiteres Ermessen bei der Bemessung entsprechender Fristen für die schrittweise Abschaffung präferenzieller Tarife. Die Klage wurde daher abgewiesen.⁶ 5

Eine spätere Entscheidung des EuGH betraf ebenfalls eine Entscheidung der Kommission gegen die Italienische Republik, in diesem Fall die Vorgabe, Italien müsse bestimmte begünstigende Tarife für die **Beförderung mineralischer Rohstoffe** aus dem Bergbau in Sizilien und Sardinien wegen des Verbotes nach Art. 96 Abs. 1 AEUV aufheben.⁷ Die präferenziellen Tarife sahen eine bis zu 30 %-ige Ermäßigung der italieni- 6

---

² *Martinez*, in: Calliess/Ruffert, EUV/AEUV, Art. 96 AEUV, Rn. 8.
³ EuGH, Urt. v. 16.5.2002, Rs. C–482/99 (Frankreich/Kommission), Slg. 2002, I–4397.
⁴ *Boeing/Kotthaus/Maxian Rusche,* in: Grabitz/Hilf/Nettesheim, EU, Art. 96 AEUV (April 2012), Rn. 15 ff.
⁵ ABl. 1968, Nr. 281/18.
⁶ EuGH, Urt. v. 9.7.1969, Rs. 1/69 (Italienische Republik/Kommission), Slg. 1969, 278, Rn. 4/5 ff.
⁷ Entscheidung der Kommission vom 18.9.1991 über die Aufhebung von Subventionstarifen der italienischen Eisenbahn für die Beförderung mineralischer Rohstoffe in Form von Schüttgut sowie in Sizilien und Sardinien gewonnener und verarbeiteter Erzeugnisse, ABl. 1991, L 283/20.

schen Eisenbahntarife vor, für Erzeugnisse, die auf den Inseln verarbeitet wurden sogar um 60 %. Die Tarife wurden aus der Staatskasse bezahlt. Da die Tarife nur für den Eisenbahnverkehr vorgesehen waren, stellte die Kommission außerdem eine Schädigung anderer Verkehrsarten fest. Die Kommission verwendet in diesem Zusammenhang ausdrücklich den Begriff der »**Beihilfe**«. Gegen diese Entscheidung hatten eine Reihe von Wirtschaftsverbänden eine Nichtigkeitsklage erhoben. Diese Klage wurde vom Gerichtshof jedoch auf der Grundlage der Plaumann-Formel[8] mangels individueller Betroffenheit zurückgewiesen. Ausdrücklich betonte der Gerichtshof, dass sich die Entscheidung nicht nur auf die Interessen der klagenden Gesellschaften, sondern auch auf die Interessen der Eisenbahn ausgewirkt habe.[9]

---

[8] EuGH, Urt. v. 15. 7.1963, Rs. 25/62 (Plaumann/Kommission), Slg. 1963, 213.
[9] EuGH, Urt. v. 7.12.1993, Rs. C–6/92 (Federmineraria/Kommission), Slg. 1993, I–6374, Rn. 4 ff.

Artikel 97 AEUV [Abgaben und Gebühren bei Grenzübergang]

Die Abgaben oder Gebühren, die ein Verkehrsunternehmer neben den Frachten beim Grenzübergang in Rechnung stellt, dürfen unter Berücksichtigung der hierdurch tatsächlich verursachten Kosten eine angemessene Höhe nicht übersteigen.

Die Mitgliedstaaten werden bemüht sein, diese Kosten schrittweise zu verringern.

Die Kommission kann zur Durchführung dieses Artikels Empfehlungen an die Mitgliedstaaten richten

Literaturübersicht
Siehe Art. 90 AEUV.

Wesentliche sekundärrechtliche Vorschriften

VO (EWG) Nr. 3912/92 17.12.1992 über innerhalb der Gemeinschaft durchgeführte Kontrollen im Straßen- und im Binnenschiffsverkehr von in einem Drittland registrierten oder zum Verkehr zugelassenen Verkehrsmitteln, ABl. 1992, Nr. L 395/6

VO (EG) Nr. 1100/2008 des Europäischen Parlamentes und des Rates vom 22.10.2008 über den Abbau von Grenzkontrollen der Mitgliedstaaten im Straßen- und Binnenschiffsverkehr, ABl. 2008, Nr. L 304/63

Die Vorschrift hat **keine praktische Bedeutung** mehr. Sie bezieht sich auf eine Zeit, in der Abgaben oder Gebühren, die für den Grenzübergang anfallen konnten, auch von den Verkehrsunternehmen selbst in Rechnung gestellt wurden. Insofern handelt es sich bei Art. 97 AEUV nicht um eine genuine Vorschrift der Verkehrspolitik, sondern um eine Hilfsvorschrift zur Verwirklichung des **Binnenmarktes für Frachtgüter**. Erfasst sind nur **öffentlich-rechtliche Abgaben oder Gebühren**, soweit sie von staatlichen oder staatlich beliehenen Unternehmen erhoben werden. Privatrechtliche Entgelte etwa von Grenzzollagenten oder anderen Mittlern des grenzüberschreitenden Verkehrs sind dagegen nicht erfasst.[1]   1

Aus Art. 97 AEUV ergibt sich auch **kein Verbot der Erhebung solcher Gebühren**, sondern nur die Vorgabe, dass diese Abgaben und Gebühren »eine angemessene Höhe nicht übersteigen« dürften. Auch in früherer Zeit scheint diese Rechtsvorschrift nicht relevant geworden zu sein. Mit der Vollendung des Binnenmarktes zum 1.1.1993 sind Grenzkontrollen an den Binnengrenzen der Gemeinschaft abgeschafft,[2] so dass für eine Gebührenerhebung durch Verkehrsunternehmen anlässlich des Grenzübergangs ohnehin kein Anlass mehr bestünde.[3]   2

Empfehlungen nach Abs. 3 der Vorschrift hat die Kommission **bisher nicht erlassen**. Denkbar ist, dass die Vorschrift noch einmal mit Rücksicht auf die Erhebung von Abgaben oder Gebühren an den **Außengrenzen** der Europäischen Union Bedeutung erlangen mag.[4]   3

---

[1] *Boeing/Kotthaus/Maxian Rusche*, in: Grabitz/Hilf/Nettesheim, EU, Art. 97 AEUV (April 2012), Rn. 2; *Martinez*, in: Calliess/Ruffert, EUV/AEUV, Art. 97 AEUV, Rn. 2.

[2] Verordnung (EWG) Nr. 3912/92 vom 17.12.1992 über innerhalb der Gemeinschaft durchgeführte Kontrollen im Straßen- und im Binnenschiffsverkehr von in einem Drittland registrierten oder zum Verkehr zugelassenen Verkehrsmitteln, ABl. 1992, L 395/6.

[3] Siehe auch Verordnung (EG) Nr. 1100/2008 vom 22.10.2008 über den Abbau von Grenzkontrollen der Mitgliedstaaten im Straßen- und Binnenschiffsverkehr, ABl. 2008, L 304/63.

[4] *Martinez*, in: Calliess/Ruffert, EUV/AEUV, Art. 97 AEUV, Rn. 5; *Stadler*, in: Schwarze, EU-Kommentar, Art. 97 AEUV, Rn. 3.

Artikel 98 AEUV [Ausgleich von Nachteilen der Teilung Deutschlands]

¹Die Bestimmungen dieses Titels stehen Maßnahmen in der Bundesrepublik Deutschland nicht entgegen, soweit sie erforderlich sind, um die wirtschaftlichen Nachteile auszugleichen, die der Wirtschaft bestimmter, von der Teilung Deutschlands betroffener Gebiete der Bundesrepublik aus dieser Teilung entstehen. ²Der Rat kann fünf Jahre nach dem Inkrafttreten des Vertrags von Lissabon auf Vorschlag der Kommission einen Beschluss erlassen, mit dem dieser Artikel aufgehoben wird.

Literaturübersicht

Siehe Art. 90 AEUV.

Leitentscheidung

EuGH, Urt. v. 30. 9. 2003, verb. Rs. C–57/00 P u. C–61/00 P (Freistaat Sachsen/Volkswagen/Kommission), Slg. 2003, I–10023

Wesentliche sekundärrechtliche Vorschrift

VO (EWG) Nr. 3572/90 vom 4. 12. 1990 zur Änderung bestimmter Richtlinien, Entscheidungen und Verordnungen auf dem Gebiet des Straßen-, Eisenbahn- und Binnenschiffsverkehrs aufgrund der Herstellung der deutschen Einheit, ABl. 1990, Nr. L 353/12

Inhaltsübersicht

	Rn.
A. Ziele und Schwerpunkte der unionsrechtlichen Politik in diesem Bereich	1
B. Inhalt der Vorschrift	2

A. Ziele und Schwerpunkte der unionsrechtlichen Politik in diesem Bereich

1 Soweit ersichtlich ist zu Art. 98 AEUV nur ein einziger Rechtsakt des Sekundärrechts ergangen, nämlich die VO (EWG) Nr. 3572/90, die sich mit bestimmten Übergangsvorschriften des EU-Verkehrsrechts wegen der Wiederherstellung der deutschen Einheit befasse.[1] Diese rein technische Verordnung sah im Einzelnen vor, welche Rechtsvorschriften des damaligen gemeinschaftlichen Sekundärrechts für den Landverkehr im Beitrittsgebiet unmittelbar mit Vollendung der deutschen Einheit oder nach Ablauf bestimmter Übergangsfristen danach in Kraft treten sollten. Weiteres Sekundärrecht ist zu Art. 98 AEUV nicht ergangen.[2]

---

[1] Verordnung (EWG) Nr. 3572/90 vom 4. 12. 1990 zur Änderung bestimmter Richtlinien, Entscheidungen und Verordnungen auf dem Gebiet des Straßen-, Eisenbahn- und Binnenschiffsverkehrs aufgrund der Herstellung der deutschen Einheit, ABl. 1990, Nr. L 353/12.
[2] *Jung*, in: Calliess/Ruffert, EUV/AEUV, 4. Aufl., 2011, Art. 98 AEUV, Rn. 2; *Boeing/Kotthaus/Maxian Rusche*, in: Grabitz/Hilf/Nettesheim, EU, Art. 98 AEUV (April 2012), Rn. 2.

B. Inhalt der Vorschrift

Die Vorschrift bezieht sich auf dieselben wirtschaftlichen Nachteile, die **auch in Art. 107 Abs. 2 Buchst. c AEUV erwähnt** sind, somit wirtschaftliche Nachteile der Wirtschaft in den von der Teilung Deutschlands betroffenen Gebieten der Bundesrepublik. Diese Vorschrift wurde bis zur Wiedervereinigung so ausgelegt, dass Beihilfemaßnahmen zu Gunsten des Zonenrandgebiets, Berlins (West) sowie auch der Wiedereingliederung des Saargebiets vom Beihilfeverbot ausgenommen waren.[3]

Auch wenn Art. 98 AEUV nicht unmittelbar Gegenstand des nachstehend zitierten Rechtsstreites war, so ist an dieser Stelle die zu der genannten Parallelvorschrift in Art. 107 Abs. 2 Buchst. c AEUV geführte **Rechtsstreitigkeit im Fall »Volkswagen Sachsen«** zu erwähnen. In diesem Rechtsstreit hatten sich die Bundesrepublik Deutschland und der Freistaat Sachsen darauf berufen, dass nach Art. 107 Abs. 2 Buchst. c AEUV auch nach der Überwindung der politischen Teilung Deutschlands Beihilfen, die der Verbesserung der wirtschaftlichen Verhältnisse in den Neuen Ländern der Bundesrepublik Deutschland dienten, abweichend von dem Regime für Regionalbeihilfen gem. Art. 107 Abs. 3 Buchst. a und Buchst. c AEUV nach der **Deutschlandklausel** des Abs. 2 Buchst. c AEUV privilegiert zu behandeln seien. Dieser Rechtsauffassung ist nicht nur die Kommission, sondern auch der Gerichtshof in seinem Urteil vom 30.9.2003 entgegengetreten.[4] In diesem Urteil kam der Gerichtshof zu der Schlussfolgerung, dass die in der Bestimmung bezeichneten »durch die Teilung Deutschlands verursachten wirtschaftlichen Nachteile nur diejenigen sein können, die durch die Isolierung aufgrund der Errichtung einer physischen Grenze – beispielsweise durch die Unterbrechung der Verkehrswege oder den Verlust der Absatzwege aufgrund des Abbruchs der Handelsbeziehung zwischen den beiden Teilen Deutschlands« – gemeint seien. Nicht von der Regelung umfasst seien dagegen Maßnahmen zur Überwindung des »wirtschaftlichen Rückstandes der **Neuen Bundesländer**«. Dieser Rückstand sei nicht das Ergebnis der Teilung Deutschlands sondern »konkreter wirtschaftspolitischer Entscheidungen, die die Deutsche Demokratische Republik getroffen [habe]«.[5]

Damit blieb **nach der Wiedervereinigung** für die Anwendung dieser Klausel **nur ein sehr kleiner Bereich** erhalten, der Sache nach typischerweise verkehrswirtschaftliche Maßnahmen, so wie etwa der Infrastrukturbau zur Wiederanbindung der Eisenbahn-, Wasserstraßen- und allgemeinen Straßenverbindungen soweit diese unter den Beihilferechtstatbestand gefallen wären. In seinen Schlussanträgen zu dieser Rechtssache zieht Generalanwalt *Mischo* allerdings einen Vergleich zu Art. 98 AEUV (damals Art. 78 EGV). Danach habe Art. 98 AEUV einen anderen Anwendungsbereich als Art. 107 Abs. 2 Buchst. c AEUV. Nach Art. 98 AEUV ist es Deutschland erlaubt, Maßnahmen zu ergreifen, »die von der gemeinsamen Verkehrspolitik der Gemeinschaft abweichen«. Nach Auffassung von Generalanwalt *Mischo* beziehe sich dies aber nicht auf Maßnahmen, die von den »Regeln über öffentliche Beihilfen für die Verkehrsinfrastruktur abwichen«, diese seien weiterhin nach den allgemeinen Vorschriften über staatliche Beihilfen zu beurteilen.[6]

---

[3] *Thiesing*, in: GBTE, EWGV, Art. 92, Rn. 48, 49.
[4] EuGH, Urt. v. 30.9.2003, verb. Rs. C–57/00 P u. C–61/00 P (Freistaat Sachsen/Volkswagen/Kommission), Slg. 2003, I–10023.
[5] EuGH, Urt. v. 30.9.2003, verb. Rs. C–57/00 P u. C–61/00 P (Freistaat Sachsen/Volkswagen/Kommission), Slg. 2003, I–10023, Rn. 23, 24.
[6] GA *Mischo*, Schlussanträge zu verb. Rs. C–57/00 P u. C–61/00 P (Freistaat Sachsen/Volkswagen/Europäische Kommission), Slg. 2003, I–9980, Rn. 90.

5   Nach dieser Rechtsprechung ist davon auszugehen, dass auch Art. 98 AEUV **nach der Vollendung der Wiedervereinigung keinen denkbaren Anwendungsbereich** mehr hat. Dies entspricht auch einer Erklärung zur Schlussakte der Regierungskonferenz für den Lissabon-Vertrag, wonach Art. 98 AEUV »im Einklang mit der geltenden Rechtsprechung des Gerichtshofes der Europäischen Union« auszulegen sei. Diese Erklärung ist zwar tautologisch, meint aber bestimmt die Rechtsprechung zu Art. 107 Abs. 2 Buchst. c AEUV.[7] Seinem Wortlaut nach gehen die von Art. 98 AEUV privilegierten »Maßnahmen in der Bundesrepublik Deutschland« über die Gewährung von Beihilfen weit hinaus. Es sind sämtliche Maßnahmen der Bundesrepublik Deutschland oder ihrer Gebietskörperschaften gemeint, die zur Überwindung teilungsbedingter Nachteile erforderlich waren und die »an sich« den Bestimmungen in Titel VI widersprechen würden. Insofern ist Art. 98 AEUV keine Sonderausprägung des Beihilferechts für Verkehrsunternehmen im Sinne von Art. 93 AEUV, sondern eine allgemeine Freistellungsregelung für »ansonsten« gemeinschaftsrechtswidrige Maßnahmen der Bundesrepublik Deutschland auf dem Gebiet der Verkehrspolitik.

6   Seit dem Inkrafttreten des Vertrages von Lissabon ist der Rat gleichlautend wie nach Art. 107 Abs. 2 Buchst. c Satz 2 AEUV ermächtigt, **fünf Jahre nach dem Inkrafttreten dieses Vertrages** auf Vorschlag der Kommission einen Beschluss zu erlassen, mit dem Art. 98 AEUV aufgehoben wird. Diese Möglichkeit kann somit ab dem 1.12.2014 angewandt werden.[8]

---

[7] Erklärungen zur Schlussakte der Regierungskonferenz, die den am 13.12.2007 unterzeichneten Vertrag von Lissabon angenommen hat, Ziff. 28, 29, ABl. 2008, C 115/335 (347).

[8] *Stadler*, in: Schwarze, EU-Kommentar, Art. 98 AEUV, Rn. 2.

Artikel 99 AEUV [Beratender Ausschuss in Verkehrsfragen]

¹Bei der Kommission wird ein beratender Ausschuss gebildet; er besteht aus Sachverständigen, die von den Regierungen der Mitgliedstaaten ernannt werden. ²Die Kommission hört den Ausschuss je nach Bedarf in Verkehrsfragen an.

Literaturübersicht

Siehe Art. 90 AEUV.

Der nach Art. 99 AEUV zu bildende Ausschuss spielt in der Praxis der Europäischen Kommission schon seit längerer Zeit keine Rolle mehr, vielmehr ist der beratende Ausschuss bereits seit Mitte der Achtzigerjahre nicht mehr einberufen worden.[1] Auch ein **informelles Nachfolgegremium**, das die Europäische Kommission im Jahre 2001 als beratenden Ausschuss unter dem Namen »Europäisches Energie- und Verkehrsforum« einberufen hat,[2] wird nicht mehr aktiv genutzt.[3] Die im Jahre 1958 erlassene **Satzung des Verkehrsausschusses** ist zwar weiterhin geltendes Unionsrecht, spielt in der Praxis mangels Besetzung und Einberufung des Ausschusses jedoch keine Rolle.[4] Die Satzung erschöpft sich in allgemeinen Regelungen über die Besetzung des Ausschusses mit jeweils einem oder zwei Vertretern eines jeden Mitgliedstaates, der Amtszeit der Mitglieder und ihrer Stellvertreter, der internen Konstitution des Ausschusses, der einen Präsidenten und einen Vizepräsidenten hatte, sowie dem Berichtswesen in den Fällen, in denen der Ausschuss von der Kommission konsultiert wurde. Da sich die Funktion des Ausschusses nach Art. 99 AEUV ohnehin auf eine **rein konsultative Funktion** beschäftigt, die Mitgliedstaaten in der Zeit nach der Einstellung der Ausschusstätigkeit nicht auf dessen Konstituierung und Konsultation bestanden haben (desuetudo), ist nicht davon auszugehen, dass die mangelnde Existenz des Ausschusses Rechtsakte, welche die Union auf Vorschlag der Europäischen Kommission erlässt, mangels Anhörung des Ausschusses an einem Formfehler im Sinne von Art. 263 Abs. 2 AEUV leiden lässt. Dies dürfte sich auch daraus ergeben, dass es der Kommission nach Art. 99 Satz 2 AEUV freisteht, über die Notwendigkeit der Anhörung nach eigenem Gutdünken zu entscheiden, da die Anhörung nach der Vorschrift nämlich »je nach Bedarf« durchgeführt werden soll. 1

In der Praxis der Europäischen Kommission bestehen nach verschiedenen Akten des Sekundärrechts inzwischen **andere Ausschüsse**, deren Konstitution sich nach dem jeweiligen Sekundärrecht richtet.[5] In der neueren Gesetzgebungspraxis ist die Einbeziehung entsprechender Ausschüsse in das Rechtsetzungsverfahren insoweit formalisiert, als das das entsprechende sekundäre Unionsrecht auf die **Verordnung (EU) Nr. 182/2011** des Europäischen Parlamentes und des Rates vom 16.2.2011 Bezug nimmt. Dies ist diejenige Verordnung, die zur Umsetzung des Delegationsverfahrens 2

---

[1] *Boeing/Kotthaus/Maxian Rusche*, in: Grabitz/Hilf/Nettesheim, EU, Art. 99 AEUV (April 2012), Rn. 2.
[2] Beschluss der Kommission vom 11.7.2001 zur Einrichtung eines Beratenden Ausschusses mit der Bezeichnung »Europäisches Energie- und Verkehrsforum« (2001/546/EG), ABl. 2001, L 195/58.
[3] *Boeing/Kotthaus/Maxian Rusche*, in: Grabitz/Hilf/Nettesheim, EU, Art. 99 AEUV (April 2012), Rn. 4.
[4] ABl. 1958, Nr. 25/509.
[5] Vgl. Beispiele bei *Martinez*, in: Calliess/Ruffert, EUV/AEUV, Art. 99 AEUV, Rn. 5; *Boeing/Kotthaus/Maxian Rusche*, in: Grabitz/Hilf/Nettesheim, EU, Art. 99 AEUV (April 2012), Rn. 6.

nach Art. 291 Abs. 2 AEUV das Zusammenwirken zwischen Kommission und Mitgliedstaaten formalisiert. In Art. 4 dieser Verordnung ist das sogenannte »Beratungsverfahren« geregelt, das bei der Einbeziehung von Ausschüssen der Mitgliedstaaten zu befolgen ist.[6] Auch dieses Verfahren nimmt zum Beispiel die Richtlinie 2011/34/EU des Europäischen Parlamentes und des Rates vom 21.11.2012 zur Schaffung eines einheitlichen europäischen Eisenbahnraums in Bezug.[7] Nach Art. 62 der Richtlinie wird die Kommission von einem Ausschuss unterstützt, dessen Tätigkeit sich nach Art. 4 der eben zitierten Verordnung Nr. 182/2011 richtet. Dieselbe Regelungsstruktur findet sich auch in dem Vorschlag für eine Richtlinie des Europäischen Parlamentes und des Rates zur Festlegung technischer Vorschriften für Binnenschiffe vom 10.9.2013, dort Art. 25 (Ausschussverfahren).[8]

---

[6] Verordnung (EU) Nr. 182/2011 vom 16.2.2011 zur Festlegung der allgemeinen Regeln und Grundsätze, nach denen die Mitgliedstaaten die Wahrnehmung der Durchführungsbefugnisse durch die Kommission kontrollieren, ABl. 2011, L 55/13.

[7] Richtlinie 2012/34/EU vom 21.11.2012 zur Schaffung eines einheitlichen europäischen Eisenbahnraums, ABl. 2012, L 343/32.

[8] *Europäische Kommission*, Vorschlag vom 10.9.2013 für eine Richtlinie zur Festlegung technischer Vorschriften für Binnenschiffe und zur Aufhebung der Richtlinie 2006/87/EG des Europäischen Parlaments und des Rates, KOM (2013) 622 endg.

Artikel 100 AEUV [Geltungsbereich]

(1) Dieser Titel gilt für die Beförderungen im Eisenbahn-, Straßen- und Binnenschiffsverkehr.

(2) ¹Das Europäische Parlament und der Rat können gemäß dem ordentlichen Gesetzgebungsverfahren geeignete Vorschriften für die Seeschifffahrt und die Luftfahrt erlassen. ²Sie beschließen nach Anhörung des Wirtschafts- und Sozialausschusses und des Ausschusses der Regionen.

Literaturübersicht

Siehe Art. 90 AEUV und im Besonderen *Brandt*, Die europäische Hafenstaatkontrolle nach der Reform, TranspR 2010, 205; *Czerwenka*, TranspR 2010, 165; *Müller-Rostin*, Rechtliche Unsicherheiten bei der Neuregelung von Fluggastrechten – eine kritische Würdigung der Verordnung (EG) 261/04 und zugleich eine Erwiderung zu Schmid in NJW 2006, 1841, NZV 2007, 221; *Peterhoff*, Die Rechte des Flugreisenden im Überblick, TranspR 2007, 103; *Schmid*, Die Bewährung der neuen Fluggastrechte in der Praxis, Ausgewählte Probleme bei der Anwendung der Verordnung (EG) Nr. 261/2004, NJW 2006, 1841; *Schmid/Hopperdietzel*, Die Fluggastrechte eine Momentaufnahme, NJW 2010, 1905.

Leitentscheidung

EuGH, Urt. v. 4.4.1974, Rs. 167/73 (Kommission/Frankreich), Slg. 1974, 360

Wesentliche sekundärrechtliche Vorschriften
Seeschifffahrt

VO(EWG) Nr. 4055/86 vom 22.12.1986 zur Anwendung des Grundsatzes des freien Dienstleistungsverkehrs auf die Seeschifffahrt zwischen Mitgliedstaaten sowie zwischen Mitgliedstaaten und Drittländern, ABl. 1986, L 378/1

VO (EWG) Nr. 3577/92 vom 7.12.1992 zur Anwendung des Grundsatzes des freien Dienstleistungsverkehrs auf den Seeverkehr in den Mitgliedstaaten, ABl. 1992, L 364/7

RL 96/98/EG des Rates vom 20.12.1996 über Schiffsausrüstung, ABl. 1997, L 46/25

RL 97/70/EG des Rates vom 11.12.1997 über eine harmonisierte Sicherheitsregelung für Fischereifahrzeuge von 24 Meter Länge und mehr, ABl. 1998, L 34/1

Verordnung (EG) Nr. 2099/2002 des Europäischen Parlamentes und des Rates vom 5.11.2002 zur Einsetzung eines Ausschusses für die Sicherheit im Seeverkehr und die Vermeidung von Umweltverschmutzung durch Schiffe (COSS) sowie zur Änderung der Verordnungen über die Sicherheit im Seeverkehr und die Vermeidung von Umweltverschmutzungen durch Schiffe, ABl. 2002, L 324/1

VO (EG) Nr. 725/2004 des Europäischen Parlaments und des Rates vom 31.3.2004 zur Erhöhung der Gefahrenabwehr auf Schiffen und in Hafenanlagen, ABl. 2004, L 129/6

VO (EG) Nr. 789/2004 des Europäischen Parlaments und des Rates vom 21.4.2004 zur Umregistrierung von Fracht- und Fahrgastschiffen innerhalb der Gemeinschaft und zur Aufhebung der Verordnung (EWG) Nr. 613/91 des Rates, ABl. 2004, L 138/19

RL 2005/35/EG des Europäischen Parlaments und des Rates vom 7.9.2005 über die Meeresverschmutzung durch Schiffe und die Einführung von Sanktionen für Verstöße, ABl. 2005, L 255/11

RL 2008/106/EG des Europäischen Parlaments und des Rates vom 19.11.2008 über Mindestanforderungen für die Ausbildung von Seeleuten, ABl. 2008, Nr. L 323/33

RL 2009/15/EG des Europäischen Parlaments und des Rates vom 23.4.2009 über gemeinsame Vorschriften und Normen für Schiffsüberprüfungs- und -besichtigungsorganisationen und die einschlägigen Maßnahmen der Seebehörden, ABl. 2009, L 131/47

RL 2009/16/EG des Europäischen Parlaments und des Rates vom 23.4.2009 über die Hafenstaatkontrolle, ABl. 2009, L 138/57

VO (EG) Nr. 392/2009 des Europäischen Parlamentes und des Rates vom 23.4.2009 über die Unfallhaftung von Beförderern von Reisenden auf See, ABl. 2009, L 131, 24

VO (EU) Nr. 1177/2010 des Europäischen Parlamentes und des Rates vom 24.11.2010 über die Fahrgastrechte im See- und Binnenschiffsverkehr, ABl. 2010, L 334/1

Luftverkehr

VO (EWG) Nr. 3922/91 des Rates vom 16.12.1991 zur Harmonisierung der technischen Vorschriften und der Verwaltungsverfahren in der Zivilluftfahrt, ABl. 1991, L 373/4

RL 96/67/EG des Rates vom 15.10.1996 über den Zugang zum Markt der Bodenabfertigungsdienste auf den Flughäfen der Gemeinschaft, ABl. 1996, L 272/36, berichtigt in ABl. 1996, L 302/28

VO (EG) Nr. 1008/2008 des Europäischen Parlaments und des Rates vom 24.9.2008 über gemeinsame Vorschriften für die Durchführung von Luftverkehrsdiensten in der Gemeinschaft, ABl. 2008, L 293/3

VO (EG) Nr. 549/2004 des Europäischen Parlaments und des Rates vom 10.3.2004 zur Festlegung des Rahmens für die Schaffung eines einheitlichen europäischen Luftraums, ABl. 2004, L 96/1

VO (EG) Nr. 550/2004 des Europäischen Parlaments und des Rates vom 10.3.2004 über die Erbringung von Flugsicherungsdiensten im einheitlichen europäischen Luftraum, ABl. 2004, L 96/10

VO (EG) Nr. 551/2004 des Europäischen Parlaments und des Rates vom 10.3.2004 über die Ordnung und Nutzung des Luftraums im einheitlichen europäischen Luftraum, ABl. 2004, L 96/20

VO (EG) Nr. 552/2004 des Europäischen Parlaments und des Rates vom 10.3.2004 über die Interoperabilität des europäischen Flugverkehrsmanagementnetzes, ABl. 2004, 96/26

VO (EG) Nr. 261/2004 des Europäischen Parlaments und des Rates vom 11.2.2004 über eine gemeinsame Regelung für Ausgleichs und Unterstützungsleistungen für Fluggäste im Fall der Nichtbeförderung und bei Annullierung oder großer Verspätung von Flügen und zur Aufhebung der Verordnung (EWG) Nr. 295/91, ABl. 2004, L 46/1

Inhaltsübersicht Rn.

A. Ziele und Schwerpunkte der unionsrechtlichen Politik in diesem Bereich 1
   I. Seeschifffahrt 2
   II. Luftverkehr 10
B. Inhalt der Vorschrift 17

A. Ziele und Schwerpunkte der unionsrechtlichen Politik in diesem Bereich

1 Art. 100 AEUV schafft nur durch seinen Abs. 2 eine echte Ermächtigungsnorm für den Erlass von Vorschriften des Sekundärrechts. Abs. 1 regelt nur – in wenig systematischer Weise, quasi rückwärts gerichtet – den Anwendungsbereich der Vorschriften der Art. 90 ff. AEUV – ratione materiae – und begrenzt diese auf den Landverkehr (Eisenbahn-, Straßen- und Binnenschifffahrtsverkehr). Im Folgenden sollen daher nur die wesentlichen sekundärrechtlichen Vorschriften für die Seeschifffahrt und die Luftfahrt dargestellt werden. Dieses entspricht auch der Darstellung in anderen sehr ausführlichen Kommentierungen, auf die hierdurch verwiesen werden kann.[1]

I. Seeschifffahrt

2 Ein wesentlicher Schritt in der Integration des Seeschifffahrtsverkehrs bestand im Erlass der Verordnung (EWG) Nr. 4055/86 des Rates vom 22.12.1986 zur Anwendung des Grundsatzes des **freien Dienstleistungsverkehrs** auf die Seeschifffahrt zwischen Mitgliedstaaten sowie zwischen Mitgliedstaaten und Drittländern.[2] Wie auch der Name der Verordnung bereits belegt, galt diese Verordnung ausweislich ihres Art. 1 Abs. 4 nur für

---

[1] *Boeing/Maxian Rusche*, in: Grabitz/Hilf/Nettesheim, EU, Art. 100 AEUV (Oktober 2011), Rn. 56 ff.; *Martinez*, in: Calliess/Ruffert, EUV/AEUV, Art. 100 AEUV, Rn. 10 ff.

[2] ABl. 1986, L 378/1.

den innergemeinschaftlichen Schiffsverkehr, also den Verkehr zwischen dem Hafen eines Mitgliedstaates und dem Hafen oder der Offshore-Anlage eines anderen Mitgliedstaates und für den Verkehr mit Drittländern, somit nicht für die **Seekabotage**, d. h. die Durchführung von Schiffsverkehrsfahrten zwischen den Häfen ein und desselben Mitgliedstaates durch ein in einem anderen Mitgliedstaat registriertes Schiff. Diesen Schritt vollzog die Gemeinschaft erst durch Erlass der Verordnung (EWG) Nr. 3577/92 des Rates vom 7. 12. 1992 zur Anwendung des Grundsatzes des freien Dienstleistungsverkehrs auf den Seeverkehr in den Mitgliedstaaten (Seekabotage).[3] Nach Art. 1 Abs. 1 der Verordnung wurde der Grundsatz der Seekabotage für Gemeinschaftsreeder, deren Schiffe in einem Mitgliedstaat registriert sind und unter der Flagge eines Mitgliedstaates fahren, zum 1. 1. 1993 eingeführt, unterlag aber z. B. für den Seeschifffahrtsverkehr im Mittelmeerraum gewissen zeitlich gestreckten Beschränkungen (vgl. Art. 6 der Verordnung). Auch erlaubte Art. 5 im Sinne einer **Schutzklausel** die Aussetzung des Grundsatzes der Seekabotage, wenn ein Mitgliedstaat eine schwere Störung des internationalen Verkehrsmarktes geltend machte.

Für eine höhere Fungibilität von Fracht- und Fahrgastschiffen innerhalb der Gemeinschaft sorgte die Verordnung (EG) Nr. 789/2004 des Europäischen Parlamentes und des Rates vom 21. 4. 2004 zur Umregistrierung von Fracht- und Fahrgastschiffen innerhalb der Gemeinschaft.[4] Ziel der Verordnung war es, technische Hindernisse für die Umregistrierung von Schiffen, die unter der Flagge eines Mitgliedsstaates registriert sind, in ein anderes mitgliedsstaatliches Register zu beseitigen, zugleich aber ein hohes Niveau der Schiffssicherheit und des Umweltschutzes zu gewährleisten und insoweit einen Binnenmarkt für die Niederlassungsfreiheit von Hochseeschifffahrtsunternehmen in der Gemeinschaft zu schaffen (vgl. Artikel 1 der Verordnung). 3

Im Interesse der **Sicherheit** in der Seeschifffahrt verlangt die RL 2008/106/EG[5] eine Mindestausbildung der Seeleute, welche den Anforderungen des sog. STWC-Standards (Standard of Training, Certification and Watchkeeping, s. Anhang I der Richtlinie) entsprechen muss. Zu nennen ist auch die RL 97/70/EG über eine harmonisierte Sicherheitsregelung für Fischereifahrzeuge von 24 Meter Länge und mehr.[6] Ebenfalls zur Verbesserung der Seefahrtsicherheit enthält die RL 96/98/EG[7] Bestimmungen über die Schiffsausrüstung. Die genannten Regelungen werden ergänzt durch Richtlinien über die Einhaltung der Sicherheitsregeln. Zu nennen sind insoweit die RL 2009/15/EG über gemeinsame Vorschriften und Normen für Schiffsüberprüfungs- und -besichtigungsorganisationen und die einschlägigen Maßnahmen der Seebehörden[8] und die RL 2009/16/EG über die Hafenstaatkontrolle,[9] welche die Mitgliedstaaten verpflichtet, einen bestimmen Teil der am deren Häfen einlaufenden Schiffe auf die Einhaltung der internationalen und gemeinschaftsrechtlichen Vorschriften und sonstigen einschlägigen Vorschriften zu überprüfen.[10] Die RL 1999/35/EG[11] kodifiziert ein System verbindlicher 4

---

[3] ABl. 1992, L 364/7.
[4] ABl. 2004, L 138/19.
[5] RL 2008/106/EG vom 19. 11. 2008 über Mindestanforderungen für die Ausbildung von Seeleuten, ABl. 2008, Nr. L 323/33.
[6] ABl. 1998, L 34/1.
[7] ABl. 1997, L 46/25.
[8] ABl. 2009, L 131/47.
[9] ABl. 2009, L 131/57.
[10] Eingehend *Brandt*, TranspR 2010, 205.
[11] ABl. 1999, L 138/1.

Überprüfungen im Hinblick auf den sicheren Betrieb von Ro-Ro-Fahrgastschiffen und Fahrgasthochgeschwindigkeitsfahrzeugen[12] im Linienverkehr. In der RL 2002/59/EG,[13] ist die Einrichtung eines gemeinschaftlichen Überwachungs- und Informationssystems für den Schiffsverkehr vorgesehen. Die RL 98/41/EG[14] regelt die Registrierung der an Bord von Fahrgastschiffen im Verkehr nach oder von einem Hafen eines Mitgliedstaates der Gemeinschaft befindlichen Personen.

5   Die RL 1999/63/EG,[15] zuletzt geändert durch die RL 2009/13/EG[16] regelt die **Arbeitszeit** von Seeleuten und basiert auf einer Vereinbarung zwischen dem Verband der Reeder der Europäischen Gemeinschaft (European Community Shipowners' Association ECSA) und dem Verband der Verkehrsgewerkschaften in der Europäischen Union (Federation of Transport Workers' Unions in the European Union FST). Diese wird durch die RL 1999/95/EG[17] flankiert, welche die Durchsetzung der Arbeitszeitregelung für Seeleute an Bord von Schiffen, die Gemeinschaftshäfen anlaufen durchsetzen soll.

6   Mit der **Umweltverschmutzung** im Seeverkehr befasst sich die Verordnung (EG) Nr. 2099/2002 des Europäischen Parlamentes und des Rates vom 5. 11. 2002 zur Einsetzung eines Ausschusses für die Sicherheit im Seeverkehr und die Vermeidung von Umweltverschmutzung durch Schiffe (COSS) sowie zur Änderung der Verordnung über die Sicherheit im Seeverkehr und die Vermeidung von Umweltverschmutzungen durch Schiffe.[18] Die Einführung einheitlicher Sanktionen im mitgliedstaatlichen Recht für Rechtsverstöße, die zur Meeresverschmutzung durch Schiffe führen, regelt die Richtlinie 2005/35/EG des Europäischen Parlamentes und des Rates vom 7. 9. 2005.[19] Die Richtlinie verlangt von den Mitgliedsstaaten die Durchsetzung entsprechender wirksamer Sanktionen sowohl bei Rechtsverstößen, die von Schiffen in den Häfen eines Mitgliedstaates ausgehen, als auch von Schiffen, die sich im Transitverkehr befinden (vgl. Artikel 4 bis 8 der Richtlinie). Umweltrechtliche Aspekte werden auch in der RL 2000/59/EG über Hafenauffangeinrichtungen für Schiffsabfälle und Ladungsrückstände[20] berücksichtigt.

7   Mit der Vereinheitlichung mitgliedstaatlicher Maßnahmen im Bereich der **Gefahrenabwehr in Häfen** befasst sich die Richtlinie 2005/65/EG des Europäischen Parlamentes und des Rates vom 26. 10. 2005, die insbesondere sicherheitsrelevante Ereignisse infolge terroristischer Bedrohungen zum Gegenstand hat. Diese Richtline[21] ergänzt die bereits im Jahr zuvor verabschiedete Verordnung (EG) Nr. 725/2004 zur Erhöhung der Gefahrenabwehr auf Schiffen und in Hafenanlagen vom 21. 3. 2004.[22]

8   Auch die **Rechte des Fahrgastes** auf See sind Gegenstand verschiedener Maßnahmen der Gemeinschaft/Union, so der Verordnung (EG) Nr. 392/2009 des Europäischen Parlamentes und des Rates vom 23. 4. 2009 über die Unfallhaftung von Beförderern von Reisenden auf See[23] und der Verordnung (EU) Nr. 1177/2010 des Europäischen Parla-

---

[12] Zur Definition s. Art. 2 der RL 1999/35/EG.
[13] ABl. 2002, L 208/10.
[14] ABl. 1998, L 188/35.
[15] ABl. 1999, L 167/33.
[16] ABl. 2009, L 124/30.
[17] ABl. 2000, L 14/29.
[18] ABl. 2002, L 324/1.
[19] ABl. 2005, L 255/11.
[20] ABl. 2000, L 332/81.
[21] ABl. 2005, L 310/28.
[22] ABl. 2004, L 129/6.
[23] ABl. 2009, L 131/24. Eingehend *Czerwenka*, TranspR 2010, 165 (167 ff.).

mentes und des Rates vom 24.11.2010 über die Fahrgastrechte im See- und Binnenschiffsverkehr.[24] Zu diesen Fahrgastrechten gehören auch das Verbot der Diskriminierung von Personen mit eingeschränkter Mobilität, die Verbesserung der Fahrgastrechte bei Annullierung von Seereiseverbindung und bei Verspätungen sowie die Informationsrechte der Fahrgäste (Artikel 1 der Verordnung).

Derzeit anhängige Gesetzgebungsvorhaben der Union betreffen die Schaffung eines sog. »**Blauen Gürtels**« für den Seeschiffsverkehr. Hiermit gemeint ist die Vereinfachung der Zollförmlichkeiten für Schiffe, die derzeit zum Teil noch Stunden oder mitunter Tage im Hafen auf die Zollabfertigung warten müssen.[25] 9

Ferner unternahm die Europäische Kommission kürzlich einen ersten zaghaften Schritt zur Emissionsverminderung durch Treibhausgase in Emissionen im Seeverkehr. Die von der Kommission vorgeschlagene Rechtsvorschrift soll die Eigener großer Schiffe, die EU-Häfen anlaufen, jedoch nur dazu verpflichten, die jährlichen Kohlendioxidemissionen der von ihnen betriebenen Schiffe zu überwachen und zu melden.[26]

II. Luftverkehr

Im Bereich des Luftverkehrs besteht eine Fülle von Vorschriften des Sekundärrechts, die sowohl die marktordnungsrechtliche Seite, insbesondere den Marktzugang, die Sicherheit des Luftverkehrs, dessen Umweltauswirkungen als auch die Fahrgastrechte betreffen. Seit Mitte der 90er Jahre ist der **Luftverkehrsbinnenmarkt** vollendet, dies ist das Ergebnis des sog. Dritten Liberalisierungspaketes aus dem Jahre 1992.[27] Die Kabotage im innergemeinschaftlichen Verkehr wurde am 1.4.1997 freigegeben.[28] 10

Marktzugangsregelungen finden sich konsolidiert in der VO (EG) Nr. 1008/2008 über gemeinsame Vorschriften für die Durchführung von Luftverkehrsdiensten in der Gemeinschaft[29] und in der RL 96/67/EG[30] über den Marktzugang der Bodenabfertigungsdienste. 11

In der Luftfahrt bilden die VO (EG) Nr. 550/2004 (**Flugsicherungsdienste-Verordnung**),[31] die VO (EG) Nr. 551/2004 (**Luftraumverordnung**)[32] und die VO (EG) Nr. 552/2004 (**Inter-Operabilitäts-Verordnung**)[33] ein ineinandergreifendes Maßnahmenpaket zur Verbesserung der Flugsicherheit. Diese Verordnungen stehen in enger Beziehung zur zeitgleich erlassenen Verordnung (EG) Nr. 549/2004 zur Festlegung des Rahmens für die Schaffung eines einheitlichen europäischen Luftraums (**Rahmenverordnung**).[34] Die VO (EWG) Nr. 3922/91[35] dient der Harmonisierung der technischen 12

---

[24] ABl. 2010, L 334/1.
[25] *Europäische Kommission*, Pressemitteilung vom 8.7.2013, IP/13/652.
[26] *Europäische Kommission*, Pressemitteilung vom 28.6.2013, IP/13/622.
[27] *Martinez*, in: Calliess/Ruffert, EUV/AEUV, Art. 100 AEUV, Rn. 25; *Boeing/Maxian Rusche*, in: Grabitz/Hilf/Nettesheim, EU, Art. 100 AEUV (Oktober 2011), Rn. 24.
[28] *Martinez*, in: Calliess/Ruffert, EUV/AEUV, Art. 100 AEUV, Rn. 25.
[29] ABl. 2008, L 293/3.
[30] ABl. 1996, L 272/36, berichtigt in ABl. 1996, L 302/28.
[31] VO (EG) Nr. 550/2004 vom 10.3.2004 über die Erbringung von Flugsicherungsdiensten im einheitlichen europäischen Luftraum, ABl. 2004, L 96/10.
[32] VO (EG) Nr. 551/2004 vom 10.3.2004 über die Ordnung und Nutzung des Luftraums im einheitlichen europäischen Luftraum, ABl. 2004, L 96/20.
[33] VO (EG) Nr. 552/2004 vom 10.3.2004 über die Interoperabilität des europäischen Flugverkehrsmanagementnetzes, ABl. 2004, 96/26.
[34] ABl. 2004, L 96/1.
[35] ABl. 1991, L 373/4.

Vorschriften und Verwaltungsverfahren, welche die Sicherheit der zivilen Luftfahrt, betreffend Entwicklung, Herstellung, Betrieb und Instandsetzung von Luftfahrzeugen einschließlich der Personen und Stellen die diese Tätigkeit ausüben.

13 Ein einheitliches Meldesystem über **Unfälle** und Betriebsunterbrechungen im zivilen Luftverkehr schafft die Richtlinie 2003/42/EG des Europäischen Parlaments und des Rates vom 13. 6. 2003.[36]

14 Bereits die Verordnung (EG) Nr. 2027/97 des Rates vom 9. 10. 1997 brachte einheitliche Regeln über die **Haftung** von Luftfahrtunternehmen bei Unfällen.[37] Diese Regeln wurden später ergänzt durch die Verordnung (EG) Nr. 785/2004 des Europäischen Parlaments und des Rates vom 21. 4. 2004 über Versicherungsanforderungen an Luftfahrtunternehmen und Luftfahrzeugbetreiber.[38]

15 Die VO (EG) Nr. 261/2004[39] über eine gemeinsame Regelung für Ausgleichs- und Unterstützungsleistungen für Fluggäste im Fall der Nichtbeförderung und bei Annullierung oder großer Verspätung von Flügen kodifiziert **Rechte von Flugpassagieren**.[40] **Sozialvorschriften** finden sich in der RL 2000/79/EG,[41] welche die Arbeitszeitorganisation für das fliegende Personal in der Zivilluftfahrt betrifft.

16 Diese Aufstellung ließe sich beliebig verlängern. Gegenstand aktueller politischer Vorhaben der Europäischen Kommission ist ein **Maßnahmepaket zur Steigerung zur Effizienz bei den Flugverkehrskontrolldiensten**. Ziel dieser Maßnahme ist der Abbau von Kapazitätsengpässen im Luftverkehr, um die Einrichtungen der Flugverkehrskontrolle auf den etwa 50 %-tigen Zuwachs des Luftverkehrs vorzubereiten, der in den nächsten zehn bis zwanzig Jahren erwartet wird.[42]

B. Inhalt der Vorschrift

17 Art. 100 AEUV enthält zwei unterschiedliche Regelungen. **Abs. 1** hat einen **lediglich normsystematischen Inhalt**, wonach die Regeln der Art. 90–99 des AEUV ausschließlich auf den Landverkehr, d. h. den Verkehr mit der Eisenbahn, auf der Straße und mit dem Binnenschiff Anwendung finden. Nur für diesen Bereich gelten die verschiedenen Ermächtigungen und materiellrechtlichen Vorgaben des Titels VI. Art. 100 **Abs. 2** AEUV dagegen betrifft Maßnahmen der Europäischen Union im **Bereich der Seeschifffahrt und des Luftverkehrs**. Diese Regeln unterliegen ausdrücklich nicht Titel VI des Vertrages, sondern richten sich nur nach den allgemeinen Vorschriften der Verträge. In der ursprünglichen Fassung des Römischen Vertrages (Art. 84 Abs. 2 EWGV) war die

---

[36] RL 2003/42/EG vom 13. 6. 2003 über die Meldung von Ereignissen in der Zivilluftfahrt, ABl. 2003, L 167/23.
[37] ABl. 1997, L 285/1.
[38] ABl. 2004, L 138/1.
[39] ABl. 2004, L 46/1.
[40] Eingehend *Müller-Rostin*, NZV 2007, 221; *Schmid*, NJW 2006, 1841 und *Schmid/Hopperdietzel*, NJW 2010, 1905. Zu den Rechten des Flugreisenden im Einzelnen *Peterhoff*, TranspR 2007, 103 (105 ff.).
[41] RL 2000/79/EG vom 27. 11. 2000 über die Durchführung der von der Vereinigung Europäischer Fluggesellschaften (AEA), der Europäischen Transportarbeiter-Föderation (ETF), der European Cockpit Association (ECA), der European Regions Airline Association (ERA) und der International Air Carrier Association (IACA) geschlossenen Europäischen Vereinbarung über die Arbeitszeitorganisation für das fliegende Personal der Zivilluftfahrt, ABl. 2000, L 302/57.
[42] *Europäische Kommission*, Pressemitteilung vom 11. 6. 2013, IP/13/523.

Abgrenzung noch deutlicher, danach war alleiniges Gesetzgebungsorgan der Rat, d.h. ein Initiativrecht der Kommission war noch nicht einmal ausdrücklich vorgesehen. Art. 84 Abs. 2 EWGV legte auch kein bestimmtes Gesetzgebungsverfahren fest, sondern überließ die Entscheidung über die Wahl des Verfahrens ebenfalls allein dem Rat. Dieser musste zudem einstimmig entscheiden. Art. 84 Abs. 2 EWGV war somit ein spezieller Fall einer allein dem Rat zugewiesenen Befugnis zur autonomen Vertragsergänzung.[43]

Historisch erklärt sich diese **unterschiedliche Ausgestaltung der Rechtsetzungsbefugnisse für den Landverkehr einerseits und den Seeschifffahrts- und Luftverkehr** aus der Verhandlungssituation der ursprünglichen sechs Mitgliedstaaten. Diese konzentrierten sich auf die Integration der drei für die damaligen sechs Mitgliedstaaten bedeutsamsten Verkehrsträger im Binnenverkehr. Die Ausgestaltung der für die erste Integrationsstufe weniger wichtigen Seeverkehrs- und Luftfahrtpolitik sollte späteren verkehrspolitischen Gestaltungsmöglichkeiten vorbehalten bleiben.[44]   18

Durch die verschiedenen Änderungsverträge seit der Einheitlichen Europäischen Akte wurde das in Art. 100 Abs. 2 AEUV vorgesehene **Verfahren** immer mehr den allgemeinen Regeln des Titel VI über den Landverkehr **angeglichen**.[45] Hierdurch ist das Gesetzgebungsverfahren inzwischen an den Regelungsrahmen von Art. 91 Abs. 1 AEUV angeglichen, d.h. Parlament und Rat folgen dem ordentlichen Gesetzgebungsverfahren nach Anhörung des Wirtschafts- und Sozialausschusses sowie des Ausschusses der Regionen. Damit gilt für beide Bereiche das **Mitentscheidungsverfahren** nach Art. 294 AEUV.   19

Ein **Unterschied** besteht nur noch **in der Definition des Aufgreifermessens**. Nach Art. 100 Abs. 2 AEUV müssen Parlament und Rat lediglich »geeignete Vorschriften« erlassen, sie sind im Bereich des Seeschifffahrts- und des Luftverkehrs nicht an weitere materiellrechtliche Vorgaben der gemeinschaftlichen Verkehrspolitik gebunden, wie dies etwa in Art. 91 Abs. 1 Buchst. a bis Buchst. c AEUV definiert ist oder aber durch die Einschränkung in Art. 91 Abs. 2 AEUV. Da Parlament und Rat nach Art. 91 Abs. 1 Buchst. c AEUV allerdings ebenfalls dazu ermächtigt sind »alle sonstigen zweckdienlichen« Vorschriften zu erlassen, ist dieser Unterschied in der Formulierung rechtspraktisch unbedeutend.   20

Die einzige Leitentscheidung des EuGH zu Art. 100 AEUV ist das sogenannte »**Seeleute-Urteil**« des Gerichtshofes vom 4.4.1974.[46] Gegenstand des Urteils war eine Vertragsverletzungsklage gegen die Französische Republik wegen der Einschränkung der Freizügigkeit aus Gründen der Nationalität für Arbeitnehmer im Seeschifffahrtsverkehr. Die Französische Republik hatte sich auf Art. 84 Abs. 2 EWGV, der Vorgängerbestimmung zur Art. 100 AEUV berufen, dies mit dem Argument, dass Regelungen des Gemeinschaftsrechtes, die den Seeverkehr beträfen, unter dem Vorbehalt entsprechender Regelungen des Rates stünden und dass dieser Vorbehalt sich auch auf die Einschränkungen der Arbeitnehmerfreizügigkeit im Bereich des Seeverkehrs beziehe. Auf der Grundlage dieser Argumentation wäre das gesamte sonstige Primärrecht des Vertrages im Bereich des Seeverkehrs unanwendbar gewesen. Der Gerichtshof interpretier-   21

---

[43] *Everling*, in: W/E/G/S, EWG, Art. 84 EWG.
[44] *Erdmenger*, in: GBTE, EWGV, Art. 84, Rn. 2; *Boeing/Rusche*, in: Grabitz/Hilf/Nettesheim, EU, Art. 100 AEUV (Oktober 2011), Rn. 2.
[45] *Boeing/Maxian Rusche*, in: Grabitz/Hilf/Nettesheim, EU, Art. 100 AEUV (Oktober 2011), Rn. 8.
[46] EuGH, Urt. v. 4.4.1974, Rs. 167/73 (Kommission/Frankreich), Slg. 1974, 360.

te Art. 84 Abs. 2 EWGV allerdings vielmehr so, dass nur die Vorschriften des Vertrages über die Verkehrspolitik (Titel VI), also die vorangehenden Bestimmungen des Vertrages im Bereich der Seeschifffahrt und der Luftfahrt keine Anwendung fänden, die übrigen Vertragsvorschriften und damit die **Regeln über die Arbeitnehmerfreizügigkeit** jedoch sehr wohl.[47] Auf dieser Basis stellte der EuGH eine Vertragsverletzung Frankreichs fest.

---

[47] EuGH, Urt. v. 4.4.1974, Rs. 167/73 (Kommission/Frankreich), Slg. 1974, 360, Rn. 29/33.

Stichwortverzeichnis

Das Stichwortverzeichnis umfasst alle vier Bände des Kommentars (Band 1: EUV, GRC, Band 2: AEUV Art. 1–100, Band 3: AEUV Art. 101–215, Band 4: AEUV Art. 216–358). Die Verweise beziehen sich auf die kommentierten Artikel (Fettdruck) und die dazugehörigen Randnummern (Normaldruck).

Århus-Konvention GRC **37** 5 f. 9, 11, 20; AEUV **192** 23; **216** 179, 231
– Integrationsklausel AEUV **11** 15
– Nachhaltigkeitsprinzip AEUV **11** 31
Abfallentsorgung AEUV **106** 55
Abfindung
– s. a. Entlassung
– Entgelt, Entgeltdiskriminierung AEUV **157** 45, 90
Abfrage von Daten GRC **8** 19
Abgaben AEUV **110** 82 ff.; **111** 1
– s. a. Steuern
– Beiträge AEUV **113** 12
– Gebühren AEUV **113** 12
– mit Warenbezug AEUV **110** 85, 148
– mittelbare ~ AEUV **111** 13
– unmittelbare ~ AEUV **111** 13
– warenbezogene ~ AEUV **111** 1, 4
– Vorschriften AEUV **56** 65
– ~ zollgleicher Wirkung AEUV **110** 70
– zusätzliche ~ AEUV **56** 78
Abgabenbelastung AEUV **63** 28; **113** 12
Abgabenerhebung AEUV **30** 15 ff.; **56** 82
Abgabenhoheit AEUV **311** 56
Abgabenvergünstigung AEUV **63** 28; **64** 17
abgeleitete Rechtsakte s. delegierte Rechtsakte
Abgeltungsbeihilfen (Verkehr) AEUV **93** 5, 21 f.
Abgeordnete des Europäischen Parlaments
– als Beobachter in EU-Delegationen und multilateralen Vertragsgremien AEUV **218** 205 f.
– Aufträge AEUV **223** 9
– Beihilfe AEUV **223** 21
– Bezüge AEUV **223** 21
– Büro AEUV **223** 22
– Dienstfahrzeug AEUV **223** 22
– Dienstreisen AEUV **223** 21
– fraktionslose EUV **14** 59, 63
– Freiheit AEUV **223** 19
– Immunität AEUV **223** 9; **230** 10
– Kommunikation AEUV **223** 22
– Mandatsausübungskosten AEUV **223** 21
– Mandatsniederlegung AEUV **223** 19
– Mitarbeiter AEUV **223** 22
– Rechtsstellung AEUV **223** 5, 9
– Reisefreiheit AEUV **223** 9
– Rotation AEUV **223** 19
– Status AEUV **223** 18
– Statut AEUV **223** 5, 18; **224** 1 f.
– Unabhängigkeit AEUV **223** 19
– Unvereinbarkeitsregelungen AEUV **223** 10
– Unverletzlichkeit AEUV **223** 9
– Versicherung AEUV **223** 21
– Weisungen AEUV **223** 9
– Zivilrecht AEUV **223** 19
abgestufte Integration EUV **20** 2
Abhängigkeit (Arbeitnehmer) s. Arbeitnehmer, Weisungsgebundenheit
Abhängigkeitsverhältnis GRC **5** 22
ACER s. EU-Agenturen
Abkommen
– Austritt EUV **50** 6, 8, 9
– bilaterales ~ EUV **50** 7
– Forschung AEUV **186** 1 ff.
– Konsultationen EUV **50** 9
– völkerrechtliches ~ EUV **19** 37 ff.
Abkommen zur Bekämpfung von Produkt- und Markenpiraterie (ACTA) AEUV **218** 108
Abkommen zwischen der EG und dem Europarat über die Zusammenarbeit zwischen der Agentur der EU für Grundrechte und dem Europarat AEUV **220** 67
Abrüstung EUV **28** 22; **42** 16; **43** 7
Abschiebungsverbot GRC **19** 10 ff., 18
Abschluss und Aushandlung von Abkommen der EU
– Abschlusskompetenz AEUV **216** 1 ff.; **218** 4, 86 ff., 229
– Abschlussverfahren AEUV **216** 48, 157; **218** 60 ff., 93, 125, 208; **220** 23; **221** 32
– Beteiligung/Zustimmung des Europäischen Parlaments AEUV **218** 193 ff., 197 ff.
– Beteiligung der EZB AEUV **218** 115
– Beteiligung sonstiger Organe oder Einrichtungen AEUV **218** 114 ff.
– Bindungswirkung AEUV **218** 122 f., 145
– bzgl. GASP AEUV **216** 78 ff., 205, 212 f., 222; **218** 82, 96 ff., 111, 118, 145, 178
– Einfluss des Europäischen Parlaments auf den Vertragstext AEUV **218** 198 f.
– Einstimmigkeitserfordernis im Rat AEUV **218** 143 ff.
– gerichtliche Kontrolle von Ratsbeschlüsse AEUV **218** 117 ff.
– hybrider Beschluss AEUV **218** 64, 75, 142
– Hoher Vertreter der Union für Außen- und Sicherheitspolitik AEUV **218** 142
– Inhalt von Ratsbeschlüssen AEUV **218** 174 ff., 188

- Nichtigkeitsklage AEUV 218 53, 117, 119 f., 235 f.
- qualifizierte Mehrheit im Rat AEUV 218 139 ff., 181
- vereinfachtes Änderungsverfahren AEUV 218 133 ff.
- Vorabentscheidungsverfahren bei Abschlussbeschlüssen AEUV 216 250; 218 117, 235 f.

Abschlussverfahren Handelsabkommen
- Einstimmigkeitserfordernis AEUV 207 183
- Mehrheitserfordernis AEUV 207 183
- Sonderausschuss AEUV 207 182
- Verhandlungsführung AEUV 207 180 f.

Absenkungsschranke, Schutzniveau GRC 38 15

absolute Nichtigkeit AEUV 288 8

absolute Theorie GRC 52 31

Abstammung GRC 9 27

Abstammungskenntnis GRC 7 19

Abtreibung GRC 7 19

Abwägungskontrolle GRC 47 44

Abwehrrecht GRC 15 5; 16 4, 11; 17 5

Abwesenheitsurteil AEUV 82 9

Achtungsanspruch GRC 7 13

Achtungsgebot, religionsverfassungsrechtliches AEUV 17 12, 19 ff.

acquis communautaire EUV 20 23; AEUV 216 157 f.; 218 127; 326 2

ACTA (Anti-Counterfeiting Trade Agreement) s. Abkommen zur Bekämpfung von Produkt- und Markenpiraterie

acte claire AEUV 267 64 ff.
- Offenkundigkeit AEUV 267 65 f.

actus-contrarius-Grundsatz AEUV 216 121; 218 130 f.

ad-hoc-Lösungen AEUV 218 43

Adipositas AEUV 19 27

administratives Unrecht AEUV 340 32

Adoption GRC 9 28

Adoptionsrecht GRC 7 32

Adoptivkinder GRC 7 21

AdR s. Ausschuss der Regionen

Adressat des Schutzinstruments AEUV 12 31

Adressaten GRC 23 25 f.; 38 21; AEUV 205 9
- Institutionen der EU AEUV 12 63
- Mitgliedstaaten GRC 23 25
- mittelbare ~ GRC 23 26
- Organe der EU AEUV 12 63
- Private GRC 23 26
- Unionsorgane GRC 23 25
- unmittelbare ~ GRC 23 25

AENEAS AEUV 78 43

AETR AEUV 3 14; 191 43, 99 ff.; 193 22
- ~-Doktrin AEUV 194 34 f.
- ~-Entscheidung AEUV 216 26 f., 32, 102 f., 155

AFET-Ausschuss AEUV 221 30

Affirmative action GRC 23
- s. a. Vergünstigungen

Afghanistan AEUV 220 34

Afrika AEUV 220 34, 84

agency-Situation AEUV 263 49, 102

Agenturen der Union GRC 51 12; AEUV 49 27, 33; 50 12; 54 25 f.; 64 9; 85 9; 88 9; 216 46 f., 205; 310 24
- s. EU-Agenturen
- s. Organstruktur der EU

AGIS AEUV 74 7

Agrarabgaben AEUV 311 27 ff., 85, 138

Agrarbeihilfen AEUV 40 15 ff.
- de minimis AEUV 42 12
- Freistellungen AEUV 42 12
- Rahmenregelung AEUV 42 16
- staatliche ~ AEUV 40 39; 42 10
- unionale ~ AEUV 40 16 ff.; 42 9

Agrarerzeugnisse AEUV 207 89 f.

Agrarforschung AEUV 41 3

Agrarische Direktzahlungen AEUV 40 17 ff.
- Basisprämienregelung AEUV 40 23 ff.
- Cross Compliance AEUV 40 32 f.
- InVeKoS AEUV 40 33 ff.
- Ökologisierungsprämie AEUV 40 28

Agrarpolitik s. Gemeinsame Agrarpolitik

Agrarstrukturpolitik AEUV 39 23 ff.

Ägypten AEUV 217 10, 38
- Investitionsschutzabkommen AEUV 63 40

Akademische Freiheit GRC 13 13
- Hochschule GRC 13 8, 13

Åkerberg Fransson-Urteil GRC Präambel 23

akkreditierte parlamentarische Assistenten AEUV 336 59 f.

AKP-EG-Partnerschaftsabkommen AEUV 216 194; 218 147, 183, 185 f., 191

AKP-Staaten AEUV 198 11; 207 239 ff.; 217 7 f., 13, 15, 21, 25, 35 ff.

Akrotiri AEUV 355 12

Akteneinsicht GRC 7 34; AEUV 296 11; 298 12, 22

Aktien als Wertpapiere AEUV 64 9

Aktiengesellschaft (AG) AEUV 64 6
- Minderheitsaktionär AEUV 63 32

Al-Qaida AEUV 220 41

Ålandinseln AEUV 355 9
- s. a. Finnland

Albanien AEUV 217 9, 28

Algerien AEUV 217 38
- Investitionsschutzabkommen AEUV 63 40

Alkohol AEUV 56 106

allgemeine Handlungsfreiheit GRC 6 16

allgemeine Orientierungen AEUV 219 8, 12, 13

allgemeine Rechtsangleichungskompetenz AEUV 113 5
- Art. 115 AEUV AEUV 113 5
- Art. 116 AEUV AEUV 113 5

allgemeine Rechtsgrundsätze EUV 50 11, 30 f.; AEUV 216 48 ff., 202, 251 ff.; 220 61; 232 6; 351 27, 117

- s. a. Rechtsgrundsätze, allgemeine
- EP **AEUV 223** 5
- Normenpyramide **AEUV 223** 5
- Primärrecht **AEUV 232** 6

Allgemeines Zoll- und Handelsabkommen (GATT) **AEUV 38** 40; **56** 87; **216** 114, 236; **218** 4; **220** 2, 3; 16; **351** 28, 90 f.
- GATT 1947 **AEUV 207** 191 ff.

allgemeiner Gleichheitssatz **EUV 9** 25; **GRC 20** 1 ff.
- Angstklausel **GRC 20** 2
- Darlegungslast **GRC 20** 40
- EMRK **GRC 20** 5
- Gleichbehandlungsgebot **GRC 20** 24 ff.; **46** 1
- Inländerdiskriminierung **GRC 20** 1, 14, 21
- Querschnittscharakter **GRC 20** 17
- Rechtsträger **GRC 20** 30 ff.
- Schadensersatz **GRC 20** 45

Allgemeines Gleichbehandlungsgesetz (AGG) **AEUV 19** 36

Allgemeines Präferenzsystem (APS) **AEUV 217** 36

Allgemeines Übereinkommen über den Handel mit Dienstleistungen (GATS) **AEUV 56** 87; **63** 23, 39; **64** 25; **65** 25; **66** 16; **207** 19, 228

Allgemeinheit der Wahl **EUV 14** 47, 49; **AEUV 223** 15, 37, 45

Allgemeininteresse **AEUV 56** 107, 111

Alliierte Streitkräfte-Kommandos **EUV 42** 2

Allphasen-Brutto-Umsatzsteuer **AEUV 113** 9, 26

Allphasen-Netto-Umsatzsteuer **AEUV 113** 9, 22, 26

Almunia-Paket **AEUV 106** 95

ältere Menschen s. Rechte älterer Menschen

Altersdiskriminierung **AEUV 288** 74

Alterssicherung s. soziale Sicherheit

Altmark Trans-Urteil **AEUV 106** 94

Altvertrag/Altverträge **AEUV 351** 1 ff.
- Auslegung **AEUV 351** 37, 115
- Beweislast für das Vorliegen **AEUV 351** 37
- Bindung an den **AEUV 351** 35, 43 ff.
- Durchsetzungshindernis für das Unionsrecht **AEUV 351** 18, 42, 92
- Einordnung als **AEUV 351** 34
- Einrede der Unberührtheit **AEUV 351** 2, 19 ff., 83
- Genehmigung der Aufrechterhaltung **AEUV 351** 58
- Konkludenter Verzicht auf Rechte durch E(W)G/EU-Beitritt **AEUV 351** 30
- Kündigung(-pflicht) **AEUV 351** 57, 72 ff., 87, 109 ff.
- menschenrechtliche **AEUV 351** 19, 116 f.
- Neuaushandlung **AEUV 351** 29
- Pflicht zur Behebung von Unvereinbarkeiten mit Unionsrecht **AEUV 351** 54, 57 f., 62, 64, 69 ff., 81 ff., 92,
- Pflicht zur Einbeziehung der EU **AEUV 351** 79 ff.
- Rechtsnachfolge in **AEUV 351** 32
- UN-Charta **AEUV 351** 22, 24, 48 ff.
- Unvereinbarkeit mit Unionsverträgen/Unionsrecht **AEUV 351** 41 ff., 58 ff., 93 ff.,100 ff.
- Verdrängung von Unionsrecht/Grenzen der Verdrängung **AEUV 351** 2, 4, 41 ff., 92, 112
- Vertragsübernahme/Vertragseintritt der Union **AEUV 351** 8, 16, 54, 79 ff.
- Vorrang vor dem Unionsrecht **AEUV 351** 2, 9, 41, 83, 123

AMIF **AEUV 79** 37, 45; **80** 5

Amsterdamer Kirchenerklärung **AEUV 17** 1 ff., 17

Amsterdamer Vertrag s. Vertrag von Amsterdam

Amtsblatt der EU **AEUV 216** 207; **218** 68, 81 f., 176; **220** 23; **289** 41; **292** 5; **294** 9; **295** 12; **296** 26; **297** 2, 6, 9, 12, 14 f.
- Anfragen **AEUV 230** 10
- Antworten **AEUV 230** 10
- EP-Sitzungsberichte **AEUV 232** 14
- EP-Sitzungsprotokoll **AEUV 232** 14
- EP-Texte **AEUV 232** 14
- Veröffentlichung **AEUV 230** 2, 12, 14

Amtsenthebung
- Direktoriumsmitglieder der EZB **AEUV 130** 21
- Kommissionsmitglied **AEUV 234** 2
- Präsident der nationalen Zentralbank **AEUV 130** 23

Amtsgeheimnis **AEUV 339** 1 ff.

Amtshaftungsanspruch **AEUV 268** 3

Amtshaftungsklage
- aus abgetretenem Recht **AEUV 268** 16
- Bürgerbeauftragter **AEUV 228** 23
- eigenständiges Charakter **AEUV 268** 28
- Form **AEUV 268** 21 ff.
- gewillkürte Prozessstandschaft **AEUV 268** 16
- Parteifähigkeit, aktive **AEUV 268** 16 ff.
- Parteifähigkeit, passive **AEUV 268** 20 ff.
- Rechtsschutzbedürfnis **AEUV 268** 25
- unbezifferte Klageanträge **AEUV 268** 22
- Verjährungsfrist **AEUV 268** 24
- Zwischenurteil **AEUV 268** 23

Amtshilferichtlinie **AEUV 110** 54

Amtsmissbrauch **AEUV 325** 17

Amtssprachen **AEUV 342** 2, 16
- EP **AEUV 223** 53
- Petitionsrecht **AEUV 227** 14
- Untersuchungsausschuss **AEUV 226** 11

analoge Anwendung/Analogie **AEUV 216** 13; **218** 10, 19, 77, 131; **220** 18; **351** 93 ff.

Anciennität s. Betriebszugehörigkeit

Andersbehandlungen **AEUV 49** 49

Änderungsabkommen/-verträge **AEUV 216** 69, 196 f.; **218** 186

änderungsfester Kern des Unionsrechts **EUV 48** 70 ff.

Andorra s. Kleinstaaten
Anerkennung, gegenseitige **AEUV 82** 5 ff.
- Europäischer Rat von Tampere **AEUV 82** 6
- und Grundrechte **AEUV 82** 13, 22
- Grundsatz **AEUV 82** 5 ff.
- Kritik **AEUV 82** 11 ff.
- Maßnahmen zur gegenseitigen Anerkennung in Strafsachen **AEUV 82** 15 ff.
- und Harmonisierung des Strafrechts **AEUV 83** 2
- von Gerichtsentscheidungen in Strafsachen **AEUV 82** 14

Angelegenheit von gemeinsamem Interesse **AEUV 142** 12 f., 15, 18; **146** 8
Angemessenheit **AEUV 261** 8
- s. a. Verhältnismäßigkeit
- ~skontrolle/-prüfung (Sanktionen) **GRC 47** 46, 50, 51, 74

Angewiesensein, EP/Kommission **AEUV 234** 20
Angleichung s. Harmonisierung
Angstklausel **AEUV 353** 3
Anhänge der Verträge **EUV 51** 1 ff.
Anhörung
- s. a. Sozialpartner
- s. a. Unterrichtung und Anhörung (der Arbeitnehmer)
- als individuelles Verfahrensrecht **AEUV 296** 10 f., 20; **298** 20, 22
- Anhörungspflicht **AEUV 218** 111 ff.
- der EZB **AEUV 218** 115
- des Ausschusses der Regionen **AEUV 148** 8; **149** 4
- des Beschäftigungsausschusses **AEUV 148** 8
- des Europäischen Parlaments **EUV 14** 33; **AEUV 148** 8; **149** 4; **218** 61, 95, 107, 184, 196
- des Wirtschafts- und Sozialausschusses **AEUV 148** 8; **149** 4
- Europäischer Rat durch EP **AEUV 230** 7
- Kommission durch EP **AEUV 230** 4 f.
- Rat durch EP **AEUV 230** 7
- Untersuchungsausschuss **AEUV 226** 11
- von institutionellen Beteiligten **AEUV 289** 4, 29, 33, 36, 42; **294** 15 f.

Anhörung Betroffener **AEUV 11** 42 ff.
- Anhörungspflicht **AEUV 11** 48
- Begünstigte **AEUV 11** 50 ff.
- Handeln der Union **AEUV 11** 43
- Offenheit und Kohärenz **AEUV 11** 45

Anhörungsrecht **GRC 41** 17
Anklage, strafrechtliche **GRC 47** 11, 13, 46, 47
Anlageberatung **AEUV 57** 15
Anleihe- und Darlehenstransaktionen **AEUV 310** 19, 48
Anleihen **AEUV 63** 5; **325** 9
Annahmeverbot bei vertraglich nicht vorgesehenen Rechtsakten **AEUV 296** 27 f.
Annex, Forschungspolitik **AEUV 183** 1
Anpassung, Industrie **AEUV 173** 26, 28, 32

Anpassungen **AEUV 311** 89
Anpassungskosten **AEUV 49** 63
Ansässigkeit **AEUV 56** 117; **57** 25
Ansässigkeitserfordernis **AEUV 49** 33, 55 f.
Ansiedelung **AEUV 49** 12
Anteilsscheine **AEUV 63** 19
Anti-Counterfeiting Trade Agreement (ACTA) s. Abkommen zur Bekämpfung von Produkt- und Markenpiraterie
Antidiskriminierung s. unmittelbare Diskriminierung, mittelbare Diskriminierung
Antidiskriminierungsrichtlinie **GRC 26** 15
Antidumpingrecht **AEUV 207** 108 ff.; **263** 140
- Ausfuhrpreis **AEUV 207** 110 f.
- Dumpingspanne **AEUV 207** 111
- Kausalitätserfordernis **AEUV 207** 113
- Normalwert **AEUV 207** 110 f.
- Rechtsschutzmöglichkeiten **AEUV 207** 119 ff.
- Schädigung Wirtschaftszweig **AEUV 207** 112
- Umgehung Ausgleichszollmaßnahmen **AEUV 207** 118
- Unionsinteresse **AEUV 207** 114

Antirassismusrichtlinie **AEUV 19** 36
Antisubventionsrecht **AEUV 207** 122 ff.
- Ausgleichsmaßnahmen **AEUV 207** 122
- countervailing duties **AEUV 207** 122
- Exportsubventionen **AEUV 207** 122
- Kausalitätserfordernis **AEUV 207** 126
- Schädigung **AEUV 207** 125
- Subventionsspanne **AEUV 207** 124
- Unionsinteresse **AEUV 207** 127

Antwortpflicht der Kommission **EUV 14** 21
Antwortrecht
- Bürgerbeauftragter **AEUV 228** 2
- Petitionsrecht **AEUV 227** 2

Anweisungskompetenz **AEUV 85** 32
Anwendbarkeit der Charta **GRC 51** 4 ff., 10 ff.; **53** 1
Anwendung
- Gesetzgebung **AEUV 12** 64
- Rechtsanwendung **AEUV 12** 64

Anwendungskonflikt **AEUV 216** 142
Anwendungssperre **AEUV 58** 5
Anwendungsvorrang **EUV 1** 45; **216** 143; **351** 2, 13, 38, 47, 93, 100, 124
- Ausnahme vom ~ **AEUV 351** 2, 41, 112
- von EU-Übereinkünften **AEUV 216** 211 f., 245

Anwesenheitspflichten **AEUV 56** 66
aquis communautaire **EUV 1** 65
Äquivalenzgrundsatz **EUV 4** 122 ff.; **19** 58; **GRC 39** 23; **47** 4, 7, 72; **AEUV 49** 92, 95; **110** 143

Arbeitgeber
- Begriff **AEUV 157** 14
- Berechtigung i.R.v. Art. 45 AEUV **AEUV 45** 56 f.

Stichwortverzeichnis

Arbeitgeberverband GRC 28 14
Arbeitnehmer AEUV 63 37
– s.a. religiöse Gemeinschaft
– s.a. Sport
– Abrufarbeit AEUV 45 45
– Arbeitsbeschaffungsmaßnahme AEUV 45 33
– arbeitnehmerähnliche Personen GRC 28 14; AEUV 45 43; 151 37; 153 62
– Arbeitnehmerschutz AEUV 63 32
– Ausbildung AEUV 45 39
– Begriff AEUV 45 19 ff.; 151 7; 157 21 ff.
– erwerbswirtschaftlicher Wert (einer Tätigkeit) AEUV 45 29 ff.
– Existenzminimum AEUV 45 38
– Geschäftsführer GRC 28 14; AEUV 45 48
– leitende Angestellte AEUV 45 48; 153 63
– Praktikum AEUV 45 40
– Rehabilitationsmaßnahme AEUV 45 33
– Referendariat AEUV 45 42
– Scheinselbstständige AEUV 45 22 f.
– Sekundärrecht AEUV 45 48 ff.; 153 60 ff.
– sozialversicherungsrechtlich AEUV 48 15
– Stipendium AEUV 45 41, 45; 46 29, 33
– Studium AEUV 45 27
– Weisungsgebundenheit AEUV 45 43 ff.
– wirtschaftliche Abhängigkeit AEUV 45 43
arbeitnehmerähnliche Person s. Arbeitnehmer
Arbeitnehmerfreizügigkeit AEUV 26 4; 45
– s.a. mittelbare Diskriminierung
– s.a. unmittelbare Diskriminierung
– s.a. zwingender Grund des Allgemeininteresses
– Abgrenzung zur Dienstleistungsfreiheit AEUV 45 59 ff.
– Arbeitgeber als Berechtigte AEUV 45 56 f.
– Arbeitnehmerbegriff AEUV 45 19 ff.
– Arbeitnehmerüberlassung AEUV 45 62
– Art. 45 Abs. 3 AEUV AEUV 45 79 ff.
– Beschränkungsverbot AEUV 45 123 ff., 78, 129
– Diskriminierungsverbot AEUV 45 91 ff., 75 ff.; 46 12 ff.
– Drittstaatsangehörige AEUV 45 14 ff.; 46 49
– Horizontalwirkung AEUV 45 75 ff., 89 f., 129; 46 13
– Übergangsfristen AEUV 45 3
– Arbeitnehmerschutz AEUV 12 18, 27; 56 122
– s.a. sozialer Schutz
Arbeitnehmerüberlassung AEUV 45 62
Arbeitsbedingungen AEUV 151 13; 153 21 ff.
– s.a. Kinderarbeit
– Begriff GRC 31 16 ff.
Arbeitsentgelt
– s.a. Entgelt
– Transfer von ~ AEUV 63 4
Arbeitsfrieden AEUV 56 113
Arbeitsgruppe „Euro-Gruppe" AEUV 137 7; 138 32

Arbeitskampf GRC 28; AEUV 153 130 ff.; 155 3
– s.a. Bereichsausnahme, Sozialpolitik
– s.a. kollektive Maßnahmen
Arbeitslosigkeit
– s.a. Arbeitsvermittlung
– s.a. soziale Sicherheit
– Arbeitnehmerfreizügigkeit AEUV 45 26 f., 57
Arbeitsmärkte AEUV 79 46
Arbeitsmarktpolitik AEUV 19 28; 150 5; 162 1
Arbeitspapiere der Kommissionsdienststellen AEUV 288 115, 117
Arbeitsparlament EUV 14 3
Arbeitspolitik, Industriepolitik AEUV 173 37
Arbeitsprogramm der Kommission AEUV 233 11 ff.
Arbeitsrecht, kirchliches AEUV 17 21
Arbeitsschutz AEUV 191 38; 192 84
– s.a. Kinderarbeit
– Grundrecht GRC 31 16 ff.; AEUV 153 26
– Kompetenz der EU AEUV 153 13 ff.
Arbeitssicherheit AEUV 56 117; 59 23
Arbeitssprache AEUV 24 18; 342 2, 16
Arbeitsumwelt AEUV 153 83, 111
– s.a. Arbeitsschutz
Arbeitsunfähigkeit
– s. Gesundheitsschutz
– s. soziale Sicherheit
Arbeitsverhältnis (Begriff) s. Arbeitnehmer
– Beendigung s. Entlassung
– Befristung GRC 30 15, 19; AEUV 153 46
Arbeitsvermittlung GRC 29; AEUV 48 14
– Arbeitnehmerfreizügigkeit AEUV 45 56, 58, 132
– Dienstleistung GRC 29 2
– EURES GRC 29 2; AEUV 46 47 f.
Arbeitswelt, Menschenwürde GRC 1 43
Arbeitszeit
– Entgelt AEUV 153 124 f.
– Grundrecht GRC 31 23; AEUV 158
ARGO AEUV 74 7
Armutseinwanderung, Menschenwürde GRC 1 43
Art. 169 AEUV, Kompetenzgrundlage AEUV 12 9
Art. 38 GRC
– Beschränkungsgrund AEUV 12 6
– Gewährleistungsverantwortung AEUV 12 6
Arzneimitteleinfuhr GRC 7 44
Arztverhältnis GRC 7 31
Assises EUV 14 35
Assoziierung/Assoziation AEUV 216 45; 218 89, 146 f., 184
– Abkommen AEUV 216 68, 70; 218 102, 146 ff., 183 ff., 193 ff.
– Beschluss AEUV 198 18
– mit der Türkei AEUV 216 231
– Politik AEUV 198 1, 25

- Prinzip der Dynamik und stufenweisen Entwicklung **AEUV 198** 10
- ~räte **AEUV 216** 68, 211, 242
- verfassungsrechtliche (konstitutionelle) **AEUV 198** 7 ff., 28; **203** 1; **355** 5
- vertragliche **AEUV 198** 9; **203** 1; **217** 1 ff.
- Zweck **AEUV 199** 1 ff.

Assoziierungsabkommen **AEUV 63** 22; **217** 1 ff., 16 ff., 40 ff.
- Abschlussverfahren **AEUV 217** 41 f.
- Anwendungsbereich **AEUV 217** 16 ff.
- Assoziationsausschuss **AEUV 217** 46
- Assoziationsrat **AEUV 217** 44 f., 48
- Beitrittsassoziierung **AEUV 217** 1, 4, 26 ff.
- Bezeichnung **AEUV 217** 17
- Cotonou-Abkommen **AEUV 217** 7, 35
- Einstimmigkeitserfordernis **AEUV 217** 45
- Entwicklungsassoziierung **AEUV 217** 1, 6, 18, 35 ff.
- EuGH **AEUV 217** 5, 48
- Europa-Abkommen **AEUV 217** 26
- Europa-Mittelmeer-Abkommen **AEUV 217** 10, 38
- Europäisches Parlament **AEUV 217** 3, 23, 34, 42 f., 45, 47
- EWR-Abkommen **AEUV 217** 8, 25, 27, 30 ff., 44, 46, 49, 52
- Freihandelsassoziierung **AEUV 217** 1, 4, 8, 24, 27, 30 ff.
- Gegenstand **AEUV 217** 16 ff.
- Geltungsbereich **AEUV 217** 7
- Gemischte Abkommen **AEUV 217** 40, 50
- Inkrafttreten **AEUV 217** 42
- Institutioneller Rahmen **AEUV 217** 43 ff.
- Kompetenz **AEUV 217** 5, 50
- Kooperationsabkommen **AEUV 217** 19
- Lomé-Abkommen **AEUV 217** 7, 35
- Menschenrechte **AEUV 217** 9, 13 ff., 22
- Normenhierarchie **AEUV 217** 50 f.
- Organe **AEUV 217** 44 ff.
- Parlamentarische Versammlung **AEUV 217** 47
- Partnerschaftsabkommen **AEUV 217** 7, 35 ff.
- Rahmenabkommen **AEUV 217** 1, 11, 16, 40
- Stabilisierungs- und Assoziierungsabkommen **AEUV 217** 9 f., 26, 44
- Streitbeilegung **AEUV 217** 48
- Typologie **AEUV 217** 25 ff.
- unmittelbare Anwendbarkeit **AEUV 217** 50 f.
- Vertragsänderungen **AEUV 217** 20
- Völkerrechtssubjektivität **AEUV 217** 49
- WTO-Recht **AEUV 217** 7, 21, 35, 52
- Yaoundé-Abkommen **AEUV 217** 7, 35

Assoziierungspolitik der EU **AEUV 217** 1 ff.
- auswärtiges Handeln **AEUV 217** 22 f.
- Beitrittsassoziierung **AEUV 217** 1, 4, 26 ff.
- Dekolonisation **AEUV 217** 6 f.
- Entwicklungsassoziierung **AEUV 217** 1, 6, 18, 35 ff.
- Europäische Nachbarschaftspolitik **AEUV 217** 1, 10 18, 38
- Freihandelsassoziierung **AEUV 217** 1, 4, 8, 24, 27, 30 ff.
- historischer Kontext **AEUV 217** 2 ff.
- Integration ohne Mitgliedschaft **AEUV 217** 30, 52
- konstitutionelle Assoziierung **AEUV 217** 1, 6, 16, 35
- Menschenrechte **AEUV 217** 9, 13 ff., 22
- Multilateralisierung **AEUV 217** 10, 39, 52
- Nachbarschaftsassoziierung **AEUV 217** 1, 10 18, 38
- Schengen-Assoziierung **AEUV 217** 32 f.
- Strategische Partnerschaft **AEUV 217** 12
- Typologie **AEUV 217** 25 ff.
- Ziele **AEUV 217** 13 ff.

Assoziierungsverträge **EUV 1** 66; **AEUV 217** 1 ff.

Ästhetik **AEUV 56** 125

AStV s. Ausschuss der Ständigen Vertreter der Regierungen der Mitgliedstaaten

Asylpolitik **AEUV 78** 1 ff.

Asylrecht **GRC 7** 19; **18** 8 ff., 15; **AEUV 78** 12 ff.
- Aufnahmebedingungen **AEUV 78** 39
- Asylstatus **AEUV 78** 15
- Asylverfahrensrichtlinie **AEUV 78** 23 ff.
- Drittländer-Kooperation **AEUV 78** 43
- Dublin-III-Verordnung **AEUV 78** 29 ff.
- Eurodac **AEUV 78** 36
- Prüfungszuständigkeit **AEUV 78** 28 ff.
- Solidaritätsgebot **AEUV 78** 33

Asymmetrie, kompetenzielle **AEUV 119** 10, 42

Athena Mechanismus **EUV 41** 12 ff.

atypische Rechtsakte s. unverbindliche Rechtsakte

Aufenthalt
- rechtmäßiger **AEUV 18** 42
- illegaler **AEUV 79** 31 ff.

Aufenthalts-/Wohnort **AEUV 63** 4, 6, 21, 24; **65** 17 f.

Auffangzuständigkeit **GRC 38** 37

Auflösung
- EU **EUV 50** 4, 12; **53** 12 f.
- Völkerrecht **EUV 50** 13

Aufnahmestaat **AEUV 221** 10 ff., 32

Aufruhr **GRC 2** 49 ff.

Aufsicht
- Finanzinstitute **AEUV 65** 6
- steuerliche ~ **AEUV 65** 21
- Zahlungsdienste **AEUV 65** 6

Aufsichtsbehörden, Unabhängigkeit **AEUV 16** 23

Aufsichtsklage **AEUV 258** 1 ff.; **260** 4
- Bedeutung **AEUV 258** 3 f.
- Begründetheit **AEUV 258** 40 ff.

- einstweilige Feststellungsanordnung **AEUV 258** 55 ff.
- Form und Frist **AEUV 258** 36 f.
- Funktion **AEUV 258** 5 ff.
- Individualbeschwerde **AEUV 258** 8 ff.
- Klagebefugnis **AEUV 258** 35
- Klagegegenstand **AEUV 258** 32 ff.
- Mahnschreiben der Kommission **AEUV 258** 19 ff.
- mitgliedstaatliche Gerichte **AEUV 258** 44 ff.
- Parteifähigkeit **AEUV 258** 30 f.
- Rechtfertigung **AEUV 258** 49 f.
- Rechtsschutzbedürfnis **AEUV 258** 38 f.
- Stellungnahme der Kommission **AEUV 258** 25 ff.
- Streitgegenstand **AEUV 258** 13
- Urteil **AEUV 258** 52 ff.
- Versäumnisurteil **AEUV 258** 51
- Vorverfahren **AEUV 258** 12 ff.
- Zulässigkeit **AEUV 258** 17, 29 ff.
- zurechenbares Verhalten **AEUV 258** 43 ff.
- Zuständigkeit **AEUV 258** 29

Aufstand **GRC 2** 49 ff.
Aufsuchungsrecht **GRC 6** 17
Auftragsvergabe, internationale öffentliche **AEUV 207** 143 f.
- EU-Beschaffungsmärkte **AEUV 207** 144
- Zugang Drittstaatsunternehmen **AEUV 207** 144

Auftragsvergabe, öffentliche **GRC 47** 5, 37, 38, 76
Auftragswesen-Forschung **AEUV 179** 13, 21, 37
Ausbildung, Studium
- s. a. Arbeitnehmer
- Ausbildungsförderung **AEUV 46** 23
- Entgeltgleichheit **AEUV 157** 97, 134
- Gleichbehandlung bei Berufsbildung **AEUV 46** 36 ff.
- Kompetenz der EU **AEUV 153** 33
- Rückzahlung von Kosten **AEUV 45** 139
- Studienbeihilfen **AEUV 46** 29, 33

Ausbildungsprogramme **AEUV 197**, 23
Ausdehnung der Grundrechtskontrolle **AEUV 34** 77
Ausdehnung von Unionskompetenzen **AEUV 34** 78
Ausfuhrbeschränkungen
- s. a. Warenverkehrsfreiheit
- Beispiele für mengenmäßige ~ **AEUV 35** 26
- Beispiele für Maßnahmen gleicher Wirkung **AEUV 35** 27
- Beschränkungsverbot **AEUV 35** 10 ff.
- Diskriminierungsverbot **AEUV 35** 11 ff.
- dual-use-Güter **AEUV 35** 5
- Kriegswaffen **AEUV 35** 5
- Maßnahmen mit gleicher Wirkung **AEUV 35** 9 ff.
- unmittelbare Anwendbarkeit **AEUV 35** 3
- unterschiedslos anwendbare Maßnahmen **AEUV 35** 11 ff., 28
- Verbot mengenmäßiger ~ **AEUV 35** 7 f.

Ausfuhrfreiheit **AEUV 207** 50 ff.
Ausfuhrpolitik **AEUV 207** 32
Ausführungsermessen **GRC 51** 23
Ausfuhrverordnung **AEUV 207** 50 ff.
- Anwendungsbereich **AEUV 207** 50 ff.
- Ausfuhrgenehmigung **AEUV 207** 54
- Ausfuhrkontingente **AEUV 207** 54
- Eilmaßnahmen **AEUV 207** 57
- Informations- und Konsultationsverfahren **AEUV 207** 56 f.
- Schutzmaßnahmenausschuss **AEUV 207** 56
- Überwachungs- und Schutzmaßnahmen **AEUV 207** 54 ff.

Ausgaben
- nicht obligatorische **AEUV 314** 5; **324** 10
- obligatorische **AEUV 314** 5; **324** 10

Ausgabenkategorien **AEUV 312** 2
Ausgrenzung
- Arbeitsmarkt **AEUV 153** 32 ff., 92
- soziale **AEUV 9** 4, 6; **151** 16

Auskunftsanspruch **GRC 8** 49
Auskunftspflicht
- Sicherheitsinteressen **AEUV 348** 21
- Verwaltung **AEUV 197** 21

Auskunftsrechte **AEUV 337** 1 ff.
Auskunftsverweigerungsrechte **AEUV 337** 35 f.
Ausländer s. Gebietsfremder
Ausländerpolizeirecht **AEUV 52** 3 f.
Ausländische Direktinvestitionen **AEUV 207** 22 ff.
- post-establishment treatment **AEUV 207** 22

Auslegung **EUV 19** 25 ff., 32 f.; **GRC 38** 3, 5, 19 f., 27; **AEUV 288** 8, 25, 62 ff.
- contra legem **AEUV 197** 10
- primärrechtskonforme ~ **AEUV 288** 8
- Rechtsgrundsätze, allgemeine **EUV 14** 48
- richtlinienkonforme ~ s. richtlinienkonforme Interpretation
- und europarechtliche Grundrechtskontrolle **AEUV 288** 73
- unionsrechtskonforme ~ **GRC 47** 4, 5; **AEUV 197** 10
- verfassungs-/grundrechtskonforme ~ **GRC 47** 4, 6, 7, 11, 18, 36, 38, 72

Auslegungsbestimmungen in der EP-Geschäftsordnung **AEUV 231** 10; **232** 5
Auslieferungsverbot **GRC 19** 10 ff., 18
Ausnahme- und Beschränkungsmöglichkeiten **AEUV 206** 2
Ausnahmebewilligung **AEUV 112** 1, 3, 9
Ausnahmen vom Einfuhr- und Ausfuhrbeschränkungsverbot **AEUV 36** 1 ff.
- Anwendungsbereich **AEUV 36** 19 ff.
- Auslegungsgrundsätze **AEUV 36** 9 ff.
- bereichsspezifische Kontrolle **AEUV 36** 8

- Beschränkung der Rechtfertigungsmöglichkeit   AEUV 36 69 ff.
- Bewertung   AEUV 36 101
- dogmatisches Dilemma   AEUV 36 13
- Erforderlichkeit der Maßnahmen   AEUV 36 83 ff.
- Geeignetheit der Maßnahmen   AEUV 36 77 ff.
- gegenseitige Anerkennung   AEUV 36 81
- Geschmacksmusterrecht   AEUV 36 52
- gesellschaftliche Werte   AEUV 36 75
- Gesundheitsschutz   AEUV 36 34, 55, 41 ff.
- Grundrechte   AEUV 36 97 ff.
- illegitime Ziele   AEUV 36 61 ff.
- Importverbote   AEUV 36 46
- Kohärenzprüfung   AEUV 36 76
- Kontrollmaßnahmen   AEUV 36 45
- Lebensmittelsicherheit   AEUV 36 73
- legitime Ziele   AEUV 36 37 ff.
- Markenrecht   AEUV 36 52
- milderes Mittel   AEUV 36 84
- Nichtdiskriminierung   AEUV 36 81
- nationale Ernährungsbesonderheiten   AEUV 36 44
- Notwendigkeit der Maßnahmen   AEUV 36 72 ff.
- öffentliche Ordnung   AEUV 36 39
- öffentliche Sicherheit   AEUV 36 38
- öffentliche Sittlichkeit   AEUV 36 38
- Patentrecht   AEUV 36 52
- Proceduralisierungskontrolle   AEUV 36 7
- Rechtfertigungsnotwendigkeit   AEUV 36 2
- rein wirtschaftliche Ziele   AEUV 36 62
- Schutz der Gesundheit und des Lebens von Tieren und Pflanzen   AEUV 36 49 ff.
- Schutz des gewerblichen und kommerziellen Eigentums   AEUV 36 47
- Schutz des nationalen Kulturguts   AEUV 36 48
- Schutzgüter-Dynamisierung   AEUV 36 11 ff.
- soziokulturelle Präferenzen   AEUV 36 59, 91
- Spannungsverhältnis   AEUV 36 4 ff.
- Umweltschutz   AEUV 36 34, 55
- Urheberrecht   AEUV 36 52
- Verhältnismäßigkeitsprüfung   AEUV 36 69 ff.

Ausnahmen vom Verbot von Zöllen oder Abgaben gleicher Wirkung   AEUV 30 35 ff.
- Abgaben, die für unionsrechtlich vorgesehene Maßnahmen entstehen   AEUV 30 46 ff.
- Ausgleichsabgabe für interne Steuer   AEUV 30 68 ff.
- diskriminierende Steuerertragsausschüttung   AEUV 30 80 ff.
- Entgelt für Dienst   AEUV 30 39 ff.
- internationalrechtlich angeordnete Maßnahmen   AEUV 30 56
- Kosten für unionsrechtlich erlaubte Maßnahmen   AEUV 30 57 f.
- Steuer   AEUV 30 63 ff.
- Teil einer allgemeinen inländischen Gebührenregelung   AEUV 30 63 ff.
- Überblick   AEUV 30 37 f.
- Untersuchungen   AEUV 30 46 ff.

Ausnahmeregelung   AEUV 139 1 ff.
- Aufhebung   AEUV 140 52 ff.
- als Legalausnahme   AEUV 139 6; 140 1
- Reichweite   AEUV 139 8 ff.
- Sonderstatus, Abgrenzung zu   AEUV 139 40 ff.
- Stimmrecht im Rat   AEUV 139 32 ff.
- und Einheitlicher Aufsichtsmechanismus (SSM)   AEUV 139 17
- Vorschriften, erfasste   AEUV 139 14 ff.

ausschließliche Zuständigkeit
- Beweislast   AEUV 216 146
- der EU   AEUV 63 24; 64 24; 143 11; 219 22
- der Unionsgerichte   AEUV 274 4

Ausschließlichkeit der Bestimmungen über Regelung von Streitigkeiten   AEUV 344 1

Ausschließlichkeitsrechte   AEUV 106 99; 118 18

Ausschluss
- Mitgliedstaat aus EU   EUV 50 4
- Union   EUV 50 11
- Völkerrecht   EUV 50 13

Ausschüsse   AEUV 242 1 ff.
- Anhörung der Kommission   AEUV 242 7
- Anwendungsbereich   AEUV 242 3 ff.
- Auffangtatbestand   AEUV 242 2
- Ausschuss der Regionen   AEUV 242 2
- Eignungsbeurteilungsausschuss   AEUV 242 2
- Einsetzung   AEUV 242 6
- EP   EUV 14 31, 65; AEUV 232 3, 13
- Geschäftsordnungsautonomie   AEUV 242 6
- nicht vertraglich vorgesehene Ausschüsse   AEUV 242 5
- Organisation   AEUV 242 6
- politisches Komitee   AEUV 242 2
- Rechtsstellung   AEUV 242 6
- sicherheitspolitisches Komitee   AEUV 242 2 f.
- Untersuchungsausschuss   AEUV 226
- Verfahren   AEUV 242 7
- vertraglich vorgesehene Ausschüsse   AEUV 242 3 f.
- Wirtschafts- und Sozialausschuss   AEUV 242 2

Ausschuss der Regionen   EUV 13 19 f.; AEUV 178 4; 242 2; 263 23, 94
- akzessorische Anhörung   AEUV 307 14 ff.
- Amtszeit   AEUV 305 10
- Anhörung   AEUV 289 29, 33; 294 14 f.
- Anhörung zu beschäftigungspolitischen Leitlinien   AEUV 148 8
- Anhörung zu beschäftigungspolitischen Anreizmaßnahmen   AEUV 149 4

- Art der Zusammensetzung **AEUV 300** 47 ff.
- Beendigung des Mandats **AEUV 305** 15 f.
- Begriff „Region" **AEUV 300** 37
- demokratietheoretische Verortung **AEUV 300** 27 ff.
- Einfluss auf Rechtsetzung **AEUV 300** 20
- Entschließungen **AEUV 307** 19 f.
- EP **EUV 14** 26
- Ernennungsverfahren **AEUV 305** 11 ff.
- Fachkommissionen **AEUV 306** 10 ff.
- fakultative Anhörung **AEUV 307** 10 f.
- Fraktionen **AEUV 306** 7
- Geschäftsordnung **AEUV 306** 4 ff.
- Inkompatibilität **AEUV 305** 17 ff.
- interregionale Gruppen **AEUV 306** 8
- Klagerecht **AEUV 300** 8 f.
- Mitgliederzahl **AEUV 305** 2
- Netzwerke **AEUV 306** 9
- obligatorische Anhörung **AEUV 307** 3 ff.
- Organstatus **AEUV 300** 7 ff.
- politisches Mandat **AEUV 300** 39 ff.
- Präsident **AEUV 306** 1 ff.
- Selbstbefassung **AEUV 307** 17 f.
- Stellvertreter **AEUV 305** 6 ff.
- Verhältnis zum EP **AEUV 300** 14
- Verhältnis zum Rat **AEUV 300** 13
- Verhältnis zum WSA **AEUV 300** 15
- Verhältnis zur Kommission **AEUV 300** 12
- Weisungsfreiheit der Mitglieder **AEUV 300** 42 ff.
- Zusammensetzung **AEUV 300** 36 ff.; **305** 3 ff.

Ausschuss der Ständigen Vertreter der Regierungen der Mitgliedstaaten (AStV) **EUV 16** 29 f.; **AEUV 43** 19; **220** 11; **221** 14; **240** 1 ff.; **242** 2
- A-Punkte **AEUV 240** 5
- Aufgaben **AEUV 240** 3 ff.
- B-Punkte **AEUV 240** 5
- Generalsekretariat **AEUV 240** 6
- Herstellung von Einigkeit zwischen den Mitgliedstaaten **AEUV 240** 5
- Hilfsorgan des Rates **AEUV 240** 3
- Sonderausschuss Landwirtschaft **AEUV 240** 4
- Verfahrensbeschlüsse **AEUV 240** 8
- Vorsitz **AEUV 240** 2
- Zusammensetzung **AEUV 240** 2

Ausschuss der Zentralbankpräsidenten **AEUV 66** 1; **142** 2 f.
Ausschuss für Chancengleichheit **AEUV 8** 16
Ausschuss für sozialen Schutz **AEUV 153** 89; **156** 9; **160**
Ausschüsse des Europäischen Parlaments s. Europäisches Parlament
Außen- und Sicherheitspolitik s. Gemeinsame Außen- und Sicherheitspolitik
Außenbeauftragter s. Hoher Vertreter der Union für Außen- und Sicherheitspolitik
Außengrenzen **AEUV 67** 4; **77** 22

Außengrenzkontrolle **AEUV 77** 1, 20 ff., 26
Außenhandel **EUV 3** 37; **AEUV 40** 42 ff.
Außenkompetenz der EU **AEUV 216** 1 ff., 32 ff., 41 ff., 63, 68, 74, 84 f., 94 ff., 122 ff., 129, 131 ff., 144 ff., 147 ff., 151 f., 156 ff., 192 ff., 250; **218** 84, 169 ff., 217 ff.; **351** 9, 78, 93, 98, 108
- ausschließliche **AEUV 138** 42; **219** 22
- Parallelität von Außen- und Binnenkompetenzen **AEUV 138** 1

Außenpolitik
- Forschungspolitik **AEUV 180** 9; **189** 8
- intergouvernementale **AEUV 138** 26
- Leitlinien **EUV 50** 7

Außenverfassungsrecht der EU **AEUV 216** 8
Außenvertretung **EUV 15** 32; **17** 10; **AEUV 216** 188 f.; **218** 38 ff., 88, 188 ff.; **220** 6 ff., 86 f.; **221** 1 ff.; **351** 79
Außenvertretungskompetenz, Eurozone **AEUV 138** 1, 8
- s. a. Euro-Gruppe

Außenwirtschaftsfreiheit **AEUV 207** 37
- allgemeine **AEUV 206** 2

Außenwirtschaftsgesetz (AWG) **AEUV 65** 6, 12
- Unbedenklichkeitsbescheinigung **AEUV 65** 12
- Untersagungsanordnung **AEUV 65** 12

Außenwirtschaftsverordnung (AWV) **AEUV 65** 6, 10, 12
außergewöhnliches Ereignis **AEUV 122** 17
außervertragliche Haftung der Union
- Bedienstete **AEUV 340** 19
- Organ **AEUV 340** 19
- Voraussetzungen **AEUV 340** 18 ff.
- Zurechnung **AEUV 340** 23

Aussetzung
- Stimmrecht **AEUV 231** 7
- Union **EUV 50** 12

Aussetzung bestimmter Rechte **EUV 7** 19; **AEUV 354** 1 ff.
Aussetzung der Anwendung völkerrechtlicher Verträge s. völkerrechtliche Verträge
Aussperrung **GRC 28** 26; **AEUV 153** 130 ff.
- s. a. kollektive Maßnahmen
- s. a. Bereichsausnahme, Sozialpolitik

Ausstrahlungswirkung
- Forschungspolitik **AEUV 179** 7, 24
- Industriepolitik **AEUV 173** 79 ff.
- Raumfahrtpolitik **AEUV 189** 9

Austausch junger Arbeitskräfte **AEUV 47**
Austauschbarkeit der Rechtsformen **AEUV 288** 5
Austritt **EUV 50** 1 ff.; **AEUV 356** 5 f.
- Abhalterecht, kein **EUV 50** 8
- Abkommen **EUV 50** 6, 7, 9
- Begründung **EUV 50** 5
- Beziehungen zwischen Ex-Mitgliedstaat und Rest Union **EUV 50** 9
- Endgültigkeit **EUV 50** 10

Stichwortverzeichnis

- EU EUV 50 3
- EuGH EUV 50 4
- Europaklauseln EUV 50 5
- Finanzkrise EUV 50 5
- Folgen EUV 50 8
- Konsultationen EUV 50 9
- Loyalitätsgebot EUV 50 5
- Mitteilung EUV 50 6, 8
- Neubeitritt EUV 50 10
- partieller EUV 53 11
- Rechtsfolgenverweisung EUV 50 4
- Rechtspflicht zum Abschluss eines Austrittsvertrages EUV 50 8
- Rechtspflicht zur Verhandlung EUV 50 8
- Referendum EUV 50 6
- Sonderklausel in Austrittsabkommen EUV 50 10
- Teilaustritt EUV 50 9
- ultima ratio EUV 50 4
- unionsrechtswidrig EUV 50 13
- Verfahren EUV 50 5, 14
- Verfahrensrecht EUV 50 6
- Verfassungsgericht, nationales EUV 50 4
- Verhandlungspartner EUV 50 14
- Vertragsgrundlagenanpassung als Minus EUV 50 14
- Völkerrecht EUV 50 10, 13
- Vorlageentscheidung EUV 50 4
- Wartefrist EUV 50 11

Austrittsabkommen
- Fehlen EUV 50 8
- Inkrafttreten EUV 50 8
- Vertragsänderung EUV 50 10
- Vertragsänderung als Folge EUV 50 7

Austrittsabsicht, Mitteilung der EUV 50 5, 6
Austrittskompetenz (-recht) EUV 50 10, 14
Ausübungsbehinderungen AEUV 49 66
Ausübungsdiskriminierung AEUV 49 54
auswärtige Gewalt AEUV 216 2f., 18, 31, 45ff.
auswärtiges Handeln EUV 3 43f.; 21; 23; AEUV 219 5
- Grundsätze EUV 21

Ausweisung GRC 7 43
Ausweisungsverbot GRC 19 10ff., 18
- aufenthaltsbeendende Maßnahmen GRC 19 13

Autobahnnutzungsgebühr AEUV 18 22, 24
autonome Fortentwicklung des Sekundärrechts AEUV 216 143
autonome Vertragsänderungen EUV 48 81ff.
autonomes Außenwirtschaftsrecht AEUV 207 34ff.
- Einführung nicht-ökonomisch begründeter Schutzmaßnahmen AEUV 207 34

Autonomie EUV 4 26, 155; 14 8; 48 43, 87
- s.a. Unabhängigkeit
- Autonomieansprüche der Mitgliedstaaten EUV 4 98, 121, 137
- EP AEUV 232 2, 1

- Organe AEUV 232 6
- Unterorgane AEUV 232 6
- wirtschaftspolitische AEUV 121 13

Autonomie der Unionsrechtsordnung EUV 19 39, 42, 54
Autonomie des Menschen GRC 1 36ff.
Azoren AEUV 349 7; 355 3

Bagatellvorbehalt AEUV 110 111
Bailout s. Haftungsausschluss
Bailout-Verbot als Konvergenzmaßstab AEUV 140 10
Bank AEUV 64 7
Bankakzept AEUV 63 19
Bank for International Settlements (BIS) s. Bank für Internationalen Zahlungsausgleich
Bank für Internationalen Zahlungsausgleich (BIZ) AEUV 138 15, 33; 143 21; 219 22, 23
Bankdienstleistungen AEUV 64 3f.
Bankenaufsicht AEUV 65 6f.; 284 21
- einheitlicher Aufsichtsmechanismus AEUV 130 11
- prudential supervision AEUV 65 6

Bankenliquidität AEUV 65 5
Bankensystem, Stabilität AEUV 65 13
Bankenunion AEUV 26 4; 119 13, 30, 27ff.
- einheitlicher Abwicklungsmechanismus AEUV 127 57
- einheitlicher Aufsichtsmechanismus AEUV 127 54
- ESZB AEUV 127 50ff.
- Finanzaufsicht AEUV 127 49ff.
- single resolution mechanism AEUV 127 57
- single supervisory mechanism AEUV 127 54
- und Ausnahmeregelung AEUV 139 7

Banknoten AEUV 63 20; 128 7ff.
Barcelona-Prozess AEUV 217, 28
Bargeld AEUV 57 15; 63 16, 21, 37; 65 4; 128
- Ein-/Ausfuhr von ~ AEUV 63 16

Barroso (-Kommission) AEUV 216 172; 218 45
Barroso-Ashton Strategie AEUV 220 12
Basisrechtsakt AEUV 310 16, 49ff.; 317 9
Basisübereinkunft AEUV 216 134
Bausparkasse AEUV 64 6; 65 7
Baustahlgewebe-Urteil GRC 47 68
Beamte AEUV 336 3ff.
- Arbeitnehmerfreizügigkeit AEUV 45 30, 71ff.
- Disziplinarrecht AEUV 228 17
- Entgeltgleichheit AEUV 157 22, 43, 48
- Kodex AEUV 228 5
- Kollektivverhandlungsfreiheit GRC 28 15
- Sozialversicherung AEUV 48 22
- Untersuchungsausschuss AEUV 226 6

Beamtenaustausch AEUV 197 22
Beamtenstatut AEUV 336 1, 11ff., 20ff.
Bedarfsvorbehalte AEUV 49 63
Bedienstete
- staatliche GRC 12 33f.

Stichwortverzeichnis

- Untersuchungsausschuss **AEUV 226** 17 f., 11
- **Bedingungen und Grenzen** **GRC 52** 43
- **Bedrohungseinschätzung, Terrorabwehr** **AEUV 222** 40 ff.
- **Beeinträchtigungsverbot, religionsverfassungsrechtliches** **AEUV 17** 12 ff.
- **Befähigungsnachweise** **AEUV 49** 89; **53** 10, 12
- **Befreiungen** **EUV 47** 20 f.
- **begrenzte Einzelermächtigung** s. Einzelermächtigung, Grundsatz der begrenzten
- **Begriffskern** **AEUV 12** 24
- **Begründetheit**
  - Abänderungs- und Aufhebungsantrag **AEUV 278–279** 27
  - Akzessorietät **AEUV 278–279** 6, 7
  - Antragsform **AEUV 278–279** 13
  - Antragsfrist **AEUV 278–279** 14
  - Antragsgegenstand **AEUV 278–279** 10
  - Antragshäufung **AEUV 278–279** 9
  - Antragsrecht natürlicher und juristischer Personen **AEUV 278–279** 12
  - Aussetzung der Durchführung angefochtener Handlungen Art. 278 S. 2 AEUV **AEUV 278–279** 2
  - Begründetheit **AEUV 278–279** 17
  - Beschluss **AEUV 278–279** 25
  - direkter Vollzug **AEUV 278–279** 5
  - Dringlichkeit **AEUV 278–279** 18
  - Dritte Säule der Union **AEUV 276** 1
  - einer Klage beruhend auf einer Schiedsklausel **AEUV 272** 12
  - einstweiliger Rechtsschutz **AEUV 278–279** 1 ff.
  - Erforderlichkeit **AEUV 278–279** 16
  - Erlass einstweiliger Anordnungen **AEUV 278–279** 3
  - Form der Entscheidung **AEUV 278–279** 25
  - Formen des einstweiligen Rechtsschutzes **AEUV 278–279** 2
  - Funktion **AEUV 278–279** 1
  - hinreichende Aussicht auf Erfolge **AEUV 278–279** 24
  - im einstweiligen Rechtsschutz **AEUV 278–279** 17
  - im Rahmen der Inzidentrüge **AEUV 277** 37
  - indirekter Vollzug **AEUV 278–279** 5
  - Inhalt **AEUV 278–279** 26
  - Interessenabwägung **AEUV 278–279** 23
  - irreparabler Schaden **AEUV 278–279** 21, 22
  - kein Vorgreifen der Hauptsache **AEUV 278–279** 24
  - Klagebefugnis im Hauptverfahren **AEUV 278–279** 11
  - Konnexität **AEUV 278–279** 9
  - Notwendigkeit **AEUV 278–279** 24
  - Rechtsschutzbedürfnis **AEUV 278–279** 15
  - Schadensbegriff **AEUV 278–279** 19, 20
  - summarische Prüfung **AEUV 278–279** 8

- **Begründung**
  - Austritt **EUV 50** 5
  - Untersuchungsausschuss **AEUV 226** 9
- **Begründungserwägungen eines Ratsbeschlusses** **AEUV 216** 81; **218** 16, 65, 81
- **Begründungspflicht/-mangel** **GRC 41** 19; **47** 40, 42, 43, 44, 52, 62; **AEUV 296** 1 ff.
  - Anforderungen **AEUV 296** 16 ff.
  - Anwendungsbereich **AEUV 296** 14 f.
  - Bezugnahmegebot **AEUV 296** 26
  - Fehlerfolgen/Begründungsmängel **AEUV 296** 22 ff.
  - Funktionen **AEUV 296** 12 f.
  - Gesetzgebungsverfahren **AEUV 296** 19
- **Behandlung** **GRC 4** 2 ff., 10, 17 ff.; **19** 10, 12, 15
  - erniedrigende **GRC 4** 1 ff., 10, 19, 28 f.; **19** 10, 12, 15
  - unmenschliche **GRC 4** 2 ff., 10, 17 ff., 28 f.; **19** 10, 12, 15
- **Behindertenrechtskonvention, Wahlrecht** **EUV 14** 50
- **Behinderung** **GRC 26** 9; **AEUV 19** 27
  - s. a. Arbeitnehmer, Rehabilitationsmaßnahme
- **Behinderungsverbot** **AEUV 49** 59 ff.; **351** 18
- **behördliche Erlaubnis** **AEUV 56** 103
- **Beihilfen** **AEUV 50** 24; **59** 11; **351** 39
  - Abgeordneter **AEUV 223** 57
  - Forschung **AEUV 179** 33
  - Industrie **AEUV 173** 33
  - Rüstung **AEUV 348** 8
  - Überseegebiete **AEUV 349** 5, 8
  - unzulässige **AEUV 351** 39
- **Beihilfenrecht der EU** **AEUV 107** 1 ff.; **108** 1 ff.; **109** 1 ff.
  - Anmeldepflicht **AEUV 108** 48
  - Anwendungsbereich **AEUV 107** 9 ff.
  - Begünstigungskriterium **AEUV 107** 34 ff.
  - Beihilfearten **AEUV 107** 20 ff., 47 ff., 59 ff.
  - Beihilfebegriff **AEUV 107** 20 ff.
  - Beihilfenempfänger **AEUV 263** 127
  - Beihilfenkontrollverfahren **AEUV 108** 1 ff.
  - Beihilfenregelungen **AEUV 263** 129
  - Beihilfenverfahrensverordnung **AEUV 107** 14; **109** 24 ff.
  - de-minimis-Verordnungen **AEUV 107** 4; **108** 54; **109** 12 ff.
  - Durchführungsverbot **AEUV 107** 15; **108** 48 ff.
  - Durchführungsverordnungen **AEUV 109** 1 ff.
  - Ermächtigungsverordnung **AEUV 109** 13 f., 18 f., 21 f.
  - Ermessens- bzw. Fakultativausnahmen **AEUV 107** 55 ff.
  - Gruppenfreistellungsverordnungen **AEUV 107** 4; **108** 54; **109** 12 ff.
  - Handelsbeeinträchtigung **AEUV 107** 43
  - Legalausnahmen **AEUV 107** 47 ff.
  - materielles ~ **AEUV 107** 1 ff.

- Modernisierung   AEUV 107 8
- more refined economic approach   AEUV 107 8
- Prüfungsmonopol der Kommission   AEUV 107 14; 108 1 ff.
- Rolle des Rates   AEUV 107 68 f.; 108 44 ff.; 109 1 ff.
- Rolle mitgliedstaatlicher Gerichte u. Behörden   AEUV 107 15 f.
- Rückforderung rechtswidriger Beihilfen   AEUV 107 16
- Selektivitätskriterium   AEUV 107 38 ff.
- Staatlichkeit der gewährten Beihilfen   AEUV 107 19 ff.
- State Aid Action Plan   AEUV 107 8
- unmittelbare Anrufung des Gerichtshofs   AEUV 108 40 ff.
- Unternehmensbegriff   AEUV 107 35 f.
- Verbotstatbestand   AEUV 107 18 ff.
- vertragliche Sonderbestimmungen   AEUV 107 45 f.
- Wettbewerbsverfälschung   AEUV 107 42

Beihilfenverfahrensverordnung   AEUV 298 19
Beihilferegelungen   AEUV 34 23
Beihilfeverbot   AEUV 110 74; 111 5, 9
Beilegung von Kompetenzkonflikten   AEUV 85 35 f.
Beistand, finanzieller   AEUV 122 15 ff.; 311 110
- Bedingungen   AEUV 122 24
- Ermessen   AEUV 122 20
- Formen   AEUV 122 21
- Kausalität   AEUV 122 19
- mittelfristiger   AEUV 143 24, 27
- Refinanzierung   AEUV 122 22
- Verfahren   AEUV 122 25
- Voraussetzungen   AEUV 122 15 ff.

Beistand, gegenseitiger   AEUV 143 4, 16, 18, 27; 144 3, 10, 14 ff.
- Befristung   AEUV 143 26
- Formen   AEUV 143 19, 20 ff.
- Ratsbeschluss   AEUV 143; 144 3, 8 f., 17

Beistandspflicht   AEUV 336 30
Beiträge   AEUV 311 91
Beitragsfinanzierung, faktische   AEUV 311 42
Beitragsgerechtigkeit   AEUV 311 33
beitragsunabhängige Sonderleistungen s. soziale Sicherheit
Beitreibungsrichtlinie   AEUV 110 55
Beitritt und Austritt   EUV 49 37
Beitritt zur EMRK   EUV 6 65 ff.
- Beitrittsverpflichtung   EUV 6 70 ff.
- Entwurf Beitrittsabkommen   EUV 6 81 ff.
- Folgen   EUV 6 96 ff.
- Gang der Verhandlungen   EUV 6 79
- Rechtserkenntnisquelle   EUV 6 45 f., 66
- Umfang   EUV 6 80
- Verfahren   EUV 6 91 ff.
- Voraussetzungen EMRK   EUV 6 77 f.
- Voraussetzungen Unionsrecht   EUV 6 74 ff.

Beitritt zur EU   AEUV 217 1, 4, 26 ff.
- Antragsrecht   EUV 49 4
- Assoziierung   EUV 49 38
- kein Recht   EUV 49 4
- Union   AEUV 231 6

Beitrittsabkommen (-übereinkunft/-akt)   EUV 49 30; 49 28; AEUV 1 12; 216 203, 218 f.; 218 103, 127 f., 149 f., 232; 351 33, 67
- Akte über die Bedingungen des Beitritts des Königreichs Spanien vom 12.06.1985   AEUV 351 33
- Akte über die Bedingungen des Beitritts der Republik Kroatien usw. vom 9.12.2011   AEUV 351 55, 57
- Ratifikation   EUV 49 30

Beitrittsakte   EUV 49 28
Beitrittsassoziierung   EUV 49 38; AEUV 217 1, 4, 26 ff.
Beitrittsschock   EUV 49 32
Beitrittsverhandlungen   EUV 17 10
Bekanntgabe von Rechtsakten   AEUV 297 16 f.
Bekanntmachungen   AEUV 288 98
Belästigungen   AEUV 19 20
Belastungsgerechtigkeit   AEUV 49 109, 113
Belastungszeuge   GRC 47 65
Belgien   AEUV 217 6
Benchmarking   AEUV 148 11, 15
Benelux   AEUV 216 127; 350 1 ff.
- Gerichtshof   AEUV 350 4

Beobachter (-status) der EU   AEUV 216 67; 220 26 f., 30, 42 f., 51 ff., 65, 70, 81, 84; 351 80, 118
- bei Verfahren vor dem EGMR   AEUV 220 63

Beobachterstatus der EZB   AEUV 138 35
Beobachtung, staatliche   GRC 7 30
BEPA s. Bureau of European Policy Advisors
BEPS   AEUV 110 3, 29, 33
Beratender Ausschuss in Verkehrsfragen   AEUV 99 1 f.
Beratender Währungsausschuss   AEUV 219 1
Beratungsverfahren   AEUV 291 17
Berechtigungsanspruch   GRC 8 53
Bereichsausnahme
- s. a. Sozialpolitik, Kompetenzverteilung
- Sozialpolitik (Art. 153 Abs. 5 AEUV)   AEUV 153 49 ff., 107 ff.

Bericht
- Bürgerbeauftragter   AEUV 228 10 f., 19
- soziale und demographische Lage   AEUV 233 8
- Untersuchungsausschuss   AEUV 226 3, 4, 5
- wirtschaftlicher, sozialer und territorialer Zusammenhalt   AEUV 233 8

Berichterstattung
- Sozialpolitik   AEUV 159
- soziale Lage   AEUV 159 4; 161

Berichtigungshaushaltsplan   AEUV 314 44
Berichtspflicht

Stichwortverzeichnis

- Außen- und Sicherheitspolitik **AEUV 233** 9
- EP **EUV 14** 20; **AEUV 226** 1
- Fortentwicklung der Unionsbürgerschaft **AEUV 25** 11
- Freiheit, Sicherheit, Recht **AEUV 233** 10
- Hoher Vertreter **AEUV 233** 9
- Kommission **EUV 14** 22; **AEUV 233** 8 f.
- Mitgliedstaaten **EUV 14** 22; **AEUV 233** 10
- Präsident des Europäischen Rates **AEUV 233** 9
- Sicherheits- und Verteidigungspolitik **AEUV 233** 9
- Unionsbürgerschaft **AEUV 233** 9
- Verwaltung **AEUV 197** 21
- WWU **AEUV 233** 10

Berlin-Plus-Vereinbarung **EUV 42** 27 f.
Berliner Erklärung **EUV 1** 34 f.
Berufsanerkennungsrichtlinie **AEUV 56** 120; **59** 12, 17, 27 ff.; **62** 15
Berufsbildung **AEUV 41** 2
Berufsfreiheit **GRC 15** 1 f., 4 f., 8 f., 15, 19 ff.; **AEUV 45** 7, 126
Berufsgeheimnis **GRC 47** 75, 79; **AEUV 339** 1 ff.
Berufsqualifikationen, Richtlinie über **AEUV 26** 27
Berufszugangsregelungen **AEUV 53** 2
Berufungsausschuss **AEUV 291** 19 ff.
- Besetzung **AEUV 291** 19

Beschäftigungsausschuss **AEUV 148** 18; **149** 4; **150** 1 ff.
- Anhörung der Sozialpartner **AEUV 150** 9
- Anhörung des Parlamentes vor Einsetzung **AEUV 150** 3
- Anhörung zu beschäftigungspolitischen Leitlinien **AEUV 148** 8
- Arbeitsgruppen **AEUV 150** 8
- Arbeitsweise **AEUV 150** 8
- Aufgaben **AEUV 150** 7
- Einsetzung **AEUV 150** 3
- Funktion **AEUV 150** 4
- Stellungnahme zu beschäftigungspolitischen Anreizmaßnahmen **AEUV 149** 4
- Zusammenarbeit mit wirtschaftspolitisch relevanten Organisationen **AEUV 150** 10
- Zusammensetzung **AEUV 150** 11

Beschäftigungsbedingungen **AEUV 153** 21 ff., 24
- s. a. Entgelt, Kompetenz der EU
- s. a. Arbeitsbedingungen
- Drittstaatsangehörige **AEUV 153** 57 ff.
- sonstige ~ **AEUV 336** 1, 11 ff., 44 ff.

Beschäftigungsbericht **AEUV 148** 4, 20
Beschäftigungsförderung **AEUV 146** 8; **149** 3
- Anhörung des Ausschusses der Regionen **AEUV 149** 4
- Anhörung des Wirtschafts- und Sozialausschusses **AEUV 149** 4
- Befugnisse der Union **AEUV 149** 3
- Beschäftigungsausschuss **AEUV 149** 4
- Gesetzgebungsverfahren **AEUV 149** 3

Beschäftigungsniveau, hohes
- Bedeutung **AEUV 147** 3, 9
- Justiziabilität **AEUV 147** 11
- Maßnahmen der Union **AEUV 147** 5 ff.
- Querschnittsziel **AEUV 147** 9
- Zuständigkeit der Mitgliedstaaten **AEUV 147** 8

Beschäftigungspolitik **AEUV 5** 1; **146** 4; **150** 5; **162** 1
- Bildung **AEUV 9** 7; **151** 12
- hohes Beschäftigungsniveau **AEUV 9** 2; **151** 11
- Industriepolitik **AEUV 173** 35
- Koordinierung **AEUV 2** 46 f.; **5** 8 f.
- Leitlinien **AEUV 5** 9
- Verhältnis zur Wirtschaftspolitik **AEUV 145** 25; **146** 4

beschäftigungspolitische Leitlinien s. Leitlinien, beschäftigungspolitische

Beschäftigungsstrategie, koordinierte **AEUV 145** 1, 10 ff.
- Abstimmung von Maßnahmen **AEUV 146** 10 ff.
- Angelegenheit von gemeinsamem Interesse **AEUV 146** 8
- Arbeitsmarktpolitik, aktive **AEUV 145** 21
- Ausbildung von Arbeitnehmern **AEUV 145** 19
- Begriff **AEUV 145** 14
- Beitrag der Mitgliedstaaten **AEUV 146** 6
- Beschäftigungsausschuss **AEUV 148** 18
- Beschäftigungsbericht **AEUV 148** 4, 20
- Beschränkung von Grundfreiheiten **AEUV 145** 26
- Bericht der Mitgliedstaaten zur Beschäftigungspolitik **AEUV 148** 16
- Berücksichtigung einzelstaatlicher Gepflogenheiten **AEUV 146** 12
- Einbindung in Unionsziele **AEUV 145** 23 ff.
- Empfehlung der Kommission für Empfehlungen an Mitgliedstaaten **AEUV 148** 19
- Empfehlungen des Rates an Mitgliedstaaten **AEUV 148** 19
- Förderung der Anpassungsfähigkeit von Arbeitnehmern **AEUV 145** 20
- Förderung der Zusammenarbeit von Mitgliedstaaten **AEUV 147** 4
- Harmonisierung **AEUV 149** 11
- Inhalte **AEUV 145** 18 ff.
- Koordinierungskompetenz der Union **AEUV 145** 12
- Laisser-Faire-Politik **AEUV 145** 15
- Prüfung der mitgliedstaatlichen Beschäftigungspolitik durch den Rat **AEUV 148** 17
- Qualifizierung von Arbeitnehmern **AEUV 145** 19
- Schlussfolgerungen zur Beschäftigungslage **AEUV 148** 6

- Semester, Europäisches **AEUV 148** 4
- Sozialpartner **AEUV 146** 13; **150** 9
- subjektiv-öffentliches Recht **AEUV 146** 6
- Tragweite **AEUV 145** 16
- Unionstreue **AEUV 146** 12
- Wandlungsfähigkeit der Arbeitsmärkte **AEUV 145** 22
- Zuständigkeit der Mitgliedstaaten **AEUV 145** 12; **146**

Beschäftigungsverhältnis (Begriff) s. Arbeitnehmer

beschleunigtes Verfahren/Vorabentscheidungsverfahren GRC 47 37

Beschluss von Helsinki EUV 42 5

Beschlüsse AEUV 288 1, 82 ff.
- Abgrenzung von reinen Realakten **AEUV 288** 85 f.
- Abgrenzung von vertraglichen Handlungen **AEUV 288** 87 f.
- adressatenbezogene **AEUV 288** 84 ff.
- adressatenlose **AEUV 288** 1, 94 ff.
- EZB **AEUV 132** 8
- individualgerichtete **AEUV 288** 84 ff.
- Mehrheit **AEUV 231**
- Rechtsschutz **AEUV 288** 92, 97
- staatengerichtete **AEUV 288** 89
- Wirkungen **AEUV 288** 90 f., 95 f.

Beschlüsse von vertraglich eingesetzten Organen/Ausschüssen AEUV 216 241 ff.

Beschränkung, verschleierte AEUV 63 34; **65** 19

Beschränkung absoluter Rechte AEUV 12 40

Beschränkung des Verbraucherschutzes
- Privatheit **AEUV 12** 32
- Professionalität **AEUV 12** 32
- Organisationsgrad **AEUV 12** 32

Beschränkungsgrund GRC 38 18, 34 f.

Beschränkungsverbot AEUV 26 10; **34** 43, 68; **35** 10, 17 ff.; **49** 33 ff.; **54** 26; **110** 108
- s. a. Arbeitnehmerfreizügigkeit
- Art. 18 AEUV **AEUV 18** 26

Beschuldigtenrechte AEUV 82 27

Beschwerde AEUV 270 24
- Datenschutz **AEUV 228** 5
- Kodex **AEUV 228** 5
- SOLVIT **AEUV 228** 5

beschwerende Maßnahme AEUV 270 4, 24 ff.

Beseitigung der Wettbewerbsverzerrungen AEUV 116 1

Besitzstand, unionaler EUV 49 20

Besitzstandswahrung
- s. a. Übergangsregelung
- Entgeltgleichheit **AEUV 157** 99

Besoldung (EU-Beamte) AEUV 336 38 ff.

besondere Umstände AEUV 263 112
- Individualisierung **AEUV 263** 118

besonderes Gesetzgebungsverfahren AEUV 64 20; **65** 14; **115** 15; **223** 9, 44, 48; **289** 26 ff.
- Anwendungsbereich **AEUV 289** 27 ff.

- Überleitung zum ordentlichen Gesetzgebungsverfahren **AEUV 289** 35 ff.
- Varianten **AEUV 289** 27 ff.

besonderes Kohärenzerfordernis AEUV 12 67

best practice,
- Forschungspolitik **AEUV 181** 7
- Industriepolitik **AEUV 173** 64

Bestandskraft EUV 4 128 ff.; **GRC 47** 70; **AEUV 288** 8

Bestandsschutz, relativer AEUV 203 14

Besteuerung, nachträgliche AEUV 54 13

Besteuerungsbefugnis AEUV 49 116, 121 f., 130

bestimmte Verkaufsmodalitäten AEUV 34 121, 143 ff.
- Diskriminierungskontrolle **AEUV 34** 125

Bestimmtheit des Übertragungsakts AEUV 290 1, 10
- Handlungsspielräume **AEUV 290** 10
- Rechtsfolge bei Verstoß **AEUV 290** 10 f.

Bestimmtheitsgebot GRC 52 23
- Straftaten **AEUV 325** 25

Bestimmtheitsgrundsatz AEUV 337 28

Bestimmungslandprinzip AEUV 110 20 f.; **111** 2; **113** 23 f., 28, 34

Beteiligungen AEUV 63 15; **64** 6
- Beteiligungspapiere **AEUV 63** 19
- Erwerb **AEUV 63** 36; **64** 9; **65** 12

Beteiligungsrechte der Verbraucherverbände GRC 38 33

Betrauung AEUV 106 76 ff.

betriebliche Arbeitnehmervertretungen GRC 27 23; **28** 14, 16
- Europäischer Betriebsrat **AEUV 153** 30; **155** 9
- Entgeltgleichheit **AEUV 157** 54, 124
- Kompetenz der EU **AEUV 153** 27 ff., 49 ff.

betriebliche Systeme der sozialen Sicherheit s. soziale Sicherheit, betriebliche Systeme

Betriebs- und Geschäftsgeheimnisse GRC 16 9

Betriebsrente
- s. a. soziale Sicherheit, betriebliche Systeme
- Geschlechtergleichbehandlung **AEUV 157** 25, 46 ff., 86

Betriebstätte AEUV 49 113, 130, 134; **54** 13

Betriebszugehörigkeit AEUV 45 114 ff.; **157** 42, 59, 130, 132, 135

Betroffenheit
- individuelle **GRC 47** 28, 33, 34, 36
- unmittelbare **GRC 47** 28, 36

Betrug AEUV 56 104; **325** 1, 6, 9, 15 f., 18, 25, 27, 29, 32, 35, 37 f., 40 f.

Betrügerei AEUV 325 2 ff., 11 ff., 15, 17, 24, 30 f., 35 f., 42

Betrugsbekämpfung AEUV 310 58

Betrugstatbestand AEUV 325 40

Betrugsverhinderung AEUV 110 134

Beurteilungs-/Ermessensspielraum GRC 47 41, 42, 43, 52; **AEUV 138** 19

Stichwortverzeichnis

Beurteilungsfehler, offensichtlicher   GRC 47 40, 41, 53
Bewegungsfreiheit, Recht auf
– Berechtigte   GRC 6 7
– Eingriff   GRC 6 23
– Eingriffsrechtfertigung   GRC 6 27
– EMRK   GRC 6 2
– Entstehungsgeschichte   GRC 6 5
– EU-Haftbefehl   GRC 6 9
– Rechtsprechungsentwicklung   GRC 6 6
– Schutzbereich, persönlich   GRC 6 12
– Schutzbereich, sachlich   GRC 6 13
– und Asylrecht   GRC 6 9
– und Einwilligung   GRC 6 26
– und Freiheitsentziehung   GRC 6 24
– und Recht auf Sicherheit   GRC 6 10
– und Strafrecht   GRC 6 8
– und Terrorismus   GRC 6 11
– Verhaftung   GRC 6 8
– Verpflichtete   GRC 6 5
Beweisrecht   AEUV 82 25 f.
Beweisverwertungsverbot   GRC 47 66, 77
Bewertungsverfahren   AEUV 70 1 ff.
Bewirtung   AEUV 57 9
Bewirtungstätigkeiten   AEUV 34 11
Bezugsperson   GRC 7 17
bicephale Vertretung der EU   AEUV 220 86
bilaterale Abkommen   AEUV 207 161 ff., 257 ff.
– ASEAN   AEUV 207 272
– Entwicklung   AEUV 207 258 ff.
– Kanada   AEUV 207 275 f.
– Singapur   AEUV 207 273
– Südamerika   AEUV 207 281
– Südkorea   AEUV 207 274
– Vietnam   AEUV 273
bilaterale Investitionsschutzabkommen s. Investitionsschutzabkommen
bilaterale Kredite   AEUV 125 1, 4
bilaterales Abkommen, Austritt   EUV 50 7
Bildung   GRC 14 10 ff.; AEUV 165
– Abgrenzung Bildung – berufliche Bildung   AEUV 165 11 ff.; **166**
– allgemeine/schulische   GRC 14 10
– Ausbildung   AEUV 165 15; **166** 5
– Begriff   AEUV 165 8; **166** 3 ff.
– berufliche Ausbildung und Weiterbildung   GRC 14 10, 12
– berufliche Bildung   AEUV 166
– Erasmus   AEUV 165 31; **166** 16
– Fortbildung   AEUV 165 15; **166** 5
– historische Entwicklung   AEUV 165 4 ff.
– Instrumente   AEUV 165 27 ff.; **166** 13 ff.
– internationale Zusammenarbeit   AEUV 165 37 f.
– Kompetenz der EU   AEUV 165 16 ff., 20 ff.
– Programme   AEUV 165 31 ff.; **166** 16
– Schulwesen   AEUV 165 15
– Umschulung   AEUV 165 15; **166** 5

– Verhältnis zu anderen primärrechtlichen Normen   AEUV 165 40 ff.
– Ziele der Bildungspolitik   AEUV 165 24 ff.; **166** 12
Bildungseinrichtungen   AEUV 18 47, 50
Bildungspolitik   AEUV 145 5
– EaSI   AEUV 149 6
– EURES   AEUV 149 6
– Europäisches Parlament, Anhörung zu beschäftigungspolitischen Leitlinien   AEUV 148 8
– Grundfreiheiten, Beschränkung durch beschäftigungspolitische Maßnahmen   AEUV 145 26
– Harmonisierung   AEUV 149 11
– Jahreswachstumsbericht   AEUV 145 19; **148** 4
– Koordinierung mitgliedstaatlicher Beschäftigungspolitik s. Beschäftigungsstrategie, koordinierte
– Koordinierungsmethode, offene   AEUV 146 10
– Langzeitarbeitslosigkeit   AEUV 149 6
Binnen-/Innenkompetenz (der Europäischen Union)   AEUV 216 3, 32 ff., 41, 63, 84, 93 ff., 96 ff., 129, 136 ff., 138, 144, 147 ff., 192; **351** 108
Binnengrenzen   AEUV 67 4
Binnenmarkt   EUV 3 30, 31 ff.; AEUV 26 1, 6; **28** 6, 17, 19 ff.; **63** 10 ff., 24, 35, 37; **65** 27; **67** 3, 12 ff., 19; **77** 2; **78** 3; **79** 6; **113** 1; **142** 16; **216** 220; **326** 3; **351** 25, 85
– Beeinträchtigung des ~   AEUV 216 259; **351** 25, 115
– Begriff   AEUV 114 55, 56
– Binnenmarktkompetenz   AEUV 192 33, 79, **193** 36
– digitaler   AEUV 26 4
– Forschung   AEUV 179 13, 36, 38, 40; **180** 5
– Funktionieren   AEUV 63 11; **65** 30; **143** 11; **144** 12
– geteilte Zuständigkeit   AEUV 3 5, 4 4
– Prävention von Gefahren   AEUV 117 2
– Rechtsangleichung im ~   AEUV 63 10
– Rechtsangleichungskompetenz   AEUV 194 7, 10, 13, 16, 19, 22, 25, 36, 40
– Rechtsharmonisierung   AEUV 192 81
– Rüstung   AEUV 347 2, 9, 26, 33 f., 43, 45 f.; **348** 2 f., 6 f., 11, 19
– soziale Dimensionen   AEUV 26 17
– Überseegebiete   AEUV 349 8 ff.
– Verwirklichung   AEUV 113 1, 16
– Vollendung   AEUV 65 20; **142** 3
– Weitergabe von Vorteilen aus dem ~   AEUV 351 85 ff.
Binnenmarkt und Datenschutz   GRC 8 17; AEUV 16 22
Binnenmarktbezug   AEUV 115 12
Binnenmarktfinalität   AEUV 113 7

15*

Binnenmarktförderung AEUV 67 19
Binnenmarkthindernisse AEUV 169 35
Binnenmarktkompetenz GRC 38 14; AEUV 12 15 f.; **113** 5
– Art. 114 AEUV AEUV 113 5
– Recht zur Errichtung von Institutionen AEUV 2 16
Binnenmarktkonzept
– Freiheitsverwirklichung AEUV 169 25, 31 ff., 37
– Schutzkonzept AEUV 169 25
Binnenmarktpolitik AEUV 169 4, 8, 21 f., 24, 27 f., 31, 33, 49
Binnenmarktstrategie AEUV 26 21
Binnenmarktstrategie 2015 AEUV 26 5
Binnenmarktziel AEUV 26 3; **114** 1, 6
Binnenmarktzugang, bedingter AEUV 204 6
Binnenpolitik AEUV 205 12
Binnenraum EUV 3 26; AEUV 67 10, 12, 34; 78 3; 79 6
Binnenschifffahrt AEUV 90 23 ff.
Biotechnologien, Menschenwürde GRC 1 8 ff.
BITs s. Investitionsschutzabkommen
BIZ s. Bank für Internationalen Zahlungsausgleich
Bootsliegeplätze AEUV 56 66
Bosnien-Herzegowina AEUV 217 9, 28
Brasilien AEUV 217, 12
Brexit EUV 50 4
Briefgeheimnis GRC 7 27
Brückenfunktion der Delegationen der EU AEUV 221 22
Brückenklausel EUV 48 5, 59, 66, 78 ff.; AEUV 312 10; 329 7; 333 1 ff.; 353 2, 7
– Verstärkte Zusammenarbeit AEUV 333 3
– Zustimmung des Bundestages und Bundesrates AEUV 333 9
Brüssel I-Verordnung s. EuGVVO
Brüsseler Gerichtsstands- und Vollstreckungsübereinkommen s. EuGVÜ
Bruttoinlandsprodukt AEUV 59 14
Bruttonationaleinkommen-Eigenmittel AEUV 311 38 ff.
Bruttoprinzip AEUV 310 45
Bücher als Kulturgut AEUV 36 55
Budgethoheit der Mitgliedstaaten AEUV 311 123
Budgethoheit/-verantwortung AEUV 218 105 f.
Bulgarien AEUV 77 3; 217 9
– Pre-in AEUV 142 10
– Sonderregelungen Kapitalverkehr AEUV 64 13
Bundesamt für Wirtschaft und Ausfuhrkontrolle AEUV 207 61, 72
Bundesbank s. Deutsche Bundesbank
Bundesrat EUV 31 32
Bundestag s. Deutscher Bundestag
Bundesverfassungsgericht EUV 19 28, 31; AEUV 1 6, 16; **216** 170; **218**; **311** 4 ff., 64, 74, 122
– als de facto Opposition EUV 48 85; AEUV 353 4
– Europarechtsfreundlichkeit AEUV 2 2
– Identitätskontrolle AEUV 2 26
– Klausel-Rechtsprechung AEUV 223 35, 62
– Lissabon-Urteil AEUV 289 21 f.; **294** 4
– Maastricht-Urteil AEUV 289 21 f.
– Ultra-vires-Kontrolle AEUV 2 23 ff.
– Urteil zur 5 %-Sperrklausel AEUV 294 40 ff.
– Verfassungsbeschwerde AEUV 267 70 ff.
Bureau auf European Policy Advisors (BEPA) AEUV 17 25
Bürgerausschuss EUV 11 86 f.
Bürgerbeauftragter, Europäischer EUV 10 31; 14 32; GRC 43 1 ff.; AEUV 228; 289 30, 33, 44; 298 20, 22
– Alternativen AEUV 228 4, 22
– Amtsenthebung GRC 43 10, 22; AEUV 228 7; **251** 15
– Amtshaftungsklage, Alternative AEUV 228 23
– Antwortrecht AEUV 228 2
– Bericht AEUV 228 10 f., 19
– Berufsverbot AEUV 228 8
– Beschwerdeadressat AEUV 228 18
– Beschwerdebefugnis, keine AEUV 228 15
– Beschwerdeführer AEUV 228 11
– Beschwerdeverfahren AEUV 228 19
– Bürgerinitiative AEUV 228 2
– Eingabe zum ~ AEUV 24 15 ff.
– Einrichtungen AEUV 228 11
– E-Mail AEUV 227 14; **228** 20
– Enthebungsverfahren AEUV 228 7
– EuGH AEUV 228 7
– Formzwang, kein AEUV 228 20
– Frist AEUV 228 21
– Gemeinde AEUV 228 13
– Gerichtsverfahren AEUV 228 22
– Gerichtsverfahren, Alternative AEUV 228 22
– Gesetzgebungsbefugnis des EP AEUV 228 9
– Grundrecht AEUV 228 1 ff., 12
– Grundrechte AEUV 228 16
– Grundsätze einer guten Verwaltungspraxis AEUV 228 16
– Hauptaufgabe AEUV 228 10
– Jahresbericht AEUV 228 10
– Kommission, Beschwerde AEUV 228 5
– Kommune AEUV 228 13
– Kontrolle AEUV 228 1
– Massen-Beschwerde AEUV 228 14
– Missstand AEUV 228 11, 16
– Organe AEUV 228 11
– Petitionsrecht GRC 44 5; AEUV 227 2, 12 f.; 228 2, 4, 13
– Popularbeschwerde GRC 43 11
– Recht auf Beschwerde GRC 43 15

- Rechtsgrundsätze   AEUV 228 16
- Rechtsschutz   AEUV 228 22
- Rechtsvorschriften   AEUV 228 16
- Sammel-Beschwerde   AEUV 228 14
- Statut   AEUV 228 9, 21
- Stellen, sonstige   AEUV 228 11
- Stellungnahme   AEUV 228 11
- Subsidiarität   AEUV 228 21
- Unabhängigkeit   AEUV 228 8
- Unionsbürger   AEUV 228 13
- Untersuchung   AEUV 228 10, 19
- Verordnung des EP   AEUV 228 9
- Vertragsverletzungsverfahren   AEUV 228 5, 22
- Verwaltung, Vorbefassung   AEUV 228 21
- Wahl   EUV 14 32; AEUV 228 6
- Zuständigkeit   AEUV 228 4, 24

Bürgerbefragung   AEUV 232 8
Bürgerbeteiligung   EUV 11 1 ff.; AEUV 218 12, 44 ff., 54
- Ansprüche   EUV 11 21
- Berechtigte   EUV 11 23 ff.
- Handlungsverpflichtung   EUV 11 16 ff.

Bürgerinitiative   EUV 10 30; 11 5, 7, 54 ff.; AEUV 25 32; 218 48
- Aufforderungsrecht   EUV 11 54
- Bürgerbeauftragter   AEUV 228 2
- Bürgerbefragung   AEUV 232 8
- Inhalt   EUV 11 69 ff.
- Petitionsrecht   AEUV 227 2, 15
- politische Wirkungskraft   EUV 11 59
- Rechtsschutz   EUV 11 84 ff.
- Verfahren und Bedingungen   EUV 11 60 ff., 76 ff.
- Wirkung   EUV 11 81 f.

bürgerliche Freiheiten   AEUV 36 58
Bürgernähe s. Grundsatz der Bürgernähe
Bürgerpflicht   GRC 5 19
Bürgschaft   AEUV 63 19
BVerfG s. Bundesverfassungsgericht

Cannabis   AEUV 57 47 f.
CARIFORUM   AEUV 217 35
Cassis de Dijon-Urteil   AEUV 34 165 ff., 168; 35 18 ff.; 36 6
- Integrationskontext   AEUV 34 201 ff.

CATS   AEUV 72 1 f.
CEMAC   AEUV 219 17
CETA   AEUV 216 172, 183; 218 12, 48
Ceuta   AEUV 349 7; 355 16
Chalkor-Urteil   GRC 47 49, 52, 74
Chancengleichheit   EUV 14 38; AEUV 223 1
- s. a. Gender Mainstreaming
- Begriff   AEUV 8 4 ff.
- Kompetenz der EU   AEUV 153 35 ff.; 157 144

Charta der Grundrechte (GRC)   EUV 1 26, 46, 62, 64; 6 19 ff.; GRC Präambel 1 ff.; AEUV 1 12; 25 32; 288 75 f.

- Abwehrrechte   GRC 43 3, 15, 17
- Änderungen   EUV 6 30
- Anerkennung   EUV 6 19 f.
- Anwendungsbereich   EUV 6 31 ff.
- Auslegung   EUV 6 38 ff.
- Entstehungsgeschichte   EUV 6 21 ff.
- Grundsatzbestimmungen   AEUV 288 75 f.
- Kompetenzschutzklausel   EUV 6 36 f.
- Primärrecht   EUV 6 27
- Rang   EUV 6 26 ff.
- Recht auf eine gute Verwaltung   AEUV 298 3, 11
- Rechtserkenntnisquelle   EUV 6 45 ff.
- Rechtsquelle   EUV 6 26
- Rechtsverbindlichkeit   EUV 6 7, 19, 26 ff.
- Sekundärrecht   EUV 6 29
- Tertiärrecht   EUV 6 29
- Verhältnis zu allgemeinen Grundsätze   EUV 6 59 ff.
- Wahlrechtsgleichheit   EUV 14 44

Charta der Vereinten Nationen, Grundsätze   EUV 21 17
Charta von Paris für ein neues Europa   AEUV 220 72
Chicagoer Abkommen über die Internationale Zivilluftfahrt   AEUV 216 115
Chile   AEUV 217 11, 37
- Investitionsschutzabkommen   AEUV 63 40

China   AEUV 217, 12
CILFIT-Rechtsprechung   AEUV 267 63 ff.
CIREA   AEUV 74 7
CIREFI   AEUV 74 6
civis europaeus sum   AEUV 18 43
clausula rebus sic stantibus   EUV 28 21
clearing-System   AEUV 113 8
clearing-Verfahren   AEUV 113 3
Codex-Alimentarius-Kommission   AEUV 220 50
Codorniu   AEUV 263 115
Coffeeshops   AEUV 56 66, 122; 57 9
cold calling   AEUV 56 72; 57 37
Comité Securité Interieur (COSI)   AEUV 72 1 f.; 222 39
Community Plant Variety Office s. Gemeinschaftliches Sortenamt
Computerkriminalität   AEUV 83 26
constituency im IWF   AEUV 138 31, 45
COREPER s. Ausschuss der Ständigen Vertreter (AStV)
Corporate Governance   AEUV 50 22
Corpus Juris   AEUV 88 4
COSAC   EUV 14 35
COSI s. Comité Securité Interieur
COST   AEUV 186 3
Cotonou-Abkommen   AEUV 198 11, 26; 207 241; 217 15, 17, 21, 35 ff.
- s. a. AKP-EG-Partnerschaftsabkommen

counter-majoritarian difficulty   AEUV 34 77
cross-treaty-mixity   AEUV 216 78

culpa in contrahendo AEUV 268 5

Dänemark AEUV 67 27 f., 31; 77 3; 78 4; 79 5; 198 2 ff.; 216 62 f., 90; 217 4, 6, 27; 218 127; 219 17
- Euro-Einführung AEUV 139 43 ff.; 140 37
- Grönland AEUV 64 11
- Nationalbank AEUV 219 17
- Protokoll AEUV 142 9 f.
- Sonderregelungen Kapitalverkehr AEUV 64 13
- Verhältnis zu Grönland AEUV 204 2
- Verhältnis zur EG/EU AEUV 203 2
- WKM II AEUV 142 5

Darlehen AEUV 63 19; 143 27
- Hypothekardarlehen AEUV 63 19
- kommerzielle AEUV 63 19
- langfristige AEUV 64 6
- private AEUV 63 19
- Rückzahlung/Tilgung AEUV 64 6

Dassonville-Urteil AEUV 34 66, 152; 35 10, 18

Daten GRC 8 14

Datenaustausch AEUV 82 21

Datenschutz GRC 1 9 ff., 60; 47 75, 79; AEUV 12 50; 87 17; 88 38 ff.
- Arbeitnehmerdatenschutz, Kompetenz AEUV 153 10
- Beschwerde AEUV 228 5
- Datenschutzniveau, hohes AEUV 16 3
- Datenschutzrichtlinie AEUV 16 3
- Datenverkehr im Rahmen der GASP EUV 39
- Dokumente AEUV 232 16
- Entstehungsgeschichte AEUV 16 2
- kirchliche Belange AEUV 17 16
- Kompetenz AEUV 16 14
- Transparenz GRC 8 11
- Rechtsprechungsentwicklung AEUV 16 10
- und Binnenmarktkompetenz AEUV 16 1, 14
- und Eigenverwaltung AEUV 16 4
- und GASP AEUV 16 24
- und Grundrechtecharta AEUV 16 11
- und Mitgliedsstaaten AEUV 16 19
- und Vorhersehbarkeit GRC 8 24

Datenschutzbeauftragter GRC 8 55
- Unabhängigkeit GRC 8 59
- Untersuchungsbefugnis GRC 8 60

Datenschutzrichtlinie s. Recht auf informationelle Selbstbestimmung

Datenschutzverordnung AEUV 298 19

Datensparsamkeit GRC 8 46

Datenträger AEUV 34 12

Datenvermeidung GRC 8 46

DDR AEUV 351 32

de Larosière-Bericht AEUV 141 25

de minimis-Test AEUV 56 95, 100

Definitionsfunktion AEUV 288 4

Definitionshoheit der Verbraucherpolitiken AEUV 169 28

Defizit, öffentliches AEUV 177 19

- Haushaltsdefizit AEUV 121 52, 68
- Stimmrecht, Ruhen AEUV 139 36
- übermäßiges öffentliches; Defizitverfahren; Verfahren bei einem übermäßigen Defizit AEUV 126 1 ff.
- und Ausnahmeregelung AEUV 139 15

Defizitverfahren
- Ablauf AEUV 126 36 ff.
- Ausgestaltung AEUV 126 15 ff.
- Beschlussfassung im Rat AEUV 126 62 ff.
- Genese AEUV 126 5 ff.
- rechtliche Grundlagen AEUV 126 11 ff.
- Rechtsschutz AEUV 126 57 ff.
- Rolle der Kommission AEUV 126 28 f., 36 ff.
- Sanktionen/Konsequenzen AEUV 126 43 ff.

Deflation und Konvergenz AEUV 140 25

Deggendorf-Rechtsprechung AEUV 267 27

Deichhilfe GRC 5 19

Dekarbonisierung, Flexibilisierungsklausel AEUV 352 4

deklaratorische Wirkung AEUV 216 73 ff.; 218 59, 87, 144; 220

Delegation AEUV 218 30, 205 f.; 220 73; 221 2 ff.; 290 1 ff.
- Abgrenzungsfragen und -kriterien AEUV 290 14 ff.
- Befristung AEUV 290 31
- Befugnis s. Delegationsbefugnis
- Bestimmtheit s. Bestimmtheit des Übertragungsakts
- Delegationsleiter AEUV 221 25 ff.
- des Europäischen Auswärtigen Dienstes (EAD) AEUV 218 30
- Doppelstruktur AEUV 290 1
- Fehlgebrauch der übertragenen Befugnisse AEUV 290 25
- Grenzen der Übertragung AEUV 290 8 ff.
- hoher Kommissionsbeamter AEUV 218 30
- Kontrollrechte AEUV 290 27 ff.
- Lenkungsausschuss für die Delegationen (EU-DEL) AEUV 221 27
- Rang AEUV 290 12 f.
- Rechtsfolgen fehlerhafter Zuordnung AEUV 290 22
- Rechtsschutz AEUV 290 11, 13, 25 f.
- Umstellung bestehender Ermächtigungen AEUV 290 23 f.
- Vorgeschichte AEUV 290 1 ff.
- Widerruf s. Widerrufsvorbehalt
- Widerspruch s. dort

Delegation von Vertragsschließungsbefugnissen AEUV 218 89

Delegationsbefugnis AEUV 290 6 ff.
- Anwendungsbereich AEUV 290 6 f.
- Bestimmtheit s. Bestimmtheit des Übertragungsakts
- Grenzen der Übertragung AEUV 290 8 ff.
- (nicht-)wesentliche Regelungen s. wesentliche Regelungen

delegierte Rechtsakte AEUV 216 135 ff.
– s. a. Delegation
Delikte AEUV 325 13 ff.
Deliktsfähigkeit EUV 47 15 ff.
– aktive ~ EUV 47 16
– passive EUV 47 17
Demokratie AEUV 218 157; 220 59; **351** 47
– Defizit AEUV 230 6
– Demokratieprinzip AEUV 218 97 ff., 112 f., 184, 202
– demokratische Legitimität AEUV 216 165, 251; **218** 3, 44
– demokratisches Defizit AEUV 82 4
– Menschenwürde GRC 1 63
– Publizität AEUV 230 10, 12; 232 2
– repräsentative EUV 14 1; AEUV 223 6
Demokratiedefizit AEUV 82 4
– Anfragen AEUV 230 6
– EP EUV 14 35
Demokratieförderung EUV 3 12 f.
Demokratieprinzip EUV 10, 15; GRC 40 14; AEUV 137 15
– s. a. sozialer Dialog
– Demokratiedefizit EUV 10, 22, 27 f.
– demokratische Legitimation EUV 10 21 ff.; **12** 3; AEUV 15 1; 20 3, 48 f.; **22** 1, 3
– Europäische Bürgerinitiative EUV 11 7; AEUV 24 8 ff.
– Grundsatz demokratischer Gleichheit EUV 9 1, 2 ff., 8 f., 13 f.; **11** 3 f., 29, 33 f., 67
– indirekte demokratische Legitimation AEUV 25 23
– nationale Parlamente EUV 12 1 ff.
– partizipative Demokratie EUV 10 29, 41; **11** 1, 6 ff., 57
– politische Parteien EUV 10 43 ff.
– repräsentative Demokratie EUV 10 1 ff., 13 ff.
– Transparenzgebot EUV 10 35 ff.; **11** 34 f.; GRC 42 1; AEUV 15 1 ff., 12 f.; **24** 24
– Vielfalt der verbindlichen Sprachfassungen EUV 55 15
demokratische Legitimation AEUV 289 22 f.
Demokratisierung der EU AEUV 289 22 f.
Den Haag-Programm AEUV 68 2; 78 5
Depositar AEUV 216 178; 218 60
Detektei AEUV 56 103; 57 50
détournement de pouvoir AEUV 263 191
Deutsche Bundesbank AEUV 131 6
– Präsident AEUV 130 22 ff.
Deutsche Demokratische Republik AEUV 351 32
Deutscher Bundestag EUV 31 32
– Flexibilitätsklausel AEUV 352 6, 39
– Leistungen AEUV 223 47
– Wissenschaftlicher Dienst AEUV 223 47
– Verstärkte Zusammenarbeit AEUV 333 9
– Zustimmung zu Brückenklauseln AEUV 333 9

Deutschland AEUV 216 259; 218 91, 126; **351** 22, 32
Deutz/Geldermann AEUV 263 115
Development Committee des IWF AEUV 138 31
Devisen AEUV 143 10, 19
– Devisengenehmigungen AEUV 63 7
– Devisengeschäfte AEUV 127 25 ff.; 142 7; **219** 5
– Devisenmarkt AEUV 63 2, 28; 66 17; **142** 4
– Devisenpolitik AEUV 63 3; 66 17
– Devisenrecht AEUV 63 2, 28; **64** 7
– Devisenverkehr AEUV 63 38
Devisenmärkte, Interventionen an AEUV 219 11
Devisenregelungen AEUV 219 16
Devolutiveffekt AEUV 256 28
DG Ecfin s. Generaldirektion Wirtschaft und Finanzen
Dhekelia AEUV 355 12
Dialog
– mit Kirchen, Religions- und Weltanschauungsgemeinschaften AEUV 17 24 ff.
– wirtschaftlicher AEUV 121 64
– Zivilgesellschaft AEUV 224 4, 9
Diäten, EP AEUV 223 54
Dienstalter s. Betriebszugehörigkeit
Dienste von allgemeinem wirtschaftlichem Interesse AEUV 14 8; 106 47
Dienstfahrzeug für Abgeordneter AEUV 223 61
Dienstleistungen AEUV 63 23, 37; 64 4; 65 25
– Empfänger AEUV 63 4
– Erbringer AEUV 63 4, 37
– von allgemeinem wirtschaftlichem Interesse GRC 36 1, 12; AEUV 63 32; 106 39, 46 ff., 71 ff.
Dienstleistungsabkommen, plurilateral AEUV 207 254
Dienstleistungsfreiheit AEUV 26 4
– s. a. zwingender Grund des Allgemeininteresses
– aktive Dienstleistungsfreiheit AEUV 57 27, 35
– allgemeines Programm AEUV 59 1, 10
– Anerkennungsprinzip AEUV 56 121
– Aufnahme der Dienstleistung AEUV 56 119
– Auslandsdienstleistungen AEUV 57 31
– Ausnahmeregelung AEUV 56 120
– Begünstigte AEUV 56 17 ff.; 62 16
– Bereichsausnahme AEUV 56 64; 62 2
– Beschränkung AEUV 56 1, 9, 57 ff., 69 ff.; **59** 1, 21; **61** 2 f.
– Beschränkung durch Sozialpolitik AEUV 151
– Bestimmungslandprinzip AEUV 59 31, 33
– Dienstleistungsbegriff AEUV 57 3
– Dienstleistungsempfänger AEUV 56 19; **59** 20

- Dienstleistungserbringer AEUV 56 17, 124; 59 20
- Diskriminierung AEUV 56 59, 87; 58 5; 59 11
- Drittstaatsangehörige AEUV 61 2
- Drittwirkung AEUV 56 32 ff.
- Entgelt AEUV 57 20
- Ermessen AEUV 56 130
- Erwerbszweck AEUV 56 28
- Exportstaat AEUV 56 121
- Freiheit AEUV 56 2
- Gesundheitsschutz AEUV 56 63, 112; 59 12; 62 3, 10
- Gewinnerzielungsabsicht AEUV 57 21
- Gleichbehandlung AEUV 61 1 f.
- grenzüberschreitendes Element AEUV 57 25 ff.
- Grundrechte AEUV 56 107, 115
- Importstaat AEUV 56 121
- Inhaltsbestimmungen AEUV 56 123
- Inländergleichbehandlung AEUV 56 59; 57 39; 59 11
- innerstaatlicher Sachverhalt AEUV 57 39 f.
- interne Marktregulierung AEUV 56 79, 81
- juristische Personen AEUV 62 16
- Kohärenzkontrolle AEUV 56 14
- Kompetenzgrundlage AEUV 59 7
- Komplementärfreiheit AEUV 56 7
- Konkurrenzen AEUV 57 3
- körperliche Gegenstände AEUV 57 7
- Korrespondenzdienstleistungen AEUV 57 37 f.
- Liberalisierung AEUV 56 68; 58 6; 60 1 f.
- Marktzugang AEUV 56 60, 79, 104, 130; 62 9
- Meistbegünstigungsprinzip AEUV 61 2
- mittelbare Diskriminierungen AEUV 56 65
- nichtdiskriminierende Maßnahmen AEUV 56 69; 59 22
- Niederlassung AEUV 56 122; 59 16, 27
- offene Diskriminierung AEUV 56 6
- öffentliche Ordnung AEUV 56 63, 112; 59 12; 62 3, 6
- öffentliche Sicherheit AEUV 56 63, 112; 59 12; 62 3, 6
- passive Dienstleistungsfreiheit AEUV 57 29, 35 s. a. Dienstleistungsempfänger
- personenbezogene Diskriminierung AEUV 56 60, 65; 62 7
- produktbezogene Diskriminierung AEUV 56 62, 65
- Prioritätsvorgabe AEUV 59 8
- Proportionalität AEUV 56 114
- räumlicher Anwendungsbereich AEUV 56 13 ff.
- Rechtfertigung AEUV 56 107, 113, 153 ff.; 59 2
- Regelungstrias AEUV 56 6
- sachlicher Anwendungsbereich AEUV 57 3
- Schutzlücken AEUV 56 121
- Selbstständigkeit der Leistungserbringung AEUV 56 7; 57 17; 57 19; 59 16
- sensible Dienstleistungen AEUV 56 90
- Sonderbetroffenheit des Dienstleistungserbringers AEUV 59 21
- soziale Dienstleistungen AEUV 59 17
- Sperrwirkung AEUV 56 109
- Strafrecht AEUV 56 108
- ÜLG AEUV 199 7
- unmittelbare Anwendbarkeit AEUV 56 12, 30; 59 11
- verbotene Tätigkeiten AEUV 57 41 ff.
- Verhältnismäßigkeit AEUV 56 107, 114; 59 22; 62 5
- Verkaufsmodalitäten AEUV 56 94
- vermischte Leistungen AEUV 57 8
- Verpflichtete AEUV 56 29 ff.
- versteckte Diskriminierung AEUV 56 63; 59 11
- Verzögerung AEUV 56 119
- wirtschaftliche Gründe AEUV 56 113; 57 20; 59 17
- Ziele der Union AEUV 56 112
- zwingende Erfordernisse AEUV 56 63, 67
- zwingende Gründe des Allgemeininteresses AEUV 56 112, 123; 62 4

Dienstleistungsrichtlinie AEUV 56 88; 59 14; 62 15; 106 74; 298 19
- Adressaten AEUV 59 26
- Beeinträchtigung AEUV 59 21
- Begünstigte AEUV 59 20
- Dienstleistungsempfänger AEUV 59 20, 25
- Dienstleistungserbringer AEUV 59 20
- Rechtfertigung AEUV 59 24
- schwarze Liste AEUV 59 23
- Verbraucherschutz AEUV 59 24
- Verhältnismäßigkeit AEUV 59 22

Dienstleistungsverkehr AEUV 56 1; 63 37; 66 16
- Freiheit des ~ AEUV 64 4; 66 11
- Liberalisierung des ~ AEUV 63 4, 37

Dienstreisen Abgeordneter AEUV 223 59
differenzierte Integration EUV 20 2; AEUV 67 22; 81 5 ff.
- s. a. abgestufte Integration

Differenzierung, rückschreitende EUV 50 9
Diplom AEUV 56 120; 57 32; 59 7, 12; 62 11
diplomatische Vertretung AEUV 221 3, 7; 216 45
- Abstimmung der Mitgliedstaaten EUV 35

diplomatischer Schutz EUV 35 7; 47 19; GRC 46 1 ff.; AEUV 23 1 ff.
- Grundrechtsqualität GRC 46 8
- Individualansprüche AEUV 23 26 ff.
- juristische Personen AEUV 23 38
- Rechtsschutz GRC 46 18 ff.; AEUV 23 54 f.
- Völkerrecht AEUV 23 16, 24, 37

diplomatischer und konsularischer Schutz AEUV 221 19

diplomatisches Asyl AEUV 221 12
Directorate General for Economic and Financial Affairs (DG Ecfin) s. Generaldirektion Wirtschaft und Finanzen
direkte Steuern AEUV 110 10, 22 f.; 112 1, 6
Direktinvestitionen AEUV 63 19, 40; 64 3, 6 f., 16; 143 6; 216 117 f.; 351 108
– ausländische ~ AEUV 63 24; 64 3, 7, 24; 65 18
– internationale AEUV 3 13
Direktklagen GRC 47 14, 18, 21, 22, 34, 40, 70; AEUV 254 3; 256 5 ff.
Direktorium der Europäischen Zentralbank
– Amtsenthebung AEUV 130 21
– Amtszeit AEUV 130 20
– Unabhängigkeit AEUV 130 20
Direktwahlakt
– EP EUV 14 39, 46, 49; AEUV 223 2, 4, 10 ff.; 224 12 f.; 232 6
– Unterlassen einer Unionsregelung AEUV 223 12
Direktwirkung von Richtlinien AEUV 288 22, 38 ff., 65 ff.
– Abgrenzung der Drittwirkungsarten AEUV 288 55
– Ablauf der Umsetzungsfrist AEUV 288 43
– Agenten-Konstellationen AEUV 288 57 f.
– Ausschlusswirkung AEUV 288 60 f.
– Begründung AEUV 288 39
– Begünstigung des Einzelnen AEUV 288 49 f.
– Berufungsberechtigter AEUV 288 50
– Bestimmtheit AEUV 288 41
– Dreiecks-Konstellationen AEUV 288 56
– Ersetzungswirkung AEUV 288 60 f.
– Geltung AEUV 288 55
– horizontale ~ AEUV 288 51 ff., 60 f.
– Klagebefugnis AEUV 288 49
– laufende Verwaltungsverfahren AEUV 288 43
– nationale Verfahrensregeln AEUV 288 45 f.
– negative unmittelbare Wirkung AEUV 288 60 f.
– reflexhaft Betroffene AEUV 288 50
– rein objektive unmittelbare Richtlinienwirkung AEUV 288 59
– umgekehrt vertikale ~ AEUV 288 48
– Unbedingtheit AEUV 288 41
– und Grundsatzbestimmungen der GRC AEUV 288 75 f.
– Unterschiede zur richtlinienkonformen Interpretation AEUV 288 65 ff.
– vertikale ~ AEUV 288 48
– Voraussetzungen AEUV 288 41 ff.
Diskontinuität
– EP EUV 14 46
– Petition AEUV 227 20
Diskriminierung GRC 23 1 f., 4, 13, 19, 25, 37 f., 40 f.; AEUV 49; 63 2, 23, 27, 34, 41; 64 2, 4, 6, 10, 19; 65 2, 17 f.; 110 41, 94

– Begriff GRC 21 2; AEUV 18 5 f.; 19 17 ff.; 49 48
– Belästigungen AEUV 19 20
– Beweislastumkehr GRC 23 40
– direkte ~ AEUV 18 10 ff.; 19 17 f.
– durch Regelungskombinationen AEUV 18 21 f.
– durch Unterlassung GRC 23 38
– Formen AEUV 49 50
– gemeinsame Verantwortung der Union und der Mitgliedstaaten GRC 23 25
– geregelte Kontexte GRC 23 13 21
– grundsätzliche Vorgehensweise von Antidiskriminierungsregeln GRC 23 13, 14
– indirekte ~ AEUV 18 15 ff.; 19 17 f.
– Maßstab der Feststellung GRC 23 37
– Menschenwürde GRC 1 33, 47, 51
– Merkmale mittelbarer Diskriminierung GRC 23 40
– mitgliedstaatliche Verantwortung GRC 23 25
– mittelbare ~ GRC 23 39 f.; AEUV 18 15 ff.; 19 17 f.; 49 55, 63, 76; 52 5; 110 42, 124 ff.
– mögliche Rechtfertigung mittelbarer Diskriminierung inhärenter Bestandteil des Konzepts GRC 23 42
– offene ~ AEUV 49 51; 54 26; 63 28
– positive ~ GRC 23 22, 43
– Rechtfertigung GRC 21 10; 23 42; AEUV 18 27 ff.; 19 19
– Rechtfertigung mittelbarer Diskriminierung GRC 23 40
– Rechtfertigungsgründe AEUV 52 7
– statistischer Beweis GRC 23 39
– umfassende Regelung unmöglich GRC 23 19
– umfeldbezogene ~ AEUV 49 58
– umgekehrte ~ AEUV 49 11
– und Gleichheit GRC 23 24
– unmittelbare ~ GRC 23 40; AEUV 18 10 ff.; 19 17 f.; 45 96 ff.; 49 52; 110 42, 124; 157 87 ff.;
– Verantwortung der Union GRC 23 25
– Verbot GRC 23 4, 24; AEUV 63 2, 29, 33; 65 15
– Verbot bzgl. der Rechte der EMRK GRC 23 13
– Verbot in den USA GRC 23 2
– Vergleichbarkeit AEUV 49 48
– ~ verhindern GRC 23 1
– verschleierte ~ AEUV 63 28; 65 26
– versteckte ~ GRC 23 40; AEUV 49 51; 54 26
– willkürliche ~ AEUV 63 27, 34; 65 18 f., 26
– Zusammenspiel von Diskriminierungsgründen und geregelten Kontexten GRC 23 14
Diskriminierungsverbot EUV 9 25; GRC 45 14, 18; AEUV 21 24 f.; 22 8, 12, 16 f., 20, 32, 39 f., 42; 30 24; 34 19, 125 ff., 145; 35 11 ff.; 40 59 ff.; 49 47 ff., 55 1; 110 64, 108 ff., 138; 113 1 f.

- s. a. Arbeitnehmerfreizügigkeit
- allgemeines ~ **AEUV 203** 11
- Angleichung nach oben **AEUV 157** 17 ff.
- aus Gründen der ethnischen Herkunft **GRC 21** 4, 6; **AEUV 19** 25
- aus Gründen der Rasse **GRC 21** 4; **AEUV 19** 24
- aus Gründen der Religion oder Weltanschauung **GRC 21** 4; **AEUV 19** 26
- aus Gründen der Staatsangehörigkeit **GRC 21** 15; **AEUV 18**
- aus Gründen des Alters **GRC 21** 4; **AEUV 19** 28
- aus Gründen des Geschlechts **GRC 21** 4; **AEUV 19** 23
- aus Gründen einer Behinderung **GRC 21** 4; **AEUV 19** 27
- Berechnung des Arbeitsentgelts **AEUV 19** 12
- besonderes ~ **AEUV 200** 8
- Diskriminierungskontrolle **AEUV 34** 125 ff.
- Entgeltgleichheit **AEUV 157** 80 ff.
- kirchliche Belange **AEUV 17** 22
- Kompetenzgrundlage **AEUV 18** 91 ff.; **19** 1 ff.
- steuerliches ~ **AEUV 113** 1
- Strafrecht **AEUV 325** 8
- wegen der Geburt **GRC 21** 7
- wegen der genetischen Merkmale **GRC 21** 9
- wegen der Hautfarbe **GRC 21** 6
- wegen der politischen oder sonstigen Anschauung **GRC 21** 7
- wegen der sozialen Herkunft **GRC 21** 7
- wegen der Sprache **GRC 21** 6
- wegen der Zugehörigkeit zu einer nationalen Minderheit **GRC 21** 6
- wegen des Vermögens **GRC 21** 7

Diskriminierungsverbot aus Gründen der Staatsangehörigkeit GRC 21 15; **AEUV 18**
- Auslegungsmaxime **AEUV 18** 73
- Berechtigte **AEUV 18** 53 ff.
- Bindung Privater **AEUV 18** 63 ff.
- Inländerdiskriminierung **AEUV 18** 68 f.
- Leitmotiv **AEUV 18** 3
- Nachrangigkeit **AEUV 18** 73 ff.
- persönlicher Anwendungsbereich **AEUV 18** 52 ff.
- räumlicher Anwendungsbereich **AEUV 18** 71
- Rechtsetzungskompetenz **AEUV 18** 91 ff.
- sachlicher Anwendungsbereich **AEUV 18** 36 ff.
- umgekehrte Diskriminierung **AEUV 18** 68 f.
- und Grundfreiheiten **AEUV 18** 37 ff., 79 ff.
- und Freizügigkeitsrecht **AEUV 18** 41 ff.
- und nationaler Grundrechtsschutz **AEUV 18** 44
- und prozessrechtliche Regeln **AEUV 18** 45
- und Sekundärrecht **AEUV 18** 90
- und Sozialleistungen **AEUV 18** 46
- Verpflichtete **AEUV 18** 60 ff.
- Vorrangigkeit **AEUV 18** 88 f.
- zeitlicher Anwendungsbereich **AEUV 18** 70

Diskriminierungsverbot aus Gründen des Geschlechts GRC 21 4; **AEUV 19** 23
- Frauenquoten **AEUV 19** 34
- Gender-Richtlinie **AEUV 19** 36
- Unisextarifrichtlinie **AEUV 19** 36

Diskriminierungsverbot, Kompetenzgrundlage AEUV 18 91 ff.; **19** 1 ff.
- Anwendungsvoraussetzungen **AEUV 19** 3 ff.
- Fördermaßnahmen der Union **AEUV 19** 35
- Gesetzgebungsverfahren **AEUV 18** 95 ff.; **19** 31 ff.
- Konkurrenzverhältnis **AEUV 19** 4 ff.
- Sachregelungskompetenz **AEUV 19** 10

Dispute Settlement Body (der WTO) AEUV 216 238, 243

Disziplinarrecht für Beamte AEUV 228 17

disziplinierte Haushaltsführung AEUV 125 1, 4

Dividenden AEUV 65 18, 36

Dividendenbesteuerung AEUV 49 138 ff.

Dodd-Frank Act AEUV 207 104

Doha-Entwicklungsrunde AEUV 207 194 ff.

Dokumente
- Datenschutz **AEUV 232** 16
- geheim **AEUV 232** 16
- Interesse, öffentliches **AEUV 232** 16
- Privatsphäre **AEUV 232** 16
- Untersuchungsausschuss **AEUV 226** 11
- Zugang **GRC 41** 18; **AEUV 232** 16

Doppelbelastungen AEUV 56 117

Doppelbesteuerung AEUV 49 99, 112, 128, 140; **63** 41; **110** 2, 45
- Abkommen (DBA) **AEUV 63** 41; **64** 16
- Verbot **AEUV 110** 45, 129 f., 132
- wirtschaftliche ~ **AEUV 65** 18

Doppelbesteuerungsabkommen AEUV 49 105, 114, 130, 135, 143; **110** 2

Doppelbestrafungsverbot s. ne bis in idem

Doppelgrundlage AEUV 113 7

Doppelhaushalt AEUV 310 32

Doppelhut AEUV 221 4

Doppelmandatierung AEUV 218 35

Doppelschranke GRC 47 4, 72

doppelte Schrankenregelung GRC 52 2, 56

doppelte Staatsangehörigkeit s. Staatsangehörigkeit

doppelte Subsidiarität AEUV 169 4

doppelte Verlustberücksichtigung AEUV 49 124

Drei-Prozent-Klausel, EP EUV 14 37, 38; **AEUV 223** 1, 17, 35; **225** 6

Dreiseitendialog AEUV 324 7

Dringlichkeitsmaßnahmen AEUV 63 5; **144** 4, 12

dritte Säule der Union AEUV 276 1

Drittstaaten AEUV 198 20; 219 3, 8, 17, 22, 23
– Forschungskooperation AEUV 186 1 ff.
Drittstaatsangehörige GRC 1 19; 2 9; 5 7;
  AEUV 49 31 f.; 52 17; 77 21 ff., 24; 78 1 ff.; 79,
  1 ff., 21, 23, 25 ff., 43
– s. a. Arbeitnehmerfreizügigkeit
– s. a. Beschäftigungsbedingungen
– s. a. Staatsangehörigkeit
Drittwirkung GRC 23; AEUV 56 32 ff.
– Beschränkungsverbot AEUV 56 40
– der Grundrechtecharta GRC 51 38
– Diskriminierungsverbot AEUV 56 39, 59
– Diskriminierungsverbot nach Art. 18 AEUV
  18 AEUV 63 ff.
– Diskriminierungsverbot nach Art. 21 GRC
  GRC 21 13; AEUV 19 12 f.
– funktionale Äquivalenz AEUV 56 50
– kollektive Regelungen AEUV 56 34; 59 26
– Lebensschutz GRC 2 8
– Machtgefälle AEUV 56 52
– Menschenwürde GRC 1 14
– mittelbare GRC 3 20
– private Wirtschaftsteilnehmer AEUV 56
  50 ff.
– Regelungscharakter AEUV 56 34, 44
– Schutzpflichten AEUV 56 53; 59 16
– unmittelbare GRC 20 33; 23 30
– Verbände mit Rechtsetzungsautonomie
  AEUV 56 34
Drogen
– Bekämpfung AEUV 56 122
– Handel AEUV 57 41, 48; 83 21
– Übereinkommen zur Bekämpfung
  AEUV 207 251
dual use-Güter AEUV 215 45; 346 28, 34 f.;
  348 19
dual-use-Verordnung AEUV 207 58 ff.
– Genehmigungserteilung AEUV 207 61
– Registerpflicht AEUV 207 66
– Vermittlungstätigkeiten AEUV 207 67
Dualismus AEUV 216 209
Dubliner Übereinkommen AEUV 217 32 f.
Durchführung
– Begriff AEUV 2 14
– Berücksichtigung des Tierschutzes AEUV 13
  13 f.
– im Umweltschutz GRC 37 16; AEUV 11 10,
  23 ff.; 192 59 ff., 64 ff.
– Untersuchungsausschuss AEUV 226 17
Durchführung des Unionsrechts, effektive
  AEUV 187 4 ff.
Durchführungsbeschlüsse AEUV 203 1
– Anwendbarkeit, unmittelbare AEUV 203 10
– Handlungsformentypen AEUV 203 7 ff.
– Verfahren AEUV 203 3 ff.
– Wirkung, unmittelbare AEUV 203 10
Durchführungsbestimmungen
– s. a. Durchführungsbeschlüsse
– zu internationalen Übereinkünften
  AEUV 218 80

– zum Beamtenstatut und den BSB AEUV 336
  14 ff.
Durchführungsprogramme, Forschung
  AEUV 182 6
Durchführungsrechtsetzung AEUV 291 1 ff.
– abschließende Wirkung AEUV 291 11 ff.
– Anwendungsbereich AEUV 291 6 ff.
– Begriff AEUV 291 4 f.
– Einzelfallentscheidungen AEUV 291 10
– Kennzeichnungspflicht AEUV 291 7
– Kontrolle AEUV 291 2
– (nicht-)wesentliche Regelungen AEUV 291
  7
– Rechtsschutz AEUV 291 7, 13, 24
– Sonderfälle AEUV 291 3, 6
– Verhältnis zu Art. 290 AEUV 291 1, 7, 9
Durchsetzungshindernis für das Unionsrecht
  AEUV 351 18, 42
Dynamik der Gesellschaft AEUV 36 12

EWG s. Europäische Wirtschaftsgemeinschaft
EAD (Europäischer Auswärtiger Dienst)
  AEUV 221 2 ff., 26 f.
EAG s. Europäische Atomgemeinschaft
EAGFL s. Europäischer Ausrichtungs- und Ga-
  rantiefonds für die Landwirtschaft – Abteilung
  Ausrichtung
EASO AEUV 74 6; 78 6, 11
Echelon-Sonderausschuss AEUV 226 24
echte unterschiedslos anwendbare Maßnahmen
  AEUV 34 83
ECOFIN-Rat AEUV 137 11; 138 32
– Geldpolitik AEUV 127 15
Economic and Financial Committee s. Wirt-
  schafts- und Finanzausschuss
economic governance AEUV 121 1
ECU s. European Currency Unit
Edinburgher Beschluss AEUV 341 8
EEA s. Einheitliche Europäische Akte
EEF s. Europäischer Entwicklungsfonds
Effektivitätsgebot
– Durchführung Unionsrecht AEUV 197 8 ff.
– Strafrecht AEUV 325 6
Effektivitätsgrundsatz EUV 4 111, 122 ff.; 19
  58; GRC 47 4, 7, 39, 42, 72; AEUV 49 92, 95;
  110 144
effet utile EUV 10 41; 11 32; AEUV 216 101,
  106; 263 72; 351 109
– Freizügigkeit GRC 45 15
– Umweltschutz GRC 37 1
EFRE s. Europäischer Fonds für regionale Ent-
  wicklung
EFSF s. Europäische Finanzstabilisierungsfazili-
  tät
EFSM s. Europäischer Finanzstabilisierungsme-
  chanismus
EFTA-Gerichtshof AEUV 217, 31, 52
EFWZ s. Europäischer Fonds für währungspoli-
  tische Zusammenarbeit

EG s. Europäische Gemeinschaft
EGFL AEUV 40 66
EGKS s. Europäische Gemeinschaft für Kohle und Stahl
Ehe AEUV 157 86, 132, 138
– Begriff GRC 9 14
– Definitionsgewalt GRC 9 15
– Eheschluss GRC 9 17
– Eingehung GRC 9 17
– Hochzeit GRC 9 17
– Lebensgemeinschaft, eingetragene GRC 9 16
– Mehreheverbot GRC 9 22
Eheeingehungsrecht
– Abwehrrecht GRC 9 23 ff.
– Bedeutung GRC 9 11
– Besonderheiten GRC 9 2
– Eingriff GRC 9 36
– Eingriffsrechtfertigung GRC 9 37
– Entstehungsgeschichte GRC 9 8
– Gemeinschaftsgrundrecht GRC 9 6
– Institutsgarantie GRC 9 24
– Mehrehe GRC 9 22
– Rechtsprechungsentwicklung GRC 9 9
– Schutzbereich, persönlich GRC 9 13
– Schutzbereich, sachlich GRC 9 14 ff.
– und EMRK GRC 9 12
– und Mitgliedsstaaten GRC 9 5
– Verletzungshandlung GRC 9 38
– Verpflichteter GRC 9 10
EIB s. Europäische Investitionsbank
EIGE s. Europäisches Institut für Gleichstellungsfragen
Eigenmittel AEUV 311 11 ff.
– Begriff AEUV 311 14 ff., 48
– Durchführungsbestimmungen AEUV 311 135
– Durchführungsmaßnahmen AEUV 311 147 ff.
– Erhebungskosten AEUV 311 31
– jährliche Obergrenzen AEUV 312 3
– Korrekturmechanismen AEUV 311 76 ff.
– Krediteinnahmen AEUV 311 69
– Präferenz für die Finanzierung AEUV 311 8
– System der AEUV 311 59
– traditionelle AEUV 311 30
– und Finanzausgleich AEUV 311 43 ff.
– Verfahrensvorschriften AEUV 322 10 ff.
Eigenmittelarten AEUV 311 26
– kein »Numerus clausus« AEUV 311 47
– neue AEUV 311 36, 45
Eigenmittelbegriff
– formeller AEUV 311 25, 81
– materieller AEUV 311 25
Eigenmittelbeschlüsse AEUV 311 117 ff.
– 1970 AEUV 311 13, 24, 126, 138 ff.
– 1985 AEUV 311 140 f.
– 1988 AEUV 311 142
– 1994 AEUV 311 142
– 2000 AEUV 311 144
– 2007 AEUV 310 44, 311 26, 145 312 3
– 2014 AEUV 311 146
– Inhalte AEUV 311 131 ff.
– Initiativrecht AEUV 311 118
– Normenkategorie eigener Art AEUV 1 13
– Rechtsnatur AEUV 311 124 ff.
Eigenmittelfinanzierung, Vorrang der AEUV 311 81
Eigenmittelobergrenze AEUV 310 57; 311 133 ff.
Eigenmittelsystem, Intransparenz AEUV 311 35
eigenständige Kompetenz für verbraucherpolitische Maßnahmen AEUV 169 43
Eigentum AEUV 63 32; 345 1, 7 ff.
– geistiges AEUV 1 22
– Grundrecht AEUV 64 18
Eigentumsentzug GRC 17 2, 5, 7, 21 ff., 28 ff., 42
Eigentumsordnung AEUV 65 14
Eigentumsrecht GRC 17 1, 11, 16 f., 19 f., 33, 35 f., 38, 40, 42 f.
– Kontrolldichte GRC 17 32
– Nutzungsregelung GRC 17 21, 24 ff., 30, 33, 40
Eigenverantwortung/Autonomie, haushaltspolitische AEUV 119 15
Eignungsausschuss AEUV 255 1 ff.
– Arbeitsweise AEUV 255 8
– Aufgabe AEUV 255 3 ff.
– Zusammensetzung AEUV 255 6 ff.
Eilvorabentscheidungsverfahren GRC 47 22, 37
Eindringen in Wohnung GRC 7 34
Einfluss privater wirtschaftlicher Entscheidungsträger AEUV 34 36 ff.
Einfrieren von Geldern AEUV 220 39
Einfrieren von Vermögenswerten AEUV 75 3, 16; 347 38
Einfuhr
– Begriff AEUV 207 79
– Jungrobbenfelle AEUV 207 99
– Regelung für bestimmte Drittländer AEUV 207 92
– Walerzeugnisse AEUV 207 98
– Waren aus China AEUV 207 93
Einfuhrbeschränkungen AEUV 34 2
– Ausnahmen AEUV 36 1
– Rechtfertigung AEUV 34 219 ff.
– subjektives Recht AEUV 34 2
– unmittelbare Anwendbarkeit AEUV 34 2
Einfuhrbeschränkungsverbot AEUV 34 2 ff., 28 ff.
– Adressaten AEUV 34 29
– Berechtigte AEUV 34 28
– Private AEUV 34 30
– Schutzpflicht AEUV 34 29
– Unionsorgane AEUV 34 39

Einfuhrfreiheit AEUV 207 78 ff.
- Grundsatz AEUV 207 78

Einfuhrumsatzsteuer AEUV 110 68

Einfuhrverordnung
- Anwendungsbereich AEUV 207 78 ff.
- Erlass Schutzmaßnahmen AEUV 207 83 ff.
- Erlass Überwachungsmaßnahmen AEUV 207 83 ff.
- EU-Überwachung AEUV 207 84
- Informations- und Konsultationsverfahren AEUV 207 83
- Schutz- und Überwachungsmaßnahmen AEUV 207 82 ff.

Eingehungs- und Erfüllungsbetrug AEUV 325 16

eingetragene Lebenspartnerschaft AEUV 19 30

Eingriffsrechtfertigung GRC 1 58 ff.; 2 64

einheitliche Bankenaufsicht AEUV 284 21

Einheitliche Europäische Akte (EEA) EUV 1 21; AEUV 66 1; 67 12; 142 1 f.; 174 3; 176 2; 177 1; 289 7 f., 12; 293 6 319 2

einheitlicher Abwicklungsmechanismus AEUV 127 57

einheitlicher Asylstatus AEUV 78 12, 15

einheitlicher Aufsichtsmechanismus AEUV 127 54; 130 11

einheitlicher Patentschutz EUV 20 5

einheitlicher Wertekanon AEUV 205 6

einheitliches/kohärentes Auftreten (nach außen) s. Grundsatz der geschlossenen völkerrechtlichen Vertretung

Einheitspatent AEUV 118 22

einklagbare Rechte (aus EU-Übereinkünften) AEUV 216 227 ff., 242; 351 15

Einkommensteuer AEUV 311 87

Einlagenzertifikat AEUV 63 19

Einnahmen, sonstige AEUV 311 81, 99
- Arten AEUV 311 87
- aus Kreditaufnahme AEUV 311 101

Einrede AEUV 351 2, 83

Einreise GRC 9 38

Einreiserecht GRC 7 32, 36

Einreiseverweigerung GRC 7 32

Einrichtungen und Konferenzen im Finanzbereich, internationale AEUV 138 12 ff., 25

Einrichtungen und sonstige Stellen der EU GRC 51 12
- s. a. Organstruktur der EU

Einrichtungsabkommen AEUV 221 10 f.

Einsatzfelder AEUV 12 52

Einschätzungsprärogative GRC 38 14

Einschätzungsspielraum des Gesetzgeber EUV 14 50, 74; AEUV 223 17, 35

Einschränkung von Grundfreiheiten GRC 51 24

einseitige Erklärungen der EU AEUV 216 199 ff.; 218 10

Einstimmigkeit AEUV 86 6, 11 f., 42; 87 2, 6, 22 ff., 29; 88 1 f.; 89 1, 14 f.
- in der GASP EUV 31 5 ff.
- in der GSVP EUV 42 38 ff.

Einstimmigkeitserfordernis im Rat s. Rat

Einstimmigkeitsvorbehalt EUV 48 2

einstweiliger Rechtsschutz s. Rechtsschutz, einstweiliger

Eintritt (in mitgliedstaatliche Verträge durch die Europäische Union) AEUV 216 113 f.; 351 17

Eintrittsgelder AEUV 56 61

Einwanderung, illegale AEUV 79 31
- präventive Maßnahmen AEUV 79 32 ff.
- Rückführung AEUV 79 36 ff.
- Rückübernahmeabkommen AEUV 79 39 f.

Einwanderungspolitik AEUV 79 1 ff., 8, 16 ff.
- Einreise- und Aufenthaltstitel AEUV 79 17 ff.
- Familienzusammenführung AEUV 79 22
- horizontale Regelungen AEUV 79 21 ff.
- illegale Einwanderung AEUV 79 31
- Integrationsmaßnahmen AEUV 79 43 ff.
- kombinierte Erlaubnis AEUV 79 29
- Rechtsstellung AEUV 79 25 ff.
- sektorale Regelungen AEUV 79 24, 30

Einwilligung GRC 6 26

Einwilligung, datenschutzrechtliche
- Begriff GRC 8 23
- Einwilligungserklärung GRC 8 27
- Einwilligungsfähigkeit GRC 8 26
- Freiwilligkeit GRC 8 30
- Informiertheit GRC 8 31
- konkludente GRC 8 27
- mutmaßliche GRC 8 29
- stillschweigende GRC 8 29
- und Zweckbindung GRC 8 28

Einzelermächtigung, Grundsatz der begrenzten EUV 5 17 ff.; AEUV 2 8, 13, 20; 3 14; 63 12; 85 12, 30; 132 2; 138 12; 207 312; 216 1, 56, 95 ff., 168; 220 22; 218 144; 232 4; 260 4, 263 34; 310 12, 31; 311 4, 54, 69; 232 6
- ausdrückliche Kompetenzzuweisung EUV 5 43
- ausschließliche Zuständigkeit EUV 5 34, 56, 63 ff., 71
- beschränkte Hoheitsübertragung EUV 5 22
- Bestimmung Kompetenzgrundlage EUV 5 46 ff.
- Binnenmarktharmonisierungskompetenz EUV 5 24 ff.
- Europäische Bürgerinitiative EUV 11 69
- Flexibilitätsklausel EUV 5 24 ff.
- generalklauselartige Kompetenzzuweisung EUV 5 24 ff.
- geteilte Zuständigkeit EUV 5 35
- horizontale Kompetenzverteilung EUV 5 17, 46
- implied powers EUV 5 44 ff.
- Kompetenzabgrenzung objektiver Ansatz EUV 5 50

- Kompetenzabgrenzung Schwerpunktmethode **EUV 5** 47 ff.
- Kompetenzabgrenzung subjektiver Ansatz **EUV 5** 50
- Kompetenzausübung **EUV 5** 14
- Kompetenzgrundlage **EUV 5** 13, 16 f., 24, 46 ff., 122 ff.
- Kompetenzkategorien **EUV 5** 31 ff.
- Kompetenz-Kompetenz **EUV 5** 18 ff., 29
- Kompetenzverteilung **EUV 5** 1, 5, 13 f. 46, 55, 82, 134
- Querschnittskompetenz **EUV 5** 26, 38 ff.
- sachgebietsbezogene Kompetenzen **EUV 5** 38 ff.
- übertragene Zuständigkeit **EUV 5** 16 ff., 44
- Umweltschutz **AEUV 11** 2
- Untersuchungsausschuss **AEUV 226** 4
- Unterstützungs-, Koordinierungs- und Ergänzungszuständigkeit **EUV 5** 36
- vertikale Kompetenzverteilung **EUV 5** 2, 17, 46, 49

Einzelfallentscheidungen AEUV 290 15
Eisenbahnpakete AEUV 90 13 ff.
Eisenbahnverkehr AEUV 58 7
EJN AEUV 74 5
Elektrizität AEUV 106 53
ELER s. Europäischer Landwirtschaftsfonds für die Entwicklung des ländlichen Raums
Eltern-Kind-Beziehung GRC 7 21, 32
Elterngeld
- s. Familie, Familienleistungen
- s. Familie, Elternurlaub
- soziale Vergünstigungen **AEUV 46** 21

Elternrecht, schulbezogenes GRC 14 17 f., 23
Elternurlaub s. Familie
Embargo AEUV 207 142; **347** 38 f., 47
Embryo GRC 1 22 ff.; **2** 10 ff.
embryonale Stammzellen GRC 1 24 ff.; **2** 10 ff.; **AEUV 179** 4
Emissionen GRC 7 34
Emissionsüberschreitungsabgabe AEUV 311 94
Emmotsche Fristenhemmung AEUV 288 46
EMN AEUV 74 4
Empfehlung VO 1176/2011 GRC 28 11; **AEUV 153** 135
Empfehlungen AEUV 121 28; **216** 105; **218** 166 f.; **288** 99 ff., 107; **292** 1 ff.
- Abgrenzung zur Stellungnahme **AEUV 288** 107
- Abgrenzung zur Mitteilung **AEUV 288** 102 ff.
- Beachtlichkeit für nationale Stellen **AEUV 288** 102
- der Kommission **AEUV 216** 191; **218** 17 ff., 51, 172, 197; **220** 23
- des Parlaments **EUV 14** 29; **AEUV 218** 78, 154, 198; **220** 32
- der EZB **AEUV 218** 115

- des Hohen Vertreters **AEUV 218** 197; **220** 23
- der Hohen Behörde **AEUV 351** 10 f.
- des Rates **AEUV 121 43 f.; 292** 7 ff.
- Empfehlungen der Kommission **AEUV 292** 10 f.
- Empfehlungen der Europäischen Zentralbank **AEUV 292** 12
- Funktion **AEUV 288** 102
- GASP **AEUV 230** 2
- Gemeinsamkeit mit Stellungnahmen **AEUV 288** 99
- Rechtsschutz **AEUV 288** 106
- Untersuchungsausschuss **AEUV 226** 12
- Zuständigkeiten **AEUV 288** 100 f.

Empfehlungszuständigkeit AEUV 218 21 ff.
EMRK s. Europäische Menschenrechtskonvention)
EMRK-Beitritt AEUV 216 217 ff.; **218** 103, 149 ff., 232
Energie
- Energieversorgung **AEUV 63** 32; **64** 16; **65** 11
- geteilte Zuständigkeit **AEUV 4** 9

Energie-Außenpolitik AEUV 194 34 ff.
- Bedeutung **AEUV 194** 34
- Rechtsgrundlagen **AEUV 194** 35 ff.

Energiebinnenmarkt Art. 194 AEUV 4, 7 ff., 19, 35 f.; **114** 43
- Energiebinnenmarktpaket **AEUV 194** 7 f., 19
- Formulierung **AEUV 194** 9

Energiecharta AEUV 217 39
Energiechartavertrag AEUV 207 246
Energieeffizienz AEUV 194 14
Energiekapitel AEUV 194 1 ff.
- Außenbeziehungen s. a. Energie-Außenpolitik
- Bedeutung **AEUV 194** 1
- Energiepolitik s. dort
- Leitprinzipien **AEUV 194** 4 ff.
- Rechtsschutz **AEUV 194** 24
- Rechtssetzungsverfahren **AEUV 194** 21 ff.
- Souveränitätsvorbehalt s. dort
- steuerliche Bestimmungen **AEUV 194** 43 ff.
- Verhältnis zu anderen Rechtsgrundlagen **AEUV 194** 2, 7 f., 12 f., 15 ff., 20, 22 ff., 28, 38, 40 f.
- Ziele **AEUV 194** 4 ff.

Energiekompetenz s. Energiekapitel
Energiemix AEUV 173 21, 32, 87
Energiepolitik AEUV 192 1, 3 ff., 47 ff., 83
- Außenpolitik s. a. Energie-Außenpolitik
- Leitprinzipien **AEUV 194** 4 ff.
- Rechtsschutz **AEUV 194** 24
- Ziele **AEUV 194** 4 ff.
- Zielkonflikte **AEUV 194** 6
- Zuständigkeitsverteilung **AEUV 194** 3

Energieträger AEUV 173 29

Energieversorgung AEUV 345 19
Energiewende AEUV 173 47, 49
– Flexibilisierungsklausel AEUV 352 4
Engel-Kriterien GRC 47 47
Enquete-Kommission
– Sonderausschuss AEUV 226 23
– Untersuchungsausschuss AEUV 226 23
Enteignungsstandards AEUV 207 24
Entgelt (Arbeitsentgelt) GRC 31 19f.
– Arbeitnehmereigenschaft AEUV 45 36ff.
– Abgrenzung zu Arbeitsbedingungen AEUV 157 8, 55ff.
– Begriff AEUV 153 126; 157 7, 10, 30ff., 46ff.
– Bereichsausnahme AEUV 153 18, 21, 116ff.
– Entgeltersatzleistung AEUV 157 53f.
– s. a. Bereichsausnahme, Sozialpolitik
Entgeltdifferenzierung, Beweislast AEUV 157 92ff.
Entgeltgleichheit für Männer und Frauen EUV 2 30
Entgeltgleichheit GRC 31 19f.
– Diskriminierungsverbot AEUV 157 80ff.
– körperlich schwere Arbeit AEUV 157 136
Entgeltvereinbarungen
– Fairness AEUV 12 44
– Transparenz AEUV 12 44
Entlassung (Arbeitsverhältnis) GRC 30; 33 19
– Abfindung AEUV 45 138, 142; 48 50
– Beendigung AEUV 153 44ff.
– Begriff GRC 30 15
Entlastung AEUV 319
– Haushaltsverfahren AEUV 234 6
– Kommission AEUV 234 6
Entschädigungsanspruch gegen die EU AEUV 215, 42
Entscheidungsgewalt der Mitgliedstaaten, Katastrophenschutz und Terrorabwehr AEUV 222 31
Entschließungen AEUV 288 98, 101
Entsenderichtlinie AEUV 59 33; 62 15
Entsendestaat AEUV 221 11
Entsendung AEUV 153; 45 16, 60f.; 48 61
– Entsenderichtlinie AEUV 153 123, 134
Entwicklung der EU
– Albanien EUV 49 11
– Bosnien EUV 49 13
– Grönland EUV 49 10
– Kosovo EUV 49 13
– Marokko EUV 49 10
– Mazedonien EUV 49 11
– Montenegro EUV 49 11
– Norwegen EUV 49 10
– Schweiz EUV 49 10
– Serbien EUV 49 11
– Türkei EUV 49 12
Entwicklungsassoziierung EUV 49 38
Entwicklungsausschuss des IWF AEUV 138 31
Entwicklungsfonds AEUV 199 4; 204 6

Entwicklungskooperation s. Entwicklungszusammenarbeit
Entwicklungsländer EUV 21 29
Entwicklungspolitik AEUV 198 13, 25f.
– technische Forschung AEUV 189 3
Entwicklungszusammenarbeit AEUV 198 13; 208; 209; 210; 211; 217 1, 35ff.
– Abgrenzung zu anderen Politikbereichen AEUV 209 4f.
– AKP-Staaten AEUV 208 4ff.
– Armut, Begriff der AEUV 208 30
– Begriff AEUV 208 21f.
– Cotonou-Abkommen AEUV 208 4
– „Drei K" AEUV 208 15f.
– Entwicklungsländer, Begriff der AEUV 208 19f.
– Europäischer Entwicklungsfonds AEUV 208 5
– Europäischer Konsens zur Entwicklungspolitik AEUV 210 2
– Europäisches Nachbarschafts- und Partnerschaftsinstrument AEUV 209 10f.
– historische Entwicklung AEUV 208 3ff.
– internationale Zusammenarbeit AEUV 211
– Kohärenz, Grundsatz der AEUV 208 31ff.
– Kompetenz der EU AEUV 209 6, 12f.
– Komplementarität, Grundsatz der AEUV 208 26f.
– Koordinierung, Gebot der AEUV 210
– Lomé-Abkommen AEUV 208 4
– Maßnahmen AEUV 209 8, 10ff., 210 4ff.
– Programme AEUV 209 9
– Rolle der EIB AEUV 209 15ff.
– Stabilitätsinstrument AEUV 209 10
– Verhältnis von Art. 211 zu Art. 220 AEUV AEUV 211 6
– Yaoundé-Abkommen AEUV 208 4
– Ziele der Entwicklungspolitik AEUV 208 24f., 28ff., 33
– Zielsetzungen, Begriff der AEUV 208 38
– Zusagen, Begriff der AEUV 208 37
– Zusammenarbeit, Begriff der AEUV 211 2
Entwicklungszusammenarbeit und humanitäre Hilfe, geteilte Zuständigkeit AEUV 4 15
Entzug des Mandats AEUV 223 25
EP s. Europäisches Parlament
EPSC s. European Political Strategy Centre
Erbschaft/en AEUV 63 21; 64 4
– Erbschaftsteuer AEUV 63 19
Erforderlichkeit einer Maßnahme AEUV 36 83ff.
Erforderlichkeitskriterium AEUV 216 100
Erfüllungsort AEUV 63 21
erga-omnes-Wirkung AEUV 268 3
Ergänzung nationaler Politiken
– grenzüberschreitende Vernetzung AEUV 169 49
– rechtliche Ergänzung AEUV 169 49
Erhaltung der biologischen Meeresschätze AEUV 3 12

– ausschließliche Zuständigkeit AEUV 4 7
Erhaltung der Funktionsbedingungen des Staates AEUV 36 94
Erhebung GRC 8 19
Erklärung (Nr. 36) der Regierungskonferenz von Lissabon zu Art. 218 AEUV über die Aushandlung und den Abschluss internationaler Übereinkünfte betreffend den Raum der Freiheit, der Sicherheit und des Rechts durch die Mitgliedstaaten AEUV 216 126, 132; 218 7
Erklärung von Laeken zur Zukunft der Europäischen Union EUV 1 29
Erklärung zur Abgrenzung der Zuständigkeiten AEUV 2 8, 42
Erklärungen zur Gemeinsamen Außen- und Sicherheitspolitik AEUV 2 48
Erlaubnisvorbehalte AEUV 49 63
Ermächtigungsbeschluss AEUV 218 28, 50
Ermächtigungsgrundlagen AEUV 216 74, 80, 87 ff., 130, 137, 159; 218 16; 220 26 ff.; 221 2
– Binnenmarktkompetenz AEUV 169 5
– implizite AEUV 216 28 ff., 63, 73 f., 86, 92 ff., 102 ff., 148 ff.; 218 171; 221 6, 8
Ermächtigungsverfahren (Verstärkte Zusammenarbeit) AEUV 329 1 ff.
– Antrag AEUV 329 2
– Ermächtigungsfiktion AEUV 329 9 f.
– Ermächtigungsverfahren im Bereich der GASP AEUV 329 11 ff.
– Regelermächtigungsverfahren AEUV 329 2 ff.
Ermessen AEUV 138 39
– beim Erlass von Schutzmaßnahmen gem. Art. 201 AEUV AEUV 201 3
– beim Erlass von Durchführungsbeschlüssen gem. Art. 203 AEUV AEUV 203 14
– der EU AEUV 216 36
– der Kommission AEUV 265 52
– des EuGH AEUV 218 211
– des Rates AEUV 216 100; 218 17, 31 f., 113
– Ermessensfehler AEUV 265 55
– Ermessensmissbrauch AEUV 265 54 f., 71
– Ermessensspielraum AEUV 265 66
– Forschungspolitik AEUV 182 30
– Petition AEUV 227 8, 19
Ermessensmissbrauch GRC 47 40
Ermessensnachprüfung s. Nachprüfungsbefugnis
Ermittlungsmaßnahmen AEUV 85 31, 42; 86 22, 32 ff.; 87 f; 88 32 ff.; 89 10
Ernährungssouveränität AEUV 39 8
erneuerbare Energien AEUV 194 15 ff.
Erpressungspotential EUV 48 11, 46
Ersatzteile AEUV 34 15
Erschöpfungsgrundsatz AEUV 36 53
Erstarkung des Wertedenkens EUV 2 4
Erstattungen AEUV 311 91
Erstellung von Unionsstatistiken AEUV 338 1 ff.
– Grundsatz der Kostenwirksamkeit AEUV 338 24

– Grundsatz der Objektivität AEUV 338 22
– Grundsatz der statistischen Geheimhaltung AEUV 338 25
– Grundsatz der Unparteilichkeit AEUV 338 20
– Grundsatz der wissenschaftlichen Unabhängigkeit AEUV 338 23
– Grundsatz der Zuverlässigkeit AEUV 338 21
– Kompetenzgrundlage AEUV 338 4 ff.
– Maßnahmen AEUV 338 7 ff.
– verfahrensrechtliche Anforderungen AEUV 338 12 ff.
– Verhaltenskodex AEUV 338 2
ERT-Situation AEUV 56 92
Ertragshoheit AEUV 311 52
Ertragskompetenz AEUV 113 17
Erweiterter Rat der EZB s. EZB
Erweiterung AEUV 217 1, 4, 26 ff.
Erweiterungsrunde EUV 49 5
Erwerbstätigkeit (selbständig) AEUV 49 15 f., 19
Erwerbszweck AEUV 54 2, 4
ESA AEUV 186 3; 189 14
ESC s. Europäische Sozialcharta
ESF s. Europäischer Sozialfonds
ESM s. Europäischer Stabilitätsmechanismus
establishment agreement AEUV 221 10
Estland AEUV 217 9
– Sonderregelungen Kapitalverkehr AEUV 64 13
ESVP s. Europäische Sicherheits- und Verteidigungspolitik
ESZB s. Europäisches System der Zentralbanken
ESZB-Satzung AEUV 311 102
– und Ausnahmeregelung AEUV 139 26 ff.
Etikettierungsrecht, Durchschnittsverbraucher AEUV 12 54
Etikettierungsvorschriften AEUV 34 111
EU s. Europäische Union
EU-Agenturen AEUV 194 8; 291 13 f.; 295 8; 298 2, 5 ff., 20
– ACER AEUV 194 8
– Flexibilisierungsklausel AEUV 352 2
– Kompetenz zur Gründung von EU-Agenturen AEUV 298 10
EU-Antidumpingrecht GRC 47 33
EU-Außenpolitik, Terrorprävention AEUV 222 6 ff.
EU-Außenwährungsverfassung AEUV 119 6
EU-Beihilferecht GRC 47 27, 28, 29, 33, 75
EU-Dienstrecht GRC 47 67, 71, 73
EU-Fusionskontrollrecht GRC 47 52, 75
EU-Gipfel AEUV 137 13
EU-Haushalt, Strafrecht AEUV 325 1
EU-Kartellrecht GRC 47 5, 9, 11, 37, 46, 47, 48, 53, 58, 66, 68, 74,
EU-Kommission AEUV 290 29
– Selbstverpflichtung zu Konsultationen AEUV 290 29

EU-Organe AEUV 288 19f., 21, 95; 290 2, 4, 25
– Bindung AEUV 288 19f., 95
– institutionelles Gleichgewicht AEUV 290 4
– Rechtsschutz AEUV 290 25

EU-Patentgerichtsbarkeit AEUV 262 5
– Gemeinschaftspatentgericht AEUV 262 3
– Übereinkommen über ein einheitliches Patentgericht AEUV 262 5

EU-Rahmen AEUV 288 98, 122

EU-Staatshaftung s. Haftung der Union

EuGH s. Gerichtshof der Europäischen Union

EuGöD s. Gericht für den öffentlichen Dienst

EuGVÜ AEUV 81 2ff.

EuGVVO AEUV 81 3, 6, 8, 10, 14, 30f., 41ff., 44

EURASIL AEUV 74 7

Euratom s. Europäische Atomgemeinschaft

EURES s. Arbeitsvermittlung

EURIMF s. Vertreter der Mitgliedstaaten beim IWF

Euratom-Vertrag s. Europäische Atomgemeinschaft

Euro
– Ausscheiden eines Mitgliedstaats AEUV 139 1; 140 69ff.
– Einführung in einem Mitgliedstaat AEUV 140 1ff.
– Einführung in einem Mitgliedstaat als Rechtspflicht AEUV 139 2, 7; 140 7
– Staaten mit Sonderstatus AEUV 139 40ff.
– Staaten mit Sonderstatus: Dänemark AEUV 139 43ff.; 140 37
– Staaten mit Sonderstatus: Vereinigtes Königreich AEUV 139 47ff.; 140 13

Euro 11-Gruppe AEUV 137 4, 5; 138 31

Euro-ECOFIN-Rat AEUV 137 5

Euro-Gipfel AEUV 119 40; 121 68

Euro-Konvergenzkriterien s. Konvergenzkriterien

Euro-Krise AEUV 138 4

Euro-Münzen AEUV 2 9, 30

Euro-Plus-Pakt AEUV 120 6; 121 4, 50, 66f.; 137 13

Euro-Sitz im IWF AEUV 138 45

Euro-Staaten, Sonderregelungen AEUV 5 5

Euro-Staatsschuldenkrise AEUV 119 3, 11f., 49; 121 3, 50; 126 69; 138 4

Euro-Troika AEUV 137 10

Euro-Währung AEUV 64 11; 142 5f.; 128 1ff.
– Banknotenemission AEUV 128 7f.
– Bargeldeinführung AEUV 128 6
– Einführung AEUV 142 5, 9
– gesetzliches Zahlungsmittel AEUV 128 1f.; 133 1ff.
– Kompetenzverteilung AEUV 128 3f.
– Mitgliedstaaten AEUV 66 10; 142 4, 9; 143 2, 4, 7, 9
– Mitgliedstaaten mit Ausnahmeregelung (preins) AEUV 63 11, 14; 66 6f., 10, 13; 142 1, 5f., 9, 11, 14ff., 19, 21; 143 1f., 5f., 8, 13, 21, 31; 144 1, 14
– Münzausgabe AEUV 128 12ff.
– strafrechtlicher Schutz AEUV 128 15f.; 133 5
– Währungsgebiet AEUV 142 24; 144 18

Euro-Währungsgebiet AEUV 119 1, 22ff., 51; 121 10; 126 25f.; 137 3, 10; 138
– s. a. Eurozone

Eurobonds AEUV 125 11; 311 116

Eurocontrol (Europäische Organisation zur Sicherung der Luftfahrt) AEUV 220 84

Eurodac AEUV 78 36

Eurogroup Working Group im SCIMF s. Arbeitsgruppe "Euro-Gruppe"

Eurogruppe
– Außenvertretungsanspruch AEUV 138 39
– Economic forum AEUV 137 4
– Präsident der ~ AEUV 137 10, 8; 138 32, 36, 45
– Rechtspersönlichkeit der ~ AEUV 138 27
– Wirtschafts- und Finanzausschuss AEUV 134 3, 7

Eurojust AEUV 71 3
– Auftrag AEUV 85 1
– Beschluss AEUV 85 2f.; 86 19f.
– Clearingstelle AEUV 85 17
– doppelte demokratische Rückbindung AEUV 85 39
– elektronisches Fallbearbeitungssystem AEUV 85 7
– Kontrolle durch nationale Parlamente EUV 12 36
– Koordinierungssystem AEUV 85 5
– Koordinierungstätigkeit AEUV 85 6, 11ff., 34
– Verhältnis zur Europäischen Staatsanwaltschaft AEUV 85 9; 86 17ff.
– Verhältnis zu Europol AEUV 85 1, 20f.

Europa 2020 AEUV 8 18

Europa der zwei Geschwindigkeiten EUV 46 2
s. auch abgestufte, differenzierte Integration

Europa-Abkommen AEUV 217, 26

Europa-Mittelmeer-Abkommen AEUV 217, 10, 38; 218 89, 147

Europaabgeordnete s. Abgeordnete

Europaabgeordnetengesetz AEUV 223 4, 46ff.

Europaidee EUV 1 13ff.

Europäische Agentur für das Betriebsmanagement von IT-Großsystemen im Raum der Freiheit, der Sicherheit und des Rechts EUV 13 4

Europäische Agentur für die operative Zusammenarbeit an den Außengrenzen der Mitgliedstaaten der Europäischen Union EUV 13 4; AEUV 71 3; 74 6; 77 27

Europäische Agentur für die Sicherheit des Seeverkehrs EUV 13 4

Europäische Agentur für Flugsicherheit (EASA) EUV 13 4; AEUV 298 9

Europäische Agentur für Medizinprodukte (EMA) AEUV 298 6
Europäische Agentur für Netz- und Informationssicherheit EUV 13 4
Europäische Agentur für Sicherheit und Gesundheitsschutz am Arbeitsplatz EUV 13 4; AEUV 156 10
Europäische Arzneimittel-Agentur EUV 13 4
Europäische Atomgemeinschaft (EAG) EUV 1 16, 62; AEUV 216 19, 21 ff., 76, 124, 157; 218 79, 86 f., 124 f., 212; 220 54, 69, 80; 221 5; 340 2; 351 8, 54
– besondere Finanzvorschriften AEUV 310 6
– Integrationsklausel AEUV 11 21
– Kreditaufnahme AEUV 311 102
– Verwaltungshaushaltsplan AEUV 310 3
– Vertrag AEUV 1 12
Europäische Aufsichtsbehörde für das Versicherungswesen und die betriebliche Altersversorgung EUV 13 4
Europäische Bankenaufsichtsbehörde EUV 13 4
Europäische Behörde für Lebensmittelsicherheit EUV 13 4
Europäische Beobachtungsstelle für Drogen und Drogensucht EUV 13 4
Europäische Bürgerinitiative AEUV 224 4
– s. a. Bürgerinitiative
Europäische Chemikalienagentur AEUV 192 20
Europäische Eisenbahnagentur EUV 13 4
Europäische Ermittlungsanordnung AEUV 82 9, 13 f., 17
Europäische Finanzstabilisierungsfazilität (EFSF) AEUV 122 26 f.; 143 24
Europäische Fischereiaufsichtsagentur EUV 13 4
Europäische Fonds für währungspolitische Zusammenarbeit (EFWZ) AEUV 141 3
Europäische Freihandelsassoziation (EFTA) AEUV 217, 4
Europäische Gemeinschaft (EG) AEUV 216 17 ff., 23 ff., 73, 92, 259; 218 4, 87, 92, 159, 161, 190, 193; 220 1 ff., 16, 30, 45, 69; 351 1, 5 ff., 13, 30, 33, 40, 47, 106
– Austritt AEUV 204 2
Europäische Gemeinschaft für Kohle und Stahl (EGKS) AEUV 351 7
– Ende EUV 50 13
– Haftung AEUV 340 8
– Kreditaufnahme AEUV 311 102
– Übergangsabkommen zum EGKS-Vertrag AEUV 351 10
– Verwaltungshaushaltsplan AEUV 310 3
– Vertrag AEUV 216 15 f.; 221 6; 310 3; 351 7 ff.;
Europäische Grundrechtcharta s. Charta der Grundrechte der EU
Europäische Integration AEUV 351 85, 92

– Regelung der Sprachenfrage AEUV 342 1
Europäische Investitionsbank (EIB) AEUV 63 5; 143 21; 175 9; 271 1 ff.; 341 10
– als Bank AEUV 308 5 ff.
– Aufgaben AEUV 309 3 ff.
– Autonomie AEUV 271 2, 308 10 ff.
– Befugnis zur Kreditaufnahme AEUV 309 23
– Beschaffung der Finanzmittel AEUV 309 19 ff.
– Direktorium AEUV 308 29 f.
– Einfluss der Mitgliedstaaten AEUV 308 11
– Errichtung AEUV 308 2
– Forschung AEUV 187 8
– Haftung der Mitgliedstaaten AEUV 308 22
– Haushalt AEUV 310 23
– institutionelle Grundlagen AEUV 308 1
– Kontrolle durch die europäische Gerichtsbarkeit AEUV 308 13
– Kreditaufnahme AEUV 311 101
– Mitglieder AEUV 308 17 ff.
– partielle Völkerrechtsfähigkeit AEUV 308 9
– Personal AEUV 308 32
– Prüfungsausschuss AEUV 308 31
– Rat der Gouverneure AEUV 271 12 ff., 308 21, 24 f.
– Rechnungsprüfung AEUV 287 5
– Rechtspersönlichkeit AEUV 308 9
– Satzung AEUV 1 24, 308 33 ff., 309 2
– Stellung AEUV 308 16
– Strukturfonds AEUV 177 12
– Verwaltungsrat AEUV 271 17, 308 26 ff.
– Zusammenarbeit mit anderen Finanzierungsinstrumenten AEUV 309 18
– Zuständigkeit des Gerichtshofs für Streitigkeiten AEUV 271 7 ff.
Europäische Kommission s. Kommission
Europäische Menschenrechtskonvention (EMRK) EUV 6 65 ff.; 19 15, 37, 38, 44 ff.; GRC Präambel 2, 20; 23 3, 13, 44; AEUV 151 18; 220 61 ff.; 351 116 f.
– 12. Protokoll GRC 23 13
– akzessorische Funktion von Art. 14 GRC 23 13
– Art. 8 GRC 30 4; 33 1
– Art. 11 GRC 28 2, 5, 25, 29, 36
– Art. 14 GRC 23 8, 13, 41
– Beitritt der Union AEUV 1 22
– Beitrittsübereinkommen EUV 19 37, 44 ff.
– Gleichheitssatz GRC 20 5
– Grundsatz der Gleichheit GRC 23 3
– Konvergenz mit GRC GRC 23 13
– Rechtserkenntnisquelle EUV 6 51 f., 66 ff.
– Rechtsgrundsätze, allgemeine EUV 14 48
Europäische Nachbarschafts- und Partnerschaftsinstrument AEUV 217 18
Europäische Nachbarschaftspolitik AEUV 217 1, 10 18, 38
– AA/DCFTA EUV 8 30 ff.
– Aktionspläne EUV 8 33

Stichwortverzeichnis

- ENI **EUV 8** 34
- ENPI **EUV 8** 34
- Instrumente **EUV 8** 18 ff.
- Länder der ENP **EUV 8** 4 ff.
- Mittelmeerunion **EUV 8** 26
- Nachbarschaftsabkommen **EUV 8** 18 ff.
- östliche Dimension **EUV 8** 28 ff.
- östliche Partnerschaft **EUV 8** 29
- südliche Dimension **EUV 8** 24 ff.
- Surrogat für Vollmitgliedschaft **EUV 8** 9
- Verhältnis zur Europäischen Sicherheitsstrategie **EUV 8** 14
- Wertekonditionalität **EUV 8** 16 f.

Europäische Organisation für Wirtschaftliche Zusammenarbeit s. Organisation für wirtschaftliche Zusammenarbeit und Entwicklung

Europäische Polizeiakademie EUV 13 4; **AEUV 87** 18

Europäische Rechnungseinheit (ERE) AEUV 320 3

Europäische Sicherheits- und Verteidigungspolitik (ESVP) AEUV 217 12

Europäische Sicherheitsstrategie EUV 42 9

Europäische Sozialcharta EUV Präambel 15, 21; **GRC 25** 2; **26** 2; **35** 2; **AEUV 151** 19
- Art. 2 **GRC 31** 22
- Art. 3 **GRC 31** 1, 17, 19, 22 f.
- Art. 4 **GRC 31** 19
- Art. 5 **GRC 28** 15
- Art. 7 **GRC 32** 7, 12, 14
- Art. 12 **GRC 34** 12
- Art. 16 **GRC 33** 8, 19
- Art. 21 **GRC 27** 5
- Art. 24 **GRC 30** 2

Europäische Staatsanwaltschaft
- Anklageerhebung **AEUV 86** 22 f.
- Aufgaben **AEUV 86** 5, 30 f.
- erweiterte Befugnisse ~ s. Kompetenzerweiterungsklausel
- Kompetenzerweiterungsklausel („Brückenklausel") **AEUV 86** 3, 39 ff.
- prozessuale Zuständigkeit **AEUV 86** 10, 22 ff.
- Satzung **AEUV 86** 28 f.
- Verhältnis zu Eurojust ~ s. Eurojust
- Verhältnis zu Europol **AEUV 86** 26 f.

Europäische Stelle zur Beobachtung von Rassismus und Fremdenfeindlichkeit EUV 13 4

Europäische Stiftung für Berufsbildung EUV 13 4

Europäische Stiftung zur Verbesserung der Lebens- und Arbeitsbedingungen EUV 13 4; **AEUV 156** 10

Europäische Struktur- und Investitionsfonds (ESI-Fonds) AEUV 175 7; **177** 9

Europäische Umweltagentur EUV 13 4

Europäische Union (EU) EUV Präambel 1 ff.; **1** 1 ff.
- allgemeine Koordinierungskompetenz **AEUV 2** 57
- als juristische Person **AEUV 287** 2; **310** 18
- Auflösung der ~ **EUV 7** 25; **50** 4; **AEUV 356** 7
- Ausgaben **AEUV 310** 14
- Außenkompetenzen **AEUV 2** 13
- ausschließliche Zuständigkeiten **AEUV 2** 28 ff., **3** 1 ff.
- Ausschluss aus der ~ **EUV 7** 25; **50** 4; **AEUV 356** 8
- Austritt aus der ~ **EUV 49** 1; **50** 1 ff.; **AEUV 204** 2; **356** 5 f.
- Begriff **EUV 1** 9 f.
- Befugnisse zur Kreditaufnahme **AEUV 311** 103
- Beitritt **EUV 1** 18 ff.; **49** 1 ff.; **AEUV 231** 3
- Beitrittsrunden **EUV 49** 5
- Besteuerungsrechte **AEUV 311** 50
- Brexit **EUV 50** 4
- Deliktsfähigkeit **EUV 47** 15 ff.
- Entwicklungsoffenheit **EUV Präambel** 7 ff.; **1** 9, 51
- Einnahmen **AEUV 310** 13; **311** 1, 10 ff.
- Einrichtungen und sonstige Stellen **AEUV 287** 3
- Entschädigungsanspruch gegen **AEUV 215** 42
- Ertragshoheit **AEUV 311** 84
- Finanzierungsbefugnisse **AEUV 310** 14
- Finanzvorschriften **AEUV 310** 6
- Finalität **EUV Präambel** 8; **1** 51
- Geltungsbereich der Verträge **EUV 52** 1 ff.; **AEUV 355** 1 ff.
- Geltungsdauer der Verträge **EUV 53** 1 ff.; **AEUV 356** 1 ff.
- Geschäftsfähigkeit **AEUV 335** 1 ff.
- Gründung **EUV Präambel** 5; **1** 22 f.
- geteilte Zuständigkeiten **AEUV 2** 29, 37 ff., **4** 1 ff.
- internationale Organisation **AEUV 1** 6
- keine Staatsqualität **AEUV 1** 5
- Kompetenzen zur Unterstützung, Koordinierung oder Ergänzung **AEUV 2** 49 ff.
- Kompetenzordnung **AEUV 2** 9
- koordinierende Zuständigkeit **AEUV 5** 1 ff.
- Mitgliedschaftsverfassung **EUV 49** 1
- Mittelausstattung **AEUV 311** 2
- Nord-, Ost- u. Süderweiterungen **EUV 1** 18 f., 24, 27
- Organisationsstruktur **EUV 13** 1 ff.
- parallele Zuständigkeiten **AEUV 4** 13 ff.
- rechtliche Einordnung **EUV 1** 9 f.
- rechtliche Grundlagen **EUV 1** 60 ff.
- Rechtsfähigkeit **AEUV 335** 1 ff.
- Rechtsnachfolgerin der EG **EUV 1** 65 f.
- Rechtsnatur **EUV 1** 9 f.
- Rechtspersönlichkeit **EUV 1** 46; **47** 1 ff.; **AEUV 1** 1
- Staatenverbundcharakter **EUV 1** 10
- Staatlichkeit **AEUV 2** 12

- Vertragsänderung **AEUV 231** 6
- Vertragsschlusskompetenzen **AEUV 3** 17
- Verwaltungskompetenz **AEUV 2** 15
- Verfassungscharakter **EUV 1** 47 ff., 52 ff.
- Verfassungsprinzipien und -grundsätze **EUV 1** 52 ff.; **GRC Präambel** 10 ff.
- Verfassungsziele **EUV Präambel** 17 ff.; **GRC Präambel** 8
- Vertragsabschlusskompetenz **EUV 47** 12 ff.
- Vertragsparteien **EUV 1** 7 f.; **52** 2
- völkerrechtliche Vertretung **EUV 47** 9 ff.
- völkerrechtliche Wurzeln **AEUV 1** 6
- Völkerrechtspersönlichkeit **EUV 47** 1 ff.
- Völkerrechtssubjektivität **EUV 47** 1 ff.; **AEUV 28** 49
- Werte **EUV Präambel** 12 ff.; **7** 1 ff.; **GRC Präambel** 10 ff., 14 ff.
- WTO-Mitglied **AEUV 28** 46 ff.
- Ziele **AEUV 65** 30
- Zuständigkeit aus der Natur der Sache **AEUV 3** 2
- Zuständigkeit zur Unterstützung, Koordinierung, Ergänzung **AEUV 6** 1 ff.
- Zuständigkeiten **AEUV 2** 8

Europäische Verteidigungsagentur **EUV 45**
- Aufgaben **EUV 45** 3 ff.
- Rolle des Hohen Vertreters **EUV 45** 10
- Struktur **EUV 45** 9 ff.

Europäische Verteidigungsgemeinschaft (EVG) **AEUV 217** 3

Europäische Verwaltung **AEUV 298** 1 ff.
- Begründungspflicht **AEUV 296** 20 f.
- Effizienz **AEUV 298** 13
- Kompetenz für EU-Verwaltungsverfahrens-Verordnung **AEUV 298** 15 ff.
- Offenheit **AEUV 298** 12
- Organisation **AEUV 298** 5 ff.
- Unabhängigkeit **AEUV 298** 14

Europäische Weltraumorganisation (ESA) **AEUV 187** 8; **189** 14 f.

Europäische Werte **EUV 49** 18

Europäische Wirtschafts- und Währungsunion s. Wirtschafts- und Währungsunion

Europäische Wirtschaftsgemeinschaft (EWG) **EUV 1** 18; **AEUV 216** 17 ff., 23 ff., 73, 92, 259; **218** 4, 87, 92, 159, 161, 190, 193; **220** 1 ff., 16, 30, 45, 69; **351** 1, 5 ff., 13, 30, 33, 40, 47, 106
- Haushaltsplan **AEUV 310** 3
- Vertrag als Verfassungsurkunde **AEUV 1** 4
- Vertragsschließungs- (Außen) Kompetenzen der ~ **AEUV 216** 25 ff., 92 f., 109, 145

Europäische Zentralbank **EUV 13** 13; **AEUV 66** 13, 15; **119** 36 f.; **129** 6 ff.; **142** 5, 7 f.; **143** 27; **218** 91, 115; **219** 5, 14, 21, 22; **220** 52, 79, 90; **263** 23, 94; **271** 1 ff.; **282** 5, 8 f.; **289** 29
- Amtsenthebung **AEUV 130** 21
- Anfragen des EP **AEUV 230** 10
- Anhörung **AEUV 127** 43 ff.; **138** 19, 46; **219** 21
- Außenvertretungskompetenz **AEUV 138** 8, 26
- Bankenaufsicht **AEUV 284** 21
- Berichte **AEUV 284** 13
- Beschlüsse **AEUV 132** 8
- Beteiligung **AEUV 218** 115
- Devisengeschäfte **AEUV 127** 25 ff.
- Direktorium **AEUV 66** 13; **141** 4; **142** 21; **219** 13; **283** 33
- einheitliche Bankenaufsicht **AEUV 284** 21
- einheitlicher Aufsichtsmechanismus **AEUV 127** 54
- Empfehlungen **AEUV 132** 9; **219** 19, 21
- Erweiterter Rat **AEUV 66** 13; **142** 21
- Europäisches System der Zentralbanken **AEUV 129** 6 ff.; **282** 5, 8 f., s. auch dort
- Finanzaufsicht **AEUV 127** 49 ff.
- Geschäftsfähigkeit **AEUV 282** 7
- gesonderter Haushalt **AEUV 310** 23
- Haushalt **AEUV 314** 13
- IRC **AEUV 219** 21
- Jahresbericht **AEUV 284** 13
- Kompetenz **AEUV 142** 21
- Kreditaufnahme **AEUV 311** 101
- Leitlinien **AEUV 132** 11 ff.; **143** 7; **219** 13
- Leitzins **AEUV 127** 22
- Mindestreserven **AEUV 127** 23
- nationale Zentralbanken **AEUV 129** 9 ff.
- Offenmarktpolitik **AEUV 127** 20 f.
- OMT **AEUV 127** 37; **130** 26
- Organisationsautonomie **AEUV 141** 25
- partielle Völkerrechtsfähigkeit **AEUV 282** 7
- Präsident **AEUV 142** 21; **283** 34
- Preisstabilität **AEUV 127** 3 ff.
- Pressekonferenzen **AEUV 284** 15
- Rat **AEUV 66** 13; **141** 5; **142** 7, 21; **219** 7, 13, 19, 22; s. a. EZB-Rat
- Rechnungsprüfung **AEUV 287** 4
- Rechtsakte **AEUV 282** 11 f.
- Rechtsakte und Ausnahmeregelung **AEUV 139** 19
- Rechtsetzung **AEUV 132** 1 ff.
- Rechtsfähigkeit **AEUV 282** 7
- Rechtspersönlichkeit **AEUV 129** 3; **271** 2; **282** 7 ff.
- Rechtsschutz **AEUV 127** 9; **130** 29 f.; **132** 15 f.
- Sanktionen **AEUV 132** 15, 17
- Satzung **AEUV 129** 13 ff.; **141** 15 ff.
- Selbständigkeitsthese **AEUV 340** 8
- single supervisory mechanism (SSM) **AEUV 127** 54; **284** 21
- Sitzungen **AEUV 284** 18, 15
- ständige Fazilitäten **AEUV 127** 22
- Stellungnahmen **AEUV 132** 9
- Stellungnahmerecht **AEUV 282** 13 f.
- Struktur **AEUV 129** 3 ff.

- TARGET AEUV 127 34 f.
- Teilnahme an Sitzungen AEUV 284 5
- Teilnahme an Sitzungen des Rates AEUV 284 7
- Unabhängigkeit AEUV 130 1 ff.; 271 2; 282 9, 10; 284 19
- Unabhängigkeit und Konvergenz AEUV 140 11 f.
- und Euro-Gruppe AEUV 137 12
- Verhältnis zum Europäischen Parlament AEUV 284 10 f.
- Verordnungen AEUV 132 5 ff.
- Vertraulichkeit der Sitzungen AEUV 284 15, 18
- Vizepräsident AEUV 142 21
- Währungsreserven AEUV 127 28 ff.
- Weisungen AEUV 132 14 f.
- Zahlungsverkehr AEUV 127 32 ff.
- Zugang zu Dokumenten AEUV 284 20

Europäischer Ausrichtungs- und Garantiefonds für die Landwirtschaft – Abteilung Ausrichtung (EAGFL) AEUV 175 6; 178 4

Europäischer Ausschuss für Systemrisiken AEUV 127 58; 141 25;
- Wirtschafts- und Finanzausschuss AEUV 134 3

Europäischer Auswärtiger Dienst EUV 27
- Aufgaben EUV 27 22 ff.
- Beschluss über die Organisation und Arbeitsweise EUV 27 12
- Delegationen der Union EUV 27 16 f.
- Geschäftsfähigkeit EUV 27 14
- Haushaltsautonomie EUV 27 14
- Personal EUV 27 19 ff.
- Rechtsfähigkeit EUV 27 14
- Struktur EUV 27 16 ff.

Europäischer Bürgerbeauftragter s. Bürgerbeauftragter, Europäischer

Europäischer Datenschutzbeauftragter AEUV 85 9, 28, 36; 88 41

Europäischer Entwicklungsfonds (EEF) AEUV 287 6; 310 20

Europäischer Finanzstabilisierungsmechanismus (EFSM) AEUV 122 26 ff.; 143 24; 311 110

Europäischer Fonds für die Anpassung an die Globalisierung AEUV 175 13

Europäischer Fonds für regionale Entwicklung (EFRE) AEUV 174 2; 175 6; 176 1 ff.; 309 18
- Durchführungsverordnungen AEUV 178 2

Europäischer Fonds für währungspolitische Zusammenarbeit (EFWZ) AEUV 142 21; 219 3

Europäischer Forschungsbeirat (EURAB) AEUV 188 5

Europäischer Gerichtshof s. Gerichtshof der Europäischen Union

Europäischer Haftbefehl EUV 4 89; GRC 19 13; AEUV 82 11, 16, 27

Europäischer Integrationsprozess EUV 1 12 ff.

- Entwicklungsstufen EUV 1 17 ff.
- Finalität EUV Präambel 8; 1 51
- Förderung- u. Intensivierung EUV 1 12
- Grundmotive EUV Präambel 10 f.; 1 13 ff.; GRC Präambel 8

Europäischer Investitionsfonds (EIF) AEUV 308 8; 309 18, 33 f.

Europäischer Kollektivvertrag
- s. Kollektivvereinbarung, Europäische
- s. Kollektivverhandlung, transnational

Europäischer Landwirtschaftsfonds für die Entwicklung des ländlichen Raums (ELER) AEUV 40 66; 175 7; 178 4; 309 18

Europäischer Meeres- und Fischereifonds (EMFF) AEUV 175 7

Europäischer Rat EUV 13 9; 15 1 ff.; AEUV 219 3; 235 1 ff.; 236 2 f.; 8; 244 8 f.
- Abstimmungsmodalitäten AEUV 235 1 ff.
- Amtsenthebung des Präsidenten EUV 15 29
- Anhörung des Präsidenten des EP AEUV 235 12
- Anhörung durch EP AEUV 230 7
- Aufgaben EUV 15 33 ff.; AEUV 244 9
- Aufgaben des Präsidenten EUV 15 30 f.
- Außenvertretung EUV 15 32
- außerordentliche Sitzung EUV 26 10 ff.
- außerordentliche Tagungen EUV 15 16
- Austrittsmitteilung EUV 50 6
- begleitende Delegationen EUV 15 14
- Beschluss über Ratsformationen AEUV 236 2 f., 8
- Beschlussfassung EUV 15 25; AEUV 235 6 ff., 14; 236 8
- Beschlussfähigkeit EUV 15 25
- Beschlussfassung im Rahmen der GASP EUV 26 7 ff.; 31;
- Beurteilungsspielraum AEUV 244 8
- Brückenklausel EUV 31 30 ff.
- Einberufung EUV 15 21
- einfache Mehrheit s. Beschlussfassung
- Einstimmigkeit EUV 31 5 ff.; AEUV 235 9
- Entstehung, Entwicklung EUV 15 1 ff.
- Enthaltung EUV 31 9 ff.
- EP AEUV 230 7
- Erklärung von Laeken zur Zukunft der EU AEUV 1 20; 2 6
- Erlass von Gesetzgebungsakten EUV 15 34
- Ernennungsbefugnisse EUV 15 36
- Festlegung des Vorsitzes AEUV 236 4
- Funktionsweise EUV 15 15 ff.
- Generalsekretariat AEUV 235 17; 240 9 ff.
- Generalsekretär AEUV 240 12
- Geschäftsordnung AEUV 230 7; 235 13 ff.
- informelle Treffen EUV 15 17
- Kompetenzen EUV 15 33 ff.
- Kompetenzen des Präsidenten EUV 15 30 f.
- Konsensverfahren s. Beschlussfassung
- Konsultationspflicht der Mitgliedstaaten EUV 32

- Leitlinien   EUV 50 6
- Mehrheitserfordernisse   EUV 15 25
- Mitglieder   EUV 15 2 ff.
- ordentliche Tagungen   EUV 15 15
- Organisationsaufgaben   EUV 15 35
- politische Leitentscheidungen   EUV 15 33
- politische Revisionsinstanz   EUV 15 38
- Präsident   EUV 15 26 ff.; 27 7; AEUV 230 7
- qualifizierte Mehrheit   EUV 31 15 ff.
- Schlussfolgerungen   EUV 15 24
- Stimmrechtsübertragung   AEUV 235 2 ff.
- Stimmrechtsausschluss   AEUV 235 10 f.
- strategische Interessen und Ziele   EUV 22 16; 26 5 f.
- System der gleichberechtigten Rotation   AEUV 244 9
- Tagesordnung   EUV 15 22
- Tagungen   EUV 15 15 ff.
- Tagungsdauer   EUV 15 23
- Tagungsergebnisse s. Schlussfolgerungen
- Tagungsrhythmus   EUV 15 15
- Tagungsort   EUV 15 18 f.
- Tagungsvorbereitung   EUV 15 20 f.
- Vertragsänderungsbefugnisse   EUV 15 37
- Wahl des Präsidenten   EUV 15 27 f.
- Zusammenarbeit   AEUV 230 11
- Zusammensetzung   EUV 15 2 ff.
- Zuständigkeit im Rahmen der GASP   EUV 24 11 f.; 26 5 ff.

Europäischer Rechnungshof s. Rechnungshof
Europäischer Sozialfonds (ESF)   AEUV 145 6; 162 1 ff.; 175 6; 178 4; 309 18
- Ausschuss   AEUV 163 3 ff.
- als Strukturfonds   AEUV 162 3
- Durchführungsverordnung   AEUV 164 1 ff.
- Errichtung   AEUV 162 2
- Rechtsschutz   AEUV 163 2
- Rechtsstellung   AEUV 163 1
- Sekundärrecht   AEUV 162 7 ff.; 164 1 ff.
- Verwaltung   AEUV 163 1
- Ziele   AEUV 162 4 ff.

europäischer Staat   EUV 49 17
Europäischer Stabilitätsmechanismus (ESM)   AEUV 3 11; AEUV 119 12, 33, 42; 122 30; 136 1, 11 ff.; 143 24
- Ermächtigungsgrundlage   AEUV 136 14
- Instrumente   AEUV 136 15
- Reservefonds   AEUV 311 99
- Stammkapital   AEUV 136 15
- Vertragsgrundlage   AEUV 136 11 ff.

Europäischer Verwaltungsverbund   AEUV 33 6 f.; 298 6, 16
Europäischer Wirtschaftsraum (EWR)   AEUV 49 14; 63 2, 5, 22; 64 10, 13; 66 17; 217 8, 25, 27, 30 ff., 44, 46, 49, 52
- Abkommen   EUV 19 37, 38; AEUV 218 147
- Gemeinsamer EWR-Ausschuss   AEUV 64 10
- Island   EUV 49 14
- Russland   EUV 49 15

- Staaten   EUV 49 14
- Ukraine   EUV 49 15

Europäisches Agrarmodell   AEUV 38 24; 39 13
Europäisches Amt für Betrugsbekämpfung (OLAF)   AEUV 308 12; 325 41 ff.
Europäisches Amt für geistiges Eigentum   AEUV 118 25
europäisches Hoheitsgebiet   AEUV 355 7 f.
Europäisches Institut für Gleichstellungsfragen (EIGE)   EUV 13 4; AEUV 8 17; 19 38
Europäisches Institut für Innovation und Technologie (EIT)   EUV 13 4; AEUV 182 23
Europäisches Justizielles Netz   AEUV 82 20; 85 8, 35, 37
Europäisches Justizielles Netz in Zivil- und Handelssachen   AEUV 81 49, 54
Europäisches Landwirtschaftsmodell s. Europäisches Agrarmodell
Europäisches Netz der Wettbewerbsbehörden s. Kartellverfahrensrecht
Europäisches Netz für Kriminalprävention   AEUV 84 9
Europäisches Parlament   EUV 13 8; AEUV 85 39 f.; 88 36 f.; 217 3, 23, 34, 42 f., 45, 47; 219 19
- s. a. Abgeordnete des Europäischen Parlaments
- Abgeordnete, fraktionslose   EUV 14 59, 63
- Abgeordneten-Status   AEUV 223 46
- Abgeordneten-Statut   AEUV 223 46; 224 1 f.
- absolute Mehrheit   AEUV 231 3, 8
- Abstimmung   AEUV 231 3 f.
- AdR   EUV 14 26
- Agenturen   EUV 14 26
- Akteneinsicht   AEUV 223 52
- Allgemeinheit der Wahl   EUV 14 47, 49; AEUV 223 15, 37, 45
- als Ko-Gesetzgeber   AEUV 289 9 ff.; 293 8
- Amtsblatt   AEUV 232 14 f.
- Amtssprachen   AEUV 223 53
- Anfragen im Rahmen der GASP   AEUV 230 2
- Anhörung   EUV 36 8 f.
- Anhörungsrecht   AEUV 113 20; 219 15
- Arbeitsfähigkeit   EUV 14 40
- Arbeitsgruppe, interfraktionelle   EUV 14 63
- Arbeitsorganisaton   EUV 14 59
- Arbeitsorte   EUV 14 69; AEUV 229 6 f.
- Assises   EUV 14 35
- Aufzeichnung   AEUV 232 15
- Ausschüsse   EUV 14 31, 65; AEUV 232 3, 13; 294 18 ff.
- Ausschusssitzung   AEUV 230 13
- Außenbefugnis   EUV 14 34
- Außenrecht   EUV 14 13
- Aussprachen   AEUV 232 13
- Autonomie   AEUV 232 1, 6
- Beihilfe   AEUV 223 57
- Befugnistypen   EUV 14 8, 11

- Beratungsbefugnisse **EUV 14** 25
- Beschluss **AEUV 231** 1
- Beschlussfähigkeit **AEUV 231** 9 ff.
- Beschwerdeverfahren, internes **AEUV 232** 10
- Beteiligung an der GASP **EUV 36**
- Bürgerbeauftragter **AEUV 228** 1
- Bürgerbefragung **AEUV 232** 8
- COSAC **EUV 14** 35
- Degressivität **EUV 14** 43; **AEUV 223** 6
- Diäten **AEUV 223** 54
- Delegation **EUV 14** 57
- Demokratie **AEUV 230** 10, 232 2
- Demokratiedefizit **EUV 14** 35
- Direktwahlakt **EUV 14** 39, 46, 49; **AEUV 223** 2, 4, 10 ff.; **224** 12 f.; **232** 6
- Diskontinuität **EUV 14** 46; **AEUV 227** 20
- Diskussionsrunden im TV **AEUV 224** 17
- Dokumenten-Zugang **AEUV 232** 16
- Dolmetschung **AEUV 223** 53
- Drei-Prozent-Klausel **EUV 14** 37, 38, 74
- Einheitsdiäten **AEUV 223** 64
- Empfehlung **EUV 14** 29; **36** 14
- Empfehlungen im Rahmen der GASP **AEUV 230** 2
- Entlastungsverweigerung **EUV 14** 23
- Entschädigung **AEUV 223** 55 f.
- Entschließung **AEUV 225** 5
- Entschließungsantrag **EUV 14** 29
- Entstehungsgeschichte **EUV 14** 4
- Ersuchen **EUV 14** 26
- Europaabgeordnetengesetz, deutsches **AEUV 223** 4, 32
- Europäischer Rat **AEUV 230** 7
- EZB **AEUV 230** 10
- Finanzrahmen, mehrjähriger **AEUV 231** 6
- Fragen **AEUV 230** 4, 6
- Fragerecht **EUV 36** 12 f.
- Fragestunde **AEUV 230** 9
- Fraktionen **EUV 14** 59, 61; **AEUV 223** 62; **232** 3
- fraktionslose Abgeordnete **EUV 14** 59, 63
- Freiheit der Wahl **EUV 14** 47, 53; **AEUV 223** 15, 29, 37
- Fünf-Prozent-Klausel **EUV 14** 74
- Funktionalität **EUV 14** 37; **AEUV 223** 2
- Funktionsschwäche **EUV 14** 69
- GASP **AEUV 230** 2
- Geheimheit der Wahl **EUV 14** 47, 55; **AEUV 223** 15, 37, 45
- Generalsekretariat **EUV 14** 68; **AEUV 232** 3
- Gesamtbericht der Kommission **AEUV 233** 1 ff.
- Geschäftsordnung **EUV 14** 6, 12, 56; **AEUV 223** 51 f., 62; **227** 1, 18 f.; **230** 7, 9, 11; **231** 2, 6, 8 ff.; **232** 1 ff.
- Gleichbehandlungsgebot beim Wahlrecht **AEUV 223** 8
- Grundrechte **AEUV 223** 5
- Haushalt **EUV 14** 70; **24** 17
- Haushaltsplan **AEUV 231** 6
- Haushaltsverfahren **AEUV 230** 5
- Hinterbliebenenversorgung **AEUV 223** 55
- Höchstzahlen **EUV 14** 40, 41
- Hoher Vertreter **AEUV 230** 2
- Initiativbericht **EUV 14** 30; **AEUV 225** 5; **227** 15
- Initiativrecht **EUV 14** 13; **AEUV 223** 51; **225**; **231** 6
- Internet **AEUV 232** 15 f.
- interparlamentarische Vereinbarungen **AEUV 226** 22
- Interpellationsrecht **AEUV 230** 5
- Jahres-Gesetzgebungsprogramm **AEUV 233** 11
- Leitlinien der GO EP **AEUV 230** 7
- Listenwahlen **EUV 14** 52
- Listenwahlvorschläge **AEUV 223** 37
- Kommission **EUV 14** 71; **AEUV 230** 1; **231** 6
- Konferenz der Ausschussvorsitze **EUV 14** 60
- Konferenz der Präsidenten **EUV 14** 59
- Konsultation **EUV 14** 26
- Kontrolle **AEUV 233** 2
- Mandatsverlust **AEUV 231** 5
- MdEP **AEUV 223** 3
- Mehrheit **AEUV 231** 3 ff.; **234** 14
- Mindestschwelle **EUV 14** 37; **AEUV 223** 17
- Misstrauensantrag **EUV 14** 23
- Misstrauensvotum **AEUV 231** 7
- mittelbares Initiativrecht s. Initiativrecht
- Mitwirkung an der Gesetzgebung s. besonderes Gesetzgebungsverfahren, ordentliches Gesetzgebungsverfahren
- Namensnennung des MdEP beim Initiativbericht **AEUV 225** 6
- Netzwerk **EUV 14** 34
- Nothaushalt **AEUV 231** 6
- Öffentlichkeitsgrundsatz **EUV 14** 18, 28; **AEUV 226** 8
- Organbildungsbefugnis **EUV 14** 31
- Organisation **EUV 14** 56
- Organteile **EUV 14** 62
- Parlamentarisierung s. dort
- Parlamente, mitgliedstaatliche **EUV 14** 35, 36; **AEUV 226** 22; **233** 12
- Parteien **AEUV 223** 18; **224**
- Parteistiftungen **AEUV 224** 9
- Pensionsfonds **AEUV 223** 63
- Petitionsadressat **AEUV 227** 13
- Petitonsrecht **AEUV 227**
- Plenarsitzung **AEUV 230** 1
- Plenum **EUV 14** 57
- Präsident **EUV 14** 31, 56, 58, 71; **AEUV 230** 7, 9; **231** 5
- Präsidium **EUV 14** 31, 56, 58
- Proportionalität **EUV 14** 43; **AEUV 223** 6
- Publizität **AEUV 230** 10

- Qualifying Commonwealth Citizen **EUV 14** 51
- Quästoren **EUV 14** 31, 58
- Rat **AEUV 230** 7
- Rat (GASP) **AEUV 230** 2
- Rechtsgrundsätze, allgemeine **AEUV 223** 5
- Rechtsstellung **AEUV 223** 19 ff.
- Repräsentation **EUV 11** 26
- Richtlinie zur Wahl **AEUV 223** 4
- Ruhegehalt **AEUV 223** 55
- Schlichtung **EUV 14** 72
- Sekretariat **EUV 14** 63
- Selbstorganisationsrecht **EUV 14** 6, 12, 31, 34, 56; **AEUV 231** 2, 4
- Sitzbeschwerden **AEUV 229** 6, 8
- Sitzungen **AEUV 229** 2
- Sitzungsperiode **AEUV 229** 2; **231** 3
- Sitzungstage **AEUV 229** 3
- Sonderausschüsse **EUV 14** 66
- Sperrklausel **EUV 14** 39, 74; **AEUV 223** 2, 33, 62
- Sprachendienst **EUV 14** 68
- Sprachenvielfalt **EUV 14** 69; **AEUV 223** 53
- Stellungnahme **EUV 14** 30
- Steuer **AEUV 223** 56
- Tagungen **AEUV 229** 2
- Transparenz **EUV 14** 67; **AEUV 233** 2, 13
- Triloge s. dort
- TV-Diskussionsrunden **AEUV 224** 17
- Übergangsgeld **AEUV 223** 63
- Übergangsregelung **AEUV 223** 63
- Unionsbürger **EUV 14** 49
- Unmittelbarkeit der Wahl **EUV 14** 47, 52; **AEUV 223** 15, 37, 45
- Unterrichtung **AEUV 219** 20
- Unterrichtung durch den Hohen Vertreter **EUV 36** 5 ff.
- Untersuchungsausschüsse **EUV 14** 66
- Verhältnis zur Europäischen Zentralbank **AEUV 284** 10 f.
- Verhältniswahl **AEUV 223** 14, 16, 37
- Verhandlungsniederschriften, Veröffentlichung **AEUV 232** 2, 12 ff.
- Vermittlungsausschuss s. Vermittlungsverfahren
- Vertragsänderung **AEUV 231** 3
- Vizepräsidenten **EUV 14** 31, 58
- Wahl **EUV 14** 73
- Wahlanfechtung **AEUV 223** 36
- Wahlergebnisse **AEUV 223** 39
- Wahlverfahren **AEUV 1** 15; **224** 18; **231** 3
- Wählerverzeichnis **AEUV 223** 30
- Wahlkampfkosten **AEUV 223** 18
- Wahlkosten **AEUV 223** 36
- Wahlkreise **AEUV 223** 16
- Wahlordnung **AEUV 223** 36
- Wahlperiode **EUV 14** 45
- Wahlpflicht **EUV 14** 54; **AEUV 223** 29, 42
- Wahlprüfung **AEUV 223** 24
- Wahlrecht **EUV 14** 37, 74; **AEUV 223** 8, 27 f., 37 f.
- Wahlrecht, aktives **AEUV 223** 31, 37, 42
- Wahlrecht, passives **AEUV 223** 31, 37, 42
- Wahlrechtsgleichheit **EUV 14** 42, 44; **AEUV 223** 7, 15, 37
- Wahlrechtsgrundsätze **EUV 14** 47; **AEUV 223** 1, 5, 15, 37, 45
- Wahltermin **AEUV 223** 22
- Wahlverfahren **AEUV 223** 4, 36, 44
- Wirksamkeit **AEUV 231** 5
- Wohnsitz **EUV 14** 51
- Wohnsitz-Mitgliedstaat **AEUV 223** 8
- WSA **EUV 14** 26
- Zitierrecht **AEUV 230** 5
- Zurechnung **EUV 14** 64
- Zusammenarbeit **AEUV 230** 11
- Zuständigkeit **EUV 24** 15
- Zustimmung **EUV 50** 7

Europäisches Polizeiamt **AEUV 341** 10
Europäisches Semester **AEUV 121** 3, 19; **138** 47; **148** 4
Europäisches Sozialmodell **AEUV 151** 4, 27 f.
Europäisches Statistisches System **AEUV 338** 2
Europäisches Strafregisterinformationssystem **AEUV 82** 21
Europäisches System der Finanzaufsicht **AEUV 127** 49
Europäisches System der Zentralbanken (ESZB) **AEUV 63** 10, 12, 14; **66** 6; **141** 1, 2; **142** 7, 14; **219** 5, 7, 12, 23; **282**
- Aufbau **AEUV 282** 3
- Ausscheiden **AEUV 144** 18
- Aufgaben **AEUV 127** 10 ff.
- Devisengeschäfte **AEUV 127** 25 ff.
- EZB **AEUV 129** 6 ff.; **282** 5, 8 f.
- Finanzaufsicht **AEUV 127** 49 ff.
- Geldpolitik **AEUV 127** 12 ff.
- Leitzins **AEUV 127** 22
- Mindestreserven **AEUV 127** 23
- nationale Zentralbanken **AEUV 129** 9 ff.; **282** 3
- Offenmarktpolitik **AEUV 127** 20 f.
- Preisstabilität **AEUV 127** 3 ff.; **282** 6
- Rechtspersönlichkeit **AEUV 282** 5
- Satzung **AEUV 129** 13 ff.; **139** 26 ff.; **311** 102
- ständige Fazilitäten **AEUV 127** 22
- Struktur **AEUV 129** 3 ff.; **282** 3 ff.
- TARGET **AEUV 127** 34 f.
- Verhältnis zu den Mitgliedstaaten **AEUV 284** 12
- Währungsreserven **AEUV 127** 28 ff.
- Wirtschaftspolitik **AEUV 127** 7
- Zahlungsverkehr **AEUV 127** 32 ff.
- Ziele, Aufgaben und Ausnahmeregelung **AEUV 139** 16 f.
- Zuständigkeit des Gerichtshofs für Streitigkeiten **AEUV 271** 21 ff.

Europäisches Transparenzregister **AEUV 294** 8; **295** 6

Europäisches Unterstützungsbüro für Asylfragten   EUV 13 4
Europäisches Verteidigungsbündnis   EUV 24 8
Europäisches Währungsinstitut (EWI)   AEUV 141 3, 9, 10; 142 2, 14, 21
Europäisches Währungssystem (EWS)   AEUV 119 8, 22 ff., 51; 140 36 ff.; 142 1, 4, 14; 219 3, 4, 9, 10; 320 3
Europäisches Zentrum für die Förderung der Berufsbildung (Cedefop)   EUV 13 4; AEUV 298 20
Europäisches Zentrum für die Prävention und die Kontrolle von Krankheiten   EUV 13 4
Europarat   AEUV 216 185 f.; 220 55 ff.
Europawahlgesetz
– deutsches   EUV 14 38, 50; AEUV 223 4, 32, 36
– Sitzzuteilung   AEUV 223 37
European Bank for Reconstruction and Development (EBRD)   AEUV 143 21
European Chemicals Agency   EUV 13 4
European Currency Unit (ECU)   AEUV 142 1, 4; 219 4; 320 3
European Free Trade Association (EFTA)   AEUV 63 22; 64 10; 66 17
European GNSS Supervisory Authority   EUV 13 4
European Institute of Innovation and Technology – EIT   AEUV 187 13
European IT Agency   EUV 13 4
European Police College   s. Europäische Polizeiakademie
European Political Strategy Centre (EPSC)   AEUV 17 25
European Representatives to the IMF (EURIMF)   AEUV 138 32
European Research Area Committee (ERAC)   AEUV 182 9; 188 5
European Research Council (ERC)   AEUV 187 13
European Securities and Markets Authority   EUV 13 4
European Space Agency (ESA)   AEUV 187 8; 189 14 f.
European Systemic Board   s. Europäischer Ausschuss für Systemrisiken
Europol   AEUV 71 3
– Aufbau und Tätigkeitsbereich   AEUV 88 2, 9 ff., 23 ff.
– Auftrag   AEUV 88 1, 16
– Beschluss   AEUV 88 7
– Informationssystem   AEUV 88 10, 28 f., 31
– Kontrolle durch nationale Parlamente   EUV 12 35
– Terrorabwehr   AEUV 222 23
– Übereinkommen   AEUV 88 4
Euroraum   AEUV 63 12; 137 3
euroskeptische Parteien   AEUV 223 40, 47; 224 10

Eurostat   AEUV 338 2
EUROSUR   AEUV 77 28
Eurosystem   AEUV 141 1; 282 3
– s. Europäisches System der Zentralbanken (ESZB)
Eurozone   AEUV 137 4; 138 1, 4; 141 25; 219 4, 7, 21, 23, 24
– Vertretung der   AEUV 138 1 ff., 23, 27; 219 22
EUV s. Vertrag über die Europäische Union
Evaluierungsbericht   AEUV 318 4
Évasion fiscale   AEUV 49 116
Evolutivklausel   AEUV 262 2
– Unionsbürgerschaft   AEUV 25 1 ff.
EWG s. Europäische Wirtschaftsgemeinschaft
EWI s. Europäisches Währungsinstitut
Ewigkeitsgarantie   EUV 53 5
EWR s. Europäischer Wirtschaftsraum
EWR-Abkommen   EUV 19 37, 38; AEUV 218 147
EWS s. Europäisches Währungssystem
ex-officio-Prüfung   AEUV 263 11
Exekutivagenturen   s. Organstruktur der EU
Exekutivdirektorium des IWF   AEUV 138 31, 45
Exekutivmaßnahme, reine   AEUV 203 3
Exequaturverfahren   AEUV 81 8, 14, 30
Existenz des Staates   AEUV 347 2, 11 f., 15 f.
Existenzminimum   GRC 1 40 ff., 49, 54 ff.; 2 26 ff., 56, 71
Existenzvernichtungshaftung   AEUV 54 11
Exklusivität der Außenkompetenz   AEUV 216 122 ff.; 218 84, 172, 222; 351 108
Exportförderung   AEUV 110 2, 10, 16; 111 1
extraterritoriale Wirkungen   AEUV 18 71
EZB s. Europäische Zentralbank
EZB-Präsident, Teilnahme an Sitzungen des Rates   AEUV 284 7
EZB-Rat
– Abstimmungsregelungen   AEUV 1 22
– Aufgaben   AEUV 283 23 ff.
– Beschlussfassung   AEUV 283 21 ff.
– Geldpolitik   AEUV 127 15
– Rotation des ~s   AEUV 283 8 ff.
– Sitzungen   AEUV 284 15, 18
– Teilnahme an Sitzungen   AEUV 284 5 f.
– Unabhängigkeit   AEUV 283 5; 284 19
– Verhältnis zum Direktorium   AEUV 283 22
– Vertraulichkeit der Sitzungen   AEUV 284 15, 18
– Zusammensetzung   AEUV 283 3

Fachagenturen s. Organstruktur der EU
Fachgerichte   AEUV 257 1 ff.
– Errichtung   AEUV 257 6 f.
– Rechtsmittel   AEUV 257 7 f.
– Richter   AEUV 257 9 ff.
– Verfahrensordnung   AEUV 257 13 f.
FADO   AEUV 74 4

Fahrgastrechte AEUV 90 6
faires Verfahren (Anspruch/Recht auf ein)
  GRC 47 11, 12, 57, 60, 61, 64, 65, 76, 79
Faktorfreiheit AEUV 49 8
Fälschung von Zahlungsmitteln AEUV 83 25
Familie GRC 33
– s. a. Ehe
– s. a. Mutterschutz
– Arbeitnehmerfreizügigkeit AEUV 45 52 ff.
– Arbeitsverhältnis AEUV 45 46
– Begriff GRC 33 10
– Diskriminierungsschutz AEUV 157 86, 132, 138, 178 f.
– Elternurlaub GRC 33 17 f.; AEUV 153 35
– Familienangehörige AEUV 48 19 ff.
– Familienleistungen AEUV 48 54 ff., 71, 73; 157 44
– Vereinbarkeit mit Erwerbsarbeit AEUV 153 35; 157 138, 150, 176
Familienbegriff GRC 9 26
Familiengründungsrecht
– s. a. Eheeingehungsrecht
– Abwehrrecht GRC 9 34
– Eingriff GRC 9 36
– Eingriffsrechtfertigung GRC 9 37
– Familiengründung GRC 9 29
– Institutsgarantie GRC 9 35
– Schutzbereich, sachlich GRC 9 25 ff.
– Verhältnis zum Eheeingehungsrecht GRC 9 25
– Verletzungshandlung GRC 9 38
Familienleben, Recht auf
– Beeinträchtigung GRC 7 32
– Begriff GRC 7 21, 32
– Eingriffsrechtfertigung GRC 7 38
– Schutzbereich GRC 7 20
Familienleistungen s. Familie
Familiennachzug GRC 9 38; AEUV 49 34
Familienzusammenführung AEUV 79 22
FAO (Food and Agriculture Organization of the United Nations) s. Welternährungsorganisation
Färöer-Inseln AEUV 219 17; 355 11
Feinsteuerungsoperationen AEUV 127 20
Fernmeldegeheimnis GRC 7 27
Fernsehen AEUV 56 125
– Ausstrahlung AEUV 57 8
– Beiträge AEUV 57 38
– Beteiligung AEUV 57 50
– Decodiergeräte AEUV 57 9
– Fernsehmonopole AEUV 56 130
– kostenpflichtige Rundfunksendungen AEUV 57 9
– Verbreitung AEUV 57 50
– werbefinanziertes Fernsehen AEUV 56 130
Fernsprechnetze AEUV 36 55
Festnahme/Fluchtvereitelung GRC 2 48
Feststellungsurteil AEUV 260
Feuerwaffenausfuhr AEUV 207 77

Feuerwehrdienst GRC 5 19
Film AEUV 56 127; 57 10, 50; 59 17
Financial Stability Board (FSB) s. Rat für Finanzstabilität
Finanzaufsicht AEUV 127 49 ff.
Finanzausgleich AEUV 174 6
Finanzautonomie AEUV 311 18, 53
Finanzbeiträge AEUV 310 2, 311 11 ff., 17
Finanzbereich AEUV 138 12 ff., 25
Finanzdienstleistungen AEUV 59 17; 63 16; 64 3
Finanzhilfen für Drittstaaten AEUV 311 109
finanzielle Handelshemmnisse AEUV 34 20; 56 80
finanzielle Interessen der Union, Strafrecht AEUV 325 13 ff.
finanzielle und nicht-finanzielle Beschränkungen AEUV 34 41 ff.
– Deutung als Beschränkungsverbot AEUV 34 43
– organische Ergänzung AEUV 34 41
– Unterschiede AEUV 34 42
finanzieller Beistand s. Beistand, finanzieller
finanzielles Gleichgewicht (Systeme der sozialen Sicherheit) AEUV 45 112, 126; 151 49; 153 77 ff., 105
Finanzierung AEUV 63 19
Finanzinstitut/e AEUV 64 4; 65 6 f.
– Stabilität der AEUV 141 15, 17
Finanzinstitutionen AEUV 63 19; 64 6
– internationale AEUV 63 7
Finanzmarkt AEUV 56 72
Finanzmärkte, Stabilität AEUV 65 13; 142 21
Finanzmechanismus AEUV 216 159
Finanzmonopol AEUV 106 82
Finanzplanung AEUV 312 1
– längerfristige AEUV 310 33
– mittelfristige AEUV 312 1
Finanzpolitik AEUV 3 10
Finanzrahmen, mehrjähriger AEUV 231 6; 310 33, 54, 57; 312 1 ff.
– EP AEUV 231 6
– Festlegung AEUV 312 8
– Fortschreibung AEUV 312 11
– Funktion und Inhalt AEUV 312 3 ff.
Finanzstabilitätsmechanismus s. Europäischer Stabilitätsmechanismus
Finanztransaktionssteuer EUV 20 5; AEUV 113 14, 38; 311 51, 146
Finnland AEUV 217 27
– Sonderregelungen Kapitalverkehr AEUV 64 13
Fischerei AEUV 38 8; 204 5
Fischereiabkommen AEUV 216 182; 351 119
Fischereierlaubnis AEUV 57 15
Fischereischutzorganisationen AEUV 220 82
Fiskalpakt (-vertrag) s. Vertrag über Stabilität, Koordinierung und Steuerung in der Wirtschafts- und Währungsunion

Fiskalpolitik, Koordinierung AEUV 66 7
Flaggenprinzip AEUV 18 58
Flexibilitäts-/Flexibilisierungsklausel (Art. 352 AEUV) EUV 48 85; AEUV 2 4; 176 1; 216 85, 91, 94 ff.; 311 73, 106, 112; **352**; 353 8 f.
– Beurteilungsspielraum AEUV 352 24
– Dekarbonisierung AEUV 352 4
– doppelte demokratische Legitimation AEUV 352 6
– Einstimmigkeitserfordernis AEUV 352 5
– Energiewende AEUV 352 4
– EU-Agenturen AEUV 352 2
– Finanzvorschriften AEUV 352 33
– Gemeinsame Außen- und Sicherheitspolitik AEUV 352 10, 16, 32
– Gestaltungsermessen AEUV 352 32
– Grundsatz der begrenzten Einzelermächtigung EUV 5 24 ff.
– Harmonisierungsverbot AEUV 352 41
– Interpretationshintergrund AEUV 352 20
– Katastrophenschutz AEUV 196 2
– Klimaschutz, internationaler AEUV 352 22
– Kompetenz-Kompetenz AEUV 352 7
– Kompetenzausübungsschranken AEUV 352 9, 27
– Ratifikation durch Bundestag und Bundesrat AEUV 352 6, 39
– Raum der Freiheit, der Sicherheit und des Rechts AEUV 352 21
– Subsidiaritätsprinzip AEUV 352 9, 27, 38
– supranationale Rechtformen im Gesellschaftsrecht AEUV 352 2
– Tätigwerden der Union AEUV 352 25
– Tauglichkeit in der konkreten Situation AEUV 352 33
– Unionstreue AEUV 352 40
– Vertragsabrundungskompetenz AEUV 13 16, 20; **20** 19; 192 86; 352 1
– Vertragsänderung/-erweiterung AEUV 352 31
– Wirtschafts- und Währungsunion AEUV 352 18
– Zielverwirklichung AEUV 352 11 ff.
– Zustimmung des Europäischen Parlaments AEUV 352 5
Flexibilitätsklausel im EGV AEUV 118 12
Flucht ins Privatrecht AEUV 18 61
Flüchtlinge GRC 1 65; 18 9 f.; AEUV 78 13 f.
– Katastrophenschutzzuständigkeit GRC 1 65
– Lebensschutz GRC 2 27, 68 ff.; 5 21 f., 31 ff.
– Menschenhandel GRC 5 21 f., 31 ff.
– Menschenwürde GRC 1 30, 50, 64 ff.
– Solidaritätsklausel GRC 1 65
– Verteilungsschlüssel GRC 1 50
Flüchtlingskrise EUV 4 111; 48 91
Flüchtlingspolitik AEUV 78 1 ff.
Flugverkehrsmanagementsystem AEUV 187 5
Flugzeugabschuss GRC 1 29
Föderalisierung (des EU-Rechtsschutzsystems) GRC 47 6, 42

Föderalismus AEUV 2 2
Folgenbeseitigung AEUV 265 2
Folgenbeseitigungsanspruch AEUV 260 8; 266 14
Folter GRC 4 1 ff., 11 ff.; 19 10, 12, 15
– Androhung GRC 4 1 ff., 10 ff.
– Verbot GRC 3 5; 4 1 ff., 10 ff.
Folterinstrumente, Ausfuhrverordnung AEUV 207 69 ff.
Fonds
– s. a. Strukturfonds
– Forschung AEUV 173 34 ff., 72
– Industriepolitik AEUV 179 41
Förderpflicht AEUV 220 55
Förderung der Nachfragerinteressen
– Ergänzungsfunktion AEUV 169 21
– Mindeststandards AEUV 169 21
Förderung der Verbraucherverbände
– Rechtsanspruch AEUV 169 19
Formalitäten bei der Einfuhr AEUV 34 110
Formenwahlfreiheit AEUV 296 2 ff.
Formerfordernis (wesentliches) AEUV 218 112
förmliche (völkerrechtliche) Vereinbarungen AEUV 219 8, 16
Formvorschriften, wesentliche AEUV 230 3
Formwechsel AEUV 54 17, 21 f., 29
Forschung GRC 13 12
Forschung und Entwicklung (F&E), Förderung AEUV 63 32
Forschung, technologische Entwicklung und Raumfahrt, geteilte Zuständigkeit AEUV 4 14
Forschungsbericht AEUV 179 35; 190 1 f.
Forschungskooperationen AEUV 179 35
Forschungspolitik
– Abkommen AEUV 186 1
– Beteiligung, Union AEUV 185 1 ff., 5 f., 8 f.
– ergänzende Maßnahmen AEUV 180 1 ff.
– Industrie AEUV 173 50 ff.
– Inhalt AEUV 179 1 ff.
– Koordinierung AEUV 181 1 ff.
– Menschenwürde GRC 1 68
– Rahmenprogramme AEUV 182 1 ff.; 183 1 ff.
– Raumfahrt AEUV 189 4, 9 ff., 14 f. 1 ff.
– Zusatzprogramme AEUV 184
Forschungsstätten und Forschungseinrichtungen AEUV 179 30
Forschungszentren AEUV 179 27, 30
Fraktionen
– Bildung EUV 14 64
– EP EUV 14 59, 61; AEUV 223 67; 232 3
– fraktionslose Abgeordnete EUV 14 59, 63
– interfraktionelle Arbeitsgruppen EUV 14 63
– Organteil des EP EUV 14 62
– Teilrechtsfähigkeit EUV 14 64
– Vorfilterung EUV 14 62
Franchise AEUV 57 9, 50
Frankreich AEUV 198 2 ff.; 217, 6; 219 17

- Mayotte **AEUV 219** 17
- Sainte-Barthélemy **AEUV 219** 17
- Saint-Pierre-et-Miquelon **AEUV 219** 17

Französisch-Guyana AEUV 355 3
Frauenförderung
- s. a. positive Maßnahmen
- Begriff **AEUV 8** 14

Frauenquoten AEUV 19 34
freie Berufe AEUV 59 13, 15
freie Wahl des Standorts AEUV 49 8
freier Datenverkehr AEUV 16 22
freier Warenverkehr AEUV 28 19 ff.; **35** 1
Freihandel AEUV 216 172; **218** 209; **351** 56, 88
Freihandels- und Investitionsschutzabkommen
  AEUV 216 172; **218** 12
Freihandelsabkommen AEUV 207 162
- Austritt **EUV 50** 23

Freihandelszone, spezielle AEUV 200 1
Freiheit GRC 9 30
- Abgeordnete **AEUV 223** 49; **224** 1
- Recht auf **GRC 6** 19
- Wahlen **EUV 14** 47, 53; **AEUV 223** 22 f.

Freiheit, Sicherheit, Recht, Berichtspflicht
  AEUV 233 10
Freiheiten GRC 52 4
Freiheitsbeschränkungen AEUV 169 33
Freiheitsentziehung GRC 6 24
Freiheitsförderung EUV 3 10 f.
Freiheitsrechte, Forschung AEUV 179 16
Freiverkehrsklauseln AEUV 114 21; **288** 31
Freizügigkeit AEUV 114 30
- allgemeine **AEUV 201** 2
- Beschränkungen **AEUV 21** 30 ff.
- der Arbeitskräfte **AEUV 202** 1 ff.
- Diskriminierungsverbot **GRC 45** 14, 18
- für Familienangehörige **AEUV 21** 7, 28
- für Studenten **AEUV 21** 8, 35
- Grenzkontrollen **GRC 45** 21
- Grundfreiheit **GRC 45** 12
- Grundrecht **GRC 45** 1 ff.
- Sozialhilfebedürftigkeit **AEUV 21** 8, 11, 36
- Umfang **AEUV 21** 16 ff.
- Umsetzung in Deutschland **AEUV 21** 38
- Unionsbürgerrecht **AEUV 21** 1 ff., 12 ff.; **22** 4

Freizügigkeitsraum AEUV 67 2
Fremdenführer AEUV 56 61, 120; **57** 32, 50
Fremdenverkehr, Tourismus **AEUV 195**
Fremdsprachenlektoren AEUV 45 121
Friedensförderung EUV 3 5 f.; **AEUV 67** 16
Friedenssicherung EUV 42 16 f., 18; **AEUV 216** 259; **220** 34 ff.; **351** 49 f., 53
Frist AEUV 216 82
- s. a. Präklusion
- s. a. Verfahrensdauer
- angemessene **GRC 47** 12, 57, 67, 68, 71
- Bürgerbeauftragter **AEUV 228** 19 ff.
- Kommission, Neuernennung **AEUV 234** 18
- Regeln **GRC 47** 4, 72, 78

- ~vereinbarung (in dringenden Fällen) **AEUV 218** 109 f.
- ~versäumung **AEUV 218** 8

FRONTEX s. Europäische Agentur für die operative Zusammenarbeit an den Außengrenzen der Mitgliedstaaten der Europäischen Union
Frühwarnmechanismus zum Schutz der Rechtsstaatlichkeit EUV 7 4
Frühwarnverfahren EUV 7 1, 6 ff.
Frustrationsverbot AEUV 138 22; **218** 123
FSB s. Rat für Finanzstabilität
fundamentale Grundsätze AEUV 231 3
funktional-äquivalent GRC 52 38
Funktionäre (der Mitgliedstaaten) AEUV 218 55
funktionelle Parallelität AEUV 34 192
Funktionsbedingungen des Staates AEUV 36 60
Funktionsgruppen AEUV 336 21 f.
Funktionsnachfolge AEUV 216 111 ff.; **220** 3, 70; **351** 16 f.
- die EU als Funktionsnachfolgerin in völkerrechtlichen Verträgen **AEUV 351** 16 f.,
- die EU als Funktionsnachfolgerin ihrer Mitgliedstaaten **AEUV 216** 111 ff., 200 f., 224, 255; **220** 3, 70

Fürsorgegemeinschaft GRC 7 21
Fusionskontrolle AEUV 101 2 f., 182; **102** 1, 62, 138
Fusionskontrollrecht AEUV 263 136
Fusionskontrollverordnung AEUV 298 19
- s. a. Kartellrecht der EU

Fusionsvertrag EUV 1 20; **AEUV 233** 4; **310** 3

G 10 AEUV 219 9, 23
G 20 AEUV 219 23
G 24 AEUV 219 23
G 7/8 AEUV 219 23
G7/G8/G10/G20 AEUV 138 15, 17, 35; **137** 10
Galileo AEUV 187 7 f.; **189** 14
Galp Energía España-Urteil GRC 47 51, 52, 74
Garantie
- auf Rechtssicherheit **GRC 6** 19
- Kapitalverkehr **EUV 63** 19

Gascogne-Urteil GRC 47 68
GASP – Übereinkünfte
- Gutachtenkompetenz des EuGH **AEUV 218** 224 ff.
- Pflicht zur Unterrichtung des Europäischen Parlaments bei Aushandlung **AEUV 218** 198
- Standpunkte **AEUV 218** 162
- Vorschlagszuständigkeit **AEUV 218** 178

GASP s. Gemeinsame Außen- und Sicherheitspolitik
GATS (General Agreement on Trade in Services)
  s. Allgemeines Übereinkommen über den Handel mit Dienstleistungen
GATT (General Agreement on Tariffs and Trade)
  s. Allgemeine Zoll- und Handelsabkommen

Gebiete in äußerster Randlage AEUV 355 3
Gebiete, außereuropäische AEUV 198 1
Gebietsansässiger AEUV 56 66, 122; 57 29; 63 19, 26 f.; 64 3, 7; 65 10, 18; **143** 6
Gebietsfremder AEUV 64 3, 7; 65 10, 18; **143** 6
Gebot gegenseitiger Loyalität s. Loyalität
Gebot wechselseitiger kompetenzieller Rücksichtnahme s. Rücksichtnahme, Gebot wechselseitiger kompetenzieller
Gebot der loyalen Zusammenarbeit s. Grundsatz der loyalen Zusammenarbeit
Gebot/Handlungspflicht AEUV 63 29; 65 12
Gebühren AEUV 56 119
Gedankenfreiheit GRC 10 11
Gefahrenabwehr AEUV 65 6
Gefahrguttransport AEUV 90 5
Gefahrstoffrecht AEUV 192 28
Gefängnisarbeit GRC 5 16
gegenseitige Anerkennung AEUV 29 2; 34 165 ff., 169 ff.; 36 83 ff.; 67 37; 68 4
– Expertenentscheidungen AEUV 34 195 ff.
– funktionelle Parallelität AEUV 34 192
– Herkunftslandprinzip AEUV 34 170
– legislative Reaktion AEUV 34 200
– race to the bottom AEUV 34 185
– Ratio AEUV 34 174
– Reaktion der Kommission AEUV 34 188
– Reaktion der Mitgliedstaaten AEUV 34 184
– Risikoentscheidungen AEUV 34 197 ff.
– Verhältnismäßigkeitstest AEUV 34 171
gegenseitige Notifizierung AEUV 34 201 ff.
gegenseitiger Beistand s. Beistand, gegenseitiger
Gegenseitigkeit/Reziprozität AEUV 64 14 ff.
Gegenseitigkeitsprinzip AEUV 351 85
Gegenseitigkeitsproblem AEUV 216 236
Geheimhaltung
– Petitionsrecht AEUV 227 14
– Untersuchungsausschuss AEUV 226 11
Geheimhaltungspflichten AEUV 339 1 ff.
Geheimheit
– Abstimmung AEUV 231 3
– Dokumente AEUV 232 16
– Wahlen EUV 14 47, 55; AEUV 223 15, 37, 45
Geheimjustiz GRC 47 60
Geheimnisschutz GRC 47 44, 63, 75, 78
Geheimverträge AEUV 218 82
geistig-religiöses und sittliches Erbe der EU GRC Präambel 11
geistiges Eigentum GRC 17 2, 5, 9, 15 ff., 33, 35, 37, 41; AEUV 118 4
– Erschöpfungsgrundsatz GRC 17 35
– Europäisierung der Rechte AEUV 118 1
– Schutz der Rechte AEUV 118 1
Geld
– s. a. Bargeld
– Geldmarkt AEUV 63 19
– Geldmarktpapiere AEUV 63 19
– Geldumlauf AEUV 63 20

Geldbußen AEUV 311 92
– ~-Leitlinien GRC 47 46, 52
Geldfälschung AEUV 128 15 f.
Geldpolitik AEUV 3 8; 127 12 ff.; 219 5, 8, 21
– s. a. Währungspolitik
– ECOFIN-Rat AEUV 127 15
– Mindestreserven AEUV 127 23
– nationale Zentralbanken AEUV 127 16
– Offenmarktpolitik AEUV 127 20 f.
– Rat der Europäischen Union AEUV 127 15
– Rat der Europäischen Zentralbank AEUV 127 15
– ständige Fazilitäten AEUV 127 22
Geldspielautomaten AEUV 34 17
Geldwäsche AEUV 56 104; 83 23
Geltungsbereich der Verträge EUV 52 1 ff.
– persönlicher ~ EUV 52 3
– räumlicher EUV 52 4 ff.; AEUV 355 1 ff.
Geltungsbereichsklausel AEUV 198 18
Geltungsdauer der Verträge EUV 53 1 ff.; AEUV 356 1 ff.
Gemeinde
– Bürgerbeauftragter AEUV 228 13
– Petitionsrecht AEUV 227 6
gemeinsame Agrarpolitik AEUV 38 2, 4, 20 ff.; 114 35
– Agrarbeihilfen AEUV 40 15 ff.
– Anwendungsbereich AEUV 38 9 ff., 16
– Entwicklung AEUV 38 21 ff.
– erste Säule AEUV 38 34 f.
– Forschungspolitik AEUV 179 26, 43, 45
– Kompetenzverteilung AEUV 43 2 ff.
– Normenhierarchie AEUV 43 29 f.
– Rechtsetzung AEUV 43 12 ff.
– Reform 2013 AEUV 38 28 ff.; 42 16
– Übersseegebiete AEUV 349 8 ff.
– Ziele AEUV 39 2 ff.
– zweite Säule AEUV 36 f.
Gemeinsame Außen- und Sicherheitspolitik (GASP) EUV 3 44; 19 13; GRC 47 22; AEUV 1, 3; 2 48; 75 2; 194 37; 215 1, 7 f.; 217 23; 263 15; 275 1 ff.; 329 11 ff.
– s. a. Hoher Vertreter der Union für Außen- und Sicherheitspolitik
– Abgrenzung gegenüber anderer Unionspolitik EUV 40
– allgemeine Leitlinien EUV 25 9 ff.; 26 5 ff., 14 ff.
– Amtshaftungsklage AEUV 275 13
– Anfragen des EP AEUV 230 10
– Anwendungsvorrang EUV 25 8
– Athena Mechanismus EUV 41 12 ff.
– Ausgaben AEUV 310 21
– Ausnahmen vom Ausschluss der Überprüfung AEUV 275 3
– Ausrichtung und Inhalt EUV 24 21 f.
– Ausschluss der Unionsgerichtsbarkeit AEUV 275 1, 5
– Begriff EUV 24 5 ff.

- Berichtspflicht **AEUV 233** 9
- Beschluss **AEUV 215** 7 ff., 26 f., 35
- Beschlussfassung **EUV 31**
- Bindungswirkung an den Beschluss **AEUV 215** 35
- Datenschutz **EUV 39**
- Durchführung **EUV 26**
- Durchführungsbeschluss **EUV 25** 15
- Empfehlungen des EP **AEUV 230** 2
- EP **AEUV 230** 2
- Finanzierung **EUV 41**
- Finanzierung aus dem Unionshaushalt **EUV 41** 5 ff.
- Flexibilisierungsklausel **AEUV 352** 32
- Gutachtenverfahren **AEUV 275** 14
- Haftung für Maßnahmen **AEUV 268** 7
- Individualschutz im Rahmen der GASP **AEUV 275** 8
- Instrumente **EUV 25**
- Katastrophenschutz und Terrorabwehr **AEUV 222** 9, 38
- Kontrolle der Kompetenzabgrenzung **AEUV 275** 4
- Kontrolle durch den Gerichtshof **EUV 24** 20; **40** 10 f.
- Konzertierungsverfahren **EUV 41** 7
- Loyalität **EUV 24** 23 ff.
- Mittel/Sachmittel/Personal **EUV 26** 22
- Nichtigkeitsklage **AEUV 275** 6, 11
- Pflicht zur Unterbreitung des Beschlusses **AEUV 215** 9
- Prüfungsumfang des Art. 275 Abs. 2 AEUV **AEUV 275** 15
- Rechtswirkung Beschluss **EUV 25** 4
- Rüstung **AEUV 346** 2, 4; **347** 8, 31, 37, 45 f.; **348** 5
- Sanktionen wirtschaftlicher und nicht-wirtschaftlicher Art **AEUV 275** 9
- smart sanctions **AEUV 275** 8
- Solidarität **EUV 24** 23 ff.
- Sonderrolle der GASP **AEUV 275** 2
- Standpunkte **EUV 29**
- strategische Interessen und Ziele **EUV 22**; **26** 5 ff.
- systematische Zusammenarbeit **EUV 25** 16 ff.
- und Datenschutz **AEUV 16** 24
- Verfahren **EUV 24** 11 ff.; **AEUV 275** 10
- Vertragsschlusskompetenz **EUV 37** 3 ff.
- Vertragsverletzungsverfahren **AEUV 275** 7
- Vorabentscheidungsverfahren **AEUV 275** 6, 12
- Zuständigkeit der Kommission **EUV 24** 18 f.
- Zuständigkeit der Mitgliedstaaten **EUV 24** 13 f.
- Zuständigkeit des Europäischen Parlaments **EUV 24** 15 ff.
- Zuständigkeit des Europäischen Rates **EUV 24** 11 f.
- Zuständigkeit des Hohen Vertreters **EUV 24** 13 f.
- Zuständigkeit des Rates **EUV 24** 11 f.

gemeinsame Ermittlungsgruppen **AEUV 85** 42; **87** 24; **88** 32 ff., 42

gemeinsame Ermittlungstechniken **AEUV 87** 19

gemeinsame Fischereipolitik **AEUV 38** 4, 45 f.

gemeinsame Forschungsstelle **AEUV 182** 21

gemeinsame Haftung von Union und Mitgliedstaaten **AEUV 340** 24

gemeinsame Handelspolitik **AEUV 3** 13; **26** 13; **63** 1, 24; **64** 3, 24; **114** 37; **138** 16; **143** 22; **144** 12; **207**; **215** 44; **217** 1, 25, 37, 40; **219** 14
- Abkommenstyp **AEUV 207** 164 ff.
- Abschlussverfahren **AEUV 207** 160 ff.
- Anwendung 218-Verfahren **AEUV 207** 91
- ausschließliche Kompetenz der EU **AEUV 216** 117, 130
- Ausschluss Verkehrsbereich **AEUV 207** 310 f.
- Befugnisse der EG **AEUV 351** 9
- autonome **AEUV 207** 43 ff.
- Dynamik **AEUV 207** 3
- einheitliche Grundsätze **AEUV 207** 8 ff.
- Handel mit Dienstleistungen des Sozial-, Bildungs- oder Gesundheitssektors **AEUV 9** 9
- Handlungsformen **AEUV 207** 43 ff.
- Industriepolitik **AEUV 173** 84 ff.
- Lebensschutz **GRC 2** 59 f.
- Primärziele **AEUV 206** 16 ff.
- Rechtsetzungsverfahren **AEUV 207** 43 ff.
- Rüstungsgüter **AEUV 346** 3, 5, 7, 33, 36; **347** 25
- Überseegebiete **AEUV 349** 8
- unmittelbare Anwendbarkeit **AEUV 207** 184 f.
- Verwirklichung **AEUV 143** 11
- vertragliche **AEUV 207** 160 ff.
- Werteorientierung **AEUV 207** 10

Gemeinsame Konsularische Instruktion **AEUV 77** 13

gemeinsame Kontrollinstanz **AEUV 88** 39

gemeinsame Marktorganisation **AEUV 38** 21; **40** 4 ff.
- Ausgleichsabgaben **AEUV 44** 1 ff.
- Direktzahlungen **AEUV 40** 17 ff.
- einheitliche GMO **AEUV 40** 5
- Finanzierung **AEUV 40** 65 ff.
- Preisregelungen **AEUV 40** 13 ff.
- Produktionsbeschränkungen **AEUV 40** 47 ff.
- Quotierung **AEUV 40** 48 ff.
- Regelungsinstrumente **AEUV 40** 8 ff.

gemeinsame Politiken **AEUV 192** 82

Gemeinsame Sicherheits- und Verteidigungspolitik (GSVP) **AEUV 220** 88
- Anschubfonds **EUV 41** 24 ff.
- Beistandspflicht **EUV 42** 10, 23, 44

- Beschlussverfahren EUV 42 38 ff.
- Einbindung von Drittstaaten EUV 43 29
- Europäische Verteidigungsagentur EUV 45
- Finanzierung durch die Mitgliedstaaten EUV 41 10 ff.
- gemeinsame Verteidigung EUV 42 23 ff.
- Gemeinsame Verteidigungspolitik EUV 42 21 ff.
- humanitäre Aufgaben EUV 43 7
- Koordinierung durch den Hohen Vertreter EUV 43 30
- Kräftegenerierung EUV 43 18
- Krisenreaktionsplanung EUV 43 15
- Mission EUV 42 16 f., 42 ff.; 43; 44
- Mission, grundlegende Änderung der Umstände EUV 44 14
- NATO EUV 42 26 ff.
- neutrale Staaten EUV 42 24
- Operation EUV 43 9
- Pflichten der Gruppe der Mitgliedstaaten EUV 44 12
- Pflichten der Mitgliedstaaten EUV 42 32 ff.
- Sofortfinanzierung EUV 41 22 f.
- Zurechenbarkeit des Handelns von Personen EUV 42 35 ff.

gemeinsame Unternehmen, Forschung AEUV 187 8 ff.
gemeinsame Verkehrspolitik AEUV 90 52 ff.
Gemeinsame Verteidigungs- und Sicherheitspolitik (GVSP)
- Flexibilisierungsklausel AEUV 352 10, 16
- Terrorabwehr AEUV 222 29, 39

gemeinsamer Besitzstand s. acquis communautaire
gemeinsamer EWR-Ausschuss AEUV 217 31, 46, 52
Gemeinsamer Markt AEUV 26 6; 63 2, 4
Gemeinsamer Strategischer Rahmen (GSR) AEUV 162 10, 177 9
gemeinsamer Zolltarif AEUV 207 16, 148 ff.
- Warenklassifikation AEUV 207 149 f.

gemeinsames (europäisches) Interesse AEUV 197 13 ff.
Gemeinschaften, innerstaatliche AEUV 198 21
Gemeinschaftliches Sortenamt EUV 13 4; AEUV 298 20
Gemeinschaftsagenturen AEUV 114 68
Gemeinschaftsanleihen AEUV 143 24 f.; 311 105
Gemeinschaftscharta der sozialen Grundrechte der Arbeitnehmer EUV Präambel 15, 21; GRC 25 2
Gemeinschaftsfazilität AEUV 143 27
Gemeinschaftsmethode AEUV 289 5; 293 1
Gemeinschaftsrahmen AEUV 288 98, 122
Gemeinschaftsrechtsordnung, Eigenständigkeit AEUV 1 7
gemeinwirtschaftliche Verpflichtungen, Ausgleichszahlungen für AEUV 106 93, 118

gemischte Abkommen/Verträge AEUV 207 167 ff., 193, 200 f.; 216 31, 44, 80, 117, 157, 164 ff., 222 ff., 245 ff.; 218 16, 24, 35 ff., 64, 69 ff., 72 ff., 108, 124 ff., 132 f., 141 f., 147, 160, 179, 185 ff., 209, 221, 233
- Abschluss AEUV 218 125 f.
- Aussetzung der Anwendung AEUV 218 160, 185 ff.
- Beitritt der EU zu gemischten Abkommen AEUV 216 203
- Beitritt neuer MS zu gemischten Abkommen AEUV 218 127
- codes of conduct/Verhaltenskodizes AEUV 218 191
- Durchführung AEUV 216 165 188 ff., 208, 222; 218 191 ff.
- Gutachtenverfahren AEUV 218 221
- interne Abkommen AEUV 218 191
- keine Koordinierungskompetenz der EU in internationalen Organisationen/Vertragsgremien AEUV 218 190
- Kündigung AEUV 218 132
- mit beschränkter Teilnehmerzahl AEUV 216 158
- Pflicht zu gemeinsamen Vorgehen von EU und MS AEUV 218 125

Gender Mainstreaming AEUV 8 10 ff.
Genehmigung AEUV 56 118; 59 23
General Agreement on Tariffs and Trade (GATT) s. Allgemeines Zoll- und Handelsabkommen
General Council of the ECB s. Erweiterter Rat
Generalanwalt
- Auswahl EUV 19 62; AEUV 252 1 ff.; 253 2 ff.
- Ernennung AEUV 253 6 ff.
- Funktion AEUV 252 3 ff.
- Gericht AEUV 252 1; 254 11
- Gerichtshof AEUV 252 6
- Schlussanträge AEUV 252 7 ff.
- Zahl AEUV 252 1

Generaldirektion (Kommission) AEUV 249 6
Generaldirektor Wirtschaft und Finanzen AEUV 138 32
Generalklausel AEUV 216 18 f., 40; 220 18
Generalsekretär AEUV 240 12 ff.
- Aufgaben AEUV 240 13 f.
- Ernennung AEUV 240 12
- qualifizierte Mehrheit AEUV 240 12

Generalsekretariat der Kommission AEUV 249 7
Generalsekretariat des EP EUV 14 68; AEUV 232 3
Generalsekretariat des Rates AEUV 240 9 ff.
- Aufgaben AEUV 240 11
- Errichtung AEUV 240 9
- Generalsekretär AEUV 240 12 ff.
- Juristischer Dienst AEUV 240 11
- Organisation AEUV 240 10

Generaltelos GRC 38 20

generelle Zielbestimmung AEUV 206 1
Genfer Flüchtlingskonvention AEUV 78 2, 5; 216 201
Gentests GRC 21 9
geographische Grenzfestlegung AEUV 77 9
Georgien AEUV 217 10
gerechte Behandlung GRC 41 14
Gericht
- Begriff GRC 47 54, 56, 57, 58
- Petiton AEUV 227 16
- Untersuchungsausschuss AEUV 226 4, 15
Gericht [erster Instanz] AEUV 254 1 ff.; 256 1 ff.
- Begründetheit eines Rechtsmittels AEUV 256 31 ff.
- Berichterstatter AEUV 254 8
- Kammern AEUV 251 5 ff.; 254 7
- Kanzler AEUV 254 13
- Plenum AEUV 254 8
- Präsident AEUV 254 10 f.
- Rechtsmittel AEUV 256 9 ff.
- Rechtsmittelinstanz AEUV 254 4; 256 34 ff.; 257 8
- Verfahrensordnung AEUV 251 4; 254 14 f.
- Zulässigkeit des Rechtsmittels AEUV 256 11 ff.
- Zuständigkeit AEUV 254 3 f., 18; 256 1 ff., 34 ff., 38 ff.
Gericht für den öffentlichen Dienst (EuGÖD) AEUV 254 2; 257 4
- Kammern AEUV 251 5 ff.
- Kanzler AEUV 257 4
- Richter AEUV 255 2; 257 4
- Verfahrensordnung AEUV 257 13 f.
- Zuständigkeit AEUV 256 1 ff.
Gerichtshof der Europäischen Union (EuGH) EUV 13 12; 19 4, 5, 6; 20 11 f., 16; AEUV 243 2; 247 8 ff.
- AETR-Rechtsprechung EUV 20 25
- Amtsenthebung des Bürgerbeauftragten AEUV 228 7
- Amtsenthebungsverfahren der Kommission AEUV 247 8 ff.
- Aufgaben AEUV 65 20
- Austritt EUV 50 4
- Berichterstatter AEUV 251 13
- Bürgerbeauftragter AEUV 228 7
- EIB AEUV 271 1 ff., 7 ff.
- EP EUV 14 24
- Erledigungserklärung AEUV 265 61
- ESZB AEUV 271 1 ff., 21 ff.
- Gehälter AEUV 243 2
- Gericht EUV 19 4, 7, 8
- Gericht für den öffentlichen Dienst der Europäischen Union EUV 19 7
- Gerichtsbarkeit AEUV 216 210, 229, 245 ff.; 218 118, 224 ff.
- Gerichtshof EUV 19 4, 8, 10
- Grundbezüge eines Richters AEUV 223 56
- Kammern AEUV 251 2, 5 ff.
- Kanzler AEUV 253 13
- Kassationsbefugnis AEUV 263 48
- Klage gegen Ermächtigungsbeschlüsse des Rates EUV 20 16
- Kollegialprinzip AEUV 251 3
- Kontrolle der Einhaltung der Kompetenzordnung AEUV 2 22
- Näherungs-Rechtsprechung AEUV 223 12
- Nichtigkeitserklärung AEUV 264 1 ff.
- Nichtigkeitsklage s. dort
- Plenum AEUV 251 15 f.
- Präsident AEUV 251 10; 253 11 ff.
- Rechnungshof AEUV 285 12 f., 286 2, 16
- Satzung AEUV 1 24; 251 4
- Stufen-Rechtsprechung AEUV 223 12
- Teilorgane AEUV 254 16 f.
- Überprüfungsverfahren AEUV 256 35 ff.; 257 8
- und Bundesverfassungsgericht AEUV 1 8
- Untätigkeitsklage s. dort.
- Verfahrensbestimmungen im Sanktionsverfahren AEUV 269 1 ff.
- Verfahrensordnung AEUV 251 4; 253 14 ff.
- Vertragsverletzungsverfahren s. dort
- Vorabentscheidungsverfahren s. dort
- Vorlageentscheidung EUV 50 4
- Zuständigkeit AEUV 252 12; 254 18; 256 1 ff.; 258 29
- Zuständigkeit im Rahmen der GASP EUV 24 20; 40 10 f.
Gerichtsreform AEUV 254 2
Gerichtsverfahren
- Alternative AEUV 228 22
- Bürgerbeauftragter AEUV 228 10
- Untersuchungsausschuss AEUV 226 15
Gesamtbericht der Kommission
- EP-Erörterung AEUV 233 7
- Inhalt AEUV 233 4
- Internet AEUV 233 6
- jährlich AEUV 233 1
- soziale Lage AEUV 233 5
Gesamtbericht über die Tätigkeit der Union AEUV 249 8 f.
Gesamthaushaltsplan EUV 14 8; AEUV 310 3, 311 41, 314 1 ff.
- Ausführung AEUV 317 1 ff.
- einheitlicher AEUV 310 3
- endgültiger Erlass AEUV 314 29
- Entwicklung der Parlamentsbeteiligung AEUV 314 3 ff.
- Entwurf AEUV 231 3
- EP EUV 14 70
- Festlegung AEUV 314 9 ff.
- Feststellung AEUV 314 34
- Gliederung AEUV 316 7
- Kommission AEUV 234 18
- Nothaushalt AEUV 231 6
- Rechtsschutz AEUV 314 37

gesamtschuldnerische Verpflichtung (nach außen) AEUV 216 174, 196
Gesamtverantwortung, haushaltspolitische AEUV 311 129
Gesandtschaftsrecht EUV 47 18 f.; AEUV 221 6 ff.
Geschäftsfähigkeit AEUV 335 1 ff.
Geschäftsführer s. Arbeitnehmer
Geschäftsführung ohne Auftrag AEUV 268 5
Geschäftsgeheimnisse GRC 47 75, 76; AEUV 339 1 ff., 8 ff.
Geschäftsordnung
- Bürgerbefragung AEUV 232 8
- der EZB AEUV 141 2; 14
- des Erweiterten Rates der EZB AEUV 141 2; 14
- des Rates AEUV 297 6
- Europäischer Rat AEUV 230 7
- Rat AEUV 230 7
Geschäftsordnungsautonomie AEUV 232 1, 6
Geschäftsordnung des Europäischen Parlaments EUV 14 6, 12, 56, 69; AEUV 223 51; 225 3, 5, 9; 227 18; 230 9 f.; 231 2, 6, 8 ff.; 232; 294 17 f., 48; 297 6
- Änderungen AEUV 232 5
- Aufbau AEUV 232 9
- Auslegungsbestimmungen AEUV 231 10; 232 5
- Beschwerdeverfahren, internes AEUV 232 10
- Grenzen AEUV 232 1, 6, 8
- Klage AEUV 232 11
- Leitlinien AEUV 232 9
- Mandatsverlust AEUV 232 4
- Mehrheit AEUV 232 4
- Nichtigkeitsklage AEUV 232 11
- Organisationsgewalt AEUV 232 3
- Präsident AEUV 232 3
- Präsidium AEUV 232 3
- Primärrecht AEUV 232 6
- Publizität AEUV 232 2, 12
- Rechtsbehelfe AEUV 232 10
- Sanktionen AEUV 232 10
- Selbstorganisationsrecht AEUV 232 1
- Sofortmaßnahmen AEUV 232 10
- Transparenz AEUV 232 13
- Tribünen AEUV 232 13
- Verhaltensregeln AEUV 232 10
- Verhandlungsniederschriften, Veröffentlichung AEUV 232 12, 16
- Zutritt AEUV 232 13
Geschlecht, Begriff AEUV 157 82 ff.
Geschlechtsumwandlung AEUV 19 23
Geschmacksmusterrecht AEUV 36 52; 118 24
Geschöpftheorie AEUV 54 7 f., 14, 16, 20
geschützter Freiheitsraum AEUV 67 5
Geschwindigkeiten, unterschiedliche EUV 50 38
Geschwister GRC 7 22

Gesellschaft EUV 3 21; AEUV 54 2 ff.; 63 14, 16, 24, 31; 65 14
- Muttergesellschaft/-unternehmen AEUV 64 6
- Tochtergesellschaft/-unternehmen AEUV 64 6, 9
Gesellschaftsrecht AEUV 63 30
Gesetzesvorbehalt, Primärrecht AEUV 232 6
Gesetzgeber
- Einschätzungsspielraum EUV 14 50, 74; AEUV 223 17, 35
- EP gemeinsam mit Rat EUV 14 2
- Spielraum AEUV 224 8
Gesetzgebung EUV 14 8, 74; AEUV 223 17
- Initiativbericht des EP AEUV 225 5 ff.
Gesetzgebungsakt GRC 47 7, 8, 24, 35, 36; AEUV 263 91
Gesetzgebungsakte AEUV 289 1, 39 ff.; 294 6 ff.
- Annahmeverbot s. dort
- Begründungspflicht AEUV 296 5
- Unterzeichnung AEUV 297 7 f.
- Veröffentlichung AEUV 297 9
Gesetzgebungskompetenz, steuerliche AEUV 110 6
Gesetzgebungskompetenzen AEUV 216 7
Gesetzgebungsnotstand AEUV 2 29
Gesetzgebungsprogramm, EP und Kommission AEUV 233 11
Gesetzgebungsverfahren AEUV 333 7
- ordentliches Gesetzgebungsverfahren AEUV 64 23; 114 71; 116 4; 118 30; 333 7. s. a. dort
- Abänderungsrecht der Kommission AEUV 293 13 ff.
- Änderung von Kommissionsvorschlägen AEUV 293 9 ff.
- Begründungspflicht s. dort
- besonderes Gesetzgebungsverfahren s. dort
- Rücknahme von Kommissionsvorschlägen AEUV 293 13 f.
- spezielle Gesetzgebungsinitiativen s. dort
gesetzlicher Richter GRC 47 57, 59
Gesetzmäßigkeit, Grundsatz der GRC 47 79
Gesetzmäßigkeit und Verhältnismäßigkeit im Zusammenhang mit Straftaten und Strafen GRC 49 1 ff.
- Adressaten GRC 49 15
- Analogieverbot GRC 49 12 ff.
- Bestimmtheitsgebot GRC 49 10 ff.
- Einzelprinzipien des Gesetzmäßigkeitsgrundsatzes GRC 49 5
- gewohnheitsrechtliche Strafbegründung GRC 49 6, 11
- Gesetzmäßigkeit im engeren Sinne GRC 49 6 ff.
- gleiche Rechtsanwendung GRC 49 10
- Grundsatz des milderen Gesetzes GRC 49 19

- internationales Recht **GRC 49** 7 ff.
- kontinuierlich-konsistente Rechtsprechung **GRC 49** 11
- nulla poena-Grundsätze **GRC 49** 2
- Rückwirkungsverbot **GRC 49** 14 ff.
- stare decisis **GRC 49** 6, 11
- Verhältnis zum Rechtsstaatsprinzip **GRC 49** 5
- Verbrechen gegen die Menschlichkeit **GRC 49** 3
- Verhältnismäßigkeitsgrundsatz **GRC 49** 20
- Voraussehbarkeit der Strafbegründung **GRC 49** 6

Gestaltungsurteil **AEUV 264** 3
Gesundheit **GRC 35** 12; **AEUV 56** 132; **57** 24; **59** 17; **62** 6; **114** 79;
Gesundheit, öffentliche
- gemeinsame Sicherheitsanliegen **AEUV 4** 11

Gesundheitspolitik, Grundrechte **GRC 2** 72 ff.
Gesundheitsschutz **AEUV 9** 12; **36** 34, 41 ff., 55; **191** 36 ff.; **192** 85
- s. a. öffentliche Gesundheit

Gesundheitsschutz, Art. 168 Abs. 5 AEUV **AEUV 114** 38
Gesundheitsschutzniveau **GRC 25** 17
Gesundheitsuntersuchung **GRC 7** 34
Gesundheitsvorsorge **GRC 35** 11
Gesundheitswesen **AEUV 168** 1 ff.
Gesundheitszustand **GRC 7** 19
geteilte Kompetenz s. Zuständigkeit, geteilte
Gewährleistungsverantwortung **AEUV 14** 9
- Binnenmarktansatz **AEUV 169** 14
- Partizipationsregeln **AEUV 169** 13, 14 f., 19, 33
- Schutzstandards **GRC 38** 1, 6 ff.; 9 15, 34 f.

Gewaltenteilung **AEUV 216**, 2; **218** 1 f., 15
- s. a. horizontale Gewaltenteilung

Gewaltmonopol **AEUV 72** 3
Gewerkschaft **GRC 12** 10, 17 f.; **31**; **27** 23; **28** 14, 16; **AEUV 49** 39
- Zwangsmitgliedschaft **GRC 12** 31

Gewinn
- Ausschüttung **AEUV 65** 18
- Besteuerung **AEUV 63** 32

Gewinnerzielungsabsicht **AEUV 49** 16
Gewissensfreiheit **GRC 10** 12 f.
- forum internum **GRC 10** 12
- forum externum **GRC 10** 12

GG s. Grundgesetz
Gibraltar **AEUV 355** 8
- s. a. Unionsgebiet

Gipfel von Kopenhagen **EUV 49** 20
Gleichbehandlung von Frauen und Männern s. Gleichheit von Männern und Frauen
Gleichbehandlungsgebot, Strafrecht **AEUV 325** 24 ff.
Gleichbehandlungsgrundsatz **AEUV 199** 3
Gleichbehandlungsrahmenrichtlinie **AEUV 19** 36

Gleichberechtigung s. Gender Mainstreaming
gleiche Arbeit **AEUV 157** 60 ff., 94
- s. a. gleichwertige Arbeit

Gleichgewicht, institutionelles **AEUV 2** 22; **311** 55; **230** 3; **232** 6; **234** 1; **292** 9 f.; **293** 14, 16; **294** 25, 34; **295** 3, 10; **296** 26; **298** 14
- Grundsatz des **EUV 13** 17
- Haushaltsrecht **AEUV 230** 3
- Misstrauensantrag **AEUV 230** 5
- Untersuchungsausschuss **AEUV 226** 4

Gleichheit der Mitgliedstaaten **EUV 4** 20 ff.
Gleichheit von Männern und Frauen **GRC 23** 5, 23 ff.
- allgemeiner Grundsatz **GRC 23** 4, 10, 37
- Begriff **GRC 23** 5, 24
- Chancengleichheit **GRC 23** 24
- faktische **GRC 23** 23
- gesellschaftliche **GRC 23** 23
- Gleichbehandlung **GRC 23** 5, 12, 37
- Nichtdiskriminierung **GRC 23** 5, 7, 13, 24
- nicht gerechtfertigten Gleichbehandlung **GRC 23** 4
- situationsbedingte Auslegung **GRC 23** 23 f.
- Sicherstellung **GRC 23** 8, 14, 18, 20, 23, 24, 33 ff., 38, 44
- über Diskriminierungsverbot hinausgehend **GRC 23** 24
- und Adressatenkreis **GRC 23** 24
- und Anwendungsbereich **GRC 23** 24
- und Ausgangssituation **GRC 23** 24
- und EMRK **GRC 23** 13
- und Vergünstigungen **GRC 23** 22
- Ungleichbehandlung **GRC 23** 37, 43
- vergleichbare Begriffe **GRC 23** 24

Gleichheitsförderung **EUV 3** 14 f.
Gleichheitsgebot, Strafrecht **AEUV 325** 5, 11
Gleichheitssatz
- mitgliedstaatlicher **AEUV 18** 69
- unionsrechtlicher **AEUV 18** 6, 88

Gleichstellung **GRC 23** 3
- s. a. Gender Mainstreaming
- Begriff **AEUV 8** 4 ff.; **153** 35 ff.; **157** 144
- Beseitigung von Ungleichheiten **AEUV 8** 4 ff.
- Grundrecht **AEUV 157** 1 ff.
- inhärent zwingend für Menschenrechte **GRC 23** 3
- Verhältnis zu Grundfreiheiten **AEUV 8** 22

gleichwertige Arbeit **AEUV 157** 63 ff., 95
- s. a. gleiche Arbeit
- gleiche Situation **AEUV 157** 69 f.

Gleichwertigkeitsgrundsatz **AEUV 288** 72
Glücksspiel **AEUV 56** 104, 124; **57** 42; **59** 17
- Automatenspiel **AEUV 57** 43
- Lotterielose **AEUV 57** 9, 43
- Spielautomaten **AEUV 57** 8
- Spielschulden **AEUV 57** 42
- Sportwetten **AEUV 57** 43
- Teilnahme **AEUV 57** 50

Stichwortverzeichnis

Glücksspielrecht AEUV 36 80, 93
GMES AEUV 189 14
golden Shares AEUV 49 66; 63 29
goldene Aktien AEUV 345 17
Good Governance AEUV 217 15
Google GRC 1 9 ff.
gouvernement économique (pour la zone euro) s. Wirtschaftsregierung
Gouverneursrat des IWF AEUV 137 8; 138 32, 46
Governance AEUV 15 19
Grauzone AEUV 216 47, 157
GRC s. Charta der Grundrechte
Gremium Europäischer Regulierungsstellen für elektronische Kommunikation EUV 13 4
Grenzkontrollen, Abschaffung AEUV 26 17
grenzkontrollfreier Binnenraum EUV 3 26 ff.; AEUV 67 2, 10, 12, 34; 77 1 ff., 5, 29; 78 3
grenzüberschreitende Beteiligung AEUV 49 13, 150
grenzüberschreitende Kriminalität AEUV 67 35 f.
grenzüberschreitende Rechtsanwendung GRC 38 36
grenzüberschreitender Bezug AEUV 18 67; 19 14; 110 149
Gretchenfrage AEUV 56 68
Griechenland AEUV 217, 4, 9, 26
– Investitionsschutzabkommen AEUV 63 40
Grönland AEUV 198 4 ff.; 219 17
– s. a. Dänemark
– Austritt aus EWG (EU) AEUV 204 1 ff.
– bedingter Binnenmarktzugang AEUV 204 6
– ~Protokoll AEUV 204 4 f.
– Selbstverwaltung AEUV 204 2 ff.
– Sonderregelung AEUV 204 1 ff.
– ~Vertrag AEUV 204 3
Großbritannien s. Vereinigtes Königreich
Großeltern GRC 7 22
Grünbücher AEUV 288 98
Grundansätze der Verbraucherpolitik AEUV 169 6
Grundbesitz/-eigentum AEUV 64 3, 7
– s. a. Immobilien
Grundfreiheiten EUV 3 32; GRC Präambel 17; AEUV 12 6, 7, 10 ff., 14, 21, 28, 38, 43, 45, 47, 53 ff.; 26 10, 15; 63 1, 6, 9, 13, 20 f., 24 f., 28 f., 31, 36; 65 11, 20; 66 11; 143 13, 29; 144 12; 351 47, 85
– Abrundung AEUV 18 37 ff.
– als Beschränkungsverbote AEUV 110 36
– als mittelbare Diskriminierungsverbote AEUV 110 37
– Forschung AEUV 179 10, 12 ff., 26, 33, 36, 38; 180 15
– Grundrechte GRC 1 24, 29
– Kapitalverkehr AEUV 64 14, 22; 66 2, 9
– Rüstung AEUV 180 8, 18; 347; 348
– Schranken-Schranke AEUV 65 14, 24

– Souveränitätsvorbehalt AEUV 143 16
– ÜLG AEUV 199 6
– Verhältnis zur EG/EU AEUV 203 2
Grundfreiheitenschranken AEUV 12 11
Grundgesetz AEUV 216 70; 218 129
– Grundrechte AEUV 216 217; 220 36 ff.; 351 47, 50
– Menschenwürde GRC 1 5 ff.
Grundrechte GRC 1 1 ff. AEUV 36 97 ff.; 56 107; 62 5; 63 31; 67 40; 75 13, 18; 144 11
– allgemeine Grundsätze EUV 6 11, 16, 42 ff.
– auf wirksamen Rechtsbehelf AEUV 86 37
– aus allgemeinen Rechtsgrundsätzen GRC 23 12
– aus Art. 23 Abs. 1 GRC 23 29, 39
– Ausstrahlung Menschenwürde GRC 1 59 f.
– Beratung EUV 14 27
– Bürgerbeauftragter AEUV 228 1 ff., 12, 16
– Begriff EUV 6 11 f.
– Bindung der Mitgliedstaaten EUV 6 33 ff.
– Bindung der Union EUV 6 32
– EMRK EUV 6 42, 46 f., 65 ff.
– Entwicklung EUV 6 2 ff., 21 ff.
– europäischer Grundrechtsraum EUV 6 10
– Geltungsgrund EUV 6 16 ff.
– gemeinsame Verfassungsüberlieferungen EUV 6 42, 45
– Gleichbehandlung von Frauen und Männern GRC 23 12
– Grundfreiheiten EUV 6 13 ff.
– Grundrechtecharta EUV 6 19 ff.
– Grundrechtsgemeinschaft EUV 6 9
– Grundsätze EUV 6 11, 42 ff.
– Kollision EUV 6 59 ff.
– Konkurrenz EUV 6 59 ff.
– Kontrolle EUV 14 17
– Konvent EUV 6 4, 21
– Normenpyramide AEUV 223 5
– objektive Werteordnung EUV 6 15
– Petitonsrecht AEUV 227 1
– Prüfung, dreistufige AEUV 227 4; 228 12
– Rechtserkenntnisquelle EUV 6 45 ff., 49 ff.
– Rechtsgemeinschaft EUV 6 9, 18
– Rechtsquelle EUV 6 25, 47
– Repräsentation AEUV 227 3
– soziale GRC 2 67; 17 42, 61
– unternehmerische Freiheit AEUV 64 18
Grundrechteagentur EUV 13 4
Grundrechtecharta s. Charta der Grundrechte
Grundrechtekonvent s. Verfassungskonvent
Grundrechteverbund GRC Präambel 22
grundrechtlich geschützter Lebensbereich GRC 52 10
grundrechtsähnliche Verbürgungen EUV 6 13 ff.
Grundrechtskonflikt GRC 17 3 f.
– bipolar GRC 17 3
– multipolar GRC 17 3 f.
Grundrechtskonkurrenz GRC 53 4

47*

Grundrechtspositionen GRC 38 17, 29
Grundrechtsschutz
– nationaler AEUV 18 44
– Strafrecht AEUV 325 10
Grundrechtsträger
– Lebensschutz GRC 2 9 ff.
– Menschenwürde GRC 1 28
Grundrechtsunion GRC Präambel 1
Grundsatz demokratischer Gleichheit EUV 9 1, 2 ff., 8 f., 13 ff.; **11** 16
– abgestufte Rechtfertigung EUV 9 20
– allgemeiner Gleichheitssatz EUV 9 25
– allgemeines Diskriminierungsverbot EUV 9 25
– Begünstigte EUV 9 22
– Justiziabilität EUV 9 24
– Legitimationsniveau EUV 9 3
– Umfang EUV 9, 13 ff.
– Verpflichtete EUV 9 23
Grundsatz der Aktenöffentlichkeit AEUV 339 1
Grundsatz der Amtsverschwiegenheit AEUV 339 3
Grundsatz der begrenzten Einzelermächtigung s. Einzelermächtigung, Grundsatz der begrenzten
Grundsatz der begrenzten Organkompetenz EUV 13 16
Grundsatz der beweglichen Vertragsgrenzen AEUV 216 203
Grundsatz der Bürgernähe EUV Präambel 16; 1 58 f.; **10** 39 ff.; **11** 9; GRC 42 2, 46; **43** 4, 11; **44** 6; AEUV 24 18; **224** 4; 342 15
Grundsatz der geschlossenen völkerrechtlichen Vertretung AEUV 216 2 f.; 218 43; 220 7, 10, 85, 94; **221** 4 f., 33
Grundsatz der Gleichbehandlung von Frauen und Männern GRC 23
– s. a. Gleichheit von Frauen und Männern
– Eingriff GRC 23 37
Grundsatz der Gleichberechtigung der Vertragssprachen EUV 55 32
Grundsatz der Gleichwertigkeit s. Gleichwertigkeitsgrundsatz
Grundsatz der Kostenwirksamkeit AEUV 338 24
Grundsatz der loyalen Zusammenarbeit EUV 4 89 ff.; GRC 47 2, 6; AEUV 2 33, 44, **311** 7, **312** 12
– allgemein AEUV 216 41 ff., 72, 112, 190 f., 201, 222; 218 214; 220 94; **221** 33
– als Quelle neuer primärrechtlicher Pflichten EUV 4 94
– als Verbundprinzip EUV 4 90
– Ausprägungen EUV 4 104 ff.
– bei ausschließlicher Außenkompetenz der EU AEUV 218 173, 192
– Defragmentierung EUV 4 172
– der Mitgliedstaaten als Mitglieder internationaler Organisationen AEUV 218 173, 176

– ESM- und Fiskalvertrag EUV 4 161
– Grundsatz der Vertragsakzessorietät EUV 4 92
– Haushaltsrecht AEUV 230 3
– in gemischten Abkommen AEUV 218 125, 132, 160, 191 f.
– in völkerrechtlichen Übereinkünften der Mitgliedstaaten AEUV 216 44, 112, 190 f.; **351** 2, 38, 54, 71, 79, 96, 97, 100, 106, 111
– Konkurrenzen EUV 4 100 ff.
– Loyalitätspflicht der Mitgliedstaaten AEUV 216 148 f., 191; 218 109; **351** 2, 38
– Sachwalter im Unionsinteresse EUV 4 151
– Standpunkte der EU in Vertragsgremien AEUV 218 171 f.
– Teilnahme der EU an völkerrechtlichen Verträgen AEUV 218 172, 176
– Untersuchungsausschuss AEUV 226 7
– zwischen den europäischen Organen s. Organloyalität
Grundsatz der Mindesteffektivität s. Mindesteffektivitätsgrundsatz
Grundsatz der nachhaltigen Entwicklung GRC Präambel 16
Grundsatz der Objektivität AEUV 338 22
Grundsatz der Offenheit EUV 1 56 f.
Grundsatz der statistischen Geheimhaltung AEUV 338 25
Grundsatz der Transparenz AEUV 339 1
Grundsatz der Unparteilichkeit AEUV 338 20
Grundsatz der völkerrechtskonformen Integration AEUV 216 49, 216; 218 121; **351** 3, 123 ff.
Grundsatz der wissenschaftlichen Unabhängigkeit AEUV 338 23
Grundsatz der Zuverlässigkeit AEUV 338 21
Grundsatz von Treu und Glauben AEUV 216 12, 51, 175, 201; 218 123
Grundsätze, fundamentale AEUV 231 7
Grundsätze der Charta der Vereinten Nationen EUV 21 13, 25
Grundsätze des auswärtigen Handelns EUV 21; 23
Grundstückserwerb AEUV 56 62
Gründungsstatut AEUV 54 10
Gründungstheorie AEUV 54 10, 30
Gründungsvertrag einer internationalen Organisation AEUV 216 59, 67; 220 8, 15, 21; **351** 23
Grundzüge der Wirtschaftspolitik, gemeinsame AEUV 121 16 ff., 30
Gruppe der Sieben (G7 – Weltwirtschaftsgipfel) AEUV 220 79, 89
Gruppe der Zwanzig (G20 – Weltfinanzgipfel) AEUV 220 79, 89
GSVP s. Gemeinsame Sicherheits- und Verteidigungspolitik
Guadeloupe AEUV 349 6; **355** 3
Gültigkeitskontrolle durch den EuGH AEUV 216 213, 252; **218** 117

Günstigkeitsprinzip s. Mindestschutz
Günstigkeitsvergleich GRC 38 11
Gutachten 2/13 AEUV 216 72; 218 209, 232; 220 62
Gutachtenverfahren durch den EuGH
– Antragsberechtigung AEUV 218 207
– Antragspflicht der Kommission AEUV 218 208
– aufschiebende Wirkung AEUV 218 214
– bei GASP-Übereinkünften AEUV 218 118, 224 ff.
– bei Kompetenzzweifeln vor Abschluss einer Übereinkunft AEUV 216 15; 218 73, 221 ff.
– Bindung des EuGH an Gutachtenfrage AEUV 218 224
– EAGV: kein Gutachtenverfahren AEUV 218 212
– Erledigung des Antrags AEUV 218 214 f., 228
– objektive Klärungsbedürftigkeit AEUV 218 208
– Pflicht des EuGH zur Gutachtenerstattung AEUV 218 212
– rechtliche Verbindlichkeit des Gutachtens AEUV 218 230 f.
– Rechtsfolgen AEUV 218 232 ff.
– statthafte Gutachtenfragen AEUV 218 217 ff.
– Verfahrensgegenstand AEUV 218 215, 221
– Verhältnis zu anderen Verfahren AEUV 218 117 ff., 214, 235 f.
– Zulässigkeit des Antrags AEUV 218 228 f.
– Zweck AEUV 218 213, 219, 222 f., 225

habeas-corpus-Gewährleistung GRC 6 1
Haftbedingungen GRC 4 21 ff.
Haftung
– außervertragliche GRC 47 5, 23, 68, 79
– unionsrechtliche GRC 47 5
Haftung der Bediensteten der EU AEUV 340 41
Haftung der Mitgliedstaaten AEUV 340 3, 42 ff.
– administratives Unrecht AEUV 340 50
– Äquivalenz- und Effektivitätsgrundsatz AEUV 340 52
– Durchsetzung AEUV 340 52
– fehlerhafte Umsetzung von Richtlinien AEUV 340 49
– hinreichend qualifizierter Verstoß AEUV 340 47
– judikatives Unrecht AEUV 340 51
– Rechtsfolgen AEUV 340 52
– Verjährung AEUV 340 53
– Voraussetzungen AEUV 340 45 ff.
Haftung der EU AEUV 268 4; 288 66, 71, 77 ff.
– s.a. Amtshaftungsklage
– s.a. Staatshaftungsanspruch
– anwendbares Recht AEUV 340 15
– außervertraglich AEUV 340 16 ff.

– für mitgliedstaatliches Handeln AEUV 340 24
– für rechtmäßiges Handeln AEUV 340 39 f.
– Grundlage AEUV 288 77 f., 81
– Kompensation der Nichtumsetzung AEUV 288 77
– Kompensation der richtlinienkonformen Interpretation AEUV 288 79 ff.
– prozessuale Fragen AEUV 340 55 ff.
– Rom II-Verordnung AEUV 340 14
– Rom I-Verordnung AEUV 340 14 f.
– Sanktionsmaßnahmen AEUV 340 40
– Schaden AEUV 340 34 ff.
– vertraglich AEUV 340 12 ff.
– vertragsähnliche Rechtsverhältnisse AEUV 340 14
– Wahrung der Funktionsfähigkeit AEUV 340 10
Haftungsausschluss AEUV 125 2, 4 ff.
– Adressaten AEUV 125 6 f.
– Ausnahmen AEUV 125 15 ff.
– Ratio AEUV 125 4 f.
– Rechtsfolgen AEUV 125 18
– Rechtsschutz AEUV 125 19
– verbotene Haftungs- und Eintrittstatbestände AEUV 125 8 ff.
Handel AEUV 59 15
Handel umweltfreundliche Produkte, Abkommen AEUV 207 255
Handelsabkommen AEUV 216 16, 88, 160, 172; 218 4, 8, 11, 107, 148, 197, 209; 220 2; 351 10 f., 104
handelsbezogene Investitionsmaßnahmen
– s.a. WTO/TRIMs
– wirtschaftliche AEUV 64 18; 66 11
Handelshemmnisse AEUV 30 24; 114 57
Handelsmonopol AEUV 110 73
Handelsnamen AEUV 118 18
Handelspolitik s. gemeinsame Handelspolitik
handelspolitische Schutzmaßnahmen AEUV 207 33
Handelsströme, Verlagerung AEUV 143 22
Handelsverkehr, internationaler AEUV 3 13
Handlungen von Unionsorganen
– Außenwirkung AEUV 340 22
– GASP AEUV 340 21
Handlungsbegriff AEUV 263 40, 62
– Handlungen außerhalb des EU-Vertragsrahmens AEUV 263 47
– Rechtsverbindlichkeit AEUV 263 51 ff.
– Zurechenbarkeit AEUV 263 46
Handlungspflicht, Katastrophenschutz und Terrorabwehr AEUV 222 3
– Mobilisierung AEUV 222 22
Handlungsverbund AEUV 197 3
Handwerk
– Handwerksdienstleistungen AEUV 59 15
– Handwerksrolle AEUV 56 119
harmonische Entwicklung des Welthandels AEUV 206 16

Harmonisierung AEUV 34 47, 80; 64 12; 110 5 ff.; 113 1, 4 f., 13 f., 23; 288 29 f.
- alternative Harmonisierung AEUV 288 30
- besonderes Gesetzgebungsverfahren AEUV 113 19
- direkter Steuern AEUV 110 11; 113 5
- durch Sekundärrecht AEUV 351 115
- durch Anpassung des Sekundärrechts AEUV 220 118; 216 34
- fakultative AEUV 114 19
- Forschung AEUV 179 38 f.; 180 13, 16
- Gegenstände AEUV 113 6 ff.
- Harmonisierungsauftrag AEUV 113 2, 4
- Harmonisierungsgebot AEUV 110 14, 16
- indirekter Steuern AEUV 110 10, 75 ff.; 113 2, 7, 21
- Maßnahmen AEUV 63 41; 65 17
- materiellrechtliche Anforderungen AEUV 113 6
- Mindestharmonisierung AEUV 288 29
- „Ob" AEUV 113 17
- optionale AEUV 114 18; 288 30
- Regelungsdichte AEUV 113 17
- Schranke AEUV 113 6
- sekundärrechtliche AEUV 110 26 ff.; 113 1
- stille AEUV 110 17
- sonstige indirekte Steuern AEUV 113 15, 37 f.
- Teilharmonisierung AEUV 288 30
- teilweise AEUV 114 17
- Umsatzsteuer AEUV 113 3, 7, 9, 26
- Verbrauchsabgaben AEUV 113 7, 33 f.
- Vollharmonisierung AEUV 288 29
- vollständige AEUV 114 16
- „Wie" AEUV 113 17

Harmonisierung, Strafrecht AEUV 82 2; 83 9 ff.
- Angleichung in harmonisierten Bereichen AEUV 83 30 ff.
- besonders schwere Kriminalität AEUV 83 10 ff.
- Einzelermächtigungen für bestimmte Kriminalitätsbereiche AEUV 83 15 ff.
- Erforderlichkeit AEUV 83 14
- Erweiterung auf andere Kriminalitätsbereiche AEUV 83 28 f.
- Festlegung von Mindestvorschriften AEUV 83 7 f., 38 ff.
- grenzüberschreitende Kriminalität AEUV 83 13
- Kritik AEUV 83 5 ff.
- Notbremseverfahren AEUV 83 50 f.
- Unerlässlichkeit AEUV 83 34 f.

Harmonisierung, Strafverfahrensrecht AEUV 82 24 ff.
- Erforderlichkeit AEUV 82 31
- Festlegung von Mindestvorschriften AEUV 82 32 f.
- Gegenstand AEUV 82 25 ff.
- Notbremseverfahren AEUV 82 36 f.

Harmonisierungsamt für den Binnenmarkt (HABM) AEUV 118 24
Harmonisierungsverbot AEUV 2 53; 165 30; 166 14; 167 27, 36
- s. a. Religionsverfassungsrecht
- Flexibilisierungsklausel AEUV 352 41
- Gesundheitswesen AEUV 168 18, 29 f.

Hauptniederlassung AEUV 50 12; 54 6, 9; 57 18
Hauptrefinanzierungsgeschäfte AEUV 127 20
Hauptverwaltung AEUV 54 6, 9
Hausangestellte GRC 31 15
Haushalt der EU s. Gesamthaushaltsplan
haushälterische Eigenverantwortung AEUV 125 1, 4
Haushaltsaufsicht, präventive AEUV 121 51 ff.
Haushaltsausgleich AEUV 310 28 ff., 311 71
Haushaltsbefugnisse
- EP gemeinsam mit Rat EUV 14 2, 15

Haushaltsbehörde AEUV 314 9
Haushaltsdisziplin AEUV 310 54 ff.
- Einnahmen aus Sanktionen AEUV 311 97
- Koordinierung und Überwachung AEUV 136 7
- mitgliedstaatliche AEUV 126 22 ff., 43 ff.

Haushaltsfinanzierung, allgemeine AEUV 311 62
Haushaltsgrundsätze AEUV 310 11
- Einheit AEUV 310 17, 22
- Gesamtdeckung AEUV 310 44
- Haushaltswahrheit AEUV 310 25 ff.
- Jährlichkeit AEUV 310 32 ff., 313 1, 316 1
- Rechnungseinheit AEUV 310 43, 320 1 ff.
- Spezialität AEUV 310 46, 316 7, 10, 317 13
- Transparenz AEUV 310 47
- Vorherigkeit AEUV 310 37
- Vollständigkeit AEUV 310 18 ff., 311 98
- Wirtschaftlichkeit AEUV 310 38 ff., 317 10

Haushaltskontrolle AEUV 126 1 ff.
Haushaltsordnung AEUV 310 11, 314 2, 316 2, 317 4, 322 5
- 2012 AEUV 322 7
- als spezielle Handlungsform AEUV 322 3
- Parteien AEUV 224 11, 15

Haushaltsplan der EU s. Gesamthaushaltsplan
Haushaltspolitik, mitgliedstaatliche AEUV 126 1 ff.
Haushaltsrecht AEUV 310 ff.
- Befugnisse AEUV 230 3
- Formvorschriften, wesentliche AEUV 230 3
- Gleichgewicht, institutionelles AEUV 230 3
- Zusammenarbeit, loyale AEUV 230 3

Haushaltsverfahren AEUV 314 9 ff.
- EP AEUV 230 3

Haushaltsvollzug, Arten AEUV 317 5
Haushaltsvorschriften AEUV 322 1 ff.
Haushaltszeitplan, gemeinsamer AEUV 121 56
Heranführungs- und Unterstützungsstrategien EUV 49 32

Herkunftslandprinzip AEUV 34 170; **49** 60; **56** 116; **59** 14; **81** 13, 40, 48
Herren der Verträge EUV 48 16, 66, 87 ff.
Hinzurechnungsbesteuerung AEUV 49 115
Hochschulen AEUV 179 31, 37
Hochschulinstitut Florenz AEUV 187 13
Hochschulzugang AEUV 18 47, 50
hohe See AEUV 216 51
hoheitliches Tätigwerden AEUV 89 10; **106** 20
Hoheitsbefugnisse, Übertragung AEUV 263 90
Hoheitsgebiet EUV 52 5; AEUV 355 7 f.
Hoheitsgewalt, staatliche – Menschenwürde GRC 1 47 ff.
Hoheitsprivilegien AEUV 51 8
Hoher Vertreter der Union für Außen- und Sicherheitspolitik EUV 15 10, 12, 28, 32, 36; **17** 37, 40, 43, 46, 49; **18**; AEUV **217** 23; **218** 21 ff., 41, 203; **220** 34, 85, 88; **221** 2, 22 ff.; **235** 7; **236** 4; **237** 8 f.; **238** 5; **243** 2 ff.; **244** 1; **246** 13 ff.; **328** 7
– Abstimmungsmodalitäten im Rat AEUV **238** 5
– Amtszeit EUV **18** 4 ff.
– Anhörung Europäisches Parlament EUV **36** 8 f.
– Anhörung im Rahmen der Verstärkten Zusammenarbeit AEUV **331** 9
– Aufgaben EUV **27** 2 ff.
– Außenvertretung der Union EUV **27** 7 ff.
– Berichtspflicht AEUV **233** 9; **328** 78
– Dauer der Amtszeit EUV **18** 9 ff.
– Durchführung der GASP EUV **18** 16 f.; **27** 6
– Durchführung der GSVP EUV **18** 16 f.
– Einberufung des Rates AEUV **237** 8 f.
– EP AEUV **230** 2
– Ernennung EUV **18** 4 ff.
– Europäische Verteidigungsagentur EUV **45** 10
– Europäischer Auswärtiger Dienst EUV **27** 11 ff.
– Gehalt AEUV **243** 4 f.
– Initiativrecht EUV **30** 4 ff.
– Katastrophenschutz und Terrorabwehr AEUV **222** 9, 38
– Koordinierung der GSVP EUV **43** 30
– Leitung der GASP EUV **18** 12 ff.
– Nachbesetzung AEUV **246** 13 ff.
– Rat Auswärtige Angelegenheiten EUV **18** 18 f.
– Rotationsprinzip AEUV **244** 1
– Stellung und Aufgaben in der Kommission EUV **18** 20 ff.
– Unterrichtung Europäisches Parlament EUV **36** 5 ff.
– Vizepräsident der Kommission AEUV **218** 21; **220** 85; **221** 4
– Vorschlagsrecht EUV **22** 15; **42** 40 f.
– Vorschlagszuständigkeit bei Aussetzung von EU-Abkommen und bei Festlegung von Standpunkten in Vertragsgremien AEUV **218** 178 ff.
– Vorsitz im Rat „Auswärtige Angelegenheiten" AEUV **236** 4
– vorzeitige Beendigung EUV **18** 10
– Zuständigkeit EUV **24** 13 f.
– Zustimmung des EP EUV **14** 33
hohes Schutzniveau, Begriff AEUV 114 76
Holzhandelsverordnung AEUV 207 101
Homogenitätsgebot EUV 2 3
Homosexualität GRC 7 19; AEUV 19 23, 29 f.; 157 83 f.
Honeywell-Entscheidung AEUV 288 54, 79
Horizont 2020 (Rahmenprogramm) AEUV 182 17; 218 89
horizontale Einschränkungsregel GRC 52 1
horizontale Gewaltenteilung AEUV 218 1 ff.
Horizontalwirkung GRC 27 19; 28 12, 40; 29 7 f.; 30 11; 31 11; 32 7; 33 8, 14; 34 12; AEUV 157 13 f.
– s. a. Arbeitnehmerfreizügigkeit
– s. a. Drittwirkung
humanitäre Hilfe AEUV 214; 217 35 ff.
– Amt für Humanitäre Hilfe AEUV **214** 10
– „Drei K" AEUV **214** 7
– Drittländer, Begriff der AEUV **214** 4
– European Community Humanitarian Office (ECHO) s. Amt für Humanitäre Hilfe
– Europäischer Konsens über die humanitäre Hilfe AEUV **214** 6
– Europäisches Freiwilligenkorps AEUV **214** 13
– historische Entwicklung AEUV **214** 2 ff.
– Kompetenz der EU AEUV **214** 9 ff.
– Ziele der humanitären Hilfe AEUV **214** 8
humanitäre Intervention EUV 21 17
Hüterin der Verträge EUV 17 5 ff.
Hüterin des Unionsrechts (Kommission) AEUV 218 208
hypothetische Beeinflussung der Handelsströme AEUV 34 67

IAEA (Internationale Atomenergie-Organisation) AEUV 220 54
ICAO (Internationalen Zivilluftfahrtorganisation) AEUV 220 52
ICONET AEUV 74 4
IDA AEUV 74 4
Identität, nationale AEUV 56 127
Identitätskontrolle EUV 4 35 f., 75 ff., 87
IGH s. Internationaler Gerichtshof
ILC (International Law Commission) AEUV 216 223
– Entwurf von Artikeln über das Recht der Verträge zwischen Staaten und internationalen Organisationen oder zwischen internationalen Organisationen von 1982 (Art. 36bis) AEUV **216** 223
ILO (Internationale Arbeitsorganisation)

AEUV 216 42; 218 83; 220 52; 351 43 f., 80, 119, 121,
IMF s. Internationaler Währungsfonds
Immaterialgüterrechte AEUV 118 15; 345 16
– Eintragungsfähigkeit AEUV 118 17
Immigranten AEUV 56 125
Immobilien AEUV 63 19
– Anlage/Investition in ~ AEUV 63 16, 19; 64 3, 7
Immunität
– Abgeordnete AEUV 221 9; 223 19 f.; 230 10
– Sitzungsperiode AEUV 229 2
Immunität der EU
– Erkenntnisverfahren AEUV 343 4 f.
– Vollstreckungsverfahren AEUV 343 6 f.
Immunität internationaler Organisationen AEUV 343 1 ff.
Immunität von EP-Abgeordneten AEUV 343 11 ff.
Immunität von EU-Beamten AEUV 343 15
IMO (Internationale Seeschifffahrtsorganisation) AEUV 216 43; 220 52
implied powers EUV 47 6; AEUV 2 13; 217 5
Importabhängigkeit AEUV 194 11
Importverbote AEUV 36 46
Importvorschriften AEUV 34 110
Indemnität von EP-Abgeordneten AEUV 343 9 f.
Indien AEUV 217 12
indirekte Steuern s. Steuern indirekte
Individualansprüche AEUV 351 82
Individualisierung des Schutzes AEUV 12 29
Individualrechte AEUV 220 19; 351 15
Individualrechtsschutz AEUV 267 6 f.; 340 5
Individualsanktionen AEUV 215 4, 13 ff., 28, 30 ff.
– Finanzsanktionen AEUV 215 15
– Visabeschränkungen AEUV 215 17
– präventive Maßnahmen AEUV 215 31
industrial policy AEUV 173 8
Industriepolitik
– Bedeutung AEUV 173 1 ff.
– Fernziele AEUV 173 5 ff.
– Förderungsreichweite AEUV 173 22 ff.
– Grundkonzeption AEUV 173 8 ff.
– Nachhaltigkeitsgerechtigkeit AEUV 173 14 ff.
– übergeordnete Ziele AEUV 173 10
Industrieverbände AEUV 173 68
Inexistenz AEUV 288 8
Information Technology Agreement AEUV 207 256
Informationsaustausch AEUV 86 27; 87 10 ff.; 88 15
– Verwaltung AEUV 197 21
Informationserhebung, geheime GRC 8 47
Informationsfreiheit GRC 11 13 f., 19
– aktive GRC 11 13
– passive GRC 11 13

– Sammlung und Speicherung von Informationen GRC 11 13
Informationspflicht
– s. a. Berichtspflicht
– Forschung AEUV 181 6
– Informationsparadigma AEUV 12 48
– vorvertragliche Informationspflichten AEUV 12 48
– Verwaltung AEUV 197 21
– Werberegelungen AEUV 12 48
Informationstechnologien, Menschenwürde GRC 1 9 ff.
Informationsverbund AEUV 197 3
Infrastruktur AEUV 63 32
Infrastrukturabgabe s. Autobahnnutzungsgebühr
Infrastrukturfinanzierung AEUV 93 27 f.
Initiativbericht
– Berichtspflicht AEUV 225 8
– EP EUV 14 30; AEUV 225
– legislativer AEUV 225 8
– Petition AEUV 227 15
Initiative AEUV 218 17 ff., 63
Initiativentscheidung EUV 3 31
Initiativrecht EUV 17 12 ff.; AEUV 76 1 ff.; 86 11, 42; 240 1
– Entschließung des EP AEUV 225 5
– EP EUV 14 13; AEUV 223 51; 225 1; 231 6
– indirektes EUV 14 13; AEUV 223 51; 225 1; 231 6
– Kommission EUV 14 13; AEUV 225 1; 289 32; 292 10; 294 6 ff.
– mittelbares Initiativrecht des Europäischen Parlaments und des Rates AEUV 294 6
– spezielle Gesetzgebungsinitiativen s. dort
– Untätigkeitsklage AEUV 225 4, 8
Inkassounternehmen AEUV 57 23
Inkorporation von Übereinkünften in EU-Recht AEUV 216 204 ff., 235
Inländer s. Gebietsansässiger
Inländerbehandlung AEUV 18 2, 11
Inländerdiskriminierung AEUV 18 68 f.; 49 11, 49; 110; 114 18, 21
– Verbot AEUV 110 128
Inländergleichbehandlung(-sklausel) AEUV 351 83 f., 88 ff.
Inländervorbehalte AEUV 49 52, 54
Innenkompetenz s. Binnenkompetenz
innere Sicherheit AEUV 67 35; 72, 1, 6
Insel Man AEUV 355 13
Insolvenz AEUV 56 124
Insolvenzverschleppungshaftung AEUV 54 11
Institut der Europäischen Union für Sicherheitsstudien EUV 13 4
institutionelle Rolle des EuGH AEUV 34 46
institutionelle Verwerfungen AEUV 34 77
institutioneller Rahmen der EU EUV 13 1 ff.
institutionelles Gleichgewicht s. Gleichgewicht, institutionelles

institutionelles Gleichgewicht zwischen den Organen der EU AEUV 216 56, 234; 218 14 ff., 112, 202
Institutsgarantie GRC 38 9
Integration AEUV 79 43 ff.
– s. a. europäische Integration
– abgestufte AEUV 27 3
– differenzierte AEUV 27 1; 27 3; 137 5; 138 1; 141 2
– negative AEUV 114 9
– positive AEUV 114 6, 9
Integrationsbereich AEUV 216 79 f.; 218 162 f.
Integrationsklausel AEUV 11 1 ff., 10 ff.
– Abwägungsprozess AEUV 11 14
– erfasste Bereiche AEUV 11 21 ff.
– Erfordernisse des Umweltschutzes AEUV 11 19 f.
– gerichtliche Überprüfung AEUV 11 16 ff.
– kompetenzerweiternde Wirkung AEUV 11 12
– Rechtsverbindlichkeit AEUV 11 13
Integrationsprinzip AEUV 191 85
Integrationsprogramm AEUV 311 126
Integrationsverantwortung EUV 48 55 ff., 67, 69, 90; AEUV 353 9
integriertes Grenzschutzsystem AEUV 77 26
Inter-se-Abkommen/-Vereinbarungen/-Verträge AEUV 216 127, 250; 351 13, 31 f.
Interessenabwägung GRC 47 75, 76, 77, 78
Interessenträger AEUV 12 35 f.
Interinstitutionelle Vereinbarungen EUV 14 6, 14; AEUV 218 106, 201; 220 49; 225 3; 226 6 f., 13, 5; 293 16; 294 25, 32; 295, 2 ff., 10 ff.
– EP EUV 14 6, 14; AEUV 225 3; 230 1; 232 6, 9
– über die Haushaltsdisziplin AEUV 310 57; 312 1; 314 11; 324 11
Interlaken Declaration AEUV 218 11
Interkonnektion AEUV 194 4 f., 19 f.
– Funktion AEUV 194 5, 19
intermediäre Gewalten AEUV 18 63
Internal Market Scoreboard AEUV 26 22
International Bank for Reconstruction and Development – IBRD s. Internationale Bank für Wiederaufbau und Entwicklung
International Centre for the Settlement of Investment Disputes – ICSID s. Internationale Zentrum zur Beilegung von Investitionsstreitigkeiten
International Development Association (IDA) s. Internationale Entwicklungsorganisation
International Finance Corporation (IFC) s. Internationale Finanz-Corporation
International Monetary and Financial Committee (IMFC) s. Internationaler Währungs- und Finanzausschuss
International Monetary Fund s. Internationaler Währungsfonds
Internationale Arbeitsorganisation s. ILO

Internationale Atomenergie Organisation (IAEA) AEUV 220 54
Internationale Bank für Wiederaufbau und Entwicklung AEUV 138 15
Internationale Entwicklungsorganisation AEUV 138 15
Internationale Finanz-Corporation AEUV 138 15
Internationale Konferenz EUV 34
internationale Konferenzen AEUV 218 190, 205; 220 18, 30, 88; 221 1
Internationale Organisation für Rebe und Wein s. OIV
internationale Organisationen EUV 34; AEUV 143 21; 219 3, 16, 22, 23
– Bestimmung der Vertretungsverhältnisse der EU AEUV 218 174 ff., 188
– Hauptorgan AEUV 143 21
– intergouvernementale AEUV 220 15
– Mitgliedschaft der EU s. Mitgliedschaft in internationalen Organisationen
– privilegierte/nicht-privilegierte AEUV 220 13
internationale Partnerschaft EUV 21 18
Internationale Seeschifffahrtsorganisation s. IMO
internationale Sicherheit AEUV 216 259; 220 34; 351 25, 49 ff.
internationale Übereinkünfte AEUV 216 1 ff.; 218 13, 78, 169; 351 19, 23
– Abschluss AEUV 3 14 ff.
internationale Vermittlungen AEUV 220 34
Internationale Zentrum zur Beilegung von Investitionsstreitigkeiten AEUV 138 15
Internationale Zivilluftfahrtorganisation s. ICAO
internationale Zusammenarbeit, Forschung AEUV 188 2
Internationaler Fonds für Irland AEUV 175 14
Internationaler Gerichtshof (IGH) AEUV 218 230
– Statut AEUV 216 48, 211
– Rechtsprechung AEUV 216 51
internationaler Schutz AEUV 78 1 ff.
Internationaler Strafgerichtshof für das ehemalige Jugoslawien (ICTY) AEUV 217 9
Internationaler Währungsfonds (IWF, IMF) AEUV 63 23; 138 15, 29 ff.; 137, 8; 143 7, 21; 216 42; 218 83; 219 16, 18, 23; 220 25, 52; 351 80, 91
– „altes" System AEUV 219 1
– Entwicklungsausschuss (Development Committee) AEUV 138 31
– Euro-Sitz AEUV 138 45
– Exekutivdirektorium AEUV 138 31, 45
– Gouverneursrat AEUV 137 8; 138 32, 46
– Internationaler Währungs- und Finanzausschuss AEUV 137 8; 138 31, 45
– Mitgliedstaaten AEUV 219 7

- Organe AEUV 66 16; 142 8, 16
- Recht AEUV 142 16 f.; 219 18
- Satzungsreform, zweite AEUV 219 9
- Stimmrechtsgruppe (constituency) AEUV 138 31, 45
- Surveillance AEUV 219 7
- System AEUV 119 8
- Übereinkommen AEUV 63 38; 64 25; 65 25; 66 16; 142 8; 143 8, 21; 219 3, 7, 23
- Vertreter der Mitgliedstaaten AEUV 138 32
- Zahlungsbilanzhandbuch AEUV 143 7

Internationales Privatrecht (IPR) AEUV 18 11, 13; 57 42; 59 17

internationales Zollrecht AEUV 207 250
- Weltzollorganisation AEUV 207 250

interne Abkommen AEUV 216 194; 218 191, 194

interne Marktregulierung AEUV 34 40 ff., 43

Internet AEUV 56 104
- EP-Sitzungen AEUV 232 15 f.
- Gesamtbericht AEUV 233 6
- Siegeszug AEUV 232 16

Interoperabilität AEUV 171 5

Intertemporäres Recht AEUV 218 16

Intervention AEUV 40 40 f.
- humanitäre AEUV 347 20 f.

Interventions- und Finanzierungsmechanismus AEUV 141 15

Intimbereich GRC 8 47

Intra-EU-BITs AEUV 207 22

Inuit-Urteil GRC 47 7, 20, 32, 35; AEUV 263 73

Investitionen AEUV 63 18 f.; 64 6; 65 17 f.
- Begriff AEUV 207 23
- in den ÜLG AEUV 199 5
- Portfolio-~ AEUV 63 19

Investitionsschutz
- Garantiesysteme AEUV 207 27
- Multilateral Investment Guarantee Agency (MIGA) AEUV 207 27
- Streitbeilegung AEUV 207 26
- Versicherungen AEUV 207 27

Investitionsschutzabkommen EUV 19 52 ff.; AEUV 66 8; 216 172; 218 12; 351 39, 77
- bilaterale (BITs) AEUV 207 22; 216 117 ff.; 351 39, 58, 64, 98, 108 ff., 119
- EU AEUV 63 40; 64 24
- Mitgliedstaaten AEUV 63 40; 64 24

Investitionsstreitigkeiten AEUV 216 183

Inzidentrüge GRC 47 20, 23; AEUV 277 1 ff.
- s. a. Rechtswidrigkeitseinrede
- Anwendbarkeit der TWD-Rechtsprechung AEUV 277 17
- Anwendung im Rahmen der Amtshaftungsklagen AEUV 277 9
- Anwendung im Rahmen der Nichtigkeitsklage AEUV 277 6
- Anwendung im Rahmen der Untätigkeitsklage AEUV 277 8

- Anwendung im Rahmen des Vertragsverletzungsverfahrens AEUV 277 7
- Anwendung im Rahmen des Vorabentscheidungsverfahrens AEUV 277 10
- Ausnahmen des Anwendungsbereichs AEUV 277 4
- Begründetheit AEUV 277 32
- Einrede AEUV 277 30
- Entscheidungserheblichkeit AEUV 277 28, 29
- Ex-officio-Prüfung AEUV 277 31
- Funktion AEUV 277 2
- Geltendmachung der Inzidentrüge AEUV 277 3
- Inter-partes Wirkung AEUV 277 33
- Klagebegründung AEUV 277 3
- objektive Rechtmäßigkeitskontrolle normativer Unionsrechtsakte AEUV 277 2
- Prozessantrag AEUV 277 30
- rechtliche Verpflichtung zur Aufhebung des Rechtsakts AEUV 277 34
- Rügeberechtigung AEUV 277 12 ff.
- Rügeberechtigung nicht-privilegierter Kläger AEUV 277 14
- Rügeberechtigung privilegierter Kläger AEUV 277 15, 16
- Rügegenstand AEUV 277 19 ff.
- Unanwendbarkeit der rechtswidrigen Verordnung AEUV 277 34
- unionsrechtliches Stufenverhältnis AEUV 277 28
- Unzulässigkeit AEUV 277 5
- Wirkung AEUV 277 11
- Wirkungen AEUV 277 33

Ioannina-Mechanismus EUV 16 38 ff.; AEUV 238 12 f., 24

irische Klausel EUV 42 24 f.

Irland AEUV 67 25 f., 31; 75 5; 77 3; 78 4; 79 5; 217 2, 4, 27

Island AEUV 67 30; 217 8
- EFTA-Mitglied AEUV 66 17
- Sonderregelungen Kapitalverkehr AEUV 63 22; 64 13

Isle of Man s. Unionsgebiet

Israel AEUV 217 10, 38; 218 89

IWF s. Internationaler Währungsfonds

Jahresbericht
- Betrugsbekämpfung AEUV 325 48
- Bürgerbeauftragter AEUV 228 10
- Forschung AEUV 190 1 ff.

Jahreshaushaltsplan der Union s. Gesamthaushaltsplan

Japan AEUV 217 12

Jordanien AEUV 217 10, 38

judikatives Unrecht AEUV 340 33

Jugendpolitik AEUV 165 10, 16 ff., 24 f., 32

Juncker, Jean-Claude EUV 14 71; AEUV 216 72; 218 45; 220 58

Stichwortverzeichnis

juristische Person s. Person, juristische
jus cogens AEUV 216 254
juste retour AEUV 311 78
Justiziabilität AEUV 12 69; 205 10; 206 24
Justizielle Zusammenarbeit in Strafsachen
- Anerkennung, gegenseitige s. dort
- Begriff **AEUV 82** 2
- Beschuldigtenrechte **AEUV 82** 27
- Beweisrecht **AEUV 82** 25 f.
- Effektivierung der Rechtshilfe **AEUV 82** 5 f.
- Harmonisierung s. dort
- Kompetenzkonflikte **AEUV 82** 18
- Kriminalprävention **AEUV 84** 1 ff.
- Notbremseverfahren **AEUV 82** 36 f.; **83** 50 f.
- Opferrechte **AEUV 82** 29
- Verstärkte Zusammenarbeit **AEUV 82** 37; **83** 50

Justizielle Zusammenarbeit in Zivilsachen
AEUV 81 1 ff., 9 ff., 26 ff.; **114** 36: **AEUV 216** 22, 63, 132; **351** 105
- Außenkompetenz **AEUV 81** 25
- Drittstaatsachverhalte **AEUV 81** 19
- Entwicklung **AEUV 81** 2 ff.
- Familienrecht **AEUV 81** 55
- gegenseitige Anerkennung **AEUV 81** 12 ff., 28 ff.
- Kompetenz s. dort
- Konkurrenzen **AEUV 81** 21 ff.

Kabotage AEUV 91 16 ff.
Kadi-Rechtsprechung AEUV 216 209, 257; 220 36 f., 41; 351 47 f., 12
Kadi-Urteil (zweites) GRC 47 24, 30, 44, 75, 77
Kanada AEUV 217 12
Kanalinseln AEUV 355 13 s. Unionsgebiet
Kanarische Inseln AEUV 217 6; 349 7; 355 3
Kap Verde AEUV 219 17
Kapital AEUV 63 10, 16, 30
- Bewegungen/Flüsse **AEUV 63** 2 f., 11, 16 f., 25, 30, 38; **64** 3, 5, 9; **65** 28; **66** 1, 4, 7, 9, 14, 17
- Geld-~ **AEUV 63** 16
- Import/Export **AEUV 63** 20; **64** 9; **66** 3, 11
Kapital- und Zahlungsverkehr AEUV 58 1 ff., 8 ff.
Kapitalanforderungen AEUV 64 9
Kapitalanlage s. Investition
Kapitalanlagegesellschaft AEUV 64 6; 65 7
Kapitalbeteiligung AEUV 55 4
Kapitalmarkt AEUV 63 5; 64 3, 8; 143 24
- Funktionieren des ~ **AEUV 66** 1
- Kapitalmarktpapier **AEUV 63** 19
- Kapitalmarktrecht **AEUV 63** 30
Kapitalschutzvertrag (KSV) s. Investitionsschutzabkommen
Kapitalverkehr AEUV 63 1, 10, 1 4 ff., 21, 23 f., 28 f., 32, 35 f.; 64 2 ff.; 65 4, 6, 16, 28; 66 2; 144 10
- „Alt"-Regelungen **AEUV 64** 12 ff.
- (andere) Maßnahmen **AEUV 63** 19, 22; **64** 2, 10, 19, 21 ff.; **65** 8, 23 f.; **66** 10

- Anzeigepflicht **AEUV 63** 29; **65** 9, 26
- Bereichsausnahmen **AEUV 64** 2, 15
- Beschränkungen **AEUV 63** 2, 4, 9, 11, 13, 22, 26 f., 29, 31, 34 f., 39; **64** 2, 10, 12, 19, 22, 25; **65** 9, 11, 15, 20, 23, 26; **66** 9
- De-Liberalisierung **AEUV 64** 21 f., 25
- Direktwirkung **AEUV 63** 24
- Freiheit des ~ **AEUV 65** 14, 18, 23; **64** 18, 22; **66** 1 f.
- Genehmigungspflicht **AEUV 63** 29, 33; **65** 8
- Kontrollen **AEUV 63** 38 f.; **65** 13
- Liberalisierung **AEUV 63** 1, 3, 22; **64** 14 ff.
- Liberalisierungsrichtlinien **AEUV 63** 2 ff., 7, 16, 22; **64** 3, 5, 10; **64** 3, 5, 10; **65** 5, 15; **66** 1, 3, 17
- Meldpflicht **AEUV 63** 29, 33; **65** 9 f., 26
- Nomenklatur/Liste **AEUV 64** 3, 5 ff.; **65** 7
- Regelungen **AEUV 63** 6, 40
- Schutzklauseln/-maßnahmen **AEUV 63** 5, 11; **66** 2 f., 9 ff., 14 ff.
- Übergangszeit **AEUV 64** 13
- übriger ~ **AEUV 143** 6
- Verschlechterungsverbot/stand still-Klausel **AEUV 64** 12, 17

Kapitalverkehrsfreiheit; Zahlungsverkehrsfreiheit AEUV 119 21
Kartellrecht AEUV 263 132
Kartellrecht der EU
- Durchführungsvorschriften ~ **AEUV 103** 1 ff.
- Freistellungen **AEUV 103** 28 f., 41; **105** 12 f.
- Fusionskontrollverordnung **AEUV 103** 44
- Kartellschadensersatz-Richtlinie **AEUV 103** 11
- Rechtsetzungsbefugnisse **AEUV 103** 4 ff., 40 ff.
- Sammelklagen **AEUV 103** 38
- Übergangsbestimmungen **AEUV 104** 1 ff.; **105** 1 ff.
- Verbotstatbestände **AEUV 101** 1 ff.; **102** 1 ff.
- Verhältnis zwischen europäischem und nationalem Kartellrecht **AEUV 103** 35

Kartellverbot AEUV 101
- abgestimmtes Verhalten **AEUV 101** 63 ff.
- Alleinbelieferung und Alleinbezug **AEUV 101** 179
- Alleinvertrieb **AEUV 101** 162 f., 165
- ancillary restraints **AEUV 101** 6, 72 ff.
- Aufteilung der Märkte **AEUV 101** 98, 188
- Auswirkungsprinzip **AEUV 101** 21 f.
- Beeinflussung des Handels zwischen den Mitgliedstaaten **AEUV 101** 26 ff.
- Beeinträchtigung des Handels zwischen den Mitgliedstaaten **AEUV 101** 24
- Beschlüsse von Unternehmensvereinigungen **AEUV 101** 52, 59, 67 f.
- Beseitigungs- und Unterlassungsanspruch **AEUV 101** 207
- Beweislastverteilung **AEUV 101** 8, 54, 57 f., 64, 106, 132, 198

55*

- bewirkte Wettbewerbsbeschränkung **AEUV 101** 75, 82 ff.
- bezweckte Wettbewerbsbeschränkung **AEUV 101** 75, 76 ff., 85, 88
- Bündeltheorie **AEUV 101** 29, 34, 211
- Diskriminierung **AEUV 101** 99
- Durchsetzung **AEUV 101** 14 ff., 197, 199
- Exportkartell **AEUV 101** 22
- Forschung und Entwicklung **AEUV 101** 39, 112, 114 f., 122, 127, 140 f., 152 f.
- Franchising **AEUV 101** 6, 74, 162, 175 ff.
- Freistellung (Art. 101 Abs. 3) **AEUV 101** 102 ff.
- Freistellungsvoraussetzungen **AEUV 101** 111 ff.
- Funktion **AEUV 101** 7
- Geldbuße **AEUV 101** 47, 78, 109, 184 ff.
- Gemeinschaftsunternehmen **AEUV 101** 3, 127, 182 f.
- Gruppenfreistellungsverordnungen **AEUV 101** 10, 105, 107, 109, 130 ff.
- Haftung auf Schadensersatz **AEUV 101** 16, 37, 78, 109, 197 ff.
- Hard-core-Kartell **AEUV 101** 6, 13, 154
- horizontale Wettbewerbsbeschränkung **AEUV 101** 6, 78, 90 ff.
- Informationsaustausch **AEUV 101** 63 f., 81, 146 ff.
- Industriepolitik **AEUV 173** 42
- Kartell (Begriff) **AEUV 101** 6
- Kernbeschränkung **AEUV 101** 6, 79 f., 85 f., 89 f., 92, 95, 98, 110, 120, 134 f., 138 ff., 155, 166, 171, 177 f.
- kollektiver Rechtsschutz **AEUV 101** 206
- Konkurrenzen **AEUV 101** 212 f.
- Konzerne **AEUV 101** 38, 47, 192 ff.
- Konzernprivileg **AEUV 101** 48
- Koordinierungsmaßnahmen **AEUV 101** 51 ff.
- Kopplung **AEUV 101** 100 f.
- Kronzeugenregelung **AEUV 101** 15, 65, 191, 199
- Kundenaufteilungen **AEUV 101** 80
- Landwirtschaftspolitik **AEUV 101** 19
- Legalausnahme **AEUV 101** 8, 102 f., 105, **108 ff.**
- Markenzwang **AEUV 101** 164
- more economic approach **AEUV 101** 11 ff.
- NAAT-Regel **AEUV 101** 33
- Nebenabreden **AEUV 101** 6, 72 ff.
- Nichtigkeit **AEUV 101** 208 ff.
- passing on **AEUV 101** 200
- Preisabsprachen **AEUV 101** 35, 76, 79, **90 ff.**
- Preisbindung der zweiten Hand **AEUV 101** 80, 92, 120, 163
- Preisschirm-Effekt **AEUV 101** 200
- räumlicher Anwendungsbereich **AEUV 101** 20 ff.
- Rechtfertigung **AEUV 101** 8 f.
- Rechtsfolgen eines Kartellverstoßes **AEUV 101** 184 ff.
- Regelbeispiele **AEUV 101** 89 ff.
- Regelungsadressaten **AEUV 101** 10, 35 ff.
- rule of reason **AEUV 101** 8, 72, 83
- sachlicher Anwendungsbereich **AEUV 101** 18 f.
- Schadensabwälzung **AEUV 101** 200
- Schadensersatz **AEUV 101** 16, 37, 78, 109, **197 ff.**
- Schadensersatzrichtlinie 2014/104/EU **AEUV 101** 6, 12, 16, **198 ff.**
- selektiver Vertrieb **AEUV 101** 103, **167 ff.**
- Spezialisierungsvereinbarungen **AEUV 101** 142, 154
- Spürbarkeit (Beeinflussung des Handels zwischen den Mitgliedstaaten) **AEUV 101** 31 ff.
- Spürbarkeit (Wettbewerbsbeschränkung) **AEUV 101** 86 ff.
- Tarifverträge **AEUV 101** 18, 43
- Technologietransfer-Vereinbarungen **AEUV 101** 122, 143 f.
- Territorialitätsprinzip **AEUV 101** 21
- umbrella pricing **AEUV 101** 200
- Unternehmen **AEUV 101** 37 ff.
- Unternehmensvereinbarungen **AEUV 101** 60 ff., 67
- Unternehmensvereinigungen **AEUV 101** 9, 35, 50
- van Eycke-Formel **AEUV 101** 35 f.
- Vereinbarungen im Kraftfahrzeugsektor **AEUV 101** 139, 173
- Vereinbarungen im Versicherungssektor **AEUV 101** 18, 145
- Vereinbarungen über Normen und Standardbedingungen **AEUV 101** 157 ff.
- vertikale Wettbewerbsbeschränkung **AEUV 101** 2, 6, 163
- Vertikalvereinbarungen **AEUV 101** 33, 98, 119 f., 133, 136 ff.
- Vorteilsabschöpfung **AEUV 101** 207
- Wettbewerbsbeschränkung **AEUV 101** 69 ff.
- wirtschaftliche Tätigkeit **AEUV 101** 37 ff.

Kartellverfahrensrecht der EU
- Aufgabenverteilung zwischen Kommission und Gerichtshof **AEUV 103** 31 ff.
- Durchführungsvorschriften **AEUV 103** 1 ff.
- Ermittlungsbefugnisse der Kommission **AEUV 103** 36; **105** 6 f.; **337** 1 ff.
- European Competition Network **AEUV 103** 39
- Geldbußen **AEUV 103** 25 ff.
- Kronzeugenmitteilung **AEUV 103** 27
- Rechtsetzungsbefugnis des Rates **AEUV 103** 4 ff.
- Rolle der Kommission **AEUV 105** 1 ff.
- Rolle mitgliedstaatlicher Behörden **AEUV 104** 1 ff.

- Rolle mitgliedstaatlicher Gerichte **AEUV 103** 38
- Vergleichsverfahren **AEUV 103** 27
- Verteidigungsrecht der Unternehmen **AEUV 103** 37
- Zwangsgelder **AEUV 103** 25 ff.

Kartellverfahrensverordnung AEUV 101 102, 213; **102** 18, 138

Kasachstan AEUV 218 40 ff.

Kassationsbefugnis GRC 47 40, 46, 74

Katastrophenschutz AEUV 196 1 ff.; **222** 12 ff., 21 ff., 26, 36, 40, 42
- Beobachtungs- und Informationszentrum **AEUV 196** 11
- Gemeinschaftsverfahren **AEUV 196** 2, 6, 10 f., 13
- Gesetzgebungsverfahren **AEUV 196** 15
- Instrument zur Finanzierung **AEUV 196** 10
- Koordinierung **AEUV 196** 14
- Prävention **AEUV 196** 1, 6, 8 f., 12 ff.
- Subsidiarität **AEUV 196** 14
- Unterstützung **AEUV 196** 11

Katastrophenschutz, Lebensschutz GRC 2 21 ff.
- Terrorabwehr **AEUV 222** 12 ff., 21 ff., 26, 36, 40, 42

Kausalität AEUV 340 37
- Beweislast **AEUV 340** 37

Keck-Formel AEUV 34 96 ff., 152

Keck-Urteil AEUV 34 94 ff.; **35** 18 ff.
- Bewertung **AEUV 34** 101
- Formalisierung **AEUV 34** 105
- institutionelle Balance **AEUV 34** 105
- Kulturelle, politische und soziale Fragen **AEUV 34** 104
- Post-Keck-Phase **AEUV 34** 109 ff.
- Ratio **AEUV 34** 105
- Unterscheidung zwischen Produkt- und Vertriebsbezug **AEUV 34** 106, 121 ff.
- Vertriebstechniken **AEUV 34** 107

Kernbestimmungen AEUV 290 12

Kernbrennstoffsteuer AEUV 113 34, 35

Kfz-Steuer AEUV 18 22

KFZ-Zulassungssteuer AEUV 110 67, 78, 127

Kimberley-Prozess AEUV 207 102 f.; **218** 11
- Waiver **AEUV 207** 103
- Zertifikations- und Kontrollsystem **AEUV 207** 102

Kind GRC 24 9

Kinder s. Familiengründung

Kinderarbeit
- Grundrecht **GRC 32**
- Kompetenz der EU **AEUV 153** 14

Kindergeld s. Familie, Familienleistungen

Kindertagesstättenplätze AEUV 157 33, 176

Kindesentführung GRC 7 36

Kindeswohl GRC 24 15 f., 19
- Förderung **GRC 2** 29

Kirchen AEUV 17 1 ff.; **19** 26

Kirchensteuer AEUV 17 16, 18

kirchliches Arbeitsrecht s. Arbeitsrecht, kirchliches

Klagearten GRC 47 23

Klagebefugnis GRC 47 25, 29, 32, 36, 70
- teilprivilegierte **AEUV 138** 21

Klagefrist GRC 47 25, 67, 70, 71, 72; **AEUV 270** 33 ff.

Klagegründe, Bindung an die GRC 47 40, 50, 51, 72, 74

kleine und mittlere Unternehmen AEUV 153 67, 72 ff.; **157** 139

Kleinstaaten AEUV 64 11; **65** 27; **219** 16
- Andorra **AEUV 219** 17
- Monaco **AEUV 219** 176
- San Marino **AEUV 219** 17
- Vatikanstadt **AEUV 219** 17

Klimaschutz AEUV 191 20, 43 ff.; **192** 26
- Flexibilisierungsklausel **AEUV 352** 22
- Industriepolitik **AEUV 173** 15 ff., 27 ff.

Klimawandel GRC 2 24 f.
- Lebensschutz **GRC 1** 55 f.
- Menschenwürde **AEUV 349** 12

Klonen GRC 1 27

KME-Urteil GRC 47 49, 52, 74

Koalitionsfreiheit GRC 12 17 f., 23, 31
- individuelle **GRC 12** 18
- kollektive **GRC 12** 18
- negative **GRC 12** 18

Koalitionsrecht GRC 28 16; **AEUV 153** 50; **128** f.; **156** 8
- s. a. Bereichsausnahme, Sozialpolitik

Kodex
- Beamte **AEUV 228** 5
- Beschwerde **AEUV 228** 5

Kodizes für gute Verwaltungspraxis AEUV 298, 14, 20

Kodifikation AEUV 216 50, 73 f., 92, 201 f.; **218** 8 ff.

Kohärenz EUV 3 3
- der Grundfreiheiten **AEUV 34** 35
- des Steuersystems **AEUV 49** 109 f.
- im Rahmen der GASP **EUV 18** 21 f.; **21** 31 ff.; **26** 18 f.
- Steuerregelung **AEUV 65** 18, 21

Kohärenzgebot AEUV 12 7 f., 67; **205** 11; **207** 11; **217** 24, 30; **329** 12 f.; **334** 1 ff.; **340** 6
- Adressaten **AEUV 334** 4 f.
- Begriff **AEUV 334** 2 f.
- Hoher Vertreter für Außen- und Sicherheitspolitik **AEUV 329** 12 f.
- horizontale ~ **AEUV 205** 11
- inhaltliche ~ **AEUV 205** 11
- vertikales Kohärenzgebot **AEUV 205** 13
- Verstärkte Zusammenarbeit **AEUV 329** 12 f.; **334** 1 ff.

Kohärenzgebot, allgemeines AEUV 7 1 ff.
- Adressatin **AEUV 7** 5
- Inhalt **AEUV 7** 4 ff.

- Justiziabilität **AEUV 7** 7 ff.
- Kohärenzbegriff **AEUV 7** 4
- Regelungsgehalte **AEUV 7** 4 ff.
- Verhältnis zu speziellen Kohärenzgeboten **AEUV 7** 4
- Verhältnis zum Prinzip der begrenzten Teilermächtigung **AEUV 7** 6

Kohärenzprinzip EUV 4 139
Kohäsion der Steuersysteme AEUV 36 94
Kohäsionsbericht AEUV 175 11
Kohäsionsfonds AEUV 4 6; **175** 7; **177** 22 ff.; **309** 18; **311** 43
Kohäsionspolitik EUV 3 36, 40
- Strafrecht **AEUV 325** 2

Kohlebergbau, Industriepolitik AEUV 173 31
Kollegialitätsprinzip EUV 17 34, 36; **AEUV 248** 9
Kollektivausweisungen GRC 19 10 ff., 18 f.
kollektive Maßnahmen
- s. a. Arbeitskampf
- s. a. Streik
- s. a. Aussperrung
- Einschätzungsprärogative der Sozialpartner **GRC 28** 20 ff.

kollektive Rechte GRC 27; 28
kollektive Verbraucherinteressen GRC 38 32
Kollektivvereinbarung GRC 28 17 ff.
- s. a. Sozialpartner, Sozialpartnervereinbarung
- Bereichsausnahme der Wettbewerbsfreiheit **GRC 28** 38; **AEUV 151** 35 ff.
- Beschränkung von Grundfreiheiten **GRC 28** 39 ff.; **AEUV 151** 38 ff.; **153** 132
- Einschätzungsprärogative **GRC 28** 20 ff.; **AEUV 151** 41 ff.; **153** 113, 132
- Europäische Kollektivvereinbarung **GRC 28** 28; **AEUV 155** 1, 7 ff., 24 f.
- Inhaltskontrolle **GRC 28** 20 ff.; **31** 17
- Repräsentativität **AEUV 153** 52, 133

Kollektivverhandlung GRC 28; AEUV 152 11; **155** 14 ff.
- s. a. Bereichsausnahme, Sozialpolitik
- Entgeltgleichheit **AEUV 157** 74, 91, 110, 117, 137
- Kollektivverhandlungsfreiheit **GRC 28; AEUV 153** 108; **155** 4
- Kompetenz der EU **AEUV 153** 49 ff., 51, 115, 133 ff.
- optionales Instrument **AEUV 155** 10 ff.; **153** 54
- transnational **AEUV 155** 7 ff.; **153** 54

Kollision
- von Unions- und Völkervertragsrecht **AEUV 351** 1, 9 ff., 23, 58, 60, 68, 77, 100 ff.
- ~snorm **AEUV 351** 1, 124
- ~sbehebungspflicht s. Unvereinbarkeit mitgliedstaatlicher Übereinkünfte mit Unionsrecht

kollisionsrechtlicher Grundansatz GRC 38 36

Kolonialstaaten AEUV 198 1
Kolumbien AEUV 217 11, 37
kombinierte Erlaubnis AEUV 79 23, 29
kombinierter Verkehr AEUV 90 28
Komité AEUV 290 2, 28
Komitologie AEUV 43 22; **291** 3 f.
Komitologie-Verordnung AEUV 290 23 f.; **291** 2, 15 ff.
- Abstimmungsmodus **AEUV 291** 22
- Ausschüsse **AEUV 291** 22 f.
- Rang **AEUV 291** 15
- Rechte von Rat und Parlament **AEUV 291** 24
- Überleitung bestehenden Sekundärrechts **AEUV 291** 25 ff.
- Verfahren **AEUV 291** 17 ff.

Komitologiebeschluss AEUV 290 4, 14, 24; **291** 3, 15 f.
Komitologiereform AEUV 290 3
kommerzielle Präsenz AEUV 63 23
Kommissar
- Amtsenthebung **AEUV 251** 15

Kommission EUV 13 11; **17** 1 ff.; **AEUV 219** 1, 4, 5, 6, 14, 21; **240** 1 ff.; **241** 1 ff.; **242** 7; **243** 4 f.; **244** 3 ff.; **245** 1 ff.; **246** 1 ff.; **247** 1 ff.; **248** 1 ff.; **249** 1 ff.; **250** 1 ff.; **289** 9, 32 f.; **292** 10 f.; **293** 1 ff.; **294** 6 ff., 24 f., 32 ff.; **295** 10 ff.; **298** 6 ff.; **328** 7; **334** 4
- Abweichungsmöglichkeit durch den Europäischen Rat **EUV 17** 33
- Amtsenthebung **AEUV 245** 8 ff., 15; **246** 2; **247** 1 ff.
- Amtsenthebungsgründe **AEUV 247** 2 ff.
- Amtsniederlegung **AEUV 234** 5, 15
- Amtszeit **EUV 17** 16 ff.; **41** 6 ff.; **AEUV 234** 15; **246** 1 ff., 19
- Amtspflichten **AEUV 234** 4; **245** 1 ff.
- Amtspflichtverletzungsverfahren **AEUV 245** 10 ff.
- Anhörungsrecht **AEUV 242** 7
- Antworten **AEUV 230** 6
- Arbeitsprogramm **EUV 17** 11; **AEUV 233** 11
- Aufforderung durch den Rat **AEUV 135** 2; **241** 1 ff.
- Aufforderungsgegenstand **AEUV 241** 4 f.
- Aufforderungsverweigerung **AEUV 135** 9; **241** 10
- Aufforderungswirkungen **AEUV 135** 8; **241** 8
- Aufgaben **EUV 17** 2 ff.
- Aufsichtspflichten **AEUV 340** 27
- Ausführung des Haushaltsplans **EUV 17** 8
- Außenvertretung **EUV 17** 10
- Beendigungsgründe **AEUV 246** 2 ff.
- Beitrittsverhandlungen **EUV 17** 10
- Berichtspflicht **AEUV 328** 7
- Beschlussfähigkeit **AEUV 250** 9
- Beschlussfassung **AEUV 250** 1 ff.
- Beschlussverfahren **AEUV 250** 4 ff.

- Beschwerde **AEUV 228** 5
- Beschwerdeverfahren **EUV 17** 7
- Dienststellen **AEUV 249** 5, 7
- einfache Mehrheit **AEUV 64** 22; **250** 2
- Einsetzung **EUV 17** 41 ff.
- Empfehlung **AEUV 63** 2; **143** 14, 16, 28, 30; **144** 1, 14, 16; **219** 6, 14, 19, 21
- Entlassung **EUV 17** 38
- Entlastung **AEUV 285** 4; **318** 2; **319** 3 ff.
- Ermächtigungsverfahren **AEUV 250** 6 f.
- Ermessen **AEUV 241** 8 f.
- Ernennung **EUV 17** 47 ff.
- Ernennungsvoraussetzungen **EUV 17** 20 ff.
- Ersetzung ausgeschiedener ~smitglieder **AEUV 246** 5 ff.
- EP **AEUV 230** 4 f.; **231** 6
- EP, Anhörung durch die ~ **AEUV 230** 4 f.
- EP-Fragen, Beantwortung **AEUV 230** 4, 6
- EP-Sitzungen, Teilnahme **AEUV 230** 4 f.
- Exekutivaufgaben **EUV 17** 9
- Förderung der allgemeinen Unionsinteressen **EUV 17** 3 f.
- Gehalt **AEUV 243** 4 f.
- Generaldirektion **AEUV 249** 6
- Generalsekretariat **AEUV 249** 7
- Gesamtbericht **AEUV 233** 1 ff.
- Gesamtbericht über die Tätigkeit der Union **AEUV 249** 8 f.
- geschäftsführende Weiterführung **AEUV 246** 4, 17 f.
- Geschäftsordnung **AEUV 249** 1 ff.
- Hoher Vertreter als Vizepräsident **AEUV 218** 21; **220** 85; **221** 4
- Hüterin der Verträge **EUV 17** 5 ff.; **AEUV 258** 1
- Initiativmonopol **EUV 17** 12; **AEUV 135** 1
- Initiativrecht **EUV 14** 13; **17** 12 ff.; **AEUV 225** 1; **241** 1; **289** 40; **292** 10; **294** 6 ff.; **296** 20 f.; **297** 6, 13, 16; **298** 6
- Individualbeschwerde **AEUV 258** 8
- Jahres-Gesetzgebungsprogramm **AEUV 233** 11
- Kabinett **AEUV 249** 4
- Kohärenzgebot **AEUV 334** 4
- Kollegialitätsprinzip **EUV 17** 34; **AEUV 248** 9
- Kollegium **EUV 17** 16; **AEUV 250** 2
- Koordinierungsaufgaben **EUV 17** 9
- Legislaturperiode des EP **EUV 17** 17
- Mehrheitsprinzip **AEUV 250** 2 f.
- Misstrauensantrag **AEUV 230** 5; **231** 7
- Mißtrauensvotum **EUV 14** 10; **17** 18, 49
- mündliches Beschlussverfahren **AEUV 250** 4
- Nachbesetzung **AEUV 246** 5 ff., 17
- Nichtersetzung **AEUV 246** 8
- Öffentlichkeit des Gesamtberichts **AEUV 249** 9
- Organisationsstruktur **AEUV 249** 4
- Pflege der Beziehungen zu internationalen Organisationen **EUV 17** 10
- Pflichten der ~smitglieder **EUV 17** 27
- Präsident **EUV 14** 71; **17** 34 ff.; **AEUV 231** 6; s. a. Präsident der Europäischen Kommission
- Präsidentenwahl **EUV 14** 3, 10
- Programmplanung **EUV 17** 11
- Rechtsetzungsbefugnisse, Delegation **AEUV 231** 6
- Regierungs- und Exekutivorgan **EUV 17** 1
- Ressortprinzip **AEUV 248** 6 f.
- Rücknahme eines Vorschlags **EUV 17** 13
- Rücknahmerecht **AEUV 293** 13 f.; **294** 6
- Rücktritt eines ~smitgliedes **AEUV 246** 3
- Rücktritt der ~ **AEUV 246** 16 f.
- Sanktionsbefugnisse **EUV 17** 5
- Sanktionsverfahren gegen Mitglieder der ~ **AEUV 245** 10 ff.
- Stellungnahme **AEUV 63** 3; **144** 1
- Strategieplanung **EUV 17** 11
- Subdelegation **AEUV 250** 6
- System der gleichberechtigten Rotation **EUV 17** 32; **AEUV 244** 3 ff.
- Teilnahme an Sitzungen des EZB-Rats **AEUV 284** 6
- Transparenz **EUV 17** 32
- Tod eines ~smitgliedes **AEUV 246** 3
- Unabhängigkeit **EUV 17** 23, 25 ff.; **AEUV 245** 2; **298** 14
- vereinfachtes Beschlussverfahren **AEUV 250** 5 ff.
- Verfahren der Befugnisübertragung **AEUV 250** 8
- Verhaltenskodex **EUV 17** 29; **AEUV 245** 6
- Vertragsverhandlungen **EUV 17** 6, 10
- Vertragsverletzungsverfahren **AEUV 228** 5
- Vertreterin der allgemeinen Interessen **EUV 17** 1
- Verwaltungsaufgaben **EUV 17** 9
- Verwaltungsfunktionen **AEUV 2** 16
- Vizepräsident **EUV 18** 20
- Vorschlag **AEUV 219** 6, 21
- Zusammenarbeit **AEUV 230** 11
- Zusammensetzung **EUV 17** 30 ff.
- Zuständigkeit im Rahmen der GASP **AEUV 254** 18 f.
- Zuständigkeitsverteilung innerhalb der ~ **AEUV 248** 2 ff.
- Zustimmung des EP **EUV 14** 33; **17** 46; **AEUV 234** 1

kommunale Daseinsvorsorge EUV 4 40 f.

Kommune
- Bürgerbeauftragter **AEUV 228** 13
- Petitionsrecht **AEUV 227** 6

Kommunikation
- Abgeordneter **AEUV 223** 61
- Beeinträchtigung **GRC 7** 33
- Eingriffsrechtfertigung **GRC 7** 38
- Schutzbereich **GRC 7** 27

Kommunikationspartner GRC 7 33
Komoren AEUV 219 17
Kompensationsthese EUV 48 17
Kompensationsverbot AEUV 112 1 f., 9
– absolutes AEUV 112 1, 8
Kompetenz
– ausschließliche Unions- AEUV 138 42
– in auswärtigen Angelegenheiten s. Außenkompetenz
– in inneren Angelegenheiten s. Innenkompetenz
Kompetenz (Justizielle Zusammenarbeit in Zivilsachen) AEUV 81 26 ff.
– allgemeine Harmonisierungskompetenz AEUV 81 50
– alternative Streitschlichtung AEUV 81 51 f.
– Anerkennung und Vollstreckung von Entscheidungen AEUV 81 10, 28 ff.
– effektiver Rechtsschutz AEUV 81 47 ff.
– Erhebung von Beweismitteln AEUV 81 45 f.
– Familiensachen AEUV 81 55
– Internationales Privatrecht AEUV 81 11, 36 ff.
– Justizielle Zusammenarbeit in Zivilsachen s. dort
– Konkurrenzen AEUV 81 21 ff.
– Vermeidung von Kompetenzkonflikten AEUV 81 41 ff.
– Weiterbildung von Richtern und Justizpersonal AEUV 81 53 f.
– Zustellung AEUV 81 33 ff.
Kompetenz-Kompetenz EUV 4 14, 36; AEUV 1 5; 311 3; 216 103
– Flexibilisierungsklausel AEUV 352 7
– des Rates AEUV 138 7
Kompetenzanmaßung AEUV 34 52
Kompetenzausübung AEUV 2 20
Kompetenzausübungsschranken, Flexibilisierungsklausel AEUV 352 9, 27
Kompetenzdrift AEUV 34 48
Kompetenzen
– Rückführung AEUV 2 12
– ungeschriebene AEUV 2 13
– wirtschaftspolitische AEUV 121 17 f.
Kompetenzergänzungsklausel AEUV 351 97
 s. a. Flexibilitätsklausel
Kompetenzerweiterung, Dynamik AEUV 2 4
Kompetenzfrage AEUV 34 44
Kompetenzgericht AEUV 2 22
Kompetenzgrundlagen, binnenmarktbezogene AEUV 114 25
kompetenzielle Zurückhaltung AEUV 216 166
Kompetenzkatalog AEUV 2 11
Kompetenzkategorien AEUV 2 17 ff.
Kompetenzkonflikte
– negativer Kompetenzkonflikt AEUV 274 7
– positiver Kompetenzkonflikt AEUV 274 6
– Strafverfahren AEUV 82 18
Kompetenzkontrolle AEUV 2 20

Kompetenzlücke AEUV 216 85
Kompetenzordnung EUV 48 28 f.
– Subsidiaritätsprinzip GRC 38 22
Kompetenzübertragung AEUV 262 2
Kompetenzverlagerung AEUV 351 93
Kompetenzzuwächse AEUV 216 111, 198; 351 96; 108
Komplementärfunktion des Verbraucherschutzes AEUV 169 8
Komplementarität von Freiheit und Schutz AEUV 169 31
Konditionalität, wirtschaftspolitische AEUV 121 57
Konferenz für Sicherheit und Zusammenarbeit in Europa (KSZE) AEUV 220 71 f.
Konfliktfall AEUV 347 23
Konfliktverhütung EUV 42 16; 43 2 f., 7
Konfliktvermeidung EUV 4 72, 144, 150
Konformauslegung EUV 4 143 ff., 170
– nationalverfassungskonforme Auslegung EUV 4 171
Konkordanz AEUV 270 31 ff.
Konnexitätsprinzip AEUV 310 15
Konsens AEUV 216 112, 114, 156, 187; 218 140, 232; 220 8, 41, 47, 71; 351 102
Konstitutionalisierung AEUV 289 18 f.
konstitutionelle Assoziierung AEUV 355 5
konstruktive Enthaltung AEUV 218 145
konsularische Vertretung EUV 35
konsularischer Schutz EUV 35 7; 47 19; GRC 46 1 ff.; AEUV 23 1 ff.
– Grundrechtsqualität GRC 46 8
– Individualansprüche AEUV 23 26 ff.
– juristische Personen AEUV 23 38
– Rechtsschutz GRC 46 18 ff.; AEUV 23 54 f.
– Völkerrecht AEUV 23 16, 24, 37
Konsultationen
– Austrittsakommen EUV 50 25
– EP EUV 14 26
Konsultationsprozess, Rahmenprogramm, Forschung AEUV 182 11
Kontaktlinsen AEUV 57 10
Kontokorrentgeschäft AEUV 63 19
kontradiktorisches Verfahren (Grundsatz) GRC 47 61, 62, 63, 64, 75, 76, 77, 78, 79
– s. a. rechtliches Gehör
Kontrahierungszwang (für Mitgliedstaaten) AEUV 216 173
Kontrollausschuss AEUV 285 5, 310 5
Kontrollbeteiligung AEUV 49 23
Kontrolldichte, gerichtliche GRC 47 39, 41, 52, 73
Kontrolle
– Anfragen AEUV 230 6, 8
– Antwortpflicht EUV 14 21
– Außen- und Sicherheitspolitik AEUV 233 9
– Berichtspflicht EUV 14 20, 22; AEUV 226 1; 233 2, 9
– Bürgerbeauftragter AEUV 228 1

- EP **EUV 14** 16; **AEUV 228** 1; **233** 2
- Fragen **AEUV 230** 6, 8
- Fragerecht **EUV 14** 20, 21; **AEUV 226** 1
- Gegenstand **EUV 14** 18
- Grundrechte **EUV 14** 17
- Informationsrecht **EUV 14** 20; **AEUV 226** 1
- Maßnahmen **EUV 14** 19; **AEUV 226** 1
- Maßstab **EUV 14** 17
- nachträgliche Kontrolle **AEUV 56** 118
- Petitionsrecht **AEUV 227** 2, 17
- politische **EUV 14** 3, 17
- rechtliche **EUV 14** 17; **AEUV 230** 6
- Sicherheits- und Verteidigungspolitik **AEUV 233** 9
- Untersuchungsausschuss **EUV 14** 20; **AEUV 226** 1 f.
- Zuständigkeit **EUV 14** 17
- **kontrollierte Lieferung** **AEUV 87** 28
- **Kontrollmaßnahmen** **EUV 14** 19; **AEUV 226** 1
- **Kontrollparlament** **EUV 14** 3, 16; **AEUV 230** 6
- **Kontrolltheorie** **AEUV 54** 5
- **Kontrollverbund** **AEUV 197** 3
- **Konvent für die Zukunft Europas** s. Verfassungskonvent
- **Konvention zum Schutz der Menschenrechte und Grundfreiheiten** s. Europäische Menschenrechtskonvention
- **Konventsverfahren** **EUV 48** 36 ff.
- **Konvergenz** **AEUV 142** 3, 5
- Kriterien **AEUV 66** 6
- **Konvergenz der Wirtschaftsleistungen** **AEUV 119** 11; **121** 34
- **Konvergenzkriterien** **AEUV 140** 1 ff.; **219** 10
  - Aufhebung, Zuständigkeit und Verfahren **AEUV 139** 24; **140** 52 ff.
  - Dauerhaftigkeit der Konvergenz **AEUV 140** 20, 29
  - EWS-Wechselkursmechanismus **AEUV 139** 3, 46; **140** 36 ff.
  - Finanzlage, öffentliche **AEUV 140** 30 ff.
  - ökonomische ~ i. e. S. **AEUV 140** 14 ff.
  - Preisstabilität **AEUV 140** 21 ff.
  - Rechtsnatur **AEUV 140** 6 ff., 12
  - Staaten mit Sonderstatus **AEUV 139** 43 ff.
  - unbenannte Pflichten **AEUV 140** 9 f.
  - Zinsniveau **AEUV 140** 44 ff.
- **Konvergenzprogramme** **AEUV 121** 36
- **Konvergenzziel** **AEUV 174** 5
- **Konvertibilität** **AEUV 143** 10
- **Konzentrationswirkung, Forschungspolitik** **AEUV 182** 3, 24
- **Konzertierungsausschuss** **AEUV 324** 9
- **Konzertierungsverfahren** **AEUV 324** 8
- **Konzession** **AEUV 56** 104
- **Kooperation**
  - grenzüberschreitende polizeiliche **AEUV 87** 1
  - grenzüberschreitende polizeiliche und justizielle **AEUV 85** 18 f.; **89** 1

- interinstitutionelle **AEUV 312** 12
- mit anderen EU-Mitgliedstaaten **AEUV 89** 4
- mit Drittstaaten **AEUV 85** 8; **88** 13
- nicht-operative **AEUV 87** 2, 10 ff.
- operative **AEUV 85** 38; **87** 2, 22 ff.
- wirtschaftspolitische **AEUV 198** 13
- Zustimmungserfordernis **AEUV 89** 9
- **Kooperationsabkommen** **AEUV 217**, 9, 32
- **Kooperationspflichten** **EUV 4** 71, 147 ff., 156, 168 f.
- Rechtsprechungsdialog **EUV 4** 138, 147
- **Kooperationspolitik** **AEUV 212, 213**
  - Abgrenzung zu anderen Politikbereichen **AEUV 212** 8
  - „Drei K" **AEUV 212** 9; **213** 3
  - Dringlichkeit, Begriff der **AEUV 213** 5
  - Finanzhilfen **AEUV 212** 3, 6; **213** 4
  - Heranführungshilfe **AEUV 212** 11
  - historische Entwicklung **AEUV 212** 2 ff., **213** 2 f.
  - Instrumente **AEUV 212** 11
  - Kompetenz der EU **AEUV 212** 5, 10 ff., **213** 3
  - Rolle der EIB **AEUV 212** 12
  - Ziele der Kooperationspolitik **AEUV 212** 8
  - Zusammenarbeit **AEUV 212** 6
- **Kooperationsprinzip** **AEUV 56** 122
- **Kooperationsverträge** **EUV 1** 66
- **kooperierender Staat** **AEUV 34** 30
- **Koordinierung** **AEUV 63** 1 ff., 11 f.; **65** 16
  - offene **AEUV 2** 54 ff.
  - wirtschaftspolitische **AEUV 142** 3
- **Koordinierung, Forschung** **AEUV 181** 1 ff.
- **Koordinierung, verstärkte/Zusammenarbeit** **AEUV 121** 10, 21, 25, 54 ff.; **126** 11
- **Koordinierung, wirtschaftspolitische** **AEUV 119** 2, 18, 20, 26 ff., 46 ff.; **120** 1; **121** 1 ff., 50 ff., 66 ff.
- **Koordinierungsbeihilfen (Verkehr)** **AEUV 93** 5, 19 ff.
- **Koordinierungskompetenz** **AEUV 52** 1
- **Koordinierungspflicht** **AEUV 173** 55; **181** 2, 4
- **Koordinierungspflichten, der Mitgliedstaaten** **AEUV 138** 14
- **Kopenhagener Kriterien** **AEUV 217** 9
- **körperliche und geistige Unversehrtheit** **GRC 3** 1 ff.
  - Abgrenzung **GRC 3** 16
  - ärztlicher Heileingriff **GRC 3** 14, 19, 26
  - Dienstrecht **GRC 3** 10
  - Einwilligung **GRC 3** 12, 26
  - Einwirkungen Dritter **GRC 3** 14, 20
  - Erheblichkeitsschwelle **GRC 3** 22
  - genetische Unversehrtheit **GRC 3** 2, 5, 11, 17
  - Handel und Kommerzialisierung des Körpers **GRC 3** 24
  - Klonen **GRC 3** 6, 25
  - Wesensgehalt **GRC 3** 1, 11 ff., 29

Korrekturmaßnahmen (ESM) GRC 28 11
Korrekturmechanismus für das Vereinigte Königreich AEUV 311 77, 141
Korrespondenz GRC 7 27
Korruption AEUV 83 24
Kosovo AEUV 217 9; 219 18
Krankenkassen AEUV 57 23; 106 23
Krankheit AEUV 19 22, 27
– s. a. Gesundheitsschutz
– s. a. soziale Sicherheit
– Arbeitnehmereigenschaft AEUV 45 26
– Wahlrechtsausschluss EUV 14 49
Kredit/e AEUV 143 23, 25
– Finanz-~ AEUV 63 19
– Konsumenten-~ AEUV 63 19
– kurzfristiger ~ AEUV 63 19; 64 6
– langfristiger ~ AEUV 63 19; 64 6
– mittelfristiger ~ AEUV 63 19; 64 6
Kreditaufnahme AEUV 311 72
– gemeinsame AEUV 311 116
– Rechtsgrundlagen AEUV 311 111
Kreditfazilitäten, kurzfristige AEUV 141 15
Kreditfinanzierung AEUV 310 28 ff.
Kreditinstitute AEUV 64 4; 65 7; 143 24
– s. a. Banken
– Aufsicht über ~ AEUV 141 17
Kreditversicherung AEUV 63 19
Krieg AEUV 347 5, 15, 18 ff., 22 ff.
Kriegszeiten, Lebensschutz GRC 2 62 ff.
Kriminalität
– besonders schwere ~ AEUV 83 10 ff.
– Computerkriminalität AEUV 83 26
– grenzüberschreitende ~ AEUV 83 13
– Organisierte ~ AEUV 83 27
– sämtliche Formen AEUV 87 9
– schwere ~ AEUV 85 11 f.; 15 f., 29; 88 17 ff.;
– schwere ~ mit grenzüberschreitender Dimension AEUV 86 40 f.
– Straftaten zum Nachteil der finanziellen Interessen der EU AEUV 85 16; 86 9, 31
Kriminalprävention AEUV 84 1 ff.
Krisenbewältigungsoperationen EUV 43
Kroatien AEUV 77 3; 217 9
– EU-Beitritt AEUV 65 1; 142 5
– Pre-in AEUV 142 10
– Sonderregelungen Kapitalverkehr AEUV 64 13
KSZE (Konferenz für Sicherheit und Zusammenarbeit in Europa) AEUV 220 71 f.
Kücükdeveci-Entscheidung AEUV 288 53
Kultur GRC 22 9, 13; AEUV 56 127; 62 6; 167
– Ausdrucksformen GRC 22 9
– Begriff AEUV 167 8 f.
– europäische Kulturagenda AEUV 167 47 ff.
– Grundrechtecharta und Kultur AEUV 167 7
– Grundfreiheiten und Kultur AEUV 167 41 ff.
– gemeinsames kulturelles Erbe AEUV 167 13
– historische Entwicklung AEUV 167 3 ff.
– Instrumente AEUV 167 24 ff., 45, 47 ff.

– Kompetenz der EU AEUV 167 10 ff., 17 ff.
– Kulturverträglichkeitsklausel AEUV 167 20 f.
– Programme AEUV 167 28 f.
– Ziele der Kulturpolitik AEUV 167 15, 22 f.
kulturelle Traditionen AEUV 13 32, 35
Kulturgüter
– Ausfuhrverordnung AEUV 207 73 ff.
– nationales Kulturgut AEUV 207 74
Kündigung eines Arbeitsverhältnisses s. Entlassung
Kündigungsklausel AEUV 216 41, 148, 193; 351 103, 109
Kunst GRC 13 11
– Kunstausübung GRC 13 11
– Kunstfreiheit GRC 13 11, 14 f.
– Werkbereich GRC 13 11, 15
– Wirkbereich GRC 13 11, 15
Küstenmeer EUV 52 6
Kyoto-Protokoll AEUV 216 231

Laeken-Erklärung s. Erklärung von Laeken zur Zukunft der Europäischen Union
Lage, soziale und demographische AEUV 233 8
Lagerhaltung AEUV 40 40 f.
Laizität s. Religionsverfassungsrecht
Land- und Forstwirtschaft
– Flächen AEUV 64 13
ländliche Entwicklung AEUV 39 23 ff.
Landwirtschaft AEUV 38 7, 10
Landwirtschaft und Fischerei, geteilte Zuständigkeit AEUV 4 7
landwirtschaftliche Erzeugnisse AEUV 34 24; 38 12 ff.
längerfristige Refinanzierungsgeschäfte AEUV 127 20
langfristige Aufenthaltsberechtigung AEUV 79 21
Lateinamerika AEUV 217 11, 19, 37
Laufbahn (EU-Beamte) AEUV 336 32 ff.
Lautsi-Urteil AEUV 17 23
Leasing AEUV 57 9
Leben GRC 3 1, 4 f.
Lebensführung GRC 7 14
Lebensgrundlagen GRC 1 54 ff.; 2 18 ff.
Lebensmittelsicherheit AEUV 36 73; 220 50
Lebenspartner GRC 7 23
Lebenspartnerschaft, eingetragene AEUV 19 30
Lebensschutz GRC 2 16 ff., 20, 26
Legal Professional Privilege AEUV 337 32 ff.
Legalitätskontrolle AEUV 263 93
Legitimation, Unionsrecht EUV 50 48
Legitimation, doppelte demokratische AEUV 352 6
legitime staatliche Regulierung AEUV 34 45
– Grenzen zwischen legitimer und illegitimer staatlicher Regulierung AEUV 34 45
legitime Ziele der zwingenden Erfordernisse AEUV 36 55 ff.

- Verbraucherschutz **AEUV 36** 55
legitime Ziele in Art. 36 AEUV AEUV 36 37ff.
Legitimität des EuGH AEUV 34 76
Lehranstalten GRC 14 15f., 23
- Privatschulen **GRC 14** 15, 20
Lehrfreiheit GRC 13 13
Leibeigenschaft GRC 5 1ff., 10ff., 30, 33; **6** 15
Leistungsbilanz; Zahlungsbilanz AEUV 119 63
Leistungsfähigkeit, Organe AEUV 228 3
Leistungsklage AEUV 340 55
Leistungsverwaltung AEUV 310 49
Leitkurs AEUV 219 4, 9, 10, 11
- Bandbreite **AEUV 219** 4, 11
- Euro- **AEUV 219** 9, 10
Leitlinien AEUV 294 7; **297** 15
- allgemeine **EUV 50** 13
- Außen- und Sicherheitspolitik **EUV 50** 13
- Begriff **AEUV 288** 120
- der EU-Finanzaufsichtsbehörden **AEUV 288** 128f.
- EP **AEUV 230** 7; **232** 9
- Europäischer Rat **EUV 50** 11f.
- EZB **AEUV 132** 11ff.
- mit Rechtsgrundlage **AEUV 288** 123ff.
- ohne Rechtsgrundlage **AEUV 288** 121f.
Leitlinien, beschäftigungspolitische
- aktuelle **AEUV 147** 9; **148** 12
- Anhörung der Parlaments **AEUV 148** 8
- Begriff **AEUV 148** 8
- Benchmarking **AEUV 148** 11
- Rechtsqualität **AEUV 148** 9
- Rechtsverbindlichkeit **AEUV 148** 10, 14
- Umsetzung durch Mitgliedstaaten **AEUV 148** 15
- Vorschlag der Kommission **AEUV 148** 7
Leitungsmacht AEUV 49 24
Leitzieltrias EUV 3 4ff.
Leitzins AEUV 127 22
Lenkungsnorm AEUV 112 7
Lettland AEUV 217 9
- Euro-Einführung **AEUV 142** 10
- WKM II **AEUV 142** 5
Letztentscheidungsrechte EUV 4 1, 10, 45f., 83, 148
lex generalis AEUV 218 8ff.
lex-posterior-Regel AEUV 351 14
Libanon AEUV 217 10, 38
liberaler Intergouvernementalismus AEUV 34 52
Liberalisierung des Welthandels AEUV 207 214
Liberalisierungslogik AEUV 34 39, 68
Libyen AEUV 217 10, 38
Liechtenstein AEUV 67 30; **217** 8
- EFTA-Mitglied **AEUV 66** 17
- Sonderregelungen Kapitalverkehr **AEUV 63** 22
- Zinsabkommen **AEUV 65** 27
Liquidation von Guthaben AEUV 64 7

Liquidität, binnenwirtschaftliche AEUV 63 7; **66** 17
Lissabon-Strategie AEUV 2 54
Lissabon-Urteil EUV 1 40f.; **AEUV 151** 29
- s. a. Bundesverfassungsgericht
Lissabon-Vertrag s. Vertrag von Lissabon
Listenwahlen EUV 14 52
Litauen AEUV 217 9
- Euro-Einführung **AEUV 142** 10
- WKM II **AEUV 142** 5
Lizenz AEUV 56 103; **57** 15
Lobbyismus AEUV 17 17, 24
Lomé-Abkommen AEUV 198 11, 26; **217** 7, 35
Löschung von Daten GRC 8 19
Löschungsanspruch GRC 8 36
Lotsendienste AEUV 58 7
Lotterie AEUV 34 14
loyale Zusammenarbeit s. Grundsatz der loyalen Zusammenarbeit
Loyalitätsgebot EUV 19 22
- Austritt **EUV 50** 7
Loyalitätspflicht (EU-Beamte) AEUV 336 23f.
Loyalitätspflichten
- interorganschaftliche **AEUV 138** 25
- der Mitgliedstaaten zur Union **AEUV 137** 2; **138** 9, 14, 28, 45
Loyalitätsprinzip s. Grundsatz der loyalen Zusammenarbeit
Luftfahrt AEUV 58 7
Luftraum EUV 52 6
Luftverkehr AEUV 18 51; **100** 10ff.
Luftverkehrsabkommen AEUV 216 110; **351** 107, 119
Luns-/Westerterp- Verfahren AEUV 218 194f.
Luxemburger Kompromiss AEUV 220 86

Maastricht Vertrag s. Vertrag von Maastricht
Maastricht-Urteil EUV 1 10, 22; **AEUV 34** 80
- s. a. Bundesverfassungsgericht
Madagaskar AEUV 217 17
Madeira AEUV 217 6; **239** 7; **355** 3
Makrofinanzhilfen AEUV 311 109
Malta AEUV 217 27, 34
- Sonderregelungen Kapitalverkehr **AEUV 64** 13
Mandat
- Ausübungskosten **AEUV 223** 58ff.
- Entzug **AEUV 223** 25
- Niederlegung **AEUV 223** 49
- Rücktritt **AEUV 223** 25
- Tod **AEUV 223** 25
- Verlust **AEUV 223** 25
Mangold-Rechtsprechung AEUV 288 53, 74
Mannheimer Rheinschiffahrtsakte AEUV 351 80, 118
margin of appreciation AEUV 17 7, 21
Markenrecht AEUV 36 73; **118** 24
marktbeherrschende Stellung, Missbrauch AEUV 106 35

Marktfragmentierung, gutgläubige AEUV 34 167
Marktregulierung AEUV 63 25
Marktreife, Horizont 2020 AEUV 182 17
Marktunvollkommenheiten AEUV 36 57 ff., 88 ff.
Marktwirtschaft
– offene AEUV 63 12; **144** 11; **120** 1, 12; **121** 27; **127** 8
– soziale AEUV **146** 5
– Wettbewerb, freier AEUV **119** 50, 57; **120** 1, 8, 12; **121** 27
Marktzugang AEUV 63 23; **204** 6
Marktzugangsbeschränkung AEUV 34 43, 124, 134 ff., 156 ff.; **49** 59 ff.; **53** 10; **54** 9 f.
Marokko AEUV 217 10, 38
MARPOL-Übereinkommen 73/78 AEUV 216 115
Martinique AEUV 349 1 ff.; **355** 3
Massen-Beschwerde AEUV 228 14
Massen-Petition AEUV 227 7; **228** 14
Massenzustrom AEUV 78 19 ff.
Maßnahmen gleicher Wirkung AEUV 34 58 ff., 109 ff.; **63** 29
– Anwendungsbereich AEUV 34 91, 94
– Ausdehnung der Grundrechtskontrolle AEUV 34 77
– Ausdehnung von Unionsrechtskompetenzen AEUV 34 78
– Begünstigung inländischer Produktion AEUV 34 84
– Definition AEUV 34 58 ff.
– Druck der Rechtfertigung AEUV 34 75
– Entwicklungen für die Zukunft AEUV 34 128
– Etikettierungsvorschriften AEUV 34 111
– Fallgruppen AEUV 34 109 ff.
– Formalitäten bei der Einfuhr AEUV 34 110
– gerichtliche Definition AEUV 34 60 ff.
– hermeneutische Kritik AEUV 34 85
– institutionelle Position des EuGH AEUV 34 76
– Konsequenzen der Definition AEUV 34 73 ff.
– konservativer Spin AEUV 34 75
– Krisensymptome AEUV 34 81
– legislative Definitionsversuche AEUV 34 60 ff.
– nationale Werbemaßnahmen AEUV 34 116
– nicht produktbezogene AEUV 34 86
– Nutzungsbeschränkungen AEUV 34 118
– politisch-demokratische Dimension AEUV 34 89
– Privilegierung finanzieller Maßnahmen zur internen Marktregulierung AEUV 34 74
– Produktverbote AEUV 34 111
– Produktvorschriften AEUV 34 111
– Protektionismus AEUV 34 59
– Rechtfertigungslösung AEUV 34 90
– Rechtfertigungsvorschrift AEUV 34 75
– regulative Schieflage AEUV 34 74
– Spannungsverhältnis AEUV 34 59
– Substanzverbote AEUV 34 111
– Systematisierung AEUV 34 84
– unterschiedlich anwendbare Maßnahmen AEUV 34 84
– unterschiedslos anwendbare Maßnahmen AEUV 34 84
– Verhältnis zu finanziellen Marktzugangsbeschränkungen AEUV 34 70 ff.
– vertriebsbezogene Maßnahmen AEUV 34 87
– Vertriebsvorschriften AEUV 34 117
– Werberegelungen AEUV 34 113
– Zulassungsverbote für Waren AEUV 34 112
Maßnahmen, erforderliche AEUV 215 4, 13 ff., 20, 30 ff.
Maßnahmenkurzkataloge AEUV 169 7
materielle Standards, Richtlinien zum Schutze des Verbrauchers AEUV 169 37
materielles Schutzniveau, Gebot des Rechnungtragens AEUV 12 65
Maut s. Autobahnnutzungsgebühr
Mayotte AEUV 198 16; **355** 3, 15
Mazedonien AEUV 217 9
MdEP s. Abgeordnete
Medien, Vielfalt AEUV 63 32
Medienfreiheit GRC 11 15 ff., 20, 34
– Film GRC 11 16
– neue Medien GRC 11 16
– Presse GRC 11 16
– Rundfunk GRC 11 16, 20
– Schutz der Quellen von Journalisten GRC 11 16, 20
Medizin AEUV 56 130; **57** 50
medizinische Eingriffe GRC 4 29 ff.
Medizinprodukte AEUV 168 28
Mehrebenensystem AEUV 1 6, **2** 2
Mehrfachbesteuerung AEUV 110 2
Mehrheit
– absolute AEUV 231 1, 3, 8
– allgemeine AEUV 231 1 3
– doppelt qualifizierte AEUV 231 2, 7; **234** 14
– qualifizierte EUV 50 16 f.; AEUV 231 2, 5 ff.; **232** 4
mehrjähriger Finanzrahmen s. Finanzrahmen, mehrjähriger
Mehrwert, europäischer AEUV 6 2
Mehrwertsteuer-Eigenmittel AEUV 311 32 ff.
– neu gestaltete AEUV 311 146
Mehrwertsteuer-Systemrichtlinie AEUV 113 20
Meinungsäußerungsfreiheit GRC 11 11 f., 19, 30 ff.
– Beamte GRC 11 24, 33
– Journalisten GRC 11 24, 35
– Kommunikationsformen GRC 11 12
– negative GRC 11 12

- Politiker **GRC 11** 24, 27, 32
- positive **GRC 11** 11
- rassistische Äußerungen **GRC 11** 11
- Werbung **GRC 11** 11, 20

Meinungsfreiheit **GRC 11** 9 ff.
- forum internum **GRC 11** 10
- forum externum **GRC 11** 10

Meistbegünstigung(-sklausel) **AEUV 351** 84 f., 88 f.

Meistbegünstigungsgebot **AEUV 198** 27; **199** 2; **203** 11

Meistbegünstigungsgrundsatz s. Meistbegünstigungsgebot

Meldewesen **AEUV 52** 9

Melilla **AEUV 349** 7; **355** 16

Melloni **EUV 4** 46, 80

Memorandum of Understanding (ESM-Vertrag) **GRC 28** 11, 30; **AEUV 151** 30; **153** 111, 127, 135

Memorandum of Understanding von 2007 (MoU) mit Europarat **AEUV 220** 57
- Resolution 2029 (2015) und Empfehlung 2060 (2015) der Parlamentarischen Versammlung des Europarats **AEUV 220** 66

Menarini Diagnostics-Urteil **GRC 47** 48, 52

mengenmäßige Beschränkungen **AEUV 34** 55 ff.; **63** 23; **143** 22
- s. a. Warenverkehr
- Definition **AEUV 34** 55
- Schutzbereich **AEUV 34** 56
- Ziele, illegitime **AEUV 36** 61 ff.

Menschenhandel **GRC 1** 31; **5** 1, 21 ff.; **AEUV 79** 41 f.; **83** 19

Menschenrechte **EUV 3** 18 f.; **GRC 23** 3; **AEUV 218** 157, 185; **220** 41, 59; **351** 47, 117
- nationale und internationale **GRC 23** 3

Menschenrechte, Strafrecht **AEUV 325** 45

Menschenwürde **EUV 3** 8; **GRC 1** 3 ff., 66; **2** 7 ff., 13, 26 ff., 70, 72; **3** 1; **5** 5 ff., 21, 26 f., 30, 33; **AEUV 179** 4, 7; **347** 11
- Doppelnatur der **GRC 1** 5 ff.
- Eingriff in die **GRC 1** 45 ff.

Menschenwürdegarantie **GRC 25** 10

Meroni-Doktrin **AEUV 291** 14

Methode, intergouvernementale **AEUV 137** 5

Methodenlehre, europäische **EUV 19** 25 f.

Methodik **EUV 19** 25 ff.

Mexiko **AEUV 217** 12

Microban **AEUV 263** 147

Migration **AEUV 59** 3

Migrationssteuerung **AEUV 79** 8

milderes Mittel **AEUV 36** 84

Militärausschuss **EUV 43** 15 ff.

Militärstab **EUV 43** 16 f.

Military Headline Goal **EUV 42** 9; **46** 6

Minderheiten, nationale **GRC 22** 2, 4 f.

Minderjährigenschutz **AEUV 36** 39

Mindesteffektivitätsgrundsatz **AEUV 288** 72, 77

Mindestgebühren, Honoraranordnungen **AEUV 12** 43

Mindestharmonisierung **AEUV 114** 20

Mindestlohn, Mindestentgelt **AEUV 56** 66, 122
- Kompetenz der EU **AEUV 153** 115, 119 f.

Mindestreserven **AEUV 127** 23

Mindestschutz
- s. a. Sozialpolitik, Kompetenzverteilung
- Kompetenz der EU in der Sozialpolitik **AEUV 153** 5, 11, 15, 67 ff.
- unterstützende und ergänzende Maßnahmen **AEUV 153** 4

Mindeststandard, ökologischer **GRC 2** 21 ff.

Mindeststandard, Strafrecht **AEUV 325** 5, 12, 20 ff.

Mindeststandardklausel **AEUV 169** 29 f.

Mindestwahlalter **EUV 14** 49

Missbrauch **AEUV 49** 91, 115 ff.

Missbrauch von Schutzinstrumenten **GRC 38** 26

Missbrauchsklage, Rüstungsexporte **AEUV 348** 15 ff.

Missbrauchsverbot **AEUV 102**; **65** 25 f.
- Angebotssubstitution **AEUV 102** 39
- as efficient competitor **AEUV 102**, 17, 93, 112
- Ausbeutungsmissbrauch **AEUV 102** 60 f., 73, 84 f., 99
- Ausschließlichkeitsbindungen **AEUV 102** 86 ff.
- Bedarfsmarktkonzept **AEUV 102** 33 ff.
- Beeinträchtigung des Handels zwischen den Mitgliedstaaten **AEUV 102** 23 ff.
- Behinderungsmissbrauch **AEUV 102** 25, 60 f., 73, 79, 84 f., 99, 101
- Beschneidung von Margen **AEUV 102** 6, 71, 85, 128 ff.
- Beseitigungs- und Unterlassungsansprüche **AEUV 102** 19, 136
- Diskriminierung **AEUV 102** 4, 55, 59, 68, 73, 78 ff., 89, 91, 110, 115, 117, 123
- Durchsetzung **AEUV 102** 18 ff.
- effects-based Approach **AEUV 102** 14, 16
- Effizienzvorteile **AEUV 102** 10, 17, 69 f., 96, 108, 113
- geistiges Eigentum **AEUV 102** 53, 76, 116 ff.
- Geldbuße **AEUV 102** 134
- Geschäftsverweigerung **AEUV 102** 114 ff.
- Haftung auf Schadensersatz **AEUV 102** 3, 19, 136
- Kampfpreise **AEUV 102** 109 ff.
- Kausalität **AEUV 102** 65 f.
- Konkurrenzen **AEUV 102** 137 f.
- Konsumentenwohlfahrt **AEUV 102** 2, 15, 64
- Kopplungsgeschäfte **AEUV 102** 83, 99 ff.
- Kosten-Preis-Schere **AEUV 102** 128
- margin squeeze **AEUV 102** 6, 71, 128
- Marktabgrenzung **AEUV 102** 32 ff.
- Marktanteile **AEUV 102** 50 f.

- Marktbeherrschung **AEUV 102** 43 ff.
- Marktstrukturmissbrauch **AEUV 102** 1, 60, 62, 138
- Missbrauch **AEUV 102** 56 ff.
- Missbrauchsabsicht **AEUV 102** 67 f.
- more economic Approach **AEUV 102** 2, 13 ff.
- Nachfragesubstitution **AEUV 102** 33 ff.
- Preis- und Konditionenmissbrauch **AEUV 102** 72 ff.
- Rabattsysteme **AEUV 102** 16 f., 24, 85, 88, **89 ff.**
- räumlicher Anwendungsbereich **AEUV 102** 21
- Rechtfertigung **AEUV 102** 17, **69 f.**, 81, 92, 95 f., 113, 117, 125, 128, 131
- Rechtsfolgen **AEUV 102** 132 ff.
- refusal to deal **AEUV 102** 76, 114 ff.
- Regelbeispiele **AEUV 102** 8, 71 ff., 137
- Regelungsadressaten **AEUV 102** 27 ff.
- sachlicher Anwendungsbereich **AEUV 102** 20
- Spürbarkeit **AEUV 102** 26
- SSNIP-Test **AEUV 102** 36 f.
- Unternehmen **AEUV 102** 27 ff.

Misstrauensantrag Kommission AEUV 230 5; **231** 7
- Antragsberechtigung **AEUV 234** 11
- Antragsfolgen **AEUV 234** 15
- Antragsform **AEUV 234** 12
- Antragsfrist **AEUV 234** 13
- Antragsmehrheit **AEUV 234** 14

Misstrauensvotum EUV 17 18, 49
- EP **AEUV 231** 7
- Kommission **EUV 14** 10

Mitbestimmung AEUV 54 11
- s. a. Kollektivverhandlungsfreiheit
- s. a. Unterrichtung und Anhörung
- s. a. betriebliche Arbeitnehmervertretungen
- Arbeitnehmerfreizügigkeit **AEUV 45** 136; **46** 16 f.
- Kompetenz der EU **AEUV 153** 49, 55

Mitentscheidungsverfahren AEUV 218 107
- s. a. ordentliches Gesetzgebungsverfahren

Mitgliedschaft, assoziierte AEUV 138 34

Mitgliedschaft in internationalen Organisationen
- assoziierte **AEUV 220** 26
- de-facto **AEUV 220** 27
- gemeinsame/komplementäre der EU und Mitgliedstaaten **AEUV 220** 45
- ohne Stimmrechte **AEUV 220** 53
- Quasi- **AEUV 220** 70
- Vollmitgliedschaft **AEUV 220** 8

Mitgliedschaftsverfassung der EU EUV 49 34; **53** 3

Mitgliedstaaten
- als »Herren der Verträge« **AEUV 1** 5
- als Sachwalter des gemeinsamen Interesses **AEUV 2** 29
- Berichtspflicht **EUV 14** 22; **AEUV 233** 10
- Durchführung von Unionsrechtsakten **AEUV 3** 1
- Gleichbehandlung **AEUV 2** 32
- Ordnungsinteressen **AEUV 56** 116
- Rechtspflicht zur Gesetzgebung **AEUV 2** 33
- Untersuchungsausschuss **AEUV 226** 18
- Verfassungstradition **AEUV 56** 115
- Zuständigkeit des EuGH im Sanktionsverfahren **AEUV 269** 1 ff.

Mitgliedstaaten mit Ausnahmeregelung AEUV 137, 11; **141** 1 ff.; **219** 2, 6, 10, 23

Mitgliedstaaten ohne Ausnahmeregelung AEUV 219 19, 22, 23, 24

Mitgliedstaaten, Ausschluss EUV 53 4

Mitteilungen AEUV 288 98, 103 ff., 110 ff.
- Abgrenzung zu Empfehlungen **AEUV 288** 103 ff.
- Rechtsschutz **AEUV 288** 116 ff.
- (Un-)Verbindlichkeit **AEUV 288** 110 ff.

Mittel, getrennte und nichtgetrennte AEUV 316 3

Mittel, militärische für Katastrophenschutz und Terrorabwehr AEUV 222 30

Mittelübertragungen AEUV 316 1 ff.
- der Kommission **AEUV 317** 13

Mittelverwaltung, geteilte AEUV 177 17, **317** 6

Mitverantwortungsabgaben AEUV 311 85

Mobilfunk AEUV 56 72, 75

Mobilisierung, Katastrophenschutz und Terrorabwehr AEUV 222 22, 24

Modernisierungsängste AEUV 36 16

Moldawien AEUV 217 10

Monaco AEUV 18 39, 71
- s. a. Kleinstaaten

monetäre Rahmenbedingungen, gesunde AEUV 119 62

Monismus AEUV 216 209

Monopole AEUV 56 129; **106** 92
- delegierte ~ **AEUV 37** 11
- Dienstleistungs~ **AEUV 37** 14; **56** 130
- Ein- und Ausfuhr~ **AEUV 37** 13
- Fernseh~ **AEUV 56** 130
- Finanz~ **AEUV 37** 15
- Glücksspiel~ **AEUV 56** 130
- Handels~ **AEUV 56** 129
- Handels~ für landwirtschaftliche Erzeugnisse **AEUV 37** 21
- Produktions~ **AEUV 37** 13
- staatliche Handels~ **AEUV 37** 1 ff. s. a. staatliche Handelsmonopole
- Vertriebs~ **AEUV 37** 13

Montanunion s. Europäische Gemeinschaft für Kohle und Stahl

Montenegro AEUV 217 9; **219** 18

Monti-Paket AEUV 106 95

Motivprüfung AEUV 34 148

Mr. Euro AEUV 137 10, 14

Multilateral Environmental Agreements AEUV 38 43

Multilateral Investment Guarantee Agency (MIGA) AEUV 138 15
multilaterale Weltordnung AEUV 220 5
Münzen AEUV 63 20; 128 12
– Gedenk~ AEUV 63 20; 128 14
Mutter-Tochter-Richtlinie AEUV 49 139
Muttergesellschaft AEUV 49 139, 141
Mutterschutz GRC 33 15, 20 ff.
– Arbeitnehmereigenschaft AEUV 45 26
– Diskriminierungsschutz AEUV 157 85, 89, 177
– Kompetenz der EU AEUV 153 14
– Mutterschaftsgeld AEUV 153 124 f.; 157 53
– Mutterschaftsleistungen AEUV 48 28 ff.

Nachbarschaftsassoziierung AEUV 217 1, 10, 18, 38
Nachbarschaftspolitik AEUV 218 102
Nacheile AEUV 87 26; 89 13
Nachfrageorientierung, Individualschutz AEUV 12 18, 33 f., 36
Nachfragerinteressen AEUV 169 1, 4, 6, 21, 27 ff., 43, 47
Nachfragerschutz AEUV 12 30
Nachfrageseite AEUV 12 13, 18, 20
nachhaltige Entwicklung AEUV 217 15
– s. Grundsatz der nachhaltigen Entwicklung
Nachhaltigkeitsgerechtigkeit, Industriepolitik AEUV 173 14 ff.
Nachhaltigkeitsprinzip AEUV 11 11; 191 82 ff.
– Generationengerechtigkeit AEUV 11 19, 25
– Praxis der Rechtsetzung AEUV 11 31
– Programme der EU AEUV 11 32
– Sicherstellung AEUV 11 28
Nachprüfungsbefugnis, unbeschränkte GRC 47 46, 47, 48, 51, 52, 68, 74
– s. a. Ermessensnachprüfung
– objektive Konzeption GRC 47 74
– subjektive Konzeption GRC 47 74
Nachprüfungsrechte AEUV 337 1 ff.
Nachprüfungsverfahren GRC 47 5, 76
– s. a. Auftragsvergabe
Nachrangigkeit europäischer Verbraucherpolitik AEUV 169 47
Nachteilskompensation AEUV 110 112
Naher Osten AEUV 220 34
Namensrecht AEUV 18 14
Nasciturus GRC 1 20 ff.
nationale Entscheidungsautonomie AEUV 34 51
nationale Ernährungsbesonderheiten AEUV 36 44
nationale Parlamente EUV 12 1 ff.
– Begriffsbestimmung EUV 12 10
– Beteiligungsrechte AEUV 294 10 ff.
– Bewertung der Unionspolitik EUV 12 34 ff.
– Informationspflichten EUV 12 11 ff.
– Klagerechte
– Rechte und Funktionen EUV 12 3 ff.

– Subsidiaritätskontrolle EUV 12 17 ff.
– Subsidiaritätsrüge/-klage AEUV 294 13; 296 5
– Vertragsänderungsverfahren EUV 12 37 ff.
nationale Werbemaßnahmen AEUV 34 116
nationale Zentralbanken AEUV 129 9 ff.; 282 3
– s. Zentralbanken
– Amtsenthebung des Präsidenten AEUV 130 23
– Finanzaufsicht AEUV 127 49 ff.
– Geldpolitik AEUV 127 16
– Präsident AEUV 130 22 ff.
– TARGET AEUV 127 34 f.
– Währungsreserven AEUV 127 28 ff.
nationaler Alleingang AEUV 114 83
Nationalitätsprinzip AEUV 49 101
NATO EUV 42 6 ff., 26 ff.; AEUV 217 12; 220 84; 347 28 ff.
Naturkatastrophe AEUV 122 16; 196 3, 8 f.
natürliche Person s. Person, natürliche
Naturrecht GRC 17 9
Naturschutz AEUV 191 39 ff.; 192 29
ne bis in idem GRC 47 79; 50 1 ff.; AEUV 82 18
– Bedeutung GRC 50 1 ff.
– Eingriff GRC 50 21 f.
– Eingriffsrechtfertigung GRC 50 24 ff.
– Freispruch GRC 50 14 ff.
– Grundrechtsträger GRC 50 4
– Grundrechtsverpflichtete GRC 50 6
– interne Geltung GRC 50 5 f.
– nichtrichterliche Verfahrenserledigung GRC 50 17 f.
– Rechtskraft GRC 50 19 f.
– Strafverfahren GRC 50 22
– Tatbegriff GRC 50 9 ff.
– transnationale Geltung GRC 50 6
– Verhältnis zu Drittstaaten GRC 50 6
– Verurteilung GRC 50 14 ff.
– Verwaltungssanktion GRC 50 18, 22
– Wettbewerbsrecht GRC 50 11
– Wiederaufnahme s. dort
Nebenabreden AEUV 216 160
Nebenurkunden EUV 51 4
negative Integration AEUV 34 47, 183; 110 14, 34
Nettoprinzip AEUV 49 104
Nettozahlerdebatte AEUV 311 20, 78
Neuansiedlung AEUV 49 26
Neues Gemeinschaftsinstrument AEUV 311 105, 108
Neumark-Bericht AEUV 113 26
Neuverhandlung von Verträgen AEUV 218 27, 232; 351 115
NGO (Nichtregierungsorganisation) AEUV 216 59; 220 18, 79
nicht produktbezogene Maßnahmen AEUV 34 86
Nicht-Akte AEUV 263 43
nicht-finanzielle Handelshemmnisse AEUV 34 1 ff., 40 ff.

nicht-wirtschaftliche Leistungen von allgemeinem Interesse   AEUV 14 47
Nichtdiskriminierung   AEUV 36 81
Nichtigerklärung eines Ratsbeschlusses AEUV 216 163
Nichtigkeit von Unionsrechtsakten   AEUV 138 21
Nichtigkeitsklage   EUV 11 87; 19 33 ff.; GRC 43 23 f.; 44 19; AEUV 64 26; 66 15; 88 40; 114 98; 138 21; 143 31; 144 7, 15; 194 24; 216 227; 218 117 ff., 123, 235 ff.; 263 1 ff.; 288 88, 92 f., 97, 116, 118, 129; 290 13, 25 f.; 291 13, 24
– Begründetheit   AEUV 263 172 ff.
– Betroffenheit   AEUV 263 62, 97 ff., 123, 134, 137, 138, 143 ff.
– dienstrechtliche Streitigkeiten   AEUV 263 17
– EP   EUV 14 24; AEUV 232 11
– Ermessensmissbrauch   AEUV 263 191
– Frist   AEUV 263 154 ff.
– Funktion und Bedeutung   AEUV 263 1 ff.
– Handlungen des Europäischen Rats AEUV 263 21
– Individualklage   AEUV 263 57
– individuelle Betroffenheit   AEUV 256 16
– Klageberechtigung   AEUV 263 6, 9 ff., 92 ff.
– Klageerhebung   AEUV 263 35
– Klagegegenstand   AEUV 263 39 ff.
– Klagegegner   AEUV 263 85 ff.
– Klageschrift   AEUV 263 152
– Nichtigkeitsgrund   AEUV 263 150 ff.
– nichtprivilegierte Kläger   AEUV 263 26
– Präklusionswirkung der Nichterhebung beim Vorabentscheidungsverfahren   AEUV 267 27 ff.
– privilegierte Kläger   AEUV 263 22
– Rechtsakte mit Verordnungscharakter s. Rechtsakte
– Rechtsbehelfsbelehrung   AEUV 263 163
– Rechtsschutzbedürfnis   AEUV 263 168 ff.
– subjektive Zulässigkeitsvoraussetzungen AEUV 263 11
– Unzuständigkeit   AEUV 263 176 ff.
– Verletzung der Verträge   AEUV 263 187 ff.
– Verletzung des Subsidiaritätsprinzips AEUV 263 34
– Verletzung wesentlicher Formvorschriften AEUV 263 181 ff.
– Veröffentlichung   AEUV 263 157 ff.
– Zulässigkeit   AEUV 263 12
– Zuständigkeit   AEUV 263 13 ff.
Nichtigkeitsurteil   AEUV 264 1 ff.
– Anordnung der Fortwirkung   AEUV 264 8 ff.
– Beschränkungen der Urteilswirkung AEUV 264 8 ff.
– individualadressierte Beschlüsse   AEUV 264 5
– Teilnichtigkeit   AEUV 264 6
– Urteilsfolgen   AEUV 266 1 ff.

Nichtregierungsorganisation s. NGO
Nichtzurückweisungsgrundsatz   AEUV 78 2
Niederlande   AEUV 198 2 ff.; 219 17
Niederländische Antillen   AEUV 198 5; 219 17
Niederlassung   AEUV 49; 64 9; 65 15
– Begriff   AEUV 49 14 ff.
– Formen   AEUV 49 25 ff.
Niederlassungsformen   AEUV 49 25
Niederlassungsfreiheit   AEUV 49; 63 15 f., 21, 35 ff.; 64 3 f., 9; 65 4, 14 f., 24
– Adressaten   AEUV 49 35 ff.
– Anwendungsbereich   AEUV 49 9 ff.
– Begleitrechte   AEUV 64 9
– Begleit- und Folgerechte   AEUV 49 93
– Behinderungen   AEUV 49 59; 52 5; 54 10
– Bereichsausnahme   AEUV 51 1, 6; 54 8, 14
– Beschränkung   AEUV 49 44 ff.; 65 2
– primäre   AEUV 54 7 ff.
– Rechtfertigung   AEUV 49 70 ff.
– selbstständige Erwerbstätigkeit   AEUV 49 15 ff.
– sekundäre   AEUV 49 27
– Überblick   AEUV 49 1 ff.
Niederlassungsrecht, ÜLG   AEUV 199 6
Niederlassungsrichtlinie   AEUV 59 19
Nizza-Vertrag s. Vertrag von Nizza
no-bailout s. Haftungsausschluss
Normalisierung der Konten der Eisenbahnunternehmen   AEUV 93 6 f.
Normenhierarchie   AEUV 288 6; 290 12 f.
Normenkollision (direkte/indirekte)   GRC 47 4
Normerfindungsrecht   AEUV 288 3
normgeprägter Schutzbereich   GRC 17 9
Norwegen   AEUV 67 30; 217 4, 8
– EFTA-Mitglied   AEUV 66 17
– Sonderregelungen Kapitalverkehr   AEUV 63 22; 64 13
Notbremseverfahren   AEUV 82 36 f.; 83 50 f.
Notfallkompetenz   AEUV 194 12 f., 22
Nothaushaltsrecht   AEUV 231 3; 315 1
Nothilfe   GRC 2 45 ff.
Notifikation   AEUV 216 24, 178, 207; 218 66, 72, 81, 156, 178
– Untersuchungsausschuss   AEUV 226 18
Notifizierungspflicht   AEUV 114 89, 96, 100; 193 37 ff.
Notstandsklausel   AEUV 351 25
Notstandssituation   AEUV 347 6
Notwehr   GRC 2 45 ff.
Notwendigkeit einer Maßnahme   AEUV 36 72 ff.
NSA-Untersuchungsausschuss   AEUV 226 24
nulla-poena-Grundsatz   AEUV 288 73
NUTS   AEUV 162 12; 177 14
Nutzung von Daten   GRC 8 19
Nutzungsbeschränkungen   AEUV 34 118, 149 ff.
– Bewertung   AEUV 34 163 f.
– Nutzungsbeschränkungsfälle   AEUV 34 150 ff.

- Übertragbarkeit der Keck-Rechtsprechung AEUV 34 153 ff.
- Urteile des EuGH AEUV 34 157 ff.

ÖAV-Netzwerk AEUV 149 6
Observation AEUV 87 25; 89 12
Obstruktionsverbot AEUV 327 3
ODIHR (Office for Democratic Institutions and Human Rights) AEUV 220 74
OECD s. Organisation für wirtschaftliche Zusammenarbeit und Entwicklung
offene Diskriminierungen AEUV 36 27
offene Marktwirtschaft AEUV 219 5
offene Methode der Koordinierung AEUV 153 42, 87 ff., 94; 156 3; 167 47 ff.
- Forschungspolitik AEUV 181 7
- Industriepolitik AEUV 173 64
Offenheit s. Grundsatz der Offenheit
Offenheitsprinzip EUV 20 27; AEUV 328 1 f.
Offenlegung von Zuständigkeiten AEUV 216 176 ff.
Offenmarktpolitik AEUV 127 20 f.
öffentliche Auftragsvergabe
- s. a. Tariftreueerklärung
- soziale Kriterien AEUV 8 17
öffentliche Ausschreibungen AEUV 59 11
öffentliche Einnahmen AEUV 56 113
öffentliche Finanzen, gesunde AEUV 119 61
öffentliche Gesundheit AEUV 45 88, 126; 52 11 f.; 65 15
öffentliche Gewalt AEUV 62 2
- Regelungen autonomer Träger AEUV 115 8
öffentliche Ordnung AEUV 36 39; 45 85; 52 9; 65 11 ff., 15; 72 1, 4 f.
- Menschenwürde GRC 1 2
öffentliche Sicherheit AEUV 36 38; 45 86 f.; 52 10; 65 11 f., 15
öffentliche Sittlichkeit AEUV 36 38
öffentliche Unternehmen AEUV 206 24
öffentliche Versorgung AEUV 62 15
öffentliche Verwaltung AEUV 45 65 ff.
Öffentlicher Personennahverkehr (ÖPNV) AEUV 93 8 ff.
Öffentlichkeit von Tagungen AEUV 15 22 ff.
Öffentlichkeitsbezug GRC 7 16
Öffentlichkeitsgrundsatz EUV 14 18; AEUV 230 10, 12, 15; 232 2; 233 1
Office for Democratic Institutions and Human Rights s. ODIHR
Office for Harmonisation in the Internal Market EUV 13 4
Öffnungsklausel GRC 52 41, 46; AEUV 216 112; 220 62
OIV (Internationale Organisation für Rebe und Wein) AEUV 218 169, 172
ökonomisches Gefälle AEUV 27 6
OLAF AEUV 308 12; 325 41 ff.
Ombudsperson (UN) AEUV 220 41; 351 53
Omega EUV 4 59

Omega-Urteil AEUV 17 23
OMT AEUV 127 37; 130 26
OMT-(Vorlage) Beschluss EUV 4 88; 48 75, 77; AEUV 119 43, 54
one man, one vote – Wahlrechtsgleichheit AEUV 223 7
open skies-Urteile AEUV 90 54; 216 109; 351 107, 119
operatives Vorgehen EUV 28; 43 3; 44 1
- Beschluss EUV 28 7 ff.
- Erforderlichkeit EUV 28 5 f.
- grundlegende Änderung der Umstände EUV 28 19 ff.
- Unterrichtungspflicht EUV 28 24 ff.
Opferrechte AEUV 82 29
opt-in-Möglichkeit AEUV 87 32
opt-out AEUV 194 25 f.; 216 62; 218 145
Optimierungsgebot GRC 38 1, 16 f.; AEUV 12 28, 68
ordentliches Gesetzgebungsverfahren AEUV 85 9, 22 f.; 87 2, 6, 10 ff., 20 f.; 88 3, 21 f.
- Ablauf AEUV 294 6 ff.
- Anwendungsbereich AEUV 294 3 f.
- dritte Lesung des Europäischen Parlaments und des Rates AEUV 294 50
- erste Lesung des Europäischen Parlaments AEUV 294 17 ff.
- erste Lesung des Rates AEUV 294 26 ff.
- Statistik AEUV 294 5
- Unterzeichnung s. Gesetzgebungsakte
- Vermittlungsverfahren AEUV 294 37 ff.
- Veröffentlichung s. Gesetzgebungsakte
- zweite Lesung des Europäischen Parlaments AEUV 294 37 ff.
- zweite Lesung des Rates AEUV 294 45
ordre public-Gründe GRC 47 51
Organe der Union GRC 51 12
- Autonomie AEUV 232 6
- Bürgerbeauftragter AEUV 228 11
- Leistungsfähigkeit AEUV 228 3
- Recht auf Kommunikation mit den EU-Organen AEUV 24 18 ff.
- regelmäßiger Dialog EUV 11 27 ff.
- repräsentative Demokratie EUV 10 21 ff.
- Sprachenfrage AEUV 342 8 f.
- Untersuchungsausschuss AEUV 226 11
Organhandlungen AEUV 16 18
- Unionskompetenz AEUV 16 14 ff.
Organisation der Gerichtsverfassung der Europäischen Union AEUV 281 1
Organisation für Sicherheit und Zusammenarbeit in Europa s. OSZE
Organisation für wirtschaftliche Zusammenarbeit und Entwicklung (OECD) AEUV 63 4, 23; 138 16, 34; 219 16; 220 2 f., 68 ff.
- Kodizes AEUV 66 16
Organisationen, internationale AEUV 138 13, 28 ff.; 180 12

69*

Organisationsakte, innerdienstliche AEUV 263 56
organisierte Kriminalität AEUV 83 27
Organismen für gemeinsame Anlagen in Wertpapieren (OGAW) AEUV 63 19; 64 8
Organization for Economic Cooperation and Development (OECD) s. Organisation für wirtschaftliche Zusammenarbeit und Entwicklung
Organkompetenz AEUV 2 1; 207 170 216 20, 45, 48, 55; 218 1 f., 16, 115, 122, 233 f.
– außenpolitische AEUV 138 47
Organleihe AEUV 2 56
Organloyalität, Grundsatz der EUV 13 17; AEUV 221 28; 218 15, 23, 109, 112 f., 214
Organpraxis AEUV 216 75; 218 183
Organstruktur der EU EUV 13 1 ff.
– Ausschuss der Regionen EUV 13 19 f.; AEUV 341 10
– Bürgerbeauftragter AEUV 228
– Europäische Kommission EUV 13 11; AEUV 341 9
– Europäische Zentralbank EUV 13 13; AEUV 341 9
– Europäischer Rat EUV 13 9; AEUV 341 9
– Europäisches Parlament EUV 13 8; AEUV 341 9
– Exekutivagenturen EUV 13 5
– Fach- u. Regulierungsagenturen EUV 13 4
– Gerichtshof der EU EUV 13 12; AEUV 341 9
– Rat EUV 13 10; AEUV 341 9
– Rechnungshof EUV 13 14; AEUV 341 9
– Sitz der Unionsorgane AEUV 341 1 ff.
– Wirtschafts- und Sozialausschuss EUV 13 19 f.; AEUV 341 10
Ortsansässige AEUV 56 66
Osterweiterung
– erste EUV 49 7
– zweite EUV 49 8
Osteuropa und Zentralasien (Gruppe) AEUV 218 41 f.
Östliche Partnerschaft AEUV 217 10, 39, 52
OSZE (Organisation für Sicherheit und Zusammenarbeit in Europa) AEUV 220 3, 15, 21, 71 ff.
OTIF (Zwischenstaatliche Organisation für den Internationalen Eisenbahnverkehr) AEUV 220 84
Outright-Monetary-Transactions-Programm (OMT-Programm) AEUV 127 37; 130 26

pacta sunt servanda AEUV 216 51; 218 129; 351 1
pacta tertiis nec nocent nec prosunt AEUV 216 51; 351 1, 12
pactum de contrahendo/pactum de negotiando AEUV 216 105
Paketlösungen AEUV 218 44
paktierender Staat AEUV 34 37
Palästinensische Autonomiebehörde AEUV 217 10, 38

Papier s. Wertpapier
Parallelität der Grundfreiheiten AEUV 56 40; 62 1
Parallelität der Innen- und Außenkompetenzen AEUV 216 3, 19, 29, 63, 94 f., 138, 148 f.; 218 14, 87, 93, 144
– Wirkung in umgekehrter Richtung AEUV 216 29
– Modifikation des Prinzips des ~ AEUV 216 148
Parallelitäten zwischen Art. 36 AEUV und zwingenden Erfordernissen AEUV 36 17
Paraphierung AEUV 218 34
Paraphilien AEUV 19 29
Paritäten/Fixkurse AEUV 219 9, 11
Parlament AEUV 249 9; 329 8, 13; 333 7 f.; 334 5
– s. a. Europäisches Parlament
parlamentarische Beteiligung AEUV 218 6, 26 ff., 61, 77, 92 ff., 107, 184 ff., 193 ff.
– Ausgestaltung s. Rahmenvereinbarung über die Beziehungen zwischen dem Europäischen Parlament und der Europäischen Kommission vom 20.10.2010
– Parallelisierung bei internen und externen Maßnahmen AEUV 218 107
– reduziert bei reinen GASP-Übereinkünften AEUV 218 96 ff.
parlamentarische Zustimmung AEUV 216 207; 218 13, 16, 61 ff., 77 ff., 95, 100 ff., 130, 133, 138, 152, 196, 199 f.,
Parlamentarisierung AEUV 218 6, 12; 289 20 f.
Parlamente
– Assises EUV 14 35
– COSAC EUV 14 35
– interparlamentarische Vereinbarungen AEUV 226 22
– mitgliedstaatliche EUV 14 35, 36; AEUV 226 22
Parlamentsrecht
– europäisches EUV 14 6
– Rechtsquellen EUV 14 6
Parteien, politische EUV 10 43 ff.; 14 38; GRC 12 19 ff., 32; AEUV 223 18; 224 6, 8
– Aktiva- und Passiva AEUV 224 11
– Anforderungen EUV 10 51 ff.
– Aufteilung der Mittel AEUV 224 13, 16
– Begriffsbestimmung EUV 10 48 ff.; AEUV 224 8
– Beiträge nationaler politischer Parteien AEUV 224 11
– Bewusstsein, europäisches AEUV 224 3
– Bündnisse AEUV 224 6
– Bürger, Verhältnis AEUV 224 4
– Einnahmen- und Ausgabenrechnung AEUV 224 11
– Einnahmen AEUV 223 18
– europäische AEUV 223 18; 224 8
– euroskeptische AEUV 223 40, 47; 224 10

- Finanzierung   EUV 10 54 f.; AEUV 224 2 f., 5, 11
- Haushaltsordnung   AEUV 224 15
- Informationskampagnen   AEUV 224 12
- Kandidaten nationaler politischer Parteien   AEUV 224 12
- Organisationsmodell   AEUV 224 7
- Personen, natürliche   AEUV 224 6
- Referenden   AEUV 224 12
- Spenden, verbotene   AEUV 224 11
- Spendenveröffentlichung   AEUV 224 11
- Sponsoring   AEUV 224 11
- Statut, europäisches   AEUV 224 15
- Stiftungen   AEUV 224 9
- Transmissoinsriemen   AEUV 224 17
- Transnationalität   AEUV 224 8
- Volksparteien   AEUV 223 40
- Wahlkampffinanzierung   AEUV 224 12
- Willensbildung, Beitrag   AEUV 224 3
- Zivilgesellschaft, Dialog   AEUV 224 4, 9

Parteien-Verordnung   AEUV 224 3, 6
- Neuentwurf   AEUV 224 15; 225 4

Parteienfinanzierung
- Abgeordnetenentschädigung   AEUV 224 2
- Verbot mittelbarer   AEUV 224 5
- Verordnungen   AEUV 224 3

Parteiverbot   GRC 12 23, 32
Partnerschaft, privilegierte   EUV 49 38
Partnerschafts- und Kooperationsabkommen   AEUV 218 40, 42
- Partnerschaftsabkommens zwischen den EG und ihren Mitgliedstaaten und der Russischen Föderation   AEUV 216 231, 233

Partnerschaftsverträge   EUV 1 66
Passerelle s. Brückenklausel
passives Wahlrecht   AEUV 223 12
Patent   AEUV 63 19
Patentgericht   AEUV 118 19, 8
- einheitlich   AEUV 118 20
- EU-einheitlich   AEUV 118 19

Patentgericht, Europäisches   EUV 19 22, 37, 38, 41
Patentierbarkeit, Menschenwürde   GRC 1 8
Patentrecht   AEUV 36 52
Patientenmobilität   GRC 35 20
Patientenrechte   AEUV 56 134
Pauschalbetrag   AEUV 260 12 ff.
Pensionsfonds   AEUV 63 32
- EP   AEUV 223 63

permanent missions   AEUV 221 15
Permeabilitätsprinzip   EUV 4 42 ff., 174
- als Verbundtechnik   EUV 4 49
- Prinzip konstitutioneller Pluralität   EUV 4 43

Person, bestimmte   GRC 8 13
Person, juristische   GRC 52 13; AEUV 64 7
- Bürgerbeauftragter   AEUV 228 13
- des öffentlichen Rechts   AEUV 54 3
- Petitionsfähigkeit   AEUV 227 6
- und Datenschutz   GRC 8 11

Person, natürliche   GRC 52 12; AEUV 63 15, 21; 64 6 f.
- Bürgerbeauftragter   AEUV 228 13
- Petitionsfähigkeit   AEUV 227 6

Personalrecht   AEUV 336 1
Personalvertretung (EU-Beamte)   AEUV 336 22
personenbezogene Daten   GRC 8 13
Personennahverkehr   AEUV 93 8 ff.
Personenverkehr   AEUV 63 21, 37
- Liberalisierung   AEUV 63 4

Persönlichkeit, Entfaltung   GRC 7 14
Persönlichkeitsrecht s. Recht auf Privatheit
Persönlichkeitsschutz   AEUV 12 50
Peru   AEUV 217 11, 37
Petersberg
- Aufgaben   EUV 43 6 ff.
- Beschluss   EUV 42 2

Petitionsausschuss, EP   AEUV 227 1, 14 f., 18
Petitionsrecht   AEUV 24 12 ff.. AEUV 227
- EP   AEUV 227
- Grundrecht   GRC 44 1 ff.; AEUV 227 1

Pfandrecht   AEUV 63 19
Pfeiler des Verbraucherprimärrechts
- Binnenmarktkonzept   AEUV 12 4
- Kompetenzordnung   AEUV 12 4

Pflegekinder   GRC 7 21
Pflicht zur loyalen Zusammenarbeit s. Grundsatz der loyalen Zusammenarbeit
Pflichtarbeit   GRC 6 15
Pflichtenkollision   AEUV 216 148; 351 100 ff.
Pflichtschulunterricht   GRC 14 13 f.
Phänomen unterschiedlicher Prüfungsstrenge   AEUV 216 234
Pilotvorhaben   AEUV 149 10
PJZS s. Polizeiliche und Justizielle Zusammenarbeit in Strafsachen
PKW-Maut   AEUV 92 1, 6
Plaumann-Formel   GRC 47 32, 33, 35, 36; AEUV 263 109
Plenardebatte   AEUV 218 78, 154
Pluralismussicherung   GRC 16 15 f.
Polen
- Pre-in   AEUV 142 10
- Vorbehalte für Grundrechte   GRC 27 6 f.

Politik des leeren Stuhls   EUV 4 157 f.
politische Absprachen   AEUV 216 52 ff.; 218 11 ff.; 220 23
politische Funktionen   GRC 38 25
politische Parteien s. Parteien
Politisches und Sicherheitspolitisches Komitee   EUV 38; AEUV 222 9, 39
Politisierung   AEUV 205 2
Polizei, Ausbildungs- und Austauschprogramme   AEUV 87 18
Polizeikräfte
- Mobilisierung   AEUV 222 28
- Aufbau von Unionseinrichtungen   AEUV 222 37

Polizeiliche und justizielle Zusammenarbeit EUV 3 36; AEUV 67 9; 217 8
Polizeiliche und Justizielle Zusammenarbeit in Strafsachen (PJZS) EUV 19 13; AEUV 276 1 ff.; 329 9 f.
– praktischer Anwendungsbereich von Art. 276 AEUV **AEUV 276** 4
– Übergangbestimmungen zum Lissaboner Vertrag **AEUV 276** 2
– Zuständigkeit für die Überprüfung von Maßnahmen der Polizei- oder anderer Strafverfolgungsbehörden **AEUV 276** 3
Ponderierung s. Stimmenwägung
Popular-Petitionen AEUV 227 10
Popularklage AEUV 263 96
Portfolioinvestitionen AEUV 49 23; 216 117; 351 108
Portugal AEUV 219 17
– Investitionsschutzabkommen **AEUV 63** 40
positive Integration AEUV 34 47, 183; 110 14
positive Maßnahmen AEUV 8 14; 10 3; 19 34; 153 35; 157 88, 145, 149 ff., 157 ff.
– Quoten **AEUV 157** 148, 160, 165 ff., 174
– Unterrepräsentanz **AEUV 157** 159
Post-Keck-Phase AEUV 34 109 ff.
Post-Nizza-Prozess EUV 1 28 ff.
Postdienstleistungen AEUV 106 50, 121
Postgeheimnis GRC 7 27
Präambeln
– Präambel des AEUV **AEUV Präambel** 1 ff.
– Präambel des EUV **EUV Präambel** 1 ff.
– Präambel der GRC **GRC Präambel** 1 ff.
Präferenzsystem AEUV 198 27
Präklusion(sregeln) GRC 47 4, 72, 78
Praktikum s. Arbeitnehmer
praktische Konkordanz AEUV 351 51
Präsenzpflichten AEUV 56 66, 117, 122
Präsident der Europäischen Kommission EUV 15 5; 17 34 ff.; AEUV 231 6; 243 4 f.; 246 10 ff.; 248 2 ff.
– Entlassungsrecht **EUV 17** 38
– Gehalt **AEUV 243** 4 f.
– Kollegialitätsprinzip **EUV 17** 36; **AEUV 248** 9
– Konsultationen mit dem Europäischen Parlament **EUV 17** 43
– Nachbesetzung **AEUV 246** 10 ff.
– Nachbesetzungsverfahren **AEUV 246** 10 ff.
– Organisationskompetenz **EUV 17** 35; **AEUV 248** 2
– politische Leitlinienkompetenz **EUV 17** 34; **AEUV 248** 8
– Spitzenkandidaten **EUV 17** 43
– Vorschlag des Europäischen Rates **EUV 17** 43
– Vorschlagsrecht des Kommissionspräsidenten **EUV 17** 45
– Vizepräsidenten **EUV 17** 37
– Wahl **EUV 17** 43 f.

– Weisungsrecht **AEUV 248** 8
– Zuständigkeitsverteilung innerhalb der Kommission **AEUV 248** 2 ff.
Präsident der EZB, Teilnahme an Sitzungen des Rates AEUV 284 7
Präsident des Europäischen Rates EUV 15 26 ff.; AEUV 220 89; 230 7
– Aufgaben **EUV 15** 30 ff.
– Amtsenthebung **EUV 15** 29
– Berichtspflicht **AEUV 233** 9
– Gehalt **AEUV 243** 4 f.
– Hauptamtlichkeit **EUV 15** 26
– Kompetenzen **EUV 15** 30 ff.
– Wahl **EUV 15** 27 f.
Präventionsmechanismus s. Frühwarnverfahren
präventive Maßnahmen AEUV 169 42
präventive Rechtsangleichung AEUV 194 9
Präventivmaßnahmen AEUV 56 118
Preisbildung, Wettbewerbsrecht AEUV 12 42 f.
Preisfairness AEUV 12 41
Preisregelungen AEUV 49 66, 69; 56 129, 131
Preisstabilität AEUV 119 19, 54 f., 60; 127 3 ff.; 142 12; 219 5, 8, 10, 11, 12; 282 6
– als Konvergenzkriterium **AEUV 140** 21 ff.
– Vorrang der ~ **AEUV 138** 21; **141** 1
Pressefreiheit GRC 7 42
Primärrecht AEUV 1 17 ff.; 288 8
– AEUV **AEUV 232** 6
– als Verfassung **AEUV 1** 4
– EUV **AEUV 232** 6
– Gesetzesvorbehalt **AEUV 232** 6
– Gesetzmäßigkeit **AEUV 232** 6
– Hierarchisierung **AEUV 1** 17 ff.
– nachrangiges **AEUV 1** 25
– Rechtsgrundsätze **AEUV 232** 6
– Unionsvertrag **AEUV 232** 6
– Vertragsmäßigkeit **AEUV 232** 6
– Vertragsvorbehalt **AEUV 232** 6
– Vorrang **AEUV 288** 8
primärrechtliche Systematik GRC 38 13
primärrechtliches Verbraucherleitbild AEUV 12 53
primärrechtliches Wettbewerbsrecht AEUV 12 10
primärrechtsimmanente Schranken AEUV 351 47, 49, 119
primärrechtskonforme/-ergänzende Auslegung AEUV 290 10
Primärrechtsverstoß AEUV 216 214; 218 121, 223
Pringle EUV 48 12, 53
Prinzip begrenzter Einzelermächtigung s. Einzelermächtigung, Grundsatz der begrenzten
Prinzip der gegenseitigen Anerkennung AEUV 26 10; 86 36
– s. a. gegenseitige Anerkennung
Prinzip der gemeinschaftsweiten Erschöpfung AEUV 118 5
Prinzip der Gleichheit der Mitgliedstaaten EUV 2 19; AEUV 27 1

Prinzip ubi ius ibi remedium GRC 47 3
private Sicherheitsdienste AEUV 56 61, 103, 122; 57 50; 59 17
private Zwecke AEUV 12 27
Privatheit, Recht auf
- Abwehrrecht GRC 7 30
- Ausgestaltung GRC 7 37
- Ausgestaltung GRC 7 29
- Bedeutung GRC 7 10
- Beeinträchtigung GRC 7 29, 31
- Begriff GRC 7 14
- Berechtigter GRC 7 9
- Bereiche GRC 7 16
- Drittwirkung, unmittelbare GRC 7 9
- Eingriffsrechtfertigung GRC 7 38
- Entstehungsgeschichte GRC 7 7
- Gemeinschaftsgrundrechte GRC 7 6
- Juristische Person GRC 7 12
- Kernbereich GRC 8 47
- Persönlichkeitsrecht GRC 7 1
- Rechtsprechungsentwicklung GRC 7 8
- Schutzbereich, persönlich GRC 7 11
- Schutzbereich, sachlich GRC 7 13 ff.
- Schutzgut GRC 7 14
- Schutzpflicht GRC 7 35
- Teilbereiche GRC 7 1
- und EMRK GRC 7 3
- Verfahrenswirkung GRC 7 45
- Verpflichteter GRC 7 9
Privatisierung GRC 36 17
privatrechtliches Handeln der Union AEUV 274 5
Privatrechtsverhältnisse GRC 23 15
Privatsphäre
- s. a. Recht auf Privatheit
- Dokumente AEUV 232 16
- Petitionsrecht AEUV 227 14
Privatwirtschaft, Forschung AEUV 185 3
Privilegien EUV 47 20 f.
produktbezogene Regelungen AEUV 34 106, 121 ff.
- Unterschied zu Vertriebsbezug AEUV 34 106
Produkthaftungsrecht AEUV 12 46
Produktsicherheitsrecht AEUV 12 46
Produktverbote AEUV 34 111
Produktvorschriften AEUV 34 111
Programm zum Aufspüren der Finanzierung des Terrorismus AEUV 218 27
PROGRESS AEUV 149 6
Prostitution GRC 5 10, 14, 21 f., 29; AEUV 57 19, 41, 44, 50
Protektionismus AEUV 56 80, 117; 59 9; 62 15
Protektionismusverbot AEUV 30 24; 34 59, 70, 136
Protokoll Nr. 1 über Rolle der nationalen Parlamente AEUV 289 21, 23, 42; 294 10
Protokoll Nr. 2 über die Anwendung der Grundsätze der Subsidiarität und der Verhältnismäßigkeit EUV 5 104 ff.; AEUV 289 21, 23, 42; 294 10 ff., 18; 296 5 ff., 28
Protokoll Nr. 12 über das Verfahren bei einem übermäßigen Defizit AEUV 1 26; 126 66 ff.; 136 7
Protokoll Nr. 25 über die Ausübung der geteilten Zuständigkeit AEUV 216 153, 247
Protokoll Nr. 26 GRC 36 14; AEUV 14 29 ff.; 106 8, 74
Protokoll über den Binnenmarkt und den Wettbewerb AEUV 26 11
Protokoll über den wirtschaftlichen, sozialen und territorialen Zusammenhalt AEUV 175 17; 177 21, 27
Protokoll über die Ausübung einer geteilten Zuständigkeit AEUV 2 41
Protokoll über die Konvergenzkriterien AEUV 1 26
Protokoll über die Vorrechte und Befreiungen AEUV 223 19; 230 10; 336 13
Protokolle EUV 51 1 ff.; AEUV 1 12
- Status als Primärrecht AEUV 1 27
- Übergangsprotokoll zum Vertrag von Lissabon AEUV 294 31
Protokollerklärungen AEUV 288 7
Prozeduralisierungskontrolle AEUV 36 7
Prozeduralismus, exzessiver GRC 47 44
Prozesskostenhilfe GRC 47 14, 16, 17, 69, 78
Prozesskostensicherheit AEUV 18 38 ff.; 56 61
Prüfverfahren AEUV 291 17 ff.
- Berufungsausschuss s. dort
- Struktur AEUV 291 19
Prümer Vertrag AEUV 73 3; 87 15
Public-Private-Partnership, Forschung AEUV 187 7, 9; 189 3

Quadrilog AEUV 221 30
Qualifikation AEUV 59 7
- s. a. Ausbildungskosten, Rückzahlung
- Anerkennung AEUV 46 7, 15
- Berufsqualifikation AEUV 56 120
- Erwerb in anderem Mitgliedstaat AEUV 45 119 ff.
- Nachweise AEUV 56 117, 120; 62 11
- Sprachkenntnisse AEUV 45 120, 131
Qualifikationsrichtlinie AEUV 78 14
qualifizierte Enthaltung AEUV 218 145
qualifizierte Mehrheit s. Mehrheit
Qualifying Commonwealth Citizen EUV 14 51
Qualitätskontrolle AEUV 56 113
Quasi-föderale Systeme AEUV 216 1 ff.
Quelle-Urteil AEUV 288 68 f.
Quellenprinzip AEUV 49 101
Quellensteuer AEUV 49 141, 143
Querschnittsaufgaben AEUV 192 2
Querschnittsklausel AEUV 12 1, 3, 7, 27, 61; 26 15
- Forschung AEUV 179 7, 24
- Industriepolitik AEUV 173 79 ff.

Quersubventionierung AEUV 56 65
Querverbindungen zur GASP AEUV 205 4
Quoten s. positive Maßnahmen
Quotierung AEUV 40 47 ff.

RABIT AEUV 74 6; 77 28
race to the bottom AEUV 34 185
Rahmenbeschluss AEUV 288 40
Rahmenbeschluss Katastrophenschutz und Terrorabwehr AEUV 222 37
Rahmenfinanzregelung AEUV 310 24
Rahmenprogramm, Forschung AEUV 182 1 ff., 17, 24
Rahmenvereinbarung über die Beziehungen zwischen dem Europäischen Parlament und der Europäischen Kommission vom 20.10.2010 AEUV 218 78, 154, 201 ff.
Raison d'être der Union AEUV 351 85
Rang von Übereinkünften im EU-Recht AEUV 216 211
Rassismus und Fremdenfeindlichkeit AEUV 83 15
Rat „Auswärtige Angelegenheiten" AEUV 221 4
Rat der EU EUV 13 10; 16 1 ff.; AEUV 113 21; 219 2, 5, 6, 14, 19, 20; 235 1, 17; 236 2 f., 4, 5 ff.; 237 1 ff.; 238 1 ff.; 239 1 ff.; 240 9 ff.; 330 5; 332 4; 334 4
– s. a. Gesetzgebungsakte, Gesetzgebungsverfahren
– A-Punkte EUV 16 29 f.; AEUV 237 11 f.; 240 5; 242 1 ff.; 243 4 ff.
– Abgrenzung von den im Rat vereinigten Vertretern der Regierungen der Mitgliedstaaten EUV 16 21
– Abschlusskompetenz für völkerrechtliche Abkommen EUV 16 6
– Abstimmungsdurchführung AEUV 238 33 ff.
– Abstimmungseinleitung AEUV 238 32
– Allgemeine Angelegenheiten EUV 16 16 f.
– als Ko-Gesetzgeber AEUV 289 9 ff.; 293 8
– Anhörung durch EP AEUV 230 7
– Aufforderungsgegenstand AEUV 241 4 f.
– Aufforderungsrecht AEUV 241 2 f.
– Aufforderungswirkungen AEUV 241 8
– Aufgaben EUV 16 2 ff.; AEUV 242 6; 243 4 f.
– Aufgaben des Vorsitzes EUV 16 25 ff.
– Ausschuss der Ständigen Vertreter (AStV) EUV 16 29 f.
– Ausschussregelung AEUV 242 1 ff.
– Auswärtige Angelegenheiten EUV 16 18; AEUV 237 9
– Außenminister EUV 16 16
– außerordentliche Tagung EUV 30 7 ff.
– B-Punkte EUV 16 29 f.; AEUV 237 11 f.; 240 5
– Beschluss AEUV 219 14, 15, 19, 20
– Beschluss über die Übertragung von Missionen EUV 44 10

– Beschluss über Instrumente der GASP EUV 25 7
– Beschluss über Missionen EUV 43 20 ff.
– Beschlussfassung EUV 16 31 ff.; AEUV 238 1 ff.; 242 7; 333 1
– Beschlussfassung im Rahmen der GASP EUV 29; 31
– Beschlussfähigkeit AEUV 238 31
– Bevollmächtigung AEUV 239 5
– Bevölkerungsquorum EUV 16 32, 37; AEUV 238 6, 11
– Brückenklausel EUV 31 30 ff.
– COREPER s. Ausschuss der Ständigen Vertreter (AStV)
– doppelte Mehrheit EUV 16 36 f.; AEUV 238 10 f., 21 ff.
– Dreiergruppe EUV 16 23 f.; AEUV 236 5 ff.
– Durchführung der GASP EUV 26 13 ff.
– Einberufung EUV 30 11 f.; AEUV 237 4 ff.
– einfache Enthaltung EUV 31 9 f.
– einfache Mehrheit EUV 16 31; 31 33; AEUV 144 17; 223 48; 238 3 f.; 240 15 f.; 241 2; 242 7
– Einheit des Rates EUV 16 15
– Einstimmigkeit EUV 16 31; 31 5 ff.; 42 38 ff.; AEUV 64 22; 219 15; 223 48; 238 26 ff.; 330 5; 332 4
– Einstimmigkeitserfordernis AEUV 289 28, 33, 36, 38; 292 9; 293 1, 6 ff.; 294 24, 27 f., 45; 298 10
– Empfehlung EUV 22 11 ff.
– Entscheidungsgremium EUV 16 1
– Entwurf eines Programms EUV 16 25
– EP AEUV 230 7
– Ernennungsbefugnisse EUV 16 5
– Europäische Verteidigungsagentur EUV 45 9 ff.
– Europaminister EUV 16 16
– Festsetzung von Gehältern AEUV 243 4 f.
– Formationen EUV 16 14 ff.; AEUV 236 2 f.
– Geldpolitik AEUV 127 15
– Generalsekretariat AEUV 235 17; 240 8 ff.
– Generalsekretär AEUV 240 12 ff.
– Geschäftsordnung AEUV 230 7; 240 16 f.
– Gesetz über die Zusammenarbeit von Bundesregierung und Deutschem Bundestag in Angelegenheiten der Europäischen Union (EUZBBG) EUV 16 9
– Gesetz über die Zusammenarbeit von Bund und Ländern in Angelegenheiten der Europäischen Union (EUZBLG) EUV 16 9
– Grundsatz der Transparenz EUV 16 42
– Hauptrechtsetzungsorgan EUV 16 2
– Haushaltsbefugnisse EUV 16 2
– Hilfsorgan des Rates s. Ausschuss der Ständigen Vertreter (AStV)
– Hoher Vertreter der Union für Außen- und Sicherheitspolitik EUV 16 18; AEUV 237 10
– im Rat vereinigte Vertreter der Regierungen der Mitgliedstaaten EUV 16 21

Stichwortverzeichnis

- Integrationsverantwortungsgesetz (IntVG) **EUV 16** 8
- interinstitutioneller Dialog **EUV 16** 28
- informelle Ratstagungen **AEUV 237** 1
- Ioannina-Mechanismus **EUV 16** 38 ff.; **AEUV 238** 12 f., 24
- Kohärenz auswärtigen Handelns **EUV 16** 18
- Kohärenzgebot **AEUV 334** 4
- Koordinierungs- und Lenkungsfunktion des Rates »Allgemeine Angelegenheiten« **EUV 16** 17
- Konsensprinzip **EUV 50** 18
- Konstruktive Stimmenthaltung **AEUV 238** 26
- Landesminister **EUV 16** 11
- Leitungs- und Koordinationskompetenz **EUV 16** 3
- Luxemburger Kompromiss **EUV 16** 39; **AEUV 238** 29 f.
- Mitgesetzgeber **EUV 16** 2
- Mitglieder **EUV 16** 7 ff.
- Mithaushaltsgesetzgeber **EUV 16** 2
- mittelbares Initiativrecht s. Initiativrecht
- Ministerialbeamte **EUV 16** 13
- Ministerkonferenz **EUV 16** 21
- Neutralität des Vorsitzes **EUV 16** 25
- Organisationsaufgaben **EUV 16** 4
- Orientierungsaussprachen **EUV 16** 45
- Öffentlichkeit der Ratssitzungen **EUV 16** 42 ff.; **AEUV 237** 13
- Pflicht zur Neuverhandlung **EUV 16** 38; **AEUV 238** 12
- Prinzip der begrenzen Einzelermächtigung **AEUV 241** 7
- Präsident **AEUV 219** 10
- Protokolle **AEUV 237** 15
- qualifizierte Mehrheit **EUV 16** 31 ff.; **31** 15 f.; **50** 16 f.; **AEUV 64** 20; **66** 1, 13; **143** 17; **144** 1, 17; **219** 14, 19; **238** 5 ff., 14 ff., 21 f.; **240** 12; **243** 6; **330** 6; **333** 3 ff.
- Sitz **AEUV 237** 2
- Sitzungsleitung **EUV 16** 26
- Sonderbeauftragte **EUV 33**
- Sprachenregelung **AEUV 237** 14
- Sperrminorität **EUV 16** 37; **31** 14; **AEUV 238** 11, 23
- Staats- und Regierungschefs **EUV 16** 20
- ständige Strukturierte Zusammenarbeit **EUV 46** 10 ff., 16 ff.
- Standpunkt **EUV 29**; **AEUV 231** 6
- Stimmwägung **EUV 16** 33 ff.; **AEUV 238** 7 ff., 19 ff.
- Stimmrecht **EUV 16** 13; **AEUV 239** 1 ff.
- Stimmrechtseinschränkung **AEUV 238** 14 ff.
- Stimmrechtsübertragung **AEUV 239** 1 ff.
- Stimmrechtübertragung bei GSVP Beschlüssen **EUV 42** 39
- System der doppelten Mehrheit **EUV 31** 24
- System der gleichberechtigen Rotation **EUV 16** 22; **AEUV 236** 4
- Tagesordnung **EUV 16** 25 f., 30; **AEUV 237** 4 ff., 11
- Tagungsplanung **AEUV 237** 3
- Teilnahme an Sitzungen des EZB-Rats **AEUV 284** 6
- Untersuchungsanforderung **AEUV 241** 5
- Verfahren der stillschweigenden Zustimmung **AEUV 238** 35
- Vertreter auf Ministerebene **EUV 16** 10 f.; **AEUV 239** 2
- Vertretung durch Ministerialbeamte **EUV 16** 13; **AEUV 239** 2
- Vertretung durch Staatssekretäre **EUV 16** 12; **AEUV 239** 2
- Vertretungsbefugnis **EUV 16** 7
- Vorlage eines Vorschlags an die Kommission **AEUV 241** 6
- Vorsitz **EUV 16** 22 ff.; **AEUV 230** 7; **236** 4; **237** 3
- Weisungsgebundenheit der Ratsmitglieder **EUV 16** 8
- Zusammenarbeit **AEUV 230** 11
- Zusammensetzung **EUV 16** 7 ff., 14 ff.
- Zuständigkeit im Rahmen der GASP **EUV 24** 11 f.

Rat der Europäischen Zentralbank s. EZB-Rat
Rat für Finanzstabilität **AEUV 138** 15, 33; **219** 23
Ratifikation von Übereinkünften der EU **AEUV 216** 165, 198, 218 f.; **218** 36, 60, 124 ff.
Ratifikationsprobleme **EUV 48** 43 ff.; **AEUV 353** 2
Ratifizierung und Inkrafttreten **EUV 54** 1 ff.; **AEUV 357** 1 ff.
- Depositar **EUV 54** 2, 6; **AEUV 357** 2, 5
- gestrecktes Vertragsschlussverfahren **EUV 54** 6; **AEUV 357** 5
- Hinterlegung der Vertragsurkunden **EUV 54** 5; **AEUV 357** 5
- In-Kraft-Treten **EUV 54** 5; **AEUV 357** 4
- Ratifizierungsbegriff **EUV 54** 4; **AEUV 357** 3
- völkerrechtlicher Zusammenhang **EUV 54** 4, 6; **AEUV 357** 5

Ratsbeschluss im Bereich internationaler Übereinkünfte der EU
- Aufrechterhaltung der Rechtswirkungen eines fehlerhaften ~ **AEUV 216** 82; **218** 70
- Begründungserwägungen **AEUV 216** 81; **218** 16, 65, 81, 142
- doppelvalenter ~ **AEUV 218** 62, 67
- fehlerhafter ~ **AEUV 216** 82; **218** 70
- Festlegung von Standpunkten in Vertragsgremien durch ~ **AEUV 218** 161 ff., 175 f., 181 ff.
- gemischter (hybrider) ~ **AEUV 218** 64, 75
- operativer Teil eines ~ **AEUV 216** 235; **218** 65, 81; **221** 5

- Standardinhalt eines Beschlusses nach Art. 218 Abs. 5 AEUV **AEUV 218** 65, 73, 81
- Verhandlungsermächtigung durch ~ **AEUV 218** 24 ff.

Ratsbeschluss, Katastrophenschutz und Terrorabwehr **AEUV 222** 22

Ratspräsident s. Präsident des Europäischen Rates

Ratspräsidentschaft/-vorsitz **AEUV 218** 24, 38, 64; **220** 86; **221** 20

Ratszuständigkeit **AEUV 218** 63 ff.

Raum der Freiheit, der Sicherheit und des Rechts **EUV 3** 26 ff.; **GRC Präambel** 13; **47** 22; **AEUV 67** 1 ff.; **26** 17; **216** 158; **218** 7
- Asylpolitik **AEUV 78** 1 ff.
- Bewertungsverfahren **AEUV 70** 1 ff.
- Definition **AEUV 67** 1
- Einschränkungen **AEUV 67** 21 ff.
- Einwanderungspolitik **AEUV 79** 1 ff., 8, 16 ff.
- Ermächtigungen **AEUV 67** 33
- Flexibilisierungsklausel **AEUV 352** 21
- Flüchtlingspolitik **AEUV 77** 1 ff.
- Funktion **AEUV 67** 1
- geteilte Zuständigkeit **AEUV 4** 10
- Initiativrecht **AEUV 76** 1 ff.
- innere Sicherheit **AEUV 72** 1, 6
- IT-Großsysteme **AEUV 74** 6
- justizielle Zusammenarbeit in Strafsachen s. dort
- Konzept **AEUV 67** 32
- öffentliche Ordnung **AEUV 72** 1, 4 f.
- ordre-public-Vorbehalt **AEUV 82** 13
- Ständiger Ausschuss **AEUV 71** 1 ff., 8 f.
- Terrorabwehr **AEUV 222** 11
- Vereinte Nationen **AEUV 75** 12, 14, 18
- Verwaltungszusammenarbeit **AEUV 74** 1 ff.
- Visapolitik **AEUV 77** 11 ff.
- Zusammenarbeit der Mitgliedstaaten **AEUV 73** 1 ff.

Raum s. Wohnung

Raumfahrtpolitik **AEUV 189** 1, 3 ff., 9 ff.; **190** 5

Raumordnung **AEUV 192** 41 ff.

Rechnungsabschluss **AEUV 40** 68 ff.

Rechnungshof **EUV 13** 14; **AEUV 143** 27; **263** 23, 88, 94; **310** 5, 8
- Amtsenthebung eines Mitgliedes **AEUV 251** 15
- Anhörung des EP **EUV 14** 33
- als Maßstab **AEUV 310** 39
- Aufgabe **AEUV 285** 1; **287** 2
- Auswahl und Ernennung der Mitglieder **AEUV 286** 1 ff.
- beratende Aufgabe **AEUV 287** 26 f.
- Berichte **AEUV 287** 19 ff.
- Errichtung **AEUV 285** 7
- Gemeinschafts-/Unionsorgan **AEUV 285** 9
- Geschäftsordnung **AEUV 286** 12; **287** 24 f.
- Jahresbericht **AEUV 319** 4
- Klagerechte vor dem EuGH **AEUV 285** 12
- Organ der Union **AEUV 285** 11
- Präsident **AEUV 286** 12
- Prüfungsgegenstand **AEUV 287** 9 ff.
- Prüfungstätigkeit **AEUV 287** 14 ff.
- Rechtsstellung der Mitglieder **AEUV 285** 2; **286** 13 ff.
- Stellung **AEUV 285** 8 ff.
- Unabhängigkeit **AEUV 285** 15; **286** 17
- Wirtschaftlichkeit **AEUV 310** 39
- Zusammensetzung **AEUV 285** 2, 14
- Zuverlässigkeitserklärung **AEUV 287** 7 f.

Rechnungslegung **AEUV 318** 1 ff.

Rechnungsprüfung **AEUV 285** 3 ff.
- externe Entwicklung **AEUV 285** 3
- institutionelle Entwicklung **AEUV 285** 3
- nachträgliche **AEUV 285** 4

Recht am Bild **GRC 7** 19

Recht auf den gesetzlichen Richter **AEUV 251** 12 ff.

Recht auf Arbeit **GRC 15** 3, 9

Recht auf Freiheit s. Freiheit, Recht auf

Recht auf gute Verwaltung **GRC 41** 1; **47** 5, 58, 79; **AEUV 340** 2

Recht auf informationelle Selbstbestimmung
- Abwehrrecht **GRC 8** 15
- Auskunftsanspruch **GRC 8** 49 ff.
- Bedeutung **GRC 8** 9
- Berechtigungsanspruch **GRC 8** 53 ff.
- Datenschutzbeauftragte **GRC 8** 55 ff.
- Eingriffe **GRC 8** 18 f.
- Eingriffsrechtfertigung **GRC 8** 22, 42 ff.
- Einwilligung **GRC 8** 23 ff.
- Einwilligungserklärung **GRC 8** 27
- Einwilligungsfähigkeit **GRC 8** 26
- Entstehungsgeschichte **GRC 8** 6
- gesetzliche Grundlage **GRC 8** 32
- Rechtssprechungsentwicklung **GRC 8** 7
- Schutzbereich, persönlich **GRC 8** 10 f.
- Schutzbereich, sachlich **GRC 8** 12 ff.
- Schutzpflicht **GRC 8** 16
- und AEUV **GRC 8** 2
- und Datenschutz **AEUV 16** 11
- und Datenschutzrichtlinie **GRC 8** 4
- und EMRK **GRC 8** 3
- und Mitgliedstaaten **GRC 8** 5
- und Persönlichkeitsrechts **GRC 8** 1
- Unionskompetenz **AEUV 16** 11
- Verarbeitungsgrenzen **GRC 8** 34
- Verpflichtete **GRC 8** 8
- Zweckbindung **GRC 8** 37 ff.

Recht auf Privatheit s. Privatheit, Recht auf

Recht auf Sicherheit s. Sicherheit, Recht auf

Recht auf Unkenntnis über den Gesundheitszustand **GRC 7** 19

Recht auf Wohnung s. Wohnung, Recht auf

Recht auf Zugang zu Dokumenten **GRC 42** 1 ff.
- unmittelbare Anwendbarkeit **GRC 42** 9 f.
- Zugangsverordnung **GRC 42** 13

Stichwortverzeichnis

Recht, zu arbeiten GRC 15 8, 12
Rechte älterer Menschen GRC 25 1 ff.
Rechte des Kindes GRC 24
– Fürsorgeanspruch GRC 24 11 f., 19
– Meinungsäußerungsfreiheit und Berücksichtigungspflicht GRC 24 13 f., 19
– persönliche Beziehungen zu beiden Elternteilen GRC 24 17 f., 20
– Schutzanspruch GRC 24 11 f.
Rechte und Interessen der Arbeitnehmer AEUV 114 31
Rechtfertigungsgrund AEUV 63 25
– geschriebener AEUV 63 29, 31, 33
– ungeschriebener AEUV 63 29, 31, 33 f.; 65 11, 19 f.
Rechtfertigungsgründe AEUV 110 46 ff.
– ungeschriebene AEUV 110 47 ff.
Rechtfertigungsvorbehalt AEUV 52 1
rechtliches Gehör GRC 47 43, 61, 63, 64
 s. a. kontradiktorisches Verfahren
Rechtmäßigkeitshaftung AEUV 215 18, 42
Rechts- und Amtshilfe, Strafrecht AEUV 325 33
Rechts- und Verwaltungsvorschriften AEUV 115 8
– Rechtmäßigkeit AEUV 261 1
– Rechtmäßigkeitskontrolle AEUV 261 7; 263 7; 268 3
Rechtsakt ohne Gesetzescharakter s. Exekutivmaßnahme, reine
Rechtsakte AEUV 219 13, 20, 22; 288 3, 6 ff., 93
– Angabe der Rechtsgrundlage AEUV 288 7
– atypische ~ s. unverbindliche Rechtsakte
– Begründung AEUV 288 7
– Beschlüsse s. dort
– Delegierte AEUV 288 6
– einseitig-verbindliche AEUV 288 3
– Erwägungsgründe AEUV 288 7
– Gemeinsamkeiten AEUV 288 7
– gemischter ~ AEUV 223 10
– mehrseitig-konsensuale AEUV 288 3
– mit Verordnungscharakter AEUV 263 6, 66 ff., 146; 288 14, 93, 97
– Rechtsschutz AEUV 288 8
– Richtlinien s. dort
– Schein-Rechtsakt AEUV 288 8
– Stellung AEUV 288 6
– unbenannte s. unverbindliche Rechtsakte
– unverbindliche ~ AEUV 64 19
– verbindliche ~ AEUV 64 20, 23; 66 14; 142 19
– Vermutung der Gültigkeit AEUV 288 8
– Verordnungen s. dort
Rechtsakte der Union s. Gesetzgebungsakte
Rechtsakte mit Verordnungscharakter GRC 47 34, 35, 36; AEUV 290 26
Rechtsangleichung EUV 3 34; AEUV 26 12; 113 5, 13, 17

– Begriff AEUV 114 46
– Forschung AEUV 180 13
– Grenzen AEUV 114 59
– Maßnahmen AEUV 114 64; 117 5
– präventive AEUV 114 50; 115 9
Rechtsanwalt AEUV 56 101; 57 50; 59 27
Rechtsbindung der EU an UN-Recht AEUV 215 15, 34
Rechtsbindungswille AEUV 216 54
Rechtsetzung
– s. a. Gesetzgebungsverfahren
– Außenrecht EUV 14 13
– besondere AEUV 232 6
– Binnenrecht EUV 14 12, 56
– Initiativrecht EUV 14 13; AEUV 225 1
– Kommission, Delegation von AEUV 231 6
– ordentliche AEUV 232 6
– Verfahren EUV 14 13
Rechtsetzungskompetenzen
– Außenkompetenzen AEUV 191 99 ff.; 192 10, 87; 193 22
– Beschränkungen der Freizügigkeit AEUV 21 31 f.
– im diplomatischen und konsularischen Schutz AEUV 23 42 f.
– Doppelabstützung AEUV 192 75, 78; 193 25
– Kompetenzabgrenzung AEUV 192 74 ff.
– im Umweltschutz AEUV 192 6, 15 ff., 30 ff., 55, 74 ff.
– im Tierschutz AEUV 13 19 f.
Rechtsfähigkeit AEUV 54 2; 335 1 ff.
– innerstaatliche AEUV 216 16, 23
– völkerrechtliche AEUV 138 6
Rechtsformwahlfreiheit AEUV 54 29
Rechtsfortbildung EUV 19 27 ff.
Rechtsgemeinschaft EUV 4 98; 48 21; GRC 47 1, 21
Rechtsgrundlagen
– Auswahl AEUV 216 77 ff.
– Kumulierung AEUV 216 77; 218 98
Rechtsgrundlagen des unionalen Rechtsschutzsystems AEUV 281 2
Rechtsgrundsätze
– allgemeine s. dort
– Auslegung EUV 14 48
– EMRK EUV 14 48
– Bürgerbeauftragter AEUV 228 16
– Primärrecht AEUV 232 6
– Verfassungstraditionen, gemeinsame EUV 14 48
Rechtshilfe
– Datenaustausch s. dort
– Effektivierung AEUV 82 5 f.
Rechtskontrolle EUV 19 12 ff.
– dezentrale EUV 19 19 ff.
– im Umweltschutz AEUV 192 68 f.
Rechtsmittel AEUV 270 51 f.
Rechtsmittelverfahren AEUV 261 11
Rechtsnachfolgeregelung EUV 1 65 f.

77*

Rechtsnachfolgerin der EG AEUV 216 23 f.; 220 67
– s. a. Funktionsnachfolge
Rechtsnormen, Katastrophenschutz und Terrorabwehr AEUV 222 25
Rechtsordnungen, gestufte AEUV 2 1
Rechtspersönlichkeit AEUV 85 4; 86 5, 20 f.; 88 9
Rechtspersönlichkeit der EU EUV 1 46; 47 1 ff.; AEUV 216 23, 26; 221 6
Rechtsprechungsdivergenzen AEUV 216 250
Rechtsquellen AEUV 16 11; 110 3
– Parlamentsrecht EUV 14 6
Rechtsschutz EUV 4 138 ff.; AEUV 75 18; 86 37; 88 42 f.; 288 8, 13 f., 35 ff., 88, 92 f., 106; 290 25 f.; 291 7, 13, 24
– s. auch Rechtsschutz, einstweiliger
– s. a. Rechtsschutz gegen Wirtschaftssanktionen
– Bürgerbeauftragter AEUV 228 22
– dezentraler/zentraler GRC 47 5, 6, 8, 14, 19, 20, 23, 25, 32, 37, 39, 40, 43, 59, 62, 67, 69, 70, 71
– effektiver GRC 47 1 ff.; AEUV 337 37
– EZB AEUV 132 15 f.
– gegen Beschlüsse AEUV 288 88, 92 f.
– gegen delegierte Rechtsakte AEUV 290 25 f.
– gegen Durchführungsrechtsakte AEUV 291 7, 13
– gegen Empfehlungen AEUV 288 106
– gegen Mitteilungen AEUV 288 116 ff.
– gegen Rechtsakte AEUV 288 8
– gegen Richtlinien AEUV 288 35 ff.
– gegen Verordnungen AEUV 288 13 f.
– mitgliedstaatlicher AEUV 223 24
– Petiton AEUV 227 16 ff.
– Primär-/Sekundär- GRC 47 5, 15, 23, 79
– Rechtsschutzlücke AEUV 263 7, 80, 87; 268 7
– subjektiver EUV 19 16 ff.
– Subsidiarität AEUV 268 12, 14
– Leitbild des dezentralen Rechtsschutzes EUV 4 140
– Lückenlosigkeit/Vollständigkeit GRC 47 1, 2, 18, 19, 20, 23, 24, 25, 27, 30, 70
– Wirksamkeit GRC 47 1, 2, 25, 30, 31, 39, 70, 73
Rechtsschutz, einstweiliger (vorläufiger) GRC 47 37; AEUV 138 21; 278–279 1 ff.
– Abänderungs- und Aufhebungsantrag AEUV 278–279 27
– Akzessorietät AEUV 278–279 6, 7
– Antragsform AEUV 278–279 13
– Antragsfrist AEUV 278–279 14
– Antragsgegenstand AEUV 278–279 10
– Antragshäufung AEUV 278–279 9
– Antragsrecht natürlicher und juristischer Personen AEUV 278–279 12
– Aussetzung der Durchführung angefochtener Handlungen Art. 278 S. 2 AEUV AEUV 278–279 2
– Begründetheit AEUV 278–279 17
– Beschluss AEUV 278–279 25
– direkter Vollzug AEUV 278–279 5
– Dringlichkeit AEUV 278–279 18
– Erforderlichkeit AEUV 278–279 16
– Erlass einstweiliger Anordnungen AEUV 278–279 3
– Form der Entscheidung AEUV 278–279 25
– Formen des einstweiligen Rechtsschutzes AEUV 278–279 2
– Funktion AEUV 278–279 1
– hinreichende Aussicht auf Erfolge AEUV 278–279 24
– indirekter Vollzug AEUV 278–279 5
– Inhalt AEUV 278–279 26
– Interessenabwägung AEUV 278–279 23
– irreparabler Schaden AEUV 278–279 21, 22
– kein Vorgreifen der Hauptsache AEUV 278–279 8
– Klagebefugnis im Hauptverfahren AEUV 278–279 11
– Konnexität AEUV 278–279 9
– Notwendigkeit AEUV 278–279 24
– Rechtsschutzbedürfnis AEUV 278–279 15
– Schadensbegriff AEUV 278–279 19, 20
– summarische Prüfung AEUV 278–279 8
Rechtsschutz gegen Wirtschaftssanktionen
– Individualnichtigkeitsklage AEUV 215 26
– Nichtigkeitsklage AEUV 215 25
– Untätigkeitsklage AEUV 215 27
– Verfahrensgrundrechte AEUV 215 30
Rechtsschutzeffektivität s. effektiver Rechtsschutz
Rechtsschutzinteresse GRC 47 25, 26, 29, 30, 36, 70; AEUV 256 27; 270 38 ff.
Rechtsschutzklausel AEUV 215 21 f.
Rechtsschutzverweigerung GRC 47 37
Rechtssetzungstätigkeit
– Binnenmarktkompetenz AEUV 169 44
– Verbraucherschutzkompetenz AEUV 169 44
Rechtssicherheit GRC 47 25, 67, 72, 78; AEUV 138 21; 216 82, 119, 207; 218 20, 98, 129; 288 27; 351 65, 72
Rechtsstaatlichkeit GRC 47 1; AEUV 220 59; 351 122
Rechtsstaatlichkeitsförderung EUV 3 16 f.
Rechtstaatsprinzip
– Transparenzgebot EUV 10 35 ff.; AEUV 342 15
– unionales AEUV 340 5
– Vielfalt der verbindlichen Sprachfassungen EUV 55 18
Rechtstitel
– europäische AEUV 118 14
– Geschmacksmuster AEUV 118 8
– Marken AEUV 118 8

- Sorten **AEUV 118** 8
Rechtsunion EUV 2 20
Rechtsvereinheitlichung AEUV 114 46
Rechtsvergleichung EUV 19 30
Rechtsverletzung, qualifizierte AEUV 340 28 ff.
Rechtsvorschriften der Mitgliedstaaten AEUV 114 52
Rechtsweg GRC 38 7
- Erschöpfung des ~ **AEUV 63** 33
Rechtsweggarantie GRC 47 10, 19
rechtswidrige Handlungen, Strafrecht AEUV 325 17 ff.
rechtswidriges Handeln AEUV 340 25
Rechtswidrigkeitseinrede GRC 47 20, 26
- s. a. Inzidentrüge
Rechtswidrigkeitshaftung AEUV 215 42
Refinanzierungsgeschäfte AEUV 127 20
reformatio in peius AEUV 261 9
Reformprogramm, nationales AEUV 148 16
Refoulement-Verbot GRC 19 6, 12, 16
Regelungskombinationen AEUV 18 21 f.
Regelungsverfahren mit Kontrolle AEUV 290 3
Regelungsverzicht der Staaten AEUV 34 37
Regelungszweck, Gegenstände der Verbraucherpolitik AEUV 169 3, 32
Regierungskonferenz EUV 48 42 ff.
regionale Organisationen AEUV 216 42; **218** 83; **220** 84
Regionale wirtschaftliche Integrations-Organisation s. REIO
Regionalorganisation AEUV 215 37
Register, Petitionsrecht AEUV 227 15
Regulation AEUV 56 117
Regulierungsagenturen s. Organstruktur der EU
rein innerstaatlicher Sachverhalt AEUV 18 68
Reinvestition AEUV 64 6
REIO (regional economic integration organization) AEUV 220 46
Reisevermittlung AEUV 58 7
REMIT-VO AEUV 194 7
relative Theorie GRC 52 31
Religion GRC 22 10 f., 13
Religionsbekenntnis GRC 10 18 ff., 25 ff.
- Bräuche **GRC 10** 21
- Gottesdienst **GRC 10** 19
- Kopftuchverbot **GRC 10** 29, 36
- Religionsunterricht **GRC 10** 20
- Riten **GRC 10** 21
- Schächtungsverbot **GRC 10** 28
Religionsfreiheit GRC 10 14 ff., 25 ff.; **AEUV 17** 7 ff.
- individuelle **GRC 10** 15 ff.
- kollektive **GRC 10** 15, 18
- korporative **GRC 10** 23 f.
- negative **GRC 10** 22
Religionsgemeinschaften AEUV 17 1 ff.; **19** 26
Religionsverfassungsrecht AEUV 17 6 ff.
- Harmonisierungsverbot **AEUV 17** 14

- Kompetenzausübungsregel **AEUV 17** 15 ff.
- Konvergenz der Systeme **AEUV 17** 11
- Kooperationsmodell **AEUV 17** 10
- Laizität **AEUV 17** 10
- materielle Privilegien **AEUV 17** 11
- Staatskirche **AEUV 17** 8, 10
- Zwei-Ebenen-Modell **AEUV 17** 6 ff.
religiöse Gemeinschaften, Arbeitnehmerfreizügigkeit AEUV 45 31
Renegotiations, Austritt EUV 50 2
Rente s. soziale Sicherheit
Repatriierung von Erlösen AEUV 64 7
Repräsentationsbüro AEUV 221 16
repräsentative Demokratie EUV 10 1 ff., 13 ff.
- Anwendungsbereich **EUV 10** 17
- demokratische Legitimation **EUV 10** 21 ff.
- EU-Organe **EUV 10** 21 ff.
- Grundsatz der Bürgernähe **EUV 10** 39 ff.; **11** 9; **GRC 42** 2, 46; **43** 4, 11; **44** 6; **AEUV 24** 18; **342** 15
- politische Parteien **EUV 10** 43 ff.
- Recht auf Teilnahme **EUV 10** 30 ff.
- Sanktionsmechanismus **EUV 10** 8, 15, 18
- Transparenzgebot **EUV 10** 35 ff.
- Wahlrecht **EUV 10** 17
Repressalie AEUV 215 41
res inter alios acta EUV 37 3 f.
Reservekompetenz des Rates AEUV 138 8, 25
Resolution 65/276 der UN-Generalversammlung AEUV 220 30 f.
Resolutionen des UN-Sicherheitsrates AEUV 215 2
Ressortprinzip AEUV 248 6 f.
Ressourceneinsatz, effizienter AEUV 120 13
restriktive Interpretation AEUV 216 95 ff.; **218** 98; **351** 103
restriktive Maßnahmen GRC 47 22, 43, 44
- s. a. Terrorismusbekämpfung u. Sanktionsmaßnahmen
Retorsion AEUV 215 41
Réunion AEUV 355 3
Reverse-Charge-Verfahren AEUV 113 32
Reziprozität
- asymmetrische **AEUV 199** 3
- Grundsatz **AEUV 204** 5
Richter EUV 19 59 ff.; **AEUV 251** 5 ff.; **253** 2 ff.
- Auswahl **AEUV 257** 9
- Einzelrichter **AEUV 251** 3; **254** 9
- Ernennung **AEUV 254** 6; **257** 9 ff.
- sabbatical judge **AEUV 251** 7
- Zahl **AEUV 251** 1, 6 ff., 15 f.; **254** 5
Richtervorbehalt AEUV 337 29
Richtlinie(n) AEUV 115 10; **288** 4, 15, 18 ff., 77 ff.
- Anfechtung **AEUV 263** 104 ff., 113
- Anspruch aus **AEUV 288** 42
- Ausschlusswirkung **AEUV 288** 60 f.
- Bindung von EU-Organen **AEUV 288** 19 f.
- Direktwirkung s. Direktwirkung von Richtlinien

- Entfallen der Umsetzungspflicht AEUV 288 24
- Erkennbarkeit der Umsetzung AEUV 288 26
- Ersetzungswirkung AEUV 288 60 f.
- fehlerhafte Umsetzung AEUV 260 18
- formale Umsetzungsanforderungen AEUV 288 23
- Harmonisierung AEUV 116 7
- Individualrecht AEUV 288 26
- individuelle Betroffenheit AEUV 288 35 f.
- innerstaatliche Regelungsebene AEUV 288 19
- inzidente Beanstandung AEUV 288 37
- Kontrolle der Umsetzung AEUV 288 33 f.
- Mindestharmonisierungsklausel AEUV 169 45 f.
- nationale Verfahrensregeln AEUV 288 45 f.
- normative Belastbarkeit der Umsetzung AEUV 288 26
- normkonkretisierende Verwaltungsrichtlinien AEUV 288 26
- Pflicht zu transparenter Umsetzung AEUV 288 81
- pragmatisch-technischer Erklärungsansatz AEUV 288 21
- Rechtsschutz AEUV 288 35 ff.
- Sanktionsgedanke AEUV 288 39
- souveränitätsorientierte Erklärung AEUV 288 22
- Umsetzung AEUV 288 21 ff.
- Umsetzungsfrist AEUV 288 27 ff., 43
- Umsetzungsspielraum AEUV 288 23 f., 29 ff.
- Umsetzungsspielraum und (EU-)Grundrechte AEUV 288 32
- und EU-Staatshaftung AEUV 288 77 ff.
- Verwaltungspraxis AEUV 288 26
- Vorrang AEUV 288 4, 15
- Vorwirkung AEUV 288 45
- Zielsetzung AEUV 288 18

Richtlinie 2014/50/EU AEUV 46 41 f., 43 ff.
Richtlinie 93/109/EG AEUV 223 31
richtlinienkonforme Interpretation AEUV 288 25, 62 ff.
- absoluter Vorrang AEUV 288 70
- autonom-nationale Ausweitung AEUV 288 68 f., 71
- Evidenzkontrolle des EuGH AEUV 288 72
- Funktion AEUV 288 63
- Grenzen AEUV 288 66, 68 ff.
- Methoden AEUV 288 68 ff.
- Rechtsprechung des BAG AEUV 288 67
- Umfang der Verpflichtung AEUV 288 64
- unbegrenzte AEUV 288 73
- Verhältnis zur Direktwirkung AEUV 288 65 ff., 73
- Voraussetzung der Verpflichtung AEUV 288 64

- Wortlautgrenze AEUV 288 68

Richtlinienumsetzung, überschießende AEUV 19 36
Risiken der Freiheit AEUV 169 34 f.
Rivalität zwischen EU und Europarat AEUV 220 57
Rohdiamanten AEUV 207 102
Rohstoffabkommen AEUV 207 247 ff.
Rohstofforganisationen AEUV 220 83
Rom-Formel AEUV 218 38
Rom-Verordnungen AEUV 81 5, 7, 39 f., 55
Römische Verträge EUV 1 18; AEUV 113 4
Roquettes Frères Rechtsprechung EUV 48 36
Rotation
- Abgeordnete AEUV 223 49; 224 1
- Europäischer Rat AEUV 244 9
- EZB-Rat AEUV 283 8 ff.
- Hoher Vertreter der Union für Außen- und Sicherheitspolitik AEUV 244 1
- Kommission EUV 17 32; AEUV 244 3 ff.
- Rat EUV 16 22; AEUV 236 4
- Ratspräsidentschaft AEUV 221 22

Rotationsprinzip s. System der gleichberechtigten Rotation
Rücknahme unionsrechtswidriger Beihilfen EUV 4 126
rückschreitende Differenzierung EUV 50 26
Rücksichtnahme, Gebot wechselseitiger kompetenzieller AEUV 138 9, 21, 47
Rücksichtnahmegebot GRC 52 58
Rücksichtnahmepflicht AEUV 121 14
Rückübernahmeabkommen AEUV 79 39 f.
Rückvergütung AEUV 111 1; 112 1, 8
Rückvergütungsverbot AEUV 110 15
Rückwanderungsfälle AEUV 49 12
Rüffert-Urteil AEUV 151; 153
Rügeobliegenheit GRC 47 65
Ruhestandsgrenzen AEUV 19 28
Rumänien AEUV 77 3
- Investitionsschutzabkommen AEUV 63 40
- Pre-in AEUV 142 10

Rundfunksystem AEUV 63 32
Rundfunk- und Fernsehsendungen AEUV 106 52
Rüstung, Anpassungsprüfung AEUV 348 5 ff.
Rüstungsexporte AEUV 346 9, 33 ff.
Rüstungsgüter AEUV 346 3, 12, 24 ff., 32 ff.; 348 9

Sache AEUV 63 37
Sachkompetenz, währungspolitische AEUV 138 1
Sachwalterschaft der Mitgliedstaaten AEUV 216 42, 208; 218 83, 171, 173, 176, 221, 228; 220 53
SAEGA/SCIFA AEUV 71 1
Saint Barthélemy AEUV 198 16; 355 3
Saint Martin AEUV 355 3
Sainte-Laguë/Schepers, Sitzzuteilungsmethode AEUV 223 37

SAL AEUV 43 19
Salden AEUV 311 89
Sammel-Beschwerde (-Petition) AEUV 227 7; 228 14
San Marino s. Kleinstaaten
Sanktionen
– eingeschränkte Zuständigkeit des EuGH im Sanktionsverfahren nach Art. 7 EUV AEUV 269 2
– EZB AEUV 132 17
– Flexibilisierungsklausel AEUV 352 33
– Untersuchungsausschuss AEUV 226 22
– Sanktionsmechanismus AEUV 121 39 ff.
Sanktionsbefugnis/-gewalt GRC 47 47, 58
Sanktionsbeschlüsse der Vereinten Nationen AEUV 220 36 ff.; 351 24, 48, 119, 122
– Einfrieren von Vermögenswerten AEUV 351 48
– individualisierte ~ AEUV 216 257; 220 36, 39; 351 24, 48
– Umsetzung durch die Union AEUV 216 257; 220 36 ff.; 351 48, 50
Sanktionsentscheidungen, kartellrechtliche GRC 47 46, 47, 48, 49, 50, 52, 53,
Sanktionsmaßnahmen der EU AEUV 207 141 f.; 216 190; 218 157 ff.; 268 7; 351 64,
– s. a. restriktive Maßnahmen GRC 47 18, 30, 43, 44
– Aussetzung einer Übereinkunft AEUV 218 157 ff. 185
– Embargoklauseln AEUV 351 77
– gegenüber Mitgliedstaaten AEUV 351 82
– Suspendierungsklauseln AEUV 218 157
– Syrien-Embargo AEUV 218 159
– vertragsexternes Fehlverhalten AEUV 218 158
Sanktionsverfahren EUV 7 1, 15 ff.; AEUV 354 1 ff.
– gegen Mitglieder der Kommission AEUV 245 10 ff.
Satellitennavigation AEUV 187 5
Satellitenzentrum der Europäischen Union EUV 13 4
Sattelitenschüssel AEUV 56 125
Satzung des Gerichtshofs AEUV 281 3
Satzungssitz AEUV 54 6, 9, 24, 28
– isolierte Verlegung AEUV 54 29
Schadensersatz GRC 41 20
Schadensersatzansprüche GRC 47 5, 39, 66, 79; AEUV 261 12; 268
Schadensersatzklage GRC 47 5, 23, 37, 68; AEUV 270 9 ff., 44
Schatzschein AEUV 63 19
Schatzwechsel AEUV 63 19
Scheinehe GRC 7 24
Scheinselbstständige s. Arbeitnehmer
Schengen
– Abkommen AEUV 67 7, 26, 28 ff.; 77 2
– Besitzstand AEUV 87 31; 89 3; 217 32 f.

– Durchführungsübereinkommen GRC 50 3, 12, 19, 25 f.; AEUV 67 7, 28 ff.; 77 2; 89 11
– Informationssystem (SIS I und II) AEUV 82 21; 87 12
– Grenzkodex AEUV 77 21 ff., 30
– Visum AEUV 77 13, 25
Schenkung AEUV 63 19, 21
Schicksalsgemeinschaft EUV 2 28
Schiedsgerichtsklauseln EUV 19 52 ff.
Schiedsklausel GRC 47 23; AEUV 268 5; 272 1 ff.
– als Vertragsbestandteil AEUV 272 6
– ausschließliche Zuständigkeit des Gerichtshofs AEUV 272 1
– Begründetheit der Klage AEUV 272 12
– Frist AEUV 272 11
– in völkerrechtlichen Verträgen der Union AEUV 272 8
– Rechtsschutzbedürfnis AEUV 272 10
– sachliche Zuständigkeit AEUV 272 4
– Vereinbarung AEUV 272 3
– Vollstreckung der Urteile AEUV 272 13
– Wirksamkeit AEUV 272 5
Schiedskonvention AEUV 110 27
Schiedsvertrag AEUV 273 1 ff.
– anwendbares Recht AEUV 273 8
– Anwendungsfälle AEUV 273 3
– Eröffnung des Anwendungsbereichs AEUV 273 11
– Fiskalpakt AEUV 273 10
– Klagepflicht AEUV 273 12
– Rechtsfolgen und Vollstreckbarkeit des Urteils AEUV 273 9
– sachliche Zuständigkeit AEUV 273 5
– Wirksamkeit AEUV 273 6
– Zulässigkeit der Klage AEUV 273 7
Schifffahrt AEUV 56 61; 58 7
– Bootsliegeplätze AEUV 56 122
Schlussanträge (Generalanwalt) GRC 47 64
Schlusserklärungen EUV 51 8
Schlussfolgerungen AEUV 288 101
Schmerzen und Leiden GRC 4 11 ff.
Schonung des Haushalts AEUV 36 66
schrittweise Beseitigung von Beschränkungen AEUV 206 17 f.
schrittweise Verwirklichung
– s. a. Übergangsregelung
– Geschlechtergleichbehandlung AEUV 8 20; 157 91
– Sozialpolitik AEUV 153 11
Schuldenbremse AEUV 121 68
Schuldenerlass AEUV 125 12
Schuldverschreibung AEUV 63 19; 64 9
Schule AEUV 57 20
Schulz, Martin EUV 14 71
Schuman-Plan EUV 1 16
Schutz älterer Menschen s. Rechte älterer Menschen
Schutz der finanziellen Interessen der EU AEUV 86 4, 7 ff.

Schutz der Gesundheit und des Lebens von Tieren und Pflanzen AEUV 36 49ff.
Schutz der Medienvielfalt AEUV 36 55
Schutz des gewerblichen und kommerziellen Eigentums AEUV 36 47
Schutz des nationalen Kulturguts AEUV 36 48
Schutz einheimischer Industrie AEUV 36 65
Schutz geistiger Eigentumsrechte AEUV 207 94 f.
Schutz mitgliedstaatlicher Einrichtungen AEUV 36 55
Schutz vor willkürlicher Verhaftung s. Bewegungsfreiheit
Schutzbedürfnis von Verbrauchergruppen
– Minderjährige AEUV 12 58
– Verbraucher mit Migrationshintergrund AEUV 12 58
– Verbraucher unterhalb der Armutsgrenze AEUV 12 58
Schutzerhöhung AEUV 114 87
Schutzgüter-Dynamisierung AEUV 36 11 ff.
Schutzklausel AEUV 201 1 ff.
Schutzkonflikte AEUV 67 5
Schutzkonzept GRC 38 1, 9, 24 ff.
– Schutzsituation AEUV 12 19, 24 f., 33 f., 36 f., 52, 56, 61
Schutzmaßnahmen, mitgliedstaatliche AEUV 143 22, 29 ff.; 144 5 ff., 10 ff., 14 f., 18
Schutzmindeststandard AEUV 169 30
Schutznorm AEUV 340 26
Schutzpflichten GRC 4 21; 16 4; 17 5
– Menschenwürde GRC 1 13 ff.
– Wahlfreiheit EUV 14 53
Schutzprinzip, primärrechtliche Gewährleistungsverantwortung AEUV 12 21
Schutzrechte, gewerbliche AEUV 118 15, 18
Schutzverstärkungsklausel AEUV 194 25
Schutzvorschriften für Gesellschaften AEUV 50 13 ff.
Schutzwirkung AEUV 110 152
Schutzziele des Verbraucherschutzes AEUV 12 37
– Versorgung GRC 38 24
– Preisbildung GRC 38 24
– körperliche Integrität GRC 38 24
– Präferenzschutz GRC 38 24
– personale Integrität GRC 38 24
Schwangerschaft s. Mutterschutz
Schwangerschaftsabbruch AEUV 57 41, 45, 50
schwarze Liste AEUV 56 112
Schwarzmeer-Synergie AEUV 217 10, 39, 52
Schweden als pre-in AEUV 142 10
Schweigen eines Unionsorgans AEUV 263 44
Schweiz AEUV 67 30; 217 30, 32 f., 52
– Zinsrichtlinie AEUV 65 27
Schwerpunkt einer Übereinkunft AEUV 216 161; 218 31, 180
Schwerpunkttheorie AEUV 114 32
Seegerichtshof, Internationaler AEUV 216 182

– Gutachtenverfahren vor dem ~ AEUV 218 168
Seerechtsübereinkommen (UNCLOS) s. Vereinte Nationen
Seeschifffahrt AEUV 18 51; 100 2 ff.
Seeverkehrs- und Hafenpolitik AEUV 90 35
sekundäre Niederlassungsfreiheit AEUV 49 27, 33
Sekundärrecht AEUV 1 4; 288 1, 6
Selbstbestimmung GRC 7 14
Selbstbestimmung, informationelle s. Recht auf informationelle Selbstbestimmung
Selbstbestimmungsrecht über den Körper GRC 7 19
Selbstmord GRC 1 37
Selbstschussanlagen GRC 1 32
Selbstschutzfähigkeit AEUV 12 59
Selbstständige AEUV 157 142
– s. a. Arbeitnehmer
selbstständige Tätigkeit AEUV 53 7
Selbstverteidigungsrecht EUV 42 44
Selbstzertifizierungssystem AEUV 207 104
Semester, Europäisches s. Europäisches Semester
Serbien AEUV 217 9
service public AEUV 14 41
SESAR AEUV 187 5, 9
Seveso-Richtlinie AEUV 196 9
sexuelle Ausbeutung AEUV 83 20
sexuelle Selbstbestimmung GRC 7 31
sexuelles Verhalten GRC 7 19
SHERLOCK AEUV 74 4
Sicherheit GRC 6 22; AEUV 114 79
– s. a. Gemeinsame Außen- und Sicherheitspolitik
– s. a. Rechtssicherheit
– s. a. soziale Sicherheit
– äußere und innere sowie Terrorismus AEUV 222 7 f.
– innere AEUV 67 35; 72 1, 6
– internationale AEUV 216 259; 220 34; 351 25, 49 ff.
– öffentliche AEUV 36 38; 45 86 f.; 52 10; 56 63, 112; 59 12; 62 3, 6; 65 11 f., 15
– Straßenverkehr AEUV 36 55
– und Gesundheit s. Arbeitsschutz
– Untersuchungsausschuss AEUV 226 18
Sicherheit, Recht auf
– Begriff GRC 6 22
– Funktion GRC 6 21
– und Bewegungsfreiheit GRC 6 10, 19
– Verletzung GRC 6 30
Sicherheitsinteressen AEUV 346 7, 34; 347 1, 3, 6 f., 9 f., 14, 18 ff., 28, 30 ff., 36, 38
Sicherheitspolitik GRC 47 44
Sicherheitsrat der Vereinten Nationen AEUV 220 33 ff.; 351 24, 47 ff.
– Beschlüsse des ~ AEUV 220 36 ff.; 216 257; 351 24 f., 48, 53

Stichwortverzeichnis

- Ständige Mitglieder AEUV 351 25
Sicherungsstrategie EUV 42 9
Singapur, Freihandelsabkommen mit AEUV 216 172; 218 209
single resolution mechanism (SRM) AEUV 127 57
single supervisory mechanism (SSM) AEUV 127 54; 130 11; 284 21
- administrativer Überprüfungsausschuss AEUV 283 35
- Aufsichtsgremium AEUV 283 35
- Europäische Zentralbank AEUV 283 35
- supervisory board AEUV 283 35
SIS AEUV 74 4; 77 23
Sitz anderer Einrichtungen der EU AEUV 341 10
Sitz der Eurozone im IWF AEUV 138 45 ff.
Sitz der Unionsorgane AEUV 341 1 ff.
Sitzabkommen AEUV 216 46; 218 91
Sitzstaat AEUV 221 10
Sitztheorie AEUV 49 65; 54 10
Sitzverlegung AEUV 49 105, 123; 54 7, 14, 16
Sitzzuteilungsmethode Sainte-Laguë/Schepers AEUV 223 37
six-pack AEUV 120 6; 121 1, 50 ff.; 136 9; 140 3
Sklaverei GRC 5 1, 9 f., 30; 6 15
Slowakei AEUV 217 9
Slowenien AEUV 217 9
- Pre-in AEUV 142 10
smart sanctions s. Individualsanktionen
Smithsonian Agreement AEUV 219 9
Sofortmaßnahmen AEUV 215 4
- Rechtsbehelf AEUV 232 10
soft law AEUV 110 57; 216 54 f.; 218 11
- s. a. unverbindliche Rechtsakte
Software AEUV 34 12
Solidarität GRC 1 40 ff.; AEUV 18 33; 162 3; 174 6; 196 5, 6
- Katastrophenschutz und Terrorabwehr AEUV 222 3 ff., 10, 19, 29, 33 f., 37, 40
Solidaritätsgrundsatz/-prinzip EUV 3 40; AEUV 78 33; 80 1 ff.; 122 1, 8
Solidaritätsklausel AEUV 194 3 f.; 205 5
Solidaritätskrise EUV 2 30
Solidaritätsverpflichtung AEUV 351 81
Solidaritätsziel AEUV 311 43
SOLVIT-Netzwerk AEUV 26 24
- Beschwerde AEUV 228 5
Sonderanknüpfungen AEUV 54 11, 30
Sonderausschuss
- Echelon AEUV 226 24
- Enquete-Kommisson AEUV 226 23
- EP EUV 14 66
- Untersuchungsausschuss, Abgrenzung AEUV 226 23
Sonderausschuss nach Art. 218 Abs. 4 AEUV AEUV 218 35, 41, 55 ff.
Sonderbeauftragter EUV 33
- Aufgabe EUV 33 6 ff.

- Ernennung EUV 33 4
- Finanzierung EUV 41 4
Sonderinteressen, mitgliedstaatliche AEUV 216 143
Sonderklausel, Austrittsabkommen EUV 50 28
Sonderregelungen für EU-Ausländer AEUV 52 17
Sonderstellung
- Dänemarks AEUV 85 10; 87 32
- des Vereinigten Königreichs AEUV 85 10; 87 32
- Irlands AEUV 85 10; 87 32
Sonderunionsrecht EUV 4 159 ff.; 48 89
- Europäische Bankenaufsicht EUV 4 163
- Verstoß gegen Loyalitätsprinzip EUV 4 159
Sonntagsarbeit AEUV 153 17
Sonntagsverkaufsverbote AEUV 34 82
Sorgfalts- und Untersuchungsgrundsatz GRC 47 42, 43, 44
Souveränität AEUV 56 82; 113 2
- haushaltspolitische AEUV 126 14
- steuerpolitische AEUV 113 2, 5, 19, 21
Souveränitätsvorbehalt AEUV 85 41; 194 27 ff.
- Grenzen AEUV 194 33
- nationaler (Rüstung) AEUV 347 3 f.
- Verständnis AEUV 194 28 ff.
Sozialbereich GRC 8 47
soziale Dienstleistungen AEUV 106 56
soziale Grundrechte GRC 27 9; 51 34
soziale Lage, Gesamtbericht AEUV 233 5
soziale Marktwirtschaft EUV 3 39
soziale Sicherheit GRC 34; AEUV 48; 153 39 ff.
- s. a. finanzielles Gleichgewicht
- s. a. Mutterschutz
- s. a. sozialer Schutz
- s. a. soziale Vergünstigung AEUV 46 22
- Arbeitslosigkeit (Koordinierung) AEUV 48 49 ff.
- Arbeitsunfähigkeit, Krankheit (Koordinierung) AEUV 48 29 ff., 35 ff., 66
- Arbeitsunfall, Berufskrankheit (Koordinierung) AEUV 48 39 f.
- Begriff GRC 34 17, 48, 24 ff.
- beitragsunabhängige Sonderleistungen (Koordinierung) AEUV 48 74 ff.
- Berufsunfähigkeit, Invalidität (Koordinierung) AEUV 48 64 f.
- betriebliche Systeme AEUV 46 43 ff.; 48 27; 157 46 ff.
- Datenaustausch AEUV 48 90 f.
- Entgelt (Abgrenzung) AEUV 157 36, 44, 46 ff.
- Existenzminimum GRC 34 2
- Kompetenz der EU AEUV 153 93 ff., 101 ff.
- Kumulierungsverbot AEUV 48 57, 69 ff.
- Leistungsexport AEUV 48 52, 59 ff.
- mitgliedstaatliche Systeme AEUV 151 34; 153 40, 101 ff., 103

- Modernisierung AEUV 153 40, 93 ff.
- Pflege (Koordinierung) AEUV 48 30
- Rente, Alterssicherung (Koordinierung) AEUV 48 41 ff.
- soziale Dienste GRC 34 17
- soziale Unterstützung GRC 34 17
- Verwaltungszusammenarbeit AEUV 48 90 ff.
- Vorruhestand (Koordinierung) AEUV 48 49
- Zusammenrechnung AEUV 48 84 ff.; 45 130

soziale Sicherungssysteme AEUV 36 55
soziale Vergünstigung AEUV 46 18 ff.
Sozialer Dialog GRC 28 5, 11; AEUV 151 15; 152
- Demokratieprinzip AEUV 155 21
- Dreigliedriger Sozialgipfel AEUV 152 17
- Dreiseitiger Sozialdialog AEUV 154 1
- Richtlinienumsetzung AEUV 153 95 ff.
- Sektorendialog AEUV 152 16; 155 7 ff.
- Zweiseitiger Sozialdialog AEUV 152 7 ff; 154 4 f.; 155 7 ff.

sozialer Fortschritt GRC 34 19; AEUV 9; 151 10
- Soziales Fortschrittsprotokoll AEUV 9 12

sozialer Schutz AEUV 9 3, 4, 9; 151 14
- s. a. Arbeitnehmerschutz
- s. a. Ausgrenzung, soziale
- s. a. Ausschuss für sozialen Schutz
- s. a. soziale Sicherheit
- s. a. sozialer Fortschritt

Sozialfonds, Europäischer s. Europäischer Sozialfonds
Sozialleistung AEUV 18 46
- s. soziale Sicherheit
- Menschenwürde GRC 1 43, 48 ff., 54 ff.

Sozialordnung AEUV 56 125
Sozialpartner AEUV 146 13; 150 9
- Anhörung AEUV 154 3, 6 ff.
- Begriff AEUV 152 11 ff.; 154 3, 12 ff.
- Repräsentativität AEUV 154 12; 155 19 ff., 22 f., 28
- Sozialpartnervereinbarung AEUV 155 24 ff.

Sozialpartnervereinbarung s. Sozialpartner
Sozialpolitik AEUV 5 1; 63 12; 145 5
- Entgeltgleichheit AEUV 157 111, 116
- geteilte Zuständigkeit AEUV 4 5
- Industriepolitik AEUV 173 36
- Koordinierung AEUV 5 10
- Kompetenzverteilung AEUV 151 25 ff., 33; 153 1 f., 49 ff; 155 5; 156 2; 157 116, 143 ff.
- Querschnittsklausel AEUV 9 1 ff.
- Verhältnis zu den Grundfreiheiten AEUV 153 113

Sozialstaat AEUV 56 82
Sozialversicherung AEUV 63 14; 106 22
soziokulturelle Präferenzen AEUV 36 59, 91
Spaak-Bericht EUV1 18
Spaltung, grenzüberschreitende AEUV 54 17, 23 f.

- Hinaus- und Hineinspaltungen AEUV 54 23

Sparkasse AEUV 64 7
Speicherung GRC 8 19
Spenden AEUV 63 19
- Parteien AEUV 224 11
- Verbote AEUV 224 11

Sperrwirkung
- Forschungspolitik AEUV 180 3
- von Gutachtenverfahren nach Art. 218 Abs. 11 AEUV AEUV 218 117
- von Sekundärrechtsakten AEUV 216 152
- von EU-Übereinkünften AEUV 216 162

Sperrwirkung des Unionsrechts AEUV 193 7 f., 17, 19, 30 ff.
Spezialkompetenzen AEUV 12 16
Spezielle Gesetzgebungsinitiativen AEUV 289 43 f.

Sport AEUV 56 40, 106; 57 50; 165 7, 9
- Arbeitnehmerfreizügigkeit AEUV 45 32, 103, 138, 140
- Erasmus + AEUV 165 33
- Internationale Zusammenarbeit AEUV 165 39
- Kompetenz der EU AEUV 165 16, 19, 23
- Verhältnis zu anderen primärrechtlichen Normen AEUV 165 44
- Ziele der Sportpolitik AEUV 165 26

Sprache GRC 22 12 f.; AEUV 56 66, 127
Sprachenfrage GRC 41 21
Sprachenvielfalt EUV 3 40
- EP EUV 14 69; AEUV 223 53

Spracherfordernisse AEUV 49 65
Sprachkenntnisse s. Qualifikation
Sprachregelung, Erteilungs-; Widerrufs, Nichtigkeitsverfahren AEUV 118 31
Spürbarkeit AEUV 115 13
Spürbarkeitserfordernis AEUV 49 43, 69
SSM s. single supervisory mechanism
Staat, europäischer EUV 49 17
Staatenklage AEUV 258 1; 259 1 ff.; 260 4
- außergerichtliches Vorverfahren AEUV 259 6 ff.
- gerichtliches Verfahren AEUV 259 11 ff.
- Hüterfunktion AEUV 259 3 f.
- Streitschlichtungsverfahren AEUV 259 2

Staatenlose AEUV 78 1
Staatennachfolge s. Staatensukzession
Staatensukzession AEUV 351 31
Staatenverantwortlichkeit AEUV 215 41
Staatenverbund EUV 1 10; AEUV 1 6
staatliche Handelsmonopole AEUV 37 1 ff.
- s. a. Monopol
- Umformungsgebot AEUV 37 16 ff.
- Unterlassungsgebot (stand still-Klausel) AEUV 37 20

Staatsangehörigkeit/Nationalität AEUV 18 8, 57; AEUV 63 4, 14, 21, 25, 28; 64 10; 65 14 f.
- Begriff AEUV 18 7 f.
- britische Besonderheiten AEUV 18 55

Stichwortverzeichnis

- doppelte AEUV 18 56
- Drittstaatsangehörige AEUV 18 59; 63 15
- von Mitgliedstaaten AEUV 63 6, 37

Staatsanleihen AEUV 352 33
Staatsbürgerschaft s. Staatsangehörigkeit
Staatsgebiet EUV 52 5
Staatsgewalt/öffentliche Gewalt AEUV 65 14
Staatshaftungsanspruch GRC 47 5; AEUV 34 3; 351 82
- s. a. Haftung der EU

Staatshaftungsrecht der Mitgliedstaaten AEUV 340 62
  s. a. Haftung der Mitgliedstaaten
Staatsinsolvenz AEUV 122 17
Staatskirchenrecht s. Religionsverfassungsrecht
Staatsschulden-/Eurokrise EUV 4 159 ff.; 48 13, 29; AEUV 121 50; 143 2
Stabilisierungs- und Assoziierungsabkommen (SAA) AEUV 217 9 f., 26, 44
Stabilitäts- und Konvergenzprogramme AEUV 148 16
Stabilitäts- und Wachstumspakt AEUV 126 2, 6, 8; 140 3
Stabilitätsprogramme AEUV 121 36
Standardleitbild AEUV 12 56, 59
Standardverbraucher AEUV 169 10
ständige Fazilitäten AEUV 127 22
Ständige Strukturierte Zusammenarbeit EUV 42 43; 46
- Beendigung EUV 46 19 f.
- Erweiterung EUV 46 15 ff.
- Teilnahme EUV 46 5 ff.

Ständige Vertretungen der Mitgliedstaaten in Brüssel AEUV 221 14
Standortwechsel AEUV 54 29
Standpunkte
- der Union im Bereich des GASP AEUV 138 19, 26
- gemeinsame ~ AEUV 138 11 ff.
- Rat AEUV 231 6

Standpunkte der EU in Vertragsgremien s. Vertragsgremien
Statik der Norm AEUV 36 11
Statik der Rechtfertigung AEUV 36 11
Statistiken s. Erstellung von Unionsstatistiken
Status of Forces Agreement EUV 43 21
Status of Mission Agreement EUV 43 21
Statusveränderungen, mitgliedschaftliche EUV 53 11
Statut
- Bürgerbeauftragter AEUV 228 9, 21
- Parteien AEUV 224 15

Statutsbeirat AEUV 336 8 f.
Stellungnahmen AEUV 288 99, 107 ff.
- Abgrenzung zu Empfehlungen AEUV 288 107
- amicus curiae-Stellungnahmen AEUV 288 108
- begründete AEUV 288 107

- der EU-Kommission AEUV 288 109
- EP EUV 14 30
- Gemeinsamkeit mit Empfehlungen AEUV 288 99

Steuer(n) AEUV 30 63 ff.; 56 124, 125; 59 17; 63 25, 32; 114 29
- ausländische ~ AEUV 65 19
- Begünstigungen AEUV 56 126
- Befreiung AEUV 56 126
- Begriff AEUV 192 36 ff.
- direkte ~ AEUV 65 19
- Effizienz der Steuereintreibung AEUV 56 128
- EP AEUV 223 56
- Hinterziehung AEUV 56 128
- indirekte ~ AEUV 65 19; 110 10, 19; 113 1 f., 7, 11 f., 37
- Kohärenz AEUV 56 127
- Steuerausfälle AEUV 65 22
- Steuerflucht AEUV 56 128; 63 32; 65 5, 22
- Steuerhinterziehung AEUV 63 32; 65 5, 22, 27
- Steuerpflicht AEUV 65 17
- Steuerpflichtiger AEUV 65 18
- Steuersatz AEUV 56 128
- Steuerumgehung AEUV 63 32; 65 5, 19
- tax law exemtion AEUV 65 17

Steuer- und Abgabenerhebung AEUV 56 82
Steuererfindungsrecht AEUV 113 14; 311 52
Steuergegenstand AEUV 113
- sonstige indirekte Steuern AEUV 113 11
- Umsatzsteuer AEUV 113 8
- Verbrauchsabgaben AEUV 113 10

Steuergesetzgebungskompetenz AEUV 311 52
Steuerhoheit AEUV 65 21; 311 52
- Aufteilung der ~ AEUV 63 32, 41; 65 21
- Verlustberücksichtigung AEUV 63 32; 65 22
- unionsrechtliche Grenzen AEUV 311 54
- verfassungsrechtliche Grenzen AEUV 311 64

steuerliche Maßnahmen AEUV 65 3, 28 ff.
steuerliche Vergünstigung AEUV 45 135; 46 34 ff.
Steuerrecht AEUV 49 98 ff.; 65 6
- EU-Kompetenzen AEUV 65 28
- mitgliedstaatliches ~ AEUV 63 25, 32; 65 6, 18

Steuersystem AEUV 36 55
Steuerumgehung AEUV 49 116 f.
Steuerung, wirtschaftspolitische AEUV 177 18 ff.
Steuerungseffekte AEUV 169 16
Steuerungsfunktion des Rates AEUV 218 12 ff.
Steuervermeidung AEUV 49 91
Steuerverwaltungskompetenz AEUV 311 52
Steuerwettbewerb AEUV 110 4 f.
- europäischer AEUV 110 4
- good governance-Mitteilung AEUV 110 29
- international AEUV 110 17

– schädlicher AEUV 110 53
Stiefkinder GRC 7 21
Stiftung AEUV 63 19
– Parteistiftungen AEUV 224 9
Stillhalte-Regelung AEUV 30 5
Stillhalteverpflichtungen EUV 4 115
Stilllegungsfonds-Gutachten AEUV 216 92, 98, 138
Stimmenwägung EUV 16 33 f.; AEUV 235 6 ff.; 238 7 ff.
Stimmrechtsaussetzung s. Aussetzung bestimmter Rechte
Stimmrechtsgruppe im IWF AEUV 138 31, 45
Stimmrechtsübertragung AEUV 235 2 ff.; 239 1 ff.
– Adressaten AEUV 239 3
– Europäischer Rat AEUV 235 2 ff.
– förmliche Abstimmung AEUV 235 5
– Rat AEUV 239 1 ff.
– Rechtswirkung AEUV 239 6 f.
– Weisungsbefugnis AEUV 239 7
Stockholmer Programm AEUV 68 2
Störung der öffentlichen Ordnung AEUV 347 5, 9, 12, 16 f., 36
Strafe GRC 4 1 ff., 10, 17 ff., 19 ff., 27 ff.; 19 10, 12, 15; AEUV 83 43 f.
– erniedrigende GRC 4 2 ff., 10, 19, 26; 19 10, 12, 15
– Haftstrafe GRC 4 18
– Todesstrafe GRC 4 17, 28
– unmenschliche GRC 4 2 ff., 10, 17 ff.; 19 10, 12, 15
Strafjustizielle Zusammenarbeit EUV 3 36; AEUV 67 9, 35 f.
Strafrecht AEUV 56 108; 65 6, 8
– besonders schwere Kriminalität AEUV 83 10 ff.
– grenzüberschreitende Kriminalität AEUV 83 13
– Harmonisierung s. dort
– Kompetenzkonflikte AEUV 82 18
– Schonungsgrundsatz AEUV 83 48
strafrechtliches Ermittlungsverfahren AEUV 86 22, 32
Strafrechtsetzungskompetenz AEUV 325 35 ff.
Strafregister, Datenaustausch AEUV 82 21
Strafverfahrensrecht AEUV 86 24 f., 32 ff.
– Harmonisierung s. dort
– Schonungsgrundsatz AEUV 82 33
Strafverfolgungsbehörden AEUV 85 32, 42; 86 26, 30; 87 9
Straßenbenutzungsgebühren AEUV 92 1, 4, 6
Strategie Europa 2020 AEUV 145 9; 148 13
Strategische Leitlinien AEUV 68 3, 6
Strategische Partnerschaft AEUV 217 12
– zwischen UNO und EU AEUV 220 34
Streik GRC 28 26; AEUV 153 130 ff.; 155 3
– s. a. Bereichsausnahme, Sozialpolitik

– s. a. kollektive Maßnahmen
Streikrecht GRC 12 23, 31
Streitbeilegung, gütliche AEUV 270 16
Streitbeilegungsmechanismen EUV 19 52
Streitbeilegungsverfahren AEUV 216 71; 218 10
Streitentscheidungskompetenz der Kommission AEUV 221 28
Streitgegenstand GRC 47 30, 40, 65, 73
Strukturanpassungen AEUV 173 34 ff.
strukturelle Operationen AEUV 127 20
Strukturfonds AEUV 4 6, 175 6 ff., 311 43; 326 6
– Durchführungsbestimmungen AEUV 178 4
– fondsspezifische Verordnung AEUV 177 11
– Grundsätze AEUV 177 15
– Sekundärrecht AEUV 177 1 ff.
– Verordnungen AEUV 177 9 ff.
– Ziele AEUV 177 12 ff.
Strukturpolitik AEUV 174 4 ff., 309 4
– Durchführung AEUV 175 1 ff.
– Reformen AEUV 174 7
– spezifische Aktionen AEUV 175 12
– Zielsetzung AEUV 176 3
Sub-Committee on IWF (SCIMF) AEUV 138 32
subjektive Rechte EUV 3 33; GRC 38 5, 24; 52 4; AEUV 169 13, 15, 17, 19; 340 26
Subjektsqualität, Mensch GRC 1 29 ff., 51 ff.
subsidiärer Schutz AEUV 78 13, 16 ff.
Subsidiarität AEUV 114 70
– Bürgerbeauftragter AEUV 228 21
– Protokoll Nr. 2 über die Anwendung der Grundsätze der Subsidiarität und der Verhältnismäßigkeit s. dort.
Subsidiaritätsklage AEUV 69 4; 263 8, 33 ff.
– Präklusionswirkung AEUV 263 36
– Klageerhebung in Deutschland AEUV 263 38
– Parteifähigkeit AEUV 263 20
Subsidiaritätsprinzip EUV 5 51 ff.; AEUV 2 5, 17, 21, 28, 40; 6 2; 69 1 ff.; 169 20 f.; 194 3; 216 100, 152, 166 ff.; 291 5
– ausschließliche Zuständigkeit EUV 5 56, 63 ff., 71,
– Binnenmarktharmonisierungskompetenz EUV 5 64
– Binnenmarktziel AEUV 12 14
– Einschätzungsprärogative EUV 5 99 ff.
– Erhaltung nationaler Vorschriften EUV 5 53
– Flexibilisierungsklausel AEUV 352 9, 27
– Forschungspolitik AEUV 179 22 f.; 180 5 f.
– geteilte Zuständigkeit EUV 5 67 f.
– Industriepolitik AEUV 173 54
– im Umweltschutz AEUV 191 87; 192 1, 7, 57, 66
– Justiziabilität EUV 5 55, 105, 126 ff.
– Kompetenzausübung EUV 5 52
– Kompetenzgrundlage EUV 5 122 ff.

- Kompetenzverteilung EUV 5 55, 82
- mitgliedstaatliche Ebene EUV 5 79 ff.
- Mobilisierung AEUV 222 27
- Protokoll Nr. 2 über die Anwendung der Grundsätze der Subsidiarität und Verhältnismäßigkeit s. dort
- Subsidiaritätsklage EUV 5 102, 109, 118 ff. 121 ff.
- Subsidiaritätsrüge EUV 5 102, 107, 109, 110 ff., 119, 121 ff.
- Unionsebene EUV 5 92 ff.
- Unterstützung von Mitgliedstaaten AEUV 222 34
- Verbraucherschutzziel AEUV 12 14
- Verwaltung AEUV 197 4

Subsidiaritätsprotokoll AEUV 69 4
Subsidiaritätsrüge AEUV 69 4; 288 4
- Flexibilisierungsklausel AEUV 352 38

Substanzverbote AEUV 34 111
Substitutionskonkurrenz AEUV 110 96, 152
Subventionen, Betrug AEUV 325 2
Subventionsbegriff AEUV 207 124
Suchmaschinen GRC 1 9 ff.
Südafrika AEUV 217, 12
Süderweiterung
- erste EUV 49 6
- zweite EUV 49 6

Sukzession s. Rechts-/Funktionsnachfolge
supranationale Rechtformen im Gesellschaftsrecht AEUV 352 2
Supranationalisierung AEUV 86 23; 88 6; 216 70; 351 5
Suspendierungsklauseln in EU-Übereinkünften AEUV 218 157, 185
Suspendierungsverfahren s. Sanktionsverfahren
Suspensiveffekt AEUV 256 28 f.
System der gleichberechtigten Rotation EUV 16 22; 17 32; EUV 236 4; 244 4 ff.
- Anwendungsbereich AEUV 244 3
- Beurteilungsspielraum AEUV 244 8
- Festlegung durch den Europäischen Rat AEUV 244 9
- Grundsatz der strikten Gleichberechtigung der Mitgliedstaaten AEUV 244 4 ff.
- Grundsatz der repräsentativen Abbildung der Gesamtheit der Mitgliedstaaten AEUV 244 7 f.

System des mittelfristigen finanziellen Beistands AEUV 311 106
System unverfälschten Wettbewerbs AEUV 103 1, 44; 107 7 f.

Tabakwerbung AEUV 26 20
Tagebücher GRC 7 19
Tampere
- Beschlüsse des Europäischen Rats AEUV 82 6
- -Programm AEUV 68 2; 78 5
TARGET AEUV 127 34 f.

targeted sanctions s. Kadi und Sanktionsbeschlüsse, individualisierte
Tariftreueerklärung AEUV 151 40 f.; 153 134
Tarifvertrag AEUV 56 43; 59 26
- s. a. Kollektivvereinbarung
tatbestandsimmanente Rechtfertigungsgründe AEUV 36 16
Tätigkeitsverbot AEUV 49 63; 56 123
tatsächliche Wirkungen nationaler Regelungsstrukturen AEUV 34 36 ff.
Täuschungs- und Bereicherungsabsicht AEUV 325 19
Technologie- und Innovationsunternehmen, Horizont 2020 AEUV 182 19
Teilaustritt EUV 50 26
Teilintegration, wirtschafts- und währungspolitische AEUV 119 10
Teilrechtsordnungen EUV 4 61
Teilzeit
- Arbeitnehmereigenschaft AEUV 45 34 ff.
- Entgeltgleichheit AEUV 157 74 ff., 118 ff., 133
- Überstundenentgelt AEUV 157 77 f., 123, 126
- pro-rata-temporis-Grundsatz AEUV 153 24; 157 73, 123, 125 ff.

Telekommunikation GRC 7 27; AEUV 63 32; 106 51
Telekommunikationsdienste AEUV 34 16
Tellereisenverordnung AEUV 207 100
Termingeschäfte AEUV 63 19
territoriale Souveränität EUV 52 5
Territorialitätsgrundsatz/-prinzip AEUV 49 8, 99, 121, 123; 65 22; 86 15; 118 4, 7
Terrorabwehr GRC 1 12, 29, 57; 2 38; AEUV 222 1 f., 5 ff., 14, 16 ff., 26, 32, 36, 40, 42; 347 14 f., 17, 24 f., 38, 40, 47
Terroranschlag AEUV 196 3, 6
Terrorismus AEUV 75 6; 83 18; 88 18; 351 48
- Programm zum Aufspüren der Finanzierung des Terrorismus s. dort
- Übereinkommen des Europarats zur Verhütung des ~ AEUV 216 185; 220 41
Terrorismusbekämpfung EUV 42 8 f.; AEUV 75 1 ff., 6 ff., 8, 11 f.
- s. a. restriktive/Sanktionsmaßnahmen GRC 47 22, 24, 43, 77
terroristische Angriffe
- Lebensschutz GRC 2 38
- Menschenwürde GRC 1 29
Tertiärrecht AEUV 288 1, 6; 290 1, 13
- Vorrang des Sekundärrechts AEUV 290 13
Tertiärrecht zur Durchführungsverwaltung AEUV 207 45 ff.
- Kontrollausschüsse AEUV 207 47
Textilwaren AEUV 207 91
Tierschutz AEUV 11 6; 13 1 ff.; 191 23
- gerichtliche Kontrolle AEUV 13 23
- nicht harmonisierter Bereich AEUV 13 29 f.

– Wohlergehen der Tiere AEUV 13 10 ff.
Titelfreizügigkeit AEUV 81 31
Tochtergesellschaft AEUV 49 27, 33, 91, 113, 118, 130, 139, 141; **50** 12; **54** 25 f.
Todesschuss, polizeilicher GRC 2 47
Todesstrafe GRC 2 4 ff., 31 ff., 57 ff., 69; **19** 10, 12, 15
Tonbandaufzeichnung GRC 7 31
Tourismus AEUV 57 30, 50; **59** 15; **195** 1 ff.
– Beratender Ausschuss für den Fremdenverkehr AEUV **195** 11
– Ergänzungskompetenz AEUV **195** 16
– Dienstleistungsfreiheit AEUV **195** 7
– Förderprogramme AEUV **195** 8, 14
– Gesetzgebungsverfahren AEUV **195** 18
– Kommission AEUV **195** 11
– Koordinierungsfunktion AEUV **195** 17
– lex specialis AEUV **195** 8, 19
– Transportpolitik AEUV **195** 7
– Tourismusfreiheit AEUV **195** 7
– Unterstützungskompetenz AEUV **195** 16
– Verbraucherschutz AEUV **195** 7
Trade Barrier-Regulation AEUV 207 131 ff.
– Begriff Handelshemmnis AEUV **207** 134
– Kausalitätserfordernis AEUV **207** 135
– Schädigung AEUV **207** 135
– Unionsinteresse AEUV **207** 136
Träger passiver Grundfreiheiten AEUV 12 12
Transatlantic Trade and Investment Partnership (TTIP) AEUV 26 7; **216** 172; **218** 12, 45 ff.
Transeuropäische Netze AEUV 170 1 ff.; **171, 172**; **194** 20, 22; **114** 40
Transeuropäische Verkehrsnetze AEUV 90 36 ff.
Transferklausel GRC 52 3, 44
Transgender AEUV 19 23, 29
Transition Regulation AEUV 207 29
transnationale Kollektivverhandlungen
– s. Kollektivvereinbarung, Europäische
– s. Kollektivverhandlung, transnational
transnationales Gemeinwesen EUV 3 26
Transparenz AEUV 40 67; **137** 14; **216** 74, 86; **218** 44 ff.
– Entgeltsystem AEUV **157** 95
– EP EUV 14 67; AEUV **232** 13; **233** 2
– Union AEUV **233** 13
Transparenzgrundsatz s. Grundsatz der Transparenz
Transparenzprinzip AEUV 294 34, 36; **297** 1; **298** 12, 18
Transparenzrichtlinie AEUV 106 26, 114
Transparenzverordnung AEUV 292 5; **295** 10; **297** 6; **298** 19
Transsexualität GRC 7 19; AEUV **157** 82
Treaty Termination Power AEUV 216 129
Trennungsklausel
– in gemischten und auch reinen EU-Abkommen AEUV **216** 142, 184 ff.
– in mitgliedstaatlichen Abkommen AEUV **216** 142

– TRIPS AEUV **216** 197
Treu und Glauben und Datenschutz GRC 8 24
Treueeid AEUV 56 66, 122
Trilog(e) AEUV 293 2, 16; **294** 2, 5, 19, 32 ff., 37, 41, 45 ff.; **314** 11
– Entwicklung AEUV **324** 7
Trilogieverfahren AEUV 15 31
TRIPS AEUV 207 20, 229
Tschechische Republik als Pre-in AEUV 142 10
TTIP s. Transatlantic Trade and Investment Partnership
Tunesien AEUV 217 10, 38
Türkei AEUV 217 4, 26, 28 f., 48
two-pack AEUV 120 6; **121** 1, 50; **136** 9
typisierte Schutzsituation
– Risikolagen AEUV **12** 28
– Rollenmodell AEUV **12** 28

Übereinkommen über die Rechte von Menschen mit Behinderungen (ÜRB) AEUV 216 180; **218** 189
Übereinkommen zur Beilegung von Investitionsstreitigkeiten AEUV 351 39
übereinkommenskonforme Interpretation des EU-Rechts AEUV 216 201
Übergangscharakter nationaler Zuständigkeit AEUV 216 192
Übergangsregelung AEUV 157 24 ff., 91
– EP AEUV **223** 63
– im Umweltschutz AEUV **192** 70 ff.
überindividuelle Rechtsdurchsetzung
– allgemeine Regelungen AEUV **169** 41
– Sondertatbestände AEUV **169** 41
überindividuelle Verbraucherinteressen AEUV 169 12
Übernachtliquidität AEUV 127 22
Überschneidungen
– Binnenmarktpolitik AEUV **169** 26
– Verbraucherpolitik AEUV **169** 26
Überschüsse AEUV 311 89
Übersee-Assoziationsbeschluss (Übersee-AB) AEUV 199 1 ff.; **203** 1 ff.; **204** 4, 6
Überseegebiete AEUV 349 6, 8
Überseeische Länder und Hoheitsgebiete (ÜLG) AEUV 63 22; **64** 11; **198** 1 ff.; **355** 4 ff.
– Liste AEUV **198** 24
– Rechtsstatus AEUV **198** 14
– völker- und europarechtliche Stellung AEUV **198** 17
Übersetzungszentrum für die Einrichtungen der EU EUV 13 4
Übersiedlung AEUV 49 26
Übertragungen AEUV 63 19, 38; **143** 6
Überwachung AEUV 56 122
– akustische GRC **7** 34
– Marktwächter AEUV **169** 50
– multilaterale AEUV **121** 32 ff., 50 ff.
UEMOA AEUV 219 17
ÜLG AEUV 219 17

ultra vires-Kontrolle EUV 4 46, 76, 79, 83 f., 88; 48 28, 75 ff.; AEUV 353 4
Umgehungstatbestand, Betrug AEUV 325 18
umgekehrt qualifizierte Mehrheit AEUV 136 10
Umsatzsteuer AEUV 64 11; 111 9; 113 1, 3, 7 ff., 22 ff.
Umsetzungsmaßnahmen
– im Umweltschutz AEUV 192 62 f.
– nationale AEUV 2 34
Umsetzungsspielraum der Mitgliedstaaten GRC 51 20
Umwandlung AEUV 54 17 ff.
Umwelt-/Klimaschutz GRC 2 24, 55; AEUV 173 30; 179 7, 26, 40; 349 12
Umweltabgaben AEUV 311 50, 93
Umweltkompetenz AEUV 194 15 ff., 22, 25, 28
Umweltpolitik AEUV 191 1 ff., 26 ff.
– Berücksichtigungsgebote AEUV 191 93 ff.
– geteilte Zuständigkeit AEUV 4 8
– Industriepolitik AEUV 173 86
– internationale Zusammenarbeit AEUV 191 98 ff.
– Prinzipien der Umweltpolitik AEUV 191 55 ff.
– Raumfahrt AEUV 189 8
– Schutzklausel AEUV 191 89 ff.
– Ziele AEUV 191 26 ff., 193 18
Umweltschutz AEUV 26 15; 36 34, 55; 83 36; 114 79; 194 4; 217 14, 32
– anthropozentrischer Ansatz AEUV 13 3, 5; 191 21
– Art. 192 AEUV AEUV 114 42
– Begriff der Umwelt GRC 37 12; AEUV 191 17 ff.
– dynamische Weiterentwicklung GRC 37 2; 39 2
– Gewässerschutz AEUV 192 24, 45
– hohes Schutzniveau GRC 37 14; AEUV 191 5, 26, 46 f.; 192 1 f., 5; 193 3, 23, 27
– Luftreinhaltung AEUV 192 25
– nicht harmonisierter Bereich AEUV 191 4
– relativer Vorrang des Umweltschutzes AEUV 191 50; 192 8
– Schutz des Bodens AEUV 192 27
– Umweltaktionsprogramme AEUV 192 50 ff.
– verstärkte Schutzmaßnahmen AEUV 193 2 ff., 27 ff.
Umweltstrafrecht AEUV 192 17
Umweltunfall AEUV 196 9
Umweltverträglichkeitsprüfung AEUV 192 21
UN-Behindertenrechtskonvention GRC 26 5
UN-Sanktionsausschuss GRC 47 43, 44
UN-Sicherheit AEUV 347 27, 38
UN/United Nations/UNO (und alle Organe) s. Vereinte Nationen
unabhängige Stelle GRC 8 58
Unabhängigkeit
– Abgeordnete AEUV 223 49 f., 55; 224 1

– Bürgerbeauftragter AEUV 228 8
– EZB AEUV 130 1 ff.
– ESZB AEUV 219 12, 19
Unabhängigkeit der EU-Verwaltung s. Europäische Verwaltung
Unabhängigkeit(sgebot) GRC 47 12, 13, 54, 55, 56, 57, 64, 68
unbenannte Rechtsakte s. unverbindliche Rechtsakte
Unberührtheitsklausel GRC 47 22; AEUV 165 22; 166 11; 167 4, 18
Ungarn
– Pre-in AEUV 142 10
– Sonderregelungen Kapitalverkehr AEUV 64 13
ungeborenes Leben GRC 1 22 f.
Ungleichbehandlung s. Diskriminierung
Ungleichgewichte, makroökonomische AEUV 121 60 ff.
Union für den Mittelmeerraum AEUV 217 10, 39, 52
unionale Hoheitsgewalt, Legitimation AEUV 340 10
Unionsagenturen s. EU-Agenturen
Unionsansässige AEUV 63 6, 13 f.
– Gesellschaften AEUV 63 13, 35; 65 14 f.
Unionsbürger AEUV 63 3, 6, 13, 15, 35; 144 11, 21; 221 19; 218 46; 298 9, 13
– Bürgerbeauftragter AEUV 228 13
– Völkerrecht EUV 50 32
– Wahlen EUV 14 49
unionsbürgerliche Freizügigkeit AEUV 67 20; 77 2, 6; 78 1; 78 3; 79 6
Unionsbürgerrechte GRC 52 12
Unionsbürgerschaft EUV Präambel 19; 9 1, 5, 12 f., 22, 26; 10 10 f.; 11 25; GRC Präambel 12; 45 14; AEUV 20 1 ff.; 36 3; 294 3
– Akzessorietät zur Staatsangehörigkeit AEUV 20 18 ff.
– Berichtspflicht AEUV 233 9
– diplomatischer und konsularischer Schutz GRC 46 1 ff.
– Doppelstaatsangehörigkeit AEUV 20 24, 32; 21 28
– Europäische Bürgerinitiative EUV 11 58.
– Fortentwicklung AEUV 25 1 ff., 19 f.
– Grundsätze EUV 9 26; 10 33
– Marktbürger AEUV 20 1, 6, 13
– Petitionsrecht AEUV 24 2 ff.
– Staatsbürgerschaft AEUV 20 9, 44
– Unionsbürger EUV 9 7 f., 14, 19, 22, 26; 11 72 f.; GRC 20 6; 45 19; 46 2, 12; AEUV 24 1 ff.
– Unionsbürgerrechte GRC 44 3; 45 1, 11
– Verlust der Unionsbürgerschaft AEUV 20 21
Unionsgebiet AEUV 64 11; 66 5, 14
Unionsgerichte, funktionale EUV 19 19
Unionsgrundrecht GRC 38 2
– Strafrecht AEUV 325 12, 46
Unionskompetenz, ausschließliche AEUV 207 4 ff.

Unionsloyalität/Unionstreue AEUV 216 165; 218 214
Unionsorgane s. EU-Organe; Organstruktur der EU
Unionspolitiken und Unionsmaßnahmen AEUV 12 62
Unionsrecht AEUV 64 24; 65 14 f.
– allgemeine Grundsätze EUV 19 15; AEUV 63 31; 64 18, 22
– Ausführung GRC 51 24
– Auslegung GRC 51 27
– Anwendung GRC 51 27
– Begriff GRC 51 17 f.
– Durchführung GRC 51 19 ff.
– Einheit des ~s AEUV 27 2
– Legitimation EUV 50 48
– lex specialis EUV 50 29
– Loyalitätspflicht AEUV 142 12, 15
– Solidarität(sprinzip) AEUV 63 14; 143 27
– Subsidiarität(sprinzip) AEUV 63 12
– Transparenz im ... ~ AEUV 65 2, 19
– ungeschriebenes EUV 19 14 f.
– Verhältnis zum Völkerrecht und Währungsunion AEUV 140 69 ff., 73
– Verhältnismäßigkeit AEUV 63 12, 33; 65 8, 11, 22
– Vollzug GRC 51 22 ff.
– Vorrang des ~ AEUV 144 15
Unionsrechtsordnung
– allgemeine Bestandteile der ~ AEUV 216 213, 245, 260
– Autonomie der ~ AEUV 216 71
– Grundlagen der ~ AEUV 351 26, 47 ff.; 216 83
– grundlegende Prinzipien AEUV 351 47; 218 185; 220 36, 59
Unionsstatistiken s. Erstellung von Unionsstatistiken
Unionssteuer
– demokratische Legitimation AEUV 311 60
– Rechtsgrundlage AEUV 311 61
Unionstreue AEUV 146 9
– Gebot der ~, Flexibilisierungsklausel AEUV 352 40
– Petition AEUV 227 12
Unionsverfassung s. Verfassung der EU
Unionsverträge AEUV 1 9 ff.
– Gleichrangigkeit AEUV 1 17
– Anhänge AEUV 1 12
– Primärrecht AEUV 232 6
– Protokolle AEUV 1 12, 27
Unionswerte EUV 3 7 ff., 43; AEUV 13 4
Unitarisierung, grundrechtliche AEUV 17 20
Universaldienst AEUV 14 42; 63 32; 106 64
Universität AEUV 57 20, 24
unmittelbare horizontale Drittwirkung der Warenverkehrsfreiheit AEUV 34 30
unmittelbare Richtlinienwirkung s. Direktwirkung von Richtlinien

unmittelbare Verpflichtung Privater aus EU-Übereinkünften AEUV 216 229; 218 123
unmittelbare Wirkung/Anwendbarkeit von EU-Übereinkünften AEUV 216 226 ff.; 351 15
– im Horizontalverhältnis AEUV 216 230
– von WTO-Recht AEUV 216 236 ff.
Unmittelbarkeit von Wahlen EUV 14 47, 52; AEUV 223 15, 37, 45
Unparteilichkeit(sgebot) GRC 47 12, 13, 44, 54, 55, 56, 57, 64, 68
Unschuldsvermutung GRC 47 79
Unschuldsvermutung und Verteidigungsrechte GRC 48 1 ff.
– Anklage GRC 48 1
– Eingriffe GRC 48 7, 12 ff.
– Grundrechtsträger GRC 48 6, 11
– Grundrechtsverpflichtete GRC 48 3, 10
– hinreichender Tatverdacht GRC 48 1
– hypothetische Kausalität GRC 48 17
– nemo tenetur Grundsatz 48 GRC 16
– Recht auf Information GRC 48 13
– Recht auf Rechtsbeistand GRC 48 15
– Recht auf Stellungnahme und deren Berücksichtigung GRC 48 14
– Rechtsstaatsprinzip GRC 48 1
– Rechtfertigung von Eingriffen GRC 48 8, 17
– Schutzanspruch GRC 48 1
– Schutzbereiche GRC 48 4 ff., 11
– Strafbegriff GRC 48 4
– Verhältnis zu EMRK 6 II und III GRC 48 1, 9
unsichtbare Transaktionen AEUV 63 4
unsorgfältige Redaktion des Vertragstextes AEUV 216 131, 139
Untätigkeitsklage EUV 11 87; GRC 47 23; AEUV 138 19; 265 1 ff.
– Begründetheit AEUV 265 63 ff.
– EP EUV 14 24
– Individualuntätigkeitsklage AEUV 265 2, 16 f.
– Initiativrecht, indirektes AEUV 225 1, 4, 8 f.
– Klageberechtigung AEUV 265 50 ff.
– Klagefrist AEUV 265 58 f.
– Klagegegenstand AEUV 265 36 ff.
– Rechtsschutzbedürfnis AEUV 265 60 ff.
– richtiger Beklagter AEUV 265 49
– Urteil AEUV 266 1, 4, 9 ff.
– Vorverfahren AEUV 265 20 ff.
Unterausschuss für IWF-Angelegenheiten AEUV 138 32
unterlassener Schutz, Menschenwürde GRC 1 50 ff.
Unterlassungspflicht der Mitgliedstaaten AEUV 216 191
Untermaßverbot EUV 11 7, 19, 33
Unternehmen AEUV 12 36; 106 17, 45 ff.
– kleinere und mittlere (KMU) AEUV 173 38 ff.; 179 28
– Nationalität von ~ AEUV 63 14
– öffentliche AEUV 63 14; 143 21

Stichwortverzeichnis

- Träger der Sozialversicherung **AEUV 9** 17; 151 34
- **Unternehmen mit besonderen oder ausschließlichen Rechten** **AEUV 106** 29
- **unternehmerische Beteiligung** **AEUV 49** 22
- **unternehmerische Freiheit** **GRC 16** 1 ff., 7, 9, 14 ff.
  - komplexe wirtschaftliche Sachverhalte **GRC 14** 16
  - subjektiv-rechtlicher Charakter **GRC 16** 4, 11
  - unmittelbare Drittwirkung **GRC 16** 4
- **Unternehmungsentscheidungen** **AEUV 169** 16
- **Unterrepräsentanz** s. positive Maßnahmen
- **Unterrichtung und Anhörung der Arbeitnehmer** **GRC 27**; **AEUV 153** 27 ff.
- **Unterschiede zwischen Art. 36 AEUV und zwingenden Erfordernissen** **AEUV 36** 17
- **unterschiedlich anwendbare Maßnahmen** **AEUV 36** 28
- **unterschiedslos anwendbare Maßnahmen** **AEUV 36** 24
  - rechtsvergleichende Ratio **AEUV 36** 26
  - offene Diskriminierungen **AEUV 36** 27
- **unterstützende Maßnahmen** **AEUV 169** 48
- **Unterstützung bei Katastrophenschutz und Terrorabwehr** **AEUV 222** 2
- **Unterstützung, Mitgliedstaaten** **AEUV 197** 15 ff.
- **Untersuchung**
  - Bürgerbeauftragter **AEUV 228** 10, 19
  - Untersuchungsausschuss **AEUV 226** 9
- **Untersuchungsausschuss**
  - allgemeine Bestimmungen **AEUV 226** 20
  - allgemeine Verfahrensvorschriften **AEUV 226** 21
  - Amtssprachen **AEUV 226** 11
  - Anhörungen **AEUV 226** 11
  - Ausschuss **AEUV 226** 3
  - Aussprache **AEUV 226** 12
  - Bedienstete **AEUV 226** 17, 22
  - Begründung **AEUV 226** 9
  - Bericht **AEUV 226** 1, 5, 9, 12
  - Besetzung **AEUV 226** 10
  - Dauer **AEUV 226** 10
  - Dienstrecht **AEUV 226** 17
  - Dokumente **AEUV 226** 11
  - Doppelung **AEUV 226** 16
  - Durchführung **AEUV 226** 17
  - Einzelermächtigung **AEUV 226** 4
  - Empfehlung **AEUV 226** 12
  - Ende **AEUV 226** 5
  - Enquete-Kommisson **AEUV 226** 23
  - EP **EUV 14** 20, 66; **AEUV 226**
  - Gegenstand **AEUV 226** 3, 7, 9 ff.
  - Geheimhaltung **AEUV 226** 18
  - Gericht als Sperre **AEUV 226** 4, 21
  - Gerichtsverfahren **AEUV 226** 15
  - Gleichgewicht, institutionelles **AEUV 226** 4
  - Minderheitsansichten **AEUV 226** 12
  - Nachsorgepflichten **AEUV 226** 12
  - Nachteile **AEUV 226** 18
  - Notifikation **AEUV 226** 18
  - NSA **AEUV 226** 24
  - Öffentlichkeit **AEUV 226** 8
  - Organe **AEUV 226** 4
  - Organmitglieder **AEUV 226** 8, 14
  - Ortstermin **AEUV 226** 22
  - Personen **AEUV 226** 11, 18
  - Quorum **AEUV 226** 3
  - Rechtsbehelf **AEUV 226** 10
  - Regelungsgegenstand **AEUV 226** 20
  - Regierungsmitglieder **AEUV 226** 22
  - Reisekosten **AEUV 226** 11
  - Sachverständige **AEUV 226** 11, 14, 22
  - Sanktionen **AEUV 226** 22
  - Sicherheit **AEUV 226** 18
  - Sonderausschuss, Abgrenzung **AEUV 226** 23
  - Tagegelder **AEUV 226** 11
  - Übersetzung **AEUV 226** 11
  - Unterlagen **AEUV 226** 22
  - Untersuchung **AEUV 226** 9
  - Verordnung **AEUV 226** 19 ff.
  - Vertragsverletzungsverfahren **AEUV 226** 15
  - Vertraulichkeit **AEUV 226** 11
  - Vorbehalt mitgliedstaatlichen Rechts **AEUV 226** 18
  - Zeugen **AEUV 226** 6, 11, 18, 22
  - Zusammenarbeit, loyale **AEUV 226** 7
- **Unterzeichnung von Übereinkünften** **AEUV 216** 74, 80, 207; **218** 60 ff., 138, 195, 215
- **Unterzeichnungszeremonie** **AEUV 218** 71
- **unverbindliche Rechtsakte** **AEUV 288** 98 ff.
  - Empfehlungen s. dort
  - Formen **AEUV 288** 98
  - Stellungnahmen s. dort
- **Unvereinbarkeit mitgliedstaatlicher Übereinkünfte mit Unionsverträgen/Unionsrecht** **AEUV 216** 84, 148, 214 f.; **351** 41 ff., 58 ff., 67 ff., 93 ff., 100 ff.
  - s. a. Altverträge
  - Feststellung durch den EuGH **AEUV 216** 215 ff.; **351** 60 f., 64 ff.
  - Pflicht zur Behebung der Unvereinbarkeit **AEUV 351** 54, 57 f., 62, 64, 74 ff., 87
  - potentielle Unvereinbarkeit **AEUV 351** 63 ff., 77
- **Urheberrecht** **AEUV 36** 73; **57** 15; **63** 19; **118** 23, 16
- **Urkundenfälschung** **AEUV 325** 17
- **Ursprungserzeugnisse** **AEUV 201** 2
  - freier Zugang **AEUV 203** 11
- **Urteilsbefolgung** **AEUV 260** 4
  - Sanktionierung der Nichtbefolgung **AEUV 260** 10

91*

- Beweislast für Nichtbefolgung   AEUV 260 17
- USA   AEUV 217 12; 218 12, 27, 45; 221 3
- Verfassung   AEUV 56 63

Vatikanstaat s. Kleinstaaten
Venedig-Kommission   AEUV 220 65
Veränderung von Daten   GRC 8 19
Verantwortlichkeit, völkerrechtliche s. Staatenverantwortlichkeit
Verarbeitung   GRC 8 18
Verbände, materielle Mindestanforderungen   AEUV 169 18
Verbandskompetenz   AEUV 2 1, 22; 216 3 f., 15, 45, 81, 125, 161, 174, 199, 248; 218 1, 7, 16, 115, 217 f., 221, 226, 229, 233; 220 7, 22
- staatliche   AEUV 142 11; 144 12
- währungspolitische   AEUV 138 1
Verbesserungsverbot   GRC 38 12
Verbindlichkeiten   AEUV 63 18; 65 18; 205 10
- gegenüber Ausländern   AEUV 65 10
- Eintritt für fremde ~   AEUV 143 4
- Geld-~   AEUV 63 20
- Tilgung/Erfüllung von ~   AEUV 63 38
Verbindungsbeamte   AEUV 87 27; 88 10
Verbindungsdaten   GRC 8 19
Verbot mengenmäßiger Beschränkung   AEUV 203 11
Verbraucher   AEUV 56 72, 119, 131; 57 16; 59 17
- Begriff, allgemein   AEUV 12 3, 25 ff., 29 f., 33 f., 36
- Begriff der Art. 101, 102 AEUV   AEUV 12 34
- Definition   AEUV 12 23
Verbraucherbelange   AEUV 12 5
Verbraucherbildung
- Bildungsziele   AEUV 169 17
- Steuerungswirkungen   AEUV 169 17
Verbrauchererwartung   AEUV 12 59
Verbraucherinformationen   AEUV 169 12 f., 15 f.
Verbraucherinteressen   AEUV 12 2
- soziale Gerechtigkeit   AEUV 169 3, 11 ff., 18, 27
- sozialer Zusammenhalt   AEUV 169 11
Verbraucherleitbild
- Funktionen   AEUV 12 47, 51 ff.
- Bestimmung   AEUV 12 51
Verbraucherpolitik
- Grundstruktur   AEUV 169 23 ff.
- Verbraucherschutz   AEUV 169 1, 20 ff., 26, 28 f., 34, 39, 43, 47 f.
- Nachfragerinteressen   AEUV 169 1
verbraucherprozessuale Fragen   GRC 38 30
Verbraucherrechte, individuelle
- materiell-rechtliche Rechtsfolgen   AEUV 169 39
- prozessuale Durchsetzung   AEUV 169 39
Verbraucherschutz   GRC 16 18; AEUV 11 6; 12 1 f., 5; 36 55; 63 32; 114 79; 169 6

- Art. 169 AEUV   AEUV 114 39
- geteilte Zuständigkeit   AEUV 4 8
- Instrumente   AEUV 169 10, 12, 39, 46
- Reichweite   AEUV 169 2 ff., 6, 8 ff., 16, 19 f., 25 ff., 31 f., 34 ff., 41 ff., 47
- Schutzbedarf   AEUV 12 26 ff.
- Ziel (Telos)   GRC 38 19
Verbraucherschutzmaßnahme   AEUV 12 20
Verbraucherverbände
- Unterlassungsklagen   GRC 38 5, 25, 27, 31 ff.
- Verbraucherinteressen   AEUV 12 18
Verbrauchervertragsrecht   AEUV 12 55
- Verbraucherleitbild   AEUV 169 38
- Regelungslücken   AEUV 169 38
Verbrauchsabgaben   AEUV 113 7, 10 f., 17, 33
Verbrauchsförderung   AEUV 41 4
Verbrechensbekämpfung   AEUV 36 55
Verdichtung des sozialen Kontextes   AEUV 34 77
Verdrängung von Unionsrecht durch Altverträge   AEUV 351 41 ff., 92
- Grenzen   AEUV 351 47 ff.
- Voraussetzungen   AEUV 351 41 ff.
Vereinbarkeit von Erwerbsarbeit und Familienarbeit s. Familie
Vereinbarung über delegierte Rechtsakte   AEUV 290 29 f., 35
Vereinbarungen
- s. a. interinstitutionelle Vereinbarungen
- Nichtigkeit   AEUV 223 49
- rechtlich unverbindliche ~ mit Drittstaaten   AEUV 218 90
vereinfachtes Vertragsveränderungsverfahren   AEUV 136 2
Vereinigte Staaten von Europa   AEUV 216 19
Vereinigtes Königreich   AEUV 67 25 f., 31; 75 5; 77 3; 78 4; 79 5; 198 1 ff.; 216 62; 218 127; 220 31, 49; 221 3; 351 25
- Beitritt   AEUV 176 1
- Brexit   EUV 50 2, 9
- Euro-Einführung   AEUV 139 47 ff.; 140 13
- Korrekturmechanismus   AEUV 311 77, 141
- Protokoll   AEUV 142 9 f.
- Vorbehalte für Grundrechte   GRC 2 6
Vereinigung   GRC 12 15 f., 30
- Verbot   GRC 12 30
- Zulassung   GRC 12 30
Vereinigungsfreiheit   GRC 12 15 f., 23, 30
- individuelle   GRC 12 16
- kollektive   GRC 12 16
- negative   GRC 12 15
Vereinte Nationen   EUV 34; 27 10; AEUV 75 12, 14, 18
- Friedenssicherung s. dort
- individualisierte UN-Sanktionen s. Sanktionsbeschlüsse
- regionale UN-Wirtschaftskommissionen   AEUV 220 43
- Sanktionsbeschlüsse s. dort

- Seerechtsübereinkommen (UNCLOS) **AEUV 216** 178, 181, 233
- Sicherheitsrat **EUV 34** 12 ff.
- Umweltprogramm der Vereinten Nationen (UNEP) **AEUV 220** 54
- UN- Charta **EUV 21** 17; **AEUV 216** 46, 255 ff.; **218** 82, 230; **220** 30 ff.; **351** 22, 24, 48 ff.
- UN-Generalversammlung **AEUV 216** 255; **220** 30, 42
- UN-Haushalt **AEUV 220** 44
- UN-Sicherheitsrat s. Sicherheitsrat der Vereinten Nationen
- UN-Konferenzen **AEUV 220** 30, 43
- UN-Menschenrechtsrat **AEUV 220** 89
- UN-Recht **AEUV 216** 255 ff.; **351** 50
- UN-Wirtschafts- und Sozialrats (ECOSOC) **AEUV 220** 42 f.
- United Nations Commission on International Trade Law (UNCITRAL) **AEUV 220** 54
- United Nations Conference on Trade and Development (UNCTAD) **AEUV 220** 54
- United Nations Educational, Scientific and Cultural Organization (UNESCO) **AEUV 220** 51
- United Nations Working Party (CONUN) **AEUV 220** 87
- Verhältnis zu den ~ **EUV 42** 18 ff.

Vereitelungsverbot **AEUV 351** 35 f.

Verfahren bei einem übermäßigen Defizit, Protokoll **AEUV 126** 66 ff.

Verfahren vor den Unionsgerichten **AEUV 281** 4 ff.
- 24 Amtssprachen **AEUV 281** 6
- Anforderung an eine Klagebeantwortung **AEUV 281** 24
- Anwaltszwang **AEUV 281** 4
- Beratungsgeheimnis **AEUV 281** 37
- Berichterstatter **AEUV 281** 16, 17
- Beschleunigung des Verfahrens **AEUV 281** 28, 45 ff.
- Bestimmung der Kammer **AEUV 281** 16
- Dauer der Rechtshängigkeit **AEUV 281** 12
- Einleitung eines Vorabentscheidungsverfahrens **AEUV 281** 15
- Einrede der Unzulässigkeit **AEUV 281** 25
- Fristüberschreitung **AEUV 281** 53
- Generalanwälte **AEUV 281** 18
- Gerichtskosten **AEUV 281** 39
- höhere Gewalt **AEUV 281** 55
- interne Arbeitssprache **AEUV 281** 7
- Klage- und Verfahrensfristen **AEUV 281** 48 ff.
- Klageschrift **AEUV 281** 9, 10, 19, 20, 26, 27
- konstitutive Merkmale **AEUV 281** 14
- Kostenregelung **AEUV 281** 40
- mündliches Verfahren **AEUV 281** 29 ff., 34
- nicht-konstitutive Merkmale **AEUV 281** 14
- Prozesshindernis **AEUV 281** 13
- Prozesskostenhilfe **AEUV 281** 41
- Rechtshängigkeit des Streitgegenstandes durch Klageerhebung **AEUV 281** 11
- Rechtskraft des Urteils **AEUV 281** 43
- Schlussanträge der Generalanwälte **AEUV 281** 33
- schriftliches und mündliches Verfahren **AEUV 281** 8
- Urteilsfindung **AEUV 281** 36
- Verfahren vor dem EuG **AEUV 281** 23
- Verfahren vor dem EuGH **AEUV 281** 22
- Verfahrens- und Arbeitssprache **AEUV 281** 6 f.
- Verkündung des Urteils **AEUV 281** 38
- Veröffentlichung des Urteils **AEUV 281** 44
- Veröffentlichung rechtshängiger Verfahren **AEUV 281** 16
- Versäumnisurteil **AEUV 281** 21
- Vertretung der Parteien und Beteiligten **AEUV 281** 4, 5
- Vorlagebeschluss **AEUV 281** 9
- Wiederaufnahmeverfahren **AEUV 281** 34
- Wiedereinsetzung in den vorherigen Stand **AEUV 281** 54
- zweigliedriger Klagegenstand **AEUV 281** 11

Verfahrensautonomie, Grundsatz der mitgliedstaatlichen **EUV 4** 121, 137; **GRC 47** 4, 6, 8; **AEUV 197** 7 f.

Verfahrensdauer, Grundsatz angemessener s. a. Frist **GRC 47** 57, 67, 68

Verfahrenseinstellung **AEUV 263** 141

Verfahrensfairness **GRC 47** 46

Verfahrensgarantien/-rechte **GRC 47** 3, 32, 33, 41 ff., 58, 75, 77

Verfahrensgrundsätze **AEUV 298** 11 ff.

Verfahrensrecht
- Austritt **EUV 50** 10
- Petitionsrecht **AEUV 227** 14
- transnational **AEUV 82** 27 ff.

Verfahrensregelung, Industriepolitik **AEUV 173** 62 ff.

Verfahrensvorschriften/-regeln **AEUV 216** 55 f., 64, 80; **218** 3, 8 f., 11, 15, 118, 133 ff., 142, 226; **220** 22 ff.
- Geschäftsordnungen **AEUV 232** 6
- wesentliche **AEUV 232** 7

Verfälschung der Wettbewerbsbedingungen **AEUV 116** 3

Verfälschung, Wettbewerb – Rüstungssektor **AEUV 348** 6 ff., 10 ff.

Verfassung (-sgrundsätze) der EU **AEUV 216** 52 f., 72, 256 f.; **218** 3, 12, 22, 103, 130, 150; **220** 38; **221** 1, 15; **351** 49, 92

Verfassungsidentität **EUV 4** 24 ff.
- als Berücksichtigungspflicht **EUV 4** 58
- als Kompetenzausübungsschranke **EUV 4** 15, 19, 57
- als Konkordanzmodell föderaler Spannungen **EUV 4** 60

- (faktisches) Privilegierungspotential **EUV 4** 28
- in der Hand der politischen Organe **EUV 4** 71 f.
- Justiziabilität **EUV 4** 73 ff.
- national **EUV 4** 27
- Rechtsfolgen **EUV 4** 62 ff.
- Selbstverständnis nationaler Verfassungen **EUV 4** 29 ff.
- sprachliche Fassungen **EUV 4** 17
- Verhältnismäßigkeitsprüfung **EUV 4** 55 ff.

Verfassungskonvent **EUV 1** 29 ff.; **GRC** Präambel 3, 22; **5** 4; **23** 5, 24; **AEUV 2** 6

Verfassungspluralismus **EUV 4** 6, 9 f., 44, 77, 83, 88, 91; **48** 30

Verfassungsrecht **AEUV 1** 4
- nationales **AEUV 63** 12; **144** 11

Verfassungsstaat **AEUV 56** 82

Verfassungstraditionen, allgemeine Rechtsgrundsätze **EUV 14** 48

Verfassungsüberlieferungen (mitgliedstaatliche) **GRC 47** 10

Verfassungsverbund **EUV 48** 58

Verfassungsvertrag s. Vertrag über eine Verfassung für Europa

VerfO EuG **AEUV 270** 14 ff.

Verfolgung **GRC 18** 9 f., 13
- Verfolgungsgründe **GRC 18** 10
- Verfolgungshandlungen **GRC 18** 10
- staatliche **GRC 18** 10
- nichtstaatliche **GRC 18** 10

Vergaberecht
- Forschung **AEUV 179** 37
- Menschenhandel **GRC 5** 24
- s. a. öffentliche Auftragsvergabe

Vergünstigungen für das unterrepräsentierte Geschlecht **GRC 23** 24
- affirmative action **GRC 23** 45
- breite Auswahl **GRC 23** 44
- durch Ausübung aller Kompetenzen der Union **GRC 23** 45
- durch Verpflichtungen von Privaten **GRC 23** 45
- Fördermaßnahmen **GRC 23** 45
- Gleichbehandlung von Männern und Frauen in Arbeits- und Beschäftigungsfragen **GRC 23** 7
- Grenzen der Auswahl **GRC 23** 44
- keine Verletzung des Gleichheitssatzes **GRC 23** 11
- legislativer und administrativer Art **GRC 23** 44
- mit Wirkung im allgemeinen Zivilrecht **GRC 23** 22
- möglich im Rahmen der gesamten Unionskompetenz **GRC 23** 22
- nicht ausgeschlossen aufgrund des Gleichheitssatzes **GRC 23** 20
- nicht gerichtlich zu erzwingen **GRC 23** 36

- sog. positive Diskriminierung **GRC 23** 22, 43
- Sondermaßnahmen zur tatsächlicher Gleichheit **GRC 23** 6
- spezifische **GRC 23** 9
- umfangreicher Gestaltungsspielraum **GRC 23** 45
- und Gleichheit **GRC 23** 24
- US-amerikanische Beispiele **GRC 23** 45
- Verhältnismäßigkeitsgrundsatz **GRC 23** 45
- Vorschreiben von affirmative action plans **GRC 23** 45
- weitergehende mitgliedstaatliche Maßnahmen **GRC 23** 44

Verhaltenskodex für europäische Statistiken **AEUV 338** 2

Verhaltenskodizes **AEUV 216** 195; **218** 191; **288** 98

Verhältnis der Formen des einstweiligen Rechtsschutzes zueinander **AEUV 278–279** 4

Verhältnis zur Binnenmarktkompetenz **AEUV 169** 23

Verhältnismäßigkeit **GRC 47** 22, 41, 48, 78, 79; **52** 24 ff.; **AEUV 2** 21; **49** 84 ff., 136 f.; **52** 15**AEUV 114** 69; **207** 38; **288** 4
- kompetenzrechtlicher Verhältnismäßigkeitsgrundsatz **AEUV 296** 4
- Protokoll Nr. 2 über die Anwendung der Grundsätze der Subsidiarität und der Verhältnismäßigkeit s. dort

Verhältnismäßigkeitsprinzip **EUV 5** 130 ff.; **AEUV 169** 20
- bei der Freizügigkeit **AEUV 21** 34
- beim Tierschutz **AEUV 13** 30
- Einschätzungsprärogative **EUV 5** 148 ff.
- im Umweltschutz **AEUV 191** 88
- Justiziabilität **EUV 151** ff.
- kompetenzbezogen **AEUV 19** 33
- Kompetenzverteilung **EUV 5** 134
- Protokoll über die Anwendung der Grundsätze der Subsidiarität und Verhältnismäßigkeit s. dort

Verhältnismäßigkeitsprüfung **AEUV 18** 34; **36** 69 ff.

Verhältniswahl **EUV 14** 39
- EP **AEUV 223** 14, 16, 37, 41

Verhandlungs-
- abschluss **AEUV 218** 35, 60 ff., 194
- beteiligung der Mitgliedstaaten **AEUV 218** 36
- delegation **AEUV 218** 38
- ergebnis **AEUV 218** 52, 58 f.
- ermächtigung durch Ratsbeschluss **AEUV 218** 24 ff.
- führer **AEUV 218** 29 ff., 50 ff., 63, 73, 79, 131, 135 ff., 178 f.
- gegenstand **AEUV 220** 73
- kompetenz **AEUV 218** 58
- macht **AEUV 351** 81
- mandat **AEUV 218** 17 ff., 29 ff., 34 ff., 44 ff.

- team **AEUV 218** 31 f., 37, 40, 63
- richtlinien **AEUV 218** 40, 50 ff.
- spielraum **AEUV 216** 236
- strategien **AEUV 218** 44

Verhörmethoden **GRC 4** 25
Verjährung **AEUV 340** 38
Verkaufsstrategie **AEUV 56** 79
Verkehr **AEUV 58** 1 ff.; **59** 17; **62** 15
Verkehrsbinnenmarkt **AEUV 90** 39 ff.
Verkehrsdienstleistungen **AEUV 106** 49
Verkehrsinfrastrukturpolitik **AEUV 170** 9 ff.
Verkehrspolitik **AEUV 114** 41; **261** 6
Verkehrssicherheit **AEUV 91** 20
Verkehrsverlagerungen **AEUV 201** 1 ff.
Verlustverrechnung **AEUV 49** 119, 124
Vermietung **AEUV 57** 15, **59** 15
vermischte Leistungen **AEUV 34** 8
Vermittlungsausschuss **AEUV 314** 23 ff.
- s. ordentliches Gesetzgebungsverfahren

Vermögen **AEUV 63** 41; **65** 10
Vermögensgefährdung **AEUV 325** 14
Vermögensschutz
- Schutz immaterieller Präferenzen **AEUV 12** 47

Vermögensverwaltung **AEUV 64** 4
Veröffentlichung **AEUV 297** 2 ff.
- Amtsblatt **AEUV 230** 10
- Empfehlungen **AEUV 292** 5
- Gesetzgebungsvorschläge **AEUV 294** 9
- Gesetzgebungsakte **AEUV 289** 41; **297** 9
- Rechtsakte ohne Gesetzescharakter **AEUV 297** 14 f.

Verordnung **AEUV 114** 66; **288** 9 ff., 111
- Anfechtung **AEUV 263** 103, 113
- Anwendbarkeit **AEUV 288** 11
- Bürgerbeauftragter **AEUV 228** 9
- delegierte **AEUV 310** 41
- EZB **AEUV 132** 5 ff.
- Fristen **AEUV 288** 16
- Geltung **AEUV 288** 9
- hinkende Verordnungen **AEUV 288** 16, 111
- mitgliedstaatliche Umsetzungsmaßnahmen **AEUV 288** 16
- Rechtsschutz **AEUV 288** 13 f.
- Regelungsintensität **AEUV 288** 15
- Schein-Verordnungen **AEUV 288** 12
- Smart Sanctions **AEUV 288** 12
- Targeted Sanctions **AEUV 288** 12
- Umsetzungsmaßnahmen **AEUV 288** 16
- Umsetzungsspielräume **AEUV 288** 16
- Untersuchungsausschuss **AEUV 226** 6, 19
- Verbot der Wiederholung **AEUV 288** 10
- Veröffentlichung **AEUV 288** 11
- Verordnungen hybrider Natur **AEUV 288** 12 f.

Versammlung **GRC 12** 11 f.
- Auflösung **GRC 12** 22, 29
- friedliche **GRC 12** 14
- Verbot **GRC 12** 22, 29

Versammlungsfreiheit **GRC 12** 11 ff., 22, 29
- negative **GRC 12** 13

Verschlechterungsverbot **GRC 38** 10, 12 f., 32; **AEUV 12** 66
Verschmelzung **AEUV 54** 17 ff.
- Hineinverschmelzung **AEUV 54** 20
- Hinausverschmelzung **AEUV 54** 20.

Versicherung
- Abgeordneter **AEUV 223** 58
- Haftpflichtversicherungsunternehmen **AEUV 56** 96
- Kontrahierungszwang **AEUV 56** 96
- Krankenversicherung **AEUV 57** 24
- Makler **AEUV 57** 50
- Sozialversicherung **AEUV 56** 118; **57** 33
- Unternehmen **AEUV 56** 100
- Versicherungspflicht **AEUV 56** 96

Versicherungsaufsicht **AEUV 56** 113; **65** 6 f.
Versicherungsdienstleistungen **AEUV 57** 17, 50; **59** 17; **64** 3
Versicherungsgesellschaften **AEUV 64** 6; **65** 7
Versicherungsvertrag **AEUV 63** 19
Versorgungssicherheit **AEUV 194** 4, 9, 10 ff., 37
Versorgungsziele **AEUV 12** 38
Verstärkte Zusammenarbeit **EUV 20** 1 ff.; **AEUV 27** 3; **67** 23, 30; **86** 6, 13 ff.; **87** 30; **136** 3; **220** 58; **326** 1 ff.; **327** 1 ff.; **328** 1 ff.; **329** 1 ff.; **330** 1 ff.; **331** 1 ff.; **332** 1 ff.; **333** 1 ff.; **334** 1 ff.
- abgestufte Integration **EUV 20** 2
- Abstimmungsmodalitäten **EUV 20** 19 f.; **AEUV 333**, 1
- Abweichungsbefugnis **AEUV 329** 5
- Achtungsgebot **AEUV 326** 2
- acquis communautaire **EUV 20** 23; **AEUV 326** 2
- AETR-Rechtsprechung **EUV 20** 25
- Anhörung des Europäischen Parlaments **AEUV 329** 13
- Anhörung des Hohen Vertreters für Außen- und Sicherheitspolitik **AEUV 331** 9
- Antrag **AEUV 331** 2, 9
- Anwendungsvorrang **EUV 20** 22
- Aufnahmeanspruch **AEUV 328** 5
- Ausgabenlast **AEUV 332** 1 ff.
- ausschließliche Zuständigkeit **EUV 20** 6 f., 25
- Ausschluss völkerrechtlicher Kooperation außerhalb des Unionsrechtsrahmens **EUV 20** 17
- Außenkompetenz **EUV 20** 25 f.
- Austritt **EUV 20** 29
- Beeinträchtigungsverbot **AEUV 326** 3 ff.
- Beendigung **EUV 20** 30
- bei der justiziellen Zusammenarbeit in Strafsachen **AEUV 82** 37; **83** 50
- Beitrittsverfahren **EUV 20** 27; **AEUV 331** 1 ff.
- Beitrittsverfahren im Bereich der Gemeinsa-

men Außen- und Sicherheitspolitik **AEUV 331** 8 f.
- Beitrittsförderung **AEUV 328** 6
- Berichtspflicht **AEUV 328** 7
- Beschlussfassung **AEUV 330** 1 ff.
- Bestimmtheitsgrundsatz **EUV 20** 14; **AEUV 329** 6
- Bindungswirkung **EUV 20** 21
- Binnenmarkt **AEUV 326** 3
- Brückenklausel **AEUV 329** 7, **333** 1 ff.
- differenzierte Integration **EUV 20** 2
- Einigungsversuch **EUV 20** 12
- Einschätzungsspielraum **EUV 20** 11
- Einstimmigkeit **AEUV 329** 14, **330** 5, **332** 4, **333** 6, 8
- Energiepolitik **AEUV 194** 3
- Entwicklung **EUV 20** 5
- Ermächtigungsbeschluss des Rates **EUV 20** 14; **AEUV 329** 1 ff.
- Ermächtigungsfiktion **AEUV 329** 9 f.
- Ermächtigungsverfahren **AEUV 329** 2 ff.
- Ermächtigungsverfahren im Bereich der GASP **AEUV 329** 11 ff.
- Ermessensspielraum **AEUV 329** 4
- Finanzierung **AEUV 332** 1 ff.
- Flexibilisierung **EUV 20** 5
- Fortschrittsgebot **EUV 20** 10
- Förderung des Integrationsprogramms **EUV 20** 8
- Förderung der Teilnahme **AEUV 328** 6
- Gesetzgebungsverfahren **AEUV 333** 7 f.
- Gemeinsame Außen- und Sicherheitspolitik (GASP) **AEUV 329** 11 ff.
- Inanspruchnahme der Unionsorgane **EUV 20** 15
- Innenkompetenz **EUV 20** 25 f.
- Kohärenzgebot **EUV 20** 20; **AEUV 329** 12 f., **330** 3, **334** 1 ff.
- Kompetenzrahmen der EU **EUV 20** 6 f.
- Konzepte abgestufter Integration **EUV 20** 4
- Kostentragung **AEUV 332** 3 f.
- Leitbild der einheitlichen Integration **EUV 20** 2
- Mindestteilnehmerzahl **EUV 20** 13
- Nachbesserungsfrist **AEUV 331** 5, 12
- Obstruktionsverbot **AEUV 327** 3
- Offenheitsprinzip **EUV 20** 27; **AEUV 328** 1 ff.; **331** 1
- Organleihe **EUV 20** 15
- Polizeiliche und Justizielle Zusammenarbeit in Strafsachen (PJZS) **AEUV 329** 9 f.
- Prinzip der begrenzten Einzelermächtigung **EUV 20** 18
- Prinzip der Unionstreue **AEUV 327** 1
- Prüfung durch die Kommission **AEUV 331** 3 f.
- qualifizierte Mehrheit **AEUV 329** 6
- Ratsbefassung **AEUV 331** 6 f.; **332** 4
- Rechtsrahmen **EUV 20** 1

- Rechtsfolgen der Ermächtigung **EUV 20** 15 ff.
- Richtlinien **EUV 20** 22
- Rückschrittsverbot **EUV 20** 10
- Rücksichtnahmegebote **AEUV 327** 2 ff.
- Sekundärrecht **EUV 20** 21 ff.; **AEUV 326** 1; **334** 1
- Spannungsverhältnis von Erweiterung und Vertiefung **EUV 20** 5
- Ständige Strukturierte Zusammenarbeit **EUV 46** 4
- Stellungnahme der Kommission und des Hohen Vertreters für Außen- und Sicherheitspolitik **AEUV 329** 12
- Stimmberechtigung **AEUV 330** 3
- Strukturfonds der Europäischen Union **AEUV 326** 6
- Teilnahmekriterien **AEUV 328** 4
- Teilnahmerecht nicht beteiligter Mitgliedstaaten **EUV 20** 20; **AEUV 330** 3; **333** 6
- Transparenz **EUV 20** 20; **AEUV 330** 3
- ultima ratio **EUV 20** 11
- Übergangsmaßnahmen **AEUV 331** 4
- Übergangszustand **EUV 20** 1, 27
- Übernahmepflicht **EUV 20** 28
- umgekehrte **EUV 50** 26
- Verbindlichkeit der Rechtsakte **EUV 20** 21 ff.
- Verbot von Handelsbeschränkungen **AEUV 326** 5
- Verbot von Wettbewerbsverzerrungen **AEUV 326** 5
- Verhältnis zum allgemeinen Sekundärrecht **EUV 20** 24; **AEUV 326** 2
- Voraussetzungen **EUV 20** 6 ff.
- Vorrang des allgemeinen Sekundärrechts **EUV 20** 24; **AEUV 326** 2
- Vorschlagsrecht der Kommission **AEUV 329** 4
- vorübergehender Charakter **AEUV 328** 1
- Wirkungsweise **EUV 20** 22
- Zustimmung des Bundestages und Bundesrates **AEUV 333** 9
- Zustimmung des Europäischen Parlaments **AEUV 329** 8

Versteigerung **AEUV 57** 10
Verteidigungspolitik **AEUV 2** 48; **346** 4
- Terrorabwehr **AEUV 222** 29

Verteidigungsrechte **GRC 47** 11, 43, 44, 50, 60, 61, 76, 78, 79; **AEUV 337** 30 ff.
Verteilungsschlüssel Flüchtlinge, Menschenwürde **GRC 1** 50
Vertrag über die Arbeitsweise der Europäischen Union
- Abschluss auf unbegrenzte Zeit **EUV 50** 2, 39
- Primärrecht **AEUV 232** 6

Vertrag über die Europäische Union (EUV) **AEUV 310** 6

- Abschluss auf unbegrenzte Zeit EUV 50 2, 39
- Primärrecht AEUV 232 6
- Renegotiations EUV 50 2

Vertrag über eine Verfassung für Europa (EVV) EUV 1 28 ff., 44 ff.; 3 4; AEUV 1 2; 2 6; 67 7; 216 52 f.; 218 5, 12, 22; 221 1, 15; 288 2; 289 13 f.; 292 2; 295 4; 296 2, 4, 11, 27; 297 4; 298 1 ff.; 310 9
- Ablehnung AEUV 1 9
- Entwurf AEUV 288 2
- Ratifizierung AEUV 2 7

Vertrag über Stabilität, Koordinierung und Steuerung in der Wirtschafts- und Währungsunion (VSKS) AEUV 120 6; 121 4, 50, 68 f.; 126 3, 9, 13; 137 13
- Schiedsvertrag AEUV 273 10
- und ESM EUV 4 161
- und Konvergenzkriterien AEUV 140 31

Vertrag von Amsterdam EUV 1 25; 20 5; AEUV 63 8; 64 1; 65 1; 67 7; 81 1; 144 1; 207 13; 216 20, 22; 218 5, 72, 153, 161, 182; 220 3, 16; 289 11; 293 5; 294 35; 296 6, 10, 15; 297 3; 351 33
- demokratische Grundsätze EUV 10 8
- Umweltschutz AEUV 11 9

Vertrag von Lissabon EUV 1 1, 33 ff.; 10 11 f.; 20 5; GRC Präambel 4; 20 5; AEUV 2 7; 11 9; 63 1, 10, 41; 64 3; 65 1; 67 6, 7; 142 6; 143 22; 144 1; 177 5; 207 15; 216 20 ff., 49, 78, 85 f., 114, 117, 170, 172, 258; 221 1, 3, 8, 20; 218 5, 55, 87, 103, 107, 182, 207; 220 3 ff., 13, 39, 62, 80; 251 1; 255 1; 257 2; 258 2, 33; 259 5; 289 15 ff.; 293 5, 8; 294 7, 41; 295 8, 10; 296 1 f., 4 f., 26; 297 4 f.; 298 2, 7, 12, 15, 21; 344 1; 351 5, 51, 108
- allgemeiner Gleichheitssatz GRC 20 5
- allgemeines Freizügigkeitsrecht GRC 45 7
- demokratische Grundsätze EUV 10 11 f., 26
- Europäische Bürgerinitiative AEUV 24 8
- Recht auf Zugang zu Dokumenten GRC 42 8
- Umweltschutz AEUV 11 9

Vertrag von Maastricht EUV 1 1, 22; 10 8 ff.; AEUV 1 5, 8; 64 1; 65 1; 67 7; 142 6; 143 1; 144 1; 216 21 ff., 155, 213; 218 5, 55, 102, 104 f., 134, 196, 233; 220 3 f.; 221 1; 233 4; 254 1; 289 9; 292 1; 293 2, 5 f., 8; 294 5, 32, 35; 297 3, 11; 299 2
- allgemeiner Gleichheitssatz GRC 20 10
- allgemeines Freizügigkeitsrecht GRC 45 7
- demokratische Grundsätze EUV 10 8 ff., 40
- Petitionsrecht GRC 44 3, 6
- Umweltschutz AEUV 11 8

Vertrag von Nizza EUV 1 26; 20 5; AEUV 2 5, 63 8; 177 4; 207 14; 216 79, 197; 218 5, 126, 161, 182, 207; 220 3; 251 1 f.; 252 1; 254 2; 256 3; 257 1; 289 10 f.; 294 31; 295 4; 351 5; 286 1

Vertrag zur Änderung bestimmter Finanzvorschriften AEUV 285 7; 310 5; 319 2

Vertrag zur Änderung bestimmter Haushaltsvorschriften AEUV 310 4, 319 1

Vertrag, völkerrechtlicher EUV 19 37 ff.

Vertragsabrundungsklausel AEUV 13 16, 20; 20 19; 192 86
- s. a. Flexibilisierungsklausel

Vertragsabschlusskompetenz AEUV 1 20 ff.; 47 12 ff.; 311 63

Vertragsänderung EUV 48
- Austrittsabkommen EUV 50 15, 19 ff.
- Austrittsabkommens-Folge EUV 50 14
- besondere Formen AEUV 1 22
- EU AEUV 231 6
- Kompetenz AEUV 2 4
- Völkerrecht EUV 50 29 ff.
- Vorschriften, spezielle AEUV 1 16; 311 128

Vertragsänderungsverfahren EUV 48 14 ff.; AEUV 262 2
- Ablehnungsrecht der nationalen Parlamente EUV 48 7, 57 f., 63, 66 f.
- besonderes AEUV 311 122
- Justiziabilität EUV 48 73 ff.
- keine Kodifikation von ius cogens EUV 48 24 ff.
- ordentliches Änderungsverfahren EUV 48 33 ff.; AEUV 1 21
- multiple Träger der vertragsändernden Gewalt EUV 48 89
- vereinfachtes Änderungsverfahren EUV 48 49 ff.; AEUV 1 21

Vertragsanhänge s. Anhänge der Verträge

Vertragseintritt der Union AEUV 351 16
- s. a. Vertragsübernahme

Vertragsfähigkeit der EU AEUV 216 9 f., 17

Vertragsgremien
- Europaabgeordnete in ~ AEUV 218 205 f.
- rechtswirksame Akte in ~ AEUV 218 166 ff.
- Standpunkte in ~ AEUV 218 153, 161 ff.
- Vertretung der Union in ~ AEUV 218 188
- Vorschlagszuständigkeit bei der Festlegung von Standpunkten in ~ AEUV 218 178 ff.

Vertragsinterpretation von internationalen Übereinkünften AEUV 216 220

Vertragsmäßigkeit, Primärrecht AEUV 232 6

Vertragsprotokolle s. Protokolle

Vertragsschließungskompetenz der EU AEUV 216 1 ff., 52 ff.
- ausschließliche AEUV 216 170, 128 ff.
- Entstehung AEUV 216 32, 147 ff.
- geteilte AEUV 216 151 ff.; 218
- historische Entwicklung AEUV 216 16 ff.
- implizite AEUV 216 30, 93 f.
- Kompetenzzweifel AEUV 216 15
- offenkundiger Mangel AEUV 216 10 ff., 14 ff.
- Regel-Ausnahmeverhältnis AEUV 216 10
- richterrechtliche Ausgestaltung AEUV 216 25 ff.
- Streitigkeiten AEUV 216 40

- Unterstützungs-, Koordinierungs- oder Ergänzungszuständigkeiten AEUV 216 151 ff.; 218 171
- vier Varianten AEUV 216 73 f., 84 ff.
- Zentralität AEUV 216 5

Vertragsverhandlungen EUV 17 10

Vertragsverletzungsverfahren EUV 7 24; 17 6; AEUV 65 30; 114 105; 218 236; 258 1 ff.; 259 1 ff.; 288 107, 111; 311 19; 351 2, 38, 61, 77, 119
- Aufsichtsklage s. dort
- begründete Stellungnahme s. Stellungnahmen
- besonderes AEUV 348 1 ff.
- Bürgerbeauftragter AEUV 228 5, 22
- Schutz vor ~ AEUV 351 2, 42
- spezielles ~ AEUV 271 8
- Staatenklage s. dort
- Verhältnis der Klagen untereinander AEUV 258 11; 259 14
- Verstoß der Mitgliedstaaten gegen ausschließliche Außenkompetenz AEUV 216 124
- Verstoß gegen Art. 216 Abs. 2 AEUV AEUV 216 222, 225
- Verstoß gegen Art. 351 Abs. 2 AEUV AEUV 351 83
- Verstoß gegen Loyalitätspflicht (Art. 4 Abs. 3 EUV) AEUV 351 2, 38, 42, 61, 65, 77, 83, 119

Vertragsverstoß, Hinweise für die Behebung AEUV 260 5

Vertragsziele AEUV 2 4

Vertrauensperson GRC 7 15

Vertrauensschutz AEUV 182 16; 288 27

Vertrauensschutzgrundsatz AEUV 207 38

Vertraulichkeit EUV 14 18; AEUV 218 44 ff., 194; 219 19; 221 30
- Untersuchungsausschuss AEUV 226 11

Vertreter der Mitgliedstaaten beim IWF AEUV 138 32

Vertretung der ÜLG in der WTO AEUV 198 29

Vertretungsbefugnis AEUV 335 9 f.

Vertriebene AEUV 78 19 ff.

vertriebsbezogene Regelungen AEUV 34 87, 121 ff.

Vertriebsvorschriften AEUV 34 117

Verursacherprinzip GRC 1 38; AEUV 191 55, 75 ff.

Verwaltung
- gute AEUV 228 17
- Unparteilichkeit der europäischen GRC 41 13

Verwaltungsabkommen AEUV 218 87, 90; 220 21 ff.;

Verwaltungseinnahmen AEUV 311 90

Verwaltungshoheit, originäre AEUV 197 2

Verwaltungskooperation AEUV 197 2, 4, 13

Verwaltungssanktion AEUV 83 44
- ne bis in idem s. dort

Verwaltungssitz AEUV 49 28; 54 24, 28 f.

Verwaltungsverbund EUV 4 131 ff.; AEUV 197 3
- Anerkennungs- und Berücksichtigungspflichten EUV 4 132 ff.

Verwaltungsverfahren
- nationales AEUV 197 1 ff.
- ordnungsgemäßes AEUV 227 12
- zügiges GRC 41 15

Verwaltungsvorschriften der Mitgliedstaaten AEUV 114 53

Verwaltungszusammenarbeit AEUV 50 8; 197 2, 4, 13, 29
- Vollzug des europäischen Verbraucherschutzrechts GRC 38 8

Verwandtschaft GRC 7 22

Verwarnung durch die Kommission AEUV 121 41 f.

Verweistechnik AEUV 114 23

Verweisungsbeschlüsse AEUV 263 137, 139

Verwerfungsmonopol des EuGH AEUV 216 215, 227, 238; 218 213

Verwertungsverbote AEUV 337 32 ff., 38; 339 27

Verwirkung GRC 47 50

Verzerrung AEUV 116 4

Verzugszinsen AEUV 311 92

Veto AEUV 19 32

Vetorecht über Inhalte von internationalen Übereinkünften AEUV 216 164; 351 25

Vielfalt der Kulturen, Religionen und Sprachen GRC 22 9 ff.

Vielfalt der Kulturen und Traditionen GRC Präambel 15

Vierertreffen AEUV 220 65

Vignette s. Autobahnnutzungsgebühr

Viking-Urteil AEUV 151; 153

Visainformationssystem (VIS) AEUV 74 4; 77 19; 87 13

Visamarke AEUV 77 18

Visapolitik AEUV 77 11 ff.

Visumsbefreiung AEUV 77 15

Visumserteilung AEUV 77 17

Visumskodex AEUV 77 17

Visumspflicht AEUV 77 15

Vizepräsident der Kommission, Hoher Vertreter als AEUV 218 21; 220 85; 221 4

Vizepräsidenten des EP EUV 14 31, 58

VO 492/2011 AEUV 46 9 ff.

VO 883/2004 AEUV 48

VO 987/2009 AEUV 48

völker(vertrags-)rechtskonforme Auslegung des Unionsrechts AEUV 216 216, 240

Völkergewohnheitsrecht AEUV 216 10 ff., 48 ff., 201 ff., 251 ff.; 221 9; 218 2, 129, 155, 215; 351 2, 27, 35, 38, 90 f., 101 f.

Völkerrecht AEUV 137 15
- allgemeines EUV 50 30
- Auflösung EUV 50 43
- Ausschluss EUV 50 42

– Austritt   EUV 50 41
– besonderes   EUV 50 31
– Fragmentierung des ~   AEUV 351 6
– mittelbare Anwendbarkeit   EUV 50 30 f.
– ~sordnung   AEUV 216 60, 254; 218 82; 351 6
– Unionsbürger   EUV 50 32
– Vertragsänderung   EUV 50 44
– Weiterentwicklung des ~   AEUV 351 44, 51

völkerrechtliche Bindung   AEUV 216 26, 50, 82 f., 112, 141, 158, 199 ff.; 218 10, 60 ff., 119, 122 ff., 208, 214 f., 228; 220 38; 351 40, 100, 102
– der Europäischen Union   AEUV 216 83; 218 60, 119, 208, 214 f., 228
– der Mitgliedstaaten   AEUV 216 222; 351 40, 100

völkerrechtliche Haftung der Union   AEUV 340 63 ff.
– EMRK   AEUV 340 66
– WTO-Recht   AEUV 340 65

völkerrechtliche Verbindlichkeit   AEUV 207 184

völkerrechtliche Verträge/Abkommen   AEUV 216 5 f., 22, 52 f., 168, 202; 218 90, 169, 216
– Abschluss und Aushandlung s. dort
– Auslegung   AEUV 351 115
– Aussetzung der Anwendung   AEUV 218 153 ff., 179
– Autorisierung durch die Mitgliedstaaten   AEUV 218 83 ff.
– Beendigung(-szuständigkeit)   AEUV 218 129 ff.
– bilaterale ~   AEUV 63 23
– EU-/unionsinterne Rechtswirkungen   AEUV 63 40; 142 6; 216 45, 48, 254, 199 f.; 218 107
– Formen   AEUV 216 66; 220 23; 351 20
– GASP s. GASP-Übereinkünfte
– Grundsatz der Fortgeltung   AEUV 351 31
– Inkorporation   AEUV 216 204
– Kündigung   AEUV 218 129 ff.
– mit erheblichen finanziellen Folgen   AEUV 218 105 ff.
– Mitgliedstaaten   AEUV 142 8
– mittelbare Wirkung auf die EU   AEUV 216 116
– sektorbezogen/-spezifisch   AEUV 218 106
– Schiedsklausel   AEUV 272 8
– Staatennachfolge in ~   AEUV 351 31
– Suspendierungsklausel   AEUV 218 157
– unmittelbare Wirkung   AEUV 216 226 ff.; 218 123
– vereinfachte Vertragsänderung   AEUV 218 134 ff.
– Vertragsänderung   AEUV 218 133
– Vertragsgegenstände   AEUV 216 65, 159 ff.; 351 2, 19
– völkerrechtliche Verträge der Mitgliedstaaten s. a. Altverträge

– Wirksamkeit   AEUV 216 9 ff., 235, 249
– vorläufige Anwendung   AEUV 218 72 ff.
– Zustimmung durch Europäisches Parlament notwendig   AEUV 218 100 ff.

völkerrechtlicher Handlungsfreiheit   AEUV 216 58, 110

völkerrechtsfähige internationale öffentlich-rechtliche Anstalt, Gründung durch E(W)G/EU   AEUV 216 30

Völkerrechtsfähigkeit/Völkerrechtssubjektivität der EU   AEUV 216 9, 21 ff., 26 f., 49, 59, 61; 221 6; 351 6

Völkerrechtsfreundlichkeit des Unionsrechts   AEUV 216 49, 216; 218 121; 351 3, 46, 69, 109, 123

völkerrechtskonforme Auslegung   AEUV 207 41

Völkerrechtspersönlichkeit   EUV 47 1 ff.

Völkerrechtssubjekt(ivität)   EUV 47 1 ff.; AEUV 138 6; 216 9 ff., 21 ff.; 218 10 f., 21 ff.
– atypisches   AEUV 216 60
– Mitgliedstaaten   AEUV 138 6
– partielles   AEUV 216 26, 47; 221 6

Volksparteien   AEUV 223 40

Vollharmonisierung   AEUV 169 32
– s. Mindestschutz (Sozialpolitik)

Vollkontrolle   GRC 47 48, 50, 52, 53

Vollstreckung   AEUV 299 1 ff.
– Vollstreckungstitel   AEUV 299 3 ff.
– Vollstreckungsverfahren   AEUV 299 7
– Vollstreckungsschutz   AEUV 299 8 f.

Vollstreckung von Urteilen der Unionsgerichte   AEUV 280 1 ff.; 281 40
– aus einem Schiedsvertrag   AEUV 273 9
– aus einer Schiedsklausel   AEUV 272 13
– Vollstreckungsfähigkeit   AEUV 280 3
– Vollstreckungsgegner   AEUV 280 4

Vollstreckungsverfahren   AEUV 260 11
– fehlende Vollstreckungsmöglichkeit   AEUV 260 20

Vollzug des Unionsrechts
– direkter   GRC 41 4; AEUV 298 6
– indirekter   GRC 41 4; AEUV 298 6

Vollzugsaufgaben der Mitgliedstaaten   GRC 41 5

Vollzugsföderalismus   AEUV 197 6

Voranwendungsklauseln   s. völkerrechtlicher Vertrag, vorläufige Anwendung

Vorabentscheidungsverfahren   EUV 19 20, 58; GRC 47 20, 22, 23, 25, 37, 63, 70; AEUV 34 53 f.; 64 25; 264 3; 267 1 ff.; 288 102; 295 14
– Abfassung des Ersuchens   AEUV 267 79 ff.
– acte clair   AEUV 267 64 ff.
– Auslegung   AEUV 267 15 ff.
– Ausnahmen von der Vorlagepflicht   AEUV 267 63 ff.
– Autonomie nationaler Gerichte   AEUV 267 52
– Beantwortung der Vorlagefrage   AEUV 267 88 ff.

- Bedeutung **AEUV 267** 1 ff.
- Eilvorabentscheidungsverfahren **AEUV 267** 108 ff.
- einstweiliger Rechtsschutz **AEUV 267** 59 f., 67
- Entscheidungserheblichkeit **AEUV 267** 54 ff.
- Form der Vorlage **AEUV 267** 87
- Funktion **AEUV 267** 1 ff.
- Gerichtsbegriff **AEUV 267** 37 ff.
- Gültigkeit **AEUV 267** 16 ff.
- gemischte Abkommen **AEUV 267** 21
- letztinstanzliche Gerichte **AEUV 267** 56 ff.
- Parallelverfahren **AEUV 267** 34 ff.
- Urteilswirkung **AEUV 267** 91 ff.
- Verhältnis zur Nichtigkeitsklage **AEUV 267** 27 ff.
- Verletzung der Vorlagepflicht **AEUV 267** 68 ff.
- völkerrechtliche Verträge **AEUV 267** 20 ff.
- Vorlagegegenstand **AEUV 267** 12 ff.
- Vorlagepflicht nationaler Gerichte **AEUV 267** 56 ff.
- Vorlagerecht **AEUV 267** 51 ff.
- Zwischenverfahren **AEUV 267** 2

Vorausschau, finanzielle AEUV 324 13
Vorbehalt AEUV 218 81, 175
Vorbereitungshandlungen AEUV 49 19
Vorhersehbarkeit GRC 8 35
Vorlageverfahren EUV 4 47, 78 ff., 82 ff., 147 ff.; **48** 75
- (kein) umgekehrtes Vorlageverfahren **EUV 4** 81, 171

vorläufige Prüfung AEUV 263 124
Vorrang der Binnenmarktkompetenz AEUV 169 27
Vorrang des Unionsrechts EUV 4 11, 31, 42 86; **48** 21; **AEUV 288** 8, 10
- s. Anwendungsvorrang des Unionsrechts

Vorrang privater Anstrengungen AEUV 179 23
Vorrang(prinzip) GRC 47 4, 42
Vorratsdatenspeicherung GRC 6 21; **AEUV 26** 20; **16** 6
- Datenschutzreform **AEUV 16** 8

Vorrechte EUV 47 20 f.
Vorrechte und Befreiungen s. Protokoll über die Vorrechte und Befreiungen
- s.a. Immunität

Vorschlagskompetenz AEUV 85 33
Vorsitz, Rat AEUV 230 7
Vorsorgeprinzip AEUV 36 43; **191** 55, 62 ff., 80
- Integritätsschutz **AEUV 12** 45

Vorwirkung einer Unterzeichnung AEUV 218 66, 147
Vorwirkung von Richtlinien AEUV 288 44

Wachstumsbericht AEUV 145 19; **148** 8
Waffen AEUV 34 25
Waffengleichheit GRC 47 61, 62, 65, 66, 75

Waffenhandel AEUV 83 22; **207** 253
Wahl der Handlungsform s. Formenwahlfreiheit
Wahlen
- Beteiligung **AEUV 223** 33, 35
- Bürgerbeauftragter **AEUV 228** 6
- Diskussionsrunden im TV **AEUV 224** 10
- EP **EUV 14** 73
- EP, Richtlinie **AEUV 223** 26
- Inkompatibilitäten **EUV 14** 49
- Kommissonspräsident **AEUV 231** 6
- Krankheiten, Ausschlussgrund **EUV 14** 49
- Mindestwahlalter **EUV 14** 49

Wahlrecht EUV 14 74; **GRC 39** 4 ff.; **AEUV 22** 1 ff.
- aktives **AEUV 223** 31, 37, 42
- Behindertenrechtskonvention **EUV 14** 50
- Drittstaatsangehörige **AEUV 22** 11
- EP **AEUV 223** 42
- EU-Ausländer **AEUV 22** 9 ff.
- Europawahl **GRC 39**, 12
- Gebietsklausel **AEUV 223** 28
- Gleichheit der Wahl **GRC 39**, 22
- IPbürgR **EUV 14** 50
- Kommissionspräsident **EUV 14** 3, 10
- Kommunalwahlen **GRC 39**, 4 f.; **40** 1 ff.; **AEUV 22** 6, 25 ff.
- Menschenwürde **GRC 1** 34 f., 63
- passives **AEUV 223** 31, 37, 42
- Rechtsweg **AEUV 22** 20
- Voraussetzungen **AEUV 22** 19 ff.
- Wahlpflicht **GRC 39** 29; **40** 15
- Wahlrechtsgrundsätze **GRC 39** 11, 23 ff.; **40** 14
- Wahl zum Europäischen Parlament **AEUV 22** 7, 38 ff.
- Wohnsitz in einem Drittstaat **AEUV 22** 15 f.

Wahlrechtsausschluss
- Behinderte **EUV 14** 50
- Betreuer **EUV 14** 50

Währung AEUV 63 4, 16, 28; **66** 4, 7; **142** 4; **219** 1, 4
- Abwertung **AEUV 142** 8, 16
- CFA-Franc **AEUV 219** 17
- CFP-Franc **AEUV 219** 17
- DM- **AEUV 219** 18
- Euro- **AEUV 219** 16, 17, 18, 22
- Kap-Verde-Escudo **AEUV 219** 17
- Komoren-Franc **AEUV 219** 17
- Leitkurs **AEUV 142** 4
- mitgliedstaatliche ~ **AEUV 63** 4
- nationale **AEUV 219** 16

Wahrung mitgliedstaatlicher Grundrechte AEUV 36 55
Währungsausschuss AEUV 63 2, 5; **66** 1; **142** 3, 20; **144** 1
Währungseinrichtungen, internationale AEUV 219 22
Währungsfragen AEUV 219 16
- internationale Übereinkommen über ~ **AEUV 216** 88; **218** 94

– Übereinkünfte AEUV 138 11
Währungshoheit AEUV 119 1
Währungspolitik AEUV 63 12; 66 7, 13; 142 3; 119 2, 5, 7 ff., 22 ff., 38, 51 ff.; 216 128 f.; 219 1, 2, 22, 24; 220 90; 282 4
– ausschließliche Zuständigkeit der Union AEUV 3 7
– auswärtige AEUV 138 3
– Währungsaußenpolitik AEUV 219 8, 21
– Währungsinnenpolitik AEUV 142 7
– s. a. Wechselkurspolitik
Währungspraktiken, diskriminierende EUV 63 29; AEUV 65 25
Währungsreserven AEUV 127 28 ff.; 142 7; 143 6, 10
– ausländische AEUV 138 15
Währungssouveränität AEUV 138 6, 28, 44
Währungsstabilität AEUV 125 5; 142 8
Währungssystem
– internationales AEUV 142 6; 219 14
– Stellung des Euro im internationalen AEUV 138 18
Währungstransfers AEUV 321 1 ff.
Währungsunion s. Wirtschafts- und Währungsunion
Währungsvereinbarung AEUV 142 6
Währungswesen AEUV 63 2
Wanderarbeitnehmer AEUV 48 70, 79; 45 8, 12, 99
– s. a. Fremdsprachenselektoren
Waren AEUV 28 32 ff.; 30 7 f.; 34 4 ff., 18; 63 16, 23; 110 88
– Arzneimittel AEUV 28 37
– Abfälle AEUV 28 36
– Aggregatzustand AEUV 28 34
– Begriff AEUV 200 3
– Betäubungsmittel AEUV 28 40
– Drittlandsware AEUV 28 44 AEUV 29 1, 6 ff.
– elektrische Energie AEUV 28 34
– embryonale Stammzellen AEUV 28 38 f.
– Falschgeld AEUV 28 41
– fehlerhafte Produkte AEUV 28 43
– Föten AEUV 28 38 f.
– Gas AEUV 28 34
– gleichartige inländische AEUV 110 96
– immaterielle Wirtschaftsgüter AEUV 28 34
– Kunstschätze AEUV 28 35
– Leichen AEUV 28 38 f.
– Öl AEUV 28 34
– Patent AEUV 28 34
– Statuswechsel bei Drittlandswaren AEUV 29 6 ff.
– Unionsware AEUV 28 44; AEUV 29 1, 5
– Urheberrecht AEUV 28 34
– Warenherkunft AEUV 28 44
– Wasser AEUV 28 34
Warenbezug AEUV 111 8
Warenexport AEUV 111 7

Warenverkehr AEUV 63 4, 30, 37; 64 25; 65 15, 25; 66 16
– Beschränkungen AEUV 65 2
– freier ~ AEUV 63 16; 66 11
– mengenmäßige Beschränkungen AEUV 63 4
– ungehinderter, ÜLG AEUV 199 1
Warenverkehrsfreiheit AEUV 34 1 ff., 7 ff., 50 ff.; 35 1 ff.
– Abgrenzung Dienstleistungsfreiheit AEUV 34 8
– Abgrenzung Kapital- und Zahlungsverkehrsfreiheit AEUV 34 18
– Beispiele für mengenmäßige Ausfuhrbeschränkungen AEUV 35 26
– Beispiele für die Ausfuhr beschränkende Maßnahmen gleicher Wirkung AEUV 35 27
– Diskriminierungstest AEUV 34 142
– Maßnahmen mit gleicher Wirkung wie Ausfuhrbeschränkungen AEUV 35 9 ff.
– System der Warenverkehrsfreiheit AEUV 34 138 ff.
– Umweltschutz AEUV 11 12
– unmittelbare horizontale Drittwirkung der Warenverkehrsfreiheit AEUV 34 30
– unterschiedslos anwendbare Maßnahmen AEUV 35 11 ff., 28
– Verbot mengenmäßiger Ausfuhrbeschränkungen AEUV 35 7 f.
– Verhältnis zu Unionsprimärrecht AEUV 34 19
– Verhältnis zu Unionssekundärrecht AEUV 34 27
Warschauer Abkommen AEUV 216 115
Wartelistensysteme AEUV 56 134
Washingtoner Artenschutzabkommen AEUV 207 97, 252
Wasserversorgung AEUV 106 54
WCO (Weltzollorganisation) AEUV 220 81
Wechselkurs AEUV 119 5 f., 53 f.; 142 4; 219 1, 4, 11, 12
– Änderung AEUV 142 15
– Bandbreite AEUV 142 4
– fester/fixer AEUV 219 8
– Manipulation AEUV 142 16
Wechselkurs- und Interventionsmechanismus AEUV 219 3
Wechselkursfragen AEUV 219 17
Wechselkursmechanismus (WKM)
– s. a. Europäisches Währungssystem sowie Konvergenzkriterien
– WKM I AEUV 142 4, 14
– WKM II AEUV 142 5, 14, 21; 141 15
Wechselkurspolitik AEUV 3 8; 66 7, 13; 138 31; 142 6 ff., 11, 13, 15, 17, 21; 219 1, 3, 5, 7, 14, 16, 23, 24
– Übereinkünfte zur ~ AEUV 138 11
Wechselkursregelungen AEUV 142 8; 219 7
Wechselkurssystem AEUV 138 3; 142 8; 219 4, 8, 9, 10

Wechselkursverzerrungen AEUV 219 12
Wegzugsbeschränkungen AEUV 54 12
– Stille Reserven AEUV 49 123
– Wegzugsfreiheit AEUV 54 14
Wehrdienstverweigerung GRC 10 13, 38
Wehrpflicht GRC 5 17
Weißbuch zur Vollendung des Binnenmarktes AEUV 26 5
Weißbücher AEUV 288 98
Weisungsgebundenheit s. Arbeitnehmer
Weiterbildungsprogramme AEUV 197 23
Weitergabe von Daten GRC 8 19
Weltanschauung GRC 10 14 ff.; 22 11
Weltanschauungsgemeinschaften AEUV 17 1 ff.; 19 26
Weltbank(gruppe) AEUV 138 15
Welteinkommen AEUV 49 101, 106
Welternährungsorganisation (FAO) AEUV 216 67; 218 191; 220 45 ff.; 351 80
Weltfrieden AEUV 220 34 ff.; 351 49, 53
Weltgesundheitsorganisation s. WHO
Welthandelsorganisation s. World Trade Organization (WTO)
Weltraumpolitik AEUV 189 1 f.
Welturheberrechtsorganisation s. WIPO
Weltzollorganisation s. WCO
Werbefreiheit GRC 16 9
Werberecht AEUV 12 54
Werberegelungen AEUV 34 113
Werbung AEUV 56 77, 104, 106; 57 17, 50
Werte
– Begriff EUV 2 9
– grundlegende EUV 50 35
– Justiziabilität EUV 2 11
– Rechtstaatlichkeitsverfahren EUV 2 10
– Schutz EUV 2 10
Werte der EU EUV Präambel 12 ff.; 2 1, 23, 28; 4 32; 7 1 ff.; GRC Präambel 7 ff., 14 ff.
– Demokratie EUV 2 16
– Freiheit EUV 2 14
– Gerechtigkeit EUV 2 27
– Gleichheit EUV 2 1, 18
– Gleichheit für Männer und Frauen EUV 2 30
– Menschenwürde EUV 2 12
– Nichtdiskriminierung EUV 2 25
– Pluralismus EUV 2 24
– Rechtsstaatlichkeit EUV 2 20
– Solidarität EUV 2 28
– Toleranz EUV 2 26
– Wahrung der Menschenrechte EUV 2 21
Werte, europäische EUV 49 18
Werteförderung EUV 3 7 ff., 43; AEUV 67 17
Wertehomogenität EUV 3 20
Werteverankerung AEUV 17 24
Wertewandel EUV 2 30
Wertpapiere AEUV 57 15; 63 16, 19, 37; 64 8; 66 9
– börsengehandelte AEUV 64 4, 8
– Emission von AEUV 63 19; 64 8

– marktfähige AEUV 63 19
– Platzierung/Unterbringung AEUV 64 8
– Zulassung am Kapitalmarkt AEUV 64 3, 8
Wertpapieranlagen AEUV 143 6
Wertpapierfirma AEUV 64 9
Wertpapiergeschäft AEUV 64 4
Wesensgehalt GRC 47 71, 78
– des Grundrechts GRC 52 31
wesentliche Regelungen AEUV 290 1, 4, 8 f., 18
– Abgrenzungsfragen AEUV 290 8 f., 18
– Rechtsfolge bei Verstoß AEUV 290 8
Wesentlichkeitsvorbehalt AEUV 290 9
Westerterp-Verfahren AEUV 218 195
Westeuropäische Union EUV 46 1
Wettbewerb EUV 3 31
– der Rechtsordnungen AEUV 54 28
– freier AEUV 120 12; 121 27
– Wettbewerbsfähigkeit AEUV 56 101
– Wettbewerbsregelungen AEUV 56 129
– Wettbewerbsstruktur AEUV 63 32
Wettbewerbsfähigkeit AEUV 151 22 ff.
– Forschung AEUV 179 17 ff.
Wettbewerbsfreiheit, Verhältnis zur Sozialpolitik AEUV 151 34 ff.
Wettbewerbsneutralität AEUV 110 58
– vollkommene AEUV 110 58
Wettbewerbspolitik AEUV 3 6
Wettbewerbsprinzip GRC 16 11
Wettbewerbsrecht AEUV 34 22, 30; 261 5; 263 120
– Industriepolitik AEUV 173 82 ff.
– Landwirtschaft AEUV 42 1 ff.
– ne bis in idem s. dort
– Verbraucherbeteiligung AEUV 12 10, 13, 20 f., 34 f., 38 f., 42
– Verbraucherinteressen AEUV 12 13
Wettbewerbsregeln EUV 3 35; AEUV 3 5 f.; 26 11
Wettbewerbsverbot, arbeitsvertragliches AEUV 45 141
Wettbewerbsverfälschungen
– Abbau AEUV 114 61
– Spürbarkeit AEUV 114 61, 63
Wettbewerbsverhältnis AEUV 110 150 ff.
Wettbewerbsverzerrung AEUV 110 2; 111 1; 113 2, 12, 24; 117 4
– beim Warenexport AEUV 111 1
– Forschungspolitik AEUV 173 74 ff.
– steuerliche AEUV 111 1
– Vermeidung AEUV 113 4, 16, 29
Wetten AEUV 56 104
WHO (Weltgesundheitsorganisation) AEUV 220 50, 52
Widerrufsrechte
– VerbrauchsgüterkaufRL 1999/44/EG AEUV 12 49
Widerrufsvorbehalt AEUV 290 31 f.
– zeitliche Wirkung AEUV 290 32
Widerspruchsvorbehalt AEUV 290 33 ff.

- Dringlichkeitsverfahren AEUV 290 35
- Prüffrist AEUV 290 34
- Wiedereinführung von Grenzkontrollen AEUV 77 31
- Wiedervereinigung Deutschlands AEUV 98 4 f.
- Wiener Aktionsplan AEUV 68 2
- Wiener Übereinkommen über das Recht der Verträge (WÜRV I) AEUV 216 10, 51, 254; 218 2, 215; 351 2, 20, 36
- Wiener Übereinkommen über das Recht der Verträge zwischen Staaten und internationalen Organisationen (WÜRV II) AEUV 216 11, 13 f., 207, 220, 223; 218 2, 215
- Wiener Übereinkommen über diplomatische Beziehungen (WÜD) EUV 27 18; AEUV 221 9
- Willkürverbot GRC 20 37
  - allgemeiner Gleichheitssatz GRC 20 37
- WIPO (Welturheberrechtsorganisation) AEUV 220 52
- Wirkung und Funktion AEUV 12 8
- wirtschaftliche Betätigungsfreiheit AEUV 56 7
- wirtschaftliche Rechtfertigungsgründe AEUV 36 61 ff.
- wirtschaftliche Tätigkeit AEUV 106 18
- Wirtschaftlichkeit der Haushaltsführung AEUV 317 10
- Wirtschafts- und Finanzausschuss AEUV 63 11; 66 13; 119 40; 138 31; 142 19 f.; 143 16, 27; 144 1, 16 f.; 219 6
  - Aufgaben AEUV 134 8 ff.
  - ECOFIN AEUV 134 3
  - Eurogruppe AEUV 134 3, 7
  - Europäischer Ausschuss für Systemrisiken AEUV 134 3
  - Rechtsstellung AEUV 134 2 f.
  - Zusammensetzung AEUV 134 4 ff.
- Wirtschafts- und Sozialausschuss EUV 13 19 f.; AEUV 63 4; 242 2; 263 88; 285 8
  - Amtszeit AEUV 302 1
  - Anhörung AEUV 289 29, 33; 294 14 f.
  - Anhörung zu beschäftigungspolitischen Leitlinien AEUV 148 8
  - Anhörung zu beschäftigungspolitischen Anreizmaßnahmen AEUV 149 4
  - Art der Zusammensetzung AEUV 300 47 ff.
  - demokratietheoretische Verortung AEUV 300 22 ff.
  - Einfluss auf Rechtsetzung AEUV 300 20
  - EP EUV 14 26
  - Ernennungsverfahren AEUV 302 2 ff.
  - Fachgruppen AEUV 303 6
  - fakultative Anordnung AEUV 304 11 ff.
  - Forschungspolitik AEUV 182 8, 28, 30; 188 4
  - Geschäftsordnung AEUV 303 5 ff.
  - Initiativstellungnahmen AEUV 304 14
  - Klagerecht AEUV 300 8
  - Mitgliederzahl AEUV 301 1 f.
  - obligatorische Anhörung AEUV 304 3 ff.
  - Organstatus AEUV 300 7 ff.
  - Präsident AEUV 303 1 ff.
  - Verhältnis zum AdR AEUV 300 15
  - Verhältnis zum EP AEUV 300 14
  - Verhältnis zum Rat AEUV 300 13
  - Verhältnis zur Kommission AEUV 300 12
  - Weisungsfreiheit der Mitglieder AEUV 300 42 ff.
  - Zusammensetzung AEUV 300 32 ff.; 301 3 f.
- Wirtschafts- und Währungspolitik AEUV 63 12; 142 1, 6
- Wirtschafts- und Währungsunion (WWU) EUV Präambel 17; 3 41 f.; AEUV 63 11, 24; 66 1, 3; 119 1, 2, 14; 120 1; 138 16; 142 1 ff., 12, 14, 17; 143 6; 198 22
  - asymmetrische Konstruktion AEUV 3 10; 175 3
  - Berichtspflicht AEUV 233 10
  - Elemente AEUV 119 20 ff.
  - Endstufe AEUV 142 1, 20; 143 1; 144 1; 219 2, 7, 10, 14, 22, 23, 24
  - erste Stufe AEUV 66 1
  - Euro-Abschaffung in Mitgliedstaaten AEUV 140 69 ff.
  - Euro-Währung AEUV 133 1 ff.
  - Flexibilisierungsklausel AEUV 352 18
  - Funktionieren der WWU AEUV 66 6
  - Institutionen AEUV 119 36 ff.
  - Ordnungsprinzipien AEUV 119 4 ff.
  - Preisstabilität AEUV 282 6
  - rechtliche Ausgestaltung/rechtlicher Rahmen AEUV 119 30 ff.
  - Störung des Funktionierens AEUV 66 5, 7
  - verfassungsrechtliche Grenzen AEUV 119 15 ff.
  - Völkervertragsrecht AEUV 119 33 f.
  - Vollendung der AEUV 138 4, 23
  - Wirtschafts- und Finanzausschuss AEUV 134 1 ff.
  - Ziele AEUV 119 16 ff.
  - zweite Stufe AEUV 66 1
- Wirtschaftsbeziehungen, Suspendierung von AEUV 66 10
- Wirtschaftskreislauf AEUV 56 123
- Wirtschaftsordnungsrecht EUV 3 39
- Wirtschaftspartnerschaftsabkommen AEUV 207 241 ff.
- Wirtschaftspolitik AEUV 63 7, 12; 127 7; 138 6, 12; 142 1, 3, 5, 11; 143 1, 3, 27; 144 1; 145 4; 219 1, 2, 12
  - allgemeine AEUV 3 10
  - eigenständige/mitgliedstaatliche AEUV 120 9, 15
  - Grundzüge AEUV 5 3
  - Koordinierung AEUV 2 46 f.; 5 1 f.; 66 7
  - Leitlinien, integrierte AEUV 148 13
  - multilaterale Überwachung AEUV 5 3; 142 3; 144 1
  - Stabilität AEUV 142 5

- unionale **AEUV 119** 46 ff.; **120** 1
- Verhältnis zur Beschäftigungspolitik **AEUV 145** 25; **146** 4
Wirtschaftspolitiken, Differenzierung der AEUV 120 10, 11
wirtschaftspolitische Maßnahmen AEUV 122 9 ff.
- Ermessen **AEUV 122** 10
- Verfahren **AEUV 122** 14
- Voraussetzungen **AEUV 122** 9
Wirtschaftsrecht AEUV 63 30
Wirtschaftsregierung AEUV 137 4, 14
Wirtschaftssanktionen EUV 25 20; **AEUV 215** 1 ff.
- Bindung der EU an das Völkerrecht **AEUV 215** 33, 39 f.
- der EU **AEUV 215** 1 ff., 2 ff., 28 ff.
- der EU gegen Drittstaaten **AEUV 215** 37
- Verfahren der EU **AEUV 215** 7 ff.
- der UN **AEUV 215** 2 ff., 38
Wirtschaftsunion EUV 3 41 f.
s. auch Wirtschafts- und Währungsunion
Wirtschaftsverfassung AEUV 345 5
- europäische **AEUV 119** 44, 59 f.; **120** 4; **121** 8
- richtungsweisende Grundsätze **AEUV 119** 59 ff.
Wissens- und Innovationsgemeinschaft AEUV 182 23
Wissenschaftsexzellenz, Horizont 2020 AEUV 182 18
Wissenschaftsfreiheit GRC 13 12, 14 f.
WKM I AEUV 219 4
WKM II AEUV 219 4, 10
Wohlergehensförderung EUV 3 22 f.; **AEUV 67** 18
Wohnsitz/-ort GRC 39 1 ff.; **40** 1 ff.; **AEUV 18** 17
- Mitgliedstaat **GRC 39** 6, 9, 15 ff.
- (un)zulässige Leistungs-/Anspruchsvoraussetzung **AEUV 45** 109 ff., 137; **46** 24, 27; **48** 73, 75, 86, 88 ff.
- Wahlen **EUV 14** 51
- Wechsel **GRC 39** 4
Wohnsitzprinzip AEUV 49 101 ff.
Wohnung, Recht auf
- Beeinträchtigung **GRC 7** 34 f.
- Begriff **GRC 7** 25
- Eingriffsrechtfertigung **GRC 7** 38
- Schutzbereich **GRC 7** 26
Wohnungsversorgung AEUV 106 57
World Bank s. Weltbank
World Trade Organization (WTO) AEUV 63 23, 39; **66** 16; **38** 40 ff.; **138** 16; **216** 114, 176, 190, 236 ff.; **217** 7, 21, 35, 52; **220** 80; **351** 28, 119
- allgemeine Ausnahmeklausel **AEUV 207** 232, 234
- Ausnahmebereiche und Rechtfertigungsmöglichkeiten **AEUV 207** 230 ff.
- Beitritt der Union und der Mitgliedstaaten **AEUV 218** 189, 233
- Freihandelszone **AEUV 207** 235
- GATS **AEUV 63** 23, 39; **64** 25; **65** 25; **66** 16
- GATT **AEUV 64** 25; **65** 2, 25; **66** 1
- Gutachten **AEUV 207** 12
- Inländerprinzip **AEUV 207** 225
- innerstaatliche Geltung **AEUV 207** 204
- materiellrechtliche Verpflichtungen **AEUV 207** 220 ff.
- Meistbegünstigungsgrundsatz **AEUV 207** 224
- Multilaterale Abkommen **AEUV 63** 23; **65** 25; **66** 16
- nicht-tarifäre Handelshemmnisse **AEUV 207** 226
- Protokoll Finanzdienstleistungen **AEUV 66** 16
- Regelungen über die Stimmzahl in Organen und Vertragsgremien **AEUV 218** 189
- regionale Integration **AEUV 207** 235
- Tarifäre Beschränkungen **AEUV 207** 227
- Transparenzverpflichtungen **AEUV 207** 227
- TRIMs **AEUV 63** 23
- unmittelbare Anwendbarkeit **AEUV 207** 205 ff., 41
- Übereinkommen **AEUV 63** 23; **64** 25
- Zollunion **AEUV 207** 235
WTO-Streitbeilegung AEUV 207 208, 236 ff.
- Appellate Body **AEUV 207** 236 f.
- Panel **AEUV 207** 236 f.
WÜD s. Wiener Übereinkommen über diplomatische Beziehungen
WÜRV I s. Wiener Übereinkommen über das Recht der Verträge
WÜRV II s. Wiener Übereinkommen über das Recht der Verträge zwischen Staaten und internationalen Organisationen

Yaoundé-Abkommen AEUV 198 26; **217** 8, 26, 30

Zahler AEUV 63 25
Zahlung(en) AEUV 63 4, 10 f., 20, 30, 37; **66** 16; **143** 6, 20
- im Verhältnis zu Drittstaaten **AEUV 63** 4
- innerhalb der EG/EU **AEUV 63** 4
- laufende ~ **AEUV 63** 2, 20, 22 f., 38
- Transfer-~ **AEUV 63** 19 f., 25
- Zahlungsart **AEUV 63** 21
- Zahlungsempfänger **AEUV 63** 25
- Zahlungssystem **AEUV 63** 10
Zahlungsbilanz AEUV 63 2, 4; **65** 20; **142** 1; **143** 1, 6 f.; **144** 1, 6
- Defizit **AEUV 143** 20
- Entwicklung **AEUV 143** 13
- Krise **AEUV 63** 11; **143** 2; **144** 3, 7 f., 10
- Restposten **AEUV 143** 6, 8
- Saldo **AEUV 143** 8, 10

- Schwierigkeiten/Probleme AEUV 143 2, 8 f., 13, 15, 24, 29; 144 7, 10, 12
- Teilbilanzen AEUV 143 6, 8, 10; 144 6
- tragfähige ~ AEUV 143 3, 8
- Transaktionen AEUV 143 6
- Überschuss AEUV 143 10
- Ungleichgewicht AEUV 143 8, 10; 144 6

Zahlungsbilanzanleihen AEUV 311 105
Zahlungsbilanzgleichgewicht AEUV 119 5 f.
Zahlungsmittel, gesetzliches AEUV 63 16, 20; 219 16
Zahlungsverkehr AEUV 63 1 f., 4, 8, 10, 13, 16 ff., 20 f., 24 f., 35, 37, 39; 64 11; 65 2, 6, 16, 20, 23 f.; 127 32 ff.; 144 10
- Anzeigepflichten AEUV 63 29; 65 9, 26
- Beschränkungen AEUV 63 4, 9, 11, 22 f., 27 ff., 34; 65 9, 11, 20, 23; 66 9
- Diskriminierung AEUV 63 6, 25
- Direktwirkung AEUV 63 24
- Maßnahmen AEUV 65 4, 6, 11, 23 f.
- Meldepflichten AEUV 63 29; 65 9 f.
- Mitgliedstaaten AEUV 142 19
- Regelungen AEUV 63 6, 40
- Verschlechterungsverbot AEUV 63 2, 4
- stand still-Klausel AEUV 63 4
- Zahlungsverkehrstransaktionen AEUV 63 4, 25; 66 4

Zahlungsverkehrsfreiheit AEUV 203 11
- ÜLG AEUV 199 7

Zählwert, Stimme GRC 1 34 f.
Zeitungen AEUV 57 10
Zentralafrikanische Republik, Investitionsschutzabkommen AEUV 63 40
Zentralamerika AEUV 217 11, 37, 43
Zentralbank AEUV 63 14; 119 36 f.; 143 10, 21; 219 3, 11, 19
- Abkommen AEUV 142 4 f.; 219 4
- Europäische ~ s. dort

Zentralbanken, nationale AEUV 129 9 ff.; 142 5 f., 21, 24; 219 22, 23
- Aufsichtsverfahren AEUV 271 22
- Klagemöglichkeit AEUV 271 27

Zentralbankrecht AEUV 3 9
Zeugenbeweis GRC 47 65
Ziele der Union EUV 3 1 ff.
- Gesellschaftsvertrag EUV 3 1
- Kohärenzauftrag EUV 3 3
- Kompetenzkonkretisierung EUV 3 52
- Leitzieltrias EUV 3 1, 4 ff.
- Normanwendung EUV 3 49 ff.
- Normauslegung EUV 3 49 ff., 53
- Normgestaltung EUV 3 47 f.
- operative Hauptziele EUV 3 1, 24 ff.
- Prinzipienbildung EUV 3 53
- Rechtsfortbildung EUV 3 53
- transnationales Gemeinwesen EUV 3 26
- Zielkonflikte EUV 3 3

Zielrichtung, Verbraucherschutz
- Nachfrageorientierung AEUV 12 18

- Verbraucherpartizipation AEUV 12 18

Zielsetzung, europäische AEUV 6 2
Zinsen AEUV 56 101
Zinserträge, Besteuerung AEUV 64 11; 65 27
Zinsrichtlinie AEUV 65 27; 110 60
Zivilgesellschaft AEUV 15 1, 3, 16 f.
- Dialog AEUV 224 4
- Parteien, Dialog AEUV 224 9

Ziviljustizielle Zusammenarbeit EUV 3 29, 36; AEUV 67 9
Zivilschutz AEUV 196 4
Zivilsektor, Rüstungsgüter AEUV 346 27
Zoll (Zölle) AEUV 28 23 f.; 30 9 f.; 200 2 ff.; 311 27 ff., 139
- Abgaben gleicher Wirkung AEUV 200 2
- als Eigenmittel der Union AEUV 28 18; 311 27 ff.
- Begriff AEUV 207 16
- Einfuhrförmlichkeiten AEUV 29 7 ff.
- Einreihung AEUV 31 1
- Erhebung AEUV 29 12 ff.
- Ertragshoheit AEUV 28 18; 311 31
- Gläubiger AEUV 28 18
- Handlungsmaximen AEUV 32 7 ff.
- harmonisiertes System AEUV 31 8, 11
- Leitlinien AEUV 32 1 ff.
- Regelzoll AEUV 31 12
- spezifischer Zoll AEUV 31 12
- Wertzoll AEUV 31 12
- Zolleinnahmen AEUV 28 18
- Zweck AEUV 28 23

Zoll- und Warenhandelsabkommen AEUV 207 18
Zollbelastung AEUV 111 14
Zollgebiet AEUV 28 31
zollgleiche Abgaben AEUV 28 25; 30 11 ff.; 207 16
- Ausnahmen s. Ausnahmen vom Verbot von Zöllen oder Abgaben gleicher Wirkung
- Bedeutung AEUV 30 11
- Beschränkungsverbot AEUV 30 26 ff.
- Definition AEUV 30 12 ff.
- Diskriminierungs- und Protektionismusverbot AEUV 30 24
- Handelshemmnisse AEUV 30 24
- Liberalisierung AEUV 30 24 ff.
- Wirkung AEUV 30 24 ff.
- Zweck und Motiv der Abgabenerhebung AEUV 30 15 ff.

Zollinformationssystem (ZIS) AEUV 33 10 f.; 87 14
Zollkodex AEUV 28 28 f.; 29 3; 207 152 ff.; 298 19
- Modernisierter Zollkodex AEUV 29 3
- Zollkodex der Union AEUV 29 3
- Zollkodexdurchführungsverordnung AEUV 28 28; 29 3

Zollrecht
- autonomes AEUV 207 145 ff.

- Herkunftsland der Ware **AEUV 207** 157
- Rechtsbehelf **AEUV 207** 159
- TARIC **AEUV 207** 150
- Ursprungsregeln **AEUV 207** 157

Zollsätze, Änderung von AEUV 207 16 f.
Zolltarif AEUV 31 1
- gemeinsamer Zolltarif **AEUV 28** 6, 8 f., 22, 54, 56; **31** 6 ff., 9 f.
- kombinierte Nomenklatur **AEUV 31** 10, 15
- Präferenzen zugunsten von Drittstaaten **AEUV 28** 56
- TARIC **AEUV 31** 16
- Zolltarifhoheit **AEUV 31** 2
- Zolltarifnomenklatur **AEUV 31** 11 ff.

Zollunion AEUV 28 19 ff.; **110** 66, 72; **206** 14 f.; **216** 128; **217** 9, 34; **351** 88 f., 91
- Bedeutung **AEUV 28** 14 ff.; **30** 3
- Drittstaatenbeziehungen **AEUV 28** 55 f.
- Entwicklung **AEUV 28** 28 ff.; **30** 5
- GATT **AEUV 28** 12, 46 ff.; **31** 6
- Gehalt **AEUV 28** 8 ff.
- Stillhalte-Regelung **AEUV 30** 5

Zollverbot AEUV 28 8, 10 f.; **30** 1 ff.
- Adressaten **AEUV 30** 4
- Ausnahmen **AEUV 200** 5 ff.
- Ausnahmen s. Ausnahmen vom Verbot von Zöllen oder Abgaben gleicher Wirkung
- Diskriminierungsverbot **AEUV 200** 8
- gegenseitiges **AEUV 200** 1 ff.
- grundsätzliches **AEUV 200** 5 ff.

Zollverfahren AEUV 207 17
Zollverwaltung AEUV 28 57 ff.; **33** 5 ff.
Zollvölkerrecht AEUV 28 46 ff.
Zollwesen, Zusammenarbeit im AEUV 33 8 ff.
- Aktennachweissystems für Zollzwecke (FIDE) **AEUV 33** 10
- MATTHAEUS-Programm **AEUV 33** 13
- Neapel-Abkommen **AEUV 33** 8 f.
- Zoll 2020 **AEUV 33** 13

Zugang zu Dokumenten AEUV 15 1, 33 ff., 46 ff.; **218** 46 ff., 82
- Europäische Zentralbank **AEUV 284** 20
- legislative Dokumente **AEUV 15** 77
- Versagungsgründe **AEUV 15** 55 ff.
- Verfahren **AEUV 15** 68 ff.

Zugang zum Recht EUV 3 29; **AEUV 67** 39
Zugang zur beruflichen Bildung AEUV 203 11
Zugangsbehinderung AEUV 49 62 f.
Zugangsdiskriminierung AEUV 49 52
Zugangspolitiken AEUV 67 8
Zugangssicherung, Gebot der Nichtdiskriminierung AEUV 12 39
Zulässigkeit von Beweismitteln AEUV 86 35 f.
Zulassungserfordernisse AEUV 56 103, 117, 118; **57** 32
Zulassungsverbote für Waren AEUV 34 112
Zusammenarbeit
- s. a. Kooperation
- s. a. Verstärkte Zusammenarbeit

- EP **AEUV 230** 11
- Europäischer Rat **AEUV 230** 11
- Kommission **AEUV 230** 11
- loyale **AEUV 230** 3
- Rat **AEUV 230** 11

Zusammenarbeit in Zivilsachen s. Justizielle Zusammenarbeit in Zivilsachen
Zusammenarbeit zwischen den Mitgliedstaaten bei Beschäftigungspolitik AEUV 149 5 ff., 7 ff.
- s. a. Beschäftigungsstrategie, koordinierte

Zusammenarbeit, Grundsatz der loyalen s. Grundsatz der loyalen Zusammenarbeit
Zusammenarbeit, Verstärkte s. Verstärkte Zusammenarbeit
Zusammenarbeitsverfahren in besonderem institutionellem Rahmen AEUV 218 104
Zusammenhalt
- geteilte Zuständigkeit **AEUV 4** 6
- wirtschaftlicher, sozialer und territorialer **AEUV 174** 1; **175** 1; **233** 8

Zusatzkosten AEUV 56 100
Zusatzprogramme, Forschung AEUV 184 1 ff.
Zusatzprotokolle GRC 52 44
Zuständigkeit
- s. a. Kompetenz
- akzessorische **AEUV 195** 5, 20 f., 23; **196** 16
- ausschließliche **AEUV 2** 17, 28 ff.; **3** 1 ff.; **138** 1, 2, 6, 42
- Außenbeziehungen **AEUV 3** 14 ff.
- Beratung **EUV 14** 27
- Bürgerbeauftragter **AEUV 228** 4, 24
- das gewerbliche Eigentum **AEUV 262** 1 ff.
- geteilte **AEUV 2** 37 ff.; **4** 1 ff.; **63** 12; **65** 17
- konkurrierende **AEUV 2** 38
- Kontrolle **EUV 14** 17
- koordinierende **AEUV 5** 1 ff.
- legislative **AEUV 2** 14 ff.
- parallele **AEUV 4** 13 ff.
- Schadenersatzlage **AEUV 268** 5
- ungeschriebene **AEUV 3** 2
- zur Unterstützung, Koordinierung, Ergänzung **AEUV 6** 1 ff.

Zuständigkeit nationaler Gerichte AEUV 274 4
Zuständigkeitskategorien AEUV 2 10
Zuständigkeitskonkurrenzen AEUV 216 7
Zuständigkeitsverteilung EUV 19 8 f., 63 ff.
Zuweisung, Befugnisse AEUV 230 3
Zuzugsbeschränkungen AEUV 54 13
Zwangs- und Pflichtarbeit GRC 5 5, 12 ff., 30; **6** 15
Zwangsbefugnisse AEUV 51 8
Zwangsmaßnahmen AEUV 215 37, 38; **261** 3
- Geldbußen **AEUV 261** 3
- Zwangsgelder **AEUV 261** 3; **260** 12 ff.
- Ermessensbefugnis **AEUV 260** 16
- Verhältnismäßigkeit **AEUV 260** 16
- völkerrechtliche **AEUV 260** 20
- Lastentragungsgesetz **AEUV 260** 21

Stichwortverzeichnis

Zweckbindungsgrundsatz
– Begriff **GRC 8** 37
– Reichweite **GRC 8** 40
– und Einwilligung **GRC 8** 28

Zweckdienlichkeit
– der Zusammenarbeit mit bestimmten internationalen Organisationen **AEUV 220** 14 ff.
– der Zusammenarbeit mit anderen internationalen Organisationen **AEUV 220** 75 ff.

Zwei-Ebenen-Modell s. Religionsverfassungsrecht

Zweigniederlassungen/Filialen **AEUV 49** 21, 27, 33, 68, 91; **50** 12; **54** 25 f.; **64** 6, 9

Zweitniederlassungsverbote **AEUV 49** 56, 64

Zweitwohnungen **AEUV 64** 13

zwingende Erfordernisse **AEUV 34** 223 ff.; **36** 1 ff., 16 ff.; **63** 29, 32; **64** 16
– Anwendungsbereich **AEUV 36** 23 ff.
– dogmatischer Status **AEUV 36** 16
– gleiche Strukturen bei allen Grundfreiheiten **AEUV 36** 17 ff.
– Parallelitäten zwischen Art. 36 AEUV und zwingenden Erfordernissen **AEUV 36** 17
– Synthese **AEUV 36** 56
– tatbestandsimmanente Rechtfertigungsgründe **AEUV 36** 16
– Unterschiede zwischen Art. 36 AEUV und zwingenden Erfordernissen **AEUV 36** 17
– unterschiedlich anwendbare Maßnahmen **AEUV 36** 28
– unterschiedslos anwendbare Maßnahmen **AEUV 36** 24
– Vereinheitlichung des Rechtfertigungsregimes **AEUV 36** 35

zwingender Grund des Allgemeininteresses **AEUV 45** 125 ff.; **AEUV 65** 13, 18, 20, 22
– Gleichstellung der Geschlechter **AEUV 8** 22
– Entgeltgleichheit **AEUV 157** 15
– Diskriminierungsschutz **AEUV 10** 8
– Arbeitnehmerschutz **AEUV 9** 18; **151** 38 ff.; **45** 127
– sozialpolitische Ziele **AEUV 9** 18; **151** 38 ff.
– Sozialdumping **AEUV 151** 40
– Wahrnehmung der Kollektivverhandlungsfreiheit **AEUV 151** 40 f.
– finanzielles Gleichgewicht der Sozialversicherungssysteme **AEUV 153** 78
– Grundstruktur eines Sozialversicherungssystems **AEUV 153** 106

Zwischenrang **AEUV 216** 213, 242, 251

Zwischenstaatliche Organisation für den Internationalen Eisenbahnverkehr s. OTIF

Zwölftelregelung **AEUV 315** 1 ff.

Zypern **AEUV 77** 3; **217** 8, 27, 34
– Kapitalverkehrskontrollen **AEUV 65** 13